U0930190

封面照片说明：

长江重庆航道局万州航道管理处公认金生国，在长江航道工作岗位上年16年如一日，坚守平凡、创造非凡。多次被评为先进生产者。曾荣获重庆市“夺损失、促生产、保目标”百日立功竞赛先进个人。2009年，被重庆市授予“劳动模范”的光荣称号；2010年，荣获全国“劳动模范”称号。

2009
长江航运年鉴
CHANGJIANG HANGYUN NIANJIAN

长江航运年鉴编纂委员会编

（总第8卷）

长 江 出 版 社

图书在版编目(CIP)数据

长江航运年鉴.2009/《长江航运年鉴》编纂委员会编.
—武汉:长江出版社,2012.3
ISBN 978-7-5492-0819-7

Ⅰ.①长… Ⅱ.①长… Ⅲ.①长江—航运—2009—年鉴
Ⅳ.①F552.75-54

中国版本图书馆 CIP 数据核字(2012)第 035930 号

长江航运年鉴.2009 《长江航运年鉴》编纂委员会 编

责任编辑:李海振
出版发行:长江出版社
地 址:武汉市解放大道 1863 号 邮 编:430010
E-mail:cjpub@vip.sina.com
电 话:(027)82927763(总编室)
(027)82926806(市场营销部)
经 销:各地新华书店
印 刷:武汉市人大常委会机关劳动服务公司
规 格:889mm×1194mm 1/16 60.75 印张 38 页彩页 1680 千字
版 次:2012 年 3 月第 1 版 2012 年 4 月第 1 次印刷
ISBN 978-7-5492-0819-7/K・229
定 价:300.00 元

《长江航运年鉴》编辑出版委员会

曾云谋　江西省港航管理局副局长、高级政工师
张克亚　河南省航务管理局局长、高级政工师
陈益农　湖南省航务管理局副局长、高级工程师
邱　江　云南省航务管理局局长
韩剑波　贵州省航务管理局局长、高级工程师
马志东　陕西省航运管理局局长
范志鹏　甘肃省水运管理局局长、高级工程师
李旭东　上海市交通运输和港口管理局总经济师
冯　华　宁波市港航管理局局长
李令红　宁波港集团有限公司总裁
王竹鸣　江苏太仓港口管理委员会主任
庞顺根　南京市港口管理局局长
马庆生　泰州市港口管理局局长
蔡年生　泰州港务有限公司董事长、党委书记
顾雪明　常熟市港口管理局副局长
施伯香　南通市港务管理局局长
徐惠香　南通港口集团有限公司党委书记兼纪委书记
扬子华　马鞍山市港口管理局局长
沈江涛　马鞍山港口（集团）有限公司党委书记
吴唐应　安庆市港口管理局党组书记、局长
程　庆　安庆港务总公司总经理
赵建华　张家港港务集团有限公司总经理
雷金鹏　池州市港口管理局局长、党组书记、经济师
邱伟杰　江阴市港口管理局局长
陈　乐　江阴港港口集团股份有限公司董事长
陈国平　镇江港务集团有限公司副总裁
孟东方　铜陵市港口管理局党委书记、局长
王永根　铜陵港务集团公司副董事长、总经理
廖　强　九江港口管理局高级工程师
周方中　上港集团九江港务有限公司总经理
郑治发　黄石市港航管理局局长
于得齐　黄石港口集团有限公司董事长
陈安法　洪湖港航管理局局长
高少明　洪湖港通达实业总公司总经理、工程师
陈发义　宜昌港务集团有限公司董事长
程家振　宜昌市港航管理局局长、党委副书记、高级工程师
王　敏　湖北省襄樊市航务局局长
董友法　武穴港务有限公司董事长、总经理
骆春征　荆州市港航管理局局长
范礼建　荆州港务集团公司董事长、党委书记
石　坚　武汉市港航管理局副局长
何跃明　武汉港务集团有限公司董事长、高级经济师

严以立　宜宾市航务管理局局长
刘　冰　泸州市航务管理局局长
谭安乐　万州港口集团董事长、总经理
孙万发　重庆港务物流集团公司董事长、党委书记
郭润正　长航局疾病预防控制中心主任
韩继生　长江港口协会秘书长
周家华　《长江航运》杂志社主编
沈祥法　长江引航中心党委书记、高级工程师
胡一经　安庆海事局局长、高级工程师
王　潮　芜湖海事局局长
李文农　九江海事局局长、高级工程师
侯华银　武汉海事局党委书记
顾网林　南京航道局局长
李新书　宜昌航道局局长、高级工程师
王先登　武汉航道局局长
赵士林　武汉航道工程局局长、高级政工师
彭松柏　重庆航道工程局局长、高级工程师
林七贞　长江航道救助打捞局党委书记
江德敏　《长江航运研究》杂志社社长兼总编
刘海青　长江航运公安局上海分局局长
张早生　长江航运公安局苏州分局局长、党委书记
孙国华　长江航运公安局南京分局副局长
曹建平　长江航运公安局南通分局党委书记、局长
王　江　长江航运公安局安庆分局党委书记、局长
段亚利　长江航运公安局九江分局局长
郑学胜　长江航运公安局武汉分局局长
杨玉良　长江航运公安局泸州分局党委书记、局长
童隆福　浙江省交通厅史志办副编审
赵玉阜　长航凤凰股份有限公司总经理
姚京汉　中石化长江燃料有限公司总经理
张宗福　长航集团珠海公司总经理、党委书记
王人地　长航集团深圳公司总经理、党委书记
徐挺惠　上海长江轮船公司党委书记、高级经济师
严美兰　上海长江轮船公司党委副书记、经济师
王　涛　南京长江油运公司总经理
黄兆华　芜湖长江轮船公司原党委书记、高级政工师
刘清余　芜湖长江轮船公司党委书记、高级政工师
蔺光龙　武汉长江轮船公司总经理
梅家荣　武汉长江轮船公司副总经理
王嘉玲　重庆长江轮船公司总船长
王　华　重庆长江轮船公司党委书记
董家兴　长航重工总公司党委书记

易崇锡　长航重工青山船厂厂长
吴临元　长航重工电机厂厂长、党委书记
艾　湖　长航重工江东船厂厂长
陈建设　长航重工宜昌船厂厂长、党委副书记
马必海　长航重工金陵船厂厂长
阮　宁　中国长航集团航海学院党委书记
焦启家　中国长航集团总公司医院书记
徐　伟　长江航运科研所所长、高级工程师
张志坚　长江航运报社社长
胡同福　江西水运集团有限公司董事长
张照建　华中航运集团有限公司董事长兼党委书记
卢国纪　民生实业（集团）有限公司董事长
李颇凡　安徽省航海学会副理事长兼秘书长
马茂棠　安徽省航海学会顾问、教授
王继长　海军工程大学科研部教授
卢先蓉　武汉理工大学副教授
龙汉武　军事经济学院教授
宗　华　武汉市医学科学研究所主编
唐方林　武钢研究所原所长、教授、高级工程师

研究工作者:（排名不分先后）
张旭东　交通运输部长江航务管理局运输处主任科员
赵明明　交通运输部长江航务管理局党办秘书
陆　薇　交通运输部长江航务管理局科技与通信信息管理处副主任科员、研究生
高友泉　长江海事局办公室主任、高级工程师
程　杰　长江海事局办公室秘书、工程师
胡晓刚　长江航道局局办主任、副研究员
马正勇　长江航道局局办副主任
茅生斌　长江航道局办公室馆员
冯维佳　长江航运公安局主任科员
何　宁　长江三峡通航管理局档案馆员
王春兰　长江航运总医院离退办公室主任
宋　颖　中国长航集团宣传部副处长
陈昌慧　中国长航集团宣传部干事
魏　巍　中国船级社南京分社秘书
曹树槐　中国船级社武汉分社办公室主任
熊　军　武汉规范研究所办公室主管、会计师
郭　苒　中国船级社重庆分社
傅若炎　中国船级社重庆分社高级工程师
汪朝清　武汉海事法院研究室负责人
许新荣　武汉海事法院政研室科员
王　涛　上海市航务管理处办公室主任

黄　河　浙江省港航管理局办公室主任
卢蓉蓉　浙江省港航管理局办公室秘书
钱起远　宁波市交通局编史办副主任、主编
徐秋敏　江苏省交通厅航道局工程师
冯　磊　江苏省地方海事局办公室主任
董正军　江苏省港口管理局科长
苏宏昶　江苏省运输管理局办公室主任
朱　庆　安徽省港航管理局局机关党委书记
张小正　安徽省港航管理局原工会主席
马　栋　安徽省港航管理局办公室秘书
朱水英　安徽省航海学会办公室副主任
潘永松　安庆市地方海事局安全监督科科长
张兆平　江西省港航管理局编史办主任
王守明　河南省航务管理局办公室副主任、经济师
梅长权　湖北省交通厅港航管理局办公室副主任
王彦玲　湖北省交通厅港航管理局办公室
蒋龙平　湖南省航务管理局办公室副主任
刘书含　云南省航务管理局办公室主任
韦世荣　贵州省航务管理局办公室主任
杨萍艳　贵州省航务管理局办公室秘书
易　翥　四川省交通厅航务管理局科员
刘小兵　陕西省交通厅航运管理局党办主任
王星昌　陕西省地方海事局局长助理、高级工程师
陈长春　甘肃省水运管理局办公室主任
阳　斌　重庆市港航管理局助理工程师
陈杰跃　宁波市港航管理局办公室主任
徐卫强　江苏太仓港口管理委员会党政办主任
顾国顺　镇江港务集团有限公司生产业务部经理
宦华健　江阴港口集团股份有限公司宣传部干事
冯忠良　南京港口集团公司党委工作部综合科科长
须文娟　常熟市港口管理局业务科科长
徐小晶　泰州市港口管理局干事
胡秋明　池州市港口管理局办公室主任、政工师
李　强　马鞍山市港口管理局
吴玉林　马鞍山港口（集团）有限公司办公室副主任
王龙华　南通港口集团有限公司党工部主管
吴太祥　安庆市港口管理局纪检组副组长兼办公室主任
邓宏映　安庆港务总公司港协主任、高级政工师
李亦德　铜陵市交通运输局科长、工程师
闫新荣　铜陵市港务（集团）有限责任公司、第一分公司经理
周三民　铜陵市港务（集团）办公室主任
吴　勇　芜湖港口有限责任公司总经办主任

曹惠定　上港集团九江港务有限公司党委工作部副部长
赵　涛　宜昌港务集团有限责任公司办公室副主任、助理政工师
金卫兵　黄石市港航管理局局办主任
徐时贵　黄石港口集团有限公司党委办公室主任
余晓帆　洪湖港通达实业总公司总经理助理、助理经济师
闵利娟　武汉市港航局办公室副主任
宋　凯　武汉港务集团有限公司总经理办公室秘书
胡尉红　武穴市港务有限公司副总
饶成君　武穴市港务有限公司工会主席
周尧章　荆州港务集团公司总经理助理、政研室主任、经济师
魏　强　荆州港务集团公司行政办公室主任
曹　玲　泸州市航务管理局办公室主任
韩小云　万州港口集团
陈定科　重庆市万州区港口航务管理局办公室主任
徐建华　重庆港务物流集团公司办公室秘书
胡悦君　长航局疾病预防控制中心办公室主任
张　猛　长江引航中心党群部部长
王　穆　长江引航中心党群部副部长
陶竞成　长江海事局信息中心党委工作部部长
姚　敏　安庆海事局党群工作部主任、工程师
吴　茗　九江海事局办公室主任
石博宇　武汉海事局党工部
黄俊鹏　武汉海事局咸宁处党委书记
肖　征　武汉航道局工会主席
潘　波　武汉航道局办公室主任
黄成梓　宜昌航道局办公室
农　江　重庆航道工程局办公室主任
曾永红　《长江航运研究》杂志社科长
徐艳红　长江航运公安局南通分局办公室主任
颜炳福　张家港航务集团有限公司港口协会主任
张　扬　长江航运公安局安庆分局办公室主任
刘礼华　长江航运公安局九江分局办公室主任
唐　亮　长江航运公安局武汉分局办公室副主任
冯达林　长江航运公安局泸州分局办公室副主任
张　艳　长航凤凰股份有限公司经办主任
张学军　长江轮船海外旅游总公司主管
洪向荣　中石化长江燃料有限公司政工处处长
李为民　上海长江轮船公司宣传部主管
金　玲　南京长江油运公司综合秘书
何根林　芜湖长江轮船公司党委工作部副部长
杨新安　武汉长江轮船公司政工师
王久华　重庆长江轮船公司宣传部部长

马　季　江西水运集团有限公司政工师
詹新胜　华中航运集团有限公司办公室副主任
陈茂云　民生轮船股份有限公司工会主席、宣传部部长、高级政工师

中国航海史研究会长江片委员会
湖北省长江航海史研究会

研究工作者（排名不分先后）

张旭东	赵明明	陆　薇	高友泉	程　杰	胡晓刚	马正勇
茅生斌	冯维佳	何　宁	王春兰	宋　颖	陈昌慧	魏　巍
曹树槐	熊　军	郭　苒	傅若炎	汪朝清	许新荣	王　涛
黄　河	卢蓉蓉	钱起远	徐秋敏	冯　磊	董正军	苏宏昶
朱　庆	张小正	马　栋	朱水英	潘永松	张兆平	王守明
梅长权	王彦玲	蒋龙平	刘书含	韦世荣	杨萍艳	易　翥
刘小兵	王星昌	陈长春	阳　斌	陈杰跃	徐卫强	顾国顺
宦华健	冯忠良	须文娟	徐小晶	胡秋明	李　强	吴玉林
王龙华	吴太祥	邓宏映	李亦德	闫新荣	周三民	吴　勇
曹惠定	赵　涛	金卫兵	徐时贵	余晓帆	闵利娟	宋　凯
胡尉红	饶成君	周尧章	魏　强	曹　玲	韩小云	陈定科
徐建华	胡悦君	张　猛	王　穆	陶竞成	姚　敏	吴　茗
石博宇	黄俊鹏	肖　征	潘　波	黄成梓	农　江	曾永红
徐艳红	颜炳福	张　扬	刘礼华	唐　亮	冯达林	张　艳
张学军	洪向荣	李为民	金　玲	何根林	杨新安	王久华
马　季	詹新胜	陈茂云				

分片单位及负责人

上游片单位　四川省　云南省　贵州省　甘肃省
陕西省　重庆市　民生公司等港航单位
负　责　人　王宗荣　易　翥（四川省航务管理局）
中游片单位　湖北省　湖南省　江西省　河南省
武汉市　华航集团　宜昌市等港航单位
负　责　人　王宪龙　王彦玲（湖北省港航管理局）
下游片单位　江苏省　安徽省　浙江省　上海市等港航单位
负　责　人　董文虎　徐秋敏（江苏省交通厅航道局）
长航系统片
负　责　人　刘　锋　崔　文

《长江航运年鉴》总编室

顾　　问　向恢平　高　鹏　胡体淦
主　　任　陆海亮（编审）
特约编审　唐方林（教授级高工）　马茂棠（编审）　王继长（教授级高工）
　　　　　卢先蓉（副教授）　宗　华（副教授）
特约编辑　（排名不分先后）
　　　　　张旭东　阎新荣　朱水英　宋　颖　朱　庆　张小正　高友泉
　　　　　徐秋敏　何　宁　桑汉成　陶竞成　曹树槐　许新荣　王春兰
　　　　　曾永红　王彦玲　方楚昌　杨萍艳　李为民　何根林　陈长春
　　　　　张兆平　程　杰　马正勇　刘书含　马忠亮　易　翥　冯　磊
　　　　　王守明　余红梅　马　栋　冯维佳　王　穆　詹新胜　潘永松
　　　　　唐　亮
工作人员　舒广袖　姜　洁　程建生　戴志文

二〇一一年八月十一日

编 写 说 明

一、《长江航运年鉴》(2009卷)是新中国成立以来长江航运的第八部年鉴。由交通运输部长江航务管理局、中国航海史研究会长江片委员会、湖北省长江航海史研究会、湖北长江航运文化研究中心组织编纂，由《长江航运年鉴》总编室主持编纂。它既是一部全面记述2008年长江水系航运单位改革、建设、发展轨迹和重大事件的专业性年鉴，也是一部集资料、知识、信息高度密集的大型工具书，具有时代特征、行业特色、年度特点。它为认识、研究、建设和发展长江航运提供翔实的资料，为科学决策、指导工作提供可靠数据和最新信息；为"科技兴航"开展教育培训提供纪实教材；为对外开放和西部大开发提供交流"窗口"；为总结经验教训、探索航运发展轨迹提供历史见证；力求发挥"资政、教化、窗口、鉴戒和信息"功能。

二、《长江航运年鉴》(2009卷)以马列主义、毛泽东思想、邓小平理论和"三个代表"重要思想为指导，落实科学发展观，坚持为改革开放和社会主义现代化建设服务。交通运输部长江航务管理局系统、中国外运长航集团系统，以及沿江各省市航务、海事、航道、船检、港口、航运(集团)公司、大专院校、科研机构和有关单位供稿，《长江航运年鉴》总编室负责出版工作。

三、《长江航运年鉴》(2009卷)主要记述2008年度内长江航运的发生之事；作为背景资料，有部分条目涉及到2007年度之前的情况；有些方面虽然在前几本《长江航运年鉴》中已有记载，为了方便阅读查检和了解内容的完整性，本年鉴仍予以记载。全卷共设19个分篇，包括特载、大事记、机构、运输、港口、海事、航道、船闸·三峡通航、公安、通信、船检、引航、法院、科教、文卫、工贸、社团报刊、英模专家、统计资料等。

四、《长江航运年鉴》(2009卷)采用分类编撰法。事以类聚，以类目分篇为单元。其框架由类目～分目～条目三级结构层次组成，条目是信息资料的基本单位。各类目之首设"概述"分目，分目之后设条目，用以记述各专业、各类事件(件)的活动情况，便于保持各年度间资料的连续和相互比较。全卷共有19个类目，85个分目，1 597个条目，共有串文照片×××帧。

五、《长江航运年鉴》(2009卷)取史志之长，兼有史重评论、志重记叙，以资料丰富见长的特点。主要表现形式为记、述、照、图、表、录，并收载专文、条例、法规等，文体采用记叙文和说明文。除各分目之前的"概述"、相关部分的单位介绍和人物之外，均为动态标题，便于突出条目的信息和年度特色；同时还选择相关的资料穿插于有关分目、条目之中，以增强年鉴的实用价值和资料容量。具体编写方法："特载"（专文、重要文件选编）实录摘要；"大事记"采用编年体，以时为经、以事为纬，纵排横写；其它如航运四要素和支持保障系统分篇，基本采用条目记事本末体；"社团报刊"、"英模专家"，采用记实条目和表格相结合；"统计资料"，则以表格为主。

六、《长江航运年鉴》（2009 卷）对各类目、分目间的交叉重复现象，在分清主次和相互协调基础上，采取平衡删留、详略互见、区别视角等不同记述方法，便于查验和对照。条目是 2007 年度内一个独立主题的信息资料或知识的记述，是全卷的基本单元和主体部分。

七、《长江航运年鉴》（2009 卷）数字词组用汉字（如"十六届三中、四中全会"等），邻近数字并用表示概数用汉字（如七八十种等），星期几、夏历用汉字。

八、《长江航运年鉴》（2009 卷）书写格式：使用 A4 纸(21cm×29.7cm)书写；条目标题打【 】顶格书写，正文空一格书写，条目层次另起一行，空两格书写；正文后空两格标明（ ）作者署名；专文标题占一行，作者单位、职务、姓名居中书写。

《长江航运年鉴》（2009 卷）力求做到统一体例篇目、统一优化条目、统一语言文字、统一数字用法、统一法定计量单位、统一书写格式、统一表图式样，努力提高年鉴质量，尽力编纂年鉴"精品"。

总编室

2011 年 6 月 31 日

序

《长江航运年鉴》（2009 卷），由长江出版社正式出版了。这是由交通运输部长江航务管理局、中国航海史研究会长江片委员会、湖北省长江航海史研究会、湖北长江航运文化研究中心组织编纂的长江水系第 8 部航运年鉴。

编写出版《长江航运年鉴》，是功在当代、利在千秋的大好事。对《长江航运年鉴》能数年如一日坚持编纂下去，我表示衷心的祝贺，并希望今后越办越好，办成“精品”，能充分发挥资政、教化、窗口、鉴戒和信息的功能！

一

2009 年，长江航运广大干部职工克服金融危机的不利影响，奋力拼搏，埋头苦干，取得了新的发展成就。具体可以概括为 “五个力度空前”和“五个新的突破”

·“五个力度空前”　一是抓春暖行动，应对金融危机力度空前。2009 年，我们应对金融危机见事早、行动快、措施实、力度大。长航局会同沿江港航管理部门大力实施“春暖行动”，制定“双十条”帮扶措施，真心实意为港航企业办实事、解难事，排近忧、谋长远。在全行业的共同努力下，长江航运战胜了世所罕见的金融危机的严峻挑战，呈现企稳回暖的态势。这一年，长江干线完成货运量 13.3 亿吨，同比增长 9%；干线规模以上港口完成货物吞吐量 11.3 亿吨，同比增长 11.7%；完成外贸货物吞吐量 1.4 亿吨，同比增长 22%；完成集装箱吞吐量 651 万 TEU ，同比减少 6.4%；完成旅客发运量 408 万人次，同比减少 6.9%。长江引航中心引领船舶 51 727 艘次，同比增长 19.6%。目前，长江航运景气指数回升，由 2009 年初的 81.98 上升到当年底的 107.97；运价逐步恢复，长江干线规模以上港口月度货物吞吐量已经全面回升并超过了金融危机前的水平。在全行业的共同努力下，长江航运交出了一份满意的“长江答卷”！二是抓规划建设，改善航运设施力度空前。2009 年，我们开展规划前期工作成绩显著，完成投资再攀新高，重点工程建设进展明显。《长江干线航道总体规划纲要》获得国务院原则同意，确定了 430 亿元的建设总规模，重庆以上、宜昌至城陵矶和安庆至铜陵段等航道规划标准明显提高，长江流域综合规划航运规划报告修编工作基本完成。加快实施《“十一五”期长江黄金水道建设总体推进方案》，落实年度投资 23.2 亿元，同比增长 109%；完成投资 22.8 亿元，同比增长 76%。特别是新增 9.5 亿元中央预算内资金用于长江干线航道建设，为长江航道建设开辟了新的资金渠道。长江中下游周天、武穴、黑沙洲等水道整治基本完成并发挥效益，改善通航里程 380 公里。与此同时，积极支持上海国际航运中心、武汉中游航运中心和重庆上游航运中心建设，并取得阶段性成果。三是抓安全管理，保障安全稳定力度空前。2009 年，我们将安全与发展置于同等重要位置，深入开展“安全生产年”、“隐患治理年”活动。这一年，长江航运安全形势稳中趋好。全年共发生运输船舶一般及以上等级事故 42.5 起，死亡失踪 43 人，沉船 28 艘，直接经济损失 3 780 万元，事故四项指标同比“三降一升”，即事故件数下降 7.6%，死亡人数下降 4.4%，沉船艘数下降 26.3%，直接经济损失上升 36.8%。应急反应和现场处置能力全面加强，组织搜救 315 次，救助遇险人员 4 707 人次，人命救助成功率 98.7%，特别是有效处置了“8.10”集装箱落江事故和“9.8”铜陵农用船翻覆事故。同时，我们圆满完成了庆祝新中国成立 60 周年长江航运安保工作。四是抓运输组织、强化航运监管力度空前。2009 年，我们统筹协调，进一步加强运输组织和通航保障工作。全面完成了煤炭、石油、矿石等大宗物资、抢险救灾物资、农副产品，以及人民生活必需品的运输保障工作。实现了春节、十一黄金周等特殊时段“客船零事故、旅客零伤亡、旅客零滞留、服务质量低投诉”的工作目标。以枯水期和三峡水库 175m 试验性蓄水期通航保障为重点，始终确保了长江干线航道和三峡船闸的畅通有序。制定并严格执行“十个一律”、“两从严，五不准，五处罚”等规定，有效扭转了往年超载、超吃水船舶严重破坏航道的被动局面。五是抓运力调整，促进产业升级力度空前。2009 年，我们强化源头管理，积极稳妥推进船型标准化和运输经营资源整合。以经营资质管理为核心，出台了《长江水系省际船舶运输结构调整指导性意见》。全年共审批符合条件的普货企业452家，其中筹建237家、开业215家，办理船舶营运证 2 328 艘次。继续稳妥推进长江干线船型标准化工作，制订上报了“三峡库区非标准滚装船分步退出市场的意见”，已获交通运输部批复。以长江省际客运和库区滚装运输为突破口，加强经营资源整合。重庆11家客运船舶公司整合为4家实行联合经营，宜昌地区滚装运输联合经营整合基本完成，两坝间15艘转运滚装船联合经营以及坝上100艘滚装船上行联合经营整合已经完成。

· “五个新的突破” 一是发展战略取得新的突破。2009 年，长江航运全行业牢牢确立了“一条主线四个长江”的发展战略，提出了到2020年实现长江航运现代化的总体目标，以及“三步构建”的阶段目标，进而明确了增强“两个实力”、深化“三个服务”、完善“五大机制”、完成“六大任务”的工作重点。目前，长江航运发展战略和发展目标不断深入人心，已经成为全行业共同的目标、共同的行动，并得到交通运输部和沿江各省市政府的充分肯定与积极支持。二是发展思路取得新的突破。2009 年，我们面对世情、国情的新形势和行业发展环境的新变化，在总结长江航运发展经验、分析长江航运发展阶段性特征的基础上，明确提出了推进长江航运科学发展必须准确把握和妥善处理的“十个重大问题”，即 “十个坚持”，进一步统一了思想，形成了共识，提振了士气，为推进长江航运科学发展提供了有力的保障。三是发展合力取得新的突破。2009 年，我们积极加强与国家各有关部委、沿江各省市政府、有关涉水管理部门和港航企业的联系协调，签订共建协议，加强战略合作。此外，建立了长航局领导与55家重点港航企业联系点制度和与企业的定期对话制度。当前，长江航运合力共建的良好局面进一步形成。四是深化服务取得新的突破。2009 年，我们坚持“服务长江航运、服务沿江经济、服务流域百姓”，大力实施“春暖行动”和“春晖行动”，着力解决长江航运业广大干部职工最关心、最直接、最现实的利益问题。年初，我们确定的十件便民利民实事圆满完成，帮扶沿江港航企业初步渡过了难关，帮助基层站点有效改善了工作环境。五是文化建设取得新的突破。文化不仅是软实力，也是科学发展的硬支撑！2009年，我们以庆祝新中国成立60周年为契机，组织编写了《大江神韵》行业文化系列丛书，提出了长江航运文化建设“135”目标和“六大工程”任务，进一步丰富和完善了长江航运行业文化体系，“同舟共济、扬帆奋进”

的长江航运精神和核心价值观逐步深入人心。

二

2009年12月，张德江副总理亲临长江调研内河航运发展情况并作出重要指示，充分体现了在全面建设小康社会的关键时期党和国家对长江航运的高度重视与殷切期待。长江航运作为我国内河航运的领头羊，一定要实现率先发展，以科学发展的崭新成就，为构建综合运输体系、为促进经济社会可持续发展作出新的更大贡献。

· 深刻认识长江航运发展新跨越的战略意义　一是加快长江航运发展事关我国现代化建设总体战略布局。当前，我国在建设“两型社会”、发展低碳经济的新形势与新要求下，加快长江航运发展，充分发挥长江黄金水道的优势，带动两岸经济社会发展，对于推动我国经济社会发展具有十分重要的战略意义。与其他运输方式相比较，长江等内河航运具有不可替代的综合优势。长江航运作为连接国际、国内两个市场的纽带，是流域外贸运输的主力军，对于沿江地区产业集聚和加快流域外向型经济发展具有重要的支撑作用。二是加快长江航运发展是沿江经济社会科学发展的战略支撑。长江流域已经成为我国经济总量规模最大、实力最强、最具活力和发展潜力的经济带，在全国经济发展中有着十分重要的地位。特别在我国工业化、市场化、城镇化、国际化加速推进的新形势下，建设长江黄金水道、发展现代长江航运，符合科学发展观要求，符合中央推动经济发展方式转变和经济结构调整的要求，符合发展低碳经济、绿色经济的要求，已经成为流域经济社会发展十分现实而迫切的需要。三是加快长江航运发展是流域综合运输体系建设的战略重点。长江是流域综合运输体系的主骨架。长江水系水运货运量和货物周转量，分别占流域全社会运量的16.4%和67.8%，沿江所需85%的铁矿石、83%的电煤和85%的外贸货物依托长江水运，长江航运在流域综合运输体系中的主体作用日益显现。

· 牢牢把握长江航运发展新跨越的战略机遇　一是加快长江航运发展已经得到党和国家的高度重视。近年来，国家高度重视内河航运特别是长江航运的发展。中央领导先后作出重要批示和指示，这充分体现了中央领导同志的高瞻远瞩和深谋远虑，标志着加快长江等内河航运发展已经得到党和国家的高度重视，并上升到了国家战略高度。二是长江航运大建设大发展的时机已经成熟。国家发改委牵头、交通运输部等国家部委参加，已经起草了“关于加快长江等内河水运发展的意见”（征求意见稿），提出要把内河水运放在经济社会发展的重要位置和构建综合运输体系的突出位置，利用10年左右的时间，建成以长江、珠江、京杭运河等为主体的畅通、高效、平安、绿色的我国现代化内河水运体系，使水运优势充分发挥，带动和促进经济社会发展的作用明显增强。三是长江航运已经具备率先实现现代化的坚实基础。长江是全国内河航运的主体，干线全部为高等级航道，完成的货运量占全国内河的60%以上；长江支流众多，水系航道里程达6.5万公里，占全国的53%。实现内河航运发展的新跨越，关键看长江，关键靠长江。

加快推进长江航运发展的新跨越，在全国率先实现现代化，“天时、地利、人和”的有利条件已经具备。天时，就是党中央、国务院及国家相关部委，特别是部党组的高度重视和总体部署；地利，就是流域经济社会发展和全面建设小康社会的必然选择，以及长江航运的综合优势、发展基础；人和，就是沿江地方政府和社会各界对大力推进长江航运发展在一个新的更高的层面上已经达成了高度共识，合力共建的氛围非常浓厚。我们必须站在国家战略和全局层面来谋篇布局，乘势而上，科学谋划，以更高的站位、更宽的视野、更新的思路、更实的措施，加快推进长江航运发展的新跨越。

· 推进长江航运发展新跨越的战略方针　推进长江航运发展新跨越，就是要充分发挥长江黄金水道的战略优势和重要作用，紧紧围绕“一条主线四个长江”发展战略不动摇，加快实现长江航运现代化。特别是经济社会发展对长江航运需求的基础上，我们得出了长江航运发展的主要矛盾，即长江航运基础相对薄弱与沿江经济社会发展日益增长的航运需求的不相适应，是长江航运发展现阶段的主要矛盾。发展建设资金不足、缺乏系统的发展政策支持和法制保障则一直是制约长江航运优势发挥的主要因素。我们必须抢抓机遇，应对挑战，着力解决好长江航运发展面临的主要矛盾和存在的主要问题，奋力推进长江航运发展新跨越。

—— 战略思路。长江航运发展新跨越的战略思路是：以科学发展观为指导，全面落实加快发展“畅通高效平安绿色”航运的总体要求，全面推进“一条主线四个长江”发展战略，加快实现长江航运现代化，全面提升长江航运的核心竞争力，努力实现长江航运发展的新跨越，为流域经济社会发展提供强有力的支撑。

—— 战略目标。长江航运发展新跨越的战略目标是：到2020年实现长江航运现代化，形成拥有世界先进水平的航运基础设施、装备和服务体系，适应沿江经济社会发展需求并适度超前，比较优势充分体现，黄金水道优势充分发挥，“平安长江、数字长江、阳光长江、和谐长江”全面实现。

—— 战略重点。推进长江航运发展新跨越，加快长江航运现代化建设步伐，要切实做到“六个必须”。一是必须坚持又好又快、高速高效的发展原则，实现长江航运科学发展。我们必须进一步贯彻落实“又好又快重在好”，“高速高效重在效”的发展理念，在“质量和效益并重”的前提下，能快则快。要全面加强长江航运基础设施建设，扩大规模，优化结构，提升水平，确保质量，着力解决长江航运发展现阶段的主要矛盾，不断满足和适应沿江经济社会发展对长江航运畅通、高效、平安、绿色的更高要求。以干支相通、江海直达的高等级航道网和货畅其流、人便于行的航运保障体现“畅通”，以不断提高的运输保障能力和物流化、信息化体现“高效”，以安全、安保、安民、稳定体现“平安”，以节能降耗、环保减排体现“绿色”，实现长江航运科学发展。二是必须坚持推进“一条主线四个长江”发展战略，加快长江航运现代化建设步伐。长江航运科学发展的核心是加快长江黄金水道建设，促进长江航运由传统运输方式向现代服务业转型，实现长江航运现代化。要高标准、高起点、高质量编制长江航运"十二五"规划，按照"规模化、专业化、枢纽化"的原则，以上海国际航运中心建设为龙头，加快武汉中游航运中心、重庆上游航运中心等枢纽港口建设，积极发展现代港口物流。以进一步提高长江航运安全监管、人命救助和应急反应能力为重点，加快实施水运保障工程。着力提高信息化水平，坚持推进资源整合和信息共享，强化顶层设计，统一标准规范，引导和服务好长江航运发展。三是必须坚持转变发展方式，着力提升长江航运核心竞争力。必须加快长江航运发展方式的转变，不断提高发展质量和效益，不断提高长江航运的竞争能力和抗风险能力，使长江航运发展质量越来越高、发展空间越来越大，发展道路越走越宽。要极推进现有船型比选和适应发展需求的标准船型研发工作，到 2020 年长江干线运输船舶实现标准化、大型化和系列化，平均吨位要超过 2000 吨的目标。要着力优化运输组织结构，促进干支直达和江海联运，加快形成集装箱、铁矿石、煤炭、滚装汽车、石油及液体化工等专业化运输体系；整合航运企业经营资源，鼓励和引导港航企业走规模化发展道路，大力发展规模化、集约化、网络化运输，提高运输组织效率。要发挥港口枢纽作用，优化港口布局，积极推进上海国际航运中心、武汉中游航运中心和重庆上游航运中心建设，沿江主要港口要建成规模化、专业化、现代化港区；并不断推进港口功能物流化、码头专业化、功能配套化。要提高长江航运节能减排和生态环保水平，深入开展航道整治、节能减排等关键技术研究，大力发展绿色长江航运，促进和谐长江建设。要更新发展理念，统筹把握长江航运与综合运输体系的协调发展、长江航运与水资源综合利用的协调发展；着力提高运输服务质量，努力提供更安全、更经济、更高效和舒适、便捷、个性化的航运公共服务，让长江航运成为客户的满意选择和人民群众喜爱的出行、旅游方式。要积极培育长江航运新的经济增长点，延伸滚装运输航线，大力发展水上旅游。四是必须坚持安全发展，全力确保长江航运安全畅通稳定。坚持安全发展，必须把“安全第一、预防为主、综合治理”的方针落到实处，坚持抓制度、抓监管、抓队伍、抓投入、抓预防预控。坚持安全发展，必须要全面落实安全生产责任制，强化企业的安全主体责任和主管部门的安全监管责任，积极探索建立政府交通运输主管部门、安全监管机构和企业安全责任链。坚持安全发展，必须着力提高安全监管能力和应急保障能力，既要突出重点，抓好日常的安全监管能力建设，防患于未然，又要抓好紧急状态下的应急保障能力建设，救急于关键。坚持安全发展，必须加强水上反恐和治安防控体系建设，要加强社会治安综合治理工作，严厉打击各类水上犯罪活动。五是必须坚持合力建设，让长江航运更好地服务沿江经济社会发展。合力建设，政策是核心。当前，国家高度重视长江航运发展，沿江省市纷纷制定依托长江黄金水道促进沿江地区开发开放和区域经济合作的战略规划，进一步加大了对长江航运的建设投入和政策支持力度。我们必须统一协调，“弹和弦、奏和乐、唱和声”，牢固树立和强化“长江一家人，行业一盘棋”的理念，带领全行业做好“三个服务”。充分考虑社会公众和服务对象的实际需求，充分考虑沿江经济社会发展的需要，充分考虑长江航运由传统行业向现代服务业转型的需要，处处从方便、体贴、适应各方面需求的角度来分析和解决问题，竭尽全力提供高效、可靠的航运保障和服务。六是必须坚持自主创新，不断增强长江航运发展的活力。要加快“数字长江”建设，全力推进长江航运公共信息服务平台和长江航运物流公共信息平台示范工程建设；重点推进航道系统整治、电子航道图、船型标准化、三峡通航等技术创新与应用工作；推进智能航运、数字航道、信息技术、现代物流、环境保护等项目研究和应用；注重重点成果的引进，借鉴国内外最新航运科技成果，及时吸纳、引进和集成到长江航运中来。我们必须切实强化行业引导，妥善处理好政府部门与沿江省市港航管理部门的行业统筹与业务指导关系、政府部门与沿江港航企业的宏观调控与政策引导关系、沿江省市港航管理部门与沿江港航企业的现场管理与直接服务关系等，多措并举、齐步推进，使长江航运发展始终在一个可持续的轨道快速、健康、平稳运行。

建设长江黄金水道，发展现代长江航运是时代赋予长江航运全行业的神圣职责，是国家和部及地方各级政府的殷切期待，我们必须切实增强历史使命感、责任感和紧迫感，在全社会的大力支持下，奋力拼搏，激流勇进，努力实现长江航运发展的新跨越！

三

2010 年是“十一五”期的收官之年，是实现“四个长江三步构建”第一步目标的达标之年，更是谋划“十二五”发展的关键之年。总体要求是：以科学发展观为指导，按照构建现代综合运输体系的总体方向和建设“畅通、高效、平安、绿色”航运的总体要求，着力提升服务水平，着力转变发展方式，着力推进长江航运发展新跨越，更好地满足沿江经济快速发展需求，更好地服务国民经济社会可持续发展。

2010 年长江航运的工作任务，可以归纳为 32 个字，即“科学规划，加大投入，加快建设，强化服务，加强管理，创新科技，节能减排，改善民生。”面对时代的呼唤和社会的期盼，长航人一定要不辱使命、不负重托、砥砺奋进、勇创一流，着力加快建设长江黄金水道，努力发展现代长江航运，为构建综合运输体系，为服务国民经济社会发展做出新的更大的贡献！

交通运输部长江航务管理局局长

唐冠军

2010年10月22日，国务院总理温家宝在原湖北省委书记、现全国人大环境与资源保护委员会副主任委员罗清泉等省市领导的陪同下视察武汉新港，华航集团万吨级轮船接受总理检阅。

（华航集团 供稿）

2010年10月，中共中央政治局常委李长春与中外运长航集团领导及船员合影留念。

（长江海外 供稿）

2010年5月15日，在第十届全国科技活动暨北京科技周上展示的郑启湘研制的太阳能一体化航标灯，受到中央政治局委员、国务委员刘延东的关注。

（长航局 供稿）

2011年3月24日，国务院副总理张德江到长江荆江河段航道整治工程现场，出席国家内河高等级航道启动仪式，并与长江航道局熊学斌局长、李伟红书记亲切握手。

（长江航道局 供稿）

2010年10月12日，原中共中央政治局常委、中央纪委书记吴官正在长航局党委书记黄强、中外运长航集团党委书记姚永健等陪同下视察“长江明珠”轮。

（长航集团 供稿）

2010年9月17日，交通运输部部长李盛霖为劳模先进代表颁奖。

（长航局 供稿）

2011年9月18日，参加湖北省与中央企业深化合作会议的160多位央企老总在国务院国资委主任王勇的率领下，登上了长江轮船海外旅游总公司“船长9号”游船进行调研。图为国资委主任王勇（右二）与湖北省、武汉市、中外运长航集团领导进行亲切交谈。

（长江航运报 供稿）

2011年5月10日，“长江航运基础设施建设管理信息系统”启用仪式在长江航务管理局党校举行。交通运输部党组成员、中纪委驻部纪检组组长杨利民出席仪式并作重要讲话，长航局局长唐冠军在仪式上致辞。启动仪式由长航局党委书记黄强主持。

（长航局 供稿）

交通运输部长江航务管理局

JIAOTONGYUNSHUBUCHANGJIANGHANGWUGUANLIJU

局长　唐冠军

党委书记　黄强

长江航务管理局作为交通运输部派出机构，对2838公里长江干线（云南水富-上海长江口）航运行使长江水系及干线航运规划管理、运输管理、建设管理、水上交通安全管理、水上治安和消防监督管理、三峡通航管理等行业行政管理职能。现有长江海事局、长江航道局、长江三峡通航管理局、长江航运公安局、长江航运总医院和中国水运报刊社6个直属单位。局直属单位中下设49个分支机构，职工3万余人。

近年来，在党中央、国务院的高度重视下，在交通运输部的正确领导以及沿江地方政府的大力支持下，长江航运呈现出强劲的发展态势，货运量及港口吞吐量均以两位数的速度增长，已经成为沿江综合运输大通道的核心组成部分，成为沿江地区经济快速发展和沿江产业带加速形成的重要支撑和保障。长航局作为长江航运行业行政主管部门，以“服务长江航运、服务沿江经济、服务流域百姓”为己任，全力打造“平安长江、数字长江、阳光长江、和谐长江”，大力建设长江黄金水道，力争到2020年实现长江航运现代化。

2010年10月18日，“中国长江—美国密西西比河战略合作论坛”在重庆隆重召开。

2010年6月，长航局与四川省交通厅签署长江水运发展共建协议

长航局举办庆祝中国共产党建党90周年大型文艺演出

长航局在武汉举办廉政建设文艺汇演

张德江副总理（中）在交通运输部部长李盛霖、副部长徐祖远和长航局局长唐冠军陪同下乘船视察长江中游航道整治现场

翁孟勇副部长在长航局局长唐冠军、党委书记黄强陪同下视察长鲸6号新型挖泥船

高宏峰副部长在长航局局长唐冠军、党委书记黄强的陪同下视察长江武汉段安全工作

徐祖远副部长在长航局局长唐冠军、党委书记黄强的陪同下在芜湖海事局视察工作

长江海事局

交通运输部部长李盛霖在部机关接见“全国先进工作者”姚泽炎同志

交通运输部副部长徐祖远在芜湖海事局参观考察

长江海事局管辖重庆至安徽长江干线约2100公里、支流及汉河道约1000公里水域，以及19个水库、湖泊，负责长江干线宜宾至上海2800余公里安全通信保障和内外贸船舶引航服务。下设10个分支海事局和长江引航中心、信息中心、培训中心等13个局属单位，58个海事处，126个执法大队。现有职工7000余人，房船车趸800余座（艘），固定资产近12亿元。

辖区主要港口有27个，年吞吐量4.3亿吨；码头3244座；已（在）建大桥56座；常年航行辖区船舶5万余艘，直接管理注册的船员近10万人，涉及船公司2200多家；渡口991处，渡船896艘，保障每年6000多万人次、500多万台次车辆和库区25余万人次学生的渡运安全。2010年，在船舶货物吞吐量同比增长18.6%（4.3亿吨）、集装箱吞吐量同比增长28.3%（180.6万TEU）的情况下，辖区共发生事故及险情235件（同比下降32.1%），其中运输船舶一般以上等级事故22件，死亡失踪28人，沉船19艘，直接经济损失1578万元，四项指标分别下降48.2%、34.9%、32.1%、58.3%，仅占全国海事系统6.6%、8.6%、9.7%、4.9%。事故险情数、等级事故数、死亡人数、沉船数均创有统计记录（1986年）以来最低，客渡船连续两年实现“零死亡”。实现了连续5年未发生一次死亡10人以上、连续7年未发生一次死亡30人以上的群死群伤事故和重大船舶污染事故。

形成了以“人和、忧乐、坚韧”的长江海事精神为核心，以对外“442”（坚持四项原则，把握四个重点，抓住两个关键）和“4R”（风险Risk、规范Rule、反应Response、资源Resource）安全监管规律、对内“1+5”长效管理机制为重点，以“理念文化、安全文化、廉政文化、形象文化”为主要内容的长江海事文化体系。职工满意度和社会满意度连续五年达90%以上。全局上下政令畅通，内外关系协调融洽，形成了心齐气顺、风正劲足的良好发展局面，涌现出了以“全国先进工作者”姚泽炎同志为代表的一批先进典型。局属单位全部跨入省级文明单位行列，长江海事局连续两届荣获“全国文明单位”称号。

长江海事在三峡库区开展溢油事故应急演练

长江海事局开展职工技能大赛

长江海事成功救助遇险人员

长江海事开展安全隐患大排查活动

2011“六五”环保启动仪式

长江船员流动学校送安全知识到码头

长江海事向小学生发放安全宣传资料

海巡艇正密切监控失控餐饮船，准备施救

长江海事局纪念建党90周年庆祝大会

长江航道局

2009年，长江航道局坚持以科学发展观为指导，团结拼搏，奋勇争先，各项工作亮点纷呈，硕果累累。一年来的工作可以概括为“三大突破”、“三大进展”、“三大成效”。

公共服务取得新突破。2009年，长江干线航道克服了三峡水库175米试验性蓄水、中下游特大干旱、库尾泥沙淤积加剧等困难和影响，在公共服务方面取得一系列新突破：干线航道维护标准进一步提高；长江干线电子航道图全线贯通；公共服务手段不断优化。

航道建设取得新突破。全年完成航道建设投资16.74亿元，刷新了长江航道建设投资的历史记录。一是抓住国家实施“扩内需、保增长、调结构”政策和加大基础设施建设的有利时机，形成了较为充足的项目储备；二是投资渠道获得新的拓展，首次争取到了中央预算资金；三是项目建设快速推进，全年完成了新增中央预算项目投资98%以上。

发展环境取得新突破。一是长江航道的建设和发展受到了国家高层领导的重视，张德江副总理专程到长江视察调研；二是国家发改委、交通运输部等国家部委领导多次到长江航道调研，初步形成了加快长江航道建设的思路；三是《长江干线航道发展规划纲要》通过国务院批准，明确提出了到2020年长江航道的建设目标、建设重点和资金保障渠道。

经济工作取得新进展。控制信贷融资规模，规避资金风险，降低了资金使用成本；工程中标率明显提高，全年共完成签约额79.8亿元、完成产值48.5亿元，创历史最高纪录；着力提高核心竞争力，南京、武汉、重庆工程局都分别获得了港航工程总承包一级资质；年度8.03亿元的航养费转财政拨款得到了财政部认可，长江航道公益经费获得了稳定的来源。

改革创新取得新进展。圆满完成1057名征稽人员的转岗安置工作；对工程经营、航道工程建设、救助打捞等部门或单位进行了充实调整；推进科技创新，泸渝段等3个航道整治工程获得交通运输部水运工程质量奖，监利河段航道治理、整治边滩守护及护底工程2个关键技术研究成果达到国际先进水平，《山区河流水下钻孔爆破施工工法》等6个工法成为省部级以上工法。

基础管理取得新进展。安全生产态势平稳，全线未发生任何航道维护责任事故、安全生产等级上报事故；出色完成了国庆60周年安保维稳工作，受到了交通运输部和长航局的表彰；认真开展了“小金库”专项治理和国库集中支付制度改革的实施工作；人事管理工作卓有成效，新增优高、高级专业技术人员52名。

学习实践科学发展观取得新成效。认真抓好学习实践科学发展观3个阶段、11个环节的各项工作，通过学习，加深了对科学发展观的深刻内涵、精神实质和根本要求的认识和理解，破解了一批制约航道科学发展的突出问题。

党建和行业文明建设取得新成效。加强领导干部队伍建设，调整交流处级干部114人，干部队伍结构进一步优化；深入开展工程建设领域突出问题专项治理，通过了部纪检组的专项检查；文明创建硕果累累，总局再次荣获“全国文明单位”称号，泸州、重庆、南京航道局和武汉工程局获得“全国精神文明建设工作先进单位”荣誉称号，郑启湘同志荣获“湖北省劳动模范”称号。

改善民生取得新成效。全面完成趸船改造二期工程，32岁以上在职职工货币化分房补贴全部补贴到位，年初承诺为职工群众办的8件实事全面完成。

2009年12月10日，张德江副总理在长江中游马家咀航道整治工程现场视察. 强调长江航道整治要遵循自然规律

三峡水库175米实验性蓄水第一天，熊学斌局长到窑监水道调研指导工作

纪念新中国成立60周年庆祝大会

长江芜南段航道提高维护水深启动仪式

长江中游窑监水道整治施工

长江航道局承建的重庆寸滩港集装箱码头工程

长江中游武穴航道整治工程（航拍）

长江航道局承建的昆明海河环境综合治理工程

长江航道局大楼

南京港口集团公司

南京港口集团公司是南京港的主体，也是南京港最大的公共港口经营人，年货物吞吐量目前居长江港口企业第一位。集团现有码头泊位69个，其中万吨级以上码头泊位30个，最大靠泊能力8万吨级，分布在南京港下关、上元门、新生圩、龙潭、西坝、七坝、浦口、仪征8大港区内。港区主要从事集装箱、石油化工、煤炭、矿石等港口物流服务。2009年，集团克服金融危机的影响，吞吐量、自然吨同比均实现了正增长，货物吞吐量完成6012.52万吨，同比增长4.03%；完成装卸自然吨4614.17万吨，同比增长0.89%；集装箱吞吐量完成120.03万TEU。

2009年南京港口发展呈现新局面，南京市委市政府把南京港口发展提升到了南京市经济社会发展的战略层面，专门成立了市港口建设与发展工作领导小组，在政策和资金上支持港口发展。南京港口集团公司主动适应市场变化，积极实施结构调整和战略转型。仪征港区成品油、液化品业务已渐成规模；新生圩和龙潭港区生产布局分工和资源配置得到优化，生产能力进一步释放；港口关联产业稳步发展，经营结构得以进一步优化。在战略合作层面上，2009年12月30日，南京市国资委与中外运长航集团签订了《合作意向书》，港口集团跨越发展迈出了实质性的步伐。在项目资本运作层面上，港口集团与华能能交公司成功合资经营龙潭三期项目，龙潭集装箱公司和天宇码头公司成功进行了增资扩股，增强了公司发展后劲。在区域经济联动层面上，港口集团与南京经济技术开发区（国家级）在区域规划、项目开发、招商引资等多方面建立了区港联动机制。2009年集团完成建设投资7.18亿元，固定资产更新改造项目投入6889万元。龙潭二期、三期通过竣工验收，龙潭四期码头水工工程完工，新生圩液体化工码头、中化扬州石化仓储码头投入试生产。惠宁公司706-708泊位改造工程已顺利开工，龙潭六期、七期及疏港公路，仪征港区608、609码头前期工作顺利进行。

南京港龙潭港区集装箱堆场作业现场

南京港新生圩港区煤炭堆场斗轮堆取料机作业现场

新生圩全景

南京港钢材堆场

南京港技术人员进行油管对接作业

南京港浦口港区煤炭装卸码头作业现场

南京港汽车滚装码头

华中航运集团有限公司

华中航运集团有限公司是经武汉市人民政府批准组建的全国地方内河第一家企业集团，系国家大型（二类）水运企业，其综合实力居全国500家最大服务行业水上运输业第15位，是一个具有货物运输、船舶管理、货运代理、港口装卸和仓储配送、船舶修造、水下工程、科研设计、商务服务、房地产开发、鞋业市场、医疗服务等多功能的跨地区、跨部门、跨行业的综合性企业集团。

华航集团现有全资子公司（分公司）10家，控股公司2家；拥有内河先进的自航船运力、江海直达船运力、特种船舶运力12万吨；拥有机械化作业码头10座；拥有一座3万余平方米的仓库群；拥有直达港口码头的8股道铁路专用线；在国内沿海和长江沿岸中心城市设有38个营销分支机构，有一套完善的安全生产管理体系，有一大批懂政策、会经营、善管理的物流高中级人才，有一支技术精湛的适合国际、国内航线运输，“海证、江证”双证合一的海员队伍。

华航集团正由传统的、单一的港航水运物流企业向现代综合物流服务企业转变，拥有长江水系最大的万吨级船队，船舶航线遍布长江水系、南北沿海，船舶管理、货运代理业务不断拓展，不断满足客户新需求和不同客户的不同需求，充当物流整合运营商的角色，构建物流产业链，是华中地区第一家AAAAA级综合物流服务型企业，得到了海内外客户的普遍信赖，在国内享有较高的知名度和美誉度。

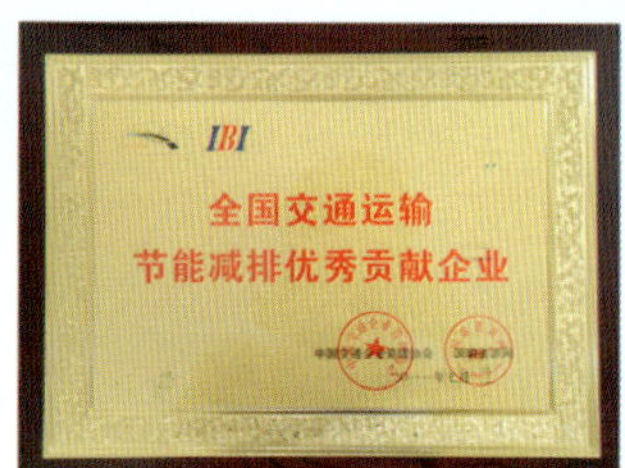

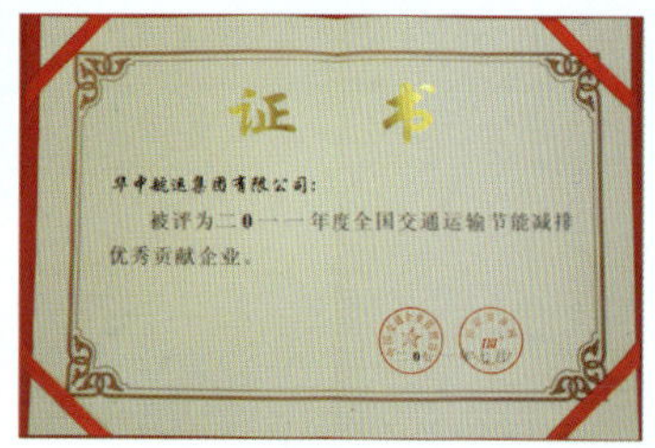

水下工程公司

GKIC
0523

武汉脑科医院
长江航运总医院

在国家发改委副主任张晓强和德国联邦经济和技术部副部长霍曼的见证下，长江航运总医院院长王凯和德国柏林医院院长Mauritz签订了技术合作协议书

交通运输部规划司司长于盛英、长航局副局长韦之杰来院检查指导工作

长江航运总医院创建于1954年，是一所综合性三级医院，湖北省认定的第一所脑科医院，武汉市医疗保险定点医院，武汉市新型农村合作医疗转诊定点医疗机构。

占地3万平方米，开放病床802张，设有57个临床科室，42个专业，14个医技科室，49个专家门诊，在职职工800余人（含一个疾控中心），具有中、高级职称技术人员300余人。脑科医院常年聘请中国工程院院士、世界著名的神经外科专家王忠诚及北京天坛医院神经内（外）科及神经介入、放射共十二名专家为医院客座专家，并有脑外科专家常驻医院开展专家门诊及各种神经外科手术，神经内科专家每月定期来医院坐诊、会诊。

医院医疗设备齐全，拥有1.5T核磁共振、介入数字血管造影机、螺旋CT和全身CT、电子手术显微镜、高压氧舱、腹腔镜、彩超及B超系列、经颅多普勒、新型碎石机、各种内窥镜等一系列现代化的医疗设备。已成功开展冠状动脉造影术、PTCA及冠脉内支架置入术、心脏永久起搏器安装术，全髋置换术、肝叶切除术、断肢再植术、体外震波碎石术、前列腺电切术及同位素放射治疗、肿瘤介入及热疗、血液透析及腹膜透析等医疗技术。脑科医院已成功开展各类肿瘤的显微神经外科手术；开展的“卒中单元”以早期溶栓、介入、康复等治疗技术于一体，明显降低伤残率和死亡率。

医院信守“医院为社会服务、医生替患者着想、医疗让群众满意”的服务理念，全方位提供优质高效的服务。

医院地址：武汉市江岸区惠济路1号(澳门路280号)

咨询电话：(027) 82426436（24小时值班电话）

医院网址：www.chzyy.com.cn

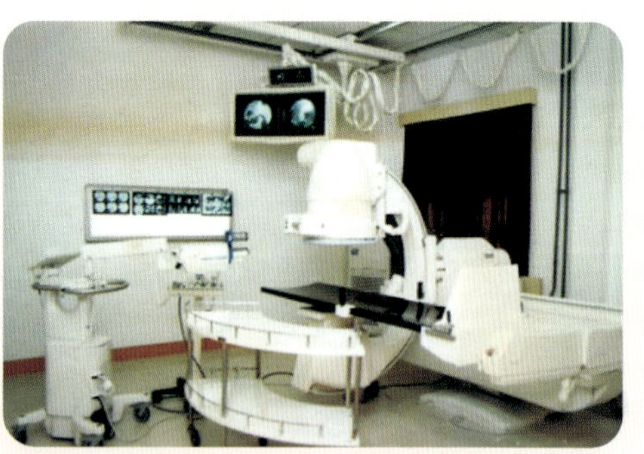

数字减影血管造影机(DSA)

长江航运总医院·武汉脑科医院新大楼

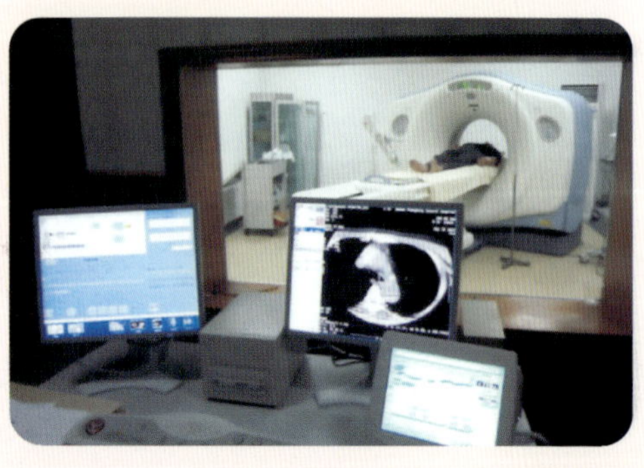

螺旋CT

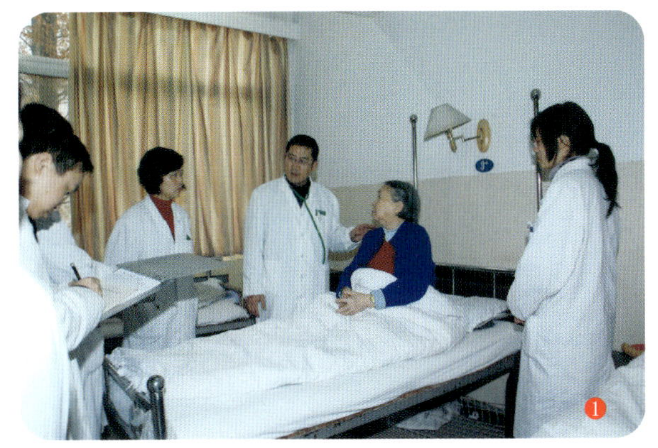

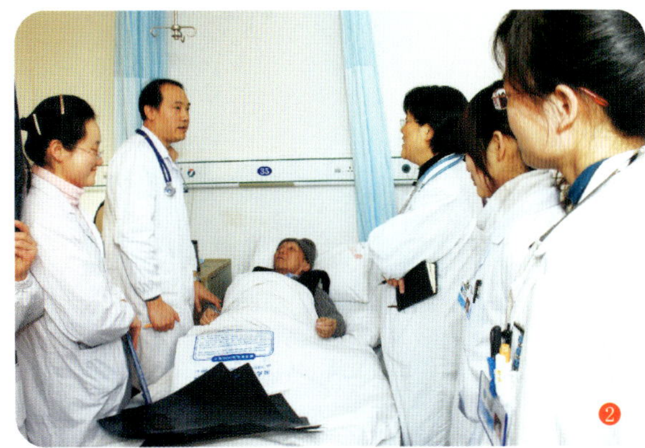

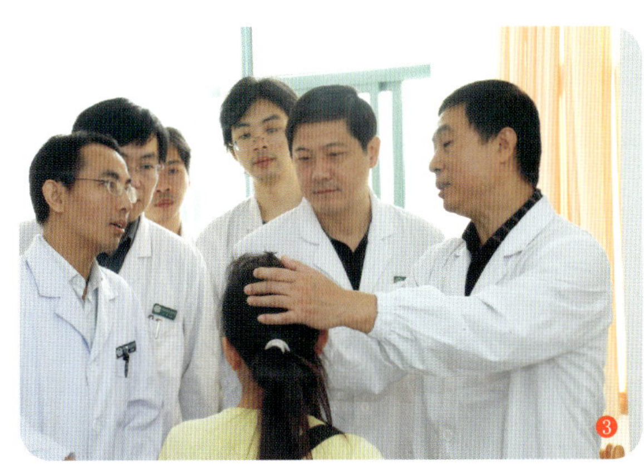

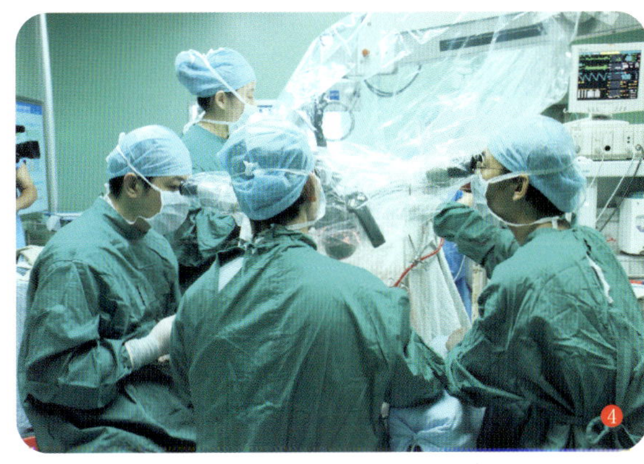

1.院领导坚持查房制度
2.长江航运总医院神经内科专家陈玉华主任医师与北京天坛医院神经内科专家陈启东教授一道查房
3.武汉脑科医院神经外科专家胡飞副主任医师（右二）与北京天坛医院神经外科专家张冰克主任（右一）一道查房
4.我院专家与北京天坛医院神经外科专家共同为患者做手术
5.武汉脑科医院品牌发展座谈会
6.到航运一线为职工服务
7.卫生防疫下基层

长江引航中心

CHANG

张德江接见姚泽炎

长江引航大楼

2008年，长江引航全体干部职工克难奋进，开拓进取，全面完成了各项目标任务，“两个一”扎实推进，“三化两率先”第三步战略目标起步良好。全年共引领中外籍船舶45337艘次，总吨3.4亿，净吨1.8亿，里程612万公里，同比分别增长20.3%、6.5%、4.7%、23.6%。

1.规范长江引航秩序工作有力推进。

规范长江引航工作取得明显成效，顺利接收南通港口集团引航站，规范重庆引航机构受理及调派，设立武汉引航站宜昌、九江办事处，真正实现长江引航集中统一管理。加强人才培养，陆续接收和分配125名内贸引航员，引进19名高等级船员充实引航员队伍，开展两期184人次引航员考培工作。加强规范管理，以安全、行风管理为重点，逐步推进“同标准服务”。

2.“三个服务”能力不断提高。

应对汶川地震和特大雪灾，积极开设绿色通道，对运输救灾物资船舶实行随时申请，随时受理，随时安排引航员，并临时放宽尹公洲航段、福姜沙南水道夜航尺度限制的规定，视线达不到要求的特殊情况下，在海事允许及安全护航措施到位时进行不间断引航。其间，共引领煤炭船舶113艘次，煤炭运量169万吨；引领油船279艘次，各类燃油运量72万吨，有力地支持救灾工作。金融危机期间，中心主动开展专题调研，走访港航企业了解生产经营状况，共同探讨应对措施，打破常规，解决企业困难。

3.长江引航安全形势持续稳定。

深入开展安全生产月、三防一禁及引航百日安全等活动，以高度的政治敏锐性和责任感认真对待奥运安保工作，实现“三个确保”。抓好四个重点，完善安全管理机制，深化引航班组建设，强化安全考核和技能培训，修订全线引航员电子技术档案和武汉以下各港泊位资料，积极开展引航员规范化操作考核。创新安全预警方式，开展每天一条安全警句活动，全年共发布安全预警信息1650条，手机短信息15万条次。外贸引航上报责任事故率0.031‰，为历年次低；内贸引航上报责任事故率0.074‰，为历年最低。

4.党建和精神文明建设再结硕果。

在全线开展以“读书工程”提高理论素质、以“爱心工程”增强社会责任、以“先锋工程”实现党员先进性、以“形象工程”提升综合服务能力的“四项工程”建设，为实现引航中心又好又快发展夯实基础。长江引航中心首次荣获全国精神文明建设工作先进单位、全国十佳引航机构，精神文明建设实现新突破。

加强环境宣传

1. 团结进取的好班子
2. 精心引领保奥运安全
3. 克服重重困难，成功引领“河北胜利”轮，为港口码头带来约200万元直接经济效益，减少金融危机不利影响
4. 刷新拖带“无动力”船舶之最
5. 开展半军事化队伍建设

目　　录

第一编　特　　载

• 全国交通工作会议文件选登 •

• 长江航务管理工作会议文件选登 •

• 长航集团工作会议文件选登 •

• 重要文件选编 •

第二编 大事记

第三编 机 构

·文明创建·

第四编　运　输

·长航集团·

·省市水运·

· 水运管理 ·

• 客货运输 •

• 长江旅游 •

• 基本建设 •

• 文明创建 •

第五编　港　口

• 省市港口 •

• 港口管理 •

• 生产经营 •

• 体制改革 •

• 基本建设 •

· 对外开放 ·

·文明创建·

第六编　海　事

· 执法机构 ·

· 体制改革 ·

• 安全管理 •

· 船员管理 ·

· 抢险搜救 ·

·水运环保·

·规费征稽·

·基本建设·

·文明创建·

第七编 航 道

·长江航道·

·管理机构·

·工程机构·

·行政管理·

·航道养护·

• 航道工程 •

• 规费征收 •

• 文明创建 •

第八编　船　闸

• 管理机构 •

• 通航管理 •

• 船闸运行 •

• 通航维护 •

• 基本建设 •

• 文明创建 •

第九编 公 安

· 公安机构 ·

· 治安管理 ·

· 消防管理 ·

· 乘警工作 ·

· 基本建设 ·

·表彰奖励·

·文明创建·

第十编　通　信

·管理机构·

·通信管理·

·通信保障·

·基本建设·

·文化建设·

第十一编　船　检

·船检机构·

• 船检业务 •

• 人员培训 •

• 科研规范 •

· 文明创建 ·

第十二编　引　航

· 引航机构 ·

· 引航工作 ·

· 引航大事 ·

第十三编　法　院

· 机构建设 ·

• 院校概况 •

• 教育培训 •

第十五编　文　卫

• 医疗机构 •

·卫生防疫·

·文明创建·

·文体活动·

第十六编　工 贸

·工贸企业·

·物流管理·

·生产经营·

·船舶修造·

•文明创建•

第十七编　社团报刊

•报 刊•

第十八编　英模专家

·先进名录·

·专　家·

第十九编　统计资料

·调查研究·

·附　录·

·领导名录·

第一编　特载

·全国交通工作会议文件选登·

应对挑战　科学发展
为保持经济平稳较快发展做好交通运输保障

——交通部部长李盛霖在2009年全国交通运输工作会议上的讲话（摘选）

（2009年1月15日）

同志们：

2009年全国交通运输工作会议是交通运输部组建以来的第一次工作会议。会议的主要任务是，认真贯彻落实党的十七大和十七届二中、三中全会精神，按照中央经济工作会议的部署要求，总结2008年工作，安排2009年重点工作，动员交通运输广大干部职工抓住机遇，应对挑战，奋力进取，扎实工作，努力开创交通运输工作的新局面。

党中央、国务院对交通运输工作非常重视。今天，中共中央政治局委员、国务院副总理张德江同志出席会议并作了重要讲话，充分肯定了过去一年交通运输发展取得的成绩，对今年和今后一个时期交通运输工作提出了明确要求。德江副总理的重要讲话，既是对交通运输广大干部职工的鼓舞和鞭策，也是做好交通运输工作的强大动力。我们要深入学习领会和认真贯彻落实，不断推进交通运输科学发展，为保持经济平稳较快发展做好交通运输保障。

下面，我讲三个问题。

一、2008年交通运输主要工作

2008年是极不平凡、难以忘怀的一年，交通运输工作的大事多、急事多、难事多。在党中央、国务院的坚强领导下，交通运输广大干部职工贯彻落实科学发展观，团结拼搏，迎难而上，各项工作都取得了显著成绩。预计全年全社会完成公路水路基础设施建设投资7 930亿元，其中公路建设完成投资6 645亿元，同比增长2.4%；沿海港口建设完成投资759亿元，同比增长5.5%；内河建设完成投资181亿元，同比增长9.0%。全年新增公路里程10万公里，其中高速公路6 433公里；沿海港口新扩建泊位154个，其中万吨级泊位89个，新增吞吐能力2.8亿吨；内河港口新增泊位282个，其中万吨级泊位21个，改善内河航道里程943公里。全社会公路水路完成客运量223亿人、旅客周转量12 711亿人公里、货运量211亿吨、货物周转量78 217亿吨公里，同比分别增长7.6%、9.7%、10.1%和3.4%。规模以上港口完成货物吞吐量58.7亿吨，完成集装箱吞吐量1.26亿标准箱，同比分别增长11.5%和12.2%。民航完成客运量1.92亿人，货邮运量405万吨，运输总周转量375亿吨公里，同比分别增长3.2%、0.7%、2.6%。邮政完成业务总量1 407亿元，普遍服务业务收入191亿元，快递业务收入407亿元，同比分别增长15.9%、12%、18.8%。

一年来，交通运输的主要工作是：

（一）奋力抗击特大自然灾害取得重大胜利。

去年初南方低温雨雪冰冻灾害发生后，部党组坚决贯彻落实党中央、国务院“保交通、保供电、保民生”的部署要求，迅速启动应急预案，加强组织领导和协调。各地交通运输部门紧急行动，力保干线公路、主要港口、航道和民航运输畅通，力保电煤等重点物资运输，力保鲜活农产品运输“绿色通道”畅通和抢险救灾物资运输，力保运输安全，力保运价稳定，力保机要邮件万无一失。部省、省际间加强沟通协调，组织应急力量抢通京珠线阻塞路段。湖北、河南省交通厅等单位迅速组织专业抢险队伍南下支援，广东、湖南、湖北、河南、江西、广西六省实行公路交通应急处置联动，江西、广西两省区开辟了跨区域分流通道。秦皇岛、天津、黄骅港和中海、中远、长航集团等骨干港航企业积极开展水上应急抢运，确保电煤来多少、卸多少、运多少。民航迅速恢复运行秩序，抢运积压、滞留旅客和救灾物资。邮政全力组织疏运邮件快件。经过连续奋战，抢通了京珠主干线和其他主要交通干线，确保滞留旅客年前平安回家，取得了抗击低温雨雪冰冻灾害的全面胜利。

“5•12”四川汶川特大地震发生后，按照党中央、国务院部署，首要任务是抢通保通保运。12个省区市的交通运输抗震救灾救援队伍与灾区交通运输干部职工一道，全力抢通灾区公路交通“生命线”；开辟水上航线应急抢运人员；恢复受灾机场正常运行，保证空中航线通畅；开设“步班邮袋邮局”、“集装箱邮局”，保证邮路畅通；开辟救灾物资公路、水路运输、空中救援和邮政服务“绿色通道”，保障及时快捷运输和通邮；调集30余架直升机参与救援行动。在抢险救灾一个月时间内，全国交通运输系统累计投入抗震救灾人员836.5万人次，投入机械15.5万台次，投入应急运力4.2万辆，投入救灾资金29.3亿元，运输救灾物资68.5万吨，抢运救灾人员和灾区群众61.5万人，全国交通运输系统踊跃为灾区捐款、捐物和施工机械，为救灾运输车辆减免通行费3.86亿元；民航组织抗震救灾飞行任务1 600余个航班，运送人员5万余人，运送救灾物资1.5万吨；邮政部门免费收寄快递爱心包裹5.5万件，平安书信4.51万件，为群众成功寻亲198人，免费汇款35.2万笔。通过努力，地震灾区国省干线公路网、内河航道网、民航运输网和邮政服务网及时恢复正常，通往重灾区的通乡通村公路全部抢通，为保障抗震救灾的胜利奠定了坚实基础。

（二）圆满完成奥运会运输保障和安全保障。

按照中央的部署要求，把奥运会、残奥会运输保障和安全保障作为交通运输工作的重中之重，做到了措施到位、工作到位、责任到位、落实到位。一是加强应急运力组织和运输保障，公路完成奥运应急运力保障组织、火炬国内传递公路转场和保障任务；民航完成火炬接力境内外传递航空运输保障以及开幕式前后奥运专包机、公务机保障等任务；邮政完成涉奥城市邮件寄递任务。二是强化安全保障，开展了以“查隐患、保安全”为主线的安保大检查，公路实施了进京货车绕行交通组织、112国道等绕行公路整治工程、省际进京客车尾气改造治理等工作；民航开展了“奥运安全、正常、优质服务年”活动，投入整改资金近4亿元加强安全隐患专项整治；水上完成了奥帆赛青岛赛区海域安全保障和隐患整治、浒苔清除、涉奥城市港口和三峡船闸等主要通航设施安保工作；邮政强化邮件寄递安全监管和服务，收寄验视率达99.5%。三是启动安全保障应急预案，细化各项保障措施、实施方案，落实奥运交通专项补助资金，严格落实工作责任制，有效保障了奥运会、残奥会交通运输安全顺畅优质运行。

（三）继续推进交通运输发展规划和重点项目建设。

发布了《国家高速公路网交通量调查观测站点布局规划》、《国家高速公路路线规划和命名编号实施方案》和《公路水路交通结构调整指导意见》。编制完成了《汶川地震灾后公路恢复重建规划》、《区域公路水路交通基础设施规划纲要》、《长江干线航道发展规划纲要》、《京杭运河综合治理航运发展建设规划》。启动了《国家高速公路地级城市绕城公路规划》、《交通突发事件应急体系建设规划》等编制工作。组织开展了“十二五”规划重大课题遴选、招投标和主要流域水运规划修编。

切实加快交通运输基础设施建设。建立国家高速公路网和西部开发省际通道在建项目数据库，全面完成西部开发8条省际通道项目审查和“五纵七横”国道主干线收尾工程，杭州湾跨海大桥和苏通大桥建成通车，舟山连岛工程全线贯通，全国最后一条通县公路——西藏墨脱公路和杭州湾第二通道嘉绍大桥开工建设，泰州长江公路大桥工程建设进展顺利。加大国省干线公路改造力度，投资规模较上年增加了67.4亿元；加快雨雪冰冻灾后恢复重建，提高公路抗灾能力；编制《汶川地震灾后公路恢复重建技术指南》，加快重建项目前期工作，截至去年底，70%的项目已开工。积极推进国家公路运输枢纽建设，加快站场项目前期工作。认真落实中央扩大内需十项措施，研究制定了《加快公路水运交通基础设施建设方案》，完成了“十一五”规划调整，通过29个省区市的共同努力，落实了第四季度新增100亿中央投资加快公路建设安排。

全面推进港口布局规划、总体规划审查批复工作，加快沿海港口结构调整步伐，继续推进煤油矿箱等大型深水码头和深水航道建设。上海港罗泾二期工程和湛江港 25 万吨级航道工程等 17 个沿海重点建设项目竣工，长江口深水航道治理三期工程进入攻坚阶段。以长江黄金水道为重点的内河水运建设稳步推进，常鲇工程、汉宜数字传输系统工程、罗湖洲水道航道整治工程等 8 个建设项目竣工，京杭运河扩能改造、西江航运干线改造扎实推进，基本建成了松花江大顶子山和右江纳吉航电枢纽工程。首次开展内河水运工程建设项目管理绩效考核，完成了株洲航电枢纽等 8 个内河水运示范工程，促进了理念、技术和管理创新。继续开展沿海码头改造试点，推进老码头技术改造和老港区功能调整。

发布了公路桥梁加固设计规范、水运工程质量检验标准、施工安全防护技术规范等行业标准，开展了以高速公路、独立特大桥梁隧道、重大水运建设工程为重点的质量安全督查，重点工程总体质量水平稳步提升。

（四）继续加强农村公路建设和发展农村客运。

全年全社会完成投资 1 887 亿元，新改建农村公路 39.1 万公里，其中沥青（水泥）路 26.3 万公里。截至去年底，全国乡镇通沥青（水泥）路率达 88.7%，东、中部地区建制村通沥青（水泥）路率分别达 89.7%、79%，西部地区建制村通公路率达 78.1%。加强农村公路建设管理，建立了农村公路数据库。确定了 14 个地（市、州）“老少边穷”地区农村公路建设示范工程。开展农村公路建设质量年活动，组织专项检查和抽查，加强技术人员培训，完成农村公路“村村通”工程核查评估。继续推进农村公路管理养护体制改革，出台了农村公路养护管理暂行办法和养护技术手册，全国 31 个省区市都出台了管理养护体制改革实施方案。提高农村客运燃油补贴标准，出台农村客运车辆更新补贴政策。

（五）着力提高交通运输服务保障能力。

强化公路、水路运输组织、运输服务和市场监管。一是加强港口煤炭疏港和电力“迎峰度夏”及奥运期间重点物资运输，保障了煤炭、粮食、石油、铁矿石等重点物资运输。完成了春运、“十一”黄金周和其他节假日客货运输。二是加强交通运输出行信息服务，及时发布公路水路气象预警和干线公路交通阻断信息；推进部省道路运输联网试点和道路运输电子证件应用试点；推进国家高速公路网管理和应急处置中心建设；修订了公路水路交通突发事件应急预案，国家设立专项资金支持内河航道应急抢通工作。三是制定道路运输管理工作规范、道路旅客运输班线经营权招投标办法、汽车客运站安全规范，深入开展驾驶员素质教育工程，推进承运人责任险工作。继续加强治超，从 2007 年 11 月开始，由山西省牵头、华北五省区市联合治超，车辆超限超载率大幅下降，山西全省目前已下降到 0.2%，杜绝了车货总重55吨以上非法超限超载车辆在高速公路行驶，交通事故明显减少，道路畅通率明显提高。四是针对一些出租车群体事件，国务院办公厅下发了通知，部及时派出工作组进行指导，会同地方交通运输部门切实维护出租车行业稳定；组织开展调研，研究提出了加强出租车行业管理，促进行业稳定、规范、提高的基本思路。五是开展水运管理规范年活动，治理内贸集装箱超载，规范国内船舶融资租赁管理，提高国内水路运输市场准入标准，建立退出机制；加强国际海运市场监管，依法查处涉嫌违规的国际班轮和无船承运业务经营者，继续落实中资国际航运船舶特案免税登记政策取得较大进展。六是做好长江干线枯水期航道维护，推进船型标准化，做好三峡船闸通航保障工作。七是出台促进水运业平稳较快发展的政策措施，指导和扶持水运企业积极应对国际金融危机。八是签订了海峡两岸空运协议、海运协议、邮政协议，两岸全面“三通”基本实现。

（六）不断完善安全监管和救助能力建设。

组织实施《国家水上交通安全监管和救助系统布局规划》，建造和更新改造了一批监管救助重点设施和装备；启动了国家船舶溢油应急设备库和专业溢油应急船舶建造；以应急辅助指挥决策系统建设为重点，加快应急指挥信息化建设步伐。修订完善《国家海上搜救应急预案》，建立了海上搜救医疗联动、灾害性天气预警、获救人员善后处置、渔业船舶搜救互动的机制；各地也编制了海上搜救应急预案，基本形成了沿海 11 个省区市以及长江、黑龙江干线水域搜救网络；建立渤海湾救助打捞应急联动机制，基本形成环渤海湾水域陆岛空中救援网；制定海洋灾害信息监测预警预防制度和海上安全信息发布制度，初步形成了覆盖我国内陆和沿海主要通航水域水上灾害性天气预警预防体系。组织开展安全生产隐患排查治理、安全生产百日督查和“两防”整治“回头看”、砂石运输船与施工船整治等专项治理活动。成功组织了2008年中日、中韩和厦金航线海上搜救、海上溢油等应急联合演习；圆满完成 “神舟七号”载人飞船海上应急救援保障任务；成功防抗10个影响我国沿海的台风，保持了我国管辖海域连续 5 年中国籍交通运输船舶人员零死亡记录。全年共发生运输船舶交通事故 342 件，同比减少18.6%，死亡失踪351人，同比减少5.6%，沉船213艘，同比减少14.1%，直接经济损失51890万元，同比增加29.1%；共组织搜救1784次，获救人员 19 565 人，救助成功率 96.5%。民航飞行和空防保持了持续安全，航空运输连续安全飞行达 1 375 万小时。邮件寄递安全平稳。道路运输交通事故稳中有降。交通建设安全生产形势总体好转。

（七）稳步推进机构改革与成品油价格和税费改革。

组织落实《关于深化行政管理体制改革的决定》和《国务院机构改革方案》，上报了“三定”规定。做到了人心不散、队伍不乱、工作不断、行业稳定。公路、水路和民航、邮政各项改革继续推进。

根据国务院关于成品油价格和税费改革的要求，配合国家发展改革委、财政部等部门修改完善税费改革方案，积极反映交通运输行业的意见，积极争取政策支持。协商研究改革后新形成的交通资金收入转移支付和增量资金分配办法，组织制定改革涉及人员安置实施方案。进一步完善政府还贷二级公路撤站方案，明确撤站目标、工作步骤和资金中央补助办法，做好取消政府还贷二级公路收费的各项准备工作。

（八）继续加强科技创新和节能减排。

推进建设交通运输国家重点实验室和国家工程研究中心，建成交通运输科技信息资源共享平台门户网站，加强交通运输类主干学科教学实验设施建设。加强交通运输重大科技项目攻关，苏通大桥建设、国家高速公路网不停车收费与服务系统、现代物流服务示范工程、离岸深水港建设等关键技术研究取得重要成果。总结推广湖北神宜科技环保示范工程经验，实施沪蓉西高速公路等科技示范工程，完成材料节约与循环利用专项行动计划。完善交通运输信息化标准体系，规范交通运输电子政务建设，颁发了道路、水路运输和船员、船舶等信息基础数据元标准；开展部省综合业务管理、应急处置和出行服务系统建设，推进道路运输信息系统联网，实现了部与21个省厅信息系统的互联互通，推进西部交通信息化建设；启动船舶、船员和车辆“一卡通”等工程建设，开展了东直门综合运输枢纽信息服务平台试点工程建设。

制定了《节约能源法》实施办法和公路水路交通节能中长期规划纲要，颁布实施营运客货车燃料消耗量限值及测量方法，完成15项节能标准规范制修订工作，确定了第二批节能减排示范项目，加强经验推广和技术交流。与亚洲开发银行合作开展了《公路行业资源优化》研究项目，我国交通运输领域的成功经验已推广到亚洲各国。

（九）积极推进依法行政和对外交流合作。

继续推进《防治船舶污染海洋环境管理条例（修订）》、《公路保护条例》、《国内水路运输条例（修订）》的立法工作；制定出台了《收费公路权益转让办法》等13件部颁规章；按照全国人大要求，对《海上交通安全法》、《邮政法》、《海商法》、《民用航空法》、《公路法》、《港口法》等法律进行了清理。制定了交通行政执法责任制监督检查标准，组织起草了交通行政执法风纪、用语、检查行为、行政处罚、执法文书规范等规范性文件。制定了交通行政复议责任追究管理办法和人员资格管理办法。

进一步深化区域合作。通过了中国—东盟交通合作战略规划、中亚区域经济合作运输和贸易便利化战略报告及行动计划，启动《中国—东盟海运协定》年度磋商会议机制，制订了《上海合作组织成员国政府间国际道路运输便利化协定》框架文本，推动中日韩运输与物流合作并取得积极进展。召开了APEC港口服务网络成立大会和第一届理事会。继续推进双边合作。签定了中爱海运协定，中欧海运协定正式生效；完成黑瞎子岛周围水域航标接管工作，中俄重点界河桥、利用俄罗斯远东出海通道等项目取得新进展；举办了首届中美交通论坛；签订了中朝、中塔政府间道路运输协定和中韩履行海上搜救合作协定的协议。积极协调开展营救在索马里海域遭海盗劫持的中国船舶和船员，并协助海军开展索马里海域护航任务。多边合作成绩喜人。巩固并深化了我国与马六甲海峡沿岸国的互利合作；进一步加大参与国际海事组织工作力度；与世行、亚行等国际金融和开发援助机构开展了交通运输战略、规划、政策等领域的合作。

（十）进一步加强党建工作和行业文明建设。按照中央的统一部署，交通运输部、民航局、邮政局和各省交通厅组织开展了深入学习实践科学发展观活动，围绕“党员干部受教育、科学发展上水平、人民群众得实惠”的总要求，着力转变不适应、不符合科学发展要求的思想观念，着力解决影响和制约交通运输科学发展的突出问题，坚持边整边改，破解现代交通运输业发展难题，不断提高“三个服务”能力和水平。

开展了交通运输文化建设“五个一”工程活动，培育了一批交通运输文化建设示范单位。组织开展了抗灾救灾等新闻宣传报道、纪念交通运输改革开放30周年成就宣传活动。围绕奥运会开展了交通运输服务设施改善工程、文明窗口示范工程等活动。组织开展了行业文明创建评比表彰活动，树立和宣传了女邮递员尼玛拉木先进典型，表彰了抗灾救灾、奥运交通运输保障先进典型。交通运输行业多家单位被党中央、国务院授予“全国抗震救灾先进集体”、“北京奥运会、残奥会先进集体”荣誉称号，多名同志获“全国抗震救灾模范”光荣称号和全国“五一”劳动奖章。

制定了《建立健全惩治和预防腐败体系2008—2012年工作规划》实施办法。扎实开展反腐倡廉教育，促进领导干部廉洁自律。深化交通运输基础设施建设领域廉政工作，努力打造“阳光”工程。以巩固治理公路“三乱”成果为重点，切实解决损害群众利益的突出问题。加强对贯彻落实科学发展观的监督检查，确保中央政令畅通。查处了一批违法违规案件。加强救灾物资款项的监督检查，加强交通运输建设资金特别是农村公路建设资金审计和领导干部的经济责任审计。开展了对部属单位的巡视试点工作。

同志们，2008年是我国改革开放30周年。30年来，在党中央、国务院的正确领导下，交通运输坚持改革开放，实现了跨越式发展和历史性巨变。到2008年底，全国公路总里程达368万公里，公路通车总里程和公路密度比1978年增长3倍多，高速公路从无到有，达6.03万公里；建成公路桥梁总量是1978年的近5倍，一批施工难度大、科技含量高的世界级公路桥梁和长大隧道建成通车；农村公路总里程达321万公里，是改革开放前的5倍多；港口生产性泊位和万吨级泊位分别比1978年增长了44倍和11倍；港口货物吞吐量和集装箱吞吐量连续五年居世界第一，拥有16个亿吨大港；内河通航里程达12.3万公里，50%为等级航道；民用汽车拥有量是1978年的37倍，民用运输轮驳船净载重吨增长7倍；公路客运量、旅客周转量、货运量和货物周转量分别比1978年增长13倍、23倍、10倍和36倍；水路完成货运量、货物周转量分别比1978年增长5倍和16倍。

30年来，在中国特色社会主义伟大旗帜指引下，交通运输在改革开放实践中积累了十分宝贵的经验。主要是：必须坚定不移地贯彻执行党的路线方针政策，深入贯彻落实科学发展观，始终把发展作为第一要务，牢牢把握发展机遇，珍惜机遇，用好机遇；必须坚持深化改革扩大开放，健全完善符合交通运输发展规律的管理体制、运行机制，不断解放和发展交通运输生产力，提高“三个服务”能力和水平；必须高度重视和研究制定交通运输发展战略、发展规划、政策法规和标准体系，增强交通运输发展的系统性、前瞻性和科学性；必须充分发挥中央、地方、行业内外和人民群众的积极性，形成交通运输发展的强大合力；必须坚持“科教兴交”和“人才强交”战略，提高科技进步的贡献率，促进交通运输可持续发展；必须坚持以人为本，依法行政，加强服务型政府建设，不断提高交通运输部门行政执行力和公信力，不断推进行业文明和党风廉政建设，为交通运输发展提供强大精神动力和坚强政治保证。我们要传承和运用好这些经验，并不断丰富发展，始终不渝地坚持推进交通运输改革开放。

交通运输改革发展30年来取得的巨大成绩，是党中央、国务院和地方党委、政府高度重视和正确领导的结果，是各有关部门、人民群众热情关心和积极支持的结果，是行业上下团结奋斗和努力拼搏的结果。抚今思昔，可以更深切地体会到，交通运输发展取得的显著成绩，凝聚了几代交通人的心血和汗水、努力和奉献。在此，我代表部党组，向关心支持交通运输工作的地方党委、政府和各有关部门，向交通运输广大干部职工和离退休老同志，表示衷心的感谢和亲切的问候！

二、推进交通运输科学发展面临的新形势和新任务

近年来，交通运输工作深入贯彻落实科学发展观，从交通运输是国民经济基础产业和服务性行业的实际出发，从联系千家万户、服务亿万群众的特点出发，积极探索交通运输发展的新思路新理念新措施，着力解决发展中的深层次矛盾和问题，着力推进交通运输转入科学发展轨道。一是明确提出要努力做好“三个服务”，进一步强化服务意识，增强服务能力，提高服务水平。二是明确提出加快发展现代交通运输业，促进交通运输继续成为新时期国民经济发展的战略重点。三是明确提出推进交通运输发展方式实现“三个转变”。四是明确提出在工作重点上抓好调整交通运输结构、转变发展方式、推进自主创新、强化行业管理“四个环节”。五是明确提出大力推进交通运输理念、科技、体制机制和政策“四个创新”。这些理念和思路有力推进了交通运输改革发展，成为广大交通运输干部职工的共识。新组建的交通运输部党组认为，这些理念和思路符合科学发展观的要求，切合交通运输行业实际，应继续成为交通运输工作的重要指导原则，并在今后的工作实践中不断丰富和发展。

当前和今后一个时期，是推进我国交通运输科学发展的关键阶段，必须把科学发展观的要求贯穿于交通运输改革发展的全过程。坚持把发展作为交通运输工作的第一要务，努力实现又好又快发展；坚持把以人为本作为交通运输工作的核心，努力做到交通运输安全便捷化和公共服务均等化；坚持把全面协调可持续发展作为交通运输工作的基本要求，努力促进交通运输与环境资源和谐一致；坚持把统筹兼顾作为交通运输工作的根本方法，努力推进综合运输协调发展，促进区域、城乡交通运输一体化。

推进交通运输科学发展，必须深入分析和科学判断交通运输面临的新形势，明确新任务，创新发展理念，转变发展方式，破解发展难题，提高发展质量，把交通运输科学发展、和谐发展、安全发展落到实处。

第一，积极应对国际国内严峻复杂经济形势的新挑战，切实加快调整交通运输结构、转变发展方式。

去年四季度以来，受国际金融危机快速蔓延和世界经济明显减速的影响，我国经济运行困难急剧增加，交通运输业也遭到前所未有的冲击，面临前所未有的困难。主要表现在：国际航运增长乏力、运价大幅下滑，规模以上港口货物吞吐量和集装箱吞吐量增幅回落，出现了多年少有的煤炭压港现象；道路货运量和货运周转量增速明显放缓，一些煤炭等资源省区公路货运量降幅明显，货车报停歇业比例增高；国际航空需求下降，国内航空需求增量减缓，运输总周转量、旅客运输量和货邮运输量增长率均比上年大幅回落；国际快递业也受到较大冲击，但由于电子商务配送和代收货款等新兴业务拉动作用明显，仍维持较快增长态势；大型交通运输企业亏损面加大，资金流动不畅，汇兑风险增加，中小交通运输企业效益下降，面临资金断链、破产倒闭的风险。目前，这场金融危机还没有见底。随着国际金融危机的日益加深，对交通运输的影响，其严重后果还会进一步显现。

尽管当前面临严峻的困难和挑战，但更应该看到，我国仍处于发展的重要战略机遇期，交通运输仍处在大建设大发展时期，交通运输发展的基本态势没有变；中央已经并在继续采取一系列扭转经济下滑的政策措施，千方百计保持经济平稳较快增长，为交通运输发展提供了巨大空间；改革开放30年来积累的宝贵经验和物质基础，大大增强了交通运输业抵御风险的能力和发展的活力。要深刻认识国际国内经济形势的复杂性和严峻性，增强忧患意识和交通运输科学发展的紧迫感，保持清醒头脑，做到科学应对，始终把握交通运输发展的主动权；深刻认识交通运输发展的有利条件和积极因素，增强战胜困难的决心和信心，做到变压力为动力，化挑战为机遇，把国际金融危机带来的不利影响降到最低程度；深刻认识交通运输发展的客观规律，增强在复杂形势下做好交通运输工作的能力，做到既要渡过难关，又要上新水平。

改革开放以来，交通运输发展取得了举世瞩目的成就，但多年来交通运输发展中的突出矛盾和问题还没有根本解决，特别是交通运输结构不尽合理，发展方式总体粗放的格局没有根本转变。

短期问题与长期问题交织在一起，使交通运输发展面临的形势更加复杂、更加严峻，必须把推进当前发展与解决好长远问题结合起来。加快交通运输结构调整，转变交通运输发展方式既是克服当前严重困难、应对严峻形势的有效措施，也是实现交通运输长期平稳较快发展的重要途径。推进交通运输结构调整，就是要大力发展现代交通运输业，加快实现由传统产业向现代交通运输业的转型。主要是，积极推进综合运输体系发展；用现代科学技术、管理技术改造和提升交通运输，提高基础设施、运输装备的现代化水平和运营效能；适应现代服务业发展要求，不断拓展交通运输服务领域；积极探索资源节约、环境友好发展之路。推进交通运输发展方式转变，就是要努力做到“三个转变”，即由主要依靠基础设施投资建设拉动向建设、养护、管理和运输服务协调拉动转变；由主要依靠增加物质资源消耗向科技进步、行业创新、从业人员素质提高和资源节约环境友好转变；由主要依靠单一运输方式的发展向综合运输体系发展转变。推进结构调整、转变发展方式，是实现交通运输科学发展的战略任务，要紧紧抓住我国经济发展战略转型的历史机遇，下更大的气力，促使这方面的工作有实质性进展。

第二，紧紧抓住中央扩大内需政策措施的新机遇，有效推进交通运输大建设大发展。

中央作出当前进一步扩大内需促进经济增长的决策部署，把加快交通运输基础设施和民生工程建设作为扩大内需的重要举措，既注重投资拉动，又注重民生工程；既注重有效扩大投资，又注重有利于扩大消费；既注重促进经济增长，又注重推动结构调整；既注重拉动当前经济增长，又注重增强经济长期发展后劲。这是加快交通运输基础设施建设的又一次重大机遇。

中央实施的政策措施中，包括了加快高速公路、农村公路、机场、邮政设施建设和灾后交通基础设施恢复重建。按照中央的部署要求，今明两年落实扩大内需加快交通运输基础设施建设的重点，一是优先安排国家高速公路网等重点工程建设，加快建成国家高速公路网主骨架。加快前期工作进度，加快审批具备施工条件的项目，重点推进省际之间以及一些大中城市之间的“断头路”建设。二是进一步加强农村公路建设，确保2010年全国乡镇基本实现通沥青（水泥）路，东中部地区所有具备条件的行政村通沥青（水泥）路，西部地区具备条件的行政村通公路。三是加快灾后交通运输基础设施恢复重建，完成汶川地震灾后恢复重建总体规划明确的任务。四是统筹推进国省干线公路改造，重要港口干线航道、防波堤等公共设施建设，长江黄金水道、京杭运河等内河航道建设。五是加强民用机场建设和改造，推进邮政设施建设。

加快基础设施建设，资金筹措是关键，也是难题。中央增加的国债资金和预算内资金投入，是政策性和引导性资金，交通运输基础设施建设资金需求有较大缺口；灾后交通运输基础设施恢复重建资金也有较大缺口。要紧紧抓住国家实施积极财政政策和适度宽松的货币政策的机遇，努力拓宽融资渠道，积极探索建立促进交通运输可持续发展的资金保障机制，做到“四个坚持”：坚持筹融资主体多元化，充分发挥各方面的积极性；坚持筹融资渠道多样化，充分利用政府财政资金、金融信贷资金和社会民间资本；坚持筹融资形式多样化，巩固和完善政府资金投入和政策支持措施，搭建新的融资平台；坚持筹融资结构合理化，努力扩大资本性资金所占比例，在筹集债务性资金的同时，统筹考虑债务结构和偿债能力。

第三，主动适应成品油价格和税费改革的新变化，不断探索构建交通运输发展的新体制新机制。

成品油价格和税费改革从今年1月1日起实施。这是党中央、国务院贯彻落实科学发展观，建设资源节约型、环境友好型社会的重大决策，也是理顺税费关系，建立依法以税筹集交通运输发展资金长效机制的重大举措。这次改革在取消公路养路费等六费的同时，逐步有序取消政府还贷二级公路收费，有利于发挥公共财政在交通发展中的作用，有利于从源头上遏制乱收费，有利于体现公路设施的基础性和公益性，有利于优化公路路网结构，提高通行效率。各地交通运输部门要把思想和行动进一步统一到中央的决策部署上来，在当地人民政府的领导下，采取切实有效的措施，积极稳妥地推进改革，特别是做好改革涉及人员安置、取消政府还贷二级公路收费和探索建立交通运输发展的新体制新机制等工作。

妥善做好改革涉及人员的安置工作，是顺利

推进改革的重要保证。交通规费征稽机构以及取消政府还贷二级公路收费涉及的收费站管理机构要划转、撤并、精简，涉及的相关人员要有明确的安置去向。安置好这些干部职工，继续发挥他们的作用，既是交通运输事业发展的需要，也是维护行业稳定的需要。国务院明确，要按照转岗不下岗、待安置期间级别不变、合规合理的待遇不变的总体要求，由各省区市人民政府负总责，多渠道安置，有关部门给予指导、协调和支持，确保改革稳妥有序推进。由我部会同国家发展改革委等部门拟定的《关于实施成品油价格和税费改革人员安置工作指导意见》，即将报送国务院审批。各地交通运输部门要在地方人民政府的领导下，与有关部门密切协作，广开安置和就业渠道，统筹安排，精心精心再精心，积极稳妥地做好这次改革涉及人员的安置工作。

取消政府还贷二级公路收费，是这次改革的重要内容。国家发展改革委、交通运输部和财政部拟定的《取消政府还贷二级公路收费实施方案》已上报国务院。总体要求是，逐步有序、尊重地方意愿；总体思路是，"国家鼓励、地方为主，确定目标、有序推进，锁定债务、逐年偿还，安置人员、确保稳定"。目前有 14 个省区市作为试点省份正在开展取消政府还贷二级公路收费的有关工作。需要强调的是，"贷款修路、收费还贷"是我国公路基础设施建设投融资政策的重要组成部分。1984 年实施以来，有效缓解了公路建设资金不足的矛盾，极大地加快了我国公路建设步伐，有效缓解了公路交通对国民经济的"瓶颈"制约。当前，世界上有 60 多个国家采取收费公路的形式建设和发展高速公路，利用这种方式吸收社会资本投资公路建设，调节交通量分布，优化出行方式。根据我国现阶段经济社会发展水平，今后一个时期，收费公路政策仍然是筹集公路交通建设资金的重要渠道，要继续坚持下去。同时，要针对实行过程中出现的新情况、新问题，对收费公路政策进行及时调整和完善，积极探索建立高速公路与普通公路统筹发展的新机制，逐步形成以高速公路为主体的收费公路网络和以普通公路为主体的免费公路网络，充分体现效率与公平的原则。

探索建立公路发展的新体制新机制，是这次改革后需要研究解决的重要课题。这次改革对交通运输发展特别是公路发展产生很大影响。公路养路费等六费由地方费变成中央税，交通运输部门利用交通运输规费质押贷款筹集公路建设资金的融资平台出现新的情况；替代六费的燃油消费税收入由中央财政通过规范的转移支付分配给地方，各地交通运输建设与养护资金的拨付管理出现新的变化；随着政府还贷二级公路收费的逐步取消，普通公路特别是西部地区普通公路的建设与发展面临新问题。针对这些情况，国务院已经明确，改革后形成的交通资金属性不变、资金用途不变、地方预算程序不变、地方事权不变；同时明确要求着手研究解决好普通公路建设发展特别是二级公路发展问题。各地交通运输部门要充分利用中央扩大基础设施建设的金融支持政策和国务院明确的中央财政对交通专项资金"四个不变"的规定，依托现有的资源条件和筹资渠道，结合地方机构改革，着力建立既符合财政预算管理要求，又符合精简高效、职责明确、权责一致、运转协调要求的公路管理体制和运行机制。积极争取地方政府加大对普通公路建设发展的财政投入，合理安排财政替代养路费等收入和用于补助地方取消政府还贷二级公路收费的资金。

第四，牢牢把握深化交通行政管理体制改革的新契机，积极推进综合运输体系发展。

党的十七届二中全会通过了《关于深化行政管理体制改革的意见》，确立了 2020 年建立起比较完善的中国特色行政管理体制的总目标，提出今后 5 年行政管理体制改革的任务。十一届全国人大一次会议通过了《国务院机构改革方案》，这是深化行政管理体制改革的重要组成部分。《方案》明确，组建交通运输部，将原交通部、原中国民用航空总局的职责，原建设部指导城市客运的职责，整合划入新组建的交通运输部，同时组建中国民用航空局，由交通运输部管理。为加强邮政与交通运输统筹管理，国家邮政局改由交通运输部管理。这次国务院机构改革，坚持积极稳妥的方针，既充分利用各方面的有利条件，统筹兼顾、突出重点，又充分考虑到经济社会发展中面临的各种矛盾困难和潜在风险，循序渐进，不毕其功于一役，采取了整体设计与分步实施相结合的办法。交通运输部门作为这次改革第二批具体实施的部门，目前中央编办正在抓紧组织拟定"三定"规定，待报国务院批准后组织实施。

今年，地方机构改革也进入了实施阶段。中央要求，地方政府机构改革，以政府职能转变为核心，按照精简统一效能的原则，优化政府组织结构，完善体制机制，推进依法行政，提高行政效能。近期中央已批准 7 个省区市的机构改革方案，方案中都设置了交通运输厅（局）。各地交通运输部门要按照中央批准的职责，在地方政府的领导下，尽快完成“三定”规定，履行职责。

实行大部门制，是这次改革与以往几次政府机构改革的重要区别。组建交通运输部是实行大部门制的试点和探索。实行大部门制改革不是简单的合并，主要是建立健全决策权、执行权、监督权既相互制约，又相互协调的权力结构和运行机制，进一步转变政府职能、理顺职责关系，加强社会管理和公共服务，优化交通运输布局，加快形成便捷、通畅、高效、安全的综合运输体系。

综合运输是交通运输业发展到一定阶段后的内在要求。综合运输体系是各种运输方式在社会化的运输范围内和统一的运输过程中，按照技术经济特点组成分工协作、有机结合、连结贯通、布局合理的交通运输综合体系。发展综合运输体系，充分发挥各种交通运输方式的整体优势和综合效率，是中央赋予交通运输部的重要职责，也是交通运输部门的中心任务。要以这次交通行政管理体制改革为契机，积极推进综合运输体系发展。一要建立健全综合运输规划体系，统筹各种运输方式在规划上的衔接，充分发挥各种运输方式的比较优势，合理布局，优化通道资源利用。二要促进现代综合运输枢纽建设，特别是连接航空、铁路、公路、水运、城市公交等各种运输方式的中心城市综合枢纽建设，合理配置运输资源，促进各种运输方式的有效衔接，逐步实现客运“零距离换乘”和货运“无缝隙衔接”。三要加强综合运输政策和标准规范的研究制定，促进各种运输方式政策标准的衔接，加快推进多式联运，促进交通运输一体化发展。四要加快综合运输管理和公共信息服务平台建设，形成各种运输方式既自成管理体系、高效运行，又优势互补、相互衔接的格局，促进各种运输方式之间的信息资源共享，进一步改善公众出行信息服务，提高交通运输管理效能和服务水平。

第五，高度重视突发灾害和恐怖活动的新情况，切实提高安全监管和应急处置能力。

近年来，全球气候变暖，强台风、强降雨、暴风雨、暴风雪等极端天气频繁，我国大陆及沿海发生洪涝、旱灾以及江河严重枯水的频率和强度明显增加，地震、海啸等特大自然灾害时有发生。这些极端天气和突发性自然灾害造成恶劣海况、空况以及滑坡、泥石流等，导致船舶、飞机停航，公路水毁、雪阻，航道变迁，严重影响交通运输安全。国际上，海盗及恐怖组织活动频繁，劫船、劫机等事件不断发生，对海运、空运、道路运输以及邮件运输等造成重大威胁。在金融危机的影响下，许多交通运输企业因无力增加必要的安全设施和装备，带来了更多的安全隐患。

发展不能以牺牲人的生命为代价，不能以牺牲生态环境为代价，不能以牺牲精神文明为代价。我国是一个发展中的大国，是国际海事组织、国际民航组织、万国邮联的重要成员国，并加入了许多国际公约。把坚持安全发展的要求落到交通运输工作各个环节，是交通运输部门落实以人为本执政理念、做好“三个服务”的根本要求，也是履行国际公约、承担国际义务、树立负责任大国形象的实际体现。要认真总结近年来抗击自然灾害特别是去年抗灾救灾的经验教训，坚持突出重点，着力构建长效机制，进一步加强安全监管，不断提高防范和处置突发事件的能力和水平。

切实提高安全监管和应急处置能力，关键是要落实好“安全第一、预防为主、综合治理”的方针，做到思想认识上警钟长鸣、制度保证上严密有效、技术支撑上坚强有力、监督检查上严格细致、事故处理上严肃认真。一是要坚决贯彻落实安全生产责任制，完善安全生产管理的体制机制，严格执行安全生产的各项规章制度，确保各级交通运输部门承担起安全生产监督主体责任，确保交通建设和运输企业承担起安全生产责任主体的职责，把安全生产的各项要求落到实处。二是要加强交通运输安全生产法制建设，抓紧完善安全生产法律法规体系，健全交通运输行业安全工作的法治秩序，加大安全监管执法力度，增强执法部门和企业的安全生产法制观念，认真查处安全事故，严肃追究有关责任人员的责任。三是要继续开展重点部门和薄弱环节的专项整治，建立健全隐患排查整改机制，科学把握重点时段、重点区域、重点运输工具的特点和规律，强化汛期、台风、浓雾等季节性极端天气条件下的安全监管和人命救助。四是要增强反恐意识，切实加强机场、车站、桥隧、港口、船闸、邮件分拣场所和交通运输工具的安保措施。五是要完善各项应急预案，建立重特大安全事故监测预警系统，提高防范和处置突发事件的应急保障能力。

三 2009 年交通运输工作安排

2009 年是交通运输发展重要的一年。中央经济工作会议要求把保持经济平稳较快发展作为今年经济工作的首要任务，立足扩大内需保持经济平稳较快增长，加快发展方式转变和结构调整提高可持续发展能力，深化改革开放增强经济社会发展活力和动力，加强社会建设解决涉及群众利益的难点热点问题，促进经济社会又好又快发展。

按照中央经济工作会议的部署，做好今年交通运输工作的总体要求是：全面贯彻党的十七大和十七届二中、三中全会精神，以邓小平理论和“三个代表”重要思想为指导，深入贯彻落实科学发展观，积极探索大部门体制下交通运输科学发展的新机制，加快交通运输基础设施建设，积极推进综合运输体系发展，加快结构调整和发展方式转变，大力发展现代交通运输业，努力提高“三个服务”的能力和水平，为扩大内需、保持经济平稳较快增长做好交通运输保障。

1 月 6 日和 12 日，已分别召开了民航工作会议和邮政工作会议，对今年的民航、邮政工作进行了全面部署，要切实抓好会议精神的贯彻落实。这里，主要部署安排公路、水运的重点工作：

第一，加快交通运输基础设施建设。

认真贯彻落实中央扩大内需促进经济增长的政策措施，明确加快公路水运建设的投资方向和重点，对符合规划的高速公路项目、沿海港口进出港航道和疏港通道项目以及内河国家高等级航道项目，建立项目前期工作储备，在土地、资金、审批等方面积极争取国家政策支持，促进交通运输大建设大发展。

加快国家高速公路网等重点工程建设。推动具备开工条件的国家高速公路项目尽快开工建设，重点是国家高速公路网中省际“断头路”、城际扩容路和重要疏港路建设，以及国家高速公路网主骨架项目建设。启动《国家高速公路网规划》修编工作，完成国家高速公路网疏港高速公路建设规划、主要高速公路运输通道扩容方案。完成国道网建设规划、国道网调整工作和已建高速公路路线命名编号实施工作。加快国省干线公路网改造，启动国道瓶颈路段建设规划研究工作。加强国家公路运输枢纽和综合运输枢纽建设。加快推进港珠澳大桥、琼州海峡跨海通道等重点工程的前期工作。继续加快国边防公路建设。

推进沿海主要港口进出港航道和内河航道建设。加快调整老码头技术改造和老港区功能，促进港口持续发展和港城协调发展。加强沿海港口进出港航道、防波堤建设、港口集疏运体系建设。继续加强长江黄金水道建设，推进长江口深水航道治理三期工程建设，加大中游河段系统整治的研究力度。继续加强京杭运河改扩建、西江航运干线扩能、长江三角洲、珠江三角洲高等级航道和黑龙江航道建设。全面推行内河水运工程建设项目管理绩效考核。

加快灾后交通运输基础设施恢复重建。全面落实《汶川地震灾后公路恢复重建规划》，做好未开工项目恢复重建方案的研究论证工作。抓紧启动项目前期工作，简化审批程序，具备条件的及时纳入投资计划，争取恢复重建规划项目全面开工建设。加强与对口支援省份和国家有关部门的协调，落实建设资金，细化规划项目。

加强交通运输基础设施建设质量监管。以建立统一规范的交通运输基础设施从业单位信用评价体系为主线，进一步规范交通运输基础设施建设市场管理；以权责一致为主线，创新工程质量监督和安全监管机制；以建立诚信体系和落实建设各方责任为重点，加强质量安全监督监管工作。制定《公路、水运工程质量监督规定》。强化交通工程建设技术标准管理工作。探索建立公路水运监理企业和监理工程师信用评价制度、公路水运试验检测机构和从业人员信用评价制度、总监理工程师负责制度、第三方检测制度。组织开展“监理企业树品牌、监理人员讲责任”的行业新风建设、工程质量通病治理和试验检测专项治理活动。

第二，努力提高交通运输服务保障能力。

克服和化解经济下滑对交通运输业的不利影响，突出重点，加强管理，优化环境，做好交通运输服务保障工作。

确保重点物资、重点时段的客货运输安全顺畅。全力做好煤炭、矿石、石油、粮食等重点物资的运输保障，加强春运、黄金周等客运高峰时段的运输组织协调。落实政策，完善措施，确保鲜活农产品“绿色通道”畅通。切实加强公路、航道养护管理，提高通行能力和通行效率。

提高公路应急保障和管理能力。构建协调有效的公路应急管理组织体系，建立反应迅速、处置高效的运行机制。加快部省两级应急信息平台建设，提高路网运行监测水平和预警能力。组建专兼结合的公路抢通队伍，研究建立国家公路应急抢险物资储备中心。

强化运输市场监管。规范和推动道路运输行业 GPS 系统应用。继续开展道路运输和水路内贸集装箱超载治理。开展水运管理规范年活动和专项治理活动，以班轮、无船承运业务为重点，加强国际海运和港口经营市场秩序监管。建立完善交通运输从业人员职业资格制度。继续做好港澳台交通运输领域的交流与合作。落实好 CEPA 框架下交通运输领域开放措施，做好海峡两岸海上直航的相关工作。

加强城市客运指导。坚持公交优先的城市交通发展战略，扩大城市公共交通出行比例。加强和规范出租车行业管理，贯彻落实国办文件精神，改进监管方式，提高服务质量，抓紧解决影响出租车行业稳定的深层次问题。

支持交通运输企业健康发展。研究制定应对金融危机、促进交通运输业平稳较快发展的政策措施。继续落实中资国际航运船舶特案免税登记政策。研究扶持国有骨干航运企业和促进邮轮发展的政策，维护我国国际海运企业在海外的合法权益。继续推进上海、大连、天津国际航运中心建设。

完善交通运输经济运行分析和统计工作。密切关注国际国内经济和金融形势变化，准确掌握交通运输经济运行状况。做好全国公路水路运输量专项调查和第三次全国港口普查的后续工作，强化对沿海港口生产、运行情况的跟踪、分析。修订交通统计指标体系，建立新的运输量统计调查体系，开展能源消耗统计工作，实施《国家高速公路网交通量调查观测站点布局规划》。

第三，大力推进农村交通运输业发展。

落实党的十七届三中全会精神，按照中央农村工作会议的部署和要求，以继续抓好服务社会主义新农村建设的“八件实事”为重点，推进农村交通运输业发展。全年计划新改建农村公路 30 万公里。

继续加快农村公路建设。进一步落实部省联手加强农村公路建设的意见，抓好通乡油路建设和“老少边穷”地区农村公路建设。

大力发展农村客运。加强农村客运站点建设。加快完善农村客运网络，规范农村客运市场，优化运力结构。加快统筹城乡公共客运协调发展，促进农村客运网络和城市公交网络的合理衔接和有效融合。积极争取地方政府加大农村客运发展的政策扶持力度。

提高农村交通建设质量和安全水平。继续开展农村公路建设质量年活动，落实质量保证措施，提高建设管理水平和工程实体质量。加强农村公路危桥改造、安保工程和渡口改造、渡改桥工程建设。

深化管理养护体制改革。深入落实《农村公路养护管理暂行办法》，努力做到人员到位、资金到位、措施到位。总结推广农村公路管理养护体制改革的好经验。积极协调有关部门，争取将特别贫困地区的农村公路养护纳入公共财政支持范围。

第四，推进交通运输改革和综合运输法规体系建设。

成品油价格和税费改革、机构改革是今年交通运输的重点工作，要按照国务院的部署要求，精心组织，周密安排，完善措施，把这两项改革落实到位。一是认真落实成品油价格和税费改革的人员安置工作。这次改革需要安置的交通运输规费征稽干部职工，长期以来为交通运输事业发展作出了重要贡献。各级交通管理部门要怀着深厚的感情，在各级政府统一领导下，落实好即将下发的《关于实施成品油价格和税费改革人员安置工作指导意见》，实施好人员安置具体方案，积极稳妥地安置相关人员。要发挥党组（党委）的领导核心作用和政治优势，发挥党员干部的表率作用，加强宣传引导，维护行业稳定。二是抓紧落实取消政府还贷二级公路收费试点工作。研究提出切合本地区实际的改革意见，抓紧完成贷款债务专项审计、银行还贷协议和人员安置方案，取消收费的站点要及时向社会公布。三是精心落实机构改革“三定”规定。各地交通运输部门要按照中央批准的地方机构改革方案，抓紧落实“三定”的各项工作。

加快交通运输立法工作，做好《防治船舶污染海域管理条例》、《公路保护条例》、《国内水路运输条例》、《城市公共交通条例》、《潜水条例》、《海上搜救条例》等行政法规的修订和制定工作。推进出租车管理立法研究。出台《海峡两岸间航运管理规定》等部门规章。稳步推进交通运输综合执法改革试点工作，进一步完善交通运输行政执法责任制。完善行政复议工作机制，建立健全行政复议人员资格认证和管理制度。加强执法队伍建设，强化交通运输行政执法人员资格管理。

第五，积极推进综合运输体系建设。

找准制约综合运输体系发展的关键环节，充分发挥地方政府、科研单位和企业等各方面的积极性，积极推动综合运输体系建设。

加快综合交通运输枢纽站场建设。以中心城市为试点，进行综合交通运输枢纽站场布局规划研究，指导综合交通运输枢纽站场规划建设。按照“政府主导、统一规划、联合建设、共同使用”的原则，确定若干综合交通运输枢纽站场建设示范工程，加大投资、项目审批等方面的扶持力度，加快建成一批功能完备、布局合理、集疏运体系完善的现代综合交通运输枢纽站场。

推动区域综合交通运输发展。以长三角、珠三角等区域为试点，选取若干运输需求大、通道资源紧张的综合运输通道，进行通道资源优化利用研究，统筹规划通道内各种运输方式规划线路的线位走向、技术标准、建设时机。建立完善区域运输协调机制，探索不同区域间综合运输发展统一协调的政策、规则和标准，促进区域运输一体化发展。

强化各种运输方式的衔接。整合、对接和共享综合交通运输枢纽各种运输方式的信息资源，推动多种运输方式的有机衔接与协同运转，提高紧急情况下的应急联动能力，为公众出行提供高效、安全、便捷的换乘服务，积极探索综合运输枢纽的建设和运营模式。

第六，做大做强现代物流业。

认真贯彻国务院《关于加快发展现代服务业的若干意见》，高度重视并充分发挥现代物流业在发展现代交通运输业中的重要作用，提高物流的专业化、社会化水平，发展第三方物流，鼓励和支持各地交通运输部门推动物流业发展的实践和探索，积极推动现代物流业发展。

支持物流园区公共交通运输基础设施建设。加强公共物流园区支持政策研究，推进特大型城市物流园区建设试点工程。加强港口物流园区建设，完善港口特别是集装箱干线港的道路集疏运体系。鼓励由地方规划建设的或已列入地方总体规划、由企业自建的物流园区加快建设，改善进出园区的集疏运条件。

培育发展物流市场。扶持一批龙头企业加快基础设施、信息化、运输装备等建设。鼓励港航企业和道路运输企业延伸产业链条，依托交通运输枢纽建设，大力发展甩挂运输，逐步向仓储业务、配送业务延伸。继续加强农村物流基础设施建设，积极发展农村物流的连锁配送业务。

推动公共信息平台建设。支持建设物流公共信息系统，整合物流需求资源、物流设施设备资源、物流企业资源和物流管理服务资源，提高物流组织化程度，降低物流成本。引导企业在公共信息平台交易。

第七，切实做好科技创新和节能减排工作。

以交通运输科技创新和节能减排推动交通运输结构调整和发展方式转变。

推进交通运输科技创新。建设交通运输科技创新体系和人力资源保障体系。加大交通国家重点实验室和国家工程研究中心的培育力度，加强交通运输行业重点实验室能力建设与管理，继续重点支持直属高校和交通特色高校交通运输类专业学科建设。进一步加强行业科技政策研究。完善交通运输科技项目计划管理体系，设立交通运输行业企业科技创新计划和科技成果推广应用计划，修订《交通行业知识产权管理规定（试行）》。做好关键技术研究和科技成果转化工作。加大重大科技项目组织实施力度，做好苏通大桥建设关键技术、现代港口物流示范工程、国家高速公路不停车收费服务系统等国家科技支撑项目的总结验收工作，积极开展新技术、新材料和新工艺的推广应用，组织实施部省联合科技支撑黑龙江省公路建设行动计划。

加快交通运输信息化建设。积极推动全国高速公路交通量调查工作，开展省际联动公路水路交通应急处置平台示范工程建设。加快“跨省市联网收费安全管理与公路应急处置和服务系统示范工程”建设。初步建成全国共享的公路、水路建设市场信用信息和安全监督信息数据库。完成全国所有省市道路运输信息系统联网工作，实现全国运政稽查信息的交换与共享。进一步加强信息化推广工程、西部信息化建设的指导和监管力度。在城市客运领域积极推广应用智能交通技术。

做好交通运输行业节能减排。加快构建交通运输行业节能减排长效机制，完善规章制度、标准规范，建立交通运输行业节能减排监测考核体系。制定并实施营运车辆燃料消耗量准入制度，开展高耗油营运车辆提前退出道路运输市场的试点。推进港口节能减排，开展营运船舶燃料消耗量限值标准研究。公布“十一五”期第二批营运车船节能减排新产品（新技术）推广目录。继续深入开展交通运输行业节能减排示范活动。强化交通运输固定资产投资项目节能评估审查。组织开展驾驶员节能专项行动。加强各级交通运输行政机关节能减排工作。

第八，继续加强安全监管和人命救助能力建设。

加快实施水上交通安全监管和救助系统的基础设施和重大装备建设，基本形成监管救助基地布局。

加快推进水上安全监管能力建设。继续做好重点时段、重点船舶、重点区域和重点环节的安全监管工作。推进数字海事建设，建立集合安全管理决策、应急救援、实时监控、动态监管的监控信息网络。开展锚泊船舶安全专项检查，继续开展砂石运输船和施工船安全管理、渡口渡船安全管理专项整治活动，严格监管老旧船舶、非标准化船型船舶，制订淘汰国内单壳油轮的措施。

不断提高海上搜救和抢险打捞能力。落实“人员精干、装备精良、技术精湛、关键时刻发挥关键作用”的要求，确保完成海上人命救助、环境救助、财产救助三大任务。发挥部际联席会议制度的重要作用，完善搜救工作协调机制，强化预防预警机制。积极推动各省级搜救中心及地方海事部门建立搜救中心成员间的协作机制，推动搜救区域联动机制建设。加强非水网地区搜救机构、力量、装备建设。进一步完善动态救助值班待命制度，优化值班待命力量部署，加强救助飞行队、救助基地和应急反应救助队伍建设。加强溢油应急库和装备建设，提高处置重特大溢油事件能力。加强应急抢险打捞能力建设，提高大深度潜水打捞能力。加强反恐应急救援演练，确保应对恐怖事件时发挥专业救援队伍的作用。进一步完善陆岛空中救援网，推进巡航救助一体化试点工作。

切实抓好交通建设、道路运输、港口安全监管工作。按照“杜绝特大事故、遏制重大事故、减少一般事故”的总体要求，夯实建设安全基础性工作，继续深入开展隐患排查治理活动，加强对重点项目的安全督查，建立大型桥梁隧道工程和水上结构工程的施工安全风险评估制度，实现安全风险的预控、预防、预报、预警管理。继续组织实施路网结构改造工程，研究建设机动车维修救援网络，实施国家道路交通安全科技行动计划，开展驾驶员素质教育工程，指导运输企业建立完善安全生产长效机制。强化对新改扩建港口建设项目的安全评价工作，加强港口危险货物的安全监管，提高港口安全监管水平和应急反应能力，进一步完善长江和沿海港口治安防控体系建设，严厉打击犯罪活动，提升港口保安履约能力。加强交通运输行业社会治安综合治理工作，继续加大“扫黄打非”力度，加大运输环节出版物的检查力度，健全整治交通运输渠道贩运非法出版物的工作机制。

第九，继续加强对外交流合作。

实施中国—东盟交通合作战略规划，推动上海合作组织交通运输合作，办好亚太港口发展大会。深化与美、欧、日、韩等国家和地区的合作，扩大与非洲、拉美等发展中国家的合作，积极参与 WTO 市场准入、贸易便利化和双边自由贸易区谈判，推动与古巴、文莱、西班牙等国签订双边海运协定，开展交通运输服务贸易发展战略研究。落实和深化在马六甲海峡安全和环境合作机制框架下我国与海峡沿岸国的合作，做好国际海事组织 A 类理事国竞选工作，加强与世界银行、亚洲开发银行等国际金融组织的合作，抓紧做好重要公约的研究和报批工作，继续做好交通运输涉外突发事件的应急处置。

第十，加强行业文明和党风廉政建设。

巩固和发展深入开展学习实践科学发展观活动成果。总结宣传建国 60 周年交通运输发展成就和经验。继续开展多层次、多形式的行业文明“学树创”活动。发掘、培养和树立先进典型。推进交通运输行业核心价值体系建设，深入开展交通运输文化建设实践活动。举行第五届“航海日”庆祝活动。坚持以弘扬交通运输精神、树立行业整体形象为导向，强化行业对外信息服务和公众传播机制建设，提高突发事件应急宣传报道能力。加强交通运输信访和政务公开工作。

进一步深化干部人事制度改革，提高选人用人公信度，努力建设政治强、业务精、作风廉的干部队伍。继续推进人才培养选拔工作，探索建立高层次、高技能人才培养投入机制和选拔机制，建立一支数量充足、结构合理、素质优良的人才队伍。充分发挥专家在科学决策中的咨询作用和社团组织的桥梁纽带作用。进一步重视和加强离退休干部工作。

继续把交通运输基础设施建设领域廉政工作作为反腐倡廉建设的重点，强化对扩大内需促进经济增长交通运输建设项目的监管，完善工程项目招标投标制度和举报投诉处理机制，加强对农村公路建设和灾后恢复重建工程项目的监管。监督检查实施成品油价格和税费改革落实情况，严禁变相新增收费项目和乱收费。坚决纠正违规设置收费站、擅自提高收费标准、任意延长收费期限等行为。组织开展收费公路权益转让的清理整顿，规范转让行为，加强廉政监督。深入推进纠风工作，认真解决群众反映强烈的问题，严禁行政执法人员从事与职权相关的经营活动。强化内部审计监督和领导干部经济责任审计。加强交通运输特色反腐倡廉建设，认真落实党风廉政建设责任制，严格执行各项廉政制度，建立健全监督制度落实的工作机制。进一步加大案件查办力度，坚决惩治腐败。

同志们，今年交通运输改革发展稳定的任务艰巨繁重。让我们在以胡锦涛同志为总书记的党中央领导下，上下同心，应对挑战，努力开创交通运输工作新局面，以优异成绩迎接新中国成立60周年！

·长江航务管理工作会议文件选登·

克难攻坚　推动长江航运持续健康平稳发展

——交通部副部长徐祖远在2009年长江航务管理工作会议上的讲话（摘选）

（2009年2月11日）

这次会议是长航局新领导班子组建以来的第一次工作会议，也是我连续第五次参加长江航务管理工作会议。长航局作为部派出机构，肩负着建设长江黄金水道、促进长江航运和流域经济发展的重任。过去的一年，大家干的很辛苦也很出色，今天来主要是看望大家。

在今年的全国交通运输工作会议上，张德江副总理明确提出要大力促进交通运输快速发展、科学发展、安全发展、协调发展，为交通运输指明了发展方向。李盛霖部长在深入分析当前交通运输发展面临的国际国内形势的基础上，提出了交通运输要为保持经济平稳较快发展做好保障，明确了今年和今后一个时期交通运输的发展目标和重点工作。

一、2008年长航局系统工作取得显著成绩

2008年是我国交通运输发展不平凡的一年，也是长江航运发展大事、要事、难事特别多的一年。长航局系统在部党组的正确领导下，深入贯彻落实科学发展观，认真践行“三个服务”，克难奋进、顽强拼搏，把大事办成了，要事办好了，难事克服了。

年初，面对历史罕见的雨雪冰冻灾害天气，长航局系统及时启动应急预案，加强长江电煤的运输组织协调，开辟运输“绿色通道”，为夺取抗灾保通的决定性胜利发挥了作用。5·12汶川特大地震发生后，长航局系统顾全大局，第一时间做出反应，加强组织协调，确保长江黄金水道生命线的畅通，为夺取抗震救灾重大胜利做出了突出贡献。长航局系统始终把奥运安保工作作为重中之重，交通运输和安全保障措施到位，确保船闸等重要通航设施安全，为成功举办北京奥运会作出了努力。

长航局系统深入贯彻落实温家宝总理“长江航道建设要加强”的重要批示精神，加大长江航运基础设施投资和建设力度，加快推进航道治理工程，实现干线航道全面夜航。积极应对三峡水库试验性蓄水，加强通航管理、强化预案落实、信息传递及时，三峡船闸货物通过量和断面通过量再创历史新高。为帮助企业积极应对国际金融危机带来的不利影响，长航局系统优化审批程序、提高办事效率、强化市场监管、打击恶性竞争，努力打造服务型管理部门。继续深化长江航运体制改革，深入推进联合执法，推进航道综合管理模式改革，启动并平稳实施通信管理体制改革，实现了长江干线一家引航。坚持“安全第一、预防为主、综合治理”的方针，强化对重点船舶、重点时段、重点区域的安全监管，开展长江航运联合执法，积极开展专项整治，探索安全发展长效机制，保持了长江水上交通安全形势稳定，特别是连续三年未发生一次性死亡10人以上事故，难能可贵。长江干线运输生产持续增长，货物运输量和主要港口吞吐量双双突破10亿吨，集装箱吞吐量同比增长26%，远高于全国平均水平，为长江黄金水道建设和流域经济社会发展做出了重要贡献，得到了部、沿江省市政府和航运企业的充分肯定。

二、紧抓机遇　应对挑战　增强长江航运发展的责任感和紧迫感

去年下半年以来，受美国次贷引起的国际金融危机、欧美需求下降等因素影响，我国水路运输生产增幅持续走低，长江干线运输生产增幅连续下降，三峡过坝运量逐月下滑；运输生产增长乏力，水运价格大幅下跌，如反映国际干散货海运价格的波罗的海综合运价指数去年由最高点下降94%，反映国内航运价格晴雨表的沿海散货综合运价指数由最高点下跌了近60%，长江外贸货物和铁矿石运价大幅走低；部分船舶处于停航或半停航状态，航运业进入低迷期。1月份，我国规模以上港口货物吞吐量、集装箱吞吐量均出现了负增长，集装箱下降幅度甚至高达15%，开年的水运发展形势十分严峻。

未来一段时间，国际金融危机对实体经济的影响加剧，对我国经济的冲击加深，我国水路运输需求不旺，今年或将是我国水运业近年来最为困难的一年，行业发展面临着前所未有的挑战。受水路运输增长乏力和船舶运力规模增长较快的双重影响，水运价格仍将处于低位运行；一批企业可能出现资金断链、破产倒闭的可能，长江航运企业也面临着同样的问题。

我国当前经济发展受到国际金融危机的冲击，但我国发展的重要战略机遇期没有改变，不会因为金融危机而发生逆转，且我国正处于工业化、城镇化进程的加速期，运输需求的总量还是巨大的。因此，尽管当前水运发展面临着严峻的形势，但我们也应看到，水运低迷期中蕴含着机遇。一是国家为应对金融危机出台了一系列扩大内需、促进经济增长的政策，将刺激国内运输需求的增长，国内航运尤其是长江航运在政策的作用下有望出现新的转机；二是部党组统筹考虑要有效推进交通运输大建设大发展，加快推进长江黄金水道建设，这将是长江黄金水道建设的又一次机遇；三是面对水运市场“严冬”，部分企业纷纷采取推迟新船订单、收缩运力、拆解老旧船舶等措施，开展企业间的合作联盟和兼并重组，这将有利于长江航运结构调整步伐的加快。

长江航运是流域重要的基础性、服务性行业，在沿江经济社会发展中具有基础性、全局性、战略性作用。长江航运市场广阔，航运经过改革开放30年来的持续快速发展，综合实力显著增强，有了应对危机和各种复杂形势的坚实基础。面对当前水运形势的“危”、“机”并存，长航局系统要坚决贯彻落实中央决策部署，抓住国家扩大内需、促进经济平稳较快增长的机遇，进一步增强加快长江航运发展的责任感和紧迫感，采取有力措施，因势利导、趋利避害，推进长江航运快速平稳发展，为长江航运实现现代化打好基础。

三、切实抓好当前的重点工作

今年是新中国成立60周年，也是推进“十一五”规划的关键年，做好2009年长江航务工作的意义重大。我部深入学习实践科学发展观活动已进入整改落实阶段，长航局系统要按照部党组的要求，以“破解现代交通运输业发展难题、提高‘三个服务’能力水平”为载体，破解阻碍发展的难题，寓管理于服务之中，建设服务型政府，为流域经济平稳较快发展做好运输保障。

围绕保发展，抓住国家扩大内需、促进经济平稳较快增长的有利时机，努力在破解发展难题、推进长江航运平稳较快发展上出台新举措；围绕保民生，进一步改进工作作风，着力提高服务质量和办事效率，努力解决群众反映强烈的突出问题；围绕保稳定，努力在畅通群众诉求渠道、妥善化解利益矛盾上取得新成效；围绕保大局，找准长江航运发展与扩大内需、保持经济平稳较快增长的结合点，切实把功夫下在“保畅通、促增长、调结构”上来，推动长江航运持续健康平稳发展。

（一）紧抓扩大内需的发展机遇，加快长江黄金水道建设步伐。

中央扩大内需、促进经济平稳较快发展的重大决策部署，为加快长江航运基础设施建设带来了机遇，长航局系统要积极做好各项准备工作，紧抓大建设大发展机遇，加快长江黄金水道建设步伐。

要加强长江航运规划建设，扎实做好干线航道系统整治和公共基础设施建设，加大《长江干线航道发展规划》实施力度，加快“十一五”规划内长江黄金水道系统整治项目建设。突出重点，深化重点河段、重点滩险航道系统整治研究，重点推进瓶颈河段治理，加快长江航道建设，进一步改善航道通航条件。要加强协调，充分发挥市场投融资作用，抓好航道、港口等公共基础设施建设，探索建立促进长江航运可持续发展的资金保障机制，进一步形成合力，积极推进长江黄金水道建设。要强化水运保障体系和港口集疏运体系建设，鼓励社会资金投资黄金水道建设，带动航运企业及沿江省市参与基础设施建设。要创新工作方式，探索联合审查、审批的方法，加快推进已开工和纳入规划建设项目的实施进度；对已完成初步设计审批的项目，要抓好资金落实，确保全面开工建设。同时，要加快项目前期工作，增加项目储备，为明后年开工建设一批航运公共基础设施建设项目做好准备，力保一批新的建设项目尽快启动。

（二）加强引导和市场监管，帮助港航企业渡过难关。

要深入基层调研，加强联系沟通，摸清企业经营状况，及时发现问题，研究制定应对措施，有效地应对处理各种突发事件。帮扶航运企业克服困难、树立信心，促进行业联手合作、共克时艰，鼓励企业抱团取暖、互利共赢。支持港航企业千方百计降低营运成本，采取节能降耗措施，切实做好科技创新和节能减排工作。航运企业内部要加强资金管理，加强行业自律，强化风险控制。行业协会要充分发挥作用，组织港航企业、施工企业加强沟通合作，做好市场稳定工作。

同时，要充分利用燃油税费改革的契机，切实转变政府职能，增强服务意识，推进服务型港航管理部门建设。提高行政效率和服务水平，探索与相关部门及沿江省市开展联合执法的经验。继续抓好水路内贸集装箱超载治理工作，规范水路集装箱运输，加强水运基础设施保护。进一步严把市场准入关，严格执行工程建设标准和规范，强化监督监管，全面推行内河水运工程建设项目管理绩效考核。进一步规范审批和收费行为。

虽然长江航运安全形势比较稳定，但不能有丝毫的松懈，要继续加强长江航运安全管理工作，特别是加强对长江危化品、客滚运输和三峡库区、通航桥梁等的安全监管。要高度重视突发灾害新情况，切实提高安全监管和应急处置能力。加强对行业的安全监管，加大监管力度，积极探索专项整治、综合治理与建立长效安全管理机制相结合的安全监管模式，保持安全形势稳定。严厉打击恶性杀价竞争等不正当竞争行为，保护航运企业权益。

（三）加快结构调整和升级，促进长江航运可持续发展。

要坚持把发展作为长江航务工作的第一要务，不断提升长江黄金水道在服务流域经济发展中的“含金量”。统筹规则、加强引导，促进沿江不同区域间港口协调发展，形成分工合理、优势互补、竞争有序的市场格局。积极推进码头大型化、深水化、专业化，进一步优化码头结构。加强运力宏观调控，积极推进内河船型标准化，加快淘汰高能耗、技术含量低的老旧船舶，有效缓解航运市场运力供求矛盾。促进运输组织向规模化、网络化方向发展，大力发展江海直达和多式联运。积极参与综合运输体系工作，促进现代综合运输枢纽建设，促进运输资源的合理配置，促进长江航运与其他运输方式的信息资源共享和有效衔接。

（四）加强整体能力建设，提高干部职工的综合素质和管理水平。

一个月前，部党组对长航局领导班子进行了调整，我在宣布任命大会上对加强领导班子建设提出了希望和要求。新的领导班子很快统一了思想，拧成一股绳地投入工作，开局良好。

长航局作为部派出机构，既履行着承上启下的职责，又担负着与沿江省市相关部门进行横向沟通与合作的重任。工作中，要注意处理好八个关系：一是全局与局部的关系；二是领导机关与基层的关系；三是长航整体与内部各单位间“独奏”与“合奏”的关系；四是长航与其他部门纵横向之间的关系；五是硬实力与软实力建设的关系；六是深化改革与保持稳定的关系；七是长江水运经济发展与水资源综合利用之间的关系；八是长远目标与阶段性攻坚任务的关系。

要注重加强长航工作的系统性、全面性，注重加强统筹协调和服务，提高工作效率。长航局系统各职能局要自觉维护大局，服从长航局的统一领导，要发挥工作在一线的优势，主动作为，把各项具体工作做深、做细、做实，代部切实把好长江重点建设项目的第一道关。部内各司局要进一步加大对长航局各项工作的指导与支持力度。

我们现在所做的一切都是载入未来历史上的事，长江航运今年的发展任务艰巨、责任重大、使命光荣，我相信，在部党组的正确领导下，长航局系统广大干部职工必须将以更加崭新的姿态和更加饱满的热情，推动长江航运快速发展、科学发展、安全发展、协调发展，为流域经济社会和交通运输事业做出新的更大贡献！

（根据录音整理，未经本人审阅）

建设黄金水道　打造"四个长江"
为沿江经济社会发展提供强有力的航运保障

——长江航务管理局局长唐冠军在2009年长江航务管理工作会议上的讲话（摘选）

（2009年2月11日）

这次长江航务管理工作会议的主要任务是，以邓小平理论、"三个代表"重要思想和科学发展观为指导，深入学习贯彻党的十七大、十七届三中全会精神，落实全国交通运输工作会议要求，总结2008年工作成绩，部署2009年工作任务，进一步解放思想，理清思路，坚定信心，凝聚智慧和力量，全面推进长江航运现代化。

一、2008年工作回顾

2008年是极不寻常、极不平凡的一年，在交通运输部的正确领导下，长航局深入学习实践科学发展观，深化"三个服务"，精心组织，统筹协调，狠抓落实，全面完成了全年工作任务。运输生产继续增长，安全形势持续稳定，干线航道保持畅通，三峡通航平稳有序，规划建设加快推进，抗灾应急保障有力，奥运安保全面胜利，系统上下和谐稳定，长江黄金水道作用进一步发挥，为实现"十一五"目标打下了坚实的基础。

2008年，长江干线规模以上港口完成货物吞吐量10.15亿吨，同比增长10.6%；货运量突破12亿吨，同比增长7.8%；外贸货物吞吐量1.18亿吨，同比增长1.7%；集装箱吞吐量696万TEU，同比增长25.7%。三峡船闸货物通过量和断面通过量再创历史新高。辖区连续三年未发生一次性死亡10人以上事故。长江干线实现统一引航。干线航道实现全线夜航，南浏数字航道基本建成并投入使用，航道现代化水平有了新的提高。长航局系统在建项目投资总规模逾40亿元，完成投资13亿元。征收规费12.3亿元，经营性收入38亿元。

2008年工作主要取得了十个方面的显著成绩：

（一）规划建设扎实推进

加快实施《"十一五"期长江黄金水道建设总体推进方案》，落实年度投资11.2亿元，安排建设项目39个，建造船舶79艘，完成工可22项，初设19项，新开工项目17项，竣工验收16项。

规划工作不断强化。深入贯彻温家宝总理"长江航道建设要加强"的批示精神，研究提出了《长江干线航道总体规划纲要》。结合流域规划修编，基本完成长江和西南诸河流域航运规划修编。完成长江黄金水道建设对沿江经济拉动作用的研究。支持沿江省市完成《武汉新港总体规划》、《南京港总体规划》等重要规划。完成了"十一五"规划调整，明确了今后两年建设发展的方向、思路、原则及重点项目，基本完成《长江干线航道发展规划》实施效果评价，启动了"十二五"建设规划编制工作。

航道治理明显加快。建成重庆至宜宾三级航道100公里，叙渝段398公里河段实现夜航。完成太子矶水道中段炸礁等10余项航道治理工程，黑沙洲等多项航道治理工程进展顺利；治理中下游重点滩段航道88.5公里，枯水期通航紧张局面有效缓解；南京以下完成福姜沙水道整治技术方案。

水运保障工程全面推进。建成三峡—葛洲坝VTS、武汉—上海数字传输、海事趸船一期等工程，实施海事巡航救助调度指挥系统、重庆至宜宾数字传输、三峡坝区数字航道、长航总医院病房大楼等重点项目建设，完成宜昌至南京AIS等一批项目前期工作。整合资源，建成岳阳等地合建用房，海事、航道、公安116艘趸船标识标记基本统一。

建设管理不断加强。贯彻落实《航道建设管

理规定》和竣工验收管理办法，开展管理绩效考核试点，推行项目全覆盖目标管理。制定施工安全监督管理指导意见，开展安全隐患排查，确保施工质量安全。树立全寿命周期质量理念，强化质量通病治理，深入开展优质廉政示范工程创建。规范招投标管理，加强工程建设市场监管，信用体系逐步完善。

（二）安全形势持续稳定

2008 年，辖区发生一般及以上等级水上交通事故 46 起，死亡失踪 45 人，沉船 38 艘，直接经济损失 2 763 万元，死亡失踪人数下降 27%，创 30 年来新低。发生火灾事故 8 起，同比下降 47%。查处治安案件 15 360 起。

坚持安全发展。立足长效管理，以枯水期“三保一创”和洪水期“百日安全”活动为载体，坚持源头治理与现场监管并重，着力加强“四客一危”船舶、“六区一渡”水域和“七节三会”时段安全监管，深化船公司、船舶、船员和船检管理，全面落实渡船管理“116”机制。深入开展“隐患治理年”和“两防”回头看活动，强化渡口渡船、危化品船、载货汽车滚装船、水运基础设施和施工安全隐患排查，排查安全隐患 8 388 起，整改 8 043 起，完成 48 座桥梁通航安全风险评估。

应急保障不断加强。积极应对大风大雾等恶劣气候、巫山龚家坊山体塌方等三峡库区地质灾害险情。安全信息工作得到加强，四级预警三级发布机制有效运行。实施安全预警 150 余次，禁航 3 034 次，实施应急救助 346 次，成功救助遇险人员 5 708 人次，人命救助成功率 99%。

（三）奥运安保全面胜利

2008 年 3 月 10 日至 9 月 21 日历时 196 天，长航局系统各单位讲政治、严纪律、顾大局，全线广大干部职工发扬特别能吃苦、特别能战斗的顽强作风，全力以赴，整体联动，深入开展“查隐患、保安全、迎奥运”专项安保活动，全面排查及督促整改安保隐患 2.9 万处，加大安保投入，完善葛洲坝船闸安防系统。强化现场督导协调，严格实行“五个 100%”，全天候检查过闸船舶 7 694 艘次，比对身份 12 万人次，查获网上逃犯 72 名，在长江干线构筑了一道坚不可破的安全防线，实现了重点安保目标万无一失，实现了长航局系统内部和谐稳定，为平安奥运做出了突出贡献，受到交通运输部和公安部表彰。

（四）干线航道保持畅通

通航保障能力全面提升。全年航标维护正常率 1 000‰，干线航道维护尺度得到全面确保。积极应对特枯水位和三峡水库试验性蓄水，加强源头防控、现场监管和疏浚维护，确保特殊时段航道畅通。促成荆州大桥防撞设施建设，成功启用枯水期南汉应急试通航。实施《长江干线航道维护管理办法》，完成《内河航道养护和管理发展纲要》执行情况中期检查。

航道行政管理成效突出。督促桥梁业主整改安全隐患。强化专项整治，两部三省联合打击鄂赣皖省界水域非法采砂，参与“猎鹰”行动，有效治理偷采行为。严把桥梁净空尺度审核关，推进工程规划区域及航道整治建筑物保护工作。芜湖大桥航标维护费和“圣通 818”轮破坏航道赔偿案成功胜诉并获得赔偿，航道权益维护取得实质性突破。

（五）三峡通航井然有序

三峡船闸安全运行 8 661 闸次，通过船舶 55 351 艘次，货物 5 370 万吨，断面通过货物 6 847 万吨，同比分别增长 7.1 %、3.8%、14.6%和 13.1%，三峡船闸货物通过量和断面通过量再创历史新高。

通航管理水平不断提高。加强船闸运行维护和管理，优化联合调度，改 24 小时计划为 4 小时船舶过闸动态计划，船东满意度和过闸效率显著提高。加强大型非标准船舶管理，严格控制过闸船舶吃水，及时实施应急转载。颁布实施《两坝间分道航行规则》和三峡通航管理办法补充规定，妥善应对大风、大雾等恶劣天气，实施两坝间汛期限制性通航，及时启动应急联动机制，有效缓解船舶滞留压力。积极应对三峡水库试验性蓄水，强化预案落实，设施迁建提前到位，信息传递及时畅通。葛洲坝大江航道最大通航流量由 20 000 立方米/秒提高到 35 000 立方米/秒，通过能力大为提高。协调地方政府妥善解决三峡坝区危险品锚地网箱养鱼碍航安全隐患。

（六）抗灾应急保障有力

积极抗震救灾。及时组织运力投入抗震救灾，实行“五个优先”，实施特别维护，开辟“绿色通道”，减免规费。截止 12 月 31 日，通过长江干线水路运送抗震救灾物资船舶 1 365 艘次，运送救灾物资 151.6 万吨。长航总医院三次派遣医疗队赶赴灾区，接诊病人近 2 000 人次，抢救 20

余人次。全线职工情系灾区，踊跃捐款 1 000 多万元，全线党员交纳“特殊党费”265 万元。

积极应对低温雨雪冰冻灾害。实施滚装船应急过闸，全力确保长江干线航运畅通，保障煤电油运重点物资、人民生活必需品和旅客安全优质运输。主动上门为航运企业和船舶船员提供优质服务。加强运力组织协调，确保春运、“十一”黄金周等重要节假日客货运输安全有序，实现了客船零事故、旅客零伤亡、旅客零滞留和服务质量低投诉的工作目标。

（七）行业管理不断加强

船型标准化工作稳步推进。组织开展川江及三峡库区散货船标准船型最大尺度标准研究和主尺度系列修订工作，加强库区大型非标准船舶管理。继续推进老旧船舶、技术落后船舶淘汰以及船舶标准化工作。

运力调控初见成效，市场秩序逐步规范。强化经营资质源头管理，严格市场准入。重点加强液货危险品运输市场监管，规范市场秩序，实行动态管理，及时督促整改，消除安全隐患。

信息引导服务水平进一步提高。积极推行政务公开，及时公开行政许可项目、程序、条件和结果，完善便民利民措施。定期分析长江航运发展形势，及时发布长江航运景气指数、运价指数和船东满意度指数。建立港航企业定期座谈会制度，引导航运有序发展，规范行业管理行为。

（八）体制机制稳步创新

体制改革逐步深化。着力规范引航秩序，实现长江干线统一引航。启动了长江通信管理体制改革。继续推进航道综合管理模式改革和工程单位企业化管理改革。联合执法深入推进，长航系统“水上执法一盘棋”、“政务联合一体化”和“水上专项联合执法”机制全面实施，10 个区段联合执法平稳运行，优势进一步显现。

积极推进内部管理创新。制定方案，全面启动长江水运管理规范年活动。强化目标管理，加强日常督促检查和指导。财务管理不断规范，预算管理不断加强，税费改革稳步推进，审计工作进一步深化。行业节能减排、综合治理、信访保密、档案管理、医疗卫生、后勤保障等工作继续推进。

（九）自主创新不断推进

坚持创新驱动。加大科研力度，实施重大科技项目 41 个，以工程生产为依托，安排科研直接补助经费 618 万元。加强干线航道系统整治关键技术等方面的研究，大型人字门高精度多点同步升降系统研究等 3 个项目获中国航海学会科技进步二等奖。深水沉排、生态护岸等工程新技术应用取得突破。科技管理体系初步搭建。

信息化建设推进有力。深入调研，编写完成《长江航运综合服务信息系统发展构想》。《长江电子航道图制作规范》通过部颁标准评审。三峡 GPS 综合应用系统与重庆市港航局 GPS 系统实现互联互通，信息监管技术进一步推广应用。网站群建设进一步加强，长航局政府网站在部网站共建考核评比中继续排名第一。

（十）党的建设和行业文化建设成果丰硕

党的建设进一步加强。深入开展学习实践科学发展观活动，领导干部带头深入基层调研，解放思想，破解难题，积极推进长江航运科学发展。进一步加强领导班子建设，强化领导干部理论培训。深化“五好党组织”创建，开展树组工干部形象活动，基层党组织凝聚力、战斗力进一步加强。加强党政领导干部和技术人才培养，深化干部交流，队伍素质不断提高。强化党风廉政建设责任制，贯彻《惩防体系建设 2008—2012 年工作规划》，推进具有长航特色的惩治和预防腐败体系建设。总结推广长江航道制度防腐先进经验，重点加强了基本建设领域廉政和监督工作。

大力推进行业文化建设。“唱响长江之歌、传递奥运火炬、共建黄金水道”长航职工接力长跑活动影响深远。长江航运文化专著《大江神韵》广受好评。评选第二届“长航十大杰出人物”和“长航十大杰出青年”，树立了航标灯王郑启湘、引航标兵姚泽炎等一批在全国交通系统有影响的先进典型。长航局获“全国交通系统文明行业”称号，4 个单位获“全国交通行政执法先进集体”称号，创建全国工人先锋号 2 个、青年文明号 3 个。安全文化、廉政文化建设在全行业深入推进。注重围绕中心，发挥中国水运报、网站群等媒体作用，营造良好氛围。在全行业深入开展改革开放 30 年系列纪念活动，出版发行《长江儿女》，开辟网上陈列馆，系统总结长江航运 30 年成就和经验。成功举办首届长航系统职工运动会。关心职工生活，离退休职工房改补贴全部到位，职工队伍和谐稳定。

同志们，2008年是我国改革开放30周年。30年来，按照党中央、国务院的统一部署，在交通部的正确领导下，我们始终坚持以沿江经济社会发展需求为导向，坚持解放思想，改革创新，求真务实，科学发展，长江航运实现了跨越式发展和历史性巨变。到2008年底，长江干线货运量达到12亿吨，是1978年的29倍，是美国密西西比河的2倍、欧洲莱茵河的3倍，成为世界上货运量最大的通航河流；长江干线规模以上港口吞吐量达到10.15亿吨，是1978年的13倍，南京、苏州、南通跻身亿吨大港行列；长江省际运输船舶运力达3 412万吨，是1978年的17倍；长航局系统完成建设投资160亿元，是1949—1978年投资总和的6.5倍；23个干线港口全部下放，15个一类水运口岸相继开放，实现了长江江海直达、干支直达，货畅其流、人便于行，长江航运跨入了蓬勃发展的新时期。

30年来，长江航运在改革发展实践中积累了十分宝贵的经验：一是坚持把发展长江航运作为第一要务，解放思想，改革创新，把握机遇，不断适应沿江经济社会的发展需求；二是坚持充分发挥长江黄金水道作用，制定发展战略，统一规划，统筹协调，切实增强发展的系统性、前瞻性和科学性；三是坚持加快长江航运基础设施建设，始终把提高长江干线航道维护尺度、扩大航道通过能力放在首位，统筹船舶、港口、现代物流以及支持保障系统建设；四是坚持以人为本，安全发展，强化监管，立足长效，标本兼治，不断提高安全监管、人命救助和应急反应能力；五是坚持充分发挥中央、地方、行业内外和社会各界的积极性，凝聚各方力量，形成建设长江黄金水道的强大合力；六是坚持以市场为导向，扩大开放，统一法规、统一政策、统一管理，不断解放和发展长江航运生产力，努力形成统一、开放、竞争、有序的航运市场；七是坚持“科教兴航”和“人才强航”战略，自主创新，以信息化引领长江航运现代化，大力发展现代航运，努力提高长江航运核心竞争力；八是坚持依法行政，提高“三个服务”能力，建设服务型行业和服务型部门，不断推进行业文明和党风廉政建设，为长江航运发展提供强大精神动力和坚强政治保障。我们要传承和运用好这些经验，并不断丰富发展，始终不渝地坚持推进长江航运改革开放。

30年同舟共济，30年扬帆奋进！长江航运改革开放30年取得的巨大成绩，是交通运输部高度重视和正确领导的结果，是沿江地方各级政府、流域广大百姓热情关心和积极支持的结果，是全行业上下开拓创新、团结拼搏的结果。抚今追昔，我们深切地体会到，长江航运取得的显著成绩，凝聚了几代长航人的心血和汗水、努力和奉献。在此，我代表长航局党委和行政，向关心支持长江航运改革建设发展的各级领导，向长航系统广大干部职工、家属和全体离退休老同志，表示衷心的感谢和亲切的慰问！

二、建设长江黄金水道　发展现代长江航运

加快建设长江黄金水道，大力发展现代长江航运，是国家现代化建设总体战略布局的重要组成部分，是坚持可持续发展战略、建设资源节约型、环境友好型社会的长远举措，是长江航运贯彻落实科学发展观的具体实践，党中央国务院高度重视，沿江省市大力支持，交通运输部更是提出了明确的要求和目标。我们必须用世界眼光和战略思维谋划长江航运发展，明确发展思路，创新发展理念，转变发展方式，破解发展难题，提高发展质量，大力推进长江航运现代化。

（一）长江航运发展的主要矛盾和面临的机遇与挑战

当前和今后一个时期，是推进长江航运科学发展的关键阶段，我们既要坚定信心，抢抓机遇，更要保持清醒头脑，全面审视影响和制约长江航运发展的主要矛盾和面临的机遇与挑战，用科学发展观的思想和方法努力化解和消除发展中的各种难题，万众一心开创长江航运快速发展、科学发展、安全发展、协调发展的新局面。

1. 影响和制约长江航运发展的主要矛盾

长江航运的现状，概括地讲，一方面新中国成立以来、尤其是改革开放30年以来长江航运发展突飞猛进，长江黄金水道成为了世界上内河航道通航里程最长、运量最大、运输最为繁忙的通航河流，在综合运输体系中的地位和作用不断提高，为沿江经济社会发展做出了重要贡献。另一方面我们也要清醒地看到，随着经济社会的发展、改革开放的不断深入，长江航运在快速发展的同时，仍然存在着诸多矛盾与问题。突出表现在：一是干线航道通过能力不足。下游航道还不能完全满足进江海轮大型化的要求，中游航道尚未得

到系统整治，枯水期滞航、碍航现象时有发生，上游三级航道的延伸任务还未完成；二是干线港口规模偏小，功能单一。大型化、专业化码头相对较少，大多数港口仅限于传统的装卸和集疏运中转业务，不适应发展现代物流的需要；三是船舶运力结构不尽合理。干线船型标准化程度较低、船舶平均吨位小，部分船舶能耗和污染排放高，严重影响运输效率和航运效益；四是航运支持保障能力不强。安全监管、人命救助和应急反应能力还不适应以人为本和安全发展的更高要求；五是信息化水平不高。信息化建设滞后于现代航运业的发展需要，系统性不强，标准不统一，共享程度低；六是职工队伍整体素质还不够高。公共服务意识有待提高，人员业务素质、综合能力有待提升，专业知识和人员结构有待优化。

全面分析长江航运发展的现状，我们认为，长江航运基础相对薄弱与沿江经济社会发展日益增高的航运需求的不相适应是现阶段长江航运发展的主要矛盾。

2. 长江航运发展面临的挑战

全球金融危机带来的挑战。2008 年下半年以来，全球金融危机爆发并日趋严峻，国内经济形势发生重大变化，长江航运也受到严重冲击，干线运输生产增速持续放缓，三峡过坝运量逐月下滑；长江航运运价特别是外贸、铁矿石运价大幅下跌；下游部分港口以及以外贸为主的运输企业生产增速急剧下降甚至负增长；部分港航企业出现较大亏损，资金流动困难。

成品油价格和税费改革带来的挑战。成品油价格和税费改革今年 1 月 1 日正式实施，这不仅直接影响航运企业的成本和效益，而且改变了原有的航道建设和养护资金的运行机制，同时增加了港口、造船等企业的成本，节能降耗任务繁重。

航道治理面临的挑战。今后一段时期是长江干线航道系统治理的关键阶段，建设规模大、质量要求高、资金缺口大，需要协调的问题很多，尤其是与土地、渔业、环保、水利等部门的协调任务很重。能不能高标准规划，真正体现航道治理的系统性、前瞻性、整体性和协调性；能不能加强技术攻关，提高自主创新能力，解决好系统治理中的各种复杂问题，都关系到长江航运发展的根本基础。

安全发展面临的挑战。经过多年艰苦努力，长江航运安全保障能力稳步提高，安全形势持续稳定，出现了难得的好局面。但是，长江航运安全发展的基础仍然薄弱，安全责任制尚未得到根本落实，从业人员整体素质不高，船舶技术状况参差不齐，现代化监管手段和应急反应能力不足，特别是当前国际国内严峻的经济形势、防恐反恐压力、极端气候和自然灾害都对长江航运安全带来新的挑战，实现长江航运的长治久安任重而道远。

信息化建设面临的挑战。信息化是长江航运现代化的关键。近年来，长航局全系统乃至长江航运全行业都非常重视信息化建设，纷纷加大投入，努力攻关，长江航运信息化建设确实上了一个新的台阶。但是，如果用长江航运现代化的目标要求来衡量，与其他运输方式和世界发达国家的航运信息化水平相比较，不难发现长江航运信息化的整体水平还不高、引导市场的能力还不强，特别是没有建立起一个标准统一的信息化平台和综合信息服务体系。

体制机制面临的挑战。从解放和发展生产力的要求出发，多年来，长江航运始终坚持改革不动摇，先后实施了港口体制改革、水监体制改革、航道疏养体制改革、公安体制改革、通信体制改革等一系列改革举措，初步形成了决策科学、统一高效的长江航运管理体制，有力地促进了长江航运生产力的发展。但是，我们深知，长江航运的体制优势还远远没有充分发挥，分工负责、统一协调的机制尚未完全建立，内部合力尚需强化，政策法规体系有待完善，工作效能有待提高，管理体制和运行机制还不适应长江航运发展的需要。亟待建立一个充满活力、富有效率、更加开放、有利于长江航运科学发展的体制机制。

人才支撑面临的挑战。人才是决定性因素，长江航运发展面临的种种挑战其实都是对人才的考验。建设长江黄金水道，发展现代长江航运，迫切需要加强各级领导班子建设，加快培养一大批港航高级管理人才、专业技术人才和高技能人才，迫切需要建设一支敬业爱岗、技能精湛的职工队伍。人才问题既是近忧，更是远虑，我们必须采取有力措施，尽快取得实质性进展。否则，将直接影响长江航运现代化发展大局。

3.长江航运发展面临的机遇

尽管我们还面临许多问题与挑战，但我们更

应该看到国家仍处于发展的重要战略机遇期，长江航运仍处在大建设大发展时期，长江航运发展的基本态势没有改变。

第一，为应对国际金融危机冲击，中央果断实施“保增长、扩内需、调结构”政策，国家和沿江省市采取了一系列扭转经济下滑的政策措施，长江流域经济有望保持平稳较快发展。

第二，交通运输部已将长江黄金水道列为今明两年国家扩大内需加快交通运输基础设施建设的重点之一。去年年底，部连续批准了一批长江干线航道整治及支持保障系统建设项目，涉及投资近20亿元。

第三，自2005年“合力建设黄金水道，促进长江经济发展”座谈会以来，成功拉开了合力建设长江黄金水道的序幕，国家和沿江省市的投资和政策扶持力度不断加大，发展现代长江航运，加快综合运输体系建设已经成为长江流域经济社会科学发展的客观需要。

第四，改革开放30年来，长江航运软硬实力都有很大程度的提高，不仅积累了宝贵经验和物质基础，而且拥有一支素质较高的职工队伍，大大增强了长江航运业抵御风险的能力和发展的活力。

这些都是我们的信心所在。我们要深刻认识长江航运发展的有利条件和积极因素，增强战胜困难的决心和信心，变压力为动力，化挑战为机遇，趋利避害，破解难题，坚定不移地推进长江航运科学发展。

（二）全面推进长江航运现代化

大力发展现代长江航运，就是要加快推进长江航运结构调整，用现代科学技术和管理技术武装、改造、提升长江航运，全面实现长江航运现代化。

1. 长江航运现代化发展目标

长江航运发展的总体目标是：到2020年实现长江航运现代化，形成拥有世界先进水平的航运基础设施、装备和服务体系，适应沿江经济社会发展需求并适度超前，比较优势充分体现，黄金水道优势充分发挥，平安长江、数字长江、阳光长江、和谐长江全面实现，长江航运更安全、更通畅、更便捷、更经济、更和谐。

为实现上述总体目标，我们的战略方针是：全力打造“四个长江”，用十二年左右的时间，分三个步骤循序推进。

“四个长江”——平安长江、数字长江、阳光长江、和谐长江。

平安长江就是长江航运要安全，畅通，有序。

数字长江就是要实现长江航运数字化，信息化，智能化。

阳光长江就是长江航运要公正透明，文明规范，廉洁高效。

和谐长江就是长江航运要以人为本、便捷高效、安全可靠、法治有序、公平共享、文明生态，适应构建社会主义和谐社会的要求，适应沿江经济社会发展的需求，让流域广大百姓满意。

打造“四个长江”，不是简单的重合与叠加，而是各具特色各有侧重又相互关联的有机整体。平安长江是长江航运现代化的基本前提，数字长江是长江航运现代化的主要支撑，阳光长江是长江航运现代化的重要保证，和谐长江是长江航运现代化的总体要求。“四个长江”要全面建设，协调发展，不可偏废。

2. 长江航运现代化发展战略

长江航运现代化实施三步走的发展战略。

第一步：到2010年，长江航运能力明显提高，奠定长江航运现代化的初步基础。主要表现在：

——长江干线通航条件明显改善。干线航道大规模系统治理全面启动，重庆以下一级航道及重庆至宜宾三级航道全面建成，干支衔接、安全畅通的高等级航道网初步形成，2.5万吨级海船和4万吨级船队通达南京，5 000吨级船舶通达安庆，1 000吨级船舶通达宜宾。

——安全监管、人命救助和应急反应能力显著提高。海事、公安装备明显改善，机动能力显著增强，建成三峡库区、三峡坝区及中下游5段水域船舶VTS系统，建成重庆以下干线船舶AIS系统，覆盖重点水域、快速反应的干线水上交通安全监管、治安防控和应急反应系统初具规模。

——航运结构明显改善。干线货运船舶平均吨位达到800吨，单位能耗和排放明显下降；规模以上港口基本实现机械化，基本建成集装箱、铁矿石、煤炭、汽车滚装、石油及液体化工运输体系；与其他运输方式的衔接得到加强，运输保障能力和服务质量明显提高，初步形成统一开放、公平合理、竞争有序的长江航运市场，长江航运竞争力明显增强。

——长江航运信息化框架基本形成。完成三峡库区及安徽段数字航道建设，电子航道图、网上海事应用覆盖全线，干线数字传输及船岸通信系统全线贯通，电子政务网络基本覆盖分支机构，推进长江航运信息综合服务体系建设。

——长江航运管理体制机制改革稳步推进，政策法规体系较为完善，自主创新体系初步建立，船东满意度和职工满意度明显提高，队伍素质不断提高，行业文明和文化建设不断推进，和谐长江的局面初步形成。

第二步：到2015年，长江航运能力显著提高，总体适应流域经济社会发展需求，建设“四个长江”成效初显。主要表现在：

——长江干线航道大规模系统治理形成高潮，万吨级船队通达重庆，4万吨级船队和5 000吨级船舶可通达武汉，1 000吨级船舶通达水富。

——海事、公安装备性能进一步优化，手段基本齐备，继续完善中下游及重庆以上水域船舶VTS系统建设，船舶AIS系统基本覆盖全线。

——长江干线现代水上交通监管及治安防控系统覆盖面不断扩大，人命救助和快速反应能力不断提高，初具立体搜救能力。

——航运结构趋于合理。长江干线船型标准化加快推进，干线货运船舶平均吨位达到1 000吨，单位能耗和排放进一步下降；港口功能趋于完善，集装箱、铁矿石、煤炭、汽车滚装、石油及液体化工运输体系较为完善；现代长江物流发展步伐加快，与其他运输方式衔接较为顺畅，运输保障能力和服务质量明显提高，基本形成统一开放、公平合理、竞争有序的长江航运市场，长江航运竞争力显著增强。

——长江航运信息化框架趋于完善。“数字航道”全面建成并发挥较好作用，电子政务网络覆盖全线，长江航运信息综合服务体系基本建成。

——长江航运管理体制机制改革不断深化，政策法规体系进一步完善，自主创新体系基本形成，船东满意度和职工满意度进一步提高，队伍素质明显提高，行业文明和文化建设成效显著，和谐长江的局面基本形成。

第三步：到2020年，形成安全、畅通、便捷、高效、经济的长江航运网络和运输服务体系，适应流域经济社会发展需求并适度超前，“平安长江”、“数字长江”、“阳光长江”、“和谐长江”全面建成，长江航运现代化的总体目标圆满实现。主要表现在：

——干线航道大规模系统治理基本完成，5万吨级海船通达南京，万吨级船队通达重庆，重庆至水富建成二级航道。

——干线水上交通安全监管、治安防控和应急反应系统实现全方位覆盖、全天候运行，有较强的立体搜救和快速反应能力。

——航运结构不断优化。基本完成长江干线船型标准化，干线货运船舶平均吨位达到1 400吨，港口布局和结构合理、功能完备，专业运输体系趋于完善，航运运行质量和效率显著提高，与其他运输方式互为补充、衔接顺畅，现代长江物流蓬勃发展，长江航运竞争优势充分体现。

——长江航运信息化体系较为完善，基本实现智能航运。

——长江航运管理体制更趋完善，自主创新能力显著增强，政策法规体系完备，具有一流的船东满意度和职工幸福指数，行业文明和文化建设成效显著，全面形成和谐长江的良好局面。

3. 推进长江航运现代化的基本思路

当前和今后一个时期推进长江航运现代化的基本思路是：紧紧围绕“一条主线”，着力提高“两个实力”，切实做好“三个服务”，大力建设“四个长江”，建立健全“五个机制”，突出抓好“六大任务”。（简称“123456”）

一条主线——建设长江黄金水道，发展现代长江航运。这是贯穿全部工作的一条红线，是指导今后工作的总方针。我们必须围绕这条主线，坚持用科学发展的观点、科学发展的方法，重点突破，整体推进。进一步整合资源，优化配置，加快建设，提高能力，全面推进六大工程，走资源节约型、环境友好型发展之路，又好又快地完成黄金水道建设任务。

两个实力——打造硬实力，增强软实力。这是提升长江航运核心竞争力的重要基础。硬实力包括长江航运基础设施、装备、技术、人才、经济等方面。软实力包括法规政策、管理制度、行业文化、行业形象等要素。硬实力是软实力的有形载体，软实力是硬实力的无形延伸。打造硬实力就是要加快建设，加快发展，夯实长江航运的物质基础。增强软实力就是要全面推进法规政策建设、行业文化建设和精神文明建设，以先进的理念、优良的文化、强健的组织、科学的管理、健全的制度为支撑，提高吸引力，增强凝聚力，扩大影响力，树立长江航运负责任的行业形象。

三个服务——服务长江航运、服务沿江经济、服务流域百姓。这是我们工作的根本宗旨。践行“三个服务”必须进一步强化服务意识，增强服务能力，提高服务水平。要通过加强规划、加快建设、营造良好环境，服务长江航运科学发展；要通过加强运输保障、发展现代物流、提高航运效率，服务沿江经济社会发展；要通过确保安全、畅通、有序，服务流域百姓出行便捷安全。

四个长江——平安长江、数字长江、阳光长江、和谐长江。这是长江航运发展的核心内涵。

五个机制——一是建立与交通运输部上下级之间的顺畅协调机制；二是强化长航系统内部政令畅通、开放包容、相互配合支持的联动协调机制；三是完善与沿江省市政府及交通港航管理部门的沟通协调机制；四是完善与重要港航企业的联系协调机制；五是完善与涉水管理部门的合作协调机制。这是我们做好工作的重要保障。

建立健全五个机制，就是要努力创造一个上下协调、内外顺畅的长江航运发展环境。对上，既要坚决贯彻落实部党组各项决策部署，切实提高执行力，更要团结进取、有为有位，积极争取上级的理解、支持和指导。对下，既要加强指导，更要深入基层、理解基层、依靠基层、支持基层，积极为基层排忧解难。对行业，既要调控引导、规范管理，更要强化服务，凝聚力量，推进发展。对社会，既要敢于负责，强化保障，更要优质服务，树立形象，努力提升长江航运的社会地位和社会影响。

六大任务——这是我们当前和今后一个时期的工作重点。

抓规划，强建设。要紧紧扭住长江黄金水道建设这个中心不放松，坚持高起点、高标准、高质量，从长江航运实际出发，既要主动适应流域经济社会发展的需要，又要充分考虑环境和资源的约束，切实提高规划的前瞻性、科学性和系统性，制订长江航运现代化发展战略规划及五年规划。要大力推进六大工程，突出抓好航道治理工程，“深下游、畅中游、延上游”，加快推进干线航道系统治理，尽快完成一批重点河段整治工程和航运支持保障系统建设工程，努力建设和维护好一个安全畅通、高效便捷的长江航运基础设施网络。要高度重视科技创新，加强关键技术的攻关研究和推广应用，依靠科技进步和自主创新推进黄金水道建设。

保畅通，强安全。要切实加强长江干线航道、船闸、通信的维护与管理，充分利用航道自然条件，充分运用航道治理成果和新技术，努力提高航道、船闸通过能力和服务质量，改善通航环境，全力确保干线航道畅通，确保船闸通航有序，确保重点物资运输。要坚持以人为本，着力提高安全监管水平、人命救助和快速反应能力，突出重点、强化监管、标本兼治，全力确保长江航运安全、治安形势稳定，牢固树立“抓经济发展是政绩，抓安全生产也是政绩”的观念，全力推进平安长江建设，不断适应和满足长江航运发展和流域百姓的更高需求。

调结构，强效益。坚持以市场为主导，加快推进长江航运发展方式转变和转型升级。优化运输组织结构，大力发展规模化、集约化、网络化运输，提高运输组织效率。大力发展干支直达、江海联运，加快形成集装箱、铁矿石、煤炭、滚装汽车、石油及液体化工专业运输体系。不断推进港口功能物流化、码头专业化，加快推进船型标准化和管理信息化。着力提高运输服务质量，努力提供更安全、更经济、更高效和舒适、便捷、个性化的航运公共服务，让长江航运成为客户的最佳选择和人民群众喜爱的出行和旅游方式。

深改革，强合力。树立和强化“长航一家人、系统一盘棋”的理念，整合管理资源，坚持依法行政，深化联合执法，有步骤、有重点地推进长江航运管理体制和工作机制改革，加快形成责权一致、决策科学、执行顺畅、监督有力、服务高效的长江航务管理体制。通过深化改革，理顺关系，统一政令、统一执法、统一布局，大力提高执行力，切实增强凝聚力，形成长航系统的强大合力。

建队伍，强服务。要努力建设一支为民、务实、清廉的干部职工队伍，做人民满意、行业信赖、社会认同的服务型政府部门。坚持正确的用人导向，深化干部人事制度改革，按照德才兼备、注重实绩、群众公认的原则选拔干部，提高选人用人公信度。大力实施人才工程，建立一支数量充足、结构合理、素质优良的人才队伍。要高度重视行风政风建设，切实加强执法队伍建设和监督检查，大力推进政务公开，文明执法，规范管理，努力建设阳光长江。

重民生，强和谐。民生是和谐之源，和谐是民生之本。科学发展观的核心是以人为本。实质上就是要把发展的成果体现在提高广大职工的生活水平上，体现在满足职工的物质文化需求上，体现在实现人的全面发展上。只有坚持保障和改善民生，才能调动和激发广大干部职工推进长江航运现代化建设的积极性、主动性和创造性，才能赢得广大干部职工的信任、拥护和支持。我们各级领导班子必须在加快发展的基础上，把改善民生放在更加突出的位置，下大力气改善职工生产生活条件，千方百计为职工做好事、解难事、办实事，把增强职工荣誉感、归属感和幸福感作为长航系统上上下下的共同追求，采取切实有效的措施，努力形成和谐长江人人有责、和谐长江人人共建共享的生动局面。

同志们，建设长江黄金水道，发展现代长江航运是我们的神圣职责，交通运输部党组寄予厚望，我们必须切实增强历史使命感、责任感和紧迫感，坚定信心，抢抓机遇，迎接挑战，全力打造平安长江、数字长江、阳光长江、和谐长江，在全社会的大力支持下，全行业同心同德，奋力拼搏，长江航运现代化的总体目标一定能够实现。

同舟共济　扬帆奋进
共同开创长江航运科学发展新局面

——长江航务管理局党委书记黄强在2009年长江航务管理工作会议上的总结讲话（摘选）

（2009年2月12日）

2009年长江航务管理工作会议，历时一天半，马上就要结束了。

会议期间，交通运输部徐祖远副部长和湖北省田承忠副省长亲临会议并作重要讲话，充分体现了部省领导对长江航运的高度重视和亲切关怀。徐副部长的重要讲话，充分肯定了长航局系统的各项工作，深刻分析了当前的形势，对做好2009年工作提出了四个方面要求，并特别强调要处理好“八个关系”，为我们指明了方向，增添了动力。冠军局长的工作报告创新务实，全面总结回顾了2008年的成绩和长江航运改革开放30年的成就与经验，提出了长江航运现代化发展的总体目标，重点阐述了全力打造“四个长江”、实施三步战略的方针以及“123456”的基本思路，全面部署了2009年的工作。代表们在分组讨论中一致认为，这次会议主题明确，思路清晰、重点突出、目标明确、任务具体，一定要在今后的工作中坚决贯彻落实。会上，对第二届长航十大杰出人物进行了表彰，4个小组召集人分别介绍了各小组讨论的情况，4个单位和1位先进个人代表的交流发言各具特色，值得学习借鉴。总之，这次会议务实高效、气氛热烈，统一了思想，达成了共识，振奋了精神，是一个解放思想的大会，团结鼓劲的大会。在大家的共同努力下，会议取得了圆满的成功。

下面，我就贯彻落实好这次会议精神讲三点意见。

一、明确目标，同舟共济，着力打造“四个长江”

今年是全面开展深入学习实践科学发展观活动的重要一年，也是应对国际金融危机巨大挑战的关键时期。我们要按照全国交通运输工作会和这次长江航务管理工作会的精神统一思想，明确目标，同舟共济，共建黄金水道，着力打造“四个长江”。

同舟共济，是长江航运人优良传统和优秀品质的集中体现。长江航运事业如同航船，把长江航运人汇集成坚强集体。同舟共济就是要同忧乐，共命运，情相融，精诚团结亲如一家，危急关头众志成城。坚韧不拔，建设黄金水道；百折不挠，打造“四个长江”。同舟共济就是要在严峻的国际金融危机面前，港航企业相互加强协作、抱团取暖，行业管理和支持保障部门主动添薪加柴，适当供暖，大家团结一心，共克时艰。

（一）明确目标，同舟共济，必须坚定科学发展信心。

长江航运当前面临的形势是挑战与机遇并存，机遇大于挑战。一方面，随着国际金融危机蔓延，我国经济下行压力加大，长江航运受到前所未有的冲击；同时长期制约影响长江航运科学发展的突出问题还没有根本解决，短期困难与长期矛盾交织，加大了长江航运科学发展的难度。另一方面，我国仍处于发展的重要战略机遇期，中央“保增长、扩内需、调结构”的经济工作方针，决定了长江航运大建设、大发展的基本态势没有改变。特别是，交通运输部把加强长江黄金水道建设列为落实扩大内需、加快交通运输基础设施建设的重点，投资力度不断加大，交通运输部规划建设综合运输体系需要加快长江航运与其它运输方式实现紧密衔接，以及长江航运改革开放30年发展所取得的成就和经验，这三大有利条件极大增强了长江航运抵御风险的能力和加快发展的活力。所以，我们既要充分估计长江航运发展形势的严峻性，把应对工作做扎实、做细致，使各种不利因素带来的影响降到最低，牢牢把握长江航运发展的主动权；更要充分认识长江航运发展面临的有利因素，坚定推动科学发展的决心和信心，同心同德，把握机遇，推动长江航运科学发展。

（二）明确目标，同舟共济，必须创新科学发展理念。

长江航运基础相对薄弱与沿江经济社会发展日益增长的航运需求不相适应是现阶段长江航运发展的主要矛盾。解决这一矛盾，必须进一步在解放思想中统一思想，用科学发展的理念统领各项工作。一是要坚持把加快发展作为第一要务。牢牢扭住建设长江黄金水道、发展现代长江航运这条主线不放松，聚精会神搞建设、一心一意谋发展，用科学发展的办法解决长江航运存在的问题。二是要坚持把“三个服务”作为推动长江航运科学发展的根本宗旨。不断深化对“服务”是长江航运本质属性的认识，强化服务意识、增强服务能力、提高服务水平，特别要把提高公共服务能力摆到更加突出的位置。三是要坚持把统筹协调作为推动长江航运发展的重要方法。立足水资源综合利用和综合运输体系建设的全局，统筹长江航运上、中、下游发展，统筹航道、船舶、港口和支持保障相关要素的发展，妥善处理长江航运与其它涉水行业、其它运输方式的关系，切实增强长江航运发展的全面性、协调性和可持续性。四是要坚持把深化改革作为推动长江航运科学发展的动力源泉。以改革创新的精神破除影响长江航运科学发展的体制机制障碍，建立完善保障长江航运科学发展的体制机制。五是要坚持把加强党的建设和行业文化建设作为推动长江航运科学发展的坚强保证。大力加强长航系统各级党组织的思想建设、组织建设、作风建设、制度建设和反腐倡廉建设，大力弘扬长江航运行业文化，提高基层党组织的战斗力，增强长江航运发展软实力。

（三）同舟共济，建设黄金水道，打造“四个长江”。

围绕 2020 年实现长江航运现代化的总体目标，明确提出“平安长江、数字长江、阳光长江、和谐长江”是长江航运科学发展的核心内涵，是这次会议的重大成果，更是长航局系统广大干部职工今后一个时期光荣而艰巨的任务。必须深刻认识到 2020 年实现长江航运现代化是历史赋予我们的神圣使命，建设“四个长江”是时代对我们提出的客观要求。加快建设“四个长江”，推进科学发展，实现长江航运现代化，必须同舟共济，依靠全系统、全行业的智慧和力量。要坚决贯彻三步走的发展战略，做到一步一个脚印循序推进。要努力建立健全与交通运输部上下级之间的顺畅协调机制，强化长航系统内部政令畅通、开放包容、相互配合支持的联动协调机制，完善与沿江省市及港航管理部门的沟通协调机制，完善与大型港航企业的联系协调机制，完善与涉水管理部门的合作协调机制，为凝聚力量、做好工作提供重要保障。要突出抓好“六大任务”，切实做到抓规划、强建设，保畅通、强安全，调结构、强效益，深改革、强合力，抓队伍、强服务，抓民生、强和谐，促进科学发展上水平。

长江航运科学发展的宏伟蓝图，鼓舞人心、催人奋进！我们一定要同舟共济、应对挑战，抓住机遇，加快发展，为推进 “四个长江”建设贡献力量。

二、科学发展，扬帆奋进，切实抓好“五大建设”

实现长江航运现代化的战略目标，今明两年是实施“四个长江”三步走战略第一步的关键两年。要开好头、起好步，就必须围绕中心，科学发展，扬帆奋进，切实抓好“五大建设”。

扬帆奋进是长江航运人时代风貌的充分展现。长江航运人有胆识、有智慧、有豪情。扬帆，就是放眼世界，志存高远，善于学习、勤于思考、勇于实践，关键时刻敢于亮剑。奋进，就是锐意进取，敢于创新，在科学发展上力求谋略高人一筹、措施先人一招、行动快人一步。长江航运人秉承“四个长江”三步走的战略方针，鼓征帆，挥豪情，展宏图，变压力为动力，化挑战为机遇，乘风破浪，克难制胜，向着长江航运现代化目标高歌猛进。

（一）科学发展，扬帆奋进，必须着力破解行业发展难题。

当前，长航局机关深入学习实践科学发展观活动已进入整改落实阶段。长航局所属各单位也将从 3 月份开始全面开展深入学习实践科学发展观活动。这是我们搞好各项工作最大优势和契机。要抓紧实施整改方案，重点破解影响和制约长江航运科学发展的六大难题，务求实效。

一是着力转变机关作风和增强执行力。切实加强各级领导机关执行力建设，严格工作程序和工作规范，做到政令畅通、令行禁止；严格实行目标责任制，完善考核制度和办法，做到每年有考核，每月有检查，每周有汇报；严肃各级机关工作纪律，整顿机关工作作风，大力倡导求真务实、雷厉风行的优良作风；积极开展岗位培训及“传帮带”，提高机关干部综合素质。努力把各级领导机关建设成学习型、创新型、服务型、效能型、节约型、廉洁型机关。

二是加快长江黄金水道发展步伐。加快落实“十一五”期长江黄金水道建设总体推进方案，启动“十二五”规划编制。深化干线航道系统整治思路研究；加快“三沙”治理前期工作、推进12.5米航道上延；抓紧实施黑沙洲等航道整治工程加快6米水深航道延伸到安庆，完成武穴等水道整治工程为4.5米水深航道延伸到武汉创造条件，进一步改善中游航道，提高通航能力；完成叙泸段三级航道一、二期工程。长江干线电子航道图今年全线贯通，加快推进长航局系统互联互通和信息资源共享。开工建设宜昌、铜陵VTS，宜昌至南京AIS工程。

三是完善安全管理长效机制。扎实开展“安全生产年”活动，深入开展“三保一创”和“汛期百日安全活动”，加大力度，牵牢客渡船安全牛鼻子，完善客渡船116管理机制，加强客船消防和库区大型非标准船舶监管，严厉打击水运物流犯罪、扰乱航道施工等犯罪活动，净化长江干线通航环境；启动芜湖至安庆段和库区丰都以上段航路改革延伸工作；完善安全应急反应体系，全面实施水上交通安全预警制度，落实完善巡航与应急制度，提高长江航运反恐安保能力。

四是加快船舶运力结构调整。制定《长江省际船舶运输结构调整的指导意见》，严格控制新增船舶运力，加快淘汰高能耗、技术含量低的老旧船舶，缓解运力供求矛盾。引导港航企业积极应对金融危机冲击，鼓励水运企业之间、水运企业与货主间兼并重组、联合联盟。大力发展集装箱运输，积极支持滚装航线延伸和水上旅游客运市场开发。积极争取内河船舶更新改造资金，推进船型标准化，发展适应市场需求和航道船闸通过能力的专业化、标准化运输船舶。

五是深化管理体制机制改革。按照大部门体制改革的要求，不断深化长江航务管理体制改革，推进长江通信体制改革，切实抓好长江通信与长江海事的深度融合，抓紧解决三峡永久通航管理体制问题；落实燃油税改革政策，妥善安置航养费征稽人员；完善以联合执法为载体的行政执法机制；积极推进人事制度改革，推进事业单位岗位聘用工作，健全高层次专业技术人才和高技能人才培养机制。

六是加强党建和扩大行业文化影响。认真开展深入学习实践科学发展观活动。加强领导班子和干部队伍建设，树立有利于科学发展的用人导向，推行局直属单位领导班子年度民主考评制。加强基层党的建设，强化党风廉政建设责任制。深入开展“学树创”活动，继续抓好先进典型的培养选树，组织开展第十三届“文明窗口月”活动和组织“长航十大杰出人物”巡回演讲，引领激励职工建功立业。进一步加强行业文化建设，扩大长江航运文化的影响力。整合宣传资源、加强舆论引导。

切实解决好这六大问题，与搞好今年全年的工作紧密相关，不仅是长航局领导班子的责任，也需要全系统各级领导和广大干部职工的共同努力。

（二）切实抓好“五大建设”，为科学发展提供坚强政治保障。

各级党委领导班子要围绕建设黄金水道、打造“四个长江”，团结带领广大干部职工科学发展，扬帆奋进，切实抓好“五大建设”，为长江航运科学发展提供强大的精神动力和坚强的政治保障。

一是大力加强领导班子和干部队伍建设。扎实开展深入学习实践科学发展观活动，努力把科学发展观的要求转化为各级领导谋划发展的共识、领导发展的思路、促进发展的政策，形成上上下下集中精力议大事、干大事、成大事的良好工作局面；坚持和完善民主集中制，严格执行领导班子议事规则和决策程序，健全和落实谈心谈话制度，切实提高民主生活会的质量，加强领导班子民主评议工作，推行对局直属单位领导班子的年度考评制，评选“优秀领导班子”、“模范带头人”、“优秀班长”、“优秀副职”等先进典型并向部推荐；深化干部人事制度改革，健全完善民主公开、竞争择优的选人用人机制，加大竞争性选拔干部力度，大胆选拔任用 “工作有激情、想干事、干实事、能干事、干成事”的“一有四干”型干部，加大培养选拔年轻干部工作力度，继续推动干部双向交流任职和挂职锻炼，加强后备干部队伍建设，协助交通运输部选拔好局级后备干部；加强机关干部培训，强化机关服务意识。

二是进一步加强党风廉政建设。坚持标本兼治、综合治理、惩防并举、注重预防的方针，以完善惩治和预防腐败体系为重点加强反腐倡廉建设，以改革创新精神抓好《建立健全惩治和预防腐败体系2008—2012年工作规划》的落实，强化党风廉政建设责任制。切实加强监督检查，保证上级重大决策部署在长航系统得到坚决贯彻落实，确保政令畅通。切实加强领导干部党性修养和作风建设，认真抓好领导干部廉洁自律工作，严格落实领导干部“五不准”规定。完善制约和监督机制，重点加强对领导机关、领导干部特别是主要领导干部的监督，加强对人财物管理等关键岗位的监督。加强联合执法工作中的政风行风建设，加强对工程建设项目招投标工作的廉政监督，继续认真推行基建项目双合同制、重点项目派驻制、招投标工作挂牌监督等制度，加大审计监督力度，推行局直属单位及局机关直属单位的全面年度审计，强化资金监管，确保资金安全。加大查办案件工作力度，坚决纠正损害群众利益的不正之风，着力解决群众反映强烈的突出问题。

三是着力加强基层党组织建设。以“党建促发展”为主题，以创建“五好党组织”为抓手，强化管党意识，健全落实管党责任制。紧紧抓住加强基层党组织班子建设这个着力点，把一批政治素质好、工作能力强、群众公认的优秀基层干部选拔到基层党组织领导岗位上来，在组工干部中开展讲党性、重品行、作表率活动；切实抓好党员队伍建设这一基础工程，层层落实联系党员工作责任制，加强党员教育管理，促进工作机制创新，完善党内激励、关怀、帮扶机制，做好党员的培养发展工作，不断为党组织输送新鲜血液；以建党88周年为契机，开展“五好党组织”和“优秀共产党员”的评选表彰工作；坚持抓机关带基层，加强各级机关作风建设，推动基层党建工作规范化、科学化、民主化，进一步增强各级党组织创造力、凝聚力和战斗力。

四是切实加强行业文化建设和精神文明建设。结合弘扬社会主义核心价值观，加大长江航运精神文化的普及传播力度，编印长江航运文化手册，使同舟共济、扬帆奋进的行业精神深入人心；组织长航十大杰出人物在长江全线开展巡回报告演讲，动员和引导广大干部职工积极实践长江航运精神文化理念；加强文化建设示范点建设和子文化建设；深化“学树创”活动，继续宣传好两届“长航十大杰出人物”，特别是继续深化对长航创新型职工标兵郑启湘、黄金水道引航标兵姚泽炎两个重大先进典型人物的宣传；打造具有长航特色的文明创建品牌，提高文明单位覆盖率，完善文明共建机制，组织开展以“弘扬行业精神、打造四个长江、推进科学发展”为主题的第十三届“文明窗口月”活动；组建专业机构，整合宣传资源，完善宣传机制，围绕中心工作开展系列重大主题宣传，特别是抓住建国60周年契机组织开展系列纪念活动，为长江航运现代化建设营造良好的舆论氛围。

五是着力加强群团组织建设。发挥工会的桥梁纽带作用，维护和实现好职工群众的根本利益，深化“创建学习型组织、争做知识型职工”和创建“工人先锋号” 活动，推行职工民主管理，加强职工劳动保护，积极开展送温暖活动，广泛开展群众性的经济技术创新活动。以“我与长江共发展”为主题，开展青年思想教育实践活动，组织开展青春岗位建功行动，积极搭建青年成长成才的平台，发挥好青年在长江航运现代化建设和长江航运文化建设中的生力军作用。切实落实老干部政策，做好老干部工作，落实好老同志的政治生活待遇，努力为老同志办好事、办实事。发挥港口协会、船东协会等行业中介组织的作用，加强管理部门与港航企业的沟通交流，形成全行业共建合力。

三、鼓足干劲，狠抓落实，全面完成各项工作任务

当前，大政方针已定，关键在于落实。抓好工作落实，确保各项任务圆满完成，必须鼓足干劲，保持良好的精神状态，大力发扬拼劲、闯劲和韧劲这三股劲，即不畏艰难、务实拼搏的拼劲，胸怀长江航运现代化建设大目标，埋头苦干，尽职尽责尽心力，求实务实抓落实；敢为人先、创新探索的闯劲，着力打造“四个长江”，求新求进，乘风破浪会有时，直挂云帆济沧海；百折不挠、一往直前的韧劲，把长江航运科学发展不断推向新水平。

（一）鼓干劲，抓落实，统一思想认识。

各单位、各部门要结合开展学习实践科学发展观活动，进一步引导干部职工解放思想，把思想和行动统一到贯彻落实科学发展观上来，统一到这次长江航务管理工作会精神上来，加快长江航运改革发展。当前要切实增强忧患意识，增强工作的前瞻性和主动性，应对危机，科学发展，下大力气解决长江航运发展不够、发展质量不高的问题；切实增强大局意识和团队意识，在长航系统内牢固树立“长航一家人、系统一盘棋”的理念，自觉加强和维护团结，全局上下同心、整体联动、相互理解、相互支持、政令畅通。

（二）鼓干劲，抓落实，强化目标责任。

各单位、各部门要结合各自职责和工作实际，将这次会议提出的目标任务逐一细化分解，积极谋划、及早部署、层层落实，做到思想认识到位、组织领导到位、工作落实到位。要认真学习深圳交通局“四位一体”工作法，不断完善目标责任体系，做到各项工作有布置、有督促、有检查，制定详细的进度表，确保各项工作有序推进，总体目标顺利实现。要切实增强责任意识，要致力于解决问题，提倡马上办的行政理念和文化，做负责任的行业、负责任的部门、负责任的个人，不辜负时代赋予长江航运人的历史使命。

（三）鼓干劲，抓落实，改进工作作风。

各级领导机关要强化为基层服务的意识，注重深入基层调查研究，及时帮助基层解决实际问题；各级管理部门要强化为港航企业服务的意识，主动了解港航企业对行业管理部门的需求，增强工作的针对性和预见性，帮助港航企业渡过难关。各级领导干部要强化担当精神，带头落实责任制，把精力集中到做实事上来，把功夫下到抓落实上来；要始终保持顽强拼搏、奋发有为的精神状态，不惧怕困难、不回避矛盾，善于用改革的办法破解科学发展中的难题。广大干部职工要大力弘扬求真务实的工作作风，出实招、办实事、求实效，做到定下来的事雷厉风行、看准了的事一抓到底。要坚决精简公文简报，严格规范各类会议，提高公文和会议的质量和效率。

（四）鼓干劲，抓落实，营造和谐氛围。

要大力弘扬行业文化，以共同的精神理念凝聚干部职工，使之成为推动长江航运发展的强大精神力量；切实加强职工民主管理，形成“心齐、风正、气顺、劲足”的工作氛围；积极发挥共青团组织作用，引导青年职工关心行业和单位发展，立足岗位建功立业；深入细致地做好干部职工的思想政治工作，注重针对性、提高实效性、增强主动性；努力帮助职工解决实际问题，确保职工队伍的稳定；落实好老干部政策，切实做到尊重、理解、关心老干部，发挥广大老干部在加快长江航运现代化建设中的参谋作用。总之，要通过各种方式和渠道，发扬民主，关心民生，倾听民意，集中民智，围绕建设“四个长江”，实现长江航运现代化，最大程度地调动和发挥干部职工的积极性、主动性和创造性。

同志们！长江航运科学发展前景广阔、任重道远。让我们坚持以科学发展观为指导，同舟共济，扬帆奋进，建设黄金水道，打造“四个长江”，共同开创长江航运科学发展新局面！

· 长航集团工作会议文件选登 ·

危中寻机稳健发展　改革重组再创佳绩

——中国长江航运（集团）总公司总经理朱宁在六届四次职代会暨2009年工作会上的工作报告（摘选）

（2009年1月19日）

一、2008年生产经营情况

2008年，是极不平凡的一年，是集团经受多重考验、胜利完成计划目标的一年。去年一年，集团先后经受了冰冻雨雪、汶川地震等自然灾害，经受了国际金融危机和我国经济减缓的较大冲击，经受了燃油钢材成本高位运行及港使费增长较快的成本压力。面对重重困难，在国资委、监事会的大力指导、关怀下，广大干部职工团结协作、奋力拼搏，主要经济指标仍然达到或超过计划目标，经济效益再创历史新高，较好地实现了国资委年度考核目标。

——主要经济指标完成情况

据快报统计，2008年，集团全年实现营业总收入302.4亿元，同比增长23.2%。完成货运量1.3亿吨，同比增长2.3%；货运周转量1 976.8亿吨公里，同比增长7.9%；工业总产值128.7亿元，同比增长38.4%；燃油销售量196万吨，同比增长6.1%。预计全年实现利润总额15.2亿元，同比增长33.1%，再创历史新高。集团较好完成国资委下达的货运周转量、利润总额、净资产收益率、资产负债率等主要考核指标，主要经济指标提前实现“十一五”目标。

——经济运行主要特点及重点工作

1.经济效益创历史新高。集团利润总额达到15亿元，比效益较好的上年又增长33.1%。运输、工业和燃贸三大支柱产业的效益全面提升，困难企业通过推进多种解困措施，经济效益也有大幅提高。

2.主要产业实现平稳增长。水上运输产业，克服多重影响，运输总量创历史最好水平；集团继续加快向海转型，海上运量和周转量分别占运输总量的62.1%和81.2%，同比分别提高7.6个和5.4个百分点。造船工业产值继续增长，手持订单达666.6万载重吨、折合人民币约472.9亿元。燃油贸易销售量196万吨，再创新高。

3.投资发展保持积极稳健。集团坚持以科学发展为指导，继续加大对主业的投入，在对全年投资计划进行多次清理，削减年度计划约30亿元的基础上，完成固定资产投资83.9亿元，同比增长11.1%，其中船舶购置完成投资66亿元，同比增长10.1%，占投资总额的78.6%，全年实际新增运力60余万载重吨，主业实现稳健发展。

4.“管理年”活动积极开展。集团按照“管理年”活动的统一部署和要求，重点加强战略、资产、资金、法律、风险控制等基础管理。战略资产管理方面，集团根据市场环境变化，进一步完善主业发展战略，对部分拟新建投资项目进行重新评估，调整投资规模和产业发展定位，有效防范发展风险。同时，通过对外处置、售后回租等资本运作，应对国际金融危机的影响，全年处置老旧船舶运力30多万载重吨，实现收入6亿元，净收益2.6亿元。融资管理方面，集团成功地发行了两期共8亿元短期融资券，取得了在银行间市场直接融资的突破；中期票据项目已经启动，有望2009年发行。融资租赁工作取得较大进展，与工商银行达成了总额30亿元的租赁合作框架协议。财务公司申办取得实质进展，被列为湖北省重点请求国家给予支持的金融项目。风险控制方面，集团加强对金融危机应对研究，制定了危机风险应对方案，对重点单位现金流、投融资等关键环节进行实时监控。各单位也积极按照集团“管理年”活动的要求，加强各项基础管理工作，长航油运、长航重工、深圳公司等单位在推进国际化体系达标认证、成本控制等方面均取得了明显成效。

5.科技创新和节能降耗取得明显成效。集团继续加大科技创新的力度，重点开发了“铁矿石江海直达专线浅吃水肥大船型”，开发和批量建造了 9.2 万吨、5.73 万吨散货船、8 000 吨近洋件杂货船、具备顶推功能的 5 000 吨长江散货船等新船型；青山、东风船厂船台滑道、3 500 吨和 5 300 吨浮船坞、蓝鲸号游船等一批技改项目投入使用。集团大力推进节能减排工作，燃油综合单耗控制在 3.55 千克/千吨公里，比年度目标下降 2.7%，重质燃料油使用比重达到 72%，船舶掺烧重油和使用非标燃油共减少燃料费用支出 6 500 万元。集团信息化建设也稳步推进，总公司办公自动化（OA）项目通过验收，船舶过闸电子申报监控系统实现换代升级、财务管理信息系统即将投入试运行，集团科技实力得到增强。

6. 安全保持基本稳定。集团进一步落实安全管理责任制，开展安全隐患排查治理工作，狠抓奥运安保工作的落实；强化危险物品和重要设施的安全检查与监管，做好三峡库区等重点水域、海上运输、劳动安全的预控工作，开展了长江沿线大桥水域通航安全、油驳进川、VLCC 操作指南等课题研究，保持了安全基本稳定。2008 年，全线共发生水上交通事故 10 件，其中大事故 1 件(责任待定)；直接经济损失 1 142 万元，同比增加 193.6 %。劳动安全发生职工工伤事故 26 件，其中死亡事故 5 件，死亡 5 人，同比事故件数减少 1 件，死亡事故减少 2 件，死亡人数减少 2 人。机务设备事故 1 件，同比减少 4 件；消防安全发生一般火灾事故 4 件，同比减少 1 件。环境保护无事故。

7. 为职工办实事扎实推进。集团对照年初所承诺为职工办 8 件实事，狠抓了督办落实，累计投入资金达 3.21 亿元。一是在企业效益增长的前提下，新增 3 亿多元资金，适当提高职工收入，职工年均工资同比增长 22%；二是投入 1 000 多万元，提高船员伙食津贴标准 15%—20%。三是投入 680 多万元，为船员发放统一的防寒羽绒服 1.7 万件。另外，集团为基层船舶配备统一的药品箱和常用药，全面解决川江航行船舶船员的饮用水卫生问题，启动长航社区建设，建立 50 个统一的“长航集团职工书屋”，组织 1 000 名从事有毒有害工种职工及劳模、先进职工分批疗休养，受到职工的好评。

8. 党建和精神文明建设取得积极成果。集团各级党政工团组织积极围绕企业改革发展中心工作，开展“全面推进二次创业，创新发展百年长航”主题活动。加强领导班子队伍建设，推进党风廉政建设和反腐倡廉工作；大力推进“人才强企”战略，为企业经营发展提供人才保障；落实依靠方针，组织实施职工素质工程和劳动竞赛活动，组织开展为期 150 天“迎奥运、保安全、促稳定”竞赛活动，确保了企业的基本稳定；深化企业文化建设，大力开展纪念改革开放 30 周年系列活动，由集团主持编著的鸿篇巨制《中华长江文化大系》正式出版发行，企业品牌形象得到明显提升。今年以来，我国发生雪灾、地震等自然灾害，在大灾大难面前，长航集团充分体现了国有大型企业的风范，积极组织运力，抢运救灾物资，企业和职工累计捐款 1 000 余万元，尽到了应有的社会责任。

——各单位主要工作成效

长航凤凰面对下半年出现的国际金融危机，采取严控运力投入、清理削减投资项目、严控成本费用，强化江海联动、油价互动等措施，积极应对国际干散货运输市场大幅调整。继续加快远洋、江海直达及长江自航船等运力发展，推进与宝钢、粤电、沙钢和台湾裕民航运的合资合作，调整和优化长江运输业务取得成效。

南京公司在抓好沿江原油运输的基础上，逐步理清了发展定位和思路，加快以修造船为重点的船舶工业发展，1.6 万吨举力浮船坞、2+2 艘 2.5 万吨油轮及 2 500 方挖泥船等项目顺利推进，油品储贸、国际船代等业务有序开展。

长航油运在推进三支主力船队建设的同时，配套调整了国际化经营管理体系，大力推进了油轮管理与安全评估、大石油公司检查、安全管理体系整合、VLCC 管理和操作课题研究等重点工作，自主建造、自主经营第一艘 30 万吨 VLCC 油轮成功首航，国际化经营管理能力得到明显提升；同时，进一步加大了租船经营、海洋油市场开拓力度，全年累计签订 COA 包运合同近 700 万吨，抵御市场风险的能力得到提升。

长航重工进一步加快技改扩能步伐，江苏金陵 10 万吨级船坞竣工投产，青山船厂建成的 5.7 万吨船台创造了世界机械式滑道下水最大吨位纪录和华中地区建造的最大吨位船舶两个“第一”；积极推进造船模式的转换，制定了推进方案，积极推广精度造船、数字造船，金陵船厂通过了我国首部《船企评价标准》评审，船舶建造信息化系统逐步推广实施，集团重工造船经营管理能力得到提升；港机、电机等非船产品经营较好。

中长燃公司进一步加快水上燃油贸易网点建设，多方筹措燃油资源，燃油销售量、销售收入保持增长；大力拓展燃料油、保税油经营，产品经营结构得到进一步优化。

深圳公司进一步加快滚装物流发展，4 艘 2 000 车位滚装船已开工建设，江海滚装运量、收入继续保持增长，市场占有率进一步提升。

上海公司加快沿海、长江集装箱运输发展，洋山穿梭巴士航线实现了盈利；外贸件杂货运输加大租船经营力度，收入、主营利润继续保持增长；同时，加快修造船、滨水旅游、物流服务等产业发展，世博舟桥、炮台湾邮轮码头、高尔夫实训场等项目有序推进。长江海外克服雪灾、地震、金融危机等困难影响，加大游船促销力度，优化游船运行管理，取得了湖北地区唯一赴台旅游经营资格。

重庆公司积极融入区域经济发展，继续深化改革，一举实现了扭亏为盈目标。船舶工业积极拓展出口造船业务，打造重庆市建造出口船、万吨船、特种船、出口创汇四个基地，实现增产增收增效；集装箱运输实现大幅减亏；房地产开发和租赁业保持良好发展态势；码头物流、汽车服务等产业实现盈利。

武汉公司加快修船工业发展，4 500 吨、3 500 吨改建船坞完工投产，军山船厂与青山船厂实现合作经营；液化气运输积极探索运贸结合的发展模式取得成效；环保产品实现系列化，劳务外派、地面产业增收增效，公司减亏控亏效果明显。

芜湖公司及江东船厂积极开拓修造船市场，5300 吨浮船坞建成投产，西华基地资源逐步盘活，并推进职教、物业等产业发展，公司实现减亏控亏。

物资公司积极转变经营模式，抓好货源组织，销售收入、利润实现大幅增长。武汉汽服克服国内汽车销售市场下滑的影响，加大市场营销和推广力度，商品车销售利润同比保持持平。长燃总站积极整合资源，搞好内供服务，各项工作有序展开。设计院、规划院、科研所在开展科研攻关，服务主业发展，努力拓展市场等方面取得积极成效。武汉航院探索产、教结合的发展模式，教育规模、效益再上新台阶，新校区筹建工作稳步推进。生活服务公司、工程公司、置业公司等单位在抓好现有经营、控制成本费用、保持企业稳定等方面都作了大量工作。

二、八年来的工作回顾

2008 年，集团克服重重困难，取得优异成绩，既得益于全体干部职工团结奋战、顽强拼搏，也得益于近几年来的改革调整和加快发展奠定的良好基础。回首新世纪以来的八年，长航集团在原总经理刘锡汉、党委书记王镭为首的领导班子的带领下，克服重重困难、锐意改革调整、推动升级转型、坚持科学发展，使“百年长航”焕发出新的生机。八年来，集团资产规模、经营、管理、效益等得到明显提升，升级转型取得初步成效，核心竞争力不断增加，逐步步入良性发展。八年来的工作呈现出“十大亮点”，量化分析主要有“九个突破”：

——“十大亮点”

亮点之一：深化产业结构调整，专业化经营管理格局初步形成。“十五”期，集团针对自身产业众多、结构不合理、市场竞争力不强等状况，成功实施了力度最大、影响最深、涉及面最广的产业结构大调整：果断退出普通客运经营、调整干散货运输结构，实施油运由江向海的战略转型、对造船工业实施“五统一”经营管理，实施燃贸与中石化合资合营。这“五步棋”的顺利推进，使原来的“一主三支四兴”产业模式，逐步调整为水上运输、造船工业、燃油贸易和水上旅游等航运相关的产业构架，使集团产业结构更加合理，主业更加突出，发展更具潜力，为“十五”后期及“十一五”期加快发展打下良好基础。

亮点之二：做强做大主业，核心竞争力得到明显提升。集团按照国资委做强做大主业的要求，进一步加大了航运相关主业的发展。“十五”期以来，长航集团将发展重点放在以水上运运输、造船工业和水上燃油贸易为支柱的航运相关产业，累计投资近 200 亿元，其中主业投资占总投资的 85%以上，航运相关主业实现的经营收入、效益的比重已占集团总量的 90%左右，形成了以江海洋联运为特色的差异化经营、规模化经营、专业化管理的格局，主业核心竞争力进一步提升。

亮点之三：深化企业改革，加快发展的动力机制初步形成。集团按照“和谐发展”的要求，把深化改革作为推动企业发展的动力，先后配套推进了产业结构调整的深化改革，推进了困难企业“深化改革、实现扭亏”工作，并取得明显成效；推进了清理整顿小公司工作，清理整顿各类小公司 100 多个，努力将集团的管理层次控制在三级以内。同时，深化劳动用工、人事、考核激励等多项改革，为企业加快发展提供动力源泉。

亮点之四：探索资本运作，有效补充航运经营。集团积极探索生产经营与资本营运有机结合，先后成功实施了与中国工商银行债务重组，从根本上减轻了企业的历史包袱；成功发行企业债券、短期融资券和可转换债券 21.2 亿元，成功实现了油运江海重组及干散货运输的借壳上市，探索了航运经营与资本经营的有机结合，高卖低买适航适价船舶运力；强化银企合作，与国内外多家银行签订综合授信额度超过 500 亿元，为主业发展提供了资金保障。

亮点之五：推进合资合作，借力发展取得突破。集团加大合资合作、借力发展的力度。青山船厂、金陵船厂以及重庆公司、上海公司借地方政府之力，造船工业得到快速发展；运输产业与沿江、沿海战略客户建立了良好合作关系，燃油贸易与中石化实现合资合作；深圳公司与丰藤海运、重庆公司与台湾阳明海运、长航凤凰与台湾远东等外资企业开展了广泛合资合作；集团也积极与黑航、珠航等内河航运企业广泛接触，寻找全方位合作。

亮点之六：强化管理创新，国际化经营能力得到提升。集团坚持一手抓加快发展，一手抓管理能力的提升，深入开展了管理年、对标管理等活动，推进了具有行业特色的管理模式创新。集团先后修改和完善了企业各项管理制度，突出抓好投资决策、全面预算、绩效考核、风险防范等管理，加大了经济运行监控力度，加快向现代化、国际化航运企业迈进的步伐。

亮点之七：抓好事前预控，安全稳定局面有效确保。安全方面，集团进一步强化领导安全责任制，大力推进安全管理体系建设，加强安全隐患的整改，狠抓海运、外用工劳动安全等工作，推广长江 62006 轮安全航行 30 年的典型经验，不断深化安全文化建设，确保了企业改革调整和加快发展中的安全稳定。稳定方面，“十五”期以来改革调整举措较多，集团始终把稳定放在首位，坚持改革调整与稳定措施同步实施，坚持以人为本、广泛沟通、事前疏导、及时解决。同时，充分发挥党政工团齐抓共管的作用，加大为职工办实事力度，关心特困职工生活，解决职工关心的医疗费拖欠、生产生活条件改善、收入提高等问题。近几年减员分流 2 万多人，没有发生重大稳定问题，保证了生产经营和改革发展的不断不乱。

亮点之八：强化科技创新和节能减排，节约型企业建设稳步推进。集团加强新船型、新机型的开发研究，一批新船型、新机型投入使用，一批实用型技术直接转换成生产力，造船领域多项技术填补了国内空白。以“分节驳顶推船队运输成套技术试验研究”为代表的 50 多项科技成果分别获得国家科技部、交通部等国家和省部级科技进步奖。同时，集团提出了“建设节约型企业，营造绿色长航”的奋斗目标，着力开展了技术节能、管理节能和营运节能的创新工作，集团能源利用效率进一步提升，仅“十五”以来运输船舶综合燃油单耗降低了 30%，年使用重质燃料油比例由期初的 32%提高到当前的 72%，两项合计折算节约燃料费用 10 多亿元。

亮点之九：强化党建工作，政治核心作用得到充分发挥。长航集团党委认真贯彻党中央、国资委和地方党委的指示和精神，深入开展以“三讲”“先进性教育”“二次创业”为重点的主题实践活动，积极参与企业经营发展改革等重大问题决策，切实加强领导班子建设，不断深化企业党风建设和反腐倡廉工作，积极推进民主管理和厂务公开工作，深化完善具有中国长航特色的企业文化，不断提升企业品牌形象。集团总公司 2003 年、2005 年荣获全国“五一”劳动奖状，2007 年荣获国务院国资委颁发的“绩效进步特别奖”。

亮点之十：培育弘扬企业文化，和谐长航建设取得初步成效。集团高度重视企业文化建设，坚持把企业文化建设与企业经营管理有机融合，打造具有“百年长航”特色的企业文化；制定完善了企业文化建设框架，总结提炼了几代长航人形成的“诚信忠实、和谐关爱、严谨勤俭、创新一流”的核心价值理念；“求新求进、唯实唯优”的企业精神；以及经营、发展、管理等“十大理念”，由集团主持编著的《中华长江文化大系》正式出版发行，这些都为和谐长航建设发挥了重要作用。

——九个突破

一是资产总额突破 500 亿元。资产总额由 2000 年末的 140 余亿元，增加至 2008 年底的 500 余亿元，相当于再造了 3 个长航；净资产由 33 亿元，增加到100多亿元，增长了2倍，实现了国有资产保值增值。

二是运力规模突破600万吨。集团运力规模由8年前的304万吨增加至600余万吨，新建购买了一批大型化、标准化、节能环保化的船舶，运力结构和质量得到优化。

三是营业收入突破300亿元。营业收入由60余亿元，增加至300余亿元，增长了4倍，企业整体实力得到增强。

四是利税总额累计突破60亿元。集团实现利税总额由8年前的－2.8亿元，增长至2008年的19.5亿元；其中利润总额由亏损4.6亿元，增加至盈利15亿元；8年来的利税总额累计达63亿元，实现了经济效益与社会效益的同步增长。

五是工业总产值突破120亿元。工业总产值由12.2亿元，增加至128亿元，增长了9倍，是集团增长最快的产业。

六是货运周转量突破1 900亿吨公里。集团货运量由8 400多万吨，增加至1.3亿吨，增长了54%；货运周转量由605亿吨公里，增加至1 977亿吨公里，增长了2.27倍，运输产业由江向海的转型取得初步成效。

七是油运向海战略转型取得突破。油运周转量由8年前的224亿吨公里，增加至894亿吨公里，增长了3倍，且海上周转量占油运周转量的90%以上，实现了由江向海的战略转型。

八燃油销售量突破190万吨。燃油销售量由60万吨，增加至196万吨，增长了近3倍，长江水上燃油销售市场占有率达60%以上。

九是职工人均年收入突破3万元。职工人均年收入由不足1.3万元，增加至3.9万元，增长了2倍，职工的养老、医疗、失业等保障更加健全，企业为职工办实事扎实推进，职工生活水平得到明显提高。

8年工作呈现出的“十大亮点”“九大突破”来之不易，凝聚着长航集团原领导班子的智慧心血和全体员工的辛勤汗水。在此，我代表长航集团总公司，向刘总、王书记以及长航集团历任领导，向全线干部职工及其家属表示衷心感谢！

三、主要经验与体会

其一，必须将科学发展作为发展的根本指导思想

8年来的发展历程表明，只有坚持科学发展，统筹兼顾、协调互动，才能保障发展的健康、全面、可持续，才能实现发展的又好又快目标。

其二，必须将做优做强主业作为发展的重要目标

企业只有集中精力，做自己最熟、最擅长的产业，才能增强核心竞争力。集团近年来取得的成绩，正是集团8年来实施结构调整，集中产业优势，加快主业发展，不断提升主业核心竞争力的结果。

其三，必须将风险防范作为稳健发展的重要措施

集团近几年来的稳健发展，得益于集团将风险管理贯穿于企业经营发展的全过程，逐步由被动应对到主动控制，从单一防范到全面控制，从危机应对到日常防范，风险管理能力得到逐步提升。

其四，必须将强化管理作为提升竞争力的重要手段

企业规模的扩张需要“软实力”的同步提升，需要企业管理的“粘合力”和推动力。必须在抓好传统管理的基础上，逐步创新管理，逐步与世界先进企业看齐，促进企业不断升级转型。

其五，必须将有效的资本营运作为发展的重要途径

八年来的实践表明：既要注重抓好传统的航运经营，又要注重抓好资本营运的配套和补充；既要注重发挥国内航运市场的主导作用，又要借助国际资本经营的手段，实现风险对冲、优势互补，推动企业稳健发展。

其六，必须将善借各方之力作为发展的重要方法

企业经营发展要善于借助各种力量和资源，借国家政策之力，借沿江省市政府之力，借资本市场之力，借货主客户之力，推动企业发展。如果“单打独斗”，可能会在原地踏步或缓慢前行。正是有了这些借力，集团才能以较小的投入，实现跨越发展。

其七，必须将强化党群工作作为经济工作的有效保障

在推进现代企业制度的同时，要善于发挥党群组织的政治核心作用，善于将党群工作与企业中心工作有机结合起来，充分调动广大干部职工的积极性、主动性和创造性，推进“和谐发展”。

其八，必须将企业文化建设作为凝聚人心的重要源泉

八年来的实践表明：坚持把企业文化建设与企业经营管理有机融合在一起，充分发杨“百年长航”的特色文化，是凝聚人心、树立品牌形象，实现企业良性发展的重要源泉。

八年来，虽然集团改革发展和经营管理取得了较大成绩，但面临一些工作难题，需要继续研究和化解。

一是企业规模增长较快，“软实力”建设还有待加强。近几年来，集团运力规模不断扩张，经营领域不断拓展，“软实力”建设虽然取得一定成效，但与集团现有的发展态势，与外向型发展的要求相比，还有较大差距。下阶段，如何进一步提升企业“软实力”，使之与企业“硬实力”有效衔接、协调发展，使之成为企业国际化、专业化经营的推动力，这是我们今后迫切需要研究和解决的。

二是海运发展取得突破，长江战略还有待优化完善。近几年，集团海运发展较快，长江运输发展相对缓慢，效益相对较低，集团提出和推进的“长江战略”还有待进一步完善和落实，需要我们加大工作力度，进一步巩固长江运输的基础地位，实现与沿海、远洋以及其他新兴市场有效衔接，协调互动。

三是主业发展较快，困难企业扭亏脱贫工作还有待加强。近几年来，集团主业发展较快，主业单位与困难企业的差距进一步拉大。集团下阶段要统筹各产业单位发展，协调推进，继续推进“深化改革、实现扭亏”工作，使困难企业摆脱困境，实现和谐发展。

四、形势与任务

2009 年，我们面临的总体形势为：“危”与“机”并存，“危”中显“机”。

——危机因素主要表现为

一是宏观形势“危情”延续。从国际看，世界性的金融危机目前尚在延续，对实体经济的影响进一步加深，新一年我国面临的外部经济环境将更加严峻。从国内看，我国 GDP 增速呈加速放缓趋势，出口增速明显回落，新一年我国经济可能表现为继续下调的趋势，预计 GDP 增速保持在 8%左右，将呈现前低后高的走势，上半年将是我国经济最困难时期。尽管前不久召开的中央经济工作会把“保持经济平稳较快发展作为新一年经济工作的首要任务”，但扩大内需、促进经济增长的效果还有待体现，经济发展的不确定性因素仍然较多。总之，新一年面临的形势仍然严峻，我们要把困难估计得更充分一些，把应对措施考虑得更周密一些，做好经济持续低迷的应对准备。

二是航运相关市场低位运行。在运力供给远大于运输需求的情况下，2008 年已成为航运的拐点，预计航运市场将面临较长时间的低迷调整期。干散货运输方面，远洋运输短期内难有大幅回暖，预计将在低位震荡。沿海运输受国家出台的一系列促进经济发展政策的拉动，下跌势头有所放缓，预计今年沿海运价指数将缓慢回升。长江运输市场供大于求，运价水平可能还将下滑。油运方面，2009 年全球新交付运力将达到历史最高峰，运力增长预计达到 8%，国际油运市场将在低位运行。沿海化工品、液化气、进口沥青运价将有所下滑，海进江和长江原油运输将保持相对稳定。集装箱运输方面，运输价格和载货量将大幅下降。滚装运输方面，远洋、沿海运输需求下降较大，运价波动明显，长江滚装市场相对保持稳定。造船工业方面， 2009 年国际造船市场将延续下行态势，新船成交量明显减少，新船价格将持续下降，造船企业之间的竞争将会日趋激烈。燃油贸易方面，经济的不景气可能会带来燃油需求的下降和销售价格的下滑，市场竞争也将更加激烈。

三是部分政策调整将增加成本压力。主要为燃油税、合并纳税等政策的实施，客观上将造成集团运营成本大幅上升。燃油税开征后，集团扣除部分费用减免后，2009 年将净增燃油成本 2 亿多元。另外，从 2009 年起，国家对 106 家大型国企停止合并纳税，集团每年将增加税收成本 8 000 万元至 1 亿元，给集团经营管理带来较大压力。

——“危”中显“机”主要表现为：

虽然金融危机给企业经营发展带来较大冲击，但我们应科学分析和辩证看待这次金融危机，从危机中发现机遇，抓住机遇：

其一，把应对金融危机当成学习实践科学发展观的课堂和考场。通过结合科学发展观的学习实践活动，反思这次金融危机的教训；结合航运市场周期的变化规律，反思航运产业与金融危机的关系；结合集团近几年改革发展历程，反思企业风险管理的重要性，从而更加深化对科学发展观重要性的认识与实践。

其二，这次金融危机是一次改革调整、蓄力休整的机遇。一是利用市场低迷期“修整柜台”，深化改革调整。进一步理顺运输产业与配套的船舶服务之间的关系，进一步理顺集团地区公司与主业发展之间的关系，进一步整合集团主业外的二级小单位，进一步细化完善重组后新集团武汉管理部的职能和定位等方面，加大工作力度。二是在增收有限的情况下，大力削减成本，在精减机构、控制人工成本、压缩可控费用等方面有所作为。三是利用“过冬”的时机，加大设施设备的修理保养，加大员工的培训力度，增强企业的硬件、软件实力，为以后市场好转打好基础，积聚力量。

其三，这次金融危机也是一次借机发展的机遇。一是抢抓全球救市及我国出台扩大内需、促进经济发展的一系列措施中的机遇；据专家分析，我国政府出台 4 万亿投资计划，每年可拉动 GDP 增长 1.8 个百分点，新税收政策可能拉动 GDP 增长 0.2 个百分点。我国经济的稳步增长，将带动国内钢铁、煤炭、原油、建材等物资运输需求的增长，有利于集团运输产业稳健发展。二是抢抓产业“洗牌”中的机遇，金融危机加速部分产业的兼并、重组及“洗牌”，据专家预测，今后半年到 1 年时间内，国内可能会有 40%左右的船厂以及部分中小运输企业难以为继，集团可伺机实现低成本扩张。三是抢抓长江黄金水道发展的机遇。我们要充分利用国家及沿江省市高度重视长江黄金水道发展的机遇，加快内河航运及相关产业与地方经济的互动发展。四是抢抓企业重组的机遇，争取做我国最大最强的航运物流企业。

根据对企业面临的经济与市场形势，初步确定 2009 年及今后一个时期工作的指导思想是：全力应对金融危机，持续提升管理水平，注重转换发展方式，积极推进重组融合。

一是全力应对金融危机。要将应对金融危机作为今年和今后一个时期的首要任务，树立“过紧日子”的思想，做好更坏打算和更长时间的应对准备。认真研判金融危机对实体经济的影响，密切跟踪市场形势变化，将预防流动性不足放在首位，确保资金平衡，严防支付风险。在投资发展上适当采取紧缩措施，坚决停建、缓建一批发展项目。大力开展增收节支，降本增效工作，努力降低企业各项成本费用支出，度过危机“寒冬”。

二是持续提升管理水平。继续按照集团提出的“管理年”工作思路，力争用 3-5 年或更长的时间，在基础管理、对标管理、现代化管理方面狠下功夫，持续加强、改进和创新企业管理，使强化管理成为企业持续健康发展重要保证，成为防范和应对风险的重要手段。

三是注重转换发展方式。要根据市场形势变化和企业发展实际，努力转换发展方式，控制发展风险，提高发展质量。做到“四个转变”：一是由高速发展、跨越式发展向稳健发展转变；二是由追求发展速度向强调发展质量转变；三是由外延扩张式发展向内涵扩大再生产转变；四是由自主发展向借力发展、合资合作发展转变。要坚决贯彻国务院国资委有关“专注主业”、“控制资产负债率”、“保证自有资金比例”等有关要求，继续执行集团多年来行之有效的“三有一可”、“五个一批”的发展原则和发展方法，在应对好危机、控制好风险的前提下，全面实现集团“十一五”发展目标，并结合重组，提前谋划好“十二五”发展目标。

四是积极推进重组融合。去年底，国资委正式批复同意中外运与长航集团联合重组，并在年初宣布了中外运长航集团领导班子。今年，将是新集团重组后的第一个工作年，也是重组工作向纵深推进的一年，我们要在确保安全生产不断不乱和职工队伍稳定的前提下，根据中外运长航集团的统一要求，尽快理顺管理，并深入推进两家集团资产整合、业务重组和文化融合，使中外运长航的品牌成为国内外物流航运界的“金字招牌”，成为引领全体员工共同前进的旗帜。

按照国资委年度考核目标的要求，根据中外运长航 2009 年工作会相关精神，结合企业新一年生产经营的形势，确定 2009 年工作目标是：

确保目标：完成货运量 1.25 亿吨，货运周转量 2 300 亿吨公里，工业总产值 150 亿元，燃油销售量 200 万吨，营运总收入 300 亿元，利润总额 6 亿元。

坚定信心　迎难而上　团结拼搏
努力开创长航集团美好未来

——中国长江航运（集团）总公司党委书记姚荣建在第六届四次职代会暨2009年工作会上的讲话（摘选）

（2009年1月19日）

2008年，我们接连经历了严重雨雪冰冻和汶川特大地震等自然灾害的影响，遭遇了国际金融危机的严重冲击。在重大挑战和考验面前，长航集团广大干部职工不畏艰难，顽强拼搏，各项工作取得了新的成绩。

沉着应对危机挑战，生产经营取得新成绩。面对不断蔓延、愈演愈烈的国际金融危机，集团冷静分析形势，研究对策，强化管理、降本增效、审慎投资、严控风险，保持了生产经营平稳运行。集团超额完成国资委下达的货运周转量、利润总额、净资产收益率、资产负债率等考核指标，经济效益再创历史新高。

加强企业管理，风险管控能力进一步提升。2008年是集团“管理年”活动的起步之年。集团在完善管理体系、细化管理标准、加强信息化手段的应用以及基础管理等方面加大工作力度，不断提升财务预算、成本控制、人力资源、绩效考核等管理水平。强化资金管理，清理投资项目，严格控制风险，收到比较明显的成效。下半年，集团根据国内外宏观经济形势变化，对发展项目进行清理排队和调减，集中发展核心业务，有效降低了投资风险。

科技创新和节能减排取得成效。认真落实《集团“十一五”科技创新战略》，企业科技创新体制和机制进一步完善，科技人才队伍建设步伐进一步加快，大力开展技术节能和营运管理节能创新活动，科技创新和信息化建设稳步推进，促进了企业管理水平的提升。

企业重组取得重大进展。去年底，国务院和国资委正式批准中外运与长航集团联合重组，国资委在今年元月5日宣布了中国外运长航集团董事会和领导班子，标志着两大集团真正走到了一起，组成了一个大家庭。两大集团实行强强联合重组，是国资委优化国有资本布局、提升央企竞争力的重大战略决策；是两大集团适应全球化竞争，做大做强具有国际竞争力航运物流企业的重大战略部署；是两大集团应对危机、抵御风险挑战、抢抓发展机遇的重大战略举措，这是长航发展史上具有里程碑意义的重大事件。

积极履行中央企业的社会责任。认真贯彻落实国资委《关于中央企业履行社会责任的指导意见》，在抗击冰冻雪灾和汶川大地震灾害中，长航人表现出了“一方有难，八方支援”的胸怀和无私无畏、大爱无边的精神风貌，全力确保水运畅通，保障灾区物资供应。广大干部职工积极捐款捐物，奉献爱心，全线1万余名党员缴纳特殊党费200多万元，全集团共捐款2 000余万元，衣被1.1万件。集团有2个集体和6位同志分别受到了国务院国资委和交通运输部的表彰，他们的事迹入选《中国脊梁》—— 中央企业抗震救灾报告专集。

一年来，集团各级党组织坚持以科学发展观为指导，融入中心，服务大局，加强和改进企业党建工作，创新党组织发挥政治核心作用的途径和方式，紧紧团结和依靠广大职工，为企业重组、提升管理、深化改革、和谐发展提供了坚强的思想、政治和组织保证。

一是在理论武装和指导实践两方面取得实效。

切实抓好各级党委中心组学习，先后举办了5

期学习十七大精神领导干部培训班，186名领导干部参加了轮训，进一步提高了各级领导干部学习实践科学发展观的自觉性。企业报刊、网络开辟专栏，组织专题报道和体会文章；全线组织5 000多名党员、干部和职工开展“学习党的十七大知识大赛”活动，加深了广大干部职工对十七大精神的理解。集团党委在全线组织开展了以科学发展观为指导，以企业升级转型为目标，以创业、创新、创优为主要内容的“全面推进二次创业，创新发展百年长航”的主题实践活动，促使各单位在更新观念、创新理念、促进发展等方面取得新进展、新成效。

二是领导班子和干部队伍建设进一步加强。

深入开展“四好”班子创建活动，大力加强各级领导班子建设，完善领导班子考核评价体系，加大考核调整力度，2008年共调整直属班子5个，任免领导干部18人，进一步优化了直属单位班子结构。加强干部人才队伍建设，完善人才评聘机制，加大干部培训力度，先后选送16名直属单位班子成员和后备干部到上级党校进行培训。多渠道引进专业对口、企业急需人才1 200多人，进一步优化了人才队伍结构。加强基层党组织建设，制定了集团《关于落实基层党建工作责任制考评办法实施意见》，加强对基层党建工作的督促检查和考核奖惩。2008年7月，国资委宣布集团主要领导调整的决定后，集团党委及时下发《关于加强班子建设努力做好几项重点工作的决定》，从加强“四好”班子建设、加强党风廉政建设、确保重组顺利推进、维护安全稳定、确保实现奋斗目标等方面提出了要求。

三是党风建设和反腐倡廉工作取得新进展。

推进惩防体系建设，开展专题学习教育活动，围绕“情系民生，廉政勤政”的教育主题，把贯彻落实七项要求作为宣传教育的重点内容，编印了《党风廉政建设宣传教育月学习资料》2 000册，全线组织党支部专题学习1 100余次，参加学习的党员1万余人次；各级领导人员上党课391次。组织各级领导人员开展七项要求专项检查，开展执行“三重一大”集体决策制度督查，推进了集团重要事项决策制度的贯彻落实。加强案件查办和治理商业贿赂工作。认真贯彻落实《中央企业效能监察暂行办法》，通过实施效能监察，协助企业建立完善各类规章制度145项，避免经济损失或节约资金4 000多万元。

四是企业品牌形象得到新提升。

贯彻落实集团“十一五”企业文化建设规划，启动船舶重工品牌文化建设，推进旅游船舶服务品牌建设，宣传推广“精、细、严”安全文化品牌建设经验，在集团内部起到了较好的示范作用；把握VL-CC —长江之珠首航等重大事件，借助各种传媒、通过沿江路牌广告等不同载体，强化企业形象展示，提升了企业的市场形象。以纪念改革开放三十周年为契机，开展了中国长航改革开放三十周年十大成就、十大典型经验、十大先进人物的评选活动，弘扬创新精神，鼓舞职工士气，促进企业发展。由中国长航主持编著的国家“十一五”重点图书出版工程 —《中华长江文化大系》正式出版发行，受到社会各界的广泛关注，进一步彰显了中国长航深厚的文化底蕴。

五是为企业改革发展凝聚了各方力量。

全面贯彻国资委党委关于加强职代会工作的指导意见，制定了“职代会制度评估实施办法”，修订了集团职代会工作规范，建立了职代会督导制度，制定了长航集团职工代表大会检查考核实施办法。在全线范围内大力推进厂务公开控制程序，有12个直属单位建立了ISO9000厂务公开控制程序文本。大力开展创建劳动关系和谐企业活动，制定了创建劳动关系和谐企业实施办法和考核标准，促进了劳动关系和谐。大力实施职工素质工程，广泛开展“争创学习型企业、争做知识型职工”活动，实施了“新技师培养带动计划”和技能振兴行动。以推进职工经济技术创新活动为重点，以“节能降耗、降本增效、绿色环保”为主题，卓有成效地开展合理化建议、安全劳动竞赛活动，为集团改革发展献计献策作贡献。2008年集团职代会确定为职工办的8件实事，件件得到落实；大力开展扶贫帮困送温暖活动，集团及各单位共投入1 300多万元，慰问困难职工、劳模先进、一线职工和农民工3.1万人次。深化党建带团建，指导和支持共青团组织围绕企业中心工作，团结凝聚广大青年，深入开展青年创新创效、青年安全生产示范岗、青年文明号等活动，为企业改革发展凝聚了青春力量。

六是为企业改革发展营造了和谐环境。

2008年，集团把维护企业稳定作为全局工作的重中之重，强化维稳工进行部署，并在全线组织开展了为期 150 天的“迎奥运保安全促稳定”竞赛活动。各单位认真贯彻落实集团维稳工作部署，加强组织领导，加强对矛盾纠纷热点、难点问题的定期排查和化解，完善信访工作流程，发挥基层党组织作用，积极主动防范、化解各种矛盾和问题，为维护企业稳定做了大量艰苦细致的工作，保证了奥运会、残奥会期间和企业重组工作的总体基本稳定。

同志们，2008 年的工作成绩，是在过去八年工作的基础上取得的。我在昨天的干部大会上讲过，“回顾往昔，风雨兼程，心潮激荡”。过去的八年，是长航发展史上波澜壮阔的八年，是可圈可点的八年，是可歌可泣的八年，是长航人值得欣慰和自豪的八年。过去的八年，以刘总、王书记为首的集团领导班子，团结带领广大干部职工，克服了一个又一个困难，刷新了一个又一个历史记录；企业从严重亏损，到脱贫解困，再到跨越发展；长航集团由内向型长江运输企业，向外向型海洋运输企业转变；由单一的水上运输企业，向综合物流运输企业转变；由传统的国有独资企业，向产权主体多元化的现代企业转变。朱总在报告中将八年来的工作归纳为“十大亮点”、“九大突破”，我完全赞同。

八年风雨路，拼搏铸辉煌。总结过去的经验体会，我认为最重要的有几条：一是坚持解放思想；二是坚持战略导航；三是坚持改革调整；四是坚持科学发展；五是坚持扩大开放、争取政策；六是加强党建保障和文化支撑；第七，最关键的是，集团有一个团结勤奋、开拓进取的领导班子，有一支能吃苦、能战斗、讲奉献的职工队伍。这“十大亮点”和“九大突破”，是我们继续奋进的基础前提；这“五坚持、一加强、一关键”是我们推进新发展、续写新辉煌的宝贵财富。在此，我代表集团总公司党委，向以刘总、王书记为首的集团班子、向各位老领导，致以崇高的敬意！向为长航集团贡献智慧和力量的广大干部职工表示衷心的感谢！

在肯定成绩的同时，我们必须清醒地看到，企业的党建工作和思想政治工作还面临诸多挑战。主要表现在：一是受国际金融危机的影响，企业面临的困难增多，生产经营压力增大。二是企业实质性的重组才刚开始，集团的战略定位、运行体制、运作机制等问题尚需明确，其间职工心理比较复杂，稳定压力很大。三是在现代企业制度条件下，党建工作如何适应新形势、思想政治工作如何做出新成绩，还有待花大力气深入研究。

同舟共济保增长　建功立业促发展

——中国长江航运(集团)总公司工会主席肖汉良在第六届四次职代会上的工作报告（摘选）

（2009 年 1 月 19 日）

一年来，长航集团的职代会和工会紧紧围绕企业改革发展大局开展工作，为企业的科学发展与和谐建设作出了积极贡献。

职代会和工会工作进一步融入到企业发展之中。去年，各级职代会和工会组织动员广大职工开展了“争先创优保目标，提前跨越十一五”和“迎奥运、保安全、促稳定”劳动竞赛、“安康杯”、“船舶、班组安全竞赛”和职工技能大赛等活动。在 6 月安全月和 8 月奥运月中，全线组织了 1 800 名职工代表开展安全巡查活动，组织了“职工安全生产知识电视教育”培训、“职工节能环保知识竞赛”、“职工安全生产漫画创作展”和“安全月文艺宣传巡回演出”等活动，在一定程度上促进了企业生产安全。9 月底，长航集团在南京举行了工业战线的技能大赛，20 名职工在技能大赛中晋升为高级技师和技师。通过开展技能大赛，连续 5 年为企业培养选拔了近 400 名高级技师和技师，激发了广大职工学技能钻业务的积极性。去年，长航集团工会系统在全线共征集合理化建议 1.1 万条、安全警句 4 万余条，发送安全警示短信 4.8 万条，有 8 个“金点子”合理化建议、14 项先进操作法和优秀成果获得长航集团表彰。长航集团也连续第 8 年荣获全国“安康杯”优胜企业。

民主管理活力增强。长航集团全面贯彻了国资委关于加强职代会工作的指导意见，制定了“职代会制度评估实施办法”，修订了长航集团职代会工作规范；6 月，长航集团召开职代会主席团扩大会议，讨论和审议了长航集团与中外运重组草案，职工对企业重组工作有了知情权；厂务公开 ISO9000 质量体系在企业得到进一步推行，职工参与企业民主管理的渠道更加畅通。

劳动关系和谐企业建设逐步深入。去年，长航集团制定了创建劳动关系和谐企业实施办法和考核标准；组织职工积极开展《劳动合同法》的学习和培训；在全线推行了集体合同 1+3 模式(集体合同及女职工特殊权益保护、工资集体协商、劳动安全卫生与职业培训专项集体合同)，基层职工代表参与集体合同协商对话机制进一步完善。在协调劳动关系、化解矛盾、促进和谐的建设中，工会以及职代会发挥了越来越重要的作用。

为职工办的实事全部落实。去年，长航集团职代会上总经理提出的“全面解决川江航行船舶船员饮用水的卫生问题”等 8 件实事在企业得到全面兑现。职工收入增长机制正在形成，困难群体基本生活得到保障，职工精神文化生活更加丰富。去年，各单位共投入 1 300 多万元，开展扶贫帮困送温暖和慰问活动，慰问各类困难职工、劳模先进、一线职工和农民工 3.1 万人次。长航集团总经理拨出 200 万元专款慰问抗雪灾、保安全的一线职工。长航集团工会下拨 110 万元，对困难职工家庭子女进行了助学帮扶，对 500 多名特困职工实行每月定期生活补助。组织了近 2 000 名劳模、先进和从事有毒有害工种的职工、农民工疗休养。各单位为船员发放防寒羽绒服 1.7 万件，新建职工书屋 50 个等。这些实事，使广大职工切实感受到企业的关怀。

去年，长航集团职工对汶川地震受灾人民开展了捐款捐衣被活动，全集团共捐款近 2 000 万元，捐赠棉衣棉被 1.1 万件，体现了中央企业履行社会责任的积极态度和先进的价值观。

各位代表、同志们，这些年来，长航集团职代会和工会工作有了新的发展，并形成了适应新时代要求、具有长江航运特色的工作机制，即“围绕发展抓竞赛，围绕改革抓维护，围绕素质抓比武，围绕稳定抓协调，围绕职工办实事”的基本工作经验。我们探索形成的这些做法，多次受到国资委、全国总工会和中国海员工会的肯定与表彰。

当然，我们还有很多工作应该做得更好些，为职工、为企业要做的事还很多。今后，我们要以更加饱满的工作热情，更加深厚的职工情怀和企业情怀，把长航集团的职代会和工会工作做得更加出色。

· 重要文件选编 ·

中华人民共和国主席令

第 87 号

《中华人民共和国水污染防治法》已由中华人民共和国第十届全国人民代表大会常务委员会第三十二次会议于 2008 年 2 月 28 日修订通过，现将修订后的《中华人民共和国水污染防治法》公布，自 2008 年 6 月 1 日起施行。

中华人民共和国主席　胡锦涛

二〇〇八年二月二十八日

中华人民共和国水污染防治法

（1984 年 5 月 11 日第六届全国人民代表大会常务委员会第五次会议通过　根据 1996 年 5 月 15 日第八届全国人民代表大会常务委员会第十九次会议《关于修改〈中华人民共和国水污染防治法〉的决定》修正　2008 年 2 月 28 日第十届全国人民代表大会常务委员会第三十二次会议修订）

目　录

第一章　总　则

第一条　为了防治水污染，保护和改善环境，保障饮用水安全，促进经济社会全面协调可持续发展，制定本法。

第二条 本法适用于中华人民共和国领域内的江河、湖泊、运河、渠道、水库等地表水体以及地下水体的污染防治。

海洋污染防治适用《中华人民共和国海洋环境保护法》。

第三条 水污染防治应当坚持预防为主、防治结合、综合治理的原则，优先保护饮用水水源，严格控制工业污染、城镇生活污染，防治农业面源污染，积极推进生态治理工程建设，预防、控制和减少水环境污染和生态破坏。

第四条 县级以上人民政府应当将水环境保护工作纳入国民经济和社会发展规划。

县级以上地方人民政府应当采取防治水污染的对策和措施，对本行政区域的水环境质量负责。

第五条 国家实行水环境保护目标责任制和考核评价制度，将水环境保护目标完成情况作为对地方人民政府及其负责人考核评价的内容。

第六条 国家鼓励、支持水污染防治的科学技术研究和先进适用技术的推广应用，加强水环境保护的宣传教育。

第七条 国家通过财政转移支付等方式，建立健全对位于饮用水水源保护区区域和江河、湖泊、水库上游地区的水环境生态保护补偿机制。

第八条 县级以上人民政府环境保护主管部门对水污染防治实施统一监督管理。

交通主管部门的海事管理机构对船舶污染水域的防治实施监督管理。

县级以上人民政府水行政、国土资源、卫生、建设、农业、渔业等部门以及重要江河、湖泊的流域水资源保护机构，在各自的职责范围内，对有关水污染防治实施监督管理。

第九条 排放水污染物，不得超过国家或者地方规定的水污染物排放标准和重点水污染物排放总量控制指标。

第十条 任何单位和个人都有义务保护水环境，并有权对污染损害水环境的行为进行检举。

县级以上人民政府及其有关主管部门对在水污染防治工作中做出显著成绩的单位和个人给予表彰和奖励。

第二章 水污染防治的标准和规划

第十一条 国务院环境保护主管部门制定国家水环境质量标准。

省、自治区、直辖市人民政府可以对国家水环境质量标准中未作规定的项目，制定地方标准，并报国务院环境保护主管部门备案。

第十二条 国务院环境保护主管部门会同国务院水行政主管部门和有关省、自治区、直辖市人民政府，可以根据国家确定的重要江河、湖泊流域水体的使用功能以及有关地区的经济、技术条件，确定该重要江河、湖泊流域的省界水体适用的水环境质量标准，报国务院批准后施行。

第十三条 国务院环境保护主管部门根据国家水环境质量标准和国家经济、技术条件，制定国家水污染物排放标准。

省、自治区、直辖市人民政府对国家水污染物排放标准中未作规定的项目，可以制定地方水污染物排放标准；对国家水污染物排放标准中已作规定的项目，可以制定严于国家水污染物排放标准的地方水污染物排放标准。地方水污染物排放标准须报国务院环境保护主管部门备案。

向已有地方水污染物排放标准的水体排放污染物的，应当执行地方水污染物排放标准。

第十四条 国务院环境保护主管部门和省、自治区、直辖市人民政府，应当根据水污染防治的要求和国家或者地方的经济、技术条件，适时修订水环境质量标准和水污染物排放标准。

第十五条 防治水污染应当按流域或者按区域进行统一规划。国家确定的重要江河、湖泊的流域水污染防治规划，由国务院环境保护主管部门会同国务院经济综合宏观调控、水行政等部门和有关省、自治区、直辖市人民政府编制，报国务院批准。

前款规定外的其他跨省、自治区、直辖市江河、湖泊的流域水污染防治规划，根据国家确定的重要江河、湖泊的流域水污染防治规划和本地实际情况，由有关省、自治区、直辖市人民政府环境保护主管部门会同同级水行政等部门和有关市、县人民政府编制，经有关省、自治区、直辖市人民政府审核，报国务院批准。

省、自治区、直辖市内跨县江河、湖泊的流域水污染防治规划，根据国家确定的重要江河、湖泊的流域水污染防治规划和本地实际情况，由省、自治区、直辖市人民政府环境保护主管部门会同同级水行政等部门编制，报省、自治区、直辖市人民政府批准，并报国务院备案。

经批准的水污染防治规划是防治水污染的基本依据，规划的修订须经原批准机关批准。

县级以上地方人民政府应当根据依法批准的江河、湖泊的流域水污染防治规划，组织制定本行政区域的水污染防治规划。

第十六条 国务院有关部门和县级以上地方人民政府开发、利用和调节、调度水资源时，应当统筹兼顾，维持江河的合理流量和湖泊、水库以及地下水体的合理水位，维护水体的生态功能。

第三章 水污染防治的监督管理

第十七条 新建、改建、扩建直接或者间接向水体排放污染物的建设项目和其他水上设施，应当依法进行环境影响评价。

建设单位在江河、湖泊新建、改建、扩建排污口的，应当取得水行政主管部门或者流域管理机构同意；涉及通航、渔业水域的，环境保护主管部门在审批环境影响评价文件时，应当征求交通、渔业主管部门的意见。

建设项目的水污染防治设施，应当与主体工程同时设计、同时施工、同时投入使用。水污染防治设施应当经过环境保护主管部门验收，验收不合格的，该建设项目不得投入生产或者使用。

第十八条 国家对重点水污染物排放实施总量控制制度。

省、自治区、直辖市人民政府应当按照国务院的规定削减和控制本行政区域的重点水污染物排放总量，并将重点水污染物排放总量控制指标分解落实到市、县人民政府。市、县人民政府根据本行政区域重点水污染物排放总量控制指标的要求，将重点水污染物排放总量控制指标分解落实到排污单位。具体办法和实施步骤由国务院规定。

省、自治区、直辖市人民政府可以根据本行政区域水环境质量状况和水污染防治工作的需要，确定本行政区域实施总量削减和控制的重点水污染物。

对超过重点水污染物排放总量控制指标的地区，有关人民政府环境保护主管部门应当暂停审批新增重点水污染物排放总量的建设项目的环境影响评价文件。

第十九条 国务院环境保护主管部门对未按照要求完成重点水污染物排放总量控制指标的省、自治区、直辖市予以公布。省、自治区、直辖市人民政府环境保护主管部门对未按照要求完成重点水污染物排放总量控制指标的市、县予以公布。

县级以上人民政府环境保护主管部门对违反本法规定、严重污染水环境的企业予以公布。

第二十条 国家实行排污许可制度。

直接或者间接向水体排放工业废水和医疗污水以及其他按照规定应当取得排污许可证方可排放的废水、污水的企业事业单位，应当取得排污许可证；城镇污水集中处理设施的运营单位，也应当取得排污许可证。排污许可的具体办法和实施步骤由国务院规定。

禁止企业事业单位无排污许可证或者违反排污许可证的规定向水体排放前款规定的废水、污水。

第二十一条 直接或者间接向水体排放污染物的企业事业单位和个体工商户，应当按照国务院环境保护主管部门的规定，向县级以上地方人民政府环境保护主管部门申报登记拥有的水污染物排放设施、处理设施和在正常作业条件下排放水污染物的种类、数量和浓度，并提供防治水污染方面的有关技术资料。

企业事业单位和个体工商户排放水污染物的种类、数量和浓度有重大改变的，应当及时申报登记；其水污染物处理设施应当保持正常使用；拆除或者闲置水污染物处理设施的，应当事先报县级以上地方人民政府环境保护主管部门批准。

第二十二条 向水体排放污染物的企业事业单位和个体工商户，应当按照法律、行政法规和国务院环境保护主管部门的规定设置排污口；在江河、湖泊设置排污口的，还应当遵守国务院水行政主管部门的规定。

禁止私设暗管或者采取其他规避监管的方式排放水污染物。

第二十三条 重点排污单位应当安装水污染物排放自动监测设备，与环境保护主管部门的监控设备联网，并保证监测设备正常运行。排放工业废水的企业，应当对其所排放的工业废水进行监测，并保存原始监测记录。具体办法由国务院环境保护主管部门规定。

应当安装水污染物排放自动监测设备的重点排污单位名录，由设区的市级以上地方人民政府环境保护主管部门根据本行政区域的环境容量、重点水污染物排放总量控制指标的要求以及排污单位排放水污染物的种类、数量和浓度等因素，商同级有关部门确定。

第二十四条 直接向水体排放污染物的企业事业单位和个体工商户，应当按照排放水污染物的种类、数量和排污费征收标准缴纳排污费。

排污费应当用于污染的防治，不得挪作他用。

第二十五条 国家建立水环境质量监测和水污染物排放监测制度。国务院环境保护主管部门负责制定水环境监测规范，统一发布国家水环境状况信息，会同国务院水行政等部门组织监测网络。

第二十六条 国家确定的重要江河、湖泊流域的水资源保护工作机构负责监测其所在流域的省界水体的水环境质量状况，并将监测结果及时报国务院环境保护主管部门和国务院水行政主管部门；有经国务院批准成立的流域水资源保护领导机构的，应当将监测结果及时报告流域水资源保护领导机构。

第二十七条 环境保护主管部门和其他依照本法规定行使监督管理权的部门，有权对管辖范围内的排污单位进行现场检查，被检查的单位应当如实反映情况，提供必要的资料。检查机关有义务为被检查的单位保守在检查中获取的商业秘密。

第二十八条 跨行政区域的水污染纠纷，由有关地方人民政府协商解决，或者由其共同的上级人民政府协调解决。

第四章 水污染防治措施

第一节 一般规定

第二十九条 禁止向水体排放油类、酸液、碱液或者剧毒废液。

禁止在水体清洗装贮过油类或者有毒污染物的车辆和容器。

第三十条 禁止向水体排放、倾倒放射性固体废物或者含有高放射性和中放射性物质的废水。

向水体排放含低放射性物质的废水，应当符合国家有关放射性污染防治的规定和标准。

第三十一条 向水体排放含热废水，应当采取措施，保证水体的水温符合水环境质量标准。

第三十二条 含病原体的污水应当经过消毒处理；符合国家有关标准后，方可排放。

第三十三条 禁止向水体排放、倾倒工业废渣、城镇垃圾和其他废弃物。

禁止将含有汞、镉、砷、铬、铅、氰化物、黄磷等的可溶性剧毒废渣向水体排放、倾倒或者直接埋入地下。

存放可溶性剧毒废渣的场所，应当采取防水、防渗漏、防流失的措施。

第三十四条 禁止在江河、湖泊、运河、渠道、水库最高水位线以下的滩地和岸坡堆放、存贮固体废弃物和其他污染物。

第三十五条 禁止利用渗井、渗坑、裂隙和溶洞排放、倾倒含有毒污染物的废水、含病原体的污水和其他废弃物。

第三十六条 禁止利用无防渗漏措施的沟渠、坑塘等输送或者存贮含有毒污染物的废水、含病原体的污水和其他废弃物。

第三十七条 多层地下水的含水层水质差异大的，应当分层开采；对已受污染的潜水和承压水，不得混合开采。

第三十八条 兴建地下工程设施或者进行地下勘探、采矿等活动，应当采取防护性措施，防止地下水污染。

第三十九条 人工回灌补给地下水，不得恶化地下水质。

第二节 工业水污染防治

第四十条 国务院有关部门和县级以上地方人民政府应当合理规划工业布局，要求造成水污染的企业进行技术改造，采取综合防治措施，提高水的重复利用率，减少废水和污染物排放量。

第四十一条 国家对严重污染水环境的落后工艺和设备实行淘汰制度。

国务院经济综合宏观调控部门会同国务院有关部门，公布限期禁止采用的严重污染水环境的工艺名录和限期禁止生产、销售、进口、使用的严重污染水环境的设备名录。

生产者、销售者、进口者或者使用者应当在规定的期限内停止生产、销售、进口或者使用列入前款规定的设备名录中的设备。工艺的采用者应当在规定的期限内停止采用列入前款规定的工艺名录中的工艺。

依照本条第二款、第三款规定被淘汰的设备，不得转让给他人使用。

第四十二条 国家禁止新建不符合国家产业政策的小型造纸、制革、印染、染料、炼焦、炼硫、炼砷、炼汞、炼油、电镀、农药、石棉、水泥、玻璃、钢铁、火电以及其他严重污染水环境的生产项目。

第四十三条 企业应当采用原材料利用效率高、污染物排放量少的清洁工艺，并加强管理，减少水污染物的产生。

第三节 城镇水污染防治

第四十四条 城镇污水应当集中处理。

县级以上地方人民政府应当通过财政预算和其他渠道筹集资金，统筹安排建设城镇污水集中处理设施及配套管网，提高本行政区域城镇污水的收集率和处理率。

国务院建设主管部门应当会同国务院经济综合宏观调控、环境保护主管部门，根据城乡规划和水污染防治规划，组织编制全国城镇污水处理设施建设规划。县级以上地方人民政府组织建设、经济综合宏观调控、环境保护、水行政等部门编制本行政区域的城镇污水处理设施建设规划。县级以上地方人民政府建设主管部门应当按照城镇污水处理设施建设规划，组织建设城镇污水集中处理设施及配套管网，并加强对城镇污水集中处理设施运营的监督管理。

城镇污水集中处理设施的运营单位按照国家规定向排污者提供污水处理的有偿服务，收取污水处理费用，保证污水集中处理设施的正常运行。向城镇污水集中处理设施排放污水、缴纳污水处理费用的，不再缴纳排污费。收取的污水处理费用应当用于城镇污水集中处理设施的建设和运行，不得挪作他用。

城镇污水集中处理设施的污水处理收费、管理以及使用的具体办法，由国务院规定。

第四十五条 向城镇污水集中处理设施排放水污染物，应当符合国家或者地方规定的水污染物排放标准。

城镇污水集中处理设施的出水水质达到国家或者地方规定的水污染物排放标准的，可以按照国家有关规定免缴排污费。

城镇污水集中处理设施的运营单位，应当对城镇污水集中处理设施的出水水质负责。

环境保护主管部门应当对城镇污水集中处理设施的出水水质和水量进行监督检查。

第四十六条 建设生活垃圾填埋场，应当采取防渗漏等措施，防止造成水污染。

第四节 农业和农村水污染防治

第四十七条 使用农药，应当符合国家有关农药安全使用的规定和标准。

运输、存贮农药和处置过期失效农药，应当加强管理，防止造成水污染。

第四十八条 县级以上地方人民政府农业主管部门和其他有关部门，应当采取措施，指导农业生产者科学、合理地施用化肥和农药，控制化肥和农药的过量使用，防止造成水污染。

第四十九条 国家支持畜禽养殖场、养殖小区建设畜禽粪便、废水的综合利用或者无害化处理设施。

畜禽养殖场、养殖小区应当保证其畜禽粪便、废水的综合利用或者无害化处理设施正常运转，保证污水达标排放，防止污染水环境。

第五十条 从事水产养殖应当保护水域生态环境，科学确定养殖密度，合理投饵和使用药物，防止污染水环境。

第五十一条 向农田灌溉渠道排放工业废水和城镇污水，应当保证其下游最近的灌溉取水点的水质符合农田灌溉水质标准。

利用工业废水和城镇污水进行灌溉，应当防止污染土壤、地下水和农产品。

第五节 船舶水污染防治

第五十二条 船舶排放含油污水、生活污水，应当符合船舶污染物排放标准。从事海洋航运的船舶进入内河和港口的，应当遵守内河的船舶污染物排放标准。

船舶的残油、废油应当回收，禁止排入水体。

禁止向水体倾倒船舶垃圾。

船舶装载运输油类或者有毒货物，应当采取防止溢流和渗漏的措施，防止货物落水造成水污染。

第五十三条 船舶应当按照国家有关规定配置相应的防污设备和器材，并持有合法有效的防止水域环境污染的证书与文书。

船舶进行涉及污染物排放的作业，应当严格遵守操作规程，并在相应的记录簿上如实记载。

第五十四条 港口、码头、装卸站和船舶修造厂应当备有足够的船舶污染物、废弃物的接收设施。从事船舶污染物、废弃物接收作业，或者从事装载油类、污染危害性货物船舱清洗作业的单位，应当具备与其运营规模相适应的接收处理能力。

第五十五条 船舶进行下列活动，应当编制作业方案，采取有效的安全和防污染措施，并报作业地海事管理机构批准：

（一）进行残油、含油污水、污染危害性货物残留物的接收作业，或者进行装载油类、污染危害性货物船舱的清洗作业；

（二）进行散装液体污染危害性货物的过驳作业；

（三）进行船舶水上拆解、打捞或者其他水上、水下船舶施工作业。

在渔港水域进行渔业船舶水上拆解活动，应当报作业地渔业主管部门批准。

第五章 饮用水水源和其他特殊水体保护

第五十六条 国家建立饮用水水源保护区制度。饮用水水源保护区分为一级保护区和二级保护区；必要时，可以在饮用水水源保护区外围划定一定的区域作为准保护区。

饮用水水源保护区的划定，由有关市、县人民政府提出划定方案，报省、自治区、直辖市人民政府批准；跨市、县饮用水水源保护区的划定，由有关市、县人民政府协商提出划定方案，报省、自治区、直辖市人民政府批准；协商不成的，由省、自治区、直辖市人民政府环境保护主管部门会同同级水行政、国土资源、卫生、建设等部门提出划定方案，征求同级有关部门的意见后，报省、自治区、直辖市人民政府批准。

跨省、自治区、直辖市的饮用水水源保护区，由有关省、自治区、直辖市人民政府商有关流域管理机构划定；协商不成的，由国务院环境保护主管部门会同同级水行政、国土资源、卫生、建设等部门提出划定方案，征求国务院有关部门的意见后，报国务院批准。

国务院和省、自治区、直辖市人民政府可以根据保护饮用水水源的实际需要，调整饮用水水源保护区的范围，确保饮用水安全。有关地方人民政府应当在饮用水水源保护区的边界设立明确的地理界标和明显的警示标志。

第五十七条 在饮用水水源保护区内，禁止设置排污口。

第五十八条 禁止在饮用水水源一级保护区内新建、改建、扩建与供水设施和保护水源无关的建设项目；已建成的与供水设施和保护水源无关的建设项目，由县级以上人民政府责令拆除或者关闭。

禁止在饮用水水源一级保护区内从事网箱养殖、旅游、游泳、垂钓或者其他可能污染饮用水水体的活动。

第五十九条 禁止在饮用水水源二级保护区内新建、改建、扩建排放污染物的建设项目；已建成的排放污染物的建设项目，由县级以上人民政府责令拆除或者关闭。

在饮用水水源二级保护区内从事网箱养殖、旅游等活动的，应当按照规定采取措施，防止污染饮用水水体。

第六十条 禁止在饮用水水源准保护区内新建、扩建对水体污染严重的建设项目；改建建设项目，不得增加排污量。

第六十一条 县级以上地方人民政府应当根据保护饮用水水源的实际需要，在准保护区内采取工程措施或者建造湿地、水源涵养林等生态保护措施，防止水污染物直接排入饮用水水体，确保饮用水安全。

第六十二条 饮用水水源受到污染可能威胁供水安全的，环境保护主管部门应当责令有关企业事业单位采取停止或者减少排放水污染物等措施。

第六十三条 国务院和省、自治区、直辖市人民政府根据水环境保护的需要，可以规定在饮用水水源保护区内，采取禁止或者限制使用含磷洗涤剂、化肥、农药以及限制种植养殖等措施。

第六十四条 县级以上人民政府可以对风景名胜区水体、重要渔业水体和其他具有特殊经济文化价值的水体划定保护区，并采取措施，保证保护区的水质符合规定用途的水环境质量标准。

第六十五条 在风景名胜区水体、重要渔业水体和其他具有特殊经济文化价值的水体的保护区内，不得新建排污口。在保护区附近新建排污口，应当保证保护区水体不受污染。

第六章 水污染事故处置

第六十六条 各级人民政府及其有关部门，可能发生水污染事故的企业事业单位，应当依照《中华人民共和国突发事件应对法》的规定，做好突发水污染事故的应急准备、应急处置和事后恢复等工作。

第六十七条 可能发生水污染事故的企业事业单位，应当制定有关水污染事故的应急方案，做好应急准备，并定期进行演练。

生产、储存危险化学品的企业事业单位，应当采取措施，防止在处理安全生产事故过程中产生的可能严重污染水体的消防废水、废液直接排入水体。

第六十八条 企业事业单位发生事故或者其他突发性事件，造成或者可能造成水污染事故的，应当立即启动本单位的应急方案，采取应急措施，并向事故发生地的县级以上地方人民政府或者环境保护主管部门报告。环境保护主管部门接到报告后，应当及时向本级人民政府报告，并抄送有关部门。

造成渔业污染事故或者渔业船舶造成水污染事故的，应当向事故发生地的渔业主管部门报告，接受调查处理。其他船舶造成水污染事故的，应当向事故发生地的海事管理机构报告，接受调查处理；给渔业造成损害的，海事管理机构应当通知渔业主管部门参与调查处理。

第七章 法律责任

第六十九条 环境保护主管部门或者其他依照本法规定行使监督管理权的部门，不依法作出行政许可或者办理批准文件的，发现违法行为或者接到对违法行为的举报后不予查处的，或者有其他未依照本法规定履行职责的行为的，对直接负责的主管人员和其他直接责任人员依法给予处分。

第七十条 拒绝环境保护主管部门或者其他依照本法规定行使监督管理权的部门的监督检查，或者在接受监督检查时弄虚作假的，由县级以上人民政府环境保护主管部门或者其他依照本法规定行使监督管理权的部门责令改正，处一万元以上十万元以下的罚款。

第七十一条 违反本法规定，建设项目的水污染防治设施未建成、未经验收或者验收不合格，主体工程即投入生产或者使用的，由县级以上人民政府环境保护主管部门责令停止生产或者使用，直至验收合格，处五万元以上五十万元以下的罚款。

第七十二条 违反本法规定，有下列行为之一的，由县级以上人民政府环境保护主管部门责令限期改正；逾期不改正的，处一万元以上十万元以下的罚款：

（一）拒报或者谎报国务院环境保护主管部门规定的有关水污染物排放申报登记事项的；

（二）未按照规定安装水污染物排放自动监测设备或者未按照规定与环境保护主管部门的监控设备联网，并保证监测设备正常运行的；

（三）未按照规定对所排放的工业废水进行监测并保存原始监测记录的。

第七十三条 违反本法规定，不正常使用水污染物处理设施，或者未经环境保护主管部门批准拆除、闲置水污染物处理设施的，由县级以上人民政府环境保护主管部门责令限期改正，处应缴纳排污费数额一倍以上三倍以下的罚款。

第七十四条 违反本法规定，排放水污染物超过国家或者地方规定的水污染物排放标准，或者超过重点水污染物排放总量控制指标的，由县级以上人民政府环境保护主管部门按照权限责令限期治理，处应缴纳排污费数额二倍以上五倍以下的罚款。

限期治理期间，由环境保护主管部门责令限制生产、限制排放或者停产整治。限期治理的期限最长不超过一年；逾期未完成治理任务的，报经有批准权的人民政府批准，责令关闭。

第七十五条 在饮用水水源保护区内设置排污口的，由县级以上地方人民政府责令限期拆除，处十万元以上五十万元以下的罚款；逾期不拆除的，强制拆除，所需费用由违法者承担，处五十万元以上一百万元以下的罚款，并可以责令停产整顿。

除前款规定外，违反法律、行政法规和国务院环境保护主管部门的规定设置排污口或者私设暗管的，由县级以上地方人民政府环境保护主管部门责令限期拆除，处二万元以上十万元以下的罚款；逾期不拆除的，强制拆除，所需费用由违法者承担，处十万元以上五十万元以下的罚款；私设暗管或者有其他严重情节的，县级以上地方人民政府环境保护主管部门可以提请县级以上地方人民政府责令停产整顿。

未经水行政主管部门或者流域管理机构同意，在江河、湖泊新建、改建、扩建排污口的，由县级以上人民政府水行政主管部门或者流域管理机构依据职权，依照前款规定采取措施、给予处罚。

第七十六条 有下列行为之一的，由县级以上地方人民政府环境保护主管部门责令停止违法行为，限期采取治理措施，消除污染，处以罚款；逾期不采取治理措施的，环境保护主管部门可以指定有治理能力的单位代为治理，所需费用由违法者承担：

（一）向水体排放油类、酸液、碱液的；

（二）向水体排放剧毒废液，或者将含有汞、镉、砷、铬、铅、氰化物、黄磷等的可溶性剧毒废渣向水体排放、倾倒或者直接埋入地下的；

（三）在水体清洗装贮过油类、有毒污染物的车辆或者容器的；

（四）向水体排放、倾倒工业废渣、城镇垃圾或者其他废弃物，或者在江河、湖泊、运河、渠道、水库最高水位线以下的滩地、岸坡堆放、存贮固体废弃物或者其他污染物的；

（五）向水体排放、倾倒放射性固体废物或者含有高放射性、中放射性物质的废水的；

（六）违反国家有关规定或者标准，向水体排放含低放射性物质的废水、热废水或者含病原体的污水的；

（七）利用渗井、渗坑、裂隙或者溶洞排放、倾倒含有毒污染物的废水、含病原体的污水或者其他废弃物的；

（八）利用无防渗漏措施的沟渠、坑塘等输送或者存贮含有毒污染物的废水、含病原体的污水或者其他废弃物的。

有前款第三项、第六项行为之一的，处一万元以上十万元以下的罚款；有前款第一项、第四项、第八项行为之一的，处二万元以上二十万元以下的罚款；有前款第二项、第五项、第七项行为之一的，处五万元以上五十万元以下的罚款。

第七十七条 违反本法规定，生产、销售、进口或者使用列入禁止生产、销售、进口、使用的严重污染水环境的设备名录中的设备，或者采用列入禁止采用的严重污染水环境的工艺名录中的工艺的，由县级以上人民政府经济综合宏观调控部门责令改正，处五万元以上二十万元以下的罚款；情节严重的，由县级以上人民政府经济综合宏观调控部门提出意见，报请本级人民政府责令停业、关闭。

第七十八条 违反本法规定，建设不符合国家产业政策的小型造纸、制革、印染、染料、炼焦、炼硫、炼砷、炼汞、炼油、电镀、农药、石棉、水泥、玻璃、钢铁、火电以及其他严重污染水环境的生产项目的，由所在地的市、县人民政府责令关闭。

第七十九条 船舶未配置相应的防污染设备和器材，或者未持有合法有效的防止水域环境污染的证书与文书的，由海事管理机构、渔业主管部门按照职责分工责令限期改正，处二千元以上二万元以下的罚款；逾期不改正的，责令船舶临时停航。

船舶进行涉及污染物排放的作业，未遵守操作规程或者未在相应的记录簿上如实记载的，由海事管理机构、渔业主管部门按照职责分工责令改正，处二千元以上二万元以下的罚款。

第八十条 违反本法规定，有下列行为之一的，由海事管理机构、渔业主管部门按照职责分工责令停止违法行为，处以罚款；造成水污染的，责令限期采取治理措施，消除污染；逾期不采取治理措施的，海事管理机构、渔业主管部门按照职责分工可以指定有治理能力的单位代为治理，所需费用由船舶承担：

（一）向水体倾倒船舶垃圾或者排放船舶的

残油、废油的；

（二）未经作业地海事管理机构批准，船舶进行残油、含油污水、污染危害性货物残留物的接收作业，或者进行装载油类、污染危害性货物船舱的清洗作业，或者进行散装液体污染危害性货物的过驳作业的；

（三）未经作业地海事管理机构批准，进行船舶水上拆解、打捞或者其他水上、水下船舶施工作业的；

（四）未经作业地渔业主管部门批准，在渔港水域进行渔业船舶水上拆解的。

有前款第一项、第二项、第四项行为之一的，处五千元以上五万元以下的罚款；有前款第三项行为的，处一万元以上十万元以下的罚款。

第八十一条　有下列行为之一的，由县级以上地方人民政府环境保护主管部门责令停止违法行为，处十万元以上五十万元以下的罚款；并报经有批准权的人民政府批准，责令拆除或者关闭：

（一）在饮用水水源一级保护区内新建、改建、扩建与供水设施和保护水源无关的建设项目的；

（二）在饮用水水源二级保护区内新建、改建、扩建排放污染物的建设项目的；

（三）在饮用水水源准保护区内新建、扩建对水体污染严重的建设项目，或者改建建设项目增加排污量的。

在饮用水水源一级保护区内从事网箱养殖或者组织进行旅游、垂钓或者其他可能污染饮用水水体的活动的，由县级以上地方人民政府环境保护主管部门责令停止违法行为，处二万元以上十万元以下的罚款。个人在饮用水水源一级保护区内游泳、垂钓或者从事其他可能污染饮用水水体的活动的，由县级以上地方人民政府环境保护主管部门责令停止违法行为，可以处五百元以下的罚款。

第八十二条　企业事业单位有下列行为之一的，由县级以上人民政府环境保护主管部门责令改正；情节严重的，处二万元以上十万元以下的罚款：

（一）不按照规定制定水污染事故的应急方案的；

（二）水污染事故发生后，未及时启动水污染事故的应急方案，采取有关应急措施的。

第八十三条　企业事业单位违反本法规定，造成水污染事故的，由县级以上人民政府环境保护主管部门依照本条第二款的规定处以罚款，责令限期采取治理措施，消除污染；不按要求采取治理措施或者不具备治理能力的，由环境保护主管部门指定有治理能力的单位代为治理，所需费用由违法者承担；对造成重大或者特大水污染事故的，可以报经有批准权的人民政府批准，责令关闭；对直接负责的主管人员和其他直接责任人员可以处上一年度从本单位取得的收入百分之五十以下的罚款。

对造成一般或者较大水污染事故的，按照水污染事故造成的直接损失的百分之二十计算罚款；对造成重大或者特大水污染事故的，按照水污染事故造成的直接损失的百分之三十计算罚款。

造成渔业污染事故或者渔业船舶造成水污染事故的，由渔业主管部门进行处罚；其他船舶造成水污染事故的，由海事管理机构进行处罚。

第八十四条　当事人对行政处罚决定不服的，可以申请行政复议，也可以在收到通知之日起十五日内向人民法院起诉；期满不申请行政复议或者起诉，又不履行行政处罚决定的，由作出行政处罚决定的机关申请人民法院强制执行。

第八十五条　因水污染受到损害的当事人，有权要求排污方排除危害和赔偿损失。

由于不可抗力造成水污染损害的，排污方不承担赔偿责任；法律另有规定的除外。

水污染损害是由受害人故意造成的，排污方不承担赔偿责任。水污染损害是由受害人重大过失造成的，可以减轻排污方的赔偿责任。

水污染损害是由第三人造成的，排污方承担赔偿责任后，有权向第三人追偿。

第八十六条　因水污染引起的损害赔偿责任和赔偿金额的纠纷，可以根据当事人的请求，由环境保护主管部门或者海事管理机构、渔业主管部门按照职责分工调解处理；调解不成的，当事人可以向人民法院提起诉讼。当事人也可以直接向人民法院提起诉讼。

第八十七条　因水污染引起的损害赔偿诉讼，由排污方就法律规定的免责事由及其行为与损害结果之间不存在因果关系承担举证责任。

第八十八条　因水污染受到损害的当事人人

数众多的，可以依法由当事人推选代表人进行共同诉讼。

环境保护主管部门和有关社会团体可以依法支持因水污染受到损害的当事人向人民法院提起诉讼。

国家鼓励法律服务机构和律师为水污染损害诉讼中的受害人提供法律援助。

第八十九条 因水污染引起的损害赔偿责任和赔偿金额的纠纷，当事人可以委托环境监测机构提供监测数据。环境监测机构应当接受委托，如实提供有关监测数据。

第九十条 违反本法规定，构成违反治安管理行为的，依法给予治安管理处罚；构成犯罪的，依法追究刑事责任。

第八章 附 则

第九十一条 本法中下列用语的含义：

（一）水污染，是指水体因某种物质的介入，而导致其化学、物理、生物或者放射性等方面特性的改变，从而影响水的有效利用，危害人体健康或者破坏生态环境，造成水质恶化的现象。

（二）水污染物，是指直接或者间接向水体排放的，能导致水体污染的物质。

（三）有毒污染物，是指那些直接或者间接被生物摄入体内后，可能导致该生物或者其后代发病、行为反常、遗传异变、生理机能失常、机体变形或者死亡的污染物。

（四）渔业水体，是指划定的鱼虾类的产卵场、索饵场、越冬场、洄游通道和鱼虾贝藻类的养殖场的水体。

第九十二条 本法自2008年6月1日起施行。

关于印发公路、水路交通事业单位岗位设置管理的两个指导意见的通知

人社部发[2008]74 号

各省、自治区、直辖市人事厅（局）、劳动保障厅（局）、交通厅（委），新疆生产建设兵团人事局、劳动保障局、交通局，国务院各部委、各直属机构人事劳动保障部门：

根据《事业单位岗位设置管理试行办法》（国人部发〔2006〕70 号）和《〈事业单位岗位设置管理试行办法〉实施意见》（国人部发〔2006〕87 号）文件精神，结合交通事业单位的实际情况，我们制定了《关于公路交通事业单位岗位设置管理的指导意见》和《关于水路交通事业单位岗位设置管理的指导意见》。现印发给你们，请遵照执行。

附件：1. 关于公路交通事业单位岗位设置管理的指导意见（略）

2. 关于水路交通事业单位岗位设置管理的指导意见

中华人民共和国人力资源和社会保障部

中华人民共和国交通运输部

二〇〇八年九月五日

附件：

关于水路交通事业单位岗位设置管理的指导意见

根据《事业单位岗位设置管理试行办法》（国人部发〔2006〕70 号，以下简称《试行办法》）和《〈事业单位岗位设置管理试行办法〉实施意见》（国人部发〔2006〕87 号，以下简称《实施意见》），为做好水路交通事业单位岗位设置管理的组织实施工作，结合水路交通事业单位的特点，提出以下指导意见。

一、适用范围。

1. 为了社会公益目的，由国家机关举办或者其他组织利用国有资产举办的，经费来源主要由财政拨款、部分由财政支持以及经费自理的，具有航道、港政、运政、引航、海事、质监、船检等职能的水路交通事业单位，都要实施岗位设置管理。

2. 水路交通事业单位的管理人员（职员）、专业技术人员和工勤技能人员，都要纳入岗位设置管理。

岗位设置管理中涉及水路交通事业单位领导人员的，按照干部人事管理权限的有关规定执行。

3. 使用事业编制的水路交通各类学会、协会、基金会等社会团体工作人员，参照《试行办法》、《实施意见》和本指导意见，纳入岗位设置管理。

4. 经批准参照《中华人民共和国公务员法》进行管理的水路交通事业单位、社会团体，各类企业所属的水路交通事业单位和水路交通事业单位所属独立核算的企业，以及已经由事业单位转制为企业的水路单位，不适用本指导意见。

5. 水路交通教育、科研、卫生、广播影视、新闻出版等事业单位，适用相关行业的指导意见。

二、岗位类别设置。

6. 水路交通事业单位岗位分为管理岗位、专业技术岗位和工勤技能岗位三种类别（以下简称三类岗位）。

7. 管理岗位指担负领导职责或管理任务的工作岗位。管理岗位的设置要适应增强单位运转效

能、提高工作效率、提升管理水平的需要。

8. 专业技术岗位指从事专业技术工作，具有相应专业技术水平和能力要求的工作岗位。专业技术岗位的设置要符合水路交通工作和人才成长的规律和特点，适应水路交通事业发展与提高专业水平的需要。

水路交通事业单位的专业技术岗位分为主体专业技术岗位和其他专业技术岗位。根据水路交通的特点，主体专业技术岗位包括港口、航道、水路运输管理、运输经济、航海、船舶检验、质量检验、试验检测、交通法律法规等水路交通特有专业技术岗位。

9. 工勤技能岗位指承担技能操作和维护、后勤保障、服务等职责的工作岗位。工勤技能岗位的设置要适应提高操作维护技能，提升服务水平的要求，满足水路交通事业单位业务工作的实际需要。

鼓励水路交通事业单位后勤服务社会化，已经实现社会化服务的一般性劳务工作，不再设置相应的工勤技能岗位。

10. 根据水路交通事业单位的社会功能、职责任务、工作性质和人员结构特点等因素，综合确定水路交通事业单位三类岗位总量的结构比例。

11. 水路交通事业单位三类岗位的结构比例由政府人事行政部门和水路交通事业单位主管部门确定。控制标准如下：

（1）主要履行法律法规授权或交通行政部门委托职能，承担行政执法、管理职能的港政、运政、航道行政管理、海事执法、质量监督等水路交通事业单位，岗位设置一般以管理岗位为主。其管理岗位一般不低于岗位总量的 50%。

（2）主要以专业技术为社会提供公益性服务，从事航道建设及维护、船舶检验、水运工程试验检测、引航、航标、测绘、通信等活动的水路交通事业单位，岗位设置以专业技术岗位为主。专业技术岗位占岗位总量的比例一般不低于 70%。

（3）水路交通事业单位主体岗位以外的其他两类岗位，应保持相对合理的结构比例。

（4）船员的岗位总量、结构比例按照国家有关规定执行。

三、岗位等级设置。

（一）管理岗位等级设置。

12. 管理岗位分 8 个等级。管理岗位的最高等级和结构比例根据水路交通事业单位的规格、规模、隶属关系，按照干部人事管理有关规定和权限确定。

13. 水路交通事业单位现行的厅级正职、厅级副职、处级正职、处级副职、科级正职、科级副职、科员、办事员依次分别对应管理岗位三到十级职员岗位。

14. 根据水路交通事业单位的规格、规模和隶属关系，按照干部人事管理权限设置水路交通事业单位各等级管理岗位的职员数量。

（二）专业技术岗位等级设置。

15. 专业技术岗位的最高等级和结构比例，根据地区经济、社会事业发展水平及不同区域（水网和非水网地区、沿海与内河等）水路交通事业的发展规模、水平，及事业单位的功能、规格、隶属关系、专业技术水平等因素，按照水路交通行业现行专业技术职务管理的有关规定和本指导意见确定。

16. 专业技术岗位分 13 个等级。专业技术高级岗位分 7 个等级，即一至七级。高级专业技术职务正高级的岗位包括一至四级，副高级的岗位包括五至七级；中级岗位分 3 个等级，即八至十级；初级岗位分 3 个等级，即十一到十三级，其中十三级是员级岗位。

17. 专业技术高级、中级、初级岗位之间，以及高级、中级、初级岗位内部不同等级岗位之间的结构比例，根据地区经济、行业发展水平、行业不同业务类别以及水路交通事业单位的功能、规格、隶属关系和专业技术水平，实行不同的结构比例控制。

根据全国事业单位专业技术人员高级、中级、初级岗位之间的结构比例总体控制目标的要求，按照水路交通事业单位专业技术人员高级、中级、初级结构比例现状，结合水路交通事业发展需要和“十一五”人才发展规划，合理确定水路交通事业单位专业技术高级、中级、初级岗位之间的结构比例。

中央所属水路交通事业单位高级、中级、初级专业技术岗位的结构比例适当高于省（自治区、直辖市）所属水路交通事业单位的专业技术高级、中级、初级之间的结构比例。地（市）以下政府所属水路交通事业单位的专业技术高级、中级、初级之间的比例结构，由政府人事行政部门和事业单位主管部门按照低于上述结构比例的原则研究确定。

18. 水路交通事业单位专业技术高级、中级、初级岗位内部不同等级岗位之间的结构比例全国总体控制目标为：二级、三级、四级岗位之间的比例为1：3：6，五级、六级、七级岗位之间的比例为2：4：4，八级、九级、十级岗位之间的比例为 3：4：3，十一级、十二级岗位之间的比例为5：5。

县级及以下单位小、人员少、较分散的基层水路交通事业单位，专业技术岗位设置的结构比例可实行集中调控、集中管理的办法。具体办法由省级政府人事行政部门和水路交通主管部门研究制定。

19. 各级政府人事行政部门和水路交通事业单位主管部门要严格控制专业技术岗位的结构比例，严格控制高级专业技术岗位的总量。水路交通事业单位要严格执行核准的专业技术岗位结构比例。

（三）工勤技能岗位等级设置。

20. 工勤技能岗位包括技术工岗位和普通工岗位，其中技术工岗位分 5 个等级，普通工岗位不分等级。

21. 工勤技能岗位的最高等级和结构比例按照岗位等级规范、技能水平和工作需要确定。

22. 水路交通事业单位中的高级技师、技师、高级工、中级工、初级工依次分别对应一级至五级工勤技能岗位。

23. 水路交通事业单位工勤技能岗位结构比例，一级、二级、三级岗位的总量占工勤技能岗位总量的比例，全国总体控制目标为 25%左右；一级、二级岗位的总量占工勤技能岗位总量的比例，全国总体控制目标为 5%左右。

24. 水路交通事业单位工勤技能一级、二级岗位，主要应在专业技术辅助岗位承担技能操作和维护职责等对技能水平要求较高的领域设置。工勤技能一级、二级岗位的总量要严格控制。

（四）特设岗位设置。

25. 特设岗位是根据水路交通事业单位特点和事业发展规律，为适应聘用急需的高层次人才等特殊需要，经批准设置的工作岗位，是水路交通事业单位中的非常设岗位。特设岗位的等级按照规定的程序确定。

特设岗位不受水路交通事业单位岗位总量、最高等级和结构比例限制，在完成工作任务后，按照管理权限予以核销。

26. 水路交通事业单位特设岗位的设置须经主管部门审核，并按程序报设区的市级以上政府人事行政部门核准。具体管理办法由各省（自治区、直辖市）根据实际情况制定。

四、专业技术岗位名称及岗位等级。

27. 水路交通事业单位主体专业技术岗位中，正高级岗位名称暂定为高级工程师一级岗位、高级工程师二级岗位、高级工程师三级岗位和高级工程师四级岗位，分别对应一至四级专业技术岗位；副高级岗位名称暂定为高级工程师五级岗位（高级经济师一级岗位、高级引航员一级岗位、高级船长一级岗位、高级轮机长一级岗位）、高级工程师六级岗位（高级经济师二级岗位、高级引航员二级岗位、高级船长二级岗位、高级轮机长二级岗位）、高级工程师七级岗位（高级经济师三级岗位、高级引航员三级岗位、高级船长三级岗位、高级轮机长三级岗位），分别对应五至七级专业技术岗位；中级岗位名称为工程师（经济师）一级岗位和一级引航员岗位、工程师（经济师）二级岗位和二级引航员一级岗位、工程师（经济师）三级岗位和二级引航员二级岗位，分别对应八至十级专业技术岗位；初级岗位名称为助理工程师（助理经济师）一级岗位、助理工程师（助理经济师）二级岗位和三级引航员岗位，分别对应十一级至十二级专业技术岗位；技术员岗位对应十三级专业技术岗位。其他船员对应等级按照国家有关规定执行。

28. 其他专业技术岗位名称和对应等级参照相关行业指导意见和标准执行，原则上沿用现专业技术名称。

29. 水路交通事业单位专业技术一级岗位属国家专设的特级岗位，其人员的确定按国家有关规定执行。

30. 水路交通事业单位其他系列专业技术岗位的等级原则上应低于主体专业技术岗位。

五、岗位基本条件。

（一）各类岗位的基本条件。

31. 水路交通事业单位三类岗位的基本条件，主要根据岗位的职责任务和任职条件确定。水路交通事业单位三类岗位的基本任职条件为：

（1）遵守宪法和法律；

（2）具有良好的品行和敬业精神；

（3）具备岗位所需的专业、能力和技能等条件；

（4）适应岗位要求的身体条件。

（二）管理岗位基本条件。

32. 职员岗位一般应具有中专以上文化程度，其中六级以上的职员岗位，一般应具有大学专科以上文化程度，四级以上职员岗位一般应具有大学本科以上文化程度。

33. 水路交通事业单位各等级职员岗位的基本任职条件为：

（1）三级、五级职员岗位，须分别在四级、六级职员岗位上工作两年以上。

（2）四级、六级职员岗位，须分别在五级、七级职员岗位上工作三年以上。

（3）七级、八级职员岗位，须分别在八级、九级职员岗位上工作三年以上。

确因工作需要，由专业技术岗位交流到管理岗位的人员，可根据干部人事管理权限和岗位任职条件，比照同类人员，直接聘用到相应的管理岗位。

34. 各省（自治区、直辖市）、国务院有关部门以及水路交通事业单位在上述基本任职条件的基础上，根据本指导意见，结合实际情况，制定本地区、本部门以及本单位职员的具体条件。

（三）专业技术岗位基本条件。

35. 水路交通事业单位专业技术岗位的基本任职条件按照现行专业职务评聘的有关规定执行。

36. 水路交通事业单位实行职业资格准入控制的专业技术岗位的基本条件，应包括准入控制的要求。

37. 各省（自治区、直辖市）、国务院有关部门以及水路交通事业单位在国家规定的专业技术高级、中级、初级岗位基本条件基础上，根据本指导意见，结合不同类型、不同层次专业技术岗位的实际情况，制定本地区、本部门以及本单位专业技术岗位的具体条件。

38. 水路交通事业单位专业技术高级、中级、初级岗位内部不同等级岗位的条件，由主管部门和水路交通事业单位按照《试行办法》、《实施意见》和本指导意见，根据岗位的职责任务、专业技术水平要求等因素综合确定。

（四）工勤技能岗位基本条件。

39. 水路交通事业单位工勤技能岗位的基本任职条件为：

（1）一级、二级工勤技能岗位，须在本工种下一级岗位工作满 5 年，并分别通过高级技师、技师技术等级考评。

（2）三级、四级工勤技能岗位，须在本工种下一级岗位工作满 5 年，并分别通过高级工、中级工技术等级考核。

（3）学徒（培训生）学习期满和工人见习、试用期满，通过初级工技术等级考核后，可确定为五级工勤技能岗位。

六、岗位设置的审核。

40. 水路交通事业单位岗位设置实行核准制度，严格按照规定的程序和管理权限进行审核。

41. 水路交通事业单位设置岗位按照以下程序进行：

（1）制定岗位设置方案，填写岗位设置审核表；

（2）按程序报主管部门审核、政府人事行政部门核准；

（3）在核准的岗位总量、结构比例和最高等级限额内，制定岗位设置实施方案；

（4）广泛听取职工对岗位设置实施方案的意见；

（5）岗位设置实施方案由单位负责人员集体讨论通过；

（6）组织实施。

42. 国务院有关部门所属水路交通事业单位的岗位设置方案经主管部门审核汇总后，报人力资源社会保障部备案。

43. 省（直辖市、自治区）政府直属水路交通事业单位的岗位设置方案，报本地区人事厅（局）核准。

省（直辖市、自治区）政府部门所属水路交通事业单位的岗位设置方案经主管部门审核后，报本地区人事厅（局）核准。

44. 地（市）政府直属水路交通事业单位的岗位设置方案，报本地（市）政府人事行政部门核准。

地（市）政府部门所属水路交通事业单位的岗位设置方案经主管部门审核后，报本地（市）

政府人事行政部门核准。

45.县（县级市、区）政府直属水路交通事业单位的岗位设置方案，经同级政府人事行政部门审核后，报地区或设区的市政府人事行政部门核准。

县（县级市、区）政府部门所属水路交通事业单位的岗位设置方案经主管部门、同级政府人事行政部门审核汇总后，报地区或设区的市政府人事行政部门核准。

46.实行省（自治区、直辖市）以下或者地（市）以下垂直管理的水路交通事业单位，其岗位设置实施方案由省（自治区、直辖市）或者地（市）水路交通事业单位主管部门汇总，报省（自治区、直辖市）或者地（市）政府人事行政部门核准后，由省（自治区、直辖市）或者地（市）水路交通事业单位组织实施。

47.水路交通事业单位的岗位总量、结构比例和最高等级应保持相对稳定。有下列情形之一的，岗位设置方案可按照本指导意见第 42 条、第 43 条、第 44 条、第 45 条、第 46 条的权限申请变更：

（1）水路交通事业单位出现分立、合并、须对本单位的岗位进行重新设置的；

（2）根据上级或同级机构编制部门的正式文件，增减机构编制的；

（3）按照业务发展和实际情况，为完成工作任务确需变更岗位设置的。

48.经核准的岗位设置方案作为水路交通事业单位聘用人员、确定岗位等级、调整岗位以及核定工资的依据。

七、岗位聘用。

49.水路交通事业单位按照《试行办法》、《实施意见》和本指导意见以及核准的岗位设置方案，根据按需设岗、竞聘上岗、按岗聘用的原则，确定具体岗位，明确岗位等级，聘用工作人员，签订聘用合同。

按照原中央职称改革工作领导小组、国务院工资制度改革小组《关于试行提高部分高级工程师职务工资的通知》（职改字〔1986〕165 号）评定的成绩优异的高级工程师，可聘用在正高级专业技术岗位。

50.水路交通事业单位聘用人员，应在岗位有空缺的情况下按照公开招聘、竞聘上岗的原则及有关规定择优聘用。

水路交通事业单位应按照管理岗位、专业技术岗位、工勤技能岗位的职责任务和任职条件，在核定的结构比例范围内聘用人员，聘用条件不得低于国家规定的基本条件。

51.县级及以下单位小、人员少、较分散，对岗位结构比例实行集中调控、集中管理的基层水路交通事业单位，可根据实际情况实行人员集中聘用。

52.根据水路交通行业人才的特点，对水路交通事业单位确有真才实学、成绩显著、贡献突出的专业技术人员，岗位急需且符合破格条件的，经上级主管部门批准，可根据有关规定破格聘用。

53.水路交通事业单位新参加工作人员见习、试用期满后，管理人员按照《实施意见》规定确定相应的岗位等级；专业技术人员按照岗位条件要求确定岗位等级。

54.尚未实行聘用制度和岗位管理制度的水路交通事业单位，应按照《国务院办公厅转发人事部关于在事业单位试行人员聘用制度意见的通知》（国办发〔2002〕35 号）、《试行办法》、《实施意见》和本指导意见的精神，抓紧进行岗位设置，实行聘用制度，组织岗位聘用。

已经实行聘用制度，签订聘用合同的水路交通事业单位，可以根据《试行办法》、《实施意见》和本指导意见，按照核准的岗位设置方案，对本单位现有人员确定不同等级的岗位，并变更聘用合同的相应内容。

55.各级政府人事行政部门、水路交通事业单位主管部门和水路交通事业单位要根据国家有关规定，使水路交通事业单位现有在册的正式工作人员，按照现聘职务或岗位进入相应等级的岗位。

各地区、各部门和水路交通事业单位必须严格把握政策，不得违反规定突破现有的职务数额，不得突击聘用人员，不得突击聘用职务。要采取措施严格限制专业技术高级、中级、初级岗位中的高等级岗位的设置。

56.水路交通事业单位聘用人员原则上不得同时在两类岗位上任职。根据水路交通事业单位的工作特点，因工作需要，确需兼任的，须按人事管理权限审批。

57.水路交通事业单位首次进行岗位设置和岗位聘用，岗位结构比例不得突破现有人员的结构比例。现有人员的结构比例已经超过核准比例的，应通过自然减员、调出、低聘或解聘的办法，逐步达到规定的结构比例。尚未达到核准的结构比例的，要严格控制岗位聘用数量，根据水路交通事业发展要求和人员队伍状况等情况逐年逐步到位。

八、组织实施。

58.岗位设置管理工作是水路交通事业单位人事制度和收入分配制度改革的前提和基础，是加强水路交通人才队伍建设的重要内容。各级水路交通事业单位主管部门及水路交通事业单位，要高度重视，加强领导，坚持以人为本，从实际出发，充分考虑水路交通科学发展的客观需要，切实保证职工的切实利益，积极稳妥地推进改革。

59.各级水路交通事业单位主管部门要加强对水路交通事业单位岗位设置管理的组织领导，制定具体工作方案，及时研究解决新情况、新问题，确保改革有序进行。对于主要依据法律法规授权或交通行政部门委托的行政执法、管理职能及专业技能为水路交通发展提供具体港政、运政、航道行政管理、海事执法、质量监督等事务性管理和公共服务的事业单位，以及其他符合公务员法的事业单位，在尚未获准参照公务员法管理之前，都应按照本指导意见做好岗位设置管理工作。

各级人事行政部门要加强与水路交通事业单位主管部门的沟通协调，结合本地区水路交通事业单位的特点，认真贯彻执行《试行办法》、《实施意见》和本指导意见。

60.各地区、各部门和水路交通事业单位在岗位设置和岗位聘用工作中，要严格执行有关政策规定，坚持原则，坚持走群众路线。对违反规定滥用职权、打击报复、以权谋私的，要追究责任。对不按《试行办法》、《实施意见》和本指导意见进行岗位设置和岗位聘用的水路交通事业单位，政府人事行政部门、水路交通事业单位主管部门及有关部门不予确认岗位等级、不予兑现工资、不予核拨经费。情节严重的，对相关领导和责任人予以通报批评，按照人事管理权限给予相应的纪律处分。

61.本指导意见由人力资源社会保障部、交通运输部负责解释。

中华人民共和国交通部令

2008 年第 1 号

《航道工程竣工验收管理办法》已于 2007 年 12 月 28 日经第 14 次部务会议通过，现予公布，自 2008 年 3 月 1 日起施行。

部　长　李盛霖

二〇〇八年一月七日

航道工程竣工验收管理办法

第一条　为加强航道工程建设管理，规范航道工程竣工验收工作，保证工程质量，根据《中华人民共和国航道管理条例》，制定本办法。

第二条　本办法适用于航道工程竣工验收工作。

本办法所称航道工程竣工验收工作是指航道工程完工后、正式交付使用前，对航道工程质量、国家和行业强制性标准执行情况、资金使用情况等事项的全面检查验收，以及对航道工程建设、设计、施工、监理等工作的综合评价。

第三条　航道工程经竣工验收合格后方可正式交付使用。

第四条　航道工程竣工验收工作，应当做到公正、科学、规范。

第五条　航道工程竣工验收工作，实行统一管理、分级负责。

交通部负责全国航道工程竣工验收工作的监督管理。具体负责由国家发展和改革委员会批准或者核准以及交通部批准的航道工程的竣工验收工作。

省级交通主管部门负责本行政区域内除前款规定之外的航道工程竣工验收工作的监督管理。具体负责由省级人民政府有关部门批准或者核准的航道工程的竣工验收工作。其中列入国家高等级航道且总投资在 1 亿元（含 1 亿元）以上的航道工程，省级交通主管部门在组织竣工验收前应当征求交通部意见。设区的市和县级交通主管部门按照省级人民政府的有关规定负责本行政区域内除本条第二款、第三款以外的航道工程竣工验收活动的监督管理。

以上负责航道工程竣工验收工作的部门统称为竣工验收部门。

第六条　航道工程竣工验收的主要依据是：

（一）国家和交通部颁布的相关法律、法规、规章；

（二）国家和交通部颁布的相关技术标准、规范；

（三）建设项目的批准、核准、备案文件；

（四）建设项目的初步设计文件、施工图设计文件、设计变更文件以及概算调整等文件；

（五）主要设备技术规格或者说明书；

（六）招标文件以及合同文本。

第七条　航道工程竣工验收应当具备以下条件：

（一）已按批准的建设规模、标准和内容建成，满足生产使用要求；申请竣工验收的航道建设工程有尾留工程的，尾留工程不得是主体工程，不得影响工程效果和工程正常运行，投资额不能超过工程总概算的 5%；

（二）各单位工程和项目经工程质量监督机构检验合格；

（三）各单位工程交工验收合格；

（四）主要工艺设备或者设施调试以及联动测试均已完成，主要技术参数达到设计要求；

（五）航运枢纽工程阶段验收合格；

（六）需要实船适航检验的，已选用设计船型进行了实船适航检验，各项检验指标满足设计要求；

（七）工程试运行期满一年，运行情况正常；

（八）竣工档案资料齐全，通过有关专项验收；

（九）竣工决算报告已编制完成，并取得国家审计机构或者具有审计资格的中介机构出具的审计报告，且审计报告无保留意见；

（十）工程运行管理部门已落实；

（十一）竣工验收工作报告编制完成；

（十二）航运枢纽工程以及技术复杂的其他航道工程，已经竣工验收部门委托的有关单位初步验收合格。

第八条 航道工程应当在工程试运行期满后一年内申请竣工验收。对不能按期申请竣工验收的，应当向竣工验收部门提出延期申请，延长期限一般不得超过二年。

对延期后仍不能按期申请竣工验收的，竣工验收部门应当予以通报或者警告。

第九条 由交通部负责竣工验收的航道工程，项目单位应当向航道工程所在地省级交通主管部门提出竣工验收申请；位于长江干线的航道工程应当向长江航务管理局提出竣工验收申请，其中由长江口航道管理局管辖的航道工程由长江口航道管理局直接向交通部提出竣工验收申请。

省级交通主管部门、长江航务管理局应当在收到申请材料之日起 5 个工作日内对航道工程是否符合竣工验收条件进行初审，提出初审意见，并应当在初审结束之日起 5 个工作日内将申请材料和初审意见报送交通部。

第十条 由省级交通主管部门负责竣工验收的航道工程，项目单位可以向省级交通主管部门提出竣工验收申请，也可以向省级交通主管部门委托的部门提出竣工验收申请。

接受委托的部门应当在收到申请材料之日起5个工作日内，对航道工程是否符合竣工验收条件进行初审，提出初审意见，并应当在初审结束之日起 5 个工作日内将申请材料和初审意见报送省级交通主管部门。

第十一条 竣工验收部门应当按照《交通行政许可实施程序规定》规范的程序和时限完成航道工程 竣工验收工作。

第十二条 竣工验收部门应当根据航道工程项目的具体情况，邀请相关部门组成竣工验收委员会开展竣工验收工作。航运枢纽工程以及技术复杂的其他航道工程，应当邀请有关专家参加。

项目单位以及设计、施工、监理和运行管理等单位应当参加竣工验收工作。竣工验收部门还可以邀请有关地方政府部门、单位参加竣工验收工作。

第十三条 竣工验收委员会负责对工程实体质量以及建设情况进行全面检查，对建设项目进行综合评价，形成、通过并签署《航道工程竣工验收鉴定书》。

项目单位负责提交竣工报告、工程试运行报告、工程竣工财务决算和审计报告以及验收所需的其他资料，协助竣工验收委员会开展工作。

工程质量监督机构负责提交工程质量监督工作报告以及工程质量检验意见，配合竣工验收工作。设计、施工、监理单位负责提交各自的工作报告，提供相关资料，配合竣工验收工作。

第十四条 航道工程项目单位、质量监督机构、设计单位、施工单位、监理单位应当对所提交资料的完整性、真实性和有效性负责。

第十五条 航道工程竣工验收主要内容是：

（一）检查工程的批准、核准、备案等文件是否齐全；

（二）检查工程是否按批准的规模、标准、内容全部建成；

（三）检查国家和行业强制性标准的执行情况；

（四）检查工程招投标以及合同履约情况；

（五）检查工程交工验收情况；

（六）检查工程实体质量以及工程效果；

（七）检查航运枢纽工程的阶段验收情况；

（八）检查工程试运行情况；

（九）检查专项验收情况；

（十）检查工程竣工决算报告的审计情况；

（十一）对存在的问题和尾留工程提出处理意见。

第十六条 航道工程竣工验收合格的，竣工验收部门应当自《航道工程竣工验收鉴定书》签署之日起 10 个工作日内，签发《航道工程竣工验收证书》。

由省级交通主管部门负责竣工验收的航道工程，省级交通主管部门应当自《航道工程竣工验收证书》签发之日起20个工作日内将有关验收资料报交通部备案。

第十七条 航道工程竣工验收不合格的，项目单位应当按照竣工验收委员会提出的处理意见进行限期整改。整改期满后，项目单位应当重新提出竣工验收申请。

第十八条 航道工程竣工验收完成后，应当按国家有关规定办理档案、固定资产交付使用等相关手续。

第十九条 航道工程未经竣工验收合格，擅自投入使用的，由县级以上交通主管部门责令限期改正，可以处3万元以下罚款。

第二十条 竣工验收部门的工作人员在竣工验收工作中滥用职权、徇私舞弊、索贿受贿的，依法给予行政处分；构成犯罪的，依法追究刑事责任。

第二十一条 县级以上交通主管部门应当建立工程竣工验收举报制度。任何单位和个人发现工程竣工验收中有违法行为的，应当向上级交通主管部门举报。

第二十二条 本办法下列用语的含义是：

（一）航道工程是指航道整治、航道疏浚和航运枢纽、过船建筑物等航道设施以及其他航道附属设施的新建、扩建和改建工程。

（二）阶段验收是指航运枢纽工程建设进入截流、水库蓄水、通航、机组启动等关键阶段前进行的验收。

（三）工程试运行期是指航道主体工程交工验收合格后，至竣工验收之前，检验工程效果和运行能力的阶段。工程试运行期自航道主体工程最后一个单位工程交工验收合格之日起算。

第二十三条 利用世界银行、亚洲开发银行等国际金融组织或者外国政府贷款、援助资金的航道工程，贷款方、资金提供方对工程竣工验收另有规定的，可以适用其规定，但不得违背中华人民共和国法律、法规的规定和社会公共利益。

在国际、国界河流上从事航道工程竣工验收活动适用本办法，但我国缔结的政府间协议另有规定的，按照有关协议执行。

第二十四条 《航道工程竣工验收证书》、《航道工程竣工验收鉴定书》应当按照交通部规范的统一格式印制。

第二十五条 本办法自2008年3月1日起施行。

中华人民共和国交通部令

2008年第2号

《中华人民共和国引航员注册和任职资格管理办法》已于2007年12月28日经第14次部务会议通过，现予公布，自2008年5月1日起施行。

部　长　李盛霖

二〇〇八年二月十三日

中华人民共和国引航员注册和任职资格管理办法

第一章　总　则

第一条　为加强引航员管理，提高引航员素质，保障水上交通安全，保护水域环境，根据《中华人民共和国船员条例》，制定本办法。

第二条　本办法适用于引航员注册、任职、培训、考试和评估的管理活动。

第三条　交通部主管全国引航员管理工作。

中华人民共和国海事局依照本办法负责统一实施全国引航员管理工作。

负责管理中央管辖水域的海事管理机构和负责管理其他水域的地方海事管理机构（以下统称海事管理机构），依照本办法规定具体负责引航员管理工作。

第四条　本办法所称引航员，是指受聘于引航机构，依照本办法的规定经引航员注册取得引航员服务簿的人员，包括一级引航员、二级引航员、三级引航员和助理引航员。

第二章　引航员注册

第五条　引航员注册，应当由申请人或者其代理人向海事管理机构提出。

第六条　申请引航员注册，应当具备下列条件：

（一）具备中华人民共和国国籍；

（二）年满18周岁但不超过60周岁；

（三）符合船舶驾驶员体检要求；

（四）经过引航员基本安全培训，并经海事管理机构考试合格。

第七条　申请引航员注册，应当提交下列材料：

（一）引航员注册申请；

（二）居民身份证复印件；

（三）最近12个月内的船舶驾驶员体格检查表；

（四）近期直边正面5厘米免冠白底彩色照片2张；

（五）引航员基本安全培训合格证明。

申请人在提供居民身份证复印件时，应当向海事管理机构出示原件。

第八条　海事管理机构应当自受理引航员注册申请之日起10日内作出注册或者不予注册的决定。对符合本办法第七条规定条件的申请，应当准予注册，并发给引航员服务簿，赋予唯一的注册编号；对不符合本办法第七条规定条件的申请，作出不予注册的决定并书面说明理由。

第九条　取得引航员服务簿而未取得引航员适任证书的为助理引航员。

助理引航员不能独立引领船舶，应当在一级引航员或者二级引航员的指导下工作。

第十条　引航员服务簿是引航员的职业身份证件，应当载明引航员的姓名、性别、联系方式、所属引航机构名称等有关事项。

第十一条 引航员服务簿记载的事项发生变更的，引航员应当凭相应的证明材料及时向海事管理机构办理相应的注册变更手续。

引航员服务的引航机构发生变化的，在办理变更手续时，还应当提供与原引航机构解除聘用关系的证明材料。

第十二条 引航员有下列情形之一的，海事管理机构应当注销引航员注册，并予以公告：

（一）死亡或者被宣告失踪的；

（二）丧失民事行为能力的；

（三）被依法吊销引航员服务簿的；

（四）本人申请注销注册的。

第十三条 申请人被依法吊销引航员服务簿的，自被吊销之日起5年内不予重新注册。

第三章　引航员任职

第十四条 按海港和内河两个系列，引航员任职资格分为一级引航员、二级引航员和三级引航员。

海港引航员的引领范围是沿海港口及附近水域，内河引航员的引领范围是内河港口和航线。

第十五条 引航员按下列规定权限引领船舶：

（一）海港、内河一级引航员可以在各自的引领范围内引领任何船舶；

（二）海港二级引航员可以引领总长小于250米的船舶，内河二级引航员可以引领总长小于200米的船舶；但是总长等于或者大于180米的客船除外；

（三）海港三级引航员可以引领总长小于180米的船舶，内河三级引航员可以引领总长小于150米的船舶；但是客船和载运散装一级危险货物的船舶除外。

第十六条 交通部直属海事管理机构或者省级交通主管部门所属的海事管理机构可以根据本辖区港口、航道、通航环境、特定类型船舶的实际情况以及引航员的任职年限等因素，在本办法第十五条规定范围内制定各类别、等级引航员引领的船舶种类和尺度的具体规定。超出本办法第十五条规定的引领船舶种类和尺度的，应当报经中华人民共和国海事局批准。

第十七条 引航员应当依照本办法的规定取得引航员适任证书后，才可以引领相应种类和长度的船舶。

第十八条 申请一、二、三级引航员适任证书，应当符合下列条件：

（一）持有引航员服务簿；

（二）符合船舶驾驶员体检要求；

（三）经过相应的适任培训，并通过相应的考试和评估；

（四）具有本办法规定的水上服务资历和良好的安全记录。

第十九条 申请引航员适任证书，应当向海事管理机构提出，并提交下列材料：

（一）引航员适任证书申请；

（二）引航员服务簿；

（三）最近12个月内的船员体格检查表；

（四）近期直边正面5厘米免冠白底彩色照片2张；

（五）引航员适任考试、评估成绩单。

第二十条 海事管理机构应当自受理申请之日起20日内，作出行政许可决定。对于符合本办法第十八条规定的，应当签发相应类别、等级和引领范围的引航员适任证书；不符合规定的，不予签发引航员适任证书，退回申请材料并书面说明理由。

第二十一条 引航员适任证书应当载明下列内容：

（一）适任证书编号；

（二）持证人的姓名、出生日期、出生地点、持证人签名；

（三）适用范围：类别、等级、引领范围；

（四）签发机关名称和签发官员署名；

（五）签发日期和有效期截止日期。

第二十二条 引航员适任证书有效期不超过5年，有效期截止日期不超过持证人65周岁生日。

第二十三条 申请引航员适任证书再有效的，应当在引航员适任证书有效期截止日期之前6个月内提出申请，满足下列条件，并提交本办法第十九条第（一）至（四）项规定的材料：

（一）完成规定的最低引领船舶艘次或者里程；

（二）具有良好的安全记录。

对于不满足前款第（一）、（二）项规定条件的，通过了发证机关按照本办法附件一《引航员适任考试科目、评估项目表》规定的抽查科目和项目的考试和评估的，也可以申请引航员适任证书再有效。

第二十四条 海事管理机构在收到引航员适任证书再有效申请后，应当在15日内完成审核，对符合本办法第二十三条规定条件的，换发相应的引航员适任证书。

第二十五条 引航员服务簿、适任证书损坏的，可以到海事管理机构办理换发证书事宜，并提交下列材料：

（一）换发引航员服务簿、适任证书申请；

（二）近期直边正面5厘米免冠白底彩色照片2张；

（三）被损坏的引航员服务簿、适任证书。

第二十六条 引航员服务簿、适任证书遗失的，可以到海事管理机构办理补发证书事宜，并提交下列材料：

（一）补发引航员服务簿、适任证书申请；

（二）在原发证机关指定的媒体上刊登的引航员服务簿、适任证书遗失公告；

（三）近期直边正面5厘米免冠白底彩色照片2张。

第二十七条 交通部直属海事管理机构或者省级交通主管部门所属的海事管理机构应当根据本辖区港口、航道、通航环境等情况，确定引航员晋升等级、引领范围变更和保持引航员适任证书有效所需的最低引领船舶艘次或者里程，并报中华人民共和国海事局备案。

第四章 引航员培训、考试和评估

第二十八条 申请引航员适任证书，应当完成引航员适任培训。

海事管理机构应当不定期对引航员进行知识更新培训。

第二十九条 从事引航员培训业务的机构，应当按照《中华人民共和国船员条例》的规定，取得引航员培训许可证件。

第三十条 引航员培训机构应当按照规定的引航员培训科目、大纲以及水上交通安全管理、防治船舶污染、船舶保安等要求，在核定的范围内开展引航员培训，确保引航员培训质量。

第三十一条 申请引航员考试、评估，应当向海事管理机构提出。

海事管理机构应当提前3个月公布引航员考试、评估计划。

第三十二条 申请各类别、等级引航员适任证书的考试科目和评估项目按本办法附件一执行。附件一规定的考试科目和评估项目按照有关法律、行政法规和我国缔结或者加入的有关国际公约规定的要求进行调整时，由中华人民共和国海事局公布。

引航员适任考试、评估和发证规则由中华人民共和国海事局另行制定并颁布。

第三十三条 海事管理机构收到书面考试申请和相关资料后，对于符合本办法第三十四条至第三十九条规定条件的，于考试开始之日5日以前向申请人签发准考证。

第三十四条 持有海船甲类一等大副适任证书并且在相应等级船舶上实际任职不少于12个月的，同时具有不少于12个月的助理引航资历，可以参加海港三级引航员适任考试和评估。

持有海船甲类一等大副适任证书或者内河船舶一等大副适任证书并且在相应等级船舶上实际任职不少于12个月的，同时具有不少于12个月的助理引航资历，可以参加内河三级引航员适任考试和评估。

引航机构直接招收的船舶驾驶专业大专及以上应届毕业生，取得海船甲类一等或者内河船舶一等二副适任证书，同时具有不少于18个月的助理引航资历，可以参加相应类别的三级引航员适任考试和评估。

第三十五条 持有三级引航员适任证书，并且具有不少于36个月相应引航资历，达到规定的最低引领船舶艘次或者里程的，可以参加相应类别的二级引航员适任考试和评估。

持有海船甲类一等船长适任证书并且在相应等级船舶上实际任职不少于12个月的，同时具有不少于12个月的助理引航资历，可以参加海港二级引航员适任考试和评估。

持有海船甲类一等船长适任证书或者内河船舶一等船长适任证书并且在相应等级船舶上实际任职不少于12个月的，同时具有不少于12个月的助理引航资历，可以参加内河二级引航员适任考试和评估。

第三十六条 持有二级引航员适任证书，并且具有不少于36个月相应引航资历，达到规定的最低引领船舶艘次或者里程的，可以参加相应类别的一级引航员适任考试和评估。

持有海船甲类一等船长适任证书并且在相应等级船舶上实际任职不少于60个月的，同时具有不少于12个月的助理引航资历，可以参加海港一级引航员适任考试和评估。

持有海船甲类一等船长适任证书或者内河船舶一等船长适任证书并且在相应等级船舶上实际任职不少于60个月的，同时具有不少于12个月的助理引航资历，可以参加内河一级引航员适任考试和评估。

第三十七条 申请同类别适任证书变更引领范围考试和评估的，应当具有不少于6个月的申请引领范围的见习引航资历，同时达到规定的最低见习引领船舶艘次或者里程。

第三十八条 海港引航员可以申请相同等级的内河引航员适任证书。

海港引航员参加内河引航员适任考试和评估的，应当具有不少于6个月的申请引领范围见习引航资历，同时达到规定的最低见习引领船舶艘次或者里程。

第三十九条 内河引航员可以申请海港三级引航员适任证书。

内河引航员参加海港三级引航员适任证书考试和评估的，应当具有不少于3个月的申请引领范围见习引航资历，同时达到规定的最低见习引领船舶艘次或者里程。

第四十条 参加适任考试和评估的，经考试、评估后，有部分科目或者项目不及格的，可以在自初次考试、评估的准考证签发之日起3年内申请补考。逾期不能通过全部考试、评估的，所有已考科目和评估项目的成绩失效。

第四十一条 海事管理机构应当公布考试、评估成绩。

第五章 监督管理

第四十二条 引航机构应当建立引航员技术档案，记载引航员的注册、培训、适任证书、引航资历、安全记录以及健康状况等信息，并保持连续有效。

第四十三条 引航机构应当加强引航员任职资格管理，在引航员服务簿中如实记录引航资历和安全记录。

引航机构应当每年将引航员的引领船舶艘次或者里程数及安全记录情况报海事管理机构备案。

第四十四条 引航员在引领船舶期间应当携带引航员适任证书。

第四十五条 引航员中断引领船舶12个月及以上，重新引领船舶之前，应当完成不少于1个月的见习引航，通过引航机构组织的考核。

引航机构对上述过程应当保持完整的记录。

第四十六条 依照本办法的规定，取得引航员服务簿的引航员，不再具备规定条件的，由原注册的海事管理机构责令限期改正；拒不改正或者无法改正的，海事管理机构应当撤销相应的引航员注册许可，并依法办理引航员注册许可的注销手续。

第四十七条 引航员在任职期间发生承担对等责任或者主要责任的重大及以上水上交通事故，海事管理机构应当对其进行适任评估。评估不合格的，海事管理机构可以根据评估的实际情况要求其重新培训和考试，考试不合格的，不得引领与其适任证书级别相适应的船舶。

发生上述事故后，引航员在发生事故前的本等级引航资历不能作为申请考试、评估的引航资历。引航资历自发生事故后重新开始计算。

第四十八条 被吊销适任证书的引航员，自被吊销证书之日起5年后，可以申请参加比其被吊销的引航员适任证书级别低一等级的引航员适任考试和评估。

第四十九条 除海事管理机构依法实施外，任何机构或者个人不得以任何理由扣留引航员适任证书。

第五十条 海事管理机构应当设立引航员注册记录簿或者建立引航员注册管理数据库，记载引航员注册信息。

海事管理机构应当为每个引航员建立技术档案，反映引航员注册、培训、考试、评估、适任证书、引航资历、安全记录、违法记录等信息，并保持信息的完整、连续和安全。

第六章 法律责任

第五十一条 违反本办法的规定，以欺骗、贿赂等不正当手段取得引航员服务簿、引航员适任证书、培训合格证的，由海事管理机构吊销有关证件，并处2 000元以上2万元以下罚款。

第五十二条 违反本办法的规定，伪造、变造或者买卖引航员服务簿、引航员适任证书、培训合格证的，由海事管理机构收缴有关证件，处2万元以上10万元以下罚款，有违法所得的，还应当没收违法所得。

第五十三条 违反本办法的规定，引航员服务簿记载的事项发生变更，引航员未办理变更手续的，由海事管理机构责令改正，可以处1 000元以下罚款。

第五十四条 违反本办法的规定，引航员在引领船舶时，未持有相应的引航员适任证书的，由海事管理机构责令改正，可以处2 000元以下罚款。

第五十五条 违反本办法的规定，引航员未按照水上交通安全和防治船舶污染操作规则引领船舶的，由海事管理机构处1 000元以上1万元以下罚款；情节严重的，并给予暂扣引航员服务簿、引航员适任证书6个月以上2年以下直至吊销引航员服务簿、引航员适任证书的处罚。

第五十六条 违反本办法的规定，引航机构不如实记载引航员的注册、培训、适任证书、引航资历、安全记录以及健康状况等信息并保持连续有效的，由海事管理机构责令改正，并处2 000元以上2万元以下罚款。

第五十七条 海事管理机构工作人员有下列情形之一的，由所在单位或者其上级主管机关依法给予处分：

（一）违反规定签发引航员服务簿、引航员适任证书；

（二）不依法履行监督检查职责；

（三）不依法实施行政强制或者行政处罚；

（四）滥用职权、玩忽职守的其他行为。

第七章　附　则

第五十八条 本办法下列用语的含义为：

（一）引航是指持有有效适任证书的引航员，在引航机构的指派下，从事的引领相应船舶航行、靠泊、离泊、移泊、锚泊等活动；

（二）见习引航是指助理引航员在一级或者二级引航员的指导下，完成任职前的综合性实际训练；

（三）总长是指自船舶最前端至船尾最后端间的水平长度；

（四）一级危险货物是指《水路危险货物运输规则》中根据各类危险货物的危险程度划分为的一级危险货物；

（五）适任证书是指证明持证人具备引领证书所标明的引航范围内的相应类别、等级船舶的能力的资格证书；

（六）引航员适任培训是指引航员适任考试考前培训、雷达观测和模拟器培训；对于海港引航员，还包括自动雷达标绘仪培训；

（七）适任考试是指采用书面或者电子方式对引航员进行理论知识、概念、原理等内容的考察，以考核申请人的专业知识水平和应用能力；

（八）适任评估是指以考察引航员综合运用能力和实际操作能力为主要目标，通过相应设备或者实船操作、听力测验、口试以及水上服务资历和业绩考核等，对申请人进行的技能考核；

（九）引航资历，是指持有不同等级的引航员适任证书期间所引领船舶的艘次或者里程数；

（十）良好的安全记录，是指在截止申请引航员适任证书有效日期前5年内未发生承担对等责任或者主要责任的一般及以上等级的水上交通安全事故。

第五十九条 除本办法另有规定外，引航员的注册和任职的申请、受理和作出决定的程序，应当符合《交通行政许可实施程序规定》的规定。

第六十条 海事管理机构受理引航员注册和任职申请的权限按照本办法附件二的规定执行。中华人民共和国海事局可以根据工作需要对附件二作相应的调整并报交通部备案。

第六十一条 引航员服务簿、引航员适任证书由中华人民共和国海事局统一印制。

第六十二条 引航员体格检查按照交通部制定的海船船员体检要求的有关规定执行。

第六十三条 本办法自2008年5月1日起施行。

（附件1、附件2略）

关于印发《中华人民共和国交通运输部施行<政府信息公开条例>办法》的通知

交办发[2008]13号

各省、自治区、直辖市、新疆生产建设兵团及计划单列市、经济特区交通厅（局、委），部属各单位，部直属各海事、救助、打捞局，部内各单位，部管社团，有关港口和交通企业集团：

现将《中华人民共和国交通运输部施行〈政府信息公开条例〉办法》印发你们，请认真贯彻落实。贯彻执行中如有问题，请及时报部政务公开领导小组办公室。

中华人民共和国交通运输部
二〇〇八年四月八日

中华人民共和国交通运输部施行《政府信息公开条例》办法

第一章　总　则

第一条　为保障公民、法人和其他组织依法获取政府交通运输信息，提高交通运输工作的透明度，促进依法行政，充分发挥政府交通运输信息对人民群众生产、生活和经济社会活动的服务作用，根据《中华人民共和国政府信息公开条例》，结合交通运输工作实际，制定本办法。

第二条　各级交通运输主管部门及依法行使公路、水路交通运输行政管理职权的机构（以下简称政府交通运输信息公开人）的信息公开工作适用本办法。

民航、邮政行政管理部门的政府信息公开另行规定。

第三条　本办法所称政府交通运输信息是指政府交通运输信息公开人在履行职责过程中制作或者获取的，以一定形式记录、保存的信息。

公民、法人和其他组织依法享有获取政府交通运输信息、要求公开政府交通运输信息的权利。

第四条　政府交通运输信息公开应当遵循合法、公正、公平和便民、及时、准确的原则。

第五条　各级交通运输主管部门应当加强对政府交通运输信息公开工作的组织领导，加强对所属具有公共事务管理职能的公路、水路交通运输管理机构交通运输信息公开工作的领导，积极推进、指导、协调和监督行业交通运输信息公开工作。

第六条　政府交通运输信息公开人应当建立健全政府交通运输信息公开制度，由办公厅（室）或者其他指定的机构（以下称政府交通运输信息公开工作机构）负责政府交通运输信息公开的日常工作。

政府交通运输信息公开工作机构的具体职责是：

（一）贯彻政府信息公开的法律、法规、规章和有关文件；

（二）建立健全政府交通运输信息公开制度；

（三）组织、协调本单位各内设部门的政府交通运输信息公开工作；

（四）组织依申请公开信息事项的办理工作；

（五）组织、协调本单位保密机构对拟公开的政府交通运输信息进行保密审查；

（六）指导、督促本单位各内设部门维护政府交通运输信息；

（七）组织编制政府交通运输信息公开指南、目录和政府交通运输信息公开工作年度报告；

（八）组织对政府交通运输信息公开工作的考核；

（九）指导、监督下级政府交通运输信息公开人的信息公开工作；

（十）其他与政府交通运输信息公开工作有关的职责。

第七条 政府交通运输信息公开人公开信息，不得危及国家安全、公共安全、经济安全和社会稳定。

政府交通运输信息公开人发现影响或者可能影响社会稳定、扰乱交通运输管理秩序的虚假或者不完整的有关交通运输信息的，应当发布准确的政府交通运输信息及时予以澄清。

第八条 政府交通运输信息公开人发布政府交通运输信息时，依照国家有关规定需要批准的，未经批准不得发布。

第九条 交通运输部门应当从人员、经费方面为本部门政府信息公开工作提供保障。

第二章　公开的内容

第十条 政府交通运输信息公开人应当在职责范围内主动公开下列政府交通运输信息：

（一）机构设置、职责范围、联系方式等组织机构情况；

（二）交通运输规章、规范性文件；

（三）交通运输规划及相关政策；

（四）交通运输行业标准、规范；

（五）交通运输行政许可项目、依据、条件、数量、程序、期限、申请行政许可需提交的全部材料目录及办理情况；

（六）交通运输行政处罚项目、依据、标准、程序、监督部门；

（七）交通运输规费征收项目、依据、标准；

（八）交通运输项目招投标情况；

（九）重大交通运输建设项目批准、实施情况；

（十）交通运输统计信息；

（十一）交通运输安全生产、工程质量的监督检查情况；

（十二）突发交通运输公共事件的预案、预警信息及应对与处置；

（十三）干部任免、公务员招录、人才招聘等人事管理情况；

（十四）行业精神文明、交通运输文化建设情况；

（十五）交通运输廉政制度建设情况；

（十六）投诉、举报、信访、依申请公开的途径；

（十七）法律、法规、规章规定应当公开的其他政府交通运输信息，以及公开人认为可以公开的其他信息。

县级以上地方人民政府赋予交通运输主管部门公路、水路以外的交通运输管理职能的，交通运输主管部门应当根据赋予的职能公开相应的信息。

第十一条 公民、法人和其他组织可以根据自身生产、生活、科研等特殊需要，向政府交通运输信息公开人申请获取本办法第十条以外的其他相关政府交通运输信息。

第十二条 政府交通运输信息公开人不得公开涉及国家秘密、商业秘密、个人隐私的政府交通运输信息。但是，经权利人同意公开的或者政府交通运输信息公开人认为不公开可能对公共利益造成重大影响的涉及商业秘密、个人隐私的政府交通运输信息，可以予以公开。

第十三条 政府交通运输信息公开人公开信息前，应当依照《中华人民共和国保守国家秘密法》、《交通工作国家秘密范围的规定》以及其他法律、法规和规定，遵循谁产生、谁公开、谁负责的原则，对拟公开的政府信息进行保密审查。

政府交通运输信息公开保密审查依照下列程序办理：

（一）信息产生单位对拟公开的信息进行保密审查，并填写《政府交通运输信息公开保密审查表》，由本单位领导审核，加盖公章后送有关信息公开发布部门对外公开。

（二）涉及多个部门、单位、处室的信息或综合性信息，由政府交通运输信息公开工作机构协调有关单位进行保密审查。

（三）各单位在保密审查过程中不能确定是否涉及国家秘密时，要说明信息来源及本单位的保密审查意见，报有关主管部门或者同级保密工作部门确定。

已经解密的政府交通运输信息，属于主动公开范围的，应当及时公开。

第三章　公开的方式和程序

第十四条　政府交通运输信息公开人应当将主动公开的政府交通运输信息，根据及时、有效、节约和易获取、易认知的原则，按以下一种或者几种方式予以公开：

（一）政府公报或者公开发行的政府（部门）信息专刊；

（二）政府网站；

（三）新闻发布会或者其他相关会议；

（四）广播、电视、报刊等媒体；

（五）交通运输行政办事大厅、服务中心、公共查阅室，以及场站、船闸、码头、服务区等交通运输公共服务场所的便民卡、信息公开栏、电子信息屏、触摸屏等公开方式；

（六）其他便于公众及时获得信息的方式。

第十五条　政府交通运输信息公开人应当积极创造条件设立服务电话，受理有关业务信息咨询和投诉，公开有关政府交通运输信息。

第十六条　政府交通运输信息公开人制作的政府交通运输信息，由制作该信息的单位负责公开；获取的政府交通运输信息，由记录、保存该政府交通运输信息的单位负责公开。法律、法规对政府交通运输信息公开的权限另有规定的，从其规定。

第十七条　属于主动公开范围的政府交通运输信息，应当自该信息形成或者变更之日起 20 个工作日内公开，对公开的信息及时更新和维护。

法律、法规对政府信息公开期限另有规定的，从其规定。

第十八条　政府交通运输信息公开人应当编制、公布本单位（部门）信息公开指南和信息公开目录，并及时更新。

政府交通运输信息公开指南，应当包括政府交通运输信息的分类、编排体系、获取方式，政府交通运输信息公开工作机构的名称、办公地址、办公时间、联系方式、监督部门、监督电话等内容。

政府交通运输信息公开目录，应当包括政府交通运输信息的索引、名称、内容概述、生成日期等内容。

第十九条　主动公开政府交通运输信息按照下列程序进行：

（一）根据政府交通运输信息公开目录拟定公开内容；

（二）对需要公开的内容进行核实；

（三）对需要公开的内容进行保密审查；

（四）报请本单位（部门）负责人批准；

（五）采取规定和其他适当的形式进行公开。

第二十条　公民、法人和其他组织申请公开政府交通运输信息，应当采用书面形式向政府交通运输信息公开人提出申请；采用书面形式确有困难的，可以口头提出，由政府交通运输信息公开人代为填写。

申请应当包含申请人的姓名或者名称、身份证明、联系地址、联系方式、所需政府运输信息的描述以及获取该信息的方式。

政府交通运输信息公开人应当向申请人提供申请书格式文本。

第二十一条　政府交通运输信息公开人收到公民、法人和其他组织的申请应当予以登记。能够当场答复的，应当当场予以答复；不能当场答复的，应自收到申请书之日起 15 个工作日内，根据下列情况予以书面答复：

（一）属于公开范围的，应当告知申请人获取该政府信息的方式和途径；

（二）属于不予公开范围的，应当告知申请人并说明理由；

（三）依法不属于本行政机关公开或者该政府信息不存在的，应当告知申请人，对能够确定该政府信息的公开机关的，应当告知申请人该行政机关的名称；

（四）申请内容不明确的，应当告知申请人作出更改、补充；

（五）申请公开的政府交通运输信息含有不予公开的内容但能够区分处理的，将可以公开部分的信息向申请人公开。

第二十二条　依申请公开的政府交通运输信息，政府交通运输信息公开人因正当理由不能在规定的期限内作出答复的，经本单位政府交通运输信息公开工作机构负责人同意，可以将答复期限适当延长，并书面告知申请人，延长期限最长不超过 15 个工作日。

依申请公开的政府交通运输信息涉及第三方权益的，政府交通运输信息公开人征求第三方意见所需的时间不计算在规定的期限内。

政府交通运输信息公开人因不可抗力或者其他法定事由不能在规定的期限内作出答复的，期限中止，障碍消除后恢复计算。

第二十三条 公民、法人和其他组织发现与自身相关的政府交通运输信息记录不准确、不完整，可以提供相关的证据材料，要求政府交通运输信息公开人及时予以更正。政府交通运输信息公开人无权更正的，应当转送有权机关处理，并告知申请人。

对与公民、法人和其他组织自身相关信息的查询、提供，国家另有规定的，从其规定。

第二十四条 政府交通运输信息公开人依申请提供政府交通运输信息，有条件的可以安排适当场所，供申请人当场阅读或者抄录。

政府交通运输信息公开人依申请公开政府交通运输信息的，应当按照申请人要求的形式予以提供。无法按照申请人要求的形式提供的，可以通过安排申请人查阅相关资料、提供复印件或者其他适当形式提供。

第二十五条 政府交通运输信息公开人根据本办法或者依据申请人的申请公开、提供政府交通运输信息不得收费，但检索、复制、邮寄等成本费用除外。成本费用的收费标准按照国家有关规定执行。

政府交通运输信息公开人答复申请人不予提供的政府交通运输信息，不得再以有偿服务或者变相有偿服务的形式提供，不得通过与政府交通运输信息公开人有隶属关系或者业务指导等关系的企业、事业单位、中介组织以有偿或者变相有偿的形式向申请人提供。

第二十六条 按照各地有关规定经济困难的申请人，经本人申请，政府交通运输信息公开工作机构负责人审核同意，可以减免检索、复制、邮寄等成本费用。

申请人存在阅读困难或者视听障碍的，政府交通运输信息公开人应当提供必要的帮助。

第四章 监督与保障

第二十七条 政府交通运输信息公开人应当建立健全政府交通运输信息公开工作考核制度、社会评议制度和责任追究制度，定期对政府交通运输信息公开工作进行考核、评议。

政府交通运输信息公开工作考核制度，应当明确考核机构、对象、内容、标准、程序、形式以及考核结果的公开和使用。

政府交通运输信息公开工作社会评议制度，应当明确社会评议的组织机构，社会评议的对象、内容、程序、形式以及社会评议结果的公开和使用。

政府交通运输信息公开工作责任追究制度，应当明确责任追究的负责机构，责任追究的对象、标准、程序、形式。

第二十八条 政府交通运输信息公开工作的考核，应当纳入政府交通运输信息公开人年度工作目标考核管理。

第二十九条 政府交通运输信息公开人应当建立健全政府交通运输信息公开监督检查制度，政府交通运输信息公开工作机构和监察机构负责对政府交通运输信息公开的实施情况进行监督检查。

第三十条 政府交通运输信息公开人实施监督检查时，需要下级政府交通运输信息公开人作出说明、提交材料的，下级政府交通运输信息公开人应当按照要求提交情况说明和相应材料。

第三十一条 政府交通运输信息公开人应当在每年3月31日前公布本单位的政府交通运输信息公开工作年度报告，并报送上级交通运输主管部门。

政府交通运输信息公开工作年度报告应当包括下列内容：

（一）主动公开政府交通运输信息的情况；

（二）依申请公开政府交通运输信息和不予公开政府交通运输信息的情况；

（三）政府交通运输信息公开的收费及减免情况；

（四）因政府交通运输信息公开申请行政复议、提起行政诉讼的情况；

（五）政府交通运输信息公开工作存在的主要问题及改进情况；

（六）其他需要报告的事项。

第三十二条 公民、法人和其他组织认为政府交通运输信息公开人不依法履行政府交通运输信息公开义务的，可以向其上级主管部门举报。

收到举报的上级主管部门应当对举报内容进行登记、调查处理，并将结果书面告知举报人。

收到举报的上级主管部门应当为举报人保守秘密。

第三十三条 公民、法人和其他组织认为政府交通运输信息公开人在政府交通运输信息公开工作中的具体行政行为侵犯其合法权益的，可以依法申请行政复议或者提起行政诉讼。

第三十四条 公民、法人和其他组织使用公开的政府交通运输信息，不得损害国家利益、公共利益和他人的合法权益。

第三十五条 政府交通运输信息公开人违反《中华人民共和国政府信息公开条例》和本办法规定，有下列情形之一的，由上级主管部门或者有权机关责令其改正；情节严重的，对负有直接责任的主管人员和其他直接责任人员依法给予行政处分；构成犯罪的，依法追究刑事责任：

（一）不依法履行政府交通运输信息公开义务的；

（二）不及时更新政府交通运输信息内容、政府交通运输信息公开指南和政府交通运输信息公开目录的；

（三）在公开政府交通运输信息过程中违反规定收取费用的；

（四）通过其他组织、个人以有偿服务方式提供政府交通运输信息的；

（五）公开不应当公开的政府交通运输信息的；

（六）违反《中华人民共和国政府信息公开条例》和本办法规定的其他行为。

第五章　附　则

第三十六条 县级以上地方人民政府交通运输主管部门可以依据本办法，制定实施细则。

第三十七条 为社会提供公共服务的交通运输企事业单位在提供社会公共服务过程中制作、获取的相关信息的公开，另行规定。

第三十八条 本办法自2008年5月1日起施行。

中华人民共和国交通运输部通告

2008 年第 1 号

关于公布全国第二批合格港口引航机构名单的通告

根据国务院办公厅《关于深化中央直属和双重领导港口管理体制改革意见的通知》（国办发〔2001〕91 号）精神，依照《港口法》和《船舶引航管理规定》（交通部令 2001 年第 10 号）等有关规定，经审核，锦州港引航站等 13 家引航机构已通过引航资质许可或审查，现予公布（引航机构名单见附件）。

附件：全国第二批合格港口引航机构名单

中华人民共和国交通运输部
二〇〇八年四月二十四日

附件：

全国第二批合格港口引航机构名单

序号	机构名称	上级主管部门	引航具体范围
1	锦州港引航站	锦州市港口与口岸局	进出锦州港港口区域和锦州市辖区的船舶引航服务
2	营口港引航站	营口市交通局	进出营口港港口区域和营口市辖区的船舶引航服务
3	葫芦岛港引航站	葫芦岛市交通局	进出葫芦岛港港口区域和葫芦岛市辖区的船舶引航服务
4	秦皇岛港引航站	秦皇岛市港航管理局	进出秦皇岛港港口区域和秦皇岛市辖区的船舶引航服务
5	黄骅港引航站	沧州市港航管理局	进出黄骅港港口区域和沧州市辖区的船舶引航服务
6	日照港引航站	日照市港航管理局	进出日照港港口区域和日照市辖区的船舶引航服务
7	宁波引航站	宁波市港口管理局	进出宁波—舟山港宁波港域和宁波市辖区的船舶引航服务
8	海南省船舶引航站	海南省交通厅	进出海南省各港港口区域和海南省辖区的船舶引航服务
9	阳江港引航站	阳江市港航管理局	进出阳江港港口区域和阳江市辖区的船舶引航服务
10	珠海港引航站	珠海市交通局	进出珠海港港口区域和珠海市辖区的船舶引航服务
11	潮州港引航站	潮州市港口管理局	进出潮州港港口区域和潮州市辖区的船舶引航服务
12	江门港引航站	江门市交通局	进出江门港港口区域和江门市辖区的船舶引航服务
13	汕头港引航站	汕头市港口管理局	进出汕头港港口区域和汕头市辖区的船舶引航服务，受委托为揭阳港、汕尾港提供引航服务

中华人民共和国交通运输部令

2008 年 第 4 号

《中华人民共和国船员注册管理办法》已于 2008 年 2 月 27 日经第 4 次部务会议通过，现予公布，自 2008 年 7 月 1 日起施行。

部 长 李盛霖

二〇〇八年五月四日

中华人民共和国船员注册管理办法

第一章 总 则

第一条 为规范船员注册管理，根据《中华人民共和国船员条例》，制定本办法。

第二条 中华人民共和国境内的船员注册以及相关管理活动，适用本办法。

本办法所称船员注册，是指海事管理机构根据申请人的申请，经依法审查，对符合船员注册条件的予以登记，签发船员服务簿，准许申请人从事船员职业的行为。

第三条 交通运输部主管全国船员注册管理工作。

中华人民共和国海事局负责统一实施全国船员注册管理工作。

负责管理中央管辖水域的海事管理机构和负责管理其他水域的地方海事管理机构（以下统称海事管理机构），依照各自职责具体负责船员注册以及相关管理工作。

第二章 船员注册的申请和受理

第四条 船员注册申请可以向任何海事管理机构提出。

船员注册申请可以由申请人本人提出，也可以由船员服务机构、船员用人单位代为提出。

第五条 申请船员注册，应当具备下列条件：

（一）年满 18 周岁（在船实习、见习人员年满 16 周岁）但不超过 60 周岁；

（二）符合船员健康要求；

（三）经过海船船员、内河船舶船员基本安全培训，并经海事管理机构考试合格。

申请注册国际航行船舶船员的，还应当通过海事管理机构组织的船员专业外语考试。

第六条 申请船员注册，应当提交下列材料：

（一）船员注册申请；

（二）居民身份证复印件；

（三）船员体格检查表；

（四）近期直边正面 5 厘米免冠白底彩色照片 2 张；

（五）海船船员、内河船舶船员基本安全培训合格证明复印件。

申请注册国际航线船舶船员的，还应当提交船员专业外语考试合格证明复印件。

申请人在提交居民身份证、海船船员基本安全培训合格证明、内河船舶船员基本安全培训合格证明以及船员专业外语考试合格证明等复印件时，应当同时向海事管理机构出示原件。

第七条 船员注册的申请和受理工作应当按照《交通行政许可实施程序规定》的有关要求办理。

第八条 海事管理机构应当自受理船员注册申请之日起 10 日内作出注册或者不予注册的决定。对符合本办法规定的，应当给予船员注册，并签发船员服务簿。对不符合本办法规定的，应当退回申请材料并书面说明理由。

第九条 海事管理机构应当对船员赋予唯一的注册编号。

业经注册的船员不得重复申请船员注册。

第三章 船员注册的变更和注销

第十条 有下列情形之一的，船员应当在6个月内向管理本人注册档案的海事管理机构申请办理船员注册变更手续：

（一）船员服务簿中记载的事项发生变化；

（二）相貌发生显著变化。

海事管理机构应当将变更情况在船员服务簿中作相应记载或者换发新船员服务簿。

第十一条 船员有下列情形之一的，海事管理机构应当注销船员注册，并予以公告：

（一）死亡或者被宣告失踪的；

（二）丧失民事行为能力的；

（三）依法被吊销船员服务簿的；

（四）本人申请注销注册的。

船员在劳动合同期间发生本条第一款第（一）项、第（二）项情形的，船员服务机构或者船员用人单位应当向海事管理机构报告，并提交相关证明材料，由海事管理机构核实后依法予以注销。

海事管理机构吊销船员服务簿的决定，应当向管理该船员注册档案的海事管理机构通报。

第十二条 申请人被依法吊销船员服务簿的，自被吊销之日起5年内不予重新注册。

第四章 船员服务簿管理

第十三条 船员服务簿是船员的职业身份证件，任何单位或者个人不得冒用、出租、出借、伪造、变造或者买卖。

船员在船工作期间应当携带船员服务簿。

第十四条 船员服务簿应当载明船员的姓名、性别、国籍、出生日期、住所、联系人、联系方式以及其他有关事项。

海事管理机构应当在船员服务簿中记载船员的安全记录、累计记分情况和违法情况。

第十五条 船员上船任职后和离船解职前，应当主动将船员服务簿提交船长办理船员任职、解职签注。

船长应当为本船船员办理船员任职、解职签注，并在船员服务簿中及时、如实记载其服务资历和任职表现。

船长的任职签注由离任船长负责签注，船长的解职签注由接任船长负责签注。

因船舶新投入运行、报废等特殊情况无离任或者接任船长时，船长的任职、解职，在境内由船舶靠泊地海事管理机构签注；在境外由船长本人签注。

第十六条 船员服务簿记载页满或者损坏的，应当到管理本人注册档案的海事管理机构办理换发事宜，并提交下列材料：

（一）船员服务簿换发申请；

（二）近期直边正面5厘米免冠白底彩色照片2张；

（三）记载页满或者损坏的船员服务簿。

第十七条 船员服务簿遗失的，应当到管理本人注册档案的海事管理机构办理补发事宜，并提交下列材料：

（一）船员服务簿补发申请；

（二）相应证明文件；

（三）近期直边正面5厘米免冠白底彩色照片2张。

第五章 监督检查

第十八条 海事管理机构应当建立船员注册数据库和设立船员注册记录簿，记载船员的基本信息。

第十九条 船员用人单位应当建立船员档案，记录船员的个人基本资料、服务资历、培训记录、安全记录、健康状况、任解职情况等信息，保持记录内容的真实、连续和完整，并定期向海事管理机构报送船员任职、解职情况。

第二十条 海事管理机构对船员进行监督检查时，应当对下列情况进行核查：

（一）持有并携带船员服务簿；

（二）船员服务簿的真实性和符合性；

（三）船长为在船船员进行签注的情况。

第二十一条 海事管理机构对船员服务机构和船员用人单位进行监督检查时，应当对下列情况进行核查：

（一）船员档案的建立情况；

（二）定期向海事管理机构报送船员任职、解职情况。

第二十二条 海事管理机构实施监督检查，可以询问当事人，向有关单位、船舶或者个人了解情况，查阅、复制有关资料。有关单位、船舶或者个人应当配合。

海事管理机构应当保守被调查单位、船舶或者个人的商业秘密和个人隐私。

第六章 法律责任

第二十三条 违反本办法的规定，以欺骗、贿赂等不正当手段进行注册并取得船员服务簿的，由海事管理机构吊销船员服务簿，并处2 000元以上2万元以下罚款。

第二十四条 违反本办法的规定，伪造、变造或者买卖船员服务簿的，由海事管理机构收缴船员服务簿，并对违法个人处2万元以上5万元以下罚款，对违法单位处5万元以上10万元以下罚款，有违法所得的，还应当没收违法所得。

第二十五条 违反本办法的规定，船员服务簿记载的事项发生变更，船员未办理变更手续的，由海事管理机构责令改正，并可以处1 000元以下罚款。

第二十六条 违反本办法的规定，未进行船员注册而上船工作的，由海事管理机构责令其离岗。

第二十七条 违反本办法的规定，船员在船工作期间未携带船员服务簿的，由海事管理机构责令改正，并可以处2 000元以下罚款。

第二十八条 违反本办法的规定，船长未在船员服务簿内及时、如实记载船员服务资历和任职表现的，由海事管理机构处2 000元以上2万元以下罚款；情节严重的，并给予暂扣船员适任证书6个月以上2年以下直至吊销船员适任证书的处罚。

第二十九条 违反本办法的规定，船员用人单位招用未经注册的人员上船工作的，由海事管理机构责令改正，处3万元以上15万元以下罚款。

第三十条 海事管理机构工作人员有下列情形之一的，依法给予处分：

（一）违反规定给予船员注册或者签发船员服务簿；

（二）不依法履行监督检查职责；

（三）不依法实施行政强制或者行政处罚；

（四）滥用职权、玩忽职守的其他行为。

第七章 附 则

第三十一条 船员服务簿由中华人民共和国海事局统一印制。

第三十二条 船员体格检查按照交通运输部制定的船员体检标准执行。

第三十三条 本办法自2008年7月1日起施行。

关于加强航运枢纽建设和运行管理的意见

交水发[2008]82 号

各省、自治区、直辖市交通厅（委），长江航务管理局、珠江航务管理局，上海市港口管理局：

自上世纪八十年代以来，为渠化河流，有效提高航道等级，交通部门投资兴建了一批航运枢纽工程。航运枢纽的建设，起到了壅高上游水位、调节下游流量、渠化航道、永久性提升航道等级的作用，大大推动了沿江（河）航运业和相关产业的发展，促进了水资源综合利用，带动了流域地区经济社会发展。

进入新世纪以来，我国水运建设进入了新一轮发展机遇期。为适应航运枢纽建设和运行管理需要，提高我国内河航运基础设施的服务能力和水平，推动内河航运可持续发展，依据《国务院关于投资体制改革的决定》、《中华人民共和国航道管理条例》、《航道建设管理规定》、《关于进一步加强交通基础设施领域社会资金财务管理的指导意见》等相关政策法规，结合我国航运枢纽的实际，提出如下意见。

一、本意见适用于有交通部门投资并有发电功能的航运枢纽。

二、指导思想和基本原则。

（一）指导思想。全面贯彻落实科学发展观，按照建设资源节约型、环境友好型社会的要求，从水资源综合利用和构建综合运输体系出发，统筹规划，统一管理，加快航道渠化建设步伐，实现内河航运可持续发展，为沿江（河）经济建设提供强有力的水路运输保障。

（二）基本原则。

1.以航运为主原则。航运枢纽规划、建设和运行中，应充分考虑航运需求和发展的长远要求，通过梯级渠化，提高航道等级，改善通航条件，促进航运资源的合理开发、高效利用、有效保护。

2.滚动发展原则。健全航运枢纽运行管理长效机制，保证交通部门投入航运枢纽建设的资金所产生的收益用于内河航道基础设施建设，推动内河航道条件不断改善和提高。

3.水资源综合利用原则。航运枢纽建设应满足防洪，兼顾发电、灌溉等，实现水资源综合利用效益的最大化。

三、统一领导，分级负责，加快建立和完善适合航运枢纽可持续发展的管理体制。

（三）交通运输部负责制定航运枢纽建设、运行、管理的相关方针、政策、规章和有关技术标准，监督管理航运枢纽的建设与运行。

（四）省级交通主管部门统一领导和监督本行政区域内的航运枢纽建设、运行管理以及枢纽资产管理工作，也可以委托航务管理部门进行相应的管理工作；根据航运枢纽社会效益显著的特点，积极争取地方政府支持，加快建立和完善适应航运可持续发展的枢纽管理体制。

（五）鼓励建立事业法人性质的航运枢纽管理机构，或创造条件将现有企业法人性质的航运枢纽管理机构向事业法人转变。该机构根据省级交通主管部门的授权，具体负责航运枢纽的相关管理工作。

四、统筹规划，加强协调，保证航运枢纽的合理布置和有序开发。

（六）省级交通主管部门根据航道自然特征和航运发展需要，制定主要通航河流的梯级渠化方案，积极争取纳入流域综合规划。在制定本行政区域内主要河流梯级渠化方案时，加强与相关涉水部门的协调，结合实际情况，科学合理地确定拟开发枢纽的数量、规模、标准、初选坝址、实施安排等。

（七）航运枢纽建设的实施安排按航运发展的需要，合理确定建设时序。原则上一条河流上的航运枢纽建设应自下而上，对重要河段起关键贯通作用的航运枢纽优先考虑。

（八）航运枢纽项目设计在坝址选择、枢纽总体布置和通航建筑物规模、型式、槛上水深等方面应充分考虑梯级间水位衔接、枢纽下游水位下切问题以及航运长远发展，通过必要的物理模型试验和数值模拟验证优化航运枢纽的设计方案。

（九）航运枢纽建设要妥善处理好建设期施工与通航的关系。制定合理的施工期通航方案，保证通航安全，缩短断航天数，尽量减少施工对航运的影响。

（十）航运枢纽建设要充分考虑助导航设施、通信等相关航运配套工程。枢纽和航运配套工程建设要做到同步设计、同步建设、同步投入使用；对有特殊情况不能同步实施的，要预留后期建设的必要条件。

五、加强航运枢纽运行管理，确保航运安全畅通。

（十一）建立航运枢纽联合调度系统，保证航运畅通。航运枢纽管理机构在综合考虑防洪、航运、发电、灌溉等需要的基础上，研究制定联合调度方案和联动机制。服从防汛总体安排，保证下游通航流量，保障上下游船闸之间的联系与沟通，提高通航效率。

（十二）合理安排航运枢纽的运行调度。枢纽最小下泄流量不低于下游航道设计最小通航流量，有日调节功能的枢纽下游水位变幅要符合通航设施安全运行和船舶安全航行需要，通航设施运行调度要保证船舶及时过闸。航运枢纽管理机构应制定调度管理的规章制度，按期向航务管理部门报送航运统计报表及相关资料，通航设施运行年度计划、断航检修计划需经省级交通主管部门或其委托的航务管理部门批准后实施。

（十三）航运枢纽管理机构应做好枢纽通航安全管理的相关工作。航运枢纽管理机构应确保通航设施安全，认真做好枯水期、汛期及恶劣气象条件下的安全防范工作；向航务管理部门通报有关通航安全信息；配合相关部门维护枢纽管理区通航安全，协助处理突发事件。

（十四）航运枢纽管理机构应按照相关要求和技术规范，负责航运枢纽管理区域内的航道、通航设施、助航标志和安全标志等配套设施的维护、管理工作，确保设施的正常安全运行。

六、加强航运枢纽的资产管理，实现内河航运滚动发展。

（十五）航运枢纽建设应多渠道融资。航运枢纽是航道的组成部分，相关交通主管部门应积极争取地方政府和财政部门加大对航运枢纽的投入；积极鼓励和引导社会资金参与航运枢纽建设，并保障其合法权益。

（十六）航运枢纽建设运营主体的改变、枢纽功能的调整等，应当按照基本建设审批权限，报相应交通主管部门同意。交通部门投资航运枢纽所形成的资产应纳入交通部门统一管理，其收益应全部用于内河航运建设，实现滚动发展。

（十七）交通运输部对航运枢纽建设项目投入资金形成的资产和权益，在国家交通投资和国有资产管理体制未有新的规定之前，暂委托省级交通主管部门实施监督管理；地方交通部门对航运枢纽投入资金形成的资产和权益，由各省（区、市）交通主管部门实施监督管理。

（十八）省级交通主管部门应加强航运枢纽收入使用的监督管理工作，明确对航运枢纽的年度预算、决算等财务管理要求。投入航运枢纽建设的社会资金，其管理适用《关于进一步加强交通基础设施领域社会资金财务管理的指导意见》。

中华人民共和国交通运输部

二〇〇八年五月十五日

中华人民共和国交通运输部令

2008 年第 2 号

《国内水路运输经营资质管理规定》已于 2008 年 5 月 5 日经第 3 次部务会议通过，现予公布，自 2008 年 8 月 1 日起施行。

部　长　李盛霖

二〇〇八年五月二十六日

国内水路运输经营资质管理规定

第一章　总　则

第一条　为了规范国内水路运输市场管理，维护水路运输经营者、旅客、货主的合法权益，保障人民生命和财产安全，促进水路运输事业健康发展，根据《中华人民共和国水路运输管理条例》和有关法律、法规，制定本规定。

第二条　本规定适用于在中华人民共和国沿海、江河、湖泊及其他通航水域内从事营业性运输的企业和个人的经营资质管理。

港口作业区内为船舶、旅客和货物提供服务的驳运和拖轮经营不适用本规定。

第三条　国内水路运输经营按照航行区域分为沿海运输和内河运输。

国内水路运输经营按照经营船舶的种类分为货船运输和客船运输。货船运输分为普通货船运输和散装液体危险品船运输，散装液体危险品船运输分为液化气体船运输、化学品船运输和油船（含沥青船）运输。客船运输分为普通客船（含客渡船、旅游客船）运输、客滚船（含车客渡船、载货汽车滚装船）运输和高速客船运输。

第四条　从事国内水路运输的企业和个人，应当依照本规定达到并保持相应的经营资质条件，并在核定的经营范围内从事水路运输经营活动，不得转让或者变相转让水路运输经营资质。

第五条　各级人民政府交通主管部门依法对国内水路运输经营资质实施管理，其设置的航运管理机构可以承担具体工作。

第二章　经营资质条件

第六条　除经营单船 600 总吨以下的内河普通货船运输外，经营国内水路运输应当取得企业法人资格。

自然人经营单船 600 总吨以下的内河普通货船运输应当办理个体工商户登记。

第七条　从事国内水路运输的企业应当具备下列经营资质条件：

（一）拥有与经营区域范围、经营业务相适应的自有并经营的适航船舶，且上述船舶总运力规模满足第八条的要求；

（二）有满足经营需要和安全管理要求的经营、海务、机务、船员管理等组织机构、固定办公场所和国家规定的注册资本；

（三）有健全的安全生产责任制度、安全生产规章制度和操作规程以及生产安全事故应急救援预案等安全管理与生产经营管理制度，并且按照《中华人民共和国航运公司安全与防污染管理规定》的要求建立安全管理体系；

（四）有与经营船舶种类、经营规模相适应的经营、海务、机务专职管理人员，相关专职管理人员应当满足本规定第九条的要求；

（五）经营客船运输的，应当落实船舶靠泊、旅客上下船所必需的服务设施和安全设施。

第八条 除在省、自治区、直辖市行政区域内的封闭通航水域经营客船运输外，国内水路运输企业自有并经营的适航船舶总运力规模应当分别满足下列最低要求：

（一）经营省、自治区、直辖市之间（以下简称“省际”）沿海普通货船运输的：普通货船 2 000 总吨；

（二）经营省、自治区、直辖市内（以下简称“省内”）沿海普通货船运输的：普通货船 1 000 总吨；

（三）经营内河普通货船运输的：普通货船 600 总吨；

（四）经营省际沿海散装液体危险品船运输的：危险品船 2 000 总吨，其中经营液化气体船运输的：舱容 3 000 立方米；

（五）经营省内沿海散装液体危险品船运输的：危险品船 1 000 总吨，其中经营液化气体船运输的：舱容 1 000 立方米；

（六）经营省际内河散装液体危险品船运输的：危险品船 1 000 总吨，其中经营液化气体船运输的：舱容 500 立方米；

（七）经营省内内河散装液体危险品船运输的：危险品船 500 总吨，其中经营液化气体船运输的：舱容 300 立方米；

（八）经营省际沿海客船运输的：普通客船 400 客位，高速客船 200 客位，客滚船 3 000 总吨并且 400 客位；

（九）经营省内沿海客船运输的：普通客船 200 客位，高速客船 100 客位，客滚船 1 000 总吨并且 100 客位；

（十）经营省际内河客船运输的：普通客船 200 客位，高速客船 100 客位，客滚船 1 000 总吨并且 50 客位；

（十一）经营省内内河客船运输的：普通客船 100 客位，高速客船 50 客位，客滚船 300 总吨并且 50 客位。

同时经营油船和化学品船运输或者同时经营普通客船和高速客船运输的，总运力规模可以合并计算，但每一船舶种类应当至少拥有一艘自有并经营的适航船舶。

交通运输部可以针对因市场需求有限，致使从事水路运输的企业运力规模无法满足第一款要求的情况，公布低于第一款规定的总运力规模的特定区域。

第九条 从事国内水路运输的企业应当至少配备 1 名经营专职管理人员，并配备满足下列数量要求的海务、机务专职管理人员：

（一）经营沿海普通货船 1 至 10 艘的，至少分别配备 1 人；11 至 20 艘的，至少分别配备 2 人；21 至 30 艘的，至少分别配备 3 人；30 艘以上的，至少分别配备 4 人；

（二）经营内河普通货船 1 至 10 艘的，至少分别配备 1 人；11 至 50 艘的，至少分别配备 2 人；51 至 100 艘的，至少分别配备 3 人；100 艘以上的，至少分别配备 4 人；

（三）经营沿海散装液体危险品船或者客船 1 至 5 艘的，至少分别配备 1 人；6 至 10 艘的，至少分别配备 2 人；11 至 20 艘的，至少分别配备 3 人；20 艘以上的，至少分别配备 4 人；

（四）经营内河散装液体危险品船或者客船 1 至 10 艘的，至少分别配备 1 人；11 至 20 艘的，至少分别配备 2 人；21 至 30 艘的，至少分别配备 3 人；30 艘以上的，至少分别配备 4 人。

前款规定的专职管理人员应当与企业签订一年以上全日制用工的劳动合同，在合同期限内不得在船上或者其他企业兼职。

经营普通货船运输企业的海务、机务专职管理人员应当具有与所经营船舶种类和航区相对应的不低于大副、大管轮任职的从业资历。

经营客船、散装液体危险品船运输企业的最高管理层中至少有 1 人专职负责安全管理工作并具有与所经营船舶种类和航区相对应的船长或者轮机长任职的从业资历；其海务、机务专职管理人员应当具有与其所经营船舶种类和航区相对应的船长、轮机长任职的从业资历。

第十条 从事国内水路运输的企业可以将其所属船舶的安全与防污染管理委托具有国内船舶管理业经营资格的船舶管理企业代管。

在有效代管期内，委托企业可以不按照第九条第一款中要求的按照经营船舶的规模配备相应数量的海务、机务专职管理人员，但是应当至少分别配备 1 人。

第十一条 从事国内水路运输的个体经营者应当拥有自有并经营的适航船舶，并取得与其经营船舶相对应的有效内河船员适任证书。

第十二条 经营国内水路运输的船舶应当持

有配发的《船舶营业运输证》，并持有有效的《船舶所有权登记证书》、《船舶国籍证书》、《船舶检验证书》或者《船舶入级证书》、《船舶最低安全配员证书》。《中华人民共和国航运公司安全与防污染管理规定》适用范围内的船舶还应当持有有效的“安全管理证书”或者“临时安全管理证书”。

第三章　经营资质审批

第十三条　申请经营国内水路运输业务的企业和个人，应当向其所在地人民政府交通主管部门提交本规定第二十二条要求的相应申报材料。

第十四条　受理申请的交通主管部门应当在核实申报材料中的原件和复印件后，盖章确认复印件的内容与原件一致，将材料原件退还申请人；并按照《中华人民共和国水路运输管理条例实施细则》规定的审批权限，将初步审查意见和全部申请材料逐级转报至有审批权的交通主管部门审批。

第十五条　申请经营国内客船、散装液体危险品船运输的，市（设区的市）级人民政府交通主管部门应当在收到申报或者转报材料后的10个工作日内，根据申报材料和实地调查情况，对申请人是否符合国内水路运输经营资质条件进行评估，出具评估报告。评估结束后，市（设区的市）级人民政府交通主管部门应当及时将评估报告和申报材料一并转报至有相应审批权限的交通主管部门。

省级人民政府交通主管部门应当对评估的过程进行监督检查，对评估结果有异议的，可以组织复评。

国内水路运输经营资质评估办法由交通运输部另行制定。

第十六条　具有相应审批权限的交通主管部门在收到申报或者转报材料后，应当按照本规定要求的经营资质条件和国家有关规定进行审查。符合条件的，作出许可决定，并且向申请人颁发《水路运输许可证》；不符合条件的，作出不予许可决定，并且应当书面通知申请人不予许可的理由。

第十七条　应当事人申请，具有相应审批权限的交通主管部门可以参照本规定要求的经营资质条件，对于筹建期的企业颁发《水路运输许可证（筹建专用）》。企业凭筹建批准文件和《水路运输许可证（筹建专用）》办理购建船舶、工商注册登记等手续。

第十八条　符合下列情形并经交通运输部批准，中国企业可以租用外国籍船舶在中华人民共和国港口之间从事不超过两个航次或者期限为30日的临时运输或者拖航：

（一）确实没有满足所申请的运输或者拖航要求的中国籍船舶；

（二）停靠的港口或者水域为中华人民共和国对外开放的港口或者水域。

第十九条　租用外国籍船舶进行临时运输或者拖航的中国企业应当向交通运输部提交申请书及能够证明符合第十八条第一款第（一）项规定情形的相关材料。申请书应当说明该申请事项的理由、承运的货物、运输航次或者期间、停靠港口、船舶名称、船舶类型、船舶国籍及船舶的适航状况等。

交通运输部应当自受理申请之日起20个工作日内，对申请事项进行审核。符合第十八条规定条件的，作出许可决定并且颁发许可文件；不符合条件的，作出不予许可决定，并且应当书面通知申请人不予许可的理由。

第二十条　从事国内船舶运输或者拖航的外国籍船舶，应当遵守国内水路运输管理的有关规定，并应当按照交通运输部批准的范围和期限进行运输或者拖航。

第二十一条　国内水路运输经营资质的审批程序和期限，本规定未作要求的，按照《中华人民共和国行政许可法》、《中华人民共和国水路运输管理条例》及其实施细则、《交通行政许可实施程序规定》的有关规定执行。

第二十二条　申请经营国内水路运输或者扩大国内水路运输经营范围，应当根据不同情况，提交下列相应申报材料：

（一）申请书，包括申请的经营范围、运力规模及其来源；

（二）可行性报告，包括客货源市场分析及落实情况、资金来源及落实情况、营运经济效益分析；

（三）《企业法人营业执照》或《营业执照》（筹建的提供《企业名称预先核准通知书》即可）

及其复印件；

（四）企业股东的基本情况和说明股东投资情况的证明文件，法人股东提供《企业法人营业执照》及其复印件，自然人股东提供身份证及其复印件；

（五）公司章程及其复印件，固定办公场所使用证明及其复印件；

（六）组织机构的设置和本规定第九条要求的专职管理人员配备情况的证明文件，包括专职管理人员名单、任职文件、身份证、任职资历材料、劳动合同（筹建的提供意向协议即可）等及其复印件；

（七）包括生产经营管理与安全管理制度在内的企业基本管理制度；

（八）按照《中华人民共和国航运公司安全与防污染管理规定》需要建立安全管理体系的，应当提供有效的"符合证明"或者"临时符合证明"证书及其复印件；符合本规定第十条规定的，应提供其与船舶管理企业签订的安全与防污染管理协议、船舶管理企业的《水路运输服务许可证》和有效的"符合证明"或者"临时符合证明"证书及其复印件；

（九）拟由其经营并投入国内水路运输的船舶来源证明文件和有效的《船舶所有权登记证书》、《船舶国籍证书》、《船舶检验证书》或者《船舶入级证书》、《船舶最低安全配员证书》及其复印件，《中华人民共和国航运公司安全与防污染管理规定》适用范围内的船舶还应当提供有效的"安全管理证书"或者"临时安全管理证书"及其复印件；

（十）经营客船运输的，应当提供与经营航线停靠站点的港口经营人达成的靠泊港航协议及其复印件，或者已经对客船靠泊、旅客上下船所必需的服务设施、安全设施作出安排的其他证明文件；

（十一）个体运输经营者，提供本人身份证及其复印件和本规定第十一条要求的相关证明文件及其复印件。

企业筹建应当提交本条第一款第（一）项至第（七）项、第（十）项规定的申报材料。

企业开业应当提交本条第一款第（一）项至第（十）项规定的申报材料，有筹建环节的需要提供《水路运输许可证（筹建专用）》及筹建批准文件复印件。

已经取得国内水路运输经营资质的企业扩大经营范围，应当提交本条第一款第（一）项、第（二）项、第（六）项至第（十）项规定的申报材料及原批准文件复印件和《水路运输许可证》（副本）。

个体运输经营者申请从事国内水路运输应当提交本条第一款第（一）项、第（九）项、第（十一）项规定的申报材料。

第四章　监督检查

第二十三条　各级人民政府交通主管部门应当依法对从事国内水路运输的企业和个人的经营资质进行监督检查。

国内水路运输经营者所在地人民政府交通主管部门负责日常监督检查工作，对国内水路运输经营者经营资质的有效维持进行监督。

第二十四条　国内水路运输经营者取得经营资质后，应当有效保持经营资质条件。达不到本规定要求的经营资质条件的，其所在地人民政府交通主管部门应当责令其限期整改。整改期限视情况确定，其中运力规模达不到经营资质条件的，整改期限最长不超过 6 个月，其他情况最长不超过 3 个月。

经营企业在整改期间已开工建造但尚未竣工的船舶可以计入运力规模。船舶竣工后，如果该船舶并未由该经营企业实际拥有并经营的，应当继续进行整改。

第二十五条　国内水路运输经营者应当积极配合交通主管部门开展的运输经营资质监督检查，并如实提供有关凭证、文件以及其他有关资料。

第二十六条　发生下列情况后，国内水路运输经营者应当在15个工作日内以书面形式向其所在地人民政府交通主管部门报备，并提供相关证明材料：

（一）企业主要股东及其股份构成情况、注册资本发生变化；

（二）公司章程及基本管理制度发生重大变化；

（三）企业海务、机务、经营、船员管理等部门及其职责发生变化；

（四）企业主要负责人以及本规定第九条要求的相关专职管理人员发生变化；

（五）经营的船舶运力规模发生变化；

（六）经营的船舶发生安全责任事故；

（七）符合本规定第十条规定的，其委托的船舶管理企业或者委托管理协议发生变化。

国内水路运输经营者所在地人民政府交通主管部门收到有关报备材料后，应当逐级转报至原审批机关。

第二十七条 各级人民政府交通主管部门应当建立、健全国内水路运输经营资质监督检查制度，对国内水路运输经营者的经营资质实施动态管理，建立预警制度。对于经营资质水平下降或者存在违反本规定行为的国内水路运输经营者，应当加强监管措施。

第二十八条 经营资质监督检查包括经营资质定期核查和不定期抽查。

第二十九条 国内水路运输经营者所在地人民政府交通主管部门应当定期将其经营资质维持情况通报当地海事管理机构。

海事管理机构应当将有关国内运输船舶重大以上安全事故情况及结论意见及时书面通知该船舶经营者所在地人民政府交通主管部门。

第五章　法律责任

第三十条 国内水路运输经营企业违反本规定第九条规定，由其所在地人民政府交通主管部门责令改正，并且可以对其处以 5 000 元以上 1 万元以下罚款。

第三十一条 国内水路运输经营者违反本规定第二十五条、第二十六条规定，由其所在地人民政府交通主管部门责令改正，并且可以对其处以 500 元以上 2 000 元以下罚款。

第三十二条 对取得经营资质后不能保持，经整改后仍然达不到经营资质条件的国内水路运输经营者，负责审批的交通主管部门发现其不再具备安全生产条件的，应当撤销原批准的国内水路运输经营资质。

第三十三条 违反本规定的其他规定应当进行处罚的，按照《中华人民共和国水路运输管理条例》执行。

第三十四条 交通主管部门的工作人员有滥用职权、徇私舞弊、玩忽职守等行为的，由其所在单位或者上级机关责令改正并依法给予行政处分；触犯刑律的，依法追究刑事责任。

第六章　附　则

第三十五条 本规定下列用语的定义：

（一）不得转让或者变相转让水路运输经营资质，是指国内水路运输经营者不得以任何方式允许他人以其名义从事或者变相从事国内水路运输经营活动。

（二）自有并经营的适航船舶，是指取得船舶所有权登记且由船舶所有人经营并处于适航状态的船舶，其中船舶属共有的，经营人所占该船舶共有份额的比例应当不低于 50%。

第三十六条 已经取得国际船舶运输经营资质的中国企业，要求兼营国内水路运输业务的，应当按照本规定的要求取得国内水路运输经营资质。

第三十七条 载客 12 人以下的客船运输以及相邻乡镇、村之间为当地群众生产生活提供直接服务的乡镇船舶（含乡镇客渡船）运输经营资质不适用本规定，由省级人民政府交通主管部门制定具体管理办法。

第三十八条 经营内地与香港特别行政区、澳门特别行政区以及台湾地区之间的水路运输，其经营资质条件不适用于本规定。

在香港特别行政区、澳门特别行政区登记的船舶，申请从事内地港口之间临时运输或者拖航的，比照第十八条、第十九条、第二十条的规定办理。

第三十九条 对于本规定施行之日前已经取得国内水路运输经营资质的经营者，交通运输部应当限定期限要求其达到本规定的要求。

第四十条 本规定自2008年8月1日起施行。1990 年 5 月 22 日原交通部公布的《省际水路运输企业审批管理办法》（(90)交运字 275 号）和 2001 年 2 月 14 日原交通部公布的《国内船舶运输经营资质管理规定》（交通部令 2001 年第 1 号）同时废止。

中华人民共和国交通运输部令

2008 年第 5 号

《公路、水路交通实施〈中华人民共和国节约能源法〉办法》已于 2008 年 6 月 25 日经第 7 次部务会议通过，现予公布，自 2008 年 9 月 1 日起施行。

部　长　李盛霖

二〇〇八年七月十六日

公路、水路交通实施《中华人民共和国节约能源法》办法

第一章　总　则

第一条　为促进公路、水路交通节约能源，提高能源利用效率，根据《中华人民共和国节约能源法》，结合交通运输行业发展实际，制定本办法。

第二条　本办法适用于中华人民共和国境内公路、水路交通能源利用及节约能源监督管理活动。

第三条　本办法所称节约能源(以下简称节能)，是指加强公路、水路交通用能管理，采取技术上可行、经济上合理以及环境和社会可以承受的措施，在公路、水路交通使用能源的各个环节，有效、合理地利用能源。

第四条　交通运输部负责全国公路、水路交通节能监督管理工作，并接受国务院管理节能工作的部门的指导。

县级以上地方人民政府交通运输主管部门负责本行政区域内交通运输行业的节能监督管理工作，并接受上级交通运输主管部门和同级管理节能工作的部门的指导。

第二章　加强节能管理

第五条　各级人民政府交通运输主管部门应当加强对节能工作的领导，建立健全公路、水路交通节能管理体制，实行节能目标责任制和节能考核评价制度，部署、协调、监督、检查、推动节能工作。

第六条　各级人民政府交通运输主管部门应当实施公共交通优先发展战略，指导、促进各种交通运输方式协调发展和有效衔接，引导优化交通运输结构，建设节能型综合交通运输体系。

第七条　各级人民政府交通运输主管部门应当组织开展交通运输行业节能的宣传教育，增强交通运输行业节能意识。

第八条　交通运输部将公路、水路节能纳入交通发展规划，并根据交通发展规划组织编制和实施公路、水路交通节能规划。

县级以上地方人民政府交通运输主管部门可以根据本行政区域实际情况，在前款规定的公路、水路交通节能规划的范围内，制定本行政区域交通运输行业节能规划。

第九条　交通运输部建立公路、水路交通能源消耗报告、统计、分析制度，配合国务院统计部门加强对统计指标体系的科学研究，改进和规范能源消耗统计方法，做好公路、水路交通能源利用状况的统计和发布工作。

县级以上地方人民政府交通运输主管部门应当建立本行政区域公路、水路交通能源消耗报告、统计、分析制度。

第十条　各级人民政府交通运输主管部门应当严格执行交通运输营运车船燃料消耗量限值国家标准，组织建立交通运输营运车船燃料消耗检

测体系并加强对检测的监督管理，确保交通运输营运车船符合燃料消耗量限值国家标准。

前款规定的交通运输营运车船燃料消耗量限值国家标准，由交通运输部会同国务院有关部门制定。在该标准出台前，交通运输部先行制定并实施交通运输营运车船燃料消耗量限值的行业标准。

第十一条　交通运输部制定、修订装机功率超过 300 千瓦的港口机械等交通用能设备的单位产品能耗限值标准，并由各级交通运输主管部门组织推广。

第十二条　交通固定资产投资项目严格执行投资项目节能评估和审查制度，确保项目符合强制性节能标准。具体评估办法按照国务院管理节能工作的部门会同国务院有关部门制定的有关规定执行。

第十三条　各级人民政府交通运输主管部门应当鼓励、支持开发先进节能技术，会同有关部门确定公路、水路交通开发先进节能技术的重点和方向，建立和完善交通节能技术服务体系。

交通运输部适时公布“营运车船节能产品(技术)目录”，引导使用先进的节能产品、技术，促进节能技术创新与成果转化。

交通运输部和省级人民政府交通运输主管部门负责组织实施交通运输行业重大节能科研项目、节能示范项目、重点节能工程。

第十四条　各级人民政府交通运输主管部门应当组织公路、水路交通节能检测机构建立节能监测体系，通过节能检测机构提供的节能检测结果，获取节能监测数据。

节能检测机构应当及时提供公路、水路交通节能检测结果，并对所提供的数据负责。

第十五条　各级人民政府交通运输主管部门应当向本级人民政府财政部门申请将节能工作经费列入财政预算，用于支持节能监督管理体系建设、节能技术研究开发、节能技术和产品的示范与推广、重点节能工程的实施、节能宣传培训、信息服务和表彰奖励等工作。

交通运输行业建立节能激励机制，逐步形成以国家和地方资金为引导、企业资金为主体的交通节能投入机制，设立各个层次的节能专项资金，用于鼓励、支持节能产品和技术的开发、推广和应用。

第十六条　节能技术服务机构、行业学会、协会等中介组织可以在交通运输主管部门的指导下，开展节能知识宣传和节能技术培训，提供节能信息、节能示范和其他节能服务。

第三章　交通用能单位合理使用与节约能源

第十七条　交通用能单位应当加强节能管理，制定并实施节能计划和节能技术措施，建立和完善节能管理制度，根据生产过程中运量、运力、施工作业等多种因素变化情况及时调整生产计划，提高交通用能设备的使用效率。

第十八条　交通用能单位应当加强对本单位职工的节能教育，促进本单位职工树立节能意识，并建立节能目标责任制，将节能目标完成情况作为绩效考核的内容之一。

交通用能单位可以根据本单位实际情况建立专项节能奖励机制，对节能工作取得成绩的集体、个人给予奖励。

第十九条　交通用能单位应当按照国家有关计量管理的法律、法规和有关规定，加强能源计量管理，配备和使用经依法检定合格和校准的能源计量器具，对各类能源的消耗实行分类计量。

第二十条　交通用能单位应当建立能源消耗统计制度，建立健全能源计量原始记录和统计台帐，确保能源消耗统计数据真实、完整，并按照规定向有关部门报送有关统计数据和资料。

第二十一条　交通用能单位应当制定并执行本单位产品能耗定额标准，并定期对用能设备进行技术评定，对技术落后的老旧及高耗能设备，提出报废、更新、改造计划。

第二十二条　交通用能单位应当编制有利于节能的生产操作规程，并开展节能教育和节能培训;经培训考核合格的人员优先在能源管理岗位或者有关高耗能设备操作岗位上工作。

第二十三条　禁止购置、使用国家公布淘汰的用能产品和设备，不得将淘汰的用能产品、设备转让或者租借给他人使用。

第二十四条　交通用能单位不得对能源消费实行包费制。

第二十五条　交通重点用能单位应当定期向交通运输部、省级交通运输主管部门报送上一年度的能源利用状况报告。

交通能源利用状况报告应当包括以下内容：

(一)能源购入和消耗量；

(二)节能量；

(三)单位产品能耗或者产值能耗；

(四)用能效率和节能效益分析；

(五)节能措施；

(六)其他需要报告的情况。

本条第一款所称交通重点用能单位是指公路、水路交通年能耗超过 5 000 吨标准煤的用能单位。

第二十六条 交通重点用能单位应当设立能源管理岗位，在具有节能专业知识、实际经验以及中级以上技术职称的人员中聘任能源管理负责人。

能源管理负责人负责组织对本单位用能状况进行分析、评价，提出并组织实施本单位节能工作的改进措施等。

鼓励交通重点用能单位以外的其他交通用能单位设立能源管理岗位，加强本单位能源管理。

第四章 法律责任

第二十七条 交通用能单位违反本办法有关规定，在科研、设计、生产中违反有关强制性节能标准规定的，由交通运输主管部门在职权范围内责令限期改正，并可以通报批评或者给予责任者行政处分。

第二十八条 交通用能单位有漏报、迟报、虚报、拒报或者其他不按照规定报送能源统计数据的行为的，按照《中华人民共和国统计法》的有关规定处理。

第二十九条 使用国家明令淘汰的用能设备的，将淘汰的用能设备转让他人使用的，或者有其他节能违法行为的，按照《中华人民共和国节约能源法》、《中华人民共和国标准化法》的有关规定处理。

第三十条 交通运输主管部门工作人员在节能管理工作中存在滥用职权、玩忽职守、徇私舞弊等情况的，依法给予行政处分；构成犯罪的，依法移交司法机关处理。

第五章 附 则

第三十一条 本办法自2008年9月1日起施行。2000年6月16日原交通部发布的《交通行业实施节约能源法细则》同时废止。

中华人民共和国交通运输部令

2008年第6号

《中华人民共和国船员服务管理规定》已于2008年7月8日经第8次部务会议通过，现予公布，自2008年10月1日起施行。

部　长　李盛霖

二〇〇八年七月二十二日

中华人民共和国船员服务管理规定

第一章　总　则

第一条　为加强船员服务管理，规范船员服务行为，维护船员和船员服务机构的合法权益，根据《中华人民共和国劳动合同法》、《中华人民共和国船员条例》等法律、行政法规，制定本规定。

第二条　在中华人民共和国境内提供船员服务，适用本规定。

本规定所称船员服务，是指代理船员办理申请培训、考试、申领证书(包括外国船员证书)等有关手续，代理船员用人单位管理船员事务，为船舶提供配员等相关活动。

第三条　交通运输部主管船员服务工作。

中华人民共和国海事局负责统一实施船员服务管理工作。

海船船员服务管理工作由交通运输部直属海事管理机构具体负责；内河船舶船员服务管理工作由交通运输部直属海事管理机构、地方海事管理机构具体负责。

第四条　国家鼓励成立船员服务行业协会，规范行业行为，提高行业服务水平，增强行业自律能力。

第二章　船员服务机构资质

第五条　船员服务机构分为内河船舶船员服务机构和海船船员服务机构；海船船员服务机构分为甲级、乙级两类。

内河船舶船员服务机构，是指为内河船舶船员提供船员服务的机构。

甲级海船船员服务机构，是指为国际航行和国内航行海船船员提供各项船员服务的机构。

乙级海船船员服务机构，是指为国内航行海船船员提供船员服务的机构。

第六条　从事内河船舶船员服务业务的机构，应当符合下列条件：

（一）在中华人民共和国境内依法设立的法人；

（二）有不少于100平方米的固定办公场所；

（三）有2名以上具有内河一等、二等船舶高级船员任职资历的专职管理人员和2名以上专职业务人员；

（四）按照中华人民共和国海事局的规定，建立船员服务质量管理制度、人员和资源保障制度、教育培训制度、应急处理制度和服务业务报告制度等内河船舶船员服务管理制度。

第七条　从事甲级海船船员服务业务的机构，应当符合下列条件：

（一）在中华人民共和国境内依法设立的法人；

（二）有不少于300平方米的固定办公场所；

（三）有2名以上具有海船甲类一等高级船员任职资历的专职管理人员和5名以上专职业务

人员；

（四）从事乙级海船船员服务业务 3 年以上，并且最近 3 年来为国内沿海船舶提供配员 500 人以上；

（五）按照中华人民共和国海事局的规定，建立船员服务质量管理制度、人员和资源保障制度、教育培训制度、应急处理制度和服务业务报告制度等海船船员服务管理制度。

第八条 从事乙级海船船员服务业务的机构，应当符合下列条件：

（一）在中华人民共和国境内依法设立的法人；

（二）有不少于 150 平方米的固定办公场所；

（三）有 2 名以上具有海船甲类、乙类和丙类一等高级船员任职资历的专职管理人员和 2 名以上专职业务人员；

（四）按照中华人民共和国海事局的规定，建立船员服务质量管理制度、人员和资源保障制度、教育培训制度、应急处理制度和服务业务报告制度等海船船员服务管理制度。

第九条 申请从事船员服务业务的机构，应当提交下列材料：

（一）设立船员服务机构的申请文书；

（二）企业法人营业执照复印件；

（三）专职管理人员的船员适任证书复印件或者相关证明材料；

（四）拟设立机构的人员组成、职责等情况的说明材料；

（五）船员服务相关管理制度文件；

（六）为国内沿海船舶提供配员的证明材料（仅适用甲级海船船员服务机构申请人）；

（七）其他相关证明材料。

申请人在提供企业法人营业执照和专职管理人员的船员适任证书复印件时，应当向海事管理机构出示原件。

第十条 船员服务机构的申请和受理工作应当按照《交通行政许可实施程序规定》的有关要求办理。

第十一条 申请甲级海船船员服务业务，应当向中华人民共和国海事局提出。

申请乙级海船船员服务业务，应当向该机构工商注册地的交通运输部直属海事管理机构提出，该机构工商注册地没有交通运输部直属海事管理机构的，应当向中华人民共和国海事局指定的交通运输部直属海事管理机构提出。

申请内河船舶船员服务业务，应当向该机构工商注册地的交通运输部直属海事管理机构或者地方海事管理机构提出。

海事管理机构应当自受理申请之日起 30 日内作出批准或者不予批准的决定。予以批准的，发给《船员服务机构许可证》；不予批准的，书面通知申请人并说明理由。

第十二条 《船员服务机构许可证》上应当载明船员服务机构编号、名称、法定代表人姓名、地址、服务范围、有效期以及其他有关事项。

《船员服务机构许可证》的有效期为 5 年。

第十三条 《船员服务机构许可证》记载的事项发生变更的，船员服务机构应当到发证机构办理变更手续。变更服务范围的，应当重新提出申请。

第十四条 《船员服务机构许可证》实施中期核查制度。

中期核查应当自《船员服务机构许可证》发证之日起第 2 周年至第 3 周年之间进行。

申请《船员服务机构许可证》中期核查，船员服务机构应当提交下列材料：

（一）中期核查申请文书；

（二）船员服务机构的资质符合情况说明材料；

（三）开展船员服务业务的情况说明；

（四）其他证明材料。

中期核查合格的，海事管理机构应当在《船员服务机构许可证》上进行签注；中期核查不合格的，海事管理机构应当责令限期改正。

第十五条 船员服务机构应当在《船员服务机构许可证》届满之日 30 日以前申请办理《船员服务机构许可证》延续手续。

申请办理《船员服务机构许可证》延续手续，应当提交下列材料：

（一）《船员服务机构许可证》延续申请；

（二）本规定第九条第一款第（二）项至第（五）项、第二款规定的材料。

第十六条 有下列情形之一的，海事管理机构应当办理《船员服务机构许可证》注销手续：

（一）申请注销；

（二）法人依法终止；

（三）《船员服务机构许可证》被依法撤销或者吊销。

第三章　船员服务机构的权利与义务

第十七条　依法与船员签订劳动合同的单位，为船员用人单位。使用未与船员用人单位解除劳动合同船员的单位，为船员用工单位。

船员服务机构向船员用人单位或者船员用工单位提供船员服务，应当签订船舶配员服务协议或者劳务派遣协议。船舶配员服务协议应当明确船员的劳动报酬、工作时间和休息休假、遣返方式和费用、意外伤亡保险和社会保险、违反协议的责任等，并将船舶配员服务协议的内容告知有关船员。劳务派遣协议应当约定被派遣船员岗位和人员数量、派遣期限、劳动报酬、意外伤亡保险和社会保险费以及违反协议的责任等，并将船员劳务派遣协议的内容告知被派遣船员。

船员服务机构为已经与航运公司或者其他单位签订劳动合同的船员提供船舶配员服务的，应当事先经过船员用人单位同意。

船员服务机构提供船舶配员服务，应当督促船员用人单位与船员依法订立劳动合同。船员用人单位未与船员签订劳动合同的，船员服务机构应当终止向船员用人单位提供船员服务。

第十八条　船员服务机构向船员提供船员服务业务，应当与船员签订船员服务协议。

船员服务机构不得为未经船员注册的人员提供船舶配员服务。

船员服务机构不得克扣船员用人单位、船员用工单位按照船舶配员服务协议支付给船员的劳动报酬。

为与船员服务机构签订劳动合同的船员提供船舶配员服务的，船员服务机构为船员用人单位，船员服务机构应当同时履行船员用人单位的责任和义务。

第十九条　船员服务机构提供船员服务，应当遵守国家船员管理、劳动和社会保障的有关规定，履行诚实守信义务。

船员服务机构应当向社会公布服务内容和收费标准，不得重复或者超过标准收取费用。

船员服务机构在提供船舶配员服务时，应当向船员用人单位或者船员用工单位以及有关船员提供全面、真实的信息。不得提供虚假信息，不得损害船员的合法权益。

第二十条　船员服务机构应当为其服务的船员取得法定和约定的劳动和社会保障权利提供相应的支持。

船员发生失踪、死亡或者其他意外伤害的，船员服务机构应当配合船员用人单位做好相应的善后工作。

第二十一条　船员服务机构不得有下列行为：

（一）以欺骗、贿赂、提供虚假材料等非法手段取得《船员服务机构许可证》；

（二）伪造、变造、倒卖、出租、出借《船员服务机构许可证》，或者以其他形式非法转让《船员服务机构许可证》；

（三）超出《船员服务机构许可证》服务范围提供船员服务；

（四）以虚假资历、虚假证明等手段向海事管理机构申请办理船员培训、考试、申领证书等有关业务；

（五）为未取得船员服务机构资质而从事船员服务的机构代办各类船员服务业务；

（六）严重侵害船员的合法权益，或者当所服务船员的合法权益受到严重侵害时不履行法定义务。

第二十二条　境外船员用人单位不得在中华人民共和国境内直接招用中国籍船员，应当通过符合本规定资质条件的船员服务机构办理。

第二十三条　船员服务机构应当建立船员服务信息档案，记载服务船员在船员服务期间发生的下列事宜，并保持船员服务信息记载的真实、连续和完整：

（一）船上任职资历；

（二）基本安全培训、适任培训和特殊培训情况；

（三）适任状况、安全记录和违章记录；

（四）劳动合同、船员服务协议、船舶配员服务协议。

船员服务机构应当建立船员名册，记载服务船员的姓名、所服务的船公司和船舶的名称、船籍港、所属国家等情况，并定期以书面或者电子方式向海事管理机构备案。

第四章　监督检查

第二十四条　海事管理机构应当建立健全船员服务机构监督检查制度，加强对船员服务机构诚实守信以及保护船员合法权益等情况的监督检查。

第二十五条　海事管理机构应当建立船员服务机构管理档案，记载船员服务机构的名称、地址、法定代表人、服务范围、业务开展情况和遵纪守法情况等。

第二十六条　海事管理机构应当建立船员服务机构名单公布制度，对不依法履行相应职责和承担法律义务、侵害船员合法权益或者不诚实守信的船员服务机构，定期向社会公布。

第二十七条　船员服务机构不再具备规定条件的，由海事管理机构责令限期改正；逾期不改正的，海事管理机构应当撤销相应的船员服务机构许可决定，并依法办理《船员服务机构许可证》的注销手续。

第五章　法律责任

第二十八条　违反本规定，未经批准擅自从事船员服务的，由海事管理机构责令改正，处5万元以上25万元以下罚款；有违法所得的，还应当没收违法所得。

本规定所称“未经批准擅自从事船员服务”，是指下列行为：

（一）未取得《船员服务机构许可证》擅自从事船员服务业务的；

（二）以欺骗、贿赂、提供虚假材料等非法手段取得《船员服务机构许可证》的；

（三）超出《船员服务机构许可证》服务范围提供船员服务的。

第二十九条　违反本规定，船员服务机构未将其招用或者管理的船员的姓名、所服务的船公司和船舶的名称、所属国家等情况定期向海事管理机构备案的，由海事管理机构责令改正，处5 000元以上2万元以下罚款。

第三十条　违反本规定，船员服务机构在提供船员服务时，提供虚假信息，欺诈船员的，由海事管理机构责令改正，处3万元以上15万元以下罚款；情节严重的，并给予暂停《船员服务机构许可证》6个月以上2年以下直至吊销《船员服务机构许可证》的处罚。

本规定所称“提供虚假信息，欺诈船员”，是指船员服务机构的下列行为：

（一）未向社会公布服务内容、收费项目和标准的；

（二）重复或者超过标准收取费用，或者在公布的收费项目之外收取费用；

（三）未将船舶配员服务协议的相关内容告知有关船员的；

（四）克扣按照船舶配员服务协议应当支付给船员的劳动报酬的；

（五）有其他欺诈船员行为的。

第三十一条　违反本规定的规定，船员服务机构在船员用人单位未与船员订立劳动合同的情况下，向船员用人单位提供船员的，由海事管理机构责令改正，处5万元以上25万元以下罚款；情节严重的，给予暂停《船员服务机构许可证》6个月以上2年以下直至吊销《船员服务机构许可证》的处罚。

第三十二条　违反本规定的规定，船员服务机构有下列行为之一的，由海事管理机构责令改正，处1万元以上3万元以下罚款：

（一）为未经船员注册的人员提供船舶配员服务，或者未经船员用人单位同意，为尚未解除劳动合同关系的船员提供船舶配员服务；

（二）伪造、变造、倒卖、出租、出借《船员服务机构许可证》，或者以其他形式非法转让《船员服务机构许可证》；

（三）以虚假资历、虚假证明等手段向海事管理机构申请办理船员培训、考试、申领证书等有关业务；

（四）严重侵害船员的合法权益，或者当所服务船员的合法权益受到严重侵害时不履行法定义务。

第三十三条　海事管理机构工作人员有下列情形之一的，依法给予行政处分：

（一）违反规定给予船员服务机构许可；

（二）不依法履行监督检查职责；

（三）不依法实施行政强制或者行政处罚；

（四）滥用职权、玩忽职守的其他行为。

第六章　附　则

第三十四条　为航行于香港特别行政区、澳门特别行政区和台湾地区的船舶提供船员服务的，按照为国际航行船舶提供船员服务管理，应当取得《甲级海船船员服务机构许可证》。

第三十五条　本规定施行前已开展船员服务的机构，符合本规定第七条第(一)至第(三)项、第(五)项规定，并且最近 3 年来为外国籍船舶提供配员 300 人以上的，可以按照本规定申请甲级海船船员服务机构资质。

第三十六条　本规定自 2008 年 10 月 1 日起施行。

中华人民共和国交通运输部令

2008年第7号

《游艇安全管理规定》已于2008年7月8日经第8次部务会议通过，现予公布，自2009年1月1日起施行。

部　长　李盛霖
二〇〇八年七月二十二日

游艇安全管理规定

第一章　总　则

第一条　为了规范游艇安全管理，保障水上人命和财产安全，防治游艇污染水域环境，促进游艇业的健康发展，根据水上交通安全管理和防治船舶污染水域环境的法律、行政法规，制定本规定。

第二条　在中华人民共和国管辖水域内游艇航行、停泊等活动的安全和防治污染管理适用本规定。

本规定所称游艇，是指仅限于游艇所有人自身用于游览观光、休闲娱乐等活动的具备机械推进动力装置的船舶。

本规定所称游艇俱乐部，是指为加入游艇俱乐部的会员提供游艇保管及使用服务的依法成立的组织。

第三条　中华人民共和国海事局统一实施全国游艇水上交通安全和防治污染水域环境的监督管理。

各级海事管理机构依照职责，具体负责辖区内游艇水上交通安全和防治污染水域环境的监督管理。

第二章　检验、登记

第四条　游艇应当经船舶检验机构按照交通运输部批准或者认可的游艇检验规定和规范进行检验，并取得相应的船舶检验证书后方可使用。

第五条　游艇有下列情形之一的，应当向船舶检验机构申请附加检验：

（一）发生事故，影响游艇适航性能的；

（二）改变游艇检验证书所限定类别的；

（三）船舶检验机构签发的证书失效的；

（四）游艇所有人变更、船名变更或者船籍港变更的；

（五）游艇结构或者重要的安全、防污染设施、设备发生改变的。

第六条　在中华人民共和国管辖水域航行、停泊的游艇，应当取得船舶国籍证书。未持有船舶国籍证书的游艇，不得在中华人民共和国管辖水域航行、停泊。

申请办理船舶国籍登记，游艇所有人应当持有船舶检验证书和所有权证书，由海事管理机构审核后颁发《中华人民共和国船舶国籍证书》。

长度小于5米的游艇的国籍登记，参照前款的规定办理。

第三章　游艇操作人员培训、考试和发证

第七条　游艇操作人员应当经过专门的培训、考试，具备与驾驶的游艇、航行的水域相适应的专业知识和技能，掌握水上消防、救生和应

急反应的基本要求，取得海事管理机构颁发的游艇操作人员适任证书。

未取得游艇操作人员适任证书的人员不得驾驶游艇。

第八条 申请游艇操作人员适任证书，应当符合下列条件：

（一）年满 18 周岁未满 60 周岁；

（二）视力、色觉、听力、口头表达、肢体健康等符合航行安全的要求；

（三）通过规定的游艇操作人员培训，并经考试合格。

第九条 申请游艇操作人员适任证书的，应当通过中华人民共和国海事局授权的海事管理机构组织的考试。

申请游艇操作人员适任证书的，应到培训或者考试所在地的海事管理机构办理，并提交申请书以及证明其符合发证条件的有关材料。

经过海事管理机构审核符合发证条件的，发给有效期为 5 年的相应类别的游艇操作人员适任证书。

第十条 游艇操作人员适任证书的类别分为海上游艇操作人员适任证书和内河游艇操作人员适任证书。

第十一条 持有海船、内河船舶的船长、驾驶员适任证书或者引航员适任证书的人员，按照游艇操作人员考试大纲的规定，通过相应的实际操作培训，可以分别取得海上游艇操作人员适任证书和内河游艇操作人员适任证书。

第十二条 游艇操作人员适任证书的有效期不足 6 个月时，持证人应当向原发证海事管理机构申请办理换证手续。符合换证条件中有关要求的，海事管理机构应当给予换发同类别的游艇操作人员适任证书。

游艇操作人员适任证书丢失或者损坏的，可以按照规定程序向海事管理机构申请补发。

第十三条 依法设立的从事游艇操作人员培训的机构，应当具备相应的条件，并按照国家有关船员培训管理规定的要求，经过中华人民共和国海事局批准。

第四章 航行、停泊

第十四条 游艇在开航之前，游艇操作人员应当做好安全检查，确保游艇适航。

第十五条 游艇应当随船携带有关船舶证书、文书及必备的航行资料，并做好航行等相关记录。

游艇应当随船携带可与当地海事管理机构、游艇俱乐部进行通信的无线电通信工具，并确保与岸基有效沟通。

游艇操作人员驾驶游艇时应当携带游艇操作人员适任证书。

第十六条 游艇应当按照《船舶签证管理规则》的规定，办理为期 12 个月的定期签证。

第十七条 游艇应当在其检验证书所确定的适航范围内航行。

游艇所有人或者游艇俱乐部在第一次出航前，应当将游艇的航行水域向当地海事管理机构备案。游艇每一次航行时，如果航行水域超出备案范围，游艇所有人或者游艇俱乐部应当在游艇出航前向海事管理机构报告船名、航行计划、游艇操作人员或者乘员的名单、应急联系方式。

第十八条 游艇航行时，除应当遵守避碰规则和当地海事管理机构发布的特别航行规定外，还应当遵守下列规定：

（一）游艇应当避免在恶劣天气以及其他危及航行安全的情况下航行；

（二）游艇应当避免在船舶定线制水域、主航道、锚地、养殖区、渡口附近水域以及交通密集区及其他交通管制水域航行，确需进入上述水域航行的，应当听从海事管理机构的指挥，并遵守限速规定；游艇不得在禁航区、安全作业区航行；

（三）不具备号灯及其他夜航条件的游艇不得夜航；

（四）游艇不得超过核定乘员航行。

第十九条 游艇操作人员不得酒后驾驶、疲劳驾驶。

第二十条 游艇应当在海事管理机构公布的专用停泊水域或者停泊点停泊。

游艇的专用停泊水域或者停泊点，应当符合游艇安全靠泊、避风以及便利人员安全登离的要求。

游艇停泊的专用水域属于港口水域的，应当符合有关港口规划。

第二十一条 游艇在航行中的临时性停泊，应当选择不妨碍其他船舶航行、停泊、作业的水域。不得在主航道、锚地、禁航区、安全作业区、渡口附近以及海事管理机构公布的禁止停泊的水域内停泊。

第二十二条　在港口水域内建设游艇停泊码头、防波堤、系泊设施的，应当按照《港口法》的规定申请办理相应许可手续。

第二十三条　航行国际航线的游艇进出中华人民共和国口岸，应当按照国家有关船舶进出口岸的规定办理进出口岸手续。

第二十四条　游艇不得违反有关防治船舶污染的法律、法规和规章的规定向水域排放油类物质、生活污水、垃圾和其他有毒有害物质。

游艇应当配备必要的污油水回收装置、垃圾储集容器，并正确使用。

游艇产生的废弃蓄电池等废弃物、油类物质、生活垃圾应当送交岸上接收处理，并做好记录。

第五章　安全保障

第二十五条　游艇的安全和防污染由游艇所有人负责。游艇所有人应当负责游艇的日常安全管理和维护保养，确保游艇处于良好的安全、技术状态，保证游艇航行、停泊以及游艇上人员的安全。

委托游艇俱乐部保管的游艇，游艇所有人应当与游艇俱乐部签订协议，明确双方在游艇航行、停泊安全以及游艇的日常维护、保养及安全与防污染管理方面的责任。

游艇俱乐部应当按照海事管理机构的规定及其与游艇所有人的约定，承担游艇的安全和防污染责任。

第二十六条　游艇俱乐部应当具备法人资格，并具备下列安全和防污染能力：

（一）建立游艇安全和防污染管理制度，配备相应的专职管理人员；

（二）具有相应的游艇安全停泊水域，配备保障游艇安全和防治污染的设施，配备水上安全通信设施、设备；

（三）具有为游艇进行日常检修、维护、保养的设施和能力；

（四）具有回收游艇废弃物、残油和垃圾的能力；

（五）具有安全和防污染的措施和应急预案，并具备相应的应急救助能力。

第二十七条　游艇俱乐部依法注册后，应当报所在地直属海事局或者省级地方海事局备案。

交通运输部直属海事局或者省级地方海事局对备案的游艇俱乐部的安全和防污染能力应当进行核查。具备第二十六条规定能力的，予以备案公布。

第二十八条　游艇俱乐部应当对其会员和管理的游艇承担下列安全义务：

（一）对游艇操作人员和乘员开展游艇安全、防治污染环境知识和应急反应的宣传、培训和教育；

（二）督促游艇操作人员和乘员遵守水上交通安全和防治污染管理规定，落实相应的措施；

（三）保障停泊水域或者停泊点的游艇的安全；

（四）核查游艇、游艇操作人员的持证情况，保证出航游艇、游艇操作人员持有相应有效证书；

（五）向游艇提供航行所需的气象、水文情况和海事管理机构发布的航行通(警)告等信息服务；遇有恶劣气候条件等不适合出航的情况或者海事管理机构禁止出航的警示时，应当制止游艇出航并通知已经出航的游艇返航；

（六）掌握游艇的每次出航、返航以及乘员情况，并做好记录备查；

（七）保持与游艇、海事管理机构之间的通信畅通；

（八）按照向海事管理机构备案的应急预案，定期组织内部管理的应急演练和游艇成员参加的应急演习。

第二十九条　游艇必须在明显位置标明水上搜救专用电话号码、当地海事管理机构公布的水上安全频道和使用须知等内容。

第三十条　游艇遇险或者发生水上交通事故、污染事故，游艇操作人员及其他乘员、游艇俱乐部以及发现险情或者事故的船舶、人员应当立即向海事管理机构报告。游艇俱乐部应当立即启动应急预案。在救援到达之前，游艇上的人员应当尽力自救。

游艇操作人员及其他乘员对在航行、停泊时发现的水上交通事故、污染事故、求救信息或者违法行为应当及时向海事管理机构报告。需要施救的，在不严重危及游艇自身安全的情况下，游艇应当尽力救助水上遇险的人员。

第六章 监督检查

第三十一条 海事管理机构应当依法对游艇、游艇俱乐部和游艇操作人员培训机构实施监督检查。游艇俱乐部和游艇所有人应当配合，对发现的安全缺陷和隐患，应当及时进行整改、消除。

第三十二条 海事管理机构发现游艇违反水上交通安全管理和防治船舶污染环境管理秩序的行为，应当责令游艇立即纠正；未按照要求纠正或者情节严重的，海事管理机构可以责令游艇临时停航、改航、驶向指定地点、强制拖离、禁止进出港。

第三十三条 海事管理机构发现游艇俱乐部不再具备安全和防治污染能力的，应当责令其限期整改；对未按照要求整改或者情节严重的，可以将其从备案公布的游艇俱乐部名录中删除。

第三十四条 海事管理机构的工作人员依法实施监督检查，应当出示执法证件，表明身份。

第七章 法律责任

第三十五条 违反本规定，未取得游艇操作人员培训许可擅自从事游艇操作人员培训的，由海事管理机构责令改正，处5万元以上25万元以下罚款；有违法所得的，还应当没收违法所得。

第三十六条 游艇操作人员培训机构有下列行为之一的，由海事管理机构责令改正，可以处2万元以上10万元以下罚款；情节严重的，给予暂扣培训许可证 6 个月以上 2 年以下直至吊销的处罚：

（一）不按照本规定要求和游艇操作人员培训纲要进行培训，或者擅自降低培训标准；

（二）培训质量低下，达不到规定要求。

第三十七条 违反本规定，在海上航行的游艇未持有合格的检验证书、登记证书和必备的航行资料的，海事管理机构责令改正，并可处以1 000元以下罚款，情节严重的，海事管理机构有权责令其停止航行；对游艇操作人员，可以处以1 000元以下罚款，并扣留游艇操作人员适任证书 3 至 12 个月。

违反本规定，在内河航行的游艇未持有合格的检验证书、登记证书的，由海事管理机构责令其停止航行，拒不停止的，暂扣游艇；情节严重的，予以没收。

第三十八条 违反本规定，游艇操作人员操作游艇时未携带合格的适任证书的，由海事管理机构责令改正，并可处以 2 000 元以下罚款。

第三十九条 游艇操作人员持有的适任证书是以欺骗、贿赂等不正当手段取得的，海事管理机构应当吊销该适任证书，并处 2 000 元以上 2 万元以下的罚款。

第四十条 违反本规定，游艇有下列行为之一的，由海事管理机构责令改正，并可处以 1 000 元以下罚款：

（一）未在海事管理机构公布的专用停泊水域或者停泊点停泊，或者临时停泊的水域不符合本规定的要求；

（二）游艇的航行水域超出备案范围，而游艇所有人或者游艇俱乐部未在游艇出航前将船名、航行计划、游艇操作人员或者乘员的名单、应急联系方式等向海事管理机构备案。

第四十一条 其他违反本规定的行为，按照有关法律、行政法规、规章进行处罚。

第四十二条 海事管理机构工作人员玩忽职守、徇私舞弊、滥用职权的，应当依法给予行政处分。

第八章 附 则

第四十三条 游艇从事营业性运输，应当按照国家有关营运船舶的管理规定，办理船舶检验、登记和船舶营运许可等手续。

第四十四条 游艇应当按照国家的规定，交纳相应的船舶税费和规费。

第四十五条 乘员定额 12 人以上的游艇，按照客船进行安全监督管理。

第四十六条 本规定自 2009 年 1 月 1 日起施行。

关于开展水路内贸集装箱超载治理工作的通知

交水发[2008]192号

各省、自治区、直辖市交通厅（委），上海市港口管理局，长江、珠江航务管理局：

为进一步促进水路内贸集装箱运输持续健康发展，更好地保障人民生命财产安全，经研究，部决定在全国开展水路内贸集装箱超载治理工作。现将有关事宜通知如下：

一、超载治理工作指导思想。

以邓小平理论、“三个代表”重要思想和科学发展观为指导，认真贯彻落实党的十七大精神，按照“把住源头、综合治理、标本兼治、依法严管”的要求，对水路内贸集装箱超载进行综合治理，制止水路内贸集装箱超载和装卸、船舶运输超载内贸集装箱等违法行为，保障水路内贸集装箱运输安全、高效和持续健康发展。

二、超载治理工作原则。

（一）全面治理与港口重点治理并重；

（二）技术监控、法律规范与行政管理相结合；

（三）阶段性集中治理与建立长效机制相结合。

三、超载认定标准。

（一）符合 GB/T1413-1998 标准的国际标准集装箱，20英尺箱单箱总重超过24 000千克的为超载箱，40英尺箱单箱总重超过30 480千克的为超载箱。

（二）符合 GB/T1413-2008 标准的国际标准集装箱，20英尺箱和40英尺箱单箱总重超过30 480千克的为超载箱。

（三）集装箱卡车运输国际标准集装箱时，需遵守我国公路管理部门发布的载重车辆超限超载认定标准。

四、超载治理工作措施。

（一）建立健全内贸集装箱码头闸口称重系统。

自2008年8月1日起至2008年12月31日止，所有内贸集装箱码头闸口必须配备称重系统，并由所在地港口行政管理部门验收合格。在规定时间内未配备闸口称重系统的内贸集装箱码头，视为经营条件不完备，不得从事内贸集装箱港口作业活动。

自2009年1月1日起，每一个内贸集装箱必须经过称重并记录保留重量数据3年，港口只允许不超载的集装箱装船。

（二）建立内贸集装箱重量监控信息系统。

自2008年8月1日起至2008年12月31日止，建立内贸集装箱重量监控信息系统。自2009年1月1日起，所有内贸集装箱码头闸口称重系统获取的每个内贸集装箱信息必须直接或通过码头信息系统传输至交通运输部和所在地港口行政管理部门的内贸集装箱重量监控信息系统。在规定时间内不能与监控信息系统联网、不能实现内贸集装箱重量数据自动传输的，视为营业条件不完备，不得从事内贸集装箱港口作业活动。

（三）超载箱减载作业实行统一的收费制度。

自2009年1月1日起，内贸集装箱装船码头应通过闸口称重系统严把每个内贸集装箱进港关，对超载箱采取退回措施或就地进行减载，严禁将超载箱装上船。对卸船中发现的超载箱进行减载，严禁将超载箱运出港区。

自2009年1月1日起，发现违规超载箱的港口经营人，除收取基本装卸费用外，还应按照不低于200元/箱的费率标准，向超载箱的货主收取超载箱减载作业费。具体收费标准由港口经营人自定，并报所在地港口行政管理部门备案。

（四）对内贸集装箱超载实施监管。

所在地港口行政管理部门是对内贸集装箱超载实施监管的主体，内贸集装箱港口经营人是实施内贸集装箱超载治理的具体执行者。自本通知发布后，港口行政管理部门要组织好辖区内的内贸集装箱超载治理宣传工作，及时督促、指导港口经营人完成码头闸口称重系统和信息系统的建设改造，对于具备经营条件的港口经营人应及时组织验收，并换发《港口经营许可证》。

自2009年1月1日起，对营业条件不完备的港口经营人，采取措施监督其停止从事内贸集装箱港口作业活动。

自2009年1月1日起，所在地港口行政管理部门通过内贸集装箱重量监控信息系统对内贸集装箱超载实施常态化监管的同时，应定期检查或不定期抽查内贸集装箱装船码头是否严把内贸集装箱进港关，监督检查港口经营人对进入闸口的每一个内贸集装箱进行称重，按规定采集、保存、报送内贸集装箱信息，对不遵守规定的港口经营人依法实施行政处罚。

各地海事管理机构应积极协助所在地港口行政管理部门开展水路内贸集装箱超载治理工作，对内贸集装箱船舶运输加强监管，发现船舶装有超载箱，可以暂停向该船核发离港签证，及时通报所在地港口行政管理部门，由船舶对超载箱进行处理后予以放行。

五、组织保障。

（一）为加强领导，交通运输部成立治理内贸集装箱超载工作领导小组，统一指挥和部署内贸集装箱超载治理工作，并在交通运输部水运司设立内贸集装箱超载治理办公室。

（二）各地交通主管部门和港口行政管理部门是开展水路内贸集装箱超载治理工作的主体，各地要指定职能机构和人员，按照交通运输部的统一部署开展相关工作，做好宣传贯彻、验收和监督检查等各项工作。

（三）内贸集装箱码头是落实水路内贸集装箱超载治理措施的重点环节，所在地港口行政管理部门要指导辖区内的内贸集装箱港口经营人从安全生产的大局出发，积极配合完成相关工作。

附件：水路内贸集装箱超载治理实施方案

中华人民共和国交通运输部

二〇〇八年七月二十三日

附件：

水路内贸集装箱超载治理实施方案

为深入贯彻党的十七大精神，认真落实全国交通工作会议部署，提升港口行政管理部门的能力，进一步促进水路内贸集装箱运输持续健康发展，更好地保障人民生命财产安全,经研究,部决定在全国开展水路内贸集装箱超载治理工作。具体方案如下：

一、超载治理指导思想。

以邓小平理论、“三个代表”重要思想和科学发展观为指导，认真贯彻落实党的十七大精神，按照“把住源头、综合治理、标本兼治、依法严管”的要求，对水路内贸集装箱超载进行综合治理，制止水路内贸集装箱超载和装卸、船舶运输超载内贸集装箱等违法行为，保障水路内贸集装箱运输安全、高效和持续健康发展。

二、超载治理原则和目标。

（一）超载治理工作原则。

一是全面治理与港口重点治理并重；二是技术监控、法律规范与经济管理相结合；三是阶段性集中治理与建立长效机制相结合。

（二）超载治理工作目标。

总体目标：确保水路集装箱运输基础设施完好和运输生产安全，维护良好的水路内贸集装箱运输市场秩序，促进水路内贸集装箱运输持续健康发展。

阶段性目标：一是2008年对内贸箱超载开展集中治理，力争使内贸箱超载现象得到有效遏制；二是2009年建立内贸箱超载治理长效机制，力争使内贸箱超载现象从根本上得到控制，水路内贸集装箱安全运输秩序得到明显改善。

三、水路内贸集装箱超载认定标准。

（一）符合GB/T1413-1998标准的国际标准集装箱，20英尺箱单箱总重超过24 000千克的为超载箱，40英尺箱单箱总重超过30 480千克的为超载箱。

（二）符合GB/T1413-2008标准的国际标准集装箱，20英尺箱和40英尺箱单箱总重超过30 480千克的为超载箱。

（三）集装箱卡车运输国际标准集装箱时，需遵守我国公路管理部门发布的载重车辆超限超载认定标准。

国家标准GB/T1413-1998《系列1集装箱外部尺寸和额定质量》、国家标准GB/T1413-2008《系列1集装箱外部尺寸和额定质量》、《关于在全国开展车辆超限超载治理工作的实施方案》相关内容摘录见附录。

四、治理工作的主要步骤。

（一）广泛开展宣传活动。

自2008年8月1日起至8月31日止，用1个月时间在全国范围内集中开展水路内贸集装箱超载治理宣传活动。围绕超载的危害、治理的意义与目的、治理标准与措施等主要内容，多形式、多层次地开展宣传工作，充分利用报纸、电视、互联网等各种新闻媒介进行系列宣传和报道，形成强大舆论氛围。港航企业等内贸箱运输从业单位也要积极向货主单位宣讲交通运输部开展水路内贸集装箱超载治理的精神，并帮助货主单位做好相关配合工作。

（二）建立健全内贸箱超载监控手段。

自2008年8月1日起至2008年12月31日止，所有内贸集装箱码头改造建设码头闸口称重系统和内贸箱重量监控信息系统。每个内贸箱码头应根据运输生产规模，配齐配足码头闸口称重系统，并按照部统一的内贸箱重量监控信息系统建设要求，在闸口安装客户端软件，或经由集装箱码头已有的业务信息系统，将码头闸口称重系统获取的每个内贸集装箱信息，保存、报送至内贸箱重量监控信息系统。

港口经营人完成建设工作后，需通过所在地港口行政管理部门的组织验收，并换发《港口经营许可证》。在规定时间内未建立健全内贸集装箱超载监控手段的内贸集装箱码头，不能与监控信息系统联网、尚未实现内贸集装箱重量数据自动传输运作的内贸集装箱码头，视为营业条件不完备，不得从事内贸集装箱港口作业活动。

（三）对超载箱实施强制卸货。

内贸箱经称重检查确认为超载箱的，港口经营人应要求发货人/托运人拖回减载，阻止超载箱进入港区。对发货人/托运人不愿或不能拖回的超载箱，必须在港区内进行强制卸货。港口经营人对超载箱进行强制卸货前，必须事先向发货人/托运人履行告知义务，使有关各方对超载重量数据和卸出货物的后续安排取得一致认可。港口经营人收取的超载箱减载作业费标准应提前向所在地港口行政管理部门备案，并不得低于通知规定的最低标准。

（四）开展集中治理行动。

自2008年10月8日起至2009年3月31日止，开展为期6个月的集中治理行动，在全国范围内打击内贸箱超载行为。所有内贸箱必须按规定采集、保存、报送内贸集装箱重量等信息，确认单箱实际重量未超过超载箱认定标准后，港口经营人才能对集装箱进行装卸船作业。集中治理行动期间，对发运超载箱的内贸集装箱装船码头予以处罚，对发现超载箱进港而不予报告的内贸集装箱卸船码头进行通报，对拒不执行超载箱认定标准的港口经营人予以停业整顿。同时，根据有关规定，对超载箱强制进行卸货并实行统一的收费制度，用经济手段惩罚内贸集装箱超载行为。

（五）对内贸箱超载实施长期监管。

依托内贸箱超载监控手段，建立内贸箱超载治理长效机制。由交通主管部门和所在地港口行政管理部门对内贸箱超载实施长期监管，对内贸箱超载继续保持高压态势。通过对内贸箱重量数据的监控分析，及时把握内贸箱超载现象的变化态势，对不遵守内贸箱超载认定标准和规定的港口经营人依法实施行政处罚。海事管理机构对集装箱船舶运输超载箱的行为进行监管，对不遵守内贸箱超载认定标准的船公司依法实施处罚。

（六）制定内贸箱超载行政处罚规定。

内贸箱超载危及水路运输安全生产，目前已生效的法律法规在维护运输安全秩序方面已有明确规定，但对如何处罚内贸箱超载行为尚未作出具体规定，因此，部将抓紧制定颁布《港口安全管理规定》，使内贸箱超载长效治理能够做到有法可依，对内贸箱超载治理的行政处罚更具可操作性和权威性。

五、治理工作的组织实施。

（一）组织领导。

在全国开展内贸集装箱超载治理工作是保障水路交通安全的一项重要措施。为抓好这项治理工作，在交通运输部成立治理内贸集装箱超载工作领导小组，指导并组织各地的治理工作。同时，各省、自治区、直辖市交通主管部门和港口行政管理部门也要充分认识治理工作的重要性，把内贸集装箱超载治理作为一项重点工作进行专题部署，具体抓好各项治理措施的落实。

（二）进度安排。

全国开展内贸集装箱超载集中治理工作自2008年8月1日开始，力争用1年时间完成，治理工作总体上分为三个阶段。

第一阶段从2008年8月1日起至2008年12月31日止，为宣传和启动阶段。在交通运输部网站、中国交通报、水运报等主流新闻媒体进行系列宣传。按照内贸箱港口规模和基础设施条件，确定试点港口并先行开展超载治理工作，为后续阶段的工作积累经验。在此期间，各个内贸集装箱码头应完成码头闸口改造和称重系统建设工作，以及与内贸箱重量监控信息系统的数据接口。已经具备闸口系统的内贸集装箱码头，应对发现的超载箱进行减载作业，并采取收费措施。

第二阶段从2008年10月8日起至2009年3月31日止，为集中治理阶段。从2008年10月8日起，全国内贸集装箱码头同时开展集中治理，对发现的超载箱必须强制进行卸载作业并实行统一的收费制度，坚决制裁违规超载行为。同时，内贸箱重量监控信息系统投入运行，与内贸集装箱码头实现数据传输。集中行动期间，部将组织开展督查工作。

第三阶段从2009年7月，为总结验收阶段。各省交通主管（港口行政管理部门）对本地区内贸集装箱超载治理工作进行总结验收，并提出表彰单位和个人。部组织对各地区的治理工作进行抽查验收。对全国内贸集装箱超载治理工作进行总结，表彰先进单位和个人。

2009年8月1日后，内贸集装箱超载治理工作由集中治理转为常态管理，各地交通主管部门和港口行政管理部门依托已经建立的技术手段和监管机制，对内贸箱超载开展日常管理，使内贸箱超载治理常抓不懈。

为确保全国治理工作协调、顺利开展，集中治理期间，部将定期或不定期地组织工作组，赴各地进行检查和指导，及时了解和处理治理工作中出现的问题。

关于进一步加强长江中上游大型非标准船舶管理的通知

交水发[2008]341号

各有关单位：

近年来，随着三峡工程成功蓄水，三峡库区的航道条件得到了较大改善，长江中上游地区的船舶大型化趋势日益明显，航运效益显著。然而，部分地区盲目发展尺度不符合我部关于川江及三峡库区船型标准化有关规定的大型非标准船舶，这部分大型船舶超出了现有航道、船闸、码头、桥梁等航运基础设施的承受能力和客观条件限制，带来了安全隐患，影响了三峡船闸的利用率和通过能力。针对上述问题，经我部研究，现就有关事项通知如下：

一、严格执行我部关于川江及三峡库区船型标准化的有关规定。

为促进川江及三峡库区船舶技术进步和航运结构调整，提高三峡船闸的利用率和通过能力，原交通部于2003年8月发布了《关于川江和三峡库区船舶运输准入管理的公告》(2003年第14号)，明确规定自2003年10月1日起禁止新开工建造或改建非标准船通过三峡船闸、进入川江及三峡库区航运市场；并于2004年11月发布了《关于发布<川江及三峡库区运输船舶标准船型主尺度系列>及有关规定的公告》(2004年第30号)，明确川江及三峡库区标准船型是指按照我部公布的《川江及三峡库区运输船舶标准船型主尺度系列》建造或者符合主尺度要求的船舶。

为此，部重申：在川江及三峡库区航行的船舶应严格执行上述规定。对违反上述规定的非标准船舶，各级船检、海事、运管、船闸等管理部门要严格管理，不允许通过三峡船闸。

二、严禁新建、改建超标准大型船舶。

在综合考虑航道、船闸、码头、桥梁等客观条件的基础上，经我部组织专家反复研究论证，对现阶段通过三峡船闸进入川江及三峡库区的最大船舶平面尺度标准维持《川江及三峡库区运输船舶标准船型主尺度系列》中的最大平面主尺度（即5000吨级标准船型的平面尺度标准）。

对本通知公布之日后建成（即船舶建成日期或改建日期在本通知公布日之后）的拟航行于川江及三峡库区的超标准大型船舶（即船舶尺度范围超出标准船型主尺度系列中的最大主尺度），各级船检、海事、运管、船闸等管理部门要严格执行检验、营运等有关规定，对不符合标准船型主尺度系列的船舶，不得发证（即证书核定的适航或经营范围不得涵盖川江及三峡库区）。

三、加强现有大型船舶管理。

（一）船舶经营人应按照我部的有关要求，合理装载，如实申报。

长江中上游现有大型船舶装载时，应充分考虑码头设计靠泊能力、船闸和航道的通航水深等客观条件，合理装载，严格按照国家有关规定留足富余水深，确保船舶航行、作业安全。大型船舶在通过船闸和主要浅水航道时，应如实报告船舶吃水，不得谎报、瞒报。

（二）加强大型船舶靠泊码头管理。

港口经营人要严格执行港口作业规定，不得安排超码头设计靠泊能力的船舶装卸作业。对于确需靠泊超过码头原设计靠泊能力的船舶，港口经营人要按照我部有关规定，经论证可行并经港口行政管理部门会同海事管理机构同意后方可靠泊作业（按个案处理，一事一议）。各有关港口行政管理部门要按照我部有关规定，切实加强辖区内的港口安全生产监管，坚决纠正船舶超码头设计能力靠泊现象的发生，保障港口作业安全。

（三）加强大型船舶通过三峡船闸、葛洲坝船闸及船闸上下游引航道的管理。

长江三峡通航管理局每天向社会发布三峡船闸、葛洲坝船闸上下游引航道的航道维护水深和船闸最小门槛水深，并按照《内河通航标准》和

《船闸总体设计规范》要求安排船舶过闸。对3 000吨级以上的船舶应逐船、逐航次检查吃水。

（四）加强大型船舶通过主要浅水航道的管理。

长江航道局要加强航道行政管理，每10天向社会发布长江中上游各主要浅水航道的维护水深等信息，并随时发布水深变化情况。海事管理机构要加强现场巡查，严格执行国家有关规定，治理船舶“超吃水”航行，对未按规定留足富余水深的船舶，未经减载不得放行。

各省级交通主管部门和长江航务管理局要做好组织协调工作，加强源头管理，督促有关单位切实履行职责，维护市场秩序，确保运输安全。对因监督不力而造成安全生产责任事故的有关单位和个人，要依法追究责任。

中华人民共和国交通运输部

二〇〇八年九月二十八日

中华人民共和国交通运输部公告

2008 年第 30 号

关于发布川江及三峡库区标准船型的公告

根据原交通部《关于发布<川江及三峡库区运输船舶标准船型主尺度系列>及有关规定的公告》（交通部公告 2004 年第 30 号）规定的程序，由湖北省港航管理局等单位研发的川江及三峡库区 80 车位滚装客船标准船型技术方案已通过评审，现予发布。

航运业者可向交通部长江航务管理局、沿江有关省（直辖市）交通主管部门获得上述标准船型技术方案。有关交通主管部门应当为航运业者获得标准船型技术方案提供便利。

有关上述标准船型技术方案的强制性指标随机数方案一并下发。

特此公告。

附件:川江及三峡库区标准船型系列

中华人民共和国交通运输部

二〇〇八年十月九日

附件：

川江及三峡库区标准船型系列

（标准船型技术方案另行分送长江航务管理局和
沿江有关省市交通主管部门）

80 车位滚装客船 I 型[CJB(2008)KG80－I]

关于促进当前水运业平稳较快发展的通知

交水发[2008]500号

各省、自治区、直辖市交通厅（委），上海市交通运输和港口管理局，长江、珠江航务管理局，长江口航道管理局，中国港口、船东、引航、水运建设行业协会：

本次国际金融危机及随之而来的全球经济增长明显放缓给水运业造成了重大影响。近几个月来，港口吞吐量增幅连续下滑，水运运价大幅下跌，水运企业特别是航运企业经营困难，部分航运企业出现亏损。为应对国际金融危机及其影响，党中央、国务院作出了进一步扩大内需、加快基础设施和民生工程建设、促进经济增长的决策部署。为贯彻落实党中央、国务院的要求，积极应对当前水运业面临的严峻挑战，促进水运业平稳较快发展，现就有关事宜通知如下：

一、提高对水运业面临新形势的认识。

各级交通运输主管部门(港航管理部门)要充分认识水运生产增长乏力和国际海运业低迷可能维持一段时间，部分水运企业面临的风险进一步加剧的严峻形势，更要把握国家进一步扩大内需、加快交通基础设施建设给水运业带来的机遇，把应对挑战和抢抓机遇作为深入学习实践科学发展观的重要内容，摆在十分重要的位置，进一步增强责任感和紧迫感，坚定信心，采取坚决有力的措施，充分发挥水运的比较优势，加快水路交通现代化建设，促进水运业平稳较快发展。

二、加强水运公共基础设施建设。

要突出重点，加大“十一五”规划内以沿海港口防波堤、进港航道、内河“两横一纵两网十八线”高等级航道网和界河航道、内河航电枢纽等为重点的水运公共基础设施建设力度，强化港口集疏运体系建设。提高前期工作质量，加快进度，为明后年开工建设一批水运公共基础设施建设项目做好准备，并抓紧启动一批新的建设项目。对已开工和纳入规划的项目，要加大支持力度，加快工程实施进度；对今年已完成初步设计审批的项目，要抓好资金落实，力保年内全部开工建设。通过加大水运公共基础设施投资力度，鼓励和带动水运企业及全社会参与基础设施建设。

三、加快水运业结构调整和升级。

要统筹规划，加强引导，促进区域间港口的协调发展，形成分工合理、优势互补、竞争有序的市场格局。积极推进码头大型化、深水化、专业化，进一步优化码头结构。加强运力宏观调控，严格控制新增船舶运力，加快淘汰高能耗、技术含量低的老旧船舶，有效缓解航运市场运力供求矛盾。加快推进内河船型标准化，提高船队技术水平。引导企业走规模化、集约化、专业化的发展道路。促进运输组织向规模化、网络化方向发展，推动综合实力强的沿海港口企业集团与内陆港口的合作，积极发展国内水路集装箱、商品汽车水路运输，大力发展江海直达和多式联运。

四、积极争取和落实扶持水运业发展的政策。

要积极争取中央和地方人民政府以及有关部门在税收、财政补贴等方面对水运企业给予支持。积极争取落实内河船舶更新改造资金，推进内河船型标准化建设。拓展水运基础设施建设项目和水运企业投融资的渠道，积极发展船舶融资租赁，解决水运企业融资难、融资成本高的问题。加强与有关部门的沟通和协调，进一步落实中资方便旗船回国登记政策，提高国轮承运国货的比例。大力发展台湾海峡两岸间客货直航运输，尽快落实《海峡两岸海运协议》，为海峡两岸资本和在两岸登记的船舶从事两岸间客货直航运输提供便利。

五、着力创造良好的水运市场环境。

要以水运管理规范年活动为契机，加强服务型港航管理部门建设，加强协调，密切配合，提高行政效率和服务水平。进一步简化行政审批程序和环节，加快水运信息化建设步伐，提高办事效率，为水运建设发展和企业提供良好服务。规范收费行为，严禁乱收费、乱罚款。强化市场监管，加大现场监督检查力度，严厉打击恶性杀价竞争等不正当竞争行为。

六、切实加强水运安全和工程质量管理工作。

要加大水路运输安全生产监管的力度，落实安全责任制，严把市场准入关，保持安全形势稳定。抓好工程质量和施工安全管理工作，进一步规范招投标工作，强化质量安全监督，严格执行工程建设标准和规范，严格执行工程质量和安全责任追究制度，保持水运工程质量安全形势的平稳态势。

七、不断增强水运企业抵御危机和防抗风险的能力。

鼓励水运企业之间、水运企业与货主间实行联合、联盟、合作经营、互利共赢，建立长期稳定的战略合作机制。千方百计降低营运成本，采取节能降耗措施；加强资金管理，抓紧追收应收款，防止出现“三角债”，强化风险控制。水运行业协会要充分发挥作用，加强行业自律，组织港航企业和水运施工企业，加强沟通和合作，做好市场稳定工作，防止恶性竞争。

八、做好企业经营状况监测和稳定工作。

要深入基层调研，加强与水运企业的联系和沟通，建立企业经营状况预警、监测和应急处理机制，摸清企业经营状况，及时发现问题。做好前期准备工作，研究制定应对措施，及时、有效地应对处理各种突发事件。

要督促和引导企业建立健全与职工的沟通协调机制，使企业和职工对当前形势有充分认识，并做好应对形势变化的各项相应准备。督促企业做好职工的思想稳定工作，充分调动职工的积极性和主动性，群策群力，坚定信心，共同应对挑战，度过难关。加大对困难企业的帮扶解困力度，积极协助做好待岗职工的再就业和安置等工作。对破产倒闭的企业，要加强监督，协助做好人员妥善安置工作，防止发生连锁反应，确保稳定。

九、加强工作落实和督促检查。

各级交通运输主管部门要密切关注和跟踪水运生产形势变化，积极探索应对挑战的有效措施，加强协调和配合，及时解决水运企业反映的突出问题。要按照本通知的要求，结合本地实际，会同相关管理部门，抓紧制定出台促进本地区水运发展的政策措施，并加强对措施落实情况的督促检查，及时将政策措施的落实情况上报。

要完善信息报送渠道，做好信息报送工作。为及时掌握航运企业经营状况，请各省、自治区、直辖市交通运输主管部门和长江、珠江航务管理局于每月 10 日前，将上月辖区内航运企业的亏损面、资产负债和总体经营状况报部水运司和当地政府有关主管部门。对航运企业倒闭破产等可能引发群体性事件的苗头和情况，要及时逐级上报。有关协会要定期将航运业总体形势、企业总体经营状况、存在的主要问题等有关情况报部水运司。

联系人：刘晓雷、范永辉

电话：(010)65292636

传真：(010)65292551

邮箱：sys637@mot.gov.cn。

中华人民共和国交通运输部

二〇〇八年十二月八日

中华人民共和国交通运输部公告

2008年第38号

关于台湾海峡两岸间海上直航实施事项的公告

根据《海峡两岸海运协议》以及相关法律、行政法规、规章的规定，现将海峡两岸海上客货直接运输的实施事项公告如下：

一、管理模式。

两岸间航运业务实行特殊管理，交通运输部对经营两岸间航运业务的航运公司和营运船舶实施行政许可。

二、航运公司。

在两岸注册的两岸资本且具有企业法人资格的航运公司，经许可后，方可从事两岸间海上直接运输业务。

三、营运船舶。

从事两岸间海上直接运输业务，须使用两岸资本并在两岸登记的船舶。直航船舶在进出直航港口期间，应符合《海峡两岸海运协议》关于船舶识别的约定。

四、直航港口。

海峡两岸直航港口名单见附件，今后将根据实际需要，适时增加直航港口。

五、申请程序。

在大陆注册的航运公司申请经营两岸间航运业务，应当向交通运输部报送申请文件，同时将申请文件抄报公司所在地的省、自治区、直辖市交通运输主管部门。

其他航运公司应当委托其在大陆的船舶代理人，向交通运输部报送申请文件。

六、申请文件。

申请经营两岸间航运业务的航运公司，应当提交下列文件：

（一）申请书（须经公司法定代表人签署）；

（二）营业执照复印件和公司旗标识彩色图案；

（三）公司安全管理符合证明（DOC证书）复印件；

（四）船舶资料（包括：船舶登记证书、检验证书、安全管理证书等复印件；使用期租或光租船舶的，应提交船舶租赁合同复印件；必要时，需提供两岸资本证明材料）；

（五）提单样本；从事集装箱班轮运输的，应提交航线挂港、班期和运价本；从事旅客运输（含邮轮运输）的，还应提交客票样本。

七、审核时限。

交通运输部自收到齐全、有效的申请文件之日起20日内，决定许可或者不许可，并书面通知申请人。

省、自治区、直辖市交通运输主管部门应在收到抄报的申请文件后10日内提出意见报送交通运输部。

八、许可证书。

获准许可的航运公司及其船舶，由交通运输部分别核发新的《台湾海峡两岸间水路运输许可证》和《台湾海峡两岸间船舶营运证》，并使用“台湾海峡两岸间水路运输审批专用章”。

班轮航线挂港、营运船舶发生变更的，航运公司应提前10日申请换发《台湾海峡两岸间船舶营运证》。

原《台湾海峡两岸间水路运输许可证》和《台湾海峡两岸间船舶营运证》自2009年1月1日起停止使用。

获准许可的航运公司及其船舶名单将在交通运输部网站公布。

九、特别事项。

（一）运力投放按照平等参与、有序竞争、双向直航、互惠互利的原则，结合两岸贸易、人员往来需求和航运市场状况，合理安排运力。

（二）两岸资本并在香港特别行政区登记的船舶，经许可，可参与两岸间海上直接运输，在进出两岸直航港口期间，其船舶识别方式应符合《海峡两岸海运协议》附件第一项的规定。

（三）本公告发布前经许可已经从事两岸试

点直航运输、两岸三地集装箱班轮运输、砂石运输的两岸资本的方便旗船，航运公司应向交通运输部申请特别许可并换发《台湾海峡两岸间水路运输许可证》和《台湾海峡两岸间船舶营运证》后，方可从事两岸间海上直接运输。

（四）本公告发布前经许可已经取得两岸间不定期船舶运输经营资格的航运公司，符合直航条件的，应向交通运输部申请并换发《台湾海峡两岸间水路运输许可证》和《台湾海峡两岸间船舶营运证》后，方可从事两岸间海上直接运输；不符合直航条件的，经交通运输部特别许可，可临时从事两岸间海上运输，保持原有航行模式不变。

（五）未经特别许可，外国航运公司及外国籍船舶不得从事两岸间航运业务。经个案特别许可，临时经营两岸间单航次贸易货物运输的外国航运公司及外国籍船舶，保持原有航行模式不变。

（六）福建沿海地区与金门、马祖、澎湖间海上直航，仍依照《福建沿海地区与金门、马祖、澎湖间海上直接通航运输管理暂行规定》办理。

（七）经营两岸航运业务，不得有下列行为：以低于正常、合理水平提供运价服务，妨碍公平竞争；在会计账簿之外暗中给予托运人回扣，承揽货物；以歧视性价格或其他限制性条件给交易对方造成损害；其他损害交易对方或者损害航运市场秩序的行为。

十、监管措施。

海事管理机构对从事经营两岸间航运业务的船舶依法实施监管。对未经许可擅自从事经营两岸间航运业务的船舶，海事管理机构不得为其办理进出港口手续，对非法从事经营两岸间航运业务的船舶依法处罚。交通运输部将对违规从事经营两岸间航运业务的航运公司及其船舶代理人依法予以查处。

十一、互设机构。

两岸航运公司可在对方设立办事机构及经营性机构，开展相关业务。

台湾航运公司申请在大陆设立经营性机构，按照《关于促进台湾海峡两岸海上直航政策措施及实施事项的公告》（交通部 2007 年第 22 号公告）规定办理。

十二、互免税收。

两岸航运公司参与两岸船舶运输在对方取得的运输收入，相互免征营业税及所得税。

台湾航运公司应依照大陆财政、税务主管部门的相关规定，办理大陆的免税手续。

十三、联系协商。

两岸海上直航实施中需要进一步细化的事项，由海峡两岸航运交流协会和台湾海峡两岸航运协会联系协商后，报请有关单位研究解决。

十四、生效日期。

本公告自 2008 年 12 月 15 日起施行。

附件：海峡两岸海上直航大陆港口（港区）名单

中华人民共和国交通运输部

二〇〇八年十二月十日

附件：

海峡两岸海上直航大陆港口（港区）名单

（共计 63 个）

丹东、大连、营口、唐山、锦州、秦皇岛、天津、黄骅、威海、烟台、龙口、岚山、日照、青岛、连云港、大丰、上海、宁波、舟山、台州、嘉兴、温州、福州、松下、宁德、泉州、肖厝、秀屿、漳州、厦门、汕头、潮州、惠州、蛇口、盐田、赤湾、妈湾、虎门、广州、珠海、茂名、湛江、北海、防城、钦州、海口、三亚、洋浦等 48 个海港，以及太仓、南通、张家港、江阴、扬州、常熟、常州、泰州、镇江、南京、芜湖、马鞍山、九江、武汉、城陵矶等 15 个河港。

（注：台湾方面直航港口为 11 个，包括：基隆（含台北）、高雄（含安平）、台中、花莲、麦寮、布袋（先采专案方式办理）等 6 个港口，以及金门料罗、水头、马祖福澳、白沙、澎湖马公等 5 个“小三通”港口。

关于印发2008年国际旅游船挂港计划的通知

水运运安便字[2008]17号

大连港集团有限公司、天津港（集团）有限公司、青岛港（集团）有限公司、山东威海港股份有限公司、上海国际港务（集团）有限公司、宁波港集团有限公司、舟山港务管理局、厦门港务控股集团有限公司、张家港港务集团有限公司、南京港口集团公司、镇江港务集团有限公司：

现将2008年国际旅游船挂港计划发给你们，请你港及时与中国外轮代理总公司及其当地外轮代理公司衔接，确保国际旅游船接待工作正常进行。

附件：1. 2008年国际旅游船挂港计划

2. 旅游船船舶规范（略）

交通部水运司

二〇〇八年一月十一日

附件1：

2008年国际旅游船挂港计划

1. 大连港（略）
2. 天津港（略）
3. 青岛港（略）
4. 威海港（略）
5. 上海港

船名		抵港时间	离港时间
英文	中文	月/日/年/时	月/日/年/时
FUJI MARU	富士丸	01/16/2008 2200	01/18/2008 0500
DEUTSCHLAND	德意志	02/04/2008 0700	02/05/2008 1830
ORIANA		02/14/2008 0800	02/14/2008 2000
SEVEN SEAS VOYAGE	七彩航行家	02/28/2008 0800	03/01/2008 0500
PACIFIC PRINCESS	太平洋公主	03/02/2008 0700	03/02/2008 1800
SILVER WHISPER		03/12/2008 0600	03/12/2008 1800
QUEEN ELIZABERTH 2	伊丽莎白二号	03/17/2008 0700	03/17/2008 1900
NAUTICA	诺蒂卡	03/19/2008 AM	03/20/2008 PM
SEABOURN SPIRIT	海神号	03/20/2008 1500	03/22/2008 1300
ASUKA Ⅱ	飞鸟二号	03/22/2008 0430	03/23/2008 2130
MAXIM GORKIY	高尔基	03/26/2008 0800	03/26/2008 2200
PACIFIC SUN	阳光太平洋	03/27/2008 0800	03/27/2008 2359
NAUTICA	诺蒂卡	03/28/2008 AM	03/28/2008 PM
CRYSTAL SYMPHONY	水晶交响	03/29/2008 0800	03/30/2008 1800

船　名		抵港时间	离港时间
英　文	中　文	月/日/年/时	月/日/年/时
STATENDAM	斯特丹姆	04/05/2008 0800	04/06/2008 1700
CRYSTAL SYMPHONY	水晶交响	04/05/2008 0800	04/06/2008 2200
EXPLORER	探索者	04/07/2008 0800	04/08/2008 2300
STATENDAM	斯特丹姆	04/12/2008 0800	04/13/2008 1700
SUN PRINCESS	太阳公主	09/06/2008 0600	09/06/2008 1900
PACIFIC VENUS	太平洋维纳斯	09/26/2008 0800	09/28/2008 1400
AMSTERDAM	阿姆斯特丹	10/07/2008 0800	10/08/2008 1700
DIAMOND PRINCESS	钻石公主	10/10/2008 0700	10/10/2008 1800
SEVEN SEAS MARINER	七海水手	10/13/2008 0800	10/15/2008 1200
BREMEN	不来梅	10/28/2008 0800	10/28/2008 1800
DIAMOND PRINCESS	钻石公主	11/03/2008 0700	11/03/2008 1800
ASUKA Ⅱ	飞鸟二号	11/05/2008 0700	11/05/2008 2400
EXPLORER	探索者	11/10/2008 0800	11/11/2008 2300
DIAMOND PRINCESS	钻石公主	11/11/2008 0700	11/11/2008 1800

6. 宁波港

船　名		抵港时间	离港时间
英　文	中　文	月/日/年/时	月/日/年/时
PACIFIC VENUS	太平洋维纳斯	09/25/2008 0800	09/25/2008 1800

7. 舟山港

船　名		抵港时间	离港时间
英　文	中　文	月/日/年/时	月/日/年/时
BREMEN	不来梅	10/27/2008 0800	10/27/2008 1700

8. 厦门港（略）

9. 张家港港

船　名		抵港时间	离港时间
英　文	中　文	月/日/年/时	月/日/年/时
SEABOURN SPIRIT	海神号	03/18/2008 0700	03/18/2008 1800
SEABOURN SPIRIT	海神号	03/24/2008 0700	03/24/2008 1700

10. 南京港

船　名		抵港时间	离港时间
英　文	中　文	月/日/年/时	月/日/年/时
SEABOURN SPIRIT	海神号	03/19/2008 0700	03/19/2008 1800
SEABOURN SPIRIT	海神号	03/23/2008 0800	03/23/2008 1800

11. 镇江港

船　名		抵港时间	离港时间
英　文	中　文	月/日/年/时	月/日/年/时
PACIFIC VENUS	太平洋维纳斯	09/29/2008 0800	09/29/2008 1800

第二编　大事记

2008年长江航运10件大事

一、2008年1月11日，长江三峡通航管理局建局十周年庆祝大会隆重召开。交通部、湖北省、重庆市、三峡总公司，长航局及长航在宜部门等相关单位领导参加了大会。会上，长江三峡通航管理局局长李维太以《十年磨砺抒豪情》的致辞回顾了三峡局十年来的通航管理成效。湖北省副省长任世茂代表湖北省人民政府、交通部副部长徐祖远代表交通部和李盛霖部长、三峡总公司副总经理曹广晶代表中国长江三峡开发总公司向大会表示祝贺并讲话。会议播放了由江泽民同志题词而命名的《万里长江　三峡通航》专题片，展示了三峡局建局十年发展的历程。

二、2008年5月12日14：28分，四川省汶川县发生8.0级强烈地震后，长航局即组织全系统干部职工向四川地震灾区捐款献爱心，并发出《关于确保长江干线航运畅通积极应对汶川特大地震灾害的紧急通知》，长江海事局为湖北省50辆赴汶川地震灾区救护车开通绿色通道，长江三峡局开启抗震救灾物资过坝绿色通道，长航总医院派医疗救护队、救护车随同急救中心赶赴汶川地震灾区，长航集团向各直属单位发出开展为地震灾区捐款活动的通知，并按排"新平江号"系列自航船投入物资抢运，四川省泸州市航务局接到省局的紧急命令，迅速调派2艘海巡艇执行水上救援任务。

三、2008年8月5日，交通部副部长徐祖远在宜昌组织召开了三峡奥运安保现场工作会议。部公安局局长张玉胜、水运司司长宋德星、海事局副局长刘福生、应急办副调研员于海源出席了会议，湖北省交通厅、宜昌市政府、宜昌市交通局、重庆市港航局，长航局、长江海事局、长江航道局、长江航运公安局、三峡局等单位的主要领导参加了会议。徐祖远听取了各单位的汇报后，就下一步的工作做了重要指示：一是要深化认识，不断增强奥运安保工作的责任感和紧迫感。二是要正确把握工作重点和原则，全面落实反恐安保工作的措施。在长江航务管理局的统一指挥下，沿线的交通有关部门、海事、公安、航道要明确职责，密切配合，全线联动。三是要进一步明确工作责任，全力抓好工作措施的落实。各级领导要身先士卒亲自抓好落实，要以忧患意识抓好落实，要以精益求精的工作态度狠抓落实，要强化责任狠抓落实。同时，务必防止出现畏难情绪、厌战情绪，防止对立，防止麻痹大意。会上，徐部长还就内部安全、通航安全、新闻宣传等具体事情进行了部署。

四、2008年9月3日，中国工程院院士梁应辰和清华大学教授王光纶应邀在贵阳作贵州水运发展学术报告会。梁院士说，贵州河流众多，属长江和珠江两大水系，又是资源大省，发展水运优势明显。"西电东送"相继修建了水电站同步建设通航设施，必将提高航道等级，改善通航条件，发展航运前景广阔。王教授说，他应国务院有关部门之邀，于2007年到贵州和广西沿红水河进行实地考察，认为目前红水河上相继建设多座电站，有的已建设通航设施，如岩滩水电站通航设施只能通过250吨级船舶，而规划要求是可通航500吨级船舶，从而形成红水河航运发展的瓶颈；有的建设缓慢，如龙滩水电站通航设施建设等。

他建议政府有关部门敦促建设业主改造岩滩水电站升船机，加快龙滩水电站通航设施建设。今后水电站建设要按照航运规划要求同步建设通航设施，才能发挥水资源综合效益。

五、 2008 年 9 月 26 日，由中国长航集团主持编著的《中华长江文化大系》正式撰成出版。该《大系》拥有 8 编 64 卷，2 000 多万字，6 000 余幅珍贵图片，时间跨度五千年，地域涵盖整个长江流域。《大系》由中国人大常务委员会委员长吴邦国题写书名，中国言实出版社和武汉出版社联合审定出版。中国新闻出版总署以新出图（2008）70 号文下发，将《大系》定为国家"十一五"重点图书出版工程。

六、 2008 年 11 月 4 日，海协会会长陈云林与海基会董事长江丙坤签署了两岸"海运直航"、"空运直航"、"通邮"及"食品安全"四项协议，其中在海运直航协议中，明确了台湾 11 个港口和大陆 63 个港口之间开通免税的海运直航，常熟港被首批列入直通名单。

七、 2008 年 11 月 6 日，"深水航道与长三角发展"论坛在江苏南京举行，来自国家发改委、交通运输部、长江水利委员会、江苏省发改委、江苏省交通厅、长江航道局等单位的 160 多位专家、领导，围绕"建设长江下游深水航道，促进长三角及沿江经济社会发展"的主题，进行了深入讨论。

八、 2008 年 11 月 12 日，"武汉新港"首批建设项目启动，阳逻集装箱二期和 80 万吨乙烯工程开工。湖北省委书记罗清泉，交通部副部长冯霖，湖北省委副书记、武汉市委书记杨松参加启动仪式。

九、 2008 年 11 月 25 日，中共中央政治局委员、国务院副总理张德江到青山船厂视察。国务院国资委主任李荣融、工业和信息化部副部长苗圩等国务院有关部委负责人，湖北省委书记罗清泉、省长李鸿忠，武汉市委书记杨松、市长阮成发等领导陪同视察。

十、 2008 年 12 月 19 日，中国长江航运〔集团〕总公司接到国资委通知，国务院批准中国长航和中国对外贸易运输〔集团〕总公司重组。

2008年长江航运大事记

一　月

1日　3.0版长江海事局海事管理体系在机关正式运行。

3日　交通部副部长徐祖远在部水运协调视频会上，对长江海事局安全工作取得的成绩给予高度肯定。

11日　三峡局建局十周年庆祝大会隆重召开。交通部、湖北省、重庆市、三峡总公司，长航局及长航在宜部门等相关单位领导参加了大会。

△　交通部副部长徐祖远，长航局局长金义华、党委书记黄强等在长江海事局党委书记刘开智和通信局党委书记周云霞的陪同下，视察宜昌通信局并看望慰问职工。

16日　江西省吉安市新干港河西综合码头工程开工建设。

18日　第六届湖北经济年度十大风云人物在武汉楚天传媒大厦揭晓。中国长航集团总经理刘锡汉在十大风云人物中名列前茅。

19日　江苏省航道工作会议在南京市召开。

21日至22日　以越南国家航运局副局长范明义为团长、越南老街省交通厅范玉良厅长为副团长、交通部国际合作司专员、投资计划司、航管段、边防公安等15人组成的红河航运考察团，到云南省河口县考察红河航运情况。

22日　长江海事局工作会暨三届一次职代会在武汉召开。

23至24日　三峡局工作会、二届五次职代会暨安全工作会在宜昌市龙泉山庄召开。

24日　通信局工作会暨三届二次职代会在汉召开。

25日　交通部召开全国交通系统紧急会议，传达温家宝总理的指示，通报了交通部近期抗击雪灾、确保春运和物资运输的重要举措，并提出了“五个力保”的要求。

27日　交通部党组成员，中纪委驻部纪检组组长杨利民一行9人，在云南省交通厅副厅长唐文祥的陪同下，到澜沧江检查春运安全工作。

二　月

4日　长江海事局机关开展了“情系灾区，共建和谐”赈灾捐赠活动，共募捐资金20余万元捐献给灾区群众。

6日　常熟港迎来了港口历史上出运单件重量最重、直径最大的石油化工设备。该件长度60米，直径12.7米，重量达到了962吨，也是迄今为止国内公路运输、港口滚装的直径最大的设备。

13日　春节期间，长江全线共运送旅客和过江群众145.1万人次，辖区无沉船无死亡，安全形势持续稳定。

15日　长航局副局长阮瑞文一行到通信局重庆处检查春运工作情况并看望慰问春运期间坚守通信保通岗位的职工。

20日至22日　由云南省交通厅、云南省航海学会、云南交通行业协会主办的澜沧江—湄公河航运环保研讨会在景洪市召开，38位专家和学者共同研讨促进澜沧江—湄公河航运安全与环境保护工作。

22日　常熟港新辟至东南亚远东地区近洋件杂货班轮航线。常熟兴华港口有限公司、香港优利兴航运有限公司和常熟市口岸委（港口局）签署了开航合作备忘录。

△　湖南省委张春贤书记、省政府周强省长致电袁宗祥局长、刘开智书记，对长江海事局干部职工向灾区自发捐款捐物和慰问表示衷心感

谢。

24 日 国务院《关于同意设立宁波梅山保税港区的批复》（国函[2008]19 号）正式批准设立宁波梅山保税港区。这是继上海洋山保税港区、天津东疆保税港区、大连大窑湾保税港区、海南洋浦保税港区之后国务院批准设立的第五个保税港区，面积 7.7 平方公里。

25 日 重庆市第一台“船用污水处理装置运行记录仪”已完成在“长江观光 2 号”的全部安装工作。

△ 长江海事局在马鞍山海事处召开专题会议，就马鞍山通信、海事在建项目的整合，进行了专题研究，会议由陈俊局长主持。刘富华副局长作了总结讲话。

26 日 山东省蓬莱市市长张代令率领服务业考察团一行 30 多人，到常熟港参观考察，常熟市副市长朱立凡陪同考察。考察团一行听取了常熟港基本情况和发展前景，并实地参观了兴华港区和常熟港钢材市场。

28 日 为落实温家宝总理关于“长江航道建设要加强”的指示精神，由交通部、财政部、水利部等相关部委领导组成的调研组，在长江航道局局长唐冠军的陪同下，对长江航道建设情况展开了为期 3 天的专题调研。

△ 中国长江航运（集团）总公司与中信银行股份有限公司在武汉长航大厦签署了企业短期融资券承销协议及银企战略合作协议。

29 日 重庆市港航局召开“中共重庆市港航管理局委员会年度工作会”。全体党委委员、局机关中层干部、局直属单位党政一把手参加了会议。

△ 长航局党委书记黄强、副书记张燕峰，长江海事局党委书记刘开智等领导在通信局党委书记周云霞的陪同下赴通信局泰州处指导工作。

△ 通信局与海事信息处召开协调会。双方在会上讨论了 RIS（内河信息服务系统）建设、视频会议系统的连接、通信与海事之间电路备份路由、网站资源整合与信息交流、办公自动化系统的融合等问题，并达成共识。

三　月

1 日　江苏省各地航道部门深入开展《江苏省航道管理条例》实施一周年专题宣传活动。

△ 池州港远航控股有限公司二期工程项目开工典礼在池州经济技术开发区江口物流基地举行。

△ 长航局党委书记黄强、副书记张燕峰、党委办公室主任侯银华、长江引航中心主任汪吉发等一行五人，在通信局党委书记周云霞陪同下到南通、江阴通信处看望慰问职工，并调研基层通信运行安全保障以及党建、文化廉政建设等情况。

3 日 交通部召开的全国交通行业抗灾保通表彰电视电话会上，长江海事局被授予“全国交通行业抗灾保通先进集体”，被部海事局评为“保电煤等重点物资运输先进单位”。

4 日 交通部下发《关于表彰 2006 至 2007 年度全国交通行业精神文明建设先进集体先进个人的决定》，三峡局被评为全国交通行业文明单位，通航工程技术中心总工陈国仿被评为全国交通行业文明职工标兵。

△ 39 辆巴士在常熟港兴华码头装船出运。该批汽车将经比利时的安特卫普转运至非洲贝宁，这是常熟港新添的又一货种。

△ 长江海事局召开“服务春运、抗灾保通”新闻通报会。新华社湖北分社、中央人民广播电台、《中国交通报》、《中国水运报》等 11 家新闻媒体参加了会议。

7 日 长江海事局开展的全线排查渡口渡船安全隐患、确保“两会”期间水上交通安全工作得到交通运输部徐祖远副部长的充分肯定，他批示：“长江海事局这项工作抓得很有针对性”。

13 日 交通部公安局局长张玉胜一行到宜昌港区海事处艾家河执法大队，就宜昌港区危险品船舶过闸安全管理工作进行检查调研。

17 日 通信局通信、基建、经营工作会议在武汉召开。局领导班子成员、局属各单位有关领导和业务代表、局机关各处室主要负责人共 80 余人参加会议。

18 日 江苏省交通厅副厅长、省港口管理局局长王昌保在苏州市交通局副局长严蔚峰陪同下到常熟港检查指导工作。

19 日 全国人大代表、中国长航集团总经理刘锡汉参加了十一届全国人大一次会议后载誉归来，受到中国长航集团领导的迎接。

21 日 常熟威特隆仓储有限公司在“日本星”

轮纸浆卸货作业中，创造了单舱单吊最高效率每小时 1 680 吨，平均效率每小时 1 384 吨的新纪录，刷新了由安特卫普港保持的单舱单吊最高效率每小时 1 256 吨的原世界纪录。

△ 交通部党组成员、中纪委驻部纪检组组长杨利民乘“海巡 31601”考察了重庆港通航环境，并题词：改革创新，乘风破浪，弘扬“人和、忧乐、坚韧”长江海事精神，服务重庆地方经济发展。

24 日 受交通部委托，长航局组成竣工验收委员会对三峡枢纽坝区通航调度及锚地工程竣工进行验收。经过现场考察，验收委员会一致认为，该工程已按批准的建设规模、标准、内容建成，同意竣工验收。

△ 通信局召开全国“两会”精神报告会，邀请全国政协委员、长航局局长金义华传达“两会”精神。

25 日 常熟市港口管理局被常熟市政府授予“集体三等功”，程忠民同志被授予“个人三等功”。

26 日 长江海事 2 号（海巡 31602）下水仪式在武汉南华高速船舶工程股份有限公司举行。该船首次使用的载液压翻转式救生平台项目，填补了我国内河救助设施的空白。

27 日 长江海事局在安庆召开了安全例会、规费征稽座谈会。会议期间，通信局党委书记周云霞代表通信局与长江海事各分支局、引航中心领导，分别签订了通信服务协议，协议总额达 430 万元。

28 日 云南省地方海事局在临沧市主持召开了第七次漫湾库区航运协调会，大理、临沧、普洱、保山、版纳 5 个州市的交通、海事部门共 30 余人参加了会议。

△ 安庆海事局新业务用房和水上交通安全监管视频系统正式投入使用，长江海事局袁宗祥局长、熊学斌副局长、安庆市王强副市长、钱发林副秘书长为新业务用房启用揭牌。

△ 深圳长航滚装物流股份有限公司取得国务院国资委同意设立股份公司的批复。

3 月 长江海事局开展渡口渡船安全隐患大排查活动，共排查安全隐患 24 238 项，完成整改 23 768 项，整改率 98%。这是长江海事局继 2006 年开展渡口渡船安全隐患专项排查后第二次开展同类型专项工作。

△ 泸州市水上交通安全管理工作获殊荣：泸州市航务局是长江水系各省市航务管理局中唯一一个获得“长江航运最佳安全管理先进单位”殊荣的海事管理部门。

四　月

1 日至 3 日 黄河水系航运规划修编工作会议在西安召开。参加会议的有交通部综合规划司、交通部规划研究院及沿河青海、甘肃、宁夏、内蒙、山西、陕西、河南、山东等 8 个省区交通厅和航运管理部门的领导及技术员。

12 日 长江干线南京燕子矶至宜宾河段 2 388 公里航道的部分航行标志经过近 3 年的建设，400 余座航标完成了更新、改造。经运行，助航效果明显改善。

14 日 长航系统职工“唱响长江之歌，传递奥运火炬，共建黄金水道”接力长跑活动在宜昌进行。

15 日 中国长航集团投资建造的第一艘 VLCC 在江南长兴命名下水。“长江之珠”总长 330 米，型宽 60 米，型深 29.7 米，载重 29.7 万吨，航速达到 15.8 节（约 29.3 公里/小时），续航力 28 000 海里。同时，取得美国船级社和中国船级社双重船级。

△ “长江海事研究中心”揭牌仪式在武汉理工大学举行。局长袁宗祥、副局长李玉华、局长助理陈俊，武汉理工大学副校长严新平、党委副书记邱观建，机关部分处室和直属机构负责人、武汉理工大学相关院系负责人及研究生代表共 50 余人参加了仪式。

16 日 全国政协副主席王志珍在三峡开发总公司总经理李永安的陪同下，率数名中科院院士到三峡船闸参观考察。

△ 长江海事局与长航公安局在三峡库区太平溪港联合举行涉外旅游船、客滚船安全检查活动“首日启动仪式”。

17 日至 20 日 由原全国政协副主席、中国工程院院长、中国工程院院士、三峡工程阶段性评估项目领导小组组长徐匡迪带领的三峡工程阶段性评估项目综合考察团，在重庆市政协副主席陈景秋和湖北省政协副主席张荣国的陪同下，乘坐长江海外“长江公主”号游船对长江三峡进行为期3天的综合考察。考察团中有中国工程院院士18人和相关各部、委的领导及工作人员共110人。

19日至20日　2008年第1期（总第13期）长江干线内河船舶船员适任理论统考在重庆、武汉、芜湖等全线12个考点同时举行，参考人数达2757人。

20日　云南省关累码头续建工程正式开工建设。该项目将建设300吨级泊位一个，泊位长度120米，货物吞吐量1.5万TEU/年，工程建设概算投资3956万元。

21日　中国工程院院长徐匡迪率数名中科院院士，在三峡开发总公司总经理李永安的陪同下，到三峡船闸参观考察。

24日　长江海事局、长江航道局联合整治非法采砂船舶专项活动启动仪式在荆州举行。

28日　长江海事局局长袁宗祥率局调研组一行到宜昌进行工作调研，并深入通信生产一线岗位检查工作，慰问基层干部职工。

30日　交通部在武汉召开川江、宜申船岸VHF通信系统工程验收会，部水运司副司长曹德胜主持。部规划司、财务司、质监总站，以及长航局、海事局、航道局、公安局等单位有关领导和代表参会。VHF通信系统是“十五”期交通部为解决长江船舶安全通信，保障船舶航行安全批准实施的重点工程，总投资7 100万元。验收小组通过查看工程现场，审阅竣工资料及听取各参建单位的工作汇报，认为工程已按批准的建设规模、标准和内容建成，同意竣工验收。

△　长江海事局评选出李江、周传喜、靳继亮、孙玉国、吴茗、梁旭红、王成、张世勇、方剑波、熊辉等十名同志为“十佳青年标兵”。

五　月

1日　国务院总理温家宝到宁波港，与港口职工共度“五一”国际劳动节，并专程视察北仑港集装箱三期码头，亲切慰问了坚守港口生产岗位的职工。

△　池州港远航控股有限公司举行揭牌仪式，投入正式运营。

2日　中国国民党荣誉主席连战先生携夫人一行20余人，在国务院台办、海峡两岸关系协会及重庆市、湖北省有关领导的陪同下，登上停泊在重庆港三码头的中国长航“长江天使”号游轮，开始为期3天的长江之旅。

5日　解放军总后勤部军事交通部部长王福臣少将到三峡船闸参观考察。

△　长江海事局被授予2006至2007年度“全国交通行业文明单位称号”；重庆奉节海事处、长江水上安全信息台被授予2006至2007年度“全国交通行业文明示范窗口”；李三峡、姚泽炎同志被授予2006至2007年度“全国交通行业文明职工标兵称号”。

7日　浙江省首艘具有自主知识产权的16 500吨Ⅱ类化学品船“阿丽娅号”，在位于象山干门港的浙江新乐船厂下水。该船长144.8米、宽23米、深12.4米，按国际优秀造船企业的规范、标准建造并出口欧洲。

△　湖北省委书记罗清泉提出了关于建设“武汉新港”的构想。

8日　浙江、云南两省海事部门在浙江舟山召开“结对子”活动联席会议，签订了新一轮“结对子”合作协议。并配对开展了“结对子”活动，共有15家海事单位和浙江省海事单位结成对子。

△　长江海事局召开视频会议部署2008年防汛工作。袁宗祥局长在讲话中要求实现“三个确保”目标，即确保不发生一次性死亡10人以上事故，确保防汛责任区万无一失，确保自身安全。

8日至10日　长江沿岸中心城市地方水运协调委员会第二十二次会议在武汉召开。来自上海、南京、重庆、武汉港航管理部门及水运企业的代表共74人参加会议。

11日　全国人大常委会副委员长桑国卫等一行80余人到三峡船闸进行考察。

12日　14时28分，四川省汶川县发生8.0级强烈地震，中国长航集团通过中国红十字会向灾区捐款500万元。

△　武汉海事法院对备受关注的我国首起长江航道损害赔偿案作出判决：被告重庆市万州区圣发船务有限公司，向原告长江武汉航道局赔付航道损失18.6万元。此案是长江航道部门首次依据《物权法》，代表国家对航道行使所有权，要求违章航行船舶赔偿因侵权而造成的航道损失。

13日　长航局发出《关于确保长江干线航运

畅通积极应对汶川特大地震灾害的紧急通知》。

14日 中国长航集团总部机关员工向地震灾区人民捐款7万余元，还向各直属单位发出开展为地震灾区捐款活动的通知，并安排“新平江号”系列自航船投入物资抢运。

△ 长江海事局为湖北50辆赴汶川地震灾区救护车开通绿色通道。

△ 三峡局开启抗震救灾物资过坝绿色通道，三峡通航指挥中心迅速部署，在计划编制中确保救灾物资优先通过船闸。

△ 长航总医院按照湖北省医疗急救中心要求，派一辆救护车和司机到急救中心报到，随同急救中心赶赴汶川地震灾区。

△ 通信局组织全线干部职工向四川地震灾区捐款献爱心活动。截至16日，共计有1 079人参与捐款，捐款总数已达到89 431.5元。

△ 长航武汉地区宽带传输网及汉口通信枢纽用房工程顺利通过部竣工验收。

△ 长江海事局党委召开“讲党性、重品行、作表率，树组工干部新形象”学习实践活动视频动员会和长江海事局“十佳青年标兵”表彰大会。

△ 中午12时15分，泸州市航务局接到四川省交通厅航务局的紧急命令，迅速调派2艘海巡艇到都江堰紫坪铺水库，执行水上救援任务。灾情就是命令，时间就是生命。接到紧急命令后，在市航务局邹强局长的亲自指挥下，“海巡85号”、“海巡75号”紧急集结，并抽调具有水上救助经验的技术骨干12人组建了“海事抢险救助突击队”。完成了艰难的吊装运输和救灾后勤准备等工作后，由邹强局长带队连夜赶到都江堰水库投入救灾工作。在四天三夜中，泸州海巡85、75号艇总出动37个航次，抢运灾民1 040多人，运送伤员36人，学生80人。与此同时，全市航务系统干部职工积极向灾区捐款。前后共组织两次捐款活动，第一次捐款30 060元，第二次捐款36 010元，不少党员交纳了“特殊党费”，此次共计收到捐款12 291元。

15日 一代英雄战舰中山舰由南华高速船舶有限公司迁移到江夏区金口镇中山舰博物馆内。中国长航集团旗下的重庆长江轮船公司、长江船舶设计院、长航凤凰公司和武汉坞修公司等4单位分别承担了舰体下排入水、浮坞座墩、水上拖带及舰体触岸登陆等工序。

△ 为帮助汶川地震灾区救灾复产、重建家园，长航系统各单位举行了赈灾捐款仪式，各级领导干部和广大职工积极为灾区捐款赈灾。

16日 常熟市港口协会成立暨第一届会员代表大会，在沿江开发区伯泰大酒店举行。常熟市人民政府副市长朱立凡到会讲话并为协会揭牌。

△ 湖北省副省长田承忠陪同香港和记中国港口公司总裁钱乃俊考察武汉港。

17日 通信局根据交通部批复的人才引进计划指标和工作要求，按照长江海事局审核同意的《长江通信管理局2008年人才引进工作方案》，于5月17—19日，顺利完成了人才招聘笔试和面试。

△ 长江海事局召开长江海事安全保卫防范工作领导小组会议。会议传达了交通运输部徐祖远副部长在保奥运全国船舶和港口保安工作会议上的讲话精神，部署了下阶段局安保工作重点。

19至20日 由国家发改委副主任张茅带领的国家发改委、交通部考察组现场考察了京杭运河苏州段、常州市区段改线工程和镇江陵口先导段航道整治工程的建设情况，以及京杭运河苏北段的运行情况。

21日 交通部海事局党委副书记王国华来到长江水上安全信息台调研并指导工作。陪同视察的有长江海事局党委书记刘开智、副书记闻新祥和通信局党委书记周云霞。

△ 下午，武汉市副市长袁善腊在长航大厦27楼会见美国交通部副助理部长，就武汉交通和港航发展问题进行会谈。

22日 通信局召开“迎奥运、保安全”电视电话会议，拉开了长江通信系统“迎奥运，保安全”攻坚战序幕。

△ 北京奥运圣火宁波站传递仪式在北仑港四期码头举行，港口工人竺士杰代表全市118名火炬手宣读《赈灾倡议书》并开始火炬传递。

27日 通信局召开抗震救灾“特殊党费”交纳仪式。通信局领导班子，党员干部职工及退休老党员，带头缴纳“特殊党费”支援灾区，入党积极分子也将爱心奉献给灾区人民。

29日 陕西省第十一届人大常委会第2次会议表决通过了《陕西省水路交通管理条例（草案表决稿）》，该条例将于12月1日正式实施。

30日 交通部无线电管理领导小组办公室副

主任、交通通信中心副主任李兴林到通信局检查指导工作。

△ 交通部海事局常务副局长刘功臣到长江海事局检查调研，局长袁宗祥陪同观摩了搜救协调中心的演示，参观了局荣誉室和职工活动室。

六 月

1 日 北京奥运圣火在三峡船闸传递，三峡局奥运火炬手罗静参加了传递长跑。

△ 《京杭运河之历史与未来》通过专家评审。

2 日 上午，中国长航集团选送的两名“奥运火炬手”黄骅和谭少云，带着长航人的自信、自强，在湖北著名历史名城——荆州，圆满完成了奥运火炬传递的光荣任务。

3 日 通信局召开《长江水上安全综合信息服务系统总体规划》（提纲）研讨会，就水上航运综合服务信息系统国内外发展情况，长江航运通信服务现状，管理体制，总体规划等进行了讨论。

5 日 长江海事局组织开展“六·五”世界环境日现场宣传检查活动。

6 日 澜沧江海事巡逻搜救艇技术设计审查会在昆明召开。长江船舶设计院、武汉南华高速船舶工程股份有限公司、澜沧江海事局等 7 位专家对设计文件和图纸进行了审查。

△ 安徽省政府印发《安徽省人民政府关于池州港总体规划的批复》（皖政秘[2008]54 号），批准同意《池州港总体规划》。

9 日 以宁波 7000 年舟船文化为主题的《中国·宁波船史展》开幕。同日，宁波中国古船研究所正式成立。

12 日 为提高澜沧江水上交通应急救援能力，思茅、西双版纳海事局加强联动机制，联合在景洪港附近水域开展了澜沧江上首次，也是云南省水运行业有史以来规模最大的水上交通应急救援演习。

△ 2008 北京奥运火炬传递到贵阳，贵州省地方海事（航务管理）局长、高级工程师韩剑波成为圣火贵阳传递 第 173 号奥运火炬手。他是交通系统唯一的在贵阳的奥运火炬手。

△ 常熟口岸联检服务中心被共青团苏州市委命名为“苏州市青年文明号”。

13 日 交通部长江无委全体委员会议在武汉召开，长航局局长金义华，长江无委主任阮瑞文、副主任陈俊等委员及代表 13 人参加。

14 日 湖北省委常委、省纪委书记黄先耀在长江海事局局长袁宗祥陪同下乘“海巡 31515”艇考察了武汉港、武钢工业港码头、阳逻集装箱码头、葛店港区、三江港区、鄂州港区等水域。

15 日 培训中心举行中国内部审计协会交通分会武汉培训基地揭牌仪式，暨全国交通系统内部审计人员继续教育培训班开班典礼。

18 日 湖北省国防科工办刘兆雄副主任一行到长江海事局走访。双方就今后如何加强协调配合，共同促进湖北省船舶工业的发展等方面进行了座谈。

18 日至 20 日 全国总工会主办的第三届“海峡两岸职工创新成果展”在福州举行。武汉航道局洪湖处职工郑启湘研发的“HD100 型太阳能一体化航标灯”项目获得金奖。

20 日 上午，湖北省委书记罗清泉，省委副书记、市委书记杨松，常务副省长李宪生调研武汉新港和大东湖水网建设情况。

22 日至 23 日 长江海事局举办首届长江海事文化知识竞赛。经过预赛和决赛，重庆局摘取竞赛桂冠，武汉、岳阳局获二等奖，引航中心、荆州局、安庆局获三等奖。

26 日 中央纪委驻交通部纪检组副主任周亚金一行对长江海事局派驻制试点工作进行了调研指导。局长袁宗祥、党委书记刘开智和党委副书记闻新祥全面介绍了长江海事局开展纪检监察机构派驻制试点工作情况和下步工作设想。

27 日 交通部在武汉组织召开汉口至宜昌数字传输系统工程竣工验收会议，交通运输部、长江航务管理局、长江海事局等单位和相关部门领导参加。

△ 武汉、芜湖船舶交通管理系统工程档案通过专项验收。

30 日 通信局采取视频会的方式，隆重召开纪念建党八十七周年暨表彰大会。会议由陈俊局长主持，长江通信全线党员和入党积极分子在武汉主会场和各分会场参加。长江海事局党委书记刘开智亲临会议并作重要讲话。

△ 黄石海事局和安庆海事局被交通运输部命名为全国海事系统第八批文明达标单位。

6 月　常熟港《物流发展呈“多力”效应》一文，被中国区域经济发展研究院、中国区域经济杂志社入选“和谐社会与经济建设理论研究”课题，并荣获“年度（全国）经济建设与和谐社会理论实践成果”一等奖。

△　重庆市船舶标准化、大型化项目列入交通行业第二批节能减排示范项目。

七　月

1 日　南通港口集团引航站交接仪式在南通举行，原南通港口集团引航站并入长江引航中心，长江海事局副局长朱汝明参加了交接仪式并主持会议。

3 日　交通运输部正式批复葛洲坝大江航道通航流量标准，最大通航流量由 20 000 立方米/秒提高到 35 000 立方米/秒。

4 日　湖北省委、省政府成立由省委副书记、武汉市委书记杨松同志任组长的武汉新港规划建设筹备领导小组。

4 日至 5 日　由交通部珠江航务管理局、云南省交通运输厅、中国海员工会广东省委员会联合举办的 2008 年航海日珠江片区活动在珠江源头云南省隆重开幕。

9 日　重庆海事局举办长江干线重庆段水上交通安全监管系统启动暨重庆海事局揭牌仪式，长江海事局局长袁宗祥等领导出席了活动仪式。

11 日　长江全线举办形式多样的以“中国航海·改革开放 30 年暨国际海事组织·为海运服务 60 年”为主题的“7. 11”航海日活动。

12 日　长江重庆至宜宾船岸 VHF、数字传输通信工程纪检监察派驻制暨泸州通信枢纽楼开工启动仪式在泸州举行。通信局党委书记周云霞、副局长余龙泉、副书记杨行初以及重庆局领导、纪检监察监督组成员、工程施工单位、监理单位等代表 80 余人参加了启动仪式。

15 日　交通部综合规划司在北京组织召开了《长江南京至宜昌船舶自动识别系统工程工程可行性研究报告》和《长江宜昌至宜宾船舶自动识别系统工程工程可行性研究报告》审查会议，交通运输部长江航务管理局、长江海事局等部门代表和特邀专家共 28 名同志参加会议。

△ 水上安全信息台采编播组组长周琦同志，被交通部授予“全国交通运输行业抗震救灾先进个人”荣誉称号。

△　长江马鞍山至重庆船舶自动识别系统及长江海事江津等 25 处巡航救助站点船岸连接设施工程“工可”通过部审。

15 至 16 日　交通部先后在浙江、江苏召开全国内河水运建设示范工程验收会，京杭运河两淮段航道整治工程、宿迁城区段综合整治工程暨水上服务区建设工程和常州市区段改线工程等三个江苏内河水运建设示范工程项目顺利通过验收。

17 日　池州市委书记、市人大常委会主任童怀伟，市长方西屏等市领导及市开发区管委会等市直相关部门主要负责人，各县（区）委书记、县（区）长一行 60 余人，实地考察池州港江口港区二期工程项目建设基地。

24 日　日本萨摩川内市港口考察团一行五人在田上团长带领下访问常熟港，常熟市港口局副局长、口岸委副主任金石凯等接待了日本客人。

△　江苏省港口局《港口设施保安符合证书》核验组在副局长王元春带领下来到常熟港，对华润石化、江苏理文、芬欧汇川等三家单位的《港口设施保安符合证书》进行年度核验。

27 日至 28 日　长江海事局在武汉召开应急管理工作会议。会上，长江海事局与湖北省气象局正式签署《长江水上搜救气象服务合作协议》，会议还审查通过了《长江海事局水上搜救应急预案》。

29 日　交通部海事局党委书记梁晓安一行到长江海事局机关、武汉海事局港区海事处、职工培训中心检查指导工作并慰问干部职工。

30 日　中国长航集团召开干部大会，宣布刘锡汉、王镭的职务调整决定。根据国务院国资委党政字[2008]39 号文件，刘锡汉同志任长航集团党委书记，免去王镭同志党委书记、党委委员、副总经理职务。

△　宁波港最大的原油码头——宁波港实华原油码头 1 至 7 月累计接卸原油已突破 1 亿吨，创国内单座码头原油接卸总量纪录。

31 日　长航局党委书记黄强，海事局党委书记刘开智一行到城陵矶通信管理处检查指导工作，并看望慰问职工。

7 月　总投资 7100 万元的川江、宜申船岸 VHF

通信系统工程通过竣工验收，标志着长江重庆至上海船岸通信实现全程无线覆盖。

八　月

1 日至 8 日　长江海事局党委书记刘开智，副局长刘富华、李玉华、朱汝明，党委副书记闻新祥带队分五组对全线奥运安保工作进行督查并开展送清凉及慰问活动。

5 日　交通部副部长徐祖远在宜昌组织召开了三峡奥运安保现场工作会议。部公安局局长张玉胜、水运司司长宋德星、海事局副局长刘福生、应急办副调研员于海源出席了会议，湖北省交通厅、宜昌市政府、宜昌市交通局、重庆市港航局，长航局、长江海事局、长江航道局、长江航运公安局、三峡局等单位的主要领导参加了会议。

6 日　九江市副市长熊永强一行到长江海事局，就九江市沿江开发及口岸发展等问题进行了座谈，长江海事局局长袁宗祥参加了座谈会。

7 日　湖北省委副书记、武汉市委书记杨松调研武汉新港建设项目，视察了北湖、阳逻、林四房、团风、罗霍洲等港区。

8 日　根据江西省人事厅《关于江西省统计局普查中心等 11 个事业单位列入参照公务员法管理的通知》（赣人字〔2008〕213 号），江西省航运管理局列入参照公务员法管理单位。

△　受苏州市水利局委托，常熟市水利局组织召开江苏理文造纸有限公司码头续建工程涉水项目验收会。常熟经济开发区、常熟海事处、市港口局、长江河道管理处等单位代表参加了会议。

11 日　宜昌海事局刘波同志代表长江海事局参加了部海事局在天津举行的全国海事系统先进典型事迹报告会，汇报了宜昌巴东海事处的先进典型事迹。

16 日　国务院三峡办副主任宋原生、水库司司长柳地一行到宜昌，检查长江海事局奥运安保工作开展情况。

18 日　《池州港江口港区三期工程工程可行性研究报告》预评审会在市港口局召开。会议由刘晓惺局长主持，相关专家和编制单位参加了会议。

21 日　为进一步理顺金沙江—长江航运建设和管理体制问题，交通运输部水运司副司长杨赞率部调研组，调研宜宾至水富航道。调研组乘船实地考察了宜宾至水富 29 公里航道，视察了正在扩建中的水富港工程和建设中的向家坝电站翻坝转运码头工程。

22 日　挪威籍货轮“日本星”号靠泊兴华码头 5 号泊位，在常熟港装卸 2.3 万吨货物，其中 1 万吨硼砂是常熟港首次接卸的新货种。

24 日　澜沧江跨境运输优选货船“嘉荣”、“嘉誉”、“嘉智”号在景洪关累港码头下水，正式投入澜沧江—湄公河营运。

27 日　湖北省委副书记、市委书记杨松调研杨泗、沌口、金口、纱帽等港区码头。

28 日　长江航务管理局局长金义华、长江海事局副局长朱汝明等领导到长江水上安全信息台，检查奥运安保工作并亲切的慰问了信息台职工。

31 日　新加坡籍“兰斯洛特”轮靠泊常熟港兴华码头。此次它将在兴华码头卸载 1 万多方原木。这是常熟港首次从新西兰整批次进口原木。

九　月

3 日　上起重庆九龙坡娄溪沟，下至长江三峡水库铜锣峡口，全长 32 公里河段航道的炸礁工程通过验收。工程总景为 32 万立方米，由中国三峡总公司投资 9 000 万元，重庆航道工程局负责施工。

8 日　我国第一段数字航道——长江南京至浏河口段数字航道示范工程建成并通过交通运输部验收。

9 日　由云南省航海日组委会和晋宁县精选的七棵“郑和林”树种，途经贵州、湖南、江西、浙江等省，跋涉近 3 000 公里，顺利运达 2009 年中国航海日活动主会场——江苏太仓，成功交给太仓航海日组委会。

△　常熟市港口管理局和重庆市港航管理局在重庆举行隆重而又简朴的“友好港缔结”仪式，并签署了“友好港缔结”备忘录。

10 日　云南省政府出台了《关于加快水运事业发展的若干意见》，客观分析了全省水运建设与发展的重要性和所面临的形势，提出了加快水运发展的指导思想、目标任务和指导性意见。

12 日至 15 日　长江海事局芜湖通信枢纽搬迁工程、芜湖（铜陵段）船舶交通管理系统工程、宜昌船舶交通管理系统工程、长江海事局江津等25处巡航救助站点接岸设施工程等四个项目的初步设计通过了部审。

15 日 武汉海事局荣获湖北省模范职工之家称号；武汉海事局港区海事处渡船管理小组荣获湖北省“青年文明号”称号；张家港引航站高级引航员王亚林同志荣获张家港市首届“十佳服务明星”称号。

16 日至 20 日 国家发改委价格认证中心检查组，检查长江海事局收费情况。

17 日 奥运安保期间，长江海事局共组织搜救行动38起，救助遇险人员554人，人命救助率达99.32%；对4 320艘驶往船闸的船舶实施开航前检查，滞留18艘，滞留率0.42%；三峡辖段共对6 616艘船舶（平均每天检查138艘）进行了过闸前安保检查，滞留船舶96艘次，滞留率1.45%；确保了750万人次安全渡运。

22 日 长航局在武汉召开了长江全线奥运安保工作总结表彰大会。三峡局以及所属的三峡海事航道局获得长航系统奥运安保先进单位，三峡海事航道局奥运安保过闸船舶安检专班、通航指挥中心、三峡锚地处获得先进集体，孔凡军、魏仁华、杨利、冯玲、陈俊等五位同志获得先进个人。

△ 中国长航集团总经理、党委书记刘锡汉，在集团总部大楼会见了台湾远东集团董事长徐旭东先生一行，双方就加强合作发展沿海运输进行了广泛的商谈，刘锡汉还向台湾客人介绍了与中外运重组情况。双方认为，两家运输合资合作并不因为企业重组受到影响。相反，将会得到国家级大型企业集团的有力支撑，发展空间会更大，合作的基础更加牢固。

25 日至 26 日 部分在泸的全国、省人大代表对泸州水运发展及港口建设进行专题调研。

26 日 由中国长航集团主持编著的《中华长江文化大系》正式出版发行。该《大系》拥有8编64卷，2 000多万字，6 000余幅珍贵图片，时间跨度五千年，地域涵盖整个长江流域。

△ 长江干线宜宾至重庆河段提高航道维护标准试运行启动仪式，在四川省宜宾市三江交汇处的合江门广场举行，长江航道局局长唐冠军宣布启动，标志着经过50多年建设的2 688公里的长江干线航道全部实现了船舶夜航。

27 日 交通部部长李盛霖来到大榭水上客运站检查“十一”黄金周节前安全工作，并深入现场与旅客进行交流，亲切慰问了客运站一线工作人员。

28 日 零时，三峡工程开始试验性蓄水，重庆、宜昌海事局采取有力措施积极应对确保水上平安。

十　月

7 日 经中国交通企业管理协会和交通行业优秀企业管理成果评审委员会评审，中交企字〔2008〕39、40号文公布，长航局系统荣获2008年度全国质量信得过班组1个、交通行业2008年度质量管理优秀质量管理小组18个、交通行业质量管理小组活动27周年优秀论文7篇、交通行业质量管理小组活动27周年特别奖2名、交通行业2008年度质量管理小组成果发布优秀奖3个、交通行业2008年度质量管理小组活动优秀企业2名、交通行业2008年度质量管理小组活动卓越领导者2名、交通行业2008年度质量管理小组活动优秀推进者3名、交通行业2008年度质量信得过班组及成果3个。

△ 作为“数字港口”的核心项目之一，常熟市港口管理局港政综合管理执法系统、港政无线执法系统招投标项目在苏州市建设工程市场举行投标、开标会。苏州市交通行业与产业项目招标投标管理办公室、苏州市交通局科技处等多位领导和专家参加了会议。

7 日至 10 日 中国海上搜救中心水上搜救工作检查组对长江海事局水上搜救工作进行了全面检查。

10 日 29.7万吨VLCC“长江之珠”出厂，正式加盟长航油运船队。这是国内第一艘拥有自主知识产权的VLCC，同时取得美国船级社和中国船级社双重船级。

12 日 经交通部批准，长江海事局2009年招聘指标94人纳入国家公务员考试。

15 日 长江水系区域海事机构联席会议第二次秘书处会议在长江海事局召开，来自长江水系八省两市的海事管理机构代表参加了会议，袁宗祥局长、朱汝明副局长出席了会议。

18 日 长江海事局2008年四季度安全例会

暨冬季安全管理工作会在黄石召开。会议期间，举行了长江干线黄石段水上交通安全监管系统启动暨黄石海事局新大楼揭牌仪式。

19日至21日 长江海事局第九届职工综合技能大赛在黄石举行，九江局等代表队荣获团体前三名，尹子卉等同志荣获海事业务个人技能前八名，周自勤等同志荣获轮机个人技能前三名。

23日 日本高规市友好访问团参观常州市运河改线工程。

△ 靠泊在常熟港益成码头的“福峰山”轮，装载着3000吨石膏粉驶向韩国OKKE港。该批石膏粉是常熟港再添的外贸出口新货种。

24日 长江干线港口企业安全工作研讨会在荆州港召开，会期2天。长航局副总工黄克艰、局机关有关处室领导，以及来自沿江部分港航管理单位、港口企业分管安全工作负责人共计44人参加了会议。

24日至26日 三峡局在2008年度全国交通行业优秀质量管理小组活动经验交流暨表彰大会上获得优秀QC小组、优秀企业、卓越领导者和先进班组等共计6个奖项。其中，2008年度质量管理小组活动优秀企业、卓越领导者、质量信得过班组及其成果和发布优秀奖四项均为首次获得的部级荣誉称号。

25日 为进一步提高云南省船舶检验专业技术人员素质和待遇，在昆明举行了首次注册验船师资格认定考试，全省共有64人参加了考试。这标志着从事船舶检验工作的专业技术人员开始实行职业准入制度，纳入全国专业技术人员职业资格考试制度。

△ 第二批全国注册验船师资格考试分别在昆明、成都、重庆、长沙、武汉、南昌、合肥7个考点开考，长江海事局局长袁宗祥、副局长李玉华巡视了武汉考点。

25日至26日 宣传姚泽炎同志先进事迹座谈会在江苏省南通市举行。长江海事局党委书记刘开智、交通部体法司副司长柯霖春及《人民日报》、新华社记者参加了座谈。

△ 国务院参事室一行四人就海船船员发展在武汉开展调研，长江海事局副局长李玉华就长江海事局辖区海船船员发展情况，以及海船船员管理工作中存在的主要问题和工作建议作了介绍。

26日 文山州人民政府在富宁港现场召开了一期工程进场动员大会，标志着云南水运东部出省出海水运大通道建设正式启动。富宁港一期工程将建设500吨级客运泊位一个、1 000吨级多功能泊位一个，总投资1.8亿元。

29日 第十七期海事管理轮训班结业，这标志着长江海事局基本完成职工技能三年达标工作，共组织举办轮训班49期，培训2 396人。

10月 国庆期间，长江海事局确保了118万人次渡运旅客、20万人次客运旅客、12万台次运输车辆渡运安全，分别比去年同期减少16%、33.5%、增加11.6%。辖区共发生险情8件，无人员失踪伤亡，无沉船。

十一月

2日 全国政协副主席郑万通、湖北省政协主席宋育英等一行30余人到三峡船闸考察。

△ 三峡船闸正式采取五级不补水运行方式，这是自2003年6月16日三峡船闸试运行以来首次实施该运行方式。

4日 海协会会长陈云林与海基会董事长江丙坤签署了两岸“海运直航”、“空运直航”、“通邮”及“食品安全”四项协议，其中在海运直航协议中，明确了台湾11个港口和大陆63个港口之间开通免税的海运直航，常熟港被首批列入直通名单。

5日 亚太经合组织港口服务网络成立大会在宁波召开，张德江副总理发来贺信。14个APEC成员经济体指定的理事会员、观察员等200多人参加此次大会。会议选举了理事会主席，并通过APEC港口服务网络议事规则、目标宣言、组织战略和长期规划。

6日 “深水航道与长三角发展”论坛在江苏南京举行，来自国家发改委、交通运输部、长江水利委员会、江苏省发改委、江苏省交通厅、长江航道局等单位的160多位专家、领导，围绕“建设长江下游深水航道，促进长三角及沿江经济社会发展”的主题，进行了深入讨论。

△ 长江海事局重庆、宜昌等各分支局举行第二届“长江渡船安全周”首日仪式。

8日 2008年02期（总第14期）航行

长江干线船员理论统考在重庆、宜昌、芜湖等 12 个考点进行，参加此次统考的船员共有 3 790 人。

11 日 由《新华日报》、《苏州日报》、《城市商报》、人民网、名城苏州网等多家媒体组成的苏州改革开放三十周年“港口行”采访团来常熟港采访。

△ 交通运输部在北京组织专家审查会，原则通过《武汉新港总体规划》。

11 日至 13 日 “新加坡·宁波周”活动在新加坡成功举办。其中由宁波市交通局牵头承办的宁波港口及现代物流业发展推介会在新加坡莱佛士会议中心正式举行，会上推介宁波港股份有限公司、镇海海铁联运物流枢纽港和宁波空港物流园区等六个单位项目的基本情况和合作意向，优惠政策及配套环境。

12 日 全国海事系统先进典型事迹报告会在北京举行，宜昌海事局刘波同志代表长江海事局汇报了宜昌巴东海事处的先进典型事迹。

△ “武汉新港”首批建设项目启动，阳逻集装箱二期和 80 万吨乙烯工程开工。湖北省委书记罗清泉，交通运输部副部长冯霖，湖北省委副书记、武汉市委书记杨松参加启动仪式。

13 日 长江无委与四川省无委签订了《长江干线四川段水上无线电联合管理办法》。

△ 岳阳海事局、宜昌通信局在监利召开监利海事处与监利通信处合署办公动员会，拉开了长江中游海事通信试点的序幕。

16 日 长江海事局 2003 至 2008 年渡船安全管理工作评估会在岳阳召开。会议期间，举行了长江干线岳阳段水上交通安全监管系统启动暨岳阳海事局新办公楼启用仪式。袁宗祥局长、刘富华副局长、朱汝明副局长等领导参加了会议。

△ 长江引航中心在第六届中国货运业大奖颁奖典礼上当选“全国十佳引航机构”。

18 日 武汉市港航管理局与浦发银行武汉分行在武汉新世界大酒店联合召开“黄金水道中小企业融资产品发布会”，为中小企业解决融资难问题。

△ 武汉新港黄冈唐家渡综合码头工程、鄂州三和管桩码头工程举行启动仪式。

18 日至 21 日 交通运输部人劳司司长何捷率领考核调研组一行对长江海事局领导班子和领导干部思想政治建设和作风建设进行考察调研。

19 日 我国内河第一艘自主研发的环保电力推进船在昆明滇池北岸开工建造，标志着云南高原库、湖区水上旅游将走向快捷、安全、环保、和谐发展之路。

20 日 以田中宪夫为团长的日本川内商工会议所经济交流访中团一行 14 人访问常熟港。

△ 江苏省交通运输厅、港口局组织召开苏州港常熟港区海轮锚地建设工程方案设计审查会，通过了该工程方案设计。江苏海事局、长江南京航道局、苏州港口局及设计单位长江航道规划设计院等单位的 28 名代表和专家参加了审查会。

21 日 长航局在汉举行长航创新型职工标兵郑启湘先进事迹报告会。

△ 宁波港口起吊第 1 000 万只集装箱，集装箱吞吐量已位居中国第四位，全球第 8 位，表明宁波港口正式进入世界港口 10 强行列。

22 日 中共中央政治局委员、国务院副总理张德江到青山船厂视察。国务院国资委主任李荣融、工业和信息化部副部长苗圩等国务院有关部委负责人，湖北省委书记罗清泉、省长李鸿忠，武汉市委书记杨松、市长阮成发等领导陪同视察。

23 日 巫山龚家坊水域出现滑坡。重庆海事局立即启动了滑坡应急预案，并上报了重庆市人民政府值班室和长江海事局。滑坡未造成人员伤亡和船舶损失。

25 日 长江海事局制定“长江海事服务船民、帮扶企业八条措施”并发出通告。

26 日 江苏省港口局港口设施保安核验专家组来常熟港进行 2007—2008 年度《港口设施保安符合证书》核验，兴华港口、益成特钢、长春化工三家码头企业接受并通过了核验。

28 日 云南省航务局召开第二轮《水运志》审查会议，省志办、交通志编委会、省交通运输厅、省航务局等部门领导和专家参加了会议。

11 月 杭甬运河正式被列入中国大运河申遗范围，杭甬运河宁波段的保护与申遗工作也随之全面铺开。宁波市成立运河申遗工作领导小组，市长毛光烈为组长。

十 二 月

1 日 国内首艘 30 万吨级超大型矿砂运输船

（VLOC）“中远川崎 56 号”在长江引航中心引航员的精心引领下安全出江试航。

△ 《浙江省水路运输管理条例》已经省人大常委会修改通过并公布实施。《条例》明确了港航管理机构作为水路运输行政管理的法律主体，实施行政许可、行政监管和行政处罚等具体行政行为，并承担相应的法律责任。

2 日 宁波港航管理局在应对世界金融危机中率先开展“服务企业，帮困解难”系列活动，组织 20 家水运企业参加全省航运企业与银行合作洽谈，又举办宁波市航运企业与银行洽谈会，初步取得融资 4 亿多人民币的明显效果。

3 日 交通部表彰行政执法先进单位和集体（交体法发〔2008〕421 号文），长航局系统的重庆海事局（机关）、长江航运公安局南京分局（机关）获交通依法行政示范单位称号；长江武汉航道局、黄石海事局获交通行政执法责任制示范单位称号。

5 日 交通部在湖北省宜昌市组织召开“三峡枢纽坝区航运配套通信工程竣工验收会议”。三峡局“三峡枢纽坝区航运配套通信工程”通过竣工验收，并被评定为优良工程，正式移交运行管理单位。

△ 由金沙江向家坝水电站建设指挥部组织，云南、四川两省相关单位参加的实船货物翻坝转运试验取得初步成功。参与试验的船舶共 9 艘，最大吨位 1 300 吨，最小吨位 300 吨。

8 日 交通部海事局下发《关于授予长江海事局袁宗祥等同志副总监的决定》，授予袁宗祥、刘开智同志为二级副总监，授予刘富华、熊学斌、李玉华、朱汝明、闻新祥、陈勇、何爱平同志为三级副总监。

10 日至 11 日 大连海事大学武汉函授站、交通运输部党校长航武汉分校和长江航务管理局党校揭牌仪式分别在培训中心举行。

11 日 由四川省航务管理局主办，泸州市航务管理局承办的全省水路运政及港口经营业务工作会在泸州合江县隆重召开，四川省航务管理局、泸州市交通局、合江县政府、泸州市航务局及全省其他 20 个地市州航务管理局的领导和到会代表近 80 人出席了会议。

15 日 通信局完成重庆至宜宾光传输和 VHF 系统主体工程建设，标志长江干线宜宾至上海 2800 余公里光传输和 VHF 通信全线贯通、全面覆盖。

16 日 交通部项目考评组对长江海事局 2008 年长江干线水上巡航与救助一体化专项工作经费项目进行了绩效考评，该项目以 98.35 分通过了部考评组的绩效考评。

17 日 南昌港集装箱码头工程通过竣工验收。

18 日 常熟港至台湾直航仪式隆重举行。常熟市人民政府副市长朱立凡、苏州市台办、常熟市台办、口岸联检单位、码头企业等代表出席了直航仪式，并由常熟市港口局、中外运常熟船务代理有限公司和台湾永顺隆航运股份有限公司三方代表共同签署了直航“五项”优惠协议。

△ 长江海事局举行船员流动学校揭牌仪式，袁宗祥局长、刘开智书记共同为长江船员流动学校揭牌。随后，各分支海事局领导依次为各自辖区船员流动学校揭牌。这标志着船员流动学校在长江全线正式启动。

19 日 中国长江航运（集团）总公司接到国资委通知，国务院批准中国长航和中国对外贸易运输（集团）总公司重组。具体重组事宜，正在筹备中。

21 日 长江海事局在岳阳举行海事职务等级标识授予仪式。授予仪式由局长袁宗祥主持，部海事局党委书记梁晓安，长航局局长金义华出席了仪式。

△ 长江海事局在岳阳召开了深化长江通信管理体制改革实施动员大会。会议由党委书记刘开智主持，长航局局长金义华莅临会议指导。

22 日 常熟港实现了年货物吞吐量突破 4 000 万吨和集装箱吞吐量突破 30 万标箱的新跨越，达到了 4 020 万吨和 30.5 万标箱，再次创下了常熟港货物吞吐量的历史新记录。

22 日 由武汉市交委和楚天交通广播联合推出的武汉交通改革开放 30 年“十件大事、十大工程”隆重揭晓，武汉新港建设启动入选“十件大事”，阳逻、杨泗港集装箱码头入选“十大工程”。

24 日 常熟市水利局、常熟市港口管理局、常熟海事处以及长航公安局苏州分局常熟派出所四家单位开展水上联合执法，对常熟港辖区内白茆小沙处的非法采砂经营活动实行了联合执法整治。

△ 2008年江苏省厅代管代征港口建设费征管工作总结会议在常熟召开。江苏省交通运输厅、省港口局王昌保、王元春等领导，苏州、无锡、常州、扬州、泰州、太仓、张家港、常熟、射阳等港口的分管领导、财务科科长、负责港口建设费征管工作的人员参加了会议。

25日至26日 由上海、浙江、江苏、长江海事局共同举行的“长江黄金水道海事管理研讨会”在上海召开，长江海事局局长袁宗祥、副局长朱汝明参加了会议。

26日 汉江汉川至蔡甸航道整治工程举行开工仪式，武汉市副市长尹维真出席开工典礼。工程（42km）总投资近2亿元，建设内容包括护滩（底）带、挖槽、填槽、镇脚、清障等及设立相应航道配套设施。工程完成后，该段航道尺度将达到2.4×90×500米(水深×航宽×弯曲半径)，与其下游航道同步达到III级标准。

27日 长江海事信息系统二期工程通过竣工验收并被评定为优良工程。

28日 受交通部委托，长航局副局长阮瑞文作为金沙江向家坝水利枢纽截流验收委员会副主任，代部参加金沙江向家坝水利枢纽截流验收。验收结束后，阮瑞文到宜宾航道局调研。

△ 长江航道养护费征稽工作总结表彰会在武汉隆重召开，这是在国家燃油税费改革政策即将正式出台之际长江航道局召开的一次具有历史意义的会议。按照国务院出台的改革方案，2009年元月1日航道养护费将被取消，这意味着征收了17年的长江干线航道养护费将结束历史使命，改为国家税收。

29日 交通部水运司基本建设项目验收组对三峡局“三峡坝区通航船舶服务区待泊锚地建设工程”及“三峡枢纽航运配套设施工程”进行竣工验收。

△ 中国长航集团总经理刘锡汉代表中国长江航运集团与中国工商银行正式签定了《债权转股权协议》和《中国长江航运有限公司章程》。这标志着长航集团与中国工商银行债转股工作进入正式实施阶段。

△ 长江海事局新组建的信息中心正式揭牌，原长江通信管理局机关及其直属机构人员成建制划入长江海事局信息中心，标志着深化长江通信管理体制改革第一阶段工作圆满完成。

△ 长江海事局召开长江通信管理局干部大会，宣布新组建的长江海事局信息中心正式成立，并举行了隆重而简朴的揭牌仪式，标志着深化长江通信管理体制改革第一阶段工作圆满完成。

30日 宁波市水运运力达到300.4万载重吨，比上年净增38万载重吨，增幅14.5%，为年度目标106.1%，提前两年完成市“十一五”运力发展目标。

31日 长江海事局召开了2008年度局情通报会。

第三编　　机构

·机　构·

【交通部长江航务管理局（简称长航局）】

长江航务管理局是交通部的派出机构，对2 838公里长江干线（云南水富—上海长江口）航运行使长江水系及干线航运规划管理、运输管理、建设管理、水上交通安全管理、水上治安和消防监督管理、三峡通航管理等行业管理职能，现有6个直属单位：长江海事局、长江航道局、长江三峡通航管理局、长江航运公安局、长航总医院和中国水运报刊社。

2008年，长航局深入学习实践科学发展观，深化“三个服务”，精心组织，统筹协调，狠抓落实，全面完成了全年工作任务。运输生产继续增长，安全形势持续稳定，干线航道保持畅通，三峡通航平稳有序，规划建设加快推进，抗灾应急保障有力，奥运安保全面胜利，系统上下和谐稳定，长江黄金水道作用进一步发挥，为实现“十一五”目标打下了坚实的基础。长江干线规模以上港口完成货物吞吐量10.15亿吨，同比增长10.6%；货运量突破12亿吨，同比增长7.8%；外贸货物吞吐量1.18亿吨，同比增长1.7%；集装箱吞吐量696万TEU，同比增长25.7%。三峡船闸货物通过量和断面通过量再创历史新高。辖区连续三年未发生一次性死亡10人以上事故。长江干线实现统一引航。干线航道实现全线夜航，南浏数字航道基本建成并投入使用，航道现代化水平有了新的提高。长航局系统在建项目投资总规模逾40亿元，完成投资13亿元。征收规费12.3亿元，经营性收入38亿元。

地　址　武汉市汉口沿江大道134号
邮　编　430014
电　话　（027）82767481
传　真　（027）82818377
网　址　http://www.cjhy.gov.cn

（长航局）

【长江海事局】　长江海事局是经国务院批准设置的交通部直属14个海事局之一。代表国家依法履行水上安全监督管理职责，管辖长江重庆至安徽段全长2 100公里干线、1 000公里支流（汉河道）水域和19个水库（湖泊）。下设重庆、三峡、宜昌、荆州、岳阳、武汉、黄石、九江、安庆、芜湖海事局等10个分支海事局和58个海事处，以及长江通信管理局、长江引航中心、长江海事局职工培训中心。现有职工7 700余人。辖区主要港口有23个，年吞吐量2.5亿吨；码头1 033座；已（在）建大桥53座；渡口1 043处，渡船1 097艘，年渡运量4 000万人次。常年航行辖区船舶6万艘，涉及船公司2 000多家，其中“四客一危”船公司300家，“四客一危”船舶5 000艘，年客运量5 000万人次，危险货物运量25 000万吨。管理注册船员8万余人，持证船员3.5万人。

2008年，在上级的正确领导下，局广大干部职工尽心尽职、勇于创新、再接再厉，全面完成六大任务，辖区再次实现未发生10人以上群死群伤事故和重大船舶污染事故，职工满意度98，社会满意度91.9。根据中央精神文明建设指导委员会办公室下发的《关于表彰第四批全国创建文明村镇工作先进村镇、精神文明建设工作先进单位的决定》通知，长江海事局连续两届荣获“全国文明单位”称号，重庆海事局、长江引航中心被授予第四批“全国创建精神文明建设工作先进单位”。

地　址　武汉市解放大道1525号
邮　编　430016
电　话　（027）82422242
传　真　（027）82426348

（长江海事局　程　杰）

【长江航道局】

·机构职责

长江航道局严格按照国家关于航道建设、养护、管理和规费征稽的方针、政策、法律、法规、规章及有关技术标准，对长江的干线航道及海轮、缓流、进港、小轮等航道实施建设和维护管理。负责所辖航道的发展规划编制；制定建设、养护、管理所辖航道及其设施和规费征稽管理的实施方案和规章制度；审查所辖航道重大的与通航有关的拦河、跨河、临河建筑物的通航标准和技术要求；组织所辖航道的疏浚、爆破、救捞、测量等施工建设。

·机构设置

机关直属单位　长江航道工程建设指挥部、长江干线航道养护费征稽处、长江航道局档案信息中心、长江航道局机关事务服务中心、长江航道局机关离退休职工管理中心、长江航运研究杂志社。

事业单位　长江宜宾航道局、长江泸州航道局、长江重庆航道局、长江宜昌航道局、长江武汉航道局、长江南京航道局、长江航道规划设计研究院、武汉航道学校、长江航道测量中心、长江航道局上海办事处。

施工单位　长江重庆航道工程局、长江宜昌航道工程局、长江武汉航道工程局、长江南京航道工程局、长江航道救助打捞局。

主要负责人　局长：唐冠军；党委书记：李伟红；副书记：方大怀；副局长：陈晓云、郭晓浩、魏志刚、付绪银、李国祥；总工程师：李国祥（兼）；总会计师：付绪银（兼）。

人员编制　2008 年，职工总人数 15 137 人。其中在职职工 9 074 人，离退休人员 6 063 人。

技术力量　高级职称 313 人，中级职称 1 442 人，初级职称 1 885 人。

地　址　武汉市解放公园路 16 号

邮　编　430010

电　话　（027）82767633

传　真　（027）82733794

邮　箱　cjhdjjb@263.net

（长江航道局　茅生斌）

【长江三峡通航管理局（简称三峡局）】　三峡局是交通部长航局设立在湖北省宜昌市主管长江三峡河段（庙河至中水门，全长 59 公里）通航业务，具有行政管理职能的事业单位。主要负责长江三峡、葛洲坝水利枢纽通航建筑物及其配套设施的运行、维护、管理和辖区水域的通航安全管理工作。

三峡局以“服务三峡工程建设、服务长江航运事业、服务地方经济发展”为宗旨，以创建全国“文明样板航道”、湖北省“最佳文明单位”为主线，全局广大干部职工团结奋进、务实创新，全面提升三峡通航服务水平，有力保障了辖区水域的安全畅通，树立了交通行业良好的窗口形象。2001-2002 年度被授予省市两级“文明单位”；2003-2004 年度被授予省市两级“文明单位”、省级最佳文明单位；2007 年 4 月 29 日，荣获 2007 年湖北省五一劳动奖状，成为长航系统第一个获得“湖北省五一劳动奖状”的单位。辖区河段 2003 年被授予全国“文明样板航道”称号、2005 年被授予全国交通运输十佳文明畅通工程。局属“三峡水上政务中心”被授予交通部“文明示范窗口”，三峡船闸管理处被中央文明委授予“精神文明建设工作先进集体”，葛洲坝一号船闸集控室被评为全国青年文明号，三峡船闸集控室被评为省市两级“杰出青年文明号”。

三峡局着力塑造“服务型通航”品牌形象，提出了“服务沿江经济发展和库区移民、服务三峡工程、服务航运企业”的“三个服务”的管理目标，取得了良好的社会效益。

地　址　湖北省宜昌市三峡坝河口

邮　编　443133

电　话　（0717）6963228

传　真　（0717）6613077

（三峡局　何　宁）

【长江航运公安局（简称长航公安局）】　2002 年，国务院、中编办和交通部相继下发《国务院关于长江港航公安管理体制改革有关问题的批复》（国函[2002]1 号）、《关于批复长江航运公安局机构设置和人员编制的通知》（中央编办复字[2002]181 号）和交通部《关于长江航运公安局主要职责、机构设置和人员编制的通知》（交人劳发[2003]245 号），明确长江港航公安机构作为国家治安行政力量和刑事司法力量的重要组成部分，行使跨区域的中央管理水域的公安管理事权，明确长航公安民警纳入国家行政编制，所需经费由中央财政负担。

主要工作职责：一是贯彻执行国家有关法律法规和公安部、交通部有关公安保卫工作的方针、政策；二是负责实施长江中央管理水域治安行政管理工作，查处治安案件，维护治安秩序，保障客货运输安全；三是负责侦破发生在长江中央管理水域的各类刑事案件，预防、制止和打击各类刑事犯罪活动；四是负责长江中央管理水域水上设施、船闸和客运、货运船舶治安保卫工作；负责反恐怖、反劫船等工作，处置突发性事件；五是负责长江中央管理水域航行、停泊、作业的中外民用船舶、水上设施、趸船、码头的消防监督管理工作；六是负责长江中央管理水域外籍船舶、船员、旅客等出入境管理工作，查处涉外案件；七是负责长江中央管理水域的警卫工作；八是负责长江航运公安机关党的建设和队伍建设；九是承办上级交办的其他工作。

2008年，长航公安局机关内设8个业务处室、2个党的工作机构和5个实战单位。在长江干线设泸州、重庆、万州、宜昌、荆州、岳阳、武汉、黄石、九江、安庆、芜湖、南京、镇江、苏州、南通、上海等16个公安分局和1所长江航运人民警察学校（交通部公安民警培训中心）。

地　址　湖北省武汉市黄陂街10号

邮　编　430021

电　话　（027）82766806

传　真　（027）85704586

（长航公安局　桑汉成　冯维佳）

【长江通信管理局(简称通信局)】　通信局为交通部所属的长江干线水上安全通信管理的主管部门，负责泸州至上海2 800余公里长江干线水上安全通信的行政管理和保障工作。

其主要职责为：贯彻国家及交通部关于水上安全通信发展战略、方针、政策和法规；拟定长江干线水上安全通信的有关规章制度、技术标准和规范、长江干线水上安全通信发展战略，组织编制长江干线中长期规划和年度计划，报经批准后负责组织实施；负责长江干线无线电台设置审批、船舶电台执照核发、进网船舶登记、发证、年审和备案、通信纪律纠察管理、通信秩序的维护、船舶航行通告、安全警告等各类水上安全信息的发布、长江水上安全通信、应急通信、危险水域及重点控制河段专项通信以及军运、战备、警卫通信保障工作；同时还要开展对长江干线船舶电信业务岸台费的征收、管理和稽查等工作。

2008年，通信局实行局、直属局、处三级管理体制，下辖重庆、宜昌、武汉、芜湖、南京、上海6个通信管理局和泸州、重庆、涪陵、万州、巴东、宜昌等26个通信管理处。

长江安全通信专网是长江船舶安全航行的重要保证，是长江航运实现可持续发展战略的基础和前提。它在为航运的安全监督、遇险救助、航道维护、调度指挥及管理决策等方面发挥着极其重要的作用。全局拥有固定资产近6亿元。

“面向水系、面向用户、面向市场，创一流服务和效益，质量第一，用户至上，诚信服务”是通信局的工作宗旨，为促进长江航运事业的发展作出积极的贡献。

地　址　武汉市江岸区合作路16号

邮　编　430014

电　话　（027）82763944；82767510

传　真　内线：（0310）3631

外线：（027）82761598

（长江通信局　党委工作部）

【长江航运总医院·武汉脑科医院(简称长航总医院)】　长航总医院隶属交通部长航局，创建于1954年，是一所集医疗、教学、科研、防疫于一体的现代化综合性三级医院，湖北省认定的第一所脑科医院，武汉市医疗保险定点医院，交通事故救治指定医院，武汉市新型农村合作医疗转诊定点医疗机构，水上110联动急救定点医院，武汉大学医学院等医学院校的教学医院。

截止2008年底，长航总医院在职职工758人，卫生专业人员616人。其中高级职称72人（20余人被武汉大学医学院聘任为兼职教授、副教授），中级职称266人，初级职称278人，行管工勤人员142人。离退休职工609人。病床设置552张，其中综合病床352张，脑科病床200张。开设临床、医技专业科室40个，专家专科门诊34个。常年聘请中国工程院院士、世界著名的神经外科专家、国家突出贡献奖获得者王忠诚教授及北京天坛医院神经内、外科及神经介入、放射共10余名专家为医院客座专家，并有脑外科专家常驻医院开展专家门诊及各种神经外科手术，神经内科专家每月定期来医院开展查房、教学、门诊及会诊。主要医疗设备有：1.5T核磁共振、介入数字血管造影机、螺旋CT和全身CT、DR电子手术显微镜、高压氧舱、彩超及B超系列、心功能检查及运动心电图系统、脑电图、经颅多普勒、新型碎石机、电子胃镜、电子肠镜、纤维支气管镜等各种内窥镜、全自动生化分析仪等一系列现代化的医疗设备。已成功开展冠状动脉造影术、PTCA及冠脉内支架置入术、心脏永久起搏器安装术、各种关节置换术、关节镜手术、断肢再植术、肝叶切除术、腹腔镜等腔镜手术、体外震波碎石术、前列腺电切术及同位素放射治疗、肿瘤介入及热疗、脑血管造影和介入治疗、人工肾血液透析及腹膜透析等医疗技术。脑科已成功开展了涉及脑干、三脑室、高颈段脊髓等颅内、髓内各类肿瘤近30个病种的显微神经外科手术，部分手术技术达国内先进水平，有的技术填补了中南地区神经外科领域的空白；神经内科开展的“卒中单元”以早期溶栓、介入、康复等治疗技术于一体，明显降低伤残率和死亡率。

2008年，长航总医院门诊工作量为18.37万人次，收治入院病人 5 087 人次。同比分别增长了4.63%、19.1%

2008年4月，长江航务管理局对该院领导班子和成员进行了民主考评，在广泛听取职工群众意见的基础上，通过竞聘，经长航局党委决定：院长王凯，党委书记谢刚，党委副书记李怡斌（兼纪委书记），副院长胡飞，副院长谢刚（兼职），副院长陈学林，工会主席赵子星。

地　址　武汉市惠济路1号
邮　编　430010
电　话　（027）82451091
传　真　（027）82451091

（长航总医院　王春兰）

【中国水运报刊社】

·《中国水运报》《中国水运报》创刊于1984年7月1日，由交通部主管、中国水运报刊社主办，是中国传媒领域唯一报道中国水路运输为主要内容的报纸。《中国水运报》是社会各界了解我国水路运输的权威媒体，也是世界各国全面了解和观察我国水路运输进步和发展的重要窗口。“专业服务行业，新闻创造价值”是《中国水运报》的理念；“行业主流媒体，水运权威报道”是《中国水运报》的追求。

·《中国水运》杂志　《中国水运》杂志创刊于1979年10月，由交通部主管、中国水运报刊社主办，面向全国公开发行的综合性月刊。《中国水运》杂志坚持为我国水运事业发展服务的办刊宗旨，宣传党和国家发展水运的方针政策，阐释国际国内水运法律法规，普及推广水运科技成果，分析水运市场经济形势。是交通运输从业人士的必读刊物。

·中国水运网　中国水运网（www.zgsyb.com）是以交通水运行业信息为资源，以打造信息资源平台为己任，依托政府资源、行业资源和关联资源为生产对象，精心整合，全面展示交通水运行业发展趋势，全面快速传播交通行业资讯。

2008年，《中国水运报》新闻宣传百花齐放，异彩纷呈。截止11月底，共完成出报137期，1 096个版面，经湖北省新闻协会专家评审出甲等版面89个，四星级稿件209篇。出版中国水运杂志11期，半月刊11期，中国水运网发布各类信息14 500多条，其中关于长江航运方面的信息3 000多条。2008年在湖北省专业报记协好新闻评选中，中国水运报共有23篇作品获奖，获奖总数和一等奖总数连续5年名列全省30多家专业报第一名。

报纸编辑部：
电　话　（027）82767376；82818431
传　真　（027）82836021
记者部：
电　话　（027）82780546（传真）
杂志编辑部：
电　话　（027）82767375
总编室(中国水运网)：
电　话　（027）82763414
广告经营中心：
电　话　（027）82767441；82833979
传　真　（027）82830904；82805876
通联发行部：
电　话　（027）82767977
计划财务部：
电　话　（027）　82767409
党政办公室：
电　话　（027）82767465
传　真　（027）82805539
地　址　武汉市青岛路7号青年大厦15楼
邮　编　430014

（中国水运报刊社　吴运福）

【中国船级社武汉分社（简称武汉分社）】　武汉分社是中国船级社（CCS）的直属机构，下辖宜昌分社、九江办事处、黄石办事处、沙市办事处等4个三级单位，船舶检验业务范围上至宜昌、下至九江；船用产品检验业务覆盖湖北、湖南、江西、河南等4省份。

2008年，武汉分社有职工141人，其中专业技术干部136人，占职工总数的96.5%，具有高级技术职称的有82人，占专业技术干部的60.3%；在专业技术干部中具有研究生以上学历的有9名，占在职人员人数的6.4%；有21人具有国外检验的经历，有 1 人具有参加国际会议的经历；同时，还拥有一批一专多能的专业技术干部。包括 ISO9000 国家注册审核员 6 人，ISO14000 审核员 3 人，OHSAS18001 职业安全卫生管理体系审核员 3 人，A 类 ISM 审核员 4 人，ISPS 审核员 3 人，NSM 审核员 16 人，监理工程师 5 人，安全评估人员 2 人，保险公估人员 2 人，注册资产评估师 1 人。

武汉分社以科学发展观统领各项工作，坚持以稳定为核心，坚持以发展为前提，坚持以调整为动力，坚持以制度为保证，促进了分社平稳、健康、和谐全面发展。

地　址　武汉市六角亭新路 128

邮　编　430022

电　话　（027）85859491

传　真　（027）85856274

（武汉分社　曹树槐）

【中国船级社武汉规范研究所（简称武汉规范研究所）】 武汉规范所成立于 1985 年 7 月 1 日（原为“中华人民共和国船舶检验局河船规范科研所”），1998 年根据国务院关于水监体制改革的精神，实行局社（“中华人民共和国船舶检验局”与“中国船级社”）政事分开，改为中国船级社武汉规范研究所。2001 年 3 月，武汉规范所正式成为直属中国船级社领导的独立单位。

主要职责：编写、维护内河船舶规范；承担内河船舶的审图工作；承担内河船舶规范等技术文件；翻译内河船舶规范等技术文件；研究开发有关内河船舶新技术；参加 IMO/IACS 相关工作；管理武汉救生设备检测中心；承担工业领域有关技术项目研究、开发，对中国船级社工业服务工作提供技术支持。

机构设置：内设规范法规部、审图部、工业技术部、培训部、所长办公室等五个部门。

2008 年，有职工 73 人，其中博士研究生 4 名、硕士研究生 27 名、本科生 36 名，拥有船体、轮机、电气、防火结构等专家型人才，是一支综合实力强、技术含量高、具内河船舶规范技术权威的科研单位。

2008 年，武汉规范所党政领导班子在统一思想、提高认识的基础上，提出了全年发展的新思路，即围绕“一个核心、二个重点、三个服务、四个作用、五个创新”的工作目标，认真贯彻落实全国交通工作会议和系统工作会、安委会、安全质量工作会议精神，在确保安全质量的前提下，围绕总部提出的“可持续发展、对标方法、绿色船舶计划、五五一一”等中长期愿景目标，切实抓好领导班子建设、党风廉政建设和思想政治工作，认真落实科学发展观，以求真务实的工作作风努力开拓，大力抓好人力资源建设，优化内部管理，规范科研能力，审图能力得到提高，服务质量受到用户好评。全年承担规范科研项目 27 项（其中 08 年总部新立项 18 项，内河船标委委托项目 1 项，跨年度项目 8 项）；受理审图申请 112 项，其中入级船舶图纸 28 套、国内入级船舶图纸 42 套、国内持证船舶图纸 42 套。截止 12 月底，共完成审图收入 513 万元、技术服务收入为 138 万元，合计收入 651 万元，为收入预算的 108.5%，全面完成了总部下达的财务指标和各项工作任务。

地　址　武汉市六角亭新路 128

邮　编　430022

电　话　（027）85864953

传　真　（027）85865165

（规范研究所　熊　军）

【中国船级社武汉培训中心（简称武汉培训中心）】

武汉培训中心是中国船级社的直属机构，成立于 1985 年（原为中华人民共和国船舶检验局武汉培训中心），2001 年中国船级社科研体制改革，确定武汉培训中心纳入支持保障体系；其行政关系由武汉规范研究所代管，业务关系由总部直接管理。主要负责中国船级社在职干部的培训工作，同时根据总部的指示承担部分地方船检人员的培训。

2008 年，武汉培训中心为完善中国船级社目标型培训体系（GBTS），加强培训基础建设，组织编制了国内船舶审图验船师培训大纲模块（建议稿），完成了《国内航行船舶修造工艺》培训教材（试用），对《无损检测技术》培训教材进行了修改、完善，提出了对规范科研及验船人员的规范/法规培训教材的编制思路，为提高验船师技能知识的培训打下了坚实的基础。承办各类培训班 16 个，培训学员 600 多人，并制作了“ISM 审核员须知”、“产品检验须知/指南”培训视听教材 100 多套，下发系统内各相关单位进行滚动培训，取得较好效果。

地 址 武汉市六角亭新路128

邮 编 430022

电 话 （027）85863924

传 真 （027）85869461

（规范研究所 熊 军）

【中国船级社重庆分社（简称重庆分社）】 重庆分社是中国船级社（CCS）的直属机构，下辖万州办事处、涪陵办事处、成都办事处等单位。2008年，重庆分社认真贯彻总部系统工作会精神，结合区域内造船、航运及船舶配套产品蓬勃发展的实际情况，紧紧抓住重庆市政府贯彻胡锦涛总书记“314战略”要求加快建设长江上游航运中心的新机遇，确立了以“品牌服务，和谐发展”为总体工作思路，全力完成了两个方面的工作：一方面整合内部资源，规范管理。对标兄弟单位及国内外同行，完善培训体系，不断提升检验技术水平，打造一支技术过硬、服务一流、团结高效的验船师队伍；另一方面在保证技术服务竞争力的基础上，对外加大品牌建设力度。通过市场拓展、客户维护、定期走访、业务交流、文明共建，树立良好的服务品牌形象，提高市场占有率，使重庆分社成为高端服务产品提供方，实现市场工作重心由“偏重客户情感”向“偏重CCS品牌和为客户提供创新增值服务”转变。特别是汶川“5.12”特大地震的自然灾害面前，重庆分社全体员工坚守工作岗位，团结一心克服各种苦难，用优质的检验工作服务灾区重建，表现出了分社员工应有的优秀品质。

重庆分社坚持通过提高检验质量、优化服务流程，紧紧围绕“学习实践科学发展观”的核心内容以及巩固市级文明单位成果的要求，把品牌建设落实到各项检验服务工作中，肩负起应尽的社会责任，确保奥运年检验安全质量工作和质量体系持续有效运行，为总部可持续发展管理体系建设和“CCS绿色船舶计划”添砖加瓦。通过“对标”管理，重庆分社做到了“四个达到”：一是通过抓市场开拓，检验收入突破3 600万元大关，超额完成收入指标。二是通过狠抓检验安全质量，实现了检验质量责任事故、所检入级船舶PSC滞留率零指标；涉外游船、国内客船、川江汽车滚装船的检验管理得到进一步强化；CSA、CSAD船舶检验和船用产品检验质量稳步提升，在区域船检机构中管理水平和竞争能力保持领先。三是通过抓党风、行风、职业道德建设，实现干部员工队伍无违法违纪行为发生，使行风职业道德建设更上一个新台阶，巩固CCS品牌在西南地区的影响力。四是通过优质把关服务，达到检验服务重大投诉零记录。

地 址 重庆市渝中区陕西路三巷6号

邮 编 400011

电 话 （023）63827124

传 真 （023）63842535

（重庆分社 办公室）

【中国长江航运（集团）总公司（简称中国长航集团）】 中国长航集团以江海联运为核心能力，是我国航运企业中唯一能实现远洋、沿海、长江、运河全程物流服务的航运企业，也是国家首批57家试点企业集团和计划单列企业集团之一，现为国务院国有资产监督管理委员会管理的大型企业集团。

截至2008年底，中国长航拥有资产总额501亿元，从业人员约7万人。现有全资子公司18家、控股子公司1家、境外子公司1家，分布在长江沿线江苏、安徽、江西、湖北、湖南、四川与上海、重庆等6省2市和深圳、珠海两个经济特区，并在沿江沿海各大港口，在美国、德国、新加坡等国家和香港地区设有子公司、合资公司和驻外机构。按照国资委对中央企业主业定位的要求，中国长航集团主要经营水上运输、船舶制造及修理、物流和相关配套服务，其中以水上运输为核心主业。水上运输主业拥有和控制各类运输及辅助船舶2 460余艘，载货吨700余万吨，主要提供煤炭、矿石、建材、非金属矿、钢铁等干散货、石油、集装箱运输，液化气、滚装、散装水泥及沥青等特种运输服务。航线覆盖长江干线及主要支流，辐射沿海、近洋、远洋，已开辟了远洋石油环球运输及干散货远洋运输航线。目前，海上运输周转量已占集团总量的70%以上，初步形成了以长江为基础，以江海直达、江海联运为特色，沟通沿海、远洋，跨地区、跨国经营的外向型发展格局。

中国长航集团造船工业有7个大中型船厂。

2008 年造船产值近 120 亿元，占长江造船企业总产值的 20%以上，能建造 10 万吨级以下各类型船舶，主要出口到欧美市场，已成为我国造船工业出口创汇的重要基地。同时，还提供机电、港机、钢结构等非船产品业务。旅游产业拥有各类涉外、国内旅游船 29 艘，其中三至五星级涉外豪华游船 18 艘，涉外游船年接待量达 10 余万人次，占长江游船接待量的 1/3 左右，是长江上最大的旅游企业，曾多次完成党和国家领导人及外国元首政要警卫接待任务。燃油贸易产业与中国石化联营，年销售燃油量突破 200 万吨，占长江水上燃油销售量的 60%以上。此外，还经营房地产开发、汽车服务、酒店餐饮、对外经济技术合作，以及进出口贸易、计算机网络开发等相关多元业务。

中国长航集团坚持“诚信、优质、共赢”的经营理念，长期以安全、优质、高效的服务，支持事关国家命脉产业的发展，创造了较好的经济效益和社会效益，为沿江经济发展和社会进步作出了不可替代的贡献。中国长航集团年货物运输能力近 2 亿吨，实现的长江货运量占长江水系总量约 25%，货运周转量约占 50%；其中重点物资如矿石运量约占 80%，原油运输达 100%。同时，中国长航集团在军事交通战备保障、抗洪抢险以及国家重要接待任务中，发挥了国有企业“主力军”作用，被誉为“长江国家队”、“国宾船队”。

地　址　武汉市沿江大道 69 号
邮　编　430021
电　话　（027）82767455
传　真　（027）82767043
邮　箱　office@china-csc.com
网　址　http://www.china-csc.com

（中国长航集团）

【中国长航上海长江轮船公司（简称上海公司）】

上海公司是国务院国资委监管的中国长航集团的核心成员。公司成立于 1952 年，是以游船旅游和航运物流为主体，集船舶修造、房产开发、汽车服务、医疗和培训等经营业务为一体的大型综合性航运企业。

上海公司根据客户需求和市场发展的趋势，致力于服务长江三峡旅游、黄浦江旅游和长江、沿海、近洋集装箱客户以及外贸件杂货客户。同时，公司为客户提供国际船舶代理、国际货物运输代理、集卡运输、码头装卸、船舶修造等航运业务的服务。公司经营的长江三峡旅游船队其规模是国内最大的涉外游船公司，具有丰富的专业管理经验和高品质的服务；公司开辟的黄浦江及长江下游经典航线，引领滨水旅游新时尚；公司集装箱运输形成洋山港“穿梭巴士”和近洋“长航快航”的服务品牌；公司汽车服务以其规模和服务跃居行业前列，房产开发打造长航精品楼盘；公司医疗与职业培训为社会提供优质服务。

2008 年，上海公司全体员工上下一心，克难奋进，努力拼搏保增长，推进公司“两强四支”发展战略，不但有效缓解了金融危机的冲击，而且圆满地完成了集团下达的各项指标，经济效益创造了近年来的最好成绩。

地　址　上海市张杨路 800 号
邮　编　200122
电　话　（021）58351355

（上海公司）

【中国长航南京长江油运公司（简称南京公司）】

南京公司是中国长航集团下属的全资子公司，是以航运业和船舶修造业为主，船舶代理和船舶服务、房地产业和物业管理、油品经营和化工贸易为辅的综合性企业。公司现有员工 4 200 多人，净资产为 13.99 亿元人民币。

南京公司先后荣获“全国五一劳动奖状”、“全国交通行业先进集体”、“江苏省文明单位”、“中央企业先进基层党组织”、“江苏省企业文化优秀奖”等一系列荣誉称号，公司领导班子被中共中央组织部和国务院国资委党委授予“全国国有企业创建‘四好’领导班子先进集体”荣誉称号。

地　址　南京市中山北路 324 号
邮　编　210003
电　话　（025）58586960

（南京公司）

【中国长航武汉长江轮船公司（简称武汉公司）】

武汉公司是中国长航集团下属的全资子公司，历史可追溯到 1956 年，曾是我国最大的国有内河航运企业，1994 年被评为全国服务企业 500 强之一。为了打造核心主业，长航集团于 2002 年、2003 年先后两次实施干散货结构调整，武汉公司的优良资产、航线、业务成建制划入长航货运总公司，长航货运总公司成为长江上最大的干散货运输公司，并于 2006 年上市（长航凤凰）。干散货结构调整后，武汉公司成为存续性的非主业地区公司。

截止2008年底，武汉公司有固定资产原值5.2亿，净值3.1亿。其中房屋资产占资产总量的50%（多为非经营性房屋资产），船舶资产、机器设备分别占资产总量的20%。在册职工3 315人，其中在岗职工 1 780 人，非在岗职工 1 535 人，在册职工平均年龄 46 岁，平均工龄 26 年；管理离退休人员共计 10 781人，其中离休干部175人。在岗职工与非在岗职工的比例是54%与46%。

2008 年是武汉公司实施“两年两个消灭”战略的第一年，在集团的正确领导和大力支持下，公司全体干部职工克服年初冰冻雨雪灾害、年中“5.12”汶川大地震和原材料价格大幅波动、年末金融危机冲击等重重困难，积极应对形势变化，继续推进三个加快，认真抓好管理年各项工作，整体经济运行情况继续保持良好态势，安全局面和职工队伍继续保持稳定，实现了公司“两年两个消灭”战略的阶段性目标。

地　址　武汉市汉口大兴路75号
邮　编　430021
电　话　（027）82763115
传　真　（027）85666056
网　址　http://www.csc-wh.net.cn

（武汉公司）

【中国长航重庆长江轮船公司（简称重庆公司）】

重庆公司系中国长航集团在重庆地区的全资子公司。公司历史悠久，其前身可追溯到清朝末年官督商办的长江航运企业。新中国成立后，经过数十年发展，公司已成长为西南地区具有较大规模、综合实力较强，经营水上运输、船舶工业、长江国内轮船旅游、码头物流、房地产开发、汽车服务、酒店、救助打捞等产业的综合性航运企业。

地　址　重庆市渝中区陕西路22号长航大厦
邮　编　400011
电　话　（023）63772106
传　真　（023）63833782
网　址　http//www.csc-cq.com.cn

（重庆公司）

【中石化长江燃料有限公司（简称中长燃公司）】

中长燃公司是由中国石化集团公司和中国长航集团共同投资组建的全国最大的内河水上成品油销售企业，曾荣获全国“五一劳动奖状”。公司经营范围为石油产品的销售、代供、贸易、运输和储存，并具有外贸船舶保税油经营资质。总部设在武汉，其下辖重庆、万州、宜昌、荆州、岳阳、武汉、黄石、九江、安庆、芜湖、南京、镇江、上海、江苏、宁波、深圳等分公司或控股公司；拥有水上加油站90座，其中行业星级加油站33座，各类船舶200余艘，大型油库4座，分布于长江及沿海八省二市，年水上燃油经营能力200万吨。

2008 年，中长燃公司奉行“诚信服务、关爱客户”的经营宗旨，以“三全”为标志，即地域上的“全方位服务”，凡持公司所属任何一个分公司的销售单，便可在分布于长江全线中长燃公司的任何销售点受供；既可定点供应，也可送油到户，具有一票通长江的独特优势。时间上的“全天候服务”——所有销售网点均保证一年365天，天天加油，一天24小时，时时供应。功能上“全品种服务”——除成品油外，还可供应润料、淡水、煤炭，并为客户代购船舶配件及日常生活用品。率先在长江全线实行“六通”工程，即“一证通、一票通、一卡通、一网通、一报通和一信通”。

中石化长江燃料有限公司的成立运作，标志着由两大企业集团优化资源市场，实施强强联合，共同打造的长江水上石油销售航空母舰正式启航。公司将按照现代企业制度的要求，逐步形成以营销管理为中心，基础管理为根本，专业管理为保证的管理体系，以“高起点、高质量、高效率”，创“一流服务、一流品牌、一流效益”，为长江流域的经济发展作出新的贡献。

地　址　武汉市旅顺路1号
邮　编　430010
电　话　（027）51277888；51277900
传　真　（027）51277880
网　址　http://www.zshcr.com.cn

（中长燃公司）

【长航凤凰股份有限公司（简称长航凤凰）】 长航凤凰是我国内河经营干散货专业化运输规模最大，江、海、洋全程物流实力最强的企业，母公司为中央直管企业中国长航（集团）总公司。

长航凤凰总部设在“九省通衢”的武汉，公司拥有和控制各类干散货运输船舶 1 500 艘，载重吨 260 万吨，主机功率 34 万千瓦，控股及合资公司 12 家。

2008 年，公司在宁波、上海、南京、徐州、芜湖、重庆等大都市，沿江、沿河、沿海主要港口及境外设有 30 多家分支机构，建立了辐射长江流域和南北沿海的揽货网络及中转配送服务体系。

地　址　武汉市江汉区民权路 39 号

邮　编　430021

电　话　（027）85321845；85703197

传　真　（027）82763929

网　址　http://www.csc-hy.com.cn

邮　箱　csc-hy@tom.com

股票简称　长航凤凰

股票代码　000520

（长航凤凰）

【中国长江航运集团船舶重工总公司（简称长航重工）】 长航重工是中国长航集团下属的全资子公司。下辖金陵船厂、江东船厂、青山船厂、宜昌船厂、红光港机厂、长航电机厂，以及中国长航对外经济技术合作总公司等企业。

长航重工拥有 1—5 万吨船台 25 座，10 万吨级、20 万吨级干船坞各 1 座，16 000 吨举力浮坞 1 座，100—500 吨大型门吊 24 座，以及多条先进的钢材预处理生产线、船体分段加工流水线和高精度数控切割设备。技术力量雄厚，可按照 LR、GL、ABS、NK、DNV、BV、CCS 等船级社标准，自行设计、建造 20 万载重吨以下各类化学品船、油轮、集装箱船、干散货轮、滚装船、浮船坞、气体运输船以及海洋工程船舶。目前，长航重工正在积极推进技改工程，2010 年年造船能力将超过 450 万载重吨。

长航重工以“建造一流船舶，提供一流服务，为宗旨，在国际造船市场成功打造了一批产品品牌，其中 18500T 双相化学品船、MR 油轮、3 750T 全环保型电力推进成品油轮、A380 中客车飞机构件专用运输船、10 300 吨 RORO 船、19 100 吨和 30 000 吨重吊船、57 000 吨和 92 500 吨散货船等船型成为知名品牌。产品出口德国、英国、意大利、挪威、希腊、法国、荷兰、瑞典、香港等 20 多个国家和地区，深得船东好评。港机产品有 5—50 吨级各类起重机，广泛应用于港口、铁路等起重作业。电机产品以生产冶金、起重、防爆电机以及特种电机为主，与荷兰阿拉旺斯(ALEWIJNSE)公司合资生产销售船用配电系统，产品已进入国际市场。

地　址　武汉市沿江大道 69 号

邮　编　430020

电　话　（027）82767455

传　真　（027）82763631

（长航重工）

【上海市航务管理处、上海市地方海事局、上海市船舶检验处(简称上海市航务处)】 上海市航务管理处隶属于上海市交通运输和港口管理局，是上海地方航务专管机构。兼挂“上海市地方海事局”和“上海市船舶检验处”两块牌子，同时行使上海市地方海事和船舶检验的行政执法职能。主要承担本市地方海事、水路运输、内河港口、内河航道、船员证件、船舶检验等行政执法和管理职能，依法维护水上交通安全和水运市场秩序。内设办公室（党委办公室、法规室、总值班室）、组织人事科（老干部科、退管办）、监察（审计）室、计划财务（稽征）科、装备管理科、信息技术科、水路运输管理科、内河港口管理科、通航（船舶）管理科、船员证件管理科；专设船舶检验中心、后勤服务中心和培训中心；有直属执法机构上海市区航务管理所和检查（督察）大队。

2007 年，上海市航务处被评为上海市 2005—2006 年度文明单位。

地　址　上海市中山东一路 13 号

邮　编　200002

电　话　（021）63236995

传　真　（021）63236508

（上海市局　王　涛　龚申庆）

【浙江省港航管理局、浙江省地方海事局、浙江省船舶检验局（简称浙江省港航局）】 浙江省港航管理系统实行“四合一”管理体制，行政上实行条块结合、以块为主的管理模式，即在省交通厅下设浙江省港航管理局，机构规格为副厅级，同时挂省地方海事局、省船舶检验局、省航道管理局的牌子，履行港口管理、航道管理、地方海事管理、水路运输管理和船舶检验等 5 大职能，实行一套班子领导。

2008 年，浙江省港航管理局内设办公室、组织人事处（监察室）、计划财务处（征收稽查处）、工程建设处、船舶检验处、海事处、运政管理处、港政管理处、航道航政处、综合处（管委员综合处）、科技设备中心等部门。另在杭州、嘉兴、湖州、绍兴、金华、丽水、衢州等 7 个内河地级市设市港航管理局（处）（行政上隶属所在市交通局领导），在市区设直属港航管理处（所），县（市）设港航管理处（所）[行政上，杭州各处（余杭除外）隶属杭州市港航管理局领导，其他隶属县交通局领导]，在水运比较发达的乡镇设港航管理所（站）。履行港口管理、航道管理、地方海事管理、水路运输管理和船舶检验等 5 大职能。与此同时，在宁波、温州、舟山、台州、嘉兴等沿海港口地级市设港航（务）管理局，宁波市港航管理局在行政上隶属宁波市交通局领导，其他隶属所在市政府领导。温州在市区和各县（市）设分局；宁波在市区、镇海、北仑设直属所，在各县（市）设港航管理所（处）（行政上隶属县交通局领导）；台州在各区（县、市）设港航管理所（处、分局），行政上隶属所在区（县、市）交通局领导；舟山在定海、普陀设直属分局，在嵊泗、岱山设港务分局与交通局合署办公。履行港口管理、航道管理、水路运输管理和船舶检验等 4 大职能。

2008 年 6 月，经民主推荐、考察等程序，下发《关于杨平等任职的通知》（浙港航[2008]178 号），杨平任省港航管理局监察室副主任（组织人事处副处长）；陈庭任省港航管理局办公室副主任；孙为民任省港航管理局征收稽查处副处长；曹雪军任省港航管理局船舶检验处副处长。任职实行一年试用期。2008 年 3 月，下发《关于陈文燕等职务聘任的通知》（浙港航[2008]68 号），陈文燕为信访办公室主任（正科）；李树建为科技设备中心副主任（正科）；唐净为建设管理办公室主任（正科）；沈室涵为局安办成员（正科）；郁百成为局安全管理体系审核办成员（正科）；袁纪岳为港航养护中心主任（正科）；孔向平为政策法规办公室副主任（副科）；俞东兴为文明创建办公室副主任（副科）；姚勇为老干部管理服务办公室副主任（副科）；史仲波为统计办公室副主任（副科）；余翔为审计办公室副主任（副科）；韦明华为规划前期办公室副主任（副科）；张云佳为质量管理办公室副主任（副科）；陈亮为局安办成员（副科）；李建国为水路军事运输办公室成员（副科）施旭霞为水路军事运输办公室成员（副科）；陈立明为市场监管办公室副主任（副科）。聘期自文件公布之日起至局参照公务员管理日止。

地　址　杭州市湖墅南路 118 号文晖大厦
邮　编　310005
电　话　（0571）88909577
传　真　（0571）88909392

（浙江省局　吴永平　涂晓嫔）

【江苏省交通厅航道局（简称江苏省航道局）】 江苏省交通厅航道局隶属江苏省交通厅，受交通厅的委托，负责全省 24 268.34 公里航道（不含长江）、交通部门管理的 41 座通航船闸的建设、维护等行业管理；承担航政管理及内河航道、船闸重点建设资金筹集；承担年度养护收支计划的编制和航道、船闸、规费的征稽管理等工作。局长董文虎。

2008 年，航道局内设科室：办公室、政工科、政策法规科、航政科、综合计划科、财务审计科、规费征稽科、工程管理科、养护管理科、科技信息科、纪检监察室等 11 个，另设连云港港疏港航道建设指挥部。

地　址　江苏省南京市七家湾 29 号
邮　编　210004
电　话　（025）52885800，
传　真　（025）52855850

（江苏省局　徐秋敏）

【江苏省交通厅港口管理局（简称江苏省港口局）】

江苏省港口局是经江苏省政府研究同意成立的江苏省交通厅内设副厅级机构，2005 年 11 月 3 日正式挂牌。

2008 年，江苏省港口局设两个职能处室：港口规划处和港务管理处，编制 12 名。

主要职责：贯彻执行国家有关港口的方针、政策、法律、法规及规章；拟定全省有关港口的政策法规；组织编制全省港口布局规划；承担港口行业的统计工作；负责对全省港口的岸线、陆域实施统一的行政管理；负责组织对全省港口公用基础设施的建设、维护和管理工作；负责对全省港口建设市场秩序、经营秩序、安全生产、环境保护等实施监督和管理；对企业经营性收费项目和价格，按有关法规实施监督和管理；征收和代征国家有关行政费收；负责协调重点物资、军事及抢险救灾等物资的运输等。

地　址　南京市升州路16号

邮　编　210001

电　话　（025）52853256

传　真　（025）52853259

（江苏省局　余金山）

【江苏省交通厅运输管理局、江苏省交通厅运政稽查总队(简称江苏省运管局)】　2008年，江苏省运管局负责全省道路和水路运输业、搬运装卸业、运输服务业、汽车驾驶员培训和维修市场、汽车综合性能检测站、车站的行业管理工作。局内设11个科室，即办公室、政工科、财务装备科、政策法规科、客运管理科、客运站场管理科、货运管理科、车辆管理科、驾驶员培训管理科、稽查管理科(高速公路运政稽查支队)、信息管理科。

局长、书记、总队长　汪学君

地　址　南京市石鼓路69号江苏交通大厦

邮　编　210004

电　话　（025）84211910；84211912

传　真　（025）84210888

网　址　http://www.tol.org.cn

（江苏省局　办公室）

【江苏省地方海事局】　江苏省地方海事船检管理实行省、市、县三级管理体制，实行两块牌子一套班子。2008年，全省共有各级海事机构76个，省地方海事局（船检局）、13个市地方海事局（船检局）和62个县（市、区）地方海事处（船检处）。另外，各县（市、区）还有124个海事所（属于县处的派出机构）。根据省编办核定，全省地方海事系统共有海事、船检编制2 226人。

地　址　南京市石鼓路69号14楼114室

邮　编　210004

电　话　（025）84209358

传　真　（025）84209358

（江苏省局　冯　磊）

【安徽省港航管理局、安徽省地方海事局、安徽省船舶检验局(简称安徽省港航局)】　安徽省港航局是省交通厅直属的全省水上交通管理机构，正县级建制，实行“一个机构、三块牌子”，负责全省水上交通安全监督、港口、航道、水上运输市场管理和船舶检验等工作，依法履行海事、运政、航道、港口、船检管理职能。

2008年，安徽省港航局下设17个市地方海事局（港航管理局）、4个市港口管理局、马鞍山船舶证照检查站、皖江、淮河和江淮船舶检验局、淮河航道局、安徽省航运技工学校等27个单位。截至年底，全省有在职职工4 200多人。

地　址　安徽省合肥市芜湖路27号银环大厦

邮　编　230011

电　话　（0551）2870315

传　真　（0551）2870300

邮　箱　bgs@msa.ah.cn

（安徽省局　马　栋）

【江西省交通厅航务管理局、江西省地方海事局、江西省船舶检验局(简称江西省航务局)】　江西省航务局为隶属省交通厅的行政事业管理机构。江西省地方海事局（2002年9月13日挂牌）、江西省船舶检验局（2003年2月8日挂牌）相继成立后，实行“一门三牌”合署办公，全面履行江西省内河航道建设、养护与道政管理，水上交通安全监督管理，船舶法定检验三大工作职能。辖有赣州、吉安、宜春、南昌、抚州、鹰潭、景德镇、上饶、九江、新余、萍乡11个设区市副县级建制的航务管理分局（地方海事局、船舶检验局），信江航运建设工程管理处、界牌枢纽管理处（正县级建制），港航、疏浚工程处（副县级建制），航务勘察设计院（科级）共16个单位。其中界牌枢纽管理处、港航工程处、疏浚工程处、航务勘察设计院4个单位实行事业单位企业化管理模式。此外，全省有水运的县（市、区）及主要水上旅游景点设置了地方海事处和船舶检验处（54个）、航道段（22个）等机构，由此形成了自上而下完整统一的三级航务（海事、船检）垂直管理体系。

2008年，江西省航务系统在职职工为2 048

人。其中行政管理人员 382 人，各类专业技术人员 717 人（高级职称 73 人，中级职称 247 人），工人 1 086 人。全省航务系统现有各类工作、工程船舶及其他船舶 286 艘，27 272.95 千瓦功率，船舶总原值 11 680.89 万元。其中挖泥船 17 艘，8 249.96 千瓦功率，生产能力 2 180 立方米/时；打捞起重船 3 艘，516.6 千瓦功率，打捞起重能力 155 总吨；机械扒沙船 3 艘，176.2 千瓦功率；拖轮 2 艘，286 千瓦功率；起锚艇 17 艘，1 830.51 千瓦功率；交通艇 4 艘，937.52 千瓦功率；道政艇 42 艘，2 701.49 千瓦功率；玻璃钢海巡（快）艇 53 艘，4 102.23 千瓦功率；海巡艇 81 艘，7 330.9 千瓦功率；供油船 4 艘，144.22 千瓦功率；趸船 27 艘；住宿船 10 艘，336.48 千瓦功率；泥驳 9 艘。

地　址　南昌市抚江北路 25 号
邮　编　330008
电　话　（0791）6703895
传　真　（0791）6708359

（江西省局　张兆平）

【江西省交通厅航运管理局（简称江西省航运局）】

根据江西省委组织部、省人事厅《关于印发〈江西省事业单位参照公务员法管理审批办法〉、〈江西省参照公务员法管理单位工作人员登记办法〉的通知》（赣人字〔2006〕242 号）文件精神，省人事厅《关于江西省统计局普查中心等 11 个事业单位列入参照公务员法管理的通知》（赣人字[2008]213 号）精神，江西省交通厅航运管理局被列为参照公务员法管理单位，依据省编制委员会办公室《关于印发〈江西省交通厅航运管理局主要职责内设机构和人员编制规定〉的通知》（赣编办发〔2008〕121 号）规定，江西省交通厅航运管理局被列为正处级全额拨款事业单位。

主要职责：贯彻执行国家关于水路运输的法律法规和方针政策；负责水路营运性运输审批和新增客船、危险品船投入运营审批；负责水路运输业户变更经营范围审批；负责港口经营许可；负责建设港口设施使用深水线审查和使用非深水岸线审批；负责港口生产安全管理；受托征收港口规费。

内设机构：党委办公室、行政办公室、运输管理科、港务管理科、科技教育科、财务审计科、劳动人事科、法规稽查科、计划基建科、监察室（与纪委合署办公）等 10 个正科级机构。

人员编制和领导职数：江西省交通厅航运管理局全额拨款事业编制 78 名。

领导职数：局长 1 名、党委书记 1 名、副局长 3 名、纪委书记 1 名，正科 10 名、副科 13 名。2008 年江西省交通厅航运管理局机构领导成员变对一览表，详见（表 3-1）。

【2008 年江西省交通厅航运管理局机构领导成员一览表】　（表 3-1）

单位类别	单位名称	单位级别	党组织名称	党组织领导成员	行政领导成员
直属单位	江西省交通厅航运管理局	正处	中共江西省交通厅航运管理局委员会	书记：熊海清 副书记：纪怀珠 委员：熊海清、于钦民（8.22 任）、徐国荣（11.14 退休）、纪怀珠、胡大根、胡卫东、徐良 纪委书记：纪怀珠	局长：于钦民（8.22 任） 副局长：徐国荣（11.14 退休，保留正处级待遇）、纪怀珠、胡大根、胡卫东、徐良

地　址　南昌市抚河北路 21 号
邮　编　330008
电　话　（0791）6702905；6243480
传　真　（0791）6702905

（江西省局　向恭杏　杨　辉）

【河南省交通厅航务管理局、河南省地方海事局（简称河南省航务局）】　河南省航务局（河南省地方海事局）实行“一门两牌”，隶属河南省交通厅。编制定员39人，是自收自支事业单位。

主要职责　负责全省航道、港口的规划建设与管理，参与编制航运建设中长期规划和年度计划；负责全省水路运输行业管理和运输组织管理；负责全省水运市场的管理及水运科研工作；负责全省水上交通安全监督、船舶检验、船员培训发证工作。

2008年，局机关设二办四处，即：党委办公室、办公室、计划建设处、运输管理处、安全监督处、财务处。

地　址　河南省郑州市中原路108号

邮　编　450052

电　话　（0371）67165912

传　真　（0371）67165908

（河南省局　王守明）

【湖北省交通厅港航管理局、湖北省地方海事局（简称湖北省港航局）】　湖北省港航局隶属湖北省交通厅，是负责全省水路交通管理工作的行政事业单位，与湖北省地方海事局一门两牌合署办公，统一管理全省辖区内河航运、航道、港口、海事安全、船舶检验及水运行业，局长为副厅级。

2008年湖北省港航局内设10个处室：即办公室、政策法规处、综合计划处、港航建设管理处、运输港口管理处、安全管理处、费收财务审计处、科技船检处、人事劳动处、党委办公室（纪检监察室）；1个直属单位。并在16个市、州及52个县(市),设有港航、海事管理机构，也实行“一门两牌”合署办公。同时在宜昌设葛洲坝过闸管理处，业务上接受省港航管理局管理。

工作职责：

1.贯彻执行国家和省有关水路运输的方针、政策、法律、法规和规章，编制全省水路运输行业发展总体规划，拟订全省水路运输管理工作的各项规章制度；

2.负责全省运力发展的宏观调控、水路运输服务、港埠经营资格审查和许可证发放、客运线路审批、客货运输组织、水运市场建设和信息反馈、运价票证管理、运政管理、监督检查以及对水运企业经营管理的指导等；

3.负责全省航道及其设施的建设、养护和管理，审批与通航有关的拦河、跨河、临河建筑物的通航标准和技术要求，拟定航道技术等级，开展与通航有关河流的综合开发与治理，发布内河航道通告，保护航道及其设施，制止盗窃、破坏航道设施、侵占和损坏航道行为；

4.负责全省港口建设和管理，参与编制和实施港口规划，拟订港口区域界线方案，负责港区内航道及岸线的维护和使用管理，负责港埠经营的监督管理等；

5.统筹安排全省港航基础设施项目计划和前期工作计划，组织工程项目的可行性研究和初步设计等技术文件审查，对重点工程质量和进度等进行监督管理，组织工程竣工验收；

6.负责全省船舶登记、船员培训和考试发证、船舶进出港签证、危险货物监督管理、防止船舶污染水域、船舶安全检查、水上水下工程施工监督、渡口安全管理及船舶交通事故调查处理等水上交通安全管理工作；

7.负责全省船舶设计图纸的审查、船舶技术档案管理、船舶的建造检验和定期检验、船用产品的检验、船舶修造企业条件认可和焊工考试工作等；

8.负责全省运管费、航养费、港务费、船舶检验费等的征收和管理；

9.依据法律、法规的规定和交通主管部门的授权，从事水路交通行政执法工作。

10.负责全省水路交通行业精神文明建设，总结先进经验并组织交流推广。

地　址　武汉市沿江大道68号

邮　编　430021

电　话　（027）83465314

传　真　（027）83465318

（湖北省局　王彦玲）

【湖南省航务管理局、湖南省地方海事局、湖南省船舶检验局（简称湖南省航务局）】　湖南省航务管理局是省交通厅直属的副厅级事业单位，是全省水上行业的管理部门，在湘、资、沅、澧、洞庭湖即“四水一湖”的内河水域，行使着海事、船舶检验、运输管理、航道管理、港政管理职能，同时还肩负着水运基础设施的规划、建设与管养任务，以及水路交通规费的征稽工作，实行“三块牌子，一套班子”的机构体制。

2008年，湖南省航务管理局机关内设机构共

16 个，即办公室、政策法规、计划统计、财务审计、安全监督、船舶船员、船舶检验、基本建设及航道管理、运输综合、规费征稽、科技教育、人事 12 个职能处室，以及机关党委、工会、纪检（监察）室、离退休人员管理服务工作办公室 4 个党群机构。稳妥做好局机关参照公务员管理实施工作，年内已完成人员基本情况摸底，审核登记的报批资料准备就绪。经省编办批准，原常德航道局与津市航道局合并，正式组建新的常德航道管理局，目前机构设置和定员方案已经研究确定。另在成品油税费改革中，结合行业实际情况认真研究、积极应对，已上报水路交通体制改革方案，积极稳妥做好征费人员转岗安置工作。

地　址　湖南省长沙市五一大道 982 号
邮　编　410005
电　话　（0731）84883888
传　真　（0731）84437896

（*湖南省局　蒋龙平*）

【云南省交通厅航务管理局、云南省地方海事局、中华人民共和国澜沧江海事局（简称云南省航务局）】云南省航务管理局与中华人民共和国澜沧江海事局、云南省地方海事局实行“三块牌子，一套班子”的管理机制。2005 年 3 月，经云南省人事厅《关于同意云南省航务管理局等三个机构依照国家公务员制度管理的函》（云人公函[2005]5 号）要求，云南省航务管理局等三个机构完成了推行国家公务员制度管理工作。内设 16 个职能处室：行政办公室、综合规划处、资产财务处、基本建设管理处、运输管理处、安全监督处、船员管理处、船舶检验处、航道管理处、港口管理处、政策法规处、科技处、人事教育处、港航公安处、党委工作部、纪检监察处（含审计）。

云南省航务管理局是省交通厅主管全省水路交通工作的职能部门，主要职责是：1. 贯彻执行国家交通主管部门有关水路交通行业发展的方针、政策、法律、法规和规章；根据省国民经济和社会发展的需要，研究全省水路交通行业发展战略和具体政策措施，拟定地方水路交通法规、实施办法和细则，经批准后组织实施。2. 按照国家和省的统一安排，负责编制水路交通行业发展规划；编制水运支持保障系统中长期发展计划，年度计划建议，经批准后组织实施。3. 按照基本建设程序要求，负责水运建设前期工作管理，参与或组织水运基本建设和技术改造项目的立项和“工可”审查，负责初步设计及施工图纸设计文件的审查、招标投标、项目实施管理、监督协调和竣工验收。4. 负责航道、港口等水运基础设施的管养工作，依法保护港口、航道产权。5. 审批与通航有关的栏河、跨河、临河建筑的通航标准和技术要求；配合有关部门开展与通航有关的河流的综合开发与治理，负责协调处理水资源综合利用中与航道有关的事宜。6. 负责水路运输企业、水运服务企业和航线船舶运力的市场准入管理，指导港口机械设备管理工作。7. 负责港口行业的业务管理、港埠企业的资质审批和市场准入管理，指导港口机械设备管理工作。8. 配合有关部门制定水路运输及其辅助业和港口收费标准，维护和监督水运市场价格秩序；组织有关水运规费的征收、使用管理和稽征工作。9. 负责水运重点物资、军事及抢险救灾等特殊物资紧急运输的组织和协调工作。10. 负责引航行业的行政管理，指导引航机构的设置和队伍建设。11. 维护水路运输秩序，协调水运行业、运输船舶和港埠企业之间的关系，处理纠纷；督促提高运输服务质量，查处重大客货运输事故；组织交流先进经验，提高水运管理水平。12. 负责水路交通行业综合统计工作，及时汇总上报规定的有关统计资料，对主管范围内的水路运输情况进行调查研究，定期发布水运情况分析报告，为水运企业提供信息情报和咨询服务 13. 负责贯彻执行水运科技政策、地方性技术标准和规范；组织水运科技攻关和专业管理人员的培训，引进、推广新技术，促进科技进步；指导行业协会、学会工作。14. 负责全省水路交通行业精神文明创建工作及行风建设；负责指导和管理治理水上“三乱”工作。15. 负责本单位党风廉政建设及队伍建设；负责思茅、西双版纳海事局党务、纪检监察、工会、共青团的归口领导。16. 完成上级交办的其它工作任务。

2008 年，云南省航务局深入学习实践科学发展观，以出省、出境水运大通道建设、大型库湖区航运及渡口渡船改造为重点，努力培育水路运输市场，促进旅游航运发展，改善边远贫困地区老百姓出行条件，加强水运行业管理及水上交通安全管理，使全省水运工作取得了较好成绩。澜沧江—湄公河国际航运继续推进，金沙江、珠江出省水运大通道建设取得突破性进展，水路运输保持稳中有升，水上交通安全取得了零事故的历史性突破。与此同时，行业精神文明建设和党风廉政建设取得了积极进展。

地　址　昆明市环城北路181号

邮　编　650051

电　话　(0871) 5126929

(云南省局　马翠德)

【贵州省交通厅航务管理局、贵州省船舶检验局(简称贵州省航务局)】 贵州省航务局是贵州省交通厅二级机构。1997年，经贵州省机构编制委员会办公室批准，更名为“贵州省航务管理局、贵州省港航监督局、贵州省船舶检验局”。2002年经贵州省机构编制委员会办公室、贵州省交通厅同意，贵州省港航监督局、贵州省船舶检验局合并更名为“贵州省地方海事局”。更名后，贵州省地方海事局与贵州省航务局实行两块牌子，一套人员。

2008年，内设机构有行政办公室、党委办公室、计划统计科、财务科、安全监督处、船舶检验处、航道工程管理科、技术管理科、水运勘察规划设计所、水运工程质量监督站、贵州兴航工程监理所。下辖管理处8个，管理所25个，中心(管理)站8个。机关在职职工63人。其中高级职称13人，中级职称22人，初级职称18人，管理人员7人，工人3人(其中技师1人，高级工2人)，退休29人。

地　址　贵阳市延安中路48号世贸广场A座26楼

邮　编　550003

电　话　(0851) 5952418

传　真　(0851) 5957360

(贵州省局　杨萍艳)

【四川省交通厅航务管理局、四川省地方海事局、四川省船舶检验局(简称四川省航务局)】 四川省航务局同时挂四川省地方海事局、四川省船舶检验局牌子，实行“三块牌子，一套机构”，是四川省交通厅领导的事业单位，四川省水路交通的行业主管机关，法规授权行使水路运输、水上交通安全监督、船舶检验的行政管理职能。

主要职责：

依法管理全省水路客、货运输和航道、港口、水运工业、水运科技、通讯导航、多种经营、政策法规的规划、制订、建设、维护、管理和规费征收等，负责水上交通安全监督管理和船舶技术监督管理工作，并对全省水运管理进行统筹、协调、监督和服务。

2008年，四川全省设有航务海事机构171个。其中厅航务局1个、市州航务海事局(处)20个、县(市、区)航务海事处150个，局管单位2个(港航公司、交通设计院)，共有2 992人。全省航务海事机构分省、市、县(市、区)三级管理，内设职能处室基本对口(省局设处、市局设科、县(市、区)处设岗)。省、市关系是块块管理，人、财及党的关系等在地方，省对市、州是业务指导关系。

地　址　四川省成都市武侯祠大街180号

电　话　(028) 85525675

传　真　(028) 85525493

邮　编　610041

(四川省局　易　翥)

【陕西省交通厅航运管理局、陕西省地方海事局(简称陕西省航运局)】 陕西省航运局隶属陕西省交通厅，县级事业单位，代表政府对全省水域实施全行业管理，具有行政和事业双重性质。

2008年，陕西省航运局按照交通部的要求，结合全省航运管理工作的需要，进一步明确职能，理顺关系，及时调整了业务职能部门，撤销了航政科，成立了安全监督科和船舶检验管理科，对加强海事管理工作起到了积极作用。全省已在西安、宝鸡、咸阳、渭南、榆林、延安、汉中、安康、商洛10个市级成立了地方海事机构，县(区)级地方海事机构88个。

地　址　西安市药王洞12号

邮　编　710003

电　话　(029) 87340116

传　真　(029) 87342305

(陕西省局　刘冬冬)

【甘肃省水运管理局、甘肃省地方海事局、甘肃省船舶检验处(简称甘肃省水运局)】 甘肃省水运局隶属于甘肃省交通厅，是甘肃省水路交通行业主管机关。负责全省水上交通安全监督管理、水路运输市场管理、船舶检验、船员管理与培训，航道、港口行政管理和建设市场管理职能。地方海事船检机构设有兰州市地方海事局、白银市地方海事局、陇南市地方海事局和临夏州地方海事局（下辖临夏州永靖县、临夏县、康乐县、积石山县、东乡县、和政县等7个海事处），省地方海事局对全省各地水上交通安全、船舶检验工作实行业务指导。局内设办公室、组织人事科、船舶检验科、安全监督科、船员管理科、规划工程科、运输管理科、财务资产管理科8个科室。

地　址　甘肃省兰州市北滨河路406号

邮　编　730046

电　话　（0931）2376336

（甘肃省局　陈长春）

【重庆市港航管理局、重庆市地方海事局、重庆市船舶检验局(简称重庆市港航局)】　（详见《长江航运年鉴》(2008卷)第三编“机构”第191页）

2008年，重庆市港航局共有职工917人（其中在职职工485人，离退休职工432人）。局机关设置办公室、组织人事处、计划财务处、政策法规处、科技信息处、运输管理处、海事处、水上交通管理监控中心、船舶检验处、船舶技术处、港口管理处、航道管理处、政务处13个处室。下设6个直属二级单位：重庆市水路客运市场管理处、重庆市港航管理局直属处、重庆市港航管理局重庆航道段、重庆市港航管理局合川航道段、重庆市港航管理局乌江航道段、重庆市港航管理局船闸管理所。此外，重庆市港航局还负责指导全市27个水上交通行政管理机构（649名在职职工）开展行政管理工作。

地　址　江北区红石路2号东和银都B塔

邮　编　400020

电　话　（023）89183586

传　真　（023）89183587

（重庆市局　李元惠）

·文明创建·

【党的建设和行业文化建设成果丰硕】　2008年，长航局进一步加强党的建设，大力推进行业文化建设，成果丰硕。

·党的建设进一步加强　深入开展学习实践科学发展观活动，领导干部带头深入基层调研，解放思想，破解难题，积极推进长江航运科学发展。进一步加强领导班子建设，强化领导干部理论培训。深化“五好党组织”创建，开展树组工干部形象活动，基层党组织凝聚力、战斗力进一步加强。加强党政领导干部和技术人才培养，深化干部交流，队伍素质不断提高。强化党风廉政建设责任制，贯彻《惩防体系建设2008—2012年工作规划》，推进具有长航特色的惩治和预防腐败体系建设。总结推广长江航道制度防腐先进经验，重点加强了基本建设领域廉政和监督工作。

·大力推进行业文化建设　“唱响长江之歌、传递奥运火炬、共建黄金水道”长航职工接力长跑活动影响深远。长江航运文化专著《大江神韵》广受好评。评选第二届“长航十大杰出人物”和“长航十大杰出青年”，树立了航标灯王郑启湘、引航标兵姚泽炎等一批在全国交通系统有影响的先进典型。2008年长航局获“全国交通系统文明行业”称号，4个单位获“全国交通行政执法先进集体”称号，创建全国工人先锋号2个、青年文明号3个。安全文化、廉政文化建设在全行业深入推进。注重围绕中心，发挥中国水运报、网站群等媒体作用，营造良好氛围。在全行业深入开展改革开放30年系列纪念活动，出版发行《长江儿女》，开辟网上陈列馆，系统总结长江航运30年成就和经验。成功举办首届长航系统职工运动会。关心职工生活，离退休职工房改补贴全部到位，职工队伍和谐稳定。

（长航局）

第四编　运输

【概 述】 2008 年是长江航运克服世界金融危机、加强经济管理等促进发展的一年。长航运输在08年先后经受了冰冻雨雪、汶川地震等自然灾害，经受了国际金融危机和我国经济减缓的较大冲击，经受了燃油钢材成本高位运行及港使费增长较快的成本压力。集团全年实现营业总收入302.4亿元，同比增长23.2%。完成货运量1.3亿吨，同比增长2.3%；工业总产值128.7亿元，同比增长38.4%；燃油销售量196万吨，同比增长6.1%。集团利润总额达到15亿元，比效益较好的上年又增长33.1%。运输、工业和燃贸三大支柱产业的效益全面提升，困难企业通过推进多种解困措施，经济效益也有大幅提高。中国长航上海长江轮船公司全年主营收入2.56亿元，利润总额同比增加17%。截止2008年底，上市已二年的武汉长航凤凰公司有固定资产原值5.2亿，净值3.1亿。其中房屋资产占资产总量的50%（多为非经营性房屋资产），船舶资产、机器设备分别占资产总量的20%。南京公司合并报表总资产137.87亿元，职工6 630人。全年共完成货运量3 521万吨、货运周转量891亿吨公里，实现运输收入35.96亿元、利润6.89亿元。

·长江航运企业一个显著特征是重科技促发展

长航凤凰公司坚持管理与发展配套提升，各项工作取得长足进步。全年节约燃耗成本2 857万元。浙江省全年完成水路货运量5.16亿吨、周转量4 022亿吨公里，分别比上年增长0.9%和下降2.7%；港口完成货物吞吐量9.6亿吨，比上年增长7.9%。四川省完成水路货运量3 703万吨，同比增长2.6%，货物周转量70亿吨公里，同比增长25%，长江四川段港口吞吐量达到1 893万吨，占全省港口吞吐量的38%。江苏省完成货运量4.27亿吨、货物周转量3 179亿吨公里，比上年分别增长13%和8.5%。全公司完成客运量32万人、旅客周转量0.37亿人公里，比上年有所提高。

·航运管理水平是提高水运发展的重中之重

集团按照“管理年”活动的统一部署和要求，重点加强战略、资产、资金、法律、风险控制等基础管理。战略资产管理方面，集团根据市场环境变化，进一步完善主业发展战略，对部分拟新建投资项目进行重新评估，调整投资规模和产业发展定位，有效防范发展风险。同时，通过对外处置、售后回租等资本运作，应对国际金融危机的影响，全年处置老旧船舶运力30多万载重吨，实现收入6亿元，净收益2.6亿元。各单位也积极按照集团“管理年”活动的要求，加强各项基础管理工作，长航油运、长航重工、深圳公司等单位在推进国际化体系达标认证、成本控制等方面均取得了明显成效。

·“雪中送炭、抗震救灾”长江航运献爱心

2008年2月3日晚，中国长航集团党委副书记、工会主席肖汉良代表中国长航在湖北卫视风雪“心连心”大型抗雪救灾文艺晚会，现场捐赠200万元人民币，向灾区人民奉献一片爱心；2008年5月12日，四川发生了地震灾害，造成了重大人员伤亡和财产损失，省水运局广大干部职工把“送温暖、献爱心”活动作为贯彻落实十七大精神的具体行动，积极发扬“一方有难、八方支援、团结互助、扶贫济困”的优良传统，迅速开展了“抗震救灾”捐助仪式，为受灾地区的群众献上一份爱心；2008年1月18日，大雪突然降临，大量车辆及司乘人员受阻。冰雪灾害发生后，宜昌市立即启动了水路交通应急反应机制，实行24小时现场指挥值班制度、每日协调议事制度、重大情况报告制度，迅速制定了抗雪救灾应急运输工作预案，确保了水路交通抗雪救灾工作指挥有力、调度有方、组织有序。1月27日，宜昌再降暴雪，水陆水转运地方公路全部封闭，靖江溪滚装码头积压了38艘滚装船、2 000台滚装车辆，6 000多名司乘人员被困，并且从重庆、涪陵、万州方向仍不断有大量滚装船驶往靖江溪港。船舶无港停靠，车辆无途可走，司乘人员衣食无保障。5月12日汶川地震发生后，宜昌市采取非常措施非常手段，建立起支援灾区的宜昌至重庆水上运输应急快速通道。共有全国各地20多个省市的1 880车次、26 448吨医疗、卫生、电力、机械、食品等物资，通过这条水上生命线运抵灾区，减免各项费用达270多万元。

·长航集团·

【中国长江航运（集团）总公司（简称长航集团）】

（详见《长江航运年鉴》（2009卷）第三编“机构”）

2008年，集团经受多重考验、胜利完成计划目标。去年一年，集团先后经受了冰冻雨雪、汶川地震等自然灾害，经受了国际金融危机和我国经济减缓的较大冲击，经受了燃油钢材成本高位运行及港使费增长较快的成本压力。面对重重困难，在国资委、监事会的大力指导、关怀下，广大干部职工团结协作、奋力拼搏，主要经济指标仍然达到或超过计划目标，经济效益再创历史新高，较好地实现了国资委年度考核目标。

2008 年，集团全年实现营业总收入 302.4 亿元，同比增长 23.2%。完成货运量 1.3 亿吨，同比增长 2.3%；货运周转量 1 976.8 亿吨公里，同比增长 7.9%；工业总产值 128.7 亿元，同比增长 38.4%；燃油销售量 196 万吨，同比增长 6.1%。预计全年实现利润总额 15.2 亿元，同比增长 33.1%，再创历史新高。集团较好完成国资委下达的货运周转量、利润总额、净资产收益率、资产负债率等主要考核指标，主要经济指标提前实现“十一五”目标。

·经济效益创历史新高　集团利润总额达到 15 亿元，比效益较好的上年又增长 33.1%。运输、工业和燃贸三大支柱产业的效益全面提升，困难企业通过推进多种解困措施，经济效益也有大幅提高。

·主要产业实现平稳增长　水上运输产业，克服多重影响，运输总量创历史最好水平；集团继续加快向海转型，海上运量和周转量分别占运输总量的 62.1%和 81.2%，同比分别提高 7.6 个和 5.4 个百分点。造船工业产值继续增长，手持订单达 666.6 万载重吨、折合人民币约 472.9 亿元。燃油贸易销售量 196 万吨，再创新高。

·投资发展保持积极稳健　集团坚持以科学发展为指导，继续加大对主业的投入，在对全年投资计划进行多次清理，削减年度计划约 30 亿元的基础上，完成固定资产投资 83.9 亿元，同比增长 11.1%，其中船舶购置完成投资 66 亿元，同比增长 10.1%，占投资总额的 78.6%，全年实际新增运力 60 余万载重吨，主业实现稳健发展。

·“管理年”活动积极开展　集团按照“管理年”活动的统一部署和要求，重点加强战略、资产、资金、法律、风险控制等基础管理。战略资产管理方面，集团根据市场环境变化，进一步完善主业发展战略，对部分拟新建投资项目进行重新评估，调整投资规模和产业发展定位，有效防范发展风险。同时，通过对外处置、售后回租等资本运作，应对国际金融危机的影响，全年处置老旧船舶运力 30 多万载重吨，实现收入 6 亿元，净收益 2.6 亿元。融资管理方面，集团成功地发行了两期共 8 亿元短期融资券，取得了在银行间市场直接融资的突破；中期票据项目已经启动，有望 2009 年发行。融资租赁工作取得较大进展，与工商银行达成了总额 30 亿元的租赁合作框架协议。财务公司申办取得实质进展，被列为湖北省重点请求国家给予支持的金融项目。风险控制方面，集团加强对金融危机应对研究，制定了危机风险应对方案，对重点单位现金流、投融资等关键环节进行实时监控。各单位也积极按照集团“管理年”活动的要求，加强各项基础管理工作，长航油运、长航重工、深圳公司等单位在推进国际化体系达标认证、成本控制等方面均取得了明显成效。

·科技创新和节能降耗取得明显成效　集团继续加大科技创新的力度，重点开发了“铁矿石江海直达专线浅吃水肥大船型”，开发和批量建造了 9.2 万吨、5.73 万吨散货船、8 000 吨近洋件杂货船、具备顶推功能的 5 000 吨长江散货船等新船型；青山、东风船厂船台滑道、3 500 吨和 5 300 吨浮船坞、蓝鲸号游船等一批技改项目投入使用。集团大力推进节能减排工作，燃油综合单耗控制在 3.55 千克/千吨千米，比年度目标下降 2.7%，重质燃料油使用比重达到 72%，船舶掺烧重油和使用非标燃油共减少燃料费用支出 6 500 万元。集团信息化建设也稳步推进，总公司办公自动化（OA）项目通过验收，船舶过闸电子申报监控系统实现换代升级、财务管理信息系统即将投入试运行，集团科技实力得到增强。

·安全保持基本稳定　集团进一步落实安全管理责任制，开展安全隐患排查治理工作，狠抓奥运安保工作的落实；强化危险物品和重要设施的安全检查与监管，做好三峡库区等重点水域、海上运输、劳动安全的预控工作，开展了长江沿线大桥水域通航安全、油驳进川、VLCC 操作指南等课题研究，保持了安全基本稳定。2008 年，全线共发生水上交通事故 10 件，其中大事故 1 件(责任待定)；直接经济损失 1 142 万元，同比增加 193.6%。劳动安全发生职工工伤事故 26 件，其中死亡事故 5 件，死亡 5 人，同比事故件数减少 1 件，死亡事故减少2件，死亡人数减少2人。机务设备事故1件，同比减少4件；消防安全发生一般火灾事故4件，同比减少1件。环境保护无事故。

·为职工办实事扎实推进　集团对照年初所承诺为职工办8件实事，狠抓了督办落实，累计投入资金达3.21亿元。一是在企业效益增长的前提下，新增3亿多元资金，适当提高职工收入，职工年均工资同比增长22%。二是投入1 000多万元，提高船员伙食津贴标准15%－20%。三是投入680多万元，为船员发放统一的防寒羽绒服1.7万件。另外，集团为基层船舶配备统一的药品箱和常用药，全面解决川江航行船舶船员的饮用水卫生问题；启动长航社区建设，建立50个统一的“长航集团职工书屋”，组织1 000名从事有毒有害工种职工及劳模、先进职工分批疗休养，受到职工的好评。

·党建和精神文明建设取得积极成果　集团各级党政工团组织积极围绕企业改革发展中心工作，开展“全面推进二次创业，创新发展百年长航”主题活动。加强领导班子队伍建设，推进党风廉政建设和反腐倡廉工作；大力推进“人才强企”战略，为企业经营发展提供人才保障；落实依靠方针，组织实施职工素质工程和劳动竞赛活动，组织开展为期150天“迎奥运、保安全、促稳定”竞赛活动，确保了企业的基本稳定；深化企业文化建设，大力开展纪念改革开放30周年系列活动，由集团主持编著的鸿篇巨制《中华长江文化大系》正式出版发行，企业品牌形象得到明显提升。今年以来，我国发生雪灾、地震等自然灾害，在大灾大难面前，长航集团充分体现了国有大型企业的风范，积极组织运力，抢运救灾物资，企业和职工累计捐款1 000余万元，尽到了应有的社会责任。

（长航集团）

【2008年中国长航集团省际水运企业名录一览表】　（表4—1）

序号	许可证号	企业中文名称	经营范围
1	交直XK0004	长江轮船海外旅游总公司	长江重庆至上海涉外旅游船运输。
2	交直XK0007	南京扬洋化工运贸有限公司	国内沿海及长江中下游成品油船、散装化学品船、液化气船运输。
3	交直XK0015	南京长江油运公司	国内沿海及长江中下游各港间油船、化学品船、液化气船运输、长江上游及支流油船运输。
4	交直XK0017	武汉长江轮船公司	国内沿海货物运输和长江干线及支流普通货船运输。
5	交直XK0021	重庆长江轮船公司	重庆至上海长江涉外旅游运输，长江干线及支流旅客运输，长江干线及支流普通货船，成品油船运输。长江干线及支流集装箱班轮内支线运输。
6	交直XK0031	武汉长亚航运有限公司	长江干线及支流省际普通货船运输。
7	交直XK0035	长江交通科技股份有限公司	国内沿海、长江干线及其支流省际普通货船运输。
8	交直XK0062	长航凤凰股份有限公司	国内沿海、内河普通货船及外贸集装箱内支线班轮运输
9	交直XK0079	上海长江轮船公司	长江中下游普通客船运输；黄浦江旅游客船运输，国内沿海、长江干线及其支流普通货船运输；国内沿海、长江外贸集装箱内支线班轮运输。
10	交长集XK0003	芜湖长江轮船公司	长江中下游及支流省际普通货船运输
11	交长集XK0008	南京水运实业股份有限公司	国内沿海，长江干线中下游及支流省际普通货船、油船、散装化学品船运输。
12	交长集XK0009	武汉长茂液化石油气运贸有限公司	长江上中下游干线及支流省际液化气船运输。
13	交长集XK0010	中石化长江燃料有限公司	长江干线及支流省际普通货船、油船运输。
14	交长集XK0011	南京长江油运船务公司	长江干线及支流省际油船运输。
15	交长集XK0019	南京长航凤凰货运有限公司	长江中下游干线有支流省际普通货船运输。

序号	许可证号	企业中文名称	经营范围
16	交长集 XK0025	武汉峡江长航运输有限公司	长江干线及支流省际普通货船运输。
17	交长集 XK0028	邳州长航船务有限公司	长江中下游干线及支流省际普通货船运输。
18	交长集 XK0031	武汉长燃运输公司	长江干线及支流省际普通货船、油船运输。
19	交长集 XK007	中国扬子江轮船股份有限公司	国内沿海及内河普通货船运输，长江集装箱外贸内支线运输。
20	交长集 XK022	芜湖长鑫航运有限责任公司	长江干线及支流省际普通货船运输(含裕溪口至四褐山航线)。
21	交长集 XK034	武汉长强船务有限公司	长江中下游及支流省际普通货船运输。
22	交长集 XK039	上海宝江实业公司	长江中下游干线及支流省际普通货船运输。
23	交长集 XK040	武汉长航货运物流有限责任公司	长江中下游及支流省际普通货船运输。
24	交鄂 XK0012	武汉长伟国际航运实业有限公司	长江干线普通货船运输，长江集装箱内支线班轮航线运输。

资料来源：交通运输部长江航务管理局

【长航凤凰股份有限公司(简称长航凤凰)】（详见《长江航运年鉴》（2009 卷）第三编“机构”）

2008 年，长航凤凰公司坚持管理与发展配套提升，各项工作取得长足进步。一是针对燃油价格飚升，通过加强营运、管理和技术节能，全年节约燃耗成本 2 857 万元；通过委托取送减少非生产用油 1 091 吨，节约成本 461 万。二是进一步强化了对效益目标的考核。以海段经营利润和长江段边际效益，取代原来的收入指标，增强了考核导向性；调整长江租船考核统计办法，规范操作流程，全年实现租船收入过亿。三是完善了财务管理制度。统一会计科目和报表，加大培训普及力度，新会计准则在公司得到了全面、有效实施。四是按照上市公司要求，加强了对偿债、盈利、资产及负债等重点指标定期分析，及时规避经营风险，提高公司经济运行质量。

与此同时，凤凰公司严格按证监会要求，加大上市公司法律法规培训，全面执行新会计准则，明确信息披露程序，规范关联交易行为，完善治理结构，加大整改力度，受到监管部门好评。另外，以和谐促稳定，以稳定促发展，加强思想政治工作，深入学习贯彻十七大精神，注重上市公司社会责任和公众形象，为职工办 10 件实事基本完成，班子团结、队伍稳定，企业保持和谐、稳定发展势头。

地　址　武汉市江汉区民权路 39 号
邮　编　430021
电　话　（027）85321845；85703197
传　真　（027）82763929
网　址　http://www.csc—hy.com.cn
邮　箱　csc—hy@tom.com
股票简称　长航凤凰
股票代码　000520

（长航凤凰）

【中国长航上海长江轮船公司（简称上海公司）】（详见《长江航运年鉴》(2009 卷)第三编“机构”）

2008 年，上海公司圆满完成了长航集团下达的各项指标，经济效益创造近年来的最好成绩。

·“两强”业务实现增长，亮点纷呈。一是外贸件杂货运输赢得重大发展机遇。及时调整外贸件杂货运输对策，重点落实“四个抓”，即抓风险控制，把好合同签定和执行环节，构建独立的经营管理平台。抓大客户，形成业务支撑，确保效益基础。抓租船业务，提升收益水平，全年外租船运输收入 9 200 万元以上，收入利润率比去年提高了 5.6 个百分点。抓成本控制，动态跟踪国际油价，仔细测算加油点和加油量，努力控制燃油成本。全年主营收入 2.56 亿元，利润总额同比增加 17%。11 月，长航集团对做强做大外贸件杂货运输作出了调整决定。由上海公司统筹外贸件杂货运输的发展战略和资产管理，使上海公司外贸件杂货运输赢得了新的发展机遇。二是集装箱运输系统实现增长。完成自营集装箱量同比增加 37%，营业收入超 5 亿元。另在“穿梭巴士”航线上，市场份额最高时超过 50%，全年完成 27 万 TEU。在中韩外贸班轮航线上，克服了市场的下滑，保持了增长。全年箱运量 3.65 万 TEU，同比增长 8.5%，连续两年盈利。在长江市场加大租船经营，优化操作平台。全年沿海、长江箱运量分别达 17.2 万 TEU 和 7.8 万 TEU，同比增长 6.4%和 16%。此外，长江货代、长江船代都保持了盈利水平。物流公司依托实业公司仓储项目显示了发展生气。三是游船旅游业务增长有亮点。旅游事业部借助“船长 3 号”投入营运契机，推进商务包船业务，形成系列特色船队；“太空堡垒”已成为黄浦江上的新亮点，成为上海公司浦江游船效益的新支柱。同时，加强对船长酒店的管理提升和市场开发，加大对长航美林阁大酒店的内审监管力度。新的业务增长，有效化解了金融危机的影响。全年旅游事业部实现营业收入保持在 9 000 万元以上，利润水平稳中有升。四是航运服务业平稳增长。宝江公司打好服务牌，严控成本，靠泊和汽车滚装业务均有明显增长。同时，推进科技创新，在炮台湾基地使用风力发电机替代驳船辅机，减少了耗油量，既节能又环保。与此同时，公司加强船员队伍建设，一面确保公司需求，一面打出长航远洋船员品牌，开拓外派服务市场，全年引航费收入同比增长 31%。上海客司、远江公司也努力控制成本费用，确保安全稳定局面。

·筑牢四个支撑　一是水运工业加速增长。闵南船厂做实定向经营，扩大坞修能力，努力承揽大产值船和改装船；7 月新增的“武当山”船坞正式投产，实现了生产能级、产值规模、效益水平的新跨越。全年营业收入 3.59 亿元，利润总额同比增长近 3 倍。吴淞船厂在建造“长航洋山 2 号”和“船长 3 号”的同时，抓紧改造船台，扩容增产，整个船厂面貌一新。8 000 吨杂货船的建造标志着吴淞船厂造船能力有了质的提升，总产值突破 2.5 亿元。南通驳船厂努力开拓经营，加强内部管理，该厂收入同比有一定增长，亏损得到控制。二是汽修服务稳步增长。汽检公司抓好创新管理，强化优质服务，车辆检测量同比增长 30%，并努力把新建成的进口车商检专用线做成一个新的经营亮点。同时，面对形势急剧变化，果断收缩汽车销售，确保资金平衡。全年利润总额超 1000 万，同比增加 20%，创历史最好水平。三是房地产业保住增长。实业公司积极应对美国次贷危机带来的市场变化，一面果断决策，放缓了南通长航地中海花园项目的二期建设，重点推进政府动迁房回购工作；一面完善内控制度，着力管控资金和成本。同时加强队伍建设，推进岗位成才。该项目无论是在建设开发规模上，还是在收入和利润水平上，都取得了历史性的跨越。四是医疗和教育培训寻机增长。长航医院坚持特色医疗服务，体检合作经营项目实现收入同比增加了 174%。实现利润 400 万，创历史最好水平。培训中心盘活存量资产，营造经营亮点。实训场项目 8 月 28 日正式营业，军运员培训中心也已正式挂牌。

·促进管理提升　上海公司的管理工作，主要体现在“六个有”。一是财务管理有创新。财务部门积极与银行合作，在建造两艘 8 000 吨杂货船的过程当中，采取“内保外贷”的融资模式，解决公司发展中的资金问题。二是经济监管有力度。重点判断应收帐款问题和应对变化、防范风险问题，对重点单位和项目进行专项审计，完善一系列规章制度，使经济运行监管工作进一步深化。三是投资管理有保有压。注重可行性，把握经济性，跟踪持续性。积极应对危机，收缩投资规模。同时，积极盘活公司闲置资产，努力做好重大资产交接工作。加大资产经营力度，促进企业可持续发展。四是科技创新与节能减排有成果。制定科技管理系列办法，尝试风力供电，在 ATB 船组停用燃油辅锅炉，用全自动燃油电加热设备作为燃油辅助加热装置，采用乘潮发航节能，最经济主机转速节能，建立能源消耗和修费使用定期分析制度。五是人力资源管理有成效。在注重人才引进、提高员工整体素质的同时，及时制定应对危机的措施，严格控制人工成本。员工培训方面，共组织、指导公司内 2 522 人次参加各类培训。制度建设方面，重点完善和调整了《工资总额管理办法》，《直属单位经营业绩考核管理办法》，《海司游船技术人才奖实施管理办法》等激励分配文件，较好地发挥了分配的杠杆作用。六是企业文化有发展。抓好“表率文化”建设，加强企业领导班子建设；推进“品牌文化”建设，重点组织对“长江 1 号”、“船长 3 号”、“船长高尔夫”宣传；加强“廉政文化”建设，重点贯彻落实“七个不准”，对重大项目开展效能监察。同时，不断丰富“光明思维”的内涵，实现完善企业文化和推进发展战略的和谐统一。经营管理中，坚持“创新文化”，以创新激发活力；对外合作中，推进“双赢文化”，以双赢确保持续；内部协作中，提倡“包容文化”，以包容凝聚力量，以人为本，和谐共进。

·保持安全稳定　一是落实安全责任制。层

层签订安全生产责任书，开展安全管理工作考核。二是开展各项安全活动。认真开展安全生产百日督查专项行动，开展安全专项检查。由此，被考核定级为上海市安全一类企业。三是突出做好“奥运”安保工作。通过“抓现场、查盲区、保落实”，取得奥运安保工作的全面胜利。航行安全、劳动安全、消防安全、防污染等方面均未发生统计上报事故，船舶航行安全面达 100%。同时，一方面落实领导维稳责任制，一方面坚持以人为本，通过广泛沟通，事前疏导，及时解决等措施，努力做好不稳定因素的排摸和化解。

·关心员工生活　做到以人为本，千方百计提高员工收入。从业人员年均收入增长 14%，超过职代会确定的 8%的目标。实行员工带薪年休假制度，公司和各二级单位组织先进生产（工作）者、优秀职工和从事有毒有害工种的职工参加疗休养。对特困职工（包括困难农民工）子女就学给予资助。丰富活跃职工业余文化生活。为经营生产一线单位配备健身器材。

地　址　上海市张杨路 800 号 2109 室
邮　编　200122
电　话　（021）58351355

（上海公司　李为民）

【中国长航南京长江油运公司（简称南京公司）】

（详见《长江航运年鉴》（2009 卷）第三编“机构”）

南京公司成立于 1975 年，是中国长江航运(集团)总公司的专业子公司，专业经营长江干线、中国沿海及远洋原油及其石油制品运输。江海重组后，南京公司主要从事长江原油及散化运输经营、修造船业务、房地产开发业务，以及国际、国内船舶代理，国际、国内货物代理，油品储存、贸易及陆地运输，船舶洗舱及污油水处理等相关业务。中国长江航运集团南京油运股份有限公司(简称为长航油运，为南京公司控股子公司）主要从事海上（沿海及国际）原油、成品油、沥青及化学品运输经营业务。

2008 年，南京公司与长航油运分别在江海两个领域集中力量专注发展，一年来均有所突破。首先，南京公司明确了“两主三支”的总体战略构架，水上运输巩固了三成原油运输货源的垄断地位，积极参与长江成品油化工品运输市场的竞争，强化了运输成本控制工作；船舶修造方面,加快了紫金山船厂的扩能改造，推进与上海公司合资项目，完成 1.6 万吨举力浮船坞建造项目主体工程,签订了 2 艘 2 500 方工程船和 2+2 艘 2 5000 吨油轮建造合同，并正在摄山基地建造 1 万吨级浮船坞；船舶代理及服务方面，完成了在宁波、舟山等沿海的设网布点，在舟山合作开展洗舱及油污水回收项目；油品储贸业，抓住市场波动的机会，创出历史最好成绩;房地产和物业管理方面，南京花家桥项目重新开工，取得武汉徐东路项目开发权；物业管理在油运大厦创“省优”物业的同时，成功开发多个高端物管项目。其次，长航油运加强与战略大客户合作，扩大包运合同（COA）比重，调整优化经营布局。继续开拓欧美市场，保持合适的内外贸比例，加大租船经营力度，年内期租 2 艘油轮；以预防和控制金融危机带来的风险为重点，建立风险防控体系，加强风险研究，制定并落实风险、特别是支付风险防范预案；推进体系“贯四标（安全 ISM 规则、质量 ISO9001、环境 ISO14001、职业健康 OHSAS18001)、取四证”、油轮管理与自评估（TMSA）和提高大石油公司检查通过率等三项工作，组织 VLCC 管理与操作课题研究，加强船舶管理人才和船员队伍建设。管船能力得到明显提升，石油公司检查通过率达到 80%以上;“四标”管理体系通过审核认证，TMSA 分值达到 2.71 分，在国内油运企业中名列前茅；成功实现了 VLCC 自主配员、自主管理、自主经营。增强可持续发展能力，组织制定了未来五年公司运力发展及船队结构优化计划、经营职能子战略、特种品运输子战略、船舶管理大纲和人力资源规划；积极推进新船型的研究与开发，新增了“长江之珠”等 9 艘 VLCC 及 MR 船舶。

截至年底，南京公司合并报表总资产 137.87 亿元人民币，职工 6 630 人。全年共完成货运量 3 521 万吨、货运周转量 891 亿吨公里，实现运输收入 35.96 亿元人民币、利润 6.89 亿元人民币。

地　址　南京市中山北路 324 号
邮　编　210003
电　话　（025）58586960

（南京公司　邢煌辉）

【中石化长江燃料有限公司（简称中长燃公司）】

（详见《长江航运年鉴》（2009 卷）第三编“机

构”）

2008年，公司实现了销售总量180万吨，销售收入94.75亿元，利润总额1.85亿元的新业绩，开创了企业各项工作有序运行，协调发展的新局面。

·充发发挥水上保供职能　2008年前三季度，国内自然灾害频繁发生，北京奥运会、残奥会相继举行，市场需求异常强劲，成品油资源极度紧张。在供需矛盾不断加剧的情况下，中长燃公司以国家大局为重，勇于承担了保障长江船舶供油的社会责任。一是全力组织资源。一方面积极争取增加配置计划，另一方面广泛拓展自采渠道，实行跨区域、全方位、多品种的资源适时、适价、适量采购，公司全年共自采各品种资源65.42万吨，占资源购进总量36.32%，成为公司资源的重要组成部分。二是精心调控经营节奏。在长江市场面临资源断供脱销之际，公司高度集中有限资源，统一安排、统一调剂，确保重点市场、重点城市、重点港口、重点客户的供应，并采取现场“发号排队”，“少量多批”，“传承接力”加油等方式合理控制节奏。

·着力推进经营结构调整　公司从适应市场变化，做大销售总量，开辟效益源头出发，全面推进经营结构调整和优化，在坚持柴油销售为主导的前提下，大力拓展燃料油、保税油和润滑油经营。一是柴油销量保持平稳。公司始终恪守“三为主”即水上为主、零售为主、终端为主的经营方针，瞄准目标市场，稳定日常销售。在全年大多数时间资源紧缺之下，柴油销售量仍达到123.95万吨的较高水平。二是燃料油销量快速增长。公司通过经营品种的扩大促进市场区域的扩大，以拓展燃料油经营为突破口，实现经营市场由长江向海上延伸。公司硬性要求凡是有市场需求和经营能力的分公司都必须开展燃料油经营，并将其纳入单位年度业绩考核；积极支持上海、宁波、深圳公司做大燃料油市场，从船舶设备配置和政策资金扶持上给予优先保障。采取江海区域结合，重轻品质结合，供贸经营结合，全力推动燃料油销售量效齐升。公司全年销售燃料油42.8万吨，同比增幅达66.1%，其对经营总量贡献率显著提高。三是保税油销量实现翻番。公司继2007年启动江阴、南通、南京等港口保税油经营后，于去年又接连开通常州、泰州、扬州、镇江、常熟、上海等港区保税油业务，并在宁波港进行了尝试性经营。至此公司在长江区域的保税油经营已基本贯通，市场后发优势已初步建立。全年保税油经营量一举突破10万吨大关，达到11.1万吨，增幅为270%。四是润滑油销量逐步回升。公司及所属单位努力弥补润滑油品种不全，采购渠道狭窄，配送方式单一等经营“短板”，积极扩大品种型号，形成产品系列，拓宽采购渠道，优化资源配置，多方联系配送，减少迂回运输，从而结束了润滑油年销量长期在8 000吨徘徊的局面，使之呈现出稳步回升的势头。

·及时化解经营潜在风险　去年三季度以后，由于受全球金融危机影响，国际油价急剧下跌，国内需求持续萎缩，市场行情空前低迷，公司经营陷入了前所未有的进销倒挂、收不抵支的艰难境地，面对困难公司果断采取有效措施。一是大力促销扩量。针对市场形势逆转，及时调整经营策略，转向以扩销上量为重点，先后组织了“加油中长燃，激情享奥运”，“中秋乐团圆，国庆喜和谐”和“迎新年，迎春送福”等大型主题促销活动，各分公司与之相呼应，结合自身实际开展特色促销，借以“引爆行情，点燃商机”，收到了既赢得人气又争得市场的效果。二是积极防危控险。早在去年上半年市场供需两旺之时，公司未雨绸缪，居安思危，对下半年有可能发生的经营风险采取了一定措施，通过对资源采购及库存实行从价从量“高进先出”和“高进高出”的核算方式，提前转移消化部分高价资源，并动态调整库存结构，促使库存资源最大限度保持低价。三是确保经营稳健。在贴近市场，紧跟行情，扩大销售总量的同时，严格控制资源采购，通过疏通出口，收缩进口，以销定购，购销平衡，维持库存低限运行，有效防范和控制库存风险，时至年末公司资源库存已处于相对合理水平。此外为保障资金安全，公司在坚持资金“收支两条线”和资金日统计、日监控、日考核的基础上，强化了对销售滚动结算和应收帐款的跟踪监管，强调经营活动必须以资金安全为前提，坚决维护资金完整，切实做到“颗粒归仓”，万无一失，年底分公司资金解缴和帐款回收率均达到了100%。

·严格规范成本费用核算　一是规范控费核算。公司对大部分费用支出项目参照往年实际发生数，并结合各单位规模大小，管理难易，地区差别等因素，进行成本费用标准化模型测算。经过一年来的试行初见成效，其中多数标准值准确可靠，具有可操作性，为今后公司成本费用核算常态化、长效化、科学化创造了条件。二是改进控费方式。公司总部将成本费用按其属性实行部门归口管理，变财务部门独家控费为所有部门共同控费；各部门每月通报分析费用使用情况，变只看结果被动控费为更重过程主动控费；根据“有保有压，有增有减”原则，适当保障和增加生产性和公益性费用，压缩和削减非生产性和公务性开支，变全面抽象控费为重点具体控费；通过逐项逐笔审批资金申请，按计划发生项目拨付费用，变事后调帐控费为事前监管控费。三是完善控费方法。公司通过下发文件明确各项费用科目使用范围和核算口径，并分类核定，分别下达，分项监控，分期拨付，做到计划使用，具实入账。四是严格控费考核。公司将成本费用预算控制统一纳入财务管理绩效考核，公开考核标准，公示考核结果，加大考核权重，实行成本费用考核“一票否决”。以上举措的实施，既保障了生产经营正常运转，又杜绝了成本费用虚列冒进，较好地完成了全年控本限费任务目标。

·有效提升综合管理水平　2008 年是公司开展“提升综合管理年”系列活动的正式启动年，按照总体规划部署，扎实推进各项具体工作。一是认真开展企业标准化工作。公司成立组织，建立专班，制定方案，进行全面动员，狠抓任务落实，举办专题培训讲座，并“请进来，走出去”实地考察，现场交流，依照标准化要求，结合自身实际，发动总部各职能部门按规定时限完成公司层面管理标准、技术标准框架体系，为企业标准化工作深入进行奠定了基础。二是全面试行企业内控制度。公司从去年四月份起正式引进并试行企业内控制度。公司及各分公司高度重视，严格执行，确保工作进度和质量。从试运行情况看，企业内控制度的推行对防范经营风险，维护资金安全，强化内部制衡，堵塞管理漏洞，发挥了不可替代的重要作用。三是率先实施企业新会计准则。年初就成功进行新会计准则初始数据衔接和模拟账套建立，并及时按新会计准则进行内部会计核算和报表处理，从而实现了公司财务管理与国内同行业先进水平对标接轨。四是注重加强信息化系统建设。从适应形势发展，打造现代企业出发，公司更加重视信息化管理技术运用，通过与专业机构联手合作，借助科技“外脑”，实现信息化系统提档升级，先后拟定了公司信息化建设规划，完成了硬件系统更新改造方案的招投标，为公司加快信息化建设步伐明确了方向，赢得了时间。

·不断加强基层全面建设　2008 年公司以加油站为重点，大力加强基层全面建设。一是适时召开加油站经营管理专题会。总结工作，交流经验，表彰先进，明确任务，进一步掀起加油站“达标创星”活动新高潮，营造工作“比、学、赶、帮、超”大氛围，有力促进了加油站经营管理水平的整体提高。二是全面实施加油站督察工作。公司先后颁发了《加油站督查管理办法》和《加油站督查奖惩实施细则》，出台了《加油站站长队伍建设指导意见》，进一步规范了加油站经营管理帐表册单，建立了公司及分公司两级督查队，不定期组织突击式、拉网式现场督查，并对督查发现的问题即时处罚，限期整改，书面通报，将督查结果分别与分公司管理业绩考核和加油站“达标创星”评定挂钩，初步形成了加油站建设长效机制。三是加大加油站基础设施投资力度。去年公司共投入 3 371 万元用于加油站船舶更新、改造、升级。分别为南京分公司和上海分公司建造了 3 艘 75 米新型油囤和 1 艘 300 吨双底双壳新型油轮，按照保税油和燃料油供应标准改造了长燃 45 号油轮，调整和维修了 5 艘各类船舶，使部分加油站经营能力得到提升，重点推广了加油船泊位指示屏和大型 LED 信息广告屏的运用，集中研发了加油站“轻型环保加油枪”并进行试生产，同时还为 30 座加油站安装了库存液位自动监测管理系统，公司加油站“硬”实力明显增强。

·持续保障安全稳定局面　2008 年是一个特殊年份，不仅自然灾害重，而且大事要事多，作为从事易燃、易爆、易污染的企业，所承担的安全稳定任务艰巨。对此公司上下以高度的政治责任感，切实履行国家赋予的反恐保安维稳神圣职责，全力以赴抓好具体工作，实现企业一方平安。一是抗击冰冻雪灾。迅速下发了《关于做好恶劣气候安全生产工作的紧急通知》和《关于做好应对灾害性天气相关工作的紧急通知》，立即启动安全应急预案，各分公司分兵把口，深入生产一线，现场指导工作，督促管理，维护秩序，采取各种措施保障安全。汶川发生特大地震后，我们一方面关注灾情变化和灾区周边分公司情况，另一方面广泛发动员工开展赈灾活动，公司为此还向灾区特别捐款 100 万元，以表达中长燃对受灾群众的一份关爱。与此同时，我们打破常规特事特办，千方百计优先安排和保障救灾物资水上运输用油，以实际行动支持抗震救灾。二是力保奥运平安。公司严密加强加油站、运油船和油库的治保和安防，对其采取“三全”保护性措施，即全封闭管理，不许无关人员进入；全方位排查，清理处置不安全因素；全过程监控，及早发现和干预异常现象。积极参与中国长航开展的“迎奥运、保安全、促稳定”百日安全竞赛活动，以此增强全员安全稳定意识，巩固安全稳定局面。三是加强安全预控。坚持“安全第一，预防为主”工作方针，突出现场作业管理和规章制度落实两个重点，保持安全工作的连续性和常态化，立足于预防在先，控制在点，处置在即，认真组织督察，纠正违章行为，全面治理隐患，构筑安全壁垒。一年来公司未发生一起安全责任事故，安全状况始终保持稳定，公司安全工作因此受到上级主管单位中国长航的表彰奖励，并再次被推荐为湖北省安全生产红旗单位。

·切实改善员工生活待遇　2008 年在企业经济效益与劳动生产率实现稳步增长的前提下，着力为公司员工谋大事、办实事、做好事，使全体成员共享企业发展成果。一是增加员工薪酬收入。中长燃公司投入近 1 000 万元，用于增加各类员工基本薪酬，鼓舞了士气，促进了和谐，更增强了企业凝聚力。二是调整船员伙食标准。根据国家有关规定并结合企业实际，公司参照同类船舶船型最高等级调整船员伙食标准，仅此一项船员直接受益近 100 万元。三是实行公司员工带薪休假制度。四是统一交通、误餐补贴支出。五是发放全员防寒服。为抵御极端天气再次侵袭，保障员工身心健康，公司特聘请专业生产厂家，为每位员工订做质量上乘的防寒保暖羽绒服，并于近期发放到位。此举体现了中长燃大家庭的温馨与关爱。六是提高员工素质。一年来公司先后集中举办各类脱产培训班 5 期，受训员工达 284 人，各分公司也采取多种形式对员工进行培训和轮训。公司工会在广泛开展岗位练兵、技术比武的基础上成功组织了全线职工技能大赛，一大批技术能手、业务精英从中脱颖而出，成为企业骨干新军和后备力量。

地　址　武汉市旅顺路 1 号
邮　编　430010
电　话　（027）51277888；51277900
传　真　（027）51277880
网　址　http://www.zshcr.com.cn

（中长燃公司　洪向荣）

【中国长航芜湖长江轮船公司（简称芜湖公司）】

芜湖长江轮船公司成立于 1984 年，隶属于中国长江航运（集团）总公司，注册资本 1.6 亿元。截止 2008 年底，公司在册职工 579 人，资产总额 2.1 亿，主要产业为船舶修造、中职教育和物业管理。公司现有 6 个机关职能部门：综合管理部、党委工作部、计划财务部、人力资源部、工会办公室、纪检监察处，三个直属单位：船舶工业部、河运学校、物业公司，另有非在岗管理部，负责公司非在岗人员及企业离退休人员的管理。目前公司的主要职能是中国长航集团芜湖地区陆上产业的发展管理，同时公司党委负责集团在芜单位的党群领导工作，公司代表长航集团保持和安徽区段地方政府的工作联系。

·生产经营　1.5 300 吨浮船坞建成。5 300 吨浮船坞项目是长航集团对芜湖公司脱贫解困、有效发展的支持项目，这艘船坞是长江上首例由闲置油驳改建而成的大型浮船坞，是由四条油驳经切割改建而成，该船坞建成后可以承载万吨级以上船舶上坞修理，是目前皖江上举浮力最大的浮船坞。该工程自 2007 年 7 月份开始施工，合计投资约 4 000 多万元，共历时一年的时间完成了前期改造的全部工作，于 2008 年 7 月正式投产对外运营，随着一系列大型船舶在 5 300 吨浮船坞上完成坞修任务，标志着公司由陆上产业向修造船产业发展转型正逐步完成，芜湖公司坞修产业的支柱地位正逐步确立。2.船舶工业。一是创新管理体系完成了工业集并工作。将工业部由原几个独立单元的松散型管理模式调整为集中的工厂化管理模式，将原分散经营的 800 吨浮船坞和辅助船统一迁移集并至西华基地，促进公司船舶工业向规模化正规化发展。二是强化管理，生产经营工作局面良好。2008 年公司工业部完成首例客轮改造滚装船江汉 62 号技改工程，共承接航修、坞修业务66艘，内部工作船改造4艘，实现产值3 000多万元，创历史较好水平。三是加大基础设施建设，完善生产配套设施设备。为促进公司船舶工业整体规模发展，公司完成了西华基地电增容工程，使基地的电容量从原来的945千伏·安增容至2 630千伏·安。西华基地的大车间建造工程顺利完工，职工培训宿舍楼正在建设中，这些项目的建设为西华基地未来发展规划奠定了坚实的基础。四是把握机遇，深挖西华基地效益资源。2008年公司盘活利用西华港口、码头、基地资源，实现了与江东船厂的资源互补；除此之外公司还积极筹划开发西华基地滩涂资源，已向上级主管部门上报了西华基地江滩整治工程技改项目报告，目前该项目已通过安徽省长江河道管理局的审批，前期江滩整治工程已全面开工。3.物业管理。物业管理版块围绕盘活房产、提高服务质量、确保安全稳定等工作，进一步加强基础管理和成本控制，扎实有效地开展各项工作。一是清理公司房产资源，盘活闲置房产，清理租赁合同，增加租赁收入；二是增强服务意识，提高服务质量；三是做好物管工作，保障公司生产经营；四是维护企业利益，保障企业拆迁利益最大化。

·管理与建设　1.安全管理。强化了各级领导的安全责任制，签订了各级领导的安全生产责任书。加强了各项安全基础管理，开展“安全生产月”、安全生产隐患专项治理等一系列活动，排查和消除存在的安全隐患，做到责任落实、措施得力、监督到位，实现了全年劳动、消防、食品卫生，行车等安全无事故的奋斗目标。2.党建工作。加强两级领导班子建设，落实中心组学习制度。召开了党员领导干部民主生活会，加强党组织建设和干部队伍建设，组建了二级单位党组织，落实了“三同时”，召开了专题组织生活会。开展了“三创一争”和“一创两争”活动，开展民主评议党员工作，公司230名党员参加评议，参评率达100%，评出优秀党员38名，合格党员192名，无不合格党员。3.廉政建设。深入开展党风廉政宣传教育工作，加强了领导人员作风建设，公司党政领导填写了《落实党风廉政建设责任制自查报告书》，重新修订了党风廉政建设责任书，融入了“七项要求”新内容，组织党政主要领导及机关部门负责人签订了2008年党风廉政建设责任书，组织33名领导人员开展了签订廉洁从业承诺书活动。4.民主管理。坚持职代会制度，认真做好职代会民主议事会议题及提案的征集、提交工作，坚持了职代会民主评议公司领导干部制度，认真推进厂务公开“五项制度”，组织职工代表开展了厂务公开巡查、评议活动，加强劳动关系协调，签订了公司第七份《集体合同》、女职工权益保护专项集体合同和劳动安全卫生专项集体合同，并与公司行政进行了平等协商，从制度上保障了职工利益。5.帮扶解困。工会积极实施送温暖工程，“两节”期间，慰问困难职工、离退休老同志等3 803人次，发放慰问金52.88万元。开展雪灾帮困送温暖、奥运慰问帮扶困难职工活动，为在芜单位10名劳模争取到省、市补助金和帮扶金近3万元，高温期开展了慰问一线职工活动。组织开展“秋季爱心助学”活动，帮助了31名困难职工子女上大学，发放助学款5万元。组织职工开展向四川汶川地震灾区捐款、会员捐一元会费活动，捐款39 393元。建立完善了253名困难职工档案，对32名特困职工实行每月定期补助，送温暖基础管理工作不断加强。6.为职工办实事。加大了工资总量投入，职工收入有了相应提高；公司投入约190万元用于设备更新和安全隐患治理，改善了安全生产环境；组织了43名公司优秀职工、有毒有害工种职工到山西、庐山疗休养；落实了领取独生子女光荣证退休人员享受一次性补助政策，发放一次性补助343人，补助款51.45万元。组织职工开展健康体检，为248名女职工办理了“大病防癌团体保险”，“三八”妇女节组织女职工到绍兴、南浔、绩溪等地参观，公司承诺为职工办的实事全部落实。

地　址　芜湖市江岸路17号
邮　编　241000
电　话　(0553) 3806210
传　真　(0553) 3806345

(芜湖公司　程惠琴　陆正兰)

【中国长航集团武汉长江轮船公司(简称武汉公司)】　(详见《长江航运年鉴》(2009卷)第三编“机构”)

2008年，武汉公司经济运行质量进一步提高。控亏6 600万元，比集团下达控亏目标7 200万元减亏600万元，同比2007年减亏750万元。其中公司本部亏损3 100万元，代管单位亏损3 500

万元。

在这一年中，企业发展再创佳绩，一是改坞建坞完工投产。建坞改坞是集团在“十一五”期对武汉公司的重大投资，也是武汉公司凝聚人心、实现扭亏的希望工程。2008 年 5 月 14 日，公司与上海公司闵南船厂正式签订了 4 500 吨新建坞租赁合同，6 月下旬，3 500 吨改建坞工程完工，11 月份正式投产经营。二是军山船厂再次振兴。年初，青船签订承包经营协议后，军山船厂以汉新船厂为基地，克服资产少、设备差、冗员多等困难，开展全员竞聘上岗，实行双向选择，积极恢复生产经营，迅速渡过磨合期，2008 年实现了效益持平的目标。同时积极谋划再次振兴方案，启动了五通口造船基地建设工程。三是多个单位实现了效益大幅增长。汉沙船厂结合自身情况，挖掘资源优势，打造经营支点，积极培育钢结构加工、修造船、资产租赁经营三大核心业务，经营效果明显提升，实现了效益翻番的目标。船员公司加大市场开发力度，锁定重点客户，企业用工总量达到 500 余人，同时安全高效完成了集团内部 30 余艘船舶的引航任务，利润同比实现翻番。长茂公司巩固安庆、金陵石化两大主要客户，开发扬子石化等新客户，开辟了上海石洞口、仪征港等新航线。探索运贸结合的思路，全年开展贸易业务 10 次，实现贸易净利润 34.4 万元，同比增幅近 4 倍。资产公司成功开发长乐食品大楼，租金提升近一倍。商贸公司以“零库存，以销定购，直销终端”的营销方式，有效规避了钢材市场价格大起大落的风险，实现了效益目标。长通公司先后承接了青山船厂、富士康武汉科技园、永清商务区等空调安装工程，效益大幅提升。

在这一年中，企业转型取得突破性进展。峡江公司积极向重大件运输市场转型，中标九江至上海闵浦二桥钢梁运输合同，承运了重庆至宜都的大件运输。物业公司积极向建筑安装市场转型，先后承接了崇阳土地平整项目、黄孝河经营门店改造工程和汉阳养老院翻新工程，实现扭亏为盈，扭转了多年亏损补贴的局面。物供公司积极向物流配送转型，结合自身资源优势，启动了物流配送业务。教育中心采取引进资质、联合办班等方式，进行船员培训、再就业培训和农民工培训，站稳了效益平台。生活公司积极实施印刷厂设备更新改造，为下一步经营转型拓宽了领域，同时精简机构，压缩了管理人员和管理成本。

在这一年中，企业控亏减亏工作进一步得到加强。客运公司加大工作力度，制订并实施了缩编减员方案，压缩机关编制，精简管理干部，多管齐下拓宽分流减员渠道，实现了控亏减亏目标。车船公司积极推进清盘工作，成立专班对债权债务、人员情况和清盘方式进行了专题调研，争取合资方的理解和支持，形成清盘方案，已经进入船舶挂牌交易阶段。长航大酒店新班子调整到位后，加强市场营销，盘活闲置资产，精简部门和人员，迅速扭转了效益下滑的趋势。卫生中心积极开辟健康体检市场，深入街道社区义诊，吸引社会病员，实行内部轮岗，大力压缩成本费用开支。离退部按照“必需、有效、可能”的原则，做好离退休人员的服务和稳定工作，严格按计划进度控制使用资金，2008 年各项经费控制在指标进度以内。

在这一年中，企业管理工作取得新的成绩。一是夯实了基础。公司从制度建设入手，对管理职能、岗位职责和工作流程进行全面清理，促使职能更明确，流程更简洁。二是制订了标准。设立了四个定性指标和六个定量指标，并且针对每个单位不同的行业特点和经营特性，分别下达管理考核评价指标，细化考核内容，引导各单位对照各自行业的主要市场化标准进行对标，促使各单位看到差距，赶有方向；三是明确了重点。定期召开季度管理例会，根据形势变化，有针对性地解决管理工作中存在的难点和问题。四是取得了成效。坞修公司严格执行成本四算管理制度，提高了单项工程项目盈利水平。长航大酒店以服务质量弥补硬件不足，在旅游局星级复核达标单位中名列前茅。长茂公司加强营运节能工作，根据燃油价格变化趋势灵活控制油料库存，组织船舶进行经济航速试验。汉沙船厂建立了一整套三级质量检验网络体系，一次性通过了省国防科工办的造船资质评审。

在这一年中，企业安全和稳定得到了有效保证。公司严格落实领导安全工作责任制，加强了奥运期间的安全预控和隐患整改，加快清理了峡江公司出租船舶，抓好作业安全，加强现场巡查纠违，杜绝了改坞建坞工伤事故，全年实现了零事故零损失。安全高效地完成了中山舰迁移任务，受到集团的通令嘉奖和省、市有关部门的表彰。

加大稳定工作投入，筹资发放了离休干部生活补贴、退休人员计划生育奖励以及移交老师工资差额共439万元，按规定适时提高在岗职工“三金”基数，在职代会上承诺为职工办“八件实事”，全部得到落实。

2008年，公司党委和各级党群组织按照集团党委的要求，深入学习贯彻党的十七大精神，围绕企业改革发展中心，加强领导班子建设；落实依靠方针，推进厂务公开和民主管理；加强基层党组织和党员队伍建设，深入开展文明创建活动和群众性技术创新活动；加强党风建设，建立反腐倡廉长效机制。这些工作扎实有效地推进，为公司改革发展提供了坚强保证。

地　址　武汉市汉口大兴路75号
邮　编　430021
电　话　(027) 82763115
传　真　(027) 85666056
网　址　http://www.csc—wh.net.cn

（武汉公司　杨新安）

【中国长航集团重庆长江轮船公司（简称重庆公司）】　（详见《长江航运年鉴》（2009卷）第三编“机构”）

2008年，重庆公司面对百年难遇的冰冻雨雪、汶川地震等自然灾害，面对国际金融危机对实体经济的冲击和影响，紧紧围绕实现“扭亏为盈”目标，以贯彻落实《深化改革实现扭亏方案》为主线，坚持科学发展，积极应对挑战，加快推进发展项目，狠抓增收节支，积极推进改革调整，强化基础管理，努力克服各种困难，全面完成了长航集团下达的考核指标，实现扭亏为盈，改变多年亏损的面貌。

·发展项目推进顺利　船舶工业扩能技改工程经过一年多的艰苦努力，基本实现竣工投产，结束了沙滩造船的历史，开启了现代化造船的新篇章。购置了1 200吨浮坞一艘，增强了对长江上游修船市场的控制力。房地产开发的华新都市花园项目已全部封顶断水，即将开盘预售。土桥花溪屏都步行街项目全面竣工并顺利交房。对金海洋大厦附一楼、8楼和帽厅进行了商业改造，收到了较好的效果。房地产开发租赁业已初具规模。码头物流方面，长明合资码头一期工程2号泊位正式投产，实现了当年投产当年盈利，取得化危品经营资质和海关监管资质，完成了煤码头技改工程。与中化国际合作筹建长寿化危品码头的合资公司已成立，合作正在稳步推进。集装箱运输方面，完成了325TEU新船型技术设计、效益论证和图纸报审工作，将根据市场情况适时启动新船建造。汽车检测线技改工程完工投产，启动了综合检测线建设，提高了综合盈利能力。

·经营工作取得新成效　东风公司狠抓出口船接单，全年签订造船订单达到14亿元，目前累计在手订单20亿元，生产任务排到了2010年。集装箱经营公司充分发挥经营整合优势，采取积极拓展货源，增加租船，停封低效船舶，优化运行组织，加强疏港，加大对经营队伍的激励等措施，取得了较好成效。市场份额同比提高了2.4个百分点，箱负载率同比提高了10个百分点，外贸箱比重同比提高了15个百分点，航次平均周期缩短了1.5天，平均航次收入提高了7.2万元，实现了大幅减亏。船务公司切实为经营提供运力保障，船舶营运率达到了95%，比预算提高了2个百分点。采取乘潮发航、加大低质油使用力度等措施加强成本控制，航次油耗同比下降了4.2%。江山公司努力克服冰冻雨雪灾害、地震和奥运会给三峡旅游带来的困难，通过优化旅游产品，努力拓展包船业务，转变销售模式，加强营销队伍和渠道建设等措施，保持了重庆港出口市场份额第一的地位。汽车公司努力拓展改车和检测业务，保持了持续盈利和效益的稳步增长。朝天宫销售总部圆满完成了多起二级以上的等级接待任务，连续7年保持了收入、利润的稳定增长。长明公司实现了当年投产见效。房管分公司积极争取拆迁政策，保证了公司和职工的拆迁利益。打捞工程部圆满完成了中山舰整体迁移工程，取得了社会效益和经济效益双丰收。

地　址　重庆市渝中区陕西路22号长航大厦
邮　编　400011
电　话　(023) 63772106
传　真　(023) 63833782
网　址　http//www.csc—cq.com.cn

（重庆公司　杨承勇）

【中国长航集团长江轮船海外旅游总公司（简称长江海外）】　（详见《长江航运年鉴》（2007卷）第四编“运输”第283页）

2008 年是长江旅游市场受外部因素影响大，变数多，遭受损失非常严重的一年。受百年罕见特大暴风雪、5.12 汶川大地震、全球金融危机等因素的影响，旅游市场受到严重冲击。面对严峻的市场形势，长江海外全体干部职工在公司党政的带领下，克服困难，努力拓展市场，全力推进公司各项工作。公司全年完成旅游接待总量为 106 523 人次，其中游船接待量 32 716 人次。长江海外质量品牌形象得到提升，成为中部地区唯一的赴台旅游组团社资质的旅行社；并再次进入全国百强国际旅行社行列。

·推进企业的发展，抓好营销是关键。公司先后参加了柏林旅展、中国国内（郑州）旅交会、中国国际（上海）旅交会、PATA 国际旅展，并先后邀请了 10 多批次 300 多人次代理商乘坐公司游船，实地考察公司游船产品及服务。去年我们以获得赴台旅游经营资质为契机，加强领导，落实分工，全力组织促销，7 至 12 月共组织游客 708 人次，使赴台旅游成为公司经营创收新亮点。

·全面加强成本管理、安全管理和质量管理。在成本管理方面，重点抓好管理费用的控制和节能降耗工作。去年公司使用重油 1 171 吨，占总油耗的 28.2%，节约燃油成本 295 万元。全年管理费用同比上年基本持平。在安全管理方面，狠抓了安全责任制落实，签订安全责任书，层层传递安全压力和责任。在奥运期间，航行船均派公司领导或游船公司领导随船工作，实现了奥运安保无事故的奋斗目标。在质量管理方面，认真总结和推广“长江壹号”品牌，将“长江壹号”轮规范化、个性化、情感化服务及餐饮服务等方面的成功经验，编制成游船接待服务质量手册，并加以推广。较好地促进了质量品牌的提升。先后收到游客表扬信 47 封，杜绝了服务质量恶性投诉事故，游客满意率达 98%。圆满完成了多批次重要商务会议包船和警卫接待任务。

·坚持两手抓，努力构建和谐企业。公司党委紧紧围绕生产经营中心，以科学发展观为指导，按照“推动发展、服务群众、凝聚人心、促进和谐”的总体要求，抓好班子建设、队伍建设、基层党组织建设和企业稳定工作，在企业面临诸多困难的情况下，保持了员工队伍的稳定，保证了生产经营活动的正常开展。公司党委抓稳定工作的做法受到上级的肯定。

地　址　武汉市沿江大道 69 号
邮　编　430021
电　话　（027）85701025
传　真　（027）85661821
网　址　www.ccotc.com

（长江海外　胡怀生）

【长江轮船海外旅游总公司上海分公司、上海长江旅游公司（简称上海长江旅游公司）】 （详见《长江航运年鉴》（2008 卷）第四编“运输”第 222 页）

【长江航运物资总公司（简称长航物资总公司）】

（详见《长江航运年鉴》（2008 卷）第四编“运输”第 222 页）

【珠海经济特区汇海航运公司（简称汇海公司）】

2008 年，汇海公司经历重大变革和全面转型。公司围绕“实施整合，推进转型，保持稳定，争取持平”的工作思路，完成了珠海长航的清盘关闭和收尾，确保了公司各项工作平稳有序过渡，推进了经营业务由船舶运输为主向船员外派服务为主的战略转型，实现了公司在特殊敏感时期的整体稳定。公司上下转变观念，适应变革，做到思想和管理的同步转型。全年完成主营业务收入 358 万元，主营业务成本 347 万元，亏损 24 万元。主要开展了如下工作：

·稳定人心，做好关闭的具体工作。一是面对公司的重大转变，首先是要做到思想不乱，人心不散。公司利用多种形式教育员工转变观念，深刻认识珠海公司整合关闭、退出市场的重要性、必要性，号召大家做转型的促进派，不做绊脚石，在思想上坚决贯彻集团的决定，在行动上履行职责，做好本职工作，为整合创造良好的内部条件。二是做好关闭的具体工作。珠海公司退出水运主业，壳资源对外整体出售转让，涉及到的工作方方面面，主要做了如下几项工作：1. 做好船舶的停航和在船人员的分流工作，确保船舶安全下线和人员顺利离船，做到财产不丢、不损，保持完好状态。2. 加强停航待交船期间的集中管理，责任落实到位，保证船舶停泊期间的安全，杜绝发生火灾和人身伤亡事故。3. 协助会计师事务所、评估事务所、税务部门进行审计、资产评估和挂牌交易等大量事务性材料准备工作。4.完成船舶资产、各类证照、文件资料的交接及协助在主管机关办理有关转让变更手续，做到完整交接不留后遗问题。5.及时做好应收账款的清收和历史账务的清理工作，理顺内部的账务往来关系，杜绝造成新的损失或流失，做到应收账款全部收到位，没有新的损失。6.对机关外聘人员进行分流辞退，减少不必要的管理费用开支。

·明确定位，抓好劳务外派经营。珠海公司清盘关闭后，根据集团要求，汇海公司的定位确定为船员管理公司，主营业务由船舶运输为主转型为劳务外派和船员管理为主。定位明确后，采取措施，努力开拓市场，加强财务管理，控制成本费用，重点抓好船员的外派和分流工作：一是千方百计巩固原七星轮一整套班子和舟山的船员市场份额，确保了相对稳定的现金流量。二是对船员队伍进行清理，采取多种方式减轻人工成本压力。全年协商解除船员 2 人，辞退 2 人，办理提前退休 3 人。三是在稳定上做了大量工作。由于多年来公司管理体制整合较多，船员身份变动频繁，抱怨较大。分公司一方面主动听取船员意见，另一方面积极宣传公司形势，做好解释沟通工作，及时化解矛盾分歧。四是加强船员管理，为船员服好务。建立和完善了各项管理制度；合理安排船员的培训、考试、换证。

·加强责任心，努力解决历史遗留问题。主要是清理、处置、盘活、变现闲置资产，尽量挽回损失，增加现金流量：一是对下川岛土地的处置工作千方百计反复多次去当地政府洽谈挽回损失并始终抓住不放，现还款协议正在协商中。二是积极联系南坑厂房的对外转让事宜。三是对办公室进行集中并清理仓库，腾空的办公场所对外出租达 85%，取得增收效果。四是挂牌出售变现职工宿舍两套，回收资金 69 万。

·注重解决困难职工的实际问题。公司在没有新的资金来源的情况下，从紧从严控制管理费用，克服困难为职工办实事。公司不同程度上调了下岗人员的待遇；实行下岗职工的社保金由公司全额负担；落实了 17 名在广东省参保人员在珠海参加医保等险种的属地化管理问题，解决了职工的后顾之忧；对部分经济困难退休职工的医疗费进行补助。上述措施增加了公司的凝聚力，增进了和谐稳定。

地　址　珠海市九洲大道东段建设大厦 5 楼

邮　编　519015

电　话　（0756）3341818

传　真　（0756）3332248

邮　箱　zhgs@china—csc>com

（汇海公司）

【深圳长航滚装物流股份有限公司（简称深圳长航）】　2008 年 4 月 8 日，深圳长航滚装物流股份有限公司召开了创立大会暨第一次股东大会、第一届一次董事会及第一届一次监事会，各方推选中国长航总经理刘锡汉为股份公司第一任董事长。会后举行了隆重的揭牌仪式。

深圳长航滚装物流股份有限公司由深圳市长航实业发展有限公司整体变更而成，是中国长江航运（集团）总公司控股的专业化汽车滚装物流公司。为深化改革，建立现代企业制度，提高长航滚装的市场竞争力，降低企业规模扩张后的财务风险，深圳长航于 2007 年 10 月份启动上市融资计划。2007 年 12 月完成引进招商局物流集团有限公司、东风车城物流股份有限公司作为战略投资者工作； 2008 年 3 月 19 日，股份公司国有股权设置方案获得国务院国资委批准；2008 年 3 月 28 日，取得国务院国资委同意设立股份公司的批复。经过近半年的筹备，设立股份公司的工作基本就绪。

地　址　深圳市南山区工业大道联合大厦 6 楼

邮　编　518067

电　话　（0755）26679636；26679636

（深圳长航）

·省市水运·

【上海市内河水路运输概况】　2008 年，上海市共新增水路运输企业 21 户，歇业 24 户。截至年底，在册水运企业共有 251 户。其中经营普通货船运输的 164 户、液货危险品船运输的 66 户、旅客运输的 21 户。在册船舶总数为 1 290 艘，328.7 万载重吨/70 269 客位/ 685 车位/18 789TEU。其中普通货船 826 艘、258.9 万载重吨；集装箱船 96 艘；液货危险品船 306 艘、54.2 万载重吨；客船 158 艘、70 269 客位/685 车位。

2008年，新增水路运输服务企业27户，歇业50户。截至年底，在册水运服务企业共有361户，其中经营水路货运代理、船舶代理的339户，从事船舶管理的22户。

2008年上海市水路运输工具拥有量一览表、2008年上海市全社会水路客货运输量一览表、2008年上海市全社会水路分货类运输量一览表、2008年上海市全社会水路集装箱运输量一览表、2008年上海市营业性运输船舶燃料消耗一览表，详见（表4—1）、（表4—2）、（表4—3）、（表4—4）、（表4—5）。

（上海市局　庞耀云）

【2008年上海市水路运输工具拥有量一览表】　　（表4—1）

指　标	计算单位	序号	总　计		内　河		沿　海		远洋
				个　体		个　体		个　体	
甲	乙	丙	1	2	3	4	5	6	7
一、机动船　艘数	艘	1	1 926	0	1 156	0	415	0	355
总吨	吨位	2	14 973 022	0			3 663 129	0	11 309 893
总载重量	吨位	3	21 134 098	0	290 278	0	4 839 583	0	16 004 237
净载重量	吨位	4	2 016 5167	0	290 278	0	4 839 583	0	15 035 306
载客量	客位	5	86 248	0	82 375	0	2 340	0	1 533
标准箱位	TEU	6	865 157	0	7 869	0	34 687	0	822 601
功率	kw	7	9 403 882	0	277 975	0	1 544 459	0	7 581 448
1.客 船　艘数	艘	8	172	0	168	0	4	0	0
总吨	吨位	9	0	0			0	0	0
总载重量	吨位	10	60 361	0	52 347	0	8 014	0	0
净载重量	吨位	11	60 361	0	52 347	0	8 014	0	0
载客量	客位	12	77 680	0	76 358	0	1 322	0	0
功率	kw	13	98 788	0	86 315	0	12 473	0	0
2.客货船　艘数	艘	14	38	0	32	0	1	0	5
总吨	吨位	15	90 502	0			17 156	0	73 346
总载重量	吨位	16	59 056	0	23 142	0	10 100	0	25 814
净载重量	吨位	17	44 654	0	23 142	0	10 100	0	11 412
载客量	客位	18	8 568	0	6 017	0	1 018	0	1 533
标准箱位	TEU	19	1 232	0	0	0	0	0	1 232
功率	kw	20	101 887	0	21 536	0	9 600	0	70 751
3.货 船　艘数	艘	21	1 598	0	858	0	390	0	350
总吨	吨位	22	14 872 674	0			3 636 127	0	11 236 547
总载重量	吨位	23	21 014 681	0	214 789	0	4 821 469	0	15 978 423
净载重量	吨位	24	20 060 152	0	214 789	0	4 821 469	0	15 023 894
标准箱位	TEU	25	863 925	0	7 869	0	34 687	0	821 369
功率	kw	26	9 104 248	0	120 489	0	1 473 062	0	7 510 697
内：油 船　艘数	艘	27	344	0	205	0	73	0	66
总吨	吨位	28	2 660 504	0			270 147	0	2 390 357
总载重量	吨位	29	4 663 576	0	71 469	0	418 692	0	4 173 415
功率	kw	31	782 304	0	33 415	0	131 459	0	617 430
集装箱船　艘数	艘	32	415	0	69	0	95	0	251
总吨	吨位	33	9 293 426	0			447 236	0	8 846 190

指 标	计算单位	序号	总计		内河		沿海		远洋
				个体		个体		个体	
甲	乙	丙	1	2	3	4	5	6	7
总载重量	吨位	34	11 246 136	0	124 569	0	559 641	0	10 561 926
净载重量	吨位	35	10 712 985	0	124 569	0	559 641	0	10 028 775
标准箱位	TEU	36	863 925	0	7 869	0	34 687	0	821 369
功率	kw	37	6 950 068	0	39 428	0	274 169	0	6 636 471
4.拖船 艘数	艘	38	118	0	98	0	20	0	0
总吨	吨位	39	9 846	0			9 846	0	0
功率	kw	40	98 959	0	49 635	0	49 324	0	0
二、驳船 艘数	艘	41	218	0	214	0	4	0	0
净载重量	吨位	42	120 468	0	102 698	0	17 770	0	0
载客量	客位	43	0	0	0	0	0	0	0
标准箱位	TEU	44	1 242	0	258	0	984	0	0

【2008 年上海市全社会水路客货运输量一览表】 （表 4—2）

指 标	计算单位	序号	总 计		内 河		沿 海		远洋
				个 体		个 体		个 体	
甲	乙	丙	1	2	3	4	5	6	7
一、客运量	万人	1	230.00	0	218	0	10	0	2.00
1.机动船	万人	2	230.00	0	218	0	10	0	2.00
2.驳船	万人	3	0.00	0	0	0	0	0	0.00
二、旅客周转量	万人公里	4	6 168	0	2 568	0	953	0	2 647
1.机动船	万人公里	5	6 168	0	2 568	0	953	0	2 647
2.驳船	万人公里	6	0	0	0	0	0	0	0
三、货运量	万吨	7	43 060	0	2 089	0	28 396	0	12 575
1.机动船	万吨	8	43 060	0	2 089	0	28 396	0	12 575
2.驳船	万吨	9	0	0	0	0	0	0	0
四、货物周转量	万吨公里	10	157 480 790	0	480 338	0	37 182 432	0	119 818 020
1.机动船	万吨公里	11	157 480 790	0	480 338	0	37 182 432	0	119 818 020
2.驳船	万吨公里	12	0	0	0	0	0	0	0

【2008 年上海市全社会水路分货类运输量一览表】 （表 4—3）

指标	序号	货运量（万吨）	货物周转量（万吨公里）
甲	乙	1	2
合 计	1	43 060	157 480 790
1.煤炭及制品	2	10 777	16 541 978
2.石油、天然气及制品	3	5 171	15 590 947
其中：原油	4	0	0
3.金属矿石	5	290	1 434 418
4.钢铁	6	1 117	3 720 429
5.矿物性建筑材料	7	4 083	367 756
6.水泥	8	326	581 198
7.木材	9	30	12 317
8.非金属矿石	10	188	343 128
其中：磷矿	11	0	0
9.化学肥料及农药	12	42	557 581

指标	序号	货运量（万吨）	货物周转量（万吨公里）
甲	乙	1	2
10.盐	13	23	52 769
11.粮食	14	394	1 701 767
12.机械、设备、电器	15	646	1 060 220
13.化工原料及制品	16	1	8 327
14.有色金属	17	3	51 320
15.轻工、医药产品	18	32	477 275
其中：日用工业品	19	0	0
16.农林牧渔业产品	20	3	19 617
其中：棉花	21	0	0
17.其它	22	19 934	114 959 743

【2008 年上海市全社会水路集装箱运输量一览表】 （表 4—4）

指标	序号	箱运量（个）		货运量（吨）	
			远洋		远洋
甲	乙	1	2	3	4
水路标准集装箱合计（TEU）	1	15 105 330	3 107 880	184 179 915	103 465 560
1.45 英尺	2	56	8	1 809	54
2.40 英尺	3	2 069 295	473 045	50 461 729	31 497 176
3.30 英尺	4	0	0	0	0
4.20 英尺	5	10 966 614	2 161 772	133 716 377	71 968 330
5.10 英尺	6	0	0	0	0

【2008 年上海市营业性运输船舶燃料消耗一览表】 （表 4—5）

指标	计算单位	序号	合计	客船	客货船	货船
甲	乙	丙	1	2	3	4
燃料消耗量	吨	1	6 102 988	2 472	19 925	6 080 591
航行千瓦小时	千千瓦小时	2	46 005 923	20 006	125 814	45 860 103
换算周转量	千吨公里	3	98 084 967	396 789	195 938	97 492 240
平均每千千瓦小时消耗量	公斤	4	132.66	123.56	158.37	132.59
平均每千吨公里消耗量	公斤	5	65.72	6.23	101.69	62.37

资料来源：上海市港口管理局

【上海集海航运有限公司】 （详见《长江航运年鉴》（2008 卷）第四编“运输”第 229 页）

2008 年，公司紧紧围绕上港集团“长江、东北亚、国际化”三大发展战略，以上海为中心，构筑了密集的经营航线与稠密的运输航班。有国际集装箱内支线近 30 条，每月进出上海港的航班达 650 余班。

公司经营航线直达太仓、常熟、南通、张家港、江阴、常州、泰州、镇江、扬州、南京、马鞍山、芜湖、铜陵、 安庆、九江、南昌、黄石、武汉、岳阳、长沙、湘潭、株洲、荆州、宜昌、重庆、万州、宁波北仑港、大榭岛、乍浦、温州、福州、厦门、连云港、青岛、京唐、大连等港口，经营地域覆盖上海、江苏、 浙江、安徽、江西、湖北、湖南、重庆、四川、天津、山东、辽宁、福建等 10 省 3 直辖市 30 多个港口。

截止 2008 年年底，公司拥有各类船舶 73 艘，总载箱量 12 500TEU，单船最大载箱量为 720TEU，在交通部公布的 2005 年、2006 年和 2007 年中国集装箱船队规模排名中，均位列第 6 位。全年完成集装箱运输量 978 893.25TEU。

地　址　上海市杨树浦路 18 号 22 楼

邮　编　200082

电　话　（021）65128044

网　址　http://www.shjsco.com

（上海集海航运有限公司）

【浙江省水路运输概况】 2008年，浙江省水路船舶运力规模为23 697艘、1 291.5万净载重吨，分别比上年减少4.7%、增长7.3%；其中内河船舶运力规模为20 089艘、297.5万净载重吨，平均吨位为148吨/艘，同比分别下降5.5%、2.9%和增长2.8%；沿海、远洋船舶运力规模为3 606艘、994.0万净载重吨，平均吨位为2 757吨/艘，同比分别下降0.2%、增长10.8%和10.9%。

全年完成水路货运量5.16亿吨、周转量4022亿吨公里，分别比上年增长0.9%和下降2.7%；完成水路旅客运输量3 494万人、周转量7.3亿人公里，分别比上年增长了10.4%和5.5%。全省港口完成货物吞吐量9.6亿吨，比上年增长7.9%；其中沿海港口完成货物吞吐量6.38亿吨，内河港口完成货物吞吐量3.1亿吨，分别比上年底增长12%、-0.3%；其中完成外贸货物吞吐量2.4亿吨，比上年底增长13.7%；完成集装箱吞吐量1 148万标箱，比上年底增长16.3%；完成煤炭吞吐量1.02亿吨、石油天然气及制品吞吐量1.19亿吨、完成金属矿石吞吐量1.35亿吨、完成粮食吞吐量0.07亿吨，分别比上年增长12.6%、3.6%、17.6%、31%。

2008 年浙江省水路运输工具拥有量一览表、2008 年浙江省全社会水路客货运输量一览表、2008 年浙江省全社会水路分货类运输量一览表、2008 年浙江省全社会水路集装箱运输量一览表、2008 年浙江省营业性运输船舶燃料消耗一览表，详见（表 4—6）（表 4—7）、（表 4—8）、（表 4—9）、（表 4—10）。

（浙江省局 吴永平）

【2008 年浙江省水路运输工具拥有量一览表】 （表 4—6）

指 标	计算单位	序号	总 计		内 河		沿 海		远洋
				个 体		个 体		个 体	
甲	乙	丙	1	2	3	4	5	6	7
一、机动船 艘数	艘	1	22 384	16 048	18 804	15 785	3 562	263	18
总吨	吨位	2	6 255 417	28 127			5 545 440	28 127	709 977
总载重量	吨位	3	13 434 861	2 478 519	2 855 698	2 442 496	9 302 259	36 023	1 276 904
净载重量	吨位	4	12 769 360	2 455 937	2 850 805	2 440 233	8 684 918	15 704	1 233 637
载客量	客位	5	71 865	420	31 551	420	40 314	0	0
标准箱位	TEU	6	10 411	0	0	0	9 629	0	782
功率	Kw	7	4 785 208	1 564 245	1 842 365	1 534 638	2 749 772	29 607	193 071
1.客 船 艘数	艘	8	1 135	35	935	35	200	0	0
总吨	吨位	9	85 436	0			85 436	0	0
总载重量	吨位	10	46 683	1	490	1	46 193	0	0
净载重量	吨位	11	8 892	1	278	1	8 614	0	0
载客量	客位	12	69 640	420	30 051	420	39 589	0	0
功率	Kw	13	244 278	313	58 113	313	186 165	0	0
2.客货船 艘数	艘	14	12	0	3	0	9	0	0
总吨	吨位	15	3 123	0			3 123	0	0
总载重量	吨位	16	2 221	0	635	0	1 586	0	0
净载重量	吨位	17	157	0	2	0	155	0	0
载客量	客位	18	2 225	0	1 500	0	725	0	0
标准箱位	TEU	19	0	0	0	0	0	0	0
功率	Kw	20	3 266	0	528	0	2 738	0	0
总载重量	吨位	23	13 385 957	2 478 518	2 854 573	2 442 495	9 254 480	36 023	1 276 904
净载重量	吨位	24	12 760 311	2 455 936	2 850 525	2 440 232	8 676 149	15 704	1 233 637
标准箱位	TEU	25	10 411	0	0	0	9 629	0	782
功率	Kw	26	4 453 713	1 559 840	1 764 841	1 530 233	2 495 801	29 607	193 071
内：油船 艘数	艘	27	551	0	48	0	503	0	0
总吨	吨位	28	727 859	0			727 859	0	0

续 表

指 标	计算单位	序号	总 计		内 河		沿 海		远洋
				个 体		个 体		个 体	
甲	乙	丙	1	2	3	4	5	6	7
总载重量	吨位	29	1 280 636	0	14 591	0	1 266 045	0	0
净载重量	吨位	30	1 186 107	0	14 480	0	1 171 627	0	0
功率	Kw	31	392 920	0	7 579	0	385 341	0	0
集装箱船 艘数	艘	32	27	0	0	0	25	0	2
总吨	吨位	33	141 097	0			129 723	0	11 374
总载重量	吨位	34	202 556	0	0	0	184 625	0	17 931
净载重量	吨位	35	180 589	0	0	0	165 563	0	15 026
标准箱位	TEU	36	10 411	0	0	0	9 629	0	782
功率	Kw	37	86 169	0	0	0	78 162	0	8 007
4.拖船 艘数	艘	38	215	88	194	88	21	0	0
总吨	吨位	39	5 659	0			5 659	0	0
功率	Kw	40	83 951	4 092	18 883	4 092	65 068	0	0
二、驳船 艘数	艘	41	1 311	518	1 285	518	26	0	0
净载重量	吨位	42	145 951	27 888	124 054	27 888	21 897	0	0
载客量	客位	43	0	0	0	0	0	0	0
标准箱位	TEU	44	0	0	0	0	0	0	0

补充资料：多用途船 32 艘；总载重量 152 734 吨；净载重量 145 461 吨。

【2008 年浙江省全社会水路客货运输量一览表】 （表 4—7）

指 标	计算单位	序号	总 计		内 河		沿 海		远洋
				个 体		个 体		个 体	
甲	乙	丙	1	2	3	4	5	6	7
一、客运量	万人	1	3 769.00	32	429	32	3 330	0	0.00
1.机动船	万人	2	3 759.00	32	429	32	3 330	0	0.00
2. 驳船	万人	3	10.00	0	10	0		0	0.00
二、旅客周转量	万人公里	4	73 856	265	9 674	265	64 182	0	0
1.机动船	万人公里	5	73 847	265	9 665	265	64 182	0	0
2.驳船	万人公里	6	9	0	9	0	0	0	0
三、货运量	万吨	7	43 656	7 861	8 973	7 861	34 533	0	150
1.机动船	万吨	8	42 905	7 726	8 669	7 726	34 086	0	150
2.驳船	万吨	9	751	135	304	135	447	0	0
四、货物周转量	万吨公里	10	35 205 104	1 019 900	1 194 435	1 019 900	31 106 097	0	2 904 572
1.机动船	万吨公里	11	35 070 275	1 010 910	1 139 507	1 010 910	31 026 196	0	2 904 572
2.驳船	万吨公里	12	134 829	8 990	54 928	8 990	79 901	0	0

补充资料：内河货物运输量中：京杭运河 12 100 万吨；1 038 741 万吨公里

【2008 年浙江省全社会水路分货类运输量一览表】 （表 4—8）

指标	序号	货运量（万吨）	货物周转量（万吨公里）
甲	乙	1	2
合 计	1	43 656	35 205 104
1.煤炭及制品	2	14 009	18 023 387
2.石油、天然气及制品	3	8 570	4 990 524
其中：原油	4	58	10 376
3.金属矿石	5	1 624	1 160 874

指标	序号	货运量（万吨）	货物周转量（万吨公里）
甲	乙	1	2
4. 钢铁	6	3 283	2 799 521
5. 矿物性建筑材料	7	9 622	2 017 252
6. 水泥	8	1 056	544 120
7. 木材	9	79	60 201
8. 非金属矿石	10	1 672	466 820
其中：磷矿	11	0	0
9. 化学肥料及农药	12	70	59 426
10. 盐	13	266	272 163
11. 粮食	14	349	273 670
12. 机械、设备、电器	15	96	42 246
13. 化工原料及制品	16	415	481 958
14. 有色金属	17	26	19 715
15. 轻工、医药产品	18	179	1 865 871
其中：日用工业品	19	11	122 771
16. 农林牧渔业产品	20	262	256 997
其中：棉花	21	0	0
17. 其它	22	2 078	1 870 359

【2008 年浙江省全社会水路集装箱运输量一览表】 （表 4—9）

指标	序号	箱运量（个）		货运量（吨）	
			远洋		远洋
甲	乙	1	2	3	4
水路标准集装箱合计（TEU）	1	533 007	25 534	6 691 559	320 563
1. 45 英尺	2	236	0	4 483	0
2. 40 英尺	3	43 230	0	458 437	0
3. 30 英尺	4	0	0	0	0
4. 20 英尺	5	446 016	25 534	6 228 639	320 563
5. 10 英尺	6	0	0	0	0

【2008 年浙江省营业性运输船舶燃料消耗一览表】 （表 4—10）

指标	计算单位	序号	合计	客船	客货船	货船
甲	乙	丙	1	2	3	4
燃料消耗量	吨	1	1 511 061	20 937	25 575	1 464 549
航行千瓦小时	千千瓦小时	2	7 611 667	97 840	119 508	7 394 319
换算周转量	千吨公里	3	351 243 651	246 186	294 715	350 702 750
平均每千千瓦小时消耗量	公斤	4	198.52	213.99	214.00	198.06
平均每千吨公里消耗量	公斤	5	4.30	85.05	86.78	4.18

资料来源：浙江省港航管理局

【浙江省宁波市水路运输概况】 截止 2008 年末，宁波市拥有各类营运船舶 741 艘，总运力达 300.4 万载重吨，比上年净增运力 38 万载重吨、增幅 14%，提前两年完成了“十一五”发展目标，全年完成货运量 9 993 万吨，完成货物周转量 10 745 112 万人公里。完成旅客运输量 152 万人次，完成旅客周转量 2 868 万人次公里。运力不仅实现了量的扩张，且得到了质的变化。运力发展呈现出以下特点：一是万吨轮成为了水运业主力军；全市拥有万吨轮 80 艘，201.6 万载重吨，占总运力的 67%。二是特色运力协调发展；全市拥有多用途船（集装箱船）48 艘、33.14 万载重吨，17 166 箱位；拥有液货危险品船 112 艘，25.62 万载重吨。三是船舶平均吨位达 6 000 吨，高出全省平均水平2倍以上。船舶平均船龄为7.4年。四是民营企业成为了水运业主动力；民营水运运力达223.88万载重吨，占全市总运力的74.87%。并拥有运力20万吨以上的民营水运企业2家，运力在10至19万载重吨的民营企业3家，5至9万载重吨的4家，民营企业的市场竞争力和抗风险力得到了进一步提升。

·*水运业呈现出又快又好的发展趋势* 各地利用区域经济发展水运业，呈现出特色各异的水运经济。象山县的“宁波站村”至2008年末已拥有水运运力33万载重吨，船舶资产达到了13.4亿元。水运经济带来的年人均收入达5万余元。2008年三月该村被中共浙江省委、省人民政府授予“全面建设小康示范村”。宁海县薛岙村全年水运经济收入超亿元，宁海县箬屿村户户经营水运致富，全村迁到宁海城关安家，实现了农民向城市居民的转变。水运业惠民、富民的效益凸显，各地又纷纷出台优惠政策扶持水运业发展，镇海区、象山县的运力都在40万吨以上，北仑区达到了50余万载重吨。

·*水运工程建设与监管高效推进* 全年水运工程投资达28亿元，超年度计划24%，其中完成港航基础设施投资4.89亿元，港航管理设施取得了重大进展，完成了奉化江、白峰管理码头等基础设施，完成“宁波市港航管理服务中心大楼”工程投资的41%。

·*全面实施水运工程建设规范化管理* 按照管理制度规范化，建设程序规范化、建设市场运行规范化、许可执法规范化，信息报送规范化的要求、依据“统一监管、分级负责、属地管理、行业监管”的原则开展工作。完善水运工程专家库建设；为规范化管理提供技术保障。同质监，海事、引航、海洋等部门建立联席会议制度，加强协调沟通，强化监管，严格执法，认真服务；对在建工程进行全面检查并发布通报，对浙江船厂二期工程、新乐船厂等违规工程进行处理，责令限期整改；规范信息报送制度，及时了解掌握工程建设情况，并及时作出反应。

（宁波市局　沈荣进）

【宁波海运集团有限公司】 （详见《长江航运年鉴》（2008卷）第四编“运输”第235页）

宁波海运集团有限公司是浙江省第一批实施国际安全管理规则（ISM规则）和国内安全管理规则（NSM规则）的航运企业。企业总运力规模居我国沿海企业运力规模前十名。2008年，公司共完成货运量约2 616万吨，货运周转量363亿吨公里，实现营收16.6亿多元。截至年底，公司拥有全资和控(参)股企业9家，资产总额约75.5亿元，拥有一支由散货船、杂货船、液化气船等组成的运输船队，企业控制经营总运力约为85万载重吨。拥有员工1 000余人。

公司拥有宁波海运股份有限公司、宁波江海运输有限公司、宁波海光船务有限公司、宁波北仑船务有限公司、宁波海运明州高速公路有限公司、新加坡朗博船务有限公司、宁波市交通房地产有限公司、宁波海运国际船舶代理有限公司等9家全资或控（参）股企业，是一个以海运为主、以海运服务及实业投资为辅的现代企业集团。

地　址　宁波市北岸财富中心1幢

邮　编　315020

电　话　(0574) 87356271

传　真　(0574) 87677709

邮　箱　nbmarine@nbmarine.com

网　址　http://www.nbmarine.com

（宁波海运集团有限公司）

【金华市组建航运开发公司】 2008年1月12日，浙江省金华市人民政府发文批准组建金华市航运开发公司，明确由该市国资委、交通局共同出资组建市航运开发公司，注册资金为2 000万元，主要负责开展金华全市范围内航运建设开发项目的前期工作。

（浙江省局　吴永平）

【江苏省水路运输概况】 江苏省水路运输行业积极应对重大自然灾害、国际金融危机等严峻考验，迎难而上，全面完成抗击自然灾害等重点物资运输保障应急任务，全力推进全省水路货运行业又好又快发展，为服务社会、服务经济做出贡献。完成货运量4.27亿吨、货物周转量3 179亿吨公里，比上年分别增长13%和8.5%。完成客运量32万人、旅客周转量0.37亿人公里，比上年有所提高。

在过去极不寻常的一年中，江苏水路运输行业服从大局，积极投入抗击冰冻雪灾、汶川大地震的斗争，确保应急物资运输圆满完成。一是全力以赴做好冰冻雪灾期间重点物资运输保障工作。2 月冰雪期间，铁路正常运输受阻，苏北运河一度成为江苏电煤保障的生命线。为保证电煤等重点物资正常供应，及时启动《水路电煤运输保障应急预案》，组织电煤应急运输船队，迅速投入电煤抢运工作。春节前电煤最紧张期间，全省电煤应急运输船队，日均到港电煤量达到 11.6 万吨，日通过量最高达 21 万吨，高效完成电煤保运任务。二是调整产业结构，充分发挥水路运输优势。加快水路运输结构调整步伐，积极推行船型标准化，提高企业竞争力。年末，在江苏注册的航运经营业户达 1 733 家，营运船舶 4.16 万艘，载重 1 700 多万吨位。其中地方国际水路运输企业达 9 家，拥有 58 艘、109 万载重吨位，地方国内水路运输业正在规模化、大型化趋势发展。其户数、船舶数比上年分别下降 6%、8%，吨位增长 4%。自有 5 万吨以上经营业户已达到 63 家。沿海运输发展迅速，船舶达到 694 艘、载重 268 万吨位，分别比上年增长 39%和 45%。三是推行货运行业诚信建设，提倡诚信经营，优质服务和品牌创建活动，进一步提高服务能力，改善服务质量。制定发布道路水路货运企业质量信誉考核办法，组织开展国内水路货运企业质量信誉考核工作。对 5 000 吨以上水路货运企业进行了考核，共考核 466 家，考核率达 96%。为引导和促进企业加强管理、保障安全、诚信经营、优质服务，首次开展国内水路货运 20 佳质量信誉企业的评选活动。四是提升水运市场服务监管水平，进一步推行规范管理，增强服务能力，提高监管力度。组织开展《国内水路运输经营资质管理规定》学习宣传活动，组织管理人员、航运企业 18 批 400 人参加各类培训。受理上报国内水路运输企业筹建和开业申请 217 家，受理散装液体危险品运输船舶换证 2 943 艘。围绕“奥运安保”和“安全年”活动主题，强化运输管理，全面排查，排除隐患危险品运输专项整治活动。全省水路散装液体危险品运输企业 175 家，船舶 3 635 艘、122 万吨没有发生重特大运输事故和行业监管责任事故。同时，进一步修改完善《江苏省水路散装液体危险品船舶运输管理工作规范》，建立水路危险品运输企业经营资质审核、评估制度、监督检查制度和预警制度，明确资质监管内容、职责、责任、提高监管能力。

2008 年，江苏省拥有运输船舶 4.59 万艘、净载重量 1 722.52 万吨位、载客量 0.89 万客位、标准箱位 2.73 万 TEU、船舶功率 547.48 万千瓦，其中远洋海运船舶 94 艘 151.37 万吨位。船舶艘数比上年减少 5.75%，载重量增加 3.47%，船舶向标准化、大吨位发展。

2008 年江苏省水路运输工具拥有量一览表、2008 年江苏省全社会水路客货运输量一览表、2008 年江苏省全社会水路分货类运输量一览表、2008 年江苏省全社会水路集装箱运输量一览表、2008 年江苏省营业性运输船舶燃料消耗一览表，详见（表 4—11）、（表 4—12）、（表 4—13）、（表 4—14）、（表 4—15）。

（江苏省局　办公室）

【2008 年江苏省水路运输工具拥有量一览表】

（表 4—11）

指标	计算单位	序号	总计		内河		沿海		远洋
				个体		个体		个体	
甲	乙	丙	1	2	3	4	5	6	7
一、机动船　艘数	艘	1	32 419	3 815	31 566	3 815	759		94
净载重量	吨位	4	11 844 833	905 964	8 339 701	905 964	1 991 478		1 513 654
载客量	客位	5	8 948	1 400	8 388	1 400	560		
标准箱位	TEU	6	27 349	676	12 425	676	10 969		3 955
功率	Kw	7	5 474 778	309 688	3 978 470	309 688	922 396		573 912
1.客船　艘数	艘	8	113	29	110	29	3		
总吨	吨位	9	6 267	0	5 956		311		
总载重量	吨位	10	5 102	350	3 672	350	1 430		
净载重量	吨位	11	3 346	290	3 192	290	154		
载客量	客位	12	8 598	1 400	8 388	1 400	210		

指　标	计算单位	序号	总计		内河		沿海		远洋
				个体		个体		个体	
甲	乙	丙	1	2	3	4	5	6	7
功率	Kw	13	11 816	3 040	11 406	3 040	410		
2.客货船　艘数	艘	14	1	0			1		
总吨	吨位	15	16 071	0			16 071		
总载重量	吨位	16	6 526	0			6 526		
净载重量	吨位	17	5 295	0			5 295		
载客量	客位	18	350	0			350		
标准箱位	TEU	19	293	0			293		
功率	Kw	20	7 500	0			7 500		
3.货船　艘数	艘	21	30 553	3 702	29 719	3 702	740		94
总吨	吨位	22	3 621 224	0			1 943 259		1 677 965
总载重量	吨位	23	15 677 311	1 203 477	9 845 038	1 203 477	3 047 977		2 784 296
净载重量	吨位	24	11 836 192	905 674	8 336 509	905 674	1 986 029		1 513 654
标准箱位	TEU	25	27 056	676	12 425	676	10 676		3 955
功率	Kw	26	5 094 054	295 842	3 637 990	295 842	882 152		573 912
内：油船　艘数	艘	27	1 920	2	1 838	2	51		31
总吨	吨位	28	1 179 228	0			156 986		1 022 242
总载重量	吨位	29	2 772 411	355	827 529	355	241 764		1 703 118
净载重量	吨位	30	1 471 220	277	759 718	277	142 756		568 746
功率	Kw	31	746 639	169	394 270	169	79 883		272 486
集装箱船　艘数	艘	32	229	8	187	8	37		5
总吨	吨位	33	125 647	0			87 119		38 528
总载重量	吨位	34	375 368	10 936	207 916	10 936	115 602		51 850
净载重量	吨位	35	331 571	10 468	199 535	10 468	84 586		47 450
标准箱位	TEU	36	19 727	676	12 425	676	3 347		3 955
功率	Kw	37	138 060	2 955	64 443	2 955	43 329		30 288
4.拖船艘数	艘	38	1 752	84	1 737	84	15		
总吨	吨位	39	4 845	0			4 845		
功率	Kw	40	361 408	10 806	329 074	10 806	32 334		
二、驳船　艘数	艘	41	13 464	2 270	13 463	2 270	1		
净载重量	吨位	42	4 582 808	538 093	4 580 219	538 093	2 589		
载客量	客位	43							
标准箱位	TEU	44							

【2008年江苏省全社会水路客货运输量一览表】　　（表4—12）

指　标	计算单位	序号	总　计		内　河		沿　海		远洋
				个　体		个　体		个　体	
甲	乙	丙	1	2	3	4	5	6	7
一、客运量	万人	1	625	—	608	—	9.53	7.87	625
1.机动船	万人	2	625	—	608	—	9.53	7.87	625
2.驳船	万人	3	—	—	—	—	—	—	—
二、旅客周转量	万人公里	4	7 699	—	3 277	—	221	4 201	7 699
1.机动船	万人公里	5	7 699	—	3 277	—	221	4 201	7 699
2.驳船	万人公里	6	—	—	—	—	—	—	—
三、货运量	万吨	7	38 511	699	27 154	699	7 649	3 708	38 511

指　标	计算单位	序号	总 计		内 河		沿 海		远洋
				个 体		个 体		个 体	
甲	乙	丙	1	2	3	4	5	6	7
1. 机动船	万吨	8	27 486	668	16 353	668	7 425	3 708	27 486
2. 驳船	万吨	9	11 025	63	10 801	63	224	—	11 025
四、货物周转量	万吨公里	10	30 632 760	152 255	5 982 935	152 255	8 000 105	16 649 720	30 632 760
1. 机动船	万吨公里	11	27 281 283	117 455	2 908 385	117 455	7 723 178	16 649 720	27 281 283
2. 驳船	万吨公里	12	3 351 477	35 249	3 074 550	35 249	276 927	—	3 351 477

【2008 年江苏省全社会水路分货类运输量一览表】 （表 4—13）

指标	序号	货运量（万吨）	货物周转量（万吨公里）
甲	乙	1	2
合 计	1	38 511	30 632 760
1. 煤炭及制品	2	6 783	5 336 735
2. 石油、天然气及制品	3	5 267	8 735 967
其中：原油	4	3 824	5 907 806
3. 金属矿石	5	1 628	1 402 156
4. 钢铁	6	3 289	3 902 156
5. 矿物性建筑材料	7	11 810	3 193 897
6. 水泥	8	1 413	566 875
7. 木材	9	120	210 110
8. 非金属矿石	10	697	480 409
其中：磷矿	11	18	6 793
9. 化学肥料及农药	12	296	363 066
10. 盐	13	361	2 314 900
11. 粮食	14	695	663 935
12. 机械、设备、电器	15	205	442 913
13. 化工原料及制品	16	1 099	305 246
14. 有色金属	17	17	3 428
15. 轻工、医药产品	18	379	1 140 722
其中：日用工业品	19	32	133 124
16. 农林牧渔业产品	20	143	49 497
其中：棉花	21	5	688
17. 其它	22	4 308	1 520 748

【2008 年江苏省全社会水路集装箱运输量一览表】 （表 4—14）

指标	序号	箱运量（个）		货运量（吨）	
			远洋		远洋
甲	乙	1	2	3	4
水路标准集装箱合计（TEU）	1	1 895 387.045	290 949.423	16 701 664.91	3 267 079.724
1. 45 英尺	2	1 121.35138		13 735.20878	
2. 40 英尺	3	397 673.362	89 130.6222	5 329 261.006	1 859 452.44
3. 30 英尺	4				
4. 20 英尺	5	1 097 517.729	34 521.3521	11 358 668.7	1 407 627.284
5. 10 英尺	6				

【2008 年江苏省营业性运输船舶燃料消耗一览表】 （表 4—15）

指标	计算单位	合计	客船	客货船	货船
燃料消耗量	吨	1 980 365	2 075	3 119	1 975 171
航行千瓦小时	千千瓦小时	7 317 931	2 030	1 093	7 314 807
换算周转量	千吨公里	253 123 491	15 891	8 556	253 107 600
平均每千千瓦小时消耗量	公斤	271	1 022	2 853	270
平均每千吨公里消耗量	公斤	7.82	130.58	364.52	7.8

资料来源：江苏省交通厅

【南京江海轮运有限公司】 （详见《长江航运年鉴》（2008 卷）第四编“运输”第 253 页）

【南京通海水运公司】 （详见《长江航运年鉴》（2008 卷）第四编“运输”第 253 页）

2008 年，通海水运公司主要工作与成绩：一是资产盘活与运力调整再取突破，通江达海战略有效推进。积极寻求集团和轮驳的政策支持，对闲置两年的港驳 3000—5 进行拍卖处置，同时针对湖南金通运输有限公司长期亏损的经营状态，将通海所持的 40%的股份进行拍卖转让，并将此二项所得资金全部用于发展海上运力，于 2008 年 11 月正式与常州奥海航运公司合资经营一艘 4 500 吨级沿海平板自航船，专门从事长江及沿海大重件运输。二是全力维护和推进集团集装箱战略，受到集团及和各有关方充分认可。根据集团战略部署，通海公司自去年 3 月起开始经营上游内支线集装箱运输业务，今年 4 月又承担起港内集装箱驳运业物，全年完成 2.68 TEU，其中港内 1.26TEU、港外 1.42TEU，虽然此项业务所引发的政策性亏损 148.7 万元，但通海公司自身的市场功能和影响力得以进一步拓展。三是以人为本，完善绩效与薪酬方案，员工满意度提高。1. 针对物价指数的不断上涨，提高船员伙食费标准，增加了船员固定日薪的含金量。2. 根据相关规定，制定并实施带薪年休假制度。3. 对劳务人员和待遇实行动态调整和平衡，使分配尽可能体现效率和公平。4. 调整“安全效益奖”的核发办法，避免平均主义和大锅饭思想。5. 考虑到部分岗位的实际情况及员工的实际困难，设立了驻外人员补贴制度，对符合条件的员工子女进行帮困助学和发放奖学金。通过上述各项措施，员工对企业的满意度明显普遍提高。四是两大主营市场规模和效益有所增长。沙钢焦煤运输虽然受到雪灾和经济危机的影响，但全年仍然完成 25.5 万吨，创利 100 万元。振华租船的费率经过多年努力终于得以上调，同时劳务经营的规模也有所扩大，对公司整体的减亏增效起到了重要的积极作用。

地　址　南京下关龙江路 28 号
邮　编　210011
电　话　(025)58582185；58582182
传　真　(025)58825092

（南京通海水运公司）

【安徽省水路运输概况】 长江自西南向东北穿越皖境 343 公里，淮河横贯皖北 378 公里，新安江流经皖境 240 公里。2008 年，安徽省有通航河流 124 条，以长江、淮河为主的航运体系，通达全省 81%的市、县；内河航道总里程 6 504 公里，内河通航里程 5 587 公里，航道总里程和通航里程分别居全国第七位和第八位。船舶运力始终保持在高位运行，拥有营运船舶 2.74 万余艘，1 455 万载重吨，名列全国内河前茅。全年完成水路货运量 2.77 亿吨，货运周转量 1 058 亿吨公里，居全国内河第二位。

2008 年安徽省水路运输工具拥有量一览表、2008 年安徽省全社会水路客货运输量一览表、2008 年安徽省全社会水路分货类运输量一览表、2008 年安徽省全社会水路集装箱运输量一览表、2008 年安徽省营业性运输船舶燃料消耗一览表、2008 年安徽省省际水运企业名录一览表，详见（表 4—16）、（表 4—17）、（表 4—18）、（表 4—19）、（表 4—20）。

（安徽省局　马　栋）

【2008 年安徽省水路运输工具拥有量一览表】（表 4—16）

指 标	计算单位	序号	总 计		内 河		沿 海		远洋
				个 体		个 体		个 体	
甲	乙	丙	1	2	3	4	5	6	7
一、机动船 艘数	艘	1	24 793	6 200	24 579	6 200	211	0	3
总吨	吨位	2	347 827	0			337 485	0	10 342
总载重量	吨位	3	14 213 651	3 264 415	13 618 955	3 264 415	578 557	0	16 139
净载重量	吨位	4	13 802 664	3 235 522	13 316 672	3 235 522	470 839	0	15 153
载客量	客位	5	12 753	3 191	12 753	3 191	0	0	0
标准箱位	TEU	6	4 763	307	4 205	307	558	0	0
功率	kw	7	6 699 068	1 210 945	6 521 339	1 210 945	172 066	0	5 663
1.客 船 艘数	艘	8	420	96	420	96	0	0	0
总吨	吨位	9	0	0			0	0	0
总载重量	吨位	10	7	4	7	4	0	0	0
净载重量	吨位	11	7	4	7	4	0	0	0
载客量	客位	12	12 753	3 191	12 753	3 191	0	0	0
功率	kw	13	19 095	5 453	19 095	5 453	0	0	0
2.客货船 艘数	艘	14	0	0	0	0	0	0	0
总吨	吨位	15	0	0			0	0	0
总载重量	吨位	16	0	0	0	0	0	0	0
净载重量	吨位	17	0	0	0	0	0	0	0
载客量	客位	18	0	0	0	0	0	0	0
标准箱位	TEU	19	0	0	0	0	0	0	0
功率	kw	20	0	0	0	0	0	0	0
3.货 船 艘数	艘	21	24 147	6 100	23 933	6 100	211	0	3
总吨	吨位	22	347 827	0			337 485	0	10 342
总载重量	吨位	23	14 213 644	3 264 411	13 618 948	3 264 411	578 557	0	16 139
净载重量	吨位	24	13 802 657	3 235 518	13 316 665	3 235 518	470 839	0	15 153
标准箱位	TEU	25	4 763	307	4 205	307	558	0	0
功率	kw	26	6 627 565	1 204 602	6 449 836	1 204 602	172 066	0	5 663
内：油船 艘数	艘	27	461	42	457	42	4	0	0
总吨	吨位	28	7 400	0			7 400	0	0
总载重量	吨位	29	198 846	14 335	186 962	14 335	11 884	0	0
净载重量	吨位	30	195 400	14 154	184 596	14 154	10 804	0	0
功率	kw	31	80 064	5 571	75 621	5 571	4 443	0	0
集装箱船 艘数	艘	32	27	1	24	1	3	0	0
总吨	吨位	33	6 794	0			6 794	0	0
总载重量	吨位	34	57 944	6 030	47 529	6 030	10 415	0	0
功率	kw	37	16 299	2 000	13 069	2 000	3 230	0	0
4.拖 船 艘数	艘	38	226	4	226	4	0	0	0
总吨	吨位	39	0	0			0	0	0
功率	kw	40	52 408	890	52 408	890	0	0	0
二、驳船 艘数	艘	41	2 172	25	2 172	25	0	0	0
净载重量	吨位	42	748 688	10 716	748 688	10 716	0	0	0
载客量	客位	43	0	0	0	0	0	0	0
标准箱位	TEU	44	0	0	0	0	0	0	0

【2008年安徽省全社会水路客货运输量一览表】 （表4—17）

指 标	计算单位	序号	总 计		内 河		沿 海		远洋
				个 体		个 体		个 体	
甲	乙	丙	1	2	3	4	5	6	7
一、客运量	万人	1	153.00	38	153	38	0	0	0.00
1.机动船	万人	2	153.00	38	153	38			0.00
2.驳船	万人	3	0.00	0					0.00
二、旅客周转量	万人公里	4	3 213	803	3 213	803	0	0	0
1.机动船	万人公里	5	3 213	803	3 213	803			
2.驳船	万人公里	6	0	0					
三、货运量	万吨	7	27 774	0	26 467	0	1 294	0	13
1.机动船	万吨	8	21 869	0	20 562		1 294		13
2.驳船	万吨	9	5 905	0	5 905				
四、货物周转量	万吨公里	10	10 582 137	0	9 573 608	0	998 921	0	9 608
1.机动船	万吨公里	11	8 446 381	0	7 437 852		998 921		9 608
2.驳船	万吨公里	12	2 135 756	0	2 135 756				

补充资料：内河货物运输量中：长江水系15 350万吨；3 542 235万吨公里。
京杭运河9 793万吨；3 561 382万吨公里。

【2008年安徽省全社会水路分货类运输量一览表】 （表4—18）

指标	序号	货运量（万吨）	货物周转量（万吨公里）
甲	乙	1	2
合 计	1	27 774	10 582 137
1.煤炭及制品	2	1 819	587 600
2.石油、天然气及制品	3	537	129 686
其中：原油	4		
3.金属矿石	5	2 059	709 109
4.钢铁	6	1 956	806 551
5.矿物性建筑材料	7	15 874	5 840 880
6.水泥	8	1 756	885 986
7.木材	9	110	58 593
8.非金属矿石	10	1 010	473 783
其中：磷矿	11		
9.化学肥料及农药	12	76	24 077
10.盐	13	20	6 311
11.粮食	14	174	86 842
12.机械、设备、电器	15	20	3 929
13.化工原料及制品	16	339	122 991
14.有色金属	17	25	11 999
15.轻工、医药产品	18	43	14 503
其中：日用工业品	19		
16.农林牧渔业产品	20	38	14 237
其中：棉花	21		
17.其它	22	1 918	805 060

【2008年安徽省全社会水路集装箱运输量一览表】 （表4—19）

指标	序号	箱运量（个）		货运量（吨）	
			远洋		远洋
甲	乙	1	2	3	4

续 表

指标	序号	箱运量（个）		货运量（吨）	
			远洋		远洋
甲	乙	1	2	3	4
水路标准集装箱合计（TEU）	1	569 520	0	7 822 040	0
1.45 英尺	2	97 100		2 427 500	
2.40 英尺	3	61 618		1 293 978	
3.30 英尺	4				
4.20 英尺	5	227 809		4 100 562	
5.10 英尺	6				

【2008 年安徽省全社会水路集装箱运输量一览表】 （表 4—20）

指标	计算单位	序号	合计	客船	客货船	货船
甲	乙	丙	1	2	3	4
燃料消耗量	吨	1	829 905	1 146		828 759
航行千瓦小时	千千瓦小时	2	9 512 155	8 036		9 504 119
换算周转量	千吨公里	3	84 474 520	10 710		84 463 810
平均每千千瓦小时消耗量	公斤	4	87.25	142.61		87.20
平均每千吨公里消耗量	公斤	5	9.82	107.00		9.81

资料来源：安徽省交通厅

【安徽远洋运输有限公司】 截至 2008 年底，安徽远洋运输有限公司共有职工 319 人，大专以上 70 人，大学 23 人，硕士 1 人，大专以下 147 人，机关 35 人，陆上产业 15 人，内退等 18 人，离退休 84 人。全年工资总额 871 万元（不包括离退休人员工资），人均工资 34 427 元/年。

2008 年底，公司拥有货轮 3 艘，总载重吨 16 092 吨。其中“新希望”轮，7 530 吨；“新瑞”轮，6 462 吨；“新荣”轮，2 100 吨。经营范围涉及集装箱、散杂货的国际运输，以及远洋货运业务承揽和船舶租赁、船舶管理、船员劳务等业务。公司船舶主要航行于长江沿岸、中国沿海、西太平洋、印度洋水域内的十几个国家和地区。以 3 艘船舶计算，全年完成航次数 65 个，货运量 240 190 吨，周转量 442 169 868 吨海里，营收 584.59 万美金。

地　址　合肥市濉溪路 278 号财富广场 20 层
邮　编　230041
电　话　（0551）5601595
传　真　（0551）5601560
邮　箱　OBANGQIU@COSCOAH.COM.CN

（安徽远洋运输有限公司　孙陈阳）

【江西省水路运输概况】 2008 年，江西省完成全社会水路货物运输量 4 739.9 万吨，货物周转量 965 437 万吨公里，同比分别增长 9.5%和 7.7%，旅客运输量 339.8 万人，旅客周转量 5 506 万人公里，同比分别下降 7.1%和 6.6%。内河完成货物运量 4 408.2 万吨，货物周转量 566 787 万吨公里。其中，进入长江干流的货物运量 672.1 万吨，货物周转量 271 049 万吨公里；沿海完成货物运量 331.7 万吨，货物周转量 398 650 万吨公里，同比分别增长 16.5%和增长 30.4%。内河拥有各类运输船舶 4 966 艘，同比减少 287 艘；船舶净载重量 1 432 402 吨位，同比增加 51 799 吨位；载客量 15 013 客位，同比减少 224 客位；船舶总功率 534 363 千瓦，同比增加 3 931 千瓦。沿海运输船舶 50 艘，同比增加 8 艘，净载重量 176 763 吨位，同比增加 7 214 吨位，船舶功率 58 156 千瓦，同比增加 5 168 千瓦。江西船舶完成货物运输连续 6 年保持增长的势头，水运经济在逐渐升温，石油及制品、天然气、钢铁、水泥、木材等大宗的货运物资的水上运输量在不断增长，特别是矿建材料（石砂）区间内砂石运输增长幅度较大，2008 年比 2007 年完成的运输量增加了 224.8 万吨，同比增长 6.2%，江西沿海运输呈现的特点是货源（特别是长途货源）在不断增加，海轮运输随着货源的增加其运量和周转量增长比较大，主要是钢铁增长幅度较大，比去年增加 22.9 万吨，同比增长 381.7%。江西水运经营业户根据市场的变化和需求，依据航道条件的改善，着力更新改造老旧的运输船舶，大力进行经营结构和船舶运力结构的调整，更新改造和新增船舶向“大型化、标准化”方向发展，江西货物运输船舶平均吨位由2007年290吨上升至2008年322吨，旅客运输的格局还是长途旅客运输呈萎缩趋势，短途的特别是库区内和旅游景点的旅客运输量在不断上升，客运船舶向安全化和标准化方向发展。

2008年江西省10市水路运输工具拥有量一览表、2008年江西省10市船舶客货运输量一览表、2008年江西省水路运输工具拥有量一览表、2008年江西省全社会水路客货运输量一览表、2008年江西省全社会水路分货类运输量一览表、2008年江西省全社会水路集装箱运输量一览表、2008年营业性运输船舶燃料消耗一览表，详见（表4—22)、(表4—23)、(表4—24)、(表4—25)、(表4—26)、(表4—27)、(表4—28)。

（江西省局　周国强　杨　辉）

【2008年江西省10市水路运输工具拥有量一览表】 （表4—22）

按地市分	运输船舶				
	艘数（艘）	净载重量（吨位）	载客量（客位）	标准箱位（TEU）	功率（kw）
合计	4 966	1 432 402	15 013	1 405	534 363
南昌市	412	274 289	296	954	95 399
景德镇市	216	11 844	—	—	5 848
九江市	542	295 190	5 313	108	117 505
新余市	210	6 005	2 015	—	5 750
鹰潭市	439	13 652	2 216	—	5 526
赣州市	966	69 280	3 332	—	38 340
吉安市	529	130 587	529	—	46 029
宜春市	1 016	438 674	15	145	152 305
抚州市	150	115 501	—	—	38 196
上饶市	486	77 380	1 297	198	29 465

【2008年江西省10市船舶客货运输量一览表】 （表4—23）

按地市分	客运量（万人）	旅客运输量（万人公里）	货运量（万吨）	货物周转量（万吨公里）
全省合计	339.8	5 506	4 739.9	965 437
南昌市	0	0	407.7	88 160
景德镇市	—	—	56.9	6 788
九江市	83.3	763	632.2	443 105
新余市	23.1	485	83.5	292
鹰潭市	38.8	272	238.1	2 994
赣州市	101.6	961	786.9	72 671
吉安市	20.7	334	1 111.9	101 983
宜春市	—	—	1 078.7	152 735
抚州市	—	—	61.6	46 335
上饶市	72.3	2 691	282.4	50 374

【2008年江西省水路运输工具拥有量一览表】 （表4—24）

指　标	计算单位	序号	总计		内河		沿海		远洋
				个体		个体		个体	
甲	乙	丙	1	2	3	4	5	6	7
一、机动船　艘数	艘	1	4 922	2 567	4 872	2 567	50		

指　标	计算单位	序号	总计	总计 个体	内河	内河 个体	沿海	沿海 个体	远洋
甲	乙	丙	1	2	3	4	5	6	7
总吨	吨位	2	104 213				104 213		
总载重量	吨位	3	176 763				176 763		
净载重量	吨位	4	1 416 936	392 354	1 271 617	392 355	145 320		
载客量	客位	5	15 013	3 347	15 013	3 347			
标准箱位	TEU	6	1 309		1 309				
功率	kw	7	534 363	148 678	476 207	148 678	58 156		
1. 客 船　艘数	艘	8	496	113	496	113			
总吨	吨位	9							
总载重量	吨位	10							
净载重量	吨位	11							
载客量	客位	12	15 013	3 347	15 013	3 347			
功率	kw	13	18 204	2 933	18 204	2 933			
2. 客货船　艘数	艘	14							
总吨	吨位	15							
总载重量	吨位	16							
净载重量	吨位	17							
载客量	客位	18							
标准箱位	TEU	19							
功率	kw	20							
3. 货 船　艘数	艘	21	4 405	2 454	4 355	2 454	50		
总吨	吨位	22	104 213				104 213		
总载重量	吨位	23	176 763	392 354			176 763		
净载重量	吨位	24	1 416 936	392 354	1 271 616	392 354	145 320		
标准箱位	TEU	25	1 309		1 309				
功率	kw	26	511 872	145 745	453 716	145 745	58 156		
内：油船　艘数	艘	27	93		68		25		
总吨	吨位	28	72 478				72 478		
总载重量	吨位	29					119 140		
净载重量	吨位	30	164 175		48 351		115 824		
功率	kw	31	58 720		14 815		43 905		
集装箱船　艘数	艘	32	22		22				
总吨	吨位	33							
总载重量	吨位	34							
净载重量	吨位	35	26 886		26 886				
功率	kw	37	7 665		7 665				
4. 拖船　艘数	艘	38	21		21				
总吨	吨位	39	0						
功率	kw	40	4 287		4 287				
二、驳船　艘数	艘	41	44		44				
净载重量	吨位	42	15 466		15 466				
载客量	客位	43							
标准箱位	TEU	44	96		96				

【2008年江西省全社会水路客货运输量一览表】 （表4—25）

指标	计算单位	序号	总计		内河		沿海
				个体		个体	
甲	乙	丙	1	2	3	4	5
一、客运量	万人	1	108	24	108	24	
1.机动船	万人	2	108	24	108	24	
2.驳船	万人	3					
二、旅客周转量	万人公里	4	2 935	654	2 935	654	
1.机动船	万人公里	5	2 935	654	2 935	654	
2.驳船	万人公里	6					
三、货运量	万吨	7	4 575	1 295	4 247	1 295	328
1.机动船	万吨	8	4 524	1 295	4 196	1 295	328
2.驳船	万吨	9	51		51		
四、货物周转量	万吨公里	10	1 082 934	210 405	690 216	210 405	392 718
1.机动船	万吨公里	11	1 074 640	210 405	681 922	210 405	392 718
2.驳船	万吨公里	12	8 294		8 294		

补充资料：内河货物运输量中：长江水系4247万吨；690216万吨公里。

【2008年江西省全社会水路分货类运输量一览表】 （表4—26）

指标	序号	货运量（万吨）	货物周转量（万吨公里）
甲	乙	1	2
合计	1	4 575	1 082 934
1.煤炭及制品	2	25	24 551
2.石油、天然气及制品	3	303	288 604
其中：原油	4		
3.金属矿石	5	2	690
4.钢铁	6	72	75 166
5.矿物性建筑材料	7	3 834	518 495
6.水泥	8	8	3 207
7.木材	9	50	16 569
8.非金属矿石	10	18	5 660
其中：磷矿	11		
9.化学肥料及农药	12	3	759
10.盐	13	2	1 104
11.粮食	14	11	8 705
12.机械、设备、电器	15	1	2 621
13.化工原料及制品	16	89	30 577
14.有色金属	17		
15.轻工、医药产品	18	0	414
其中：日用工业品	19		
16.农林牧渔业产品	20	6	2 485
其中：棉花	21		
17.其它	22	150	103 327

【2008年江西省全社会水路集装箱运输量一览表】 （表4—27）

指标	序号	箱运量（个）		货运量（吨）	
			远洋		远洋
甲	乙	1	2	3	4

指标	序号	箱运量（个）		货运量（吨）	
			远洋		远洋
甲	乙	1	2	3	4
水路标准集装箱合计（TEU）	1	71 981		987 981	
1.45 英尺	2				
2.40 英尺	3	21 118		513 879	
3.30 英尺	4				
4.20 英尺	5	29 745		474 102	
5.10 英尺	6				

【2008 年江西省营业性运输船舶燃料消耗一览表】 （表 4—28）

指标	计算单位	序号	合计	客船	客货船	货船
甲	乙	丙	1	2	3	4
燃料消耗量	吨	1	94 083	1 597		92 486
航行千瓦小时	千千瓦小时	2	452 623	4 737		447 886
换算周转量	千吨公里	3	10 839 123	9 783		10 829 340
平均每千千瓦小时消耗量	公斤	4	207.86	337.13		206.49
平均每千吨公里消耗量	公斤	5	8.68	163.24		8.54

资料来源：江西省交通厅航运管理局

【江西省水运企业筹建、开业名录】 2008 年，江西省经交通运输部或长江航务管理局批准筹建的航运企业有 16 家：樟树市江韵航运有限公司、南昌滨江航运有限公司、南昌油远航运有限公司、九江春申航运有限公司（沿海普通货运）、南昌华洋航运有限公司、彭泽南洋船舶运输有限公司、都昌县苏马长江航运有限公司、都昌县四通船务运输有限公司、江西中昆船运有限公司（沿海普通货运）、南昌市兴运水利航运有限公司、万年县五湖航运有限公司、万年县康龙运输有限公司、武宁县宁鲲水上货运有限公司、九江市庐山区姑塘航运有限公司、吉安市金生船务有限公司（沿海普通货运），全部是国内沿海和内河普通货运企业。经交通运输部或长江航务管理局批准开业的航运企业有 13 家：九江腾友航运有限公司、瑞昌市亚力船务有限公司、九江富源海运有限公司（沿海普通货运）、永修县龙祥航运有限公司、九江金宁盛船务有限公司、武宁县宁航水上货运有限公司、南昌滨江航运有限公司、彭泽南洋船舶运输有限公司、九江市白水湖鑫鑫淼船舶运输有限公司、九江祥涛船务有限公司、万年县东辉运输贸易有限公司、都昌县四通船务运输有限公司、九江新立通船务有限公司。

（江西省局 李 明 杨 辉）

【江西水运集团有限公司】 江西水运集团有限公司是江西省内河水路运输规模最大的国有企业，主要经营赣江、鄱阳湖水域和长江中下游水系的船舶客货运输、集装箱装卸及多式联运、港口装卸、成品油（重油）水运、修造船、钢结构制造、机械加工及水上旅游等业务。公司下辖江西港航货运有限责任公司、江西造船有限责任公司等五个子公司和南昌港务公司一个分公司。

江西水运集团有限公司由南昌地区多家老国有水运企业重组而成，原企业具有 50 多年历史，企业冗员多，历史包袱沉重，企业内部体制不顺、机制不活，深层次问题日益突出，以致近年来陷入生产、生存和发展的瓶颈，企业危机四伏，实施整体改革刻不容缓。公司抓住有利时机，实施整体改革改制，谋求发展，寻求出路。

2008 年 6 月 25 日，公司二届五次职工代表大会讨论通过了《江西水运集团有限公司整体改革发展方案》和《江西水运集团有限公司企业改制的职工安置实施方案》，并正式上报南昌市人民政府。11 月 10 日，南昌市人民政府办公厅《关于同意江西水运集团有限公司整体改革方案的批复》下发，公司整体改革、改制工作全面启动。公司坚持以邓小平理论和“三个代表”重要思想为指导，全面贯彻落实科学发展观，创新发展观念，坚持一手抓企业整体改革、改制，一手抓经营生产，在改制中谋求企业发展。公司克服了百年罕见严重冰雪自然灾害和国际金融危机影响、燃油价格暴涨等重重困难，经营生产基本实现了年初制定的目标。完成营业收入 5 548.5 万元，同比下降 22.6%；完成装卸量 182.5 万吨，同比增长 33.4%；完成货运周转量 7 705 万吨公里，同比增长 14.8%；完成造、修船工业总产值 2 835.9 万元，同比增长 21.1%；合资经营的南昌港国际集装箱码头完成集装箱吞吐量 44 780 标箱，同比增长 17.5%。在经营生产中认真贯彻执行《安全生产法》、《内河交通安全管理条例》等法律、法规，把安全生产规章制度和各项监管措施落实到水上运输、港口装卸和船舶修造等生产活动中，抓紧落实安全目标不放松。一是制定安全消防工作计划和目标，安全工作任务清晰明确，责任层层落实、分解，责任到人。二是全面落实安全生产的主体责任，签订安全生产责任状，下达安全控损指标。三是在严重冰雪冰冻灾害来临时，全体职工总动员、抗击冰雪灾害，确保生产安全。四是坚持每月召开安全生产例会，学习上级文件，通报公司安全生产情况，解决生产中的安全问题。五是加强安全大检查。查隐患、堵漏洞，加强隐患源头治理，提高安全管理水平。公司全年完成交通局下达的安全生产目标，未发生重、特大安全事故，无火灾事故。

董事长　胡童福

地　址　南昌市沿江北路 150 号

邮　编　330006

电　话　（0791）6813984

传　真　（0791）6813984

（江西省局　平关正　杨 辉）

【江西东港航运有限公司】　江西东港航运有限公司成立于 2006 年 11 月，由卢明启等四位自然人与江西华顺航运管理有限公司共同投资 200 万元组建，公司拥有管理人员及船员 120 余人，主要从事长江中下游及其支流的液货危险品（以化学品为主）水路运输。

公司崇尚诚信，严守承诺，以不断提高顾客满意度作为经营准则。经过两年多发展，公司从 3 艘船舶，520 载重吨，发展到目前 18 艘，14 000 余载重吨，固定资产达 3 900 余万元。随着公司业务的日益增长，将航线延伸至长江上游库区，同时公司进一步扩大了经营范围，拓展了运输品种，主要有：苯乙烯、甲苯、二甲苯、甲醇、乙醇、正乙醇、乙二醇、二甘醇、苯醇、混合芳烃、环乙酮等液体化工产品。

2007 年，公司税收突破 100 万元，获得了丰城市人民政府颁发的“2007 年度民营企业上台阶奖”；2008 年税收再上新台阶，突破 200 万元，再次获得当地市政府的奖励。

地　址　赣州市文明大道 58 号 B 座一单元 501 室

邮　编　341000

电　话　（0797）8203128

（江西省局　冯雪辉　杨 辉）

【江西港航货运有限责任公司】　2008 年，江西港航货运有限责任公司进一步加大运力结构调整力度，由原来主要经营散装货船为主的生产方式逐步向集装箱专业运输和重油、轻质油及化工产品专业化运输的方向发展，对新建的 106TEU 标准化集装箱船实行了股份制运作，完善有关法律手续，签订了三年的运输合同；同时加强船员专业技术等级管理和培训，适应专业船舶急需二等轮船长、轮机长的需要。

通过运力结构调整和全体员工的共同努力，该公司克服了严重冰雪灾害、燃油价格暴涨、国际金融危机影响等重重困难，水运主业仍然取得一定业绩。

地　址　南昌市沿江北路 150 号

邮　编　330006

电　话　（0791）6818550

（江西省局　平关正　杨 辉）

【江西国际集装箱码头公司】　2008 年，江西国际集装箱码头公司在困难情况下，以科学发展观为统领，迎难而上，真抓实干，借鉴先进的管理经验，创新管理模式，提升了运作效率。公司全年完成集装箱吞吐量 44 780TEU，比上年增长 17.5%；其中计量重箱 28 656TEU，比上年增长 8.1%；集装箱拆装箱作业量 6 227TEU，比上年增长 26.8%；散杂货（钢材）装卸量 10.6 万吨，比上年增长 72%。全年完成营业收入 1 200 万元，实现利润 100 万元，收入效益同步实现增长。

地　址　南昌市昌北开发区港口大道

邮　编　330000

电　话　（0791）3878799

（江西省局　平关正）

【赣州江海航运有限公司】　（详见《长江航运年鉴》（2008卷）第四编“运输”第275页）

【河南省水路运输概况】　2008年，河南省水运持续保持良好发展势头。一是运输生产持续增长。共完成货运量2 226万吨、货物周转量15亿吨公里，分别比同期增长19.8%、37%；完成客运量167万人次、旅客周转量8 117万人公里，分别比同期增长4.4%、4.6%；周口刘湾港货运吞吐量达80万吨，创历史新高，同时实现了25年运输安全无事故。二是从事水路运输的企业不断发展壮大。全省从事省际运输的水运企业达到87家，从事省内封闭水域旅客运输的企业达到17家，为水路运输生产增长提供了保障。三是企业经营范围得到延伸。根据市场需求和企业拓展业务的需要，加大了省际运输船舶参与市场经营的力度。鼓励具备条件的企业积极申请川江及三峡库区的经营资质，扩大经营范围，增强市场竞争力。取得长江干线经营资质的航运公司已由2007年的7家增加到现在的21家。四是运力结构进一步得到优化。随着全省长江干线船型标准化和京杭运河船型标准化推进工作力度的加大，企业和船民发展标准化船型意识不断增强。据不完全统计，已经投入运营和在建的标准化船舶近百艘。由驻马店籍船民投资1 200万元，达12 000载重吨的货运船舶正在打造中。这是全省目前最大的船舶。随着运力结构不断优化，河南省省际运输船舶的市场竞争力得到提高。

2008年河南省水路运输工具拥有量一览表、2008年河南省全社会水路客货运输量一览表、2008年河南省全社会水路分货类运输量一览表、2008年全社会水路集装箱运输量一览表、2008年营业性运输船舶燃料消耗一览表，详见（表4—29）、（表4—30）、（表4—31）、（表4—32）、（表4—33）。

（河南省局　王守明）

【2008年河南省水路运输工具拥有量一览表】　（表4—29）

指　标	计算单位	序号	总计		内河		沿海		远洋
				个体		个体		个体	
甲	乙	丙	1	2	3	4	5	6	7
一、机动船　艘数	艘	1	4 650		4 650				
总吨	吨位	2							
总载重量	吨位	3	2 407 349		2 407 349				
净载重量	吨位	4	2 328 169		2 328 169				
载客量	客位	5	11 257		11 257				
标准箱位	TEU	6							
功率	kw	7	943 057		943 057				
1.客船　艘数	艘	8	631		631				
总吨	吨位	9							
总载重量	吨位	10	852		852				
功率	kw	13	33 515		33 515				
2.客货船　艘数	艘	14							
总吨	吨位	15							
总载重量	吨位	16							
净载重量	吨位	17							
载客量	客位	18							
标准箱位	TEU	19							
功率	kw	20							
3.货船　艘数	艘	21	3 997		3 997				
总吨	吨位	22							

指标	计算单位	序号	总计		内河		沿海		远洋
				个体		个体		个体	
甲	乙	丙	1	2	3	4	5	6	7
总载重量	吨位	23	2 406 497		2 406 497				
净载重量	吨位	24	2 327 324		2 327 324				
标准箱位	TEU	25							
功率	kw	26	906 245		906 245				
内：油船 艘数	艘	27							
总吨	吨位	28							
总载重量	吨位	29							
净载重量	吨位	30							
功率	kw	31							
集装箱船 艘数	艘	32							
总吨	吨位	33							
总载重量	吨位	34							
净载重量	吨位	35							
标准箱位	TEU	36							
功率	kw	37							
4.拖船 艘数	艘	38	22		22				
总吨	吨位	39							
功率	kw	40	3 297		3 297				
二、驳船 艘数	艘	41	146		146				
净载重量	吨位	42	43 838		43 838				
载客量	客位	43							
标准箱位	TEU	44							

【2008年河南省全社会水路客货运输量一览表】 （表4—30）

指标	计算单位	序号	总计		内河		沿海		远洋
				个体		个体		个体	
甲	乙	丙	1	2	3	4	5	6	7
一、客运量	万人	1	190		190				
1.机动船	万人	2	190		190				
2.驳船	万人	3							
二、旅客周转量	万人公里	4	4 855		4 855				
1.机动船	万人公里	5	4 855		4 855				
2.驳船	万人公里	6							
三、货运量	万吨	7	3 964		3 964				
1.机动船	万吨	8	3 738		3 738				
1.机动船	万吨公里	11	2 052 146		2 052 146				
2.驳船	万吨公里	12	85 506		85 506				

补充资料：内河货物运输量中：长江水系：3 250万吨；1 774 251万吨公里。
京杭运河：674万吨；352 712万吨公里。

【2008年河南省全社会水路分货类运输量一览表】 （表4—31）

指标	序号	货运量（万吨）	货物周转量（万吨公里）
甲	乙	1	2
合计	1	3 964	2 137 652
1.煤炭及制品	2	539	397 193
2.石油、天然气及制品	3		
其中：原油	4		
3.金属矿石	5	467	252 705
4.钢铁	6	679	397 495
5.矿物性建筑材料	7	1 590	718 450
6.水泥	8	63	26 263
7.木材	9	9	3 761
8.非金属矿石	10	228	175 852
其中：磷矿	11		
9.化学肥料及农药	12	26	11 595
10.盐	13	11	3 848
11.粮食	14	32	18 244
12.机械、设备、电器	15	1	355
13.化工原料及制品	16	37	20 312
14.有色金属	17	1	263
15.轻工、医药产品	18	5	2 549
其中：日用工业品	19		
16.农林牧渔业产品	20	6	4 230
其中：棉花	21		
17.其它	22	270	104 537

【2008年河南省全社会水路集装箱运输量一览表】 （表4—32）

指标	序号	箱运量（个）		货运量（吨）	
			远洋		远洋
甲	乙	1	2	3	4
水路标准集装箱合计（TEU）	1	64 376		1 274 645	
1.45英尺	2				
2.40英尺	3				
3.35英尺	4				
4.20英尺	5	64 376		1 274 645	
5.10英尺	6				

【2008年河南省营业性运输船舶燃料消耗一览表】 （表4—33）

指标	计算单位	序号	合计	客船	客货船	货船
甲	乙	丙	1	2	3	4
燃料消耗量	吨	1	155 175	2 099		153 076
航行千瓦小时	千千瓦小时	2				
换算周转量	千吨公里	3	21 392 708	16 183		21 376 525
平均每千千瓦小时消耗量	公斤	4				
平均每千吨公里消耗量	公斤	5	7.25	129.7		7.16

资料来源：河南省交通厅航务局

【河南省48家水运企业完成资质审核】 2008年，河南省48家企业办理了筹建、开业、变更经营范围的审核工作，详见（表4—34）。

【河南省48家水运企业完成资质审核情况一览表】（表4—34）

序号	企业名称	审核内容	有关资料	备注
1	新蔡江运航运有限公司	筹建	3艘、9 560吨	豫交航运〔2008〕5号
2	驻马店市鸿顺航运有限公司			豫交航运〔2008〕14号
3	固始县江顺集装箱航运有限责任公司	开业		豫交航运〔2008〕15号
4	确山兴兴航运有限公司	筹建		豫交航运〔2008〕20号
5	西平县宏远航务有限公司	筹建		豫交航运〔2008〕28号
6	鹿邑县祥和航运有限公司	筹建	8艘、5 000吨	豫交航运〔2008〕29号
7	平舆县联顺航运有限公司	筹建	3艘、13 000吨	豫交航运〔2008〕30号
8	南阳市安达物流有限公司	筹建、开业	2艘、4 200吨	豫交航运〔2008〕40号
9	汝南县顺鑫航运有限公司	筹建	6艘、10 000吨	豫交航运〔2008〕48号
10	遂平县永庆航运有限公司	开业	4艘、4 150吨	豫交航运〔2008〕56号
11	河南联华物流有限公司	筹建、开业	4艘、3 700吨	豫交航运〔2008〕60号
12	西平县宏远船务有限公司	开业	4艘、3 860吨	豫交航运〔2008〕62号
13	驻马店市南海航运有限公司	开业	4艘、9 450吨	豫交航运〔2008〕75号
14	新蔡江运航运有限公司	开业	2艘、4 359吨	豫交航运〔2008〕76号
15	平舆县瑞泰航运有限公司	筹建	3艘、7 500吨	豫交航运〔2008〕83号
16	汝南县顺鑫航运有限公司	开业	1艘、2 200吨	豫交航运〔2008〕87号
17	固始江丰船务有限公司	开业	2艘、1 150吨	豫交航运〔2008〕89号
18	上蔡县帆翔航运有限公司	开业	1艘、1 000吨	豫交航运〔2008〕93号
19	遂平县恒顺航运有限公司	筹建	3艘、1 000吨	豫交航运〔2008〕94号
20	驻马店市鸿顺航运有限公司	开业	1艘、1 380吨	豫交航运〔2008〕100号
21	西平县神舟船务有限公司	筹建	3艘、4 730吨	豫交航运〔2008〕113号
22	河南省宜源春航务有限公司	开业	1艘、1 950吨	豫交航运〔2008〕114号
23	河南华豫兄弟船务有限公司	筹建	3艘、9 000吨	豫交航运〔2008〕120号
24	平舆县联顺航运有限公司	开业	3艘、3 950吨	豫交航运〔2008〕39号
25	鹿邑县祥和航运有限公司	开业		豫交航运〔2008〕41号
26	上蔡县帆翔航运有限公司	筹建	4艘、12 000吨	豫交航运〔2008〕42号
27	淮滨县恒发船务有限公司	筹建	3艘、2 730吨	豫交航运〔2008〕52号
28	尉氏县振兴航运有限公司	开业	2艘、4 200吨	豫交航运〔2008〕53号
29	固始江丰船务有限公司	筹建	2艘、2 380吨	豫交航运〔2008〕61号
30	平舆县万海船务有限公司	开业	3艘、3 370吨	豫交航运〔2008〕66号
31	确山舆兴航运有限公司	开业	2艘、3 500吨	豫交航运〔2008〕67号
32	上蔡县天泰运输有限公司	筹建	2艘、8 000吨	豫交航运〔2008〕69号
33	淮滨县恒发船务有限公司	开业	1艘、950吨	豫交航运〔2008〕70号
34	固始县常兴航运有限公司	筹建	5艘、6 700吨	豫交航运〔2008〕71号
35	新蔡县新畅航运有限公司	筹建	3艘、4 300吨	豫交航运〔2008〕80号
36	遂平县顺丰航运有限公司	筹建	3艘、1 100吨	豫交航运〔2008〕81号
37	新蔡县源顺航运有限公司	筹建	2艘、6 500吨	豫交航运〔2008〕86号
38	汝南县江海航运有限公司	筹建	3艘、1 000吨	豫交航运〔2008〕108号
39	确山县万通航运有限公司	筹建	3艘、10 000吨	豫交航运〔2008〕109号
40	平舆县振荣航运有限公司	筹建	3艘、10 000吨	豫交航运〔2008〕110号
41	平舆县瑞泰航运有限公司	开业	2艘、3 560吨	豫交航运〔2008〕111号

序号	企业名称	审核内容	有关资料	备注
42	新蔡县鑫运航运有限公司	开业	1艘、1 160吨	豫交航运〔2008〕116号
43	新蔡县新畅航运有限公司	开业	2艘、1 120吨	豫交航运〔2008〕117号
44	西平县顺畅航运有限公司	开业	2艘、3 260吨	豫交航运〔2008〕118号
45	确山县安顺运输有限公司	筹建	3艘、9 000吨	豫交航运〔2008〕123号
46	驻马店市华海航运有限公司	筹建	2艘、5 500吨	豫交航运〔2008〕124号
47	驻马店市天中航运有限公司	开业		豫交航运〔2008〕127号
48	汝南县聚龙航运有限公司	开业	2艘、2 600吨	豫交航运〔2008〕128号

（河南省局　吴国梁　王　凯）

【河南省曙光水运有限公司】　（详见《长江航运年鉴》（2008卷）第四编“运输”第281页）

【湖北省水路运输概况】　2008年，湖北省水路运输生产克服了低温雨雪冰冻天气、地震和洪涝等重大自然灾害带来的阶段性和局部性影响，总体运行平稳，随着国家关于“保增长、扩内需”的宏观调控政策、湖北长江经济新一轮的开发、许多大型港航建设项目全面启动等机遇为湖北水运发展提供了有力的支持，确保了水路运输生产平稳较快增长。

全省共完成货物运输量1.27亿吨，同比增长40.5%，周转量810亿吨公里，较上年上升77%。平均运距为639公里，比上年增加了132公里。地方货物运量7 398万吨，同比增长3.3%，周转量418亿吨公里，同比上升25.9%；沿海运输共4 499万吨，同比增长256%，周转量394亿吨公里，同比增长314%。

全省完成港口吞吐量15 971万吨，同比增长3.4%；较上年增幅下降2.7个百分点，其中，87%的运量发生在长江干流，共完成吞吐量13 840万吨。吞吐量前五位的地市集中在长江沿线，分别是武汉、宜昌、黄冈、荆州、黄石五市，共完成13 637万吨，占全省货物总吞吐量的85.3%。

全年完成集装箱吞吐量58.7万TEU，同比增长19.9%，集装箱吞吐量仍然主要在集中在武汉、黄石、宜昌、荆州四市。武汉港是长江中游最大的集装箱港口，2008年武汉港完成集装箱吞吐量47.18万TEU，同比增长21.47%，占全省箱运量的79.3%。集装箱运输主要货种为电器、钢材、化工、化纤、烟花、农副产品等全年完成滚装车吞吐量57.92万辆，同比增长29.5%，其中宜昌42.22万辆，同比上升8.8%，比上年增幅降低了14.3个百分点。武汉市商品车运输，共完成15.7万辆，同比增长163%，私家车需求的增长为商品车运输发展提供有效的增长空间。

2008年，湖北省水路交通紧扣“质量效益”主题，深入开展“五杯”竞赛。

·*以重点工程建设为着力点，抓住武汉新港建设和汉江开发的重大历史机遇，在借势发展上取得新突破*。按照省委省政府提出建设武汉新港和综合开发汉江的重要指示，全力以赴推进以新港建设和汉江航道整治工程为重点的港航建设，投资17.1亿元，超年计划6.9%，是港航建设史上投资最多的一年。11月12日，武汉新港第一批项目启动。12月26日，汉江蔡甸至汉川航道整治工程开工。同时，汉阳杨泗集装箱二期工程堆场、香溪河航道整治二期工程等8个项目通过交竣工验收，工程质量均达到优良标准。崔家营航电枢纽、荆州盐卡二期、黄石外贸码头等19个续建项目按计划稳步推进，黄石棋盘洲港区一期、三峡库区童庄河航道整治、赤壁陆水河节堤航电枢纽工程等19个项目开工建设，21个项目的前期工作取得实质性进展，其中引江济汉通航工程工可获国家批复。

·*以运输结构优化调整为着力点，增强水运有效供给能力，在集约发展上取得新突破*。通过加大船舶运力发展政策引导力度，投入资金75.8万元，引导船舶继续向大型化、标准化、专业化方向调整。全省地方船舶运力净增30万载重吨，其中新增28艘千吨级散货船、3艘万吨级江海直达船，淘汰24艘耗油量大的普货船，全省第一艘700吨级扁宽浅吃水船在汉江投入营运。运输组织结构公司化、规模化、集约化发展趋势明显，拥有万吨以上运力的企业达43家，其运力规模占总运力51%。全年完成水路货运量1.27亿吨，同比增长40%；周转量810亿吨公里，同比增长77%；港口吞吐量1.6亿吨，同比增长3.9%；集装箱吞吐量58.7万标箱，同比增长20%；滚装汽车57.9万辆，同比增长29.4%，水运服务经济社会发展的能力进一步增强。

·*以加强规费征稽管理为着力点，多渠道筹集水运发展资金，在持续发展上取得新突破。*克服冰雪和地震灾害、黄砂和磷矿禁采限运、汉江水位持续低落等不利影响，全年共征收规费2.44亿元，超年度计划42万元，入库率100%，为水运发展提供了资金保障。以“征稽杯”竞赛为载体，切实加大新费源培育、源头堵漏和现场稽查力度，确保各项规费应征不漏、解缴及时。与此同时，广开渠道筹集水运发展资金，为水运发展注入新的活力。武汉、宜昌等地成功建立起“政、银、企”合作的长效融资机制，签订船舶抵押贷款协议近亿元，开辟了船舶融资新途径。

·*以重大隐患排查治理为着力点，基本保持水路交通安全平稳态势，在安全发展上取得新突破。*针对影响水上安全和稳定的薄弱环节、要害部位、危险场所，深入开展隐患排查治理、安全百日督查、奥运安保专项活动。试点推广标准客渡船型，全面完成571处渡口达标。重点港口配备了一批检测设备，港口安保设施得到完善。清理3130艘无证采砂船，整顿通航秩序。全省水上安全应急管理有序推进，在汉江、木兰湖等水域举行了具有较大影响的搜救演习，漳水水库、梁子湖等水域的搜救系统初具雏形。深入开展“救生衣行动”和“百校千村安全宣传活动”，全省所有的渡船、高速客船救生衣全部配备到位。恩施州“公益渡口、财政补贴，乘客保险、政府买单，山区海事、政府列管”的经验在全省宣传推广。

·*以行业规范化管理为着力点，稳步提升行业服务水平，在协调发展上取得新突破。*围绕“规范服务”主线，加大了水运市场监管、港口行政管理、船舶检验管理、航道养护管理力度。全省293家水运企业、1600家水运个体户接受了经营资质核查，液货危险品船100%换证；责令整改不符合资质规定的水运企业80家，并注销2家；对异动船舶实行运输、船检、海事、费收联合审查，遏制了无序流动；川江客滚船市场开发步伐加快，80车位客滚船方案通过评审。武汉、宜昌、黄石、荆州四个主要港口开展了内贸集装箱超载治理，深入开展港口装卸方案、港口经营行为、港航企业经营资质动态跟踪等专项检查；调整船检业务分工，开展危化品船验船质量专项检查、船检综合质量大检查；丹江口水库、漳河水库建成船舶“零排放”示范区，维修丁坝12座，加强汉江浅滩疏浚，严格审批21处新增临跨河建筑物，汉江标位正常率达到98%以上，确保航道畅通。

·*以提高行政效能为着力点，不断巩固行业文明创建成果，在服务发展上取得新突破。*开展“两项讨论、两项活动”，大力推进行政服务中心建设。积极开展“民主评议政风行风”活动，工作效率和服务质量进一步提升。深入开展学习实践科学发展观活动，分片区举办8场十七大精神巡回宣讲，干部职工提交科学发展观调研报告45篇。各项创建活动围绕发展这个第一要务，做到“两不误、两促进、两提高”。此外，举办业务培训数十期，队伍素质进一步提升。党风廉政建设扎实有效，无违纪违法事件发生。

2008年湖北省水路运输工具拥有量一览表、2008年湖北省全社会水路客货运输量一览表、2008年湖北省全社会水路分货类运输量一览表、2008年湖北省全社会水路集装箱运输量一览表、2008年湖北省营业性运输船舶燃料消耗一览表，详见（表4—35）、（表4—36）、（表4—37）、（表4—38）、（表4—39）。

（湖北省局　王彦玲）

【2008年湖北省水路运输工具拥有量一览表】（表4—35）

指　标	计算单位	序号	总计		内河		沿海		远洋
				个体		个体		个体	
甲	乙	丙	1	2	3	4	5	6	7
一、机动船　艘数	艘	1	4 270	2 105	4 009	2 105	261	0	0
总吨	吨位	2	250 614	0			250 614	0	0
总载重量	吨位	3	3 355 946	576 321	2 013 414	576 321	1 342 532	0	0

指　标	计算单位	序号	总计		内河		沿海		远洋
				个体		个体		个体	
甲	乙	丙	1	2	3	4	5	6	7
净载重量	吨位	4	3 274 338	573 921	1 952 686	573 921	1 321 652	0	0
载客量	客位	5	37 705	10 535	37 705	10 535	0	0	0
标准箱位	TEU	6	2 293	0	2 293	0	0	0	0
功率	kw	7	1 236 561	224 486	890 081	224 486	346 480	0	0
1. 客船　艘数	艘	8	759	396	759	396			
总吨	吨位	9	0	0					
总载重量	吨位	10	1	1	1	1			
净载重量	吨位	11	1	1	1	1			
载客量	客位	12	36 930	10 535	36 930	10 535			
功率	kw	13	81 938	11 443	81 938	11 443			
2. 客货船　艘数	艘	14	1	0	1				
总吨	吨位	15	0	0					
总载重量	吨位	16	28	0	28				
净载重量	吨位	17	20	0	20				
载客量	客位	18	775	0	775				
标准箱位	TEU	19	0	0					
功率	kw	20	432	0	432				
3. 货船　艘数	艘	21	3 101	1 577	2 840	1 577	261		
总吨	吨位	22	250 614	0			250 614		
总载重量	吨位	23	3 355 917	576 320	2 013 385	576 320	1 342 532		
净载重量	吨位	24	3 274 317	573 920	1 952 665	573 920	1 321 652		
标准箱位	TEU	25	2 293	0	2 293				
功率	kw	26	949 716	195 067	603 236	195 067	346 480		
内：油船　艘数	艘	27	96	3	67	3	29		
总吨	吨位	28	0	0					
总载重量	吨位	29	110 465	85	61 776	85	48 689		
净载重量	吨位	30	104 045	35	57 756	35	46 289		
功率	kw	31	35 893	44	20 143	44	15 750		
集装箱船　艘数	艘	32	16	0	16				
总吨	吨位	33	0	0					
总载重量	吨位	34	45 711	0	45 711				
净载重量	吨位	35	44 431	0	44 431				
标准箱位	TEU	36	2 293	0	2 293				
功率	kw	37	12 192	0	12 192				
4. 拖船艘数	艘	38	409	132	409	132			
总吨	吨位	39	0	0					
功率	kw	40	204 475	17 976	204 475	17 976			
二、驳船　艘数	艘	41	1 287	170	1 287	170			
净载重量	吨位	42	1 657 512	88 879	1 657 512	88 879			
载客量	客位	43	0	0					
标准箱位	TEU	44	0	0					

补充资料：客船中，滚装船0艘，总载重量、净载重量0吨，载客量0客位；

货船中，滚装船54艘，总载重量、净载重量97 921吨；

多用途船6艘，总载重量、净载重量38 634吨。

【2008 年湖北省全社会水路客货运输量一览表】 （表 4—36）

指　标	计算单位	序号	总 计		内 河		沿 海		远洋
				个 体		个 体		个 体	
甲	乙	丙	1	2	3	4	5	6	7
一、客运量	万人	1	388.00	0	388	0	0	0	0.00
1.机动船	万人	2	388.00	0	388				0.00
2.驳船	万人	3	0.00	0					0.00
二、旅客周转量	万人公里	4	23 053	0	23 053	0	0	0	0
1.机动船	万人公里	5	23 053	0	23 053				
2.驳船	万人公里	6	0	0					
三、货运量	万吨	7	12 681	0	8 182	0	4 499	0	0
1.机动船	万吨	8	12 681	0	8 182		4 499		
2.驳船	万吨	9	0	0					
四、货物周转量	万吨公里	10	8 104 618	0	4 161 716	0	3 942 902	0	0
1.机动船	万吨公里	11	8 104 618	0	4 161 716		3 942 902		
2.驳船	万吨公里	12	0	0					

补充资料：内河货物运输量中：长江水系 8 182 万吨；4 161 716 万吨公里。

【2008 年湖北省全社会水路分货类运输量一览表】 （表 4—37）

指标	序号	货运量（万吨）	货物周转量（万吨公里）
甲	乙	1	2
合 计	1	12 681	8 104 618
1.煤炭及制品	2	2 410	1 407 200
2.石油、天然气及制品	3	254	143 130
其中：原油	4	69	41 400
3.金属矿石	5	3 931	2 674 523
4.钢铁	6	634	467 323
5.矿物性建筑材料	7	2 536	1 729 415
6.水泥	8	608	386 277
7.木材	9	12	3 248
8.非金属矿石	10	510	243 138
其中：磷矿	11	70	24 313
9.化学肥料及农药	12	38	11 346
10.盐	13	15	4 009
11.粮食	14	105	52 507
12.机械、设备、电器	15	20	8 392
13.化工原料及制品	16	773	448 369
14.有色金属	17	6	2 058
15.轻工、医药产品	18	10	6 013
其中：日用工业品	19	6	4 020
16.农林牧渔业产品	20	28	14 389
其中：棉花	21	20	10 356
17.其它	22	791	503 281

【2008 年湖北省全社会水路集装箱运输量一览表】 （表 4—38）

指标	序号	箱运量（个）		货运量（吨）	
			远洋		远洋
甲	乙	1	2	3	4
水路标准集装箱合计（TEU）	1	135 851		1 203 379	

指标	序号	箱运量（个）		货运量（吨）	
			远洋		远洋
甲	乙	1	2	3	4
1.45 英尺	2				
2.40 英尺	3	29 757		291 286	
3.30 英尺	4				
4.20 英尺	5	76 337		912 093	
5.10 英尺	6				

【2008 年营业性运输船舶燃料消耗一览表】 （表 4—39）

指标	计算单位	序号	合计	客船	客货船	货船
甲	乙	丙	1	2	3	4
燃料消耗量	吨	1	362 217	11 713	12 418	338 086
航行千瓦小时	千千瓦小时	2	0			
换算周转量	千吨公里	3	81 125 331	76 843	102 308	80 946 180
平均每千千瓦小时消耗量	公斤	4				
平均每千吨公里消耗量	公斤	5	4.46	152.43	121.38	4.18

资料来源：湖北省港航管理局

【湖北省水运企业】 2008 年 6 月 3 日，武汉江裕海运发展有限公司又一艘 4.5 万吨级 ATB 运输船舶“国裕海 2 号”正式投入营运。“国裕海 2 号”由“国裕海拖 2 号”和“国裕海驳 2 号”组成，是目前国际 ATB 运输船舶中载重吨位最大、性能最优的平底江海直达船。该套组船舶总长 204.8 米，其中驳船长 181.46 米，船宽 33.6 米，设计吃水 9.3 米，航速 11.5 节，主机总功率 7 648 千瓦，载重吨位 45 000 吨。该套组改变了传统的单船运输模式，实现了江海无缝转运。其最大的优点是点对点运输，一艘推船可以与两艘以上的驳船组成运输船队。近年，武汉江裕海运发展有限公司发展迅猛，目前总运力已达 14 万吨，位居湖北水运企业排行首位。

2008 年 8 月 25 日，襄樊市鑫航公司投资 110 万元建造的汉江浅吃水节能型 700 吨级船舶“祥云号”在汉江余家湖港举行首航仪式。“祥云号”是由襄樊市自主设计、自主建造的首条扁宽型船舶，该船总长 53 米，宽 10 米，型深 2 米，装载量为 700 吨，主机功率为 215.4 千瓦，于 2008 年 4 月开工建造，历时 4 个月。该船的特点是：船形宽、装载量大、吃水浅，航行速度快，节能减排效果好，适宜在汉江中游航行，是目前襄樊汉江上单船载重量最大吨位的船舶。

（湖北省局　王彦玲）

【华中航运集团有限公司(简称华航集团)】 （详见《长江航运年鉴》（2007 卷）第四篇“运输”第 284 页）

2008 年，华航集团实现营运总收入 1.29 亿元，增幅为 39%，实现利润 828 万元，同比增加 745 万元，缴纳税金近 500 万元；预计完成货运量 667 万吨，港口中转量 223 万吨；全年无火灾事故，无上报责任事故，无重大刑事案件和恶性治安案件。发生意外落水失踪 1 人，各项安全指标均在可控范围之内；在岗职工收入较上年增长 20%以上。全年投入发展资金 1 600 万元以上，偿还各项债务 1 070 万元。未发生群体性赴省、市上访事件，确保了企业一方平安稳定。全司上下的辛勤努力得到上级肯定：华航集团获得第三届中国物流发展东湖论坛暨 2008 年湖北物流年会“物流湖北 2008 年度创新企业”称号；华航党委荣获交通控股公司“先进基层党组织”称号等多项荣誉。一年来的工作，主要表现在以下五个方面：

· 生产经营　一是货运总公司切实贯彻落实集团公司大客户、大营销战略，不断地抢占货运市场，从长江到沿海，从散货到钢结构乃至集装箱，从水路到陆路，从国内到海外，货运业务得到快速拓展和放大。同时，在与之匹配的船舶管理方面，不仅竭力提升华航 5006 轮等 5 艘自航船的经营效果，还吸纳入籍加盟、联合经营社会运力海船、江船 70 余艘共 50 余万吨，既保住了集团的海运资质，又为货运量的快速增长提供了充足的运力。公司全年完成货运量达到 642 万吨，实现收入 8 500 万元，增幅 150%。实现利润 1 600 万元，增幅达 130%，为集团公司超额完成经济目标作出了突出的贡献。特别是，公司在年初的雪灾期间，抓住机遇，战冰雪，斗严寒，全力以赴抗灾抢运，保供保产，确保水上物流运输链的畅通，受到沿江各大电厂、钢厂、港口、船东等客户及上级领导和新闻媒体高度好评，也为企业创造了良好的收益。在下半年的全球金融危机影响下，公司勇于开拓运输市场，及时调整经营结构，善于抓住新的机遇，彰显了华航集团运输业的实力和地位。二是舵落口港在年初受到汉江枯水期长和雪灾、地震等自然灾害的严重影响下，干部职工积极开展生产自救，通过努力，陆转陆货源增加十倍之多，年中转达到 50 余万吨。同时，该港向内挖潜，加大仓储、场地和运营力度，合理增加费收，把灾害损失降到最低。在巩固老货主的基础上，增加了一批新客户，有效的增加了货源。舵落口港虽然港口吞吐量同比有所下降，但收入仍实现 2 330 万元，增幅 20%，实现利润过 200 万元，增幅达 100%。三是水下工程公司干部职工敢于拼搏，善于攻坚，全年保持了良好的生产经营态势，市场占有量不断扩大，正在成为集团新的产业亮点。一年来，该司先后承接和完成了南华船厂新老下水滑道的检测、维修工程；广西百色输水管道工程；救助打捞了长江金口一艘满载钢锭的机驳及沉没赤壁的 2 000 吨级机驳；完成了中山舰下水护坡项目等一批水下大工程业务和打捞救助任务，足迹遍及省内外，不仅实现产值过 600 万元，而且创造了良好的社会效益，树立了华航良好企业形象。四是华泰医院采取多渠道的方式与外界进行医疗合作，充实医护人员力量，使之社会病员来院就医人数显著增加，同时，该院敢于创新，开设了全市第一家老干部家庭病床，并正在进一步完善和扩展。良好的技术、热情的服务、低廉的收费得到市老干局和老干部们的充分肯定。2008 年，该院收入达 300 万元，增幅达 44%，实现了扭亏为盈，自给自足。五是房地产开发公司在盘活现有资源上做了大量工作，通过将仓库改造升级，挤出办公房屋用于出租，有效扩大了经营面积。该司实现了重组以来的最好成绩。华航鞋城在面临拆迁的压力下，仍较好地完成到期合同续签工作，确保了市场出租率和企业收入，按进度足额上缴了集团租金收入。六是鄂航股份、汉江船厂、襄樊办事处、东方饭店、劳服公司、科技中心等单位可圈可点。上述单位向内挖潜，盘活资产，劳务输出，人员分流，努力创收减亏争利，都取得了不错的业绩，确保了一方平安稳定。

·竞争实力明显增强　一是船舶运力快速发展。2008 年中，我们不仅挤出资金，回购了四艘 1 500 吨级自航船，扩大自有运力规模，为争取市场夯实了基础，而且巨资新购一艘 5 400 吨级的自航船，实现了华航也拥有大船的梦想，更为企业市场竞争增强了后劲。二是市场空间大大突破。2008 年，集团公司在原有市场的基础上，不仅有效扩大了国内江海运输市场覆盖面，新辟了内外贸集装箱及大型钢结构运输市场，而且正在由单一的水上运输向铁水公空全方位一站式物流服务转变。更为可喜的是，又获得国际货运代理资质，成功将市场经营触角伸向欧亚市场。三是吞吐效率大幅提升。舵落口港码头改造初步完成以及新增装卸机械投入使用，不仅大大降低了职工劳动强度和生产经营成本，港口吞吐效率得到大幅提升，为“汉江明珠”增添新的活力。四是市场面积有效扩展。将东方饭店闲置场地和房地产开发公司库房改建成十多个与餐具市场配套的仓库和经营门面，有效扩展了经营面积。五是医疗硬件升级更新。华泰医院新增一台全自动生化仪等医疗设备，更新一台救护车，不仅拓宽了业务范围，而且提高了医疗实力。六是水工设施逐步改善。水下工程公司在新置一批水下施工设备，精密仪器的同时，采用联合经营方式，取得一艘较为先进的扒杆船使用权。

·企业管理　随着经营格局的大转变，进一步强化企业管理，服务于经营生产和发展，是集团公司过去一年来的重要工作之一。一是加强经营生产目标管理。集团公司与各直属单位签订年度经济责任书，增强了经营责任人的责任意识和危机意识，调动了班子成员的积极性。同时，集团公司经济责任制工作专班以定时和不定时方式，加强了对各单位经营目标和主要指标完成情况的检查指导和考核工作，有效地促进了各单位按进度完成相关指标，又为集团公司领导掌握第一手资料，实施正确的决策提供了可靠的保证。二是严格安全生产排查制度。坚持安全生产责任的层层分解与落实，并大力开展多种形式的安全检查，为确保安全生产提供了可靠的保障。三是强化财务监督和服务。集团公司财务、货币结算中心、国资办等部门严格规范财务制度，盘活存量，大力开展融资工作，成功贷款逾千万元，最大限度满足生产经营与发展需要。与此同时，强化了预算、核算工作，以及国资清理、内部审计、债务清理催收及法律事务、合同管理等，为企业正常经营生产和发展提供了有效保障。四是加强劳资管理，培养引进人才。2008 年，各级劳资部门认真执行劳动合同法，加强劳动合同的管理，依法依规切实做好企业改制人员分流工作，通过与社保部门沟通，合法办理职工病、特退手续，确保了人员异动渠道畅通，有效减轻了企业负担；开展了一系列的教育培训和人才引进工作，为企业经营生产和发展提供了智力支持。结合企业实际，调增了在岗职工工资，让职工分享企业改革发展的成果。

·体制改革　一是基本完成已分拆改制的 8 家企业的收尾工作。二是促进了汉江船厂的分拆改制工作。三是根据国资委和交通控股公司有关精神，完成了企业改制成本的测算、各种欠费的统计、搜集资料及社会审计和评估机构对我司国有资产进行的审计评估工作。12 月以来，集团公司按照“国有控股，职工安置分流”思路进行的改制工作已全面启动，加紧实施，至今，已再次分流 150 余人。

·文化建设　一是大力开展反腐倡廉、领导班子及干部队伍的建设。二是加大了群团工作力度，全面开展了以“创新业绩，创高效益”为主要内容的群众性经济技术创新竞赛活动，并积极开展广泛的职工文体活动。三是对劳模、离退休老干部、老职工、特困党员、困难职工以及归国华侨等进行了走访慰问。四是耐心疏导，妥善处理职工上访。全年用于解决历史遗留问题等稳定工作的资金逾千万元，有效化解了矛盾。五是纪念改革开放 30 周年系列活动有声有色，谏言纳言活动受到职工积极响应。六是加强宣传报道工作，为企业营造了良好的舆论环境。

5 月，四川汶川地区发生 8 级地震，集团公司干部职工包括离退休老干部和职工，共募集救灾资金 98 130 元。随后，党员干部再次伸出援助之手，交纳抗震救灾特殊党费 3 万余元。

·存在的困难　一是国际国内经济形势复杂多变，对企业造成影响的不确定因素增多，全球金融危机对企业的冲击就是我们最大的困难。二是企业发展还处于起步阶段，生产工具、设施设备不能满足生产经营、快速发展的需求。三是企业多元经济增长的态势和格局尚未形成，多种经济成分的混合体尚未构成。四是依法依规的经营理念和企业管理尚需进一步加强，合理有效规避经营风险，提高经济效益的能力有待进一步增强。

地　址　湖北省武汉市汉口民权路 2 号
邮　编　430021
电　话　(027) 85663913
传　真　(027) 85663913
网　址　http://www.hzshipping.com

（华航集团　詹新胜）

【武汉水运集团有限公司（简称武汉水运集团）】　（详见《长江航运年鉴》(2008 卷) 第四编“运输”第 293 页）

【宜昌三峡金山船务有限公司】　（详见《长江航运年鉴》（2008 卷）第四编“运输”第 293 页）

【湖南省水路运输概况】　2008 年，湖南省有水运企业 143 家，水运服务企业 89 家，造船厂 73 家，拥有各类船舶 1.4 万艘、142 万总吨、128 万载重吨，内河货运船舶平均载重吨位 193 吨，持证船员 26 000 余人。省局加强运输管理，积极为企业资质认证、船舶登记发证、航线岸线审批等提供优质服务，企业规模化、集约化程度逐步提高。大力扶持发展民营企业，全省 143 家水运企业，89 家水运服务企业中，民营企业达 80%。组织货源结构调查，引导运力发展和结构调整，船舶大型化、专业化趋势发展迅速。在抗冰灾、保奥运、战枯水以及春运、“十一”黄金周和其他节假日期间，积极开辟水运绿色通道，保障了煤炭、石油、矿石等重点物资和旅客运输。加强了水路运输经营资质管理，完成全省水运企业、水运服务企业及船舶核查工作。全省水运业克服了枯水、冰灾等自然灾害的影响和全球金融危机的冲击，随着行业管理的加强和运输条件的改善，继续呈现良好发展态势。全年完成水路货运量1.01亿吨、货物周转量273.71亿吨公里、港口吞吐量1.6亿吨，同比增长22.9%、5.2%、31.7%，各项指标均创历史新高。

2008年湖南省水路运输工具拥有量一览表、2008年湖南省全社会水路客货运输量一览表、2008年湖南省全社会水路分货类运输量一览表、2008年湖南省全社会水路集装箱运输量一览表，详见（表4—40）、（表4—41）、（表4—42）、（表4—43）。

（湖南省局　蒋龙平）

【2008年湖南省水路运输工具拥有量一览表】　（表4—40）

指标	计算单位	序号	总计		内河		沿海		远洋
				个体		个体		个体	
甲	乙	丙	1	2	3	4	5	6	7
一、机动船　艘数	艘	1	9 342	8 539	9 342	8 539			
总吨	吨位	2	1 206 221	1 061 348	1 206 121	1 061 348			
净载重量	吨位	3	1 246 373	1 100 964	1 246 313	1 100 964			
载客量	客位	4	81 377	72 751	81 377	72 751			
标准箱位	TEU	5	4 314	2 251	4 314	2 251			
功率	kw	6	640 103	229 701	640 103	559 701			
1.客船　艘数	艘	7	2 815	2 570	2 815	2 570			
总吨	吨位	8	49 361	43 213	49 361.00	43 213.00			
总载重量		9							
净载重量	吨位	10							
载客量	客位	11	81 377	72 751	81 377	72 751			
功率	kw	12	82 003	62 374	82 003	62 374			
2.客货船　艘数	艘	13							
总吨	吨位	14							
总载重量		15							
净载重量	吨位	16							
载客量	客位	17							
标准箱位	TEU	18							
功率	kw	19							
3.货船　艘数	艘	20	6 442	5 931	6 442	5 931			
总吨	吨位	21	1 152 186	1 015 955	1 152 186.00	1 015 955.00			
总载重量		22							
净载重量	吨位	23	1 246 373	1 100 964	1 246 313	1 100 964			
标准箱位	TEU	24	4 314	2 251	4 314	2 251			
功率	kw	25	548 619	493 019	548 619	493 019			
内：油船　艘数	艘	26	83	22	83	22			
总吨	吨位	27	26 738	3 349	26 738.00	3 349.00			
总载重量		28							
净载重量	吨位	29	39 069	4 755	39 069	4 755			
功率	kw	30	14 858	2 152	14 858	2 152			
集装箱船　艘数	艘	31	47	28	47	28			
总吨	吨位	32	45 597	24 442	45 597.00	24 442.00			
总载重量		33	63 770	34 040	63 770	34 040			
净载重量	吨位	34							
标准箱位	TEU	35	4 314	2 251	4 314	2 251			
功率	kw	36	19 882	11 294	19 882	11 294			
4.拖船　艘数	艘	37	85	38	85	38			

指　标	计算单位	序号	总计		内河		沿海		远洋
				个体		个体		个体	
甲	乙	丙	1	2	3	4	5	6	7
总吨		38	4 674	2 180	4 674.00	2 180.00			
功率	kw	39	9 481	4 308	9 481	4 308			
二、驳船　艘数	艘	40	144	91	144	91			
净载重量	吨位	41	29 008	17 757	29 008	17 757			
载客量	客位	42							
标准箱位	TEU	43							

【2008 年湖南省全社会水路客货运输量一览表】　　（表 4—41）

指　标	计算单位	序号	总　计		内　河			远洋
				个　体		个　体	交通企业	
甲	乙	丙	1	2	3	4	5	6
一、客运量	万人	1	506.8	414.2	506.8	414.2		
1.机动船	万人	2	506.8	414.2	506.8	414.2		
2.驳船	万人	3						
二、旅客周转量	万人公里	4	10 898.1	8 455.6	10 898.1	8 455.6		
1.机动船	万人公里	5	10 898.1	8 455.6	10 898.1	8 455.6		
2.驳船	万人公里	6						
三、货运量	万吨	7	10 010.6	7 984.8	10 010.6	7 984.8		
1.机动船	万吨	8	9 897.9	7 959.5	9 897.9	7 959.5		
2.驳船	万吨	9	112.7	25.3	112.7	25.3		
四、货物周转量	万吨公里	10	2 099 001.4	1 399 285.5	2 099 001.4	1 399 285.5		
1.机动船	万吨公里	11	2 028 413.9	1 390 152.9	2 028 413.9	1 390 152.9		
2.驳船	万吨公里	12	70 587.5	9 132.6	70 587.5	9 132.6		

【2008 年湖南省全社会水路分货类运输量一览表】　　（表 4—42）

指标	序号	货运量（万吨）	货物周转量（万吨公里）
甲	乙	1	2
合　计	1	10 010.6	2 099 002
1.煤炭及制品	2	623.15	187 535.79
2.石油、天然气及制品	3	541.68	111 292.04
其中：原油	4	24.72	9 782.63
3.金属矿石	5	478.38	211 292.8
4.钢铁	6	635.91	262 536.6
5.矿物性建筑材料	7	5 920.85	636 750.57
6.水泥	8	107.81	26 973.09
7.木材	9	128.45	49 260.65
8.非金属矿石	10	249.96	96 075.83
其中：磷矿	11	19.16	6 423.76
9.化学肥料及农药	12	46.89	17 445.45
10.盐	13	35.13	7 107.11
11.粮食	14	61.12	18 635.07
12.机械、设备、电器	15	36.85	17 733.78
13.化工原料及制品	16	254.79	84 051.9
14.有色金属	17	48.07	25 918
15.轻工、医药产品	18	48.43	21 852.69
其中：日用工业品	19	11.45	4 655.47

指标	序号	货运量（万吨）	货物周转量（万吨公里）
甲	乙	1	2
16.农林牧渔业产品	20	57.93	35 239.86
其中：棉花	21		
17.其它	22	734.79	289 300.52

【2008年湖南省全社会水路集装箱运输量一览表】 （表4—43）

指标	序号	箱运量（个）		货运量（吨）	
			远洋		远洋
甲	乙	1	2	3	4
水路标准集装箱合计（TEU）	1	104 996	33 566	1 813 275	726 000
1.45英尺	2				
2.40英尺	3	26 533	7 438	872 460	310 000
3.30英尺	4	1 157		15 265	
4.20英尺	5	49 905	18 690	925 550	416 000
5.10英尺	6				

资料来源：湖南省航务管理局

【湖南远洋运输公司】 （详见《长江航运年鉴》（2008卷）第四编“运输”第298页）

【湘潭航运总公司】 （详见《长江航运年鉴》（2007卷）第四编“运输”第289页）

【云南省水路运输概况】 2008年，云南省共有水运企业66家，水运服务业5家，共有各类船舶845艘。全省累计完成客运量639万人次，客运周转量15 424万人公里；完成货运量339万吨，货物周转量51 588万吨公里。与去年同期相比，客运量增长6.68%，客运周转量增长2.7%；货运量增长29.44%，货物周转量增长12.34%。

长江水系通道货运承载量达到295万吨，相当于全省货运总发送量的三分之二。其中，运输煤炭69万吨、非金属矿石5万吨、矿建材料175万吨、粮食等农副产品16万吨。由此可见，长江航运不仅在云南省水运交通运输中占有重要地位，而且作为云南省北大门的产业经济发展的重要物资和能源的补给线，为发展长江流域区域经济发挥了重要支撑作用。云南省拥有金沙江—长江运输船舶169艘、39 360总吨、37 381载重吨、19 687千瓦。完成内河运输旅客运输量320万人，旅客周转量4 587万人公里。与去年相比客运量增长5.96%，客运周转量减少1.38%；完成货运量295万吨，货物周转量45041万吨公里，与去年同期相比，货运量增长67.61%，货物周转量增长26.04%。

2008年云南省水路运输工具拥有量一览表、2008年云南省全社会水路客货运输量一览表、2008年云南省全社会水路分货类运输量一览表、2008年云南省营业性运输船舶燃料消耗一览表，详见（表4—44）、（表4—45）、（表4—46）、（表4—47）。

（云南省局　马翠德）

【2008年云南省水路运输工具拥有量一览表】 （表4—44）

指 标	计算单位	序号	总计		内河		沿海		远洋
				个体		个体		个体	
甲	乙	丙	1	2	3	4	5	6	7
一、机动船　艘数	艘	1	843	638	843	638			
总吨	吨位	2							
总载重量	吨位	3	72 115	49 612	72 115	49 612			
净载重量	吨位	4	57 346	37 580	57 346	37 580			
载客量	客位	5	13 439	10 248	13 439	10 248			
标准箱位	TEU	6	10	10	10	10			

指 标	计算单位	序号	总 计		内 河		沿 海		远洋
				个 体		个 体		个 体	
甲	乙	丙	1	2	3	4	5	6	7
功率	kw	7	71 649	40 485	71 649	40 485			
1.客 船 艘数	艘	8	538	416	538	416			
总吨	吨位	9							
总载重量	吨位	10	11 498	8 264	11 498	8 264			
净载重量	吨位	11	1 532	1 126	1 532	1 126			
载客量	客位	12	10 253	7 562	10 253	7 562			
功率	kw	13	19 420	14 398	19 420	14 398			
2.客货船 艘数	艘	14	136	112	136	112			
总吨	吨位	15							
总载重量	吨位	16	2 130	2 130	2 130	2 130			
净载重量	吨位	17	1 011	812	1 011	812			
载客量	客位	18	3 186	2 686	3 186	2 686			
标准箱位	TEU	19							
功率	kw	20	5 678	4 256	5 678	4 256			
3.货 船 艘数	艘	21	167	108	167	108			
总吨	吨位	22							
总载重量	吨位	23	58 487	39 218	58 487	39 218			
净载重量	吨位	24	54 803	35 642	54 803	35 642			
标准箱位	TEU	25	10	10	10	10			
功率	kw	26	46 155	21 435	46 155	21 435			
内:油船 艘数	艘	27	2		2				
总吨	吨位	28							
总载重量	吨位	29	482		482				
净载重量	吨位	30	410		410				
功率	kw	31	948		948				
集装箱船 艘数	艘	32	1		1				
总吨	吨位	33							
总载重量	吨位	34	312		312				
净载重量	吨位	35	280		280				
标准箱位	TEU	36	10		10				
功率	kw	37	367		367				
4.拖船 艘数	艘	38	2	2	2	2			
总吨	吨位	39							
功率	kw	40	396	396	396	396			
二、驳船 艘数	艘	41	2	2	2	2			
净载重量	吨位	42	164	164	164	164			
载客量	客位	43	30	30	30	30			
标准箱位	TEU	44							

【2008 年云南省全社会水路客货运输量一览表】 (表 4—45)

指 标	计算单位	序号	总 计		内 河		沿 海		远洋
				个 体		个 体		个 体	
甲	乙	丙	1	2	3	4	5	6	7
一、客运量	万人	1	639.00	383	639	383	0	0	0.00
1.机动船	万人	2	639.00	383	639	383			0.00
2.驳船	万人	3	0.00	0					0.00

指　标	计算单位	序号	总 计		内 河		沿 海		远洋
				个 体		个 体		个 体	
甲	乙	丙	1	2	3	4	5	6	7
二、旅客周转量	万人公里	4	15 424	8 945	15 424	8 945	0	0	0
1. 机动船	万人公里	5	15 424	8 945	15 424	8 945			
2. 驳船	万人公里	6	0	0	0	0			
三、货运量	万吨	7	339	230	339	230	0	0	0
1. 机动船	万吨	8	339	230	339	230			
2. 驳船	万吨	9	0	0					
四、货物周转量	万吨公里	10	51 588	28 962	51 588	28 962	0	0	0
1. 机动船	万吨公里	11	51 588	28 962	51 588	28 962			
2. 驳船	万吨公里	12	0	0					

补充资料：内河货物运输量中：长江水系：295 万吨；45 041 万吨公里。

【2008 年云南省全社会水路分货类运输量一览表】（表 4—46）

指标	序号	货运量（万吨）	货物周转量（万吨公里）
甲	乙	1	2
合 计	1	339	51 588
1. 煤炭及制品	2	69	28 791
2. 石油、天然气及制品	3		
其中：原油	4		
3. 金属矿石	5	2	237
4. 钢铁	6	1	268
5. 矿物性建筑材料	7	184	11 422
6. 水泥	8	2	330
7. 木材	9	2	351
8. 非金属矿石	10	7	1 898
其中：磷矿	11		
9. 化学肥料及农药	12	5	692
10. 盐	13	8	552
11. 粮食	14	11	1 042
12. 机械、设备、电器	15	1	26
13. 化工原料及制品	16		
14. 有色金属	17		
15. 轻工、医药产品	18	17	2 657
其中：日用工业品	19		
16. 农林牧渔业产品	20	14	1 908
其中：棉花	21		
17. 其它	22	16	1 414

资料来源：云南省交通厅

【2008 年云南省营业性运输船舶燃料消耗一览表】（表 4—47）

指标	计算单位	序号	合计	客船	客货船	货船
甲	乙	丙	1	2	3	4
燃料消耗量	吨	1	11 533	1 535	704	9 294
航行千瓦小时	千千瓦小时	2	62 315	8 226	3 813	50 276
换算周转量	千吨公司	3	567 293	42 650	21 953	502 690
平均每千千瓦小时消耗量	公斤	4	185.08	186.59	184.65	184.86
平均每千吨公司消耗量	公斤	5	20.33	35.99	32.07	18.49

资料来源：云南省航务管理局

【大理旅游集团有限责任公司（简称大理旅游集团）】 （详见《长江航运年鉴》（2008 卷）第四编“运输”第 301 页）

【贵州省水路运输概况】 2008 年，贵州省主要通航乌江、赤水河和红水河三支河流。全省船舶年末数 2 070 艘、100 286 载重吨、32 394 客位、109 452 千瓦。其中机动船 1 948 艘、80 047 载重吨、32 394 客位、拖船功率 3 233 千瓦。其中长江水系 1 617 艘、94 139 载重吨、25 932 客位、88 433 千瓦（拖船 3 057 千瓦）。

全年完成水路客运量 1 507 万人，同比增长 39.02%；旅客周转量 34 356 万人公里，同比增长 49.81%；货运量 737 万吨，同比增长 10.82%，货物周转量 106 590 万吨公里，同比增长 13.17%。其中长江水系客运量 1 249 万人，同比增长 44.56%；旅客周转量 26 172 万人公里，同比增长 36.89%；货运量 405 万吨，同比下降 18.51%；货物周转量 74 016 万吨公里，同比下降 16.13%。货种主要是煤炭、化肥及建材分别占货物总量的 36.78%、10.94%、13.47%。

2008 年贵州省水路运输工具拥有量一览表、2008 年贵州省全社会水路客货运输量一览表、2008 年贵州省全社会水路分货类运输量一览表、2008 年贵州省营业性运输船舶燃料消耗一览表，详见（表 4—48）、（表 4—49）、（表 4—50）、（表 4—51）。

（贵州省局 杨萍艳）

【2008 年贵州省水路运输工具拥有量一览表】 （表 4—48）

指标	计算单位	序号	总计		内河		沿海		远洋
				个体		个体		个体	
甲	乙	丙	1	2	3	4	5	6	7
一、机动船 艘数	艘	1	1 496	1 457	1 496	1 457			
总吨	吨位	2							
总载重量	吨位	3							
净载重量	吨位	4	73 932	69 326	73 932	69 326			
载客量	客位	5	25 932	25 532	25 932	25 532			
功率	kw	6	88 433	79 987	88 433	79 987			
1.客船 艘数	艘	7	826	820	826	820			
总吨	吨位	8							
载客量	客位	9	25 932	25 532	25 932	25 532			
功率	kw	10	37 760	36 940	37 760	36 940			
2.客货船 艘数	艘	11							
总吨	吨位	12							
总载重量	吨位	13							
净载重量	吨位	14							
载客量	客位	15							
功率	kw	16							
3.货船 艘数	艘	17	655	636	655	636			
总吨	吨位	18							
总载重量	吨位	19							
净载重量	吨位	20	73 932	69 326	73 932	69 326			
功率	kw	21	47 616	42 982	47 616	42 982			
4.拖船 艘数	艘	22	15	1	15	1			
总吨	吨位	23							
功率	kw	24	3 057	65	3 057	65			
二、驳船 艘数	艘	25	121	18	121	18			
净载重量	吨位	26	20 207	2 616	20 207	2 616			
载客量	客位	27							

【2008年贵州省全社会水路客货运输量一览表】 （表4—49）

指 标	计算单位	序号	总 计		内 河		沿 海		远洋
				个 体		个 体		个 体	
甲	乙	丙	1	2	3	4	5	6	7
一、客运量	万人	1	1 249	1 240	1 249	1 240			
1.机动船	万人	2	1 249	1 240	1 249	1 240			
2.驳船	万人	3							
二、旅客周转量	万人公里	4	26 172	10 739	26 172	10 739			
1.机动船	万人公里	5	26 172	10 739	26 172	10 739			
2.驳船	万人公里	6							
三、货运量	万吨	7	405	343	405	343			
1.机动船	万吨	8	329	324	329	324			
2.驳船	万吨	9	76	19	76	19			
四、货物周转量	万吨公里	10	74 016	65 138	74 016	65 138			
1.机动船	万吨公里	11	54 548	53 274	54 548	53 274			
2.驳船	万吨公里	12	19 468	11 864	19 468	11 864			

补充资料：内河运输量中，长江水系406万吨；74 016万吨公里。

【2008年贵州省全社会水路分货类运输量一览表】 （表4—50）

指标	序号	货运量（万吨）	货物周转量（万吨公里）
甲	乙	1	2
合 计	1	405	74 016
1.煤炭及制品	2	148.96	34 432.24
2.石油、天然气及制品	3		
其中：原油	4		
3.金属矿石	5	0.49	44.41
4.钢铁	6	2.99	3 678.6
5.矿物性建筑材料	7	54.55	3 945.05
6.水泥	8	46.17	4 633.4
7.木材	9	6.44	444.1
8.非金属矿石	10	4.86	4 381.75
其中：磷矿	11		
9.化学肥料及农药	12	44.31	6 291.36
10.盐	13	1.13	666.14
11.粮食	14	20.49	1 909.61
12.机械、设备、电器	15	0.08	
13.化工原料及制品	16	1.42	3 027.25
14.有色金属	17		
15.轻工、医药产品	18	0.04	
其中：日用工业品	19		
16.农林牧渔业产品	20	19.32	1 820.79
其中：棉花	21		
17.其它	22	53.75	8 741.3

【2008年贵州省营业性运输船舶燃料消耗一览表】 （表4—51）

指 标	计算单位	序号	合计	客船	客货船	货船
甲	乙	丙	1	2	3	4
燃料消耗量	吨	1	30 622	10 387		20 235
航行千瓦小时	千千瓦小时	2	92 787	12 160		80 627

指　标	计算单位	序号	合计	客船	客货船	货船
甲	乙	丙	1	2	3	4
换算周转量	千吨公里	3	632 720	87 240		545 480
平均每千瓦小时消耗量	公斤	4	330.02468	854.19408		250.97052
平均每千吨公里消耗量	公斤	5	48.397395	119.06236		37.095769

资料来源：贵州省航务管理局

【贵州省乌江轮船公司】 2008 年，贵州省乌江轮船公司在省厅局的领导和帮扶下，根据全省交通及航务工作会议精神，围绕稳定和改革这个中心，按照公司与省航务局签订的《贵州省属航运企业国有资产经营目标（2008）责任书》的目标责任内容，扎实开展各项工作。

全年货运仍以水泥、化肥、食盐为主，共完成货运量 4.4 万吨，货运周转量 2 482 万吨公里，分别比上年同期增加 32.4%和 47.4%；全年共完成客运量 27 万人，客运周转量 1 876.7 万人公里，分别比上年同期增加 58.4%和 126.3%。共计收入 310.82 万元，营业利润亏损 252.48 万元，比上年同期增加收入 41.5%和营业利润增加亏损 16.29%。账面资产总额为 1 160.6 万元，负债总额为 732.5 万元，其中流动负债 632.5 万元，长期借款 100 万元；净资产为 428.1 万元；清产核资清查资产总额为 808.4 万元，负债为 515 万元，净资产为 300 万元。有客船 6 艘，400 客位，主机功率 786.2 千瓦，有货船 7 艘，载重量 1 800 吨，主机功率 2021.3 千瓦，有驳船 2 艘，载重量 700 吨，囤船 6 艘，载重量 1250 吨。按照公司与省航务局签订的《贵州省属航运企业国有资产经营目标（2008）责任书》来对照检查，自评分为 65 分（总分 70 分）。

2008 年，贵州省乌江轮船公司一是全力抓好运输生产工作；二是强化安全管理工作；三是加强财务管理工作；四是狠抓企业改革改制工作；五是搞好春运工作；六是搞好人事及社会保障工作。

地　址　和平镇解放北路 6 号
邮　编　565300
电　话（0856）8220903

（贵州省局　杨萍艳）

【贵州省赤水轮船公司】 2008 年，贵州省赤水轮船公司完成船舶货物运输量 29.31 万吨，为年计划的 88.29%，与 2007 年同比减少 16118 吨，减幅为 5.21%；完成货运周转量 4 586.61 万吨千米，为年计划的 87.92 %，比 2007 年减了 688.49 万吨千米，减幅为 13.05%；实现运输收入 1 030.16 万元，为年计划的 84.40%；与 2007 年同比减少了 100.29 万元，减幅为 8.387%。从运输收入看：与去年同期相比，化肥运输收入减少了 134.97 万元、榕山化肥增加了 36.28 万元；全年完成港口货物装卸量 25 126 吨，实现装卸收入 522 603 元，分别为年计划的 41.88%和 37.87%。全年实现旅游综合收入 703 600 元，为年计划的 78%，同比减少 332 400 元。全年实现船舶修造对外销售收入 132 万元，为年计划的 146%，同比增加 28 万元。全年经营利润约为—500 万元。

一年来，公司狠抓安全管理，确保安全生产，始终把安全工作摆在企业管理的首位，全年重大安全责任事故为零。一是贯彻落实科学发展观，努力实现公司生产经营目标。二是加快以船舶换代工程为目的，提高企业经济效益。三是以制度建设为重点，全面加强企业生产经营管理。四是盘活企业闲置资产，加快企业发展。五是加强协调配合，抓好安全生产。六是以企业改制为方向，调整治理企业结构。七是积极协调，解决五柱峰景区的遗留问题。八是提高党性认识，加强廉政建设。

地　址　赤水市鲢鱼溪码头
邮　编　564707
电　话　（0852）2821598；2885899
传　真　（0852）2821739

（贵州省局　杨萍艳）

【四川省水路运输概况】 长江四川段（水富—川渝界）258 公里，是四川省水上出川唯一通道，其经济腹地覆盖了成都平原、川南、川东北 3 大主要经济区的 16 个市 120 个县及云、贵等周边部分资源富集区，是四川经济社会发展的重要依托，是改善四川地处内陆的区位劣势、实施工业强省战略和重大装备运输对接长三角的重要纽带。

2008年，四川省完成水路货运量3 703万吨，同比增长2.6%，货物周转量70亿吨公里，同比增长25%，长江四川段港口吞吐量达到1 893万吨，占全省港口吞吐量的38%，水运集装箱运量也增长迅猛，达到6.62万标箱。

近年来，交通运输部加快长江上游的建设力度，泸州至重庆段航道整治工程于2005年开工建设，目前已经建成；宜宾至泸州段航道整治工程于2007年3月开工建设，目前已基本建成，长江宜宾至重庆实现1 000吨级船舶常年昼夜通航。与此同时，加快泸州、宜宾大吨位、集装箱码头的建设。随着泸州港多用途码头二期工程、二期续建工程、宜宾港志城作业区一期工程的快速推进，至2012年，四川长江港口吞吐能力将达到150万标箱。届时，长江水运将成为全省构建西部综合交通枢纽，建设西部经济高地的有力支撑。

交通运输部将长江水富至重庆航道远期规划为一级航道标准，近期按照三级标准建设。目前，长江四川段主流发展船型为2 000—3 000吨级（在中洪水期已有5 000吨级甚至8 000吨级船舶通行），船舶大型化的趋势十分明显。随着泸州、宜宾、乐山沿江大型临港工业产业园区建设步伐加快和腹地经济的快速发展，根据《四川省内河水运发展规划》，预测2012年四川全省水运货运量为5 650万吨、2020年为1.1亿吨、2030年为1.9亿吨；预测2012年长江航道四川段运量为3 092万吨；2020年为6 953万吨；2030年为1.3亿吨。鉴于长江上游金沙江、大渡河大型水电枢纽的建设情况，2015年，调节库容可达到300亿立方米，可平均增加约1 600个流量，对长江上游枯水期具有重大的补水作用。为满足云、贵、川地区经济社会发展的迫切需求，力争尽早提升长江干线航道四川段通过能力。

2008年四川省水路运输工具拥有量一览表、2008年四川省全社会水路客货运输量一览表、2008年四川省全社会水路分货类运输量一览表、2008年四川省全社会水路集装箱运输量一览表、2008年四川省营业性运输船舶燃料消耗一览表，详见（表4—52）、（表4—53）、（表4—54）（表4—55）、（表4—56）。

（四川省局　易　翥）

【2008年四川省水路运输工具拥有量一览表】　（表4—52）

指　标	计算单位	序号	总计		内河		沿海		远洋
				个体		个体		个体	
甲	乙	丙	1	2	3	4	5	6	7
一、机动船　艘数	艘	1	7 452	6 816	7 452	6 816	0	0	0
总吨	吨位	2	0	0			0	0	0
总载重量	吨位	3	579 105	362 826	579 105	362 826	0	0	0
净载重量	吨位	4	533 647	339 109	533 647	339 109	0	0	0
载客量	客位	5	137 633	124 544	137 633	124 544	0	0	0
标准箱位	TEU	6	2 122	0	2 122	0	0	0	0
功率	kw	7	309 746	229 470	309 746	229 470	0	0	0
1.客船　艘数	艘	8	3 919	3 501	3 919	3 501	0	0	0
总吨	吨位	9	0	0			0	0	0
总载重量	吨位	10	0	0	0	0	0	0	0
净载重量	吨位	11	0	0	0	0	0	0	0
载客量	客位	12	137 603	124 514	137 603	124 514	0	0	0
功率	kw	13	84 564	73 480	84 564	73 480	0	0	0
2.客货船　艘数	艘	14	1	1	1	1	0	0	0
总吨	吨位	15	0	0			0	0	0
总载重量	吨位	16	3	3	3	3	0	0	0
净载重量	吨位	17	3	3	3	3	0	0	0

指　标	计算单位	序号	总计		内河		沿海		远洋
				个体		个体		个体	
甲	乙	丙	1	2	3	4	5	6	7
载客量	客位	18	30	30	30	30	0	0	0
标准箱位	TEU	19	0	0	0	0	0	0	0
功率	kw	20	6	6	6	6	0	0	0
3.货船　艘数	艘	21	3 357	3 177	3 357	3 177	0	0	0
总吨	吨位	22	0	0			0	0	0
总载重量	吨位	23	579 102	362 823	579 102	362 823	0	0	0
净载重量	吨位	24	533 644	339 106	533 644	339 106	0	0	0
标准箱位	TEU	25	2 122	0	2 122	0	0	0	0
功率	kw	26	208 019	146 394	208 019	146 394	0	0	0
内：油船　艘数	艘	27	33	0	33	0	0	0	0
总吨	吨位	28	0	0			0	0	0
总载重量	吨位	29	43 190	0	43 190	0	0	0	0
净载重量	吨位	30	41 133	0	41 133	0	0	0	0
功率	kw	31	23 556	0	23 556	0	0	0	0
集装箱船　艘数	艘	32	23	0	23	0	0	0	0
总吨	吨位	33	0	0			0	0	0
总载重量	吨位	34	44 353	0	44 353	0	0	0	0
净载重量	吨位	35	44 353	0	44 353	0	0	0	0
标准箱位	TEU	36	2 122	0	2 122	0	0	0	0
功率	kw	37	10 744	0	10 744	0	0	0	0
4.拖船　艘数	艘	38	175	137	175	137	0	0	0
总吨	吨位	39	0	0			0	0	0
功率	kw	40	17 157	9 590	17 157	9 590	0	0	0
二、驳船　艘数	艘	41	1 974	1 806	1 974	1 806	0	0	0
净载重量	吨位	42	76 791	36 027	76 791	36 027	0	0	0
载客量	客位	43	12 136	11 172	12 136	11 172	0	0	0
标准箱位	TEU	44	0	0	0	0	0	0	0

【2008年四川省全社会水路客货运输量一览表】　　（表4—53）

指　标	计算单位	序号	总计		内河		沿海		远洋
				个体		个体		个体	
甲	乙	丙	1	2	3	4	5	6	7
一、客运量	万人	1	2 739	0	2 739	0	0	0	0.00
1.机动船	万人	2	2 739	0	2 739	0	0	0	0.00
2.驳船	万人	3	0.00	0	0	0	0	0	0.00
二、旅客周转量	万人公里	4	26 499	0	26 499	0	0	0	0
1.机动船	万人公里	5	26 499	0	26 499	0	0	0	0
2.驳船	万人公里	6	0	0	0	0	0	0	0
三、货运量	万吨	7	3 736	0	3 736	0	0	0	0
1.机动船	万吨	8	3 736	0	3 736	0	0	0	0
2.驳船	万吨	9	0	0	0	0	0	0	0
四、货物周转量	万吨公里	10	700 681	0	700 681	0	0	0	0
1.机动船	万吨公里	11	700 681	0	700 681	0	0	0	0
2.驳船	万吨公里	12	0	0	0	0	0	0	0

补充资料：内河货物运输量中：长江水系：3 642万吨；559 813万吨公里。

【2008年四川省全社会水路分货类运输量一览表】 (表4—54)

指标	序号	货运量（万吨）	货物周转量（万吨公里）
甲	乙	1	2
合 计	1	3 736	700 681
1.煤炭及制品	2	479	241 945
2.石油、天然气及制品	3	30	31 531
其中：原油	4	27	30 500
3.金属矿石	5	30	10 720
4.钢铁	6	37	3 503
5.矿物性建筑材料	7	2 789	177 132
6.水泥	8	38	21 020
7.木材	9	9	1 471
8.非金属矿石	10	134	43 442
其中：磷矿	11	110	19 560
9.化学肥料及农药	12	4	21 020
10.盐	13	3	9 810
11.粮食	14	3	404
12.机械、设备、电器	15	54	60 329
13.化工原料及制品	16	51	35 034
14.有色金属	17	1	1 886
15.轻工、医药产品	18	2	2 381
其中：日用工业品	19	0	0
16.农林牧渔业产品	20	2	334
其中：棉花	21	0	0
17.其它	22	70	38 719

【2008年四川省全社会水路集装箱运输量一览表】 (表4—55)

指标	序号	箱运量（个）		货运量（吨）	
			远洋		远洋
甲	乙	1	2	3	4
水路标准集装箱合计（TEU）	1	13 023	0	209 649	0
1.45英尺	2	0	0	0	0
2.40英尺	3	0	0	0	0
3.30英尺	4	0	0	0	0
4.20英尺	5	13 023	0	209 649	0
5.10英尺	6	0	0	0	0

资料来源：四川省交通厅

【2008年四川省营业性运输船舶燃料消耗一览表】 (表4—56)

指标	计算单位	序号	合计	客船	客货船	货船
甲	乙	丙	1	2	3	4
燃料消耗量	吨	1	164 443	10 543	7	153 893
航行千瓦小时	千千瓦小时	2	655 660	144 977	0	510 683
换算周转量	千吨公里	3	5 489 232	198 253	0	5 290 979
平均每千千瓦小时消耗量	公斤	4	250.81	72.72	0.00	301.35
平均每千吨公里消耗量	公斤	5	29.96	53.18	0.00	29.09

资料来源：四川省交通厅航务管理局

【陕西省水路运输概况】 2008 年，陕西省航运局按照交通部的统一部署，开展全省水路运输量专项调查和第三次港口普查，启动全省水运管理规范年活动，扎实开展水路运输企业及船舶年度核查工作。全省 31 家水运企业按照要求参加了核查，合格率 100%；全省共核查营运船舶 964 艘，核查通过率 98.44%（不合格船舶 15 艘）。全年完成旅客运输量 388 万人，旅客周转量 6 568 万人公里，货物运输量 128 万吨，货物周转量 3 556 万吨公里，分别比去年增长 5.15%、4.42%、8.47%、8.75%。

2008 年陕西省水路运输工具拥有量一览表、2008 年陕西省全社会水路客货运输量一览表、2008 年陕西省全社会水路分货类运输量一览表、2008 年陕西省营业性运输船舶燃料消耗一览表，详见（表 4—57）、（表 4—58）、（表 4—59）、（表 4—60）。

（陕西省局　余红梅）

【2008 年陕西省水路运输工具拥有量一览表】（表 4—57）

指　标	计算单位	序号	总　计		内　河		沿　海		远洋
				个　体		个　体		个　体	
甲	乙	丙	1	2	3	4	5	6	7
一、机动船　艘数	艘	1	878	780	878	780			
总吨	吨位	2							
总载重量	吨位	3	27 555	26 173	27 555	26 173			
净载重量	吨位	4	20 169	19 546	20 169	19 546			
载客量	客位	5	15 451	13 605	15 451	13 605			
标准箱位	TEU	6							
功率	kw	7							
1. 客 船　艘数	艘	8	25 339	22 509	25 339	22 509			
总吨	吨位	9	546	485	546.00	485.00			
总载重量	吨位	10	10 734	10 045	10 734	10 045			
净载重量	吨位	11	4 410	4 069	4 410	4 069			
载客量	客位	12	15 111	13 605	15 111	13 605			
功率	kw	13	11 961	9 832	11 961	9 832			
2. 客货船　艘数	艘	14	26		26				
总吨	吨位	15							
总载重量	吨位	16	303		303				
净载重量	吨位	17	168		168				
载客量	客位	18	340		340				
标准箱位	TEU	19							
功率	kw	20	136		136				
3. 货 船　艘数	艘	21	301		301	295			
总吨	吨位	22							
总载重量	吨位	23	16 518	16 128	16 518	16 128			
净载重量	吨位	24	15 591	15 477	15 591	15 477			
标准箱位	TEU	25							
功率	kw	26	12 960	12 677	12 960	12 677			
内：油船　艘数	艘	27							
总吨	吨位	28							

指　标	计算单位	序号	总计		内河		沿海		远洋
				个体		个体		个体	
甲	乙	丙	1	2	3	4	5	6	7
总载重量	吨位	29							
净载重量	吨位	30							
功率	kw	31							
集装箱船　艘数	艘	32							
总吨	吨位	33							
总载重量	吨位	34							
净载重量	吨位	35							
标准箱位	TEU	36							
功率	kw	37							
4. 拖船　艘数	艘	38	5		5				
总吨	吨位	39							
功率	kw	40	282		282				
二、驳船　艘数	艘	41	100		100				
净载重量	吨位	42	69.00		69.00				
载客量	客位	43	245		245				
标准箱位	TEU	44							

【2008年陕西省全社会水路客货运输量一览表】 （表4—58）

指　标	计算单位	序号	总计		内河		沿海		远洋
				个体		个体		个体	
甲	乙	丙	1	2	3	4	5	6	7
一、客运量	万人	1	201.00	179	201	179	0	0	
1. 机动船	万人	2	201.00	179	201	179			
2. 驳船	万人	3							
二、旅客周转量	万人公里	4	2 798	2 364	2 798	2 364	0	0	0
1. 机动船	万人公里	5	2 798	2 364	2 798	2 364			
2. 驳船	万人公里	6							
三、货运量	万吨	7	165	144	165	144	0	0	0
1. 机动船	万吨	8	165	144	165	144			
2. 驳船	万吨	9							
四、货物周转量	万吨公里	10	7 895	6 890	7 895	6 890	0	0	0
1. 机动船	万吨公里	11	7 895	6 890	7 895	6 890			
2. 驳船	万吨公里	12							

【2008年陕西省全社会水路分货类运输量一览表】 （表4—59）

指标	序号	货运量（万吨）	货物周转量（万吨公里）
甲	乙	1	2
合　计	1	165	7 895
1. 煤炭及制品	2	15	512
2. 石油、天然气及制品	3	3	85
其中：原油	4		
3. 金属矿石	5		
4. 钢铁	6	6	248

指标	序号	货运量（万吨）	货物周转量（万吨公里）
甲	乙	1	2
5. 矿物性建筑材料	7	81	4 268
6. 水泥	8	23	926
7. 木材	9	2	96
8. 非金属矿石	10	3	140
其中：磷矿	11		
9. 化学肥料及农药	12	8	420
10. 盐	13		
11. 粮食	14	6	300
12. 机械、设备、电器	15		
13. 化工原料及制品	16		
14. 有色金属	17		
15. 轻工、医药产品	18	3	130
其中：日用工业品	19		
16. 农林牧渔业产品	20	2	80
其中：棉花	21		
17. 其它	22	13	690

资料来源：陕西省地方海事局

【2008 年陕西省营业性运输船舶燃料消耗一览表】（表 4—60）

指标	计算单位	序号	合计	客船	客货船	货船
甲	乙	丙	1	2	3	4
燃料消耗量	吨	1	2 166	711		1 455
航行千瓦小时	千千瓦小时	2				
换算周转量	千吨公里	3				
平均每千千瓦小时消耗量	公斤	4				
平均每千吨公里消耗量	公斤	5				

资料来源：陕西省交通厅航务管理局

【陕西省长江水系水运企业】 2008 年，陕西省长江水系所属水运企业共 26 家，有船舶 729 艘，载重 11 796 吨位，核定载员 9 652 客位，船舶主机功率 17 989 千瓦。其中 9 家水运企业主要在湖泊、水库、风景区从事旅客运输，其余 17 家在汉江等自然航道上从事客货运输。

（陕西省局　刘冬冬）

【甘肃省水路运输概况】 2008 年，甘肃省水路运输平稳有序，完成水运客运量 234 万人，旅客周转量 2 204 万人公里，完成货运量 116 万吨，货物周转量 337 万吨公里。与此同时，服务质量得到提高，初步实现了“安全、有序、优质、高效”的水路运输管理目标。一是加强宏观管理，积极推进市场化进程。临夏州永靖县成立了刘家峡、盐锅峡港区客运服务站，统一管理、统一调度营运船舶，进一步稳定了刘家峡库区运输安全秩序和旅游秩序。二是周密安排，合理组织，较好地完成了春运、“十一”黄金周，以及年初的冰雪和抗震救灾期间的水路运输任务。新航线不断开辟，兰州至什川航线的试通航成功。三是规范了基层统计工作，统计分析和数据评估力度得到进一步加大。四是较好地完成了交通部安排的港口普查和水路运输量专项调查工作，对营业性机动客船 405 艘，机动渡船 16 艘，非机动渡船 48 艘，渡点 232 个，封闭水域 3 个进行了普查，进一步掌握了全省水路运输船舶和渡口运输的实际情况。

2008 年甘肃省水路运输工具拥有量一览表、2008 年甘肃省全社会水路客货运输量一览表，详见（表 4—61）、（表 4—62）。

（甘肃省局　陈长春）

【2008 年甘肃省水路运输工具拥有量一览表】 （表 4—61）

指 标	计算单位	序号	总 计		内 河		沿 海		远洋
				个 体		个 体		个 体	
甲	乙	丙	1	2	3	4	5	6	7
一、机动船 艘数	艘	1	483	424	483	424	0	0	0
总吨	吨位	2	0	0			0	0	0
总载重量	吨位	3	3 123	2 289	3 123	2 289	0	0	0
净载重量	吨位	4	1 992	1 479	1 992	1 479	0	0	0
载客量	客位	5	9 086	7 683	9 086	7 683	0	0	0
标准箱位	TEU	6	0	0	0	0	0	0	0
功率	kw	7	25 672	19 443	25 672	19 443	0	0	0
1. 客 船 艘 数	艘	8	405	352	405	352			
总吨	吨位	9	0	0					
总载重量	吨位	10	1 396	1 136	1 396	1 136			
净载重量	吨位	11	873	710	873	710			
载客量	客位	12	8 487	7 424	8 487	7 424			
功率	kw	13	22 637	17 507	22 637	17 507			
2. 客货船 艘数	艘	14	16	11	16	11			
总吨	吨位	15	0	0					
总载重量	吨位	16	784	210	784	210			
净载重量	吨位	17	490	140	490	140			
载客量	客位	18	599	259	599	259			
标准箱位	TEU	19	0	0					
功率	kw	20	1 419	438	1 419	438			
3. 货 船 艘 数	艘	21	61	61	61	61			
总吨	吨位	22	0	0					
总载重量	吨位	23	943	943	943	943			
净载重量	吨位	24	629	629	629	629			
标准箱位	TEU	25	0	0					
功率	kw	26	1 498	1 498	1 498	1 498			
内：油船 艘数	艘	27	1	0	1				
总吨	吨位	28	0	0					
总载重量	吨位	29	40	0	40				
净载重量	吨位	30	15	0	15				
功率	kw	31	65	0	65				
集装箱船 艘数	艘	32	0	0					
总吨	吨位	33	0	0					
总载重量	吨位	34	0	0					
净载重量	吨位	35	0	0					
标准箱位	TEU	36	0	0					
功率	kw	37	0	0	0				
4. 拖船艘数	艘	38	1	0	1				

指　标	计算单位	序号	总计		内河		沿海		远洋
				个体		个体		个体	
甲	乙	丙	1	2	3	4	5	6	7
总吨	吨位	39	0	0	0				
功率	kw	40	118	0	118				
二、驳船　艘数	艘	41	45	45	45	45			
净载重量	吨位	42	368	368	368	368			
载客量	客位	43	1 639	1 639	1 639	1 639			
标准箱位	TEU	44	0	0					

【2008 年甘肃省全社会水路客货运输量一览表】 （表 4—62）

指　标	计算单位	序号	总计		内河		沿海		远洋
				个体		个体		个体	
甲	乙	丙	1	2	3	4	5	6	7
一、客运量	万人	1	93.00	79	93	79	0	0	0.00
1.机动船	万人	2	93.00	79	93	79			0.00
2.驳船	万人	3	0.00	0					0.00
二、旅客周转量	万人公里	4	2 080	1 760	2 080	1 760	0	0	0
1.机动船	万人公里	5	2 080	1 760	2 080	1 760			
2.驳船	万人公里	6	0	0					
三、货运量	万吨	7	28	28	28	28	0	0	0
1.机动船	万吨	8	28	28	28	28			
2.驳船	万吨	9	0	0					
四、货物周转量	万吨公里	10	30	30	30	30	0	0	0
1.机动船	万吨公里	11	30	30	30	30			
2.驳船	万吨公里	12	0	0					

资料来源：甘肃省交通厅水运管理局

【重庆市水路运输概况】 2008 年，重庆市水路运输保持稳定增长。全年完成货运量 6 961.42 万吨，同比增长 17.9%；货运周转量 883.27 亿吨公里，同比增长 26.2%；港口货物吞吐量 7 892.8 万吨，同比增长 22.7%；外贸吞吐量 300.32 万吨，同比增长 18.6%；集装箱吞吐量 52.93 万 TEU，同比增长 22.3%；滚装汽车吞吐量 42.05 万辆，同比增长 9.8%；商品汽车滚装吞吐量 22.88 万辆，同比增长 22.1%。运输船舶 4 257 艘，船舶总运力达 356 万吨；水运平均运距已达 1 268 公里，成为综合运输体系中平均运距最长的运输方式。全市 90%以上的外贸物资是通过水路运输完成，水路货运周转量占重庆全社会总量的 68.24%，继续跃居综合运输体系第一位，创历史新高。

2008 年重庆市水路运输工具拥有量一览表、2008 年重庆市全社会水路客货运输量一览表、2008 年重庆市全社会水路分货类运输量一览表、2008 年重庆市水路集装箱运输量一览表、2008 年重庆市营业性运输船舶燃料消耗一览表，详见（表 4—63）、（表 4—64）、（表 4—65）、（表 4—66）、（表 4—67）。

（重庆市局　彭然红）

【2008 年重庆市水路运输工具拥有量一览表】 （表 4—63）

指 标	计算单位	序号	总计		内河		沿海		远洋
				个体		个体		个体	
甲	乙	丙	1	2	3	4	5	6	7
一、机动船 艘数	艘	1	3 702	1 661	3 696	1 661	0	0	6
总吨	吨位	2	0	0			0	0	0
总载重量	吨位	3	3 011 944	272 748	2 971 939	272 748	0	0	40 005
净载重量	吨位	4	2 813 509	234 586	2 775 409	234 586	0	0	38 100
载客量	客位	5	131 150	32 839	131 150	32 839	0	0	0
标准箱位	TEU	6	22 131	716	19 459	716	0	0	2 672
功率	kw	7	973 075	104 706	948 715	104 706	0	0	24 360
1. 客船 艘数	艘	8	1 201	801	1 201	801			
总吨	吨位	9	0	0					
总载重量	吨位	10	0	0					
净载重量	吨位	11	0	0					
载客量	客位	12	115 543	30 832	115 543	30 832			
功率	kw	13	173 647	17 712	173 647	17 712			
2. 客货船 艘数	艘	14	86	41	86	41			
总吨	吨位	15	0	0					
总载重量	吨位	16	2 749	999	2 749	999			
净载重量	吨位	17	1 235	863	1 235	863			
载客量	客位	18	15 607	2 007	15 607	2 007			
标准箱位	TEU	19	0	0					
功率	kw	20	13 939	1 471	13 939	1 471			
3. 货船 艘数	艘	21	2 346	817	2 340	817			6
总吨	吨位	22	0	0					
总载重量	吨位	23	3 009 195	271 749	2 969 190	271 749			40 005
净载重量	吨位	24	2 812 274	233 723	2 774 174	233 723			38 100
标准箱位	TEU	25	22 131	716	19 459	716			2 672
功率	kw	26	723 507	85 304	699 147	85 304			24 360
内：油船 艘数	艘	27	36	0	36				
总吨	吨位	28	0	0					
总载重量	吨位	29	58 768	0	58 768				
净载重量	吨位	30	54 093	0	54 093				
功率	kw	31	13 551	0	13 551				
集装箱船 艘数	艘	32	127	0	121				6
总吨	吨位	33	0	0					
总载重量	吨位	34	338 490	0	298 485				40 005
净载重量	吨位	35	325 334	0	287 234				38 100
标准箱位	TEU	36	22 131	0	19 459				2 672
功率	kw	37	105 585	0	81 225				24 360
4. 拖船 艘数	艘	38	69	2	69	2			
总吨	吨位	39	0	0					
功率	kw	40	61 982	219	61 982	219			
二、驳船 艘数	艘	41	555	58	555	58			
净载重量	吨位	42	583 552	16 335	583 552	16 335			
载客量	客位	43	0	0					
标准箱位	TEU	44	0	0					

补充资料：货船中，滚装船 73 艘，总载重量 145 183 吨，净载重量 114 243 吨。

【2008年重庆市全社会水路客货运输量一览表】 （表4—64）

指 标	计算单位	序号	总 计		内 河		沿 海		远洋
				个 体		个 体		个 体	
甲	乙	丙	1	2	3	4	5	6	7
一、客运量	万人	1	1 578.00	695	1 578	695	0	0	0.00
1.机动船	万人	2	1 530.00	685	1 530	685			0.00
2.驳船	万人	3	48.00	10	48	10			0.00
二、旅客周转量	万人公里	4	99 870	5 992	99 870	5 992	0	0	0
1.机动船	万人公里	5	96 790	5 957	96 790	5 957			
2.驳船	万人公里	6	3 080	35	3 080	35			
三、货运量	万吨	7	6 971	825	6 859	825	0	0	112
1.机动船	万吨	8	6 560	810	6 448	810			112
2.驳船	万吨	9	411	15	411	15			
四、货物周转量	万吨公里	10	8 655 795	280 500	8 508 492	280 500	0	0	147 303
1.机动船	万吨公里	11	7 939 098	274 514	7 791 795	274 514			147 303
2.驳船	万吨公里	12	716 697	5 986	716 697	5 986			

补充资料：内河货物运输量中长江水系6 859万吨；8 508 492万吨公里。

【2008年重庆市全社会水路分货类运输量一览表】 （表4—65）

指标	序号	货运量（万吨）	货物周转量（万吨公里）
甲	乙	1	2
合 计	1	6 971	8 655 795
1.煤炭及制品	2	1 872	2 770 560
2.石油、天然气及制品	3	176	191 524
其中：原油	4	57	79 418
3.金属矿石	5	698	1 089 221
4.钢铁	6	361	626 983
5.矿物性建筑材料	7	1 002	346 236
6.水泥	8	229	217 691
7.木材	9	4	9 308
8.非金属矿石	10	145	201 786
其中：磷矿	11	39	59 407
9.化学肥料及农药	12	241	288 217
10.盐	13	27	14 067
11.粮食	14	34	46 388
12.机械、设备、电器	15	357	708 806
13.化工原料及制品	16	105	171 380
14.有色金属	17	1	1 672
15.轻工、医药产品	18	11	10 305
其中：日用工业品	19	3	832
16.农林牧渔业产品	20	16	25 750
其中：棉花	21		
17.其它	22	1 692	1 935 901

【2008 年重庆市全社会水路集装箱运输量一览表】 （表 4—66）

指标	序号	箱运量（个）		货运量（吨）	
			远洋		远洋
甲	乙	1	2	3	4
水路标准集装箱合计（TEU）	1	657 549	120 233	8 639 821	1 120 000
1.45 英尺	2				
2.40 英尺	3	192 154	38 753	4 784 140	656 000
3.30 英尺	4				
4.20 英尺	5	273 241	42 727	3 855 681	464 000
5.10 英尺	6				

【2008 年重庆市营业性运输船舶燃料消耗一览表】 （表 4—67）

指标	计算单位	序号	合计	客船	客货船	货船
甲	乙	丙	1	2	3	4
燃料消耗量	吨	1	798 551	38 813	54 379	705 359
航行千瓦小时	千千瓦小时	2	36 855 060	1 847 499	2 970 163	32 037 398
换算周转量	千吨公里	3	86 890 850	332 900	3 981 770	82 576 180
平均每千千瓦小时消耗量	公斤	4	21.67	21.01	18.31	22.02
平均每千吨公里消耗量	公斤	5	9.19	116.59	13.66	8.54

资料来源：重庆市港航管理局

【民生实业（集团）有限公司（简称民生公司）】

2008 年，燃油成本持续攀升、市场竞争更加激烈，国内经济遭受了雪灾和四川汶川大地震的影响，进入下半年来，又受到全球金融危机的严重影响，国内经济不断下滑，国际国内经济环境发生了重大变化。在诸多不利因素的严重冲击之下，民生公司认真贯彻落实科学发展观，发扬以爱国主义为核心的民生精神，积极应对困难和挑战，努力提高质量和效益，不断提升公司的核心竞争力，较好的完成了 2008 年度的各项任务，货运量、周转量、运输收入均超额完成了年度计划。

·进一步优化长江运力结构　2008 年，民生公司长江航运共有 10 艘集装箱船(2 576TEU 箱位）投入营运，是公司长江航运历年来投入集装箱船最多的一年，使公司长江集装箱船队规模继续扩大。到 2008 年底，公司自有集装箱船 28 艘，总箱位 5 600TEU。2008 年，运输集装箱 222 106TEU，其中重箱完成 175 457TEU，同比增长 14.5%。全年运输商品车 187 408 辆，同比增长 16.2%。

·进一步发展公路运输　2008 年，公司公路运输又投入了 10 辆新集装箱卡车，使公司自有集装箱卡车达到 150 辆，增强了公司延伸服务的能力。

·进一步发展物流　民生公司投资 1 亿元在重庆保税港区修建的占地面积 72 000 平方米的物流仓储中心建造完工并交付使用。同时，民生公司与重庆力帆汽车签订了整车物流服务合同，为力帆汽车的发展提供了供应链一体化的物流服务。民生物流被重庆市认定为重点现代物流企业。

地　址　重庆市渝中区新华路 83 号民生大厦
邮　编　400011
电　话　（023）63710440

（民生公司　陈茂云　王　维）

【重庆金宏祥船务有限公司（简称金宏祥公司）】

（详见《长江航运年鉴》(2007 卷）第四编“运输”第 290 页）

总经理　方金伟
地　址　重庆市渝中区陕西路 9 号基良广场 B 栋 16—3 号
邮　编　400011
电　话　（023）61689836；61689835
传　真　（023）61689815
邮　箱　jhxcw—66@ tom.com

（金宏祥公司）

·水运管理·

【中国长航集团与中信银行签署短期融资券承销及银企战略合作协议】 2008年2月28日，中国长航集团与中信银行股份有限公司在武汉长航大厦签署了企业短期融资券承销协议及银企战略合作协议。中国长航集团总经理刘锡汉与中信银行副行长欧阳谦代表双方在协议上签字。该协议签署后，中信银行将于近期在银行间债券市场，为中国长航发行一年期短期融资券8亿元，同时，向中国长航提供总额100亿元的综合授信。中国长航由此成为湖北地区交通运输行业首家发行短期融资券的企业，从而进一步扩大了市场直接融资的份额。

此次中国长航与中信银行合作，将进一步扩展双方合作的领域，实现银行与企业间的双赢。

（长航集团　宋　颖）

【中国长航深圳公司与日本丰藤海运举行船岸应急联合演习】

2008年2月28日13时，中国长航深圳公司与日本丰藤海运举行了船岸应急联合演习。本次演习双方经过多次协商与交流、半年时间的筹备，双方领导非常重视，各自派人到对方现场观摩演习情况。本次演习涉及范围广，包括海事局、船检、港口医院、船厂、保险公司、新闻媒体、代理等部门；演习项目多、程序复杂，有碰撞、溢油、船员受伤、货损等四种演习类型。本次演习在中国和日本都有演习会场，通过电话会议连线同步进行，演习现场组织严谨、内容详细，气氛严肃紧张，参演人员态度认真、准备充分，博得了中日双方的好评。中国长航集团安全生产部也派员到深圳公司演习现场进行观摩，并对联合演习进行讲评与指导。演习结束后，双方一致认为：为提高整体应急反应能力和危机管理，每年都应进行一次联合演习。

随着中国长航深圳公司船队规模逐步扩大，营运航线从沿海延伸至近洋，从近洋延伸到远洋，船舶安全的应急与预控尤为重要。特别是该公司目前暂时没有自己海外代理店，与丰藤海运进行船岸联合演习非常有必要。本次联合演习既是贯彻中国长航集团“新一年要重点加强企业管理”的号召，也是检验中国长航深圳公司应急反应能力的一次大演练。

（长航集团　黄　菊）

【中国长航集团2008年第一期短期融资券正式发行】 2008年3月12日，中国长航集团在中国债券信息网、中国货币网上发布了2008年第一期短期融资券发行公告及募集说明书等信息，3月12日—14日为公示期，3月17日正式发行，3月18日资金到位，本期发行总额为4亿元人民币，期限一年。

中国长航集团2008年短期融资券已获中国人民银行总行银发〔2008〕23号文件备案批复，本期融资券的发行对象为全国银行间债券市场机构投资者，中信银行股份有限公司为发行主承销商。目前共有十余家金融机构加入承销团。

（长航集团　宋　颖）

【中国长航集团节能减排工作成效显著】 “十一五”以来，长航集团节能减排工作以科学发展观为指导，以实现“建设节约型企业，营造绿色长航”为目标，着力开展节能减排工作，能源综合利用效率不断提高，污染物排放进一步得到有效治理，有力地促进了集团持续健康发展。

长航集团下一步节能减排工作的六项工作措施：一是加强节能减排工作领导，建立和完善节能减排组织体系。集团各单位要抓紧成立由主要负责人牵头的节能减排工作领导小组。组长要切实承担起总揽全局、协调各方的责任。二是建立完善节能减排制度，健全工作机制。1.制定《中国长航节能减排考核奖惩办法》，陆续修订《中国长航能源节约管理办法》等制度和规定。各主要用能单位要结合实际，制定实施细则，抓好落实。2.进一步夯实节能减排计量、统计等基础工作，抓紧完善节能减排检测网络。3.“重点类”、“关注类”企业要根据集团下达的目标和任务，健全“目标明确、责任落实、奖惩分明、一级抓一级、一级考核一级”的节能减排管理机制，将节能降耗和污染减排的目标和责任落实到车间、班组、船舶和个人。三是实施节能减排工作任期考核，确保节能减排责任落实。集团各单位要抓紧完善考核办法，将节能减排工作情况纳入企业内部业绩考核。四是加大投入力度，为节能减排工作提供坚实基础。各主要用能单位要舍得在节能减排上增加投入，确保节能减排新技术研发、推广和技改资金落实到位。五是加强节能减排管理队伍建设，充实节能减排管理力量。六是和谐联动，形成合力。各单位要充分利用宣传媒介，宣传节能减排的重要性、紧迫性及国家采取的政策措施，宣传节能减排取得的阶段性成果。各单位要加强与有关部门和当地政府的沟通和联系，主动汇报节能减排工作情况，争取各方面对节能减排工作的指导和在财政、金融、税收等方面的政策支持。

（长航集团　宋 颖）

【上海公司在重庆海司实行“技术人才奖”】

2008 年 1 月中旬，上海公司张路总经理、高峰副书记等到重庆海司进行安全检查和调查研究时，宣布在海司三副三管轮以上船干实行“技术人才奖”，目的是“通过考核激励机制，推进船干队伍的素质进一步提高、船干队伍进一步稳定”。张路总经理同时对海司的工作提出要求，“要在经营业绩上经得起历史、市场和员工的考验，在抓好生产的同时，稳定、关心员工队伍”。

上海公司为加快海司职工队伍建设，形成关心职工困难，以人为本的浓厚氛围，从去年起，相继推出了海司安全管理奖励办法、技术人才奖等多项具体举措，得到了良好的效果。

（上海公司　刘 波）

【长航油运与盈泰集团签订包运合同】 2008 年 5 月 13 日上午，长航油运与中国石油天然气集团大连石化分公司、上海盈泰集团在油运大厦 16 楼多媒体会议室隆重举行 2008 年包运合同签字仪式。大连石化和上海盈泰集团相关领导、长航油运所有在宁领导以及相关部门的负责人参加包运合同签字仪式。

大连石化和盈泰集团是长航油运长期以来的业务合作伙伴。这次包运合同包运货种主要是石脑油及化工品，年包运量可达 70 万—100 万吨，年包运收入有望达到 1 亿元人民币。此次包运合同的签订，是长航油运积极开拓市场、着力提升经营的显著标志，是长航油运与大连石化、盈泰集团三方强强联合、再创辉煌的又一个良好开端，也是三方信任和友谊的又一次全面升华。

（南京公司　邢煌辉）

【南京公司紧急抢运抗震救灾物资】 2008 年 5 月 15 日下午 5 点，南京公司所属新平江 1017 油轮经过连续奋战，顺利完成了 900 吨救灾汽油的装载作业，从湖北武汉开往重庆万州，支援四川抗震救灾工作。这是南京公司紧急抢运的第二批抗震救灾物资，第一批抢运的 900 吨汽油已于 5 月 13 日从江西九江紧急运往重庆涪陵。

根据安排，5 月 16 日，新平江油轮还将抢运第三批救灾汽油从湖北沙市发往重庆，南京公司已做好充分准备，确保无条件、无障碍完成抗震救灾任务。

（南京公司　邢煌辉）

【长航油运融资工作再获新进展】 2008 年 7 月 18 日，长航油运融资工作再获新进展，成功与法国兴业银行等银行组成的银团在香港签订了约 3.8 亿美元的期租融资合同，该笔资金将用于在与大连船厂及上海长兴船厂签订的 4 艘 VLCC 的建造，至此，长航油运全面完成公司“十一五”融资计划。

为了加快公司 30 万吨 VLCC 主力船队建设工作，在当前国际银根紧缩和信贷危机并存的情况下，集团和公司领导充分把握期租融资方式投资风险小、资金成本低和有利于改善企业资本结构的特点，与公司财务人员共赴国内外相关银行，开展融资谈判工作，经过不懈努力和攻关，在与银团成功达成期租融资合同之前，公司已经先后与中国银行（香港）、国家开发银行等国有银行初步达成了近 2 亿美元的期租融资意向，超过此次融资总额的 50%，并借此提高了法国兴业银行、瑞士银行等境外银团对长航油运发展前景的认识和肯定，从而促成银团就 4 条 VLCC 融资事宜与我公司当成共识，以相对较低的利率点签订了约 3.8 亿美元的期租融资合同。

通过期租融资方式，长航油运将进一步加快船队优化和建造步伐，在未来两至三年，公司将通过落实在建船舶计划、购买和长期期租船舶，拥有至少 16 艘 30 万吨级超级油轮，总运力预计将达到 700 万吨，将成为保障国家石油运输战略安全的主力军、远东清洁油运输市场的最大船东、国内特种品运输的行业领先者，跻身于国际油运先进企业行列。

（南京公司　邢煌辉）

【长航油运一体化管理体系(HSEQ)正式生效运行】 2008 年，长航油运按照 ISO14001 标准和

OHSAS18001 规范要求，在原有质量安全管理体系的基础上整合了职业健康安全和环境管理体系，整合后的 7.4 版一体化管理体系（HSEP）于 7 月 26 日正式生效运行。

（南京公司　邢煌辉）

【长航油运成功签订银企合作新协议】 2008 年，长航油运银企战略合作再获新进展。9 月 28 日，与中国银行江苏省分行成功签订了 40 亿元人民币银企战略合作协议暨综合授信融资协议。

根据协议，中国银行在未来 5 年内将向长航油运提供总金额为 40 亿元的融资和授信支持，为长航油运打造 VLCC、MR 型油轮以及海上特种品运输等三支主力船队提供资金支持。

此次战略合作协议的签订，不仅有利于长航油运在持续快速扩张中获得稳定的融资支持，同时中国银行还可通过全球统一大授信等方式，为长航油运在海外发展提供全方位的金融服务，为长航油运的快速发展提供强大金融支持。

（南京公司　邢煌辉）

【长航油运开局之年提升“软实力”】 2008 年，是长航油运开局之年，也是极不寻常的一年。一年来，面对起步之初的繁重任务和金融危机的巨大冲击，公司坚持以科学发展观为指导，认真开展“管理年”活动，着力提升“软实力”，在继续“做大”的同时，将工作重心转向“做强”，全面完成了年度奋斗目标。完成货运量 3 063 万吨，为预算目标的 109.4%；货运周转量 854 亿吨千米，为预算目标的 102.6%；实现利润总额近 7 亿元，净资产收益率 13.23%，资产负债率 61.69%，较大及以上安全责任事故 0 件。

2008 年，长航油运一是搭建一个平台，加快推进信息化建设。公司按照信息资源总体规划，以船舶管理、经营管理、财务管理和人力资源管理子系统为重点，加快推进信息化工程应用系统建设。目前，船员管理、经营与客户管理子系统已通过验收并正式上线运行，船舶管理、财务管理和人力资源管理子系统已进入试运行阶段，其他 5 个子系统均处于积极开发建设之中，今年可以全面建成并正式运行。二是建设五大体系，着力提升基础管理水平。公司根据江海重组后实际运行需要，对照上市公司规范管理要求，对照国内外先进管理标准，大力推进五大基础管理体系建设，即内控制度体系，定额标准体系，绩效考核体系，财务核算体系，党群管理体系，着力提升基础管理水平。三是提升四种能力，适应市场国际化要求。1. 经营能力。公司针对市场转型和运力快速扩张对经营能力提出的新挑战，着力加强与战略大客户合作，扩大包运合同（COA）比重，调整优化经营布局，继续开拓欧美市场，保持合适的内外贸比例，加大租船经营力度，年内期租 2 艘油轮。公司经营能力得到进一步提升，主力船队经营业绩高于市场平均水平，全年实现经营收入 32 亿元。2. 管船能力。公司推进了体系“贯四标（安全—ISM 规则、质量—ISO9001、环境—ISO14001、职业健康—OHSAS18001）、取四证”、油轮管理与自评估（TMSA）和提高大石油公司检查通过率等三项工作，组织了 VLCC 管理与操作课题研究，加强了船舶管理人才和船员队伍建设。公司管船能力得到明显提升，石油公司检查通过率达到 80%以上；“四标”管理体系通过审核认证；TMSA 分值达到 2.71 分，在国内油运企业中名列前茅；成功实现了 VLCC 自主配员、自主管理、自主经营。3. 风险防范能力。公司以预控金融危机带来的风险为重点，建立风险防控体系，成立风险管理委员会，加强风险研究，制定并落实风险、特别是支付风险防范预案，同时加强管理监控，风险防范能力得到加强。4. 可持续发展能力。公司组织制定了未来五年公司运力发展及船队结构优化计划、经营职能子战略、特种品运输子战略、船舶管理大纲和人力资源规划；积极推进新船型的研究与开发，新增了 9 艘船舶，处置了 8 艘非主力船舶和老旧船舶，船队结构进一步优化；在金融危机爆发的背景下，全面落实了 2012 年前所有在建船舶的融资计划。

（长航集团　宋　颖）

【南京油运船务公司激励员工开拓市场】 “激励专职营销员积极主动促销，激励每一名员工成为兼职营销员。船务公司要最大限度地把自身潜能发挥出来，积极主动地在开拓市场方面寻求新突破。”围绕这一主题，2008 年 3 月，中国长航南京长江油运船务公司组织相关人员就开拓市场，激励员工营销进行了专门研究，集思广益，正在着手制定相关的营销激励办法。让营销这个“龙头”先动起来，与此同时，切实提高产品和服务质量，降低成本，争取为客户提供更好更优的服务和产品。

（南京公司　高宁）

【重庆公司八大措施改善管理】 2008年，重庆公司采取八项措施改善管理。一是加强领导班子建设。建立了《直属单位主要负责人定期报告工作制度》，各直属单位党政主要负责人半年和年终各向公司报告一次工作，增强了各单位主要负责人对出资人负责的职业意识，促进了各单位领导班子建设。二是加强人才管理。制定了《关于加强和改进人才工作的实施意见》，启动了人才战略规划工作。加强干部培训，全年送往有关高等院校脱产培训15人，举办经营管理干部培训12期，共1 380余人次参加了培训，促进了干部素质的提高。三是狠抓安全管理。进一步落实安全管理责任制，狠抓奥运安保工作的落实，开展了“隐患治理年”活动，全年共查出安全隐患431项，整改了430项。强化体系文件运行，全年修改体系文件46个，进一步增强了体系文件的符合性、有效性和可操作性，并顺利通过了年度外审。启动了改进安全管理的系统研究，制定了系统方案，从基础工作抓起，努力构建安全管理长效机制。四是加强风险管理。认真贯彻集团有关风险防范工作的指示精神，成立了风险管理委员会和工作小组，建立了工作机制，启动了建立、健全内部控制制度工作，制定了《风险管理委员会工作细则》、《财务管理办法》、《资金管理办法》等内控制度。五是加强了资产管理。组织对公司资产进行了全面清理，健全了资产台帐。六是严格劳动用工管理。采取对富余人员转岗培训、提供就业岗位的方式减少富余人员。全年共有72名富余职工实现了上岗就业，依法解除劳动合同171人。七是加强了科技创新工作。完成了325TEU新型集装箱船的方案设计、8 000吨海船设计开发等科技项目，集装箱船舶扩载及积配载优化、轴带发电机实船运用、发电机组掺烧1 500秒燃料油等项目取得实质性突破，小功率柴油机实船应用研究项目获得了重庆市节能减排十佳创新成果。采用新型轴带发电机航行中替代柴油发电机对船供电、降低大渝集轮主机功率被集团评为了金点子合理化建议。八是启动了造船方式转模工作。邀请船舶重工专家进行现场指导、培训，制定了总体方案，7月份正式启动了新的造船模式。

（长航集团　宋颖）

【长航油运安全管理达到世界先进水平】 2008年是长航油运开篇元年，是公司快速发展突破性的一年，也是长航油运公司史上不同凡响的一年。在公司党委和行政的正确领导下，通过ISM/NSM、ISO9001、ISO14001和OHSAS18001四标体系的建立、维护管理与认证、《VLCC航行与操纵指南》和《VLCC货物作业与管理指南》课题攻关、TMSA的不断推进、履行公司职责对子公司/分公司、境外公司以及代管船的监督管理、岸基应急管理、季节性安全预控、船舶防台、安全隐患排查、奥运安保、以及各类安全活动展开等工作，无不成为公司安全管理工作的亮点，并为公司安全管理打下了坚实的基础，也为公司持续发展构建了良好的船舶管理平台。

四标体系的整合与认证，是公司安全管理工作的一个亮点，成立领导小组，设立贯标骨干小组，体系整合策划、明确、四阶段共15项任务，确立、HSEQ方针和目标，开展环境因素识别和危险源辨识、风险评价、识别对适用的法律法规，对文件修改与评审最终形成程序文件36份、须知文件36份，船舶管理和操作文件130多份，其中包括新新增文件：程序4份、须知6份、船舶现场文件5份。新版体系文件于7月26日正式生效运行，安全质量部制订下发“7.4版体系运行计划”，人力资源部和船舶管理部分别制订具体的培训计划，全面开展新版体系的推进工作。新版体系文件生效运行后，公司积极开展熟悉职责和培训，组织了“管理层与管理体系理念”、“双标知识与应用”以及“内审员审核技能”等培训，各部门通过在岗培训进一步熟悉部门职责和相关文件。指定人员按《体系监控程序》的要求组织了对岸基各部门体系运行情况的监控，开出改进项94项。十月份的体系推进与认证审核工作是重点，公司按《内部审核程序》的要求管理者代表组织对岸基部门进行了内审，共发现2项不符合和50项改进项，无严重不符合项；还组织了代表船舶大庆435轮的内审；公司召开有效性评价会议，对环境和职业健康安全方针目标和体系运行情况进行了评审，同时，安全质量部按体系文件要求组织了展开合规性评价活动，对适用的法律法规和相关要求进行了合规性评价。在12月9日的外部审核末次会上，中国船级社质量认证公司审核组组长宣布长航油运通过ISO14001和OHSAS18001的初次审核，表明公司在年度内实现了获得ISM/NSM的DOC证书、ISO9001、ISO14001和OHSAS18001证书的目标。

长航油运紧紧抓住全球季节的特点，切实抓好季节性安全预控工作，结合公司船队的情况和分布的水域，结合本单位所属船舶的具体情况和航道水位、海上雾情、季度转换期的实际，制定和完善夏季洪水期台风期和冬季季风期的安全生产预案。分别下发《2008年夏季台风期环境分析与安全工作要求》的通知和《2008—2009冬季安全环境分析暨安全管理工作要求》的通知。各管船单位精心组织和布置，组织落实好季节性船舶航行与操作等各项安全措施或计划。严密防范海雾、台风、暴雨、雪、冷空气、冰冻等灾害性天气对船舶航行、操作安全的影响，同时还将防范台风、冰冻、员工伤害、火灾列为预控工作重点，不断辨识风险，评估、修正、完善管理/操作安全措施，抓好落实，跟踪管理到位以防船舶发生各类事故。

在重点船、重点航线的控制方面，对自主配员、自主经营、自主管理的第一艘30万吨级超大型油轮“长江之珠”轮管理与跟踪，从船舶配员、培训到船舶体系运行、船岸之间沟通与衔接，以及船舶航行、货物作业、船舶设备等重点环节保持着跟踪与指导，确保首航成功。白鹭洲轮连续5个航次往返穿越亚丁湾，公司领导和船舶管理部把跟踪和指导白鹭洲轮防海盗作为重点工作进行研究部署，指导船舶进行航线设计开展切合实际的防海盗演习，与英国船商公司取得联系、与美国在亚丁湾舰队、马来西亚搜救中心（全球海盗信息收集、发布、处理和协调中心）的不间断联系，岸基地管理部门针对白鹭洲轮在亚丁湾将遭遇海盗袭击情景举行了船岸保安联合演习，管船部24小时值班跟踪船位，指导船舶有效进行防范。确保白鹭洲安全并取得抗击海盗的胜利。

在法规、标准诸如《国际控制船舶有害防污底系统公约》、2008版VIQ（船舶检查提纲）等的跟踪、评审、转换以及“关于长江上海段实行最高航速限制的通知”、“关于加强液货船安全监督管理的通知”等海务信息的收集传递方面也做了大量的工作。

（长航集团　宋　颖）

【重庆公司安全工作亟待加强】 2008年，重庆公司安全局面不稳定，尤其是消防、劳动和航行安全，相继发生了“1.17”金海洋，“4.3”“江山19”轮火灾事故，东风公司“1.20”、“9.22”、“11.16”工亡事故和“江山4”轮“3.21”、“渝集13”轮“5.10”碰撞事故。这些事故，充分暴露出安全管理的基础工作薄弱、安全意识不强、安全技能不高、监管不到位、规章制度落实不严等问题，严重影响了公司的工作和效益，造成了不良影响。

（长航集团　宋　颖）

【长航凤凰推行安全管理“1+4”方案】 2008年，长航凤凰全面推行安全管理体系“1+4”方案，长江交科、上海华泰通过海事部门外审，国际海运公司及时对体系文件进行修订、完善，南京货司完成体系文件建立，公司体系办对查出的377项不合格进行了整改纠正，安全管理体系运行质量得到不断提高。

长航凤凰进一步加大了对海运的投入支持，启动实施海轮风险抵押考核办法，海运培训费同比增加了50%，修费同比增加1 000多万元，抽调近100名年青、优秀江证船员参加海证考试；长江交科、上海华泰突出海轮进江航行的技术指导，常年坚持公司领导和指导船长随船工作制度，国际海运实行船东代表制，海运全年杜绝了等级事故发生。

该司加大隐患整改力度。长江交科、上海华泰提高对违章、事故的处罚标准，上海船港、武汉船务加大安全监督长现场纠违力度，重庆货司、芜湖船务及时总结自航船安全管理经验，安监部门制定了《船员违章法处罚报告规定》，船技部门加大了对机务故障的调查处理力度，公司投入近1 600万元技改资金用于隐患整改，安全状况得到明显改善。安监部门对自航船安全管理进行了专题调研，制定了自航船安全航行操作方案；对镇江尹公洲等重点航段出现的新情况、新问题，组织专家并联合海事部门进行重点整治，出台了相应的防洪、防台、防浅安全预案措施，确保了安全稳定。

（长航凤凰）

【浙江省港航管理工作会议召开】 2008年1月18日，浙江省港航管理局在上虞市召开全省港航管理工作会议，全省港航管理系统200多名代表与会，各地市交通局分管领导也应邀参加了会议。

浙江省交通厅党组副书记、副厅长王洪涛到会并作重要讲话，省港航管理局局长郑惠明作了题为《科学发展 创业创新 全面建设港航强省》的工作报告。

（浙江省局　吴永平）

【全国政协来浙江调研内河航运发展情况】

2008年9月18日至20日，全国政协委员、全国政协提案委员会副主任、中共中央办公厅原副主任毛林坤率全国政协提案委员会与交通运输部等国家有关部委联合调研组一行到湖州、杭州、嘉兴就浙江内河航运发展进行调研。

（浙江省局　吴永平）

【王建满副省长视察杭甬运河】 2008年6月19日，王建满副省长在省政府丁敏哲副秘书长、省发改委吴华海副主任、省交通厅王洪涛副厅长、省港航局郑惠明局长及杭州市、宁波市、绍兴市、省交通厅、省港航局等相关领导的陪同下视察了杭甬运河杭州、宁波、绍兴段工程，并在绍兴市召开了杭甬运河工程建设汇报会。

（浙江省局　工程建设处）

【浙江省水运运力规模再上新台阶、结构趋于优化】 2008年，浙江省水运运力规模达到了1 286万载重吨，比2007年底净增78万载重吨，增长幅度为6.5%。其中海运运力增长较快，达到了987载重吨，比2007年底净增92万载重吨，增长幅度为10.3%；内河运力出现下降，为299万载重吨，下降幅度为4.4%。

截止年底，全省万吨级及以上运输船舶和特种运输船舶分别达到529万载重吨和150万载重吨（2008年合计净增90万载重吨），分别占总运力规模的41%和11.6%。海运船舶平均载重吨从2007年底的2 482吨提高到2 768吨，增长幅度为11.5%；内河船舶平均载重吨从2007年底的140吨提高到148吨，增长幅度为5.7%。

（浙江省局　李建国）

【《浙江省水路运输管理条例》完成修订】 经浙江省港航管理部门多年的努力，《浙江省水路运输管理条例》完成了修订，于2008年11月28日获省人大十一届七次会议审议通过，并颁布实施。修订后的《浙江省水路运输管理条例》包括总则、经营资格管理、经营行为规范、监督检查、法律责任和附则共六章五十二条，明确了我省各级交通主管部门负责组织领导、各级港航管理机构负责具体实施的水路运输管理体制，为进一步明确管理职责、加强我省水路运输行业管理提供了法律保障。

（浙江省局　李建国）

【浙江省推动银企合作搭建融资平台】 2008年下半年海运市场受金融危机影响，运量萎缩，运价大幅度下跌，我省海运企业资金链出现严重紧张，省港航局迅速联动各地调查摸底，详细了解企业面临的困难，开展了融资需求统计，完成了《浙江省海运企业发展情况汇编》、《“十一五”期间浙江省主要海运企业融资需求汇编》；年底成功举办了由省交通厅联合省金融办、浙江银监局召开的浙江省海运企业与银行合作洽谈会，分析了市场形势，并就破解融资难题、推动海运业发展进行了深入交流，达成了加强海运业与金融业的交流合作、坚定信心、同舟共济、应对金融危机挑战的共识，并与省工行、农行、中行、建行和国开行签订了《“十一五”期间海运发展合作框架协议》。

（浙江省局　李建国）

【浙江省认真贯彻《国内水路运输经营资质管理规定》】 交通运输部于2008年5月5日颁布实施《国内水路运输经营资质管理规定》后，省港航局布置落实了各地结合实际认真贯彻执行。组织了全省港航管理部门与相关企业深入学习《规定》，全面领会其精神实质；调查、掌握全省经营资质未达到《规定》要求的企业情况，对不符合要求的企业提出了整改要求；各地港航管理部门积极指导帮助企业做好整改工作，取得了较好的成效。同时对我省现行有关制度与《规定》进行了衔接，保障了《规定》的顺利实施。

（浙江省局　李建国）

【浙江省开展委托经营管理整治“回头看”活动】 为进一步落实省厅关于船舶委托经营管理的“七点要求”，浙江省港航局于2008年4月至10月组织开展了沿海船舶委托经营管理整治“回头看”活动，分培训教育、整改落实、重点帮扶、交流总结四个阶段。省港航局组织了对委管企业经理进行培训；各地港航管理部门组织了运政管理人员和企业海务、机务培训，创新活动方法，通过“约谈”、“海事联合检查”、“企业法人‘现身说法’”等方式，督促企业落到实处。在各地检查、确定帮扶企业的基础上，省港航局组织了对9家企业进行了走访，对4家重点帮扶企业进行了现场指导。

（浙江省局　李建国）

【浙江省开展水路运政大检查】 2008年，浙江省各市港航管理部门全年坚持在各现场站点结合日常各项工作，开展了水路运政动态检查，及时对各类违法违章经营行为进行打击，同时通过教育、培训、宣传等方式，提高水运业主的法律意识。省港航局于10月在全省范围内统一组织开展了水路运政检查专项活动，各地港航管理部门深入各站点进行现场集中检查、现场执法，共检查企业353家、各类船舶7 771艘，处理各类违章船舶704艘，补征规费、运管费53.29万元，罚款23.8万元。

（浙江省局　李建国）

【浙江省完成年度水路运输经营资质核查】 2008年6月，浙江省完成了年度水路运输业核查工作。此次年度核查，全省共核查水路运输企业573家，水路运输服务企业293家，营运船舶17 009艘、9 529 892载重吨。其中沿海水路运输企业378家，运输船3 528艘、7 633 912载重吨；内河水路运输企业195家，运输船舶13 481艘、1 895 980载重吨。全省水路运输企业核查率100%，水路运输服务企业核查率100%，内河在航个体船舶经营户全部得到核查。

经核查，全省沿海船舶运力比上年增加了231 707载重吨，增长率为3.13%，其中普通货船平均吨位为2 370载重吨，比上年增长12.01%；内河运输船舶平均单船吨位为141载重吨。此外，根据企业经营资质检查执行情况，全省申请注销水路运输企1家，拟上报注销7家；拟上报注销水路运输服务企业9家；对企业发出红色预警警告8家、橙色预警警告7家、黄色预警警告11家、绿色预警警告53家。

（浙江省局　李建国）

【浙江省完成年度水路运输企业经营资质预警检查】 2008年，省港航局组织完成了年度全省水路运输企业经营资质预警动态监管工作。全省全年实行动态预警检查水路运输企业共1 383家次，截至年末，全省622家水路运输企业中，86家经营资质受到不同程度的书面预警，其中60家企业受到绿色警告，16家企业受到黄色警告，5家企业受到橙色警告，5家企业受到红色警告。

（浙江省局　李建国）

【浙江省完成航运业发展调研】 2008年，为贯彻落实省第十二次党代会提出的“发挥海洋资源优势，大力发展海洋运输，加快建设港航强省”战略，由省交通厅牵头、省港航局具体组织开展了全省航运业发展调研，采取走访、座谈会等形式，先后到省内外考察、调研，在广泛征求和听取各方面意见的基础上，形成了调研报告。

（浙江省局　李建国）

【浙江省开展航运市场信息分析】 2008年，浙江省港航管理系统认真开展了全省水路货运市场信息分析工作，通过对各季度、半年度及年度水路货运生产基本情况分析，主要货物运输生产情况分析，货物运价变化、航运企业效益分析及水运形势发展趋势分析预测，及时掌握货运市场动态，为航运业发展提供信息导向；特别是在年初雨雪冰冻侵袭和年底金融危机对航运市场造成冲击的特殊阶段，密切关注、认真分析市场货流、运价动态情况，为港航管理部门及时采取措施保证行业稳定发展及航运企业顺应市场、抵御冲击提供了信息支撑。

（浙江省局　李建国）

【浙江省推进节能减排工作】 2008年，为贯彻落实省委省政府关于发展循环经济、建设节约型社会的部署和省厅“交通运输节能降耗专项行动”计划，省港航局积极推进节能减排工作。制定了《浙江省水路运输结构优化专项行动方案（2008—2012 年）》和《浙江省水路运输节能减排专项行动方案（2008—2010 年）》；完成了《浙江省水运业节能减排指标体系与控制措施研究》，建立了科学、合理的水运业节能减排评价指标体系，加快建设资源节约型、环境友好型水运业，实现可持续发展。推进了水路运输结构调整，加大运力结构调整力度，加快船舶大型化、专业化、内河船型标准化进程，鼓励企业加大船舶节能改造力度，新造大吨位船舶，淘汰老旧船，提高燃油利用效率。

（浙江省局　李建国）

【浙江省港航管理机构水路执法获法律授权】 2008 年 12 月，《浙江省水路运输管理条例》颁布实施。根据条例规定，各级港航管理机构的水路交通行政执法将由交通行政管理部门授权委托改为由地方法规直接授权，由此县级以上港航管理机构成为水路运输行政管理法律主体独自实施行政许可，行政监管和行政处罚等行政行为，并承担相应法律责任。

（宁波市局　沈荣进）

【宁波市水运工程建设规范化管理】 2008 年，在水运行业管理全面纳轨的基础上，全面实施水运工程建设规范化管理工作，即按照管理制度规范化、建设程序规范化、建设市场运行规范化、许可执法规范化、信息报送规范化的要求，并依据“统一监管、分级负责、属地管理、行业监督”的原则开展相应工作。一是完善水运工程专家库建设，为规范化管理工作提供技术保障。二是加强与质监、海事、引航、海洋等部门的沟通，建立联席会议制度。三是出台《关于加强港口工程试运行备案管理的方案》，竣工验收试运行超期情况得到妥善处理。四是强化现场监督，严格执法，对有关在建的工程进行全面检查并发布检查通报，对违规工程责令其限期整改。五是探索性地开展老旧码头加固改造工作研究，并建立制度，为下一步全面实施全港老旧码头加固改造奠定基础。六是严格信息报送制度，及时了解掌握工程建设情况、及时作出反应。通过规范化管理工作，我市水运工程建设市场的秩序得到规范，水运工程质量得到提升，水运工程建设安全得到保障。

（宁波市局　张余光）

【无锡市政府出台《关于加快无锡市水运发展的实施意见》】 无锡市政府认真贯彻《省政府关于加快水运发展的意见》精神，于 2008 年 11 月 7 日以锡政办发〔2008〕308 号文正式发布了《加快我市水运发展的实施意见》。该《实施意见》明确了水运发展的指导思想、规划目标、主要任务、加强水运发展统筹协调的保障措施和加大水运发展的扶持政策等内容，为无锡市加快水运发展提供了长效的政策支持。

《实施意见》明确“航道发展坚持以省干线航道和市干线航道发展为基础，充分发挥联络线航道的作用。到 2010 年，无锡市内河航道基础设施建设实现通江入湖、连城达港的高等级沟通，到 2020 年，无锡市内河航道结构以三级航道为主骨架的较高等级航道网的通达度进一步提高，并同步提高重要内河通道的安全保障度；航道网密度与无锡市在江苏省及长三角地区的经济地位和通道地位相适应，航道设施适度超前，形成与其它运输方式相协调的布局合理、层次分明、功能完善、便捷高效、环境友好的现代化内河航运体系。”为确保规划目标的实现、长效支撑无锡水运持续科学发展，《实施意见》特别明确了：“与省航道建设专项基金相配套，市政府安排专项资金用于支持水运发展。‘十一五’期间，依托政府投融资平台进行资金筹措，每年安排不少于 1 亿元；‘十二五’期间，根据规划发展要求，市政府安排一定的水运发展保障专项经费。”这为今后航道发展提供了刚性支撑，为无锡内河航道基础设施建设创造了良好的政策保障环境。

（江苏省局　无锡处）

【安徽省局加强运政管理】 2008 年，安徽省港航局贯彻落实《国内水路运输经营资质管理规定》，从强化市场内部管理入手，加大市场经营秩序的检查，下大力气抓好企业经营资质维持，帮助和提高企业管理水平，促进企业做大做强。开展了“诚信企业、诚信船舶”评比活动，着力建设诚信水运市场。建立健全了水路运输市场准入和退出机制。

（安徽省局　马　栋）

【安徽省运力结构调整日趋合理】 2008 年，安徽省港航局实施运力总量调控，重点从抓量的增长转到抓质的提高，把好船舶准入关，优先推进集装箱船、江海直达船等标准化、专业化、清洁化船舶发展，有效控制中小型普货船舶。2008 年新增沿海货船 42 艘，在运力更新的同时，船舶平均吨位进一步增加，由 2007 年的 475 吨增加到 531 吨，平均船龄由 2000 年的 11.2 年下降到现在的 8.15 年，大吨位船舶平均船龄降低幅度快于整体水平，运力结构更为合理。按照交通运输部的统一部署，继续推进长江干线船型标准化工作。

（安徽省局　马　栋）

【安徽省节能减排活动有序开展】 2008 年，安徽省制定了《安徽省水路运输节能减排规划及实施方案》，推进内河船型标准化进程，积极引导航运企业选用先进的节能装备及技术、产品，全省干线航道淘汰挂桨机船舶已达 90%以上；制定了“安徽省港航管理局节能宣传活动方案”；开展了加强节约型机关建设，节油节电工作成绩突出，无纸化办公、网络化办公取得进展。

（安徽省局　马　栋）

【安徽省加强规费征收管理】 2008 年，安徽省规范经营性服务收费，明确经营性服务收费实行“三个坚持”，即坚持“不服务不收费”原则，经营性收费面向市场；坚持不强制性收费，硬性代理；坚持服务内容与收费项目相统一。坚决杜绝不合理收费现象，切实减轻货主、船员负担。

（安徽省局　马　栋）

【安徽省局加强企业和船舶年度核查】 2008 年，安徽省港航局扎扎实实开展一年一度企业、船舶核查工作，对全省 464 家省际水运企业和 921 艘液货危险品运输船舶，集中组织到长航局进行《水路运输许可证》和《船舶营业运输证》的换发，受到了企业和船东的好评。

（安徽省局　马　栋）

【安徽省加强运政执法队伍建设】 2008 年，安徽省加强社会监督，聘请行风监督员；抓执法行为规范，执法人员在执法过程中要举止文明，统一着装，持证上岗；抓提高素质，重点抓好执法队伍建设，对新进执法人员进行上岗前的考核、培训，确保执法队伍的整体素质；抓政风建设，坚持做到“六公开，一承诺”，全面推行联合办公制度，行政审批事项一律进入地方政府行政服务中心或本局联合办证大厅。

（安徽省局　马　栋）

【江西省局抓安全生产促航务稳定发展】 2008 年，江西省航务局坚持“安全第一、预防为主、综合治理”的方针，不断夯实安全生产基础。全年没有发生因工（公）人员伤亡、重特大安全、重特大设备、重大机海损等责任事故。

·安全生产责任制得到落实。局属单位与基层一线组织乃至个人签订了安全责任书，形成纵向到底、横向到边、不留死角的安全管理格局。界牌枢纽为避免误操作现象发生，购置了一套防误闭锁系统（简称五防系统），并组织职工演练。既锻炼和提高了值班人员对新设备的实际操作能力，又进一步从技术角度杜绝了误操作事故的发生，确保了发电运行中的人员和设备安全。

·安全生产检查制度得到坚持。各单位把日常检查和隐患整改作为加强安全生产工作的重要手段，每月坚持重点检查，每季度或重大节假日之前进行一次大的安全检查；同时做到检查有纪录，整改有措施。对于查出来的安全隐患，职能部门全程跟踪整改情况，确保整改到位。九江航务分局每年开展一次船舶维修保养安全检查评比活动，前三名给予奖励，差的通报批评并予以处罚，有效地促进了船舶安全管理工作措施的全面落实。

·安全教育得到进一步加强。因地制宜采取多种形式开展安全生产教育，并结合安全生产月活动，紧扣“治理隐患、防范事故”主题，在干部职工中加大宣传力度，竭力营造“关爱生命、关注安全”的氛围。同时，经常性地组织生产一线的职工学习安全生产法律、法规和上级有关加强安全生产方面的指示精神，观看安全生产典型事故录像，张贴各类安全生产宣传画，利用江西航务开辟专栏以及安康杯竞赛活动等形式，做到警钟长鸣，从思想上提高干部职工对安全生产重要性和必要性的认识。

·岗位培训形成了制度化。各级领导对本单位职工岗位培训重要性的认识不断加深，措施更加得力，投入持续加大。枢纽、船闸、电站、造船厂、机修站等技术工种的岗位培训每年都要择时举办，使之技术工人的安全操作技能不断得以提高。

（江西省局　胡敬党）

【江西省局积极应对雨雪冰冻灾害】　2008 年年初的雨雪冰冻灾害期间，江西省各级航务部门积极行动，全力以赴地完成了各项救灾任务。

·认真落实省政府电力抢修任务　2 月 16 日夜晚 10 时 30 分，江西省航务局接到省政府电力抢修指挥部发来的 01 号调度令后，迅速组建了一支 15 人的电网抢修工作队，并调集 5 艘船舶于指定时间内赶往南昌县泾口乡大沙湖，协助电力部门在“南梅线”73 号和 74 号电塔之间架设 500 千伏高压电缆修复工作。经过 7 天的紧张施工，圆满完成了省政府电力抢修部下达的调度任务。2 月 20 日晚上 10 时，抚州航务分局接到市政府恢复电力指挥部的紧急通知，要求支援石临线 220 千伏电缆抢修任务。分局立即派出 4 名经验丰富的海事执法人员赶赴抚河上顿渡大桥抢修现场，分河段采取封航和限航措施，维护现场通航秩序，保证了电缆架设的正常施工。

·全力保障水上运输安全畅通　元月 24 日以来，鄱阳湖公路大桥因桥面结冰而被封闭，湖口县西门渡口成了九江市至都昌县、彭泽县方向的唯一通道，两千余名旅客和数十辆农用汽车滞留于此。为确保群众出行安全，九江航务分局迅速启动恶劣天气水上交通安全监管应急预案，并及时报告当地政府组织有关部门通力合作，协助维护现场渡运秩序，使之滞留旅客得以安全疏散。元月 30 日，万安县各中学放假，当时万安县城至顺峰、涧田两个乡镇由于路面结冰而致公路客运班线停开，500 多名学生只得从万安库区大坝乘船回家。面对突如其来的客流高峰，万安县地方海事处一边迅速增派海事执法人员赶到现场加强安全监管，一边要求港航、航运公司和业主增加客船班次。自上午 10 时至下午 4 时，共运送 575 名旅客安全出港，确保了这次高峰客运的安全。

·保障水上重点物资运输　针对雨雪冰冻恶劣天气，各级海事部门对所属辖区内的运输重点物资船舶实行优先签证，优先安排现场安全检查。与此同时，与航道部门联动，加大航行秩序的监管力度和重点航段通航标志的维护，确保了电煤、成品油、外贸及农副产品等重点物资的水上运输安全。抗击冰雪灾害期间，全省内河未发生任何水上交通事故，没有一艘船舶滞留。

（江西省局　张兆平）

【江西省水运安全形势持续稳定】　2008 年，江西省航运管理局坚持“安全第一、预防为主、综合治理”的方针，认真贯彻落实国务院、交通运输部、省委省政府、交通厅安全生产工作会议精神，积极履行港航安全管理工作职责，认真做好各项工作。

一是做好重点物资运输保畅通工作。尤在抗击年初雨雪冰冻灾害天气中，对重点物资运输全面做好保畅通工作。1 月 12 日至 2 月 14 日，九江港共运输电煤 6.14 万吨，成品油 3.33 万吨，有力保证了省内电厂煤炭及时供应和成品油的补给。二是强化港航企业、水路运输船舶经营资质源头管理。通过对企业经营资质、经营行为、船舶技术、人员资质状况坚持“三把关一监督”的跟踪监管，进一步规范江西省水路运输市场经营资质，把好资质源头管理关。对江西省 146 家从事省际水路运输企业进行了经营资质普查，查出 23 家企业专职管理人员未达到新规定要求，16 家企业自有运力未达到规定最低要求，7 家水运企业经整改后仍达不到规定要求被取消经营资格。三是认真强化现场安全检查和监管。在“春运”、“两会”、“十一”黄金周等重点时段，组织检查组深入港航企业、港口码头、船舶运输一线，全面查找“四客一危”重点船舶、重点水域（赣江干线、鄱阳湖区、三湖一山）、重点场所（港口危货作业码头）港航安全生产薄弱环节和隐患，狠抓安全措施、安全责任制落实，确保江西省水路旅客运输安全、优质、有序。四是开展港航安全隐患排查。对江西省港口危险物货作业经营人、“四客一危”航运企业、船舶管理公司的安全生产隐患情况进行了重点排查。共排查港航企业 913 家次，查出一般安全生产隐患 389 条，整改 382 条，整改率 98%。五是开展省、市两级港口安全事故应急救援演练。6 月 16 日，联合九江市海事、公安、消防等部门和港口危险货物生产作业企业在庐山区赛得利化纤有限公司码头模拟化学品泄漏开展应急演习。10月21日，参与在赣江东支南昌消防码头水域举行的江西省首次大型水上综合应急演练。11月7日，九江市港口管理局参加了“红剑2008”水上大型灭火救援联合演习。六是加强内外协调，寓服务于管理之中，实现港航和谐发展、平安发展。11月，建立了万安水库枯水期定期放水制度。万安水电厂从2003年起连续6年集中放水共11次，解困运输船舶925艘、257 302吨货物（木材、石油、水泥、废纸等），减少直接经济损失1 300多万元，消除了因赣江中上游断航造成的船舶被堵带来的安全隐患，消除了产生不和谐的社会因素，树立了良好的港航服务形象。七是定期召开港航安全管理工作例会。传达上级主管部门安全生产工作会议及文件精神，通报季度港航安全管理工作情况，解决港航安全管理遇到的实际问题，明确下阶段安全管理工作任务和目标，促进港航安全管理工作有条不紊的开展。八是强化港航安全管理培训。组织港航管理部门、港口企业安全管理人员参加各类安全生产管理培训班，同时自办港航执法人员培训班。全年共组织港航安全管理人员参加交通运输部和省局举办的安全知识培训及业务学习8期200人，通过考试合格，取得了执法上岗证。

由于江西省港航管理部门安全管理责任制落实，安全管理监管到位，全年未发生一起人员死亡事故、火灾事故、重大污染事故和恶性案件，安全形势持续稳定，省局荣获2008年度“江西省交通系统安全生产先进单位”称号。

（江西省局　冯雪辉　杨　辉）

【九江市港航管理处五项措施力保春运安全】

2008年1月中旬以来，采取五项措施，力保春运安全。一是加强对气象的通报工作。港航管理所与当地气象部门保持联系，随时掌握气象动态，并在码头告示栏通报，同时通知各客班船长。二是加大巡查力度，特别是加强对武宁库区和九江市区、湖口客运码头等重点区域的巡查和监管。三是全力配合当地政府做好恶劣天气的水、陆联运工作。调集充足的应急运力，确保旅客及生产、生活用品和抗冰救灾物资的运输。港政艇在港待命，随时听从当地政府的统一调遣。四是加强对危险货物的运输和港口作业的监管，严格执行港口作业申报制度，严禁不具备资质的港航企业从事危险货物运输和港口作业。五是严格实行24小时值班制度和现场管理。对每一客班出航前实行例行检查，并签发出航确认单。要求领导必须带班，发生情况必须第一时间赶到现场并立即处理。公开各港的值班电话，保持信息畅通，以保障水路畅通、船舶安全、旅客平安。

（江西省局　顾厚德　杨　辉）

【九江市港口管理局力保煤电油运输安全畅通】

2008年初，受全国范围持续低温和冰雪天气影响，九江市煤电油运保障面临近年来最严峻的形势。为认真贯彻落实交通部、省市领导指示和精神，2月2日，九江市港口管理局党组召开紧急会议，对春运和保畅工作作出了进一步部署，制定了详细方案，要求各单位主要领导亲自抓，分管领导靠前指挥，严格执行24小时值班制度，把抢运电煤油作为当前工作的重中之重。2月3日，该局主要领导带领港口科全科人员现场走访了承担电煤油运的主要港口企业单位，认真听取意见，细致的了解实际情况，现场解决重点、难点问题。2月4日，该局接省航运管理局急转焦炭到南昌的紧急电话，立即进行了部署，迅速落实了从江苏南京把7 000多吨焦炭运至九江在九江姚港锚地过驳，经过近50多个小时的奋战，确保了这批重点物资及时顺利抵昌。

中国船舶工业物资闽赣公司、四方港务公司、上港集团九江港务有限公司、中石化九江分公司金鸡坡油库码头、中石油九江分公司油库码头等都是保障“电煤油运”畅通的主要港口企业，各企业成立了“应急预案小分队”和“抢修队”，保证了安全生产和设备的正常运行。据统计，元月12日至2月14日九江港共运输电煤6.14万吨，成品油3.33万吨，有力地保证了省内九江、贵溪、黄金埠等电厂的煤炭及时供应和省各地成品油的补给，确保了九江港电煤油运输的快速中转。

（江西省局　陈江浩　杨　辉）

【九江市港航管理处召开加强鄱阳湖区砂石运输管理工作会议】　2008年2月20日，九江市港航管理处召开加强鄱阳湖区砂石运输管理工作会议，就4月1日前加强湖区砂石运输管理及规费征收工作进行研究和布置。处属各所站主要领导及机关相关科室负责人共15人参加了会议。

会议对当前鄱阳湖区砂石运输市场管理及规费征收工作存在的主要问题进行了分析研究。根据省政府《关于进一步加强赣江中下游及鄱阳湖区采砂管理的若干意见》，鄱阳湖区自4月1日起全面禁止砂石采挖，为认真落实省政府关于加强采砂管理的要求，切实维护好砂石运输市场秩序，确保规费征收到位，会议提出了四点意见：一要加强湖区运输市场监管检查，重点打击无证照非法经营和偷逃规费等非法行为。二要加大规费征收力度，合理安排人力和航查班次，力争做到国家规费应征收不漏。三要树立全局意识，各所站之间要搞好协调配合，在人、财、物方面相互支持。四要强化安全管理，要加强安全教育，强化安全防范措施，确保自身人员安全。参会单位与代表一致表示认真贯彻实施。

（江西省局　王大慰　杨　辉）

【吉安市港航管理处认真落实防汛工作措施】

2008年，吉安市港航管理处为保障水路交通安全度汛，坚持了“安全第一、预防为主”的方针，立足防大汛、抗大洪，做到有备无患，认真落实各项防汛措施：一是加强防汛工作领导。该处及各县所专门成立了防汛工作领导小组，抽调了工作人员，负责防汛工作。同时，制定了《防汛工作应急预案》，落实了防汛船舶。二是实行昼夜值班制度。实行领导带班制，要求值班人员认真做好防汛值班记录，保证防汛信息和上级的防汛指令及时上传下达。三是制定防汛抢险船舶调度工作方案。及时掌握在港船舶动态，确保防汛抢险船舶可随时调用，参加抢险。四是严肃防汛工作纪律。严格执行防汛工作责任追究制度，对擅离职守，工作失职，延误防汛抢险工作造成重大损失的人员，依法依规追究相关人员的责任。

（江西省局　刘志新　杨　辉）

【南昌市港航管理处开展排查调处矛盾纠纷、排查整治治安乱点和突出治安问题集中行动】

2008年，南昌市港航管理处为贯彻落实全市“两个排查”集中行动动员部署大会精神，结合市交通局《开展排查调处矛盾纠纷、排查整治治安乱点和突出治安问题集中行动实施方案》，决定从3月下旬到10月，在全处组织开展排查调处矛盾纠纷、排查整治乱点和突出治安问题集中行动（以下简称“行动”）。为确保“行动”取得成效，该处制定了《行动实施方案》，分三个阶段：一是动员部署阶段。二是全面排查和集中调处整治阶段。三是检查验收阶段。总的要求是，通过开展集中行动，对影响社会和谐稳定的突出矛盾纠纷和治安问题早发现、早控制、早解决、夯实综治基础工作，完善长效工作机制，努力实现群体性事件下降、治安案件和治安灾害事故得到有效控制，治安乱点由乱到治，人民群众安全感进一步增强的目标，为南昌交通事业在新的起点上顺利实施创新发展、创业富民营造更加和谐稳定的社会治安环境。

（江西省局　熊晓燕　杨　辉）

【赣州市5个河道河砂开采权标成功拍卖】

2008年4月19日，经江西省水利厅和赣州市人民政府批准，赣州市城区5个河道河砂开采权标的进行了公开拍卖。5项标的起拍价共计1 060万元，竞标成交价共计1 307万元。

赣州市城区河道乱采乱挖现象时有发生，为合理开发利用城区河道砂石资源，维护采砂经营秩序和保障船舶航行安全，赣州市政府将河道疏浚采砂经营权拍卖列为全年工作重点之一，制定下发了《赣州市城区河道疏浚采砂经营权出让实施方案》，明确了相关部门的职责，使竞拍工作顺利进行。

这次拍卖的5个标的分别为章江城区段、贡江城区段、赣江螺储段、赣江和五段、章水潭东段的河砂开采权，实施限期限量采挖。拍卖会吸引了9位竞买人参与竞买，竞拍严格按照公开、公正、公平和自由竞价、价高者中标的原则进行，经过角逐，5人分别取得了5个标的的河道河砂开采权。

（江西省局　梁　乔　胡　明　杨　辉）

【江西省水路运输量（渡口）专项调查数据审查会在南昌召开】　2008年8月4日至8日，江西省交通厅在南昌召开了江西省水路运输量（渡口）专项调查数据审查会，省交通厅计划处、各设区市交通局等单位有关人员共计30余人参加了会议。

审查会对江西省水路运输量专项调查的渡点

和非营业性渡船录入数据进行审查。对各设区市上报数据及录入中出现的错误进行了审核纠正，确保了数据的合理、真实无误，提高了江西省渡口基础数据的上报质量。

省厅计划处调研员杨淑芬充分肯定了各设区市的水路运输量（渡口）专项调查工作所取得的成绩，并对下一步工作进行了部署。强调：一要认真做好这次审查工作，在规定的时间内完成数据的录入、汇总工作。二要认真编写水路运输量专项调查工作总结及数据审核评估报告。三要按照交通部水路运输量专项调查工作办公室的要求，按时圆满完成上报工作。

（江西省局　刘燕萍　杨 辉）

【江西省水路运输量专项调查数据通过专家审核评估】 2008 年 10 月 13 日，江西省交通厅在南昌市组织了《江西省水路运输量专项调查数据评估报告》专家评审会。省统计局工交处、省交通厅计划处、运安处、省航运管理局、省地方海事局、省道路运输管理局及部分专调办成员参加了会议。会议由省交通厅计划处梁必康处长主持。

专家评审小组认真听取了省航运管理局、省地方海事局专项调查工作开展情况的汇报，仔细查阅了专项调查原始报表及统计数据，《江西省水路运输量专项调查数据评估报告》对专项调查中数据的真实性、合理性和准确性进行了评审。

专家评估小组评审意见提出：一是江西省水路运输量专项调查工作认真按照按交通运输部《全国公路水路运输量专项调查方案》的各项要求组织实施，做到了组织机构、工作经费和工作人员三落实，保证了专项调查工作扎实有效地开展。二是专项调查工作的调查方法、调查时间、调查内容、外业数据采集和内业数据处理，符合交通运输部《全国水路运输专项调查工作技术方案》的要求，专项调查数据成果真实可信，基本能反映江西省水路运输量现状。三是《江西省水路运输量专项调查数据评估报告》实事求是总结了江西省水路运输量专项调查的成果，对专项调查成果的评估结论为全面、客观、可信。

同时，专家评估组对《江西省水路运输量专项调查数据评估报告》提出了完善意见，建议对专项调查数据成果与以往报表数据的差异性作进一步的分析说明。

（江西省局　刘燕萍　杨 辉）

【赣州市港航管理处扎实布置“十一”黄金周水上交通安全工作】 2008 年，为确保“十一”黄金周水上交通安全工作，赣州市港航管理处做到了思想认识到位、防范措施到位、监督管理到位。一是该处于 9 月 25 日召开了各县(市)港航所(站)长参加的专题会议，对水上交通安全工作进行认真布置。二是印发了《关于认真做好 “十一”黄金周港航安全生产管理工作的通知 》，要求各县（市）港航所（站）、有关港航企业要切实做好安全监管工作，组织人员对水上安全生产责任制度和管理措施的落实情况进行全面检查；要加强对重点库区、风景游览区的旅游船舶和水上漂流活动的现场监督；要按照上级的统一部署，加强对安全工作的领导，落实“十一”黄金周期间值班和应急待命制度，建立 24 小时值班制度，确保信息畅通。三是 9 月 26 日—28 日，该处组织督查组，对上犹、会昌等重点水域的港航安全生产管理工作进行了现场督查。

（江西省局　王小华　杨 辉）

【河南省局省际运输船舶管理与服务工作日臻完善】 2008 年，河南省局不断加强省际运输船舶管理与服务。一是进一步完善了《业务工作程序》、《业务印章刻制与使用》、《收费票据使用与领购规定》等 9 项制度，管理制度日趋规范。二是脚踏实地办实事，办好事。驻外办事处把船民最想知道和了解的一些规定、办事程序、各地市相关联系电话等在办事大厅张贴，使船员一目了然。三是努力做好协调沟通工作。充分发挥“桥梁”作用，及时将省局一些工作措施向沿江各省市管理部门介绍，并听取他们对河南船舶的反馈意见。四是做好“战枯水”、“反超载”等专项活动。组织人员登船宣传相关政策，配合管理部门对搁浅、超载船舶进行源头管理，效果明显。五是依法行政。驻外办事处在办理证书、证照过程中，严格标准，坚持原则，省局每年两次组织对三个办事处进行综合检查。

以上工作，得到河南籍船民的肯定和认可，激发了船民发展省际水路运输的积极性。目前，信阳淮滨造船厂已有 70 余艘千吨以上河南籍船舶在建造中，还有近百艘船舶在等待建造。

（河南省局　王守明）

【河南省局举办水运企业经理培训班】　2008 年，12 月 10 日至 12 日，河南省地方海事局为进一步提高各航运企业经理驾驭企业能力、规范企业管理、增强企业市场竞争力、规避企业经营风险、共同做大做强河南航运品牌，在驻马店市举办了“全省水运企业经理培训班”，来自全省 70 余家省际航运企业经理参加了培训。

培训期间，邀请的专家、学者就企业经营、经济管理、劳动用工、合同管理等方面的知识结合《内河水路运输管理与政策汇编》、《经济合同法》、《劳动合同法》等法规条文进行了系列讲座。

（河南省局　王守明）

【河南省局创新服务手段为民办实事】　2008 年年初，河南省驻马店航务海事部门为贯彻落实交通部提出的“三个服务”要求，与当地移动公司建立了合作关系。利用移动公司短信群发平台为船员提供船舶年审、一卡通办理、船员统考、适任证书换发、物资保障运输、航道适时畅通、短时气象、新的政策法规等动态信息，将服务船员工作引向深入，寓服务于管理之中，实现管理与服务双丰收。

运行以来，最大限度的满足了船员在生产、经营、运输中所需要的信息，极大的方便了船员，提高了船员经营效率，得到了广大船员的充分肯定，树立了驻马店航务海事部门良好形象。

（河南省局　王守明）

【湖北全省水路运输管理】　2008 年，按照湖北省港航海事工作会的统一部署，围绕“质量效益年”总体要求和“五杯”竞赛活动，服务中心工作，紧扣年度目标，早安排早部署，抓服务强基础，全省水路运输管理工作稳步推进。

·加快结构调整，水路运输保障能力逐步提升。船舶运力继续保持快速增长态势。积极实施船舶运力发展引导政策，共发放补助资金 75.8 万元，引导发展了 4.17 万吨船舶运力。2008 年全省净增运力 30 万载重吨，地方船舶运力达到 288 万载重吨。千吨级内河干散货船新增 28 艘 3 万余载重吨，达到 101 万载重吨；普通江海直达船新增近 10 万载重吨，达到 79 万载重吨，其中，新增 1 艘 4.5 万吨级的 ATB 江海直达船，新增 2 艘 1.2 万吨级江海直达船。汉江上首条浅吃水、扁宽型船舶投入营运。川江客滚船运输市场开发取得突破。由湖北省港航局组织宜昌相关单位研发的川江及三峡库区 80 车位滚装客船标准船型技术方案已通过交通运输部的评审，2008 年 10 月 9 日，交通运输部以 2008 年第 30 号公告对外发布，为湖北加快开发川江客滚船运输市场奠定了较好的基础。川江载客汽车滚装运输市场开发正加紧推进。

·加快制度建设，水运市场监控水平稳步提升。加强水运企业经营资质监督检查。认真贯彻落实《国内水路运输经营资质管理规定》，对全省 293 家水路运输企业、1 600 家个体户进行了全面核查，对液货危险品船实行了 100%换证，全面完成了年度核查和换证工作。进一步完善了船舶异动联审制度。优化了湖北省港航局水路交通行政服务中心受理，运输、船检、航政、费收等部门会审，分管领导把关的联审制度，重点对 1 000 吨级以上提出异动（包括迁出、迁入、光租）申请的船舶，从经营资质、船舶技术状况、安全记录、规费缴纳等方面进行全面审核和监管。对 15 艘 3.36 万载重吨申请注销转出湖北的千吨级以上船舶进行了严格把关，基本遏制全省营运船舶无序流动，维护水运市场正常秩序。建立了水运业经营资质动态监管机制。针对少数公司存在经营行为不规范、安全管理责任不落实、经营资质不能保持等问题，确立了水路运输服务业市场准入和经营资质动态监管机制，重点建立了公司资质形式审查与现场审查相结合的制度、公司主要管理人员动态报备制度、经营资质跟踪检查制度、企业联系制度等四项制度。

·加强应急管理，圆满完成各项应急保障工作任务。采取措施，圆满完成了 2008 年水运春运及抗击特大雨雪冰冻灾害保通工作。春运四十天，湖北省水路客运日均投入运力 487 艘，38 153 客位；累计运送旅客 91.8 万人次，同比增长 35%。其中，完成农民工运输 53.85 万人次，同比增长 27%。圆满完成黄金周及节假日水路交通旅客运输工作。“十一”黄金周期间，湖北省水路日均投入运力 965 艘 41 230 客位，共完成旅客运 30.54 万人次，同比增长 16%。由于各地港航管理部门在节前准备充分，运力充足，确保了节假日水路旅客运输平稳有序。迅速建立起进川抗震救灾物资水上运输绿色通道。四川汶川地震发生后，川江滚装船运输成为全国各地大量救灾物资运至四川地震灾区的重要通道之一，从 5 月 13 日至 6 月 12 日湖北省港航海事部门累计调配滚装船舶 264 艘次，组织抢运救灾物资 1 640 车次，约 2.26 万吨。另外还开辟了荆州沙市油码头至重庆的水上油品运输绿色通道，水路运政执法人员以最短的时间审核申报、现场装载监管，确保了 1 600 吨抗震救灾用 93 号汽油从经重庆港运往灾区。

（湖北省局　王彦玲）

【湖北水路普通客运市场整顿】　2008 年 1 月 23 日，湖北宜昌市开展水路普通客运市场整顿工作。9 月 11 日起，整顿工作全面展开，分五个专班对客运港站整合、火车上及火车站非法阻客售票、火车站的士拉客、火车站周边黑车黑站和不规范经营车辆拉客、港站恶性竞争分别进行了整治。针对错综复杂的问题和矛盾，采取坚定不移的断然措施，通过重组坝上、坝下南北两岸客运港站资源，实现了全市“统一客源、统一售票、统一价格、统一结算”的市场运行新机制和新模式。

通过专项治理，取缔了非法经营，净化了源头市场；整合了客运港站，基本实现港站统一经营；实现水铁无缝对接，从源头上控制和消除非法经营的生存空间；建立了行业监管和行业自律双重管理机制，规范市场秩序的长效机制逐步建立。市场秩序明显好转，水路客运行业整体服务质量明显提高，连续两个月没有接到旅客投诉。在旅客没有增加负担的情况下，船舶航次营运收入平均增长 50%以上，港站经济收益增长 30%以上，水路交通企业经济效益大幅增加。

（湖北省局　王彦玲）

【湖北省水路交通应急管理】　水路交通突发公共事件应急管理是保障船舶航行安全、维护正常航运秩序的必然要求。2008 年，湖北省港航海事部门将应急管理作为提高社会管理和公共服务执行力的重要体现，立足于保障安全、维护稳定，以落实预案、健全机制、搜救演练、信息管理为突破口，上下联动、克难攻坚，打好了抗击冰雪保畅通、抗震救灾保运输、奥运期间保稳定三场攻坚战。

·抗击冰雪保畅通　春运期间，全省港航海事系统认真贯彻省委省政府及省交通厅抗灾工作的精神，召开紧急会议，部署抗冰救灾工作。对于全省重点港口、渡口、航线，制定应对方案，准确收集灾情，快速报灾，港航海事执法人员坚守一线，组织、指挥水上交通的抗冰救灾工作，动员一切力量抗灾救灾，出动海事、运政执法船舶 600 艘次，出动执法车辆 850 台次，协调有关部门开通了 3 条疏运应急通道，迅速疏散近 4 000 辆滚装车辆，组织对 75 艘次进行客船护送，疏散滞留旅客 1 500 余名。因措施得力，在冰灾期间，全省未发生一起因冰雪而引起的人员伤亡事故，确保了水上交通安全。

·抗震救灾保运输　5 月 12 日汶川发生 8.0 级地震，省港航海事局立即对全省营运船闸以及在建工程项目进行检查部署，各市州港航海事机构以及重点项目建设单位加强对正在运营的船闸和港航项目进行检查，并采取措施，加强预防，防止因地震影响而造成人员伤亡和财产损失。广大港航海事干部职工全力以赴投入到抗震救灾工作中，在大灾面前临危受命，迅速建立起进川抗震救灾物资水上运输绿色通道，全力打通水上“生命之路”，运送抢险人员和救灾物资，为夺取抗震救灾斗争的最终胜利提供了有力的支持。从 5 月 13 日至 6 月 12 日，累计调配滚装船舶 264 艘次，组织抢运救灾物资 1 640 车次，约 2.26 万吨，确保了 1 600 吨抗震救灾用 93 号汽油从湖北经重庆港运往灾区。

·奥运期间保稳定　层层成立迎奥运安保维稳领导专班，制定迎奥运期间安全保安工作实施方案。实行综治保安维稳 24 小时值班制，领导带班和情况日报告。在不对外宣布提高保安等级的情况下，确定从 7 月底开始到 8 月底，提高三峡坝区、港区、重点港口码头保安等级，开展了历时一个月的奥运前和奥运期间水路交通安全督查。加强了与长航局、长江海事局、长航公安局和当地公安部门的协作互动。对辖区签证出港的直接通过三峡船闸的船舶实施开航前检查，滚装船一律实行现场签证。对进出港船舶、过往车辆、装载货物、从业人员及流动人员，每船必检、实名登记，查出危险品、违禁品、无暂住证的从业人员及时移交公安部门予以处理。对三峡库区重点港口、客运码头安检问题，督促整改落实，提高了重点港口、客运码头安保水平。

·应急演练促落实　10月28日，在汉川索子垸客渡码头水域举行以“关爱生命，共建平安交通”为主题的“2008年汉江（汉川水域）水上搜救演习”。省政府应急办、省交通厅、省安监局的相关领导莅临指导，组织汉江沿线十堰、襄樊、荆门、天门、仙桃、孝感、武汉等地方海事单位50位代表到现场观摩。演练历时40分钟，包括救生、船舶救助及人员安全转移、消防灭火三大科目，来自交通、公安、海事、航道、消防、120急救中心、渡口等10家单位共100余人、7艘船舶、2辆专业车辆和相关辅助装备参与了演练。在演练中检验了预案的可行性，进一步提高了在水上交通突发事件面前快速反应、指挥决策以及应急处置能力。

·信息科技强管理　根据《湖北省水上搜救应急预案》，省政府列支300万元专项资金用于建设省级水上搜救协调中心。省海事局组织专业力量开展了港航海事应急管理系统建设研究，并于12月形成研究成果。12月4日，召开了湖北省港航海事应急管理系统工程可行性研究报告评审会。在梁子湖、危水水库等重点水域加快水上搜救分中心建设试点，完善了组织网络、基础设施、搜救设备、信息平台和监控系统，试点库湖区的客船、客渡船全部安装GPS实行动态监控。汉江、清江高坝洲水库、谷城南河水库等重点水域配备了5艘巡逻艇，基层海事部门的监督管理能力和应急反应能力进一步提升。

·搜救实战炼队伍　认真处置每一起水上事故和突发险情，在实战中历练搜救队伍。2月11日，监利县三洲镇发生无证船舶渡车翻沉事故，车上15人落水，事故发生后，海事部门第一时间赶到现场展开施救和事故调查。4月11日，“潜江客渡1号”违规载运铁砂翻沉，13人落水，在政府统一领导下，迅速启动水上搜救应急预案，成立搜救、事故调查和善后处理三个小组。经紧急施救，11人获救、2人失踪。7月12日，一辆荆州籍旅游客车坠入黄柏河（不列入水上交通事故统计范围），车辆和20名游客落水。海事和公安闻讯而动联合成立搜救打捞小组，调集3艘海巡艇迅速开展水上救援，成功将事故客车和8名遇难人员打捞出水。

水路交通应急，面对的大都是急、难、险、重的突发性公共事件，要求得到快速、准确、及时、妥善地处置，而储备不够、物资短缺、专业救援力量不足的现实矛盾依然存在，需要各级港航海事机构不懈探索、不断创新，加快应急管理体系建设进程。

（湖北省局　王彦玲）

【湖北省水运安全隐患排查】　2008年是湖北省政府安委会确定的“隐患治理年”，按照省安委会、省交通厅关于开展安全生产隐患排查治理工作的要求和部署，全省港航海事系统上下高度重视，积极开展以“三类企业”、“五种船舶”为重点的隐患排查治理，下大力查隐患、治隐患，积极打造平安水域。

·隐患排查的主要特点　一是统一认识，思想上高度重视隐患的严重性。水上交通安全隐患，是水上交通事故发生的先兆因素，如不及时采取措施将其消除，必将导致事故发生。水运从业人员违章作业、违章指挥，港站、船舶、船员安全保障措施缺乏，安全管理缺位、安全教育滞后、漠视水运安全，水运企业营运安全环境、船舶通行安全环境不良，这些都是形成事故隐患的直接原因。二是突出重点，措施上强化隐患治理的针对性。及时下发了《关于深入开展水路交通安全隐患排查治理和“两防”专项整治“回头看”活动的通知》，进行工作部署。在雨雪冰冻、奥运安保、“十一”黄金周、春运等特殊时段，洪水期、枯水期、恶劣天气等特殊时节，突出“三类企业”、“五种船舶”，即：港口企业、航运企业、水运施工企业；无证无照船、乡镇客渡船、采运砂石料船、危化品运输船、工程船。深入开展水路交通安全隐患排查治理活动，同时，创新思路，举行了“安全杯”竞赛、救生衣和百校千村行动、百日督查行动、隐患整改月等活动，进一步丰富了隐患排查的形式，增强了隐患治理的实效，为夯实水上安全基础、稳定水上安全态势提供了有力支撑。三是加大督查，制度上增强隐患治理的实效性。具体做到“三结合”，即将充分发挥县乡政府、水运企业、经营船主的主动性和广泛调动基层一线港航海事人员的积极性相结合；将隐患排查和深化开展重点领域专项整治相结合；将隐患排查责任和隐患整治责任相结合。加大对重点隐患的督办力度，对尚未整改完毕的隐患，逐一跟踪督办，采取分步实施的办法，达到消除隐患的目标。

·隐患治理取得的成效　一是重点隐患跟踪治理取得积极进展。2008 年，列入省级跟踪督办的 74 项重点安全隐患，62 项实现了整改销号，10 项制定了整改方案并正组织实施，2 项经采取相应措施得到有效控制。12 项尚未整改销号的重点隐患实行了挂牌督办、局领导分片包干，按照“属地管理”、“谁管辖，谁负责”的原则跟踪整改，定期“交账”。二是 170 余艘“三无”船被依法取缔。由政府牵头，取缔孝感观音湖水库 49 艘、随州封江水库 13 艘、王英水库 9 艘“三无”船（无船籍港、无船名船号、无船舶证书）。筹集 27 万元建造 9 艘钢质渡船，淘汰了蕲河沿线长期非法渡运的“三无”船。对武汉木兰湖 86 艘无船检证书的旅游船进行清理整顿，淘汰了 5 艘存在严重安全隐患的船舶，督促一批符合安全技术条件的办理了《船舶临时检验证书》。通过“以奖代补”和船东自筹，投资建造了 4 艘标准化钢质渡船，消除了荆门蛟尾渡口、天门梁滩渡口长期“带病”营运的重大安全隐患。对监利县罗洲汽渡解除动力、强制拖离，实施停航整改。三是 3 130 艘非法采砂船被清出汉江。按照省政府统一部署，积极参与水利、公安、交通、监察部门联合开展的汉江河道非法采砂整治行动，出动海事、航道执法人员 1 800 余人次，海事巡逻艇、航道执法艇 200 余艘次，将 3 130 艘非法采砂船只清理出汉江水域。四是 571 道乡镇渡口改造达标。对每处渡口修建候渡亭室，硬化通渡道路，完善码头设施，树立标示标牌。十堰等地的达标渡口均配备了合格的钢质渡船，渡口的渡运能力、抗风险能力稳步提升。规范了客渡船、旅游船配备、放置、穿戴救生衣。恩施州“公益渡口，财政补偿”、“乘客保险，政府买单”的水上安全管理经验在全省宣传推广。五是重点港口码头的安保设施得到完善。针对奥运时期三峡库区的港口安保，为杜绝“三品”流入，筹措资金 350 余万元，配备 9 套 X 光检测仪和一批手持安检仪，消除了长江两坝间（三峡大坝与葛洲坝之间）内贸码头港口，长期以来存在的 X 光检测仪、便携式探测仪配备不足的老隐患。六是无证上岗、非法摆渡现象极大缓解。针对排查发现的仙桃、曾都、当阳等地存在部分渡船船员证照不齐或证书失效的安全隐患，海事部门对客渡船船员采取“进村驻镇”形式就近免费培训，培训 600 余人次，从源头上杜绝了驾船技术不合格的船员流入水运队伍。

·暴露的问题　一是各市州之间隐患整改进展不平衡，富水、青山、封江、洪湖等部分库湖区“三无船”载客隐患由于协调难度大、整改资金不到位，成为隐患整改的“老大难”。二是部分隐患由于历史遗留问题，导致整改进度缓慢，如武汉市现有的 4 家港口企业由于历史原因未取得岸线许可，没有《港口经营许可证》，导致无法办理《危险货物港口作业认可证》，长期无证经营。三是部分重点水上交通安全隐患单位及其主管部门的安全责任主体意识淡薄，整改不坚决致使隐患久拖不决。

（湖北省局　王彦玲）

【政银合作，同解中小水运企业融资难题】 2008 年 11 月 18 日，武汉市港航管理局与上海浦发银行武汉分行联合举办产品发布会，正式推出“黄金水道”武汉市中小水运企业船舶融资产品。武汉市交通委员会、上海浦发银行总行、武汉海事局、武汉海事法院、湖北省银监局、湖北省港航局等的有关部门领导出席会议。这次产品发布会的召开，标志着我市政银合作正式启动，向中小水运企业提供专门的融资服务，在全国这是首家，是中小水运企业融资的重大突破。在当前全球性金融危机的大背景下具有特殊的意义，必将为搭建融资平台、促进我市中小水运企业发展产生积极的作用。

此次产品发布会吸引了全市 40 多家水运企业参加，会上，企业代表纷纷进行现场咨询，10 余家企业当场达成合作意向。

（武汉市局　喻　慧）

【长江沿岸中心城市地方水运协调委员会第二十二次会议在武汉召开】 2008 年 5 月 8 日至 10 日，长江沿岸中心城市地方水运协调委员会第二十二次会议在武汉召开。来自上海、南京、重庆、武汉交通部门、港航管理部门及水运企业的代表共 74 人参加会议。

会议全面总结了一年来四城市抢抓机遇，开拓进取，促进水运发展取得的成功经验，特别是各地在基础设施建设、行业管理和服务、水上交通安全监管、科技兴航、行业文明建设等方面的有效措施，充分肯定了协调委员会在加强各成员单位之间相互联系、相互协作、共同发展，促进长江航运事业所作出的积极贡献，进一步探讨了加强四城市间地方水运协调协作的体制机制和工作措施。

会议还举行了会议主席方的交接仪式。本次会议主席单位武汉市港航管理局根据协调委员会章程，向下届会议主席单位南京市航运管理处移交了印章和《长江沿岸中心城市地方水运信息》等相关资料。长江沿岸中心城市地方水运协调委员会第二十三次会议将于明年适时在南京召开。

（武汉市局　喻　慧）

【越南组团考察红河航运】 2008年1月21日至22日，以越南国家航运局副局长范明义为团长，越南老街省交通厅范玉良厅长为副团长，越南交通部国际合作司、投资计划司、边防公安等15人组成的红河航运考察团，到云南省河口县考察红河航运情况。

考察团对我国红河龙博河口至南溪河口49公里航道、船舶、港口码头、大宗物资流向等情况作了考察调研，一致认为发展红河航运大有可为，红河水运运量大、运距长，环保、节能，如果两国携手，充分发挥红河水运的优势，一定能促进两国经济的发展。

（云南省局　马翠德）

【云南省水上交通安全实现零事故的历史性突破】 2008年，云南省局加强以安全为重点的水运行业管理。一是认真贯彻“安全第一、预防为主、综合治理”的方针，树立“以人为本”的安全管理理念，全面落实安全生产责任制。二是狠抓基础管理和规章制度建设，加大安全现场监督和检查力度。三是坚持以长效管理和专项整治相结合，促进安全隐患整改，使全省水上交通安全管理工作取得了明显成效，实现了全年水上交通安全事故为零的历史性突破。

（云南省局　马翠德）

【云南省水路运输量专项调查工作顺利完成】

2008年12月，云南省水路运输量专项调查工作顺利通过交通运输部的审查。此次专项调查，构建了云南省水路运输机动船舶名录库。

通过调查，确定云南省共有客货运船舶841艘、72 115总吨、56 936净载重吨、13 439客位。其中有客船538艘、客货船136艘、货船165艘、拖船2艘、驳船2艘。水路运输共完成客运量639万人，客运周转量15 424万人公里，完成货运量339万吨，货运周转量51 588万吨公里。

（云南省局　马翠德）

【四川省加强高等级航道船舶运输准入管理】

2008年，为进一步规范四川省国家高等级航道船舶运输准入管理，引导船舶向标准化、大型化、专业化、系列化方向发展，促进船舶技术进步和航运结构调整，保障国家高等级航道运输安全畅通，四川省局以川交航函运〔2008〕194号文发出了《关于加强我省国家高等级航道船舶运输准入管理的通知》。通知要求我省凡新建或改建长江干线通过三峡库区的船舶和嘉陵江、岷江至长江通过三峡库区的干支直达船舶必须符合交通部《关于川江和三峡库区船舶运输准入管理的公告》和《川江及三峡库区运输船舶标准船型主尺度系列》的有关规定，省内凡新建或改建进入嘉陵江航行且通过船闸的干散货船必须符合《四川省嘉陵江干散货船标准船型主尺度系列》要求。同时要求新建或改建航行于我省高等级航道的区间短途客渡船舶，必须是省公布的标准或简统船型；新建或改建航行于我省高等级航道的其他区间短途船舶，各地将初审通过后的船舶设计方案报省航务局组织专家评审，经批准同意向社会公布后，各地方可建造。通知还要求各级航务管理机构要进一步规范我省高等级航道航运市场运输船舶的退出管理和安全监督管理工作。

（四川省局　易　翥）

【四川省启动水路内贸集装箱超载治理工作】

2008年8月，四川省航务局根据交通运输部《关于开展水路内贸集装箱超载治理工作的通知》（交水发〔2008〕192号）要求，正式启动了全省水路内贸集装箱超载治理工作，制定了《四川省内贸集装箱超载治理工作方案》，对全省内贸集装箱超载治理工作进行了统一部署。相关市级航务管理机构相应制定了本辖区内贸集装箱超载治理工作计划，并督促该辖区内贸集装箱港口企业制订了符合自身实际的码头闸口称重系统和监控信息系统建设改造计划。各港口企业按照工作计划进度要求完成了码头称重系统的建设改造工作。

（四川省局　易　翥）

【四川省继续推进水运行业节能减排】 2008年，四川省航务局通过编制完成《四川省水路交通节能规划》（送审稿）、强化水运市场准入和监管、开展节能减排调研活动、推进节能减排试点工作、召开节能减排工作暨统计监测培训会、加强节能减排宣传和统计监测等措施，继续推进水运行业节能减排工作，取得一定成效。2008年，规模以上港口企业综合单耗为3.84吨标准煤/万吨吞吐量，比2007年、2005年分别下降1.94%、4.68%；主要航运企业水路运输燃油单耗为4.25公斤/千吨公里，比2007年、2005年分别下降2.09%、7.2%。

（四川省局　易　翥）

【甘肃省局专项整治成效显著】 2008年，甘肃省水运局认真开展"渡口渡船"、安全隐患排查和"采运砂石船舶"三项水上专项整治活动。对114道渡口、117艘渡船进行了检查，经验收合格的渡口渡船分别为103（道）、104（艘），合格率分别为90%、89%，全省渡口渡运安全状况大为改善。与此同时，开展水运工程建设项目安全隐患排查17处，消除隐患5条。开展安全生产百日督查和奥运期间隐患排查，及时消除7项安全隐患，整改率100%。各部门切实抓好重点时段、重点渡口的现场监管，确保了辖区水上安全形势的基本稳定。

（甘肃省局　陈长春）

【《甘肃省内河水运发展规划》通过评审】 甘肃省发展和改革委员会于2008年7月1日在兰州主持召开了《甘肃省内河水运发展规划》（以下简称《规划》）评审会。参加会议的有：甘肃省政府办公厅、黄河水利委员会上游管理局、甘肃省水利厅、甘肃省国土资源厅、甘肃省交通厅、甘肃省环保局、甘肃省水运管理局、白银市交通局、临夏州地方海事局、兰州市地方海事局等单位领导和专家共计18人。与会领导和专家本着科学、求实的精神进行了评审，一致同意尽快批复《规划》，以指导全省水运事业健康发展。

《规划》以邓小平理论和"三个代表"为指导，以科学发展观为统领，以"三个服务"为宗旨，遵循"全面规划、统筹兼顾、协调发展、维持河流健康生命"的治河理念，对本世纪头二十年我省内河水运发展进行了全面规划。主要包括内河水运发展历史与现状评价、未来发展形势与需求分析，水路交通发展总体目标，航道、港口的空间布局与发展，运输船舶、支持保障体系的规划与建设，内河水运分阶段建设目标与重点，建设资金需求以及环境影响评价、政策措施与建议等内容。

《规划》是甘肃交通行业加快水运基础设施建设、优化运输结构、提高运输效率的重点专项规划，是指导和组织本世纪头20年内甘肃省内河水运建设和发展的纲领性文件，也是贯彻落实交通"三个服务"，构建资源节约型、环境友好型交通行业的一项重要举措。符合甘肃省交通厅"水陆并进、建运并举、和谐交通"的整体发展战略思路。将进一步理清发展思路，明确目标和重点，积极抢抓国家西部大开发战略、交通部 "两个倾斜"政策的历史机遇，促进甘肃内河水运稳步、健康发展。

《规划》提出了甘肃省内河水运发展总体目标和分阶段目标。到2010年，重点改善黄河主要航段及库区航道的通航条件，加快建设兰州、白银、临夏、陇南等港口码头泊位，完成渡口标准化改造工作，满足水上旅游客运和沿河群众基本出行的需要，进一步发展水上货物运输；主要航区的支持保障系统服务能力和水平显著提高。到2020年全面实现通航航道等级化，形成干支结合、布局合理、功能完善、技术先进、保障有力的内河水运体系；运输船舶的技术状况显著提高，运输能力明显增强，内河水运的优势得到进一步发挥。

《规划》将甘肃省航道划分为地区性重要航道和一般航道二个层次。地区性重要航道包括黄河航道甘肃段和白龙江航道共2条，规划里程1 074.22公里。一般航道包括洮河、白水江、让水河和崆峒山等其他库区航道，规划里程为281.7公里。港口划分为地区重要港口和一般港口二个层次。地区重要港口包括兰州港、白银港、临夏港和陇南港。

《规划》的实施将促进我省内河水运稳步、健康发展，为全面建设小康社会和经济社会的可持续发展提供更加便捷、优质、环保、节约、高效的运输服务。到2030年黄河甘肃段兰州以下全线通航，长距离运输逐步兴起，内河水运优势和效益得到充分发挥。

（甘肃省局　陈长春）

【杨咏中厅长在临夏调研水路交通工作】 2008年9月28日，甘肃省交通厅党组书记、厅长杨咏中率厅劳安处、省水运局、海事局等单位负责人到临夏州检查国庆长假水路交通运输和安全准备工作。在刘家峡水库大坝码头海事签证点，杨咏中厅长认真察看了签证记录；在刘家峡港区客运服务站，询问了假日运输船舶安排情况。他强调：党中央、国务院高度重视安全生产工作，我们在一线的领导和工作人员更要绷紧安全生产这根弦。安全工作要从大处着眼、小处着手，哪怕是细微的隐患也要及时治理，把事故隐患消除在萌芽阶段。同时，要加快水运基础设施建设，为船舶安全航行以及多种水上旅游项目的开发创造条件。目前，可以根据现有条件，先完善一个或几个航段的航标设施，造几艘大气的画舫，启动一些夜间乘船游览项目，让广大游客乘着柔美的月光泛舟湖上，品一杯香茗，听一曲花儿。特别值得注意的是，要加强对经营者的组织、引导和管理，倡导诚信经营、提供优质服务，努力打造全国文明水乡，在广大游客中留下美好的印象。

（甘肃省局　陈长春）

【《甘肃省内河水运发展规划》在京通过专家论证】 2008年3月12日，交通部组织有关专家在北京对《甘肃省内河水运发展规划》进行了评审，通过了专家论证。我省的这部规划是全国非水网地区第一部内河水运发展规划，对于我省水路交通发展具有里程碑意义。省委副书记、省长徐守盛发来了贺信。交通部纪检组长杨利民，交通部原副部长王展意，交通部海事局党委书记梁晓安，交通部规划司、水运司，交通部海事局、陕西省航运管理局、青海省地方海事局的有关领导和专家，厅领导杨咏中、康军、李睿出席了会议。

论证会上，与会专家分别就规划的内容、战略定位以及应该注意和完善的问题等提出了意见和建议。专家们一致认为，《甘肃省内河发展规划》编制的指导思想非常切合实际和和谐社会建设的要求，规划的实施将有利于合理开发和有效利用水运资源，有利于充分发挥内河水运优势，有利于促进水资源综合利用和综合运输体系的完善，将对甘肃省内河水运建设与发展产生深远的影响。

（甘肃省局　陈长春）

【甘肃省水运工程质量监督站对黄河盐锅峡库区航运建设工程站房楼工程现场检查】 2008年11月29日上午，甘肃省水运工程质量监督站对黄河盐锅峡库区航运建设工程客运管理站房楼施工现场进行了施工安全和质量监督检查。

检查组主要检查检测了梁、柱等构件的外观尺寸、平整度、钢筋保护层的各项指标和拌合场的运行、集料规格及堆放情况，并对施工、监理的相关资料进行了检查。在情况通报会上，质监站就现场检查中发现的报验资料不全，监理抽检资料不全，资料管理不规范等问题提出了整改要求：一、认真做好试验纪录，人员资质符合要求，不能弄虚作假。二、保证原材料质量控制。三、做好施工工艺控制。四、发挥监理的作用，保障监理的独立性。五、重视使用专业化施工队伍，确保重点工序和部位工程质量。六、规范施工、规范管理。七、资料整理要规范科学。

质监站要求各参建单位对本次检查发现的问题进行限时整改，并将整改措施及整改结果逐级报送。

（甘肃省局　陈长春）

【甘肃省水运管理局安排水路交通汛期工作】

2008年7月22日，甘肃省水运管理局召开水路交通防汛工作会议，传达了交通运输部、省委、省政府和省交通厅有关加强安全生产和防汛工作的文件和会议精神，安排部署了今年水路交通防汛及安全应急工作，对进一步做好水路交通防汛及安全应急工作提出了要求：

一、要本着对人民生命财产高度负责的精神，充分认识到做好水路交通防汛及安全应急工作的重要性，牢固树立防大汛的思想，克服麻痹和侥幸心理，深入细致地做好各项防汛准备工作，全面落实汛期安全生产责任，进一步细化防汛工作责任制，层层分解，将每一项工作落实到具体的责任人。

二、立即启动水路交通防汛应急机制，完善防汛预案，落实防汛抢险应急船舶，采取有效措施确保汛期船舶航行安全，加强对重点航段、港口及船舶航行的现场监督管理，一旦遇有紧急情况，防汛队伍和应急船舶能及时到位。

三、加强安全隐患排查，确保水运基础设施建设安全，结合当前防汛安全生产存在的问题，采取有针对性的措施，加大整改力度，强化以汛期安全为主的安全隐患排查治理工作，加强施工驻地、施工场地安全巡查，在汛期水位高、流量大的情况下，确保船舶航行和系锚安全，严防各类质量安全事故发生。

四、严肃防汛纪律，加强汛期水上交通安全管理工作的领导，落实责任，进一步提高工作效率，做到作风严谨,雷厉风行，扎实开展对渡口、码头和船舶的隐患排查，确保应急船舶处于良好的工作状态。各地、各单位要严格值班制度，在抓好防汛工作的同时，组织干部职工，对渡口、码头和船舶、标艇及航标进行维修保养，确保汛期水上运输安全。

（甘肃省局　陈长春）

【甘肃省水运局认真部署春运工作】　为认真贯彻落实交通部、省政府和省交通厅关于做好春运前期安全生产工作的有关精神，根据局领导的要求，我处对春运工作进行了安排部署。一是对照《关于认真做好 2008 年春节水路运输工作的通知》（甘水运〔2008〕6）文件要求，就切实加强组织领导、确保水路交通运输安全、加强运输组织、提高服务质量、维护好运输市场秩序、加强春运宣传和统计报表工作等方面进行了安排部署，要求全省各级交通主管部门和海事管理机构要集中精力，加强领导，加大现场执法检查力度，落实 24 小时值班制度，使全省水上交通春运工作有安排、有检查、有落实。二是制定了“2008 年春运工作检查提纲”，并组织局相关部门人员，分四个检查组，由局领导带队分赴陇南、白银、临夏、兰州等市（州）检查指导春运工作。三是全省实行“春运准运证”制度，加强对参加春运的船舶进行安全检查，对符合安全技术条件的船舶发放“春运准运证”。四是加强源头管理，坚强现场监督检查力度，严格执行船舶现场签证制度，落实船舶现场签证负责制，加强了对船舶开航前的各项安全检查工作。五是加大“三品”查堵力度，防止旅客带危险品乘船。六是坚持值班制度，及时做好春运统计信息报送工作。

2008 年春运，全省动用运输船舶 159 艘，6 470 客位，完成客运量 33.02 万人，共出动执法人员 602 人次，出动监督车船 324 辆（艘）次，张贴安全标语 2 133 幅、现场签证 1 309 艘次。期间未发生水上交通安全事故和人员伤亡，较好地完成了 2008 年水路交通春运工作。

（甘肃省局　陈长春）

【甘肃省水运局安排部署冰雪灾害期间的水上交通安全工作】　2008 年，由于春节期间我省遭遇连续低温降雪天气，给水上交通安全带来的隐患，我处参加了局春运检查组分别对兰州市、白银市和临夏州水路春运工作进行了检查。对在检查中发现的渡口、码头及营运船舶等存在的安全隐患进行了整治。进一步安排部署了防范冰雪灾害，保障水路交通畅通工作。发出了“关于切实做好冰雪天气水上交通安全工作的紧急通知”，要求各海事管理机构树立大全局意识，采取有效措施，加强对渡口码头引道和渡船甲板的除冰扫雪工作，确保水上交通安全。启动了《水路交通抢险救灾应急预案》，实行领导带班，全体人员 24 小时值班制度，进入紧急待命状态，保证一旦发生水上交通突发事件时迅速赶赴现场。

（甘肃省局　陈长春）

【甘肃省认真开展“安全生产月”活动】　根据交通运输部、甘肃省安全生产监督管理局和省交通厅对 2008 年安全生产月的有关要求，全省在 6 月份开展以“治理隐患，防范事故”为主题的安全生产月活动。下发了《关于在全省水运系统开展 2008 年“安全生产月”活动的通知》（甘海事发〔2008〕58 号）文件，并印制了宣传材料 3000 份，《甘肃省水路交通管理条例》、《内河交通安全管理条例》知识问答各 300 本，以全面宣传贯彻《安全生产法》、《内河交通安全管理条例》、《甘肃省安全生产条例》、《甘肃省水路交通管理条例》等法律法规为重点，紧紧围绕“治理隐患，防范事故”为主题，处室人员大力宣传水上安全生产法律法规，热情解答船员、筏工和群众提出的问题，积极散发水上安全宣传材料，不断提高全社会对水上交通安全重要性的认识。

（甘肃省局　陈长春）

【甘肃省开展安全生产隐患排查治理专项行动】

为了促进“安全生产隐患排查治理年”活动的深入开展，省交通厅发出了《关于在全省交通行业开展2008年安全生产隐患排查治理工作的实施意见》并转发了省安委会办公室《关于加强安全生产隐患排查治理信息报送工作的通知》，对安全生产隐患排查的信息报送工作提出了具体要求。同时转发了省安委会、省交通厅的文件《2008年甘肃省水路交通安全生产隐患排查治理工作方案》，对 2008 年的隐患排查工作进行了有效的部署，对该活动的工作目标、重点治理内容、实施步骤等都提出了具体要求，并安排专人负责此次活动的报表报送工作。

（甘肃省局　陈长春）

【《甘肃省水路交通抢险救灾预案》编制工作完成】　从2007年下半年开始，我处承担了全省水路交通抢险救灾预案的编制工作，由于以前没有开展过此类工作，一切都需要从头开始，我处克服各种困难，通过不断学习和借鉴水网地区开展此项工作的经验，经过半年多的不懈努力，现已形成了甘肃省水路交通抢险救灾预案》的初稿，将以省交通厅的名义向省政府上报，通过审核批准，进一步加强和完善水上应急预案和预警机制。

（甘肃省局　陈长春）

【甘肃省水运局积极安排部署地震期间水上交通安全工作】　2008 年“5.12”汶川地震发生后，认真部署地震期间水上交通安全工作. 立即拟文转发了部海事局《关于全面做好四川汶川地震抗震救灾水上通航安全工作的通知》(海通航〔2008〕201 号)，并连续下发《关于进一步加强水上交通安全管理工作的通知》(甘海事发〔2008〕51 号)、《转发<甘肃省抗旱防汛指挥部关于认真做好2008 年防汛准备工作的通知>的通知》(甘海事发〔2008〕52 号) 等文件，要求各地加强组织领导，统一思想认识。要从讲政治、顾大局的高度，认真组织落实党中央、国务院和部党组有关指示精神，制定措施，按照“一切为了抗震救灾，全力保障交通运输”的总体要求，以实际行动确保抗震救灾应急物资运输保障的安全、便捷和畅通;开通“绿色通道”，按照抗震救灾应急物资运输保障领导小组的有关部署，落实和做好抗震救灾应急物资运输船舶的各项安全保障措施。为抗震救灾应急物资运输的船舶进行特殊标识、重点监控，优先安排进出港航道，为提供交通便捷，组织力量、安全监控、动态监管、信息服务等导助航服务。海事全体工作人员保持 24 小时通讯和信息的畅通，随时应对可能出现的各种紧急情况立即上报相关部门;加大宣传，使广大干部职工进一步增强对抗震救灾应急物资运输工作极端重要性和紧迫性的认识，及时报道典型事例，加大宣传力度，扩大社会影响，确保抗震救灾应急物资运输船舶“绿色通道”的平安、畅通。

（甘肃省局　陈长春）

【甘肃水运认真做好奥运期间的防恐安保工作】

2008 年，根据交通运输部、部海事局、省交通厅有关会议和文件精神，为确保奥运期间我省水上交通安全形式稳定，我处先后下发了《关于建立防恐安保信息报告制度的通知》(甘海事发〔2008〕68 号)、《关于加强奥运期间水上交通安全工作的紧急通知》(甘海事发〔2008〕80 号) 文件要求各单位要提高认识，加强领导，全面落实水上交通安全管理责任，建立防恐安保工作组织机构，制定安保预案，并指定专人报送安保信息。在奥运期间各地交通主管部门和海事管理机构同每一个有船乡镇人民政府签订了安全管理责任书，做到责任到人，将“迎奥运、保平安”的工作落到了实处。强化了从源头管理和现场监督检查，严厉打击和取缔“三无”船舶，严禁农民自用船舶非法载客，加大对“三品”及危险品的检查力度，特别对渡口渡船、旅游客船，高速客船都有专职安检人员，加强了对旅客携带物品和车载货物的安全检查。加强了对水上水下施工作业的监管和重点水域、重点航段的动态巡查，保障船舶通航安全、畅通，有序。同时加强奥运会期间的应急值班工作。实行领导带班制度，值班领导和值班人员 24 小时开机，实行安保信息每周一报，突发事件及时上报。确保奥运期间我省水上交通安全形式的稳定。

（甘肃省局 陈长春）

【甘肃省水运局部署“十一”黄金周水上交通安全工作】 2008年，甘肃省从贯彻落实“三个服务”出发，全面部署了“十一”黄金周期间的水路交通安全工作，发出了《关于认真做好2008年“十一”黄金周水路交通运输安全工作的通知》（甘水运〔2008〕111号）对黄金周水上交通安全工作提出了具体要求。并在全省开展了主题为“关爱生命、保障安全、维护秩序、发展水运”的“安全宣传周”活动。我处还制定了“十一”黄金周安全检查提纲，由局领导带队，局相关部门组成的安全检查组，对陇南、白银、临夏、兰州、庆阳、平凉等地的水上交通安全进行了全面检查。黄金周期间，水上交通安全形势稳定。

（甘肃省局 陈长春）

【妥善调查处理陇南“6.12”，临夏“7.19”水上交通事故和临夏“11.27”事件】 2008年6月12日13时，陇南市武都区两水镇白龙江段河坝渡口“段河坝1号”非机动索渡船，载客2人、农用三轮车1辆，由左岸向右岸过渡，在渡至江中心时，船舶进水翻沉，造成死亡1人的水上交通大事故。在接到报告后，立即组成事故调查组赶赴事故现场，对事故进行调查取证、搜救和善后处理等工作。并出具事故报告分析事故原因，划分事故等级，认定事故责任，提出安全管理建议。

2008年7月19日中午12：45分左右，临夏县“移民号”汽车渡船（载27辆车和89名乘客）与永靖县“光辉号”客船（载游客70名）在刘家峡库区向阳码头第一个航标水域发生碰撞，造成“光辉号”客船5名游客受伤。事故发生后，海事人员立即展开了调查、取证工作。受伤游客得到及时救援和治疗，全体游客情绪稳定。由于海事部门快速、有效的救援工作，使本次事故得到了妥善处置，事故损失降低到最低程度。

2008年11月27日上午11时，临夏州刘家峡库区祁杨码头水域附近一艘捕鱼的农民自用船（小舢板）与库区渔业捕捞公司船舶发生暴力冲突沉没，小舢板4人落水造成1人失踪。安全处在当日17时接到临夏州地方海事局电话报告后，按照局领导指示，立即组成调查组立即赶赴刘家峡库区。调查组向临夏州地方海事局了解整个事件的详细情况后认定此事件为刑事治安案件，不属于水上交通事故。

（甘肃省局 陈长春）

【甘肃省全年水路交通全面、协调、可持续发展】

2008年，甘肃省水路交通在省交通厅的正确领导下，在地方交通和水运海事部门的大力支持下，坚持科学发展、和谐发展、安全发展理念，坚持“安全第一、预防为主、综合治理”方针，强化水路交通安全管理，加快水运基础设施建设，规范水路运输管理，提高船舶检验质量，提升船员业务素质，促进了全省水运海事事业全面、协调、可持续发展。面对历史罕见的冰冻灾害、地震灾难和奥运安保、节假日运输，按照省交通厅的统一部署，沉着应对、知难而进、齐心协力、共克时艰，充分展示了水运海事人员的良好形象，取得了抢险救灾和水路运输的胜利。

（甘肃省局 孔永明）

【甘肃省全年完成水路运输量专项调查和第三次港口普查工作】 2008年省水运局在省交通厅的指导下，组织各水运海事管理单位成立专项调查机构，组织人员培训，大力加强宣传，开展内、外业数据调查，数据审核评审，较好的完成了两项工作，并通过交通运输部的审核。通过运输量专项调查和港口普查，摸清了我省水路运输量基数以及结构性和区域性运输量数据，全面、准确、系统地掌握了我省港口现状，为进一步全省水路交通规划、建设和管理提供信息服务和支持。

（甘肃省局 陈长春）

【重庆市交委与市三峡库区产业信用担保有限公司签订《船舶制造和改造项目贷款担保合作协议》】 2008年1月10日，重庆市交委与市三峡库区产业信用担保有限公司在市交委正式签订了《船舶制造和改造项目贷款担保合作协议》。市政府金融办、市港航局、11家国有及商业银行负责人及部分航运企业代表近50人出席了签订仪式。

为贯彻落实好胡锦涛总书记“314”总体部署，尽快将重庆建成长江上游交通枢纽，增强交通对经济社会发展的支撑作用，市政府于去年4月底出台了包括拓宽融资渠道，引导银行对船舶标准化给予信贷倾斜等一系列加快我市水运发展的政策措施。为抓好落实，重庆市交委与市三峡库区产业信用担保有限公司经过多次沟通、协调，就水运发展专项资金信用担保达成一致意见，《合作协议》的签订标志着我市水运企业解决融资难问题取得实质性进展。

（重庆市局　阳　斌）

【重庆市副市长凌月明检查春运期间水上交通安全工作】 2008年2月2日下午，重庆市副市长凌月明在重庆市交委、市港航局和市交通执法总队直属支队等领导陪同下，到朝天门码头检查水上交通安全工作。检查中，凌副市长关切地询问了当前水上交通运输现状、运力结构分布、水路客流量及安全保障应急预案等情况。千叮万嘱：群众返乡心切，一定要合理安排好水路运力，有序疏散群众，避免出现旅客滞港、无序拥挤等局面，保障水上交通安全。

（重庆市局　阳　斌）

【重庆市召开全市水上交通安全工作会】 2008年7月2日下午，重庆市水上交通安全工作会在市交委四楼大会议室举行。会议由市政府办公厅副主任王泰来主持，刘学普副市长出席会议并作了重要讲话，各区县（自治县）政府分管水上交通安全的领导、交通部门主要领导、海事机构主要领导、市级各相关部门及重庆市水上交通安全联席会议成员单位主要领导、部分港航企业主要领导及部门负责同志参加了会议。会上市交委、市农业局、市水利局、市港航局和重庆海事局等单位主要领导分别就五年来水上交通安全工作开展情况及下一步工作措施作了发言。刘学普副市长充分肯定了五年来我市水上交通安全显著成绩和成功经验，深入分析了当前全市水上交通安全工作面临的新机遇、新要求和新挑战，提出了未来五年水上交通安全工作目标任务。同时，刘学普副市长对当前和未来五年的水上交通安全工作做了重要部署。

（重庆市局　阳　斌）

【重庆市港航局紧急部署水运行业雨雪天气应对工作】 2008年1月28日下午，重庆市港航局召开紧急会议，部署雨雪天气应对工作。会上，梁雄耀局长传达了市交委紧急会议精神，杨大伦副局长传达了近日交通部、国务院紧急电视电话会议精神，并对市港航局雨雪天气应对工作进行了强调部署。梁局长要求全市港航管理部门、各客运、滚装运输、港口企业要全力应对灾害天气，确保运输安全畅通。

（重庆市局　阳　斌）

【重庆市交委检查朝天门码头春运工作】 2008年2月6日上午，重庆市交委主任丁纯、副主任梁培军率领市港航局、执法总队等部门负责人到朝天门码头检查水路春运安全工作。丁主任检查了“渝客1囤”，详细询问了春运期间水路运力安排、应急部署、安全措施、人员落实、后勤保障、运输船舶概况及春节前旅客流量情况等。同时要求大家务必时刻将安全生产放在首位，齐心协力做好春运各项工作，确保水路交通安全稳定。

（重庆市局　阳　斌）

【渝、鄂两地港航部门建立水运联动协调机制】

2008年2月21日，重庆、湖北两地港航管理部门联合制定出台了《水路运输联动协调机制方案》。重庆市和湖北省作为长江上中游的两个主要省市，承担着大量的水路物资和旅客运输任务，特别是载重汽车滚装及长江旅客运输基本集中在两省市之间。为及时应对各种突发性事件及自然灾害影响，确保长江水路运输正常有序，保障人民生命财产安全和物资的正常运输，两省市决定建立有效的联动协调机制。

（重庆市局　阳　斌）

【重庆市水运量专项调查工作有序开展】 2008年5月23日，为确保水路运输量专项调查工作圆满完成，重庆市水路运输量专项调查领导小组办公室召开专题办公会议，总结检查前阶段工作进度，统筹协调相关问题，专题布置下一阶段工作任务。领导小组副组长、市港航管理局副局长杨大伦、市交委综合计划处杨树明调研员参会并现场办公，研究解决相关具体问题，领导小组办公室各成员单位参加了会议。

会议明确了水运专项调查工作领导组织与机构设置，研究解决了专项调查工作开展中存在的突出问题，提出了下一阶段工作要求、任务和目标，明确了各成员单位的具体任务。

（重庆市局　阳 斌）

【交通运输部到重庆市港航局专题调研水运量调查工作】 2008年6月19日上午，交通运输部规划司统计信息处孔凡国处长一行5人在市交委综合计划处李建明副处长、调研员杨树明的陪同下，到重庆市港航局专题调研重庆市水运量专项调查工作，市交委副主任周伟、市港航局副局长杨大伦及相关处室人员、重庆轮船（集团）公司的代表参加了调研。

调研座谈会上，重庆市水运量调查领导小组副组长、市港航管理局副局长杨大伦介绍了重庆水运发展的基本情况及特点，水运量专项调查工作的开展情况；重庆市水运量调查领导小组办公室主任唐涛汇报了我市水运量专项调查工作的做法及工作中遇到的问题。交通运输部孔凡国处长一行进行了答疑并就如何搞好此次专项调查同与会人员进行了交流探讨，大家感到受益匪浅。

周伟副主任对重庆市水运量调查工作总体感到满意，认为推进扎实，卓有成效。并要求在下一步工作中继续保持和发扬好的做法，加强与相关部门的沟通，再接再厉，高质量的完成水运量专项调查工作；结合行业管理需要，研究探索新型指标体系、长效机制的建立、统计方法的完善；在没有颁布新的规定之前，水运原有统计体系继续进行，不能中断，要一如既往地做好统计工作。

下午，孔凡国处长一行在市交委、市港航局有关人员的陪同下，到合川区基层海事签证站点和渡口进行了现场调研。

（重庆市局　阳 斌）

【重庆市港航管理局与长江三峡通航管理局签定战略合作协议】 2008年7月23日，重庆市港航管理局与长江三峡通航管理局战略合作协议签字仪式在宜昌举行。重庆市港航管理局局长梁雄耀和长江三峡通航管理局局长李维太出席了签字仪式并代表两局签字。合作协议的签定标志着两局在信息互通、维护水运秩序、水上GPS综合管理系统应用、建立有效联动机制等方面进入了实质性合作阶段。

（重庆市局　阳 斌）

【重庆水运行业积极应对抗震救灾工作】 2008年5月19日上午，重庆市港航局再次研究部署震后应对工作。一是进一步加强运输组织工作，做好应急救灾物资运输的组织保障工作，加强与三峡通航局、湖北省港航局的协调，确保优先上船和优先过闸。二是加强信息报送，确保各种信息、数据的收集和报送及时。三是为防止嘉陵江上游水库放水造成江水陡涨，引发事故，要求相关部门继续密切关注，以便采取相应的措施，保证人员、设备安全。四是加强宣传发动，启动职工第二次向灾区捐款活动，同时倡议水运企业积极向灾区捐款。

（重庆市局　阳 斌）

【重庆港航局检查巴南水运工作】 2008年9月9日下午，重庆市港航局梁雄耀局长一行在巴南区召开座谈会，检查和指导巴南区水运工作。巴南区交通局主要领导、港航处干部职工参加了座谈会。会上，检查组认真听取了巴南区港航管理处关于2008年港航工作的开展情况、存在的主要问题、采取的主要措施以及港航发展建设的主要思路等。巴南区交通局朱本权局长对全区水运工作进行了总结汇报。梁雄耀局长对巴南区2008年港航工作给予了肯定，要求做好残奥会和国庆期间水上交通安全管理工作，进一步做好巴南区水运工作，特别是水运发展和基础设施规划建设上要力争上游，积极发挥巴南在航运中心建设中的作用，推动巴南水运登上一个新的台阶。

（重庆市局　阳 斌）

【重庆港航局检查云阳水运工作】 2008年9月16日，重庆市港航局对云阳水上交通运输工作进行了检查。检查组先后到规划建设的澎溪河松树包综合码头、云阳港务站客运码头、青龙嘴综合码头等地进行了实地考察，并听取了有关部门工作情况汇报。检查组对现阶段云阳水上交通运输工作表示满意，对进一步做好船舶管理、船舶修造、港口码头建设、航道管理、船员培训和渡口改造等工作提出了指导意见，对做好175米蓄水期间和"十一"黄金周水上交通安全和支持保障工作进行了安排和部署。

（重庆市局　阳 斌）

【重庆市港航局从快处理"长青92"轮翻沉事故】

2008年10月13日凌晨4时40分，重庆长青航运有限公司所经营的“长青92”轮上行途经母猪碛水域时发生搁浅事故，造成船舶翻沉，13人落水。后经及时施救，无人员伤亡。经查，2008年5月28日，该公司“长青78”轮在江津羊石水域由于船长操作不当也发生过翻沉事故，幸无人员伤亡。

事故发生后，市交委、市港航局高度重视，对事故情况认真分析，认为该公司一年之内连续发生两次翻船事故，说明其在安全管理上存在着严重问题。市港航局根据《重庆市水路运输管理条例》相关规定，依法从快对该公司作出行政处理。14日，市港航局运输处与合川港航处负责同志到该公司宣布了处理决定，要求其认真吸取事故教训，按事故“四不放过”原则，对暴露出的安全意识淡薄，安全管理不到位等问题进行专项整顿。

（重庆市局　阳　斌）

【重庆市水运运力发展信用担保评审委员会第一次评审会议召开】 2008年6月，重庆市水运运力发展信用担保评审委员会召开了第一次评审会议。评审会议主要是审核重庆市东江实业有限公司等14家符合重庆市水运运力发展信用担保申报条件的企业，以确定每家企业的建议担保贷款额度。评审会议共为重庆市东江实业有限公司等14家水运企业建议提供信用担保1.96亿元，相关材料报市交委审核后送三峡库区产业信用担保公司。会议的召开标志着重庆市水运运力发展信用担保工作正式进入实施阶段。

（重庆市局　阳　斌）

【万州区召开水运行业银企联系会】 2008年7月，重庆市万州区召开了水运行业银企联系会。区交委、区港航局、人民银行、银监局、三峡库区产业信用担保公司万州分公司以及万州工行、农行、中行、建行、三峡银行、华夏银行、农村商业银行等驻万金融机构和辖区内长庆、国发、圣发、江航、扬江、坤源等16家水路运输企业的主要负责人参加了会议。会上，各水运企业介绍了企业发展历程、生产经营情况、水运发展前景和下一步发展规划，表达了对取得金融支持的强烈愿望。区交委副主任、港航局局长陈运向各金融企业介绍了全区水运基本情况、重庆市支持水运发展的政策情况、区委区政府对水运发展的重视程度以及下一步水运发展与金融合作的建议。各驻万金融机构认为，有贷款需求的水运企业可与金融机构加强衔接，金融机构将予以大力支持。

（重庆市局　阳　斌）

·客货运输·

【持续大雪火车受阻 民工急盼改水路】 2008年，受50年来最强暴雪和低温天气的影响，江苏、安徽省在贵州打工的民工在贵州省火车站等了几天火车无望后，急切盼望改道从重庆乘船回家过年。中国长航急国家和人民之所急，充分发挥央企主力军的作用，紧急启用春运备用的豪华旅游船江山8轮。

2月2日凌晨3时58分，“江山8”轮运送856名民工，从重庆出发，直驶南京，让在外辛苦一年的民工能在除夕夜之前回家团圆。

（长航集团　宋　颖）

【长航集团应对大雪灾，确保沿江各火力发电厂的燃煤之急】 中国长航集团总公司在2008年初长江流域大范围雪灾面前，发挥运输企业国家队的主力军作用，采取强有力的措施，抽调优势运力，确保电煤运输，截止1月27日，已经从江上和海上运输电煤280多万吨，以解沿江各火力发电厂的“燃煤之急”，为长江沿线的中心城市人民生活用电和重要工业生产用电“雪中送炭”。

为确保运输的连续性，承担电煤运输主要任务的长航凤凰有限公司，成立了以总经理为首的电煤抢运专班，自重庆到上海的各经营公司均成立了工作小组，保船舶适航，保信息沟通及时，做到逐级落实电煤运输。

为了确保电煤运输的船舶运力及时到位，长航集团要求所属各单位对重点港口运力投放实施倾斜，配合这些港口做好接车及中转等各项工作。对急需煤炭的货主做到有求必应，并在保证各钢厂矿石不断供的情况下，抽调海运运力保电煤运输，同时放弃其它货源，以保长江腹地用煤大户的需要，近期已有6艘海轮计18万吨电煤在途、在卸。

长航集团还为电煤运输船舶建立绿色通道，

做到优先拖带运煤船舶，运煤海轮抢周期，加快运转，将长江优良自航船全部投入电煤运输，发挥其快捷保供作用。为确保这些运煤船舶安全航行，他们还成立安全督航小组，在恶劣的气候条件下，实施积极的安全措施，不让一艘运煤船舶滞留。他们还增加部分大型电厂在港、在途船舶保有量，如为上海电厂运煤船舶由5万吨提升至6万吨，满足其用煤需求。对海轮实行定船、定线的煤炭运输，大吨位海轮重点投入北方煤炭接运，提升批次运量，同时，向重点缺煤电厂调集运力。

（长航集团　张弛　刘国山）

【“长航发现”轮无缺陷通过智利PSC检查】 2008年3月3日，“长航发现”轮在智利SAN VI—CENTE港无缺陷通过了PSC检查。

当天下午13时许，一名智利PSC检查官在船舶事先毫不知情的情况下，突然上船进行检查。此次检查的内容既全面又详细，时间长达6小时。特别要求船舶对应急发电机、应急消防泵、救生艇发动机等消防救生应急设备进行效用试验，当该轮船员十分熟练地完成试验内容后，检查官非常满意中国船舶的管理水平和船员的业务技能，对船舶的船容船貌高度赞赏，并开出了该次检查的无缺陷报告。

（长航集团　蒋林）

【上海国际海运有限公司“海联昌兴”首航南非】

2008年2月27日，上海长航国际海运公司16.1万吨海岬型“海联昌兴”轮首航南非的消息传回国内。“海联昌兴”首航南非标志着上海长航国际海运公司经营管理已跃上远洋散货运输的宝顶—海岬型。

作为公司第一艘光租的16.1万吨海岬型船舶，此次投入国际远洋运输无疑使公司经营管理能力再次跃上一个新台阶，也将为公司迈入一流航运企业翻开新的篇章，预祝该轮首航成功。

（长航国际海运有限公司）

【“衢海”轮安全营运3000天】 截至2008年10月15日，上海公司外贸事业部营运船舶“衢海”轮迎来了安全营运3 000天的里程碑。期间，“衢海”轮共完成279个重载航次，主机安全运转36 253小时，顺利通过了23次PSC检查，货运量达1 406 611吨，安全航行里程293 674海里。

近几年来，“衢海”轮逐步推进“学习型、安全型、和谐型、管理型、效益型”船舶创建活动，外抓船期、内抓管理，不断为货主提供了优质、高效、安全的运输服务。同时，全体船员始终将安全效益放在首要位置，各劳务班组严格落实规章制度，消灭安全隐患，及时防范风险，确保航行安全。

“衢海”轮先后获得上海市红旗班组、五一劳动奖状、国务院国资委学习型标杆班组、交通部安全先进船舶、中国长航集团“明星船”、“十佳”先进班组、上海长江轮船公司“十五”期间先进船舶等多项殊荣。2008年，“衢海”轮又被集团评为“中国长航工人先锋号”，被公司评为“2007年度文明船”。

（上海公司　宣传部）

【南京公司“长江62030”轮连续安全航行50万公里】 2008年5月16日，中国长航集团南京公司在摄山船舶基地举行表彰会，隆重表彰安全管理先进船舶“长江62030”轮。截止2008年3月27日，“长江62030”轮已连续安全航行3 200天、安全航行里程达50万公里，这也是该公司第15艘连续安全航行50万公里以上的长江拖轮。

从1998年11月21日至2008年3月27日近十年时间，“长江62030”轮始终坚持“以我为主”，树立“有理让无理”、“内行让外行”、“大船让小船”的安全理念，执行制度“讲规范”，特殊情况“重预防”，具体操作“严执行”，把安全的主动权牢牢地掌握在自己手里，取得了连续安全航行50万公里的好成绩。

（南京公司　邢煌辉）

【南京公司为“远望号”运输燃料油】 对于中国长航南京公司职工来说，“神舟七号”载人飞船的每一项成功，都感到格外兴奋。在大洋上担负神舟七号载人飞船测绘任务的远望号姊妹船本次出征使用的6 000吨燃料油，由南京长江油运公司负责运输供应。

这次担负“神舟七号”载人飞船测绘任务的远望号，由于工作海域环境恶劣，所以对需受的燃料有非常高的要求。运输过程有两大难点，一是货运质量，这是一种低凝点的燃料油，对运输质量要求很高；二是靠泊作业，“远望一号”有很多精密仪器，靠泊时撞击力一定要极小。为确保安全，南京长江油运公司做了周密的布置，在装油前，大庆 425 轮把货油舱像抹自家地板一样，特别用心地抹干净，不留一丝水渍、残渣。军代表验收货舱时非常满意。在整个运输过程中，指导船长随船进行了指导。在直接靠泊“远望一号”时，双方船体都有较大摇摆，因提前做好了周密的预控方案，措施得力，最终安全顺利地靠上了“远望一号”，成功地完成了燃料供应任务。

（南京公司　邢煌辉）

【长航油运填补国内水路乙烯运输空白】　2008 年，长航油运通过航次租赁经营，顺利完成了国内首次水路乙烯运输任务，填补了该项领域空白。

根据市场需求，今年以来，长航油运积极拓展经营，加强了和中石化在乙烯运输项目开发工作上的合作力度，公司李万锦总经理、丁文锦副总经理对此高度重视，多次组织相关会议，研究安全运输对策，并亲自带队走访中石化、交通部等，协调解决相关问题，争取以主管机关特批航次、租用外轮方式承运。通过积极争取，于 5 月初取得交通部（2008）59 号“关于同意 GASCHEM LEDA 轮临时从事国内单航次运输的批复”批文。据此，长航油运与中石化成功签订 5 月 6 日至 10 日承运 2 000—3 000 吨乙烯合同，航线从扬子石化到金山石化。同时，航运部进一步加大与日本丸红株式会社谈判力度，顺利签订该公司“GASCHEM LEDA”轮单航次租赁合同，于 5 月 7 日直靠扬子石化码头执行首载任务。

长航油运以航次租赁经营方式顺利完成了乙烯首航任务，积累了乙烯运输方面的经营管理经验，为未来进一步发展乙烯运输、扩大化工品高端运输市场奠定了良好的基础。目前，长航油运第二航次乙烯运输合同正在积极洽谈之中。

（南京公司　邢煌辉）

【南京公司“长航探索”轮成功进入北美燃料油运输市场】　截止 2008 年 1 月 18 日，“长航探索”轮已顺利装运三船巴哈马至美国的燃料油，成功进入北美燃料油运输市场，更好地拓展了自身的市场范围，保证了期租合同的履行，增强了中国长航南京油运在北美洲石油运输市场的美誉度。

“长航探索”轮现期租给新加坡 WEST—PORT PETROLEUM 公司，之前主要从事美洲油品市场运输。2007 年 12 月 17 日，在美国新泽西 CARTERET 卸完一船两票的汽油和石脑油后，接航次指令，将开往巴哈马装载低硫燃料油去美国东海岸的南方旅游名城 PORT EVERGLADES 和迈阿密。这种低硫燃料油承运要求非常高，该轮出厂运营后，一直装载轻质成品油，这是该轮首次承载燃料油。

纽约至巴哈马只有三天的航程，巴哈马至迈阿密仅仅 7 个小时的航程，留给船舶的准备时间非常有限，面对首次承载燃料油的特殊航次任务，困难是显而易见的。

该轮随即召开主要船干会议，分析研究装载前的各项准备工作，列出清单和完成的时间，落实到人。当时正遇上一股强冷空气经过，风雪交加，冻得人说不出话。该轮克服严寒、冰冻，先后组织相关人员进行了洗舱除气、加温管系的查漏和主锅炉的调试运行等工作，并对人员进行培训。

所有准备工作在抵达巴哈马 FREE PORT 港完成。靠泊前，该轮又组织学习装货计划和注意事项。靠泊后，租家代表、商检、码头长等多人上船进行了细致检查，并一次性通过。

（南京公司　徐其敏）

【重庆长航运送巴西火车头】　2008 年 1 月 6 日，中国长航重庆公司“渝集 9”轮装运两个外贸特大件火车头离开重庆直奔上海，这是我国第一次出口巴西的特大件火车头。

该火车头重 120 吨，比去年 7 月长航渝集 5 轮运过的火车头还重几十吨，在货物运输中属大件运输或特种运输货物。

（重庆公司　邹光明）

【重庆长航圆满完成年新兵运输任务】　2008 年初，中国长航重庆长江轮船公司收到了来自长航集团总部的贺电，表彰该司“安全、优质、准点、满意”完成了 2007 年新兵运输任务。

重庆长江轮船公司首先确保了船舶安全准点运输，其次克服了往年“新老兵运输年年搞，年年都是老一套”的麻痹思想。特别是长航江山游轮开展了热情周到的为新兵服务活动，为部队排忧解难活动，采取了悬挂横幅、贴标语、播放军旅歌曲等方式营造了良好的拥军氛围。使2007年新兵运输计划完成率达 100%，实现了“安全、优质、准点、满意”的总目标。

（重庆公司　邹光明　李惠兰）

【长航凤凰圆满完成 4 艘次大件拖带任务】 长航凤凰武汉船务分公司圆满完成了3艘次海轮及1艘次特种工程船拖带任务，实现了2008年大件运输的开门红。

今年，该司继续凭借雄厚的技术实力，发挥优势，在岁尾年初的短短10天时间内，圆满完成了4艘次大件拖带任务。其中“长江22024”轮于12月26日至元月1日，将12 000吨级干散货海轮“福利号”自武汉安全拖至仪征；“长江22036”轮于12月26日至元月1日，将1 100标箱集装箱海轮“行动号”自武汉安全拖至上海；“长江22037”轮于12月26日至元月2日，将12 000吨级干散货海轮“小夜曲号”自武汉安全拖至上海；“长江22023”轮于12月30日至元月6日，将一艘特种工程船自武汉安全拖至上海。

在战枯水、冲刺年度目标的关键时刻，该司接到了4起大件的拖带任务，深感责任重大，及时召开了专门安全会议，制定安全预案，布置安全措施，并派四名指导船长分赴四艘担负特种拖带的船舶进行现场指导。

这次大件拖带不仅做到运输安全，而且还做到服务优质。“长江22024”轮所拖的“福利号”海轮是一条出口海轮，船期紧，该轮采用单拖的方式赶周期，在规定的时间内运抵目的港，为长航集团大件运输赢得了声誉。“长江22037”轮为随船的20多名武昌船厂职工提供优质服务，船厂职工写来了感谢信。

（长航凤凰　陈正勋）

【长航凤凰成功承运香港玖龙大型浮吊】 2008年2月，长航凤凰重庆货运公司成功将香港玖龙纸业集团一大型浮吊从重庆涪陵港运送到江津猫儿沱，再次刷新了西线拖带超宽型浮吊纪录。

江津猫儿沱距涪陵共有173公里水路，全是原始航段，特别是重庆以上的西线航道浅窄、水流急、滩漕多、泡旋大等，航行条件十分恶劣。

为了确保此次运输安全到达，长航凤凰重庆货运公司成立了专项运输小组，并召集货运、安全生产部门等相关人员进行了专题研究，对此次运输作了认真布置，并指派机器状况好的大马力拖轮“长江02010”轮承担这次运输重任。该公司还派出专业技术人员对浮吊设备及猫儿沱靠泊水域进行了现场综合考察，制定详细拖带方案，力保万无一失。

航行过程中，长航凤凰重庆货运公司加强了船舶的技术力量，派出业务技术强、有丰富经验的指导船长和引水协助。由于浮吊巨大操作台挡住拖轮中部很大一片视线，驾引人员在浮吊首部冒着寒风瞭望，加强上下船舶的联系。全船职工齐心协力安全顺利通过了重点浅区猪儿碛、胡家滩、弯曲航道三角碛、允许通航宽度35米的白沙沱大桥等艰险航区。

“长江02010”轮拖带玖龙号浮吊从涪陵发航，历时26消失时安全抵达目的地——江津猫儿沱。

（长航凤凰　刘思民）

【浙江省圆满完成年度水路节日运输】 2008年春运自1月22日至3月2日，为期40天，浙江省水路共完成水路客运量384.7万人、旅客周转量7 590万人公里，分别为上年的94.4%和96.8%。2008年“十一”黄金周，全省共完成水路客运量143.15万人、旅客周转量2 582万人公里，分别为去年的96.7和90.3%。节日运输期间，各级港航管理部门强化现场巡查、监管，确保了节日运输实现了运力调配有序，旅客出行及时、畅通、安全。

（浙江省局　李建国）

【浙江省圆满完成年度水路电煤运输任务】

2008年，浙江省各级交通、港航管理部门认真贯彻国家、省关于做好重点物资运输工作指示精神，积极组织协调，落实运力安排，加强同省经贸部门合作，确保了全年水路电煤运输生产畅通有序。特别是在年初雨雪冰冻灾害侵袭、全省电力告急期间，采取积极的应急措施，全力以赴，积极组织电煤抢运，实行24小时和节假日值班制，及时掌握运输动态，协调解决问题，对电煤运输优先安排运力，优先通航过闸，优先安排装卸，有力保障了我省社会经济的稳定发展。全省全年共完成了水路浙电统配电煤运输2 847万吨，同比增长 5.5%；其中，沿海完成 2 515 万吨，同比增长 8.54%；内河完成 332 万吨，同比下降 1.19%。

（浙江省局　李建国）

【浙江省圆满完成年度水路军事运输任务】

2008 年，根据交通部、总后勤部下达的年度水路军事运输计划，本着为部队服务，为国防建设服务的原则，省港航管理部门积极组织安排运力，密切配合驻浙航务军事代表，认真做好有关港航单位的协调工作。各相关水路客运经营单位密切配合部队，积极做好优质服务保障，认真开展安全检查，开设军运专窗，把“四主动”、“四确保”工作落到实处，确保水路军事运输任务安全、优先、优质完成。全年全省水路共完成新老兵运输 22 批次、2 446 人；完成军事油料运输 21 批次、27 700 吨。2008 年 9 月，省港航局还会同省航军代处成功举办了全省首期水路军运员培训。

（浙江省局　李建国）

【江西省水路春运实现安全、优质、有序、和谐目标】　2008 年，江西省水路春运共计投入各类客船 271 艘，9 909 客位，累计完成旅客运输量 410 624 人次，与去年同比净增 59 258 人次，增长 16.9%，累计运送农民工 174 810 人次。

春运期间，赣州市水路旅客运输量同比净增 75 386 人次，增长 165.9%；九江市水路旅客运输量同比净增 4 228 人次，增长 1.8%；吉安、上饶、鹰潭、新余市水路旅客运输量，分别下降 4.1%、47.9%、35.8%、63.4%。在南昌港春运停航期间，江西省各级港航管理部门和港航企业采取切实有效措施，加强组织领导，强化市场监管，消除安全隐患，并根据春运期间农民工回乡、返城和学生潮旅客运输量比较大等情况，组织安排运政、港政执法人员到客运现场值守，维护客运现场秩序，协助疏导旅客上下船，切实保障旅客的乘船安全。为确保水路旅客运输安全，各有关港航管理处相继成立了灾害性天气应急工作领导小组，深入一线清扫积雪，更换、铺设草袋、麻袋等防滑物品，帮助做好防冻、防滑、防雨雪工作，保障旅客走得了、走得好、走得安全。

（江西省局　张掌华　杨　辉）

【江西省圆满完成“十一”旅游黄金周水路旅客运输工作】　2008 年“十一”旅游黄金周期间，江西省水路共投入运力 432 艘、13 485 客位，安全运送旅客 142 475 人次，同比减少 360 人次，下降 0.2%，完成客运收入 275.81 万元。由于各级港航管理部门提前做好了准备工作，对主要航线、旅游客运站（点）进行了现场值守，加强了安全防范工作，安全措施和责任落实到位，江西省未接到一起旅客投诉，水上旅游客运未发生一起安全事故，顺利完成了“十一”旅游黄金周旅客运输任务。

“十一”旅游黄金周江西省水路旅客运输的主要特点是：旅游风景区旅客运输量火爆，普通客运大幅减少。鹰潭龙虎山、新余仙女湖、井冈山井冈湖由于天气晴好，游客量大增，旅客运输同比分别净增运输量 15 446 人次、1 900 人次、2 290 人次，分别增长 58.1%、12.0%、97.4%。九江、上饶、吉安等市的普通水路客运出现不同趋势的下降，同比分别下降 35.0%、15.7%、29.8%。

（江西省局　张掌华　杨　辉）

【南昌港客运站客轮全面停航】　2007 年春节，建港 50 多年的南昌港客运站首次出现春运期间客轮停航之后，一直没有复航。2008 年，南昌港开往翻阳、都昌的客运航线继续全面停航，导致南昌港客运站站房闲置。该站为摆脱困境，积极想办法创收增收保生存。一是充分利用现在趸船、票房、站场等现有设备设施，出租获取收益。二是引进安徽省安庆市“皖安庆游 1 号”游轮，开展夜游赣江水上旅游，部分减轻了企业因停航造成的生存压力。

（江西省局　平关正）

【三峡翻坝运输】

·滚装船运输翻坝运输　2003 年以来，三峡船闸停止向滚装车开放，三峡专用公路非特别允许不再对滚装车辆开放，滚装车辆全部实行水—陆—水转运，即翻坝转运。2008 年，宜昌港上行至重庆港 205 939 辆，同比增长 12.5%；重庆港下行至宜昌港 215 095 辆，同比增长 3.5%；合计 421 034 辆。

·抗击冰雪、抗震救灾保畅通应急翻坝转运工作　2008 年 1 月 18 日，大雪突然降临，大量车辆及司乘人员受阻。冰雪灾害发生后，宜昌市立即启动了水路交通应急反应机制，实行 24 小时现场指挥值班制度、每日协调议事制度、重大情况报告制度，迅速制定了抗雪救灾应急运输工作预案，确保了水路交通抗雪救灾工作指挥有力、调度有方、组织有序。1 月 27 日，宜昌再降暴雪，水陆水转运地方公路全部封闭，靖江溪滚装码头积压了 38 艘滚装船、2 000 台滚装车辆，6 000 多名司乘人员被困，并且从重庆、涪陵、万州方向仍不断有大量滚装船驶往靖江溪港。船舶无港停靠，车辆无途可走，司乘人员衣食无保障。在湖北、重庆两地交通及有关部门的协调配合下，采取了限制下行滚装作业、通过三峡专用公路疏运、水陆水转运、船舶直接过闸到城区码头作业等多种应急疏运措施，在三峡坝区积压的大部分滚装车辆得到及时疏运。在滚装车辆大量涌向水路的同时，大量旅客也分流到水上，最高峰时，往重庆方向上行的客流量较平时增加约三倍，达 1.4 万人次，三峡库区大量群众也面临道路中断无法出行的困难。湖北采取调整航班、调集高速船运力在两坝间水陆水转运，调集小型客船进行短途区间运输三种方式及时解决了旅游压港问题及库区群众出行难问题。5 月 12 日汶川地震发生后，宜昌市采取非常措施非常手段，建立起支援灾区的宜昌至重庆水上运输应急快速通道。共有全国各地 20 多个省市的 1 880 车次、26 448 吨医疗、卫生、电力、机械、食品等物资，通过这条水上生命线运抵灾区，减免各项费用达 270 多万元。

（湖北省局　王彦玲）

【澜沧江跨境运输优选货船建成投入营运】

2008 年 8 月 24 日，澜沧江跨境运输优选货船“嘉荣”、“嘉誉”、“嘉智”号在景洪关累港码头下水，正式投入澜沧江——湄公河营运。3 艘船为同型姊妹船，总长 50.2 米，型深 2.5 米，型宽 7.9 米，满载吃水 1.85 米，载货量 349 吨，主机总功率 440 千瓦。三艘船选用优良船型，降低了燃油消耗量，提高了航速，增加了船舶的经济效益。

（云南省局　马翠德）

【贵州省突发大面积雪凝恶劣天气水路安全及时分流因公路受阻旅客】 2008 年 1 月 12 日至 25 日，贵州省突发大面积雪凝天气时间已持续之长，范围之广为 50 年来所罕见。省内几条高速公路几度封闭，县乡公路汽车运输被冰雪困扰，受凝冻天气的影响，铜仁地区沿河、德江、思南等公路交通中断。为应对灾害天气造成水上运输的影响，贵州省海事、航务局立即启动了应对灾害天气预案，并迅速通过互联网或传真发布到各地海事航管部门。遵义、黔南、黔东南、黔西南、铜仁等市（州、地）增开短途运输，及时分流疏导的学生、探亲和外出打工农民工返乡达 4.2 万人次。水上运输没有发生滞留旅客现象，也没有发生水上交通事故。

（贵州省局　杨萍艳）

【贵州省水上交通安全事故发生率创历史低】

2008 年，贵州省水上交通共发生事故 4 件，死亡失踪 5 人，同比下降 29%，两项事故控制指数均未突破省政府下达的年度事故控制目标，再次刷新贵州省水上交通安全有记录以来的年度新低。一年来，全省海事系统在交通部海事局和省交通厅的领导下，围绕提高“三个服务”的能力和水平，打造水上交通安全责任链，规范海事行政管理，切实加强安全监管，紧紧把握安全预控和处置两个关键环节，有效地降低事故率，为水上交通提供安全保障，维护水上交通正常秩序。与此同时还出色地完成了凝冻雨雪、地震灾害、奥运安保三个重要特殊时段的安全任务。

（贵州省局　杨萍艳）

【四川省水路长途货物运输持续高位增长】

2008 年，四川省货运量稳中有升，周转量继续高位运行，前三季度呈稳步增长态势，9 月下旬开始国际金融危机对长江航运的影响日渐显现，我省长江干线集装箱、干散货、散化运输大幅度减少，因进出川长途货物运输需求量减少，泸州、宜宾等地出现货运船舶停产现象，但从全年来看长途货物运输量仍保持较快增长，全年全省完成水路货物运输 3 736 万吨、70.01 亿吨公里，同比增长 2.58%和 25.06%。其中水路大件运输量继续创历史最好水平，全年完成大件运输 141 批次、3.4 万吨，同比分别增长 42%和 18%，单件重量突破 530 吨；集装箱吞吐量继续保持快速增长，全年完成集装箱吞吐量 6.62 万 TEU，其中外贸箱 2.67 万 TEU，同比分别增长 26%和 42%。

（四川省局　易　翥）

【四川省圆满完成水路旅客运输任务】　2008 年春运，四川省共投入客（渡）运船舶 4 172 艘、13.55 万客位、完成客运量 636.42 万人次，“十一”黄金周投入客（渡）运船舶 3 372 艘、10.2 万客位、完成客运量 132.9 万人次，均比去年同期有较大幅度下降。通过精心组织、合理调配运力、强化现场监管，确保了未发生旅客滞留、投诉及安全事故，水路客运秩序井然。此外，全年水路旅客运输共完成 2 739 万人、2.65 亿人公里，同比下降 33.41%和 8.62%，主要因交通运输部水路运输量专项调查统计口径调整，我省客渡船完成的渡运量不再纳入客运总量统计所致。

（四川省局　易　翥）

【甘肃省全年节假日水路旅客运输安全有序】

2008 年春运和“十一”期间，甘肃省水路交通系统根据省交通厅对节假日水路旅客运输的有关要求，切实加强组织领导，强化安全监督检查，着力保障运输安全，努力提高服务质量，营造良好的社会氛围，较好地完成了节假日水路运输工作。春运期间全省共投放运力 159 艘，6 470 客位。运输旅客 33.02 万人，受雨雪冰冻灾害天气影响，同期下降 30.2%。“十一”黄金周期间，全省水路运输投放客船 3 328 艘次，客位数 78 488 客位，运输旅客 18.4 万人，同期增长 2.79%。清明节、端午节、中秋节、元旦等期间，全省水路交通运输安全有序，　未发生安全责任事故。

（甘肃省局　孔永明）

【“民生轮船”抢滩贵州物流市场】　2008 年 3 月 31 日，重庆民生轮船有限公司在贵阳召开推介会，向贵州的大中型企业推介“黄金水道”，并宣布在贵阳设立办事处，作为抢滩贵州物流市场的桥头堡。

民生集团旗下的民生轮船公司以前与贵州省开阳磷矿、赤天化、云雀以及省内烟草基地之间有许多业务来往。民生轮船负责人表示，贵遵高速以及崇遵高速的开通，使贵州到重庆交通更加便捷，物流成本大大降低，民生轮船入主贵州，可以吸引更多的贵州大中型企业通过长江这一“黄金水道”完成进出口物流。贵州物流业人士认为，民生公司此番入黔，其江海陆联运的优势将使贵州物流业出现新的竞争格局。

（重庆市局　阳　斌）

【重庆水运行业组织运力抢运彭水电煤】　2008 年 2 月初，由于重庆市内电厂电煤紧缺、机组故障以及外购电通道处于年初雪灾后修复中等诸多因素，重庆市电力供应紧张。为解决燃眉之需，重庆市政府在彭水港组织约 5 万吨电煤急需运往珞璜电厂。2 月 13 日晚，重庆市交委何升平副主任在涪陵召开紧急会议，安排市港航局立即开辟彭水电煤运输绿色通道，组织了约 40 艘船舶投入彭水电煤的紧急抢运工作，有效缓解了电力紧缺局面。

（重庆市局　阳　斌）

【重庆市调研滚装码头车辆压港问题】　2008 年 3 月 15 日，重庆市港航局在涪陵黄旗滚装码头召开现场办公会，调研解决近期出现的滚装码头车辆压港问题。涪陵区港航局、航发黄旗滚装码头公司负责人参加了会议。市港航局查看了涪陵黄旗滚装码头进出港道路及码头装卸作业情况，听取了航发黄旗滚装码头公司的汇报，并提出相关要求以尽快缓解当前局面。19 日，重庆市交委副主任何升平带领委港建处、市港航局、市航发司负责人到涪陵黄旗滚装码头进行现场办公。何升平副主任听取了涪陵区政府、区交委、航发司等单位的汇报，并就如何解决滚装码头存在的问题提出了具体要求。

（重庆市局　阳　斌）

【渝鸿公司续约承运武钢矿石】　2008 年 5 月 21 日，云阳县渝鸿船务有限公司与武汉钢铁集团公司正式签定了 2008 年度 50 万吨矿石运输合同，延续了民营水运企业与国有大型企业的合作。

（重庆市局　阳　斌）

·长江旅游·

【“船长 6 号”在浦江展示长航】　“船长 6 号”轮原是上海长航宝江实业公司一艘停航的工作船“长净 11 号”轮。为盘活资产，宝江公司去年通过与上海纵横水上广告有限公司以期租形式进行合作经营，由广告公司出资对船舶进行改装，宝江公司负责船舶的航行和管理，去年金秋十月正式投入营运。

每天上午八点到晚上十一点，“船长6号”不停地巡行在上海浦江外白渡桥和延安东路高架中间的江面上，在浦江两岸三里远处都能清楚地看见“船长 6 号”背负宽二十一米、高七米，面积接近半个篮球场大小的 LED 电视大屏幕，成为黄浦江上一道新的风景线。

“船长 6 号”改装运营不仅盘活了资产，同时也进一步扩大了上海公司倾力打造企业品牌以及彰显中国长航企业文化、企业形象的影响力、知名度。每天，中国长航（集团）总公司、上海长江轮船公司、长江海外等一系列的企业船舶画面和广告语在黄浦江相继轮动播发。

（长航集团　龙孝祥）

【“船长 3 号”登陆浦江　将未来感注入浦江游】

2008 年 3 月，上海公司精心打造的“船长 3 号”一登陆浦江，即引起了社会媒体和游客的广泛关注。包括《人民日报》、新华社上海分社、《解放日报》、上海电视台、东方广播电台、《新闻晨报》、《新民晚报》等在内的数十家媒体，都在第一时间对“船长 3 号”登陆浦江进行报道，浦江旅游市场刮起了一阵“船长风”。

“船长 3 号”由上海公司吴淞船厂自行设计施工，耗时 10 个月。游船船体全长 47.4 米、宽 20 米、船拱钢架最高点约 27.8 米、最大载客量约 618 人，其稳定性、震动、低噪声等指标均达到一流水平。“船长 3 号”内部配有独立的音响设备系统，可举行超过 600 人的大型聚会，船舱的室内装修延续了太空梦幻感觉，整体装饰材料以金属为主，电路板拼贴的墙面、镶嵌于地面的花纹铝板等细节处理强化了“太空堡垒”的未来风格。“船长 3 号”经营方式以商务、庆典包船为主，主要面向婚庆、商务会议、团体游览等目标客户。

作为上海公司“快乐船长”系列游船之一，“船长 3 号”以独特的“太空堡垒”外型设计博人眼球，并迅速成为浦江游船中的新亮点。经营至今，“船长 3 号”已承接了包括 2008 上海服装周、中秋台商座谈会等一系列高规格的接待活动，参与了上海海事部门奥运反恐演习的重大活动，赢得了游客及主管部门的好评。

（上海公司　宣传部）

【上海公司“船长高尔夫实训场”隆重开业】

2008 年 8 月 28 日，上海公司精心打造的“船长高尔夫实训场”隆重开业。长航集团刘锡汉总经理亲临现场为开业剪彩，并挥出了“船长高尔夫”的第一杆。

“船长高尔夫”占地面积近两万平方米。公司通过大量的市场调研和分析，充分挖掘现有的教育资源，经过近两年设计、施工，终于建成了这个上海浦东陆家嘴金融贸易区唯一的一家“多功能、高档次、智能化”的船长高尔夫户外实训场。实训场毗邻复兴东路隧道、大连路隧道，至陆家嘴金融中心仅 8 分钟车程，周边有国际华城、山水国际、上海滩花园洋房等高档住宅区，区位优势明显。在设计和经营过程中，“船长高尔夫”将船长品牌和高尔夫“绿色、健康、时尚”的魅力元素相融合，依托高科技装备和特色化经营，最大限度的扩大了船长品牌的社会影响力，相配套的船长公寓也一并投入运营。

实训场配备了先进的电子商务网络系统，餐饮、咖吧、高尔夫专卖店等配套场所一应俱全。目前，实训场已经获得高尔夫球童（五级、四级）、高尔夫训练员（四级）以及高尔夫草坪养护工（四级）等专业的培训资质。

（上海公司　宣传部）

【三峡国内游重庆港发班时间有所调整】　2008 年 3 月 25 日上午，重庆市交委召集市旅游局、市港航局、市水运协会客运分会、市旅游协会三峡分会、重庆港九客运总站，就市水运协会客运分会提出的希望调整三峡国内游船在重庆港的发班时间问题进行了研究。结合连续四天对重庆港旅客上船时间的实地调查，经参加会议的各单位一致同意：自 2008 年 4 月 2 日起，将三峡国内游船在重庆港的发航时间由 23:00 暂调整为 21:00。造船能力初具规模。

（重庆市局　阳　斌）

【长江三峡豪华游轮“世纪钻石”重庆首航】

2008 年 8 月 29 日晚，随着“世纪钻石”号五星级豪华游轮在重庆朝天门码头下水首航，长江三峡游豪华游轮家族再添一丁。重庆市副市长谭栖伟在游轮首航仪式上称，受一些因素影响，今年三峡旅游市场表现出一定的疲软。“世纪钻石”的下水，将提升三峡旅游的接待能力和服务品质。

（重庆市局　阳斌）

· 基本建设 ·

【长航油运签订 2 艘 5 500 吨级化学品船建造合同】 2008 年 1 月 3 日，长航油运与中国船舶重工国际贸易有限公司、中船重工川东造船厂签订了 2 艘 5 500 载重吨Ⅱ型不锈钢化学品船建造合同。

长航油运在非公开发行完成后，公司特种运力达到 27 艘、10 余万载重吨（包括 16 艘化学品船、4 艘沥青船和 7 艘液化气船），但总体规模依然偏小。为了进一步增强公司散装化学品船队的核心运输能力和经营抗风险能力，经公司第五届董事会第十七次会议审议通过，公司拟投资新建 4 艘 5500 吨级化学品船。目前签订的造船合同正是其中的 2 艘。该项目单船造价为 12 266 万元，预计于 2009 至 2010 年间交船。船舶投产后，单船预计可实现年运输收入(期租收入)1 966.5 万元，净利润 365 万元。

（长航集团　周大刚　郭伟）

【上海长航美年体检中心正式竣工开业】 2008 年 1 月 18 日，中国长航上海公司长航美年体检中心正式竣工开业，工程投资 1 000 万，年利润将翻一番。

由中国长航上海公司长航医院和上海美年健康产业集团共同投资改建的“长航美年体检中心工程项目”历经近 3 个月的紧张施工后，正式对外营业。

长航医院体检中心成立于 2003 年，2007 年，为了进一步适应日益激烈的体检市场竞争，上海长航医院和上海美年健康产业集团达成合作协议，由双方共同投资 1 000 万元对体检中心进行改建。新成立的“长航美年体检中心”将为上海长航医院每年带来近 200 万的利润，比原有规模翻一番。

（上海公司　刘波）

【上海长航吴淞船厂加快升级改造】 2008 年 1 月 14 日，吴淞船厂的新 3 号船台设备的完工。原计划在当年 3 月 1 日开工建造两条 8 000DWT 杂货船得到保证。船台改造工程完成后，吴淞船厂将形成可同时开工建造 4 艘长度在 120 米左右的船舶的造船能力。按船台周期每艘 6—8 个月计算，船厂将具备一年下水 6—8 艘船，出厂 4—5 艘船的造船能力。长航标记和中英文标注的“吴淞船厂”名称，在十多公里外的吴淞入海口，也可以看见。2008 年将是船厂历史上具有里程碑意义的一年，今年是吴淞船厂建厂 50 周年，也是历史上工作量最大的一年。今年有 4 条 8 000DWT 杂货船建造的任务，下半年还有世博舟桥项的建造任务，工作量和工作强度都将超过前三年。

从 2007 年下半年起，上海公司投资 2 000 多万元对吴淞船厂进行升级改造。在将原船台区改为专用于下料和分段建造的同时，新改建 50 米宽纵向船台 2 座；配置 80 吨门机 2 台；扩容生产用电。为满足 2008 年船舶建造市场的需求，吴淞船厂还计划在不作大的投入的情况下，对目前只能建造 60 米以下的小型船舶的新 2 船台进行改造，使其也能够满足 8 000 吨左右船舶的建造的需要。

（上海公司　刘波）

【全国内河水运建设示范工程湖嘉申线湖州段通过交通运输部验收】 2008 年 7 月 15 日，交通运输部在湖州召开全国内河水运建设示范工程验收会议。交通运输部副部长徐祖远到会并做重要讲话。部总工程师蒋千等来自全国各地的 80 多位代表、专家以及中央电视台等 20 多家新闻媒体的记者参加了会议。全国内河水运建设示范工程是内河航道建设理念创新、技术创新和管理创新的全面总结和展示。

（浙江省局　吴永平）

【杭甬运河宁波段工程已基本完成】 2008 年末，杭甬运河宁波段完成投资 7 649.8 万元，通航主体工程已基本完成。余姚东港区、宁波城西港区等工程有序开展，杭甬运河宁波段三期工程已完成前期工作，大通方案被宁波市人民政府常务会议通过。杭甬运河宁波段利用与开发规划等调研工作基本完成。杭甬运河的建成通航，为振兴全市内河航运业奠定了坚实的基础。

（宁波市局　沈荣进）

【河南省航运开发建设工程前期工作取得突破性进展】 2008年，河南省抓住内河航运开发建设的发展机遇，积极推进淮河、涡河、沱浍河、沙颍河周口至漯河段、丹江库区这5个重点航运开发工程的前期工作，并取得明显成效。

淮河航运工程于11月20日举行了开工仪式，涡河航运一期工程交通运输部补助资金的承诺函已下达，其中2 000万资金已落实到位。沱浍河航运工程在前期工作基本完成的基础上，商丘市积极主动和下游的安徽省沟通协调并取得成效。沙颍河周口至漯河段航运工程也已完成了土地预审、洪水影响评价等前期工作，丹江库区项目工可研报告已编制完成，并上报省发改委待批。

（河南省局　王守明）

【河南省局渡口渡船改造成效显著】 2008年，河南省航务局根据省交通厅、财政厅联合下发的《河南省农村渡口渡船改造实施管理办法》的要求，渡口渡船改造按照"五有"标准（有渡口名称石碑、有安全告示牌、有防滑坡道或石砌台阶、有候船棚、有合格渡船）实施改造。落实390道渡口渡船改造计划，占应改造计划的72%。共投入渡口渡船改造资金9 947万元，其中交通运输部补助3 900万元、省补助2 328万元、县乡村船主自筹3 719万元。

为确保这项利民惠民工程按时保质保量顺利完成，省局召开渡口渡船改造现场会，出台强力推进措施，对按期完不成任务的市，实行一票否决，年终取消绩效考核奖并不得参加评先。各市也结合辖区实际，积极采取各种措施和手段，力保渡口渡船改造任务按时完成。濮阳市将渡口渡船改造工作纳入政府年度责任目标，使行业行为上升为政府行为。同时还广开资金渠道，采取船厂垫资、市交通部门补贴等办法，从而确保改造工作顺利进行，率先在全省完成渡口渡船改造任务。周口、许昌等市也提前完成了渡口渡船改造任务。全省已完成渡口改造248个，完成渡船改造111艘。

（河南省局　王守明）

【河南省交通厅部署加快内河水运基础设施建设工作】 河南省交通厅于2008年11月17日召开了"加快运输场站、内河水运和国防公路建设计划座谈会"，会议传达了党中央、国务院和交通运输部关于扩大内需、加快交通等基础设施建设力度的有关精神和要求。副厅长李和平作了重要讲话，要求各省辖市交通局和厅直有关单位要认清形势、抢抓机遇，加强领导、认真落实，对具体项目要责任到人、限期完成。要提高认识，把加快交通等基础设施建设作为学习实践科学发展观的具体行动。各有关市交通主管部门要成立重点项目前期工作领导小组，主要领导挂帅。

为加强对水运建设工作的领导，省局已成立了由张克亚局长任组长的"河南省水运重点工程建设前期工作领导小组"，负责全省水运工程重点建设项目前期工作的督促、检查和协调等工作。

（河南省局　王守明）

【湖北省渡口渡船达标】 渡口、渡船、渡运是水上交通安全管理的重中之重。以关爱生命、便捷出行、改善民生、服务新农村建设为出发点的渡口达标工程，从2006年启动实施到2007年全面铺开，进入2008年，在覆盖面、达标率等方面得到了进一步深化。

2008年，中央划拨车购税资金4 000万元用于湖北新农村渡口改造，通过三个一点的方式（交通部门补一点、地方政府投一点、企业船主筹一点），渡口改造规模资金近达8 000万元。按照"轻重缓急，先易后难，以点带面，点面结合"的原则，严格执行32字方针，全省渡口改造工作有计划、按步骤地分期、分批、分类地进行。由县级港航海事部门具体组织实施，对湖北省577处乡镇渡口进行了达标改造。长江渡口、山区渡口、平原渡口按每处平均10万元、7.5万元和6万元实施"以奖代补"。

2006年3月，省政府与16个市州政府签订了"十一五"完成1 938处渡口改造达标任务的责任书。以2006年完成渡口改造372处、2007年完成改造1 000处为基础，至2008年底，湖北省1 943处乡镇渡口实现了改造达标。至此，全省"十一五"渡口改造规划，提前二年实现。

·推广标准化船型，以渡船达标改造促进隐患整改。 为推进老旧客渡船实施标准化改造，省地方海事局研究设计出15、30、60、80、120、200

客位系列渡船，并鼓励积极性高的渡口、渡船经营人率先试点实行标准化改造。通过“以奖代补”和船东自筹，投资建造了 4 艘标准化钢质渡船，消除了荆门蛟尾渡口、天门梁滩渡口长期“带病”营运的重大安全隐患。与旧渡船相比，标准化渡船实现了“提高舒适性、增强船型尺度合理性、改善船舶抗沉性”三大改进。

·实行渡运燃油补贴，缓解公益性渡口经济负担。湖北省 2 300 多处渡口年流量达 5 400 多万人次。由于这些渡口以社会效益为前提，以解决当地老百姓出行为目的，收费低廉，而柴油价格上涨，渡口成本急剧上升，许多渡口难以为继。为维持正常安全秩序，缓解船主经济压力，在燃油每次涨价时，均对纳入管理的客渡机动船和非旅游客运机动船的客运业主，以船舶千瓦为计算单位实行燃油补贴，全年共对全省机动渡船补偿柴油 3 400 余吨。

2008 年湖北省渡口改造夯实了农村渡运安全基础，便捷了老百姓出行，美化了农村环境，拉近了政府、交通、海事部门与当地老百姓的距离。但也存在一些不容忽视的问题，主要体现在：达标渡口的后期管理维护缺乏资金来源，渡运基础设施的日常管理维护责任未落到实处；受客观条件影响新增的 385 处渡口亟待改造；渡船“船龄大、抗风险能力弱”的不安全因素仍然不同程度地存在。

（湖北省局　王彦玲）

【湖南省局加强水运基础设施建设】 2008 年，湖南省航务局水运建设取得新成效。

·规划编制益 相继开展长沙、岳阳、益阳、常德、津市、张家界等港口的总体规划，启动《“3+5”城市群综合交通体系规划（2008—2010）》编制工作，初步完成全省“十二五”水运建设规划，代湖南省政府起草《关于加快水运业发展的意见》，为全省水运发展提供了科学依据，增强了发展后劲。

·前期工作　湘江长沙综合枢纽、湖南省水上交通（海事）支持保障系统工程、长沙霞凝港区三期工程、株洲港铜塘湾港区一期工程、岳阳港临湘鸭栏长江货运码头和华容塔市驿长江货运码头、湘西自治州航运建设一期工程等项目，已完成可行性研究报告。

·项目建设　全年完成水运基础设施建设投资 5.7 亿元。其中岳阳港城陵矶港区（淞阳湖）一期工程已部分投入试生产，可望在今年全面建成；洞庭湖区益阳至芦林潭航运建设工程进展顺利，湘阴港区千吨级码头和益阳至临资口千吨级航道整治工程基本完工，毛角口、焦潭湾移堤切嘴工程和益阳港千吨级码头土建工程已开工建设。其他面上的工程项目建设均进展顺利。与此同时，水运基础设施建设筹融资渠道进一步拓展。社会投资港口建设的积极性持续高涨，除相继建成了湘潭电厂煤码头、长沙粮库码头、株洲旗滨玻璃集团码头和岳阳煤代油码头外，长沙油库码头、长沙电厂煤码头正在抓紧建设中。至年底，全省千吨级航道达 473 公里；年吞吐量 100 万吨以上的港口 13 个；拥有生产性码头泊位 1 887 个，其中靠泊能力 1 000 吨级以上的 84 个，水运通过能力进一步提高。

（湖南省局　蒋龙平）

【澜沧江—湄公河船舶监管系统建设正式启动】 2008 年 10 月 27 日，澜沧江—湄公河船舶监管系统建设正式启动。

该项目工可于 2007 年 11 月通过批复，于 2008 年 12 月 8 日开工建设。项目投资 1 036 万，其中交通运输部投资 1 000 万，省自筹 36 万，建设包括船舶定位港区 CCTV 监控以及单边带通信系统等。

（云南省局　马翠德）

【云南水运改革开放 30 年成绩显著】 改革开放 30 年，云南省水运加快建设步伐，成就辉煌，实现了从高原走向大海，出省、出境、通江达海的跨越。1978 年，云南水运通航里程有 1 006 公里，拥有各类运输船舶 446 艘、7 059 载重吨、2 172 客位。完成客货运量 68 万人次、38 万吨,完成水运投资 411 万元,符合渡运标准的渡口只有 85 道。

2008 年全省通航里程达 2 764 公里，新增航道 1 758 公里。全省完成客运量 622 万人次，客运周转量 1.45 亿人公里；完成货运量 283 万吨，货运周转量 4.73 亿吨公里。全省拥有水运企业 66 家，水运服务业 5 家，拥有各类运输船舶 1 198 艘、23 796 客位、66 969 载重吨。有渡船 760 条，年完成渡运量 2 000 多万人次。我省大理洱海投入营运的 1 000 客豪华游船成为我国高原湖区之最，澜沧江投入的 300 吨级货轮成为上湄公河国际航线之最，金沙江投入的 1 000 吨机驳船成为长江上游山区河流之最。已基本形成“两出省、三出境”水运大通道格局。

（云南省局　马翠德）

【洱海上最豪华的大型双体客船投入营运】 2008 年 9 月 11 日，洱海上最豪华的大型双体客船——“洱海二号”正式下水投入营运。该船船长 63 米、船宽 16.8 米、型深 2.8 米、吃水 1.7 米、航行速度 24 公里/小时，载客 800 人。

（云南省局　马翠德）

【四川省水运工程建设管理】 2008 年，四川省水运工程建设管理工作，厅航务局一方面强化水运工程建设法制化和制度化建设，细化完善建设管理行政审批程序和办事指南，开展水运工程绩效考核工作；另一方面强化内部管理，增强为行业为项目的服务意识，不断提高工作效能，加强建设项目管理的行业指导和监督力度，促进了水运工程建设健康、有序的开展。

省水运工程建设管理工作在贯彻执行交通部《港口建设管理规定》、《航道建设管理规定》的基础上，为使水运工程建设管理走向法制化、制度化轨道，进一步细化、完善了港口岸线审批、港航工程设计审批，项目竣工验收等建设管理行政审批和办事指南，规范了建设行为和建设管理、监督行为。

（四川省局　易　翥）

【甘肃省局加强水运基础设施建设】 2008 年，甘肃省局水运基础设施建设完成投资 5 013.8 万元，完成年度计划的 100.26%。结合社会主义新农村建设，完成了中央车购税投资改建的 27 处农村公路渡口。黄河兰州段航道延伸整治建设工程和盐锅峡库区航运建设工程进展顺利，兰州市水上搜救中心已初步建成。省厅投资 100 万元，地方政府、船主自筹 39 万元开展的 10 艘低质量渡船改造现已改造完毕 8 艘。白银市索渡船塔架改造正在分类建设之中。社会投资水运项目完成投资 1753 万元，完成年计划的 125.84%。

此外，完成了《甘肃省黄河水系航运规划》外业调查及编写工作，黄河甘南玛曲段前期踏勘工作已完成航道测量工作，完成了大峡库区航运工程工可研工作。各地严格实施了工程建设招投标制度和双合同制度，从制度上对工程质量、安全、工期、廉政等做出规定，为建设优质工程、放心工程提供了制度保证。

（甘肃省局　陈长春）

·文明创建·

【长航集团特困职工帮扶标准提高 60%】 2008 年 1 月初，长航集团行政和工会共投入 156 万元，在全线启动扶贫帮困送温暖、献爱心活动。按照集团刘锡汉总经理的指示，集团对特困职工、患重大疾病困难职工的帮扶标准由原来的每人 500 元提高到 800 元，提高 60%。

两年来，长航集团发展迅速，帮扶的力度也相应加大。“十一五”以来，集团投入扶贫帮困资金 1 600 万元。每逢元旦春节期间，集团领导都身体力行，和工会干部带着钱和物，“进万家门，知万家情，解万家难，暖万家心”，为困难企业和困难职工排忧解难。

（长航集团　夏　进）

【长航集团领导慰问百岁老人程子林】 2008 年 2 月 2 日，中国长航集团王镭书记在武汉公司党政领导的陪同下，来到该司百岁老人程子林的家中，给老人送上了鲜花和慰问金，向老人拜年，祝愿老人更加健康长寿。106 岁的程子林老人感动地说：“集团的同志把我照顾得很好，我的生活好得很!”106 岁的程子林老人耳聪目明，他向王书记介绍了他每日的生活起居：“我每天早上 4:30 起床，下楼活动到 6:30 再回家烧水喝茶。每天还能喝上一杯白酒。没有心脏病，也没有高血压，就是有点关节炎和白内障。生活基本能够自理。”

（长航集团）

【长航集团向灾区人民献爱心】 2008 年 2 月 3 日晚，中国长航集团党委副书记、工会主席肖汉良代表中国长航在湖北卫视风雪“心连心”大型抗雪救灾文艺晚会，现场捐赠 200 万元人民币，向灾区人民奉献一片爱心。

（长航集团）

【中国长航《船文化》专著书稿通过专家评审】

《船文化》专著专家评审会于2008年3月6日在武汉召开，会议由交通部体改法规司主持，该专著顺利通过了由专业教授、博士生导师以及报业集团的总编组成的专家评审团的评审。

专家们认为，《船文化》专著全面总结了中国船舶自远古时期到改革开放的今天的特征、演进和发展。专著展现了辉煌的古代造船技术，近代船舶发展的不屈历程，新中国成立后尤其是改革开放30年中国跃入世界造船强国之列与世纪同步的各个发展阶段。

交通部组织的交通文化建设研究系列课题之《船文化》课题由中国长航承担，《船文化》专著是中国船文化研究成果之集成，填补了我国船文化研究领域的空白，该课题为交通文化的研究做出了有价值的贡献。该专著具有高度的思想性、学术性、专业性、前沿性、全面性、科普性、趣味性、可读性，图文并茂更是专著的特色所在。它编写的结构、内容以及定位，完全符合交通部的要求和规定。

（长航集团）

【上海公司文明创建有成效】 2008年，上海公司积极推进文明创建活动，卓有成效。

·干部职工众志成城，抗震救灾 5月12日汶川大地震，上海公司干部职工纷纷行动起来，为地震灾区捐款捐物，帮助灾区人民度过难关。公司机关、二级单位、累计自发捐款5 338人次，捐款金额40多万元。15日，公司党政领导、机关部长助理以上干部带头自发捐款，掀起向灾区献爱心的热潮，短短几天捐款金额近40万元，许多退休干部、病休员工、劳务工也纷纷通过不同形式向灾区献爱心。5月22日起，公司党员干部积极响应中组部号召，纷纷以“特殊党费”的形式再次向灾区献爱心，公司党委共收到1 222名党员交来特殊党费270 168元，其中交纳1 000元以上特殊党费的党员79名，交纳特殊党费94 900元。

·全力确保奥运期间安全稳定 5月15日至10月15日，上海公司开展了为期5个月以确保奥运期间安全稳定为主要目的的“迎奥运、保安全、促稳定”竞赛活动。成立了“迎奥运、保安全、促稳定”竞赛领导小组和“安全生产月”活动领导小组，张总、徐书记担任组长。各二级单位认真排摸消除安全隐患，切实落实奥运安保措施，确保了奥运期间的安全稳定。此外，公司专门拨出资金为各重点防范单位配备安检设施，对表现突出的单位、班组（船舶）、个人进行奖励。五一黄金周、夏季台风、奥运会前后等特殊时段，公司领导又分别到闵南船厂、吴淞船厂、宝江公司、船长旅行社、实业公司、高尔夫实训基地等窗口单位检查安全保卫工作，确保万无一失，为“平安奥运”作出了贡献。

（上海公司　李为民）

【南京油运“长江62017”轮、“广兴洲”轮获“南京市级文明班组”称号】 2008年初，南京市总工会表彰99班组为2006—2007年度“市级文明班级”，南京油运“长江62017”轮、长航油运“广兴洲”轮榜上有名。

2007年1月至9月，“长江62017”轮安全营运，节约燃油204.3吨，节约润油4 996公斤，燃油单耗3.95，润比1.25，主机安全运转3 048小时，辅机安全运转3 420小时，实现了安全无事故。

“广兴洲”轮自2006年以来，在航线遍及四大洲三大洋的同时，船舶安全航行达25.53万公里，完成货运量达165万吨，完成货运周转量达8 228 274千吨公里，并先后顺利通过BP等七家国际大石油公司的检查。

（南京公司　余光中）

【南京公司“长江62018”轮安全航行50万公里】

2008年3月12日，南京原油运输公司在“长江62018”轮举行了该轮安全航行50万公里总结表彰会，同时召开了事故分析会。像这种“在表彰会上分析事故，在颁奖的同时实施惩戒”的做法，在长江油运史上也很稀罕。1997年10月17日至2008年1月8日，“长江62018”轮用10年多的时间，实现了安全航行50万公里无事故，赢得了上级表彰。

（南京公司）

【南京油运加快远洋船员的培养】 中国长航南京油运抓住“国油国运”战略机遇，成功实施了由江到海的战略转型，硬实力快速发展的同时，如何尽快提升南京油运软实力，切实管理好、经营好这些远洋船舶，是南京油运无法回避、必须切实解决好的问题。其中，有效解决好远洋海员缺乏与长江船员富余的人才结构矛盾尤为重要。

作为传统的长江油运企业，南京油运实施战略转型进程中，一度船员结构矛盾曾十分突出：一方面，由于管道替代船运，大量长江船舶停航，长江船员大量富余，同时沿海船进入报废高峰，沿海船员也将出现大批富余；另一方面，远洋船舶快速发展，远洋船员，特别是高级船员严重缺乏。对于快速发展的南京油运来说，正赶上了全球航运升温，这是企业难得的发展机遇，当然人才争夺亦更加激烈。近年来一些航海类大学生更是在校期间就被用人单位抢走。对于南京油运来说，建设一支与企业战略转型需要相适应的远洋海员队伍，不仅是一项紧迫的任务，更是一项十分艰巨的任务。

“十一五”期，南京油运在建的各类船舶达40余艘，根据已经签订的合同，到“十一五”期末，该公司旗下将拥有15艘VL—CC、30艘以上5万吨级的MR型油轮、中国行业内领先的特种运输船队（由液化气船、化学品船和沥青船组成），这三支主力船队的运力规模达到650万吨以上。仅此，需要增加远洋海员2 500名以上，由高级海员组成的船舶“班子”100套以上，其中2007年的12艘远洋船舶投入营运，就需远洋船员400余人。

据国际航运业近年发展趋势看，航运公司尽管可以通过船员市场得到所需人才，但国际航运企业普遍越来越关心建设自己拥有的高素质船员队伍，这是增强企业竞争力的必要途径。南京油运远洋运力规模迅速增长，决策层十分重视建设自己的远洋海员队伍，他们按照“普级船员社会化、高级船员自有化”的船员引进思路，加大了自有船员队伍建设，一方面，通过加强培训帮助长江船员转岗到远洋船舶，另一方面加大引进和培养自有高级远洋人才。

2005年，为有效加快远洋船员，特别是高级船员的培养，南京油运建立了有效的激励和考核机制，对涉及船员培养的各个方面形成系统的激励和约束：对已考取三副三管轮以上证书的船员，在培训前进行评估，根据评估情况，制定培养大纲，做到培养具有针对性。然后由海员分公司根据培养需要推荐具有经验的导师，签订导师带徒协议，明确双方的责任。经过3至6个月的培养，由管船单位组织指导船长、指导轮机长对其进行评估，合格给予奖励。其中，培养一名合格的甲类船长、轮机长给予导师奖励6 000元，培养一名合格的三副三管轮给予导师奖励3 000元。合格的徒弟也将获得月度奖金加20%，而不合格则导师无奖，徒弟则要免奖，同时还要承担20%的考试费用。公司还给予第二次培养，如果评估仍为不合格，徒弟则要承担50%考试费用，同时所考证书公司不予换证。他们还对管船单位和海员分公司在远洋船员培养方面明确责任，分解下达各单位的培养目标，达标有奖，不能达标则扣奖。这套机制使用人单位、管人单位、培养人的单位以及培养者和被培养者都受到激励和约束。他们在培养人时，将企业所需要放在重要位置，由于国家主管机关不再组织电管人员考试，而这种岗位又是公司实际需要，公司成立专业委员会，自编教材，自出考题，对海船电管人员进行考试评估，首期共有13人获得了公司颁发的证书，解决了船舶实际需要。

海员分公司是南京油运专业化的船员管理公司，经过不懈地努力，南京油运远洋船员队伍的规模和结构发生了喜人的变化：与“十五”期末相比，远洋船员数增加了300多人，增幅达26.7%，特别是远洋大副大管轮以上的管理级船员增幅达52.4%。远洋船员与沿海船员的比例由1.46:1上升到1.83:1，而且现有的沿海船员能力结构也发生了很大变化：由原来单一适用船种，到现在普遍适用油轮、化学品、液化气多个船种。长江船员通过套考海船高级船员证书、参加国际航线值班证书培训、往上游泸州延线等多种方式进行转岗培训334人，其中有77人已充实到国际航线。有效满足了公司海上运力快速扩张的需要，并为企业未来的发展储备了一定的人才。目前，仍有95人在上海海事大学接受培训，将参加海事部门组织的甲类证书考证。人才结构矛盾，特别是远洋航海人才严重缺乏，这一制约南京油运战略转型的的瓶颈正在被有效突破。

（南京公司　潘良东　赵家宏）

【南京公司文明创建取得积极成果】 2008年，南京油运坚持按照省、市文明单位的标准，从企业实际出发，以经济效益为中心，以“三创一争”活动为主要载体，扎扎实实地开展了文明创建工作，积极为保增长、促转型作贡献，三个文明建设取得显著成绩。

*一是深化主题教育活动，为企业和谐发展提供有力的思想保证。*公司党委组织开展了贯穿全年的“形势、目标、任务、责任”主题教育活动，并将其与南京市委工交工委组织开展的“贯彻落实科学发展观，实现又好又快发展”专题大讨论活动、长航集团组织开展的“全面推进二次创业，创新发展百年长航”主题活动合三为一，统一计划、统一部署、统一组织、统一实施。坚持以开展主题教育活动为重点，扎实做好各类专题调研活动，在广泛征集广大员工意见与建议的基础上，动员大家进一步解放思想，群策群力推进公司的发展。

*二是强化思想政治工作，为公司和谐发展奠定基础。*公司针对企业改革发展中面临的新形势、新任务、新特点，通过把党建思想政治工作贯穿于企业安全稳定、生产经营、改革发展的全过程，贯穿于企业战略方案制定、薪酬制度改革、富余人员分流等重点工作中，切实提高党建思想政治工作的效果。制定并落实《公司处置稳定工作中群体性突发性事件的预案》，确保企业和谐稳定。

*三是完善党群体系管理，推进党群工作的有效开展。*公司党委结合江海重组实际，推进并完善党群管理体系，不断提高党群体系的运行效果。通过完善考核机制、细化考核标准、改进考核办法，并与各基层党委（总支）签订党建工作目标责任制管理责任状等措施，使党建工作有目标、努力有方向、考核有内容、管理有依据，不断增强党组织的创造力、凝聚力和战斗力。

*四是加强领导班子建设，提高领导班子创建活动效果。*修订了《公司“四好领导班子”建设活动管理办法》和《“四好”领导班子考核标准和“优秀班长”、“模范带头人”评比标准》，进一步完善了两级领导班子的管理职责、考核标准、激励机制，推进了“四好”班子创建活动的开展。

*五是加强党的组织建设，充分发挥基层党组织的作用。*公司党委结合江海重组后组织机构和经济单元的变化，对企业党组织进行了相应调整，进一步明确了党组织的工作职责，规范了党组织的工作程序，理顺了党组织的工作关系。深入开展“显党员本色，为党旗争辉”、“支部争五有、党员树旗帜”等特色活动，组织开展了争做“六好党员”（政治素质好、业务技能好、完成任务好、道德品质好、联系群众好、遵纪守法好）活动，切实发挥党支部的战斗堡垒作用和党员先锋模范作用。

*六是深化文明创建，积极应对危机，促进协调发展。*重建了覆盖公司新的安全管理体系；全力推进了新平江油轮川江自主引航安全操作；组织开展了“迎奥运、保安全、促稳定”等多项安全竞赛活动；推行了安全生产隐患排查措施、奥运安保措施和季节性安全措施；强化了安全应急管理和安全督查工作，编制安全督查通报56期；为公司安全状况持续稳定发挥了积极作用。

*七是深化“三创一争”活动，提升文明创建水平。*2008年3月，公司领导班子被中共南京市委组织部、宣传部授予“全市县以上党委（党组）中心组理论学习先进集体”称号；长江62036轮荣获全国水运系统安全优胜船舶，2艘船舶荣获长航集团“明星船”称号；29艘船舶获公司“五星级文明船”称号。在深化“三创一争”活动的基础上，公司继续深入开展“多维”共建文明活动，成功召开了厂港航共建文明第22、23、24次协调会，与高淳县古柏镇武家嘴村结成“城乡携手，共建文明”对子，在第一轮城乡共建活动中为武家嘴双红村投入50万元用于村卫生设施和环境美化建设。积极协助做好南京市创建全国文明城市工作，参与了奥运火炬南京传递的现场维护、交通执勤和巡逻、国庆焰火燃放安保等工作。

（南京公司　邢煌辉）

【武汉公司扎实推进文明创建活动】 2008 年，武汉公司党委和各级党群组织按照集团党委的要求，深入学习贯彻党的十七大精神，围绕企业改革发展中心，加强领导班子建设；落实依靠方针，推进厂务公开和民主管理；加强基层党组织和党员队伍建设，深入开展文明创建活动和群众性技术创新活动；加强党风建设，建立反腐倡廉长效机制。这些工作扎实有效地推进，为公司改革发展提供了坚强保证。

（武汉公司　杨新安）

【重庆公司精神文明建设取得可喜成果】 2008

年，重庆公司党委深入开展“四新”主题活动，进一步鼓舞了士气，凝聚了力量。精神文明建设取得可喜成果，涌现了一批先进集体和个人。东风公司荣获重庆市国资委国企贡献集体光荣称号，汽车公司、房地产管理分公司分别被评为重庆市和重庆市国资委文明单位，王嘉玲同志荣获长航集团改革开放30周年十大先进人物称号，于萍、陈雷、万红丹等同志分别受到了交通部、市国资委和交通行业表彰。积极向地震灾区捐款26万余元，缴纳特殊党费19万余元。深入开展“迎奥运、保安全、促稳定”竞赛活动，认真落实稳定工作责任制。

（长航集团　宋 颖）

【重庆公司为职工办实事全部落实】 2008年，重庆公司年初承诺为职工办的八件实事全部落实。一是加大工资性投入，在岗职工收入平均增长了10.3%，为非在岗职工每人每月增加了生活费40元。二是对全司在岗职工进行体检。三是组织了500余名先进职工、技术骨干及家属游三峡、游两江。四是为16艘集装箱船舶配备了饮水净化装置。五是投入近30万元对单工宿舍进行了改造，改善了住宿条件。六是组织80名劳模先进和基层骨干疗休养。七是组织50名有毒有害工种职工疗休养。八是投入150余万元继续开展职工子女秋季助学、扶贫帮困送温暖等活动，并对非在岗职工进行了慰问。

（长航集团　宋 颖）

【中长燃公司荣获“安全生产红旗单位”称号”】

2008年3月1日，湖北省人民政府在武汉召开全省安全生产工作会议，通报表彰全省安全生产先进单位和个人。中长燃公司荣获湖北省人民政府授予的“2007年度湖北省安全生产红旗单位”称号；公司副总经理王大发荣获2007年度湖北省“安全生产先进工作者”称号。

“安全生产红旗单位”是企业在湖北省安全生产领域的最高荣誉，中长燃公司是全省56家“安全生产红旗单位”中唯一一家水上成品油经营企业。

中长燃公司成立6年来，全体员工认真落实各项安全生产制度，强化安全工作现场管理，真抓实干，将安全工作贯穿于整个生产经营工作，连续6年保持安全生产形势的稳定。

（中长燃公司　胡华伟　王书峰）

【中长燃公司三个文明一起抓　企业品牌得到提升】 2008年，中长燃公司在开展文明创建工作中，将目标锁定在内强管理，外树品牌上，坚持做到年初有部署，年中有检查，阶段有总结，年终有考核。

通过“湖北省文明单位”等创建活动的开展，强化了品牌对外宣传推介力度，扩大了在客户中影响力和在社会上的知名度；通过推动公司差异化服务水平的提升，进一步强化企业市场竞争力；通过“三创一争”工作与“达标创星”工作紧密结合，推行加油站标准化服务督查制度，有效推动了管理的规范化、程序化、科学化；通过加强以“诚信关爱、互惠共赢”为主旨的企业文化建设，全力打造企业的特色服务文化，培育企业团队精神，逐步形成了以人为本、和谐发展的企业精神，企业向心力和凝聚力得到加强，软实力得以强化，市场控制力和经营创效能力得以大幅提升。

（中长燃公司　洪向荣）

【长航凤凰公司专题研究“党的十七大对企业的影响力”】 2008年初，长航凤凰公司专题研究了党的十七大对该企业的影响力。认为，一是科学发展观更系统全面。科学发展观，第一要务是发展，核心是以人为本，基本要求是全面协调可持续，根本方法是统筹兼顾。我们要按照科学发展观的要求，树立“大型化、国际化、网络化、物流化”的战略思维，立足于“江海联运、江洋直达”核心竞争优势的打造，统筹个人利益和集体利益、局部利益与整体利益、当前利益和长远利益，以及发展过程中重点突破与全面推进之间的关系，促进江、海、洋三大板块配套、协调、全面、和谐发展。二是将“转变经济增长方式”变为“转变经济发展方式”。这就要求企业在发展中更应注重发展的质量，不仅要关注产量、收入、利润等规模指标，更要强调净资产收益率、资产周转率、劳动生产率等相对指标；发展目标从单纯追求规模向更加注重增强核心竞争力转变；发展方向从做大做强向做强做优转变；发展形式从主要追求规模和速度向更加注重质量和效益转变，发展途径从主要依靠投资驱动和数量扩张向更加依靠科技进步和提高效率转变，发展重点从优先发展海运向江、海、洋全面统筹协调发展转变，真正走出一条符合企业实际又好又快的发展之路。三是把提高自主创新能力、建设创新型国家作为国家发展战略的核心。要充分发挥中央企业技术和管理优势，按照国家节能减排政策和航运产业发展规划，把发展"低成本、高效率、经济节能型"船队作为主要方向，抓紧新船型、新机型、新技术、新材料的研究、开发和应用，通过技术进步加快产品升级，形成一批具有长航凤凰特色、有一定成本竞争优势、竞争对手难以复制的主力船队，体现央企科技创新的标杆作用。四是强调拓展对外开放的广度和深度，提高开放型经济水平。要按照"生产经营与资本经营并重、自身发展与借力发展并举"的原则，利用上市公司资本融资平台，通过增发股票、表外融资、融资租赁、资本证券化、引进战略投资者等方式，募集资金实现快速发展；利用企业品牌实力，通过合资、联营、重组、并购和租赁等多种经营形式，与战略客户、港口货主和竞争对手达成双赢共进的竞合关系，不断提升外向型经济发展的质量和水平。

党的十七大精神内涵丰富，对政治、经济、社会的影响深远。要结合企业实际，开拓创新，与时俱进，推进企业又好又快发展。

（长航凤凰　张　艳）

【"浙江水运第一村"又获省级"全面小康示范村"称号】　2008 年 1 月，浙江省委、省政府联合发文授予象山县宁波站村为"全面小康建设示范村"称号。这是该村在获得"浙江海运第一村"、"华东航运大村"美誉后的又一殊荣。

（浙江省局　吴永平）

【浙江省 20 家水路运输企业获首批诚信称号】

2008 年 7 月至 8 月，为引导浙江省水路运输企业诚实守信、合法经营，根据《浙江省水路运输诚信企业管理办法（试行）》（浙交〔2008〕263 号），省港航局组织有关单位人员及专家，对全省 28 家申报诚信的水路运输企业进行了材料集中审核，并组织开展了现场核查，经公示并报经省交通厅批准，符合条件的 20 家水路运输企业获得了首批"浙江省水路运输诚信企业"称号。获得诚信称号的企业中，省属 4 家，杭州市 1 家，宁波市 8 家，嘉兴市 4 家，湖州市 1 家，舟山市 1 家，台州市 1 家。

（浙江省局　李建国）

【江西省局文明建设有措施】　2008 年，江西省航务局纪检按照省交通厅纪委的统一部署，结合单位工作实际，在全省航务系统纪检监察室开展了深入学习实践科学发展观活动和"做党的忠诚卫士，当群众的贴心人"主题实践活动。为切实加强两项活动的组织领导，省局下发了《开展深入学习实践科学发展观和"做党的忠诚卫士，当群众的贴心人"主题实践活动实施方案》，成立了活动工作领导小组，明确了工作人员的职责。同时，将"做党的忠诚卫士，当群众的贴心人"和"做公道正派之人，建公平正义之家"主题实践活动与学习实践科学发展观活动一起研究部署，在制定方案、学习动员、分析评议、整改提高、总结经验五个阶段上，都与学习实践科学发展观活动紧密结合，力求步调一致。通过精心谋划，狠抓落实，加上主题实践活动与正常工作相结合，极大地增强了开展活动的操作性、指导性和针对性，因而取得一定成效。

与此同时，江西省航务局从抓思想教育入手，强化防范意识，注重源头治腐，始终把教育放在重要位置，有针对性地对党员干部开展了一系列教育活动。一是坚持经常性教育，提高党员干部反腐倡廉的自觉性。认真抓好了理论学习制度、领导干部中心组学习制度、三会一课制度、民主生活制度等，把中央有关党风廉政建设的规定及其一系列重要指示列入学习内容，并随时组织宣贯讨论。二是进行集中学习教育，提高党员干部廉洁自律意识。采取自学、集中学、专题辅导、座谈讨论等多种形式，组织党员干部学习党的十七大、中央纪委十七届二次全会、省纪委十二届三次全会、全省交通系统廉政工作会议精神和《毛泽东、邓小平、江泽民论科学发展观》等文献，并要求中层以上干部撰写学习心得。认真学习了省交通厅颁发的"八条禁令"，以其约束领导干部和执法人员的行为。三是通过廉政教育月活动，增强党员干部廉洁从政意识。省局制定下发《关于开展 2008 年廉政教育月活动的实施方案》，利用宣传板报、墙报等载体进行广泛宣传。期间，组织党员干部集中学习《新时期领导干部反腐倡廉教程》，相互交流了学习体会；省局及局属各单位分别组织干部职工观看了《忏悔》、《贪婪霸道，自掘坟墓》等 5 部警示教育片，同时组织座谈讨论，深刻剖析犯罪案例，进一步筑牢了广大党员干部拒腐防变的思想防线。五是遵照中央及省交通厅《建立健全惩治和预防腐败体系 2008—2010 年工作规划》的实施意见，制定了本单位《〈建立惩治和预防腐败体系 2008—2010 年工作规划〉实施方案》，并作了部署，明确了任务分工。

（江西省局　李建华）

【江西省航务局继续加大内外宣传报导力度】

2008 年，江西省航务局党委围绕中心工作，以舆论引导、文化建设和理论武装为重点，创新宣传形式，提升宣传境界，增强宣传效果，着力抓好重大活动和重要题材宣传报导的组织、策划、实施等项工作，从而为航务改革发展稳定的大局提供了强有力的精神动力、舆论支持和思想保证。

在内部宣传报道工作中，认真做好了期刊的编辑和网站新闻动态栏目的组稿工作。全年共编发《江西航务》13 期，其中为春运、“两会”、“五一”、“十一”黄金周期间的水上交通安全监管，打击“三无”超载统一执法行动，学习实践科学发展观活动试点工作和民主评议政风行风等系列活动刊发了专栏，充分发挥了沟通、解释、服务的“桥梁”与“喉舌”作用，有力地配合了航务各阶段中心工作和重大活动的顺利开展。与此同时，还认真做好了江西航务信息网站新闻动态栏目的组稿工作，使之网站的新闻动态信息发布准确、更新及时。

在对外宣传报导工作中，先后组织了反映全省航务部门战冰雪确保春运水上交通安全、全力支援灾后江西电网抢修、赣江（南昌—樟树）III 级航道建成、开展打击“三无”船舶统一执法行动以及“主流媒体记者看江西内河航道建设”、发放全省首张船舶 IC 卡、“应急 2008—江西省处置水上突发事件应急演练”等多个重大活动或重要题材的新闻信息，分别在《中国交通报》、《中国水运报》、《江西日报》进行了宣传报道。在应急演练报导中，由本局组织精干人员筹划了演练专题片的拍摄制作工作，精心准备了解说词和拍摄脚本，在合成预演时邀请江西电视台协助拍摄。通过借助国家专业和本省主流新闻媒体的宣传报道，充分展示了航务（海事）部门处置水上突发事件和重大险情的组织、指挥、协调和应急反应能力，提高了单位在社会上的影响力，进一步营造了有利于全省水上交通安全监管的良好外部环境。

（江西省局　张兆平）

【江西省航务局狠抓纠风工作取得明显成效】

2008 年，江西省航务局各级纪委监察部门遵照国务院纠风办关于“继续加强政风行风建设，着力解决损害群众利益的突出问题，积极为群众办实事办好事”的要求，加大从源头上预防和治理不正之风力度，深入推进纠风工作，纠风工作成果得以进一步巩固。

上饶航务分局针对船民反映海事、船检部门在辖区设立临时站点过多或站点过于接近的问题，立即组织纪检监察人员深入一线进行调查，在充分掌握第一手资料的基础上，向基层执法单位下达了监察建议书，建议撤销了乔麦湾、竹溪林两个水上检查临时站点，此举深受广大船民欢迎。赣州市地方海事处得知辖区白塔等地装运木材的船舶需要“赶水”出江，他们随叫随到，及时做好现场监督和服务，全力满足船员的“赶水”之急。

是年 6 月，省局纪检监察机构组织 2 个暗访组相继对九江、南昌、宜春、新余、吉安 5 个设区市地方海事局、13 个地方海事处、1 个减载货场、1 个“三无”船舶整治基地、6 个船舶单位、9 艘货运船舶进行了暗访。暗访结果是：绝大部分办公场所整洁卫生，各项制度标识规范；执法人员持证上岗，着装整齐，用语文明，服务态度良好。同时，暗访组对部分海事处辖区停泊和在航船舶进行了抽查。在与旅游公司、航运公司、渡口管理站、船厂及部分货船、渡船、客船和井冈山旅游船的企业负责人或船员进行座谈时，均反映辖地海事执法人员能文明执法，服务热情，未存在吃、拿、卡、要，门难进、脸难看、事难办的现象。

（江西省局　李建华　张兆平）

【江西省委巡回执导组在航务局检查指导学习实

践科学发展观活动】 2008年7月4日，江西省委深入学习实践科学发展观活动试点工作第三巡回指导组组长、上饶市人大常委会副主任李友鸿一行，来到江西省航务局检查指导学习实践科学发展观活动试点工作。江西省交通厅机关党委副书记李国峰，航务局党委成员参加了汇报会。

省委巡回指导组一行听取了航务局学习实践科学发展观活动试点工作领导小组的工作汇报，查看了其第一、二阶段的工作资料。李友鸿组长对试点工作给予了充分肯定。他指出，省航务局在学习调研、分析评议两个阶段的工作中主要体现出两个特点：一是抓得“紧”，处理好了试点工作和航务工作的关系，实现了“两不误、两促进”；二是抓得“实”，紧密联系解决问题阶段是整个学习实践活动最为关键的一个环节，既是集中力量、集中时间进行整改提高的阶段，也是抓落实、抓深化、看效果、看收获的阶段，决定着学习实践活动的成败。为此，航务局在前两个阶段活动已经打下良好基础上，再接再厉，把第三阶段的各项工作抓紧抓好，确保试点工作的任务圆满完成。

（江西省局　许海远）

【江西省航运管理局认真扎实完成学习实践科学发展观活动】 按照江西省交通厅党委的要求，省航运管理局于2008年4月下旬至9月上旬，历时4个多月，分学习调研、分析评议、解决问题、完善制度四个阶段，认真扎实地完成了学习实践科学发展观活动。通过学习实践科学发展观活动，全局广大党员科学发展意识明显提高，同时，该局基本找准了水运科学发展存在的突出问题，深挖了思想根源、明确了努力方面。学习实践科学发展观活动，使该局在解放思想上迈出了新步伐，在水运改革发展上有了新突破，在推动水运科学发展上有了新思路和新举措，在加强党的建设中，也有了新的进展。

（江西省局　许根源　杨　辉）

【改革开放三十年江西省航运局不断强化党风廉政建设和反腐败工作】 改革开放三十年来，省航运局认真贯彻落实中纪委、省纪委和全国、江西省交通系统廉政工作会议精神，自1999年以来，每年召开一次局机关及局直属单位纪检监察工作会议，从2005年起，每年初召开一次江西省港航系统廉政工作会议，总结上年度工作，安排部署下年度党风廉政建设和反腐败各项工作任务。自2000年以来，每年认真研究下发《党风廉政建设和反腐败工作意见》、《纠风工作实施意见》、《领导班子成员党风廉政建设和反腐败工作任务分工》，局党委书记熊海清与局属单位党支部和局机关各科室负责人签订党风廉政建设责任书，将目标、任务层层分解，落实到人。

不断加强反腐倡廉宣传教育，通过多种形式积极营造崇廉尚德的良好氛围，增强领导干部遵纪守法的自觉性，完善了处级领导干部个人收入申报、科以上干部及家庭成员重大事项报告登记和领导干部述职述廉、纪委负责人与局直属单位主要负责人谈话等制度。加强对航运基本建设项目廉政建设和工程招投标、物资设备采购的全过程监督。不断加强行业纠风工作，严格规范水路运政行政执法行为，坚持开展治理水路“三乱”工作，切实解决损害群众利益的突出问题。重视抓好惩防体系制度建设，完善了关于加强内部约束监督机制的若干规定、领导干部个人收入申报制度、党风廉政责任规定、巡视工作制度、诫勉谈话等30余个廉政建设规章制度，为从源头上预防腐败现象的滋生蔓延奠定了坚实基础。

充分发挥纪检监察部门的职能作用，认真从王大双腐败案件中吸取教训，不断提高党员干部特别是领导干部廉洁自律意识和拒腐防变能力，按照“党委统一领导、党政齐抓共管、部门各负其责、纪委组织协调、依靠群众参与”的原则，充分调动各方面在反腐倡廉工作中的积极因素，不断强化党风廉政建设和反腐败工作。

（江西省局　万茂元　刘新民　杨　辉）

【江西省航运局反腐倡廉建设工作落到实处】 2008年，江西省航运局深入贯彻中纪委十七届二次全会、省纪委十二届三次全会和全国、江西省交通系统廉政工作会议精神，深入推进党风廉政建设和反腐败工作，不断强化廉政责任意识。

·反腐倡廉宣传教育取得成效　加强反腐倡廉教育是该局深入开展党风廉政建设和反腐败工作的重要举措之一，通过出板报、发《简报》、张贴宣传画、运用《江西航运信息》、江西航运信息网、领导讲党课、理论学习、骨干培训和开展廉政教育月活动，认真开展警示教育、法纪教育、典型示范教育，组织局机关和局属单位党员干部、职工观看了《忏悔》、《况钟明断十五贯》、《党员干部廉洁自律须过好四关》、《抵制诱惑警示录》、《慎交友警示录》、《秉公用权、廉洁从政警示录》等廉政警示教育片，积极营造崇尚廉洁的氛围，筑牢思想道德防线。

·党风廉政建设责任制进一步落实　该局通过认真总结王大双腐败案件的经验教训，将党风廉政建设责任制作为一项重要内容，纳入党政工作的重要议事日程，认真研究印发了党风廉政建设和反腐败工作意见、任务分工、目标管理分解表、工作计划等，将责任目标、措施和任务层层分解、层层落实，做到分工明确，责任到人，有效地促进了全局反腐倡廉工作的扎实开展。

·领导干部廉洁自律意识得到提高　2008 年，该局党委学习中心组先后 5 次组织集中学习，认真执行江西省交通系统廉政建设“八条禁令”等廉洁自律规定，积极开展理想信念、党风党纪、廉政勤政教育，坚持处级领导干部个人收入申报、述职述廉、重大事项报告、谈话等制度，全年副处以上领导干部个人收入申报 12 人次、述职述廉 6 人次；科级干部廉洁自律情况登记 25 人次；建立科级干部廉政档案 25 个，建档率达 100%；局纪委书记与局属单位党政主要负责人共谈话 3 人次；个人重大事项报告处级干部 2 人次，科级干部 2 人次。

·基础设施建设项目廉政建设不断完善　坚持执行“双合同”制、《廉政档案》制、廉政告示制度和责任追究制度。坚持并完善了工程招投标、设备材料采购和资金拨付等制度。2008 年将在建的吉安港石溪头货运码头、新干港河西货运码头等在建项目和局办公大楼电子安全监控设备安装工程、局机关车辆维修和燃油及办公设备、大宗办公用品采购都纳入了工程招投标、政府采购或政府招标范围进行监督，继续开展治理航运建设领域商业贿赂工作，严肃查处收受“回扣”、“红包”、有价证券等违法违纪行为。

·行业纠风工作成效显著　为进一步加强行业纠风工作，该局及时制定印发了《2008 年江西省港航系统纠风工作实施意见》，严格规范行政执法行为，积极推行水路运政行政执法责任制。该局从加强水路运政行政执法队伍的教育和管理入手，先后举办了三期江西省港管、运管、安全监督和稽查人员共 180 余人参加的业务知识培训班，依法行政水平、执法效率明显提高。进一步开展治理水路“三乱”工作，巩固治理水路“三乱”成果。建立和完善了与水运行业管理相配套的规章制度，及时研究制发了《江西省水路“三乱”责任追究的规定》，江西省各级港航管理部门逐级签订了年度防止水路“三乱”工作责任状，实行一级对一级负责，一级抓一级，层层抓落实，有效预防了水路“三乱”行为的发生。坚持纠建并举，切实解决损害群众利益的突出问题。进一步健全完善了各项利民便民措施和水运行业服务标准，对外公布了举报、投诉电话和电子邮箱，聘请了政风行风监督员，主动接受社会各界的监督。该局着力转变机关作风，加强机关干部队伍建设，结合开展学习实践科学发展观和民主评议政风行风活动，认真开展了为期一个多月的整顿机关作风教育活动，通过作风整顿，促进了局机关干部职工在劳动纪律、工作作风、精神面貌上大为改观，勤政廉政蔚然成风。

（江西省局　万茂元　刘新民　杨 辉）

【河南省局文明创建成效明显】　2008 年，河南省航务局文明创建成效明显。一是采取多种形式认真开展学习实践活动。在河南航务海事网上专门开设了活动窗口，开辟了“学习文献”、“经验交流”、“信息简报”等栏目。各级航务海事部门坚持开展开门教育，边查边改，努力寻找破解发展的难题。向各市航务海事部门征求了 36 条意见和建议，在整理、分析归纳的基础上，写出了《制约我省航务海事事业发展的因素及解决对策》论文上报省厅。各市都结合实际，采取邀请专家授课、邀请退休老干部、监督员参加民主生活会、深入沿江登船调研等形式，倾听民生，了解民意，集中民智。通过学习实践科学发展观和省委开展的“三新”大讨论活动，开拓了视角，创新了思路，为开创航务海事工作新局面注入了新的活力。二是积极开展文明达标单位创建活动。南阳、濮阳、洛阳、安阳市地方海事局荣获交通运输部命名的第八批“全国海事系统文明达标单位”荣誉称号。目前，河南省已有 12 家单位被评为“全国海事系统文明达标单位”。省局机关和驻马店、三门峡市地方海事局已完成第九批“文明达标单位”的申报工作。各市积极开展文明创建活动，信阳、商丘、济源等市地方海事局还获得了省级“文明单位”、“文明职工之家”等荣誉称号。在厅组织的“迎奥运、树新风”和“百千万知识”比赛活动中，也取得了满意成绩。三是四川发生大地震后，全省航务海事广大干部职工积极向灾区人民奉献爱心。共捐赠现金 12.74 万元，还积极参加献血、捐物等爱心活动。省局和新乡、郑州市地方海事局的领导还去一线参与抗震、运送物资等工作。四是加强党风廉政建设。进一步完善党风廉政建设责任制，制定了《党风廉政建设责任制》，并将责任制任务分解到人。根据交通运输部和省厅的要求，在系统内开展行风政风评议、廉政文化进机关等活动。还组织开展了《交通行政执法忌语》和《交通行政执法禁令》的宣贯活动。通过一系列活动，全省航务海事系统文明执法、依法行政的能力得到进一步提高，实现了“执法无错案，廉政无事件”的工作目标。

（河南省局　王守明）

【湖南省局文明创建结硕果】 2008 年，湖南省航务局制定全系统文明基层处、所、站标准，提高了本系统文明创建工作的可操作性。通过深入开展“交通杯”劳动竞赛，乒乓球、书法、美术、摄影比赛，为地震灾区献爱心等形式多样的活动，丰富了职工生活，激发了职工积极向上的昂扬斗志和敬业爱岗的奉献精神。

截至年底，全系统有 141 个单位（集体）获得了县级以上文明称号，创建率为 66.8%；有 54 个单位（集体）获得了市厅级以上文明称号，创建率为 25.6%。

（湖南省局　蒋龙平）

【云南省局文明创建抓到实处】 2008 年，云南省航务局文明创建抓到实处。一是认真组织全局干部职工学习党的十七大、十七届三中全会精神，继续开展《党章》、《八荣八耻》、《社会主义科学发展观》的教育，不断提高全局干部职工的政治思想素质。二是认真总结改革开放 30 年来水运工作实践经验，结合云南水运实际，开展解放思想大讨论活动，认真查找在思想观念上的障碍、工作作风上的问题和当前影响和制约云南省水运和海事发展体制机制上的问题，努力探索云南水运发展的新路子、新举措、新方法和新途径。三是全面开展深入学习实践科学发展观活动，围绕“六个结合”，通过开展各党支部、中心组集中理论学习、10 个专题学习调研、专题讲座、案例分析和“科学发展大家谈”等一系列活动，学习实践，分析检查。四是继续深入开展全省水运行业精神文明创建工作，授予“雪丰号”等 20 艘船舶为文明船舶。五是进一步加强水运行业党风廉政建设，建立健全教育、制度、监督并重的惩治和预防腐败体系，以水运基础设施建设领域为廉政工作重点，加强水运建设工程双合同制及终身质量追究制的贯彻执行。以“一岗双责”推进责任制工作的落实，纳入目标化管理，以抓好经常性的反腐倡廉教育促进党员干部廉洁自律，以落实“四项制度”推进党风廉政建设工作。建立水运系统党风廉政建设长效机制，促进党员干部廉洁自律，防止腐败行为发生。加强审计监督，积极开展清查“小金库”和规范非税收入管理工作，对清查出的违规资金 17 万元全部上缴省国库。

（云南省局　马翠德）

【贵州省局抓文明建设 树良好社会形象】 2008 年，贵州省航务局十分重视精神文明建设工作，立足服务，以服务对象“满意不满意，高兴不高兴，答应不答应”作为工作出发点和落脚点。一年来，结合开展党的基层组织建设年活动，围绕加强党的执政能力建设这个总体目标和主要任务，按照《建立健全教育、制度、监督并重的惩治和预防腐败体系实施纲要》要求，结合单位实际，深入学习“科学发展观”，开展了以“文明树新风，满意在航运”为主题精神文明教育活动，形成了内抓管理，外抓优质服务，内强综合素质，外树公仆形象的工作局面。与此同时，深化改革力度，理顺人事关系，将远航公司从事业单位中分离出去，让其直面市场竞争。认真学习《中华人民共和国招标投标法》，深入贯彻省交通厅《关于进一步规范全省交通建设项目招标投标活动的若干意见》精神，及时把握市场变化脉搏，注意分析、积累和总结经验，以全新的思维方式和严谨的工作作风参加了“中通道”航运扩建工程投标工作。中标获得了羊里码头建设工程和航道 HD－N01 标、HD－B01 标、HD－N06 标、HD－N11 标的承建权，合同总额逾 4 千万元。工程施工中，大力推广运用新技术、新工艺，全面实施人才战略和精品战略，切实加强对项目工期、成本、质量、安全等方面的管理，通过施行项目管理目标责任制和灵活的激励机制、有效的约束机制及相应的分配制度，既提高了工作效率，又确保了工程质量和安全，为优质高效地完成全年度各项施工任务奠定了坚实的基础。在基础管理方面，继续推行目标管理责任制，以规章约束人，用制度规范事，用事业留住人。切实加强财务管理，认真搞好会计核算和会计监督，努力完善财务部门内部控制制度和内部稽核制度，全面实行会计工作电算化。被省财政厅授予“会计基础工作合格单位”。按时公布单位的经营情况和主要开支情况，增加了工作透明度，增强了单位的凝聚力和向心力，使各项工作不断向制度化、规范化目标迈进。

（贵州省局　杨萍艳）

【陕西省局文明创建出成果　文化建设有亮点】

2008 年，陕西省航运局创建成全省航运海事系统“最佳单位”9 个，文明地方海事处 9 个，文明执法单位 10 个、文明客渡船 15 艘；石泉县地方海事处处长袁伟同志获得“全国交通行业青年岗位能手称号”。此外，积极开展职工政治思想工作研究活动。对陕西海事文化手册进行了进一步的完善和修改，形成了具有陕西地方特色的海事文化框架体系。全年编发《陕西航运信息》83 期，向省厅网站上报信息 179 条，被《陕西交通报》等行业报刊采用稿件 32 篇；组织全省水路运输量专项调查、全省第三次港口普查等专题宣传活动，有关“十一”黄金周、《陕西省水路交通管理条例》宣贯会和“陕西海巡 01 号”海巡艇入编首航的新闻报道，在《陕西日报》、《华商报》、陕西电视台等主流媒体播发，极大地提升了陕西航运海事在全省的社会知名度。与此同时，坚持惩防结合，开展形式多样的廉政教育。加大航运基础设施建设领域廉政工作和薄弱环节的防治力度，开展抗震救灾捐赠款物使用情况的监督和管理，交流推广旬阳县地方海事处等单位的纠风工作经验，对重点市、县（区）海事机构的执法环境条件、政务公开、服务态度、办事效率、群众利益等内容进行暗访检查。全系统无重大违法违纪案件发生。

（陕西省局　刘冬冬）

【甘肃省局深入开展学习实践科学发展观活动】

2008 年，甘肃省水运局深入开展学习实践科学发展观活动。提交科学发展观调研报告 29 篇，省局及地方局组织人员分路赴外省和省内调研水运海事管理体制机制，深入剖析制约全省水运海事发展的问题和原因，提出一系列促进水运海事科学发展的新思路、新举措。一是进一步整顿行业机关作风，引导干部职工形成良好的社会公德、职业道德和个人品德，逐步提炼和形成富有水运海事行业特色的水运精神。二是继续推行首问负责制，切实履行服务承诺，严格执行行政执法举报，错案追究制度，促进了海事执法的规范化。三是高度重视党风廉政建设，不断落实党风廉政建设责任制。省局接受财政部委托湖南省财政厅对盐锅峡项目的专项审计，接受了厅审计办对省局的经济责任审计。1 名同志获部海事局引领海事发展带头人称号，2 名同志被表彰为奥运安保先进个人，临夏州地方海事局被交通部评为年度交通行政执法责任制示范单位。

（甘肃省局　陈长春）

【“送温暖、献爱心”　甘肃省水运局开展抗震救灾捐助活动】　2008 年 5 月 12 日 14 时 28 分，四川阿坝州汶川县发生 8.0 级强烈地震，受其影响，我省陇南、甘南、平凉、庆阳、天水等地发生了地震灾害，其中陇南市受灾较为严重，造成了重大人员伤亡和财产损失。这场地震震撼着每个人的心灵，为此，省水运局广大干部职工把“送温暖、献爱心”活动作为贯彻落实十七大精神的具体行动，积极发扬“一方有难、八方支援、团结互助、扶贫济困”的优良传统，迅速开展了“抗震救灾”捐助仪式，为受灾地区的群众献上一份爱心。与此同时，省水运局离退休职工自发向灾区捐款、捐物，送上温暖，赈灾救灾。目前，省水运局捐款金额已达到 8 800 元，捐款还在进行中。

（甘肃省局　陈长春）

第五编　港口

【概 述】 2008年，长江港口虽然受到世界金融危机的影响，但运输生产从总体来看，仍然是增长较快的一年。

·货物运输 2008 年，长江水系内河港口完成货物吞吐量 23.46 亿吨比上年增长 7.5%，增速比上年回落 9.2 个百分点。长江干线港口完成货物吞吐量 11.3 亿吨，比上年增长 9%。其中完成外贸货物吞吐量 1.2 亿吨，比上年增长 2.5%；完成集装箱吞吐量 701.22 万 TEU，比上年增长 26%；完成旅客吞吐量 1 710.42 万人，比上年下降 14.7%。长江干线规模以上港口完成货物吞吐量 10.15 亿吨，比上年增长 10.6%，增速下降 6 个百分点。前三季度货物吞吐量保持了较快的增长势头，四季度受全球性金融危机的影响，增速明显放缓，由 7 月的同比增长 18.6%下降到 11 月的同比下降 3%。其中完成外贸吞吐量 1.18 亿吨，比上年增长 1.7%，增速下降 19 个百分点。长江干线外贸货物吞吐量由 3 月份同比增长 26.9%后逐月下降，6 月份出现负增长，9、10、11 月份分别同比下降 6.3%、16.9%和 21%。长江干线规模以上港口完成集装箱吞吐量 696 万 TEU，同比增长 25.7%，增速回落 11.8 个百分点。自 6 月起长江干线集装箱吞吐量增长速度呈现逐月回落态势，由 6 月份的同比增长 36.5%回落到 11 月的同比增长 9.2%。三峡断面货物通过量完成 6 847 万吨，比上年增长 13%，其中：三峡船闸货物通过量完成 5 370 万吨，比上年增长 15%，均创历史新高。长江上三个亿吨大港的吞吐量完成情况，苏州港完成 2 亿吨，比上年增长 13%。南通港完成 1.3 亿吨，比上年增长 7%。南京港完成 1.1 亿吨，比上年增长 2%。其他港口吞吐量（按增长高低排列）比上年增长的有 15 个。计：重庆航管处(重庆市货主码头和原地方中小码头)增长 50%，马鞍山港增长 27%，宜宾港增长 25%，荆州港增长 24%，扬州港增长 22%，江阴港增长 21%，芜湖港增长 18%，万州港增长 15%，重庆港增长 12%，镇江港增长 11%，泸州港增长 10%，池州港增长 7%，武汉港增长 6%，黄石港增长 4%，泰州港增长 3%。长江港口吞吐量与上年持平的港口有 2 个。计：铜陵港、枝城港。长江港口吞吐量比上年减少的港口有 5 个。计：涪陵港减少 30%，城陵矶港减少 22%，九江港减少 18%，宜昌港减少 5%，安庆港减少 2%。

综上所述，2008 年长江港口吞吐量比上年增长的有 18 个，持平的有 2 个，比上年减少的有 5 个，减少的比上年多 2 个，未统计的一个。

2008 年，从长江干线港口七个区段完成的货物吞吐量来看，有 5 个区段是增长的，计有：重庆区段完成货物吞吐量 5 330 万吨，比上年增长 25%，占长江干线港口吞吐量总量的 5.3%；安徽区段完成货物吞吐量 17 953 万吨，比上年增长 11%，占长江干线港口吞吐量总量的 17.9%；江苏区段完成货物吞吐量 66 003 万吨，比上年增长 8.7%，占长江干线港口吞吐量总量的 65.9%；四川区段完成货物吞吐量 1 740 万吨，比上年增长 7%，占长江干线港口吞吐量总量的 1.7%；湖北区段完成货物吞吐量 7 981 万吨，比上年增长 6%，占长江干线港口吞吐量总量的 8%。

有两个区段是下降的，计有：湖南区段完成货物吞吐量 573 万吨，比上年下降 23%，占长江干线港口吞吐量总量的 0.6%；江西区段完成货物吞吐量 603 万吨，比上年下降 18.3%，占长江干线港口吞吐量总量的 0.6%。

2008 年，通过长江港口吞吐的货物中，比上年增长的货物种类有：机械、设备、电器增长 45%，粮食 28%，矿建材料 21%，农林牧渔业产品增长 16%，非金属矿石增长 15%，煤炭及制品增长 11%，化工原料及制品增长 9%，金属矿石增长 7%，化肥及农药增长 5%，钢铁增长 3%，盐增长 1%，水泥增长 0.3%。

比上年减少的货物种类有：木材减少 12%，有色金属减少 6%，石油、天然气及制品减少 5.4%，因长江石油运输由船运改为管道运输，故该货种已连续两年下降。

从 2008 年长江干线港口完成货物吞吐量中的货物种类分析看，金属矿石完成 2.1 亿吨，煤炭及制品完成 1.9 亿吨，矿建材料完成 1.6 亿吨，以上三大类货种共完成 5.7 亿吨，占长江港口吞吐量的 56%，这说明以上三大类货种是很适合走长江水运的。

·旅客运输 2008 年，长江的旅客运输仍然继续呈下降趋势。长江港口完成旅客吞吐量 833.5 万人，比上年减少 12%。长江春节旅客运输按交通部规定为 40 天(节前 15 天节后 25 天)。春运期间共投入跨省客船运力 120 艘，客位 53 871 个，其中：重庆市投入运力 76 艘、客位 39 892 个。长航集团投入运力 13 艘、客位 8 539 个。湖北省投入运力 31 艘、客位 5 400 个。投放的运力满足了春运旅客运输的需求。长江春节旅客运输 40 天共运送旅客 55.3 万人次，为去年同期的 84.4%，下降 25.6%（详见下表），其原因是受百年一遇的特大雪灾的影响和四川万州至广州直达铁路列车的开通，使走长江水运的春节回家旅客大幅下降。春运期间，没有发生客船安全和旅客伤亡事故，没有发生春运旅客滞留和客运超载航行现象。长航局、湖北省、重庆市水路春运办公室共受理投诉 21 起，较去年同期下降 56%。“五一”节因国务院对节日放假制度进行改革，“五一”放假原来三天改为一天，故从 2008 年起，就没有“五一”黄金周运输了，与平时的旅客运输一样了，就不作专门的组织和统计了。“十一”黄金周旅客运输共 7 天，投入运力 134 艘，50 968 个客位，其中：重庆市投入运力 72 艘、客位 33 207 个。长航集团投入运力 18 艘、客位 10 159 个。湖北省投入运力 44 艘、客位 7 602 个。上线的客船全部在长江航务管理局政府网站上进行了公示。长江黄金周旅客运输 7 天干线 7 个港口共发送旅客 95 532 人次，比上年同期下降 8.8%。客流主要以旅游和探亲为主。由于受四川汶川地震的影响，2008 年长江“十一”黄金周旅客运输量比上年同期有所下降。但由于运力配备充足，各项服务到位，在整个“十一”黄金周期间，做到了旅客零投诉。

2008 年 10 月，开始受国际金融危机影响，沿海中小企业有较大一部分关停，我国劳务输出重地——三峡库区出现民工大量返乡现象。加之年初因冰雪灾害不能回家，故今年选择回家过年的外出人员增多等因素，春运提前到来。为此，长江三峡库区港口部门与有关船公司协作，借助三峡库区蓄水后航道条件改善运力增多的优势，采取开通服务农民工专船、专轮、专用码头，采用“水陆联运”、“铁水联运”等方式，致力为返乡民工构筑水上便捷通道。三峡所有客班轮均与广东、江苏、上海、浙江等地火车、长途汽车建立“一票通”业务，即旅客在起运地一次性购买车船票方式，享受优先安排乘坐、铺位上靠一个档次，中途转乘专车接送等优惠。从 2008 年 11 月开始到年底，从宜昌发往三峡库区各港口的民工专船到达 250 余班次，安全运送旅客近 7 万人次。长江的普通旅客运输因速度慢，虽然已经退出长江客运市场，让位于铁路和公路，这是我国实现交通现代化的结果。在某种意义上讲，这是我们国家一种技术进步的表现。但长江三峡库区的旅游运输还是前景看好，因为三峡是世界级的旅游景区是国内外游客所向往的旅游胜地。

2008 年 10 月，重庆开建世界内河最大的豪华游轮，一艘投资 8 500 万元，该轮设计长 133.8 米，宽 19.8 米，可载游客 426 人，船员 181 人，比现有长江上最长的游船还要长 10 余米。在设计建造中糅合了中国传统习惯和欧美国家的一些先进理念，设有高级 VIP 餐厅、美容按摩、商场、酒吧、网吧、剧院式娱乐厅等公共娱乐场所。也是长江上第一艘拥有剧院的邮轮，游客可在剧院中观看表演。

2008 年以来，长江三峡旅游呈现恢复性增长。重庆市政府以贷款贴息方式支持企业新建和改造 20 艘长江三峡五星级豪华游轮，至 2008 年底长江三峡拥有星级游轮 120 艘，其中涉外豪华游轮 60 余艘。

·港口规划与建设 2008 年，长江及水系又有一批港口的总体规划得到上级有关单位的批准，如“武汉新港规划”、“南京港总体规划”、“无锡（江阴）港总体规划”、“杭州港总体规划”、“安徽阜阳港、亳州港、六安港三港总体规划”等。据不完全统计总投资将达到 244 亿元。2008 年是长江港口建设资金投入最大，建设成效凸显的一年，据不完全统计全年共完成港口及配套设施投资 50 余亿元。

至 2008 年底，长江干流万吨级以上泊位已达到 278 个，比上年增加 23 个。相当于改革开放初期全国海港和内河港口万吨级泊位的总数。长江港口万吨级泊位主要分布在南京港（含南京）以下，主因是受到长江航道水深的影响和长江大桥净空高度的限制。如南通港是长江口上的一个港区岸线既靠长江又靠沿海的江海组合港，大吨位的码头就比较多。目前，万吨级泊位已达到 105 个，其中：5 万吨级以上 29 个，10 万吨以上 4 个（内含 15 万吨级 2 个）。镇江港大港三期工程于 2008 年 7 月全部完工，总投资 14.11 亿元。建成 7 万吨散货卸船专用泊位 1 个，5 万吨级集装箱泊位 1 个，3 万吨级多用途泊位 1 个，5 000 吨级江船装船泊位 2 个，码头岸线长 1128 米，新增年吞吐量能力 1 390 万吨。扬州港仪征港区，5 万吨级和 5 000 吨级液体化工码头各 1 个，于 2008 年 8 月竣工投产。2 个泊位设计年总通过能力为 320 万吨，并建有储罐 23. 6 万立方米。总投资 1.8 亿元. 目前，仪征港区石油和液体化工年总通过能力已达 3 800 万吨。正在成为全国内河最大的石化产品集散中心。常熟港汇海化工石油码头，2 000 吨级和 500 吨级(内档)泊位各 1 个，通过交工验收，该公用码头的建成，将为常熟市及周边石油化工企业提供运输仓储中转服务，为江苏常熟经济开发区化工交易市场提供了基础设施保障。池州港江口港区二期完工，总投资 2.18 亿元。设计年通过能力 260 万吨，其中 5 000 吨级（兼顾 1 万吨级）散货泊位和集装箱件杂货多用途泊位各一个。九江港城西集装箱码头，由上港集团投资建设 3 个 5 000 吨级集装箱码头，年吞吐量达 70 万标箱。岳阳港（含城陵矶）是湖南省发展外向型经济的重要平台，国家一类开放口岸，湖南省拟集资 16 亿元，分三期建设，一期工程总投资 7.5 亿元，2007 年 5 月动工，2008 年底建成并试投产，共有 3 个 3 000 吨级兼顾 5 000 吨级集装箱泊位，年吞吐能力 30 万标箱。12 月 15 日，马鞍山港在长江港口中建成第二个外商独资码头(第一个独资码头 90 年代初由台湾商人投资在南通港建成投产，现已转让给香港商人经营)。该码头泊位总长度 465 米，有 3 个 5 000 级件杂货泊位，可兼顾靠泊 1 万吨级海轮。总投资 2.2 亿元，由外商独资企业新加坡得润国际有限公司全额投资，该码头投入营运后，将可创造 500 个就业岗位，可实现年营业收入亿元以上。8 月 19 日，长江上最大的集装箱港区南京港龙潭港区四期工程开工，将建 5 个 3 万吨级集装箱泊位及相应配套设施，码头水工结构均按靠泊 5 万吨级集装箱船舶设计，年通过能力 120 万标箱，码头长度 1 400 米，工程总投资 23.83 亿元，2 年建成。12 月 28 日，黄石港棋盘洲港区一期工程开工建设，拟建 9 个泊位，年货物吞吐能力 690 万吨，工程概算投资 5.15 亿元。2008 年 9 月 9 日常熟港泓洋码头开工，拟新建 3 万和 5 千吨级件杂货泊位各一个(码头水工结构均按靠泊 5 万吨级船舶设计)，2 个 3 千吨级件杂货泊位，4 个 2 千吨级件杂货泊位，设计年通过能力 580 万吨，总投资 5.6 亿元。马鞍山港注重对老港区的改造，从 2003 年至 2008 年底，对老港区码头扩建改造和机械设备改造、添置共投入资金 5.2 亿元，占同期全港建设投资的 65%。老港区扩建改造使港口通过能力增加 1300 余万吨（其中：有二个 5 000 吨级泊位，可靠泊直航台湾的船舶），占同期全港新增通过能力 70%，不仅提高了港口通过能力，也节省了港口岸线资源。芜湖港口集团裕溪口分公司自改门吊齿条，节约资金 5 万元，同时也缩短了进厂修理的时间，提高了装卸效率。湖北拟建“武汉新港”，规划到 2025 年建成亿吨大港，总投资 100 亿元。从 2008 年开始逐年开建 14 个起步项目，计有南顺石油化工码头，武钢江北基地码头，亚东水泥码头，阳逻港区集装箱二期扩建工程，黄冈唐家渡综合码头项目，鄂州三和管桩码头项目及有关配套设施等预计投资 18 亿元。泸州港是四川省出川到长三角地区的第一大港，四川省政府认为利用长江对发展四川经济有很重要的作用。从 2008 年开始到 2010 年拟新建和改扩建 3 000 吨级泊位 15 个，年通过能力 1 800 万吨，集装箱 100 万标箱。规划到 2020 年，新建功能设施完善的五大港区，25 个码头作业区，其中 1 000 吨级以上泊位 60 个，达到年货物通过能力 3 500 万吨，集装箱 400 万标箱。12 月 16 日，张家港保税港区正式获得国务院批准设立，这是我国迄今第一个位于县域口岸的保税港区，也是长江沿线第二个保税港区（长江第一个建立的保税港区是重庆两路寸滩保税港区)。10 月 22 日，云南省政府出台《关于加快水运事业发展的若干意见》，实施橄榄坝航电枢纽建设，渠化航道，实施长江干线航道上游宜宾至水富段整治，建成云南在长江的第一港—水富港，使云南省的水上交通与长江下游港口和沿海各港联系在一起，促进云南省外向型经济的发展。

·*港口物流*　2008 年，长江港口的物流业有了较快的发展，长江港口根据港口的规模和当地的经济水平，都相继建立相应的物流基地和物流园区（或物流中心），如武汉阳逻港区拟建华中最大钢铁物流基地，因为它具有港口水路、铁路、公路、航空综合交通的优势，又是武钢热轧、冷轧钢卷、高速线材、钢坯等产品的深加工基地，阳逻港是武汉新港的核心港区，拥有两个可常年靠泊万吨级船舶的集装箱深水泊位，8 万多平方米堆场，配备现代化的机械设备和先进信息管理系统，拥有保税仓储、出口监管库，与武汉东西湖保税物流中心，区港联动等功能，“阳逻—上海洋山”江海直达航线的运营，节省了客户的物流时间和成本。该基地设有电子交易平台，可实现“一站式”网络平台金融交易和 BtoB 电子商务解决方案，客户之间能直接在网上交易。还联合金融机构，保障企业交易安全，并通过动产抵押，向企业提供物流金融服务。还与日本一家世界 500 强企业合作，提供钢铁深加工。

南通港进口菜籽达 62 万吨，比上年增长 114%，进口数量占全国总进口量 120 万吨的半数以上，成为全国最大的菜籽进出口基地和交易基地。由于南通港的港口腹地油脂加工企业众多，畜禽养殖业发达，对菜籽、大豆等原材料和粕类副产品需求相当大，江苏、上海、浙江、安徽等地的油脂加工企业均以南通港为油脂原材料、产品的信息交流和交易地，许多交易就在港区内进行。南通港能够成为全国最大菜籽进出口基地，一是得益于“前港后厂”的快捷运输方式，二是得益于不断壮大发展的粮油企业，三是得益于众多的交易信息。南通港还拟建进口铁矿石物流中心，该港两座最大的 15 万吨矿石码头可同时接卸 17.5 万吨超大型船舶两艘，2008 年又增加一台卸船机和一条斗轮机取料装船系统，使日卸量由原来的 4 万吨，提高到 6 万吨，一条装卸 7 万多吨矿石的大型船舶，一天多就可离开码头，深受船东的好评。南通港因重件码头的档期有冲突，但货主要求又比较急，上海振华港机南通基地出口韩国的轨道吊共 5 台，每台重 400 吨，只好在南通狼山锚地实施过驳作业，在当地海事部门海巡艇的配合下，比较顺利的完成了南通港建港以来第一次特大重件的江中过驳作业。从 2008 年开始，南京滨江开发区将建钢铁物流基地，到 2012 年，钢铁物流年交易额将达 600 亿元。开发区沿长江将建 10 个万吨级泊位，届时，港口年吞吐量将达到 1 000 万吨。服务半径 150 公里。10 月 10 日，万州港开通了成都—达州—万州港区的路企直通列车。在未开通前，进出港区的铁路列车均要在火车站等待重新编组，增加了货物在途时间和营运成本，开通后既提高了运输效率，又加速了货物周转。万州港还开展“水水中转”业务，将进川物资从万州港转运至泸州港，每周一班，共装载 50 个集装箱，大部分是运往四川灾区的建材等物资。

由海关总署、财政部、国家税务总局、国家外汇管理局组成的国务院联合验收组向江阴保税物流中心颁发验收合格证书，江阴港保税物流中心正式封关运行。货物进入卡口便视同出口，就可以办理退税手续。另外，企业还可将货物存放于中心内仓库，分批提取，集中报关，有效缓解企业资金压力，提高企业资金使用率。同时还可凭借其政策优势，吸引加工制造企业的上游企业入区经营，形成更加完整的产业链，提高江阴外向型经济水平和城市竞争力。该保税物流中心总体规划面积 1.2 平方公里，分三期实施，现已引进贸易商、物流运营商等 22 家企业。

2008 年 11 月 4 日，大陆海协会会长陈云林与台湾海基会董事长江丙坤在台北签署了海峡两岸海运协议。双方现阶段相互开放港口，大陆方面为 63 个，其中海港 48 个，河港 15 个。15 个开放河港均在长江，计有：太仓港、南通港、张家港港、江阴港、扬州港、常熟港、常州港、泰州港、镇江港、南京港、芜湖港、马鞍山港、九江港、武汉港、城陵矶港。到目前为止，实际开通实现直航的已有 7 个港口，分别为：太仓港、南通港、张家港港、江阴港、镇江港、南京港、芜湖港。

·港口环保和节能　2008 年 4 月，张家港港口一举通过世界卫生组织的实地测评，被世界卫生组织、国家质量监督检验检疫总局共同认定为国际卫生港口。10 月 10 日，张家港港国际卫生港口授牌仪式在南京举行，国家质检总局副局长支数平和江苏省副省长张卫国代表世界卫生组织共同为张家港港口授牌。2004 年初，张家港市正式启动创建国际卫生港口工作，3 年多来，张家港市各创建单位按法规标准要求进行监测、监督、管理，并根据实际要求积极采用高新科技，加强公共卫生能力建设，在环境保护、安全卫生等方面取得了突出成就。长江下游有 6 个港口（南京港、扬州港、镇江港、泰州港、张家港港、南通港）建立了《长江水域船舶污染事故应急预案》，长江下游港口有危险货物码头 170 多个，每天有 300 多艘危险品船舶航行及作业，30 多万吨危险货物通过，船舶发生事故导致水域遭受污染的潜在风险较大。同时还是国家南水北调东线的引水口，又是长三角地区的人口稠密区，该应急预案的建立，有助于各港口之间和海事部门的协调和指导相关部门最快速，最有效地处理船舶污染事故，最大限度地保护长江水域生态和环境资源。2008 年建成的南通洋口港，做到建港零污染。洋口港建港，首次采用在外海建设人工岛，用陆岛通道连接陆地与人工岛的模式，在施工过程中，大大减少了粉尘对环境的污染。建立了建设单位、施工单位、分包单位，施工船舶、施工人员的五级安全环保管理体系。指导建设单位建立奖惩机制和环保安全风险抵押金制度，对施工人员实行环保节能安全知识的培训。为保护长江三峡库区的水环境安全，重庆至宜昌三峡库区的各港口积极配合长江三峡通航管理局、沿江海事等部门，做好三峡库区漂浮物的清理，从2004年至2008年底，5年来，在当地政府及有关部门的支持、协调下共出动清漂人员53万人，清漂机具8.5万船次，清理打捞和转运处置漂浮垃圾40余万吨，按照国家规划，三峡库区将建设近200个垃圾处理场，防止垃圾的二次污染，并拟进口国际上最先进的防污和漂浮物处理设备，一期投资4 000万元，今后将视需要再继续投资，漂浮物的再生利用率将达到98%以上。2008年，太仓港全面实施“油改电”工程后，全年二氧化碳排放量减少57%，废油、废水等废弃物排放量减少95%.集装箱作业每标箱能耗降低50%。装卸作业时的噪音从过去90分贝降低到了60分贝。装卸成本也大为降低，以前每吊一个集装箱要消耗柴油2.1升，折合成本12元，油改电后，吊一个集装箱耗电3.6度，折合成本2.88元，按吊100万标箱计算，可节约成本912万元。芜湖港是长江煤炭出口的第一大港，共有十余台螺旋卸车机，承担着进港电煤车的接卸任务，由于螺旋卸车机长期使用，绞龙的叶边沿，极易磨损而内翻，每台卸车机每年要换近10只绞龙，不仅耽误了卸车生产进度，而且增加了费用。为攻破此项技术难题，芜湖港的技术人员进行技术攻关，经研究在每台绞龙叶边沿，堆焊了50厘米宽的“装潢”，延长了螺旋卸车机绞龙的使用寿命，又为港口节约了一笔更新费用。芜湖港为消除大型煤运装卸设备“亚健康”的状况，实行了《设备专家探诊制度》。组织有丰富经验的专业技术人员，深入现场对各台大型设备进行探查、诊断，并且分别由机械专家探诊小组和电气专家探诊小组严格地按照港口设备日常管理标准，定时深入煤码头各条煤炭作业线探查，诊断和监控各台大型设备的运行动态，及早发现设备隐患和性能缺陷，及时协调岗位操作人员和维修人员排除隐患，制定维护措施，及早进行修复。由于成效显著，被芜湖市评为全市第一家安全生产A级达标单位。

2008年长江干线港口货物吞吐量分类数据一览表、2005—2008年长江十大吞吐量港口一览表、2004—2008年长江十大集装箱吞吐量港口一览表、2008年长江渝宜段港口春运客运量一览表，详见（表5—1）、（表5—2）、（表5—3）、（表5—4）。

【2008年长江干线港口货物吞吐量分类数据一览表】 （表5—1）

货类 \ 数据	分货类吞吐量（万吨）		
	2008年	2007年	2008年/2007年（%）
合　　计	101 543.4	91 822.3	110.6
煤炭及制品	19 960.4	17 915.6	111.4
石油、天然气及制品	6 276.4	6 631.6	94.6
金属矿石	21 569.2	20 150.9	107.0
钢铁	6 556.8	6 366.4	103.0
矿建材料	15 752.0	13 034.6	120.8
水泥	6 940.7	6 922.9	100.3
木材	1 051.1	1 197.9	87.7
非金属矿石	4 655.2	4 048.2	115.0
化肥及农药	776.7	743.3	104.5
盐	266.4	263.6	101.1
粮食	1 635.8	1 274.8	128.3
机械、设备、电器	421.6	290.6	145.1
化工原料及制品	3 652.4	3 351.8	109.0
有色金属	73.5	78.4	93.8
轻工、医药产品	821.2	727.6	112.9

货类 \ 数据	分货类吞吐量（万吨）		
	2008 年	2007 年	2008 年/2007 年（%）
农、林、牧、渔业产品	330.4	285.3	115.8
其它	10 802.7	8 538.8	126.5

【2005—2008 年长江十大吞吐量港口一览表】（单位：万吨）

（表 5—2）

年份	第一位	第二位	第三位	第四位	第五位	第六位	第七位	第八位	第九位	第十位
2005	苏州港	南京港	南通港	镇江港	江阴港	武汉港	芜湖港	马鞍山港	安庆港	泰州港
	11 919	10 714	8 326	5 814	4 278	4 020	3 754	2 002	1 834	1 567
2006	苏州港	南通港	南京港	镇江港	江阴港	武汉港	芜湖港	安庆港	铜陵港	池州港
	15 402	10 386	10 091	6 318	5 786	5 034	3 929	2 839	2 405	1 952
2007	苏州港	南通港	南京港	镇江港	江阴港	武汉港	芜湖港	马鞍山港	铜陵港	安庆港
	18 377	12 339	10 858	7 824	7 218	5 278	4 680	3 684	2 860	2 852
2008	苏州港	南通港	南京港	江阴港	镇江港	武汉港	芜湖港	马鞍山港	铜陵港	安庆港
	20 729	13 214	11 125	8 740	8 704	5 591	5 513	4 697	2 871	2 800

【2004—2008 年长江十大集装箱吞吐量港口一览表】（单位：万 TEU）

（表 5—3）

年份	第一位	第二位	第三位	第四位	第五位	第六位	第七位	第八位	第九位	第十位
2004	南京港	张家港港	南通港	武汉港	重庆港	扬州港	太仓港	常熟港	镇江港	江阴港
	47.7	32.2	25.1	16.2	14.8	13.2	9.2	8.8	7.6	7.1
2005	南京港	张家港港	南通港	太仓港	重庆港	武汉港	常熟港	镇江港	扬州港	城陵矶港
	58.7	37.7	30.1	25.1	18.1	17.8	12.5	9.8	9.2	6.8
2006	苏州港	南京港	南通港	武汉港	重庆港	镇江港	扬州港	江阴港	芜湖港	九江港
	124.1	79.9	36.0	34.8	26.3	23.9	13.1	12.5	10.0	7.3
2007	苏州港	南京港	南通港	武汉港	重庆港	江阴港	镇江港	扬州港	芜湖港	九江港
	189.5	105.6	42.8	38.8	35.1	30.7	28.5	17.1	16.5	8.9
2008	苏州港	南京港	江阴港	武汉港	南通港	重庆港	镇江港	扬州港	芜湖港	九江港
	256.9	129.2	50.2	47.1	44.3	43.4	29.2	26.8	16.4	10.2

【2008 年长江渝宜段港口春运客运量一览表】

（表 5—4）

港口	重庆	涪陵	万州	秭归	太平溪	宜昌	合计
客运量（人次）	39 015	18 804	286 062	22 187	46 064	141 009	553 141
占去年同期比	51.7%	82.2%	78.6%	38.1%	34.2%		84.4%

（长航局　罗诗刚　冯新双）

·省市港口·

【上海市港口管理局】　2008 年，上海市港口局对局门户网站进行了改版工作，增强了政府信息公开功能、网上查询功能、互动功能。增加了客运信息版面、实事工程和世博 600 天等与市民生活相关的专栏等，同时对每一项行政审批的进展情况可实时查询，加大公开透明的力度。全年共提供服务类信息 165 条，网上咨询 106 人次，现场接待 1 128 人次，咨询电话接听 2 081 人次，网站专栏页面访问 33 万人次。

【上海市内河港口概况】　上海内河港口主要由市区、闵行、嘉定、宝山、松江、金山、青浦、奉贤、浦东、南汇、崇明等十一个区县港区组成。根据全年港口普查全市内河 2 063 公里航道上，共有 1344 户内河港口经营单位，基本情况如下：

1. 港口泊位共 1 889 个，泊位岸线长度 91 295 米。其中：生产用泊位 1 872 个，泊位长度 90 438 米；非生产用泊位 17 个，泊位长度 857 米。在 1872 个生产泊位中，除 3 个为自然岸坡外，100 吨级以下泊位为 27 个，100 至 300 吨级泊位 665 个，300 至 1 000 吨级 1 093 个；1 000 吨级及以上泊位为 84 个。

2. 港口生产用仓库面积 165.59 万平方米，其中危险品仓库面积 3.69 万平方米。

3. 港口生产堆场面积 571.04 万平方米。

全市 1 344 户内河港口经营人中，共有 60 户从事危险货物港口作业。其中作业户数分布最多的为宝山区，其次为崇明县。吞吐量最集中的为金山区，其吞吐量约占全市内河危险货物吞吐量 50%。60 户港口经营人均持有《港口经营许可证》、《危险货物港口作业认可证》，做到了百分之百持证经营。

2008 年，全市内河港口货物吞吐量为 7 362.15 万吨，其中进口 6 546.42 万吨，出口 815.73 万吨。全市内河港口危险货物吞吐量为 205.8 万吨，其中进口 101.6 万吨，出口 104.2 万吨。全市内河港口货物吞吐量按货类统计，矿建材料占 70.98%，钢铁占 13.85%，水泥占 7.61%；按流向统计，前五位分别是浙江、江苏、安徽、江西、湖北。

2008 年上海市港口吞吐量（按港口分）一览表、2008 年上海市港口吞吐量（按货物形态、包装及货类分）（合计）一览表、2008 年上海市港口吞吐量（按货物形态、包装及货类分）（内河合计）一览表，以及 2008 年上海市市管码头企业名录一览表，详见（表 5—8）、（表 5—9）、（表 5—10）、（表 5—11）。

（上海市局　庞耀云）

【2008 年上海市港口吞吐量（按港口分）一览表】　　（表 5—8）

港口	货物吞吐量				集装箱吞吐量			滚装汽车吞吐量（万辆）	旅客吞吐量		利用自然岸坡完成船舶货物装卸量
	合计（万吨）	其中：外贸	出港	其中：外贸	箱数（万TEU）	重量（万吨）	（货重）		（万人）	出港	
A	1	2	3	4	5	6	7	8	9	10	11
全市总计	58 170.10	27 376.89	21 689.41	13 677.57	2 800.64	25 991.61	20 449.05	44.81	172.33	88.87	0.00
一、沿海港口合计	50 807.95	27 376.89	20 837.48	13 677.57	2 800.64	25 991.61	20 449.05	44.81	172.33	88.87	0.00
上海	50 807.95	27 376.89	20 837.48	13 677.57	2 800.64	25 991.61	20 449.05	44.81	172.33	88.87	0.00
二、内河港口合计	7 362.15	0.00	851.93	0.00	0.00	0.00	0.00	0.00	0.00	0.00	0.00
长江支流小计	7 362.15	0.00	851.93	0.00	0.00	0.00	0.00	0.00	0.00	0.00	0.00
崇明	149.09	0.00	0.00	0.00	0.00	0.00	0.00	0.00	0.00	0.00	0.00
宝山	1 765.44	0.00	353.30	0.00	0.00	0.00	0.00	0.00	0.00	0.00	0.00
嘉定	894.27	0.00	173.96	0.00	0.00	0.00	0.00	0.00	0.00	0.00	0.00
上海市区	714.46	0.00	218.63	0.00	0.00	0.00	0.00	0.00	0.00	0.00	0.00
浦东新区	799.34	0.00	26.31	0.00	0.00	0.00	0.00	0.00	0.00	0.00	0.00
青浦	234.74	0.00	4.01	0.00	0.00	0.00	0.00	0.00	0.00	0.00	0.00
闵行	975.14	0.00	9.41	0.00	0.00	0.00	0.00	0.00	0.00	0.00	0.00
南汇	533.19	0.00	16.93	0.00	0.00	0.00	0.00	0.00	0.00	0.00	0.00
奉贤	537.00	0.00	0.00	0.00	0.00	0.00	0.00	0.00	0.00	0.00	0.00
松江	90.58	0.00	0.01	0.00	0.00	0.00	0.00	0.00	0.00	0.00	0.00
金山	668.90	0.00	49.37	0.00	0.00	0.00	0.00	0.00	0.00	0.00	0.00

【2008 年上海市港口吞吐量（按货物形态、包装及货类分）（合计）一览表】 （表 5—9）

分类	序号	合计		出港		进港	
			外贸		外贸		外贸
A	B	1	2	3	4	5	6
货物吞吐量合计（吨）	1	581 701 077	273 768 888	216 894 166	136 775 662	364 806 911	136 993 226
1.液体散货	2	30 992 761	7 425 018	12 783 731	1 113 770	18 209 030	6 311 248
其中：原油	3	4 258 534	0	80 532	0	4 178 002	0
成品油	4	18 422 463	4 380 477	8 604 136	276 668	9 818 327	4 103 809
液化气、天然气及制品	5	496 370	461 101	1 173	1 173	495 197	459 928
2.干散货	6	223 359 351	29 998 755	34 888 918	130 867	188 470 433	29 867 888
其中：煤炭及制品	7	79 448 134	660 632	13 924 888	0	65 523 246	660 632
金属矿石	8	38 738 548	20 033 037	15 871 977	1 000	22 866 571	20 032 037
散水泥	9	3 343 785	0	75 665	0	3 268 120	0
散粮	10	85 559	0	3 020	0	82 539	0
散化肥	11	150 583	12 220	12 220	0	138 363	12 220
3.件杂货	12	65 089 117	15 489 836	26 146 739	10 796 076	38 942 378	4 693 760
其中：木材	13	1 501 145	805 459	257 107	7 033	1 244 038	798 426
粮食	14	1 014 946	23 708	289 279	23 708	725 667	0
化肥	15	611 264	13 032	382 482	13 032	228 782	0
水泥	16	4 345 966	71 995	708 567	71 995	3 637 399	0
4.集装箱（TEU）	17	28 006 424	24 596 479	14 028 023	12 360 798	13 978 401	12 235 681
重量（吨）	18	259 916 103	220 280 293	141 751 999	124 347 468	118 164 104	95 932 825
其中：货重	19	204 490 499	171 950 067	114 208 406	100 283 506	90 282 093	71 666 561
5.滚装船汽车吞吐量（辆）	20	448 084	219 924	233 637	147 923	214 447	72 001
重量（吨）	21	2 343 745	574 986	1 322 779	387 481	1 020 966	187 505

【2008 年上海市港口吞吐量（按货物形态、包装及货类分）（内河合计）一览表】 （表 5—10）

分类	序号	合计		出港		进港	
			外贸		外贸		外贸
A	B	1	2	3	4	5	6
货物吞吐量合计（吨）	1	73 621 535	0	8 519 323	0	65 102 212	0
1.液体散货	2	795 692	0	535 049	0	260 643	0
其中：原油	3	0	0	0	0	0	0
成品油	4	165 706	0	165 706	0	0	0
液化气、天然气及制品	5	0	0	0	0	0	0
2.干散货	6	57 718 107	0	2 891 099	0	54 827 008	0
其中：煤炭及制品	7	1 048 230	0	57 515	0	990 715	0
金属矿石	8	86 650	0	0	0	86 650	0
散水泥	9	1 683 665	0	1 358	0	1 682 307	0
散粮	10	79 585	0	0	0	79 585	0
散化肥	11	126 143	0	0	0	126 143	0
3.件杂货	12	15 107 736	0	5 093 175	0	10 014 561	0
其中：木材	13	52 297	0	22 000	0	30 297	0
粮食	14	835 335	0	219 214	0	616 121	0
化肥	15	67 968	0	9 323	0	58 645	0
水泥	16	3 921 741	0	633 766	0	3 287 975	0
4.集装箱（TEU）	17	0	0	0	0	0	0
重量（吨）	18	0	0	0	0	0	0
其中：货重	19	0	0	0	0	0	0

分　类	序号	合　计		出　港		进　港	
			外　贸		外　贸		外　贸
A	B	1	2	3	4	5	6
5.滚装船汽车吞吐量（辆）	20	0	0	0	0	0	0
重量（吨）	21	0	0	0	0	0	0

资料来源：上海市港口管理局

【2008年上海市市管码头企业名录一览表】　（表5—11）

序号	企业名称	企业类型	注册地址
1	上海市装卸储运总公司	国有	云岭西路蔡家浜1号1号楼4楼
2	上海海华新型建材制品有限公司	有限责任	嘉定区江桥镇工业园区南首
3	上海建众建材有限公司	国内合资	浦东草高路1828号
4	上海建工材料工程有限公司	国内独资	莲南路340号
5	上海市装卸储运总公司蔡家浜公司	分支机构	云岭西路蔡家浜1号
6	上海市装卸储运总公司纪蕴路公司	分支机构	宝山纪蕴路151号
7	上海市长宁区虞姬墩码头	集体	新泾镇努力村
8	上海住源物资储运有限公司	有限责任	云岭西路蔡家浜3号
9	上海市江桥批发市场经营管理有限公司	国营	曹安路1936号
10	上海纺运金沙江仓库	国营	金沙江路1500号
11	上海金嘉物资储运合作公司	有限责任	方黄路苏州河桥西堍
12	上海机床厂有限公司	有限责任	军工路1146号
13	上海宏成预拌混凝土有限公司	有限责任	草高路1828号
14	上海深试仓储有限公司	股份	华江公路1260弄50号
15	上海中环混凝土砼制品有限公司	有限责任	华庄公路1号桥西首
16	上海申东木材有了限公司	有限责任	眉州路760号
17	上海茶叶进出口公司茶叶总厂	国营	军工路1300号
18	上茶一厂综合服务部	集体	军工路1300号
19	上海市场浦区供销合作社工厂服务部	国营	杨树浦路1810号
20	上海市工艺品进出品公司浦东储运公司	国营	军工路1300号
21	上海建四实业有限公司	有限责任	牡丹路60号
22	上海市第十粮食仓库		
23	上海外贸仓储解放岛储运公司	国营	纪王镇解放岛
24	上海印刷包装机械总公司	国营	中兴路408号
25	上海市土产棉麻公司解放岛仓库	集体	镇解放岛路888号
26	上海华农工贸有限公司	有限责任	吴漕路525号
27	上海五金矿产进出口分公司华江路联营仓库	国集	江桥镇华漕桥西
28	上海西部企业集团建材装潢总汇	国营	志丹路61号
29	上海石粉厂有限公司	有限责任	华庄路1号桥
30	上海福生建材装卸有限公司	有限责任	华庄路1号桥
31	上海市第一市政工程有限公司		
32	上海嘉建混凝土有限公司	中外合作	沪太路1128号
33	上海江桥东环装卸服务中心	集体	江桥镇幸福村
34	上海闵纪储运建材有限公司	有限责任	纪王镇纪东村
35	上海市住欣装饰混凝土制品有限公司	有限责任	沪南路2502号111室
36	上海永业企业集团建筑材料有限公司	有限责任	打浦路339弄1号
37	上海闵行物资总公司建筑材料公司	国营	龙漕路1弄8号
38	上海华展混凝土材料有限公司		
39	上海沙河工贸有限公司	有限责任	华江路1018号
40	上海齐信混凝土制品有限公司	有限责任	丰华路1511号
41	上海华兰德建筑材料有限公司	有限责任	振泾路198弄2号509室

续 表

序号	企业名称	企业类型	注册地址
42	上海嘉申混凝土有限公司	外资	虬江码头200号
43	宝山区交通（集团）有限公司装卸运输分公司	集体	宝山区同济路131号
44	上海嘉定娄塘赵厅建材经营部	集体	嘉定区娄塘镇赵厅村
45	上海北发建材经营部	个人独资	上海嘉定华亭镇联一村
46	上海嘉定国汤建材经营部	个人独资	
47	上海盛舟建材有限公司		
48	上海尚石建材有限公司	有限	嘉定区嘉唐公路荠菜桥（嘉定环卫所南侧）
49	上海德业虬桥路基材料厂	有限	上海市嘉定区北区三里桥
50	上海华广建材有限公司	有限	嘉定区娄塘镇娄塘村
51	上海罗依莱实业有限公司路用材料分公司	有限	嘉定区嘉浏公路新浏河大桥南堍东侧
52	上海卓旺建材经营部	个人独资	嘉定区马陆镇沪宜公路2585号2区7楼-A-5
53	上海晓目建材经营部	个人独资	嘉定区娄塘镇娄塘村月芽桥北
54	上海楼诚装卸运输有限公司	有限	上海市嘉定区外岗镇
55	上海强能新型墙材有限公司	有限	嘉定区外岗工业园区A4号地块
56	上海昶埠工贸有限公司	有限	嘉定区马陆镇大治东路27号
57	上海实兴水泥制品构件厂	个人独资	嘉定区马陆镇大裕村大治东路27号
58	上海开宝凝结剂厂	集体	宝山区铁力路2300弄3号
59	上海启春贸易有限公司	有限责任	宝安公路333号
60	上海求通路基材料有限公司		
61	上海旗杆码头装卸运输有限公司	股份	水产路1438号
62	上海宝明码头	集体	宝山区蕴川路5343号
63	上海宝山月浦物资供销公司	集体	蕴川路4789号
64	上海市宝山区长兴物资中转站	集体	泰和路泰兴桥190号
65	上海市宝山区水利物资供应站	国有	宝山区牡丹江路2001号
66	上海石洞口电力实业有限公司	国内合资	宝山区盛桥镇蕴川路石洞口经济发展区
67	宝山横沙仓储分公司吴淞物资转运站	股份	宝山区泰和路泰兴桥170号
68	宝山区马泾桥码头装卸站	私营	蕴川路2881号
69	上海宝钢生产协力公司内河码头	股份	宝山区漠河路301号
70	上海北翼装卸储运有限公司	有限	宝山区淞兴路163号
71	宝钢内河装卸联营站	全民与集体	宝山区友谊村
72	上海宝山煤炭有限公司	国有	盘古路492号南楼2131室
73	上海富锦市政材料发展有限公司	集体	罗南镇朱家店村南赫生产队
74	上海富锦沥清混凝土有限公司	有限	宝山区湄浦路358号
75	上海华鸿新型墙体材料有限公司	股份	宝山区罗店镇苗圃路669号
76	上海龙博运输有限公司宝山分公司	私营	崇明竖新镇经济小区
77	上海宝山建筑构件厂	民营	罗南经济开发区
78	上海西杨金属材料销售有限公司	有限	沽源路110弄15号401室-2
79	上海盘龙物资利用有限公司	集体联营	上海市宝山区盘古路1158号
80	上海宝治商品混凝土公司	国有	上海宝山区牡丹江路1325号402室
81	上海悦腾混凝土制品公司	私营	上海市宝山区大场镇小孟家宅以北
82	上海嘉黎码头装卸有限公司	有限	宝山区月浦镇园和路1019号
83	上海超凡装卸有限公司	有限责任	宝山区同济支路65号169
84	上海沈永物资储运有限公司	有限	上海市泰和路717弄65号
85	上海崔龙装卸有限公司	有限责任公司	上海市松江区车墩大浜村
86	上海松江毛竹港深水码头	独立	松江永丰街道彐介村

序号	企业名称	企业类型	注册地址
87	松江叶榭交通运输管理站	有限责任公司	松江区叶榭镇西市街南
88	上海申杰石灰有限公司	有限责任	宝山区长逸路28号
89	上海宝山沈杨化工仓库	乡镇	祁连山路3588弄75号
90	上海三元建筑材料厂	国有	宝山顾村镇胡庄村
91	上海前进农场物资装卸中转站	国有	宝山区顾村胡庄村
92	上海吴淞肉类联合加工厂	国有	宝山区安达路241号
93	上海申江储运部	国有	宝山区联谊路31号内
94	上海华丰国际集装箱仓库公司码头	国有	上海市宝山区顾村镇胡庄村
95	宝山区刘行粮食仓库	股份	宝山区刘行沈杨祁连山路底
96	上海市宝山区宝房建筑装潢材料公司	国有	宝山区淞浦路482号3F—225号
97	上海市果品有限公司	集体	外马路820号
98	上海一钢运输公司	国有	宝山区长江路735号
99	上海农工商凯隆物资储运站	国营	上海宁波路70号506室
100	上海凯乐货运有限公司	有限	宝山区锦秋路2455号
101	上海华丰仓储贸易公司	集体	真陈路1600号
102	上海住宅混凝土砌块厂	国营	陈太路葑村路200号
103	上海申宏冷藏储运有限公司	有限公司	周家嘴路4395号
104	上海华谊集团上硫化工有限公司	国营	宝山区蕴藻南路1号
105	上海东海燃料装卸有限公司		
106	上海海光金属冶炼厂有限公司	有限	上海市长逸路88号办公楼D—7
107	上海宝泰设备工程有限公司	民营	宝山区宝杨路2017号A—286
108	上海今江实业有限公司	有限	海滨三村68号底屋
109	上海大中华综合服务公司	国有	逸仙路4318号
110	上海宝山淞化装卸储运站	国有	宝山区逸仙路201弄124号
111	上海纯新羊毛原料有限公司	有限责任	河南南路784号
112	上海宝山场北码头	集体	宝山区南蕴藻路场北村北侧
113	上海藻北物资中转储存有限公司	国集	联谊路610号
114	上海飞翼物资中转站	联营	宝山区联营路587号
115	上海宝联五金储运有限公司	国有	联谊路205号
116	上海市隧道公司码头装卸经营部	国有	龙华路660号
117	上海医保储运公司	国有	陈太路555号
118	上海申鸥码头装卸有限公司	有责	江杨南路2951号
119	上海五钢物流有限责任公司	国有	宝山区同济路332号
120	上海淞浦装卸有限公司	有限	宝山区呼兰路515号
121	上海市市政工程材料公司	国企	静安区顺德路92号
122	上海建筑防水材料厂	国企	上海市宝山区行镇泰和路
123	上海新仓装卸有限公司	有限	宝山区宝安公路333号A区164号
124	上海市宝山区长耘水泥制品加工厂	个人独资	宝山区庙行南蕴藻路塘桥仓库
125	上海扬子江实业总公司	国有	泰和路1424号
126	宝山区红光包装箱仓库石驳岸码头	集体	宝山区祁连山路北底
127	上海建设机场道路工程有限公司	国有	宝山区泰和路1500号
128	上海宝钢运输有限公司	国内有限	浦东新区德本路289号20楼
129	上海交运钢材现货交易市场经营管理有限公司	国内有限	上海市宝山区纪蕴路151号
130	上海前卫运输有限公司	有限责任	上海市真陈路1000号（园区大夏20500）
131	上海交钢物流有限公司	有限责任	宝山区经蕴路151号
132	上海锦惠物业有限公司	合资	宝山区月罗路338号综合楼407室
133	上海汇尔华实业有限公司	有限责任公司	松江区厂湖荡镇贵南路9号

续 表

序号	企业名称	企业类型	注册地址
134	上海康鑫实业股份有限公司	股份有限	朱泾镇金枫公路 410 号
135	上海石化仓储航运有限公司	股份有限	金山区石化沪杭公路 9048 号
136	上海杜林建设工程咨询有限公司	有限责任	朱泾镇公园路 246 弄 52 号
137	上海化工实业漕泾内河装卸有限公司	有限责任	漕泾镇护塘村 8 组
138	上海宏漕混凝土有限公司	有限责任	漕泾镇张漕公路 1518 号
139	上海漕源建材贸易有限公司	有限责任	漕泾镇东海村 2188
140	上海精英化工有限公司	有限责任	金山区镇长春村 3015 号
141	上海申鹤构件有限公司	有限责任	青浦区白鹤镇
142	上海程晟物流有限公司	有限责任	青浦区白鹤镇
143	上海金戈装卸服务有限公司	有限责任	青浦区白鹤镇
144	上海中油申隆石油有限公司	有限	上海市奉贤区光明镇北侧
145	春奉贤县齐运输装卸社	股份	上海市奉贤齐贤镇
146	上海奉贤建设实业有限公司	有限	上海市奉贤区南桥解放路中路 276 号
147	上海海光休斯奥石化实业有限公司	有限	奉贤现代农业园区大庄路 1 号房 B 区 6 号
148	上海浦江仓储有限公司	有限	奉贤区邬桥镇叶家村
149	上海奉贤齐贤粮油购销有限公司	有限	上海市奉贤金汇镇齐贤
150	上海浦东星火开发区港务储运站	国有	上海市浦东新区星火开发区民乐路
151	上海奉贤齐贤粮油储运有限公司	有限	上海市奉贤区金汇镇（齐贤）金钱公路 2768 号
152	上海市奉贤区青村镇钱桥钦公塘大桥建材供应站	个体	上海市奉贤区青村镇钱桥社区海边村五队
153	上海城建道桥工程有限公司	有限	上海市奉贤区南桥镇南奉公路 6459 号
154	上海南航木材储运有限公司	有限责任	南汇航头大治河桥北西侧
155	上海航头燃料储运有限公司	有限责任	南汇区航头镇北首
156	南汇区宣桥乡交通管理站	集体	宣桥镇南首
157	上海金砖建筑材料有限公司	有限责任	南汇区三墩镇邵村村
158	上海浦东新区张江混凝土构件厂有限公司	有限责任	浦东新区张江路 1530 号
159	南汇县黄路乡交通管理站	个体	南汇区黄路镇大治河桥西
160	上海建工物资公司浦东分公司	国有	浦东南路 1930 号
161	上海浦东装卸起重安装总公司	集体	浦东南路 3683 号
162	上海张江汽车运输有限公司	有限	浦东张江路 1535 号
163	上海浦东川林建材经营公司	国有	浦东华夏东路 1239 弄 118 号
164	上海市浦东新区建设（集团）有限公司	有限	浦东大道 2752 号 1206 室
165	上海通恒建筑材料有限公司	有限	浦东东高路 385 号
166	上海浦东内航经贸发展有限公司	有限	浦东新川路 11 弄 1 号
167	上海纺发纪蕴仓库	国有	宝山区纪蕴路 581 号
168	上海市宝山区宝纪联营装卸站	联营	宝山区呼兰路 800 号 102 室 A 座
169	上海宝业混凝土有限公司		
170	上海泓元投资管理有限公司		
171	上海巨盛化工有限公司	有限公司	沪太路 7300 弄 196 号
172	上海宝齐氧化铁有限公司	有限公司	宝山区联水路 168 号
173	上海赛孚燃油发展有限公司	有限责任	金山区朱泾镇万联村
174	上海市粮食储运公司	国有	浦东新区张杨露 88 号 1302 室
175	上海金顿物资有限公司	有限责任	堡镇
176	上海贵弘装卸服务部	个体	堡镇
177	上海市崇明县振兴装卸站	个体	庙镇
178	上海振乾建筑材料有限公司	有限责任	陈家镇
179	上海宝山第四航运有限公司	有限责任	长兴岛

序号	企业名称	企业类型	注册地址
180	上海市长兴岛发电厂综合经营公司	集体	长兴岛
181	上海卓多星工贸有限公司		长兴岛
182	上海宝山区第三航运公司	私营	长兴岛
183	上海中为混凝土有限公司	有限责任	长兴岛
184	宝山区水利工程公司一〇二工程队	国有	长兴岛

资料来源：上海市航务管理处

【浙江省港口概况】 2008 年，浙江省港航管理系统广大干部职工紧紧围绕“三大建设”目标，加快港航强省建设步伐，创新发展理念，提高“三个服务”的能力，各项任务取得明显成效。一是向省政府正式提交了关于加快建设港航强省若干意见（代拟稿）的请示；二是加快立法步伐，《浙江省水路运输管理条例》（修订）通过省人大审议并生效实施，《浙江省港口岸线管理办法（送审稿）》报省政府审议；三是港口规划进一步完善，湖州港、温州港总体规划获得交通运输部和省人民政府批准，《宁波－舟山港总体规划》通过了交通运输部和省政府的联合审查；四是水上交通安全态势总体稳定；五是“水上康庄”工程成为新的亮点。

全年共完成水运基本建设投资 104.9 亿元，为年度计划的 104%，同比增长 22.8%。其中内河项目完成投资 18.0 亿元，沿海项目完成投资 86.9 元。共建成码头泊位 74 个，其中万吨级以上泊位 13 个，新增吞吐能力 6 207 万吨，新增高等级航道 110 公里。

2008 年浙江省主要港口完成货物吞吐量对比表、2008 年浙江省主要港口分货类吞吐量一览表、2008 年浙江省主要港口泊位数一览表、2008 年浙江省港口吞吐量（按港口分）一览表、2008 年浙江省港口吞吐量(按货物形态、包装及货类分)(合计）一览表、2008 年浙江省港口吞吐量（按货物形态、包装及货类分）(内河合计）一览表，详见（表 5—12)、(表 5—13)、(表 5—14)、(表 5—15)、(表 5—16)、(表 5—17)。

（浙江省局　吴永平）

【2008 年浙江省主要港口完成货物吞吐量对比表】 （表 5—12）

港口名称	2008 年货物吞吐量（万吨）	2007 年货物吞吐量（万吨）	2008 年比 2007 年 ±%	其中集装箱吞吐量（万吨）
宁波—舟山港	52 047	47 336	9.9	1 093
温州港	4 958	4 246	16.7	38
台州港	3 898	3 507	11.2	6.4
嘉兴港（沿海）	2 834	2 417	17.2	10
杭州港	7 459	7 908	−6	−
湖州港	14 300	4 204	240（港区调整）	−
嘉兴内河港	7 871	8 164	−3.5	−

【2008 年浙江省主要港口分货类吞吐量一览表】 （表 5—13）

货物吞吐量（万吨）				集装箱吞吐量（万 TEU）	汽车吞吐量（万辆）	旅客吞吐量（万人次）
合计	矿石	煤炭	油品			
85 718	13 661	12 541	12 212	1 148	485	2 865

【2008 年浙江省主要港口泊位数一览表】 （表 5—14）

泊位长度（米）	泊位个数（个）	泊位年通过能力					
		货物（万吨）			集装箱（万 TEU）	旅客（万人次）	汽车（万辆）
		矿石	煤炭	油品			
284 302	5 217	11 997	11 638	16 390	651	6 965	435

【2008年浙江省港口吞吐量（按港口分）一览表】 （表5—15）

港口	货物吞吐量				集装箱吞吐量			滚装汽车吞吐量（万辆）	旅客吞吐量		利用自然岸坡完成船舶货物装卸量
	合计（万吨）	其中：外贸	出港	其中:外贸	箱数（万TEU）	重量（万吨）	重量（货重）		（万人）	出港	
A	1	2	3	4	5	6	7	8	9	10	11
全省总计	95 637.49	23 898.43	41 316.93	5 240.75	1 147.88	9 356.94	7 005.36	485.31	2 865.10	1 426.70	1 471.01
一、沿海港口合计	64 517.97	23 898.33	24 058.39	5 240.75	1 147.87	9 356.84	7 005.27	485.31	2 502.08	1 242.03	29.90
嘉兴（沿海）	2 834.14	258.62	496.83	17.27	10.07	138.77	117.40	0.00	0.00	0.00	0.00
宁波	36 185.32	16 887.64	14 447.52	5 070.37	1 084.63	8 561.07	6 343.20	199.18	1 183.32	577.25	0.00
舟山	15 862.38	6 168.93	7 541.46	100.99	8.74	55.69	32.39	200.89	1 267.26	640.75	0.00
台州	3 897.83	445.39	359.33	4.97	6.38	80.27	67.34	41.79	17.07	8.51	29.90
温州	4 958.38	137.75	1 152.75	47.15	38.05	521.04	444.94	43.45	18.34	7.30	0.00
瑞安	381.76	0.00	39.46	0.00	0.00	0.00	0.00	0.00	5.87	2.94	0.00
鳌江	180.97	0.00	9.92	0.00	0.00	0.00	0.00	0.00	10.22	5.28	0.00
龙江	217.19	0.00	11.12	0.00	0.00	0.00	0.00	0.00	0.00	0.00	0.00
二、内河港口合计	31 119.52	0.10	17 258.54	0.00	0.01	0.10	0.09	0.00	363.02	184.67	1 441.11
1.京杭运河小计	27 494.25	0.10	15 389.42	0.00	0.01	0.10	0.09	0.00	0.00	0.00	0.00
嘉兴	7 871.39	0.00	2 536.66	0.00	0.00	0.00	0.00	0.00	0.00	0.00	0.00
杭州	5 299.48	0.00	1 041.38	0.00	0.00	0.00	0.00	0.00	0.00	0.00	0.00
练市	142.08	0.00	13.33	0.00	0.00	0.00	0.00	0.00	0.00	0.00	0.00
新市	845.66	0.00	322.24	0.00	0.00	0.00	0.00	0.00	0.00	0.00	0.00
南浔	148.12	0.10	5.49	0.00	0.01	0.10	0.09	0.00	0.00	0.00	0.00
湖州	4 241.47	0.00	3 735.95	0.00	0.00	0.00	0.00	0.00	0.00	0.00	0.00
埭溪	896.00	0.00	895.69	0.00	0.00	0.00	0.00	0.00	0.00	0.00	0.00
武康	59.49	0.00	17.81	0.00	0.00	0.00	0.00	0.00	0.00	0.00	0.00
德清	3 497.99	0.00	3 307.02	0.00	0.00	0.00	0.00	0.00	0.00	0.00	0.00
和平	656.26	0.00	653.61	0.00	0.00	0.00	0.00	0.00	0.00	0.00	0.00
梅溪	251.91	0.00	224.38	0.00	0.00	0.00	0.00	0.00	0.00	0.00	0.00
安城	305.38	0.00	247.09	0.00	0.00	0.00	0.00	0.00	0.00	0.00	0.00
菱湖	291.64	0.00	120.33	0.00	0.00	0.00	0.00	0.00	0.00	0.00	0.00
双林	62.01	0.00	13.10	0.00	0.00	0.00	0.00	0.00	0.00	0.00	0.00
李家巷	697.87	0.00	600.29	0.00	0.00	0.00	0.00	0.00	0.00	0.00	0.00
泗安	195.47	0.00	194.65	0.00	0.00	0.00	0.00	0.00	0.00	0.00	0.00
雉城	404.39	0.00	65.02	0.00	0.00	0.00	0.00	0.00	0.00	0.00	0.00
小浦	1 067.05	0.00	849.80	0.00	0.00	0.00	0.00	0.00	0.00	0.00	0.00
陈湾	149.59	0.00	136.46	0.00	0.00	0.00	0.00	0.00	0.00	0.00	0.00
座山湾	411.00	0.00	409.12	0.00	0.00	0.00	0.00	0.00	0.00	0.00	0.00
2.其他水系小计	3 625.27	0.00	1 869.12	0.00	0.00	0.00	0.00	0.00	363.02	184.67	1 441.11
临安	22.04	0.00	1.88	0.00	0.00	0.00	0.00	0.00	0.00	0.00	0.00
桐庐	362.20	0.00	176.14	0.00	0.00	0.00	0.00	0.00	0.00	0.00	0.00
富阳	1 539.48	0.00	934.42	0.00	0.00	0.00	0.00	0.00	0.00	0.00	0.00
梅城	199.37	0.00	111.03	0.00	0.00	0.00	0.00	0.00	0.00	0.00	0.00
淳安	37.29	0.00	2.04	0.00	0.00	0.00	0.00	0.00	316.04	160.85	0.00
乌溪	0.00	0.00	0.00	0.00	0.00	0.00	0.00	0.00	4.18	2.09	0.00
遂昌	0.00	0.00	0.00	0.00	0.00	0.00	0.00	0.00	3.12	2.48	0.00
兰溪（浙）	25.00	0.00	0.60	0.00	0.00	0.00	0.00	0.00	0.00	0.00	212.00
横锦	0.00	0.00	0.00	0.00	0.00	0.00	0.00	0.00	6.56	3.28	0.00
湄池	198.40	0.00	82.30	0.00	0.00	0.00	0.00	0.00	0.00	0.00	0.00

港口	货物吞吐量				集装箱吞吐量			滚装汽车吞吐量（万辆）	旅客吞吐量		利用自然岸坡完成船舶货物装卸量
	合计（万吨）	其中：外贸	出港		箱数（万TEU）	重量			（万人）	出港	
				其中:外贸		（万吨）	（货重）				
A	1	2	3	4	5	6	7	8	9	10	11
柯桥	462.70	0.00	15.50	0.00	0.00	0.00	0.00	0.00	0.00	0.00	0.00
绍兴	119.80	0.00	32.10	0.00	0.00	0.00	0.00	0.00	0.00	0.00	0.00
东关（浙）	33.40	0.00	0.06	0.00	0.00	0.00	0.00	0.00	0.00	0.00	0.00
曹娥	247.80	0.00	247.80	0.00	0.00	0.00	0.00	0.00	0.00	0.00	0.00
蒿坝	99.30	0.00	45.80	0.00	0.00	0.00	0.00	0.00	0.00	0.00	0.00
三界	77.50	0.00	77.50	0.00	0.00	0.00	0.00	0.00	0.00	0.00	0.00
姚江	55.51	0.00	0.00	0.00	0.00	0.00	0.00	0.00	0.00	0.00	768.40
温溪	38.00	0.00	38.00	0.00	0.00	0.00	0.00	0.00	0.37	0.10	101.00
港头	32.00	0.00	32.00	0.00	0.00	0.00	0.00	0.00	0.36	0.10	96.00
鹤城	42.00	0.00	42.00	0.00	0.00	0.00	0.00	0.00	0.00	0.00	110.00
祯埠	28.00	0.00	28.00	0.00	0.00	0.00	0.00	0.00	0.47	0.20	61.00
丽水	0.00	0.00	0.00	0.00	0.00	0.00	0.00	0.00	6.00	2.95	90.00
云和	4.11	0.00	1.95	0.00	0.00	0.00	0.00	0.00	19.70	10.05	0.94
龙泉（浙）	1.37	0.00	0.00	0.00	0.00	0.00	0.00	0.00	4.48	2.24	1.37
景宁	0.00	0.00	0.00	0.00	0.00	0.00	0.00	0.00	1.74	0.33	0.40

【2008年浙江省港口吞吐量（按货物形态、包装及货类分）（合计）一览表】 （表5—16）

分类	序号	合计		出港		进港	
			外贸		外贸		外贸
A	B	1	2	3	4	5	6
货物吞吐量合计（吨）	1	956 375 034	238 984 420	413 169 192	52 407 553	543 205 842	186 576 867
1.液体散货	2	132 973 042	75 258 374	35 842 754	2 304 794	97 130 288	72 953 580
其中：原油	3	88 800 513	62 578 051	16 860 825	695 456	71 939 688	61 882 595
成品油	4	29 956 484	5 043 415	16 612 267	834 285	13 344 217	4 209 130
液化气、天然气及制品	5	949 556	268 319	238 271	0	711 285	268 319
2.干散货	6	590 120 010	81 187 129	261 774 839	57 507	328 345 171	81 129 622
其中：煤炭及制品	7	136 516 505	4 231 803	19 443 365	0	117 073 140	4 231 803
金属矿石	8	137 307 338	72 706 572	61 738 291	0	75 569 047	72 706 572
散水泥	9	26 657 645	0	18 296 440	0	8 361 205	0
散粮	10	5 698 782	2 750 277	1 901 728	0	3 797 054	2 750 277
散化肥	11	7 061	5 325	1 736	0	5 325	5 325
3.件杂货	12	70 567 778	4 733 468	25 992 571	685 727	44 575 207	4 047 741
其中：木材	13	2 088 447	245 502	296 551	0	1 791 896	245 502
粮食	14	3 714 139	0	787 057	0	2 927 082	0
化肥	15	845 983	24 762	336 404	12 542	509 579	12 220
水泥	16	11 945 194	7 301	5 229 891	7 301	6 715 303	0
4.集装箱（TEU）	17	11 478 708	10 177 767	5 830 548	5 202 140	5 648 160	4 975 627
重量（吨）	18	93 569 428	77 805 449	55 052 584	49 359 525	38 516 844	28 445 924
其中：货重	19	70 053 571	56 947 058	43 064 362	38 638 052	26 989 209	18 309 006
5.滚装船汽车吞吐量（辆）	20	4 853 084	0	2 423 785	0	2 429 299	0
重量（吨）	21	69 144 776	0	34 506 444	0	34 638 332	0

【2008 年浙江省港口吞吐量（按货物形态、包装及货类分）（内河合计）一览表】 （表 5—17）

分　　类	序号	合　计		出　港		进　港	
			外　贸		外　贸		外　贸
A	B	1	2	3	4	5	6
货物吞吐量合计（吨）	1	311 195 191	1 049	172 585 231	23	138 609 960	1 026
1.液体散货	2	4 723 802	0	618 236	0	4 105 566	0
其中：原油	3	601 219	0	3 900	0	597 319	0
成品油	4	2 974 968	0	568 699	0	2 406 269	0
液化气、天然气及制品	5	0	0	0	0	0	0
2.干散货	6	286 828 082	0	163 326 053	0	123 502 029	0
其中：煤炭及制品	7	32 687 977	0	7 807 640	0	24 880 337	0
金属矿石	8	2 015 513	0	723 659	0	1 291 854	0
散水泥	9	24 763 883	0	17 936 681	0	6 827 202	0
散粮	10	155 109	0	24 025	0	131 084	0
散化肥	11	1 336	0	1 336	0	0	0
3.件杂货	12	19 642 258	0	8 640 919	0	11 001 339	0
其中：木材	13	1 366 984	0	228 609	0	1 138 375	0
粮食	14	2 030 312	0	611 901	0	1 418 411	0
化肥	15	535 485	0	195 778	0	339 707	0
水泥	16	5 052 606	0	4 027 725	0	1 024 881	0
4.集装箱（TEU）	17	81	81	9	9	72	72
重量（吨）	18	1 049	1 049	23	23	1 026	1026
其中：货重	19	877	877	0	0	877	877
5.滚装船汽车吞吐量（辆）	20	0	0	0	0	0	0
重量（吨）	21	0	0	0	0	0	0

【京杭运河浙江段】 京杭运河（浙江段）全长100 公里。京杭运河杭州段主要运河港区、余杭港区；共有码头经营单位 143 家，其中运河港区码头经营单位 49 家；余杭港区码头经营单位 94 家。2008 年完成港口货物吞吐量 4 022 万吨，其中运河港区 2 484 万吨，余杭港区 1 538 万吨。

京杭运河湖州段主要有南浔港区和德清港区二个，运河沿线共有码头单位 28 家，建有码头泊位 70 个，泊位长度 3 352 米，泊位年设计通过能力 142 万吨，其中靠泊能力在 500 吨级以上的码头泊位有 42 个。2008 年完成港口货物吞吐量5 047 万吨，其中南浔港区 644 万吨，德清港区4 403 万吨。

（浙江省局　吴永平）

【宁波—舟山港】 2008 年，宁波一舟山港共完成货物吞吐量 52 047 万吨，比上年增长 9.9%；完成集装箱吞吐量 1 093 万标箱，比上年增长15.9% ，成为国内第四个千万标箱等级的世界大港，并跨入全球十大集装箱港口之列。截止年底，宁波一舟山港已开辟港口集装箱航线 210 条，其中包括作为衡量集装箱码头地位重要标志的集装箱国际远洋干线 118 条，干线箱量占外贸箱量的比例达到 80%；开辟近洋航线 47 条，内支线 18 条，内贸线 27 条。平均每月航班超过 900 班，与 100多个国家和地区的 600 多个港口通航，成为全球发展最快的港口之一。宁波一舟山港共拥有万吨级以上深水泊位 94 个，其中宁波港域 67 个，舟山港域 27 个。

宁波港域：

地　址　宁波市江东区王隘路 106 号

邮　编　315041

电　话　（0574）87831368

传　真　（0574）87883407

舟山港域：

地　址　舟山定海码头 1 号港务大楼

邮　编　316000

电　话　（0580）2067191

传　真　（0580）2067181

（浙江省局　吴永平）

【宁波市港航管理局】 2008年，宁波市港航局机关有职工134人，其中在编职工99人,具有高级职称技术人员11人、中级职称33人、初级职称21人。

宁波市港航管理局认真贯彻科学发展观，深入实施港航强省战略，港航事业取得了新成效。

·*港口企业管理* 2008年，全市核发《港口经营许可证》的企业252家，码头泊位331座。具有《危货作业认可证》的企业57家，102个码头泊位。

·*危险品货物管理* 2008年，全市共受理港口危险品货物作业船舶5 464艘次,申报危货6 300万吨，申报危货集装箱34 404标准箱。

·*港口吞吐* 2008年，宁波港域完成货物吞吐量3.62亿吨，其中，完成外贸吞吐量1.68亿吨。完成旅客吞吐量1 183万人次。分别为去年周期的4.83%、6.98%、8.5%。

·*港航规费有效增长* 全年全市共完成港航规费收入14 226万元，同比增长12.5%，代征港口设施保安费2 367.8万元，同比增长34.2%。

·*港航安全形势持续稳定* 全市共发生水上交通事故13起，死亡7人，失踪1人，沉船9艘，直接经济损失380.6万元。未突破省、市下达的考核指标。

·*港航执法进一步强化* 2008年，港航行政执法规范化建设全面启动，其主要内容有：执法队伍组织体系建设；执法责任制体系建设；执法设施设备建设。对执法人员进行执法文书制作，行政处罚自由裁量权行使及港口危险货物监管等专业执法培训，通过执法检查和港航十佳执法案卷评比等活动，有效提升执法人员的实际操作能力。通过制定《宁波市港航局重大行政许可事项集体讨论制度（试行）》、《港航行政处罚自由裁量权实施办法》、《宁波市港航局行政处罚操作规程》等制度规范执法行为。全市全年共组织现场检查1 851天次，8 383人次，检查各类港口航运企业2042家次，检查码头泊位2 097座次，受理危险货物申报船舶11 077艘次，危险货物6 358.766万吨，交验进出港船舶3 589艘次，货物吞吐量28 342万吨，补征各类规费912 793元，纠正各类违章企业及船舶941起。发出整改通知书214份，有102家落实了整改措施，立案查处行政执法案件126起，其中一般程序66起、简易程序60起，罚款金额496 852元。通过有效监管，维护了水运市场营运秩序。港航局的“浙港政BA9（2008）2”和“浙运政BA（2008）12两案卷被评为“浙江省水路交通十佳案卷”。我局“浙运政BA（2008）17和”浙港政BE（2007）4两案卷被评为“宁波市交通行政执法十佳案卷”。通过参与执法案卷评审，港航执法的能力和水平得到了有效提升。

·*港口联盟建设* 为实施港航强省，推进港口经济发展推进浙东区域经济合作与发展，促进浙东区“港口联盟”建设，2月中旬，我局会同宁波港集团赴台州 商议两港合作事宜，拟定合作项目意向，下旬，宁波港集团与嘉兴港务局就两港合作进行磋商，就有关项目合作达成共识。7月31日宁波港股份有限公司收购，兼并嘉兴乍浦港区一、二期码头，并控股75%股权。标志着两港合作迈入新阶段。

·*港口设施保安履约* 1月，组织全市23家港口设施履约企业学习贯彻《中华人民共和国港口设施保安规则》，3月，召开全市港口设施保安年度工作总结及宣贯培训会议，4月召开2008年度《港口设施保安符合证书》核验工作布置会。6至9日，对全市21家23个港口设施分三批次进行年度核验，通过采取“保安知识测试” 台账检查，实地检查；现场保安训练科目测试等方式，综合评估和反映港口设施履约工作状况。参加核验的23家企业有6家被整改和延期整改,至年末，23家企业全部通过市级核验，其中8家参加省级核验的企业全部合格。全年有24个港口设施的130人,港口管理部门18人参加交通运输部组织的“港口设施保安工作培训班”，全部通过考试并获港口设施保安员证书。

·*港区规范化建设全面推进* 港区规范化建设主要从六方面反映：“码头名称规范，安全生产规范，经营环境规范，设施设备规范，人员管理规范，网络信息规范，在大榭港区规范化建设试点成功的基础上，港航管理部门于4月23日在大榭港区召开港区规范化建设试点工作总结暨规范化建设动员大会，全面启动全市港区规范化建设工作。6月，发布《港口规范化工作实施计划》，各地制定了具体实施方案，港口规范化建设正在全市有序有效开展。

·*港口经营市场专项整治* 5至6月在全市开展港口经营市场专项整治活动，共出动人员1 031

人次，车辆 295 车次，检查企业 206 家，发现安全隐患 231 起，已整改 101 起，对一家危货企业实施黄色预警，立案查处违法行为 8 起，罚款金额 46 555 元。

·集装箱危险货物匿报、谎报专项整治　8至10 月，在全市开展集装箱危险货物匿报、谎报专项整治。活动有宁波市交通局（港口局）、宁波海关、宁波检验检疫局、宁波海事局等八部门，十二家单位联合行动，各司其职、综合治理。专项整治期间，共受理申报集装箱危险货物 17 136 标准箱，开箱检查可疑集装箱 250 箱次，检查集装箱船舶 82 艘次，发现涉嫌谎报、匿报行为 36 起，立案查处 31 起，罚款金额 50 万元。销毁烟花爆竹 2 325 箱，发放宣传资料 1 000 多份，发布简报，公告 20 多期，媒体宣传报道 10 多篇，培训企业从业人员 1 000 多人次。

地　址　宁波市江东王隘路 106 号
邮　编　315040
电　话　（0574）87831368
传　真　（0574）87883407

（宁波市局　沈荣进）

【台州市港航管理局】　台州市港航管理局于2003 年实施体制改革，原台州港务管理局和原台州市航运管理处合并，组建新的台州市港航管理局，同时挂台州市航道管理局、台州市船舶检验局（三块牌子一套人马），是代表市政府行使港口管理职能的正处级单位，同时承担全市航道航政、水路运政以及船舶法定检验等行政执法工作。局机关内设职能处室 17 个。

2007 年 2 月省政府批复《台州港总体规划》，确定台州港为一港六区，自北而南布置健跳、临海（头门）、黄岩、海门、温岭、大麦屿六个港区。台州港口已建、规划建港岸线 96.23 公里，具备开发港口有利条件的深水岸线为 30.75 公里，占港口岸线的 32%。

2008 年，台州市港航工作根据省委“港航强省”和市委、市政府建设“三个台州”的具体要求，坚持实施“一三五”港航发展思路和“一型三化”港口开发战略，积极推进以临海（头门）枢纽港区为重点的台州湾港口资源开发前期工作和大麦屿枢纽港区建设，实施港航六大举措，全面构建和谐港航。概括起来主要表现为“一个明确、两个突破、两个稳定”，明确突出台州湾港口资源综合开发的港口发展思路，在临海（头门）港区开发前期工作和港航综合执法上有了新的突破，在行业安全监管和国有港务企业托管上保持平稳。

2008 年，台州市港航企业的行业管理和业务指导有效加强，重点物资和国际集装箱的疏港扎实有序，港航经济指标持续稳定发展。港口生产货种结构日趋优化，总吞吐量在矿建材料同比大幅减少 26%的情况下实现较大增长。全年完成港口货物吞吐量 3 897.8 万吨，其中外贸吞吐量 445.4 万吨，集装箱 6.4 万标箱，分别为上年的 111.2%、123.9%和 118.9%；台州沿海运输船舶完成货运量5 468 万吨，货物周转量为 6 729 341 万吨公里，分别为上年的 99.7%和 98.4%；内河运输船舶完成货运量 173 万吨，货物周转量 7 262 万吨公里，分别为 2007 年的 76.9%和 100%。全市渡口 41 处，渡船 80 艘，4 708 客位和 6 车位，共完成渡运量482.2 万人次，连续 16 年安全无等级事故。全市共征收水路事业规费 8 052 万元，为 2007 年同期的 99%；引航船舶 3 898 艘次，引航总吨位 1 478万吨，引航费收入 492 万元。

·规划编制和港航经济研究取得新进展　结合温台沿海产业带的发展实际，进一步细化了台州港各港区的功能，明确了以临海（头门）枢纽港区为主体，海门港区大陈石化作业区、牛头颈集装箱作业区共同组成中心港区的台州湾港口资源综合开发的思路。修编完善大麦屿、临海（头门）、健跳、温岭、黄岩等 5 个港区的控制性详规，并于 7 月得到市政府的批复，相配套的台州港集疏运规划、引航发展规划正在编制当中。开展台州港口经济发展战略研究，明确台州港的发展战略定位和规划目标。开展海门港区港口资源整合，加快中心城市建设。配合市石化办开展石化园区配套码头前期工作。开展“台台”直航调研，台州港成为大陆对台湾直航的 63 个港口之一。

·港口基础设施建设继续推进　市委常委会通过了市本级和临海联合开发临海（头门）港区的方案，明确了开发的目标定位、主体和进度要求等。头门岛交通码头工程完成总工程量的 60%；北洋涂围垦工程完成总工程量的 50%。大麦屿港区已建成 11 座码头，开通集装箱内贸线、内支线航线 3 条。5 万吨级多用途码头已完成主体工程的施工和大型装卸机械的安装，通过了交工验收；环洲钢业 3 万吨级多用途码头建设的土地问题得到解决；浙江佳诺物贸 3 万吨级散货码头完成预可编制，岸线已经通过审批。各港区建设积极推进，海门港区与宁波港合作。温岭（龙门）港区的建港论证及后续工作进一步深化，与宁波港集团、澳门银润控股集团三方合资成立开发公司，建设 2 个 3000 吨级多用途码头。浙能三门电厂、天天物流、海螺集团、浙江普瑞等一批临港产业项目落户台州港。2008 年全港水运基础设施建设项目完工 4 个，在建 2 个，完成总投资 4 亿元。

·水运行业监管有效提升　认真贯彻交通运输部 2 号令，做好相关企业整改和重点企业帮扶工作。全面开展委托经营管理专项整治“回头看”活动，组织全市水运企业开展对口检查、学习交流，实施水运企业预警制度，促进企业规范经营。全市共有水运企业 74 家，比 2007 年末新增企业 10 家，增长 15.6%，全市水路运力总量 143 万载重吨，其中沿海运力总量 140 万载重吨。共有机动运输船舶 1 866 艘，其中客船 12 艘 1 572 客位，货船 1 845 艘 142 万载重吨，驳船 9 艘 5 866 载重吨。

·船舶检验不断规范　加强船舶工业的长效管理，加大引导监督，规范生产行为，提高工艺水平，促进产业提升。建立实施全市船舶工业信息通报制度，实现部门联动、信息互通，加强台州境内从事检验工作的船检机构包括欧美等国际著名船检机构的横向协作，推动台州船舶制造业健康发展。加强船检质量体系建设，落实检验程序，实施船舶生产企业诚信管理制度，加强对造船过程的现场检查，将企业违规的处理结果向全市造船企业公布，有效遏制违规造船行为的发生。全年共检验船舶 1 663 艘，203 万总吨，其中建造检验 345 艘，114 万总吨，营运检验 1 318 艘，89 万总吨。

·行业安全监管扎实有效　组织开展奥运安保、安全生产隐患排查治理年、“两防”工作回头看和“全国安全生产月”活动，全面落实安全生产责任制。组织开展安全生产百日督查，认真组织部署春节和“五一”、清明、国庆黄金周等特殊时段的旅客运输安全工作，确保节日运输安全。开展跨航道桥梁和港口公用码头基础设施安全隐患排查回头看，督促落实隐患整改措施。与海事等相关部门配合，做好“两防”回头看、砂石船专项整治等工作。加强渡口安全管理，落实渡口安全管理责任制，强化渡运现场安全监管。加强水运行业突发事故的应急处理，“勤丰 128”碰撞金塘大桥事故的处理得到了交通运输部及省市政府的肯定。2008 年全市航运企业发生事故 4 起，死亡 4 人，沉船 1 艘，事故总数比 2007 年下降 69%；港口企业发生事故 2 起，死亡 2 人；渡口安全管理形势稳定，无任何等级的责任事故。

·港航综合执法不断加强　依法开展水路运政、航道航政、港口港政、船舶法定检验等水路综合执法，重点加强动态执法检查。加强对行政处罚、行政许可办理的监督力度，实施重大处罚案件报批制度，提高案件办理质量。通过加大巡查密度、加强内部信息交流、强化内部职能处室措施互动等各项措施，着重加强对破坏岸线、航道资源行为的处罚。特别是通过对台州江北船厂、临海法龙船厂等典型案件的查处，有效遏制了非法围填航道、违反岸线功能等现象，提高了港航执法独立性。依法加强港口岸线审批和管理，完成港区范围内使用岸线审批 30 起；严格执行《航道管理条例》，加强临、跨（拦）航道建筑物的审批，完成航政许可 9 件，巡查航道 8 200 公里。全市港航系统共办理行政许可 1 490 起，行政处罚案件 128 起，全部自动履行，未发生行政复议和行政诉讼案件。

·国有企业托管实现稳定和发展　成立国有企业委托管理工作组，增挂企业管理处，全面加强对企业的指导和监管。调整充实企业领导班子，改善国有企业班子结构，发挥班子责任主体作用。妥善处理内退即带薪离岗修养问题，保持企业的持续稳定。指导企业开展生产经营，加强内部管理，降低运行成本，帮助企业解决资金困难，并帮助企业谋发展，协调海门外沙港埠集装箱公司与宁波港集团签订合作协议，海门港埠总公司与荷兰斯密特国际公司合资成立了台州首个涉港的中外合资项目，共同经营以港口助航、助泊为主的港口经营服务。解决国有企业短驳业务回收问题，成功协调疏港公司与挂靠车主达成协议，进一步规范出场运输秩序。

·精神文明建设取得新成果　抓好干部职工的学习教育，坚持和完善党委理论学习中心组学习制度、支部学习制度和处室学习制度，通过举办港航论坛、知识竞赛、开展专题研讨等形式，深入学习贯彻党的十七大、省十二次党代会、市委全会精神，努力营造良好的机关学习氛围。共外请专家授课 6 次，组织知识竞赛 4 次，组织参加全市领导干部论坛及理论学习报告 14 次。围绕“两年”、服务“两创”、“三个台州”战略，积极推行“一线工作法”，进一步优化机关干部深入基层、联系基层、服务基层的工作机制。深入开展创建“人民满意机关”、“群众满意基层站所”和文明行业、文明单位、文明机关的创建活动，全市港航系统被市文明办命名为第三批市级文明单位。认真开展“双千结对，共建文明”活动，积极帮助结对村理清发展思路。开展以“服务两创、再增感情”为主要内容的“下村进企”蹲点调研活动，切实帮扶路桥蓬街镇水缺头村解决实际困难。抓好日常党风廉政教育及监察工作，与中层干部签订年度党风廉政承诺书，实行党风廉政考核。严格执行小型项目招投标管理监督意见，加强对招投标工作的监督。推行违反机关效能建设行为责任追究制度，强化日常监督检查。港航信息宣传进一步加强，档案管理通过省二级达标认定，社会认知度得到提升。组织开展“向汶川地震灾区献爱心捐款活动”，局机关党员、干部职工向地震灾区捐款 11 万元。

电　话　(0576) 88859005
传　真　(0576) 88859000
地　址　台州市椒江区江滨路 46 号
邮　编　318000
网　址　www.tzgh.gov.cn

（台州市港航局　林小杰）

【嘉兴市港务管理局】 嘉兴市港务管理局是嘉兴市人民政府根据《港口法》规定指定的嘉兴港港口行政管理部门，主要负责嘉兴港规划范围的港口行政管理，包括港口规划、建设、经营秩序、安全生产、环境保护等监督管理职能。局内设办公室（政策法规处）、规划建设处（三期办）、港政管理处、安全监督处（执法大队）、港口发展处、计划财务处、人事科教处、独山港务分局、海盐港务分局。

嘉兴港（原名乍浦港），是浙北地区唯一的海港和国家一类开放口岸，是嘉兴市与浙江省接轨上海的桥头堡，浙江沿海四大主要港口之一，也是长三角港口群的重要一员。

嘉兴市港务管理局所辖岸线东起平湖金丝娘桥，经益山、乍浦、海盐三大港区，规划码头泊位岸线 26.5 公里，可建泊位 130 多个（其中万吨级以上深水泊位近百个），年吞吐能力近亿吨。

嘉兴港在嘉兴市委市政府的正确领导下，在浙江省嘉兴市有关部门的关心支持下，凭借独特的海河联运优势、优越的地理位置、发达的腹地经济、便捷的交通条件、丰富的港口资源，经过 20 多年的建设发展，截至 2008 年底，已建成外海万吨级以上深水泊位 19 个、千吨级泊位 9 个，年吞吐能力达 2 589 万吨，初步形成了公用、专用泊位相配套、内外贸兼营、集装箱、散杂货及油品装卸功能齐全的综合性港口。接卸的主要货物有煤炭、油品、木材、钢铁、粮食、建材、化工等，已与日本、美国、加拿大、澳大利亚等 30 多个国家和地区的港口建立了运输往来。

2008 年，全港累计完成货物吞吐量 2 834 万吨，同比增长 17.2%。其中外贸完成 258 万吨；装卸集装箱 100 678 标箱，同比增长 170.8%，其中外贸箱完成 35 758 标箱，同比增长 69.4%；公用码头完成吞吐量 1 727 万吨，同比增长 27.9%；全港完成煤炭 1 930 万吨，同比增长 14.2%，其中公用码头完成 1 199 万吨.同比增长 23.7%。到港船舶 2 615 艘次，同比增长 38.4%，其中外贸船舶 578 艘次，同比增长 9.5%；引领船舶 1 040 艘次，同比增长 6.0%，其中外籍轮船舶 975 艘次，同比增长 3.2%。船舶引航、外轮理货、拖轮助泊等港口相关服务产业保持良好发展态势。

规划到 2010 年，嘉兴港乍浦、独山、海盐三个港区共拥有生产性码头泊位 43 个（其中万吨级以上深水泊位 32 个、千吨级泊位 11 个），货物吞吐能力 4297 万吨/年（其中集装箱吞吐能力 30 万 TEU/年）；全港码头泊位数、货物吞吐能力、货物吞吐量三项指标与“十五”期末相比实现翻一番。规划到 2020 年，嘉兴港乍浦、独山、海盐三个港区共拥有生产性码头泊位 68 个（其中万吨级以上深水泊位 53 个、千吨级泊位 15 个），货物吞吐能力 6 360 万吨/年（其中集装箱吞吐能力 70 万 TEU/年）；拥有 5 千至 2 万吨级游轮、千吨级旅游客运泊位各 1 个。

地　址　平湖市乍浦镇沪杭路 351 号
邮　编　314201

电　话　（0573）85522755
传　真　（0573）85521144
（嘉兴市港务局　刘宏伟）

【嘉兴市港航管理局】　嘉兴市地处长江三角洲河网发达地区，水运条件十分优越，是全国内河航运最发达地区之一。嘉兴市港航管理局是负责水路运政管理、水上交通安全、船舶检验、港政管理和航道规划、建设、养护、管理，以及规费征收和稽查职能的“四牌一门”事业单位，即市港航管理局、市地方海事局、市船舶检验局和市航道管理局。全市设有城郊、嘉善、平湖、海盐、海宁、桐乡6个县（市、区）港航管理处和31个港航管理检查站。

2008年，全市完成水路货运量7 114.16万吨，完成货运周转量99.01亿吨公里。境内河道纵横密布，有定级航道224条，航道里程1 946公里，占全省内河通航里程的五分之一，通航里程名列浙江省第一。其中，四级航道169.46公里，五级航道176.81公里，六级航道405.61公里，七级航道268.48公里。主要有京杭运河、杭申线和东宗线3条四级干线航道，乍嘉苏线、六平申线2条五级干线航道，与长湖申线、杭湖锡线、钱塘江等相互贯通，共同构成浙北航道网。嘉兴内河港已列入交通运输部公布的全国28个内河主要港口之一，拥有内河码头泊位1 550个，其中500吨级及以上的码头208个，300吨至500吨级码头泊位345个。全市全年内河港口货物吞吐量7 871.39万吨。

2008年末，拥有内河营运船舶6 253艘，88.50万载货吨，沿海营运船舶10艘。

据2006年调查统计，全市共有沿河企业约640家，实现销售收入约174.3亿元，以建材、船舶修造、食品饲料、造纸、能源等五大行业为主。其中船舶修造企业63家，占地面积约538亩，从业人员2200余人，具有500吨级以上建造能力的船舶修造企业25家、船台100多个，2005年建设船舶680艘，4.86万总吨，产值约5亿元，嘉兴造船企业建造的小型公务用艇在全国享有一定的声誉。“九五”期间，重点建设了京杭运河、杭申线、六平申线、乍嘉苏线、嘉兴铁水中转港等“四线一港”工程，共计投资14.98亿元，改造航道总里程246.45公里；“十五”期间着重做好完善工作，共计投资9.13亿元，改造航道里程165公里，完善了乍嘉苏线，开工建设东宗线航道和嘉于硖线南郊河工程。通过“九五”的航道建设和“十五”的完善工程，已初步形成了以300至500吨级航道为主骨架，50至100吨级航道为支线的内河航道网络。航道条件的改善，大大提高了水运货物的通过能力，基本适应了经济和社会的发展需要，航道改造后我市内河货物通过量大幅增长，内河航运担负着矿建材料、钢材、煤炭、粮食、石油等大宗物资的运输，全市基本建设所需建筑材料的90%、生产和生活用煤的85%、石油的80%，重特大物件也主要依靠内河航运完成。

内河航运发展与建设有力促进了沿河产业带的形成，是推进区域经济一体化、发挥整体优势的重要支撑。我市经济发达而资源短缺，内河航道沟通了主要资源产地和消耗地，为区域间的经济交流提供了运输保证，在区域经济发展中具有独特的作用，如每年通过水路运进我市的煤炭就达1600多万吨。同时，沿河设厂、建设开发区和工业园区，促进了内河航运的进一步发展，内河航运与区域经济发展互为依存、互相促进的良性循环，“沿河效应”全面显现。内河航运完善了区域综合运输体系，降低了综合运输成本，提升了经济社会综合竞争力。内河航运是国民经济发展的基础产业之一，是综合运输体系和水资源综合利用的重要组成部分，以占地少、耗能低、污染小、安全性高、运量大、投资省等特点被称为“绿色”运输，符合我国建设节约型社会、实施可持续发展战略的要求。统计资料表明，水运、铁路和公路的单位能耗比为1∶2.5∶8.6；一条四级航道的货物年通过量相当于3条双向四车道高速公路或者一条铁路干线的总运量；从运费上比较，嘉兴市内河水运单位周转量运输成本为0.09295元/吨公里，公路运输为0.6053元/吨公里，铁路运输为0.1112元/吨公里，水运的低成本优势非常突出，随着航道等级的提高，标准化、大吨位船舶的推广，水运成本还将进一步下降。

嘉兴市水路交通“十一五”建设规划项目概括为“五干三支二港”，投资占据了全省的内河水运投资半壁江山，其中五条干线航道已列入交通部“十一五”水路交通发展规划和交通部《长三角地区高等级航道网规划》，属国家重点建设项目。

· 京杭运河嘉兴段“四改三”工程　京杭运河涉及多个省份，里程较长，浙江段由国家发改委立项，工可等前期工作由省港航管理局统一组织实施，初步设计后各地市分段实施。目前，京杭运河（嘉兴段）17.353 公里的测量、勘探以及地质灾害危险性评估报告均已完成，正就江浙两省界河段设计方案与实施方式与江苏方面进行协商。二通道线位以及原有桥梁布置方案均已明确，沿线的港口布置选址论证报告也已完成。

· 湖嘉申线嘉兴段一期工程　起于乍嘉苏航道，终于杨树浜杭申线交界处，改造里程 14.76 公里。目前，项目各项工作进展顺利，2008 年 12 月 25 日举行了开工仪式。与嘉善县、秀洲区的建设协议均已签署，嘉善段桥梁工程已完成招标工作，洪溪大桥已开工建设；秀洲段征迁工作已全面启动，正在进行项目的招标工作。项目的土地征用报批资料于 2008 年 6 月上报国土资源部。

· 杭平申线四级航道改造工程　起自长山河和杭申线交义口，终于沪浙交界的泖口，涉及桐乡市、海宁市、秀洲区、海盐县和平湖市，实际改造里程 105.2 公里（包括黄姑塘支线 11.92 公里和海塘线支线 3.61 公里），按四级航道标准改造。工程可行性研究报告也已于 2005 年 9 月联合审查通过。水土保持方案和环境影响评价报告已分别由省水利厅和省环保局批复。

· 杭申线“四改三”航道改造工程　起自博陆，终于沪浙省界，航道现状等级四级，按三级航道标准进行改造，杭申线嘉兴段全长 92.35 公里。该工程项目建议书已由省发改委批复，水土保持方案、环境影响评价报告也由省级有关部门批复，工可也于 2005 年通过审查。

· 乍嘉苏线“五改四”航道工程　起自乍浦闸桥，终于江浙两省交界的江苏省硫酸工厂，全长 65.97 公里。该工程项目建议书已由省发改委批复，水土保持方案、环境影响评价报告也由省级有关部门批复，工可也于 2005 年通过审查，航道的测量工作已完成。其中嘉兴以北 18.57 公里，结合护岸完善工程，已按四级航道标准改建。

· 嘉于硖线航道改造工程　为“十五”续建项目，分为南郊河段、嘉于段和于硖段，按四级航道标准建设，总里程 41.598 公里，项目计划今年底基本建成。于硖段航道工程和南郊河段已通过交工验收，工程均被评定为优良工程。嘉于段施工图即将审查，尽早开工建设。

· 东宗线　改造标准为四级，分为一期与二期。一期长 17.52 公里，2007 年底通过交工验收。二期全长 6.39 公里计划 2010 年底前全部完工。

· 何家桥线工程　全长 5.48 公里，改造标准为六级。2007 年 5 月省政府正式批准该项目列入我省内河“四自”航道工程。

· 嘉兴内河多用途港区　位于杭申线七星镇，占地 489 亩，码头前沿顺岸布置 500 吨级多用途泊位 8 个，1 000 吨级待泊泊位 4 个，年吞吐能力为 250 万吨（含集装箱 18 万 TEU），总投资 4.37 亿元。该项目于 2006 年 7 月 27 日举行了开工仪式，土地已获国土资源部的批复，主体工程已全面开工建设。

· 独山海河直达枢纽　即在实施独山排涝应急工程时实现通航功能，已完成外海围垦方案的专家会审，并委托省水利水电设计院完成了船闸和港池的总平面布置设计方案。

· 海宁公用码头　海宁港区综合性公用码头—海宁公用码头（300 吨级泊位 13 个，投资总额 4 500 万元，年设计吞吐量 200 万吨）于 2008 年 7 月 1 日开工建设，计划于 2009 年 4 月 30 日建成。说明嘉兴内河港综合性公用码头建设力度逐渐加大。

地　址　嘉兴市栅堰路 42 号
邮　编　314033
电　话　（0573）82132313
传　真　（0573）82132279
网　址　http://www.jxgh.gov.cn

（嘉兴市港航局　沈　纲）

【杭州港】　2008 年，杭州港完成港口货物吞吐量 7 459.86 万吨，是去年同期的 94%。其中货物吞吐量出港 2 266.89 万吨，占 30%，进口 5 192.97 万吨，占 70%。主要货种是煤炭、石油、钢材、矿建材料、非金属矿石及化工原料等；进出港量分别与去年同期比减少 5.2%和 2.9%。旅客吞吐量共完成 316 万人，是去年同期的 61%。杭州港是全国内河 28 个主要港口之一，共设钱江、运河、萧山、余杭、富阳、桐庐、建德、淳安、临安九个港区，根据第三次全国港口普查，杭州港现有生产用码头泊位 1 339 个，泊位长度 5.48 万米，其中靠泊能力 500 吨级以上 70 个，300 吨级以上 332 个，300

吨级以下 937 个，主要由公用码头、企业货主码头和临时泊位组成。年吞吐量 100 万吨以上 7 家，50 万—100 万吨 8 家，10 万—50 万吨 83 家，10 万吨以下 491 家。

2008 年杭州港分货类吞吐量统计一览表、2008 年杭州港泊位数统计一览表，详见（表 5—20）、（表 5—21）。

【2008 年杭州港分货类吞吐量统计一览表】（表 5—20）

货物吞吐量（万吨）				集装箱吞吐量（万 TEU）	汽车吞吐量（万辆）	旅客吞吐量（万人次）
合计	矿石	煤炭	油品			
7 459	698	813	234			316

【2008 年杭州港泊位数统计一览表】（表 5—21）

泊位长度（米）	泊位个数（个）	泊位年通过能力					
		货物（万吨）			集装箱（万 TEU）	旅客（万人次）	汽车（万辆）
		矿石	煤炭	油品			
54 846	1 339		136	326		668	

地　址　杭州市中河北路 108 号港航大厦
邮　编　310014
电　话　（0571）85460010
传　真　（0571）85460011
（杭州市港航局　汪国良）

【湖州港】　2008 年，湖州港完成货物吞吐量达 1.43 亿吨，其中出港 11 811 万吨、进港 2 512 万吨。主要货种：矿建材料 10 267 万吨、水泥 1 506 万吨、煤炭及制品 775 万吨、成品油 62 万吨、非金属矿石 1 210 万吨。2008 年底拥有港口经营企业 446 家，生产性泊位 1 125 个，码头长度 59.7 公里，港口年综合通过能力 1.45 亿吨。泊位最大靠泊能力首次达到 1 000 吨级，其中公用泊位 211 个，约占 19%。按泊位性质分，危险品泊位 106 个、旅客泊位 3 个、集装箱泊位 2 个，其余均为普货泊位。全年湖州港新增港口企业 15 家、泊位数 49 个，注销港口企业 16 家、泊位数 41 个。

为了促进湖州港新的总体规划的胜利实施，2008 年 4 月 25 日，湖州市人民政府下发了湖政发[2008]24 号文《湖州市人民政府关于湖州港总体规划的实施意见》。该《实施意见》明确了湖州港今后一段时期发展的总体目标，以及 2008－2012 年湖州市港口建设和港口整治的主要任务。同时，为确保《规划》的顺利实施，市政府建立了湖州港规划建设领导小组，具体负责全市港口发展重大事项的决策和协调。随着新的湖州总体规划的全面实施，将充分体现湖州港作为现代化港口“多元化、全方位”的性质、功能和发展方向。同时，随着港口管理水平和效率的提高，最终达到以港兴城，以城促港，真正实现水运强市的目标。11 月，湖州市交通局制定完成了《湖州港港口章程》。

地　址　湖州市南门外南墩
邮　编　313000
电　话　（0572）82505770
传　真　（0572）82505713
（湖州市港航局　何武敏）

【温州港】　2008 年，温州港共完成货物吞吐量 5 043. 33 万吨，同比增长 18.76%。其中：完成外贸吞吐量 137.76 万吨，同比增长 2.18%；集装箱吞吐量达到 38.05 万 TEU，同比增长 8.38%。全年完成旅客吞吐量 34.43 万人次。2008 年基本建设投资突破 67 575. 12 万元。港口引航　全年共引航各类船舶 286 艘次。其中：外国籍船舶 193 艘次；中国籍船舶 93 艘次。超大型液化气船舶 38 艘次，引航安全率达到 100%，连续 16 年保持安全引航无事故。

至 2008 年底，各类泊位 232 个，其中万吨级以上泊位 15 个。分别是:小门岛 5 万吨级油气泊位1个；七里作业区2.5万吨级多用途散杂货泊位3个；磐石电厂2万吨级煤炭泊位2个；龙湾作业区万吨级多用途码头和件杂货泊位、散杂货泊位3个。龙湾码头二期万吨级件杂货泊位1个。年设计通过能力5 447万吨，集装箱吞吐能力46万TEU。状元岙港区5万吨级（兼靠10万吨）泊位2个。2008年，温州市水运企业54家：其中沿海货运企业36家，货船1 266艘71.05万吨，运力比上年增长9%；其中沿海货轮358艘62.2万吨（包括特种运输船67艘22.7万吨）。专用交通渡9个（温州至瓯北、飞云渡、鳌江三大渡口），渡船30艘4 210客位，另车渡船33艘，56车位。全市经过经营许可的客运企业12家，客船70艘4 926客位，全年客运量1 511万人，客运周转量5 266万人公里。

温州港将以能源、原材料等大宗散货和集装箱运输为主，积极发展集装箱干线运输，应具备装卸储存、中转换装、运输组织、现货物流、临港工业、通信信息、综合服务和保税、加工、商贸、旅游等功能，逐步发展成为设施先进、功能完善、管理高效、效益显著、文明环保的现代化、多功能、综合性港口。温州港划分为乐清湾港区、大小门岛港区、状元岙港区、瓯江港区、瑞安港区、平阳港区、苍南港区七个港区。其中，瓯江港区主要功能是以城市生活物资运输为主，龙湾、灵昆、七里作业区主要承担内贸集装箱，散货及杂货运输，兼顾客运，其他作业区承担城市生活、旅游和轮渡功能。

乐清湾港区是温州港最具发展潜力的港区，将充分发挥港口在区域物资运输中的枢纽作用，以集装箱、大宗散货和杂货运输为主，服务临港工业，拓展物流功能，逐步发展成为规模化、集约化的综合性港口。

此外，大小门岛港区以石油及化工品仓储、运输为主；状元岙港区以集装箱、散杂货运输为主，逐步发展成为综合性港区；瑞安、平阳、苍南三个港区以地方物资运输和服务临港工业为主。状元岙港区　该港区已加快建设77省道延伸段。建成一期工程2个5万吨级（兼靠10万吨级）多用途泊位。加快港区配套工程建设。至2012年，力争实现货物吞吐量达700万吨、集装箱40万TEU。乐清湾港区控制性详规已完成报批稿。工程四个围区主堤坝已全部合拢，规划利用岸线16.6公里，规划建设5万—10万吨级泊位31个，可形成吞吐能力8 200万吨。港口作业生产区自南向北分为：集装箱作业区、打水湾煤电作业区、沙港头预留发展区、北港区通用作业区、鹅头湾液体化工作业区、南浦嘴船舶修造基地和黄家里预留发展区共七个作业区。完成投资3.2814亿元，为年度计划的109.38%；累计完成工程总投资6.0914亿元，占总投资的71.41%，预计将于2009年4月份全面竣工。2008共完成了船舶制造基地南塘镇南浦村170亩围塘、184亩国有滩涂使用权收回的政策处理工作；完成了南岳镇1 860亩围塘、2 170亩国有滩涂、3 000亩集体土地的界址勘测工作。

大小门岛港区按照大小门岛石化产业发展规划，大小门岛通过围涂形成30平方公里的陆域，发展成为60平方公里的温州石化基地，规划引进1 000万吨炼油、100万吨乙烯等大型重化工业项目。大小门岛港区的发展目标是服务于温州石化基地，小门岛近期建设5万—30万吨深水泊位2个，吞吐能力1 000万吨左右；大小门岛港区最终规模满足石化基地需求，形成具有石油化工储存、中转、加工等综合功能的石化港。

瓯江港区以七里、灵昆、龙湾3个作业区为主体，为城市综合保障港区，规划使用岸线约9公里。建设5千吨到3万吨级以下的泊位40个，吞吐能力约4 000万吨。主要为适应温州中心城市、开发区、加工工业和临港工业对货物运输需求，承担集装箱、件杂货、能源等物资运输。七里作业区近期以外贸集装箱为主；规划建设深水泊位10个，形成吞吐能力1 800万吨、集装箱150万TEU。龙湾作业区以散杂货和内贸集装箱为主，承接老港区和杨府山港区货物转移，已建成4个万吨级深水泊位。

瑞安港区以服务于当地社会经济和临港工业为主。是温州远期发展的深水港区。

平阳港区以服务于温州南部地区城镇和经济发展为主。根据规划，平阳港区的功能定位为鳌江中下游地区水上客运中心，是服务于鳌江中下游经济发展的水上货运出海口。平阳港区由鳌江作业区、下厂陡门作业区、西湾作业区组成。平阳港区2012年的规划吞吐能力为210万吨，2020年规划吞吐能力为460万吨。

苍南港区由舥艚作业区、霞关作业区、龙江作业区等三个作业区组成。同时，港区规划与苍南芦浦临港产业基地和华润苍南电厂等重大项目建设紧密结合，有利于带动临港产业联动发展。2012年的规划吞吐量需求约500万吨，2020年的规划吞吐量需求约1 200万吨。"十一五"期间，建成舥艚苍南电厂2个3.5万吨级煤码头；开工建设舥艚作业区2个5 000吨级泊位。

（温州市港航局　王春洁）

【绍兴港】 2008年，绍兴港完成港口吞吐量1239万吨，主要货种完成情况为：煤炭288万吨、钢铁58万吨、矿建材料609万吨、非金属矿石201万吨、化工原料30万吨。根据2006年9月27日绍兴市人民政府批复的《绍兴市港口总体规划》规定：绍兴港有越城港区、柯桥港区、上虞港区、诸暨港区、嵊州港区五个内河港区和滨海港区、上虞杭州湾2个外海港区及11旅游码头组成。目前我市原绍兴、柯桥、湄池、东关、曹娥、蒿坝、三界7个内河港口分别划入越城港区、柯桥港区、上虞港区、诸暨港区、嵊州港区五个内河港区。滨海港区、上虞杭州湾2个外海港区及11旅游码头组成尽为规划港区和码头。截止2008年，绍兴港共有港口企业149家，其中经营危险货物的港口企业10家。我市现有港口生产主要表现为两种形式，一种是厂矿企业的自备码头，另一种是分布在航道两侧的建材类黄沙等临时装卸点，就单个码头而言，货物吞吐量都不是很大。

（绍兴市港航局　王绣敏）

【金华兰溪港】 2008年，金华兰溪港港完成吞吐量230万吨，客运量6万人次。随着区域经济的快速发展，兰溪港将成为沟通南北，承东启西的大宗货物水陆中转的物流枢纽，同时也将成为集运供贸为一体具有集装箱作业能力的现代化内河港。兰溪港区内现有客运码头二处，分别为城东客运码头和女埠客运码头，这二处客运码头靠泊能力为100吨级。港区内有货运作业区四处，分别为马公滩作业区、黄溢作业区、下金作业区、临江工业区货主码头；码头泊位总数14个，其中300吨级泊位5个，其余为100吨级以下泊位，最大起重能力5吨，码头岸线总长470米，堆场3处，总面积12 300平方米。

（金华市港航处　祝春发）

【丽水青田港】 2008年，丽水青田港完成港口货物吞吐量145万吨。现有沿海500吨级码头泊位2个、200吨级泊位3个、内河100吨级泊位13个。主要港区有温溪港区（主要装卸货种为散杂货及液货危险品）、港头港区（规划主要装卸货种为散杂货与集装箱，一期工程于2008年底已基本建成两个500吨级泊位）、鹤城港区（规划主要已客运与管理码头为主）。丽水港区位于瓯江中游，是丽水市区的主要水路出口门户，属于丽水市重要内河港口。全港规划建设风化货运港区、水阁货运港区、水东客运中心码头共三个港区。拟建设100吨级内河泊位10个、50吨级内河泊位6个、30吨级内河泊位4个。

（丽水市港航处　朱文华）

【江苏省港口概况】 2008年，江苏省省港口系统坚持"三个加快"的港口发展思路全力为江苏实现"两个率先"的社会经济发展目标服务，在受到全球金融危机的拖累，吞吐量增速有所放缓的情况下，仍然取得了不俗的业绩，继续保持了平稳较快发展。

·港口吞吐量平稳增长　2008年，全省港口完成货物吞吐量11.5亿吨，继续保持全国第一，同比增长9%，比2005年增长了4亿吨，超越了"十五"期间3.5亿吨的增量。港口集装箱运输快速增长。2008年全省港口完成集装箱吞吐量850万标箱，同比增长36%，增幅为全国第一，年度增量首次突破200万标箱，达到225万标箱，超越了"十五"期间216万标箱的增量。港口通过能力持续增长。2008年全省港口新增货物年通过能力8 300万吨，总通过能力达到11.35亿吨，同比增长8%；新增万吨级以上泊位28个，全省万吨级以上泊位总数达到314个，居全国之首。"十一五"前三年共新增万吨级以上泊位100个，超越了整个"十五"期间新增万吨级泊位的总和（"十五"期间共新增万吨级泊位79个）。港口建设投资额继续增长。2008年全省港口完成投资90.5亿吨，同比增长0.2%；"十一五"前三年共完成港口建设投资260亿元，超越了整个"十五"期间江苏港口的投资总额（"十五"期间江苏港口的投资总额为185亿元）。省人大颁布的《江苏省港口条例》于2008年6月1日正式实施，这是江苏港口发展史上依法治港的里程碑。《江苏省港口条例》立足于《港口法》的基础不断创新，强化了港口岸线使用、港口建设、港口经营、港口安全管理等方面的七项行政许可，进一步增强了可操作性；同时对我省港口发展的一系列思路、政策、制度作了明确的立法规定，对港口发展机制作了重大创新，为江苏港口切实落实科学发展观，实现持续、快速、健康发展提供了有力的法律支撑。

·亿吨大港再添新员　继苏州、南京、南通港后，连云港港2008年货物吞吐量一举突破亿吨大关，集装箱吞吐量突破300万标箱，迈入亿吨大港行列。近年来连云港港实现了加快跨越发展，尤其是进入"十一五"以来，港口建设累计投入150多亿元，用3年的时间完成了以往72年的能力建设，用3年时间连上4个千万吨级吞吐量台阶，提前2年实现亿吨大港目标，跻身全国沿海十大、全球百强集装箱港行列，创造了江苏港口发展史上的奇迹。

·深水航道加速推进　连云港港30万吨级深水航道工程取得突破性进展，已获得国家发改委批准立项；长江南京至浏河口段12.5米深水航道整治工程前期工作取得实质性进展，实行部省共建、共同推进，目前已完成通州沙至白茆沙段、福姜沙段、南京至江阴段工可报告的编制和项目防洪影响评价、环境影响评价报告的编制。交通运输部把长江深水航道作为拉动内需的项目整体打包上报，争取国家批准立项。

·保税港区首获设立　张家港保税港区经国务院批准设立，这是我省首个保税港区，也是全国第12个保税港区。保税港区是我国目前保税物流层次最高、政策最优惠、功能最齐全、通关最便捷的特殊经济区域。张家港保税港区的设立，将进一步发挥港口的保税仓储、保税加工、国际中转、国际采购分销和配送等功能，吸引国际产业链的高端环节向江苏沿江基础产业带转移，为实现江苏率先发展发挥重要的推动作用；将进一步促进长江流域港口紧密合作，通过共享共用保税港区的功能政策，加速推进长江流域经济的快速发展。

·对台直航正式启动　国家批准我省12个港口与台湾11个港口海运直航，是大陆对台直航港口最多的省份。自12月15日对台首航以来，已有太仓、连云港、张家港和常熟四个港口开通了4条对台直航航线，每月20多个航班，这不仅使货物从江苏到台湾的物流时间和成本节省一半，而且将进一步促进江苏与台湾港航合作，推动苏、台两地区域经济的持续发展。

2008年江苏省分货类吞吐量一览表(按水系分)、2008年江苏省泊位数统计一览表、2008年江苏省港口吞吐量（按港口分）一览表、2008年江苏省港口吞吐量（按货物形态、包装及货类分）（合计）一览表、2008年江苏省港口吞吐量（按货物形态、包装及货类分）（内河合计）一览表，详见（表5—23）、（表5—24）、（表5—25）、（表5—26）、（表5—27）。

（江苏省局　余金山）

【2008年江苏省分货类吞吐量一览表】　（表5—23）

货物吞吐量				集装箱吞吐量（万TEU）	汽车吞吐量（万辆）	旅客吞吐量（万人次）
合计（万吨）	矿石	煤炭	油品			
13 214.4	3 489.0	1 547.1	615.6	44.33		

【2008年江苏省泊位数统计一览表】　（表5—24）

泊位长度	泊位个数	泊位通过能力					
		货物（万吨）			集装箱	旅客	汽车
（米）	（个）	矿石	煤炭	油品	（万TEU）	（万人次）	（万辆）
12 483	73	733	1 830	1 249	26		

【2008 年江苏省港口吞吐量（按港口分）一览表】 （表 5—25）

港口	货物吞吐量				集装箱吞吐量			滚装汽车吞吐量（万辆）	旅客吞吐量		利用自然岸坡完成船舶货物装卸量
	合计（万吨）	其中：外贸	出港	出港其中:外贸	箱数（万TEU）	重量（万吨）	重量（货重）		（万人）	出港	
A	1	2	3	4	5	6	7	8	9	10	11
全省总计	116 305.73	16 362.12	44 998.84	5 656.14	851.58	7 941.32	6 220.68	1.54	10.55	5.27	0.00
一、沿海港口合计	10 769.30	5 520.22	5 029.39	2 084.66	301.48	2 816.49	2 203.09	0.00	10.24	5.11	0.00
连云港	10 060.12	5 508.40	4 804.58	2 084.66	300.05	2 811.12	2 200.53	0.00	10.24	5.11	0.00
射阳（沿海）	709.18	11.82	224.81	0.00	1.43	5.37	2.56	0.00	0.00	0.00	0.00
二、内河港口合计	105 536.43	10 841.90	39 969.45	3 571.48	550.10	5 124.83	4 017.59	1.54	0.31	0.16	0.00
1.淮河水系小计	2 059.26	0.00	1 095.18	0.00	0.00	0.00	0.00	0.00	0.00	0.00	0.00
泰州	127.99	0.00	5.87	0.00	0.00	0.00	0.00	0.00	0.00	0.00	0.00
宿迁	635.66	0.00	298.31	0.00	0.00	0.00	0.00	0.00	0.00	0.00	0.00
淮阴	1 295.61	0.00	791.00	0.00	0.00	0.00	0.00	0.00	0.00	0.00	0.00
2.长江干流小计	69 162.88	10 808.20	26 114.68	3 555.37	547.03	5 083.18	3 982.39	1.54	0.31	0.16	0.00
南京	11 125.43	702.36	4 768.89	355.09	129.21	1 135.45	874.95	1.54	0.00	0.00	0.00
仪征	78.65	4.27	27.62	0.00	0.00	0.00	0.00	0.00	0.00	0.00	0.00
镇江	8 704.86	1 162.39	3 547.04	556.01	29.24	338.33	280.02	0.00	0.00	0.00	0.00
扬州	1 753.89	263.29	542.40	63.31	26.80	229.16	169.09	0.00	0.00	0.00	0.00
泰州	3 818.92	304.39	1 695.85	179.93	7.00	58.02	45.14	0.00	0.00	0.00	0.00
江阴	8 740.18	1 098.64	2 947.89	270.50	50.22	615.41	514.16	0.00	0.00	0.00	0.00
张家港	12 323.77	3 057.24	4 218.18	1 059.66	81.42	753.31	595.56	0.00	0.00	0.00	0.00
南通	13 013.47	2 439.46	5 324.92	600.17	44.33	470.53	381.86	0.00	0.00	0.00	0.00
常熟	4 019.98	742.09	1 402.48	271.99	30.53	303.14	242.08	0.00	0.00	0.00	0.00
太仓	4 003.90	770.60	1 028.01	177.81	145.05	1 140.63	845.57	0.00	0.31	0.16	0.00
江都	735.95	63.53	398.50	10.74	0.00	0.00	0.00	0.00	0.00	0.00	0.00
常州	843.88	199.94	212.90	10.16	3.23	39.20	33.96	0.00	0.00	0.00	0.00
3.长江支流小计	9 785.19	13.35	1 677.62	2.00	0.00	0.00	0.00	0.00	0.00	0.00	0.00
南京	787.87	0.00	31.04	0.00	0.00	0.00	0.00	0.00	0.00	0.00	0.00
泰州	1 961.00	0.00	261.13	0.00	0.00	0.00	0.00	0.00	0.00	0.00	0.00
张家港	943.77	6.59	228.88	0.00	0.00	0.00	0.00	0.00	0.00	0.00	0.00
南通	3 218.16	0.00	444.53	0.00	0.00	0.00	0.00	0.00	0.00	0.00	0.00
南通港务处	200.89	0.00	0.00	0.00	0.00	0.00	0.00	0.00	0.00	0.00	0.00
常熟	454.92	6.76	112.42	2.00	0.00	0.00	0.00	0.00	0.00	0.00	0.00
常州	1 444.02	0.00	539.71	0.00	0.00	0.00	0.00	0.00	0.00	0.00	0.00
太仓	359.16	0.00	23.51	0.00	0.00	0.00	0.00	0.00	0.00	0.00	0.00
昆山	415.40	0.00	36.40	0.00	0.00	0.00	0.00	0.00	0.00	0.00	0.00
4.京杭运河小计	24 012.00	20.35	10 833.56	14.11	3.07	41.65	35.20	0.00	0.00	0.00	0.00
仪征	28.84	0.00	5.89	0.00	0.00	0.00	0.00	0.00	0.00	0.00	0.00
镇江	1 350.00	0.00	992.77	0.00	0.00	0.00	0.00	0.00	0.00	0.00	0.00
扬州	1 066.24	0.00	32.61	0.00	0.00	0.00	0.00	0.00	0.00	0.00	0.00
徐州	4 738.27	0.00	3 832.67	0.00	0.00	0.00	0.00	0.00	0.00	0.00	0.00
宿迁	416.37	0.00	74.96	0.00	0.00	0.00	0.00	0.00	0.00	0.00	0.00
淮阴	2 447.36	0.00	781.44	0.00	1.05	16.43	14.01	0.00	0.00	0.00	0.00
宝应	240.80	0.00	19.50	0.00	0.00	0.00	0.00	0.00	0.00	0.00	0.00
高邮	235.00	0.00	41.00	0.00	0.00	0.00	0.00	0.00	0.00	0.00	0.00
江都	473.45	0.00	77.76	0.00	0.00	0.00	0.00	0.00	0.00	0.00	0.00
邗江	302.08	0.00	11.83	0.00	0.00	0.00	0.00	0.00	0.00	0.00	0.00

港口	货物吞吐量				集装箱吞吐量			滚装汽车吞吐量（万辆）	旅客吞吐量		利用自然岸坡完成船舶货物装卸量
	合计（万吨）	其中:外贸	出港		箱数（万TEU）	重量			（万人）	出港	
				其中:外贸		（万吨）	（货重）				
常州	4 089.28	0.00	2 516.59	0.00	0.00	0.00	0.00	0.00	0.00	0.00	0.00
无锡	4 141.10	20.35	1 452.70	14.11	2.02	25.22	21.19	0.00	0.00	0.00	0.00
苏州	1 068.07	0.00	0.00	0.00	0.00	0.00	0.00	0.00	0.00	0.00	0.00
吴江	1 134.10	0.00	60.00	0.00	0.00	0.00	0.00	0.00	0.00	0.00	0.00
盐城	2 281.04	0.00	933.84	0.00	0.00	0.00	0.00	0.00	0.00	0.00	0.00
5.其他水系小计	517.10	0.00	248.41	0.00	0.00	0.00	0.00	0.00	0.00	0.00	0.00
江苏其他河港	517.10	0.00	248.41	0.00	0.00	0.00	0.00	0.00	0.00	0.00	0.00

【2008年江苏省港口吞吐量（按货物形态、包装及货类分）（合计）一览表】 （表5—26）

分类	序号	合计		出港		进港	
			外贸		外贸		外贸
A	B	1	2	3	4	5	6
货物吞吐量合计（吨）	1	1 163 057 162	163 621 106	449 988 717	56 561 554	713 068 445	107 059 552
1.液体散货	2	94 594 788	17 489 804	41 593 766	2 144 430	53 001 022	15 345 374
其中：原油	3	19 601 354	21 764	6 515 447	0	13 085 907	21 764
成品油	4	27 098 980	2 708 813	15 256 644	718 322	11 842 336	199 0491
液化气、天然气及制品	5	2 424 946	240 210	571 769	32 384	1 853 177	207 826
2.干散货	6	762 842 755	67 928 847	263 156 999	11 313 668	499 685 756	56 615 179
其中：煤炭及制品	7	261 570 707	4 817 533	88 178 764	3 456 209	173 391 943	1 361 324
金属矿石	8	213 108 305	45 692 056	62 050 767	46 329	151 057 538	45 645 727
散水泥	9	29 103 018	5 545 357	11 845 446	5 350 479	17 257 572	194 878
散粮	10	12 507 715	4 705 955	5 471 684	46 560	7 036 031	4 659 395
散化肥	11	889 931	506 616	189 960	0	699 971	506 616
3.件杂货	12	226 016 190	46 356 340	103 876 335	26 055 000	122 139 855	20 301 340
其中：木材	13	15 388 554	11 125 682	7 159 711	4 092 178	8 228 843	7 033 504
粮食	14	27 278 436	3 619 615	12 368 895	0	14 909 541	3 619 615
化肥	15	15 018 132	1 124 251	9 707 386	1 021 768	5 310 746	102 483
水泥	16	28 538 491	3 876 868	9 076 973	3 845 590	19 461 518	31 278
4.集装箱（TEU）	17	8 515 732	4 288 823	4 377 957	2 212 422	4 137 775	2 076 401
重量（吨）	18	79 413 162	31 846 115	41 320 471	17 048 456	38 092 691	14 797 659
其中：货重	19	62 206 808	23 220 035	32 445 187	12 599 600	29 761 621	10 620 435
5.滚装船汽车吞吐量（辆）	20	15 366	0	3 187	0	12 179	0
重量（吨）	21	190 267	0	41 146	0	149 121	0

【2008年江苏省港口吞吐量（按货物形态、包装及货类分）（内河合计）一览表】 （表5—27）

分类	序号	合计		出港		进港	
			外贸		外贸		外贸
A	B	1	2	3	4	5	6
货物吞吐量合计（吨）	1	1 055 364 178	108 418 920	399 694 807	35 714 940	655 669 371	72 703 980
1.液体散货	2	90 691 261	15 963 657	40 277 803	1 754 064	50 413 458	14 209 593
其中：原油	3	19 306 654	21 764	6 515 447	0	12 791 207	21 764
成品油	4	25 153 275	2 143 679	14 389 556	497 334	10 763 719	1 646 345
液化气、天然气及制品	5	2 424 946	240 210	571 769	32 384	1 853 177	207 826
2.干散货	6	705 873 989	35 179 955	243 522 159	6 659 732	462 351 830	28 520 223

分类	序号	合计		出港		进港	
			外贸		外贸		外贸
A	B	1	2	3	4	5	6
其中：煤炭及制品	7	244 892 158	730 249	74 065 441	267 954	170 826 717	462 295
金属矿石	8	188 894 801	25 038 766	58 839 856	0	130 054 945	25 038 766
散水泥	9	26 118 890	4 134 232	10 629 199	4 134 232	15 489 691	0
散粮	10	8 880 279	1 224 821	5 341 303	0	3 538 976	1 224 821
散化肥	11	383 315	0	189 960	0	193 355	0
3.件杂货	12	207 360 375	35 359 503	89 301 077	15 691 397	118 059 298	19 668 106
其中：木材	13	11 216 548	6 953 676	3 068 509	976	8 148 039	6 952 700
粮食	14	27 077 422	3 619 615	12 237 145	0	14 840 277	3 619 615
化肥	15	14 527 485	688 426	9 224 630	592 960	5 302 855	95 466
水泥	16	28 404 230	3 789 227	8 997 010	3 789 227	19 407 220	0
4.集装箱（TEU）	17	5 500 981	2 413 509	2 860 690	1 288 785	2 640 291	1 124 724
重量（吨）	18	51 248 286	21 915 805	26 552 622	11 609 747	24 695 664	10 306 058
其中：货重	19	40 175 855	17 084 817	20 775 005	9 039 457	19 400 850	8 045 360
5.滚装船汽车吞吐量（辆）	20	15 366	0	3 187	0	12 179	0
重量（吨）	21	190 267	0	41 146	0	149 121	0

资料来源：江苏省交通厅

【江苏太仓港口管理委员会（简称太仓港）】

2008年，面对复杂多变的经济大环境，面对前所未有的困难和矛盾，太仓港党工委、管委会坚持以创新的举措破解发展中的难题，坚持以战略思维来谋求与各方面的合作，扎实推进开发建设各项工作，保持了港口生产持续较快增长，营造了新的发展优势。2008年完成货物吞吐量突破4000万吨，比上年增长31.6%。完成集装箱吞吐量145.05万标箱，比上年增长42%，增幅在全国主要港口中名列第二，并且成功登上了长江集装箱运输第一大港的位置。

·码头和配套设施建设步伐加快　2008年完成投资与2007年基本持平，达到25.14亿元。开工建设了集装箱三期工程，总投资达32亿元；建成后，将新增4个10万吨级的集装箱泊位，新增吞吐能力200万标箱；集装箱四期工程前期工作推进顺利。武港矿石、华能重件、阳鸿石化等13个码头泊位建成投运，新增设计吞吐能力3 650万吨，港口综合通过能力大幅提升。太仓港国际客运站、国家级进口木材检疫除害处理区建成投运；通港公路拓宽工程基本完成，第二海轮锚地开工建设，通港高速公路及苏昆太高速延伸段工程、长江航道太仓段调整工程的前期工作全面展开；投资8 000多万元实施了集装箱二期码头“油改电”工程，港口绿化工程扎实推进，节能减排和环境建设工作取得实效。至2008年底，已建成大小泊位48个，其中万吨级以上泊位24个，设计吞吐能力235万标箱、7 600万吨。已建成集装箱堆场125万平方米、各类仓库13.5万平方米、堆场190万平方米、储罐100万立方米，拥有各类生产装卸机械240多台(套)，港口综合通过能力快速提高。目前，华能煤炭储运码头、长江石化装船码头、美锦汇风等一批码头报批工作正在有序进行，建成后可为太仓港新增吞吐能力2 880万吨。

·进出口通道建设成效明显　全年新开航线17条。洋山通道进一步拓宽。引进3家支线船公司、新增3条洋山支线，洋山支线已达每周12班；除玖龙公司进口箱量外，全年累计完成洋山中转箱量24.42万标箱，同比增长100.3%。外贸直达航线开辟取得新进展。加密台湾航线，并成为首批对台海上直航港口；成功开通了日本门司和博多港航线，成功开辟了至安哥拉卢安达港首条洲际航线；全年进出口外贸箱量达到67.86万标箱，同比增长12%。内贸枢纽港地位初现。引进6家船公司、新开7条内贸干线、增挂沿海6个港口，全港内贸航线总数达19条，运营网络覆盖沿海15个主要港口；全年完成内贸集装箱77.19万标箱，同比增长88%。长江战略取得阶段性成果。引进4家支线船公司、新开4条内支线，目前在太仓港经营的长江支线船公司已达到22家，支线航班达

31 条，挂靠沿江 17 个港口；全年完成长江中转箱量 44.7 万标箱，同比增长 117.3%。

·*服务区域经济发展能力明显增强* 积极优化市场环境，打造新的竞争优势，港口品牌效应日益凸显。货物进出更畅。目前全港航线达到 69 条，其中外贸航线 5 条，内贸航线 19 条，洋山和长江支线 45 条，航线可以直达或通过中转到达国内外基本港口；航班密度不断增加，平均每月靠泊班轮达 900 多艘次。货物进出更快。洋山中转模式为企业腾出 24 小时生产时间，南方航线密度不断加大，一周已达到五班，台湾进口货物最快在船舶靠泊后 4 小时就到达生产线，得到企业的高度评价。对货物吸引力更强。依托新的竞争优势，进出口企业从太仓港走货积极性明显增强。至 2008 年底，直接从太仓港进出外贸货物的企业已达 1283 家，比上年增长 53.5%。

·*口岸服务环境进一步优化* 口岸各单位积极推出各项改革措施，优化完善口岸发展环境。太仓口岸也被评为省文明口岸，五家单位均被评为省文明口岸先进单位。

·*港口管理服务水平进一步提升* 把加强管理和服务放到与加快发展同等重要位置，强化服务理念，加强制度建设，全力保障建设发展。码头公司加大投入和管理力度。作业能力和服务质量大幅提升，集装箱桥吊已增加至 17 台，其它各种设施已全部配套到位，各种岗位的操作人员已全部培训完毕，二期码头前沿水深已浚深至 14 米。建立健全各项管理制度。积极开展港口规范管理年活动，制定下发建设项目生产安全监督、安全隐患排查治理等实施意见，完善了行政许可、行政执法等制度办法，初步建立了与法律法规规章相配套的港口规范性文件体系。切实加强安全和市场监管。组建了港政执法大队，建立了安全生产工作例会制度和每月一次安全检查制度，开展了安全隐患排查治理、百日安全督查活动和危险货物集装箱安全隐患排查等专项行动，大规模实施了保安演练；确保了春运、特大冰雪灾害期间和北京奥运会期间港口安全生产，确保了全年无较大以上事故发生。

集疏运体系日臻完善。依托直达码头的苏（州）昆（山）太（仓）高速、锡（无锡）太（仓）一级公路、339 省道、338 省道与沿江高速、沪（上海）宁（南京）高速、苏嘉杭高速、沿海高速等相连，构成辐射苏锡常和苏中地区密布的高等级公路网，开辟了苏州与太仓港之间陆路运输绿色通道，为货物运输提供了便捷的服务。依托长江，可直达长江中上游所有港口。同时，沪（上海）通（南通）铁路进港支线建设方案已在规划论证中。太仓港以公路为主体，铁路和水路相配套的全方位集疏运体系正在加快形成。

临江产业蓬勃发展。至 2008 年底，太仓港口开发区累计引进各类项目 400 多个，完成全社会固定资产投资 500 多亿元。世界 500 强企业已有 21 家在太仓港投资兴业，已形成石油化工、电力能源、轻工造纸、基础原材料和现代物流等五大特色主导产业；建成了国内最大的高级润滑油生产基地，华东地区重要的电力能源基地、造纸基地和集装箱生产基地，江苏省最大的 PVC 生产基地，长江口主要的石化原料仓储中转基地和高分子材料生产基地；正在加快建设华东国际塑化、城地国际百货交易、木材深加工及交易、钢材剪切配送等四个大型专业市场。

地　址　太仓市港口开发区北环路 8 号
邮　编　215438
电　话　（0512）53186572
传　真　（0512）53186510
网　址　http://www.tcport.gov.cn

（太仓港）

【扬州市港口管理局】

·*生产经营稳中有增* 2008 年，受国际金融危机影响，第四季度港口货物吞吐量急剧下滑，但与去年相比仍有增长。预计全市港口全年完成货物吞吐量 5 725 万吨（含南京港六、仪化 830 万吨），同比增长 3.2%。沿江港口完成货物吞吐量 3 557 万吨，其中完成外贸吞吐量 367 万吨（含南京港六、仪化 38.4 万吨），同比增长 5.4%；完成集装箱吞吐量 27.8 万标箱（含南京港六、仪化 1.2 万标箱），同比增长 4.9%。内河港口完成货物吞吐量 2 167 万吨。

·*基本建设步伐加快* 全年完成港口基础建设投资 41 152 万元，占年度计划的 102.9%。仪征港区 4 万吨级和 5 千吨级液体化工码头完成投资 15 000 万元，一期工程完工并通过交工验收以及相关专项验收，已投入试运营；高邮港区城北作业区码头完成投资 3 000 万元，水工工程完工；扬州港区4号泊位后方堆场扩建工程完成投资11 152万元（含购置港口机械费用），正组织全面竣工验收；江都港区 2 号泊位已通过竣工验收，后方堆场扩建工程完成投资 6 000 万元；仪征港区疏港道路完成投资 6 000 万元，已完成约 4 公里的道路施工，剩余1公里正进行征地拆迁。

港口重点建设项目前期工作进展顺利。扬州港区 5 号泊位、内河扬城港区汤汪作业区码头项目已获交通运输部岸线使用批复；江都港区海昌公用码头已上报交通运输部进行岸线使用审批；江都港区3号、4号、5号泊位和江都港区原中信泰富码头等项目正在抓紧编制工程可行性报告及相关评估报告。

·*安全管理趋向规范长效*　一是做好经营许可工作。全年核发经营许可证13家，年审危险货物港口作业认可证 5 家，办理港口工程试运行备案 1 家。二是强化安全监管工作。进一步完善安全监管制度，研究制定了《扬州市（县、市、区）港口行政管理部门安全工作年度考评办法（试行）》、《扬州市沿江、市直港口企业安全工作年度考评办法（试行）》；认真开展危险货物港口作业安全专家会诊行动和港口内贸集装箱超载治理工作；扎实开展2008年“安全生产月”活动，加大码头现场安全督查力度，督促港口企业做好节假日期间的港口安全工作；开展危险货物港口作业上岗培训，组织相关港口企业人员参加了省局上岗资质培训。三是狠抓港口设施安保工作。精心组织，强化演练，科学部署，成功保障北京奥运会期间港口安保形势稳定。

·*规划管理进展明显*　争取相关部门配合，精心完善《扬州港总体规划》初稿，在通过市两次预审后，由市政府正式上报省政府审批，9月下旬，通过了省政府委托省交通厅、省发改委组织的联合审查。《扬州内河港总体规划》已完成初稿编制和市内预审查，根据相关部门意见，对规划内容进行了调整完善，并将报告文本上报省政府审批，扬州内河港总体规划环境影响评价已通过省环保厅审查。

·*港口普查工作高效完成*　2008 年交通运输部部署开展全国第三次港口普查，扬州市局将港口普查工作作为全年一项重点工作来完成，认真组织相关人员参加由交通部、省港口局组织的港口普查工作系列培训，成立扬州市第三次全国港口普查领导小组和办公室，先后召开全市港口普查工作动员会议，并组织各县（市、区）港口管理部门和全市港口企业参加普查工作培训会议。经过 4 个多月的集中奋战，目前全市港口普查数据采集工作按期保质完成。经普查，全市港口经营人共 138 家，码头泊位数共 309 座；沿江船厂共有 38 家，占用岸线共 11 765 米。其中扬州市区 2 家，江都 7 家，仪征 29 家。其他相关后续完善工作按省港口局统一部署有序推进。

·*岸线管理工作得以强化*　按照交通部《港口规划管理规定》要求，将我市现有船舶工业占用岸线的港口设施纳入港口管理范畴。在全市沿江船舶企业中进行广泛宣传，要求建设码头、船坞、船台、滑道等设施的港口建设项目，必须办理相应的港口岸线审批手续。今年，江苏苏港造船有限公司和扬州大洋造船有限公司两家企业拟建港口设施，即按照要求向我局提出了岸线使用申请，由我局上报省港口局审批。

·*行业形象得到提升*　一是宣传港口法律法规。重点对《江苏省港口条例》、《港口规划管理规定》、《港口建设管理规定》的内容进行宣传，制定方案，召开会议，将《条例》等港口法规主要精神宣贯到各港口企业；在《扬州晚报》、《扬州时报》等地方主要媒体进行专版宣传，各港口企业在港区码头显著位置悬挂、张贴宣传标语，营造浓郁的港口法律法规宣贯氛围。二是宣传港口建设经营发展成绩。重点对江都港区 2 号泊位竣工验收、高邮港区水工建成、江都港区货物吞吐量突破 100 万吨等展开强势新闻报道，进一步扩大港口对推动地方经济发展的重要影响，拓展港口发展空间。

·*强化港口管理规范年工作*　组建全市港口管理规范年工作机构，针对港口管理的实际，明确港口规划、港口建设计划、港口经营管理等方面的统一制度要求，并以开展系列专项治理活动为抓手，大力推进各项管理制度的执行到位，进一步强化港口行政执法的有效性，强化港口人才队伍培养和港口行政管理服务效能的提升，为港口持续、稳定、健康发展提供切实可靠的制度保障。

地　址　江苏省扬州市盐阜东路5号
邮　编　225000
电　话　（0514）87348789

传　真　（0514）87348161
网　址　http://jtj.yangzhou.gov.cn
（扬州市局　张 艳）

【江苏省扬州港务集团有限公司（简称扬州港）】

江苏省扬州港务集团有限公司是以港口装卸运输、货物仓储、船货代理、货运市场经营为主要业务的国有综合性物流企业。集团公司总资产12.72亿元。集团下属有二级单位4个、全资公司3个、控股公司8个、参股公司12个。2007年集团公司被省经贸委、省物流行业协会和省交通物流协会评为“江苏省现代物流50强企业”、“江苏省道路货运质量50佳企业”，2008年被中国交通运输协会评为“中国物流百强企业”。

2008年，港口实现吞吐量1 938万吨，比去年同期增长21.8%；实现集装箱吞吐量26.8万TEU，比去年同期上升5.6%；实现营业收入2.3亿元，比去年同期增长22.3%；完成项目、技改投入1.8亿元。

·*生产经营*　一是以科学发展观为统领，创新发展理念，加快港口建设。二是强化资本运营，整合内部资源，搭建综合物流体系和物流平台。三是放大扬港物流品牌效应，实现多元发展格局。四是强化内部结构调整，激活管理机制创新。

·*基本建设*　一是一期总投资8 000万元的新港码头开港运营。二是新港公司对外战略联盟取得实效。合资经营的扬州凯通新港钢铁物流有限公司注册成立并进驻港区；荣佳混凝土搅拌站投入生产；临港产业项目不断向新港码头集聚。三是规划200亩的扬港—波特物流基地已成功对外招商运行。功能定位为：“江苏快货”的品牌基地、公路物流的集散基地、铁公水联运的中转基地，叠加优势格外明显。四是与淮安市交通产业投资公司、淮安市港务公司三方出资组建淮安淮扬集装箱物流公司，共同打造淮安内河集装箱专用码头，力争在两、三年内依托扬州港一类开放口岸功能，将淮安新港建成国家二类开放口岸，形成苏北地区集装箱物流基地。

地　址　江苏省扬州市扬子江南路10号
邮　编　225131
电　话　（0514）87527693
传　真　（0514）87527693
邮　箱　yzport@vip.163.com
网　址　http://www.yzport.com
（扬州港　夏 俊）

【江阴市口岸管理委员会、江阴市港口管理局（简称江阴市局）】　江阴市局下设办公室、法制宣传、港政管理、港口执法、安全监督、内河港口管理、财务、口岸协调等8个职能科室。

2008年，江阴市局深入学习实践科学发展观，全面落实江阴市委、市政府“以港兴城”发展战略，克服冰雪灾害、金融危机等困难，进一步加快港口建设，壮大港口经济，提升服务水平，凝聚发展合力，大力推进港口转型升级，助推江阴经济社会优化发展，年内获得省港口工作先进单位称号。是年，全港共实现货物吞吐量8 740.18万吨，同比增长21.08%，其中外贸运量1 098.64万吨，同比增长1.57%，集装箱突破50万标箱，达到50.22万标箱，同比增长63.48%，港口吞吐量居全国内河港口第四位。年内，《无锡（江阴）港总体规划》获省政府批准实施，全港累计完成港口建设投资近5亿元，新港区3号码头改扩建工程及4、5号码头建设相关申报审批工作有序推进，4个万吨级泊位建设加快进行，开展第三次全国港口普查，加强港口物流、内河码头管理、港口服务企业等调研，港口竞争力显著增强；突出“以开放促发展”理念，江阴奥德菲尔嘉盛等4个万吨级泊位对外开放，江阴港口岸扩大开放通过国家验收，江阴保税物流中心（B型）获国家批准设立，江阴港被列入大陆首批两岸直航港口，开辟江阴至大连和唐山方向的集装箱内贸航线，开通首条内河支线“江阴—宜兴”航线，增开“江阴—韩国—日本”集装箱班轮航线，港口开放度不断加大；完善基础设施，创新监管模式，推进“区港联动”，加快电子口岸和联检服务中心建设，发展环境不断优化；抗击冰雪灾害，加强日常监管，强化奥运安保，开展“反三违”专项整治，全省首创港口设施保安训练演习计算机模拟系统，核发港口经营许可证6张，审批危险货物港口作业9 093批次，依法治港水平大幅提高；组织开展“携手青春 共促诚信”倡议签名、“聚焦港口口岸·光影回眸三十年”摄影图片比赛、“迎奥运、讲文明、树新风”等主题活动，港口口岸凝聚力有效增强；积极开展现场办公，推出提速增效优化服务十五项新举措，优化窗口服务，提高办事效率，服务能力全面提升。截止 2008 年底，江阴长江沿线建成千吨级以上泊位 85 个，其中万吨级以上泊位 41 个，总吞吐能力达 4 400 万吨，石化仓储能力近 150 万立方，码头开放泊位增至 31 个，全港拥有内外贸航线 46 条，航班密度每周达 58 班次，江阴港综合竞争力持续提升。

地　址　江苏省江阴市滨江中路 233 号
邮　编　214431
电　话　（0510）86853385
传　真　（0510）86852868
网　址　http://port.jy.cn

（江阴市局　修华林）

【江苏江阴港口集团股份有限公司（简称江阴港）】　2008 年，江阴港坚持以邓小平理论和“三个代表”重要思想为指导，深入贯彻落实科学发展观，组织和带领全体员工恪尽职守，辛勤工作，较好地应对了宏观经济政策及环境变化所带来的一系列的冲击，各方面取得了一定的成绩。

·*生产经营*　全年完成货物吞吐量 1 377.83 万吨，同比降低 3.8%。具体由两部分构成：一是集团本部码头完成货物吞吐量 868.45 万吨，比上年同期降低 4.23%；二是集装箱公司码头完成货物吞吐量 509.38 万吨，比上年同期降低 2.68%。共完成外贸进出口量 425 万吨，同比下降 11.41%。其中集团本部码头完成 349.40 万吨，比上年同期下降 14.85%；集装箱公司码头完成 74.2 万吨，比上年同期增长 9.37%。集装箱公司的集装箱业务于 5 月全面停止，之前共完成集装箱吞吐量 12051TEU，为 2007 年的 26.39%。在外贸货物中，居前三位的货种分别是：金属矿石（含铁矿、镍矿、氧化铝等）276.8 万吨，占外贸总量的 65.1%，是集团公司目前的第一大货种；其次是化工制品（含 PTA、沥青等）86.9 万吨，占外贸总量的 20.44%；处在第三位的是钢铁 55.8 万吨，占外贸总量的 13.12%。

·*建立企业年金制度*　为进一步提高公司员工退休后的生活质量，保持原补充养老保险政策的一致性和连续性，根据劳动保障部文件精神，经公司领导研究，决定建立公司企业年金制度，并于 2009 年 1 月 1 日开始实施。

·*出台带薪年休假管理办法*　为提高员工的工作积极性和创造性，提高生产和工作效率，充分发挥福利制度的激励作用，根据国务院及人力资源和社会保障部有关规定，公司于 2009 年 1 月 1 日起，正式实施员工带薪年休假制度。

·*荣获“江苏省重点物流企业”称号*　近年来，公司立足主业，不断调整经营思路，深化改革，强化管理，各方面取得了明显的成就，2008 年 9 月公司被江苏省经济贸易委员会评为“省重点物流企业”。

地　址　江苏省江阴市通江北路 581 号
邮　编　214433
电　话　（0510）86847660
传　真　（0510）86021238
邮　箱　jygkjt@yeah.net
网　址　http://jyport.com.cn

（江阴港　刘　华）

【常熟市港口管理局、常熟市口岸管理委员会（简称常熟港）】　2008 年，常熟市港口局按照省、市局的统一部署，紧扣全市经济社会发展大局，围绕全年重点工作目标，以发展港口生产为中心，以拓展岸线资源和推进港口建设为重点，以依法行政和全面征收规费为抓手，不断创新港口管理工作举措，各项工作扎实推进。

·*港口生产逆势增长*　全港完成货物吞吐量 4 020 万吨，外贸货物吞吐量 742 万吨，集装箱吞吐量 30.53 万标箱，除外贸货物吞吐量同比去年下降 2%外，港口货物吞吐量、集装箱吞吐量分别同比增长 21.3%、16.9%。新辟 2 条集装箱内外贸支线，累计 33 条，月到港集装箱班轮 360 多艘次；新辟至东南亚、台湾的近洋件杂货定期班轮航线 2 条，累计开辟至欧洲、美洲、中东、东南亚和台湾等地的近远洋件杂货定期班轮航线 8 条，月到港件杂货国际班轮 70 多艘次。积极做好常熟—台湾海运直航的相关准备工作，组织对腹地货源的调查摸底，加大了政策扶持力度，以吸引台资企业及周边地区的货物转走常熟港，为直航航线提供稳定的货源保障，并于 12 月 18 日隆重举行了常熟港至台湾直航仪式。目前常熟港已和 53 个国家和地区的 255 个国际港口实现了通航通商。

·*港口规划建设全面推进*　常熟港进港航道建设及边滩整治工程、常熟泓洋件杂货码头、苏州港常熟港区海轮锚地建设工程、常熟汇海公共石化码头工程变更设计、华润石化有限公司码头技术改造工程、江苏理文造纸有限公司续建码头工程初步验收等重点规划建设项目进展顺利。编制完成了《苏州港常熟港区金泾塘作业区开发条件论证报告》和《苏州港常熟港区控制性详规》方案以及《推进长江深水航道-12.5米从太仓港区延伸常熟港区的研究》，同时着手编制了《常熟港区铁黄沙作业区开发方案报告》，为顺利启动铁黄沙并陆成岸前期准备工作和列入长江岸线规划奠定了基础。

·行业管理水平显著提高　通过开展港口经营秩序整顿、安全专项整治、经营资质审核、内贸集装箱超载专项治理、日常巡查、纠查违章、建立港口动态巡查情况通报制度等措施，加大了依法治港力度，营造了常熟港行业管理的良好局面，常熟港被江苏省港口局列为江苏港口行政执法试点港口。全面开展港口规费征收工作，圆满完成了上级下达的各项规费征缴任务，被江苏省港口局评为全省港口建设费征管先进单位。建立较为完备的统计信息网络体系，为各级领导提供了科学决策的依据。加大了危险货物管理力度，成立专家组开展港口危险货物作业安全专家会诊行动。完善了港口设施保安规章制度，组织相关人员参加培训，强化港口设施保安意识，并开展了《港口设施保安符合证书》年度核验工作。积极组织开展奥运火炬传递和奥运会期间港口设施保安和港口安全检查，加大了港口设施保安硬件设备、设施建设的资金投入；制定完善各类应急预案，开展各种演习演练，成功举行了一次口岸各查验部门和码头单位共同参与的常熟口岸奥运安保处突综合演习。

·口岸发展合力明显增强　充分发挥口岸联检服务中心“一条龙”和“一站式”服务功能，坚持履行365天全时段、全天候服务承诺，打造“绿色”通道，通关监管效能不断提高。作为全省港政管理信息化创新试点港，常熟港全面铺开信息化建设，全力打造数字化港口。港政综合管理执法系统、常熟口岸船舶电子申报系统、边防信息化建设项目等陆续启动和投运，为实现常熟电子口岸信息共享，促进口岸大通关建设搭建了良好的现代化物流信息平台。年内，在成立常熟市港口协会的基础上，为寻求港际合作，拓展常熟港组揽货领域，又与重庆港缔结为友好港口，开创了常熟港港际交流与合作的先河。

·文明创建　2008年，常熟口岸各单位在上级领导下，围绕年度口岸工作目标和任务，以优化通关环境、优化口岸服务、优化协作配合、提升口岸形象为创建总要求，以创建“文明口岸、和谐口岸”主题活动和口岸系统其他共建活动为载体，努力创造“安全、高效、廉洁、和谐”的口岸环境，取得了显著的成效。常熟口岸联检服务中心被共青团苏州市委命名为“苏州市青年文明号”，被常熟市精神文明建设指导委员会评为市“文明示范窗口”，并积极参与市机关作风和效能建设“双十佳”科室竞赛，增进了口岸系统各部门之间的沟通和联系，进一步提高了口岸凝聚力和整体合力。

地　址　常熟市碧溪镇通港路88号
邮　编　215513
电　话　（0512）52695041
传　真　（0512）52695035
邮　箱　chengzhm@mail.changshu.gov.cn
网　址　http://www.cs—port.com

（常熟市局　须文娟）

【常州市港务管理局（简称常州港）】　2008年，常州市港务局以“突破瓶颈、满足需求、完善体系、打造枢纽、增强功能、带动经济”为目标，以创新为动力，以服务为根本，以加快发展、科学发展、和谐发展为主题，紧紧围绕港口发展的新形势、新挑战、新矛盾和新变化，尽心谋服务，尽力求发展，尽职抓管理。今年全市港口事业呈现出发展速度快、建设投资大、管理服务水平显著提高等特点，为全市经济发展提供了强有力的基础设施支撑和运输保障。

·港口生产持续呈现稳定增长　在国际形势环境深刻变化、各种困难明显增多的情况下，常州港本着“科学性安排、技术型装卸、信息化管理、人性化服务和以诚信为本”的经营理念，确保了港口生产正常秩序，进出港船舶便捷顺畅。全年完成货物吞吐量2 500万吨，同比增长13%；外贸吞吐量完成165万吨，同比增长10%；集装箱吞吐量完成35 000TEU，同比增长35%，超额完成全年港口生产目标。今年全港各项生产指标均创下开港以来的新高。

·港口基础设施建设有序进行　一是较好完成本年度工程建设投资。在建港指和产业集团的积极努力下，录安洲港区及东西港建设顺利，在全省港口工作调研会上得到了省局的充分肯定。二是录安洲港区一期工程口岸开放工作推进有序。根据市统一部署，积极做好口岸开放的前期工作。5月，通过市消防验收；9月，通过市环保验收；10月，顺利通过省交通厅工程档案项目验收和竣工验收，通过了口岸办组织的市级预验收。12月初，一期码头一类口岸开放将迎接省口岸办组织的验收。三是项目前期工作进展顺利。夹江码头：已完成使用岸线、通航安全、环境影响、水利、防洪评价、航道论证、规划选址意见、用地预审、项目核准等前期审批工作；初步设计审查、施工图审查等前期工作正在抓紧推进，力争年内完成立项，进入招投标程序。化工码头管架桥：已完成通航净空尺度和技术要求论证、航道论证、防碰撞安全评价、通航安全、项目选址、项目核准等前期审批工作；河势分析及防洪影响评价报告专家审查会已于10月初召开，长江水利委员会审批意见即将下达。四是港口项目基本建设程序进一步规范。强化了对港口工程初步设计审查、施工图审查、招投标、质量监督、开工备案、工程试运行备案、竣工初步验收等建设管理。

·*港口行政管理工作不断优化*　《江苏省港口条例》于2008年6月1日施行，为依法治港提供了重要依据。以《港口条例》的颁布为契机，进一步提升港口行业管理水平，构建了良好的法治环境。一是加大《港口条例》宣传力度。通过多种方式向社会广泛宣传《港口条例》的重大意义及其在港口管理中的地位和作用，同时组织必要的培训，有效提高了港口管理人员及港口企业对《港口条例》理解和运用的能力。二是积极开展港口管理规范化建设。根据省局统一部署，开展港口管理规范年活动，围绕“立足服务、规范管理”主题；突出“管理、规范、服务”主线，切实增强服务意识，明显提升公共服务能力和管理水平，管理队伍素质显著提高，使管理制度更加完备，管理方式更加科学，管理行为更加规范，使港口行政管理做到公开透明、便民高效、规范有序。三是进一步加大对港口市场的监管力度。1.进一步规范港口经营许可，严格按程序进行，保证经营许可的透明、公正；同时加强经营许可的动态管理，完善港口经营许可台账。2.加强港口建设和经营收费研究，认真探索港口建设费、货物港务费、港口设施保安费的收费政策和方式，按照省港口局统一任务要求，积极向有关外贸码头企业进行宣贯，按计划完成了港口建设费收缴任务。3.认真做好港口规划计划和统计工作。积极参与完善和制定《常州港录安洲港区控制性详细规划》和《常州港内河总体规划》，促进港口可持续发展；贯彻《江苏省港口规划、计划、统计工作管理规定》，做好全市港口计划、统计工作，全面、真实反映常州港建设、经营发展状况。4.认真传达贯彻部、省有关第三次全国港口普查工作要求，部署、组织开展第三次港口普查工作，落实组织机构、人员、培训工作等，加强与部省沟通，开好普查数据会审会，在省内率先通过省口局组织的中期验收。5.切实加强安全生产管理。认真开展港口危险货物作业安全专家会诊行动、港口安全隐患排查治理工作等一系列活动，切实有效督促港口企业进一步健全安全管理机制。6.进一步强化港口设施保安工作。按照奥运特殊时期港口保安工作要求，做到及早谋划、周密部署和认真组织，确保了奥运特殊时期港口的安全稳定。通过广泛宣传新修订的《港口设施保安规则》，及时贯彻落实部、省奥运安保工作新要求，认真抓好工作责任的落实和管理措施的强化，做到奥运安保工作万无一失，其中奥运期间一日一报得到了省局充分肯定。在下半年省局组织的《港口设施保安符合证书》年度核验中，一次性全部通过。另外还组织了相关人员参加了部组织的人员培训，为明年《证书》换证打下了基础。

·*存在的问题和不足*　在2008年的港口建设管理和发展过程中，同样也暴露出一些问题：一是港口建设目前所需手续太多，对项目推进时序上带来一定的不确定性；二是规范化管理要求下暴露了管理力量的薄弱，很多工作往往忙于应付，管理深度不够。所有这些，在以后的工作中还要努力加以克服。

地　址　常州市龙城大道1280号2号楼B座330室
邮　编　213022
电　话　（0519）85682125
传　真　（0519）85682138
网　址　http://www.czjt.gov.cn

（常州市局）

【常州武进港务有限公司】 （详见《长江航运年鉴》（2007卷）第五编“港口”第454页）

地 址 江苏省常州市博爱路100号
邮 编 213000
电 话 （0519）88100838
传 真 （0519）88103678
邮 箱 wjg328@126.com
网 址 http://www.czwjg.com

（常州武进港务有限公司）

【泰州市港口管理局】 （详见《长江航运年鉴》（2007卷）第五编“港口”第454页）

2008年，是泰州港“规范管理、加快建设”年。在泰州市委市政府的正确领导下，在省交通厅和港口局的关心支持下，按照“高起点规划、高标准建设、高层次发展”的总体要求，进一步加快港口基础设施建设，优化港口行业管理，提高港口服务水平，提升港口管理效能，实现泰州港港口新发展。今年，在国际国内经济形势比较严重的情况下，泰州港口保持平稳运营，总体态势良好。

2008年，江苏省港口管理局下达泰州市港口计划投资3.15亿元，基本建成3个万吨级泊位；新增设计年通过能力400万吨。今年1—10月，完成投资(仅码头水工部分，不含设备、配套设施及陆域部分等投资)3.8亿元，提前完成省计划投资，预计本年度将完成投资4.5亿元。2008年度省港口管理局下达我市沿江港口货物吞吐量3 500万吨。今年1—10月我市沿江港口货物吞吐量完成4 777.76万吨，同比增长44.9%，为省下达年度目标的136%，增幅位列长三角城市之首，其中集装箱完成吞吐量53 204TEU，因受美国次贷危机和国际经济滑坡的影响，外贸吞吐量继续减少，同比下降26%。预计全年完成沿江货物吞吐量5 300万吨。

一、加快完善规划体系，提高规划引领作用。

充分发挥港口规划对发展的科学指导作用，坚持规划先行，继续加快泰州港港口规划体系的完善，推动港口全面、协调、可持续发展。一是做好泰州港总体规划编制报批工作。根据最近省联合审查意见,征求交通运输部意见后，及时调整修改，力争年内获得省政府的批准，为港口项目建设和发展提供科学的依据。二是启动分港区控制性详细规划的编制工作。采用园港合作方式，开展了靖江港区控制性详细规划的编制工作，目前靖江港区控制性详细规划已完成征求市政府各相关部门意见过程，待上报审批。三是做好规划和建设计划的无缝衔接。通过规划的编制、调整与实施，用规划指导港口发展，在符合规划的前提下，组织编报各相关年度计划，并结合项目前期工作开展情况，及时调整港口“十一五”建设规划。

二、突出前期工作重点，全力服务港口发展。

2008确立了集全力加快港口发展的思路，明确提出重点推进港口项目前期工作。一是超前谋划，加强重点港口项目前期工作。在年初就召集各市（区）政府及有关部门，敲定年度建设目标和任务，明确两级市港口建设重点；落实责任，安排专人跟踪服务。进一步细化项目推进计划，了解项目推进进度，适度超前开展港口计划项目前期工作，掌握计划执行反馈信息，发现问题，及时解决，做到“一个星期一跟踪、一个月份一沟通，确保项目早开工”。二是强化领导，确保港口建设项目保质保量。港口建设的重点在靖江港区和高港港区，年初与靖江市政府和高港区政府达成共识，进一步加强港口工程建设管理领导。目前，两地均成立了由市（区）政府常务副市（区）长为组长的港口建设管理领导小组，切实加强港口工程建设质量。并且根据省厅要求，所有的在建工程均建立了工地实验室，实现委托检测，保证港口工程的质量。三是加强监管，规范港口建设行为。以《江苏省港口条例》出台宣贯为契机，组织各级港口管理部门和港口企业宣传学习，要求各单位、各部门实现项目法人负责制、招标投标制、工程监理制和合同管理制。四是规范程序、积极服务，加快推进项目建设进程。年初在制订年度工作目标时就要求各港口行政管理部门积极服务、加强管理，加快推进项目的建设。开展工程施工图设计审查，把好工程设计关；工程拟开工前，业主应要求做好工程招投标工作；简化工程报监手续，由市局港口管理处统一扎口审查报监工程，对符合要求的出具港口工程报监联系单，直接报市交通工程质监站履行其他手续。

三、狠抓安全责任落实，为港口快速发展保驾护航。认真贯彻落实上级关于港口保安、安全防范等维护稳定工作的一系列部署精神，按照“内紧外松、从严从紧、突出重点、强化落实、坚持不懈”的工作原则，全面加强当前及奥运期间全市港口保安和安全防范工作，确保实现“平安奥运、平安泰州、平安港口”的目标。一是加强组织领导。成立了由局主要领导任组长，有关单位和部门主要负责人为成员的港口保安和安全防范领导小组，切实保证人员到位、职责到位、工作到位。二是严格港区安保管理。全市港口设施在不对外宣布的情况下，7、8、9 三个月实行二级保安措施。在人、财、物三个百分百到位的情况下，要求做到“三个一”：即开展一次保安工作自查，对存在的问题和薄弱环节迅速加以改进完善；对《保安计划》进行一次回顾，对二级保安措施和程序加以完善，确保各项措施能够有效实施；每月至少进行一次保安演练，保证相关人员熟悉并掌握岗位保安要求，能够熟练执行各项保安措施。三是加强人员培训。首先选派了各相关港口企业的骨干近 60 人，参加交通运输部举办的港口设施保安培训班。其次，在省局的主持下，举办了一期有 78 人参加的港口危险货物岸上作业人员培训班，进一步增强现场作业人员的安全意识，增长业务知识，提高其操作技能，确保从业人员持证上岗率达到 100%。四是将重点内贸码头纳入保安体系。采取必要的保安措施，并积极组织近 20 人参加交通运输部举办的内贸港口保安培训，提高码头人员的保安警惕性。五是开展隐患排查。全面组织开展内部安全防范大检查，落实内部安全保卫责任制，强化各项安全保卫措施，及时发现和整改安全隐患。严格抓好“七防”，不断提高干部职工的防范意识及防范能力。

四、强化行业规范管理，着力维护港口经营秩序。

·实施动态管理，注重监督与服务相结合　确立事前许可与事后监督并重的工作方针，注重对许可证发放后的跟踪管理。一是对不再具备资质条件、超出现有经营范围或扩大或变更经营范围等不符合《港口经营规定》的，对其提出整改意见并限期整顿。二是通过“四看”对港口经营人进行诚信考核，看是否遵纪守法；看是否提供公平、良好的服务；看是否对客户一视同仁；看是否按时或及时补缴港口各项规费。三是监督中为企业和货主提供优质服务。向货主推荐港口企业的资质及装卸情况，及时将平时管理扎实、装卸高效、诚信度优的企业向货主推荐，并尽力促成业务的达成。在日常与企业的接触中，及时了解企业的一些实际困难，根据企业的需要组织专业人员上门进行培训，帮助提高企业的管理水平与生产组织能力。

·推进依法治港，切实提高港口执法水平　港口行政执法是《港口法》赋予港口行政管理部门的重要职责。今年，以依法治港为抓手，认真落实港口行政执法责任，全面开展港口行政执法工作。一是联合交通局法规处成立依法行政领导小组，研究部署依法治港工作。二是根据省“港口规范年”活动开展的要求，抓好港口行政执法责任制各项制度建设，制定行政执法工作流程，规范行政许可案卷、行政处罚案卷，并向社会进行权力公开，形成了公开透明、便民高效的港口政务环境。三是制定学法活动计划，举办或参加相关行政执法讲座，切实提高行政执法人员的法制观念和依法行政能力，加强了港口执法队伍建设。四是强化动态执法检查力度，建立每星期一到两次的执法检查制度，完善检查台账记录，同时针对船供企业小而散，监管难度大的特点，联合边防、港口公安共同实施管理，进一步加大现场执法力度。五是率先在靖江港区实行港口执法队伍标准化管理。进行了港口执法着装的全省试点，配备了执法车，完善港口行政执法的程序和制度，通过执法活动整顿了港口市场经营秩序，并更进一步服务于沿江港口的发展。

·加强港区合作，强化公用码头的港口发展主导作用　积极引导已建货主码头对外开放，推进货主码头公用化。鼓励我市唯一公用性质的泰州港务集团与泰州电厂和新浦化学共同经营电厂煤码头，并参股梅兰化工和太平洋钢管等新建大型港口企业，引导陵光集团油码头向其它货主开放，充分发挥长江岸线资源的价值，提高了生产效率。

五、有序推进港口普查，顺利完成省级基础数据审核。

对今年 6 月 30 日前已投产的 301 家港口企业进行了普查，顺利完成省级普查基础数据的审核及港口的基本现状。普查结果显示，全市共有生产性泊位 695 个，其中沿江 1 000（内河 300）吨级及以生产用码头泊位 220 个，泊位总长度 16 529 米，沿江万吨级以上生产性泊位（含舾装码头）

36个；沿江1 000（内河300）吨级以下生产用码头泊位475个，泊位总长度16 181米；沿江港口陆域使用面积为416.19万平方米，内河119.64万m²。根据普查汇总，今年9月份单月全市实际实现港口吞吐量603万吨、集装箱5 551标箱。通过此次全国港口普查，使港口管理部门全面、准确地掌握港口发展现状，为科学规划、建设和管理港口提供了及时有效的信息支撑。

地　址　江苏省泰州市鼓楼南路301号
邮　编　225300
电　话　（0523）86881899
传　真　（0523）86881790
网　址　http://www.tzjtj.gov.cn

（泰州市局）

【泰州港务集团有限公司（简称泰州港）】

2008年，是泰州港持续克难发展的一年。面对生产燃物料价格飞涨、国家宏观调控、全球金融危机等诸多动荡因素，集团团结广大员工，迎难而上；围绕港区功能的调整，千方百计自筹资金，优化货源，实现了生产经营的持续增长，港口综合实力不断增强。

·*生产取得历史性突破*　全年完成货物吞吐量1 832万吨，同比增长26.18%。其中永安、杨湾作业区吞吐量都实现500万吨的突破。集装箱进出口基本持平，完成7万标准箱。全年累计完成煤炭装卸自然吨336万吨，同比增长57.7%，是港口的第一大货种；完成铁矿石进口310万吨，同比增长118.3%，是港口增量最大的货种。

·*经营质态稳步提升*　集团全年创收1.42亿元，比上年增长10.1%。其中永安作业区装卸收入实现4 000万元的突破，利税突破1 000万元。

·*港口硬件设施条件持续改善*　在资金十分紧张的情况下，公司突破万难，筹集建设资金，全年投入6 000多万元加快港口基础设施的建设。江苏省政府正式批复永安作业区一期工程的对外开放，二期工程顺利开工；杨湾作业区新增两台25吨门机；启动港口信息化管理工程建设；集团办公楼竣工搬迁，对高港作业区环境进行整治。

·*临港产业成果凸现*　通过深化合作，积极引进货主单位落户港口，为港口提供了稳定的货源，也首创临港产业模式。首泰矿产在杨湾作业区进行矿石加工，每年中转100万吨铁矿石。永安港务公司与新加坡丰益集团合资，益海去年底投产以来，已中转30多万吨原料。今年，基于良好的合作基础，新加坡丰益总部经全面考察论证，已决定把泰州益海建成国内的原料调拨中心。

地　址　泰州市高港区长江路18号
邮　编　214500
电　话　（0523）82103211
网　址　http://www.taizhouport.com

（泰州港　钱网晓）

【南通市港务管理局】　2008年，南通市港务管理局下设职能处室：办公室、计划财务处、规划建设处、港口管理处、安全技术处，内设机构监察室，下属单位南通市港口工程质量监督站。

2008年，南通市港务局认真贯彻落实党的十七大精神，以科学发展观统领港口发展全局，深入贯彻实施江海联动战略，以建设现代化、综合性、组合型强港为目标，抢抓机遇，乘势而上，大力推进港口基础设施建设，全面加强港口行业管理，港口发展亮点突出。具体表现为：一个跨越，洋口港实现了初步通航，如皋港被列为国家一类开放口岸，南通港口迈入了江海时代，实现了历史性跨越。两个率先，在全国范围内率先实施并完成了港口贡献率研究；在全国范围内率先对港口企业进行诚信管理和考核。三个增长，全年南通港口完成货物吞吐量13 214万吨，比上年增长7%，保持高位增长；全年完成集装箱吞吐量44.3万TEU，比上年增长13.3%，创历史新高；全年完成港口建设投资16.9亿元，为年度计划的112.67%，比上年增加约1亿元。四个提高，一是继续解放思想，港口发展的使命感得到提高；二是深入贯彻落实科学发展观，港口科学发展的认识有了提高；三是品牌服务情暖江海，服务港口企业的意识得到提高；四是不断强化自身建设，港口队伍素质得到提高。五个加强，一是“一港十一区”规划基本形成，港区规划得到加强；二是高效使用岸线，提升泊位功能，岸线管理得到加强；三是完成3条航道、3个锚地、10座万吨级泊位建设，基础设施建设得到加强；四是积极开展“港口规范管理年”活动，行业管理得到加强；五是精心组织省、市危险货物运输专家开展会诊行动，安全生产得到加强。

地　址　江苏省南通市青年西路38号

邮　编　226006

电　话　（0513）83559358；83559357

传　真　（0513）83559359

网　址　http://www.ntport.gov.cn

（南通市局　孙学明）

【南通港口集团有限公司（简称南通港）】　南通港口集团有限公司地处江苏省南通市境内，是长江北翼最临近海域的港口，前身为南通港务局，2002年实行政企分开而组建。2005年，保华集团有限公司、南通国有资产投资控股有限公司、国投交通公司共同出资9.6亿人民币实行资产重组，成立中外合资大型港口企业——南通港口集团有限公司。集团公司拥有分公司5家，子公司3家，控股、参股公司10家，拥有长江岸线4 155米；千吨级以上公用生产泊位23座，其中万吨级以上13座，最大靠泊能力为15万吨；堆场面积57万平方米，仓库面积4.5万平方米。集团公司主要从事港口建设和经营，货物装卸、堆存，货运代理，港内船舶拖带服务，船舶航修等业务。2008年，完成货物吞吐量5 384万吨，集装箱40万TEU，主营业务收入6.84亿元。

以港口集团为核心的南通港是国家一类开放口岸，国家主枢纽港，上海国际航运中心组合港的主要成员。1982年批准对外国籍船舶开放，现与世界上75个国家和地区的312个港口通航。南通港海、江、河交汇贯通，交通便利，是理想的物资中转地，南通港与通吕、通扬运河、及京杭大运河贯通；陆路与204、318国道、宁通高速公路连接；正在建设中的苏通大桥、港区铁路将进一步提高南通港的集疏运能力。集团公司努力塑造服务规范、优质高效的港口形象，先后荣获全国口岸工作先进单位、全国卫生港、全国集装箱运输最佳集疏运港口、江苏省创建文明行业先进行业、江苏省服务质量奖、江苏省先进基层党组织、江苏省文明单位等荣誉称号。

南通港主要机构设置为：

职能部门：行政事务部、企业策划部、商务部、生产部、安全质量部、财务管理部、人力资源部、技术装备部、工程管理部（项目管理办公室）、采购管理部、监察审计部、党委工作部、工会工作部等。

分公司：通州港务分公司、江海港务分公司、狼山港务分公司、集装箱分公司、轮驳分公司。

控股（子）公司：南通中理外轮理货有限公司、华腾国际货运代理有限公司、太仓港船舶服务有限公司、南通长江水上工程有限公司等。

地　址　南通市青年西路38号

邮　编　226006

电　话　（0513）85167256

传　真　（0513）83514886

网　址　http://www.ntport.com.cn

（南通港　王龙华）

【张家港市港口管理局、张家港市口岸管理委员会】

·*生产运输*　2008年，张家港口岸迎来建港40周年，在同步提升口岸建设形态和开发内涵的基础上，张家港港通过世界卫生组织测评，成为全球首个“国际卫生港口”，电子口岸平台在全省率先启动运行，正式开通台湾航线，同时张家港保税港区获国务院批准成立，成为全国首个县域保税港区，也是江苏省内唯一的保税港区。2008年，完成货物吞吐量1.27亿吨，同比增长5.7%；外贸进出口运量3 137万吨，同比下降2%；集装箱运量81.4万标箱，同比增长32.2%。口岸货物吞吐量连续三年超亿吨，港口逐步由亿吨大港向亿吨强港转变。张家港海事局全年共监管到港国际航行船舶3 666艘次，海关共征收税款154.68亿元，检验检疫局共检验检疫商品9.6万批次，货值128.4亿美元，边检站检查出入境中外籍船舶4 365艘次，检查出入境人员76 899人次，引航站共引领中外籍船舶7 433艘次，口岸各项业务指标及服务水平继续在全省口岸保持领先。

·*港政管理*　按照交通运输部《港口建设管理规定》、《港口经营管理规定》要求，加大了对港口工程项目的审批、报批程序的管理力度。对岸线审批、初步设计审查、施工图审查、招投标、质监、开工备案、试运行备案、初步验收、竣工验收等法定建设程序，实施全程服务和监管。在码头建设和开放过程中，坚持把关与服务相结合，对项目的报批、施工建设严格履行相关手续，并加强码头施工期间的现场监管，确保码头建设质量和施工安全。以《江苏省港口管理条例》的出台为契机，精心搜集汇编了《港口管理法律法规汇编》一书，下发给各港口经营单位，并及时召开会议，进行宣传贯彻，以提高港口系统行政管理队伍执法和守法意识，提升港口管理服务水平。全面贯彻落实省港口局《全省港口规范管理年活动实施意见》文件精神，进一步整顿规范港口经营秩序，广泛宣传发动，并制定了相应的工作行动计划，对辖区内港口项目基建程序执行情况进行了全面的检查，对存在违反港口建设程序的企业提出整改意见，发出限期整改通知书 3 份，立案并行政处罚 1 例，有效地规范了港口建设管理。加强对超原设计船型船舶靠离泊监管工作和靠离泊方案应急预案的落实，严格规范了 12 家码头单位、31 个靠泊能力提升的泊位超原设计船型船舶靠离泊作业报备工作。在港口经营管理方面，今年新审批港口经营企业 6 家，受理港口经营企业变更备案 5 家，注销港口经营企业 4 家。目前，全市共有各类港口经营企业 85 家。

·安全监督　年初分别与 21 家码头单位和 6 家化工仓储企业签订了《安全生产目标管理责任书》。针对奥运特殊时期安全和保安形势，成立了奥运安保工作领导小组，会同海事部门召开全港船舶和港口保安工作会议，对落实船舶和港口保安措施、进一步完善船舶和保安工作机制进行了统一部署。根据国务院、省、市有关加强安全生产工作的文件精神，开展了以“安全生产月”活动为抓手的安全活动，加大检查力度，加强对重大节日期间和高温季节的安全管理工作，有效地杜绝了安全隐患，确保了港口的安全生产。在高温季节以及中秋、国庆等节日时期，加强安全检查，共排查隐患 104 个，并要求企业积极进行整改。按照省港口局危险货物码头安全专家会诊行动的要求，组织了本港安全管理方面专家对全港 12 家危险货物作业码头单位进行了三天的督查，共发现隐患和问题 42 处，要求码头单位限期整改，并提出安全管理建议。中秋、国庆期间，组织了“百日督查”回头看和安全专家会诊行动复查活动，较好地促进了企业对安全生产的重视程度，提高了安全管理水平。

地　址　张家港市金德镇长江中路 130 号
邮　编　215633
电　话　（0512）58331200
传　真　（0512）58331859
网　址　http://www.zjgzwgk.gov.cn

（张家港市局　宋秋明）

【张家港港务集团有限公司（简称张家港港）】

张家港港务集团有限公司是 2003 年 7 月经过改制，按照现代企业制度和产权多元化模式运行的港口企业，由苏州港口发展有限公司、国家开发投资公司交通实业公司和张家港港务集团有限公司职工持股共同出资组建，同时成立张家港港务集团。集团现有资产 28 亿，成员企业 18 家，从业人员 4 000 多人。

·港口生产稳中有升　2008 年，港口生产呈高开低走的态势，到港货物逐季下降，世界金融危机对港口生产的影响在三季度末四季度初开始显现。但经过全港的共同努力，港口生产实现了稳中有升。2008 年，全港完成吞吐量 4 832.2 万吨，比上年同比增长 2.2%。其中外贸吞吐量完成 2 136.28 万吨，同比增长 1.2%。木材自然吨完成了 299.16 万方，钢材自然吨完成 197.88 万吨。矿石完成自然吨 692.69 万吨。煤炭完成自然吨 694.84 万吨。集装箱吞吐量同比增长 32.2%。2008 年，港口生产尽管受到金融危机的影响，但港口集装箱吞吐量逆势而上，增势强劲。全年完成吞吐量 81.42 万 TEU，同比增长 32.2%，为年计划的 95.8%。其中外贸线完成集装箱吞吐量 44.25 万 TEU，同比增长 40.16 %；内支线完成集装箱吞吐 37.92 万 TEU，同比增长 43.42%；内贸线完成集装箱吞吐量 37.17 万 TEU，同比增长 23.82%。

·基本建设稳步发展　2008 年安排投资计划为 34 772.1 万元，完成 30 405.701 万元，为计划的 87.44%。其中：更新改造计划 12 164.05 万元，累计完成 8 947.651 万元，为计划的 73.56%；2008 年安排项目投资为 22 608.05 万元，完成 21 458.05 万元，为计划的 94.91%。

港口现有万吨级泊位 17 个，江心浮筒 12 个，内河港池泊位 26 个；起重、输送、航运搬运等大型专用装卸设备 430 余台；库场面积 130 万平方米，化工储罐 49 个计 10.6 万立方米，港作船舶 25 艘。可同时停靠万吨级船舶 26 艘，年吞吐能力逾 5 000 万吨。其中集装箱堆场面积 70 万平方米，堆场容量 44 000TEU，拆装箱库 3.3 万平方米，码头吞吐能力达 150 万 TEU。配有专用集装箱通过道口、拆装箱库、修理车间、办公楼及有关辅助设施。码头、堆场配备了先进的信息化系统和集装箱装卸设备，拥有集装箱装卸桥 8 台、轮胎式龙门吊 21 台、正面吊 5 台、堆高机 5 台、各式拖车、托架、叉车 70 余台。

2008 年张家港港分货类吞吐量统计一览表、2008 年张家港港泊位数统计一览表，详见（表 5—27）、（表 5—28）。

【2008 年张家港港分货类吞吐量统计一览表】 （表 5—27）

货物吞吐量				集装箱吞吐量（万 TEU）	汽车吞吐量（万辆）	旅客吞吐量（万人次）
合计（万吨）	矿石	煤炭	油品			
2 716	1 370	1 346		81.42		

【2008 年张家港港泊位数统计一览表】 （表 5—28）

泊位长度（m）	泊位个数（个）	泊位年通过能力					
		货物（万吨）			集装箱（万 TEU）	旅客（万人次）	汽车（万辆）
		矿石	煤炭	油品			
3 500	17	1 500	1 400		81		

地　址　张家港市金港镇长江中路 252 号
邮　编　215633
电　话　（0512）58319267
传　真　（0512）58332473
邮　箱　yanbf@hotmail.com
网　址　http://www.zjgport.com.cn

（张家港港　颜炳福）

【镇江港务集团有限公司（简称镇江港）】 镇江港务集团有限公司是国家开发投资公司控股企业。公司成立于 2004 年 5 月，总资产 23.92 亿元，下辖分公司及控股子公司 21 个。公司可为客户提供江海直达、铁水联运、水陆换装等货物中转装卸服务以及船货代理、货物配载、外轮服务、工程监理、旅游、物业管理等多元服务。目前集团公司经营的公用码头分布在大港港区和龙门港区，共有生产性泊位 23 个（万吨级以上泊位 12 个，前沿水深-11 米，5 万吨级船舶可常年通航），总延长 4 092 米，通过能力 2 058 万吨；各类装卸机械 338 台；水上锚地 7 处；港作船舶 22 艘。港口培植了铁矿石、水泥熟料、元明粉、硫磺、化肥等一批品牌货种，形成了“大宗散货优势集聚，件杂货合理补充”的市场格局。

2008 年，集团公司实际完成货物吞吐量 4 208 万吨，同比增长 7.5%；完成自然吨 2 316 万吨，同比增长 9.8%；完成外贸量 870 万吨，同比下降 10.3%；完成集装箱量 19.2 万 TEU，同比增长 0.4%。实现总收入 5.16 亿元，同比增长 15.6%，实现利润总额 3 572 万元，同比减少 23.9%，收入成本率 93.08%。

实施“大客户”战略，继续与沿江大型钢厂及贸易客户深化合作，与舟山港等构建长期战略合作关系，提升服务品质。铁矿石支柱货种 2008 年完成 1 507 万吨，巩固了集团公司长江铁矿石中转基本港地位。集装箱箱源覆盖面在临近地区和长江中上游得到了扩大。国家“西气东输”工程二线钢管接卸工作细致周密，赢得广泛赞誉。相继试产大港三期散货泊位、多功能泊位、集装箱泊位，实施了大港 4#—5#泊位加固改造、全回转拖轮建造、码头环保改造、大港二期堆场扩建等工程，提升了集团公司的整体经营实力。

深入开展“控本节支、降本增效”专题调研活动，构建精细化的成本管理机制；建立财务会计中心，对集团基层单位财务集中管理；进一步细化指标，建立和完善八大指标和考核体系；开展对标管理和全面风险管理，防范经营风险；强化收入管理、资金回笼。贯彻新《劳动合同法》，完成外劳务用工管理体制转换。积极推进后勤辅助产业、主业延伸产业重组整合。全面推广设备“5S”管理和点检保养，重大机损事故为零。成功举办“2008 江苏港口设施保安演习”活动。全年未发生等级以上事故，无工亡、重伤、重大机损事故。组织全港班组长素质拓展培训，大力推行首席员工、星级员工制度，启动了“名师带徒”活动，全年举办各类办班和适应性培训共 9 386 人次，技能鉴定培训 549 人、对外特种作业操作证培训742人，承办镇江市2008年港口机械职工职业技能竞赛，4人获得镇江市“技术能手”、8人获得镇江市“五一技术标兵”。建立了镇江市企业首个劳模创新工作室。全国央企职工叉车技能大赛获得单人铜奖。荣获市“劳动关系和谐企业”、“劳动关系诚信企业”、“平安港口”、“平安港口”荣誉称号，龙门分公司门机班被评为全国“工人先锋号”， 大港分公司张国兴获得全国五一劳动奖章，监理公司陈永忠获“江苏省重点工程建设劳动竞赛功臣个人”，大港分公司陈伟民被授予“镇江市五一劳动奖章”，大港分公司现场调度班评为镇江市“工人先锋号”，轮驳分公司港拖1004轮评为长航“工人先锋号”、镇江市“五一”文明班组，港拖902轮被评委长航“青年文明号”。

地　址　镇江市长江路19号
邮　编　212001
电　话　（0511）85317615
传　真　（0511）85277837
邮　箱　caishunzhong@126.com
网　址　http://www.zhenjiangport.com

（镇江港）

【南京市港口管理局】　2008年，南京港长江岸线总长196公里，长江干流规划港口岸线95.5公里（其中深水岸线60.7公里），已利用港口岸线55.1公里，尚余港口岸线40.4公里（其中深水岸线34.9公里）。共有长江码头泊位255个（其中万吨级以上43个）。年综合通过能力1.4亿吨。完成货物吞吐量11 913.3万吨（其中沿江港口完成11 125.4万吨），连续4年超亿吨，位居全国港口第十四位；完成集装箱吞吐量129.2万标箱，保持全国百万标箱港口地位。全年港口完成建设投资13亿元，共续建港口项目4个，新建港口项目8个，其中已完工港口项目4个，新增泊位8个（其中万吨级以上2个），新增年通过能力715万吨。截至年底，共有生产性泊位287个（其中万吨级以上43个，沿江港口生产性泊位255个），港口年综合通过能力1.4亿吨，其中集装箱67万标箱。

地　址　江苏省南京市珠江路63—1号
邮　编　210008
电　话　（025）83194500；83194521
传　真　（025）83194509
网　址　http://www.njport.gov.cn

（南京市局　李　静）

【南京港口集团公司（简称南京港）】　2008年，南京港口集团公司完成货物吞吐量5 779.63万吨，同比增长3.79%；装卸自然吨4 573.45万吨，同比增长5.09%；集装箱完成128.03万标准箱，增长22.76%；实现营业总收入19.66亿元，同比增长2.9%；煤炭中转量突破1 000万吨。

·生产经营实现总体增长　港口生产经营在冰雪地震灾害、国家宏观调控、全球金融危机等重大事件影响下，生产经营仍然取得增长。全港除外贸货源和中转原油量下滑外，其他装卸单位生产量稳中有升，不少单位装卸自然吨增长幅度超过10%，产业结构得到逐步优化。一是相关产业收入比重上升。港机制造、外轮理货、港口工程、水上运输等业务营业收入9亿元，所占集团营业总收入比重逐年上升。二是外部市场份额不断增大。港机厂全年完成产值6.2亿元，同类产品在沿海沿江港口的覆盖率达到90%以上。工程公司港外项目占到80%。外理公司港外理货业务占到公司全部理货业务的17%。轮驳公司重大件市场开发同比增长36.19%。

·港口建设有序推进　一是龙潭新港区建设。龙潭二期、三期工程经省交通厅质检站验收，质量优良，试运行情况良好，规划、节能、档案等专项验收工作正在安排进行。龙潭四期工程累计完成投资7.71亿元，列入了南京市重点建设工程项目，吹填围堰和防洪墙工程已通过交工验收，水工码头工程完成工程量的60%；地基处理工程开工。二是合资项目建设。新生圩液体化工码头储运工程累计完成投资8 000万元，水工码头完成进度85%。中化扬州码头项目累计完成投资3.85亿元，完成总工程量的70%。三是启动了龙潭六期、七期前期工作。

·改革与合作取得新进展　南京港外轮理货公司完善法人治理结构取得成效，已完成了与中国外轮理货总公司的合资协议签署工作，即将完成工商注册登记，成立南京中理外轮理货有限公司。龙潭集装箱有限公司增资扩股及投资建设龙潭四期工程正在有效进行，中外运香港物流有限公司成为股东的相关法律文件已经签署，目前正在办理股权转让的批准手续。完成南京港天宇码头有限公司合资经营的工商注册登记工作，召开合营公司的第一次董事会。

地　址　南京市下关区江边路 19 号
邮　编　210011
电　话　（025）58582843
传　真　（025）58811019
网　址　http://www.njp.com.cn

（南京港　姚卫忠）

【无锡港】　2008 年，无锡港实现了港口发展新突破：港口建设完成投资 8.3 亿元，无锡（江阴）港 4 个万吨级泊位、澄西船厂 10 万吨级修船泊位等加快建设，无锡（内河）港旺庄作业区、藕塘作业区等全面推进。全年完成港口货物吞吐量 1.64 亿吨，集装箱吞吐量 52.2 万标箱，主要运营指标全部超额完成年度目标任务。无锡港口建设得到快速推进，已建成万吨级以上泊位 41 个，开放 36 个，总吞吐能力达 8 000 万吨，其中无锡（江阴）港的综合实力跻身全国内河港前 5 强。重点工作：一是理顺管理体制，形成港口发展合力。贯彻落实《港口法》、《江苏省港口条例》，为理顺港口管理体制，形成港口发展合力，推动港口可持续发展，辖区 6 个市（县）、区都成立了港口管理部门。二是坚持科学发展，形成港口总体规划。全面开展港口总体规划编制工作，《无锡（江阴）港总体规划》通过了部、省联合审查，获得省政府批复；《无锡内河港总体规划》通过了部、省联合审查，成为省内第一个通过部省联合审查的内河港口总体规划；《无锡内河港总体规划环境影响报告书》通过了部审查，获得批复；《宜兴市港口总体规划》通过了宜兴市的征求意见会。三是加快建设步伐，项目前期同步推进。2008 年无锡港完成投资 8.3 亿元，重点项目有：无锡（江阴）港申夏港区 4 号码头工程、申夏港区 5 号码头、黄田港港区澄西船厂修船码头工程、三房巷集团有限公司、无锡（内河）港旺庄作业区、藕塘作业区等。待建项目前期工作有序开展，重点项目有：无锡（江阴）港申夏港区 4 号码头已获码头岸线使用批复，待省发改委项目核准；申夏港区 5 号码头开始项目前期工作；澄西船厂修船码头工程通过初步设计审查和施工图设计审查，正在施工建设；中谷粮油码头工程 4 个 500 吨级码头泊位的前期申报；无锡（内河）港胡埭作业区、高浪大桥作业区粮食专用码头、新安大桥作业区正在编制项目可行性研究报告。四是拓展市场需求，推动港口持续发展。在国家政策和钢材价格不断走低和大雪灾的双重影响，港口生产遇阻的情况下，采取有力措施保持货物运输持续发展：无锡（江阴）港努力开拓市场增加航线，增开大连方向集装箱内贸航线；增加废纸箱进口、PTA 散改业务和麦芽项目箱量等业务，航线已覆盖大江南北；完善江阴至韩国釜山的首条近洋航线和日本快航等外贸线，已开辟集装箱内外贸航线 44 条，航班每周 52 个班次；无锡（内河）港开放港口口岸采取行属地报关、口岸验放的通关模式，稳定外贸内支线班次，开辟多条内贸航线，引进船代公司，集装箱运输成效显著。五是优化管理方法，提高港口管理效能。积极开展“管理规范年”活动，优化港口管理方法，利用现代网络信息技术，推动港口信息化进程，提高港口行政管理效能。重点工作是做好第三次全国港口普查工作，促进港口规范化管理；推行港口例会制度，提高港口管理效能；推动港口信息化进程，提高港口管理效率。

（无锡市局　汪锡钢　朱希平）

【宿迁港】　2008 年，宿迁港社会公共港口码头完成吞吐量 1052 万吨，占年度目标 1 000 万吨的 105.2%，比去年同期分别增长 64.8%。

·生产经营　一是开展港口经营许可证核发（换发），规范港口经营秩序，2008 年对三家达到条件的码头颁发《危险货物港口作业认可证》。二是加大监管力度，保障港口生产安全有序无事故。三是全面加强了对市区饮用水源地一、二级保护区内码头的监管力度，加大对相关码头的检查巡查频率，采取多部门联合执法等措施，强化饮用水源地保护区内码头的监管工作。四是充分利用我市良好的水路运输优势，挖掘市场潜力，广开港口货源，同时针对开放企业自备码头货源不足的情况，积极宣传引导企业对社会开放自备码头。

·基本建设　2008 年，江苏省厅下达宿迁市港口建设计划任务 2 500 万元，全年完成投资 3 774

万元，占年度计划的 150.9%。主要包括：①果园作业区粮食物流码头。全年完成投资 1 700 万元，码头主体工程已完工。②泗阳港区东作业区码头。全年完成投资 1 024 万元。③小杨庄码头进港道路。全年完成投资 300 万元，工程基本完工。④宿豫作业区一期工程。项目总投资 3 500 万元，累计完成投资 2 850 万元，一期工程主体已完工。⑤洋河滩避风港。项目总投资 760 万元，2008 年完成投资 400 万元。

·港口规模　全市共有码头 116 个，泊位 245 个，岸线总长 13 874 米，其中，分布在京杭大运河沿岸共有 57 个码头。年通过能力 2 987 万吨，最大靠泊能力 2 000 吨，起重机 170 台，最大起重能力 20 吨。

（宿迁市局　路阳　梁毅）

【盐城港】　2008 年，盐城全市港口建设完成投资 2.4 亿元，完成吞吐量 3 500 万吨，营业收入超过亿万元。其中内河港完成吞吐量为 2 680 万吨，沿海大丰、射阳、滨海、响水 4 个港区完成货物吞吐 820 万吨，集装箱 1.4 万 TEU。截至年底，全辖区共有生产性泊位 518 个，其中内河 464 个，沿海 4 个港区 54 个；泊位总长度为 23 207 米，其中沿海泊位总长度为 2 879 米，内河泊位总长度为 20 328 米。年综合通过能力为 5 100 多万吨。

（盐城市局　王浦江）

【连云港港】　2008 年，连云港港万名职工以决战决胜集装箱过 300 万标箱的亿吨大港为目标，抢抓多重叠加的战略机遇，积极应对宏观经济剧烈波动带来的困难挑战，团结拼搏，港口昂首迈进亿吨大港行列，在 75 年港口发展史中谱写了跨越发展的新篇章。

2008 年，顺应腹地“借港出海”需求，连云港港携手铁路、班轮公司以及口岸查验单位和船货代理企业合力开拓市场，新辟集装箱、杂货等班轮航线 16 条，新增无锡集装箱班列和西安循环直达集装箱班列，开行 5 000 吨重载大列，装卸车效率和总量大幅提高，成为铁道部路企直通运输示范港口。全年港口完成货物吞吐量 1 亿吨、集装箱运量 300 万标箱，比上年分别增长 18.3%和 49.9%，高出沿海港口平均增幅 6%和 30%，中韩轮渡客运量首次突破 10 万人次，安全质量形势保持稳定。完成营业收入 32 亿元，实现利润 1.6 亿元，其中集团公司本埠分别完成 22 亿元和 0.6 亿元。

·港口建设　全年完成港口建设投资 32.5 亿元，增长 26.3%。15 万吨级航道建成通航，58 号焦炭泊位、庙三突堤集装箱码头和 30 万吨级矿石码头水工主体建成，氧化铝、散化肥、液体散货等泊位开工，保税库迁建、旗台 110 千伏变电所等工程完工。近 3 年新增吞吐能力 4 500 万吨、200 万标箱，相当于再造了一个连云港港。此外，30 万吨级航道、旗台作业区防波堤等项目建议书获国家发改委批复和省委省政府全力支持，东陇海铁路电气化改造东延以及相关的庙岭山隧道拆除等工程获铁道部立项；旗台作业区建设涉及的军事设施岸线规划和迁建方案已上报，港区生产生活辅助设施整合、港口信息化等规划定稿。

·资本运作　集团公司注册资本金增至 35 亿元，发行了 6 亿元信托债券，资本运作实力显著提高。

·招商引资与对外投资　全年引进外资 3 471 万美元，内资到位资金 8.2 亿元。其中，中远船务 8 万吨级船坞、中港印配煤中心等项目建成投产，新加坡万邦和江苏沙钢参与 30 万吨级矿石码头经营，新苏港、新为、益海粮油等企业进一步增资；与南钢合作开发徐圩港区，与香港现代货箱合作拓展集装箱业务，与中远物流合作经营中云物流园区等项目达成合作意向。对外投资的西宁、侯马、淮安等综合物流场站运营以来市场反应良好，新投资的洛阳场站挂牌营业。

·企业管理　海港医院移交地方管理，建设板块非施工企业改制重组，劳务用工市场整合、投资关系理顺等方案初步确定；完成集团公司章程修改报批，子、分公司名称变更和重置，建立了集团公司中层人员及外派人员薪酬统一管控和外派董事、监事重大事项报告等制度，完善了重大事项督查制度，法人治理结构逐步健全。

·教育培训　广泛开展职工教育培训、技术比武等活动，举办了首批临港工业与现代物流 MBA、EMBA 等 3 个高层次培训班，完成了班组长 3 年轮训工作，职工综合素质不断提高；与时俱进提升企业文化建设层次和水平，集团公司被授予省交通行业文明单位、省企业文化先进单位、省学习型组织示范点、改革开放30年全国企业文化优秀单位等荣誉称号。

·*发展环境* 连云港港在区域协调发展中的战略地位更加突出，省、市举全力支持港口完善服务功能，集团公司被评为省重点物流企业。口岸各单位倾力支持港口生产建设，休戚与共的意识更加强烈。以市“四城同创”和创建省级文明城市为契机大力创建文明港口、生态港口和环境友好型港口，港容港貌焕然一新；落实奥运安保部署，深化平安港口创建活动，港区治安环境得到净化；狠抓服务质量和工作效率，集团公司连续两年跻身市优化投资发展软环境建设十佳单位行列，连续3年荣获市经济建设和社会发展目标考核一等奖。开展纪念改革开放30周年和开港75周年、捐款抗震赈灾等活动，通过增加职工收入、关爱弱势群体、推进民主管理等措施维护职工合法权益，进一步激发了广大职工“建设东方大港、构筑和谐家园”的热情。

2008年，连云港港以优质的装卸运输服务和良好的业绩，登上中国船港星光榜“服务”五星级港口榜首，是唯一连续4届获此殊荣的港口，在中国10大最具竞争力港口评比中，首次跻身前8强，受到业界的好评。

（江苏省局 余金山）

【安徽省港口概况】 2008年，安徽省完成港口吞吐量2.73亿吨，同比增长10.4%，其中沿江5港完成集装箱吞吐量23.9万TEU，同比增长9.7%；全年完成水运基础设施建设投资23.66亿元，同比增长94.99%，创下历史新高。

2008年安徽省港口吞吐量（按港口分）一览表、2008年安徽省港口吞吐量（按货物形态、包装及货类分）（合计）一览表，详见（表5—29）、（表5—30）。

（安徽省局 马 栋）

【2008年安徽省港口吞吐量（按港口分）一览表】 （表5—29）

港口	货物吞吐量				集装箱吞吐量			滚装汽车吞吐量（万辆）	旅客吞吐量		利用自然岸坡完成船舶货物装卸量
	合计（万吨）	其中：外贸	出港	出港其中：外贸	箱数（万TEU）	重量（万吨）	重量（货重）		（万人）	出港	
A	1	2	3	4	5	6	7	8	9	10	11
全省总计	27 267.01	280.11	17 913.75	141.83	23.91	238.03	189.88	2.04	203.00	118.28	0.00
1.淮河水系小计	3 778.79	0.00	2 841.38	0.00	0.00	0.00	0.00	0.00	21.00	21.00	0.00
临淮岗	251.12	0.00	249.25	0.00	0.00	0.00	0.00	0.00	0.00	0.00	0.00
正阳关	202.50	0.00	197.00	0.00	0.00	0.00	0.00	0.00	0.00	0.00	0.00
凤台	320.30	0.00	320.30	0.00	0.00	0.00	0.00	0.00	0.00	0.00	0.00
淮南	586.13	0.00	535.90	0.00	0.00	0.00	0.00	0.00	0.00	0.00	0.00
蚌埠	139.74	0.00	88.01	0.00	0.00	0.00	0.00	0.00	0.00	0.00	0.00
怀远	57.68	0.00	46.87	0.00	0.00	0.00	0.00	0.00	0.00	0.00	0.00
五河	52.84	0.00	30.46	0.00	0.00	0.00	0.00	0.00	0.00	0.00	0.00
霍邱	85.00	0.00	68.00	0.00	0.00	0.00	0.00	0.00	0.00	0.00	0.00
金寨	1.20	0.00	1.20	0.00	0.00	0.00	0.00	0.00	18.00	18.00	0.00
临泉	18.13	0.00	11.94	0.00	0.00	0.00	0.00	0.00	0.00	0.00	0.00
界首（皖）	75.27	0.00	49.27	0.00	0.00	0.00	0.00	0.00	0.00	0.00	0.00
太和	73.81	0.00	26.61	0.00	0.00	0.00	0.00	0.00	0.00	0.00	0.00
阜阳	174.13	0.00	43.21	0.00	0.00	0.00	0.00	0.00	0.00	0.00	0.00
颍上	111.48	0.00	85.48	0.00	0.00	0.00	0.00	0.00	0.00	0.00	0.00
寿县	17.50	0.00	14.90	0.00	0.00	0.00	0.00	0.00	0.00	0.00	0.00
大寺	3.83	0.00	3.65	0.00	0.00	0.00	0.00	0.00	0.00	0.00	0.00
涡阳	40.78	0.00	40.46	0.00	0.00	0.00	0.00	0.00	0.00	0.00	0.00
蒙城	97.49	0.00	96.23	0.00	0.00	0.00	0.00	0.00	0.00	0.00	0.00

港　口	货物吞吐量				集装箱吞吐量			滚装汽车吞吐量（万辆）	旅客吞吐量		利用自然岸坡完成船舶货物装卸量
	合计（万吨）	其中：外贸	出　港		箱数（万TEU）	重　量			（万人）	出港	
				其中：外贸		（万吨）	（货重）				
利辛	22.53	0.00	8.62	0.00	0.00	0.00	0.00	0.00	0.00	0.00	0.00
双涧	138.00	0.00	0.00	0.00	0.00	0.00	0.00	0.00	0.00	0.00	0.00
固镇	68.71	0.00	8.94	0.00	0.00	0.00	0.00	0.00	0.00	0.00	0.00
宿县	205.15	0.00	94.25	0.00	0.00	0.00	0.00	0.00	0.00	0.00	0.00
明光	862.76	0.00	665.06	0.00	0.00	0.00	0.00	0.00	0.00	0.00	0.00
天长	170.91	0.00	153.97	0.00	0.00	0.00	0.00	0.00	0.00	0.00	0.00
六安	1.80	0.00	1.80	0.00	0.00	0.00	0.00	0.00	3.00	3.00	0.00
2.长江干流小计	18 045.28	280.11	11 086.78	141.83	23.91	238.03	189.88	2.04	0.00	0.00	0.00
复兴	379.40	0.00	379.00	0.00	0.00	0.00	0.00	0.00	0.00	0.00	0.00
望江	28.96	0.00	21.11	0.00	0.00	0.00	0.00	0.00	0.00	0.00	0.00
安庆	1 500.21	7.94	1 040.30	4.90	1.18	14.41	11.88	0.00	0.00	0.00	0.00
枞阳	878.31	0.00	680.00	0.00	0.00	0.00	0.00	0.00	0.00	0.00	0.00
铜陵	2 871.97	46.33	2 088.11	30.90	1.02	11.54	9.23	0.00	0.00	0.00	0.00
芜湖	5 484.37	173.27	3 938.57	91.27	16.41	170.20	137.02	2.04	0.00	0.00	0.00
马鞍山	4 652.02	36.37	1 122.11	1.02	5.12	40.90	31.11	0.00	0.00	0.00	0.00
池州	2 250.04	16.20	1 817.58	13.74	0.18	0.98	0.64	0.00	0.00	0.00	0.00
3.长江支流小计	5 437.62	0.00	3 983.44	0.00	0.00	0.00	0.00	0.00	92.00	48.00	0.00
华阳（皖）	11.61	0.00	5.89	0.00	0.00	0.00	0.00	0.00	0.00	0.00	0.00
土桥	524.73	0.00	430.03	0.00	0.00	0.00	0.00	0.00	0.00	0.00	0.00
刘家渡	80.50	0.00	64.05	0.00	0.00	0.00	0.00	0.00	0.00	0.00	0.00
芜湖	29.17	0.00	3.74	0.00	0.00	0.00	0.00	0.00	0.00	0.00	0.00
西梁山	36.76	0.00	36.76	0.00	0.00	0.00	0.00	0.00	0.00	0.00	0.00
石杨	12.79	0.00	12.75	0.00	0.00	0.00	0.00	0.00	0.00	0.00	0.00
马鞍山	45.24	0.00	45.24	0.00	0.00	0.00	0.00	0.00	0.00	0.00	0.00
石跋河	91.25	0.00	48.16	0.00	0.00	0.00	0.00	0.00	0.00	0.00	0.00
石门湖	1.63	0.00	1.63	0.00	0.00	0.00	0.00	0.00	0.00	0.00	0.00
巢湖	187.07	0.00	111.79	0.00	0.00	0.00	0.00	0.00	84.00	42.00	0.00
钓鱼台	1 237.69	0.00	1 111.34	0.00	0.00	0.00	0.00	0.00	0.00	0.00	0.00
东关（皖）	85.88	0.00	44.52	0.00	0.00	0.00	0.00	0.00	0.00	0.00	0.00
合肥	967.86	0.00	50.24	0.00	0.00	0.00	0.00	0.00	2.00	0.00	0.00
撮镇	8.48	0.00	7.07	0.00	0.00	0.00	0.00	0.00	0.00	0.00	0.00
散兵	1 502.29	0.00	1 502.29	0.00	0.00	0.00	0.00	0.00	0.00	0.00	0.00
缺口	62.08	0.00	60.88	0.00	0.00	0.00	0.00	0.00	0.00	0.00	0.00
舒城	12.00	0.00	10.00	0.00	0.00	0.00	0.00	0.00	6.00	6.00	0.00
上派	79.10	0.00	1.14	0.00	0.00	0.00	0.00	0.00	0.00	0.00	0.00
定埠	17.08	0.00	14.40	0.00	0.00	0.00	0.00	0.00	0.00	0.00	0.00
宣州	45.60	0.00	45.60	0.00	0.00	0.00	0.00	0.00	0.00	0.00	0.00
海棠湾	37.40	0.00	28.20	0.00	0.00	0.00	0.00	0.00	0.00	0.00	0.00
乌江	110.23	0.00	109.31	0.00	0.00	0.00	0.00	0.00	0.00	0.00	0.00
全椒	99.14	0.00	88.16	0.00	0.00	0.00	0.00	0.00	0.00	0.00	0.00
来安	143.57	0.00	143.29	0.00	0.00	0.00	0.00	0.00	0.00	0.00	0.00
滁州	8.47	0.00	6.96	0.00	0.00	0.00	0.00	0.00	0.00	0.00	0.00
4.其他水系小计	5.32	0.00	2.15	0.00	0.00	0.00	0.00	0.00	90.00	49.28	0.00

【2008年安徽省港口吞吐量（按货物形态、包装及货类分）（合计）一览表】 （表5—30）

分类	序号	合计		出港		进港	
			外贸		外贸		外贸
A	B	1	2	3	4	5	6
货物吞吐量合计（吨）	1	272 670 100	2 801 100	179 137 472	1 418 300	93 532 628	1 382 800
1.液体散货	2	3 910 243	41 757	1 886 544	0	2 023 699	41 757
其中：原油	3	384 639	0	309	0	384 330	0
成品油	4	2 782 302	0	1 606 438	0	1 175 864	0
液化气、天然气及制品	5	113 351	0	58 036	0	55 315	0
2.干散货	6	239 180 772	474 700	153 065 959	431 800	86 114 813	42 900
其中：煤炭及制品	7	43 436 032	0	24 986 722	0	18 449 310	0
金属矿石	8	28 927 889	5 600	4 128 409	0	24 799 480	5 600
散水泥	9	31 751 187	0	31 480 855	0	270 332	0
散粮	10	184 247	0	125 579	0	58 668	0
散化肥	11	141 799	0	61 895	0	79 904	0
3.件杂货	12	26 480 549	1 758 124	22 405 228	926 489	4 075 321	831 635
其中：木材	13	333 291	6 608	172 365	6 608	160 926	0
粮食	14	1 274 340	0	1 195 561	0	78 779	0
化肥	15	566 295	5 600	304 519	5 600	261 776	0
水泥	16	10 597 908	0	10 131 983	0	465 925	0
4.集装箱（TEU）	17	239 114	40 048	119 099	5 166	120 015	34 882
重量（吨）	18	2 380 286	526 519	1 061 491	60 011	1 318 795	466 508
其中：货重	19	1 898 819	397 200	825 237	49 030	1 073 582	348 170
5.滚装船汽车吞吐量（辆）	20	20 360	0	20 360	0	0	0
重量（吨）	21	718 250	0	718 250	0	0	0

资料来源：安徽省交通厅

【铜陵市港口管理局】 2008年，铜陵市港口管理局全年完成货物吞吐量2 900万吨，与2007年基本持平；外贸吞吐量50万吨，同比增长25%；集装箱吞吐量10 000TEU，同比增长23%。

·依法治港 一是编制完成港口规划。《铜陵港总体规划》经过5年修编，于6月6日获省政府批复，明确了铜陵港的性质、功能、8大港区定位及未来15年的发展目标，为建设、保护和发展港口提供了科学依据。编制完成《铜陵市循环经济园作业区岸线利用规划》，规划岸线长1 940米，根据岸线长度、水深条件以及园区货种要求，规划建设11—12个不同吨级的散货或件杂货泊位。二是优化港口经营环境。开展港口优秀企业评选，制定了评选办法并开展了首次评选工作，有4家优秀港口企业受到表彰。筹备成立铜陵市港口协会，自年初着手筹备铜陵市港口协会事宜，已经市民政局批准筹备成立，现正着手成立事宜。三是促进水陆物流畅通。制定了《市港口局水路运输应急预案实施方案》，贯彻落实交通部、省政府和省交通厅对重点物资应急运输的指示精神，确保水路重点物资应急运输时优先装卸，不在港口延误时间。四是扎实开展港口普查。积极做好第三次全国港口普查工作，周密部署普查工作，全面准确掌握港区、航道、锚地、码头泊位、仓库堆场、装卸机械设施及能源消费情况等相关材料，为港口建设和管理提供信息服务。五是加入APEC港口服务网络。依据《APEC港口服务网络章程》，加入APEC港口服务网络（简称APSN），成为APEC港口服务网络境内首批重点普通会员。六是推行政务公开力度。根据要求，通过铜陵港口网及橱窗等形式，对外公开办事流程和管理权限。根据省局要求，按照“六公开”的要求（即公示执法主体、执法依据、执法程序、执法监督、执法结果和当事人的权利和义务），制定全省港口系统政务公开的统 样式，经省局法规处审核后，在全省推行。积极开展行政执法监督检查，全年开展监督检查12次，未发现行政执法错误现象。

·依法行政 一是提高执法水平。依照《港

口法》及《安徽省交通执法规范》，成立由局党政负责人任组长的案件审批领导小组，重大案件由领导小组集体讨论决定；进一步明确了行政处罚过程中各部门之间的流程和职责。在具体执法过程中，严格按照程序，层层负责把关，做到公正执法。二是规范执法行为。进一步建立健全服务承诺、首问负责、限时办结、效能考评、失职追究等13项规章制度。厉行便民原则，在作业量大的码头派驻工作人员按照“一审一核”的制度现场办理。三是做好行政许可。严格按照要求，核发《港口经营许可证》和《危货作业认可证》，并在《铜陵日报》、铜陵港口网上公示。对不符合港口规划、不具备生产条件的各类小码头（重点是危险品作业小码头）予以取缔搬迁。2008年没有新发上述两证，全港持《港口经营许可证》的港口经营人39家，持临时《港口经营许可证》的港口经营人10家。四是开展岸线管理。一方面加大《港口法》宣传力度，通过召开会议、上门宣传多种形式，提高业主依法经营意识。另一方面，修定了《铜陵市港口岸线巡查办法》，分日巡、月巡两种方式，加大岸线巡查力度。同时，联合公安、海事等部门，开展了近20余次行动，加大了对违法占用岸线行为的打击力度。

·安全监管　一是抓好安全生产目标管理。继续抓好安全生产目标责任制管理，以落实安全生产风险抵押金制度为抓手，与全市40多家港口企业签定安全生产目标责任书；评选6家先进单位进行表彰奖励，对3家单位进行通报批评。二是强化安全隐患排查治理。按照2008年是隐患治理年的要求，制定了《市港口行业安全生产隐患排查治理工作方案》，确保奥运安保及全年安全生产良好。三是开展安全生产百日督查。牵头开展百日督查工作，对铜陵港外贸码头、危险货物作业企业及部分重点港口企业进行了安全生产督查，发现隐患要求立即整改，确保码头安全生产。全年对辖区开展了5次安全大检查，夯实了安全生产基础。四是做好奥运港口安保工作。成立专门机构负责港口保安工作，并加强与相关口岸单位（边防、海关、海事等）的合作，形成做好奥运安保工作合力。定期组织港口设施经营人开展保安训练和演习。要求港口经营人建立健全保安规章制度，严格履行安保措施和操作程序。要开展外贸码头港口设施保安人员新一轮培训，提高保安业务水平。五是推进集装箱超载治理。成立港口内贸集装箱超载治理工作领导小组，构建局机关及二级组织的网络治理机构。周密部署、扎实推进，抓紧制订《闸口超载箱处理流程》、《超载箱卸载工作流程》以及《超载箱强制卸载作业收费标准报备程序》。加强宣传、营造氛围，利用报纸、网络媒体向相关企业、货主传达交通运输部及省市有关集装箱超载治理工作会议精神。加强监管、务求实效，严格执行集装箱超载认定标准，对超载箱进行强制卸货并实现统一的收费制度。

·规费征收　一是继续做好货物港务费征收工作，按照“港口经营人填写装卸单、基层站处上报及稽查科稽查”所构成的三位一体征费模式，加大规费征收力度。二是重点做好港口建设费征管工作。今年是全面征收港口建设费第一年，顶住内外压力和困难，坚持统一政策、区别对待和征管并举、方式多样的原则，打开规费征收良好局面，超额完成省局下达的征收任务。三是继续强化法律及行政手段。通过法律手段强执执行六国化工所欠规费。在省局运管处的支持下，由马鞍山检查站拦截检查拒缴、逃漏港口规费的船舶，迫使船舶回港缴费。同时创新征收方式，试行委托港口经营人代征制度，效果较好。

·建设公共基础设施　一是完成港口锚地一期工程。经过1年建设，铜陵港锚地一期工程建成并投入使用。一期工程包括成德洲及笠帽山两处锚地，投入省级财政资金100多万元，锚泊面积48万平方米，年锚泊能力770万吨。成德洲锚地主要锚泊3 000吨级以上海轮，笠帽山锚地主要锚泊1 500吨级货船。二是加快成德洲右汊进港航道建设。成德洲右汊进港航道系长江主航道到笠帽山港区的专用航道，主要服务笠帽山港区建设与发展。笠帽山港区预计2009年吞吐量超过2000万吨，即将申报对外籍轮开放，迫切需要建设成进港航道。该航道水深可满足5 000吨级海轮通航要求，需设标段长度约12公里，项目总费用260万元。

·推进码头项目建设　一是铜陵有色循环经济化工园专用码头，总投资1.55亿元，建设4个1 000吨级泊位，年吞吐能力375万吨，全年完成投资3 814万元。二是安徽省港航建设投资集团公司、市港务（集团）公司联合投资建设横港件杂货码头改扩建工程，于4月28日挂牌成立铜陵港长江外贸码头有限公司。改扩建项目分两期实施，总投资4.6亿元。码头水工部分今年3月26日开始打桩，至目前为止，主体工程已结束，附属设施也基本结束，完成投资约2 100万元。三是做好海螺码头扩建工作。海螺码头“十一五”期间拟建一个万吨级泊位，计划投资8 000万元，岸线长150米，通过能力为400万吨。鉴于现有岸线为中石化油码头所占，按照市领导要求，依据《铜陵港口总体规划》，多次与中石化铜陵市石油公司多次沟通，要求拆除油码头，现进展顺利。四是还有一些项目拟于今年开工建设。铜陵群利公司码头改扩建工程，计划投资1 500万元，新建2个1 000吨级泊位，通过能力为105万吨。铜陵金城码头扩建工程，计划投资1 570万元，新建1个1 000吨级泊位，通过能力为98万吨。铜陵新亚星焦化公司投资3 000万美金，建设4个泊位，能力为5 000吨级兼顾万吨级海轮靠泊，已进入施工准备阶段。润丰实业和广信公司各投资1.2亿元，建设2个5 000吨级（兼顾万吨级）泊位，并已进入初设阶段。长江港口公司在永丰港区投资2.4亿元建设码头及物流园区，正在开展项目前期工作。

地　址　铜陵市北京西路29号有色房地产大厦806室
邮　编　244000
电　话　（0562）2815382
传　真　（0562）2816230
网　址　http://www.tlport.gov.cn

（铜陵市局　李亦德　李同珍）

【铜陵市港务（集团）有限责任公司（简称铜陵港）】　2008年，铜陵港在市委市政府的正确领导下，以科学发展观为统领，以新一轮解放思想大讨论为动力，坚定发展信心，创新发展举措，较好地完成了年初确定的主要目标任务。全港共完成货物吞吐量450多万吨，同比增长4.8%，其中外贸41.8万吨，同比增长10.3%；集装箱吞吐量首次突破一万标箱，达到10 254TEU，同比增长21.9%；职工生活持续改善，人均收入较上年增长20%，为进一步发展奠定了良好基础。

*·港口基础设施建设加快，吞吐能力进一步提升。*铜陵港件杂货码头一期改扩建工程是省港航建设投资集团有限公司和铜陵市港务（集团）公司共同投资兴建的省、市“861”重点建设项目。工程自年初正式开工以来，设计单位、承建单位、监理单位和业主单位精诚合作，共同努力，各有关方面扎实做好运行调度，在保障工程质量和安全的前提下，加快建设进度，使工程建设得以顺利竣工。工程的竣工投产，使外贸码头年新增件杂货吞吐能力75万吨、集装箱5万标箱，不仅有利于充分发挥长江黄金水道作用，对于优化市区发展环境、推进东向发展、扩大对外开放、服务区域发展大局也将产生重要影响，使铜陵港港口功能进一步完善，吞吐能力进一步提升，国家对外开放一类口岸的作用更加显现。

*·应对多重艰难挑战，努力实现增量增效。*一是众志成城奋力抗御雪灾。2008年元月中下旬，出现了建国以来罕见的持续强降雪冰冻灾害，给港口生产和职工生活带来严重影响。港务集团广大干部职工在集团党委的坚强领导下，牢固树立大局意识、责任意识，力保电煤等重点物资运输，力保港口安全生产，力保疏港道路畅通，力保对外开放码头畅通，有效发挥了公共港口的保障与服务作用。副市长吴桂和对此作出批示：“在抗击冰雪灾害中，港务集团公司克难攻坚，顾全大局，指挥有力，措施到位，确保了电煤运输及港口安全运行，为全市夺取抗击冰雪胜利做出了重要贡献。二是迎难而上应对金融危机挑战。全球金融危机对港口的生产经营、特别是外贸货物带来不利影响，为确保全年经营目标的完成，集团公司及时出台应对措施，采取调整结构、保本经营、以量增收、提升效率、降低成本、让利货主等一系列有效措施，抢抓时机，主动出击，化“危”为“机”，创造契机，为全年目标的实现赢得了先机。

*·解放思想谋求发展，招商引资取得实效。*为深入学习贯彻党的十七大精神和胡锦涛总书记视察安徽重要讲话精神，深入学习实践科学发展观，纪念开革开放30周年，市委市政府从3月下旬到6月下旬，在全市组织开展了“观念大转变，改革大突破，全民大招商，环境大整治”解放思想大讨论活动。集团公司在解放思想大讨论活动中，坚持把抓落实求实效贯穿于大讨论活动的始终，加大招商引资工作的力度，先后对香港和记黄埔、香港宝华集团、意大利创维集团、上海华集集团、浙江海桐集团、上海国际港务集团、皖

北煤电集团等境内外多家客商及财团进行了广泛的接触、交流和商谈，招商引资工作取得了多项实质性进展，为加快港务集团改革改制、实现产权多元化和战略重组创造了条件。

·战略重组合作签字，庆典彰显港口风采。2008 年，是铜陵港建港五十周年，也是全力推进战略重组合作及企业还改制的一年。去年年底，铜陵港战略重组合作签字暨建港五十周年庆典仪式在逸顿国际大酒店隆重举行。市委市政府十分关心港务集团的改革发展，市委书记、市人大常委会主任姚玉舟，市委常委、常务副市长万以学等在逸顿国际大酒店会见了铜陵港战略投资者代表，上海华集（投资）集团有限公司董事长、总裁金跃军一行。

·关心职工生活 ，发展惠及民生。集团公司在改革发展中始终坚持以人为本，让广大职工充分享受企业改革发展的成果。一是在对外合资合作中以职工安置为前提，切实维护好职工利益，实现职工利益最大化。二是在集团资金十分困难的情况下，积极落实职工住房公积金和社保缴费基数调整政策，将公积金缴存比例从 8%上调到 15%。三是为包括退休职工在内的全港职工办理了大额医疗统筹保险，解决了职工的后顾之忧。四是筹措近 10 万元开展帮困助学、关爱女孩和育才关怀行动。五是在两节期间，筹措 30 万元资金，对困难职工、军烈属、统战对象、特困党员、离退休职工 1 600 人次进行了慰问，受到市总工会和市民政部门的高度赞赏。

·牢牢把握战略方向，积极推进企业改制。作为市属国有重点企业，市政府对港务集团的战略重组及改制工作十分重视，成立了由市政府领导挂帅的领导小组及专门工作机构，加大力度，组织和推进相关工作的开展与实施。各小组相关工作人员本着对企业和职工高度负责的精神，按照职责要求，细化工作措施，严格工作制度，积极主动地做好企业的改制工作。一是克服自身经济拮据等困难，筹措 400 万元，帮助解决了历史遗留的、挂靠原港务管理局两个集体单位 188 人的养老、医疗、失业等社会保障问题。二是积极拟定整体改制方案。在整个战略重组及改制策划方案里，不仅确保职工安置，实现职工利益最大化，还把铜陵港件杂货码头二期工程和横港物流园区纳入了战略合作重组框架，并预留相应的投资额度，用于扫把沟、客运总站等老港区的改造，科学规划、有效利用港埠资源，努力促进区港联动、港城互动，增强港口加快发展的后劲。三是按照方案要求，制定具体的工作流程和推进时序，基本完成了人员、资产、工龄、工伤、房产以及债权、债务的核对、核查、核实以及与社保部门的对接等前期基础性工作。

·奥运安保工作扎实有效，确保铜陵“国门”平安畅通。为确保北京奥运会期间港口安全畅通，奥运会期间，集团公司在加大投入的同时，积极联合港口、公安、边防、海事、航道等涉港单位和部门，组织和参与了多次水上反恐演练。与此同时还适时开展了“两保一提高”（保障安全生产、保障港口平安，提高经济效益）百日大会战活动，切实将奥运安保工作落到实处，确保铜陵“国门”畅通，打造平安港口，受到市委政法委的充分肯定。

·文明创建丰富多彩，港口形象进一步提升。在企业文明创建中，围绕港口发展中心，大力弘扬“忠诚、务实、竞争、创新”的企业精神，着力把优秀的港口企业文化外塑于形，内化于心，打造了品牌，塑造了形象，扩大了知名度，提高了美誉度。先后被市委市政府和长航局等上级组织，授予“文明单位”、“综合治理先进单位”、“计划生育工作先进单位”、文明行业先进集体”等多项荣誉称号。

地　址　铜陵市滨江大道 1228 号
邮　编　244013
电　话　（0562）3825806
传　真　（0562）3811808
邮　箱　zhaolaiwu@tom.com
网　址　http://www.tlport.gov.cn

（铜陵港　阎新荣）

【马鞍山市港口管理局】 从 2008 年 1 月 1 日起，马鞍山市地方海事局原有的港口管理职能划转马鞍山市港口管理局，马鞍山市港口管理局负责对全市港口的行政管理和行业管理，使马鞍山市正式实施“一港一政”的港口管理新体制。港口管理局机关内设:规划建设科、港政管理科、规费征稽科、财务科和办公室,事业编制 20 名；下设当涂、雨山、花山、金家庄 4 个港口管理处，事业编制 20 名，正科级建制。

·业务开展情况　2008 年是我国改革开放 30

周年，是贯彻落实党的十七大精神的第一年，同时也是马鞍山市港口管理局顺利完成港口体制改革，实施新的港口管理体制的第一年。2008 年，马鞍山港口建设步伐进一步加快，完成基础建设投资 35 560 万元，同比增长 80%以上，全年完成港口货物吞吐量 4 697 万吨，比去年同期增长 27.5%；集装箱吞吐量 51 148 标准箱，比去年同期增长 50.2%；外贸货物吞吐量 36.4 万吨，比去年同期增长 59.6%。全年完成货港费征收 2 117 万元，同比增长 15.3%；完成港口建设费 167 万元。

· *重大改革措施* 为了将简易小码头纳入港口规范化管理的范畴，促使港口经营市场秩序得到有效治理，在充分保护岸线资源的合理开发利用的基础上，对现存在的简易码头实施备案登记。并由市政府印发了市港口管理局制定的《转发市交通局关于加强全市简易码头管理工作的意见的通知》（马政办〔2008〕93 号）。

· *对外开放* 2008 年 11 月 4 日，我国海峡两岸关系协会与台湾海峡交流基金会正式签订了两岸“三通”四项协议，在《海峡两岸海运》协议中，双方同意，相互对外开放主要城市的主要港口为直航港口，马鞍山港被确定为 63 个城市直航港口之一。自 2007 年国务院正式批准马鞍山口岸对外籍轮开放后，马鞍山市一方面加强港口基础设施的建设，另一方面完善口岸配套服务设施进度，马鞍山港口集团 6 号码头扩建一、二期工程以及联检锚地均已完工并交付使用。马鞍山港口集团 6 号码头于 2008 年 12 月，取得了《港口设施保安符合证书》。目前，口岸联检机构已完善，具备了对外籍轮开放的条件，即将对外开放。

· *小黄洲锚地建设加快推进* 在锚地建设资金初步落实后，2 月份成立了锚泊基地工程建设办公室和工程建设效能监察办公室，完成了工程初步设计的更改和工程建设管理机构管理制度的制定，全面启动小黄洲锚泊基地的建设工作。6 月份完成了锚地拓展部分的测量、扫床，锚地专用标志的设置。9 月份完成了锚地设标工程完工后的交工验收，同时通过了交工专项财务审计。11 月 20 日，进行了锚泊趸船建造的招投标，并确定了锚泊趸船建造厂家，12 月份锚泊趸船建造开工，预计 2009 年 5 月完工下水投入使用。

· *工程管理* 主要有港口集团 6 号码头扩建二期工程的招投标、试运行备案及竣工验收，7、8 号码头（二期）改扩建工程的招投标、试运行备案及竣工验收，人头矶港区建设（一期工程）初步设计审查；天顺港口公司通用码头建设工程的招投标、开工备案及工程建设中的协调；长江港口公司公共码头建设工程的招投标备案；金星化工集团码头工程及取水口工程的竣工验收；马鞍山发电厂扩建工程码头项目建设前期准备中的相关协调工作等。

· *开展全国第三次港口普查工作* 按照交通运输部的要求和部署，2008 年 4 月 18 日，马鞍山市港口管理局成立了第三次全国港口普查领导小组，具体负责全市的港口普查工作。普查期间对全市 73 家港口经营人的基本情况进行了摸底、登记，完成了港口普查数据审核、汇总上报。按照工作计划安排，现已着手安排开展港口概况编写和港口电子平面图绘制及文档数据准备工作。

· *宣传报道工作成绩喜人* 2008 年，马鞍山市港口管理局被安徽日报、中国交通报、中国水运报、中国港口、安徽水运、马鞍山日报、皖江晚报、马鞍山电视台等新闻媒采用新闻报道 110 余条，其中“马鞍山港货物吞吐量突破 4 000 万吨大关”的新闻报道被评为马鞍山市 2008 年十大新闻之一。

地　址　马鞍山市解放路 13 号 7 楼
邮　编　243000
电　话　（0555）2473698
传　真　（0555）2489347
邮　箱　web@masport.org.cn
网　址　http:// www.masport.org.cn

（马鞍山市局　李　强）

【马鞍山港口（集团）有限责任公司（简称马鞍山港）】 2008 年，马鞍山港吞吐量首次突破 2 000 万吨，完成自然吨 2 008 万吨，比上年同期增长 19%；营运收入完成 23 758 万元，比去年同期增长 21%。根据中国港口协会发布的数据显示，马鞍山港口集团主要经济指标已名列中国主要港口企业 30 强，皖江港口企业第一名。

· *生产经营* 2008 年，马鞍山港口集团在复杂多变的形势中，满足客户需求，提升工作质量，在 2005 年公司实现 1 000 万吨目标的基础上，全面实现“十一五”期第二个战略性目标，迈上 2 000 万吨的新平台。2008 年完成自然吨 2 008 万吨，比上年同期增长 19%；营运收入完成 23 758 万元，比去年同期增长 21%。

2008 年 11 月 4 日，根据海协会和海基会签定的两岸海运协议，台湾开放 11 个港口，大陆开放 63 个港口，其中 15 个内河港口，全面实现海峡两岸海上客货直接运输。马鞍山港列入首批对台直航的港口，也是安徽省仅有的两个直航港口之一。为应对对外籍轮开放和对台直航的需要，马鞍山港口集团完成了海关、国检、海事、边检等单位办公室场所建设和装修，对外开放码头的道闸、岗亭、标识牌的制作和安装，处贸堆场、联检单位监控系统、信息化网络工程建设等，顺利通过安徽省验收组对外籍轮开放前的审核验收。另外，该港编制的《港口设施保安评估计划》和《评估报告》也通过了国家交通运输部的评审。该公司已具备了外籍轮停靠及对台直航的条件。

·基本建设　一是 6 号码头扩建二期工程于 2008 年 12 月竣工验收，质量等级被评定为优良工程。该工程 2007 年 12 月开工建设，主体工程于 2008 年 6 月投入试运行。工程总投资额为 5 977 万元，建成 3 000 吨级江驳泊位 2 个，兼顾靠泊 5 000 吨级海轮泊位，设计年吞吐量为 180 万吨，年通过能力为 194 万吨。6 号码头扩建二期工程完成竣工验收，解决了长期以来困扰公司件杂货能力不足的问题，提升了钢材、集装箱的产能，并为集团公司对外籍轮开放创造了条件。二是 7、8 号码头（二期）改扩建工程于 2008 年 12 月完成竣工验收，质量等级被评定为优良工程。该工程 2006 年元月开工建设，主体工程经交工验收于 2007 年 9 月投入试运行，2007 年 11 月项目全面建成，主体工程经一年多的调试运行，运行情况良好。该项工程总投资额为 1.6 亿元，建成 3 000 吨级江驳泊位，兼顾 5 000 吨级江海轮靠泊 3 个和 2 个 5 000 吨级海轮泊位，设计年吞吐量为 910 万吨，年通过能力为 938 万吨。

地　址　马鞍山市长江路 47 号
邮　编　243000
电　话　（0555）2845963
传　真　（0555）2845474
网　址　http:///www.masport.com.cn

（马鞍山港　李　娜）

【安庆市港口管理局】　安庆港地处安徽西南部、皖鄂赣三省交界处，是国家一类开放口岸和全国内河 28 个主要港口之一，是安徽省长江北岸唯一的对外贸易港口。根据《安庆港总体规划》，安庆港按地域总体分为中心、宿松、望江、枞阳、太湖、怀宁、桐城等七个港区，其中包括古皖河作业区等十二大作业区和五里庙外贸集装箱综合物流基地、马窝散货物流基地、长风铁水联运综合物流基地等三大物流基地。安庆港港辖区长江岸线长 247 公里，约占长江安徽段北岸的 61%。规划港口岸线长 105 公里，其中深水岸线长 70 公里，非深水岸线 35 公里。截至 2008 年底，安庆港长江干线港区有各类码头 171 座、泊位 210 个，年综合通过能力达 3 500 万吨，最大靠泊能力 10 000 吨；支流港区有各类码头 18 座，泊位 30 个，年综合通过能力 126 万吨，最大靠泊能力 500 吨。全港区有各类生产用装卸机械 448 台，最大起重能力 40 吨。

安庆市港口管理局为安庆市人民政府直属事业单位，参照公务员管理，正县级。该局依据《中华人民共和国港口法》和《港口建设管理规定》、《港口经营管理规定》、《港口危险货物规定》等法律法规，具体负责安庆市行政区域内港口岸线资源管理、港口建设管理、港口经营管理和港口安全监督管理等工作，履行港口行政管理职能。内设办公室、组织人事科、规划建设科、港政管理科、规费征稽科、综合法规科、财务科、行政许可科等 8 个职能科室；下辖局港政执法监察大队、枞阳、桐城、望江、宿松、怀宁、太湖、迎江、大观、宜秀港口管理处等 10 个事业单位。因工作需要，枞阳与桐城港口管理处、怀宁与大观港口管理处合署办公。除港政执法监察大队正职高配为副县级外，其他单位均为正科建制。全局在职职工 85 人，其中公务员编制 41 人，事业编制 39 人；离退休职工 47 人。

·港口经营　2008 年，安庆港有港口经营企业 58 家，共完成货物吞吐量 2 800.11 万吨，同比下降 1.8%。其中内贸吞吐量 2 792.17 万吨，外贸吞吐量 7.94 万吨；集装箱吞吐量 11 808 标准箱，同比增长 21%。其中外贸 7 954 标准箱，内贸 3 854 标准箱。从货种情况来看，主要货种为煤炭及制品、石油、天然气及制品、水泥熟料等。其中煤炭及制品吞吐量 330.38 万吨；石油、天然气及制品 208.67 万吨；农资吞吐量 17.87 万吨；农产品吞吐量5.30万吨。

·基本建设　全年完成港口建设投资4.2914亿元。长风港区一期工程工可报告于7月19日获省发改委批准；18号战备码头初步设计于8月获省发改委批复；望江华阳港储码头工可和初步设计审批完成；马窝港区一期工程于6月底完工，7月30日投入试运行；五里庙港区三期工程水工部分通过竣工验收，设备安装基本到位。

·行政管理　《安庆港总体规划》(修编)获交通运输部和安徽省人民政府联合批准。规范岸线管理，组织召开岸线使用合理性分析评审会2次，审查临时使用岸线、项目选址及码头公用岸线选址25项。严格市场准入，核发6家单位港口经营许可证，为12家单位办理经营资质定期审验或变更手续。规范危险品作业管理工作，重点核查12家从事危货作业单位作业资质。完成第三次全国港口普查一、二阶段工作，填写普查报表647份，编制普查专用代码109家。完善行政许可实施程序，行政审批办结工作在全市行政审批办结件回头看效能监督专项检查中受通报表扬。强化安全监督，开展“奥运安保”、“集装箱反超载治理”等专项活动，制定港口安全事故应急预案，组织指导港口企业生产安全事故应急救援演练、演习9次。安庆港奥运安保工作获交通运输部奥运安保督查组充分肯定。全年未发生污染、火灾事故及重大责任事故。

2008年，安庆市港口管理局被中共安庆市委授予“安庆市文明单位”荣誉称号，被安庆市政府授予“全市安全目标管理考核先进单位”荣誉称号，被安徽省港航管理局授予“2008年安徽省海事港航船检系统先进单位”、“安徽省海事港航船检系统交通战备先进单位荣誉称号。

地　址　安徽省安庆市宜城路1号
邮　编　246030
电　话　(0556) 5217008
传　真　(0556) 5516115
网　址　http://web.aqport.gov.cn

(安庆市局　杨　蕾)

【安庆港务总公司(简称安庆港)】　安庆港地处皖鄂赣三省交界处，是国家一类开放口岸，是皖西南交通枢纽，也是安徽长江北岸的货物集散地。2008年，安庆港务总公司实行部分企业改制，将下属五里庙港务分公司、安庆港国际集装箱装卸运输公司人员资产以股份形式并入新成立的安庆港远航集团控股公司进行合资，并占有25%的股份。总公司直管九个子公司(或经营实体)，主要经营货物运输、船舶出租、船舶货物代理、外轮理货、港口装卸，港机制造等。

2008年，安庆港有职工2 560人。其中在职1 224人，在岗562人，离退休1 257人，公司资产1.718亿，并拥有5 300万元安庆港远航集团合资公司的股份。

·主要考核指标　全年货物吞吐量563.7万吨，其中总公司本级315.5万吨；码头装卸自然吨298.6万吨，总公司本级86.3万吨。总公司实现营运收入3 628.5万元，实现利润10.8万元，全年安全无责任事故，安全指标严格控制在年度6‰以内。

·管理与建设　2008年，安庆港实现了改制工作和生产经营工作的同步发展，真正做到了改革管理、发展和稳定的有机结合。部分企业改制后，总公司主要生产码头已并入新的合资公司。对此，总公司及时调整经营战略，先后购置807、808、1006、1005四条拖轮，设立了江阴办事处，加强船舶业务和管理工作，使当年船舶出租收入达到1 474万元，创历史新高。同时，加强油运船舶计量、监控工作，有效控制亏吨现象；提高现有码头装卸服务质量，拓展货物、船舶代理工作面，使总公司在地轮熟料代理、外轮理货代理出现了新的亮点。总公司在大量优质资产分割参与改制后，又遇上市场行情不稳等不利因素，但仍然取得了全年总收入3 628.5万元的好成绩。这充分证明：机遇是留给主动进行调整并积极准备的企业。2008年，总公司投入安全资产30多万元，用于安全设施的配备、隐患整改和教育培训、奖励等，全年无工亡事故，无重大责任事故，安全局势平稳。

·政治文明和精神文明建设　总公司各级党组织认真开展“我与企业共呼吸、又好又快促发展”的党建主题实践活动，评比表彰了4个先进党组织和5名优秀党员(优秀党务工作者)。认真开展创造文明港口企业和平安企业的创建活动。2008年总公司图书室被全总定为“全国职工书屋”示范点。总公司先后评比表彰五名双十佳集体和7个先进个人，并组织他们到北京、北戴河观光疗养。总经理程庆荣获“安庆市实施送温暖工程先进个人”称号。工会主席刘舒久荣获“全国交通建设系统优秀工会工作者”称号，工会副主席梁学年获省优秀工会工作者称号。总公司工会被安庆市总工会评为落实责任制工作一等奖；被长航工会评为工会重点工作优秀单位和安康杯优秀组织奖；轮驳公司1008轮等6个船舶、班组被长航工会表彰；许平等16人获长航工会创新奖或优秀积极分子称号。

地　址　安徽省安庆市沿江中路7号
邮　编　246030
电　话　（0556）5528200
传　真　（0556）5542843

（安庆港　高锡球）

【池州市港口管理局】　池州市港口管理局为池州市政府直属机构，正县级建制。根据市政府授权，统一行使全市范围内港口行政管理职能。局机关内设7个职能科室：办公室、人事教育科、港口管理科、规划建设科、财务科、规费征稽科、政策法规科；下设贵池、东至、青阳港口管理处和牛头山直属港口管理所。全局在职人员65人，离退休人员21人。

2008年，池州市港口管理局紧紧抓住长江黄金水道开发与建设的历史机遇，深入贯彻落实科学发展观，以作风整顿暨效能建设、基层处所规范化建设和构建和谐港口为契机，坚持“以港兴市”发展战略，求真务实，团结拼搏，全面完成各项目标任务。港口建设和投资步伐明显加快，港口安全形势稳定，行政规费征收规范有序，全市港口经济呈现出快速发展的良好态势。

一、主要考核指标。

全年完成港口货物吞吐量2 250万吨，占年度计划的107.14%，与2007年同比增149.4万吨，增长7.11%，创历史新高；集装箱吞吐量1 810TEU，与2007年同比增878TEU，增长1.9倍；完成货物港务费征收660万元，为省局计划的120%，同比增长11%。全年招商引资到位资金为2 500万元，竣工投产项目一个，比照引进规模以上工业项目二个，超额完成市政府下达的招商引资任务。

二、管理与建设。

·岸线资源、航道和锚地状况　池州市162公里长江岸线中，1级岸线27.2公里，2级岸线26.6公里，3级岸线108.2公里。其中规划港口岸线64公里。池州市长江干流岸线规划形成十大港区：香口港区、东流港区、吉阳港区、大渡口港区、牛头山港区、钱江口港区、乌沙港区、老港区、江口港区和梅龙港区。支流港区规划建设秋浦河杜湖港区和青通河童埠港区。利用岸线总长约9公里，共有泊位92个，其中长江干流泊位72个，支流泊位20个。1 000吨级以上泊位45个，最大靠泊能力5 000吨级，实际通过能力2 500万吨/年。池州港辖区有长江干线航道、牛头山专用航道、贵池南港航道和秋浦河、青通河等长江支流航道。长江干线池州段通航航道约152公里，为1级双向航道。可常年通行5 000吨级江海轮，季节性通航万吨级海轮；牛头山专用航道处在长江分汊河段，上自牛头堤，下至钱江口，全长6.5公里，可通航5 000吨级江海船；贵池南港近数十年来水道逐年淤窄，按航基面下4米水深计算，近年航道宽度已缩窄到100米左右；池州港辖区还有秋浦河、青通河等长江支流航道，通航里程216公里，但等级很低，大都在5级以下，只能季节性通航。池州港现有牛头山锚地、河西锚地、泥洲锚地、中洪水位锚地、危险品锚地和九华锚地6处锚地，水域面积112万平方米。均由池州市港口管理局建设并管理。泥洲锚地列入交通运输部投资计划，除牛头山锚地和九华锚地设有界限浮标外，其余锚地均无设施。

·岸线管理　依法坚持岸线使用合理性评估制度，规范岸线使用的行政管理。按照公用码头建设从宽，专用码头建设从严的原则，对新建港口项目和临港工业项目，坚持做到岸线资源先批后用、合理使用。组织完成江口港区二期工程项目、中石油池州油库码头工程项目的《岸线使用合理性分析评估报告》的审查并报交通运输部待批；加强对岸线的管理和日常监管。对现已占用的各类岸线特别是港口岸线，进行全面细致的跟踪，确保合理使用岸线。依法有序稳妥地清理和规范《池州港总体规划》出台前已有的散、乱、小码头；按市政府颁布的《池州市长江岸线资源开发协调暂行办法》规定，规范岸线申报和审批程序，促进长江岸线资源的合理开发、优化配置和有效保护。

·港口规划建设　完成《池州港总体规划》修改审定和出版工作。2008年6月，《池州港总体

规划》经省政府征求交通运输部意见后批准正式出版。在总体规划的指导下，本着先急后缓的原则，池州市港口管理局启动了江口港区、梅龙港区等重要港区的控制性详规编制工作；池州海螺专用码头三期工程投入试生产；江口港区二期工程水工主体工程完工，散货泊位完成设备安装并进入试生产阶段；东盾木业专用码头工程项目完成主体工程施工。2008 年池州港固定资产投资迅猛增长，在建项目共 7 项，其中港口项目 4 项，锚地及航道维护项目 3 项，港口建设完成投资 14 954.26 万元，新建成泊位 4 个，在建泊位 6 个，新增吞吐能力 770 万吨，固定资产投资比上年同期增加 7 529.06 万元，增加 101.4%，港口专业化、现代化水平不断提高，专业化运输系统逐步完善。

·港口经营与安全监管　加强对港口经营行为的监督管理。引导各港口企业规范经营行为，严格市场准入制度，规范申报程序，做好《港口经营许可证》和《危险货物港口作业认可证》的发放工作；起草制订《池州市港口经营管理办法》并报经市政府审核；发挥市港口协会的作用，加强行业自律，保护经营人的合法权益，共同抵制不正当竞争行为，使全行业逐步进入健康发展的轨道。共发放《港口经营许可证》40 家，发放《港口危险货物许可证》6 家。组织召开全市港口安全生产暨建设平安港区工作会议，与 31 家港口企业签订《安全生产目标管理责任书》和《建设“平安港区”责任书》；开展“港口安全隐患排查治理年”活动，共排查各类安全隐患 29 起，其中当场整改 26 起，限期整改 3 起；加强港口建设项目工程安全监督，认真开展“安全活动月”和“百日督查”专项整治活动；组织开展港口设施保安演习、港口消防演习、消防知识培训和消防技能竞赛活动，做好奥运期间和节假日期间的安全监管工作；强化对危险货物作业码头的现场监管，严格危险货物港口作业申报制度。2008 年全市港口行业安全生产形势稳定，无重大安全责任事故发生，被评为池州市安全管理优秀单位。

·加强港口行政执法宣传教育　对 28 名交通行政执法人员进行交通行政执法证件年度审验，组织局属各单位行政执法人员参加全省港航系统法制工作人员培训班；印制《港口管理法律法规宣传册》和《港口行政执法服务指南》千余册，发送至各港口企业、沿江乡镇政府和局属各处所；组织开展《港口管理法律法规知识问卷》有奖测试活动。规范行政许可行为。制定池州市港口管理局《规范性文件制定暂行规定》、《行政问责实施细则》和《行政执法职权分解》等规定，开展交通行政执法监督检查活动，加强执法监督管理，督促港口经营人规范经营行为。对未办理港口经营许可手续的企业下达整改通知书，责令其整改并办理相关行政许可手续。对涉及港口行政执法复议工作，在收集证据资料和调查取证的基础上，及时按规定作出答复。

三、政治文明建设。

·党建工作　局领导班子坚持围绕池州市委、市政府的工作中心，围绕加快发展这个大局，不断加强机关自身建设。坚持抓班子、带队伍。深入贯彻党的十七大精神，努力实践科学发展观，不断提高局党组一班人谋大局、干实事的能力，提高全体工作人员依法行政能力；坚持抓发展、上项目。把发展作为全局的工作中心，逢会必讲发展，时刻谋划项目；坚持抓效能、强服务。简化审批程序，规范行政行为，强化主动服务意识，对涉及港口生产经营、岸线许可的项目，实行“保姆式”服务。凡是港口局审批的行政许可事项，一律实行零收费并无偿提供技术咨询服务。局党组始终把“团结、务实、创新、廉洁”作为班子建设的要求，不断加强领导干部理论学习，强化民主集中制建设，切实改进思想作风和工作作风，领导班子和干部队伍建设取得一定成效。

·党风廉政建设　严格执行党风廉政建设责任制。坚持“标本兼治、综合治理、惩防并举、注重预防”的方针，构建符合实际的教育、制度、监督并重的惩治和预防腐败体系。落实“一岗双责”，完善责任分解、责任考核、责任追究制度。局党组坚持把党风廉政建设同其他业务工作紧密结合，做到一起布置、一起落实、一起检查、一起考核。研究制定《池州市港口管理局 2008 年党风廉政建设和反腐败主要工作任务分解表》、《池州市港口管理局 2008 年纪检监察工作意见》并组织实施。注重廉政教育，筑牢党员干部思想道德防线。通过观看警示教育专题片、党组中心组学习、支部学习、知识测试等形式，提高各级干部尤其是党员领导干部廉洁自律意识，增强反腐倡廉自觉性，筑牢思想道德防线。严格执行《池州市港口管理局党组议事规则》、《招待费管理暂行办法》、《车辆管理暂行规定》等一系列源头预防制度，规范内部管理，堵塞漏洞。班子成员尤其是主要领导同志能够身体力行、严以律己，自觉遵守中央、省、市及本局有关廉洁自律的各项规定，兑现廉洁自律承诺，无违规违纪行为。推行政务公开,将行政许可“七公开”内容在办公场所和池州港口网站上公布，接受社会各界监督，树立廉洁、务实、透明、高效的新形象。

·内部管理　加强制度建设。在全局开展“加强制度建设、坚持廉政勤政、促进科学发展”主题教育活动，对各类内部管理制度进行清理，共清理出 42 件，其中可继续执行的 35 件，需要完善的 7 件。做到以制度管人，按制度办事。开展作风整顿暨效能建设活动。制订《池州市港口管理局作风整顿暨效能建设活动实施方案》、《池州市港口管理局基层处所规范化建设实施意见》并组织实施。局规范化建设领导小组针对基层处所人手少、办公条件简陋，基础工作薄弱等情况，多次深入基层处所指导工作，帮助解决问题，从规范基础台帐入手，建立健全各类专项档案。按照省局确立的“一年达标，二年提高，三年深化”要求，在组织领导、文明服务、执法管理、队伍建设和基本设施建设五个方面狠抓落实。2008 年全局各基层处所全部达标。

四、精神文明建设。

·文明创建　按照创建文明池州和构建和谐港口的要求，着力提高全局干部职工队伍的整体素质，着力提高港口行业的凝聚力、战斗力和创造力，为池州市港口经济又好又快发展提供思想保证、精神动力和智力支持。以基层处所规范化建设为契机，重点抓好基层处所文明创建达标工作。2008 年该局被评为池州市市直文明单位标兵、安徽省交通系统文明单位，牛头山港口管理所被命名为省级青年文明号，贵池港口管理处江口所被命名为市级青年文明号；在安徽省港航管理局目标管理考核中获 2008 年全省港航系统一等奖，同时被评为全省港航系统先进单位。

·宣传工作　全年上报并刊登新闻稿件、信息共计 255 篇，与《池州日报》、《池州电视台》等新闻媒体保持密切联系，经常性地报道我市港口发展、建设动态以及全局工作动态；协助安徽省交通厅、安徽省港航局组织开展“改革开放 30 年安徽水运建设成就”系列宣传活动。中国交通报、中国水运报、安徽日报、安徽电视台等 14 家国家和省级媒体聚焦池州港口，采访报道池州港口建设成就，提升了池州港口的社会知名度，取得良好的对外宣传效果；每月编印发行一期《池州港口》刊物，围绕“高端信息、热点聚焦、港口建设、工作纪实、法规解读、文明创建”等板块组织文稿，全年共发行 12 期。

地　址　安徽省池州市沿江路 1 号
邮　编　247000
电　话　（0566）2125225；2125526
传　真　（0566）2125525；2125225
邮　箱　Czport2008@sina.com
网　址　http://www.czport.gov.cn

（池州市局　胡秋明）

【芜湖市港航管理局】　2008 年，芜湖市港航管理局共有职工 370 人，其中离退休 100 人。2008 年总收入 6 398 万元，总支出 2 647.59 万元。全年水运基础设施建设投资再创新高，达 4.3 亿元，同比增长 45.5%；新增 5 000 吨级泊位 8 个，万吨泊位 1 个，增加港口通过能力 2 180 万吨，形成 6 500 万吨的货物总通过能力；港口吞吐量首次突破五千万吨，达 5 513 万吨，同比增长 17.8%，集装箱吞吐量 16.4 万标箱；船舶运力始终在高位运行，拥有营运船舶 3 079 艘，272 万载重吨，名列全省内河前茅；完成全社会水路运输量 1.03 亿吨，货运周转量 329.1 亿吨公里；规费征收形势良好，完成三项规费收入 6 398.2 万元；安全形势稳中趋好。

2008 年，芜湖市港航局认真落实奥运安保工作各项措施，顺利完成第三次全国港口普查工作，积极开展水路内贸集装箱超载治理工作，建立了危险货物港口作业企业及码头安全评估机制。编制完成了《港政执法检查手册》。认真做好芜湖港储公司、沥青公司两个对外开放码头的港口设施保安工作。加强对裕溪口煤炭运输码头、电厂码头、海螺码头等煤炭运输线的巡查，组织协调码头装卸、船舶组织和煤炭配载，有力保障了雪灾天气水上“绿色通道”的安全、畅通，确保了电煤运输的及时、有效。

地　址　安徽省芜湖市北京西路 6 号
邮　编　241001
电　话　（0553）3849158

传　真　（0553）3863740

网　址　http://hsj.wh.cn

（芜湖市局　张洪庆）

【芜湖港口有限责任公司、芜湖港储运股份有限公司（简称芜湖港）】　芜湖港是对外开放港口，国家一类口岸，是长江煤炭能源输出第一大港和安徽省最大的货运、外贸、集装箱中转港。主要担负着安徽、山西、陕西、河南等部分煤矿北煤南调跨江中转任务，同时也担负安徽和周边经济腹地内外贸货物中转任务，经济位置十分重要。2008年实现到煤953万吨、发煤917万吨，同比分别增长26.1%和22.8%，煤运生产实现历史最高水平；实现外贸量175万吨，同比增长9.9%，集装箱量16.41万TEU，港储公司实现总收入1.79亿元，同比增长11%。

·生产经营　2008年是芜湖港“品牌、战略管理年”。一年来，通过推进生产经营等战略，初步建立了物流运营机制，适应了“两头延伸”、“五大”经营物流网络节点的要求，煤运生产实现历史最高水平：实现到煤953万吨、发煤917万吨，同比分别增长26.1%和22.8%，分别占“三口一枝”总量的49.7%、44.6%。实现外贸量175万吨，同比增长9.9%，集装箱量仍然达到了16.41万TEU。货源结构改善，实现总收入1.79亿元。芜湖港强化信息管理，进一步优化设备设施和人力资源配置，改善生产工艺和工作流程，不断提高劳动效率和车船直装率，车船直装率达到42.1%。下半年以来，受全球金融危机影响，外贸和集装箱增幅有所回落，港口及时调整工作策略，强势出击合肥和皖中市场，新开辟集装箱中转业务，取得较好业绩，实现外贸量175万吨，同比增长9.9%。

·抗雪灾保畅通受到省政府表彰　2008年1月底2月初，芜湖地区遭遇五十年一遇的特大雪灾，芜湖港把保电煤运输畅通成为港口压倒一切的重要政治任务。成立了由总裁、董事长孙新华任总指挥的港口电煤抢运指挥部，组织抢运突击队铲冰扫雪，从公司机关和辅助类生产部门抽调了200多名员工组成三支突击分队，分三班昼夜奋战，不畏艰难，抢装抢卸，不仅确保了港口畅通，夺得了高产，还积极参与送温暖捐助活动，支出30多万元购置各类抗灾、防滑物资。员工清雪除冰8 650人次，车辆340台次，出动4辆单斗车参与街道社区和芜湖长江大桥桥面清除积雪达八个昼夜，捐献数十箱方便面，缓解了因大雪而滞留旅客的燃眉之急。芜湖港由于确保港口畅通、服务社会的出色工作，被安徽省人民政府授予安徽省抗雪防冻救灾先进单位称号。

·节支工作成效显著　2008年，芜湖港在狠抓生产经营的同时，强化成本控制，打造节约型港口。一方面实行全港燃、物料统一招标采购，减少中间环节，降低费用；一方面将全港变动性成本费用在年初预算基础上于5月份、8月份先后两次下调，大幅度节约变动性成本，使成本得到有效控制，确保经济运行质量良好。全港2008年节约变动性费用131万元。

·机械设备设施完好率达98.5%　2008年，芜湖港强化工程师、项目经理责任制，通过推行机械设备设施亚健康管理，努力提高机械设备设施完好率。2008年设备设施完好率达98.5%，同比上升1.3%，为历史最好水平，确保了生产经营正常进行。

·安全工作常抓常新　芜湖港着力提高全员安全意识，强化了安全工作“层层负责、层层有责”机制，在全面实施安全文化管理的同时，实现了生产单位、业务外包进港企业现场监督管理的全面覆盖，确保了全年无重大安全责任事故，获得了芜湖市安全生产“A级”生产经营单位称号。

·积极缴纳“特殊党费”　继2008年5月14日、5月16日，芜湖港员工两次向四川地震灾区捐款献爱心后，6月初，芜湖港426名党员积极缴纳“特殊党费”12.055万元。其中缴纳1 000元以上“特殊党费”的党员有13名，500元以上的有39名。

地　址　芜湖市长江中路港一路

邮　编　241001

电　话　（0553）5840521

传　真　（0553）5840510

网　址　http://www.wuhuport.com

（芜湖港　孙凤山）

【合肥市港航管理局】　2008年底，合肥港水陆域总面积为82.52万平方米，其中陆域面积58.17万平方米，水域面积24.35万平方米，港口生产使用自然岸线长6 021米。合肥港共有110个泊位，其中：1 000吨级泊位1个，300—1000吨级（不含 1 000 吨级）泊位 109 个，设计年综合通过能力 1 713 万吨，生产用装卸机械 287 台（套），最大起重能力为 40 吨，生产用仓库面积 11 300 平方米，堆场面积 463 791 平方米，堆场容量 3 059 655 吨。

全港共有港口企业 101 家，按照经济类型划分：国有 4 家，集体 3 家，私营 24 家，个体 46 家，股份制 6 家，有限责任公司 16 家，其他 2 家。这些港口企业中，国有大型企业有安徽省港航投资建设集团有限公司等，股份制的有安徽省港发贸易发展有限公司等，私营的有合肥市卫立煌货运码头等。全市的港口企业以港口装卸、仓储经营为主，大多从事矿建材料、能源及件杂货物装卸，企业普遍规模较小，生产和装卸效率一般。

·港口运输　2008 年，合肥港全年共完成货物吞吐量 1 055.4 万吨，其中矿建材料 851.3 万吨，石油、天然气及制品 17.48 万吨，金属矿石 86.8 万吨，钢材 25.8 万吨，非金属矿石 17.4 万吨，化学肥料及农药 3.07 万吨，盐 9.08 万吨，粮食 11.55 万吨，化工原料及制品 21.46 万吨，煤炭及制品 5.88 万吨，其它 5.88 万吨。

·港口规划和建设　2008 年，合肥市政府加大了对水运工程建设工作的重视和协调力度，相继将合肥港综合码头一期工程、熔安动力专用码头、派河中下游航道综合治理一期应急工程、合裕线航道疏浚整治工程等六项水运工程列入了合肥市大建设重点项目调度范围，加速推进了合肥市水运工程建设的步伐。2008 年，合肥港完成水运工程总投资近亿元。

第一，《合肥港总体规划》。根据港口现状、功能要求、运量及自然条件等因素，结合国家交通布局和城市总体规划，充分发挥主要港口的综合性、多功能作用，将合肥港划分为南淝河、派河、店埠河、丰乐河及临湖 5 个港区，下辖卫乡、双圩、合钢、大兴集、迎河、三汊河、上派、中派、下派、店埠、撮镇、循环经济园、仓拐、丰乐等作业区。目前该规划业已通过省、部专家评审，上报待批。第二，合肥港综合码头。2008 年 9 月 8 日，合肥港综合码头一期工程开工建设，该码头一期工程占地 423.8 亩，位于合裕线航道上游南淝河右岸、312 国道下游约 1 公里的迎河作业区。一期工程将建设 3 个 1 000 吨级泊位，即 1 个杂货泊位，2 个综合泊位，设计年吞吐能力件杂货 100 万吨、集装箱 7 万 TEU(国际标准箱单位)。该工程概算总投资 2.38 亿元，工期为 18 个月。合肥港综合码头一期工程建成后，可实现集装箱直接从合肥下水，通过合裕航道，进入长江，直达海内外。第三，派河熔安动力专用码头。该项目位于派河左岸，是合肥熔安动力机械有限公司年产 500 万马力船用低速柴油机生产基地的配套码头。码头规模为一座 1 000 吨级长 77.3 米宽 26 米的挖入式港池码头和一座 1 000 吨级长 97.5 米的临时靠泊顺岸式直立码头，码头总投资 7 480 万元。

·水运建设投融资机制　根据安徽省政府《加快合巢地区水运建设专题会议纪要》（2008 年第 31 号）精神，合肥市政府与安徽省交通厅、巢湖市政府共同组建安徽省合巢水运建设开发有限公司，授权合肥市建设投资控股（集团）有限公司、安徽省港航建设投资集团有限公司、巢湖市水务局共同出资设立，注册资本金 6 亿人民币。该公司主要从事合巢地区水运基础设施投资、建设、开发以及综合物流业务。该公司的成立，对于加快推进合肥至裕溪口航道治理开发，建设裕溪闸和巢湖闸复线船闸，实现合巢地区经水运通江达海，构建合巢地区综合交通运输体系，服务东向发展战略，促进合肥经济圈的经济社会发展，具有现实而迫切的重要意义。

·港口普查　共普查码头 31 座，港口经营人 102 个。

地　址　合肥市巢湖路 81 号
邮　编　230001
电　话　（0551）4681369
传　真　（0551）4681300

（合肥市局）

【蚌埠港】　2008 年，蚌埠港实现港口吞吐量 336 万吨，占年计划的 140%，其中出口 225 万吨。

·行政管理　开展《港口规划管理规定》宣传贯彻工作。完成了交通部第三次全国港口普查的数据采集和资料报送工作。全面开展危险货物运输安全大检查，对港口危险品运输实施了全面治理整顿，管理部门与企业的安全意识明显增强。

·基本建设　蚌埠市水上交通安全监控中心工程完成主体验收，准备进行室内装修。五河沫河口海事所站房顺利通过省局验收。怀远马城站房、蚌埠闸检查站新趸船开工建设。积极推进危险品码头前期工作，项目工可编制已基本完成。

配合地方政府紧紧抓住国家扩大内需的有利机遇，促使浍河固镇、五河两座复线船闸获省发改委批准立项。完成16个基层处所达标验收工作。全年共完成水运基础建设投资 7 575 万元（含蚌埠复线船闸）。

（蚌埠港）

【蚌埠新港开发有限公司（简称蚌埠新港）】 蚌埠新港公司是由蚌埠市港航管理局、安徽丰原生物化学股份有限公司、蚌埠市交通投资集团有限责任公司三家共同投资、建设、经营和管理的股份公司。根据皖交财〔2007〕11 号文件精神，原蚌埠市港航管理局持有蚌埠新港开发有限公司50%的股权全部无偿划转给安徽省港航建设投资集团有限公司持有。

蚌埠新港包括公司高层管理人员在内共有 40人，设有5部室（综合部、财务部、商务调度室、工程部、安全保卫部）作为公司的管理机构，管理经营公司业务。蚌埠新港经营范围主要是货物装卸、仓储、堆存、汽车运输及相关港口服务业务。

蚌埠新港是安徽省“861”行动计划、蚌埠市“3461”行动计划的重点工程，位于蚌埠市禹会区淮河蚌埠闸下三公里处。该港于2003年3月经省计委批准立项（计基础〔2003〕580 号），2003年11月省计委批准工程可行性研究报告（计基础〔2003〕1147 号），2004 年 3 月省发改委批准初步设计（发改设计〔2004〕99号）。新港一期工程施工图设计于2004年8月，经省交通厅审查批准（皖交基〔2004〕72号）。按照批准的初步设计规模，共建设5个码头泊位，其中3个1 000吨级、2 个 500 吨级，泊位总长 329 米，设计吞吐能力180 万吨/年，并配套建设仓库、堆场、道路、穿堤旱闸、港口装卸机械，以及供水、供电、生产管理楼等辅助设施。

蚌埠新港一期工程已于2006年7月完工，并在8月28日开港试运营。二期工程待建。

2008 年，蚌埠新港拥有 2 个 1 000 吨级、1个 500 吨级码头泊位；港口装卸机械六台（1 台10吨、5台5吨高架式固定起重机）；港区堆场7 800平方米，后方仓库 2 586 平方米、机修车间 392平方米，建有配电房、前后方道路、港区供电、供水等附属设施。全年港口吞吐量为 45.3 万吨。

地　址　蚌埠市胜利西路
邮　编　233000
电　话　（0552）4099308

（蚌埠新港　杜　凯）

【巢湖港】 巢湖港是安徽省的重要港口，是综合公路、水运、铁路等为一体的综合性交通基础设施。巢湖港以矿建材料、水泥、矿石出口为大宗，以内河支线港口为基础，以发展沿江港口为重点，现已逐步成为合肥乃至皖中地区通江达海的水上门户、内外贸货物运输、装卸、仓储、多功能的综合性重要港口。巢湖港位于安徽省中部，濒临长江，环抱五大淡水湖之一的巢湖。巢湖市辖庐江、无为、和县、含山四县和居巢区。全市现有四县一区和散兵六大港区，港口总面积255.31 万平方米，陆域面积 92.73 万平方米，水域面积 162.58 万平方米。截至 2008 年底，港口共有码头泊位210个，其中：1 000吨级泊位1个，300—1 000吨级（不含1 000吨级）泊位162个，300吨级以下泊位18个，利用自然岸坡的泊位29个，设计吞吐能力 1 669 万吨。2008 年巢湖港货物吞货量 3 931.27 万吨，较 2007 年的 3 240 万吨增加了 21.34%。港口吞吐量以发运量为主，达3 531.88 万吨，占吞吐量的89.84%。货物主要流向省会合肥及经裕溪河、西河、驷马三干渠等航道进入长江运往江苏、浙江、上海一带。

2008 年省重点工程巢湖港巢城港区（一期）工程全面开工，主体工程基本完成。该工程总投资 1.3 亿元，建设 5 个 1 000 吨级泊位，设计吞吐能力 290 万吨。

一批民间及社会投资的码头初步建成：和县石跋河码头、安徽金固码头、南京杰来码头已经正式投产：安徽瀛浦金龙水泥专用码头、庐江大江航运码头等建成并试运行，盘景水泥专用码头主体完工。裕溪复线闸于2008年底开工，概算总投资2.5亿元，工期34个月。新船闸设计年通过能力为5 930万吨，扩建工程完工后，新老船闸设计年通航能力合计将达4 000万吨。临巢湖港位于安徽省中部，濒临长江，环抱五大淡水湖之一的巢湖。巢湖市辖庐江、无为、和县、含山四县和居巢区。港口总面积 255.31 万平方米，陆域面积 92.73 万平方米，水域面积 162.58 万平方米。截至 2007 年底，港口共有码头泊位 190 个，其中 1 000 吨级泊位 2 个，

500吨级泊位13个，300吨级泊位64个，100吨级泊位111个，设计吞吐能力1 700万吨。港口共有机械设备26台（套），港务船舶3艘，货场102 500平方米，仓库3520平方米，铁路专用线960米（其中装卸线560米），港口经营从，业人员2 873人。

2008年巢湖港完成吞吐量3 240万吨，主要货种有：水泥、水泥熟料、石料、白云粉、铁精砂、粮油、化肥、黄砂等。省政府批准的《巢湖港总体规划》中将巢湖港定位为："安徽省的重要港口，是区域交通基础设施重要组成部分，是该地区乃至周边地区对外开放及发展外向型经济的窗口，是物资进出口、中转、集散的枢纽，是内贸与外贸相结合、客货运兼顾的多功能综合性港口，也是长江中下游地区重要的内河水运集装箱的喂给和疏散港"。港口吞吐量以发运量为主，达3 042万吨，占吞吐量的93.89%。货物主要流向省会合肥及经裕溪河、西河、驷马山干渠等航道进入长江运往江苏、浙江、上海一带。货物种类相对单一，以水泥、建材和矿产为大宗。港口企业大多利用巢湖较好的港口岸线建设码头，运输的矿产资源到发达地区。例如，石跋河码头、金固码头、土桥综合货运码头在长江岸边建设了6个泊位，海达港务有限公司在巢湖岸边的散兵港区建设了7个码头，建成后效益显著。巢湖市有一大批水泥项目上马，这些项目大多将投资建设企业自有码头，解决外部运输能力不足问题。例如，安徽瀛浦金龙水泥有限公司码头工程设计吞吐能力380万吨，将投资3 269万元在巢湖南岸的散兵港区建设8个泊位，安徽盘景水泥有限公司配套码头年设计吞吐能力420万吨，拟投资1 509万元在皖苏界河驷马山干渠右岸建设8个泊位。此外，由于巢湖港长江岸线资源较好，许多造船企业纷纷来此投资建设船厂和专用码头。这些民营企业进入港口经营市场，提升了巢湖港的吞吐能力，通过港口管理部门的正确引导，港口经营市场逐步走向了规范化、现代化的轨道。

地　址　安徽省巢湖市东风路50号
邮　编　238000
电　话　（0565）2631491
传　真　（0565）2631004

（巢湖市港航局　李　露）

【淮南市港航管理局】　淮南市港航管理局（地方海事局）是安徽省地方海事局、港航管理局领导的市级海事港航管理机构（副县级），两块牌子，一套班子，是全市港航监督主管机关和航运、航道、港口行政主管部门，负责履行全市水上交通安全监督管理、水路运输市场管理、航道、港口行政管理和建设、维护及船舶检验等职能。内设港航、法规教育、安全监督、船舶船员、运输管理科等12个科室部门。下辖凤台、毛集、八公山、谢家集、潘集、田家庵、大通等7个县（区）级地方海事处和李嘴孜、二道河等10个地方海事所。全局现有职工432人，其中在职334人，离退休98人；大专以上文化程度276人；取得高级职称6人，中级职称35人，初级职称87人；职工年工资总额1 322.7万元，人均年工资39 366元。

全市共有淮河、茨淮新河、窑河、西淝河等大小河流11条，市境内通航里程187.5公里，其中淮河淮南段81公里为国家三级航道，可常年通航1 000吨级船舶。淮南港是安徽省的重要港口，由毛集、凤台、八公山、潘集、田家庵、大通六个港区组成。目前港口陆域总面积约为96.91万平方米，水域总面积约为38.46万平方米，共使用岸线总长为12 286米，已拥有港口经营企业154个，泊位183个，其中300吨级以上90个，最大靠泊能力1 000吨级，堆场面积总计为68.62万平方米。全市共有32家航运企业、3家服务企业、1 700余艘船舶、运力近50万吨。淮南港承担电煤输出的重要任务，是区域综合运输枢纽的重要组成部分，也是我省和淮河中上游对外贸易的重要口岸。

2008年，全市共完成港口货物吞吐量902万吨（出口851万吨、进口51万吨），占全年工作计划900万吨的100.2%，同比增长44万吨，增幅5%；实现各项规费收入3 858万元，占全年计划3 700万元的104.3%，同比增长187万元，增幅5%，其中航养费2 276万元、运管费626万元、港务费830万元、船检和海事管理收入126万元，规费征收取得了历年来的最好成绩。

·港口规划　《淮南港总体规划》于2008年6月6日经安徽省人民政府批准实施，淮南市政府以此为契机，召开了加快港口基础设施建设研讨会。淮南市港航管理局根据市委市政府要求，以《淮南港总体规划》为基础，为市政府代拟了《淮南市人民政府关于加快港口基础设施建设的意见》，旨在出台积极的支持政策，促进港口投资主体的多元化，激发社会和民间资本投向淮南港口建设，正在等待市政府常务会议批准。

淮南市港航管理局成立了港口建设项目前期工作办公室，重点是加快凤台、潘集等重要港区建设，建设一批重点项目，构建区域航运中心、适应淮南城市发展和产业布局的需要。

·港口安全监管　定期开展港口安全大检查，加强日常巡查，建立了港口管理例会制度，夯实港口安全管理基础，建立健全安全管理档案和执法文本，并在毛集区、凤台县港航管理处开展了试点工作。完善辖区港口在建工程程序，古城码头试运行即将结束，东港、中汉码头验收完成，进入试运行阶段，大兴码头前期工作已进展到工程方案设计阶段。完善事故应急救援工作，编制了《淮南市港口安全事故应急预案》。

·港口普查　开展了第三次全国港口普查工作，完成了全市 168 家港口（黄砂）经营人摸排登记、码头各种数据信息采集、核准、上报工作，预计 2009 年 5 月将全面完成普查工作。

地　址　淮南市洞山中路 42 号
邮　编　232001
电　话　（0554）6674918
传　真　（0554）6674921

（淮南市局）

【滁州市港航管理局】　滁州市港航管理（地方海事）局，是隶属安徽省地方海事局、港航管理局、船舶检验局垂直领导的地（市）级地方海事、港航管理机构（副处级），两局合署办公，两块牌子，一套班子，主管辖区内水上交通安全监督管理、水路运输市场管理、船舶检验管理、航道行政管理、港口行政管理和建设。内设纪委、监察室、工会、组织人事科、审计科、计划财务科、办公室、港航管理科、船舶船员科、安全监督科、运输管理科、离退休工作科等 11 个科室。下辖直属、来安、全椒、天长、定远、凤阳、明光等 7 个地方海事处（港航管理）处，1 个经安徽省人民政府批准设立的“安徽省红山头水上交通安全检查站”。全局有在职职工 208 人，离退休职工 59 人。

2008 年，滁州港港口吞吐量完成了 1 535 万吨，创历史新高，其中发运量完成 1 306 万吨，分别占省局下达的年计划 1 350 万吨和 1 150 万吨的 113.7%和 113.6%；较去年 1 150 万吨和 1 007 万吨分别增长 33.5%和 29.6%。

滁州港由中心港区（滁州市区港区）、天长港区、来安港区、全椒港区、凤阳港区、明光港区、定远港区组成，主要承担所辖区域的矿建材料、非金属矿产、煤炭、石油、粮食和农副产品等出口运输和中转运输，其中黄砂、石子、石英砂、长石粉居多，是安徽省 8 个区域重要港口之一。滁州港目前已拥有码头 34 座（处），港口陆域总面积约为 73 390 平方米，水域总面积约为 26 820 平方米，全港共拥有生产用泊位 64 个，码头岸线总长为 2 683 米，设计综合通过能力 357 万吨，共有吊机 9 台，最大起重能力 5 吨，货物堆场面积总计为 66 660 平方米，港区连接道路（进港道路）总长约为 19.5 公里，2008 年全港共完成港口吞吐量为 1 535 万吨，其中发运量 1 306 万吨。占省局年计划 1 350 万吨和 1 150 万吨的 113.7%和 113.6%。滁州市现有码头 34 个，各类港口机械 8 台，机械化程度 20%。

·港口行政管理　一是县市均各处召开了港口经营人会议，主要是宣传依法建设港口、经营港口、管理港口及相关法律法规，重点贯彻了《港口建设管理规定》，督促未办理港口经营许可证的企业，主动申报港口经营许可证，主动帮助企业完善上报材料；二是开展了春运、汛前、“五一”、“十一”、奥运期间的港口生产安全大检查，重点检查了全市的危险品货物码头；三是对来安县酒厂汊河码头、鑫海全椒码头、全椒鸿运码头等四家企业在建码头工程，进行了重点跟综监督管理；三是对天长新港、凤阳鸿运港务、凤阳玻璃厂、石梁祥云等码头施工图纸进行了审查，做好开工前的报备、报批工作；四是根据市局的统一部署，对各县市处港口的行政管理档案进行了检查、考核，并向各处通报了检查考核结果；五是配合明光市地方海事处，对境内违章码头进行了专项治理整顿；六是对天长石梁乡私建码头，进行了及时纠正处理，由天长市地方海事处向违建者发出了停止违法建设行为《通知书》，并责令限期改正，按法律规定办理相关行政审批手续，现已完成岸线审批和图纸审查，正进行开工前的报备工作；七是报批了天长“祥云港务责任有限责任公司”非深水岸线 105 米，凤阳“鸿运港务有限公司”淮河干线岸线 262 米（挖入式港池次生岸线 1 480 米），共批准使用岸线 1 847 米。

·港口普查　一是派员参加了交通运输部举办的港口普查业务培训班；二是完成了普查前的港区、作业区、码头、港口经营人的摸底工作，进行了编码，编制了全市港口普查工作方案和进度时间表；三是完成了普查数据外业采集工作和普查表试填写工作，及时上报省普查办审核，并已获得通过。

·基本建设　一是完成了女山湖管理工作趸船的建造和装修，并进行了审计；二是完成了检查站管理房及附属工程建设，现正组织审计；三是完成了安淮签证点工作趸船的装修改造工程，现已经过验收，交付使用，正组织工程审计；四是完成了滁河（三汊河至汊河集）浅滩疏浚工程；五是完成了凤阳顾台海事管理房的征地、招标等前期工作；六是完成了“水上搜救中心”的立项、设计方案的确定；七是对各基层处（所）规范化建设维修改造部分进行了现场勘察，确定了维修改造的方案和投资规模；现已完成直属、全椒、天长三个地方海事处的维修改造前期准备工作；八是开展了汊河集船闸、山许船闸建造工程前期的准备工作。

地　址　滁州市紫薇北路 1069 号
邮　编　239000
电　话　（0550）3025104
传　真　（0550）3025104

（滁州市局）

【六安港】　六安港码头主要分布在淮河干流、沿岗河、淠淮航道、丰乐河及四大水库上，主要承担六安市矿建材料、铁矿石、粮食及农副产品等进出和水上旅游服务。按照“一城一港”的原则，将六安港划分为霍邱、寿县、皋城、舒城、金寨及霍山 6 个港区。六安港有码头 37 座（处），生产泊位 148 个，货场总面积约 4 384 平方米，岸线总长 6 353 米，进港道路 12.7 公里，设计综合能力 465 万吨和 62 万人。

2008 年，六安港完成货物吞吐量 320 万吨。其中铁精粉年吞吐量约为 57.83 万吨；煤炭及制品 8.76 万吨；矿物性建筑材料年吞吐量约为 244.26 万吨，粮食农副产品年吞吐量为 5.75 万吨，客运量为 38 万人。

地　址　六安市大别山路 5 号
邮　编　237000
电　话　（0564）3312484
传　真　（0564）3336972

（六安港）

【阜阳港】　阜阳港是安徽省地区性重要港口，是皖北地区和阜阳市资源开发、经济发展的重要依托，是淮河水系的重要港口和货物集散地，以煤炭、矿建及农产品运输为主，是集货物运输、装卸、仓储等多功能为一体的综合性重要港口。

截至 2008 年底，阜阳港水陆域总面积为 103.97 万平方米，其中陆域面积 72.55 万平方米，水域面积 31.42 万平方米，港口生产使用自然岸线长 9 830 米。阜阳港共有生产性泊位 46 个，其中：300 吨级泊位 9 个，300 吨级以下泊位 37 个，设计年综合通过能力 433 万吨。全港拥有生产用仓库面积 13 300 平方米，堆场面积 1 007 751 平方米；拥有生产用装卸机械 72 台套。

根据 2008 年 10 月颁布实施的《阜阳港总体规划》，阜阳港划分为 6 个港区，分别是阜阳港区、颍上港区、太和港区、临泉港区、界首港区、阜南港区，共 22 个作业区。阜阳市辖区内淮河、沙颍河两岸均规划作为 500 吨级港口建设岸线，泉河和洪河两岸均规划作为 300—500 吨级港口建设岸线。共规划利用岸线 22 360 米，其中保留岸线 1 970 米，建港岸线 16 300 米，预留岸线 4 090 米。共规划泊位 82 个（含作业区内预留泊位 6 个），占用岸线 6 280 米，总共占用土地 154.0 万平方米。

阜阳港区规划为综合港区，以建设矿建材料、煤炭等公用散货码头为主，在阜阳新港作业区布置部分件杂货码头，主要是服务阜阳三区及河南省相邻地区，承担矿建材料、煤炭、粮食、化肥及轻工产品等货种的装卸、储存和中转业务。颍上港区规划为综合港区，以建设煤炭出口、矿建材料进口散货专用码头为主，兼顾布置少量件散综合码头，主要是服务颍上县境内煤矿和颍上县及周边地区，承担煤炭、矿建材料、粮食等货种的装卸、储存和中转业务。太和港区规划为综合港区，以建设煤炭出口、矿建材料进口散货专用码头为主，主要是服务太和县及河南省相邻地区，承担矿建材料、煤炭等货种的装卸、储存和中转业务。界首港区规划为综合港区，以建设煤炭出口、矿建材料进口散货专用码头为主，主要是服务界首市及河南省相邻地区，承担矿建材料、煤炭等货种的装卸、储存和中转业务。临泉港区规划为综合港区，以建设散货、危险品码头为主，主要是服务临泉县及周边地区，承担矿建材料、化工产品等货种的装卸、储存和中转业务。阜南港区规划为综合港区，以建设散货码头为主，主要是服务阜南县及周边地区，承担矿建材料、粮食等货种的装卸、储存和中转业务。

2008年阜阳港完成港口货物吞吐量452.83万吨，其中出口216.51万吨，占47.81%，主要货种有煤炭、粮食、化肥、木材、甲醇、双氧水、砂石建材等。辖区港口经营人有21个，以港口经营为主，按照经济类型划分：国有4家，股份制3家，个体8家，私营6家。

地　址　阜阳市颍上南路118号
邮　编　236012
电　话　（0558）2292323
传　真　（0558）2299225

（阜阳市港航局　柳金顶）

【江西省港口概况】 江西省拥有年吞吐量1万吨以上的港口63个，生产性码头泊位1 709个，泊位总长度63 061米，最大靠泊能力5 000吨级；拥有千吨级以上泊位110个，港口生产性仓库面积238 300平方米；铁路专用线总长12 912米，其中装卸线3 931米；港口装卸机械2 528台（套），其中起重机械1 343台（套）、装卸搬运机械570台（套）、输送机械393台（套）、专用作业机械30台（套）、其他装卸机械192台，最大起重能力60吨。

2008年，江西省港口完成货物吞吐量11 993万吨，同比下降15%。其中出口7 074万吨，进口4 919万吨，同比出口下降28%、进口增长17%；旅客吞吐量为467.59万人次，同比增长1.6%。其中出港229.13万人次，进港238.46人次，同比增长0.5%和2.7%；集装箱吞吐量完成12.57万TEU、122.16万吨，与去年基本持平。

港口生产经营呈现以下几个特点：一是港口吞量最大货种还是矿建材（砂石），达到9 461万吨，占江西省港口吞吐量的80.39%，比去年同期下降20%。由于受禁采因素的影响，九江鄱阳湖区砂石量锐减为3 580万吨，比去年同期下降45%。受此影响的还有南昌地区，南昌砂石量亦大幅下降，仅达639万吨，比去年同期下降52%。赣江中游丰城同田一带，在下半年取消禁采后，三、四季度采砂量增长迅猛。宜春比去年同期增长28%，且采石点由鄱阳湖区上移至南昌、和丰城区域。二是粮食、化肥的吞吐量分别达到32.53万吨、22.62万吨，分别比去年同期增长20%和29%。其中此二类货的进口量分别比去年同期增长13%和44%。粮食运量的增加主要是由于很多企业进口粮食加工饲料所致，而中央的惠农政策刺激了化肥的运量，与往年相比分别到达两位数以上的增长，煤炭、水泥等大宗散货运输量比去年相比略有下降。三是成品油吞吐量为171.66万吨，比去年同期下降23%。自2006年南京至九江炼油厂的输油管道投入使用后，对九江的石油运输冲击较大。九江至南昌的成品油管道的开通，使得江西省的油品运输锐减。其中南昌成品油的运输量从去年67.73万吨减至23.98万吨，宜春从去年的3.07万吨减至2.14万吨。由于年初国际原油居高不下，下半年受国际金融危机影响油价大跌等相关因素影响，原油的运输亦比去年同期下降3%。四是集装箱运输量今年完成12.57万TEU，与去年基本持平。九江港完成80 928TEU，同比下降8.2%，减少7 251TEU。其中外贸箱量同比下降8%，但内贸箱量同比增长21%。南昌港集装箱吞吐量仍呈现增长趋势，完成44 780TEU，与去年同期相比增长18%。全年完成基本建设投资3 990万元，其中建筑工程3 699万元，设备购置271万元，其他费用20万元，累计新增固定资产523万元。施工项目13个，其中本年新开工6个，建成项目6个。新增生产能力客泊位1个，通用散货泊位1个，泊位岸线长度60米，新增旅客吞吐能力25万人/年，货物通过能力30万吨/年。重点港口建设项目方面，吉安港石溪头货运码头2008年完成投资1 631万元，累计完成投资2 837万元，码头、堆场、供配电、给排水等主要生产性设施建设完成，初步形成生产能力。新干港河西综合码头完成投资1 274万元，累计完成投资2 766万元，完成码头主体大部分工程量的施工。其它中小港站的建设进展顺利，工程质量合格率继续保持100%，未发生工程质量和安全事故。

2008年江西省港口概况一览表、2008年江西省港口吞吐量（按港口分）一览表、2008年江西省港口吞吐量（按货物形态、包装及货类分）（合计）一览表，详见（表5—31）、（表5—32）、（表5—33）。

（江西省局　周国强　杨辉）

【2008年江西省港口概况一览表】

（表5—31）

序号	港口名称	泊位数		综合通过能力			
		泊位总数	泊位总长度（米）	货物（万吨）	旅客人数（万人次）	集装箱（万TEU）	汽车（万辆）
合计		1 709	63 061	10 791	800	10	
1	九江	66	6 657	1 924	250	5	
2	南昌	69	4 102	891	12	5	
3	赣州	85	2 638	360	7		
4	吉安	19	709	267			
5	樟树	50	1 734	198			
6	鄱阳	153	6 310	337	109		
7	湖口	18	1 557	405	20		
8	彭泽	14	1 275	260			
9	蛤蟆石	9	701	333			
10	都昌	8	470	61	10		
11	瑞昌	21	1 879	1 405	70		
12	武宁	10	440	30	80		
13	永修	13	537	41	40		
14	德安	5	270	30			
15	星子	5	240	21			
16	赣县	57	1 740	228			
17	宁都	35	990	108			
18	信丰	70	2 100	231			
19	会昌	26	780	104			
20	于都	52	1 532	221			
21	崇义	6	180	23			
22	南康	40	1 200	160			
23	上犹	17	550	76	42		
24	龙南	26	1 088	104			
25	寻乌	26	780	104			
26	石城	22	721	66			
27	兴国	6	180	24			
28	瑞金	33	990	135			

续 表

序号	港口名称	泊位数		综合通过能力			
		泊位总数	泊位总长度（米）	货物（万吨）	旅客人数（万人次）	集装箱（万 TEU）	汽车（万辆）
29	万安	13	250	72	12		
30	泰和	25	370	145			
31	吉安县	10	271	100			
32	吉水	13	480	80			
33	峡江	13	390	62			
34	新干	10	315	115			
35	永丰	10	230	25			
36	分宜	8	225	33			
37	新余	16	530	60	50		
38	丰城	20	720	223			
39	上高	36	720	36			
40	高安	82	1 644	109	3		
41	袁州	11	226	10			
42	万载	50	1 207	50			
43	奉新	26	569	26			
44	宜丰	11	334	11			
45	南昌县	4	220	25			
46	新建县	3	165	13			
47	进贤	31	1 428	128	8		
48	景德镇	29	980	40			
49	乐平	18	540	120			
50	万年	21	1 040	142	1		
51	弋阳	19	570	49	4		
52	余干	36	1 470	100	12		
53	横峰	2	60	31			
54	铅山	31	930	28	1		
55	上饶县	22	645	10			
56	玉山	5	150	2	4		
57	鹰潭	41	975	119	65		
58	贵溪	26	464	225			
59	余江	14	300	55			
60	金溪	13	286	48			
61	南城	19	442	118			
62	临川	60	1 565	234			

其中:

港口名称	长江干线生产用码头泊位		综合通过能力			
	泊位总数	泊位总长度（米）	货物（万吨）	旅客人数（万人次）	集装箱（万 TEU）	汽车（万辆）
合 计	119	11 368	3 994	340	5	

港口名称	长江干线生产用码头泊位		综合通过能力			
	泊位总数	泊位总长度（m）	货物（万吨）	旅客人数（万人次）	集装箱（万TEU）	汽车（万辆）
九江	66	6 657	1 924	250	5	
湖口	18	1 557	405	20		
彭泽	14	1 275	260			
瑞昌	21	1 879	1 405	70		

【2008年江西省港口吞吐量（按港口分）一览表】 （表5—32）

港口	货物吞吐量				集装箱吞吐量			旅客吞吐量		利用自然岸坡完成船舶货物装卸量
	合计（万吨）	其中：外贸	出港		箱数（万TEU）	重量		（万人）	出港	
				其中：外贸		（万吨）	（货重）			
A	1	2	3	4	5	6	7	8	9	10
一、全省合计	11 993.38	60.22	7 074.01	40.19	12.57	122.16	97.01	467.59	229.13	829.80
九江	6 182.31	60.22	5 298.19	40.19	8.09	72.55	56.36	149.00	75.68	25.00
瑞昌	432.69		352.58					15.26	10.01	4.00
九江县	199.54		176.38					29.54	14.77	
九江（城区）	287.39		169.48							
九江（长航）	595.62	60.22	197.74	40.19	8.09	72.55	56.36			
湖口	1 227.48		1 138.12					23.80	11.90	
彭泽	411.65		397.70					51.80	24.20	
庐山区	2 190.00		2 052.43							17.00
都昌	722.50		704.08					0.40	0.20	
武宁	10.06		10.06					13.00	7.00	4.00
永修	66.54		65.79					15.20	7.60	
星子	38.84		33.83							
赣州	890.70	0.00	5.78	0.00	0.00	0.00	0.00	101.65	50.80	0.00
赣县	48.20							42.00	21.00	
宁都	150.00									
信丰	74.00									
会昌	26.50							14.90	7.50	
于都	90.00									
赣州	156.70		5.78							
南康	98.80									
上犹	9.60							29.50	14.70	
龙南	35.00							0.90	0.40	
寻乌	14.50									
石城	48.40									
兴国	89.00							7.90	4.00	
瑞金	35.00									
崇义	15.00							6.45	3.20	
吉安	980.43	0.00	17.67	0.00	0.00	0.00	0.00	20.60	12.70	0.00
万安	101.45		1.43					8.00	4.20	
泰和	228.37		3.19							
吉安	168.27		5.27					7.90	5.80	
吉安县	63.80		0.80							
吉水	98.36		5.29					3.20	1.80	

港口	货物吞吐量				集装箱吞吐量			旅客吞吐量		利用自然岸坡完成船舶货物装卸量
			出港			重量				
	合计（万吨）	其中：外贸		其中：外贸	箱数（万TEU）	（万吨）	（货重）	（万人）	出港	
峡江	40.09		0.81					1.50	0.90	
新干	250.09		0.88							
永丰	30.00									
新余	83.50							46.20	23.10	
分宜	16.70							0.40	0.20	
新余	66.80							45.80	22.90	
宜春	1 349.14	0.00	814.54	0.00	0.00	0.00	0.00	0.36	0.18	0.00
樟树（赣）	34.82		3.38							
丰城	1 133.81		811.16							
上高	33.60									
高安	91.00							0.36	0.18	
袁州	10.50									
万载	19.80									
奉新	13.51									
宜丰	12.10									
南昌	1 145.38	0.00	705.88	0.00	4.48	49.61	40.65	0.00	0.00	577.00
南昌	527.93		204.63		4.48	49.61	40.65			401.91
南昌县	327.95		298.75							23.79
新建县	206.50		202.50							112.30
进贤	83.00									39.00
景德镇	53.88	0.00	18.25	0.00	0.00	0.00	0.00	0.00	0.00	3.80
景德镇	35.63									2.00
乐平	18.25		18.25							1.80
上饶	618.84	0.00	213.70	0.00	0.00	0.00	0.00	72.18	27.87	224.00
万年	115.38		53.78					1.62	0.74	28.90
波阳	241.52		97.63					57.68	27.04	69.30
弋阳	41.20							8.04		29.20
余干	144.64		62.29					0.18	0.09	50.30
横峰	29.00									18.10
铅山	34.90							0.01		19.60
上饶县	9.60							1.11		5.80
玉山	2.60							3.54		2.80
鹰潭	236.20							77.60	38.80	
鹰潭	78.00							77.60	38.80	
贵溪	103.90									
余江	54.30									
抚州	453.00	0.00	0.00	0.00	0.00	0.00	0.00	0.00	0.00	0.00
南城	95.00									
临川	272.00									
金溪	86.00									

【2008年江西省港口吞吐量（按货物形态、包装及货类分）（合计）一览表】 （表5—33）

分类	序号	合计		出港		进港	
			外贸		外贸		外贸
A	B	1	2	3	4	5	6
货物吞吐量合计（吨）	1	119 933 809	602 181	70 740 141	401 920	49 193 668	200 261
1. 液体散货	2	2 662 058		1 037 961		1 624 097	
其中：原油	3	606 458				606 458	
成品油	4	1 716 645		937 958		778 687	
液化气、天然气及制品	5	172 939		55 613		117 326	
2. 干散货	6	109 428 362		64 940 210		44 488 152	
其中：煤炭及制品	7	2 615 677		279 284		2 336 393	
金属矿石	8	2 998 565		373 703		2 624 862	
散水泥	9	2 211 971		1 448 035		763 936	
散粮	10	17 050		10 370		6 680	
散化肥	11	0					
3. 件杂货	12	6 621 828		4 021 683		2 600 145	
其中：木材	13	379 193		368 426		10 767	
粮食	14	308 294		105 830		202 464	
化肥	15	226 188		3 036		223 152	
水泥	16	1 551 693		1 293 674		258 019	
4. 集装箱（TEU）	17	125 707	72 432	60 749	36 451	64 958	35 981
重量（吨）	18	1 221 561	602 181	740 287	401 920	481 274	200 261
其中：货重	19	970 147	457 317	618 789	329 018	351 358	128 299
5. 滚装船汽车吞吐量（辆）	20	0					
重量（吨）	21	0					

资料来源：江西省交通厅

【南昌市港航管理处（简称南昌港）】 南昌港是全国28个内河主要港口之一，地处江西省会南昌市，位于经济发达的长江三角洲、珠江三角洲和闽东南三角洲的辐射区。以赣江、鄱阳湖为水运主通道，连接抚河、信江、饶河、修河沟通长江水系，具有优越的自然条件和区位优势。

负责水路运输和港口的行业管理机关是南昌市港航管理处（以下简称：市港航处），隶属南昌市交通局，受南昌市交通局委托，具体形式对全市水路运输业、水路运输服务业、水路运输服务市场、港口及港埠企业经营的管理职能。该处下设办公室、政工科、财务科、综合科、运输管理科、港口管理科、计划统计科、西河水上交通运政检查站、沙石管理站等9个科室（站），在编人员75人。处下辖南昌市水路货运业务服务部，核定编制。

2008年底，南昌市共有水路运输企业21户，水路运输服务企业10户，港口经营企业114户，各类营运船舶226艘、17.66万载重吨、95 399千瓦。全市共有港口经营码头114家，其中货运码头38家，沙石码头76家，码头泊位共有69个，其中，集装箱泊位2个，泊位总延长4 995米，使用岸线总长7 521米，最大靠泊能力1 000吨，装卸机械310台，其中其中机械127台，专用机械2台，搬运机械165台，港口最大起重45吨。

2008年，港口普查统计得出南昌码头泊位的准确数字，比以前码头泊位数字变化较大，原因主要有：1. 原统计报表的生产用码头泊位数是延用1998年港口码头普查表的数据，其数据来源是根据码头前沿起重装卸机械而定（一个起重机械就定为一个泊位），码头的延长米也只是单纯的由港口码头业户上报得来，而这次港口普查是严格按照泊位等级的有关标准而定，两者统计口径截然不同，所以造成南昌市的生产用码头泊位数减少。2. 南昌市的非生产用码头泊位较去年增加了13个，其原因是由于今年的港口普查宣传力度大，各个相关部门积极配合，所报资料完整，而以前从统计方面要求相关部门上报相关资料难度很大，所以南昌市一直缺少这部分的数据。

·*客运方面* 全年完成客运量 0 万人，同比下降 100%；旅客周转量 0 万人公里，同比下降 100%。主要原因是进贤县的客船已经全部报废（建乡村公路的原因），南昌港的客船全年停航。

·*货运方面* 全年完成水运货运量 407.7 万吨，同比下降 7%，货物周转量 88 160 万吨公里。同比下降 29%，其中：交通部门完成货运量 33.4 万吨，同比增长 9%，货运周转量 12 926 万吨公里，同比增长 10%。主要原因是货运船舶基本上都在往大吨位的方向发展，交通部门特别是江西水运集团有限公司，主要以集装箱船舶运输为主（成品油运输由于船舶老化严重，运量很小），因此船舶数下降较多，但由于吨位增大，所以整个交通部门在船舶数减少的情况下，货运量及货物周转量仍出现小幅增长。非交通部门方面，由于今年长江禁采，很多航运公司装沙的船舶都处于停航状态。

·*港口吞吐量* 全港完成港口货物吞吐量 527.9 万吨，同比下降 31%，其中，出口货物吞吐量 204.6 万吨，同比下降 51%，进口货物吞吐量 325.2 万吨，同比下降 7%。出口方面，受长江禁采、赣江限采的影响，今年出口砂石量大幅下降，比去年同期下降 78%，另外今年出口货种也有明显变化，从前几年的出口木材为主（比去年同期 -37%），到现在的以钢铁出口为主导（比去年同期 +12%）；出口的农林类、非金属矿石类和粮食类货物也比去年同期有所下降，分别下降 5%、12%、2%。进口方面，由于九江至南昌的成品油管道开通，导致今年成品油进口量比去年同期-65%，另外今年进口量还有两个方面比较突出：一是今年粮食进口量比去年同期+33%，主要是由于很多企业进口粮食加工饲料；二是南昌进口矿建材料却较去年同期有较大增幅，原因是南昌建洪都大桥和南昌部分县区修路，增加了矿建材料的需求量。

·*集装箱吞吐量* 集装箱 4.5 万标箱，同比增长 17%。2008 年以来，复杂多变的国内外环境对南昌经济发展造成了一些负面影响，但在持续较快增长的惯性作用下，南昌经济依然处在一个较快的运行轨道中，同时，通过这些年的发展，支撑南昌经济发展的物质基础和条件在明显改善，基础设施和基础产业得到加强，经济发展内生动力依然强劲，政府对市场的调控手段日臻完善，这些原因都使得南昌经济平稳较快发展的势头得以延续。因此，在今年这样的大环境下，在南昌主要的集装箱进出口龙头企业——江铃集团、晨鸣纸业和泰丰轮胎等公司的带动下，南昌港的集装箱吞吐量仍然呈现出 17%增长趋势。

地　址　南昌市沿江北路 92 号
邮　编　330006
电　话　（0791）6811419
传　真　（0791）6811419
网　址　http://www.ncport.net

（南昌港　张科文）

【九江市港口管理局】 九江市港口管理局为九江市政府下属正处级自收自支事业单位，是江西省唯一行使长江九江段 152 公里岸线及港口行政管理职能的部门。九江市编委核定港口局事业人员编制为 120 名，人员分别在原九港集团和九江市港航处划拨。全局下设瑞昌、九江县、直属、湖口、彭泽 5 个正科级基层港口分局，机关设立 7 个科室，在九江市委、市政府领导的关心下，局领导班子备齐了 5 名成员。正式运作之后，港口局迅速完成了人员、资产的顺利交接，提拔任命了 32 名正、副科级中层干部。与此同时，建立健全了机关党委、基层党支部机构，配齐、配强了机关党委班子和基层支部班子。

2008 年，九江市港口局规费征收完成 1 601 万元，占江西省航运局下达计划任务的 200%；完成货物吞吐量 2 300 万吨、集装箱量 8.1 万标箱。

·*全面履行港政管理职能，顺利实现了体制平稳过渡*。2008 年 7 月 23 日，成功举办了“港政管理正式启动一周年暨民主评议政风行风座谈会”。辖区内共计 137 家港口企业、211 座码头、实际已利用 19.92 公里长江岸线，均已全部纳入全局行业管理。共办理临时港口岸线审批 12 起、历史岸线认定 13 起，办理港口经营许可 24 家，危货企业资质认定 2 家。新增港口建设项目 16 个，总投资 60 亿元。3 月 28 日，《九江港总体规划》顺利通过交通运输部和省人民政府的联合审查，为服务沿江产业开发战略，促进港口项目建设，优化港口发展环境起到了重要的保障作用。

·*坚持依法行政，全面加强行业管理*。认真履行《港口法》、《江西省港口管理办法》等法律法规赋予的职责，重点加强了对辖区内各港口码头基本情况的核查摸底，迅速制定出台了一系列规章制度和管理规定。同时，加大《港口法》、《港口建设管理规定》和 2008 年 3 月 1 日正式实施的《江西省港口管理办法》等法律法规的学习宣贯。一年多来，各项工作在得到上级领导和有关部门充分肯定的同时，也得到了沿江港埠企业特别是重点企业以及新建、在建港口项目业主的认可，共收到九江同方江新造船有限公司、湖口县招商局、湖口金砂湾、九江钢厂等单位赠送的锦旗 17 面、感谢信 1 封。

·*夯实管理基础，有效维护港口安全，形势稳定*。一是落实港口安全生产责任制。成立安全领导小组，签订安全管理责任状。建立健全了市局、分局、企业三级安全管理网络体系。二是精心组织港口安全生产检查。通过采取企业自查自纠和组织人员深入现场督查整改等方法，对检查中发现的隐患和问题，及时反馈港口经营企业和码头，督促其进行切实有效的整改。三是组织开展安全事故应急预案演练。6 月 18 日，结合安全生产月和奥运特殊时期港口保安工作要求，联合海事、公安消防和中石化九江分公司码头作业部等单位，开展了船舶油舱起火及输油管线破裂的大型应急安全预案演练，提高危货作业人员安全意识、港口安全管理水平、相关部门反应协调能力的目的。

·*强化责任意识，党风廉政和机关作风建设得到加强*。一是根据党风廉政建设的有关要求，通过召开党风廉政建设专题会议，签订党风廉政建设责任书，明确了抓好党风廉政建设的责任和要求。与此同时，通过开展警示教育活动，组织党员观看廉政专题电教片，开展以“扬廉勤清风正气，促沿江产业经济发展”主题教育活动，以及组织机关全体党员干部参加全市首届廉政文化节活动和每月群发廉政格言短信等形式，取得了很好的效果。二是深入开展港口政风行风建设和文明服务窗口建设活动，制定了 27 项管理规章制度并汇编成册。建立健全了提高机关办事效能的长效机制，内部基础管理得到强化，全体干部职工争创一流文明执法队伍的积极性明显提高。机关和分局在精简办事程序、提高效率的基础上，还经常深入港埠企业和码头业户实行主动上门服务，指导业户办理业务，得到了辖区各港口企业的理解和支持，促进了行业管理在较短时间内取得了良好效果。

·*坚持统筹兼顾，全局各项工作取得了新发展*。一是全面理顺和规范了干部职工工资档案管理。建立健全了内部人事组织管理制度和劳务用工制度，充分维护了临时用工人员权利，解决了退休职工福利待遇等实际问题。二是全局工、团、妇以及军交运输等组织充分发挥职能作用，积极开展形式多样的活动，紧密联系了干部职工的团结合作精神，促进了全局各项工作整体向前推进。三是组织开展各项业务学习培训。分别举办了公文处理培训班、财务知识培训班、港口建设和经营管理培训班以及安全管理培训班，办班效果明显，为进一步搞好本职工作和提高全局干部职工业务素质打下了良好的基础。四是加大港政管理基础设施的投入。增添办公电脑、摄像器材、改造了机关办公室和局域网的建设，并为湖口分局配备建造了港政执法艇、调整改造了办公趸船。特别是克服了资金短缺的困难，协调争取了瑞昌市政府的配套补偿资金，完成瑞昌分局金丝站房的建设。

地　址　九江市滨江路 105 号
邮　编　332000
电　话　（0792）8231866
传　真　（0792）8232667
网　址　http://www.jjport.cn

（*九江市局*）

【上港集团九江港务有限公司（简称九江港）】

2008 年，九江港务公司转制一年。一年来，在上港集团的正确领导下，在九江市委市政府的大力支持下，经过广大职工共同努力，胜利实现了董事会提出的“努力减亏、力争不亏”目标，全年完成营业收入 7 173.6 万元，实现利润总额 107.2 万元，合并子公司报表后利润为 4.5 万元。全年完成吞吐量 595.6 万吨，自然吨 518.7 万吨，超计划 3%。其中，集装箱完成 8.1 万 TEU，超计划 1.2%；煤炭完成 122.3 万吨，超计划 22.2%，取得了成功转制、完成方针目标、如期开港、缓解发展瓶颈、职工收入增加等“五项”重大成绩，夺得了可喜的“开门红”！

·*成功转制*　2008 年，九江港实现了历史性的凤凰涅槃，从此，势微的九港集团抛掉了体制的羁绊，摆脱了百年沉疴，削减了沉重的债务包袱，突破了传统惯性定势，迎来了新思维、新观念、新开放，这是九江港务公司成功开局的第一年，是九江港人经过共同努力且赢得自尊、自豪的第一年。1.总部机构设置及业务板块整合顺利。本部机构由15个部门精简为12个，公司本部高级管理人员由45人减为28人；对船舶服务和轮船运输两分公司有目的地实施了资源重置和功能调整。2.建章立制全面推进。按现代企业制度重启整章建制，全年出台财务、生产经营、安全生产、人力资源、机械设备、后勤管理等制度共76项，科学、规范、高效的管理制度基本建成，“制度管人，流程管事”的机制初步形成。3.财务管理网络体系初步建立，成效明显。顺利实现分公司与总公司、总公司与集团的财务数据对接，摆脱了手工记账，在全港执行新的企业会计制度，实现了与集团公司会计制度的接轨。4.完善人力资源管理。按《劳动合同法》强化劳动关系管理，与1877名在岗员工签订了劳动合同，并与272名离岗退养人员和343名待岗人员分别签订了离岗退养协议和待岗协议。全面规范和加强人力资源管理、薪酬管理和员工培训等，不仅彻底打破了传统用工制度，而且极大焕发了职工的积极性。5.顺利完成资产变更过户。房产、地产过户程序繁杂，经过艰苦努力，终于在去年底前将11本土地证、12本房产证顺利更名过户。脱胎换骨的转制，再次重新确立了九江港在整个九江水运口岸中发展的主体地位，抢得了长远生存发展的先机，争得了城西港区持续优先扩建的平台，转制的成功，标志着九江港从此跨入大发展的崭新起点。

·圆满完成方针目标　2008年全港上下共同努力、顽强拼搏，公司完成了年度方针目标，成绩来之不易。1.稳定货源并拓展新业务取得成效。集装箱业务按照“长江战略”总体思路，积极开发和培育市场，先后赴南昌、武汉、上海、重庆等地走访干线船公司和有关船、货代理公司，宣传新港区建设及发展规划，为新港区产能释放做前期准备。已成功引进煤炭、陶瓷等集装箱，去年中转煤炭箱达542TEU。下半年又成功引进贵溪电厂、景德镇电厂、新余电厂、衢化电厂等电力行业煤炭中转业务，并将丰城电厂湖口码头水陆通道改道为从我港中转的水铁联运。矿石业务受金融风暴影响，新钢、南钢两大支柱客户物流量急剧下滑，公司及时把握宏观环境变化，积极稳固骨干货源，保证了应有的通过量和市场份额。为使港口货源结构多元，创收渠道宽泛通畅，全港上下在其它业务上积极深入市场，采信息、抓机遇，抢增量，延伸服务范围。成功承揽龙工装载机，新余LDK设备、赛得利设备、昌河滚装车、祥云化肥等业务。滚装车完成4 179辆，同比净增3 299辆，祥云化肥完成7.7万吨，同比净增3万余吨。此外，利用港口综合优势，强化代理及延伸服务，在矿石、煤炭、设备等装卸运输代理业务方面，取得创利65万元的好成绩。2.理财成效显著。充分发挥财务资产运作能力，实现利息收益588万元。成功重组国家开发银行和电信公司两大债务，向以财务管理为中心的现代企业管理迈出了坚实的一步。3.铁路疏运明显改善。铁路集疏运是九江港生命线。围绕货物“进得来、出得去”的目标，加强了同南昌铁路局及其下属站、段的联系沟通，适时跟进铁路中转运输动态，保障了港口中转货物铁路运输畅通。实现全年钢材到达车12 791节，矿石发送车15 153节，总装车量24 048节，为去年的108%。4.设备管理不断优化。完善《设备管理办法》、《设备完好率和维修兑现率考核奖惩办法》，规范了设备招标采购工作，加强了设备技术状况恢复及大修理；基本完成了城西港区岸桥、龙门吊等30台设备采购及安装调试工作以及上港煤炭分公司转让设备的采购及拆卸运输。全年设备平均完好率达98.75%。

·成功开港，企业形象大为提升　1.城西港区建设与改制同步进行，在14个月内建成并开港。可建16个泊位共2 200亩的城西港区发展规划纳入并定格于《九江市港口总体规划》中，为今后发展预留了较大空间。在港区建设中，施工队伍夜以继日、保质量、抢工期，克服了冰雪灾害、溶洞等多重困难，圆满完成新港区建设。开港筹备，实行倒计时推进落实，12月27日成功举行开港仪式，不仅兑现了上港集团向九江市人民政府承诺，而且得到各界好评。2.三角线、外贸码头铁路专用线改造前期工作进展顺利。在南昌路局悉心指导下，工程可行性研究报告和施工设计顺利通过评审，南昌路局已批复同意施工。这对于提高老港区散杂货通过能力，特别是对外贸码头分公司能力的释放产生重要作用。3.圆满完成远洲新办公楼装修、搬迁。9月10日公司迁址远洲，不仅改善了办公环境和条件，更极大地提升了公司形象和在九江市的知名度、影响力。4.参加公益活动，积极回馈社会。公司关心社会时事、热心公益事业，发生冰雪灾害和汶川地震后，积极组织捐赠活动。全年向灾区捐赠20万元，职工群众捐款近14万元，捐赠衣物1 400余件。爱心活动在职工中及九江地区引起强烈反响，公司的良好形象得到扩大和提升。

·初步缓解九江港发展瓶颈　九港集团的历史状况是后劲不足。“货源少了吃不饱、货源多了吃不了”，市场变化和波动使生产业务部门难以适从。投资4.5亿元建设30万TEU集装箱专用码头，使九江港成为长江中游最上规模的专业化集装箱码头。城西港区集装箱码头的建成投产，两大港区可“腾笼换鸟”，一方面城西港区集装箱码头运营后能力大大提升；另方面原“一分为二”的外贸码头又复原成一个件杂货港区，货物通过能力大大提高。从此，在相当长一段时间内九江港发展的瓶颈将得到缓解。

·职工收入稳步增长，企业精神文明同步向前　始终把提高职工收入、关心困难职工、解决再就业问题作为搞好改制企业的突破口和重要标志。1.提高收入，确保职工从改制发展中得实惠。尽管遭受内外交织的多重困难，包括下半年受金融风暴影响，公司业务量下降、经营性收入减少，但在岗职工收入平均增长仍达10%以上；员工福利待遇得到普遍改善，新增加了住房公积金、工伤保险，实施了带薪年休假制度等。2.为逐步解决再就业的难题，对300余名待岗员工建立信息库，掌握上岗意愿和动态，分期分批培训，多渠道、多措并举加大就业力度。已安排了50余名待岗员工上岗，其中29人进入上港物流江西分公司。3.大力开展关心职工、扶贫帮困工程。先后开展了“一帮一百对帮扶”、“五一慰问困难职工”、“资助困难职工子女上学”等系列帮困活动。先后走访慰问困难职工685人次，发放困难补助金12.25万元，并出台了《帮困基金管理办法》、《工会困难补助管理办法》，在扶贫帮困工程推进中实现制度化、长期化。4.历史遗留问题妥善解决。新公司运行后，九港集团各类历史遗留问题相继出现，留守处主动与职工解释对话，先后稳妥解决了越战人员、钢窗厂职工及1 300名港口集团退休职工、家属工等多起集体上访事件，维护了大局的稳定，保障了新公司的有序正常运行。5.精神文明建设呈现新气象。公司党委围绕经济抓党建，抓好党建促发展，全面加强干部队伍、党员队伍、职工队伍建设，全港党建工作贴近实际、贴近职工、贴近生产经营。开展了以“学习实践科学发展观”为主题的民主生活会，在党员责任区中开展了“一名党员一面旗帜”的创旗承诺活动，全年各项工作扎实且富有成效，先后获得九江市社会治安综合治理先进单位，九江市直先进基层党委等21个先进集体和先进个人荣誉称号。职工在收入增长的同时，精神面貌大为提升。

2008年，虽然做了大量艰巨而卓有成效的工作，但还要清醒地看到，在发展改革中还存在诸多薄弱环节：货源不足，所占市场份额与九江港的地位与作用不相称；人才短缺制约了港口发展；科学规范管理不够，如件杂货装卸工艺、操作流程亟待完善；服务意识不强，服务质量有待进一步提高；安全预控措施不力；节约意识不强，成本控制不严；人浮于事，办事效率低等，这更需要我们加大力度在今后工作中不断克服和解决。

地　址　江西省九江市滨江路105号
邮　编　332000
电　话　（0792）8436061
传　真　（0792）8237113
网　址　http://www.jj-port.com

（九江港　刘　平）

【河南省港口概况】　2008年，河南省共有港口（码头）14个，有49个泊位（其中有14个客运泊位）。全省货物吞吐量106.26万吨，其中刘湾港货物吞吐量78.22万吨；旅客吞吐量52.3万人。

2008年河南省港口分布情况一览表、2008年河南省港口吞吐量（按港口分）一览表、2008年河南省港口吞吐量（按货物形态、包装及货类分）（内河公用）一览表，详见（表5—34）、（表5—35）、（表5—36）。

（河南省局　王守明）

【2008 年河南省港口分布情况一览表】 （表 5—34）

序号	港口名称	所在河流	泊位等级（吨级）	泊位数	设计吞吐能力		货类	建成时间	备注
					货运（万吨）	客运（万人次）			
1	刘湾港	沙颍河	300	4	80		煤炭、矿建	1992 年	
2	纸店码头	沙颍河	300	2	12		粮食专用	1999 年	
3	望岗码头	淮河	100	3	37		散货、件杂	1994 年	
4	淮滨港	淮河	100	8	60		散货		自然岸坡
5	练村码头	洪河	100	3	25		粮食	1990 年	
6	丹江河南港	丹江	500	11（4）	100	150	矿石/客运	1969 年	
7	宋岗—仓房码头	丹江	300	4（2）	12.5	48	矿石/客运	2002 年	
8	小浪底中心码头	黄河	300	4（4）		90	客运	2003 年	
9	张岭码头	黄河	300	2（2）		32	客运	2003 年	
10	孤三峡码头	黄河	300	1（1）		24	客运	2003 年	
11	峪里码头	黄河	300	1（1）		34		2004 年	
12	南石山码头	黄河	300	1		34		2004 年	
13	南村码头	黄河	300	1		21		2004 年	
14	周口港	沙颍河	300	4	80			2005 年	
合　计				49（14）	406.5	433			

备注：括号内数字为客运泊位

【2008 年河南省港口吞吐量（按港口分）一览表】 （表 5—35）

港　口	货物吞吐量				集装箱吞吐量			滚装汽车吞吐量（万辆）	旅客吞吐量		利用自然岸坡完成船舶货物装卸量
	合计（万吨）	其中：外贸	出　港		箱数（万TEU）	重　量			（万人）	出港	
				其中：外贸		（万吨）	（货重）				
A	1	2	3	4	5	6	7	8	9	10	11
全省总计	106.26	0.00	60.85	0.00	0.00	0.00	0.00	0.00	52.30	26.95	7.81
内河港口合计	106.26	0.00	60.85	0.00	0.00	0.00	0.00	0.00	52.30	26.95	7.81
1.淮河水系小计	98.45	0.00	56.10	0.00	0.00	0.00	0.00	0.00	0.00	0.00	0.00
淮滨	20.23	0.00	20.23	0.00	0.00	0.00	0.00	0.00	0.00	0.00	0.00
刘湾	78.22	0.00	35.87	0.00	0.00	0.00	0.00	0.00	0.00	0.00	0.00
2.长江支流小计	7.81	0.00	4.75	0.00	0.00	0.00	0.00	0.00	40.40	21.00	7.81
丹江口（淅川）	7.81	0.00	4.75	0.00	0.00	0.00	0.00	0.00	40.40	21.00	7.81
3.黄河水系小计	0.00	0.00	0.00	0.00	0.00	0.00	0.00	0.00	11.90	5.95	0.00

【2008 年河南省港口吞吐量（按货物形态、包装及货类分）（内河公用）一览表】 （表 5—36）

分　类	序　号	合　计		出　港		进　港	
			外　贸		外　贸		外　贸
A	B	1	2	3	4	5	6
货物吞吐量合计（吨）	1	1 062 620	0	608 520	0	454 100	0
1.液体散货	2	10 000	0	0	0	10 000	0
其中：原油	3	0	0	0	0	0	0
成品油	4	0	0	0	0	0	0
液化气、天然气及制品	5	10 000	0	0	0	10 000	0
2.干散货	6	988 250	0	564 650	0	423 600	0
其中：煤炭及制品	7	707 840	0	314 840	0	393 000	0
金属矿石	8	0	0	0	0	0	0

分　　类	序　号	合　计		出　港		进　港	
			外　贸		外　贸		外　贸
A	B	1	2	3	4	5	6
散水泥	9	0	0	0	0	0	0
散粮	10	0	0	0	0	0	0
散化肥	11	0	0	0	0	0	0
3.件杂货	12	64 370	0	43 870	0	20 500	0
其中：木材	13	0	0	0	0	0	0
粮食	14	28 420	0	23 420	0	5 000	0
化肥	15	300	0	300	0	0	0
水泥	16	0	0	0	0	0	0
4.集装箱（TEU）	17	0	0	0	0	0	0
重量（吨）	18	0	0	0	0	0	0
其中：货重	19	0	0	0	0	0	0
5.滚装船汽车吞吐量（辆）	20	0	0	0	0	0	0
重量（吨）	21	0	0	0	0	0	0

资料来源：河南省交通厅航务局

【湖北省港口概况】 2008年，湖北省有港口51个。其中长江沿线24个、汉江沿线13个，其它河流14个。交通运输部确定的主要港口有4个：武汉港、宜昌港、荆州港、黄石港；我省确定的重要港口19个：巴东港、秭归港、宜都港、枝江港、石首港、洪湖港、嘉鱼港、鄂州港、黄州港、武穴港、阳新港，汉江的襄樊港、丹江口港、钟祥港、沙洋港、潜江港、仙桃港、天门港、汉川港；其他一般港口28个。全省共有泊位1 920个，泊位长度152 921米，港口岸线1 414公里，散货、件杂货泊位设计通过能力23 992万吨，集装箱通过能力80万TEU，滚装车通过能力94万辆，其中武汉市商品滚装24万辆，宜昌载货滚装70万辆。全年共完成港口吞吐量15 970万吨，同比增长3.4%。全年共完成集装箱吞吐量58.7万TEU，同比增长19.9%。滚装车完成57.92万辆，同比下降29.5%。

2008年湖北省港口吞吐量(按港口分)一览表、2008年湖北省港口吞吐量（按货物形态、包装及货类分）（合计）一览表，（表5—39）、（表5—40）。

（湖北省局　王彦玲）

【2008年湖北省港口吞吐量（按港口分）一览表】 （表5—39）

港　口	货物吞吐量				集装箱吞吐量			滚装汽车吞吐量（万辆）	旅客吞吐量		利用自然岸坡完成船舶货物装卸量
	合计（万吨）	其中：外贸	出　港		箱数（万TEU）	重　量			（万人）	出港	
				其中：外贸		万吨	货重				
A	1	2	3	4	5	6	7	8	9	10	11
全省总计	15 970.48	485.22	7 534.27	255.03	58.70	703.26	584.73	57.92	462.21	251.39	0.00
一、内河港口合计	15 970.48	485.22	7 534.27	255.03	58.70	703.26	584.73	57.92	462.21	251.39	0.00
1.长江干流小计	13 582.38	485.22	6 198.30	255.03	58.70	703.26	584.73	57.92	288.91	162.69	0.00
巴东	126.11	0.00	88.94	0.00	0.00	0.00	0.00	0.00	44.45	28.85	0.00
茅坪	116.98	0.00	115.26	0.00	0.00	0.00	0.00	0.00	7.80	4.20	0.00
三峡坝区	2.97	0.00	2.97	0.00	0.00	0.00	0.00	0.00	13.11	6.94	0.00
虾子沟	156.62	3.32	155.92	3.32	0.00	0.00	0.00	0.00	9.40	4.25	0.00
宜昌	2 400.29	19.94	1 320.61	16.62	4.25	56.61	46.99	42.22	122.15	70.45	0.00
红花	157.17	0.00	140.99	0.00	0.00	0.00	0.00	0.00	0.00	0.00	0.00
白洋	9.33	0.00	3.29	0.00	0.00	0.00	0.00	0.00	0.00	0.00	0.00
枝城	190.76	0.00	140.92	0.00	0.00	0.00	0.00	0.00	0.00	0.00	0.00

港口	货物吞吐量				集装箱吞吐量			滚装汽车吞吐量（万辆）	旅客吞吐量		利用自然岸坡完成船舶货物装卸量
	合计（万吨）	其中：外贸	出港		箱数（万TEU）	重量			（万人）	出港	
				其中：外贸		万吨	货重				
洋溪	39.70	0.00	39.70	0.00	0.00	0.00	0.00	0.00	0.00	0.00	0.00
车阳河	31.25	0.00	28.73	0.00	0.00	0.00	0.00	0.00	0.00	0.00	0.00
松滋口	21.29	0.00	8.59	0.00	0.00	0.00	0.00	0.00	0.00	0.00	0.00
姚家	45.32	0.00	23.28	0.00	0.00	0.00	0.00	0.00	0.00	0.00	0.00
马家店	51.71	0.00	33.19	0.00	0.00	0.00	0.00	0.00	0.00	0.00	0.00
七星台	8.13	0.00	5.27	0.00	0.00	0.00	0.00	0.00	0.00	0.00	0.00
百里洲	1.31	0.00	0.66	0.00	0.00	0.00	0.00	0.00	0.00	0.00	0.00
新河口	13.00	0.00	2.50	0.00	0.00	0.00	0.00	0.00	0.00	0.00	0.00
荆州(沙市)	670.27	25.06	180.67	20.90	5.27	63.06	52.52	0.00	0.00	0.00	0.00
斗湖堤	25.46	0.00	4.06	0.00	0.00	0.00	0.00	0.00	0.00	0.00	0.00
杨家厂	25.68	0.00	4.01	0.00	0.00	0.00	0.00	0.00	0.00	0.00	0.00
埠河	25.40	0.00	4.12	0.00	0.00	0.00	0.00	0.00	0.00	0.00	0.00
郝穴	66.00	0.00	0.00	0.00	0.00	0.00	0.00	0.00	0.00	0.00	0.00
绣林	246.52	0.00	39.14	0.00	0.00	0.00	0.00	0.00	0.00	0.00	0.00
容城	159.11	0.00	9.96	0.00	0.00	0.00	0.00	0.00	0.00	0.00	0.00
白螺	99.27	0.00	5.58	0.00	0.00	0.00	0.00	0.00	0.00	0.00	0.00
柳口	39.28	0.00	2.14	0.00	0.00	0.00	0.00	0.00	0.00	0.00	0.00
新堤	122.96	0.00	5.74	0.00	0.00	0.00	0.00	0.00	0.00	0.00	0.00
赤壁	85.00	0.00	25.30	0.00	0.00	0.00	0.00	0.00	0.00	0.00	0.00
陆溪口	7.80	0.00	3.20	0.00	0.00	0.00	0.00	0.00	0.00	0.00	0.00
学堂洲	57.60	0.00	4.20	0.00	0.00	0.00	0.00	0.00	0.00	0.00	0.00
鱼岳	69.00	0.00	26.50	0.00	0.00	0.00	0.00	0.00	0.00	0.00	0.00
潘家湾	39.00	0.00	14.00	0.00	0.00	0.00	0.00	0.00	0.00	0.00	0.00
牌州	21.00	0.00	10.00	0.00	0.00	0.00	0.00	0.00	0.00	0.00	0.00
石矾头	21.50	0.00	7.00	0.00	0.00	0.00	0.00	0.00	0.00	0.00	0.00
武汉	4 977.65	319.74	1 536.47	201.17	47.18	558.77	464.41	15.70	0.00	0.00	0.00
团风	11.00	0.00	9.00	0.00	0.00	0.00	0.00	0.00	0.00	0.00	0.00
堵城	0.00	0.00	0.00	0.00	0.00	0.00	0.00	0.00	0.00	0.00	0.00
黄州	200.00	0.00	195.00	0.00	0.00	0.00	0.00	0.00	50.00	23.00	0.00
鄂城	650.00	0.00	102.00	0.00	0.00	0.00	0.00	0.00	0.00	0.00	0.00
巴河	380.00	0.00	380.00	0.00	0.00	0.00	0.00	0.00	0.00	0.00	0.00
兰溪(鄂)	222.00	0.00	217.00	0.00	0.00	0.00	0.00	0.00	0.00	0.00	0.00
散花	0.00	0.00	0.00	0.00	0.00	0.00	0.00	0.00	15.00	10.00	0.00
黄石	1 328.64	117.16	715.96	13.02	2.00	24.82	20.81	0.00	0.00	0.00	0.00
茅山	21.00	0.00	20.00	0.00	0.00	0.00	0.00	0.00	0.00	0.00	0.00
管窑	23.00	0.00	23.00	0.00	0.00	0.00	0.00	0.00	0.00	0.00	0.00
八里	28.00	0.00	28.00	0.00	0.00	0.00	0.00	0.00	0.00	0.00	0.00
蕲州	70.00	0.00	64.00	0.00	0.00	0.00	0.00	0.00	0.00	0.00	0.00
田镇	218.00	0.00	192.00	0.00	0.00	0.00	0.00	0.00	0.00	0.00	0.00
武穴	99.00	0.00	83.00	0.00	0.00	0.00	0.00	0.00	17.00	10.00	0.00
盘塘	47.00	0.00	35.00	0.00	0.00	0.00	0.00	0.00	0.00	0.00	0.00
龙坪	24.00	0.00	24.00	0.00	0.00	0.00	0.00	0.00	0.00	0.00	0.00
李英	91.00	0.00	91.00	0.00	0.00	0.00	0.00	0.00	10.00	5.00	0.00
小池	18.00	0.00	9.00	0.00	0.00	0.00	0.00	0.00	0.00	0.00	0.00
刘佐	10.00	0.00	10.00	0.00	0.00	0.00	0.00	0.00	0.00	0.00	0.00

港口	货物吞吐量				集装箱吞吐量			滚装汽车吞吐量（万辆）	旅客吞吐量		利用自然岸坡完成船舶货物装卸量
	合计（万吨）	其中：外贸	出港	出港其中：外贸	箱数（万TEU）	重量 万吨	重量 货重		（万人）	出港	
新开	0.00	0.00	0.00	0.00	0.00	0.00	0.00	0.00	0.00	0.00	0.00
二套口	0.00	0.00	0.00	0.00	0.00	0.00	0.00	0.00	0.00	0.00	0.00
宛市	11.30	0.00	7.43	0.00	0.00	0.00	0.00	0.00	0.00	0.00	0.00
2.长江支流小计	2 111.10	0.00	1 195.97	0.00	0.00	0.00	0.00	0.00	103.30	53.70	0.00
百里洲	151.71	0.00	145.28	0.00	0.00	0.00	0.00	0.00	34.20	19.20	0.00
武汉	614.74	0.00	87.21	0.00	0.00	0.00	0.00	0.00	0.00	0.00	0.00
黄石	30.00	0.00	0.00	0.00	0.00	0.00	0.00	0.00	0.00	0.00	0.00
新河	0.21	0.00	0.00	0.00	0.00	0.00	0.00	0.00	0.00	0.00	0.00
徐家河	5.00	0.00	3.00	0.00	0.00	0.00	0.00	0.00	64.00	32.00	0.00
弥市	10.50	0.00	10.50	0.00	0.00	0.00	0.00	0.00	0.00	0.00	0.00
夹竹园	6.31	0.00	2.61	0.00	0.00	0.00	0.00	0.00	0.00	0.00	0.00
藕池	2.90	0.00	1.20	0.00	0.00	0.00	0.00	0.00	0.00	0.00	0.00
主坝	13.90	0.00	13.20	0.00	0.00	0.00	0.00	0.00	0.00	0.00	0.00
蒲圻	33.00	0.00	30.80	0.00	0.00	0.00	0.00	0.00	0.00	0.00	0.00
杨林尾	4.50	0.00	0.50	0.00	0.00	0.00	0.00	0.00	0.00	0.00	0.00
老河口	60.00	0.00	60.00	0.00	0.00	0.00	0.00	0.00	0.00	0.00	0.00
南河	5.20	0.00	5.20	0.00	0.00	0.00	0.00	0.00	5.10	2.50	0.00
太平（鄂）	21.78	0.00	21.78	0.00	0.00	0.00	0.00	0.00	0.00	0.00	0.00
白湾	32.66	0.00	32.66	0.00	0.00	0.00	0.00	0.00	0.00	0.00	0.00
襄樊	110.12	0.00	110.12	0.00	0.00	0.00	0.00	0.00	0.00	0.00	0.00
清河口	54.44	0.00	0.00	0.00	0.00	0.00	0.00	0.00	0.00	0.00	0.00
六两河	98.88	0.00	89.99	0.00	0.00	0.00	0.00	0.00	0.00	0.00	0.00
余家湖	63.82	0.00	38.82	0.00	0.00	0.00	0.00	0.00	0.00	0.00	0.00
宜城（鄂）	54.95	0.00	36.50	0.00	0.00	0.00	0.00	0.00	0.00	0.00	0.00
转斗	11.00	0.00	11.00	0.00	0.00	0.00	0.00	0.00	0.00	0.00	0.00
利河口	23.00	0.00	17.00	0.00	0.00	0.00	0.00	0.00	0.00	0.00	0.00
塘港	5.00	0.00	3.00	0.00	0.00	0.00	0.00	0.00	0.00	0.00	0.00
石牌（鄂）	1.00	0.00	0.00	0.00	0.00	0.00	0.00	0.00	0.00	0.00	0.00
大同（钟祥市）	1.00	0.00	0.00	0.00	0.00	0.00	0.00	0.00	0.00	0.00	0.00
马良	5.00	0.00	5.00	0.00	0.00	0.00	0.00	0.00	0.00	0.00	0.00
旧口	1.00	0.00	1.00	0.00	0.00	0.00	0.00	0.00	0.00	0.00	0.00
沙洋	90.00	0.00	81.00	0.00	0.00	0.00	0.00	0.00	0.00	0.00	0.00
多宝	1.00	0.00	0.00	0.00	0.00	0.00	0.00	0.00	0.00	0.00	0.00
皇庄	35.00	0.00	6.00	0.00	0.00	0.00	0.00	0.00	0.00	0.00	0.00
红旗（鄂）	28.09	0.00	1.32	0.00	0.00	0.00	0.00	0.00	0.00	0.00	0.00
泽口	18.08	0.00	5.87	0.00	0.00	0.00	0.00	0.00	0.00	0.00	0.00
张港	4.00	0.00	1.00	0.00	0.00	0.00	0.00	0.00	0.00	0.00	0.00
岳口	21.00	0.00	2.00	0.00	0.00	0.00	0.00	0.00	0.00	0.00	0.00
彭市	3.00	0.00	0.00	0.00	0.00	0.00	0.00	0.00	0.00	0.00	0.00
麻洋	5.00	0.00	1.00	0.00	0.00	0.00	0.00	0.00	0.00	0.00	0.00
仙桃	54.65	0.00	1.65	0.00	0.00	0.00	0.00	0.00	0.00	0.00	0.00
万福	7.60	0.00	0.20	0.00	0.00	0.00	0.00	0.00	0.00	0.00	0.00
脉旺	0.50	0.00	0.00	0.00	0.00	0.00	0.00	0.00	0.00	0.00	0.00
分水	5.76	0.00	0.01	0.00	0.00	0.00	0.00	0.00	0.00	0.00	0.00
汉川	26.38	0.00	6.77	0.00	0.00	0.00	0.00	0.00	0.00	0.00	0.00

港口	货物吞吐量				集装箱吞吐量			滚装汽车吞吐量（万辆）	旅客吞吐量		利用自然岸坡完成船舶货物装卸量
	合计（万吨）	其中：外贸	出港		箱数（万TEU）	重量			（万人）	出港	
				其中：外贸		万吨	货重				
马口	6.39	0.00	0.15	0.00	0.00	0.00	0.00	0.00	0.00	0.00	0.00
竟陵	12.00	0.00	2.00	0.00	0.00	0.00	0.00	0.00	0.00	0.00	0.00
卢市	1.00	0.00	0.00	0.00	0.00	0.00	0.00	0.00	0.00	0.00	0.00
皂市	4.00	0.00	1.00	0.00	0.00	0.00	0.00	0.00	0.00	0.00	0.00
彭李	0.03	0.00	0.03	0.00	0.00	0.00	0.00	0.00	0.00	0.00	0.00
应城（鄂）	21.20	0.00	20.60	0.00	0.00	0.00	0.00	0.00	0.00	0.00	0.00
安陆	23.00	0.00	23.00	0.00	0.00	0.00	0.00	0.00	0.00	0.00	0.00
长江埠	0.00	0.00	0.00	0.00	0.00	0.00	0.00	0.00	0.00	0.00	0.00
长孙堤	258.00	0.00	258.00	0.00	0.00	0.00	0.00	0.00	0.00	0.00	0.00
天城	31.70	0.00	28.90	0.00	0.00	0.00	0.00	0.00	0.00	0.00	0.00
七里冲	14.20	0.00	13.40	0.00	0.00	0.00	0.00	0.00	0.00	0.00	0.00
慈口	9.60	0.00	8.50	0.00	0.00	0.00	0.00	0.00	0.00	0.00	0.00
燕夏	8.30	0.00	7.20	0.00	0.00	0.00	0.00	0.00	0.00	0.00	0.00
3.其他水系小计	277.00	0.00	140.00	0.00	0.00	0.00	0.00	0.00	70.00	35.00	0.00
天河	22.00	0.00	10.00	0.00	0.00	0.00	0.00	0.00	2.00	1.00	0.00
黄龙	1.00	0.00	1.00	0.00	0.00	0.00	0.00	0.00	8.00	4.00	0.00
郧县	178.00	0.00	65.00	0.00	0.00	0.00	0.00	0.00	15.00	6.00	0.00
丹江口（丹江口）	76.00	0.00	64.00	0.00	0.00	0.00	0.00	0.00	45.00	24.00	0.00

【2008年湖北省港口吞吐量（按货物形态、包装及货类分）（合计）一览表】 （表5—40）

分类	序号	合计		出港		进港	
			外贸		外贸		外贸
A	B	1	2	3	4	5	6
货物吞吐量合计（吨）	1	159 704 800	4 852 200	75 342 700	2 550 300	84 362 100	2 301 900
1.液体散货	2	3 994 400	0	1 959 700	0	2 034 700	0
其中：原油	3	441 500	0	25 400	0	416 100	0
成品油	4	2 929 500	0	1 590 800	0	1 338 700	0
液化气、天然气及制品	5	211 700	0	153 500	0	58 200	0
2.干散货	6	109 861 900	1 042 500	46 764 600	33 200	63 097 300	1 009 300
其中：煤炭及制品	7	20 409 800	0	10 638 300	0	9 771 500	0
金属矿石	8	27 724 100	1 009 300	2 029 000	0	25 695 100	1 009 300
散水泥	9	1 796 100	0	1 536 200	0	259 900	0
散粮	10	0	0	0	0	0	0
散化肥	11	0	0	0	0	0	0
3.件杂货	12	22 467 100	266 900	14 459 300	209 000	8 007 800	57 900
其中：木材	13	20 800	0	13 600	0	7 200	0
粮食	14	1 184 100	0	842 900	0	341 200	0
化肥	15	2 406 700	0	1 827 900	0	578 800	0
水泥	16	5 702 000	0	3 638 700	0	2 063 300	0
4.集装箱（TEU）	17	587 000	351 700	294 100	189 000	292 900	162 700
重量（吨）	18	7 032 600	3 542 800	4 074 300	2 308 100	2 958 300	1 234 700
其中：货重	19	5 847 300	2 835 500	3 480 600	1 928 300	2 366 700	907 200
5.滚装船汽车吞吐量（辆）	20	579 200	0	293 800	0	285 400	0
重量（吨）	21	16 348 800	0	8 084 800	0	8 264 000	0

资料来源：湖北省港航管理局

【武穴港】 武穴港位于长江中游北岸，湖北省武穴市滨江。港口北侧，有京九铁路穿越，隔江有大沙铁路贯通。北侧还有一条国道干线通过，走向与京九铁路大体一致。水上运输，开通了长江客货运输大轮航线 4 条，即江申线、宜宁线、江宁线、江深线；小轮航线两条，即：江深线、石穴线；轮渡过江至西码头镇。武穴港是国家规划建设的重要港口，由田镇、盘塘、武穴、龙坪四个港区组成，岸线长度 115.4 公里，码头总长 2.7 公里，仓库 22 219 平方米，堆场面积 93 981 平方米，港口装卸机械 100 台，最大起重能力 5 吨，共有码头泊位 73 个，最大靠泊能力 3 000 吨级，年综合通过能力货运为 710 万吨、客运为 270 万人次。

武穴港武穴港区件杂货码头工程的建设，对于提高武穴港区的吞吐能力，改善武穴市的交通条件和投资环境，适应经济社会发展和交通量增长的需要，充分发挥“黄金水道”的作用，具有重要的意义。该工程在长江武穴水道左岸武穴市城西横坝儿建设 3 000 吨级件杂货泊位 2 个，同时建设相应的配套设施，设计吞吐量 70 万吨/年；该码头采用高桩梁板式结构，码头长度 222 米 m，平台宽度 28 米，通过 2 座 12 米宽的引桥与后方陆域连接。

（武穴港）

【黄石市港航管理局】 （详见《长江航运年鉴》（2007 卷）第五编“港口”第 489 页）

2008 年，在黄石港发展史上是极不平凡的一年。这一年，我们抗击百年一遇的冰雪灾害，全力保运输安全，保水路畅通；这一年，我们战胜 5.12 汶川大地震，众志成城，捐款捐物，重建家园；这一年，我们迎来了第二十九届北京奥运会，隆重庆祝改革开放 30 周年。

一年来，在省港航局和黄石市交通局的正确领导下，我局坚持以党的十七大精神为指针，贯彻和落实科学发展观，以加快黄石现代水运业发展为中心，以“刚毅精神”为动力，以抓项目建设、规费征收和安全监管“三件大事”为重点，以“双学双考”为载体，着力提速创优谋发展，务实高效抓项目，夯实基础抓管理，创新思路抓安全，突出特色抓创建，较好完成各项目标任务。

·港航建设 围绕全年港航建设目标任务，积极开展“迎春创优杯”和“隐患治理年”活动，加强港航建设管理，积极抓好港航在建项目，全力推进港航拟建项目的前期工作。全年完成港航建设投资 7 140 万元，为年度目标的 102%。

黄石外贸码头扩建工程完成投资 2 497 万元，水工建筑物及护岸工程标段除轨道安装外已全部完成。陆域结构堆场基础开挖完工，即将开始 CFG 桩基施工。

黄石市委、市政府高度重视棋盘洲港区一期工程，成立了市县两级政府专班负责该项目的协调服务和督办工作。目前，项目 0—2 号、3—4 号泊位工可报告已通过湖北省发改委批复；0—2 号泊位工程建设用地预审意见已获省国土资源厅批复；岸线使用已获交通运输部批复；初步设计已经完成并将评审。

2008 年 12 月 28 日，市政府举行棋盘洲港区一期工程开工典礼，0—2 号泊位工程第一合同段正式开工建设。同时，以棋盘洲港区为核心的 5 平方公里范围的控制性详规方案和棋盘洲沿江 20 平方公里范围内的综合规划初稿已完成，设计单位已完成初步设计编制。由市发改委负责组织建设的进港铁路预可研已编制完成，待市政府决定建设方案后进行招商。

阳新兴国港区建设工程工可报告已通过审查，初步设计已编制完成，土地预审工作正在办理。新冶钢码头工程已通过核准，项目前期工作进展顺利。

·规费征收 2008 年，在水运市场萎缩、征费任务繁重的情况下，不断加大工作力度，创新工作方法，始终把费收工作作为重中之重来抓。首先对省局下达的目标任务进行了分解，明确了 7 个收费单位的目标任务，及时出台了水路交通规费征收考核办法，进一步调动干部职工的积极性。全市水路“四费”完成 1 740 万元，其中，市区完成 1 118 万元，阳新 615 万元，大冶 7 万元。入库率达 100%，完成省局认可调整后的计划任务。同时推行岗位绩效工资考核制度，细化费收考核目标，尝试挖掘干部职工潜能，进一步加大征稽力度，狠抓费收源头管理，遏制规费流失。切实做到收支两条线，完善规费征稽系统建设，微机制票率达到 100%。

·安全监管 通过积极努力，黄石市地方水上搜救中心于 2008 年 4 月经黄石市编委批准成立，成为全省市州港航系统第一个获准成立的水上搜救中心。市港航海事管理部门大力开展“抓整改、强管理、保安全”活动，精心组织春运、五一、十一和枯水期、汛期等特殊时段的水上安全保障工作，实现了连续8年春运平安年。全市本籍船舶和辖区水域没有发生一起等级以上安全事故。通过上下联动，扎实推进全市渡口渡船改造达标工作，建立了乡镇渡口电子查询系统，完成了处地方渡口改造达标任务，协助完成6处长江渡口改造达标任务。对市区码头、26处渡口、40家企业及在建工程项目进行了安全检查和隐患整改。启动“百校千村”水上安全知识宣传和船舶救生衣行动，切实增强村民和农村师生的安全意识；积极开展“安全宣传月”和6.8安全宣传日活动，使水上宣传活动从乡村延伸到街道。整个宣传活动共发放水上交通安全知识宣传手册1200本、警示教育光碟20套，赠送救生衣200余件，并组织学校师生和村民集中观看相关安全警示光盘，安全宣传效果明显。

·行业管理

1.港口规划。首先积极做好港口规划编制、实施监管及岸线控制工作。黄石市港口规划的修改及其环境评价工作已经完成，待上报省政府和交通部审批；依法做好棋盘洲港区规划与市政府沿江产业带5平方公里城镇规划的衔接工作；积极为货主企业及社会资本投资港口建设提供优质服务，华新余家山港口项目预选择址、冶钢码头扩建项目选址及前期工作。同时监督指导港口现场管理。整理汇编完成依法制定的港口管理制度，加大宣传和执行检查力度，全面落实港口行业管理制度。此外出台《黄石市水运经济分析工作制度》，建立了水路交通经济运行分析工作机制，推动黄石水运切实转入科学发展轨道。与此同时顺利完成黄石市第三次港口普查工作，全面摸清了黄石港口企业的家底，为黄石市水路交通的规划、建设和发展，建立了详实可靠的第一手数据资料库。

2.运政管理。2008年港口吞吐量完成1 358万吨，为年计划的100.6%。集装箱完成19 988TEU，同比增长13.38%。营运船舶总运力45.68万吨，比去年净增4.36万载重吨，净增运力占年计划的218%。完成水路客运量91.13万人、客运周转量529万人公里，同比分别增长8.1%、4.8%；完成水路货运量726万吨，完成年计划的134%，与去年基本持平；完成货运周转量499 289万吨公里，完成年计划的123%，比去年同期下降了10.6%。完成初次检验船舶5艘，计218 648总吨、122 008千瓦。加强水运企业资质跟踪检查，完善对企业的服务。完成年度核查企业32家（水运企业20家、代理公司12家），个体船舶经营户80家，核查船舶173艘。同时完成黄石市水路运输量专项调查前期工作。全年共受理申报运政审批事项209项，批准209项，办结率100%，投诉率为0。水路交通社会综治工作扎实开展，制定反恐维稳安全预案，组织开展港口设施保安培训，加强奥运特殊时期的港口安全，受到省厅主要领导的肯定。

3.船舶管理。进一步清理各类台账，严格按质量管理体系要求开展船检业务；加强业务学习，严格执行变更船检机构管理规定，规范转籍行为；加强信息化管理，积极做好船检发证系统启用工作；积极开展各项专项活动，完成春运前的专项检查船舶158艘，对9艘存在问题的危险化学品船进行了整改，对存在问题的船舶收回了船检证书。深入开展海船检验自检自查自纠活动，对违规检验船舶进行逐艘复查，并按“三不放过”的原则进行了处理。

·招商引资　为切实推动黄石水运业发展，建立多渠道筹融资的平台，成立了由局长郑治发任组长，总工程师潘拥军任副组长的招商引资工作专班。制定了详细的招商引资工作计划，明确引资项目和项目责任人。经过努力，目前先后有泉州、晋江、温州等沿海地区的客商到黄石进行了筹建船厂的意向性考察。11月22日，黄石市目前最大的造船企业——黄石市金舟造船船舶修造厂正式开工建设，总投资达5亿元人民币。

·效能建设　根据市及上级主管部门要求，认真实行高效、统一的行政审批模式，变“事后监督”为“过程监督”，进一步提高行政效能。依法清理公布水路交通行政审批（许可）项目17项，纳入并联审批范围的行政许可项目14项，除需现场办理和无审批权限的外，实现所有水路交通行政审批（许可）项目一个“窗口”统一受理；进一步理顺和优化行政审批内部流转程序，重新修改制作了行政审批（许可）流程图。全面清理港口、航道、航运、海事、船检等执法依据255条，对带有自由裁量权的行政处罚项目进行细分量化，规范了实施权限和程序。全面推进财务管理、票据管理电算化，完成相关软件的变更升级工作。

积极推行计算机电子档案管理和无纸化办公，目前整体方案已基本完成。

·队伍建设 黄石市港航局党委高度重视干部职工理论素质和专业水平的提高，继续深入开展“双学双考”活动。按照注重学习效果、提高考试质量的工作要求，以学习交通水路专业法为重点，每季度列出学习计划并进行了考核。考核办法更具科学性，并注重与工作实际相结合，着重提高职工的实际工作能力。做好交通行政执法证的换证和执法人员的清理工作，明确69名职工的执法资格量。积极参与省市各类培训班和本局主办的行政执法、信息、征稽等培训，切实提升职工队伍业务素质。积极开展“再来一次思想大解放、再掀一轮发展新高潮”、水路交通“五杯”竞赛等系列活动，增强干部职工创业建功、争先创优意识；组织职工参加“两项讨论、两项活动”，培育职工的水路交通执行能力。组织全局执法人员参与省效能办举行的文明执法主题教育考试，进一步提高执法人员的法律意识和执法能力。组织注册海船验船师的培训考试工作，共有 8 名职工参加了考试。大力加强企业文化建设，开展丰富多彩的文体活动，增强职工的凝聚力和向心力。成功举办了新春联欢会，组织女职工参加了交通系统才艺表演暨职业装大赛并获得第一名。组织职工开展向四川地震灾区献爱心活动，全局职工捐款达 37 000 元。

·党的建设 党建工作的重点是加强两级班子建设及其成员的思想建设、作风建设和勤政廉政建设。市港航局采取以会代训、集中学习等形式，不断强化领导班子成员及中层干部的思想建设。局领导班子成员及相关中层干部按规定参与了省、市组织的各类法律、党建培训班及周末学习论坛。局党委认真开展“再来一次思想大解放、再掀一轮发展新高潮”和“讲党性、重品行、作表率”主题教育活动，征求并搜集了全局职工对局党委工作的意见和建议，要求每名党员和机关干部撰写了自查报告并进行公示。广大党员主动向四川地震灾区交纳特殊党费近万元。积极向省局推树我局先进典型人物，做到学有榜样，赶有方向。局党委在“七一”表彰了 12 名优秀党员。加强党风廉政建设，认真开展“廉政交通三做起”主题实践活动，组织部分党员干部到湖北警示教育基地洪山监狱接受廉政警示教育，组织 40 余名干部职工参加了省局开展的学习先进典型事迹报告会，开展了“廉政建设大家谈”活动。认真开展政风行风民主评议活动。通过召开座谈会、发放问卷、上门走访等形式广泛征求意见，并对查摆出来的问题进行了梳理，提出了整改措施。

地 址 湖北省黄石市交通路特 1 号
邮 编 435000
电 话 （0714）6226957
传 真 （0714）6216500

（黄石市局 张 斌）

【黄石港口集团有限责任公司（简称黄石港）】

黄石港是国家一类外贸水运口岸和全国 28 个内河主要港口之一，也是鄂东南地区水陆交通枢纽和龙头港口企业。下设船舶运输、客运、港口机械制造、物业管理、长江旅行社等 5 个全资子公司和 15 个直属生产经营单位。旗下还有 1 个全资独资公司——黄石棋盘洲港口有限责任公司，1 个股份公司——黄石港龙物流有限责任公司。

地 址 黄石市交通路 9 号
邮 编 435000
电 话 （0714）6325156
传 真 （0714）6253662
网 址 http://www.hsport.com

（黄石港 江荣章）

【武汉市港航管理局】 2008 年，武汉市水路交通业完成货运量 1 445 万吨、同比增长 37.6%，完成换算周转量 94 亿吨公里、同比增长 31.8%，完成港口吞吐量 5 592 万吨、同比增长 6%，其中集装箱吞吐量 47 万 TEU、同比增长 21.5%。船舶运力三年翻一翻，达到 65.2 万载重吨；单船平均吨位突破 2 000 吨，比上年提高 25%；运力结构进一步优化，干散货船、液化船、集装箱船明显增长；江海直达运输快速发展，航线运力占总运力的比例由三年前的 30%上升到 73%。总体规划顺利通过部省联合审查，即将正式批复，描绘了武汉新港“亿吨大港、千万标箱”的宏伟蓝图。精心制作武汉新港画册和专题宣传片，武汉新港被列为武汉交通改革开放 30 年十件大事，成为社会各界的广泛共识。酝酿和筹划了花山生态新城、平煤配煤中心等 16 个重大启动项目，概算总投资达到 80 亿元。初步搭建了以省联发投、市经发投和武港集团为支柱的投资平台，新港品牌的投资吸引力开始显现。全年港航建设投资达到8.58亿元，是上年的3.5倍，为历年之最。亚东水泥一期、明达玻璃码头等续建项目基本完工，武钢江北基地、阳逻集装箱二期、80万吨乙烯、汉江二期、金口重件码头、国家稻米交易中心、花山新城码头一期、青山船厂舾装重件码头等一批重大项目开工建设，南车件杂码头、中石油码头、南顺油码头等启动前期工作，项目发展呈现良好的态势。此外，圆满完成第三次全国港口普查、全国水路运输量专项调查以及江汉桥流量观测、统计等基础工作，丰富了一手资料。认真做好岸线使用、港口经营许可工作，严把危险货物装卸作业认可关。强化行政许可跟踪监管，注销不符合资质条件的12家水运企业、7家水运服务企业。完成汉洪通顺河桥、汉英滠水河桥等5座大桥助航设施建设，汉江航道维护“四率”达到和超过省定标准。推行规范化、程序化船舶检验流程，严格船舶档案管理，实施船舶检验责任追究制度。积极做好大企业货港费征收工作，加强查漏补征，水路“四费”收入突破6 000万元，再创历史新高。全面清理水路交通行政审批（许可）事项，严格实施交通行政执法自由裁量权指导标准，开展执法案卷评查工作。建立了新港建设项目月度推进例会制度，实施项目动态管理；对港航建设项目涉及的岸线使用许可和工可、初步设计、施工图设计审查等实行绿色通道制度，促进项目提速；积极服务重大建设项目，圆满完成市政府交办的二七长江大桥通航审批、省石油与市经发投岸线置换，如期实现阳逻二期施工范围内砂码头拆迁，有效推进凤凰、长燃基地趸船搬迁。响应中央扩大内需的战略决策，首次开展政银合作，与上海浦发银行联合推出“黄金水道”船舶融资产品，达成贷款近亿元。面对年初罕见的雨雪冰冻灾害，全力做好水上电煤运输保障，安排了6个电煤专用码头，简化报港手续，对运煤船舶提供引航、护航服务。以开展“抓整改、强管理、保安全”活动为主线，全面落实安全责任、加强安全监管、开展专项整治，四项指标均在控制范围以内。一是落实安全责任。全面落实通航河流上76座桥梁、161处跨河电线、15处水厂取水口的通航安全责任，落实乡镇渡口安全管理四级责任制。二是加强特殊时段安全管理。圆满完成春运、黄金周和奥运会期间的安全保障工作，实现了第20个春运安全年和奥运期间水路交通零事故。三是强化现场管理。严格船舶签证，重点加强对旅游船和客渡船超载、冒雾、冒大风航行等违规行为的现场监控。四是开展专项整治。针对隐患排查中发现的重点隐患，认真开展“两防”专项整治回头看活动，督促落实整改措施；集中开展内贸集装箱治超工作，维护船舶航行和港口作业安全。五是提高应急保障能力。制定《水路交通防范冬季低温雨雪冰冻灾害应急预案》，增强冰冻灾害天气下应对碰撞、失火、人员落水等事故的紧急处置能力。

地　址　武汉市沿河大道237号
邮　编　430030
电　话　（027）83803516
传　真　（027）83801533
网　址　http://www.whghhs.net

（武汉市局　喻慧）

【武汉港务集团有限公司（简称武汉港）】 武汉港务集团前身是武汉港务管理局。2005年6月，由武汉市国资委与上海国际港务集团、上海港物流有限公司三家合资组建新的集团公司，注册资本9.4亿元，企业总资产16.6亿元，其中武汉市国资委占股份45%。产权制度改革使老港重新焕发青春。

武港集团结构布局完整、业务涵盖全面。现所属单位共21个：其中分公司7个，全资子公司3个，控股企业7个，参股企业4个。2008年末在册员工3 752人。

目前辖汉阳、汉口、阳逻、沌口、青山、左岭等港区，港区现有面积122.45平方公里，生产泊位43个，岸线长5 868米；库场总面积43.4万平方米；铁路专用线20公里；锚地3处、基地16个；各类大型装卸机械215台（套）；港作拖轮、驳船139艘。最大靠泊能力5 000吨级，一次系泊能力70万吨，设备最大起重能力50吨，集装箱吞吐能力50万标箱，货物吞吐能力4 000万吨。

主要从事集装箱、煤炭、钢铁、石油、矿石、建材、粮食、化肥、件杂货等各种货物的港口装卸、仓储、运输、修理及清洗服务；水陆旅客中转运输、旅游及驳船水上编解队作业服务；经济信息咨询服务；港口发展和关联项目的投资；房地产行业建筑装饰；餐饮娱乐、机械加工和旅游广告等。近几年注意把握市场机遇，转变传统运作和经济发展方式，相继进入部分高端行业，如油品贸易、危化品装卸、汽车滚装及相关延伸产业，收效明显。

2008 年 6 月 18 日，武港集团在上海召开了 2008 年第二次股东会暨二届一次董事会、监事会。会议根据《公司章程》进行了董事会、监事会换届选举，选举何跃明、钱建湘、陈戍源、陶惠福、丁向明为集团第二届董事会成员；选举何跃明为董事长，陈戍源为副董事长；选举孙水娣、高术文为第二届监事会成员，与经职工代表选举产生的职工监事贾学元一起，组成集团第二届监事会，选举孙水娣为监事长。聘任顾强生为总经理，贺德安、肖慧专为副总经理；聘任周璋为资产财务部经理，屠化吉为副经理。

地　址　武汉市汉口沿江大道 91 号
邮　编　430014
电　话　（027）82200479
传　真　（027）82836958
网　址　http://www.wuhanport.com

（武汉港　曹　琳）

【监利港】　（详见《长江航运年鉴》（2008 卷）第五编“港口”第 445 页）

【洪湖市港航管理局】　2008 年是奥运之年，喜事多，灾难多。在各级领导的亲切关怀和大力支持下，洪湖市港航局以开展夺“五杯”竞赛活动、“百校千村”水上安全宣教进校园活动、“百日督查”活动、创建“文明执法示范窗口”活动为载体，创新发展理念，抓整治，促治理，保安全，保畅通，以预防和遏制水上重特大公共安全事故的发生为己任，凝心聚力，狠抓落实，紧紧围绕全年的目标责任，对我市水运发展的运行机制进行了一系列的深入、完善和调整。2008 年完成货物吞吐量 178 万吨，占年计划的 112%；规费收入 358 万元，占年计划的 101%；水上安全四项指数均为零，船舶安全面达 100%，全面超额完成全年各项工作任务。 为了狠抓各项工作落实，把每月的第一个星期一定为“局务会议日”，局务会议主要是总结上月工作，肯定成绩，总结经验，安排下月工作，工作有计划。

一、更加突出海事监督管理，确保水路安全生产态势稳定。

安全工作只有起点，没有终点，2008 年我局扎实开展第三轮渡口达标建设，改造达标 34 处渡口，实现监管水域渡口 90%达标。作为配套措施，积极开展水上交通安全“救生衣行动”和“百校千村安全宣传活动”，实现了“两个 100%”，即客渡船、旅游船 100%配齐救生衣，乘坐快艇 100%穿戴救生衣。结合安全生产月活动，集中开展水上交通安全教育活动，营造“关注安全、关爱生命”良好氛围。

·认真开展“百校千村”安全教育进校园活动　4 月 2 日，我局和市教育局共同在新滩镇举行全市中、小学“百校千村”渡运安全主题宣传活动的首场仪式，随后，结合各校的实际，一是采取“三讲”办法，即海事人员以点带面带头讲、校领导利用操会集中讲、班主任老师课外活动重点讲，广泛宣传水上安全知识。二是开展 “我与渡口共成长”有奖征文活动，不断强化学生安全意。三是聘请红领巾义务监督员。采取“四监督”（海事人员现场监督渡运、老师轮流护送学生监督渡运、红领巾义务监督渡运、家长接送学生监督渡运）办法，确保学生渡运安全。四是不拘形式、广泛宣传。发放救生设备 690 余套，发宣传资料 2 000 份、宣传画 120 多份、播放警示光碟 50 场次、办板报 78 期等各种活动形式向学生宣传“八必须”、“八不准”等水上交通知识。通过一系列活动，在中小学中受教育面，覆盖率 100%。此次活动，声势大、覆盖广、反响强、效果实。

·狠抓源头治理，搞好隐患排查“回头看”　一是继续开展隐患排查专项活动，不留死角。针对洪湖市辖区水上交通安全现状，在 3 月 20 日至 4 月 3 日进行了拉网式排查，共检查 14 个交通企业、4 条危险作业囤船、9 条装卸作业生产线、60 艘旅游船舶、乡镇渡口 95 处，渡船 98 艘，下发宣传资料 260 份，发现并现场整改隐患 42 处，限期整改隐患 12 处，重点跟踪隐患 16 处，下达文书 40 份，向政府通报 12 份，向荆州局汇报 2 份。二是对渡口渡船的安全设备、证书证件及船舶签证管理进行检查。三是龙口所主动与政府接触，规范了 4 条长期无证渡运的渡船。四是落实过河桥梁涵标设置。港口科落实了 2 座桥梁桥涵标的设置，对没有设置桥涵标的单位，下达“两防”

整改函 3 份，要求曹市、代市、万全等乡镇对责任桥梁落实桥涵标。

·督查到位，“百日督查”在行动　全市水路交通安全百日督查行动正有序推进，秉承“一次督查、一名领导、一队人马、一个方案、出一套经验”的工作原则，开展督查，全面贯彻实施长效安全治理机制，做到“四到位”（领导到位、人员到位、督查到位、服务到位），确保百日督查力度。

·抓好整治，“隐患整治年”确保实效　一是开展“三无”船舶专项整治工作。对三无船舶实行统一办证、统一收费的原则。全年共登记受理船舶 61 艘，严格按照荆州船检所对螺山干渠及周边水域三无船舶检验实施办法，已经检验办理 15 艘，其余正在整理图纸资料，有待检验发证。由此，三无船舶整治取得了实质性进展。二是开展危险化学品水上运输安全专项整治工作。为使危险化学品运输船舶专项整治取得成效，制定了《船舶装运危险化学品专项整治方案》，强化危险货物船舶申报签证关、安全检查关，彻底杜绝不适航、不适装船舶载运危险货物。三是认真检查油类作业船舶的安全适航状况，即查验消防设备是否配齐有效，洒水降温管系是否正常，船舶是否超载等。四是结合开展“安全生产月”活动，促基础治理。6 月 5 日，执法人员深入 14 家水运企业指导安全治理工作，督促其建立和完善危险化学品事故应急救援预案，落实岗位责任制，严格操作规程，强化安全防范措施。6 月 8 日，进行了安全月宣传和安全知识咨询活动，展出 4 块展板，共接待 200 多人。五是坚持节日值班和加大巡查力度，确保春节、清明节、“五一”节和端午节期间安全无事故。节日期间，要求安全执法人员对通航水域、渡口及封闭水域的水上安全进行拉网式的大检查。5 月 3 日，巡查人员在石码头检查发现，一航行中油船停靠中石化油趸时，存在碰撞险情，立即报告局领导，第一责任人局长陈安法第一时间赶到第一现场，采取应急预案，由于指挥得当，排险及时，在各方努力下，经过 6 小时奋战，成功排除险情，为中石化码头挽回巨大损失。

·认真开展渡口渡船安全专项整治，确保渡运安全　一是送渡船到乡镇。2008 年 4 月 16 日，举行了洪湖市地方海事局第五次送渡船到乡镇仪式暨渡工安全知识培训会，参加授船仪式的人员达 300 余人。此次共授渡船 42 艘，惠及十三个乡镇和 42 个行政村，现场培训渡工达 100 人。此次活动，受到湖北交通报、省港航网站、省安全简报、荆州市港航网站、洪湖市电视台等多家媒体的报道。二是继续抓好渡口达标改造工作。继续按照“样板渡口、亮点渡口、精品渡口、民心渡口”的标准进行渡口改造。2008 年，计划改造 36 处。由于冬季水位高，力争年底全面完成渡口改造工作，到今年底，共改造渡口 133 处，渡口钢质化率 100%以上。三是抽调专人在从事资料的整理、规范、归档等工作，完善达标渡口的图纸和技术资料。四是移交达标渡口、渡船工作。依照《荆州市渡口渡船管理办法》的规定，各乡镇场人民政府对渡口渡船负有主体责任，开展了渡口渡船移交工作。

·加大现场监管力度，确保水运安全畅通　为深入贯彻落实《安全生产法》、《内河交通安全管理条例》，保障水上交通安全，消除事故隐患，遏制重特大事故的发生，制定了一系列安全检查制度：一是结合渡口渡船专项整治工作，对全市渡口渡船进行全面的安全检查、隐患排查和整改，从码头安全设施、消防救生、信号设备到船舶质量以及船员驾驶技术、安全意识等方面进行检查和考核。二是对重点航段港区实行定期巡查，对碍航渔网、渔船、“三无船舶”进行了清理整顿。今年共检查船舶 220 艘次，纠违章 72 起，下达禁止离港通知书 11 份，清理碍航渔网 3 处。三是抓好船舶检验质量，做好船舶检验工作。船检人员坚持以验船质量为中心，认真学习，扎实工作，共检验船舶 19 艘，3 718 总吨，2 169 净吨，2 138.62 千瓦，8 465 载重吨，征收船检费 7 万元，全年无船舶检验质量事故和工作过错追究。四是认真做好营运船舶检验工作，对所有船舶严格按照检验程序检验到位，重点加大了老旧船舶的检验力度，杜绝了漏检、错检、不上船检验的现象。进一步加强改装船检验管理，重点是对船用材料、设备的使用，保证了船舶的改建质量。

二、更加突出规费征收，科学决策，狠抓费源。

面对规费征收难度越来越大，局领导及时调整工作部署。1. 签定年度目标责任状，将指标层层分解，按月考核，及时奖惩。2.采取领导包所，科室联所办法，实行“四挂钩”，与工资奖金、经费、年终考核、进位四挂钩。3.把征收工作当作核心任务来抓，加大查征力度。对收费人员实行“全员竞岗、责任到人、绩效考核、奖勤罚懒”的管理办法，采取“四部曲”，先定任务，后竞争，再任命站所长和征稽科长，最后签订责任状。用这种办法打破了多年来没有调整站所长的习惯，今年调整了 4 个站所长，提升了现场执法力度和查征力度。4.开拓费源。运力就是实力，运力就是费源，运力是影响港航海事发展的瓶颈。在引进运力上提出“三可”：一是对船民有要求的，可先表态后研究；二是对船舶手续有待完善的，可先引进，后规范；三是对船舶办证费用可先办证后收费。另外，还实行“三个优惠”：即领导力量优先，交通工具优先，工作经费优先。在此政策基础上，全局上下采取服务到家门、盯住造船厂、优惠办证照、用情引船舶的办法搞好运力引进工作，现已引进运力 8 000 吨。5.深挖费源难中求进。检查站遵循“无事不停船，有费不漏征”的原则，全年征收 45 万元。城区所将水泥厂等 5 家单位由包干计征改为协议计征，将一直漏征的叶家门粮库等 3 家单位，采取突破重点的办法，让其主动缴纳规费，通过这些措施全年年完成 72 万元的好成绩。螺山所在 5 个月封航的情况下，坚持日夜值守，完成 33 万元，超额完成任务。征稽科想船民之所想，急船民之所急，送票上船，24 小时值日。龙口所采取用服务、用政策、用管理三种措施提高费率，保证规费足额征收，应征不漏、取得成效。由于方法得当，措施得力，全局实现了用十个月完成了去年一年规费征收任务。

三、更加突出依法行政、文明执法，执法素质和水平得到提高。

2008 年，在依法行政和文明执法上，取得“五个明显”：工作效率明显提高、服务态度明显好转、行政行为明显规范、劳动纪律明显好转、行政执行力明显加强、办事透明度明显增强。

四、更加突出关注民生，不断提高职工待遇。

2008 年，局领导以关心民生，凝聚人心为理念，不断满足人民的物质和精神需求。

·民生方面 一是提高了职工工资待遇。二是增加了职工补充医疗保险。三是组织单位先进工作者、工作积极分子踏秋旅游。四是关心离退休老同志，组织离退休老同志参加重阳佳节乐团聚会。全体局党委和中层干部到会祝贺重阳节，局领导汇报了港航工作，同时也征求老同志的意见，充分发挥老同志阅历优势、年龄优势、经验优势，为港航海事出谋划策。会后，还为老同志送上了一份礼物。

·廉政建设 为落实省局、市局“廉政交通三做起”（从领导做起、从班子做起、从我做起）活动，制定了工作方案，并认真做好自查自纠，坚持边整边改，做到“心不贪、手不伸、嘴不馋”。抓好源头治理工作，对重点岗位、窗口单位实行源头治理。邀请了社会监督员，设立举报箱，财务公开，局务公开，加强了群众监督，从源头上预防腐败。

·综合治理 一是认真开展“五城同创、三镇共建”的活动。二是突出奥运安保工作，做到“五到位”1.统一思想认识到位；2.维稳检查力度到位；3.矛盾纠纷排查到位；4.矛盾纠纷化解到位；5.信息沟通协调到位。

·政务信息 加强宣传，展示形象。一是挑选专人负责宣传报道工作。二是宣传报道工作已取得显著成绩。通过文字、图片、电视画面等不同报道手段，多方位地向社会报道了海事部门在各个方面的热点焦点新闻。稿件采用情况：省局安全简报 8 篇，洪湖政务信息 12 篇，网站 13 篇，湖北交通报 1 篇，市局 24 篇，洪湖市电视台专题片 4 次。

·港口建设 一是为加强港口管理，切实维护港口经营者合法利益，由运输科和港口科牵头，成立了港口协会；二是港口规划取得重大突破。洪湖市城区港区已经纳入《荆州市港口总体规划》，正在争取新滩港区也被纳入。将为进一步加强港口管理，指导港口建设，整合港口资源，合理利用岸线，逐步改变港口面貌提供坚实的科学保障。

·机关建设和宣传工作 一是办公条件得到改善。今年投资 5 万元，改善办公设施，提升形象；二是制度建设得到完善。为适应创建工作需要，今逐步对原来制定的小车管理制度、财务制度、星期五学习制度、局务会议制度等进行修订、补充和完善。对局考勤制度进行了进一步规范。

三是全面完成党报党刊的征订工作。四是以文件的形式，确定了星期五学习日制度。做到“五学”：学经济知识，学港航法律，学政治理论，学公文写作，学为人处事。

· 工会工作　一是开展比贡献、创佳绩、夺五杯活动。我局被荆州局评为“五杯”竞赛先进单位；王国成被荆州交通局评为百日督查先进个人。二是情系灾区，组织爱心捐款。共捐资 10 400 元和新棉毯、棉被、棉衣计 40 多件。

五、存在的问题。

一是港航生产基础设施落后，安全设施不够完善，安全投入不足，急待加以解决。二是安全监管经费严重不足。三是对经营资质和安全生产的日常监管力度还不够，执法力量不足，需加强执法力度。四是对港口违法经营行为和非法经营砂石料码头的整顿难度较大，措施不够强，主动性还不够。五是运力引进办法好、力度不够。六是机关工作作风，考勤纪律还需要加强。七是由于手段单一，无法遏制暴力抗法行为，导致执法难，难执法的困境。

地　址　洪湖市复兴路 15 号

邮　编　433200

电　话　（0716）2422220

（洪湖市局）

【洪湖港通达实业总公司（简称洪湖港）】　洪湖港下属 4 个企业：船舶修造厂、金帆旅行社、长运公司、代理公司。全港现有在册职工 58 人。账面总产资产 1 200 万元。

2008 年，洪湖港一是实现了各项经济指标持续平稳增长。港口吞吐量 160 万吨，比去年同期减少 24%，总收入 250 万元，同比减少 17%。二是港口运输业增长速度加快。装卸运输总运量 28 万吨，比上年减少 2 万吨，货运量完成 8 万吨，货物周围量 500 万吨公里，港外代理货运量突破 11 万吨。三是企业管理逐步加强。首先是强化领导责任，明确职责；其次是突出人、财、物管理重点；再是切实做好节支工作，严格控制非生产性支出。四是在党员干部中开展廉政建设和党风建设活动，使党风廉政建设得到了强化。

地　址　洪湖市沿江大道 200 号

邮　编　433200

电　话　（0716）2423925；2494001

传　真　（0716）2423925

（洪湖港　余晓帆）

【巴东长江港口发展有限公司（简称巴东港）】

2008 年，巴东港逐步理顺内外关系，得到股东和员工的积极支持，生产经营活动有序开展。尽管受到水路客运市场萎缩、旅游行情不景气、金融危机等不良因素的影响，公司凭借自身的资源优势，内部挖潜，积极增收，全年实现收入 500 余万元。全年投资 13.53 万元用于客运码头缆车维修整改，并于 2008 年 6 月份通过国家客运索道检测中心检测合格，并取得安全检验合格证书；累计投入 24 万元资金，完成了 4 艘囤船的全面维修保养工作，港口面貌焕然一新。

“5.12”汶川地震，公司员工个人捐款累计 16 300 元，公司捐款 10 000 元。

北京举办奥运会期间，巴东港投资 23.5 万元购置安检设备一台，并实行 24 小时不间断值班，把好进出口旅客安全检查关，坚决杜绝危险人员、危险物品从巴东港通过。

地　址　湖北省巴东县信陵镇沿江大道 132 号

邮　编　444300

电　话　（0718）4395136

传　真　（0718）4395136

（巴东港）

【宜昌市港航管理局】　宜昌市港航管理局（宜昌市地方海事局）是宜昌市交通局下属的正县级事业单位，负责全市水路运输管理、港口、航道建设和管理、水上交通安全监督、水路交通规费征稽及船舶检验。市局内设行政办公室、党委办公室、计财科、费收科、工程科技科、运输科、航政科、老干部科等科室，直属猇亭、大公桥、夜明珠三个港航海事处及宜昌市船舶检验处、湖北省地方海事局宜昌检查站。

2008 年，全市港航海事系统广大干部职工，坚持科学发展观，以党的十七大精神为指导，认真贯彻落实省、市港航海事工作会议精神，以“五杯”竞赛为载体，围绕目标任务，提速创优谋发展，齐抓共管促费征，创新思路抓安全，培育市场优环境，夯实基础抓管理，突出特色抓创建，全面协调保畅通，圆满完成了全年各项工作任务，保持了全市港航海事工作持续、有序、和谐的发展态势。2008 年，全市完成港航建设投资 20 590 万元；完成港口起运量 2 210 万吨，同比增长 9%；完成货物周转量 136 亿吨公里，同比增长 19.5%；港口吞吐量 3 408 万吨，同比增长 5.4%；全市未发生辖区水上交通事故，无死亡，无直接经济损失，水上安全面达 100%，38 处渡口达标建设全面竣工；完成水路交通规费征收 7 100 万元，其中：运管费完成 1 086 万元；航政费完成 328 万元；航养费完成 3 492.8 万元；港务费完成 2 193.2 万元。

地　址　湖北省宜昌市环城东路 60 号
邮　编　443000
电　话　（0717）6752596
传　真　（0717）6745097
网　址　http://www.ycgh.cn

（宜昌市局）

【宜昌港务集团有限责任公司（简称宜昌港）】

·主要经济指标完成情况　2008 年，货物吞吐量完成 715 万吨，同比下降 3%。集装箱吞吐量实际完成 4.2 万 TEU，同比增长 34%。由于受国际金融危机影响，出口箱量锐减。集装箱公司积极应对不利局面，支持配合支线班轮公司增开和加密宜昌始发航线，使港口始发航班已达到每月 12 艘次，并促成武汉鑫扬帆、宜昌速丰、上海瀚东国际和重庆众博等四家货代物流公司进驻港口，使从事集装箱船货代总数达到 19 家。2008 年，加大开发力度，使参与中转的单位新增了 3 家。中理公司作为集装箱产业物流延伸的重要组成部分，2008 年在做好理货工作的同时，多方面拓展创收渠道，增加了海关电子磅、食品装箱适载性预检、空港进出口飞行器货舱卫生处理、进出口船舶检疫等新的合作内容。港盛公司集装箱内贸箱的代理箱量在上年的基础上增长了 108%。船舶自营周转量完成 25 万千吨公里，同比下降 31%。船运业面临油价高涨、长途运输运价低等一系列矛盾，公司在深刻分析市场和自身情况的基础上，果断决策，对生产结构进行调整，将长途运输航线转变为区间航线，并推行机驳带驳船的节能方式，实现了收入及利润与上年相当的较好水平。

·调整集团内部组织构架　为适应外部环境变化及内部管理需要，集团按照“横向调整增强竞争力，纵向调整提高执行力”的总体思想，确定了适合港口自身的组织构架调整方案。在此次调整中，完成了对茅坪等 5 家公司的有关股权收购，使其变为集团全资子公司；完成了对汇洋公司等 7 家公司的清算注销；新设立了船舶公司等 10 家分公司。此次组织构架调整全部结束后，集团原来下属三级子公司将全部不存在，从原来的三级管理模式变为二级管理模式，集团原来以母子公司为主的管理体系基本转变为主要以总分公司管理体系为主。本次调整为集团缩减管理层次、提高效率、节约成本、有效实现集团资源配置最优化和整体利益最大化奠定了组织基础。

·雪灾期间，宜港集团运行 31 航次、运输电煤 10 万吨　2008 年 1 月至 2 月，我国南方各省市遭受雪灾期间，由于铁路的影响，电煤供应不足。宜港集团立即组织公司六个船队参加电煤运输，运力达 19 000 吨。船舶公司选派优秀的技术人员上船工作，全体船员放弃春节的休假，公司职能部门亲自上船解决设备故障，各种防滑、防冻物资送到船上；安全部门对重点航段上船布置安全措施，确保航行安全。在元至二月份的电煤运输中，共完成枝岳线电煤运输 29 个航次，运送煤炭 9.7 万吨；川煤运输 2 个航次，运输煤炭 4 000 吨。

·清理和整改国有企业员工持股、投资　按照国务院国资委及宜昌市国资委的《通知》要求，集团对国有企业员工持股、投资及关联交易等情况进行了内部系统自查，形成了《自查报告》，拟订了《宜昌港务集团国有企业员工持股、投资情况整改方案》。在集团整改方案获得市国资委同意的基础上，开始实施整改。在本次整改过程中，将集团国有员工出资购买并租赁给集团下属公司使用的内燃机车、轨道式龙门起重机、机驳宜港 401 轮、汇通农用车等设备由集团予以收购，将宜都市枝城港铁路运输有限责任公司、宜昌港鑫港机船舶修造有限公司中集团国有员工投资的民营股权由集团予以收购。

·推进集团公司资产重组　自 2007 年 9 月市国资委与香港保华集团签定的《资产重组框架协议》签定以来，集团资产重组得到了市委、市政府的高度重视，资产重组工作加快推进。于 2008

年9月2日在上海签定了资产重组正式协议。9月23日，双方就客、货运资产进行了正式交接。10月1日起，宜港集团将专注于港口物流及货运，不再从事港口客运业务，交运集团将专注于港口客运及旅游，不再从事港口货运业务。宜昌市国资委对宜昌港务集团客运资产、划拨土地、非经营性资产、在建工程等资产进行了剥离，作为承接集团剥离资产的主体——宜昌港务集团资产管理有限责任公司于12月30日正式挂牌成立。宜昌市国资委与保华集团按照双方约定，成立了过渡期工作组。工作专班排出了合资公司成立必须完成的55项具体工作任务，将任务分解到各方逐项抓落实。

地　址　宜昌市沿江大道154号
邮　编　443003
电　话　（0717）6493794
传　真　（0717）6491160
邮　箱　webmaster@ycp.com.cn
网　址　http://ycgwjtgs.my.sme.cn

（宜昌港　赵　涛）

【荆州市港航管理局、荆州市地方海事局】（详见《长江航运年鉴》（2007卷）第五编“港口”第498页）

地　址　湖北省沙市区长港路87号
邮　编　434000
电　话　（0716）8563791；13907218386
传　真　（0716）4311319
网　址　http://www.jzghmsa.gov.cn

（荆州市局）

【荆州港务集团公司（简称荆州港）】　2008年，荆州港经济总量保持了历史高位上的基本稳定。全年完成货物吞吐量313.7万吨，同比增长23%；装卸自然吨245.8万吨，同比增长0.3%；集装箱吞吐量52 825TEU，同比增长1.7%；主营业务收入3 390万元，同比增长26.5%；利润持平。

地　址　湖北省荆州市临江路23号
邮　编　434000
电　话　（0716）8213095
传　真　（0716）8213095
网　址　http:///www.jzgwjt.com

（荆州港）

【湖南省港口概况】　2008年，湖南省货物吞吐量在1万吨以上的港口有105个，其中吞吐量100万吨以上的港口13个，码头靠泊能力1 000吨级以上泊位63个，最大靠泊能力达5 000吨。长沙港和岳阳港被交通运输部列入全国内河主要港口，岳阳城陵矶港系国家一类开放口岸。与此同时，加强了港口管理，完善港口安全评价评审办法，提高港口安全评价质量，全省港口安全评价完成率达90%。全省主要港口和部分重要港口完成了港口“三个应急预案”，并举办危险品港口作业与管理人员培训，已有近800人取得了上岗资格证书。深化港口隐患排查与整改，对5家存在重大安全隐患的经营单位作出停业或限期整改的处理意见。深入开展水运管理规范年活动，治理内贸集装箱超载有序推进，正在完善岳阳城陵矶新港区、长沙霞凝港区、常德盐关港区的码头闸口称重系统。此外，水上交通流量调查和第三次全国港口普查进展顺利。

2008年湖南省港口吞吐量（按港口分）一览表，详见（表5—41）。

（湖南省局　蒋龙平）

【2008年湖南省港口吞吐量（按港口分）一览表】　（表5—41）

单位	货物吞吐量		集装箱			旅客吞吐量		利用自然岸坡完成船舶装卸量（万吨）
	合计（万吨）	其中：出口	箱数（万TEU）	重量（万吨）	货重	（万人）	其中：出港	
全省合计	160 223 803	65 027 593	141 810	1 704 111	141 1035	8 462 502	3 820 512	37 234 300
长沙港	29 547 153	744 356	94 158	1 153 110	956 612			
株洲港	5 280 072	164 834	5 411	59 029	48 205			
岳阳港	65 390 412	42 410 463	39 637	449 162	369 888	95 782	42 867	31 685 000
湘潭港	5 218 247	2 080 247	290	6 960	5 800			

单位	货物吞吐量		集装箱			旅客吞吐量		利用自然岸坡完成船舶装卸量（万吨）
	合计（万吨）	其中：出口	箱数（万 TEU）	重量		（万人）	其中：出港	
				（万吨）	货重			
衡阳港	5 944 000	284 000				550 000		
湘阴港	2 052 306	33 193				26 569	13 326	1 655 000
常德港	3 874 420	2 300 320	2 314	35 850	30 530			
津市港	1 432 364	1 185 064						
益阳港	5 655 000	3 029 500				87 000	43 000	
茅草街港	1 549 800	764 100				27 200	14 400	
沅江港	3 150 500	1 439 500				115 000	65 000	
坪塘港								
衡东港	106 200	26 200				374 000	113 430	
耒阳港	2 008 500	1 158 500						
邵阳港	1 122 242	12 500						
安乡港	427 700	31 520						
东江水库港	1 455 350	918 550				1 435 370	609 150	274 000
衡南港	250 000	80 000						
衡山港	498 000	84 500				80 000	10 000	
常宁港	80 000	75 000						
酿溪港	305 000					16 200	6 500	
隆回港	506 050					55 000	13 500	
营田港	1 321 713	61 586						1 132 800
华容港	533 440							455 000
蒿子港	130 000	130 000						
澧县港	348 387	305 087						
合口港	80 000	80 000						
桃源港	238 000	78 000						
南洲港	443 800	193 900						
桃江港	2 369 000	1 342 500						
东坪港	671 000	554 000				487 709	257 730	
南大港	230 000	95 000						
永州港	444 338					147 840	73 520	
冷水滩港	634 552					251 600	124 300	
怀化港	337 451	217 451						
辰溪港	300 000	22 000				82 320	39 000	50 000
安江港	250 000	50 000						
新化港	2 052 500	1 625 000				99 600	52 600	
铜官港								
渌口港								
塘渡口港	643 200					130 000	44 000	
新宁港	324 500					79 000	39 000	
鹿角港	1 182 089	248 000						558 000
推山嘴港	51 316	5 458						
六门闸港	224 580							215 000
洪山头港	335 347							
注滋口港	429 000							
铁角嘴港	557 850							550 000
䢼市港	1 152 000	624 000						
蒋家嘴港	120 000	90 000						
草尾港	290 000	115 000						

单位	货物吞吐量		集装箱			旅客吞吐量		利用自然岸坡完成船舶装卸量（万吨）
	合计（万吨）	其中：出口	箱数（万 TEU）	重量		（万人）	其中：出港	
				（万吨）	货重			
黄茅洲港	200 000	110 000						
黄阳司港	399 274					77 188	38 600	
祁阳港								
道县港	1 039 800					141 255	70 530	
沅陵港	350 000	193 600				1 025 000	553 000	
泸溪港	606 000	88 000				312 000	156 000	2 000
浦市港	94 000	32 000				103 000	51 500	
保靖港	46 000					184 100	92 050	39 000
易俗河港	844 000							
祁东港	37 500	2 500				189 000	98 000	
小溪港	104 800					86 000	21 800	
黄桥港	23 800							
洞口港	104 400					13 900	5 000	
高沙港	28 500							
石江港	60 500							
武冈港	22 200					24 100	8 750	
梅田港	123 500							85 000
白马寺港	216 750							185 000
南湖港	35 500							
临资口港	57 850							
樟树港	35 673							
新泉寺港	118 500							95 500
牛鼻滩港	2 000	2 000						
汉寿港	399 000	279 000						
石门港	70 000	70 000						
张家界港	210 000	100 000				156 800	156 800	70 000
慈利港	190 000	50 000				90 000	60 000	70 000
桑植港	110 000	40 000				20 000	10 800	50 000
明山港	47 000	19 000						
江南港	217 040	57 500				13 007	6 010	
渠江港	137 410	98 910				26 817	9 120	
小淹港	122 100	99 780				13 108	4 215	
漉湖港	70 000	40 000						
泗湖山港								
塘门口港								
永兴港	15 000	10 000				120 000	50 000	
观音滩港	86 400					43 340	20 760	
双牌港	190 140	58 000				697 224	348 515	
五强溪港	159 500	77 774						
大江口港	45 000	17 600				69 545	36 775	
黔城港	280 000	136 000						
洪江港	19 600	6 600						
冷水江港	480 000	480 000				75 000	40 000	
罗依溪港	8 000					62 200	31 100	3 000
隆头港小计						1 200	600	
王村港						358 000	179 000	
程江口（沙石）	315 200	210 000						60 000

单位	货物吞吐量		集装箱			旅客吞吐量		利用自然岸坡完成船舶装卸量（万吨）
	合计（万吨）	其中：出口	箱数（万TEU）	重量		（万人）	其中：出港	
				（万吨）	货重			
祁阳港	954 487	90 000				420 528	210 264	

资料来源：湖南省航务管理局

【岳阳市港口航务（海事、船检）管理局（简称岳阳市局）】 2008年，岳阳市港口航务局紧抓优化水路经济环境、水上安全监管、整合提升港口通过能力、深入推行工作新模式、加强干部队伍建设五项工作，有力推动了海事事业和全市航运物流经济的又好又快发展。全市港口吞吐量达到5 500万吨，比上年增长34%以上，年内新开工和新建成投产的千吨级以上泊位达13处，新引进落户船舶1.4万总吨，全市登记总运力突破21万总吨，引进外省来岳参运船舶超过100万总吨，规费征收总额创历史纪录，岳阳航运在湖南省稳居第一的地位进一步巩固。

·*优化水路经济发展环境，着力营造良好形象。*一是着力建设“阳光海事”、“廉洁海事”，杜绝水上“三乱”行为。按照海事工作人员“八条禁令”、领导干部“六项规定”，在行政审批、规费执收等环节实行收费依据、标准、优惠政策、程序、举报电话“五公开”，阳光执法、阳光执收。对敢于暗箱操作、收“人情费、关系费”，以及发生“三乱”的人和事依法依规从严惩处。二是对水上运输继续实行八条规费优惠政策。对外省引进船舶、本省新造大吨位船舶、运砂船舶给予20%—60%的规费优惠，将优惠政策在媒体公示。三是进一步改进工作作风，坚持微笑服务，限期办结，为船户排忧解难。全年对搁浅船舶施救上百次，开展海事救援20余次，成功转移船员30多人。先后对困难船户、发生事故船户进行直接捐赠、规费减免等扶持上百万元，收到船户业主赠送的锦旗、感谢信40余面（封），真正实现了“海事以船户为本，船户以海事为娘家”，营造了共饮一江水、鱼水一家亲的和谐发展氛围。

·*加强水上安全监管，提升水上应急救援能力。*一是对安全监管工作实行属地管理。通过按月工作考核督促各责任单位对辖区的渡口渡船、漂流船舶、货运船舶、工程船舶的持证、签证、配载进行严格全方位的安全监管，对通航桥梁水域特别是洞庭湖大桥、湘阴湘江大桥、临资口湘江大桥、临资口资江大桥四座主要公路桥水域重点加强监管，督促大桥管理责任单位落实航标设置，加强大桥水域通航秩序监管；各港口管理单位对辖区港口码头坚持经常性的全面检查，其他码头每季度至少全面检查一次，港口的安全机构、安全制度、机械设备等8项检查内容“一个都不能少”。二是大力进行隐患整改。按照“问题不整改不放过、隐患不消除不放过、事故不查处不放过、制度不适应不放过、责任不落实不放过”的“五个不放过”原则，全面加强安全隐患整改。全年排查各类安全隐患206处，整改到位202处，整改率98%，其中重大安全隐患16处，整改到位16处，整改率100%。三是坚持对安全监管实行重奖重罚和“一票否决”的原则。全年对安全工作失误单位和个人处罚上万元，对3名负责干部进行了通报批评。四是大力开展安全监管专项行动。抗冰雪灾害保畅通、“两防”（防碰撞、防泄漏）工作回头看、百日安全隐患督查、乡镇渡口渡船专项整治、整治无证无照船舶非法载客行为、整治外省深舱船舶违章违法运输等。组织力量开展违法违章整治，依法处罚违章违法船舶376艘，船员违法记分89人次，没收伪证91本，整治纠正各类违章行为585艘次。五是以安全监管服务全市中心工作。通过临时封航、现场维护等手段，在“4.17”省武警消防演习、“6.2、6.3”奥运圣火传递活动、端午节国际龙舟节、“两岸青年联欢节—岳阳行”、杭瑞高速洞庭湖桥隧水上水下地质勘察施工等活动中维护了水上安全。

·*深入贯彻落实《岳阳港总体规划》和《岳阳市港口岸线管理办法》。*根据市政府常务会议决定以及市主要领导指示精神，全力做好《岳阳港总体规划》报批以及宣传贯彻工作。与此同时，把握三个重点大力宣传和实施《岳阳市港口岸线管理办法》。一是岸线资源为国家所有。任何单位、任何企业没有岸线所有权，而只能通过审批取得岸线使用权，岸线不能转让、买卖。二是坚持岸线依法、有偿使用。三是岸线使用要符合《岳阳港总体规划》。结合城市总体规划、沿江产业发展规划和各县（市）区工业园区发展规划，优先支持骨干企业和大项目，依法审批了1548米岸线。四是按照《岳阳港总体规划》的定位着力向上级和各界宣传岳阳的航运优势与发展前景，大力推进和服务港航基础设施项目建设。五是大力做好港政基础管理。全市9家危险品港口作业企业已全部完成港口安全现状评价和评审备案，取得《港口危险品作业认可证》；组织全市系统30人参加部省培训，按部省要求圆满完成了港口普查；按市政府要求完成了农村水上客运和岛际客运燃油补贴工作，发放补贴146万元；全年完成地方航道设标里程187公里，圆满完成地方航道清航扫障工作。

·严格考核制度，深入推行工作新模式。进一步完善考核方案，考核结果直接与工作人员奖金福利挂钩。对船户、港埠企业及基层的服务态度、服务质量进行测评纳入考核，对民意测评“满意率”不足60%的科室，对科室主要负责人问责。与此同时，坚持依法征收、阳光收费，在实施普遍优惠政策的前提下实现规费总额过亿元。新的财务管理模式有力调动了基层单位理财聚财的积极性，集中采购制度得到深入贯彻，局党委“集中财力办大事、把财力向基层倾斜”政策得到落实。基本建设投入360万元，除110号救援艇外，新购置和大修了3条执法艇，添置了2台执法用车、13台电脑，基层干部执法、办公、生活、学习条件大为改善。

·加强干部队伍建设。进一步推进制度选人、阳光用人战略。按“三差额”（差额测评、差额演讲答辩、差额决定）的方式公开选拔干部，有力调动了干部的积极性。与此同时，加强干部队伍业务培训。一是坚持以培训为主。先后选送69人次参加省局和市纪委、市委宣传部等组织的各类政治和业务培训，同时市局组织了海事调查、港口安全、文秘写作等5期培训班。二是坚持考核推动、奖励调动。对干部队伍建设的考核进一步深入，不是停留在考核是否组织了学习，还考核学出了什么成绩，对签证员、稽查员、海事事故调查员等一线岗位干部职工组织岗位技能抽考，对学有所成的干部和组织学习出色的单位给予重奖。三是坚持现场练兵。要求新进人员、年轻干部必须到执法大队跟班执法，机关年轻干部必须有基层工作经历，在执法现场提高综合素质和知识复合度。此外，加强领导班子建设，充分发挥领导班子的模范带头作用。坚持并带头做到领导班子在维护团结、加强学习、勤政务实、廉洁自律四个方面发挥模范带头作用，干部职工向领导看齐，班子成员向一把手看齐，一级做给一级看，一级带着一级干。

局　长　刘岳华
地　址　湖南省岳阳市炮台三路120号
邮　编　414000
电　话　（0730）8243991
传　真　（0730）8217557

（岳阳市局　吴新权）

【岳阳港】　岳阳港是湖南省唯一拥有长江深水岸线的港口，长江干流自岳阳市华容县境的五马口入境，至黄盖湖农场的铁山嘴出境，境内163公里长江航道均为国家Ⅱ级航道，省内湘、资、沅、澧四水均为Ⅴ级以上航道，岳阳已初步形成以洞庭湖为中心，以长江、湘、资、沅、澧四水为主骨架的干支通达的航道网。岳阳港城区主要港区有铁路专用线与京广铁路相连，60米宽的通海公路与107、106两条国道、临长高速公路相通，水陆交通十分便捷。岳阳港是铁、公、水——水陆中转，江、湖、海——水水中转的重要枢纽，是湖南省机械化程度最高、综合中转能力最强的港口。

2008年，岳阳港口吞吐量6 500万吨（含砂石吞吐量）。岳阳港共有300吨级以上泊位116个，其中300—1 000吨级泊位（不含1 000）63个，1 000—3 000吨级泊位（不含3 000）26个，3 000—5 000吨级（不含5 000）25个，5 000吨级泊位2个，3 000吨级以下泊位27个，非生产性泊位6个，自然岸坡38处，锚地5处。全岳阳港使用陆域面积222.79万平方米，（含涉港管理部门）水域面积410.88万平方米，（含锚地、涉港管理部门）占用岸线长度24 250米（含涉港管理部门）。53个1 000吨级以上泊位（含1 000）有51个在岳阳市城区港区，300吨级以下泊位和自然岸坡主要分布在各县（市）区港区。共有各类生产机械309台（套），生产用仓库面积35万平方米，其中危险品仓库面积13万平方米。堆场面积75.1万平方米，其中集装箱堆场面积1.7万平方米。共有港口经营人 113 家，其中专业码头经营人 15 家，其他港口经营人主要是市内企业和个体租赁户或个体户。

2008 年湖南省岳阳港泊位一览表，详见（表 5—42）。

【2008 年湖南省岳阳港泊位一览表】

（表 5—42）

序号	泊位性质	有设计文件		无设计文件		说明
		泊位数	设计通过能力（万吨、万标箱、万人次）	泊位数	估算通过能力（万吨、万标箱、万人次）	
1	企业专用	29	1 888 万吨	6	31.5 万吨	按设计文件
2	社会公用	35	1 297 万吨、3 万标箱、12 万人次	73	754.9 万吨 52 万人次	含长江渡口泊位及旅客吞吐量。除几家较大企业外，社会公用泊位大多为斜坡，且前沿无机械，靠自卸驳输送机械作业散货，设计通过能力靠现场调查估算
合计		64	3 185 万吨、3 万标箱、12 万人次	79	786.4 万吨 52 万人次	

（湖南省局　蒋龙平）

【长沙港】　长沙港是我国中部地区重要的水陆交通枢纽，已列入交通运输部公布的全国内河 28 个主要港口名录。随着长沙市的扩容提质和湘江风光带的建设，位于主城区的主港区，于 2002 年开始向霞凝新港区转移。经过三期工程建设，霞凝新港区已建成 8 个千吨级泊位。目前，长沙港的陆域面积为 208.66 万平方米，水域面积为 92.07 万平方米，港口生产已使用岸线 15 164 米。

2008 年，长沙港，有生产用码头泊位 124 个，全部为 300 吨级以上泊位。码头泊位总长度为 7 875 米，最大靠泊能力 1 000 吨；各种生产用装卸机械 325 台；输送机械 100 台，专用机械 15 台，库场机械 192 台；生产用仓库面积 41 470 平方米、容积 161 111 立方米，其中油库容积 74311 立方米，圆筒仓容积 12 800 立方米；堆场面积 899 150 平方米、容积 2 481 110 立方米，其中煤场面积 8 600 平方米、容积 55 040 立方米，集装箱堆场面积 51 710 平方米，堆存能力为 14 000TEU，矿建材料面积为 836 840 平方米、堆场容量 2 416 670 吨。

长沙港有港口经营单位 115 家，企业大致可分为三类：一是专门从事砂石销售的砂场达几十家，湘江沿岸新发展专业混凝土公司十来家，砂石装卸及混凝土搅拌业务已成为港口的重要支柱产业。二是专门用来装卸成品油的企业，每年成品油的装卸量达 150 万吨。三是专门从事集装箱装卸的企业，主要是霞凝港区的国有股份制企业集星股份有限公司。

2008 年，长沙港货物吞吐量 2 954.72 万吨，集装箱 9.42 万 TEU。

（湖南省局　蒋龙平）

【云南省港口概况】　云南省有内河港口 12 个，28 个港区。吞吐量 1 万吨以上的码头 72 个；泊位 192 个，其中生产性泊位 190 个（300 吨级以上泊位 48 个，300 吨级以下泊位 142 个），非生产性泊位 2 个。

云南省港口、码头规模小，基础设施比较简陋，货物装卸除水富、绥江两港有部分机械外，其它大部分全靠人力。

2008 年，云南省港口完成旅客吞吐量 883 万人次，同比增长 12.34%；完成货物吞吐量 316 万吨，同比减少 3.07%。其中澜沧江外贸货物吞吐量 30 万吨，比去年减少 25%，主要是由于澜沧江—湄公河国际航运受到关税政策调整以及国际金融危机的影响，进出口货物大幅减少的缘故。金沙江—长江完成货物吞吐量 186 万吨，同比减少 7.92%，减少原因主要是长江航运受到金沙江向家坝电站施工以及大江截流造成的限航及禁航措施的影响，通过码头装卸的货物减少。

2008 年云南省港口吞吐量（按港口分）一览

表、2008 年云南省港口吞吐量（按货物形态、包装及货类分）（内河公用）一览表，详见（表 5—43）、（表 5—44）。

（云南省局　马翠德）

【2008 年云南省港口吞吐量（按港口分）一览表】（表 5—43）

港口	货物吞吐量				集装箱吞吐量			滚装汽车吞吐量	旅客吞吐量		利用自然岸坡完成船舶货物装卸量
	合计（万吨）	其中：外贸	出港		箱数（万 TEU）	重量			（万人）	出港	
				其中：外贸		（万吨）	（货重）	（万辆）			
A	1	2	3	4	5	6	7	8	9	10	11
全省总计	343.00	30.00	211.00	18.00	0.00	0.00	0.00	0.00	883.00	444.00	0.00
内河港口合计	343.00	30.00	211.00	18.00	0.00	0.00	0.00	0.00	883.00	444.00	0.00
1. 长江干流小计	134.00	0.00	98.00	0.00	0.00	0.00	0.00	0.00	0.00	0.00	0.00
绥江	92.00	0.00	80.00	0.00	0.00	0.00	0.00	0.00	0.00	0.00	0.00
水富	42.00	0.00	18.00	0.00	0.00	0.00	0.00	0.00	0.00	0.00	0.00
2. 长江支流小计	20.00	0.00	10.00	0.00	0.00	0.00	0.00	0.00	180.00	90.00	0.00
昆明	20.00	0.00	10.00	0.00	0.00	0.00	0.00	0.00	180.00	90.00	0.00
3. 珠江水系小计	0.00	0.00	0.00	0.00	0.00	0.00	0.00	0.00	4.00	2.00	0.00
澄江（云）	0.00	0.00	0.00	0.00	0.00	0.00	0.00	0.00	4.00	2.00	0.00
江川	0.00	0.00	0.00	0.00	0.00	0.00	0.00	0.00	0.00	0.00	0.00
4. 其他水系小计	189.00	30.00	103.00	18.00	0.00	0.00	0.00	0.00	699.00	352.00	0.00
大理	10.00	0.00	5.00	0.00	0.00	0.00	0.00	0.00	243.00	122.00	0.00
思茅	14.00	0.00	7.00	0.00	0.00	0.00	0.00	0.00	20.00	10.00	0.00
景洪	38.00	30.00	23.00	18.00	0.00	0.00	0.00	0.00	18.00	9.00	0.00
云南其他河港	127.00	0.00	68.00	0.00	0.00	0.00	0.00	0.00	418.00	211.00	0.00

【2008 年云南省港口吞吐量（按货物形态、包装及货类分）（内河公用）一览表】（表 5—44）

分类	序号	合计		出港		进港	
			外贸		外贸		外贸
A	B	1	2	3	4	5	6
货物吞吐量合计（吨）	1	3 430 000	300 000	2 110 000	180 000	1 320 000	120 000
1. 液体散货	2	0	0				
其中：原油	3	0	0				
成品油	4	0	0				
液化气、天然气及制品	5	0	0				
2. 干散货	6	1 480 000	50 000	1 060 000	30 000	420 000	20 000
其中：煤炭及制品	7	800 000	0	800 000			
金属矿石	8	40 000	20 000	40 000	20 000		
散水泥	9	300 000	0			300 000	
散粮	10	0	0				
散化肥	11	0	0				
3. 件杂货	12	1 470 000	250 000	850 000	150 000	620 000	100 000
其中：木材	13	21 500	10 000			21 500	10 000
粮食	14	452 000	20 000	202 000		250 000	20 000
化肥	15	48 000	0	48 000			
水泥	16	100 000	0			100 000	
4. 集装箱（TEU）	17	0	0				
重量（吨）	18	0	0				
其中：货重	19	0	0				

分类	序号	合计		出港		进港	
			外贸		外贸		外贸
A	B	1	2	3	4	5	6
5.滚装船汽车吞吐量（辆）	20	21 600	0	9 600		12 000	
重量（吨）	21	480 000	0	200 000		280 000	

资料来源:云南省交通厅

【水富港】 水富港位于金沙江下游横江河口水富县城，是金沙江—长江干流直达航线的起始港。建设规模年货运量 80 万吨、年客运量 50 万人次，有 500 吨级码头泊位 4 个，岸线长 1 100 米，港区公路 1.7 公里，堆场 1.83 万平方米，停车场 2 900 平方米，以及相应仓库、办公楼、装卸作业等设施。

2008 年，水富港完成货场吞吐量 42 万吨，出港 18 万吨。

地　址　云南省水富县云富镇

邮　编　657800

电　话　（0870）8637839

（云南省局　马翠德）

【绥江港】 绥江港位于绥江县城上游 1.5 公里处，上距新市镇 18 公里，下距宜宾 88 公里，有公路与昭通、永善、水富相连。绥江县城是云南省金沙江下游紧靠江边的重要城镇。绥江港建设规模年货运量 30 万吨，年客运量 65 万人次。现有泊位 5 个，岸线长 770 米，港区公路 1.5 公里，堆场 1.3 万平方米、停车场 2 819 平方米。

2008 年，绥江港完成货物吞吐量 92 万吨，出港 80 万吨。

地　址　云南省绥江县

邮　编　657700

电　话　（0870）7943392

（云南省局　马翠德）

【昆明港】 昆明港位于滇池四周，为内湖港口，由篆塘、海埂、海口、昆阳四个港区组成，有 12 座码头、22 个泊位，均为固定性坡岸码头，最大靠泊能力 50 吨级，有仓库 337 平方米，货棚 230 平方米，堆场 9 012 平方米，候船室 2 644 平方米。昆明港湖区航线独具旅游特色，昆明至昆阳 54 公里水路，是旅客游览湖光山色的最佳路线。

2008 年，昆明港完成货物吞吐量 38 万吨，出港 19 万吨，旅客吞吐量 180 万吨，出港 90 万人次。

地　址　昆明市环城西路 313 号

邮　编　650032

电　话　（0871）4132687

（云南省局　马翠德）

【景洪港】 景洪港由景洪码头、关累码头组成。关累码头位于景洪下游的关累镇，景洪主码头位于景洪市澜沧江左岸，上距南得坝 190 公里，下距中缅 243 号界桩 70 公里，距昆明市 730 公里。1990 年开通澜沧江—湄公河国际航运以来，景洪作为重要的水路中转地，1994 年 10 月开工建设，2004 年初全部完工，规模为年货运量 10 万吨，客运量 40 万人次。

2008 年，景洪港完成货物吞吐量 38 万吨，出港 18 万吨，旅客吞吐量 18 万人次，出港 9 万人次。

地　址　云南省景洪市

邮　编　666100

电　话　（0691）22103889

（云南省局　马翠德）

【思茅港】 思茅港位于云南省普洱市宁洱县竹林乡的小橄榄坝，港区地处澜沧江—湄公河国际航道国内通航河段中部，上游距南得坝 104 公里，下游距景洪市 86 公里，距国内段航道起点中缅 243 号界桩 156 公里。思茅港由小橄榄坝码头、虎跳石码头、纳撒渡码头、南得坝码头组成。于 1996 年开工，2002 年完工。规模为年货运量 30 万吨，客运量 10 万人次。

2008 年，思茅港完成货物吞吐量 30 万吨。出港 15 万吨；旅客吞吐量 20 万人次，出港 10 万人次。

地　址　思茅市人民东路 11 号

邮　编　665000

电　话　（0879）2133403

（云南省局　马翠德）

【大理港】 大理港是洱海沿岸所有港点的总称，即下关客运码头、桃源码头、大关邑货运码头、龙龛码头、瓦村码头、挖色码头、观音阁码头。除下关码头、桃源码头外，其余均属简易码头。下关码头规模为年客运量102万人次，14个泊位，岸线长700米。

2008年，大理港完成货物吞吐量10万吨，出港5万吨，旅客吞吐量243万人次，出港122万人次。

地　址　云南省大理市

邮　编　671000

电　话　（0872）2125321

（云南省局　马翠德）

【澄江港】 澄江港位于玉溪市澄江县抚仙湖畔，为内湖港口，属珠江水系，港区总面积17.10万平方米。

2008年，澄江港完成旅客吞吐量4万人次，出港2万人次。

地　址　玉溪市澄江县凤麓镇

邮　编　653100

电　话　（0877）2023533

（云南省局　马翠德）

【贵州省港口概况】 2008年，贵州省有港口9个，生产用泊位374个，泊位总长20 264米，货物通过能力1 536万吨，旅客通过能力3 170万人，完成货物吞吐量756万吨，旅客吞吐量2 444万吨，利用自然岸坡完成船舶货物装卸量273.58万吨。

2008年贵州省港口吞吐量（按港口分）一览表，详见表（5—45）。

（贵州省局　杨萍艳）

【2008年贵州省港口吞吐量（按港口分）一览表】

（表5—45）

港口	货物吞吐量				集装箱吞吐量			滚装汽车吞吐量（万辆）	旅客吞吐量		利用自然岸坡完成船舶货物装卸量
	合计（万吨）	其中：外贸	出港	出港 其中：外贸	箱数（万TEU）	重量（万吨）	货重		（万人）	出港	
A	1	2	3	4	5	6	7	8	9	10	11
全省总计	756.52	0.00	477.90	0.00	0.00	0.00	0.00	0.00	2 444.00	1 219.61	273.58
内河港口合计	756.52	0.00	477.90	0.00	0.00	0.00	0.00	0.00	2 444.00	1 219.61	273.58
1.长江支流小计	531.08	0.00	327.21	0.00	0.00	0.00	0.00	0.00	1 944.82	971.01	197.25
茅台	1.20	0.00	0.60	0.00	0.00	0.00	0.00	0.00	6.60	3.30	1.50
土城	81.30	0.00	72.50	0.00	0.00	0.00	0.00	0.00	1.15	0.60	4.90
赤水	140.17	0.00	95.60	0.00	0.00	0.00	0.00	0.00	10.70	5.50	4.50
清镇	3.12	0.00	1.60	0.00	0.00	0.00	0.00	0.00	429.19	214.60	0.00
贵阳	0.00	0.00	0.00	0.00	0.00	0.00	0.00	0.00	117.60	58.80	0.00
百花湖	0.00	0.00	0.00	0.00	0.00	0.00	0.00	0.00	7.20	3.60	0.00
修文	0.55	0.00	0.31	0.00	0.00	0.00	0.00	0.00	21.60	10.80	0.00
息烽	10.38	0.00	4.50	0.00	0.00	0.00	0.00	0.00	3.48	1.50	2.76
三沙	25.70	0.00	9.50	0.00	0.00	0.00	0.00	0.00	41.93	20.97	2.94
翁井	0.00	0.00	0.00	0.00	0.00	0.00	0.00	0.00	0.00	0.00	0.00
石阡	8.90	0.00	4.50	0.00	0.00	0.00	0.00	0.00	19.26	9.63	13.90
思南	66.50	0.00	38.50	0.00	0.00	0.00	0.00	0.00	211.92	105.96	25.44
德江	33.50	0.00	16.50	0.00	0.00	0.00	0.00	0.00	57.60	28.80	18.20
沿河	97.08	0.00	47.00	0.00	0.00	0.00	0.00	0.00	464.73	232.70	27.52
重安江	2.20	0.00	1.10	0.00	0.00	0.00	0.00	0.00	30.60	15.30	1.00
凯里	2.90	0.00	1.40	0.00	0.00	0.00	0.00	0.00	20.40	9.20	2.50
剑河	18.90	0.00	9.80	0.00	0.00	0.00	0.00	0.00	96.00	48.00	40.66
锦屏	3.60	0.00	2.90	0.00	0.00	0.00	0.00	0.00	21.60	10.00	10.70

港　　口	货物吞吐量				集装箱吞吐量			滚装汽车吞吐量（万辆）	旅客吞吐量		利用自然岸坡完成船舶货物装卸量
	合计（万吨）	其中：外贸	出　港		箱数（万 TEU）	重　量			（万人）	出港	
				其中：外贸		（万吨）	货重				
瓮洞	13.50	0.00	8.70	0.00	0.00	0.00	0.00	0.00	38.40	19.00	12.30
施秉	0.00	0.00	0.00	0.00	0.00	0.00	0.00	0.00	36.00	18.00	0.00
镇远	0.00	0.00	0.00	0.00	0.00	0.00	0.00	0.00	72.00	36.00	0.00
玉屏	4.50	0.00	2.25	0.00	0.00	0.00	0.00	0.00	24.30	12.20	3.50
松桃	2.50	0.00	1.25	0.00	0.00	0.00	0.00	0.00	16.50	8.50	18.43
铜仁	9.10	0.00	4.50						147.90	73.95	4.70
贵州其他河港	5.48	0.00	4.20	0.00	0.00	0.00	0.00	0.00	48.16	24.10	1.80
2.珠江水系小计	225.44	0.00	150.69	0.00	0.00	0.00	0.00	0.00	499.18	248.60	76.33
坝草	4.90	0.00	3.90	0.00	0.00	0.00	0.00	0.00	1.65	0.80	2.76
百层	89.70	0.00	67.70	0.00	0.00	0.00	0.00	0.00	13.50	6.50	0.00
岩架	21.30	0.00	13.10	0.00	0.00	0.00	0.00	0.00	29.40	14.50	3.38
坡脚	29.70	0.00	21.50	0.00	0.00	0.00	0.00	0.00	33.60	17.00	3.40
蔗香	37.80	0.00	19.70	0.00	0.00	0.00	0.00	0.00	24.48	12.40	12.70
兴义	27.47	0.00	14.50	0.00	0.00	0.00	0.00	0.00	102.61	51.00	2.65
羊里	1.97	0.00	0.99	0.00	0.00	0.00	0.00	0.00	28.80	14.40	20.54
榕江	1.90	0.00	1.90	0.00	0.00	0.00	0.00	0.00	24.00	12.00	2.30
从江	8.88	0.00	6.70	0.00	0.00	0.00	0.00	0.00	72.00	36.00	25.90
贵州其他河港	1.82	0.00	0.70	0.00	0.00	0.00	0.00	0.00	169.14	84.00	2.70

资料来源：贵州省交通厅

【四川省港口概况】 2008 年，四川省有港口 17 个，共有 1 000 吨级泊位 37 个，300 吨级及以上泊位 384 个，100 吨级以下泊位 1 931 个，其中生产性码头泊位个数 3 055 个，港口年吞吐能力 5 173 万吨/年。规模较大的港口主要有泸州港、宜宾港、乐山港、广元港和南充港等。其中泸州港是全国 28 个主要内河港口之一，随着泸州港多用途码头二期工程的建成，泸州港已具备 50 万标箱/年的吞吐能力。全省全年港口共完成货物吞吐量 4 918 万吨，旅客吞吐量 3 700 万人，分别比上年同期增长 16.7%和下降 15.4%。

全年受“5.12”汶川地震影响，以及国家为应对全球金融危机，扩大内需，加快发展的政策总向导，灾后恢复重建和基础设施建设所需的大量原材料采用水路运输，故全省港口货物吞吐量中矿建材料增长较大，增长 19%。

随着长江川境段航道整治和岷江大件航道维护性整治的进行，航道条件得到较大改善，通过能力得到进一步提高，泸州—宜宾—乐山港口群货物吞吐量增长速度较快。2008 年泸州—宜宾—乐山港口群货物吞吐量达 2 225 万吨，比上年同期增长 27.9%；集装箱吞吐量达 6.62 万 TEU，其中外贸箱 2.67 万 TEU，分别比上年同期增长 26% 和 42%。由于受全球金融危机影响，自 8 月开始，港口集装箱吞吐量呈下降趋势。四川省加强了港口经营规范管理并开展相关优惠政策研究，确保了集装箱稳步增长，促进全省外向型经济社会发展。

2008 年四川省港口一览表、2008 年四川省港口吞吐量（按港口分）一览表、2008 年四川省港口吞吐量（按货物形态、包装及货类分）（合计）一览表、2008 年四川省港口吞吐量（按货物形态、包装及货类分）（内河公用）一览表，详见（表 5—48）、（表 5—49）、（表 5—50）、（表 5—51）。

（四川省局　胡　旭　陈春梅）

【2008 年四川省港口一览表】 （表 5—48）

序号	港口名称	泊位长度（米）	泊位数（个）	通过能力			2008 年吞吐量	
				货物（万吨）	集装箱（万 TEU）	旅客（万人次）	货物（万吨）	旅客（万人次）
合　计		73 953	1 953	7 695	8	5 484	4 918.40	3 700.35
1	泸州港	6 499	104	1 651	8	4	1 121.34	198.54
2	宜宾港	17 142	159	1 907		813	772	174
3	乐山港	4 163	59	608		425	331.99	247.77
4	南充港	4 969	201	608		1 884	595.84	701.24
5	广元港	2 313	35	135		135	452.73	164
6	达州港	3 433	56	478		305	387.8	419.9
7	广安港	9 010	244	514		307	218	321.5
8	绵阳港	1 159	26	214		151	12	19
9	遂宁港	4 261	140	160		114	294.5	221
10	自贡港	4 056	119	594		172	180	101
11	内江港	3 979	257	148		357	239	281
12	资阳港	4 925	281	301			176	72
13	巴中港	3 042	97	181		280	117	261
14	成都港	2 480	145			212		72
15	眉山港	1 210	22	170		182	3.6	386.4
16	攀枝花港	1 277	7	25		140	16	31
17	其他河港	35	1	1		3	0.6	29

补充资料：其他河港含凉山和雅安

【2008 年四川省港口吞吐量（按港口分）一览表】 （表 5—49）

港　口	货物吞吐量				集装箱吞吐量			滚装汽车吞吐量（万辆）	旅客吞吐量		利用自然岸坡完成船舶货物装卸量
	合计（万吨）	其中：外贸	出　港		箱数（万 TEU）	重　　量			（万人）	出港	
				其中：外贸		（万吨）	（货重）				
A	1	2	3	4	5	6	7	8	9	10	11
全省总计	4 918.40	28.97	1 961.87	18.89	6.62	88.83	74.96	131 400.00	3 700.35	1 801.37	469.12
1. 长江干流小计	1 738.34	28.97	1 176.49	18.89	6.62	88.83	74.96	0.00	354.54	182.18	108.00
宜宾	442.90	0.00	277.60	0.00	0.00	0.00	0.00	0.00	100.00	56.00	80.00
南溪	41.30	0.00	9.90	0.00	0.00	0.00	0.00	0.00	16.00	8.00	12.00
江安	132.80	0.00	119.20	0.00	0.00	0.00	0.00	0.00	40.00	22.00	16.00
泸州	1 121.34	28.97	769.79	18.89	6.62	88.83	74.96	0.00	198.54	96.18	0.00
2. 长江支流小计	3 180.06	0.00	785.38	0.00	0.00	0.00	0.00	131 400.00	3 345.81	1 619.19	361.12
新市镇	95.10	0.00	95.10	0.00	0.00	0.00	0.00	0.00	0.00	0.00	20.00
屏山	59.90	0.00	55.50	0.00	0.00	0.00	0.00	0.00	18.00	9.00	40.00
成都	0.00	0.00	0.00	0.00	0.00	0.00	0.00	0.00	15.00	7.50	0.00
龙泉（川）	0.00	0.00	0.00	0.00	0.00	0.00	0.00	0.00	10.00	5.00	0.00
青神	3.60	0.00	0.00	0.00	0.00	0.00	0.00	0.00	63.70	32.00	0.00
乐山	117.10	0.00	116.07	0.00	0.00	0.00	0.00	0.00	102.57	51.38	11.29
五通桥	92.48	0.00	92.48	0.00	0.00	0.00	0.00	0.00	0.00	0.00	0.00
犍为	119.02	0.00	119.02	0.00	0.00	0.00	0.00	0.00	137.10	49.50	0.00
沙湾	0.00	0.00	0.00	0.00	0.00	0.00	0.00	0.00	0.00	0.00	8.51
荣县	12.00	0.00	0.00	0.00	0.00	0.00	0.00	0.00	17.00	9.00	0.00
蒲江	0.00	0.00	0.00	0.00	0.00	0.00	0.00	0.00	13.00	6.50	0.00
夹江	3.39	0.00	1.69	0.00	0.00	0.00	0.00	0.00	8.10	4.10	1.20

港 口	货物吞吐量				集装箱吞吐量			滚装汽车吞吐量（万辆）	旅客吞吐量		利用自然岸坡完成船舶货物装卸量
	合计（万吨）	其中：外贸	出 港		箱数（万TEU）	重 量			（万人）	出港	
				其中：外贸		（万吨）	（货重）				
洪雅	0.00	0.00	0.00	0.00	0.00	0.00	0.00	0.00	179.70	89.85	0.00
金堂	0.00	0.00	0.00	0.00	0.00	0.00	0.00	0.00	34.00	17.00	0.00
简阳	71.00	0.00	0.00	0.00	0.00	0.00	0.00	0.00	41.00	20.50	0.00
资阳	105.00	0.00	0.00	0.00	0.00	0.00	0.00	0.00	31.00	15.50	0.00
仁寿	0.00	0.00	0.00	0.00	0.00	0.00	0.00	0.00	22.00	0.00	0.00
资中	99.00	0.00	0.00	0.00	0.00	0.00	0.00	0.00	120.00	65.00	0.00
内江	72.00	0.00	0.00	0.00	0.00	0.00	0.00	0.00	86.00	40.00	0.00
富顺	145.00	0.00	2.00	0.00	0.00	0.00	0.00	0.00	65.00	32.00	0.00
自贡	23.00	0.00	0.00	0.00	0.00	0.00	0.00	0.00	19.00	10.00	0.00
东兴	68.00	0.00	0.00	0.00	0.00	0.00	0.00	0.00	75.00	35.00	0.00
白水湖	0.00	0.00	0.00	0.00	0.00	0.00	0.00	0.00	0.50	0.30	0.00
广元	155.00	0.00	14.00	0.00	0.00	0.00	0.00	105 120.00	100.00	50.00	0.00
昭化	41.00	0.00	1.00	0.00	0.00	0.00	0.00	26 280.00	24.00	12.00	0.00
苍溪	22.00	0.00	0.00	0.00	0.00	0.00	0.00	0.00	40.00	20.00	0.00
阆中	40.60	0.00	0.00	0.00	0.00	0.00	0.00	0.00	70.40	33.10	0.00
南部	44.50	0.00	21.60	0.00	0.00	0.00	0.00	0.00	77.80	38.90	0.00
蓬安	143.40	0.00	30.40	0.00	0.00	0.00	0.00	0.00	107.00	49.80	0.00
南充	237.44	0.00	78.57	0.00	0.00	0.00	0.00	0.00	219.60	110.40	0.00
嘉陵	47.00	0.00	0.00	0.00	0.00	0.00	0.00	0.00	77.44	38.72	0.00
高坪	82.90	0.00	0.00	0.00	0.00	0.00	0.00	0.00	149.00	74.50	0.00
武胜	62.46	0.00	0.66	0.00	0.00	0.00	0.00	0.00	32.00	17.00	0.00
南江	12.00	0.00	0.00	0.00	0.00	0.00	0.00	0.00	30.00	14.00	6.00
巴中	36.00	0.00	0.00	0.00	0.00	0.00	0.00	0.00	102.00	46.00	15.00
平昌	46.00	0.00	0.00	0.00	0.00	0.00	0.00	0.00	106.00	48.00	20.00
通江	23.00	0.00	0.00	0.00	0.00	0.00	0.00	0.00	23.00	10.00	8.00
宣汉	79.45	0.00	27.23	0.00	0.00	0.00	0.00	0.00	74.27	37.13	17.82
达县	130.00	0.00	45.84	0.00	0.00	0.00	0.00	0.00	63.62	31.81	35.17
三汇	91.45	0.00	35.18	0.00	0.00	0.00	0.00	0.00	151.82	75.91	38.74
渠县	86.90	0.00	32.17	0.00	0.00	0.00	0.00	0.00	130.19	65.09	31.19
广安	232.84	0.00	4.42	0.00	0.00	0.00	0.00	0.00	115.00	58.00	0.00
岳池	126.80	0.00	0.86	0.00	0.00	0.00	0.00	0.00	82.00	40.00	0.00
华蓥	24.40	0.00	6.50	0.00	0.00	0.00	0.00	0.00	19.50	9.50	4.20
江油	0.00	0.00	0.00	0.00	0.00	0.00	0.00	0.00	0.50	0.20	0.00
绵阳	0.00	0.00	0.00	0.00	0.00	0.00	0.00	0.00	6.30	3.00	0.00
三台	12.00	0.00	0.00	0.00	0.00	0.00	0.00	0.00	4.20	2.00	0.00
盐亭	0.00	0.00	0.00	0.00	0.00	0.00	0.00	0.00	7.50	3.00	0.00
射洪	78.00	0.00	0.00	0.00	0.00	0.00	0.00	0.00	62.00	31.00	28.00
蓬溪	63.50	0.00	0.00	0.00	0.00	0.00	0.00	0.00	47.00	23.00	17.00
遂宁	74.00	0.00	0.00	0.00	0.00	0.00	0.00	0.00	88.00	44.00	35.00
大英	79.00	0.00	0.00	0.00	0.00	0.00	0.00	0.00	24.00	12.00	24.00
眉山	0.00	0.00	0.00	0.00	0.00	0.00	0.00	0.00	58.00	29.00	0.00
彭山	0.00	0.00	0.00	0.00	0.00	0.00	0.00	0.00	63.00	31.50	0.00
二滩	16.00	0.00	4.00	0.00	0.00	0.00	0.00	0.00	31.00	16.00	0.00
邻水	6.23	0.00	1.09	0.00	0.00	0.00	0.00	0.00	73.00	31.00	0.00
四川其他河港	0.60	0.00	0.00	0.00	0.00	0.00	0.00	0.00	29.00	14.50	0.00

【2008 年四川省港口吞吐量（按货物形态、包装及货类分）（合计）一览表】 （表 5—50）

分类	序号	合计	合计：外贸	出港	出港：外贸	进港	进港：外贸
A	B	1	2	3	4	5	6
货物吞吐量合计（吨）	1	49 183 974	289 653	19 618 767	188 907	29 565 207	100 746
1. 液体散货	2	756 300		323 879		432 421	
其中：原油	3	294 070				294 070	
成品油	4	29 160		29 160			
液化气、天然气及制品	5						
2. 干散货	6	44 541 993		17 075 846		27 466 147	
其中：煤炭及制品	7	10 594 476		8 274 834		2 319 642	
金属矿石	8	412 378		64 593		347 785	
散水泥	9	433 400		206 500		226 900	
散粮	10	168 900		73 400		95 500	
散化肥	11	140 800		58 500		82 300	
3. 件杂货	12	2 647 410		1 536 631		1 110 779	
其中：木材	13	43 877		21 284		22 593	
粮食	14	199 752		5 514		194 238	
化肥	15	1 199 526		951 796		247 730	
水泥	16	230 397		12 140		218 257	
4. 集装箱（TEU）	17	66 237	26 676	31 785	10 389	34 452	16 287
重量（吨）	18	888 271	289 653	532 411	188 907	355 860	100 746
其中：货重	19	748 605	235 956	464 096	166 420	284 509	69 536
5. 滚装船汽车吞吐量（辆）	20	131 400		59 800		71 600	
重量（吨）	21	350 000		150 000		200 000	

【2008 年四川省港口吞吐量（按货物形态、包装及货类分）（内河公用）一览表】 （表 5—51）

分类	序号	合计	合计：外贸	出港	出港：外贸	进港	进港：外贸
A	B	1	2	3	4	5	6
货物吞吐量合计（吨）	1	40 683 065	289 653	13 639 605	188 907	27 043 460	100 746
1. 液体散货	2	200 971	0	120 637	0	80 334	0
其中：原油	3	0	0	0	0	0	0
成品油	4	0	0	0	0	0	0
液化气、天然气及制品	5	0	0	0	0	0	0
2. 干散货	6	37 904 408	0	12 377 381	0	25 527 027	0
其中：煤炭及制品	7	9 743 256	0	7 818 934	0	1 924 322	0
金属矿石	8	404 378	0	56 593	0	347 785	0
散水泥	9	134 600	0	75 500	0	59 100	0
散粮	10	98 500	0	33 400	0	65 100	0
散化肥	11	76 200	0	36 300	0	39 900	0
3. 件杂货	12	1 339 415	0	459 176	0	880 239	0
其中：木材	13	43 877	0	21 284	0	22 593	0
粮食	14	199 727	0	5 514	0	194 213	0
化肥	15	467 668	0	219 978	0	247 690	0
水泥	16	221 217	0	3 190	0	218 027	0
4. 集装箱（TEU）	17	66 237	26 676	31 785	10389	34 452	16 287
重量（吨）	18	888 271	289 653	532 411	188907	355 860	100 746
其中：货重	19	748 605	235 956	464 096	166420	284 509	69 536
5. 滚装船汽车吞吐量（辆）	20	131 400	0	59 800	0	71 600	0

分　类	序号	合　计		出　港		进　港	
			外　贸		外　贸		外　贸
重量（吨）	21	350 000	0	150 000	0	200 000	0

资料来源：四川省交通厅

【泸州港】 泸州港是国家确定的28个内河主要港口之一，依托成渝经济区和便捷的铁、公、水及航空网络，辐射四川、重庆、黔北地区，发展迅速。泸州港包括纳溪港区、中心港区、泸县港区、合江港区和古蔺港区。

2008年，泸州港共有生产性泊位166个。其中1 000吨级以上泊位53个，货运码头116个，年综合通过能力约1 000万吨。拥有各类船舶3 907艘，其中运输货船475艘（1 000吨级以上运输货船62艘），客船149艘。全市全年完成客运量188万人次，旅客周转量3 800万人公里，分别比上年减少4.1%和7.5%。货运量410万吨，货物周转量344 235万吨公里，与上年相比分别下降7%和增加1.6%。完成港口货物吞吐量1 121.34万吨，集装箱运输66 237标箱，分别比上年增长10.23%和26.4%。截至年底，全市水路运力总量达到了28.28783万载重吨，较上年增长1.36%，超过四川省水上运力的45%。

（泸州市局　朱盈盈）

【宜宾港】 宜宾港包括中心港区、江安港区、南溪港区和新市港区。2008年，宜宾港完成货物吞吐量772万吨，其中进港214.7万吨，出港557.3万吨；旅客吞吐量为100万人次。

（四川省局　胡　旭　陈春梅）

【南充港】 南充港主要承担南充市的矿建材料、化肥及农药、水泥、盐、粮食等其他物资运输。2008年，南充港完成货物吞吐量595.84万吨，其中进港465.27万吨，出港130.57万吨；旅客吞吐量701.24万人次。

（四川省局　胡　旭　陈春梅）

【乐山港】 乐山港是四川省大件运输通道上的重要节点，主要承担乐山市及周边地区煤炭、矿建材料、重大件等物资运输。2008年，乐山港完成货物吞吐量331.99万吨，其中进港2.72万吨，出港329.27万吨；旅客吞吐量247.77万人次。

（四川省局　胡　旭　陈春梅）

【广元港】 广元港主要承担广元市的矿建材料等物资运输，2008年，广元港完成货物吞吐量218万吨，其中进港203万吨，出港150万吨；旅客吞吐量164万人次。

（四川省局　胡　旭　陈春梅）

【达州港】 达州港主要承担达州市的煤炭、矿建材料、水泥、粮食等物资运输。2008年，达州港完成货物吞吐量387.8万吨，其中进港247.38万吨，出港140.42万吨；旅客吞吐量为419.9万人次。

（四川省局　胡　旭　陈春梅）

【广安港】 广安港主要承担广安市的煤炭、矿建材料、水泥、粮食、化肥及农药等物资运输。2008年，广安港完成货物吞吐量452.73万吨，其中进港439.2万吨，出港13.53万吨；旅客吞吐量为321.5万人次。

（四川省局　胡　旭　陈春梅）

【自贡港】 自贡港主要承担自贡市矿建材料、水泥、化肥及农药、盐、粮食等物资运输。2008年，自贡港完成货物吞吐量180万吨，其中进港178万吨，出港2万吨；旅客吞吐量为101万人次。

（四川省局　胡　旭　陈春梅）

【绵阳港】 绵阳市位于四川盆地西北部，地处涪江中上游，是四川省工业经济最发达的城市之一，初步形成了电子信息、食品、冶金、汽车及零部件制造、建材化工、纺织6大产业集群。2008年，绵阳港完成货物吞吐量12万吨，旅客吞吐量19万人次。

（四川省局　胡　旭　陈春梅）

【遂宁港】 遂宁市位于四川盆地中部，地处涪江中游，化工、食品、纺织、饲料兽药生物制药、汽车机械加工制造、电力等产业比较发达。2008年，遂宁港完成货物吞吐量294.5万吨，旅客吞吐量221万人次。

（四川省局　胡　旭　陈春梅）

【陕西省港口概况】 2008 年，陕西省航运局加大渡口、渡船改造工作力度。全年改造渡口 32 处，完成渡船改造 40 艘。与此同时，完成汉江喜河库区航运建设工程新开工项目的年度建设任务，2007 年建设项目全部完工并交付使用。安康紫阳港客运码头建成并投入使用，取得了良好的社会效益和经济效益。

2008 年陕西省港口吞吐量（按港口分）一览表、2008 年陕西省港口吞吐量（按货物形态、包装及货类分）（合计）一览表，详见（表 5—50）、（表 5—51）。

（陕西省局 刘冬冬）

【2008 年陕西省港口吞吐量（按港口分）一览表】 （表 5—50）

港口	货物吞吐量				集装箱吞吐量			滚装汽车吞吐量（万辆）	旅客吞吐量		利用自然岸坡完成船舶货物装卸量
	合计（万吨）	其中：外贸	出港		箱数（万 TEU）	重量			（万人）	出港	
				其中：外贸		（万吨）	（货重）				
A	1	2	3	4	5	6	7	8	9	10	11
全省总计	287.40	0.00	124.16	0.00	0.00	0.00	0.00	0.00	551.55	253.67	0.00
一.沿海港口合计	0.00	0.00	0.00	0.00	0.00	0.00	0.00	0.00	0.00	0.00	0.00
二.内河港口合计	287.40	0.00	124.16	0.00	0.00	0.00	0.00	0.00	551.55	253.67	0.00
1.黑龙江水系小计	0.00	0.00	0.00	0.00	0.00	0.00	0.00	0.00	0.00	0.00	0.00
2.淮河水系小计	0.00	0.00	0.00	0.00	0.00	0.00	0.00	0.00	0.00	0.00	0.00
3.长江干流小计	0.00	0.00	0.00	0.00	0.00	0.00	0.00	0.00	0.00	0.00	0.00
4.长江支流小计	287.40	0.00	124.16	0.00	0.00	0.00	0.00	0.00	551.55	253.67	0.00
略阳	0.00	0.00	0.00	0.00	0.00	0.00	0.00	0.00	13.98	7.12	0.00
洋县	1.23		0.50	0.00	0.00	0.00	0.00	0.00	9.78	5.00	0.00
西乡	2.90		0.90	0.00	0.00	0.00	0.00	0.00	12.09	6.15	0.00
石泉	9.00	0.00	2.00	0.00	0.00	0.00	0.00	0.00	12.20	2.10	0.00
紫阳	75.00	0.00	22.50	0.00	0.00	0.00	0.00	0.00	117.30	38.90	0.00
岚皋	7.86	0.00	1.86	0.00	0.00	0.00	0.00	0.00	20.50	8.30	0.00
安康	78.60	0.00	39.30	0.00	0.00	0.00	0.00	0.00	195.80	97.90	0.00
汉阴	1.40	0.00	1.00	0.00	0.00	0.00	0.00	0.00	1.20	0.60	0.00
旬阳	98.00	0.00	51.00	0.00	0.00	0.00	0.00	0.00	138.00	72.00	0.00
白河	13.41	0.00	5.10	0.00	0.00	0.00	0.00	0.00	18.50	8.00	0.00
二龙山	0.00	0.00	0.00	0.00	0.00	0.00	0.00	0.00	12.20	7.60	0.00
5.京杭运河小计	0.00	0.00	0.00	0.00	0.00	0.00	0.00	0.00	0.00	0.00	0.00
6.黄河水系小计	0.00	0.00	0.00	0.00	0.00	0.00	0.00	0.00	0.00	0.00	0.00
7.珠江水系小计	0.00	0.00	0.00	0.00	0.00	0.00	0.00	0.00	0.00	0.00	0.00
8.闽江水系小计	0.00	0.00	0.00	0.00	0.00	0.00	0.00	0.00	0.00	0.00	0.00

【2008 年陕西省港口吞吐量（按货物形态、包装及货类分）（合计）一览表】 （表 5—51）

分类	序号	合计		出港		进港	
			外贸		外贸		外贸
A	B	1	2	3	4	5	6
货物吞吐量合计（吨）	1	2 874 000	0	1 241 600	0	1 632 400	0
1.液体散货	2	0	0	0	0	0	0
其中：原油	3	0	0	0	0	0	0
成品油	4	0	0	0	0	0	0
液化气、天然气及制品	5	0	0	0	0	0	0
2.干散货	6	2 391 849	0	1 028 400	0	1 363 449	0
其中：煤炭及制品	7	169 800	0	62 200	0	107 600	0
金属矿石	8	2 198 800	0	958 700	0	1 240 100	0

分　类	序号	合　计	外　贸	出　港	外　贸	进　港	外　贸
散水泥	9	10 333	0	0	0	10 333	0
散粮	10	12 916	0	7 500	0	5 416	0
散化肥	11	0	0	0	0	0	0
3. 件杂货	12	482 151	0	213 200	0	268 951	0
其中：木材	13	0	0	0	0	0	0
粮食	14	112 300	0	63 900	0	48 400	0
化肥	15	355 551	0	149 300	0	206 251	0
水泥	16	14 300	0	0	0	14 300	0
4. 集装箱（TEU）	17	0	0	0	0	0	0
重量（吨）	18	0	0	0	0	0	0
其中：货重	19	0	0	0	0	0	0
5. 滚装船汽车吞吐量（辆）	20	0	0	0	0	0	0
重量（吨）	21	0	0	0	0	0	0

资料来源：陕西省交通厅航运管理局

【兰州港】 兰州港位于兰州市城关区黄河南岸边，滨河路东段。该港口是兰州市对外旅游的窗口，以客运和旅游为主。港口水文：最高水位 1 513.53 米、最低水位 11 511.43 米、最大流速 3.17 米/秒、平均流速 1.64 米/秒。

2008 年，港区完成客运量 24 万人，旅客周转量 52 万人公里，货运量 16 万吨，货运周转量 21 万吨公里。兰州港现有八盘峡港区、新城港区、中心港区、小峡港区、青城港区 5 个港区，港区现状面积 20.62 万平方米，港口生产已使用自然岸线 2 650 米。港区现有 19 个泊位，泊位长度 591 米。

（甘肃省局　陈长春）

【临夏港】 位于甘肃省永靖县刘家峡镇以东 2 公里，刘家峡大坝码头。港口最高水位 1 735 米、最低水位 1 716 米、平均水位 1 729 米，为水库港口。锚地 5 个、该航道水深 75 米。

2008 年，港区完成客运量 73 万人，旅客周转量 1 680 万人公里，货运量 75 万吨，货运周转量 305 万吨公里。临夏港现有刘家峡港区、盐锅峡港区 2 个港区，港区现状面积 22.5 万平方米，港口生产已使用自然岸线 2 130 米。港区现有 27 个泊位，泊位长度 670 米。

地　址　临夏州永靖县刘家峡镇川东路 149 号

邮　编　731600

电　话　（0930）8832343

传　真　（0930）8832343

（甘肃省局　陈长春）

【陇南港】 位于陇南市文县，由碧口码头和杜家坝码头组成。碧口码头位于白龙江碧口库区曲水湾，分高、中、低水位码头，码头岸线长 90 米，有码头管理站房和候船室。杜家坝码头位于白龙江宝珠寺电站白龙湖库区尾部甘川两省交界处，占地面积 2 400 平方米，码头岸线长 33 米，港站楼 640 平方米，停车场 725 平方米，泊位数量 5 个。

2007 年，港区完成客运量 26 万人，旅客周转量 372 万人公里，货运量 13 万吨，货运周转量 3 万吨公里。陇南港现有白龙湖港区、碧口港区 2 个港区，港区现状面积 6.35 万平方米，港口生产已使用自然岸线 660 米。港区现有 24 个泊位，泊位长度 280 米。

地　址　陇南市武都区城关镇旧城路 008 号

邮　编　746000

电　话　（0939）8251323

传　真　（0939）8251323

（甘肃省局　陈长春）

【白银港】 位于白银市四龙镇，最高水位 9 米，最低水位 4 米，平均水位 6.5 米，最大流速 7 米/秒，平均流速 5 米/秒。

2008 年，港区内完成客运量 78 万人，旅客周转量 39 万人公里，货运量 12 万吨，货运周转量 8 万吨公里。白银港现有景泰港区、平川港区、靖远港区、四龙港区、水川港区 2 个港区，港区现状面积 30.63 万平方米，港口生产已使用自然岸线 3 130 米。港区现有 104 个泊位，泊位长度 1 080 米。

地　址　甘肃省白银市新兰包路 460 号

邮　编　730900

电　话　（0943）8311720

传　真　（0943）8311720

（甘肃省局　陈长春）

【重庆市港口概况】 2008 年，重庆市万州江南、江津玖龙码头、佛耳岩商品汽车滚装码头等 9 个项目建成投产，寸滩国际集装箱码头二期工程等重点水运工程顺利推进，主城茄子溪、长寿重钢新厂区、主城果园码头等 8 个项目开工建设；主城东港、黄谦等码头重点项目前期工作进展顺利。全市港口货物吞吐能力由 2007 年的 7 400 万吨提高到 9 500 万吨，集装箱吞吐能力由 56 万标箱提高到 99 万标箱。

2008 年重庆市港口吞吐量（按港口分）一览表、2008 年重庆市港口吞吐量（按货物形态、包装及货类分）（内河合计）一览表，详见（表 5—54）、（表 5—55）。

（重庆市局　彭然红）

【2008 年重庆市港口吞吐量（按港口分）一览表】　　（表 5—54）

港　口	货物吞吐量				集装箱吞吐量			滚装汽车吞吐量（万辆）	旅客吞吐量		利用自然岸坡完成船舶货物装卸量
	合计（万吨）	其中：外贸	出　港		箱数（万 TEU）	重　量			（万人）	出港	
				其中：外贸		（万吨）	货重				
A	1	2	3	4	5	6	7	8	9	10	11
全省总计	7 892.80	300.32	3 543.42	200.08	52.93	600.24	490.22	64.93	1 492.23	759.52	70.15
内河港口合计	7 892.80	300.32	3 543.42	200.08	52.93	600.24	490.22	64.93	1 492.23	759.52	70.15
1. 长江干流小计	6 327.66	300.32	2 687.76	200.08	52.93	600.24	490.22	64.93	946.26	487.16	13.92
松溉	84.90	9.36	25.45	0.00	1.31	10.89	8.59	0.00	10.27	4.74	1.77
江津	820.92	13.80	216.14	0.00	2.33	16.65	11.98	0.00	60.06	31.64	0.60
重庆	2 629.21	256.31	880.65	183.72	44.39	505.10	412.72	43.48	65.35	37.29	0.00
木洞	34.08	0.00	0.03	0.00	0.00	0.00	0.00	0.00	7.28	3.54	0.00
洛碛	15.93	0.00	7.12	0.00	0.00	0.00	0.00	0.00	37.13	18.06	0.00
长寿	175.40	0.00	117.03	0.00	0.08	0.86	0.69	0.00	4.97	2.41	0.00
涪陵	1 046.60	16.40	477.63	12.40	3.02	40.04	33.12	14.41	6.32	2.96	0.00
丰都	31.29	0.00	13.63	0.00	0.00	0.00	0.00	0.00	69.18	36.34	3.20
石柱	94.25	0.00	84.88	0.00	0.00	0.00	0.00	0.00	18.93	9.58	0.00
忠县	35.51	0.00	11.05	0.00	0.00	0.00	0.00	0.00	28.27	14.76	8.35
万州	1 057.95	4.45	641.55	3.96	1.80	26.70	23.12	7.04	222.52	118.24	0.00
云阳	32.36	0.00	3.76	0.00	0.00	0.00	0.00	0.00	86.63	44.48	0.00
奉节	148.02	0.00	106.24	0.00	0.00	0.00	0.00	0.00	191.62	94.89	0.00
巫山	121.24	0.00	102.60	0.00	0.00	0.00	0.00	0.00	137.73	68.23	0.00
2. 长江支流小计	1 565.14	0.00	855.66	0.00	0.00	0.00	0.00	0.00	545.97	272.36	56.23
重庆	83.06	0.00	2.30	0.00	0.00	0.00	0.00	0.00	0.00	0.00	0.00
洛碛	19.16	0.00	3.19	0.00	0.00	0.00	0.00	0.00	0.00	0.00	2.15
涪陵	95.77	0.00	43.29	0.00	0.00	0.00	0.00	0.00	0.00	0.00	0.00
忠县	48.19	0.00	34.99	0.00	0.00	0.00	0.00	0.00	6.34	2.76	16.37
云阳	62.70	0.00	53.10	0.00	0.00	0.00	0.00	0.00	18.41	8.43	0.00
奉节	384.99	0.00	310.03	0.00	0.00	0.00	0.00	0.00	40.07	20.71	0.00
巫山	67.70	0.00	67.70	0.00	0.00	0.00	0.00	0.00	95.75	50.12	0.00
綦江	23.10	0.00	0.00	0.00	0.00	0.00	0.00	0.00	12.91	6.45	0.00
合川	380.56	0.00	190.15	0.00	0.00	0.00	0.00	0.00	51.70	25.40	0.00
北碚	86.24	0.00	7.30	0.00	0.00	0.00	0.00	0.00	3.60	1.33	0.00
潼南	22.71	0.00	4.50	0.00	0.00	0.00	0.00	0.00	167.54	83.68	22.71

港口	货物吞吐量				集装箱吞吐量			滚装汽车吞吐量（万辆）	旅客吞吐量		利用自然岸坡完成船舶货物装卸量
	合计（万吨）	其中：外贸	出港		箱数（万TEU）	s重量			（万人）	出港	
				其中：外贸		（万吨）	货重				
安居	35.66	0.00	0.00	0.00	0.00	0.00	0.00	0.00	103.68	47.30	15.00
龚滩	1.14	0.00	0.14	0.00	0.00	0.00	0.00	0.00	0.67	0.34	0.00
彭水	166.95	0.00	100.22	0.00	0.00	0.00	0.00	0.00	0.00	0.00	0.00
武隆	47.82	0.00	19.51	0.00	0.00	0.00	0.00	0.00	0.00	0.00	0.00
巫溪	3.40	0.00	0.00	0.00	0.00	0.00	0.00	0.00	20.00	13.54	0.00
开县	24.42	0.00	15.85	0.00	0.00	0.00	0.00	0.00	5.50	2.68	0.00
重庆其他河港	11.57	0.00	3.39	0.00	0.00	0.00	0.00	0.00	19.80	9.32	0.00

【2008 年重庆市港口吞吐量（按货物形态、包装及货类分）（内河合计）一览表】 （表 5—55）

分类	序号	合计		出港		进港	
			外贸		外贸		外贸
A	B	1	2	3	4	5	6
货物吞吐量合计（吨）	1	78 928 611	3 003 164	35 433 994	2 000 474	43 494 617	1 002 690
1. 液体散货	2	2 964 916	0	933 466	0	2 031 450	0
其中：原油	3	0	0	0	0	0	0
成品油	4	2 177 549	0	581 307	0	1 596 242	0
液化气、天然气及制品	5	473 204	0	307 090	0	166 114	0
2. 干散货	6	44 671 049	0	18 969 867	0	25 701 182	0
其中：煤炭及制品	7	20 412 980	0	14 939 595	0	5 473 385	0
金属矿石	8	8 535 718	0	161 081	0	8 374 637	0
散水泥	9	0	0	0	0	0	0
散粮	10	0	0	0	0	0	0
散化肥	11	0	0	0	0	0	0
3. 件杂货	12	8 896 091	0	3 978 128	0	4 917 963	0
其中：木材	13	60 158	0	4 670	0	55 488	0
粮食	14	585 429	0	22 413	0	563 016	0
化肥	15	2 808 377	0	1 113 275	0	1 695 102	0
水泥	16	1 418 060	0	342 606	0	1 075 454	0
4. 集装箱（TEU）	17	529 228	308 217	263 139	154 773	266 089	153 444
重量（吨）	18	6 002 321	2 997 024	3 238 396	1 994 334	2 763 925	1 002 690
其中：货重	19	4 901 841	2 370 126	2 692 860	1 673 792	2 208 981	696 334
5. 滚装船汽车吞吐量（辆）	20	649 304	1 228	334 298	1 228	315 006	0
重量（吨）	21	16 394 234	6 140	8 314 137	6 140	8 080 097	0

资料来源：重庆市交通委员会

【重庆港务物流集团公司（简称重庆港）】 （详见《长江航运年鉴》（2008 卷）第五编“港口”第 473 页）

2008 年，集团公司完成货物吞吐量 2 533.85 万吨，港口货物吞吐量同比增长 6.8%，占全市港口货物吞吐量的 32.6%；集装箱吞吐量 48.31 万 TEU，同比增长 18.3%，占全市集装箱吞吐量的 91.5%；装卸自然吨 2 068.9 万吨，同比增长 9.0%；港口客运吞吐量 555.4 万人次，同比下降 12.5%（其中出港客运量201万人次，为年度目标的98%，同比下降 16.3%）；船舶货运周转量 44.48 万千吨公里，同比增长 32.3%；船舶货运量 243.86 万吨，同比增长6.1%。利润总额5 500万元，同比增长1%；主营业务收入58亿元，同比增加13亿元，增长29%；净资产收益率为0.2%。截止年底，集团公司资产总额为68亿元，比年初增加9亿元，增长16%；净资产23亿元，比年初增加2.3亿元，增长11.1%。资产负债率为60.5%，比年初增加4个百分点。

自2008年9月以来，集团公司虽然受到了金融危机的影响，以集团公司年度计划口径计算，部分指标未实现年度计划目标。但是，与去年同期相比，全集团主要经济指标仍实现不同程度增长，再创历史新高。

·*可持续发展后劲进一步增强* 2008年完成投资13.78亿元。其中，基本建设投资完成9亿元，土建更新（维护）投资完成0.25亿元，设备投资完成1.38亿元，股权投资完成2.28亿元，无形资产（土地使用权）投资完成0.87亿元。通过上述投入，集团公司资产规模、资产质量进一步提高，可持续发展后劲进一步增强。

·*基础设施建设稳步推进* 按照重庆市“一基地四港区”集装箱物流枢纽发展规划和市政府《关于加快重庆港务物流集团发展有关问题的会议纪要》要求，集团公司根据投资渠道多元化的实际情况和管理要求，逐步调整和完善了项目建设管理模式，进一步加强和推行了工程建设项目法人负责制，稳步推进了寸滩港区、果园港区等重大港口基础设施的建设，全年共实施续建项目7个（其中完工5个），新开工项目3个，完成土建更新（维护）项目57个，着手规划重大建设投资项目2个。通过积极争取各级政府和部门在审批手续上的大力支持，以及多次反复与江北区政府进行协调和沟通，寸滩三期工程土地征用的主体协议基本完成，实现了“寸滩三期工程2008年底开工”的目标。通过加强工程建设管理和与当地政府的协调与沟通，克服阻工和材料价格上涨等多种矛盾和问题，寸滩二期工程建设进度达到预期目标，为“2009年实现主体工程完工”奠定了基础，寸滩二期工程建设还获得了2008年度交通部项目建设绩效考核表彰。通过积极争取，市电煤储备基地项目落户猫儿沱港区，历经三个月的艰苦奋战，如期完成猫儿沱电煤基地的建设并投入使用，实现了市政府“年度储煤50万吨”的目标。万州江南沱口集装箱码头（一期工程）开港投产，成为库区最大的专业化集装箱码头；巫山北门坡客运港区淹没复建工程完工并投产；长寿化工码头一期工程完工并交工验收合格；果园码头一期工程基本完成175米以下工程施工；取得了黄磏码头的业主地位，项目前期工作正有序推进。

·*对外招商引资势头良好* 抓住“解放思想、扩大开放”的契机，转变观念，调整招商引资工作的指导思想，以相对控股为合资合作底线，先后参加了“重庆现代物流香港招商推介会”等招商引资活动，分别与世界500强马士基公司、意大利芬梅卡尼卡、中化国际、香港保华集团、新加坡绿科集团等国内外知名企业签订了战略合资合作协议，项目协议投资总额达到280亿元。

·*职能职责进一步理顺* 为提高决策效率，着力探索既有利于董事会、监事会、经理层“三者”关系的制衡，又有利于避免重复议事、精简会议、提高决策效率的途径和措施，制定了《重庆港务物流集团领导办公会议事规则》，并扩大了董事会对经理层的授权。同时，根据集团公司所属企业结构的变化，制定了《重庆港务物流集团控股股份公司高、中层管理人员任用管理办法》，进一步理顺了中层管理人员的任免程序。按照“集团公司是投资中心，所属企业是成本、利润中心”的“两级”构架模式，以及“精简高效、职责明晰、平稳有序”的原则，完成了集团公司本部组织机构的调整，其本部职能部门由14个调整为12个，管理人员由102人调整到73人，并修订完善了集团公司本部部门的职能职责。同时按上市公司治理要求，充实了重庆港九本部的管理机构，强化了重庆港九本部的管理职能，完成了重庆港九董事会、监事会的换届选举及经理层的聘任。

·*创新经营有了新亮点* 立足市场，抓住120吨大件运输瓶颈取得突破的机遇，加强成渝两地大件生产和物流运输企业的协作，大件运输业务迈上了新台阶，仅大件分公司就完成15吨以上大件624件，大件收入比去年同期增长了36.2%；国际集装箱码头公司创新建立了场内“场外场”工艺流程，不仅提高了作业效率，使外来集卡提箱时间从平均3—4小时缩短到半小时以内，而且大幅度降低了生产成本；九集司“开辟绿色通道”、简化手续，确保了抗震救灾物资在港快装快卸，圆满完成战备钢架桥紧急运输任务，展示了国企风貌，得到了部队好评；建投公司、伟航公司、双源监理公司和猫儿沱分公司紧密配合，出色地完成了猫儿沱作业区后方堆场扩建工程的建设任务，为猫儿沱分公司产量首次突破 200 万吨提供了保证；江津分公司新增 10—54 吨大、重件作业线一条，开辟了集团公司大重件作业的“第二战场”，仅投产 2 个月便完成起运大重件 5 000 余吨；万州港推进与铁路的合作，实现水铁联运“路企直通”，港区业务辐射能力得到进一步发挥；长寿分公司、江北分公司努力克服码头搬迁过渡的重重困难，确保了生产经营不断不乱，其中长寿分公司完成装卸自然吨 58.31 万吨，创历史最好水平；涪陵港在经历船务资产剥离和白涛码头停产带来的矛盾和压力，保持了职工队伍的整体稳定。港盛船务公司针对燃油价格暴涨（与去年相比燃油均价涨幅达到 20%，港盛船务公司燃油成本净增 1 500 万元），加强航次燃油消耗定额管理、严控船舶车速等措施，控制燃油成本，按去年同口径计算，较好地完成了年度计划目标。集海公司狠抓应收账款的催收，应收账款余额由年初的 5 387 万元下降到 3 870 万元，应收账款居高不下的情况得以改善。商贸类企业克服了资金短缺、融资困难等不利因素的影响，加快资金周转速度，强化应收账款的管理，完成销售收入 473 175 万元，比去年同期增长 26%。经贸公司推行大客户合作战略，实现了销售收入同比增长 62% 的业绩；民爆公司利润总额首次突破 1 000 万元大关，同时，困扰其发展的仓库收购问题也取得实质性进展；金回公司在抓好新老公司对接的同时，继续保持了传统主营业务的优势；石金公司和木材厂注重产品质量，以提高产品质量促产品升级换代，其中石金公司生产的“山城牌”橡胶板获“重庆市名牌产品”称号；建材总公司、金属股份公司顶住压力，在力保企业稳定上做了大量积极有益的工作。通过顽强拼搏，伟航公司积极开拓外部市场获实质性突破，取得外接工程施工 2 500 万元的成绩；久久物流公司充分发挥大件全承揽运输品牌优势，圆满完成朝天门长江大桥 45 000 吨钢结构全承揽运输；双源监理公司收入创历史新高，并成功申报房屋建筑工程监理甲级资质，为后续发展奠定了基础。

·筹融资工作取得好成绩　紧紧抓住国家“扩内需、保增长”和“积极的财政政策和适度宽松的货币政策”机遇，加强银企合作，共筹集银行贷款资金 15 亿元；与 7 家银行签订了基于工程项目建设的战略合作协议，协议总额 80 亿元；运用财政、税收、土地和再就业政策，争取到继续享受 15%企业所得税、土地出让金返还等优惠政策，获得资金支持 24 579 万元。

·企业改制和资产重组取得新进展　为继续优化资源配置，深化企业改制重组，新设了再生资源等 5 家新公司；完成了对国际集装箱码头、物流经贸等公司的增资工作（全年共 11 项增资）；完成对宜昌港所持万州港发公司的股权收购（全年共 3 项股权收购）。完成对涪陵港、华产公司、石棉厂、金回公司 4 家企业的改制重组；启动了木材厂、机电公司的改制工作；关闭注销了物贸中心等 3 家空壳公司；推进了建投公司的关闭注销，目前，人员分流工作已全面完成；完成对川江港机厂的破产清算和南亚拍卖公司、港电公司的清算。在推进企业改制重组的同时，积极争取再就业政策支持，石棉厂等 3 户企业预计“直通车”安置职工 250 人，兼并大集体欠交“两金”和金回公司改制遗留的离退休人员费用问题全部得到解决，为改制重组铺平了道路。实施了重庆港九对集团公司长寿分公司、货代分公司的收购方案。完成集团公司与重庆港九资产置换两宗土地的过户手续和原港务集团所持重庆港九股权的过户手续。推进了万州港、江津分公司等港区经营性划拨土地转出让地的工作。

·强抓内控，企业管理有了新提高　在财务管理上，加强货币资金管理，提高资金利用率，全年通过资金集中管理，节约资金成本 300 万元；建立了全集团统一的财务核算信息化管理平台；完成了由执行会计制度向执行会计准则的转换。在资产管理上，强化了企业改制和资产重组工作中的资产管理，保证了国有资产的保值增值。在设备管理上，通过优化设备技术方案和工艺参数，提高了设备的投资质量，确保了投入效果好、系统效益优。在信息化建设上，完成了 EDI 二期工程建设，实现了寸滩港区的网上海关综合管理和集装箱运输多方信息的电子报文交换，提高了工作效率；完成了集装箱业务综合信息平台构架，基本实现了全集团集装箱信息的资源集成和信息的统一查询。在安全管理上，全年共完善 7 个应急预案，清理修改预案 92 个；应急预案演练 30 次，共计 1 695 人参加；共排查事故隐患 409 项，整治 404 项，整改率达 98%。通过了中质协的审核；获得了重庆市 QC 小组活动优秀成果等 12 个奖项。在人力资源管理上，全面贯彻落实新《劳动合同法》，对 32 户基层企业 9 000 余人的用工合同进行抽查，降低了在册员工的劳动纠纷。开展各类员工岗位培训、持证培训、安全专业培训 2 674 人次。确定了新的工资挂钩原则，为建立规范、可持续的工资增长机制打下了基础，全年在岗职工平均工资同比增长 14.89%。启动了“首席员工制度”的试点工作。完成机电公司、金属股份等 6 件民事纠纷积案的处置，实现了市国资委下达的目标；完成木材厂、华产公司等 9 户企业负责人任期经济责任审计和寸滩一期工程决算审计。完成集团公司 5A 级物流企业的申报，成为重庆市唯一的 5A 级综合物流企业。

·积极构建和谐集团　全年集团各级累计慰问困难职工 1471 人次，慰问金额 30 余万元；慰问困难劳模 23 人次，慰问金额 35 700 元；帮困助学 65 人，帮困助学金额 46 500 元；特殊困难帮扶 406 人次，帮扶金额 18.7 万元。向汶川地震灾区“送温暖、献爱心”，共计捐赠棉被、毛毯 393 床，捐赠衣、裤 1 504 件，现金捐款 148.9 万元。开展多种形式的群众性经济技术创新活动，取得了较好效果,职工提合理化建议 309 项，采纳 139 项，实施 120 项；组织开展技术攻关 57 项，均取得了较好的经济效益。通过开展“大接访大下访活动”，认真做好稳定工作，共接待来信来访 204 件次，1 918 人次，完成市信访办等上级部门转办、督办信件共 54 件次，处结率达到 98%。此外，军交战备、国安、治安综合治理、计划生育、女工等工作有序推进。

地　址　重庆市渝中区朝千路 3 号
邮　编　400011
电　话　（023）63100374
传　真　（023）63100612
网　址　http://www.cqg.com.cn

（重庆港　徐建华）

【重庆港九股份有限公司 CHONGQING GANGJIU CO.LTD.】　2008 年，公司主营收入和主营利润均创下历史最好水平：货物吞吐量高达 1 145.2 万吨，同比增长 12%；装卸自然吨 757 万吨，同比增长 12.7%；集装箱吞吐量 434 797TEU，同比增长 23.7%；出口客运量 29.3 万人次。

地　址　重庆市渝中区信义街 18 号重庆朝天门大酒店 15 楼
邮　编　400011
电　话　（023）63100700
传　真　（023）63801564
网　址　http://www.cqgj.com.cn

（重庆港）

【重庆市万州区港口航务管理局（简称万州区局）】　“重庆市万州区港口航务管理局”，同时挂“重庆市万州区地方海事局”、“重庆市船舶检验局万州船检局”，实行三块牌子、一套班子合署办公，行政隶属万州区交通委员会，业务受重庆市港航管理局指导，内设办公室、政工科、计划财务科、运输管理科、港口航道科、建设管理科、海事科、船舶检验科、船舶技术管理科、执法大队。单位主要职能是贯彻执行国家关于航运、港口、航道、长江支小河流和封闭水域通航安全域、船舶检验方面的路线、方针、政策和法律、法规、规章。负责全区水路运输市场管理、港口行政管理、规划和建设、船员管理、船舶管理、船舶修建市场管理、水路交通规费征收和长江支流及封闭水域安全监督管理等工作。

·水路运政管理　2008 年，一是以加快水运发展为中心，搭建银企联系平台，探索船舶融资租赁政策，协调税务、工商、交警、运管、公路等部门，努力营造水运发展良好的综合环境，全年新增宝三、光华、龙浩、鸿逵、鸿帆等 5 家水运企业。新增船舶运力 17 艘、62 440 载重吨、543 客位；二是向市级交通主管部门争取水运发展资金，投资万州水运发展项目,目前上报项目 8 个，各相关企业正在进行衔接。三是全力抓好春运工作，认真开展节日期间参营企业上线资质检查，严防船舶超载超舱，圆满实现“三零一低”的目标，被交通部长航局评为“2008 年长江春运工作先进单位”。四是强化水运企业资质管理，开展营运船舶年审工作，全区 39 家水运企业全部通过了资质检查。五是加强水运市场监管，规范水路运输行为，推出“平湖游”、“顺道游”，全年实现旅客零投诉。六是按照库区实验性蓄水水位变化情况，实地踏勘，及时调整部分短途客船的停靠点及部分客渡船航线、重点支流长江口停靠点，新增临时渡口两个。全年完成水上客运量 230 万人次、客运周转量 3.4 亿人公里，货运量 1 100 万吨、货运周转量 95.6 亿吨公里，与 2007 年相比分别增长 49%、0%、20%、72%。

·*港口码头建设* 全年港口基础设施建设投资 1.04 亿元，占年初计划任务的 104.2%。一是江南集装箱码头顺利开港，江南集装箱码头今年投资 1.02 亿元，累计投资 3.8 亿元，一期工程全面完成基础工程和机器设备的安装调试，已于年前顺利投产。二是加快青草背港区建设，完成港区土地征用手续和 175 米水位线下消落区土地的报批，积极协调当地村民阻扰进港公路建设的矛盾纠纷，加快工程进度，全年完成投资 70 万元。三是做好渡口改造项目的建设，完成 10 个渡口改造项目和密溪沟候船亭的建设，完成投资 145 万元。四是宣传贯彻《港口建设管理规定》，对在建水运工程项目加强专项检查，下发停工整改通知书 2 份，牢把港航工程质量关和安全关。五是加强库区蓄水对港口码头影响的监测检查，及时上报红花地港区及部分乡镇码头的受损情况，并做好应急抢险预案。

·*水上安全管理* 水上交通安全生产连续七年实现"零"目标，地方海事管辖范围未发生等级上报事故，"事故次数、死亡人数、经济指标"均为零。一是建立健全水上交通安全管理长效机制，进一步落实"一岗双责"责任制，与辖区水域有船乡镇、封闭水域、风景旅游区业主签订安全生产目标责任书，层层落实安全责任；切实加强乡镇安全督查，督促有关单位搞好辖区水域安全监督管理，强化"四客一危"船舶安全监管；二是坚持专项整治与长效管理相结合，把日常安全管理纳入程序化、制度化、标准化，认真开展苎溪河、密溪沟支流、鱼背山水库、甘宁水库安全隐患"大排查、大整治"专项检查活动，狠抓水上交通和港口码头"春节"、"两会"、"清明"、"五一"、"端午"、"奥运火炬传递"、"奥运安保"、"中秋"、"残奥安保"、"国庆"等重要时段安全监督，强化重点水域、重点船舶、重点环节的监管措施，开展港口码头防止恐怖活动。全年共出动安全宣传人员 150 人、宣传车 6 车次、宣传艇 4 艘次，制作宣传展板 6 个，设立宣传站点 5 个，向群众散发宣传资料 2 000 份，张贴、悬挂宣传警示标语 38 副，开展安全检查 160 次、出动执法人员 873 人次、执法车 38 次，执法艇 130 余艘次，检查封闭水域 36 座次、风景旅游区 24 个次、支小河流 240 条次、船舶 1 200 余艘次，查处事故隐患 7 项，立即整改事故隐患 5 项、限期整改事故隐患 2 项。三是定期召开水上交通安全例会，及时传达国务院、市、区有关安全生产会议、文件精神，总结水上交通安全经验，安排部署下阶段安全工作。四是开展水运行业创建"平安水运企业"活动，做好水上交通信访及维稳工作，加强治安防范，深入推进平安万州建设。五是加快科技兴安步伐，进一步抓好船载 GPS 终端使用工作，充分发挥其监控作用。全区现有 257 艘船舶安装了 GPS 终端，建立了区县 GPS 监控分中心，港口客运站安装了 X 光检查机，滚装码头配备了两台搜爆仪。

·*港口码头管理* 一是进一步科学调整万州港口发展规划，制定了 2008 年至 2020 年万州港口近期、中期、长期发展目标，完成了《重庆港口总体规划 》万州港布局规划的修定。二是制定、发布了《万州区港口重大生产安全事故旅客紧急疏散和救援应急预案》、《万州区港口危险货物重大安全事故应急预案》和《万州区港口预防自然灾害应急预案》，提高了港口应急处置能力。三是开展主城区各港口码头地形图测量，填补了港口无数字地形图的空白。四是认真开展第三次全国港口普查工作，确定万州辖区内 80.4 公里范围所有码头泊位的经纬度定点，完成港区泊位基本情况资料搜集汇总和港区概况编写及电子平面图的绘制工作。五是开展港口建设及经营秩序整治，取缔非法码头，规范港口秩序。六是整治港口船舶停泊秩序，规范港区停泊秩序。七是抓好港区危化品申报、监管和港口经营许可、港口岸线管理，全年办理企业临时港口经营许可证两家，完成 9 家企业的岸线详细坐标点和具体位置。

·*船舶检验发证* 一是切实贯彻落实重庆市船舶检验局船检质量管理体系，加强文件台账、体系建设，完善了各类工作程序，推广使用《重庆市船舶管理信息系统》，继续做好船舶档案的清理工作及电子台账的建设，提高船检管理水平。二是加强船厂、航运企业船舶建造监督，严厉查处违规、违法新建、改建船舶现象，主动与区经委联系，加强对船厂的管理。三是严把船检源头安全管理关，严格执行船检法规及《川江及三峡库区航行船舶检验补充规定》，严把船舶主尺度、航行安全设备关，开展定期和不定期的船检质量督查，保障船舶在各类水域的航行安全。四是狠抓库周客渡船建造质量，检验发证库周客渡船 12 艘，完成市交委出资建造的 30 艘库周渡船的建造检验。五是做好节假日上线客（渡）船、沙石船的整顿和安全检查工作，消除客（渡）船、沙石船舶的安全隐患。六是根据短途区间客船、客渡船业主反映的客船老旧技改、客渡船没有船员舱室等问题，采取现场勘验、调查等措施，提出具体方案报请上级船检解决。七是开展并完成库区水域清漂船检验发证及援建地震灾区都江堰水库清漂船的建造检验工作。全年完成各类营运检验 450 艘次，玻璃钢艇建造检验 40 艘，新、改建船舶 51 艘，旅游客船 3 改 2 生活污水处理装置安装检验 11 艘。

·*行政执法*　一是加大现场执法力度，重点加强船舶营运证书、规费缴讫证、货物运单和码头建设与经营检查，严厉打击持假冒、伪造、无效、过期证书从事水路运输和港口码头非法建设与经营等各种违法行为，维护正常水运市场秩序。全年下港上船以及到长江支小河流、封闭水域执法 1 135 人次，出动交通执法艇 288 艘次、交通执法车 152 车次，检查船舶 700 余艘次，立案查处违规违章船舶 39 艘次、违规经营码头 4 座，查漏补征各类规费和罚款合计 48.5 万元。二是深入开展“五五”普法和“依法行政、文明执法、树立形象”专项教育培训活动，充分利用“社会治安综合治理月”、“安全生产月”、“爱国卫生月”等专项活动，开展专题法制宣传教育，狠抓干部职工学法用法，增强依法行政能力。三是进一步规范港航执法程序，制定完善了《水上交通行政执法程序规定》、《行政处罚自由裁量权实施办法》以及《行政处罚自由裁量权参照执行标准》，明确了行政执法的主体及各职能部门的权限和程序。四是积极参与交通系统执法信息平台软件开发与利用，实现执法资源共享，加强执法监督，提高执法水平。

地　址　重庆市万州区牌楼红花路 1 号
邮　编　404000
电　话　（023）58982699
传　真　（023）58982699；58983307

（万州区局　陈定科）

【万州港口集团(简称万州港)】　2008 年，万州港口集团面对风云变幻的国内外经济形势和特大自然灾害，深入贯彻落实科学发展观，始终把发展作为第一要务，外抓市场，内强管理，一方面挖掘万州港红溪沟铁水联运潜力，积极拓展货源市场，另一方面加快产业结构调整，推进普客运输向旅游客运转型。全年完成货运吞吐量 821.6 万吨，装卸自然吨 821.4 万吨，同比增长 15.2%；完成客运吞吐量 263.2 万人次，客运量 139.7 万人次，分别比上年下降 3.4%和 7%；其中旅游客运吞吐量达到 125.1 万人次，占客运吞吐量的 47.5%；旅游船舶停泊 3 161 艘次，同比下降 40.9%；全港实现总收入 2.62 亿元，实现利税 1 000 万元。

·*基本建设*　2008 年，全面完成了港口淹没复建工程，积极推进重点项目建设。一是巫山客运港区 5 月通过交工验收，标志我港淹没复建项目全部结束；二是经过三年时间的建设，江南沱口集装箱码头一期工程完成交工验收后，于 2008 年 12 月 20 日试投产，工程总投资 3.9 亿，新增作业能力 20 万 TEU；三是忠县新生、云阳渠马货运码头基本建成，预计今年年初投产；四是按照港口发展整体规划，巫山抱龙河码头工程的测量、地质勘察、“工可”设计等前期工作抓紧推进，完成了红溪沟三期工程测量、部分地质勘察等前期工作。

·*企业管理*　一是按照现代企业制度要求，融入重庆港务物流集团管理体系。按照重庆港务物流集团公司要求港口经营性资产以资产置换方式进入港九股份，实现整体上市的目的。为此，万州港依照上市规则的要求，提供与完善中介机构需要的各项资料，并对我港所属的产权、财务关系进行了调整与理顺，完成了土地划拨转出让的审批工作。二是提高服务意识，强化服务质量建设。结合工作实际把服务质量建设放在突出位置。①细化客户群，明确客户维护责任。我们根据客户货运量的大小，细分客户，采取分级维护的形式，形成了一套责任明晰、层次分明的客户维护体系。②及时了解客户情况，针对性走访客户。了解客户情况，帮助客户解决困难。多数基层单位已经建立起了客户信息反馈制度，每月召开客户座谈会，根据客户意见，及时改进服务质量。③建立服务质量监督机制。由纪检部门牵头定期负责对客户进行走访调查，直接听取客户对各基层单位工作的意见和建议，共收集客户意见47条，并制定整改措施责成各单位落实改进。三是大力开展节能降耗工作，提升设备利用率。2008年，我们根据年初制定的节能方针积极开展节能降耗工作。①督促船公司机务管理员跟船，加强各项节能制度的检查落实。②及时掌握市场油价变化信息，为各主要用油单位提供可靠市场油价情报。③不定期地到主要用能设备现场了解、掌握、检查能耗状况，定期审核、统计、分析各单位能耗情况，及时遏止能耗上升苗头。④探索、试用燃油添加剂等技术节能手段。⑤与其他兄弟单位探讨、交流节能经验，不断开辟节能港口新途径。四是根据生产经营、结构调整、港口建设需要开展设备管理工作。①加强设备基础管理工作，特别是抓好铁水联运、客运、航运船舶等重点设备的管理，为生产提供保障；②为各港站货运码头选配合适的工艺设备，为港发公司产业结构调整提供技术支持；③根据175米蓄水进程及时对生产作业线设备、船舶停靠设备设施进行了调整和改造，确保生产顺利进行；④积极改进生产工艺，减少作业环节，提高装卸效率；⑤发挥设备管理人员技术优势，对一些性能退化或不适应生产需要的老旧设备进行改造，充分利用闲置设备为生产服务。去年，港机设备完好率96.7%，机动船舶设备完好率98.3%。五是加强安全管理，做好奥运安保。2008年，在经历地震、奥运和175蓄水等过程中，港口安全生产压力较大，安全工作面临严峻考验。①加强安全隐患排查工作。以全国“隐患治理年”为契机，把隐患排查工作制度化、规范化，实行预防性安全管理。全年共查出隐患210项，投入整改资金80多万元。②认真做好奥运安保工作及库区175米蓄水安全工作。奥运期间，我港建立了防恐安保工作机构，并按照上级部门要求，投入资金100多万元，配备了安检机、视频监控系统、手持式金属探测仪、防爆箱等防恐检测设施设备，严格履行水上交通安全防恐责任，确保辖区内在奥运期间无安保事件发生。2008年10月，三峡库区试验性蓄水，我港根据每天的蓄水信息，安排专人定时定点适时监测，及时调配设备设施，确保港口生产安全。去年，全港未发生重大安全事故，实现了全年安全管理目标。

· 企业文化建设及党建工作　党委紧紧围绕港口生产经营认真抓好党建工作，取得突出成绩，经区国资委考核被评为党建和工会工作年度优秀单位。一是以解放思想为先导，政治理论学习扎实有效。党委通过多种手段和形式，组织全港干部职工深入贯彻党的十七大精神，开展“解放思想”大讨论，认真开展学习实践科学发展观活动，对各单位进行深入的调研，对照科学发展观的要求查找差距并进行了深入的剖析，进一步清晰了发展思路，创新了经营手段，提高了管理水平，促进了港口发展。二是以提高战斗力为重点，基层党组织和干部队伍建设坚强有力。按照创建“五好党支部”和“四好班子”的要求，加强基层党组织建设，认真贯彻民主集中制，定期开展民主评议，坚持党内表决、工作报告和党内监督制度，去年新发展党员11名，9名预备党员按期转正。在干部队伍管理方面，对19个单位的49名中基层干部按德、能、勤、绩、廉五个方面作了较为深入的考核考察。三是以提升职工素质和港口形象为目标，精神文明建设卓有成效。去年，我们进一步加强职工思想道德教育和企业文化建设，制作了港口宣传画册和影视片，全年在《三峡都市报》发表报道20余篇、上报物流集团通讯报道180余篇。汶川特大地震发生后，党委及时组织开展“抗震救灾”捐款活动，共为灾区募集赈灾款21.4万元，交纳特殊党费4.9万余元；开展了“争先创优”和“文明单位”创建活动，港发客运分公司和集团机关保持了万州区最佳文明单位称号，红溪沟装卸公司被评为万州区级最佳单位；积极开展好对口扶贫支援活动，为壤渡高村送去3万元现金帮助修建公路。四是以干部廉洁自律为要求，党风廉政建设长抓不懈。按照关于实行党风廉政建设责任制的要求，党委与基层单位层层签订党风廉政建设责任书，履行“一岗双责”；加强廉政警示教育，增强拒腐防变的能力；建立领导干部廉政档案，完善对中层以上负责人的监督制约机制；对中基层负责人进行任前和任中廉政谈话或诫免谈话；加强中基层负责人的干部廉洁自律工作，纠正行业不正之风和从源头上防治腐败，严肃查处违纪案件，全年共受理群众信访举报5件；加强行风建设和效能监察，共征求服务意见41条，并督促整改落实，确保政令畅通。五是以构建和谐港口为己任，确保港口平安稳定。去年，我们以构建和谐港口为目标，认真抓好矛盾纠纷排查调处，抓好奥运期间安保稳定工作；按照万州区解决征地移民安置补偿遗留问题的有关政策，出资 800 余万元妥善解决岩上村占地移民问题，消除影响港口发展的不稳定因素，确保港口平安稳定。六是以维护职工合法权益和丰富职工文化生活为主题，群团工作有声有色。工会认真履行职责，强化厂务公开，增大企业透明度和职工知情权；加大送温暖工作的力度，建立特困职工档案，实施动态管理，深入开展了“帮困助学”探望慰问活动。全年发放送温暖补助金，内退、退休职工慰问金，重阳节聚会补助及助学金等 100 余万元；工会还因地制宜地组织丰富多彩的职工文体活动，举办了“迎奥运·强体质”棋赛、乒乓球、篮球赛等系列活动和“迎国庆唱红色经典歌曲”的比赛。年底，又编排舞蹈《快乐甲板》参加万州区迎春汇演，荣获三等奖。团委围绕港口生产经营，抓好“青年文明号”和“青年岗位能手”活动，荣获重庆市“五四”红旗团委称号。

地　址　重庆市万州区安子坝港区
邮　编　404000
电　话　(023) 58295588
传　真　(023) 58812934
网　址　http://www.wzg.com.cn

（万州港　韩小云）

·港口管理·

【上海市局积极研究应对油品码头投产后的管理问题】　2008 年，洋山深水港区沈家湾岛油品码头即将建成，投产后将形成洋山港区新的管理局面。上海市港口局走访了中油中燃公司外高桥油品码头、石洞口发电厂码头等单位和部门，对油品码头的监管模式进行了调研，研究油品码头的管理需求，确保码头安全启用。

沈家湾岛油品码头位于小洋山以东约 10 公里，占地面积达 176 436 平方米，设计吞吐能力为年产 750 万吨。一期工程将建设 42 万立方米成品油储罐以及 10 万吨级（兼靠 12.5 万吨级）油品转运码头 1 座、5 000 吨级油品转运码头 2 座、2 000 吨级油品转运码头 2 座，以及与之相配套的消防、环保、电力、通讯等综合管理附属设施，并通过联络堤与洋山深水港区实现陆域对接。

（上海市局）

【全国港航管理工作会议在杭州召开】　2008 年 7 月 17 日，全国港航管理工作会议在杭州召开，交通运输部副部长徐祖远作主题报告，浙江省副省长王建满到会并致辞，来自全国交通港航系统的 160 多名代表参加了会议，浙江省交通厅等代表在会上作了经验交流发言。

（浙江省局　吴永平）

【王建满副省长一行到浙江省港航局调研指导工作】　2008 年 8 月 20 日上午，浙江省政府王建满副省长一行到省港航局调研指导工作。浙江省港航局郑惠明局长作了关于港航工作的汇报发言，王建满副省长作了重要讲话。

（浙江省局　吴永平）

【温州港总体规划获得交通运输部和省政府批准】　2008 年 9 月 1 日，《温州港总体规划》（以下简称《规划》）获得交通运输部和省政府的批准。《规划》明确温州港是全国沿海主要港口和集装箱支线港之一，是国家综合运输体系的重要枢纽，分为乐清湾港区、大小门岛港区、状元岙港区、瓯江港区、瑞安港区、平阳港区、苍南港区七个港区。

（浙江省局　吴永平）

【金塘大浦口集装箱码头工程获国家发改委核准】　2008 年 10 月 6 日，宁波－舟山港成立以来的首个两地合作项目金塘大浦口集装箱码头工程获得国家发改委的核准，标志项目进入实质性建设阶段。

（浙江省局　吴永平）

【宁波—舟山港西蟹峙石油储运项目码头工程初步设计通过审查】　2008 年 1 月 12 日，宁波—舟山港西蟹峙石油储运项目码头工程初步设计在舟山通过了由交通部水运司组织的审查。宁波—舟山港西蟹峙石油储运项目码头工程位于舟山市西蟹峙岛南侧，建设规模为新建设 5 万吨级和 5 千吨级成品油泊位各 1 个，及其他有关配套设施，设计年通过能力 400 万吨，建设期 2 年。本项目是我省第一个经过国家核准的企业投资水运项目，也是自《港口工程建设管理规定》实施以来我省第一个由交通部组织进行初步设计审查的水运项目。

（浙江省局　工程建设处）

【温州港状元岙港区化工码头通过工可审查】 2008 年 1 月 15 日，温州港状元岙港区化工码头工程通过了省发改委和省交通厅联合召开的可行性研究报告审查。温州港状元岙港区化工码头工程位于温州市洞头县状元岙岛北部，规划的状元岙 C 港区。建设规模：新建 5 万吨液体化工泊位 1 个(水工结构按靠泊 8 万吨级化工品船舶设计)，20.4 万 m^3 库容的罐区及配套设施，设计吞吐量为 249.3 万吨。

（浙江省局　工程建设处）

【杭甬运河建设第六次工作例会召开】 2008 年 1 月 24 日，在杭州市萧山区召开杭甬运河建设第六次工作例会，省交通厅、省港航局、厅质监局，杭甬运河沿线交通局、指挥部和前期办的相关负责人参加了会议，省交通厅党组副书记、副厅长王洪涛到会并做了讲话，省港航管理局党委书记、局长郑惠明主持会议并做了讲话。

（浙江省局　办公室、工程处）

【绍兴港越城港区中心作业区初步设计通过审查】 2008 年 5 月 30 日，绍兴港越城港区中心作业区工程初步设计通过了省发改委和交通厅联合主持召开的审查。该作业区位于老城区北部，建设规模为：新建 500 吨级泊位 17 个及其陆域配套工程，其中 7 个泊位水工结构按 1000 吨级设计，设计年吞吐能力为 185 万吨。

（浙江省局　工程建设处）

【温州港状元岙港区二期工程可行性研究报告通过预审查】 2008 年 7 月 8 日，浙江省发改委和浙江省交通厅在杭州联合组织召开了温州港状元岙港区二期工程可行性研究报告预审查会议。温州港状元岙港区二期工程选址在洞头县状元岙岛西北部、东侧紧邻已建成的状元岙港区一期工程，建设规模为：新建 5 万吨级集装箱泊位 3 个（码头水工结构按 10 万吨级设计）及相应陆域堆场、装卸设备等配套设施，设计年吞吐量 150 万 TEU，港区陆域面积约 85.75 万平方米，使用岸线约 969 米。初步投资估算约为 27 亿元。

（浙江省局　工程建设处）

【宁波—舟山港总体规划通过交通运输部和省政府联合审查】 2008 年 7 月 14 日至 18 日，交通运输部和浙江省人民政府在舟山联合召开宁波—舟山港总体规划审查会。住房和城乡建设部，铁道部，国土资源部，水利部，国家海洋局，省发改委，省交通厅，省建设厅，省国土厅，省海洋与渔业局，省环保局，宁波—舟山港管理委员会，浙江海事局，宁波市发改委、港口局、港航局、大榭交通局、梅山岛开发建设管委会、宁波港集团，舟山市政府、发改委、港务局、交通委、城建委、国土局、海洋局、环保局，上海市发改委、港口局、深水港工程建设指挥部，交通部规划研究院和交通运输部水运司、海事局等单位的代表及特邀专家共 90 余人参加了会议，会议由交通运输部综合规划司主持。

（浙江省局　工程建设处）

【万向石油储运公司岙山油品码头工程通过国家发改委核准】 2008 年 7 月，国家发展和改革委员会同意建设万向石油储运（舟山）有限公司岙山油品码头工程。项目建设规模为 5 万吨级（码头水工结构按靠泊 10 万吨级油船设计）、5000 吨级、3000 吨级和 1000 吨级成品油泊位各 1 个，以及总罐容 57 万立方米的储油罐等配套设施，设计年通过能力 660 万吨，按 773 米码头长度使用对应的港口岸线。总用地面积 690 亩。项目总投资约 55479 万元，由万向资源有限公司和浙江省远洋渔业集团有限公司合资经营。

（浙江省局　工程建设处）

【嘉兴港泰科港务码头通过岸线审查】 2008 年，嘉兴港独山港区浙江泰科港务有限公司液体化工码头岸线使用通过审查。浙江泰科港务有限公司拟在独山港区石化作业区建设 3 万吨级和 5 万吨级液体化工码头各 1 个，年吞吐能力 376 万吨。该项目计划于 2009 年开工建设。

（浙江省局　港政管理处）

【三星重工业（宁波）有限公司三期自备码头工程岸线使用获批复】 2008 年，三星重工业（宁波）有限公司三期自备码头工程岸线使用获省交通厅批复。该工程位于宁波市北仑区青峙工业区三星重工业（宁波）有限公司一、二期自备码头之间，建设规模为 5 000 吨级重件及材料泊位 2 个（水工结构兼顾 1 万吨级平驳船滚装作业或 7 万吨级舾装船舶靠泊），设计年吞吐能力 15 万吨，使用港口岸线 276.2 米。工程的建设符合编制中的《宁波—舟山港总体规划》，适应企业扩大生产能力对超大型分段船舶、重件及原材料进出的需要。

（浙江省局　港政管理处）

【浙江省港口普查前期准备工作会议在杭州召开】 2008 年 3 月 21 日，浙江省港口普查前期准备工作会议在杭州召开，各港港口普查相关工作人员参加了会议。会议通报了宁波—舟山港港口普查试点工作情况，审核、确定了各港编制的港口代码、港区代码、港口管理部门代码和港口经营单位代码，要求各港做好落实港口普查机构、人员和经费保障的前期准备工作。 据初步统计，全省约有 2 500 多家港口企业、近 6 000 个码头泊位将纳入本次港口普查范围。

（浙江省局　港政管理处）

【交通部水运司肖大选副司长一行检查宁波沿海港口码头改造工作】 2008 年 4 月 22 日，交通部水运司肖大选副司长一行检查了宁波港口老码头改造试点工作，检查的项目为：宁波大榭实华 2 号原油码头和镇海港区 4 号泊位。宁波大榭实华 2 号原油码头原等级为 2 万吨级，通过加固改造后，码头结构可以停靠 7 万吨船舶，目前已完成工程量 62%。镇海港区 4#泊位原为 1 万吨级码头，通过加固改造后，码头结构可以停靠 2 万吨船舶，目前已完成工程量 10%。

（浙江省局　港政管理处）

【“一卡通”畅行杭州大运河】 2008 年，为加快推进杭州港口管理的信息化建设步伐，杭州市港航局在 4 月正式运行船舶免停靠报港系统，辖区运河沿线各主要报港签证点配备了报港电脑，并安装了船舶 IC 卡读卡器，船舶报港签证真正进入了高效、便捷、精确的信息化管理轨道。

（浙江省局　港政管理处）

【浙江省港口联盟推进工作座谈会召开】 2008 年 4 月 17 日，浙江省港航局在杭州召开了港口联盟推进工作座谈会，沿海各港口行政管理部门和主要港口企业领导和业务骨干参加了会议。会议对如何推进港口联盟工作进行了讨论，提出了对策和建议。省交通厅王洪涛副厅长对推进港口联盟工作作了指示，要求今年港口联盟工作要有实质性启动，要突出以宁波—舟山港为核心，以集装箱的集疏运为重点，按“政府推动、企业为主、资产联系、优势互补、互利互赢”的原则组建政府和企业两个层面的组织机构，上半年要抓紧完成组织机构的筹建工作，提出工作计划、职责和规则等工作。

（浙江省局　港政管理处）

【浙江港口物流调研组到嘉兴港调研】 2008 年 5 月 5 日，浙江省政协副主席王玉娣率浙江港口物流调研组一行就增强浙江港口物流竞争力课题到嘉兴港调研，嘉兴市政协翁可雄副主席等领导陪同了调研。

（浙江省局　港政管理处）

【浙江省港口港政管理工作会议召开】 2008 年，浙江省港口港政管理工作会议分别在温州（沿海片）和嘉兴（内河片）召开，各市港口管理部门分管领导和相关部门负责人参加了会议。会议通报交流了近期港政管理工作情况、港口生产和港口安全情况，介绍了工作亮点和经验，对如何深化港政管理工作发表了意见。会议还确定了今年港政管理的重点工作，提出了具体工作要求。会议强调，创造和谐的社会环境，保障北京奥运会安全，是今年港口安全工作的重中之重。

（浙江省局　港政管理处）

【长三角港口管理部门合作联席会议第三次会议在上海举行】 2008 年 9 月 28 日，长三角港口管理部门合作联席会议第三次会议在沪举行，16 个城市港口管理部门的代表出席了会议，浙江省港航局也应邀参加。本次会议以“提升服务、规范管理，实现长三角港口又好又快发展”为主题，会议书面交流了今年以来港口发展与管理情况，听取了四个合作工作小组推进情况汇报，探讨了进一步加强工作小组机制建设和深化合作的措施。会议还举行了“复旦大学长三角港口发展研究中心”挂牌仪式；开通了“长三角港航合作网”，通过了《长三角港航合作网共建共享共维护协议》。

（浙江省局　港政管理处）

【舟山17家港口设施保安证书通过省交通厅年度核验】　2008年至11月7日，舟山17家单位的19个港口设施保安符合证书顺利通过省交通厅年度核验。依据《中华人民共和国港口设施保安规则》有关年度核验的规定，港口设施保安符合证书有效期为5年，在有效期内每年由省交通（港口）主管部门核验一次。本年度，舟山港务管理局组织6家单位参加省级港口设施保安工作组的年度核验，同时受省交通厅委托，舟山港务管理局对舟山11家单位的13个港口设施进行了年度核验，根据港口设施保安核验工作的要求，对企业8类台账，港口设施保安训练，按时上缴港口设施保安费，做好奥运期间的安保等工作开展核验，全市17家单位19个港口设施保安符合证书通过。

（浙江省局　港政管理处）

【《舟山港口EDI系统规划》通过专家评审】　2008年3月4日，《舟山港口EDI系统规划》（以下简称《规划》）评审会议在舟山桃花宾馆召开，来自交通部水运司、上海港和市口岸办组成的专家组对《规划》进行了评审，并一致同意《规划》通过评审。舟山港口EDI（电子数据交换）系统建设于2007年9月正式启动。该系统是通过计算机网络将贸易、物流、保险、银行和海关等行业信息，用一种国际公认的标准格式，实现各有关部门或公司与企业之间的数据交换和处理，并完成以贸易为中心的全部过程。近年来，随着舟山港口的迅速发展，特别是金塘大浦口集装箱码头即将建成，传统手工式的港口生产管理模式已越来越不适应现代化港口发展的需求，因此，必须建设港口EDI系统来完成港口生产管理实时信息数据的传输和处理，以提高港口的生产效率，满足口岸监管单位的需求。

（舟山港务管理局）

【宁波—舟山港总体规划通过交通运输部和省政府联合审查】　2008年7月14日至18日，交通运输部和浙江省人民政府在舟山联合召开宁波－舟山港总体规划审查会。该规划明确宁波－舟山港是我国沿海主要港口，长江三角洲地区综合运输体系的重要枢纽；是上海国际航运中心的重要组成部分和沿海集装箱运输的干线港；是长江三角洲及长江沿线地区大宗散货中转基地、国家战略物资储备基地；是长江三角洲、浙江省、宁波和舟山市国民经济发展的基础、对外开放的窗口，是发展临港工业和现代物流业的重要依托，是以能源、原材料等大宗物资中转和外贸集装箱运输为主的现代化、多功能的综合性港口。

宁波－舟山港总体规划将宁波－舟山港划分为十九个港区，包括甬江、镇江、北仑、穿山、大榭、梅山、象山港、石浦、定海、老塘山、马岙、金塘、沈家门、六横、高亭、衢山、泗礁、绿华山、洋山等港区。预测2010年，货物吞吐量将达到5.8亿吨、集装箱1 300万TEU，旅客吞吐量达到400万人次；到2020年，货物吞吐量将达到8.4亿吨，集装箱2 600万TEU，旅客吞吐量达到400万人次。

（浙江省局　吴永平）

【宁波梅山保税港区成为全国第5个保税港区】

2008年2月24日，国务院正式批准设立宁波梅山保税港区，规划面积7.7平方公里。这是继上海洋山、天津东疆、大连大窑湾、海南洋浦之后的中国第5个保税港区，也是浙江省唯一的保税港区。

宁波梅山保税港区的功能定位为国际中转、采购、配送、转口贸易、保税加工、保税物流等，拓展相关功能，其规划布局为码头作业区、物流仓储加工区和港口配套服务区等。

（浙江省局　吴永平）

【《湖州港总体规划》通过交通部和浙江省政府联合批复】　2008年2月28日，《湖州港总体规划》通过交通部和浙江省人民政府的联合批复。

新规划的湖州港，划分为吴兴、南浔、长兴、安吉、德清和太湖旅游六大港区，下设24个作业区，规划港口岸线长 17 243 米，建设水上 6 个船舶服务区。

（浙江省局　吴永平）

【嘉兴宁波两港共谋合作暨集装箱开航仪式在嘉兴举行】 2008 年 3 月 10 日，嘉兴宁波两港合作暨集装箱开航仪式在嘉兴举行，标志着两港在合作共赢、共谋发展上迈出了具有历史意义的一步。

嘉兴市港务管理局和宁波港集团共同组建项目公司，计划先期租赁乍浦港区码头三期 1 个泊位运营集装箱业务，同时在乍浦港区投资建设 2 个万吨级以上多用途泊位及配套设施扩大经营业务，并将进一步寻求对独山、海盐港区的开发建设。

（浙江省局　吴永平）

【《江苏省港口条例》宣传贯彻动员大会在宁召开】 《江苏省港口条例》（以下简称《条例》）已于 2008 年 1 月 19 日经省十届人大常委会第三十五次会议审议通过，将于 6 月 1 日起施行。1 月 21 日下午,《条例》宣传贯彻动员大会在南京召开。省人大常委会法制工作委员会副主任王腊生，省港口管理局局长、省交通厅副厅长王昌保出席会议并讲话。

《条例》针对我省港口实际，明确了港口管理机构设置原则，要求强化港口规划编制，规范港口岸线审批和临时岸线使用,《条例》引导港口投资、建设管理新模式，拓宽港口公用基础建设和维护资金渠道，加大港口安全管理力度。

为合理利用和保护港口管理资源，依法规范港口管理，强化港口行政执法，全面提升港口行业形象，我省将大力举行《条例》宣传活动。会议要求各级港口管理部门强化组织领导，加大《条例》宣传力度，努力赢得各有关部门的配合和支持；强化宣传培训，切实把《条例》宣传到每一艘船舶，每一个港口企业，宣传到全社会，让全社会都来关心支持港口工作，营造有利港口发展的氛围。

（江苏省局　余金山）

【江苏省港口开展危险货物码头作业安全专家“会诊”】 从 2008 年 4 月 1 日起，全省港口系统全面开展危险货物码头作业安全专家会诊行动。

目前，我省沿江沿海拥有千吨级以上的危险货物码头 124 个，内河拥有危险货物码头 256 个，年吞吐量接近 8 千多万吨，危险货物港口企事业安全监管的任务非常繁重，而且港口危险货物安全管理还存在较多薄弱环节。根据《江苏省港口危险货物作业安全专家会诊行动方案》，本次专家会诊行动将选择港口危险货物管理、技术、工艺、设备等多个方面的专家组成专家组，对辖区每一个危险货物码头，从港口危险货物作业准入、规章制度管理体系、安全生产条件、设备设施、消防环保、应急管理等方面进行全面、系统的会诊。对会诊行动发现的安全隐患和问题，将落实整改责任，并加强督促督查，保证会诊结果能够得到有效落实，保证安全隐患能得到有效治理。

（江苏省局　余金山）

【江苏省专项治理内贸集装箱超载】 2008 年 9 月至 2009 年 7 月，江苏省港口管理局将专项治理内贸集装箱超载。目前，我省共有专业集装箱码头泊位 26 个，年通过能力 622 万标箱，其中内贸集装箱 300 万标箱。为了有效治理内贸集装箱超载，省港口管理局规定，截至今年 12 月 31 日，全省所有内贸集装箱码头闸口必须备称重系统，并由所在地港口行政管理部门验收合格。在规定时间内未配备闸口称重系统的内贸集装箱码头，视为经营条件不完备，不得从事内贸集装箱港口作业活动；从明年 1 月 1 日起，港口只允许不超载的集装箱装船。

（江苏省局　余金山）

【江苏省交通厅督查港口建设费征收工作】 2008 年，根据港口建设费征收工作计划，省交通厅财务处会同省港口局港务处组成港口建设费征收督查小组，于日前对省交通厅代管的 7 个港口开展了港口建设征收工作督查。

督查组听取了各代征单位港口建设费征收工作情况汇报，认为各代征单位对港口建设费征收认识到位，征收工作力度不断加大，征收工作卓有成效。督查组要求各单位要继续抓紧抓好征缴工作，规范票据使用管理，及时解缴资金，确保完成港口建设费年度目标。各代征单位明确表态将加强对港口经营人的宣传，保证按时完成全年征收目标。

（江苏省局　余金山）

【江苏省港口部门交流节能减排工作】 2008年11月27日，省港口管理局在太仓港召开全省港口节能减排工作现场交流会。13个省辖市港口管理局、江苏太仓港口管理委员会、主要港口集团（公司）分管港口节能减排工作的负责人、部门主管共40余人参加了会议。

参会单位听取了苏州现代货箱码头有限公司关于集装箱轮胎吊“油改电”项目的经验介绍，实地考察了太仓港二期工程集装箱轮胎吊“油改电”工程现场。参会代表从各自的工作角度，分别介绍了港口节能减排工作开展的总体状况，讨论交流了节能减排新技术、新工艺、新设备、新材料在港口行业的应用，深入探讨了港口节能减排的新形势和工作重点。省港口管理局就如何开展好港口节能减排工作提出了七个方面的意见。

（江苏省局　余金山）

【常熟港经营管理不断规范】 通过开展港口经营秩序整顿、安全专项整治、经营资质审核、内贸集装箱超载专项治理、日常巡查、纠查违章等措施，加大了依法治港宣传力度，坚持了港口经营许可制度，强化了港口经营人依法经营意识，共同营造了常熟港行业管理的良好局面。2008年，常熟市港口管理局共受理港口经营许可申请事项10项、申请增加经营范围5家、变更经营名称或地址5家，共核发港口经营许可证10份。目前常熟港共有港口持证企业114家。

（常熟市局　须文娟）

【常熟港现场监管力度加大】 建立了常熟港港口动态巡查情况通报制度，加强对港口安全评价的监督管理，抓好日常的动态巡查，对全港港口经营、安全生产实施全方位、全时段监管，被江苏省港口局列为江苏港口行政执法试点港口。2008年，常熟市港政监察大队出巡700余次，行程25 000余公里，对个别码头单位未经审批擅自从事危险货物作业情况、新建泊位未经试运行备案擅自投入使用、水上过驳装卸设施未经许可擅自搬迁等违法违规行为作出了相应的行政处罚。

（常熟市局　须文娟）

【常熟港规费征管有效加强】 2008年，常熟市港口局全面开展了港口建设费、货物港务费、港口设施保安费的港口规费征收工作。目前，常熟港已完成上级下达的各项规费征缴任务，并被江苏省港口局评为全省港口建设费征管先进单位。

（常熟市局　须文娟）

【常熟港学法、用法成效显著】 2008年，常熟市港口局加强法律法规、条例的学习、培训和宣贯力度。编印《港口法律法规汇编》500册，组织3期《港口条例》学习培训；并通过电视、报刊、广播及局委网站等各种媒体，扩大了《江苏省港口条例》在常熟市的宣传面和影响力，进一步提高了依法行政和依法管理水平。

（常熟市局　须文娟）

【常熟港举办首期“常熟港安全生产管理知识培训班”】 2008年4月7日至8日，常熟港举办了首期“安全生产管理知识培训班”，有40多家港口经营企业80多位学员参加了此次培训考核。市安全生产培训中心的老师结合常熟港港口作业实际和特点，认真备课、授课。培训内容包括企业安全管理知识、安全生产相关法律法规知识、典型事故案例分析及起重作业安全管理知识等。为检查培训效果，还专门组织了安全生产管理知识考试，巩固学员们学习成果。

这次安全生产管理知识培训考核，极大地激发了港口经营企业学习安全知识的积极性和自觉性，增强了港口经营人安全责任意识和安全防范意识，为进一步提高全港安全生产管理水平打下了坚实的基础。

（常熟市局　须文娟）

【常熟口岸成功举办奥运安保处突综合演习】

2008年6月2日下午，常熟口岸奥运安保处突综合演习在常熟港兴华码头举行，副市长朱立凡担任演习指挥长。参演部门有常熟市口岸委（港口局）、常熟海关、常熟出入境检验检疫局、常熟边防检查站、常熟海事处和常熟市公安局滨江派出所、常熟兴华港口有限公司等单位，全港15家码头企业70多名代表观摩了此次演习。这是常熟港迄今举行的规模最大的一次安保综合演习。

这次演习旨在全面提高口岸、港口应对突发

事件的实战能力，推进奥运安保工作的有效落实，扎实做好奥运期间各项安全保卫工作，确保北京奥运会期间口岸、港口的安全、稳定。

（常熟市局　须文娟）

【交通部批准建设洋口港起步码头】 2008年6月6日，《江苏LNG项目工作船及大重件码头工程初步设计》获得交通运输部正式批复。江苏LNG项目工作船及大重件码头位于江苏南通港洋口港区，为江苏LNG项目的配套工程。该工程将建设工作船及大重件码头1座，包括3个工作船泊位和1个万吨级大重件泊位（兼作1万吨级通用散杂货泊位）以及相关配套设施，占用岸线180米，工程总投资约3.4亿元。这座码头是洋口港的第一座码头，它在江苏LNG项目建设期间主要为重（大）件设备提供接卸服务，也是洋口港实现年底通航的起步码头。

（南通市局　孙学明）

【王汉斌、李金华视察南通港】 2008年6月11日，全国人大常委会原副委员长王汉斌、全国政协副主席李金华视察南通港，对南通造船业和港口的“大船品牌”给予高度评价。11日上午，王汉斌、李金华来到南通中远川崎船舶有限公司。在刚刚启用的二号船坞前，一艘30万吨级矿砂船正在船段拼装。公司负责人介绍，这是世界上同类级别中吨位最大、自动化程度最高的矿砂船，也是中国造船界首次建造同类级别的船舶。这种船舶市场行情非常好，中远川崎接到的订单已有8艘，首制船年底前交付。王汉斌、李金华点头称赞。在中远川崎舾装码头，一艘已经下水的10000标箱集装箱船正在舾装，另一艘同类型集装箱船即将下水。当听说在中国造船界，中远川崎拥有全员劳动生产率、人均利润、造船生产效率、万美元产值能耗最低等多个“第一”时，王汉斌、李金华称赞南通造船水平高。他们希望，南通紧紧抓住濒江临海的区位优势，加快发展船舶工业，早日将南通建成世界一流的船舶工业基地。随后，王汉斌、李金华一行考察了南通港狼山三期工程。王汉斌、李金华希望南通充分利用难得的港口资源，进一步做大做强港口经济，推动和促进地方经济又好又快发展，进而形成港口建设与城市发展的联动格局。

（南通市局　孙学明）

【长三角16城市共议港口安全与环保】 2008年7月18日，长三角上海、宁波、南京等16个城市的港口管理部门齐聚江苏南通，围绕港口安全和环保主题，共议对策措施，做好奥运前安保工作，以更好地提升长三角港口发展质量和综合竞争力，有效地保护港口环境，确保安全稳定。长三角16个城市建立了港口安全与环保合作机制，主要包括，编制港口安全、环保等领域的工作规划、计划，并认真组织实施；加强港口危险化学品的风险防范和管理，从源头上减少对港口安全、环境的危害；推动港口行业开展污染源调查、节能减排、环境监测等工作，控制港口装卸噪声、粉尘和污水排放，促进港口废弃物妥善处理和港区绿化，做好“蓝天、碧水、绿地”三大工程，切实保护生态环境，提高港口的可持续发展能力。

（南通市局　孙学明）

【罗省长考察南通港】 2008年8月12日，江苏省省长罗志军视察南通港。罗省长一行来到南通港最大码头——狼山三期江海公司15万吨级散货码头，听取了南通市港务管理局局长施伯香关于南通港口情况的简要汇报。罗志军省长非常关心南通的港口规模、布局、发展现状，详细询问了南通港口布局和功能定位，南通沿江港口和沿海吕四、洋口港开发建设情况，沿海深水航道的研究、利用情况。罗志军一行还先后考察了振华港机、熔盛重工、南通联合重工、中远海工等重大产业项目。省发改委、经贸委、财政厅、国土资源厅、建设厅、交通厅、环保厅等省有关部门负责人陪同调研考察。

（南通市局　孙学明）

【南通港整治“货郎船”、“货郎担”】 2008年8月15日，南通市港务管理局下发《规范船舶港口服务行为意见》，规定港口服务企业和船舶不得利用码头作业现场作为交易洽谈场所，提倡通过船舶代理或运用传真、电子邮件直接与船公司进行业务关系。船舶港口服务企业必须持有《港口经营许可证》、特定船舶供应（回收）合同等合法手续开展服务活动。同时，船舶港口服务企业进入港区从事供应（回收）服务，必须与码头企业签订安全管理协议，遵守码头企业的安全制度，服从码头企业的现场管理，不得影响码头企业的正常生产。

（南通市局　孙学明）

【吕四港区规划通过省部级评审】 2008年9月4日，南通港吕四港区总体规划通过了交通运输部和江苏省的联合专家评审。新规划的吕四港区横跨通州、海门、启东三市，岸线总长92公里，区位、自然条件良好，适合建设万吨级以上深水泊位。通过专家评审的港口规划将吕四港定位为以临海工业建设为龙头的新型港口，上海港口群中外海深水港重要组成部分。近期主要服务于海门、启东沿海产业开发，中远期服务于整个启东、海门、通州的发展需要，并逐步增强对苏中、苏北等内陆地区的辐射能力。吕四港具有现代化的装卸储存、中转换装功能、科学的运输组织功能、现代物流服务功能、临海工业功能、信息服务功能和综合服务六大功能。吕四港规划有吕四、连兴港、东灶港和通州四大作业区，主要作业散杂货、集装箱和油品，规划建设10万吨级及以下泊位34个、5万吨级及以下泊位18个，25万吨级原油单点系泊平台一座。预计2015年港口货物吞吐量为800万吨、2020年为1 800万吨。

（南通市局　孙学明）

【国务院批准如皋港为国家一类开放口岸】

2008年11月25日，国务院批准如皋港为国家一类开放口岸。如皋港是南通港在长江中投资最大的一个港区。近年来，如皋贯彻沿江开发的发展战略，以港口为依托，大力发展港口经济，已成为南通沿江最具发展活力的地区之一。目前，如皋港已建成15万吨级码头2座、5万吨码头10座，在建的5万吨级码头还有10座。通过能力达到6000万吨，预计2010年货物吞吐量将达亿吨。如皋港成为国家一类开放口岸，将进一步提升如皋沿江投资环境，为建成长江中下游地区物流中转基地发挥重要作用。

（南通市局　孙学明）

【长江口北支航道停航9年重新开通】 2008年12月26日，长江口北支航道航标更新改造工程竣工，已经停航9年的长江口北支航道重新开通。长江北支航道是崇明岛北侧的长江入海口航道，经过江苏海门和启东两市。上世纪50年代开始，北支航道是一条客货兼运的航道，航道北侧有青龙和启东两个港口，年旅客运送量达到400多万人次，货运量100多万吨。至90年代，该航道逐渐淤积，水深变浅，1999年大型船舶停止进出该段航道。建成后长江口北支航道起讫点为上海崇明北支口至启东连兴港，全长85公里，航道设置为小轮航道。

（南通市局　孙学明）

【洋口港区总体规划获交通运输部和省政府批准】 2008年12月29日，交通运输部、江苏省人民政府联合发文，批准南通港洋口港区总体规划。联合批文对洋口港的功能定位作出明确规定：洋口港区是南通港沿海港区之一，是江苏省实施沿海开发战略的重要基础，是南通市加快经济社会发展的重要依托，是南通如东及周边地区接纳产业转移、发展临港工业的重要支撑。洋口港区主要为临港工业开发服务，以能源、原材料、液体化工品和杂货运输为主。批文原则同意洋口港区划分为长沙作业区和环港作业区。

（南通市局　孙学明）

【张家港港顺利通过ISO9001:2000质量管理体系认证审核】 2008年12月30日，张家港港务集团顺利通过质量管理体系认证审核，获得了由中国船级社质量认证公司颁发的ISO9001:2000质量管理体系认证书。

（张家港港　颜炳福）

【南京西坝码头合作项目举行签约仪式】 2008年3月13日，南京西坝码头有限公司固体散货通用码头合作项目举行签约仪式。该项目由深圳国际控股有限公司、南京港务局和南京化学工业园有限公司共同组建合资企业南京西坝码头有限公司建设和经营，三方出资比例分别为70%、15%、15%。

（南京港　姚卫忠）

【南京港牵手中外运发展集装箱】 2008年3月28日，南京港与中外运龙潭集装箱项目合作签字仪式在宁举行。南京港龙潭集装箱公司相关股权转让并与中外运合作，将大大有利于南京港龙潭集装箱业务的发展。

（南京港　姚卫忠）

【安徽省港口规划不断完善】　2008年，港口总体规划编制工作进展顺利，14个市港口总体规划已公布实施，合肥、芜湖、蚌埠3市正在审批之中。

（安徽省局　马　栋）

【安徽省港口管理规范有序】　2008年，《安徽省经营性航道管理暂行办法》和《安徽省港口岸线有偿使用管理办法》起草完毕；完成了《安徽省港口条例》草案的调研、征求意见、修改等工作，《条例》草案已进入省人大审查阶段。严格规范港口岸线使用审批程序，从编制和实施港口总体规划入手，加大对港口岸线使用的管理力度，违反港口规划占用岸线建设港口码头的现象已基本杜绝。全年共审批港口岸线使用许可30项，港口岸线资源使用更加科学合理。

（安徽省局　马　栋）

【安徽省加强工程质量监管】　2008年，安徽省组织专家对全省在建水运工程项目进行了绩效考核；加强了对建设项目初步设计和施工图的设计咨询审查和审批，港航基本建设市场更加规范；借鉴营口港治理水运工程质量通病的经验，除对部质监总站提出的30种质量通病向建设单位进行预警外，还加强了对省局内小港站建设、航道维护工程进行跟踪检查监督，全年没有发生一起质量事故。

（安徽省局　马　栋）

【安徽省水运20条顺利出台】　2008年，历时五年，在广泛调研的基础上，代省政府起草的《安徽省人民政府关于加强水运基础设施建设和管理加快水运发展的通知》（又称“水运20条”）已正式出台，水运发展提出了明确指导性意见。同时，省财政将安排1亿元的水运建设专项资金，这在安徽水运发展的历史上是从来没有过的，我省内河航运发展将进入崭新的历史阶段。

（安徽省局　马　栋）

【安庆港总体规划获批】　2008年6月5日，国家交通运输部和安徽省人民政府联合下文，以交规划[2008]122号文件批准《安庆港总体规划》（修编）（以下简称《规划》）。新编《规划》明确规定安庆港性质、港口岸线长度及利用、港区划分、水域划分，突出安庆港的发展特色和比较优势。《规划》指出：港口岸线长105公里，分22个段；港辖区按地域总体划分为七个港区，包括十二大作业区和三大物流基地；安庆港发展方向为以能源、原材料和集装箱运输为主，兼顾旅游客运，具备装卸存储、中转换装、运输组织、临港开发等功能，并逐步拓展现代物流等功能的综合性港口。

（安庆市局　杨　蕾）

【安庆市简易小码头登记备案管理工作】　2008年9月，安庆市港口管理局在安徽境内长江干线港口率先制定出台《安庆市简易小码头登记备案管理办法》（暂行）。根据《办法》，该局以“先纳入，后规范；强服务，严监管”为原则，对市辖区内符合《安庆港总体规划》且确为当地经济及群众生活需要的内河生产经营性简易小码头实行登记备案管理。

（安庆市局　杨　蕾）

【江西省加强港政管理】　2008年，江西省港口行政管理部门加强对港口经营业户的经营资质监管工作。经核查，全省符合港口经营资质条件的业户653户，比上年增加146户，增长率28.7%。

一是认真做好《江西省港口管理办法》的学习、宣传、贯彻工作。省局在九江市举办了省港口管理办法学习培训班，组织各级港口行政管理部门的领导及港政管理人员75人参加培训。通过培训，统一认识、统一执法，解决了港口行政管理、港政执法监督和《港口经营许可证》审批、发证过程中遇到的问题，使港口行政管理更符合法律要求。二是通过交通运输部水运司调研组对江西烟花爆竹运输中的港口条件，认为江西已具备水路运输烟花爆竹的港口和水运基础条件，要求港口和水运企业应争取尽快取得港口和运输经营资质条件。南昌港国际集装箱码头和九江港外贸码头正在加紧完善相关经营资质条件，争取尽快取得转运烟花爆竹等危险品经营资格。三是规范港口行政处罚行为，保障公平、公正、合理行使港口行政处罚自由裁量权。根据省政府、省交通厅有关要求，省局组织人员制定了港口行政处罚自由裁量权执行标准，待报省政府相关部门批准后实施。四是切实加强港口岸线使用审批管理。2008 年九江翔升造船有限公司，东海船业制造有限公司建设船台、码头使用深水岸线 962 米，已获交通运输部批准；九江同方江新造船有限公司、九江钢厂有限公司、中国船舶工业物资闽赣有限公司建设船台、码头使用深水岸线 1 229 米，已通过省交通厅评估审核报交通运输部审批；江西大唐化学有限公司建设码头使用港口非深水岸线 653 米，已经省交通厅审批同意。

（江西省局　涂春如　杨　辉）

【《九江港总体规划》通过部省联合审查】 2008 年 3 月 28 日，交通运输部和江西省人民政府在九江联合组织召开了《九江港总体规划》（以下简称《规划》）审查会议。江西省政协副主席、九江市委书记陈安众、交通运输部综合规划司副司长任建华、江西省人民政府副秘书长张桃生、江西省交通厅副厅长许润龙、九江市常务副市长赵东亮、副市长熊永强等领导，交通运输部水运司、海事局、长江航务管理局和省发改委、建设厅、国土资源厅、水利厅、环保局，省航运局以及九江市发改委、港口局、国土资源局、规划局、水利局、环保局、口岸办等部门的专家和领导共计 40 余人参加会议。会上，《规划》编制单位中交第二航务工程勘察设计院有限公司、中国科学院南京地理与湖泊研究所详细汇报了规划背景、九江港的定位和吞吐量的预测，并对 2020 年港口总体发展格局和九江沿江 152 公里港口岸线的利用进行了说明；经过部、省组织的联合专家组现场勘查和认真审议，原则通过了《九江港总体规划》。

专家们指出，九江港位于长江中游，长江黄金水道、京九铁路、福银高速公路和鄱阳湖水系在此交汇，是江西省唯一的长江港口，区位优势十分显著。随着国家中部崛起战略实施，江西省建设“环鄱阳湖生态经济区”及把九江市建设成为“长江沿岸和中部地区重要的经济中心和港口城市”战略的实施，九江港货物吞吐量迅速增长。为了更好地适应腹地经济社会发展、沿江产业布局的新形势、新要求，有效保护和合理利用港口岸线资源，指导港口健康、持续发展，依据《港口法》，编制《九江港总体规划》是十分必要的。一致认为，九江港是全国内河主要港口，是区域综合交通运输体系的重要枢纽和对外贸易的重要口岸，是江西省发展沿江经济带和昌九工业走廊的重要支撑，是九江市临港工业、产业布局和经济社会发展的重要依托。九江港将发展成为以集装箱、建材、矿石、能源运输为主，兼有旅游客运，具备装卸存储、中转换装、运输组织、临港开发、现代物流、商贸服务等功能的综合性港口。要求港口建设必须按照“统筹规划、远近结合、深水深用、合理开发、有效保护”的原则，切实加强九江长江 152 公里港口岸线资源的保护与管理。

（江西省局　王凌云　杨　辉）

【九江市港口管理局启动预防自然灾害紧急救援预案】 2008 年 1 月 10 日以来，连日持续低温雨雪冰冻天气，给九江港口运输生产带来巨大冲击，九江港辖区 152 公里所辖五个港区，分布着关系到地方国民经济发展的电力、炼油、煤炭和石油物资运输等重点企业，为贯彻落实国务院和交通部关于“保干线畅通，保重点运输，保运行安全”的“三保”指示精神，九江市港口管理局启动预防自然灾害紧急救援预案，与海事、航道、公安等部门密切配合，采取综合措施，确保长江港口重点货物的运输畅通以及长江渡口的安全。

九江市港口局一是成立紧急救援工作小组，主要领导带队配备专人值班，所属沿江五个分局 24 小时不间断值班，确保信息畅通。二是采取有力措施，通过垫草包、撒盐和捆绑稻草等防冻防滑办法，确保电煤等重点物资运输不中断，据统计九江港口集团连日来安全运送电煤 36 121 吨，国际集装箱 6 460TEU。三是对辖区内危险品货物作业采取强制措施，要求危货企业强化管道的检查和维护，严防冻裂泄漏引发爆炸、火害和中毒等事故，对可能出现问题的单位下达停止作业等强制措施，确保港口安全万无一失。四是切实做好交通疏导，加强长江客运站及渡口的防冻防滑工作，晚上 6 点后，所有渡口一律封闭，并提前做好广泛的通知预告和远程拦截，确保人民的生命安全。

（江西省局　王凌云　杨　辉）

【柘林湖港航管理所正式挂牌成立】 2008 年 4 月 18 日，柘林湖港航管理所成立暨揭牌仪式在云居山柘林湖风景名胜区梦生山景区举行。省航运管理局党委书记熊海清、副局长徐国荣、九江市交通局党委书记黄强、副局长王宜江、九江市港口管理局及各分局领导、九江市港航管理处领导及基层单位负责人、云居山柘林湖风景区相关单位领导、当地企业代表等出席了揭牌仪式。

2000 年，为适应柘林湖水上旅游运输管理的需要，九江市港航管理处设立永修县港航管理所柘林湖港航管理站，对初期参与景区营运的客船进行管理，有效地维护了湖区旅游运输的正常秩序。近年来，随着云居山柘林风风景区跻身于国家级风景名胜区行列，景区游客也日益增多，景区旅游运输船舶也增加到 94 艘、3 172 客位。为了适应日益增长的旅游事业发展的需要，加强柘林湖区港航管理，规范湖区水上运输企业经营行为，确保水上旅客运输安全，经九江市机构编制委员会批准，九江市港航管理处在永修县港航管理所柘林湖港航管理站的基础上，组建柘林湖港航管理所，纳入当地主管部门的管理序列，接受云居山柘林湖风景名胜区管委会和九江市港航管理处的双重领导，负责云居山柘林湖风景名胜区辖区范围水域的水路运输、水路运输服务和港口管理。该所人、财、物由九江市港航管理处统一管理调配。

（江西省局　余昭林　杨 辉）

【九江港率先在江西省推行港口作业企业安全承诺制度】 2008 年，为了适应港口危险品码头数量增长较快、危险货物吞吐量大幅增加、港口重大危险源增多、特重大事故风险增大的趋势，九江港认真贯彻《港口法》、《港口危险货物管理规定》和《江西省港口管理办法》，进一步加强危险货物港口作业管理，从源头规范危险货物港口作业企业行为，率先在江西省推行危险货物港口作业企业承诺制度，切实构建平安和谐港区。

九江港长江辖区 152 公里，共有生产性码头泊位 123 个，其中从事危险货物作业码头泊位 18 个，长年可停靠 1 000 吨—5 000 吨级危险品货物船舶，作业区域主要集中在城区，危险品货物以油品居多，包括原油、成品油、碱、乙苯、甲醇、液化气等。港口危险作业安全不仅关系到企业利益，更直接关系到人民生命、财产安全，对运输安全产生重要影响。九江市港口管理局积极探索建立危货作业企业安全管理的长效机制，与辖区内从事危货作业企业签订了《安全管理责任书》，推行《危险货物港口作业安全承诺制》。一是严格按照法规要求对危货企业颁发《危货港口作业认可证》；二是严格履行危货作业申报制度；三是严格按要求实行管理人员和作业人员持证上岗制度；四是严格按要求制定安全应急救援预案并加强演练；五是加强检查制度，及时发现和消除危险货物港口作业现场事故隐患；六是加强值班制度，强化危险货物港口作业基础工作和快速反应急时上报机制。

（江西省局　王凌云　杨 辉）

【上饶市港航管理处开展港口经营秩序专项整治活动】 2008 年 6 月 5 日，上饶市港航管理处在鄱阳县政府的领导下，与鄱阳县水利局、工商局、水上公安分局及有关乡镇组成联合执法组，在鄱阳县副县长汪天水、县长助理、市港航管理处处长江金龙的带领下，对鄱阳县港口经营市场开始专项整治。此次专项整治活动将持续到 7 月 1 日，旨在保护合法经营，取缔无证经营，打击违规违法经营，整改不规范经营，消除港口安全隐患。专项整治活动的范围是：鄱阳县港口区域内为船舶、旅客和货物提供港口设施和服务的所有企业和个人。在整治期间，港口行政管理部门将从港口企业的经营资质、港口经营安全管理、港口经营人的服务行为以及遵守国家港口管理法律、法规、规章的情况等方面进行检查和监管。对专项整治中发现的问题，港口行政管理部门将督促有关企业和个人限期进行整改，对确实无法达到国家规定的许可条件或整改后仍达不到资质要求的，一律予以取缔。

在当地政府的协助下，鄱阳县已有 99 家码头经营业户到港口管理部门办理了登记。6 月 5 日，执法组就下达了港口经营业户停业整顿通知 22 份，为下阶段发放《港口经营许可证》打好了扎实基础。

（江西省局　徐国斌　胡文飞　杨 辉）

【九江市港口管理局全力做好奥运会期间社会稳定及安保工作】 2008 年，为认真贯彻落实九江市维稳工作会议精神，按照市委维护稳定工作督导组的要求，该局召开局党组会议，对维稳工作进行了专题研究、部署。

一是加强领导。成立了维稳工作领导小组，负责部署、组织、协调、督办维稳工作。要求维稳工作领导小组定期召开会议，排查全局存在的不稳定隐患，并明确责任，层层抓落实，将矛盾化解在基层，消除在萌芽状态；督导矛盾隐患的消除情况，做到矛盾问题不解决决不放过，维稳工作不留死角。二是认真梳理排查。实行维稳排查工作包案制。如原企业退休干部多次反映要求享受事业单位退休待遇问题，该局党组高度重视，党组书记刘道林责成办公室向市人事局报告。鉴于这部分同志在企业退休，有些待遇不能从政策层面给予解决，该局积极上门做好政策的宣传解释工作，并逐步提高老同志待遇，老同志对此表示理解。对有可能影响社会稳定的重点问题和上访人员，局领导主动约谈信访人员，全面掌握信访人员的思想动态，并做好矛盾化解工作。如瑞昌分局一名老职工即将退休时，发现其人事档案里没有证明其干部身份材料。对此，该局党组高度重视，党组书记刘道林亲自与人事局和组织部门多次协调，使此事得到了圆满解决。三是加强安全监管工作。近期，该局已对辖区内所有港埠企业进行了一次拉网式安全隐患排查，对存在的安全隐患及时提出整改要求，并建立健全安全隐患治理制度，加强事故预警、预防工作，防止因安全事故引发群体性上访事件。

（江西省局　王素珍　杨辉）

【南昌市港航管理处积极做好统计执法自查工作】 2008年，根据南昌市人大财经委、市统计局《关于开展全市统计执法检查的通知》精神，南昌市港航管理处严格对照全市统计执法大检查工作方案的相关检查内容，本着实事求是的原则，严肃认真地对统计工作进行了自查。

长期以来，该处切实加强统计工作的领导，确保了统计工作由专职人员持证上岗。同时，要求统计人员在工作中严格贯彻执行《中华人民共和国统计法》、《统计法实施细则》和《江西省统计管理条例》按时报送年度、季度统计报表，保证统计报表数字真实，做到不虚报、不迟报；认真执行原始记录和统计台账存档制度，做到报表齐全、有底可查。为各级领导决策提供了正确、可靠的数据。通过自查，进一步明确了统计执法责任，规范了统计基础工作，为统计工作质量的提升起到了积极的促进作用。

（江西省局　张科文　杨辉）

【江西省港航(口)管理处(局)长会议在景德镇召开】 2008年7月26日至27日，江西省港航(口)管理处(局)长会议在景德镇市圣山酒店举行。此会是在2007年全国、江西省水运工作会议和2008年全国港航管理工作会议之后，在新形势下认真贯彻落实全国、江西省水运工作会议和全国港航管理工作会议精神，全面推进江西省行业管理的新举措。

省航运局党委书记熊海清到会讲话，指出：发展运量大、环境污染小、单位能耗低、占地少的水路运输，是建设资源节约型，环境友好型社会的必然选择。他要求各地要紧紧抓住国家加大水运基础设施建设力度的有利契机，结合本地区水运实际，科学规划港口布局，加快水运能力建设，形成与经济发展相适应的水路运输体系。

省航运局副局长徐国荣在会上传达了7月17日召开的全国港航管理工作会议精神，对上半年江西省港航（口）管理工作进行了总结，部署了下半年的工作，同时特别指出：港口基础建设，港口规划是前提，重申了江西省各设区市编制港口规划的重要性，希望引起高度重视。

与会的江西省各设区市港航(口)管理处(局)长，在会上就上半年的工作、下半年的工作思路进行了交流发言。景德镇市港航管理处处长黄兴好同志，就该市高位推进景德镇港货运码头复建，复建货运码头选址，景德镇发展水运思路，以及乐平“以砂建港养浚”的做法进行了经验交流。

与会代表还实地考察了该市货运码头复建选址。货运码头科学选址，得到了实地考察人员一致高度评价。

该会是江西省港航系统20年来首次召开的处（局）长例会，它为江西省各设区市港航（口）处（局）长建立了一个相互学习、相互促进、密切联系、交流工作、探讨发展的新平台，为推动江西省水运事业实现又好又快的发展营造了良好的氛围，达到了会议预计效果。

（江西省局　施世明　杨辉）

【瑞昌石油公司165米长江岸线获合法身份】

2008年，瑞昌石油分公司经理万江文专程来到九江港口局赠送锦旗，感谢在该局的支持帮助下，为该公司165米港口岸线使用权确定了合法身份。

瑞昌石油分公司7105油库趸船位于长江岸边深港区。该油库的165米长江岸线码头是上世纪70年代建成投产，早期原始办证依据不齐全，资料管理不规范，原本应持有的证件严重缺失。

8月，在江西省第三次江西省港口普查中，该局瑞昌分局多次主动上门登记辅导办理相关材料和证件，组织相关专家对该公司使用的码头岸线进行综合评估，同时，该局主要领导还亲自深入该企业，了解实际情况，并要求分局及市局业务科室要根据企业实际解决企业困难。经过调查核实，九江市港口管理局最终确定该企业目前在用的165米岸线是2004年1月1日《中华人民共和国港口法》颁布实施前的历史形成岸线，在不改变岸线用途的原则下可以继续使用。并以此为前提，在3天内为该公司办好了《港口经营许可证》和《危险货物港口作业认可证》。

（江西省局　蔡联欢　柯瑞华　杨　辉）

【九江市港口管理局直属分局做好神七观测船油料装运保障】　2008年9月25日21时，“神舟七号”载人飞船发射首战告捷。担负着保障观测“神七”飞船的某观测船油料军交任务的九江市港口管理局直属分局职工倍感激动。

为切实保障好“神七”飞船的观测船只军油装卸工作，直属分局高度重视，局长王震东从军油计划，组织到现场装卸直接过问，及时与军代表联系，并派出精兵强将在现场督查，做到油料装卸万无一失，积极协助军方保质保量完成了油料装卸，受到部队和承运方称赞。

（江西省局　方　武　柯瑞华　杨　辉）

【南昌市港航管理处正式启用网上票据管理系统】　2008年，江西省航运管理局研发了网上票据管理系统，并组织江西省各地市港航（口）部门财务人员进行培训，旨在进一步加强对江西省票据的统一管理，规范国家规费征收工作。

为了使该系统在南昌市港航管理处顺利启用，该处于10月份在各收费科室配备了微机设备并接通了网络，专门组织各收费科室人员认真学习并掌握网上票据管理系统的使用，将每份票据的详细资料按要求输入电脑，由各科室负责人进行监督，再由财务科统一核实，以便及时准确地掌握全处的票据信息，保证每份票据内容输入无误。

网上票据管理系统的启用，增强了该处征费工作的透明度，提高了征费工作的效率，使该处的票据管理水平上了一个新台阶。

（江西省局　吴　琪　杨　辉）

【九江市港航管理处全面推行休息日、节假日值班制度】　2008年，九江市港航管理处在民主评议政风行风工作征求意见建议活动中听到有业户反映，星子县港航管理所多年来一直实行休息日、节假日专人值班制度，即在普通休息日采取领导带班、安排各股室业务人员轮流值班，重要时段全所人员集体加班，并且将结算人员及业务股室负责人的联系（移动）电话在显著位置公布，为各类业户八小时以外联系办理紧急业务提供便利，受到广大业户的广泛好评。

应广大业户要求，该处决定，自9月起，在全处推广星子县港航管理所的做法，要求各所站全面推行休息日、节假日专人值班制度，实行全天候服务。一是各所站领导在休息日、节假日轮流带班，股室业务人员轮流值班，确保休息日、节假日业户上门办理业务时都能得到办理。二是要将各业务股室具体业务项目及负责办理人联系电话在所站显著位置公布，为业户联系办理业务提供便利，随时受理业户申请并及时予以办理。

（江西省局　王大慰　杨　辉）

【九江市港口管理局积极参与“红剑2008”水上大型灭火救援联合演习】　2008年11月7日，九江市“红剑2008”水上大型灭火救援联合演习在九江举行。按照联合演习要求，九江市港口管理局派出港政执法艇和执法人员积极参与。

9时30分，演习正式开始，现场模拟某石油公司一艘装载1 000吨93号汽油的大型油船在行至九江市区附近长江水域时，因机驾人员操作失误，与一艘有多名乘客的客轮发生相撞，造成油轮爆炸起火，并将客轮引燃，险情发生后，消防、海事、航道、公安及港口管理局港政001号迅速出动，控制火势，奋力抢救并疏散人员，排除险情，演习历时一小时顺利结束。

此次演习得到了该局领导的高度重视，党组书记、局长刘道林亲自拟定参演宣传横幅内容，并要求参演的九江县分局选派精兵强将，修缮好港政艇，以优良的状况迎接演习，演习中各参演人员克服各种困难，顶风冒雨，连续作战，终于圆满完成演习任务。

通过这次九江市规模最大的水上灭火救援联合演习，进一步展示了该局“服务港口、服务发展、服务社会”的良好形象，提高了水上安全事故应急处理能力，为构建平安和谐的九江港提供了保障。

（江西省局　吴彩霞　余峰　杨辉）

【九江市港口管理局召开首次军交运输保障工作会】　2008年11月12日，九江市港口管理局召开首次“军交运输保障工作会议”。会议宣布成立了军交运输工作领导小组，全面部署了今后一个时期的九江港军交运输保障工作任务。

为把军交运输保障工作落到实处，该局根据体制转换的实际，及时加强与南京军区军交运输保障部门的联系，调整成立了九江市港口管理局军交运输保障工作领导小组，并对各成员的工作职责进行了明确，为搞好九江港军交运输保障工作奠定了基础。会上，驻九江航务军代处主任吴宁传达了南京军区军交运输保障工作会议精神，并围绕新时期军事斗争准备对军交运输工作的要求，紧密结合实际提出了相关意见，并进行了工作部署。

最后，该局党组书记、局长、驻九江航务军代处兼职第一主任刘道林就如何抓好今后的军交运输保障工作提出了要求。他强调要把军交运输保障工作提高到战略地位来认识，列入各级党组织的重要议事日程。同时，各基层单位要进一步健全机构，摸清情况，落实责任，确保军交运输保障各项工作的全面完成。

（江西省局　柯瑞华　杨辉）

【江西省港航管理部门心系水运业户协调放水保通航】　自2008年10月份以来，由于江西省降雨量持续偏少，赣江万安至新干航段因水位低，船舶无法航行。据统计，至11月21日，滞留在吉安、赣州市所辖赣江沿线各港及浅滩处的船舶共有90艘，载重物资计4.5万吨。吉安、赣州市港航管理处心系水运企业、船户，及时向省航运管理局报送了“关于协调万安水电厂放水通航的紧急报告”。为及时疏通被堵船舶，保障运输船舶和货物的安全，减少运输船舶被堵带来的经济损失，为水运经营业户解决实际困难，省航运管理局及时启动万安水库枯水期定期放水机制。

在省电力公司、国电万安水电厂的高度重视和大力支持下，12月1日8时，国电万安水电厂连续放水15个小时，下泄流量1 300立方米/秒，确保了滞留在赣江各航段的船舶顺利通航。

为确保此次放水保通航获得圆满成功，省航运管理局、吉安市港航管理处高度重视，安排业务人员昼夜值班，随时与水运企业、通航船舶跟踪联络，密切了解掌握船舶航行动态和水位情况，并及时向省电力公司、国电水电厂通报、协调，竭力做好通航保障工作。12月1日21时，当胡大根副局长了解到停泊在万安窑头航段的船舶可能错过第二天乘“水尾”通航的机会、导致部分船舶仍不能通航的情况后，及时与省电力公司、国电万安水电厂协调，将放水时间延长了2个小时，并加大放水流量，使滞留在万安县河段的船舶于12月2日17时顺利通过吉安水域。放水期间，省航务管理局，吉安、宜春航务分局加大了对航道的维护和对船舶的引导，为滞留在万安至新干航段的所有船舶通过碍航航段发挥了重要作用。

国电万安水电厂放水保障通航工作圆满成功，共为水运业户减少直接经济损失220余万元，得到了广大水运业户的高度称赞，树立了港航管理部门心系水运企业、船户，为民办实事、做好事的服务型管理部门的良好形象。

（江西省局　匡萃林　张掌华　杨辉）

【江西省港航规费征收保持稳定】　2008年，在鄱阳湖禁采和赣江中下游限采的不利环境下，特别是下半年席卷全球的金融风波，开始向整个的经济领域蔓延，对江西省港航系统的影响主要反映在经营砂石运输的船舶进入鄱阳湖区和赣江数量明显减少，给江西省港航规费征收带来了很大的压力，江西省港航系统特别是基层一线广大干部职工辛勤努力优化服务环境，统一征收标准、严格执法，严防偷逃规费的行为，使江西省2008年港航规费征收仍然突破1亿元，同时也是江西省港航规费连续 3 年突破亿元，为江西省港航事业发展提供了强有力的保障。

（江西省局　胡国和　杨 辉）

【南昌市港航管理处积极做好公务卡结算方式试点单位准备工作】 2008 年，为了进一步深化国库集中收付制度改革，规范财政财务管理，减少现金支付结算，提高公务支出的透明度，控制行政事业单位的现金流量与现金风险，简化单位财务结算与财务报销流程。南昌市财政局于最近发出通知，将南昌市港航管理处等列为全市第二批公务卡结算方式的试点单位，并从 2009 年 1 月 1 日起正式实行。

公务卡是指有关银行发给市直行政事业单位工作人员持有的，具有一定透支额度与透支免息期，主要用于日常公务支出和财务报销业务的信用卡。它既有一般银行卡所具有的授信消费等共同属性，同时又具有财政财务管理的独特属性。是将财政财务管理的有关要求与银行卡的独特优势相结合而形成的一种新型财政财务管理工具和手段。

随着国民经济的快速发展，财政支出大幅增长，公务支出不断增加，传统的财务管理带来的成本高、效率低、管理难、风险大的问题进一步显现。公务卡作为一种便捷透明、高效的现代支付结算工具，对规范现金使用、加强财政财务管理，健全公共财政管理体制有着积极的意义。实行公务卡结算方式是进一步提升单位财务管理水平的迫切需要，是提高财政财务透明度的内在要求，也是从源头防治腐败和减少违法违规行为的重要举措。

为了积极做好这项工作，该处结合本处实际已制定了《公务卡报销管理细则》。细则就公务卡实施范围、公务卡的办理、公务卡的使用、公务卡刷卡消费公务支出的财务报销程序、公务卡的信息管理与动态监控以及对持卡人的要求等都作出了详细的规定。细则要求，今后原使用现金结算的日常公务支出中，即办公费、印刷费、差旅费、会议费、交通费、招待费、水费、电费、电话费等零星商品服务和 2 万元以下的采购支出，必须使用公务卡。持卡人应优先选择在具有刷卡条件的商户进行公务消费，最大程度地减少现金支付结算。违反规定的，单位财务不予报销。

（江西省局　刘润华　杨 辉）

【九江市港口管理局完成港情摸底造册工作】

2008 年， 随着港口经济的发展，九江港情发生了很大变化。为全面掌握所辖沿江各港口码头分布发展现状及其岸线使用、规费征收、行政许可、安全隐患等级等基本情况，更好地履行港口行政管理服务职能，5 月，九江港口管理局由规划建设科牵头，有关科室及各基层分局配合，通过分局上报、业务科室逐个核实的办法，历时两个月时间，对所辖沿江 152 公里五个港区内的港口企业或码头单位的码头基本情况进行了比较全面系统的摸底，并登记造册编制了《九江港港口码头现状表》。该表对港口企业和码头单位的企业（单位）个数、地址及联系电话，企业（单位）码头泊位分布、数量、长度、主要用途、服务类型、结构形式、经济类型、生产类型、投产时间、靠泊能力、年泊位通过能力及 2008 年计划年吞吐量、岸线长度及使用情况、规费征收情况、经营许可证办理情况、安全隐患等级等作了比较详实的记载，真实地反映了九江沿江港口现状的全貌。

港情摸底造册工作的完成，使该局基本摸清了“家底”，从而为上级进一步完善九江港区规划、推动九江沿江开发战略的实施提供了科学的决策依据，也为自身加强港口行政管理、服务港口企业提供了信息支撑，并为九江港顺利完成第三次全国港口普查奠定了坚实的基础。

（江西省局　汪兰香　杨 辉）

【吉安市人民政府颁布《吉安市港口岸线管理办法》】 2008 年，为加强港口管理，充分开发和合理利用港口岸线，有效保护港口资源，维护港口的安全与经营秩序，保护当事人的合法权益，促进港口的建设与发展，吉安市人民政府依据《港口法》、《江西省港口管理办法》有关规定，于 9 月 17 日出台了《吉安市港口岸线管理办法》（以下简称《办法》），10 月 1 日起实施。

《办法》总计 15 条，包括出台《办法》的目的意义，港口岸线、深水岸线、非深水岸线的概念界定，岸线主管机关，岸线审批的前置条件、审批所需提供资料，岸线审批的程序、权限和时限，岸线使用期限以及岸线使用人的权利和义务，岸线管理罚制等。《办法》立意明确，规定清晰。

主要体现三个原则：一是岸线资源国家所有。其所有权不属任何企事业单位和个人，明确市港航管理处是全市岸线主管机关，代表市政府管理全市岸线资源。二是依法有偿使用岸线，取得港口岸线使用权的单位和个人，应按照《江西省港口费收规则》缴纳港口岸线使用费的相应规费。三是新上项目使用岸线要符合城市总体规划和港口规划。

（江西省局　肖小红　杨　辉）

【《樟树市港口总体规划》通过省发改委、省交通厅专家审查】 2008 年 12 月 16 日，江西省发改委、省交通厅共同在南昌召开了《樟树市港口总体规划》（以下简称《规划》）审查会。

省国土厅、省水利厅、省建设厅、省交通厅规划办、航运管理局、航务管理局，宜春市政府、市发改委、市交通局，樟树市港口规划编制工作领导小组成员单位和特邀专家共三十余人参加了会议。会议由省交通厅计划处梁必康处长主持，省交通厅副厅长胡琳出席会议并讲话。

会议首先由省港航设计院介绍了《规划》编制情况，专家组对《规划》进行了认真讨论，一致认为该《规划》资料基本齐全、符合交通部港口总体规划编制内容及文本格式要求， 遵循了“深水深用、浅水浅用、综合开发、远近结合、宏观控制、环境保护”的规划原则，认为《规划》适度超前是可行的，认同将樟树港定位为推进樟树市及周边地区经济发展，集产业布局、资源开发服务、装卸储存、中转换装、临港开发等功能为一体的综合性港口。专家组对《规划》提出了很好的建设性意见，要求尽快修改完善。

省交通厅副厅长胡琳分析了当前国际、国内交通运输形势、水运发展格局，强调港口规划要适应经济发展的需要，指出樟树港必须按照规划要求合理布局，充分利用区位优势加快港口基础建设，更好地为带动樟树市以及周边地区经济发展发挥作用。

（江西省局　张小平　郑小龙　杨　辉）

【南昌市港航规费首超两千万】 2008 年以来，因鄱阳湖沙石禁采，赣江中下游限采，导致赣江流域沙石船舶运输锐减，南昌市港航规费的征缴形势不容乐观。南昌市港航管理部门面对新的形势，全面加强了规费征缴工作：加强联合，打造了跨地区规费征收的平台；改进服务，实现了水上重点工程项目规费征收近百万；积极协调，破解集装箱规费征收难题；建立制约机制，有效防止港航规费偷、逃、漏。截止年底，全年规费征收达 2 087.7 万元，比去年增长 5.8%。

（南昌港　刘　敏）

【南昌港口安全隐患治理行动取得明显成效】
2008 年 5 月，为进一步加强港口资质管理，消除各类事故隐患，促进港口安全生产形势根本好转，根据省、市统一部署，南昌市港航管理处集中开展港口安全隐患治理行动，通过采取一系列的整治措施，取得了明显成效。

该处结合“安全隐患排查专项治理”和“安全生产百日督查专项行动”活动，利用广播、大型横幅等形式广泛宣传港口安全知识，并将治理行动重点通知到各危险品码头，从 5 月份开始，对港区内 40 家港口企业装卸机械设备的安全生产情况、机械设备的年检年审情况等进行了一次大检查，对各码头的安全隐患进行了排查。治理期间共出动执法人员 200 余人次，车辆 50 余辆次，先后对 6 户超越经营范围擅自从事危险货物作业的港口企业、2 户未经批准擅自在港区内建设港口设施的港口企业，分别下达了责令停止（改正）违法、违章行为通知书；对 2 户存在滑坡、垮塌的港口企业下达了停业整改通知书，并责令其在汛期到来前整改到位。同时，为从源头把好船舶装卸关，杜绝船舶超载出港，南昌市港航管理处与 33 户港口装卸企业签定反超载责任状。

（南昌港　刘　敏）

【南昌市贯彻落实省港口管理办法 切实加强港口经营资质管理】 2008 年，为进一步深入贯彻《江西省港口管理办法》，南昌市港航管理处结合南昌市港口经营的现状，加大宣传引导，强化港口经营企业资质管理，规范港口经营行为，保障港口行业安全，努力营造成良好的市场环境。

南昌港现有码头 36 座，其中危险品码头 6 座，由于部分码头建设及投入使用时间较早，在码头基础设施和装卸机械方面不同程度存在着安全隐患，有的达不到经营资质要求。为此，该处充分利用《办法》出台这一有利时机，给合年度核查，加大港口经营企业资质管理力度。3 月 20 日，该处在全面加强《办法》宣传的基础上，又召开了全市港口经营人年度核查工作会，提出了加强港口经营资质管理的具体要求，明确了经营人在经营资质上的责任和义务。与此同时，该处还组织相关机构对全市未办理竣工验收手续的老码头进行基础设施评估，联系技术监督部门为港口经营业人的装卸机械进行检测，组织负责安全生产的管理人员和机械操作人员进行培训，要求港口经营人参加。按照资质要求，对全市各港口企业经营资质不达标的业户给予指导，提出整改意见，限定整改日期。整改后仍达不到要求的，将组织专项整治行为，依法其经营资格。

（南昌港　刘 敏）

【南昌港开展水路内贸集装箱超载治理】 2008 年，按照交通运输部要求，南昌港将开展为期半年的内贸集装箱超载治理工作。确保南昌港集装箱运输基础设施完好和运输生产安全，维护良好的内贸集装箱运输市场秩序。为更好的落实南昌港集装箱码头的治理工作，成立由市交通局副局长彭孝福为组长，市港航处杨庆、吴亨生、邓华明为副组长的领导小组，市港航处各职能科室具体实施，按照制定计划和步骤，将在 2008 年 10 月起对我市国际集装箱码头、内贸集装箱运输船舶开展集中治理，力争使南昌港不出现内贸箱超载现象，2009 年将建立长效管理机制。

（南昌港　刘 敏）

【南昌市完善和修改南昌港总体规划】 2008 年，南昌市港航管理处根据交通部审查会审查意见，已完成了对《南昌港总体规划》的完善和修改，并征求了交通部专家、省航运局、市环保局、市规划局、市水利局等部门的意见，正按相关要求和程序报请省政府和交通部审批。

（南昌港　刘 敏）

【湖北省港口管理概述】 2008 年，紧紧围绕“质量效益年”总体要求和“五杯”竞赛活动，深入贯彻落实湖北省交通工作会议以及港航海事工作会议精神，按照省交通厅运输管理工作要点的安排，以港口安全管理为突破口，全面推进了港口现场管理，全省港口管理工作逐步加强。

·强化港口安全管理　在湖北省开展了以检查港口经营资质及从业人员资质为重要内容的安全检查及抽查，加强了港口危险货物从业人员培训，加大了危险货物港口作业的现场监管。以加强奥运特殊时期港口安保工作为契机，筹措资金 350 余万元，配备了 9 套 X 光检测仪和一批手持安检仪，有效杜绝了“三品”的流入。责成荆州市港航局对辖区内危货码头存在的安全隐患进行跟踪督办，督促其严格按照要求进行整改，并不得在搬迁之前进行作业。

·强化港航现场管理　通过召开管理经验交流现场会和布置会，在省内全面推进港口经营入报港制度的落实，加强了港口装卸方案、港口经营行为、港口企业经营资质动态跟踪等四项检查。各地结合水路交通隐患整改“回头看”活动，适时开展了形式多样的港政专项检查活动。宜昌水路普通客运市场整顿工作取得了初步成效，成立了联合调度中心，开发了统一联网售票系统，实行统一价格、统一售票、统一调度，建立了客运站联营机制，初步实行水、陆无缝规范对接。举办了一期全省运政港政人员培训班。

·强化内贸集装箱超载治理　主要对省内四个主要港口的五个集装箱码头进行了摸底调查，并针对宜昌港和黄石港集装箱码头，未按要求安装内贸集装箱码头闸口称重系统和重量监控信息系统的情况，制定了整改工作计划。同时，按照交通运输部总体部署，开展为期 6 个月的集中治理活动。

·强化行业管理调研工作　坚持调研与指导相结合，促进港口管理工作上台阶。积极参与武汉新港研究，加强了对水运行业管理重点工作的调研。根据局统一部署，运输港口部门积极参与武汉新港工作专班，分工负责武汉新港管理体制、资源整合、设立武汉保税港区可行性研究工作及推进武汉新港建设的政策措施的研究。

（湖北省局　王彦玲）

【武汉武钢港务外贸码头有限公司正式成立】

2008 年 7 月 23 日，武汉港务集团与武汉钢铁（集团）公司合资成立的武汉武钢港务外贸码头有限公司正式挂牌。省委副书记、市委书记杨松，市长阮成发及市相关部门负责人出席了挂牌仪式。合资公司的成立，是深入贯彻科学发展观，整合武汉港口资源，打造亿吨级“武汉新港”的重要举措，解决了长期以来困扰港口产业发展的问题。

（武汉港　曹 琳）

【武汉港得到政府及社会各界的广泛关注】

2008 年，随着武汉新港建设的推进，集团进一步得到政府和社会各界的广泛关注。4 月，香港特别行政区行政长官曾荫权和夫人及香港商贸考察团 100 余人，到武汉港集装箱有限公司实地考察了杨泗港外贸、内贸进出口箱区和码头运作情况。5 月，副省长田承忠、副市长尹维真等领导就武汉新港建设和招商引资工作到武汉港蓝天化学品码头现场办公。8 月，省委副书记、市委书记杨松，常务副市长袁善腊，市委秘书长彭丽敏，市委副秘书长袁希民、“武汉新港”领导小组成员单位领导及省、市相关部门负责人一行考察调研了杨泗集装箱港区、沌口港区。

（武汉港　曹 琳）

【国家口岸办副主任罗文金到宜昌水运口岸调研】　2008 年 8 月 12 日上午，国家口岸办副主任罗文金一行在集团董事长陈发义的陪同下，来到集团集装箱公司进行调研。来自全国 11 个省的口岸办领导也随同参观考察了集装箱码头。据悉，他们都是来宜昌市参加国家内陆片《口岸管理条例》立法会的代表。

（宜昌港　赵 涛）

【湖北省委书记罗清泉视察宜昌港云池港区一期工程】　2008 年 5 月 12 日上午，湖北省委书记罗清泉在市委书记郭有明、市长李乐成的陪同下亲临宜昌港云池港区一期工程现场视察。在云池港区规划示意图前，在施工码头前沿，罗书记详细询问了港区规划、工程建设、水域岸线及陆域等情况，集团党委书记陈新国、副总经理赵程鹏作了回答。罗书记要求宜港集团按照高标准、现代化的要求建设好云池港区，并用超前、发展的眼光规划好宜昌港口的发展。

（宜昌港　赵 涛）

【抗震救灾　众志成城　重庆港航局紧急布置地震应对工作】　2008 年 5 月 13 日上午，重庆市港航管理局召开紧急会议，强调和部署“5.12”地震应对工作。一是要求港航管理部门和相关水运企业领导和全体职工要高度重视，坚守岗位，全力以赴投入抗震救灾工作；二是对全市港口、码头、航道设施、船舶和水上水下施工作业（在建桥梁、航电枢纽等）进行一次全面的排查，了解受灾情况，查找隐患并进行整治；三是为防止嘉陵江上游水库放水造成江水陡长，引发事故，要求相关部门加强沟通协调，及时掌握水情动态，提前通知沿线港航管理部门、船闸及施工单位等做好预案，保证人员、设备安全；四是保证抗震救灾物资优先运输，同时准备了应急运力。其中客船 5 艘、集装箱船 10 艘（拖轮 1 艘）、普通货船（拖轮）15 艘，集卡车 30 辆、载货汽车滚装船 5 艘、化危品船 5 艘、成品油船 5 艘作为备用船舶；五是加强应急值班，保证信息畅通。要求各单位建立应急 24 小时值班制度，即时报告相关信息并实行零报告制度，确保信息畅通。

四川汶川“5.12”特大地震发生后，市港航局迅速启动了重庆市水路运输组织应急预案，并及时与长江三峡通航管理局和湖北省港航管理局就救灾物资优先通过三峡船闸和优先上滚装船等有关问题进行了协调，有效保证了救灾物资的及时输送。从 5 月 13 日至 5 月 20 日止，市港航局组织协调 5 艘次船舶优先通过三峡船闸，434 辆运输救灾物资的车辆优先上滚装船，并免收滚装车辆运费及各项规费 78 万余元，确保了将油品、疾控车、救护车、电信工程车、药品、食品运输车等物资和车辆尽快中转至四川灾区。

（重庆市局　阳 斌）

【重庆市布置第三次港口普查工作】　2008 年 8 月 13 日，重庆市第三次港口普查工作布置会在永川召开，市交委、市港航局以及 30 个区县的港口行政管理机构代表参加了此次会议。会上，市交委何升平副主任作了题为“加强领导，精心安排，认真做好第三次全国港口普查工作”的动员报告。

（重庆市局　阳 斌）

【重庆市港航管局第一次代表大会隆重召开】

2008 年 10 月 24 日上午 8 时 30 分，中国共产党重庆市港航管理局第一次代表大会隆重开幕。大会由梁雄耀同志主持，市交通党委副书记余昌平同志、党委委员何升平副主任代表上级党委出席了会议。大会应到会党代表 110 人，实际到会 109 人。会上，刘治军同志代表中共重庆市港航管理局委员会作了题为《解放思想 扩大开放 为建设长江上游航运中心而努力奋斗》的报告。杨根川同志代表中共重庆市港航管理局纪律检查委员会作了题为《完善机制 注重预防 扎实推进党风廉政建设和反腐败工作》的报告。以上两个报告在大会审议时，经与会代表一致同意并通过。随后，大会严格按照《党章》有关规定，选举产生了中共重庆市港航管理局第一届党委委员和纪委委员。市交通党委副书记余昌平同志代表交通党委对近年来港航局党委取得的优异成绩、对会议取得的圆满成功、对当选的各位委员表示了热烈的祝贺，并向市港航局广大党员、干部职工致以了诚挚的问候，同时对市港航局今后的党建工作提出了具体要求。何升平副主任在讲话中对党代会取得圆满成功表示了热烈祝贺，并就更新观念，理清思路，促进水运又快又好发展提出了要求。

（重庆市局　阳 斌）

【《重庆市港口管理条例》正式实施】 2008 年 1 月 1 日，《重庆市港口管理条例》（于 2007 年 9 月 28 日经重庆市第二届人民代表大会常务委员会第三十三次会议通过）正式施行。

条例的出台凝聚了重庆交通人五年的心血，是《中华人民共和国港口法》在重庆市的具体实施，是根据重庆市具体情况对国家法规细化，为依法管理港口提供了更细则的法律依据。

（重庆市局　阳 斌）

【重庆市联合检查组督查涪陵区危险货物码头作业情况】 2008 年 1 月 8 日，根据重庆市安委会《关于开展危险品码头安全隐患排查治理工作的通知》精神和“货物码头两会两节”期间安全检查安排，重庆市港航局与重庆市安监局组成联合检查组，对涪陵区危险进行了安全督查，涪陵区港航局、安监局参加了检查工作。检查组检查了中化涪陵化工有限公司、天原化工有限公司的危险货物码头。对检查发现的安全隐患，在现场与企业负责人进行了沟通，要求企业限期整改。

（重庆市局　阳 斌）

【重庆市局检查郭家沱滚装码头安全工作】

2008 年 1 月 21 日，重庆市港航局检查了郭家沱滚装码头安全运行情况。工作组检查了正在进行装卸作业的“江顺 168”轮，并组织郭家沱港埠公司、重庆罗诺船务公司、局滚装船管理办公室相关人员召开了座谈会，要求各单位各司其职、协调配合，共同抓好“两会”及春运期间水上安全生产工作。

（重庆市局　阳 斌）

【重庆市交委突击检查朝天门港口作业情况】

2008 年 3 月 11 日晚，重庆市交委何升平副主任在市港航局局领导的陪同下，率交委安全处、市港航局相关处室、水上执法大队负责人突击检查了朝天门港口、码头和船舶的安全情况。检查组检查了“海内观光 5”轮和“江山 3”轮的安全运行情况，并对船舶配员、船员值班、待遇和节假日加班情况进行了详实了解，同时要求要求港口、船舶要严格把好水运交通防恐源头关，对上船人员、行李、货物、要加强现场检查排堵，对涉及公共安全的部位，要加强重点防范、保持高度警惕。

（重庆市局　阳 斌）

【重庆港航局检查云阳港口运转情况】 2008 年 3 月 18 日至 19 日，重庆市港航管理局安全工作督查组对云阳港客运码头、张飞庙涉外旅游码头和中石化云阳化危品码头进行了实地检查。督查组就加强近期特别是奥运会期间水上交通安全工作和认真贯彻落实全市水运工作会议精神等方面提出了指导意见。

（重庆市局　阳 斌）

【重庆市港航局检查危化品码头作业情况】

2008 年 4 月 7 日，重庆市港航局组织局海事处、港口处、直属处等部门到中航油唐家沱油库危险品码头进行现场安全检查。检查组一行了解了中航油唐家沱油库的总体情况，现场检查了该油趸的船体、系泊设施、防爆设备、输油管道、抽油泵、证书证照、应急预案及船员配备情况。

（重庆市局　阳 斌）

【重庆市局加强旅游码头整治】 2008 年 5 月 10

日，重庆市港航管理局按照《重庆市旅游码头整改方案》要求对朝天门三码头至九码头范围内的旅游客运码头进行了验收检查，重庆港九股份公司客运总站、重庆客轮总公司、长江水运股份公司有关领导参加了此次检查。该地区码头的趸船、跳船、跳板栏杆基本满足《重庆市旅游码头整改方案》色度及安全要求，跳板宽度满足三峡库区蓄水后要求，检查情况总体较好，同时，检查组对发现的问题要求港口企业限期整改。

（重庆市局　阳　斌）

【构建港口防恐体系　实现“平安奥运”】　2008年5月18日，根据交通部“保奥运全国船舶和港口保安工作会议”，重庆市交通委员会召开了“保奥运全市船舶和港口保安工作电视电话会议”，要求各区县交通、港航管理部门和重点港口企业建立奥运特殊时期的港口保安联络员制度。同时针对各地工作中存在的一些问题和薄弱环节，以及各地工作进度的不平衡，将工作任务进行分解，把每一项安保措施细化到每个码头，并成立7个奥运安保督查组，对全市客运、滚装、集装箱、危化品码头安保工作进行了逐个督查。奥运期间，共检查车辆约40 000辆次，检查出携带危险品车辆700余辆次，全部按规定进行了妥善处理；共检查旅客40万人次，检查出白酒、汽油和管制刀具等危禁品共计36件，均交由警方按规定妥善处理，确保奥运期间港口安全万无一失，实现“平安奥运”。

（重庆市局　阳　斌）

【重庆市港航局狠抓港口安保工作】　2008年7月，重庆市港航局对主城区滚装、集装箱、化危品等重点码头奥运安保工作落实情况进行了检查。检查组认真听取了各单位关于港口安保工作落实情况的汇报，并深入现场进行了实地检查。检查组对安保工作做得好的单位予以了肯定，对个别尚未安装到位的单位下达了整改通知书。17日，重庆市港航局组织召开了滚装码头奥运安保工作会，长航公安局重庆分局、水警总队、重庆海事局、涪陵港航局、万州港航局和重庆、涪陵、万州三个滚装运输码头的主要负责人参加了会议。会议主要就我市三个滚装码头如何做好迎奥运安保工作进行了座谈，并对各项安保工作进行了具体部署。与会各企业代表一致表示要认真贯彻落实会议要求，搞好奥运期间滚装码头安保工作，促进滚装运输发展。

（重庆市局　阳　斌）

【重庆市港航局检查云阳、奉节和巫山港口安保工作】　2008年7月29日，重庆市港航局纪委书记杨根川率市局运输、海事、船检部门负责人，对云阳、奉节和巫山港口安保工作进行了检查指导。检查组一行先后到云阳港务站客运码头、张飞庙旅游码头、奉节港务站客运码头、重庆交旅集团宝塔坪旅游码头北门客运码头、龙门旅游码头、中石油码头等检查，认真听取了港口负责人关于开展安保工作的情况汇报，对港口视频监控，安全门、防爆箱等安保设施进行了现场检查和操作演示，抽查了部分监控资料和旅客实名制登记情况。检查组肯定了三地港口安保工作取得的成绩，同时要求进一步加强宣传督查力度，努力实现奥运会期间安全工作万无一失。

（重庆市局　阳　斌）

【重庆市第三次全国港口普查工作全面展开】

2008年8月13日，重庆市第三次全国港口普查工作（布置培训）会顺利召开。根据交通运输部（厅规划会[2008]4号）的要求，重庆市交通委员会成立了“重庆第三次全国港口普查领导小组”，并下设普查办公室，具体负责全市港口普查的组织实施工作。

本次港口普查的范围是全国范围内具有船舶进出、停泊、靠泊、旅客上下、货物装卸、驳运、储存等功能，具有相应码头设施的所有港口。普查对象包括法定的从事港口生产活动的港口经营人，船厂、港口管理部门及使用港口岸线、陆域和水域涉港管理部门。

（重庆市局　阳　斌）

【重庆市交委检查朝天门码头“十一黄金周”准备工作】　2008年9月27日晚，重庆市交委副主任何升平在市港航局党志胜副局长、市交通执法总队陈宁副总队长的陪同下，对重庆港朝天门码头“十一黄金周”水路客运安全工作进行了现场检查。在售票大厅，何升平副主任听取了市港航局关于“十一黄金周”营运客船上线检查情况的汇报，认真询问了近期涉外游船、国内游船以及普客船发班情况。

（重庆市局　阳　斌）

·生产经营·

【上海市洋山港装卸效率再创新高】 2008 年 1 月 3 日下午，上海盛东国际集装箱码头公司在对马士基航运公司集装箱班轮“伊迪丝马士基”装卸过程中，装卸效率再次刷新了世界纪录。经过事先周密的准备，精心组织生产，该公司仅用 4.75 小时就完成了 4 040 自然箱装卸作业，船时量达到 850.53 自然箱/小时，桥吊单机最高效率达到 123.16 自然箱/小时。

该公司曾在 2007 年 5 月 19 日创造了 690 自然箱/小时的船时量世界纪录和 97 自然箱/小时的桥吊单机作业效率世界纪录。时隔不到 8 个月，该公司就再度刷新了上述两项世界纪录，充分体现了洋山深水港区的区位优势和服务能级，以及广大海港职工在上海国际航运中心建设中不断进取、勇创一流的拼搏精神。

（上海市局）

【上海盛东国际集装箱码头公司完成集装箱吞吐量 1000 万标准箱】 自 2005 年 12 月 10 日洋山开港至 2008 年 2 月 13 日，上海盛东国际集装箱码头公司在洋山深水港区作业累计完成集装箱吞吐量 1 000 万标准箱。

期间，该公司创造了一系列佳绩：平均每天吞吐量 12 562.82 标准箱；昼夜吞吐量连续刷新，最高达到 2007 年 10 月 21 日的 26 423.5 标准箱；月吞吐量连破记录，最高到达 2007 年 8 月的 58.03 万标准箱；2007 年共完成 600.77 万标准箱；进出该公司码头船舶累计达 12 559 艘次；50 余家船公司和船代公司入驻洋山港区。该公司已达到成熟化运行目标，综合竞争力进一步增强。

（上海市局）

【洋山深水港区再创单航次靠泊作业箱量新纪录】 2008 年 4 月 2 日，洋山深水港区盛东国际集装箱公司在接卸全球最大集装箱班轮“尤金马士基”的作业中，仅用 32.1 小时，顺利完成 14 389.75 标准箱的装卸任务，刷新了单航次靠泊作业的世界纪录。

为确保在规定船期内安全高效地完成该轮装卸作业，市港口局加强现场安全监管，落实各项安全措施；洋山深水港区各相关单位协同配合，针对“尤金马士基”轮积载箱量的实际状况，制定了周密的生产组织方案。盛东公司在该轮靠泊后充分利用潮水涨落间隙，发挥双 40 英尺桥吊高效率作业优势，精心组织每工班的生产；经过 32.1 小时的连续作业，安全高效地完成了该轮集装箱的装卸任务，再次彰显洋山深水港区的优势和服务能级。

“尤金马士基”集装箱班轮长 397.71 米，宽 56.4 米，总箱位 14 536 标准箱，是目前世界上最大的集装箱班轮。

（上海市局）

【嘉兴港年集装箱吞吐量突破 10 万标箱】 2008 年，在港口联盟优势效应的带动下，嘉兴港集装箱业务发展迅猛，吞吐量突破 10 万标箱，度集装箱装卸量是 2007 年的 2.7 倍。全年新辟乍浦—宁波、乍浦—天津、乍浦—太仓等 3 条集装箱航线，总航线增至 5 条。

（浙江省局　吴永平）

【宁波—舟山港集装箱吞吐量突破 1000 万标准箱】 2008 年 1 月 21 日，宁波—舟山港迎来了当年第 1 000 万只标准箱起吊的历史性时刻，成为继上海港、深圳港、广州港之后的国内第四个突破千万标准箱的集装箱大港。至年末，集装箱吞吐量达 1 084 万标准箱，比去年同期增长 16%。

全年新辟集装箱航线 32 条，总数达 210 条，平均每月航班超 900 班，已与 100 多个国家的 600 多个港口通航，成为全球发展最快的港口之一。

（宁波市局　沈荣进）

【常熟港吞吐量稳中有升】 2008 年，面对日趋严峻的国际国内经济形势，常熟港深挖潜力，团结拼搏，共完成货物吞吐量 4 020 万吨，外贸货物吞吐量 742 万吨，集装箱吞吐量 30.53 万标箱。除外贸货物吞吐量同比去年下降 2%外，港口货物吞吐量、集装箱吞吐量分别同比增长 21.3%、16.9%。

（常熟市局　须文娟）

【常熟港特色货种有增有减】 2008，常熟港共进口外贸纸浆196.2万吨，同比增长26.6%，全港纸浆进口量已超过全国纸浆进口量的五分之一，约占全国纸浆进口量的20.6%。全港共出口外贸钢材203万吨，同比下降24%，占全国钢材出口量的3.4%；进口外贸木材48.3万方，同比下降5.8%，其中进口原木47.1万方，原木进口量占全国原木进口量的1.6%。

（常熟市局 须文娟）

【常熟港组货揽货工作成效显著】 2008年，常熟市港口管理局积极协调全港生产关系，发挥各种生产要素潜能，多次召开港口生产形势分析座谈会，详细分析和预测常熟港主要货种的进出口情况，研究相应的措施和对策。同时，集中精力，把重点放在加大组揽货工作力度上，通过组揽货工作小组对大型钢铁企业、重点货主、全市“二区二园”及十一个镇场的走访、调研和上门服务、现场办公、当场排忧、实地解难和宣传、推介等创新服务举措，稳定了老客户，拓展了新客户，开辟了新货种。全年共引进新客户5家，新货种5个，组揽货源约267万吨，为稳定常熟港特色货种地位发挥了积极的作用。

（常熟市局 须文娟）

【常熟港航线开辟力度不断加大】 为适应常熟市及周边地区外贸进出口货物的物流运输要求，2008年，常熟港又新辟2条集装箱内外贸支线，累计33条，月到港集装箱班轮360多艘次；新辟至东南亚、台湾的近洋件杂货定期班轮航线2条，累计开辟至欧洲、美洲、中东、东南亚和台湾等地的近远洋件杂货定期班轮航线8条，月到港件杂货国际班轮70多艘次。另外，为积极做好常熟—台湾海运直航的相关准备工作，组织了对腹地货源的调查摸底，加大了政策扶持力度，以吸引台资企业及周边地区的货物转走常熟港，为直航航线提供稳定的货源保障，并于12月18日隆重举行了常熟港至台湾直航仪式。目前常熟港已和53个国家和地区的255个国际港口实现了通航通商。

（常熟市局 须文娟）

【南通港首靠7万吨级大豆船】 2008年6月20日，南通港粮油码头停靠载重量达到73 080吨的印度籍“模范”轮。该轮长225米，吃水深达11.11米，装载51 692吨大豆。它是南通粮油码头接卸的吃水最深船舶，也是南通港货主码头接卸的最大船舶。过去，南通港接卸的大型船舶多为矿石和煤炭船，首次接卸了超过7万吨级的大豆船。

（南通市局 孙学明）

【吕四港首次航行3.5万吨级船舶】 2008年8月15日上午11时58分，全长228米、吃水8.5米的港口机械运输专用船“振华22”号，携带大唐电厂三台“1500吨/时”卸船机，安全靠泊大唐电厂煤码头。这是吕四港首次航行万吨级以上船舶，也是大唐电厂首次接卸大型机械。“振华22”号安全靠泊，一方面为大唐电厂码头开始煤炭作业提供了前提，同时也说明吕四港航道条件良好，可以航行5万吨大型船舶。

（南通市局 孙学明）

【南通34家船舶企业与高校“联姻”】 2008年9月23日，来自上海交大、哈尔滨工程大学、华中科技大学等30余所国内知名船舶类院校与南通中远川崎、中远船务等34家船舶企业攀亲结缘，为南通打造船舶产业高地，共商人才智力合作事宜。当天，南通相关企业与船舶类高校、高职院校签订合作协议47项。其中，南通人才服务中心分别与大连理工大学、西南交通大学等5所高校签订人才开发合作协议；中远船舶钢结构、虹波重工等8家企业分别与上海交大、武汉理工大学等8所国内著名高校签订人才引进和培养合作协议；南通航运职业技术学院与上海交大签订合作开发船舶产业人才协议；中远川崎、中远船务等29家企业被相关高校定为“船舶产业人才实践基地”，并授匾牌。

（南通市局 孙学明）

【南通洋口港正式通航】 2008年10月28日上午，随着“新晨捷”号海轮徐徐驶入新建成的万吨级重件码头，全国政协副主席李金华在江苏如东宣布，洋口港正式通航。洋口港可建5万至30万吨级的码头62个。2003年11月18日，洋口港开发建设正式奠基，到目前为止，已在荒滩上框围10平方公里临港工业区，建成了12.6公里的陆岛通道——黄海大桥、1.44 平方公里太阳岛和一座万吨级的重件码头等基础工程，吸引了香港保华、新加坡金鹰、中石油等一大批中外客商。以中石油投入 80 亿元的 LNG 项目为龙头，一批重特大项目在此落户，并开工建设。

（南通市局　孙学明）

【如皋港国家一类口岸正式启动】 2008 年 12 月 28 日，如皋隆重举行如皋港国家一类口岸开放启动仪式，如皋成为我国首家县级独立开放的国家一类口岸。如皋港拥有长江岸线 48 公里，是南通港沿江投资最大的一个港区。1996 年第一座 3 000 吨级的起步码头开始筑港，12 年来，在港口的带动下，如皋抢抓沿江开发战略机遇，以港口经济为新的增长极，港区规模扩大了 50 倍，经济总量扩大了 65 倍，取得令人瞩目的成绩。目前，如皋港已建成 15 万吨级码头 2 座，5 万吨级码头 10 座，在建的 5 万吨码头还有 10 座，通过能力达到 6 000 万吨。江苏省副省长张卫国，南通市委书记罗一民出席启动仪式并讲话。根据《国务院关于同意江苏如皋港口岸对外开放的批复》，如皋港一类口岸开放范围岸线总长 11.64 公里，码头泊位 35 个。其中，30 万吨级泊位 3 个、8 万吨级泊位 2 个、5 万吨级泊位 9 个、3 万吨级泊位 4 个，另有 2 000 至 5 000 吨级泊位 17 个。如皋港保税仓库揭牌、熔盛重工 15.6 万吨苏伊士油轮首制船试航，以及如皋港务 15 万吨级公用码头开港、如皋口岸查验大楼落成等仪式一并举行。

（南通市局　孙学明）

【张家港港木材进口总量全国第一】 木材是张家港港务集团有限公司装卸作业的主要货种，港口拥有木材作业专用码头、木材堆场、人工开挖的内河港池、木材专用装载机、运输机械和专用索具。并拥有得天独厚的水上扎排、拖排、运输包括内河驳船运输条件。为广大客户在港口装卸、中转、挑拣、分唛、丈量检尺提供了条件，特别是利用宽阔的堆场对每船每票货实行分隔定置堆放，为客户的销售贸易提供了方便。近年来，港口不仅提供了快速、优质的装卸中转，而且已成为全国最大的进口木材交易所。2008 年，经张家港进口的木材自然吨达 299.16 万方，进口总量位居全国第一。

（张家港港　颜炳福）

【南京港机制造年产值突破 6 亿元】 2008 年南京港机制造产业年产值首次突破 6 亿元大关，达到 6.23 亿元，全年共生产门座式起重机、带斗门机等港机设备 70 台，实现销售收入 5.57 亿元。客户遍布连云港、三亚、张家港、日照、首钢、曹妃甸、龙口港、宁波港、南通港、大连港、福建港、厦门港。多年来，南京港机凭借可靠的产品质量、满意的售后服务、务实的经营方式逐步在全国港机制造产业打响品牌。其自主创新开发的国内最大的 28 吨带斗门机和 43 米大跨距集装箱门机均处于国内领先水平，南京港机所生产的门座式起重机位居国内产销量首位。

（南京港　姚卫忠）

【南京港口集团吞吐集装箱 128 万 TEU】 继 2007 年集装箱吞吐量突破百万标准箱（TEU）后，2008 年南京港口集团集装箱运输在新的起点上实现集装箱发展新跨越，全年累计完成集装箱吞吐量 128.02 万 TEU。中转箱量不断扩大。南京港重点拓展重庆、武汉、铜陵、淮安、南昌等集装箱中转市场，中转箱的比重由去年的不到 10%扩展到 13%左右，达到了 15 万 TEU。“散改集”硕果累累。据初步匡算，2008 年用集装箱运输散货全年约为 1.6 万 TEU，仅铜精砂装进集装箱的就有 16.5 万吨，“散改集”不仅实现了量的突破，在进箱的货物种类上也有了新的突破。

（南京港　姚卫忠）

【南京至洋山最大集装箱轮首航南京】 2008 年 11 月 27 日，隶属上海集海公司的“集海之星”轮徐徐靠泊南京港龙潭集装箱码头，开始执行南京——洋山航线的首航任务。该轮总长 140 米，型宽 19.8 米，吃水深 7.3 米，核载箱量 720TEU，载货量为 10581 吨，是目前投入南京港沪宁内支线最大的集装箱定期班轮。将“集海之星”轮投入上海洋山—南京江海直达航线是上海集海公司为配合上港集团的长江战略，进一步发展洋山港集装箱水上中转业务，港航携手打造“洋山—南京”精品航线的一项重要举措。

（南京港　姚卫忠）

【南京港成功拖带世界最大浮船坞】 2008年10月2日至4日，南京港轮驳公司成功拖带世界最大浮船坞——30万吨级的“中海峨眉山号”，在长江江面上安全位移320多公里后，抵达上海长兴岛的中海修船基地，创下了长江航运史上的奇迹。“中海峨眉山”号，由中海工业（江苏）有限公司建造总长410米，型宽82米，水面最大高度29米，最大沉深20米，举力8.5万吨，是目前世界上投产的最大浮船坞。

（南京港 姚卫忠）

【江西省南昌港务公司装卸生产绩效稳步上升】

2008年，南昌港务公司按照科学发展观的要求，在遭受重大冰雪灾害和受国际金融危机影响，市场景气度较大下降的不利局面下，通过内部挖潜、搞活机制，建设起一支与市场相适应的经营团队。全年公司完成装卸量182.5万吨，比上年增长33.4%；完成营业收入1408.7万元，比上年增长45%；实现利润57.1万元，产量、效益同比均稳步上升。

（江西省局 平关正 杨辉）

【南昌市港航管理处搞好服务力争货源】 2008年4月初，南昌市港航管理处了解到九江有20万—30万吨团球矿需从湖口等地途经南昌转运到南昌钢铁厂，该处与运输单位取得联系，并向该公司详细介绍了南昌港的港口吞吐量能力和船舶运输情况，希望这批团球矿能从水路运输，并帮助其测算各个运输环节的成本。该公司通过实地考察和比较，决定从水路运输这批团球矿，并与南昌砂石综合大市场达成了装卸合作协议。该处通过介绍南昌水运的优势，积极争取水路货源达几百万吨，为做大做强南昌港，培育水运市场作出了应有的贡献。

（江西省局 邓庆 杨辉）

【南昌市港航处新趸船正式投入西河水上检查站使用】 西河水上运政检查站是省政府设立的全省两个水上运政检查站之一，担负着赣江流域所有过往船舶的运政检查工作。在省航运局、市交通局的高度重视和大力支持下，共筹措256万元资金，建造了一艘长60米、宽10米，高7米的工作趸船，其靠泊承受能力为2 000吨，比现有工作趸船提高了一倍多。这艘钢质新趸船在西河水上运政检查站落座并于2008年5月15日正式投入使用。该趸船集办公、生活设施于一体，设立了宽敞的办公大厅及会议室，安装了室内、室外监控系统和大型号探照灯等功能齐全的办公设备。新趸船的投入使用，将提升检查站的工作效率，维护赣江水域水路运输经营秩序的能力。

（南昌港 刘敏）

【武汉港务集团装卸自然吨首破千万吨大关】

2008年，武汉港务集团生产经营总体运行良好，各项经济指标均超额完成董事会下达的考核指标，港口主要生产指标装卸自然吨首次突破1 000万吨大关，集装箱量突破30万TEU,均创历史最好水平。

（武汉港 曹琳）

【武汉港开辟“西安舰”旅游景点】 2008年2月3日，武汉市国防办、武港集团、海军工程大学联合召开了106舰（又名“西安”舰）正式对外开放新闻发布会，中央电视台军事频道、湖北电视台、武汉电视台、楚天都市报等各大媒体进行了采访。农历正月初一，西安舰正式对外开放，新开辟的“西安舰”旅游景点受到了武汉市民的青睐。西安舰服役36年，先后执行了40多次海军重大战备训练和军事演习任务，英名远扬，退役后作为海军工程大学的教学舰，“定居”于武汉港。

（武汉港 曹琳）

· 体制改革 ·

【南通港内引航归并长江引航中心】 2008年7月1日，南通港口集团有限公司港内引航业务由长江引航中心接管。南通港口集团引航业务开始于上世纪80年代中期，当时是为解决港口通过能力和运量之间的矛盾，加快船舶周转和提高码头利用率，经交通部批准而运作的。其业务主要是港内引航，年引航船舶3 000余艘次。南通港内引航归并长江引航中心后，江苏境内各港引航都由长江引航中心负责。

（南通市局 孙学明）

【华粮物流重组南通粮食码头】 2008年11月6

日，中国华粮物流正式重组南通粮油接运公司。南通粮油接运公司是南通港最大的粮食专用码头，建有5万吨级和7万吨级深水泊位各一座，常年可停靠7万吨级海轮。2001年，公司投资近亿元扩建码头、仓储设备，2006年又投资1.6亿元，建设国家粮食物流试点项目，建有立筒库、浅圆仓和自动化散粮输送系统，以及国家期货大豆仓库，日吞吐量达1.6万吨，年吞吐量达300万吨。华粮物流重组南通粮食码头后，将继续突出大宗农副产品的港口接卸中转、仓储等主业，同时推进食用油配送中心、油脂生产等新业务，实现一业为主、多元发展，促进南通粮食码头更好地发挥粮食物流长江枢纽作用。

（南通市局　孙学明）

【上海国际港务（集团）股份有限公司成功并购九江港口集团公司】 根据国家投资体制改革和外商投资项目核准的相关文件精神，江西省发改委经研究并请示江西省政府同意，核准了上海国际港务（集团）股份有限公司并购九江港口集团公司项目。项目总投资6亿元人民币，注册资本金6亿元人民币，其中九江市国资委从其所属九江港口集团公司有效资产中以国有资产划拨方式出资0.5亿元人民币实物资产，占注册资本的8.33%；上海国际港务（集团）股份有限公司以现金方式出资5.5亿元人民币，占注册资本的91.67%，项目流动资金23 349.94万元。上海国际港务（集团）股份有限公司与九江市国资委合资后成立了上港集团九江港务有限公司，该公司以现金收购方式购买九江港口集团公司1 278.59万元净资产及其对外投资的股权，并承担九江港口集团公司10 371.47万元的债务。

2008年2月18日，上港集团九江港务有限公司挂牌成立。江西省长吴新雄为此作出了重要批示，副省长洪礼和致信祝贺，省政协副主席、市委书记陈安众和上港集团总裁陈戌源共同为新公司揭牌，省交通厅副厅长胡琳等省直有关部门领导参加。

（江西省局　王凌云　杨　辉）

【江西水运集团改革发展方案经南昌市政府批准】 2008年11月10日，南昌市人民政府办公厅印发了《关于同意江西水运集团有限公司整体改革发展方案的批复》（洪府厅字[2008]428号）。至此，筹划了近一年的江西水运集团有限公司整体改制即将进入实施阶段。

根据南昌市政府批复精神，企业改制和安置职工的费用得到全面落实，并依据市委、市政府改制文件规定，对企业历年积欠各项社保所产生的滞纳金作挂账处理，市政府还同意对改制后组建的新企业的发展给予政策支持。该公司已做好一切前期准备，并将改制的意义和作用以及各项政策向全体职工进行公开广泛的宣传，使全体员工都能做到政策清、思想通。尤在职工安置及身份置换时，公司将注重保护职工合法权益，贯彻“公开、公平、公正”的原则，使改制工作平稳、有序地进行。

（江西省局　平关正　杨　辉）

【九江市港口管理局机关科室基层分局顺利完成人事调整】 2008年初，在九江市委组织部及九江市港口局党组的高度重视下，本着干部定期交流的原则，经过5个月的组织考察，九江市港口局机关各科室负责人、基层分局领导班子和部分干部职工进行了首次调整交流，提拔任命了包括机关5个科室、基层5个分局党政一把手在内的28名正、副科级中层领导干部，19名基层职工进行了交流调整，按照有关组织程序和该局党组、行政要求，涉及提拔和调整的基层干部及职工于1月7日前全部到位，实现了“工作顺利交接、人员平稳过渡”的预期目标。

（江西省局　柯瑞华　杨　辉）

【江西省完成第三次港口普查】 按照第三次全国港口普查办公室的统一安排，各设区市港口普查办公室根据《第三次全国港口普查方案》中“先干流后支流，由上游向下游”的编排顺序要求，结合辖区港口实际情况，按照港口最小编制单位“一县一港”编制原则，通过摸底调查，对各辖区内的港口、港区、港口行政管理部门及港口经营单位等进行了编码。目前，各单位编码工作已顺利完成，并通过了省港口普查办公室复核，已正式报送交通运输部港口普查办公室。

纳入此次江西省港口普查范围的共有59个港口、15个港区、1 025户港口经营企业、73个港口行政管理部门，港口、港区、港口经营户数量均比第二次全国港口普查有较大增加。同时，对于还没有依法取得经营资格从事港口经营活动的组织和个人，仍按照普查有关规定也纳入此次普查范围。港口、港区等编制代码工作是港口普查重要的前期工作之一，编码工作的完成，为江西省第三次港口普查工作顺利开展奠定了基础，为数据采集、数据处理等提供了方便。

（江西省局　刘燕萍　杨　辉）

·基本建设·

【“上海吴淞口国际邮轮港”项目正式破土动工】

2008年12月20日，上海公司与宝山区政府共同出资建设的“上海吴淞口国际邮轮港”项目正式破土动工。上海市副市长沈骏出席典礼并宣布开工，长航集团副总经理沈光汉代表长航集团致辞。

吴淞口国际邮轮港位于吴淞口炮台湾区域的长江岸线，紧邻我司所属宝江公司码头，具有天然的水深优势，港口前沿航道水深常年保持在9—13米，距离长江主航道1—2公里，岸线长度约为4.1公里，新建码头长1 500米，靠泊等级在八万吨以上，并可同时停靠三至四艘大中型邮轮。港区总面积为160.2公顷，其中核心功能区面积为48.8公顷，主要功能为邮轮码头、商务办公、物流配送、交通枢纽、市政道路和景观绿化。

作为配套服务上海世博会项目，吴淞口国际邮轮码头将构建成上海世博会的水上门户，通过资源整合，逐步拓展提升滨江旅游功能，在中、远期形成以邮轮码头为核心，集水上旅游、航运服务、文化博览、生态景观等功能为一体的滨江航运旅游服务区和生态旅游休闲景观区。吴淞口国际邮轮码头近期主要建设1 500米大型邮轮码头、引桥、口岸联检设施及综合管理中心。建成后的吴淞口国际邮轮港，将与上海虹口区北外滩邮轮港遥相呼应，共同迎接上海世博会的到来。

（上海公司　宣传部）

【上海液化天然气项目一期水工码头工程通过质量鉴定】　2008年12月19日，上海液化天然气项目一期水工码头工程通过上海港建设工程安全质量监督站质量鉴定，工程质量等级优良。

该工程位于洋山深水港区东侧，包括一个14.5万立方米（10万吨级）液化天然气接卸泊位和一个3 000吨级工作船泊位。码头工程的顺利完成，为上海液化天然气项目2009年投产创造了条件。

上海液化天然气项目是上海市“十一五”期间能源供应的重要项目，工程建成运行投产后，将构建起国际化、多渠道、多种类的能源供应体系，对解决上海能源供应安全问题发挥重要作用。

（上海市局）

【洋山深水港区三期（芦潮）口岸查验及配套区海关设施工程和大型装卸设备通过中间交工验收】　2008年1月9日，洋山深水港区三期（芦潮）口岸查验及配套区海关设施工程通过中间交工验收。此项工程主要功能是为洋山三期现场口岸查验配套服务，包括口岸查验及配套区D标和重箱堆场改造两项工程。口岸查验及配套区D标工程占地面积39 767平方米，包括道路堆场、4号查验平台及5号罚没库、现场业务楼、3号变电所及消防泵房4项位工程；重箱堆场改造工程占地面积为33 264平方米，包括重箱堆场、堆场及道路3项单位工程。

10日，洋山深水港区三期工程（一阶段）大型装卸设备通过验收。13台岸边集装箱起重机和30台混合动力兼节能型起重机是洋山深水港区三期工程（一阶段）建设的重要组成部分。从2007年12月10日调查试试运行以来，其在适用性、安全性、可靠性方面均能满足使用需要。

（上海市局）

【洋山三期二阶段码头主要机械设备完成招投标工作】　2008年，继3月12日上港集团与上海港机重工等单位签署采购7台单起升集装箱桥吊合同后，上港集团又与振华港机集团签署采购6台双起升集装箱桥吊、40台轮胎吊的合同，标志着洋山三期（二阶段）码头主要机械设备的招投标工作已顺利完成，为年底（二阶段）码头顺利投入试运行打下了良好的基础。

（上海市局）

【上海港罗泾港区二期工程通过竣工初步验收】

2008年5月22日，上海港罗泾港区二期工程通过竣工初步验收。罗泾港区二期工程建设是加快上海国际航运中心建设的重要举措之一，是满足上海市黄浦江港区功能调整和2010年上海世博会建设用地的需要，也是为了实现黄浦江老港区替代能力和完善上海港功能建设的需要，对于上海的城市建设、港口发展都具有重要的意义。

该工程占用岸线长2 720米，有9个万吨级海轮泊位，24个水水中转小船泊位。设计年吞吐能力4 380万吨。工程自2007年5月投入试运行以来，截止2008年4月，累计完成吞吐量3 391.26万吨，其中矿石码头完成2 478.4万吨，钢杂码头完成310.8万吨，煤炭码头完成602.06万吨，港区各项设施、设备运行良好。该工程建设立足创新，提高了技术含量和管理效率。工程引入了港口与钢铁企业间“无缝对接”的钢铁物流配送模式：港区将铁矿石原料按照浦东钢铁公司要求直接通过皮带输送机送到钢厂，并将钢厂的成品直接通过钢杂码头出运，这种通过公共港区为钢厂“量身定制”的服务模式，大大节约了钢铁企业的码头经营成本，也为上海港节约了宝贵的岸线资源，为上海港建设资源节约型港区提供了新的有益的尝试。

（上海市局）

【洋山深水港区三期（二阶段）码头进入运营准备阶段】 2008年，洋山深水港区三期（二阶段）码头配置的13台桥吊（含6台双起升吊具）、40台轮胎吊、8台堆高机和3台正面吊等大型机械陆续上岸安装并进入功能调试和生产演练阶段，港区内通勤、抢修等流动车辆已到位。此外，码头运行配套的候工楼、堆场、生产辅助区、变电所等工程项目均通过交工验收。码头工作筹备单位加紧做好人机磨合及操作系统各项调试工作，以迎接12月码头正式运营。

（上海市局）

【华东地区最大的煤炭卸船机在舟山煤炭中转码头成功上岸】 2008年2月27日，华东地区额定生产能力最大的三台2 100吨/时煤炭卸船机成功“登陆”浙江舟山煤炭中转码头卸船码头。标志着该工程又一重大里程碑节点的实现。该批卸船机属煤炭码头项目自开工以来首次运达的设备，是煤炭码头的主要作业设备之一。单机重达1 638吨、高56米、起重量52吨、轨距30米、总功率3 200千瓦，其每小时2 100吨的额定生产能力堪称“华东之最”，由上海振华港机公司承制。

（浙江省局　工程建设处）

【浙江省水运工程建设座谈会顺利召开】 2008年5月15日至16日，浙江省港航局在杭州召开了全省水运工程建设座谈会。各地市港航局、港务局的分管领导和工程建设负责人参加了会议，省交通厅王洪涛副厅长出席会议并作了讲话。会议还宣贯了交通部《港口建设管理规定》、《航道建设管理规定》、《港口工程竣工验收办法》、《航道工程竣工验收管理办法》及《内河水运工程建设项目管理绩效考核办法(试行)》，并布置了2008年内河水运工程建设项目管理绩效考核工作。会议还紧紧围绕港航强省建设，就如何加快我省水运工程建设作了探讨和交流。

（浙江省局　工程建设处）

【嘉兴港乍浦港区通用滚装泊位、通用扩建泊位等工程竣工验收】 2008年12月31日，嘉兴港乍浦港区三期通用滚装泊位、通用扩建泊位工程通过竣工验收。通用滚装泊位工程建设规模分别为：1.5万吨级（兼靠3万吨级）通用泊位码头平台一个，西侧连接3 000吨级滚装（舰）船（兼靠万吨级汽车滚装船舶）泊位一个，设计年吞吐量60万吨。通用扩建泊位工程建设1.5万吨级通用泊位一个（兼顾3万吨级船舶），设计年吞吐能力64万吨。

（浙江省局　工程建设处）

【湖州港口码头建设走势良好】 2008年5月，湖州市港航管理局组织开展了该市在建码头专项调查。从调查反馈的信息看，该市港口码头建设势头良好。据调查，该市现有10家企业在建码头泊位28个，其中1 000吨级泊位4个、500吨级泊位19个、300吨级泊位5个，截至5月底已累计完成投资额5 010万元，另有4家企业正在做前期工作。专项调查中也发现了一些需要调整和整改的问题，该局已提出整改措施并加以落实。

（浙江省局　港政管理处）

【大榭招商国际集装箱码头一阶段工程通过竣工验收】 2008年5月13日，受交通部委托，浙江省交通厅在宁波主持召开大榭招商国际集装箱码头——阶段工程竣工验收会议，同意该工程通过竣工验收并投入使用。

大榭招商国际集装箱码头工程建设规模为新建 3 个 10 万吨级泊位和 1 个 7 万吨级泊位，设计年吞吐能力 240 万 TEU，码头总长 1 500 米，整个工程分两阶段实施。一阶段工程为新建集装箱专用泊位 7 万吨级 1 座（4#泊位）、10 万吨级 2 座（2#、3#泊位）及相应的装卸工艺设施，设计年吞吐能力 180 万 TEU，码头总长 1 170 米，宽 55.5 米，自 2003 年 9 月开工， 2007 年 9 月完工。

（浙江省局　工程建设处）

【宁波市内河水运基础建设】 2008 年，宁波市内河港口工程完成固定资产投资为 8 178 万元，比上年增加 1 178 万元，增长 16.8%。截至年底，内河港口拥有生产性泊位 23 个，比上年末增加 1 个。内河主要港口基础设施建设加快。杭甬运河余姚东港区工程，新建 10 个 500 吨级泊位，工程主体已基本完工；奉化方桥港区，新建 8 个 300 吨(兼靠 500 吨级)泊位，工程顺利推进，总体进度已达 33%。

（宁波市局　张余光）

【交通部与江苏省政府联合批复连云港港总体规划】 2008 年 3 月 16 日，连云港市港口管理局收到了国家交通部、江苏省人民政府联合下达的关于《连云港港总体规划》的批复，同意将连云港港划分为连云、赣榆、徐圩、前三岛、灌河五个港区，指出在城市规划的调整和完善过程中应充分考虑港口集疏运通道的建设和发展要求。

总体规划确立港口岸线开发利用以“统筹规划、远近结合、深水深用、合理开发、有效保护”为原则，连云港市沿海岸线全长约 176.5 公里，入海河口段岸线 44.5 公里，规划港口岸线 100.7 公里，遍布连云、赣榆、徐圩、前三岛、灌河 5 段岸线。

该规划将港区的主要功能定位为：连云港区以集装箱和大宗散货运输为主，兼顾客运和散、杂货运输的综合性港区，包括马腰、庙岭、墟沟、大堤、旗台五个作业区；赣榆、徐圩港区依托临港工业起步，逐步发展成为腹地经济发展和后方临港工业服务的综合性港区，以干散货、液体散货和散、杂货运输为主，并预留远期发展集装箱运输功能；前三岛港区以石油运输为主；灌河港区以散、杂货和化工品运输为主，兼顾修造船功能。

（江苏省局　余金山）

【连云港市落实金港湾国际物流园区内河港建设】 2008 年，经省交通厅疏港航道工程现场指挥部项目办、连云港市交通局及江苏金港湾投资有限公司三方研究商定，就金港湾国际物流园区内河港设计、施工与疏港航道建设衔接有关问题达成一致意见，11 月中旬完成工可方案审查，11 月下旬施工图方案批复并组织力量先期进行内河港一期工程的施工。

金港湾国际物流园区内河港位于烧香河入海段北岸，是疏港航道连接连云港港口的起点段。根据工可方案，内河港一期工程建设 500－1 000 吨级泊位 51 个，年吞吐量为 1 500 万吨，工程总投资约 9.7 亿元，计划今年开工建设，2012 年完成。疏港航道与金港湾内河港的共线段纳入统一规划，与疏港航道工程实行同步实施。金港湾国际物流园区内河港是连云港港口实现海河中转联运的主要功能区域，它的建设对于发挥疏港航道水运优势、完善连云港港口集疏运体系、加快港口物流发展和促进临港产业区崛起都具有十分重要的意义。

（江苏省局　连云港处）

【常熟港进港航道在困境中推进】 为增强常熟港竞争力，改善航道条件，化解不安全因素，提高通航能力，常熟市港口管理局决定实施常熟港进港航道建设工程，疏浚常熟港进港航道下段，贯通常熟港整个进港航道。2008 年，常熟港进港航道工程建设面临雪灾、汛期、自然环境的制约，施工难度大，成本费用高，工期延长。在此情况下，常熟市港口局积极寻找对策，研究方法，先后六次组织由质监、监理、施工、开发区参加的项目工程推动会，并派员经常到现场督查，不断推进工程建设进度。江苏省港口局、苏州市港口局领导也高度重视，先后带领有关处室查看现场，听取汇报，提出要求，为进港航道建设提供了强有力的保障。该工程到年底基本结束，共疏浚 500 多万方，抛石及抛石棱体等 50 多万方，总投资 3.15 亿元。

（常熟市局　须文娟）

【常熟港海轮锚地建设工程前期工作取得突破性进展】 针对港口到港船舶数量猛增，船舶大型化趋势加大，港口锚地泊位有限，锚地拥挤的局面，为从根本上解决锚地资源不足的问题，2008年以来，经常熟市发改委立项，常熟市港口局委托设计单位编制完成了《苏州港常熟港区海轮锚地建设工程可行性研究》，同时开展了航道、海事等单项前期工作。在此过程中，针对锚地水域在太仓港水域的问题，通过反复工作和协调，最终明确锚地在公用性的基础上，由常熟港建设，共同使用。目前，该工程已通过江苏省港口局行业审查，并获得江苏省交通厅拨款。

（常熟市局　须文娟）

【常熟港工程建设在依法管理和高效服务中求发展】 对每个港口工程项目，常熟市港口管理局依据港口法律法规，严格执行港口建设项目基本建设程序，简化办事程序，在依法行政的过程中充分为企业发展做好服务保障工作。2008年，港口设施建设共投入5.18亿元，分别为常熟汇海置业有限公司码头设计变更建设工程3 000万元、常熟华润石油化工有限公司储罐扩建工程4 500万元、常熟兴华港口有限公司仓库2 800万元、常熟泓洋港口有限公司陆域工程1亿元、进港航道边滩工程3.15亿元。在常熟泓洋港口有限公司件杂货码头工程报批过程中，常熟市港口局主动为企业服务，急企业所急、想企业所想，想方设法指导企业完善机构搭建、方案计划，带领和帮助他们到相关管理、设计部门办理各种业务。通过不懈努力，码头工程占用岸线于8月19日获得交通运输部批复，目前该工程进入江苏省发改委项目核准和初步设计咨询阶段。在常熟汇海置业有限公司石化码头工程设计变更项目中，积极为企业提供便捷服务通道，多次实地踏勘现场，组织现场办公会，商讨技术处理事项，确保工程顺利进行。在编制完成码头工程变更设计后，苏州市局组织了变更设计审查，并获得批复。对于常熟华润石化有限公司码头改造工程及常熟发电有限公司煤码头扩建工程，为促进企业健康可持续发展，积极与企业沟通，努力解决企业在发展过程中有关码头建设所遇到的困难。一方面吃透现有港口建设法律法规精神，另一方面及时向上级港口管理部门请示汇报，最终商定可行方案。常熟电厂码头扩建工程整个项目国家发改委仍在审核中，码头完成初步设计预审。华润石化码头改造工程正有序展开。

（常熟市局　须文娟）

【常熟港规划在科学谋划中求突破】 常熟市港口管理局根据港口发展新阶段所面临的新形势、新机遇、新挑战，提早谋划港口规划，引导港口发展进入科学发展的新轨道，促使港口发展跃上新台阶。为明确金泾塘作业区的功能定位，布局规划，为开发区下一轮招商引资奠定基础，常熟市港口局积极同开发区进行沟通，经过搜集大量资料文件，历经三次审查论证，完成了《苏州港常熟港区金泾塘作业区开发条件论证报告》的编制，为常熟港的近期发展奠定了基础。为加快推进港口规模建设，做大做强常熟港，港口局、口岸委领导实地踏勘现场，专题研讨，充分准备材料后委托中交第二航务工程勘察设计院编制了《常熟港区铁黄沙作业区开发方案报告》，为铁黄沙并陆成岸前期工作启动和列入长江岸线规划奠定了基础。为适应港口海港化，船舶大型化，使港口向现代大型中转深水港迈进，常熟市港口局还对长江深水航道-12.5米从太仓港区延伸到常熟港区的可能性进行了调研，并委托长江航道规划设计研究院编制完成了《推进长江深水航道-12.5米从太仓港区延伸常熟港区的研究》，之后由市政府出面组织相关专家进行了专题研讨。

（常熟市局　须文娟）

【洋口港首座码头开工建设】 2008年3月27日，南通洋口港区的首座码头——江苏LNG项目重件码头在人工岛打下了第一根桩，洋口港码头建设工程拉开了帷幕。江苏LNG重件码头包括3个工作船泊位和1个万吨级重件泊位，设计年吞吐量80万吨，总造价3.4亿元。南通洋口港开发建设主要有四大工程：一是港口的代表性工程码头。二是用作仓库、堆场平台的人工岛。三是连结陆地与人工岛的通道黄海大桥。四是港口工业园区。目前，洋口港建设四大工程全面推进，工业园区已经形成框架，黄海大桥完成大部，人工岛围建成功，码头建设也已全面开工。

（南通市局　孙学明）

【如皋港公用码头首次试靠船舶】　2008年8月4日，“正安8号”轮安全靠泊皋澄国际公用码头1号泊位，这是如皋港公用码头首次试靠船舶。这次试靠船舶的皋澄国际公用码头是金海岸投资建设的第一座公用泊位，它位于如皋港区长青沙岛上端。目前，如皋港区公用码头1—3号泊位水工部分已全部结束，1号泊位7月30日通过了交工验收。

（南通市局　孙学明）

【南通港诞生第十一大港区—启海港区】　2008年9月6日，南通港启海港区总体规划，通过了交通运输部和江苏省联合组织的专家审查，南通港在原有十大港区的基础上，又诞生了一个新兴工业港区。启海港区位于长江入海口至崇明北汊，岸线北岸长83公里，南岸长25.6公里，绝大部分处于待开发状态，沿线共建有生产性泊位11个，年完成货物吞吐量280万吨。启海港区规划建设三厂、连兴两大作业区，建设1 000至3 000吨级泊位59座，设计吞吐能力3 100万吨，主要作业散货、件杂货和液体化工品等货种，预测2015年货物吞吐量将达到1 640万吨、2020年为2 250万吨。2006年3月，交通部和江苏省政府联合批准了南通港总体规划，确定了南通港“一港十区”的格局，此次联合审查南通港第十一个港区，不但扩大了南通港口的范围和能力，更主要的是加大了南通港口对区域经济的拉动力。

（南通市局　孙学明）

【狼山港三期工程集装箱泊位开工】　2008年12月8日，南通港狼山港区三期工程集装箱泊位项目举行开工典礼。市委副书记、市长丁大卫出席开工典礼并宣布项目正式开工。南通港狼山港区三期工程是交通部“十五”沿海港口重点水运建设项目，包括通用、散货和集装箱三个泊位，其中通用、散货泊位于2007年9月通过验收，已投产使用。集装箱泊位项目2001年由交通部批准立项，总投资4.5亿元，建设5万吨级集装箱码头一座，道路堆场面积15.57万平方米，设计年吞吐能力20万标准箱，将于2010年建成投产。该项目的建成将进一步提升南通集装箱接卸能力，改善我市物流和投资环境，促进经济社会的发展。

（南通市局　孙学明）

【阳鸿二期3万吨级油轮码头通过竣工验收】

2008年12月26日，南通阳鸿二期扩建3万吨级油轮码头工程通过验收会，在如皋港阳鸿石化储运有限公司召开。阳鸿二期3万吨级油轮码头占用岸线长270米，靠船平台长210米，宽18米，总投资5 864.4万元，2005年12月18日正式开工建设，2007年8月17日通过交工验收，8月21日由市港务局批准同意投入试运行，一年来试运行情况良好。

（南通市局　孙学明）

【镇江港大港三期工程全面完工】　2008年，镇江港继续推进大港三期工程建设，完成了集装箱及多用途泊位生产及生产辅助用房工程、供电照明系统工程、办公楼工程、绿化景观工程以及集装箱及多用途泊位计算机管理系统和通信控制系统。大港三期工程年内全面完工，按工程审计结果，工程实际完成投资额134 416.68万元。经江苏省交通厅质量监督站鉴定，镇江港大港港区三期工程总体质量核定为优良，全部达到设计和合同规定的质量等级要求。至2008年底，该工程竣工报告、试运行报告、竣工决算报告和审计报告、能力核算报告以及建设、设计、施工、监理、质监等单位的工作报告等已经全部编制完成，环保、消防、劳动安全卫生和档案等专项验收已分别获各主管部门通过，完成了海事、航道、水利、卫生等部门组织的相关验收。根据《港口工程竣工验收办法》，该工程已向交通运输部提交大港三期工程竣工验收申请。

（镇江港　蔡顺忠）

【镇江港大港港区环保改造工程通过验收】

2008年11月25日，镇江港大港港区环保改造工程通过镇江市港口工程质量监督站验收投入使用，标志着镇江港口环保生产达到国家标准。

该工程是应国家、省、市环保部门要求，配合国家重点工程大港三期工程环保验收，由镇江港务集团投资1 120万元，建设煤、矿、硫磺污水处理站各一套，疏通港区堆场污水管道，港区生产废水经污水处理站出水均达SS70标准。11月

28 日，环境保护部、交通运输部环保办公室、江苏省环保厅、镇江市环保局对大港港区一、二、三期工程进行环保现场检查验收，验收组认为，大港港区执行了环境影响评价和“三同时”制度，环境保护手续齐全，主要污染物达标排放，符合环境保护验收条件，同意通过环境保护验收。

（镇江港　蔡顺忠）

【交通部批准南京港龙潭四期工程开工】　2008 年 8 月 19 日 ，交通部同意作为国家“十一五”沿海港口重点建设的集装箱码头之一的南京港龙潭港区四期工程开工。南京港龙潭港区四期工程陆域纵深 1 040 米，占地 158 万多平方米，将建设 5 个 3 万吨级集装箱泊位以及相应配套设施，码头水工结构均按靠泊 5 万吨级集装箱船舶设计，设计年通过能力 120 万标准箱，码头长度 1 400 米，工期两年，工程总投资为 23.83 亿元。龙潭港区四期工程的建设，对于巩固南京港的长江集装箱枢纽港的地位，进一步加速南京长江国际航运物流中心的建设，具有极其深远的意义。

（南京港　姚卫忠）

【连云港港基本建设概况】

·*庙三突堤工程*　5 个集装箱泊位和疏浚工程于 2008 年 11 月 18 日通过交验；40 万平方米后方陆域基本完工；道路和堆场砼面层完成约 33 万平方米；8 台装卸桥和 10 台龙门起重机正在总装和调试。

·*15 万吨级航道扩建*　航道设计有效宽度 230 米，底标高—16.5 米，总长 33.7 公里，其中外航道 25.5 千米，内航道 5.5 公里，庙岭航道 2.7 公里。2008 年累计完成投资 8 100 万元。Ⅰ标段于 2008 年 11 月 18 日通过验收，Ⅱ、Ⅲ、Ⅳ标段于 2008 年 7 月 22 日通过验收。工程于 2008 年 12 月 1 日正式开通使用。

·*墟沟港区 5 万吨级航道扩建工程*　航道全长 1.4 公里，设计通航水深为－10.5 米，疏浚验收水深为－11.0 米，—10.5 米处有效通航宽度为 140 米。工程于 2008 年 6 月 26 日通过验收，标志着墟沟港区正式具备 5 万吨级散货船舶单向通航条件，为墟沟港区东泰公司、中远船务公司等扩大生产规模、加强海上疏运创造了更加完善的功能条件。

·*25 万吨级矿石码头工程*　码头水工建筑物于 2008 年 12 月 24 日通过交验。2008 年港池挖泥累计 85 万方；7 台斗轮机、4 台卸船机、1 台装船机已经到位；斗轮机、装车机基础强夯工程完工，转运站和变电所等土建工程正常推进。水工工程自 2008 年 3 月 4 日开工以来，872 根管桩打设于 2008 年 8 月 24 日顺利完成任务，为后续水工结构的规模开展和年内码头具备水工靠泊条件打下了基础。

·*10 万吨级氧化铝和散化肥专业码头泊位*工程年设计吞吐能力为 1 100 万吨，工程岸线总长 733 米，后方陆域面积 28.67 万平方米。工程总投资约 13 亿元，累计完成 3 亿元。围堰抛填于 2008 年 6 月合龙，扭王字块安装结束，累计疏浚土方 167 万立方米。

·*客运码头及客运站工程*　总投资约 1.7 亿元，2008 年完成投资 591 万元，累计完成投资 0.9 亿元。2008 年 5 月，江苏省交通厅批复墟沟港区客滚码头工程（站房部分）初步设计文件。批复原则同意总平面布置方案。客滚码头工程建设 2 万吨级客货滚装泊位 1 个，设计年通过能力 13 万人次、3.6 万标准集装箱、1 万车次。站房部分总概算约为 1.909 亿元。站房主体建筑成水晶多面体，地上 3 层，地下局部 1 层，总建筑面积 43 906 平方米，其中站房地上面积 24 224 平方米，站房地下 3 167 平方米，地下停车库 16 514 平方米。由于设计方案不断调整，工程计划进度受到较大影响。截至 2008 年年底，工程正在进行施工图审查，正在编制客运站主楼地坪以下工程招标文件。

·*墟沟港区 10 万吨级焦炭专业化泊位工程*本年累计完成投资 3.13 亿元，码头水工主体及道堆工程于 2008 年 12 月 24 日通过交工验收，2008 年 12 月 26 日投入试生产。码头总长度为 540 米，码头主体宽度为 41 米（包括简支跨 4.5 米），码头面标高为 7.0 米，码头设计荷载为均载 5 吨/平方米。后沿堆场宽度为 46 米，设计荷载为均载 8 吨/平方米。码头前沿泊位区设计疏浚水深为 -15.0 米，泊位区宽度为 65 米；港池及调头区疏浚水深为-11.0 米，本次交工不包括疏浚工程。

·*旗台港区液体散货泊位工程*　工程位于 25 万吨级矿石码头东侧，岸线总长约 3 100 米。依照连云港港总体规划，本段岸线作为液体化工专用岸线。工程主要内容包括：新建 50 000 DWT 泊位一个（水工结构按 10 万吨级船舶设计），该泊位同时满足两条 5 000 吨级船舶靠泊要求，码头总吞吐量为 190.5 万吨/年；新建总容量为 32 万立方米的成品油化工品储罐区及其附属设施，设计年中转量为 190.5 万吨/年，工程占地 275.03 亩。工程建成后，将成为为连云港及临近地区提供成品油、化工品的储存、周转基地。工程本年累计完成投资 1.5 亿元，围堰工程于 8 月 19 日开工，截止 12 月底累计进尺 1 050 米。

·旗台港区防波堤工程　2008 年累计完成投资 821 万元，北防波堤工程于 2008 年 10 月 15 日开标，2008 年 11 月 5 日定标。防波堤总长 7 372 米，其中北防波堤（羊窝头防波堤）2 548 米、南防波堤 4 824 米；投资估算 12.2 亿元。该工程是连云港港开辟深水港区的公用基础工程，有利于改善旗台港区码头的泊稳条件、减少港池航道的淤积、改善港湾口门段通航条件，为旗台港区正在建设的 25 万吨级矿石码头、10 万吨级氧化铝和散化肥码头等大宗散货码头的建设和生产提供掩护，同时增加港口深水岸线资源。

·旗台港区 110 千伏、墟沟港区 35 千伏变电所　2008 年累计完成投资 0.6 亿元。110 千伏变电所及外线工程于 2008 年 12 月 19 日通过交验，2008 年 12 月 27 日正式投入运行；墟沟 35 千伏变电所主体工程完工。作为旗台港区和墟沟港区不可或缺的重要组成部分，此次建设的两个变电所是继 1985 年庙岭 35 千伏变电所建成以来港口首次建设大型变电所，是港口跨越发展、崛起腾飞的重要表现，将有效缓解和满足两个港区现有和在建码头泊位的生产用电需求。作为连云港市督办重大项目，110 千伏输变电工程于 2008 年 5 月正式开工建设，包括基线塔 17 座。线路水平总长度 6 058 米，最高点位于云台山大龙顶，海拔高程 444.5 米，在山地线路长度近 4 500 米，最高线塔自身高度达 70 多米。

（江苏省局　余金山）

【安徽省前期工作强力推进】　2008 年，安徽省安排 1 000 万元重点工程前期费用，完成沙颍河、石门湖航道整治工程和安庆港长风港区工可审批，完成芜湖港锚地初步设计审批，编制完成淮河航道整治工程预可研报告，完成芜申运河青弋江段航道整治工程立项。

（安徽省局　马　栋）

【安徽省重点工程建设提速】　2008 年，安徽省颍上船闸、巢湖港巢城港区一期工程、芜湖港集装箱码头（10 万 TEU）、芜湖港奇瑞滚装码头及铜陵港横港件杂货码头改扩建工程等一大批重点工程投产运营。抓住国家扩大内需机遇，相继开工建设芜申运河（安徽段）、合肥港综合码头、马鞍山人头矶港区、合裕航道裕溪复线船闸和浍河蕲县船闸等一批使安徽走向航运强省的关键工程。

（安徽省局　马　栋）

【安徽省资金筹措取得突破】　2008 年，安徽省港航局在吸纳社会资金投资水运发展方面大胆创新，充分发挥省港航建设投资集团公司的融资平台作用，先后与国家开发银行、农业银行签署了各贷款 20 亿元合作意向，与多家商业银行签订了合作协议。开展与水利部门及沿江港口集团合作，引进战略合作伙伴，目前参与投资建设的大型水运建设项目达 6 个，并有多个合作意向项目，社会资金投资港口建设呈现上升态势；省港投集团与合肥、巢湖两市政府共同出资组建安徽合巢水运建设开发有限公司，提升合裕航道等级，堪称引进战略合作伙伴典范。

（安徽省局　马　栋）

【安徽省加快信息网络建设】　2008 年，安徽省港航局开发全省渡口渡船安全管理地理信息系统并投入使用，实现了全省渡运安全管理数据的网络共享、实时更新与分类检索，渡运安全管理基础进一步巩固。举办 1 期信息化管理与技术骨干业务培训班，培训人员 50 人。

（安徽省局　马　栋）

【马窝港区一期工程完工并试生产】2008 年 7 月 30 日上午，安庆港马窝港区一期工程举行重载联动试车仪式。这标志该工程转入试生产阶段。该工程是安徽省政府“861”行动计划重点调度项目，已列入交通部“十一五”水运工程建设规划。工程于 2006 年 12 月开工建设，2008 年 6 月底完工。工程位于安庆市城东鹅眉洲左汊左岸丁家村至马窝一带，建设 2 个 5 000 吨级分节驳散货泊位，年设计通过能力 394 万吨，其中：煤炭进口泊位

196万吨、散货出口泊位198万吨，使用港口岸线236米，陆域占地面积228亩。整个工程主要由码头平台及引桥组成，呈L型，码头平台长度207米，宽度23米，码头平台通过一座引桥与防汛大堤相连，引桥宽度16米，长度115.5米。 工程总投资为1.99亿元。

（安庆市局 杨蕾）

【长风港区一期工程工可报告获批复】 2008年7月19日，安庆港长风港区一期工程工可报告获省发展与改革委员会批复。该工程是安徽省“十一五”交通重点工程和安徽省“861”行动计划项目，是安庆港长风港区的启动项目。工程陆域位于拟建的安庆长江铁路大桥上游1.3公里处，件杂货堆场等布置在安广江堤堤内，水域位于长江太子矶水道左岸鸭子沟上段。陆域工程主要是新建2个5 000吨级件杂（重件）泊位，年设计通过能力131万吨，项目总投资概算为19 991万元，建设期限2年。

（安庆市局 杨蕾）

【安庆港视频监控系统建成并投入使用】 2008年8月6日，安庆市港口管理局在安庆港中心港区建成安徽省首个长江港口视频监控系统。该系统利用11台高性能摄像机，采用全回转、高倍光学变焦、大硬盘存储、全光纤数字信号实时网络传输等先进技术，对中心港区的外贸集装箱码头、危险货物码头及其它大型货运码头等重点港口区域进行覆盖监控。

（安庆市局 杨蕾）

【安庆港远航控股有限公司揭牌】 2008年1月22日，安庆港远航控投有限公司在安庆大酒店举行揭牌仪式。该公司由香港远航集团与安庆市交通投资（集团）有限公司共同出资组建，注册资金2亿元人民币。

（安庆市局 杨蕾）

【朱家桥集装箱专用码头一期工程设备一次性调试成功】 2008年，投资1.9亿元的朱家桥集装箱码头一期工程位于芜湖朱家桥港区外贸码头下游，建设规模为2个5 000吨级、兼顾10 000吨级集装箱专用泊位，设计年通过能力10万TEU，最大通过能力30万TEU。该工程仅在短短的8个月时间内，实现了常规建设需要二年半时间才能完成的工程，并使设备一次性调试成功。该工程的建设为再造一个芜湖港奠定了坚实基础。

（芜湖港 孙凤山）

【九江港城西港区口岸通关中心奠基】 2008年10月28日，九江港城西港区中央商务区口岸通关中心奠基暨沿江重大项目开工签约仪式在城西港区隆重举行。江西省委副书记、省长吴新雄出席仪式并下达开工令。交通运输部长江航务管理局、长江海事局、中国船级社，以及省交通厅厅长马志武、省航运局局长于钦民等领导出席当天的活动。

九江港城西港区口岸通关服务中心项目建设投资9.2亿元建设，预计2010年2月竣工。建成后的口岸通关中心，将集海关、国检、港航管理、金融保险、法律咨询、信息中介、货代、船代等单位为一体，为企业提供“一站式”集中通关服务，将有效缩短口岸通关速度，提高办事效率。

（江西省局 王凌云 杨辉）

【南昌市集装箱码头称重监控系统建设改造基本完成】 2008年，为了认真贯彻落实交通运输部“水内贸集装箱超载治理工作视频会议”精神，加强南昌港集装箱码头水路内贸集装箱治理超载工作的领导，江西国际集装箱有限责任公司专门成立了水路内贸集装箱治理工作领导小组，负责对称重和监控系统的建设改造。该公司现已配有完善的称重和监控系统，码头的装卸船作业都在监控系统的监控下完成。目前南昌港集装箱码头配有80吨数字地磅2台，2台前方门机和1台正面吊也都带有数字电子磅秤，可以作在作业的同时给集装箱称重，确保不漏查一个集装箱，不放过一个超重内贸集装箱。该公司治超软件及相关信息采集、保存、报送系统在进一步完善之中。

（南昌港 刘敏）

【九江市港口管理局全力推进沿江港口建设发展】 从2008年2月26日召开的九江市港口管理局2008年工作会议上了解到，九江市港口管理局在组建不到半年的时间内，以沿江大开发战略为宗旨，以打造开放港口城市为己任，以建设大港口为切入点，以推进城西港区建设为落脚点，全面启动长江 152 公里港口行政管理职能，建立了一支反应快速、工作高效、文明服务的港政执法队伍，积极营造良好的港口发展环境，合理利用港口资源，改善港口集疏运条件，增强港口竞争力，促进了九江港口事业又好又快发展。2007 年九江港辖区货物吞吐量达到 1 935 万吨，同比增加 43%，其中外贸货物吞吐量 72.3 万吨，同比增加 30.5%，国际集装箱吞吐量 8.8 万 TEU，同比增长 20%，沿江共有 12 个码头泊位开工建设，总投资超过 10 亿元，上海港投资城西港区一期工程集装箱码头建设进展顺利。九江港作为江西省唯一通江达海的港口日益凸现“大港口”的作用和长江重要的枢纽港的地位，有力地推进了沿江经济的快速发展。

沿江开发是省委、省政府的重大决策，作为九江港核心港区的城西港区码头建设是沿江开发的龙头项目。项目推进是九江市委、市政府交办该局的首要工作。按照项目推进总体要求，该局主要领导亲自挂率，并抽调机关精兵强将组成城西港区项目推进办公室。坚持树立“只为成功想办法，不为困难找理由”的工作信念，全局上下思想统一，行动迅速，服务主动，超前沟通，做了大量细致协调的工作，破解了大量的难题，按时保质完成了各项基础工作。同时主动为企业服务，帮助九江港口集团公司靠大联强，加快企业改制重组，与世界第二大港口上港集团形成战略合作。目前，以上海港为主导的城西港区建设，已进入正式实施阶段，根据《上港集团投资建设九江城西港区、物流园区及参与九江港口集团整体改制协议书》，上海港先期投资建设两个集装箱专用泊位，年设计通过能力 30 万标箱，力争 2008 年底竣工投产。

《九江港总体规划》是指导今后长江港口建设可持续、健康、有序发展的纲领性文件。该局正式组建运转后，立即调整了九江市港口规划领导小组和办公室人员，克服了人手少、资金匮乏的现实困难，组成强有力的工作班底，抓紧规划的修编工作。该局已在规定的时间节点汇同省、市有关部门完成了港口规划的修订工作，去年 12 月经省政府批示同意，《九江港总体规划》由该市上报交通部进行省部联审。

未来三年是九江港口建设快速发展时期，按照即将通过的国家交通部和省政府联合审查的《九江港总体规划》，即把九江港打造成“长江中游重要区域性中心港、长江中游新兴的集装箱喂给港、江西省沿江开发工业港”的战略定位和“一港五区”的功能布局，必须从打造“大港口”为切入点，高起点、高标准规划建设好九江港。九江港口建设采取老港区扩能改造和开辟新港区并举，远近结合，分步实施，近期重点规划建设城西港区集装箱码头和件杂货码头，湖口金砂湾散杂货等码头建设，中远期规划建设阎家渡码头、214 码头和银沙湾等码头建设。

（江西省局　王凌云　杨 辉）

【九江构思环鄱阳湖综合立体交通体系】 2008 年，为贯彻实施江西省委、省政府关于建设“环鄱阳湖生态经济区”的战略构想，全面落实科学发展观，以环鄱阳湖生态经济区为依托，构建环鄱阳湖及支流水域铁路、公路、水路、航空综合立体交通体系，实现外接内通，充分发挥交通运输在环鄱阳湖生态经济区建设发挥最大的社会效益和经济效益。九江市交通局组织专题调研小组，深入鄱阳湖周边县（市、区）进行调研，并在广泛征求九江市发改委、公路、航务、水利、城建、规划、旅游等部门意见的基础上，及时编制了《环鄱阳湖生态经济区九江综合立体交通体系规划构想和建议》，并召开专题评审会，就立体交通体系建设进行评审。省航运管理局专家在评审时指出：规划环鄱阳湖综合交通，应当充分发挥水路交通运输的优势，大力发展水运业；要科学、合理地规划鄱阳湖港口岸线，打造环鄱阳湖区的港口群，依托港口优势，因地制宜地发展临湖工业和产业，建设集装卸、仓储、中转、运输组织、商贸等为一体的现代港口物流市场；要整合鄱阳湖水上旅游资源，加大对水上旅游基础设施的建设，设计最佳的环湖水上旅游航线，促进鄱阳湖水上旅游业的发展。

水路运输具有运量大、成本低、能耗省、占地少、污染小等优势，必将对环鄱阳湖生态经济发展起到重要的推动作用。为做好环鄱阳湖综合立体交通体系发展水路运输的前期基础性工作，九江市港航管理处对鄱阳湖区内各个港口的规划已编制完成，开始着手编制《鄱阳湖港口总体规划》，对湖区各港口进行功能定位，确保港口功能建设的协调统一。

（江西省局　顾厚德　杨　辉）

【凌成兴副省长现场研究支持九江沿江开发措施】　2008年8月22日，江西省委常委、常务副省长凌成兴，副省长洪礼和及省九江港口建设协调领导小组成员一行专程赴九江现场研究对九江沿江开发的支持意见。

凌成兴在听取九江市政府赴沿江地区考察情况和九江沿江开发进展情况的汇报后，对九江沿江开发的进展给予了高度评价。他指出，九江沿江开发启动以来，省委、省政府非常重视，大力支持，省直有关部门积极协调配合，九江市委、市政府聚力强推，工作是富有成效的。一是前期工作扎实推进，开局良好；二是港口建设扎实推进，开局良好；三是重大项目扎实推进，开局良好。

副省长洪礼和表示，九江沿江开发，事关江西省大局，随着江西经济的发展，口岸和港口建设显得尤为迫切。特别是目前九江沿江开发已经进入了一个关键的时期，在这个关节点上，支持一把，就能在更高的起点上顺利推进。各有关部门要站在大局的高度，按照吴新雄省长的批示要求，积极主动、想方设法支持九江的沿江开发。

针对九江沿江开发存在的问题，凌副省长现场进行了研究并明确了六条支持措施：一是积极支持九江城西港区建设；二是继续支持九江口岸平台建设；三是继续支持提升物流功能；四是继续支持沿江土地规划修编和建设用地指标报批；五是继续支持沿江基础设施建设；六是支持沿江主要板块享受江西电网工业园区“同网同价”的电价政策。

（江西省局　王凌云　杨　辉）

【九江描绘环鄱阳湖港口发展蓝图】　2008年，为贯彻实施江西省委、省政府关于建设“环鄱阳湖生态经济区”的战略构想，全面落实科学发展观，以环鄱阳湖生态经济区为依托，构建环鄱阳湖的水路、公路、铁路和航空综合交通体系，实现外接内通，使环鄱阳湖水路交通运输能充分发挥应有的社会效益和经济效益。九江市港航管理处遵照九江市委、市政府的指示，着手编制《九江环鄱阳湖港口总体规划》，科学、合理地规划鄱阳湖港口岸线，依托鄱阳湖高等级航道优势，全面建设集装卸、仓储、中转、运输组织、商贸为一体的现代港口物流区，打造九江环鄱阳湖的港口群，积极推进水运事业发展。

由该处委托中交第二航务工程勘察设计院负责编制的《九江环鄱阳湖港口总体规划》将对湖区各港口进行功能定位，以确保港口功能建设的协调统一。

（江西省局　顾厚德　杨　辉）

【江西省吉安市新干港河西综合码头工程开工建设】　2008年1月16日，新干港河西综合码头工程建设开工仪式在新干县举行。参加开工仪式的有吉安市四套班子主要领导、市政府分管领导、省航运局、新余市政府领导、新钢公司领导、吉安市交通局及所属部门单位领导、设计、施工、监理单位和新干县、乡镇、村领导等人员430余人。

新干港河西综合码头工程是交通部长江水系内河航运发展重点建设项目，是江西“十一五”交通重点建设工程，也是吉安市2007年度市领导挂点的45个重点推进项目之一。该码头港址位于新干赣江大桥西岸上游786.8米处，东接丰城、乐安，南毗永丰、峡江，西邻新余，北界樟树。

新干港河西综合码头工程于2005年12月由省发改委批准立项建设（赣发改交运字[2005]1540号），项目总投资9 650万元，建设规模为：设计年货物吞吐量110万吨，建设3个500吨级货运码头泊位（其中：重件货码头泊位1个，件杂货码头泊位2个），堆场13 950平方米，仓库3 888平方米，办公楼1 700平方米，配置40吨/19米起重机，10吨固吊和5吨固吊各一台。该工程项目法人为吉安市港航管理处，由新干港河西综合码头工程建设项目办负责组织实施项目建设，项目主体工程建设按照《中华人民共和国招标投标法》，采用公开招标的方式，确定施工单位为江西路港工程有限公司、监理单位为江西交通工程监理公司，工期15个月。

该工程的建设对于进一步发挥赣江黄金水道优势，推进吉安市交通运输结构调整，提高水路运输竞争力，促进多种运输方式和谐发展，完善吉安交通综合运输体系；对于进一步发挥新干港口优势，完善“一江两岸”城市功能，推进“三区六城”工业化进程；对于进一步发挥新干在江西中部区位优势，打造赣中重要物流中心，提高运输效率，降低运输成本，促进赣江中游区域经济社会协调发展，实现在江西中部崛起都具有重要的推动作用。

（江西省局　匡萃林　杨　辉）

【九江港城西港区集装箱码头一期工程通过交通部审查】　2008 年 4 月 28 日，交通运输部在北京召开了九江港城西港区集装箱码头一期工程可行性研究报告专家审查会，原则通过中交二航院编制的该工程可行性研究报告，并要求编制单位根据长江水利委员会的意见进一步优化设计，对预测吞吐量和设计船型进一步论证确定。

该项目建设规模为：新建 5 000DWT 集装箱泊位 2 个，设计年吞吐量 30 万 TEU，码头岸线长 295 米。项目投资估算为 4.4 亿元，建设工期一年半，由项目业主上海港务集团九江港务公司负责筹备与建设。该项目建成后，将对江西经济发展，尤其是九江沿江开发建设战略的实施发挥积极作用。

（江西省局　余　方　杨　辉）

【景德镇市领导高位推动港货运码头复建工程】

2008 年 6 月 17 日和 7 月 8 日，景德镇市市委书记许爱民、市委副书记、市长李放、副市长黄康明先后就恢复和发展该市水路运输进行调研，并实地察看了景德镇港货运码头复建工程港址。调研结束后，市政府同意正式启动“货运码头”复建工程，首期拨款 500 万元启动资金用于征地及办理相关手续，并指示市交通局、市港航管理部门要超常规运作，尽快实施复建项目，同时要求市直各有关部门相互配合，加强协调，确保项目一期工程如期开工。

（江西省局　施世明　杨　辉）

【南昌港集装箱码头工程顺利通过竣工验收】

2008 年 12 月 17 日，江西省交通厅在南昌主持召开南昌港集装箱码头工程竣工验收会。会议由厅基建处袁望京处长主持，省交通厅计划处、财审处、驻厅纪检监察室、省交通工程质量监督站、省海事局、省航运局、南昌市地方海事局、南昌市港航管理处等有关部门、单位、应邀专家及各参建单位的代表参加了会议。

南昌港集装箱码头工程坐落在南昌市经济技术开发区的白水湖工业园区，位于赣江主航道—西河左岸，赣江铁路桥下游 6 公里处的鸡山村。港区岸线长 666.45 米，建设两个 1 000 吨级集装箱泊位，设计年吞吐量 5 万标箱，陆域面积 17.05 万平方米，配备 45 吨/36 米轨道式门式起重机四台，45 吨集装箱正面吊一台等装卸设备，港区堆场与道路 8.8 万平方米，生产及附属用房建筑面积 1.0485 万平方米，绿化面积 3.62 万平方米。

工程于 2003 年 4 月开工建设，2005 年 5 月完工。验收委员会听取了各参建单位的情况汇报，查阅了工程竣工资料，查验了工程现场，认为工程已按批准的规模、标准和内容建成，总投资控制在批准的调整概算内，工程质量优良，竣工验收手续完备，归档资料基本齐全，经生产试运行，满足使用要求，具备竣工验收条件，同意工程竣工验收，项目总体质量评定为优良。自验收之日起正式交付生产使用，核准本项目工程竣工决算 1.5492 亿元，比概算节余 607.1 万元。

南昌港集装箱码头工程的建成，对于进一步发挥江西内河水运优势，促进江西集装箱运输业的发展，带动江西港口基础设施建设和水路运输结构调整，提高水路运输综合实力，完善综合交通运输体系，具有十分积极的作用，特别是对省会南昌市优化招商引资环境，发展外向型经济，增强社会经济发展的活力和后劲具有重要意义。

（江西省局　何金宝）

【湖北省港航建设】　2008 年，在湖北省委、省政府的高度重视和省交通厅的正确领导下，湖北水运建设全面落实科学发展观，团结拼搏，积极应对冰雪地震灾害，克服金融危机影响，取得了丰硕的成果，湖北省水运建设保持了良好发展态势。

· *多元化投资水运建设步伐加快，合力共建格局正在形成。*从省委、省政府，到地方各级党委、政府对水运建设的重视均前所未有。省政府建立了一个亿专项资金支持湖北省水运建设的长效机制。武汉、宜昌、荆州、黄石、黄冈、赤壁等部分地方政府纷纷出台了有关土地、财税支持政策，主动协调解决水运工程建设中的问题。湖北省联合发展投资有限公司、武汉经济发展投资集团、宜昌宜港集团资产管理有限公司等政府和国有筹融资平台开始进入港口建设领域。2008 年，湖北省水运建设完成投资再创历史新高，完成投资171 040 万元，首次突破 17 亿元，为全年目标的106.9%，所有市州均完成目标任务。社会资本投资水运积极性持续高涨，招商引资力度进一步加大，大型企业及民营资本完成 99 355 万元，占总投资数的 58.1%，为湖北省水运建设的重要组成部分，超过交通部门投资。另据统计，自 2006 年以来，湖北省共有 22 个码头项目成功通过招商引资建设，项目总投资达到 36.4793 亿元。其中：建成投产的项目 7 个，如武汉阳逻国际集装箱中心、武汉港左岭危险品码头等项目；正在建设的项目 6 个，如赤壁陆水节堤枢纽、宜都枝城港配煤中心、武汉港阳逻港区集装箱二期工程等项目；正进行前期工作的项目 9 个，如中国南车集团金口码头、鄂州五丈港二期工程等项目；武穴港件杂货码头、荆州港旅游码头等 11 个项目的业主正在积极开展招商引资事宜，项目总投资超过 11 亿元。湖北省水运建设多元化投资步伐加快，全社会共同参与港航建设的良好局面已正逐步形成。

·前期工作全面推进，35 个水运项目取得突破。 2008 年是湖北交通“质量效益年”，也是全湖北省水运“十一五”规划全面实施的关键年。全省港航系统在“十一五”规划目标的攻坚阶段，通过深入开展“迎新创优杯”、“隐患治理年”、“绩效考核”等专项工作，并结合开展 “抗震救灾迎奥运、提质提效保目标”双月竞赛活动，35 个项目前期工作整体进展加快，全省港航建设完成投资 17.1 亿元，超年计划 6. 9 %，是港航建设史上投资最多的一年。2008 年湖北省港航建设项目前期工作力度继续加大，全省港航部门全力以赴推进以武汉新港建设和汉江航道整治工程为重点的港航建设，有 35 个项目取得前期工作成果，为湖北水运新一轮大发展提供更有力的保证。1. 新开工项目 19 个。汉江丹白段航道工程、汉江汉川至蔡甸航道整治工程、三峡库区童庄河航道整治工程、武钢江北深加工基地码头、亚东水泥（阳逻）原料进口码头工程、阳逻港区集装箱二期、武汉石化 80 万吨乙烯重件码头、黄石棋盘洲港区一期工程、赤壁陆水河节堤航电枢纽工程等 19 个项目新开工建设。2. 已通过工可批复（核准）项目 8 个。引江济汉通航工程、武穴港件杂货码头、兴山县峡口港旅游码头工程、宜昌黄柏河旅游码头工程、宜昌港石牌旅游码头工程、宜昌港三斗坪旅游码头工程等 8 个项目通过工可审批、核准或初步设计审批。3. 通过工可审查待批项目 4 个。荆州港斗湖堤港区朱家湾综合码头、嘉鱼潘家湾多用途码头一期工程、阳新兴国港区一期工程、宜昌港宜都港区洋溪综合码头。4. 工可编制完成待审项目 4 个。陆水河口航道工程、浠水河口至城关段航道工程、武穴港盘塘化工二码头、黄冈新港综合码头。

·港航建设投资计划落实。2008 年湖北省港航建设计划落实政府性资金 4.44 亿元。其中交通部 1.94 亿元，省财政 1 亿元，省客货附费 1.5 亿元。

·水运工程建设管理加强，无重大质量安全责任事故发生。汉阳杨泗集装箱二期工程堆场、香溪河航道整治二期工程、盐卡二期多用途码头工程水工码头等 5 个省重点项目通过交竣工验收，工程质量合格率达 100%。亚东水泥一期工程原料进口码头工程等 8 个项目建成。崔家营航电枢纽工程、荆州港盐卡（二期）多用途码头工程等 5 个项目列入湖北水运建设项目绩效考核试点项目，进行了全方位绩效管理，其中崔家营航电枢纽工程在交通运输部的绩效考核中因管理规范，工程质量较好，受到好评。

·港口规划报批进展情况。“四主十九重”23 个港口的规划编制及当地市政府的审核工作已全面完成，正按《港口法》规定的程序报审，其中武汉新港总体规划已获得交通运输部和湖北省人民政府的联合批复，荆州、宜昌和黄石三个主要港口的总体规划已经通过了交通运输部和湖北省人民政府组织的联合审查，除鄂州、汉川、潜江之外，其他重要港口总体规划已经湖北省人民政府批准实施。

2008 年初，湖北省港航局《关于加强湖北省水运工程建设项目投资管理的通知》下发后，项目资金管理有所加强。主要工作措施：一是紧盯目标抓服务，促进港航建设又好又快发展。省委省政府自 2006 年起每年从财政资金中安排 1 亿元用于支持长江港口建设，出台了《关于加快全省长江水运业发展的意见》，颁发了《湖北省港口管理办法》，并从推动“两型社会”建设的战略高度提出打造武汉新港。地方党委、政府高度重视港航基础设施建，多次召开专题会议研究港口规划和港航建设问题，合力共建港航、加快发展水运的良好局面正逐步形成。面对港航建设难得的发展机遇，紧紧围绕既定的发展目标，强化服务，规范管理，积极推动港航建设又好又快发展。实施一线工作法，深入基层督办与指导，加快项目推进速度。对拟开工项目，积极引导开展前期工作，为项目文件的报批、修改完善出谋划策，并聘请专家严格把关，优化项目设计，严把项目前期质量源头关，促进项目前期工作高质量的快速推进；项目实施中，急业主所急，想业主所想，有效地协调工程质量、进度、效益和安全生产之间的关系。深入开展“迎新创优杯”劳动竞赛活动，以劳动竞赛促进度，以竞赛活动促质量，指导各项目单位落实好年度目标任务。

二是强化监管抓现场督办，促进质量安全管理上台阶。全面贯彻落实“质量效益年”的要求，视质量为工程生命，确保在建水运项目工程进展顺利，无重大质量、安全事故。进一步推广落实交通运输部推广营口质量通病治理工作经验，开展质量通病的治理，对航电枢纽、港口码头等工程施工中的工程质量通病不断改进，提高湖北省港航建设工程质量；扎实开展交通运输部“水运工程绩效考核”和湖北省交通厅“质量月”活动，深入在建项目现场督察和指导，促进工程质量的全面提高。采取“学”（学有关法规、标准）、“听”（听业主、施工、监理单位汇报）、“看”（看工地现场施工质量和安全施工情况）、“查”（查建设、勘察设计、监理、施工三方内业资料）、“谈”（同参建各方座谈，明确指出存在的问题，同时提出整改意见）等方式，查摆工程中存在的质量和安全隐患，促进参建单位加强工程质量和安全生产管理。建立健全安全生产的监管机制，针对不同建设项目中的安全问题，查摆分类，集中整改。湖北省在建港航项目无重大质量、安全事故，重大项目基本按照计划目标推进。

三是科学利用抓培训，提升岸线管理整体水平。针对部分地方在招商引资的同时，出现部分长江深水岸线被圈占的苗头，切实有效的做到岸线资源科学、合理利用，保持水运持续发展。湖北省港航局分片在黄冈、宜昌等地举办了二期港口管理培训，从港口岸线资源的重要性及港口岸线管理法规、程序等进行了全面系统培训，培训相关技术人员 150 余人次。通过培训增强了基层单位对岸线管理的认识，提高了全省岸线管理水平，促进岸线资源的有序、合理利用。

四是规范管理抓廉政，促进在建项目健康发展。加强工程招投标指导，积极推广使用九部委联合下发的《标准施工招标资格预审文件》和《标准施工招标文件》，规范招投标工作；加强重要环节监管，督查各项目单位强化合同管理，完善设计变更、材料采购、工程计量、支付等重点环节的管理制度；健全制度，认真落实《廉政合同》、《五条禁令》，从源头上遏制腐败。

五是强化维护抓应急，确保航道畅通。在实行季检、月查、日巡加强航道日常维护，促进内部管理规范，提高养护管理水平的同时，针对汉江遭受多年未遇的枯水情况，狠抓应急维护，保证航道安全畅通。从 2007 年 11 月至 2008 年 4 月汉江丹江水库一直超低水位运行，水库下泄流量一度低至 300 立方米/秒以下，受其影响，汉江襄樊至泽口段多处浅滩相继出浅，部分河段出现了船舶滞留现象。全线立即启动应急预案，积极应对：深入基层检查、指导工作，加强对航道养护现场的领导管理，制定枯水期航道养护管理措施；对重点浅滩驻守，引导、指挥船舶过浅，对牛路口等 6 处浅滩及时组织船舶进行应急疏浚，杜绝了大规模堵船现象的发生；及时发布航道水情公报，向社会公众及时通报信息，使船主迅速掌握水情，合理适水配载；积极协调，与丹江口水利枢纽管理局沟通，合理调度和适当增大下泄流量。

六是依法审批抓维权，杜绝形成新的碍航物。临、跨河建筑物的每项行政许可都严格按照有关法规规定，结合航道技术等级进行审批。切实做到批复数据有依据、要求有出处，同时督促市州加强施工过程中通航安全和航道维护的监管，全年共审批临、跨河建筑物 21 处，杜绝了通航河流形成新的碍航物，有效地保护了航道。加强现场监督管理，确保了跨临河建筑物施工按规范施工，不但净化了通航环境，同时也给航道管理的市州带来较大经济效益，仅汉宜高速铁路的三座汉江铁路桥就有 900 万元的航道、安全维护管理费收入。

七是加强督办抓质量，确保水毁丁坝和航标艇维修项目落实。按照湖北省港航局水毁丁坝维修长效管理机制的规定，从毁坏丁坝测量、维修方案、维修施工队伍确定、工程质量控制、检查验收等方面进行监管，完成了12座毁坏丁坝的维修工作，工程质量达到合同要求。完成更新3艘航标艇、中修7艘航标艇的修建任务，维修任务完成后，汉江沿线各航道段航标挺带病作业、性能落后的状况将得到较大改善。

八是积极打击抓宣传，非法采吸砂活动得到遏制。针对2008年春季汉江襄樊以下肆意蔓延的非法采吸砂活动，汉江各航道管理部门高度重视，积极参与，主动作为，把宣传航道管理法规放在首位，劝告和制止航道内乱采乱挖的违法行为，有效地维护了汉江航道权益。积极向当地政府部门汇报，引起了政府部门的高度重视，并主动参与联合执法行动。加大日常巡航力度，大力宣传航道管理的法律、法规，使船主认识采砂吸铁的非法行为，同时劝阻重点水域、重点航段的采砂船舶迁移，尽最大能力保护汉江航道畅通。

·*湖北省水运工程建设中存在的问题* 2008年湖北省水运工程建设虽然取得了一些成果，但是，与湖北经济发展的新形势和“十一五”水运发展规划目标相比，还有很大差距，特别是存在一些值得注意的问题：1.思想不够解放、思路不够开阔。航道建设项目贷款筹资问题还没有破题。2.近几年水运行业新的法律法规不断出台，部分地区港航建设管理人员学习不够，无法及时掌握应有的管理知识，对港航基本建设的新政策、程序、方式等不了解，管理水平跟不上发展节奏。3.资金瓶颈和管理问题仍然突出。4.航道建设项目地方政府承诺资金落实情况十分不理想。5.质量和安全隐患问题依然存在。6.岸线资源管理有待加强。水运工程建设得到了地方政府的高度重视，出现多元化投资合力共建的可喜局面，但是，也出现了盲目快上，浪费资源的现象：不按照港口规划使用岸线，导致岸线使用不符合规划；圈占岸线的现象严重，岸线利用率很低；不按照规范使用岸线长度，申报岸线长度比规范安全长度大得多；不按照集约节约的原则使用岸线，不是按照从上而下，而是中间开花使用岸线，导致两头岸线出现一定程度上的浪费。

（湖北省局　王彦玲）

【云池港一期工程开工建设】 2008年，作为省市重点工程和长远战略发展项目，宜港集团结合港口实际情况、项目特点和各级政府的关注，实时适度地推动了水工引桥的开工和首期用于水工码头施工的部分征地工作。目前，其中水工引桥完成32根桩基。

（宜昌港　赵涛）

【枝城港1 000万吨配煤中心港口配套项目建设进入实质操作阶段】 2008年，宜港集团坚持以煤炭配送中心项目建设为重点，在中港印公司已完成土石方施工及场地平整等准备工作基础上，为适应中港印的建设工作进度，港口配套建设项目也同步开展：一是加强港口配套项目与配送中心项目整体规划的衔接，目前出口泊位、分离式立交桥、铁路改造系统等项目技术方案已确定；二是根据生产发展势头和港口实际需要，实时开展了17附码头改扩建工程建设，目前钢引桥及水工桥台护坡等已基本完成，正在进行陆域回填及皮带机作业线建设。

（宜昌港　赵涛）

【宜港集团推进城区集装箱港区适应性改造及口岸配套设施的建设】 为“一类口岸”达标升级、改善通关环境做好各项准备工作，通过近两年的建设，特别2008年集团瞻前性地加大投入，基本完成了适应性改造的内容，包括新增加集装箱堆场面积近4 000平方米，新建造的2号轨道龙门机也将安装；口岸联检办公楼及其配套工程、口岸查验配套设施已交付使用，目前港区基本达到8万TEU的通过能力。

（宜昌港　赵涛）

【武汉新港建设】 2008年5月，湖北省委、省政府审时度势，站在科学发展观的高度，作出了建设“亿吨大港、千万标箱”的“武汉新港”的重大战略决策，与大东湖生态水网工程、城市圈东部循环经济示范区一起，共同作为推进武汉城市圈“两型”社会建设综合配套改革试验区的三大启动项目。

根据省委、省政府的战略决策和武汉市委、市政府的总体部署，《武汉新港总体规划》编制工作正式启动，并于10月下旬完成规划编制工作，11月11日规划通过部省联合审查，2009年初规划通过交通运输部正式批复。

武汉新港规划范围为原武汉港的全部和黄冈、鄂州的部分港区，具体为长江左岸汉南水洪口—蔡胡廖 169.7 公里、右岸双窑—长港河口 137.6 公里，汉江左岸新沟—汉江口 51.6 公里、右岸谢八家—汉江口 61.3 公里，两江四岸岸线总长 420.2 公里。武汉新港规划发展成为以大宗散货、件杂货、集装箱、商品汽车运输为主，兼有客运的综合性、现代化港口，具备装卸存储、中转换装、运输组织、临港开发、现代物流、商贸服务等功能。新港规划港区 22 个，其中张家塆港区和杨叶港区作为远期发展预留港区。本期规划 20 个港区，其中长江 15 个，汉江 4 个，客运港区 1 个。货运以钢铁、金属矿石、煤炭、石油化工、集装箱、商品汽车为主，主要分布在杨泗、沌口、阳逻、林四房、唐家渡、青山、白浒山、三江港区；客运以旅游客运为主，分布在长江两岸晴川、武汉关、汉阳门区域。

2008 年 11 月，武汉新港首批启动项目——阳逻集装箱二期工程、80 万吨乙烯重大件装卸码头等项目举行了隆重的开工仪式，吹响了武汉新港建设的号角，全面建设“武汉新港”的序幕正式拉开。

（武汉市局　喻　慧）

【武汉阳逻港区集装箱二期工程建设正式开工】

2008 年 11 月 12 日，武汉港阳逻港区集装箱二期工程建设正式开工。省委书记罗清泉，交通运输部副部长冯正霖，省委副书记、市委书记杨松，副省长段轮一，常务副市长袁善腊等领导，武汉新港规划建设筹备领导小组成员单位负责人以及省、市相关部门负责人参加了开工典礼。该工程设计年吞吐能力为 75 万标准箱，总投资 10.9 亿元。阳逻二期工程是充分利用黄金水道，加快武汉城市圈发展，促进中部崛起的重点项目，在省、市政府推进两型社会改革试点、建设“武汉新港”的规划中起着重要的战略支点作用。

（武汉港　曹　琳）

【云南省关累码头续建工程正式开工建设】

2008 年 4 月 20 日，云南省关累码头续建工程正式开工建设。

该项目将建设 300 吨级泊位一个，泊位长度 120 米，货物吞吐量 1.5 万 TEU/年，工程建设概算投资 3 956 万元。

（云南省局　马翠德）

【四川省加快港口建设步伐】 2008 年，四川省港口规划、项目前期工作取得新的突破，建设步伐加快。建设项目主要有：泸州港多用途码头二期工程、成都港华阳中心港区建设工程 2 个，年底开工项目有宜宾港志城作业区一期工程、南充港旅游客运码头、泸州港多用途码头二期续建工程、大渡河瀑布沟库区码头 4 个，共完成港口项目投资 1.9 亿元。

· *泸州港多用途码头二期工程*　随着一期工程 2004 年正式投入运作，四川省集装箱水路运输实现零的突破，从无到有，发展迅猛，当时预计 2006 年初集装箱吞吐量超过 3 万 TEU，一期工程设计能力已适应发展需要，2007 年在实施一期工程扩建的同时，迅速开展了二期工程前期工作，在省、市有关部门的支持和配合下，于 2006 年底项目工可报告及各项建设报告编制完成。其建设规模为 1 000 吨多用途泊位 2 个，设计通过能力重件及件杂货 56 万吨/年、集装箱 9 万 TEU。总投资 3.16 亿元，项目自 2007 年 12 开工至 2008 年底已累计完成投资 1.2 亿元，工程进度为：桩基、前沿框架基本建成，栈桥主体基本完工，空箱堆场完工，挡墙已浇注 1.25 万立方米，后方路域以开挖 18 万立方米，综合大楼主体土建工程已完工，候工楼已完工，工程进展顺利，将提前半年工期完成该项目主体工程。泸州港多用途码头二期续建工程已完成全部前期工作，于 2007 年底举行开工典礼。

· *宜宾港志城作业区一期工程*　在省委、省政府的关怀和重视下，在市有关部门支持和配合下，以超常规的速度，经过不到一年时间全面完成该项目前期工作（预可、工可及环评、水保、防洪、通航论证、通航安全评估、岸线使用、土地预审等各专题报告）编制及审批，项目初步设计及部分施工图设计工作，完成施工、监理招标工作，于 2008 年底举行了开工典礼，并正式动工兴建。其建设规模为 1 000 吨多用途泊位 4 个，1 000 吨滚装泊位 1 个，设计年吞吐能力集装箱 21.5 万 TEU，件杂 190 万吨，重载滚装 10 万辆/年，总投资 13.7 亿元。

· *成都港华阳中心港区建设工程*　新建客运泊位 4 个，新增吞吐能力 200 万人/年，总投资 6 658

万元，2007年正式开工，截止2008年底客运码头、客运综合楼等主体工程已完工，计划2009年上半年全面完工。

·南充港旅游客运码头　改建泊位7个，设计年吞吐量旅游客源150万人次、普通客源30万人次，总投资11 596万元，该项目已于2008年底正式开工建设。

·大渡河瀑布沟电站库区码头工程（一期）　新建9处客货码头，总投资4 000万元，工期2008—2009年，已建一处，在建一处，由于电站蓄水在即，其他将陆续开工建设，预计2009年上半年全部建成。

·农村渡口码头　2008年全省下达计划153座，总投资4 000万元，截止年底已基本完工。

（四川省局　易　斋）

【云阳县白水滩散货码头工程通过验收】　2008年1月22日，重庆市云阳县白水滩散货码头工程顺利通过县交通局组织质检、监理、建设等部门的交工验收。该码头位于三峡库区云阳县毛坝乡境内，是云阳县港口码头建设重点工程之一，是以原煤出口为主的集散码头，对县城经济建设具有重要的支撑作用。

（重庆市局　阳　斌）

【朱家坝作业区冯家湾化工码头一期工程液体化工泊位交工验收】　2008年7月，重庆主城港区朱家坝作业区冯家湾化工码头一期工程液体化工泊位交工验收会在长寿区冯家湾化工泊位现场举行。会议由重庆建工集团主持，市港航局、市交委质监站、重庆化工码头有限公司等相关单位的代表和专家参加了会议。与会专家和代表认真听取了工程业主单位重庆化工码头有限公司对冯家湾化工码头总体情况的介绍以及建设、设计、施工、监理等单位作的工程情况汇报，实地查看了工程现场，一致认为施工单位在规定的工期内已完成全部工程项目，各项技术指标达到交工验收条件。

（重庆市局　阳　斌）

·对外开放·

【温州对台通航意向书签订】　2008年11月18日，温州港集团有限公司与上海海华轮船有限公司经过友好协商，签订开辟台湾集装箱航线意向书，待交通部批准后，将正式签订港、航、代航线协议。这是温州市被批准为大陆63个对台通航港口之一，率全省之先在对台通航上迈出了第一步。

（浙江省局　吴永平）

【海峡两岸港口经济发展高层论坛暨产业投资布局研讨会在南通举行】　2008年9月27日，海峡两岸港口经济发展高层论坛暨产业投资布局研讨会在江苏南通成功举行。围绕两岸直航和江海开发、促进投资主题，如何进一步发展港口经济，海峡两岸港口经济界专家、学者和企业界10多位专家、学者作了有益探索。论坛和研讨会由江苏省台办、中国港口协会、清华大学台湾研究所、台湾地区亚太研究院、中华亚太管理学会等单位主办，南通市台办、南通市港务局承办。海协会常务副会长李炳才，省台办主任陈尧，中国港口协会常务副理事长曹忠喜，上海组合港办公室主任王明志，台湾政策研究基金会永续发展组召集人、教授陈世圯，高雄大学校长王仁宏，台湾工业总会理事长陈武雄，全国台企联会长张汉文，清华大学台湾研究所所长刘震涛出席。台湾政策研究基金会永续发展组召集人、教授陈世圯等11位专家、教授作了主题演讲。

（南通市局　孙学明）

【南通港再添两座开放码头】　2008年10月17日，南通港狼山三期工程15万吨级通用散货泊位正式对外开放，江苏省口岸办组织通过了该码头的对外开放验收。南通港狼山三期工程总投资10亿元，2003年7月开工建造，码头总长710米。去年9月通过交通部竣工验收。该工程配备两台长江沿线生产能力最大的卸船机和装船机、两台国内最大回转半径的斗轮机和总长达4 335米皮带输送机。自2006年6月运行至今，已成功接卸15万吨级以上超大型船舶190多艘次，矿石接卸效率达每天4.9万吨。

（南通市局　孙学明）

【张家港港成功开辟张家港—台湾集装箱班轮航线】　2008年4月7日，张家港港务集团开辟了张家港—台湾集装箱班轮航线，并举行了隆重的首航庆典仪式。张家港—台湾航线覆盖台湾高雄、基隆、台中三港，华东地区挂靠宁波、张家港、连云港，目前航线安排为每 15 天一班，随着航线影响力的不断扩大，货源组织逐渐完善以及两岸“三通”的实现，航线将逐渐加密，实行旬班、周班布局，届时张家港与台湾三港之间的货物往来将更加快捷便利。

（张家港港　颜炳福）

【联合国副秘书长、人居署执行主任安娜·蒂贝琼卡到张家港考察】 2008 年 8 月 20 日下午，张家港市市长徐美健陪同联合国副秘书长、联合国人居署执行主任安娜·蒂贝琼卡来港参观。安娜一行在张家港港务集团赵建华总裁的陪同下，参观了张家港港务集团永嘉码头。

（张家港港　颜炳福）

【九江港成为首批两岸直航港口】 根据海协会会长陈云林与海基会董事长江丙坤2008年11月4日在台北签署的《海峡两岸海运协议》，双方同意相互开放主要对外开放港口作为直航港口。大陆方面现阶段开放的63个港口中，九江港作为其中之一，今后将与台湾港口实现直航。

九江港是江西省唯一对外开放的一类水路口岸，过去从该市运往台湾的货物，不能直接通关运往台湾，使得运输成本大大增加。被列为此次相互开放港口，实现两岸海运直航，有利于减少物流成本，加强两岸的经济合作，对江西省外向型经济特别是对台贸易带来新的机遇。

（江西省局　杨　辉）

【重庆港与常熟港缔结友好港】 2008 年 9 月 9 日下午，重庆港与常熟港友好港缔结仪式在重庆金源饭店举行。苏州市港口管理局、常熟市港口管理局、重庆市港航管理局和重庆港务集团参加了缔结仪式。重庆市港航管理局与常熟市港口管理局签订了“重庆与常熟友好港口缔结备忘录”，两港成为友好港口。

（重庆市局　阳　斌）

·文明创建·

【浙江省局深入开展学习实践科学发展观活动】

2008 年，根据中央、省委和省交通厅深入开展学习实践科学发展观活动的意见，组织开展了历时 6 个月的深入学习实践科学发展观活动。一是成立局学习实践科学发展观活动领导小组及办公室。制定学习活动实施方案以及各阶段安排表，组织中心组专题学习，召开专题民主生活会，举办讲座辅导，局长郑惠明作学习报告。二是各支部深入基层文明示范窗口，组织党员开展解放思想大讨论、征求意见建议等活动。在行政办事大厅、服务窗口、码头等公共场所发出调查问卷，进行满意度测评。对群众评议中提出来的意见建议吸收到检查报告中。三是制定局关于开展“三保四解”双服务专项行动工作方案，对在学习实践活动征求到的意见和建议进行整改责任分工，明确要解决的问题，落实责任领导、服务基层点、牵头支部和目标期限。活动结束后，做好群众满意度测评工作，满意率达到 97.7%。

（浙江省局　吴永平）

【全国第三次港口普查培训会（浙江片）在杭州召开】 2008 年 5 月 27 日至 29 日，交通部组织的全国第三次港口普查培训会（浙江片）在杭州召开，全省港航管理部门 150 余名港口普查工作人员参加了培训。交通部科学研究院专家到会详细讲解了交通部制定的港口普查技术方案。为使参会人员深入了解、熟练掌握港口普查内容、方法及配套数据采集系统计算机软件的操作要点，培训采用案例讲解和课堂练习相结合的形式，还针对参会人员提出的问题进行了现场答疑。通过培训，参会人员对港口普查方案有了比较全面的理解和认识，基本掌握了配套数据采集系统的操作方法，为第三次全国港口普查工作顺利开展奠定了扎实的基础。

（浙江省局　港政管理处）

【交通运输部内贸港口保安培训在舟山举行】

2008 年 6 月 19 日至 6 月 20 日，交通运输部主办的第四期内贸港口保安工作培训在舟山举行。此次培训有来自宁波、嘉兴、台州、舟山等地的 217 位学员参加。此次培训主要包括港口保安的形式和基本要求、《内贸码头港口保安基本措施和程序》介绍、港口保安技术及设备设施等内容，由交通运输部水运司港口处处长林军保、交通运输部港口保安秘书处主任张林江亲自授课。通过此次培训，督促并指导内贸企业加强对港口保安工作的认识，尽早落实各项保安措施，做好奥运特殊时期的安全保障工作。

（浙江省局　港政管理处）

【浙江省奥运特殊时期港口保安联络员会议在杭州召开】　2008年6月27日，受省交通厅委托，省港航管理局在杭州召开了全省奥运特殊时期港口保安联络员会议，各市港口行政管理部门保安联络员（港口安全管理部门负责人）参加了会议。会议听取了各港前阶段开展港口保安工作，重点是内贸客运、危险品码头落实奥运特殊时期港口保安工作情况的汇报，确定了下一步港口保安工作要点，对内、外贸码头的港口保安工作分别提出了具体要求。会议根据交通运输部的统一部署，讨论并确定了奥运特殊时期港口保安主要工作，强调要进一步深化对港口保安工作重要性的认识，以高度的政治责任感和敏锐性，全力做好各项保安工作，为保障北京奥运会顺利举行创造良好的港口环境。

（浙江省局　港政管理处）

【《浙江省港口管理条例》知识竞赛在杭州举办】

2008年7月31日至8月1日，浙江省港航管理局和交通旅游导报社联合举办了浙江省港口管理条例知识竞赛。本次知识竞赛由处罚系统操作比武、闭卷书面答题和现场竞答组成，来自我省港航的12支代表队参加了比赛。

（浙江省局　吴永平）

【浙江省港航管理局开展《浙江省港口管理条例》巡回宣讲】　《浙江省港口管理条例》（以下简称《条例》）于2007年10月施行，为做好《条例》的宣贯工作，省港航管理局在全省交通、港航管理系统开展了《条例》巡回宣讲活动。至2008年5月，已先后在全省各港组织了10多次宣讲，有800多名从事港口法制工作、港口规划和岸线管理、港口经营管理、港口安全管理的管理人员参加了宣讲会。

（浙江省局　港政管理处）

【浙江省开展“树新形象、创新业绩”主题实践活动】　2008年，浙江省港航局成立深化拓展“树新形象、创新业绩”主题实践活动办公室，制定局深化拓展“树新形象、创新业绩”主题实践活动实施方案、郑惠明局长开展创业创新专题调研方案、关于在深化拓展主题实践活动中开展送服务活动的实施方案、关于在深化拓展主题实践活动中开展创业创新结对联系的实施方案，对阶段工作作了安排。以“深入基层一线，促进港航创新发展”为主题，组织开展创业创新专题调研活动，郑惠明局长带队到宁波—舟山港老塘山港区、岱山进行调研，深入岱山港航基层站点，上一堂港航强省建设动员会，撰写下基层蹲点调研手记。

（浙江省局　涂晓嫔）

【浙江省港航局确定领导班子成员基层联系点】

2008年，根据局领导干部联系基层制度，浙江省港航局确定了局领导班子成员基层联系点。局长郑惠明联系温州市港航管理局、舟山港务管理局；副局长汤修华联系宁波市港航管理局、嘉兴市港航管理局；党委副书记颜献劼联系杭州市港航管理局、衢州市港航管理处；副局长任忠联系嘉兴市港务管理局、金华市港航管理处；副局长邵银泉联系湖州市港航管理局、台州市港航管理局；副局长唐伟明联系绍兴市港航管理局、丽水市港航管理处。

（浙江省局　涂晓嫔）

【浙江省港航局成立机构改革工作小组】　2008年，为做好机构改革有关工作，成立浙江省港航管理局机构改革工作小组。颜献劼任组长，上官祖农、黄河、王青、周克俭、俞东兴、姚勇、孔向平为成员。

（浙江省局　涂晓嫔）

【浙江省港航管理局工会被评为浙江省模范职工之家】　2008年6月，浙江省港航管理局工会被浙江省总工会授予“浙江省模范职工之家”称号。

（浙江省局　涂晓嫔）

【浙江省港航管理系统职工思想政治工作联席会议召开】　2008年9月25日，浙江省港航管理系统职工思想政治工作联席会议在湖州召开。各市港航管理局（处）、港务管理局的分管领导和相关部门负责人参加了会议。会议总结交流了思想政治工作、港航文化建设等方面经验，并确定了2009年会议执行主席单位。省港航管理局党委副书记颜献劼在会上作了《围绕大局 发挥作用 实现思政工作新突破》的报告。

（浙江省局　涂晓嫔）

【浙江省厅直属机关委员会第四次代表大会代表出席人选】 2008年10月29日，根据省交通厅《关于浙江省港航管理局出席中共浙江省交通厅直属机关委员会第四次代表大会代表人选的批复》（浙交直党[2008]22号），郑惠明、颜献劼、黄河、李树建、陈亮、王凤成6位同志批准为出席中共浙江省交通厅直属机关委员会第四次代表大会代表。

（浙江省局　涂晓嫔）

【浙江省港航局组织发展工作】 浙江省港航局按照"坚持标准、保证质量，改善结构、慎重发展"的原则，有计划地做好组织发展工作。2008年共发展正式党员2名、中共预备党员3名。组织1名同志参加省级机关党校入党积极分子培训班。

（浙江省局　涂晓嫔）

【浙江省港航局干部锻炼】 2008年，浙江省港航局制定全省港航管理系统干部短期挂职锻炼制度，每年实施干部上挂下派，全年有4名干部进行挂职。积极做好全省交通系统干部短期挂职锻炼的配合工作，接收2名干部进行挂职。组织干部参加省厅处级干部十七大精神集训和第五期处级干部培训班。选派局综合处徐斌参加省委组织部组织的2008年领导干部境外培训。

（浙江省局　涂晓嫔）

【浙江省举办全系统先进事迹巡回报告会】

2008年，为进一步激励和感召广大港航人团结进取、开拓创新，加快推进港航强省建设，结合全系统半年度港航工作会议，组成先进事迹报告团人员5名，举办了全系统先进事迹巡回报告会，大力弘扬"争当排头兵、甘做航标灯"的浙江港航精神。

（浙江省局　涂晓嫔）

【宁波市港航文化建设】 2008年，宁波市港航局为适应港航事业发展，建立各项港航工作制度规范干部职工工作及行为。主要有党委工作制度、议事制度；局长办公会议议事制度；工程、船检等业务领域保廉制度；党组织"三会一课"制度；党员述职、述廉、评议制度；干部职工"十个不准"规定；保持共产党先进性长效机制及领导干部廉政公约等。

·港航职业工作制度　"港航职工行为手册；港口管理规程；岸线审批规程；港航企业服务指南。

·港航文化载体　开通港航服务热线，创办港航网站，编修《宁波市港航志》、编辑《宁波港航信息》及简报、编撰《老干部专刊》、《政治学习资料》、《理论学习园地》等内部刊物。同时，编撰完成《宁波年鉴》、《宁波交通年鉴》、《浙江交通年鉴》、《长江航运年鉴》的宁波港航部分内容，展示了宁波港航的形象，扩大影响和知名度。

·港航系统文明创建先进集体　杭甬运河余姚段拓宽改造工程指挥部荣获浙江省"五大百亿工程责任制先进集体"；全市有8家水运企业获浙江省交通厅表彰的"浙江省水路运输诚信企业"称号；北仑港航管理处获"浙江省卫生先进单位"称号。

北仑港航管理所被宁波市交通党工委评为"创建群众满意基层站所先进集体；宁波市交通系统先进基层党组织。象山港航管理处被评为"宁波市2007年度收费规范先进单位"。

（宁波市局　沈荣进）

【常熟市港口局文明共建活动结出硕果】 2008年，常熟海关被授予"全国精神文明建设先进单位"、"江苏省口岸工作先进集体" 称号。常熟检验检疫局被命名为"江苏省文明行业"并成为江苏检验检疫系统"文明单位"。常熟海事处被命名为"江苏省文明行业"、被授予"江苏省口岸工作先进集体" 称号并成为"常熟市文明单位"。常熟海事处政务中心被评为江苏海事局2007—2008年度首批"文明执法示范窗口"。 常熟边防检查站被表彰为"提高边检服务水平成绩突出单位"，常熟边防检查站执勤业务一科被表彰为"全国边防系统基层执法示范单位”及江苏边防总队“基层建设先进单位”。常熟市港口局（口岸委）被常熟市人民政府记集体三等功一次。

（常熟市局　须文娟）

【常熟口岸联检服务中心再获两项荣誉】 2008年，常熟口岸联检服务中心自加压力，不断提高服务标准，文明创建活动再上新台阶，被苏州团市委授予“苏州青年文明号”称号，被常熟市精神文明建设指导委员授予“常熟市文明示范窗口”称号。

（常熟市局　须文娟）

【常熟市重新成立共建文明口岸活动领导小组】

2008年7月，常熟口岸重新成立了以常熟市政府副市长为组长，各单位一把手为成员的常熟市共建文明口岸活动领导小组，办事机构设在常熟市口岸委。口岸各单位分别成立创建文明口岸领导机构，把常熟口岸年度创建工作计划进行细化和分解落实。

（常熟市局　须文娟）

【常熟市广泛开展文明共建活动】 2008年，常熟口岸系统文明创建活动得到了广泛开展。由常熟市口岸委牵头，成功组织了乒乓球比赛、游泳比赛、“喜迎改革开放30周年”常熟口岸新闻摄影活动等丰富的文体活动，以及向灾区人民献爱心、春蕾行动、扶贫帮困等社会公益活动，口岸系统形成了团结向上、齐心协力的氛围。

（常熟市局　须文娟）

【常熟市港口局参加市级机关“双十佳”评选】

常熟市口岸委口岸综合管理科、常熟海关综合业务科和常熟检验检疫局开发区办事处，参加了2008年常熟市级机关作风和效能建设“双十佳”（十佳科室、十佳站所）评选。最终，常熟市口岸委、口岸综合管理科、常熟检验检疫局开发区办事处荣获“双十佳”称号。

（常熟市局　须文娟）

【常熟市港口局大力推进口岸大通关建设】 常熟口岸各单位强化协作意识，大力推进口岸大通关建设。2008年9月，以常熟市市长为组长的常熟市电子口岸建设工作领导小组及其办公室成立。各单位在电子口岸建设工作领导小组的统一协调下，形成了电子口岸的规划和建设方案，并积极推进有关各项工作，为提高口岸通关效率，促进口岸发展奠定了基础。

（常熟市局　须文娟）

【常熟市港口局推进服务建设，提升对外形象】

常熟口岸各单位转变工作作风，高效服务，体现出较高的服务质量。海关规范把关与服务行为，以“八比”（比服务意识、比服务态度、比服务用语、比手续简便、比服务作风、比业务技术、比服务质量、比服务满意度）为标准开展优质服务竞赛，成效明显。常熟检验检疫局发挥“全国青年文明号”的示范作用，以点带面，全面推行规范服务、优质服务、高效服务。口岸各单位的积极行动，受到了各界的好评，提升了口岸的对外形象。

（常熟市局　须文娟）

【张家港港务集团有限公司荣获“江苏省重点物流企业”称号】 在2008年11月19日开幕的《2008中国（南京）国际物流博览会》上，张家港港务集团有限公司被江苏省经济贸易委员会授予“省重点物流企业”荣誉称号。

（张家港港　颜炳福）

【南京港入选“江苏省重点物流企业”】 2008年11月19日，在南京国际博览中心召开的“2008年中国（南京）国际物流博览会暨中国物流国际合作论坛”上，南京港口集团获江苏省经贸委授牌，成功入选“江苏省重点物流企业”。按照《江苏省重点物流基地和重点物流企业认定办法》的规定，经企业申请、专家评审与答辩、征求全省现代物流工作联席会议各成员单位意见等程序，评选出第三批“江苏省重点物流基地”16家和“江苏省重点物流企业”35家。南京港经过不懈努力，通过层层筛选，成功入选江苏省重点物流企业，并可根据相关规定享受省内重点物流企业的相应优惠政策。

（南京港　姚卫忠）

【安庆市首届创建文明港口活动】 2008年6月，

安庆市文明办和安庆市港口管理局联合举办首届创建文明港口活动。全市共56家港口经营人参加了此项活动。活动以“强化港口服务,优化港口环境”为主线,以建设“安全、畅通、环保、和谐”的港口为目标，全面动员港口企业，坚持科学发展观，进一步美化港口环境、确保安全生产、提高服务水平、加强职工教育，着力解决效益偏低，装卸服务质量欠佳、作业环境欠优等问题，全面提升安庆港口综合竞争力和文明程度。

（安庆市局　杨 蕾）

【安庆市港口局纪念《港口法》颁布五周年系列活动】 为纪念《港口法》颁布五周年，进一步提高全社会对《港口法》的认识，增强依法保护、合理利用长江岸线资源和依法建设、经营港口意识，安庆市港口管理局于2008年6月至9月举办纪念〈港口法〉颁布五周年系列宣传活动。活动主要包括：6月27日，在《安庆日报》刊登《安庆市港口管理局依法行政工作巡礼》专版；6月初至9月底，联合安庆日报社在《安庆日报》第二版开辟“以港兴市”大家谈征文专栏，选登社会来稿21篇，评选特别奖及一、二、三等奖若干；7月26日，提请安庆市政府新闻办在安庆大酒店举行实施新编《安庆港总体规划》暨纪念《港口法》颁布五周年新闻发布会；配合安徽省港航管理局开展交通部“十一五”长江黄金水道建设巡礼安庆段宣传活动及改革开放三十年内河水运建设成就展，发放宣传资料1 000余份。

（安庆市局　杨 蕾）

【芜湖港员工踊跃为四川地震灾区捐款】 2008年5月14日，为表达对四川地震灾区人民的一片爱心，以实际行动支援灾区抗震救灾，芜湖港召开“向四川地震灾区献爱心”动员大会，号召在全港范围开展募捐活动。港口总裁、董事长孙新华先生带头捐款，广大员工慷慨解囊，14日、16日芜湖港员工两批次累计向地震灾区捐款455 315元，人均达232元。

（芜湖港　孙凤山）

【江西省航运局文明创建取得新进展】 2008年，江西省航运局按照“十一五”精神文明建设工作规划要求，积极开展全行业的文明单位创建活动，进一步细化、量化《江西省港航管理两个文明建设先进单位考核评分标准》，使之更切合实际、更具操作性，使行业文明创建活动取得新进展。江西省港航系统科级以上69个单位，已有29个被评为县（市）级文明单位，占总数的42%；20个被评为社区市文明单位，占总数的30.4%；3个被评为省级文明单位，占总数的4.35%。

（江西省局　许根源　杨 辉）

【南昌市港航管理处举办大型《江西省港口管理办法》宣贯咨询活动】 《江西省港口管理办法》（以下简称《办法》）经江西省人民政府第69次常务会议审议通过，省人民政府令第166号公布，自2008年3月1日起施行。

为大力营造宣传、贯彻《办法》氛围，南昌市港航管理处于3月1日在南昌港客运站广场举办大型宣贯咨询活动。省航运管理局副局长胡大根、南昌市交通局副局长彭孝福亲临活动现场指导。《江西电视台》、《南昌电视台》、《江南都市报》、《南昌晚报》等多家新闻媒体进行了现场采访、报道。咨询活动共展出宣传栏9块、发放宣传资料500余份、接受群众、港口经营业户咨询40余人次。胡大根副局长、彭孝福副局长分别就经营业户咨询《办法》中的港口规划、港口经营、港口安全生产等问题分别作了详细解答。通过开展《办法》宣传咨询日活动，使社会各界对《办法》有较全面的了解，对贯彻实施《办法》给予理解和支持。

（江西省局　丁玉婕　汪 坚　杨 辉）

【南昌市港航管理处做好民主评议政风行风工作】 2008年，南昌市港航管理处以科学发展观为统领，根据省航运局、市交通局《2008年民主评议政风行风工作实施方案》的要求，高度重视，精心部署，把民主评议政风行风工作与各项工作紧密结合，与各项工作同部署、同检查、同考核。下大力气抓政风行风建设，自上而下，统筹协调，上下联动，整体推进。成立了以一把手为组长的民主评议政风行风工作领导小组，制定实施方案，活动期间，召开研究和解决政风行风工作专题会议20次，邀请水运业户、港口经营业户参加的行风座谈会7次，共发放调查问卷200份，收回180份。在2008年全省港航系统12个单位参评的民主评议政风行风评比工作中，荣获第一名，这是继去年取得第二名后又一次取得好成绩。

（南昌港　刘敏）

【南昌市港航管理处认真开展民主评议“百名处长”活动】 2008年南昌市港航管理处根据市委、市政府的统一部署，于10月25日召开了全处民主评议“百名处长”活动动员大会，制定了的民主评议“百名处长”活动实施方案。10月27日，该处向业户发放50余份民主评议“百名处长”征求意见函；10月29日邀请了20余名业户召开座谈会，就港航管理处处长在工作是否存在“一言堂”家长制作风、是否认真研究解决群众反映强烈的问题、依法行政、工作效率、勤政廉政等几个方面向服务对象面对面征求意见和建议；10月30日杨庆处长亲自到刘道人码头、龙黄码头、市第三粮库码头等10余家企业上门征求意见，真正把评议工作落到实处。通过请业户“挑刺”，自己“找茬”，切实转变机关作风，规范行政行为，确保政令畅通，以“基层满意、企业满意、群众满意、上级机关满意”为标准，为推进南昌港航事业新一轮又好又快地发展，提供有力保障。

（南昌港　刘敏）

【九江市港口管理局组织开展安全应急预案演练活动】 2008年6月18日，九江市港口管理局组织开展安全应急预案演练活动，该局下属5个分局以及九江海事局、长航九江公安局等单位120余人到现场进行观摩。

本次安全应急预案演练安排在九江石化2号码头，由中石化九江分公司具体组织实施。演习历时一个半小时，参加安全演练人员在演练总指挥的指挥下，圆满完成了船舶油舱起火应急、趸船原油管线破裂漏油应急两个科目的演练。

此次演练为进一步增强港口生产人员应对突发事件的能力，检验安全应急预案的可操作性，以及建立完善港口安全监管长效机制和危货企业安全应急管理工作积累了宝贵的经验。

（九江港　柯瑞华　杨辉）

【九江市港口管理局认真开展“扬廉勤清风正气、促沿江产业经济发展”主题教育活动】 2008年，按照九江市廉政教育活动要求，九江市港口管理局认真开展“扬廉勤清风正气、促沿江产业经济发展”主题教育活动。4月12月，该局组织25名党员干部参加九江市首届廉政文化节活动，通过听廉政倡仪，参加倡廉签名，观看廉政文艺汇演和廉政展板，广大党员干部受到了一次廉政教育洗礼。在廉政文化节上，九江市港口管理局还向全市人民展示了两块图文并茂的廉政文化宣传版，展版分三个篇幅：服务篇、制度篇、教育篇，集中宣传了该局干部职工自警、自律，勤政廉政、和谐共事、干净干事的新风貌。近期，该局还在下属各分局开展党风廉政宣传教育活动。活动中安排布置了廉政建设宣传栏，组织党员观看廉政专题电教片和参观廉政教育基地，向服务对象发放廉政建设征求意见函，向党员干部和经营业户发送廉政格言短信，从思想上筑牢拒腐防变。同时，进一步加强惩防机制建设，完善监督制约机制，做到“三坚持两加强”。即坚持“三重一大”集体决策，确保权力正确行使；坚持财务例会和对规费征收进行不定期抽查制度，防止出现违规截留和违纪使用规费事件的发生；坚持行政许可联合审查制度，防止出现部门和滥用职权、失职渎职案件的发生。加强党风廉政责任制落实的监督检查，完善责任追究，防微杜渐，源头治理。加强信访件的查处，凡违纪违规行为涉及到基层党政一把手的，该局党风廉政建设第一责任人都能及时与被反映人谈话，做到警钟长鸣。

（江西省局　方霞　杨辉）

【九江市港口管理局多措并举落实全市党风廉政建设责任制电视电话会议精神】 2008年，根据九江市纪委关于落实党风廉政建设责任制电视电话会议精神的要求，九江市港口管理局立即行动，采取多项措施，认真学习贯彻全市落实党风廉政建设责任制电视电话会议精神。

一是该局召开市局机关全体党员、职工会议，传达学习全国、江西省、全市落实党风廉政建设责任制电视电话会议精神，党组书记、局长刘道林对会议精神作了深入详尽的讲解，对深入学习领会会议精神，进一步提高思想认识，全面落实党风廉政建设责任制提出了进一步的要求。二是各党支部认真组织学习胡锦涛总书记重要指示，学习中纪委书记贺国强、省委书记苏荣、九江市委书记陈安众分别在全国、江西省、全市落实党风廉政建设责任制电视电话会议上的讲话精神，切实抓好本单位的党风廉政建设和反腐败工作。三是将全国、江西省、全市落实党风廉政建设责任制电视电话会议的主要精神及中央和省市领导的重要讲话精神编制成册，发至各基层党支部，供学习使用。要求各党支部要迅速行动起来，全面检查本单位党风廉政建设责任落实情况，召开党员职工会议，进行了传达学习。四是利用黑板报、宣传栏、网站等形式大力宣传党风廉政建设，把“建立健全惩治和预防腐败体系2008—2012年工作规划”和中央领导、省市领导电视电话会议精神刊登学习。同时结合当前的政风行风建设，出一期“抓廉政建设，促政风行风，建服务部门”为主题的宣传栏，从教育篇、制度篇、成果篇展示该局廉政建设责任制的落实。五是切实抓好党风廉政建设工作的落实，结合本局实际，就年初制定的党风廉政建设责任制方案逐条逐句进行补充和修订。使之具有更强的时代性，针对性和操作性。按照“一岗双责”的要求，落实到人，做到工作职、任务管到哪里，党风廉政建设责任制就延伸到哪里。六是市局各业务部门和各基层单位对照江西省交通系统廉政建设“八条禁令”，对落实党风廉政建设责任制的情况进行检查，细化管理，做到防微杜渐。

（江西省局　戢小桔　杨 辉）

【江西省航运管理局文明单位创建活动取得新进展】 2008年，按照该局“十一五”精神文明建设工作规划的要求，省航运管理局积极开展了全行业的文明单位创建活动，进一步细化、量化了《江西省港航管理两个文明建设先进单位考核评分标准》，使之更切合实际，更具有操作性，使行业文明单位创建活动，取得了较好的成效。江西省港航系统科级以上69个单位，已有29个被评为县（市）级文明单位，占总数的42%，20个被评为设区市文明单位，占总数的30.4%，3个单位被评为省级文明单位，占总数的4.35%。

（江西省局　许根源　杨 辉）

【九江市港口管理局直属分局内抓管理外树形象】 九江市港口管理局直属分局新班子2008年1月2日到任以来，抓职工队伍建设，强化内部管理，外树形象，主动登门拜访业主征求意见，使分局工作迅速步入正轨。

该分局辖区拥有港口岸线33.8公里，码头40多座，其中危险货物码头8家，业主多，成份复杂，管理难度大。搞好辖区管理，职工队伍是关键。分局领导上任第一天，王震冬局长就向全体职工明确了今年的工作思路，要求全体干部职工坚决完成市局下达的260万元规费征收任务，力争达到280万。

该分局港口稽查点有40多个，稽查难度大。分局针对这种情况，立即成立了市区东站、西站，两头把关，稽查科机动补漏，三路人马解决了点多、线长、疲于奔命的被动局面，把住了规费漏收关。同时，为节约行政经费，挤出资金用在刀刃上，把两部征费车辆进行了必要的维修，规定车辆每天下班后必须统一入库管理，同时减少使用大艇稽查，节省了燃油开支。

（江西省局　蔡联欢　杨 辉）

【九江市港口管理局党组书记刘道林获九江市人民政府突出贡献个人嘉奖】 2008年2月13日，九江市人民政府颁布2007年度作出突出贡献的单位和个人嘉奖令。九江市港口管理局党组书记刘道林作为该市唯一一名作出突出贡献的个人受到了嘉奖表彰。

嘉奖令对刘道林同志争创一流的信念、止于至善的追求、脚踏实地的作风、百折不挠的干劲，在推进九江港口集团公司改制，促进上港集团与九江市战略合作建设九江港的工作中，作出的突出贡献给予了高度赞扬和充分肯定。

在表彰大会上，该市领导还号召全市干部职工要以刘道林同志为学习榜样，为九江经济社会的发展作出自己的贡献，为全市跨越式发展当好排头兵。

（江西省局　柯瑞华　杨辉）

【南昌市港航管理处张灵蕴同志被评为“星级服务标兵”】 2008年3月10日，南昌市行政服务中心管委会通报了1—2月份市行政服务中心“流动红旗窗口”和“星级服务标兵”考评结果。该管委会行政服务中心考评领导小组根据《南昌市行政服务中心“流动红旗窗口”和“星级服务标兵”考评实施办法（试行）》（洪行管字[2007]32号）的规定，评出“流动红旗窗口”6个、“星级服务标兵”10个，其中，南昌市港航管理处派驻窗口工作人员张灵蕴同志被评为“星级服务标兵”。

（江西省局　何景旺　杨　辉）

【**高安市港航管理所为业户排忧解难**】　2008年，由于市场柴油紧张，造成了高安市绝大部分砂石运输船舶不能正常运营，极大地制约了该市水运的发展，同时也造成了该市建筑材料紧缺，影响了经济发展。

高安市港航管理所了解实际情况后积极行动起来，为水运业户购油排忧解难。为此，该所立即行文向市政府报告水运业户砂石运输船舶缺油的困境，恳请政府保障该市水运行业柴油的供给。在市政府领导的高度重视和关心下，该市石油公司领导通力配合，全力支持，通过协商，市石油公司同意由该所报计划、给业主开证明、石油公司在各乡镇定点优先保障水运行业柴油供给。

（江西省局　武志强　杨　辉）

【**南昌市港航管理处积极开展“创业创新服务年”活动**】　2008年，按照南昌市委、市政府“创业富民、创新发展”战略目标的要求，为进一步加强执法队伍和作风建设，进一步优化投资环境，进一步增强广大党员干部的创业意识、创新意识、创优意识，5月16日，南昌市港航管理处召开了“创业创新服务年”活动动员大会，会议要求：在全处范围内大力开展“创业创新服务年”活动，积极争创“文明服务窗口”，争当“文明执法标兵”。

“创业创新服务年”活动的主要内容：一是落实干部队伍建设总要求，扎实推进“创新型”班子建设。要求以学习培训为抓手，提高班子的创造力；以科学决策为核心，提高班子领导能力；以依靠干部职工为根本，提高班子的凝聚力。二是积极开展“政风行风评议”和争创“文明服务窗口”活动，树立行政执法良好形象。着力提升干部职工的文明素质，坚决纠正不文明行为，树立水上交通行业的文明服务新风貌。三是大力开展争当“文明执法标兵”活动，不断提高文明执法水平。

通过开展活动，旨在增强领导班子成员的创新能力、领导能力、提高广大干部职工的整体素质和依法行政的水平，以更好的作风、更高的效率、更优的环境、更完善的服务，为推动全民创业和全面创新及该处的发展壮大提供有利条件和坚强保障。

（江西省局　熊胜兰　杨　辉）

【**九江市港口管理局荣获“九江市直部门包村工作先进集体”称号**】　在2008年5月4日九江市委组织部召开的全市组织工作会议上，九江市港口管理局获“2007年度九江市直部门包村工作先进集体”称号。同时，该局干部钟祥清同志获“市直优秀包村干部”称号。

2007年，根据九江市委组织部以及该市扶贫办的安排，九江市港口局对修水县征村乡吴坪村实行定点帮扶。该局党组高度重视，专门成立了扶贫领导小组，并专门安排具体人员开展落实和督导工作。一年多来，该局主要领导多次亲自深入实地，督促、落实各项扶贫工作措施，并积极协调争取各项优惠政策，确保了各项扶贫工作稳步扎实的开展，扶贫工作取得了显著成绩。

（江西省局　柯瑞华　杨　辉）

【**景德镇市港航管理处文明建设结硕果**】　2008年，景德镇市港航管理处一直把提高职工素质、对外树立良好形象作为一项重要工作内容列入党、政工作议事日程，并持之以恒、常抓不懈。该处以2007年江西省航运系统民主评议政风行风工作为契机，优化了政风行风建设，促使全处各项工作得到全面提高和发展，对外形象进一步得到提升。在构建社会主义和谐社会的建设中，以人为本，创和谐水运新环境，在精神、物质、政治、生态文明方面取得了显著成效。该处被评为景德镇市第十一届(2006—2007)年度文明单位。

（江西省局　施世明　杨　辉）

【**九江市港口管理局瑞昌分局获九江市级文明单位**】　2008年7月，九江市港口管理局瑞昌分局被九江市委、市政府授予2006－2007年度文明单位。

创建文明单位是瑞昌分局一项重要目标任务，列入年终目标考评，自年初分局就成立了创建领导小组，分局党政一把手亲自抓，并积极开展“抓学习、促管理、树形象”为主题活动，深入持久地开展文明创建活动，规范管理，不断完善各项设施和制度，抓行风建设，提高了机关效能。通过创建活动，职工素质、思想道德、业务水平、工作作风、综合治理等有明显好转。树立了良好的港口管理形象，得到辖区港口业户的充分肯定。

在获得文明单位称号后，分局干部职工纷纷表示将以此创建活动为动力，继续努力，服务地方经济，为九江沿江产业开发做贡献，争创省级文明单位。

（江西省局　吴瑞武　杨　辉）

【江西省航运局深入推进民主评议政风行风工作】 江西省航运系统在2008年民主评议政风行风工作中，一是抓好宣传发动工作。省航运局及江西省港航管理部门认真研究印发了《宣传报道工作方案》，在办公楼、港站码头共悬挂宣传横幅107条、印发宣传单10 711多份、制作宣传板报98块、出刊《简报》152期、在省级或地厅级媒体分别刊登政风行风评议工作相关稿件74篇、125篇、举办现场咨询68场次、签订民评工作责任状85份，营造了浓厚的宣传氛围。二是采取多种形式，广泛征求意见。按照《江西省航运系统2008年民主评议政风行风自查自纠和整改工作方案》、《江西省航运系统2008年民主评议政风行风问卷调查工作方案》的要求，全系统各单位向社会公布了监督举报投诉电话，设立了征求意见箱，开辟网上民主评议政风行风专栏，聘请行风义务监督员，实行开门纳谏，广泛邀请行政事业单位、政府有关部门、人大代表、政协委员、纪检委、纠风办、水运港口经营业户、船主、货主参加征求意见及建议座谈会，认真征求意见和建议，诚恳接受各方面的监督，虚心纳谏，开门评议，并结合本单位实际，采取多种形式，开展自查自纠。省航运局和各设区市港航（口）管理处（局）在依法行政、提高效能，围绕重点、强化服务，转变作风、政（事）务公开，勤政为民、务实高效，受理投诉、查处案件等方面认真开展自查自纠。江西省航运系统共召开座谈会15个，参加座谈会人员达351人次；发放征求意见表351份；发放征求意见函166份。经梳理归类的意见和建议共20条。三是狠抓整改，注重实效。针对自查自纠和征求到的意见和建议，省航运局民评办认真研究，按照“四个不放过”的原则，研究制定了针对性、操作性强的整改方案，明确了整改责任单位、责任领导、责任人、整改期限和整改措施，坚持边查边整边改，力求在难点问题上求突破，在窗口服务上求创新，在行业管理上求深度，在制度建设上求完善。坚持以水运港口经营业户、船主、货主反映强烈的问题为突破口，对那些屡禁不止、反复性强的问题，集中力量进行治理，并用制度来管理和规范；经常敞开大门听批评，深入到水运港口经营业户、船主、货主中倾听意见，善于发现和整改问题，让水运港口经营业户、船主、货主满意。通过整改，江西省航运系统民评工作基本达到以评促纠，以评促改，以评促建，以评促创的目的。到2008年底，省航运局已建立和健全了44项涉及政风行风建设的规章制度，基本形成了用制度管权、按制度办事、靠制度管人的长效机制，为深入推进局机关及全行业政风行风建设奠定了坚实的基础。

（江西省局　万茂元　刘新民　杨　辉）

【九江市港口管理局召开港政管理正式启动一周年暨民主评议政风行风座谈会】 2008年7月23日，九江市港口管理局在该市召开港政管理正式运行一周年暨民主评议政风行风座谈会。九江市人大副主任王际民、市政协副主席魏改生、市长助理孙铮、省交通厅运安处副处长陈海明、省航运管理局副局长徐国荣，以及市直相关部门领导、沿江各重点企业负责人、有关新闻媒体负责同志、港口局领导班子全体成员及中层干部共计70余人出席了座谈会。会议由港口局副局长廖强主持。

局党组书记、局长刘道林在致辞中，感谢一年来省、市领导及有关部门单位和港口企业对九江港政管理工作的关心、指导和支持，并简要介绍了该局一年来从完善机构组建、依法行政管理、加强政风行风建设等工作情况，进行了汇报。一年来，该局依据《港口法》的规定，严格按照省、市政府以及省交通厅、省航运管理局的要求，充分发挥港口行政统一管理优势，依法履行行业管理职能，在市政府领导提出的“打造一支办事高效，服务文明的高素质的港政执法队伍”的要求下，以服务沿江大开发为宗旨，以加快港口建设为已任，加大推进城西港区开发建设力度，统一思想，多方协调，主动服务，全面地开展了港政管理工作。辖区内共计 137 家企业、211 座码头、实际已利用 20 994 米长江岸线，均已全部纳入该局的行业管理。一年来，共办理港口岸线审核手续 15 起，港口经营许可 7 家，核查港埠企业 55 户，沿江新增港口建设项目 17 个，总投资 60 亿元，辖区货物吞吐量完成 2 101 万吨。3 月 28 日，《九江港总体规划》顺利地通过了交通运输部和省人民政府的联合审查，为服务沿江产业开发战略，促进港口项目建设，优化港口发展环境起到了重要的保障作用。

座谈会上，与会的各港口经营企业和相关单位负责人结合各自工作经历，对该局一年来的工作进行了点评，在充分肯定成绩的同时，也提出了很多中肯的意见和建议。市长助理孙铮代表市政府对港政管理正式启动一周年表示热烈祝贺，他指出，市政府将一如既往的重视、支持港口局依法履行职责、规范行业管理、加快港口发展。确保港政管理工作的顺利开展，为提高港口行业管理水平和服务能力，推进港口建设和沿江产业开发提供强有力的支撑。

最后，王际民副主任、徐国荣副局长分别作了讲话。充分肯定了九江港政正式启动一年来所做的工作和取得的成绩。并指出，九江港政统一管理意义重大，是提升港政管理工作、推进沿江产业开发的有力支撑和重要保障。

（江西省局　柯瑞华　杨 辉）

【南昌市港航管理处开门纳谏念好“三道经”吹响民评“集结号”】 2008 年，南昌市港航管理处在民主评议政风行风自查自纠阶段征求意见过程中，努力念好“渠道广、方法活、内容实”的三道经，诚恳纳谏，做到不抵触、不排斥、不计较，让广大业户放下“包袱”，丢掉顾虑，提出自己的意见和建议。

“渠道广”，就是通过在办公楼醒目位置设立征求意见箱，公布征求意见短信平台，在市处网站设立举报电子邮箱等互动渠道，设立处长接待日，让群众帮助查找存在的问题。

“方法活”，就是采取“上请、下求、内听、外访”等形式征求意见。“上请”即主动到上级相关部门单位呈送征求意见表；“下求”即到码头、航运企业、船主集中场所向业户发放问卷调查表；“内听”即召开业户座谈会和干部职工座谈会，让业户“挑刺”自己“找茬”；“外访”即积极主动上门走访与行业相关的单位及服务对象征求意见。

“内容实”，就是征求意见做到“三个结合”，即与保持社会稳定相结合，与为广大业户群众办实事、谋利益相结合，与促进全市水上交通更好更快地发展相结合，重点查找是否存在有法不依、执法不严、以言代法、粗暴执法、越权执法等问题，是否为重点企业、重点项目、重点工程、招商引资工作做好相关服务工作，是否有“脸难看、话难听、事难办”现象，是否按承诺服务的内容和标准办事，是否有“吃、拿、卡、要”现象等方面存在的突出问题。

通过开门纳谏.疏理汇总，找出了问题，明确了整改方向，推动了该处民主评议工作的扎实有效开展。

（江西省局　杜 琨　杨 辉）

【江西省航运管理局圆满完成整顿机关作风教育活动】 2008 年，按照江西省航运管理局党委整顿机关作风教育活动实施方案的要求，该局机关于 10 月 24 日召开动员大会，历时一个月，认真开展了整顿机关作风教育活动，初步达到了进一步振奋机关干部职工精神、提高干部、职工对加强机关作风建设重要性的认识、增强干部职工遵纪守法、岗位奉献、开拓进取、扎实工作的自觉性、切实转变机关作风，提高机关工作质量和效率，创造学习型、创新型、廉洁型、服务型、和谐型、节约型机关的目标。

此次整顿机关作风教育活动，分动员学习、查找问题、整顿总结三个阶段进行。通过整顿教育活动，机关干部职工较好地接受了一次邓小平理论、“三个代表”重要思想和科学发展观教育，进一步认识到了加强机关作风建设的重要性和必要性，进一步看到了存在的问题和不足，进一步理清了工作思路，进一步明确了今后努力方向，主要取得了以下的初步成效：一是进一步明确了加强机关作风建设的思路；二是机关干部职工自律自觉意识进一步加强；三是机关作风明显改善，效能建设得到了加强。

这一次机关作风整顿教育活动，虽然取得了一定的成效，但也存在着一些不足：少数人员对加强机关作风建设的思想认识重要性、紧迫性不够，思想学习也不够认真，查找问题也不够深刻，停留在表面，个别人员迟到、早退现象还时有发生，这些问题要在今后不断加强机关作风建设中去加以解决。

12 月 3 日，该局召开了整顿机关作风教育活动总结大会，党委书记熊海清在会上作了总结讲话，他在讲话中强调指出：经过一个月的整顿机关作风教育活动，取得了一定的成效，但我们应充分地认识，加强机关作风建设是一项长期的任务，毕其功于一役显然是不可能的。我们要以这次整顿教育活动为契机，巩固成果，深化作风建设，要进一步统一思想，提高认识，振奋精神，以高度的政治责任感和历史使命感，切实解决机关作风方面存在的一些突出问题，着力营造团结协调、齐心合力、奋发有为的干事创业环境，要进一步发扬求实、团结、进取、奉献的航运精神，提高局机关的工作效能，带动江西省水运快速、健康、和谐发展。

（江西省局　许根源　杨　辉）

【上饶市港航管理处民主评议政风行风工作抓住“四个不放松”】　2008 年，上饶市港航管理处为推动民主评议政风行风工作顺利开展，切实抓住“四个不放松”，取得了良好成效。

一是抓住组织领导不放松。为形成一级抓一级，一级对一级负责，上下联动，互相监督，互相促进的政风行风建设新局面，上饶市港航处成立了工作领导小组，印发了《上饶市港航管理处 2008 年民主评议政风行风工作实施方案》，召开了全市港航系统动员大会。并制定工作计划，将工作任务层层分解，落实到人，并多次派人对县港航所进行督查，确保全市港航系统民主评议政风行风工作有条不紊地开展。二是抓住规定动作不放松。为确保全市港航系统民主评议政风行风工作不走样，该处严格按照有关部门的要求，充分利用广播电视、投诉电话、电子信箱、标语、简报、公示栏等有效载体，认真抓好 2007 年民主评议政风行风群众满意度调查中收集意见、建议和 2008 年“政风行风热线”收集意见、建议、自查自纠收集意见、建议的整改落实，并积极配合省航运局开展群众满意度调查及样本库的建立工作。三是抓住自选动作不放松。在做好规定动作的同时，该处注重做好自选动作，力求彰显港航特色。主要通过编印《上饶市港航管理处办事指南》，成立宣传组，在上饶港航网站开辟民评专栏，举行“民评大家谈”征文比赛及“港航之声”专题讲座等方式，宣传港航系统民主评议政风行风工作，光明磊落地亮明问题，自觉深刻地剖析原因，反馈整改落实情况。四是抓住长效机制建设不放松。该处通过制定并不断完善首问负责制、限时办结制、工作目标管理考核制、政务公开制等规范政风行风的规章制度，努力建设和完善着眼治本的长效预防机制。从体制、机制、制度上加强政风行风建设，充分发挥制度的保证作用，形成齐抓共管，常抓不懈的局面，切实推进服务型、责任型、效能型部门建设，实现工作与评议“两促进，两不误，两相宜”。

（江西省局　徐国斌　杨　辉）

【景德镇市港航管理处在民评工作中做到“四个到位”】　2008 年，为了确保民主评议政风行风工作的顺利开展，景德镇市港航管理处开门纳谏、广泛征求意见，做到了“四个到位”。

一是聘请的民主评议政风行风监督员监督到位，该处根据行业管理的特色，在管理对象中聘请了 6 位监督员对民评工作全过程实行监督。二是征求意见渠道畅通到位。该处在景德镇日报刊登了《景德镇市港航管理处民主评议政风行风征求意见公告》，向全市人民公布了投诉举报电话，投诉举报电子邮箱，在处办公大楼设立了投诉举报信箱。三是开门纳谏工作到位。该处在市休闲广场、车站人群密集地开展零距离的面对面的咨询活动。四是宣传工作到位。包括散发的“致全市水运业户的公开信”，将市处主要职责、适用法律、法规，执法许可、行政处罚、行政征收规费项目、服务承诺等印成宣传单分送到船头、业户手中，使广大业户、船民对港航管理处的行政职能有更深层的了解。

该处以诚为本，通过“四个到位”的举措，征得了社会各界的广泛意见，为该处进一步落实自查自纠工作打好了基础。

（江西省局　施世明　杨　辉）

【共青团九江市港口局第一届团总支成立】

2008 年 5 月 16 日，共青团九江市港口管理局团总支委员会成立大会在该局三楼会议室举行。

九江市直团工委书记顾秋灵、港口局党组书记刘道林、纪检组长方霞、副局长王凌云出席了会议。

市直团工委顾书记向大会宣读了共青团九江市港口管理局团总支委员会成立批复。她要求青年人应当把握人生黄金时期，不断完善充实自己。同时向新成立的港口局团总支提出了四点要求：一要围绕中心干实事；二要服务青年促发展；三要开展活动树典型；四要强根固本夯基础。随后大会选举产生了由柯瑞华、燕丽、胡海组成的第一届团总支，柯瑞华担任团总支书记。

党组书记刘道林在会议结束时强调：港口局团总支要结合上级组织的要求，结合青年人特点开展活动，搭建一个青年团员学习、锻炼和表现的舞台，使青年团员真正得到教育和进步。

港口局团总支的成立，必将增强港口局青年以及团员的凝聚力，团结并带领港口局青年干部职工积极进取、努力工作、促进港口行政管理的发展，将起到积极的推动作用。

（江西省局　柯瑞华　杨　辉）

【湖北省局文明创建取得明显成效】　2008 年，湖北省港航海事系统以“三个代表”重要思想为指导，深入贯彻落实科学发展观，按照厅党组、局党委的部署和“2008——质量效益年”要求，围绕中心，服务大局，有力促进了三个文明建设协调发展。省局机关被武汉市江汉区委、区政府继续命名为最佳文明单位，被交通部评为奥运安保先进单位。

一是深入学习实践科学发展观，贯彻落实十七大精神。2008 年，湖北省港航海事系统组织开展了十七大精神巡回宣讲、“两项讨论、两项活动”提高执行力暨先进典型事迹报告会。

二是深化“学创建”，推动行业精神文明建设新发展。继续抓实文明单位创建工作，促进文明单位上档升级。扩大部级文明达标单位和省级创建文明行业先进单位的成果，增加数量，提高质量。启动争创全国海事文明机关和全国创建文明行业先进单位的创建活动。以“号手”创建活动为抓手，营造氛围，打造平台，更好的教育、培养团员青年。3 月上旬，崔家营工程建设指挥部“刚毅青年突击队” 举行争创全国“青年文明号”启动仪式，拉开创号序幕。“刚毅青年突击队”已被命名为厅级杰出青年文明号，并被推荐为省级青年文明号；马日福同志被推荐为全国交通行业青年岗位能手。抓好细胞建设，提高行业优质管理服务能力。把争创星级服务大厅作为“民心杯”竞赛活动中的重要内容，以省局机关行政服务中心为龙头，在全省港航海事系统各窗口开展星级服务大厅建设、考核评比工作，建设一批标准化、规范化港站、客船、站所。树立了一批“刚毅式”、“王静式”岗位标兵。组织了五名立足岗位、政治素质过硬、业务能力突出、先进事迹典型的代表，作巡回事迹报告演讲，将“刚毅精神”、“王静工作法”宣传推广到基层一线。情牵汶川大地震灾区同胞，全省港航海事系统干部职工通过交通主管部门、慈善总会、红十字会、工会等途径先后进行了 4 次捐款，共捐款 972 123.8 元，其中，1 599 名党员缴纳特殊党费 253 869 元。

三是全面落实“质量效益年”要求，深入开展“五杯”竞赛活动。按照“2008——湖北交通质量效益年”总体部署，围绕水上安全、港航建设、规费征稽、文明创建和节能减排工作，开展了“安全杯”、“迎新创优杯”、“征稽杯”、“民心杯”、“节能杯”（简称“五杯”）竞赛活动。并于 12 月上旬对各地精神文明建设活动情况进行一次交叉大检查，进行全面检查评比，并通报各地“五杯”竞赛、廉政港航海事三做起和民主评议政风行风活动开展情况，在核查、考核、评比的基础上，培树一批优胜单位和先进个人，在全省年度工作会议上进行表彰。

四是坚持党建带团建，开创青年团各项工作新局面。按照局党委和厅团委工作思路和安排，局团委抓好定位，制定了 2008 年工作要点，确定把“刚毅青年突击队”创建为全国青年文明号作为“号手”创建工作的突破点和重中之重。3 月上旬，指导崔家营工程指挥部团支部举行“刚毅青年突击队”创号启动仪式，“刚毅青年突击队”被授予厅级“杰出青年文明号”，并被推荐为省级青年文明号。推荐了一名团干参加全国青年文明号负责人培训班，取得了资格证书。同时，努力扩大“号手”创建面，推树了全国交通系统青年岗位能手一名，厅级青年岗位能手四名。组织开展五四评比表彰活动，获厅团委表彰的五四红旗团组织 1 个、优秀团干部 2 名、优秀团员 1 名，获团省工委表彰的优秀团干部 1 名。其中，机关团支部获五四红旗团组织的奖金由团员青年们一致

决定捐助给了由灾区转至同济医院的伤残老人。组织了五四“凝聚团队、提高执行力”主题户外拓展训练。与公路局和运管局联合开展活动，在丰富多彩的活动中进一步培养团员青年同志们更真切的团队精神和团队协作意识。

（湖北省局　王彦玲）

【武汉港纪念改革开放 30 周年暨合资改制 3 周年】 2008 年 6 月 30 日,武汉港隆重举办了武汉港纪念改革开放 30 周年、武汉港务集团成立 3 周年回顾与展望、促进港口又好又快和谐发展论坛。此次论坛分为开篇、硕果篇、创新篇、抒怀篇四个篇章。董事长何跃明专题总结了集团的“3 年发展历程、8 项宝贵经验”。市国资委主任黄江莅临会议并以“合资三年整海江交融破雄关通江达海、改革 30 载汉沪联手奏华章强沪壮汉”为题发表了重要讲话。

（武汉港　曹　琳）

【建和谐企业　武汉港获多项荣誉】 2008 年，武汉港务集团与武汉理工大学联手开展武汉港构建人性化和谐企业课题研究，积极推进和谐企业“家文化”的探索实践。先后被武汉市总工会授予“武汉五一劳动奖状”；被武汉市政府授予“武汉市首批信用建设示范企业试点单位”；被授予长航全线“长江航运最佳安全管理先进单位”。《现代内河集装箱码头物流系统关键技术研究》和《国企集团整体改制》的两项创新成果被授予湖北省第二十届（2008）企业管理现代化成果一等奖。武港集团“和谐文化促进和谐港口建设”项目被授予第四届“武汉市宣传思想工作创新奖”，此奖项是武汉市宣传思想政治工作创品牌的精品项目，全市仅有 11 个项目获奖。

（武汉港　曹　琳）

【武汉港为职工办实事　芳草苑小区工程建设全面完工】 2008 年，芳草苑职工经济适用房建设全面完成。小区从 2000 至 2008 年共建成 4 期，建筑面积 48 174 平方米，工程总投资 7 009 万元，解决了 563 户职工的住房问题。

（武汉港　曹　琳）

【武汉市“双创”劳动竞赛大会在武汉港隆重举行】 2008 年 3 月 9 日，武汉市总工会在杨泗港现场隆重召开了武汉市“双创”劳动竞赛暨重点工程建设动员大会。市总工会主席朱毅及市相关委办负责人，武汉港务集团领导、市重点工程获奖项目负责人、工人先锋号负责人、市“五一劳动奖章”获得者参加了会议。4 月，武汉港务集团年度“创新业绩、创高效益”即“双创”劳动竞赛活动正式启动。

（武汉港　曹　琳）

【重庆市交委新年送温暖】 2008 年 1 月 28 日上午，重庆市交委副主任何升平和相关职能部门的负责同志，在重庆市港航局党委书记刘治军等陪同下，带着节日礼品和慰问金，专程前往市港航局廖志凤和廖明清两位困难党员同志的家中送去市交通党委的温暖和新年祝福。与此同时，市交委主任助理罗登友同志带领人事处和港航局相关同志到铜梁船闸所慰问重庆市优秀共产党员张新伦同志。年底，重庆市港航局组成 5 个慰问组，带着节日礼品和慰问金，对 19 名生病住院的职工、22 名生活困难的职工、44 名一线职工和 6 名离休老干部送去局党委、行政的关心和新年祝福。

（重庆市局　阳　斌）

【重庆市港航局政务大厅荣获“2008 年度重庆市巾帼文明岗”称号】 2008 年 4 月底，重庆市巾帼建功活动领导小组授予市港航局政务大厅“2008 年度重庆市巾帼文明岗”荣誉称号。市港航局政务大厅成立以来，紧紧围绕“提高办事效率，提高服务质量”这一目标任务，重点抓工作人员的专业技能培训，做好审批办证工作以及便民措施的推行，较好的发挥了政务大厅一站式服务的功能和作用，赢得了服务对象的肯定和好评。

（重庆市局　阳　斌）

【重庆市港航局狠抓廉政建设】 2008 年 4 月 14 日下午，重庆市港航局党委召开廉政警示教育会，向局机关全体职工、局直属单位领导班子全体成员认真传达了市交通党委“重庆市交通系统廉政警示教育会”精神。会上，局纪委书记杨根川组织与会人员认真学习了温家宝总理在国务院第一次廉政工作会议上的重要讲话、王鸿举市长的讲话、交通党委余昌平副书记在交委系统廉政警示教育工作会上的讲话，并全面传达了“国务院第一次廉政工作会议”和“交通系统廉政警示教育工作会”精神。局党委书记刘治军就贯彻落实“国务院第一次廉政工作会议”和“交通系统廉政警示教育工作会”精神提出了具体要求。最后，组织全体参会人员观看了警示教育录像片《重点领域防止腐败警示录》。

（重庆市局　阳　斌）

第六编　海　事

【概 述】 2008年，国家大事多、喜事多、难事多，虽经历金融危机的冲击、汶川大地震的破坏，但在党中央和国务院的有力领导下，仍然保持了经济社会平稳较快的发展。这一年，长江水系各级海事管理机构深入贯彻落实科学发展观，牢固树立“三个服务”理念，勇于创新、敢于拼搏，克服了历史罕见的雨雪冰冻自然灾害、经受住了奥运安保的考验，较好地完成了各项工作任务，继续保持了良好的科学发展势头，行业形象越来越好，社会影响力越来越大，为纪念改革开放三十周年提交了一份优异的答卷。

一年来，各级海事管理机构始终以把握442安全监管规律，即坚持四项原则（依法行政、便民利民、依靠政府和标本兼治）；把握四个重点（重点水域“六区一渡”、重点对象“四客一危”、重点时段“两期多节”和重点气况“六大一变”）；抓住两个关键，即牵牢一个“牛鼻子”（客渡船安全监管“牛鼻子”工程）和编牢一张“安全网”（安全管理网络）。以牵牢客渡船牛鼻子为主线，继续深化“116”长效管理机制，即一库（客渡船基础数据库）、一网（内外安全管理网络）、六项制度（监管责任及过错追究制度、渡口渡船定期巡查和检查制度、船员业务知识培训教育制度、渡船禁航制度、定期汇报及联系制度、安全评先制度）。积极探索“4R”监管新模式，在辖区货物吞吐量、船舶进出港航次签证量持续增长的情况下，事故及险情总数、死亡人数同比分别下降22%、27%。再次实现了全年未发生10人以上的群死群伤事故和重大船舶污染事故，事故险情数创近五年新低，死亡人数再创30年来最低。

一年来，各级海事管理机构大力加强管理信息化、反应快速化、监管现代化、执法规范化建设，平均每天成功救助16人，人命救助成功率达99.2%；海事管理体系全面升级并有效运行，重庆、安庆、黄石、岳阳局4局业务楼和水上监管系统投入使用，新（改）建船艇囤52艘，完成计划投资再创历史新高！与此同时，平稳完成深化长江通信改革第一阶段任务；积极开展海事职务等级标识制授予工作；全面推行纪检监察机构派驻制；长江引航实现统一管理，一流培训中心建设取得重大进展；职工三年技能达标全面完成，新进人员正式纳入公务员统考，人才工作成绩显著；经济收入再创历史新高。

一年来，各级海事管理机构大力倡导“快乐工作、健康生活”理念，党建和精神文明建设再创佳绩。“主题实践”活动有声有色；海事处100%完成“八个一”标准化建设；职工综合技能大赛彰显职工风采；奥运安保、三峡175米蓄水、抗震灾、抗雪灾等重大任务出色完成反映出长江水系海事人的良好素养和扎实作风，社会满意度继续保持90以上。

2008年适逢改革开放三十周年。三十年来，长江水系各级海事管理机构作为长江航运主要的水上交通执法力量，从航政到港监再到海事，从恢复健全到稳步发展再到快速发展，在促进长江水运安全发展和服务沿江经济社会建设的同时，实现了跨越式发展。特别是近五年来，各级海事管理机构坚持科学发展不动摇，坚持“三个服务”不放松，坚持打造一流强局不懈怠，主动作为，克难奋进，实现了各项事业的快速发展。

（总编室　程 杰）

·执法机构·

【长江海事局（简称长江局）】

一、安全形势保持稳定。

·“116”机制继续深化，预警预控不断强化。深入开展“渡船航行规范年”活动；积极推动渡船管理“四化”建设，优化渡线20条，更新改造渡船42艘；确保了6 300万人次、620万车次的渡运安全。有效应对雨雪冰冻、强台风等极端恶劣气况和山体滑坡等自然灾害；全年实施四级以上安全预警185次，实施禁航3千余次，“四级预警三级发布”机制有效运行。通过科学评估，五年来客渡船管理成效明显。我们坚信：只有牵牢“牛鼻子”才能有效遏制群死群伤事故。

·隐患治理成效明显，通航环境持续改善。以“隐患治理年”活动为主线，健全隐患 排查治理长效机制；认真开展渡口渡船、涉外旅游船、滚装船、危化品船、采运砂船等安全隐患排查及“汛期百日安全”、“三防一禁”等专项活动，排查安全隐患24 238项，完成整改23 768项，整改率98%。制定实施了两坝间分道航行规则；强化现场监管，全年巡航里程187万公里；完成水上工作业项目管理969件，维护了良好的通航环境。

·“四船”管理继续加强，危防工作有力推进。

全年审核船公司 139 家、船舶 400 艘次。推广船舶诚信管理，实施船舶报港制，报港率达 88.1%；全年船舶航次签证 65.85 万艘次、同比增长 0.8%；船舶登记 10 797 艘次、增长 11.2%；对 101 名船舶登记人员首次实施注册管理；内河船舶安检 22 642 艘次，船舶滞留率 1.4%；“五小”船舶监管成效明显，小船闯“大祸”得到遏制。认真贯彻实施《船员条例》；开办长江船员流动学校；有效运行船员考评发证体系，组织 47 437 人（次）参加各类船员考试，核发各类船员证件 66 085 本（份）；积极扶持中西部海员发展，海员出境人数增长 11.5%；长江局获得开展海船乙类适任证书考评发证职权。检查船检发证机构 86 家；组织七省一市 1 503 人参加了全国首次注册验船师统考；开展了危化品船舶验船质量专项检查，抽查船舶 1 551 艘，整改 532 艘；船检数据库录入辖区船舶 68 437 艘；查处 12 起验船质量案件，对 12 名验船人员实施了工作过错追究，暂停了 1 个省的所有分支机构海船检验资质；河南省的船检管理移交我局管辖。成功举办 2008 中国—荷兰长江危险品安全管理研讨会；完善全线危防机构设置；完成了 215 座危险品码头防污染备案；对 305 艘船舶排污设备实施铅封禁排；编印《内河溢油应急处理技术手册》；推进辖区污染应急体系建设，接收处理船舶污染物 26 706 吨，增加 47%，确保了 1 862 万吨危化品的运输安全。

·奥运安保完成出色，联合执法运转协调。奥运期间全线进入“一级预警”，并严格实施“五个一律”措施，检查船舶 8 023 艘次，禁止 153 艘船舶离港，实现了“三个确保”目标；积极服务抗雪灾、抗震灾，畅通煤电油运“绿色通道”，实行“三优先”措施。积极开展联合现场检查和交叉检查；集中受理各类业务 68.2 万件，增长 20.1%；现场检查航道航标和各类证照 72.7 万次，主动向有关单位通报情况 5 360 次；召开长江水系区域海事机构联席秘书处会议，强化日常沟通；开展了“治超”及“战枯”联合行动；长江局荣获全国交通行业“奥运安保”、“抗灾保通”先进集体等荣誉称号。

·通信引航保障有力，服务社会成效明显。水上安全通信畅通有序，安全信息服务及时有效；安全通信保障率 100%；办理船舶入网（年审）3.9 万艘，增长 2%。深入推进长江引航秩序规范工作，长江干线实现引航由一家统一管理；引航中心“三化两率先”快速发展，引航服务能力明显增强；全年引领中外籍船舶 45 337 艘次、引航里程 611 万公里，分别增长 20.3%、23.6%；内贸引航事故率创历年最低。支持沿江港口建设和区域发展，有力保障了武汉天兴洲长江大桥等国家、地方重点工程建设；积极服务沿江经济社会建设，确保了国家重点物资的运输安全；及时出台八条措施帮扶企业，赢得了社会各界及沿江群众的充分肯定和赞许。

2008 年，辖区共发生事故及险情 346 件，其中一般及以上事故 46 件，死亡失踪 45 人，沉船 38 艘，直接经济损失 2 763 万元。在辖区货物吞吐量、船舶进出港航次签证量持续增长的情况下，事故及险情总数、死亡人数同比分别下降 22%、27%。事故死亡人数再创近 30 年最低，实现了连续五年未发生一次死亡 30 人以上、连续三年未发生一次死亡 10 人以上群死群伤事故和重大船舶污染事故，安全形势持续稳定。

二、“四化”建设加速推进。

·管理信息化进一步加强。“网上长江海事”有效运行；电子政务建设步伐加快，开展了船舶、船员和危险品管理的远程申报；RIS 系统起步建设；内外网站群全面改版后点击率再创新高，分别达 653 万人次和 168 万人次，同比增长 46%和 37%；长江局、局属单位和处（队）联网率 100%；海事处兼职信息员二级达标率 75%。

·反应快速化进一步加快。“四级待命三级指挥”应急救助机制日益完善；编制了《长江海事局水上搜救预案》和《长江水上搜救指南》；开展了辖区社会搜救资源调查；完善了“地方政府统一领导，海事机构协调指挥，社会力量积极参与”的长江水上搜救格局；全年开展应急演练 1 499 次，组织救助行动 346 起，救助遇险船舶 456 艘次，救助遇险人员 5 662 人，人命救助成功率 99.2%。

·执法规范化进一步加强。积极开展“行政执法一面旗”和“规范管理年”活动；海事管理体系全面升级并有效运行；制定颁发规范性文件 31 个；全年培训执法人员 3 151 人次；积极开展处罚案件网上抽查和案例评比；实施海事行政处罚 7 682 件；海事处 100%达到“八个一”标准，执法规范化建设又有新提高。

·监管现代化进一步加快。武汉、芜湖交管有效运行；重庆、安庆、黄石、岳阳等4个新建业务用房（水上安全监管系统）、武汉通信枢纽技术改造后投入使用；新增CCTV点82个；完成重庆至宜宾光传输和VHF系统主体工程建设，长江干线宜宾至上海2 800余公里光传输和VHF通信全线贯通、全面覆盖；完成计划投资3.5亿元，再创历史新高；完成宜昌、铜陵交管和长江干线AIS等8个项目计2.56亿元投资的前期工作。

三、科学管理进一步提高。

·改革创新持续深化。提前完成深化长江通信管理体制改革第一阶段任务；积极推行职务等级标识制；有序推进政府信息公开；培训中心坚持多元化发展，全国海事一流培训中心建设取得重大进展；船载液压翻转式救生平台等研发项目填补了我国内河人命救助设施的空白。

·装备管理成效显著。积极开展节能减排；十大科技课题研究全面完成；第六届科技论文和首次网上论文评选共评出优秀论文33篇；“711”长效机制的有效运行，明显提升了船舶管用养修工作水平，“5S”活动的深入开展，明显增强了全线装备运管人员的良好素养；船艇可用率96.6%；新建艇囤36艘，船舶综合性能全面提升；历时四年共49条囤船改造工程全面完成，基层一线执法窗口的硬件建设和办公生活环境有了根本性好转。

·人才强局扎实推进。进一步完善干部人事管理长效机制；全面完成63个海事处（引航站）领导班子的换届调整；选拔、轮岗处级干部92人，科级以下干部上下挂职交流46人；调整并建立了183人的处以上后备干部队伍；职工培训208期、6 563人次，基本完成职工技能三年达标工作；55人取得中、高级专业技术职务任职资格；引进48名社会专业人才；新进海事管理人员纳入国家公务员考试，落实2009年新进人员指标144人，人才工作成效显著。

·经济工作平稳运行。全年完成收入及规费征收均创历史新高；实现了一般性日常公用经费、会议及招待费零增长；建立并有效实施了《内部会计控制规范》；全线启动了刷卡收费，收费站点覆盖面83%，刷卡收费率40%；全线在职职工及离退休人员收入保持了稳定或适度增长；推行了基建项目委托社会审计和网上审计，全年开展专项审计15次，经济复核815项，复核金额2.1亿元；后勤保障服务能力明显增强。

四、党建和精神文明建设再创佳绩。

·党建和文明创建继续深化。两级党委中心组学习制度落实，中心组成员参学率95.2%；组织了77名处以上干部脱产理论培训；开展两个主题实践活动，党员干部受到教育，各项工作得到推进；文明创建成效好，长江局荣获“全国交通行业文明单位”称号，长江水上安全信息台和重庆局奉节处荣获“全国交通行业文明示范窗口”称号，黄石、安庆局被命名为全国海事系统“文明达标单位”。

·党风廉政建设进一步加强。开展廉政教育579场次、10 963人次参加；领导干部廉政谈话402人次；12人受到党纪政纪处分；信访办结率92.5%，案件办结率100%；对照检查党风政风“十个不”的突出问题，全线开展了系列整改；两级领导干部直接接听并处理船员电话（局长信箱）1 316人次；全线走访船舶和船员2 539艘（人）；强化了基本建设廉政监督；开展了《长江海事工作规则》执行情况专项检查；全面推行纪检监察机构派驻制；党风廉政群众满意率96.9%，社会满意度连续3年保持90以上。

·新闻宣传和海事文化建设亮点突出。全线在省部级新闻媒体见稿3 260篇次，中央新闻媒体见稿170篇；局政务信息被上级采用996条次；召开4次新闻发布会，长江海事社会影响力越来越大；广泛开展了以姚泽炎同志为代表的先进典型宣传；为每个海事处及执法大队统一配备了163台监管救助专用摄像机；一线执法大队工作生活风采网上展示和首届“海事文化知识竞赛”等“五个一”活动影响广泛。

·群团工作成效明显。广大干部职工和党员踊跃为灾区捐助赈灾款和“特殊党费”241万余元；成功举办第九届职工综合技能大赛；全线成立各类兴趣小组226个，从机关到基层广泛开展各类文体活动，“快乐工作、健康生活”理念逐渐深入人心；积极发展了344名外聘职工加入工会；全线慰问4 407人次，慰问金额115.2万元；积极开展了“十佳青年标兵”、“青年号手”评选和青年志愿者安全服务活动，新创全国青年岗位能手1名，省级青年文明号3个；组织召开了全线离退休管理工作会议，认真落实老同志政治生活待遇，发放离退休人员住房货币化补贴 2 593 万元；6 件实事基本落实。

网上评出的“2008 年长江海事十件大事”：1. 再次实现未发生一次死亡 10 人以上群死群伤事故和重大船舶污染事故，平均每天救助 16 人，死亡人数再创 30 年最低。2. 奥运安保、服务抗灾成效显著，局荣获全国交通行业 “奥运安保” 和 “抗灾保通” 先进集体称号。3. 实行长江海事职务等级标识制，新进人员纳入国家公务员考试。4. 重庆、安庆、黄石、岳阳四局业务用房投入使用，完成建设投资再创历史新高。5. 成功应对三峡库区 172 米试验性蓄水，并开办长江船员流动学校。6. 提出并积极探索具有长江海事特色的 “4R” 监管模式。7. 通信改革取得实质性进展，上海-宜宾光纤通信、甚高频全线贯通、全面覆盖。8. 长江引航实现一家统一管理，职工一流培训中心建设取得重大进展。9. “快乐工作、健康生活” 理念深入人心。10. 两个主题实践活动推进有力，局荣获“全国交通行业文明单位”称号。

地　址　湖北省武汉市解放大道 1525 号

邮　编　430016

电　话　（027）82422242

（长江局）

【安庆海事局（简称安庆局）】 安庆海事局管辖范围上界长江干线北岸马当嘴过河标（长江下游航道里程 716 公里）与南岸马当山罐形岸标（长江下游航道里程 716 公里）的联线，全长 156.5 公里；同时还管辖长江干线该区域内的分汊河段（圆水道）81 公里，跨江西、安徽两省的彭泽、东至、望江、桐城、枞阳五县和安庆、池州两市。内设设置 7 个部门；下辖 6 个海事处 14 个巡航救助执法大队（办事处），在职职工 217 人。先后获安徽省第七、八届文明单位、交通部海事局先进基层党组织等多项荣誉。全年辖区共发生事故险情 31 件，共发生一般及以上等级事故 5 起，沉船 5 艘，直接经济损失 328 万元，安全综合指数 105，辖区安全形势总体稳定。

地　址　安徽省安庆市沿江东路 171 号

邮　编　246003

电　话　（0556）5217401

传　真　（0556）5568557

网　址　http://www.aqmsa.gov.cn

（安庆局）

【芜湖海事局（简称芜湖局）】 芜湖海事局担负上自长江铜陵五步沟，下至马鞍山慈湖河口 175 公里的水上交通安全监督管理职责，依据国家有关法律法规实施长江干线部分安徽段水上交通安全监督、防止船舶污染和海事行政执法。2008 年，芜湖海事局领导班子带领职工以“三个服务”为主线，以率先为理念，用文化启发创新，以创新推进管理，全面实现了三年率先发展的主要建设目标。芜湖局以强化安全可控管理，强化四化运行，强化文化实践为工作思路，积极探索服务船员新途径，创新实行行政合同管理、规律运行、风险源标识管理和创新执法机制实行联合执法管理。通过建设水上高速路工程，惠及沿江港航企业；建设平安放心渡工程，惠及沿岸百姓出行；建设巡救一体化工程，惠及社会公共安全；建设船员素质化工程，惠及航运从业人员。以海事文化力推进航运生产力发展，基本建成了水上安全畅通六大工程，“四化” 建设处于长江海事系统第一方阵，文明创建工程和文化建设成效明显。全年辖区发生一般及以上等级事故 9 起，与去年同期相比，事故件数下降 34%，碰撞数下降 41%，未发生一次死亡 10 人以上的重大事故和重大船舶污染事故，客渡船渡运实现零死亡。

地　址　芜湖市北京西路 5 号

邮　编　241000

电　话　（0553）3845072；3716831

（芜湖局）

【九江海事局（简称九江局）】 九江海事局辖范围为长江干线上起下巢湖口，下至马当罐形岸标（长江下游里程 844—716 公里），水域全长 128 公里，以及瑞昌、九江县、彭泽县和浔阳区行政区域内的内河协议水域。下设武穴、港区、新港、湖口、彭泽五个海事处，刊江、城子镇、浔阳、金鸡坡、石钟山、宿松、小孤山七个巡航救助执法大队，瑞昌、龙坪、姚港、黄梅、九江大桥、汇口、马当七个办事处，共有在职职工 255 人。主要负责行使国家水上安全监督、水上环境保护、水上搜寻救助和海事行政执法等职能。

2008 年度，九江海事局安全监管取得明显成效、四化建设得到有力推进、内部管理继续规范、党建和精神文明建设进一步加强。九江海事局荣获了江西省第十一届“文明单位”称号，下属1个海事处评为省级文明单位，1个海事处评为最佳市级文明单位，3个海事处评为市级文明单位。所有海事处均进入了标准化海事处行列，93%的办事处和执法大队进入“四个一”规范化办事处行列。

地　址　江西省九江市庾亮北路一号

邮　编　332000

电　话　（0792）8224950

传　真　（0792）8224950

（九江局）

【黄石海事局（简称黄石局）】　黄石海事局是长江海事局下辖的十个分支局之一，正处级单位。主要职责是依据国家法律、法规实施长江干线水上安全监督、防止船舶污染、维护国家主权等。内设7个部门，下设5个海事处。管辖水域上起鄂州泥矶过河标，下至武穴中洲全长约140公里的长江干线水域。辖区由9个水道组成，有分道横驶区5个，常年单控水域2处，一类监管区1个，桥区2个，采砂区7个。渡口35个，渡船38艘。共计1000吨级及以上的泊位189座，货物年吞吐量约4 120万吨。船舶日平均流量450艘次/天。

地　址　湖北省黄石市沿江路

邮　编　435000

电　话　（0714）6257036

（黄石局）

【武汉海事局（简称武汉局）】　武汉海事局管辖水域上界为左岸胡家洲（长江中游航道里程165.0公里）与右岸小清江河口（长江中游航道里程165.0公里）的连线；下界为左岸涨渡湖口闸下（长江下游航道里程984.0公里）与右岸泥矶过河标（长江下游航道里程984.0公里）的连线。管辖里程总长为224.2公里，其中上游为165公里，下游为59.2公里。2008年度武汉海事局安全监管取得明显成效，四化建设得到有力推进，内部管理继续规范，党建和精神文明建设进一步加强。在获得全国海事系统第四批文明达标单位、全国抗洪抢险先进集体、湖北省最佳文明单位、湖北省“五一劳动奖状”、湖北省职工职业道德建设“十佳单位”的基础上，2008年荣获全国文明样板航区、湖北省模范职工之家等荣誉称号，新创一个省级青年文明号，所属海事处85%跨入区级以上文明单位行列，局属各海事处、办事处100%达到“八个一”、“四个一”标准。

地　址　武汉市江岸区胜利街75号

邮　编　430014

电　话　（027）82764640

网　址　http://www.wuhanmsa.gov.cn

（武汉局）

【宜昌海事局（简称宜昌局）】　宜昌海事局管辖里程长江干线212.5公里，支流河口73.5公里。内设8个处室，5个派出机构，14个设执法大队（办事处）。职工总数387人，共有海巡艇21艘、海事囤10艘、执法和交通车22辆；管辖船舶800余艘次，其中渡船101艘，渡运线75条，渡口75处（客渡口64处，汽运渡口11处）；管辖船员3 000多人，其中渡船船员约331人。

地　址　宜昌市沿江大道119号

邮　编　443000

电　话　（0717）4413447

（宜昌局）

【三峡海事局】　三峡海事局管辖范围上起长江干线西陵峡庙河，下至宜昌市中水门，全长59公里水域，是枢纽水域通航的关键区段，包括葛洲坝3座船闸、三峡双线五级船闸、1座大型升船机（待建）、3个港区以及8处大型锚地、104处泊位、4座桥梁、6处水上交通管制区域。

2008年，三峡海事局完成6次警卫维护任务。发布灾害预警通告7次，启动灾害应急预案6次，启动二级（橙色）预警2次。

*·在抗震救灾中，对救灾船舶实行特事急办，开辟“水上高速公路”。*保证了救灾车辆、救灾物资、救灾人员及时通过辖区。5月13日至6月30日，共安全维护滚装救灾船舶251艘次，货物30 781吨；专项救灾船舶410艘，其中，运输汽油船舶45艘，载汽油2.96万吨，运输柴油船舶203艘，载柴油21.9万吨，运输航空煤油船舶14艘，载煤油2.9万吨，装载机6台。荣获长航系统抗震救灾先进集体。

*·在奥运安保工作中，制定了工作预案。*成立了三峡海事局奥运安保工作领导小组，重新调

整了班子成员安保责任区；成立了四个工作专班，即船舶过闸检查工作专班、防汛安全专班、设备后勤及内部安全工作保障专班、安保综合督查专班；明确了“四个确保工作目标”，即确保对下水过闸船舶实施 100%的检查；确保不发生群死群伤事故和不发生船舶漂流撞坝以及重大污染事故；确保不发生有海事管理责任的重大水上安全保卫事件；确保不发生内部安全责任事故和职工上访事件，保持职工思想稳定。选派 30 人的执法精英成立了过闸船舶安检组，对“五类”过闸船舶（即未编制和落实《安保预案》的；法定证书不全的；船舶配员不足或非船员随船的；重大安全隐患未整改的；有不诚信行为（如谎报、瞒报）的）实行严格控制。连续奋战 50 多天，坚持做到奥运安保“五个到位”：即加强领导责任到位，加强动员宣传到位，加强过闸船舶检查 100%指标到位，加强安全监管防控到位，加强隐患排查整改到位。特别是在过闸船舶安检方面，对 3 345 艘次过闸船舶实行了条条检查，督促 42 艘次不合格船舶实施整改，确保了奥运安全期间辖区通航安全。三峡海事局被长航局、长江海事局、三峡局评为 2008 年北京奥运长江水上安保工作先进集体和先进单位，孔凡军等个人还受到交通部表彰。

·在三峡水库 172 米试验性蓄水阶段，成立了 6 个现场工作组。制定了通航维护保障方案和险情处置对策。密切关注蓄水动态，强化现场组织管理，在库区水位由 145 米蓄水 172 米过程中，做到各项工作衔接有序，实现了“四不四确保”目标，即不发生群死群伤、船舶漂流撞坝事故，确保水上安全形势稳定；不发生船舶搁浅触礁事故，确保设标质量航道畅通；不发生有管理责任的重大水上安全保卫事件，确保重大污染事故为零；不发生趸船调整施工安全事故，确保人员零伤亡目标的。

地　址　湖北省宜昌市三峡坝河口
邮　编　443133
电　话　（0717）6963228
传　真　（0717）6613077

（三峡局　何　宁）

【荆州海事局（简称荆州局）】　荆州海事局管辖范围为长江中游 499.3 公里(右岸：岩板窝，左岸：鸭子口)—长江中游 327 公里(右岸：五马口，左岸：兔儿洲尾部)，共 172.3 公里，跨荆州市荆州区、沙市区、公安县、江陵县、石首市五个县（市、区）。主要职责是依据国家法律、法规实施长江干线水上交通安全监督、防止船舶污染水域等。

2007 年 6 月，按照上级《关于完善海事执法管理模式改革工作的意见》，对内部机构及相关人员进行了进一步调整，规范了内设机构名称和职责，对执法大队、办事处的设置、布局进行了合理优化，调整后，内设 7 个部门，6 个巡航救助执法大队，1 个静态办事处。截至 2008 年底，全局共有干部职工 191 人。

地　址　荆州市沙市区临江路 80 号
邮　编　434000
电　话　（0716）8214548
传　真　（0716）8218506

（荆州局）

【岳阳海事局（简称岳阳局）】　岳阳海事局管辖范围有长江干线 162 公里水域。建局以来，以长江海事局以“四化”建设为主线，以建设中游强局为目标，认真履行辖区安全监管职责，积极服务地方经济建设，不断强化监管手段建设和职工队伍建设，努力提高履责能力和创新能力，确保了辖区安全形势持续稳定。2003 年，获得了“岳阳市文明单位”、长江洪湖段获得了交通部“文明样板航道”；2004 年，获得了长江海事局“文明达标单位”、岳阳市“文明标兵单位”；2005 年，获得了交通部海事局“文明达标单位”；2006 年，获得了湖南省“文明单位”。所属城陵矶、监利、洪湖三个海事处获得了地级文明单位荣誉；五个海事处全部获得长江海事局“八个一标准化处”称号，9 个办事处获得“四个一办事处”称号。

地　址　湖南省岳阳市金鄂西路 2 号
邮　编　414000
电　话　（0730）8887130
传　真　（0730）8887133

（岳阳局）

【重庆海事局（简称重庆局）】　重庆海事局管辖范围长江干线界石盘—省界沟，全长 680.7 公里，干支交汇支流水域 41.5 公里，总计 722.2 公里。常年航行于我局辖区的船舶 2 万余艘，涉及船舶单位 300 家，“四客一危”船舶 2 000 余艘，另有渔船、自用船近10 000艘。辖区技术船员18 032名，驳船驾长2 171名。年客（渡）运量2 100万人次，货运量达9 000万吨，危险品350万吨，集装箱45万标箱，滚装船运输车辆68万台次，水路货运周转量占重庆全社会总量的68.24%，继续跃居综合运输体系第一位，居沿江七省二市中的第三位，创历史新高。

地　址　渝中区陕西路三巷4号
邮　编　400011
电　话　（023）63845467

（重庆局）

【长江引航中心】　长江引航中心在原长江港航监督局引航总站的基础上组建成立，在长江海事局的领导下，打破行政区划，统一管理长江的引航工作。1997年6月18日，长江引航中心在江苏太仓挂牌成立。1998年6月18日，为顺应事业发展的需要，长江引航中心迁址江苏江阴。长江引航中心按照集中统一调度，在航交接的工作原则，对外代表国家对进出长江的外国籍船舶实行强制引航，对内为港航企业和船舶单位提供引航服务，集中独立承担进出长江船舶引航任务。内设6个部室。在云南水富至上海的长江开放港口设有10个引航站，3个引航交接基地，引航管辖距离达2 800余公里。长江引航中心共有地面管理人员81人，引航员249人，其中高级引航员50人，一级引航员54人，二级引航员29人，三级引航员33人，助理实习引航员83人。长江引航中心成立以来，一直秉持“把世界引进长江，把长江引向世界”的服务理念，坚持“在改革中发展，在创建中提升”的发展方针。十多年来，共引领来自70多个国家和地区的各类船舶173 479艘次，引领总吨133 089万吨，引航里程2 381万公里。

地　址　江阴市文化西路40号
邮　编　214431
电　话　（0510）86837898
传　真　（0510）86824250

（长江引航中心）

【长江海事局职工培训中心（简称培训中心）】（详见《长江航运年鉴》（2008卷）第六编“海事”）

地　址　武汉市黄陂区滠口经济开发区
邮　编　430311
电　话　（027）61863134；61841800

（长江局培训中心）

【上海市地方海事局】　2008年，上海市地方海事局船舶进出港签证为58.4万艘次，货物吞吐量7 362万吨，较上年分别上升了0.6%和下降0.4%，其中危险货物吞吐量为205.8万吨；检查船舶284 298艘次，查处违章176 725项，船舶安检2973艘次。全年内河上报水上交通事故11起，死亡11人，事故沉船6艘，经济损失176万元。内河救助遇险船舶122艘，救助落水船员70人。审查、核发并制作各类船员证件2 206本，为船舶单位组织船员适任证书实际操作考试79次340人，组织船员特殊培训合格证实际操作考试42期1 683人；组织船员专业培训、特殊培训及知识更新培训共86期3 141人；举行船员理论考试95场次，命题、组卷共91份，参加理论考试人数3 248名，阅卷4 346份；制定船员适任知识更新培训大纲，编写《船员培训法规汇编》。

·规范基础业务　一是汇总分析2007年各类上报事故情况，编制《上海市内河水上交通事故情况通报》，分析内河水上交通事故的发生原因，寻找规律，为各辖区采取更有针对性的管理措施提供有力依据。二是制定《上海市地方海事系统海事调查装备使用和管理工作规范》，对装备使用、保管的要求和一系列工作程序等作出了规范，力求发挥装备的最大效能。三是开展内河通航水域交通标志布设的前期准备工作，对计划中的交通标志布设的位置、内容、结构等方面，进行现场踏勘、审核，确定最终实施方案，修订完善《上海市内河水上交通事故应急预案》。四是制定下发《船舶登记受理工作规范（试行）》，对船舶登记业务受理工作进行了梳理，明确市地方海事局各有关受理单位受理工作审查内容、工作流程和职责，并制定系列工作台账，实施规范管理。五是根据有关法规规章结合内河实际情况，制定下发《内河辖区船舶及相关作业防污染备案管理工作通知》，探索建立对从事船舶油料补给服务船舶或单位、船舶污染物接受单位、散装污染危害性货物装卸作业单位、船舶修造厂拆船厂制定的污染事故应急计划备案管理制度并下发检查通知。六是拟写了《上海市地方海事局船舶安全检查工作禁止船舶离港和解除禁止离港审批程序》、《上海市地方海事局船舶安全检查员注册管理办法》和《船舶安全检查后评估工作机制》，在广泛征求意见后将在明年试行。七是根据部海事局的工作要求，上半年完成了海事系统危防业务工作人员基本情况调查表、长江危险货物运输情况调研报告和危险货物运输企业安全营运情况调研，并对全系统防污器材配备情况进行重新调查、登记，完善了相关资料库。

· *奥运安保工作* 一是部署本市内河通航水域奥运安保工作。召开奥运安保专题会，提出了加强巡航和值班，强化危险品船舶安全运输管理、到港船舶安全检查力度、客运船舶的安全监管、船舶停泊秩序管理和重点水域、重点时段实施重点监管。二是组织上海市内河应急救助综合演习。针对本市内河的实际情况，确定了奥运安保演习科目，并详尽周密地拟定演习方案。多次踏勘演习水域，对各种可能出现的情况和细节反复研究，主题为“奥运之际振奋奥运精神，关键时刻发挥关键作用”的应急救助综合演习最终取得了完满成功。三是全市取水口周边水域的巡航和监管。及时调整 2008 年水上交通标志警示牌的安装计划，优先在取水口周边水域安装。四是开展载运危险货物船舶申报暗访检查。我局制定下发了《关于加强奥运期间船舶载运危险货物监管的通知》（沪地海船舶[2008]43 号），要求各区县地方海事处、局直属海事处在奥运期间限制船舶载运部分危险货物的申报，并加强对危险品船舶申报制度的管理。期间船舶管理部门共出动人员近 30 人次，先后对本市内河辖区中船舶载运危险货物申报工作的 16 个海事所进行暗查。主要对各海事所在船舶载运危险货物申报工作的接报、受理、审核三个环节的规范操作以及限制载运的货物种类、相关文书审核、签注，台账设立等情况进行了检查。五是根据交通部、安全监管总局的有关整治要求以及安全隐患排查治理工作的有关精神，我局加大对乡镇渡口渡船的现场监管，要求相关海事处加大巡查力度，对船舶不适航、船员不适任的渡船一律不得渡运。并对存在安全隐患的松江东三渡口，下发了《关于建议立即消除东山渡口安全隐患的函》至松江区建交委，要求当地政府立即消除东山渡口安全隐患，以切实保障人命财产安全。

· *开展专项活动* 一是防台防汛工作。组成以韩兵权副局长为组长，相关部门负责人组成的局防抗台风领导小组，下设办公室（通航管理科）。各区县地方海事处、直属海事处也分别成立了防抗台风领导小组。按照分级管理、逐级负责的原则，将各项任务落实到相关部门，明确到有关人员，严格执行责任追究制度。在上海中心气象台发布台风警报后，各区县地方海事处、直属海事处严格执行 24 小时值班制度，具备海事专业知识且熟悉辖区情况的值班人员在岗。2008 年汛期影响本市的台风主要有第七号台风“海鸥”、第八号台风“凤凰”和第 13 号台风“森拉克”。由于防范工作提前部署，防抗措施具体详尽，应急物资和应急队伍齐全完备，在台风影响本市期间，内河辖区沿江沿河单位、码头和船舶，尤其是乡镇渡船、旅游船、危险品船、施工作业船等重点船舶没有发生重大事故，确保了安全度汛。二是打击“私渡船”专项整治工作。召开专门会议，部署整治工作的要求、明确目标和措施，整治工作顺利完成。三是浮吊船整治。落实“裁减总量、规范存量”的工作要求，于年初召开相关辖区工作例会，分析讨论浮吊船管理中的难点问题，统一政令、统一要求，整合工作资源和执法优势，从严开展浮吊船违法记分、过驳船凭卡作业、浮吊船作业和污染物排放登记等管理制度。至 08 年 11 月金山海事处清退了最后一艘浮吊船，松江海事处清退了 10 艘浮吊船，闵行海事处清退了 1 艘浮吊船。四是船舶最低安全配员专项整治。4 月 1 日至 30 日，在全系统组织开展了为一个月的船舶最低安全配员专项整治活动。活动期间，共检查船舶 5 365 艘次，发现未配足额、合格船员的船舶 303 艘次。五是开展隐患排查治理活动。着重对本市乡镇渡口安全隐患排查工作提出要求。各相关辖区积极开展对渡运安全责任制建立落实、渡口经营资质管理、渡船适航、渡工适任等情况全面检查。

· *通航秩序管理* 一是抓安全责任制的落实。年初，根据市安委会下达的内河水上交通事故死亡人数控制指标，结合内河辖区历年来事故分布的情况和通航环境等因素，制定了安全管理责任书，作为市与区县安全管理考核的基本依据。对各辖区履行或落实安全管理责任的情况进行检查和督查，及时掌控辖区的安全管理情况，提出存在的问题，共同研究解决问题的对策，取得一定的效果。二是抓季节性、节假日安全管理。针对年初浓雾、大雪等恶劣气候对水上交通的影响，制定辖区加强安全监管的措施，并分赴重点水域、重点船舶、重点部位现场进行安全抽查和安全管理措施落实情况的督查。三是抓水上交通事故的调处和措施落实。四是派员蹲点，深入调研，分析原因。根据黄浦江松江段事故多发的情况，派员至松江海事处进行了为期一个月的调研工作。从航道情况、船舶流量、事故多发原因、人员配置、装备部署、信息化工程等多方面深入了解分析原因，形成“黄浦江松江段事故多发成因分析和对策措施”的调研报告，为下一步控制事故的发生做好对策。

· 规范签证业务　一是推进“一卡通”电子签证。年初，在直属单位现行施行船舶“一卡通”电子签证，并逐步在各海事处、所、站推行施行船舶“一卡通”电子签证。二是抓住新版“船舶签证簿”使用的契机，建立了“船舶签证簿”发放、记录和使用等管理制度，并统一制作“《船舶签证簿》登记册”，作为各单位签证簿管理的统一台账。为今后实施船舶船籍港源头管理工作打好扎实基础。三是组织本市内河系统的签证工作进行交叉检查。并对被检查单位进行评估，并下发检查专报，通报检查情况。

· 海事培训工作　一是开展海事调查官的知识更新培训。2008 年，上海市地方海事局开展了两期海事调查官知识更新培训班，着重从海事调查概论、主要法律依据、一般步骤方法、笔录制作要点、肇事逃逸处理、典型案例分析等六个方面对助理级及中级海事调查官共计 54 人进行了培训。二是开展“07 签证规则”的培训工作。共组织了 15 期业务培训授课，11 个海事处的近 1 000 名海事执法人员参与。三是开展登记受理工作的知识培训。 有效地规范了船舶登记受理业务的开展，从源头上把好关，避免发生疏漏、资料不全、不符要求的现象发生，近可能的让相对管理人手续一次办清。

· 船员动态管理　根据市港口局要求，结合上海内河辖区实际，一是加强船员违法记分管理和假证查处力度。截至 2008 年底，检查船舶 93 839 艘，检查船员证书 194 783 本，要求协查的证书 295 本，经协查或直接确认假证 291 本。二是开展对各区（县）地方海事处船员技术档案的专项检查。 从检查情况看，和三年前的内河船员技术档案对口检查相比，各区县地方海事处无论是对船员适任证书技术档案、船员服务薄等集体档案的归档，还是对设施、设备的使用和管理及船员管理的各种台帐的建立方面，都有较大的进步和提高。三是对世博交通船船员进行跟踪培养。截至年底已培养船员 268 名（其中二等驾驶 62 名、二等轮机 45 名、三等驾驶 85 名、三等轮机 76 名），超额完成年初计划。

· 船员管理基础工作　一是开展内河船舶船员基本安全培训、考试工作。根据《中华人民共和国内河船舶船员基本安全培训、考试和发证办法》的规定，制订《内河船舶船员基本安全培训、考试和发证办理程序和工作职责》，严格把关，减少在办理过程中可能出现的漏洞和偏差；制定《内河船舶船员基本安全培训、考试和发证办法》实施细则，召开船员基本安全培训协调会，落实分期分批培训、考试的工作计划，并配合部海事局对开展船员基本安全培训的培训机构进行资质验收，已完成船员基本安全培训、考试 42 期，人数 1512 名。二是推进《船员管理质量体系》的实施。通过制定《船员管理质量体系》对所有船员管理人员的岗位职责、工作流程均有明确指导，并与相关程序文件进行配套，使船员管理做到有章可循、有章可查，从而使管理工作更加规范、更有效率；同时有力协调了组织船员培训、船员考试、审核发证、现场检查、跟踪管理和行政处罚等各个环节，加强了各个环节的制约和监督，使考试发证工作的每一个环节都处于连续有效的控制，确保工作质量，杜绝违规发放船员证书的行为；结合《船员管理信息系统》的运行，将相关工作分层次细化，使每个人的岗位工作和职责、每项工作流程的要求有机地融入到《船员管理质量体系》的实施中。三是《船员管理信息系统》运行管理。《内河船舶船员管理信息系统》升级后，为了使船员证书的发放工作不间断，不影响船舶单位的船舶正常营运，召集各区（县）船员管理工作人员对《系统》的使用进行培训，将船员基本安全培训信息的收集、整理及导入新《系统》，协调各区（县）落实新《系统》的试运行。四是对船员及时进行知识更新和教育工作。2008 年完成船员知识更新培训、考试 23 期，人数 920 名，目前该项工作正在开展中。

·培训监督管理　为保证内河船员培训的质量，1月份召集上海海运学校等8家培训机构召开船员培训工作会议，对2007年培训工作进行小结；对年审检查中发现的问题，要求具体落实整改措施；要求2008年严格按照《船员考试、评估和发证质量管理体系》规定，把关口前移，从培训班培训资格的考察、核查，到培训期间的不定期检查，直至培训结束后的小结，都纳入船员培训的监督管理范围。采用不定期的检查及暗访等形式，实行动态管理。积极探索多种形式的办学模式，选择交通学校进行校企合作办学、定向委培办学试点，将培训招生与用人单位的招工结合起来，整合培训机构和用人单位的资源，注重对船员实际操作技能的培养，提高船员的实际操作能力，已完成一期二等三管轮的考试，人数26名。

·服务管理相对人　一是从简化手续入手。船员基本安全培训、考试工作开展以后，发现根据申请材料的申报流程，船舶单位办证员要来回跑三次。考虑到为方便管理相对人，多次与受理室沟通，由受理室分别接收申请材料调整为由培训机构接收申请材料，由培训机构统一到受理室办理。这样减少了中间来回传递的环节，减少了船舶单位办证员来回跑的次数，得到船舶单位的一致好评。二是公开办事制度。为使《内河船员管理信息系统》发挥更大功效，编写《船员适任证书书面申请材料提交须知》，深化“内河船舶船员适任证书到期告知”便民措施，并制定了证书到期告知程序，通过当场告知、电话告知、传真告知、邮件告知及网上告知等方式，方便各船舶单位及时、准确了解其船员证书的到期情况。证书到期告知的推行，是加强同管理相对人沟通、追求工作效能的一次尝试。三是尝试毗邻海事新的合作。由于上海港黄浦江码头外迁罗泾港区后，使浙江省部分运输船舶因驾驶部船员无相应航线签注，不能满足适任要求而无法进行正常的运输生产。为此，两地海事管理部门本着方便船员，为船员服务的宗旨，共同探讨解决船员适任的问题，努力提高“三个服务”能力和水平。双方就船员适任的要求、船员培训的方式、船员考试、发证及后续管理等进行了深入探讨和研究，拟定了具体的操作方案，并得到了部海事局对毗邻海事船员管理新的合作方式的支持。

地　址　上海市中山东一路13号
邮　编　200002
电　话　（021）63236995
传　真　（021）63236508
（上海市局　庞耀云）

【浙江省地方海事局（简称浙江省局）】

2008年，浙江省地方海事局深入学习贯彻落实党的十七大精神，紧紧围绕年初确定的港航安全管理工作目标，提升能力，规范管理，创新服务举措，确保了全省水上交通安全形势的稳定和航道畅通，经受住了前所未有的考验，交出了满意的答卷。全省交通运输船舶共发生人员死亡（失踪）的水上交通事故21起，与2007年持平；死亡（失踪）39人，同比增加5.4%，水上安全管理呈现五大突出的成绩：

一、推进制度建设，规范管理水平稳步提升。《浙江省水路运输管理条例》已通过省人大审议并颁布实施；《浙江省港口岸线管理办法（送审稿）》已报省政府审议；《浙江省航道管理条例（草案）》已完成各市交通主管部门的意见征求。地方海事在全系统试运行《地方海事工作准则》，进一步规范海事行为，基本做到了“三统一”（即统一基本制度、统一基本程序、统一基本台帐）。对辖区内河船员试行了违法记分管理，实施船员动态跟踪管理。推广使用《地方海事业务数据处理系统》，实现海事业务动态管理。通过贯彻实施《浙江省水路运输诚信企业管理办法》、《浙江省水路运输企业经营资质预警制度》等制度，加大了市场监管力度，规范了水路运输经营行为，进一步落实了企业安全主体责任。

二、全面治理隐患，本质安全水平明显提高。一是按照交通运输部和省厅的工作部署，认真开展防船舶碰撞防泄漏专项整治活动“回头看”，巩固“两防”治理成果。在2007年“两防”专项治理的基础上，对全省经常性通航的碍航桥梁进行了跟踪督查，特别是对286座存在“严重”安全隐患的跨航道桥梁进行了重点跟踪。完成整改54座，94座已采取临时安全措施，正在整改20座，对上述存在“严重”安全隐患的桥梁整改情况还将继续进行跟踪。二是开展内河干线航道通航秩序专项治理活动。加强源头管理、强化巡航力度和违法行为查处力度，非运输挂桨机船舶禁航工作取得明显成效；加强内河船舶载运危险货物的动态监管，全省内河辖区登记的危险品船舶 GPS 安装使用率达 100%；继续打击辖区内超载运输船舶，内河主干航道严重超载船舶占重载船舶的比例控制在 10%以内；整顿内河船舶船名标志不清和故意遮挡船名标志行为，全面启用新版船舶标志标牌或灯箱，现有船舶安装率已达 80%；强化超限船舶管理力度，严格限制超限船舶进入限超水域；按照部海事局《水上水下施工作业通航安全管理规定》和《通航安全评估管理办法》的要求，做好全省内河水上水下施工作业的审批和监督管理工作。通过集中整治通航秩序，全年未发生严重的堵航事件。三是深入开展水路运输经营资质和委托经营管理专项治理“回头看”工作。共核查水路运输企业 573 家，水路运输企业 293 家，营运船舶 17 009 艘、953 万载重吨，根据企业经营资质检查执行情况，注销水路运输企业 1 家，拟注销水路运输服务企业 9 家，对部分企业发出不同程度的预警警告。对接受委托经营的企业做好“七点要求”的落实情况，开展“回头看”活动，进一步规范了委托经营管理行为。四是配合做好砂石运输船、施工船安全管理专项整治活动。按照部海事局砂石运输船施工船安全管理专项整治活动方案的要求，配合上海海事局、浙江海事局开展在沿海运输与作业的内河砂石运输船、施工船调查摸底工作，参与研究编制《浙江海事局内河砂石运输船、施工船临时性简化检验规定》，研究制定了《浙江省船舶检验局内河砂石运输船、施工船临时性简化检验程序规定》，推动了专项整治工作的顺利进行。

三、加强基础建设，应急保障能力不断提高。进一步完善全省港航应急反应体系和各种应急预案，各地能按照各自预案有条不紊地开展应急响应，效果良好。沿海主要港口制定了港章和“三预案”，杭州、嘉兴、湖州和绍兴市内河港口已初步开展此项工作。危险货物港口作业资质的动态监管逐步落实，港口安全评价和港口设施保安履约工作不断深入，已将《港口设施保安符合证书》年度核验工作纳入到港口安全工作中统筹安排。全省共完成 61 张《港口设施保安符合证书》核验工作，其中 56 张通过核验，5 张失效。年初的冰雪天气，各级港航部门积极采取措施，强化现场巡查、监管，做到了两个“确保”（确保运输安全和确保重点物资运输）。汛期，大部分地区出现不同程度的强降雨，致使内河航道和水库水位过高。各单位在做好水上安全监管的同时，主动为广大船民服务，得到社会的好评。北京奥运会和残奥会期间，认真贯彻落实交通运输部和省交通厅的部署，周密部署，明确责任，完善预案，扎实开展奥运安保及维稳的各项工作，有效地保障了全省港航系统奥运安保和维稳工作。

四、创新管理举措，“三个服务”能力不断加强。一是积极应对挑战，服务水运企业安全健康发展。为深入学习实践科学发展观，积极应对国际金融危机和经济形势变化带来的挑战，面对水运业遭到的前所未有的冲击，运政管理部门采取多项举措，帮助水运企业走出困境，确保水运企业健康发展，以维护行业安全稳定。二是完善信息政务系统，便民利民取得实效。宁波、舟山和台州等地危险货物港口作业实现网上申报，方便港口企业，提高了港口生产效率，内河港口综合管理信息系统全面推广应用。杭、嘉、湖三市全面实施内河船舶船员适任证书计算机考试。对通航密集区内重点船舶实施动态监控，浙北水网地区试行了船舶电子签证，船舶“一卡通”工程将进入全面应用阶段。三是继“农村康庄工程”之后，我省去年又推进了“水上康庄工程”，出台了“水上康庄工程”实施方案，重点解决陆岛交通和渡口基础设施，2008 年启动建桥建路撤渡项目 19 个，已建成 9 个，完成渡埠改造 21 个，渡船更新 41 艘。陆岛码头建设进展顺利，共建设 28 个，建成 10 个。四是创新农用船管理的举措，落实和强化乡镇政府的管理职能。针对农用船分布广、管理难、事故多的特点，湖州积极创新管理方式，率先试点将农用船的管理职能落实到乡镇政府的“交通安全工作站”（属乡镇公共安全监督管理中心的六站之一），明确了相应的管理职责，农用船安全管理有了组织保障。

五、加强队伍建设，提高安全管理水平。通过举办全省港航管理系统中层干部培训班，进一步提高了领导干部的宏观管理能力，促进了依法行政；积极探索新时期人才培养的新途径，制定了全省港航管理系统干部挂职锻炼制度，开展经常性的干部交流学习；举办了注册验船师考前培训，配合上海船检管理处做好杭州考点的考试组织工作，我省 265 名船检人员参加了考试，参考人员良好素养得到了部局船检处的肯定。另外还举办了事故调处、应急处置、海事行政执法、港口保安联络员、水路运输经营资质管理和评估人员等业务培训班，有效地提高了一线安全管理人员的专业水平。在加强队伍自身素质的同时，还注重对管理对象的安全知识培训。去年，我省开展内河船舶船员基本安全知识培训，提高了辖区内河船员基本素质。此外，成功举办第四届内河海事论坛。

地　址　杭州市湖墅南路 118 号文晖大厦
邮　编　310005
电　话　（0571）88909577
传　真　（0571）88909392

（浙江省局　吴永平）

【江苏省地方海事局（简称江苏省局）】

2008 年，江苏省地方海事局圆满地完成全年各项目标任务。归纳起来，主要有以下九个方面成效。

一、全省水上交通安全形势更加稳定。全省共发生一般等级以上的水上交通事故 19 起，死亡 15 人，直接经济损失 249 万元，同比分别下降 9.5%、11.8%和 1%，没有发生一次死亡 6 人以上的水上交通事故，水上交通安全工作连续 4 年被省安委会评为先进单位。“两防”专项整治“回头看”、隐患排查和安全百日督查活动，共查出安全隐患 472 处，督促完成整改和限期整改 332 处。渡口渡船专项整治工作取得显著成绩，超额完成 2008 年渡口渡船改造计划。圆满完成京杭运河沿线 107 道渡口、82 艘挂桨机渡船改造任务，全省乡镇渡口由整治前（2006 年）的 1 028 道，减少到现在 889 道。船舶安检工作取得明显成效，去年共安检船舶 30 199 艘次，纠正船舶缺陷 24 683 项，滞留船舶 2 艘。加强重点水域、重点船舶和重点时段的安全监管，全年重大节日期间累计投入海事人员 9 203 人次；出动海巡艇巡航 2 054 艘次；监督客、渡船进出港 11 431 艘次；安全护送旅客 51.7 万人次，有效保障了旅客的出行安全。

二、全省航道防堵保畅工作更加有序。全省干线航道未发生 8 小时以上航道堵塞事件。全面推广京杭运河“四项监管措施”。开展苏北运河通航环境专项整治，取缔和清除了非法占据航道的扫煤船等非运输船舶 1 280 艘，经安全技术评估保留了浮吊船 98 艘、油划子 36 艘、货郎船 60 艘、交通船 109 艘，京杭运河通航环境得到明显改善。不断创新巡航保畅思路。南通、泰州、扬州、盐城等市地方海事机构通过实行保畅联动措施，建立了防堵保畅联动工作机制；全省视频监控点总数增加到 114 个，基本覆盖重点水域。电视监控系统和船载 GPS 组成的立体巡航功能得到充分发挥。加强徐州湖西航道监管，确保了北煤南运主通道的安全畅通，自去年 10 月 9 日中运河断航到年底，徐州湖西航道已安全通过单船 8 238 艘，船队 1 139 个，护送电煤等重点物资 755 万吨，船舶通航秩序正常。

三、水上突发事件应急处置更加有力。抗雪灾期间，共安全护送电煤 517.5 万吨，成品油 9.8 万吨。5.12 汶川大地震发生后，全系统积极投入抗震救灾工作，保障抗震救灾物资水路运输的安全畅通，同时踊跃报名参加抗震救灾突击队，主动捐款捐物，累计捐款达 210 多万元。奥运安保期间，全省累计出动海巡艇 7 585 艘次，海事人员 2.26 万人次，海巡车 859 车次，及时化解各类险情。加快推进应急反应手段建设，提升灾害性天气应急反应能力。省水上搜救内河分中心办公室指挥调度科对外履职。湖区搜救基地全部建成。各市积极筹建市水上搜救中心，全省搜救网络覆盖面进一步扩展。去年 12 395 接、处警 5 504 次，共救助遇险船舶 703 艘，救助遇险人员 555 人，挽回直接经济损失达 2 733.82 万元，实现了灾害天气辖区水上“不死人，少损失”，搜救成功率达 95%以上的目标。推进环太湖地方海事系统信息资源共享工作，江浙两省四市地方海事 GPS 数据信息资源实现共享。开展各类应急处置演练活动，宿迁、无锡、徐州、扬州、常州等市地方海事相继开展了相关的应急处置演习，有效锻炼了队伍，检验了预案。

四、保障水运经济发展内涵更加丰富。全年共审批“水工”作业 273 起，发布航行通告 293 次，没有因“水工”作业许可不及时而影响到交通重点工程建设进度的情况。有效保障了第十一届苏州国际旅游节开幕式大型水上彩船巡游、扬州世界运河博览会和一年一度的泰州溱潼会船节等涉水活动的顺利举行，赢得了良好的安全效益和社会效应。积极服务船舶工业的发展，主动为船舶修造厂提供信息技术服务，引导船舶修造业向工业园区化发展，加强对海船、大吨位船舶、危险品船舶建造检验的过程控制，规范图纸审查和船用产品检验，为打造江苏造船业“质量品牌、诚信品牌”作出了积极努力。

五、海事船检基础管理工作更加扎实。主要表现在五个方面。一是财务审计和装备建设力度进一步加强。全年规费征收总额同比上升 5.62%，全省基层征收点全面实现了规费联网征收。加强资产管理，对海事单位房屋土地和国有资产收益情况进行清查。稳步推进海事装备建设，全年实际完成建设性投资 1.36 亿元，重点加强了海事主要装备建设。二是海事执法工作进一步加强。主动配合做好水上交通统一执法试点工作，溧阳市地方海事处南渡海事所被省厅树为综合执法示范点。圆满完成部局交办的全国海事系统“行政执法一面旗”课题工作任务。根据“依法治省”工作要求，全面梳理海事执法职责、权限，进一步明确海事行政行为程序。三是现场监督工作进一步加强。认真贯彻执行《中华人民共和国船舶签证管理规则（2007)》，在全国内河首家使用网络版船舶签证簿发放系统，有效规范了证书发放行为，提高了办事效率，提升了地方海事形象。重新规范船舶签证站点和机构代码，统一了全系统船舶载运危险货物申报单格式和填写要求。四是船员、船舶、船公司安全管理进一步加强。深入贯彻落实全国船员发展大会精神，积极推动船员电子化考场等信息化措施，完成船员特殊培训 1 522 人次，适任考试 10 041 人次，发放适任证书 8 491 本。去年共完成船舶登记 27 322 件，发放船舶 IC 卡 8 995 张（累计 49 821 张）。危险品船公司安全管理体系工作继续加强，成立了审核业务部，理顺了关系。五是船检基础管理进一步加强。制定验船人员业务能力评估管理办法。加强船检计算机管理系统的应用，完成了船用产品检验与管理部分软件的开发与测试，完成了与部局数据库对接。

六、船舶污染防治工作全国内河继续领先。重点水域船舶污染防治设施配备工作基本完成，太湖流域的所有 22 千瓦以上运输船舶都安装了油水分离器。太湖流域的 11 座船舶垃圾收集站和 12 座油废水回收站如期建成，得到了省政府太湖办的好评。全省继续开展了船舶污染防治宣传日活动，在太湖流域向广大船民免费发放 2 万只垃圾桶和 100 万只垃圾袋。积极推行江苏省内河船舶污染责任保险工作，确保了这项工作的稳妥顺利实施。

七、船检工作适应船舶工业发展能力有了新的突破。全年累计建造检验 2 470 艘，70.65 万总吨，同比分别增加 4.13%、47.95%。累计营运检验 4.57 万艘，898.99 万总吨，同比分别增加 4.47%、8.34%。累计检验船用产品 9 902 台套，同比下降 12.22%。审批图纸 759 套，同比下降 17.95%。证书签发合格率和检验项目到位率不断提高，产品检验质量不断提升。编制完成质量体系 C/0 版文件，强化质量管理体系与信息化系统的对接与融合。大型船舶建造检验实现了两个突破，图纸审查和船舶检验突破船长大于 150 米的技术关口。目前在建船舶中，1 万总吨以上的船舶达 70 艘。连云港市地方海事局首次完成了 2.25 万吨海船建造检验。有效推动地方造船工业从整体造船到分段造船的转变。

八、海事船检信息化建设有了新的发展。完成《2008－2010 年全省地方海事船检系统信息化建设规划》编制工作。全面推广应用《海事现场监督业务管理系统》、《人力资源管理与业务工作综合评价信息系统》、《财务管理与收费系统》等业务管理系统。研发完成《船用产品检验业务与管理系统》，完善《船舶检验业务与管理系统》计费模块，实现与财务收费系统的数据交互。进一步推进危险品船舶和旅游客船 GPS 安装工作，全省已有 2581 艘危险品运输船舶和旅游客船安装了 GPS 系统，安装率达 98.51%，更新了地理信息数据图层。开展船公司管理人员和船员 GPS 监管操作使用培训，充分发挥地方海事 GPS 监管系统作用。

九、队伍素质和文明服务水平有了新的提升。以深入学习贯彻科学发展观为契机，加强调查研究，省局领导分别带队赴基层一线，就海事船检发展形势、存在问题和基层需求开展调研，并撰写了调查报告。强化责任追究，在全省范围开展明查暗访和督查督办工作，上级各项工作部署得到有效贯彻落实。加强专业人才特别是船检技术人才和信息化人才的培养，开展网络管理、大型船舶检验、体系审核等方面专业培训，进一步提升海事船检队伍整体素质和业务技能。深入开展“文明海事点一线一网”创建活动，“窗口”管理进一步规范。认真落实便民承诺、服务承诺，解决群众关心和迫切需要解决的问题。全年接到局长信箱投诉86封，厅长信箱13封次、群众来信投诉26次，均得到妥善处理。

地　址　南京市石鼓路69号14楼114室
邮　编　210004
电　话　（025）84209358
传　真　（025）84209358

（江苏省局　冯　磊）

【安徽省地方海事局（简称安徽省局）】

·安全形势稳中趋好　2008年，安徽省牢固树立科学发展、安全发展理念，建立安全监管长效机制，以“隐患治理年”为契机，以安全生产隐患排查治理为重点，认真开展各项专项治理活动，规范了安全监管工作，圆满完成了奥运安保等各项安全生产工作，进一步提升了水上交通安全管理水平。全省发生统计范围内的水上交通事故1.5起，沉船1艘，死亡1人，经济损失30万元；发生非统计范围水上事故3起，死亡4人；全省港口安全生产形势良好，未发生重大安全生产责任事故和港口保安事件。实现了水上交通安全与水运经济相互促进、协调发展的目标。

·专项整治成效显著　2008年，深入开展水上交通安全生产隐患排查、“两防”回头看、“打非”、水上反超载等活动。全年累计排查水运企业2 416家，排查一般隐患1 301处，其中已整改完毕1 235处，一般隐患整改率98.57%；安庆江口轮渡等7处重大安全隐患得到有效整改，重大隐患整改率100%。打击非法违法生产259起，打击“三无”生产229处。以全国试点单位安庆港为重点，在沿江5港深入推动内贸集装箱治超工作。

·船舶管理逐步规范　2008年，对全省船舶签证站点进行重新核对，并按照规定编制了海事机构业务编码。启用新的船舶签证业务印章，正式开展新版船舶签证簿换发工作。对长期未换发新证书的船舶进行清理，杜绝船舶登记数据失真。全年完成了20家航运公司安全管理体系审核。主动加强服务，牵手金融部门，开展抵押登记，提供融资平台，全年船舶抵押贷款达4.5亿元。

地　址　合肥市芜湖路27号银环大厦
邮　编　230011
电　话　（0551）2870315
传　真　（0551）2870300
邮　箱　bgs@msa.ah.cn

（安徽省局　马　栋）

【江西省地方海事局（简称江西省局）】

2008年，江西各级地方海事部门继续以“三个代表”重要思想为指导，坚持和落实科学发展观，用时代的要求、发展的眼光，改革的精神推动着海事工作的协调发展，从而确保了全省水上交通安全形势的持续稳定，为构建和谐平安的水上交通环境作出了积极贡献。

·确保了重点时段和重点水域的水上交通安全形势平稳　元旦、春运、“两会”、“五一”、“十一”以及奥运会、残奥会期间，各级海事执法人员深入现场对所有从事旅（游）客运输的船舶进行监督检查，对高危险货运船舶实施监督管理。同时，设定重点监控水域，加强其巡航密度和力度。在海事人员的共同努力下，有效地防范了重、特大水上交通事故的发生。

·“三无”船舶和超载船舶专项整治取得明显成果　各级海事部门分别在赣江南昌工程船厂水域、吴城水域，鄱阳湖星子水域、蛤蟆石水域、鞋山水域设立了5个检查站，对“三无”船舶实施处罚。全年，共将630艘“三无”船舶相继纳入规范管理，其中发放船名号622艘，已经申请报废的船舶6艘，停航2艘；签发所有权证书船舶505艘、船检证书船舶408艘、国籍证书船舶346艘。为有效打击超载船舶，九江市地方海事局在鄱阳湖鞋山水域设立了超载船舶减载货场，对过往超载船舶进行强制卸载和处罚。10月1日始，续又组建成立了减载公司，进一步加强了对超载船舶处罚的规范管理并建立了违章记录档案，凡多次出现同一违章行为的船舶予以从重处罚，此举起到了很好的威慑作用。全年共减载船舶7 986艘次，减载货物59.46万吨；查缴船舶假证书37本，假海事业务印章57枚。通过严厉打击，船舶严重超载势头得到有效遏制，尤其是出江船舶超载现象有了根本好转，为有效保证长江黄金水道安全畅通做出了贡献。

·认真开展两防“回头看”专项整治活动　在上年开展防船舶碰撞、防泄漏专项整治活动取得阶段性成果基础上，全省海事部门续又开展两防“回头看”活动。一是利用板报、标语等形式进行了广泛深入的宣传，在渡口、码头、张贴宣传

标语200余张，悬挂横幅20余幅，为活动的开展营造了良好的社会氛围；二是按照“四定”（定整改措施、定整改标准、定整改期限、定整改责任人）的要求，确保每一个安全隐患能够得到及时、彻底地整改。对整改难度大、涉及部门多的隐患，实行“挂牌”督办制度，以保隐患整改到位；三是建立和完善了安全隐患数据库并随时更新。活动期间，海事部门对全省5级以上航道桥区通航安全标识的设置与养护情况进行了排查，重点排查了跨河桥梁的航标设置与养护情况。排查发现：全省5级以上航道跨河桥梁46座，仅8座落实了养护责任，各海事部门已将辖区存在隐患的跨河桥梁通报给其管理单位，督促尽快按照规范要求整改，但整改效益不甚明显。

·结合开展“隐患整治年”活动，突出抓好“百日督查”专项活动　按照江西省厅安全隐患排查治理和水上交通安全百日督查工作要求，全省海事机构上下联动，层层落实，在当地政府的统一领导下，积极配合交通主管部门开展了这一活动。全年共排查一般水上交通安全隐患 8 657项(其中查处超载船舶8 104艘)，已整改到位8 518项，整改率为98.4%；排查重大水上交通安全隐患69项，已整改到位42项，整改率为60.9%。未整改到位的均已多次书面报告当地政府，并采取了继续跟踪督办措施。

·船员管理更趋规范　一是严格按照相关规定，认真组织开展了船员适任证书考试和油船、高速客船、化学危险品运输船舶船员特殊培训考试。全年共举办各类培训32期，总计2 547人参加了考试；二是启动了船舶一卡通工程，各船舶登记机关按照省局要求，使用网络版船舶登记系统开展船舶登记业务并发放船舶IC卡，同时对导入网络版船舶登记系统数据库的船舶数据对照船舶登记档案进行了确认。全年共计发放船舶IC卡813张；三是按照新颁布实施的《中华人民共和国船舶签证管理规划》要求，印制了各类船舶签证报告单，刻制了船舶签证专用章、船舶签证簿核发专用章、注销章和校核章，及时下发各海事管理机构使用。

·海事信息化监管建设速度明显加快　仙女湖、柘林湖CCTV视频系统工程总体建设方案和赣江（樟树—湖口）VHF系统工程可行性研究报告获省交通厅批复。仙女湖CCTV视频监控系统工程已进入实施阶段。赣江（樟树—湖口）VHF系统已完成初步设计方案。

2008年，全省共发生一般以上水上交通事故8起，死亡失踪12人，沉船5艘，直接经济损失89万元。事故四项指数较上年三降一升，其中事故件数减少3起，沉船数减少2艘，直接经济损失减少42.8万元，死亡失踪人数增加3人。

地　址　南昌市抚江北路25号
邮　编　330008
电　话　（0791）6710665
传　真　（0791）6708359

（江西省局　张兆平）

【河南省地方海事局（简称河南省局）】

2008年，河南省地方海事局深入开展规范管理年活动。制定了《河南省水运管理规范年活动方案》，结合交通运输部组织开展的水路运输行业年度核查工作，进一步加强了水运企业经营资质管理工作。对全省72家省际运输企业和16家省内水运企业运输经营资质进行了核查，依法取消了3家省际运输企业的经营资格，提高了企业和运输船舶守法经营和安全运输的意识，维护了水运市场秩序。为提高省际运输企业经理的管理能力，省局首次举办了“全省水运企业经理培训班”，有100多名企业经理和相关管理人员参加了培训。

·进一步规范海事业务管理工作　一是进一步规范船舶登记管理工作。船舶所有权登记和管理是海事机构的主要业务之一，省局投入100余万元配套资金用于船舶“一卡通”工程建设，发放IC卡2 576张。二是规范船员管理工作。全省16个船员发证机构全面实施船员管理系统，发放新版证书9 800多本。三是加强船员教育培训。省局组织船员考试5次，共组织船员培训2 087人次。四是建立船舶检验V5.0系统。向8个船舶检验片区投入船舶检验V5.0系统硬件建设资金30余万元，为下一步全面推广实施船舶检验V5.0系统奠定了基础。

·不断完善制度，规范行业管理　先后制定下发了《河南省船舶适任实际操作考试工作管理办法》、《船舶登记一卡通管理办法及程序》，尤其是《河南省渡口船舶船员培训考试工作指导意见》的出台，是河南省在渡口船舶船员管理方面的一个创新。此外，组织完成了《发展内河航运与节约土地资源研究》、《内河航运与水资源综合利用研究》科研项目工作。按照交通部要求，编制了河南省四个水系航运规划报告。各市也加大了规章制度的完善工作，南阳市政府出台了《漂流船舶管理办法》，濮阳市安委会就浮桥安全管理颁布了文件，明确了要求和安全标准。继新乡、焦作、郑州等 7 个市建立市政府水上交通安全联席会议制度后，济源、三门峡、南阳市也相继建立了联席会议制度。

·进一步强化政务公开　省局网站专门开设了政务公开窗口，设置了“公开指南”、“公开目录”、“公众监督”“依申请公开”等栏目。还印制了《政务公开》指南，为群众提供方便。政务公开有效保障了人民群众的知情权、参与权和监督权，提升海事部门形象。

·进一步加强队伍建设　通过专业培训班、随岗培训、挂职培训等方式，加大培训力度。先后组织船舶登记管理人员培训、海事执法人员培训、船舶检验人员培训、注册验船师培训、《国内水路运输资质管理规定》学习培训等培训班。抓住和长江海事局“结对子”的机会，继续选派了 3 名海事执法人员到长江海事局所属基层单位挂职培训，学习先进的管理理念和经验。坚持“一季一法一考”制度，将学习考试和目标考核挂钩，增强学法、知法、用法的自觉性。

地　址　河南省郑州市中原路 108 号
邮　编　450052
电　话　（0371）67165912
传　真　（0371）67165908

（河南省局　王守明）

【湖北省地方海事局（简称湖北省局）】　2008 年，湖北省水上交通安全预防预控的重点和难点是长江干线以外支流、大型湖泊水库和乡镇渡口渡船。全省海事系统牢固树立“三个一”（海事一家人、监管一盘棋、执法一面旗）理念，认真贯彻落实“船舶适航、船员适任、安全畅通、有效监管、优质服务”20 字工作方针，围绕“保障辖区水上交通安全形势稳定”一条主线，突出能力建设、机制建设、装备建设和队伍建设四个重点，打基础、抓队伍、上台阶。在船舶保有量持续增长、通航水域不断拓宽、水上水下施工作业逐年增多的形势下，保持了水上交通安全稳中趋好的态势：2008 年辖区监管水域发生事故 3 件、死亡 4 人，未发生一起死亡 3 人以上重特大事故。在国务院召开的首届全国海（水）搜救大会上，湖北省地方海事局局被评为“先进单位”。

·坚持一线工作法，抗御冰雪灾害，水路春运安全畅通有序。全省上下以高度重视、高度负责、高度尽职的精神，以防御在前、落实在先的实际行动，成功地抵御了冰雪灾害的袭击，保证了电煤等重点物资运输畅通。省海事局应急办先后两次向全省各辖区内有渡口的 84 个县（市、区）人民政府发出工作建议函，提请政府加强乡镇安全管理责任落实，共同保障了恶劣天气下的渡运安全。在历史罕见的雨雪冰冻灾害面前，省、市、县三级海事机构强化一线监管，投入大量人力、物力、财力，铲除码头积雪，疏通水运通道，最大限度地避免了冰雪灾害对交通运输船舶造成的损失，及时有效地恢复了灾后水上生产和通航秩序。

·坚持以人为本，大力推进救生衣行动，安全乘船理念渐入民心。3 月初，省海事局完成了水上交通安全警示片《生命无价——水上交通重大安全事故警示录》和《乡镇渡口渡船安全培训电视教材》的制作，并印制适合中小学生、渡口渡船的水上交通安全宣传挂图，配合“百校千村”和“救生衣行动”免费发放到相关中小学校、船舶、码头。市县海事部门推动县乡政府、安监、教育等部门在辖区涉渡中小学校开展了声势浩大的宣传活动。以救生衣行动和百校千村行动为载体，全省 7.45 万客位的渡船、高速客船、游览船救生衣按乘客定额全部配足到位，海事部门进学校、进乡村播录相、贴标语、展挂图、发倡议、办橱窗、搞比赛，大张旗鼓地宣传水上交通安全知识，督促船员驾驶和旅客乘坐快艇、高速客船时一律穿戴救生衣，要求勤拿勤放、穿戴开航，救生衣缺损、闲置、穿戴率低的问题得到明显改善。

·坚持优质高效，深化新农村渡口达标，渡运安全设施显著改善。对列入 2008 年改造计划的 571 处渡口，通过挤垫资金、签责任状、多方协调，层层克服了启动资金缺乏、乡镇责任意识不强等实际困难，“渡口建管、乡村主导，坡岸硬化、设施配套，渡船适航、渡工持照，安全渡运、方便可靠”32 字方针得到有效落实。按照“建造一处、合格一处”的要求，对检查发现存在裂纹、起皮、坑槽等施工质量问题的渡口，及时责令返工。至2008年底，全省除新增渡口、长江渡口外，辖区现有渡口基本实现100%改造达标。恩施州将公益性渡口纳入财政补贴，义渡、半义渡渡工彻底告别了“打河粮”（平常过渡不收群众一分钱，每到秋收或年底由渡工到经常过渡的农户家里募集粮食，俗称“打河粮”）的历史。6月中旬，省地方海事局在恩施州召开了现场会，对恩施经验进行了全面宣传推广。为加快老旧渡船淘汰更新，省海事局研究设计出15、30、60、80、120、200客位的系列标准渡船，并对30客位的渡船在荆门长湖先行试点。

·*坚持综合治理，打击非法采砂，汉江航道通航秩序恢复正常*。2008年1至4月，无证采砂船在汉江河道非法、违法、违规采砂、淘砂活动猖獗，江面多达3 500余艘采砂、淘砂船非法作业，在一些河段浅滩开采砂石后，随意堆放泥砂，使汉江枯水期航道通航条件明显恶化，导致数十起船舶搁浅事故。省交通厅、省地方海事局及沿江各有关港航海事部门意识到事态的严重性，主动作为，积极向部、省以及有关方面报告，走访省水利、河道主管部门共商应对之策，引起了省委、省政府高度重视，并由省防汛抗旱指挥部统一领导汉江沿线7市人民政府开展了历时3个多月的汉江非法采砂综合治理行动。在政府统一领导下，沿江各级海事部门积极配合综合整治行动，调集海事监督艇、增派海事执法人员，积极参与统一行动，共出动海事、航道执法人员1 800余人次，出动海事巡逻艇、航道执法艇200余艘次。在强大的宣传攻势和重拳打击的威慑下，采砂船主自行停止或拆除近400艘船，2 891艘非法采砂船只清理出汉江水域，占应清除船数3 500余艘的94%。滞留在汉江河道内非法采砂船只，全部由有关市、县实行严格集中监管，有效遏制了非法采砂活动。

·*坚持监督检查，推进隐患排查治理，一批重大隐患得到根治*。按照省政府、省交通厅统一部署，成立了“水路交通综合治理安全维稳”应急机构，在百日督查、奥运安保、“五一”、“十一”等重点时段，组派近百个检查和督查组，对全省重点港口企业、航运企业、水运施工企业，以及危化品运输船、工程船、采运砂石料船、库湖区老旧客渡船、无证无照船“五种船舶”开展了隐患排查治理。列入省级跟踪督办的74项重点安全隐患，62项实现了整改销号，10项制定了整改方案并正组织实施，2项经采取相应措施得到有效控制。特别是一些库湖区“三无”船载客的隐患顽疾，整治工作取得了决定性进展。天门市仙北村村民毛灯武在汉江非法渡运被依法取缔，当地政府以人为本，实施人性化管理，为其夫妇二人办理了农村低保、医疗。咸宁青山水库、富水水库历史遗留的210艘“三无”船，基本落实“县、乡、村、船主”四级安全责任制，救生衣、消防设施配备到位，重点码头配备了海巡艇，充实了现场监管员。蕲春县政府重点整治蕲河非法渡口，海事部门筹集20万元资金，打造9艘新渡船并配齐配足救生设施，淘汰了9艘“三无”船。从7月底开始到奥运会结束，提高了水路运输特别是三峡坝区、港区、重点港口码头的保安等级，筹措资金350余万元，消除了宜昌、巴东12个客运码头、6个滚装船码头安检仪器配备不足的重大隐患。

·*坚持狠抓源头，夯实安全管理基础，预防预控措施进一步落实*。船员管理、船舶登记、船舶签证、水工管理、公司审核、宣传报道等各项海事业务工作稳步推进。督促“县、乡、村、船主”四级责任制基本签订到位，“横向到边，纵向到底”的安全责任体系进一步巩固。圆满完成了两期船员统考，武汉、宜昌、黄冈、荆州4个考点共有2 000多名船员参加培训和全国统考。创造条件在荆州、潜江等地举办3期内河散化船、油船船员特殊培训。十堰、咸宁、黄冈、天门、仙桃等地举办了乡管员、渡船船员的安全培训。以“进村驻镇”、“海事课堂”等形式培训考核船员2 000余人次。水上应急能力建设加快，梁子湖、浠水水库水上搜救系统初具雏形，高坝洲水库、南河水库和汉江重点航段新增一批新型快速海巡艇，通航水域海事船艇覆盖率明显加大。海事、船检联合开展了新型救生设备的研制，与救生设备厂协作，研制出座椅式救生衣和板凳式简易救生浮具。由政府主办、海事部门协办，在汉江汉川水域、木兰湖、松东河举行了具有较大影响的水上搜救演习。《湖北省港航海事应急管理系统工程可行性研究报告》课题研究取得积极进展。

·*坚持稳扎稳打，启动“一卡通”工程，确保了船舶动态管理信息化*。船舶“一卡通”工程是全省海事系统信息化建设的一个重点项目。为推动船舶"一卡通"工程顺利实施，2007 年建立起省、市、县、站四级专网，2008 年 3 月将计算机、读卡器、船舶卡等所需硬件设施配备到位，并组织 16 个市州海事局对船舶登记档案开展清理检查， 4 月初完成了省海事局和市州局负责船舶登记、网络管理的人员的培训。4 月 2 日，全省第一张船舶 IC 卡在武汉市地方海事局发出。截至 2008 年底，全省 65%进入长江的船舶实现持卡签证。

全省水上交通安全工作虽处于一个良性发展的环境之中，但基础不稳固的矛盾依然存在，主要表现在：暴雪、大雾、风暴等气象灾害频发，涉水活动增多，安全监管难点不断涌现；跨河桥梁施工、水产养殖、砂石采挖活动增多，通航水域监管压力加大；海事系统基础薄弱、手段单一、投入不足的局面未彻底改观，相对于水运快速发展需要而言，海事保障航行安全、维护水域清洁的能力和水平亟待进一步提高。

地　址　武汉市沿江大道 68 号
邮　编　430021
电　话　（027）83465311
传　真　（027）83465318

（湖北省局　王彦玲）

【湖南省地方海事局（简称湖南省局）】　2008 年，湖南省地方海事局做了如下工作：

*一、以落实各方责任为核心，建立综合治理预控体系。*通过建立全省水上安全管理指标体系，修订完善《湖南省水上交通安全管理办法》，推广"县管、乡包、村落实"的乡镇船舶安全管理模式，推行安全目标管理，实施国内安全管理规则，督促和引导企业建立健全安全生产工作机制，全力打造责任链，编织安全网，"政府领导、部门监管、企业主体"三方责任进一步得以落实。

*二、以整改安全隐患为切入点，夯实安全长效管理。*针对水上安全管理薄弱环节和突出问题，开展了安全生产月活动、渡口渡船专项整治、"两防""回头看"活动、安全生产百日督查专项行动、奥运安保、非法运砂船治理以及非客运船只非法载客整治行动等一系列专项整治活动，检查各类船舶 18 000 艘次、港航企业 95 家、渡口 8 217 道次、涉航桥梁 422 座、通航闸坝 117 座，整改排查隐患 2 756 处；在渡船更新改造中，落实经费 3 688 万元，改造船舶 1 043 艘。与此同时，建立各级安全隐患台帐，定期评估，确保了各类隐患处于受控状态，使隐患排查整改由阶段性的突击活动转变为日常性的工作，推进了安全长效管理机制的建立。

*三、以规范管理为重点，增强海事执行力。*一是信息化建设顺利推进。船舶 GPS 监控系统项目建设已试运行，船舶"一卡通"工程全省完成率达 85%。二是支持保障系统建设进度加快。《湖南省水上交通（海事）支持保障系统工程可行性研究报告》得到了省发改委批准；岳阳市洞庭湖水上应急救援指挥中心已完成拆迁工作，长沙市水上救援中心建设也已完成立项、选址、资金筹措等前期筹备工作。三是船舶检验进一步向科学型管理转变。健全船检质量管理体系，全面推行船舶检验发证管理系统 VIMS5.0 版，开展船舶检验工作质量督查。四是船员适任管理有新的进步。一方面严厉查处持假证、无证上岗行为，另一方面加大船员培训力度，全年共有 744 名船员参加全国理论统考，11 202 名船员参加各类安全知识培训，74 名公务船员取得适任资格。

全省水上共发生交通事故 14 件，死亡 15 人，沉船 9 艘，同比分别下降 44%、44.44%、53%，直接经济损失 920.08 万元，同比上升 39.17%，安全指标均在控制范围内，没有发生一起死亡 10 人以上的重大水上交通事故，确保了全省水上交通安全形势总体稳定，有力地支撑了全省水运经济又好又快发展。

地　址　湖南省长沙市五一大道 982 号
邮　编　410005
电　话　（0731）4883888
传　真　（0731）4437896

（湖南省局　蒋龙平）

【云南省地方海事局（简称云南省局）】　2008 年云南地方海事局做了以下工作：

一、加强前期工作，加快港航基础设施建设步伐。

·前期工作　认真研究部署港航前期工作和规划的落实，着眼云南水运长远发展，加强水运重点工程的前期储备，开展了澜沧江航电枢纽建设前期工作，争取了省交通厅及省发改委同意利

用航电结合的方式，合作开发澜沧江橄榄坝、勐松航电枢纽，并进入公司组建和项目筹建阶段。此外，开展了澜沧江、金沙江、红河、怒江、南盘江、伊洛瓦底江等航运规划工作，并组织对金沙江、澜沧江和红河航运规划的审查。完成小湾库区航运基础设施建设项目的初步设计，完成滇池航运基础设施建设一期工程、右江富宁港库区航运基础设施建设项目建议书的审批，编制了会泽县毛家村水库、李仙江库区航运基础设施建设、威远江电站库区航运基础设施建设、金沙江水域一库八级电站航运项目金安桥库区建设、石屏异龙湖航运基础设施建设工程可行性研究，以及正在编制红河南沙库区航运基础设施建设、金平县那兰电站库区航运基础设施建设项目工程可行性研究。

·完成情况 1.澜沧江思茅港至中缅 243 号界碑五级航道一期工程；对个别滩险进行了局部优化整治，全面完成工程建设，并交工验收。2.澜沧江关累码头续建（二期）工程。于 2007 年 11 月开工建设，已完成工程形象进度 40%，全年完成投资 1 900 万元。3.大理洱海新港扩建工程。于 2007 年 7 月开工，已完成软基处理，全年完成投资 930 万元，共完成投资 2 000 万元。4.景洪水电站思茅港防护工程思茅港码头建设工程。总投资 1 800 万元，于 2008 年 2 月开工建设，已完成主体工程，全年完成投资 1 814 万元。5.金沙江水富港扩建工程。于 2007 年 1 月开工建设，已完成码头水工建筑物施工，全年完成投资 8 617 万元。6.凤庆县新华—碧溪汽渡码头工程。于 2008 年 9 月开工建设，已完成进场准备和征地拆迁工作，全年完成投资 474.63 万元。7.全省渡口渡船改造。纳入全省规划改造的 558 道渡口，共落实 206 道渡口的改造补助资金，完成渡口改造 34 道，渡船 12 艘，渡改桥 15 道。

全省港航基础设施建设共下达计划投资 8 980 万元（其中：交通运输部补助 3 220 万元，交通运输部海事局补助 1 860 万元，省交通厅投资 1 400 万元，省预算内计划投资 2 500 万元）。全年共完成投资 13 669 万元，为下达计划的 152%。

二、加强水运行业管理，促进水路运输平稳发展。

认真贯彻“安全第一、预防为主、综合治理”的方针，树立“以人为本”的安全管理理念。

·进一步落实安全管理责任制。按照“政府统一领导，交通综合管理，海事机构监管，各相关部门配合，企业参与监督，社会广泛支持”的水上交通安全格局，进一步落实各级政府、交通主管部门、海事管理部门的安全管理责任，不断解决水上交通安全有人管、有能力管的问题。同时，从督促检查规章制度入手，进一步落实水运企业、船主、经营人、船员的水上安全管理责任，使企业法人真正认识到自己是安全生产的主体，是安全生产的第一责任人，从思想上重视，进而加大对水上安全的投入。继续抓好乡镇船舶安全管理责任制的落实，使县、乡、村、船四级安全责任承包面达到 100%。同时加强对海事执法人员的安全宣传教育，将“安全工作天天从零开始”，“99+1 不等于 100”作为工作的准则和警示，提高了海事执法人员的安全责任意识，切实筑牢安全生产思想防线。

·进一步强化现场安全监管，加大安全检查力度。认真分析把握全省水上交通安全的规律性，把“春运”、“五一”、“十一”黄金周、“六月安全月”、汛期作为重点时段，把“两江（金沙江、澜沧江）、四湖（滇池、洱海、抚仙湖、泸沽湖）、五库区（鲁布革库区、漫湾库区、大朝山库区、天生桥库区、凤龙湾库区）”作为重点水域，把客船、客渡船、国际航行船、危险品船作为重点船舶，把企业领导、船舶所有人、船员作为重点人员，抓住全省水上运输的几个重点环节，明确监管措施和监管责任，强化现场监管，进行安全大检查及安全隐患的排查和整改，开展水上安全明查暗访活动，建立事后跟踪督查制度。并在重要渡口，督促乡镇政府在节假日、赶街天、民族节日、庆典活动、庙会等渡运繁忙时节，派员维持秩序，实施有效监管，严禁违章、超载等冒险渡运。

·进一步开展专项整治活动，消除事故隐患。继续开展渡口渡船专项整治，拟定《云南省渡口渡船专项整治责任书》和《云南省渡口渡船专项整治验收指导意见》，加快渡口渡船整治改造进度，纳入全省规划改造的 558 道渡口中，已落实 206 道渡口的改造补助资金，完成渡口改造 34 道，渡船 12 艘，渡改桥 15 道。继续开展全省水运行业隐患排查治理、防船舶碰撞、防船舶泄漏专项整治行动及“回头看”活动，狠抓事故隐患的整改，健全重大危险源监控机制，消除当前严重威胁安全的突出隐患。加强低质量船舶治理，对毛家村库区、瑞丽江、 富民等库湖区等低质量船舶进行治理，改造船舶 128 艘。针对库湖区普遍存在的船舶无序经营、违章载客、船舶检验发证率低、船舶质量差、船员持证上岗率低的情况，建立库湖区水上安全执法联动机制和水上搜救协作机制，落实县、乡、村水上交通安全管理责任，取缔非法造船厂点，协调水产养殖和通航环境存在的矛盾，使库湖区水上交通安全隐患得到了有效整治。

·认真做好水运奥运安保工作，为北京奥运会的顺利举办营造良好的安全氛围。以高度的责任感和使命感，认真抓好水运奥运安保工作，层层落实奥运安保水上交通安全生产管理责任制，加强对重点港口、码头、船舶的安全巡逻保卫工作，严格各重要港口、码头、船舶的检查制度，开展重点船舶安保大检查，参照国际船舶保安规则对澜沧江国际航行的客船、洱海大型旅游客船进行重点检查，层层落实安保措施，进一步健全和完善了各项水上应急预案，实现了奥运期间零事故的水上安全目标。

·进一步加强水上搜救制度建设，提高人命救助能力。于今年 3 月颁布实施了《云南省水上搜救应急预案》和《云南省澜沧江—湄公河水上搜救应急预案》，编制了以澜沧江海事局、省地方海事局为中心，下设澜沧江、金沙江、滇中、滇西等 4 个分中心覆盖全省的水上搜救发展规划。

·进一步加强船员管理和教育培训工作，不断提高船员的整体素质。开展全省高等级船员新版船员适任证书的换发工作，启用新版船员服务簿，从部海事局收回我省长江干线一、二等船员的考试发证权，加强船员基本安全培训工作，开展高速船船员特殊培训考试和发证工作，认真做好澜沧江出境船员《海员证》的启用工作，开展省管船员年度安全学习教育工作，加强船员的培训教育，提高了船员的适任能力。

·进一步把好船舶检验关，提高船舶检验质量。加强了《船舶检验机构道德准则》、《国内航行船舶船体建造检验管理规定》的宣传贯彻，按照“一检、二帮、三把关”的检验原则，把注重船舶检验质量，保障船舶适航放在首位，对 “大理海巡搜救船”等 20 套船舶设计图纸进行了审查，完成船舶建造检验 10 艘，同时对各船检所审图工作进行不定期抽查，加强现场检验督查力度，进一步提高船检所（站）工作质量。

·进一步深化“全国海事一家人，水上监管一盘棋，行政执法一面旗”的管理理念。继续深化结“对子”活动。今年 5 月，滇浙两省海事部门汇集浙江，召开了两省水上交通安全管理“结对子”联席会议，这是两省“结对子”活动以来规模、范围最大的一次活动。两省海事“结对子”单位全部对口签订了《水上交通安全管理合作协议书》，我省 “结对子”范围由最初的 6 家扩大到现在的 15 家，涉及全省 12 个州市共 15 个单位，并开展了 10 个批次的互帮互学活动，促进了我省的海事管理水平的提高。

·进一步培育水路运输市场，促进水路运输稳步发展。2008 年，全省完成客运量 622 万人次、客运周转量 14 465 万人公里；完成货运量 283 万吨、货运周转量 47 298 万吨公里。与去年同期相比，客运量增长 3.83%、客运周转量增长 19.1%；货运量增长 8%、货运周转量增长 3%，实现了全省水运稳步发展的目标。在水路运输管理方面，按照“安全、畅通、环保”和“市场引导、调整结构、提质增效、优质服务”的行业管理指导思想，继续促进澜沧江—湄公河国际航运和金沙江—长江航运发展，积极开发湖、库区旅游航运，努力培育水路运输市场。开展对长航运输、国际运输水运企业（个体）经营资质、经营情况的年度核查和换证工作。做好全省水路农村客运燃油补贴工作。开展澜沧江—湄公河成品油试运输的前期准备工作。做好成品油价税费改革前的调查统计工作，提出相应对策措施。继续做好标准化船舶的推广工作，对从事长江水路运输的船舶强制推行三峡库区标准化船型，严禁非标准船舶的建造。认真做好我省水运经济形势的分析和预测工作，为水运管理部门和经营者提供了重要参考，发挥行业指导和服务作用。

三、加强“科教兴水”工作，促进水运科技创新。

·进一步加强科研项目管理　按照《云南省水运科技‘十一五’规划及信息化规划》，积极争取科研项目资金，加大水运科技投入，结合全省水运建设的重点，积极组织水运科研项目的申报、立项，共新增项目 6 项，总经费为 620 万元。对《云南省金沙江航运发展规划》、《大理内河及湖区海事监管系统研究》进行了验收，开展了《省交通厅部门预算软件系统应用研究》、《澜沧江远程水位测报系统》、《澜沧江-湄公河油品运输安全与防污染研究（部西部项目）》、《澜沧江国际边境河流急流滩通航水力指标研究（省科技厅项目）》等项目的研究。

·进一步加强信息化建设　完成了我局大量台式机的维护工作，开展了《云南省航务、海事综合信息系统研究开发》、《云南省航道 GIS 管理系统研究开发》、《云南省船员管理系统开发》、《澜沧江水位测量》等信息化科技项目的研究。

·教育培训取得较好成绩　申报教育培训项目 15 个，以行业培训、内部培训、外送培训为主要形式，对局机关公务员进行《公共经济管理》和“四项制度”的培训，组织 70 余人参加全省注册验船师资格培训和考试，安排 2 人到大连海事大学学习，1 人被部海事局选派到世界海事大学学习，1 人到广东海事局挂职锻炼。鼓励在职人员继续学习，现有在职攻读硕士人员 8 名、本科 1 人、专科 2 人。

四、加强水运行业精神文明建设及党风廉政建设，树立水运行业良好形象和精神风貌。

一是认真组织全局干部职工学习党的十七大、十七届三中全会精神，继续开展《党章》、《八荣八耻》、《社会主义科学发展观》的教育，不断提高全局干部职工的政治思想素质。二是按照省委、省交通厅开展解放思想大讨论活动的统一部署和安排，在认真总结改革开放 30 年来水运工作实践经验的基础上，结合云南水运实际，开展解放思想大讨论活动，查找在思想观念上的障碍、工作作风上的问题和当前影响和制约全省水运和海事发展体制机制上的问题，克服“满、怕、难”的思想情绪，振奋精神，树立信心，努力探索云南水运发展的新路子、新举措、新方法和新途径。三是按照中央、省委和厅党组关于开展深入学习实践科学发展观活动的部署和要求，全面开展深入学习实践科学发展观活动，围绕“六个结合”，通过开展各党支部、中心组集中理论学习、10 个专题学习调研、专题讲座、案例分析和“科学发展大家谈”等一系列活动，第一阶段学习实践活动顺利结束，进入分析检查第二阶段。四是继续深入开展全省水运行业精神文明创建工作，授予“雪丰”号等 20 艘船舶为文明船舶。五是进一步加强水运行业党风廉政建设，建立健全教育、制度、监督并重的惩治和预防腐败体系，以水运基础设施建设领域为廉政工作重点，加强水运建设工程双合同制及终身质量追究制的贯彻执行。以“一岗双责”推进责任制工作的落实，纳入目标化管理，以抓好经常性的反腐倡廉教育促进党员干部廉洁自律，以落实“四项制度”推进党风廉政建设工作。建立水运系统党风廉政建设长效机制，促进党员干部廉洁自律，防止腐败行为发生。加强审计监督，积极开展清查“小金库”和规范非税收入管理工作，对清查出的违规资金 17 万元全部上缴省国库。

五、存在的主要问题。

一是水运建设资金投入不足，成为制约全省水运发展的最大问题。二是由于长期缺乏安全管理经费资金投入，全省海事基础设施薄弱，监管监控手段落后，水上交通安全管理反应能力差，缺乏有效的监管及应急救助手段，特别是在澜沧江—湄公河国际航运和水运长途运输及一些大型封闭式湖区和库区缺乏水上应急救助体系。全省大中型电站建设形成的梯级库群，无序造船、无证经营现象严重，给库区水上运输带来很大的安全隐患。由于部省资金到位缓慢，地方配套资金难以落实，全省农村渡口改造严重滞后，按照部要求的到 2007 年底渡口达标率 90%的整治目标，我省改造的 217 道渡口仅占整治渡口总数 512 道的 42%，改造任务迟迟不能完成，拖了全国的后腿。三是全省海事管理体制改革中除少数几个海事机构外，大部分未做到机构、编制、人员、经费四落实，没有认真解决人管、有能力管的问题，整体管控能力差。海事队伍不稳定，人员更换频繁，管理人员素质偏低，整体执法水平不高。四是澜沧江—湄公河国际航道缺乏养护机构和养护资金，航道的管理与日常养护已成为制约国际航运发展的突出问题，成为出入境客货船舶运输安全的严重隐患。五是受金融风暴影响，全省水运企业经济效益普遍下滑，水运抗风险能力较弱。六是出省出境水运通道受大型电站建设的影响，航电矛盾突出，协调难度较大。七是局机关内部发生“7.1”一次性死亡 3 人的重大交通事故和“9.18”1 名职工坠楼事件及局招待所出现违纪行为，反映出局机关内部管理薄弱，需进一步加强。

地　址　昆明市环城北路 181 号
邮　编　650051

电　话　（0871）5126929

（云南省局　马翠德）

【中华人民共和国澜沧江海事局】　中华人民共和国澜沧江海事局是受交通运输部委托，由省交通运输厅设置，依法对澜沧江国际航运实施水上安全监督管理的行政执法部门。

其职责是：1.负责澜沧江对外开放水域及港口的水上安全监督和防止船舶污染工作；2.按《云南省船舶检验规则（1998）》规定，负责澜沧江对外开放水域及港口的船舶检验业务；3.负责分工范围内船员培训、考试发证、船员证件及海员证申办的管理工作；4.负责澜沧江对外开放水域及港口的水上搜寻救助、污染事故应急处理和水上交通事故的调查处理工作；5.负责澜沧江海事局基本建设、船舶及设施购置的规划、五年计划、年度计划，经交通运输厅审核，报交通运输部海事局综合平衡，由交通运输部批准实施；6.负责思茅、西双版纳海事局的行政、党务、纪检、工会、共青团等工作的归口领导，并按干部管理权限进行管理。

地　址　昆明市环城北路181号

邮　编　650051

电　话　（0871）5126929

（云南省局　马翠德）

【贵州省地方海事局（简称贵州省局）】　2008年，贵州省地方海事局在深入学习实践科学发展观和十七届三中全会精神的同时，面临工作多、任务重、要求严、责任大的形势，全省海事在部海事局和交通厅的领导下，坚持以“三个代表”重要思想和党的十七大精神为指引，围绕提高“三个服务”的能力和水平，以健全水上交通安全责任制为核心、以规范海事行政管理为重点、以加强安全监管手段为保障，历经雨雪冰冻、地震灾害和奥运安保三个特殊时段的考验，较好地完成了今年各项工作任务，继续保持了水上交通安全形势稳定。

·*安全管理*　结合“隐患治理年”工作的总体要求，认真部署并深入开展了船舶“两防”专项整治“回头看”活动，并重点抓好两方面的工作：一是加强隐患整改。二是探索建立长效管理机制。并结合隐患排查治理实践活动，开展调研，制定出《贵州省水上交通安全隐患排查治理制度》，为建立起长效管理机制打下基础。

·*加强装备建设*　赤水河、天生桥巡航救助站投入使用后，效果十分明显，赤水海事处利用海事救助趸船开展定点式的现场监督检查，黔西南州海事局利用天生桥CCTV视频监控系统，实现了现场执法与非现场执法的结合。三板溪救助站已建成投入运行，又开工建设红水河、两江口巡航救助站。2008年，贵州省局依托港航建设工程，加快了巡航船艇的建设，建造了30米级、40米级海事检查趸船3艘，23米级、25米级巡航救助船3艘，13—15米级巡航船7艘，购置了一批执法检查车。通过文明执法单位建设，一批海事局、处的办公条件得到改善，海事形象得到提升。注重海事科研工作以及选题对解决实际问题的针对性，承担了《库区通航水域海事巡航救助船艇研究》、《乌江海事巡航救助一体化研究》的课题研究。加强管理软件的研制与应用，结合全省海事工作机要，研发了《公文管理》、《监督管理》、《隐患管理》三个软件。

·*行政执法*　在继续清理海事行政审批项目的同时，统一全省海事行政许可项目，统一行政强制和行政处罚程序，统一制作行政强制和处罚文书。增强海事执法人员培训教育力度，分别派员参加部局举办的法规、船舶登记、船员考试发证新规则、船检质量体系内审员等培训80余人次；参加广东海事局举办的船检培训和考察学习30余人次；参加助理海事调查官培训120余人次；参加“船舶工程”函授大专班学习68人。除此之外，还采取了“以会代培”、参加地方组织的培训等方法对海事执法人员进行培训。

·*抢险搜救*　为进一步加强水上交通运输支持保障体系建设，按照应急管理的要求，积极组织开展水上救助，实施水上搜救21次，成功救助50人脱险，不断提高水上应急反应能力。

地　址　贵阳市延安中路48号世贸广场A座26楼

邮　编　550003

电　话　（0851）5952418

传　真　（0851）5957360

（贵州省局　杨萍艳）

【四川省地方海事局（简称四川省局）】

2008 年，四川省地方海事局在全力应对汶川特大地震灾害等特殊情况下，完善方案，细化措施，狠抓落实，严防死守，保证了水上安全形势持续稳定。全省共发生运输船舶水上交通安全事故 7 起，死亡 12 人，经济损失 57.2 万元，较上年同期分别下降 22.2%、29.4%和 45.4%。全年未发生一起重特大水上安全事故，走出了 1994 年以来逢双年必出重特大水上安全事故的怪圈。

一是安全基础进一步改善。改善渡口和船舶状况，安全生产基础进一步夯实。建设渡口码头 196 座，渡改人行桥 100 座。推动建立以政府为主体、以乡镇为补充的公益性渡口渡船安全经费投入机制，遂宁市政府印发了《关于公益性渡口的实施方案》，乡镇管船经费成倍上升。部分市、州积极采取规费减免、政府补助等措施，加快船舶技术改造。开展了危化船舶检验质量检查，整改隐患 15 起。与此同时，开展乡镇船舶安全管理规范化建设，安全管理基础进一步夯实。出台并印发《四川省乡镇船舶安全规范化管理指导意见》和《乡镇水上交通安全规范化建设指南》，开展了对口示范乡镇的业务指导，进一步规范了乡镇船舶安全管理。

二是安全责任进一步落实。开展了船主、船员安全责任意识培训教育。出版了《内河客渡船舶船员安全手册》并免费向各市、州发放。对各级政府水上交通安全管理职责全面梳理，研究明确县乡政府水上交通安全职责，结合《水条》宣贯推动县乡人民政府安全管理职责进一步落实。在全省航务海事系统开展《水条》暨安全知识竞赛活动，广泛宣传水上交通安全知识，扩大了影响，使船主船员、县乡政府、涉水部门进一步明确了各自在安全生产、安全管理和安全监督方面的责任。建立了各级涉水部门联席会议制度和隐患整改通报制度，各级航务海事机构协调涉水部门开展了水上交通安全专项检查，推动相关部门落实责任。全省航务海事系统全面落实自身责任，始终保持了水上交通安全的高压态势。

三是安全监管进一步强化。全省已建设安装渡口码头视频监控 545 处，基本覆盖载客 30 人以上客船和日均客流量 300 人以上渡口。广安市由政府安排专项资金，安装了 91 个船载视频监控。在省厅的支持下，为 10 个市州海事局和 80 个县海事处配置了安全监督车，有力改善了安全监督手段。同时还制定了码头视频监控系统值守管理制度，完成了省局和 8 个重点市的船舶“一卡通”工程建设。开展海事监管规范化建设。组织编制《四川省海事监管规范化建设指导意见》和规范化建设指南。加大重点时期水上安全监管巡查，在奥运和重大节假日等重点时段，全省航务海事系统强化了重点船舶、重点水域的安全监管。

四是预防预控进一步加强。深入开展“安全生产百日督查专项行动”、“防船舶碰撞防泄漏专项整治活动”、“救生衣行动”等专项行动，积极排查隐患。建立了重大隐患跟踪机制，按照“属地管理，分级负责”的原则排查和跟踪隐患，确保了隐患及时清除。县（市、区）全面巡查，市、州重点督查，厅航务局暗访抽查，实现了 “排查不留死角，整改不留隐患”。大力开展宣传教育。各地通过安全培训、张贴宣传画等形式，广泛开展宣传，营造了良好的水上交通安全氛围。深化“救生衣行动”。定制了 6 万件救生浮具，免费向全省客渡船发放，制定了《救生衣穿戴使用标准》，出台了四川省客渡船舶配备救生浮具标准。

地　址　四川省成都市武侯祠大街 180 号
邮　编　610041
电　话　（028）85525675
传　真　（028）85525493

（四川省局　易　翥）

【泸州市地方海事局】　2008 年，泸州市水上交通安全监督管理工作在各级政府和交通主管部门的领导下，通过认真落实责任，切实采取有力措施，紧紧依靠科技手段强化水上交通安全监管，完成了全年安全工作任务。全市全年辖区范围内未发生一起属考核范围的水上交通事故，事件件数和死亡人数均为零。

· *坚持不懈地抓好春运、汛期等重大季节性安全活动*　对春运期间可能出现客流高峰的渡口、码头进行预测，制定切实可行的应急预案，督促企业、经营业主安排好春运运力，共投入运力 4 274 艘次，防止客渡船超员和人员滞留港站。春运期间，全市共组织安全检查组 369 个，1 193 人次参加，检查船舶 1 747 艘，查处违法行为 12 起，经济处罚 12 900 元。汛期重点抓客渡运安全，严把船舶检查检验关，保证投入汛期营运的船舶适航；严把船员培训关，保证投入汛期营运的技术船员适任。汛期把重点强化现场安全监管，充分利用 GPS 和视频监控系统，在保证气象、水位等汛情信息及时传递到位的同时，强化对客渡运安全的动态监控；加大现场巡查力度，把早查范围扩大到全市 57 艘核定载客在 30 人以上的客渡运船舶。

·深入开展水上交通安全专项整治活动　一是积极推进救生衣行动向纵深发展，在确保客渡运船舶“两个 100%”落实到位的同时，加大了在非客渡船船舶推进救生衣行动的力度。二是结合开展“两防”回头看，开展了“隐患治理年”的活动，对全市水上交通安全存在的隐患进行了梳理和排查，限期整改了 6 起重大安全隐患，并书面对泰安长江大桥、赤水河大桥未设置通航标志和防撞设施的安全隐患向市交通局进行了报告，请求协助尽快解决。三是按照部、省有关安排，开展了水上交通反恐安保工作，加大了对水上交通安全薄弱环节和重点渡口、码头的巡查监控力度。四是深入开展了“安全生产月”活动，6 月 2 日、6 月 6 日，分别在城区宝来桥和白塔广场设立了宣传点，开展了声势浩大的安全宣传活动。在省、市关于开展安全生产百日督查专项行动的通知下达后，迅速制定方案和内容，对以上各项工作明确了督查内容和督查时间，目前督查工作正在进行当中。

·认真开展今冬明春防雾抗枯工作　一是在思想上提高对防雾抗枯工作重要性的认识，努力克服麻痹思想和厌战情绪，认真分析枯水期和雾季水上运输特点，采取有针对性的措施，加强了这一时期的水上交通安全监管。市局及各县区地方海事处的一把手均亲自抓，并制定了切实可行的方案，明确工作任务和目标，确保工作取得实效。二是针对进入枯水期和多雾期后，江河水浅、滩多、槽窄、水势流态较坏，易发生水上交通事故的特点，各县区地方海事处加强了对重点滩、槽、水域的监控，督促船舶认真参照长江航道部门公布的“长江干线航道维护水深”减载航行，防止触礁、搁浅、困边等事故的发生。三是市局 GPS 监控中心和各县区地方海事处加强了对气象和江面的观察和监视，一旦发现有浓雾要立即采取措施停航封渡，对冒雾航行的客渡船必须严格按照有关规定予以顶格处罚。四是各县区地方海事处督促企业和船主增添了相应的防滑设施，做好船舶冬季防滑工作，确保船员作业和乘客上下安全。

·从严查处各类违法行为　为加强对水上交通安全现场监督检查力度，实现对重点时段、重点水域、重点船舶的有效监管，市局及各县区地方海事处都加大了日常安全监督检查力度，据统计：今年 1 至 12 月份，全市共组织检查组 4 025 个，12 635 人次参加，检查各类船舶 10 262 艘次，查获各类违法行为为 326 起，经济处罚 457 799 元。

地　址　四川省泸州市新马路宝庆后街 26 号

邮　编　646000

电　话　（0830）2280168；13982488288

传　真　（0830）2291296

（泸州市局　朱盈盈）

【陕西省地方海事局(简称陕西省局)】 2008 年，陕西省地方海事局一是与各地市、局机关各科室签订了安全目标责任书，将水上安全监督管理责任分解落实到岗位、到具体监管人。二是深入开展渡口、渡船专项整治和“两防”活动回头看等专项治理活动。全省共上报事故隐患 162 项，整改完毕 144 项。全年组织安全检查近 100 次，检查各类船舶 9 000 余艘次，纠正违章 438 艘次，发海事建议函 72 份，有效将各类事故隐患消除在萌芽状态。全省第一艘集环境监测、海事巡航和应急搜救等功能于一体的大型海事巡逻艇“陕西海巡 01 号”在安康瀛湖库区正式入编首航，极大地提高了全省水上应急救助能力，提高了水路交通安全监管的能力和水平。三是积极行动、合理组织，以详尽的计划、得力的措施、高度的责任感和务实的工作作风，确保抗冰雪和抗地震灾害期间、北京奥运会和残奥会期间全省水路交通的安全畅通。为此，省局和安康市地方海事局被部海事局授予“全国海事系统奥运安保先进单位”光荣称号。四是《陕西省水路交通管理条例》的正式颁布实施。完善《陕西省水路交通行政执法责任制》、《陕西省水路交通行政执法监督检查实施办法》等一系列规章制度；在全省水路交通行业贯彻落实《交通行政执法忌语》和《交通行政执法禁令》，制定《2008 年全省水路交通行政执法检查工作实施方案》，加强了全系统行政执法监督能力。五是以“行政执法一面旗”为理念，结合

“加强基础管理年”和“海事规范管理年”活动的开展，从硬件、软件两个方面按照“八个一”的要求，重点建设了一批规范化海事处示范点。与此同时，认真开展安全生产隐患排查治理专项工作。通过开展专项行动，建立了隐患督查和追踪制度及隐患排查治理档案，完善隐患单位航运海事监管机关回访制度。加大排查和整改力度，积极探索航运安全生产管理的长效机制，为实现和谐航运和谐海事的目标而认真履责。

地　址　西安市药王洞 12 号
邮　编　710003
传　真　（029）87342305
电　话　（029）87340116

（陕西省局　刘冬冬）

【甘肃省地方海事局(简称甘肃省局)】 2008 年，甘肃省尽管受年初抗击冰冻雨雪天气和 5.12 汶川地震影响对水路运输量影响较大，但在抗击这两场特大自然灾害面前，甘肃省各级海事部门表现了强烈的政治敏锐性和责任感，反应迅速，行动坚决。陇南市地方海事局在地震面前主动接受当地政府调遣，强化水上安全监管，积极调遣船只，圆满完成了救灾部队运送和紧急物质集结的监管任务和灾后重建的水路运输保障任务。临夏州地方海事局在多年未见的冰冻雨雪天气面前，及时启动应急预案，严防死守，保障了库区水上交通安全。兰州市地方海事局为保障奥运火炬传递水上安保工作的顺利进行，不断完善演练预案，加班加点，取得了成效。几项重大活动中，全省海事职工把运输保障和安全保障作为重中之重，做到了措施到位、工作到位、责任到位、落实到位，证明了甘肃省水上应急体系、责任体系行之有效，充分展现了水运海事人团结奉献、敢打硬仗、能打硬仗的风采和风貌。

甘肃省局在抗震救灾期间，积极向交通部、部海事局和省厅汇报水路交通抗震救灾灾情及应对措施，并编制完成了《甘肃省水路交通灾后重建规划》，得到了部海事局、省厅以及山东、黑龙江、江苏、湖北等海事局的大力支持。部局紧急下达了救灾资金，省厅及时拨付了灾后重建资金，北方四局赠送了一批救灾物资和救灾款项，江苏、湖北等地方海事局为甘肃省开展了海事“献爱心”活动，有力地促进了全省水路交通抗震救灾工作的有序进行。

地　址　兰州市北滨河路 406 号
邮　编　730046
电　话　（0931）8363804

（甘肃省局　陈长春）

【重庆市地方海事局（简称重庆市局）】

·*开展趸船系泊设施安全评估工作*　2008 年 2 月 18 日至 22 日，重庆市地方海事（港航管理）局组织重庆交通大学以及重庆轮船（集团）公司、中山舰打捞公司等单位的专家，对嘉陵江主城辖区停泊趸船逐船进行了系泊设施设备安全检查评估。专家组针对每艘趸船所处的具体泊位条件、主要用途、使用现状等基本情况，通过核查证书资料、勘察泊位水域环境、实船检测系泊设施、现场与趸船负责人沟通交流等形式，对该航段 39 艘趸船系泊设施设备进行了检查和评估，对每艘趸船系泊设施设备的配备提出了参考标准，并针对存在的缺陷，提出了相应的整改措施和建议意见。市地方海事局根据专家组检查评估意见，督促相关单位和船舶于汛前完成各项缺陷和隐患的整改工作。该项评估工作模式对在全市深入开展水运行业安全隐患排查治理和“两防”专项活动有着重要的推广意义。

·*开展巡航检查活动*　6 月 26 日，重庆市局联合市交通行政执法总队，在嘉陵江辖段内组织开展了巡航检查活动。市地方海事局海事处、航道处、监控中心、市交通执法总队执法勤务处以及嘉陵江沿线各港航（海事）管理机构、水上执法大队参加了此次巡航检查活动。本次巡航检查活动采取主巡艇全线巡航和各辖段出动海巡艇开展辖区巡航相结合的方式进行。整个巡航活动历时 7 个小时、航程 96 公里，出动海巡艇 6 艘，参巡人员 50 余人，沿途发放安全手册、宣传资料 2 000 余份，为“安全生产月”活动和汛期水上交通安全工作营造了良好的氛围。

·*加强乌江片区海事监管*　7 月 10 日，重庆市局在彭水召开了乌江片区水上交通安全工作现场会暨片区海事管理联席会议。涪陵、武隆、彭水、黔江、酉阳、秀山等地地方海事机构分管领导及海事科长参加了会议，彭水县交通委员会领导应邀参加了会议。会上通报了上半年全市地方海事辖区内水上交通安全形势和海事管理工作开展情况，传达了7月2日市政府水上交通安全工作会议及刘学普副市长的重要讲话精神。市地方海事局张孟川副局长充分肯定了五年来乌江沿线地方海事辖区水上交通安全的做法和经验，深入分析了当前乌江水上交通安全工作面临的新机遇、新要求和新挑战，再次强调了今后五年水上交通安全工作目标和任务，并对当前和今后一个时期的海事管理工作进行了部署。

地　址　江北区红石路2号东和银都B塔
邮　编　400020
电　话　（023）89183586
传　真　（023）89183587

（重庆市局　阳　斌）

·体制改革·

【长江局加快推动培训中心机构改革】 2008年，为适应长江海事培训教育和党校教育工作职能拓展需要，进一步转变职能、理顺关系、调整结构、活化机制，加快培训中心多元化发展步伐。研究确定了长江海事局职工培训中心、长江船员考试中心的主要职责、机构设置、人员编制，并指导培训中心、考试中心进行了人事制度改革。

（长江局　靳学法）

【长江局合理调整海事处和办事处设置】 2008年5月，为进一步整合资源、节约成本，更好满足“153040”快速反应的要求，对重庆海事局5个办事处进行了调整。长江木洞巡航救助执法大队、长江郭家沱巡航救助执法大队、长江江北巡航救助执法大队、长江南纪门巡航救助执法大队分别更改为长江鱼嘴巡航救助执法大队、中华人民共和国朝天门海事处郭家沱办事处、长江江北嘴巡航救助执法大队、中华人民共和国朝天门海事处九龙坡办事处，长江新田巡航救助执法大队暂停运行，其业务并入武陵、龙宝巡航救助执法大队。为进一步加强辖区水上交通安全管理，提升海事监管能力，提高海事服务水平，经交通运输部办公厅批复，重庆江津海事处行政级别由副处级调整为正处级、芜湖裕溪口海事处行政级别由正科级调整为副处级。

（长江局　靳学法）

【长江局进一步完善海事业务机构设置】 2008年，根据长江海事业务发展的要求，为加强长江危化品运输安全管理，原与长江海事局船舶监督处合并办公的危管防污处，自2008年11月起开始独立运行。在长江海事全线加强了危管防污组织机构建设，各分支局增设监管二处，其中重庆、宜昌、武汉海事局监管二处单设，其它各局与监管一处合署办公。为贯彻落实交通运输部海事局《进一步加强安全质量管理体系审核工作的通知》精神，结合长江片区体系审核工作实际，正式组建了“交通安全质量管理体系审核中心长江审核业务部”，与长江海事局船舶监督处一门两牌，合并运行。

（长江局　靳学法）

【长江局积极推进引航站点机构改革】 2008年，长江海事局一是为适应沿江地区港口经济的高速发展，进一步完善引航服务的保障体系，满足引航市场扩展后的引航站管理服务工作，在调研的基础上，规范了长江引航中心处级引航站内设机构设置。二是为打造长江引航的优质服务品牌，更好地为长江航运提供安全、便捷、高效的引航服务，根据交通部《船舶引航管理规定》有关引航机构设置原则的规定，向长航局上报了《关于设置泰州等三个引航站的请示》。

（长江局　靳学法）

【长江局举行机关职务等级标识授予仪式】 2008年12月31日，局在机关二楼会议室隆重举行了机关及直属机构海事职务等级标识授予仪式。授予仪式由熊学斌副局长主持，局领导班子成员、老同志代表、局机关及直属机构工作人员参加了授予仪式。会上，朱汝明副局长宣读了授予监督长的决定，闻新祥副书记宣读授予监督官以下职务等级的决定，局领导为监督长及中层干部代表54人颁发了海事职务等级证书，被受衔人员进行了集体宣誓，被受衔人员代表进行了表态发言。

（长江局　人事处）

【长江通信管理局体制改革第一阶段工作顺利完成】 2008年，根据交通运输部《关于印发深化长江通信管理体制改革方案的通知》[交人劳发（2008）485号]文件的要求，长江海事局高度重视，迅速组建了工作专班，制定了分三个阶段实施的方案并组织实施。12 月 29 日，随着新组建的长江海事局信息中心揭牌，标志着第一阶段改革工作全面完成。

12 月 21 日，长江海事局在岳阳召开了深化长江通信管理体制改革实施动员大会，深化长江通信管理体制改革工作全面启动。12 月 22 日，长江海事局调整了服务中心职能，将现信息中心人员成建制划入服务中心，并宣布了组建局通信信息处。12 月 23 日至 28 日，重庆、宜昌、武汉、芜湖海事局分别召开深化通信改革实施动员会，与相应的分支通信管理局实行“一门两牌”管理，标志着长江通信管理体制改革工作全面展开。12 月 29 日，局新组建的信息中心正式揭牌，原长江通信管理局机关及其直属机构人员成建制划入长江海事局信息中心。至此，深化长江通信管理体制改革第一阶段实施长江海事局与长江通信管理局机关机构调整，同时调整各分支通信管理局关系的工作提前全部圆满完成。2009 年 1 月 1 日零时起相关单位和部门将按改革后新的管理关系履行管理责任和任务。

（长江局　程 杰）

【岳阳局积极推进海事、通信融合试点工作】　2008 年，岳阳海事局积极按照长江海事局统一部署，开展了监利海事、通信合署试点工作，2008 年 11 月 13 日，在监利召开了合署试点工作会议，会上成立了合署工作领导小组，明确了工作原则和工作目标，提出了工作要求，并根据会议精神，制定了监利海事、通信合署试点工作方案，监利海事处与长江监利通信管理处合署试点工作已于 11 月 13 日正式合署办公，海事、通信整合资源、合署工作稳步推进。

（长江局　靳学法）

【长江武汉段深化通信改革工作启动】　2008 年 12 月 27 日，长江武汉段深化通信改革动员大会在武汉海事局机关举行，长江局李玉华副局长及武汉海事局、武汉通信局领导班子成员、各派出机构党政主要领导及机关各部门负责人参加了会议。会议传达了交通运输部《关于印发深化长江通信管理体制改革方案的通知》（交人劳发[2008]485 号）精神及武汉局深化通信管理体制改革方案，并对“三个确保”工作进行了部署。会议的召开，标志着长江武汉段深化通信改革工作正式启动。

（武汉局　王宏萍）

【芜湖局推进海事通信融合试点】　2008 年，芜湖局制定并初步实施海事通信 1+6 融合工作方案，开展打击非法采砂、航养费稽查、无线电通信秩序整治等专项活动，完成联合巡航 14 412 次，检查船员证件 23 934 次，船舶消防 6 190 次，航道、航标 16 693 次，船舶电台进网证 1 612 本，船舶营运证 1 181 本。马鞍山海事与通信两处融合试点有序推进，通信统一执法、探索有声巡航、开通海事服务网、办公楼合建工程均取得实效。

（芜湖局　王 强）

·安全管理·

【长江局安全监管再创佳绩】　2008 年，长江海事局辖区共发生事故及险情 346 件，其中一般及以上事故 46 件，死亡失踪 45 人，沉船 38 艘，直接经济损失 2 763.2 万元。辖区安全状况综合评估指数为 87，未发生一次死亡 10 人及以上事故、船舶重大污染事故和 4 小时以上阻航事件。死亡人数为历史最低。

（长江局　高运祥）

【长江局规范海事现场监管】　2008 年，长江局全面加强多元化现场监管。严格执行《长江海事局巡航工作规范》，强化有效巡航、有声巡航、高峰巡航；全面实施《长江海事局船舶交通管理系统运行管理规定》，加强对 GPS、VTS、CCTV 等现代化监管设备的运行管理，充分发挥现代监管设备的功能和作用。全年巡航里程 187 万公里；完成水工作业项目管理 969 件，维护了良好的通航环境。

（长江局　高运祥）

【长江局全面推进航路改革工作】　2008 年，长江局对长江中游、下游分道航行规则、安徽段船舶定线制进行了修订完善，共撤除横驶区 5 个、增设横驶区 3 个、调整横驶区 8 个、调整单向通航航段 9 个、调整停泊区 2 处、撤除临时停泊区 1

处、增设临时停泊区 7 处；制定出台了《长江三峡大坝－葛洲坝水域船舶分道航行规则》，并进行了广泛宣贯，2009 年 1 月 1 日起全面实施。

（长江局　高运祥）

【长江局加强重点时段安全管理】 2008 年，长江局切实抓好 “七节” 期间安全管理工作。2008 年起新的休假制度开始实行，我局早准备、早部署，通过强化监管、细化服务，有效的保障了春节、元旦、清明、五一、端午、国庆、中秋等节假日的水上交通安全和人民群众安全便捷出行。尤其是春节期间，我国南方大部分地区出现罕见雨雪、冰冻极端天气，公路、铁路、航空运输严重受阻，长江水上旅客运输和煤电油运面临较大压力。我局积极实施五项措施，保障了群众安全出行；提供“三优”服务，畅通了煤电油运“绿色通道”。春运期间，全线共安全运送旅客和过江群众 860.1 万人次，通过“绿色通道”共为运输煤、油、鲜活农产品等重要物质的船舶办理优先签证 6246 艘次，累计 617.16 万吨。未发生一起客（渡）船和煤电油运船舶事故，未发生一起阻航断航事件。二是通过开展“汛期百日安全活动”和严格实施“五个一律”措施，扎实做好了防汛及奥运安保工作；通过开展“三防一禁”专项活动，积极对重点浅区实际水深实施动态跟踪、对通过浅区船舶吃水实施分段控制，有效的保障了 2008－2009 届枯水期干线安全、畅通、有序。

（长江局　高运祥）

【长江局积极开展安全隐患大排查活动】 2008 年 3 月，长江海事局抽调精干人员组成专班，对辖区 728 处渡口，698 艘渡船进行了全面深入的安全隐患大排查。对排查中发现的问题，及时行文向重庆、湖北、湖南、江西、安徽等沿江五省（市）政府进行了专题报告，并督促有关责任部门、人员积极进行了整改。

（长江局　高运祥）

【长江局加强三峡库区水上安全管理】 2008 年，长江局积极应对三峡试验性蓄水。制定下发《长江海事局三峡水库 175 米蓄水期水上安全管理工作预案》及通航保障工作计划，及时对外发布安全信息和航行通告，组织开展三峡库区跨河建筑物高度和船舶高度超过 17 米的情况调查摸底工作，对外发布《关于控制三峡库区航行船舶水线上高度的通告》，并加强核查，保障了库区跨河建筑物的安全。

三峡库区蓄水以来，库区地震、滑坡等地质灾害发生频繁。针对这一情况，先后下发了《关于加强三峡库区滑坡体地质灾害水上应急处置工作的通知》和《关于做好三峡水库适当降低运行水位期间通航管理工作的通知》等文件，要求全线高度重视、提前部署、细化预案、强化演练、加强联系、协同合作，做到及时预警、及时应对、及时报告。同时，通过加强与地方政府、地质灾害部门的联系，随时掌握滑坡体动态，要求地方政府必要时在滑坡附近设置警告牌；通知航道部门适时调整航标，在滑坡体上下设立警戒标志，提醒船舶远离危险水域航行；加强对滑坡区段的巡航检查，对过往船舶进行维护宣传，及时向过往船舶提供滑坡信息；加强应急值班，按照《三峡库区山体滑坡水上安全预警及应急处置实施方案》及时进行险情处置；组织开展滑坡水上交通应急演练等一系列安全管理措施，有效防止了事故险情的发生，确保滑坡体附近水域水上安全。

（长江局　高运祥）

【长江局行政执法规范有序】 2008 年，长江局紧紧围绕“四化三步走”发展战略，以持续推进海事管理体系有效运行为主线，以开展“行政执法一面旗”建设为重点，以继续深入开展“规范管理年”活动为载体，深化长航系统联合执法，进一步规范海事执法行为，强化执法监督，稳步推进执法规范化建设。一是有序开展“行政执法一面旗”建设。印发实施《长江海事局开展行政执法一面旗建设方案》和《2008 年长江海事局“规范管理年”活动方案》。二是持续推进海事管理体系有效运行。加强海事管理体系运行监控，修改完善海事管理体系。其中局机关海事管理体系升级为 3.1 版，新版体系程序文件 36 个，须知文件 116 个。并编印《长江海事管理工作规范》。三是稳步推进联合执法机制。按照三个机制和七项制度的要求深入开展联合执法工作，全年共检查航道航标 234 962 次，检查船舶营运证 129 037 次，检查船舶通信证照 216 824 次，交通规费稽查 146 639 次；向有关部门通报情况 5 360 次。集中受理业务 682 275 件（其中海事部门共受理业务 675 976 件；航道部门受理 27 件；公安部门受理业务 1 件；通信部门受理业务 6 271 件）。有针对性地开展联合执法专题调研和联合执法交叉检查。编印发放《长江海事局联合执法工作手册》2 500 本。编发联合执法动态 3 期，编写动态 24 则。四是进一步规范海事行政处罚行为。组织开展海事行政处罚案例评比。每月通过“网上长江海事”系统对全线海事行政处罚实施情况进行了抽查。开展海事法制管理系统软件操作培训和试用工作。全年共查处海事行政违法案件 7 682 件，与上年同期相比下降 5.7%。其中给予罚款处罚 7 341 件，警告处罚 225 件，扣留和吊销船员适任证书分别为 111 本和 5 本。五是加强法规管理。印发了《关于实施长江海事服务船民、帮扶企业八条措施》等 18 个海事管理规范性文件和《长江海事局政风突发事件应急处置办法》等若干内部管理规范性文件。开展了《中华人民共和国防治船舶污染内河水域环境管理规定》实施情况评估工作。强化了普法工作。认真组织开展 “12.4”法制宣传日宣传活动，组织举办了一期全线行政复议和行政诉讼应诉研讨班。六是加强海事业务印章管理。按照部局《关于实施<中华人民共和国船舶签证管理规则>有关事项的通知》要求，组织统一刻制了 836 枚新的船舶签证印章。加强了对废旧海事业务印章管理。

（长江局　王 晶）

【长江局全面落实“116”长效管理机制】 2008 年，长江局渡船管理以“渡船航行规范年”活动为主线，通过不断深化客渡船日常监管，积极推进渡船“四化”建设，持续实施渡船“三免一送”帮扶措施，扎实开展渡口渡船安全隐患大排查、渡船航行纠违集中整治以及渡船安全周等活动，有效的规范了辖区渡船航行行为，提升了我局渡运安全基础和监管水平，有力的保障了沿江 4 445 万人次、456 万车次的渡运安全和辖区安全形势的持续稳定。

（长江局　高运祥）

【长江局积极开展第二届渡船安全周活动】

2008 年 11 月 6 日至 12 日，长江局在全线组织开展了以“平安渡运，人人有责”为主题的第二届“长江渡船安全周”活动。通过扎实开展跟船生活体验、送安全文化“到乡镇、进校园”等“六个一”专题活动，有效的营造了“人人关注渡运安全”的社会氛围，有力的提升了社会公众的安全渡运意识和我局渡船安全监管水平，活动达到了预期目的。活动期间，全线共出动执法人员 5 766 人次，开展跟船工作、生活、检查 1 392 艘次，发放宣传材料 18 883 份，悬挂、张贴横幅（标语）1 290 幅，开展送安全文化“到乡镇、进校园”活动 40 次，走访当地政府及相关部门 167 次，专题通报近 200 份，召开渡船航行规范交流座谈会 69 次，组织各类演练、演习活动 42 次。

（长江局　高运祥）

【长江局积极开展渡船“四化”建设】 2008 年，长江局积极依靠政府，推动辖区渡船船型标准化、渡船管理公司化、渡口渡线合理优化和渡船监管科学化建设，逐步改善渡口渡船“三差两难”问题，提升渡运安全基础。全年全线新成立渡船公司 7 家（目前渡船公司共计 104 家，公司化管理渡船 263 艘，7 家渡船公司建立安全管理体系，纳入体系管理渡船 76 艘）；实施渡船改造 40 艘（累计改造渡船 349 艘）；优化渡运线路 19 条（累计优化 178 条）；新建渡船 GPS 11 台（累计 420 台），辖区渡船管理“四化”进程稳步推进，有新进展。

（长江局　高运祥）

【长江局继续开展“三免一送”活动】 2008 年，长江局继续开展“免费培训渡船船员，免费发放安全宣传资料，免征船舶港务费，送安全知识和必要的救生消防设施”活动。全年免费培训渡船船员 1 514 期，计 14 254 人次，免费发放安全宣传资料 45 694 份，设立渡口安全警示牌 160 块，捐赠 GPS 11 台，发放渡船通讯补贴 10 万元，投入渡船帮扶工作资金 61.8 万元。

（长江局　高运祥）

【长江局积极开展专项活动】 2008 年，长江局组织开展了“三防一禁”、“安全生产月”、“两防”活动回头看和隐患治理年等活动。同时结合辖区实际，在全线以重点船舶、重点码头设施的隐患排查和整改为工作重点，开展了渡口渡船安全隐患大排查、砂石船舶隐患治理等专项活动。通过强化领导，细化措施，深化落实，有力地确保了活动实效，有效的消除了安全隐患，严厉打击了违法行为，进一步优化了辖区通航环境，改善了通航秩序，稳定了安全形势。同时，积极对各类专项活动进行总结，提炼，探索和建立了安全隐患排查长效管理机制，制定了《长江海事局水上交通安全隐患排查治理管理办法》。

（长江局　高运祥）

【长江局加强安全预警及信息服务】 2008 年，长江局有效实施《长江海事局水上交通安全预警制度》，强化预警信息的采集和分析，规范安全预警信息的发布，增强预防预警的时效性和针对性。一年来，共实施各类安全预警 185 起，有效应对了 2008 年初长江干线近 50 年来历史最低枯水位和南方大部分地区罕见的持续大范围低温、雨雪、冰冻天气，有力确保了辖区安全形势持续稳定和人民生命财产安全。

（长江局　高运祥）

【2008 年船舶监督管理基本数据】 2008 年，船舶航次签证 65.8 万艘次，同比增长 0.8%；船舶进出港 260.2 万艘次，同比增长 0.5%；货运吞吐量 3.3 亿吨，同比增长 0.5%；集装箱吞吐量 129.3 万 TEU，同比增长 12.6%。办理各类船舶登记 10 715 艘次，同比增长 2.5%。检查内河船舶 22 642 艘次，滞留 318 艘次；检查海船 798 艘次，滞留 6 艘次；PSC 检查 35 艘次。公司审核 165 次、船舶审核 400 次，签发有关证书 1 753 份。

（长江局　葛四国）

【《内河船舶安检指南》经审定、修改下发】 2008 年 4 月 10 日至 12 日，在武汉组织召开了《内河船舶安检指南》审定会，会议对安检指南提出了进一步的修改建议，会后按照专家意见对安检指南做了修改统搞，六月底正式下发使用。《内河船舶安全检查指南》的下发，对长江海事局基层安全检查工作产生重要指导作用，也对打造安检精品工程具有重大意义。

（长江局　葛四国）

【长江局全面实施船舶进港报港制】 2008 年 12 月 1 日，长江局在全线实施了船舶进港报告制。为使船舶进港报告制顺利实施，局印发了《长江海事局船舶进港报告制实施指导意见》，开发了报告制软件，举办了船舶报港制推进会和软件操作培训班。船舶进港报告制的实施，规范了船舶进港报告行为，掌握了船舶进港动态，有利于加强对重点船舶的有效监管，有利于维护港区通航秩序，更好地服务管理相对人。

（长江局　葛四国）

【长江局开展三峡库区客船、滚装船安全隐患专项整治活动】 2008 年 6 月 10 日至 7 月 31 日，为营造和谐社会环境，确保三峡库区水上交通安全形势稳定，防止重特大水上交通事故发生，长江局开展了三峡库区客船、滚装船安全隐患专项整治活动。对活动中发现安全管理体系运行有严重问题的宜昌招商旅游船有限公司实施了附加审核，根据附加审核情况判定宜昌招商旅游船有限公司安全管理体系在岸基未有效运行，收回了公司及所属船舶持有的 DOC 及 SMC 证书。

（长江局　葛四国）

【《航运公司安全管理体系监督检查办法》出台】

2008 年 6 月 25 日，长江海事局印发了《航运公司安全管理体系监督检查办法》。该办法的颁布，对加强航运公司安全管理，促进公司持续有效运行安全管理体系，不断提高安全管理体系运行质量将起到重要作用。

（长江局　葛四国）

【长江局抗震救灾工作成效显著】 2008 年 5 月 12 日，四川汶川县发生 8.0 级地震后，长江局对抗震救灾船舶开辟绿色通道，实行优先签证、优先通过、优先引航的“三优先”措施；对救灾车辆（汽油车）乘滚装船到四川灾区，制订严格的安全保障措施，确保其安全、及时运抵灾区。截止 6 月底，我局优先安排签证 320 艘次，全程维护 700 余艘次，免征船舶港务费 75 472 元，维护抗震救灾船舶货运量 90 余万吨，车辆 2 123 辆。同时，考虑到部分船员在办理船舶签证时表达了希望通过海事机构向灾区人民捐款的强烈愿望，为传递广大船员对灾区人民的关切之情，协助其及时将爱心捐款送达灾区，我局于 2008 年 5 月 20 日下发了《关于协助船员向四川地震灾区捐款的通知》，接受船舶单位或船员的自愿捐款达 14 万余元。

（长江局　葛四国）

【长江局奥运安保任务出色完成】 长江局举全局之力，扎实开展过闸船舶开航前检查和过闸检查，确保了奥运工作的胜利完成，实现了长江平安奥运。2008 年 8 月 1 日至 9 月 21 日的 52 天时间里，长江局共出动执法人员 6 370 人次，船艇 865 艘次，车辆 443 车次，对 8 023 艘船舶实施了过闸安保检查，滞留船舶 132 艘次；对 5 361 艘驶往船闸的船舶实施开航前检查，滞留 21 艘；对 8 艘从我局辖区出发直接驶往青岛的船舶按要求进行了现场签证和开航前检查，救助遇险人员 560 人，救助船舶 39 艘。保障 40.1 万人次中外旅客平平安安游三峡，750 万人次旅客平安渡运，国家重点安保目标安全无事故。与去年同期相比，长江干线水上一般以上事故数下降 55%、死亡失踪人数下降 83%、沉船艘数下降 71%、直接经济损失下降 62%，安全形势明显好转，长江海事人以优异的表现为奥运安保交上了一份出色的答卷。通过开展奥运安保工作，全面了解了辖区船舶安全技术状况和薄弱环节，为下一步有针对性的强化监管手段、制定监管措施积累了经验，提供了依据。通过开展奥运安保工作，检验了队伍，展现了良好的海事工作精神风貌，充分体现了长江海事是一支特别能吃苦、能战斗、有韧性的队伍。

（长江局　葛四国）

【实施便民利民措施，积极应对金融危机】 金融危机波及全球经济，长江航运企业受到不利影响。长江海事局秉承“执法为民，服务社会”的宗旨，努力实践“三个服务”，为支持和帮助辖区航运企业共度时艰，局制订了八条便民、帮扶措施，并于 2008 年 11 月 25 日对外公布。

（长江局　葛四国）

【长江水系海事机构联席会议秘书处第二次会议召开】 2008 年 10 月 15 日，长江水系区域海事机构联席会议秘书处第二次会议在武汉召开。来自河南、云南、四川、贵州、重庆、湖南、湖北、安徽、江西、上海等地方海事机构以及长江海事局联席会议秘书处成员和代表共 30 人参加了会议。会议由长江海事局朱汝明副局长主持，长江海事局袁宗祥局长出席会议，贵州省地方海事局乔晓贤副局长、湖北省地方海事局王宪龙副局长、上海市地方海事局韩兵权副局长也出席秘书处会议。

会上，长江海事局通报了 2007—2008 年枯水期长江干线船舶搁浅事故险情情况以及奥运安保期间长江过闸船舶配员不足等违法行为情况。会议围绕长江枯水期防止船舶搁浅阻航断航事件发生，加强信息沟通形成日常协作机制，改善船舶配员状况，以及及时通报违法船舶、事故船舶信息等议题，进行了广泛而深入的探讨。

经协商，达成如下意见：

一、建立日常信息沟通机制。在长江海事局外网开设长江水系区域九省二市海事机构联席会议专栏，供成员单位互通安全管理工作信息。同时，开展长江海事局与湖北省地方海事机构内网联通的试点工作，逐步实现成员单位间的安全监管信息共享。

二、河南、湖北、重庆、安徽四省海事机构在 2008 年 12 月底前开展船舶水下有特殊装置的登记造册工作，由武汉船检管理处负责收集、汇总，通报给各成员单位，便于长江枯水期签证时控制船舶吃水。

三、根据工作实际需要，沿江相临成员单位的分支机构可参照长江水系区域九省二市海事机构联席会议模式，建立海事机构联席会议制度。

四、成员单位对船舶发生事故和肇事逃逸等严重违法行为，及时通报船籍港海事机构及其省级海事机构。

五、对于船舶补发证书的问题，成员单位之间应及时通报，以便及时核实补发证书情况是否属实。

六、在 2008 年底以前，各成员单位提供其一年以来的安全管理工作情况，由秘书处形成一期工作简报。

七、在 2008 年底以前，各成员单位提供省级机构 24 小时值班电话和沿江海事分支机构的联系电话，由秘书处汇总后，通报给各成员单位，便于工作联系。

八、制定防止船舶阻航断航事件联动协作预案，供各成员单位开展具体应急协作。

九、将开展水上安全管理“4R”（即风险源管理、安全规范管理、责任管理、信息服务）研究和开展渡船船型标准化研究及推进列入2009年联席会议议题。

（长江局　葛四国）

【芜湖局安全检查延伸拓展】 2008年，芜湖海事局PSC（港口国）检查25艘次，船舶安全检查2 585艘次，完成指标125%和124%；完成公司审核25家，船舶审核75艘。创新行政合同管理，诚信船舶实行安检委托制，船舶缺陷率和违章率大幅下降，收到安全效益和社会效益双丰收。铜陵海事处“五小”船舶试点取得新突破，通过诚信、一般和较差的分类可控监管，积极推行小型危险品船进港报港制、电子公示制和停泊划区制。

（芜湖局　王　强）

【芜湖局不断加强行政执法】 2008年，芜湖局共实施处罚762件，其中进江海船为48件，内河船舶714件；实施当场处罚程序为305件，一般程序为457件，暂扣船员适任证书2件，吊销船员证书2件。与去年同期相比，处罚件数下降了44.78%，处罚金额上升了0.08%。从查处的违法案件看，存在“两突出一明显”的特点：一是未按规定航路、航速或航行规则航行、显示号灯等违法行为仍然突出，占案件总数的37.5%。二是船舶未按规定办理进出港签证的行为占案件总数的18.12%。三是未按规定配备合格、足额技术船员的行为占案件总数的15.31%。

（芜湖局　王　强）

【芜湖局水上高速路持续显效】 2008年，芜湖局以“三大三小”为重点，扎实开展安全隐患“四排查”，圆满完成奥运安保各项任务。组织打击船舶淌航等违法行为762件，船舶违章率下降了44.08%。形成并实施15个执法大队“1+5”现场监管规律管理。划定6处临时停泊区并颁布芜湖、马鞍山、铜陵三个港区通航管理和防止污染管理规定，规范了船舶航行、停泊、作业行为，优化了辖区通航环境。

（芜湖局　王　强）

【芜湖局大力开展平安放心渡活动】 2008年，为辖区在航的51艘渡船编印了《一渡一指南》，应对恶劣天气实施禁航78次。积极推动渡船“三化”进程，督促相关部门投入更新改造资金100多万元，更新渡船7艘。落实“三免一送”，培训渡船船员4 295人次。开展渡船专项整治和隐患大排查，检查渡船6 024艘次。辖区安全渡运旅客约556万人次，车辆129万台次，实现了无事故、无险情、无伤亡的“三无”目标。

（芜湖局　王　强）

【芜湖局巡航救助再创佳绩】 2008年，芜湖局健全巡救一体化机制，协调成立了巢湖市长江水上搜救中心，编制了应急处置方案，水上应急救助指挥系统实现了行政区划的无缝对接。拓展安全预警信息覆盖面，发布安全预警26次，短信安全信息115批。强化海巡艇夜间巡航、错时巡航和全辖段巡航，全年巡航8 285次，完成巡航任务11 242次，海事执法车巡查3 843次。全年遇险人数1 320人，获救人数1 312人，人命救助成功率99.4%。

（芜湖局　王　强）

【安庆局“行政执法一面旗”工作有效开展】

安庆海事局于2008年制定了“行政执法一面旗”建设方案，成立了相应的组织，细化明确了当年应该完成的工作；在按照方案推行工作的同时，选取了港区海事处作为试点单位，以其积累的工作经验为基础，逐渐向其他海事处扩展。同时，还抽调法规理论功底较扎实的同志，参加了长江海事局“行政执法自由裁量权”的课题研究工作，充分汲取了其他单位的工作经验，为我局扎实开展“行政执法一面旗”建设奠定了基础。

（安庆局　刘　锋）

【安庆局行政执法能力日趋规范】 2008年以来，安庆海事局辖区共查处海事行政违法案件224件，其中一般程序案件120件，简易程序案件104件；实施罚款处罚210件，罚款金额44.24万元；实施暂扣证书处罚14件，暂扣船员职务适任证书14本。为保证行政处罚程序合法、裁量准确，在日常执法督察中，执法文书的制作始终是作为督察的重点，通过专项督察和日常抽查相结合的方式，对所有的行政处罚案件进行了全面的检查。并专门派出人员到各个海事处去现场讲解“网上长江海事”中的“行政处罚”模块的操作问题，取得了较好的效果。

（安庆局　刘　锋）

【安庆局海事法制宣传工作日益加强】 为加强对外海事法规宣传，让社会广泛了解海事，安庆海事局2008年编印了《海事法规宣传》手册两期。手册收录了船公司当前亟待了解的船舶和船员方面的法规和政策16件，并以“船员问答”的形式，将我局的相关工作对外进行了宣传。这批手册通过政务中心和受理窗口，发放到辖区内的船公司及相关单位，并同时在局内、外网中发布，起到良好的社会效果。

（安庆局　刘　锋）

【安庆局船艇管理实行“5S”】 2008年，安庆局在推进“711”管理机制的基础上，积极推进“5S”管理，制定实施方案、举办工作培训、开展管理试点、实施目标推进，初步建立了“051030”的管理机制，全局船艇完好率100％，可用率94.87％，修船计划完成率100％，船艇一级达标率41.67％，未发生一般及以上责任事故，船艇的管用养修水平明显提高。

（安庆局　汪建安）

【安庆局业务课题研究取得突破】 2008年，为推进海事业务管理工作的不断改革和创新，切实解决海事业务管理过程中的实际问题，在长江局的指导下，开展了针对客渡船“四化”安全管理的课题研究。通过课题组成员的认真调查，获取了辖区客渡船管理现状的大量翔实数据。在此基础上，课题组成员开展了细致的研究工作，并进行了可行性论证，推荐了适合我局辖区渡船公司化管理的4种模式；针对渡运距离的长短和客流量的大小，选取了3种渡船船型方案；对辖区现有的渡线进行优化，将41条渡运航线调整为26条；将“116长效机制”与辖区渡运实际情况相结合，提出了“抓住一个主线、依靠二个平台、实施三重保障、做好四项服务”渡船安全监管措施。

（安庆局　刘　锋）

【长江安徽段枯水期船公司安全管理座谈会召开】 2008年11月4日，针对辖区水上事故险情五项指标4升1降的恶劣情况和碰撞事故、夜间事故、单方事故和地方运砂船事故多发的特点，在安庆召开长江安徽段枯水期船公司安全管理座谈会，安庆海事局、芜湖海事局、芜湖引航站，芜湖、安庆长江航道管理处、辖区主要航运公司等单位达成了进一步加强联手作好枯水期水上安全管理工作，扩大信息发布渠道，共同打造八百里皖江一帆风顺。提出要实现“三个确保”应做到“四个强化”，即强化航路规范，加强下游安徽段定线制和分道规则的宣传，打击错走航路和穿越锚地等违法行为；强化重点船舶管理，作好客渡船、大型船舶、超吃水船舶和危险品船舶管理；强化停泊秩序管理，对港口、锚地停泊秩序进行整顿、规范；强化现场监管，利用VTS、CCTV、GPS监控和海巡艇巡航打击超载运输和违章冒险航行行为。同时，固化“两个制度”，即建立枯水期安全信息定期通报制度和疑难总是研究评估制度，切实为船舶服务，把恶劣天气向船公司发提示短信的经验扩大到向船长发手机短信，使船舶第一时间了解安全信息及时采取相应安全措施，减少事故险情发生。

（安庆局　监管处）

【安庆局全面完成奥运安保和抗震救灾工作】 2008年奥运会举办期间，为落实各级各部门关于奥运安保文件要求，安庆海事局制定了奥运安保应急预案，采取加强安检、签证等执法手段，保障了奥运前后期间辖区水上交通安全形势稳定，圆满完成了奥运安保工作。5月12日四川汶川发生地震，为响应国家“抗震救灾必须举全国之力”的号召，根据上级安排部署，在切实做好自身职责的同时，我局为通过长江干线水路运向四川灾区的救灾物质保驾护航并提供可能的服务，积极组织职工向灾区捐款献爱心，圆满完成了抗震救灾工作。

（安庆局　汪建安）

【安庆局信息服务系统初步建立】 2008年，安庆局制定了《安庆海事局安全信息发布管理办法》，在局内外网站开辟了安全信息公告专栏，并依托局外网建立信息群发系统，健全了通信资料数据库；与芜湖海事局、安庆航道处建立了信息定期联系与通报制度，同安庆气象局签订了气象合作协议，提高了对大风、大雾、雷暴等恶劣天气预警的及时性；在港口作业密集区和大型水上服务区设立水上交通安全知识宣传站。全年发布各类航行通（警）告 21 期，为广大船员提供安全信息 27 996 条，实施 3 类安全预警 17 次、215 天，多渠道、多种类的安全信息服务系统初步建立。

（安庆局）

【九江局强化渡船管理】 2008 年，九江局通过不断探索渡船安全监管规律，建立了以渡船专管人员为主导，现场监管人员为主体的专管、监管、看管相结合的渡船管理机制，渡船管理得到了明显改善。辖区客渡船自觉做到“设备正常不失控，航行过江不抢头，恶劣天气不开航”，辖区渡船航行行为得到了明显的规范。2008 年，通过全局执法人员认真贯彻落实渡口渡船“116”机制，探索渡船管理新思路，牢牢牵住了客渡船牛鼻子，确保了 314 万人次、25 万台次车辆的渡运安全，实现了辖区渡船零险情、零事故、零死亡。

（九江局　熊仁和）

【九江局加强三船管理】 2008 年，九江局以船公司管理体系运行过程监控作为重点，实施船公司诚信差异化管理，全年审核船公司 8 家，审核船舶 21 艘次。以打造“精品工程”为重点，增强安检员队伍素质，提高安检质量，规范安检工作。全年安检内河船舶 1 827 艘次，船舶滞留率 3.2%；安检海船 40 艘次，船舶滞留率 2.5%。以实施船舶报告监督检查制度为重点，逐步提高船舶报港率，全年船舶航次签证 44 592 艘次，船舶报港率达 85%。以运行船员考评发质量体系为核心，进一步规范船员管理工作，全年举办各类船员培训 10 期，培训船员 245 人次；组织两期内河船员统考，139 人次参加；核发各类船员证书 344 本；实施船员违法记分 2 381 分。2008 年共办理船舶登记 528 件，与去年同期相比增长 89.2%，其中船舶所有权登记 161 件，国籍登记 177 件（含临时国籍登记 16 件），抵押登记 17 件，光船租赁登记 16 件，注销登记 157 件，船舶 IC 卡发放 117 张。

（九江局　熊仁和）

【九江局圆满完成水上超大件运输安全维护】 武汉天兴洲大桥钢桁梁“超大件”水上运输安全维护是九江局 2008 年重点工作之一，钢桁梁单件重量达 650 吨，水路运输风险大。我局及时组织召开了超大件运输安全专题会议，根据大件运输特点形成了五项措施及“六个不准”决策，克服了枯水、洪水、台风、强雷暴雨以及奥运安保期间等困难，全面完成了 52 批次天兴洲大桥钢桁梁的水上运输安全维护。

1 月 1 日，九江海事局顺利完成了九江港有史以来最大单件水上吊装和起运的全程维护任务。中铁大桥局集团第七工程有限公司（九江）在其新建成的起吊能力达 800 吨的大型门吊上，将该公司生产的一重达 650 吨、外形尺寸为 32.4 米×15.2 米×17 米的大桥钢质构件吊装到承运船“渝多 801 号”轮上，前往目的港武汉，用于兴建武汉天兴洲长江大桥。

（九江局　熊仁和）

【九江局积极参加联合打击非法采砂活动】 2008 年 10 月 20 日，“联合打击长江干流鄂赣皖省际交界水域违法采砂”专项整治活动启动仪式在九江举行，标志着“联合打击长江干流鄂赣皖省际交界水域违法采砂”专项整治活动拉开了序幕。长江委刘淳副主任、长江航务管理局金义华局长、长江海事局朱汝民副局长以及长江航道局、长航公安局、湖北、江西、安徽省水利厅等部门负责人参加了启动仪式。

10 月 20 日至 11 月 12 日，九江局根据长江航务管理局《关于做好“联合打击长江干流鄂赣皖省际交界水域违法采砂”专项整治活动有关工作的通知》精神，全面整治辖区内非法采砂碍航现象。活动期间共投入海事执法人员 1 102 人次，海巡艇航时 1 295 小时，宣传、检查船舶 1 540 艘次，共登记各类小型采砂船 302 艘。通过此次活动，辖区非法采砂现象明显遏制，通航环境有了明显改善。

（九江局　熊仁和）

【黄石局船舶管理】

·*船舶登记、签证管理* 2008 年，黄石局共办理船舶登记 205 艘次，其中所有权登记 45 艘次，船舶国籍登记 64 艘次，船舶抵押权登记 15 艘次，核发船舶最低安全配员证书45份，光船租赁登记14艘次，变更登记8艘次，注销登记24艘次，发放IC卡43张。截至目前，局在册登记船舶共计293艘。辖区办理船舶签证50 993艘次，同比下降14.07%；船舶进出港量81 245艘次，同比下降1.06%；辖区港口货物吞吐量2 474.5万吨，同比下降5.56%。集装箱吞吐量10 902TEU，同比下降10.45%。IC卡刷卡签证率91.3%。船舶报告管理系统受理船舶报告16 754艘，船舶报告率97.12%。

·*船舶安全检查* 2008年，全局共检查内河船舶2 411艘次，查出缺陷总数19 639项，平均单船缺陷数8.15项，滞留船舶10艘次，滞留率0.42%。共检查海船26艘次，查出缺陷总数223项，平均单船缺陷数8.58项，无海船被滞留。开展了客渡船安全隐患大排查活动。共检查渡船36艘，查出缺陷305项，平均单船缺陷数8.03项。开展了对过闸船舶开航前检查工作。按照五个"一律"的要求，对上行驶经葛洲坝、三峡大坝船闸的过闸船舶实施开航前检查145艘次。开展了安检质量进行了综合评价工作，共评估船舶51艘次。

·*重点船舶管理* 规范了"五小"船舶安全管理，建立了辖区"五小"船舶基础数据库。共排查"五小"船舶150艘，排查的451项隐患实施了挂牌督办整改。规范辖区公务船管理，辖区21艘公务船舶及事业单位船舶已有11艘进行了定期签证审批，所有公务船纳入海事日常跟踪管理。加强了"四客一危"船舶的管理。16艘加油船纳入了正常管理，强化到港船舶现场监督检查。

（*黄石局*）

【黄石局加大执法力度严处海事违法行为】

2008年，黄石海事局通过加大现场监督力度，严厉打击海事违法行为。全年共实施处罚海事违法案件83件，其中警告处罚2件，罚款处罚79件，罚款金额233 700元、，扣留船员证书2本。处罚总件数比去年同期增加108%。

（*黄石局*）

【黄石局行政执法工作受到上级表彰】 2008年，黄石长江水上政务中心受理各类行政许可业务1 179件，其中船舶业务352件，船员业务492人次，通航业务4件，文书核发330件，答复各类海事业务咨询2 368人次，荣获交通行政执法责任制示范单位称号。

（*黄石局*）

【武汉局重拳治理"三差两难"客渡船】 在长江干线从事客渡的"鄂咸宁客渡001"轮年久失修处于不适航状况，还不配合海事部门进行缺陷整改。2008年7月7日，武汉局与嘉鱼县人民政府联手，对该轮实行强制拆解。武汉局已经拟定了辖区渡船渡线优化方案，坚决取缔存在船员文化素质差、船舶状况差、渡运效益差、管理难、整改难等"三差两难"问题的客渡船，给沿岸出行群众一个"平安渡"、"放心渡"，切实打造"平安奥运"、"平安长江"。

（*武汉局 廖飞云 费保康*）

【武汉局开展芦苇船舶安全管理专项整治】

2008年4月1日，武汉海事局沌口海事处开始实施为期7个月的芦苇船舶安全管理专项整治活动。该处本着"综合治理、疏导结合，多帮扶、少罚款"的工作原则，将此次专项活动分为四个阶段开展，一是4月1日至15日的宣传发动阶段，重点做好船员、船主宣传，提高船员们的安全意识。二是4月15日至6月15日的检查阶段，重点针对芦苇运输船的有关证书、人员配备、停泊与作业以及消防设备的配备、有效性等内容进行大排查，建立一套数据库，列出其隐患清单。三是6月16日至10月15日的缺陷整改、治理阶段，重点督促其相关人制订整改措施，明确整改时限，落实整改资金，强化整改责任等形式，对排查阶段列出的隐患清单逐项消除。四是10月16日至10月31日的总结评估阶段，此阶段重点评估此次专项活动好的经验和做法，找出芦苇船舶安全管理中存在的问题和不足，立足于芦苇安全管理长效机制的建立。

（*武汉局 石博宇 钟玉兰*）

【武汉局VTS中心积极服务电煤运输】 2008年，为做好电煤运输保障工作，武汉海事局VTS中心充分发挥VTS、CCTV等现代化监管手段的作用，全天候向船舶提供航道、气象、水文等安全信息，积极维护电煤运输船舶安全通过浅险航段，为武汉地区电煤运输船舶建立起便利、快捷的进出港

"绿色通道",保障了辖区电煤运输及人民生活物资的运输安全有序。2月1日至今,该中心共服务到港的电煤运输船舶260艘次,保证了40万吨电煤安全运达本辖区。

(武汉局　黄俊鹏　廖飞云　袁忠林)

【武汉局在三国古战场赤壁举行水上反恐、消防应急演习】 2008年8月7日,为做好"迎奥运、保安全"工作,提高人民群众反恐和水上安全意识,确保奥运期间辖区安全,武汉海事局咸宁海事处会同长航公安局嘉鱼派出所、赤壁市赤壁镇派出所、洪湖市乌林镇派出所和洪湖金迪汽车渡运有限公司等单位,在北京奥运会开幕前夕组织开展了"二地五方"水上反恐、消防联合应急演习。演习取得了圆满成功。通过此次联合演习,充分展现了海事执法部门与长航公安及沿江两岸地方公安部门密切配合、团结协作、共同作战的实战能力,进一步检验了水、陆相关部门在水上反恐、消防应急等方面的过硬素质,为下一步更好的完成"迎奥运、保安全"任务奠定了基础。

(武汉局　费保康　石博宇)

【四年精心维护 天兴洲大桥顺利合龙】 2008年9月10日上午10时,武汉天兴洲公铁两用长江大桥正桥合龙仪式在汉举行。为确保大桥合龙作业的安全,武汉海事局周密部署、精心组织,安排青山海事处"海巡31235"、"海巡31224"自10日凌晨起驻守现场,指挥过往船舶有序通过桥区。天兴洲大桥开工建设以来,武汉局始终把天兴洲大桥施工区作为监管工作的重中之重,将其列入两个一类监管区之一。按照大桥施工计划进度,对大桥钻探施工、钢围堰浮运下水、主墩建设、钢桁梁架设等不同阶段制定了相应的安全维护预案并认真组织实施。自2004年8月大桥开工建设至今,已实现施工区1 400余天"零事故、零断航",确保了大桥施工和水上通航两不误。

(武汉局)

【国家海(水)上搜救奖励首次在武汉地区施行】 2008年9月12日,武汉海事局隆重举行国家海(水)上搜救奖金发放仪式,章少平副局长、胡为权副局长向获奖船舶代表发放了奖金。这是国家海(水)上搜救奖励第一次在武汉地区施行。国家海(水)上搜救奖励的设立是国家为鼓励社会搜救力量参与水上搜救行动,提高全民海(水)上搜救意识,专门对在重特大水上搜救行动做出突出贡献的社会搜救力量颁发的奖励,奖励的对象包括在社会影响较大的险情的搜救行动中,由各级搜救中心动员或自愿参与水上搜救行动的企事业单位、社团组织和个人,奖励标准最高可达4万元。武汉海事局辖区此次共有"鄂咸宁拖001"等3艘在水上搜救行动中作出突出贡献的社会船舶获此殊荣,每船各获得3万元国家奖金。

(武汉局　邓　放)

【岳阳局辖区安全形势持续稳定】 2008年,岳阳海事局认真落实 "保畅通、保运输、保安全"工作要求,上半年取得了浅区"三保"胜利。一是根据 "安全隐患治理年"部署,开展 "战枯水"、三保一创"、"汛期百日安全活动"、"两防"、"三防一禁"百日安全等专项活动,有力打击了船舶违法行为,维护了通航秩序稳定。二是组织开展了采运砂船非法运输专项整治活动,并取得较好成效。三是开展了危化品船舶大排查危化品码头排查和低温雨雪天气危险品码头管系、装卸作业大检查。四是组织举办了危管防污暨远程申报培训班。五是开展了"六.五" 环境日活动;加强对污染物接收宣传,严格船舶油污水排放审批,加强了对船舶污染物交付情况的核查及船舶污染物接收管理工作。六是与岳阳市气象局签订了《专业气象有偿服务合同》,及时掌握辖区气况变化情况,及时发布突发性、灾害性、转折性天气预警信息。

全年共出动海巡艇巡航4 565艘次、巡航时间9 967.15小时、巡航里程120 523.08公里,检查船舶13 476艘次、检查渡口2 294次,油区679次、施工区767次、锚地1 505次、发现违法1 599次,纠正违法1 599次,纠违率100%;查处违法行为案件296件。共发布航行通(警)告7份,手机群发信息17 000余条;办理船舶进出港电子签证24 422艘次;办理船舶登记120艘次,发放船舶IC卡19张;完成内河船舶安检938艘次;培训、考试船员86人,换发船员证书399本(份)、长江中游分道航行规则培训合格证明3 073张。实现辖区安全状况综合评估指数为45,全年未发生一起人员死亡事故，安全形势持续稳定。

（岳阳局）

【岳阳局“四化”建设快速发展，监管水平不断提升】 2008年，岳阳海事局加大了硬件投入，新配置计算机18台；实现了4个海事处、5个执法大队和2个办事处光纤连接；完成了新大楼网络综合布线设计和施工，完成了20余台机房设备及500余个信息点的建设。建设并启动了应急搜救指挥中心，坚持定期开展雾航、夜航和应急演练，加强了应急指挥系统和应急反应能力建设。全年共开展153040快反演练63次。全年共接到险情报告30次，组织搜救行动30次，遇险船舶53艘，遇险人员463人，获救人员463人，人命救助成功率100%。继续强势推进海事管理体系运行，开展季度监控。组织开展了行政处罚案例评比活动和两期行政执法培训。学习联合执法文件精神，加强了成员单位间的联系和协调，及时进行工作情况通报和信息沟通。全年已建成CCTV固定监控点5个和CCTV移动监控点5个，基本实现了对桥区、港区、危险品作业区、重要锚地、重点渡口、一类监管区等重点区域的有效监控。

（岳阳局）

【荆州局严管真帮，牵牢“牛鼻子”】 2008年，荆州局开展了“渡船航行行为规范年”、“渡船安全周”、“‘12·25’警示日”活动，派出执法人员200人次，跟船检查100次，对渡船船员进行考核与评估，评估辖区客（汽）渡船持证船员57人、水手43人，涉及客渡船25艘、汽渡船7艘。对违反航行安全规定的两名船员，实施了暂扣船员职务适任证书三个月的行政处罚。以“安全文明渡口共建”、“共产党员示范渡”、“服务新农村示范渡”、安全知识竞赛等为载体，开展了渡口渡船安全文化建设，赠送9万元渡船安全设备、资料，补贴GPG通信费、首末班报告电话费2万余元，减免规费40多万元。截至年底，新建渡船9艘、改建8艘，占渡船总数的46%；在长江局今年组织的渡口渡船隐患大排查中，渡船平均单船缺陷数较上次下降了162%。争取荆州市政府出台了《荆州市渡口安全管理办法》，明确了县乡两级政府落实乡镇渡口渡船安全管理主体责任。全年渡口渡船专项巡查7 888次，禁航805次、安全渡运乘客441万人次、车辆64.5万台次，实现客渡船零死亡。

（荆州局）

【荆州局实施风险等级管理】 2008年，荆州局建立风险管理机制，开展了渡口渡船、危化品船舶、三峡库区滚装船、施工水域等安全隐患大排查，进行了风险进行分级评估，确定了11个重点风险源，对客渡船、危险品码头、一类监管区等实施了风险等级管理，事故险情、碰撞事故、搁浅事故较上年分别下降47%、50%、68%。

（荆州局）

【荆州局加强“五小”船舶管理】 2008年，荆州局举办了一期四、五等船员培训班，培训船员65名，主动走访相关部门进行综合治理，辖区58艘“三无”小型船舶基本办齐了证书、证照、船名牌、甚高频电话，实现了辖区“五小”船舶从“三无”到管理有序。落实重点时段小型船舶禁航制度，特殊时段禁航50次、400余艘次，有效防止了自沉事故。

（荆州局）

【荆州局加强船舶管理】 2008年，荆州局严格船舶登记程序，积极推行船舶新建和重大改造报备、试航审批及新建、新购船舶所有权登记现场核查制度。严格执行新《签证规则》，探讨船舶报港制，狠抓船舶IC卡持卡签证及网上信息规范录入。注重安检员队伍建设和安全检查质量，组织安检骨干进行随船实习，提高了安检员发现问题、处理问题的水平，确保了重点时段、特殊船舶检查到位。检查中突出了安全管理体系运行及船员履职能力。核发各类船舶文书247份，办理船舶登记285艘次，核发船舶IC卡50张，船舶登记差错率为0；办理船舶签证21 343艘次，持卡签证率95%；完成船舶安检737次，平均单船缺陷数7.17，安检滞留6艘，滞留率0.97%。

（荆州局）

【荆州局战枯水保畅通】 荆州辖段2007—2008届战枯水工作自2007年10月开始至4月初结束，历时7个月，实施单项控制143天时间，太平口累计禁航施工 585 小时。面对严峻的形势，荆州局严格按照 “保畅通、保运输、保安全”的工作目标及长航局、长江局下达的“不允许一条超吃水船舶通过浅区航段、确保黄金水道畅通无阻”的死命令，在总结以往成功经验基础上，大胆创新，严格监管，建立“与政府相关部门、联合执法成员单位、兄弟局、管理相对人”四个联动机制，将重心下移、关口前移，把海巡 31508 固定到偏僻的陈家湾作为临时监控与服务点，抽调江陵、公安两处业务骨干和机关工作组充实现场，探讨了“船舶报告、分段锚泊、单向通航、点名放行、应急减载”等五项应对措施。对涉及国计民生的重点物资运输船舶采取优先检查登记、优先点名放行，对大型船队全程护航。枯水期累计投入执法人员 5 628 人次，出动海巡艇 4 200 艘次，拦截检查船舶 6 384 艘次，强制减载 51 艘、减载货物 15 200 吨，调载 313 艘、调载货物 9 270 吨，打击强行抢槽船舶 5 艘，实施行政处罚 55 起，维护上下水船舶 29 260 艘次。确保了每天 10 多万吨电煤等重点物资安全通过浅险水道，在船舶流量年均增长 20%、船舶吨位逐渐增大的基础上，杜绝了超吃水船舶进入浅险水道，没有发生阻航事件。

（荆州局）

【荆州局从容应对洪水及恶劣天气情况，保辖区安全有序畅通】 2008 年，荆州辖区先后遭遇了 25 次大风大雾、暴雨等恶劣天气和 6 次洪峰。9 月 28 日，三峡工程开始试验性蓄水，5 天时间沙市水位从洪水位降至枯水位，水位变化幅度、频率之大，百年罕见。针对大风大雾等恶劣天气及水位陡涨陡落，对重点船舶果断采取禁航措施 50 多次；石首处先后 35 次启动三义寺旅客疏散应急预案，对汽渡实施专项维护 100 余艘次，维护过江人员 28 万人次。

（荆州局）

【宜昌局圆满完成库区 175 米蓄水期间水上安全监管工作】 2008 年，库区 175 米蓄水期水上安全监管工作是宜昌海事局重点工作之一。9 月 19 日，宜昌局在巴东召开誓师动员大会启动 175 米蓄水工作。制定并落实了蓄水工作预案，加大宣传和监管力度，走访政府、港口、船公司和涉水单位，通报蓄水最新信息和水位变化，增派人员值守、及时收绞囤船。蓄水完成后，及时与航道部门联系了解库区航标设置，对库区码头、渡口渡船、架空缆线、桥梁、滑坡体、碍航物、超高船舶等进行调研，汇编成《三峡水库高水位运行安全须知》提供给有关船舶和单位，蓄水期间和蓄水后辖区安全无事故。

（宜昌局　胡勇超）

【宜昌局积极开展隐患排查和滑坡地震等地质灾害应对】 2008 年，宜昌局根据长江局隐患排查治理的有关工作要求，从通航环境、渡口渡船、码头设施、危险品管理、五小船舶和内部安全 6 个方面进行了隐患排查。发现隐患 92 项，制定整改措施 199 项，编制了《宜昌海事局隐患治理手册》200 余本发放给每一名干部职工。制作了辖区风险源标示图发放给海事处和“四客一危”船舶。完善了滑坡险情预案，与宜昌通信局联合在库区举行了甚高频联络应急演习；摸清了蓄水后库区 22 处滑坡体情况，绘制了滑坡体水域分布图和安全航行注意事项，在朱家岩等重点滑坡体水域设置了警示标志、航标等。

（宜昌局　胡勇超）

【宜昌局圆满完成奥运安保水上安全工作】

2008 年，历时 52 天的奥运安保工作中，宜昌海事局举全局之力，克服天气炎热、工作量大、持续时间长等困难，全局职工停止休假，机关职工停止双休，局领导基层蹲点、中层干部轮流值班。组成 160 人的工作专班，其中抽调 60 名业务骨干（局机关 32 人）组成 8 个过闸安检小组，不间断地对预过闸船舶实施条条检查。52 天共计检查船舶 3641 艘次、滞留 65 艘次，平均每天检查船舶 70 多艘，最多一天检查船舶 103 艘，实现了奥运安保“三个确保”的目标，受到了部海事局、长江航务管理局和长江海事局等各级表扬和嘉奖，涌现出港区海事处等一批先进集体和龚年伟、邢东风、陈祖旺等一批先进个人，感人事迹数不胜数。

（宜昌局　胡勇超）

【宜昌局确保抗震救灾水上绿色通道安全畅通】

2008 年四川汶川“5.12”特大地震发生后，

长江水路通道成为各种救灾物资和设备进入灾区的重要通道之一。为此，宜昌海事局高度重视，对抗震救灾物资运输船舶一律实行优先签证、优先通过、优先引航“三优先”服务，安全维护100余艘次救灾船舶、12万吨救灾物资（汽、柴油）顺利通过辖区，为抗震救灾贡献了长江海事人的力量。

（宜昌局　胡勇超）

【宜昌局确保冰冻雨雪天气内外安全无事故】

2008年初，长江干线遭遇了罕见的持续冰冻雨雪天气，宜昌海事局14个执法大队办事处有13个停水停电，部分执法大队停水达15天，工作和生活条件非常恶劣。时值春运最繁忙的时候，同志们克服低温严寒、停水停电等困难，坚守岗位，迎战暴风雪。海事处领导、大队长、执法人员和查船专班春节期间坚守一线，安全维护客船旅客34万余人次、维护渡运旅客44万余人次，确保了冰冻雨雪天气内外安全无事故。

（宜昌局　胡勇超）

【宜昌枝江海事处开辟水上绿色通道护送600名农家子弟过江赶考】 2008年6月6日上午7时，枝江海事处派出28名海事执法人员，来到枝江百里洲镇刘巷渡口，专程护送600余名农家子弟、老师及学生家长过江赶考。这是宜昌枝江海事处连续第4年开辟“水上绿色通道”对高考学生渡进行专项维护。

（宜昌局　胡勇超）

【重庆局“三防一禁”安全活动圆满结束】 2007年11月20日至2008年3月20日，重庆局在辖区开展了以“防碰撞、防触礁（搁浅）、防群死群伤，禁止违章航行”为主要内容的“三防一禁”安全活动。活动期间，共检查船舶28 644艘次，检查渡口3 8174次，纠正船舶违法行为2 058艘次，走访船舶单位599家次，走访地方政府503次，召开船舶会议571次，发布安全信息13 583条，确保了辖区水上交通安全形势持续稳定。

（重庆局）

【重庆局扎实开展“两防回头看”专项整治，辖区隐患治理取得成效】 2008年，重庆局按照长江海事局统一部署，扎实开展“两防回头看”专项整治活动，全力排查辖区安全隐患，建立健全隐患治理长效管理机制，确保隐患治理取得成效。活动期间，共出动执法人员20 400人次，巡航检查9 779艘次，巡航时间25 295小时，检查客渡船1 361艘次，渡口1 836个次，纠正违法行为1 709次，针对恶劣气况和水位陡涨陡落发布了禁航通（警）告140次，禁航客渡船1 139艘次。

（重庆局）

【长江重庆段水运发展保持良好势头】 2008年，长江重庆段年客运人数1 883.59万人次，其中客渡船客流量987.65万人次（较去年上升1.2%），高速客船119.31万人次（较去年上升19.78%）；年运输车辆67.87万台次，其中汽渡船载车25.55万台次，汽车滚装船载车42.32万台次；年货运量8 413.5万吨，其中集装箱运量45.5万TEU（同比增长26.1%），货运量544.8万吨（同比增长23%），滚装车辆数72.9万辆（含商品车，同比增长19.3%），货运量1 261.3万吨（同比增长16.4%）。长江干线重庆段水运发展保持了良好势头。

（重庆局）

【重庆局辖区事故件数和死亡人数创历史最低】 2008年，重庆海事局辖区共发生事故及险情56件。其中等级以上事故13件，死亡（失踪）10人、沉船7艘、经济损失907.4万元，同比“三降一升”：事故件数、死亡人数、沉船艘数分别下降27.7%、9%、12.5%，直接经济损失上升144.2%。等级事故数和死亡人数为历年最低。

（重庆局）

【长江干线重庆段水上无线电通信秩序专项整顿取得成效】 2008年6月1日至30日，为期30天的长江干线重庆段水上无线电通信秩序专项整顿顺利结束。活动期间，出动海巡艇2 101艘次，执法人员4 620人次；检查船舶7 315艘次，检查通信证照10 263本，纠正船舶安全会让不按规定使用VHF电话的行为74艘次，查处违法船舶11艘；办理船舶入网、年审301艘，维修船舶通信设备73台套。基本遏制违法设台行为，100%船舶安全会让频道从习惯使用8频道改为按规定使用6频道。

（重庆局）

【重庆局奋战百日保安全活动取得成效】 自2008年3月22日，重庆海事局开展了为期100天的“奋战百日保安全”活动，明确“杜绝发生一次性死亡失踪10人以上群死群伤和重大船舶污染事故”的活动目标。截至6月30日，长江干线重庆段连续60个月未发生一次性死亡（失踪）10人以上群死群伤事故。

（重庆局）

【重庆航运界举行中国航海日庆祝大会】 2008年7月11日上午，由重庆海事局、重庆交通大学、重庆市港航管理局联合主办的重庆航运界庆祝中国航海日大会在朝天门广场隆重举行。长江海事局袁宗祥局长、朱汝明副局长，重庆市交通委员会何升平副主任，重庆交通大学唐伯明校长、王智祥常务副校长，重庆海事局陈勇局长，重庆市港航管理局梁雄耀局长等领导出席庆祝活动。重庆海事局、重庆交通大学、重庆市港航管理局、长江重庆航道局、长江重庆航道工程局、长航重庆公安分局、长江重庆通信管理局、重庆船级社、重庆港务物流集团、重庆长江轮船公司、重庆轮船总公司、民生轮船公司等12家港航单位的600余名职工代表参加了活动。

（重庆局）

【长江局在重庆局召开大型非标准船舶单位座谈会】 2008年11月20日上午，长江局在重庆局组织召开了大型非标准船舶单位座谈会。重庆市港航管理局、CCS重庆分社、辖区6家大型非标准船舶单位负责人及重庆局李禄文副局长、监管一处负责人共20人参加了会议。与会代表就交通运输部出台“关于进一步加强长江中上游大型非标准船舶管理的通知”后如何加强大型非标准船舶安全管理有关问题进行了探讨。

（重庆局）

【浙江省政府召开全省水上安全工作座谈会】

2008年5月20日，浙江省政府在杭州召开了全省水上安全工作座谈会，王建满副省长到会并作了重要讲话，省级有关单位负责人、各市政府分管市长、交通、海事及港航部门领导参加了会议。王建满副省长在讲话中充分肯定了前阶段所做的工作，深刻分析了当前的水上安全形势，高度概括了今年我省水上安全事故的发生呈现新的特点，并剖析了导致全省水事故频发的原因，要求各级政府和有关单位要进一步提高认识，全力做好水上安全工作。王副省长还指出了今后我省水上安全的主要工作任务：一是要盯住客船，管好客船，确保客船安全，不出群死群伤事故；二是突出整治，抓紧整治，解决一些突出问题；三是防桥梁碰撞，尤其是要防大船大桥相撞；四是切实做好船舶防泄漏、防污染工作；五是强化水上安全基础工作建立水上安全管理长效机制。同时，王副省长还对我省水上安全工作的组织领导和责任体系建设提出了重要意见。

（浙江省局　郁百成）

【交通部副部长徐祖远调研杭州水运工作】

2008年7月16日，交通部副部长徐祖远一行考察杭州水运情况，并看望和慰问了一线海事执法人员。 徐祖远副部长一行实地考察了运河、三堡船闸、钱塘江。

（浙江省局　吴永平）

【杭州两部水上交通地方性法规获省人大批准通过】 2008年8月1日，浙江省十一届人大常委会第五次会议举行第四次全体会议。会议表决通过了《浙江省人民代表大会常务委员会关于批准〈杭州市人民代表大会常务委员会关于修改〈杭州市水上交通管理条例〉的决定〉的决定》、《浙江省人民代表大会常务委员会关于批准〈杭州市人民代表大会常务委员会关于修改〈杭州市水上交通事故处理条例〉的决定〉的决定》。根据修改后的两部条例，杭州市港航管理局将作为法律授权的主体实施行政处罚权。

（浙江省局　吴永平）

【全国海事工作会议在杭州召开】 2008年10月16日，全国海事工作会议在杭州召开。交通运输部部长李盛霖专门致信会议代表，对会议的召开表示热烈祝贺，并对海事的发展提出了重要要求。副部长徐祖远出席了会议，充分肯定了1998年海事局正式成立以来海事工作取得的成效，对全国海事系统深入学习实践科学发展观以及当前和今后一段时期海事重点工作提出了要求，进行了部署。

（浙江省局　吴永平）

【交通运输部与浙江省共建“平安海区”】 2008年10月17日，交通运输部副部长徐祖远和浙江省副省长王建满分别代表交通运输部和浙江省人民政府，签署了共同推进浙江平安海区建设合作意见，标志着双方共同推进浙江平安海区建设活动将进入实际性的合作阶段。

（浙江省局　吴永平）

【国家渡整办督查组到浙江省督查整治验收工作】 2008年11月15日至16日，国家渡整办督查组由交通运输部海事局副局长王金付带队，一行4人，来我省督查渡口渡船安全管理专项整治、验收工作。

（浙江省局　吴永平）

【浙江省规范海事数据标准　实现数据资源共享】 2008年4月29日，为了贯彻信息数据标准规范和信息资源整合的应用，浙江省港航局在杭州召开了地方海事业务系统实施讨论会议，杭嘉湖绍港航局海事和信息化等部门人员参加了会议，明确了数据交换、共享方式及相关业务流程等。地方海事业务系统是在嘉兴地方海事业务数据处理系统的基础上，将湖州的IC卡报港系统及杭州免停靠业务系统部分海事业务整合，按照信息数据标准规范和信息资源整合应用的要求，建立的一套海事综合业务管理系统。该系统的实施运行，将为浙江地方海事业务管理提供有效的手段和工具，并为的海事信息化发展奠定坚实基础，有利于提高信息资源开发利用水平。本着“好用、实用”的原则，该系统将于5—6月份推广使用。

（浙江省局　科技设备中心）

【浙江省水上安全形势总体稳定】 2008年，浙江省运输船舶共发生有人员死亡（失踪）水上交通事故21起，死亡（失踪）39人。我省地方海事管理机构辖区共发生有人员死亡（失踪）的水上交通事故11起，死亡（失踪）12人，未发生一次性死亡3人以上的水上交通事故，均控制在省政府下达的指标之内。

（浙江省局　郁百成）

【浙江省内河海事船检业务工作会议在杭州市召开】 2008年2月26日至27日，浙江省内河海事船检业务工作会议在杭州召开。会议分析了全省地方海事、船检管理工作存在的问题，对重点工作进行了研究，部署了全年地方海事、船检工作，确定了全年全省内河海事船检业务的重点工作。

（浙江省局　郁百成）

【浙江省港航系统安全专题会议在杭州市召开】

2008年4月2日，浙江省港航管理系统安全专题会议在杭州召开。会议交流与总结了2007年全省“三防”工作，并对2008年的“三防”工作进行了部署。会议要求各单位把当前开展“二防”（防船舶碰撞防泄漏）专项整治活动“回头看”与“隐患治理年”相结合，内河要重点开展干线航道通航秩序专项整治，沿海要对危险口码头进行治理，船检部门要配合做好沿海砂石运输船施工船专项整治。会议还要求各单位加强对重点区域的安保检查，切实做好奥运期间的安保反恐工作。针对今年法定节假日调整，各单位在加强监管的同时，要注重分析，把握其规律，采取有效的措施，促进“小长假”安全管理长效机制的形成。

（浙江省局　郁百成）

【浙江省港航局郑惠明局长对丽水市交通行业奥运安保维稳工作及重点建设项目进行督查】

2008年5月6日至7日，浙江省港航局郑惠明局长率督查组到丽水督查交通行业奥运安保维稳工作与重点建设项目进展情况。督查组听取了丽水市交通局关于交通行业奥运安保维稳工作及重点建设项目情况的汇报，并实地察看了滩坑水库库区和丽水市客运西站的安全监管情况。

（浙江省局　郁百成）

【浙江省局部强降雨 港航系统紧急应对】 2008年5月27日至29日，浙江省局部地方出现强降雨，钱塘江、衢江和开化齐溪水库等水域水位迅猛上涨，富春江水库水位高于警戒水位0.3米，部分地区开闸泄洪。此次洪水特点流速快、流量大、局部暴涨性明显，给下游船舶和水上浮动设施造成很大的危害，多处船舶出现险情，杭州等地港航部门迅速加强对各险情或事故现场指导，积极应对处置，实现强降雨期间水上交通运输人员零伤亡。

（浙江省局　郁百成）

【浙江省召开全省水上交通安全形势分析会】

2008 年 7 月 31 日至 8 月 1 日，浙江省水上交通安全形势分析会在杭州召开。会议传达学习了全国港航工作会议、全省交通工作会议和全省港航工作会议精神，回顾了上半年度全省水上交通安全工作并分析了安全形势，对存在的问题提出了下一步工作要求，对重点难点工作进行了研究。

（浙江省局　郁百成）

【浙江省地方海事局抽查辖区内水上突发事件的应急反应能力】 2008 年 10 月 22 日至 11 月 4 日，为进一步完善浙江省地方海事应急反应体系和应急预案，以确保各地应急预案的有效性和可操作性，省地方海事局以不事先通知，随机选定演练地点拔打报警救助电话的方式，对辖区内河水上突发事件的应急反应能力进行了抽查。经抽查，浙江省地方海事局各市地方海事管理机构均能按事故等级及时启动应急响应，按照预案的程序和工作要求展开应急处置工作。

（浙江省局　郁百成）

【浙江省地方海事局辖区完成第 2 次内河船舶船员适任证书发证机构资质评审】 2008年10月底，浙江省地方海事局辖区内河四等及以下等级船舶船员适任证书发证机构第 2 次资质评审工作已全部完成。评审通过派遣评审组实地查看设施设备、场所，查验工作人员配置和适任要求，以及内部管理规章制度、工作流程，抽样检查船员技术档案、台帐等方式进行。根据各被评审单位评审结果和辖区实际，浙江省地方海事局采用发证权与考试权分离的模式进行了考试发证授权。

（浙江省局　郁百成）

【郑黎明副厅长来省港航局开展水上交通安全工作调研】 2008 年 11 月 6 日，郑黎明副厅长率调研组全体成员来省港航局开展水上交通安全工作调研。

（浙江省局　郁百成）

【江苏省局加强安全管理】 2008 年，江苏省共发生一般等级以上的水上交通事故 19 起，死亡 15 人，直接经济损失 249 万元，与同比分别下降 9.5%、11.8%和 1%。没有发生一起一次死亡 6 人以上的水上交通事故，水上交通安全工作连续 4 年被省安委会评为先进单位。

一是“两防”专项整治“回头看”、隐患排查和安全百日督查活动，共查出隐患 472 处，督促完成整改和限期整改 332 处。二是渡口渡船专项整治工作取得显著成绩，超额完成全年渡口渡船改造计划，圆满完成京杭运河沿线 107 道渡口、82 艘挂桨机渡船改造任务，全省乡镇渡口由整治前（2006 年）的 1 028 道，减少到现在 889 道。三是船舶安检工作取得明显成效，共安检船舶 30 199 艘次，纠正船舶缺陷 24 683 项，滞留船舶 2 艘。四是加强重点水域、重点船舶和重点时段的安全监管，全年重大节日期间累计投入海事人员 9 203 人次；出动海巡艇巡航 2 054 艘次，监督客、渡船进出港 11 431 艘次；安全护送旅客 51.7 万人次，有效保障了旅客的出行安全。

（江苏省局　黎济长）

【安徽省局健全长效管理机制】 2008 年，安徽省地方海事局通过强化海事巡航、现场监管与船舶安全检查等监管手段，积极加强“四季三节”、“两会”、汛期、冬季等重点时期的管理力度。继续严把危险品水上运输申报关、签证关、检查关，印发实施《水上加油站安全监督管理暂行办法》，组织开展淮河蚌埠段水上加油站综合整治，危险品码头和危险品船舶安全管理不断强化。进一步加强水上水下施工作业通航安全许可与安全维护监管，认真宣贯部海事局《通航安全评估管理办法》，组织合肥新港一期、巢湖新港等省、市级工程通航安全评审 20 余次，配合部海事局开展京沪高速铁路淮河特大桥等国家级工程通航安全评估 5 次。举办了一期“港口危险货物运输岸上人员岗位资格培训”，109 人取得了岗位资格证书。

（安徽省局　马　栋）

【安徽省民生工程进展顺利】 2008 年，安徽省渡口渡船专项整治活动和渡口标准化建设取得重大进展。全省各地整治渡口 1 499 道，其中达标 1 201 道；整治渡船 1 769 艘次，达标 1 628 艘；组织渡工验收考核 3 209 人次，3 062 人合格。全省全年计划实施渡口标准化 577 道，已完工 529 道，完工率 91.7%。自 2006 年全面开展渡改桥、渡口标准化建设以来，全省累计完成渡口标准化建设 963 道，渡改桥 108 座，全省渡口渡船安全基础明显改善。开发全省渡口渡船安全管理地理信息系统并投入使用，实现了全省渡运安全管理数据的网络共享、实时更新与分类检索，渡运安全管理基础进一步巩固。

（安徽省局　马 栋）

【安徽省水上安全应急能力明显提升】 2008 年，安徽省制定了《安徽省水路重点物资运输保障应急预案》，加强对重点物资运输工作的组织和指挥，有力保障冰冻雨雪天气、迎峰度夏和奥运期间重点物资运输。出台了《安徽省水上搜救应急预案》，交通、海事、农业、公安、卫生、气象等多部门水上搜救联动机制初步建立。安庆、黄山、合肥等地分别在花亭湖、新安江、南淝河水域开展了以水上搜救、船舶消防、溢油处置为主要内容的应急演习，池州、马鞍山等地开展了消防培训与演练，沿江各港口开展了保安演习，进一步完善了多部门水上联合应急救援机制，提高了水上应急实战能力。面对年初雨雪冰冻灾害，省局立即启动了恶劣天气水路交通突发公共事件应急预案，充分发挥省控 18 个重点水域在公路运输受阻不畅情况下的重要分流作用，迎战客流和电煤运输高峰。雪灾期间，全省共出动 25 699 人次参加清除渡口、码头、道路的冰雪，动用机械 932 台次，使用工业盐 14 吨，运送农民工 154 万人次，运送电煤 119.17 万吨。汶川地区发生大地震后，省局在第一时间向结对子单位陕西省地方海事局捐赠 20 万元资金用于抗震救灾，恢复水上运输生产。我省水运行业应急能力在实践中明显增强。

（安徽省局　马 栋）

【交通运输部海事局行政执法检查组到江西省进行对口执法检查】 2008 年 6 月 24 日至 25 日，由长江海事局（组长单位）和上海海事局组成的交通运输部海事局行政执法监督对口检查第六检查组一行，对江西省地方海事局进行对口执法检查。

检查期间，检查组听取了江西省地方海事局的依法行政工作情况的汇报，并先后赴南昌市地方海事局及南昌市地方海事处、九江市地方海事局及湖口县地方海事处检查工作。检查内容包括依法行政工作的组织领导；海事行政执法行为的规范；行政执法监督机制的建设；预防和化解海事行政争议、行政复议和行政应诉以及法制宣传教育等项工作的情况。检查组对江西地方海事的依法行政工作所取得的成效给予了充分肯定。同时，并就船舶登记档案管理、执法文书填制规范统一、完善执法案卷及健全制度建设等方面提出了中肯意见和建议。

（江西省局　幸循华　刘宝生）

【江西省处置水上突发事件“应急 2008”演练在南昌举办】 2008 年 10 月 21 日，由江西省交通厅主办、江西省处置水上突发事件应急指挥部办公室、江西省地方海事局承办的江西省处置水上突发事件综合“应急 2008”演练，在赣江东支南昌消防码头水域举行。

江西省政府副省长、省处置水上突发事件应急指挥部总指挥、省综合应急演练领导小组第一副组长洪礼和亲临现场指挥。江西省政府副秘书长、江西省综合应急演练领导小组成员朱希，江西省交通厅党委书记程受锭等出席演练活动。演练总指挥由交通厅厅长、省处置水上突发事件应急指挥部副总指挥马志武担任，现场指挥长由交通厅副厅长、省处置水上突发事件演示指挥部指挥长胡琳担任，应急指挥部各成员单位和南昌市政府有关负责同志约 100 余人到场观摩。

演练分 4 个科目：1. 搜寻落水人员。2. 消防灭火。3. 船舶救助。4. 水域污染控制、消除和检测。演练历时 35 分钟，来自海事、公安、消防、环保、卫生、运政等 16 家参演单位共出动 270 余人、28 艘船舶、6 辆专业车辆和相关辅助装备参加演练。演练规定科目结束之后，专业救助队伍和 16 艘船艇依次通过观演台，接受观摩领导的检阅。

这次演练为江西省内河水域规模最大、参与力量最强、科目最多、险情种类最全的综合性应急演练，也是对交通运输部和相关成员单位贯彻落实《江西省处置水上突发事件应急预案》的全面检验。

（江西省局　许海远　张兆平）

【江西省仙女湖海事处扎实开展“优化投资环境，提升服务水平”活动】 2008 年，江西省新余市地方海事局仙女湖地方海事处在全省开展“优化投资环境，提升服务水平”主题活动中，以优质服务为根本，不断拓展服务手段，全力转变服务观念。通过服务水平的大提升，取得了政府满意、社会赞许、业主肯定的多重实效，由此树立了“文明海事窗口”的良好形象。

一是优质服务，打造人性化“船民之家”。为给予前来办事的船主（员）提供良好的办事环境和服务。在干净整洁的办证大厅内设置了沙发、座椅，摆放了报纸、杂志、便民服务卡、宣传手册以及纸笔、茶水等。工作人员在办事过程中做到“五心”（服务热心、咨询耐心、帮助诚心、工作细心、接受意见虚心）、“四声”（来有迎声、问有答声、去有送声、访有回声），人性化的优质服务赢得了广大船主的充分肯定和赞誉。

二是文明执法，法律效果与社会效果和谐统一。执法过程中，积极推行人性化管理，大力营造和谐旅游航区。针对景区节假日其间游客特别多以致超载现象时有发生的情势，海事执法人员在耐心做好游客思想工作的同时，积极与游船公司协调，科学高度游船运转，做到既让游客玩得开心，水上交通安全亦得到保障。

三是换位体验，切实提升服务与理解之心。主题活动开展其间，仙女湖海事处每星期安排一名工作人员来到游船公司或办事现场，切实做到听民声、解民意、结民友，与服务对象进行面对面交流。通过换位体验，工作人员对群众在“窗口”办事过程中偶尔发的牢骚和抱怨有了切身感受。全心全意为船民服务的理念进一步增强，有效促进了“窗口”服务水平的提升。

（江西省局　杨小军）

【河南省进一步加强水上交通安全监管能力】

2008 年，河南省地方海事局按照“八个一”标准，落实 36 个重点库区安全设施建设计划，投入建设资金 5 000 万元，其中部、省补助达 4 100 万元，市县自筹 900 万元。与此同时，为库区新建趸船 14 艘，新增港监艇 12 艘，新建海事管理站房 6 座，首次为 32 个县级航务海事部门配备了执法车。

随着水上安全基础设施的不断完善，趸船为海事人员现场监管、办理相关业务提供了固定的场所，成为“严把三关”的重要阵地。港监艇在重要时段、关键时刻巡航检查，对及时制止或震慑不法行为发挥了重要作用。同时，设计新颖的管理站房，也为库区增加了一道靓丽的风景线。首次为县级航务海事部门配备执法车，不仅提高了基层航务海事部门的工作效率，还大大提升了航务海事部门的形象。

（河南省局　王守明）

【河南省局安全管理措施得力】 2008 年，河南省水上交通安全生产形势的稳定，实现了水上交通安全生产全年“零事故”的目标。全省海事系统自上而下建立了承包责任制，省、市 、县区三级海事部门共签订水上交通安全监督承包责任书 487 份 ，签订面达到 100%，形成“竖到底”的海事系统安全监管责任体系。与此同时，敦促和指导县、乡、村、船主落实乡镇船舶管理责任，共签订四级责任书 976 份，签订面达到 100%，形成了“横到边”的乡镇船舶管理责任制体系。

省市县三级海事机构全年组织开展各类安全检查督察和暗访达 240 多组次，参加人员达 2 300 多人次，出动执法车辆 500 多台次，监督艇巡航 210 多艘次。累计检查船舶上万艘次，下发整改通知书 300 多份， 执行各类处罚 200 多起，取缔或撤消各类渡口 101 道，共排查安全隐患 739 项（个），已整改 703 项（个），整改率 95%。

（河南省局　王守明）

【河南省局提高行政执法能力和手段】 2008 年，河南省地方海事局为提高执法能力和手段，进一步加强了水上交通行政执法硬件建设投资力度。为库区新建趸船 14 艘，新增加港监艇 12 艘，新建成海事管理站房 6 座。

9 月 23 日，举行了海事执法车发车仪式，首次为 32 个县级航务海事部门配备了执法车。由此，改善了全省海事执法手段，确保河南水上安全形势的稳定用。

（河南省局　王守明）

【河南省局积极探索乡镇船舶管理新路子】

2008 年，河南省新乡市地方海事局紧紧依靠各级政府，加强对辖区船舶的监督管理，并在乡镇船舶管理上取得了有益经验。一是一把手挂帅抓安全。建立安全生产领导小组，构筑精干高效、运转协调的安全工作领导机制，确保水上交通安全形势稳定，促进乡镇经济建设，维护社会稳定。二是船舶动力政府管。为了彻底杜绝水上安全隐患的发生，将所有船只的动力设备进行拆除，并由乡政府集中封存，统一管理。乡政府以“安全第一，预防为主，综合治理”的方针，将明确专人每天进行巡逻检查，检查记录每月统一上报。做到及时发现问题，及时解决，坚决把危险消除在萌芽状态。三是安全责任挂升迁。每月组织船主进行安全教育学习，观看安全生产教育片，做到警钟长鸣。与此同时，层层签订责任书，实行船只逐人责任制，明确每只船只的责任人，并将此项工作与每个领导干部的工作绩效挂钩，打造人人重视、人人参与水上安全的大格局。四是政府严把出航关。遇修筑堤坝或防汛需要租赁使用船只时，由租赁单位向乡政府提出书面申请，注明使用的地点、时限，并签订船只安全使用协议。启用中的安全责任由使用方负责，待使用结束后，动力、螺旋桨拆除交由乡政府封存。

（河南省局　王守明）

【河南省局推广实施船舶登记一卡系统】　2008年，河南省共有18个市级地方海事局，部局授权的市级船舶登记机关有16个，在一卡通建设上，结合辖区实际，有6个市建立了专线连接，有10个市建立了拨号连接，全省建设卡管分中心7个。全省共建立包括省局在内的17个登记机构和4个签证点，河南省一卡通中心。4月17日，河南省地方海事局拿出100余万元配套资金用于船舶“一卡通”工程建设，并举行河南省第一张船舶登记IC发放仪式。全省发放IC卡2576张，发卡量位居“一卡通”同批七省（市）的第一名。

（河南省局　王守明）

【云南省局加强水运行业管理】　2008年，云南省地方海事局认真贯彻“安全第一、预防为主、综合治理”的方针，树立“以人为本”的安全管理理念，全面落实安全生产责任制，狠抓基础管理和规章制度建设，加大安全现场监督和检查力度，坚持以长效管理和专项整治相结合，促进安全隐患整改，使全省水上交通安全管理工作取得了明显成效，实现了全年水上交通安全事故为零的历史性突破。

（云南省局　马翠德）

【云南省局深化“全国海事一家人，水上监管一盘棋，行政执法一面旗”的管理理念】　2008年5月，云南省地方海事局认真贯彻落实交通部“全国海事一家人，水上监管一盘棋”的管理理念，继续深化结“对子”活动。滇浙两省海事部门汇集浙江，召开了两省水上交通安全管理“结对子”联席会议，这是两省“结对子”活动以来规模、范围最大的一次活动。

两省海事“结对子”单位全部对口签订了《水上交通安全管理合作协议书》，云南省的“结对子”范围由最初的6家扩大到现在的15家，涉及12个州市共15个单位，并开展了10个批次的互帮互学活动，促进了云南浙江两省海事管理水平的提高。

（云南省局　马翠德）

【四川省水上交通安全形势稳定】　2008年，四川省共发生运输船舶水上交通安全事故7起、死亡12人、经济损失57.2万元，较去年同期分别下降36.3%、33.3%、57.5%，未发生重特大水上交通事故。全省各项水上安全事故指标均为历史最低水平，打破了自1994年以来全省水上交通逢双年就必出特别重大交通事故的“怪圈”。

（四川省局　易　翥）

【四川省局切实开展通航安全评估　确保航行安全】　2008年，四川省局严格按照《中华人民共和国海事局通航安全评估管理办法》的要求，切实开展通航安全评估工作。一是督促水上水下施工项目业主聘请有资质的单位开展通航安全论证，编制通航安全评估报告。二是由省局聘请船舶驾驶、海事管理、航道管理等相关专业的专家，对评估报告进行严格审查。三是严格水上水下施工行政许可，把通航安全评估审查结论作为办理《水上水下施工作业许可证》的必要条件。通过以上措施，使水上水下施工项目的通航管理更加科学、规范，最大限度地避免和减少水上活动对通航安全的影响，维护通航秩序，保护通航资源，保障航行安全。全省全年共开展7次通航安全评估论证。

（四川省局　易　翥）

【陕西省局周密部署奥运期间安保防恐】　2008年，陕西省地方海事局在奥运期间，对全省水上安全提出六点要求：一是统一思想，提高认识。要充分认识维护水上安全和社会稳定的重要性，增强政治责任感和工作责任心，增强防范意识，落实工作措施，确保全省水路交通环境安全稳定，为奥运会的成功举办提供可靠保障。二是加强水路运输船舶管理。要求所有从事客、货运输的船舶对货物和旅客携带物品注意观察，进行必要的检查，防止易燃、易爆危险品上船。对于旅客集中、人流量较大的区域和船舶，安排专人值守以疏导旅客。三是加强水上安全监管。增强旅客集中的水上游览区域等重点水域的海事巡查力度，严禁超载、越员，严厉打击“三无”船舶和农用船舶非法载客。对危险品运输严格审批和监管，保障水上良好航行秩序。四是加强水路交通基础设施建设的施工管理。制定洪水季节突发事件的应对方案，严格管理施工用爆破危险品。五是加强单位内部办公设施和居住场所的安全保卫工作。对进出办公、居住场所人员登记管理，建立完善安全监控制度和门卫制度，并拟定应急处置预案。六是加强值班和信息报送工作。按照突发事件重要信息报送的有关规定，及时上报有关水上安全监管、安保和防恐工作信息，建立统一、高效的信息渠道和信息报送制度。

（陕西省局　刘冬冬）

【甘肃省局建立严格行政执法规章制度】　2008年，甘肃省局起草完成了水路交通行政执法监督制度、过错责任追究实施办法、水路交通行政执法评议考核制等7项规范性行政规章。制定实施了《甘肃省海事系统行政执法一面旗实施方案》，创刊编发了《甘肃水运海事法制工作简报》。结合“五五”普法，行业及职工普法意识和素质明显提高，制度和机制建设有所提升，临夏州地方海事局受到部表彰。与此同时，加强了执法监督力度，发放调查问卷100余份，征求管理相对人意见建议20余件次，加强了水路交通执法活动和执法人员的监督管理。无违纪违法事件发生，无行政复议和行政诉讼案件发生。

（甘肃省局　陈长春）

【甘肃省交通厅李睿总工程师检查刘家峡水库水上交通安全】　2008年9月11日，甘肃省交通厅李睿总工程师带领厅劳安处陈亚民副处长，省水运局（海事局）石革军书记、朱富义副局长及安全处、船检处负责人对刘家峡库区船舶签证及渡船渡运进行了安全检查。此次检查内容包括船舶证书及有关文件、制度；码头设施及装卸机械工具；消防、救生设备、防污染设备；船舶航行操纵、通讯信号设备四方面，涉及到客船、旅游船两种类别。检查组在临夏州交通局、临夏州地方海事局领导的陪同下，在对刘家峡大坝码头、祁家渡口、向阳码头船舶签证及航行情况检查中，李睿总工程师详细检查和询问了永靖县地方海事局船舶现场签证情况；对车渡船人车分离做了进一步要求，并现场查看了“永平号”船舶载客、载车操作流程。李睿总工程师对基层海事工作人员的辛勤工作表示慰问和感谢，同时希望基层海事单位抓好节日期间现场监督和安全管理工作，尤其是在旅游出行人员多，工作繁重的情况下，要更加履行职责，不得掉以轻心防患于未然，确保船舶航行安全。

（甘肃省局　陈长春）

【甘肃省水运局加强船舶签证管理工作 规范船舶签证程序】　2008年，为使甘肃省海事签证人员更好的了解和掌握《中华人民共和国船舶签证管理规则》，规范船舶签证管理工作。省地方海事局6月12日在刘家峡举办了全省“船舶签证管理规则”培训班。石革军书记、朱富义副局长在培训班上做了讲话。各地负责海事签证工作的部门领导和业务负责人共有20余人参加了培训。

石革军书记在开班动员时对签证工作提出了四点要求：一是借这次实施新规则的契机，规范船舶签证工作的各项程序，改变我省船舶签证工作执法标准不一，填写不规范等情况。二是加大对外宣传力度，为实施新规则创造良好氛围。特别要加大对服务相对人的宣传力度，让他们了解基本内容和程序，减少工作中的阻力。三是各地要加快更换新版《船舶签证簿》工作进度，按照新规则要求，按时核发、换发新版《船舶签证簿》。省局在适当时候，将对新版《船舶签证簿》发放情况进行检查。四是各地要借这次换发新版《船舶签证簿》的契机，建立和完善相关台账，搜集实际工作中存在的问题，并及时向省局反馈在实施中出现的新情况。

（甘肃省局　陈长春）

【抗冰雪 保畅通 保安全　甘肃省水运海事人员全力以赴投入春运工作】　2008 年，为抗击冰雪天气，保障水路春运安全、有序运行，甘肃省水运局（省海事局）采取强力措施，启动了应急预案，号召全省水运海事人员立即行动起来，切实履行监管职责，全力以赴保畅通、保安全，最大限度减少对春运的影响。1 月 23 日至 2 月 2 日，全省水路交通投入营运船舶 159 艘，完成客运量 6.2 万人次，全省水路交通未发生旅客滞留，货物积压和严重超载现象，未发生水上交通事故。

为保障春运安全，省海事局于 1 月 26 日发出了《关于切实做好冰雪天气水上交通安全工作的紧急通知》，采取 6 项措施面对当前恶劣的天气对水路春运的影响。一是启动《水路交通抢险救灾应急预案》，准备了救援车、船，实行了各级海事主要领导带班，专职人员 24 小时值班制度。二是加强对渡口、渡船、码头的安全监管和交通疏通工作。三是加强对水运运价的监管，保持水路营运市场的稳定。四是加强了监测、预报、预警工作，及时准确地通过报纸、短信等形式发布天气预警和航行信息，增强了应对恶劣天气突发事件的能力。五是加强了信息报送工作，保证了信息畅通、反应迅速。六是开展专项安全检查，确保春运安全。面对近期冰雪天气，我局春运安全检查组冒着风雪分别对兰州市、白银市和临夏州水路春运工作进行了检查。重点抽查了刘家峡大坝码头、祁家渡口和刘家峡库区船舶春运安全管理情况。由于近期连续降雪，大坝码头水面已经结冰，处于停航状态，向阳、莲花渡口也因降温而造成水面结冰均已停渡。检查组对基层海事人员进行了慰问，号召大家克服困难，落实责任，把“抗冰雪，保畅通，保安全”当作政治任务抓实抓好。2 月 3 日召开了全体职工大会，再次发出了“关于做好我省水路交通打冰除雪工作的通知”，要求全体职工进入紧急待命状态，加强 24 小时值班和领导带班，保持 24 小时通讯畅通，做到随叫随到。并要求各海事管理机构加强监督管理，确保安全，重点防止渡口发生水上交通事故，确保节日期间老百姓出行畅通安全。

（甘肃省局　陈长春）

【甘肃省安监局领导到省交通厅调研交通系统安全生产管理情况】　2008 年 7 月 22 日，甘肃省安监局周仲平副局长一行 3 人到省交通厅调研全省交通系统安全生产管理工作，调研座谈会由厅党组成员、总工程师李睿主持。参加座谈会的有省厅劳安处、省公路局、省运管局、省海事局、厅质检站等单位。省厅劳安处尚爱民处长汇报了全省交通系统安全生产情况，省运管局、省海事局分别汇报了本行业的安全生产情况。李睿总工程师就我省海事工作所面临的形势和任务以及所存在的困难和问题，与调研组交换了意见。李总认为，我省海事工作在全体海事人员的共同努力下，较好的保持了水上安全形势的基本稳定。目前主要存在三个方面的困难和问题：

一是乡镇船舶安全管理责任制落实不到位，县乡政府对水上安全重视不够是主要原因。二是急需解决海事人员的各项经费，以保障工作的正常开展。三是刘家峡库区存在通讯盲点，严重影响水上交通安全管理、水上搜救等工作的正常开展。通过调研，省安监局周仲平副局长对我省水上安全生产管理工作提出了以下四点要求：一是继续做好全省水路交通系统隐患排查工作和安全生产百日督查专项行动。二是继续做好渡口渡船专项整治工作。三是继续加大力度做好水运企业的安全生产管理工作。四是按照水路交通安全生产标准化建议的要求，对全省水路交通港口、渡口、码头建设，船舶建造、改造，船舶设备配置，水上应急救援配置等方面进行一次全面检查，评选出达标单位，报省交通厅、省安监局审查后，挂牌（安全生产标准化建设先进单位）。

（甘肃省局　陈长春）

【甘肃省深入开展全省渡口渡船专项整治活动】

2008 年，根据交通部、安全监管总局《关于进一步加强渡口渡船安全管理有关事宜的通知》（交海发〔2007〕604 号），省交通厅、省安监局《关于延长甘肃省渡口渡船专项整治活动有关事宜的通知》（甘交发〔2007〕77 号）文件精神及要求，虽然为期两年的渡口渡船安全管理专项整治活动已经结束，但我省渡口渡船专项整治活动效果不甚理想，与专项整治目标和要求有一定的差距，为了使专项整治工作能够落到实处，我省的专项整治时间延长，为此下发了《关于开展渡口渡船专项整治督查工作的通知》(甘海事〔2008〕43 号),督促各地更加深入的开展渡口渡船专项整治活动，并根据《关于进行渡口渡船专项整治活动检查验收的通知》(甘海事〔2007〕87 号)，安排部署了渡口渡船专项整治督查工作，截止 2008 年 9 月底对兰州、临夏、陇南、白银、甘南、定西市共 114 道渡口 117 艘渡船进行了督查，经验收合格的渡口渡船分别为 103（道）、104（艘），合格率为 90%、89%。对在督查中所发现的问题，要求各地进一步整改，同时，对下一步全省渡口渡船专项整治工作提出了具体要求。

（甘肃省局　陈长春）

【提高认识 落实责任 确保奥运期间水上交通安全】 为确保奥运期间我省水上交通安全形势稳定，省地方海事局党委和领导高度重视，对奥运期间水上交通安全工作进行了一系列安排部署，开展了具体工作：2008 年 8 月 6 日上午召开了全体职工大会，对奥运期间水上交通安全工作及防恐和安保工作进行了动员和安排部署，进一步提高全体职工“迎奥运、保平安”的思想认识。成立了由范志鹏局长任组长，石革军书记及其他局领导为副组长，各处长为成员的甘肃省地方海事局奥运期间应急工作领导小组。下设办公室，办公室设在局安全监督处，确保具体工作责任到人。为及时了解和掌握各地工作的开展情况，局领导进行了分工，分别对重点水域进行督查。根据省厅要求，局与各地交通主管部门和海事管理机构签订了“迎奥运、保平安”水上交通安全责任书，进一步明确和落实了责任。对重点水域的水上交通安全工作进行了督查。一是抽查了渡口 50 道。二是结合省厅百日督查和隐患排查工作由我局领导带队的契机，对各地水上交通安全工作进行了检查，有力的推动了各地水上交通安全管理工作。三是为加强现场监督检查，从源头上消除安全隐患，加强船舶签证工作。四是按照“四不放过”的原则，认真调查处理陇南“6.12”和临夏“7.19”船舶碰撞事故，认真汲取事故教训，采取有力措施，防止类似事故的发生，努力做好奥运期间水上交通安全和维稳工作。五是要求各海事管理机构加强安保工作力度，严格船舶进出港签证制度，认真落实开航前安全检查，严防车辆夹带易燃易爆、剧毒等危险、违禁物品上船，高度重视危险品车辆的渡运，必须专船专渡，并及时向有关部门通报相关信息，严禁超载渡运。六是加强重点水域的动态巡航检查，开展有针对性地安全大检查，查找安全管理上薄弱环节，及时消除安全隐患。七是加强隐患整改，在隐患排查中水运系统共查出安全隐患 8 项，现已经整改完毕 7 项，占隐患总数的 87.5%，保证了船舶航行安全。

（甘肃省局　陈长春）

【面对灾难海事人始终在一线】 2008 年 5.12 汶川大地震发生之后，按照省交通厅抗震救灾紧急会议精神，省海事局迅速做出反应，要求全省水路交通系统高度重视抗震救灾工作，克服困难，落实责任，把“抗灾情，保畅通，保安全”当作重要的政治任务抓实抓好，最大限度减少地震对水路交通的影响。受灾最重的陇南市地方海事局在当地政府领导下，坚守工作岗位，迅速了解水路受灾情况，恢复运输秩序，保障库区水运通道安全畅通，全力投入救灾。

5 月 16 日，全省水路交通系统抗震救灾领导小组成立，要求各单位、各部门立即行动起来，全力投入抗震救灾工作，实行专职人员 24 小时值班制度和领导带班制度。各渡口开通了抗震救灾绿色通道，保障各类救灾物资、人员、车辆优先、免费通行。加强了对渡口、渡船、码头的安全监管和交通疏通工作，渡口码头社会秩序稳定。加强了监测、预报、预警工作，及时准确地发布天气预警和航行信息。加强信息报送，保证信息畅通、反应迅速。实行每天上报抗震救灾最新进展情况制度。

为更好地指导和慰问陇南地方海事局的工作，省海事局于 15 日派出由党委书记带队的工作组，购置一批救灾物资以及海事职工捐款到灾区指导水路交通抗震救灾并给予了慰问。陇南市地方海事局团结一致，克服食品短缺，余震不断等诸多困难，在临时搭建的帐篷中恢复了正常工作秩序。全局海事人员积极组织运输，加强安全巡查，全力保障抢险人员、救灾物资、群众疏散的水上运输通道的安全畅通。在公路不通的情况下，水运挑起了大梁。及时运送抢险人员、解放军官兵、医疗人员、记者和救灾物资，有力地支持了灾区抗震救灾工作。

为防止地震次生灾害发生，甘肃省海事局下发了《关于水路交通系统切实防范地震引发次生事故的紧急通知》文件，要求各地加大对由地震引发的航道、码头等基础设施安全隐患的排查，尽最大努力及时消除事故隐患，对短时间无法治理的，必须加强监测监控，做好防范预警，或停工停业，严防次生事故发生。截至 2008 年 6 月 5 日，陇南市地方海事局组织船舶 440 艘(次)，运输（疏散）抢险人员和受灾群众 45 097 人，其中：运送救灾人员、医护人员和抗震救灾新闻报道人员 4 075 人（次），渡运旅客或疏散、转移受灾群众 41 022 次，渡运救灾车辆 2 827 台次。运送抗震救灾物资 6 496 吨(其中渡运 6 205 吨)。

（甘肃省局　陈长春）

【甘肃省海事系统开展“行政执法一面旗”建设活动】　根据交通部海事局《关于贯彻实施<关于在全国海事系统开展行政执法一面旗建设的决定>的通知》精神和省交通厅关于加强交通法制建设，全面提高行业管理水平的要求，近日省地方海事局制定了开展“行政执法一面旗”建设活动的实施方案。该项活动从 2008 年开始实施，2010 年年底结束。

实施方案确定了以坚持党的十七大精神和深入贯彻落实科学发展观为指导，以依法行政为主线，以加强执法能力建设为核心，以强化执法队伍建设和制度建设为重点，突出强调海事“软实力”建设，用发展创新的理念和求真务实的作风，实现我省海事事业在新时期的科学发展的“一面旗”建设指导思想。指明了从抓根本、打基础、完善基本制度入手，力争到 2010 年年底海事工作达到执法队伍精干、执法活动规范、执法监督到位、执法手段先进、执法模式便民、执法行为文明，实现海事队伍综合素质全面提高，服务经济社会发展能力全面增强，社会形象全面提升的“一面旗”建设主要目标。为了确保甘肃省海事“行政执法一面旗”建设活动的顺利开展，取得实效。省局要求各级海事单位和干部职工充分认识“行政执法一面旗”建设的必要性和重要性，深刻领会开展“行政执法一面旗”建设活动的思想内涵和先进性定位，以高度的责任感和使命感，认真做好“行政执法一面旗”建设活动各项工作。要加强组织领导，成立“一面旗”建设活动领导小组，明确各单位行政一把手是本单位“一面旗”建设活动的第一责任人。要立足海事工作实践，着眼工作全局，突出工作重点，着力改进海事管理和海事执法薄弱环节，努力提高海事依法行政的能力和水平，提高海事队伍综合素质和提升海事社会形象，为我省水路交通事业科学发展、和谐发展提供必要的保证。

（甘肃省局　陈长春）

【甘肃省局领导带队赶赴陇南文县等地震灾区】

受 2008 年 5 月 12 日 14 时 28 分四川阿坝州汶川县 8.0 级强烈地震影响，甘肃省省陇南市大部分地区受到波及和破坏，其中文县碧口镇受灾尤为严重。陇南市地方海事局办公室、职工宿舍、家属楼、白龙湖和曲水湾海事站两栋办公楼都遭到严重破坏，办公设备也损坏严重。在通讯、电力、生活用水中断的情况下，陇南市地方海事局全体职工冒着连续不断的余震积极组织自救工作，恢复正常工作。甘肃省水运局（地方海事局）在与陇南市地方海事局取得联系之后，立即召开局党委会议，商讨赈灾救灾计划。

5 月 16 日上午，甘肃省水运局（地方海事局）由党委书记带队，运送生活帐篷、药品、食用油、大米、方便面、矿泉水等救灾物资以及慰问金等共计 4 万余元前往陇南慰问受灾工作人员及家属，这是省局对基层支援力度最大的一次行动，并将展开抢险救灾水上安全运输现场指挥工作，加强水上安全监管，全力确保抢险人员和救灾物资水上运输安全畅通。

（甘肃省局　陈长春）

【陇南市地方海事局不畏艰难积极奋战在抗震救灾一线】　2008 年 5 月 12 日受汶川强烈地震影响，我省陇南、甘南、平凉、庆阳、天水等地发生了地震灾害，其中陇南市文县碧口镇受灾尤为严重，造成了重大人员伤亡和财产损失。在通讯、电力、生活用水中断的情况下，陇南市地方海事局全体职工冒着连续不断的余震积极组织自救工作，恢复正常工作。同时在市委市政府和县委县政府的领导下，积极参加当地抗震救灾行动，并发扬“爱心”精神，帮助受灾群众7户。

陇南市地方海事局办公室、职工宿舍、家属楼、白龙湖和曲水湾海事站办公楼遭到严重损毁，部分房屋垮塌，地基下沉，地面开裂，墙面裂缝，围墙垮塌，电脑等办公设备损毁严重。在资金短缺、监督车、艇油料、饮用水及食品短缺的实际困难面前，全体海事人员在帐篷中、在船上仍坚守工作岗位，一边组织人员抗震救灾，一边加强水上安全监管，全力确保抢险人员和救灾物资水上运输安全畅通。碧口至范坝间由于山体滑坡导致公路中断，水路成为两地间的唯一通道，碧口曲水湾码头海事工作人员在水运海事管理站房严重损毁的情况下，将办公地点迁移到船上，坚持24小时值班，注意水情变化，切实保障抢险人员和救灾车辆、物资运输安全畅通，为抗震救灾提供强有力的水路保障。

（甘肃省局　陈长春）

【甘肃省抗震救灾资金实现安全管理】　2008年5月12日，受汶川地震影响，造成我省部分地区海事基础设施不同程度的损毁。经初步统计，我省地震灾区海事基础设施受损情况为：码头55处出现不同程度裂缝、损坏；房屋3 120平方米受损；部分办公设备及海事工作车船受损，估算造成经济损失1 381万元，其中受损码头722万元，受损房屋594万元，受损办公设备及海事工作车船65万元。

对此，交通系统各级领导十分关心，为缓解我省海事部门灾民存在的实际困难和问题，捐赠并下拨了大量的救灾款和救灾物资。期间共计接收到用于救灾物资及资金114.43万元。为切实管理和使用好救灾款和救灾物资，我局坚持以专款专用、突出重点的原则，成立了以局长为指挥长，分管局领导任组长的救灾物资发放组，制定了《抗震救灾物资发放工作方案》，并按工作方案认真执行。这些资金和物资被迅速的发到灾民手中，有力地保障了灾民生活，维护了社会稳定。

由于早计划、早安排，监督到位，救灾款和救灾物资的发放工作有条不紊的开展。一是救灾款实行专户、专帐、专人管理，同时注重完善申领救灾款和物资的各种手续，实行规范化、制度化管理。二是救灾对象需经过局工作组和各工作人员一而再，再而三的核实，才能确认。此举有效的避免了“人情款”和“关系款”的发生。三是以因灾造成的无房无地无财产的新“三无”户和无粮无钱无自救能力的老“三无”户为重点，切实把工作做细，避免了扩大救灾款及物资的发放面，使真正受灾的群众得到及时救助。四是坚持实物救济的原则，避免了利用救灾款高价调入、购进救灾物资的行为发生。五是把监督检查始终贯穿在发放救灾款和物资的各项工作中，避免了救灾款和救灾物资被挤占、挪用、贪污的事件的发生。六是对损毁的渡口、水路同步进行抢修，做到有计划、有预算，分步实施，专款专用。七是对直接捐助到局里的救灾款和物资，做好造册登记并开据收据。由于在基层发放过程中做到了款物来源公开，救济方案公开，自觉主动接受群众监督，保证了灾区群众的基本生活，维护了社会稳定。

（甘肃省局　陈长春）

【“平战结合”，充分利用社会应急救援力量】

2008年1月，重庆市港航局同长航中山舰救助打捞工程部签订了水上交通突发事故、险情应急救援合作协议。市港航局给予中山舰工程部应急救援设施设备维护保养年度专项补助资金20万元，支持其不断完善应急救援设施，提高应急救援能力，保证这支重庆辖区最重要的专业社会救援力量能及时听从海事部门调度而参与重要的水上搜救抢险工作，实现了“平战结合”的有利互补，充实了地方海事搜救力量。6月，根据交通部关于社会力量参与水上应急搜救行动奖励办法的有关规定，经申报批准，交通部搜救中心给予长航中山舰救助打捞工程部和长航凤凰货运重庆分公司两支社会救援力量3万元的奖励，用以奖励其在2007年嘉陵江抗洪抢险的贡献。

（重庆市局　马大为）

【奉节地方海事处加强水上交通安全宣传工作】
2008年1月22日至29日，奉节县地方海事处组织执法人员携带《中华人民共和国港口法》、《中华人民共和国内河交通安全管理条例》、《重庆市水上交通安全管理条例》、《重庆市水路运输管理条例》、《重庆市港口管理条例》、《重庆市乡镇船舶管理办法》、《致船员旅客群众一封公开信》等宣传资料、水上安全事故专题片和安全宣传标语等，深入长江干线常家湾码头、港务站客运码头、支流康乐、衣朱、白帝、鹤峰等地开展水上交通安全知识宣传活动。

（重庆市局　阳　斌）

【奉节、巫山强化大溪河水上监管】　2008 年 3 月 31 日，重庆市奉节县交通局带领水上管理相关职能部门与巫山县交通局、地方海事处联合召开大溪河水上交通安全管理联席会议，对大溪河水上安全管理现状进行了深入的研究和探讨。

（重庆市局　阳　斌）

【交通运输部督查组检查重庆水运防恐安保工作】　2008 年 4 月 24 日，交通运输部防恐安保督查组对重庆朝天门客运站、寸滩国际集装码头、郭家沱滚装码头以及“江山 12 号”旅游船、星河滚装船进行了现场检查，并在寸滩国际集装码头专门听取了近段时间防恐安保工作情况汇报。随后，督查组在长航公安局重庆分局三楼会议室听取了重庆市港航管理局、重庆海事局、重庆长航公安分局、重庆长江航道局、重庆长江航道工程局、重庆长江通讯导航局和重庆长江轮船公司等七家单位前段时间防恐安保工作情况汇报，并对检查情况进行了通报。督查组认为在前阶段重庆水上管理单位和企业从组织机构、工作措施、开展相关工作的督查和配备相关设施设备等方面都做了大量行之有效的工作，同时指出还存在五个方面的薄弱环节，提出了七点意见和建议，并对如何建立防恐和反恐工作的长效机制和“五一”小长假的防恐及安保工作提出了具体的要求。

（重庆市局　阳　斌）

【重庆市迅速整改大足龙水湖游船严重超载隐患】　2008 年 5 月 1 日，国家安监总局督查组在大足龙水湖检查时，发现并通报了客船“联宜 2 号”严重超载，引起重庆市交委高度重视。随后市港航局立即组织督导工作组先后三次前往大足县和龙水湖现场，在调查了解超载事件基础上，制定了五项整改措施，对责任单位大足石刻龙水温泉度假中心有限公司所属的船舶立即全面停航整顿，指导业主单位规范船舶管理，完善相关船舶检验、登记和营运手续，完成了企业筹建批准手续和 2 艘画舫船、1 艘玻璃钢船的营运手续。同时将本次事件向全市发出通报，要求各地港航部门引以为鉴，增强安全隐患意识，认真开展水上客运超载安全隐患排查，加强客运集中区域的现场监管，严防类似事件再发。

（重庆市局　马大为）

【部、市领导国庆节前检查重庆水上交通安全】

2008 年 9 月 29 日，交通部督查组来渝，深入朝天门客运港、寸滩集装箱码头和郭家沱滚装码头现场，检查了各港口码头安保工作落实情况，慰问了港航、海事一线执法工作人员，对国庆节前水上交通安全工作进行了部署指导。对寸滩港危化品堆场存在消防隐患，不够规范的问题督促港口部门尽快整改。9 月 30 日，在梁局长陪同下，重庆市政府办公厅王泰来副主任和应急办领导赴合川和郭家沱滚装码头检查了节日期间水上交通安全工作情况。在合川市政府检查组深入铜溪镇检查了铜溪渡口及在港船舶“渝合川渡 0023”，充分强调了节日期间重点客渡码头秩序维护和监管的重要性，在郭家沱滚装码头检查了在港作业的“江航 8 号”等滚装船。对检查中查出的“渝合川渡 0023”一灭火机失效、“江航 8 号”存在的助航、消防设备缺陷等问题下达了整改督办任务书。

（重庆市局　马大为）

·船员管理·

【长江局船员专业特殊培训、考试和发证】　2008 年，长江局共举办海船船员专业、特殊培训考试 773 期，参加考试人数 35 064 人，签发海船船员专业、特殊培训合格证 39 887 本（份），与 2007 年同期相比，考试人数和发证量分别上升 36.2% 和 58.5%。内河船员特殊培训合格证考试发证人数为 5 374 人，与 2007 年同期相比，下降 53.8%。

（长江局　施先宏）

【长江局船员适任培训、考试和发证】　2008 年，长江局举办 1 至 3 等内河船舶船员适任证书理论统考 2 期，参加考试人数为 6 549 人（不含四五等考试），签发内河船员适任证书 6 694 本，与 2007 年同期（2007 年 3 期）相比，适任证书考试人数下降 18.5%，适任证书签发量下降 53%。2008 年共举办 3 期海上非自航船船员理论统考，共有 450

名船员参加了考试。

（长江局　施先宏）

【长江局海员证件管理】 2008 年，长江局共签发海员证 4 047 本，办理海员出境证明 3 137 份，出境人数为 3 750 人，与 2007 年同期相比，海员证签发量下降 6.1%，海员出境证明签发量上升 20.3%，出境人数上升 11.5%。海员外派规模稳步上升。

（长江局　施先宏）

【长江局船员注册管理】 2008 年，长江局共签发船员服务簿 10 083 本，其中海船船员 5 156 本，内河船员 4 927 本。与 2007 年同期相比，海船船员服务簿签发量上升 59.08%，内河船员服务簿签发量下降 37.57 %。

（长江局　施先宏）

【长江局加强船员现场监督管理】 2008 年，长江海事局共实施船员违法记分件数为 8 540 件，记分分值 10 931 分，违法记分满 15 分的船员共 22 人。与 2007 年同期相比，违法记分件数和记分分值分别下降 16%和 11.8%。

为加强船员现场管理，不断提高现场执法人员业务能力，根据《中华人民共和国船员条例》的要求，组织编写了长江海事局船员履职检查工作指南，统一了检查标准，规范了检查内容。配合船舶处举办了一期船员履职检查骨干培训班。

（长江局　施先宏）

【长江局开办长江船员流动学校】 2008 年 12 月 18 日，长江船员流动学校正式挂牌成立。船员流动学校以流动课堂、VHF“船员之友”和网上船员学堂为主要形式，在全线开展了以提高船员安全航行技能为目的和便利船员及时获得水上安全信息和安全知识的宣传、培训和教育活动。

（长江局　施先宏）

【长江局强化船员考试、评估和发证质量体系管理】 2008 年 5 月 26 日至 30 日，长江局船员考试、评估和发证质量体系通过了部海事局船员考评发质量体系审核组进行的复审。按照审核结果，船员处及时完成了对不合格项的纠正及体系文件的修改工作，质量体系得到持续改进和有效运行。

（长江局　施先宏）

【长江局加强船员管理信息化建设】 一是海员证管理信息系统于 2008 年 10 月 1 日正式启用，新版海员证办理工作实现了网上远程申报。二是长江局辖区海船船员培训机构已基本完成无纸化考场的建设，并于 2008 年 7 月开始全面实施海船船员专业和特殊培训无纸化考试工作。三是在重庆海事局（重庆考点）和黄石海事局（黄石考点）试行建立内河船舶船员无纸化考试考场建设试点，考场建设工作进展顺利。

（长江局　施先宏）

【长江局船员实操考试方式改革】 为探索内河船舶船员实操考试方式改革，长江局率先在芜湖海事局建立内河船舶船员实操模拟器，并于 2008 年 2 月 29 日通过交通部海事局组织的内河船舶模拟器评审，并应用于内河船员实际操作考试。

（长江局　施先宏）

【长江局海船船员管理业务】 2008 年，长江局成功举办 3 期海上非自航船船员理论统考，此举标志着局海船船员管理业务范围不断扩大，同时也为下一步全面开展海船船员适任培训考试和发证工作奠定了基础。

（长江局　施先宏）

【芜湖局创新服务船员方式】 2008 年，芜湖局首创船员流动学校，开设船员流动课堂和船员安全宣传站，宣传培训船员 7 300 人次。内河船舶操纵模拟系统通过部海事局评审并授权正式运行，安徽省科技厅颁发“科学技术研究成果”证书并申报安徽省科学进步奖，共有 399 名船员利用该系统参加考试。全年组织 2 期 758 名理论统考、64 期 1 260 名实操考试，及海船船员内资证、渡船船员适任证书等各类理论考试 22 期。

（芜湖局　王　强）

【安庆局探索船员队伍管理模式，推行劳务派遣制】 为贯彻新《劳动合同法》，将我局劳务用工纳入规范化、法制化道路，建立劳务用工长效机制，同时不断提高劳务用工人员的技术水平和能力，2008年元月1日起，我局积极探索船员队伍管理模式，推行劳务派遣制，多次召开专题会议研讨，并积极与安庆金洋劳务派遣公司商洽达成合意，签订了劳务派遣协议，由安庆金洋劳务派遣公司为我局提供协议要求的劳务派遣服务。

（安庆局　汪建安）

【黄石局加强船员管理】　2008年，黄石局一是加强船员现场管理。共实施船员违法记分947件，累计记分972分。二是做好船员适任证书考试发证工作。共有290人参加考试，驾驶213人，轮机77人。油船、客船船员特殊培训98人。办理船员职务适任证书181本，船员服务簿168本，油船船员特殊培训合格证137份，基本安全合格证41本。三是开展了客渡船船员安全知识培训。组织辖区内渡船船员安全知识更新培训，渡船船员184人次（渡船船员129人），培训率143%。四是积极开展船员履行职责能力检查。对我局辖区开展船员履行职责能力检查进行了部署，督促海事执法在船员现场管理中加强船员履行职责能力检查。五是加强了船员流动学校的建设。制定黄石长江船员流动学校运行方案，并完成了船员流动学校的开班。

（黄石局）

【荆州局加强船员管理】　2008年，荆州局严格船员考、评、发质量体系，加大船员培训监管力度，拓宽了培训种类，组织了两期长江干线内河船舶船员职务适任证书理论统考与实操考试、参加280人，组织其他船员培训班26期，参加836人；办理适任证书238本、服务簿180本；实施船员违法记分686件、记919分。

（荆州局）

【三峡局做好辖区船舶分道航行规则宣传贯彻工作】　2008年，三峡海事局起草并上报了《长江三峡大坝—葛洲坝航道船舶分道航行规则》。经交通运输部海事局批准，将于2009年1月1日起正式实施。为做好实施前的宣传贯彻工作，三峡局于11月11日至12月25日，组织了内部培训和对外培训。11月11日，开展《长江三峡大坝—葛洲坝水域船舶分道航行规则》内部集中培训，来自三峡局海事航道、VTS指挥中心、调度、锚地等专业的66名学员参加了培训。有关专业技术人员就船舶定线制基本知识、规则条款释义、航路设计及航行避让、海事应急搜救、现场交通组织要领、锚地指泊等内容和两坝间航道水流条件及航标配布情况进行了介绍。12月11日，在宜昌市组织召开了宣传贯彻会，70多家船舶单位负责人出席了会议。会议通报了中华人民共和国海事局关于该规则的批复及长江海事局关于该规则的通告，并宣讲了三峡海事局关于分道航行规则学习培训的要求。

12月12日至19日，三峡海事局组织航经两坝船舶的船员开展了集中培训，共分6个批次，参培人数达500多人次。12月25日，按照三峡局“要真心为船方服务、免收船员的培训费、资料费”的要求，三峡海事局成立了资料编制工作专班，编制了《长江三峡大坝－葛洲坝水域船舶分道航行规则航行指南》、分道航行规则演示动画、培训考试试卷等相关资料，免费对辖区内主要船舶公司领导、所有驾驶部船员集中培训；通过广播、电视、报刊、横幅、标语、网络等有效途径开展宣传工作，在政务大厅、签证站点、海事趸船等醒目位置张贴规则全文。

根据长江海事局统一部署和要求，三峡海事局在三峡河段成立了“三峡船员流动学校”，由三峡海事局局长吴冰担任校长，副局长孔凡军担任副校长，设置教务处，由海事政务科负责人担任教导主任，下设仙人桥、太平溪、黄陵庙、石牌、南津关、庙嘴6个流动课堂。“三峡船员流动学校”认真安排教学计划，组织教学计划的实施，并对流动课堂的教学工作进行监督和检查。6个流动课堂由各海事处负责组织，对日常检查中未参加培训的人员进行现场培训，做到随到随培，并向培训合格人员发放相关证明，受到船方普遍欢迎。三峡海事局共免费集中组织内外培训55期，培训人员2100人次，合格率达99%。

12月26日至31日为规则实施过渡期，三峡海事局各海事处调派人力、艇力在规则实施重点水域进行驻守，广泛宣传规则相关内容、抽查船员培训情况。2009年1月1日10：00，长江三峡大坝—葛洲坝水域船舶分道航行规则规则正式实施。

（三峡局　何宁）

【浙江省局开始实施内河船舶船员基本安全培训考试发证工作】 为提高辖区内河船舶船员素质，让内河船舶船上人员具备船舶《个人安全与社会责任》、《防火与灭火》、《水上救生与求生》、《船上救护》等专业理论知识和良好的实际操作能力，掌握一定的跳水、游泳等水上求生基本技能，浙江省地方海事局与辖区已具备相应培训资质条件的浙江省省交通职业技术学院合作，开始实施内河船舶船员基本安全培训考试发证工作。2008 年 3 月 20 日，浙江省地方海事局签发了辖区第一批《内河船舶船员基本安全培训合格证》，成为国内首家正式实施内河船舶船员基本安全培训考试发证工作的海事管理机构。

（浙江省局　郁百成）

【杭州船员无纸化考试系统及考培中心通过验收】 2008 年 7 月 24 日上午，杭州市港航局船员无纸化考试系统及考培中心通过验收。验收组认真听取了系统开发方、施工单位的汇报和审阅有关资料，对考培中心进行了实地的检查。该项目由系统开发、硬件设备、布线施工三部分组成。主要实现了船员考试的无纸化和题库管理、组卷、评分及监考的智能化，考培中心的建立还将有利于全局职工电脑知识的普及和满足多媒体培训的需要。系统的投入使用较好地体现了船员考试“公平、公开、公正”的原则，同时对规范并提高考试管理效率必将发挥积极作用。从近期使用情况来看，系统各项功能运行正常。最后，会议一致同意通过验收。另外，验收组也提出了几点建议，一是进一步完善软件功能，增加船员模拟考试模块；二是提高数据的安全保密措施，防止数据被恶意篡改，同时做好数据备份工作。

（杭州市局）

【江苏省局船员管理有措施】 2008 年，江苏省地方海事局深入贯彻落实全国船员发展大会精神，积极推动船员电子化考场等信息化措施。

全年完成适任考试 10 041 人次，发放适任证书 8 491 本；此外，完成油船、散化船等特殊船舶船员培训 1 522 人次。

（江苏省局　黎济长）

【安徽省船员管理走入正轨】 2008 年，安徽省认真宣传贯彻《船员条例》，组织完成 11 期次船员统考，全省受理初考、升职、升等船员 11 639 人。全年经实操考试合格后领取适任证书的船员达 9 820 人。现已累计换发新版船员适任证书 76 363 本。全省船员管理数据库初步建立，现已有 81 086 名船员个人信息被录入并逐一建立了船员技术档案。长江干线内河船舶船员远程无纸化考试办法正在细化，船员实操考试模拟系统亦已展开试点。

（安徽省局　马栋）

【云南省局加强全省船员管理】 2008 年，云南省地方海事局进一步加强船员管理和教育培训工作，积极开展全省高等级船员新版船员适任证书的换发工作，启用新版船员服务簿，从部海事局收回我省长江干线一、二等船员的考试发证权，加强船员基本安全培训工作，开展高速船船员特殊培训考试和发证工作，认真做好澜沧江出境船员《海员证》的启用工作，开展省管船员年度安全学习教育工作，加强船员的培训教育，提高了船员的适任能力。

（云南省局　马翠德）

【陕西省局加强船员管理】 2008 年，陕西省地方海事局船员管理成绩显著，船舶管理规范有序。认真宣传贯彻《船员条例》，进一步落实《陕西省船员考试管理办法》，组织各类船员培训考试 10 期，参加人员 300 余人，累计换发新版证书 1 252 本。与此同时，加强船舶登记管理工作，开展全省船舶检验机构质量管理体系审核和船检机构资质认可活动，组织 109 名船舶检验从业人员参加全省第一期国家注册验船师考试。

（陕西省局　刘冬冬）

·抢险搜救·

【长江海事局加强应急救助能力建设】 2008 年，长江局以“反应快速化”建设为核心，在应急机制、搜救装备和应急能力上下功夫，积极完善长江水上应急反应体系，不断提高应急救助水平。认真执行水上巡航执法与应急动态待命制度，指导各分支局开展快反演练。全面实施了水上人命救助奖励制度，有力激励了长江水上人命救助行为。修订、评审通过了《长江海事局水上搜救预案》及18套分预案、组织编写了《长江水上应急救助指南》和《长江海事局2007年度水上搜救案例汇编》。与湖北省气象局正式签署了水上搜救气象服务合作协议，各分支局与沿江各省市气象部门建立了走访和沟通机制，约定加强资源共享，共同开发建设长江水上气象信息预警系统。

2008年，全年开展应急演练1 499次，组织救助行动346起，救助遇险船舶456艘次，救助遇险人员5 662人，人命救助成功率99.2%。奖励直接参加水上人命救助的个人、船艇共计人民币46 400元。

（长江局　高运祥）

【九江海事局抢险搜救反应快速】　2008年，九江局共组织各类水上应急演练111次，其中跨海事处辖区4次，与九江市政府联合组织一次“红剑2008”大型水上灭火救援联合演习，有效检验了我局水上搜救能力和水平。全年组织救助行动36起，救助遇险船舶53艘次，救助遇险人员356人，人命救助成功率为98.9%。

2月28日，在长江东北横水道一化肥船“望江货9186”由于选择航路不当造成船舶触损水下暗石船舱进水倾斜，船上300余吨磷酸二胺化肥品随时可能发生倾覆，九江海事局彭泽海事处接到险情报告后，立即组织力量安全转移农资化肥和救助遇险船舶，有效遏制了一起水污染事故的发生，保障了人民群众生命和雪灾区灾后重建农资化肥的安全。

7月12日，长江九江辖区小孤山下白浮水域，一木材运输船“望江货9107”因操作不当困压在“远洋908”油船上，严重危及油船及过往船舶的安全。九江局接到险情报告后，立即启动“沉船险情及事故现场处置”应急程序，迅速出艇赶往现场进行救助，龙营华副局长亲临现场指挥，成功避免了一起泄油爆炸事件的发生，有效保障了辖区通航秩序安全畅通。

（九江局　熊仁和）

【武汉海事紧急抢险施救翻沉机驳船】　2008年11月12日凌晨五时许，武汉海事局交管中心接报，在武汉长江大桥下水航道5号桥墩附近水域有一机驳船（船名为长强8号）翻覆沉没。武汉海事局立即启动水上搜救预案，武汉海事局领导立即赶赴现场协调搜救，长江海事局也高度重视，局长在长江水上搜救协调中心指挥，并委派局领导赶往事发现场协调指挥，同时紧急调派海巡31319等6艘海巡艇和港内“汉港拖601”赶赴现场救助，对事发水域实施临时交通管制，11：25时解除临时交通管制，桥区水域恢复正常通航。因受上游来水影响，长江中下游水位陡涨，出现了历史罕见的冬季高水位，水流流量大，流速急，给船舶航行带来较大影响，武汉海事局提醒各船舶近期要提高安全意识，密切关注水位变化，按照洪水期的航行要求切实落实各项安全措施，谨慎驾驶，服从海事部门的指挥，确保航行安全。

（武汉局　张春　石博宇）

【800余人擅自横渡长江　武汉海事紧急护航保安全】　2008年7月16日上午约9：30，武汉海事局港区海事处海巡艇在巡航中，突然发现陆续有大量游泳爱好者从武昌汉阳门下水，顺江而下开始横渡长江，海事部门立即对武汉长江大桥至武汉长江二桥水域实施了临时交通管制，武汉水上交管中心发布临时交通管制通告，通过长江水上安全信息台播发安全提示，提醒过往船舶避开渡江时段航经武汉长江大桥至武汉长江二桥水域，并通过雷达、电视监控系统等监控设备密切监控武汉港中心区船舶动态，同时调派三艘海巡艇分别在武汉白沙洲大桥、武汉长江二桥、汉江河口附近水域对拟通过武汉港中心区的船舶实施交通管制，对武汉港中心区内渡船采取限制航行区域和调整班次措施，控制其避开游泳人群，保障渡江水域无航行船舶威胁游泳爱好者安全。直至11：00，约800余名游泳爱好者分批从武昌汉阳门横渡长江安全抵达汉口江滩岸。11：05，在海巡艇对渡江水域进行全面安全巡查后，武汉海事局及时解除水上临时交通管制，武汉港中心区船舶恢复了正常通航。

（武汉局　张春　石博宇）

【武汉局港区处武桥大队快速施救跳桥者】

2008年8月25日12：30，武汉海事局港区海事处武桥执法大队海巡31319艇巡航结束，刚准备靠泊海事搜救基地时，突然接到正在五号基地作业的长江02031号拖轮紧急甚高频无线电话报警，称有一人在大堤口水域落水，请求海巡艇救助。情况紧急，时间就是生命！艇长李双喜全速驾驶海巡 31319 艇如离弦之箭驶向事发现场。经过仔细搜寻，12：35 现场执法人员通过望远镜在月亮湾水域发现落水者的踪迹。此时落水者紧紧抱住一个救生圈，手脚已无力挣扎，人处于半昏迷状态，在武昌一侧距离岸边 150 米左右江水中随波起伏，随时有沉没的危险。艇长李双喜、轮机员石伯移驾驶 31319 艇迅速靠近落水者，摆好船位便于施救。副队长肖向红、监督员杨安民、监督员金德仁用救生竿将落水者拉至艇边，并拿出早已准备好的安全网，齐心合力将已经失去知觉的落水者连同救生圈一起安全地兜到 31319 艇前甲板上，将落水者顺利救起，及时进行了溺水人员急救处置。同时，“海巡 31319”以最短的时间靠泊武桥执法大队搜救基地码头，途中拨打 120 电话要求协助。落水者清醒后对海事人员救命之恩表示感谢，海事人员一边安慰落水者，一边询问了解情况。该落水者名叫李亚和，45 岁，武汉人，一人独居，中午时分从武汉大桥武昌一侧跳下，跳桥时右手背被大桥栏杆刮伤，落水后腰部受伤，幸好被正在大堤口基地作业的汉港拖 801 轮发现，该轮船员及时向其抛投救生圈，为落水者获救赢得了宝贵时间。13：10，120 救援人员赶到现场，将获救男子用担架抬走，送往市三医院救助。

（武汉局　邓　放）

【危难时刻显真情】 2008 年 6 月 21 日 9：30，新滩海事处潘家湾大队值班室现场监督员肖金成同志接到“三江 201 号”船舶求救电话，该船大副因患严重的肠胃炎，要及时送往医院开刀，请求潘家湾大队出艇接送病人上岸就医。人命关天，时间就是生命。侯新武副大队长知道求救情况后，与现场监督员虞凯一道率领海巡 31406 艇赶往事发水域。5 分钟之后，海巡 31406 艇到达事发水域，登上“三江 201 号”之后，发现患者情况十分危急。在这紧要关头，侯新武副大队长马上组织大家小心翼翼的将患者转移到海巡 31406 艇上，迅速驶向潘家湾镇。到达海事囤船后，侯新武同志迅速与陪同来的“三江 201 号”船员将患者送到医院进行紧急治疗，当得知患者没有生命危险，他们才悄悄地离开。6 月 23 日该船船员激动的送来了一面锦旗，感谢潘家湾执法大队海事人员“廉洁奉公，排忧解难”。该船人员激动的向潘家湾大队的海事人员感激道：“在这里我们人生地不熟，有了你们的帮助，我们就放心了”。

（武汉局　邓　放）

【“庆宜 210”搁浅滚装船成功获救】 2008 年 8 月 17 日 17：12，“庆宜 210”滚装船上行在长江云阳老城附近玉沱水域发生搁浅，船体横倾（船上载有汽车 32 辆，司乘人员 78 人，船员 22 人，警察 1 人），情况危急。重庆海事局收到险情信息后立即启动了应急预案。次日凌晨 5 时左右开始转移车辆，由于方案完善，准备充分，施救组织得当，“庆宜 210”轮随即在现场救助小组的指挥下运用车舵配合，成功脱浅。

（重庆局）

【重庆海事局成功处置巫山龚家坊崩塌灾害】

2008 年 11 月 23 日 16：45，长江巫山北岸龚家坊（长江上游航道里程约 165.7 公里）发生山体崩塌，约 5 万方土石坠入江中。16：47，我局接到报告后，立即启动了滑坡应急预案，赶往崩塌现场，发出安全警示，果断对巫山长江大桥至青石洞水域实施禁航交通管制。由于措施得当，处置及时，没有造成船舶财产损失和人员伤亡。

（重庆局）

【重庆海事局成功开展跨区联合水上搜救演习】

2008 年 12 月 1 日，为提高水上应急反应能力，积极应对三峡库区 172 米蓄水后的水上搜救工作新形势需要，重庆局在长寿川维厂水域开展了主题为“关爱生命、平安长江”联合水上搜救演习。本次演习由重庆局司太生副局长、长寿区分管副区长郭建国共同担任总指挥长。重庆局机关各业务处室、长寿及朝天门海事处、长寿区安监局及交通局、长寿航道处等单位 100 人及“长江海事 1 号”等 11 艘船舶参加演习。演习全面检验了我局快速化反应能力、提高了应急救助能力，展现了海事在关键时刻能发挥关键的作用！

（重庆局）

【重庆片区三峡水库山体滑坡联合应急演练在万州成功举行】 2008 年 12 月 30 日，为贯彻落实《长航局安全预警与应急处置管理办法》，进一步强化重庆片区地灾应急联动机制，重庆片区地质灾害水上安全应急处置指挥部组织万州海事处、万州航道处、长航公安万州分局、长江万州通信管理处在万州乌沙尾水域举行了三峡水库山体滑坡联合应急演练。本次演练模拟受连日强降雨影响，万州乌沙尾水域滑坡体变形加剧，加速发展，发生大面积滑坡后的水上联合应急演练。共出动人员86人，船舶14艘，其中海巡艇5艘、航道艇2艘、公安艇2艘、其它社会船舶5艘。本次演练由重庆海事局局长陈勇、万州区政府副区长丁坤林共同担任总指挥，重庆海事局副局长司太生担任现场总指挥。长江重庆航道局、长航公安万州分局、长江重庆通信管理局的领导应邀到现场观摩了演练。

（重庆局）

【三峡局加强巡航搜救工作】 2008年，三峡海事局出航巡逻7 389次，航时133 575小时,巡航里程204 016.3公里，实施安全预警7次，禁航37次，发布航行通（警）告18次，“1530”反应率100%。实施水上救助行动18次，成功救助遇险船舶24艘、遇险人员约900人，挽回财产约6 000余万元，人员救助成功率99.9%、船舶救助成功率91.2%。纠正船舶违章641项，整改率100%。

·*进一步强化搜救体系建设* 加强与宜昌市人民政府的联系，营造与辖区搜救中心成员单位通力协作，密切配合的搜救环境。对辖段水上搜救工作情况和存在的问题进行分析和研究，探讨更适宜的方法和途径。12月，组织召开三峡河段水上搜救社会力量网络成员总结表彰会，辖区有44家船舶公司参会。通过通报情况、交流工作，进一步提高了社会力量参与水上搜救的积极性。

·*扎实开展水上搜救工作* 组织船舶溢油污染、客渡船遇险水上应急处置、防止船舶漂流撞击坝、地质滑坡通航应急保障等3次综合搜救演练。5月2日，在三峡坝上举行了一次地质灾害应急处置演习；8月5日，在辖区南津关水域开展防船舶漂流撞击大坝应急处置演习。组织各海事处及执法大队开展险情信息传递、“1530”快速反应、海巡艇夜航、险情水域的临时交通管制、救助船舶的组织、雾情的应对、搁浅船舶的处置、船舶火灾的处置、遇险旅客的应急疏散等9个单科目演练90余次。此外，进行新改造专用搜救艇“海巡31910号”船舶供电、大功率水泵、救助气囊、氧割、焊割的运用等四项内容的专门科目训练，全年组织开展各类水上搜救演练（演习）93次。

·*实行巡航新机制* 规范巡航行为，加强对重点水域、重点船舶和重点时段巡航检查。按照巡航管理规范要求，加强对一类监管区的巡航检查和现场驻守。重点水位期加大对辖区船闸引航道、石牌弯道、大三江清於施工及庙河危险品作业区、锚地、施工作业区等重点水域和航段的巡航监控，重要航路巡航7 002次。按照长江海事局巡航工作布置要求，7月3日和12月3日开展两次全辖区巡航，掌握辖区水位交替时期通航环境和通航秩序状况，同时对渡口渡船开展半年检查，督促检查考核海事处巡航任务完成情况,取得较好效果。

·*加大重点时段巡航管理* 特别是在奥运安保时期，严密监控船舶过闸、滚装船翻坝转运秩序，布置4艘海巡艇驻守南陵溪锚地、禹王渡水域、坪善坝锚地、黄柏河口交汇水域；每日18：00在执行新一轮计划的第一闸次，庙嘴、南津关、黄陵庙、太平溪执法大队海巡艇在引航道水域巡航，维护通航秩序；每日20：00至次日凌晨05：00，实行夜间6个执法大队全程接力有声巡航；辖区6个执法大队的雷达和GPS监控终端24小时全天开启，实行区域严密监控；三峡、葛洲坝船闸上下引航道口门的4个执法大队，对过往船舶进行高频次的安全宣传；利用GPS严密监视两坝间滚装船运行动态，对从银杏沱滚装码头始发上行和杨家嘴下行的滚装船的作业和装载进行CCTV监管。

（三峡局　何宁）

【三峡局成功救助“荆州货万顺16号”轮】 2008年1月1日18：05，三峡海事局黄陵庙执法大队接到三峡调度室的报警电话，称上行船舶“荆州货万顺16号”轮在长江上游32.7公里处的北岸丁头镇触礁遇险。黄陵庙执法大队接到事故报告后，立即安排“海巡31906号”和“海巡31909号”艇携带海事救助小艇紧急出航，15分钟内到达事故现场。当时事故船舶处于倾斜状态，左舷甲板已上水。两艇立即分别展开救援，“海巡31906号”艇负责维护过往船舶通航秩序，“海巡31909号”艇负责现场抢险。现场指挥人员看到事故船船情况危急，当即决定把船上的部分货物抛入江中，同时用大功率抽水泵对事故船舶进水船舱进行排水，避免船身继续下沉。18：40，调集社会救助船舶赶赴现场参与施救；19：05，“鄂晓溪塔渡007号”船组织24名抢险人员抵达现场对事故船舶进行减载。19：30，遇险船舶翻沉趋势得到控制；20：00，“奥运2008号”滚装船到达事故现场参与施救。20：20，宜昌市乾龙打捞公司应召赶赴现场对遇险船舶进行探摸，在船前舱、中舱底部发现5个大小不一的破损洞并成功进行堵漏。2日凌晨2点，险情基本控制。

1月2日08：30，黄陵庙执法大队又组织27人对“鄂荆州货万顺16号”轮货物进行转载。18:30，经过各方通力配合，“鄂荆州货万顺16号”上浮脱离礁石；18：40，“鄂荆州货万顺16号”轮由“鄂荆州货顺发号”轮拖带，海巡艇全程维护，于19:00安全到达南沱船厂进行修理。至此，经三峡海事局全力救助，成功避免了一起导致船沉人亡的重大事故。

（三峡局　何 宁）

【江苏省局全面开展抢险搜救】　2008年，江苏省地方海事局成功抗击了50年不遇的强雨雪冰冻灾害。抗雪灾期间，共安全护送电煤船队102个，电煤517.5万吨，成品油9.8万吨。“5.12”汶川大地震发生后，全系统积极投入抗震救灾工作，保障抗震救灾物资在水上运输的安全畅通，积极捐款捐物，累计捐款210多万元。奥运安保期间，累计出动海巡艇7 585艘次，海事人员2.26万人次，海巡车859车次，及时化解各类险情。

加快推进应急反应手段建设，提升灾害性天气应急反应能力。省内河搜救中心办公室指挥调度科对外履职，湖区搜救基地全部建成。共救助遇险船舶703艘，救助遇险人员555人，挽回直接经济损失达2 733.82万元，实现了灾害天气辖区水上“不死人、少损失”，搜救成功率达95%以上的目标。

（江苏省局　黎济长）

【赤水河水上突发事件应急演练】　2008年7月11日9时，赤水河水上交通突发事件应急演练开始。参加水上交通突发事件应急的海事、航务、公安、客船、货船列队开始演练活动。此次演练是贵州省规模最大的一次水上突发事件应急演练，分为“船舶失控打流救助”、“水上人命救助”、“水上消防救助”、“水上反恐演练”。此次演练有30多家单位协同作战，共投入船舶20艘、各类车辆24辆，共有500多人参加了演习。图为演习现场，海事、航务、公安、消防艇全力灭火。

（贵州省局　杨萍艳）

【甘肃省局水上安全监管和搜救能力得到提高】

2008年，甘肃省地方海事局开展水上搜救9次，出动救援车（船）39艘（次），出动搜救人员70人次，获救乘客168名。

一是搜救硬件建设得到改善。为基层配发执法监督车13台，北方四局赠送给甘肃省灾区海事单位的2艘海事监督艇和省厅交战办配置2的艘冲锋舟，已分别配置给4个重点水运地区海事局，提高了现场安全监管和应急处置能力。二是搜救体系进一步整合。临夏州率先实行了以专业救助为主，民间救助参与的搜救新机制。三是成立了第一家民间潜水打捞公司。按照“广泛动员、全民参与、反应快速、科学救援、确保实效”的水上应急救援工作原则，在刘家峡库区成立了由62名海事人员及船员、35艘社会船舶组成的7个水上应急救援站，多次在库区水上救援工作中发挥了积极作用。与此同时，得到部搜救中心补助的救助资金20余万元，有利于救助力量开展水上搜救。四是集办公自动化和视频安全监控为一体。水运海事信息化建设全面启动，改变传统监管方式，实现用海事信息化建设带动海事监管现代化。海事部门认真调查处理陇南“6.12”，临夏“7.19”水上交通事故，做到了反应迅速，据实调查，出具了事故分析报告，提出了安全管理建议。

（甘肃省局　陈长春）

【重庆市局指导潼南震后水上抢险工作】　2008年6月7日、8日，重庆市地方海事局和长航中山舰救助打捞工程部有关技术人员赶赴潼南，指导当地海事部门对涪江梓潼码头2艘餐饮趸船实施了搬迁，防止因上游四川“5.12”地震后形成的唐家山堰塞湖溃坝泄水造成陡涨洪峰冲击船舶发生断缆打流事故。6月11日17时30分，唐家山堰塞湖下泄洪峰平安通过潼南县境。

（重庆市局　阳 斌）

·水运环保·

【长江海事局开展危化品船舶安全隐患大排查活动】 2008年4至5月，长江海事局在辖区内开展了危化品船舶安全隐患大排查。共检查危化品码头268座(含水上加油站)，查处缺陷1 404项，平均缺陷率(5.23项/座)；实施船舶安全检查555艘次，查出缺陷4 284项，平均缺陷率7.72项/艘；滞留船舶12艘；走访运输危险品企业71家；开展了危化品船舶船员履职能力情况检查，重点对1 068名持证船员进行了操作性检查，抽查了船员对自身职务职责及相关法律法规的掌握情况、SMS体系运行情况、对关键性设备操作及应急应变能力进行了检查和测试；实施载运危险品集装箱开箱检查58TEU。

（长江局　危防处　彭宏恺）

【2008中国—荷兰长江危险品安全管理研讨会在重庆市召开】 2008年9月，长江海事局在重庆召开“中国—荷兰长江危险品安全管理研讨会”，三十六名中外领导和专家汇集一堂，共同研讨危险品安全运输管理。长江海事局派员参加了此次会议，并向与会专家介绍了我局危险货物安全管理的现状、存在的问题及建议。

（长江局　彭宏恺）

【长江局向船舶赠送危险品船温馨提示卡】 长江海事局派员赴武汉局下发危险品船温馨提示卡。2008年11月11日，对武汉阳逻国际集装箱码头、湖广水道临时危险品锚地进行了现场检查，并向“鸿运号”、“润扬油28号”油船船员发放《在油船上工作的朋友温馨提示卡》，提请广大船员“安全意识心中有，谨慎行得万里船”。

（长江局　彭宏恺）

【长江局枯水期长江中游危险品船过驳检查和指导】 长江海事局派员对宜昌辖区危险品船过驳检查和指导。2008年10月25至26日，在宜昌局召开专题研讨会，对拟过驳的水域、周边环境及卸、接危险品船舶技术状况、过驳作业程序、过驳作业关键性操作及注意事项进行研讨，针对危险品船舶过驳方案及过驳程序、操作要求、安全和防污染注意事项进行了指导。

（长江局　彭宏恺）

【长江局开展“六.五”世界环保日专项活动】

2008年“六.五”世界环境日前后，为进一步推动长江船舶防污工作，提高广大船员及旅客的环保意识，长江局组织所属各海事管理机构开展“五个一”宣传活动：组织一次现场宣传检查活动、召开一次《水污染防治法》宣贯会、向地方政府汇报一次危防工作、发布一次辖区船舶防污工作信息、组织开展一次溢油应急演习。活动期间，全局共发放宣传资料19 270份、悬挂横幅183幅、出版报87份、播放录音587次、宣传人员19 531人次，宣传船舶6 276艘次。向地方政府汇报45次，开展溢油应急演习11次，召开宣贯(座谈)会57次。

（长江局　彭宏恺）

【长江海事局开展了2008年船舶污染物限排专项行动】 2008年，根据交通部海事局《关于印发2007年限制船舶污染物排放专项行动实施方案的通知》和《关于印发2008年限制船舶污染物排放专项行动实施方案的通知》精神，长江局开展了船舶铅封试点工作。对五类船舶进行了铅封，并认真借鉴韩国水域“河北精神”轮溢油污染事故的经验教训，扎实推进辖区污染应急体系建设。目前，已实施铅封船舶305艘。

（长江局　彭宏恺）

【长江海事局加强污染危害性货物作业码头的管理】 2008年，根据《长江船舶防污染备案管理办法》和《长江海事局危险货物码头及船舶作业防污染评审制度》的规定，长江局开展了污染危害性货物码头防污染评审备案工作。分别派员到芜湖、安庆、武汉等局对该项工作进行督导，并派员参加了宜都徐家溪等码头的评审。截止2008年10月份，辖区进行污染危害性货物作业的215座码头的均进行了防污染备案。

（长江局　彭宏恺）

【长江海事局强化污染应急能力建设】 2008年，长江局一是积极推进三峡库区防污染一期工程的建设，完成了项目各项前期工作，目前已进入设备招标阶段。二是开展了长江防污染专业应急清污系列船建造、长江中下游溢油应急设备库的前期工可工作。三是开展了污染应急预案的编制工作，提请重庆市政府颁布实施了《重庆长江干线溢油事故灾难应急预案》。四是组织开展了辖区污染敏感水域的调研，摸清了取水口、保护区等敏感资源分布情况。五是组织编印了《内河溢油应急处理手册》，积极探索了有内河特色的溢油处理技术方案。

（长江局　彭宏恺）

【长江海事局全年危防工作数据】 2008 年，长江海事局辖区危险品进出港吞吐量为 1 862.3 万吨，进港危险货物 963.7 万吨，出港危险货物 898.6 万吨；在进出港危险货物中，包装危险品 52.8 万吨，同比下降；散装危险品 1 809.5 万吨。在散装危险品中固体散装危险货物 0.7 万吨；散装液化气 14.1 万吨；散装液体化学品 351.6 万吨；散装油类 1 443.1 万吨。对 28 264 艘次载运危险品船舶办理了进出港申报手续。

（长江局　彭宏恺）

【长江海事局辖区污染事故情况】 2008 年，长江局辖区发生船舶污染事故三件，污染量 3.8055 吨。从事故等级看，有一般污染事故 1 件，一般以下污染事故 2 件。从事故类别看，有油污染事故二件，垃圾污染事故一件。辖区实现了不发生重特大船舶污染事故的目标。但与去年相比，船舶污染事故增加了 1 件，污染量增加了 3.804 吨。表明船舶污染风险有一定程度地增加。

（长江局　彭宏恺）

【长江海事局危防工作亮点】 2008 年，长江局确保了辖区全年未发生大、重大船舶污染事故。通过船铅封和加强管理，船舶污染减排成效显著，污染物接收处理量比去年同期增加了 32%。开展危化品船安全隐患大排查，使辖区安全形势得到进一步好转，全年没有发生重大事故。向广大船民发放温馨提示卡，提请广大船员“安全意识心中有，谨慎行得万里船”。举办“2008 中国—荷兰长江危险品安全管理研讨会”，通过举办国际危管论坛，使我局相关人员开拓了视野，增长了见识，业务水平得到提高。

（长江局　彭宏恺）

【安庆海事局开展“六.五”世界环境日宣传周活动】 “六•五”世界环境日前夕，安庆局邀请辖区的危险品运输公司、危险品装卸作业单位以及船舶污染物接收单位等 15 家单位代表，召开 2008 年“六 · 五”世界环境日座谈会暨《中华人民共和国水污染防治法》宣贯会。会议通报了我局 2007 年危防工作开展情况，学习了长江海事局《关于宣贯新修订的〈水污染防治法〉的公告》和《关于限制生产销售使用塑料购物袋的公告》。为配合 2008 年奥运会的举办，我局以本届世界环境日宣传周为契机，周密组织，精心安排，加大宣传力度，掀起了一次环保热潮。在活动开展期间，悬挂横幅 24 条，发放宣传资料 1 312 份，宣传人员达 1 614 人次，宣传船舶 681 艘次，播放录音 38 次。联合长燃安庆分公司仁家墩加油站、安庆安洁环保公司、安庆港区海事处，模拟仁家墩加油站装卸作业时发生操作溢油开展一次防污实战演习。

（安庆局　监管处）

【危险品船管理课题荣获华东片优秀论文奖】 为加强船舶载运危险品的安全管理，安庆局积极开展课题研究，探索辖区危险品长效管理机制。2008 年 9 月，局课题组完成了长江局分配的“危险货物码头装卸作业安全与防污染有效监管”课题的研究，并撰写了研究论文，在 2008 年华东片区危防工作年会的论文交流评选中荣获优秀论文。

（安庆局　监管处）

【安庆局开展危化品船舶安全隐患大排查活动】

2008 年 4 月 11 日至 5 月 10 日按照长江海事局“危化品船舶安全隐患大排查”活动的有关要求，安庆海事局结合自身辖区危险品运输特点，集中力量，组织专班，开展了为期一个月的针对危化品船舶、装卸作业码头以及航运公司的安全隐患专项大排查活动。各排查小组根据“油船、散装化学品船隐患大排查部分重点项目检查要点、载运危险货物集装箱大排查检查要点”，合理分工，按照属地管理的原则，责任落实到位，对辖区的 25 座危险品码头、到港的 19 艘油船和 23 艘化学品液货船以及 1 艘液化气船进行了全面排查。其中，查处码头安全缺陷 157 项，油船安全缺陷 165 项，化学品船安全缺陷 264 项，液化气船安全缺陷5项，单船缺陷数平均达10.1项，统计船员145人，对实际操作水平差的责任船员实施违法计分34分。对存在严重安全缺陷的皖怀远化131、皖通达258船舶实施了禁止离港强制措施。活动期间，我局特邀请南京船级社的邱大军高工来宜对各海事处的安检骨干进行危化品船舶安全检查知识更新培训，从船舶构造、布置、安全设施、特殊要求等各个方面图文并茂的进行理论讲解，使得大家对危险品船在理论上有初步的了解。后深入到安庆沙漠州液化气码头、安庆曙光码头，对停靠港内作业的液化气船“长茂1号”轮、散化船皖安庆化901、皖安庆化904和“远洋878”进行现场授课，加深对相关知识的认知度，提高了安检员安检技能。

（安庆局　监管处）

【九江海事局加强危防管理】　2008年，九江局进一步完善危防工作基础数据，建立常年航行辖区危化品船舶数据库。完成了辖区危险货物码头防污染备案工作，备案率达100%。全年办理载运危险货物船舶进出港申报2426艘次，回收处理船舶垃圾及污染物90.2吨，接收残油、油污水681.9吨，全年未发生船舶污染事故，确保了辖区158.5万吨危险货物安全运输。

4月10日至5月20日组织开展了为期30天的危险品船舶隐患大排查活动，为保证活动质量，监管处提前制订了活动方案，拟定了针对性的措施，举办33人参加的安全隐患大排查培训班，以确保活动成效。活动期间，共检查危险货物码头17座，查处缺陷60项，检查到港危险品船舶28艘（其中油船22艘，化学品船5艘，液化气船1艘），查处缺陷233项，检查危险货物集装箱4个、查处缺陷3项，走访船公司6家。通过开展危化品船舶安全隐患大排查，掌握了辖区危化品航运公司、船舶、码头、装卸作业管理现状及安全与污染应急设备配备情况。

（九江局　熊仁和）

【黄石海事局危防管理】　2008年，黄石局一是对1471艘次载运危险品船舶办理了进出港申报手续，其中进港申报984艘次，出港申报487艘次；危险货物吞吐量：全年危险品进出港吞吐量为106.85万吨，其中进港77.34万吨，出港29.51万吨；全年共监督接收10 820艘次船舶垃圾172.46吨，544艘次船舶油污水314.2吨；无船舶污染事故。二是开展“管理规范年”专项活动。对辖区内危险货物码头、设施及加油站（船）开展安全与防污染检查，要求船岸落实各项制度，确保危险货物运输和作业安全。三是组织开展危化品船安全隐患大排查活动。共检查辖区危化品船公司3家，危险品码头6座，水上加油站8座，共查出隐患147项。检查危化品船61艘，查出安全隐患604项，对3艘低标准加油船采取了滞留措施。对检查中发现的隐患缺陷按照“挂牌消号”的要求，及时督促进行了整改，缺陷整改率100%。四是认真做好高温汛期危险品运输船舶监管工作。针对洪水期船舶航行、作业条件及高温季节危险货物的特点，制订了针对性的措施积极应对，促进了辖区安全形势的持续稳定。五是积极开展船舶及相关作业防污染备案工作。9座危险货物码头、8座水上加油站、12艘港内加油船、7家污染物接收单位进行了防污能力评审备案和防污染措施年度有效性核查。六是制定并发布了《黄石海事局船舶修造和拆解作业安全与防染监督管理办法(试行)》，进一步规范我局辖区船厂安全与防污染管理。

（黄石局）

【三峡局防污染监测工作】　2008年，三峡海事局共办理危险货物进出口315艘次、38 128吨，同比上年增长16%；监督垃圾接收7 254艘次、1 340.9吨，同比上年下降11%；船舶油污水1 018艘次、接收油污水911.5吨，同比上年增长33.1%；此外，完成150艘船舶油污水的监测工作。

·*船舶防污染工作*　继续大力推行交通部11号令《防止船舶污染内河水域环境管理规定》和长江海事局颁布的一系列配套办法等国家有关危险品管理和船舶防污染法规政策。落实运输危险货物船舶的进出港申报管理，督促船舶和作业码头，按照《船岸安全检查表》要求落实安全和防污染的措施。加大业主防污设备器材配置和储备，继续开展船舶垃圾和油污水接收和检测工作。与中石化宜昌长燃公司联合开展船舶溢油演习，在危险品待闸锚地开展危险品船舶事故救援演习。“六·五”世界环境日期间，开展全辖区环境保护宣传活动，宣贯《水污染防治法》等环保法律法规，提高过往船舶污染意识。经过近几年的建设，交通部在三峡海事局设立的长江三峡流动污染源监测站，已具备检测船舶油污水、PH 值、噪声、废气和烟度等多项能力。三峡流动污染源监测站全年完成 150 艘船舶油污水的监测任务，取得 171 个监测数据，并通过湖北省技术质量监督交叉检查验收。

·*载运危险货物专项检查* 4 月至 5 月，按照长江局统一布置，三峡海事局组织开展了船舶载运危险货物安全专项检查和安全隐患整改工作。检查危险品船 11 艘（散装液体化学品船 1 艘、加油船 9 艘和“新平江”原油船 1 艘），查处缺陷 94 项，其中滞留 1 艘船舶，扣除两艘船舶船员 2 分。与此同时，及时发现和纠正了船舶载运危险货物中存在的重大缺陷和潜在的事故隐患。

·*码头防污管理* 根据年作业量达 1 万吨的码头要求配备围油栏、收油机等防污染设施的规定，多次派人走访有关公司、码头管理部门，宣传水上防污染的相关政策，并将配备围油栏作为审核油品码头的重要条件之一。截至年底，辖区已配备围油栏 1 235 米、收油机一台和若干吸油毡等船舶防污染设施，防污染体系力量进一步加强。

（三峡局 何 宁）

【江苏省局深入开展水运环保】 2008 年，江苏省地方海事局船舶污染防治设施设备配备工作基本完成，太湖流域的所有 22 千瓦以上运输船舶都安装油水分离器，航行太湖水域客船的生活污水存储器全部安装到位。太湖流域的 11 座船舶垃圾收集站和 12 座油废水回收站如期建成，得到了省政府太湖办的一致好评。

继续开展船舶污染防治宣传日活动，在太湖流域向广大船民免费发放 2 万只垃圾桶和 100 万只垃圾袋。积极推行江苏省内河船舶污染责任保险工作，确保了工作的稳妥顺利实施。

（江苏省局 黎济长）

【京杭运河扬州城区段“三改二”工程生态环境效果显著】 京杭运河扬州段“三改二”整治工程贯彻生态环保理念，应用生态驳岸研究成果，着力打造生态景观，有效改善了京杭运河扬州城区段生态环境。一是采用多形式驳岸方案，凸显驳岸生态效果。根据航道断面所处位置不同，创新地应用了 13 种驳岸形式，并通过不同材料修饰，如在文昌大桥北侧东岸 1 500 米二级墙使用了黄石，显示出古色古香的美感；在大部分航段二级墙使用空心预制块，如同古城墙一般，展现了运河的历史韵味。二是因地制宜布置绿化，构筑航道绿色长廊。对江阳大桥北侧等航道边坡的天然芦苇采取保留措施，经过修剪，6 000 平方米天然芦苇形成自然绿色景观；在一级挡墙和二级挡墙之间种植水湿生植物，在二级挡墙上选种了垂柳、女贞、香樟等 40 余种陆生植物，形成了 3 万平方米的绿化带，营造了水陆相映成景的航道绿化景观。三是运用生态驳岸技术，打造自然生态特色。采用空隙设计，在驳岸底端留下很多大大小小的洞眼——鱼槽，给爱钻水草的鱼儿留下了活动空间；运用无砂混凝土技术，使草可以穿透而出又能防止水土流失。同时，在驳岸上设置了临水游览路，建造了亲水平台，便于市民休闲观水。

通过多样化的生态驳岸结构模式、新型材料在航道工程中的应用和绿化的精心配套，营造了多样化的运河景观，使运河航道成为穿越扬州城的生态景观走廊，展示了扬州运河的历史与文化，增强了扬州城市的运河名片效应。

（江苏省局 扬州处）

【南昌市加强水源保护区巡查 确保赣江饮用水安全】 2008 年，根据市委市政府关于加强水源水质进行保护的要求，南昌市港航管理处组织执法人员对水源保护区进行巡查。

4 月 21 日至 4 月 23 日，由副处长带队分成两组分别对三个取水口（青云、双港、朝阳）进行巡查。在取水口上游 1 000 米、下游 100 米之间的范围内停靠的各类的船舶上，执法人员对船主耐心宣讲《南昌市赣江饮用水源保护条例》，使其认识到保护水源水质的重要性。船主受到教育后自觉地将船舶驶离水源保护区。随后执法人员来到港区港埠企业，认真查看作业现场，要求装卸人员认真作业，不要把洒落物随意倾倒江中，告知在码头进行装卸的船主生活垃圾不要图方便倒入江中，要及时收集上岸，放入规定的场所。对各企业的排污口派专人值班蹲守，发现有影响水质的异常情况及时通知相关部门。通过努力，水源保护区内的船舶停靠的现象基本杜绝。

（南昌港 刘 敏）

【甘肃省不断加强防治船舶污染内河水域工作】 2008年，甘肃省局拟文转发了交通部海事局《关于贯彻实施新修订的“水污染防治法”的通知》（海船舶[2008]184号）以及国家环保总局、发展改革委、财政部、建设部、水利部、农业部《关于加强河流污染防治工作的通知》（环发[2007]201号）文件，加大对《水污染防治法》的宣传力度，加强对防治船舶污染内河水域环境的监督管理，保护内河水域的环境及资源，要求各地成立专门的部门，制定详细的操作细则和检查方案，建立和完善防治船舶污染内河水域的长效管理机制，并督促船舶配备相关的防污文书。

（甘肃省局　陈长春）

【重庆籍省际运输旅游客船生活污水治理工作正式启动】 2008年1月4日，重庆市港航管理局（重庆市地方海事局，重庆市船舶检验局）召开“三峡库区船舶流动污染源治理通告宣贯会”，标志着重庆籍省际运输旅游客船生活污水治理工作正式启动。会上，梁雄耀局长作动员讲话，会议由党志胜副局长主持。重庆海事局、CCS重庆分社、相关运输企业负责人等参加了会议。会议对重庆市交通委员会和重庆市环境保护局联合发布的《关于加快三峡库区船舶流动污染源治理的通告》进行了宣贯，对重庆市交委发布的《客船防止生活污水污染系统设计、安装及检验原则要求》进行了学习，并对《重庆籍省际运输客船生活污水生化处理装置安装项目实施工作细则》作了进一步的解释与说明。

（重庆市局　阳　斌）

【重庆市巫山县及时处置水上污染事故】 2008年1月10日上午11时35分，巫山航务处接到举报，大宁河大昌湖唐家湾至七里约50×800米水域被残油严重污染。巫山航务处立即会同县水警大队赶赴现场，对该水域进行交通管制，并迅速调用围油栏、吸油粘、散油剂等油污处理设备进行了紧急处理，及时避免了油污染的进一步扩散。

（重庆市局　阳　斌）

【重庆市局及时处置溢油事故】 2008年2月29日，在董家溪码头发生一次不明源头的水上溢油事故，水面油膜面积达数百平方米。重庆市地方海事局接报后，及时赶赴现场，组织交通执法水上大队、直属处和嘉陵江航道段等部门开展处置。在当时无任何清污设施可用情况下，调集1 000余张稻草垫和一批绳索，自制约200米长的稻草“围油栏”，将水面油污围控至离岸很近的十平方米小范围内后再用单张的稻草垫吸附油污，将之彻底清除。这次清污工作的圆满成功，是一次因地制宜的技术创新，为今后内河支流水域处置溢油污染事故积累了宝贵经验。

（重庆市局　阳　斌）

【交通运输部组织召开库区船舶流动污染治理协调会】 2008年12月，交通运输部在渝组织召开了库区船舶流动污染治理协调会。部海事局船检处、武汉船检管理处、CCS、重庆市船检局、重庆海事局及重庆市地方海事局的相关领导及人员参加了会议。会上，各单位结合自身工作实际，汇报了三峡库区成库以来贯彻落实交通运输部、重庆市政府关于库区船舶流动污染治理的有关情况，并围绕库区船舶防油污染设备铅封、生活污水处理装置、船载GPS检验等事宜展开了讨论。

（重庆市局　阳　斌）

·规费征稽·

【长江海事局财务收入创历史最好水平】 2008年，长江海事局收入总量及规费征收持续增长并再创新高。单位收入总量突破6亿元，其中船港费实现收入2.2亿元；引航费实现收入1.59亿元；港监管理费实现收入0.47亿元。

（长江局　王　静）

【长江海事局大力推进节约型单位建设】 2008年，长江海事局严格预算管理，各项支出安排保人员经费、保安全管理工作经费、向基层一线和发展战略实施的倾斜力度进一步加大，控制和压缩了一般性经费开支，继续实行政府采购、集中采购、定额控制等多种节支措施，实现了一般性日常公用经费零增长、会议费及招待费零增长的目标。

（长江局　王　静）

【长江海事局不断提升财务信息化水平】 2008

年，长江海事局财务集中管理系统和费收管理系统运行平稳，功能得到进一步拓展和深化，机打票据使用率85%；建立并实施了刷卡收费系统，收费站点覆盖率83%，运行半年，刷卡收费率达40%。

（长江局　王 静）

【安庆海事局推行财务公开制度】　2008年1月1日，安庆海事局行文下发了《财务公开实施办法》，财务处作为实施财务公开的责任主体，首先将安庆海事局财务公开的内容和形式向长江海事局进行了报备，再按照“依法公开、实事求是、注重实效和有利监督”的原则，采取不同的公开方法对所需公开的事项和内容逐项进行了公开；各海事处将本单位需公开的内容向安庆海事局报备，并根据报备的内容和形式对需公开的事项定期进行了公开；财务处每季度末对各海事处的财务公开工作进行检查。目前，安庆海事局财务公开工作正逐步规范。

（安庆局　龙强梅）

【安庆海事局实施电子机打票管理】　安庆海事局于2007年4月18日起在全局范围内实施了机打票，为使费收管理系统在每个执法站点全面运行，2008年初在各海事处原有固定收费站点实行机打票的基础上，为部分海巡艇配备了笔记本电脑和机打票打印机，全年开具机打票23 924份，占总用票量的70%；加强了票据管理，实现了票据领、销、存等统计台账的电子化。

（安庆局　龙强梅）

【长航集团所属船舶的船港费征收方式改变】

2008年1月1日起，对长航集团所属船舶的船港费征收由“协议统缴征收”改为“航次计征、按月结算”的征收方式，为保证此项工作的顺利开展和实施，武汉海事局财务处组织海事处相关人员召开“改变长航集团船舶港务费征收方式培训班”，宣讲了长江局的通知要求和具体实施细则，并就海事处提出的问题进行了详细解答。

（武汉局　姜 平）

【全面启动两费征收刷卡收费工作】　2008年，长江局按照“先试后推”的原则，在全线启动刷卡收费工作。为保障此项工作的顺利开展，在各海事处专管员前期参加长江局统一培训的基础上，武汉海事局财务处派员分赴基层各站点进行走训，指导一线执法人员正确使用POS机进行刷卡收费。经过一段时间的试运行，现刷卡收费业务已在各海事处顺利实施，为保障资金安全起到积极的促进作用。

（武汉局　姜 平）

【河南省局圆满完成规费征收目标】　2008年，河南省航务局规费征收目标是2434万元，实际完成2795万元，超额完成年度计划的14%。为确保规费征收目标任务的完成，力争做到不漏征、不少征，省局出台了《关于加强全省通航库区（水域）航运规费征收工作的通知》，对省内库区船舶应征的收费项目标准、收费票据等征收工作提出明确要求，将规费征稽工作实行目标管理，制定管理措施，严格考核制度，对超额完成全年规费征收任务的单位实行超收返还政策，调动了做好征稽工作的积极性。由于各方的努力，超额完成了全省规费征收目标任务。

（河南省局　王守明）

【湖南省局加大规费征收力度】　2008年，湖南省航务局一是进一步完善收费政策。相继出台改变砂石货港费的征收方式，航标设置维护费和航道清障费收费标准，以及港口费收规则，水上交通安全维护费收费标准等政策。二是以优化水运环境、强化服务意识、发展运力为思路，采取了一系列规范执收措施，确保实征率进一步提高。岳阳地方海事局建立了“统一标准，公开优惠，阳光收费”的征收新模式，对运砂船舶按实际载货丈量吨位收费，实行执收“零自由裁量权”，收到良好效果。益阳航道管理局将征收任务逐一分解，制定了单船征收计划，并组织大规模的稽查行动，有力地堵塞了征收漏洞。张家界、娄底、益阳等地方海事局采取“走出去”、“请进来”的办法招商引船，在促进运力增长的同时，开辟了新的费源。全年水路交通规费（含罚没收入）达3.78亿元，同比增长64.63%，其中纳入征收目标管理考核的“五费”3.38亿元，同比增幅高达71.86%。

（湖南省局　蒋龙平）

·基本建设·

【长江海事局前期工作进展快速】 宜昌船舶交通管理系统工程、铜陵船舶交通管理系统工程、江津等25处巡航救助站点接岸设施工程、长航芜湖通信枢纽搬迁工程、长江干线船舶自动识别系统一期工程、长江上海通信管理处通信设施搬迁工程、重庆等五个监管救助基地（站）设施工程、长江引航信息化系统工程等8个项目工可报告及初步设计通过交通运输部批复，投资约2.55亿元。

（长江局　黄　强）

【长江海事局信息化及通信建设再上新台阶】 2008年，完成了长江海事局信息系统二期工程、汉口至宜昌数字传输系统工程及宜申船岸甚高频通信工程等3个项目竣工验收，长航重庆宽带城域网工程全面完成，已投入试运行。

（长江局　黄　强）

【长江海事局监管工作船码头40米趸船（二期工程）全部竣工】 2008年，由武汉军山船厂承建的武汉海事局的海事囤31280、31281、31282三艘趸船的建造任务，已全部建造完工。10月22日上午，长江局刘富华副局长在武汉局罗丹阳局长等一行陪同下，冒雨来到了该船厂，登上靠泊在码头上的三艘新趸船，认真查看和检查了建造质量，认为具备了交船的条件，随后双方进行了交接船签字仪式。

（长江局　装备处）

【重庆等4个分支局业务用房交付使用】 2008年，长江海事局下属重庆、岳阳、黄石和安庆等4个分支局业务用房分别交付使用，改善了基层单位的工作条件，进一步调动了广大职工的工作热情。

（长江局　黄　强）

【长江海事局巡航与救助一体化项目通过交通运输部考评组绩效考评】 12月16日，交通运输部项目考评组对长江海事局2008年长江干线水上巡航与救助一体化专项工作经费项目进行了绩效考评。考评专家组对我局绩效考评自评报告进行了讨论和评审，并乘坐海巡艇对武汉局辖区巡航救助工作开展情况进行实地考察。经过认真评审，考评组认为长江海事局对项目绩效考评工作高度重视，精心组织，周密安排；财务管理制度健全，资金管理控制有序；通过财政专项资金的投入完善了巡航救助一体化工作机制，积极推进了装备建设和队伍建设，保持了辖区安全形势稳定，达到了人命救助快速有效的目标，该项目绩效考评得分为98.35分，评审通过。

（长江局　黄　强）

【荆州大桥防撞工程安全监管设施建成】 2008年12月，荆州大桥防撞工程安全监管设施建成，并通过专家验收，实现了对大桥上游3公里水域的全天候跟踪、可视化监管。

（长江局　黄　强）

【长江海事局监管工作船码头（40米趸船）二期工程建成】 2008年11月，长江海事局监管工作船码头（40米趸船）二期工程13艘40米趸船及配套设施全部建成，分别布设在长江干线的冬笋坝、清溪羊渡、五桥、云池、公安、石首、新滩、赤壁、白浒山、三江口、兰溪及石跛河辖区内。新趸船设置了宽敞的政务大厅，功能齐全、环境优美，大大提高了一线执法单位“人命救助、快速反应”的能力。

（长江局　黄　强）

【安庆海事局业务用房工程顺利通过交工验收】 安庆海事局业务用房工程于2007年7月16日正式开工，2008年3月28日完工，2008年6月13日，我局组织设计、施工、监理、质监等单位进行了工程交工验收。验收组一致同意本工程通过交工验收。工程批复总建筑面积5 607.97平方米，实际购房面积5 874.29平方米，改建后实际建筑面积5 676.59平方米。工程完成投资2 980万元。

（安庆局　吴青松）

【长江干线安庆段水上交通安全视频监管系统工程建成并投入使用】 2008年1月，长江干线安庆段水上交通安全视频监管系统工程开工，共完成华泰危险品码头、东流港区监控点、安庆液化气码头、安庆文明渡口、安庆大桥上下水、安庆11号码头、安庆油码头、牛头山港区监控点、枞阳港区监控点、池州客运码头、池州江口外贸码头共12个CCTV监控点的工程建设工作，于3月3日投入使用。2008年9月18日顺利通过交工验收。

（安庆局　吴青松）

【武汉海事局防污一期工程投入使用】 2008年3月27日，武汉海事局防污一期工程中心实验室设备安装工程通过交工验收。武汉海事局防止船舶污染一期工程投资300万元，中心实验室设置在武汉海事局阳逻海事处，该实验室配备进口气相色谱仪、荧光分光光度计、傅立叶红外光谱仪、便携式油分检测设备和艇载摄像取证记录设备等设备28台套。该实验室主要设备均采用国际品牌，性能优异，在长江干线乃至全国海事系统均处于领先水平，可以为武汉海事局所辖水域乃至长江中下游水域的防止船舶污染的监督执法和应急反应提供监视监测的科学手段和技术支持。其主要功能包括对武汉港水域以油污水为主的船舶废弃物进行监视监测，为防污染的日常监督执法提供监视手段，为应急反应提供监测数据，为污染事故的调查处理提供科学依据。

（武汉局　黄俊鹏 石博宇 顿耀圣）

【内河最先进巡航救助船投入武汉港区使用】

2008年7月1日，由长江船舶设计院设计、武汉南华高速船舶有限公司制造的长江海事局40米巡航救助船首制船“长江海事2号”在武汉港完成交接仪式。“长江海事2号”以实施水上人命安全救助为主，日常可作为维护水上安全巡逻执法船使用，具有事故调查取证处理、搜寻救助、巡航和指挥等功能，可全天候工作。是目前国内内河海事系统中技术含量最先进、功能最齐全的巡航救助执法船。它的投入使用，提升了长江海事水上监管和应急反应能力。

（武汉局　李　贺）

【武汉船舶报港系统投入运行】 根据颁布实施的新《签证规则》的要求，于2008年9月18日开发并投入运行“武汉船舶报港系统”，该系统充分与手机短信进行连接，船员在抵达武汉港前24小时可通过手机短信及规定的编码格式向统一船舶报港号码进行发送，系统将自动进行解码并在系统内进行保存，船舶抵港并办理进出港签证时，可提供报港单号完成整个签证手续，极大地方便了船舶及海事签证人员的工作。

（武汉局　过　峰）

【浙江省首个内河水上搜救中心在千岛湖开工建设】 2008年10月24日，浙江省首个内河水上综合搜救中心——千岛湖水上搜救中心开工建设。该项目是集千岛湖水上安全监管、水上搜救以及全省水上安全监管和搜救技能培训于一体的公益性项目。占地面积20亩，总建筑面积8 059平方米，主要建设监控指挥大楼、搜救专用码头、直升机停机坪以及救助安置用房等，总投资达3 000万元。

（浙江省局　吴永平）

【南太湖水上搜救中心开工建设】 2008年12月30日下午，南太湖水上搜救中心正式破土动工。该工程位于湖州市白雀乡长兜港西侧，占地13 418平方米，总体布局按相应功能分四大类，分别为搜救指挥中心、救助安置中心、仓储中心及直升机停机坪，包括监控区、应急指挥区、物资仓储区、搜救训练区、后勤服务区、搜救设备停放区等。

（浙江省局　吴永平）

【江苏省局加快基本建设步伐】 2008年，江苏省地方海事局完成建设性投资1.36亿元，重点加强了海事主要装备建设。其中，进一步推进全省危险品船舶和旅游客船GPS安装工作。已有2 581艘危险品运输船舶和旅游客船安装了GPS系统，安装率达98.51%，更新了地理信息数据图层；视频监控点总数增加到114个，基本覆盖重点水域。与此同时，完成“十一五”第二轮海巡艇更新建造任务，新建湖区搜救艇12艘，干线航道排档艇28艘。

（江苏省局　黎济长）

【江西省局统一启用新版船舶签证簿】 2008年7月1日，江西省地方海事局为加强船舶签证管理，根据《中华人民共和国船舶签证管理规划》的有关规定，在全省统一启用新版签证簿。

启用新版船舶签证簿，其目的是简化船员办理相关签证手续，同时充分发挥船舶签证管理手段的作用，提高海事管理机构工作效率，有效保障水上人命和财产安全。该签证簿由交通运输部海事局统一监制，记载了船舶的基本信息，包括船舶概况、证书以及记事栏等内容。今后，船员在海事机构办理签证时，即可免除携带大量证书的负担。同时，新版签证簿还简明扼要地记录了船舶违章违法等重要信息，有利于海事机构对其实行有效监管。

（江西省局　许海远）

【江西省局启动船舶一卡通工程】　2008 年 3 月 21 日上午，在江西省地方海事局船舶管理信息卡（简称船舶 IC 卡）首发式上，全省第一张编号为 3511000000 的船舶 IC 卡由江西省地方海事局局长李天碧发给省远洋运输公司“赣远 11 号”集装箱运输船。从此，标志着国家海事局船舶一卡通工程于江西正式进入推广实施阶段。

江西省局在业已完成船舶登记档案的全面清理、制作 IC 卡和开展相关设备、软件使用培训工作的基础上，陆续向全省船舶免费发放 IC 卡。此卡实行一船一卡制，相当于船舶的电子“身份证”，具有船舶身份标识、船舶基本信息、证书信息、安全检查等现场监督信息和进出港信息储存、签证管理等功能。该工程全面实施后，持卡船员不再需要携带成堆的船舶证书，仅用刷卡的形式就可在全省各海事机构便捷地办理签证、安检手续。同时，通过船舶动态管理信息系统实现海事机构纵向、横向信息沟通，有效地遏制和打击制售使用假船舶证书的违法犯罪行径，使守法船员的合法权益得到更可靠的保护，进而提高海事部门的监管效能。

（江西省局　许海远）

·文明创建·

【长江海事局文明创建结硕果】

·举行“情系灾区，共建和谐”赈灾捐赠仪式　长江海事局机关开展了“情系灾区，共建和谐”赈灾捐赠活动。局领导、局机关和直属机构全体工作人员参加了募捐。很多因公出差或身在外地的同志还委托他人代为捐款。据统计，此次募捐活动捐资总金额达人民币 20 余万元，通过有关部门全部捐献给灾区群众。

·举行第九届职工综合技能大赛　10 月 19 日至 21 日，长江海事局第九届职工综合技能大赛在黄石举行。来自各分支局 10 个代表队 70 人参加了理论考试、座台竞赛、综合演练、游泳（水上救生）四个环节的比赛。交通部海事局副书记王国华、部职业技能鉴定指导中心副主任李祖平、长航局党委书记黄强、部海事局工会副主席张清汇、长航工会副主席森晓林、长江海事局全体局领导出席了开幕式。九江局、重庆局、荆州局代表队分别获得本次大赛团体前三名；获得海事业务个人技能前八名的选手分别是：重庆局尹子卉、刘德学、武汉局丁振俊、九江局黄振旺、丁振海、宜昌局曹树中、荆州局赵师俊、吴建平；获得驾驶个人技能前三名的选手分别是：九江局冯杰、黄石局桂永刚、安庆局张炬；获得轮机个人技能前三名的选手分别是：安庆局周自勤、荆州局曾军、重庆局刘明华。长江海事局袁宗祥局长、熊学斌副局长、闻新祥副书记等领导参加了闭幕式，并对获得团体前三名、海事业务个人技能前八名及驾驶、轮机个人技能前三名的集体和个人颁发了奖杯、荣誉证书，为黄石海事局颁发了优秀组织奖。

·召开纪念改革开放 30 周年座谈会　12 月 19 日至 20 日，长江海事局纪念改革开放 30 周年座谈会暨 2009 年工作务虚会在岳阳召开。局领导，老领导、老同志代表，各分支海事局、长江通信管理局、长江引航中心、职工培训中心党政主要负责人，机关各部门主要负责人、机关直属机构党政主要负责人及长江海事“十大人物”共计 80 余人参加了会议。

会议对改革开放 30 周年长江海事“十大人物”进行了表彰，举行了《长江海事人的心声》、《诗松集》新书发布。会议期间，与会代表共同畅谈了改革开放 30 周年长江海事取得的成就和经验，参观了长江海事局纪念改革开放 30 周年职工书画摄影展。

（长江局　程　杰）

【长江海事局纪念改革开放 30 周年座谈会暨 2009 年工作务虚会在岳阳召开】　2008 年 12 月 19 至 20 日，长江海事局纪念改革开放 30 周年座谈会暨 2009 年工作务虚会在岳阳召开。会议进行了工作交流，在认真思考和充分讨论的基础上，科学分析了当前长江海事发展面临的形势和存在的问题，对 2009 年工作思路进行了认真的谋划。会议对改革开放 30 周年长江海事“十大人物”进行了表彰，举行了《长江海事人的心声》、《诗松集》新书发布。会议期间，与会代表共同畅谈了改革开放 30 周年长江海事取得的成就和经验，参观了长江海事局纪念改革开放 30 周年职工书画摄影展。

袁宗祥局长对 30 年来长江海事改革发展的历程进行了全面回顾。提出了 2009 年工作基本思路：认真学习贯彻科学发展观，不断提高“三个服务”能力，以安全监管为中心，以创建“4R”安全监管模式和职工队伍“两化” 建设为重点，全面完成安全监管、“四化”建设、人才强局、改革创新、节约型单位建设、党建和精神文明建设六大任务。袁局长提出了 2009 年工作主要目标：力保辖区不发生一次死亡 10 人以上群死群伤事故和重大船舶污染恶性事故；社会满意度 89 以上；职工满意度 92 以上。

（长江局　程 杰）

【长江海事局党委召开“强素质塑形象 为旗帜添光彩”主题实践活动动员会】 2008 年 4 月 11 日下午，长江海事局党委组织召开“强素质塑形象，为旗帜添光彩”主题实践活动全线视频动员大会。会议对过去一年开展的“牢记党的宗旨，主动做好服务”主题实践活动进行了总结，对今年新开展的“强素质塑形象，为旗帜添光彩”主题实践活动进行了部署动员。

刘开智书记对 “牢记党的宗旨、主动做好服务”主题实践活动进行了全面总结，对“强素质塑形象，为旗帜添光彩”主题实践活动进行了部署，长航局黄强书记对长江海事局开展的“牢记党的宗旨、主动做好服务”主题实践活动给予了充分肯定，对进一步加强党建工作和文化建设，提出了意见。

袁宗祥局长对扎实开展好此次主题实践活动提出了三点要求：一是要提高认识，争做旗帜。二是要融入中心，服务大局。三是要抓好结合，务求实效。确保我局“行政执法一面旗”建设走在全国海事系统的前列。

（长江局　程 杰）

【长江海事局全面推行纪检监察机构派驻制】

2008 年 12 月 30 日，长江海事局召开全面推行纪检监察机构派驻制动员会。在家局领导、派驻局属各单位的纪检组长、局机关中层干部、直属机构班子成员 40 多人参加了主会场会议，局属单位领导班子成员、机关中层干部和就近基层海事处处长、书记共 300 多人参加了全线 10 个分会场的会议，会议由袁宗祥局长主持。刘开智书记作动员讲话，闻新祥副书记宣布了派驻纪检组机构设置和派驻纪检组组长任命决定。派驻纪检组长代表李三峡、驻在单位局长代表罗丹阳、驻在单位党委书记代表沈祥法 3 名同志发言。袁宗祥局长提出了两个方面的要求：一是要全面推进纪检监察派驻制，加强对领导干部的监督。二是要认真落实党风廉政建设责任制。必须强化各级党政领导班子抓党风廉政建设的领导责任；必须实行“一把手”负总责、分管领导各负其责，各部门结合职责抓，做到“一岗双责”；必须抓好责任分解、责任考核、责任追究三个关键环节。

（长江局　纪检办）

【长江海事系统 2008 年党建工作座谈会在安庆局机关召开】 2008 年 11 月 28 日，长江海事系统 2008 年党建工作座谈会在安庆局机关召开。会议传达贯彻了直属海事系统党建工作座谈会精神，阶段性总结了今年来的党建工作，交流了加强领导班子建设、基层党建和两个实践活动的经验，谋划了长江海事系统学习实践科学发展观活动和明年的党建工作思路。会议总结回顾了 2008 年我局党建工作取得的明显成效，分析了当前面临的形势，指出了目前存在的“三个不”的主要问题，部署了今后一段时期的党建工作，要求以深入学习实践科学发展观活动为主线，以建设“行政执法一面旗”为重点，以“五个加强”为着力点，不断探索规律，创新举措，通过卓有成效的党建工作，为长江海事实现持续的又好又快发展提供坚强的政治、思想和组织保证。

（长江局　程 杰）

【信息台获得“全国交通行业文明示范窗口”】

2008 年 11 月 27 日上午，省企工委龚龙部长、长江航务管理局黄强书记、长江航务管理局党办胡利民副主任在长江通信管理局周云霞书记的陪同下，来到长江水上安全信息台，为信息台获得

"全国交通行业文明示范窗口"进行了授牌。

授牌仪式上，胡利民副主任现场宣读了《关于表彰全国交通行业文明示范窗口》的表彰决定，龚龙部长和黄强书记共同将"全国交通行业文明示范窗口"的牌匾递交到长江水上安全信息台领导手中。

龚龙部长说，长江水上安全信息台是航运政府和船民的纽带，发挥着重要的作用，在下一步的工作中要继续努力，让文明创建工作再上一个新台阶。黄强书记指示，长江水上安全信息台是长江航运的品牌，在文明创建工作中要始终坚持"用心沟通，用情服务"的工作理念，全力搭建好信息服务平台，为长江航运又快又好的发展作出贡献。

（长江局　程　杰）

【长江引航中心荣膺"全国十佳引航机构"行列】　2008 年 11 月 13 日，长江引航中心汪吉发主任在成都参加了第六届中国货运业大奖颁奖典礼，长江引航中心凭借出色的工作业绩、良好的服务口碑，荣膺"全国十佳引航机构"行列。

长江引航中心以"把世界引进长江、把长江引向世界"为己任，制定了"服务沿江经济发展、服务黄金水道建设、服务港航企业"的工作思路。长江引航中心不仅先后荣获了"创建全国交通文明行业先进单位"称号，而且连续三届蝉联"江苏省文明单位"。涌现出了一批以"全国五一奖章"获得者姚泽炎同志为代表的先进模范。

（长江局　程　杰）

【"长江海事研究中心"揭牌仪式在武汉理工大学举行】　2008 年 4 月 15 日上午，"长江海事研究中心"揭牌仪式在武汉理工大学举行。局长袁宗祥、副局长李玉华、局长助理陈俊，武汉理工大学副校长严新平、党委副书记邱观建、机关部分处室和直属机构负责人、武汉理工大学相关院系负责人及研究生代表共 50 余人参加了揭牌仪式。

"长江海事研究中心"是长江海事局与武汉理工大学共同设立的科技研究与咨询服务机构。依托高等院校设立"长江海事研究中心"，将为长江局新时期发展中的重大问题提供技术咨询和智力支持，是长江局进一步提高科学决策水平的一项重要举措。

李玉华代表长江海事局讲话。他回顾了共建双方在人才培养和科研合作所取得的成效，介绍了长江海事近年的发展成果，同时希望研究中心尽快建立科学高效的工作机制，有效开展工作，为长江海事又好又快发展，实现"四化"战略目标作出贡献。随后，李玉华与武汉理工大学副校长严新平共同签署了共建协议。

（长江局　程　杰）

【长江海事局机关举行"情系灾区，共建和谐"赈灾捐赠仪式】　2008 年 2 月 4 日下午，为表达对灾区人民的一番心意，长江海事局机关开展了"情系灾区，共建和谐"赈灾捐赠活动。在家局领导、局机关和直属机构全体工作人员参加了募捐。局领导带头捐款，现场气氛十分踊跃，很多因公出差或身在外地的同志还委托他人代为捐款。据统计，此次募捐活动捐资总金额达人民币 20 余万元，将全部通过有关部门捐献给灾区群众。

（长江局　程　杰）

【精神文明建设再创佳绩】　2008 年，根据中央精神文明建设指导委员会办公室下发的《关于表彰第四批全国创建文明村镇工作先进村镇、精神文明建设工作先进单位的决定》通知，长江海事局连续两届荣获"全国文明单位"称号，重庆海事局、长江引航中心被授予第四批"全国创建精神文明建设工作先进单位"。

（长江局　程　杰）

【芜湖海事局精神文明建设硕果累累】　2008 年，芜湖海事局荣获安徽省第八届文明单位，铜陵海事处荣获安徽省第八届文明单位，马鞍山海事处荣获安徽省第八届文明单位；芜湖海事局 VTS 中心荣获安徽省青年文明号，马鞍山海事处马鞍山港执法大队女子签证组荣获安徽省总工会"模范班组"，马鞍山海事处黄洲新滩航行警戒区管理班组荣获 2008 年度"全国交通行业质量信得过班组"，铜陵大桥执法大队荣获安徽省 2007 年度安康杯竞赛优秀班组；芜湖海事局荣获芜湖市 2005-2007 年度文明行业，芜湖港区海事处滨江执法大队荣获芜湖市"青年安全生产示范岗"，裕溪口海事处荣获长江航务管理局长航系统"工人先锋号"。

芜湖海事局荣获长江海事局2008年度新闻宣传先进单位，芜湖海事局工会荣获芜湖市总工会2007年度工会工作目标责任制考核特等奖，芜湖海事局党群工作部荣获芜湖市“学习型先进处室”，获港海事处荣获芜湖市2005—2007年度文明窗口，获港海事处荣获长江海事局“抗震救灾”先进集体，芜湖港区海事处荣获长江海事局2008年度北京奥运长江水上安保工作先进集体。

胡成龙荣获交通部海事局直属海事系统“先进个人”和交通部海事局直属海事系统“优秀共产党员”称号；卢永庆荣获交通部海事局奥运安保先进个人；许俊辉荣获长江航务管理局2008年度安全工作先进个人；叶 君荣获长江航务管理局防汛百日安全个人优秀个人，季学文荣获长江航务管理局“奥运安保”优秀个人，薛兴云荣获长江航务管理局2007年度安全工作先进个人，黄锦国荣获芜湖市科协系统先进工作者，薛兴云荣获马鞍山市安全生产先进个人，陈郑荣荣获马鞍山市“抗雪灾”先进个人；许 芳荣获芜湖市“文明职工”，吴 桐荣获芜湖市优秀团干，王骥骥荣获芜湖市2007年度社会治安综合治理先进个人，胡成龙荣获长江海事局改革开放三十周年“十大人物”，王天华荣获长江海事局优秀纪检监察干部，王 成荣获长江海事局“十佳青年标兵”。

（芜湖局 王 强）

【八百里皖江一帆风顺船员安全宣传站启动】

2008年8月8日上午，芜湖海事局在中长燃芜湖大白茆水上加油站举办了“八百里皖江一帆风顺”船员安全宣传站启动仪式。至此，以长江安徽段铜陵至马鞍山水域的7座“八百里皖江一帆风顺”船员安全宣传站同时启动。船员安全宣传站将以免费提供文化产品、义务宣传员宣讲、海事青年志愿者定期志愿服务等形式为船员朋友们提供最新的水上航行技能和法律法规知识，及时为船员朋友们答疑解惑，提供安全咨询服务。

“八百里皖江一帆风顺”船员安全宣传站的启动是芜湖海事局创新水上监管和服务形式的有益创新，是芜湖海事人始终关注改善民生、关注公共安全、关注环境优化，努力提高践行“三个服务”的能力和水平的又一重要举措。

（芜湖局）

【安庆海事局开展让党旗在长江飘扬创建活动】

2008年安庆局以“让党旗在长江飘扬”为主题，开展了创先锋艇、先锋岗、服务先锋、保畅通先锋、渡船监管先锋等先锋系列创建活动。为体现安庆海事“一个党员一面旗帜”的风采，突出党员集体形象，展示海事主动服务形象，在每个关键时刻，局党委都及时向党员发出号召，要求党员挺身而出，充分发挥模范带头作用。为检验活动成果，制定了党员先锋创建考核验收标准及奖惩激励制度，经过检查验收，2008年“七一”前，对创建取得成果的12个创建单位和个人进行命名和授牌。

（安庆局 姚 敏）

【九江海事局文明创建取得新进展】 2008年，九江局荣获了江西省第十一届“文明单位”称号，下属1个海事处评为省级文明单位，1个海事处评为最佳市级文明单位，3个海事处评为市级文明单位。标准化海事处、规范化办事处建设持续推进，所有海事处均进入了标准化海事处行列，93%的办事处和执法大队进入“四个一”规范化办事处行列。

（九江局 熊仁和）

【黄石海事局文明创建和海事文化建设】 2008年，黄石海事局完成了2007—2008年度湖北省“省级最佳文明单位”创建材料汇编，并迎接了检查组的实地检查。“八个一”标准化海事处、“四个一”规范化办事处通过率均100%。港区海事处被推荐参加部海事局文明示范窗口评选。孔静同志荣获湖北省“五一”劳动奖章等荣誉称号并被评选为长航局十大杰出人物”。

（黄石局）

【两地三方联手倡导渡船安全文化】 2008年7月8日上午，由武汉咸宁海事处倡议、赤壁市赤壁镇和洪湖市乌林镇积极响应、汽渡船公司和客渡船船主参加的赤壁辖区两地三方渡船安全论坛第二次会议在洪湖市乌林镇人民政府会议室举行。赤壁辖区两地三方渡船安全论坛是武汉咸宁海事处针对辖区渡船安全管理工作的特点，为丰富海事文化内涵，为沿江两岸人民群众“打造放心渡口、乘坐平安渡船”而进行的一种新的渡船安全管理理念探索。通过评估渡口渡船安全管理工作现状、针对存在的问题和安全隐患进行了分析、研究和讨论，制订整改方案，以政府督促、海事监督、船主主动整改为模式，解决渡船隐患、缺陷难以整改到位的新举措。

（武汉局 费保康 饶有军）

【武汉海事局纪念世界环境日】 2008年6月5日是第37个世界环境日，联合国环境规划署确定今年世界环境日的主题是："转变传统观念，推行低碳经济"，我国的主题是"绿色奥运与环境友好型社会"。为加强水域环境保护，防治船舶污染长江水域，配合2008年奥运会的举办，武汉海事局在6月5日组织开展了多种形势的宣传活动，纪念"六·五"世界环境日。为切实做好此次世界环境日宣传工作，该局联合武汉市轮渡公司，组织青年志愿者在武汉关轮渡码头设立了宣传点，向过往市民发放宣传资料，宣传新的《水污染防治法》和 国家对于限制生产销售使用塑料购物袋的要求。当天，该局还组织14艘海巡艇，在管辖的200多公里水域内对过往船舶进行宣传，清理江面漂浮垃圾。

（武汉局 高曦 石博宇 程鹏）

【武汉海事局荣获湖北省模范职工之家称号】

2008年9月17日上午，武汉海事局荣获湖北省模范职工之家授牌仪式在武汉局机关举行，长航局党委张燕峰副书记，长航局工会有关领导、长江海事局党委闻新祥副书记出席授牌仪式，武汉海事局在家局领导、机关全体干部职工参加会议。武汉局党委副书记兼工会主席应文敏简要汇报了武汉局模范职工之家创建工作情况，长航局工会森部长宣读了湖北省总工会的表彰决定。

长江海事局闻新祥副书记作了讲话，强调要珍惜荣誉，以创建模范职工之家为载体，形成良好的和谐氛围，积极落实"快乐工作，健康生活"理念；努力服务中；要充分调动广大职工的积极性，增强职工的凝聚力。

（武汉局）

【岳阳海事局深化海事文化建设和文明创建】

2008年，岳阳海事局坚持岳阳"海事论坛"和《海事文化专刊》的建设，全年编印《海事文化专刊》12期；加强了信息宣传工作，获得了长江海事新闻宣传先进单位；召开了基层海事文化研讨会，继续有力推进了海事文化在全局的全面发展；制定了文明创建年度目标，重点开展了创建"文明单位"、"文明示范窗口"、"文明样板航道"、"八个一标准化处站"、"一处一品牌"等活动，全局5个海事处已全部成为"八个一标准化海事处"，14个执法大队（办事处）已全部达到"四个一规范化办事处"标准。

（岳阳局）

【川渝两地海事机构举行干部交流座谈会】 2008年10月8日，四川省地方海事局李跃勤监督长、泸州地方海事局邹强局长等一行送两名年轻同志到重庆局挂职锻炼。陈勇局长主持召开座谈会，何爱平书记、李禄文副局长及接收海事处负责人参加了座谈会。两名同志将分别担任朝天门海事处、涪陵海事处处长助理，为期三个月。

（重庆局）

【上海市局文明创建结硕果】 2008年，上海市地方海事局荣获"上海市文明单位"称号。上海市闵行、金山、嘉定、宝山区地方海事处荣获"全国海事系统文明达标单位"称号。上海市地方海事局直属海事处华江路海事站、浦东新区地方海事处杨思海事所、闵行区地方海事处闸港海事所、南汇区地方海事处航头海事所、奉贤区地方海事处竹港海事所、青浦区地方海事处淀峰海事所荣获"上海市地方海事系统文明执法示范窗口"称号。

（上海市局 庞耀云）

【江苏省局加强文化建设】 2008年，江苏省地方海事局认真开展深入学习贯彻科学发展观活动。省局领导分别带队赴基层一线，就当前海事船检发展形势、存在问题和基层需求开展调研，并撰写了调查报告；加强政风监督检查，强化责任追究。

此外，加强专业人才特别是船检技术人才和信息化人才的培养。开展网络管理、大型船舶检验、体系审核等方面专业培训，提升海事队伍整体素质和业务技能。深入开展"文明海事点一线一网"创建活动，"窗口"管理进一步规范。认真落实便民承诺、服务承诺，解决群众关心和迫切需要解决的问题。

（江苏省局　黎济长）

【安徽省局文明创建纵深发展】　2008 年，安徽省地方海事局文明创建纵深发展。已建成全国海事系统文明达标单位 15 个，所有市级地方海事局已建成全省交通系统文明单位，30%局属一级单位建成安徽省文明单位，70%的基层处所建成人民满意基层站所。举办了全省水上交通行政许可知识竞赛；组织开展了年度文明客船活动和安全优秀船舶（班组）竞赛活动；开展了“合理化建议月”活动和以“当好主人翁，建功十一五”为主题的劳动竞赛活动；积极组织参加省人事厅和省交通厅开展的先进集体劳动模范和先进工作者评选表彰活动；组织集训 4 名海事人员参加全国交通行业“迎奥运讲文明树新风”礼仪知识竞赛，获得二等奖；选送参加全国海事系统文艺调演活动的两个节目，分别荣获全国海事系统职工文艺调演一、三等奖，受到部海事局领导和广大干部职工的一致好评；驻安徽省航务军代处被南京军区航务军代处评为兼职领导工作先进单位和安全管理教育工作先进单位。

（安徽省局　马　栋）

【江西省直新闻单位专题采访仙女湖地方海事处】　2008 年 11 月 1 日，由江西省委宣传部、江西省文明办组织的省直新闻媒体集中宣传全省窗口行业“优化投资环境，提升服务水平”实践活动采访团一行来到新余市仙女湖地方海事处进行了现场专题采访。

江西卫视、江西电视台五套、《江西日报》、江西人民广播电台、中国江西网、江西文明网以及新余电视台、《新余日报》等新闻媒体组成的采访团首先听取了仙女湖地方海事处关于活动开展情况的总体介绍，接着在该处办证大厅进行了现场采访。随后，采访团一行深入仙女湖景区码头，对游船公司业主、船员就仙女湖地方海事处开展优质服务活动的详情予以了跟踪采访。

（江西省局　杨小军）

【河南省局加强安全宣传】　2008 年，河南省地方海事局继续加强水上安全宣传“六进”活动，即宣传工作进机关、进乡村、进学校、进企业、进库区、进码头。投入近 10 万元，印制了 12.8 万份宣传品，提供给各市在安全宣传“六进”活动或安全宣传月、安全宣传日等活动中使用，共组织宣传活动 160 多次。由于宣传品实用、实惠，内容浅显易懂，深受群众喜爱，每次组织宣传，都成为“抢手货”。

各市还结合实际，开展不同形式的宣传教育，有的市地方海事局专门购置了电影放映设备，深入学校、库区等处放映安全教育片，有的市地方海事局还举办了企业、乡镇等相关人员参加“水上安全管理培训班”。

（河南省局　王守明）

【四川省局文明创建取得新成绩】　2008 年，四川省地方海事局文明创建取得新成绩。达州市海事局获得全国交通系统文明示范窗口称号。泸州市海事局被交通部海事局授予部级文明达标单位。嘉陵江金银台、新政航电公司被评为厅级文明单位。合江县海事处被省文明委授予省级“文明服务示范窗口”。屏山县海事处张启林被授予省级“文明优质服务标兵”和全国海事系统“人民满意执法官”称号。省内泸州、达州市海事局共建结对。省局、达州市海事局作为唯一的地方海事代表，参加了部海事局组织的先进典型事迹报告团。

（四川省局　唐潇潇）

【甘肃水运改革开放30年发展回顾】　2008年末，甘肃省水运局举办“甘肃水运改革开放 30 年发展回顾展”活动，对我省的水运海事发展做了回顾。“九五”期间，甘肃水运基础设施建设累计完成投资 5 169.45 万元，完成了黄河兰州段钟家河至包兰铁路桥 38.4 公里航道整治建设工程、临夏莲花码头、向阳码头、陇南港工程、白银大峡码头、洮河三甲水库码头等工程；“十五”期间，水运基础设施建设累计完成投资 15 300 万元，完成了黄河白银段龙湾至四龙 110 公里、黄河刘家峡库区段 41 公里航运建设工程，兴建了红崖山、崆峒山等 28 处码头和 7 艘多功能趸船。

多年来甘肃省各级海事机构坚持“内强素质，外树形象，团结求实，开拓进取”的甘肃海事精神，遵循“强化安全管理，加大执法力度，查堵管理漏洞，消除事故隐患，保障水上安全”的工作原则，对全省河流、库区的各类船舶与从业人员进行了全员培训，实施全面管理，在抗击冰雪和抗震救灾期间体现了海事人的价值，为保证全省水上交通安全形势的基本稳定和水路交通事业的发展做出了大量有益的工作。

在行业精神文明创建中，甘肃水运海事部门积极推进职工思想道德建设、加强领导班子作风建设、海事文化和机关作风建设、培训提高职工整体素质，努力打造一支信念坚定、素质过硬、作风扎实、和谐友好的职工队伍。兰州、临夏地方海事局被交通部海事局评为文明窗口单位，多位同志受到交通部、省政府、部海事局的表彰。

（甘肃省局　陈长春）

【甘肃省水运局迅速启动学习实践科学发展观活动】　2008年10月15日，经局党委会研究决定，成立了甘肃省水运管理局深入学习实践科学发展观活动领导小组及办公室，并研究拟定了《甘肃省水运管理局开展深入学习实践科学发展观活动实施方案》，统一思想，明确学习实践活动的指导思想、目标任务、基本原则和具体安排。

（甘肃省局　陈长春）

【重庆港航局开展“规范海事执法形象”课题调研】　2008年6月19日、27日，重庆市港航局“规范海事执法形象”课题调研组先后在涪陵、武隆、合川召开座谈会，对“规范海事执法形象”课题进行调研，广泛听取各方意见。三地港航部门、主要水运企业代表参加了座谈会。会上，调研组对课题背景、研究思路、工作重点、目前进展作了介绍，分析了海事执法形象的特点和内容，并对规范海事执法形象提出合理化建议。

（重庆市局　阳　斌）

【深圳、海南海事局向重庆地方海事局捐赠抗震救灾物资】　2008年8月15日上午，重庆市地方海事局举行了深圳海事局、海南海事局向重庆市地方海事局捐赠抗震救灾和灾后重建应急物资交接仪式。会上，梁雄耀局长代表局全体干部职工向深圳海事局王建华副局长、海南海事局吴辉副局长一行的到来表示了热烈欢迎，对深、海两局的大力支援表示了诚挚的谢意。仪式由刘治军书记主持，局机关干部职工80余人参加了交接仪式。

（重庆市局　阳　斌）

【全国海事“行政执法一面旗”建设集体办公会在重庆召开】　2008年9月9日至12日，由交通运输部海事局组织，重庆市地方海事局承办的全国海事“行政执法一面旗”建设集体办公会在重庆召开。重庆市交通委员会，广东、海南、深圳、黑龙江海事局及江苏、云南地方海事局的相关领导和代表参加了会议。会上，重庆市交委何升平副主任、部海事局叶红军局长助理和重庆市地方海事局梁雄耀局长分别做了重要讲话，与会领导及代表讨论了分别由江苏省地方海事局、黑龙江海事局、重庆市地方海事局承担的“海事行政执法错案责任追究制度研究”、“海事执法理念研究”和“规范海事执法形象研究”等三个课题，充分肯定了研究成果，提出了进一步修改、完善的良好建议。

（重庆市局　阳　斌）

第七编　航 道

【概 述】 2008年，是深入学习实践科学发展观、深化“三个服务”的一年，也是长江航道受自然灾害严重，仍然保持稳定发展的一年。

·**成就三个亮点** 一是航道服务明显增强。三峡成库后，常年库区航道河段航道条件得到较大改善，重庆丰都以下急流滩险消失，可常年通航3 000吨级以上船舶。芜湖以下河段航道稳定，航道条件较好。长江航道局为充分利用航道的自然条件，开展了多方面的研究，提高了航道的维护水深。二是航道维护水平提高。2008年，长江航道局面临大事多、急事多、难事多的特殊情况，积极应对，克难攻坚，较好的按计划实现了各项工作目标。航道维护尺度保证率为100%；航标维护正常率为999‰；测量完成19 644平方公里；疏浚完成480万立方米，长江干线航道总体畅通安全。三是经济能力明显增强。2008年，航道局共完成基本建设投资8.13亿元，其中、航道整治项目完成4.65亿元、生产设施项目完成0.98亿元，船舶建造项目完成2.50亿元。全年完成签约55.5亿元，为年度计划的111%；产值35.5亿元，为年度计划的101.4%，圆满完成年度的经营目标。

·**航道保持畅通** 2008年，长江通航保障能力全面提升。一是认真抓好枯水时段航道维护工作；二是圆满完成国家遭受极端自然灾害条件下的运输保畅任务；三是出色完成三峡175米试验性蓄水期航道维护工作；四是提高了长江干线叙渝段（宜宾—重庆）航道维护标准。五是航道行政管理的权益性大幅提高。与此同时，沿江各省市航道也在稳步发展。江苏省新建成四级以上航道77公里，累计完成投资32.39亿元；浙江省航道养护完成投资7 957万元，其中经常性养护完成859万元，共疏浚土方21.37万方；安徽省有通航河流124条，通达全省81%的市、县。湖北省有可通航河流229条，航道292条，航道总里程8 988.19公里。湖南省有通航河流373条，通航里程11 968公里。

·**创建主题突出** 长江航道局加大文明创建力度，开展了一系列活动，获得“全国交通行业文明单位”和“全国模范职工之家”荣誉称号。评选出30名“长江航道改革开放30年风云人物”，承担的全国交通文化子课题航道文化专著出版发行。武汉航道局职工郑启湘先进事迹在中央电视台新闻联播“时代先锋”栏目播出，《人民日报》、《经济日报》等多家媒体转载。两赴抗震一线的南京工程局职工陈杰先进事迹受到广泛关注，并被评为“交通运输部抗震救灾先进个人”和“长航系统第二届十大杰出职工”。“5.12”汶川强烈地震后，广大航道职工在全线积极开展“情系地震灾区、奉献航道爱心”等捐款、捐物、献血活动。

2008年，长航局向九江海事、航道、通信、公安等单位颁发了“文明样板航道”奖牌，武汉工程局以“学、树、创”活动为载体，开展了“弘扬十杰精神、围绕经营目标、促进工作发展”为主题的第十二届“文明窗口月”活动。江苏省航道局镇江航道处为了更好地宣传“水上雷锋服务台”和王龙芳同志的先进事迹，开展一系列活动，号召全系统干部职工向谏壁船闸“水上雷锋服务台”和全国劳动模范王龙芳同志学习。浙江省交通厅发出《关于命名文明公路、文明航道、文明客运班（航）线的通知》，东宗线湖州东迁至嘉兴宗阳庙为“文明航道”称号，沈家门—六横（大岙）等航线为“文明客运航线”称号，舟山港沈家门客运有限公司沈家门等客运站为“三星级水路客运站”称号。

（总编室　徐秋敏）

·长江航道·

【长江干流航道概况】 按照河道水文和地理特征，长江上中下游划分区段为：宜昌以上河段为上游，宜昌至湖口河段为中游，湖口以下河段为下游。长江航道部门根据航道维护管理的特点，宜昌以上称长江上游航道，其中宜宾至宜昌习称川江；宜昌至汉口称长江中游航道；汉口至长江口称长江下游航道。

长江航道局负责维护管理长江干流四川省宜宾市合江门至江苏省太仓市浏河口河段航道，全长2 628.6公里（不含宜昌中水门至庙河59公里长江干流航道）。

·上游河段 宜宾至宜昌为上游，习称川江，长1 044.0公里，属山区河流，多为石质河床，航道弯曲狭窄，滩多流急，流态紊乱。目前，宜宾合江门至江津红花碛为山区航道；江津红花碛至重庆丰都为变动回水区航道；重庆丰都至三峡大坝为常年库区航道。三峡成库后，常年库区航道河段航道条件得到较大改善，重庆丰都以下急流滩险消失，可常年通航 3 000 吨级以上船舶。

宜宾—重庆河段，宜宾合江门（上游里程 1 044.0 公里）至重庆羊角滩（上游里程 660.0 公里），全长 384 公里。目前，航道技术等级为Ⅲ级，航道维护类别为一类航道维护，航标配布类别为一类航标配布。该段流经丘陵地区，河床较开阔，洪水期河宽 500 米—1 000 米，枯水期一般约 300—400 米，江心洲和边滩发育，以卵石浅滩碍航为主。从 2008 年 9 月 26 日起，全面提高了长江干线宜宾至重庆河段的航道维护标准（试运行）。其中宜宾合江门至泸州纳溪河段由季节性维护变为全年维护，航道维护类别由二类提高到一类；设置的航标由昼标升级为灯标，能够满足船舶 24 小时航行需要。与此同时，泸州纳溪至重庆娄溪沟河段还将最低标准维护水深由 1.8 米提高到了 2.7 米，江安至泸州河段由原来的 1.8 米提高到 2.2 米，中洪水期航道维护水深宜宾到泸州段由 2.2 米提高到 2.7 米至 3.0 米。目前，提高标准运行工作进展顺利。

重庆—宜昌河段，上起重庆羊角滩（上游里程 660.0 公里），下迄宜昌十码头（上游里程 0.0 公里，中游里程 626.0 公里），全长 660 公里。目前航道技术等级为Ⅱ级，航道维护类别为一类航道维护，航标配布类别为第一类航标配布。三峡工程建成后，大部分滩险将消失，为适应万吨级船队半年直达重庆的目标，三峡工程施工期间，回水变动段和库尾一些滩险需要治理。目前，兰巴段整治项目、长江（三峡库区）涪陵至铜锣峡河段航道炸礁工程均已完成。三峡大坝至宜昌的航道维护水深由 4.0 米再次提高到 4.5 米，航道维护标准尺度为 4.5 米×60 米×750 米。重庆羊角滩至涪陵李渡大桥河段，虽对一些重要碍航礁石进行了炸礁整治，但山区河流航道狭窄、滩多流急、水流紊乱的基本特性没有改变，汛期航道条件依然较差。目前该河段航道维护标准尺度为：2.9 米×60 米×750 米。随着 175 米蓄水计划的完成，重庆以下河段的航道条件将进一步改善，航道维护尺度与通航船舶吨级将进一步提高，最终实现万吨级船队半年（非汛期）直达重庆的目标。

· 中游河段　宜昌十码头（中游里程 626.0 公里）至武汉海员文化宫铁塔（中游里程 0.0 公里，下游里程 1 043.0 公里）为中游，全长 626 公里。航道技术等级为Ⅱ级，为一类航标配布，一类航道维护。

宜昌—枝城段，长 56 公里，河流流经丘陵地区，航道条件较好。枝城至城陵矶段为著名的荆江河段，以藕池口为界分上、下荆江。上荆江长约 175 公里，属微弯型河段，下荆江长约 164 公里，属蜿蜒型河段，河道迂回曲折。主要浅水道有芦家河、枝江、江口、太平口、窑监、武桥等水道。长江中游历来是枯水期长江航道维护的重中之重。三峡工程蓄水对该段航道的影响比较大，主要表现为清水下泄后河床冲刷，导致航道发生新的冲淤变化。目前该段航道维护尺度为：宜昌至城陵矶 2.9 米×80 米×750 米，城陵矶至武汉 3.2 米×80 米×1 000 米。通航船舶吨位：宜昌至城陵矶为 1 500 吨级、城陵矶至武汉最大船队为 3 000 吨级驳船组成的万吨级油运船队。该河段内有长江中游马家嘴水道航道整治一期工程、长江中游周天河段航道整治控导工程、长江中游碾子湾水道航道整治工程、道人矶航道整治工程、界牌综合治理工程、长江中游陆溪口航道整治工程、长江中游嘉鱼至燕子窝河段航道整治工程已完工，长江中游沙市航道整治一期工程、长江中游瓦口子水道航道整治控导工程、长江中游窑监航道整治一期工程已进入施工阶段，长江中游枝江—江口航道整治工程、长江中游武桥航道整治工程等将陆续实施。

· 下游河段　武汉海员文化宫铁塔（下游里程 1 043.0 公里）至浏河口（下游里程 25.4 公里）段，全长 1 017.6 公里。目前航道技术等级为Ⅰ级，为一类航标配布、一类航道维护。

武汉—南京段，常年可通航 10 000—30 000 吨级船队，中洪水期 5 000 吨级海轮可直达武汉，20 000 吨级海轮和 24 000 吨级油轮可从长江口直达南京。该河段有汉江、鄱阳湖水系，皖南诸支流汇入，河床宽窄相间，多形成分汊河段；南京至浏河口河段江面进一步展宽，洲滩群生，航道多变，江阴以下为潮汐河段，受潮汐影响较大。目前，该段航道标准尺度为武汉长江大桥至安庆皖河口 4.0 米×100 米×1 050 米；安庆皖河口至芜湖大桥 5.0 米×200 米×1 050 米；（其中芜湖高安圩至芜湖大桥 5.0 米×500 米×1 050 米，芜湖长江大桥 10 号通航孔航道维护自然水深，低于 4.5 米时按实际水深分布）；　芜湖大桥至南京燕子矶6.5米×500米×1 050米；南京燕子矶至江阴鹅鼻嘴10.5米×500米×1 050米，（其中丹徒直水道、焦山水道下段设标宽度不小于200米）；鹅鼻嘴至浏河口河段10.5米×500米×1 050米；（理论最低潮面下水深）（不足500米以实际航道宽度为准，但不能小于200米）。该河段内有长江下游罗湖洲航道整治工程、长江下游张家洲南港航道整治工程、马当沉船打捞工程、长江下游东流航道整治工程、长江下游太子矶中段航道炸礁工程已完工。长江下游戴家洲航道整治工程、长江下游张家洲南港上浅区航道整治工程、长江下游罗湖洲航道整治工程已进入施工阶段，长江下游牯牛沙航道整治工程、长江下游马当航道整治一期工程、长江下游土桥航道整治一期工程、长江下游江心洲—乌江航道整治工程等将陆续实施。

芜湖以下河段航道稳定，航道条件较好。长江航道局为充分利用航道的自然条件，开展了多方面的研究，提高了该段航道维护水深。如：2004年4月1日起，龙爪岩至浏河口河段通州沙水道与白茆沙水道的实际维护水深已采取分月的方式提高到9.0米（理论最低潮面下）；2005年11月1日起，通过实施长江口深水航道治理二期工程10米水深航道向上延伸工程、2005年10月1日芜南段航路改革航道配套设施建设工程，芜湖至南京河段分月维护水深分别由5至9月的5.0米提高到7.5米，其他月份维护水深分别由4.5米提高到6.5米。

2008年长江干流航道技术等级一览表、2008年长江干流航道维护情况一览表、2008年长江干流主要浅险水道分布及治理情况一览表，详见（表7—1）、（表7—2）、（表7—3）。

【2008年长江干流航道技术等级一览表】　（表7—1）

航道里程	起止区段	现维护等级	技术等级、里程				通航海轮吨级
			Ⅰ	Ⅱ	Ⅲ	Ⅳ	
长江（2742公里）	水富—宜宾	Ⅴ			30		
	宜宾—重庆（羊角滩）	Ⅲ			384		
	重庆（羊角滩）—城陵矶	Ⅱ	1055				
	城陵矶—武汉	Ⅱ	228.5				3000
	武汉—铜陵	Ⅰ	497.5				5000
	铜陵—南京	Ⅰ	210				10000
	南京—石洞口	Ⅰ	322.6				50000
	石洞口—吴淞口	Ⅰ	14.4				100000

注：资料引自—原交通部、水利部、国家经贸委“关于内河航道技术等级的批复”（交水发〔1998〕659号）

【2008年长江干流航道维护情况一览表】　（表7—2）

河　段	辖区里程（公里）	航标配布类别	航道维护类别	航道维护最小水深（米）	船舶定线制
浏河口—江阴	132.2	一类	一类	10.5（理论基准面下）	已实施
江阴—南京燕子矶	179.4	一类	一类	10.5	已实施
南京燕子矶—芜湖大桥	101.3	一类	一类	6.5	已实施
芜湖大桥—芜湖高安圩	36.7	一类	一类	5.0	已实施
芜湖高安圩—皖河口	168.0	一类	一类	5.0	

河　段	辖区里程（公里）	航标配布类别	航道维护类别	航道维护最小水深（米）	船舶定线制
皖河口—武汉大桥	402.5	一类	一类	4.0	
武汉大桥—城陵矶	227.5	一类	一类	3.2	
城陵矶—宜昌（下临江坪）	385	一类	一类	2.9	
宜昌（下临江坪）—三峡大坝	59.7	一类	一类	4.5	
三峡大坝—丰都	434.3	一类	一类	4.5	已实施
丰都—涪陵（李渡大桥）	64.8	一类	一类	4.5	
涪陵（李渡大桥）—羊角滩	112.2	一类	一类	2.9	
羊角滩—兰家沱	83.4	一类	一类	2.7	
兰家沱—纳溪	99.8	一类	一类	2.7	
纳溪（王爷庙）—江安	28.0	一类	一类	2.2	
江安—宜宾	63.0	一类	一类	1.8	

【2008 年长江干流主要浅险水道分布及治理情况一览表】 （表 7—3）

管辖单位	编号	浅水道	里程（公里）	河床底质	碍航特性	整治情况	备注
长江南京航道局	1	白茆沙水道	37—70	细沙	淤积变迁碍航	工可研究	
	2	通州沙水道	70—92	细沙	淤积变迁碍航	工可研究	
	3	福姜沙（中、南）水道	125.5—153.9	细沙	汛后淤积碍航	工可研究	
	4	江阴水道	156.4—178	细中沙	汛后淤积碍航		
	5	泰兴水道	178—200	细中沙	汛后淤积碍航		
	6	口岸直水道	200—240	细中沙	汛后淤积碍航	工可研究	
	7	和畅洲水道	240—277	细中沙	汛后淤积碍航	前期研究	
	8	丹徒直水道	240—257	细中沙	汛后淤积碍航		
	9	焦山水道	257—277	细中沙	汛后淤积碍航		
	10	仪征水道	277—370	细、中沙	汛后淤积碍航	前期研究	
	11	乌江水道	370—393.4	泥	汛后淤积碍航	初设阶段	
	12	江心洲水道	399—425	沙质	汛后淤积碍航	初设阶段	
	13	黑沙洲水道	475—488.7	沙质	汛后淤积碍航	施工阶段	
	14	土桥水道	523—547	沙质	汛后淤积碍航	工可部审	
	15	贵池水道	572—594	沙质	汛后淤积碍航		
	16	太子矶水道	594—620	沙质	暗礁碍航	竣工验收，中段炸礁已实施。	
	17	安庆水道	620—643	沙质	汛后淤积碍航	工可研究	
	18	东流水道	669—700	沙质	汛后淤积碍航	施工完成	
	19	马当水道	716—729.4	沙质	沉船碍航	工可部审	

管辖单位	编号	浅水道	里程（公里）	河床底质	碍航特性	整治情况	备注
长江南京航道局	20	张家洲水道	763—784.8	沙质	淤积碍航	竣工验收，二期整治阶段	
	21	新洲水道	815—828.5	沙质	淤积碍航	工可研究	
	22	武穴水道	828.5—843	沙质	淤积碍航	施工完成	
长江武汉航道局	23	牯牛沙水道	888—903.5	沙质	汛后淤积碍航	初设阶段	
	24	戴家洲水道	917—935	沙质	汛后淤积碍航	施工阶段	
	25	罗湖洲水道	970—982	沙质	汛后淤积碍航	竣工验收	
	26	湖广水道	983—994	沙质	淤积变迁碍航		
	27	武桥水道	0—7	沙质	枯水淤积成滩碍航	初设阶段	
	28	嘉鱼至燕子窝水道	102—138	沙质	枯水淤积成滩碍航	施工完成	
	29	陆溪口水道	150—160	沙质	江心淤积碍航	施工完成	
	30	界牌水道	180—199	沙质	汛后淤积碍航	竣工验收，二期工程工可启动	
	31	窑监水道	307.5—324	沙质	汛后淤积碍航	施工阶段	
	32	藕池口水道	393—400	沙质	枯水淤积变迁碍航	工可研究	
	33	碾子湾水道	365—410	沙质	汛后淤积碍航	竣工验收	
	34	周天水道	405—433	沙质	汛后淤积碍航	施工完成	
	35	马家嘴水道	448—463	沙质	汛后淤积碍航	施工完成	
	36	瓦口子水道	465—475	沙质	汛后淤积碍航	施工阶段	
长江宜昌航道局	37	江口水道	523—528	沙质	淤积变迁碍航	工可部批	
	38	枝江水道	534—544	沙、卵石	礁浅、淤积碍航	工可部批	
	39	芦家河水道	544—555.1	沙、卵石	汛后淤积碍航	工可部审	
	40	宜都水道	588—596	沙、卵石	礁浅碍航	前期研究	
长江重庆航道局	41	虾子梁	558.5—559.5	卵石	汛后淤积碍航	竣工验收	泸渝段
	42	青岩子	564.2—565.7	卵石	汛后卵石淤积碍航	施工完成	7250工程
	43	猪儿碛	660.1—661.9	卵石	汛后卵石淤积碍航	前期研究	
	44	三角碛	670.5—671.3	卵石	汛后卵石淤积碍航		
	45	胡家滩	679.6—680.6	卵石	汛后卵石淤积碍航		

管辖单位	编号	浅水道	里程（公里）	河床底质	碍航特性	整治情况	备注
长江重庆航道局	46	车亭子	700.—701.5	卵石	汛后淤积碍航		
	47	飘灯碛	726.5—727.4	卵石	汛后淤积碍航		
	48	红眼碛	710.7—711.8	卵石	汛后淤积碍航		
	49	苦竹碛	728.5—729.8	卵石	汛后卵石淤积碍航	竣工验收	泸渝段
	50	浅碛子	740.5—741.5	卵石	汛后卵石淤积碍航	施工完成	泸渝段
长江泸州航道局	51	三眼灶	772.0	卵石	汛后卵石淤积碍航	施工完成	
	52	火焰碛	922.0—923.8	卵石	汛后卵石淤积碍航		
长江宜宾航道局	53	铜鼓滩	995.9—996.2	卵石	卵石淤积、浅、险碍航	施工阶段	叙泸段二期
	54	筲箕背	1004—1004.3	卵石	卵石淤积、浅、窄碍航	施工完成	叙泸段一期

（2009年4月统计）

（长江航道局）

【沿江各省市航道概况】

·上海市内河航道　上海内河航运在上海城市经济生活中，一直承担着相当于两条沪宁铁路、一条长江航道的运输量，是综合交通中不可缺少的运输方式，在上海的经济发展中发挥着不可替代作用。上海地区内河航道担负着与华东地区及长江沿线省份的物资交流和上海港的集疏运任务，对长江三角洲地区内河运输质量和效益具有重要作用。

至2008年末，上海有内河航道200条，通航里程2 138.77公里，其中一级航道53.64公里，三级航道43.03公里，四级航道123.45公里，五级航道63.84公里，六级航道281.54公里，七级航道132.95公里，等外航道1 440.32公里。

（上海市航道管理中心）

·浙江省内河航道　2008年，浙江省养护共完成投资7 957万元。其中经常性养护完成859万元，共疏浚土方21.37万方，打捞沉船2 174/36吨/艘，航标维护12 688/1 099次/座，维修码头11座，护岸维修1 845米。骨干航道养护共投入经费约931万元。共航标维护18 936/774次/座，护岸维修7 481平方米，绿化养护344万平方米，补种树木2 495棵。单项养护工程完成约6 167万元，单项养护工程按项目个数计，完成34项，在建8项，待建2项。临跨拦航道建筑物许可612项（其中省级许可75项），内河岸线许可608项，航道航查9.01万公里，发现违章306起，行政处罚262起，整改、复原或获赔128起。

（浙江省局　航道航政处）

·宁波市内河航道　宁波水系丰富，河流众多，主要有甬江、姚江、奉化江三条天然河流，将全市内河航道连成一起，包括鄞东、鄞西和三北等内河航道，形成江海直达、干支相连的宁波市内河航道网。甬江，由奉化江和姚江在宁波三江口汇合而成，流向东北，至镇海招宝山南侧入海，全长26.4公里。姚江，亦名舜江，是甬江水系主要干流。发源于四明山脉，由西北向东南，至宁波三江口汇入甬江，全长105公里。奉化江，亦名鄞奉江，是甬江水系干流之一。其上游为剡江，发源于奉化市和嵊县交界处的秀尖山，自西南向东北，至江口方桥与县江、东江、鄞江汇合，至宁波三江口汇入甬江，全长98公里。

2008年，宁波市拥有内河航道68条，其中具有通航功能的枢纽51处，可通航总里程达891.82

公里，其中四级及以上航道 95.3 公里，比上年增加 60.65 公里;四级以下航道 796.52 公里。杭甬运河宁波段工程已具备通航条件。杭甬运河宁波段一、二期工程起于余姚安家渡，终于甬江口，全程 93.65 公里，新建船闸 2 座、锚泊服务区 1 个，新、改建的跨航建筑物包括桥梁 12 座，隧道 1 座，并于 2007 年底全线正式贯通。改造后杭甬运河(姚江船闸—三江口段 4.895 公里暂按五级标准)达到了四级航道标准（通航 500 吨级船舶)，与改造前相比，航道通过能力提升了 10 倍以上，工程总投资 18.42 亿元。今杭甬运河宁波段三期工程大通方案已提交市政府常务会议审查。杭甬运河岸线和沿河产业规划、杭甬运河运输组织调研等工作基本完成。全年全市内河航道工程完成固定资产投资为 8 049 万元，比上年减少 4.59 亿元，下降 85.1%。全年改善内河航道里程 70.88 公里。

（宁波市局　张余光）

·江苏省内河航道　2008 年，江苏省较快推进航道基础设施建设，完成京杭运河“三改二”和“四改三”先导段及常州长市河改线段。全年新建成四级以上航道 77 公里，累计完成投资 32.39 亿元。截至年底，全省内河航道总里程为 24 268.34 公里，五级及以上航道 2 551.54 公里。其中二级航道 322.57 公里，比上年增加 96.47 公里；三级航道 468.83 公里，比上年减少 75.63 公里；四级航道 706.36 公里，比上年增加 9.97 公里。航标维护里程 5 395.88 公里，设标 1 191 座，比 2007 年增加维护里程 69.5 公里；跨河桥梁 17 003 座，比 2007 年减少 74 座。航道条件改善，通行能力提高，航行安全得到保障。

2008 年江苏省内河航道主要干线里程一览表，详见（表 7—4）。

（江苏省局　徐秋敏）

【2008 年江苏省内河航道主要干线里程一览表】　（表 7—4）

航道	起讫点	合计	航道里程（公里）							
			Ⅰ	Ⅱ	Ⅲ	Ⅳ	Ⅴ	Ⅵ	Ⅶ	等外
京杭运河	鸭子坝—大王庙	545.35		297.5	34.51	126	80.43	6.91		
京杭运河二级坝到大王庙	大王庙—黄道桥（陶沟河口）	13.5			13.5					
京杭运河二级坝到大王庙（西线）	大王庙—蔺家坝船闸	129.4			72		2.85	22.43	3.93	28.19
淮河航道	运河交汇口—红山头	105.85			23.2	41.95	21.18		19.52	
苏北灌溉总渠	六垛—运河口	125.88					114.03			11.85
长江干流航道		369.9	369.9							
申张线	青阳港南口—长江	113.72			2.43	6.31	18.14	22.78	45.61	18.45
苏申外港线	则同港—宝带桥	29.92				19.7	10.22			
苏申内港线	三江口—瓜泾口	55.73				7.37	48.36			
锡溧漕河	花渡桥—溧阳轮船厂	89.36				24.98	22.33	38.5	3.55	
长湖申线	新池渡口—南浔	44.94				44.94				
乍嘉苏线	王江泾—草荡南口	14.93						12.66	2.27	
灌河	武障河闸—燕尾港	77.2			46.12	31.08				
滁河	大河口—赵家湾	95.78						30.55	25.38	39.85
通榆运河	海安—北六塘河船闸	212.11			151.62	23.95		1.65	9.29	25.6
泰州引江河	泰州—口岸	23.72			23.72					
泰东线	泰州三角圩—东台朱家村	57.38				30.03		27.35		
太浦河	太湖—省市交界	12.25				12.25				

航道	起讫点	合计	航道里程（公里）							
			Ⅰ	Ⅱ	Ⅲ	Ⅳ	Ⅴ	Ⅵ	Ⅶ	等外
盐河	盐河桥—平安河桥—杨庄运河口	152.91				3.91		59.55	3.06	86.39
芜太运河	扬家村—朱家桥—丹农砖瓦厂	102.35					9.61	0.95	2.85	88.94
通扬河	泰海界—长江边—夏南—白米元	146.19					27.07	4.86	114.26	
徐洪河	顾勒河口—七嘴—京杭运河二级坝大王庙西线	187.36				59.22	35.87	51.9	5.67	34.7

资料来源：江苏省交通厅航道局

·安徽省内河航道　安徽是全国水运发达的省份之一，长江、淮河和新安江形成安徽三大水系。长江自西南向东北穿越皖境 343 公里，淮河横贯皖北 378 公里，新安江流经皖境 240 公里。

2008 年，安徽省有通航河流 124 条，以长江、淮河为主的航运体系，通达全省 81%的市、县；内河航道总里程 6 504 公里，其中长江水系 3 365 公里；淮河水系 3 020 公里；新安江水系 119 公里；内河通航里程 5 587 公里，其中一级航道 343 公里，三级航道 388 公里，四级航道 350 公里，五级航道 675 公里，六级航道 2 535 公里，七级航道 707 公里，七级以下航道 589 公里，航道总里程和通航里程分别居全国第七位和第八位。全省内河航道上设置航标 700 座，其中发光标 141 座，设标里程 1 653 公里。航标配布类别除淮河淮南以下为一类配布，合裕线、青弋江、芜太运河、秋浦河、青通河的部分航段为二类配布外，其它设标航段以重点标配布为主。

安徽境内长江水系湖泊众多，河流密布。通航的水库有陈村水库、港口湾水库、花凉亭水库、龙河口水库等；通航的湖泊有巢湖、龙湖、南漪湖等。长江沿线一级支流航道众多，北岸主要有华阳河—泊湖、黄湖、官湖、龙湖，皖河—武昌湖、石门湖，长河—菜子湖、喜子湖，罗昌河——白荡湖，裕溪河，牛屯河，姥下河，得胜河，石跋河，驷马山干渠；南岸主要有尧渡河，黄湓河—升金湖，秋浦河，九华河，青通河，顺安河，黄浒河，漳河，青弋江，姑溪河。截至 2004 年，罗昌河、得胜河因河口建有节制闸不通航，裕溪河为三级航道，青弋江，姑溪河、秋浦河为五级航道，其余为六级及以下航道。

安徽境内淮河水系河流属中游河段，河床高而平缓，总落差为 8 米左右，平均纵比降为 0.002%，周边地区夏季降水集中，易发洪水。通航的水库有梅山水库、响洪甸水库、佛子岭水库、磨子潭水库等。淮河沿线支流航道众多，左岸主要有洪河、濛河、润河、颍河、西淝河、茨淮新河、涡河、浍河、怀洪新河、新汴河等；右岸主要有汲河、沣河、淠河、东淝河、窑河、池河等。淮河一级支流除颍河、茨淮新河为四级航道，浍河前楼以下和怀洪新河为五级航道，其余为六级及以下航道。

安徽境内新安江水系河流为钱塘江上游，河床总落差为 49.9 米，河床平均比降 0.064%，河床质多为卵石夹沙和岩石。其支流航道有率水、练江、街源河等，均为六级及以下航道。

（安徽省局　马　栋）

·江西省内河航道　江西省内水域辽阔，河道纵横交错，2 400 多条大小河流总长约 1.84 万公里。这些河流绝大部分发源于省界边陲的东、南、西山麓，并依山势渐次向中部和北部汇集为赣、抚、信、饶、修五大干流及其支流。其中赣江纵贯江西南北，抚河、信江、饶河、修河分布赣江两侧，五大干流如叶脉状辐辏全省，分别以西南、东北、西北三面流向总汇鄱阳湖，经湖口注入长江，形成一个完整的以鄱阳湖为中心的向心水系。鄱阳湖水系水运潜力巨大，兼有北依长江主通道达江入海的区域特点和腹地厚实的经济基础，为发展江西省水运提供了得天独厚的自然地理条件。

2008 年，江西有通航河流和航线（段）100 条，通航里程 5 559.85 公里。其中Ⅲ级航道 250 公里；Ⅴ级航道 151 公里；Ⅵ级航道 740.7 公里；Ⅶ级航道 1 159.75 公里；Ⅷ级航道 3 288.9 公里。全省航道航标配布里程达 1 803 公里，其中一类航标配布 525 公里。

赣江源于江西省石城县境内的石寮岽，自南向北流经赣州、吉安、宜春、南昌、九江 5 市，至永修县吴城镇注入鄱阳湖，全长 747.2 公里（瑞金一吴城），流域面积 8.35 万平方公里，集水面积占全省总面积的 51%。它既是纵贯省内南北水运交通的大动脉，又为长江第二大支流。“十五”以来，赣江航道建设速度明显加快。2002 年 12 月，赣江（樟树一南昌）92 公里航道经过整治，航道等级由原来的Ⅵ级提高为Ⅴ级；2004 年 12 月，南昌至湖口 156 公里Ⅲ级航道整治工程提前建成；于 2003 年底启动的吉安至樟树 151 公里的Ⅴ级航道现已交工验收；2005 年底，续又启动樟树至南昌Ⅲ级航道整治工程。2008 年，赣江石虎塘航电枢纽已通过国家发改委立项；赣江东河（南昌一瓢山）Ⅳ级航道整治工程正在施工中。“十五”以来，江西航道建设总投资达 8.1 亿元，相继整治赣江航道 580 公里，新增Ⅲ级航道 250 公里，Ⅳ级航道 87 公里，Ⅴ级航道 243 公里。特别是樟树至湖口Ⅲ级航道的建成，实现了江西省高等级航道零的突破，有力地推动了全省水运货运量的大幅上升和船舶运力的快速增长。赣江的主要支流有：章江、上犹江、桃江、禾水河、泸水河、恩江、锦江、袁河、梅江、白沙河、龙泉河、秀水河、富水等。全水系通航线（段）共 32 条，通航里程总计 2 477.05 公里。赣江干流航道内的万安水电枢纽建有 1 000 吨级的船闸 1 座。

抚河源于闽、赣边界武夷山西麓，流经广昌、南丰、金溪、临川、南昌等市、县，全长 339.5 公里，流域面积 1.735 万平方公里。其主要支流有：黎滩河、云山河、宜黄河、崇仁河等。水系通航河流和航线（段）17 条，通航里程为 828.1 公里。抚河干流航道内建有市汊、东方红两个船闸，可通航 100 吨级船舶。

信江源于浙、赣边境怀玉山的平家源，自东向西流经玉山、上饶、铅山、弋阳、贵溪、鹰潭、余江、余干、波阳等市、县，于余干县新渡万家又分东、西两支：西支为干流，经瑞洪镇至三江口与赣江东支和抚河汇合后入鄱阳湖；东支在波阳县乐安村与乐安河（饶河干流）汇流后经龙口注入鄱阳湖，全长 348.6 公里，流域面积 1.76 万平方公里。2002 年 8 月，信江航运工程——界牌枢纽正式蓄水，使之红卫坝至界牌 33.4 公里航道由Ⅶ级提高为Ⅴ级。其主要支流有铅山河、白塔河、互惠河、九龙河等。水系通航河流和航线（段）9 条，通航里程共 501.6 公里。航道内建有界牌船闸，船舶通过能力为 1 000 吨级。

饶河主支为乐安河（亦称饶河南支），发源于皖、赣边境的婺源、流经婺源、德兴、乐平、万年、波阳 5 县（市），于乐安村与信江东支汇流，至龙口注入鄱阳湖，全长 311.8 公里，流域面积 1.437 万平方公里。昌江系饶河北支，源于安徽祁门县砺石镇，流经祁门、浮梁、景德镇、波阳等市、县，至波阳县姚公渡汇入饶河，全长 244.5 公里，流域面积 0.6 万平方公里。水系通航河流和航线（段）共 4 条，通航里程共 416.8 公里，昌江航道建有鱼山、凰岗两个船闸，通航 300 吨级船舶。2005 年，航务部门投资 240 万元对乐安河 61 公里的浅滩进行了疏浚与整治，通航条件得到了改善。

修河源于湘、赣边境黄岗山脉的大伪山，自西向东流经修水、铜鼓、武宁、永修、德安等 5 县，于永修县吴城镇注入鄱阳湖，全长 386.2 公里，流域面积 1.45 万平方公里。其主要支流有山口水、杨柳河、津河、王家河、潦河等。水系通航河流和航线（段）共 18 条，通航里程共 568.9 公里。航道内的柘林水电枢纽建有承载力为 80 吨升船机 1 座，允许船舶最大通过能力 50 吨。

渌水河为江西省境内唯一的一条属于湘江水系的河流。它源于江西宜春市水江乡，自东向西流经萍乡市、醴陵市、株洲市，于渌口镇注入湘江，全长 166 公里。其中江西境内河段长 80 公里，流域面积 1 277 平方公里。萍乡市金鱼石至汪公潭 33 公里为等外航道。

鄱阳湖为中国最大淡水湖，位于长江中下游南岸，江西省北部。它纳赣、抚、信、饶、修 5 大干流之水及湖区支流，经调蓄后由湖口注入长江。湖泊面积 3 960 平方公里，水系流域面积为 16.22 平方公里，相当于长江流域面积的 9%。湖区主要支流有进贤 4 湖，鄱阳湖的东河与西河、博阳河等。其航线(段)共 24 条,通航里程共 734.4 公里。

(江西省局　张兆平)

·河南省内河航道　2008 年，河南省通航里程 1 439 公里，推进淮河、涡河、沱浍河、沙颍河周口至漯河段、丹江库区这 5 个重点航运开发工程的前期工作，取得明显成效。淮河航运工程于 2008 年 11 月 20 日举行了开工仪式。涡河航运一期工程交通运输部补助资金的承诺函已下达，其中 2 000 万资金已落实到位。这都标志着我省航运开发建设前期工作取得突破性进展。沱浍河航运工程在省内前期工作基本完成的基础上，商丘市积极主动和下游的安徽省沟通协调并取得成效。沙颍河周口至漯河段航运工程也已完成了土地预审、洪水影响评价等前期工作，丹江库区项目工可研报告已编制完成，并已上报省发改委待批。

(河南省局　王守明　吴国梁)

·湖北省内河航道　2008 年，湖北省有可通航河流 229 条（含可通航的湖泊 16 个、水库 47 座），航道 292 条。航道总里程 8 988.19 公里（含长江航道 1 037.9 公里,下同),通航里程 8 360.71 公里,均居全国第六位。其中等级航道里程 5 818.31 公里,占航道总里程的 64.73%(五级以上航道里程为 2 429.14 公里，占航道总里程的 27.03%)；等外级航道里程 2 542.24 公里，占航道总里程的 28.29%；暂不通航航道里程 627.48 公里，占航道总里程的 6.98%。全省通航河流上已建有枢纽 169 处，其中不具备通航功能的枢纽为 111 处，占枢纽总量的 65.68%，在通航的 58 处枢纽中，有船闸 39 座（葛洲坝枢纽按 3 座船闸计），升船机 6 座，通航水闸 15 座。航道上共有跨河、过河建筑物 2 482 座（桥梁 649 座、电缆及其它 1 833 处），碍航的有 517 处。其中碍航桥梁为 448 座，碍航桥梁比例为 69%，其它碍航跨河建筑物为 69 处，碍航比例为 2.8%。

(湖北省局　王彦玲)

·湖南省内河航道　2008 年，湖南省现有通航河流 373 条，通航里程 11 968 公里，列全国第三位，占全国内河航道总里程的 9.3%，其中等级航道 4 215 公里，等外航道 7 753 公里，湘、资、沅、澧四水联通全省 70%县市，汇洞庭湖注长江，形成天然水运网络。其中，湘江、沅水被列入全国水运主通道。

(湖南省局　蒋龙平)

·云南省内河航道　云南省河流众多，水资源丰富，全省河流有六大水系，主要干支流 68 条，湖泊 30 多个，大中型水库 100 余座，河流总长约 14 200 公里，这些河流分属长江、珠江、红河、澜沧江—湄公河、萨尔温江、伊洛瓦底江水系。金沙江经省境北部，蜿蜒千里进入云南省水富县后称长江，是我省连接长江中、下游的水路通道。6 大水系中 4 条干流、13 条河流与东南亚国家连接，通向太平洋、印度洋，河流走向自西部扇形展开向东、东南、南出境，构成了水路“两出省、四出境”的格局。

2008 年，云南省通航里程 2 764 公里，等级航道 1 993 公里，占通航总里程的 72%，其中五级以上航道 506 公里，占通航里程 18%，山区河流航道 1 854 公里，占通航里程的 67%，其余为湖库区航道，其中长江水系金沙江通航里程为 1 091 公里。

(云南省局　马翠德)

·贵州省内河航道　贵州省内河航道分属长江和珠江两大水系。赤水河、乌江、清水江、锦江汇入长江，都柳江、南盘江、北盘江、红水河汇入珠江。2008年，全省通航里程3 472公里（等级航道2 124公里）。其中五级544公里、六级905公里、七级675公里、等外级航道1 348公里。长江水系2 153公里（等级航道1 364公里）。其中五级281公里、六级744公里、七级339公里、等外级航道789公里。

(贵州省局　杨萍艳)

·赤水河航道概况　(详见《长江航运年鉴》(2007 卷）第七编“航道”第 647 页)。

·乌江航道概况　(详见《长江航运年鉴》(2007 卷）第七篇编“航道”第 647 页)。

·四川省内河航道　2008 年，四川省有通航河流 176 条，通航水库、湖泊 147 个，航道资源 11 726 公里，居全国第四，西部首位，其中三级航道 228 公里，四级航道 568 公里。

（四川省局　易　翥）

·陕西省内河航道　2008 年，陕西省内河航道总里程没有增减，航道等级也没有变化。规划修编进展顺利，前期工作全面提速。完成《陕西省汉江航运规划》、《黄河水系陕西省航运规划》的修编工作。全面完成汉江流水港区货运码头、安康至白河 164 公里航运建设工程可行性研究工作，为加快水运项目建设创造了条件。内河航道养护与管理呈现三个亮点：一是航道立法工作成效显著；二是航道信息化数字化管理提升管理水平；三是文明样板航道创建展现“三个服务”。厅航运局表示要以部专项检查工作为契机，进一步落实执行《纲要》，加强我省航道的养护与管理，更好地服务陕西社会主义新农村建设，服务沿江百姓出行，服务地方经济发展。

（陕西省局　刘冬冬）

·甘肃省内河航道　甘肃省航道主要分布在黄河、长江和内陆河水系，航道总里程 1 134.00 公里（省界河流航道里程按 50%计算）。其中黄河干流航道 759.80 公里，支流洮河航道 138.10 公里，长江水系嘉陵江支流白龙江及其支流航道 186.50 公里，其他航道 49.60 公里。通航里程 859.77 公里，其中等级航道 347.20 公里，等外航道 512.57 公里，其余均为自然航道。

（甘肃省局　陈长春）

·重庆市内河航道　2008 年，重庆市航道达 190 条，通航总里程达 4 336.36 公里。其中河流航道 120 条，通航里程为 3 868.19 公里；水库航道 69 条，通航里程为 462.67 公里；湖泊航道 1 条，通航里程为 5.5 公里。库区形成深水航道 72 条，里程共计 1 079.65 公里，其中支流 580.65 公里，长江 499 公里。在 4 336.36 公里航道中：二级航道 515 公里，三级航道 164 公里，四级航道 95 公里，五级航道 308 公里，六级航道 126.2 公里，七级航道 610.46 公里，等外级航道 2 517.7 公里。

（重庆市局　高桂景）

【长江—金沙江航道概况】　金沙江为长江源流，全长 2 316 公里，流经攀枝花、凉山州，云南水富、四川宜宾等市州，除攀、宜两市境内河段外，其余均为川滇两省界河，流域面积约 50 万平方公里。腹地内交通较为发达，有内昆铁路和川云公路、内宜高速公路、宜水高速公路等，并有宜宾机场，陆运和航空较为便利。该段主要经济腹地为宜宾市和云南水富县。

金沙江攀枝花至宜宾通航里程长 815 公里，共分为三段。攀枝花市－新市镇段长 707 公里，其中攀枝花至务基的 599 公里河段内平均河面宽 150 米，有大小滩险 360 处，峡谷 11 处。务基至新市镇 108 公里，有滩险 51 处。新市镇－水富段长 78 公里，有碍航滩险 28 处，95%保证率时的航道尺度为 1.5×40×260 米。有三处设绞助航。150 吨级驳船通行近 300 天，最大通航船队 2×300 吨+280 千瓦。水富－宜宾段长 30 公里，共有滩险 12 处，95%枯水位保证率时，航道尺度为 1.8×45×320 米。常年通行 2×350 吨+350 千瓦船队。

金沙江两岸及其腹地拥有丰富的矿产资源、生物资源，其经济结构特点为工农并举。近年来，随着沿江地区经济的快速发展，与云南省际经济合作的日益增加；向家坝、溪洛渡水电枢纽的建设；沿江地区招商引资的力度加大以及云南省急切盼望打通北大门水上运输通道。交通部已将金沙江（水富－宜宾）航道纳入长江干线规划，全省水运规划也将该段航道规划为四级，远景为三级，可通航 1 000 吨级船舶组成的船队，为地方经济和山区的发展作出贡献。

（四川省局　易　翥）

【嘉陵江水系航道概况】　嘉陵江起源于陕西，流经甘肃、四川、重庆汇入长江，广元至重庆 739 公里，是国家批准的全国高等级航道，也是四川省“一横两纵”出川主通道之一。在交通运输部的大力支持下，嘉陵江渠化开发于“九五”期启动，航电枢纽的建设不仅直接增加了当地财政税收，而且带动了建材、能源等相关产业的发展，转移了大量农村劳动力，增强了贫困山区经济发展的造血功能，为沿江的三市 9 县（市、区）的经济发展起到极大的拉动作用。

嘉陵江渠化开发共规划 15 级梯级，其中四川段 13 级，自上而下依次为亭子口、苍溪、沙溪、金银台、红岩子、新政、金溪、马回、凤仪场、小龙门、青居、东西关、桐子壕，总投资 263 亿元。四川段 13 级梯级中交通控股建设项目为 8 个，地方或企业控股、交通参股建设项目 5 个。嘉陵江全江渠化后，形成 534 公里的四级航道、134 公里三级航道，缩短航道里程 56.2 公里，2×500 吨级船队将直达长江，将在航运、发电、防洪拦沙、美化环境，建设长江上游生态屏障，带动流域经济发展等方面发挥重要的作用。

2008 年，嘉陵江渠化开发已经建成马回、东西关、红岩子、桐子壕、金银台、新政 6 级枢纽，在建青居、金溪、小龙门、沙溪、凤仪场、苍溪 6 级枢纽，计划 2012 年实现嘉陵江苍溪以下全江渠化。

在加快嘉陵江在建枢纽建设的同时，我省积极开展嘉陵江综合调度、标准船型、提升通航能力等方面工作，使嘉陵江航运、发电等水资源综合利用实现最佳效益。至 2030 年，结合对通航建筑物的改扩建，将嘉陵江航道等级提高到三级航道标准。届时，嘉陵江在我省综合运输体系中将发挥重要作用，为四川经济跨越式发展作出贡献。

（四川省局　易　翥）

【岷江水系航道概况】　岷江是长江上游的一级支流，流经成都、眉山、乐山、宜宾后汇入长江，腹地内有人口 2 357 万，完成国内生产总值 5 521 亿元，占全省的 44%。岷江干流全长 735 公里，流域面积 135 811 平方公里。其中通航河段成都至乐山 186 公里，为七级航道，乐山至宜宾段 162 公里，为四级航道。

岷江乐山至宜宾段航道是四川省航运“一横两纵”水运进出川主通道之一，也是连接成都平原与长江中下游地区的纽带，更是运输大型设备的水上唯一通道。2008 年岷江完成货运量 130 万吨，承担大件运输 141 批次、3.4 万吨，分别比 2007 年同期增长了 42%和 18%，其中单件重量突破 530 吨。岷江大件航道位于全省及全国的重点开发区——即川南经济区和成渝经济区内，深入至经济发达的成都经济区，与极具发展潜力的攀西经济区相邻。其政治作用和经济作用越来越凸现，已经成为四川省重型机械制造业和大宗物资进出川的大动脉和生命线。

岷江航道经过了几次大的整治，航道条件大大改善，航道达到四级标准，历时保证率 95%时的航道尺度达到 1.5×45×500 米；历时保证率 70%时的航道尺度达到 1.8×50×750 米，中水时可通行 365 千瓦拖轮与 750 吨级重型驳船所组成的大件专用船队。但是整治工程只是局部改变河床的形态和水流状态，并不能从根本上改善河流的水文情况，仅仅借助整治的方法难以彻底改善通航条件，加之岷江航道受电站发电调峰下泄不稳定流，致使岷江航道无法保证大件船舶全年顺利通行。

2008 年 3 月，根据省政府批准的《岷江（乐山—宜宾段）航电规划》，岷江（乐山—宜宾段）162 公里开发以航运为主，按三级航道标准，采用梯级渠化与航道整治相结合的开发方式进行。规划自上而下布置老木孔、东风岩、犍为、龙溪口四座梯级，渠化航道 81 公里；整治龙溪口枢纽至宜宾段航道 81 公里，航道尺度采用 2.0×60×500 米，中远期航道水深提高至 2.2—2.4 米。远景在条件具备后建设下段古柏和喜捷场梯级。

2008 年，岷江航电开发业主组建方案已经确定，正在开展项目前期工作，拟于今年开工项目前期准备工程，明年完成项目核准工作，正式启动项目建设。

（四川省局　易　翥）

【渠江水系航道概况】　渠江位于四川盆地东北部，发源于南江县大巴山南麓，是嘉陵江左岸的最大支流。其上游分渠江主流巴河与州河两大水系，从三汇镇以上右岸干流称巴河，左岸支流称州河，两河流汇合后称渠江。渠江从源头流经南江、巴中、平昌、三江、渠县、广安、罗渡等城镇，在合川县城上游 8 公里的渠河嘴汇入嘉陵江，干流全长 668 公里，流域面积 3.88 万平方公里，天然落差 1 410 米，平均比降 1.96‰。主要支流有大、小通江、恩阳河、巴河、州河、流江河等。分属巴中市、达州市、广安市和重庆市管辖。全流域共有通航里程 1 646.71 公里，其中：广安辖区 131.2 公里，巴中辖区 649.71 公里（含水库航道 184.88 公里），达州辖区 865.8 公里（含水库航道 104.15 公里）。

渠江（州河）达州—丹溪口 286.2 公里航道，规划为Ⅳ级航道，全线共规划有金盘子、舵石鼓、南阳滩、风洞子、凉滩、四九滩、富流滩 7 个梯级，现状除风洞子外均已建成，各梯级均建有 500 吨级船闸，其中舵石鼓、南阳滩、凉滩通航建筑物为广室船闸。位于重庆合川市嘉陵江上的草街枢纽正在建设中，其回水可渠化富流滩枢纽以下航道。2020 年前建设风洞子枢纽，改造广室船闸，并对库尾航道采取一定整治措施，届时渠江（含州河）达州以下全线渠化。

（四川省局　易　翥）

【涪江水系航道概况】 涪江是嘉陵江右岸最大的支流，与岷江（彭山—乐山段）、金沙江、渠江、沱江、赤水河等构成我省地区重要航道，对四川交通运输和经济发展起到了重要作用。

涪江绵阳—米溪石（川渝界）航道长 246 公里，航道现状等级六、七级，涪江多年平均流量为 484 立方米/秒，最大洪水流量为 28 700 立方米/秒，最小为 53 立方米/秒。

根据 1997 年四川省水利院完成了《涪江综合利用规划报告》，水利水电部门以发电、灌溉为主规划了 16 级低坝枢纽，采用河床式堤坝开发，总装机容量 52.5 万千瓦，根据其规划，现已建了三江、永安、明台、文峰、金华、螺丝池、白禅寺等 7 座枢纽，其中永安、文峰、螺丝池三座枢纽建有 4 座船闸，三江和白禅寺枢纽未建通航建筑物，仅留有通航建筑物位置，明台和金华枢纽仅建有船闸上闸首，形成 4 处碍航闸坝。由于水电规划部分梯级水位不衔接，且枢纽不连续建设，枢纽间均存在变动回水段或天然河段，造成涪江现为不连续通航河流。加之目前部分河段大量采挖砂石破坏航道条件，致使涪江不能正常航行，严重制约了涪江航运事业的发展。根据行政区划，涪江川境内分为绵阳段和遂宁段。

·绵阳段

——东方红大桥—塘坊阁货运码头段，航道里程 60 公里，航道现状等级为七级，近年来先后建成永安枢纽、三江枢纽。三江枢纽位于绵阳市塘汛镇境内李家渡口处，上距绵阳市东方红大桥 10 公里，未建通航建筑物，仅在右岸电站厂房和非溢流坝之间预留有船闸位置；永安枢纽位于三台县芦溪镇上游 1.5 公里处的涪江右岸，该电站为引水式电站，枢纽建有进口船闸和出口船闸，出口船闸下引航道与电站尾水渠衔接。两座船闸相距仅有 6 公里，对过往船只的航行极为不利。三江枢纽和永安枢纽的建设共渠化 16 公里航道，东方红大桥—塘坊阁货运码头段现仍有 44 公里河段为天然航道。

——塘坊阁货运码头—石榴嘴段，航道里程 26 公里，航道现状等级为六级。近年来先后建成文峰枢纽、明台枢纽。明台枢纽位于三台县城东侧，坝址地处涪江大桥上游 1.4 公里处。其上游与吴家度枢纽 3.7 公里的尾水渠衔接，下游与文峰电站库尾存在 1 公里天然河段。该枢纽通航建筑物船闸仅建有上闸首；文峰枢纽位于涪江干流三台县百倾乡文峰—芙蓉两山峡口处，上距三台县城 14 公里，下距射洪县城 60 公里。枢纽库尾与明台枢纽存在 3 公里变动回水区，下游与金华枢纽库尾存在 0.2 公里天然河段，枢纽建有船闸一座。

·遂宁段

——石榴嘴—螺丝池发电厂段，航道里程 34 公里，航道现状等级为六级，近年来先后建成螺丝池、金华枢纽。螺丝池枢纽位于涪江中游著名的螺丝池险滩上，距射洪县城上游 4 公里。库尾与金华枢纽之间有近 3.5 公里的变动回水区，枢纽建有船闸，船闸尺度：100×8.0×8.0×1.5 米（闸室长度×宽×口门宽×门槛水深）；金华枢纽位于射洪县境内的金华镇，该枢纽通航建筑物仅建有上闸首，其它上引航道、闸室、下闸首和下引航道均没有修建。

——螺丝池发电厂—龙凤段，航道里程 96 公里，航道现状等级为七级，建有红江、龙凤两座引水式电站和洋溪水轮泵站，枯水期引走涪江大量流量，对涪江航运造成严重影响。洋溪水轮泵站位于射洪县洋溪镇，此碍航问题可由规划的柳树梯级来解决。红江电站此碍航问题可由规划的吴家街梯级来解决。龙凤电站此碍航问题可由规划的过军渡、唐家渡梯级来解决。

——龙凤—米溪石段，航道里程 30 公里，航道现状等级为六级，建有三星（白禅寺）电站，电站装机容量 4.8 万千瓦，设计水头 11.5 米，回水里程 31 公里。本枢纽未建船闸，仅在引水渠左岸、电站厂房左侧预留船闸位置。

·涪江重庆段

涪江下游渝境段米溪石至合川约 136 公里，航道现状等级为六、七级。涪江重庆境内从米溪石至鸭嘴依次规划了三块石、莲花寺、富金坝、安居、渭沱 5 个梯级。现已建成三块石、莲花寺、安居、渭沱四座枢纽，均建有船闸，船闸尺度为

100×12.0×8.0×2.0 米（闸室长度×宽×口门宽×门槛水深）。富金坝枢纽正在建设之中，其船闸尺度为 110×12.0×12.0×2.0 米。随着富金坝枢纽的建成，并利用合川枢纽回水淹没渭沱以下河段浅滩，可使三块石库区以下 111 公里全线贯通。通过对现有枢纽进行船闸改造，并对航道进行整治，到 2020 年使重庆境内 136 公里全线达到Ⅴ级航道标准。

根据 2001 年编制的全省航运发展规划，涪江航道拟通过先复航，结合水电开发渠化提高航道等级，达到五级航道标准。按照省委九届四次全会构建西部综合交通枢纽的总体部署，四川省组织专家对全省水运资源进行重新审视，在 2008 年《四川省内河水运发展规划》（修编）中提出，在规划期内对涪江绵阳—桐麻浩航道实施 16 级梯级开发，完善通航设施，恢复通航，达到五级航道标准，远期结合梯级渠化及库区航道整治等措施，提高航道通过能力，达到四级航道标准。

（四川省局　易　翥）

【沱江水系航道概况】　沱江是长江上游左岸的支流，发源于四川省茂县九顶山南麓，正源为棉远河。上游有石亭江汇入，到金堂纳入岷江水系的毗河、蒲河后称沱江。沿程流经金堂、简阳、资阳、资中、内江、富顺、泸县，于泸州市注入长江。干流全长 618 公里，流域面积 27 866 平方公里，总落差 2354 米，平均比降 3.74‰。其中金堂赵镇至泸州 496.18 公里，落差 214.1 米，平均比降 0.43‰。沱江在赵镇以上为上游，赵镇至内江为中游，内江以下为下游。沱江航道，上连川西，下通川南，是成都与长江沟通的第二条水路。

根据《四川省沱江流域综合利用规划报告》沱江干线金堂—泸州 496 公里航道规划为Ⅴ级航道。沱江干流金堂以下规划有 22 座梯级，现建成 10 座，除九龙滩以外，均建有船闸，但大部分船闸口门宽度只有 6 米。此外，22 座梯级有 16 处不衔接，最大水位相差 10.5 米，梯级间存在天然河段。现根据航运发展的需要，规划金堂—牛佛 339 公里为Ⅴ级航道，牛佛—泸州段 157 公里为Ⅳ级航道，需提高白果、灵仙庙、养马河、临江寺、董家坝、南津驿、王二溪、甘露寺、苏家湾、史家街、五台山、石盘滩、黄泥滩、黄葛浩、银蛇溪等 14 座梯级坝高和正常挡水位，并改造已建船闸，另需增加简阳、平泉、牛佛、小市 4 级航运梯级。规划沱江航道在 2020 年前配合水电枢纽工程做好通航设施论证和建设工作，促进现有闸坝复航和电站调度管理规范化，2020 年以后安排其他建设任务。建设牛佛—泸州段 157 公里Ⅳ级航道，该段新建和改建通航设施按 500 吨级标准控制。

（四川省局　易　翥）

·管理机构·

【长江航道局】

2008 年，长江航道局（以下简称航道局）面临大事多、急事多、难事多的特殊情况，积极应对，克难攻坚，较好的按计划实现了各项工作目标。

·为长江航运服务能力有较大提升　一是认真抓好枯水时段航道维护工作。上届枯水期，受 50 年一遇秋旱影响，上游猪儿碛，中游窑监、太平口，下游牯牛沙、张南下浅区、太子矶等重点浅险水道先后出现紧张局面，航道局共安排 13 艘疏浚工程船舶、15 个勘测处（测量队）投入现场航道维护，圆满完成了任务。汛期，福南水道出现特殊浅情，该局及时调遣挖泥船疏浚施工，完成疏浚工程量 32.24 万立方米，确保了汛期航道的畅通安全。本届枯水期，局提前谋划，科学制订预案，加强重点浅水道的现场维护和疏浚，到年底，枯水期航道维护工作正紧张有序进行。二是圆满完成国家遭受极端自然灾害条件下的运输保畅任务。面对历史罕见的雨雪冰冻和汶川地震等特大自然灾害，航道局将运输保畅通放在第一位，克服困难，积极作为，开辟“绿色通道”，确保抗震救灾物资、国计民生重点物资运输畅通无阻；特别是对运送救灾物资的船舶通行予以特殊维护，并全部免缴其航养费，全力支持救灾重建工作。三是出色完成三峡 175 米试验性蓄水期航道维护工作。全面分析了 175 米蓄水对中游航道的影响，提前制定了蓄水期航道维护工作预案，提前实施了库区航标迁建改建、部分河段同比降观测、变动回水区淤沙河段观测等工作，提前对重点浅险水道实施了维护性疏浚，掌握了航道维护工作主动权，保障了蓄水期间库区和中游重点浅险水道的畅通安全。四是正式提高了长江干线叙渝段（宜宾—重庆）航道维护标准。2008 年 9 月，航道局充分发挥航道整治的成效，提高了叙渝段 384

公里的干线航道维护标准，1 000 吨级船舶和 3 000 吨级船队可以直达宜宾，历史上首次实现了干线航道全河段昼夜通航。五是航道行政管理的权益性大幅提高。年内成功胜诉芜湖长江大桥桥区航标维护费纠纷案和“圣通 818”轮破坏航道赔偿案，依法维护航道权益、保护国家航道资源取得了实质性进展。航道行政管理部门广泛征求沿江航运企业和船公司对航道维护管理工作的意见和建议，采取针对性的改进措施，不断提升服务品质。

全年共完成航道维护 1 776 647 座天，为年计划的 101%；航道维护尺度保证率为 100%；航标维护正常率为 999‰；测量完成 19 644 换算平方公里；疏浚完成 480 万立方米。长江干线航道总体畅通安全。

·*长江干线航道基本建设提速加快* 一是高标准制订建设规划。配合交通运输部开展了《长江航道建设总体规划》的制订工作。按照航道治理系统性、整体性、协调性和配套性的原则，制订了长江航道上、中、下游全河段系统治理、基础设施建设、船舶设备建设等 6 个打包建设方案，报部认可后，现已报送国家发改委待批。按照“整体规划、系统治理、分步实施、逐段提高”的原则，进一步明确了“十二五”期、“十三五”期中游航道治理的目标和措施，中游航道系统治理研究提升到了一个新高度。二是高水平推进前期工作。对 2020 年前干线航道整治项目进行了筛选排序，明确了时间节点。16 个项目工可报部，其中 9 个项目工可获得部批，2 个项目工可已通过部审待批，5 个项目已报部待审。完成了福姜沙航道整治技术方案。长江航道电子航道图数据中心工可通过部审；长江航道重点实验室工可和岳阳综合码头工可报部；武汉综合码头、沙市、戴家洲、张南上浅区等河段航道整治工程初设已得到部批复。三是高质量实施航道建设工程。新开工叙泸段二期、瓦口子、黑沙洲等航道整治工程；库区铜锣峡—娄溪沟炸礁工程在蓄水前顺利完工；芜南航改、航标一期、罗湖洲、碾子湾整治工程、研究院 4、5 号模型大厅、太子矶炸礁工程已通过部竣工验收。四是高强度推进船舶建设。10 000 立方米方自航耙吸挖泥船、3 580 立方米和 3 500 立方米绞吸挖泥船先后交船并投入生产；8 立方米抓斗、40 米铺排船建造成功。目前，长江航道装备疏浚能力已达到 1.2 亿立方米。用于三峡库尾变动回水区的 3 500 立方米自航绞吸挖泥船和用于中下游的 2 000 立方米吸盘挖泥船工可已报部。长江航道船舶建设“十一五”期调整规划和“十二五”期衔接方案也已报部。

全年航道局共完成基本建设投资 8.13 亿元。其中，航道整治项目完成 4.65 亿元，生产设施项目完成 0.98 亿元，船舶建造项目完成 2.50 亿元。

·*经济发展实现新的突破* 2008 年，航道局在工程经营方面步子快、收效大。面对国内工程经营市场的激烈竞争和受国际金融危机的严重影响，科学谋划，针对市场上强大竞争对手，不畏惧、不坐等，敢于竞争、主动出击。全年完成签约 55.5 亿元，为年度计划的 111%；产值 35.5 亿元，为年度计划的 101.4%，圆满完成了“503505”的年度经营目标。其中仅广西防城港钢铁项目陆域形成、护岸工程一标工程中标价达 12.77 亿元，是该局迄今为止承接的最大单项工程。在长江干线航养费征收方面，成绩显著、完美收官。通过航道全线各级党委、行政的正确领导，以及有关单位和部门的支持配合，广大征稽工作人员任劳任怨、克难攻坚，严格坚持依法征收、文明征收、和谐征收，全年航养费完成征收达 8.03 亿元，提前两年完成“十一五”规划目标，并为 17 年航养费征收工作划上了圆满的句号。

·*安全生产总体平稳* 2008 年局奥运安保工作保障有力。期间，对信访工作，变上访为下访，加强矛盾纠纷排查，妥善处理各种信访问题，把各种不稳定因素尽可能解决在萌芽状态。局建立奥运安保工作日报制度，加强对重点事物的监控。积极开展“迎奥运、防恐怖、保畅通”安保专项活动，组织各类应急演练 369 次，投入安全隐患整改 3 900 余万元，对火工品管理采取了超常措施，安全使用爆炸物品 1 329 吨、雷管 81 万发，未发生一例流失、被盗等事件，实现了长江航道奥运期间畅通、稳定、平安。按照上级“隐患治理年”的总体部署，积极开展隐患排查与整改工作；航道单位以“一法三卡”为载体、工程单位以 NSM（国内）、ISM（国际）安全管理规则为标准，着力推进安全文化建设；成功抵御了 9 次超强台风对沿海工地的正面冲击；工程船舶调遣 170 余航次、航行 84 000 余海里，安全无事故。全年全线未发生环境污染、船舶交通、火灾等各类责任上报事故，船舶安全面 100%。

·*管理机制改革稳步推进* 年内，一是全面完成了航道单位综合管理模式改革。这次改革以整合资源、理顺关系、减少层次为切入点，推进了长江航道维护管理架构的重新布局。改革后，管理层次由原来的四级管理变为三级管理，管理机构由改革前的153个整合为77个航道管理处，精简达50%，航道管理处平均养护里程由19公里增加到35公里，增幅达84%。这次改革以综合职能、完善级别、统一管理为突破，重塑了长江航道一线管理机构的社会地位。航道管理处由原来单一的航道养护转变为集航道维护、航道行政管理等为一体的综合管理机构。同时，以精干队伍、优化结构、提高效率为主线，充实调整了管理机关和基层航道处。这次综合管理模式改革为提高公共服务能力，促进航道维护管理方式由劳动密集型向技术管理服务型的转变奠定了良好的基础。二是继续推进工程单位深化企业化管理改革。为进一步提升航道工程经营整体运作能力，更好地适应工程经营发展壮大的需要，通过广泛调研并形成了工程单位深化企业化管理改革初步方案。此外，所属的长江宜宾航道局正式独立运行，长江航道规划设计研究院、武汉航道学校内部机制改革正有序进行。三是继续推进干部调整交流。对局机关和局属单位干部进行了较大范围的调整交流，共涉及干部153人，增强了基层单位领导班子功能，进一步改善了干部年龄、知识结构。通过三年的探索与实践，基本实现了干部人事工作的制度化、规范化和常态化。

·基础管理逐步优化　一是继续强化财务管理。积极应对国家成品油价税费改革，及时上缴航养费，并加大沟通协调力度，及时调整、完善和上报2009年财务预算。进一步加强预算管理，确保资金安全，确保经费向航道生产基层一线倾斜、向保障和改善民生倾斜。二是切实强化审计监督。年内较好完成了“14+3”综合审计和局属相关单位主要行政领导离任审计工作，并开展了航道整治重点项目和对外工程项目经理部的审计工作，保证了经济的安全运行。三是切实加强船舶设备管理。按照“养修结合、以养为主”的原则，通过加强现场管理，及时保养修复，船舶完好率达91%；全年投入修船资金1.12亿元；加大船舶技改力度，全年投入技改资金5 057万元，有效提升了船舶的施工效率。此外，优质高效完成制度清理，形成了《长江航道局制度汇编》，受到了交通运输部表彰；开展了全局岗位设置研究工作，拟订了总体方案。

·科教活力不断释放　一是数字航道建设取得重大突破。初具长江航道现代化特征的下游南浏段数字航道建设示范工程成功通过了交通运输部验收，被评定为优良工程。该项目的建成和投入使用，不仅提高了长江航道维护的科技含量，实现了航道制图数字化、航标监控实时化、信息服务网络化，大大降低了航道维护的劳动强度，有力促进了长江航道维护从劳动密集型向技术管理型的转变；同时也开创了全国内河数字航道建设的先例，具有极强的示范效应。二是创新能力继续增强。太阳能一体化航标灯技术获得第三届海峡两岸职工创新成果金奖，并先后获得3项国家专利；《船舶动力机械远程诊断系统研制及其工程应用》获得湖北省科技进步一等奖；《长江航道整治建筑物稳定关键技术研究》、《长江三峡初期蓄水运用对航道影响及水库航运调度方式对策研究》获“中国航海科技奖”二等奖；工程经营信息化管理系统和武汉工程局船舶设备远程监控系统相继建成并投入运行，效果良好。深水顺水流沉排技术、新型坝体结构、水下整治建筑物检测可视技术等整治工程技术逐步成形。长江航道规划设计研究院被评定为“湖北省企业技术中心”。三是高层次人才队伍建设继续推进。成立了长江航道局首届专家委员会。评选出了首批局专业技术带头人共11人，涉及航道维护、整治建设、工程经营、信息技术、船舶建造等重点领域，完善管理制度并下达了任务书，形成了人才培养的新格局。四是继续落实“春雨计划”。全年举办培训班403期，培训职工9 000多人次，完成职工培训面达100%，专业技术人员继续教育面达98%以上，全面完成了2008年的各项培训任务。提前两年完成“10名博士、100名硕士”的培养引进目标；高级职称人才队伍继续壮大，工程、经济、社科等正高、副高职称的专业技术人才超过300人。

·行业文明更加凸显　一是加大文明创建力度。本年航道局获得“全国交通行业文明单位”和“全国模范职工之家”荣誉称号。二是开展了改革开放30周年系列纪念活动，评选了30名“长江航道改革开放30年风云人物”。由局承担的全国交通文化子课题航道文化专著出版发行。加大了《文化手册》宣贯力度，使航道文化进一步深入人心。三是努力培育和推介先进典型。武汉航道局职工郑启湘先进事迹在中央电视台新闻联播“时代先锋”栏目播出，人民日报、经济日报等多家国家级媒体转载，郑启湘同志被评为“全国技术能手”、“长航系统创新型职工标兵”、“长航系统第二届十大杰出职工”。两赴抗震一线的南京工程局职工陈杰先进事迹受到广泛关注，并被评为“交通运输部抗震救灾先进个人”和“长航系统第二届十大杰出职工”。四是积极奉献爱心。2008 年“5.12”汶川地震后，航道局在全线积极开展了“情系地震灾区、奉献航道爱心”等捐款、捐物、献血活动，共向灾区捐款 386.7 万元。五是廉政建设扎实推进。制订印发了《长江航道局建立健全惩治和预防腐败体系 2008—2012 年实施意见》。对交通运输部挂牌招投标监督项目——丰都综合码头建设工程，实行事前、事中、事后的全方位监督，形成了“严把十关”的典型经验，受到驻部纪检组高度肯定，并在全国交通运输系统进行了交流。

地　址　武汉市解放公园路 16 号
邮　编　430010
电　话　（027）82767633
传　真　（027）82733794
邮　箱　cjhdjjb@263.net

（长江航道局　茅生斌）

【长江南京航道局】

长江南京航道局（以下简称南京局）2008 年全年完成的各项生产、经济指标为：航道维护尺度保证率 100%，超计划指标 2%；航标维护正常率 1 000‰，超计划指标 1‰；航标维护工作量 463 101 座天，为年计划的 104.16%；测量工作量 9 170 换算平方公里，为年计划的 113.62%；航养费征收 41 371 万元，同比递增 21%。

2007—2008 届枯水期，南京局经受住了五十年罕见之秋旱、三峡 156 米蓄水和特大冰雪凌冻天气等多重考验，维护了辖区航道的畅通。枯水期内，南京局实施航道水深探测 1 800 次，完成重点浅水道局部检测 130 次，完成测量面积 1 696.44 换算平方公里；先后对九江水道、张南水道、太子矶水道、宝塔水道、福南福中水道安排施工单位进行了疏浚施工，挖泥 1 317 船，累计 186 天，确保了国家电煤和大宗物资的正常运输，圆满完成了本届枯水期航道维护工作。2008 年 5 月 1 日，南京局按时开放芜湖以上海轮航道。5 月 12 日四川汶川发生强烈地震后，局认真贯彻落实长江航道局《关于加强长江干线抗震救灾物资运输期间航道维护工作的紧急通知》，做好代号为“0891”的特殊运输任务，加强航道探测，保证航道尺度，一站接一站，一处接一处，圆满完成任务。进入主汛期后，长江水位上升较快，下游台风增多，又值北京奥运会召开，局将做好航道维护工作提升到讲政治的高度来认识，提前做好物资储备，提前制定应急预案，明确责任，落实任务。局属各航道处加强海轮航道维护，及时调整海轮航道标志和修改海轮推荐航线，并及时发布。在台风来临之际，领导赶到现场，全力指挥防汛抗台，确保了辖区海轮航道的安全畅通。其间福南水道出浅，南京局在南工局的支援下，于 6 月 26 日至 8 月 6 日对其实施维护性疏浚，共挖泥 403 船，疏浚土方达 32.24 万立方米，确保了维护尺度。9 月 28 日至 10 月 8 日、10 月 17 日至 11 月 4 日上游两次进行 175 米试验性蓄水，造成长江下游水位急剧下降。由于局作了充分准备，整个蓄水期航道维护尽管水深面临严峻考验，但都一一化解。其间，调整标志 60 座次，巡航 159 次，出航探测水深 133 次，增加测量 300 换算平方公里。张南水道两次挖泥 292 船，疏浚土方达 21.53 万立方米；福南水道挖泥 109 船，疏浚土方 8.72 万立方米。

除了做好现有航道的维护，南京局还不断深化对航道维护的研究和新航道的开发，一是配合江苏省“推进 12.5 米深水航道太仓延伸至南京治理工程”工作，编制《太仓白茆河口至浏河口段 12.5m 深水航道航道条件及维护措施研究》的报告，做好该段 12.5 米深水航道建设可行性研究和方案论证工作，以及提高水深后的航道维护保障措施的探讨，为实施延伸工程做好准备；二是开展青龙港—启东港水道航标配布研究工作，目前已完成航标配布和相关建设方案编制工作，正在抓紧组织实施。三是积极做好芜南段提高水深研究工作，局根据长江航道局《关于开展提高长江芜湖至南京河段航道维护尺度专题研究工作的通知》，积极做好有关前期工作，并上报了实施方案。

南京局加大航道行政管理力度，努力践行“三个服务”。一是深入贯彻执行交通部“两防专项整治活动回头看”的通知精神，继续深入开展水工设施及桥区助航设施安全隐患再排查。针对长江南京三桥非通航孔防撞能力相对薄弱问题，局率先开展了非通航孔桥墩安全防撞的研究、防护落实和跟踪。在取得成功经验的基础上，又相继在苏通大桥、扬中大桥、扬中二桥进行推广运用，并得到桥梁单位及社会的好评，有效地保护了非通航孔桥墩。二是积极参与联合执法。局充分利用联合执法工作平台，不断完善航道行政执法及联合执法工作制度，参与联合执法对外宣传材料和公示材料的编制及修订工作，依法开展航道行政执法，最大程度地保护航道部门的合法权益。三是规范行政审批（审查）工作。对外加大航道行政管理工作宣传力度，对内规范内部行政审批（审查）程序，不断提高审批效率，全年完成对外航道行政管理批文近百份。四是首次依法打赢桥区航标维护费官司。芜湖大桥桥区航道维护费诉讼自 2007 年 4 月武汉海事法院受理，至今年 4 月湖北省高院作出终审判决，历时一年，其间历经一审、二审，南京局紧密配合上级准备诉讼材料和事证，最终首次取得了长江航道桥区航道维护费案的胜诉。五是严防船舶“超吃水”，打击非法采砂。在 2007—2008 届枯水期，局辖区共发生“超吃水”破坏航道事件 8 起，索赔率 100%，索赔金额 32 400 元。为打击非法采砂出动巡航船舶 182 艘次，取缔非法采砂船近 400 艘。

航道基础建设前期工作，南京局一是完成了如皋综合码头工程初步设计批复。经交通运输部审批，该工程总投资 3 813.7 万元。现施工图设计已基本完成。二是编制完成芜湖新港综合码头工程可行性报告，完成了码头通水、通电、通路及场地平整工作，现在开展相应的环保、航道、海事、水利四个论证。三是完成了安庆处码头复建初步方案编制，积极推进外协工作。四是召开了扬中工作船码头“工可”审查会，正在完善工程方案设计。五是完成了 33 米新型航标工作船的自主开发设计，完成了第二艘大型航标工作船的修改设计，完成了 4 艘 33 米新型航标工作船、两艘 65 米趸船的招投标工作。

在建工程，扬中综合码头项目水工建筑物施工已于 3 月完成，并于 4 月通过交工验收；其陆域工程也在快速推进。镇江处生产业务用房建设已于年底封顶，现正进行内部装饰设计；镇江处码头复建工程正在稳步推进。南京处办公楼装饰设计已经完成，南京处码头自筹资金改造抢险工程已如期完成，并完成交工验收。扬中、镇江、江阴三个潮位站已完成建设，至此，长江口深水航道治理二期 10 米水深向上延伸工程的扫尾工作基本完成。南京局自筹资金 3 096 万元，完成 11 艘趸船改造；自筹资金完成了 7 艘 18 米测量（巡检）快艇、一艘 43 米景观化趸船和两艘 40 米趸船的建造。

江苏段数字航道建设，是交通运输部确定的全国内河水运建设示范工程。南京局作为承建单位，一直将其列为全局工作的重中之重。该工程自 2007 年 5 月开工新建，至今年 9 月工程胜利竣工，高标准高质量地顺利通过了部组织的示范工程验收。在工程建设中，建成了电子航道图系统、航标遥测遥控系统及系统支撑平台；建设了局及 4 个航道处局域网、14 套航标工作船系统与 3 套航道测量船系统；在江苏段 607 座航标上安装了遥测遥控终端和太阳能供电设备。江苏段数字航道的建成，实现了航道数据采集、处理、编辑、审核、保护、发布的电子化；实现了航标运行状态的远程遥测遥控和报警；实现了航标、船舶、气象、港口等航运相关信息的查询与服务；实现了水道地形地貌、两岸重要物标属性等相关图片及文档的浏览与查询、水位变化、航标、船舶动态显示与监控。这些不仅在长江航道发展史上具有划时代的里程碑意义，也为全国内河航道建设树立的典范，此项工作得到了部领导的充分肯定与高度称赞。

2008 年是航养费征收的最后一年，也是南京局承受巨大指标压力和面临严峻考验的一年。年中，受南方严重雨雪冰冻天气、四川汶川大地震和全球金融危机，以及费改税实施的影响，导致航养费征收异常艰难。经全体征稽人员艰苦奋斗，最终超额完成了 4 亿元目标的征收任务。截止 12 月 15 日，全局共上缴航养费 41 371 万元，同比递增 21%。其中，航次征收 73 055 艘次船舶，征收金额 13 698.7 万元；统缴征收 7 022.5 万元，同比递增 38%；国际航线征收 17 358.2 万元，同比递增 12%。出色完成了全年的征收任务，也为 17 年航养费征收划上了圆满句号。

根据上级批复的改革方案和“三定”方案，南京局高度重视，周密部署。先后进行了调查摸底、广泛动员、竞争上岗、双项选择、群众测评、组织考核、任前公示等程序，做到稳步推进。通过改革，局机关由 18 个科室精减为 12 个处室，职能进一步理顺；基层单位管理层次由三级变为两级，撤销了原 20 个航道站，分别成立了 7 个全能处，16 个非全能处；干部年龄结构进一步优化，达到了“整合管理资源，减少管理层次，提升管理效能，提高公共服务能力和水平”的改革目的。

全年南京局开展安全检查57次，参加人员295人次，检查船舶班组 481 个次。针对检查出的隐患和问题，全部落实了整改，隐患整改率达 100%。上海航道处对查出的个别船员违章饮酒问题，给予当事人高达 1.8 万元的处罚。局对九江处查出的当班脱岗人员，给予责任人分别以经济处罚与下岗处理。6 月 20 日，局在安庆举办了水上消防救生综合演练，8 月 22 日，在机关举办了消防疏散演习，增强了职工应急应变能力。在奥运安保及其他重要时段，制定安保措施，坚持值班制度，加强隐患排查，实现了全年无一人进京上访、无一起大的民事纠纷、无一起重大盗窃和社会治安案件的好成绩。

全年局机务设备完成的考核指标：机动船完好率100%，非机动船100%；船舶五好面机动船91%，非机动船 86%；全年实修船舶 66 艘，其中厂修 18 艘，航修 48 艘，修船计划完成率 100%。全年投入修费 673.5 万元，修费兑现率 100%；全年扩大自修总额 60 万元；开展 CWBT 活动船艇 23 艘；节能指标、船舶现场管理、基础管理全部达标。全年局船舶无任何机务设备事故发生，船舶设备一直处在安全运行的良好状态。

地　址　南京市下关区公共路 64 号
邮　编　210015
电　话　（025）85077819；85077840
邮　箱　cjnjhdj@126.com
网　址　http://www.cjnjhdj.com

（长江航道局）

【长江武汉航道局】

2008 年，长江武汉航道局（以下简称武汉局）全年完成主要生产指标：航道维护 331 193 座天，为年计划的 100.3%；航道维护尺度保证率 100%，航标维护正常率 1 000‰；航道测量完成 4 229 换算平方公里，为年计划的 105%；经营创收完成 6 390 万元；航养费征收完成征收额 7 138 万元，为全年冲刺值的 102%。无任何安全责任事故。

2007—2008 届枯水期，辖区航道接连遭遇 50 年一遇的秋旱和百年一遇的特大雨雪冰冻灾害，加之船舶“超吃水”和非法采砂等人为破坏航道事件频发，给航道维护保畅通工作带来了很大的困难。面对严峻形势，武汉局全面落实李盛霖部长“三个确保”的指示精神，牢固树立“三个服务”理念，创造性地实施了枯水前期提前疏浚作业和夜间非通航高峰期疏浚施工等新举措，全力保障了航道畅通安全。9 月下旬以来，随着三峡水库 175 米试验蓄水的实施，上游来水流量变幅较大，给航道维护带来新的困难。在窑监水道，部分船舶“超吃水”航行并在航道内搁浅，致使航道条件迅速恶化。武汉局积极落实预案，综合运用调标改槽和疏浚施工等维护方式，平稳渡过了三峡水库蓄水期。武汉局在全面探测的基础上，制定了海轮推荐航线，5 月 1 日开通后，辖区航道船舶通过能力大幅提升。完成了荆州大桥南汉通航桥墩防撞设施（助航部分）建设。抓好航道整治建筑物的观测、维护工作，按要求高质量完成了界牌、碾子湾等水道整治建筑物修复工程。对年内发生的超吃水航行搁浅，破坏航道的“圣通 818”索赔案一审胜诉并获得赔偿。这是该局在单船索赔金额和法律诉讼两个方面取得了突破。强化行政审查审批和采砂管理，水工设施审查审批率和采砂区专设航标设置率均达 100%。加强了已建和在建桥梁桥区航道、航标技术状况的检查，起到了对建设方在此方面工作的督促整改提高作用。

根据上级指示，武汉局紧急编制上报了《长江黄金水道助航设施及装备建设工程投资建议计划安排》中游航道建设内容，确定了未来两年基本建设的总体框架。前期工作成效明显。武汉综合码头工程初步设计获交通运输部批复，施工准备工作有序进行；局码头改造工程和岳阳综合码头工程工可报告已报部待审；荆州、监利、洪湖航道处码头改造工程前期工作正在加紧沟通协调。项目建设进展顺利。按期完成了荆州、蕲州航道码头水工建筑物建设工程，并顺利实现了交工验收。船舶建造力度加大。高效优质完成2艘40米趸船建造和2艘40米趸船改造工作。自筹资金建造了4艘钢质快艇和1艘玻璃钢快艇。局2008年航道维护船舶建造计划进一步增加。

受自然灾害影响，航养费征收工作面临困难，武汉局自加压力，盯住目标，层层分解，落实责任，全面推广应用征稽信息化系统，逐步扩大PDA电子开票技术应用范围，征稽管理现代化水平有了新的提高。通过广泛搜集信息，加强沟通协调，协议征收额较去年增长21.5%。结合综合管理模式改革，制定了新的征稽规则，实现了平稳过渡，促进了规范征收。

对外经营创收，全年签约额大幅攀升。瓦口子航道整治工程主体施工任务，按要求圆满完成。航道船厂加大技改、基建投入，积极承揽修造船业务。

上半年，按照长江航道局总体要求，武汉局顺利实施了综合管理模式改革，完成了17个航道管理处组建工作，精简、优化了机关机构和局属单位设置。对局机关和局属单位干部进行了大范围的调整交流，先后提拔干部148人，其中处级干部7人、正科级干部38人、副科级干部101人。

紧紧围绕“航道更畅通，自身更安全”两大主题，武汉局积极开展“隐患治理年”、“两防”回头看等工作。强化安全监管，完善责任体系，严格检查考核，确保了安全生产形势持续稳定。以安全等级分色预警和“一法三卡”工作法为重要载体，积极推进安全文化建设，顺利通过了长航局验收。认真组织开展了“安全生产月”、“夏百安”等安全专项活动。高度重视并切实抓好“奥运”期间安保工作，建立了奥运会期间报平安值班制度，多次组织召开了“反恐、安保工作”紧急会议。积极开展安全大检查及消防培训和疏散演练，较好地提高了干部职工安保意识和应急处置能力。针对少数重访重点人员的上访苗头，局变职工上访为领导下访，坚持做好深入细致的说服宣传教育工作，取得了明显效果，获长江航务管理局“奥运期间信访工作先进单位”称号。

科技兴航工作取得突破。一体化航标灯进入普及应用阶段，武汉局洪湖航标器材维修中心成立并开始规模化生产，公司注册、商标注册等工作正抓紧进行。信息化建设稳步推进，办公自动化系统启用新版，编制完成了中游数字航道建设方案。强化质量管理，2项质量成果获交通部优秀奖，洪湖航道处明灯QC小组被推荐为“全国质量信得过班组”。

以“文明窗口月”活动为载体，深入宣贯《长江航道文化手册》，积极传播航道文化。年内，局荣获“湖北五一劳动奖状”称号，荆州、监利、洪湖3个航道管理处荣获省国资委“文明单位”称号，郑启湘宣传推介工作进展顺利，被中宣部列为面向全国的宣传典型。

“兴航惠民工程”取得实质进展。年内改善了职工的福利条件；完成了离退休职工货币化分房工作，启动了在职职工货币化分房工作；首批趸船改造工程顺利完工；荆州航道管理处危房改造完成，住户顺利回迁；完成了一线船艇生活水箱改造工作；开展了离退休职工血吸虫重病患者的治疗工作，提高了补助标准；困难职工家庭帮扶机制基本建立。

地　址　武汉市江岸区洞庭街50号
邮　编　430014
电　话　（027）82763551
传　真　（027）82767142
网　址　http://www.cjwhhdj.com

（长江航道局）

【长江宜昌航道局】

2008年，长江宜昌航道局（以下简称宜昌局）针对辖区航道维护的特点，本着“早准备、早计划、早部署、早落实”的原则，加强预案的制定和完善工作。

编制印发了《长江宜昌航道局2007—2008届枯水期航道维护预案》、《宜昌航道局2008年洪水期航道维护预案》和《宜昌航道局2008—2009届枯水期航道维护工作预案》，力求预案具备较强的指导性，确保辖区航道在枯水期和洪水期这两个重难点时段的畅通。根据《长江航道局长江干线航道维护突发事件应急预案》等要求，宜昌局制定完善了各类突发事件预案，并进行了应知应会的学习与演练，进一步提高了快速反应能力。去冬今春，宜昌地区遭遇五十年不遇的冰雪灾害。持续时间长、积雪厚、气温低的恶劣天气严重破坏了航道设施，给宜昌局辖区航道维护带来诸多影响。为确保航道畅通，局及时启动航道维护应急预案，充分运用航标遥测监控系统，加强远程监控，加大巡航力度，及时清除标体、灯器、浮具上的积雪，加固标体，保证了辖区航道安全畅通。5月，四川汶川发生特大地震，运往灾区的救灾物资需大量通过水上运输，为使抗震救灾物资顺利通过辖区航道，局及时加强震后航标设备的检查工作，加强航道探测力度，努力打造了一条“绿色、快速、便捷”之道。9 月 28 日，三峡水利枢纽开始实施 175 米试验性蓄水。宜昌局维护管理着近坝河段，受此影响，航道维护难度加大。为服务三峡工程、服务国家经济建设，该局生产人员多次到现场进行踏勘调研，优化 175 米航标配布方案，制定了库区杆标搬迁、塔标建设过程中的航道航标维护方案。在预案的指导下，组织人员定期对辖区重点浅险水道及桥区航道进行探测，及时调整航标，确保了过往行轮的安全通行，取得了三峡水库 175 米蓄水航道维护工作的阶段性胜利。截止到 12 月中旬，宜昌局共完成维护性测量 650 换算平方公里，航标维护 136 636 座天，航标维护正常率达到 1 000‰，航道维护尺度保证率达到 100%.

本着对国家负责、为沿江经济发展服务，宜昌局充分发挥联合执法的平台作用，大力开展了打击“超吃水”船舶搁浅破坏航道行动，加强对船舶“减载点”的管理，参与了“打击非法采砂”专项整治，与交通运输部、水利部联合开展了“猎鹰行动”，共查处非法采砂船舶十多艘；强化了对湖北三宁化工股份有限公司专用码头、胭脂坝河段的护底加糙及宜昌港务集团有限责任公司云池一期工程等 8 项涉航水工设施和临江建筑的审查、审批和管理；追究了擅移航标违法行为者的责任，对破坏航道的船主进行了索赔，有效维护了航道利益。

在“四个航道、三步构建”的奋进历程中，宜昌局依托辖区航道特殊的区位优势和良好的“数字航道”雏形基础，以提高“三个服务”能力为根本动力，主动作为，分步实施、逐步整合，五月中旬上报了《长江宜昌航道局“三峡数字航道”建设方案》第二稿，7 月中旬，在上级有关部门的指导下，进一步修改完善了《长江宜昌航道局“三峡数字航道”建设方案》第三稿。完成了航道维护指挥调度系统研究、开发、试验和审查验收； 建成了姚港自动水位遥报站，并已投入使用；制订印发了《水位自动测报系统运行管理办法》；召开了“数字航道”建设情况汇报及观摩研讨会，上级领导对局现阶段的建设成果表示满意；组织召开了第 11 次质量管理小组成果发布会；完成了档案资料联网查询系统的安装调试。

根据上级要求，宜昌局先后完成并申报了辖区“十二五”航道基础设施建设计划和长江黄金水道助航及装备设施建设计划；完成了综合码头工可报告审查及相关前期工作；积极筹备枝江航道管理处码头建设挂靠到枝江水道整治项目中的工作；圆满完成了库区航标复建施工及管理工作；深入开展“春风行动”，严格按照“五个一”改造要求顺利完成了巴东趸船的改造任务，进一步改善了职工生产生活环境。

宜昌局结合上级的航道综合管理改革，多次组织召开航道维护管理研讨会，探讨综合管理改革后航道航标维护工作的新机制、新方法。结合辖区航道演变规律，起草上报了《长江宜昌航道局关于加快中游近坝航道治理的建议方案》；参与了三峡库区大水位差条件下航道维护措施专题研究。

安全工作，宜昌局抓好重点时期的安全管理，特别是在奥运期间，严格执行信息汇报制度和加强对有关人员的管理，确保了内部安全稳定；狠抓了江口水道、宜万大桥、巴东大桥、秭归县杉木溪、归州旧州河至卜庄河、老蛇窝、树平和苍平等重要区域管理；对火工用品及易燃易爆物品和 175 米蓄水三峡库区地质灾害的预警和处置作为安全工作的重点抓。5 月 22 日，在辖区分片联合开展了集“突发事件应急、消防、救生、堵漏”等多个项目为一体的安全综合大演习，有效提高了职工的应对突发事件和快速反应能力。7 月至 10 月，有针对性地开展了“汛期百日安全”专项活动，共开展了各类安全检查 18 次，夜间突击抽查 6 次，隐患整改率达 100%；结合“隐患整治年”活动要求，开展了汛期隐患大排查，共查出安全隐患 47 处，现已全部整改完毕；结合长江航道局“查隐患、抓整改、强管理、保安全”活动，开展了“我要安全‘金点子’”征集活动，共征集到 30 余条合理化建议，促进了安全隐患的排查与整改工作。11 月 9 日是我国的消防宣传日，为提高广大职工消防安全意识和应急应变能力，局属各单位紧紧围绕“关注消防、珍爱生命、共享平安”这一主题，认真开展了消防演练，为全局的安全工作打下了坚实基础。

年内，受冰雪和地震等自然灾害影响，辖区船舶流量大为减少、航道养护费源明显下降。面对目标高、任务重、压力大、困难多的征稽形势，宜昌局广大征稽人员按照“用好新平台，不丢老舞台、灵活加机动，有理又有利”的工作方针，克服重重困难依法征收。同时，征稽部门加强与船舶单位和相关部门的沟通、联系、协调和配合，抓住湖北省非沿江地区船舶航养费征收和本辖区内船舶航养费协议征收两个增长点，科学分解征收任务，完成了2008年确保目标，为该局快速发展奠定了坚实经济基础。

宜昌局坚持以精兵强将打拼外部市场，以诚信高效赢客户，坚持立足宜昌、面向沿海，水上为主、水陆并举的多种经营方针，先后完成了黄骅港航道地形测量、沙市瓦口子施工测量、上海吴泾电厂疏竣、岳阳集装箱码头施工、厦门高崎航道疏浚测量、阳江核电重件码头测量等主要对外工程。局航标器材维修中心始终秉承“实事求是、从严治厂、艰苦奋斗、争创一流”的企业精髓，全年完成了宜昌海事局海事 31214、31217、汉道趸 403、宜道趸 12 号、宜工趸 1 号、2 号的建造和改造工程，同时完成了宜道 1211、征稽 302、306、宜道 1105、三峡海事 30901、长江水文 1 号等船舶的厂修工程，并赢得两艘中游航标工作船的建造任务，与上年同期相比，增长幅度较快，实现了工业产值历史性突破。

按照长江航道局人才队伍建设规划、“111”人才工程计划以及岗位设置中“三支队伍”结构比例要求，宜昌局制订了后备干部和骨干培训计划；编制上报了局岗位设置方案；并结合单位发展的实际需要引进人才；尤其是着眼单位未来的发展，认真开展了中层以上管理人员综合素质培训、质量管理知识培训，对从事驾驶和船舶轮机等特殊工种委外进行了培训，并组织参加了持证考试；与局属各单位签订了2008年素质达标责任书，制订实施了《长江宜昌航道局职工教育管理办法》；顺利完成了与武汉大学武汉航道学校联合开办的专、本科班2008年春秋二季的面授和考试工作。全年共自办培训班 10 个，内外培职工 280 余人次，其中专业技术干部培训达 136 人次，工人培训达 150 余人次。职工培训面达 85%以上，专业技术干部继续教育面达 98%以上。

地　址　宜昌市沿江大道 41 号
邮　编　443002
电　话　（0717）6744027
传　真　（0717）6744120
网　址　http://www.ychdj.com.cn

（长江航道局）

【三峡航道局】

2008 年，三峡航道局按照《内河航道维护技术规范》要求，做好辖区航道巡查，向过往船舶宣传国家有关内河航道的法律法规、通航标准的的工作，认真处理通航维护管理过程中产生的问题。全年共完成航标维护 5 5048 座天，超计划维护值 8.9%。辖区航道维护水深保证率 100%，航标维护正常率 1 000‰，无航道维护管理责任事故发生。

积极努力，多方协调，促成黄柏河大桥永久性桥涵标的建设。2005 年底，三峡海事和航道部门为确保船舶通航安全，曾设置了临时性桥涵标。10 月宜昌市政府投资近 50 万元，建设黄柏河永久性桥涵标设施开工。期间，三峡航道局参与了桥涵标的设计审查。11 月 28 日工程安装完毕，三峡航道局参与组织有关单位和部门进行了验收，确保工程符合设计要求。

特殊时段航道维护管理，在年初特大雪灾和枯水位期间加强航道水深探测，适时采取“舍宽保深”措施，确保辖区重点河段葛洲坝大江下游航道 4.5 米的计划维护水深。在三峡大坝 172 米实验性蓄水过程中，确保坝上航道畅通。蓄水前，组织现场踏勘，根据蓄水时间计划，分析坝上航道变化形势，制订详细并具有可操作性的工作预案。蓄水中，根据水位上涨情况，及时调整浮标，使坝上游航标与蓄水位的抬高同步，避免助航标志不到位造成船舶航行安全事故。同时，加强对过往船舶的宣传和现场监控，提高其驾引人员对三峡大坝上游航道变化情况的认识程度，提高船舶航行安全可靠性。

确保汛期葛洲坝大江航道通航安全，加大现场维护资金和力量的投入，汛前制作并购置一批设标锚石、钢缆、标体等航道维护器材，克服大流量条件下大江下游航道设标的困难，采用了较大尺度的标志船，优化航标设置方法。提高了大江通航流量，保障和扩大葛洲坝枢纽通航能力，使葛洲坝大江航道在 2008 年汛期水位 35 000 立方米/秒以上关闭时间最短。

保障北京奥运会期间辖区航道畅通，组织职工对所辖航标及航道设施进行了全面保养、修缮。加强航标巡查力度，确保了辖区航标灯光明亮、标位正确，为船舶安全航行提供助航支持。

及时调整航标设置，确保岩崩险区通航安全。2008 年 1 月中旬，三峡海事局石牌办事处在日常巡查过程中，发现两坝间航道右侧白马沱岸标（上游航道里程 27.30 公里）上方山体，有向江中裂变迹象，并有山体裂缝逐渐增大、不断发展的现象，对该水域船舶航行安全构成严重威胁。针对这一险情，组织人员多次实地察看情况，制订并采取相应安全保障措施，于 2 月 22 日在原白马沱标位水沫线外 40 米处增设一座红色侧面浮标，同时熄灭岸标灯光，停止对原岸标的维护；3 月 14 日，在白马沱危岩处设立一块具有反光功能的警示标牌，为上行船舶航行提供安全警示，同时发布航道通告通电，通过三峡局信息联播台滚动播报该岩崩险情，提醒船舶经过该水域时，有效避开危险水域，确保三峡河段通航安全。

地　址　湖北省宜昌市三峡坝区八河口

邮　编　443133

电　话　（0717）6963228

（三峡局　何　宁）

【长江重庆航道局】

2008 年，重庆经历了罕见的低温、地震和暴雨，面对严重的自然灾害，长江航道维护工作强度大幅提高。长江重庆航道局（以下简称重庆局）迅速反应，组织力量排除灾情，全力确保辖区航道安全畅通，保证了各项物资安全快捷的运输。全年航标维护工作量 563 095 座天，航道维护水深保证率 98%，实际完成 100%，航标维护正常率达 999‰，信号指示正常率 1 000‰。

三峡工程 175 米蓄水期，重庆局顺利完成航标建设工作，共计迁移航标 371 座，新建塔标 104 座，其中 15 米砼塔形标 40 座、10 米砼塔形标 17 座、10 米铝合金塔形标 47 座，并于 2008 年 10 月 1 日正式启用。新标体全部采用高级反光膜和环保电瓶。为作好铜锣峡至娄溪沟段库尾炸礁工程的航道维护，确保施工期航道畅通，重庆局加强与施工方沟通，重新配布施工水域航标，保持了施工水域最佳航道尺度。同时发布航道通告、通电，及时告知行轮。

航道整治建筑物维护是重庆局一项新的航道维护工作。为切实做好此项工作，根据上级统一部署，收集整理辖区内航道整治建筑物资料，建立技术档案，填补了该局航道整治建筑物基础资料的空白。

全年，重庆局开展打击非法采砂专项整治现场执法 29 次；检查采砂现场 21 处；检查采砂船 52 艘次；参加执法检查人员累计 421 人次。

2008 年是“隐患整改年”，重庆局大力开展隐患大检查。把重大事故隐患作为安全监督检查工作的重点，充分吸取“8.11”事故教训，通过安全生产大检查，及时发现事故隐患，采取预防预警措施，有效控制各类事故发生。全面推行“一法三卡”工作，增强各类危险源识别和风险控制能力。奥运期间，重庆局制定安保预案、加强值班、排查安全隐患和矛盾纠纷，做好职工来信来访等工作。6 个多月，共调集辖区沿线 4 个航道处 49 艘船艇、累计出动船艇 5 600 艘次，全线巡逻 11 250 小时，为维护良好的奥运环境起到了积极的保障作用，有效维护了三峡库区航道的安全畅通。

重庆局中心征稽站为完成目标，结合 2008 年费源分布，分解目标，落实责任，巩固提高统缴及滚装船等的协议征收；扩充征稽队伍，增加征稽交通工具，借用联合执法的平台，加大了航次征收的力度，突破 7 000 万元大关，完成 7 509 万元，征收再上新台阶。航道行政管理：对桥梁、码头等水工工程单位进行了有效的催收，落实了部分桥区的维护工作，确保劳务设标费用及时到位，全年劳务设标费用 1 324 万元。经营单位及下属各航道管理处经济创收绝大部分完成全年的指标，共完成对外经营创收 2 739 万元。根据局里实际情况，通过向上级积极反映，国家财政拨款也继续得到增加。

本年重庆局基建项目在建的有 4 个，其中十一五期投资建设项目 2 个。重庆局航道生产业务用房已完成主体封顶工程，开始进行外墙装饰。丰都综合码头工程按照交通运输部招投标挂牌监督管理的要求，实施优质优良工程活动推进顺利。长江三峡工程库区航道码头淹没复建工程，目前除洛碛码头因受地方政府统一规划建设要求暂未实施外，其于码头均已完工。万州、重庆综合码头建设用地正在进行工程可行性研究工作。修造厂建设用地已进入前期规划。船舶建造有序推进。2 艘 40 米钢质趸船已经交付投入使用，渝道标 303、304 监造工作也已完成，现在正实施渝道趸

22 号改造工程。

按照长江航道局关于航道综合管理模式改革的总体部署，重庆局综合模式改革从 7 月底启动，现已全部完成。本次体改是重庆局有史以来动作最大的一次改革：92 个航道站、信号台以及雾情揭示台整合为 15 个航道管理处；局机关 18 个科室整合为 12 个处室；新成立 1 个涪陵全能管理处；100 余名管理人员奔赴新岗位履行职责；局二级机关以及后勤保障单位均实现了配套改革。对收入分配制度改革，局通过“托底、扩中、限高”等措施，努力减小收入差距的扩大，保障不同群体的职工收入分配的公平公正。按上级布置完成了离退休职工住房货币化补贴工作，共涉及离退休职工 1 451 人，住房补贴全部兑现，总金额达 4 474 万元多。内退职工补贴兑现因补助问题引起的各类矛盾凸显，为妥善处理，化解矛盾，局职代会联席会通过了《长江重庆航道局内退职工管理补充办法》，并成立了机关内退职工管理办公室。局领导进行三天现场办公，为职工答疑解惑，取得了良好效果。内退补助金也于 7 月份兑现，保证了内退职工队伍的稳定。

按照上级要求，重庆局完成了数字航道在三峡库区航道维护管理过程中需求分析的初稿，做好信息化工作前期调研，推出数字航道建设初步框架。通过建立库区航道动态数据库，为数字化库区航道奠定基础。固定资产软件试运行工作及数据录入工作已经完成，进入验收阶段。协同办公软件平台开发工作也已完成，目前已进入安装试运行及数据录入阶段。

财务管理，完成 2009 年“一上”预算、项目预算和“二上”预算的编制工作。审计工作，完成经济责任审计、经济效益审计、建设项目开工前审计、竣工决算审计等项目 16 个，其中内部审计 10 个，配合上级部门审计 6 个，完成年计划的 133%，提出审计建议 29 条。

机务管理在设备、节能、修船等方面达到上级管理的指标要求，完成修船计划 156 艘，其中中修 17 艘，小修 16 艘，零航修 123 艘。

今年，局获得“全国模范职工之家”荣誉称号，原受表彰的重庆市文明单位全部通过复查验收，原重庆航道处珊瑚坝大桥航道站获得全国“工人先锋号”称号、莲花背信号台通过重庆市总工会“工人先锋号”验收；原万州航道处获得“重庆市五一劳动奖状”、长江二桥航道站通过重庆市总工会“工人先锋号”验收；奉节航道管理处的“渝道 1279”艇通过重庆市总工会“工人先锋号”验收；原丰都航道处谷秀全同志荣获 “全国三八红旗手”称号。

地　址　重庆市渝中区新华路 245 号

邮　编　400010

电　话　(023) 63775447

网　址　http://www.cqhdj.com.cn

（长江航道局）

【长江泸州航道局】　泸州航道局隶属长江航道局，担负着重庆江津市兰家沱至四川省宜宾市合江门(简称兰叙段)301.8 公里航道维护任务。主要职责是对辖区内的长江航道及航道设施进行管理、养护和建设，以及航养费征稽和航道行政管理。该段航道维护水深尺度为：宜宾至泸州段，1—4 月维护水深 2.2 米，5—6 月维护水深 2.5 米，7—11 月维护水深 2.7 米，12 月维护水深 2.2 米；泸州至兰家沱段，1—4 月维护水深 2.7 米，5—11 月维护水深 3.0 米， 12 月维护水深 2.7 米。

泸州航道局下属单位有泸州、合江、江津 3 个全能航道管理处，纳溪、弥陀、榕山、朱沱、白沙 5 个非全能航道管理处和航道测绘处、航标器材维修中心 10 个局属单位，以及征稽站、机关事务服务中心、离退休职工管理中心 3 个机关直属单位，局机关设置 9 个职能处室。全局有职工 659 人(其中在岗职工 349 人，内退职工 59 人，离退休职工 251 人)。代管的长江宜宾航道局从 2008 年 11 月 13 日正式独立运作，泸州航道局管辖范围调整为泸州纳溪王爷庙至江津兰家沱 210.8 公里长江航道。

2008 年，泸州航道局认真贯彻落实科学发展观。1 月 1 日起提高了泸渝段 201.8 公里航道维护尺度，9 月 26 日起提高了宜宾至泸州 100 公里航道维护标准，实施一类航标配布，一类维护，辖区航道首次实现昼夜通航。全年完成航标维护 190 944 座天，信号维护 3 080 台天，安全指挥行轮 136 787 艘次，测量 892.04 换算平方公里，疏浚 2 212 立方米，辖区航道畅通安全，未发生任何责任事故。面对历史罕见的冰雪灾害和汶川“5.12”特大地震，及时启动应急预案，率先开辟“绿色通道”，全力支持救灾重建工作。全年经营创收签约额突破 4 000 万元，实际完成 2 400 万元。全年征收航养费 433.56 万元，为年计划的 145%。基本建设工作进展顺利，泸州综合码头建设工程列入泸州市 2009 年重点建设工程。内部改革顺利完成，撤销原 14 个航道站，设置 8 个航道管理处。改革后，航道管理处平均养护里程由 18.45 公里增加到 26.35 公里，增幅 43%，管理人员占职工总数的比例由 29%提高到 51%，工勤人员占职工总数的比例由 71%下降为 49%，为促进全局由劳动密集型向技术管理服务型的转变奠定了良好的基础。安全工作实现全年无一般以上事故的目标。文明创建扎实推进，全局在保持四川省最佳文明单位的基础上，荣获了“全国精神文明建设先进单位”、“全国安康杯竞赛先进单位”等荣誉称号。

地　址　四川省泸州市滨江路二段 31 号楼
邮　编　646000
电　话　（0830）3625020
传　真　（0830）2289372

（泸州局）

【浙江省航道管理局】（详见《长江航运年鉴》（2009 卷）第三编“机构”）

【江苏省交通厅航道局】（详见《长江航运年鉴》（2009 卷）第三编“机构”）

【安徽省港航管理局】（详见《长江航运年鉴》（2009 卷）第三编“机构”）

【江西省航道管理机构】（详见《长江航运年鉴》（2009 卷）第三编“机构”）

【河南省航道管理机构】 2008 年，河南省航道管理机构分省、省辖市、县三级。省级管理机构为河南省交通厅航务局，负责全省航道的管理、维护、航养费的征稽。省辖市航道管理机构为航务处（地方海事局），其中信阳市设有全省唯一专业航道管理单位，即信阳市淮河航道管理队。县级管理部门由港航管理站（海事处）负责。

航养费实行全额上缴财政。省局经费是根据年度工作需要，列出预算上报省交通厅和财政厅，经批准后执行。省辖市航务处（海事局）经费是根据年度工作需要，由省局补助一部分，市交通局补助一部分，自己筹集一部分。

由于长江水系支流丹江、唐河、白河主要在南阳市辖区，因此航道的维护管理由南阳市航务管理处负责。县级管理机构为淅川县航运局（因目前南阳市辖区仅淅川县境内的丹江库区通航），负责丹江库区航道的管理、维护、航养费的征稽。

（河南省局　计划建设处）

【湖北省航道管理机构】（详见《长江航运年鉴》（2009 卷）第三编“机构”）

【湖南省航道管理机构】 2008 年，湖南省地方航道实行省、市（州）两级管理。省负责业务领导、主要经费管理；市（州）负责人事管理。县级航道机构为市（州）派出，其机构无人、财、物管理权限。干线航道为省级管理。由省局直属的 4 个航道管理局负责，这 4 个航道管理局的人、财、物全部由省局直管。

·*省局及其直属航道管理局*　全省湘、资、沅、澧四水和洞庭湖区的干线航道，由湖南省长沙航道管理局、湖南省衡阳航道管理局、湖南省益阳航道管理局、湖南省常德航道管理局负责管理和养护，4 个航道管理局均为副处级机构。局机关内设机构统一按 5 个职能科室设置，即局办公室、局航道科、局征稽科、局财务室、局党群工作办公室。有中心航道管理站 7 个，站长为正科级；一般航道管理站 30 个，站长为副科级；航道养护费征稽所（队）17 个。

·*市（州）及其县（市）航道管理机构*　市（州）地方航道由各市（州）政府设置的市（州）地方航道管理机构管理。全省 14 个市（州）中，已按省局“一门三牌”模式对应设置统一水路交通管理机构的，有长沙、岳阳、株洲、邵阳、张家界、郴州、永州、娄底、湘西 9 个市（州）。这 9 个市（州）的地方海事局（航务管理局、船舶检验局）均设有负责航道管理工作的职能科室。

（湖南省局　蒋龙平）

【云南省航道管理机构】 云南省航务管理局于 2005 年依照国家公务员制度管理后，设立了航道管理处，职位设置 5 人。其中：处长 1 名，副处长 1 名，航道信息、资料管理 1 名，内河航道管理 1 名，内河航道维护管理 1 名。

主要职责：负责管理全省航道、航道设施。拟订航道技术等级，负责审批与通航有关的拦河、跨河、临河建筑物的通航标准和技术要求；负责航道维护项目的技术审查；管理内河航道通告的发布工作；指导各州、市对航道、航道设施实施保护。

（云南省局　马翠德）

【贵州省赤水河航道管理机构】 贵州省赤水河航道处内设行政办公室、劳动人事科、监察科、安全保卫科、工程科、机料科、财务科、测设队、赤水航道段和习水航道段、船修车间、党委办公室、工会、纪委、女工委员会。

2008年，在职职工257人。其中管理人员42人，专业技术人员45人（副高级7人、中级27人、初级9人）。工勤技能人员170人（技师1人、高级工122人、中级工26人、初级工21人）。离退休职工143人。其中离休1人、退休职工142人。

·港航工程建设　承接省内外水运工程项目共计7个标段，其中西南水运出海中线通道（贵州段）航运扩建工程6个，分别是蔗香码头458.7825万元、南二标790.8431万元、南三标994.2154万元、南四标710.6136万元、南七标627.1295万元、南十标950.1035万元。另外泸州航道局综合码头1 304.2956万元。合计承接工程合同价款共计5 835.9832万元。其中码头工程1 763.0781万元，航道整治工程4 072.9051万元。

·航道工程　南二标、南三标、南四标、南七标、南十标为本年新承接，合同价共计4 072.9051万元，目前完成包括炸礁工程72 100立方米，明礁工程11 300立方米，疏炸工程210 400立方米。完成总投资2 669万元，占合同金额的65%。

·码头施工　蔗香码头于2008年1月31日与业主签订施工合同，3月施工人员、机械陆续进场，受施工区域征地拆迁工作的影响，9月5日起开展施工作业。由于水位高，水位总体呈上下波动时有反弹的情况。目前只能进行高水堆场及停车场以上部分和进港道路的施工，已完成工程量：1.高水堆场及停车场：土方开挖：6 018立方米，石方开挖：2 579立方米，回填块石：2 118立方米，砌筑工程：800立方米。2.进港道路土方开挖4 464立方米、石方开挖1 913立方米、回填块石2 486立方米、砌筑工程2 012立方米。完成总投资93万元，占合同额的20%。泸州航道局综合码头为本年新承接，合同价1 304.2956万元，由于前期拆迁准备未完成等影响，实际进场时间为11月份，12月份完成约300万元，占合同额的26%。

·公路工程建设　2008年由于公司在公路工程施工方面人员、技术力量严重不足等原因，招投标工作及业务联系相对往年减少，承接的工程项目及合同价不多。尽管如此在黔航公司公路工程投标小组的不懈努力下，仍中标承接了仁怀市喜头至观音寺通村公路工程中标价464.3571万元、赤水长沙龙门中桥工程208.89万元、赤水两河口至篾厂通村水泥路320.3万元，合同总投资993.5471万元。

2008年完成上年度承接公路工程施工情况：1.六盘水柏果至火铺公路第6合同段，合同价2057.5707万元，合同工期15个月，计划完成日期2008年6月30日。本项目于2007年4月1日破土动工，由于受地质灾害（目前已发生大面积山体滑坡十余处），行车干扰，土地房屋征拆不到位，移线变更，农户堵工，地材来源远等诸多因素干扰，目前该工程尚处于施工中，预计2009年春节前可全面完成并达到验收标准。目前实际完成投资2 100万元，已得到计量支付的1 849.8647万元。2.桐梓至容光公路第5合同，合同价3 419.075637万元。目前工程完成情况，路基基本成型7.5公里；路基土石方完成40.5万立方米、填方完成30万立方米、挡墙完成5万立方米、涵洞除K45+108.78通道涵以外已全部完成；峪河树沟小桥桥台完成50%；路肩边沟完成7.5公里；钢筋混凝土护栏完成700米、墙式护栏完成500个，隧道出口完成140米初衬、边坡喷锚1 370.9平方米。完成工程产值为3 188.9738万元。3.凤冈王寨至天桥公路，合同价819.1845万元，投标工期387天，目前完成约750万元，完成合同内工程量的82%。4.贵阳市白云区麦架经修文、开阳至瓮安界肖家坳二级公路改扩建工程麦架至开阳段第3合同段，合同价2 639.0303万元，合同工期14个月，目前完成约1 050万元，占合同金额的40%。路基基本成型，未完成部分主要受业主方拆迁影响。5.铜仁地区迓驾至大兴二级公路2标，合同单价为2 633.1600万元，变更后总价约3 297.3883万元，合同工期18个月。目前完成路基土石方：开挖386 872立方米、填方366 482立方米、圬工砌体 8 924 立方米等。已完成投资 1 478.5193 万元。6. 赤水长期镇石笋大桥及引道工程，合同价 144.8928 万元，目前已全部完成并经验收。7. 仁怀市喜头至观音寺通村公路工程，业主为仁怀市交通局，中标价 464.3571 万元，工期 335 天，本项目因业主方原因尚未开工。8. 赤水两河口至篾厂通村水泥路，合同价 320.3 万元，目前已经完工。

2008 年，按照年度养护工作目标要求，确保了赤水河赤（水）合（江）段 54 公里重点通航河段的畅通，赤郎段 106 公里一般性维护河段不断航。全年完成航道疏浚工程 431 690 立方米。在本年度，省财政下拨我处赤水河航道差额预算事业经费 860.222 万元，其他收入 16.212237 万元，累计收入为 876.434237 万元。全年完成航道养护及事业费正常支出 928.02621 万元，超出上级财政差额拨款及各种收入 51.591973 万元，由黔航公司开展对外工程及企业化管理部分实现工程利润和创收来弥补。

·*航道养护管理* 航道段所属各航标站对赤水河下游航道坚持做到勤检查、勤观察、勤扫测，随时掌握航道滩险变化情况，一旦出现航道淤积立即采取措施进行导航和疏通。在航道助航工作中，各航标站按照“航标规范”要求设置航道各种助航标志，常年保持了标位准确，颜色鲜明醒目，发生移位及时恢复。全年正常维护航标 38 786 座天。各信号台职工坚守信号指挥岗位，努力提高和改善信号指挥服务质量，保持了信号颜色鲜明醒目，施挂信号及时准确，杜绝了早、迟、错、漏挂信号的情况发生。下游 6 个信号台全年及时准确指挥客货运输船舶 206 791 艘次安全通过控制河段。各站、台按月及时报送了各种生产统计报表，坚持每天发布了航道公报和悬挂了各主要滩险的航道水深信号，为河系各水上运输单位和营运船舶合理配载，确保航行安全提供了可靠依据。

·*航道行政管理* 依法维护了赤水河航道的合法地位和权利。克服了赤水河系跨省跨县给航道行政管理带来的诸多障碍和困难，全年顺利开展航道行政执法检查 13 次，参加航道行政执法人员 42 人次。

随着赤水河航运建设工程的圆满完成，赤水河航道条件和港航基础设施有了较大改善，赤水河航运事业又重新焕发了生机。同时，伴随着航道条件的改善和地方经济的发展，赤水河两岸城乡建设对沙石材料的需求量剧增，建筑工程废弃土石方向赤水河航道内倾倒现象不时出现，给航道行政管理工作带来了新的挑战。一年来面对新的机遇和挑战，针对挖沙取石存在的问题，为确保赤水河航道畅通，我们对加强赤水河航道行政管理工作给予了高度重视，投入了大量人力、物力和财力，对在赤水河通航河段二郎滩至河口合江县城 160 公里航道内的临河、跨河、过河建筑物如房屋、码头、滑道、过河管线、桥梁等建设项目进行了严格审批；对在赤水河通航河道内开采沙石进行了规范管理，对向航道内倾倒垃圾和废弃物的违法行为进行了有效制止。经过大量工作，我们既保证了赤水河航道和航道设施的完好无损，保证了航道畅通，又有力地支持了地方经济建设，进一步融洽和密切了同地方政府及有关部门的关系。

2008 年在航道养护生产、航道行政管理、航标设置、信号指挥等工作中，没有发生任何大小安全事故，创造了赤水河系建立航标站、信号台 31 年无事故的优良成绩，为赤水河航运及河系社会经济发展做出了积极贡献。

·*航道养护费征收* 2008 年，省航务局下达给我处航养费征收任务 125 万元。为确保年度征费目标任务的完成，我处在年初就召集全体征费稽查人员召开了专题会议，对本年度赤水河的费源情况作了认真分析，明确了年度征费工作的努力方向。同时，把全年征费任务分解下达到征费所、站、船和征费点。全体征费稽查人员同心协力，团结一致，勤勤恳恳，任劳任怨地开展工作，切实履行了征费稽查职能，进一步加大对国家和省政府、省交通厅发布的航养费征收法规的宣传力度和执法力度，采取定期稽查和突击稽查相结合，并且邀请赤水海事、航务、合江海事等部门配合，全年共稽查各类运输船舶 1 205 艘次，对偷、逃航养费的违法行为进行了处罚，收罚款 500.00 元。共征收并上解航养费 1 300 770.73 元，超额 50 770.73 元完成了年度征费任务。

·*其它工作* 在 2008 年度中，我处各签定责任书的单位、部门和科室进一步健全完善了各项规章制度和统计报表制度，按照责任书要求及时准确上报了基建工程月报表和年报表、养护工程月报表和年报表、安全月报表和年报表、财务决算月报表和年报表、航养费征收月报表和年报表等各种统计报表，全面、及时、准确地反映了我处全年生产、工作动态和基本情况。

黔航公司设备物资部认真履行工作职责，加强了各种设备物资管理，按照公司职代会通过的《设备物资管理办法》规定，对我处和黔航公司的各类机械设备及时进行了维修保养和出租盘活，先后出租了挖掘机、压路机、潜孔发电机组、砼拌合机等大型机械设备，可收回租金90.4万元，为我处和黔航公司创造了一定经济价值。

全年对外新建造船舶 4 艘，完成造船工业总产值 308 万元。所建造船舶质量用户满意率达100%，检验合格率达100%。

地　址　赤水市东门码头

邮　编　564700

电　话　（0852）2865509

传　真　（0852）2865510

（贵州省局　杨萍艳）

【贵州省乌江航道管理机构】　乌江航道处内设行办、财务、人事、安全、机务、生产、航道行政管理、党办、航养费征稽所等 9 个科室，下辖沿河航道段、思南航道段、远航交通工程有限公司等3个基层单位。

截至2008年12月31日，乌江航道处共有职工 363 人，其中在职职工 171 人，退休职工 192人。在职职工中，干部69人，工人102人；干部中聘用高级职称4人，中级职称25人，初级职称25人；工人中有高级工72人，中级工20人，初级工4人。

· 工程施工

1. “洪家渡库区”航运建设工程。承接了洪家渡库区“洪家渡码头”和“云盘码头”及其配套航务楼的建设任务。于 8 月中旬完成了洪家渡码头主体工程的施工。然而由于库区水位上涨较快，致使洪家渡码头低水泊位不能继续施工，在征得现场监理和项目业主同意后，我们暂停了洪家渡码头低水泊位及码头面层施工，待水位回落后再组织施工，码头配套港务楼进展顺利，已进入封顶阶段。云盘码头在克服土地征用和地质条件影响后，工程进展顺利，将于2009年元月按合同要求完成全部工程施工任务。

2. “中通道”（贵州段）航运扩建工程。航道整治方面：今年 4 月，中标获得了“中通道”航运扩建工程 HD－N01 标和 HD－B01 标共计两个标段的航道整治任务。工程中标后，立即组织大量人力和施工机械设备开赴现场全天候组织施工。然而由于龙滩库区提前蓄水，施工现场水位平均上涨近30米，无法继续施工，在征得现场监理和项目业主同意后，暂停了上述两个标段的施工。鉴于龙滩电站库区水位今后较长一段时间内不会下降，目前，我们正积极准备引进先进的库区深水航道施工作业机械设备，以履行合同，完成上述两个标段的剩余工程。9月下旬，又中取了“中通道”航运扩建工程 HD－N06 标和 HD－N11 标，共计两个标段的施工任务。收到中标通知书后，即组织精干施工技术力量进驻现场施工，结合施工现场水位变化大的实际，采取分班、分时段，全天候轮班作业方式开展施工。目前，尽管上述两个标段因库区蓄水原因，水位上涨幅度较大，但我们采取相应措施组织施工，工程进展顺利，已按合同完成全部工程量的40%。码头建设方面：今年 1 月，承接了羊里码头的建设任务。为使项目顺利实施，于 4 月上旬派员协助业主进行征地拆迁及相关前期准备工作。受码头征地拆迁纠纷影响，工程于 9 月 1 日正式开工，同样由于龙滩电站蓄水原因，码头施工现场水位大幅升高，经多方努力，克服了种种困难，工程得以顺利开展，目前工程进展顺利。

3. 承接的其它工程。一年来，紧紧抓住思林电站建设契机，承接了思林电站大件发电设备水路综合运输工作。为使项目安全有序实施，本着对国家利益和项目业主高度负责的精神，抽调精干力量，组织大量人力物力，全面推广运用新技术、新工艺，克服了百年难遇的雪凝灾害和各种不利因素影响，于2008年1月7日至3月16日期间，完成了乌江航道思林至沿河段的维护清理工作。2008年3月和5月分别完成了彭水和思林两个大件吊装临时专用码头的选址、设计、施工工作。于2008年7月上旬至12月7日，安全运输了单体重达180多吨的4台主变压器、4台水轮机转轮全部 8 个航次的大件发电设备水路运输工作。在大件发电设备水路运输期间，采取有效措施，以三级连絞方式，成功通过了沙坨电站导流明渠这一滩险状况甚为恶劣，其险状及落差、流速等均超过了乌江航道的任何险滩和人为滩险。远航公司员工以科学严谨的工作作风，吃苦耐劳、不惧风险、敢于啃硬骨头的工作精神，受到项目业主和社会各届的一致好评。思林电站大件发电设备水路运输工作的成功实施，不仅为远航公司带来了广泛的社会信誉，树立起了诚信守约的良好形象，也在贵州山区急流航道大型重件货物运输首开先河，积累了经验，为贵州航运发展书写了浓墨重彩的一笔。

· 工程质量

一年来，始终坚持“百年大计，质量第一”的方针，牢记“以质量求生存、以信誉谋发展”的企业宗旨，全员全方位树立“今天的质量就是明天的市场”的竞争意识，切实贯彻预防为主和检验把关相结合的质量管理原则，以合同和设计图纸为准绳，严格按照施工合同和设计图纸要求组织施工，全面控制影响工程质量的各种不利因素，从而有效保证所承接工程的质量。近年来，我们承接的工程经甲方验收，一次合格率达100%，优良率达75%以上，赢得了广泛的社会信誉。针对今年承接工程较多，施工点多、线长、面广的实际，我们于 1 月中旬召开了项目经理、中层干部和中级以上职称人员参加的施工质量安全培训会，系统学习了行业质量标准、规范、规程和国家相关的法律法规。培训期间，我们完善出台了《贵州远航交通工程有限公司工程质量技术管理规程》和《贵州远航交通工程有限公司工程质量技术管理实施细则》，使质量管理工作有章可循、有据可依。

在日常施工过程中，要求各项目部和施工班组，必须站在关系企业生存发展的高度上，切实重视工程质量管理工作，深入推行施工质量目标责任制，工程开工前必须层层签订落实施工质量目标责任书，将施工人员的切身利益与工程质量直接挂钩，并按合同要求组建质量管理体系和落实相关措施，明确参与施工的各部门、各施工人员在质量管理中的具体职责，做到事事有人管、人人有专责、办事有标准、工作有检验。施工班组严格实行“自检、互检、交接检”的“三检制度”，定期不定期的进行质量技术交底，严格按中标合同、行业规范、甲方现场代表、设计、质监部门的要求施工，各工序之间实行严格的质量交接制度，当上一工序达不到质量要求时，下一工序拒绝交接签字。在施工过程中，严格实行工程质量管理例会制度，并经常组织施工人员互相探讨、交流质量管理的心得体会，组织施工人员学习质量管理的相关规范和措施，参观质理管理先进单位的做法，并用 ISO9001：2000 国际质量管理体系标准指导施工，发现质量隐患及时整改，从而达到对工程质的最终控制。在“洪家渡库区”航运建设工程、“中通道”航运扩建工程和承接的思林电站大件发电设备水路运输工作中，不断强化项目安全、质量和成本管理，深入贯彻实施工程质量目标管理责任制，以合同和设计图纸为准绳，严格按照行业标准、规范、规程组织施工，克服了百年难遇的雪凝灾害和施工现场水位大幅上涨等不利因素影响，按合同承诺的质理目标精心组织施工，所承接的工程全年未发生任何质量事故，也未被质量监督部门通报。在洪家渡码头和“中通道”航运扩建工程 HD－N06 标、HD－N11 标施工过程中，施工质量多次获得相关部门肯定。承接的思林电站大件发电设备运输和彭水、思林两个大件吊装临时专用码头工程，无论工程质量还是工作效率，均获得了项目业主和社会各界的一致好评。今年 9 月，贵阳质量认证中心对在建工程和相关基础管理资料进行考核审查后，一致通过了质量管理体系的监督复查，并颁发了新证，为质量管理体系的日常管理和持续改进提供了坚实的保障。

· 施工安全

坚持以“安全第一，预防为主，群防群治，防治结合”的方针和“管理、宣传、建设” 并重的原则，严格执行“先安全后生产，不安全不生产”的规定，以安全生产的法律法规为准绳，通过实行严格的安全生产监督管理制度和开展形式多样的安全生产竞赛活动和岗位练兵，不断强化安全生产责任意识，全处迄今为止已连续十余年未发生大小安全事故，安全生产工作多次获得省交通厅、省安监局、省总工会等单位的表彰。针对今年工程施工点多、线长、面广的实际，于 2008 年 1 月中旬召开了项目经理、管理干部、施工班组、民工代表、技术工人参加的安全生产动员会，对安全生产工作进行了认真的总结回顾和宣传动员，并修改完善了《贵州远航交通工程公司安全生产规定》和《贵州远航交通工程有限公司安全技术管理实施细则》及《贵州远航交通工程公司安全文明施工管理细则》，对工程施工的安全经费、安全责任、日常管理、组织保证体系等涉及安全生产的方方面面进行了详细规定，为安全生产工作提供了制度保证。

· 行政管理

乌江航道是我省最重要的水上交通基础设施之一，我处受托主管乌江干流化屋基以下至龚滩段航道及部分支流航道、航标行政管理工作，协助省局审查、审批与通航有关的拦河、跨河、临河建筑物及其它与通航有关设施的通航标准和技术要求，配合省局作好监督检查、督促申报工作；审批所辖乌江干、支流航道的砂石开采、专用航道和专设航标的设置；参与通航有关的流域综合规划的编制；处理水资源综合利用中与航道有关的事宜；对违反航道、航标法规等行为进行处理和处罚。今年是《贵州省水路交通管理条例》实施的第一年，按照《中华人民共和国航道管理条例》、《中华人民共和国航道管理条例实施细则》、《贵州省水路交通管理条例》及其它有关航道建设、养护、管理的行业规范和技术标准管理乌江航道，认真履行好所辖航道的行政执法工作，加强对临河、跨河、拦河建筑物的通航标准和技术要求的审批，配合局作好现场监督检查和督促申报工作，严厉打击各种乱挖、乱采、乱倾倒等破坏航道、恶化通航条件的行为，定期不定期开展执法检查工作，及时报送相关执法检查情况，积极推行规范化的航道行政执法公示制度，在法律法规授予的权力范围内和省局的委托权限内履行职责，立足服务、着眼全局，规范使用执法印鉴、执法文书，全面推行航道行政执法文明用语，确保了乌江航道区间通航河段常年畅通和不受人为因素的破坏。

一年来，完成了思南乌江二桥、三桥通航标准及技术要求评审工作；办理乌江楠木渡氧化铝厂取水泵站取水口侵占航道一案；督促沿河乌江三桥建设单位办理通航论证和通航审批；开展了两次航道行政执法检查，处理了 6 起在航道内乱挖乱采沙石的行为，制止了 5 起乱倒泥石、垃圾、建筑废料等破坏航道、恶化通航条件的行为，依法维护了乌江航道的主体地位和合法权利。

· 航道维护

随着思林电站和沙坨电站建设步伐向纵深方向发展，大乌江至龚滩 264 公里重点通航河段已被截成三段，由于电站过船设施尚未建成，船舶只能区间分段通航。为及时了解航道水深和适航状况，调派专人常年记录思南、沿河县城水位变化情况，并与思南水文站达成协议，每天分三个时段监测、报送航道水位变化情况，航道行政管理部门与海事、航务及各有船单位始终保持密切联系，向社会公布了碍航举报电话，定期不定期发布航道通告，对容易发生淤堵碍航的航段进行登记建档，定期深入航道进行实地调查了解，遇到碍航情况，立即调派工程船舶进行疏浚整治，确保过住船舶安全航行。今年元月中旬，受北方强冷空气持续南下的影响，乌江流域大部分地区出现冻雨和雨夹雪天气，一场历史罕见的特大冻雨冰雪灾害降临乌江流域，中断了公路交通，破坏了城市供水管网，给人民群众出行和生产生活造成极大困难和不便。雪凝灾害发生后，由于公路交通被阻断，思南下游的德江、沿河县返乡旅客和思南、德江县城的群众日常生活物资就主要依赖水路运输。为确保雪凝灾害期间乌江航道安全畅通，积极行动起来，全力以赴投入到这场艰巨的“抗凝、保通”战役中。调派专人记录水位变化情况，按时发布有关航道尺度、航道水深、适航情况的航道通告，并对大乌江至龚滩段 264 公里重点通航河段进行了拉网式的实地观测，加班加点赶制了航标（棒标），放置在乌江红坳滩、展溪滩、牛木锯滩、堆上滩、皂角溪滩、指甲壳滩、三岔河滩、扁担碛滩、猪圈门滩、江口滩等危险滩段，引导过往船舶正确航行。在整个雪凝灾害期间，我处全体职工众志成城，发扬乌江航道人“团结、敬业、服务、畅通”和“特别能吃苦，特别能奉献，特别能战斗”的精神，奋战在“抗凝、保通”第一线，确保了乌江航道安全畅通，没有发生一起碍航事件和海损事故，成功分流了公路滞留旅客，为“抗凝保通”工作的全面胜利和社会稳定做出了应用贡献。

9 月 2 日，德江县普降大到暴雨致山洪暴发，导致正在施工的长堡至潮砥沿江公路擦耳岩段高填方垮塌，大量土石方和一台施工机械被山洪卷入乌江干流，并在溪沟与乌江干流交汇处形成约 8 000 立方米堆积，从而造成航道水深、航道宽度严重不足，流速达到 6 米/秒以上，且有明显跌坎，流态紊乱，船舶上滩十分危险，已不具备通航条件。我处接到报告后，会同铜仁地区海事局、德江县海事处到现场进行了踏勘，随之发布了航道公告，并立即将正在外地施工的航道施工专用船舶机具设备调派进场，采取爆破清理等工程技术措施，分批分班 24 小时轮流作业，仅用 6 天时间便及时消除了碍航情况，有效保障了过往船舶的航行安全，方便了人民群众出行。结合思林电站大件发电设备水路运输工作需要，于 1 月 7 日至 3 月 16 日期间，对思林至沿河段航道进行了重点清理维护，加上平时注重航道观测维护，因而所辖大乌江至龚滩 264 公里重点通航河段航道适航状况良好稳定，航道区间通航安全畅通，为过往船舶的安全航行和客货水路运输工作提供了坚实保障，为流域经济发展作出了积极贡献。8 月中旬，净重达 185 吨的思林电站主变压器通过水路运输方式，从彭水电站上游码头安全运抵思林电站下游码头，刷新了乌江水运史上运载单件货物的重量记录，同时也充分体现了水运这一节能、环保、运量大、成本省的运输方式的独特优势。

· 助航设施

加强职工职业道德建设入手，花大力气健全完善站台工作制度、职工再教育培训制度、机具设备维护保养等制度，努力实现站台工作规范化目标。充分发扬“团结、敬业、服务、畅通”的航道精神，克服工作、生活上的诸多不便，坚守工作岗位，坚持优质服务、文明生产，未出现一起顶岗、脱岗、换岗和大轮班现象，确保了站台工作正常开展。各级生产技术部门定期不定期深入站台，对信号升挂设施和绞滩机具设备进行检查维护，全年共计更换信号靶 26 个，更换信号绳 31 条，油漆信号靶 26 个/次，规模性维修保养绞船主机 12 台/次，为过往船舶的安全航行提供了坚实保障。4 座绞滩站全年累计绞船 32 艘/次（含沙坨电站导流明渠临时设置的 3 台 28 吨绞关），16 座导航信号台累计司挂信号 11 301 次（其中上水信号 5 869 次，下水信号 5 432 次，错误信号 0 次），信号准确率和施绞成功率均达 100%。信号司挂和绞船工作均有原始记录，每月能按时汇总上报，没有错报、漏报或不报现象。

· 安全生产

绞滩站、信号台的工作好坏，直接关系着过往船舶的安全，稍有不慎便会酿成重大安全事故。始终坚持“安全第一、预防为主”的方针和“先安全后生产，不安全不生产”的原则，紧密联系站台生产工作实际，立足于职工生命健康安全，着眼于单位改革发展，突出重点、真抓实干，从细微处入手，全面贯彻落实安全生产责任制，认真规范各站、台的日常生产行为，促进了站台工作的顺利开展，保证了全处各项生产目标的全面实现。

· 规费征收

依法征收航道养护费，是维护乌江航道主体地位和合法权利的体现。为顺利完成省局下达的年征费目标，我们于 3 月上旬召开了征稽工作暨征稽业务培训会，在认真总结往年征稽工作经验教训的基础上，结合今年工作实际，将征收任务进行了责任分解，并作了认真周密的安排部署。严格执行内河航道养护费的征管规定，认真履行征费职责，积极推行规范化的航道行政执法手段，依法征费、文明执法、应征不漏、应免不征，无论三伏烈日还是三九严冬，坚持到码头和船舶现场征费。在征费人员少、征费岸线长、没有任何专用交通工具和绝大部分船舶业主刻意躲费、抗费的情况下，通过做耐心细致的宣传解释工作，有时甚至走访到船主家中宣传解释，让当事人明白征费的目的、用途和意义，进而缓解他们的抗缴情绪，达到征费目的。受乌江思林、沙坨电站截流断航的影响，部分船舶因无法正常营运而报停，致使费源减少，部分仍在运营的船舶又以电站施工、截流为借口，借机拒绝交纳航道养护费，加大了征费难度。另外由于燃油税开征在即，届时将不再征收航道养护费，许多船主和船舶经营人持拖延观望态度，客观上加大了征费工作难度。尽管征费工作困难重重，但我处征稽人员并没有畏难，一年来，他们硬是凭着勤跑腿、勤宣传，以法育人、以理服人、以情感人，歇力克服各种不利因素的影响，截止 12 月 18 日，征到了 60 200 元航养费（其中思南站 53 550 元，沿河站 6 650 元），完成了下达的年征费 5 万元任务，并于 12 月 19 日全额上缴。

· 队伍建设

为使征稽工作顺利开展，依法维护乌江航道的主体地位和合法权利，重视征稽队伍建设工作，努力推行规范化的航道养护费征稽管理体制。每年年初，我们都要召开征稽工作暨征稽业务培训会，在分解年度征费任务同时，加强对征费业务和相关法律法规学习，并通过开展形式多样的自学、集中学习、送培等方式，提高征稽人员的业务能力、服务意识、法律意识、责任意识和廉洁自律意识。2005 年以来，全面开展行业作风整顿工作，向社会公布行风举报监督热线，并将征稽执法人员的姓名、照片、岗位执法号等内容张贴在“执法公示栏”上。我们还聘请有关船主代表和经营单位负责人为社会监督员，将征费稽查工作置于社会各届监督中，受到征费对象的广泛好评。一年来，我处没有发生一起违规征费和违反财经纪律的现象。在日常征费工作中，立足服务，坚持到码头、渡口现场征费，使用文明规范的执法语言，正确使用征费票据，佩戴执法证件，规范着装持证上岗，对征到的费用实行专户管理，严格执行“收支两条线”规定，并按时全额上缴，多年来均较好地完成了征费任费，没有受到征费对象投诉。

· 基础工作

1. 全面规范完成各类报表统计上报工作。遵循“质量第一、信誉第一、安全第一”的原则，面对日趋激烈的市场竞争，立足服务、大胆创新、努力探索、锐意进取，注重日常管理和基础工作，及时调整全处生产经营策略，努力转换经营机制，大力引进、推广各种新技术、新工艺，不断健全完善单位管理制度，注重职工职业道德建设和再教育工作，全面实施“人才兴处战略”，切实加强财务管理，认真搞好会计核算和会计监督，花大力气抓会计工作规范化建设，努力完善财务部门内部控制制度和内部稽核制度。全年的航道维护、安全生产、财务预决算、工程建设、航养费征收等项目的月报表及年报表，我们都能准确、及时、完整地按规定统计上报，没有迟报、漏报、错报等现象。

2. 抓文明机关建设，树立良好社会形象。我们十分重视精神文明建设工作，花大力气抓党风廉政建设和行业作风建设工作，立足服务，以服务对象“满意不满意，高兴不高兴，答应不答应”作为工作出发点和落脚点，着眼于全处改革发展工作大局，团结带领全处干部职工顽强拼搏，使单位不断发展壮大。一年来，我们按照省厅、局的统一部署，在思南县委的指导下，结合开展党的基层组织建设年活动，围绕加强党的执政能力建设这个总体目标和主要任务，按照《建立健全教育、制度、监督并重的惩治和预防腐败体系实施纲要》要求，结合单位实际，深入学习“科学发展观”，开展了以“文明树新风，满意在航运”为主题精神文明教育活动，形成了内抓管理，外抓优质服务，内强综合素质，外树公仆形象的工作局面，为全处各项事业全面、协调和可持续发展创造了良好的环境，提供了坚实的政治保障。一年来，我们不断深化改革，大力推动理顺人事关系，将远航公司从事业中分离出去，让其直面市场竞争。我们认真学习《中华人民共和国招标投标法》，深入贯彻省交通厅《关于进一步规范全省交通建设项目招标投标活动的若干意见》精神，顶着激烈的竞争压力，迎难而上，主动出击，积极沟通，及时把握市场变化脉搏，注意分析、积累和总结经验，以全新的思维方式和严谨的工作作风参加了“中通道”航运扩建工程投标工作。经过努力，中标获得了羊里码头建设工程和航道 HD－N01 标、HD－B01 标、HD－N06 标、HD－N11 标的承建权，合同总额逾 4 千万元。工程施工中，我们大力推广运用新技术、新工艺，全面实施人才战略和精品战略，切实加强对项目工期、成本、质量、安全等方面的管理，通过施行项目管理目标责任制和灵活的激励机制、有效的约束机制及相应的分配制度，既提高了工作效率，又确保了工程质量和安全，为优质高效地完成全年度各项施工任务奠定了坚实的基础。在基础管理方面，我们继续推行目标管理责任制，以规章约束人，用制度规范事，用事业留住人，既推动了工作稳步向前开展，又提高了职工的工作积极性，增强了单位的凝聚力和向心力。一年来，我们切实加强财务管理，认真搞好会计核算和会计监督，花大力气抓会计工作规范化建设，努力完善财务部门内部控制制度和内部稽核制度，全面实行会计工作电算化，用计算机代替手工做帐，被省财政厅授予“会计基础工作合格单位”。日常工作中，我们定期不定期地进行单位资产清查工作和内部审计工作，按时公布单位的经营情况和主要开支情况，增加了工作透明度，增强了单位的凝聚力和向心力，使各项工作不断向制度化、规范化目标迈进。

地　址　贵州省思南县城北街 7 号
邮　编　565100
电　话　（0856）7221335
传　真　（0856）7221335

（贵州省局　杨萍艳）

【四川省航道管理机构】 （详见《长江航运年鉴》（2009卷）第三编“机构”）

【陕西省航道管理机构】 （详见《长江航运年鉴》（2009卷）第三编“机构”）

【甘肃省航道管理机构】 （详见《长江航运年鉴》（2009卷）第三编“机构”）

【重庆市航道管理机构】 （详见《长江航运年鉴》（2009卷）第三编“机构”）

·工程机构·

【长江航务工程质量监督中心站（简称长航质监站）】 2008年，由长航局质监站实施监督的长航系统在建项目共49个，其中航道局21个、海事局6个、公安局2个、三峡局7个、通信局12个、总医院1个。长航局系统工程质量监督覆盖面达到了95%。受监单位工程验收160个，合格率100%。全年受监工程项目验收共12个，合格率100%，重点项目单位工程优良率超过80%。已完工和在建项目均未出现质量和施工安全事故，系统内各项目整体质量和安全处于受控状态。

一是抓好优质示范工程及长航系统重点的工程质量管理。根据交通部的长各市县局基本建设重点，质监站重点抓交通部示范工程——南浏段数字航道与智能航运建设示范工程、长航局系统质量通病治理示范工程、泸叙段二期航道建设工程、黑沙洲水道航道整治工程、瓦口子水道航道整治工程、长江航运总医院病房改造工程等工程质量管理。二是履行施工现场安全生产监督职责。5月，质监站会同长航局规划基建处、安全管理处组成检查组开展了重点项目施工安全生产隐患排查工作，共检查了长江宜宾合江门至泸州纳溪航道建设二期工程等8个项目，从排查的情况看，长航系统基础设施建设工程安全生产形势总体较好，未发生一起等级以上的安全事故，安全形势持续保持稳定，施工安全监管处于受控状态。三是重点对航道整治工程项目进行了抽检。抽检数据主要针对航道整治工程中护岸、筑坝、砼预制件（块）制作和安装、炸礁工程的一些质量指标，检测总点数为915个，合格点数847个，合格率92.7%，比去年提高4.7%。并对监理单位的平行抽检数据进行了汇总，共检测85590点，合格80472点，合格率为94%。从总体上看，工程整体质量处于受控状态，航道工程质量有所提高，其他支持保障系统工程质量也呈上升趋势。四是为加强长航系统内检测机构的规范化管理，根据《公路水运工程试验检测管理办法》的有关要求，2008年负责组织了重庆长江试验检测中心申报水运工程材料乙级检测能力等级的等级评定工作，并在长航局外网进行了公示，于4月下文对该检测机构资质进行批复，并印发了《等级证书》。五是收集、汇总并发布沿江部分城市主要水运工程材料、人工、机械台班等信息，参与部水运司组织的水运建设项目造价一定额及定价体系研究，参与部定额站航道部分的定额修编工作。六是发布长航工程质量监督简讯3期，在长航内网发布有关工程信息共29条。

地　址　武汉市沿江大道134号
邮　编　430014
电　话　（027）82767648
传　真　（027）82767679

（长航质监站）

【长江南京航道工程局】 2008年，长江南京航道工程局（以下简称南工局）以保辖区航道畅通为首要任务，上半年主要针对2007—2008届枯水期航道实施维护工作，先后对九江水道、张南水道、福姜沙中水道和南京宝塔水道进行了疏浚施工；自6月23日起，先后进行了洪水期航道维护、三峡水库175米试验性蓄水期航道维护及目前正在进行的2008—2009届枯水期航道维护。截止到11月底，南工局共投入了“航浚7号”、“航浚9号”、“航浚16号”和“航浚22号”四条施工船舶，累计施工2 124.44小时，守槽4 379.56小时，合计完成工程量100.91万立方米。

本年在国际国内经济形势不景气的大环境下，南工局对外经营共参加了45项工程项目的投标，签订工程合同额20.2亿元，截止11月底，完成疏浚、吹填方量7 600万立方米，完成生产产值12.14亿元。

2008年，南工局立足自身潜力的挖掘，规范各项基础管理工作，成功申报总承包一级资质，扩宽了工程资质范围，增强了市场竞争力；先后完成了天津、上海、广州、浙江舟山等地企业备案工作。对内部工作流程进行梳理和完善。制定了信息工作流程、投标工作流程、合同管理工作流程，进一步加大与项目现场的联系和沟通，使工程、经营作为一个整体有效运转。抓成本管理是南工局项目管理的核心，所有的管理工作都围绕成本管理来展开，制定出项目的成本、工期、租赁设备及油耗等基本指标，提出了以固定租船价格作为船舶成本定额，对项目成本在零利润的基础上加以控制。下半年局与青岛和大连项目部签订了目标管理责任书。通过开展成本管理工作，增强了项目部的成本意识，较好的解决了“节流”问题。全年通过分包、租赁（含融资租赁）等形式有效解决了诸如连云港15吨航道、青岛4#—8#泊位疏浚工程、曹妃甸装备五期工程等项目的工程进度问题，大大缓解了自身设备紧缺和不足的矛盾。加强对工程分包的管理，进一步理清对分包款项的支付流程，严格按程序审批，按合同付款，从而进一步加强了对分包工程进度、工程质量的控制和项目部资金的管理。2008年起所有分包项目签订分包工程合同时，都必须签订分包工程安全合同，明确双方的权利和义务，对分包商实行安全风险金抵押，督促分包商做好施工人员的安全教育和安全防护。

本年，南工局取得了乌江船舶基地《土地使用权证》，先后完成了场地平整，围墙扩建工程，大堤河沟填土等工程；取得了环评报告相关批文；与乌江镇政府签定了新增土地转让协议，并就乌江船舶基地外接道路达成共识；现与设计部门密切配合，进行总平设计，码头初步设计及施工图设计。年内，局新办公楼开始启用，并顺利完成搬迁任务。

在设备管理方面，全年未发生重大机损事故，船舶完好率为85%，五好设备面为70%，保证了船舶的安全、生产正常进行。

根据企业化管理改革的既定方针，结合长江航道局“三定”方案批复意见，南工局完成了南京航道工程处、管线工程处、乌江船舶基地管理处三个基层单位的变动调整工作。按照局总体生产需要，制订各基层单位工作职责，明确其工作任务；对各基层单位开展生产必备的生产资料，如船舶设备等进行调整划拨，满足生产需要。

（长江航道局）

【长江武汉航道工程局】 2008年，长江武汉航道工程局（以下简称武工局）按长江航道局要求，完成好辖区干流航道保畅通任务。长江中游遭遇50年一遇的秋旱，上半年，长江干线航道水位同比往年低1—1.5米，加上超吃水船舶破坏航道事件频发，致使中游太平口水道、窑监水道连连发生浅情。为保证枯水期航道畅通，武工局共投入7艘挖泥船参与航道维护，为枯水期中游航道的畅通作出了贡献，被长江航道局评为航道维护先进单位。下半年为迎接三峡大坝175米蓄水，对参与航道维护的船舶全部进行了检查修理，分别驻守在中游各浅险水道。

截至11月底，武工局对外经营共参与了19个工程项目的投标，中标3个。签订合同9份，完成合同签约额20.22亿元，为年合同签约额计划的101%；实现产值12.2亿元。全年局共参与建设项目15个。在建的项目有河北黄骅港航道拓宽及加深疏浚工程、大连长兴岛临港工业区公用岸线（一期）围堰及航道疏浚第二和第四标段工程、厦门丙洲海域综合整治工期工程（同集结区）E标段、温州瓯江港区南口蓝田作业区进港航道疏浚工程、河北曹妃甸工业区西护岸路围海造地工程、曹妃甸工业区加工工业区西部一期造地工程、广西防城港钢铁项目陆域形成及护岸工程、广东西江（界首—肇庆）航道整治工程，以及泰国沙敦港航道疏浚工程、甘当港航道疏浚工程等。本年，武工局在经营创收工作中有两大突破：一是承接的防城港工程总造价为12.77亿元，是长江航道单位对外经营史上承接的最大工程，也是武工局建局以来首次超过10亿元以上的工程；二是承接了广东西江航道整治工程，这也是武工局首次承接长江以外的航道整治工程。

根据生产经营情况，武工局对需要修理的船舶全部安排了厂修。修理合同金额2 700余万元。为满足施工需要，局在本年的排泥管建造上投入的资金超过历年，共计2 767万元。投入设备配件及各类生产物资供应4 179万元。船舶建造，45吨绞锚船于6月18日在湖南益阳船厂开工建造，计划春节前交付使用；第二艘3 580立方米绞吸船，这是继“长狮1号”后，武工局用自筹资金建造的又一艘3 580立方米的绞吸船，于9月2日在南通船厂开工建造。另外投入341万元对汉工国13号进行全面改造。

安全工作坚持“安全第一，预防为主，综合治理”的方针，健全完善了安全管理长效机制。全年生产无上等级事故、无火灾事故、无职工伤亡事故、无刑事案件、治安案件发生。

根据《长江航道基础设施建设程序防腐体系文件》的规定，武工局党委与基层单位、项目部及机关六个责任处室签订《廉政建设责任书》。年内组织联合检查组对温州、深圳、大连、天津和黄骅项目部进行廉政和财务检查。

四川5·12大地震发生后，武工局开展了“情系四川”的群众性捐款救助活动，全局职工两次捐款近20万元。全局党员、团员交“特殊党费”、“特殊团费”，240名党员交纳特殊党费87 250元，全局团员为支援灾区重建捐款4 000元。

武工局以“学、树、创”活动为载体，开展了“弘扬十杰精神、围绕经营目标、促进工作发展”为主题的第十二届“文明窗口月”活动。在通过湖北省最佳文明单位复查的基础上，完成了全国精神文明建设工作先进单位的申报工作。

地　址　武汉市沿江大道140号
邮　编　430014
电　话　(027) 82763546

（长江航道局）

【武汉长江航道救助打捞局（简称救捞局）】

2008年，救捞局紧紧围绕提高单位经济效益的工作目标，以拓展经营渠道为中心，强化项目工程管理，落实安全文化建设，全面提升工程质量，圆满完成各项生产任务，基本上扭转了经济下滑的不利局面，安全生产继续保持了相对稳定的发展态势，各项工作有条不紊的开展。这是我们全处干部职工团结互助、励精图治、艰苦奋斗，勇于创新的结果。

·生产经营　2008年，经济及安全形势都比往年严峻，但在这种特殊情况下，我局紧扣经济主旋律，依托航道整治大市场，充分发挥我局水下检测这一领先技术的优势。在做好现有工程项目的前提下，主动出击、广开渠道，深入挖掘潜在市场。截至2008年12月15日，我局工程经营签约额0.29亿元，完成经营收入0.20亿元。经营收入的主要来源于瓦口子工程项目合同金额为2 300万元。其中航道整治工程2 701.04万元，占全额的89.2%；起重吊装工程为106万元，占全额3.5%；水下探摸工程为69.78万元，占全额的2.3%；船舶出租151万元，占全额的5%。签约额和生产产值与去年相比，保持了较大的增长幅度，工程经营成绩取得了明显的进步

·基本建设　承接的瓦口子航道整治工程2#护滩带工程、武穴航道整治2007年汛后维护工程，周天河段航道整治控导工程，桂子湖3号桥梁水下质量检测，黑沙洲水下排体质量检测，重庆重钢重件吊装工程均已按施工计划完工，得到业主、质检、监理的充分肯定，面对每个工程项目，我局干部职工都倾注大量心血，以高度的责任感和事业心投入施工，确保建设任务保质保量的完成。另外，航道整治工程和水下工程质量检测已逐步发展成为我局生产经营工作的重点和亮点。

·安全管理　坚持以安全发展为工作核心，通过开展“安全生产月”活动，推动“隐患治理年”各项措施的落实，以“一法三卡”活动为载体，强化我局职工安全意识和素质，建立健全安全生产长效机制，促使我局安全形势持续稳定好转。截止目前，我局未发生航道维护责任事故和各类等级上报安全责任事故，船舶安全面达到100%。一是落实安全监管：与局属各单位签订《安全生产责任状》，推行安全责任风险抵押奖惩管理办法，围绕与上级签订的安全生产目标管理责任状，层层分解，把安全生产纳入绩效考核，做到谁主管，谁负责，通过奖惩机制激励和推动全局的安全工作。二是强化安全培训：我局加大对新上岗人员、潜水员、船员，特殊岗位人员和兼职安全员的培训力度。对新老职工、临时工都要进行了不同形式的安全教育和业务技能培训，使职工的安全技能通过培训能够适应新形势的要求。三是完善安全机制。制度是安全生产工作的基础。2008年我局对规章制度进行了补充完善。修改了《安全管理新机制》、《船长岗位职责》，制订了《减压舱操作规程》、《趸船值班制度》、《趸船交接班制度》、《厨房安全操作规程》、《厨房卫生管理制度》及《安全管理奖惩条例》等等。用制度来保障安全工作规范运行。四是狠抓重点时段安全工作：我局在“一节二会”、“奥运会”、“黄金周”、“汛期、季风期”、“枯水期”等重要时期的都做好相应的安全值班工作，并组织领导带队的专项检查组，使工作有安排，有落实，有检查，确保了船舶及人员的安全。五是积极开展各项

安全活动：我处组织开展了“安全生产月”、“隐患治理”“汛期百日安全活动”等专项活动。特别是今年七月开展的“一法三卡”活动。通过组织人员培训和观摩，制订了“一法三卡”实施方案和《班组安全工作簿》，给船舶划分安全区域等级和安装分色预警卡后，增强职工对作业现场危险的敏感性、识别能力和预知能力，使职工随时想到安全，时时防范危险，激发职工对各种安全隐患进行整改的积极性。共组织了20次安全检查，检查基层班组、项目部15个，参加人员达18人次；共查出隐患10起，均已整改；下发安全检查通报2份；投入隐患整改资金近10万元，主要用于重大隐患治理和基本安全设施等。

·科技创新　2008年，是我局从单一的沉船打捞业务逐步向水工工程业务转移的重要之年。为进一步提高水下检测的技术含量，争取水下检测项目在长江航道整治工程的广泛应用，我处在第三季度认真总结武穴航道整治工程、瓦口子航道整治控导工程的经验，以现场第一手资料为依据对水下检测技术进行了改进革新，组织人员开展了《长江水下铺排摄像检测施工工法》的科技研究和水下检测资质申报工作。2008年8月，《工法》经过有关部门和专家的多次论证修改，已通过了重庆市建委的评审并等待公示，即将成为省级《工法》。现阶段我们正积极组织相关人员对《工法》进一步完善，作好申报国家级《工法》的前期准备。技术水平的不断创新，将保障我局整体竞争力的持续提升。组织编写的《水下铺排等水工建筑工程质量潜水探摸方案的研究》、《起重船舶外供电源施工的研究》已通过航道局科教处验收；我局QC成果《更换副钩刹车带 消除安全隐患 》荣获了长江航道局QC成果发布会三等奖；今年12月，我局组织编写的《深水大流速下长江航道建设工程水下检测技术研究》已通过专家评审，被列入航道局2009年重点科研项目.

·综治保卫　北京奥运会期间，安保反恐、维护稳定工作是我国一项首要的政治任务，长江航道局专门下发了密电文件18个，足以说明奥运安保工作的重要性，我们根据上级的要求，加强安保防范措施，切实做好内保、维稳、信访等各项工作。一是强化责任。从8月1日起，奥运安保工作由临战状态转入实战状态的特别敏感时期，局安保部门紧急部署，接连下发4份安保文件，进一步强调安保工作的紧迫感和责任感，局领导带班制改为值班制，领导班子成员24小时值班；各单位负责人也加强各部门的安保工作，确保万无一失。二是强化措施。加强各项安保措施的落实。机关成立了安保小分队，针对可能出现的问题制定了具体的应对办法。加强了对重点部位、重点人员的安保防范工作。实行每天报平安制度，有事报事，无事报平安。各单位也取消了船员临时休假，加强了船舶的安保值班，加大了消防救生演练和消防隐患的整改力度，确保一方平安。三是强化管理。认真开展矛盾纠纷的排查和调处工作，确保一方和谐。加强信访沟通机制，信访工作做到早发现、早解决、早控制、既坚持原则，又友情操作，不回避问题、不激化矛盾、不上交领导。至目前为止，全局信访数5件，基本上在局范围内得到了解决，确保单位稳定。

· 机务管理　着力巩固和完善CWBT管理机制，加强日常管理力度和完善管理方法，努力完成上级下达的各项指标，做好修船、养船工作，管好设备，用好设备。一是在现有船舶设备的基础上，主动发扬自修精神，有计划地安排船舶自修保养。今年共进行了6艘船舶年检，1艘小修，5艘零修。投入修理费86.5万元。二是在航道局春风行动的支持下，投入100余万元。完成趸船改造工程，同时完成配套的通水，通电，通信工程。三是老旧船舶的管理工作。因抓扬6号、汉道1231已到报废期，且抓扬6号长期停泊在海上，不安全因素较大，我局于今年9月和11月将抓扬6号、汉道1231拆解卖出，消除了不安全因素。

·综合管理　一是人事工资管理。按照事业单位工作人员工资正常晋级的规定和长江航道局人劳处的要求，我们完成了2008年度薪级工资的晋级，并在8月份全部补发到位。对新的工资制度实行的是预算管理，严格控制工资发放总额。完成了人力资源管理系统的数据采集工作，完成3名退休职工的划转工作。二是规章制度管理。在去年进行制度清理的基础上，汇编了我局所有的规章制度，根据管理要求，及时修改和增加新的管理规定。新订了《工程处日常办公费用承包管理办法》、《医药费承包管理办法》、《会议管理办法》、《职工教育管理办法》、《公用费用报销流程管理办法》和《新聘职工租房补贴管理办法》等14份文件，内部管理工作得到进一步地加强。三是政务信息传递。年初针对去年的薄弱环节，下达了各单位、部门稿件的任务指标，中间还专门召开会议进行了自评检查，确保了今年的政务信息的报送工作。截止目前，共完成36篇政务信息的上报工作。四是对外宣传报道。网站定期更新，让外界和内部职工及时了解我局发展动态。截止2008年12月，救捞局网站用稿44篇、《航道报》采用稿件32篇、《航捞简讯》编辑12期、对外报道采用稿件7篇。

·职工教育　加强人才的引进和人员的技术培训一直是我们的工作重点，今年我局有3名同志读研究生，本科在读6人，大专在读6人，40岁以下的职工全部达到中专以上文代程度，今年共招聘3名工程技术人员，1名水工专业的应届大学生、1名土木专业的大学生、1名港航专业的工程技术人员，选送8名船员参加“基安”培训及适任证书的考证学习、派1名潜水员参加专业技术培训。有18人参加“五大员”的考证学习，截止目前，共完成职工培训71人次。

·精神文明　一是局党委中心组组织学习了长江航道局2008年工作会精神、第一次局务会暨经济工作会精神、第二次局务会精神、唐局长在务虚会上的讲话。全国“两会精神”、中纪委二次全会精神、组织观看了廉政教育片、学习郑启湘同志先进事迹，组织人事组工干部在北京交通干部管理学院集中轮训，召开民主生活会。截止目前，救捞局党委中心组共组织了16次学习，完成学习心得12篇。二是在“5.12”四川省汶川县发生大地震后，局党委积极号召全体党员自愿交纳“特殊党费”，把交纳“特殊党费”作为向灾区人民奉献爱心支援抗震救灾的实际行动，全局31名党员共缴纳“特殊党费”25 612元。三是6月28日，局党委在红安召开庆祝建党87周年表彰大会，党委林七贞书记给全体党员上了一堂《解放思想，转变观念，建设“人和”文化，促进救捞局和谐发展》的党课。分别对8名优秀共产党员和1名优秀党务工作者进行了表彰，开展“如何解放思想，提高执行力度”和“讲党性、重品行、作表率”主题教育活动四是组织干部职工学习传唱《长江之歌》、《长江儿女》行业歌曲，并将歌曲刻录成光盘下发至各个船舶。文明窗口月期间，局工会牵头组织职工参加了长航局举办的千人大合唱，组织观看奥运会开幕仪式活动。五是开展岗位练兵活动。二个基层工程处开展了以插钢丝绳，修理保养消防设备等岗位练兵活动，救捞六号被长江航道局评为“先进示范窗口”，王文科同志在长江航道局技术比武活动中获得工程类第二名的好成绩。六是开展“冬送温暖夏送清凉”、“金秋助学”“送温暖专项基金”和为职工生日送礼金等活动，组织女职工到昆明游览，组组先进生产者到西安旅游，启动带薪休假制度，组织21名水上作业人员进行“血防”专项检查，举办退休职工迎新茶话会。七是组织广大职工参加“迎奥运讲文明树新风”礼仪知识网上答题活动，以文化手册、四城同创知识为内容开展了一次知识问卷活动；组织全局职工做好创建省级文明城区群众投票工作；开展冬季长跑活动，派员参加“文明过马路”值勤活动。

·存在的问题和不足　一是船舶设备落后，发展能力较差。我局的几艘生产作业船舶及各方面设备总体老化，一些小型救助打捞项目，因我局设备陈旧增加了施工成本而错失商机；一些较大的打捞、吊装项目又因设备原因无法承担，导致我局现阶段90%的产值来源于航道整治工程，生产主业收入急剧下降，经营渠道相对单一；另外，我局致力于发展水下质量检测业务来增产创收，但要使我局水下质量检测立足于长江航道整治工程，并逐步向国内水下隐蔽工程发展，就必须引进更先进的检测仪器，这样才能将我局质量检测项目做强、做大,才能有效缓解我局因主业缺失而造成的发展困境。二是人才短缺，引进人才和培养人才工作滞后。随着长江航道建设力度的不断加大，人才资源是我局亟待解决的问题。优秀的施工管理人员、专业技术人员、潜水员和持证船员严重短缺。以我局现有的人力资源情况，要完成上级下达给我局的经济指标还有困难，需要有计划地引进各方面的专业人才，要着力提高职工的业务水平和技术素质。三是事故隐患依然存在，安全形势非常严峻。今年7月7日，救捞六号在重庆川维码头发生了走锚事故，经全体船员努力，避免了重大事故险情。10月19日，绞锚九号职工刘军，私自外出并驾驭外单位车辆，发生道路交通意外身亡。这二次事件给全局安全工作敲响了警钟，反映了我局应对突发事故防范措施不够、施工现场安全督查不力，职工在安全规章的贯彻执行中打了折扣。安全隐患，屡查屡有，安全形势十分严峻。

地　址　武汉市汉口洞庭50—2号

邮　编　430014

电　话　（027）82763589

（救捞局）

【长江宜昌航道工程局】 2008年，长江宜昌航道工程局（以下简称宜工局）服从保航大局，在长江航道局的统一指挥下，抓住保航重点，重点关注辖区浅险水道和重点时段的疏浚保航工作。在三峡枢纽175m试验性蓄水期间，宜工局安排落实“吸盘一号”、“斗轮一号”、“抓扬八号”、“抓扬九号”等施工船舶，对宜都、芦家河、枝江、江口等重点浅险水道现场驻守，圆满完成175米蓄水期航道维护工作任务。在全年枯水期航道维护工作中，局完成葛洲坝大江、三江航道清淤维护工作以及太平口、窑监水道的疏浚保航工作等，疏浚工程量总计约188.7万立方米。在施工中，吸盘一号在窑监水道的应急疏浚施工中，改变传统的抛锚施工方式，采用自航施工，有效的提高了施工效率。

全年，宜工局对外工程经营共签约额5亿元，完成了长江航道局与宜工局签订的经营责任指标。中标工程主要有：汉江汉川至蔡甸航道整治工程一标段、葛洲坝大江电站导沙坎清淤、葛洲坝年度维护清淤、长江中下游瓦口子、黑沙洲整治工程、洛克石油航道维护疏浚工程、东莞海昌煤码头软基处理、葛洲坝过闸管理处岸壁式码头护岸工程等项目，实现了经营工作新的突破。一是沿海市场打开了新局面，先后成立了上海办事处和福建办事处，与局以前成立的南方、北方分公司形成了工程经营网络，市场得到进一步开拓。成功进入温州市场，“长鳄3号”挖泥船在温州民营科技园的吹填项目中，获得业主及温州市委、市政府的好评。二是开拓了经营新领域。在成功实施阳江核电码头重件码头工程的基础上，组建了路港事业部，对码头市场经营有序有效推进。三是北方市场得到巩固。伴随河北曹妃甸地区疏浚吹填市场形势的变化，宜工局及时做出相应的经营战略调整，将经营重点适时转移，保证了北方市场的稳定。四是水工工程市场进一步开拓。宜工局中标汉江汉川至蔡甸航道整治工程一标段，合同价997万元，同时按照带案投标的新要求，积极准备，做好长江航道内河整治工程投标工作。五是“后方阵地”得到巩固，葛洲坝大江、三江维护性清淤工程由局中标，同时，由基层单位负责投标的葛洲坝过闸管理处岸壁式码头护岸工程成功中标，对基层单位自主经营起到了很好的带动作用。

积极推行精细化工程管理。工程成本状况和生产动态按时反馈，使工程项目管理工作逐步程序化、规范化、制度化，在工程施工中提高指标度量意识，使工程管理更加量化。

船舶设备管理进一步完善。宜工局参与了长江航道局新建40米铺排船修改方案审查及4立方米抓斗挖泥船修改方案审查和有关项目的谈判，并完成了“长狮3”由400立方米到1 250立方米绞吸式挖泥船的船舶改造、配套排泥管的建造及“长鳄3号”船舶升级改造工作，设备能力大大增强。全年杜绝机损责任事故、一般事故的发生，船舶完好率达到90%以上，修船计划完成率达到了87.88%，船舶修费兑现率达到96.82%，节能等基础管理工作达标。

2008年，重点完成了南方雪灾期间黑沙州、瓦口子等航道整治工程安全；奥运会和三峡库区175米蓄水等重要期间的安全工作以及枯水期间航道生产安全。全年实现船舶安全调遣总里程约15 000公里（其中海上调遣12 000公里），抗击了6次台风对宜工局沿海工地、船舶的影响。全年在全局范围内进行了2次安全大检查，对安全隐患及时整改，未发生一般及以上责任事故。

地　址　宜昌市东山大道273号

邮　编　443003

电　话　（0171）6355841

（长江航道局）

【长江重庆航道工程局】 2008年，长江重庆航道工程局（以下简称渝工局）严格履行航道维护职责，重点关注和认真分析责任河段内枯水期航道的水情变化，特别是认真分析和观测三峡水库175m蓄水期及水位消落期的航道变化，掌握航道变化规律。在2007—2008届枯水期，对王家滩、上洛碛、下洛碛、猪儿碛、红眼碛、飘灯碛、苦竹碛、浅碛子等9个浅滩进行了跟踪观测和维护测绘，重点对胡家滩、猪儿碛以及太子矶水道进行了疏浚和守槽。完成了疏浚工程量16 184立方米，测量工作量 2 659 换算平方公里。

全年，抢抓航道整治、沿海疏浚、重庆区域三大目标市场，积极应对宏观经济调控下的经济工作，推进经营理念和经营手段创新，截止目前，共计新签工程合同约10.2亿元，为年计划的102%，其中自营工程 7.3 亿元，联营工程 2.9 亿元，实现了经营工作新的突破。一是紧紧抓住长江干线航道整治的主战场及三峡水库建设，并积极开拓珠江等流域的航道整治，先后中标的工程有：长江干线叙泸段二期工程、长江下游黑沙洲航道整治工程、三峡水库铜锣峡至娄溪沟河段航道炸礁工程、长江宜昌胭脂坝护底工程、珠江航运云南富宁港一期工程等项目。云南富宁港一期工程是长江航道系统首个以勘察设计采购施工（EPC）总承包模式中标的项目。二是沿海疏浚开创新局面，渝工局在立足于渤海区域市场的同时，继续开拓东南沿海市场，自主投标的福建省湄洲湾航道二期工程以 2.34 亿元成功中标，并积极参建广西防城港工程。三是逐步领军重庆区域水运市场，在重庆建设长江上游航运中心、三峡水库进行 175 米蓄水的历史机遇下，成功承接了重庆寸滩码头二期工程、长航东风船厂工程、重钢集团港口工程、重庆长明港口工程、嘉陵江草街航道整治工程等一大批港航工程。四是局和基层单位的经营网络建设初见成效，经营网络建设在广西、广东、湖北办事处继续发挥效能的同时，积极筹建四川办事处，经营项目也开始触及环保疏浚、四川灾区重建等领域。全年局完成施工产值 7.5 亿元。在积极开拓工程经营的同时，渝工局在设计、勘测、三产、设备租赁等业务方面也都立足实际开拓市场，创造了较好的经济效益。

在对外工程经营中，抓好技术总结，加大责任追究力度和重奖优秀项目，使局施工技术和管理水平进一步提高。如在黑沙洲航道整治工程中，首次在长江实施顺水深水沉排；在武水路工程创新地实施了抱箍支撑法施工；寸滩港区工程开展了深水筑岛法施工；同时克服施工技术和施工安全，突破了中洪水期不能施工的惯例，首次在中洪水期间进行长江航道整治施工。积极开展航道整治内部施工的定额实施，强化监察和审计工作，提高联营工程管理的效能监察。

加强成本管理，强化成本计划和控制，完善成本计入方式，提高了施工效益。内部进行了分工调整，实施财务核算方面的改革，实施财务人员委派制度，及时掌握资金管理程序规范和收款情况，加强债权债务的催收，并与银行及上级单位协调沟通，保证资金的正常使用。

渝工局强化职工安全意识、以提高安全防护技能为重点，层层落实安全生产责任制，特别是对火工品的安全管理，在创历史使用新高(全年安全使用各类炸药 1 340 吨、雷管 71 万发)的情况下，未发生安全事故。加强沿海作业人员的持证培训、船员和爆破人员的业务技能培训，同时加强农民工的管理，抓重点、抓规范，确保万无一失。全局安全生产形势基本稳定。

渝工局自筹资金建造的“长鹭 2 号”沿海钻爆船正在顺利实施中，积极推进三峡库区 3500 立方米绞吸挖泥船的工可报告，并协助上级机务部门做好叙泸段二期船舶、500 立方米自航泥驳及 5 艘工作艇的设计及建造工作，完成了抓 10 等船机设备的抢修任务，积极开展了技改和节能工作。

注重对传统技术的总结、提炼和保护，着力打造具有自主知识产权的核心技术。年内渝工局成功申报了 6 项重庆市市级工法，同时总结、申报了 6 项国家专利技术，其中 5 项已通过国家知识产权局的初审或颁证，这其中还包括 1 项国家发明专利《疏浚用液压抓斗十字悬挂装置》，QC 成果获长江航道局一等奖及全国二等奖。

地　址　重庆市渝中区长江滨江路 111 号
邮　编　400011
电　话　（023）63775472
传　真　（023）63932444
网　址　http://www.cqweb.cn

（长江航道局）

【安徽省港航建设投资集团有限公司】 安徽省港航建设投资集团有限公司是经省人民政府批准、省交通厅出资设立的省属国有独资企业，于 2006 年 12 月 22 日正式挂牌成立，注册资本 4.6 亿元人民币，资产规模 8 亿元，净资产 5.76 亿元。主要从事港口、航道、船闸交通基础设施的投资、建设与运营管理以及综合物流业。内设综合部、建设部、资产运营部、财务部、总工程师办公室等 5 个职能部门。现有全资的合肥新港、池州江口港，控股的蚌埠新港、铜陵港长江外贸码头、安徽省合巢水运建设开发有限公司，参股的六安周集港等。

·在建工程　2008 年，集团公司全年完成建设投资 6.63 亿元，共有 8 个在建工程。其中续建项目 4 个，颍上船闸工程：完成建设投资 4 810.76 万元，已建成试运营。巢湖港巢城港区（一期）工程：完成建设投资 12 000 万元，主体工程基本建成并试运营。铜陵港横港件杂货码头改扩建工程：完成投资 12 000 万元，水工建筑物已完成交工验收并投入试运营。芜申运河袁泽桥改建工程：完成投资 15 500 万元，引桥及接线工程、主桥半幅下部结构等工程已经完成。新开工项目有 4 个，合肥港综合码头一期工程：完成投资 7 000 万元。芜申运河安徽段工程：完成投资 8 000 万元。裕溪复线船闸工程：完成投资 4 000 万元。浍河蕲县船闸工程：完成投资 3 000 万元。创造了一年完成建设投资总量超过“十一五”前全省水运建设投资总和的良好业绩。

·安全生产　2008 年，集团公司高度重视安全生产工作，成立了安全生产委员会，加强对安全生产的组织领导。建立和完善安全生产工作管理制度，明确安全工作责任，强化安全生产措施，实行安全动态管理、专项管理相结合，加强建设工程、运营港口现场和过程监管。组织开展了“隐患排查治理年”和“安全生产百日督查”活动，监督落实在建工程和运营港口安全生产工作。及时召开集团公司安全工作会议，分析研究安全生产形势，与相关单位签订安全生产责任书，部署安全生产工作任务。组织开展了安全生产文明施工自查自纠活动和安全生产专项检查活动，发现问题，及时整改，实现了全年安全生产一方平安。

·文化建设　2008 年，集团以队伍建设为重点，以制度建设为抓手，以文化建设为先导，进一步加强了集团公司自身建设。积极组织开展“抗震救灾”和献爱心活动，增强爱国爱企精神，组织参观革命英雄纪念馆活动，倡导爱岗奉献精神，开展寓教于乐的文体活动，营造良好工作氛围。

地　址　合肥市长江东路 1157 号
邮　编　230011
电　话　（0551）4299767
传　真　（0551）4299928
邮　箱　kyl@ahjt.gov.cn
（安徽省港航建设投资集团有限公司　杜　凯）

【江西省航务管理局疏浚工程处（简称疏浚工程处）】　江西省航务局疏浚工程处为航道工程专业承包二级企业（2002 年获得 IS09001：2000 质量国际认证证书），也是省内最大的水下作业和陆域吹填企业。下辖海汇疏浚工程公司、工程船厂、后勤服务中心。现有在职职工 252 名，其中各类技术人员 61 人，高、中级技术工人 171 人。拥有绞吸式、反铲式、抓斗、链斗等各类挖泥船 10 艘，辅助船舶 24 艘，生产能力 1 740 立方米/时，固定资产 4 130 万元。具有承担单项合同额外超过企业资金 5 倍的沿海 5 万吨级和内河 1 千吨级以下航道工程；600 万立方米及以下疏浚、陆地吹填工程；4 万立方米及以下炸礁，清礁工程以及相关的测量，船标，渠化工程；水下清障，开挖，清淤等工程的施工能力。所属的工程船厂为一级资质造船企业，可修造各种内河船舶和沿海船舶，同时承接各类航标器材的生产及金属构件的加工等业务。

2008 年，疏浚工程处继续把加快单位发展作为第一要务，在质量管理、市场管理和安全管理上下功夫，不断增强创新能力，科学管理日见成效，职工利益明显提高，单位综合实力显著增强，各项工作均有长足发展。完成的工程项目为赣江（樟树—南昌）Ⅲ级航道整治疏浚后续工程。外接业务有丰城泉港吹填造地工程，南昌洪都大桥疏浚航道工程，大连长兴岛港池开挖工程，厦门同安环东海域等疏浚吹填项目。

所辖工程船厂全年完成产值 1 120 万元，其中新造船舶 15 艘，维修船舶 46 艘，在建船舶 6 艘，圆满完成省局下达的造船任务。全年全处公完成产值 5 008.9 万元，职工人均年收入 25 732 元，较上年人均增长 56.5%。

地　址　南昌市滨江南路 1 号
邮　编　330025
电　话　（0791）6520845
传　真　（0791）6520845
（江西省局　黄　卫　张兆平）

【江西省航务管理局港航工程处（简称港航工程处）】　港航工程处为内河打捞三级、测绘乙级、工程质量检测乙级，以及公路、航务、市政、房建工程二级总承包，港口与海岸、航道工程、通航建筑、桥梁工程、路基工程总承包二级资质施工企业。现有在职职工 500 余人，其中一级建造师 20 人，高级职称 30 余人，中级职称 60 余人。拥有各类工程船舶、土石方机械、运输与起重机械、测绘仪器及试验设备等，固定资产 1.3 亿元。具有内河港口、船厂、码头、水厂、大型港口水工；一级以下公路及其桥梁；工业民用建筑；机电设备安装；航道治理、勘测；水下打捞、爆破、管道铺设诸项工程及其配套工程的施工能力。

2008 年，港航工程处共承接各类工程业务 23 项，合同总额为 19 596 万元，创下历年业务承接额新高。至年底，实际完成产值 1.02 亿元，职工平均年收入 2.86 万元，较上年又有提高。

法　人　彭木根
地　址　南昌市迎宾北大道 1191 号
邮　编　330043
电　话　（0791）7158909
传　真　（0791）7104999

（江西省局　彭木根　张兆平）

【河南水运工程监理事务所（简称监理事务所）】　2008 年，河南省水运工程监理事务所有各类专业及管理人员 38 人。其中具有高级工程师职称的有 18 人，工程师职称的 11 人；高、中级经济师、会计师职称的有 4 人。有 17 人还获得了交通运输部注册监理工程师资格，有 4 人获得河南省交通厅注册监理工程师资格，有 4 人经监理培训取得结业证书。

（河南省局　王守明）

【湖南省航务工程公司】　湖南省航务工程公司是湖南省内唯一一家港航施工二级企业。资质范围包括港口与航道工程、市政工程、公路路基与路面工程、高速公路养护工程等，系中国疏浚协会会员单位，长期参与国家科技攻关项目的施工。施工设备先进，技术力量较强，拥有国内最先进的 WSD400 米型刀轮绞吸式挖泥船，并在湖南内河施工中率先推广 GPS 全球定位系统。内强管理，外塑形象，各管理单元分工明细，权责明晰，管理科学，顺利通过 ISO9001 质量认证；诚信守约，以“一切为业主着想”为服务理念，积极参与并组织市场推广活动，注重外部形象，在业界有着良好的社会声誉和客户资源。

地　址　长沙市开福区新港镇新安寺 288 号
邮　编　410201
电　话　（0731）8484776
网　址　http://www.cnhcmy.com

（湖南省局　蒋龙平）

【云南路港工程公司】　该公司是云南省水运工程建设独家国有施工二级企业，也是唯一具有公路、港航双重资质的企业（施工总承包二级）。公司设置两个工程部（水运工程部、公路工程部）、办公室、财务部、经营部。职工人数 620 人，其中公司领导 4 人，专业技术人员 163 人。该公司拥有一套先进的施工、检测设备和一支高素质的职工队伍。

2008 年完成生产产值 11 000 余万元，其中水运工程完成 2 700 余万元、公路工程完成 8 300 余万元。2008 年主要水运工程项目：金沙江水富港扩建工程；澜沧江思茅港—中缅 243 号界碑五级航道第一期工程；澜沧江关累码头续建工程；普洱市崖羊山电站库区航运基础设施建设工程。2008 年，云南的公路建设给公司带来了契机，承接了多项工程，完成产值 8 300 万元。

地　址　昆明市环城北路 181 号
邮　编　650051
电　话　（0871）5170075

（云南省局　马翠德）

【贵州水运工程质量监督站】　2008 年，贵州水运工程质量监督站水运工程项目有洪家渡库区航运建设工程和西南水运出海中线通道航运扩建工程 2 个项目。

·*洪家渡库区航运建设工程*　该工程是贵州省重点水运基础设施建设项目，工程建设地点位于毕节地区洪家渡电站库区，由部省合资建设，工程建设内容包括港口码头、航道整治和配套设施房屋建设工程，工程概算投资 2 993 万元。目前工程已基本处在收尾阶段，预计 2009 年上半年全部完成。2008 年度按照交通部水运工程质量监督规定要求和我站制订的质量监督计划，我站根据工程进度，严格认真开展质量监督工作，采取定期检查和不定期巡查的工作方式，2008 年我站深入工地现场近 20 次，检查了参建单位质量保证体系的建立和运行情况，质量保证资料的建立情况,并对工程实体部分水工结构、公路挡墙和房建的基槽，构筑物平面尺寸、位置、高程，钢筋规格和间距等进行检查抽查，抽查共计 170 个点，并在工地现场对砂浆随机取样 3 组，通过检查发现各标段施工单位在原材料质量的控制，砼和砂浆现场配合比控制上还存在一些质量问题，质量保证资料及时性和规范性不够,原材料检测频率不足，砼用碎石级配不好、针片状和泥块含量多，机制山砂颗粒偏粗、级配不好、石粉含量重等；现场砼和砂浆拌和未能严格执行重量比。针对检查发现的问题我站 2008 年共计发送《质量监督信息报告》7 份，针对工地现场出现的质量问题下发《质量监督意见书》2 份。

·西南水运出海通道中线通道航运扩建工程 该工程是贵州省十一五我省重点水运基础设施建设项目，工程建设投资约 4.3 亿元。今年 5 月份该项目正式开工，目前，开工的有南盘江和北盘江航道整治工程，红水河羊里和蔗香 2 个码头建设工程，由于龙滩电站在 6 月份提前下闸蓄水发电，目前库区水位已接近正常蓄水位 375 米，致使这些开工项目基本处在停工状态，只有南盘江上段八渡—板坝段航道整治工程正在进行当中。该项目开工后，我站深入到工地现场近 10 次，对参建人员资质及主要技术管理人员到位情况，对质量保证体系的建立和质量责任制的签订落实情况等进行检查，针对检查中发现的问题发送《质量监督信息报告》3 份。

2008 年，贵州水运工程质量监督站认真开展了贵州路港交通工程试验检测有限公司试验检测工作。对洪家渡库区航运建设工程和中通道航运扩建工程开展试验检测工作，确保了试验检测数据的真实性、科学性和公正性。

“十一五”计划期，交通部为进一步提升全国内河水运工程建设质量和建设管理水平，于 2008 年开展了全国内河航运工程绩效考核活动。围绕活动的开展，为进一步提高我省水运工程建设质量水平，我站放眼大局，开拓创新，以加强完善我站内部规章制度建设为基础，进一步提高站内质量监督水平，完善质量管理措施，努力保证我省水运工程基础设施工程的建设质量。

·适应形势，建章立制，规范监督 2008 年，国家对基础设施建设投入进一步加大同时，也加大了对基础设施建设的管理力度，在新的情况下，我站在 2008 年拟订了《贵州省重点水运建设项目质量监督程序》，修订了“站长工作职责”、“监督负责人工作职责”和“监督工程师工作职责”，进一步明确了监督人员的工作内容和职责，同时对受监工程项目首次采用了监督负责人负责制，加大了现场的质量监督力度，完善了监督工作的措施。

·继续推行《质量监督信息报告》制和《质量监督意见书》制相结合的现场质量问题监督处置模式 针对检查中发现的质量问题进行区分，对质量问题较为严重或已经出现质量缺陷的问题，我站就下发《质量监督意见书》，并要求建设单位在规定时间内进行整改，并落实回复；对一般的质量问题，在工地现场就可以落实整改的和在短期内我站无法解决的问题，就以《质量监督信息报告》的方式报送有关领导和建设单位，引起重视逐步解决。

·进一步规范工地现场试验检测工作 由于各施工单位技术人员水平能力参差不齐，对试验检测的要求、内容和频率掌握不够，我站结合我省山区河流港口码头和航道整治的具体情况，依据水运工程试验检测的有关法律法规，提出了我省水运工程原材料试验检测的内容和频率要求，书面通知各施工和监理单位，进一步规范了施工单位的取样、送样的及时性和规范性。

·存在问题 一是省水运工程建设市场不十分规范，影响质量监督工作开展切实到位。我站是 1994 年经省交通厅批准正式成立，作为省航务局的内设机构，业务上接受省交通工程质量监督站的指导。自 2006 年省厅明确省航务管理局作为全省重点水运工程建设的业主单位，站的监督地位就处在一个十分尴尬的境地，站的政府质量监督行为更像是内部监督，不可能完全履行政府监督的职责，在这种体制管理模式下，给站开展质量监督工作带来较大困难。二是原材料质量的控制是今后相当长一段时间都将是站监督工作的一个重点。由于我省水运建设工程受投资影响，标段划分普遍不大，各标段的投入也显不足，许多工地都没有自己的料场，加上省水运工程普遍采用石灰岩机制砂，造成原材料沙石质量难以保证；由于规模小，施工单位的库房设置也受到限制，致使水泥和钢筋等主材同一批进场数量受到限制，这样也就造成按照规范检测频率人为增大了施工单位的负担，另外，施工单位的质量意识方面也存在一定问题，许多项目上对水泥和钢筋的检测只有一至二次，远远达不到规定的频率要求，增大了不合格材料进入工地现场的风险，也增大了工程质量出现问题的概率。

（贵州省局　杨萍艳）

【甘肃省水运工程质量监督站（简称甘肃省质监站）】　2008年，甘肃省质监站在全站人员的努力工作下，较好的完成了全年的质量、安全等监督工作任务。

一、开展安全隐患排查治理活动，加大监督力度。

2008年是国家安全生产的“隐患治理年”，我站结合甘肃省水运基础设施建设实际，研究制定了《2008年全省水运工程建设安全生产隐患排查治理工作实施细则》，成立了组织机构，部署了排查重点、排查工作安排、治理措施和有关要求等内容，经过各市州自查、省局督察、省交通厅抽查、治理事故隐患等阶段的工作，我省水运交通基础设施安全隐患排查工作取得了阶段性成效。根据交通部《关于做好2008年度内河水运工程建设项目绩效考核工作的通知》精神，配合甘肃省内河水运工程建设项目绩效考核工作领导小组，对黄河兰州段航道延伸整治建设工程、黄河白银四龙至龙湾段航运工程、黄河盐锅峡库区航运建设工程三个项目进行了考核，主要从工程实体质量的抽查检测，建设、勘察设计、施工、监理单位档案资料的查阅方面进行了监督检查，考核了3个项目管理单位，4个勘察单位，5个设计单位，6个施工单位，3个监理单位，对存在的问题及原因进行了认真的分析，要求各项目建设单位认真整改，责成省水运管理局督促检查整改措施落实情况，项目管理单位根据项目绩效考核情况兑现奖罚。

二、加强主要项目的监督，提高工程质量。

黄河盐锅峡库区航运建设工程：在工程的建设过程中，严格按照规范和设计要求监督检查，2008年重点对以下内容进行了监督检测：1.委托有资质的检测单位对八卦岛和恐龙湾码头的混凝土灌注桩进行了低应变动力检测、八卦岛码头客运管理站房楼预制桩桩基础进行了高应变承载力检测，对八卦岛码头客运管理站房楼预制的84根整桩基强度进行了回弹检测。八卦岛码头客运管理站房楼预制桩基础的承载力检测共抽检了5根桩，单桩竖向极限承载力值均满足要求。对八卦岛码头客运管理站房楼工程钢筋抽检2组，砼抗压强度（实验室试块）抽检2组送有资质的实验室检测，均符合设计强度要求。2.对2008年开工建设的八卦岛码头客运管理站房楼进行监督检查，对84根预制桩的主筋及箍筋间距、成品桩横截面尺寸以及站房楼主体工程的现浇柱、梁截面尺寸等进行了检测；共抽检点数130点，有97点实测值在允许偏差范围内，占抽检点数的74.6%。质量符合设计要求。

·*黄河兰州段航道延伸整治建设工程*　2008年主要建设小峡码头，对小峡码头混凝土挡墙强度、表面平整度和坡度进行检测，混凝土强度用回弹法检测，回弹抽检6组，点数为96点，测算混凝土强度为27.74Mpa，满足设计C20混凝土要求，表面平整度及坡度共抽检点数40点，实测值在允许偏差范围内的有36点，占抽检点数的90%，质量符合设计要求。

·*存在的问题*　施工单位及监理单位存在管理人员不到位的情况；部分混凝土表面用素浆粉面，外观质量差，素浆部分已鼓起产生龟裂。

·*黄河白银四龙至龙湾段航运建设项目一期工程*　2008年主要对疏浚工程进行了质量监督，检测了潘家台等14个滩的疏浚工程，共检测整治滩区水深588点，航槽内挖槽处水深260点，其中挖槽内有5点不满足五级航道1.4米水深要求，合格率达到98.6%，浅点数为1.9%。对交工验收和竣工验收项目，严格按照验收规范和质量评定标准进行验收和质量评定，对资料不全和存在质量问题、质量缺陷的项目不予验收，限期整改，达到标准后才能通过验收，确保竣工项目验收达到标准要求。

三、继续加强我站自身的建设，规范我省水运工程质量监督。

2008年，进一步加强自身的建设。一是整章建制，完善《甘肃省水运工程质量监督实施细则》、《甘肃省水运工程质量监督站人员职责》，质量监督政务公开事项、主要工作流程、质监站工作纪律等水运工程质量监督相关制度。二是规范质量监督档案管理，按技术档案管理规定对质量监督资料进行整理建档。三是规范质量监督的管理程序，从质量监督申请制度、项目划分申报审批制度到质量评定申请做到按程序办理，要求项目法人（建设单位）在工程进行招标前（不用招标的工程在开工前），必须办理质量监督申请手续；在监理、施工单位选定后，并在主体工程施工前，及时办理项目划分申报审批申请，明确工程项目的重要隐蔽工程和关键部位；要求项目法人在工程竣工验收前，及时向我站提出质量等级评定申请；明确了申请中必须提供的资料及申请的受理及审批等内容。四是规范质量监督工作实施计划，在下发质量监督通知时，按照施工进度安排，编制并告知项目各参建单位质量监督工作实施计划，并据此安排质量监督活动，明确项目质监组织形式和质监人员安排，明确质量监督责任人。

地　址　甘肃省兰州市北滨河路406号

邮　编　730046

电　话　（0931）8368633

（甘肃省质监站）

【兰州水运航道养护有限公司】　兰州水运航道养护有限公司成立于2004年6月29日，是兰州市水运管理局下属的集航道疏浚养护、水运工程建设、水运旅游接待、船舶建造与维修等业务为一体的综合性水路运输服务企业。公司下设船务公司、航道养护疏浚一队、二队、三队4个分支机构。也是兰州市唯一一家具有港口与航道工程总承包三级、航道工程专业承包三级资质的航道养护疏浚企业。近几年时间，凭借现代化的公司管理体制和一支业务技术能力强，综合素质高的优秀职工队伍，公司的经营规模和经营业绩连续取得了成倍的增长，实现了跨越式快速发展的奋斗目标。曾多次获得“守合同重信用企业”、“甘肃省十佳航运企业”、“水路运输先进单位”等荣誉称号，2008年被交通部授予“社会力量积极参与重特大水上搜救行动先进集体”荣誉称号。

公司现有净资产2100多万元；在册员工共146人，包括各类工程技术人员27人，管理人员22人，具有专业水平较高、施工经验丰富的综合性航道疏浚养护和水上施工作业队伍；共计各类工程船舶20余艘，豪华旅游船舶3艘，水上高速小快艇26艘。拥有目前兰州市最大的两艘航道疏浚工程船舶“兰疏字002号”、“兰疏字003号”和唯一一艘钢质耙船“兰航一号”，三个航道工程队年综合施工能力在15万立方米以上。近年来，先后承担了黄河兰州段航道养护（一期、二期、三期）工程、东岗高速公路大桥、天水路黄河大桥、雁滩黄河大桥、小西湖黄河大桥航道疏浚清淤工程、黄河兰州段航道东西延伸开发整治工程、大型船舶的拖带、码头设置安装、跨河电缆的架设，以及水上测量等重点工程项目的施工。上述完工工程均被评为“优良工程”，且深受业主和监理单位的好评。与此同时，以“飞天号”游轮为品牌，拥有大型豪华旅游船舶三艘，水上快艇26艘，索道、白塔山、中立桥、十里店、什川（小峡）、通渭路等经营码头八处，趸船6艘，长期运营在兰州市区及什川等黄河经典线路。多次接待中央、省、市领导及宾客，年接待水上游览观光人员达数十万人次。

兰州市作为唯一被九曲黄河穿城而过的城市，乘船游览百里黄河风情线已成为中外宾客兰州旅游的重要内容之一。兰州水运航道养护有限公司秉承“求真、务实、创新、致远”的企业精神，坚持“做一个项目，创一块品牌，交一批朋友，赢一方市场”的管理理念，精心组织、精心施工、精心服务打造兰州水运航道养护有限公司的企业品牌。

地　址　兰州市中山路55号

邮　编　730030

电　话　（0931）8431349

网　址　http://4324515.71ab.com

（兰州水运航道养护有限公司）

·行政管理·

【长江干流航道维护管理机构设置情况】　长江航道局直接从事航道维护管理的下设机构有南京、武汉、宜昌、重庆、泸州、宜宾6个区域航道局和1个长江航道测量中心。2007年底，长江航道局在长江宜昌航道局实施的航道综合管理模式试点的基础上，按照“统一布局、减少层级、整合资源、提高效能”的原则，分步骤、分阶段积极稳妥地在航道养护单位全面推行了航道综合管理模式改革，将现有的四级航道养护管理模式调整为长江航道局—区域航道局—航道管理处三级航道养护管理模式。将原有的17个航道处、115个航道站、29个征稽站、15个勘测处和4个航道船厂进行整合，在充分考虑与地方行政区域相对应，与长航海事、公安机构相对应的基础上，重新划分航道管辖里程，统一布局，统筹规划，设置77个具有综合管理职能的航道管理处，15个航道测绘处，18个航标器材维修中心。

·长江干流区域航道局设置情况　长江航道局下设南京、武汉、宜昌、重庆、泸州、宜宾6个区域航道局。长江干流庙河—中水门59公里河段航道由三峡通航管理局三峡航道局维护管理。

2008年长江干流区域航道局设置情况一览表，详见（表7—10）。

【2008年长江干流区域航道局设置情况一览表】　（表7—10）

序号	单位	辖区起讫点	起讫点里程（公里）	辖区里程（公里）	备注
1	长江南京航道局	浏河口—上巢湖	下游25.4—844	818.6	
2	长江武汉航道局	上巢湖—大埠街	844—1043.2	715.2	不含洞庭湖口3.5公里
			中游0.0—516		
3	长江宜昌航道局	大埠街—中水门	516—626	196	
			上游0.0—3.5		
		庙河—鳊鱼溪	62.5—145		
4	三峡航道局	中水门—庙河	3.5—62.5	59	三峡坝区
5	长江重庆航道局	鳊鱼溪—兰家沱	145—742.2	597.2	不含嘉陵江小河口
6	长江泸州航道局	兰家沱—王爷庙	742.2—953	210.8	
7	长江宜宾航道局	王爷庙—合江门	953—1044	91	

注：2008年5月4日，王爷庙至宜宾合江门91.0公里航道正式移交宜宾航道局维护管理。

（2008年12月统计）

·长江干流航道处设置情况　长江航道局下设77个航道航道管理处。三峡航道局下设5个办事处。

2008年长江干流航道处设置情况一览表，详见（表7—11）。

【2008年长江干流航道处设置情况一览表】　（表7—11）

单位	航道管理处		辖区起讫里程（公里）	管辖里程（公里）	航道维护船艇	处用船
长江南京航道局	上海航道管理处（216公里）	海门	北支口—连兴港	85	航辉	工作船：航霞 宁道标001； 测量船：航测501 航测501
		太仓	25.4—71.9	46.5	航辉	
		南通	71.9—124.2	52.3	宁道标001	
		张家港	124.2—156.4	32.2	航荣	
	镇江航道管理处（136.6公里）	江阴	156.4—240.0	83.6	宁道标208	工作船：航旭 航润 测量船：宁道测501； 测量巡检快艇：航迅#4
		泰州	240.0—293.0	53	宁道标205	
	南京航道管理处（97.7公里）	南京二桥	293—347.8	54.8	绞11号 标202	工作船：海标102； 测量船：宁道测2404
		大胜关	347.8—390.7	42.9	标207 航迅#5	
	芜湖航道管理处（168.8公里）	马鞍山	390.7—430.0	39.3	标209	工作船：宁道标201 宁道1103 航迅6#
		新港	430.0—496.7	66.7	标206	
		铜陵	496.7—559.5	62.8	标210	

单位	航道管理处		辖区起讫里程（公里）	管辖里程（公里）	航道维护船艇	处用船
长江南京航道局	安庆航道管理处（156.5公里）	池州	559.5—595.0	35.5	宁道标2402	快艇：航迅#7 测量船：宁道测2401
		太子矶	595.0—670.0	75	宁道标212	
		东流	670.0—716.0	46	绞锚九号	
	九江航道管理处（128公里）	彭泽	716.0—754.0	38	宁道1227	
		湖口	754.0—794.0	40	宁道1229 标211	
		武穴	794.0—844.0	50	宁道1102	
	扬中航道管理处（58.9公里）		维护太平洲捷水道	43.9	宁道1101	绞8号
			炮子洲右汊	9.35		
			录安洲右汊	5.65		
长江武汉航道局	蕲州航道管理处（46公里）		844.0—890.0	46	汉道1103	
					汉道1109	
					征稽238	
	黄石航道管理处（45公里）		890.0—935.0	45	汉道2403	
					征稽102	
					征稽278	
	黄冈航道管理处（49公里）		935.0—984.0	49	汉道1114	
					汉道1260	
					航驰304	
	阳逻航道管理处（38公里）		984.0—1022.0	38	汉道1117	工作船：汉道标201 测量船：航测701
					航汛1	
					征稽202	
	武汉航道管理处（44.2公里）		1022.0—1043.2	44.2	汉道标202	
			中游0.0—23.0		汉道2402	
					航驰302	
	金口航道管理处（38公里）		23.0—61.0	38	汉道1102	
					汉道测201	
					征稽258	
	牌洲航道管理处（46公里）		61.0—107.0	46	汉道1110	航驰306 汉道1230 汉道标2402
					汉道1258	
					征稽228	
	大沙航道管理处（43公里）		107.0—150.0	43	汉道1243	
					汉道1255	
	洪湖航道管理处（50公里）		150.0—200.0	50	汉道1116	
					汉道1106	
					征稽301	
	岳阳航道管理处（53.5公里）		200.0—250.0	53.5（含洞庭湖口3.5公里）	汉道1101	航驰
					汉道1111	
					汉道1246	
					征稽268	
	铁铺航道管理处（38公里）		250.0—288.0	38	汉道1253	
					汉道1108	
					征稽203	
	监利航道管理处（39公里）		288.0—327.0	39	汉道1113	测量船：1245
					汉道1239	工作船：汉道1252

单位	航道管理处		辖区起讫里程（公里）	管辖里程（公里）	航道维护船艇	处用船
长江武汉航道局	调关航道管理处（36公里）		327.0—363.0	36	汉道1107	航驰501
	石首航道管理处（37公里）		363.0—400.0	37	汉道1118	
					汉道1250	
	江陵航道管理处（34公里）		400.0—434.0	34	汉道1104	
					汉道2404	测量船：1257
	公安航道管理处（35公里）		434.0—469.0	35	汉道1115	机动船：1244
					汉道1248	
	荆州航道管理处（47公里）		469.0—516.0	47	汉道1241	
					汉道1112	
	枝江航道管理处（39公里）		516.0—555.0	39	宜道1103;	测量船：宜道测201 宜道测202
					宜道1105;	
					征稽306	
长江宜昌航道局	宜都航道管理处（39公里）		555.0—594.0	39	宜道标202	测量船：宜道测201 宜道测202
					宜道1102	
					征稽305	
	宜昌航道管理处（35.5公里）		594.0—626.0(0.0)—3.5	35.5	宜道标201	测量船：宜道测201 宜道测202
					宜道1211	
					征稽302	
	秭归航道管理处（39.5公里）		62.5—102.0	39.5	宜道1215	测量船：宜道测201 宜道测202
					宜道标301	
					宜道1208	
	巴东航道管理处（43公里）		102.0—145.0	43	宜道1101	测量船：宜道测201 宜道测202
					宜道1217	
					宜道标302	
三峡航道局	庙嘴办事处（9.4公里）		3.5—8.7	9.4（含大江4.2公里）	海巡31912	
	南津关办事处（11.8公里）		8.7—17.2	11.8（含大江3公里）	海巡31906	
	石牌办事处（14.3公里）		17.2—31.5	14.3	海巡31911	
	黄陵庙办事处（15公里）		31.5—46.5	15	海巡31909	
	茅坪办事处（16公里）		46.5—62.5	16	海巡31910	
长江重庆航道局	奉节航道管理处（120公里）	巫山	145.0—185.0	40	渝道1292	工作船：渝道 1264 机动船：渝道1242 渝道1250 供应船：渝道1235 征稽501
					渝道1251	
					渝道趸22	
					渝道趸88	
		奉节	185.0—225.0	40	渝道1279	
					渝道标403	
					渝道趸90	
					渝道趸403	
		安坪	225.0—265.0	40	渝道1258	
					渝道1270	
					渝道趸61	
					渝道趸89	

单位	航道管理处		辖区起讫里程（公里）	管辖里程（公里）	航道维护船艇	处用船
长江重庆航道局	万州航道管理处（153 公里）	云阳	265.0—305.0	40	渝道 1291	
					渝道 1277	
					渝道趸 84	
					渝道趸 402	
		万州	305.0—340.0	35	渝道 1285	工作船：渝道 1104 机动船：渝道 1247 渝道 1245 机修船：渝道 1272 供应船：208 征稽 502 征稽 516 航驰 101
					渝道标 302	
					渝道趸 83	
					渝道趸 86	
					渝道趸 603	
		武陵	340.0—380.0	40	渝道 1256	
					渝道 1273	
					渝道趸 80	
					渝道趸 81	
					渝道趸 82	
		石宝寨	380.0—418.0	38	渝道 1255	
					渝道 1274	
					渝道趸 79	
					渝道趸 86	
	丰都航道管理处（94 公里）	忠县	418.0—444.0	26	渝道 1262	机动船：渝道 1260
					渝道 1101	
					渝道趸 78	
					渝道趸 77	
					渝道趸 401	
		高镇	444.0—480.0	36	渝道 1246	
					渝道 1288	
					渝道趸 75	
					渝道趸 76	
		丰都	480.0—512.0	32	渝道 1259	
					渝道 1102	
					渝道趸 602	
	涪陵航道管理处（106 公里）	涪陵	512.0—543.0	31	渝道 1284	机动船：渝道 1241 渝道 1239
					渝道标 303	
					渝道趸 72	
					渝道趸 73	
					渝道趸 38	
		李渡	543.0—573.0	30	渝道 1254	
					渝道 1278	
					渝道趸 56	
					渝道趸 39	
		长寿	573.0—595.0	22	渝道 1252	
					渝道标 304	
					渝道 1238	
					渝道趸 45	
					渝道趸 68	
					渝道趸 71	

单位	航道管理处		辖区起讫里程（公里）	管辖里程（公里）	航道维护船艇	处用船
长江重庆航道局		渝北	595.0—618.0	23	渝道 1290 渝道 1103 渝道趸 59 渝道趸 70	
长江重庆航道局	重庆航道管理处（125.4 公里）	江北	618.0—639.0	21	渝道 1267 渝道 1289 渝道趸 66 渝道趸 67	工作船：渝道 1283 供应船：渝道标 240-1 机动船：渝道 1249 渝道 1261 渝道 1276
长江重庆航道局	重庆航道管理处（125.4 公里）	朝天门	639.0—660.0	22.2（含嘉陵江口 1.2 公里）	渝道 1280 渝道 1266 渝道趸 60 渝道趸 21	
长江重庆航道局	重庆航道管理处（125.4 公里）	重庆	660.0—678.0	18	渝道 1105 渝道 1282 渝道趸 69 渝道趸 19	
长江重庆航道局		巴南	678.0—699.0	21	渝道 1287 渝道 1269 渝道趸 51 渝道趸 65	
长江重庆航道局		小南海	699.0—720.0	21	渝道 1275 渝道 1265 渝道趸 57 渝道趸 64	
长江重庆航道局		德感坝	720.0—742.2	22.2	渝道 1281 渝道 1253 渝道趸 63 渝道趸 46	
长江泸州航道局	江津航道管理处（73.8 公里）	江津处	742.2—767.5	25.3	泸道 1102 泸道 1218	
长江泸州航道局	江津航道管理处（73.8 公里）	白沙处	767.5—792.0	24.5	泸道 1229 泸道 1232	
长江泸州航道局		朱沱处	792.0—816.0	24	泸道标 204 泸道 1224	
长江泸州航道局	合江航道管理处（55 公里）	榕山处	816.0—842.0	26	泸道 1219 泸道 1226	
长江泸州航道局	合江航道管理处（55 公里）	合江处	842.0—871.0	29	泸道标 202 泸道 1230	
长江泸州航道局	泸州航道管理处（82 公里）	弥沱处	871.0—899.0	28	泸道 1220 泸道 1216 泸道标 203	
长江泸州航道局	泸州航道管理处（82 公里）	泸州处	899.0—926.0	27	泸道标 201 航弛 002	
长江泸州航道局	泸州航道管理处（82 公里）	纳溪处	926.0—953.0	27	泸道 1233 泸道 1227	

单位	航道管理处	辖区起讫里程（公里）	管辖里程（公里）	航道维护船艇	处用船
长江宜宾航道局	江安航道管理处（28 公里）	953.0—981.0	28	泸道 1223	泸道 1221
	南溪航道管理处（31 公里）	981.0—1012.0	31	泸道 1231	叙道标 202
	宜宾航道管理处（32 公里）	1012.0—1044.0	32		叙道标 201

（2008 年 12 月统计）

·长江干流通行信号台设置情况　长江航道局在 20 个控制河段设置通行信号台 36 个，控制里程 36.1 公里。2008 年长江干流通行信号台设置情况一览表，详见（表 7-12）。

【2008 年长江干流通行信号台设置情况一览表】（表 7-12）

序号	控制河段	控制水位	关系水尺	台号	台名	控制范围及里程	备　注
1	风箱峡	7	宜昌	1	老关庙	201.0—204.2（3.2）	
				2	江巴石		
				3	奉　节		
2	黄草峡	9	羊角堡	4	黄草峡	573.9—574.5（0.6）	
				5	张爷滩		
3	王家滩	9	羊角堡	6	小石溪	582.2—587.7（5.5）	
				7	骑马桥		
				8	扇　沱		
				9	上洛碛		
4	上洛碛	3	太洪江	9	上洛碛	604.0—606.2（2.2）	上洛碛控制水位实际执行 3.5 米↓开班
				10	上黔滩		
				11	金鸡三背		
5	大兴场	1	铜锣峡	12	大背角	639.5—641.5（2.0）	
				13	商王石		
				14	纳溪沟		
6	铜锣峡	全年	铜锣峡	15	莲花背	644.0—645.2（1.2）	
				16	纳溪沟		
7	三角碛	3	龙凤溪	17	鹅公岩	669.9—671.3（1.4）	
				18	舀鱼背		
8	鱼　洞	6	水银口	19	渔洞溪	690.1—691.0（0.9）	
9	车亭子	5	观音背	20	烂井沟	699.8—702.7（2.9）	
				21	鲁班槽		
10	汤家沱	全年	观音背	22	汤家沱	707.6—708.2（0.6）	
11	母猪碛	3	狗扒岩	23	东海沱	769.5—770.8（1.3）	
12	羊角滩	5	羊角滩	24	羊角滩	801.1—801.8（0.7）	
13	白脸石 斗笠子	4	羊角滩	25	白脸石	807.8—809.5（1.7）	双控制河段
14				25	斗笠子	810.9—812.1（1.2）	
15	莲石滩	3	老鹰岩	26	漕房	835.6—837.1（1.5）	
				27	通路口		

序号	控制河段	控制水位	关系水尺	台号	台名	控制范围及里程	备　注
16	神背嘴	全年	小桃竹	28	神背嘴	872.3—873.1（0.8）	
				29	烟灯房	873.1—873.6（0.5）	
17	冰盘碛	3.5	小桃竹	30	老鹰岩	879.0—881.5（2.5）	
				31	新路口		
18	香炉滩	2	金鸡尾	32	香炉滩	981.4—982.3（0.9）	
				33	金鸡尾		
19	铜鼓滩	2	九龙滩	34	九龙滩	994.5—996.5（2）	
20	筲箕背	2	钉钉石	35	牛巷口	1003.5—1005.8（2.3）	
				36	筲箕背		
共有 20 个控制河段，36 个信号台，控制里程 36.1 公里。							

（2008 年 12 月统计）

·长江干流雾情观察台设置情况　长江航道局在川江专职雾情观察台 14 个，兼职雾情观察台 15 个。

2008 年川江雾情观察台设置情况一览表，详见（表 7-13）。

【2008 年川江雾情观察台设置情况一览表】（表 7-13）

雾区编号	雾区名称	工作时间	雾台序号	雾台名称	专职台	兼职台	控制地区	起讫里程	备注
1	丝瓜碛	9.16—4.30	1	土地盘	Δ		和尚石—清溪水位下	499.2—523.5	
			2	鹭鸶盘		O			
			3	千金凼		O			
			4	清溪		O			
2	蔺　市	全年	5	李渡	Δ		手扒岩—石家沱	544.6—569.0	
			6	大东溪	Δ				
			7	蔺市		O			
			8	青岩子		O			
			9	石家沱		O			
3	黄草峡	9.16—4.30	10	黄草峡		O	金彩背—张爷滩	573.3—579.6	
			11	瓦罐窑	Δ				
			12	张爷滩	Δ				
4	王家滩	9.16—4.30	12	张爷滩			张爷滩—鳝鱼尾	579.6—593.2	
			13	羊角堡		O			
			14	小石溪		O			
			15	骑马桥		O			
			16	扇沱		O			
5	洛　碛	9.16—4.30	17	上洛碛		O	干竹溪下—普子岩	597.3—620.7	
			18	黔滩		O			
			19	普子岩	Δ				

雾区编号	雾区名称	工作时间	雾台序号	雾台名称	专职台	兼职台	控制地区	起讫里程	备注
6	明月峡	9.16—4.30	19	普子岩			普子岩—马儿石	620.7—628.2	
			20	井祠	Δ				
7	广阳坝	全年	21	鱼嘴	Δ		海扒碛—商王石	630.0—642.9	
			22	河口	Δ				
			23	广阳坝	Δ				
			24	大背角		O			
			25	商王石		O			
8	兴隆滩	全年	26	盘沱	Δ				
9	巴阳峡	全年	27	猴子石	Δ				
10	白水溪	全年	28	新田	Δ				
11	烟邱子	全年	29	财神石	Δ				
	合　计				14	15	共14个专职雾情观察台，15个兼职雾情观察台		

（2008年12月统计）

（长江航道局供稿）

【浙江省港航养护与航政管理座谈会在嘉兴召开】　2008年4月2日至3日，浙江省港航养护与航政管理座谈会在嘉兴召开。与会代表参观了南郊河航道生态护岸，观摩了省内首艘内河扫测艇的工作演示。参观时，南郊河劈离块生态护岸和高科技的测量技术引起了与会代表的浓厚兴趣，大家一致认为生态护岸的建设符合当前建设资源节约型、环境友好型社会的发展方向，而现代化的航测技术为航道建设和养护提供了强有力的技术保障。会议要求，2008年要在岸线整治、航道和航标养护、流量观测及杭甬运河的养护管理等重点工作方面有所突破。

（浙江省局　航道航政处）

【交通运输部内河航道养护与管理检查组到浙江省检查指导工作】　2008年7月11日至13日，由交通运输部、广东省航道管理局、中国水运协会内河航道分会、辽宁省交通厅港航管理局、陕西省交通厅港航管理局等单位领导、专家组成的检查组一行7人，对浙江省内河航道养护和管理情况进行了检查指导。检查组一行听取了我省内河航道养护与管理情况的自查报告，查阅了相关资料，实地检查了京杭运河航道养护和钟新线航道改造工程，参观了部精品示范工程湖嘉申航道。检查组对我省贯彻《部内河航道养护与管理纲要》情况表示满意，同时建议我省加快《浙江省航道管理条例》的立法进程，进一步提高航道养护和管理的现代化水平，注重对已有好的做法的总结，使我省内河航道养护和管理工作继续走在全国的前列。

（浙江省局　航道航政处）

【《浙江省港航养护工程招投标管理暂行办法》10月1日起施行】　浙江省交通厅日前出台了《浙江省港航养护工程招投标管理暂行办法》（以下简称《办法》），并将于2008年10月1日起在全省范围内施行。《办法》共七章，分别是总则，招标，招标文件，投标，开标、评标与定标，合同签订，附则，共36条。

（浙江省局　吴永平）

【宁波市加强航道管理】　2008年，宁波市港航管理局做好航道管理、许可、培训、调研等相关工作。一是积极配合做好市政府重点督办工程相关工作，切实解决明州大桥、外滩大桥因桥梁净高与航道通航标准矛盾问题。二是针对目前航道管理中出现的问题，下发了《关于进一步加强航道管理的通知》，制定督办单、执法检查表和执法联系单制度，强化航道管理工作。三是定期组织召开航道例会和业务培训会，对工程业务知识进行宣传与培训。四是开展联合执法，对姚江、甬江违规事件的立案查处工作，有效地实施对航道的监督管理。五是继续做好跨航道桥梁助航设施工作，我市主要内河航道奉化江、杭甬运河跨航道桥梁已全部完成助航标志的设置。全年办结临、跨（拦）航道建筑物审批 12 起，沿海项目 9 起，内河项目 3 起，许可正确率达 100%。

（宁波市局　张余光）

【江苏省南京市政府出台加快全市水运发展的实施意见】 南京市政府以宁政发[2008]198 号文件，出台了《市政府关于加快水运发展的实施意见》（以下简称《实施意见》），对南京市水运发展特别是航道发展的总体目标、主要任务和相关政策进行了明确，为南京航道进一步加快发展奠定了坚实的基础。

《实施意见》明确南京市航道建设的总体目标是：全面建成以长江为核心，芜申运河、秦淮河、滁河为骨干，其他航道为补充的通江入湖、连城达港的高等级航道网。近期航道建设主要任务是："十一五"期间投资 25 亿元，重点推进芜申运河高淳段航道整治、秦淮河复线船闸、划子河船闸等工程，整治三级航道 55 公里。在资金筹措和安排上，南京市政府对属于公益性基础设施的航道建设给予十分有力的财政支持，决定自 2008 年起至 2012 年，市政府每年在市财政预算中安排不少于 5 000 万元的航道建设专项基金，与省航道建设专项资金相配套，主要用于补助由市级承担的航道、船闸等水运基础设施建设方面的有关费用。同时明确，市及工程所在地区（县）政府各按 60%、40%承担征地拆迁费用，改建桥梁超出原宽度部分的费用由区（县）政府承担。此外，《实施意见》还在规划统筹、优先保障建设用地、降低建设成本、简化审批手续等方面给予了充分的政策优惠保障。南京市政府决定成立市加快水运发展领导小组，尽快批准实施市交通局上报的《全面加快市水运发展的实施意见》，并以市政府名义召开水运工作会议，在全市范围内形成加快水运发展的良好局面。

（江苏省局　南京处）

【江西省发改委、省交通厅领导考察赣江航道和水上搜救中心建设工程】 2008 年 7 月 1 日，江西省发改委副主任陈一星、省交通厅副厅长胡琳在省航务局党委书记王凯林、局长李天碧等陪同下，考察了赣江（南昌至樟树）III级航道整治工程和正在建设中的江西省水上搜救中心。

陈一星、胡琳一行乘坐海事公务艇由樟树码头顺江而下，沿途一边察看航道整治工程建筑物、航道水深、水路货运量等情况，一边听取航务局对内河航道建设工作的汇报，并详细询问在建和即将开工的重点建设项目进展情况以及航道建设规划。对此，两位领导给予了充分肯定。同时强调：要进一步提高水运在全省经济发展中作用的认识，抓住建设环鄱阳湖生态经济实验区的机遇，立足湖区产业布局，认真做好航道建设规划的完善与落实工作；要加大资金筹措力度，想方设法解决好这一问题，以此推动全省航道建设、管理与规划工作再上新台阶。在江西水上搜救中心建设工地上，实地查看了工程建设情况，对工程进展和整体规划、功能进行了深入细致了解。在认真听取建设和施工单位的汇报后，胡琳副厅长对其建设进度和质量给予了充分肯定，要求相关单位严格按规范实施，严把工程质量、安全关，做到高质量、高要求地完成施工任务，力争早日投入使用，为全面提升海事监管水平和水上搜救能力奠定良好的基础。

（江西省局　许海远）

【福建代表团考察赣江航道】 2008 年 11 月 29 日下午，参加江西、福建两省政府在南昌举行的赣闽海西港口发展合作对接会的福建代表团一行，在福建省副省长张志南的率领下，乘船考察赣江航道。

江西省人民政府副省长洪礼和在海事公务艇上会见了福建考察团成员。接着，在省交通厅厅长马志武、副厅长胡琳，省航务局党委书记王凯林、局长李天碧、副局长杨礼生等陪同下，由南昌港沿江而下，考察赣江南昌至湖口航道，实地查看航道整治工程建筑物、航道水深、水路货运量等情况以及航道整治工程的运行效果。沿途，洪礼和、张志南两副省长召开座谈会，认真听取了省交通厅、航务局关于江西内河水运建设工作情况的汇报，并仔细询问了航道工程建设的相关问题。随后，福建省代表团对赣江水运的发展和航道建设给予了高度评价。同时，两省政府有关部门表示，今后要继续加强沟通交流，借鉴双方好的经验和做法，共同促进航道事业的又好又快发展。

（江西省局　许海远）

【湖南省局加强航道管理】　2008 年，湖南省航务管理局积极做好枯水期战枯保畅工作。针对湘江流域水位低枯的困难局面，省局投入近千万元，组织对湘江马家河、霞凝等重点控制性险滩的疏浚炸礁。长沙航道管理局与长株潭三市地方海事局相互配合、共同行动，强化现场监管，严厉打击运砂船在航道中的乱抛乱卸行为，避免了船舶大面积搁浅堵航，确保了施工的顺利和枯水期的通航安全，受到社会和船主的广泛好评。与此同时，加强航道、航标的日常维护。

全年养护航道里程 9 117 公里，设标 5 264 座，完成维护工作量 1 340 929 座天，一类航标维护正常率 99.62%，三类航标维护正常率达 94.36%。此外，强化通航条件论证和审批，对 200 余座涉航建筑物进行了严格的通航技术条件行政许可，有效地保护了航运资源。

（湖南省局　蒋龙平）

【贵州省航道行政审批】　2008 年，贵州省加强了全省通航河流临、跨、拦河建筑物的通航标准和技术要求审查报批力度，先后完成了：跨越赤水河的 4 座大桥、1 座临河码头及 2 条跨河电缆；跨越乌江的 4 座大桥、1 座临河抽水站，1 座临河码头；跨越都柳江的 1 座大桥、1 座水电站，以及跨越南盘江的 1 座大桥等建筑物的审查、报批工作。随着《贵州省水路交通管理条例》的实施，各种拦、临、跨河建筑物有关通航技术的审查报批工作，已经逐步步入规范化管理轨道。

（贵州省局　杨萍艳）

【重庆市人大副主任调研航道立法工作】　2008 年 4 月 23 日上午，重庆市人大王洪华副主任一行到市港航局对重庆市航道立法工作进行了调研。

（重庆市局　阳　斌）

【乌江跨河桥梁防撞专题会召开】　2008 年 6 月 11 日，重庆市港航管理局在涪陵主持召开了乌江跨河桥梁防撞专题会，各桥梁业主单位参加了此次会议并汇报了目前各桥梁设置桥区航标的进展情况。会上传达了交通运输部、市政府和市交委对桥梁防撞的工作要求，并对乌江桥梁完善桥区助、导航设施等防撞工作做了具体部署。

（重庆市局　阳　斌）

·航道养护·

【长江干流航标维护管理】　2008 年末，长江干线在用及备用航标总计 6 016 座，其中长江航道局 5 830 座、长江三峡局 186 座。

2008 年长江航标数量统计一览表，详见（表 7—14）。

【2008 年长江航标数量统计一览表】　（表 7—14）

单位	总计	浮标										岸标				
		小计	单船		双船	灯船	柱形					小计	塔形	杆形	锥罐形	框架
			6.7 米	10 米	4 米	15 米	1 500 毫米	1 800 毫米	2 400 毫米	3 050 毫米	5 000 (6 000) 毫米					
合计	6 016	4 631	1 697	1984	85	75	2	36	631	114	7	1 385	564	696	106	19
一、长江南京航道	1 775	1 512	0	604	80	40	0	36	631	114	7	263	236	4	9	14
上海航道处	448	349						17	272	56	4	99	81	4		14
镇江航道处	281	251			1	1		9	195	42	3	30	30			

单位	总计	浮标										岸标				
		小计	单船		双船	灯船	柱形					小计	塔形	杆形	锥罐形	框架
			6.7米	10米	4米	15米	1 500毫米	1 800毫米	2 400毫米	3 050毫米	5 000(6 000)毫米					
扬中航道处	95	87		66	7				10	4		8	8			
南京航道处	322	280		143	11	4		5	105	12		42	42	0		
芜湖航道处	279	229		160		16		4	49			50	46		4	
安庆航道处	173	154		129	15	9		1				19	18		1	
九江航道处	177	162		106	46	10						15	11		4	
二、长江武汉航	1 264	1 024	600	389	5	28	2	0	0	0	0	240	62	136	37	5
蕲州航道处	52	38	10	22	2	4						14	11		3	
黄石航道处	84	61	30	27		4						23	4	5	11	3
黄冈航道处	73	59	26	27		6						14	2	4	6	2
阳逻航道处	54	46	16	28		2						8	7	1		
武汉航道处	80	75	19	52		4						5		5		
金口航道处	58	43	24	17		2						15	7	8		
牌州航道处	57	40	35	5								17	8	9		
大沙航道处	61	47	41	6								14	4	9	1	
洪湖航道处	100	87	60	27								13	2	9	2	
岳阳航道处	128	110	59	45	3	3						18	1	16	1	
铁铺航道处	74	50	41	8		1						24		21	3	
监利航道处	83	72	54	18								11	2	8	1	
调关航道处	65	48	33	13			2					17	3	11	3	
石首航道处	69	58	44	14								11		11		
江陵航道处	64	52	41	11								12	3	7	2	
公安航道处	64	52	40	12								12	4	6	2	
荆州航道处	98	86	27	57		2						12	4	6	2	
三、长江宜昌航	405	252	136	113		3						153	51	99	3	
枝江航道处	76	67	51	16								9	6	3		
宜都航道处	75	65	45	19		1						10	10			
宜昌航道处	68	55	35	18		2						13	10		3	
秭归航道处	88	31	1	30								57	16	41		
巴东航道处	98	34	4	30								64	9	55		
四、三峡航道局	186	84	70	10		4						102	80	22		
五、长江重庆航	1 570	1 094	356	738								476	106	313	57	
奉节航道处	251	99		99								152	40	112		
万州航道处	323	243		243								80	33	47		
丰都航道处	250	192		192								58	19	39		
涪陵航道处	307	257	169	88								50	11	39		
重庆航道处	439	303	187	116								136	3	76	57	
六、长江泸州航	565	452	350	102								113	9	104		
江津航道处	216	165	125	40								51	2	49		
合江航道处	130	105	85	20								25	2	23		
泸州航道处	219	182	140	42								37	5	32		
七、长江宜宾航	251	213	185	28								38	20	18		

（2008 年 12 月统计）

2008 年末，长江干线在用及备用航标灯总计 7 625 盏。其中长江航道局 7 443 盏、长江三峡航道局 182 盏。

2008年长江航标灯数量统计一览表，详见（表7—15）。

【2008 年长江航标灯数量统计一览表】 （表 7—15）

单　　位	总计	HB-90（盏）	HB-155（盏）	TS-2（盏）	WM-L170A（盏）	Q-155（盏）	其他（盏）
合计	8 043	1 530	4 402	812	312	183	804
一、长江南京航道局	1 714	0	514	433	312	47	408
上海航道管理处	456		236		194		26
镇江航道管理处	276		105		82		89
扬中航道管理处	95		48			47	
南京航道管理处	275		17		36		222
芜湖航道管理处	264			264			
安庆航道管理处	171		108				63
九江航道管理处	177			169			8
二、长江武汉航道局	2 336	1 081	711	379			165
蕲州航道管理处	144	47	42	55			
黄石航道管理处	123	37	34	52			
黄冈航道管理处	154	54	52	48			
阳逻航道管理处	89	36	15				38
武汉航道管理处	135	34	64				37
金口航道管理处	98	35	7				56
牌洲航道管理处	119	45	56				18
大沙航道管理处	97	42	39				16
洪湖航道管理处	140	73	67				
岳阳航道管理处	116	106	10				
铁铺航道管理处	87	77	10				
监利航道管理处	190	120	15	55			
调关航道管理处	107	55	6	46			
石首航道管理处	141	65	17	59			
江陵航道管理处	120	51	69				
公安航道管理处	146	77	69				
荆州航道管理处	330	127	139	64			
三、长江宜昌航道局	577	230	347				
枝江航道管理处	112	112					
宜都航道管理处	102	102					
宜昌航道管理处	113	16	97				
秭归航道管理处	140		140				
巴东航道管理处	110		110				
四、三峡航道局	182		180				2
五、长江重庆航道局	2 217		2 073				144
奉节航道管理处	310		196				114
万州航道管理处	403		403				
丰都航道管理处	299		269				30（一体化灯）
涪陵航道管理处	368		368				
重庆航道管理处	837		837				
六、长江泸州航道局	633	166	467				
江津航道管理处	191	43	148				
合江航道管理处	214	75	139				
泸州航道管理处	228	48	180				

单位	总计	HB-90（盏）	HB-155（盏）	TS-2（盏）	WM-L170A（盏）	Q-155（盏）	其他（盏）
七、长江宜宾航道局	384	53	110			136	85
江安航道管理处	120		35				85
南溪航道管理处	109	53	56				
宜宾航道管理处	155		19			136	

（2008年12月统计）

目前，长江干流航标电源分作蓄电池和干电池两大部分，部分蓄电池配置了太阳能充电器构成太阳能—蓄电池一体化供电设施。

2008年长江航标电源统计一览表，详见（表7—16）。

【2008年长江航标电源统计一览表】（表7—16）

	总计	蓄电池					空气电池	
		2B-120（只）	GFM200（只）	3-Q-135（只）	GM100（只）	GM200（只）	$3QR_{40-2}$（只）	锌空（组）
合计	16 621	1 144	3 101	253	720	8 104	2 655	644
一、长江南京航道局	8 709	0	554	0	720	7 299	0	136
上海航道管理处	2 028				720	1 308		
镇江航道管理处	1 945					1 945		
扬中航道管理处	690		554					136
南京航道管理处	1 475					1 475		
芜湖航道管理处	1 314					1 314		
安庆航道管理处	702					702		
九江航道管理处	555					555		
二、长江武汉航道局	2 255		13	253		249	1 560	180
蕲州航道管理处	60			15			45	
黄石航道管理处	99			40			59	
黄冈航道管理处	89			44			45	
阳逻航道管理处	81			31		4	46	
武汉航道管理处	139			20		32	87	
金口航道管理处	144			26			118	
牌洲航道管理处	203					50	153	
大沙航道管理处	189					65	124	
洪湖航道管理处	247					67	180	
岳阳航道管理处	226						226	
铁铺航道管理处	176						176	
监利航道管理处	130						100	30
调关航道管理处	107					3		104
石首航道管理处	77						31	46
江陵航道管理处	62					6	56	
公安航道管理处	57					6	51	
荆州航道管理处	169		13	77		16	63	

	总计	蓄电池					空气电池	
		2B-120（只）	GFM200（只）	3-Q-135（只）	GM100（只）	GM200（只）	$3QR_{40-2}$（只）	锌空（组）
三、长江宜昌航道局	1 344		710			556	78	
枝江航道管理处	240		240					
宜都航道管理处	232		230				2	
宜昌航道管理处	240		240					
秭归航道管理处	318					242	76	
巴东航道管理处	314					314		
四、三峡航道局	440		240				200	
五、长江重庆航道局	2 796	1 144	1 462				190	
奉节航道管理处	561		461				100	
万州航道管理处	436	84	352					
丰都航道管理处	522	0	522					
涪陵航道管理处	368	208	160					
重庆航道管理处	638	443	72				123	
六、长江泸州航道局	689		62				627	
江津航道管理处	297						297	
合江航道管理处	172		42				130	
泸州航道管理处	220		20				200	
七、长江宜宾航道局	388		60					328
江安航道管理处	139		30					109
南溪航道管理处	109							109
宜宾航道管理处	140		30					110

（2008 年 12 月统计）

【航标设置与维护】 2008 年末，长江干线设置航标 5774 座，其中航行标志 4 848 座，信号标志 167 座，专用标志 759 座；维护航道里程总计 3 352.2 公里，平均设标密度 1.72 座/公里；全年维护 2 006 261 万座天。航标维护质量考核指标为航标维护正常率，年计划指标为 999.9‰，2008 年实际考核为 1 000‰。

2008 年长江航道航标设置维护情况一览表，详见（表 7—17）。

【2008 年长江航道航标设置维护情况一览表】 （表 7—17）

单位	年末设标数（座）					维护航道里程（公里）	设标密度（座/公里）	全年设标座天	航标正常率（‰）	航标维护正常率（‰）	航标失常数（座天）	维护性失常数（座天）	非维护性失常数（座天）
	总计	航行标志		信号标志	专用标志								
		浮标	岸标										
合计	5 774	3 646	1 202	167	759	3 352.2	1.72	2 006 261	998.08	1 000	3 859		3 859
一、长江南京航道局	1 775	939	169	14	653	1 395.5	1.22	623 632	997.40	1 000	1 622		1 622
上海航道管理处	448	189	25		234	380.9	1.18	157 952	997.21	1 000	440		440
镇江航道管理处	281	149	22		110	178.3	1.55	97 520	998	1 000	195		195
扬中航道管理处	95	48	8	4	35	58.9	1.61	30 718	998.4	1 000	49		49
南京航道管理处	322	156	31	9	126	167.7	1.60	110 768	997.97	1 000	193		193
芜湖航道管理处	279	168	50	1	60	174.3	1.51	101 849	997.16	1 000	271		271

单位	年末设标数（座）					维护航道里程（公里）	设标密度（座/公里）	全年设标座天	航标正常率（‰）	航标维护正常率（‰）	航标失常数（座天）	维护性失常数（座天）	非维护性失常数（座天）
	总计	航行标志 浮标	航行标志 岸标	信号标志	专用标志								
安庆航道管理处	173	113	18		42	298.7	0.57	63 220	996.66	1 000	209		209
九江航道管理处	177	116	15		46	136.7	1.29	61 605	995.7	1 000	265		265
二、长江武汉航道局	1 055	763	198	30	64	718.7	1.46	339 923	995.91	1 000	1 527		1 527
蕲州航道管理处	52	28	14		10	46	1.07	16 278	1 000	1 000	89		89
黄石航道管理处	82	40	23	14	5	45	1.62	21 330	999.9	1 000	125		125
黄冈航道管理处	67	45	10	4	8	49	1.37	24 285	1 000	1 000	139		139
阳逻航道管理处	48	25	8		15	38	1.26	17 010	995.94	1 000	69		69
武汉航道管理处	74	55	8	8	3	44.2	1.47	27 666	997.51	1 000	69		69
金口航道管理处	48	31	11	4	2	38	1.24	14 770	996.21	1 000	56		56
牌洲航道管理处	53	39	14			46	1.11	15 946	992.41	1 000	121		121
大沙航道管理处	45	34	11			43	1.12	19 270	995.07	1 000	95		95
洪湖航道管理处	66	59	6		1	50	1.38	25 881	994.32	1 000	147		147
岳阳航道管理处	121	89	17		15	53.5	1.94	20 909	991.58	1 000	176		176
铁铺航道管理处	40	31	9			38	1.5	11 187	997.05	1 000	33		33
监利航道管理处	54	44	10			39	1.54	22 869	995.85	997.26	95		95
调关航道管理处	61	41	20			36	1.42	15 893	996.1	1 000	62		62
石首航道管理处	50	42	8			37	1.51	20 865	996.21	1 000	79		79
江陵航道管理处	55	48	7			34	1.62	17 558	1 000	1 000	34		34
公安航道管理处	57	45	12			35	1.69	18 835	1 000	1 000	55		55
荆州航道管理处	82	67	10		5	47	1.96	29 371	1 000	1 000	83		83
三、长江宜昌航道局	380	211	159		10	271.3	1.40	140 954	998.77	1 000	174		174
枝江航道管理处	67	62	5			59.5	1.13	22 902	995.94	1 000	93		93
宜都航道管理处	62	48	11		3	70.1	0.88	21 129	996.69	1 000	70		70
宜昌航道管理处	64	45	13		6	58.2	1.10	22 674	999.51	1 000	11		11
秭归航道管理处	91	25	66			40.5	2.25	36 978	1 000	1 000	0		0
巴东航道管理处	96	31	64		1	43	2.23	37 271	1 000	1 000	0		0
四、三峡航道局	154	53	93		8	66.5	2.30	55 048	999.72	1 000	15		15
五、长江重庆航道局	1 560	1 015	474	64	7	598.4	2.42	567 356	999.82	1 000	98		98
奉节航道管理处	251	99	152			120.0	2.08	97 560	999.88	1 000	12		12
万州航道管理处	323	243	80			153.0	2.11	112 955	999.88	1 000	13		13
丰都航道管理处	224	166	57	1		94.0	2.45	117 831	999.93	1 000	6		6
涪陵航道管理处	295	202	64	22	7	106	2.76	36 079	1 000	1 000	0		0
重庆航道管理处	467	305	121	41		125.4	2.81	202 931	999.67	1 000	67		67
六、长江泸州航道局	582	452	71	42	17	210.8	2.76	190 944	998.29	1 000	327		327
江津航道管理处	227	165	32	19	11	73.8	3.0	76 693	998.20	1 000	139		139
合江航道管理处	130	105	14	11		55.0	2.36	26 751	998.24	1 000	47		47
泸州航道管理处	225	182	25	12	6	82.0	2.74	87 500	998.39	1 000	141		141
七、长江宜宾航道局	268	213	38	17		91.0	2.95	88 404	998.91	1 000	96		96
江安航道管理处	76	65	11			28.0	2.71	25 900	998.92	1 000	28		28
南溪航道管理处	110	79	14	17		31.0	3.55	34 138	998.71	1 000	44		44

单　位	年末设标数（座）					维护航道里程（公里）	设标密度（座/公里）	全年设标座天	航标正常率（‰）	航标维护正常率（‰）	航标失常数（座天）	维护性失常数（座天）	非维护性失常数（座天）
	总计	航行标志 浮标	航行标志 岸标	信号标志	专用标志								
宜宾航道管理处	82	69	13			32.0	2.56	28 366	999.15	1 000	24		24

（2008 年 12 月统计）

【主航道航标设置维护情况】 2008 年长江干线设置主航道航标 4 947 座，分别为航行标志 4 320 座，信号标志 161 座，专用标志 466 座，全年维护 1 708 099 座天。三峡航道局设置主航道航标 154 座，全年维护 5 5048 座天。

2008 年长江主航道航标设置情况一览表，详见（表 7—18）。

【2008 年长江主航道航标设置情况一览表】 （表 7—18）

单　位	主航道名称（站名）	合计	航行标志（座）		信号标志（座）	专用标志（座）	维护座天	备注
			浮标	岸标				
合计	174	4 947	3 164	1 156	161	466	1 708 099	
一、长江南京航道局	51	1 143	640	127	8	368	407 488	
上海航道管理处	7 处	229	125	6		98	83 814	
	浏河	20	8			12	7 320	
	白茆沙	114	28	1		35	23 424	
	通州沙东		24			26	18 300	
	南通	51	18	1		9	10 248	
	浏海沙		13	1		9	8 418	
	福姜沙南	44	32	3		7	15 372	
	江阴		2				732	
镇江航道管理处	6 处	250	127	20		103	86 576	
	江阴	40	20			20	14 640	
	泰兴	30	17	1		12	8 856	
	口岸直	83	41	6		36	28 906	
	丹徒直	30	17	3		10	10 980	
	焦山	44	19	5		20	15 859	
	仪征	23	13	5		5	7 335	
扬中航道管理处	2 处	11				11	3 534	
	泰兴	7				7	2 562	
	口岸直	4				4	972	
南京航道管理处	6 处	169	93	19	7	50	59 880	
	仪征	19	12	1		6	7 487	
	龙潭	42	16	4		22	13 611	
	草鞋峡	21	14	1	4	2	7 686	
	南京大桥	8	8				2 928	
	南京	56	31	4	3	18	19 880	
	凡家矶	23	12	9		2	8 288	
芜湖航道管理处	13 处	201	117	49	1	34	73 379	
	马鞍山	26	13	2		11	9 490	
	江心洲	27	14	11		2	9 855	
	西华	43	32	10		1	15 695	
	芜湖大桥 11 孔	6	6				2 190	
	芜湖	16	8	1		7	5 854	

单　位	主航道名称（站名）	合计	航行标志（座）		信号标志（座）	专用标志（座）	维护座天	备注
			浮标	岸标				
	白茆	31	17	10		4	11 315	
	黑沙洲南	15	12	1	1	1	5 475	
	荻港	10		6		4	3 650	
	太阳洲	7	3	4			2 555	
	土桥	10	2	4		4	3 650	
	铜陵大桥下水	4	4				1 460	
	铜陵大桥上水	3	3				1 095	
	大通下段	3	3				1 095	
安庆航道管理处	8 处	126	82	18		26	46 020	
	大通	12	4	1		7	4 345	
	贵池	11	7	2		2	4 026	
	太子矶	27	22	5			9 833	
	安庆	27	12	2		13	9 882	
	官洲	8	4	4			2 928	
	东流	25	20	2		3	9 150	
	东流直	8	8				2 928	
	马当阻塞线	8	5	2		1	2 928	
九江航道管理处	9 处	157	96	15		46	54 285	
	马当南	16	7	5		4	4 782	
	东北横	11	6	5			4 026	
	湖口	16	8			8	3 520	
	张家洲南	41	25	3		13	14 273	
	九江大桥下水	6	6				2 562	
	九江大桥上水	10	4			6	3 660	
	九江	22	13			9	8 286	
	新洲	14	14				5 124	
	武穴	21	13	2		6	8 052	
二、长江武汉航道局	68 处	928	637	198	30	63	282 488	
蕲州航道管理处	4 处	49	25	14		10	15 183	
	鲤鱼山	16	10	2		4	4 292	
	搁排矶	15	7	6		2	4 740	
	蕲春	17	8	5		4	5 947	
	牯牛沙	1		1			204	
黄石航道管理处	3 处	73	31	23	14	5	18 036	
	牯牛沙	15	7	3		5	6 028	
	黄石	15	8	3	4		5 900	
	戴家洲	43	16	17	10		6 108	
黄冈航道管理处	3 处	58	36	10	4	8	24 285	
	巴河	35	20	3	4	8	14 702	
	沙洲	9	2	7			3 792	
	矶港	14	14				5 791	
阳逻航道管理处	3 处	48	25	8		15	13 991	
	湖广	9	7	2			3 594	
	牧鹅洲	14	8	3		3	4 966	
	阳逻	25	10	3		12	5 431	
武汉航道管理处	5 处	74	55	8	8	3	27 666	
	青山夹	16	13	0		3	6 156	

单　位	主航道名称（站名）	合计	航行标志（座）		信号标志（座）	专用标志（座）	维护座天	备注
			浮标	岸标				
	汉口	15	8	3	4		5 490	
	武桥	22	15	3	4		7 934	
	白沙洲	12	10	2			4 392	
	沌口	9	9				3 694	
金口航道管理处	4处	39	22	11	4	2	11 476	
	沌口	2	2				732	
	金口	26	17	4	4	1	7 612	
	煤炭洲	3		3			1 098	
	邓家口	8	3	4		1	2 034	
牌洲航道管理处	5处	20	6	14			3 868	
	邓家口	1		1			366	
	水洪口	3	1	2			978	
	牌洲	6	1	5			859	
	花口	6	3	3			796	
	汉金关	4	1	3			869	
大沙航道管理处	4处	29	18	11			13 414	
	燕子窝	11	10	1			5 026	
	王家渡	4	2	2			3 264	
	嘉鱼	11	5	6			4 026	
	龙口	3	1	2			1 098	
洪湖航道管理处	4处	58	52	6			22 953	
	陆溪口	17	15	2			6 153	
	石头关	11	10	1			4 723	
	新堤夹	4	2	2			2 562	
	界牌	26	25	1			9 516	
岳阳航道管理处	8处	121	89	17		15	19 549	
	螺山	12	7	1		4	2 073	
	杨林岩	6	5	1			1 036	
	道人矶	21	15			6	3 628	
	仙峰	19	14			5	3 087	
	洞庭湖口	9	9				1 455	
	观音洲	17	14	3			2 837	
	八仙洲	14	10	4			2 459	
	尺八口	23	15	8			3 974	
铁铺航道管理处	3处	40	31	9			8 707	
	熊家洲	11	9	2			3 036	
	反嘴	13	11	2			2 936	
	铁铺	16	11	5			2 735	
监利航道管理处	4处	54	44	10			21 989	
	砖桥	12	7	5			4 381	
	大马洲	17	14	3			6 205	
	监利	16	16				6 840	
	窑集佬	9	7	2			4 563	
调关航道管理处	3处	61	41	20			14 719	
	塔市驿	12	8	4			4 419	
	莱家铺	16	11	5			4 340	
	调关	24	16	8			5 960	

单　位	主航道名称（站名）	合计	航行标志（座）		信号标志（座）	专用标志（座）	维护座天	备注
			浮标	岸标				
	河口	9	6	3			3 285	
石首航道管理处	4 处	50	42	8			15 928	
	河口	5	3	2			3 285	
	碾子湾	17	12	5			3 423	
	石首	15	15				4 475	
	藕池口	13	12	1			4 745	
江陵航道管理处	3 处	46	39	7			14 174	
	天星洲	24	23	1			7 389	
	周公堤	16	14	2			4 938	
	郝穴	6	2	4			1 847	
公安航道管理处	4 处	39	27	12			12 067	
	马家寨	4	0	4			1 232	
	陡湖堤	9	5	4			2 821	
	马家嘴	21	19	2			6 446	
	瓦口子	5	3	2			1 568	
荆州航道管理处	4 处	69	54	10		5	24 483	
	瓦口子	6	5	1			2 147	
	太平口	36	28	3		5	11 084	
	宛市	22	18	4			8 673	
	大埠街	5	3	2			2 579	
三、长江宜昌航道局	20 处	312	155	154		3	116 371	
枝江航道管理处	5 处	56	51	4		1	17 075	
	大埠街	3	3				933	
	江口	12	11	1			3 577	
	刘巷	7	6	1			2 255	
	枝江	17	15	2			5 270	
	芦家河	17	16			1	5 040	
宜都航道管理处	6 处	36	20	14		2	12 640	
	关洲	8	2	6			2 920	
	枝城	6	3	3			2 190	
	枝城大桥上水	2	2				730	
	龙窝	5	2	1		2	1 825	
	白洋	4	2	2			1 460	
	宜都	11	9	2			3 515	
宜昌航道管理处	7 处	42	29	13			15 030	
	云池	6	2	4			2 190	
	古老背	2	1	1			730	
	虎牙峡	8	5	3			2 620	
	白沙脑	7	4	3			2 555	
	宜万大桥上水	7	7				2 555	
	宜昌港	9	7	2			3 285	
	宜陵大桥下水	3	3				1 095	
秭归航道管理处	秭归航道管理	83	23	60			34 355	
巴东航道管理处	巴东航道管理	95	32	63			37 271	
四、三峡航道局	4 处	154	53	93		8	55 048	
	庙嘴航道站	25	15	10			8 254	
	南津关航道站	28	3	25			10 264	

单　位	主航道名称（站名）	合计	航行标志（座）		信号标志（座）	专用标志（座）	维护座天	备注
			浮标	岸标				
	石牌航道处	32	1	31			11 099	
	黄陵庙航道站	38	17	14		7	13 260	
	茅坪航道站	31	17	13		1	12 171	
五、长江重庆航道局	20处	1 560	1 015	474	64	7	567 356	
奉节航道管理处	3处	251	99	152			97 560	含通
	巫山航道管理	87	24	63			32 230	
	奉节航道管理	89	52	37			34 328	
	安坪航道管理	75	23	52			30 810	
万州航道管理处	4处	323	243	80			112 955	
	云阳航道管理	83	43	40			34 690	
	万州航道管理	84	74	10			32 025	
	武陵航道管理	76	62	14			26 387	
	石宝寨航道管理	80	64	16			19 853	
丰都航道管理处	3处	224	166	57	1		117 831	含雾
	忠县航道管理	67	43	24			41 757	
	高镇航道管理	78	62	16			36 875	
	丰都航道管理	79	61	17	1		39 199	
涪陵航道管理处	4处	295	202	64	22	7	36 079	
	涪陵航道管理	82	57	18	5	2	10 124	
	李渡航道管理	90	69	11	7	3	10 839	
	长寿航道管理	70	46	18	4	2	8 657	
	渝北航道管理	53	30	17	6	0	6 459	
重庆航道管理处	6处	467	305	121	41		202 931	
	江北航道管理	73	47	21	5		33 505	
	朝天门航道管理	78	51	19	8		33 635	
	重庆航道管理	75	53	15	7		34 257	
	巴南航道管理	80	55	19	6		33 624	
	小南海航道管理	86	50	25	11		34 355	
	德感坝航道管理	75	49	22	4		33 555	
六、长江泸州航道局	8处	582	451	72	42	17	190 944	
江津航道管理处	3处	227	165	32	19	11	76 693	
	江津处	63	55	7	1		39 404	
	白沙处	68	58	5	5		17 492	
	朱沱处	96	52	20	13	11	19 797	
合江航道管理处	2处	130	105	14	11		26 751	
	榕山处	56	50	5	1		12 345	
	合江处	74	55	9	10		14 406	
泸州航道管理处	3处	225	181	26	12	6	87 500	
	弥陀处	74	59	4	11		30 871	
	泸州处	80	70	9	1		29 488	
	纳溪处	71	52	13		6	27 141	
七、长江宜宾航道局	3处	268	213	38	17		88 404	
江安航道管理处	江安航道管理	76	65	11			25 900	
南溪航道管理处	南溪航道管理	110	79	14	17		34 138	
宜宾航道管理处	宜宾航道管理	82	69	13			28 366	

（2008年12月统计）

【缓流航道航标设置维护情况】 2008 年长江航道局设置缓流航道航标 386 座（年末为 264 座），全年维护 107 549 座天。

2008 年长江缓流航道航标统计一览表，详见（表 7—19）。

【2008 年长江缓流航道航标统计一览表】

（表 7—19）

单位	缓流航道名称	合计	航行标志（座）		信号标志（座）	专用标志（座）	维护座天	维护里程（公里）	备注
			浮标	岸标					
长江航道局	63 处	386	386	0	0	0	107 549	510.4	
一、长江南京航道局	16 处	77	77	0	0	0	28 154	144.2	
芜湖航道管理处	5 处	28	28				10 220	55.4	
	黄兴圩	5	5				1 825	8	
	太阳洲	9	9				3 285	15.4	
	成德洲	7	7				2 555	17.4	
	红杨树	3	3				1 095	7.1	
	大通湾	4	4				1 460	7.5	
安庆航道管理处	7 处	29	29				10 614	56.6	
	崇文洲	4	4				1 464	6	
	鸭子沟	4	4				1 464	6.8	
	安庆	6	6				2 196	10.5	
	安庆港	2	2				732	4	
	扬家套	2	2				732	5.2	
	官洲	9	9				3 294	18.1	
	陈吉洲	2	2				732	6	
九江航道管理处	4 处	20	20				7 320	32.2	
	马当南	4	4				1 464	5.7	
	小孤山	2	2				732	2	
	东北横	8	8				2 928	15	
	鳊鱼滩	6	6				2 196	9.5	
二、长江武汉航道局	37 处	249	249				57 435	297.2	
蕲州航道管理处	1 处	3	3				1 095		
	李家洲	3	3				1 095		
黄石航道管理处	2 处	9	9				3 294	21.5	
	牯牛沙	4	4				1 464	13	
	黄石	5	5				1 830	8.5	
黄冈航道管理处	1 处	9	9				3 019	14	
	沙洲	9	9				3 019	14	
金口航道管理处	1 处	9	9				3 294	11	
	煤炭洲	9	9				3 294	11	
牌洲航道管理处	5 处	33	33				12 078	36.5	
	水洪口	7	7				2 562	7	
	大兴洲	7	7				2 562	9	
	牌洲	6	6				2 196	5	

单位	缓流航道名称	合计	航行标志（座）		信号标志（座）	专用标志（座）	维护座天	维护里程（公里）	备注
			浮标	岸标					
	花口	7	7				2 562	9.5	
	汉金关	6	6				2 196	6	
大沙航道管理处	2处	16	16				5 856	21	
	复兴洲	7	7				2 562	10	
	龙口	9	9				3 294	11	
洪湖航道管理处	2处	8	8				2 928	9	
	腰口	3	3				1 098	3	
	新堤东	5	5				1 830	6	
岳阳航道管理处	2处	17	17				1 360	17	
	八仙洲下	3	3				240	3	7.7—9.28
	七弓岭	14	14				1 120	14	7.7—9.28
铁铺航道管理处	4处	31	31				2 480	32.2	
	尺八口	13	13				1 040	12	7.7—9.28
	反嘴	6	6				480	6	7.7—9.28
	广兴洲	9	9				720	10	7.7—9.28
	洪水港	3	3				240	4.2	7.7—9.28
监利航道管理处	4处	10	10				880	12	
	洪水港	1	1				88	1	7.7—9.28
	洪山头	5	5				440	7	7.7—9.28
	沙家边下	4	4				352	4	7.7—9.28
	乌龟洲	0							
调关航道管理处	4处	40	40				3 717	45	
	塔市驿	13	13				1 174	15.5	7.7—9.28
	莱家铺	10	10				1 010	10	6.19—9.28
	调关	12	12				1 083	12	6.19—7.19；7.26—7.24
	河口	5	5				450	7.5	6.19—.19；7.26—7.24
石首航道管理处	3处	24	24				2 394	26	
	柴码头	7	7				694	8	6.20—9.28
	南碾子湾	9	9				900	8	6.20—9.28
	石首	8	8				800	10	6.20—9.28
江陵航道管理处	3处	9	9				3 384	13	
	天星洲	5	5				1 880	8	
	周公堤	0							
	郝穴	4	4				1 504	5	
公安航道管理处	2处	18	18				6 768	18	
	郝穴	6	6				2 256	5	
	陡湖堤	12	12				4 512	13	
荆州航道管理处	1处	13	13				4 888	21	

单位	缓流航道名称	合计	航行标志（座）		信号标志（座）	专用标志（座）	维护座天	维护里程（公里）	备注
			浮标	岸标					
	涴市	13	13				4 888	21	
三、长江宜昌航道局	10 处	60	60				21 960	69	
枝江航道管理处	3 处	15	15				5 340	17.5	
	江口	5	5				1 730	5.0	
	刘巷	5	5				1 780	6.0	
	昌门溪	5	5				1 830	6.5	
宜都航道管理处	4 处	28	28				10 298	32	
	关洲	11	11				4 026	14.0	
	枝城	5	5				1 830	5.0	
	龙窝	8	8				2 928	8.0	
	白洋	4	4				1 514	5.0	
宜昌航道管理处	3 处	17	17				6 322	19.5	
	云池	3	3				1 198	3.5	
	古老背	8	8				2 928	10.0	
	胭脂坝	6	6				2 196	6.0	

（2008 年 12 月统计）

【副航道航标设置维护情况】 2008 年长江航道局设置副航道航标 233 座，其中航行标志 186 座，专用标志 47 座，全年维护 80 962 座天。2008 年长江副航道航标统计一览表，详见（表 7—20）。

【2008 年长江副航道航标统计一览表】（表 7—20）

单位	副航道名称	合计	航行标志（座）		信号标志（座）	专用标志（座）	维护座天	维护里程（公里）	备注
			浮标	岸标					
长江航道局	16 处	233	168	18	0	47	80 962	236.3	
长江南京航道局	16 处	233	168	18	0	47	80 962	236.3	
上海航道管理处	4 处	102	64	3	0	35	37 332	92.2	
	白茆沙北	30	22			8	10 980	32.3	
	福姜沙北	52	32	3		17	19 032	34.8	
	福姜沙中	15	10			5	5 490	10.2	
	通州沙中	5				5	1 830	14.9	
镇江航道管理处	3 处	31	22	2		7	10 944	41.7	
	鳗鱼沙东槽	9	9				3 294	12.5	
	和畅洲北汊							12.5	观测维护
	仪征捷水道	22	13	2		7	7 650	16.7	
南京航道管理处	4 处	71	59	12	0	0	22 101	44.5	
	宝塔水道	53	42	11			15 513	23	
	大桥4孔上水航道	5	5				1 830	6.8	
	大桥6孔下水航道	5	5				1 830	6.1	
	乌江水道下段	8	7	1			2 928	8.6	

单 位	副航道名称	合计	航行标志（座）		信号标志（座）	专用标志（座）	维护座天	维护里程（公里）	备注
			浮标	岸标					
芜湖航道管理处	3 处	29	23	1		5	10 585	23.9	
	乌江水道上段	20	19			1	7 300	17.9	
	芜湖大桥12孔下水	4	2	1		1	1 460	4	
	芜湖大桥10孔上水	5	2			3	1 825	2	
安庆航道管理处	1 处							6	
	太子矶西港							6	
九江航道管理处	1 处							28	
	张家洲北							28	观测维护

（2008 年 12 月统计）

【小轮航道航标设置维护情况】 2008 年长江航道局设置小轮航道航标 122 座，其中航行标志 80 座，专用标志 40 座，全年维护 34 407 座天。2008 年长江小轮航道航标统计一览表，详见（表 7—21）。

【2008 年长江小轮航道航标统计一览表】（表 7—21）

单 位	小轮航道名称	合计	航行标志（座）		信号标志（座）	专用标志（座）	维护座天	维护里程（公里）	备注
			浮标	岸标					
长江航道局	21	122	56	24	2	40	34 407	423	
长江南京航道局	21	122	56	24	2	40	34 407	423	
上海航道管理处	1 处	20		16		4	1 544	80	
	长江口北支水道	20		16		4	1 544	80	
扬中航道管理处	3 处	84	52	8		24	27 184	58.9	
	太平洲捷水道	68	43	8		17	21 512	43.9	
	录安洲右汊	15	9			6	5 306	9.35	
	炮子洲右汊	1				1	366	5.65	
南京航道管理处	2 处	13	4		2	7	3 854	25.5	
	大胜关	11	4		2	5	3 854	16.5	
	凡家矶水道下段	2				2	6	9	观测维护
芜湖航道管理处	6 处	5				5	1 825	124.1	
	太平府	5				5	1 825	25	
	黑沙洲北							24	观测维护
	黑沙洲中							15.7	观测维护
	铜陵小港							25	观测维护
	成德洲东港							21.5	观测维护
	大通小港							12.9	观测维护
安庆航道管理处	6 处							76.5	
	贵池北港							12	观测维护
	枞阳小港							13	观测维护
	牛头山小港							15	观测维护
	黄石矶小港							15	观测维护
	瓜子号北汊							8.5	观测维护
	马当圆							13	观测维护
九江航道管理处	3 处							58	
	马当圆							16	观测维护

单 位	小轮航道名称	合计	航行标志（座）		信号标志（座）	专用标志（座）	维护座天	维护里程（公里）	备注
			浮标	岸标					
	东北直							12.5	观测维护
	李英小轮水道							29.5	观测维护

（2008 年 12 月统计）

【专用航道航标设置维护情况】 2008 年长江航道局设置专用航道航标 208 座，全年维护 75 244 座天。

2008 年长江专用航道航标统计一览表，详见（表 7—22）。

【2008 年长江专用航道航标统计一览表】 （表 7—22）

单 位	专用航道名称	合计	航行标志（座）		信号标志（座）	专用标志（座）	维护座天	维护里程（公里）	备 注
			浮标	岸标					
长江航道局	20 处	208	35	11		162	75 244	156.3	
长江南京航道局	20 处	200	35	11	0	154	72 621	155.3	
上海航道管理处	8 处	97				97	35 262	68.5	
	浏河进港航道	3				3	1 098	2.3	
	石化专用航道	5				5	1 830	1	
	常熟港专用航道	27				27	9 732	13.9	
	永钢专用航道	16				16	5 856	14	
	营船港专用航道	20				20	7 230	16.3	
	天生港专用航道	16				16	5 856	8	
	天电专用航道	0				0	0	4.4	
	大新专用航道	10				10	3 660	8.6	
南京航道管理处	6 处	69	35	11		23	24 933	44.9	
	南钢万吨级专用	26	9	5		12	9 176	8.6	
	宝塔水道上口华							8.5	
	南化 3000 吨级专	18	14			4	6 543	3.5	
	南化 5000 吨级海							7.1	
	扬子乙烯专用航	25	12	6		7	9 214	10	
	扬子乙烯 2.4 万吨							7.2	
芜湖航道管理处	2 处	16				16	5 840	17	
	裕溪口下口专用	16				16	5 840	10.2	
	裕溪口上口进港	0				0	0	6.8	
安庆航道管理处	3 处	18				18	6 586	24.9	
	贵池南港专用航	5				5	1 830	15.4	
	池州海螺牛头山	11				11	4 026	6.8	
	华阳港专用航道	2				2	730	2.7	
长江宜昌航道局	1 处	8				8	2 623	1.0	
	九畹溪旅游专用	8				8	2 623	1.0	

（2008 年 12 月统计）

【航标失常与器材损失情况】 2008 年长江干线航标失常 4149 次，均为非维护性失常，损失金额 6129.029 万元。

2008 年航标失常与器材损失情况一览表，详见（表 7—23）

【2008年航标失常与器材损失情况一览表】 （表7—23）

单位	总计（座次）	标志失常（座次）								灯光失常（座次）					失常原因		损失金额（万元）
		倒塌	沉没	失踪	漂移	被碰	翻滚	被盗	被破坏	灯器	线路	电源	被盗	被破坏	维护性失常	非维护性失常	
长江航道局	4 149	19	13	30	308	3 586	9	35	9	72	26	39	1	2	0	4 149	6 129.029
长江南京航道局	1 622	1	3	17	80	1 375	0	24	0	56	26	39	1	0	0	1 622	3 603.286
上海航道管理处	440		3	8	12	320				37	21	39				440	1 383.48
扬中航道管理处	49					49										49	24.18
镇江航道管理处	195	1	0		15	159		3		12	5					195	550.56
南京航道管理处	193				9	176				7			1			193	349.74
芜湖航道管理处	271					268		3								271	708.54
安庆航道管理处	209			9	44	151		5								209	85.42
九江航道管理处	265					252		13								265	501.36
长江武汉航道局	1 465		2	10	16	1 431		1	5							1 465	1 322.9
蕲州航道管理处	89		2		15	72										89	121.5
黄石航道管理处	125					125										125	164
黄冈航道管理处	139					139										139	72
阳逻航道管理处	69					69										69	144
武汉航道管理处	69					69										69	87.5
金口航道管理处	56					56										56	113.5
牌洲航道管理处	76					76										76	27.1
大沙航道管理处	73					72		1								73	29.1
洪湖航道管理处	148					148										148	53.5
岳阳航道管理处	176					176										176	135.65
铁铺航道管理处	33					33										33	21.5
监利航道管理处	92					91			1							92	36.25
调关航道管理处	62					61			1							62	24.45
石首航道管理处	86					84			2							86	33.9
江陵航道管理处	34			5		29										34	104.6
公安航道管理处	55			1		54										55	49.75
荆州航道管理处	83			4	1	77			1							83	104.6
三峡航道局	15					11		2						2		15	7.5
长江宜昌航道局	174					174										174	154.5
枝江航道管理处	93					93										93	107.5
宜都航道管理处	70					70										70	41
宜昌航道管理处	11					11										11	6.0
秭归航道管理处	0					0										0	0
巴东航道管理处	0					0										0	0
长江重庆航道局	450	2	2	3	1	431	5	5	1							450	256.582
奉节航道管理处	32	2				30										32	14.432
万州航道管理处	48				1	46		1								48	21.197
丰都航道管理处	68					68										68	30.668
涪陵航道管理处	105					105										105	68.425
重庆航道管理处	197		2	3		182	5	4	1							197	121.863
长江泸州航道局	327	16	6		149	130	4	3	3	16						327	630.95

单位	总计(座次)	标志失常(座次)								灯光失常(座次)					失常原因		损失金额(万元)
		倒塌	沉没	失踪	漂移	被碰	翻滚	被盗	被破坏	灯器	线路	电源	被盗	被破坏	维护性失常	非维护性失常	
江津航道管理处	139	12	5		40	64		3		15						139	254.45
合江航道管理处	47	4			30	9	3			1						47	78.25
泸州航道管理处	141		1		79	57	1		3							141	298.25
长江宜宾航道局	96				62	34										96	153.311
江安航道管理处	28				18	10										28	32.111
南溪航道管理处	44				24	20										44	52.40
宜宾航道管理处	24				20	4										24	68.80

(2008年13月统计)

【长江航道整治建筑物维护管理】 截止2008年11月，长江航道局辖区范围内已竣工交付的航道整治建筑物共95处(基本情况见下表)。其中2008年度正在维修的11处航道整治建筑物，不参与2009年度的技术状况分类评价。其它84处航道整治建筑物技术状况如下：

一类建筑物（技术状况良好，功能发挥正常）38处；二类建筑物（有少量变形，但不影响建筑物稳定和功能发挥）20处；三类建筑物（损坏较明显，尚能发挥整治功能但需及时修复）2处；四类建筑物（损坏严重或有明显缺陷，已经或即将失去整治功能）14处。

属于四类建筑物当中，1处已经完全冲毁，失去整治功能，并新建有整治建筑物替代它的功能；11处航道整治建筑物位于常年库区，已经完成了原设计功能；2处航道整治建筑物有部分损坏，但都已经完成了原设计功能，这14处建筑物均不列入维修范围。

2008年长江干线航道整治建筑物基本情况统计一览表，详见（表7—24）。

【2008长江干线航道整治建筑物基本情况统计一览表】 （表7—24）

序号	辖区	建筑物名称	岸别	航道里程(公里)	技术状况评定类别	备注
1	长江宜宾航道局	香炉滩下潜坝	右	981.6	一类	
2		香炉滩上潜坝	右	982.0	三类	
3		风簸碛潜坝	左	959.0	四类	已经完全冲毁，失去整治功能，并新建有整治建筑物替代它的功能
4	长江泸州航道局	秤杆碛顺坝	左	927.5	未分类	2008年度正在维修
5		火焰碛丁坝	左	922.8	未分类	2008年度正在维修
6		小米滩上潜坝	左	906.5	二类	
7		小米滩下潜坝	左	906.5	二类	
8		瓦窑滩顺坝	左	895.5	三类	2009年度维修
9		螃蟹碛第一导流坝	左	886.9	未分类	2008年度正在维修
10		螃蟹碛第二导流坝		887.1	未分类	2008年度正在维修
11		螃蟹碛第三导流坝		887.2	未分类	2008年度正在维修
12		大罐口堵坝	右	873	一类	2008年度已经维修
13		红花碛上潜坝	左	817.0	二类	
14		红花碛下潜坝	左	817.0	二类	

序号	辖区	建筑物名称		岸别	航道里程（公里）	技术状况评定类别	备注
15		斗笠子锁坝		左	812.0	二类	2009年度维修
16		哑巴碛顺坝		左	800.0	一类	2009年度维修
17		哑巴碛潜坝		右	799.4	三类	
18		甑柄碛丁顺坝		右	746.0	三类	
19	长江重庆航道局	车亭碛顺坝		左	700.8—701.8	未分类	2008年度正在维修
20		车亭碛锁坝		左	701.3	未分类	2008年度正在维修
21		上洛碛#1勾头丁坝		右	606.1	三类	2009年度维修
22		下洛碛#2丁顺坝		右	605.9	二类	
23		上洛碛#3丁坝		右	605.6	二类	
24		上洛碛#4丁坝		右	605.2	二类	
25		忠水碛尾顺坝		河心	586.0	二类	
26		灶门子丁顺坝		左	585.2	一类	
27		钓鱼嘴潜坝		右	581	四类	完成设计功能
28		青岩子丁顺坝		右	565.3	一类	
29		蚕背梁		左	484	四类	三峡水库常年库区，以上为上游航道里程
30		铁门坎		左	458		
31		簸箕子丁坝		左	400.4		
32		吊脚楼子丁坝		右	399.8		
33		折桅子		右	399.0		
34		东洋子顺坝		左	261.1		
35		庙基子		左	255.3		
36		蚂蟥溪		左	249.0		
37		老马滩		左	231.0		
38		宝子滩		左	186.3		
39		下马滩		左	176.4		
40	长江武汉航道局	马家嘴应急清淤工程	南星洲头护岸	左	454.0	一类	以下表中航道里程为中游航道里程
41			#1护滩带		455.0	一类	
42			#2护滩带		455.0	二类	
43		周天应急清淤工程	#1护滩带		419.0	二类	
44			#2护滩带		418.6	一类	
45			#3护滩带		418.2	三类	2009年维修
46			#4护滩带		417.5	三类	2009年维修
47		碾子湾应急清淤工程	柴码头护岸	左	373.0	二类	2008年度维修
48			#1顺格坝		371.6	二类	2009年度维修
49			#2丁坝		371.4	一类	
50			#3丁坝		371.2	二类	
51			#4丁坝		371.0	二类	
52			#5丁坝		370.7	一类	
53			#6丁坝		370.4	一类	
54			#7丁坝		370.1	二类	

序号	辖区	建筑物名称		岸别	航道里程（公里）	技术状况评定类别	备注
55			#8 护滩带	右	373.3	一类	
56			#9 护滩带		372.8	一类	
57			#10 护滩带		372.3	一类	
58			#11 护滩带		371.7	一类	
59			#12 护滩带		371.2	一类	
60			#13 护滩带	左	369.6	一类	
61			#14 护滩带		369.1	一类	
62			寡妇夹 1 000 米护岸	右	369.0	二类	
63			鲁家湾 1 000 米护岸		370.0	二类	
64		界牌航道整治工程	新淤洲鱼嘴	右	183.0	三类	2008、2009 年度维修
65			#2 丁坝		198.5	一类	
66			#3 丁坝		197.3	一类	
67			#4 丁坝		196.2	一类	
68			#5 丁坝		195.1	二类	
69			#6 丁坝		194.0	三类	
70			#7 丁坝		193.0	未分类	2008 年度正在维修
71			#8 丁坝		192.0	未分类	2008 年度正在维修
72			#9 丁坝		191.0	三类	2009 年度维修
73			#10 丁坝		198.9	未分类	2008 年度正在维修
74			#11 丁坝		188.5	三类	2009 年度维修
75			#12 丁坝	右	187.2	未分类	2008 年度正在维修
76			#13 丁坝		186.2	三类	
77			#14 丁坝		185.2	一类	
78			#15 丁坝		184.5	一类	
79			锁坝	左	178.3	四类	目前功能基本完成 以上为中游航道里程
80	长江南京航道局	长江航道应急清淤武穴整治工程	#1 丁坝	右	833.0—835.0	一类	以下为下游航道里程
81			#2 丁坝			一类	
82			#3 丁坝			一类	
83			#4 丁坝			一类	
84		长江航道应急清淤张南整治工程	新洲边滩#5 护底带	左	770.0—780.0	一类	
85			新洲边滩#6 护底带			一类	
86		长江张家洲南水道（下浅区）航道整治工程	L#1 丁坝	左		一类	2008 年维修
87			L#2 丁坝			二类	2008 年维修
88			L#3 丁坝			一类	2008 年维修
89			L#4 丁坝			一类	2008 年维修
90			L#5 丁坝			一类	2008 年维修

序号	辖区	建筑物名称		岸别	航道里程（公里）	技术状况评定类别	备注
91			L#6 丁坝			一类	2008 年维修
92			R#1 护滩带	右		一类	
93			R#2 护滩带			一类	
94			#3—#4 丁坝间护坡	左		一类	
95			官洲尾滩护岸	右		一类	

备注：1. 本表专指长江航道局辖区范围内竣工交付使用的航道整治建筑物。

2. 统计时间截止于 2008 年 11 月。

【桥梁及桥区航道维护管理】

·已建桥梁情况　长江干线宜宾合江门—江苏浏河口已建桥梁 56 座（含扬中大桥、扬中二桥）2008 年长江干线已建成通车桥梁统计一览表，详见（表 7—25）。

【2008 年长江干线已建成通车桥梁统计一览表】

（表 7—25）

序号	桥名	结构形式	用途	开工日期	建成日期	设计最高通航水位（黄海）	设计最低通航水位（黄海）	最大通航孔净宽（米）	通航净高（米）	频率	备注
1	江阴长江大桥	悬索桥	公路	1994	1999	4.99	-1.02	1 385*	50	5	*表示桥跨中到中距离（含桥墩宽度）
2	润扬长江大桥	悬索桥（南） 斜拉桥（北）	公路	2000.10	2005.5	7.34 7.33	-0.43	1 400*	50 18	5	
3	苏通长江大桥	双塔斜拉桥	公路	2003	2008	4.3	-1.46	891	62	5	
4	南京长江二桥	双塔斜拉	公路	1997	2001	北：8.10 南：7.99	北：-0.41 南：-0.42	592	24	5	
5	南京长江三桥	双塔斜拉桥	公路	2003.8	2005.10	8.71	0.17	490	32	5	
6	南京长江大桥	双层钢桁架	公铁	1960	1968	6.36		144	24	3.3	
7	芜湖长江大桥	双层钢桁梁斜拉	公铁	1997	2000	10.5	0.58	312*	24	5	
8	铜陵长江公路大桥	双塔斜拉	公路	1991	1995	13.42	3.67	432*	24	5	
9	安庆长江大桥	双塔斜拉桥	公路	2001	2004.12	16.9	2.48	460	24	5	
10	九江长江大桥	双层钢桁架	公铁	1970	1994	18.11		208	24	5	
11	黄石长江公路大桥	预应力混凝土 T 型刚构	公路	1991	1995	23.76	7.43	240	24	5	
12	鄂黄长江公路大桥	双塔斜拉	公路	1999	2002	25.58	7.75	480*	24	5	
13	阳逻长江公路大桥	双塔斜拉	公路	2005	2007	25.24	9.17	621	24	5	
14	武汉长江公路二桥	双塔斜拉	公路	1991	1996	25.91	7.99	400*	22	5	
15	武汉长江大桥	双层钢桁架	公铁	1955	1957	25.92	8.87	120	18	5	
16	武汉白沙洲长江公路大桥	双塔斜拉桥	公路	1997	2000	26.25	10.21	618*	18	5	
17	武汉军山长江公路大桥	双塔斜拉桥	公路	1998	2002	27.1	10.32	460*	18	5	

序号	桥名	结构形式	用途	开工日期	建成日期	设计最高通航水位（黄海）	设计最低通航水位（黄海）	最大通航孔净宽（米）	通航净高（米）	频率	备注
18	荆州长江公路大桥	双塔斜拉桥	公路	1998	2002	42.49	28.98	南：300* 北：50*	18	5	
19	枝城长江大桥	双层钢桁架	公铁	1965	1970	48.27		152	18	5	
20	宜昌长江公路大桥	悬索桥	公路	1998	2000	52.18	35.93	960*	18	5	
21	宜昌夷陵长江公路大桥	三塔斜拉桥	公路	1998	2000	51.76	36.38	348*	18	5	
22	宜万宜昌铁路大桥	连续刚构	铁路	2004	2008	51.51	36.02	244	18	5	已建成，未通车
23	葛洲坝三江公路大桥	预应力混凝土T型刚构	公路		1981	52.73	39	150	18	5	
24	西陵长江大桥	悬索桥	公路	1993	1996	74	65.6	900*	20	5	
25	巴东长江公路大桥	双塔斜拉桥	公路	2001	2003	173.234	143.33	380*	18	5	
26	巫山长江公路大桥	拱桥	公路	2001	2006	175.1	143.33	460*	18	5	
27	奉节长江公路大桥	双塔斜拉桥	公路	2002	2007	173.4	142.5	480	18	5	
28	云阳长江公路大桥	双塔斜拉桥	公路	2001	2005	173.45	133.25	318*	18	5	
29	万州长江公路二桥	悬索桥	公路	2002	2007	173.46	143.46	580	18	5	
30	万州长江铁路大桥	钢桁梁桥	铁路	2002	2008	337.5	175.2	135.2	232	5	已建成但未通车（吴淞）
31	万州长江公路大桥	单跨拱型桥	公路	1994	1997	173.48		300*	24	3.3	
32	忠县长江公路大桥	悬索桥	公路	1998	2000	176	117.97	550	18	5	
33	丰都长江公路大桥	悬索桥	公路	1995	1997	173.8	131.40	450*	24	5	
34	涪陵天燃气过江管道	双塔斜拉桥				175.57	139.67	400	18	5	专用
35	重庆涪陵长江公路	双塔斜拉桥	公路	1995	1997	173.9	138	330*	24	5	
36	重庆李渡长江大桥	斜拉桥	公路	2003	2007	173.9	136.18	391	18	5	
37	渝怀长寿长江铁路大桥	混凝土连续结构	铁路	2000	2006	187.68	146.07	192	18	5	
38	重庆大佛寺长江公路大桥	双塔斜拉桥	公路	1997	2001	188.12	156.82	450*	18	5	
39	重庆石板坡公路大桥	预应力混凝土T型刚构	公路	1977	1980	186	165	166	18	10	
40	石板坡长江复线桥	预应力混凝土T型刚构	公路	2004	2007	194.43	160.5	330	18	5	
41	重庆菜园坝长江大桥	双塔斜拉桥	公路	2003		189.33	160.58	420*	18	5	
42	重庆鹅公岩长江公路大桥	双塔斜拉桥	公路	1997	2001	196.84	165	600	18		
43	重庆李家沱长江大桥	双塔斜拉桥	公路	1991	1997	187.5	169	444*	18	2	
44	重庆马桑溪长江公路大桥	双塔斜拉桥	公路	1997	2001	191.6	165.5	342	18		

序号	桥名	结构形式	用途	开工日期	建成日期	设计最高通航水位（黄海）	设计最低通航水位（黄海）	最大通航孔净宽（米）	通航净高（米）	频率	备注
45	重庆白沙沱长江铁路大桥	连续钢桁架	铁路	1955	1959	192.2	172.9	74.8	19.1	2	
46	重庆地维专用长江公路大桥	预应力混凝土T型刚构	公路	2002		194.7	172.56	280	19	5	厂区专用
47	江津长江公路大桥	预应力混凝土T型刚构	公路	1994	1997	198.2	179.65	220	>18	5	
48	泸州长江大桥	预应力混凝土T型刚构	公路	1977	1982	243.14	222.81	162	18	3.3	
49	泸州长江二桥	预应力混凝土T型刚构	公路	1997	2000	263.38	229.81	225	18	5	
50	泸州长江三桥（泰安）	独塔斜拉桥	公路	2003	2008	241.2	220.5	204	18	5	
51	泸州长江铁路大桥	预应力混凝土 T型刚构	铁路	2000	2004	263.38	229.8	108	18	5	
52	江安长江大桥	连续刚构	公路	2003	2007	263.38	239.91	200	18	5	
53	宜宾长江大桥	悬索桥	公路	2003	2006	278.39	256.62	412	18	5	
54	扬中长江大桥	预应力混凝土T型刚构	公路	1992	1994			100*	10		支流航道
55	扬中长江二桥	混凝土连续结构	公路	2002	2005	5.57	-0.24	110	18	5	支流航道
56	录安洲夹江大桥	连续刚构	公路	2003	2005	5.28	-0.36	110	10	5	

（2009年2月统计）

·在建桥梁情况　长江干线宜宾合江门—江苏浏河口在建桥梁17座。

2008年长江干线在建桥梁统计一览表，详见（表7—26）。

【2008年长江干线在建桥梁统计一览表】　（表7—26）

序号	桥名	结构形式	用途	开工日期	建成日期	设计最高通航水位（黄海）	设计最低通航水位（黄海）	最大通航孔净宽（米）	通航净高（米）	频率	备注
1	京沪高速铁路长江大桥		铁路	2006		8.78	0.22	336			*表示桥跨中到中距离（含桥墩宽度）
2	泰州长江大桥	三塔悬索桥	公路	2007		5.92	-0.11	双680	50		
3	南京段上游过江通道	左汊隧道 右汊桥梁	公路	2006		左汊：8.43 右汊：8.49	左汊：0.48 右汊：0.49	一跨过江	不低于18米	5	隧道顶部高程不高于-32.96米
4	南京长江	斜拉桥	公路	2008		7.98	0.44	1800	50	5	国家85

序号	桥名	结构形式	用途	开工日期	建成日期	设计最高通航水位（黄海）	设计最低通航水位（黄海）	最大通航孔净宽（米）	通航净高（米）	频率	备注
5	崇启长江公路大桥	六跨钢连续梁	公路	2008		4.31	-2.41	288	28.5	5	北支河段
6	鄂东长江公路大桥	双塔斜拉桥	公路	2006		23.88	7.30	926	24	5	
7	武汉天兴洲长江大桥	斜拉桥	公铁	2004		25.68	9.62	南: 504* 北: 80*	南: 24 北: 10	5	
8	荆岳长江公路大桥	斜拉桥	公路	2006		31.9	16.17	816	18	5	
9	武汉二七长江大桥	斜拉桥	公路	2008		25.81	9.75	575	24	5	
10	忠县康家沱长江大桥（石柱—忠线）	斜拉桥	公路	2005		174.7	133.78	660	18	5	
11	重庆朝天门大桥（轻轨）	钢桁梁连续喜杆拱桥	轻轨	2005		194.43	157.82	546	18	5	
12	涪陵石板沟长江大桥	斜拉桥	公路	2005		180.52	145.53	450	18	5	
13	江津观音岩长江公路大桥	斜拉桥	公路	2005		198.05	175.70	600	18	5	
14	重庆鱼嘴长江公路大桥	悬索桥	公路	2007		192.68	153.03	600	18	5	
15	重庆鱼洞长江大桥	混凝土钢构	公路	2007		202.21	170.5	232	18	5	
16	长寿长江公路大桥	斜拉桥	公路	2006		186.59	150.40	460	18	5	
17	泸州茜草长江公路大桥	斜拉桥	公路	2008		242.64	223.27	237	18	5	

（2009 年 2 月统计）

· 拟建桥梁情况　长江干线宜宾合江门—江苏浏河口拟建桥梁 22 座。2008 年长江干线拟建桥梁统计一览表，详见（表 7—27）。

【2008 年长江干线拟建桥梁统计一览表】（表 7—27）

序号	桥　名	用　途	备　注
1	新长铁路江阴长江大桥	铁路	拟建大桥均处于立项前期工作
2	镇扬铁路桥	铁路	
3	崇海长江公路大桥	公路	
4	沪通过江通道	铁路	
5	马鞍山长江大桥	公路	
6	九江二桥	公路	
7	安庆二桥	公路	

序号	桥　名	用　途	备　注
8	鹦鹉洲过江通道	公路	
9	重庆永川长江大桥	公路	
10	重庆韩家沱长江大桥	公路	
11	重庆粉房湾长江大桥	公路	
12	重庆袁家溪长江大桥	公路	
13	重庆黄桷嘴长江大桥	公路	
14	重庆千厮门嘉陵江大桥	公路	嘉陵江
15	重庆东水门长江大桥	公路	
16	泸州黄舣长江大桥	公路	
17	合江长江一桥	公路	
18	合江长江二桥	公路	
19	南溪长江大桥	公路	
20	小南海水利枢纽工程		
21	录安洲化工管线桥		
22	华能电厂输煤码头栈桥		

（2009 年 2 月统计）

·桥区航道维护管理情况　2008 年长江航道局维护管理长江干线宜宾合江门—江苏浏河口 75 处桥区航道，配置 74 个专设航道管理处，长年设置并维护 512—524 座航行标志。

2008 年长江干线桥区航道管理维护情况一览表，详见（表 7—28）。

【2008 年长江干线桥区航道管理维护情况一览表】（表 7—28）

序号	所属区域局	桥　名	开始设标年份	设置助航标志数量（座）	专设船艇维护	配置工作人员（人）	专设航道站艇功率（KW）	航道配套设施及施工期维护费（万元）	建成通车后每年的维护费（万元）	备注
1	长江南京航道局	江阴长江大桥	1994		是					已建成
2		润扬长江大桥	2001.3	10	是	15	220.5	360.0	60	
3		苏通长江大桥	2003	39	是	21			170	
4		南京长江三桥	2003.5	19	是	14		980	58	
5		南京长江公路二桥	1997.10	16	是	14		499	76	
6		南京长江大桥	1969	16	是	16	220.5		0	
7		芜湖长江大桥	1996.10	11	是	20	220.5	700.0	未签定	
8		铜陵长江公路大桥	1992.10	10	是	14	220.5	247.0	36	
9		安庆长江大桥	2001.11	11	是	12	220.5	420	24	
10		九江长江大桥	1970	8	是	16	220.5	127.0	27.3	
11		京沪高速铁路长江大桥	2006.3		是	14	198.6	1100		在建
12		泰州长江大桥	2007		是					
13		南京段上游过江通道	2006.9		是	14	198.6	373.56		
14		南京长江四桥	2008	11	是	14			未签定	
15		崇启长江公路大桥	2008		是					
16		黄石长江公路大桥	1991.11	9~10	是	14	220.5	120.0	64	已建成
17		鄂黄长江公路大桥	1999.9	7	是	15	110.0	388.0	30.0	
18		阳逻长江公路大桥	2005.6	6	是	30	220.5	195.0	15.0	
19	长江武汉航道局	武汉长江公路二桥	1989.10	6~8	是	14	220.5	110.0	33.0	
20		武汉长江大桥	1955.9	9~11	是	14	220.5		0	
21		武汉白沙洲长江公路大桥	1997.12	6	是	16	110.0	270.0	35.0	
22		武汉军山长江公路大桥	1998.2	6	是	15	110.0	420.0	70.0	

序号	所属区域局	桥　名	开始设标年份	设置助航标志数量（座）	专设船艇维护	配置工作人员（人）	专设航道站艇功率（KW）	航道配套设施及施工期维护费（万元）	建成通车后每年的维护费（万元）	备注
23		荆州长江公路大桥	1998.3	6¯13	是	15	110.0	440.0	58.0	在建
24		鄂东长江公路大桥	2006	13	是	18	220.5		33.0	
25		荆岳长江公路大桥	2006.11	11	是	9	110.0	750.0		
26		武汉二七长江大桥	2008	8	是	14		1100		
27		武汉天兴洲长江大桥	2004.9	14	是	15	290.0	800		
28	长江宜昌航道局	枝城长江公路大桥	1971	7	是	19	220、110	0	0	已建成
29		宜昌长江公路大桥	1997.12							
30		夷陵长江大桥	1998.12	9	是	32	220、110	272.0	17	
31		巴东长江公路大桥	2001.8	9	是	20	326、118	128.0	15	在建
32		宜万宜昌铁路大桥	2003	17	是	32	220、110	640		
33	三峡航道局	葛洲坝三江公路大桥			是					已建成
34		西陵长江大桥	1993		是					
35	长江重庆航道局	巫山长江公路大桥	2001	0	是	11	110.0		0	已建成
36		奉节长江公路大桥	2002	8	是	11	110.0	160.0	0	
37		云阳长江公路大桥	2001	7	是	11	110.0	160.0	30	
38		万州长江公路二桥	2002	6	是	11	352.0	100.0	20	
39		万州长江铁路大桥	2002	6	是	11	110.0	180.0	0	
40		万州长江公路大桥	1994	6	是	11	110.0		56	
41		忠县长江公路大桥	1998.11	6	是	11	110.0		25	
42		丰都长江大桥	1995	6	是	10	110.0		0	
43		涪陵天然气过江管道		6	是	11	110.0			
44		重庆涪陵长江公路大桥	1995.10	6	是	11	352.0		15.0	
45		李渡长江公路大桥	2003	6	是	11	110.0	251.0		
46		渝怀长寿长江铁路大桥	2001.8	6	是	10	110.0	460.0	0	
47		重庆大佛寺长江公路大桥	1997.10	7	是	9	110.0	188.0	45	已建成
48		重庆石板坡公路大桥	1977	4	是	10	110.0		0	
49		重庆石板坡复线桥	2004	3	是	10	110.0			
50		重庆菜园坝大桥	2004	7	是	9	110.0	310.0		
51		重庆鹅公岩长江公路大桥	1997.12	6	是	10	110.0	0	45.0	
52		重庆李家沱长江大桥	1991	6	是	11	110.0		45.0	
53		重庆马桑溪长江公路大桥	1997.10	6	是	9	110.0	0	45.0	
54		重庆白沙沱长江铁路大桥		6	是	8	110.0		0	
55		重庆地维专用长江公路大桥	2002	0	是					
56		江津长江公路大桥	1994.10	8	是	10	110.0	120.0	25	
57		忠县康家沱长江大桥（石柱—忠县）	2005	18	是	12	110.0	500.0		在建
58		重庆朝天门大桥（轻轨）	2005	18	是	9	110.0	378.0		

序号	所属区域局	桥　名	开始设标年份	设置助航标志数量（座）	专设船艇维护	配置工作人员（人）	专设航道站艇功率（KW）	航道配套设施及施工期维护费（万元）	建成通车后每年的维护费（万元）	备注
59		涪陵石板沟长江大桥	2005	18	是	9	110.0			
60		江津观音岩长江公路大桥	2005	18	是	10	110.0	422.0		
61		重庆鱼嘴长江公路大桥	2007	18	是	10	110.0	300.0		
62		重庆鱼洞长江大桥	2007	18	是	11	110.0	325.0		
63		长寿长江公路大桥	2006	18	是	12	352.0	300.0	45.0	
64	长江泸州航道局	泸州长江大桥	1982	7	是					
65		泸州长江二桥	1997.10	6	是			85.0	23.0	已建成
66		泸州长江铁路大桥	2001.11	6	是	10	110.0	180.0	16.0	
67		泸州长江三桥（泰安）	2003	8	是			150	30	
68		泸州茜草长江公路大桥	2008	12	是	15		200		在建
69	长江宜宾航道局	宜宾长江大桥	2003	6	是	14	220	85.0	未签定	已建成
70		江安长江大桥	2003	9	是	14	220	99	20	
71	长江南京航道局	扬中长江大桥	1994	22	是	18人	88.2		34	支流航道已建成
73		扬中长江二桥	2002	10	是		220.5	150.0	34	
74		录安洲夹江大桥	2003	9	是				30	

（2009年2月统计）

【2007—2008届枯水期长江航道维护】

·枯水期水情　去冬今春整个长江流域降雨量较小，加之枯水前期，出现50年罕见秋旱，受此影响，长江干线航道枯水期各港埠水位均低于近5年同期平均值。其中，上游泸州二郎滩最低水位为0.0米（2008年1月31日）；重庆最低水位为0.29米（2月3日）；中游沙市、监利、汉口最低水位分别为-1.60米（2月24日）、1.90米（1月11日）和1.69米（1月13日）；下游九江和芜湖最低水位分别为0.93米（2007年12月21日）和0.70米（12月7日），长江干流水位变化过程情况如下：

一是枯水前期水位退落较快，退幅大，低水位持续时间长。中下游水位普遍低于近5年同期平均值，其中2007年11月份沙市、监利、汉口、九江和芜湖水位月退幅分别达2.29米、1.99米、2.14米、1.75米和0.98米。12月起退幅逐步减小，但各港埠均持续较低水位。2007年11月—2008年3月枯水期分月水位平均值与近5年同期平均值比较表，详见（表7—29）。

【2007年11月—2008年3月枯水期分月水位平均值与近5年同期平均值比较表】　（表7—29）

港站	11月份		12月份		1月份		2月份		3月份	
	水位平均值	比5年平均值	水位平均值	比5年平均值	水位平均值	比5年平均值	水位平均值	比5年平均值	水位平均值	比5年平均值
重庆	3.04	+0.06	1.44	+0.14	1.18	+0.45	0.80	+0.30	1.49	-1.49
沙市	0.82	-0.10	-1.11	-0.44	-1.36	-0.21	-1.44	-0.39	-1.04	-0.18

港站	11月份		12月份		1月份		2月份		3月份	
	水位平均值	比5年平均值	水位平均值	比5年平均值	水位平均值	比5年平均值	水位平均值	比5年平均值	水位平均值	比5年平均值
监利	3.86	-0.48	2.27	-0.55	2.12	+0.06	2.10	-0.28	2.64	-0.4
汉口	3.97	-1.40	2.18	-1.47	2.03	-0.86	2.16	-1.45	2.91	-1.61
九江	2.68	-1.82	1.12	-1.65	1.12	-0.99	1.50	-1.66	1.83	-1.93
芜湖	1.97	-0.86	1.17	-0.58	1.08	-0.40	1.24	-0.90	1.30	-1.05

注："比5年平均值"一栏，"+"表示高，"-"表示低。

二是枯水后期水位较稳定，水位值正常。2008年初，长江流域降雨逐步增加，三峡水库结合流域冰雪天气增加发电的需要，出库流量大于入库流量，干流水位较为稳定。3月下旬起长江沿线水位逐步上涨，并与多年同期水位相当。

本届枯水期，三峡水库下泻流量也较正常，枯水初期在7 000立方米/秒—12 000立方米/秒之间，枯水中期在4 500立方米/秒—5 200立方米/秒之间，枯水后期在4 400立方米/秒左右。

·*航道维护基本情况* 本届枯水期，长江航道全线预安排疏浚工程船舶18艘，15个勘测处（测量队）投入枯水期航道维护。其中"吸盘1号"、"航浚4号"、"航浚9号"、"钢耙301"等13艘挖泥船，对铜鼓滩、猪儿碛、江口、太平口、窑监、牯牛沙、张南（上浅区）、福南等14处重点浅滩航道进行了疏浚施工，共完成疏浚工程量447.9万立方米。其中：窑监109万立方米、太平口170.3万立方米；张南41.8万立方米、福南61.19万立方米。

2007年11月至2008年3月，全线投入15个测量队共完成航道测量6 701.3换算平方公里，9个重点水道先后实施17次航道改槽（改孔）。本届枯水，维护航标763 011座天（其中三峡航道局23 021座天），调整航标11 711座次，恢复碰损航标1 297座次，航标维护正常率达999.99‰；通行信号台指挥各类船舶147 957艘次，信号揭示正常率为1 000‰。

·*上游河段重点浅水道变化及维护情况* 由于2007年汛期川渝地区出现百年罕见暴雨，导致上游航道内淤积量增加，进入枯水初期水位下退速度快，淤积体没有得到有效冲刷，使上游铜鼓滩、胡家滩、猪儿碛等浅滩一度出现紧张局面。尤其猪儿碛浅滩浅情较为严峻，为了保证猪儿碛浅滩航道的畅通，长江航道局领导高度重视，安排重庆航道局及早开展了相关工作，制定维护措施，要求早安排、早动手，掌握航道维护的主动，减少疏竣施工对港区船舶航行的影响。2007年11月6日、11月14日先后组织召开了猪儿碛浅滩航道维护现场办公会和猪儿碛浅滩枯水期保航研讨会。重庆航道局、重庆航道工程局根据上届枯水维护施工经验，结合今年航道特点，共同制定了猪儿碛、胡家滩浅滩维护疏浚施工方案。并在枯水来临前提前组织实施。2008年1月17日，重庆航道局又一次组织召开了猪儿碛等浅滩航道维护工作专题会，对前期浅滩航道维护工作进行了总结，对人员安排、船艇设备安排、工作措施等方面进一步优化，对施工效果也提出了具体措施。同时定期或不定期向行轮和相关管理部门通报辖区各浅滩航道水深情况、疏浚施工情况，使得整个枯水期上游航道安全、畅通、平稳、有序。

提高泸渝段航道维护尺度试运行期间的航道维护。2008年1月1日，泸州纳溪至重庆兰家沱201.8公里河段航道按国家三级航道标准维护试运行，航道尺度提高到2.7米×50米×560米。为确保泸渝段提高航道维护标准的工作顺利实施，长江泸州航道局高度重视，认真做好提高航道维护标准前的各项准备工作，对所辖航道进行全面探测或扫床，组织工程技术人员对泸渝段航标配布图按2.7米×50米×560米标准进行了优化调整，严格按新的航标配布图设标，并在12月31日前将标志调整到位。试运行期间，为了确保提高标准后航道安全畅通，长江重庆航道局、泸州航道局两局领导、工程技术人员多次到生产一线进行现场办公，指导航道维护工作，同时安排勘测处对鲤鱼碛、金刚关刀碛、三眼灶、水师碛四个浅滩进行测量，掌握航道变化情况，及时采取措施，保证航道尺度足够。在实施过程中积极征求行轮对航标配布的意见，行轮对试运行情况反映良好。

叙泸段航道工程建设期间的航道维护。本届枯水期，叙泸段航道建设一期、二期工程全面展开，目前过兵滩、筲箕背等水道的整治工程还在建设中。由于疏浚施工都是在航道内进行，施工与通航的矛盾较为突出；为处理好施工与通航的矛盾，长江泸州航道局加强与施工单位联系，根据施工方案及施工河段航道的实际情况，制定了施工期航标调整维护方案。相关航道站也积极与施工单位密切配合，根据工程进度，及时设置或调整了部分航标；信号台加强与工程施工船舶和过往船舶联系，主动介绍航道情况，及时、准确揭示通行信号。既方便了施工，又确保了航道畅通。

本届枯水期，上游航道累计设标 360 029 座天；信号台开班 2 861 台天，指挥各类船舶 147 957 艘次；完成疏浚工程量 2.2 万立方米，完成航道维护性测量 322.76 换算平方公里。

·*中游河段重点浅水道变化及维护情况* 本届枯水前期，由于水位退落较快，中游部分浅水道浅滩冲刷不及，加之“超吃水”船舶屡屡在航道内搁浅破坏航道，致使中游航道江口、太平口、窑监、大马洲等 4 个水道出现浅情。其中，太平口、窑监水道浅情特别严重，一度引起国务院领导和交通运输部的关注。在极其严峻的航道形势面前，长江航道局各级领导高度重视，及时整合加大疏竣力量，优化浅滩疏竣方案，调整施工时间，提高船舶有效通航时间，保证了枯水后期，特别是在遭遇 50 年一遇的冰雪天气时，长江航道的安全畅通。

江口水道：由于 2007 年汛期来水来沙量较大，导致江口水道出现较大淤积。12 月 23 日，江心航槽淤积更加严重，航道弯窄，水深降低，被迫改走北侧沿岸航槽。为确保枯水期航道的安全畅通，长江航道局于 2008 年 1 月 3 日及时安排吸盘一号清除碍航边滩，拓宽航道，改善了该航槽的航行条件。

航道维护主要工作量：改槽 2 次，调整标志 158 座次，航道草测 25 次，疏浚 3.6 万立方米。

太平口水道：鉴于本届枯水前期荆州长江大桥三八滩南汊应急通航孔桥墩防撞设施施工，太平口南汊不能通航，2007 年 10 月 2 日，局提前安排航浚 4 号在三八滩北汊开挖预备航槽。随着水位退落，航道水深接近计划维护水深。11 月 14 日启用预备槽，并实施定时禁航施工。12 月 2 日、12 月 4 日，“超吃水”船舶“平洋 1 号”、“振荣 8 号”先后在航道内搁浅，航道遭到严重破坏，泥沙在搁浅部位下游大量淤积，航道被迫缩窄。在加大疏浚施工力度，延长疏浚工作时间的同时，长江航道局加强航道行政管理的现场执法力度，从源头严格控制船舶“超吃水”装载情况的发生，对“超吃水”装载违规航行破坏航道行为进行索赔并在媒体曝光，同时通过“联合执法”平台，积极呼吁有关部门加强船舶管理，在相关单位的配合下，“超吃水”船舶违章航行的现象得到有效遏制。为了进一步改善北汊航道条件，该局又先后调派“航浚 14 号 ”、“航浚 6 号” 、“航浚 20 号”、“吸盘一号”进入北汊配合施工，至 2008 年 1 月 16 日，北汊 4 米等深线贯通，最小航宽 90 米，航道条件得到了改善。枯水中后期，局在认真落实“三保一创”要求，尽力保证北汊航道畅通的同时，还积极做好了太平口水道南汊应急通航的各项准备工作。按时完成应急通航孔航道配套设施的建设，加强对南汊的观测，掌握南汊河床的冲淤情况。为了创造南汊应急通航的良好条件，2008 年元月 2 日起，安排“航浚 6 号”每天上午在北汊航道维护疏浚结束后，下午转入南汊预备航槽出口施工。元月下旬，由于南汊三八滩右缘崩塌，泥沙在出口处大量淤积，而且水流较缓，挖不胜淤。为及时改善南汊预备航槽条件，元月 24 日，该局又及时调遣“吸盘一号”进入南汊施工，2 月 16 日，南汊 5 米等深线贯通。3 月 17 日，南汊 6 号孔、7 号孔护墩工程通过交工验收，18 日按照上级指示，航道顺利改走南汊应急通航桥孔（6 号孔上行、7 号孔下行），太平口水道的枯水期通航条件得到明显改善。水位回升后，4 月 3 日，航道回归北汊，太平口水道航道条件进一步好转。

航道维护主要工作量：改槽 3 次，航道测量 57 个测次，共 501.58 换算平方公里，航标维护 27216 座天，累计施工疏浚 231 天，疏浚方量 170.3 万立方米。

窑监水道：2007 年汛后，窑监水道滩低槽平，多槽分流的格局依然没有改变，南、北、中三槽并存，南槽和中槽分流较大。10 月 8 日，航浚# 20 开始在窑监水道南槽航道外疏竣，开挖预备航槽。进入枯水期，窑监水道频繁遭到“超吃水”船舶搁浅破坏，恶化航道条件，11 月 15 日启用南槽的预备槽，并实施每日定时禁航施工。11 月 21 日，“圣通 818”轮超过航道维护水深（装载吃水 3.5 米）航行搁浅于南槽航道内，对航道造成严重破坏，致使航道阻航达 36 小时，数百艘船舶滞留。为此，长江航道局于当日紧急调遣“航浚 4 号”赶到窑监现场，与航浚#20 同时施工，加大浅区疏浚力度。随着水位的进一步退落，航道形势更加紧张，局不得已将禁航施工时间由 4 小时延长至 6 小时，保证了航道尺度足够。同时，在现航施工结束后，安排一艘挖泥船在中槽开挖预备槽。11 月 29—12 月 1 日，又相继有三起“超吃水”船舶在航道内搁浅，南槽航道条件更趋恶化，航道尺度降至 2.9×2.9×70 米。其中 12 月 1 日晚“皖兴仁 1 号”轮“超吃水”航行搁浅在航道内，造成南槽的泥沙严重淤积，12 月 2 日航道内出现大量 2.0 米浅点，航槽无法恢复。当日下午，局被迫将航道由南槽改走条件尚不成熟的中槽预备槽，航道尺度仅能维护 2.6×70 米。由于中槽江面宽阔，水流分散，加上上游来沙量较大，一时难以形成深槽，航道维护异常艰难，“航浚#4”和航浚#20 同时施工，并延长挖泥时间，12 月 5 日航道尺度恢复正常。连续多艘“超吃水”船舶违章航行破坏航道，造成船舶滞留，引起国务院及交通运输部领导的高度关注，李盛霖部长、徐祖远副部长 12 月 10 日亲临窑监水道视察，就保畅通、保运输、保安全，创和谐通航环境提出明确要求。为进一步改善航行条件，实现“安全、畅通、平稳、有序”的工作目标，增加船舶白天通航时间，12 月 16 日起，长江航道局打破常规，组织实施夜间航道疏浚施工。12 月 21 日，又调派吸盘一号到窑监，和航浚#4 一道加大中槽施工力度，通过连续一周施工，1 月 18 日航道水深条件得到较大改善，并稳定了窑监水道枯水航道形势。长江航道局在努力维护中槽的同时，对南槽浅区继续进行观测和适当的疏浚施工，以防中槽出现“超吃水”船舶搁浅堵塞航道，造成断航，影响长江航运的正常运输。

本届枯水期窑监河段航道维护主要工作量：改槽 2 次、航道测量 13 次，共 227.13 换算平方公里，航道疏浚施工 285 天，疏浚方量 109 万立方米。

大马洲水道：2007 年汛后，该水道航道形势较好。随着水位退落，上游大量来沙在太和岭一带落淤，红浮外边滩逐渐内挤，受护岸乱石影响白浮无调整余地，航道日趋弯窄。枯水期，湖北省监利县河控指挥部在太和岭河段左岸实施护岸应急工程，削除太和岭 1 号乱石堆对开护岸突嘴，过水断面增宽，红浮外边滩内挤下延速度加快，航道条件愈来愈差。为了改善航道条件，长江航道局于 2008 年 1 月 7 日调派“航浚#4”在太和岭红浮一侧施工，阻止浅滩向航道内发展，但施工效果不佳，红浮外边滩持续内挤，航道宽度进一步缩窄。由于航道弯窄，白浮外有毁坏堤防工程遗留的乱石，局领导高度重视，组织研究大马洲水道航道维护应急方案，并于 2 月 23 日，安排“航浚 4 号”和“航浚 20 号”施工，加大疏浚力度，改善航道条件，至 3 月 15 日航道条件基本稳定，大马洲水道航道形势趋好，疏浚船舶停止施工。

· 下游河段重点浅水道变化及维护情况　本届枯水期下游航道分别有牯牛沙、九江、张南（上浅区）、太子矶、福南、福中和宝塔水道相继出现浅情。为了确保下游 10.5 米深水航道的畅通，长江航道局提前安排疏浚船舶进行航道维护性疏浚。

牯牛沙水道：2007 年汛后，该水道总体滩槽格局与往年基本类似，但上、下深槽在丝茅径处断开约 470 米，河心出现多个浅埂，河心浅埂的不断淤长，与丝茅径边滩和牯牛沙边滩相连。10 月 24 日，航浚#1 挖泥船进驻该水道进行非禁航疏浚施工。从 10 月 31 日起，每日上午实施禁航施工，提高挖泥效率，但航行条件仍未改善。12 月 2 日起，航浚#1 每天下午在中槽（预备槽）施工，加速其发展。12 月 20 日将航道由沿岸槽改走中槽，航道条件显著改善。

航道维护主要工作量：改槽 1 次，航道测量 23 个测次，测量合计约 363.87 换算平方公里，累计施工 61 天，疏浚方量 27.26 万立方米。

九江水道：九江水道大树下水域近年来航道演变较大，长江南京航道局提前采取调标、增标的措施优化了该水域的通航条件，但在 2007 年 12 月 4 日前后由于多艘“超吃水”船舶在该水域搁浅，同时因鳊鱼滩洲头沙滩经非法采砂船长期偷采掏深，导致该水域水流紊乱、航槽演变剧烈，航道维护尺度吃紧。为了做好本水道的保通工作，长江南京航道局一方面出动行政执法人员对“超吃水”船舶进行监管，同时立即施测局部扩大图，派遣航道站船驻守现场不间断探测，分析研究该水道的维护方案，长江航道局于 12 月 10 日调遣“航浚 9 号”进驻该水域进行紧急疏浚施工，主要采取冲沙浚深浅点方式和装舱施工方式进行疏浚作业，通过疏浚施工，保证了该水道的航道维护尺度。

航道维护主要工作量：累计施工 13 天，疏浚方量 3.89 万立方米。

张南水道（上浅区）：根据过去航道维护经验，在退水过程中，张南水道上浅区会有一定冲刷，水深将逐渐加深。但该水道上浅区在本届枯水前期就出现了较大淤变浅情，在进行全面测量和分析后，10 月 30 日长江航道局调派“航浚 9 号”轮到张南上浅区进行航道维护性疏浚施工，在随后的疏竣维护中，对在航道内发现的 3 处水下障碍物疑似点进行多波束扫测，通过探测、调标、疏浚等维护手段，保证了该水道航道畅通。本届枯水期累计施工 50 天，共疏浚 41.97 万立方米。

太子矶水道：因汛后水位退落较快，太子矶水道西港河道内落淤严重，形成平滩。11 月下旬，太子矶水道连续发生多起“超吃水”船舶在航道内搁浅事故，导致航道严重淤变，2008 年 1 月 3 日将太子矶航道由心滩左槽改至太子矶东港。针对太子矶东港上口出现 4.4 米浅点，水位仍在持续退落，势必影响东港航道的通航安全情形下，长江航道局领导高度重视，现场指挥，于 2008 年 1 月 15 日再次将太子矶航道改至心滩左槽，并同时组织重庆工程局“抓扬 10 号”于 16 日进驻东港上口浅区，及时清除口门浅点，1 月 19 日再次将航道改回东港，从而保障了本水道整个枯水期的安全畅通。

福姜沙水道： 福姜沙南水道历年来是长江航道局下游航道维护工作的重中之重，受该水道进口段河床自然条件及福南分流比减少的影响，近年来福姜沙南水道总体呈现洪淤枯冲的格局，淤积幅度大于冲刷幅度，特别是 10.5 米深水航道的开通，汛期也需要疏竣挖泥，航道维护的困难更大。今年洪水期间，福南水道淤积严重，福姜沙右边滩 10 米线南移明显，因此局采取超前施工维护措施，自 8 月 3 日起先后调遣“航浚 9 号”、“航浚 22 号”对福姜沙南水道上口及中部进行航道维护性疏浚，直至 11 月 7 日结束，有效改善了该水道的航道条件。该水道累计施工 94 天，疏浚 61.19 万立方米。

福姜沙中水道在本届枯水中后期测图显示#F3 黑浮—#F3-1 黑浮—#F4 黑浮联线附近水深均不足 4.0 米（理论最低潮面），F#4－1 红浮附近水深亦不足 4.0 米。长江南京航道局首先采取缩宽保深措施，调整了相应航标，由于水位进一步下退，2008 年 1 月 13 日再次调整#F3-1 黑浮、#F4 黑浮、#F4－1 红浮，航道宽度缩窄为 150 米。1 月中下旬水位继续退落，航道水深接近计划维护尺度，为了确保该水道航道畅通，局及时安排航浚#22 进行维护性疏浚施工 10 天，疏浚方量 3.54 万立方米，清除了浅区浅点，保证福姜沙中水道的航道畅通。

航道维护主要工作量：累计施工 104 天，疏浚方量 64.73 万立方米。

另外，为了提高船舶通过能力，局还安排了航浚#9 于 2008 年 2 月 1 日至 3 月 4 日，对宝塔水道副航道进行了为期 33 天、26.33 万立方米的维护性疏浚施工，有效提高了船舶的通过能力。

（长江航道局供稿）

【长江干流航道维护生产计划完成情况】

·*航道维护尺度计划* 航道维护水深年保证率：长江中游宜昌至城陵矶航段计划 95%，实际达到 100%，其余航段实际达到 100%，长江干线各航段航道维护尺度均达到计划指标。

·*航标维护计划* 航标维护年计划 1 765 955 座天，实际完成 1 776 647 座天，为年计划的 100.6%，较上年完成 1 880 689 座天工作量减少了 104 042 座天，分析为 2007—2008 届枯水期长江上游遭遇百年枯水，出现 50 年一遇的秋旱和冬旱，长江全线水位低于历史同期水位，长江航道局增加了航标设置数量。

·*航道测绘计划* 测绘年计划 17 809 换算平方公里，实际完成 19 644.8 换算平方公里，为年计划的 110%。航道整治建筑物观测年计划 1 091 换算平方公里，实际完成 1 571.1 换算平方公里，为年度计划的 144%。另外，2007—2008 届枯水期，受雨雪冰冻天气及 2007 年罕见秋旱的影响，长江水位普遍偏低，各港埠水位均低于近五年同期平均值。长江航道局加大了对猪儿碛、太平口水道、窑监水道、牯牛沙水道、张南水道、太子矶水道等长江干线重点浅水道观测量，本年度还首次进行了航道整治建筑物观测维修工作施工任务，因此2008 年度增加了航道整治建筑物观测年计划 1091 换算平方公里，实际完成 1 571.1 换算平方公里。

·航道维护疏浚　本年度航道维护疏浚工程量 485.92 万立方米。

【提高宜宾—重庆河段航道维护标准】　2008 年 9 月 26 日，长江航道局试行了全面提高长江干线宜宾—重庆河段航道维护标准。这标志着长江干线航道全部实现了船舶的夜航，航标由昼标升级为灯标，能够满足船舶全天 24 小时航行需要，维护标准由二类提高到一类，航道最小维护水深由 1.8 米提高到 2.7 米。

【三峡水库首次 175m 试验性蓄水及航道维护】

2008 年三峡水库首次 175 米试验性蓄水，第一阶段蓄水于 9 月 28 日零时开始，10 月 8 日结束，坝前水位达 155.59 米；第二阶段蓄水从 17 日零时起开始，11 月 4 日结束，坝前水位 172.41 米；两个阶段蓄水共历时 30 天，累计蓄水量 193.1 亿立方米，累计水位升幅 27.02 米。

第一阶段蓄水期宜昌流量从 9 月 28 日的 24 600 立方米/秒逐步下降，最低 12 000 立方米/秒。该阶段坝上水位逐步抬升，中、下游河段水位缓慢退落；第二阶段蓄水期宜昌流量从 10 月 17 日 13 600 立方米/秒快速下降，尤其是中、下旬下降速度较快，最小流量仅 5 510 立方米/秒，长江中、下游河段水位快速回落，尤其是中游河段水位短期内大幅下降，航道维护管理工作面临巨大压力与困难。

长江航道局及时实施了库区部分航标迁建工作，于 8 月完成了 129 座塔形标建设与 449 座岸标迁建工作；同时，根据水位变化情况及时对航道趸船，接岸设施、备用标志进行移泊、加固，保证了航道畅通和航道设施安全。

在全面做好日常工作的前提下，长江航道局提前调遣吸盘#1、航浚#4、航浚#6、航浚#16 等 7 艘大型挖泥船分别驻守窑监、太平口、张南（上浅区）等重点浅水道，采取超常规手段提前疏通航槽，有效避免因蓄水造成航道水深不足的局面。

此次蓄水期长江航道局共完成航道探测 2 518 次、航标调整 4 795 座次、测量 1 328.31 换算平方公里、移泊囤船 636 艘次、维护疏浚 89.43 万立方米，确保了蓄水期间长江干线航道畅通安全。

【长江干流航道维护管理里程】　2008 年长江航道局和三峡航道局共维护管理 2 719 公里主航道外，还根据需要全年或季节性开辟维护了海轮航道 、缓流航道、副航道、小轮航道、专用航道、支流航道，共维护航道里程为 4 624.7 公里(含三峡航道局维护航道里程为 66.5 公里)（各类航道的维护管理里程根据具体情况每年会有所调整，此处为 2008 年度实际维护里程）。

2008 年长江航道维护管理里程一览表，详见（表 7—30）。

【2008 年长江航道维护管理里程一览表】　（表 7—30）

单　位	维护航道总里程（公里）	主航道里程（公里）	海轮航道（公里）	缓流航道里程（公里）	副航道里程（公里）	小轮航道里程（公里）	专用航道里程（公里）	支流航道（公里）
合计（一—七）	4 624.7	2 719	570.7	514.7	236.3	423	156.3	4.7
长江航道局（不含三峡局）	4 558.2	2 652.5	570.7	514.7	236.3	423	156.3	4.7
一、长江南京航道局	2 164.8	837	369	144.2	236.3	423	155.3	
1. 上海航道管理处	375.9	135.2			92.2	80	68.5	
2. 镇江航道管理处	178.3	136.6			41.7			
3. 扬中航道管理处	58.9					58.9		
4. 南京航道管理处	212.6	97.7			44.5	25.5	44.9	
5. 芜湖航道管理处	479.2	174.3	84.5	55.4	23.9	124.1	17	

单　位	维护航道总里程（公里）	主航道里程（公里）	海轮航道（公里）	缓流航道里程（公里）	副航道里程（公里）	小轮航道里程（公里）	专用航道里程（公里）	支流航道（公里）
6.安庆航道管理处	477.0	156.5	156.5	56.6	6	76.5	24.9	
7.九江航道管理处	382.9	136.7	128	32.2	28	58		
二、长江武汉航道局	1 221.9	715.2	201.7	301.5				3.5
1.蕲州航道管理处	101	46	46	9.0				
2.黄石航道管理处	110.9	45	45	20.9				
3.黄冈航道管理处	98	49	49					
4.阳逻航道管理处	83.7	38	38	17.7				
5.武汉航道管理处	67.9	44.2	23.7					
6.金口航道管理处	59	38		11.0				
7.牌洲航道管理处	82.5	46		36.5				
8.大沙航道管理处	64	43		21.0				
9.洪湖航道管理处	53	50		3.0				
10.岳阳航道管理处	69.2	50		15.7				3.5
11.铁铺航道管理处	70.2	38		32.2				
12.监利航道管理处	68.5	39		29.5				
13.调关航道管理处	71	36		35.0				
14.石首航道管理处	55	37		18.0				
15.江陵航道管理处	47	34		13				
16.公安航道管理处	53	35		18				
17.荆州航道管理处	68	47		21				
三、长江宜昌航道局	271.3	201.3		69.0			1.0	
1.枝江航道管理处	59.5	39		20.5				
2.宜都航道管理处	70.1	41.1		29				
3.宜昌航道管理处	58.2	38.7		19.5				
4.秭归航道管理处	40.5	39.5					1.0	
5.巴东航道管理处	43	43						
四、三峡航道局	66.5	66.5						
五、长江重庆航道局	598.4	597.2						1.2
1.奉节航道管理处	120.0	120.0						
2.万州航道管理处	153.0	153.0						
3.丰都航道管理处	94.0	94.0						
4.涪陵航道管理处	106.0	106.0						
5.重庆航道管理处	125.4	124.2						1.2
六、长江泸州航道局	210.8	210.8						
1.江津航道管理处	73.8	73.8						
2.合江航道管理处	55.0	55.0						
3.泸州航道管理处	82.0	82.0						
七、长江宜宾航道局	91.0	91.0						
1.江安航道管理处	28	28						

单　位	维护航道总里程（公里）	主航道里程（公里）	海轮航道（公里）	缓流航道里程（公里）	副航道里程（公里）	小轮航道里程（公里）	专用航道里程（公里）	支流航道（公里）
2. 南溪航道管理处	31	31						
3. 宜宾航道管理处	32	32						

注：航道维护总里程指年度内各类航道维护最大里程之和。

·主航道维护管理里程　2008 年长江航道局维护管理航道 2 719 公里（包含三峡航道局以及桥区航道里程）。2008 年长江主航道维护管理里程一览表，详见（表 7—31）。

【2008 年长江主航道维护管理里程一览表】　（表 7—31）

单　位	序号	主航道名称	航道维护起讫点	维护里程（公里）	备　注
长江航道局	总计		浏河口—合江门	2 719	含三峡局
一、长江南京航道局	47 处		浏河口—上巢湖	837.0（025.4—844.0）	下游里程
1. 上海航道管理处	8 处		浏河口—黄田港	135.2（25.4—156.4）	
	1	浏河	浏河口—七丫口	11.6（25.4—37.0）	
	2	白茆沙	七丫口—徐六径	33.0（37.0—70.0）	
	3	通州沙东	徐六径—龙爪岩	22.0（70.0—92.0）	
	4	南通	龙爪岩—十二圩	18.0（92.0—110.0）	
	5	浏海沙	十二圩—段山港	15.5（110.0—125.5）	
	6	福姜沙	段山港—#45 浮	9.3（125.5—134.8）	
	7	福姜沙南	#33 浮—福南上口	17.0（134.8—147.6）	
	6	福姜沙	福南上口—鹅鼻嘴	6.3（147.6—153.9）	
	8	江阴	鹅鼻嘴—黄田港	2.5（153.9—156.4）	
2. 镇江航道管理处	6 处		黄田港—新河口	136.6（156.4—293.0）	
	8	江阴	黄田港—连成洲	21.6（156.4—178.0）	
	9	泰兴	连成洲—褚港	22.0（178.0—200.0）	
	10	口岸直	褚港—五峰山	40.0（200.0—240.0）	
	11	丹徒直	五峰山—丹徒河口	17.0（240.0—257.0）	
	12	焦山	丹徒河口—世业洲尾	20.0（257.0—277.0）	
	13	仪征	世业洲尾—新河口	16.0（277.0—293.0）	
3. 南京航道管理处	6 处		新河口—慈湖河口	97.7(293.0—390.7)	
	13	仪征	新河口—张子港	15.0(293.0—308.0)	
	14	龙潭	张子港—八卦洲尾	22.0（308.0—330.0）	
	15	草鞋峡	八卦洲尾—西方角	11.7（330.0—341.7）	
	16	南京大桥	西方角—中山码头	6.1（341.7—347.8）	桥区
	17	南京	中山码头—下三山	22.2（347.8—370.0）	
	18	凡家矶	下三山—慈湖河口	20.7（370.0—390.7）	
4. 芜湖航道管理处	13 处		慈湖河口—太阳洲尾	174.3（390.7—559.5）	

单　位	序号	主航道名称	航道维护起讫点	维护里程（公里）	备 注
	19	马鞍山	慈湖河口—人头矶	8.3（390.7—399.0）	
	20	江心洲	人头矶—东梁山	26.0（399.0—425.0）	
	21	西华	东梁山—朱家桥	11.0（425.0—436.0）	
	22	芜湖大桥	朱家桥—南外架	4.0（436.0—440.0）	桥区
	23	芜湖	南外架—山西嘴	9.0（440.0—449.0）	
	24	白茆	山西嘴—高安圩	26.0（449.0—475.0）	
	25	黑沙洲南	高安圩—板子矶	13.7（475.0—488.7）	
	26	荻港	板子矶—太阳洲尾	18.0（488.7—506.7）	
	27	太阳洲	太阳洲尾—灯笼地	16.3（506.7—523.0）	
	28	土桥	灯笼地—横港码头	24.0（523.0—547.0）	
	29	铜陵大桥	横港码头—和悦洲尾	5.5（547.0—552.5）	
	30	铜陵大桥上水	大通湾缓流#1 白浮—大桥上#1 白浮	5.5（547.0—552.5）	桥区
	31	大通水道下段	和悦洲尾—五步沟	7.0（552.5—559.5）	
5. 安庆航道管理处	8 处		五步沟—马当矶	156.5（559.5—716.0）	
	31	大通	五步沟—五更矶	12.5（559.5—572.0）	
	32	贵池	五更矶—新开沟	22.0（572.0—594.0）	
	33	太子矶	新开沟—钱江嘴	26.0（594.0—620.0）	
	34	安庆	钱江嘴—皖河口	23.0（620.0—643.0）	
	35	官洲	皖河口—吉阳矶	26.0（643.0—669.0）	
	36	东流	吉阳矶—香口镇	31.0（669.0—700.0）	
	37	东流直	香口镇—娘娘庙	8.0（700.0—708.0）	
	38	马当阻塞线	娘娘庙—马当矶	8.0（708.0—716.0）	
6. 九江航道管理处	9 处		香口镇—黄颡口	136.7（716.0—844.0）	
	39	马当南	马当矶—小孤山	13.4（716.0—729.4）	
	40	东北横	小孤山—永和洲	24.6（729.4—754.0）	
	41	湖口	永和洲—张家洲尾	9.0（754.0—763.0）	
	42	张家洲南	张家洲尾—拦江矶	21.8（763.0—784.8）	
	43	九江大桥下水	拦江矶—九江处码头	8.7（784.8—793.5）	桥区
	44	九江大桥上水	拦江矶红浮—浔处囤船	8.7（784.8—793.5）	
	45	九江	九江处码头—徐家湾	21.5（793.5—815.0）	
	46	新洲	徐家湾—葫芦山	13.5（815.0—828.5）	
	47	武穴	葫芦山—上巢湖	15.5（828.5—844.0）	
二、长江武汉航道局	65 处		上巢湖—大埠街	715.2（844—1043.2；0.0—516.0）	0.0 为中游里程零点

单　位	序号	主航道名称	航道维护起讫点	维护里程（公里）	备 注
1. 蕲州航道管理处	4 处		上巢湖—西塞山	46.0（844—890.0）	
	48	鲤鱼山	上巢湖—半边山	12（844—856.0）	
	49	搁排矶	半边山—黄颡口	16.0（856.0—872.0）	
	50	蕲春	黄颡口—下棋盘洲	16.0（872.0—888.0）	
	51	牯牛沙	下棋盘洲—韦源口	2.05（888.0—890.0）	
2. 黄石航道管理处	4 处		韦源口—燕矶	45.0（890.0—935.0）	
	51	牯牛沙	韦源口—西塞山	13.5（890.0—903.5）	
	52	黄石	西塞山—回风矶	13.5（903.5—917.0）	
	53	黄石大桥上水		3.3（913.3—916.6）	桥区
	54	戴直	回风矶—燕矶	18.0（917.0—935.0）	
3. 黄冈航道管理处	4 处		燕矶—白浒镇	49.0（935.0—984.0）	
	55	巴河	燕矶—大脚石	10.0（935.0—945.0）	
	56	沙洲	大脚石—三江口	20.0（945.0—965.0）	
	57	罗湖洲	三江口—泥矶	18.0（965.0—983.0）	
	58	湖广	泥矶	1.0（983.0—984.0）	
4. 阳逻航道管理处	3 处		泥矶—罗家嘴	38.0（984.0—1022.0）	
	58	湖广	泥矶—白浒镇	10.0（984.0—994.0）	
	59	牧鹅洲	白浒镇—周阳港	10.0（994.0—1004.0）	
	60	阳逻	周阳港—罗家嘴	18.0（1004.0—1022.0）	
5. 武汉航道管理处	6 处		罗家嘴—钟家湾	44.2（1022.0—1042.7；0.0 —23.0）	
	61	青山夹	罗家嘴—余家头	14.0（1022.0—1036.0）	
	62	汉口	余家头—17 码头	6.7（1036.0—1042.7）	
	63	武桥	17 码头—省船	7.5（1042.7—1043.2；0.0—7.0）	0.0 为中游里程零点
	64	武汉大桥上水		1.5（2—3.5）	桥区
	65	白沙洲	省船—官闸营	7.0（7.00—14.0）	
	66	沌口	官闸营—钟家湾	9.0（14.0—23.0）	
6. 金口航道管理处	4 处		钟家湾—邓家口	38.0（23.0—48.0）	
	66	沌口	钟家湾—大军山	3.0（23.0—26.0）	
	67	金口	大军山—杨灯头	15.0（26.0—41.0）	
	68	煤炭洲	杨灯头—大嘴	10.0（41.0—51.0）	
	69	邓家口	大嘴—邓家口	10.0（51.0—61.0）	
7. 牌洲航道管理处	5 处		邓家口—肖家洲	46.0（61.0—107.0）	
	69	邓家口	邓家口—大沟	1.0（61.0—62.0）	
	70	水洪口	大沟—水洪口	11.0（62—73.0）	
	71	牌洲	水洪口—牌洲镇	14.0（73.0—87.0）	
	72	花口	牌洲镇—姚湖	11.5（87.0—98.5）	
	73	汉金关	姚湖—肖家洲	8.5（98.5—107.0）	

单　位	序号	主航道名称	航道维护起迄点	维护里程（公里）	备 注
8. 大沙航道管理处	5 处		肖家洲—茅草岭	43.0（107.0—150.0）	
	73	汉金关	肖家洲—姚湖	8.5（98.5—107.0）	
	74	燕子窝	东堤角—天门堤	7.6（109.4—117.0）	
	75	王家渡	天门堤—莫家河	6.0（117.0—123.0）	
	76	嘉鱼	莫家河—上姚家墩	19.0（123.0—142.0）	
	77	龙口	上姚家墩—茅草岭	8.0（142.0—150.0）	
9. 洪湖航道管理处	6 处		茅草岭—陈家墩	50.0（150.0—200.0）	
	77	龙口	茅草岭	1.0（150.0—151.0）	
	78	陆溪口	茅草岭—赤壁山	11.0（151.0—162.0）	
	79	石头关	赤壁山—叶家洲	9.0（162.0—171.0）	
	80	新堤	叶家洲—下篾洲	9.0（171.0—180.0）	
	81	界牌	下蔑洲—袁家湾	19.0（180.0—199.0）	
	82	螺山	袁家湾—陈家墩	1.0（199.0—200.0）	
10. 岳阳航道管理处	7 处		陈家墩—林角佬	38.0（200.0—250.0）	
	82	螺山	陈家墩—龙头山	10.0（200.0—210.0）	
	83	杨林岩	龙头山—禾场嘴	6.8（210.0—216.8）	
	84	道人矶	禾场嘴—白尾	5.2（216.8—222.0）	
	85	仙峰	白尾—城陵矶	8.0（222.0—230.0）	
	86	观音洲	城陵矶—夏家墩	10.0（230.0—240.0）	
	87	八仙洲	夏家墩—袜子湾	8.0（240.0—248.0）	
	88	尺八口	袜子湾—林角佬	2.0（248.0—250.0）	
11. 铁铺航道管理处	4 处		林角佬—四十丈	38.0（250.0—288.0）	
	88	尺八口	林角佬—潘阳	12.0（250.0—262.0）	
	89	熊家洲	潘阳—侯家湾	7.5（262.0—269.5）	
	90	反嘴	侯家湾—新堤子	6.5（269.5—276.0）	
	91	铁铺	新堤子—四十丈	12.0（276.0—288.0）	
12. 监利航道管理处	5 处		四十丈—五马口	39.0（288.0—327.0）	
	92	砖桥	四十丈—集成	9.0（288.0—297.0）	
	93	大马洲	集成—顺尖村	10.5（297.0—307.5）	
	94	监利	顺尖村—烟家铺	9.5（307.5—317.0）	
	95	窑集佬	烟家铺—西山	7.0（317.0—324.0）	
	96	塔市驿	西山—五马口	3.0（324.0—327.0）	
13. 调关航道管理处	4 处		五马口—杨苗洲	36.0（327.0—363.0）	
	96	塔市驿	五马口—北湖	6.0（327.0—333.0）	
	97	莱家铺	北湖—八十丈	12.0（333.0—345.0）	
	98	调关	八十丈—南堤上	16.0（345.0—361.0）	
	99	河口	南堤上—杨苗洲	2.0（361.0—363.0）	
14. 石首航道管理处	4 处		杨苗洲—古长堤	37.0（363.0—400.0）	
	99	河口	杨苗洲—鲁家湾	3.0（363.0—366.0）	
	100	碾子湾	鲁家湾—孙家拐	17.0（366.0—383.0）	
	101	石首	孙家拐—鲁家台	10.0（383.0—393.0）	

单　位	序号	主航道名称	航道维护起迄点	维护里程（公里）	备 注
	102	藕池口	鲁家台—古长堤	7.0（393.0—400.0）	
15.江陵航道管理处	3处		茅林口—灵官庙	34.0（400.0—434.0）	
	104	天星洲	古长堤—胡汾沟	16.9（400.0—416.9）	
	105	周公堤	胡汾沟—郝穴镇	10.1（416.9—427.0）	
	106	郝穴	郝穴镇—灵官庙	6.7（427.0—434.0）	
16.公安航道管理处	4处		灵官庙—郑江寺	35.0（434.0—469.0）	
	107	马家寨	灵官庙—朱家湾	9.8（434.0—443.5）	
	108	陡湖堤	朱家湾—白家台	9.9（443.5—453.4）	
	109	马家嘴	白家台—冯家台	12.5（453.4—465.9）	
	110	瓦口子	冯家台—郑江寺	3.1（465.9—469.0）	
17.荆州航道管理处	4处		郑江寺—大布街	47.0（469.0—516.0）	
	110	瓦口子	郑江寺—柳林洲	6.0（469.0—475.0）	
	111	太平口	柳林洲—腰店子	17.5（475.0—492.5）	
	112	窑市	腰店子—汪家台	17.1（492.5—509.6）	
	113	大埠街	汪家台—大布街	6.4（509.6—516.0）	
三、长江宜昌航道局	20处		大埠街—中水门	201.3；516.0—626.0；0.0—3.5	0.0为上游里程零点，含桥区航道5.3公里
			庙河—鳊鱼溪	62.5—145.0	
1.枝江航道管理处	5处	大埠街—跨宝山	39(516.0—555.0)		
	113	大埠街	大埠街—阮家湾	4.9（516.0—520.9）	
	114	江口	阮家湾—杨家河	7.5（520.9—528.4）	
	115	刘巷	杨家河—马家店	5.6（528.4—534.0）	
	116	枝江	马家店—昌门溪	10.0（534.0—544.0）	
	117	芦家河	昌门溪—跨宝山	11.0（544.0—555.0）	
2.宜都航道管理处	7处	跨宝山—三马溪	41.1(555.0—594.0)		
	117	芦家河	跨宝山—跨宝山	0.1（555.0—555.1）	
	118	关洲	跨宝山—石灰窑	10.9（555.1—566.0）	
	119	枝城	石灰窑—白水港	6.0（566.0—572.0）	
	120	枝城大桥上水		2.1（567.7—569.8）	桥区
	121	龙窝	白水港—梅子溪	8.6（572.0—580.6）	
	122	白洋	梅子溪—宜都	8.4（580.6—589.0）	
	123	宜都	宜都—三马溪	5.0（589.0—594.0）	
3.宜昌航道管理处	8处		三马溪—中水门	38.7（594.0—626.0；0.0—3.5）	
	123	宜都	三马溪—西偏坡	3.0（594.0—597.0）	
	124	云池	西偏坡—红花套	8.0（597.0—605.0）	
	125	古老背	红花套—虎牙	5.0（605.0—610.0）	

单　位	序号	主航道名称	航道维护起讫点	维护里程（公里）	备 注
	126	虎牙峡	虎牙—孔主溪	5.0（610.0—615.0）	
	127	白沙脑	孔主溪—宝塔河	10.0（615.0—625.0）	
	128	宜万大桥上水		1.5（622.0—623.5）	桥区
	129	宜昌港	宝塔河—中水门	4.5（625—626；0.0—3.5）	0.0为上游里程零点
	130	夷陵大桥下水		1.7（0.8—2.5）	桥区
4. 秭归航道管理处	秭归航道管理处		庙河—章家溪	39.5(62.5— 102)	
5. 巴东航道管理处	巴东航道管理处		章家溪—鳊鱼溪	43(102—145)	
四、三峡航道局	5处		中水门—庙河	66.5（3.5—62.5）	
	庙嘴航道站 其中： 大江下引航道		中水门—葛洲坝枢纽 卷桥河—葛洲坝枢纽	9.4（3.5—8.7） 4.2（4.5—8.7）	
	南津关航道站 其中： 大江上引航道		葛洲坝枢纽—青龙滩 葛洲坝枢纽—巷子口	11.8（8.7—17.2） 3.3（8.7—12.0）	
	石牌航道站		青龙滩—莲沱	14.3（17.2—31.5）	
	黄陵庙航道站		莲沱—三峡枢纽	15.0（31.5—46.5）	
	茅坪航道站		三峡枢纽—庙河	16.0（46.5—62.5）	
五、长江重庆航道局	20处		鳊鱼溪—兰家沱	597.2（145.0—742.2）	
1. 奉节航道管理处	巫山航道管理处		鳊鱼溪—柳树湾	40.8（145.0—185.8）	
	奉节航道管理处		柳树湾—卷洞桥	39.2（185.8—225.0）	
	安坪航道管理处		卷洞桥—斑竹沟	40（225.0—265.0）	
2. 万州航道管理处	云阳大航道管理处		班竹沟—佘家嘴	40.0（265.0—305.0）	
	万州航道管理处		佘家嘴—磨子滩	35.0（305.0—340.0）	
	武陵航道管理处		磨子滩—麻柳背	40.0（340.0—380.0）	
	石宝寨航道管理处		麻柳背—选溪	38.0（380.0—418.0）	
3. 丰都航道管理处	忠县航道管理处		选溪—三官浩下	26.0（418.0—444.0）	
	高镇航道管理处		三官浩—阴街	36.0（444.0—480.0）	
	丰都航道管理处		露缆子—丝瓜石	32.0（480.0—512.0）	
4. 涪陵航道管理处	涪陵航道管理处		丝瓜石—猫猫岩	31（512.0—543.0）	
	李渡航道管理处		双龙湾—横梁子	30（543—573）	
	长寿航道管理处		金彩背—点灯石	22（573—595）	
	渝北航道管理处		灯盘石—坦石坡	23（595—618）	
5. 重庆航道管理处	江北航道管理处		夹江背—野土地	21.0（618.0—639.0）	

单　位	主航道名称	航道维护起讫点	维护里程（公里）	备　注
	朝天门航道管理处	野土地—木关沱	20.0（639.0—659.0）	不含嘉陵江口 1.2 公里
	重庆航道管理处	木关沱—上骆公子	19.0（659.0—678.0）	
	巴南航道管理处	上骆公子—扁担石	20.0（678.0—698.0）	
	小南海航道管理处	扁担石—红花碛#1	21.0（698.0—719.0）	
	德感坝航道管理处	红花碛#1—传丝坝	23.2（719.0—742.2）	
六、长江泸州航道局	8 处	兰家沱—王爷庙	210.8（742.2—953.0）	
1. 江津航道管理处	江津航道管理处	兰家沱—羊脑岩	25.3（742.2—767.5）	
	白沙航道管理处	羊脑岩—阴宝石	24.5(767.5—792.0)	
	朱沱航道管理处	阴宝石—三抛河	24.0(792.0—816.0)	
2. 合江航道管理处	榕山航道管理处	三抛河—合江	26.0（816.0—842.0）	
	合江航道管理处	合江—孝女碛	29.0（842.0—871.0）	
3. 泸州航道管理处	弥陀航道管理处	孝女碛—手爬岩	28.0（871.0—899.0）	
	泸州航道管理处	手爬岩—马家湾	27.0（899.0—926.0）	
	纳溪航道管理处	马家湾—王爷庙	27（926.0—953.0）	
七、长江宜宾航道局	3 处	王爷庙—合江门	91.0(953.0—1044.)	
	江安航道管理处	王爷庙—香炉碛	28.0（953.0—981.0）	
	南溪航道管理处	香炉碛—红光码头	31.0（981.0—1012.0）	
	宜宾航道管理处	红光码头—合江门	32.0（1012.0—1044.0）	

（2008 年 12 月统计）

·海轮航道维护管理里程　2008 年，长江航道局维护管理海轮航道共计 570.7 公里。

2008 年长江海轮航道维护管理里程一览表，详见（表 7—32）。

【2008 年长江海轮航道维护管理里程一览表】（表 7—32）

单　位	航道维护起迄点	维护里程(公里)	备　注
长江航道局	高安圩—武汉长江大桥	570.5	
一、长江南京航道局	高安圩—上巢湖	369（475—844）	
二、长江武汉航道局	上巢湖—武汉长江大桥	201.7（844—1 043.2，0—2.5）	

（2008 年 12 月统计）

·缓流航道维护管理里程　2008 年，长江航道局维护管理缓流航道 61 处共计 514.7 公里。

2008 年长江缓流航道维护管理里程一览表，详见（表 7—33）。

【2008 年长江缓流航道维护管理里程一览表】（表 7—33）

单　位	序号	缓流航道名称	航道维护起讫点	维护里程（公里）	备　注
长江航道局	61 处			514.7	
一、长江南京航道局	16 处			144.2	

单　　位	序号	缓流航道名称	航道维护起讫点	维护里程（公里）	备 注
芜湖航道管理处	5 处			55.4	
	1	黄兴圩	皇公庙对开—太阳洲尾下	8	下游里程
	2	太阳洲	铜陵沙尾—成德洲尾	15.4	
	3	成德洲	成德洲尾—成德洲头	17.4	
	4	红杨树	北埂头—大桥上#1 白浮	7.1	
	5	大通湾	大通湾缓流#1 白浮—老洲头	7.5	
安庆航道管理处	7 处			56.6	
	6	崇文洲	崇文洲尾—崇树	6	
	7	鸭子沟	窑过—钱过	6.8	
	8	安庆	江心洲尾—鹅毛洲头	10.5	
	9	安庆港	大渡口—下杨家套对开	4	
	10	杨家套	皖河口—新南埂	5.2	
	11	官洲	官洲尾对开—罗家洲对开	18.1	
	12	陈吉洲	沟口—湖东村	6	
九江航道管理处	4 处			32.2	
	13	马当南	马当嘴对开—矶后山	5.7	
	14	小孤山	小孤山对开—套口下	2	
	15	东北横	下三号洲滩尾—下三号洲头	7	
			上三号洲尾—中夹口对开	8	
	16	鳊鱼滩	鳊鱼滩尾—洲头	9.5	
二、长江武汉航道局	34 处			301.5	
蕲州航道管理处	18	李家洲	挂河口—肖家渡	9.0（880.0—889.0）	
黄石航道管理处	19	牯牛沙	肖家渡—团林岸	13.0（889.0—902.0）	
	20	黄石	黄石钢厂—黄石大桥	6.5（906.0—912.5）	
	21	新淤洲	回风矶—寡妇矶	1.4（919.0—920.4）	9.7 日封闭
阳逻航道管理处	22	沙洲	鄂黄大桥—路家湾	12.0（946.0—958.0）	
	23	阳逻	龙口—罗家嘴	5.7（1009.3—1015.0）	10.28 日封闭
金口航道管理处	24	煤炭洲	斗埠头—煤炭洲	11.0（37.0—48.0）	中游里程
簰洲航道管理处	25	水洪口	金城垸—水洪口	7.0（64.0—71.0）	
	26	大兴洲	下夹口—上夹口	9.0（73.0—82.0）	
	27	簰洲	下北洲—上北洲	5.0（83.0—88.0）	
	28	花口	刘家堤—月子	9.5（89.5—99.0）	
	29	汉金关	永贴洲—新兴洲	6.0（102.0—108.0）	
大沙航道管理处	30	复兴洲	嘉鱼下夹—嘉鱼中夹	10.0（120.0—130.0）	8.21 日封闭
	31	龙口	杜家洲—宝塔洲	11.0（139.0—150.0）	
洪湖航道管理处	32	腰口	枚家潭—胡家洲	3.0（161.0—164.0）	
岳阳航道管理处	33	八仙洲下	泥滩洲—夏家洲	3.0（233.0—236.0）	8.11 日封闭
	34	七弓岭	八仙洲—孙梁洲	12.7（241.0—253.7）	8.6 日封闭
铁铺航道管理处	35	尺八口	梁家门—姜介子	12.0（256.0—268.0）	8.11 日封闭

单　　位	序号	缓流航道名称	航道维护起讫点	维护里程（公里）	备　注
	36	反嘴	中沙堤—毫子口	6.0（267.0—273.0）	8.11 日封闭
	37	广兴洲	毫子口—下板岭	10.0（273.0—283.0）	8.11 日封闭
	38	洪水港	上板岭—洪水港	4.2（283.8—288.0）	8.11 日封闭
监利航道管理处		洪水港	洪水港—新堤子	1.0（288.0—289.0）	8.11 日封闭
	39	洪山头	新堤子—西堤拐	7.0（289.0—296.0）	8.11 日封闭
	40	沙家边	西堤拐—大马洲	4.0（296.0—300.0）	8.11 日封闭
	41	乌龟洲	陈家马口—顺尖村	7.5（300.0—307.5）	8.7 日封闭
		塔市驿	烟家铺—五马口	10.0（317.0—327.0）	8.11 日封闭
调关航道管理处	42	塔市驿	五马口—北湖	5.5（327.0—332.5）	8.11 日封闭
	43	莱家铺	鹅公凸—莱家铺	10.0（334.0—344.0）	8.11 日封闭
	44	调关	黑鱼沟子—沙窝里	12.0（344.0—356.0）	8.11 日封闭
	45	河口	下三合垸—毕家台	7.5（356.5—364.0）	8.11 日封闭
石首航道管理处	46	柴码头	毕家台—柴码头	8.0（364.0—372.0）	8.11 日封闭
	47	石首	鱼尾洲—茶铺	10.0（381.0—391.0）	8.11 日封闭
江陵航道管理处	48	天星洲	草房关—袁家埠头	8.0（410.0—418.0）	
		郝穴	杨家场—灵官庙	5.0（429.0—434.0）	
公安航道管理处	49	郝穴	灵官庙—林家台	5.0（434.0—439.0）	
	50	陡湖堤	白家台—祁家渊	13.0（441.0—454.0）	
荆州航道管理处	51	窑市	陈家场—狮子碑	21.0（494.0—515.0）	
三、长江宜昌航道局	10 处			69	
枝江航道管理处	52	江口	上曹家河—七星台	5.0（523.0—528.0）	
	53	刘巷	张家桃园—杨家河	6.0（530.0—536.0）	
	54	昌门溪	杨家佬—李家渡	6.5（540.0—546.5）	
宜都航道管理处	55	关洲	礁岩子—鸳鸯港	14.0（552.0—566.0）	
	56	枝城	岩子河—毛家湾	5.0（570.0—575.0）	
	57	龙窝	孙家河—李家溪	8.0（576.0—584.0）	
	58	白洋	白洋—中沙湾	5.0（585—590）	
宜昌航道管理处	59	云池	茶店—周家河	3.5（594—597.5）	
	60	古老背	云池—虎牙	10.0（600—610）	
	61	胭脂坝	刘家棚—窑湾	6.0（619—625）	

（2008 年 12 月统计）

·副航道维护管理里程　2008 年，长江航道局维护管理副航道 16 处，共计 236.3 公里。

2008 年长江副航道维护管理里程一览表，详见（表 7—34）。

【2008 年长江副航道维护管理里程一览表】　（表 7—34）

单　位	副航道名称	航道维护起讫点	维护里程(公里)	备　注
总计	16 处		236.3	
长江南京航道局	16 处		236.3	下游里程
上海航道管理处	4 处		92.2	
	福姜沙北	小桥港—洪北沙	34.8	

单　位	副航道名称	航道维护起讫点	维护里程(公里)	备 注
	白茆沙北	B#1 黑浮—B#12 黑浮	32.3	
	通州沙中	西周—南农闸	14.9	
	福姜沙中	F#1 黑浮—F#7 黑浮	10.2	
镇江航道管理处	3 处		41.7	
	鳗鱼沙东槽	#79—#82 左右通航浮	12.5	
	和畅洲北汊	东还原—人民沙	12.5	
	仪征捷水道	世业洲头—世业洲尾	16.7	
南京航道管理处	4 处		44.5	
	宝塔水道	天河口—西方角	23	
	南京大桥 4 孔上水	西方角—中山码头	6.8	
	南京大桥 6 孔下水	西方角—中山码头	6.1	
	乌江水道下段	大箭山—乌江河口	8.6	
芜湖航道管理处	3 处		23.9	
	乌江水道上段	乌江河口— 和洲下侧面岸标	17.9	
	芜湖大桥 10 孔上水	10 孔#1 白浮— 大桥上左右通航浮	2.0	
	芜湖大桥 12 孔下水	朱家桥—南外架	4.0	
安庆航道管理处	1 处		6	
	太子矶西港	拦江矶—太子矶	6	
九江航道管理处	1 处		28.0	
	张家洲北	张家洲尾—代家营	28.0	

（2008 年 12 月统计）

·小轮航道维护管理里程　2008 年，长江航道局维护管理小轮航道 20 处，共计 423.0 公里。2008 年长江小轮航道维护管理里程一览表，详见（表 7—35）。

【2008 年长江小轮航道维护管理里程一览表】　（表 7—35）

单　位	小轮航道名称	航道维护起讫点	维护里程（公里）	备 注
总　计	20 处		423.0	
长江南京航道局	20 处		423	
上海航道管理处	1 处		80	
	长江口北支水道	北支口—连兴港	80	
扬中航道管理处	3 处		58.9	
	太平洲捷水道	上口—下口	43.9	
	录安洲右汊	录安洲上口—录安洲下口	5.65	
	炮子洲右汊	炮子洲上口—炮子洲下口	9.35	
南京航道管理处	2 处		25.5	
	大胜关	中山码头—新秦淮河口	16.5	
	凡家矶水道下段	仙人包对开—下三山	9.0	
芜湖航道管理处	6 处		124.1	
	太平府	神农洲—东梁山	25	

单　位	小轮航道名称	航道维护起讫点	维护里程（公里）	备 注
	黑沙洲北	南垄—泥汊	24	
	黑沙洲中	南垄—泥汊	15.7	
	铜陵小港	金牛渡—新沟	25	
	成德洲东港	成德洲尾下—铜陵港对开	21.5	
	大通小港	羊山矶—小港上口	12.9	
安庆航道管理处	6 处		76.5	
	贵池北港	马船沟—同庆圩	12	
	枞阳小港	新河闸口—三江口	13	
	牛头山小港	仁兴圩—钱江口	15	
	黄石矶小港	罗家洲—水池沟	15	
	瓜子号北汊	华阳港—老林洲	8.5	
	马当圆	杨湾闸—华下	13	
九江航道管理处	3 处		58	
	马当圆	杨湾闸—小姑山	16	
	东北直	金鸡山—叶家洲	12.5	
	李英小轮	赤湖闸—武穴	29.5	

（2008 年 12 月统计）

·专用航道维护管理里程　2008 年，长江航道局维护管理专用航道 16 处共计 156.3 公里。

2008 年长江专用航道维护管理里程一览表，详见（表 7—36）。

【2008 年长江专用航道维护管理里程一览表】　　（表 7—36）

单　位	专用航道名称	航道维护起讫点	维护里程（公里）	备注
总　计	16 处		156.3	
一、长江南京航道局	15 处		156.3	
上海航道管理处	7 处		68.5	
	浏河进港航道	浏#1—浏#3	2.3	
	石化专用航道	石化#1—石化#1	1	
	常熟港专用航道	金泾河口下（1）公里—常浒口	13.9	
	永钢专用航道	西周—芦头沙北	14	
	营船港专用航道	桥#4 双—营#5	16.3	
	天生港专用航道	天#1—天水	8	
	天电专用航道	天电#1—天电#2	4.4	
	大新专业航道	38#—大新 4#	8.6	
南京航道管理处	6 处		44.9	
	扬子乙烯 2.4 万吨级油轮航道	10-2 码头—天河口	7.2	
	扬子乙烯专用航道	马汊河口—天河口	10	
	南化 3 000 吨级专用航道	南化 5#码头—马汊河口	3.5	
	南化 5 000 吨级海轮航道	西方角—南化 5#码头	7.1	
	华能电厂专用航道	西方角—电厂△	8.5	

单　　位	专用航道名称	航道维护起讫点	维护里程（公里）	备注
	南钢万吨级专用航道	西方角—南钢码头	8.6	
芜湖航道管理处	2 处		17	
	裕溪口下口专用航道	裕溪口下口处—裕港#9 码头	10.2	
	裕溪口上口进港航道	裕港#4 码头—广福矶对开	6.8	
安庆航道管理处	3 处		24.9	
	贵池南港专用航道	泥洲—新北闸	15.4	
	牛头山海螺专用航道	黄盆闸—钱江口	6.8	
	华阳港专用航道	华阳口—华阳码头上	2.7	
二、长江宜昌航道局	1 处		1.0	
秭归航道管理处	九畹溪旅游专用航道		1.0	

（2008 年 12 月统计）

·支流航道维护里程　2008 年长江航道局维护管理支流航道 2 处共计 4.7 公里。

2008 年长江支流航道维护管理里程一览表，详见（表 7—37）。

【2008 年长江支流航道维护管理里程一览表】　（表 7—37）

单　　位	支流航道名称	航道维护起讫点	维护里程（公里）	备注
总　计	2 处		4.7	
长江重庆航道局	嘉陵江口	嘉陵江口	1.2	
长江武汉航道局	洞庭湖口	洞庭湖口至七里山	3.5	

（2008 年 12 月统计）

（长江航道局供稿）

【江苏省局对内河干线航道网交通量进行 OD 调查及培训】　2008 年 9 月 5 日，江苏省航道局为全面准确地掌握全省内河航道船舶流量、流向等分布特征，从而为科学地规划、建设、养护和管理航道提供基础数据支持，在全省开展首次内河航道交通量 OD 调查及培训工作。

培训分苏南、苏中、苏北三片，共有 286 人参加；随后，对全省干线航道网航道进行了交通量 OD 调查。

（江苏省局　徐秋敏）

【江苏省航道养护突出干支连网保航道安全畅通】　2008 年，江苏省航道养护根据“先干后支、先通后畅”的原则，共安排航闸养护改善工程 45 项，总投资 1.7 亿元，各处使用航道日常维护和超收分成经费安排养护工程 112 项，完成航道疏浚工程量土方 461.3 万立方米，新建驳岸 27 235.61 米，拆除碍航桥梁 7 座，改建桥梁 9 座，有效地改善了一批干线航道的技术状况。继续加快推进航政及管理船艇装备建设，全年新建成并投入使用标准化船艇 26 艘。

由此，大大提高了管理水平和服务质量，全省干线航道通航率达 90%以上，船闸通航保证率达 95%以上，航标正常率达 99%以上，深入开展“安全巩固提高年”、防恐反恐应急保障演习等专项活动，重要干线航道和重点船闸的维护保障扎实有力，未出现 1 起因航道部门管理不善而导致的航闸堵塞和重大安全责任事件。

（江苏省局　徐秋敏）

【安徽省加强航道维护与管理】　2008 年，维护通航里程 2836 公里，占全省通航总里程的 50.7%，疏浚维护淮河、丰乐河、西淝河、顺安河、浍河等 12 条航道，完成土方 61 万立方米，打捞沉船

14 艘，更新维护淮河、合裕线等 40 条航线上各类助航标志 648 座，发光标 142 座，新设航标 42 座，有效确保全省航道畅通。全年办理了 44 件通航河流上跨河、临河建筑物的行政许可。

（安徽省局　马　栋）

【江西省航务局千方百计做好航道维护与管理工作】　2008 年，是江西又一特枯水年，1 月至 5 月和 11 月至 12 月，赣江、鄱阳湖水位均低于历史同期水位，由此给通航带来了极大压力。为确保航道的安全畅通，江西省航道部门积极应对，加大维护和管理力度，使之赣江和鄱阳湖水域航道通航保证率达到 95%的目标要求。

·加强航道的维护性疏浚　省局在经费十分紧张的情况下，仍投入 124 万元，对斗门、小坊、象湖、龙口等 7 个浅滩进行了维护疏浚，共疏浚土方 12.8 万立方米，有效地保障了这些浅滩水域航道的畅通。

·加大河床清障力度　投入 200 余万元配置专门的设备，在船舶流量大，施工极危险的情况下，圆满完成了对涉航工程的清障任务。

·科学布设航标，确保标位准确　上饶航务分局在赣江东河三江口至瓢山 31 公里航道上设置了一类航标；鹰潭航务分局在信江西支新渡万家至三江口 55 公里航道上设置了二类航标；南昌航务分局针对枯水期航道窄、水流流速大、过往船舶多，以致航标易被撞毁、移位问题，在浅滩上增设了 100 多根棒形标志。这些举措，进一步改善了赣江、鄱阳湖、信江水域的安全通航条件，充分发挥了航标的助航作用。

·强化重点浅滩通航秩序管理　在枯水期航道维护管理工作中，各航务分局对重点航段、重点浅滩派专船驻滩守航，并根据水位和航道变化情况，及时进行调标改槽，及时安排挖泥船对碍航浅滩予以疏浚，对搁浅船舶实施引航和救助措施。10 月至 12 月，赣江南昌大桥、小坊、象湖、铁河口等滩口相继告急，多次出现船舶搁浅或滞留情况，南昌航务分局迅即启动突发堵航事件应急预案，每天派出十几艘船艇，数十名海事、航道人员在现场进行通航管制，维护通航秩序，疏通受堵船舶，有效防范了重大堵航事件的发生。

·严格涉航工程项目的审批　由于全省加大了基础设施建设的投入，涉航项目越来越多，范围越来越广。为保证涉航项目纳入规范管理，切实保护航道资源，各航道管理机构主动上门提供优质服务，严格把关，积极做好涉航工程项目通航技术标准的审批工作。本年度，全省共审批了 146 个涉航项目（其中各分局审批涉航项目 80 个），完成了 16 座大桥的桥涵标设计审查，签订桥涵标经费合同 1 150 万元，通航论证 15 项。

·认真落实通航河流桥梁桥涵标建设与养护责任　省局将全省五级以上航道已建的 94 座桥梁涵标建设与养护问题作为工作重点，列入专题研究，派专人负责，采取走上门、发信函等办法，走访相关单位 100 多人次，去函 300 多件。至年度，已落实了龙王庙赣江大桥、赣粤高速袁河大桥、昌邑山赣江大桥、吉安白鹭洲赣江大桥以及省高等级公路管理局管理的 3 座桥梁桥涵标的养护责任。

（江西省局　张兆平）

【河南省加强内河航道养护】　2008 年，河南省内河航道里程均未发生变化，但加强了现有航道的维护与管理，全省航道养护里程由 2005 年的 145 公里数增加到 372 公里。

（河南省局　王守明）

【湖北省航道管理和维护】

·汉江主通道维护管理　2008 年，汉江沿线各级航道维护管理部门认真履行航道养护管理职责，积极应对历史罕见冰雪低温灾害，克服枯水期航道出浅、突发洪水和大量吸铁砂船乱采乱挖等各种不利影响，围绕年度目标积极调思路、想对策，有效保障了汉江航道安全畅通，汉江沿线航道维护指标均达到了年初制定的年度考核目标。

一年来，汉江沿线各航道段围绕保航道安全畅通的工作目标，克难求进，严格管理，勤巡航、勤探测、勤移标、守浅滩，保证了全年各项工作目标的全面完成，各项养护考核指标基本达到了年初湖北港航局下达的考核标准。结合季度检查、日常巡查和采砂督查等活动，湖北港航局从管理规范化、应急管理、标位正确率、船艇完好率、设标密度、职工队伍精神面貌等方面进行了综合评定，考评结果为：襄樊、钟祥、仙桃和蔡甸四航道段为优良，沙洋、天门和汉口三航道段为合格。

2008 年湖北省港航局对汉江沿线航道的维护管理情况共进行了 8 次抽查，从现场检查和平时掌握了解情况看有以下几个特点。

汉江航道应急维护有效地解决了枯水期船舶搁浅、滞留问题。2007 年 12 月至 2008 年 12 月，对聂场、泗合场、杨湾、牛路口、白露岭、宜城大桥附近和荣河泵站等浅滩进行了应急疏浚工作，保障了船舶顺利通过浅滩航道，确保了汉江枯水航道的畅通。

沿线各市港航局（处）加大了航道日常维护工作的检查和指导力度。襄樊市港航处坚持月度检查、重点巡查，结合检查积极指导航道设标、航道设备维修和丁坝维修等工作，并通过市局网站及时发布航道浅滩信息，指导各港口按照浅滩航道水深合理配载。天门市港航局积极帮助航道段解决内部管理问题，规范管理行为。武汉市港航局加大考核和分类指导基层维护工作。

各航道段主动作为，积极想办法，保证了航道维护质量。各航道段积极主动服务船民、货主，努力做好维护保畅通的各项工作。襄樊航道段对浅滩航道及时开展浅滩驻守、引航工作，配合应急维护单位的疏浚，杜绝了大批船舶搁浅、堵塞现象。钟祥航道段加大规范管理、航道执法及宣传报道力度，有效促进了航道可持续发展。沙洋航道段自筹资金对 26 条标船进行了换底大修，设标质量明显改善。岳口航道段筹集资金购买了钢板等 15 吨钢材，准备更新与维修航标船等助航设施。针对汉江违规采砂活动，各航道段积极配合采砂专项整治工作，大力宣传航道管理法规，劝告和制止航道内乱采乱挖的违法行为，获得社会好评。

圆满完成丁坝维修和航标艇维修更新工作。针对丁坝维修运料困难、施工难度大等特点，为保证维修质量，钟祥、襄樊两航道段制定了详细的维修施工方案，分管领导现场坐阵指挥，抢抓低水护底、高水抛石筑坝的机遇，12 座毁坏丁坝按设计修复完成。更新 3 座航标艇和维修 7 座航标艇按计划完工，汉江沿线各航道段的航标艇带病作业、性能落后的状况得到显著改善，一线职工的工作环境得到了大幅提高。

·*重点河流维护管理*　为保证整治完工航道的养护管理工作正常进行，充分发挥航运效益，对巴河、汉北河以及清江、香溪河和黄柏河等库区航道的日常维护情况进行 1 至 2 次暗访或抽查，掌握航道养护工作中存在的问题，确保航道管理养护工作到位。

·*加强通航河流跨（拦）临河建筑物通航标准的管理工作*　严格审批临跨河建筑物，杜绝形成新的碍航物。每项行政许可都严格按照有关法规条例，结合航道技术等级进行审批。充分发挥处室团队作用，切实做到批复数据有依据、要求有出处，同时督促市州加强施工过程中通航安全和航道维护的监管，共审批临跨河建筑物 21 处，杜绝了通航河流形成新的碍航物，有效地保护了航道资源。

·*积极开展《内河航道养护与管理发展纲要》贯彻执行情况的自查工作*　按照交通部《关于开展〈内河航道养护与管理发展纲要（2001－2010 年）〉贯彻执行情况检查工作的通知》的要求，湖北省交通厅及时成立了领导小组及办公室机构，加强领导和指导工作。湖北省港航局采取了市州自查、领导小组办公室现场检查，及结合日常的航道管理工作，将 2001 年以来湖北省航道建设养护取得的成绩及存在的不足进行了深入总结，并针对全省航道现状提出了切实可行的发展目标，为实现航道与航运发展的良性循环奠定了基础。

（湖北省局　王彦玲）

【贵州省航道维护】　2008 年，贵州省确保了省重点通航河流特别是赤水河航道、乌江航道的畅通，重点维护航道里程 1 537.49 公里，司挂信号 185 346 艘次、设标 451 座、航标维护 54 619 座天、航道测量 15.1 平方公里、航道疏浚 65 381 方、整治建筑物维修 11 097 立方米、零星炸礁 5 870 立方米、航道切嘴及其他 6 860 立方米。

（贵州省局　杨萍艳）

【黄河兰州段航道维护工作】　2008 年，黄河兰州段钟家河桥至包兰铁路桥 38.40 公里经整治为五级航道，进行二类维护，该段航道由兰州市航道维护队养护，养护队配备工程船舶 3 艘（钢耙船 1 艘、运石驳 2 艘），工程队共有员工 60 人。全年对主航道进行了疏浚，完成工程量 49 307.8 立方米，测量滩险 1.94 平方公里，对航道切嘴及岸坡进行了修整，完成工程量 1 202.6 立方米，整治建筑物维修完成工程量 1 016.2 立方米。

（甘肃省局　陈长春）

【黄河刘家峡库区航道维护】 2008 年，刘家峡电站至炳灵寺 41 公里（刘家峡库区）经整治为五级航道，进行三类维护，该段航道由临夏州地方海事局进行养护，配备工程船舶 1 艘，工程队共有员工 6 人。全年对主航道进行了疏浚，完成工程量 29 431.6 立方米，测量滩险 2.09 平方公里，对航道切嘴及岸坡进行了修整，完成工程量 757.4 立方米。

（甘肃省局　陈长春）

· 航道工程 ·

【长江航道建设工程竣工已验收和待验收项目】

· 长江干线芜湖至南京段航路改革航道配套设施建设工程　该工程于 2005 年 8 月开工，2007 年已完成了初设批复全部建设内容，并做好竣工验收前的各项准备工作。2008 年 4 月顺利通过交通运输部组织的竣工验收，工程质量总体评定为优良。

· 长江干线航行标志设施建设一期工程调整方案（南京燕子矶至宜宾河段）　该工程于 2003 年 11 月开工建设，2007 年已完成了初设批复全部建设内容，并做好竣工验收前的各项准备工作。2008 年 4 月顺利通过了交通运输部组织的竣工验收，工程质量总体评定为合格。

· 长江中游碾子湾水道航道整治工程　该工程于 2002 年 12 月开工建设，2003 年底主体已完工。主要完成工程量为筑坝 2 772 米，护滩面积 11.4 万平方米，护岸长 1 090 米。2005 年 6 月组织了交工验收。2007 年完成了竣工验收前的各项准备工作。2008 年 4 月顺利通过交通运输部组织的竣工验收，工程质量总体评定为优良。

· 长江中游罗湖洲水道航道整治工程　该工程于 2005 年 1 月 21 日正式开始施工。2006 年 6 月，主体工程完工，工程基本上达到了整治目的。2007 年共组织完成了 9 个单位工程交工验收；完成项目中间审计；完成工程观测及建筑物的维修；上报了动用预留费的请示。2008 年 12 月顺利通过了交通运输部组织的竣工验收，工程质量总体评定为优良。2008 年完成投资 100 万元。

· 长江下游太子矶中段航道炸礁工程　该工程于 2006 年完成了监理及施工的招标工作以及临时航槽施工并开通了临时航槽。2007 年底主体工程已基本完成。该工程炸药使用量近 100 吨，开工以来安全形势持续稳定。2008 年完成了项目交工验收，同时做好了竣工验收前各项准备工作。2008 年 12 月顺利通过了交通运输部组织的竣工验收，工程质量总体评定为优良。2008 年完成投资 198 万元。

· 长江干线泸州纳溪至重庆娄溪沟航道建设工程　该工程已于 2005 年 3 月份开始实施，2007 年底完成了初设批复全部建设内容，并组织了已完工程的交工验收、项目的中间审计以及上报了动用预留费的请示；同时开展了竣工验收前的准备工作。2008 年完成了竣工验收前各项准备工作，待交通运输部验收。2008 年完成投资 150 万元。

· 长江三峡库区干流航道专项设施复建工程　该工程于 2001 年 12 月正式开始实施，2008 年底主体工程基本完成，并进行了交工验收和工程决算；开展了竣工验收前各项准备工作，待交通运输部部验收。2008 年完成投资 1 800 万元。

（长江航道局）

【长江航道建设工程交工、完工项目】

· 长江下游东流水道航道整治工程　该工程于 2004 年 3 月正式开始实施，2006 年 6 月，主体工程全部完成；2007 年共组织了 16 个单位工程的交工验收；完成了项目中间审计；对护滩工程进行了修复；完成了全河段的效果观测和水文观测。妥善应对和组织完成了护城圩紧急守护工程方案设计、施工图设计审查及工程实施管理。2008 年上报了调整概算申请，待批复。已着手竣工验收前各项准备工作。2008 年完成投资 47 万元。

· 长江中游陆溪口水道航道整治工程　该工程于 2004 年 11 月正式开工，2006 年 6 月主体工程完工。2007 年组织完成了新洲工程区 3 个单位工程交工验收；组织实施已建工程的修复；并根据上级指示精神完成项目费用清理并妥善处理。2008 年开展了竣工验收前准备工作。按设计要求，直港挖槽工程待下年实施。2008 年完成投资 19 万元。

· 长江中游嘉鱼至燕子窝河段航道整治工程　2008 年主要实施了燕子窝防冲墙后部冲刷坑修复工程；组织了所有已完工程的交工验收、结算工作；完成了项目的中间审计；并组织了嘉鱼、燕子窝工程区域地形测量及水文测量、全河段测量；上报了动用预备费申请，待批复。启动了竣工验收准备工作。2008年完成投资36万元。

·长江中游马家嘴水道航道整治一期工程　该工程于2006年10月初正式开工，至2007年6月底主体工程已完工，随后组织了汛期观测、维护及坝体整理工作。2008年主要实施了汛后坝面整理工程；办理工程结算，组织了已完工程的交工验收及中间审计。并组织了2007年汛期观测和2008年施工观测成果验收。启动了竣工验收准备工作。

·长江中游周天河段航道整治控导工程　2008年主要开展了坝面整理及钢丝笼坝面施工；进行了汛期观测及效果分析；完成了已完工程交工验收前各项准备工作，开展了项目竣工验收前各项准备工作，完成了项目中间审计、动用预备费申请等。2008年完成投资63万元。

·长江中游瓦口子水道航道整治控导工程　该工程于2007年12月开工建设。至2008年底，主体工程基本完工。2008年完成投资5 076万元。

（长江航道局）

【长江航道建设工程续建、新建项目】

·长江干线宜宾合江门至泸州纳溪航道建设一期工程　该工程于2007年3月开工建设，至2008年底，除风簸碛部分疏浚及红灯碛补坝坝面未完成外，其它建设任务已全部完成。2008年完成投资6 009万元。

·长江干线宜宾合江门至泸州纳溪航道建设二期工程　2008年主要完成了铜鼓滩疏浚和顺坝坝体抛石、扭王字块预制制作及部分坝头抛钢丝石笼施工，信号台及下河道工程及航道码头工程已开工建设。2008年完成投资5 802万元。

·长江中游武穴水道航道整治工程　该工程于2007年2月正式开工，至2008年底除部分坝体抛石及坝面干砌外，其他建设内容已全部完成。主要完成了水下沉排、部分坝体抛石施工，以及坝体新结构沉箱、模袋混凝土施工。2008年还组织了坝体新结构沉箱、模袋混凝土及施工工艺研究中间成果验收。2008年完成投资2 522万元。

·长江下游黑沙洲水道航道整治工程　2008年主要完成黑沙洲南水道左岸4#潜坝根部护岸工程，#1、#2、#3潜坝坝顶分别筑至设计水位下7.0米、7.0米、13米。完成心滩水下护滩带和天然洲洲头守护工程；并开展了顺水沉排施工工艺研究。2008年完成投资9 045万元。

·长江航道信息系统二期工程　该工程于2007年4月正式开工建设，2007年基本完成了长江航道广域网主体工程建设。至2008年底已完成了机房及网络硬件单位的建设及交工验收，同时还完成了应用软件单位工程中的三个应用软件的开发工作及交工验收。目前正在实施的是软件单位工程中的基础数据库平台、综合分析系统、长江航道内、外网站、机务管理系统等内容的建设工作。2008年完成投资238万元。

·长江干线航道测量设施及设备建设二期工程

交通运输部下文批复了该工程的初步设计，同意在长江干线新建E级测量控制网；配置多波束测深系统等水下地形、水文、泥沙、障碍物探测及陆地地形测量等设备；建设由航道测绘基础空间数据库、基础数据管理系统、航道三维模拟分析系统和中游航道测量调度快速反应与辅助决策支持系统组成的航道测绘成果管理与应用系统。批准建设工期为24个月。2008年主要完成了监理、设备及软件部分招标工作；组织了测量控制网单位工程设计交底及第一次工地例会，并于年底开工建设。2008年完成投资554万元。

·长江中游戴家洲河段航道整治一期工程　交通运输部下文批复了该工程的初步设计，同意对长江中游戴家洲河段实施航道整治一期工程。航道尺度为4.5米×100米×1050米(航深×航宽×弯曲半径)，保证率为98%。主要建设内容为：在新洲头建设1座鱼骨坝、1道窜沟锁坝；对左、右岸部分护岸坡脚实施加固；配套建设65米航道趸船1艘、专用航标6座，水下电视及水下定位设备各1套。批准建设工期为24个月。2008年主要完成了监理、施工招标和施工图设计审查及部分甲供料砼块生产。2008年完成投资2 267万元。

·长江中游沙市河段航道整治一期工程　交通运输部下文批复了该工程的初步设计，同意对长江中游沙市河段实施航道整治一期工程。航道尺度为2.9米×80米×750米(航深×航宽×弯曲半径)，保证率为95%。主要建设内容为：在已实施的三八滩应急守护工程的基础上，加固完善三八滩中上段滩脊，阻止洲头后退，维持三八滩的整体稳定，为沙市河段航道系统治理奠定基础。批准建设工期为24个月。2008年主要完成了监理、施工招标和施工图设计审查，甲供料砼块生产完毕。2008年完成投资1 464万元。

· 长江下游张家洲南港上浅区航道整治工程

交通运输部下文批复了该工程的初步设计，同意对长江下游张家洲南港上浅区实施航道整治。设计航道尺度为4.5米×200米×1 050米(航深×航宽×弯曲半径)，保证率为98%。主要建设内容为：由1道顺坝和3道齿坝组成的官洲头部梳齿坝1座；官洲夹护底带1条；对张家洲南港左岸的部分护岸坡脚进行抛石加固；配套建设40米航道趸船1艘、专用航标8座。批准建设工期为36个月。2008年主要完成了监理、施工招标和施工图设计审查以及部分甲供料砼块生产。2008年完成投资2 109万元。

· 长江下游太子矶水道水道拦江矶炸礁工程

交通运输部下文批复了该工程的初步设计，同意在长江下游安庆以下20公里太子矶水道实施拦江矶炸礁工程。设计航道尺度为6.0米×200米×1 050米(航深×航宽×弯曲半径)，保证率为98%。主要建设内容为：按两级平台炸除拦江矶外侧礁石；对东港进口上心滩头部进行切滩疏浚；更新替换浮标9座、岸标3座，改建岸标1座；配套建设40米航道工作趸船1艘及其接岸设施。批准建设工期为24个月。2008年主要完成了监理、施工招标和施工图设计审查工作，并于年底开工建设临时航槽。2008年完成投资2 006万元。

【三峡航道局完成辖区航道测量计划】 2008年，三峡航道局制订了经济合理的辖区航道测量计划，组织开展了葛洲坝枢纽航道、三峡船闸引航道及其连接段以及三峡大坝—葛洲坝水利枢纽两坝间航道的水下地形、表面流速流向观测共计约1 100.58换算平方公里，为辖区航道顺利度汛、做好三峡大坝上游蓄水期航道维护、辖区枯水期航道维护、枯水期枢纽航道疏浚工程以及两坝间航道科研等工作，采取切实有效的通航维护管理措施，提供了较为丰富和详实的原型观测资料。经组织质量检查，100%的测图资料质量达到部颁《测量质量检验标准》合格要求。

（三峡局　何　宁）

【葛洲坝枢纽三江航道疏浚工程】 该工程是根据长江电力股份有限公司、长江三峡通航管理局和长江宜昌航道工程局三方签订的《2007－2008年度葛洲坝三江航道维护性疏浚工程施工合同》，长江宜昌航道局工程局于2007年12月26日开始施工，2008年1月20日完工。工期25天，按计划完成工程量115 000立方米。

· 施工时间　葛洲坝枢纽三江下引航道口门区施工时间2007年12月26日至2008年12月31日；葛洲坝枢纽三江上游引航道口门区施工时间2008年1月1日至2008年1月13日；葛洲坝三江航道2号船闸上边滩施工时间2008年1月14日至2008年1月20日，施工船舶均为斗轮1号。

· 施工管理　三峡局安全、海事航道、调度运行等相关部门，召开会议审查了长江宜昌航道工程局提交的《2007－2008年度葛洲坝三江引航道维护性疏浚工程施工方案》。会同宜昌市地方船舶过闸管理处，加强了施工过程中的调度计划、现场监控、船舶调度及运行等方面的协调管理，设立了多处监控点，实施了船舶单向航行控制，确保航道宽度不低于80米。定期召集召开协调会议，处理施工与通航的矛盾，分工负责船舶联络、现场维护及监管、船舶过闸秩序等工作，保证了施工期间的航行安全。

· 竣工情况　根据长江宜昌航道局2008年1月份《葛洲坝三江航道水下地形图》，三江航道下口门区、王家沟边滩及2号船闸上边滩等三处施工水域，疏浚后河床均达到了合同规定的维护高程（三江下游航道35.0米，三江上游航道57.0米），依据交通部《疏浚与吹填工程质量检验评定标准》相关条款，工程质量达到优良标准。

（三峡局　何　宁）

【2007年度葛洲坝枢纽大江下游航道疏浚工程】

该工程是根据长江电力股份有限公司、长江三峡通航管理局、长江宜昌航道工程局等单位签订的《2007－2008年度葛洲坝大江航道疏浚工程施工合同》实施。2007年12月15日和27日，长江宜昌航道工程局先后组织斗轮1号挖泥船队和抓扬8号挖泥船队进入大江下游航道开始疏浚工程。至2008年1月13日完工，历时29天。

2008年1月13日至14日，三峡海事局三峡航道局委托长江宜昌航道局进行了葛洲坝枢纽大江下游航道水下地形的竣工测量（其中笔架山—李家河河段水下地形的测图比例为 1：500）。依据测图资料，对葛洲坝枢纽大江下游航道疏浚工程质量进行了评定。

该工程基本完成了葛洲坝枢纽大江下游航道计划施工水域的疏浚施工任务，实际完成工程量 7 3651 立方米。计划的紫阳河（0 区）、笔架山（1 区）、李家河下段右侧（2 区）、李家河下段左侧（3 区）等四个施工区域中，0 区和 1 区施工水域已全部清至维护高程 33.5 米以下，无碍航淤积泥沙；2 区和 3 区施工水域，仍存在少量超出维护高程 33.5 米的浅点在设计航道范围内（右侧 2 区浅点距离设计航道边线 50 米内，左侧 3 区浅点距离设计航道边线 30 米内），浅点数量为合计为 38 点，浅点最高高程为 34.5 米，最大浅值为 1.0 米（距设计左边线约 5.0 米）。浅点涉及范围内 33.5 米高程以上的工程量为 4 589 立方米。浅区土质较硬，一般为岩石及紧密沙卵石，建议今后采取适当施工措施加以清除，以确保航道尺度满足设计和船舶通航的要求。工程符合《2007－2008 年度葛洲坝大江航道疏浚工程施工合同》要求，同意验收。

（三峡局　何 宁）

【三峡船闸下引航道维护性航道清淤工程】　三峡枢纽三峡船闸下引航道维护性航道清淤工程 2007 年 10 月 9 日开始施工，2007 年 12 月 15 日完工，历时 68 天。实际开挖工程量为 335 000 立方米。

·工程范围　三峡船闸引航道内上起六闸首下游岔道口，下至口门区以下约 855 米，其中引航道内施工长度约 1 700 米，合计约 2 555 米。根据测量单位提供的清淤效果分析报告认为：清淤部位及程度均较合理，总体达到了清淤的目的，浚后高程满足安全通航要求。按照交通部《疏浚与吹填工程质量检验评定标准》，达到合格标准。

·施工管理　工程业主单位为中国长江三峡开发总公司，施工单位为长江宜昌航道工程局，测量单位为长江三峡水文水资源勘测局，施工期间现场通航安全维护及维护工作由长江三峡通航管理局承担。施工期间，三峡局召集召开了三峡船闸下引航道维护性疏浚工程施工安全评审会议，对施工方案和安全管理措施进行了审核，要求施工单位按照施工服从通航的原则组织实施工程的施工，并建立了协调会议机制，三峡局相关部门和宜昌航道工程局等单位定期召开施工安全协调会议，讨论施工过程中存在的问题，明确单向航行控制的分工措施并严格落实到各部门，确保了施工与通航船舶的安全无事故。

（三峡局　何 宁）

【上海市加快内河航道整治步伐】　2008 年，上海内河航道整治工程主要在建项目为大芦线航道整治一期工程（临港新城段）和赵家沟航道整治工程。大芦线航道整治一期工程（临港新城段）起于大治河，止于芦潮港内河集装箱港区，整治航道全长 16.31 公里。主要工程内容包括全线航道拓宽疏浚、新建护岸、桥梁、停泊区、港航管理设施和助航设施等。截至年底，该工程在建 7 个标段，含 4 个航道标，3 个桥梁标，累计完成投资 12.97 亿元。赵家沟航道整治工程位于浦东新区北部，连接黄浦江与外高桥集装箱港区的主干航道，起于黄浦江浦东大道九号桥，途经东沟航道枢纽，止于外高桥内河集装箱港区，整治航道全长 9.28 公里，主要工程内容包括航道疏浚拓宽工程、新建护岸、改建船闸、桥梁、新建停泊区、综合服务区、港航管理设施和助航设施等。截至年底，赵家沟工程 9 个标段进入施工阶段，含 1 个船闸标，4 个航道标，4 个桥梁标，累计完成投资 11.94 亿元。此外，苏申外港线航道整治工程项目初步设计批复；杭申线（上海段）航道整治工程项目、黄浦江上游（泖港段）航道整治工程项目、大芦线航道整治二期工程项目建议书批复。

（上海市局　庞耀云）

【黄浦江上游（分水龙王庙至大涨泾河口）航道整治工程获准立项】　2008 年，上海市发展和改革委正式批复同意黄浦江上游（分水龙王庙至大涨泾河口）航道整治工程实施。黄浦江上游航道连接苏申外港线、杭申线等省际干线航道，日通过船舶 3 000 艘次以上，是上海市内河航道中船流密度最高的航段之一，同时也是水上交通事故高发区。2003 至 2006 年，该段航道发生事故高达 26 起，其中横潦泾、竖潦泾交汇处发生安全事故 8 期。

黄浦江上游航道整治工程是保护从事水路运输的企业及个人生命财产的民生工程，关系到内河集装箱运输主通道的安全、通畅。该工程不仅在《上海市内河航运发展规划（修订报告）》中定为“十一五”期重点工程，而且列入《“十一五”期长江黄金水道建设总体推进方案》的实施计划。工程实施后，将进一步改善该航段的航行条件，畅通内河集装箱运输主通道，有利于长三角地区物资水上交流，降低水上交通事故发生的几率，保护黄浦江上游水源地，保障居民用水安全，改善水生态环境。

（上海市局）

【洋山深水港区三期工程疏浚、助航工程和液化天然气项目航道疏浚工程通过中间交工验收】

2008年11月19日，洋山深水港区三期工程疏浚、助航工程和液化天然气项目航道疏浚工程通过中间交工验收，工程质量优良。

本次验收包括四个单位工程：配合液化天然气项目主航道扩宽疏浚，长11公里，宽550米，设计底标高—16.5米；港内停泊和回旋水域疏浚，长1 450米，横向总宽770—1 060米，设计底标高17.5米；内航道疏浚，长2 300米，有效宽度250米逐步缩窄至0米，设计底标高16.0米；航标助航工程，新布设4座灯桩和1座灯浮。

（上海市局）

【宁波—舟山港建成我国首条人工30万吨级航道】 2008年1月12日，我国第一条30万吨级人工航道虾峙门口外航道建成。

虾峙门口外航道建设采用了全新的筹资模式，由政府、受益企业（中国石化股份有限公司和宁波港集团有限公司）和港口当局（舟山港务管理局）共同出资建设。

（浙江省局　吴永平）

【宁波—舟山港条帚门航道工程可行性研究报告通过专家审查】 2008年5月12日，《宁波—舟山港条帚门航道工程可行性研究报告》通过由浙江省发改委和省交通厅联合组织的专家审查。随着宁波—舟山港及临港产业的快速发展，作为大型船舶进出港的主要通道虾峙门航道船舶通过量大幅增加，渐趋饱和，开发改造条帚门航道作为宁波—舟山港第二条大型船舶进出港航道已势在必行。

根据工可报告，该工程将按15万吨级船舶通航（兼顾30万吨级空载通航）标准建设。工程对航道狭口段进行炸礁拓宽，炸礁工程量约17.2万立方米，并相应建设调整有关锚地、助航标志等配套工程，炸礁工程建设工期为21个月。条帚门航道的开发建设将进一步满足大型船舶进出港的要求，也将缓解虾峙门航道的通航压力，营造大型船舶安全通航环境。

（浙江省局　工程建设处）

【长湖申线浙江段航道扩建工程一期航道工程施工图设计通过专家组审查】 2008年5月14日，长湖申线浙江段航道扩建工程一期航道工程施工图通过专家审查。

长湖申线（浙江段）航道扩建工程干线全长75.129公里，支线长2.556公里，其中三级航道长62.584公里，四级航道长15.101公里；本次通过审查的一期工程范围为湖州段 K40+840 至K75+149航段及长兴段K5+765至K14+803(左岸)、K5+900 至 K15+145（右岸）的护岸工程及相应的土方工程，工期为3年。

（浙江省局　工程建设处）

【湖嘉申线湖州段航道示范工程通过交通部组织的预验收】 2008年4月23日，湖嘉申线湖州段航道示范工程顺利通过交通部组织的预验收。验收组一致认为：湖嘉申线湖州段航道按照“示范工程实施方案”的要求认真落实了各项工作，实施内容明确、实施效果明显、示范功效突出，符合验收条件，同意通过预验收。湖嘉申线湖州段航道在建设过程中紧紧围绕“安全、高效、环保、节约、服务”的主题，开展了限制性航道灵活性设计、新型生态护岸和沿河景观带、综合服务区功能和布置、跨河桥梁顶升、信息化管理等关键技术研究，并取得了相应成果。湖嘉申线湖州段是我省内河第一条按三级通航标准进行改造的高等级航道，是长三角地区水运网络规划中的集装箱疏运通道。

（浙江省局　工程建设处）

【湖嘉申线航道嘉兴段一期工程施工图通过专家组审查】 2008年6月6日，湖嘉申线航道嘉兴段一期工程施工图通过专家组审查。湖嘉申线航道嘉兴段一期起点为乍嘉苏线航道口，终点为红旗塘杨树浜杭申线交界处，全长 14.76 公里。按 III 级限制性航道标准改建。通航净宽 60 米、净高 7 米。其中秀洲区段 8.771 公里，嘉善县段 5.992 公里，航道沿线共需新建桥梁 11 座，其中 2 座桥梁结合公路和城市建设实施。

（浙江省局　工程建设处）

【六平申线海盐段护岸完善工程初步设计通过评审】 2008 年 6 月 25 日，六平申线（海盐段）护岸完善工程初步设计通过评审。六平申线航道（海盐段）全长 47.9 公里，截至 2006 年底，共修筑护岸达 64.49 公里（单侧）。此次护岸完善工程，共计划修筑护岸 13 公里，干线按照四级航道标准建设，支线按照六级航道标准建设，投资金额 3 000 余万元，工程计划于今年 8 月份开始动工，到明年年初进入工程扫尾阶段。该工程的实施能够较好地解决六平申线海盐段航道自然岸坡水土流失问题，改善通航条件。

（浙江省局　工程建设处）

【长湖申线浙江段航道扩建工程开工】 2008 年 7 月 29 日上午，长湖申线浙江段航道扩建工程正式开工。这是湖州市有史以来投资规模最大、建设工期最长的水运建设项目。此次扩建工程概算总投资为 18.59 亿元，分两期实施。改造航道里程 77.7 公里，其中长兴小浦合溪至帅家村段 15.1 公里，按四级通航标准改造；帅家村至湖州南浔段 62.6 公里，按三级通航标准改造。新建护岸 139.1 公里，新改建 24 座跨航桥梁，新建水闸 1 座，改建枢纽 1 座，新建服务区 3 处和锚泊区 3 处。

（浙江省局　工程建设处）

【京杭运河（浙江段）三级航道整治工程预可行性报告评估会召开】 2008 年 8 月 3 日至 8 月 6 日，受国家发改委委托，交通运输部规划研究院在杭州主持召开了“京杭运河（浙江段）三级航道整治工程预可行性报告评估会”。会议邀请了全国各地相关专业领域的 15 位特邀专家及相关单位的代表参加了会议。浙江省发改委赵彦年副主任，省交通厅王洪涛、王德宝副厅长和杭州市委常委、副市长沈坚到会作重要讲话，省港航管理局郑惠明局长等陪同各位专家和领导考察了现场并参加会议；省交通规划设计研究院等相关研究单位向大会介绍了该项目的研究和前期工作情况。会议充分肯定了该项目建设的必要性，原则同意“预可研”报告推荐的总体线位方案，同时，也提出了相应的完善意见及下一步工作应注意和进一步落实的有关事项。

（浙江省局　工程建设处）

【《预制混凝土组合结构型航道护岸工程质量检验规范》】 2008 年 12 月 17 日，经浙江省质量技术监督局批准，《预制混凝土组合结构型航道护岸工程质量检验规范》正式发布实施，填补了目前我国水运工程标准系列中，对新型航道护岸结构检验和质量控制规范的空白，使质量控制手段与日益进步的航道工程技术更好的衔接。该规范由浙江省港航管理局牵头，嘉兴市港航管理局及世纪交通设计有限公司起草。

（浙江省局　工程建设处）

【全国内河水运建设示范工程验收会议在湖州召开】 2008 年 7 月 15 日，交通运输部在湖州召开全国内河水运建设示范工程验收会议。交通运输部副部长徐祖远到会并做重要讲话。部总工程师蒋千等来自全国各地的 80 多位代表、专家以及中央电视台等 20 多家新闻媒体的记者参加了会议。会议由部水运司副司长曹德胜主持，浙江省交通厅副厅长王洪涛和湖州市马市长在会上分别致辞。会议听取了浙江省港航管理局和江苏省航道局实施内河水运建设示范工程情况的汇报。与会代表还参观了湖州水上交通指挥中心，并乘艇一路实地察看了湖嘉申线湖州段航道示范工程。湖嘉申线湖州段作为浙江省内河第一条三级航道，2006 年被交通部列入全国内河水运建设示范工程依托项目，2008 年 4 月通过了交通运输部组织的内河水运建设示范工程预验收。

（浙江省局　工程建设处）

【钱塘江中上游衢江（衢州段）航运开发工程工可获省发改委批复】 2008 年 11 月 17 日，钱塘江中上游衢江（衢州段）航运开发工程可行性研究报告获得省发改委批复。该项目主要建设内容为建设红船豆、安仁铺两个枢纽（含大坝、电站、船闸），新建塔底和小溪滩两个船闸，改造 57 公里航道，建设相关的助航设施及锚泊服务区。航道及通航建筑物按内河四级航道、通航 500 吨级船舶的标准设计建设。项目总投资估算为 26.25 亿元。

（浙江省局　工程建设处）

【诸暨浦阳江姚公埠大桥至金浦桥航道养护工程设计方案通过会审】 2008 年 3 月 11 日，诸暨浦阳江姚公埠大桥至金浦桥航道养护工程顺利通过了省港航局组织的工程方案与施工图初步设计会审。该工程系诸暨浦阳江航道整治方案的重要组成部分，起自浦阳江诸暨段下游与萧山接壤的店口镇金浦桥，终于浦阳江西江的直埠镇姚公埠大桥，全长 8.6 公里。该工程的实施将极大地改善和提升浦阳江诸暨店口港区段航道的通航能力，为诸暨市全面实施浦阳江航道整治方案，早日实现港航强市奋斗目标奠定坚实的基础。

（绍兴市局）

【江苏内河水运建设示范工程通过交通运输部验收】 2008 年 7 月 15 至 16 日，交通运输部先后在浙江、江苏召开全国内河水运建设示范工程验收会，京杭运河两淮段航道整治工程、宿迁城区段综合整治工程暨水上服务区建设工程和常州市区段改线工程等三个江苏内河水运建设示范工程项目顺利通过验收。

验收组由交通运输部总工程师蒋千，江苏省交通厅党组副书记、副厅长杨根林，部科教司、浙江省、广东省、江苏省专家组成。专家组对江苏的示范工程项目给予了高度评价，认为工程坚持理念创新，将资源节约型、环境友好型、以人为本型的理念贯穿于航道工程设计与建设中，实现了资源综合利用。特别是京杭运河常州市区改线段节约土地近 1.4 万亩，减少工程投资约 10 亿元，成为示范工程建设中的一大突出亮点。

（江苏省局　徐秋敏）

【江苏省锡北线张泾段航道通过交工验收】

2008 年 6 月 28 日，江苏省锡北线张泾段航道整治工程通过交工验收

锡北线是连接锡澄运河、申张线的主要干线，是省干线航道网锡十一圩线的主要组成部分。锡北线张泾段航道整治工程共 8.8 公里，总投资 1.66 亿元，按照五级航道标准实施、四级标准预留。

（江苏省局　徐秋敏）

【湖西航道八一大桥建成通航】 2007 年 3 月开工，6 月老桥拆除后，船舶通过量显著增大，据蔺家坝船闸统计资料同期对比，2008 年上半年船舶流量为 470 万吨，是 2007 年老桥拆除前上半年船舶流量 330 万吨的 1.4 倍，同时最大通过单机船舶载重量已达到 1 610 吨，最大船舶日流量近 10 万吨，航道通行能力大大增强。2008 年 10 月 30 日，八一大桥工程完成交工验收，正式通航通车。概算总投资 2 380 万元。

湖西航道是京杭运河水运主通道的重要组成部分，八一大桥工程为湖西航道整治工程的组成部分，位于铜山县柳新镇境内。原八一大桥是一座危桥，通航净空仅 2.7 米，严重碍航。

改造后的八一大桥桥梁全长 383.64 米，设计荷载等级为公路Ⅱ级，桥面净宽 8 米，通航净空 ≥90×7 米。引航道长 503.2 米，八一大桥的改造完成，彻底解决了原八一老桥对湖西航道的瓶颈制约问题。

（江苏省局　徐秋敏）

【常州开通全国首家航标遥测服务网站】 江苏省内河航道（除长江）有发光航标 788 座，主要配布在湖区和支河岔口及航行有困难的航段。航标自动遥测及管理系统的使用，可以使人们用手机、市话、微机对远离航道部门的航标进行远程遥测和监控，从而减轻航标人员劳动强度，减少航标艇查标的燃料费用和设备消耗费用，确保航标发光率，使航标工作更好地为航运事业服务。

为配合航标遥测技术在江苏省全省的普及应用，常州航道处技术支持航标遥测生产单位于 2008 年 3 月试开通了全国首家航标遥测专业性服务网站："www.czchengchuang.cn"航标遥测免费服务网站。该网站内容由简入深，除提供航标、航标遥测知识，航标配置和故障排除方法，还对使用航标遥测单位的航标运行状况定期提供技术数据和技术支持，进行动态管理，友情提示。目前，该网站计数器记录已有 1 000 多人次上网浏览和下载资料，交流航标技术。

（江苏省局　常州处）

【京杭运河常州市区改线段工程交工通航】

2008年1月17日，历时四年精心打造，京杭运河常州市区改线段工程顺利交工通航，比原计划提前一年，创下常州交通建设史上的新记录。

交通部副部长徐祖远、江苏省副省长李全林、省交通厅厅长潘永和、常州市委书记范燕青、市长王伟成等出席运河竣工通航仪式。

新建成的京杭运河常州市区改线段集水运、防洪、生态、景观于一体，工程总投资 29.97 亿元，是常州交通建设史上单项投资最大的基础设施建设项目。工程建设全长26公里，按三级航道标准实施，可通行 1 000 吨级的船舶，是苏南地区第一条高等级、现代化三级航道。横跨运河的11座桥梁结构新颖、形状各异，新技术、新工艺得到广泛运用，工程累计开挖土方1 853万立方米。工程建设中始终贯彻“路航工程联动、交通水利兼顾”的原则，运河开挖土方综合利用于高速公路、国省公路和其他项目，共节约土地1万多亩，节约建设资金10亿元；同时，运河和312国道共线段绿化工程进行了整体设计，建成长达17公里的“一河、一路、三林带”的交通绿色走廊。

（江苏省局　常州处）

【丹金溧漕河航道整治工程项目获省发改委批复】 丹金溧漕河航道整治工程项目建议书获苏发改交通发〔2008〕433号文批复。丹金溧漕河是《江苏省干线航道网规划》中的三级干线航道，北起丹阳七里桥与黄金水道杭运河相连，途经金坛，南至溧阳轮船厂和省际航道芜申线相接，是苏南干线航道网及长三角高等级航道网的重要组成部分，丹金溧漕河三级航道整治常州段长 46.1 公里，投资估算23亿元。

（江苏省局　常州处）

【苏州市率先在国内实现干线航道水运交通量自动监测】 2008年，《苏州市水运交通量网络监测系统的建设研究》顺利通过江苏省交通厅成果鉴定，经过试运行，该设备在船舶流量、流向方面数据采集精度较高。苏州航道部门将于2009年1月1日至12月31日在该市航道10个连续点和间隙点（连续点长年24小时不间断监测，间隙点一年4次，1次15天24小时监测）全面推广使用。

10个观测点共同投入监测采集，将全面覆盖苏州干线航道网络，解决了统计成本大、数据准确度低等问题，提高了统计精度和数据处理效率，确保了数据的完整性、真实性和延续性，提升了苏州内河航道管理的科技信息化服务能力和水平。

（江苏省局　苏州处）

【苏西线航道胥口、木渎段“六改五”工程竣工】

苏西线胥口木渎段护岸、疏浚工程是按五级航道标准实施，工程建设规模为新建悬壁式钢筋砼护岸4 000米，航道疏浚土方12.3万方，拆除老驳岸 4 000 米，改造整治苏西线吴中区胥口镇胥江桥至滩港桥和木渎镇灵山桥至姑苏桥东航段，工程总投资为1 700万元左右，11月底竣工。整治后的航道地段面宽均大于50米，可通航300吨级的船舶，提高了苏西线部分航段的通过能力。

（江苏省局　苏州处）

【江苏申张线张澄段新桥上下段航道整治工程施工图设计通过审查】 2008年5月11日，江苏省交通厅航道局在江阴组织召开了申张线张澄段新桥上、下段航道整治工程施工图设计审查会。与会代表和专家对施工图设计进行了认真的审阅和充分的讨论，一致同意申张线张澄段新桥上、下段航道整治施工图设计通过审查。该工程航道整治里程全长14.01公里，其中新桥上段为8.872公里、新桥下段为5.138公里，全部按三级航道标准整治。

该工程约需征用土地 3 702 亩、拆迁房屋104 095平方米。工程估算总投资3.3亿元，其中工程建设费为1.78亿元。

（江苏省局　无锡处）

【锡溧漕河无锡段全线建成通航】 2008年9月4日，江苏省航道局在宜兴主持召开了锡溧漕河无锡段（分为宜兴段、屺亭段、直湖港段三部分）航道整治工程交工验收会议，标志着经过五年整治的省干线航道网重要组成部分锡溧漕河无锡段全线建成通航。工程质量为优良等级，并正式交付使用。

锡溧漕河无锡段按三级标准预留，近期按五级标准实施，全长23.899公里，工程投资4.1807亿元。

（江苏省局　无锡处）

【锡溧漕河无锡段航道整治工程初步设计通过省发改委批复】 江苏省发改委下发苏发改交通发[2008]881 号文件对锡溧漕河无锡段航道整治工程初步设计进行批复。锡溧漕河无锡段航道整治工程建设标准及规模为：按三级标准进行建设，设计最大船舶等级为 1 000 吨级，航道底宽 45 米，最小水深 3.2 米，口宽不小于 70 米，航宽不小于 60 米，最小弯曲半径 480 米；改建桥梁通航净高 7 米，净宽 60 米，主跨采用一孔跨过通航水域。该项工程整治航道 27.446 公里，新建护岸 45 829 米，加固护岸 840 米，开挖水上方 231 万方，开挖水下方 575 万方，建设停泊锚地 3 个，信息化工程 1 项，以及航道标志标牌、环保、绿化等配套工程，预留水上服务区 1 处。工程改建桥梁 14 座（含铁路桥 1 座）。核定工程永久性征地 1 965 亩，拆迁房屋 22.23 万平方米。核定工程总概算 144 256.28 万元。其中航道工程概算投资 84 241.88 万元，桥梁概算投资 60 014.4 万元。

（江苏省局　无锡处）

【芜申运河宜兴段全线建成通航】 2008 年 5 月 31 日，芜申运河宜兴农村段航道整治工程及部分桥梁交工验收会议在宜兴召开，标志着芜申运河宜兴段全线建成通航，省交通厅党组副书记、副厅长杨根林，省交通厅航道局局长董文虎等领导及厅机关有关部门，无锡市交通局、航道处，宜兴市政府、交通局的有关同志参加了会议。

芜申运河是长三角地区的一条水运主干线，跨越安徽、江苏、上海两省一市，全长 400 多公里。宜兴段航道整治工程总投资 10.5 亿元，全长 45.5 公里，按内河四级航道标准设计，桥梁和驳岸按三级标准预留，航道面宽 70 米，桥梁一跨过河，通航净高 7.0 米，由省、市共同投资建设，其中工程建安费由省承担，征地拆迁及改建桥梁超出原宽度部分费用由地方政府承担。芜申运河宜兴段的全面建成通航，不仅大幅度提高了该地区的航道通航能力，而且明显改善了宜兴城区居住环境，提升了城市品位，提高了沿线水利防洪能力，有效保障了沿线人民群众生命财产的安全，促进了地方经济发展。

（江苏省局　无锡处）

【苏南运河镇江段三级航道整治工程初步设计通过省发改委批复】 江苏省发改委下发苏发改交通发〔2008〕746 号文件对苏南运河镇江段三级航道整治工程初步设计进行批复。苏南运河镇江段三级航道工程建设标准及规模为：设计代表船型为 1 顶+2×1 000 吨级船队，航道底宽不小于 70 米，最小水深 3.2 米，口宽不小于 90 米，航宽不小于 80 米，最小弯曲半径 480 米；改建桥梁通航净高不小于 7 米，净宽不小于 80 米，主跨采用一孔跨过通航水域。该项工程整治航道 42.571 公里。新建护岸 74 617 米，修复护岸 4 500 米，开挖水上方 1 478 万立方米，开挖水下方 877 万立方米，建设停泊服务区 1 个，锚地 4 个，航道管理锚地 3 个，信息化工程 1 项，以及航道标志标牌及环保、绿化等配套工程。工程改建桥梁 9 座，新建桥梁 1 座。核定工程新增用地 1 041 亩，临时用地 650 亩，拆迁房屋 18.9 万平方米。核定工程总概算为 203 458.91 万元。

（江苏省局　镇江处）

【芜申线高溧段航道整治工程可行性研究报告获省发改委批复】 江苏省发改委以（苏发改交通发〔2008〕1293 号）文对芜申线高溧段航道整治工程可行性研究报告进行批复，同意芜申线高溧段航道按三级航道标准，沿线船闸按Ⅲ级标准，杨家湾节制闸按 50 年一遇、100 年校核的防洪标准进行建设。该工程整治航道约 92 公里，航道底宽不小于 45 米，最小水深 3.2 米，口宽不小于 70 米，最小弯曲半径 480 米，设计最大通航船舶 1 000 吨级。新建下坝二线船闸，移位重建杨家湾枢纽（含建设杨家湾船闸和节制闸各一座），船闸规模均为 23×230×4 米，杨家湾节制闸规模为 5 孔各 8 米，总净宽 40 米，最大泄洪量 467 立方米/秒；新建、改建跨河桥梁 30 座，新、改建桥梁通航净空不小于 60×7 米。项目估算投资约 46.66 亿元。其中航道工程投资约 25.8 亿元，船闸工程投资约 7.79 亿元（含杨家湾节制闸工程投资），桥梁工程投资约 13.07 亿元。

（江苏省局　南京处）

【盐河（杨庄—武障河）航道整治工程通过工可审查】 2008 年 3 月 11 日，江苏省发展和改革委员会在南京市组织召开了《盐河（杨庄—武障河）航道整治工程工程可行性研究报告》审查会。该工程起自杨庄船闸，止于盐河、灌河交汇处的武障河段，预算总投资 28.57 亿元，计划按三级航道标准整治航道 91.605 公里，新增建三级复线船闸 2 座。

盐河南连京杭运河，北接连云港港疏港航道，向东经灌河入海，是苏北地区的一条重要的干线航道，也是淮河流域最便捷的出海通道，是连云港港疏港航道向苏北内陆地区的有效延伸和区域综合运输体系的重要组成部分，确定按三级标准整治，同意工可报告通过审查。

（江苏省局　淮安处）

【洪泽湖西线航道 3 座航标改建工程顺利竣工】 洪泽湖西线航道为 6 级航道，全长 112 公里，泗洪境内通航里程为 100 公里(8#航标—团结闸)，是该县的水上运输生命线。洪泽湖西线航标总计 16 座，其中水中固定标 9 座，浮标 7 座。此次改建的 10#、12#航标位于洪泽湖中心，原为 4 米双船体侧面浮标，现改建为水中灌注桩固定标；临淮 3#示位标位于汴河入湖口，原为钢质框架形灯桩，现改建为圆柱塔形钢质标体示位标。于 8 月竣工并交付使用。

（江苏省局　宿迁处）

【南通内河航道首次使用桥涵标】 2008 年，经过近 1 个月的紧张施工，位于南通市通吕河上可供船舶航行的通富大桥和铁路大桥两座桥现已全部安装了桥涵标，并顺利通过验收，正式投入使用。这是该市首次建设的新型桥涵标，将极大提高船舶通过桥区的安全系数。通富大桥是该市崇川区东城新区的主要干道，也是连接开发区、崇川区、港闸区过往的纽带。通吕运河铁路特大桥该市境内最大的铁路桥，位于通州市金通公路兴仁段的通吕运河上，是南通至南通东铁路的控制性工程。为了确保两座大桥和船舶航行的安全，相关部门根据《中华人民共和国航标条例》、《江苏省航道管理条例》的规定，按照 GB5863—93《内河助航标志》及 GB5864—93《内河助航标志的主要外形尺寸》的标准制作了桥涵标，极大地提高了船舶通过桥区的安全保障能力。

（江苏省局　南通处）

【《赣江（南昌—湖口）Ⅱ级航道整治工可报告》通过省发改委审批】 2008 年 11 月 13 日，江西省发改委对《赣江（南昌—湖口）Ⅱ级航道整治工程可行性研究报告》予以批复，同意建设这一工程项目。

拟建项目起自南昌外洲水文站，由裘家洲左汊进入赣江西支，经樵舍、昌邑、吴城、于湖口入长江，全长 156 公里。通过采取整治、疏浚、护岸稳定河势等工程措施，将目前的Ⅲ级航道标准提高为Ⅱ级航道标准，即航道尺度：设计水深 2.8 米，最小航宽 78 米，最小弯曲半径 550 米；代表船型或船队尺度：2 000 吨级货船 90.5 米×16.2 米×2.6 米，双排单列 2 000 吨级顶推船队 150.0 米×16.2 米×2.6 米+660 千瓦推轮 32.0 米×9.0 米×2.0 米，集装箱船 87.0 米×15.8 米×2.6 米。

整治工程主要建设内容为：在 6 个浅滩新建丁坝 23 座，9 个浅滩 22 座老坝进行加长，19 个浅滩 137 座老坝进行维护，筑坝总工程量 430 089 立方米；在 7 个浅滩布置 10 个基建挖槽，疏浚工程总量 815 151 立方米；新旧护岸工程总长 18 841 米，工程量 132 384 立方米。工程估算总投资 17 899 万元。

（江西省局　张兆平）

【交通运输部督查组对赣江东河航道整治工程质量进行检查】 2008 年 11 月 13 日至 14 日，由交通运输部基本建设监督总站副站长黄勇及相关专家一行 10 人组成的督查组，对江西省赣江东河（南昌—瓢山）航道整治工程质量与施工安全情况予以检查。省交通厅副厅长许润龙，厅基建处处长袁望京，省航务局局长李天碧、副局长杨礼生等陪同参加了检查活动。

督查过程中，督查组成员认真听取了关于江西水运建设工程质量和施工安全监管工作情况的简要汇报，以及赣江东河（南昌—瓢山）航道整治工程建设、设计、施工、监理单位的自查情况的详细汇报。随后，督查组按照交通运输部颁发的《公路水运工程质量安全督查办法》的要求，采取现场察看、座谈讨论、内业资料抽查等形式，对该工程参建各方的质量管理行为、施工工艺、工程实体质量、施工安全管理等情况逐一检查。督查组在意见反馈会议上，充分肯定了赣江东河（南昌—瓢山）航道整治工程质量及其安全管理工作中所取得的良好成效，并就下一阶段的工程建设提出了具体意见和建议。

（江西省局　许海远）

【江西省局基本完成基建项】　2008 年，江西省发改委、江西省交通厅下达航务部门基本建设项目投资计划为 29 282 万元。款源为：交通运输部补助资金 7 500 万元，交通厅自筹资金 7 200 万元，项目法人贷款 8 282 万元，航务自筹资金 6 300 万元。所建项目包括：赣江东河（南昌—瓢山）Ⅳ级航道整治工程（续建）5 000 万元（部补 2 000 万元，厅自筹 3 000 万元）；赣江石虎塘航电枢纽项目（新建）20 282 万元（部补 5 500 万元，厅自筹 3 500 万元，项目法人贷款 8 282 万元，航务自筹 3 000 万元）；江西水上搜救中心项目（续建）2 200 万元（厅自筹 700 万元，航务自筹 1 500 万元）；江西省水上搜救中心鄱阳湖分中心项目（续建）1 000 万元（航务自筹）；鄱阳县地方海事处及航道段工作用房（续建）200 万元（航务自筹）；抚州市地方海事处及航道段工作用房（续建）100 万元（航务自筹）；高安市地方海事处及航道段工作用房（续建）100 万元（航务自筹）；丰城市地方海事处及航道段工作用房（新建）100 万元（航务自筹）；江西省水上搜救中心赣州分中心项目（新建）200 万元（航务自筹）；上犹县地方海事处工作用房 100 万元（新建）（航务自筹）。

至年底，按江西省发改委年度计划完成的基建项目为：赣江东河（南昌—瓢山）Ⅳ级航道整治工程完成年度施工任务；赣江石虎塘航电枢纽于年底已开工建设；江西省水上搜救中心主体工程于年底封顶；江西省水上搜救中心鄱阳湖分中心主体工程在建；鄱阳县地方海事处及航道段工作用房，抚州市地方海事处及航道段工作用房均竣工；高安市地方海事处及航道段工作用房主体工程在建；上犹县地方海事处工作用房完成征地任务；丰城市地方海事处及航道段工作用房，江西省水上搜救中心赣州分中心因自筹资金原因，列为缓建项目。

（江西省局　张兆平）

【淮河淮滨至三河尖（豫皖界）航运基础设施建设工程举行开工仪式】　2008 年 11 月 20 日，河南省境内的淮河淮滨至三河尖（豫皖界）航运基础设施建设工程在河南信阳淮滨饮马港码头举行了奠基开工仪式。

淮河航运基础设施建设工程为河南省“十一五”水运重点建设项目和信阳市 2008 年“十大项目”。淮河淮滨至三河尖段航道全长 76 公里，按Ⅳ级航道标准治理；新建淮滨饮马港码头 2×500 吨级和 2×300 吨级泊位，配套建设货物堆场、管理设施，设计吞吐能力 125 万吨，扩建固始望岗码头，按 300 吨级标准新建一个泊位，改建 2 个泊位，设计吞吐能力 70 万吨。预计建设工期 24 个月，工程投资 15 258 万元。淮河淮滨至三河尖工程是河南省继沙颍河周口段复航开工建设的第二个大型航运开发工程，该工程完工后，河南省将拥有第二条通江达海的航运通道，对促进河南省航运事业的发展，为流域内经济发展注入新的活力发挥积极作用。

（河南省局　王守明）

【贵州第一条高等级航道工程开工建设】　2008 年 5 月 28 日位于贞丰县北盘江百层码头，贵州省交通厅党委彭伯元书记一声开工令下，西南水运出海中线通道（贵州段）航运扩建工程正式开工建设。西南水运出海中线通道（贵州段）航运扩建工程项目，是贵州省第一条通向省外的高等级航道，由交通运输部、贵州省共同投资 4.3 亿元，其中航道建设工程投资 2.5 亿元，港口建设工程投资 1.8 亿元。工程建设规模为：按Ⅳ级标准航道建设南盘江、北盘江、红水河、濛江等共 360 公里航道；按 500 吨级标准建设码头 8 个，泊位 15 个；相应配套建设 350 公里航段的航标、通信、航道管理、航运支持保障系统等设施。建设工期 4 年，计划 2011 年工程全部完工。

（贵州省局　杨萍艳）

【贵州省航道工程建设】　2008 年，贵州省建成洪家渡库区航运建设工程九洞天至木空河段 19.7 公里七级航道，完成投资 260 万元；按照西南水运出海中线通道（贵州段）航运扩建项目计划大纲，2008 年完成了南盘江、北盘江、濛江航道 17 个标段的施工招标工作，并按四级标准整治滩嫌 20 余处，完成投资 5 817 万元。

（贵州省局　杨萍艳）

【四川省航道建设】

·长江　建设长江川境段 258 公里三级航道，常年昼夜通行 1 000 吨级船舶。

1. 泸州—重庆段航道整治工程。建设三级航道 270 公里（其中川境段 128 公里），投资 1.2 亿元，由长江航道局为主实施，已于 2005 年开工建设，目前基本建成。

2. 宜宾—泸州段航道整治工程。建设三级航道 100 公里，投资 1.5 亿元，由长江航道局为主实施，2007 年 3 月 18 日开工，2008 年 9 月 26 日实行三级航道维护试运行，开展一类航标配备维护。

3. 宜宾—水富段航道整治工程。建设三级航道 30 公里，投资 1.5 亿元。项目工可编制已于 2006 年完成，待报批。

· 嘉陵江　全江渠化工程快速推进，川境段 534 公里已渠化航道 280 公里，基本建成新政、金溪枢纽，加快建设小龙门、凤仪、沙溪、苍溪、青居枢纽。其中凤仪枢纽完成管理用房主体施工和泄洪冲砂闸底板、厂房基础浇筑砼；沙溪枢纽正在进行右岸泄洪冲砂闸及厂房土建工程；苍溪枢纽目前正在进行主体工程安装间、左岸土石坝、接头坝的土石方开挖，完成成品廊道的开挖及混凝土浇筑，部分完成筛分系统钢结构桁架的制作；小龙门枢纽目前正在进行第三台机组的安装工作，库区淹没工作正在推进；亭子口枢纽正开展“四通一平”工程，拟于 2009 年底正式开工枢纽建设。

· 岷江　2007 年 3 月，四川省政府第 113 次常务会议通过了《岷江干流（乐山—宜宾段）航电综合开发研究报告》。2008 年 8 月，省政府研究由省发改委牵头组织将《岷江航运发展规划》和《岷江水电发展规划》合并编制《岷江（乐山—宜宾段）航电规划》，并于 2008 年 12 月通过省发改委审查，并确定了岷江（乐山—宜宾段）162 公里航电开发任务是“以航运为主，兼顾发电、防洪、供水、旅游等综合利用”，近期规划建设老木孔、东风岩、犍为、龙溪口四级航电枢纽，整治龙溪口以下 81 公里航道，达到三级航道标准。

为确保大件航道畅通，2008 年在岷江航道渠化工程实施前，争取省财政水运专项资金 1 000 万元，开展了乐山－宜宾大件航道重要滩险养护整治，开工建设癞儿滩、羊角石滩大型养护整治工程。

（四川省局　易　翥）

【黄河玛曲段公路大桥至白河口航运建设工程现场踏勘工作顺利完成】　2008 年 6 月 20 日至 22 日，由南京水利科学研究院河流海岸研究所陆永军所长（博士、博士生导师）、徐成伟工程师、兰州黄河水文水资源探测局吴国祥、李峰工程师、甘肃省水运管理局规划建设处许鹏山处长（高级工程师）、州交通局总工王林、玛曲县交通局组成的黄河玛曲段航运建设工程踏勘组，在玛曲县委纪检委书记贡保闹日、县政府副县长焦维忠的陪同下，对黄河玛曲段公路大桥至白河口全长 100 公里的黄河航道进行了水上实地踏勘。该段航道列入了《甘肃省内河水运规划》“十二五”建设项目，本次踏勘是工程可行性研究工作的正式开始。

经水上实地踏勘后，专家组一致认为：黄河玛曲段黄河桥至白河口航段水流平缓、河道顺畅，河流含沙量少，具备了较好的航运条件，黄河航道蕴藏较大的开发价值，发展前景广阔。该项目实施后，对促进甘南州地方经济发展，方便沿河藏族群众生活具有重要意义。

22 日上午在合作由州交通局恒考局长主持召开了项目前期工作座谈会，确定项目法人为玛曲县人民政府，初步拟定建设标准为五级航道，建设内容包括航道、码头、工程船舶、管理站房、航标、环保工程等，投资规模控制在 8 000 万元以内。这次踏勘工作的顺利完成，将结束甘南自治州无等级航道的历史，使甘南水路交通事业得到高速的发展，标志着甘南州交通工作即将进入一个新的发展阶段。

（甘肃省局　陈长春）

【黄河盐锅峡库区航运建设工程开工建设】　2008 年 3 月，黄河盐锅峡库区航运建设工程开工建设。该工程总投资 1 847.9 万元，交通部补助投资 890 万元，地方自筹 957.9 万元，主要建设内容为整治建设五级航道航道 31 公里，在重点航段布设航标和库区通讯设施，建设八卦岛、恐龙湾 100 客位客运码头和太极湖等 4 处停靠点、在八卦岛码头建设客运管理站房。工程于 2007 年 3 月 28 日开工建设，现已完成八卦岛、恐龙湾等四处码头的 26 根混凝土灌注桩 6 个承台、3 跨混凝土 T 型梁板及部分码头回填工程，截至 2008 年底完成投资 610 万元，完成年计划投资的 78.21%，累计完成投资 790 万元，占总投资的 42.8%。

（甘肃省局　陈长春）

【嘉陵江河口至草街段航道整治一期工程正式实施】 2008年3月15日，嘉陵江河口至草街段航道整治一期工程正式实施。

嘉陵江草街至河口段航道目前为四级航道，通过整治航道等级可提升为三级，计划2009年5月完工。

（重庆市局　阳　斌）

【嘉陵江利泽航运枢纽工程启动】 2008年1月2日，嘉陵江重庆段最后一个航运枢纽工程——利泽航运枢纽工程全面启动。利泽航运枢纽是嘉陵江干流重庆段航运规划的重要梯级，以渠化航道、发展航运，开发水电资源和防洪等多种功能于一体。该工程位于合川区原利泽乡，上距四川省武胜县边界约6公里。作为交通部规划的嘉陵江上的15个梯级开发中的最重要一级枢纽，利泽航运枢纽完工后，能同时通过2艘500吨级的船舶。

（重庆市局　阳　斌）

【乌江彭水电站成功实现下闸蓄水】 2008年1月12日6时，乌江彭水电站成功实现下闸蓄水。由于下闸蓄水导致下游江段来水大幅减少，乌江彭水电站大坝至郁江河口在下闸蓄水期间将出现断流，郁江河口至白马航段不能满足通航要求，出现断航。为确保蓄水期间船舶航行、停泊安全，重庆市地方海事局发布通过对乌江白马至大坝航段实施了禁航，并对靠泊船舶督促武隆、彭水海事处实施了迁移、安置。1月30日8时，电站坝前水位达到274.5米，实现初期蓄水目标，大坝开始溢流向下游泄水，下游逐渐恢复天然流量，于2月1日恢复通航。彭水电站蓄、泄水期间，重庆市港航局派驻工作组对武隆、彭水两地就下闸蓄水后航道变化和船舶迁移、安置情况进行检查和指导，确保电站下闸蓄水期间未发生一起水上交通人员伤亡或财产损失事故。

（重庆市局　阳　斌）

【大宁河（河口至水口）航道整治利用工程可行性研究报告项目通过审查】 2008年5月22日，国务院三峡办水库管理司和交通运输部综合规划司在北京联合主持了三峡库区重要支流航道大宁河（河口至水口）航道整治利用工程可行性研究报告项目审查会。会上通过了《三峡库区重庆大宁河（河口至水口）航道开发建设工程可行性研究报告》，并对下阶段实施提出了建议，同时初步同意补助经费用于该项目。

（重庆市局　阳　斌）

【《三峡库区重庆重要支流航道开发试点工程大宁河（河口至水口）航道整治利用工程（助航设施）施工图设计》审查会召开】 2008年9月17日，重庆市交委主持召开了《三峡库区重庆重要支流航道开发试点工程大宁河（河口至水口）航道整治利用工程（助航设施）施工图设计》审查会。市港航局、市地方海事局、巫山县航务管理处、重庆市交通工程造价管理站、重庆交通大学、长江重庆航道局、长江重庆航运工程勘察设计院及设计单位重庆市交通规划勘察设计院等单位的专家和代表参加了审查会。会上，与会专家和代表听取了设计单位对施工图设计文件的汇报，经充分讨论，一致认为施工图设计文件编制符合重庆市交通委员会关于大宁河（河口至水口）航运整治利用工程初步设计的批复要求，符合交通运输部有关规定，内容和深度满足《内河航运工程施工图设计文件编制办法》和《内河航运建设工程概预算编制规定》的要求，肯定了本工程按内河一类航标进行航标配布和各种航标、交通安全标志等助航设施配布的合理性。根据国务院三建委和交通运输部要求，重庆选择大宁河河口至水口段作为三峡生态环境建设与保护工程试点示范专项计划支流通航保障整治的示范项目，掀开了三峡重庆库区重要支流航道整治利用工程的序幕。

（重庆市局　阳　斌）

·规费征收·

【长江干线航道航养费征收】 2008年，长江干线征稽工作紧紧围绕长江航道局工作会议提出的航养费征收“确保6.6亿元，向7亿元目标冲刺”的工作目标，依法加强征收，全面推进征收目标管理。截止12月17日，干线航道全线共征收航养费8亿元，超额完成了本年度航养费征收工作目标。

长江干线各航道局航养费征收情况如下：南京航道局征收 43 425 万元，比去年同期多征 10 368.3 万元，增幅为 31%；武汉航道局征收 7 137.8 万元，比去年同期多征 1 041.1 万元，增幅为 17%；宜昌航道局征收 1 226.4 万元，比去年同期多征 120.8 万元，增幅为 11%；重庆航道局征收 7 514.6 万元，比去年同期多征 1 494.1 万元，增幅为 25%；泸州航道局征收 422.8 万元，比去年同期多征 72.6 万元，增幅为 21%；征稽处本部征收 20 290 万元，比去年同期多征 4 275.3 万元，增幅为 27%。

三种主要征费方式中，航次征收 22 797.5 万元，比去年同期多征 4 697.3 万元，同比增长 26%；统缴征收 35 064.5 万元，比去年同期多征 5 446.2 万元，同比增长 18%；国际航线征收 18 839.9 万元，比去年同期多征 3 914.2 万元，同比增长 26%。

针对 2008 年航养费征收目标，长江干线航道养护费征稽处（以下简称征稽处）及时将全年目标按月和季进行了分解，制定目标工作图和工作目标推进表，严格按进度规定的时间、步骤和措施落实征收目标。同时，利用征稽例会、费源调研等形式，着重抓各航道局、各征稽站完成目标进度的落实情况，分析不同时期工作重点和着力点，提出强化措施和要求，形成每季工作例会，每月工作分析，

每周征费数据比较，每日观注征收额变化的工作惯例，保证了征费水平在即定目标上运行。

面对今年自然灾害严重，油价持续上涨、水运收益不断下滑，以及成品油价税费改革消息，航养费的征收难度越来越大。征稽处本部按照工作目标 1.7 亿元的要求，认真组织与长航集团所属南京油运、凤凰股份等公司的航养费征收协议洽谈，克难攻坚，经过多轮协商，最终签订长航集团所属各子公司航养费解缴协议，协议额度较去年有所增长。

各代征省（市）2008 年代征协议签订额较去年有一定幅度的增长，催收难度也随之加大。为此，长江干线航道养护费征稽处积极主动收集长江水运运输动态数据资料，分析各代征省（市）的征收形势，认真做好催收工作，做到解缴额每月足额到位。认真处理船舶单位的来电来函，积极与代征省（市）航管部门沟通，及时协调和处理征收纠纷，严格按照文件精神进行征收管理，杜绝超范围、超标准收费现象。

各征稽站加大港口、码头、船舶营运情况调查，特别是全面调查统缴船舶收入状况，落实征收标准，提高征收额度；做好统缴船舶航次登记，加大稽查及补征力度，做到足额到位，应征不漏；继续压缩国际航线航养费结算周期，全面落实择大计征的征收政策。加强航次征收，增强稽查工作力度，提高航次征收水平。

结合水上联合执法工作的开展，征稽处配合长航局进行联合执法的调研，有组织、有系统地开展干线航养费征收的政策法规宣传，进一步提高和促进船舶单位和个体经营者的缴费意识。全线各征稽站认真贯彻“用好新平台，不丢旧舞台，灵活加机动，有利又有节”的联合执法征稽工作思路，完善联合执法工作制度，

推动了联合执法工作顺利开展，促进了航养费征费水平的不断提高。

随着征稽工作的不断加强，征稽站点由原 17 个增加到目前 233 个（其中联合执法点 151 个），征稽人员增加到 540 人（其中持行政执法证件人员 416 人）。为此，征稽处将征稽队伍建设和行风廉政建设作为一项重要工作来抓，加强了征稽人员的管理。全线征稽人员开展了学习《交通行政执法忌语》和《交通行政执法禁令》等交通行政执法职业道规范，不断提高认识，做到严格遵守，令行禁止。要求征稽人员依法征收，文明征收，规范征收；各征稽站主动为船舶单位提供满意周到的服务，努力营造和谐征缴关系。年内，征稽处积极协调内外部纠纷和征费各方关系，30 余起船舶缴费咨询得到及时解答，征收矛盾的有效化解，促进了征稽工作的顺利开展，确保了征稽队伍行风投诉和行政诉讼为零的目标。全年全线使用航次收据 83 777 份，统缴收据 6 006 份，国际航线收据 12 129 份。

按照长江航道局实施航道综合管理改革措施，征稽处积极参与其中，主动做好征稽参与综合管理改革相关工作。通过改革，航养费的征收模式有了新的改变，航道管理处的综合力量得到了充分发挥，航道生产维护和航养费征收工作得到了有效整合，航道行政执法手段加强了航养费征收的力度，同时，征收与服务的矛盾得到有效化解，服务船舶单位的能力进一步得到加强，航养费征收取得明显成效。

（长江航道局）

【三峡航道局启用航道养护费证稽系统】 2008年，三峡航道局认真开展航养费征稽工作，加强现场征稽人员的业务培训，指导现场征收人员把握好尺度，合理征收规费，确保应征不漏，应免不征。并于2008年1月1日正式启用了由长江航道局组织开发，利用企业外网服务器运行的航道养护费证稽系统，实现了征稽规费的票据机打和发放；规费缴纳数额的统计与查询等功能。促进了征收工作规范化，杜绝了管理漏洞，全年共征收航养费75.0784万元，其中统缴征收48.8464万元，航次稽查征收26.232万元。

（三峡局　何 宁）

【江苏省航道规费征收圆满结束】 截至2008年12月31日，江苏省航道局航养费征收实现完美收官。全省航道系统广大规费征稽人员再接再厉，充分发挥联网征收和超收分成激励机制两大优势，同时强化依法稽征、狠抓外挂治理，全省累计有7 591艘134万总吨外挂船舶回归江苏省落户，扩大了费源，并通过全面进驻水利船闸查征航养费工作，堵住逃缴航养费的漏洞。

全年累计征收航道规费超过12亿元，连续四年实现每年增收规费1个亿；尤其是航养费征收额近两年达到最高峰，为顺利完成了成品油税费改革做好充分的应对准备。

（江苏省局　徐秋敏）

【江西省规费征收又登新台阶】 2008年，江西省政府作出自4月1日起在鄱阳湖禁采，赣江中下游限采砂石的决定性，致使以砂石运输为主要费源的航务规费收入出现了拐点（按上年鄱阳湖水域砂石运输规费征收额统计，将减收7 700万元）。面临这一严峻态势，江西省航务局一方面按“三保二压一优化”的原则（即保人员支出、保重点支出、保安全监管与航道维护支出，压商品服务支出、压一般性项目支出，优化项目结构），及时调减部门预算，着力在增收节支上下功夫；另一方面积极创新辖区规费征收管理模式，竭力稳住传统费源，在提高规费到位率上下功夫。经广大稽征人员的不懈努力，超额完成了年度规费征收目标任务，为航务事业的健康发展提供了必要支撑。

·*对月度航养费实行全面统缴* 在上年进行月度航养费统缴试点且取得明显成效的基础上，省局于年初提出了全面铺开的指导意见。各分局根据指导意见，在赣江干流增设现场稽查点，对90%以上的航行船舶予以了统缴。这一举措既减少了征收成本，也减轻了现场征收的压力。月度航养费统缴工作的全面推行，使其征收额较上年增长了127.5%。

·*加大船舶港务费征收力度* 各分局在月度航养费征收基本到位的情况下，将赣江中下游砂石运输船舶的港务费征收和补征纳入正常工作，其征收额较上年增长了14.4%。

·*船检规费大幅上升* 通过整治“三无”船舶，促成一部分证书不全的船主主动到船检部门办理或完善船舶的检验手续。船检人员亦加班加点，为对方提供优质服务，使之船检规费收入首创新高，较上年增长了70.4%。

·*合理测算、调整航次航养费* 针对赣江、饶河部分货运船舶经鄱阳湖进入长江，当航区已经增加至数十公里以上，而航养费征收额却没有增加这一不合理现象，省局在符合政策的情况下，决定按不同的启运点以通航里程计算航次航养费征收标准，此举使之辖区航次航养费征收额较上年增长了7.7%。

·*严查偷逃规费现象* 为严堵偷逃规费行为，相关分局组织精兵强将在关键地段设点稽查，既有效打击“三无”船舶，也加大规费补征力度。宜春分局在赣江南昌大桥设点，南昌分局在吴城设点，上饶分局在信江三江口和鄱阳湖瓢山设点，九江分局利用减载货场驻守在蛤蟆石和鄱阳湖水域。6个稽查点的设置，形成了打击“三无”船舶，严查偷逃规费的高压态势，并取得共补征规费2054.9万元的经济效益。

2008年，江西省航务规费征收总额13 390.37万元，为年度目标任务的121.7%。其中航次航养费6 181.06万元，增收441.64万元，增长7.7%；月度航养费1 600.5万元，增收896.9万元，增长127.5%；过闸费47.71万元，减收57.99万元；海事规费148.04万元，与上年持平；船检规费1 318.65万元，增收544.82万元，增长70.4%；船舶港务费2 936.01万元，增收369.95万元，增长14.4%。

（江西省局　张兆平）

· 文明创建 ·

【长江航道局加大文明创建力度】 2008 年，长江航道局加大文明创建力度，开展了一系列活动。获得“全国交通行业文明单位”和“全国模范职工之家”荣誉称号。

·*航道文化深入人心* 开展改革开放 30 周年系列纪念活动，评选了 30 名“长江航道改革开放 30 年风云人物”。由局承担的全国交通文化子课题航道文化专著出版发行。加强对《文化手册》宣传力度，使航道文化进一步深入人心。

·*努力培育和推介先进典型* 武汉航道局职工郑启湘先进事迹在中央电视台新闻联播“时代先锋”栏目播出，《人民日报》、《经济日报》等多家国家级媒体转载，郑启湘同志被评为“全国技术能手”、“长航系统创新型职工标兵”、“长航系统第二届十大杰出职工”。两赴抗震一线的南京工程局职工陈杰先进事迹受到广泛关注，并被评为“交通运输部抗震救灾先进个人”和“长航系统第二届十大杰出职工”。

·*积极奉献爱心* “5.12”汶川地震后，航道局在全线积极开展了“情系地震灾区、奉献航道爱心”等捐款、捐物、献血活动，共向灾区捐款 386.7 万元。

·*扎实推进廉政建设* 制订印发了《长江航道局建立健全惩治和预防腐败体系 2008—2012 年实施意见》。对交通运输部挂牌招投标监督的丰都综合码头建设工程实行事前、事中、事后的全方位监督，形成了“严把十关”的典型经验，受到驻部纪检组高度肯定，并在全国交通运输系统进行了交流。

（长江航道局　茅生斌）

【九江航区“文明样板航道”正式授牌】 2008 年 3 月 18 日上午 9 时，九江航区“文明样板航道”授牌仪式在九江中海大酒店举行。

张燕峰副书记发表了重要讲话并提出三点要求：一是要以科学发展观认真贯彻党的十七大精神，进一步认识文明行业创建工作具有重要的意义。二是坚持“以人为本”，全面加强文化建设，提高职工文明素质。三是巩固提高文明样板航道创建工作，使长江航运行业精神、理念和核心价值观深入人心，形成推动单位发展的强大精神动力。

长航局党办胡利民副主任宣读了《长航局表彰决定》，张燕峰副书记和文明办主任杨驰向九江海事、航道、通信、公安等单位的领导颁发了“文明样板航道”奖牌。

（九江处　蔡晓东）

【浙江省厅级文明航道和文明航线】 2008 年 3 月，浙江省交通厅发出《关于命名文明公路、文明航道、文明客运班（航）线的通知》（浙交[2008]76 号），东宗线湖州东迁至嘉兴宗阳庙为“文明航道”称号，沈家门—六横（大岙）航线、沈家门－桃花岛航线为“文明客运航线”称号，舟山港沈家门客运有限公司沈家门客运站、舟山普陀区六横金屿客货运服务有限公司六横（大岙）客运站、玉环滚装轮渡有限公司玉环客运站为“三星级水路客运站”称号。

（浙江省局　涂晓嫔）

【苏南运河通过全国“文明样板航道”复查验收】

2008 年 7 月 22 至 23 日，受交通运输部委托，江苏省文明办、省交通厅组成的苏南运河“文明样板航道”复检小组，对苏南运河全国文明样板航道进行第二次复查验收。验收组通过听汇报、看现场、查阅台账等方式，对苏南运河的综合管理情况表示满意，对苏南运河航道部门坚持建管并举，创新发展，积极巩固“文明样板航道”创建成果，全面提升“文明样板航道”建设理念表示充分肯定。

苏南运河素有“黄金水道”之称，是苏南地区水上运输的重要通道，对江苏乃至长三角地区的经济发展起到重要作用。

（江苏省局　徐秋敏）

【江苏省航道局镇江处号召向“水上雷锋服务台”和王龙芳同志学习】 2008 年，江苏省航道局镇江航道处为了更好地宣传“水上雷锋服务台”和王龙芳同志的先进事迹，开展一系列活动，号召全系统干部职工向谏壁船闸“水上雷锋服务台”和全国劳动模范王龙芳同志学习。一是学习“水上雷锋服务台”爱航敬业、恪尽职守的精神；二是学习“水上雷锋服务台”服务船民、无私奉献的精神；三是学习“水上雷锋服务台”创新服务、不断进取的精神；四是学习“水上雷锋服务台”，与时俱进，勇于实践的精神。

（江苏省局　镇江处）

【江苏省芜申运河宜兴段评为省交通行业“环境友好型”工程】　2008 年，芜申运河宜兴段航道整治工程喜获江苏交通行业“环境友好型工程”称号。

芜申运河宜兴段是江苏省内河干线航道网规划“二纵四横”的重要组成部分，按内河四级航道标准设计，全长 45.5 公里。工程采取对城市主要出入口桥梁工程实行彩钢板卫护封闭施工、对临时交通便道全部实施黑色化、土方施工期间实施晴天定时洒水维护等一系列措施，尽力减少对沿线群众和城市环境卫生的影响。同时，该工程成功利用航道弃土填塘造地，不仅没有浪费一分土地，而且造地 2 100 多亩。

（江苏省局　无锡处）

【陕西省建成第一条厅级文明航道】　2008 年 1 月 15 日，陕西省交通厅对陕西汉江火石岩至紫阳 80 公里厅级文明航道创建工作进行验收，标志着陕西省第一条厅级文明航道创建完成。

该段文明航道创建工作体现了三个亮点：一是领导重视；二是工作扎实；三是效果明显。通过创建，文明航道硬件设施明显改善，安全监管不断加强，内部管理不断规范，航运职工精神面貌明显提升。

（陕西省局　刘冬冬）

第八编　船闸

【概 述】 2008年是长江三峡通航管理局成立十周年。为此，召开了隆重的庆祝大会。这一年，长江三峡船闸和葛洲坝船闸通航运行能力大幅度提高，三峡船闸安全运行8 661闸次，通过货物5 370万吨，同比分别上升7.1%、14.6%；葛洲坝一、二、三号船闸全年安全运行17 058闸次，通过货物5 635.67万吨，同比分别上升5.14%、13.04%。滚装翻坝共转运车辆42.19万车次，折算运量1 476.69万吨，同比上升7.74%。三峡断面通过能力达1.02亿吨，创历史新高。

作为长江干线水利枢纽主要通航建筑的通航运行管理单位，三峡局依靠科技投入，以船方为中心打造新型业务流程，实现三峡通航服务方式的重大突破。随着三峡—葛洲坝水利枢纽通航调度系统（TSS），三峡水上全球卫星定位综合管理系统（GPS），三峡—葛洲坝船舶交通监管系统（VTS）相继建成并投入使用，三峡局所管辖的三峡河段全年未发生一起死亡（失踪）10人以上的水上交通事故，未发生船舶漂流撞击大坝事故和闸室内、引航道内沉船事故，无船舶污染事故，综合指数78。针对两坝间汛期水流条件复杂、险情时有发生的情况，推动并实施汛期两坝间限制性通航，拟订限航标准，经交通运输部颁布实施。全年进行了6次、计541小时的限制性通航，未发生一起大流量条件下险情或事故。针对库区蓄水后坝区大雾大风等恶劣天气频发并逐年增加的形势，三峡通航管理部门加强恶劣气候条件下通航管理对策研究，制定闸室船舶及旅客疏散方案，并采取限时航行、封航等临时性限制、疏导交通的措施，妥善应对各种重大及突发事件。面对百年不遇的雨雪冰冻灾害、“5.12”汶川大地震，三峡局“全局动员、从严从紧、突出重点、强化措施、坚持不懈”的工作原则，积极与各级政府、枢纽业主、航运管理单位联系协调，妥善处理两坝枢纽安全管理复杂问题，确保通航安全畅通。

据统计，沿江省市通航建筑物主要有：浙江省内河有通航建筑物63座。江苏省交通部门管理的船闸有41座，船闸通航保证率达95%以上。安徽省有内河航道枢纽91处，其中建有船闸38座，正常使用的23座，由交通部门管理的12座。安徽省淮河水系现有过船建筑物26座，其中交通部管理的10座船闸，不能正常使用的5座；水利部门管理的16座船闸，不能正常使用的5座；水利部门管理的16座船闸，不能正常使用的1座。湖北省在31条通航河流上建有过船建筑47座，其中船闸41座（含在建1座），升船机6座（含在建2座、报废1座）。重庆市共有船闸46座（含一座升船机），按运行情况可分为：运行良好船闸，运行不良船闸，停止运行船闸三类。其中停止运行船闸11座，（含莲花寺船闸）占总数的24%；运行不良船闸15座，占总数的33%；运行良好船闸20座，占总数的43%。

长江水运具有运能大、能耗小、成本低、占地少、污染轻的比较优势。通航建筑物在长江流域综合运输体系发挥着重要作用，是加快长江航运实现可持续发展战略的重要基础。合力建设黄金水道、促进长江经济发展，全面提升长江水运对沿江经济社会发展的服务能力和服务质量，促进沿江区域经济社会全面协调可持续发展，是历史赋予长江流域所有通航管理人的神圣使命。

（总编室　何宁）

·管理机构·

【长江三峡通航管理局(简称三峡局)】 2008年，三峡断面通过能力达1.02亿吨，创历史新高。三峡船闸安全运行8 661闸次，通过货物5 370万吨，同比分别上升7.1%、14.6%。葛洲坝一号船闸汛期通航流量标准提高，葛洲坝一、二、三号船闸全年安全运行17 058闸次，通过货物5 635.67万吨，同比分别上升5.14%、13.04%。滚装翻坝共转运车辆42.19万车次，折算运量1 476.69万吨，同比上升7.74%。全年未发生一起死亡（失踪）10人以上的水上交通事故，未发生船舶漂流撞击大坝事故和闸室内、引航道内沉船事故，无船舶污染事故，综合指数78。全年共维护危险品过闸75万吨，安全渡运108.85万人次。水上应急实现全救助和零伤亡，“1530”（15分钟到达港内，30分钟到达港外）应急反应率100%，覆盖率100%，共组织水上搜救行动18次，人命救助成功率99.9%，挽回经济损失约6 000万元。开展各类安全救生演习28次。全年航道尺度保证率100%，航标维护正常率1 000‰。全局主要设备完好率98.53%，设备修理计划完成率99.98%，故障修理及时率100%，三峡、葛洲坝船闸未出现碍航或断航。

针对汛期两坝间水流条件复杂、险情时有发

生的情况，推动并实施汛期两坝间限制性通航。在2007年大流量条件下对小马力船舶实施试验性限制通航的基础上，拟订限航标准，经交通运输部颁布实施。全年进行了6次计541小时的限制性通航，未发生一起大流量条件下险情或事故。库区蓄水后，坝区大雾大风等恶劣天气频发并逐年增加。仅2008年一季度，恶劣天气造成坝区航段累计停航时间507小时，超过2005年至2007年停航时间的总和，最长一次达到37小时。三峡通航管理部门加强恶劣气候条件下通航管理对策研究，制定闸室船舶及旅客疏散方案。落实重点部位监视及报告职责，发生严重影响到船舶航行安全的恶劣天气时，及时发布航行警告，提醒辖区船舶注意航行安全，并采取限时航行、封航等临时性限制、疏导交通的措施。

加大对船舶违规、违章行为的查处力度，建立和完善违法行为分析、通报制度，全年共查处行政案件245件。加强船舶过闸绩效考评，实行过闸船舶诚信制度和黑名单制度，对河牛公司等严重违规的船公司及船舶公开通报，建立整治违章船舶的长效机制。组织开展船舶申报过闸计划专项整治活动。加强GPS入网船舶审核、办理、开通、反馈的流程管理，完善过闸船舶基础数据库管理制度。整顿客船过闸申报，提高了客船准点率。进一步规范下牢溪支叉河水上安全管理，对水上娱乐项目进行全面清理整顿，避免旅游景点水上交通事故的发生。协调撤除葛洲坝三江下引航道碍航轮渡，消除了多年来的重大安全隐患。

妥善应对各种重大及突发事件。年初，面对百年不遇的雨雪冰冻灾害，三峡局6次启动雪灾应急预案，实施两坝间应急转运和滚装船过闸应急方案，全力疏导滞留旅客，保证了1 400余辆滚装车安全过坝。5月，四川汶川发生地震，一个半月内共疏运救灾物资37万吨，船舶410艘，入川救灾车辆1 900台次，全局职工及离退休人员共捐款42.5万元。奥运期间，按照“全局动员、从严从紧、突出重点、强化措施、坚持不懈”的工作原则，落实奥运安保、物防、技防、人防措施。实行人财物集中调配，强化组织领导；积极与各级政府、枢纽业主、航运管理单位联系协调，妥善处理两坝枢纽安全管理复杂问题；建立葛洲坝船闸安防监控系统，对闸区64个重点部位实行可视监控，并由机关全体人员轮流值守；对奥运会期间3345艘过闸船舶实行100%安全检查；强化危险品运输的管理，实行“即检即过”、专闸通过和全程维护。确保了通航安全畅通，确保了重点安保目标万无一失，受到交通运输部、湖北省反恐办的嘉奖。

全年完成基本建设投资8 000多万元，完成项目竣工验收5个，新开工建设项目3个，建造船艇3艘。三峡枢纽坝区航运配套通信工程、待泊锚地工程中主锚地10根直立式靠船墩工程被交通运输部评为“优良工程”，航运调度中心用房改造工程被长航局评为“优质廉政工程”。自筹资金改建了抢险施救船、通信应急抢修车，初步形成水陆一体的应急装备体系。自主研发的“大型人字门同步升降系统开发”项目获中国航海科技二等奖。科技成果推广应用率达到87%。6项QC成果获交通运输部、长航局表彰，被评为交通行业2008年质量管理小组活动优秀单位。“提高三峡船闸综合通过能力关键技术研究”等一批独立承担或参与承担的科研项目达到国际国内领先水平。

2008年3月4日，交通部下发《关于表彰2006至2007年度全国交通行业精神文明建设先进集体先进个人的决定》，三峡局被评为全国交通行业文明单位。

地　址　湖北省宜昌市三峡坝河口
邮　编　443133
电　话　（0717）6963228
传　真　（0717）6613077

（三峡局　何 宁）

【三峡船闸和葛洲坝船闸运行维护管理单位】

（详见《长江航运年鉴》（2007卷）第八编“三峡通航·船闸”第710页）

【浙江省船闸】 （详见《长江航运年鉴》（2007卷）第八编“三峡通航·船闸”第710页）

【浙江省姚江船闸】 （详见《长江航运年鉴》（2008卷）第八编“船闸·三峡通航”第655页）

【浙江省蜀山船闸】 （详见《长江航运年鉴》（2008卷）第八编“船闸·三峡通航”第655页）

【江苏省船闸】 2008年，江苏省交通部门管理的船闸共计41座，船闸通航保证率达95%以上。全省航闸养护改善工程完成45项，1.7亿元；先后完成淮安一线、淮阴一线、运西船闸大修以及宿迁二线、运东、宝应船闸抢修工程，口岸船闸改扩建工程顺利完工通航。

苏北运河煤运主通道功能进一步发挥，全年累计完成煤炭运输9 087万吨，其中电煤6 242万吨，分别比上年增长3%和7%。特别是应对年初特大暴雪天气，京杭运河保证了煤炭运输安全畅通，充分展示了内河水运在关系国计民生的大宗重点物资运输方面的比较优势，为保障全省电煤供应作出了突出贡献。

2008年江苏省交通部门管理的船闸名录一览表、2008年江苏省交通运营管理的41座船闸使用情况一览表，详见《长江航运年鉴》(2008卷)第八编“船闸·三峡通航”第655页。

(江苏省局　徐秋敏)

【安徽省船闸】 (详见《长江航运年鉴》(2008卷)第八编“船闸·三峡通航”第656页)

【江西省界牌枢纽管理处】 界牌枢纽管理处位于江西鹰潭市余江县中童镇的信江航运工程——界牌枢纽，于1992年11月开工兴建，1998年2月主体工程完工，系国家“八五”期间的大中型重点工程基本建设项目。其主体工程包括：1 000吨级船闸1座(有效尺度为175米×14米×3.5米)，年设计通过能力586万吨；装机容量2万千瓦电站1座(两台单机为1万千瓦低头贯流发电机组)，年设计发电量8 613万度；20孔泄水闸(净空12米，长290米)；溢流坝(长150米)；平板坝(长87米)；613米×(7+2×1米)公路桥1座。工程总投资为4.96亿元。

2008年，界牌枢纽管理处按照“机制灵活、人员精干、管理科学、服务优质、运转高效”的总体思路，致力于枢纽经济效益和社会效益的不断提高。按照“坚持以人为本，强化安全生产”的要求，建立和完善了《安全培训暂行管理规定》、《电厂正常运行时系统失电应急预案》、《反习惯性违章暂行规定》、《两票三制考核暂行管理规定》等规章制度。并根据《江西省水运交通基础设施安全隐患排查工作方案》，开展了隐患自查工作，并顺利通过了交通部工作组的省际互查。进一步加大了技改检修力度。全面完成了2号机组中修、两台主机大修、110KW线路检修、船闸液压系统检修以及两台机组油系统控制柜、测温柜自动化改造等项工作。同时，水下水工建筑物原形观测设施不断健全，工作手段得到创新。科学管理，合理调度。很好地协调了中璜圩堤施工、110KW线路改造与本单位蓄水时运行之间的矛盾，将发电损失降到最小；继续将汛期蓄水运行列入当地渡汛预案，继续将谷电上网，破解了各类难题。根据谷、峰电销售差价悬殊和上游具体来水情况，调整运行方式，科学进行水文调度，取得了机组保养和经济效益双丰收。运行检修人员精心检查维护，切实保证了设备的安全运行。全年累计售电3965万千瓦时，实现收入1 130万元，创历年最佳效益。船闸通过船舶计227艘次，船闸通航保证率达95%以上。

地　址　鹰潭市湖西路40号
邮　编　335000
电　话　(0701)6224469
传　真　(0701)6272127

(江西省局　祝南胜　张兆平)

【湖北省船闸】 2008年，湖北省在31条通航河流上建有过船建筑47座，其中船闸41座(含在建1座)，升船机6座(含在建2座、报废1座)。船闸规模3 000吨级3座、500吨级1座、300吨级9座、200吨级5座、100吨级18座、50吨级以下5座。升船机规模：300吨级3座、30吨级2座、30吨级以下2座。已建船闸中有4座因引航道未开挖，或年久报废等原因，没有投入使用。升船机中，有1座报废、2座20—30吨级船机因各种技术原因未投入使用。清江高坝洲、隔河岩水电站升船机在建。南水北调工程已开始实施，丹江大坝正在加高，升船机按照300吨级规模进行改建。

湖北省内河过河建筑物管理形式有以下三种：

一是由交通、港航部门投资建设、管理的船闸18座，分别在荆州、荆门、潜江、孝感、黄冈、武汉市内。二是由水利部门建设管理的船闸23座、升船机6座。三是由交通、水利部门共同组建的船闸管理所管理的船闸1座(新沟二级船闸)。据统计，地方交通部门管理的船闸中有 10 座船闸有货运量通过，合计过闸量为 309 吨。

湖北省地处长江中游，每年汛期船闸封航时间长，加之水利部门对河流、渠道水位未充分考虑航运的需要，致使船闸通航时间短。同时因航道建设资金缺乏，部分航道不畅，未形成航道网络。随着乡镇公路发展造成货物弃水走陆，部分船闸通过货物数量逐年减少。

2008 年湖北省船闸情况统计一览表，详见(表 8—4)。

【2008 年湖北省船闸情况统计一览表】

(表 8—4)

序号	船闸名称	位置	是否建有枢纽	所属交通部门	所属水利部门	建成时间	年度货运量（万吨）	备注说明
1	新沟船闸	汉北河			是	1971	17.3	
	新沟加级船闸	汉北河		是		1986		
2	螺山船闸	螺山干渠		是		2000	17.1	
3	官子口船闸	螺山干渠		是		1985	62	
	官子口二线船闸			是		2006		
4	下新河船闸	下新河		是		1989	11.89	
5	鲁店船闸	江汉航线习新		是		2002		未使用
6	新城船闸	江汉航线习新		是		2001		未使用
7	新滩口船闸	内荆河			是	1960		
8	福田寺船闸	内荆河			是	1983		
9	习家口船闸	内荆河			是	1988		
10	小港船闸	老内荆河		是		1971		基本无运量
11	徐李船闸	四湖东干渠		是		1989		基本无运量
12	高场船闸	四湖东干渠		是		1996		基本无运量
13	刘岭船闸	田关渠			是	1966		不能使用
14	天门船闸	北支河			是	1971		
15	洪湖船闸	内荆河			是	1977		
16	东山头船闸	沦　河			是	1996		
17	安陆解放山船闸	府　河			是	1988		
18	沉湖船闸	沉湖干渠			是	1970		已报停
19	肖李湾船闸	老府河			是	1969		
20	护镇船闸	老府河			是	1979		
21	鲑鱼地船闸	老澴河		是		1993		已报停
22	汉川泵站船闸	东干渠			是	1974		
23	民乐船闸	东干渠		是		1984		已报停
24	肖家湾船闸	通顺河			是	1967		
25	新河口船闸	金　水		是		1974		
26	挖口船闸	索子长河			是	1978		
27	龙口船闸	倒　水		是				停建

续 表

序号	船闸名称	位置	是否建有枢纽	所属交通部门	所属水利部门	建成时间	年度货运量（万吨）	备注说明
28	江嘴航运枢纽	澴 水		是				停建
29	砣湖墩船闸	华阳河—广济内河			是	1980		
30	童司牌船闸	华阳河—广济内河		是		1991		基本无运量
31	官桥船闸	华阳河—广济内河		是		1989		基本无运量
32	小港口船闸	黄梅河			是	1986		
33	崇阳四级电站船闸	陆 水	是		是	1983		
34	富池口船闸	富 水			是	1967		
35	四顾船闸	大冶湖			是	1998		
36	樊口船闸	梁子湖干流			是	1970		
37	磨刀矶船闸	梁子湖干流			是	1978		
38	王甫州船闸	汉 江	是		是	1999		
39	葛洲坝1号船闸	长 江	是		是	1978		
40	葛洲坝2号船闸	长 江			是	1978		
41	葛洲坝3号船闸	长 江			是	1981		
42	丹江口水利枢纽	汉 江	是		是	1973		改建中
43	黄龙滩枢纽	堵 河	是		是	1974		不正常
44	高坝洲枢纽	清 江	是		是			未投入使用
45	隔河岩枢纽	清 江	是		是			在建
46	陆水桂家畈枢纽	陆 水	是		是	1967		不正常
47	富水枢纽	富 水	是		是	1962		升船机报废
总计	共（47）座							

（湖北省局　王彦玲）

【重庆市船闸】详见《长江航运年鉴》（2008卷）第八编“船闸·三峡通航”第660页。

·通航管理·

【三峡局改革调度运行管理模式】　2008年，三峡局依靠科技投入，以船方为中心打造新型业务流程，实现三峡通航服务方式的重大突破，彻底改变了近30年传统的船舶过闸计划申报方式和调度计划编制、发布模式。随着三峡—葛洲坝水利枢纽通航调度系统（TSS）、三峡水上全球卫星定位综合管理系统（GPS）、三峡—葛洲坝船舶交通监管系统（VTS）相继建成并投入使用。5月29日，三峡局下发“关于取消船舶远程申报过闸计划的通告”，通知各船舶、有关单位，从2008年8月1日零时起，取消船舶远程申报过闸计划。申报方式由电话、传真变为通过GPS系统自动接收；申报人由船公司、中介或登记站变为船舶直接操作；申报地点由固定在登记站、政务中心变为船舶航行途中的任何地点；申报时间由每日定时变为24小时随时接收。

10月7日15:00首次实行四小时动态作业计划，计划编制由24小时一次变为根据船舶动态适时控制，每4小时发布一次滚动计划；船舶可通过船载GPS终端自动接收4小时动态过闸计划；通过Internet门户网络查询适时计划。信息沟通由相对封闭变为开放式交流，实现了透明、公开。应用TSS和GPS系统，申报、编制、发送过闸计划全部由信息化设备自动完成。计划申报由船方亲自操作GPS输入，系统自动记录并以船舶进入报告确认线时刻的先后顺序排序，将原来由人工向社会和船方公布船舶排序、过闸计划信息变为通过信息化系统自动适时公开，船方可以随时通过互联网进行查询和监督。变传统的人与人联系为与信息化设备打交道，无须任何中间环节，基本杜绝了人为因素的影响。各船公司多年来专为船舶过闸而设在宜昌的办事处已大部分撤离。曾经一度泛滥的非法中介也失去了生存的空间。同时，船舶待闸时间大幅缩短，从原来的平均20小时缩短为5小时，船舶营运成本平均每吨下降3-4元，每艘船每月可增加1—2个航次，每年增加盈利约15万元，给航运企业创造了显著的效益。基本消除了排队等候现象，社会满意度达到86.6，居长航系统前列。

（三峡局　何 宁）

【三峡枢纽下行过闸船舶到锚监管实现信息化管理】 三峡枢纽坝上下行过闸船舶到锚报告制度，是船舶通过三峡－葛洲坝枢纽船闸智能管理流程中，船舶进入坝区通航管理水域报告制度的一个程序。2006年为维护船东公平过闸排序的权益，确保三峡河段通航的稳定，三峡局根据过闸秩序亟需整肃的实际，决定在长江上游航道里程61.1米处右岸庙河水域，以三峡锚地5号趸船设置下行到锚报告点，对下行到锚船舶进行实船、实地、实时的确认、登录、排序，2006年11月3日正式启动。下行船舶只要在经过该报告点时及时报告，就能得到到锚待闸时间确认，便可在第二天12时以前到三峡水上政务中心办理过闸申报，然后以船舶实际通过报告线的时间为过闸计划排序依据。随着长江三峡水上交通管制管系统的正式运行，12月10日10：00起，三峡枢纽下行过闸船舶到锚庙河报告点在运行2年零1个月后关闭。船舶到锚确认、登录、排序业务由“耳闻、目睹、手记”的原始操作，为卫星定位、可视监控、导航雷达、信息处理等组成的现代智能交通监管系统所取代。该系统同时可对船舶进行方位锁定、轨迹跟踪、实船确认，以及自动记录和下达过闸或待闸指令等。

（三峡局　何 宁）

【王建满副省长视察富春江船闸】 2008年6月23日，浙江省副省长王建满带领省发改委、交通厅、省港航局、省电力公司等有关部门视察了富春江船闸。省交通厅厅长郭剑彪、副厅长王洪涛、省港航局局长郑惠明等陪同视察。副省长王建满一行察看了现场，听取了现行运行情况和建设方案汇报后，肯定了前期所做的工作，并提出四点意见：一是从富春江船闸运行的情况看，项目应该上马。交通，尤其是绿色生态的水运工程是经济社会发展的先行官，该项目是上游欠发达地区经济社会发展的客观要求，同时符合省委省政府提出的港航强省战略，也得到了国务院领导的高度重视。因此，要加大推进力度，通过省、市、县的共同努力把事情办成。二是需要把握的几条原则。首先是坚持经济效益与生态社会效益的协调发展，以历史的责任感做好生态工作。其次要坚持安全与发展的统一，在做好运输能力提高的同时，满足发电与大坝安全。三是坚持政府为主导，交通总体来说是公共产品，应当以政府为主导。四是要加快前期工作，省市二级紧密协作，像重视京杭运河一样重视这项工作。

（浙江省局　工程建设处）

【江苏省航道系统船闸安全防范演习在淮阴船闸举行】 2008年6月29日下午，江苏省航道局在淮阴船闸举行江苏省航道系统船闸安全防范演习。

演习由省厅航道局主办，苏北航务处承办，淮安市水警支队、武警淮安市消防支队、淮安市地方海事局、淮安广播电视台，以及淮阴、淮安、泗阳船闸管理所和宝应航道管理站、工程总队等单位参加。省交通厅副厅长李先友，淮安市人大副主任成迎初和厅航道局、厅安全处、省地方海事局、淮安市交通局、苏北处和各市航道处等单位相关人员现场观摩演习。

演习共分为破坏分子企图破坏淮阴三线船闸

上游闸门及炸毁船闸电力系统、引燃油船试图破坏闸室，可疑人员劫持船舶袭击上游闸门、检阅四个课目。通过演习，不仅提高了全省航道系统的组织、协调和指挥水平，而且对提高水上交通事故应急处置能力和应急管理水平都具有重要意义。

演习结束后，交通厅副厅长李先友作了讲话。对今后进一步做好安全防范工作提出了要求：进一步完善航道系统应急管理机制，加快应急体系的建设。始终保障全省航道、船闸安全高效畅通，特别是要确保苏北运河北煤南运、经济动脉这一国家主通道的安全通畅；进一步做好安全应急预案与政府公共事件处置总体预案有机地对接，确保在紧急状态下，能够更好地得到政府的指导和各方面的援助；以此次演习为契机，进一步完善安全应急处置预案体系。抓好应急队伍建设和物资储备工作，增强突发事件的安全预控、应急处理和重特大生产安全事故的抢险救援能力，为全省交通安全防范工作作出示范导向作用，为构建和谐水运、建设平安交通、推进江苏交通又好又快地发展作出更大贡献。

（江苏省局　苏北处）

【万安水库召开枯水期定期放水协调会】　2008年10月22日，为了切实搞好水资源综合利用，建立万安水库枯水期定期放水保通航长效机制，较好地解决枯水期赣江中游通航问题，由省交通厅牵头，召集省防汛抗旱总指挥部办公室、省电力公司调度中心、国电万安水电厂、省航务管理局、省航运管理局、赣州、吉安市交通局等单位在南昌市召开了万安水库枯水期定期放水协调会议。省交通厅副厅长胡琳主持了会议。

会议对自2003年以来万安水库实行枯水期集中放水解决赣江中游枯水通航情况进行了总结与交流，并就成立万安水库枯水期定期放水工作协调机构、确定放水时间、次数和放水流量以及协调放水期间相关事项进行了商讨，达成了共识，形成一致意见。

会议决定成立由省交通厅、省防汛抗旱总指挥部办公室、省电力公司调度中心、国电万安水电厂、省航务管理局、省航运管理局、赣州、吉安市交通局等单位组成的万安水库枯水期定期放水工作协调小组，下设办公室，具体负责研究提出解决赣江中游枯水期运输船舶通航办法，协调落实国电万安水电厂放水时间及下泄流量，研究部署赣江中游枯水期排堵疏导保通航措施。

会议商定为利于港口装卸和船舶运行组织，最大限度地提高放水期通航效率，切实解决枯水期赣江中游通航问题，建立万安水库枯水期定期放水工作长效机制，原则上确定每年枯水期9月下旬、11月下旬万安水库水位达到95.6米，待进出万安至新干航段上下水船舶达到80艘以上条件下，定期集中放水各一次，每次放水时间12小时左右，下泄流量为1 500立方米/秒（若遇紧急抗旱期放水事项另行商定）。放水结束后，省电力调度中心应合理安排万安水电厂发电负荷，尽快将水库水位恢复到正常发电水位。

会议确定在万安水库枯水期定期放水工作协调小组统一领导下，由赣州、吉安市港航管理处联合负责枯水期赣江中上游在港、在途船舶装运货物数量以及搁浅受堵情况收集，根据实际情况形成要求放水报告，报协调小组办公室，协调小组办公室接报告后及时协商并提出放水具体日期时段，报协调小组批准同意后，提前三天告知国电万安水电厂，由国电万安水电厂实施放水具体工作。协调小组办公室负责发布定期集中放水信息并协调集中放水时间段港航、航道、海事等部门通航保障工作事项。

会议要求建立赣州、吉安市港航管理处、吉安、宜春航务分局和国电万安水电厂定期放水协调工作制度，按照协调领导小组的统一部署，加强信息沟通，紧密协调配合，认真解决定期放水过程中出现的具体问题。同时要求各部门、单位上下联动，齐抓共管，认真做好万安水库枯水期定期集中放水组织协调工作，形成万安水库枯水期定期集中放水长效机制，切实解决万安水库枯水期赣江中游通航问题，促进江西省水路运输事业又好又快发展。

（江西省局　涂春如　杨　辉）

【三峡局到重庆调研危化品过坝运输情况】

2008年3月6日，三峡局局长李维太率队到重庆市港航局就危险化学品过坝运输情况召开调研座谈会。重庆港航局局长梁雄耀、副局长杨大伦和部分处室人员参加了座谈会。会上，梁局长代表市港航局对三峡局多年来对重庆航运事业发展的大力支持表示感谢，并就重庆及西部地区危险化学品运输现状、未来化工产业发展规划、危险化学品过坝需求及需要解决的问题等做了详细介绍。两局还就如何建立联动工作机制，深化合作内容，进一步加强工作配合，共同努力保障通航，促进长江上游航运发展等事宜达成了一致意见。

（重庆市局　阳　斌）

【重庆市开展库区通航支流通航条件调研】

2008年12月，重庆市港航局组织专家，对三峡库区试验性蓄水至 175 米后，库区通航支流通航条件进行了调研。专家组对 175 米试验性蓄水后大宁河等19条重要支小河流航道的跨河建筑、桥梁、电缆、河面宽度、航道暗礁、碛坝等情况进行实地勘测，就通航河流限制船舶宽度、高度、船舶载重吨、航道整治、航标设置和交通管制等提出了指导性意见。

（重庆市局　阳　斌）

【乌江银盘水电站导流明渠通航实船试验顺利完成】　2008年7月23日16：00，乌江银盘电站流量达到3280秒/立方米，“洪发319”轮和“泰源号”轮相继从上水和下水两个方向顺利通过银盘水电站导流明渠，乌江银盘水电站导流明渠通航实船试验顺利完成。随后，重庆市港航管理局、重庆交通大学、重庆西南水运工程科学研究所、大唐国际武隆水电有限公司、重庆长江轮船公司、武隆地方海事处等单位的专家及代表召开了“乌江银盘水电站导流明渠通航实船试验”专家咨询会。根据明渠水流条件和实船试验结果，经过认真讨论，与会人员对船舶上水、下水最大通航流量进行了规定并提出了通航建议。

（重庆市局　阳　斌）

【江苏省泗阳船闸实行船舶零间隔登记】　2008年，江苏省泗阳船闸为方便船舶登记、报到，简化过闸手续，利用全省航道收费网络系统，对下水船舶实行零时间间隔登记。从2008年4月1日上午10时起，对下水船舶登记，一律以刘老涧船闸过闸确认的顺序为主；在下水船舶过刘老涧船闸被确认过闸后，泗阳船闸依据电脑联网数据立即予以登记。刘老涧船闸与泗阳船闸之间距离约32.5公里，船舶航程3小时左右，且无其它水路，为该登记方式的实施提供有利条件。

（江苏省局　宿迁处）

·船闸运行·

【葛洲坝、三峡船闸通航运行纪要】　2008年1月29日至30日，由于气候异常，遭遇百年不遇冰雪灾害，致使相关公路路段封闭，根据上级指示，三峡船闸临时性放行部分滚装船过闸。

1月23日，三峡船闸在春运期间开放客船过闸。

3月12日16：44，三峡船闸因大雾而停运。3月13日上午雾气消散，10：40三峡船闸恢复运行。此次停运达 18 小时，这是自 2003 年 6 月 16 日三峡船闸开通运行以来，因天气原因所致的最长一次停航。

3月15日22：40，三峡坝区遭受浓雾袭扰，能见度不足 300 米，三峡、葛洲坝两坝船闸被迫停止运行。此时，三峡南、北线船闸内共有38艘船舶在闸室中，其中有客船6艘，旅客500多人。16日10：40，三峡大坝上游雾情减弱，北线2艘客船11艘货船驶离三峡船闸，北线船闸再无船舶滞留；南线船闸闸门大开，但浓雾阻航，在保证航行安全的情况下，放行5艘船舶。3月17日8：30，三峡北线船闸率先恢复运行；11时30分，南线船闸与葛洲坝三座船闸同时恢复运行。至此，受大雾阻碍的两坝船闸全面恢复运行。

3月23日14：50至18：00，由“航庆”号拖轮采用顶推方式拖带的大型救捞船“救捞6号”上行安全顺利通过三峡北线船闸，全程历时 3 小时10分。这是大型救捞船首次通过葛洲坝船闸和三峡船闸。

5月12日14：28，四川汶川地区发生8级左右强烈地震。14：30 左右，地震波及三峡船闸，致个别人字门位置开关抖动，位置信号丢失，震后人工干预恢复；南北线船闸闸室水位异常波动，船舶移动颠簸难行，北线二闸室冲水时客船摇晃幅度较大，操作人员立即紧急关阀停止输水。震后对船闸主要设备进行了检查，未发现其它异常，当即恢复正常运行。

6月，三峡局决定采取大风大雾等恶劣气象条件下船闸控制性运行措施。6 月 2 日，三峡船闸处制订了《三峡船闸大风大雾天气应急处置方案》。

7 月 31 日，葛洲坝 2 号船闸安防监控系统正式投入监控运行。

7 月，葛洲坝 1 号船闸最高通航流量限定为 35 000 秒/立方米。流量在 3 0000 立方米/秒至 35 000 立方米/秒时，则实行控制性通航（白天通航，夜晚不通航）。

从 8 月 1 日起，为作好北京奥运会期间安全保卫工作，开始由长航公安、海事部门对申报过闸船舶实施 100%安全检查，装运油品的二级危险品船集中专门闸次通过三峡船闸。

8 月 12 日，三峡入库流量达到 36 000 立方米/秒，三峡和葛洲坝两坝间实行限航。

8 月 20 日 6:00，三峡出库流量 29 700 立方米/秒，为葛洲坝大江航道汛期通航流量控制标准以内，根据相关规定停航渡汛 228 小时后的葛洲坝 1 号船闸恢复运行。1 号船闸停航渡汛共经历了两次大洪峰，8 月 11 日 20 时三峡入库流量超过 35 000 立方米/秒以上，葛洲坝大江航道被迫首次关闭，8 月 15 日 20：00 通过最大一次洪峰，三峡入库流量 41 000 立方米/秒，葛洲坝大江航道再次关闭。

9 月 28 日 24：00，三峡库区开始进行 175 米以上试验性蓄水。库水位超过 163 米时，三峡船闸改为五级补水运行；10 月 31 日，库水位升到 165 米左右时，两线船闸自动转为五级不补水运行。

10 月 3 日 18：00，三峡水库坝上水位达到 153.88 米，依据三峡船闸运行管理规程，三峡船闸实施五级运行。

10 月 7 日 15:00，首次三峡—葛洲坝水利枢纽通航调度动态作业计划顺利编制完成并通过调度系统、GPS 系统、internet 对外发布。4 小时动态计划的发布与实施，打破了船闸通航 27 年以来的传统计划模式，即：当日 18：00—次日 18：00 的计划模式。真正实现了一次申报、滚动计划、分坝实施、联合运行的统一运行格局。

11 月 2 日，三峡船闸正式采取五级不补水运行方式，这是自 2003 年 6 月 16 日三峡船闸试运行以来首次实施该运行方式。

11 月 4 日，三峡水位蓄至 172.4 米时，按国务院三建委紧急通知要求，停止继续蓄水，此后坝前水位缓慢回落。三峡船闸南北船闸各提起一节水下加垫梁，以保证船闸安全运行。

（三峡局　何 宁）

【葛洲坝、三峡船闸主要运行情况】　2008 年，葛洲坝 1、2、3 号船闸通航天数为 344、358、366 天，比 2007 年多通航 22、51、3 天。葛洲坝船闸全年非船闸原因停航 8 天，比 2007 年多通航 45 天。全年船闸原因停航 146.4 小时。其中维修停航 136.67 小时，船舶过闸违障碍航 5.73 小时。其维修停航率为 0.54%，比去年下降了 0.26 个百分点。葛洲坝 1、2、3 号船闸通过闸次为 3 270、4 429、9 359 个，三座船闸共通过 17 058 闸次，比 2007 年增加 834 闸次，上升了 5.14%。葛洲坝 1、2、3 号船闸的通航率为 92.35%、95.89%、98.53%，葛洲坝船闸总的通航率为 95.61%，比 2007 年提高了 6.41 个百分点。葛洲坝 1、2、3 号船闸通过船舶为 19 172、27 962、12 536 艘，三座船闸共通过船舶 59 670 艘，比 2007 年增加 761 艘船舶，上升了 1.29%。葛洲坝船闸货运量总体呈上升趋势。9、10 月货运量达最高峰超过 569 万吨，全年货运量为 5 635.67 万吨，比 2007 年增加 650.13 万吨，上升了 13.04%。葛洲坝船闸客运量呈下降趋势。2 月份达最高峰为 200 656 人次，全年通过旅客 744 319 人次，比 2007 年减少 23 111 人次，下降了 3.01%。

2008年，三峡船闸、三峡南线船闸共运行 8 623.32小时，停航160.68小时（其中例行停航保养31小时，天气原因停航129.68小时）。三峡北线船闸共运行8 608.02小时，停航175.98小时（其中例行停航保养44.50小时，天气原因停航103.51小时，其它原因停航2.97小时）。南、北线船闸平均通航率分别为98.17%、98.00%，均远远超过设计的91.78%的标准。主要设备完好率99.1%，运行设备停机故障率1.3%（处年度目标），设备故障碍航率0.016%，设备月度维护保养完成率100%，辅助设备例行动机执行率97.3%，设备维修处发计划完成率100%。

（三峡局　何 宁）

【三峡船闸首次实施五级运行方式】　2008 年 9 月 28 日，三峡枢纽水库开始进行 175 米以上试验性蓄水。10 月 3 日 18：00，上游水位到达 154 米后，根据蓄水进度情况，三峡船闸由四级不补水运行方式转为五级补水运行方式，10月31日，库水位到达 165 米左右后，由于下游水位较高（65.8米左右），三峡船闸由五级补水运行方式转为五级不补水运行方式。按照设计要求，三峡船闸分为“施工通航期”、“运行初期”和“运行后期”3个阶段运行。库水位135米时为施工通航期，库水位在 144 米—156 米之间变化，三峡船闸处于“运行初期”阶段，三峡水利枢纽抬升库水位至172 米—175米后，三峡船闸处于“运行后期”阶段。三峡船闸运行过程中采取“只补不溢”的水级划分方案，闸室水体来自上游水库、逐级下放，最后大部分排入长江主河床，少量水体由辅助输水廊道排入下游航道。根据三峡枢纽水库上、下游水位特征和船闸各闸室水位情况的变化由系统自动判断或由操作人员决定采用几级运行、是否需要补水、补水厚度为多少，并做出相应的设置。当三峡水利枢纽抬升库水位至 172 米—175米后，三峡船闸将由四级不补水运行方式转为五级运行方式，并根据上、下游水位的不同分别采用五级补水运行和五级不补水运行两种运行方式。

（三峡局　何 宁）

【三峡局 2008 年春运成果显著】　2008 年 1 月 23 日至 3 月 2 日为三峡河段春运期间，历时 40 天。三峡两线船闸安全运行 884 闸次，通过各种船舶 5 245 艘次，过坝货物 393.43 万吨，分别为 2007 年同期的 145.16%、131.29%、96.97%。客轮待闸时间平均为 20 分钟，通航指挥责任事故率为 0；两坝通航秩序的安全稳定。

开辟绿色运输通道，努力保证客船、电煤及生活物资及时过闸。以旅客、农副鲜活产品、电煤、重点物资等具有特殊承载对象的船舶为重点，建立了春运“绿色通道”，确保旅客及重点物资过闸畅通无阻。通过客船 981 艘，运输旅客 24.57 万人次（较 2007 年春运上升了 531.13%。）；优先安排重点农用物资过闸 7.5 万吨（粮棉、食用油，水果，鲜活货，较 2007 年春运上升 3.23%）、电煤 119.33 万吨、集装箱 48 607 标箱。

抗击冰雪灾害，启动滚装船过闸应急预案。春运的 1 月 29 日至 30 日期间，由于气候异常，遭遇百年不遇冰雪灾害，致使相关公路路段封闭，滚装车陆路转运无法运作，在靖江溪和茅坪银杏沱滚装船码头滞留滚装船 35 艘，近 2000 辆车。为疏散滞留多天的滚装船，三峡局及时启动滚装船过闸应急预案，开通滚装船过闸的紧急通道，调整船舶过闸计划，分批安排 3 个专闸 6 艘滚装船，载360辆滚装车直接通过三峡船闸，保证12600吨春节物资顺利出川。

（三峡局　何 宁）

·通航维护·

【2008 年三峡—葛洲坝两坝间水域大流量下船舶限制性通航规定出台】　为加强长江三峡—葛洲坝水利枢纽两坝间水域大流量下不同船舶的通航管理，更好地组织各类船舶安全、有序地通过两坝间水域，三峡局在 2007 年汛期限制性通航管理实践和充分征求船舶单位意见的基础上，执行《2008 年三峡—葛洲坝两坝间水域大流量下船舶限制性通航暂行规定》，以确保汛期船舶在两坝间水域的航行安全。通航流量是指葛洲坝水利枢纽入库流量，汛期限制性通航流量范围为 25 000 立方米/秒至 45 000 立方米/秒。所指两坝间水域界线为：上界：三峡船闸下引航道隔流堤头（长江上游航道里程 40.5 公里）处作与水流方向的垂直线。下界:葛洲坝大江上引航道隔流堤头（长江上游航道里程 9.5 公里）至葛洲坝三江上引航道隔流堤头（长江上游航道里程 10.3 公里）联线。船舶（队）汛期限制性通航流量为:船队，主机功率为 1 655 千瓦及以上的船队最高通航流量为上行 40 000 立方米/秒、下行 45 000 立方米/秒；主机功率为 588 千瓦及以上至 1 655 千瓦的船队最高通航流量为上行 35 000 立方米/秒、下行 40 000 立方米/秒等 4 种船队。单船，主机功率为 630 千瓦及以上的单船最高通航流量上行、下行均为 45 000 立方米/秒；主机功率为 440 千瓦及以上至 630 千瓦的单船最高通航流量为上行 40 000 立方米/秒、下行 45 000 立方米/秒；以及主机功率为 200 千瓦以下的单船最高通航流量上行、下行均为 25 000 立方米/秒等 6 种船型。所指船舶（队）的参考载量为有载，空载船舶（队）的最高通航流量可参照相应标准提高 5 000 立方米/秒。同时规定当流量达到或超过 25 000 立方米/秒时，主机功率为 200 千瓦及以上至 270 千瓦的船舶不得

在两坝间夜航；当流量达到或超过 35 000 立方米/秒时，载运一级危险货物的船舶（队）不得在两坝间航行；当流量达到或超过 35 000 立方米/秒时，两坝间的载货汽车滚装船、区间客船、主机功率小于 176 千瓦的客渡船停止作业；当流量达到或超过 38 000 立方米/秒时，两坝间的所有客渡船停止作业；当流量达到或超过 40 000 立方米/秒时，两坝间的汽渡船停止作业。

（三峡局　何　宁）

【江苏省航道局扬州航道处开展船舶碰撞试验】

为保证扬州航道处“船闸闸墙表面修复技术研究”科研项目的顺利实施，2008 年 2 月 29 日至 3 月 1 日，扬州航道处会同河海大学等有关单位在盐邵船闸上游开展了船舶碰撞试验。两天时间，顺利完成了全部试验项目，现场采集数据符合试验要求。

这次试验模拟了船舶在进出船闸时，对闸墙的撞击情况，通过对不同角度、不同速度的撞击力度的采集，基本掌握了 300 吨至 1 000 吨船舶的撞击数据，为“船闸闸墙表面修复技术研究”科研项目研究提供了重要的数据支撑。

（江苏省局　扬州处）

【金沙江向家坝翻坝转运实船试验取得初步成功】　2008 年 12 月 5 日，由金沙江向家坝水电站建设部组织，云南、四川两省相关单位参加的实船货物翻坝转运试验取得初步成功。

参与试验的船舶共 9 艘，最大吨位 1 300 吨，最小吨位 300 吨。

（云南省局　马翠德）

·基本建设·

【葛洲坝船闸航道 2007 年度常规性大修及更新改造工程项目】　根据 2007 年 8 月长江电力股份有限公司《关于 2007 年度葛洲坝船闸航道专项支出的复函》文件批复，葛洲坝船闸航道大修及更改项目共安排 15 项，其中葛洲坝 2 号船闸防撞装置大修等大修项目 6 项，葛洲坝 1 号船闸变电所改造等更新改造项目 5 项，技术装备购置项目 4 项，总工程费用 300 多万元。

三峡局负责管理并实施 14 项，其中葛洲坝航道演变分析系统完善项目由长江宜昌航道局实施，三峡局负责监管。全部工程从 2007 年 10 月上旬开始，至 2008 年 7 月上旬结束，并于 2008 年 9 月 4 日通过了长江电力股份有限公司竣工验收。

工程项目按照三峡局《设备工程项目管理办法》进行管理，采取统一计划、分责任单位实施、归口监管、两级检查验收制度。在工程质量上强化重要项目技术方案和施工组织设计的会审，分项工程的中间验收，质量控制点签证，重大项目成立项目组进行管理，每个单项完工后都进行了竣工验收，确保了每个项目质量优良。

其中大修项目有：

葛洲坝 2 号船闸防撞装置大修。本项目 2007 年 12 月 8 日开工，2008 年 5 月 30 日完工。主要修理内容有，提升机构修理包括减速箱、滑轮解体修理，老旧零配件更换；拦阻部分解体修理，更换拦阻钢丝绳等部件；液压缓冲系统油缸解体修理，改造液压系统；所有结构防腐处理。电气部分，防撞装置电控系统的设计，使其具有双侧控制、单侧控制等功能。完成防撞装置主控制柜、辅控制柜的改造；更换了控制线路等元器件。进行了系统调试和试车，并试运行 2 个多月。通过对防撞装置的提升机构、拦船索及导向部分和电气部分进行修理，恢复了防撞装置的使用，满足了防撞基本功能。

葛洲坝三座船闸控制楼、陪衬楼内落地窗加装不锈钢防护栏杆。项目于 2007 年 12 月 18 日开工，2008 年 3 月 18 日完工。对葛洲坝 1、2、3 号船闸控制楼及陪衬楼安装了不锈钢防护栏杆及砼护坎，消除了工作场所的重大安全隐患，创造了良好的工作环境。

葛洲坝航道演变分析系统完善。该项目由长江宜昌航道局组织实施，三峡局负责监管。按项目要求完成 40 平米计算机房和设备间的装饰装修，同时购置 2 台 HP 计算机工作站、1 套 HP 备份设备和 1 套中海达测量成图处理软件。

葛洲坝 1 号船闸深井泵电控系统修理。项目于 2008 年 1 月 14 日开工，3 月 24 日完工，完成葛洲坝 1 号船闸深井泵电控系统的改造和电控系统的修理工作。对部分柜体及内部器件进行换损，系统经调试及试运行各项技术指标符合要求。

葛洲坝 1 号船闸正垂观测井爬梯整修。项目于 2007 年 12 月 18 日开工，2008 年 4 月 12 日完工。施工对葛洲坝 1 号船闸三个正垂观测井爬梯进行了整修，拆除竖井内原有爬梯，并重新加工爬梯和圆钢 U 型踏步，经过热镀锌处理后分段安装，浇筑观测平台 9 个等内容的实施，消除了因钢结构锈蚀严重带来的安全隐患。

更新改造项目有：葛洲坝 1 号船闸变电所改造。项目于 2008 年 1 月 22 日开工，5 月 6 日完工，对葛洲坝 1 号船闸变电所高压供电系统进行了整体改造，主要内容有拆除 2 台旧变压器、2 台旧多油断路器的。购置了 2 台 SCB10 型 6.3/0.4kV 630kVA 干式变压器及配套的 2 台 KYN28 型金属铠装中置封闭式开关柜，以及线路改造、室内装饰等项目。

葛洲坝 1 号船闸安全监测精密量距改造。项目于 2008 年 5 月 7 日开工，7 月 3 日完工。对葛洲坝 1 号船闸和葛洲坝 2 号船闸五条精密量距进行了改造，主要内容为：测线开槽、测点墩浇筑、仪器设备安装调试、加盖线槽盖板、观测墩装饰等。通过该项目的实施，提高了船闸精密量距的测量精度和与之相连接的引张线的测量精度。

葛洲坝船闸通信调度机更新。项目于 2008 年 1 月 25 日开工， 4 月 14 日完工。更新后的调度机采取模块化设计，具有较好的开放性、可扩性。信号方式为 E1 数字中继(E1 DTU)；信令方式为中国七号信令。调度机公共部分采取双机热备方式，控制模块、2E1 数字中继板、数字用户板、一次电源模块、二次电源模块等均采用双元件配置，系统运行稳定、可靠。

葛洲坝一号船闸右基础廊道引张线无浮托自动化观测改造。项目从 2008 年 4 月 1 日开工，2008 年 6 月 10 日完工，通过对原葛洲坝 1 号船闸右基础廊道引张线进行无浮托自动化改造，实现 EX2224 引张线 16 个引张线测点、1 个倒垂测点自动化观测。通过现场系统的改造、安装和调试工作，提高了监测精度，减少了维护工作量，达到了适时监测的目的，整个系统的性能、功能满足使用要求，有效提高了原有装置的测量精度，取得了较好的使用效果。

葛洲坝三座船闸禁停线字符屏制安。项目于 2008 年 4 月 1 日开工，4 月 25 日完工，在葛洲坝三座船闸上闸首的左右两侧各定制安装了禁停线字符屏 1 套，共 6 套。经通电调试、测试，系统各项指标达到设计要求，运行正常。

（三峡局　何　宁）

【三峡枢纽坝区通航调度及锚地工程】　为满足三峡工程蓄水后坝区船舶航行安全及通航调度管理工作的顺利进行，交通部于 2003 年 11 月 5 日批复了三峡枢纽坝区通航调度及锚地工程可行性研究报告；2004 年 10 月 15 日批复了初步设计的批复。工程建设地点主要为宜昌市三峡坝区、西坝。工程建设规模为：结合已实施完成的三峡坝区航运配套设施 135 米水位运行期应急工程，建设完善庙河危险品锚地、仙人桥大船锚地和沙湾小船锚地，并配套建设通航调度设施；对已有船舶过坝通航调度优化决策系统进行改造与完善。工程批准总概算为 833.18 万元，实际到位资金为 833.00 万元，实际完成投资 833.00 万元。

设计单位：长江航运规划设计院、长航科研所；施工单位：北京华深慧正系统工程技术有限责任公司、重庆渝万建设集团有限公司宜昌分公司、宜昌市江华船舶修造有限责任公司；监理单位：武汉长航科达监理公司、长航监理有限公司；质监单位：长江航务质量监督中心站。

工程于 2005 年 5 月 19 日开工， 2006 年 11 月 25 日完工。本工程共划分为 5 个单位工程，经长江航务工程质量监督中心站总评本工程质量等级为合格。各单位工程先后交工验收投入试运行以来，满足三峡工程 135 米、156 米蓄水对航运调度、通航安全和锚地管理的需要。2008 年 3 月 24 日，受交通部委托，长江航务管理局组成竣工验收委员会对该工程进行验收。验收委员会一致认为，工程已按批准的建设规模、标准、内容建成，同意竣工验收，正式交付使用。

（三峡局　何　宁）

【三峡枢纽坝区通信工程】　为适应三峡水库蓄水后坝区通航环境的重大变化，解决坝区航运配套通信容量不足、标准不高、传输能力有限、设备老化等问题。交通部于 2004 年 10 月 18 日批复了三峡枢纽坝区航运配套通信工程可行性研究报；2005 年 11 月 16 日批复了初步设计。工程建设地点主要为宜昌市三峡坝区、西坝。工程主要建设内容为：扩建数字传输网络，共敷设光缆 98 公里，配置 SDH 光电传输设备 8 套，新建微波端站设备 2 套；更新安装 1 500 线和 1 000 线程控交换机各 1 套以及相应的通信电源和配套设施。工程批准总概算为 1 200 万元，实际到位资金 1 200 万元，实际完成投资 1 200 万元。

设计单位：长江航运规划设计院、武汉电信规划设计有限公司；主要施工单位：交通部水运科学研究所、宜昌长航通信有限责任公司、宜昌市葛洲坝船闸通讯技术服务部、武汉亿铢科技发展有限公司、上海宇昌通信技术有限公司、深圳华瑞光通信技术有限公司、武汉电信工程有限责任公司；监理单位：武汉长航科达监理有限公司；质监单位：长江航务质量监督中心站。

工程于 2006 年 6 月 10 日开工，2007 年 6 月 28 日完工。根据交通部有关规定和长航局《长江通信工程质量检验评定标准（试行）》，经长江航务工程质量监督中心站评定，已交工的 5 个单位工程的工程质量均为合格。2008 年 12 月 5 日，交通运输部在宜昌组织了三峡枢纽坝区航运配套通信工程的竣工验收会。竣工验收委员认为工程已按初步设计批准的规模、内容、标准建成，工程试运行正常，并完成了相关的专项验收，符合国家有关工程竣工验收的规定。同意竣工验收并正式交付使用，根据国家有关规定，结合长江航务质量监督中心站对该工程的质量监督意见，竣工验收委员会综合评定本工程质量为优良。

（三峡局　何 宁）

【三峡坝区船舶服务区待泊锚地建设工程】 为满足三峡大坝 156 米水位蓄水及永久运行期的通航要求，加强三峡船闸下行待闸船舶的锚泊基础设施建设，为过闸船舶提供安全优质的锚泊设施，交通部于 2005 年 12 月 6 日批复了三峡坝区通航船舶服务区待泊锚地建设工程可行性研究，2006 年 3 月 30 日批复了初步设计。本工程建设地点宜昌市秭归县境内三峡库区右岸曲溪口及沙湾附近水域。主要建设内容在三峡库区右岸曲溪口上游附近水域建设主锚地 1 处，在曲溪口下游附近水域建设应急锚地 1 处，配套建设相应设施。主锚地由#1 锚泊区和#2 锚泊区组成，可同时锚泊 16 至 44 艘单船或 2 个驳船船队加 10 至 30 艘单船。应急锚地可同时锚泊 40 艘左右单船。本工程批准总概算为 12 275.66 万元。实际到位资金 12 276 万元，实际完成投资 12 276 万元。

设计单位：中交第二航务工程勘察设计院有限公司；监理单位：长航监理有限公司（武汉）；施工单位：中交第二航务工程局、葛洲坝集团基础公司、湖北大禹水利水电建设有限公司、葛洲坝集团第五工程有限公司；质监单位：长江航务工程质量监督中心站。

本工程于 2006 年 4 月开工建设。2006 年 11 月主体工程完工并投入试运行。本工程共划分为 17 个单位工程。经长江航务工程质量监督中心站核定，10 个单位工程质量等级为优良、7 个单位工程质量等级为合格。按照交通部《港口建设项目工程质量等级评定标准》，长江航务工程质量监督中心站综合评定本工程质量等级为优良。2008 年 12 月 29 日至 30 日，交通运输部在宜昌组织了三峡坝区通航船舶服务区待泊锚地建设工程及三峡枢纽航运配套设施工程的竣工验收会。验收委员会认为，该工程已按批准的建设规模、标准及内容建成。验收委员会基本同意长江航务工程质量监督中心站对本工程的质量意见，其中待泊锚地直立式靠船墩工程质量为优良，其它工程为合格。

（三峡局　何 宁）

【三峡坝区航运配套设施工程】 为了满足三峡大坝 156 米水位蓄水及永久运行期的通航要求，加强航运基础设施建设，为过闸船舶提供相应的安全锚泊设施，交通部于 2005 年 12 月 29 日批复了三峡枢纽航运配套设施工程可行性研究，2006 年 4 月 4 日批复了工程初步设计。建设地点为长江干流庙河至中水门 59 公里河段。主要建设内容为：在长江干流庙河至中水门 59 公里河段建设兰陵溪油品锚地等 3 处锚地、利用现有设施完善仙人桥等 2 处综合码头、新建 11 处应急停泊区，配套建设助航设施、航道测量及其它设施。工程批准总概算为 3 673.63 万元。实际到位资金 3 674 万元，实际完成投资 3 674 万元。

设计单位：中交第二航务工程勘察设计院。监理单位：长航监理有限公司（武汉）。施工单位：中交第二航务工程局、湖北大禹水利水电建设有限公司、湖北新南洋建设工程有限公司、宜昌港务集团建筑安装工程有限责任公司、宜昌长江三峡通航水工测量队。质监单位：长江航务工程质量监督中心站。

本工程于 2006 年 4 月开工建设。2006 年 11 月主体工程完工并投入试运行。本工程共划分为 15 个单位工程。经长江航务工程质量监督中心站核定，4 个单位工程质量等级为优良、11 个单位工程质量等级为合格。按照交通部《港口建设项目工程质量等级评定标准》，长江航务工程质量监督中心站综合评定本工程质量等级为合格。2008 年 12 月 29 日至 30 日，交通运输部在宜昌组织了三峡坝区通航船舶服务区待泊锚地建设工程及三峡枢纽航运配套设施工程的竣工验收会。验收委员会认为该工程已按批准的建设规模、标准及内容建成。验收委员会同意长江航务质量监督中心站对本工程的质量核定意见，该工程质量等级综合评定为合格。

（三峡局　何 宁）

【三峡枢纽航道近期建设工程】 为适应三峡枢纽 135 米及 139 米运行要求，保障船舶航行安全和通畅，交通部于 2004 年 9 月 15 日批复了三峡枢纽坝区航道设施近期建设工程可行性研究报告；长江航务管理局于 2005 年 6 月批复了工程初步设计。本工程建设地点为长江干流庙河至中水门 59 公里河段。主要建设内容为：建设三峡大坝下隔流堤至中水门 37.5 公里航道专项设施；庙河至中水门 59 公里航道测量控制网；建设石牌安全观测站 1 座、工作船码头 1 座；建造航标艇 1 艘。工程批准总概算为 940 万元，实际到位资金为 940 万元，本工程实际完成投资 940 万元。

设计单位：长江航道规划设计研究院宜昌天宇建设项目管理有限公司。施工单位：宜昌长江三峡通航水工测量队、湖北省云梦建设工程有限公司宜昌分公司、宜都市恒生建筑安装有限公司宜昌分公司、宜昌黄柏船舶修造有限责任公司、宜昌大中船务有限公司、孝昌县建筑工程集团有限公司宜昌分公司。监理单位：武汉长航科达工程监理有限公司。质监单位：交通部长江航务工程质量监督中心站

本工程于 2005 年 10 月开工建设。2006 年 11 月主体工程完工并投入试运行。本工程共划分为 8 个单位工程。工程质量经长江航务工程质量监督中心站核定：1 个单位工程为优良、7 个单位工程为合格，两年来运行情况正常。2008 年 12 月 31 日，长航局在宜昌组织了三峡枢纽航道近期建设工程的竣工验收会。验收委员会认为该工程已按批准的建设规模、标准及内容建成，同意竣工验收，正式交付使用。竣工验收委员会同意长江航务工程质量监督中心站对本工程质量的核定意见，该工程质量等级综合评定为合格。

（三峡局　何 宁）

【浙江省嘉兴市计划建设“一闸两用”独山排涝闸】 2008 年 2 月 28 日，浙江省港航管理局会同嘉兴市人民政府，就建设嘉兴市独山排涝闸时实现海河直达通航达成共识。

海河联运即利用杭平申线黄姑塘航道建设嘉兴海河直达枢纽，可使沿海 500—1000 吨级船舶直达杭嘉湖内河，扩大嘉兴港的腹地范围，提升港口优势。在现有节制闸不变得基础上，围堤口门处再设一座通航节制闸，形成一座船闸。该设想既解决了沿海船舶避风问题，又可以作为淡水储蓄的港池，改善了通航环境，提高了运营效果。

（浙江省局　工程建设处）

【富春江船闸扩建改造批复立项并开始方案设计】 2008 年 5 月 23 日，浙江省发展和改革委正式批复富春江船闸扩建改造工程的项目建议书。标志着富春江船闸扩建改造工程的建设正式拉开了序幕。船闸扩建方案原则上在“零基流”情况下能满足Ⅳ级航道通航标准，具体为：在原有船闸下游新建一座 500 吨级船闸，船闸基本尺度为 260×23×4.00 米，原有船闸改造成上游引航渠道，配套建设下游引航道、船闸运行管理设施及其他相应配套设施以及坝下约 11 公里航道整治疏浚工程。

9 月 26 日，杭州市交通局组织召开了富春江船闸扩建改造工程船闸总体设计方案专家咨询会。浙江省港航管理局，杭州市港航局、浙江省交通规划设计研究院等单位的代表及 5 位来自全国各地相关专业的特邀专家参加了会议。与会专家和代表听取了省交通规划设计研究院关于富春江船闸总体设计方案的情况介绍，并进行了认真的讨论。会议认为，近期直接在老船闸下接较大尺度单线船闸+右岸远期预留第二通道的组合方案优于在现船闸下游扩建一小水库后同步新建双线船闸的方案，并原则赞同该组合建设方案的平面布置，建议下一步工作中，研究采取适当的工

程措施，提高船闸通过能力，同时加强远期预留第二通道规划控制，适时开展研究工作。

（浙江省局　工程建设处）

【江苏省淮阴、淮安一号船闸大修提前竣工通航】 2008 年 5 月 8 日，江苏省交通厅航道局组织召开京杭运河淮阴、淮安一号船闸大修工程竣工验收会。苏北运河淮阴、淮安一号船闸分别于 3 月 26 日、4 月 1 日停航大修，于 5 月 8 日上午 8 点两闸同时恢复通航。

大修主要项目包括：更换上下游四扇闸门、四扇阀门；更换闸阀门启闭机油缸，同时对启闭机四连杆机构进行拆检；闸室原 3 脚预埋螺栓的系船钩更换为 6 脚预埋螺栓的系船钩。为便于阀门拆检需要，增设阀门修理平台以及船闸机械、电气、水工等方面的 82 项工程，淮阴、淮安一号闸大修分别提前 1 天和 2 天竣工。两闸大修前，苏北处分别在淮阴船闸、淮安船闸召开大修预备会和通航管理协调会，制定了两闸停航大修期间苏北运河运行船闸运行调度方案，全力维护大修期间良好的通航管理秩序，确保电煤、成品油等重点物资有序、快速、安全通过。目前淮安、淮阴两船闸运行高效安全，通航秩序良好。

（江苏省局　苏北处）

【江苏省口岸船闸经大修扩建后通航】 江苏省口岸船闸自 2007 年 8 月 22 日停航大修到 2008 年 12 月 10 交工通航，累计完成土方总量 18.4 万立方米，混凝土浇筑总量 2.4 万立方米，浆砌块石 6 000 立方米，船闸主体结构、钢闸门制作、闸首操作房、售票房、闸阀门和启闭机的安装调试等土建工程，完成总投资 5 300 万元，经验收评定为优良级工程。

口岸船闸大修扩建是泰州市组建以来第一项航闸重点工程，也是目前全省规模最大、投资最多的航道养护改善工程。改造后的口岸船闸长 140 米，宽 16 米，深 3 米，能满足 5 级通航标准。新的口岸船闸建成后，将大大改善建口线长江口门的通航条件，为大宗物资运输提供更便捷的水运通道。

（江苏省局　徐秋敏）

【京杭运河邵伯、施桥扩容工程开工】 2008 年江苏省发展和改革委员会行文，先后批复，审议通过了京杭运河船闸扩容工程邵伯、施桥三线船闸工程工可行性报告和京杭运河船闸扩容工程邵伯、施桥三线船闸工程的初步设计。两座三线船闸均按Ⅱ级船闸标准进行建设，设计最大通航船舶等级为 2 000 吨级，船闸规模为 23 米×260 米×5 米，工程主要建设包括船闸主体工程、引航道工程、远调站码头、停泊锚地、闸区工作桥、房屋建筑、闸阀门及机电设备制作安装等。两座船闸上、下游闸门均采用三角门，闸、阀门启闭机均采用直推式液压机型，核定永久性工程用地分别为 337 亩和 643 亩，核定工程总概算分别为 45 555.84 万元和 58 716.98 万元，原则上同意建设工期分别为 36 个月和 30 个月。

2008 年 12 月开工建设，省交通厅副厅长王昌保、厅航道局局长董文虎，扬州市副市长纪春明，以及苏北航务处、扬州市有关部门领导和工程建设设计监理等单位参加了开工仪式。

该工程预计 2012 年建成。该项目既是打造京杭运河苏北段水上高速通道、构建扬州现代综合交通运输体系的重要项目，也是推进沿江运河“丁”字交汇区新一轮经济开发的重要举措。随着闸区及引航道沿岸生态环境的改善，邵伯船闸作为邵伯区重要景区的品味将进一步提升，施桥船闸也将成为苏北运河南大门的标志性景区。

（江苏省局　徐秋敏）

【江苏省南京划子河船闸建设工程奠基】 2008 年 11 月 15 日，江苏省南京划子河船闸开工典礼在六合玉带镇举行。省交通厅厅长游庆仲，南京市市长蒋宏坤、副市长陆冰，省交通厅航道局局长董文虎等出席典礼。

南京划子河船闸工程位于六合区玉带镇，划子河航道入江口右岸，为入江口门船闸，按 V 级标准建设，设计最大船舶吨级为 300 吨级，年单向通过能力 897 万吨，闸室规模为 160×18×4 米（闸室长×闸室宽×门槛水深），同时建设上、下游导航墙、靠船墩及远调站，跨引航道公路桥及跨闸室人行桥各一座，以及相关的防洪大堤工程和部分连接段航道整治工程等，工程总投资约 2.73 亿元，建设总工期为 24 个月， 2008 年 10 月开工，2010 年 9 月完工。

（江苏省局　南京处）

【江苏省口岸船闸大修工程闸室墙浇筑采用新工艺】 口岸船闸大修改造工程闸室墙浇筑采用新工艺——整体滑动模板工艺。闸室墙浇筑工序采用整体滑动模板工艺，利用龙门架支撑水面定型钢模板，可以有效控制工程质量，并可以重复使用，周转周期约为一周时间，大大缩短了工期。

口岸船闸闸室墙长度 140 米，墙体高度 8.75 米，共分 10 段对称浇筑。新工艺为口岸船闸改扩建工程对工期短的要求创造了条件。

（江苏省局　徐秋敏）

【京杭运河房亭河至皂河船闸整治工程顺利完工】 京杭运河徐扬段航道段航道整治工程分二期进行，第一期 2007 年已完成，由房亭河至窑湾镇段，全长 13.805 公里，共挖土方 54.5 万立方米。二期工程从窑湾镇至皂河船闸，整治里程达 10.246 公里，2008 年 8 月 3 日完工。全部按二级航道标准整治建设。主要技术尺度为航道底宽不小于 70 米，航道宽度为 90 米，设计水深不小于 4 米，最小弯曲半径 700 米。二期工程量水下土方 33 万立方米及相关临时工程，工程总投资 700 多万元。工期提前了两个月，评定为优良工程。

工程完成后，将大大改善京杭运河宿迁与徐州交界段的航行条件，提升京杭运河的通行能力，更加充分发挥京杭运河的航运效益。

（江苏省局　徐秋敏）

【江西省赣江石虎塘航电枢纽工程建设正式启动】 2008 年 12 月 29 日，江西省三大重点工程项目（石虎塘航电枢纽、江西华能井冈山电厂扩建、高安建筑陶瓷铁路专用线）开工新闻发布会在南昌举行。省委书记苏荣、省长吴新雄出席会议并讲话。省直有关单位以及三个项目的建设、设计、施工单位的负责人及工程建设者 1 000 余人参加了会议。

石虎塘航电枢纽系原国家计委批准的《江西省赣江流域规划报告》的万安、泰和、石虎塘、峡江四个枢纽中的第三个梯级枢纽工程。此枢纽位于赣江中游泰和县城下游 26 公里处，是以航运为主，兼有发电、防洪、灌溉等效益的水资源综合利用项目。主要包括：船闸、泄水闸、左右岸土坝、坝顶交通桥、鱼道、库区防护等工程。建设规模为：正常蓄水位 56.5 米（黄海高程），相应库容 1.68 亿立方米；通航建筑物建设标准为内河III级，船闸有效尺度为 180×23×3.5 米（长×宽×槛上水深）；电站总装机容量 12 万千瓦（6×20 兆瓦灯泡贯流式机组），年平均发电量 5.27 亿千瓦时。项目估算总投资为 24.3764 亿元（其中世界银行贷款 1 亿美元）。

建设赣江石虎塘航电枢纽，标志着省高等级航道在赣江中上游取得重要突破。此举对于建成江西水运主通道，构建国家水运主通道和高级航道网，促进全省综合交通运输体系的进一步完善和水运业的快速发展；推动沿江工业布局的形成与促进腹地国民经济和社会发展；改善江西能源结构，进而形成江西电网水火互补、彼此调节的优化配置格局；提高库区防护片区内的防洪标准，为发展赣江沿岸工农业生产，提高人民生活水平和提供良好环境，都具有极其重要的意义。

（江西省局　许海远　张兆平）

·文明创建·

【三峡局召开庆祝成立十周年大会】 2008 年 1 月 11 日上午，三峡局建局十周年庆祝大会在宜昌市五一剧场举行。交通部、湖北省、重庆市、三峡总公司，交通部长江航务管理局（长江海事局、长江航道局、长江航运公安局、长江通信管理局）及长航在宜部门等相关单位领导参加了庆祝大会。

交通部副部长徐祖远、湖北省副省长任世茂、三峡开发总公司副总经理曹广晶到会祝贺并讲话。

交通部副部长徐祖远在讲话中赞扬三峡局“10 年来，通航服务能力不断增强，社会效益显著；通航发展不断进步，保障能力显著提高；窗口作用有效发挥，社会形象显著提升。实践证明，长江三峡通航管理局的组建和运行，有效整合了航运行政管理资源，实现了集中领导、统一管理、统一对外，提高了管理效能，发挥了整体优势和综合功能，开创了我国大型水利枢纽通航管理的一种新的有效模式。” 徐祖远希望三峡局在将来的发展中，“按照刚刚结束的全国交通工作会议的精神，顺应长江航运和沿江经济发展的需求，增强责任感和使命感，内强素质管好通航闸，外树形象把好安全关。”

三峡局局长李维太以《十年磨砺抒豪迈》的致辞回顾了10年来的通航成效。三峡1998年1月成立以来，经历了临时船闸和三峡船闸开通运行、不同水位蓄水及截流、明渠截流后碍断航及三峡船闸完建单线运行等重重考验。三峡断面年通过货运量持续增高，由1998年的1 800万吨提高到2007年的6 000多万吨，通过船舶定额吨位突破9 000万吨，保证了国家重点物资、军运和抢险救灾物资、人民生活必需品的及时通过，积极发挥水运优势，对沿江经济的发展起到良好的推动作用，取得了极为显著的社会效益。

十年来，三峡通航人致力于做负责任的管理部门，始终坚持以船方为中心，坚持可持续发展战略，以一流标准打造交通品牌，取得了极为显著的社会效益和经济效益。三峡河段综合通过能力不断提高，通航效益增长迅捷，安全监管与时俱进，应急保障能力明显增强，航道畅通，船舶通航条件明显改善；综合管理机制不断完善，通航服务机制和手段发生根本变化，通航管理现代化初具规模；科技兴局、人才强局成效显著，窗口形象显著提升。

会上播放了由江泽民总书记亲笔题词的《万里长江三峡通航》的专题片，向到会的领导和职工展示了三峡局建局十年来年风雨历程。会议在“感恩的心，感谢有你，伴我一生，让我有勇气做我自己……”的旋律中，由职工代表罗静、胡洋代表三峡局向宜昌市慈善总会奉上爱心捐款十万元，政协主席、宜昌市慈善总会李泉会长接受了捐赠，并颁发了“慈善捐赠爱心永存”的功德牌及荣誉证书。三峡局全体干部职工以这种特殊的形式庆祝三峡局成立十周年。

会议在全体参会人员高唱《三峡通航之歌》声中圆满结束。

（三峡局　何　宁）

【三峡局命名三峡通航文化建设示范点】 2008年4月28日，为了开展扎实有效、丰富多彩的三峡通航文化，进一步总结经验、推广典型、以点带面、整体推进全局基层文化建设工作，大力弘扬“一切为了通航，一心服务船方”的核心价值观，增强全局广大干部职工的凝聚力和向心力，促进全局文化建设再上一个新的高度，经研究，决定将三峡船闸管理处、葛洲坝船闸管理处、三峡海事航道局、三峡通航指挥中心等4个单位作为全局文化建设工作示范点，予以命名。被命名的基层文化建设工作示范点，均具有一定的典型性、代表性和示范性，代表了全局基层文化建设工作的先进水平。号召全局各单位、各部门要认真学习他们加强班子建设，提高领导水平，增强整体功能的好经验；学习他们加强队伍建设，提高党员素质，发挥模范作用的好做法；学习他们加强基础建设，健全工作机制，创新活动载体的好方法；学习他们抓好文化建设，促进发展，创造一流业绩的好思路。

（三峡局　何　宁）

【长航系统职工水上奥运火炬传递宜昌站活动】

2008年4月14日，长航系统职工“唱响长江之歌，传递奥运火炬，共建黄金水道”接力长跑活动在宜昌顺利进行。此次活动由长航局组织，在宜昌地区的传递仪式由长航宜昌代表处承办，长航在宜单位领导及职工共两百余人参加了此次活动。火炬经云南、宜宾、重庆顺江而下到达宜昌，穿越库区、三峡大坝和葛洲坝枢纽等地，在我局辖区顺利完成了火炬传递。当日下午火炬开始往下一站岳阳传送。

14日上午9：00，三峡局水上政务中心901囤船，彩旗飘飘，一片喜庆，长航宜昌片各单位领导及职工整齐列队，宜昌地区长航职工“唱响长江之歌传递奥运火炬”接力长跑仪式准时开始。三峡局党委书记俞国斌主持仪式，三峡局局长、宜昌代表处代表李维太发表了热情洋溢的讲话。火炬手代表宜昌航道局职工、全国“五四”红旗团支部标兵潘璠讲话后，长航重庆代表处火种传递代表王静送上火种盒，宜昌代表处代表王晓春接过火种。随后，长航局副书记兼纪委书记张燕峰亲自点燃火炬，并宣布火炬在宜昌的传递正式开始。

宜昌航道局火炬手潘璠从张燕峰书记手中接过火炬，开始了传递活动。长航在宜6个单位各2名火炬手共12人护卫着火炬登上长江航道船舶，4艘海巡艇为其护航向三峡船闸进发。在三峡武警码头，长航公安宜昌分局火炬手接过航道局传递的火炬，开始了长跑接力。30名公安人员列方队护送，十名武警人员一路护持，将火炬顺利送达三峡船闸集控室交给三峡局火炬手罗静、陈国仿。

三峡局职工列方队一路跑步护送火炬至五闸首，完成了坝上的传递活动。火炬经三峡专用公路到达葛洲坝左坝头，传给长江海事局火炬手，在三号船闸、二号船闸等地与通信导航局、航道工程局进行交接。最后，火炬被一路护送到三峡局西坝机关大楼，一阵欢天喜地的锣鼓声，三峡局职工载歌载舞迎接火炬的到来，共庆活动在宜昌成功举行。

（三峡局　何　宁）

【江西省局界牌枢纽处编印《界牌航电枢纽》大型画册】　2008 年，江西省航务局在纪念改革开放 30 周年活动中，界牌枢纽处于 12 月编印了大型纪念画册《界牌航电枢纽》，以检索其成长脉络、走过的光辉历程，以及发展中取得的重大成果。画册分设枢纽概况、枢纽文化、领导关怀、枢纽风采、精神文明建设、工程特性表、大事记等七大板块，囊括了自 1992 年开工建设以来大量的珍贵图片。

画册不仅展示了界牌枢纽风采，提升了界牌枢纽形象，更是凝固历史、分享成果、昭示未来，引导广大干部职工继续解放思想，以主人翁的姿态推动枢纽科学发展的重要蓝本。同时，也为自身发展留下了一份弥足珍贵的见证。

（江西省局　李建国）

第九编　公　安

【概 述】 2008 年，长航公安机关以党的十七大精神为指导，紧紧围绕为北京成功举办奥运会的总体目标，坚持严格公正文明执法，加强治安管理，严厉打击刑事犯罪活动，维护长江航运和谐稳定。

一是坚持高标准严要求，圆满完成两个奥运安保任务。精心组织，周密部署。年初的全线公安工作会议上，长航公安局对奥运安保工作进行了全面部署。整体联动，确保重点。针对恐怖活动新动向和确保对过闸船舶进行 100%安全检查高要求。加大投入，强化安检。长航公安局斥资近 1 100 余万元，为重庆、万州、宜昌分局配备排爆检测设备。积极服务，主动工作。长航公安机关将“三个服务”落实到奥运安保工作中，督促企业落实内部保卫制度。二是认真组织“回头看”，如期实现三年为期“三基”工程建设目标。基层所队警务保障得到加强。1.改善基层基础设施，创优所队办公环境。2.强化基层公用经费保障，健全正常公安经费保障机制。3.加大装备投入，提高基层装备水平。加快推进辖区水上警务战略的实施，全线建立面向长江的水上警务室 100 个，配备民警 267 名。4.稳妥推进警务改革，警务体制机制得到明显优化。5.公安信息化建设得到加强，构建数字化警务信息平台。6.教育培训取得成效。 “三个必训”制度全面落实。三是加强长江治安防控，确保航运治安形势平稳。强化国家安全意识，全力维护长江航运政治安定。1.加强情报信息预警，妥善处置群体性事件。2.按时保质完成了奥运背景审查工作任务。3.开展了为期 100 天的“08 震慑”专项行动。4.加大出入境管理工作力度。全年共受理治安案件 15 371 起，查处 15 360 起，查处率达 99.9%，查处违法人员 15 667 人。与此同时认真组织长江治安防控建设理论研究、完善工作预案，做好应急处置准备、认真开展安全隐患检查。四是加强法制建设，提高民警执法质量和服务能力。坚持服务基层、规范执法这一主线，努力实现法制工作服务意识到位，工作措施有力，业务能力提升，执法成效显著的工作目标。进一步开展执法服务工作。通过执法质量考评，加强相互学习、交流，提升全线整体执法水平，完善执法制度建设。五是全面加强党风廉政建设。1.落实党风廉政建设责任制。2.开展党风廉政建设的宣传教育活动。3.开展警务评议和督察活动，规范民警执法。六是加强和改进思想政治工作，全面展示长航公安形象。组织系列思想政治教育活动，提供队伍积极进取的思想动力。1.开展局情教育。2.跟进奥运期间的思想政治工作。3.开展调研。进一步推动队伍管理规范化。2008 年，长航公安机关积极推动文明创建和警营文化建设，构建和谐警营。此外加大新闻宣传力度和典型示范。

·公安机构·

【长江航运公安局（简称长航公安局）】

2008 年是北京奥运会举办之年，也是三年为期的“三基”工程建设见效之年。长航公安机关以党的十七大精神为指导，紧紧围绕为北京成功举办奥运会的总体目标，坚持严格公正文明执法要求，加强治安管理，严厉打击严重刑事犯罪活动，维护了长江航运和谐稳定；坚持从严治警、从优待警，队伍整体素质明显提高，队伍凝聚力明显增强。以科学发展观为统领，以构建和谐社会和维护长江水域治安稳定为目标积极践行“三个服务”，大力推进“三基” 工程建设，圆满完成了全年各项工作任务。

一、坚持高标准要求，圆满完成两个奥运安保任务。

·精心组织，周密部署。年初的全线公安工作会议上，长航公安局对奥运安保工作进行了全面部署。4 月份奥运安保工作正式启动后，多次召开会议，贯彻落实交通运输部、交通运输部公安局、长航局有关奥运安保要求，结合实际，制定了以三峡两坝船闸为重点的 9 项工作措施。奥运安保进入二级备勤。召开“奥运安保决战阶段誓师电视电话会议”，进行再动员，再部署。7 月 31 日，长航公安局奥运安保前线指挥部进驻三峡坝区靠前指挥。各分局全警动员、全警投入，严密控制辖区阵地，全面加强安全检查，以确保辖区绝对安全。

·整体联动，确保重点。针对恐怖活动新动向和确保对过闸船舶进行 100%安全检查高要求，长航公安局抓住三峡坝区水域重点，调武汉分局特勤队到宜昌分局备勤值班；60 名招录新民警经过培训，全部到三峡坝区一线参加奥运安保工作；从 11 个分局共计抽调 50 名民警，分别派守到宜昌、万州、重庆籍滚装船上工作。各分局按照策应三峡两坝水域奥运安保工作部署，加强辖区过闸船舶安全检查，向宜昌分局共计传送艘船舶安全检查资料 427 条，船员身份信息 3 242 条，消防检查信息资料 705 条，很好地策应了宜昌分局对过闸船舶安检工作。

·加大投入，强化安检。 长航公安局斥资近 1 100 余万元，为重庆、万州、宜昌分局配备排爆检测设备。技防设施的投入使用，增强了危爆物品检查效率和三峡坝区水域安全防范能力，检查过闸船舶 8 053 艘，滚装车辆 54 670 辆，查出安全隐患 10 265 处，取消 95 艘有问题船舶过闸计划，武装押运 650 艘一级危险品船舶（危险货物 674 510 吨）160 闸次通过三峡船闸；查获易燃易爆危险物化学品 575 吨，鞭炮 10 万响，管制刀具 86 把；比对船员 10 265 人，司乘人员 106 096 名，查获网上逃犯 32 名。

·积极服务，主动工作。 长航公安机关将“三个服务”落实到奥运安保工作中，督促企业落实内部保卫制度，与港航企事业单位签订《奥运安全保卫工作责任状》2 049 份，指导 780 个企事业单位建立内部治安保卫机构，配备专兼职保卫人员 1 538 名；指导督促港口、码头、船务公司购置安装 X 射线安全检查仪 15 台、“摩尔”探测仪 5 台、手持金属探测仪 52 台、防爆桶 8 台（套）。对迟迟没有行动的企业下达《治安隐患整改建议书》。要求全体民警在辖区、码头、船舶、港区执法执勤时，依法行政、热情服务，积极主动向企业、船舶、船民宣传平安奥运的重大意义，争取理解和支持，印制下发了《致长江各港口及船公司的公开信》。长航公安局奥运安保前线指挥部高度重视过闸船舶安检中发现的异常反应，约见船公司代表，提出确保船闸安全，也保护企业利益工作建议，得到企业和广大船员的高度赞誉。

二、认真组织“回头看”，如期实现三年为期“三基”工程建设目标。

·基层所队警务保障得到加强。 一是改善基层基础设施，创优所队办公环境。截止 2008 年底，累计争取到国家投资近 4 亿多元，为 6 个分局和 4 个派出所建造了新办公楼和办公用房，已经完建“所趸合一”趸船 8 艘，建设警备码头 1 座；对 13 个派出所办公用房、警校教学楼、武汉和重庆看守所进行了改、扩建，全线公安巡逻艇拥有量达 69 艘并大批量增配了单警装备、警用车辆和微机及先进办公设备。二是强化基层公用经费保障，健全正常公安经费保障机制。经检查考核，2006 年到 2008 年中，分别分配下达到基层 4 696 万元、5 445 万元和 6 150 万元公用经费全部落实到位，有力地保障了基层办公和办案等日常经费开支。三是加大装备投入，提高基层装备水平。将 5 000 余万元用于基层警务保障建设，共为基层所队增配警用车辆 257 辆，微机 546 台和先进适用办公设备 683 台（套），目前，长航公安机关警用车辆达 579 辆，微机 1 371 台。按照公安部单警装备配备标准和要求，为基层民警配齐单警装备 1 700 套，配齐率达 100%。为基层配置图像信息采集，痕迹、指纹、医学、文件、理化检验系统，专业排爆设备，专业消防救援设备，非线性节点探测仪、远距离炸药探测仪、夜视仪，监视设备，多媒体案情分析回放系统等高科技警务装备，极大地增强了基层案件侦破攻坚能力。2006 年以来，在全线共建立 3 个“三级刑事科学技术室”、5 个“二级刑事科学技术室”、1 个“DNA”鉴定室、1 个火灾物证检验鉴定室。

·基层所队警力配置得到规范。 一是实现了警力下沉。，形成了机关精、基层实的警力布局。全线 76 个派出所，5 人以上警力的派出所达 92%，基层所队警力占总警力的 85%以上。二是加快推进辖区水上警务战略的实施，全线建立面向长江的水上警务室 100 个，配备民警 267 名。三是稳妥推进警务改革，警务体制机制得到明显优化。依据“警力围绕警情走”原则，逐步推行“四班三运转”、错时工作制等新型勤务机制，乘警队推行了乘警长负责制、派乘民警和辅警相结合的勤务制度。

·公安信息化建设得到加强。 构建数字化警务信息平台。硬件建设方面，完成机房及视频会议室改造工程。建成公安业务基础数据库，搭建了管理信息系统三个平台。软件建设方面，完成由公文管理等 5 部分组成的办公自动化系统研发建设任务；利用长航局科技项目申报制度，自主研发了长江航运公安警察人力资源信息系统等 10 套应用软件。

·教育培训取得成效。 一是“三个必训”制度全面落实。保证每个民警每年至少 15 个工作日的集中训练时间，全线民警有 1 582 人次参加了

15 天以上的集中学习培训。长航警校开办了公文处理、档案、国保、刑侦、消防、派出所长等培训班 31 期，培训学员 1 930 人次，保证了一线民警的教育培训面达到 100%。各分局以苦练基本功为抓手，先后组织了体能达标、计算机应用技能比赛、法制擂台、水上驾驭和救生技术、参加地方公安机关专业技能比赛等多种形式进行岗位练兵竞赛活动。全线共组建执法服务队 40 个，下基层指导工作 319 次，参与办理各类刑事、治安案件 750 余起，解决执法疑难问题 140 余个，举办讲座 32 次。

三、加强长江治安防控，确保航运治安形势平稳。

·强化国家安全意识，全力维护长江航运政治安定。一是加强情报信息预警，妥善处置群体性事件。二是按时保质完成了奥运背景审查工作任务。三是开展了为期 100 天的“08 震慑”专项行动，四是加大出入境管理工作力度。

·适时组织专项斗争和破案攻坚行动，保持对长江干线水域刑事犯罪的高压态势。一是开展专项斗争，狠狠打击严重刑事犯罪活动。二是加大侦破命案攻坚力度。三是保持对水运物流犯罪的主动进攻态势。

·加大治安管理力度，维护水上良好治安秩序。2008 年共受理治安案件 15 371 起，查处 15 360 起，查处率达 99.9%，查处违法人员 15 667 人。一是认真组织长江治安防控建设理论研究。二是完善工作预案，做好应急处置准备。三是认真开展安全隐患检查。

长航公安机关牢固树立大局意识、整体意识、协作意识，落实长航局安全整治活动的工作部署，组织全线公安机关开展了“三保一创”、“汛期百日安全”、“安全生产隐患治理年和两防专项整治回头看”、“查隐患、保安全、迎奥运”、“安全生产百日督查”、“打击非法采砂”等一系列专项活动。5 月 1 日至 6 月 30 日开展的打击非法采砂专项行动中，参与联合行动 79 次，查处非法采砂船 204 条，排查（取缔）非法采砂点 13 个，捣毁采砂设备 64 套，处罚违法人员 284 人。在以安全生产为主题的系列活动中，长航公安局共有 13 个集体，19 名个人受到长航局的表彰。

全力维护客运治安秩序。切实推进乘警队伍规范化管理，组织实施派乘工作和港船交接工作机制。全线共值乘 6 154 个航次，安全运送旅客 128 万余人，接处警 617 起，破获现行刑事案件 6 起，查处治安案件 80 起，处置群体性事件 25 起，接受群众求助 516 起；开展治安、消防检查 669 次，查处各类隐患 585 起，收集上报敌社情信息 68 条，为旅客群众做好人好事 1 096 件。

始终坚持“安全第一”的指导思想，切实增强危机意识，规范勤务运作，改进警卫形式，确保了各项警卫工作安全万无一失。圆满完成警卫工作任务 120 起，其中，一级警卫任务 3 起、二级警卫任务 16 起，三级警卫任务 3 起。

·强化长江干线水域消防监督，为航运企业提供安全保障。2008 年，长江干线水域共发生船舶火灾 8 起，3 人死亡、1 人失踪、3 人受伤，直接财产损失 40.596 万元。与上年同期相比，火灾数减少 7 起，下降了 46.67%；死亡、失踪人数持平；受伤人数减少 1 人，下降了 25%；财产损失减少 140.888 万元，下降了 76.63%。一年来，长江航运公安机关以“火灾预防、隐患整改”为重点，落实专项整治与常态消防监管工作相结合，开展长江上游客船、滚装船消防安全检查和长江下游化工生产及危险化学品运输情况调查；组织全线开展“元旦”、“春运”、“两会”“五一”、“十一”、“奥运”期间消防监督检查；积极参与“战枯水”安全生产月活动，全年共检查消防安全重点单位 6 026 个次、非重点单位 5 583 个次、重点部位 18 179 个次，危化品码头 582 个次、水上加油站 1 306 个次；检查各类船舶 17 751 艘次。发现一般火灾隐患 27 899 处、重大火灾隐患 4 处，下达《责令限期改正通知书》692 份、《重大火灾隐患限期改正通知书》4 份、《复查意见书》645 份，督促整改完毕 23 815 处、整改率为 85.36%。依法办理消防行政案件 1 876 起，处罚单位 61 个、警告 661 人、罚款 1 327 人、行政拘留 3 人，查获易燃易爆危险品 673.77 吨。

四、加强法制建设，提高民警执法质量和服务能力。

坚持服务基层、规范执法这一主线，努力实现法制工作服务意识到位，工作措施有力，业务能力提升，执法成效显著的工作目标。一是进一步开展执法服务工作。组建奥运安保执法服务队，7 至 9 月，机关执法服务队深入到宜昌、九江、黄石、武汉等分局为基层执法一线民警进行服务，为基层解决实际办案中遇到的法律困惑。同时各分局相继组建奥运安保执法质量服务队，为基层民警提供全面、直观的执法服务。二是通过执法质量考评，加强相互学习、交流，提升全线整体执法水平。三是完善执法制度建设。在充分调研的基础上，制定完善了《11 个行政执法办案规范》课题，即将结题投入施行。继续坚持对案件“四级审核”把关制度。初步统计，全线共审核案件 1 562 件次。其中，审核刑事案件 1 015 件次，审核行政案件 395 件次，审核消防案件 151 件次。

五、全面加强党风廉政建设。

一是落实党风廉政建设责任制。修订细化了党风廉政建设目标管理责任书内容，制定了《长航公安局反腐败工作计划》，进一步完善了党风廉政建设责任目标管理制度，做到了任务清晰，责任到人；坚持纪委廉政谈话制度，认真实施离任审计、干部考核、任前公示制度等监督措施。二是开展党风廉政建设的宣传教育活动。制定了《长江航运公安局 2008 年党风廉政宣传教育工作计划》，全年开展党风廉政宣传教育 233 余次，受教育民警 15 600 余人次，教育面达 100%。三是开展警务评议和督察活动，规范民警执法。2008 年明查暗访共 2964 次，纠正违反警容风纪 439 人次。通过召开警风警纪监督员座谈会，向警风警纪监督员通报公安工作、队伍建设和党风建设方面的情况，发放《警务评议测评表》、走访船东、辖区单位群众，征求对公安机关和活动、工作作风、廉政建设等方面的意见，增强基层所队和窗口单位的服务意识，改进了作风。截止年底，长江航运公安队伍继续保持零违纪。

六、加强和改进思想政治工作，全面展示长航公安形象。

·组织系列思想政治教育活动，提供队伍积极进取的思想动力。一是开展局情教育。组织“珍爱岗位，苦练技能，争创一流”的主题教育活动；二是跟进奥运期间的思想政治工作。在长达几个月的奥运安保期间，专门发文强调加强对战前动员、警力保障、岗位练兵、关心民警、典型宣传等工作提出具体要求，并深入基层督促落实，为奥运安保提供强而有力的思想政治保障。三是开展调研。围绕如何深化“三个服务”，如何建设创新型单位，如何提高长江公安文化建设水平，如何深化“学、树、创”活动，组织开展专题调研，收集调研文章 32 篇，被上级政研会采用 4 篇。

·进一步推动队伍管理规范化。一是以基层党支部建设为重点，完善基层党支部组织建设。加强党支部书记培训，加大基层所队党支部建设指导力度。开展了贴近党员思想，贴近单位实际的创建活动。全线广大党员积极主动向地震灾区捐献特殊党费 30 余万元。二是加强基层所队领导班子建设。按照《关于加强长江航运公安机关基层所队领导班子建设的意见》，进一步推动干部人事制度改革，将年龄轻、文化高、素质好的优秀民警选拔到基层所队领导岗位上。三是完成异地交流工作和民警下挂工作。四是推进制度建设和规范干部选拔工作。贯彻落实领导干部任期制，对局属领导班子进行考察；加大领导干部交流力度，不断优化领导班子结构，逐步配优建强分局领导班子。召开干部人事工作会议 ，对干部人事管理工作规范和制度（讨论稿）进行了专题讨论。

·积极推动文明创建和文化建设。2008 年，长航公安机关积极推动文明创建和警营文化建设，构建和谐警营。被交通运输部推荐公示为“全国精神文明建设工作先进单位”。宜昌分局等 3 个单位和泸州分局宜宾派出所等 8 个集体被授予 2007 年度创建文明行业先进单位（集体）荣誉称号。为纪念长航公安建局 55 周年，着重展现长航公安体制改革 5 周年的发展成就，编纂大型画册《大江鉴忠诚》。组织民警纪念长航公安体制改革 5 周年“我与长航公安”征文活动。成功举办“新起点、新挑战、新发展”2008 年新春联欢会，节目大部分为民警自编自演，充分展示长航公安文化建设发展成就和民警精神风貌。反映长航公安民警工作和生活的电视连续剧《大江作证》进入后期制作阶段。全线民警为地震灾区捐款共计人民币 111.6 万元。

·加大新闻宣传力度和典型示范。“三报一台一社”是长航公安对外新闻宣传重要阵地。局党委主动邀请新华社湖北分社领导来局座谈，介绍长航公安建局 55 年的发展历程，特别是体制改革 5 年来公安工作和队伍建设发生的巨大变。中国水运报《长江金盾》，策划推出了 3 期奥运安保的宣传专版，3 期反映建局 55 周年暨体制改革 5 周年的专版。长航公安机关共在各类新闻媒体发稿 2900 余篇。其中，中央电视台 5 篇，“三报”170 篇，新华社 10 篇。7 月 19 至 21 日，中央电视台和湖北电视台分别播出长航公安奥运安保誓师动员情况。为广泛宣传长航公安奥运安保先进事迹，制作专题片《平安奥运大江魂》，并举办奥运安保先进典型事迹报告会，在奥运安保总结表彰大会上播放和演讲。报告会成员童强的事迹还在长航局组织的事迹报告会上宣讲。

2008 年，长航公安局被评为全国公安系统奥运安保工作先进集体。全线有 34 个集体分别荣立二、三等功，62 名个人分别荣立一、二、三等功，8 个集体和 31 名个人受到嘉奖。

地　址　武汉市江汉区黄陂街 10 号
邮　编　430021
电　话　（027）82766806
传　真　（027）85704586
（长航公安局　桑汉成　冯维佳）

【长江航运人民警察学校、交通公安民警培训中心（简称长航警校）】 长航警校主要负责全国交通公安机关教育训练工作。

2008 年，全年完成交通运输部公安局、长航公安局各类培训班 12 期、培训学员 609 人次。其中新民警培训班 3 期，司晋督培训班 3 期，交通公安治安业务培训班、长航公安局滚装船舶乘警培训班、刑侦业务培训班、消防队伍管理培训班各 1 期。组织校内外教师 37 人授课、共计 701 课时。开设的课程主要有：警务技能与战术、警用手枪使用射击技术、体能、新刑事技术与应用、犯罪防控方略、群体性治安事件的处置、心理行为训练、情报信息、特情工作、外国人的管理、案件侦查、网上斗争、宗教等课程。今年完成的培训量较上一年增长了 8.4 %，课时增长 12%，新增课程 26 门。教学突出实战特色、突出研讨特色、突出交通公安特色。

2008 年，趁势而上，克服困难，“三基”工程建设有新提高，改善了教学和办公条件；改善了学员生活条件；改善了校园环境；培训学员宿舍楼、食堂全面维修改造，学员的培训环境得到了较大改观。

2008 年，服务奥运安保，送“教”上门。在交通公安组织的“轮值轮训、战训合一”培训中，利用教学资源，先后组织教师到宜昌、武汉、黄石、九江等分局“送教上门”服务 10 余次，为武汉分局开展心理行为训练及辅导班 4 期，接受法律或业务咨询电话、网上沟通百余次。

在奥运安保工作中，长航警校针对实战单位紧张的工作状态，派出心理辅导服务队到长航公安局宜昌分局对滚装船安检民警、派乘民警、交流民警、新民警、本地民警等不同群体的民警进行心理测试和咨询辅导，帮助一线民警排遣心理压力。心理咨询老师，受到公安部心理咨询先进个人通报表彰，并荣获部局二等功。

2008 年，出版《交通公安》杂志 4 期，印刷 16 000 多册，免费发送到交通公安基层所队。受到交通公安领导的重视和认可，受到民警的关注和积极参与。他们认为《交通公安》在交通公安系统是一个很好的学习交流“平台”，一些论文为民警执法办案提供了理论指导和有益借鉴。

地　址　武汉市江汉区姑嫂树红光路 34 号
邮　编　430023
电　话　（027）85629139
传　真　（027）85629139
（长航警校）

【长江航运公安局上海分局（简称上海分局）】

上海分局主要负责管辖上海市行政区域的长江中央管理水域。

2008 年，上海分局以科学发展观为统领，继续狠抓 “三基”工程建设。在全力做好奥运安全保卫中心工作的同时，圆满完成了信息化建设、“打黑除恶”、治安防控、创新警务模式等各项公安工作，在长航全线公安工作评比中名列前茅，确保了长江上海段水域治安持续稳定。

全力维护社会政治安定，坚持“警情主导警务”的理念，共收集各类情报信息 7 918 条，创历年之最。全年破获刑事案件比上年增加 49.2%，查处各类治安案件比上年增加 24.1%。收缴财物罚没款计 71 万元，比上年增加 8 倍。行政拘留 33 人，比上年增加 267%。

抓好队伍正规化建设，提高民警的综合素质。开展 12 次警示教育，党风廉政建设保持了连续五年零违纪记录。制定民警考核机制，大力开展立功创模活动，年内有 3 个集体、11 名个人受到上级表彰，有 2 个集体、8 名个人荣记三等功。其中分局支援长江上游三峡库区奥运安全保卫工作的 5 人派乘组，被长航局评为先进集体，内有 3 人荣立三等功。

·联手防范长江私渡载客　每逢初春，长江口时常有大雾，严重影响了崇明、长兴、横沙岛间的车客渡正常通航。旅客大量滞留渡口码头，不少“三无”杂船乘机冒雾私渡载客。1月中旬，连续5天的浓重大雾锁江。1月11日，一艘钢质渡船私自冒雾载客，航行中与锚泊船相撞倾覆，造成10人失踪。为保障群众安全，分局会同相关执法部门，加强了沿江现场巡查和宣传，从1月中旬至4月22日，组织了为期3个月的联合防范打击私渡专项治理活动，查处了29艘私渡船、摩托艇，保障了轮渡和过往安全。

·取缔水上非法油品交易　4月2日，一艘“三无杂船”在外高桥水域抽取“中业6号”轮油污水时突然失火，火因起于污油船设备不规范。分局消防支队十分重视，深入船厂、码头、锚地和船舶集聚地调查，发现辖区类似“三无杂船”进行油品交易和违规抽取废污油现象严重，长兴岛、横沙岛之间水域成为非法收购交易成品油的集散地。6月—9月，分局会同有关行政执法单位开展取缔非法油品交易的专项整治，共处罚违法船舶9艘，维护了水域的治安秩序，消除了重大火灾隐患。

·成功处置废旧炮弹　上海市宝山区长江水域遗留有战乱中各类炮弹、子弹和大炮。上海分局在年内先后处置宝杨路码头滩涂湿地工程长65厘米直径14厘米的榴弹1枚、宝杨路废品站收购进废旧迫击炮弹1枚。为确保人民生命安全，提高群众防范意识，长航公安机关选择擅自处理废旧炮弹引发人身伤亡的典型案例，制作成文字、图片展览，同时通过新闻媒体向广大群众和船民宣传告诫，告知处理上报途径，避免了意外事故的发生。

·破获海上贩运毒品大案·　3月，一艘在上海某船厂待修的利比亚籍外轮，发现船中间底部排水口处挂了一个外型酷似炮弹的容器。上海分局接报案后，会同有关部门在确认非爆炸品和放射物质后，打开容器，发现容器内严严实实地藏有高纯度可卡因毒品14.0671公斤，价值1 400万元。专家认为此类外挂船底运输毒品的方式，密封性能好，隐蔽性强，不易发现。这起外轮因中途故障而临时改变行程进入上海船坞检修，被破获的特大跨国贩毒案很有典型意义。上海分局已联合海关、边防等部门，严密相关防范查堵措施，建立健全检查发现打击机制，有效阻击了毒品通过“海上新通道”入境。

·建立长江水上流动警务室·　上海分局结合辖区水域特点，不断探索创新警务运作模式，在陆上新设7个警务室的同时，6月22日又成立了宝山派出所水上流动警务室。警务室以高速巡逻艇“长江巡警16—2号”艇为工作平台，艇开到那里，流动警务室就服务到那里，接受法律咨询，开展防范宣传，受理治安案件，帮助群众排忧解难办实事。开办半年多，深受船民群众和沿江企业的欢迎、好评。

地　址　上海市黄浦区中山南路935号
邮　编　200011
电　话（021）63785110
传　真（021）63188109

（上海分局　楼德明）

【长江航运公安局苏州分局（简称苏州分局）】

苏州分局主要负责管辖长江苏州、江阴段（上至江阴长山、下至太仓浏河）的中央管理水域。

·治安管理·　2008年，苏州分局认真抓好维护政治稳定工作，收集各类安保情报信息130条，上报108条，妥善处置群体性事件及苗头23起，收缴“法轮功”宣传品5件，登记泊港外籍船舶4 030艘次，外籍船员60 105人次。以打击严重刑事犯罪为重点，破获各类刑事案件、立刑事案件、查结行政案件1 573起，查处违法人员1 581名。消防检查重点单位129个次、非重点单位41个次、重点部位353个次、危化品码头56个次、水上加油站61个次、各类船舶181艘次(其中过闸船舶48艘、危险品船52艘)，填写《消防监督检查记录》83份、《船舶消防安全现场检查表》108份，发现各类火灾隐患399起，发《责令限期改正通知书》33份，已整改394起，建筑工程消防设计审核4起、验收3起。监督监护烟花爆竹集装箱装卸作业54船次、2 318只集装箱，消防培训教育17场次、培训580人。处理道路交通事故174起，查处各类交通违法行为970起，暂扣驾驶证219本、暂扣机动车82辆。公安基础工作更加巩固。提拔任用7名基层领导干部，聘用了7名部门助理和10名警长，3名民警任非领导职务，10台计算机配发至基层一线，举办各类培训班45期，组织开展6次实战演练，接报的418起警情均得到有效处置。在依法加强公安行政管理的同时认真践行“三个服务”，切实服务于长江水运和港口经济发展。分局将“三保一创”、“春运安保”、“打击非法采砂保障航运安全”、“安全生产月”等一系列前后交叉的专项安全活动有机结合，在重点区域、重点时间段内组织力量开展专项检查、巡逻和安全保卫，督促企业单位不断完善内部安全管理制度，落实安全防范措施；强化对辖区内涉及剧毒品、易制毒品、易燃易爆危险化学品、民用爆炸物品等部位的监管，加强对辖区内小杂货店、小饭店、话吧等场所的检查和管理；对违法活动日益突出的“货郎船”进行集中整治，发放“告货郎船船民书”100余份，开展现场法制宣传30余场次，查处违法人员25人；对辖区内消防安全重点单位进行重新确定，进一步明确派出所消防监督管理责任，完善二级消防监督机制，加大对公众聚集场所、易燃易爆化学品码头、油、电等单位及水上加油站、各类船舶的日常消防安全监督检查力度，及时督促整改火灾隐患，保障辖区消防安全。围绕北京奥运安保，强化辖区治安防控，建立临战备勤指挥和执行系统，设立总指挥、副总指挥、执行指挥和临战备勤、后勤保障、宣传教育、警务督察、情报研判、水上巡防、信息汇总7个工作小组，先后制定下发“奥运安保”相关的8个工作方案；加强应急机制建设，进入二级安保后，全体民警一律停止周末休假，特勤队和各派出所警力按两班次交替值班备勤，机关指挥中心、消防支队和交警大队增加双倍警力值班；加强各类安全检查和巡航宣传，建立安全监管过闸船舶工作机制，共检查各类过闸船舶60艘，有力策应了葛洲坝船闸、三峡船闸奥运安保工作，同时，积极开展巡航宣传活动，共举行8次集中宣传活动，悬挂横幅26条，张贴发放宣传材料1 500余份；随时准备处置突发事件，确保了奥运会开、闭幕式期间辖区治安稳定；强化联合执法工作机制，分局联合张家港水利局对长江张家港段非法采砂活动进行了3次突击整治，当场查获非法吸砂的大型吸砂王9艘、千吨级运砂船9艘，派出所与长航、地方通信部门共同开展了水上无线电通信秩序专项检查活动，建立军警水上联合执法机制，以双方资源、信息的共享和互助共同维护长江水域政治治安稳定。

公安队伍建设得到加强，领导班子、中层干部、后备干部和民警队伍建设进一步加强，党风廉政监督管理有效到位，健全了执法工作制度，执法工作整体水平不断提高。立个人三等功2人，嘉奖1人，集体三等功1个。

·文明创建·2008年组织民警参加安康杯和优秀船舶班组安全竞赛活动、长航局青年才艺大赛、改革开放三十周年大型纪念活动，分局张早生局长撰写的《交通公安的发展离不开“亮剑”精神》一文，在交通运输部公安局组织开展的“江海情怀——见证交通公安三十年辉煌历程”征文活动中获得特别奖；鼓励民警自学成才，分局共有20余名青年民警参加江苏省自学考试和其他学历教育，其中5名民警在2008年度获得本科学历；全年在各类媒体发稿91篇，其中三报一台7篇，苏州电视台、张家港电视台、江阴电视台专题报道9次；在抗击雪灾和支援地震灾区活动中，多次开展慈善捐款，共计捐款近3万余元。

地　址　张家港市金港镇香山北路2号
邮　编　215633
电　话　（0512）58319110
传　真　（0512）58331110

（苏州分局）

【长江航运公安局南通分局（简称南通分局）】

南通分局主要负责管辖长江北岸，上至江苏省靖江市江阴水道界河口上游71号黑浮、下至江苏省启东市圆陀角入海口的管理水域。

·基本建设·2008年，南通分局以“三基”工程建设和“奥运安保”为主线，加强公安工作力度，严厉打击严重刑事犯罪活动，整体推进公安业务基础和队伍正规化建设，取得较好工作成效。

组织开展“三基”工程建设成果考核验收，各单位如期完成工作任务和工作目标。稳步推进分局办公业务用房工程建设，主体工程基本完工；在通州派出所2007年整体入驻上海振华南通基地的基础上，2008年9月25日，驻上海振华南通新基地警务办公室正式揭牌运行；完成消防囤船的改造、维修；为基层民警配发数字身份证书、交巡警移动警务通，添置警用摩托车、法医勘察箱、电脑、打印机、空调以及办公设备等；对长航公安局配发的警用装备、器材全部下发到基层单位；完成350兆警用无线电通讯、金盾网工程及长航公安视频会议系统建设。研究制定《南通分局教育培训管理办法》，把大练兵情况纳入绩效考评。采取法庭旁听、岗位培训、经验交流、个案评析、新法学习等多种形式，提高民警业务水平和办案技能；围绕奥运安保，制定和完善反恐工作预案，开展单警装备和射击技能培训，开展船舶火灾扑救、反恐处突出实战演练，组织外出培训。

·治安管理·成立奥运安保工作领导小组，制定奥运安保行动方案，完善应急预案；先后9次召开奥运安保专题动员部署会，传达贯彻上级奥运安保各项工作指令；进入二级安保勤务后，实行“5+2工作制”、治安支队民警实行驻所制，组织优势警力，做好派乘工作；确保所需车辆、船艇、装备物资及时调配到位，确保应急资金和生活用品、药品及时配置到位，确保网络通信畅通。组织开展“查隐患保安全迎奥运”、“奥运攻坚战”、“过三峡船舶安全检查”等专项行动。破获“7.9”特大盗窃案，抓获嫌疑人22名，摧毁犯罪团伙5个，查明被盗运输物资1 000余吨，案值500余万元。长航公安局专门发来贺电，交通运输部公安局为专案组记集体二等功。奥运安保期间，共出动警力9 600余人次，车辆1 383台次，船艇207艘次；与辖区涉水单位签订《奥运安保责任状》53份；开展各类安全检查526次，查改各类隐患1 616起。以治安防控体系建设为突破口，在辖区大型水上服务区建立2个水上警务站，成立长江水上报警点。按照SOLAS国际公约，做好对外开放码头保安设施的评估核验。共建“通崇苏文明平安渡运线”，打造长江保安品牌。加强和改善与涉水执法单位的合作与交流，年内，与海事、水利、航道、长江通信等部门开展“整治无证驾驶船舶”、“三保一创”（保畅通、保运输、保安全、创和谐通航环境）、“打击非法采砂”及“扫黄打非”、“无线电通信秩序整治”等联合执法专项整治行动共28次，开展为期3个月的涉水再生资源回收业专项整治。辖区2个单位的综合治理及民调工作始终保持在南通市先进行列。结合年度责任目标和派出所等级评定工作，1个二级、1个三级派出所得到重新认定，分局派出所等级全部达到三级以上。加强辖区道路交通管理，先后组织6次专项交通整治行动。推行刑侦绩效考核、刑侦业务考核评比和刑事特情工作考核评比办法等制度的落实；开展“打盗抢，抓逃犯”及水上未知名尸体处置等项工作。

·消防管理·加强对派出所消防监督管理业务的指导，有效提升消防监管能力，加大消防建审力度，先后对14家单位水工码头工程进行消防设计审核和竣工验收，全力做好“永诚18”轮爆燃事故调查处理工作。妥善处置各类群体事件21起，圆满完成国家领导人到辖区单位视察的警卫任务，情报信息工作继续保持长航公安全线第二。全年接处警2 949起，查破各类案件2 055起。

分局班子成员率先垂范，加强调查研究，提高工作的指导水平和决策能力，带领全体民警在抗雪保通、抗震救灾、奥运安保及完成各项公安业务工作中取得了显著的成绩，充分发挥了领导核心作用。完善《民警职务责任月度考核办法》，召开干部述职会，先后两次对部分科所队长进行了调整，完成非领导职务的任用。加大对执法执勤、案件查处、内部安全防范、基本建设等专项工作明查暗访力度，确保政令畅通。继续保持“五条禁令”的执行力度，加强民警八小时以外的监督。年内，分局民警共拒收礼金、礼品约5万余元，收到锦旗5面、感谢信4封。2008年1月3日、8月14日，长航公安局王茹军局长专门批示，对南通分局的警务督察工作和奥运期间的政治思想工作给予充分肯定。

·表彰奖励·2008年，南通分局“7.9”特大物流盗窃案专案组被交通运输部公安局荣记集体二等功，水上消防支队被长航公安局记三等功并获交通公安机关“三基”工程建设先进单位，1名民警被交通运输部公安局记二等功，3名民警被长航公安局记三等功；南通分局被南通市政府评为“永诚18轮”重特大险情应急处置先进单位、服务港口发展先进部门，被南通市委、市政府授予“南通市创建全国文明城市先进单位”，获南通市文明单位和江苏省精神文明建设工作先进单位等荣誉称号。2009年1月12日，交通运输部公安局张玉胜局长专门批示，对南通分局2008年取得的工作成绩和分局领导班子发挥的核心作用给予了充分肯定。

·文明创建·2008年，南通分局在各类媒体上共发表各类稿件191篇，其中，“三报一台”、省级媒体各26篇。组织民警创作国画及书法作品，参加长航系统纪念改革开放30周年书画摄影展；创作和排练的相声《水上奥运婚礼》被推荐参加公安部2009年春节电视文艺晚会；组队参加南通市市级机关迎奥运乒乓球大赛和南通市“口岸杯”乒乓球友谊赛。开展庆祝“三八”妇女节和“5.4团日”活动。

地　址　南通市人民西路530号
邮　编　226005
电　话　（0513）83527110
传　真　（0513）85167373
（南通分局　徐艳红）

【长江航运公安局镇江分局（简称镇江分局）】

镇江分局主要负责管理南岸自句容市大道河至常州市得胜港71号红浮、北岸自仪征市泗源沟至泰兴市界河口的管理水域。

·基本建设· 2008年，镇江分局坚持“和谐、发展、务实”的理念，以严打物流犯罪为突破口，强化水域治安整治；以提升实战支撑能力为核心，强化“三基”建设攻坚；以规范养成为着力点，积极推动队伍正规化建设，全面提升了驾驭水域治安和服务长江经济发展的能力，圆满地完成年度各项工作任务，以实际行动践行了“三个服务”的宗旨，有效地维护了长江航道的安全畅通。

·加强两级领导班子建设，做让民警信服的表率　2008年5月镇江分局领导班子进行了调整，新一届党委领导班子身先士卒，工作上率先垂范，作风上雷厉风行。坚持“要求民警做到的，首先自己做到；要求民警不能做的，首先自己不做”，领导带头遵守局规禁令，以领导的模范作用凝心聚力。通过德、能、勤、绩、廉五方面的测评考察，对中层干部进行适当调整，特别是通过非领导职务公开竞争上岗，不仅深化了干部人事制度改革，更调动了民警工作积极性，为全面完成公安工作提供了坚实保障。

·强化纪检监督，端正行风警风　为积极营造民警在铁的纪律面前不愿违、不能违、不敢违的氛围，分局纪检督察部门坚持多措并举：**一是**防微杜渐，廉洁自律常抓不懈。有效杜绝了在办案中可能出现的不规范现象，使严格、公正、文明执法贯穿于办案的全过程。**二是**警钟长鸣，广泛开展廉政教育，进一步增强拒腐防变的意识能力。**三是**不断端正行风警风。为杜绝减少执法不公、执法不严，通过多层次、多渠道的监督制约和宣传教育，逐步形成了按制度办事，靠制度管人的有效制约机制，使民警思想上有廉，工作上促廉，家庭上助廉，执法上重廉，实现了零违纪目标。

·强化对外宣传，建树社会形象　分局围绕中心任务强化宣传报道，不断建树长航公安民警良好社会形象。通过“明使命，强责任，忠职守，创一流”主题读书活动，增强民警爱岗敬业和无私奉献的精神。通过开展向荣获“镇江市杰出青年卫士”称号的严培军同志学习活动，激励民警立足平凡岗位奋力拼搏、无私奉献。全年累计在交通部公安局、长航公安局金盾网上登载信息240多篇；在市级以上媒体共刊登新闻稿件230篇，其中“三报一台”等国家、行业重点媒体刊登27篇，充分展现了镇江分局所取得的工作成绩，扩大了对外影响。特别2月25日中央电视台新闻频道《法治在线》栏目播出了镇江分局打击水运物流犯罪专题片——《“鬼”船之谜》，充分展示了办案民警不畏艰辛、英勇顽强的过硬作风和不怕牺牲、勇于超越的昂扬斗志，展示了镇江分局服务长江经济发展能力，提升了长航公安知名度。

·从优待警，凝聚警心　分局党委坚持“严管”与“厚爱”相结合，在资金十分紧张的情况下，投入大笔资金为民警办理执法人员意外伤害团体险，进行年度例行体检，为交流民警增发了交流津贴，多种措施调节民警身心健康。并先后30多次对交流民警、奥运派乘民警及有困难民警家庭进行走访慰问，积极构建和谐警营。为解决体改前退休民警生活补贴标准问题，分局主要领导反复与镇江市人事局、镇江港务集团沟通协调，圆满地解决了退休老同志生活补贴增资问题，并下发文件，理顺了退休民警的福利待遇问题。领导采取的一系列关爱举措，凝聚了警心，增强了向心力。

·岗位练兵，进一步提升民警素质　为解决警力匮乏、素质偏低的问题，分局党委提出向素质要警力，广泛组织开展争创“使用特情”、“深挖余罪”和“办理特色案件”三个标兵活动。将“三基”工作与业务竞赛相结合，比干劲、比水平、比成绩，提升了民警攻坚能力。组织全体民警参加计算机操作技能培训，现已有44人通过计算机国家一级B考试，占在职民警的58%。通过加强特情、耳目、信息员建设，基本上架构起遍布辖区、灵敏高效的情报信息网，使之成为镇江分局打击违法犯罪、控制不安定因素的有效手段。一年来通过特情、耳目提供的线索共破获刑事案件54起，有力地推动了打击水运物流犯罪行动的深入开展。

·强化指导，着力提升执法水平　将执法工作作为公安业务工作的生命线，以执法指导和综合考评为着力点，切实规范执法行为。一是开展法制培训。以《治安管理处罚法》、《公安机关办理行政案件程序规定》等常用法律法规为主要内容，先后举办法制讲座12场次。二是完善执法制度。先后制定完善了《镇江分局案件审核监督退卷暂行规定》、《镇江分局执法档案暂行规定》、《110接处警装备使用和保管规范》等管理规定，逐步实现由"人管人"向"制度管人"的转变。三是强化执法指导。以"服务基层、服务一线、服务实践需要"为指导思想，以解决执法热点、难点问题为重点，积极为一线执法排难释疑。2月和11月分局两次邀请了镇江市公安局法制处专业人士深入各派出所，对执法中遇到的疑难问题给予现场解答，对典型案例进行细致点评，促进了执法工作开展。四是严格执法考评。牢固树立"抓早、抓小、抓平时"的观念，将一案一评与季度执法考评相结合，强化监督制约，全年共审核各类案件110余起，提出整改、补正意见600余条，及时纠正执法偏差，确保履职有据、问责有人，推动了执法工作由相对粗放向相对规范的转变。2008年镇江分局执法质量考核被长航公安局评为优秀。

·加强文明创建，展现民警形象·2008党委将文化建设作为凝聚警心、提高民警忠诚度和关爱民警身心健康的重要手段来抓。一是年初在全局民警中开展了征集分局公安精神表述语活动，并将24条充分反映人民警察职业道德、价值观等表述语作为民警日常工作的座右铭，引导大家积极上进。二是在分局公安信息网上创建了警营文化建设专栏，展示了民警在书法、绘画、摄影等方面的艺术才华，满足民警不断增长的文化需求。三是联合口岸单位先后举办了"迎新杯"、"迎奥运"等系列竞赛活动，不断丰富了民警的业余文化。四是围绕纪念改革开放30周年、长航公安局建局55周年及体改5周年，发动民警积极参与征文等系列纪念活动，收到高质量征文12篇、图片200余幅，将分局30年来发展历程中有社会影响力、典型性、转折性、变革性的重大事件线索进行梳理提炼，以图文并茂形式的向民警作介绍，展示分局快速发展历程。五是积极开展献爱心送温暖活动。"5·12"汶川大地震发生后，分局民警一面积极报名参加赴灾区抢险救灾，一面积极为灾区人民捐款。民警先后向灾区捐款12 300元、缴纳"特殊党费"19 000元，援助灾区政法干警捐款13 300元。年底再次向社会弱势群体捐款21 000元，以自己的实际行动体现了"一方有难，八方支援"的传统美德。六是大力开展立功创模和向先进学习活动。2008年有14人次个人和7个（次）集体受上级表彰奖励。为营造奋发向上的氛围，分局党委号召全局民警向被评为"镇江市杰出青年卫士"、荣立"5·19"盗窃案件个人二等功的严培军同志学习，用榜样的力量激励民警在本职岗位上奋发图强、无私奉献。

地　址　镇江市长江路19-8号
邮　编　212001
电　话　（0511）5276028
传　真　（0511）5317520

（镇江分局）

【长江航运公安局南京分局（简称南京分局）】

南京分局主要负责长江南京段干线水域的治安管理工作。

·服务奥运安保，加强治安、消防管理·2008年南京分局，围绕奥运安保这一中心，认真践行"三个服务"。奥运安保以来，分局共投入警力1万余人次，出动车辆1 918台次，出动船艇910艘次，检查各类船舶6 640艘、加油站（船）、水上设施等200处，整改隐患1 664起；专门抽调一艘公安艇和10名民警支援三峡奥运安保工作；抽调50名民警协助地方政府做好圣火在南京传递的安全保卫工作。分局消防部门在奥运安保工作中，针对危险化学品泄漏、滚装船码头货舱、消防安全重点单位、外籍船舶等特殊场所，专门开展大型消防灭火演练14次，并在实战中，冒着生命危险连续奋战近9个小时，成功扑灭了"10.19"华锦河轮机舱火灾事故，避免了重大财产损失和人员伤亡事故发生。积极做好辖区的稳定工作，全年共收集各类情报信息3 000余条，被公安部录用1期、被交通运输部公安局、长航公安局录用180条，先后处置了"5.27"特大海损事故、

“3.10”“4.27”、“6.22”、“7.12”“9.3”等重大责任事故以及各类群体性事件87起。不断加大对各类违法犯罪行为打击整治力度。一年来，共立刑事案件275起，破255起，共抓获刑事案件作案成员102名，打击处理72名（逮捕27人、直诉44人、劳教1人）；抓获外省逃犯8人；摧毁犯罪团伙10个，抓获成员40人；追缴赃款赃物价值200万元，缴获海洛因等毒品32.721克。发现受理各类治安行政案件2 683起，查处2 679起，查处违法人员2 680人，维护了辖区的治安安定。

此外，在抗冰雪灾害中，分局30多名民警，放弃除夕休息，在特大冰雪严寒面前通宵达旦，全力配合南京市交通局，圆满完成了在贵州煤矿打工的856名江苏、山东籍民工在南京港中转期间的特殊时期安全保卫工作；在抗震救灾斗争中，全局民警根据党委的号召先后4次向地震灾区捐款，共计17.8万余元，表达了对灾区人民的一片爱心。

地　址　南京市下关区江边路24号
邮　编　210011
电　话　（025）58801407
传　真　（025）58801429

（南京分局）

【长江航运公安局安庆分局（简称安庆分局）】

安庆分局主要负责管辖上起安徽宿松下至安徽枞阳的长江干线水域。

2008年，安庆分局坚持以科学发展观统领公安工作，按照“打牢基础，深化规范，做强主业，再创新高”的总体工作思路，以奥运安保工作为主线，以“三基”工程建设为载体，以公安业务工作为着力点，以队伍正规化建设为保障，公安工作和队伍建设取得了新的明显成效。

·*党建工作成效明显*　制定了年度党建工作计划，组织开展创建“五好党组织”活动，进一步抓好“三会一课”制度的落实。年底，分局被中共安庆市直工委评为“2008年度党建工作先进单位”。汶川地震发生后，分局党委和全体党员及干警向灾区人民捐款14 130元，缴纳“特殊党费”28 000元，向灾区政法干警募捐14 300元。11月中旬，长航公安局干部考察组对安庆分局领导班子进行任期考察，用“五个明显加强和五个不断提高”对分局班子任期内的工作给予了肯定和好评。认为分局领导班子是政治坚定、求真务实、开拓创新、作风过硬、廉洁自律、团结和谐、负责任、求实效、富有较强战斗力和凝聚力的坚强领导集体。年底，班子中有2位成员得到上级党委提拔任用。

·*加强反腐倡廉建设*　认真落实上级和分局反腐倡廉建设计划，坚持从严治警和教育、制度、监督并重的指导思想，加大党风廉政建设工作力度，规范“三重一大”工作，加强对基本建设和大宗物资采购的监督；坚持“三谈两述”制度，重点抓好中层以上干部的廉政工作。完善民警重大事项报告以及八小时以外监督管理等制度，落实经常性的廉政宣传和警示教育措施，加强廉政制度和廉政文化建设，进一步抓好“无违纪所队”创建活动，民警的廉政意识进一步增强。党风廉政工作以99分的成绩位居长航公安全线第一，队伍持续保持“零违纪”纪录。全年共拒贿礼29次折合人民币1.2万元，拒绝说情吃请52次，收到锦旗12面。

·*文明创建活动有序推进*　11月份，分局顺利通过安庆市区级文明单位创建复核，年底又被迎江区授予“区级文明单位（标兵）”称号。

·*促进基层所队正规化建设*　通过开展“无违纪所队”创建和派出所等级评定等工作，从警容风纪、作风礼仪、言行举止、办公秩序、内务环境等方面入手，抓好基层所队民警的日常养成教育，队伍的精神面貌进一步改善。在基层所队正规化建设中，注重发挥重点指导所和示范派出所的典型引路作用。同时进一步细化落实派出所等级达标日常化工作，截至2008年底，有二级所1个、三级所3个。

·*积极践行“三个服务”*　在抗击雨雪冰冻灾害、抗震救灾和奥运安保等工作中，全体干警站在讲政治、讲大局、讲责任、讲奉献的高度，克服各种困难和挑战，发扬连续作战的工作作风，忘我战斗在工作第一线，较好地发挥了公安职能作用。一年来分局各部门及民警共做好人好事200余起，收到锦旗近20面。2008年在警务（警风）评议中，辖区单位和人大代表、政协委员对分局及民警工作的满意率保持在95%以上，整体较去年增长了2个百分点。

·*顺利完成“三基”工程建设三年为期的阶*

段性任务　分局坚持“力量往基层使，工作往实里干”，深入推进“三基”建设向纵深发展。按要求进行了“三基”自查总结评估和表彰申报工作，1名民警被评为交通公安“三基”工程建设先进个人。“三基”建设成效明显、成果丰富，三年为期的阶段性任务胜利完成。

·推进执法规范化建设　对执法制度和考评标准进行了修订、补充和完善，认真开展执法质量月检查、季考评工作，强化内部执法监督，落实执法责任，及时发现和整改执法过程中出现的偏差，保证执法质量和效果。在公安信息网主页增设了网上民警执法档案栏目，定期公开民警执法情况。以案例点评、法律讲座、旁听庭审、随案服务、下所送训和执法服务队等形式，加强法律培训和服务工作，推行基本法律知识一月一考，提高民警的执法能力和执法水平。全年没有发生行政复议及行政诉讼案件，分局执法质量经上级考评，继续保持优秀等级。

·大练兵活动取得一定成效　结合实际制定2008年民警训练活动安排，将民警训练的重点放在岗位练兵和专业培训上。制定民警训练计划和考核标准，采取以所队科为单位，民警自学自练、各警种组织日常学习训练和局集中培训相结合的方式进行，使民警的政治、业务、体能、执法和科技素质都有了一定提高。

·推进公安信息化建设　加强信息通信办公室建设，确定14名兼职信息化工作人员，进一步建立健全信通管理制度，做到制度完善，职责分工明确。对公安网主页栏目进行优化，继续办好网上考试系统、船舶数据库系统、民警网上工作日记系统、警营文化等栏目，截至年底网站访问量已达52.1万余次。配合做好金盾网、机房、视频会议室、350兆无线通信等建设工作。东至、枞阳派出所完成办公用房搬迁后，均及时接入金盾网，分局金盾网接入率达100%，电脑人均占有率达.110%，比上一年度提高了近12个百分点。进一步加大基础数据“全警采集”力度，完善船舶数据库系统建设，目前已录入基础信息2 900余条，促进了基础工作信息化。开展全警计算机运用技能培训考核，提高了全体民警计算机应用水平，达到了预期效果。

·加强警务督察工作　共开展现场警务督察82次，提出督察工作建议15条，印发督察通报3份、书面整改通知5份，发现工作中需要整改的事项5件次，责令当场整改5件次，现场纠正不规范着装民警48人次，继续保持了队伍“零违纪”。

·落实从优待警工作措施　组织民警进行年度健康体检，完善民警健康档案，为民警购买了人身意外伤害保险。举办了心理健康讲座，发放了防暑降温用品，落实了年休假制度，消除民警的后顾之忧，使民警全身心地投入工作。

·积极抗击低温雨雪冰冻灾害　在安庆市遭遇50年罕见的极端低温冰雪天气时，分局各派出所和交警大队等部门民警战雨雪、斗严寒、保畅通，积极践行“三个服务”，深入到渡口、码头、沿江公路，扶老携幼，维护渡口汽车、群众上下渡船秩序，加强“三品”检查，指挥疏导交通，确保辖区客运、汽运渡口治安平稳有序、道路安全畅通。

·全面打赢奥运安保攻坚战　自2008年3月份开始，安庆分局迅速启动了奥运安保工作，精心组织，全警动员，全力以赴，把奥运安保工作作为头等政治大事和压倒一切的中心工作来抓，围绕确保辖区“不发生暴力恐怖事件，不发生重特大火灾、爆炸事故，不发生重特大刑事案件，不发生影响社会稳定的重大群体性事件”这一总体目标要求，多次召开专题会议进行研究部署，不断调整完善工作措施，积极构建实战型应急指挥机制，认真组织开展“百日大清查”和“矛盾纠纷与安全隐患大排查”专项行动，全力打好奥运治安、消防、交管保卫攻坚战，做到组织领导、纪律监督、保障服务、思想政治工作“四个到位”，确保了奥运期间辖区政治治安稳定和“内外部大事小事都不出”，打赢了奥运安保这场硬仗。

·完成“三保一创”活动　安庆分局自2007年12月10日至2008年3月20日在辖区水域认真开展了“保畅通、保运输、保安全，创和谐通航环境”专项活动（简称“三保一创”活动）。期间，共出动警力718人次、船艇96艘次、车辆152台次，接处警77起，立刑事案件14起，破8起，其中重大刑事案件7起，抓获违法犯罪嫌疑人12名，打击处理8人；受理治安案件161起，查处160起，处罚违法人员160人，其中行政拘留1人；查处消防行政案件4起，罚款4人。开展安全检查78次，检查船舶428艘次，检查重点单位（部位）27处，发现治安、消防隐患13处，其中下发限期改正通知6份，责令当场整改7起，发放宣传品285份,配合开展非法采砂行动14次，查处非法110艘次，开展应急演练1次，消防演习2次，为辖区企业举办治安、消防知识培训班3期，取得了良好效果。

全年共有1名民警受到交通运输部公安局表彰；1个集体、1名民警受到长航局表彰；1个集体、2名民警被长航公安局记三等功，1个集体、1名民警受到长航公安局嘉奖，1名民警受到长航公安局通报表扬；1名交警受到安庆市公安局表彰；1个集体受到安庆市港口管理局表彰；8名民警被评为分局“奥运安保之星”。

全年共完成各类新闻稿件151篇，其中“三报”24篇，地市级报刊、电台、电视台112篇，网络15篇。组织“迎奥运讲文明树新风”礼仪知识学习和竞赛答题活动，派员参加长航局奥运火炬接力长跑；组织干警开展唱响“长江之歌”、“长江儿女”活动；开展主题读书活动及长航系统职工纪念改革开放30周年书画摄影展参赛作品创作等活动。元旦、春节期间，组织开展了乒乓球、扑克、象棋等系列警营文化活动。

地　址　安庆市沿江中路1号
邮　编　246003
电　话　（0556）5510133
传　真　（0556）5217171

（安庆分局　张　扬）

【长江航运公安局芜湖分局（简称芜湖分局）】

芜湖分局主要负责管辖长江南岸池州市青阳县梅垅乡至马鞍山市慈湖乡、北岸安庆市枞阳县老洲镇至巢湖市和县乌江镇的长江干线水域。

2008年，芜湖分局以抓紧抓好奥运安全保卫工作为重点，以继续加强“三基”工程建设为抓手，以确保辖区政治和治安稳定为己任，积极认真履行长航公安机关职责，圆满完成了本年度各项工作任务。全年处置群体性事件5起；破获刑事案件85起、打击处理犯罪嫌疑人53名、抓获网上追逃人员32名、处置辖区水域未知名尸体32具；查处行政案件874起、查处违法人员853名、参加水上联合执法167次、采录基础工作信息11 197条；发现并整改火灾隐患636处；处理道路交通事故65起、纠正道路交通违章682起、参加执行道路交通警卫（保卫）任务23次。

2008年，芜湖分局荣获全国公安机关“三基”工程建设先进集体，马鞍山派出所荣获全国一级公安派出所，1个集体荣立二等功、2个集体和4名民警荣立三等功、8个集体和14名民警受到上级机关表彰。在局网站开辟“警营文化”、“调研理论”、“热点追踪”等8个栏目，发布文学创作、图片摄影、通讯报道、学习心得等稿件120余篇，转载调研理论、社会新闻、科普知识、身心健康等文章160余篇；举办或参加征文、演讲、文艺、体育、大练兵等竞赛活动20余次；制作反映长航公安体改5年来该局工作情况的多媒体宣教片3部；被新闻媒体用稿472篇，其中被中央电视台用稿1篇、《人民公安报》用稿19篇、《中国交通报》用稿18篇，《中国水运报》用稿22篇。

地　址　安徽省芜湖市健康二马路1号
邮　编　241000
电　话　（0553）3716375
传　真　（0553）3716332

（芜湖分局）

【长江航运公安局九江分局（简称九江分局）】

九江分局主要负责管辖南起江西瑞昌至彭泽，北起湖北黄梅至安徽华阳的长江干线水域。

2008年，九江分局以各类专项整治为主线，以奥运安保及派出所等级达标为重点，不断强化责任意识，全面落实各项治安安全保卫工作措施，推动公安工作全面发展。

·精心组织，周密部署· 先后组织开展了春运安全保卫行动、“三保一创”安全活动、打击非法出版物和整治“四假”行动、“安全生产月”、汛期百日安全行动、长江河道打击非法采砂整治等专项活动及整治工作。每次行动，分局领导的高度重视，全体参战民警的全力投入、尽职尽责，确保了专项行动取得实效。

一是坚决落实奥运安保各项工作。结合辖区水域实际，积极部署，全面开展了“查隐患、保安全、迎奥运”专项行动。各基层所队认真对过闸船舶的安全进行检查，从源头消除过闸货运船舶的安全隐患，共检查船舶845条，检查货物117 000余吨，清查船员195人，网上比对船员195人。分局全面实行“5+2”工作制，并先后实行了三级、二级勤务，全局民警放弃所有节假日，全员定人定岗，各负其责，全身心投入安保工作，实现了“大事不出，小事也不出”的目标。二是大力开展联合执法。分局按照长航公安局统一部署，在鄂、赣、皖交界水域，联合开展了为期 1 个月的普法宣传与严打盗采江砂相结合的专项整治行动，对长江九江水域 214 艘船舶、723 名水上从业人员进行了登记，掌握了辖区水域船舶、从业人员动态，为全面清理具有采砂能力的船舶，治理非法改装的采砂船，取缔“三无船舶”奠定了基础。

·加强治安管理，确保奥运安全· 分局刑侦支队继续保持严厉打击各类犯罪活动的高压态势。一是加大破案力度，破获了一批系列诈骗案、系列盗窃案、贩毒案等刑事案。二是通过网上比对，查缉了一批网上逃犯。全年，共抓获上网逃犯 17 名（其中奥运期间抓获 9 名），跨入长航公安局追逃先进单位行列。三是规范并完善了未知名尸体处置工作，制定了从接处警，尸体检验，检材登记、保管、送检，到相关信息的编号、网上录入查询，尸源查找等一整套规范处置程序及台账。全年共处置未知名尸体 48 具，为历年最高。

·做好消防管理工作· 分局水上消防支队实现了辖区重特大火灾事故为零的既定目标，辖区内连续三年无火灾事故。一是加大消防安全检查力度，坚决消除火灾隐患。全年，支队共出动警力 763 人次，出艇 75 艘次，开展消防安全检查 45 次，查出消防安全隐患 521 处，当场改正 514 处，责令限期改正 7 处；办理消防行政案件 107 起，行政处罚 115 人次，罚款金额共计 13 100 元。二是认真研判消防安全形势，加强服务指导。消防民警深入辖区，认真调研，全面掌握辖区单位水上消防安全状况。建立了“隐患自查、问题自改，责任自负”机制，积极为辖区单位提供多种形式的消防知识与技能培训、技术指导、消防监护等服务。全年举办消防安全知识培训班 1 期，50 多个单位 127 名消防安全管理人、专（兼）职消防管理人员参加了培训，开办消防安全知识讲座 5 次。三是利用电视、电台、报刊、网站等社会新闻媒体，广泛开展多层次、多形式消防安全宣传，提高辖区员工消防安全意识。全年共散发宣传材料 1 600 余份，张贴宣传标语 100 余幅，参与和指导消防演习 7 次，与辖区重点单位签订奥运安保责任书 15 份。四是严格执勤备战，做好灭火救援准备。组织消防民警深入开展“三懂五会”训练，确保器材、设备的完好，认真落实值班备勤制度，并组织各类应急处置预案的演练，充分做好处置突发事件的准备。

·加强基本建设，实现“三基”建设工程·

年初，分局领导与上港集团九江公司积极沟通，争取了在新港区为分局九江派出所建设一栋三层独立面积 1 200 余平方米的办公楼，目前已完工；分局彭泽派出所办公用房工程已完成选址征地工作，即将开工建设；刑侦技术室建设前期准备工作已就绪。“三基”工程建设开展以来，分局先后投入资金 75 万余元，建成数据库机房及长航公安局数据备份中心，将原有网络的带宽为 10 兆的的公安三级网提升为 100 兆光纤专网，原有带宽为 512k 的公安四级网提升为 10 兆光纤专网，基层所队接入了公安网络达到 100%，并配置了防火墙、安全网关等网络安全设备，实现了各类信息数字专线传输。已初步形成了以公安系统八大信息资源库为基础，以建立和完善警务信息应用平台和办公自动化为纽带，有效利用互联互通、高度共享的警务信息系统，各种基础信息的采集、录入、更新、维护和管理得到有机结合，真正实现了基础信息化、信息基础化。

2008 年，分局思想政治工作坚持以“三个代表”重要思想和科学发展观为指导，立足“三个服务”，紧紧围绕 “三基”工程建设和队伍正规化建设，党建工作、干部管理、教育训练、警营文化、政工基础等各项工作都取得了新成绩和新进步，为公安工作和队伍建设提供了强有力的思想和组织保障、精神动力和智力支持。一是坚持党建促警，进一步加强基层党组织建设。坚持和落实党委中心组学习制度，全年组织学习 23 次。二是坚持政治建警，不断提高民警的思想政治素质。通过开辟学习园地、召开座谈会、专题辅导、编发学习简报、撰写论文等活动，展示了公安工作和队伍建设成果。组织开展形式多样、富有成效的立功创模活动，在奥运安保工作期间，一个集体被长航公安局荣记集体嘉奖，2 人分别荣记个人三等功一次，2 人受到嘉奖。

地 址 九江市浔阳区龙开河路 6 号
邮 编 332000
电 话 （0792）8436393
传 真 （0792）8436362

（九江分局 唐 静）

【长江航运公安局黄石分局（简称黄石分局）】

黄石分局主要负责管辖上起鄂州下至武穴的长江干线水域。

2008 年，是奥运安保年，也是三基工程见成效之年。黄石分局在长江航运公安局党委、行政的正确领导下，认真贯彻十七大精神，紧紧围绕长航公安工作暨廉政工作电视电话会议提出的重点工作，按照两个最大限度和践行“三个服务”的总体要求，以奥运安保工作为重点，以公安正规化建设为主线，以深化“三基”建设为载体，以健全各项制度为基础，以健全工作机制为保障，抓好“三个结合”，推进“四项建设”，促进“六个全面提升”（抓好“三个结合”就是将“三基”建设与各项业务工作相结合、“三基”建设与队伍建设相结合、学习贯彻十七大精神与抓好各项具体工作相结合；推进“四项建设”，就是大力推进警务机制建设、公安信息化建设、队伍正规化建设和党风廉政建设），促进“六个全面提升”就是全面提升基层综合实力、基础工作水平、·攻坚克难能力、治安防控能力和管理水平、公安信息化水平、队伍正规化水平），全面推进黄石分局公安工作和队伍正规化管理，为辖区长江经济新一轮发展创造和谐、稳定、安全、有序的治安环境。全年共收集获取各类情报信息 176 条，整理上报《国保信息》122 条；及时发现影响辖区稳定的不安定因素和苗头 12 起；妥善处置群体性事件 10 起。全年治安案件查处率为 100%；查处违反治安管理人员 1 248 人；开展水上巡逻 106 次，陆上巡逻 82 次，通过巡逻查处治安案件 289 起，调解各类纠纷 17 起；开展治安检查 251 次，发现治安隐患 71 处，均已督促进行了整改；配合海事、水政部门开展打击非法采砂、超载运输等专项行动达 26 次，共查获采砂船 21 艘，并移交水政部门处理，有力地净化了辖区的治安环境。全年刑事案件破案率为 85%，抓获嫌疑人 31 人，逮捕 27 人。全年共组织开展危化品运输船舶专项整治行动、公娱场所消防专项行动、三峡过闸船舶专项检查行动等专项行动 6 次，开展消防安全检查 124 次，发现火灾隐患 458 处，均已督促整改完毕，火灾隐患整改率达 100%；全年对辖区重点单位员工共开展消防培训 8 次，培训教育率达到了 70%；组织消防宣传活动 16 次，悬挂宣传标幅 48 条。消防部门还组织辖区各单位积极开展消防灭火演练，全年共开展灭火演练 50 次。通过分局信息网发布各类信息 882 条，上报信息 182 条，被上级采纳信息 129 条，起到了良好的宣传效果。共立卷归档文书档案 67 卷，公安专业档案 25 卷，利用科怡档案管理系统录入档案 242 卷，使分局的档案管理工作逐渐走上了科学化、规范化的轨道。

贯彻落实长江航运公安局有关奥运安保工作部署和要求，做到 “四个到位”（即：动员部署到位、责任落实到位、安保措施到位、纪律保障到位）；落实了“六项措施”（即：积极动员部署、制定工作方案、明确工作任务和职责、强化侦破打击、强化巡逻防控、做好应急处置的准备工作）。使各项奥运安全保卫工作措施落到了实处，维护了辖区奥运会期间的安全与稳定。全年有 3 名民警荣立个人三等功，2 名民警受到上级机关嘉奖，1 个集体荣立集体三等功，1 个集体受到上级嘉奖，1 个单位被评为先进集体，8 名民警被评为先进个人。

地　址　湖北省黄石市交通路 7 号

邮　编　435000

电　话　（0714）6223420

传　真　（0714）6240078

（*黄石分局　虞　超*）

【长江航运公安局武汉分局（简称武汉分局）】

武汉分局主要负责管辖从湖北洪湖螺山至湖北武汉阳逻的长江干线水域。

2008 年，武汉分局坚持以“三个代表”重要思想和党的十七大精神为指导，以科学发展观统领公安工作和队伍建设，以实现“平安奥运”为重点，大力推进“三基”建设和队伍正规化建设，在雨雪冰冻灾害、汶川大地震、奥运安保等诸多挑战下，全局民警团结拼搏，克服困难，经受考验，圆满完成奥运安保及各项公安保卫工作，有力维护了长江武汉段政治稳定和治安大局持续平稳。

全年共完成各项警（保）卫任务 8 起。受理各类报警 4 579 起，破案率达 90.3%（重特大刑事案件破案率达 51.4%）；查处行政案件查处率 100%，处理违法人员 17 804 人；查处违反消防行政案件 1 611 起。妥善处置群体性事件 40 起。

2008 年，武汉分局圆满完成了“春运”、“两会”、“中博会”、“五一”、国庆等重要时期的安全保卫工作，认真开展涉爆安全隐患排查治理、安全生产“隐患治理年”和“两防”专项整治回头看、“查隐患、保安全、迎奥运”专项活动、船舶及水上货运物资安全检查等专项工作，全面做好奥运安保期间的治安工作。共发现和整改治安、消防隐患 970 余处，检查船舶 679 艘次，查堵危险违禁品 19.3 吨，查堵管制刀具 35 把。针对辖区治安突出问题，持续开展打击娱乐场所“毒赌黄”专项斗争，共查处“毒赌黄”案件 43 起，处理违法人员 53 名；开展青山船厂及周边治安综合整治，破获刑事案件 3 起，打掉违法犯罪团伙 2 个。以开展“三保一创”、“安全生产百日督察”、“打击非法采砂”等活动为契机，发挥职能作用，加强水上治安巡逻，推进公安、海事等部门的联合执法，确保辖区水上通航安全。参与开展水上联合执法 64 次，检查各类水上船舶 1 370 余艘（次），辖区水域“见警率”得到进一步提高。加快治安防控体系建设，督促指导辖区单位建立治安保卫机构 48 个，设置专职巡逻队伍 17 支，设有门卫室 21 个，治保会 70 个，民调小组 130 个，护厂队 2 个，义务消防队 103 个。以奥运安保为核心，不断加强反恐预案、实战演习等机制建设，组织开展代号为“中游 8.6”反恐防爆实战演练，全面提高分局应对突发事件的处置能力。

·狠抓基层组织建设　一是落实干部考核考察制度。二是落实民警职级待遇。组织民警为汶川地震灾区捐款献爱心，党员踊跃缴纳特殊党费。三是继续开展创建“五好党组织”活动。武汉分局党委被评为湖北省直工委“先进基层党组织”。

·狠抓基层素质建设　武汉分局为深化“三基”工作和队伍正规化建设，按照“整合警力资源，解决突出问题”原则，创新勤务模式，推行“轮值轮训，战训合一”机制。成立了轮值轮训工作领导小组，制定轮值轮训方案，明确培训指导思想、目标任务、训练内容、时间安排、组织管理、考勤考核等方面的要求。分局领导高度重视，经常到培训班检查、了解培训情况，及时协调解决培训中的实际问题。在实施过程中，“轮训”坚持从实际出发，结合各警种工作重点，突出政治理论、法律法规的学习，突出注重贴近实战，强化警务技能训练两个特点。“轮值”坚持以派乘执勤为主，值班备勤为辅。全年共举办轮训班 8 期，轮训民警 210 人次；组织 82 名参训民警上船派乘执勤，有效解决了派乘警力不足的难题。

·坚持文化育警　坚持文化育警的工作方针，把队伍正规化建设与全面加强公安文化建设相结合，开展形式多样的文化活动，抓好文化活动与日常工作的有机结合。举办了新春联欢文艺晚会，开展了“安康”杯知识竞赛，启动了看守、交警、特勤等有特色的警钟文化建设，拟定礼仪规范在全局倡导文明工作氛围。各基层所队也结合自身特色，开展警营文化建设，汉阳派出所、特勤队把本单位民警最喜欢的警句格言上墙，让人处处感到文化的气息。

·坚持从优待警　落实民警定期体检制度，开展“健康知识进警营”活动。加大防护装备投入，提高民警自我防范和保护能力。关心爱护英烈家属和困难家庭，向上级争取政策，帮助解决实际困难。分局领导多次上门或到医院慰问、看望离退休、生病住院民警、病故遗属、因公牺牲遗属和困难家庭，坚持民警生日、退伍军人、新春佳节慰问制度，让民警真切感受到组织的温暖。组织全局民警以支部为单位开展春游活动，优秀公务员到厦门等地休假疗养。关心民警心理健康，邀请专业心理教师为民警上心理课 9 次。为处在血吸虫疫区的派出所统一购置饮水机和胶靴。及时为民警晋升工资 480 人次，62 名民警晋升警衔。

·坚持文明创建　武汉分局已先后获得长航公安局、长航局、湖北省“创建文明行业先进单位”称号。2008 年，提出创建湖北省“文明单位”的目标。按照计划，分局投入资金加强了“硬件”建设，对部分所队办公用房进行了整修，购买文体活动等器材，优化办公环境。同时加大“软件”建设力度，进一步完善了队伍管理有关制度，加大对工作效能的督察暗访。2008 年，分局有 16 个集体、32 名个人受到上级表彰奖励。其中武汉分局党委被评为湖北省直工委 2007－2008 年度“先进基层党组织”，特勤队三峡奥运安保工作组、汉阳派出所荣立集体二等功；2 人荣立个人二等功；3 人被交通运输部评为文明样板航道创建工作先进个人；1 人被交通运输部评为奥运交通保障工作先进个人。　全局民警在执法执勤工作中廉洁自律，依法行政，拒说情、拒吃请、拒收礼品、礼金共 986 人次，折合人民币 3.5 万余元，收锦旗 27 面，感谢信 49 封。全年各种媒体上刊发新闻稿件 317 篇，其中“三报一台”31 篇，1 篇新闻稿件被评为全国法制好新闻通讯类三等奖，1篇新闻作品被评为《中国水运报》好新闻奖。

地　址　武汉市江汉区沿江大道82号
邮　编　430021
电　话　（027）85670009
传　真　（027）82765110

（武汉分局　唐亮）

【长江航运公安局宜昌分局（简称宜昌分局）】

宜昌分局主要负责管辖上至湖北省恩施自治州巴东县鳊鱼溪，下至湖北省荆州松滋市涴市的长江水域。

2008年，宜昌分局坚持以邓小平理论、“三个代表”重要思想和科学发展观为统领，牢固树立“三个服务”的工作理念，认真履行公安行政管理职能，公安工作取得显著成绩，队伍建设得到全面发展，服务保障长江航运和三峡两坝船闸安全能力得到显著提升，完成奥运安保、三峡水库175米蓄水、打击非法采砂、抗雪灾保畅通、抗震保通等工作。

·*安全保卫工作*　为保春运安全，共投入警力4 320人次；接处警166起；立刑事案件5起，抓获犯罪嫌疑人5人；抓获网上逃犯4名；查处治安案件94起，处理违法人员69人。协助港口客运部门安全接送客船1 946艘次，客车5 680台次，旅客49万余人次；维护渡口车辆2万余台次，人员7万余人次；监护一级危险品船舶过闸14闸次49艘次，一级危险品货物3.7万吨。3至9月，奥运安全保卫工作期间，破刑事案件47起，抓获犯罪嫌疑人49名，打击处理35名；查清治安、行政案件819起，查处违法人员825名，抓获网上逃犯33名（其中外省逃犯16人）；检查过闸船舶9 169艘次，滚装运输车辆58 467台，比对司乘人员333 282人次，查出安全隐患11 574处，延缓过闸船舶116艘次，采取屏蔽、武装押运等特殊安全措施监护8艘次疑存安全隐患船舶过闸；武装押运一级危险品船舶167闸次655艘次，危险货物681 810吨安全通过三峡船闸；查获易燃易爆危险化学物品575吨，鞭炮10万响，管制刀具86把，确保了辖区社会治安局势稳定，保证了三峡两坝船闸及水域安全。5月12日，四川汶川地震后，宜昌分局迅速制定抗震保通工作方案，组织专班，采取有效措施保障救灾物资和人员运输安全。共安全维护145艘运送抗震救灾物资船舶安全通过三峡船闸，40余批次车队，1 200余辆救灾车、24 000余吨各类物资乘滚装船前往灾区。9月28日至11月4日，三峡工程开始175米试验性蓄水。期间，宜昌分局坚持特别安检长效机制，落实安保工作措施，共接处警89起，出动警力1 500人次；查处治安、行政案件62起，处罚违法人员63人次；检查各类船舶1 750艘，比对船员6 295人次，查处安全隐患411处，检查旅客330 316人次，检查滚装车33 231台次；维护一级危险品过闸31闸次97艘次104 530吨；查获违法运输危险品55.5吨。

·*参加联合打击非法采砂“猎鹰行动”*　分局组织50余名民警参加交通运输部、水利部联合打击非法采砂的“猎鹰行动”，查获13条非法采砂、运砂船舶，控制、审查非法采砂人员近百名。水利部致函交通运输部感谢长航公安配合“猎鹰行动”，中国交通报、中国水运报等各大报刊对此行动予以了报道。

·*组织开展“大排查、大检查、大清查”*　出动警力436人次；破获刑事案件2起，抓获犯罪嫌人4名；查处治安案件13起，处理违法人员13名；检查重点部位45处、其他单位303个、船舶180艘次；发现隐患163处，均责令整改；核查暂住人口342人次，外来务工人员856人次，检查可疑人员140人次，收缴剧毒氰化钾900余克。查堵易燃易爆危险物品“环己酮”33.94吨。

·*积极开展“汛期百日安全活动”*　汛期共出动警力7 556人次，车辆2 575台次，船艇542艘次；接处警588起，查处治安、行政案件362起，查处违法人员369人。

在三峡坝上兰陵溪危险品锚地水域，举办了危险品锚地待闸船舶火灾联合扑救演习，此次演练投入战斗力量60余人，圆满完成演练科目。

·*基本建设*　分局多媒体电教室正式建成投入使用，用于对分局民警教育的培训和考试，提高民警的信息化应用水平。4月26日，宜昌分局巴东派出所“所趸合一”趸船调配到位，并投入使用。

·*加强党建和班子建设，发挥党支部战斗堡垒和党员先锋模范作用*　一是党委坚持《党委议事规则》和程序，落实了民主生活会制度和党委成员组织生活制度，规范了民主议事决策制度。

二是加强基层党支部建设，开展了中层干部的述职和考评，并对 8 名试用期干部进行了考核，中干的年龄结构、学历结构得到优化，增强了中层干部活力。三是开展了“学习实践科学发展观，构建和谐警民关系，做党的忠诚卫士”主题教育活动，深入学习实践科学发展观。四是组织和开展了非领导职务的选拔，进一步激发了民警的工作热情和奉献精神。

·加强“战训合一、轮值轮训”和岗位练兵，基本功建设得到进一步提高。结合“三考”工作，组织开展多种形式的培训活动和业务比武竞赛活动，提高广大民警掌握并运用法律法规执法办案的能力。

·落实从优待警举措　分局推出关爱民警“七条措施”，分局领导走访民警家属，深入辖区看望、慰问民警，及时解决民警实际困难。组织民警进行体检，建立了民警个人健康档案，实行强制休假制度，每季度对民警进行心理状况分析，并聘请心理专家每年对民警进行 2 次心理咨询。工会严格落实“五必访”措施，看望生病住院、家庭困难民警及其家属 20 余人次。

·警营文化建设蓬勃开展　组织了登山摄影比赛、青年人才讲座、青年风采大赛、联欢会等活动，积极参加交通运输部公安局“江海情怀杯”征文、长江航运公安局庆祝建局 55 周年征文、图片征集等活动。在奥运安保期间，分局开辟了警营文化专栏，民警积极参与，向分局投稿 40 余万字，编辑成《峡光》一书，录制奥运题材专题片 2 部。

·加强作风建设和廉政教育，树立执法为民良好形象　通过开展“创建无违纪所队”、“文明窗口月”等活动，提高民警服务群众意识，增强防腐拒变能力。全年民警队伍“零”违纪，辖区群众满意率达到 90%以上。

·健全公安宣传报道网络，加大宣传工作力度　宜昌分局在中央电视台、新华社、中新社、中国日报、法制日报、国际日报、人民公安报、中国交通报、中国水运报陆续发稿，全年稿件数量 412 篇，其中“三报一台一社”45 篇。

地　址　宜昌市夷陵区三峡坝区 20 小区

邮　编　443000

电　话　（0717）6491787

传　真　（0717）6965408

（宜昌分局　彭晓丹）

【长江航运公安局荆州分局（简称荆州分局）】

荆州分局主要负责管辖自松滋市沈市镇至湖南省华容县洪山头镇的长江干线水域。

2008 年，荆州分局中心工作主要体现在三个方面：一是以构建和谐水域治安环境为目标，从“九点目标和十项工作”入手，着力加强公安业务工作；二是以“三基”工程建设为主线，抓好验收年的各项考核验收工作；三是以安保为主题，重点抓好奥运、三峡大坝完建和水道治理安全保卫工作。

先后组织开展了“一战三保”、“航道疏浚安保”、“重点水道整治”、“战枯水”、“打击非法采砂”、“奥运安保”等专项整治活动 10 余次，水域联合行动 44 次，水上联合执法职能日趋完善。

年内共审核确定消防重点单位 41 个，开展专项性行动 6 次，检查消防重点单位 100 余次，重点部位 600 余处，危物运输船舶 200 艘次，发现火灾隐患 145 项，整改 145 项，组织开展消防宣传教育 5 场次，发放各类宣传资料 2 000 余份，培训重点工种及各类从业人员 340 人，组织消防综合演练 2 次，全年火因查清率 100%。

搜集各类国保情报信息 42 条，接送涉外旅游船舶 30 余艘次，涉外旅客 3 000 余人，未发生一起涉外案件。

着力推进基本建设，调研完善了分局阶段性基本建设规划，得到上级认可，派出所业务用房建设准备工作就绪，并先期建设了法医技术室、改造了消防监督艇，购置、划拨了部分业务用车，新增了一批电脑、电台，硬件整体水平得到一定提高。

2008 年，荆州分局在安保工作及其繁重的情况下，继续推进“三基”工作，较好的完成了考核验收前的各项准备工作，在落实倾斜基层、警务机制创新、提升队伍素质、增强执法能力、强化执法质量等方面均取得了一定成绩。

地　址　湖北省荆州市沙市区柳林洲

邮　编　434000

电　话　（0716）8277365

传　真　（0716）8105115

（荆州分局　闫 东）

【长江航运公安局岳阳分局（简称岳阳分局）】

岳阳分局主要负责长江岳阳段的中央管理水域的公安管理事权。

2008 年，新建的局机关办公楼在岳阳市求索东路竣工。

7 月 10 日，长航公安局长航公安局党委对岳阳分局领导班子了进行调整。岳阳分局新一届领导集体在长江航运公安局的正确领导下，坚持以“三个代表”重要思想和党的十七大精神为指引，坚持学习实践科学发展观，以“三基”工程建设为载体，以奥运安保工作为主轴，从抓队伍正规化建设为入手，从健全水上治安防控体系出发，严厉打击水域刑事犯罪，强化消防监督管理，确保了辖区政治治安稳定。

一是狠抓班子建设。以纪念建党 87 周年为契机，重温了党的誓词，进行了党的光辉历程和光荣传统教育。组织召开了党的民主生活会，通过开展批评和自我批评，增强了团结，增进了和谐。特别是新的党委领导班子成立以来，通过抓集体领导、民主决策，班子凝聚力、向心力明显增强。二是民警自律意识进一步增强。组织民警观看警示教育录像片、撰写心得体会、办宣传栏等，认真开展教育月活动，民警自律意识进一步增强。全年民警共拒吃请 40 余次，拒收礼品、礼金 30 余人次，折合人民币 16 000 余元。三是民警服务理念明显增强。通过组织开展“抗冰雪。保安全”等爱民活动，民警队伍“三个服务”理念进一步增强，警民关系更加和谐。四是从优待警方针进一步落到实处。为增进民警身心健康，分局领导经常到基层与民警谈心，坚持每季度对民警思想状况进行分析，为民警化解思想疑虑并正确引导。举办了“民警心理调适运动会”，聘请心理医生提供心理咨询，调节民警精神状态，缓解并释放工作压力。全年慰问生病民警及家属 22 人次，慰问经费 1 万余元。择优选拔任用了 2 名副主任科员非领导职务。五是加强了宣传报道工作。全年在各类新闻媒体上发表新闻稿件 108 篇。六是船东满意度指数进一步攀升。在年底召开的船东座谈会测评结果表明，辖区船东对分局公安工作满意度指数有进一步提高。

全年岳阳分局坚持把奥运安保工作作为重中之重来抓，对安保工作进行周密部署，通过完善机制，落实措施，确保了奥运期间辖区政治稳定和治安大局平稳，有效策应了长江三峡奥运安保工作和北京奥运会的安全顺利举办。一是领导重视，周密部署。召开了誓师大会，成立了应急工作领导小组，组建了应急小分队及特别行动组，举行紧急集合演练 2 次，完善各类预案 10 余种，对安保工作进行了周密部署。二是完善机制，强化控制。分局建立了奥运安保勤务等级机制和错时巡查工作机制。在全体民警停止一切外出，实行“5+2”工作制的基础上，分局根据奥运安保形势决定启用的勤务等级。同时，采取错时巡查工作机制，提高了对危化码头等重点部位的控制力度。三是落实措施，严密防范。采取增设临时警务室、机关及实战单位民警驻所工作等手段，通过落实安全隐患排查、改进企业内部技防设施等措施，对重点单位、敏感区域严密防范，防止了各类破坏活动的发生。奥运安保期间，共检查各类船舶 345 艘，查堵车辆 4 800 台，清查人员 7 500 人，督促道仁矶汽渡、巴陵石化码头等单位建立了视频监控系统，要求城陵矶港等客流单位配备了金属探测仪。

岳阳分局通过努力推行主办侦查员责任制和所队捆绑工作机制，积极实行刑侦考核奖励工作机制，对现行刑事犯罪坚持露头就打，在认真开展“百日大清查”、“打盗抢抓逃犯” 等专项行动的基础上，积极开展“破积案”等行动，有力地震慑了犯罪，巩固了对犯罪的高压态势。7 月 14 日，城陵矶良港 3 码头“仙桃驳－0099 号”船舶价值 1 万余元运输油菜籽被盗后，分局很快锁定夏宏林等 3 人有重大作案嫌疑，并在广东省中山市等地将犯罪嫌疑人朱四明等抓捕归案。另外，从查获的假身份证线索出发，破获了“8•24”特大系列假证案，捣毁特大制假证窝点一个，抓获彭太平等 4 名主要犯罪嫌疑人，查获假船员适任证书等 3 360 件，缴获电脑、打印机、扫描仪等整套制假工具。湖南电视台、《长江信息报》等新闻媒体先后对案件侦破进行了采访报道。分局对现行刑事犯罪坚持露头就打的原则，及时破获了一批水域物流犯罪及“8•24”特大系列假证案等一批有影响大要案件，有力地震慑了水域犯罪活动。

2008 年岳阳分局 1 个集体被交通运输部公安局记集体二等功，3 个集体被长航公安局记集体三等功，1 个集体受到长航公安局表彰；2 人被长航公安局记个人三等功，2 人受到长航公安局嘉奖。

岳阳分局被岳阳市公安局评为“2007 年度办公室工作先进单位”，分局“三基一化”工程建设受到岳阳市公安局充分肯定，“三基一化”工程建设经验和成果形成了专题调研材料，并在“岳阳公安信息港”网站作了全面的报道。

地　址　湖南省岳阳市求索东路 228 号

邮　编　414000

电　话　（0730）8592110

传　真　（0730）85971765

（岳阳分局　黄　振）

【长江航运公安局万州分局（简称万州分局）】

万州分局主要管辖渝东段忠县大山溪至巫山县鳊鱼溪的长江干线水域。

2008 年，是全面贯彻落实党的十七大重大战略部署的开局之年，是实现“三基”工程建设目标、力保奥运圆满成功的攻坚之年。万州分局在长航公安局党委的正确领导下，以科学发展观统领公安工作，紧紧围绕构建社会主义和谐社会的总目标，着力抓好奥运安保和“三基”工程建设两项中心工作，以此全面带动各项工作，促进队伍正规化建设，圆满完成了春运、“两会”、“五一、十一黄金周”、北京奥运会安全保卫、175 米蓄水安全保卫等大型安全保卫活动，确保了水域持续稳定。

·万州分局忠县派出所公安趸船部署到位　分局 5 个基层派出所都拥有了自己的公安专用趸船，极大地改善了基层办公条件和接处警效率。

·确保抗震抢险救灾人员和物资畅通　装载合肥市、武汉市公安机关的第二批赴川执行抗震救灾任务的 459 名特警队员及 31 台车辆的滚装船抵达万州红溪沟滚装码头。万州分局局长黄河带队到码头进行指挥。分局在加强滚滚码头的秩序维护的同时，充分利用熟悉辖区的优势，为地方公安机关车队引路，为其后勤保障提供便利，确保了抗震抢险救灾人员和物资顺利及时通过长江水路转往陆路运送。

在万州区委举行的庆祝建党 87 周年暨表彰大会上，万州分局党委再次蝉联两年一评的先进基层党组织称号。在“两个奥运”安保中，分局 2 位民警获得长江航务管理局奥运安保先进个人；1 个集体获得长航公安局嘉奖，1 个集体获得二等功，2 个集体获得三等功；1 位民警获得个人二等功，4 位民警获得三等功，1 位民警获得长航公安局嘉奖；9 位民警获得分局嘉奖。万州分局荣获先进集体称号；奉节派出所荣获长航公安局集体三等功，周祚平等 3 人荣立长航公安局个人三等功，黄箐等 1 人受长航公安局嘉奖；分局云阳派出所荣获交通公安机关“三基”工程建设先进基层单位，孙宏荣获交通公安机关“三基”工程建设先进个人。

万州分局民警王清林应邀参加“交通运输部机关《风清气正》廉政书画展”和“庆祝宁夏回族自治区成立 50 周年暨宁夏交通博馆开馆书法绘画展”，作品《书法一幅》及《司空图诗二首》分别被交通运输部收藏并颁发收藏证书。

地　址　重庆市万州区龙宝岩上村金港路

邮　编　404000

电　话（023）58295110

传　真（023）58296110

（万州分局）

【长江航运公安局重庆分局（简称重庆分局）】

重庆分局行使长江干线江津至丰都段 375.7 公里中央管理水域的公安管理事权。

2008 年，重庆分局在上级党政和上级公安机关的领导下，围绕辖区的政治、治安稳定，充分发挥航运公安机关职能作用，较好地完成了全年公安工作任务和责任目标，确保了辖区水域政治和治安秩序的持续稳定。全年共接处警 1 750 起，受理行政案件查处率 99.5%，处罚各类违法人员 1 276 名。立刑事案件破案率为 77.9%，打击处理犯罪嫌疑人 26 名，摧毁犯罪团伙 4 个，抓获上网在逃人员 14 名；成功破获“2·3”杀人碎尸案、破获系列重大故意损坏财物等案件。妥善处置长江未知名尸体 254 具；完成警卫、保卫任务 22 批 7 060 余人次，其中一级警卫任务 1 批 50 余人次，二级警卫任务 7 批 910 余人次，三级警卫任务 1 批 50 余人次，保卫任务 13 批 6 050 余人次，确保了党和国家领导人、重要外宾“两江游”和乘船过境的绝对安全。全年无重大安全责任事故发生。

·圆满完成奥运安保工作　分局在上级党委的正确领导下，紧紧围绕实现“平安奥运”的目标，周密部署，重点突出，以一域之稳，求全局之安，有效策应了北京奥运会的安全顺利举办。奥运安保期间，分局共开展火灾隐患检查 3 117 次，检查重点单位 562 个次、客游轮 865 艘次、货船 886 艘次、其它船舶 660 艘次，发现火灾隐患 1 018 起，当场整改 847 起，限期整改 171 起。7 月 12 日，通过信息，查获非法运输易燃品聚酯漆 16.9 吨、有毒危险化学品氯化钡 26.5 吨，受到了公安部刘金国副部长的表扬。一是以“平安奥运”为主线，统一思想，凝聚警心，周密部署。加强了组织领导，成立了奥运安保突击组，实行 5+2 工作制，并注重思想发动，及时组织召开奥运安保工作誓师大会，将责任落实到每个民警。二是突出四个防范重点，即以客运码头——重庆港三码头和丰都港客运码头、以滚装运输——涪陵黄旗滚装码头、以集装箱运输和散货运输——九龙坡和寸滩集装箱码头、以船舶特别是“四客一危”和过闸船舶为重点，全力打造水上安全通道。三是建立落实五项工作机制，确保辖区治安秩序稳定。即落实情报信息收集、研判机制，强化阵地控制；建立责任落实机制，形成全民安保工作局面；建立轮值轮训机制，强化反恐处突攻坚；建立协同配合机制，形成奥运安保整体合力；建立协勤机制，增强安保工作力量。四是落实六项工作措施，全面加强奥运安保工作。即强化安全检查，严防易燃易爆危险物品上船上车；强化追逃工作，大力查缉网上在逃人员；实行武装巡逻，严厉打击违法犯罪活动；全面开展搜爆检测，确保“不漏查、不炸响”；严查消防安全隐患，堵塞安全漏洞；抓好内部安全防范，确保内部安全。五是把握七个环节，加强队伍思想政治工作。即领导干部率先垂范，以身作则鼓舞士气；强化思想状况分析，把握民警思想脉搏；强化奥运安保技能培训，提升队伍整体战斗力；调整警力，充实一线；抓好专题检督查，督促落实安保措施；加强纪律作风教育，规范民警管理；加强宣传激励工作，树立航运公安形象。

·积极开展派出所警务机制改革　继续深入推进派出所警务机制和勤务模式改革，大力推行水上警区和水上巡逻警务战略，初步建立起符合辖区实际、科学高效的基层勤务机制。一是建立水上警务室 。二是加强“网格化”巡逻防控体系建设，不断提高“见警率、管事率、满意率”。三是建立值班主、副班工作制度，采取“三班二运转”的勤务运行模式。四是实行弹性工作制、错时工作制，提高“打、防、控、管、建”的能力。按照“所趸合一”的工作思路，完成了涪陵、长寿、九龙坡、江津派出所工作趸船的工程可行性报告。5 月 12 日，交通运输部《关于长江航运公安局泸州等 7 处 40 米工作趸船建设工程可行性研究报告的批复》（交规划发〔2008〕26 号），同意分局涪陵、长寿、九龙坡、江津派出所工作趸船立项。11 月 4 日，交通运输部《关于长江航运公安局泸州等 7 处 40 米工作趸船建设工程初步设计的批复》（交水发〔2008〕430 号），同意分局涪陵、长寿、九龙坡、江津派出所工作趸船建设。

7 月 29 日，交通运输部《关于长江航运公安重庆警备码头建设工程可行性研究报告的批复》（交规划发〔2008〕205 号）同意分局警备码头立项。10 月 20 日，交通运输部《关于长江航运公安警备码头建设工程初步设计的批复》（交水发〔2008〕388 号）同意分局警备码头建设。12 月 19 日，分局警备趸船（长航公安 65－01）低压配电工程开始施工。

2008 年，分局继续保持了重庆市级文明单位称号，荣获重庆市国资委授予的国企贡献奖。分局“8.29”杀人碎尸案专案组和三码头奥运安保防控工作组荣立集体二等功，丰都派出所、涪陵派出所黄旗滚装码头警务组、国保支队、消防支队、集装箱安检测爆工作组等 5 个集体荣立集体三等功、2 名民警荣立个人 2 等功，1 名同志荣获重庆市优秀民警称号并记个人三等功，9 名同志荣立个人三等功、另有 5 个集体和 18 名民警分别受到上级通报表彰。刑事科学技术室荣获“全国公安系统青年文明号”称号，办公室荣获“全国公安机关‘三基’工程建设先进基层单位”称号，看守所所长邓泉被授予“全国公安机关‘三基’工程建设先进个人”称号。同时，分局表彰“五好党组织”3 个、表彰优秀党务工作者 3 人、优秀共产党员 10 人。

·加强公安宣传警营文化建设　全年见报稿件共 280 篇，其中“三报一台”44 篇，省市级报刊电台 236 篇。全年无重大差错和负面影响的报道发生。刑侦支队通讯员刘宝成撰写的长篇通讯《为了亡灵的回归》在《人民公安》上发表，在社会上引起了良好的反响。积极组织民警参加纪念改革开放 30 周年、长航公安局建局 55 周年、体制改革5周年征文活动，上报征文5篇。《我家的小鱼缸》和《春天》在《中国水运报》登载，反映了改革开放和体制改革以来，分局所取得的喜人成绩。同时，《我家的小鱼缸》和《久违的情感》还入选了交通运输部公安局出版的纪念改革开放30周年征文作品集。组织参加“传递奥运火炬，共建和谐长江”歌咏比赛、火炬传递活动及长航局青年风采大赛、第八届“长江杯”交通职工中国象棋、围棋邀请赛等活动，活跃了警营文化，充实了民警业余生活，展示了航运公安人民警察奋发昂扬的精神状态和良好形象。

地　址　重庆市渝中区道门口88号
邮　编　400011
电　话　（023）63770012
传　真　（023）63775880

（重庆分局）

【长江航运公安局泸州分局（简称泸州分局）】

泸州分局主要管辖西起四川省宜宾市合江门，东至泸州市合江县羊石镇的长江干线中央管理水域。

2008年泸州分局全面贯彻落实科学发展观，把握奥运主线，强化“三基”工程，转变思想观念，加强内部管理，调整工作重心，拓展水上主业，使队伍政治业务素质得到较大提高。全年接（转）处警率达100%。受理并查处行政案件503起;刑事案件破案率为85%，打击处理犯罪嫌疑人7人。开展联合执法47次。全年处置未知名尸体98具，先后发放查找尸源启事300余份，查明尸源24具，查清率24.5%。

2008年开展了“三保一创”、“打击河道非法采砂”、“安全生产隐患治理年和两防专项治理”、“排查调处矛盾纠纷、排查整治治安混乱地区和突出治安问题活动”、“安全生产月”、“长江水上无线电通信秩序专项整顿”等专项联合执法行动47次。成功破获“1.21”妨碍公务案，有力的打击了涉水暴力犯罪，维护了长江行政执法部门的形象；协助云南警方破一起特大杀人案，得到云南省绥江县公安局的充分认可和高度赞扬；历经45天，成功破获了“11.9”碎尸案，彰显了长江航运公安民警“不但要敬业，而且要精业”的精神。

泸州派出所“趸所合一”工程已经获得上级批准。

泸州分局被当地政府评为“110联动”和“平安创建”先进单位，宜宾派出所被长航公安局评为2007年度创建文明行业先进集体，“731”抢劫杀人案侦破组和船舶消防安全检查组，分别荣立集体三等功，2位民警荣立个人三等功。奥运安保工作中，1个集体和8位民警受到分局嘉奖，2个集体和6位民警受到通报表扬。

完成新闻宣传稿件144篇，其中中央电视台1篇，三报6篇，省级报刊4篇，地市级电台、报刊98篇，全国性和地方性网络信息35条。奥运安保工作期间，完成新闻宣传稿63篇，以《激情在奥运安保工作中燃烧》为题的通讯，在长江航运报登载，并被收录入《峡光》—长江航运公安局奥运安保纪实之中。分局民警开展反恐怖演练的形象，首次走进了央视屏幕。围绕纪念改革开放30周年和长航公安局建局55周年及体制改革5周年，收集上报分局成立以来图片资料120余张，专门制作宣传展板11块、体制改革专题片1部，并从过去五年工作、五年历史进程、基本经验等方面，对分局体制改革五年工作，全面进行了总结。撰写纪念性征文2篇，以《我与长航公安同年》和《乘改革东风又好又快发展-长江航运公安局泸州分局五年工作呈现十大亮点》为题，通过中国水运报和泸州日报等媒体，分别进行了宣传报道。

地　址　泸州市龙马潭区蜀泸大道5号
邮　编　646100
电　话　（0830）3625157
传　真　（0830）3625139

（泸州公安分局）

·治安管理·

【组织全线公安机关开展“三保一创”活动】 2007年12月10日至2008年3月20日，长航公安局组织全线公安机关开展了“三保一创”专项活动，切实做好了船舶通航管理、客运及干线水域治安秩序的维护工作，专项活动取得显著成效。在此项工作中我局有3个单位被长航局评为先进集体，4人被评为先进个人。

【认真开展长航公安派出所评定工作】 2008年

1 月份，在各分局自查基础上，长航公安局组织专班实地考评，确认长航公安 2007 年度被公安部评定一级公安派出所 4 个，部公安局评定二级公安派出所 17 个，我局评定三级公安派出所 42 个，派出所等级评定工作取得新突破。

【圆满完成春运安全保卫工作】 2008 年 1 月 23 日至 3 月 14 日，长航公安局圆满完成了为期 40 天的春运安全保卫工作任务，确保了长江干线客货运输的安全、有序和畅通。在此项工作中我局有 2 个单位被长航局评为先进集体，4 人被评为先进个人。

【全面落实奥运期间安保工作措施】 2008 北京奥运会期间，治安总队发挥治安职能部门和奥运安保办公室“两个作用”。一是治安总队组织全线公安机关开展了治安保卫攻坚战、“两个隐患”排查、涉爆安全隐患大排查、枪支管理专项检查等专项行动，有效净化了长江水上治安环境；二是开展了葛洲坝船闸防范工作专项调研，写出专门报告上报湖北省反恐办，引起上级领导的高度重视，杨松副书记、周厚震常务副厅长先后带队到三峡两坝船闸调研指导奥运反恐防范工作；三是开展长江水上客运、滚装运输安检现状调研，多次提出合理建议，徐副部长、张玉胜局长专门作出批示，推动重庆、万州、宜昌辖区各港口、码头投资 480 万元购买安检设备，提高了客运、滚装码头安检装备水平；四是加大宣传力度，指导各分局签订奥运安保责任书 2 049 份，签订货运安全承诺书 4 093 份，发放《致各港口及船公司的公开信》9 127 份，发放长航公安局《特别安全检查通告》18 954 份；五是下发《关于做好港口货运物资安全检查工作的紧急通知》，指导各分局对辖区船舶进行 100%检查，策应三峡水域奥运安保工作。组织全线公安机关开展“回头看、查盲区、找漏洞”工作，发现整改火灾隐患 10 115 处，治安隐患 2 335 处；六是及时制定三峡水域突发事件处置预案、翻坝转运预案等多个预案，并根据部公安局要求制定了长航公安机关处置堵塞长江主航道事件工作预案；七是完成了奥运安保办的大量工作，组织协调好长航公安局驻三峡工作组的日常工作，下发反恐通知，制定反恐及防范工作方案，及时上报各类汇报材料 40 余份、《每日动态》94 期；八是制作了治安总队网页，共发布奥运安保信息 600 余条。奥运会期间辖区未发生重特大案件和治安灾害事故。

【积极配合开展打击长江水上非法采砂行动】 2008 年，长航公安局一是配合开展由水利部、交通部共同组织，长江水利委员会、长航公安局共同实施，在湖北宜昌水域展开打击盗采江砂“猎鹰”行动。共查获 7 艘非法采砂船及 6 艘非法运砂船。二是全线共出动警力 821 人次，船艇 155 艘次，开展联合行动 79 次，查处非法采砂船 204 条，排查（取缔）非法采砂点 13 个，捣毁采砂设备 64 套，查处治安案件 282 起，处罚违法人员 284 人。三是根据长航局“关于联合打击长江干流鄂赣皖省际交界水域违法采砂”专项整治活动的部署要求，总队组织辖区公安机关开展了为期一个月的专项行动，在活动中，九江分局通过对长江九江水域的“三无”船舶、水上从业人员进行登记，共登记船舶 351 艘，其中从事运输的运力船 216 艘、能采砂作业的自吸船 102 艘、过驳“吊机”33 艘。湖北共登记 93 艘涉砂船只；江西共登记 199 艘涉砂船只；安徽省共登记 43 艘涉砂船只。整治行动中遣返外籍小型采砂船 68 条；拆除采砂设备的 26 条。登记水上从业人员 723 名，基本掌握了辖区水域船舶、从业人员动态。此次专项整治活动，在水利部、长航局领导下采取湖北、江西、安徽三省联合，涉及三省八个县（市），100 多名执法人员参加，有效遏制了该河段非法采砂猖獗的势头。

【组织全线公安机关开展“汛期百日安全”活动】 2008 年 7 月 1 日至 10 月 8 日，长航公安局组织全线公安机关开展了“汛期百日安全”活动，维护了港航治安秩序的稳定，保障了运输生产顺利进行。在此项活动中我局有 3 个单位被长航局评为先进集体，5 人被评为先进个人。

【全面加强枪支管理工作】 根据交通部公安局《关于开展交通公安机关公务用枪管理使用专项检查的通知》精神，总队立即将文件转发各分局，在对总队管理的枪支进行全面检查的同时，指导各分局对公务用枪及弹药的数量、种类和型号进行全面排查。并按照湖北省公安厅有关文件精神，对在鄂分局的报废枪支进行清理、登记，共清理报废公务用枪 1296 支,并于 12 月 24 日上交省厅统一销毁。

（以上供稿　马 林）

【上海分局破获一起特大盗窃案】　2008 年 4 月 15 日凌晨，上海船厂船舶有限公司造船平台新建船舶 SS119 轮上，被盗二氧化碳气体保护焊机载波控制线 6 根，电焊皮带线 4 根，总价值人民币 33 000 余元。上海分局民警迅速出击，抓获三名犯罪嫌疑人代国枫、李应能、王东，并查获被盗的二氧化碳气体保护焊机载波控制线约 200 米，电焊皮带线约 130 米，成功破获该案。

【南通分局破获一起盗窃长江通讯电缆案件】 2008 年 9 月 14 日，南通分局经过缜密侦查，快速破获一起盗窃长江通讯电缆案件，初步查明被盗通信电缆约 1 600 米，抓获犯罪嫌疑人黄先明，该案涉案总价值达 14 万余元。

【南通分局破获一起特大物流系列案件】　2008 年 8 月初，南通分局破获一起在南通港中转硫磺的特大物流系列案件，相继抓获犯罪嫌疑人 10 名，摧毁犯罪团伙 4 个。已初步查明被盗硫磺达 400 余吨，涉案总价值 240 余万元。

【南京分局与苏州分局联手破获一起特大销售伪劣产品案】　2008 年 9 月 24 日南京分局与苏州分局、省质监局联手，一举侦破了一起物流领域特大销售伪劣产品案，抓获犯罪嫌疑人周伟，扣押油品 1 000 吨，追缴赃款人民币 6.8 万元。

【南京分局破获特大诈骗案】　2008 年 2 月 23 日，南京分局民警经过近三个月的艰苦侦查，在山东、辽宁警方的大力协助下将“12•3”特大诈骗豆粕案犯罪嫌疑人张福建、薛刚 2 名犯罪嫌疑人抓获，成功破获该案，该案涉案豆粕 34.973 吨，价值 12 万元。

【南京分局破获特大涉外涉水盗窃案】　2008 年 3 月 5 日，一艘停泊在长江南京段仪征锚地的货船上的船员盗卖该轮上的燃料油数十吨。南京分局民警于 5 日 1 时许在仪征无纺布汉江将收购燃料油的三无油船查获，并在船上当场查获赃物 20 余吨燃料油，抓获二名收赃嫌疑人员洪国、方庆银；于当日 20 时许在长江南京段新生圩锚地将涉嫌盗卖燃料油的嫌疑人高勤杰抓获。

【南京分局破获一起特大物流案件】　2008 年 8 月 28 日南京分局破获一起特大物流案件。6 月 12 日 9 时 30 分，南京分局接长航油运（新加坡）有限公司黄正言电话报称：2008 年 5 月期间，该公司长航“吉祥”轮李献奇等船员先后在天津港锚地、台湾海峡盗卖该轮承运的运输物资航空煤油 150 余吨、柴油 70 余吨，价值人民币 200 余万元。经民警艰苦工作，于 8 月 26 日抓获犯罪嫌疑人于锦落，于 8 月 28 日抓获犯罪嫌疑人穆玉君、门洪胜（上述三人已被取保候审），李献奇等人在逃，部分赃款已被追缴，成功破获该案。

【南京分局破获一起盗窃油料案】　2008 年 11 月上旬，南京分局沿江所根据获得的信息准确判断，周密部署，经过连续数日的艰苦守候，于 11 日凌晨抓获 4 名涉嫌非法经营犯罪嫌疑人潘国文、鲍佩忠、刘飞、潘正武，缴获 93 号汽油 10.29 吨，扣押运输船只 1 艘、大型槽罐车 1 台，成功破获该案。

【九江分局破获一起煤炭盗劫案件】　2008 年 12 月 3 日凌晨，九江上港集团九江港务有限公司龙开河公司货场有约十余吨煤炭被盗，价值近万元。12 月 20 日，专案组民警接到举报线索确定九江民强机械有限公司铲车司机松传林有重大嫌疑，22 日晚民警传讯嫌疑人松传林，经过讯问，犯罪嫌疑人松传林交待 12 月 2 日凌晨伙同犯罪嫌疑人林双荣、犯罪嫌疑人徐仁年共同盗窃龙开河公司货场煤炭的犯罪事实。

【黄石分局破获一起特大盗窃案】　2008 年 7 月 7 日，黄石分局刑侦支队抓获一名涉嫌盗窃的犯罪嫌疑人田如来后，经突审深挖，犯罪嫌疑人田如来如实交代了其盗窃受害人张胜六万元现金的犯罪事实，成功破获该案，同时支队民警将赃款全部追回，于 7 月 21 日下午 3 时将赃款全数退还给失主。

【岳阳分局破获一起特大盗窃案】 2008年7月16日，岳阳分局辖区城陵矶港3码头发生一起平板车被盗案，价值人民币17 000元。岳阳分局成立专案组，经工作抓获犯罪嫌疑人闵石林、许九军、杨立民、李则进，成功破获该起特大盗窃案。

【重庆分局破获一起抢劫案件】 2008年10月22日19时15分许在处置重庆港九龙坡集装箱码头分公司大件码头发生的一起多名驾驶员殴打他人事件中，嫌疑人谭松伙同李东等人对被误认为是偷油的受害人张伟利进行殴打。在殴打过程中，谭见张的颈部戴有一根黄金项链，遂产生占为己有的念头，遂趁众人围殴张之机，伸手抓住张颈部项链，并不顾张的反对，强行将其摘下，并藏在自己驾驶的大货车（渝B99923）驾驶室左侧门内的工具箱里，被民警当场抓获，该案告破。11月4日，犯罪嫌疑人谭松被执行逮捕。

【泸州分局浮尸处置工作中协破云南一起特大杀人案】

2008年7月7日，长航公安局泸州分局在泸州市纳溪区安富镇麻柳沱长江水域处置浮尸中，共接警处置二具高度腐败的全身赤裸男尸，法医在处置工作中，发现其中一具浮尸生理特征与云南省绥江县公安局“紧急协查通报”所通报的2008年7月1日凌晨云南省绥江县特大杀人案犯罪嫌疑人宋术良相似。2008年7月12日，泸州分局将DNA相关检材送长江航运公安局刑侦总队DNA室作尸源认定，经刑侦总队DNA室DNA检验及亲缘关系鉴定，认定2008年7月7日上午在泸州市纳溪区安富镇麻柳沱长江水域内发现的未知名男尸为宋云成、宋飞燕生物学之父宋术良。云南省绥江县公安机关调查查明：2008年7月2日5时40分，犯罪嫌疑人宋术良在四川省屏山县新市镇地瓜村码头跳河自尽。至此，2008年7月1日凌晨，发生在云南省绥江县南岸镇南岸村6组的两死一重伤特大杀人案案犯杀人后投江自杀得到确认。

【系列案件】

2月下旬至3月初，苏州分局通过对被抓获的犯罪嫌疑人涂洋审讯深挖，破获该涂作案15次，盗窃港口货场废钢案，缴获被盗废钢360余公斤。

3月19日，安庆分局池州派出所发生一起盗窃案，涉案物品系多条水泥船上电瓶、发电机、马达等物品，报案价值一万余元。办案民警在池州市公安局技侦部门的大力配合下于，于3月20日，抓获销赃嫌疑人刘某（池州市贵池区梅龙镇人），缴获了部分被盗赃物。3月21日下午，专案组将盗窃嫌疑人陈玉新（池州市贵池区梅龙镇人）抓获。经审查，该陈交代伙同他人多次盗窃船用电瓶等物品的事实。

5月26日16时许，镇江分局泰州派出所接泰州市高港区杰克斯曼经贸有限公司袁某报称：泰州市港务集团有限公司杨湾港区的铁精粉被人盗卖，现装运的车辆正被交警部门处理交通违章处罚。接警后，泰州派出所迅速派出民警开展工作，将装运铁精粉的苏NM1449（拖）、苏NM1768及司机王加珍（男，35岁，江苏省宿迁市泗洪县魏营镇前营村人）带至派出所进行审查。经连夜侦查、初步查实，今年三月份以来，犯罪嫌疑人陈军、王健、石军、吉扬、赵军等人在泰州市港杨湾港区乘隙将港区内的铁精粉偷运出港区，后经赵军介绍卖给铜陵某家公司，累计盗窃铁精粉一百余吨。

荆州分局针对年初辖区电缆被盗案件频发情况，与地方公安机关通力协作，于6月29日凌晨3时一举抓获韩长均、靖安功、熊大洪等三名犯罪嫌疑人。经审讯，共破获23起电缆被盗案，三名嫌疑人对其犯罪事实供认不讳。

7月4日晚7时许，芜湖分局经一个多月的缜密侦查，在安徽省池州市“好运来”旅馆将涉嫌盗窃长江船用雷达的主要犯罪嫌疑人叶立行、袁余元等2人抓获，成功破获长江安徽段水域船用雷达被盗案16起，摧毁专门“吃长江饭”的犯罪团伙1个。

岳阳分局组织刑侦民警对历年未破刑事案件进行清理，找线索，破积案，相继抓获犯罪嫌疑人汪青霞、刘春生，并到岳阳市劳动教养管理所讯问犯罪嫌疑人冯斌。经大量工作，成功破获系列船舶船用物品被盗案，共破获盗窃案件12起，其中协破地方辖区案件3起。

8月至10月间，长航集团江东船厂综合楼连续发生入室盗窃案，犯罪嫌疑人采取翻窗入室的手段，三次窜入该楼一、二、三层的总装分厂、预制分厂、生产处、物资总库和长航规划设计研究院等办公室，进行疯狂作案，共盗走三星数码照相机 2 部、长虹 L7 型、高新奇 HB998 型、TCL-T106i 型、索爱 258 型手机各 1 部、MP3（京华牌）1 个、各种香烟 38 包、现金 1560 元等，总价值约 8 000 元，在该厂造成了极其恶劣的影响。案发后，办案民警经过二个月的侦查，于 10 月 30 日晚，将犯罪嫌疑人戴健（曾因盗窃 2 次被公安机关打击处理）抓获。经审查，戴健交代了三次窜至江东船厂综合办公楼盗窃的犯罪事实。同时交待了 10 月 27 日夜，伙同王珏等人盗窃芜湖绿叶制药有限公司办公室内笔记本电脑、液晶显示器等价值约 17 830 元的物品的犯罪事实。

（以上供稿　谢　丰）

• 消防管理 •

【“乔泰 5 号”轮发生火灾】 2008 年 1 月 30 日 20 时 20 分，停靠在重庆市奉节县 5 号桥处进行维修改造的“乔泰 5 号”自航驳船发生火灾。万州分局立即出动“长公消指 905”消防艇，迅速赶赴火灾现场展开灭火救援。经调查，起火时该船停靠在重庆市奉节县 5 号桥处进行维修改造，船上当时有 5 名施工人员在进行施工作业，在对船舶尾部压载舱顶部烧焊时，由于压载舱的上方是船员餐厅，并堆放了大量帆布，因电焊过热引燃了堆放的帆布，导致此次火灾事故的发生。火灾造成“乔泰 5 号”1 人轻伤，1 人跳水后失踪，火灾直接财产损失 17.2462 万元。

【一“三无”船舶发生火灾】 2008 年 4 月 2 日 20 时 50 分长江上海水域长江口 A47 浮灯处一民船发生火灾。接到报警后，长航公安局上海分局水上消防支队立即组织民警赶赴火灾现场，并展开调查。经现场勘查和调查询问：起火船舶系“三无”船舶，属于个体私有，船上共有 6 人。4 月 2 日 20 时 20 分许，起火船从停泊于该水域的“中业 6 号”油船回收油品，在泵油 30 分钟后，该民船的第 3 储油柜（共 5 个储油柜，其余 4 个为空柜）起火并发生蔓延，经其他过往民船扑救，于 21 时 05 分将火扑灭。火灾原因认定为“三无”船回收油品时产生的静电引燃油气所致。火灾造成此“三无”船的驾驶室部分烧损，直接经济损失 2 000 元，无人员伤亡。

【改建的船舶发生火灾】 2008 年 4 月 3 日 15 时 54 分，停靠在重庆东风船舶公司江渝船厂长石尾分厂的一艘正在改建的船舶发生火灾。接到报警后，重庆分局出动“901 号”消防艇立即赶赴火灾现场，经扑救，于 17 时 50 分将火扑灭。经重庆分局消防支队现场勘查和调查询问，该起火船舶原系重庆长江轮船公司“江山 19”轮（已停封），现已转让给重庆长航凤凰货运公司，准备改建成商品车滚装船，该轮正在船厂进行拆装、焊割等改建施工时二楼前部突然起火。火灾原因系电焊工使用焊具在“长航江山 19”轮三楼前部拆除甲板角钢时，焊割火花通过角钢下部孔洞掉至二楼堆放的可燃物质并将其引燃，以致蔓延成灾。此次火灾造成直接财产损失 10 140 元，无人员伤亡。

【“先富”轮发生火灾】 2008 年 5 月 4 日 9 时 30 分，停靠在巫山港 9 码头的“先富”客轮二楼尾部发生火灾。经万州分局消防支队认定火灾原因为二楼尾部右舷日光灯集成线路板故障发热引发火灾。火灾造成经济损失 60 元。

【“天门 367 号”自航货驳发生火灾】 2008 年 7 月 23 日 13 时，一自航货船在长江鄂州水域发生火灾，经该船船员及过往船舶共同扑救将火扑灭。黄石分局立即组织人员赶赴现场展开调查。经调查该起火船为“天门 367 号”自航货驳，船籍港是湖北天门，属个体船舶。“天门 367”船从江阴装载 270 吨化纤原料运至武汉阳逻港，该船上行航行至长江鄂州水域碛矶港 5—6 号浮之间时，因该自航驳生活区位于电视机后的可移动接线板长期拉扯，导致接线板接触不良打火，引燃附近的电视柜台布等可燃物蔓延成灾。火灾造成财产损失 2 万元，无人员伤亡。

【“皖宝祥号”发生火灾】 2008 年 9 月 23 日 11 时许，岳阳水域荆岳大桥下游 2 公里处一货船在航行中发生火灾。岳阳分局接警后，立即组织消防支队人员调动岳阳水域消拖两用船前往失火水域实施灭火救援，当日 12 时 40 分将明火扑灭。经调查：起火船为“皖宝祥号”散货船，船舶经营人为安徽省芜湖市十连航运有限公司；“宝祥号”散货船本航次从江苏扬中开往岳阳洞庭湖装沙，该船途径长江干线岳阳段陆城水域时机舱发生火灾。起火原因系船舶使用的非船用电缆（白色护套线）短路引燃机舱壁上的油垢起火。火灾造成直接财产损失 20.13 万元，无人员伤亡。

【“永诚 18 号”发生爆燃】 2008 年 9 月 24 日 18 时 05 分，南通开发区营船港水道中化南通码头发生一起船舶机舱爆燃事故。接到报警后，南通分局立即组织民警赶赴火灾现场，与南通市公安局消防支队开发区中队共同进行救援。经调查：此事故船船名为“永诚 18 号”，系浙江舟山永诚海运有限公司所属船舶，共有船员 15 名。“永诚 18 号”轮运载 2 200 吨石脑油至南通，9 月 24 日 12 时靠泊中化南通码头准备卸货时，发现机舱辅机有故障，不能进行卸货作业，轮机人员下舱进行检修， 18 时 05 分机舱发生爆燃事故。起火原因为泵舱内输油管锈蚀穿孔，造成所装载的石脑油泄漏，并由泵舱流入机舱，其挥发的可燃气体与空气形成爆炸性混合物遇明火发生爆炸所致。此次火灾造成 3 人死亡，2 人受伤。直接财产损失 28 万元。

【“华锦河”轮火灾】 2008 年 10 月 19 日 8 时 59 分，靠泊于长江南京油运公司紫金山船厂 2 号码头正在维修的一艘散货船机舱发生火灾。南京分局接到报警后，迅速出动 3 辆消防车和 1 艘消防艇及 30 余名民警和消防队员赶赴现场。当日 19 日 18 时 03 分，彻底扑灭火灾。经南京分局消防支队调查，该起火船舶为散货船，船名为“华锦河”，总吨位 7 000 吨。火灾原因系现场维修人员在拆卸华锦河轮尾轴过程中，用割炬割螺栓孔，熔渣引燃下方污油等可燃物蔓延成灾。火灾未造成人员伤亡，直接经济损失为 23.1758 万元。

（以上供稿　乔 冰）

【江西省航务局举办消防安全知识讲座】 2008 年 12 月 4 日下午，江西省航务局专门邀请南昌市消防安全培训中心的消防教官，为局机关干部职工举办了一次消防安全知识讲座。

讲座中，教官结合火灾事故案例拍摄的实例图片，讲解了火灾种类、不同类型火灾的发生原因、灭火的方法以及逃生自救等详细消防知识，并指出了日常生活中容易引起火灾事故的细节问题以及发生火灾时由于慌乱而造成灭火、自救不当的误区。同时，还通过互动的方式，现场向大家演示了干粉灭火器、防毒面具等消防器材的使用方法，传授了灭火技能。

通过消防安全知识讲座，大家的安全理念进一步增强，既了解和掌握了预防火灾的基本知识，又熟悉了扑救火灾和火场逃生的基本技能。

（江西省局　倪 磊）

·乘警工作·

【乘警总队在宜组织召开武汉、宜昌、万州分局乘警支队绩效考核实施细则座谈会】 2008 年 4 月 3 日，为规范乘警队伍管理，落实乘警工作责任制，长航公安局乘警总队在宜昌分局城区组织武汉、宜昌和万州等 3 个分局乘警支队，召开了乘务民警绩效考核实施细则座谈会，会议由乘警总队长周伟主持，各分局乘警支队主要负责人参加了此次会议，宜昌分局分管乘务工作的局长助理程国华出席会议，并作了重要讲话。会议就制定乘警绩效考核实施细则内容、如何贯彻落实好实施细则以及各支队之间如何协调、配合等方面的问题，各支队结合各自特点，提出了建设性意见。最后，周伟总队长作了总结发言，要求各支队牢固树立大局意识，充分发挥协同作战的精神，切实把绩效考核实施细则制定好、落实好，为圆满完成奥运安保工作任务奠定基础。

【乘警部门启动应紧急预案确保旅客航行安全】

2008 年四川汶川发生 8.0 级地震，受其影响库区出现不同程度震感，引起旅客和候船群众的恐慌，情况发生后，乘警总队长航公安局的统一指挥下，迅即启动了应急预案，要求各分局乘警支队在船各乘警密切关注沿江两岸有无山体滑坡现象，做好旅客及船员的宣传、疏导工作，稳定旅客恐慌情绪，确保旅客航行安全。各分局支队全体民警 24 小时在办公室值班备勤待令，乘警加强值班巡逻,随时应对各种突发事件的发生和准备投入到抗震救灾中去。

【乘警部门通过多种渠道向地震灾区捐款】 2008 年，“大灾无情，人有情”，四川汶川发生的 8.0 级地震，乘警部门全体民警积极响应“绿丝带行动”，不仅参加各单位以及所值乘船舶组织的捐助活动，还积极组织乘船的中外旅客向灾区捐款。乘警们表示：虽然我们不能亲临救灾现场，但是我们要以做好本职工作、坚守好自己的工作岗位，维护好船舶政治、治安稳定，作为对当前抗震救灾工作的最好支持。乘警部门通过多种渠道向灾区捐款 34 800 元，组织中外旅客捐款 12 220 元。

【乘警部门圆满完成客游轮及滚装船奥运安保工作】

2008 年奥运前夕，面对严峻和复杂的形势，为了确保奥运会顺利召开，7 月 17 日局党委研究决定，奥运安保工作期间长航公安首次向客货滚装船舶派驻乘警。奥运安保工作期间，乘警部门管辖派乘船舶 131 艘，其中客游轮派乘 62 艘，滚装船舶派乘 71 艘；共投入警力 129 人，其中客游轮派乘警力 75 人，滚装船舶派乘警力 54 人；安全航行 3 299 航次，其中客游轮航行 991 航次，安全运送旅客 339 690 人，滚装船舶航行 2 308 航次；滚装船载车 81 743 辆，载司乘人员 221 291 人；进行安全检查 1 929 次，查出并督促船方整改各类安全隐患 910 起；配合或组织船方进行消防演习 132 次，防恐演练 121 次；报警案件 556 起，其中，刑事案件发案 4 起，破 1 起，查处治安案件 21 起，处置群体性事件 18 起，接受群众求助 513 起。未发生重特大案（事）件，维护了客游轮及滚装船舶的治安秩序稳定。

【乘警部门聘请船舶警风警纪监督员】 在长航公安局纪检部门的指导下，乘警总队在武汉、宜昌、万州、重庆 4 个分局管辖客轮上聘请警风警纪监督员，并制定出相关工作方案，以内外监督促乘警工作。2008 年 12 月 11 日，长航公安局乘警部门聘请船舶警风警纪监督员仪式在宜昌分局举行，共聘请了宜昌籍船舶 7 名警风警纪监督员，并向船舶警风警纪监督员发放了受聘证书。航行期间，乘警队民警恪尽职守，每到一处景点都严格按照值乘工作要求开展工作，确保了本职工作的出色完成和警卫对象的绝对安全。

【重庆分局乘警支队全力确保首船民工专船运输安全】

2008 年 2 月 2 日 4 时，由重庆开往南京的专船“江山 8”轮满载 950 名江苏籍民工从渝港 6 码头起锚开航返宁。因雪灾影响，民工被困不能及时回家团年。贵州方面用 22 辆大巴在 2 辆警车的护送下于 2 日 1 时 50 分左右抵达重庆港 6 码头。为确保民工专船的安全，重庆分局局长夏祥麟高度重视，指示重庆支队领导立即抽调业务能力强的乘警队提前上船作好各项准备工作。支队领导会同消防支队民警上船开展安全检查，督促船方对查出的隐患进行了整改，专船于 2 月 6 日安全抵达南京港。

【重庆分局乘警支队圆满完成新老兵运输安保工作任务】 2008 年 11 月 19 日至 12 月 20 日，重庆支队按照重庆分局和乘警总队的工作要求，为确保新老兵运输工作达到“安全、优质、准点、满意”的工作目标，成立了以支队长赵志雄任组长，政委毛健、副支队长杨杰为副组长的军运领导小组。重庆支队提前安排，精心组织，主动和江山公司新老兵运输工作领导小组联系，及时掌握运输动态，做好各项准备工作，圆满完成了军运任务。军运期间共安全运送新老兵 2 833 人。其中：新兵 2 477 人，复员退伍军人 356 人。

（以上供稿　乔　冰）

·基本建设·

【长江航运公安局丰都等派出所趸船及业务用房建设工程】

总投资：4 960 万元

建设规模：长航公安局所属丰都、忠县、石宝寨、万州、云阳、奉节、巫山、巴东等 8 处派出所采取趸船及业务用房合并建设的方式，在趸船上建设业务用房。每个派出所各建造 1 艘 65 米钢质趸船。每艘趸船主甲板以上业务用房建设面积为 755 平方米。配套建设外接水、电、消防等设施，购置部分公安装备。

开工时间：2007 年 3 月

竣工时间：2008 年 11 月，已交付使用。

【长江航运公安局 350 兆警用无线调度通信系统工程】

总投资 2 450 万

建设规模：利用公安部提供的 350 兆警用无线电频率资源和长江干线通信网提供的传输资源，建设覆盖长江重庆至上海水域的长江航运公安局 350 兆指挥调度无线通信系统。主要包括：建设 1 个汇接交换控制中心，3 个二级交换分中心，1 套中心指挥调度系统，15 套分局指挥调度系统，73 套派出所指挥系统，45 座收发基站，5 座固定接收站，18 个移动接收站，配置必要的车（船）载台、手持移动台等设备；配套建设 60 米铁塔 1 座，对 7 处机房进行适当装修；购置警用通信指挥车 2 辆，配置国（船）载台 350 台、手持移动台 800 台。并建设其他配套设施。

开工时间：2007 年 5 月

竣工时间：2008 年 12 月

【长江航运公安局金盾信息网工程】

建设规模：建设长江航运公安局本部及 16 个分局和长航警校的长航公安业务专用局域网，采用长江航运通信网和公安网相结合的方式建设连接各公安专网的广域网，并接入公安部信息网；建设各类应用系统 10 套；配套建设完善网络机房、综合布线系统等；建设其他配套设施。

开工时间：2007 年 5 月

竣工时间：2008 年 11 月

【长江航运公安局上海崇明、长兴派出所用房建设工程】

建设规模：在上海市崇明县新河镇西河沿路 11 号建设崇明派出所用房，用地面积 1 342.9 平方米，建筑面积 1 245.9 平方米；在崇明县长兴乡先进村凤凰街 93 弄临街建设长兴派出所用房，用地面积 1 608.3 平方米，建筑面积 1 132.4 平方米。配套建设供电照明、通信、综合布线系统、电子防盗报警及监控系统、给水排水及消防等工程，以及配备必要的办公设备与公安业务装备。

开工时间：2007 年 9 月

竣工时间：2009 年 3 月

【长江航运公安局南通分局业务用房建设工程】

建设规模：在南通市人民西路 114 号建设长江航运公安局南通分局业务用房，用地面积 5 007 平方米。业务用房总建筑面积为 4 029.15 平方米；配套建设建筑电气、给排水、消防、电梯、空调系统、电子防盗及监控系统、人防报警等设施和室外地面工程；配备必要的办公及公安业务专用设备，配置警车一辆。

开工时间：2008 年 10 月

竣工时间：2009 年 5 月

【长江航运公安局南京分局业务用房建设工程】

建设规模：在南京市奥体新城 A1-1 地块建设长江航运公安局南京分局业务用房，用地面积 3 332 平方米。业务用房总建筑面积为 4 588 平方米；配套建设建筑电气、给排水、消防等设施和室外地面工程。

开工时间：2007 年 10 月

竣工时间：2009 年 4 月

【长江航运公安局南京分局警用装备及安防监控工程】

建设规模：国保、治安、刑侦和消防等警种必需的公安技术专用装备以及必要的干警值勤设施；水上 110 指挥中心监控系统；安全防范系统。

开工时间：2008 年 6 月

竣工时间：2009 年 4 月

【其它建设工程】 2008 年，丰都等派出所趸船及业务用房建设工程、350 兆警用无线调度通信系统工程计划 4 月进行档案资料正式验收；上海崇明、长兴派出所用房建设工程计划 5 月进行档案资料验收；南京分局业务用房建设工程、南京分局警用装备及安防监控工程计划 6 月进行档案资料验收；南通分局业务用房建设工程计划 7 月进行档案资料验收；金盾信息网工程计划 7 月进行档案资料验收。

（以上供稿　田丽娟）

·表彰奖励·

【集体二等功 7 个】

1. 重庆分局“2•3”杀人碎尸案专案组。

2008 年 7 月 1 日，重庆分局“2•3”杀人碎尸案专案组全体民警攻艰克难，经过五个月的连续奋战，抓获杀人碎尸案犯罪嫌疑人张勇，成功破获了这起恶性案件，受到了人民群众的高度赞扬。工作中，专案组思路明确，迅速查明了尸源；强化证据收集，注重技侦合一，利用科技手段确定了失踪现场、抛尸现场等重要信息，为锁定犯罪嫌疑人提供了科学依据，同时也为后期审讯工作提供了强有力的证据支撑。专案组民警牢发扬连续作战、无私奉献精神，坚持战斗在工作第一线，舍小家、顾大家,最终成功破案。

2. 宜昌分局刑事侦查支队。

2008 年，宜昌分局刑事侦查支队深入贯彻“三个必破”的工作要求，以大力开展历时 8 个月的“打盗抢、抓逃犯”专项行动为主线，全年共破获各类刑事案件 84 起，打掉各类犯罪团伙 6 个，成功破获了两起盗卖长江运输燃油的物流领域系列案件和“许贵江破坏水上交通设施案”、“5•11 非法买卖枪支案”、“宜昌船厂系列盗窃生产资料案”、“宜昌港沿江区域系列抢劫案”、“系列盗窃船用雷达案”、“10•20 非法捕杀国家一级保护动物中华鲟案”等一大批严重危害社会安宁和破坏长江运输、生产秩序的重大刑事案件，抓获各类犯罪嫌疑人 70 人，打击处理 44 人。其中破获的“湘宇洋航运公司特大物流案”、“宜昌港沿江区域系列持刀抢劫案”等案件，中央电视台、新华社、新浪网等多家新闻媒体给予了深入报道，在社会上引起强烈反响。

3. 黄石分局“9•14”故意杀人案专案组。

2007 年 9 月 14 日，黄石分局黄石派出所接到报警：黄石新冶钢两百万吨码头发现一具未知名水尸。经现场初步检验，其死因可疑，经勘查死者系窒息死亡，他杀。黄石分局迅速抽调 20 余名精干警力组成专案组开展侦破工作。专案组民警自案发后多次赶往武汉、洪湖等地，从查找尸源入手，逐步查清死者身前社会关系、活动地点，到查明死因、锁定该案嫌疑人、抓捕案件 6 名嫌疑人及审讯工作，最终使“9•14”案件成功侦破。

4. 芜湖分局马鞍山派出所。

芜湖分局马鞍山派出所在苏国华所长的带领下，不断巩固、加强以信息采集、网上比对等为主要内容的“三基”建设工作，进一步促进派出所各项业务工作的发展，取得了显著成效；以“务实、发展”为基点，全面提升派出所的战斗力；提高民警政治业务技能，推动大练兵活动有效开展；提高民警政治业务技能，推动大练兵活动有效开展；有序推进队伍正规化建设，切实落实各项管理制度；廉政建设成效明显，民警廉洁从政自觉性提高。2008 年 8 月 3 日，《公安部关于命名 2007 年度一级公安派出所和撤销部分一级公安派出所的决定》（公发〔2008〕5 号）文件，该所被命名为“一级公安派出所”。

5. 南京分局仪征派出所。

南京分局仪征派出所在周传翥所长的带领下，创新工作理念，强化工作措施，强化基础建设，提高管理能力，突出“软实力”建设，改善“硬实力”到位。自我加压，奋力争先；强化规范，抓好细节；开拓创新，彰显亮点；从严治警，从优待警；改善硬件，注重文化建设。2008 年 8 月 3 日，《公安部关于命名 2007 年度一级公安派出所和撤销部分一级公安派出所的决定》（公发〔2008〕5 号）文件，该所被命名为“一级公安派出所”。

6. 南京分局水上消防支队。2008 年 10 月 19 日 8 时，靠泊于长江南京油运公司紫金山船厂 3 号码头的 7 000 吨“华锦河”散货轮机舱发生火灾。接到报警后，南京分局水上消防支队民警迅速赶往现场进行施救。由于灾船停泊于江边码头，实施开舱作业，无法实现封舱灭火，而该轮机舱两油柜还储有重油 40 吨，一旦引燃，对参战人员和在场群众、码头设施以及整艘船的安全构成巨大的威胁，后果不堪设想。火灾扑救过程中，全体参战民警和消防队员顶着烈火浓烟，冒着 40 余吨燃油柜随时爆炸的生命危险，与火魔展开殊死搏斗，他们克服各种困难，不顾危险，浴血奋战，经过近 9 个小时的奋战，终于成功扑灭了大火，确保了无人员伤亡，灾船驾驶舱、生活舱完好，燃油柜未发生爆炸，将国家和企业的财产损失降到了最低。

7. 镇江分局刑事侦查支队。

镇江分局刑事侦查支队从 2004 年至今，破获刑事案件 410 起，抓获刑事作案成员 280 人。破获的案件涉及故意杀人、持枪抢劫、强奸、组织容留卖淫、盗窃、重大责任事故等多种类型。在打击长江水运物流犯罪方面表现尤为突出，近 3 年，破获该类案件 253 起，涉案金额 2 800 多万元。为此，他们多次受到上级表彰奖励。2008 年，他们又先后破获了十年前发生在长江上的杨忠运故意杀人案、案值达 1 600 多万元的刘晓军等人煤炭盗窃案等一大批有重大影响案件，受到了交通运输部徐祖远副部长等上级领导的多次表扬。作为只有 6 个人的“小团队”，他们连续多年保持 95%以上的破案率和 100%的命案破案率，连续 3 年被中央电视台《法治在线》栏目报道，连续四年每年为服务对象挽回经济损失 300 万元以上

【奥运安保集体二等功 10 个】

1. 万州分局乘务警察支队
2. 宜昌分局宜昌派出所
3. 宜昌分局秭归派出所
4. 重庆分局三码头奥运安保防控工作组
5. 岳阳分局“8•24”特大系列假证案专案组
6. 武汉分局特勤队三峡奥运安保工作组
7. 芜湖分局“7•5”水上系列持械抢劫案专案组
8. 南京分局派乘民警工作组
9. 镇江分局镇江派出所
10. 南通分局“7•9”特大物流盗窃案专案组

【个人一等功 2 个】

1. 严培军，镇江分局刑侦支队长。在人员少、事多、任务重的情况下，严培军同志既当指挥员又当战斗员。他狠抓刑侦基础工作，重视情报信息的收集，重视刑侦业务技能和刑侦技术的提高，不断加大预审力度，推进分局刑侦工作走上新台阶。同时，他还注意自身素质建设，不断提高法律、业务、领导水平，工作中甘于奉献、冲锋在前，能首先做到廉洁自律，模范遵守各项局规禁令，团结和带领了刑侦支队民警一起，取得了一个个辉煌战绩，他本人也多次受到上级表彰奖励。

2. 蒋健，原镇江分局局长、党委书记。他主动作为意识强，工作思路清晰，办事方法得当。在他的带领下，镇江分局主要业务指标全面进入长航公安机关的前六名，并成功实施了向长江干线水域转移。近 4 年来，该局破获的刑事案件和查处的行政案件中，80%以上发生在江面船舶或涉水码头上。破获了水运物流犯罪案件 300 多起，涉案总金额超过 1 亿元，为沿江企业挽回直接经济损失 2 000 多万。在上级有限的支援下，他带领党委一班人自主解决了 2 个派出所的办公楼建设，完成了机关办公楼的迁建，并实现了面积扩大，软硬件升级，信息化建设进步明显。在他的沟通协调下，分局与地方政府、其他执法单位、服务对象的关系更加紧密。中央电视台多次采访报道该局的工作。

【个人二等功 5 个】

1. 孙国华，原南京分局副局长。在扑救 2008 年 10 月 19 日的一起船舶火灾中，作为火灾现场总指挥，他冷静分析，准确判断、沉着应对，根据现场错综复杂的火情，迅速制定有针对性的扑救措施，果断做出施救部署。在凶猛的火势面前、在随时可能发生爆炸的危险面前，和民警一起始终战斗在第一线，不仅充分体现了一名火场指挥官临危不惧的优良品质，而且极大地鼓舞了士气，提高了战斗力。

2. 曹建平，原南通分局副局长，分管刑侦、治安、安全工作，同时兼任分局基建办公室主任。他一直用“无功便是过，平平常常就是错”这句话来严格要求自己，创新思维、开拓进取，切实履行岗位职责，推动各项工作攀高争先、跨越发展。连续两年被南通市政

府表彰为水上搜救先进个人。科学指挥，屡破物流犯罪大要案。2007 年以来，直接指挥破获了“5·22”“7.9”等特大物流犯罪案件 200 余起，涉案总价值 1 600 余万元，打掉团伙 14 个，追缴赃款 400 余万元，抓获犯罪嫌疑人 101 人，抓获上网逃犯 31 人。他以身作则，勤政廉政，经受住各种诱惑考验。

3. 南初明，2000 年 6 月至 2009 年 6 月，担任长江航运公安局纪委书记期间，坚持以“三个代表”重要思想和科学发展观为指导，锐意进取，坚持原则，严格执纪，严于律己，率先垂范，以公正廉明、严于律己的人格力量，在长航公安机关树起了作为一名领导者的威信。他忠于职守，坚持依法从严治警，狠抓队伍管理监督和党风廉政建设，努力打造一支政治强、业务精、作风实、过得硬的公安队伍，民警违纪率从 2000 年的 5.6‰逐年下降，2006 年至 2008 年连续三年实现“零违纪”目标，为推进长航公安工作又好又快发展提供了强有力的政治保证和纪律保障。

4. 马卫东，武汉分局阳逻派出所所长。在“12·13”特大原油抢劫案中，任专案组副组长，他发挥自己在刑侦战线工作多年的经验作用，身先士卒，勇往直前，认真分析案情，带领专案成员经过半年艰苦侦查，摧毁一个专门盗抢销“一条龙”的犯罪团伙，抓获团伙成员 9 名，破获长江武汉段水域首例抢劫进口原油的特大案件。案发后他主动请战，带领民警迅速赶到发案现场，掌握了第一手资料；在对案情准确分析研究后，他明确了侦查方向，制定了侦查方案，为案件破获奠定了基础；他带领民警到江苏泰州市抓捕两名涉案收赃犯罪嫌疑人获得成功，一举突破案件；他带领民警在武汉市新洲区阳逻街一天之内将 4 名涉嫌抢劫主要犯罪嫌疑人一网打尽；办理案件的过程中父亲生病住院多时，他放弃休息照顾家人，一心扑在案件侦办上。

5. 武长生，原镇江分局刑侦支队副支队长，负责刑侦支队业务与法制工作。在侦破王乐等人盗窃煤炭案件中，该同志在主要犯罪嫌疑人拒不交待其犯罪事实的情况下，查清王乐等人盗窃江苏索普集团有限公司煤炭 8 000 多吨、案值达 505 万多元的犯罪事实。通过深挖余罪，侦破王乐、刘晓军等人从 2007 年 4 月至被抓获以来涉嫌非法经营煤炭 12 万余吨、案值达 8 000 多万元的犯罪事实。还查获作案车辆 2 辆、犯罪嫌疑人从事犯罪活动的违法所得人民币 1 300 多万元。

（以上供稿　崔军鸿）

·文明创建·

【交通公安文化建设课题研究成果通过交通部专家组审查】　2008 年 5 月 7 日，交通部体改法规司组织的交通、文化、公安、出版界专家组在武汉对由长航公安局承担的“交通公安文化建设研究”课题成果《交通公安文化》专著书稿进行审查。交通部体改法规司何建中司长出席并主持审查会，交通部公安局张玉胜局长，长航公安局王茹军局长、陈汉发政委，以及政治部副主任徐其涛、宣教处副处长胡建华、课题组全体成员参加了审查会。《交通公安文化》专著经课题组一年多时间的潜心研究、认真编写、六易其稿，行成 25 万余字的研究成果。课题组用演示片简要汇报了书稿的基本构思、主要内容和研究成果。专家们从不同的侧面发表了各自对专著的意见，一致认为，《交通公安文化》专著形成了体系完整、内容丰富、重点突出、定位准确的研究体系，具有理论性、实践性、前瞻性、知识性、趣味性、可读性，是一部弘扬交通公安核心价值理念，加强和推进交通公安文化建设的优秀作品，研究成果达到了预定目标，同意通过评审。

【长航公安局在宜昌举行奥运安保庆功表彰暨先进事迹报告会】　2008 年 9 月 18 日，长江航运公安局在宜昌举行奥运安保庆功表彰暨先进事迹报告会。交通运输部公安局局长张玉胜、政治部主任田卫军，长江航务管理局党委书记黄强，长江航运公安局局长王茹军、政委陈汉发、副局长罗心发、副局长侯勇，三峡开发总公司水利枢纽管理局副局长丁琦华，以及交通运输部公安局、长江航务管理局、长航公安局有关处室负责人出席了会议。在主会场参加会议的还有宜昌分局民警、各分局支援三峡奥运安保的民警、新招录的60名新民警、立功授奖代表和在一线入党的新党员代表等 300 余人。交通运输部公安局政治部主任田卫军、长航公安局副局长罗心发分别宣读了交通运输部公安局嘉奖令、表彰决定和长航公安局表彰决定，向32名集体、个人二、三等功立功代表颁发了奖章、表彰证书和奖金。

【长航公安局承办长航青年风采大赛并获佳绩】 2008 年 12 月22 日，由长航公安局团委组织承办的长航青年风采大赛武汉赛区比赛在局机关举行。这次活动的主题是“青春与改革开放同行”，旨在引导长航青年回顾改革开放 30 年的辉煌历程，激励广大青年积极投身黄金水道建设，为长江航运科学发展再立新功。长航局党委副书记张燕峰、团委书记崔文和长航公安局有关领导到场观摩。 长航在汉单位的 14 名青年参加了比赛。结果，长航公安局参赛代表在个人前五名中占据了 3 席，岳阳分局民警彭晓枫夺得个人第一名。

【长航公安局在汉举办纪念建局55周年暨公安体制改革 5 周年文艺晚会】 2008 年 12 月 25 日，文艺晚会以“新起点、新挑战、新发展”为主题开幕。长航局党委书记黄强、长航公安局党委全体成员、局机关全体民警、在汉参加人事工作会的局属各单位党政主要领导、局属在汉单位民警代表共 300 余人观看了演出。节目形式多样、内容丰富， 舞蹈、独唱、大合唱、小品、乐器演奏等精彩的表演不时赢来阵阵掌声，营造出浓烈的节日喜庆气氛和警营文化氛围。

【长航公安局编辑发行大型纪念画册《大江鉴忠诚》】 2008 年 12 月，由长航公安局为纪念改革开放三十周年、长江航运公安局建局五十五周年暨体制改革五周年而组织编辑的大型画册《大江鉴忠诚》正式出版发行。该画册图文并茂、设计新颖、制作精美，分门别类收录长航公安建局以来特别是体制改革以来公安工作和队伍建设典型图片 500 多幅，全面展现了半个多世纪以来一代代长航公安民警奉献与牺牲、拼搏与图强的精神风貌，特别是突出展现公安体制改革五年来的跨越式发展成就，得到了交通港航兄弟单位的好评，深受长航公安基层民警喜爱。

（以上供稿　郑 纲）

第十编　通信

【概　述】　2008年，长江通信管理局深入贯彻落实科学发展观，努力践行“三个服务”，积极推进“四个融合”，以安全通信保障和行业管理为中心，扎实工作、克难奋进，较好地完成了各项工作任务。

·通信保障和服务能力显著增强　全年播发水上安全信息联播19 532份/2 722 373分钟，同比增长10.5%，区播47 051次/109 527分钟，同比增长94.1%；转接水上“110”联动通信47 801次/102 158分钟、遇险通信272起/2 266分钟，同比分别增长21.4%、15.7%。通信保障四项指标连续三年呈全面增长态势，通信地位和作用持续提升。

·行政执法水平显著增强　全年共检查各类船舶125 263艘，同比增长5%；核发、代发船舶电台执照17 123份，发放宣传资料23 099份；办理船舶进网、年审38 838艘，同比增长4.12%；维修、检测船台设备6 910台（套），检修率达17.8%。

·基本建设效能显著增强　2008年，深化基本建设“113”管理机制，举全局之力，突出重点、抢抓进度，全年完成计划投资形象进度1.4亿元。芜湖通信枢纽改造工程、南京至重庆AIS一期工程《初步设计》获得交通部批复；上海通信处搬迁工程《初步设计》获得长航局批复；无线电监测和应急移动通信两个工程《工可》通过长航局初审。汉宜数字传输系统工程、武汉局业务用房改造等5个项目竣工验收；宁沪数字传输系统建设内容全部完工，重庆通信枢纽用房项目结构加固已办理交工验收正字啊进行装修施工；宜宁用户接入项目无线宽带接入年底完成招标；重庆—宜宾VHF、光传输工程即将完成主体开通。

·内部管理水平显著增强　坚持不断改革创新。积极开展与海事“三个一”（交流一批干部、选择一批试点、上报一套融合方案）融合；信息台划为机关直属机构；编制了泸州通信管理处组建方案；规范了人员聘用管理。经济总量再创历史新高。全局实现总收入1.35亿元，同比增长14%，自筹收入5 600万元，同比增长17.1%。大力实施人才强局战略。完成“2528”人才选拔工作，与武汉理工大联合举办通信与信息工程硕士班，已组织完成入学考试；举办后备干部培训班、组织参加海事局中青年干部培训班3期，培训48人。信息化建设有力推进。共12项科技项目立项，投入资金40万元。验收往年科技项目9项，推广已验收科技项目4项，科技成果在生产中发挥的效益明显。

·党建和精神文明发展水平显著增强　加强两级班子和干部队伍建设，落实党委中心组学习制度，召开了两级党员领导干部民主生活会，完成了三个直属局领导班子跟踪考察。深入开展文化建设“六个一”活动，“八个一”标准化处站建设积极推进。加强纪检监察和信访工作，对局重点建设工程实施了纪检监察派驻制。发挥工会和团委桥梁纽带作用，基本完成了年度确定的为职工办的六件实事。“快乐工作、健康生活”理念深入人心，正转化为职工的实际行动。加强思想政治工作，理顺职工思想情绪，确保了职工队伍稳定。

2008年长江通信管理局通信业务工作量一览表、船舶进网、年审一览表、长江水上无线电专项整顿活动一览表、通信业务工作量一览表详见以下附表。

【2008年通信业务工作量一览表】　（表10—1）

长途电话	甚高频电话	电　报	信息联播	区　播	遇险通信	110联动电话
1 325 324次 3 272 675分钟	483 963次 1 321 809分钟	118 887份 5 187 101字	19 532份 2 722 373分钟	47 051次 109 527分钟	272 起	47 801次 102 158分钟

（通信保障处）

【2008年长江通信管理局船舶进网、年审一览表】 （表10—2）

单位 内容	重庆局	宜昌局	武汉局	芜湖局	南京局	上海局	合计
进网船舶（艘）	461	178	421	2 099	2 340	5 946	11 445
年审船舶（艘）	2 345	985	2 171	8 729	5 974	15 201	27 393
合计（艘）	2 727	1 118	2 339	9 594	6 364	16 696	38 838

（通信稽查与无线电管理处）

【2008年长江水上无线电专项整顿活动一览表】 （表10—3）

整顿项目	时间	联合参加单位	参加执法人员（人/次）	检查船舶（艘/次）	处理违规船舶（艘）	处理违规配置大功率VHF电台（艘）	核发船舶电台执照（份）	办理船舶安全通信进网登记、年审（艘）	全线联播与行动有关信息（次/分钟）
长江水上无线电通信秩序专项整顿活动	6月	各区段开展专项整治活动	3 264	5 176	475	19	376	1 239	304/220

（通信稽查与无线电管理处）

·管理机构·

【长江通信管理局（简称通信局）】 （详见《长江航运年鉴》（2009卷）第三编“机构”）

地　址　武汉市江岸区合作路16号

邮　编　430014

电　话　（027）827637734

传　真　内线：（0310）3631

外线：（027）82761598

（通信局　党工部）

【长江重庆通信管理局（简称重庆局）】 长江重庆通信管理局是长江安全通信的二级管理机构和汇接中心，是为长江航运各港航单位提供安全通信保障服务的公益性为主的事业单位。下设重庆、涪陵、万州、泸州4个通信管理处，以及长寿、丰都、忠县、云阳、奉节、巫山6个通信管理站。通信管理范围上自四川宜宾，下至渝鄂交界的巫山碚石镇，全长近1 000公里。其主要职能有：负责联播长江《航行通告》安全信息；负责船舶遇险、紧急、水上“110”报警通信值守；负责长江军运、战备、警备等专项任务通信保障；负责建立长江抗洪水、战枯水、塌方、滑坡等紧急状态下的应急通信网；负责川江控制河段航道专线通信保障；负责长江机动船舶进入长江安全通信网登记备案年审及安全通信网络的管理工作；负责长江水上无线电通信秩序的管理；负责长江干线长途传输电路的通畅，保障安全信息传递畅通；受部委托，行使长江通信行政管理职能，完成上级交待的其他任务。

目前，长江上游通信专网的主要功能有语言、数据传输和交换、船岸VHF通信、港口通信、航道通信、航行安全信息联播等多项功能。全局有交换机11部，与当地公网电信实现全自动互联，专网用户可方便地与公网用户实施语言、数据交换。根据交通部有关法规，实施辖区机动船舶安全通信管理，管理船舶电台2 400多台。

地　址：重庆市北部新区高新园星光大道66号（天王星C座）

邮　编：401121

电　话：（023）63775702；63775226

传　真：（023）63775226

（重庆局　王向荣）

【长江宜昌通信管理局（简称宜昌局）】 长江宜昌通信管理局为交通部长江通信管理局所属的长江干线宜昌段水上安全通信管理主管部门，主要负责长江鄂西江段 460 公里水上安全通信的行政管理和保障工作，具有通信行政管理、公益性通信保障和通信信息服务职能。

宜昌局是长江局直属的事业单位，是长江航运四大支持保障系统之一，局下设巴东、宜昌、荆州、监利 4 个基层通信管理处，拥有 4 座甚高频无线基地台等船岸移动通信设施及 400 多公里长途光缆传输干线通信设施，共有职工 316 人，固定资产总额 4 856 万元。目前，长江宜昌通信已形成光传输网络、甚高频通信网络、数据网络、电话交换网络和视频网络系统。它具有安全、遇险、紧急、特殊通信保障和通信信息服务功能，为用户提供水上安全信息播发、船舶遇险呼救、水上 110 报警和会议电视电话、长途及本地专网电话、数据通信等服务。主要服务对象为交通部长江航务管理局属各支持保障系统、长江鄂西各港航单位和长江机动船舶。

长江宜昌通信管理局大力加强长江通信网络建设、维护和管理，致力于为船舶用户提供优质的服务，三个文明建设取得丰硕成果，先后三名职工分别荣获全国劳动模范、全国“五一”劳动奖章和湖北省“五一”劳动奖章，单位荣获湖北省“文明单位”、湖北省“创建文明行业工作先进单位”和全国交通通信系统“创建文明行业先进单位”荣誉称号。

地　址　宜昌市沿江大道 174 号

邮　编　443003

电　话　内线：（0340）66125

外线：（0717）6966125

传　真　（0717）6965704

（宜昌局　朱尧枝）

【长江武汉通信管理局（简称武汉局）】 武汉局隶属长江通信管理局，是长江安全通信的二级管理机构和一级汇接中心，是为长江航运各港航单位提供安全通信保障服务的公益性为主的事业单位。下设武汉、黄石、邓家口、洪湖、城陵矶 5 个通信管理处。2008 年，全局共有职工 435 人，其中具有专业技术职称的技术人员 73 人。通信管辖范围上至湖南城陵矶，下至湖北黄石，全长 367.5 公里。其主要职能有：负责船舶遇险、紧急、水上“110”报警通信值守；负责长江军运、战备、警备等专项任务通信保障；负责建立长江抗洪水、战枯水等紧急状态下的应急通信网；负责长江机动船舶进入长江安全通信网登记备案年审及安全通信网络的管理工作；负责长江水上无线电通信秩序的管理，负责长江干线长途传输电路的畅通，保障安全信息传递畅通；受部委托，行使长江通信行政管理职能，完成上级交待的其他任务。

武汉局目前已开通长江专用长途通信网、长江船岸电报网、长江船岸甚高频无线电话网、单边带无线电话网、长江可视电话会议网、武汉地区7000线数字程控电话通信网等多渠道、多功能的通信网络，昼夜24小时不间断地为各港航单位及长江航行船舶提供安全通信保障。该局拥有的主要通信设施有：程控交换机5套（总容量近8 000线）、干线长途光缆184公里、联播及会议电话汇接机2台、可视电话会议系统1套、安全信息语音编播设施1套。截止2008年底，拥有固定资产3407.54万元。

武汉局党建精神文明常抓不懈，“三个文明”再创佳绩。武汉局十分重视党建和精神文明建设工作。加强领导班子和干部队伍建设，从组织上保证各项任务的完成。积极开展文明创建活动，已通过创省直工委文明单位验收，促使武汉局各方面工作上台阶。

地　址　武汉市汉口沿江大道 134 号

邮　编　430014

电　话　（027）82766730；82763664

（武汉局　杨建平）

【长江芜湖通信管理局（简称芜湖局）】 芜湖局隶属于长江通信管理局，是长江安全通信专网的二级汇接中心，是为本辖区内各航运各港航单位提供安全通信保障服务的公益性事业单位。下辖九江、安庆、池州、铜陵、芜湖五个通信管理处。2008 年，全局共有职工 252 人，其中离退休职工 90 人。辖区横跨沿江两省五市，主要担负着九江至芜湖长江区段的有、无线通信网络的规划建设、维护、保障任务。代理交通部长江无线电管理委员会对长江各航运单位和水上运输船舶进行无线电台频率核配和电台执照的申请、核发工作，依法行使交通通信和长江无线电通信行政管理权，有效维护水上无线电通信秩序，为长江机动船舶和中外海轮提供二十四小时不间断遇险呼叫守候和安全通信保障，承担长江水位涨落、气象变化、航道变迁、海事救助、水上水下作业、安全管制、船舶和进江海轮调度等水上通信服务，以及国内国际水上公众通信业务。

芜湖局经过几十年的发展建设，现已形成长途通信、船岸通信和港口地区通信三大现代化通信网络，拥有长江一体的高性能 VHF 通信系统、长途干线传输系统、程控交换系统及其他通信设施。截止 2008 年底，全局固定资产达 2502.15 万元。

地　址　芜湖市镜湖区北京西路 5 号
邮　编　241000
电　话　内线：（0310）6296
　　　　外线：（0553）3716296

（芜湖局　办公室）

【长江南京通信管理局（简称南京局）】 南京局隶属于长江通信管理局，是长江安全通信的二级管理机构和汇接中心，是为长江航运各港航单位提供安全通信保障服务的公益性为主的事业单位。下辖镇江、南京、马鞍山 3 个通信管理处。全局共有职工 169 人，具有专业技术职称的技术人员 84 人，其中高级职称 3 人。通信管辖范围上至安徽马鞍山，下至江苏镇江，全长 197 公里。

南京局主要为长江航运各港航单位和航行船舶提供公益性通信服务和其他通信服务，主要职能有：负责联播长江《航行通告》安全信息；负责船舶遇险、紧急、水上“110”报警通信值守；负责长江军运、战备、警备等专项任务通信保障；负责建立长江抗洪水、战枯水、防台风等紧急状态下的应急通信网；负责长江机动船舶进入长江安全通信网登记备案年审及安全通信网络的管理工作；负责长江水上无线电通信秩序的管理；负责长江干线长途传输电路的通畅，保障安全信息传递畅通；受部委托，行使长江通信行政管理职能，完成上级交待的其他任务。

南京局经过几十年的发展建设，形成了长途通信、船岸通信和港口地区通信三大现代化通信网络，拥有 VHF 船岸通信系统、短波窄带印字电报系统和 SSB 无线电话系统以及其他基础通信系统。拥有长江专用长途通信网、长江船岸电报网、长江高频无线电话网、单边带电话网、长江电视电话会议网和与铁通联网后的本地交换网在通信保障中发挥了重要的作用。截止到 2005 年底，拥有固定资产 3 000 万元。

地　址　南京市下关区大马路 95 号
邮　编　210011
电　话　内线：（0370）7656
　　　　外线：（025）85077656
传　真　（025）85077642

（南京局　办公室）

【长江上海通信管理局（简称上海局）】 长江上海通信管理局隶属长江海事局，是长江安全通信专网的二级汇接中心，是为长江航运各港航单位及外轮进江提供安全通信保障服务的公益性为主的事业单位。长江上海通信管理局主要为航运港航单位和航行船舶提供公益性通信和为进江外轮提供甚高频无线电话通信服务及其他通信服务，主要职能：负责联播长江和上海内河《航行通告》安全信息；负责船舶遇险、紧急、安全、水上“110”报警通信值守；负责长江军运、战备、警备等专项任务通信保障；负责建立长江抗洪水、战枯水、防台风等紧急状态下的应急通信网；负责长江机动船舶进入长江安全通信网登记备案年审及安全通信网络的管理工作；负责长江水上无线电通信秩序的管理；负责长江干线长途传输电路的畅通，保障安全息传递畅通，受交通运输部委托，行使长江通信行政管理职能，完成上级交待的其他任务。下辖泰州、江阴、张家港南通、上海 5 个通信管理处。2008 年共有职工 109 人，本科以上学历 23 人，专业技术人员 41 人，其中具有高级专业技术人员 6 人，中级专业技术人员 15 人。通信管辖范围上自泰州港，下至上海，全长 247 公里。

长江上海通信管理局经过几十年的发展建设，现已建成长途通信、船岸通信和港口地区通信三大现代化通信网络；拥有甚高频无线电话岸台 5 座、程控交换机 6 套，以及 AIS、铁路道口 400M 无线电通信等其它相关通信设施。截止 2008 年底，有固定资产 4 000 余万元。

地　址　上海市复兴东路 248 号 5 楼
邮　编　200010
电　话　（021）51185285；51185286

传　真　内线：（0380）5281

外线：（021）51185281

（上海局　佘永发）

·通信管理·

【徐祖远副部长慰问宜昌局职工】 2008年1月11日下午，交通部副部长徐祖远在长航局金义华局长、黄强书记、海事局刘开智书记和通信局周云霞书记的陪同下，专程看望并慰问了长江宜昌通信管理局全体干部职工。

徐副部长首先代表部党组和李盛霖部长对长江通信过去一年的工作给予了充分肯定，并表示祝贺。他说："过去的一年，长江通信广大干部职工克难奋进、锐意进取，团结一致、同舟共济，很好地克服了发展中面临的诸多困难和问题。在改革的进程中，长江通信做到了队伍稳定、工作有序，干部职工忠于职守、尽职尽责地完成了各项工作任务，特别是在三峡通航期间，在"天下第一坝"的重要闸口，长江通信在安全通信保障和应急通航保障方面为船东、船员服务方面做了很多工作。在此，我代表部党组对你们表示衷心的感谢！"

徐副部长简要地传达了全国交通工作会议精神，并对长江通信2008年工作提出明确要求：管理关系调整后，要进一步提高"三个服务"能力，关键是做好资源整合，不断提升服务能力，增强服务功能，丰富服务内涵，转变服务观念，创新服务方式，深化体制机制改革，使长江通信的发展更科学，整体实力和服务水平进一步提高。同时，在工作中要更加突出以人为本思想，创造各种有利条件，为干部职工提供更广阔的发展平台。

最后，徐副部长特地慰问了宜昌通信局全国劳模陈蓉同志，亲切询问了她的工作、生活情况。当他得知陈蓉同志由于出色的工作表现已担任宜昌局纪委书记兼工会主席时，他非常高兴，要求广大干部职工要牢记劳模事迹、发扬劳模精神，为长江通信和长江航运事业做出新的更大的贡献。

（宜昌局）

【六名通信职工通过MCSE认证考试】 2008年1月5日至6日，参加MCSE考试的全局6名学员顺利通过7门认证考试，获得MCSE认证，成为通信局培养出的又一批计算机专业人才。

MCSE认证考试是微软推出的高级计算机技术人员认证考试，由微软签发的证书在全球90多个国家均可得到承认。MCSE证书的拥有者在全球各地均可享受高就业机会及高薪待遇。在北美的大多数国家可以作为外来移民的技术评估标准。总体说来，持微软MCSE认证证书的人，可纳入微软人才库；同时有机会参加微软各种技术讲座；最重要的是获得微软技术支持，保持在技术领域中竞争的领先地位。

MCSE认证培训班开班于2007年9月，全部课程分为二个阶段，第一阶段为课程指导，由业界资深专家、教授讲授软件工程基础、MCSE概述等课程，由认证专家集中授课，专门辅导MCSE认证考试，采用全英语教学，互动交流的模式；第二阶段为认证课程考试，按照软件工程的7个领域，每个学员自选顺序进行上机在线考试，考试内容为全英文测试，题目随机抽取，由40-50题组成不等，包括选择题、实验题和情景拖拽题。

6名学员在学习和考试中克服了路程遥远、学习课程繁重等困难，在做好本职工作的同时，利用休息时间复习所学课程。培训计划的顺利实施，参考学员的通过，不但使学员本身素质得到了全面的提高和认可，也为推进我局的信息化进程，提高我局的综合创新能力奠定了基础。

（高里柯）

【长江通信工作会暨三届二次职代会在汉召开】

2008年1月24日，长江通信管理局工作会暨三届二次职代会在汉召开，长江航务管理局张燕峰副书记、长江海事局袁宗祥局长、刘富华副局长及长航局、海事局部分负责人到会指导工作，来自全局60名代表参加了会议。

陈俊局长作了题为《抢抓机遇，改革创新，努力实现长江通信又快又好发展》的行政工作报告；副局长徐作义、杨行初副书记及汪平成副局长分别作了财务工作报告、提案工作报告及责任目标考核情况说明；长航局副书记张燕峰及海事局局长袁宗祥发表了重要讲话；周云霞书记最后对会议进行了总结。

陈俊局长全面总结回顾了2007年工作情况，对当前的形势和任务进行了分析，提出了长江通信发展思路和总体目标，并对 2008 年工作进行了部署。陈俊局长说，2008 年是长江通信管理关系调整后的第一年，掀开了长江通信发展的新篇章。新的一年，长江通信要以十七大精神为指导，全面贯彻落实科学发展观，在交通部、长航局和海事局的正确领导下，强化“三个服务”、推进“四个融合”、重点完成八方面工作，努力实现长江通信又好又快发展，不断满足安全监管和建设黄金水道需求。陈俊局长提出 2008 年要重点做好八个方面的工作，为职工办好六大实事。

张燕峰副书记代表长航局党委行政，对长江通信管理局 2008 年工作提了两点要求：一是抢抓机遇，逐步突显长江通信地位和作用；二是很抓落实，全面实现长江通信科学发展。长江海事局局长袁宗祥特别指出，长江通信管理局在认清形势，加快长江通信科学发展进程中要做好四个适应：一是适应现代交通业发展要求；二是适应长江水运现代化发展需求；三是适应长江海事局提出“四化三步走”要求；四是适应单位健康发展，职工全面发展的新期待。同时，袁局长对通信工作强调了三点：加强通信服务保障能力；加强无线电秩序管理水平；加强职工政治思想工作。

周书记在总结讲话中就如何落实好这次会议精神讲了三点意见。一是统一思想，提高认识，站在新的起点上推进长江通信又好又快发展；二是突出重点，狠抓落实，确保全年工作任务的圆满完成；三是围绕中心，服务大局，全面推进党建和精神文明建设。

会议期间，局党委对 2007 年创建文明行业先进集体和个人进行了表彰，发布了长江通信 2007 年“六个一”文化建设成果。局与直属局签定了双文明目标责任书。会议代表分组对工作报告进行了讨论和审议。

（党工部　刘　婷）

【袁宗祥局长视察信息台】　2008 年 1 月 23 日，为期 40 天的春运正式开始。春运的第一天，长江海事局袁宗祥局长一行对长江水上安全信息台进行了走访，详细了解水上安全信息的播发情况。

1 月 23 日上午，长江海事局袁宗祥局长、通航处刘亮处长等来到长江水上安全信息台，参观了直播间和录音间，对播音员进行了亲切的慰问。袁局长指出，在春运期间，要按照交通部提出的“安全优质、平稳有序、客货兼顾”的总体原则，切实提高“服务于国民经济和社会发展大局、服务于社会主义新农村建设、服务于人民群众安全便捷出行”的能力，长江水上安全信息台应以“完善管理、深化应用、加强服务”为重点，全面提升信息服务保障能力，针对辖区恶劣天气和异常情况，有效运行“四级预警三级发布”机制，不断提高安全信息发布的及时性和实效性，不断提升安全预警预控能力，不断完善长江水上信息服务综合平台，全力打造“长江水上安全信息台”的品牌效应。

据悉，长江水上安全信息台已开始制定应急预警机制，在下一步的信息播发上会为船员带去更多、更及时的安全信息，切实成为沟通管理层和船员的重要桥梁和纽带。

（信息台）

【信息台管理关系调整至局机关】　局党委研究决定，自 2008 年 1 月 1 日起，长江水上安全信息台管理关系转至局机关。

“自 2004 年，信息台成立以来，成绩显著，多次受到上级的表扬、表彰，为武汉局树立了形象”2 月 15 日上午，武汉局召开了信息台管理关系调整座谈会，欧阳林局长在会上发表了热情洋溢的讲话：“长江水上安全信息台为大家综合素质的提高作出了表率。在各项活动中，起到了主力军的作用，为武汉局赢得了声誉，关系调整后，希望信息台在通信局直接领导下，品牌更硬，亮点更亮”。欧阳林局长还提出“二不变”的建议。即：一是感情不变。只要信息台需要，我们有的，一如继往的支持。二是交往不变。今后，在工作、人员、活动等方面，要像一家人一样，相互支持、相互配合、共同完成、取得成绩。

信息台沈建军台长说：一是感谢欧阳局长，储书记和在座的各位，对信息台的工作给予的肯定。二是在武汉局与信息台全体干部职工相处的很愉快，感谢武汉局机关干部职工和基层各处职工对信息台工作的支持，请大家今后一如既往支持信息台工作。三是武汉局的任务很重，希望在局班子领导下，全局干部职工奋发努力下，武汉局的明天会更美好。

信息台职工表示，管理关系调整后，信息台工作会更上一层楼，更好的为船员服务。

（杨建平）

【全国政协委员金义华传达“两会”精神】 2008年3月24日上午，长江通信管理局召开传达全国“两会”精神报告会，邀请全国政协委员、长江航务管理局金义华局长传达“两会”精神。报告会由通信局周云霞书记主持，局机关及直属单位全体职工、武汉局中层干部聆听了报告。

金义华委员以生动的语言描述了“两会”的盛况，重点传达了胡锦涛总书记、温家宝总理的重要讲话精神，针对人民群众普遍关注的大部制改革、土地资源管理、反腐倡廉建设、依法治国等多方面的重大问题进行了深入讲解，让通信职工深切感受到“两会”的确是一个民主、团结、求实、催人奋进的会议，使通信职工对国际国内形势有了更清醒地认识，进一步增强了干部职工做好各项工作的责任感和使命感，进一步增强了职工克服困难、加快发展、保持稳定的信心。

周云霞书记要求会后两级机关要以支部为单位，组织学习讨论，进一步深刻理解“两会”精神，以贯彻“两会”精神为动力，推进各项工作落实，保持职工队伍稳定。

（党工部）

【通信局与海事局各分支机构签定通信服务协议】 2008年3月27日至29日，长江海事局在安庆召开了安全例会、规费征稽座谈会。会议期间，长江通信局党委书记周云霞代表通信局与长江海事各分支局、引航中心领导，分别签定了通信服务协议，协议总额达430万元。

长江海事局袁宗祥局长在签字仪式结束后作了重要讲话。一是要求海事各分支机构正确对待，利用转移支付方式支持长江通信，树立“一家人”思想。二是要求通信局召开专门会议，研究如何更好地为海事系统提供服务。有些服务未到位的通信分局，抓紧制定方案，把服务搞上去。各海事分局也要把电话、信息通道等逐步过渡到通信专网上来，相互体谅、相互支持。

周云霞书记作了表态发言。一是该服务协议的签订，体现了长江海事局领导对长江通信的关心，体现了长江海事系统各兄弟单位对长江通信的支持。二是通信局将认真履行协议召开专题会，落实服务协议内容，制定方案，创造条件，努力为长江海事提供更多更好的服务。会后，周云霞书记带领局通信保障处和人事组织处负责人到芜湖局进行了工作调研。

长江海事局袁宗祥局长，熊学斌、李玉华、朱汝明副局长及参加会议的各分支局、引航中心的领导和会议代表共50余人参加了签字仪式。

（通信保障处）

【部海事局领导到信息台指导工作】 2008年5月21日上午，交通部海事局党委副书记王国华在长江海事局党委书记刘开智和副书记闻新祥的陪同下，来到长江水上安全信息台指导工作。

王书记一行来到信息台的节目直播间和制作间，听取了信息台近期工作汇报，收听了信息台制作的汶川地震专题节目。

王书记赞扬信息台搭建了政令信息上传下达的交流平台；在特殊灾害天气中，信息台快速、及时播出安全预警，为长江上的船舶提供了优质服务。他要求信息台要不断创新，努力提高安全信息发布的及时性和实效性，不断提升安全预警预报能力。王书记鼓励信息台职工在今后的工作中，要牢固树立“三个服务”意识，充分体现长江海事负责任的政府形象，更加努力做好安全信息播发工作，为长江航运安全不断做出自己的努力。

刘开智书记充分肯定信息台职工在汶川发生大地震后迅速做出的反应，要求大家认真落实王书记的指示，进一步做好安全信息播发和安全预警工作。

（朱春芳　周琦）

【部规划司领导莅临通信检查指导工作】 2008年5月27日至29日，交通部规划司副司长于胜英一行在长航局、海事局领导的陪同下现场查看了长江通信部分枢纽办公用房。

在芜湖局，于胜英副司长审阅了《长航芜湖通信枢纽搬迁工程工程可行性研究报告》，对通信系统搬迁方案、装修改造等提出了很好的意见。在黄石处，于副司长现场查看了黄石通信处与黄石海事局合建的枢纽大楼。在通信局机关，于副司长一行察看了通信枢纽用房，在运维中心详细了解了全线网络运行情况，并慰问了通信职工。

（党工部）

【刘开智书记做客信息台】 2008 年 6 月 11 日上午 9 时，长江海事局党委书记刘开智在长江通信管理局局长陈俊、党委副书记杨行初的陪同下，来到长江水上安全信息台节目制作间，接受信息台节目主持人专访。

节目中，刘书记向广大船员朋友介绍了长江海事局在汶川大地震期间采取得力措施保障水路运输畅通及时有序、组织广大干部职工赈灾捐款、为船员搭建向灾区捐款平台的情况，以及下阶段保障水路救灾物资安全运输重点工作。

刘书记告诉船员朋友：截止 6 月 9 日，长江海事局安排抗震救灾船舶签证 198 艘次，优先安排抗震救灾船舶签证 180 艘次，全程维护抗震救灾船舶 451 艘次，免征船舶港务费 5.4 万余元，维护抗震救灾船舶货运量 57.17 万余吨，车辆 1 719 车次。长江海事系统组织的各类向地震灾区献爱心捐款活动共有 8 613 人次，总额达 216 万余元。截止到 6 月 6 日，长江海事局全线共收到 945 名船员捐款，金额达到 10 万余元。刘书记强调：长江海事局将继续确保抗震救灾物资运输水上“绿色通道”畅通。

（朱春芳）

【局党委对武汉重庆两局主要领导进行调整】

2008 年 9 月 26 日至 27 日，局党委先后在武汉局、重庆局召开相关会议，宣布了两局主要领导调整决定。陈俊局长、周云霞书记、汪平成副局长、人事（组织）处周学群处长，两局领导班子成员及机关中层干部、各基层处负责同志参加了会议。

会上，周云霞书记宣布了局党委关于武汉局、重庆局主要领导调整的任免决定：汪平成同志兼任长江武汉通信管理局局长、党委副书记、党委委员；同时免去欧阳林同志长江通信管理局总工程师、党委委员及长江武汉通信管理局局长、党委副书记、党委委员职务。任命欧阳林同志为长江重庆管理局党委书记兼副局长、党委委员。

在武汉局的会议上，欧阳林同志回顾了在武汉两年多的工作情况，并谈了自己的切身感受，表示将一如既往地关心武汉局的发展。汪平成同志谈了自己任武汉局局长的感受，表示对武汉局各项工作充满信心，要尽快适应新岗位，圆满完成武汉局 2008 年各项工作。

陈俊局长在讲话中对武汉、重庆两局近两年来的工作给予肯定，对两局主要领导的调整做了说明，并对新的班子提出要求。

（人事处）

【通信局召开三季度局务会暨奥运安保表彰会】

2008 年 10 月 24 日，长江通信管理局以电视电话会议的形式，召开了 2008 年第三季度局务会暨奥运安保表彰会。陈俊局长主持会议，两级局领导班子成员、局机关各部门主要负责人及各直属局办公室主任参加了会议。

会上，各直属局首先在各自分会场分别汇报了第三季度工作完成情况及第四季度工作安排，随后，汪平成副局长代表通信局党委、行政宣读了长江通信奥运安保表彰决定，孙殿征处长对奥运安保工作作了总结讲话。

周云霞书记对第三季度工作给予了充分肯定，对第四季度党群工作提出了明确的要求。余龙泉副局长等领导对各自分管工作进行了点评、对第四季度相关工作提出了希望。陈俊局长全面总结了长江通信第三季度取得的工作成绩，分析了当前存在的问题和不足，并对第四季度工作进行了全面部署。陈俊局长指出，第四季度，要重点完成七个方面的工作：一是认真学习贯彻党的十七届三中全会精神，以科学发展观统领全局，按计划抓好年度各项工作的落实。二是认真做好以三峡坝区 175 米蓄水和“战枯水、保畅通”等为重点的通信保障工作。三是加快基本建设进度，确保本年度基建前期和在建各项工程顺利完成。四是进一步强化长江无线电管理工作，在确保完成年度船舶进网年审任务的同时，争取建成船舶登记备案数据管理系统，推进水上无线电管理规定的颁布实施。五是加大经营创收力度，严格预算管理，努力实现年度收支平衡和公务费压缩 5% 的目标。六是加强科技信息化管理，做好年度科技项目验收和明年科技项目征集工作。七是继续抓好党建和精神文明建设，全面维护职工稳定工作。

（局宣）

【刘富华副局长到宜昌交换中心检查指导工作】

2008 年 10 月 28 日，长江海事局刘富华副局长、工会张宜静副主席在通信局陈俊局长、周云霞书记和宜昌局领导的陪同下到宜昌处交换中心一线岗位检查指导工作。

刘富华副局长一行是在宜昌参加长江通信职工技术运动会之际到通信一线岗位检查。在宜昌交换中心，刘富华副局长充分肯定通信业务的规范化管理和文明服务工作，并逐一与业务岗位人员交谈、询问，当听取信息台对海事信息播报情况的介绍后，刘副局长对奥运安保和三峡175米蓄水区播工作表示满意，要求今后要继续深化安全信息优质畅通，做到及时可靠，进一步加强基础管理，搞好安全通信保障，要履行好自己的职责，做好自己的工作，加强自身的素质。

（宜昌局　谭大学）

【通信局召开纪念改革开放30周年座谈会】

2008年12月12日，长江通信管理局机关20名老干代表齐聚纪念长江通信改革开放30周年座谈会，看成果、忆发展、话改革、展未来。长江通信管理局党委书记周云霞主持座谈会，在家领导班子成员参加了座谈会，长江海事局退休中心张勤副主任应邀参会指导。

抚今追昔，老干部们有感于通信局变化之大，老干部陈良志说，改革开放30年长江通信得到了很好的发展，其中有三大飞跃：一是78年改革到80年代，长江通信引进了VHF船岸通信系统，改变了使用传统的人工莫尔斯电报方式的落后状况。二是90年代从载波通信到微波通信，长江通信实现了数字化传输。三是90年代至今，长江通信进入光纤通信时代。

老领导林阿军认为，长江通信有今天的成就，离不开思想的解放，离不丌机遇的把握。看到长江通信改革开放30年的发展成果，很欣慰很高兴，现在的长江通信，设备越来越好、发展越来越快、成绩越来越大，这与国家的兴盛和长江航运的大发展分不开，长江通信今后的路会越走越好。

“通信局有今天，来之不易，没有改革开放，就没有通信局今天的成就；没有各位'功臣'的贡献，也就没有今天的长江通信。”周云霞书记说：今年是我国改革开放30周年，也是长江通信由小到大、由弱到强、发展速度逐步加快的30年。随着长江航运的快速发展，长江通信网络不断完善，服务能力不断增强，支持保障作用充分发挥，行业管理逐步加强，队伍素质日益提高。周书记还重点从通信保障、公益通信服务、行业管理、队伍建设、行业文明建设等方面介绍了长江通信建设发展取得的明显成效。

余龙泉副局长结合近年来长江通信基础设施建设、行业管理、行政执法等方面的工作情况向各位老同志作了深入的介绍，大家听后非常鼓舞和振奋。杨行初副书记也与大家共同回顾了长江通信不平凡的发展历程。大家纷纷表示，通信与海事的融合是通信事业更好更快发展的需要，对长江通信的未来充满信心。

会中，大家观看了长江通信专题片和信息台制作的幻灯片，参观了陈列在12楼大会议室的长江通信发展成果展。

（党工部）

【海事局党委对通信局领导班子进行考核】

2008年12月4日下午，长江海事局党委闻新祥副书记率人事处（组织部）张俊平部长等考核组一行六人对通信局领导班子进行考核。通信局领导班子成员、机关中层以上、中级职称以上干部，各直属局党政主要领导，局机关直属单位主要负责人共50余人参加了干部大会。会议由通信局周云霞书记主持。

会上，闻新祥副书记首先进行了考核动员，强调了考核的目的、内容和程序，并提出如下要求：一是考核工作关系到单位的发展和职工的切身利益，要认真对待、积极参与。二是要保持正常的工作，做到考核、工作两不断，以考核促进工作任务的圆满完成。三是严明考核纪律。陈俊局长代表通信局领导班子作了表态发言：按照上级要求，全力配合考核组做好考核工作。随后，通信局领导班子成员分别作了述职报告。考核组向参加考核人员发放测评表，对通信局领导班子及班子成员德、能、勤、绩、廉等方面进行了民主测评，并对后备干部进行了民主推荐。

干部大会后，考核组将用两天的时间分别与参加考核人员进行个别谈话，全面了解通信局领导班子及班子成员任期的履职情况，充分听取职工的意见和建议。

（肖　文）

【部水运司领导视察泸州通信枢纽楼】 2008年

12月4日，交通运输部长江水运司副司长曹德胜、副处长王建斌、长江航务管理局规划基建处副处长殷红在长江重庆通信管理局林顺城副局长、基建科秦林科长的陪同下，视察了正在建设中的长江泸州通信枢纽楼。

每到一处，曹司长总要用手触摸墙壁、柱子、窗台等结构，并向施工人员询问关于水泥、沙、石灰、钢筋等材料的使用情况。曹司长认为，泸州通信枢纽楼的设计从大处着眼，有总体布局思路，结构合理，通风效果比较好，采光效果也比较理想。视察过程中，曹司长提到最多的是生产安全、质量安全。他一再叮嘱施工单位、监理单位和建设单位要严把质量关，把施工质量当作生命一样对待。当听到该枢纽楼的设计能够抵抗八级地震时，曹司长当即表示赞许。

在工程建设项目部，看到墙上张贴的工程资料、进度表、验收报告及相关规章制度时，曹司长满意地说，做工程就是要这样，每一个环节都要牢牢把关才行，不能漏掉一个关口，要把质量当作重心、把安全当作重点，才能建成一幢让职工满意、让职工放心的通信枢纽楼。

（泸州筹备处　谭兴蓉）

【长江通信通信基建经营工作会在汉召开】　为全面总结2007年长江通信、基建、经营工作，认清形势，全力做好2008年各项工作任务，力求在新的起点上创造新的业绩。3月17日，长江通信管理局2008年通信、基建、经营工作会议在汉召开。局领导班子成员、局属各单位有关领导和业务代表、局机关各处室主要负责人共80余人参加会议。

会议指出，2007年，长江通信网络运行基本稳定，应急反应和服务保障能力明显提高；安全通信保障有力；基础管理工作得到加强，共完成项目117个，完成项目经费1 650万元；业务范围得到有效拓展，服务质量有新提高；安全形势保持了稳定，实现了通信保障正常、服务用户满意、全面完成各项通信质量指标、未发生重大安全责任事故的目标。在基本建设方面，通过加强管理，前期工作成效显著，形成了批复一批、上报一批、编制一批的良好局面；在建工作进度明显加快，全年完成投资8 594万元，收尾项目取得阶段性成果；通过抓制度建设、严格基建程序、创新管理模式等手段，制度管理工作得到不断加强。在经营工作方面，全局自筹收入有较大幅度增长，完成4 768万元，同比增长19%；大客户营销模式初见成效，用户综合满意率100%；通信新技术的市场化开发意义深远，合作成立了“武汉长江艾维通信有限公司”，具体负责项目的推广和市场化运作；各项经济工作指标达到历史最高水平，实现总收入1.17亿元，创历史新高。会议强调，2008年是实施“十一五”规划的关键之年，也是融入长江海事的开局之年。要全面贯彻落实长江海事局、长江通信管理局工作会议精神，准确把握面临的新形势，牢牢抓住发展机遇，开拓创新，顽强拼搏，强化责任，狠抓落实，全面推进通信与海事资源整合，为圆满完成全年各项工作任务，实现长江通信又好又快发展作出更大贡献。

陈俊局长作了重要讲话。陈局长指出，“三会合一”召开，既体现了精简会议、改进会风和建设资源节约型单位的要求，也有利于三个业务口之间的了解和协作。陈局长要求，抓好会议精神的落实，第一，要统一思想，坚定信心，切实增强落实工作的责任感和主动性。要认清长江通信服务手段和载体更趋先进的发展态势，增强发展信心，要勇于抢抓机遇。第二，要理清思路，明确目标，切实抓好各项重点工作。第三，要统筹协调，真抓实干，确保各项工作圆满完成。要不断提高领导干部的执行力，提高工作效率；要切实增强协调力，特别是在与海事融合过程中，要注意不断提高协调的质量和水平。

会议期间，还进行了分组讨论，与会代表围绕新形势新要求，积极进言献策，对做好2008年的通信、基建、经营工作提出了很多有针对性的建议。会议结束后，各直属局和局机关组织职工自编自演，为会议奉献了一台精彩纷呈的文娱晚会。

（党工部）

【南京至宜宾AIS工程可行性研究报告通过部审】　2008年7月15日，交通部综合规划司在北京组织召开了《长江南京至宜宾船舶自动识别系统工程工程可行性研究报告》审查会议，部长江航务管理局、长江海事局等部门代表和特邀专家共28人参加会议。

会议听取了工可编制单位交通部规划研究院

对《工可报告》的介绍，经过参会领导、专家的共同讨论，形成了审查意见，大家一致认为：提高长江干线水上交通安全监管水平和应急快速反应能力，保障船舶航行安全，尽快建设长江南京至宜宾AIS系统是十分必要的;长江干线水域AIS工程采取分期分段建设的实施方式，并与已建成的南京至浏河口AIS系统联网，最终形成连续覆盖长江干线水域的AIS系统；对于AIS基站设备配备方案、DGPS系统的必要性等方面还要进一步优化与完善。

（基建处）

【长江通信AIS一期工程初设通过部审】 2008年10月8日,交通运输部水运司在北京主持召开了《长江干线船舶自动识别系统一期工程初步设计》(以下简称《AIS 初步设计》）审查会。参加会议的有部规划司、长江航务管理局、长江海事局、长航集团、长航质监站、长江通信管理局，以及技术审查咨询单位中交水运规划设计院和设计单位交通运输部规划研究院等单位代表和特邀专家共27人。与会专家和代表听取了设计单位对《AIS 初步设计》的介绍，本着科学求实的态度进行了认真审查，一致认为《AIS 初步设计》符合交通运输部对本工程可行性研究报告的批复精神和有关规定，基本达到了初步设计编制深度。会后根据审查意见进行修改后正式上报审批。

（基建处）

·通信保障·

【重庆局开展大功率VHF电台设置调查】 2008年3月15日至5月15日，重庆局开展为期两月的船舶大功率VHF电台设置情况调查。

近几年，长江无线电管理机构针对部分船舶违规设置大功率VHF电台的行为，不断开展专项整顿行动。每次虽然取得一些成效，但仍有少数船舶我行我素，继续设置和使用大功率VHF电台，扰乱长江无线电秩序，给长江航运带来极大安全隐患，其它按规范设置船台的船舶，对此反映强烈。

在以往的检查中发现，有些大功率船台设置，经过了船检或当地无线电管理机构核准，现场执法人员对这类情况的处置十分棘手。为摸清具体情况，以便“对症下药”，重庆局决定从3月中旬开始，进行为期两个月的船舶甚高频电台设置情况调查研究。

（长江无委渝办）

【黄石处配合海事局检查汽渡船】 2008年3月8日至3月11日，黄石处派出专人随长江海事局检查组对黄石海事局所辖水域的汽、客渡船进行了为期4天的检查。

为了做好这项工作,黄石处执法人员准备了有关通信资料和测试设备，对所有汽、客渡船进行了设备测试检查，同时讲解了VHF设备的使用方法,并宣传了无线电管理条例和法规,发放了宣传资料。执法人员现场处理解决VHF设备2套，并随时向检查组进行汇报。

（黄石处　彭建军）

【安庆话台协助救助遇险船舶】 2008年3月17日凌晨，安庆话务台值机员在甚高频6频道监听到有船呼叫安庆海事的求助电话后，立即应答并按要求迅速接通安庆海事局值班室电话，为海事施救立下了功劳。

据当班话务员介绍，当日深夜 00：50，“长江22031”轮在官洲红浮6#附近与“皖货9386”重驳发生碰撞，“长江22031”轮严重受损，其87—102、84—87舱体内严重变形，“长江22031”轮正处于危险之中。“长江22031”轮正从6频道紧急呼叫安庆海事，可能是由于信号不好，该轮与安庆海事局没有沟通。在这种紧急情况下，安庆话务台值机员凭敏锐的警惕心及经验判断，一定是船舶遇险了，便立即从6频道应答此船，让该船迅速转 25 双工频道。值机员按遇险船驳要求,以最快的速度将电话接至安庆海事局值班室,并将有关情况简要向海事局值班室作了说明。

得知有关情况后，安庆海事局迅速指派其距出事地点最近的海事站出艇救助，海事站快艇立即赶到出事水域进行施救，“长江22031”轮终于在夜里05：00时顺利脱险。

在整个遇险过程中，安庆话务台及时参与救险全过程，转接电话5次共计34分钟，为海事施救赢得了宝贵的时间，受到有关部门的好评。

（安庆处　陈宜春）

【巴东处开通航道临时办公政务网】 2008年3月15日上午10点半，巴东通信处为其航道处开通了临时办公政务网。巴东通信管理处技术人员以快速、高效的工作作风得到巴东航道部门认可。

巴东航道处因趸船维修，办公处所需搬迁到临近趸船，得知这一消息后，巴东通信处技术人员早早地来到航道趸船，询问航道部门对临时办公点布线的相关要求并仔细查看趸船周围情况，为新址政务网找寻最佳解决方案，尽管航道部门一再说明本次搬迁点只作临时办公用，但黄征等人一点也没有因此而降低标准。

搬迁工作于上午8时正式开始，拆设备、布线、熔接光纤、测试、固定光设备，每一步都有条不紊地进行着，无论是爬杆，还是布线、熔接光纤，巴东通信处技术人员都以极高的热情全身心地投入。经过两个小时的全力奋战，巴东航道处临时办公政务网顺利开通。

（巴东处　李际田）

【通信局组织NGN技术交流讲座】 2008年4月8日下午，通信局通信技术处组织华为数字技术有限公司工程师在局机关进行了一场NGN技术交流讲座。

此次技术交流从NGN最新发展情况（NGN架构、特点、国内外最新发展应用）、华为NGN系列产品简介（软交换、网关等系列产品简介）、长航NGN系统方案建议（组网原则与思路、组网方案、设备配置建议、系统可靠性保障、IP承载网要求、业务实施等）、NGN典型应用案例等多方面进行了介绍，与会专家和技术人员针对长江通信的自身特点向华为工程师提出了一些技术问题，并在会上进行了充分的交流。

长航局科技与通信信息管理处、信息中心领导和机关通信保障处、计划基建处、通信技术处、设计所、运维护中心等部门相关负责人及部分技术人员参加了此次技术交流。

（王　鹏）

【南京引航站电话纳入长江通信网】 2008年4月9日，随着南京引航站网络建成，长江中下游江苏境内信息指挥发布中心的安全通信网全部纳入长江通信网。

随着长江中下游近年海轮进江量不断加大和事故频发，信息联系不畅的情况时有发生，为保证海事安全通信的畅通，近日，南京局与上海局联手，加强了对长江中下游海事通信网络的建设，完成了南京引航站信息网络建设。

纳入长江通信网后的南京引航站，25部电话全部采用的是“一网多用”形式（即外网加号拨出、内网直接交换、公共网络全面贯通）。信息传输更快捷、更方便，届时，以江阴引航中心为长江中下游信息指挥发布中心的安全通信网络奠定了坚实的基础，这也是长江通信隶属长江海事管理后，资源共享，联合发展，确保“航运更畅通，信息更安全”的佳事。

（刘永林　杨小薇）

【央视采访九江通信预警预控情况】 2008年6月25日上午，中央电视台对九江海事局进行了采访，主要了解海事局实施的预警预控措施，保障船舶安全航行的情况。作为安全航行信息的播发平台，中央电视台记者对长江九江通信管理处综合机房进行了实地摄像采访，并就长江通信保障的有关问题采访了九江通信处副主任曹洪涛，曹主任向记者详细介绍了九江通信处设备配置情况、遇险通信处理流程以及安全信息联播、区播的播发情况。

采访情况已在6月25日晚中央电视台《晚间新闻》中播出。

（九江处　余玉农）

【350兆打造平安水上警用无线电通信】 长江通信管理局历时3月余，配合长江航运公安局全线安装警用350兆同播通信系统工程，该工程建成将为长江航运公安局水上无线通话、执警指挥调度提供极大的便利。

长江航运公安局350兆系统工程利用通信局现有的机房和铁塔进行基站的建设，整个系统由宜昌、武汉、南京三个同播区（分控中心设置在宜昌公安分局、武汉公安分局、南京公安分局）及设置在长江航运公安总局的控制中心组成。基站与分控中心、分控中心与控制中心通过通信局专网光纤2M电路实现链路连接。

据了解，警用350兆同播通信系统是我国公安通信系统的重要组成部分。该系统采用无线接入方式，安装灵活方便，基本上不受地点或离系统远近等条件的限制，实现话音通信。能够达到响应呼叫、发起呼叫、监听号码、用户信息管理、呼叫过程记录、数字化录音、系统集成等多方面功能。

据悉，通信局已经开通该项目所需的全部传输链路，并组织专业施工队伍完成了20多个基站的天馈系统的安装工作，预计8月底该项目将按期完工。图为万州处技术人员安装350兆设备。

（刘　婷）

【长江通信五点措施落实窑监水道战枯水工作】

2008年10月27日，长江监利通信管理处召开窑监水道战枯水通信保障工作动员大会，学习“长江监利区段战枯水联合执法工作会”相关文件精神，结合监利通信处实际部署战枯水通信保障，落实战枯水各项工作。

会上，首先学习了长江监利区段战枯水联合执法工作会相关文件，监利处主任邵俊同志传达了窑监水道现场应急通航指挥部和办公室对枯水期通信部门的工作要求。同时，结合近几年战枯水的经验，对2008—2009年度战枯水工作做了进一步安排：一是严格遵守宜昌通信局区播管理规定，从“来稿、录音、审核、播发”各个环节进行严格把关，按时、准确播发每一份区播稿件；二是机务员对机线设备，特别是区播设备进行一次全面检查，及时处理和整改隐患，话务员要保持高度的责任心，不漏接、错接一个无线电话，不漏播、错播每一份区播稿件；三是由监利处管理委员会成员组成值班室，负责处理突发事件；四是丰富窑监水道通信服务保障手段，争取在上级的大力支持卜，尽快利用艾维公司产品组建窑监水道无线通信网络，实现窑监水道战枯水各单位信息共享。

（宜昌局　汪华红）

·基本建设·

【27个海事安全监控站点450米无线电话开通】

2008年春节前，重庆至巫山27个海事安全监控站点450米无线电话全部完成安装并开通。

450米数字无线电话，能在一定范围内移动通信，具有较强的抗干扰能力，是适用于解决边远地区零散户通信问题的现代通信技术手段。

重庆通信局为解决分布于长江上游两岸的重庆海事局各航行安全监控站点的通信问题，承诺春节前为有安装条件的海事监控站点全部装上450米无线电话。

今年气候反常，水上交通安全形势比较严峻，加之又值春运期间任务繁忙，长江重庆通信局职工，不畏严寒，深入各海事安全监控点进行通信设备安装作业，为海事部门加强春运航行安全监控提供了方便通信手段，也为海事部门保春运安全增加了一份保障。

（重庆局）

【宜昌海事法庭网络接入开通】 2008年1月25日16点，宜昌海事法庭的网络接入正式开通，当天，宜昌海事法庭通过长江通信专网浏览内部网。

这次宜昌处为宜昌海事法庭实施网络接入，是应武汉海事法院的要求进行的，电路数据传输接入时间紧，宜昌海事法庭租用葛洲坝法院的办公楼，电信营运的光缆没有到达葛洲坝，葛洲坝集团佳鸿实业有限公司通信公司控制葛洲坝的区域经营。佳鸿通信公司属专网，没有电路到达宜昌处，因此，接入海事法庭电路困难重重。

1月24日，武汉海事法院领导和武汉电信技术人员从重庆到宜昌调试开通电路，而电信的光缆还没有布放，宜昌处领导亲自到电信请求支持。1月24晚，武汉海事法院领导及技术人员到达宜昌，要求25日开通电路，26日回武汉。宜昌电信施工人员在外地施工，为了保证法庭电路的开通，宜昌电信停工调回葛洲坝海事法庭施工。

1月25日，天气下着大雪，气温低，施工难度大，宜昌处技术人员和宜昌电信施工人员钻洞、布放光缆、溶纤，安装设备，一直到13时才完成任务，中午连饭都顾不上吃。

宜昌处工作人员不怕吃苦的精神和千方百计满足用户的服务工作，海事法院领导和工作人员给予高度赞扬。

（宜昌局　罗必松）

【万州处6频道首次实现人工播发转自动播发】

2008年4月30日，万州处CH6自动滚动播发系统正式改造。此次系统改造是长江海事局袁宗祥局长调研时提出的一个大胆的技术革新项目，也是长江水上安全信息CH6自动滚动播发改造的首例。

长江水上CH6区播是继长江水上安全信息联播之后开展的一项新的公益性通信服务项目，它通过沿江CH6区播台24小时向局部辖区船舶提供航行安全警告、航行通告、航道变化等船舶航行安全信息。万州处现有CH6区播的播发方式是单点人工播发，存在随意性大、发音不标准、受外界干扰大、工作量大等问题，在实际工作中，已经不能满足海事局提出的“四化三步走”的要求，为进一步保障长江航运安全和正常的航行秩序，故开展此次CH6自动滚动播发改造。

本次改造是将现有的人工播发方式转换为系统自动播发方式，排除机房干扰因素，并直接实现与计算机链接，通过计算机专用播发软件的语音信号来打开或关闭CH6的与控门，实现系统的自动滚动播发。在播发时间间隔和次数上，可根据用户的要求更加方便的设置和使用。目前，此项工作正在调试和试运行中。

（万州处）

【涪陵处影视平台顺利开通】 在调查摸底和缜密考察的基础上，涪陵处影视平台于2008年4月29日正式开通使用。

该项目是重庆局领导集体积极应对市场、主动作为、加快数据业务开发力度的一个集中体现，为涪陵处下一步宽带用户的发展提供了一个闪光点。通过该平台所提供的多样化服务内容，涪陵处的宽带网络用户可得到充分发展，用户市场也会进一步稳固，经营创收工作将会有一个新的起色。

涪陵处的影视平台项目建设得到了重庆局的高度关注和大力支持，在系统建设过程中，涪陵处的技术人员和厂方代表一起，克服了重重困难，尤其在架设卫星接收天线时，为突破涪陵处所处地理位置的限制，双方共同努力将天线架到了85米高的塔顶上，保证了卫星天线接收信号的稳定。

（涪陵处）

【南京通信传输配套工程通过竣工验收】 历时10个月的南京通信传输配套工程于2007年12月27日通过交通部长江航务管理局验收委员会验收。

南京通信传输配套工程于2007年2月7日开工，工程包括无线接入设备及安装工程、光缆传输线路工程、数字程控交换机设备安装工程、机房装修改造工程等4个单位工程。现已接入马鞍山、南京、镇江地区港航用户22处，为用户提供了较广泛的应用服务。

验收会通过了南京通信传输配套工程的《竣工报告》、《设计报告》、《施工报告》、《监理报告》、《审计报告》和《档案验收报告》，根据长江航务管理局2006年颁发的《长江通信工程质量检验评定标准》（试行）等相关标准，长江航务工程质量监督中心站对本工程质量等级总评为合格。

（南京局）

【安庆处完成海事局通信线路改道工程】 2008年3月28日，安庆通信处提前完成了海事局通信线路的改道工程，安庆海事处正式启用位于安庆市湖心南路的新办公楼。

为保障安庆海事局在办公楼搬迁过程中的通信畅通，安庆通信处成立了以处主任胡军平同志为组长，各部门负责人为成员的通信保障小组。在安庆海事局搬迁前，即做了大量的准备工作。3月14日，海事新楼所有办公电话全部开通，晚上17：30，海事机房设备先行搬迁，晚20：00至23：00，安庆通信处技术人员连续作战，将海事新楼所用通信设备全部安装到位，3月15日，安庆通信处技术人员放弃双休日休息时间，加班加点调试线路，分别恢复开通了安庆海事局至长江海事局、华阳海事处、枞阳海事处、牛头山海事处、东流海事处、江口办事处的光电路以及海事局无线网桥至新办公楼之间的光纤传输电路。安庆通信处为了保障3月28日之前海事新楼与旧楼间的通信畅通，为他们临时开通了2个2兆光电路。

此次电路割接共10条2兆电路，1条光纤电路。至此，安庆通信处完成安庆海事局到其所有下属海事处的有线连通工作。此次电路割接，时间紧、任务重，安庆海事局原定3月16日恢复通信，安庆通信处3月15日就将所有电路开通。安庆海事局对于安庆通信处的高效的工作效率及认真负责的工作态度给予了充分肯定。

（安庆处　胡军平）

【长江泸州通信枢纽楼正式动工】 2008年4月

20日，长江泸州通信枢纽楼正式破土动工了！这标志着泸州筹备处的工作进入了一个崭新的阶段。

2005年6月，重庆局按照长江航运发展“延上游”的总体思路，提前在泸州成立了临时的筹备机构，以适应长江重庆以上航段的海事、公安、航道等支持保障单位和各港航单位对水上安全通信的需求。机构成立后，筹备处的同志们克服重重困难，7月份选定了临时机房，8月份安装了交换机，9月份开始对外放号，同时开通了泸州片区的长江安全信息联播，随后又于2006年6月开通了合江地区的长江安全信息联播。至此，泸州筹备处在仅有5名职工的情况下，将安全通信、固话发展、行政执法、对外协调、政府沟通、基本建设等工作顺利开展起来了。但是，简陋的工作环境却成为制约筹备处进一步发展的瓶颈。

2007年8月底，长江重庆—宜宾船岸甚高频(VHF)通信系统工程及数字传输系统工程“工可”获得了交通部批复，并于同年10月底获得了“初设”批复。这两项工程顺利实施后，重庆局又抽调骨干，派出宜宾项目部进驻泸州。根据工程进度要求，要在今年年内完成两项工程的主体工程建设，而该工程所建设的7个VHF基站中，只有泸州采取了自建的方式。

据悉，泸州通信枢纽用房设计面积3090平方米，总投资600余万元，预计年底可实现主体工程竣工。

（泸州筹备处）

【长江汉宜数字传输系统工程竣工】 长江黄金水道建设的一项重要内容，汉口至宜昌数字传输系统工程，2008年6月27日顺利通过交通运输部组织的工程竣工验收委员会验收，工程质量等级综合评定为优良。

汉宜数字传输系统工程是“十五”期交通部为解决长江中游段船舶安全通信，保障船舶航行安全批准实施的重点工程，总投资4100万元。经过全体参建人员的共同努力，今天终于划上了一个圆满的句号。汉宜数字传输系统工程的建成，为长江宜昌至武汉搭建了2.5G宽带光传输网络，并且与之前建成的重庆至宜昌2.5G光传输系统，及随后建设的武汉至南京至上海10G光传输系统，共同组成了长江航运干线宽带光传输网络，为长江航运各支持保障系统建立信息网络提供了必须的传输通道，为沿江经济发展和社会综合效益的提高发挥了重要的作用。该系统的投入使用，将改变汉口至宜昌段水运通信落后的局面，实现了电话、数据和图像传输的三网融合，可有效保证长江航运通信通畅和船舶航行安全，对促进长江中上游经济社会发展和航务管理工作的现代化，将发挥积极的支持保障作用。

建设单位通过幻灯、影片等方式向验收委员会及与会代表汇报了工程建设基本情况，并利用汉宜工程光传输通道演示了远程视频会议系统。随后验收委员会对工程档案资料及现场进行了查验。27日验收委员会听取建设单位、设计单位、施工单位、监理单位、质监单位、使用部门的情况汇报后，认为：工程已按批准的建设规模、标准和内容建成，同意竣工验收，正式交付使用，工程质量评定为优良。

验收委员会最后要求建设单位按国家有关规定报送财务决算及办理档案和固定资产移交手续。使用单位应完善健全相应的规章制度，加强设备、设施的维护管理，充分发挥投资效益。

（基建处 张 辉）

【长江开通IP语音通信综合平台】 2008年8月1日，长航系统成功开通交通通信综合平台IP语音通信系统，武汉地区用户可实现与交通运输部机关及各省交通厅免费直拨通话。

基于交通行业信息专网建立的IP语音通信系统，覆盖了交通运输部与各省、自治区、直辖市、计划单列市交通厅（局、委），新疆生产建设兵团交通局，天津市市政公路局、上海市市政工程管理局，长航、珠航管理局等41个一类节点单位，包括呼叫服务、语音网关和话务统计管理等核心系统以及在各一类节点单位配置的数字语音网关等配套系统，可实现交通运输部与各一类节点单位以及各一类节点单位间的免费通信。

系统建成后，整个交通运输系统内部语音通信将可通过交通运输行业信息专网(IP网)承载，大幅度降低日常的通信费用；同时，在交通运输行业信息专网上实现了数据、语音、视频的三合一功能，提高专网的利用率。

据悉，交通运输部该项目全部实施完毕后，长航系统武汉地区使用长航通信专网的用户均能与交通运输部及全国各省交通厅直拨通话。拨号方式为：05+交通系统内部区号+交通运输部或各交通一级系统内线电话号。例如：长航系统拨05+10-92385 即可致电交通运输部通信中心，其中 05 为长江通信网出局号，10 为交通运输部机关内部区号，92385 为部通信中心内线电话；对外，长航局区号为 272，即交通系统内线电话拨打长航系统武汉地区通信专网电话用户，拨号方式为*＋272＋内部 4 位电话号码即可,*代表它本地的出局号码。测试电话：10-92385 交通运输部通信中心。

（黄建辉）

【芜湖航道处开通 24 部电话 60 个网络站点】

2008 年 9 月 1 日,芜湖通信处技术人员顺利搬迁并开通了芜湖航道处 24 部电话和 60 个网络信息点，确保了芜湖航道处奥运安保期间通信畅通。

8 月初，芜湖航道处告知芜湖通信处，其办公地址计划搬迁至朱家桥大桥航道站大楼。按照航道处办公室的统一调整规划，芜湖通信处原先设在大桥航道站三楼的通信机房必须搬到二楼，机房搬迁涉及到 5.8G 微波天馈线、开关电源、PCM 终端等通信设备，需搬迁移机 24 部，新增网络信息点达 60 个。

鉴于此次航道处搬迁扩容任务重，芜湖通信处高度重视，精心组织。8 月初芜湖通信处技术人员多次到现场勘测,制定了详细搬迁扩容方案。8 月 26 日施工队就正式进驻现场,认真安置设备,细心进行了 5.8G 微波及 PCM 终端调试,仔细测试每一个办公室到机房的电话线、网络线等，为电话、网络割接打下坚实基础。

8 月 30 日、31 日,芜湖航道处机关正式搬迁。芜湖通信处技术人员同步开展电话、网络割接，圆满完成芜湖航道处搬迁通信保障工作。

（芜湖处　王同友）

【长江武汉通信枢纽正式启用】　2008 年 11 月 16 日上午 9 点零 8 分，由武汉局党委书记储沪生同志主持召开了长江武汉通信枢纽（改造升级）启用仪式。参加仪式的领导嘉宾有：长江海事局袁宗祥局长、刘开智书记、刘富华副局长、长江通信管理局陈俊局长、周云霞书记及通信局班子成员、长江海事局局办、财务处、计划基建处、信息处、通航处主要负责人以及武汉海事局、长江引航中心、海事培训中心的领导及重庆、宜昌、芜湖、南京、上海通信局的党政主要领导和通信管理局各处室负责人。

仪式首先由武汉通信管理局汪平成局长致辞。汪局长概括介绍了武汉通信楼装修改造工程的总体情况和装修后机房及办公区域的分布情况等。长江海事局刘富华副局长作了重要讲话，刘局长指出：“新大楼的顺利改造完工，凝聚了各级领导和参与建设人员的心血和汗水，同时标志着武汉通信局硬件建设达到了新的水平，也充分展示了长江通信局‘十一五’工程建设取得又一新的成果”。最后长江海事局袁宗祥局长、刘开智书记在陈俊局长、周云霞书记的陪同下为长江武汉通信管理局揭牌。

仪式结束后，所有领导嘉宾参观了装修一新的武汉局新通信大楼。

（李　涓）

【黄石段 CCTV 电视监控系统正式启用】　2008 年 10 月 18 日,长江干线黄石段 CCTV 电视监控系统正式开通进行试运行。交通部海事局王国华副书记、长航局黄强书记、长江海事局袁宗祥局长及长江通信局陈俊局长莅临黄石海事局指挥中心视察了 CCTV 系统的运行情况。

黄石海事局CCTV监控系统目有14个监控点，是全线第二家全面实施 CCTV 监控系统的单位。该系统将分别对长江干线黄石段内的桥区、港区、渡区、重点水域进行监控。

从6月下旬开始,武汉通信局安排通信科及黄石处多次进行实地考察和电测，在该局路由无法到达的地方，积极找电信租用了多条2米数字电路。由于 CCTV 视频监控系统是为了增加海事有效巡航搜救，保障船舶航行安全，所以监控点全部靠近江边,有的监控点电信也需要重新铺设光缆。在通信科及黄石处与电信多次协调下，终于在9月20日赶在 CCTV 系统提供商调试之前将电路全部调通。在随后的联合调试过程中，技术人员急用户之所急，一旦发现不通，首先找传输故障，如果没有问题，再请黄石海事局查找原因。

10 月 17 日晚，陈俊局长赶到黄石处机房，听取了武汉局的汇报，询问了 CCTV 电路情况，对武汉局所做的工作表示了肯定，鼓励武汉局再接再厉，做好武汉海事局 CCTV 电路的接入工作。目前，该监控系统图像清晰、信号传输稳定。

（通信科　倪宇春）

【通信局与湖北力天通讯公司签定软交换系统设备合同】 2008 年 11 月 3 日，通信局与湖北力天通讯网络股份有限公司在长江通信管理局 12 楼会议室正式签署了“长江三峡库区淹没复建工程、长江航运通信网宜昌至南京段用户接入网工程” 软交换系统设备购置合同。

软交换就是将呼叫控制功能从媒体网关（传输层）中分离出来，通过软件实现基本呼叫控制功能，从而实现呼叫传输与呼叫控制的分离，为控制、交换和软件可编程功能建立分离的平面。软交换主要提供连接控制、翻译和选路、网关管理、呼叫控制、带宽管理、信令、安全性和呼叫详细记录等功能。与此同时，软交换还将网络资源、网络能力封装起来，通过标准开放的业务接口和业务应用层相连，可方便地在网络上快速提供新的业务。

该套系统是通信局第一套软交换系统，也是长航系统第一套软交换系统。通信局拟在武汉、重庆各配置 1 套软交换核心控制设备，完成呼叫处理、协议适配，以及资源及业务控制等功能；在重庆、长寿等 24 个站点各配置 1 套中继媒体网关设备（含信令网关功能），完成程控交换机与 IP 承载网、公网的通信；在重庆、长寿等地配置三层交换机完成该点的汇聚及数据业务的接入功能；在各接入点配置综合接入设备以完成该点的语音、数据等业务接入。该系统的建设将统一的 IP 平台上为武汉至南京各港航用户单位提供语音、视频、数据等多媒体通信业务服务。

（局宣）

· 文化建设 ·

【袁宗祥局长通过水上电波向全体船员拜年】

2008 年 2 月 5 日（农历二十九日）下午 3 时，发着高烧的长江海事局局长袁宗祥，踏着厚厚的积雪来到长江水上安全信息台，通过无线电波向长江上的广大船员朋友拜年，送去了情真意切的新年致辞。

一到节目制作间，袁局长与节目主持人就立即投入到节目录制中，他带上专业耳机，对着播音话筒，用他那浑厚的男中音，平实的语气，真挚的感情，深情地对船员朋友说：“值此新春佳节，我非常高兴通过水上安全信息台给你们拜年，并道一声：大家辛苦了！”

他诚恳地对船员朋友说：长江海事所做的一切就是想为船员朋友“走船更安全”打造一个良好的通航环境。他说：2007 年，长江海事局严格执行了“两个一律”的政风纪律，对 2 名执法人员违纪问题给予了行政记过、调离执法岗位并待岗一年的严肃处理。2008 年，长江海事局将以提高“三个服务”能力，争做“行政执法一面旗”为主线，加强自身建设，继续竭诚为船员朋友提供优质的水上交通安全和信息服务，也诚恳地希望大家继续对长江海事局尤其是一线执法人员加强监督……

节目录制完后，袁局长看望了正在为播报安全预警信息忙碌的信息台工作人员，并同大家进行了亲切交谈。

（朱春芳）

【通信局领导慰问宜昌局困难党员】 2008 年 1 月 11 日，通信局党委书记周云霞在宜昌局领导陪同下，分别来到全国“五一劳动奖章”获得者刘必喜和原宜昌局纪委书记粱化英家中，送去了慰问金，向困难党员致以新年问候，感谢他们为长江通信所作的贡献！并与其就长江通信的过去、现在和今后的发展进行了交谈。

（通信局　谭大学）

【通信局启动行业文化建设“六个一”活动】 为全面推进长江通信行业文化建设，长江通信管理局党委继 2007 年完成长江通信文化建设“六个一”（进一步提炼长江通信精神；开展征集长江通信管理局局徽比赛；开展征集长江通信管理局局歌比赛；制作一部反映长江通信三个文明建设协调发展的专题片；出版一本反映长江通信发展变化的画册；出版一本集长江通信人文、和谐、发展的文化册子）之后，又提出了 2008 年通信局行业文化建设新的“六个一”。

通信局 2008 年行业文化建设“六个一”活动的内容是：读一本书；组织“话成果、迎奥运”

征文；“我与长江通信”青年演讲比赛；“弘扬通信精神”网上大讨论；“通信风采”新闻摄影展评；文艺演出。通信局党群口在本月25日召开了专题会议，对今年“六个一”活动进行了讨论和部署。

（通信局　党工部）

【通信局启动文化建设“六个一”文艺巡演】

2008年3月17日晚上19时，长江通信2008年文艺演出在武汉如火如荼展开，局领导班子成员、局属各单位有关领导和业务代表、局机关各处室人员共100余人观看了此次晚会。

晚会内容丰富，形式多样，涉及面广：宜昌局舞蹈《三峡我的家乡》舞出了三峡独有的地域风情和人文景色、局机关舞蹈《爵士舞》热辣奔放夺人眼球、重庆局方言剧《怎一个情字了得》在幽默诙谐中给人以深刻的启迪、由原通信局党委书记林阿军表演的陈氏太极拳刚柔并济如行云流水，赢得了台下欣羡的目光、武汉局时装秀得体自然、上海局舞蹈《阿拉伯舞》风情万种、南京局职工独唱《越来越好》等众多节目赢得了台下阵阵喝彩，不少观众热情洋溢的为台上演员献花鼓劲。

本次晚会一共安排了15个节目，涵盖了舞蹈、歌曲、太极拳、时装秀、健身操、魔术表演、小品等众多内容。节目精彩纷呈、高潮迭起，既体现了长江通信优秀的传统文化底蕴，又展现了长江通信职工承前启后、朝气蓬勃、积极向上的精神风貌。

本次晚会由由湖北电视台著名节目主持人马力主持。本次活动从5月份开始，将在长江全线巡回演出。

（通信局　党工部）

【芜湖局女职工荣获“芜湖市十大杰出母亲”称号】　2008年3月4日，“三秋情”芜湖十大杰出母亲电视评选颁奖晚会在芜湖市广电中心隆重举行。芜湖通信局女职工唐桂英同志荣获“芜湖市十大杰出母亲”称号。

唐桂英同志作为一个女人，因为爱，自己没生养孩子，十几年来殚精竭虑将继子培养成一名大学生；因为爱，寒冬腊月里来回奔波找材料，查证据，远赴他乡为亲戚打官司感动了律师，破例将她的诉讼费“打折”，全心全意为她出庭辩护；因为爱，对身患绝症的丈夫不离不弃，精心照料，感动了名医，尽心竭力的为她丈夫手术，使丈夫脱离了死神的魔掌，并且退还了她的“大红包”；因为爱，正在筹办抗癌俱乐部，她说要让那些受疾病折磨的人，面临死亡的人感受到人间的爱。她的感人事迹经芜湖市各大媒体宣传后，引起社会的强烈反响。人们在听到、看到她的事迹介绍后，都被她那伟大的母爱所感动，纷纷投票推荐。

在“三八”妇女节来临之际，唐桂英同志作为一位母亲获此殊荣，也是芜湖局长期以来坚持开展精神文明创建活动结出的又一硕果。

（通信局　鲍宗勤）

【通信局部署第十二届文明窗口月活动】　2008年3月31日，长江通信管理局结合单位实际，统一部署，积极组织开展本届“文明窗口月”活动。

本届“文明窗口月”活动的主题是：铸造服务品牌、构建和谐通信。铸造服务品牌，就是要把服务作为长江通信的立身之本和核心价值观，在工作中切实增强服务意识，改进服务方式，丰富服务种类，提高服务能力，形成服务品牌，不断提升做好"三个服务"的能力和水平。构建和谐通信，就是要在长江通信改革发展的过程中，始终把以人为本、稳定和谐作为长江通信各项工作的切入点和着力点，加强宣传，形成合力，营造良好发展氛围。

通信局党委要求长江通信各部门积极团结行动起来，在本届“文明窗口月”活动中，努力组织开展好六大活动：一是开展长江通信精神大讨论活动。按照长航局、海事局党委要求和年初工作会议部署，认真组织干部职工以“弘扬通信精神、深化三个服务”为主题开展大讨论活动，引导广大干部从我做起、从日常工作和身边的事情做起。二是组织一次示范窗口自查活动。4月上中旬，各直属局组织开展示范窗口自查自纠。4月下旬，局党委将组织召开一次示范窗口负责人座谈会，总结经验，查找不足，不断提高窗口单位文明服务水平。三是开展执法人员走访和征求意见活动。各直属局采取发放宣传资料、调查问卷、召开行风监督员座谈会、走访服务对象等形式，认真征求服务对象意见。四是开展读一本书和岗位练兵活动。4月至9月在全线组织开展读书考试、体会交流活动及组织开展首届职工技术运动会。五是开展“话成果、迎奥运”主题征文活动。该活动是今年行业文化建设“六个一”活动之一。从4月份开始，《长江通信报》、长江通信网站开始开辟专栏将广大干部职工撰写的文章、诗歌、散文进行刊载；六是组织参加开展迎奥运火炬接力和行业歌曲歌咏活动。按照上级要求，组织人员参加传唱长江航运行业歌曲——《长江之歌》和《长江儿女》的歌咏比赛，振奋精神、鼓舞士气，树立长江航运行业形象。

长江通信管理局党委希望各单位主要责任人要提高认识，加强对活动的组织策划；要围绕中心，以发展现代通信服务业为目标，服务工作大局；要对活动进行广泛的宣传发动，营造浓厚的活动氛围；要强化检查指导，树立先进典型。

（通信局　党工部）

【万州处创办廉政文化书屋】 2008年，为进一步筑牢干部职工防腐拒变的思想道德防线，加快反腐倡廉长效机制建设，万州通信处在6楼专门开辟了廉政文化书屋活动室，体现了万州处“时代特征、行业特征”的廉政文化特色。

继去年5月召开廉政文化建设动员大会后，今年万州处继续深化廉政文化建设，构建和谐长江通信，职工踊跃献计献策，创办廉政文化书屋。廉政文化活动中，共收集了5幅书法、绘画4幅、篆刻5方、摄影照片9幅等共50余件，在6楼专门开辟一个廉政文化书屋活动室，开辟了一个专栏，将收集整理的作品上墙展览，供大家参观学习和交流。

（万州处　杨朝霞）

【通信局举办新闻采写、摄影培训班】 2008年6月17日至19日，长江通信新闻采写、摄影培训班在通信局机关举行，来自长江通信全线各直属局、基层处以及局机关新闻宣传人员共50余人参加了学习培训。

本次培训班共邀请了5位知名教授、资深专家进行授课。专题讲解公文写作、新闻采写、新闻摄影知识。在授课中，各位教授、专家引经据典、旁征博引，深入浅出、诙谐幽默、生动形象。学员们被老师的授课深深吸引，时而神情专注聆听，仔细做好笔记，时而会心一笑，大胆和老师互动。短短两天时间内，大家集中学习了公文写作知识、新闻写作知识、新闻采写技巧、宣传人员必备素质、优秀摄影作品赏析、优秀新闻作品赏析，课堂生动、活泼，学员们听得津津有味、意犹未尽。学员们普遍反映这次培训班虽然时间很短，但安排紧凑有序，有授课有互动、有理论有实践，内容丰富、形式多样，办的及时、成功，收获很大。大家表示，听了老师的精彩授课，增添了做好新闻宣传工作的信心，回去之后一定要好好的消化授课内容，并运用到实际工作中，力求做到学以致用。

培训期间，局领导陈俊局长、周云霞书记、杨行初副书记先后到培训班讲话、看望学员并提要求。周云霞书记在培训结束时作了讲话。她指出，本次培训获得了圆满成功，对通信局新闻宣传工作必将起到积极的推动作用。对于下步通信局新闻宣传工作，周书记强调，一定要强化宣传的组织工作，切实抓好载体建设，要形成一批稳定的新闻宣传骨干队伍，在宣传中要强化宣传工作纪律，同时也要进一步完善相关的奖励制度。周书记最后寄语培训学员，一定要加强修养、提高素质；要关注大事、拓宽眼界；要多思多写、勤于实践；要严守纪律、有序宣传；要积极主动投入到行业文化建设中来。

（通信局　党工部）

【长江宜昌摄影家协会在宜昌局成立】 2008年9月5日，宜昌长江摄影家协会成立仪式在长江宜昌通信管理局举行。湖北省摄影家协会副主席徐为民，宜昌市摄影家协会主席、副主席及宜昌地税摄影家协会主席等摄影界知名人士到会讲话，并表示祝贺，长江宜昌通信管理局党委书记张明进主持会议仪式。

宜昌长江摄影家协会为长江宜昌通信管理局职工群众性团体组织，经宜昌市摄影家协会批准成立，属宜昌市摄影家协会分会，并报湖北省摄影家协会和宜昌市委宣传部备查。

借协会成立契机，宜昌局工会、团委和宜昌长江摄影家协会联合主办一次职工摄影作品展。一个多月来，广大职工提供新闻和艺术摄影作品达160多幅，选取展出的113幅风景、花卉和反映职工生活的摄影作品，均出自全体理事会成员和职工摄影爱好者之手，作品给与会专家留下了深刻印象，摄影专家们对作品进行了认真点评，艾务农的“螺钉”、钟圣军的“老人”李颖劲的“呼拉圈”、姜铁军的“弄梅”和谭大学的“外线工”得到高度评价。

协会将以内部报刊、简报、专刊、网站为依托，开展以长江航运题材和职工生活题材为主的创作活动，拍摄长江、记录长江、宣传长江，有计划地组织外出创作交流活动，为职工提供健康向上、丰富多彩的艺术作品。

（宜昌局　谭大学）

【长江通信开展纪念改革开放30周年系列活动】

2008 年，为认真开展纪念我国改革开放 30 周年活动，局党委组织开展了一系列活动，隆重纪念长江通信改革开放30周年，在全局形成了一定的宣传舆论声势。

一是组织开展了“迎奥运、话成果”征文、纪念改革开放30周年征文和征集老旧图片活动，前后共收集相关征文50多篇，图片20多幅。其中，《长江通信报》刊登征文9篇，局内网刊发征文20篇，上报中国交通通信中心、长航局和长江海事局征文和老旧图片共40多篇（幅），在交通运输部大型宣传画册上订制彩色页面两个。此外，局党委宣传部门正在着手编印一本文集和画册，进一步丰富活动内容。二是组织开展了向长江通信全线征集老旧通信设备和资料活动。共征集各类标志性通信设备20多件，纪念性书籍资料（光盘）10余套，并全部清理摆放到陈列室，供职工进行回忆观摩。三是设计制作了宣传展板和橱窗，全面回顾了长江通信改革开放 30 周年三个文明建设成果。该展板分《前言》、《重要历程》、《领导关怀》、《通信保障》、《行业管理》、《基本建设》、《科技创新》、《经济工作》、《党建及人才队伍建设》、《文明创建及文化建设》、《党风廉政建设》、《文体活动》、《劳模风采》、《荣誉荟萃》和《后记》等15个栏目，以图文并茂的形式，对长江通信30年来的改革、建设、发展情况进行了全面回顾和充分展示。四是组织召开了离退休干部专题座谈会，畅谈了长江通信改革发展成果。利用座谈会的机会，组织与会人员观看了长江通信专题片《电波光缆护航程》和长江水上安全信息台的幻灯片，以多媒体的形式系统地展示了长江通信三个文明建设取得的新成果。五是分别组织相关职工参观了陈列室。先后组织了离退休老干部、机关在职职工和各直属局主要领导等 50 余人进行了参观，产生了较好的效果。

（局宣）

第十一编　船检

【概 述】 2008年，长江各船检机构认真贯彻落实党的十七大和十七届二中、三中全会精神，按照中央经济工作会议的部署要求，坚持以科学发展观为统领，保障了船检事业平稳、安全、健康、和谐发展。加强船舶安全质量，保证了长江航运安全和人民安全方便出行；加强人员培训和科研规范，保证了长江船检事业的人才储备和技术支持；加强党群工作和文明创建，保证了各项工作的顺利开展、促进了健康良好氛围的形成。

强安全、重质量，有效地推进船检稳步发展

武汉船检管理处贯彻执行国家有关船检方面的方针、政策、规范和法规；对辖区内船舶检验业务实施监督管理；加强了船舶检验发证情况的检查。成功组织全国首次注册验船师资格认定考试工作。开展辖区船舶检验机构验船质量监督和责任追究。重点加大了对海船检验发证机构的管理力度。组织开展了危化品船舶验船质量检查活动。加快船检管理信息化建设。2008年，武汉船检处一是加强了船舶检验发证情况的检查。二是成功组织全国首次注册验船师资格认定考试工作。三是开展辖区船舶检验机构验船质量监督和责任追究。四是重点加大了对海船检验发证机构的管理力度。五是组织开展了危化品船舶验船质量检查活动。六是加快船检管理信息化建设。

重科研、强素质

2008年，武汉船检处按部局要求，指导并督促辖区船检机构安装、运行和升级船检发证管理系统VIMS5.0。目前辖区地市级船检机构136家全部安装运行了VIMS5.0系统，辖区船检数据库基本建立，已录入65 237艘船舶船检数据，录入船舶数约占全国的1/4；促进了船舶检验、发证工作信息化建设，提高了船舶检验发证工作管理水平。

加强文明创建，营造良好氛围

各船检机构大力开展文明创建活动，2008年汶川地震牵动着全国人民。武汉规范所干部职工人心系灾区，踊跃捐款，69名干部职工共捐助人民币36 220元。重庆分社开展了“我与改革共成长”的征文和主题摄影比赛活动；继续开展“文化上墙”活动，丰富船检文化，创造和谐氛围，树立CCS品牌。重庆市船舶检验局与CCS重庆分社举办了一年一度的共建活动。此次共建活动由重庆市船舶检验局牵头组织，双方单位领导、相关处室代表及全市各区县（自治县）分支机构船检人员近百人参加了活动。

·船检机构·

【中华人民共和国海事局武汉船舶检验管理处（简称武汉船检处）】 武汉船检管理处是2000年交通部海事局为加强船舶检验管理，在辽宁、天津、上海、广州及武汉设立了五个船舶检验管理处之一，主要负责对CCS武汉、重庆分社和贵州、四川、湖南、湖北、江西、安徽、河南省及重庆市等“七省一市”的船舶检验机构实施监督管理的机构。武汉船检管理处在业务上接受部海事局的领导，也是长江海事局的一个职能部门。具体职责有：贯彻执行国家有关船检方面的方针、政策、规范和法规；对辖区内船舶检验业务实施监督管理；负责辖区内船舶、海上设施检验行业管理及船舶、海上设施法定检验、发证工作的管理；受部海事局委托，对验船机构资质进行审核和管理；受部海事局委托，对验船人员组织考试和协助发证工作；受部海事局委托，代行对辖区内外国验船组织驻华机构的监督管理；收集并反馈验船师执行法规的意见和建议；受理对验船工作的投诉；参与重大海损事故调查；协调各方面检验机构的关系。

2008年，武汉船检处一是加强了船舶检验发证情况的检查。二是成功组织全国首次注册验船师资格认定考试工作。三是开展辖区船舶检验机构验船质量监督和责任追究。四是重点加大了对海船检验发证机构的管理力度。五是组织开展了危化品船舶验船质量检查活动。六是加快船检管理信息化建设。

地 址 武汉市解放大道1525号

邮 编 430016

电 话 （027）82413879

（武汉船检处 徐厚仁）

【中国船级社南京分社（简称南京分社）】 南京分社现辖南通、江阴、镇江、芜湖、泰州5个办事处（分社），安庆、太仓2个检验站（泰州暂划归产品管理处、太仓归江阴办事处管理、安庆划归芜湖办事处管理）；分社本部设检验业务处、船舶处、产品处、办公室、财务处、服务中心6个职能部门。

2008年完成各类检验2 166艘(批)次，其中完成入级建造检验37艘、入级营运检验237艘次、国内建造检验77艘、国内营运检验1 205艘次；其它类检验337艘次；完成各类审核213艘次；完成焊工考试34批次；完成焊接工艺认可26批次。完成各类认可251家，产品检验工作控制号共计8 450个，发放证书52 500多张。完成产品审图2 000多套，船舶审图（包括改建审图）57套（CSAD:22艘，非CSAD:35艘），产品检验费收入超过1个亿。

南京分社江阴办事处、产品处、金陵船厂驻厂组、镇江船厂驻厂组获得2008年度江苏省省级“青年文明号”称号。

地　址　南京市姜家园12号船检大厦

邮　编　210011

电　话　（025）58838006转7242

传　真　（025）58818565

（南京分社　魏　巍）

【中国船级社武汉分社（简称武汉分社）】　（详见《长江航运年鉴》（2009卷）第三编“机构”）

【中国船级社武汉规范研究所（简称武汉规范研究所）】　（详见《长江航运年鉴》（2009卷）第三编“机构”）

【中国船级社武汉培训中心（简称武汉培训中心）】　（详见《长江航运年鉴》（2009卷）第三编“机构”）

【中国船级社重庆分社（简称重庆分社）】　（详见《长江航运年鉴》（2009卷）第三编“机构”）

2008年重庆分社业务主要数据统计一览表，详见（表11—1）。

【2008年重庆分社业务主要数据统计一览表】　（表11—1）

检验船舶	数　量
营运检验	859艘次
建造检验(国际航行)	7艘（完工）
建造检验(国内航行)	49艘（完工）

【上海市船舶检验】　2008年，上海市船舶检验处共完成船舶设计审图40套，建造检验船舶44艘、1 574总吨，营运检验船舶3 020艘、1 361 857总吨，产品检验122项。

·按时完成世博会交通船的设计图纸（共13套）的审图。前后组织7人，分两组实施世博交通船的审图，按图纸送达的先后安排计划，开展工作。至8月，按时完成设计图纸审查。

·积极推进世博交通船建造检验。为确保检验质量，组织2个检验组专门负责“世博交通船”的检验，每周了解建造进度，分析检验动态，及时解决问题。检验过程中确保世博会相关船舶建造符合法规和规范规则、船舶建造进度满足世博会时间节点、保证船舶按时形成运输和服务能力。

1. 世博交通船中上海中信轮船公司的“名鑫号”进行初次检验并完成发证，已于9月投入正常营运。

2. 已经开工建造的“世博交通船”共8艘，其中上海中信轮船公司2艘，寰岛轮船公司1艘，浦江游览公司3艘和巴士旅游2艘。

3. 轮渡公司的8艘新型客渡船（在西渡船厂建造）已经开工建造，第1批4艘已经下水，第2批4艘已开给分段建造。

·支持洋山港建设，实施进入洋山港内河砂石运输船的检验。上海海事局为规范对内河砂石运输船的管理，结合洋山港海域的实际情况，制订了内河A级砂石运输船在沿海航运运输的临时性简化检验的暂行规定，在上海船舶检验管理处的支持下，会同上海航道局等施工单位，探讨实船检验等问题，实施内河砂石运输船的检验，使内河船既确保安全，又不影响洋山港的建设工期。

（上海市局　庞耀云）

【浙江省船舶检验】　2008年，浙江省船检部门继续推进质量管理体系的运行和持续改进，通过研究编制业务指导性文件、开展垂直审核、集中审图等方式加强对基层特别是现场检验的指导，提高检验工作质量。探索开展对船厂、船舶设计单位的诚信管理，提高船舶设计、建造质量，促进全省船舶行业健康发展。船舶检验信息管理系统（Ⅱ期）已在全省全面推广应用，该系统的全面启用有效促进船检管理工作的逐步规范和检验发证工作效率的进一步提高。

全年完成船舶建造检验1 010艘、223万总吨（其中海船642艘、219万总吨，河船368艘、4万总吨）；船舶营运检验25 651艘次、1 145万总吨（其中海船7 020艘次、940万总吨，河船18 631艘次、205万总吨）。其中海船建造检验总吨位比上年增加100万总吨，建造检验与营运检验船舶总吨均创历史新高。

（浙江省局　吴永平）

【浙江省宁波市船舶检验】　2008 年，船检处全体同志以规范船检质量管理体系的运行为核心，通过制定外省建造船舶回港检验提前介入实施办法、实施驻厂验船师制度和船厂质量预警管理办法、严格执行船厂开工会议制度和船舶建造分段报验等现场检验工作程序，贯彻实施建造船舶开工集体评审和重大问题集中讨论制度，规范船检质量，把好船舶源头关，促进安全形势持续稳定。

全年共完成各种船舶检验 1 527 艘次，244.69 万总吨。其中建造检验 189 艘，72.10 万总吨，比上年同期增长 40%。受理船舶图纸审核 136 套，产品检验 1 652 件，分别比上年同期增长 81%和 58%。

（宁波市局　张余光）

【江苏省船舶检验】　江苏省船检部门围绕质量管理体系运行，规范船检行为有新的手段。一是不断完善船舶法定检验质量管理体系，完成了体系内审。在此基础上，对体系文件进行了优化，完成了体系文件的换版。二是强化“船舶检验业务与管理系统”监控功能，严格建造船舶开工前审查，强化过程控制，规范图纸审查和船用产品检验工作。三是进一步巩固低质量船舶专项整治成果，加强对船舶修造厂、船用产品厂、船舶设计单位的监管。四是联合省经贸委、中国船级社南京分社成功举办了全省船厂电焊工技能比赛。积极协助地方政府推动造船工业园区建设。五是狠抓重点船舶的建造检验，尤其加强对海船、大吨位船舶、危险品船舶检验的过程控制。

（江苏省局　冯　磊）

【安徽省船舶检验】　2008 年，安徽省船检管理逐步规范。一是开发的个性化船检管理系统，通过了部海事局组织的验收，该系统已在全省各级船检机构中使用，实现了全省船检业务的集中管理和监督。制定出《船舶质量证明书》、船舶报验单及其记录和检验项目表等文档格式，完善了驻厂检验制度，对建造检验的关键节点进行明确和细化，通过规定的硬性执行来规范船舶建造，提高我省船舶建造质量。全年完成船舶建造检验 391 艘，其中海船检验发证 177 艘。二是按照交通运输部和部海事局的统一部署，开展了交通行政执法监督检查，对查出的问题及时整改，并得到部海事局行政执法监督检查组的肯定，促进了海事行政执法进一步规范。开展了行政许可案卷评查活动，对 2007 年 7 月至 2008 年 7 月以来省局机关的 46 件行政许可的案卷进行了评查，纠正了缺陷，进一步完善了行政许可的实施工作。完成了 2007 年度行政执法证件的审验工作，通过审验注销了 26 人、吊销了 3 人交通行政执法证件。对涉及海事、港航的政府信息进行了全面清理，共清理出行政处罚 182 项，行政强制 14 项，行政确认 2 项，其他具体行政行为 11 项，对清理出的政府信息，采取多种形式及时公开。三是加大执法队伍培训力度，编写了海事、港航行政执法人员培训教材，开办了 2 期全省海事系统法制工作人员培训班，局属单位法制职能部门负责人及基层海事处所的兼职法制员 133 人参训。完成了全系统新增海事行政执法人员的选拔考试任务，新增海事行政执法人员 525 名，举办了 8 期培训班对其进行了为期 11 天的适任资格培训及考试。

（安徽省局　马　栋）

【江西省船舶检验】　2008 年，江西省各级船检机构面临省内船舶向大型化和多种类快速发展、船舶总吨连年大幅增长这一新的态势，继续以坚持科学发展观为统领，以船检质量体系和信息化建设为载体。通过加大船检软硬件的投入，强化对验船师的教育培训，全力整合全省船检专业技术与人力资源，开展各种专项治理活动等举措，进一步规范了内部管理，提高了验船人员的服务水平和服务意识，提升了船检机构整体工作质量、效能和声誉，从而为促进水运事业发展提供了安全保障作用。

·进一步健全和落实各项服务工作制度。在继续坚持和完善义务行风监督员制度、首问接待制、一次性报告知制度的基础上，又推出了满足服务对象在法定工作日以外办理船检业务要求的预约服务制，进一步完善和强化了船检专业技术委员会统一调配使用全省船检技术人力资源的机制。此外，按照交通运输部和上级相关部门的要求及工作实际，修订完善了省局法定检验质量管理体系文件。

·持续加大软硬件投入。招聘一批专业对口的大学毕业生（包括船体专业硕士研究生）充实船检机构，选拔一批业务骨干到基层业务管理岗位工作。加大对信息化建设的投入，省局与（交通）部局、下属分局之间的海事专网基本建成；船检专用电脑、激光彩色双面打印机、双机热备份服务器配置到位；VIMSS集中控制版个性化开发的全省船检质量管理系统软件，基本完成并正在试运行。

·加强对验船师培训。按照交通运输部的要求，对未持证的43名船检人员进行了法规与业务知识培训；此外，举办了一期新进人员岗位培训班。同时在井冈山举办了一期“船体结构强度直接计算、基础知识及软件操作应用培训班”，32名骨干验船师参培；结合注册验船师过渡考试，组织了集中复习培训。

·扎实开展各项专项治理活动。在多年持续整顿的基础上，抓住江西省政府关于在鄱阳湖禁止采砂及赣江中下游限采决定的机遇，“三无”船舶专项治理活动取得了突破性的进展，相当数量的短途运砂船、采砂船及脱检船舶重新纳入了检验管理的轨道。尤其在新建船舶数量大幅度下降的情况下，全省船检费收首次突破千万元大关；打击非法滩涂造船专项治理活动取得实效，进一步规范了采运砂船的建造秩序。经过半年整治，有效地遏制了非法造船蔓延的趋势。同时，初步落实了当地政府对非法滩涂造船和采砂负有管理责任的行政首长负责制。维护了船舶建造秩序和法定检验的严肃性，促进了全省采运砂船舶建造市场和水运市场的健康有序发展。

·开展危化品船舶验船质量自查自纠。按照武汉船检管理处“关于开展危化品船舶验船质量检查活动的通知”要求，全省船检各分支机构从3月初全面对辖区进行了实船检查。至11月底，共检查危化船244艘，合格及整改后合格船舶224艘。

·对船舶制造企业评价取得新进展。为提高船舶制造企业生产技术条件，有效保障企业正常生产经营，提高其船舶建造质量，省局联合省船舶管理办公室、省渔检局，根据国家行业标准和省政府有关文件精神，共同制定了《江西省船舶制造企业生产条件评价暂行办法》（赣船办发[2008]2号）和《江西省船舶制造企业生产条件评价暂行办法实施细则》（赣船办发[2008]3号），作为在国家船舶生产许可条例颁发实施前的过渡办法，于7月31日正式实施。

2008年，江西省各级船检机构共检验新建（改建）船舶101艘（其中海船2艘，河船99艘），73 170总吨（其中海船5 964吨，河船67 206吨）；检验营运船舶4 434艘（其中海船70艘，河船4 364艘），1 043 364总吨（其中海船115 968吨，河船927 396吨）。累计登记的船舶为：海船67艘，92 216总吨，主机功率50 722kw（其中油船12艘，28 970总吨，主机功率18 366kw；其他机动运输船舶46艘，56 578总吨，主机功率32 356kw；非机动海船9艘，6 668总吨）。内河机动船舶5 632艘，1 005 479总吨，主机功率416 755.61kw，45 327客位，24车位（其中机动船舶4 719艘，950 624总吨，主机功率406 626.53kw，44 337客位，24车位；非机动船430艘，41 814总吨，990客位；挂桨机船483艘，13 041总吨，主机功率10 129.08kw）。机动船舶中：客滚船4艘，596总吨，主机功率335.16kw，24车位；高速客船57艘，512总吨，主机功率6 414.27kw，1 173客位；客渡船779艘，9 558总吨，主机功率8 932.73kw，31 865客位；其他客船271艘，8 744总吨，主机功率1 132.9kw，11 299客位；油船101艘，13 319总吨，主机功率10 977.49kw；散装化学品船242艘，55 503总吨，主机功率42 484.68kw；其他船舶3 265艘，862 392总吨，主机功率326 089.3kw。非机动船中：客船45艘，638总吨，990客位；油船53艘，5 330总吨；其他船舶332艘，35 846总吨。

（江西省局　张兆平）

【河南省船舶检验】 2008 年，河南省的船检机构为河南省船舶检验处，与河南省地方海事局合署办公。按照交通部对船检机构的资质要求，设立 8 个船检分支机构，现从事船舶检验工作并参加注册验船师考试的共 82 人。

全年检验船舶 5 426 艘，133.7 万总吨，其中建造检验 103 艘，7 653 总吨；营运检验 5 320 艘，133 万总吨。共办理转港船舶手续 249 艘，其中转出 180 艘，转入 69 艘。

（河南省局　王守明）

【湖北省船舶检验】 2008 年，湖北省船检深入贯彻落实科学发展观，强化服务意识、创新意识、责任意识，以船检质量体系建设为载体，突出船检行业管理和船检信息化建设，采取专项检查与重点推进等多项措施，确保了全年工作目标顺利完成。据统计，全省共有持证船舶 8 183 艘，2 196 958 总吨，2 760 408 载货吨，81 948 客位。全年全省共审图 350 套，营运检验 6 734 艘，2 629 610 总吨，建造检验 407 艘，228 764 总吨，产品检验 1 365 台（套）。

·*加强船检行业管理*　一是及时明确全年的工作重点，调整全省船检业务分工。年初印发全省工作要点，明确全年船检工作的重点。为适应湖北省船检行业发展的需要，经湖北省交通厅同意，调整了全省三级船检机构的检验业务分工。二是加强船检基础管理，开展多项专题检查。全省 6 家海船检验机构结合营运检验，有针对性的对所有在册海船逐一进行复查检验。结合湖北省船检工作的形势，制定下发了《加强船检管理若干意见》，提出了加强船检管理及廉政建设相关措施。湖北省船检系统积极参加湖北省交通厅组织开展的两防（防碰撞、防泄露）及“迎奥运保安全维稳定”等各项活动，抓好“四客一危”船舶在春运、五一、十一前专项检验，为确保全省水上交通安全起了源头管理作用。三是配合节能减排工作，开展船舶防油污设备配备专项检验。各船检部门指派专人督办，现已整改 52 艘防油污配备不到位船舶。

·*强化重点船舶检验*　一是认真开展危化品船舶验船质量专项检查。湖北省共有危化品船舶 183 艘，自查自纠 182 艘，整改率达 99%。武汉市船检所对辖区内的 23 艘船危化品船逐船进行全面检查，下达了 12 份船舶整顿通知书，责令 3 艘存在严重消防系统问题船舶停航，投入近 200 万元进厂进行整改。二是组织湖北省船检综合质量大检查。抽调武汉、孝感、襄樊、荆州、宜昌、黄冈等市船检所人员组成两个检查组，分别对宜昌等 10 个市船检所（处）及其所辖 11 个县船检站进行检查（其它市州同步安排了自查）。督查各地开展危化品验船质量、新台帐使用情况和部分县（市）船检站船检档案管理综合质量检查。共抽检了 21 个市（县）船检所（站），抽查 85 艘船舶档案。三是加强船检技术指导，强化督促整改。指派专人对黄石、鄂州新建大中型海船检验进行指导和质量检查。对鄂州等市建造 5 000 吨级海船按照质量体系实施垂直审核。督促各地结合营运检验补充客渡船图纸资料，完善档案，整改实船存在问题。加强仙桃市船检所停业整改督查，调查处理了黄石船检处等违规检验发证问题。贯彻部海事局海船检[2008]417 号要求，积极做好拟在湖北入籍的福建在建海船的建造检验指导，制定验证实施方案。

·*推进船检质量体系建设*　主要抓了以下四项工作：1.调整人员，重新进行职责分工。根据人员变动，及时调整人员，进行重新分工。2.修改体系文件，统一工作流程。制定下发《湖北省船舶转籍办事指南》，统一了全省船舶转籍的工作流程。3.加强台账基础管理。结合 VIMS4.0 数据上报工作，清理登记号重号及其他错误问题船舶数据。4.组织内审，开展满意度调查。分别对荆州、武汉、鄂州、孝感进行了质量管理体系内审，并下发了内审报告。开展船检顾客满意度调查，发放顾客满意度调查表 100 份，制作顾客满意度调查分析报告，顾客满意度大于 85%达到了既定的质量目标。

·*推进客渡船标准化*　一是加强客渡船标准化开发推广。积极开展标准化乡镇客渡船船型开发、推广工作。上半年已完成 30、60 客位技术图纸审批、船厂选点工作，年底已建成了第一艘 30 客位示范船。二是加强无证客渡船现场指导。成立技术指导组，对咸宁市库区无证客渡船检验工作进行现场指导。三是加强客渡船救生设备检验。配合“救生衣行动”，制定下发了《乡镇客渡船救生设备配备及检验要求》，加强了客渡船救生设备检验。

·*提升验船人员素质* 主要做了以下四项的工作：1.加强政策宣传。及时转发部海事局关于注册验船师考试的所有相关文件，将考试精神下达到各级船检机构；认真组织考试报名及初审。2.组织专班。组织全省 247 名验船人员的注册验船师考试报名工作，审核所有考试人员的报名材料并及时汇总上报。3.编写备考复习资料。先后编辑印发《注册验船师考试文件法规汇编》300 册，积极编辑《注册验船师认定考试模拟试题汇编》，为全省验船师资格认定考试打下了较好基础。4.做好武汉考点考务工作。认真做好全省验船人员考试期间的组织保障及武汉考点后勤工作，受到武汉船检管理处高度评价。

·*实施船检信息化建设* 按时启用新船检发证管理系统，实现单机版向网络版过渡。同时，制定下发全省 VIMS5.0 系统管理规定。利用新系统，实施技术监控。利用发证系统管理功能，对全省船检机构发证情况进行技术监控。

（*湖北省局 王彦玲*）

【湖南省船舶检验】 2007 年，湖南省船检局完成新建船舶图纸审查 112 套；完成建造船舶检验（含高速艇）642 艘、153 568 总吨，营运船舶检验 9 987 艘、1 014 147 总吨。

（*湖南省局 蒋龙平*）

【云南省船舶检验】 2008 年，云南省局加强了《船舶检验机构道德准则》、《国内航行船舶船体建造检验管理规定》的宣传贯彻，按照“一检、二帮、三把关”的原则，把注重船舶检验质量，保障船舶适航放在首位；对“大理海巡搜救船”等 20 套船舶设计图纸进行了审查，完成船舶建造检验 10 艘，同时对各船检所审图工作进行不定期抽查，加强现场检验督查力度，进一步提高船检所（站）工作质量。

10 月 25 日，云南省局为进一步提高船舶检验专业技术人员素质和待遇，在昆明举行了首次注册验船师资格认定考试，全省共有 64 人参加了考试。这标志着我省从事船舶检验工作的专业技术人员，开始实行职业准入制度，纳入全国专业技术人员职业资格考试制度。

（*云南省局 马翠德*）

【贵州省船舶检验】 2008 年，贵州省船舶检验省继续打击无图造船、无证造船等低质量造船作为营造良好船舶检验环境，把住船舶建造安全质量关的首要任务。我们对省内船厂的生产技术条件，按《船舶生产企业生产条件基本要求及评价方法》进行评价，从船厂的设备配备、人员配备、工艺流程、生产管理等涉及船舶建造质量的各环节进行要求和把关，督促船厂在合法经营的前提下，建立和完善内部管理制度，改善船舶生产条件；要求造船企业规范船舶建造行为，严格按照国家已出台的船舶建造标准和规范进行生产。继续保持对无证造船、无图造船的高压态势，加强与县乡政府和有关部门的联系和沟通，发现一起，取缔一起，坚决遏制无图造船、无证造船的抬头现象。同时，继续开展新船型的研究和设计，结合水域的特殊环境，开发两机一轴等当地百姓喜爱、经济实用、安全环保的优良船型，无偿或低价提供给船主、船厂。与此同时，加强治理整顿工作。一是按部海事局“关于制止违规进行异地建造检验的通知”要求，在全省开展了为期两个月的异地建造（改建）检验行为的自查自纠活动。严格执行《船舶检验工作管理暂行办法》和《关于加强建造船舶检验和管理的通知》规定，确保船舶检验工作质量。各市（地、州）按部局的统一布署，分别对本辖区内近年来进行建造和改建的船舶进行了认真排查，未发现船检机构存在异地建造检验行为。二是按武汉船检管理处《关于开展危险化学品船舶验船质量检查活动的通知》要求，在全省开展辖区危化品船舶验船质量检查活动。为了确保危化品船舶检验质量检查活动的有序开展，加强了活动的组织领导，指定专人负责。按照通知对检查对象、时间、步骤、检查重点项目的要求，以及规范对装运危险货物船舶的技术条件的有关规定，对装运危险货物的舱室和处所及设备等进行了详细检查，检查船舶图纸资料的完整性，核查图纸与实船、证书数据与实船的一致性，建立健全了检查记录台账。对查出的问题，责成船主立即纠正或限期整改。通过检查整改，辖区现有两艘危化品船舶基本满足规范要求，未出现“大船小证”、“大机小功率”、图纸与实船不符、检验证书与实船数据不一致、船龄更改、船舶检验发证机构和验船人员资质不符合要求的现象。此外，组织人员培训，提高业务水平。

针对全省船舶数量多、分布广，是我省较长一段时间以来存在的难点，在稳定现有验船队伍，做好注册验船师考试工作的同时，提出在内部扩大船检队伍的措施，将船长 20m 以下小船的年度检验工作交由经过培训考试合格的当地人员进行。一是组织《贵州省小船年度检验工作手册》的编写。成立专门的编制小组，搜集了大量图像和文字资料，总结多年来小船检验经验，汇集了船舶检验工作案例。《手册》用通俗文字和大量图像，阐述了小型船舶稳性、强度、干舷等安全性能的基本概念，表述了小型船舶、机电及其安全设备的基本内容和要求；详细叙述了小型船舶的检验程序、检验项目、检验方法以及查出的各类问题处理方法；《手册》将小船年度检验的资料作为范例，并将几十个小型船舶检验出现多种问题及处理方法作为案例列出，以指导和规范验船人员开展小船年度检验工作。二是颁发《贵州省小型船舶年度检验验船人员考试发证管理暂行办法》。提出小船年检人员的申报条件和程序，规定小船年检人员的培训、考试内容及时间，要求小船年检人员须在持有验船师以上适任证书的验船人员指导下，具有时间不少于 3 个月、检验船舶不少于 12 艘的实习期，要求验船师手把手指导实习验船人员的检验工作，并提出评价意见。三是组织小船年度检验验船人员培训考试。共有 87 名在岗人员参加，武汉船检管理处对培训班给予了大力的支持和帮助，对培训考试工作进行了指导和教学。培训班对参培人员进行验船人员职业道德教育、船舶基础知识、检验程序和检验要点的理论培训和实船培训，使参培人员了解了小船知识的基本概念、认识到船体构件、主要设备名称和作用，初步掌握了小船年度检验的检验程序、方法和要点，为下一步开展实习工作下良好基础。四是组织注册验船师考试。按照人社部和交通部联合颁发的《关于印发〈注册验船师资格考试认定〉的通知》和部海事局《关于开展注册验船师（船舶和海上设施类）资格认定考试的通知》要求，积极组织动员符合要求的验船人员报名参加考试，并组织力量进行相应的考前复习。有 56 人参加了注册验船师认定考试，其中 48 人原持有验船适任证书，8 人为持有工程系列技术职称证书的在职验船人员。再是船检发证管理系统 VIMS5.0 的使用。把启用推广 VIMS5.0 新系统作为实现数字海事战备目标的重要工作内容，投入大量人力，配备了设备、开通互联网、培训人员，全面推进 VIMS5.0 系统的应用。为保证 VIMS5.0 系统的正常运行，将该项工作列入单位目标责任的考核内容。针对服务器系统服务人员缺乏，派出专人学习服务器的系统安装及管理，深入基层船检部门处理各类 VIMS5.0 系统运行中出现的问题。各基层单位加强对 VIMS5.0 使用的管理，加强系统数据的维护，严格 VIMS4.0 到 VIMS5.0 数据的导入，确保数据翔实、项目完善。还及时了解各地应用系统的进展情况，收集、疏理和解决系统运行中出现的问题，提出系统需要改进的建议意见，及时反馈给系统开发单位。目前大部分地区已正常应用 VIMS5.0 系统进行发证和上报数据，个别单位由于计算机系统出现反复，正在修复中。

2008 年，贵州省出现许多新型船舶，如自卸船、抽沙船、乌江大件运输、西南出海水运通道工程挖石船、运石船等。对此类船舶的图纸设计和审查、建造和检验，船检部门高度重视。克服船舶技术力量薄弱等困难，组织技术人员技术攻关，查找省内外各类技术资料，向有关单位咨询和学习，认真消化、吸收和研究，提出切实安全和可行的措施和办法，把住船舶检验的安全关。

（贵州省局　杨萍艳）

【四川省船舶检验】 2008 年，根据《四川省水上交通安全管理条例》和国防科工委《船舶生产企业生产条件基本要求及评价方法》，结合四川省实际情况，四川省航务局制定了《四川省船舶生产企业生产条件基本要求及评价方法》，并对评定船舶生产企业资质证书相关事宜作出具体要求。要求各地按照部省相关规定，组织成立“船舶生产企业评审委员会”及“专家评审小组”，以核实申报资料和现场审查相结合，做到公开、公平、公正的承诺，确保全省船舶生产企业资质评审工作顺利开展。

2008 年，四川省开展了为期 4 个月的“四川省船舶检验机构资质专项检查活动”。活动从“船检质量体系建立、业务范围开展、持证人员、检测设施设备、船舶图纸审查、船舶检验业务、证书检验报告打印、工作台账、船舶档案管理、船厂管理”等 10 个方面对船检业务工作进行检查。通过自查整改、交叉检查、总结提高三个阶段的工作，达到了加强船舶检验机构资质管理，提高船检机构内部管理水平，把好船检质量关，提高船舶质量的目的。为2009年武汉船检管理处对四川省的船检机构资质评审做好了准备。

鉴于全省参加船舶焊工考试的人员数量多，为方便各地从业人员就近参加考试，在全省范围内共设：攀西、南充、宜宾、泸州等 5 个考区。攀枝花—西昌考区的笔试和实际操作考试于 2008 年 12 月 11 日至 23 日在南充市举行，共有 174 人报考，其中：135 人获 3 级船舶焊工证书，36 人获 2 级船舶焊工证书，3 人获 1 级船舶焊工证书。通过焊工考试，有效地提高了我省船舶焊接水平，提高了船舶质量，并为各船舶生产企业的资质评定创造了条件。

（四川省局　易　翥）

【陕西省船舶检验】　（详见《长江航运年鉴》（2006 卷）第十一编“船检”）

【甘肃省船舶检验】　2008 年，甘肃省局强化船舶检验和船员管理工作。一是共检验船舶 842 艘次，总吨 20202；审核 6 套船舶设计图纸和技术文件，未发生船舶检验责任事故。执行部海事局“4 项规定”，应用了 VIMS5.0 版船检管理发证系统。二是举办了 1 期船检发证管理系统培训班，开展了船检机构资质认可省内自查工作，通过了天津船检管理处不定期检查。三是组织 25 名验船师参加全国注册验船师考试。作为非水网省份代表，参与了部内河小型船舶考试大纲的编制工作。船检部门新建立了 19 种船检工作台账，确保了无一艘船舶漏检。四是船员管理工作取得新进展。《甘肃省船员培训教材》已通过初审，举办了 7 期船员培训班，培训船员 97 人次，缓解了辖区内部分地区长期以来船舶配员不足的矛盾。五是认真执行交通部《船员违法记分管理办法》中的有关规定和实操技能检查，船员的安全意识不断增强。六是深化与山东海事局“结对子”活动，在安全管理装备建设上得到很大发展。按照部海事局安排，甘肃省 3 名海事人员完成赴山东海事局基层海事处挂职学习任务，并写出专题报告，引进吸收了一些好的工作机制和管理办法，在海事干部职工中引起强烈反响。

（甘肃省局　陈长春）

【重庆市船舶检验】　重庆市船舶检验由重庆市船舶检验局负责。

2008 年，重庆市按照船检质量管理体系运行要求开展船舶检验和产品检验工作，共审查各类图纸 189 套次，共检验各类船舶 4 958 艘次，约 216 万总吨，检验船用产品 439 件（套）。全年未发生一起检验质量事故。为严把船舶质量源头关，颁布了《重庆市船舶设计评估和船厂适检条件暂行规定》，启动了现场评审工作，评审了 48 家船厂。

（重庆市局　阳　斌）

·船检业务·

【武汉船检处加强船舶检验发证检查】　2008 年，武汉船检处有计划地开展辖区七省一市船舶检验机构检验发证检查。通过召开座谈会、检查档案、实船核查、书面测试等方式，检查船检机构 86 家、船舶检验档案 182 套、船舶 15 艘次，查出缺陷 97 项，发出整改报告 8 份。

通过与船检机构充分的交流和沟通，督促船检机构对问题及时整改，促进了机构检验发证管理水平提高。

（武汉船检处　徐厚仁）

【武汉船检处组织全国首次注册验船师资格认定考试】　2008 年，武汉船检处在全国验船师资格考试认定办公室和部海事局的领导下，充分调动长江海事局内部资源及各省市船检机构资源，组织了辖区注册验船师资格认定考试，受到部海事局领导好评。

武汉船检处受理了辖区 1 480 份书面和网上申报材料（CCS 由部局审核），审核通过 1 334 人；组织考试 1 503 人次，辖区考试人数约占全国（4 600）的 1/3；分别在辖区七省一市设置 8 个考点、51 个考场，投入监考人员 120 人次。

（武汉船检处　徐厚仁）

【武汉船检处加强辖区船舶检验机构验船质量监督和责任追究】　2008 年，武汉船舶处共受理并查处案件 12 起，案件调查率 100%，其中部局批转 6 起，协助事故调查 4 起，举报 2 起；通过调查属实的有 10 起，占举报投诉数量的 83.3%，调查情况全部按规定上报和反馈。

此外，对 5 家船检机构、12 名验船人员进行了责任追究，对存在问题的 35 艘船舶督促落实了整改，责成有关单位对责任人进行行政处理，有的被调离船检岗位。

（武汉船检处 徐厚仁）

【武汉船检处加大对海船检验发证机构的管理力度】 2008 年，武汉船检处针对湖南、湖北两省海船违规检验现象突出，特别是湖南省所有分支机构海船检验资质被部局暂停后暴露出的问题，采取了以下措施：

一是及时下发了《关于加强海船检验管理的通知》，在辖区开展海船检验发证情况的专项检查。通过查相关工作台账、船检档案、内部管理等情况，分别向安徽、江西和湖北三省发出了整改通知书。二是与有关海船登记机构建立联动机制，及时查处和清退了 12 艘海船登记。三是把多次提供虚假材料申报检验的 4 家海船公司和违规检验海船现象突出的湖北黄石、武汉船检所作为重点监管对象，实施了重点公司新建或改建海船检验报备制度，并指定专人跟踪管理，辖区海船违规检验整治工作取得了初步成效。

（武汉船检处 徐厚仁）

【武汉船检处开展危化品船舶验船质量检查活动】 2008 年，武汉船检处针对 2007 年 12 月 14 日“湘汉寿危 0298”轮事故中暴露出的验船质量问题，在辖区组织开展了为期一年的危化品船舶验船质量专项检查活动。通过检查，摸清了辖区检验登记的危化品船舶基本数据和检验情况；通过督促整改，促进了危化品船验船质量的提高，取得了较好成效。

到 2008 年底，辖区共有检验登记危化品船舶 2 013 艘，共检查船舶 1 551 艘；查出隐患 993 项，其中档案材料、构造安全、防火结构、设备安全各占 24.8%、12.7%、29.5%和 33%；督促整改 532 艘，对无法整改并作出收回证书的船舶 19 艘。

（武汉船检处 徐厚仁）

【武汉船检处加快船检管理信息化建设】 2008 年，武汉船检处按部局要求，指导并督促辖区船检机构安装、运行和升级船检发证管理系统 VIMS5.0。

目前辖区地市级船检机构 136 家全部安装运行了 VIMS5.0 系统，辖区船检数据库基本建立，已录入 65 237 艘船舶船检数据，录入船舶数约占全国的 1/4；促进了船舶检验、发证工作信息化建设，提高了船舶检验发证工作管理水平。

（武汉船检处 徐厚仁）

【IACS 审核组对武汉培训中心、武汉审图中心进行质量体系审核】 2008 年 11 月 21 日，IACS 审核员 Terje Einarsrud 和 Colin E. Spencer 在总部质管处赵晓云副处长的陪同下，对武汉培训中心、武汉审图中心进行了质量体系审核。Mr. Terje Einarsrud 和 Mr. Colin E. Spencer 按照 IACS 的 QSCS、PR 和 UR 的要求，分别对武汉培训中心和武汉审图中心的具体质量活动、船舶审图活动实施情况进行了严格审核，抽查了有关案卷。审核员认真检查两中心工作责任及范围、人员资格情况、人员监控记录、培训和学习记录、图纸审查流程及管理记录，并对武汉培训中心和武汉审图中心 2007 年、2008 年接受内审、VCA 发现项的纠正措施执行情况等进行检查。审核结果表明，武汉培训中心和武汉审图中心质量体系运行正常，在质量活动的控制中发挥了应有作用，同时也指出此次审核中的不合格项和观察项，并提出改进建议。郑荣军所长代表所领导及全体员工衷心感谢审核组专家对武汉规范所工作的指导，针对审核组对培训中心提出的 1 个不合格、3 个观察项及审图中心的 2 个观察项深层次地查找原因，认真研究分析，引以为戒，及时提出纠正和预防措施，并将跟踪结果反馈给总部质管处，从而不断完善、提高质量管理水平，使质量体系持续有效运行。

（武汉分社 曹树槐）

【朝鲜船级社代表团到武汉交流访问】 2008 年 10 月 16 日，朝鲜船级社代表团一行 6 人在总部国际处刘凡同志的陪同下，访问了 CCS 武汉分社、武汉规范所。在座谈会上，武汉规范所所长郑荣军受李总裁委托代表 CCS 对朝鲜船级社代表团的来访表示了热烈的欢迎。会上，武汉规范所介绍了 CCS 近几年的发展状况。武汉规范所方闯副总工介绍了我国内河船舶安全技术标准的演变过程、标准体系现状、安全技术标准与国外同类规范的比较、下一步主要工作等内容。随后，双方就内河船舶入级与建造规范框架、技术法规框架以及相关关心的技术问题进行了交流。最后郑荣军所长作了总结发言。他回顾了中朝双方多年来的交流情况，在交流中促进了双方的友谊。这次朝鲜船级社的来访，为中国船级社武汉规范所提供放眼世界、展示自我的机会，他希望中朝双方加强技术和信息交流，优势互补，同时还要进一步增加技术人员的交流和互访，为促进两国航运事业的发展共同努力！座谈会在友好、和谐的气氛中结束。

（武汉分社　曹树槐）

【科研中心主任办公会在武汉顺利召开】　中国船级社科研中心主任办公会10月例会，于2008年10月16日在武汉规范所隆重召开，高照杰副总裁、王晨副总工、魏纪友副总工及总工办、研发中心、上海所、武汉所、社审图中心的相关领导参加了会议。会议由高照杰副总裁主持。会议首先对上次会议决定的工作落实情况进行了检查，接着听取了各单位9月工作完成情况汇报及10月工作安排部署。随后，针对IACS技术开放的变化，各单位今明年的工作思路、目前各单位工作存在的主要问题及解决方案与建议、完善“十大工程项目”的建议及其它事宜进行了研讨。会后，魏纪友副总工、赵晏执行副主任专题就武汉审图中心的发展规划等问题与武汉所进行了讨论。

（武汉分社　曹树槐）

【武汉规范所落实国务院及总部安全生产工作会精神】　2008年4月28日胶济铁路发生旅客列车脱轨倾覆相撞特别重大事故，引起党中央、国务院的高度重视。4月30日下午，武汉规范所参加了总部第三次社务会等相关工作视频会后，立即召开专题会议进行传达，要求全体干部职工认真贯彻落实科学发展观，坚持“安全第一、预防为主、综合治理”的方针，进一步提高水上运输（尤其化学品运输和乡镇客渡船）安全生产水平，同时结合内河，特别是三峡库区的水上运输安全情况进行了相应的研究和部署。一是加强审图安全质量管理。对“四客一危”船舶审图采取专业化分工，对已审批的“四客一危”船舶案卷进行复查。二是优化评审工作流程。增设预评审专岗，对已审批在建的客船、化学品船、液化气船舶进行重点跟踪，确保客船、化学品船、液化气体船及滚装船审图质量。三是对船舶事故应急处理。分析和细化国内船舶应急响应技术支持方式和手段，补充和完善辅助施救决策的知识库，细化危险化学品应急处置信息系统知识库。四是做好培训工作。结合目前航运业、造船业的发展需要和水上安全环保的需求，在合理提升内河船舶安全技术标准、确保规范标准编制质量的同时，做好新规范标准的培训和宣贯工作。五是成立专题组。对内河化学品船和客渡船事故及其隐患进行调查、统计和分析，适时做好重点船规范法规维护工作。

为确保措施落实到具体岗位，从源头上消除安全隐患，武汉规范所制订了《贯彻落实国务院交通部及总部关于加强安全生产和“隐患治理年”“两防回头看”工作计划》，并上报总部。

（武汉规范所　熊　军）

【船检莫干山协议首次工作协调会在浙江嘉兴召开】　2008年1月8日，江浙沪船检机构有关领导在嘉兴召开了江浙沪《船舶法定检验质量互认协议》工作协商会。

会议交流了互认协议签署以来两省一市船检机构的相关工作，分析研究了协议执行中存在的问题，探讨了协议框架下加强船检合作的方式，在完善协议内容、加强合作与交流、发挥秘书处作用等方面达成了共识。会议决定将江浙沪船检质量互认协议简称为“船检莫干山协议”，以便于对外宣传和区别于其他省的互认协议。

（浙江省局　船检处）

【浙江省船检、渔检与浙江欣海恳谈会在杭召开】

2008年1月12日，浙江省船舶检验局、浙江省渔业船舶检验局与浙江欣海船舶设计研究院在杭州召开恳谈会，共商提高船舶设计质量、促进省内船舶设计业做大做强大计。

浙江欣海船舶设计研究院成立于1997年，是目前省内最大船舶设计研究单位，2003年被省科学技术厅认定为全省首家省级民营科技研究开发机构，2007年被授予“浙江省海洋开发研究院船舶设计研究中心”称号。

（浙江省局　船检处）

【交通部海事局到浙江省调研船检信息化工作】

2008年3月4—5日，交通部海事局船检处副处长杜国光等一行四人到浙江省调研船检信息化工作情况。调研组听取浙江省船检信息化工作汇报，重点了解浙江省船检信息管理系统（二期）的功能、数据上报的实现等问题；在肯定浙江省船检信息化工作的同时，也对按时向全国船检管理信息系统上报数据提出了工作要求。此外，调研组还到湖州市港航管理局检查了基层船检信息化工作。

（浙江省局　船检处）

【浙江省海事船检携手加强船舶安全质量监管】

2008年3月25日至26日，浙江省海事局与船舶检验局为加强海事安检与船检的合作及沟通，在杭州召开了第七届海事船检联席会议，共商携手加强船舶安全质量监督管理问题。

会议通报了一年来船舶安检情况，分析了浙江籍船舶滞留缺陷原因，研究交流了降低浙江省籍船舶滞留率的对策，探讨了海事船检加强联系与沟通的方式，完善了以联络员制度为基础的省内海事与船检日常沟通机制，并就下一阶段工作达成了以下共识：一是巩固安检与船检的协作机制，开展一次以低质量船舶整治回头看为主线的船舶质量联合现场检查。二是加强安检与船检信息与业务交流，特别是在业务技术培训方面加强合作。此外，会议还就安检与船检工作中遇到的规范法规上的技术问题进行了讨论交流。

（浙江省局　船检处）

【江浙沪共商提高船检服务质量】　2008年4月29日至30日，江浙沪《船检莫干山协议》宣贯会在浙江省长兴市召开。江浙沪两省一市船检机构和主要分支机构领导和业务负责人参加了会议。会议交流了江浙沪船检机构加强合作、提高工作质量的思路，宣贯了《船检莫干山协议》签定的背景、目的、基本原则、秘书长与秘书处的设置以及协议的主要内容，重点讲解了协议关于审图质量互认、转港时检验质量的互认、质量问题的处置等问题，并对统一检验项目、程序和工作要求作了说明。

通过宣贯和讨论，进一步增强了江浙沪船检机构加强合作、提高质量的意识，明确了执行《船检莫干山协议》的各项要求，增进了江浙沪船检机构之间的相互了解，对于提高区域船舶检验质量、提升服务水平、共创江浙沪船检品牌具有重要的意义。

（浙江省局　船检处）

【浙江省船检管理信息系统（第二期）通过部海事局验收】　2008年5月22日，由浙江省港航管理局、杭州互力信息科技有限公司、北京宝锐亿韬科技发展有限公司联合开发的“浙江省船检管理信息系统（第二期）”，通过了部海事局上海船检管理处、省港航管理局以及舟山、绍兴等港航部门有关专家的联合验收。

验收组在听取该项目的有关报告，观看系统功能演示，审阅相关资料后一致认为：该项目在主要功能上涵盖了浙江省船检系统的主要检验业务，体现了船检质量管理体系的要求，具有界面友好、操作简便、稳定性好等优点，满足部海事局对船检信息系统的要求和浙江省船检实际业务工作的需要，同意通过验收并向全省船检系统推广应用。

（浙江省局　船检处）

【水网地区地方船检联席会议在浙江省宁波市召开】　2008年6月17日，水网地区地方船检会议在浙江省宁波市召开，江苏、上海、山东、安徽、江西、湖北、湖南、广东、重庆、辽宁和浙江等11个省（市）地方船检机构的领导和业务负责人出席了会议，部海事局及上海船检管理处的领导应邀参加了会议。

会议围绕倡导“地方船检一把尺”的主题，就当前地方船检存在的问题、如何促进地方船检和谐发展、新形势下区域地方船检合作与交流以及主管机关如何加强船检管理等议题开展了讨论，并达成了多项共识。

（浙江省局　船检处）

【浙江省船检局发布船舶设计图纸审查网上查询系统】　2008年7月，浙江省船检局为提高审图工作透明度，主动接受社会监督，委托省交通厅信息中心开发了船舶设计图纸审查网上查询系统，接入浙江交通网站，向公众开放。

通过该系统，船舶设计单位与社会公众可以方便地查询省船检局船舶图纸审核的受理与审查情况，无需再担心船检内部暗箱操作损害其利益，对于促进船检廉政建设也具有积极意义。

（浙江省局　船检处）

【浙江省船检局组织沿海小型货船建造检验质量垂直审核】　为指导签证点船检工作，保障船检工作质量，浙江省船检局于2008年11月24日至25日抽调舟山、台州、温州、嘉兴的资深验船师组成联合审核组，对宁波检验处委托象山签证点进行建造检验的500GT以下沿海小型货船的检验质量进行了垂直审核。

审核组通过现场抽取设计单位、船舶建造厂处于交船阶段的2艘500GT以下沿海小型货船，对照船检质量体系的规定，审核了船舶开工前检查、建造检验项目确定、检验程序和检验记录以及发现问题的处置情况，并登船检查了实船与图纸、法规、规范的符合性。检查中发现宁波检验处象山签证点500总吨以下沿海小型货船建造存在构件装配误差大、焊接质量差、船图不一致等问题。审核组要求宁波检验处对批量建造的其它同型船舶开展一次全面复查，提出整改措施并落实到位。

（浙江省局　船检处）

【浙江省船检局开展年度质量体系内部审核】

2008 年 12 月 8 日至 14 日，浙江省船舶检验局组织内审员分两组对 11 个检验处的船舶法定检验质量管理体系进行了年度内部审核。审核结果表明，各检验处领导和验船师重视质量体系的运行工作，船检质量管理体系在全省船检系统的运行有效，船舶检验过程质量控制、档案管理水平有了明显提高，检验工作更加规范，同时也存在着人力资源不足、工作不细、管理要求执行有偏差等问题。

本次内审，也为各检验处相互交流提供了平台，为省局进一步改进质量管理体系指明了方向。

（浙江省局　船检处）

【四川省开展嘉陵江渠化后标准货船研究】　嘉陵江是国家内河战备航道，到 2010 年，嘉陵江上将形成 16 级尾水相衔的航电工程，广元—重庆的 739 公里航道将缩短近 60 公里，成为我国西南地区名副其实的“黄金水道”。为了提升渠化后航道的通航能力，提高船闸通过效率，充分发挥内河水运优势，借鉴国内外模式，充分考虑长期发展需要，规范船舶发展，2008 年，省厅批准了《嘉陵江渠化后标准货船研究》科研项目，由厅航务局承担课题任务。厅航务局和武汉理工大学合作，对嘉陵江航道、航电枢纽船闸以及港口规划情况进行调研，确定了 500 吨级和 1 000 吨级集散两用船舶的主尺度和航区，得到有关航务机构、航运公司和船东的认可，并将就具体船型进行深入研究，通过科技创新，实现渠化后 500 吨级船舶全年通航，1 000 吨级船舶季节性通航。

（四川省局　易　斋）

【全国注册验船师制度正式实施】　为加强船舶检验专业技术人员管理,提高业务素质,保证船舶检验质量，人事部、交通运输部和农业部出台了《注册验船师制度暂行规定》(以下简称《规定》)。

《规定》对从事船舶检验工作的专业技术人员，实行职业准入制度，纳入全国专业技术人员职业资格证书制度统一规划和管理。人事部、交通运输部、农业部按职责分工对该制度的实施进行指导、监督和检查。 各省级人民政府人事行政部门对本行政区域内注册验船师资格考试、注册进行监督、检查。从事船舶检验工作的专业技术人员经考试取得《中华人民共和国注册验船师资格证书》，并依法注册后方可从事船舶检验工作。注册验船师资格实行全国统一考试制度，原则上每年举行一次。注册验船师资格考试设“船舶和海上设施”（分 A. 国际航行船舶、海上设施、国际航行的渔业辅助船舶；B. 国内海上船舶；C. 内河船舶；D. 内河小船等 4 个级别）和“渔业船舶”（分 A. 远洋渔业船舶；B. 国内海上渔业船舶；C. 国内海上小型渔业船舶、内河渔业船舶；D. 内河小型渔业船舶等 4 个级别）两个类别。专业技术人员可根据实际工作需要，报名参加相应类别、级别的考试。考试合格者，颁发相应类别、级别资格证书。证书在全国范围内有效。

2008 年 10 月 18 日和 25 日，四川省分两批在成都举行了全国注册验船师资格（成都考点）的考试，共有 204 人参加。

（四川省局　易　斋）

【甘肃省年度船检机构资质认可工作通过部海事局的检查】　按照交通运输部颁布的《中华人民

共和国船舶检验机构资质认可与管理规则（2008年修订）》和国家海事局《中华人民共和国船舶检验机构资质认可与管理规则（2008年修订）》的要求，甘肃省地方海事局在2008年里，从注册验船人员的配备情况、船检技术档案管理、执行国家海事局“四项船检管理规定”和相关管理文件情况、船检工作程序执行和船舶检验证书发放管理等方面进行入手，在已经完成的船检机构资质认可工作的基础上，不断完善内部管理制度，严格船检行政执法工作行为，强化了全省船检管理工作。同时对我省下属的船检分支机构进行了机构资质省内审核。对审核过程中发现的问题，要求各船检机构都要高度重视，认真分析、研究原因。对存在问题的船检机构督促其制定切实可行的改进措施，限期整改。省地方海事局同时要求各地要重视验船人员的培训和业务学习工作，加强对验船人员职业道德的教育工作，增强验船人员的工作责任心，逐步提高验船人员的业务水平。2008年6月10日至13日，甘肃省船检机构资质认可工作顺利通过了部海事局船检机构资质抽查工作组的检查。

（甘肃省局　陈长春）

【重庆市将船载GPS终端记入船检证书】　2008年3月1日起，重庆市船检局决定将船载GPS终端记入船舶检验证书。

船载GPS终端的配备、选型、安装等技术要求，参见“重庆市水上安全监控系统”统一使用的《船载GPS终端技术规范》。

（重庆市局　阳斌）

【长航局到渝调研船舶大型化工作】　2008年6月4日至5日，长航局组织成立长江上游船舶大型化研究项目组，深入重庆地区开展调研工作。来自重庆有关港口和航运企业的代表就大型船舶如何适应港口、航道、桥梁、船闸等要求进行了详细汇报，对大型船舶的经济效益进行详细介绍。与会代表一致认为大型船舶的安全性好、经济效益明显，现有港口、航道、桥梁及船闸的实际情况基本能适应大型船舶的要求。市交委何升平副主任就重庆水运发展对大型船舶的需求等向项目组作了详细介绍，指出三峡成库后重庆航道条件得到了根本性改善，船舶标准化、大型化成了水运发展的必然趋势。项目组还对兰家沱、重钢、寸滩等港口大型船舶的靠泊及装卸作业情况进行了实地调查了解。

（重庆市局　阳斌）

【重庆市船检局与中国船级社重庆分社强化业务交流】　2008年2月15日，重庆市船检局与中国船级社重庆分社召开了2008年度“船用GPS终端和防污技术研讨会”。研讨会由市船检局党志胜副局长主持，双方对船载GPS终端记入“船舶检验证书”的有关要求和程序、船舶现场检验和数据审查发证监控流程的有关事宜及联合举办2008年第一期“船舶防污系统技术培训”进行了研讨交流，并达成了一致的共识。

（重庆市局　阳斌）

【《重庆市封闭水域小型船舶检验暂行规定》阶段性成果审查会召开】　2008年7月，重庆市船检局主持召开了《重庆市封闭水域小型船舶检验暂行规定》阶段性成果审查会。市地方海事局、有关区县船检分支机构的专家和代表参加了会议。会上，与会专家和代表根据原交通部《关于制定乡镇渡口渡船检验规范若干事项的通知》精神，结合重庆市封闭水域的实际情况，参照有关船检法规或规范，本着确保安全、环保、便于实施的原则，对《暂行规定》进行了严格审查并提出了修改意见。与会专家和代表一致认为，经修改后的《暂行规定》可以在部分区县的封闭水域试行。

（重庆市局　阳斌）

·人员培训·

【武汉培训中心举办了分社审图、组审图人员资质培训班】　为落实系统工作会议关于加强审图工作的精神，提升CCS各分社的国内船舶审图能力，由总部总工办、人事处组织策划，武汉培训中心承办的第一期“分社审图/组审图人员资质培训班”于2008年4月7日在武汉举办，来自10个分社的46位审图验船师参加了培训。经过一周的理论培训，于4月11日圆满结束。本次培训讲授了相关的海船、河船规范，审图的质量体系文件、审图管理及应用软件、内河审图须知、内河船舶审图项目检查表等内容。整个培训过程呈现出浓郁的学习氛围和较强的互动性，对于提高分社审图验船师的业务能力，促进船舶的安全质量，起到了积极的推进作用。

（武汉分社　曹树槐）

【武汉培训中心启动验船师《国内航行船舶修造工艺》教材编制工作】　为全面实施中国船级社GBTS的战略计划，继完成验船师《无损检测技术》教材的编制后，作为培训系列产品开发，编制验船师《国内航行船舶修造工艺》教材是武汉培训中心2008年的重点工作之一。2008年2月28日，武汉培训中心召开了验船师《国内航行船舶修造工艺》教材编制组的第一次会议，会议由培训部顾航明副主任主持，所领导、培训部及编写人员参加了会议。武汉培训中心主任陈豫下达了编制任务，明确了编制组，阐述了教材编制的重要意义，并对教材的编制提出了总体部署和具体要求，这标志着策划已久的编制工作正式启动。验船师《国内航行船舶修造工艺》编制组由刘厚安、顾航明、黄克闪、吴光华等同志组成。会上大家讨论了由武汉培训中心研究提出的验船师《国内航行船舶修造工艺》教材的编制计划和编写大纲。会议研究确定了初步的工作计划：培训部及编写组在3月中旬完成编写大纲和实施计划的完善和细化及调研提纲的编制工作；4月底前完成调研工作，6月底前完成草稿及评审，8月底前完成初稿及评审，9月或10月利用新编教材（初稿）举办一期培训班，11月底前完成修改完善和评审上报工作。

（武汉分社　曹树槐）

【武汉规范所举办内河船舶节能减排安全技术讲座】　2008新年伊始，武汉规范研究所特邀美国著名环境专家、美国西雅图市公共事务管理局高级环境工程专家佘年博士为武汉所内河船舶节能减排安全技术研究课题组和相关审图技术人员进行了专题介绍和技术交流。内河船舶节能减排安全技术研究是武汉规范所去年申报的交通部重点科技项目，经课题组深入调查、研究，目前已取得阶段性成果，但仍存在一些技术上的疑惑。交流会上，课题组各成员结合各自研究内容，对内河船舶生活污水处理、废油排放、柴油机尾气排放等专业问题进行了咨询。佘博士一一回答了课题组的提问，他以西雅图市华盛顿湖为例，详细介绍了美国在内河、湖泊船舶节能减排方面所采取的政策手段和技术方法，说明了美国相关标准的具体要求。对课题组关心的三峡库区运输危险化学品的应急响应问题，佘博士结合自己所做案例，对应急手册、危险评估模型和后处理方法等进行了详细介绍。此外，佘博士还兴致勃勃地介绍了西雅图市在治理城市湖泊和雨水污染方面的先进经验，对武汉市东湖治理提出了建议。佘博士是应“市长论坛”组委会的邀请，回国做城市水污染治理专题报告。对武汉规范所正在进行的内河船舶节能减排安全技术研究，佘博士给出了高度评价，他认为，将节能减排安全技术要求写入规范，将有利于从源头上防止内河船舶造成环境污染。交流会结束后，佘博士留下联系方式，并表示愿意与课题组成员保持联系，尽自己所能提供参考资料，进行技术探讨和交流。课题组成员对这次交流表示受益匪浅。据悉，2008年武汉规范研究所将继续深入创建学习型单位，开展更多学术交流活动。

（武汉分社　曹树槐）

【武汉规范所举办特定航线江海通航船舶波浪载荷研究讲座】　2008年1月21日，武汉规范所邀请中国船舶工业集团公司第七〇八研究所张海彬博士对特定航线江海通航船舶波浪载荷研究进行了专题讲座。张博士依次介绍了波浪载荷预报理论研究、波浪载荷预报的三维水动力理论、波浪载荷的统计预报理论、波浪载荷分析流程、江海通航船波浪载荷预报等几个方面的内容。张博士还以几年来他从事的波浪载荷研究的项目为例，理论与实践相结合进行了讲解。最后，我所相关技术人员还与张博士就特定航线江海通航船波浪载荷的预报的概率水平的选用、海浪谱的选取、横剖面压力分布等方面进行了讨论。

（武汉分社　曹树槐）

【武汉规范所举办绿色船舶技术及其发展讲座】

武汉规范所于2008年2月29日，邀请武汉理工大学交通学院蔡薇博士对绿色船舶技术及其发展进行了专题讲座。蔡博士主要介绍了绿色船舶的概念、特性及绿色船舶技术，包括绿色材料的选择、船舶的绿色设计、船舶节能新技术的开发与应用、涂层技术、电力推进、压载水管理及相应船型、世界绿色船舶研究等几个方面的内容。蔡博士还以国外近年来相关的绿色船舶研究项目为例，理论与实践相结合，介绍了国外绿色船舶发展的相关情况。这次讲座，增进了我所专业技术人员对绿色船舶技术的了解，开阔了视野，为今后开展绿色船舶研究打下了基础。

（武汉分社　曹树槐）

【武汉规范所举办散货船共同结构规范讲座】

2008 年 2 月 14 日，武汉规范所举办了散货船共同结构规范直接强度计算的交流讲座，由我所派往总部研发中心的汪竹、王娜等两位同志将培训和工作情况向我所其他专业技术人员作了简单汇报。会上,首先对 JBP 直接强度计算的一般流程进行了介绍，包括屈服强度评估、屈曲强度评估、高应力区细化网格分析和疲劳强度评估,并结合 18 万吨散货船实船计算与我所相关人员讨论了建立有限元模型的要求、后处理中对计算结果如何分析、如何调整结构尺寸等。通过这次交流讲座，使我所专业技术人员对散货船共同结构规范直接强度计算有了一定的了解，拓宽了视野，为今后武汉地区 CSR 的审图和研究工作打下了基础。

（武汉分社　曹树槐）

【武汉审图中心积极开展现场技术交底活动】

2008 年 2 月 18 日，武汉规范所审图中心在掌握到监利荆江造船有限公司将首次建造海上机动钢质船舶，技术及施工力量薄弱，急需 CCS 技术支持的信息后，审图部副主任吴健雄及审图验船师刘国强、孙先华等一行 3 人，在武汉分社营运船舶处现场验船师的陪同下，到监利荆江造船有限公司进行了 102.6 米甲板运输船技术交底。审图验船师、现场验船师会同船厂的管理、技术人员一起，对该船图纸审查的情况进行了充分地交流和沟通，并就已经审批图纸的审图意见及意见答复逐一给予解释和落实，明确船厂在施工中如何落实审图意见。在船体构件的装配、构件中断处的节点处理以及焊接工艺规格、舷旁阀件的安装、管系通舱件的防腐镀锌处理、露天甲板通风筒及空气管的安装、保证通风管穿过舱壁及甲板的耐火完整性、电缆的敷设安装等方面，提出了很好的建议。针对船东购买设备和材料的特殊情况，要求船东按图纸购买设备和材料，特别是电缆，应选购成束滞燃型，并持有 CCS 产品证书。厂方相关人员认真听取了审图人员的意见和建议，并就有关造船技术问题进行了咨询，认为船舶图纸审查完毕后，审图验船师与厂方技术人员及现场验船师的技术交流很有必要，对 CCS 的技术支持表示了充分的肯定和感谢，并表示船厂在新的船型的建造中，将进一步邀请 CCS 审图验船师给予技术帮助。

（武汉分社　曹树槐）

【上海市船检处加强人员培训】　2008 年，上海市船检处完成“举办船检业务培训班”工作。邀请中国船检社的资深验船师讲解船舶检验知识。通过培训，大家感到收获很大，既学到了具体的检验知识，又了解到地方船检机构普遍存在的不足，表示在今后的工作中要引以为鉴，举一反三，努力提高船检业务水平，争取将上海地方船检的各项工作提升到一个新高度。与此同时，完成 49 份注册验船师考试申报材料的审核。其中船检中心 B 级注册验船师 13 人，10 个分支机构 C 级注册验船师 36 人，并按时通过网络向上海船舶检验管理处申报。

组织各区（县）分支机构和船检中心部分人员参加浙江省船检局举办的注册验船师考前复习班，组织注册验船师分两期参加考试。

（上海市局　庞耀云）

【浙江省注册验船师考试圆满完成】　2008年10月18日、10月25日，浙江省注册验船师认定考试全国统考在华东考区杭州考点浙江交通职业技术学院进行，全省第一批151名、第二批115名验船师参加考试。考生们严格遵守考试纪律、沉着应答，圆满地完成了全国统考。

（浙江省局　船检处）

【江西省局举办未持证验船人员业务培训班】

2008 年 1 月 14 日至 20 日，江西省地方海事局根据交通部海事局善于采取临时性措施缓解船舶检验人员短缺压力的通知要求，在景德镇举办了一期培训班，对全省 43 名未持证验船人员进行船检法规与业务培训考试。授课老师为武汉船检管理处的特邀专家和本单位的资深船检人员。培训内容包括船体、轮机、电气、消防、救生、焊接等方面的知识以及现场船舶检验和证书填写所要注意的事项等。培训结束后，学员们参加了统一考试。

经这次培训考试，验船人员的业务素质相应得到提高，进一步提升了基层船检工作质量。同时，缓解了省内航运业、造船业快速发展与验船人员短缺之间的矛盾，为这批学员下一步参加全国注册验船师资格考试及即将实施的注册验船师制度奠定了基础。

（江西省局　罗淑英）

【甘肃省组织25名人员参加全国注册验船师资格认证考试】　2008年10月18日，全国注册验船师资格认定考试（甘肃考点）在甘肃交通职业技术学院举行，全省船检系统共25名验船人员参加了本次考试。

2008年是国家实行注册验船师制度以来的第一次考试。今后每年都将组织进行一次全国统考。考试向全社会开放，凡符合申报条件的人员，都可报名参加。

（甘肃省局　陈长春）

【甘肃省船舶检验处对全省专职验船人员进行业务培训】　按照《中华人民共和国验船人员适任考试、发证规则》的要求，验船人员必须进行定期业务学习和培训。为保障船舶检验工作质量，规范检验工作行为，甘肃省地方海事局、省船舶检验处于2008年4月组织全省32名专职验船人员在甘肃交通职业技术学院进行了为期一周的业务培训。

为做好此期培训工作，甘肃省船舶检验处积极争取国家海事局和天津船检管理处对我省船检工作的支持，协调北京宝瑞科技有限公司派出专业技术人员和省局资深验船师做为此次培训的师资力量。培训内容侧重于新版船检发证管理系统软件的操作使用、船舶检验理论和实船检验知识。通过此次船检业务培训，使全省验船人员的业务能力有了明显提高，依法行政意识明显增强。同时按照国家海事局的工作要求，省船舶检验处在培训期间为全省各船检机构统一配发了新版船检发证管理系统VIMS5.0软件光盘。

（甘肃省局　陈长春）

【甘肃省水运局举办船舶签证和船舶登记培训班】　2008年6月12日，在刘家峡举办了全省“船舶签证管理规则”培训班，对交通部2007年第7号令《中华人民共和国船舶签证管理规则》（以下简称《07规则》）作了详细的解释说明。通过此次培训班使海事签证人员更好的了解和掌握即将实施的《07规则》，从而进一步规范我省的船舶签证工作。借实施新规则的契机，做好以下工作：一是规范我省船舶签证工作的各项程序，改变执法标准不一，填写不规范等情况。二是加大对外宣传力度，为实施新规则创造良好氛围。三是各地要加快工作进度，按照新规则要求，按时核发、补发和换发新版《船舶签证簿》。四是各地要借这次换发新版《船舶签证簿》的契机，建立和完善相关台帐，解决在实际工作中存在的问题。五是12月25日对四个重点水域进行了船舶登记培训并配发了船舶登记专用电脑和软件，使船舶管理进入正规化管理。

（甘肃省局　陈长春）

【重庆两家船检机构联合召开船舶防污系统技术培训会】　2008年2月20日，重庆市船检局与CCS重庆分社联合召开了《船舶防污系统技术培训会》。重庆市9家省际运输客船公司的机务管理人员、5家污水处理设备中标安装船厂的施工、检验技术人员、重庆市船检局与CCS重庆分社验船师等共计41人参加了培训会。

（重庆市局　阳　斌）

【重庆市船检局与浙江省船检局合作举办国内海船规范培训班】　2008年9月，重庆市船检局与浙江省船检局合作举办了国内海船规范培训班。来自重庆市船检局机关及主要分支机构的15名验船人员参加了培训。浙江省船检局的三位资深高级验船师分别对船体、轮机和电气三个专业的海船法规、规范体系作了深入浅出的讲解，就审图和现场检验方面的要点、容易出现的问题及解决办法以及现场检验注意事项等方面，与参培人员进行了广泛的探讨与交流。

（重庆市局　阳　斌）

【重庆地区的注册验船师资格考试举行】　2008年10月25日，重庆地区的注册验船师资格考试在重庆交通大学举行，包括市船检局与重庆 CCS 在内的 138 名验船师参加了考试。本次考试由长江海事局船检管理处、武汉分局进行考场监督，历时 3 个半小时考试结束。

（重庆市局　阳　斌）

·科研规范·

【“京杭运河标准船型项目技术方案”、“川江及三峡库区标准船型项目技术方案”评审会在汉召开】

中国船级社于 2008 年 2 月 18 日至 20 日在武汉组织召开了“京杭运河标准船型项目技术方案”、“川江及三峡库区标准船型项目技术方案”专题评审会，来自交通部水运司、部海事局、船舶设计单位、航运企业、高等院校、船舶检验、CCS 等单位的专家参加了会议，交通部水运司曹德胜副司长及中国船级社田晓平副总裁到会并讲话。会议由中国船级社徐立主任主持，本次会议的组织和会务工作由武汉规范研究所承担。 与会专家在听取了嘉兴金航、江苏船舶设计研究所、浙江现代船舶研究有限公司、中国长航集团、长江船舶设计院、武汉理工大学、四川交通厅航务局等研发单位关于标准船型研发的有关研究工作报告、经济论证报告及相关的模型试验报告后，对研发项目逐一进行了认真的审议，一致认为：“京杭运河标准船型项目技术方案”满足交通部公布的《京杭运河运输船舶标准船型主尺度系列》的要求，充分考虑到不同用户特点，较好地将船舶的技术性能与经济性相结合，以使所开发的船型为市场所接受，同时注重技术先进性和经济性的协调及对环境保护的控制。“川江及三峡库区标准船型项目技术方案”按照“安全、环保、经济、美观”的要求，在充分调查研究基础上，研究开发的标准船型技术方案符合交通部公布的《川江及三峡库区运输船舶标准船型主尺度系列》要求，所推出的船型技术方案合理，并体现了技术先进性和经济性。标准船型的研究与工作，着眼于我国未来内河航运业的发展趋势，满足环境保护、资源节约、绿色造船的国家政策，技术方案对推进船型标准化起到了积极作用。通过各位专家和研发单位的共同努力，评审会取得圆满成功。

（武汉分社　曹树槐）

【“内河船舶工程计算软件开发与整合”完成项目评审】 2008 年 3 月 27 日中国船级社在武汉组织召开了“内河船舶工程计算软件开发与整合”项目评审会。来自中国船级社、设计院等单位的专家代表 13 人参加了评审。会议由中国船级社总工办徐立主任主持。该软件系统是由武汉规范研究所和数码易知公司联合开发，通过利用统一的开发平台、应用管理流程和全新的开发机制，加快了工程计算软件的开发应用，它的完成标志着第一次建立了统一的内河船舶辅助设计与审图计算平台。计算系统集成了内河船舶总纵弯曲/弯扭组合强度计算、结构规范校核、稳性衡准等程序模块，解决了内河船舶工程计算软件分散的问题，有利于推进内河船舶电子化审图。同时，该软件系统提供了方便的数据导入、导出功能，在系统集成的同时，保证了良好的兼容性，多层面的数据共享，最大程度地保证了数据的一致性和共享性。同时，软件系统建立了用户认证认可机制，能有效地防止软件盗版，计算报告采用了加密 PDF 格式和身份认证技术，确保了计算报告的真实性。与会专家建议完善必要的校核数据项输出和界面友好度，尽快在系统内外推广试用。

（武汉分社　曹树槐）

【“内河船舶海损后技术评估研究”评审会在武汉召开】 中国船级社于 2008 年 3 月 26 日在武汉组织召开“内河船舶海损后技术评估研究”评审会。来自中国船级社、高等院校、航运企业、设计院等单位的专家 17 人参加了评审会。会议由长江船舶设计院王前进副院长主持。专家组听取了项目组对课题研究工作的汇报，经过专家组的认真评议，一致认为项目组通过梁模型和有限元模型计算结果的对比分析，从剖面模数控制、总纵弯曲应力、剪切、屈曲等方面对海损船舶进行了全面评估，确定了内河船舶海损后总纵强度的评估方法和衡准标准。项目研究技术路线正确，研究成果具有合理性和可操作性，为建立“内河船舶应急响应服务系统”作了基础性研究工作。

（武汉分社　曹树槐）

【“内河客船消防技术要求提升的评估分析”项目通过评审】 中国船级社于 2008 年 3 月 27 日在武汉组织召开了《内河客船（含旅游船、川滚船）

消防技术要求提升的评估分析》评审会。来自航运企业、设计院、中国船级社等单位的专家代表参加了评审会。评审会由来自 CCS 总工办徐立主任主持。与会专家代表听取了项目组对课题研究工作的汇报，经过认真评审，认为项目组通过对近年来长江干线客船火灾事故统计分析、典型船舶火灾事故的剖析，归纳总结了客船火灾事故发生的主要原因，分析了与船舶消防安全技术要求的关联性，研究技术路线正确；项目组结合对火灾事故的评估分析，提出了提高内河客船消防安全技术要求的建议，具有可操作性。同时，与会专家还建议进一步充实有关材料耐火等级的分析内容，补充内河客船厨房烟道防火灭火措施要求。

（武汉分社　曹树槐）

【“《海上风力发电机组规范》编制框架”研讨会在武汉规范研究所召开】 中国船级社为适应我国环境友好型社会建设和清洁能源发展的需要，已在交通部立项，开展我国的第一本《海上风力发电机组规范》的研究编制工作。2008 年 4 月 11 日上午，“《海上风力发电机组规范》编制框架”研讨会在武汉规范研究所召开，会议由武汉规范所副总工程师方闯主持，浙江华仪风能公司的风能专家庄岳兴先生，CCS 研发中心的陈瑞锋副主任、孙政策博士，CCS 产品处的马国伟、隋红霞，武汉规范研究所工业技术部和规范法规部的相关编写人员参加了本次研讨会。会上，武汉规范研究所详细介绍了“《海上风力发电机组规范》编制框架”的基本思路，编写内容，参加人员以及任务安排等。与会代表围绕以上内容进行了热烈的讨论，对海上风力发电机组的现状和发展进行了交流；就《海上风力发电机组规范》的可靠性及可维护性、经济性、可操作性、风机载荷的特殊性等方面提出了积极的建议；对海上风机的基础结构型式和选用进行了比较详细的讨论和交流。此外，还就规范名称，即将《离岸风力发电机组规范》更改为《海上风力发电机组规范》取得了共识，以充分体现 CCS 的技术特长，更加明确本规范的适用范围并使规范名称更加严谨。此次研讨会补充完善了《海上风力发电机组规范》的编写框架，明确了任务和人员安排，为启动规范编制和 CCS 未来开展海上风力发电机组的评估、认证奠定了良好了基础。

（武汉分社　曹树槐）

【内河船舶应急响应（ERS）框架研讨会在武汉规范所召开】 2008 年 7 月 30 日中国船级社武汉规范所召开了内河船舶应急响应（ERS）框架研讨会，会议由中国船级社田晓平副总裁主持。来自中国船级社总部技术处、国内营运处、营运入级处、武汉分社以及武汉规范所的领导和专家 13 人参加了研讨。研讨会上，田晓平副总裁首先强调了开展内河船舶 ERS 工作的必要性和重要性，之后，武汉规范所对内河船舶 ERS 的整体研发思路和实施框架进行了汇报，参会领导和相关人员对武汉所前期开展的工作和形成的框架建议进行了认真的讨论，一致认为：1. 武汉规范所开展的工作和进度符合总部要求，研究的内容和成果充分体现了技术对安全的支持和内河船舶 ERS 的特点，提出的内河船舶 ERS 框架（船舶应急手册加岸基支持的模式、内河船舶 ERS 知识库和数据库模型等）合理、可行。2. 其研究内容全面深入，提出的以“事故前提供应急手册服务和事故后船舶处置技术支持”为主的应急服务模式符合内河船舶应急处理实际。3. 建议武汉规范所进一步围绕应急相应手册的编制内容和关键技术要点开展相关研究工作。鉴于内河船的数量和实施 ERS 的必要性，会议建议：内河船舶 ERS 先从三峡库区“四客一危”船舶进行试点，成熟后推广使用。

（武汉分社　曹树槐）

【“船长大于 40 米内河纤维增强塑料船审图原则”评审会在武汉召开】 受中国船级社总部委托，2008 年 10 月 10 日中国船级社武汉规范所在武汉组织召开了“船长大于 40 米内河纤维增强塑料船审图原则”评审会。来自中国船级社、设计、审图以及纤维增强塑料船专业制造厂商等单位的专家参加了评审会。与会专家听取了课题组对课题研究情况的详细介绍，并进行了认真的评审，一致认为：课题组研究制定的审图原则，适应了内河纤维增强塑料船发展的需要，为保障内河纤维增强塑料船的安全提供了技术支持；提出的“船长大于 40 米内河纤维增强塑料船审图原则”要求合理，具有可操作性，能有效满足内河纤维增强塑料船发展的需求。

（武汉分社　曹树槐）

【《海上风力发电机组规范》研讨会在武汉规范所召开】 为积极配合国家建设环境友好型社会，推动节能减排，促进可再生清洁能源的开发和应用，我社在风力发电领域积极开展跟踪和研究。在继我社《风力发电机组规范》（2008）顺利出版之后，武汉规范所正在组织编制《海上风力发电机组规范》，围绕《海上风力发电机组规范》的关键技术研讨会于2008年11月18日在武汉召开，来自CCS研发中心和中航602所相关专家出席了会议。会上，规范编写组成员就规范编制的总体思路、框架及关键技术内容进行了介绍，并就海上风机载荷的处理原则、基于可靠性理论的结构评估方法及海上风机桩基等关键技术问的进行了讨论。同时，与会专家针对海上风力发电机组作为海上构造物的特殊性，提出了许多宝贵的修改指导意见和建议。

（武汉分社　曹树槐）

【武汉规范所组织内河绿色船舶指标体系研讨会】 CCS武汉规范所为全面提升在节能、环保和减排方面的现代技术服务能力，推行新造船和现有船舶节能减排相关举措，于2008年8月8日特邀请武汉理工大学、长江船舶设计院、长江轮船总公司等各船舶行业专家交流节能环保的相关议题。各位专家对此提出了中肯的意见和建议，指出要实现绿色船舶，首先需全局规划，对船舶的绿色设计需考虑产品需求、设计、制造、营运到回收再生整个寿命周期，同时把产品、环境与人类一起，并行考虑寿命周期内每一阶段的相互影响；材料的绿色特性对船舶的绿色性能具有重要的影响，在船舶建造时应选取无毒无害、可再生、便于回收、生产过程简便、易于加工的材料，同时尽量选用较少种类的材料及工艺性能优良的材料，以简化设计和降低零件加工的难度与废品率、节约加工过程的能源消耗； 尾气排放指标限值的制定是绿色船舶主要附加标志的重要内容，各位专家在分析了船用柴油机主要造成空气污染的NO_X，SO_X排放现状的基础上，建议对排放限值的制定时考虑船舶大小、燃料种类及船舶航行区域，以便制定更为合理的指标排放限值。通过这次研讨会，使得绿色船舶指标体系的研究内容更加突出、目标更加明确，对于专家的建议和意见，项目组将进一步研究，逐步落实。

（武汉分社　曹树槐）

【武汉规范研究所年度规范科研项目】

·2008年，中国船级社下达的规范科研项目18项：

1.《内河船舶法定检验技术规则》09换版

2.《内河高速船法定检验技术规则》

3.内河船舶法定检验技术规则实施指南

4.《内河高速船入级与建造规范》

5.钢质内河船舶船建造规范的强度水平研究

6.钢质内河船舶船建造规范波浪载荷及计算方法研究

7.江海通航船舶局部强度适用性研究

8.川江及三峡库区“四客一危”船舶安全技术标准提高后对现有船舶可追溯性的研究

9.浮船坞规范适用性研究

10.内河绿色环保船舶的技术指标及应用指南

11.内河节能及防污技术和设备的研究

12.川江及三峡库区标准船型主尺度系列及船型技术方案的跟踪维护

13.COMPASS船用产品审图程序

14.内河小型船舶规范计算软件

15.内河船舶应急响应系统

16.内河船舶危险品运输现状评估

17.普通Q235B与船用CCSA钢材性能评估

18.船长大于40米内河纤维增强塑料船审图原则

·2008年，内河船标委委托项目1项：

《柴油机动力内河船舶系泊和航行试验大纲》标准修订

·2008年，跨年度项目8项：

1.特定航线大吨位、浅吃水江海通航船舶结构强度研究；

2.内河船舶技术标准提升及规范转型研究

3.双壳油船、化学品船安全标准提升研究

4.三峡库区成库后航区划分的跟踪研究

5.《澜沧江船舶法定检验技术规则》及《澜沧江船舶建造规范》

6.内河船舶计算软件开发与整合

7.内河客船（含旅游船、川滚船）消防技术要求提升的评估分析

8.内河船舶海损后技术评估研究

·2008 年，已开评审会项目 6 项：

1. 船长大于 40 米内河纤维增强塑料船审图原则

2. 川江及三峡库区标准船型主尺度系列

3. 内河船舶海损后技术评估研究

4. 特定航线大吨位、浅吃水江海通航船舶结构强度研究

5. 内河客船（含旅游船、川滚船）消防技术要求提升的评估分析

6.《柴油机动力内河船舶系泊和航行试验大纲》标准修订

·2008 年，待开评审会项目 3 项：

1. 双壳油船、化学品船安全标准提升研究

2. COMPASS 船用产品审图程序

3. 内河船舶应急响应手册编制指南系统内评审

（武汉规范所　熊　军）

【水运工程测量质量检验标准的制定】 近年来，我国水运工程测量工作迅速发展，但无统一的质量检验标准。为控制水运工程测量质量，加强质量管理，保证水运工程建设质量和安全，统一水运工程测量质量检验的内容、标准和方法，交通运输部水运司组织长江航道局等单位制定了《水运工程测量质量检验标准》(JTS258-2008)。该标准于 2008 年 7 月 25 日通过部审，于 2008 年 12 月 2 日发布，自 2009 年 1 月 1 日起实施。

（长江航道局　茅生斌）

【四川省完成研发并推广船检发证管理系统】

VIMS5.0 是部海事局在全国范围内推广使用的船检发证信息管理系统。四川省航务局立足四川实际，积极与软件的开发商北京宝锐亿韬公司联系进行针对性开发，将 VIMS5.0 与全省现有发证系统有效结合，研发成果经过部海事局和武汉船检管理处组织的专家评审，并在 2008 年 9 月组织全省 VIMS5.0 培训班，共有 160 名船检机构工作人员参加了培训。VIMS5.0 在全省的推广使用，对于提升船检管理水平，规范内部工作流程起到了重要的作用。

（四川省局　易　翥）

·文明创建·

【武汉规范所积极为汶川地震灾区捐款】 2008 年 5 月 12 日，汶川地震牵动着全国人民。武汉规范所干部职工人心系灾区，踊跃捐款，69 名干部职工共捐助人民币 36 220 元。

（武汉规范所　熊　军）

【重庆分社文明创建有成效】 2008 年，重庆分社文明创建有成效。一是认真执行总部有关宣传管理的规定，分阶段完成年度宣传计划，层层审查，确保了分社对外宣传安全工作。二是创新宣传思路，加大宣传力度，大力弘扬船检文化。充分利用分社现有网络宣传党和政府主张、宣传上级指示精神，开展技术交流。完成每月一期简讯的编辑工作并挂网，坚持每月向总部投稿至少 2 篇，采纳率 100%。三是开展了“我与改革共成长”的征文和主题摄影比赛活动；继续开展“文化上墙”活动，丰富船检文化，创造和谐氛围，树立 CCS 品牌。四是捕捉信息动态，抓典型、找点子，从走访、赠送资料、会议宣传等方面加强对外宣传工作，彰显重庆分社特色。2008 年 1 月，分社被重庆市文明办授予“市级文明单位”称号；7 月，分社采访撰写了高级验船师黄增荣同志的先进事迹上报总部和重庆市国资委，被《中国船检》杂志社编辑报道，黄增荣同志也被交通运输部授予“全国交通运输行业抗震救灾先进个人”称号。

（重庆分社　郭　苒）

【重庆市船舶检验局与 CCS 重庆分社举办共建活动】 2008 年 10 月，重庆市船舶检验局与 CCS 重庆分社举办了一年一度的共建活动。此次共建活动由重庆市船舶检验局牵头组织，双方单位领导、相关处室代表及全市各区县（自治县）分支机构船检人员近百人参加了活动。市船检局党志胜副局长对前几年组织的共建活动进行了回顾与总结，同时对活动提出了殷切的期望。CCS 重庆分社重点就内河船舶安全技术标准体系作了较为系统的介绍，对中小船厂新造船舶质量控制等与市船检局进行了交流。

（重庆市局　阳　斌）

第十二编　引航

【概 述】 2008年，是长江引航中心实施“三化两率先”第三步战略目标的起始年。全体引航职工认真贯彻十七大和十七届三中全会精神，以“两个一”为目标，以规范长江引航秩序为主线，积极应对雪灾、汶川大地震，北京奥运会和国际金融危机等重大形势变化，克难奋进，开拓进取，较好地完成了全年的各项目标任务。

贯彻中央精神 稳步发展经济

2008 年是长江引航中心实施“三化两率先”第三步战略目标的起始年，全体干部职工认真贯彻十七大和十七届三中全会精神，以“两个一”为目标，以规范长江引航秩序为主线，积极应对雪灾、汶川大地震、北京奥运会、国际金融危机等重大形势变化，克难奋进，开拓进取，较好地完成了全年的各项目标任务。全年共引领中外贸船舶 45 337 艘次（含移泊），总吨 3.4 亿，净吨 1.8 亿，里程 612 万公里，同比分别增长 20.3%，6.5%，4.7%，23.6%。

引航技术提高，加强航运安全

2008 年，奥运安保期间正值高洪水位、台风季节，引航中心多次挽救危局。面对“5·12”汶川大地震和百年一遇的特大雪灾，引航中心开设绿色通道，对运输救灾物资船舶实行随时申请、随时受理、随时安排引航员。期间，共引领煤炭船舶 113 艘次，煤炭运量 169 万吨；引领油船 279 艘次，各类燃油运量 72 万吨，有力地支持了救灾工作。

文明创建，掀起良好氛围

2008 年，长江引航中心在“创一个品牌、树一面旗帜”的目标征途上迈出了更加坚实的一步。长江引航中心荣膺“全国十佳引航机构”“长江引航工作规范统一 服务保障能力明显增强”候选进入长江对外改革开放三十周年十大成就评选。引航中心首次荣获国家级综合性荣誉“全国精神文明建设工作先进单位”，荣获“全国十佳引航机构”。南通引航站获首届全国交通建设系统“工人先锋号”，镇江引航站“全国青年文明号”获得继续认定，江阴站荣获“江苏省青年文明号”。长江引航中心继续深化“八个一”标准化引航站建设，按照创建工作的要求，加强组织领导，加大创建力度，不断改善基础设施建设，完善内部管理机制，组织建设得到加强管理手段得到提升内部管理明显规范服务能力明显提高队伍面貌焕然一新武汉、常熟、太仓三站通过长江海事局考核，至此长江引航中心所属单位齐步跨入长江海事局“八个一”标准化引航站行列。

·引航机构·

【长江引航中心】

引航中心党委积极探索干部理论学习新途径，研究制定了《长江引航中心中层干部理论学习计分办法》，将干部的理论学习成绩纳入了年终考核。中心党委连续三年在江苏省委党校举办了干部轮训，参训人员包括全体中层干部、后备干部、工团干部和部分入党积极分子。

2008 年是长江引航中心实施“三化两率先”第三步战略目标的起始年，全体干部职工认真贯彻十七大和十七届三中全会精神，以“两个一”为目标，以规范长江引航秩序为主线，积极应对雪灾、汶川大地震、北京奥运会、国际金融危机等重大形势变化，克难奋进，开拓进取，较好地完成了全年的各项目标任务。全年共引领中外贸船舶 45337 艘次（含移泊），总吨 3.4 亿，净吨 1.8 亿，里程 612 万公里，同比分别增长 20.3%，6.5%，4.7%，23.6%。中心首次荣获国家级综合性荣誉“全国精神文明建设工作先进单位”，荣获“全国十佳引航机构”，南通引航站获首届全国交通建设系统“工人先锋号”，镇江引航站“全国青年文明号”获得继续认定，江阴站荣获“江苏省青年文明号”。

地　址　江阴市文化西路 40 号
邮　编　214431
电　话　（0510）86837898
传　真　（0510）86824250

（长江引航中心　毛永昌）

【浏河引航基地】 浏河引航基地于 2005 年 3 月成立，主要从事国轮引航业务，包括上海站在内共有正式职工 14 人，聘用引航员 70 多名，加上其他聘用人员，员工接近 100 人。其国轮引航业务逐年递增，引航安全形势稳定，服务能力明显提升，客户的满意度越来越高。

（长江引航中心　李 凡）

【太仓引航站】 太仓引航站（交接基地）隶属于长江引航中心，其主要职责是对进出辖区的外国籍船舶行使国家主权，实施强制引航；对中国籍国内航线船舶提供引航服务，对辖区内的码头、泊位、中外籍特殊船舶提供技术服务、咨询论证。现有职工 41 人(正式职工 24 人,聘用职工 17 人),其中高级引航员 3 人，一级引航员 1 人，二级引航员 1 人。

（长江引航中心　李 凡）

【常熟引航站】 常熟引航站（交接基地）现有引航员 10 人(高级引航员 2 人,一级引航员 3 人,三级引航员 2 人)。先后被授予“常熟市文明单位”、“苏州市文明单位”、“江苏省口岸工作先进集体”、“长江航务管理局安全优秀班组”、“长江引航中心先进集体”、“长江引航中心文明引航站”等荣誉，常熟市“口岸工作先进集体”称号，朱学文获常熟市“文明职工标兵”称号，张庆九获常熟市口岸工作“先进个人”称号。

（长江引航中心　李 凡）

【南通引航站】 南通引航站（交接基地）是长江引航中心在南通设立的副处级单位，对外代表国家对进出南通港口的外国籍船舶实行强制引航，对内为港航企业和船舶单位提供引航服务。2008 年有职工 50 人（正式职工 41 人，聘用职工 9 人），其中高级引航员 7 人，一级引航员 10 人，二、三级引航员 11 人，助理引航员 5 人。引航站先后荣获全国交通建设系统“工人先锋号”、“江苏省文明单位”、“江苏省精神文明建设工作先进单位”、江苏省“五一”劳动奖状等称号，连续 6 年获得“南通市文明单位”称号；党支部荣获部海事局“直属海事系统先进基层党组织”、长航局“最佳五好党支部”、长江海事局“优秀基层党组织”等称号；高级引航员姚泽炎同志获得全国“五一劳动奖章”、“全国交通行业文明职工标兵”、长航局“十大杰出人物”、长江海事局“长江黄金水道服务标兵”等称号；二级引航员方剑波同志荣获“全国交通行业青年岗位能手”、第二届长航“十大杰出青年”、长江局“十佳青年标兵”等光荣称号；助理引航员王强同志荣获南通市“新长征突击手标兵”称号。

（长江引航中心　李 凡）

【张家港引航站】 张家港引航站（交接基地）是长江引航中心在张家港市设立的副处级单位，对外代表国家对进出张家港港口的外国籍船舶实行强制引航，对内为港航企业和船舶单位提供引航服务。张家港引航站有一支年轻有为、技术结构合理、老中青结合的职工队伍，现有在职职工 55 人，聘用职工 11 人。引航队伍 49 人,一级以上引航员 21 人,二级引航员 6 人,三级引航员 12 人,实习助理 10 人，引航站先后荣获中国海员工会交通部海事局委员会“优秀班组”、中国海员工会长江海事局委员会“优秀职工小家”“江苏省文明单位”、江苏省口岸先进集体、张家港市文明机关，连续 6 年获得“苏州市文明单位”称号。

（长江引航中心　李 凡）

【江阴引航站】 江阴引航站（交接基地）是长江引航中心在江阴地区成立的两个机构、一套班子的副处级引航机构，主要职责是对外代表国家行使引航主权，对进出江阴、常州两港的外国籍船舶实行强制引航，对内为中国籍船舶提供引航和技术咨询服务，为进出常州港以上的船舶提供分段引航服务。江阴引航交接基地成立于 2001 年 9 月，江阴引航站成立于 2003 年 12 月。在长江引航中心，江阴引航站作为一个年轻的站，具备“一好三多”的比较优势，即基础条件最好，有中心全线最好的站房和办公环境；职工人数最多，有在册职工 53 人，其中引航员 44 人；年轻人多，全站平均年龄 35 岁，35 岁以下青年 29 人，占职工总数一半以上；党员多，有党员 28 名，占职工总数的近二分之一。这是一支年轻的、有战斗力的队伍。荣获了江苏省“青年文明号”、长航局“青年文明号”、长江局“先进集体”、中心“文化建设先进单位”、江阴市“诚信服务先进单位”等 15 项集体荣誉称号；赢得锦旗（感谢信）8 面（封）；站党支部荣获中心“五好党支部”和江阴市委“先进基层党组织”等 5 项荣誉称号；站班子荣获中心“五好领导班子”荣誉称号；职工有 80 多人次荣获各级各类荣誉称号，涌现了一批以江阴市“十大优秀共产党员标兵”余星光、“无锡市劳动模范”葛剑平等为代表的先进个人。

（长江引航中心　李 凡）

【镇江引航站】 镇江引航站隶属交通部长江海事局，现有正式职工 31 名，其中，高级引航员 6 名，一线引航员 9 名，站领导 3 名，机关工作人员 6 名。负责对进出镇江港、扬州港和泰州港外国籍船舶实行强制引航，对航行国际航线的中国籍船舶提供引航及技术咨询服务，并按交通部颁发的费收标准征收引航规费。曾获长江航务管理局“安全生产班组”称号和长江海事局首批“八个一标准化处站”称号，2002—2006 年连续五年被授予江苏省“口岸工作先进单位”称号，获 2005—2006 年度镇江市“文明单位”称号，2005 年被长江引航中心授予“优秀领导班子”、“先进单位”、2005—2006 年度“五好党支部”，2005—2006 年度被镇江海事局党委授予“先进党支部”称号。

（长江引航中心　李 凡）

【南京引航站】 南京引航站是长江引航中心在南京设立的副处级事业单位，对外代表国家对进出南京港口的外国籍船舶实行强制引航，对内为中国籍船舶和港航企业提供引航服务。在职职工 47 人、聘用职工 5 人、聘用引航员 24 人，在职引航员 39 人（其中高级引航员 15 人，一级引航员 5 人，二、三级引航员 8 人，助理引航员 5 人），正式职工中共有中共党员 27 人（其中退休党员 3 人），在职职工中 95%具备大专以上学历。先后被评为长江海事局“‘八个一’标准化海事处”、“先进集体”和“先进职工之家”，南京市工交系统“文明单位”，连续三年省市口岸“文明单位”；党支部先后被评为南京海事局“先进党支部”、长江引航中心“五好党组织”、长江海事局“五好党组织”、交通部海事系统“先进基层党组织”，并涌现了一批“青年岗位能手”、“十佳引航员”、“优秀共产党员”等先进典型。

（长江引航中心　李 凡）

【芜湖引航站】 芜湖引航站是长江引航中心在长江安徽沿江境内设置的唯一副处级职能引航机构。主要职责是代表国家行使引航主权，对航行长江安徽水域的外国籍船舶实行强制引领，为中国籍船舶提供引航和安全技术咨询服务。现有职工 50 人，其中在职职工 21 人（一级引航员 6 人，二级引航员 4 人，三级引航员 1 人，助理引航员 4 人），聘用引航员 29 人。先后于 2002 年、2004 年连获两届“芜湖市文明单位”称号，2006 年、2008 年连获两届“芜湖市文明单位标兵”称号。张中和同志荣获 2005 年安徽省“文明个人”称号，吴桐林同志荣获芜湖市 2004—2006 年度“劳动模范”称号。

（长江引航中心　李 凡）

【武汉引航站】 武汉引航站是长江引航中心设在武汉的下属机构，负责湖北、湖南、江西三省长江区段内的引航管理和引航服务。现有正式职工 8 名（其中高级引航员 3 名）、聘用引航员 39 名（其中二级引航员 3 名，三级引航员 36 名），聘用财务人员 1 名、综合管理员 1 名，共 49 人。自成立以来，以安全、及时、文明、高效的服务宗旨，竭诚为港航单位服务，竭诚为地方经济建设服务，先后引领中外籍船舶 6 000 余艘次，多次成功引领“三超船”，使企业获得巨大经济效益，有效地促进了地方经济的发展。

（长江引航中心　李 凡）

·引航工作·

【重要引航案例记录】

1.“中远川崎 48 号”船长 348.5 米，宽 45.6 米，可装载 10 062 个 20 英尺标准集装箱，是世纪领先、亚洲最大的集装箱船之一，国内第一艘 1 万 TEU 超巴拿马型集装箱船。在长江引航中心南通引航站辅金亚、姚泽炎两位高级引航员的引领下，顺利在宝山实施在引交接，出江试航。

2.“新扬州”轮，船长 263.23 米，船宽 32.2 米，总吨位 41 482 吨，载重吨 50 137 吨，是目前引入长江的最大内贸集装箱船舶，同时也刷新了长江港口单航次装卸作业箱数的记录。

3.“余瑞莎大西洋”轮，船长 228.60 米，吃水 9.45 米，运载 2 万余吨食用油。在镇江引航站副站长王建和、一级引航员祖世敏的引领下安全靠泊过船港码头，创造了过船港码头靠泊的新纪录

4. 在镇江引航站站长张中才、副站长王建和、一级引航员张跃彬、夏伟忠和二级引航员吴广玉的引领下，利比里亚籍拖轮“上海银幕”轮和韩国籍“蒂娜”驳船队在另外 3 艘拖轮的协助下，装载着 12 条总价值近 1 000 万元美元出口荷兰的子驳船缓缓驶离扬州港浮码头。

5.“模范”轮，船长 225 米，吃水 11.11 米，在长江引航中心南通引航站高级引航员姚泽炎的引领下，安全顺利靠泊南通粮油接运有限责任公司码头。是南通港货主码头接卸的最大吃水船舶。

6. “海梦”轮船长136.40米，吃水5.0米，计划装载7 000吨磷矿出口，在镇江引航站引航员杨海林、陶立新的引领下，顺利靠泊镇江港惠龙码头，这是惠龙码头停靠的首艘外轮。

7. “河北胜利”轮，船长243.8米，船宽32.2米，吃水10.15米，载重吨77 885.58米，是进入南通营船港专用航道最大尺度的重载船舶。

8. 我国自行开发设计、目前世界上最先进的专用远洋教学实习船——大连海事大学新建教学实习船“育鲲”轮和被称为“中国海上第一救”的中国最大型海洋救助船“南海救101”轮，在长江引航中心太仓引航站一级引航员孙北京、助理引航员刘洪明的精心引领下，首次靠泊太仓港。

9. “云升”轮，船长120米、载重吨8 670吨。在长江引航中心高级引航员王瑞勤、方春林和助理引航员朱会的精心引领下成功停靠在铜陵外贸码头1号泊位，该轮的安全抵港靠泊，大大提升了铜陵港码头靠泊能力。

10. “中远川崎56号”轮，船长327米，宽度55米，吃水9.57米，总吨153 000吨，净吨555 000吨，载重吨298 000，是国内建造的首艘30万吨级超大型矿砂运输船。在长江引航中心南通引航站辅金亚、姚泽炎、陈斌三名引航员的精心引领下，安全出江试航。

11. 巴拿马籍“巴塞罗那之光”轮，船长234.5米，吃水10.23米，总吨36 974吨，净吨22 304吨，装载4 500吨铁矿由印度至常州港通用码头，为进常州港最长船舶。高级引航员、江阴市十佳优秀共产党员标兵余星光带领余志浩、张荣两名引航员在上海宝山登上“巴塞罗那之光”轮夜航进江，于次日中午13点抵达江阴锚地。

（长江引航中心　李　凡）

【引航安全管理与技术】　2008年，奥运安保期间正值高洪水位、台风季节，引航员多次带队抢险，挽救危局。

9月4日4时，装载B类危险品的韩国籍“武南光荣”轮在14号停泊区走锚，逼近一条国轮，高级引航员王九斤同志4时30分就登轮控制住船位，并引到15号停泊区抛锚。

9月15日晚9：45，装载一级危险品的韩国籍“世尊”在14号停泊区走锚并两锚丢失，“江阴市十佳优秀共产党员”余星光同志紧急出动，22：15登轮，于16日1：30安全靠泊长山3号码头。

9月19日下午14：30许，靠泊在“长山3号”的满载一级危险品韩国籍“世尊”轮被“申江海”轮碰撞后破损进水、所有缆绳绷断并顷刻横倾15度，船位也随着潮流往下游方向漂移。胡北平、张庆明两名引航员在船舶随时可能发生倾翻和泄漏的情况下，没有选择逃避，而是沉着冷静，果断的采取有效措施，积极配合船方做好抢险工作。葛剑平站长第一时间乘艇赶赴事故现场，并组织指挥施救，经过近两个小时的努力，“世尊”轮又稳稳的靠上码头，并使船舶横倾调整到5度左右。

长江引航从长效机制入手，细化安全管理，不断注重引航技术水平的积累，2008年引航技术论文对外发表14篇，其中倪甫平“好望角型超大型海轮进江操纵的研究”获得内河海事二等奖；葛剑平、卢萍“对吴淞口至浏河口段航路航法的几点认识”获得内河海事三等奖；胡北平“进江海轮长江江苏段的引航安全探讨”获得优秀技术论文奖。

（长江引航中心　李　凡）

【引航中心安全形势持续稳定】　2008年，长江引航中心牢牢牵住安全意识牛鼻子，深化“4+2”安全管理机制。完善安全管理体系，修改了《引航安全操作管理程序》等8个程序文件。制定了安徽段以下航速控制规定，修改了夜航安全管理规定。深化引航班组建设，在全线推广了11条班组建设先进经验。强化安全考核和技能培训，聘请了13名资深一级引航员任安全监督员，及时纠违，反映安全隐患；积极开展引航员规范化操作考核，追究事故责任人13名，处理违章人员6人；中心集中组织开展了4次引航技术交流、培训；完善了全线引航员电子技术档案和武汉以下各港324个泊位资料，制作引航员英语会话光盘350份。做好老旧船舶、修理船舶引航安全，全年发生船舶主辅机失控208起，没有发生一起等级事故。深入开展了“安全生产月”、“‘隐患治理年’暨‘两防’活动回头看”、“三防一禁”及引航百日安全等活动。注重信息安全服务，创新安全预警方式，开展每天一条安全警句活动，随时提醒引航员注意安全；加强信息预警，实现多渠道发送，全年共发布安全预警信息1 650余条，手机短信息15万多条次。全年外贸引航上报责任事故率0.031‰，为历年次低；内贸引航上报责任事故率0.074

‰，为历年最低，安全形势持续稳定。

（长江引航中心　毛永昌）

【实现长江引航集中统一管理】　2008年，交通运输部为贯彻落实国务院办公厅《关于转发交通部等部门关于深化中央直属和双重领导港口管理体制改革意见的通知》的精神，按照部《关于认真做好引航安全管理工作的紧急通知》和《关于整顿长江引航秩序的批复》的要求，本着整合长江引航资源，取缔非法引航，实现长江引航由长江引航中心统一管理，确保长江航运安全的目标，开展规范长江引航秩序工作。长江引航中心按照上级的统一部署，制定了切实可行的规范工作实施细则，积极推进规范长江引航秩序工作。年内，完成了与长江海事局各分支局的实质性交接，顺利接收了南通港口集团引航站，规范了重庆引航机构引航受理及调派，设立了武汉引航站宜昌、九江办事处，真正实现了长江引航集中统一管理。

（长江引航中心　毛永昌）

【长江引航中心积极应对“三灾”】　2008年，面对“5·12”汶川大地震和百年一遇的特大雪灾，引航中心开设绿色通道，对运输救灾物资船舶实行随时申请、随时受理、随时安排引航员，并临时放宽尹公洲航段、福姜沙南水道夜航尺度限制的规定，视线达不到要求的特殊情况下，在海事允许及安全护航措施到位时进行不间断引航。期间，共引领煤炭船舶113艘次，煤炭运量169万吨；引领油船279艘次，各类燃油运量72万吨，有力地支持了救灾工作。10月以来，航运业受国际金融危机影响明显，许多港航企业生产经营陷入困境。引航中心主动应对，及时开展专题调研，走访港航企业了解生产经营状况，共同探讨应对措施，打破常规解决企业困难，得到服务单位的高度肯定。

（长江引航中心　毛永昌）

【引领船舶突破4万艘次】　2008年，长江引航中心优化生产组织，制定了加强调度工作意见处理办法，强化调派管理工作。制定了船舶开航计划管理办法，着力提高开航计划准确率，切实解决因船舶开航计划不准而导致引航力量无谓的浪费，进一步提高引航力量的使用效率。重新配置江阴基地引航资源，调整江阴基地交接管理职能，生产组织更加高效。坚持持证管理人员参加一线引航工作制度，充分挖掘内部潜力。同时，多次启动应急预案（全年发生恶劣天气119天，占全年天数32.6%），最大限度降低了恶劣天气的影响。全年共引领中外籍船舶45 337艘次（含移泊），首次突破4万艘次大关。

（长江引航中心　毛永昌）

【2008年度数据统计】

·外贸

引航31 878艘次（含移泊8 312艘次），同比增长6.4%，；总吨28 700万吨，下降0.6%，净吨15 178万吨，下降2.0%，里程381万公里，增长3.3%。夜航56.8%。船长205米及以上船舶1 388艘次（不含移泊），同比下降12.1%；吃水9.7米及以上船舶1 311艘次（不含移泊），同比下降10.5%。化工品船舶7 724艘次（不含移泊），与去年基本持平，油轮915艘次（不含移泊），同比增长11.4%。全线引航员人均月度标准艘次20.7（20.9），人均月度出勤27.2天，人均月度有效出勤21.2天，人均月度公休3.7天（3.3天）。

·内贸

引航13 459艘次（含移泊572艘次），同比增长74.1%，总吨5 067万吨，增长78.5%，净吨2 854万吨，增长64.9%，里程231万公里，增长82.9%。受恶劣天气影响的天数（风、视线、低温）119天，占全年天数32.6%。合计总艘次45 337艘次，增长20.3%；总吨33 766万吨，增长6.5%；净吨18 031万吨，增长4.7%；里程612公里，增长23.6%。

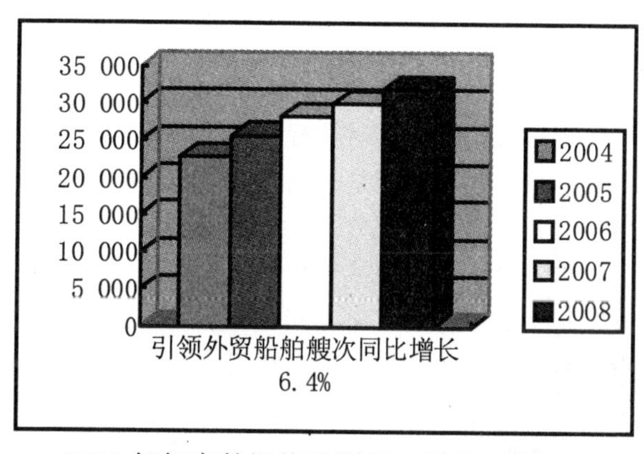

2008年年度数据统计图示，详见下图。

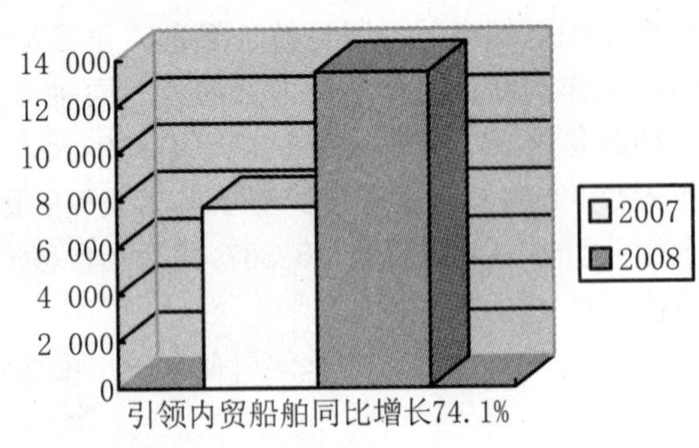

（长江引航中心　李　凡）

【引航文化与交流】

·长江引航宗旨：为国引航，服务长江

长江引航宗旨体现了长江引航代表国家对进出长江的外国籍船舶实行强制引航，对航行在长江的海轮提供引航技术服务的神圣职责，是对长江引航中心“服务沿江经济发展，服务长江黄金水道建设，服务港航企业”职能的高度概括。

·长江引航使命：把世界引进长江，把长江引向世界

长江引航使命鲜明形象地阐明了长江引航工作的性质和特点，长江引航人把世界各国的船舶引进长江，把开放发展中的长江（港口）引导给世界。引航是长江航运先进生产力的代表，是长江航运先进技术的载体，是长江航运先进文化对外交流的媒体。长江引航使命还体现了长江引航人江之骄子的职业形象，他具有海纳百川的胸怀和包容世界的气量，能把引航工作同世界的交流、祖国的命运和长江的繁荣紧密联系起来，他是鼓舞全体职工共同奋斗的精神力量。

·长江引航精神：扬国威，求安全，讲奉献，敢争先

扬国威——体现了长江引航人的主权意识。长江引航人代表国家对航行在长江的外国籍船舶行驶主权，热爱祖国是一名引航员必备的政治品质。

求安全——体现了长江引航人的责任意识。安全是引航工作的生命，安全引航是引航员的执着追求，体现了长江引航人对安全高度负责的态度。

讲奉献——体现了长江引航员的服务意识。客户的需求就是长江引航人的追求，长江引航人心系长江、情系港航，乐于奉献。

敢争先——体现了长江引航人的率先意识。长江引航人用娴熟精湛的引航技术、敢为人先的率先精神，刷新一项项引航记录，创造一个个工作奇迹，表达了勇创一流的豪迈气概。

·长江引航服务方针：安全、及时、文明、高效

安全——长江引航服务的生命，安全是引航工作的最大效益。

及时——确保船舶正点开航率，想船舶所想，急船舶所急，解船舶所难。

文明——长江引航服务的职业形象和工作纪律。

高效——科学合理调派，确保引航船舶大进大出、快进快出。

·长江引航发展战略：三化两率先

“三化”——管理信息化、服务规范化、反应快速化。

“两率先”——率先在全国引航系统实现管理现代化，率先在全国海事系统实现小康。

·长江引航发展理念：统一、和谐、求实、创新

统一——长江是一条流域性的开放水域，长江引航必须坚持集中统一管理的改革方向。集中统一管理是长江引航中心成立和发展的基石。

和谐——和谐引航包含环境和谐、内外和谐、班子和谐、团队和谐。只有坚持和谐发展，相互包容，互利双赢，调动一切积极因素，才能得到广泛支持，引航事业才能持续健康发展。

求实——长江引航的特点，要求长江引航人求实情、讲实话、出实招、办实事，走长江引航自己的发展道路，建立适合长江特点的引航管理体制。

创新——创新是事业发展的灵魂，体现了开拓进取、创新发展的发展要求。

·长江引航最高追求：引航零事故，服务零投诉，管理零缺陷

“引航零事故”——体现了视引航安全为生命线的责任意识

“服务零投诉”——体现了引航服务公开、公平、公正的服务理念

“管理零缺陷”——体现了长江引航追求完美卓越的工作精神

·长江引航工作作风：科学、廉洁、公平

（长江引航中心 李 凡）

【引航风采与口岸形象】 长江引航中心自1997年成立至今，一直把行风建设列入每年的工作重点，切实加强职工教育、制度建设、队伍管理，通过长期以来的不懈努力，长江引航的服务口碑受到了地方、客户的较高赞誉和一致肯定。长江引航中心连续三届蝉联“江苏省文明单位”、中心及所属江苏地区各引航站连续多年被评为“江苏省口岸工作先进单位”。

2008年，长江引航中心在“创一个品牌、树一面旗帜”的目标征途上迈出了更加坚实的一步。2008年11月份，长江引航中心荣膺“全国十佳引航机构”，“长江引航工作规范统一 服务保障能力明显增强”候选进入长江对外改革开放三十周年十大成就。江阴引航站荣获了“江苏省青年文明号”，江阴站余星光同志获“江阴市十大诚信服务标兵”。张家港站王亚林同志获张家港市首届“十佳服务明星”称号。常熟站朱学文同志获2008年度常熟市“百名文明职工”和常熟市“文明职工标兵”荣誉证书。

·姚泽炎 男，现年43岁，中共党员，现为长江引航中心南通引航站高级引航员。1985年毕业于武汉河运专科学校海港引航专业，23年来一直从事一线引航工作。共引领来自60多个国家的船舶6 000多艘次，其中特殊困难船舶900多艘次，引航里程60万公里，引领船舶总吨位6 000多万吨，连续23年安全无事故，连续23年行风无投诉，为国家创造引航费4 000多万。该同志多次受到上级的表彰，并于2001年获得“全国交通系统劳动模范”光荣称号，2002年、2004年连续两次获得“十佳长江引航员”称号，2005年获得“江苏省十佳文明职工”光荣称号，2006年获得“全国五一劳动奖章”、“长航十大杰出人物”称号、“长江黄金水道服务标兵”称号，2008年获得“全国交通行业文明职工标兵”称号，是长江对外开放30周年的亲历者和见证者。

·余星光 男，现年43岁，中共党员，现为长江引航中心江阴引航站年轻的资深一级引航员。在从事引航工作的17年里，他坚持“快乐引航、服务港航”的理念，共引领中外船舶4 800多艘次，引航里程53万公里，引领总吨3 500万吨，净吨1 950万吨，其中有船长最长达275米的俄罗斯籍“娜塔利亚”轮，也有船长仅17.1米丹麦籍“诺德卡伯仑号”帆船。他发扬任劳任怨、忘我工作的敬业精神，在长江全线创下了出勤天数第一、在船天数第一、引航艘次第一的纪录；他发扬刻苦钻研、勇于探索的进取精神，创下了17年安全无事故的纪录。他4次荣获长江海事局“优秀共产党员”称号，3次荣获江阴市“优秀共产党员”称号，2006年被授予江阴市“十大优秀共产党员标兵”荣誉称号。

·朱学文 男，现年45岁，1983年参加工作，1998年加入中国共产党，大学本科学历，高级引航员，现任长江引航中心常熟引航站站长。曾经获长江引航中心“优秀共产党员”称号、长江引航中心“模范带头人”、常熟市“文明职工标兵”称号。

·王亚林 男，现年47岁，1985年毕业于武汉河运专科学校船舶驾驶专业，现为长江引航中心张家港引航站高级引航员，大学文化。1987年4月成为三级引航员，1989年1月晋级为二级引航员，1994年10月晋升为一级引航员。从事引航工作24年来，共引领来自60多个国家和地区的船舶5 300余艘次，引航里程近80万公里，从未发生一起引航责任事故和行风投诉事件。24年来，由于表现突出，王亚林同志荣获很多殊荣：先后12次被评为本单位先进工作者，4次当选长江海事局先进工作者，2002年和2007年两次被评为引航中心“十佳引航员”，2006年荣获长江航务局“创新能手奖”，2008年该同志被评为引航中心及长江海事局先进工作者、张家港市十佳服务明星、长江海事局优秀共产党员，2009年又荣获全国优秀引航员称号。

（长江引航中心 李 凡）

【引航中心文明创建】 长江引航中心先后荣获了“创建全国交通文明行业先进单位”、“江苏省文明单位”、“江苏省精神文明建设先进单位”等称号。中心领导班子多次被长江局评为“五好领导班子”，班子主要负责人一人是长江局的“模范带头人”，一人是“优秀班长”。

2008年，长江引航中心继续深化 “八个一”

标准化引航站建设，按照创建工作的要求，加强组织领导，加大创建力度，不断改善基础设施建设，完善内部管理机制，组织建设得到加强，管理手段得到提升，内部管理明显规范，服务能力明显提高，队伍面貌焕然一新，武汉、常熟、太仓三站通过长江海事局考核，至此，长江引航中心所属单位齐步跨入长江海事局“八个一”标准化引航站行列。

（长江引航中心　王　穆）

·引航大事·

【一月】

4日　18：00，在常熟港口局两位技师的精心调校下，常熟港兴华码头作业现场的图像清晰地展现在常熟引航站的调度监控终端屏幕上。至此，常熟港CCTV码头信号实时监控系统在常熟引航站全部开通，这是长江引航中心全线首家开通码头CCTV信号实时监控系统的引航站。

8日至9日　长江航务管理局纪委肖堡副书记一行五人对引航中心的信访工作进行检查调研。

10日至11日　交通部规划研究院信息所徐副所长及长江海事局计划处王致维副处长、信息中心熊辉副主任等一行六人到引航中心进行信息化建设规划调研工作。

12日至13日　长江航务管理局党委副书记兼纪委书记张燕峰一行4人，专程来到长江引航中心慰问劳模。

17日　中心与镇江市口港局就镇江引航站迁建工程共建事宜达成一致，并签署协议。

18日，在江阴市总工会第十二届七次全委(扩大)会议上,长江引航中心工会获“2007年度工会工作先进单位”荣誉称号。

18日　长江引航中心武汉引航站宜昌办事处揭牌仪式在宜昌海事局隆重举行。

24日　上午，张家港市副市长卞东方一行到引航中心慰问。卞市长感谢引航中心一年来对张家港地方经济发展作出的巨大贡献，并送来一封感谢信。

27至28日　长江引航中心2008年工作会暨三届一次职代会在江阴召开。汪吉发主任作了题为《开拓创新　扎实工作　为早日实现“建一个品牌，树一面旗帜”而努力奋斗》的工作报告。

【二月】

2日　长江引航中心召开全线引航交通接送安全紧急视频会议，通报引航员落水失踪事故，部署安全工作要求及善后处理安排。

14日　长江引航中心被评为江阴市2008年抗雪救灾工作先进集体。

21日　中心与镇江市、扬中市有关方面就镇江引航交接基地商定了选址意见。

23日到24日　交通部规划司投资处王广民副处长在长江海事局刘富华副局长和计划基建处王克林处长的陪同下，到长江引航中心检查指导工作。

【三月】

1日　长航局黄强书记、张燕峰副书记在长江海事局党委委员、通信局周云霞书记和长航局党办侯华银主任的陪同下，到引航中心进行文化建设检查调研。

1日至2日　长江海事局计划基建处王致维副处长和罗征堑科长与武汉建工设计院设计人员组成的工作组，到镇江引航站就镇江引航交接基地工可编制调研。

5日　长江引航中心召开2008年党风廉政工作会在中心机关会议室。

10日至13日　为了加强“两会”期间引航安全工作，中心张铜宁副主任带领安技部金继南部长，先后对南通站、太仓站、浏河基地、张家港站、常熟站进行了安全工作检查。

14日　宝交交接中心共交接进出口船舶（包括自引船）128艘次，安全接送引航员225人次，创日交接记录历史新高。同时在14：00也创下了三艘交通船单班次交接25艘次的极限记录。

17日　由南通中远川崎船舶工程有限公司建造的，国内第一艘1万ＴＥＵ超巴拿马型集装箱船“中远川崎48号”轮，在长江引航中心南通引航站辅金亚、姚泽炎两位高级引航员的引领下，顺利在宝山实施在引交接，出江试航。“中远川崎48号”船长348.5米，宽45.6米，可装载10 062个20英尺标准集装箱，是世界领先、亚洲最大的集装箱船之一，该船除装载常规集装箱外，还可装载多种等级的危险品集装箱，是为中远集装箱运输公司承造的4艘同型船中的第1艘。

18日　从“苏文明[2008]2号”文获悉，长江引航中心喜获“2005—2006 年度江苏省精神文明建设工作先进单位“称号。

23 至 25 日　《长江引航中心引航费收办法》宣贯座谈会在宜昌召开，81 家代理以及部分船东分别派主要领导和代表参加了会议。

26 日　长江引航中心信息系统工程工可通过初审。

【四月】

7 日　中心召开全线视频会议，对第十二届“文明窗口月”活动进行动员和部署。

8 日　武汉引航站举行乔迁仪式，长江海事局和武汉市口岸委领导为武汉站揭牌。

15 日至 16 日　九江海事局李文农局长一行 10 人到长江引航中心参观调研。

16 日　长江海事局考核组对太仓站周彬同志和常熟站朱学文同志进行考核。

21 日　由长江引航中心、南京海事局、江阴海事局、张家港海事局四家单位联合举办的第一期海事干部培训班在南京江苏省委党校顺利开班。

△　长江海事局老领导一行 9 人在局离退中心徐为民主任的陪同下来引航中心参观指导。

23 日　长江海事局刘开智书记率党办、通航处负责同志到引航中心检查迎奥运保安全工作和主题实践活动开展情况。

△　引航中心参加由无锡军分区和江阴市人武部组织的代号“联防—2008”的江阴长江大桥联合防卫演练。

24 至 25 日　中心党委沈祥法书记参加中国引航协会信息与宣传研讨会。

△　引航中心接受英标管理体系认证有限公司（BSI 公司）的年度跟踪审核。

【五月】

7 日　中心团委荣获 2007 年度长江海事局红旗团委，江阴引航站团支部荣获 2007 年度长江海事局红旗团支部，赵春生荣获 2007 年度长江海事局优秀团干。此外中心团委开展的“我的师傅”征文活动被长航局团委授予共青团工作创新奖。

9 日　中心与 20 名通过长江海事局 2008 年公开招聘的人员签订了聘用合同。

13 日　在得知四川发生大地震后，中心下发了《关于加强抗震救灾期间引航安全工作的紧急通知》，做好应急准备，抓好引航安全生产，以实际行动支持抗震救灾工作。

16 日　长江航务管理局运输处赵洪祥处长一行来引航中心就规范长江引航工作进行调研，并走访了南通港口集团引航站。

27 日至 29 日，长江海事局熊学斌副局长率财务处石钦处长、人教处税承明处长、船舶处吴玉峰副处长来长江引航中心进行工作检查和调研。

28 日　长航局纪委肖堡、吉兵、刘翠华、秦刚立一行四人到引航中心进行党风行风工作调研。

△　长江海事局熊学斌副局长来引航中心讲廉政党课。

30 日　交通部规范长江引航秩序领导小组办公室会议在江阴暨阳山庄召开。会议由交通部水运司邹斌副司长主持，交通部水运司港口处张金提副处长，交通部海事局船员处王路副处长，长江航务管理局运输处赵洪祥处长、郭路主任科员，长江海事局熊学斌副局长，江苏海事局法规处李恩东处长，长江引航中心汪吉发主任参加了会议。

【六月】

4 日　江苏省交通厅副厅长、江苏省港口局局长王昌保一行到中心调研。

11 日至 13 日　交通运输部规划研究院就信息系统工程初步设计方案来引航中心调研。

13 日　中心与南通港口集团就南通港引航站交接事宜进行了初步接洽。

16 日至 18 日　许崇标副主任率队前往厦门港引航站进行调研。

19 日　11 名调度员赴上海港引航站交流学习。

20 日　长江海事局袁宗祥局长一行到芜湖引航站检查指导工作。

25 日　长江海事局袁宗祥局长一行到武汉引航站慰问指导工作。

△　中心召开长江引航发展规划征求意见座谈会。

△　中心与南通港口集团就南通港口集团引航站交接工作达成一致意见，并签署备忘录。

26 至 27 日　中心在安徽芜湖召开引航技术交流会暨船舶操纵模拟器培训。

【七月】

1 日　南通港口集团引航站划转给长江引航中心交接仪式在南通举行。交通部水运司港口处林军保处长、长江航务管理局金义华局长、长江海事局朱汝明副局长、南通市人民政府沈振新副市长，南通市口岸委、南通市港口局、南通口岸各查验单位、长航系统在通单位、南通港各代理、南通港相关港航企业，南通港口集团有限公司、长江引航中心等单位共 68 名代表参加了仪式。

3 日至 15 日　汪吉发主任带队到各引航站进行工作调研。

4 日　沈祥法书记、孙琪琳副书记带领机关党支部党员赴苏北盐城新四军纪念馆进行参观学习。

10 日　湛江港引航站罗子文副站长一行 9 人来引航中心参观调研。

17 日　长江引航中心党委组织 6 名 2008 年新提拔、转正干部和两位基建工程建设管理人员开展集体廉政谈话。

24 日　江苏海事局通航处马长宏副处长专程走访引航中心，就“迎奥运、保安全”有关工作进行沟通协调。

25 日　中心召开 2008 年半年工作分析会和第三届二次职代会，中心领导、总监、各单位党政负责人和机关部室负责人共 28 人参加了会议。

【八月】

5 日　长江海事局李玉华副局长一行来中心检查奥运安保工作。

7 日　中心召开“引航员升、定级培训复习提纲”研讨会。

△　中心党委召集四个争创单位的领导和负责同志召开了创建“八个一”标准化引航站推进会。

8 日　引航中心开展了向进出长江的外籍船舶赠送奥运纪念册活动。

27 日　长航局财务工作调研组对长江引航中心 2007—2008 年上半年预算执行情况、财务管理情况、项目支出情况进行调研和检查。

27 日至 28 日　中心在江阴举办了引航靠离泊操作及英语培训班，共有 26 名代表参加了培训。

28 日　引航中心为新晋升正式引航员的 19 名同志举行了授章仪式。

△　中心许崇标副主任一行 3 人专门就镇江扬中基地码头水域问题走访了江苏海事局。

【九月】

3 日　长江引航中心副处级引航站内设机构副科级岗位竞聘理论考试在中心机关进行，符合理论考试资格条件的 33 名应聘人员参加了考试。

5 日　长江海事局党委闻新祥副书记一行三人来引航中心进行奥运安保工作检查和党委工作调研。

11 日　汪吉发主任率许崇标副主任、王昭亮财务总监、办公室程小胜主任在镇江引航站张中才站长、范冬青书记的陪同下，就镇江引航站站房置换及建设事宜走访镇江市政府。

22 日至 23 日　长江海事局来引航中心进行财务工作审计检查。

24 日　引航中心召开江阴分段引航工作职能调整宣贯会。

26 日　引航中心召开 2008 年党员领导干部民主生活会。

【十月】

1 日至 7 日　国庆期间中心领导分赴基层单位进行节日安全生产工作检查。

7 日　引航中心组织引航事故鉴定专家对 2008 年三季度事故险情进行了认真分析，并对事故责任归属按照实事求是的原则进行了认定。

8 日　日照港引航站于德水站长一行 10 人来引航中心参观考察。

8 日至 9 日　中心许崇标副主任、安技部秦文副部长参加部海事局组织的全国引航员考试大纲研讨会。

15 日　中心召开 2008 年第四季度安全调度例会。

18 日　中心召开 2008 年第三次政工例会暨“读书工程”演讲交流会。

21 日　引航中心在太仓举行太仓引航站新站房揭牌仪式暨港航企业座谈会，太仓市委市政府、江苏太仓港口管理委员会及相关口岸单位前来参会。

25 至 26 日　交通运输部体改法规司柯林春副司长、中国引航协会彭翠红常务副会长、长江海事局党委刘开智书记、新华社记者林红梅、人民日报记者陆娅楠等一行 8 人来到引航中心，就先进典型的培树和扩大宣传事宜进行研讨和指导。

【十一月】

1 日　按照统一部署，全线各引航站举行了“三防一禁”百日安全活动首日仪式。

3日至6日　中心许崇标副主任一行5人到广州引航站进行学习、考察。

6 日　中心汪吉发主任带队前往江阴新长江集团进行调研，了解全球金融危机情况下港航企业的经营状况，了解企业对引航的实际需求，研究如何帮助企业度过难关。

11 日　引航中心在江阴基地组织三条交通艇的消防救生演习。

△　中心汪吉发主任参加了长江航务管理局召开的规范长江引航秩序工作研讨会。

12 日　中心在五楼视频会议室召开专题会议部署政府信息公开工作。

日前，长江引航中心荣膺“全国十佳引航机构”行列。

21 日　中心在芜湖引航站召开了内贸引航行风建设研讨会。

△　长江局财务处来中心对结算中 2007—2008 年费收工作进行专项检查。

24 日　长江航务管理局、长江海事局在汉联合召开了长江引航中心镇江扬中引航交接基地工程可行性研究报告内审会。

25 日　中心党委就深入学习科学发展观举行了中心组全线视频扩大学习会。

【十二月】

2日至6日　长江海事局袁宗祥局长率局办高友泉主任、财务处石钦处长、船员处章少平副处长对引航中心进行工作调研，就“如何通过学习实践科学发展观，破解发展难题”为内容，深入各引航站广泛听取汇报。

3日至4日　江苏海事局来引航中心进行年度安全工作督查。

9 日　汪吉发主任、许崇标副主任和江苏海事局船员处王燕辰处长一道，到交通运输部海事局汇报 2008 年第一批长江引航员考试情况，研讨了下一步引航员考试及发证工作。

△　镇江引航站迁建工程主体封顶。

△　应上海港引航站邀请，中心金继南部长和高级引航员匡冠生到上海浦远船舶有限公司就长江船舶航行安全、通航环境、航道概况、小型船舶活动规律、航行注意事项、引航操作以及有关法律法规进行讲课。

11日至12日　沈祥法书记率员参加交通运输部关于姚泽炎先进事迹材料审稿会。

11日至13日　长江海事局检查组先后到武汉引航站、张家港引航站、常熟引航站和太仓引航站进行“八个一”标准化处站工作检查、验收。

15 日　应江苏太仓港口管理委员会和太仓市人民政府的邀请，长江引航中心汪吉发主任作为贵宾出席了海峡两岸海上直航（太仓港）首航仪式。

22 日至 28 日　中心张铜宁副主任、许崇标副主任分别率队对中心所属各单位进行年度工作评估及四季度方针目标检查。

23日至25日　长江海事局党委书记刘开智一行到中心进行了检查。

26 日　长航局党委黄强书记、老领导唐冠英一行四人到引航中心检查慰问。

30 日　长江引航中心党委举办科学发展观专题学习讲座。

△　中心领导、机关部门负责人、各基层单位主要领导共31人参加了长江海事局全面推行纪检监察机构派驻制工作视频会议。

30日至31日　中心召开2009年工作务虚会，中心领导、总监、各单位党政主要领导及机关各部室负责人共31人参加了会议。

（长江引航中心　毛永昌）

第十三编　法院

【概 述】 2008年，武汉海事法院在湖北省高等法院党组的领导下，以党的十七大精神为指导，深入学习贯彻党的十七届三中全会、中央政法工作会议、省委九届五次全会精神，紧紧围绕年初提出的“审判工作有新发展、队伍建设有新进步”的工作目标，进一步加强审判执行工作，狠抓领导班子建设和队伍建设，不断夯实基层基础，法院整体工作水平不断提升，队伍形象和面貌有了新的变化，各项工作取得了新的成绩。全年共受理各类案件1 518件，其中新收1 223件，旧存295件；案件总数同比上升19.59%，新收案件同比上升18.1%。新收案件基本情况：海事海商案件746件，同比增加287件、上升62.53%；海事诉讼特别程序案件262件，同比减少13件、下降4.73%；执行案件215件，同比减少86件、下降28.57%。立案标的额15.36亿元，同比上升174.3%。全年结案1 212件，标的额14.13亿元，同比分别上升24.1%、73.1%；结案率79.7%，同比上升2.9个百分点。

2008年与近年立结案件情况对比表，详见（表12—1）。

【2008年与近年立结案件情况对比表】 （表12—1）

	案件类型	2007年	2008年	备　注
立案情况	海事案件	38	62	较2007年上升63% 较2006年上升182%
	海商案件	421	684	较2007年上升63%
	海事特别程序案件	275	262	较2007年下降4.73%
	执行案件	301	215	较2007年下降28.5%
结案情况	海事海商案件	398	760	较2007年上升90%
	执行案件	298	191	较2007年下降35.9%
	海事特别程序案件	280	261	较2007年下降6.7%
立案标的		8.81亿元	15.36亿元	较2007年上升174.3%
结案标的		8.16亿元	14.13亿元	较2007年上升73.1%

（武汉海事法院　许新荣）

·机构建设·

【武汉海事法院】 武汉海事法院成立于1984年5月，隶属湖北省直机关，由湖北省委委托湖北省高级人民法院管理，受湖北省人大常委会监督。武汉海事法院管辖范围西起四川宜宾合江门，东至江苏浏河口的长江干线水域发生的海事、海商及其它案件。管辖地域跨越四川、重庆、湖北、湖南、江西、安徽、江苏等六省一市；管辖宜宾、重庆、涪陵、万州、宜昌、荆州、武汉、黄石、九江、安庆、芜湖、马鞍山、南京、镇江、江阴、高港、张家港、南通、浏河口等主要港口，上诉审法院为湖北省高级人民法院。现有海事审判庭、海商审判庭、立案监督庭、执行庭、办公室、政治部、研究室、纪检组、司法警察支队等9个内设机构和常熟、南通、南京、宜昌、重庆五个派出法庭及万州巡回法庭。全院干警学历层次均达到本科以上学历。现有博士研究生学历2人，在读博士研究生学历2人，硕士研究生学历24人，大学本科学历52人。

2008年，武汉海事法院党组成员：田丰、李群星、罗海峰、徐少林、申骞、徐文波、侯振坤。

（武汉海事法院）

【常熟法庭】 2008年，常熟法庭认真落实院内的规章制度，全庭同志团结协助、求真务实，全面完成了各项工作任务。

全年立案153件，超过原定目标53件，其中涉外案件73件，占立案总数的52.1%，立案标的约3.84亿元；结案140件，超过原定目标40件，其中涉外案件68件，占结案总数的48.6%，结案标的约为4.16亿元。实体案件的调撤率为69.1%。常熟法庭立、结案标的额均高于其他法庭，庭内每月和每人的结案数也十分均衡。涉外和涉港台案件比例也高于其他法庭。法庭干警除做好本职工作外还积极加强调研，撰写论文和案例，一年来常熟法庭在内外刊物登载案例 4 篇，论文 5 篇。

2007 年 4 月，新审判大楼全面竣工并投入使用后，常熟法庭的工作环境和干警的生活环境已得到彻底改善。

常熟法庭将继续贯彻落实院领导对法庭各方面工作的要求，结合法庭特点，认真总结经验，吸取教训，保持各方面工作平稳发展！

地　址　江苏省常熟市梅李镇镇变电站旁

邮　编　215111

电　话　（0512）52262997

传　真　（0512）52262996

（常熟法庭）

【南通法庭】　2008 年，南通法庭在院党组正确领导下，围绕“审判工作有新发展、队伍建设有新进步”的工作目标，进一步加强审判工作和队伍建设，践行“司法为民”的社会主义法制理念和科学发展观，全庭同志团结协作，较为圆满地完成以审判为重点的各项工作任务。

全年立案 87 件、结案 115 件，未结案件 17 件，结案率 87.12%。其中程序案件 23 件，实体案件 92 件，实体案件调撤率为 78.26%，调解率为 59.78%。未有一件主观原因超期案件和改发案件。

南通法庭全体干警在院党组的领导下，认真开展“大学习、大讨论”和学习实践科学发展观活动，深入学习党的十七届三中全会、中央政法工作会议和国务院《关于实行党风廉政建设责任制的规定》精神。全庭人员充分利用现有的报刊资料和海事审判网，加强业务学习，法庭也不定期开展案件讨论，对案件中有不能确定的法律问题，安排进行全庭学习讨论，以应对涉外审判及新疑难案件审判要求。

地　址　江苏省南通市人民西路鸿运城市花园一栋 108 室

邮　编　226001

电　话　（0513）83510119

传　真　（0513）83520997

（南通法庭）

【南京法庭】　2008 年，南京法庭坚持以科学发展观统领全庭工作，努力践行“三个至上”的基本要求，认真开展“大学习、大讨论”活动，圆满完成各项工作目标，并在法庭建设、人员培养、审判业务等方面取得可喜成绩。

2008 年，南京法庭共立案 152 件，立案标的额 25 314 万余元；结案 152 件，结案标的额 32 668 万余元，其中调解结案 62 件，调解撤诉率达到 70%；立结案数、立结案标的额、调解结案数、调解撤诉率均在本院名列前茅。

坚持从严治庭，保持队伍廉洁。我庭结合派出法庭干警以庭为家的工作生活特点，采取了多项预防措施：1. 公布纪检监督电话，欢迎广大群众进行监督；2. 要求法庭干警必须在食堂就餐，外出必须向庭长汇报，以杜绝当事人吃请的情况发生；3. 规范着装，佩戴国徽；4. 在业余时间组织集体体育活动，充实干警生活。2008 年，我庭干警共计拒绝吃请 30 余次，拒收现金、物品等价值达 3 万余元。积极配合院纪检监察室的工作，按时上报纪检监察信息，并作为廉政先进典型在全院大会上汇报廉政事迹。我庭在 2008 年度被评为院廉政建设先进单位。

2008 年，南京法庭被推选为全省先进法庭，创造了连续三年获得省级荣誉的佳绩；法庭有一人被推选为全省政法干线先进个人，一人受到本院嘉奖，二人由副科晋升为正科，二人由科员晋升为副科；真正实现了共同进步，庭荣我荣。

地　址　南京市建邺区奥体大街 128 号宋都奥体名座

邮　编　210012

电　话　（025）58800611

传　真　（025）58824891

（南京法庭）

【宜昌法庭】　2008 年，宜昌法庭坚持以邓小平理论和“三个代表”重要思想为指导，全面落实科学发展观，坚持“公正司法，一心为民”的指导方针，在具体办案中将十七大精神落实在每件案件中，做到案结事了、不留后患，为创建和谐社会、创建法治湖北尽一份应有的职责，并力争成为一流法庭。狠抓干警队伍建设和法庭制度建设。1. 每季度、每月、每周都要利用业余时间组织全庭干警进行政治学习、廉政教育，力保干警队伍的先进性、纯洁性；2. 组织审判员进行业务学习、经验总结、交流探讨，并逐渐形成制度，常抓不懈；3. 整合现有人力资源，做到物尽其用、人尽其才，奖罚分明，充分调动大家的工作积极性；4.重视对审判新手的培养，提供各种机会使新同志能够得到切实的锻炼，在审判的第一线迅速地成长。

加强法庭的形象建设工作， 强化调研宣传、走访、上门服务意识，扩大宜昌法庭在当地的影响。不坐等办案，把发掘案源作为一项重要任务，改变宜昌庭案源偏少、案型单一的局面。

积极配合后勤基建工作、网络视频工作的开展，让“争创一流单位、一流部门、一流法庭”目标的实现有良好的物质基础和技术保障。

加强本院与各兄弟法庭、各地方法院的互助与合作。

地　址　宜昌市沿江大道9号

邮　编　443002

电　话　（0717）6722482

传　真　（0717）6724129

（宜昌法庭）

【重庆法庭】　2008年，重庆法庭坚持以邓小平理论、江泽民“三个代表”的重要思想和胡锦涛总书记科学发展观为指导，围绕 “审判质量年”工作目标，加强法庭人员的政治理论学习，不断提高政治业务素质、职业道德水平和勤政廉政意识；强化法庭司法为民“第一线服务”的窗口作用，积极开展海事审判工作，不断提高办案质量、办案效率和办案社会效果，为维护我国西部长江航运市场经济秩序和长江上游广大当事人的合法权益提供良好的海事司法保障和海事司法服务。

2008年，立案209件，标的额3 252.1404万元，结案218件，标的额3 912.0496万元。共收取诉讼费874 375万元。结案率达92.4%，调撤率达52.3%。审结案件中，无一上诉案件被发回重审，调解案件中，无一当事人申请强制执行。2008年度，法庭案件受理仍然以海商案件为主，其中船员劳务纠纷案件的比例大幅增加，占法庭立案总数的33.5%；案件的诉讼主体仍然以自然人和中小型企业为主，相应的诉讼标的额偏小。

2008年重庆法庭不断加强队伍建设，努力提升队伍的综合素质；狠抓案件审理质量，确保所办的案件做到案结事了；加强审判服务力度，依法维护诉讼当事人合法权益；加强法庭内部管理，保持良好精神状态和工作秩序。实现了年初预定的工作目标。

地　址　重庆市渝北区华园路5号（天宫殿街道）

邮　编　400021

电　话　（023）67646919

传　真　（023）67646911

（重庆法庭）

·工作概况·

【充分发挥海事审判职能，促进经济社会又好又快发展】　维护公平正义的司法功能进一步加强。一是依法审理各类海事海商案件。依法审理涉船、涉水、涉货等平等市场主体之间的合同纠纷，促进航运经贸秩序和谐发展；依法审理水上人身损害、船舶碰撞、侵犯财产权纠纷以及船员劳动（劳务）合同纠纷等案件，平等保护公民的生命权、健康权、财产权和劳动者的合法权益。二是落实司法为民的本质要求，实施利民、护民、便民措施。为当事人发放诉讼指南，告知诉讼风险，实行巡回审判，到当事人住所地开庭调解，方便偏远地区群众诉讼。三是重视保护弱势群体的合法权益，对经济上确有困难的当事人及时提供司法救助。2008年依法减、免、缓交诉讼费案件24件，同比上升50%；减免缓交金额151 446元，同比上升33%。其中免交诉讼费案件8件，免交金额54 310元；缓交诉讼费案件16件，缓交金额97 136元。

案件质量和效率进一步提高。一是制定科学合理的工作目标。出台了《审判质量年度管理实施方案》，提出了“二升一降四无”目标，即审执结率、调撤率同比上升，发改率同比下降，案件无超审限、无重大差错、无程序违法，无违纪事件发生。二是准确查明案件事实和适用法律。对案件的处理追求实体公正与程序公正的统一，法律效果与社会效果的统一，不断提高审判质量。2008年裁判案件749件，不服武汉海事法院裁判上诉的案件111件（含管辖19件），当事人服判息诉约占85%。湖北省高级人民法院二审审结退卷84件，其中维持28件（含管辖10件），调解30件，改判14件，发回重审4件（二审明确均不属错案），撤诉7件，移送1件。二审改发率为25.6%，扣除重审的4件，实际16.7%，与去年基本持平。三是规范法律文书制作程序。严格文书审批、签发权限，提高法律文书的制作质量。四是适用简易程序速裁案件414件，占实体处理案件的54.5%，同比上升6.8个百分点，为当事人提供了方便、快捷的法律服务。

调解结案率进一步上升。制订《武汉海事法院调解、和解结案奖励办法》，创新调解工作机制。积极探索调解新方法，将庭审调解扩展到庭前调解、庭后调解、判后调解及诉讼保全、强制令等程序之中，并针对海事法院管辖区域广的特点，采取电话信函调解，邀请当地有关机构参与调解等方式，不断推进调解工作，最大限度促进和谐，维护稳定。特别是在北京奥运会期间，全院干警自觉做好调解息诉工作，竭尽全力维护社会稳定，为奥运会的顺利召开做出积极贡献。全年诉讼案件调解撤诉546件，占诉讼案件总数的72%，同比上升17%；执行和解103件，和解率达到54%，同比上升44%。

“执行难”问题进一步缓解。改革和完善执行工作机制，实行裁决权、实施权、决定权分立，保证执行的公正性，提高法院公信力。加强执行队伍自身建设，提高执行队伍工作水平。加大执行工作力度，利用一切有利条件，促进执行到位率的提高。注重法律效果、社会效果、政治效果的统一，兼顾执行双方当事人的利益，促进执行和解。在清理执行积案专项活动中，成立了以院长为组长，副院长为副组长的领导小组，组成执行专班，对2007年12月31日前所有未结的1 038件执行案件，包括中止执行、发放债权凭证案件进行清理。将有可供执行财产的414件案件分配到人，已执结264件，清积工作取得可喜进展，“执行难”问题得到缓解。

派出法庭工作进一步加强。坚持“面向基层、服务基层、建设基层”的原则，积极发挥法庭的“窗口”作用，不断完善基层工作机制。着力改善基层司法条件和司法环境，促进法院工作整体发展。法庭的审判工作、队伍建设、基础设施建设都有了新发展，在当地影响不断扩大。2008年，五个法庭结案806件，占全院结案总数的66.5%，标的额106 763.49万元，占全院结案标的额的75.54%；其中审结涉外案件115件，占全院已结涉外案件的93%。实践证明，法庭不仅是我院服务长江流域经济社会发展的前沿阵地，更是法院审判工作的重中之重，对法院全局发展起着决定性作用。

【积极推进工作机制创新，实行法院工作的科学发展】 完善申诉复查和再审工作机制。认真贯彻执行申诉首访接待制度，进一步完善申诉接访工作机制，强化院领导接访工作职责。积极做好服判息诉工作，把隐患消除在萌芽状态。严格执行《民事诉讼法》关于再审的有关规定，采取行之有效的措施，切实解决人民群众反映强烈的“申诉难”问题，最大限度地保障当事人申请再审的权利。全年没有发生赴省进京上访的案件。

改革和完善执行工作机制。积极探索执行工作创新，在强化执行强制措施、构建执行联动机制等方面探索符合自身实际的路子。比如，执行员常驻法庭执行，法警编入执行队伍，集中执行与分散执行相结合，提高执行工作效率。进一步规范执行行为，严格执行管理，规范拍（变）卖、查封、扣押等强制措施及执行款物的收取、支付等程序，严禁违法超标的执行、以执代审、不依法处理被执行人或案外人的异议，草率强制执行等问题和其他违法违纪现象，确保依法、文明、公开执行。

健全和完善审判管理制度。一是完善司法流程管理制度，严格执行《武汉海事法院管理规范》，认真落实“三查两报一参考”制度，紧紧抓住关键环节和重点部位，采取案件审判流程管理、案件质量监督评查等手段，逐步完善审判管理格局，加强对审判权和执行权的监督制约。二是继续深化审判方式改革，落实公开审判，保证当事人的知情权、辩论权、异议权等；进一步强化庭审功能，注重在庭审中明辨是非，增强庭审透明度。三是积极探索涉外审判方式改革创新，克服涉外审判在送达、公证、证据采信、事实认定等方面的障碍，既保证审判公正，又提高审判效率。四是进一步规范司法鉴定程序，保证司法鉴定的公正性，提高司法鉴定效率。此外，还健全和完善审判委员会制度，对审判委员会制度的有关环节进行规范，提高审判委员会的工作效率。

按照省委政法委《2008年度全省政法部门执法质量检查考评实施方案》和省法院要求，武汉海事法院对2008年度的执法规范化建设情况、执法状况、执法队伍建设情况、处理涉法涉诉上访工作情况和中央、省和上级政法部门交办督办案件处结和息诉情况进行了自查。检查的总体情况是好的，得到省法院检查组的充分肯定。

【大力加强队伍建设，努力提高司法能力】 认真学习胡锦涛总书记在全国政法工作会议上与大法官、大检察官座谈时的重要讲话，按照最高法院和省法院的要求，积极开展“大学习、大讨论”活动。为增强活动实效，武汉海事法院把“大学习、大讨论”课堂搬到长江沿线城市经济建设一线，将“大学习、大讨论”活动与促进长江沿线航运事业和经济社会发展紧密结合起来。认真开展“七查、七加强”，努力做到“自我检查、自我加强、自我提高”。认真开展学习实践科学发展观活动，既充分发挥审判职能，为实现经济社会的科学发展提供司法保障，又认真解决制约法院科学发展的一些瓶颈问题，实现自身的科学发展。

积极开展文化建设。着力提高法官文化修养，不断丰富法官文化底蕴，进一步强化法官文化意识，以物质文化、精神文化、行为文化、廉政文化为主要内容，以“大学习、大讨论”、“文明创建”等学习教育活动为重要载体，通过一系列卓有成效的措施，不断推进法院物质文明建设和精神文明建设。全院干警自觉做到“我知晓、我参与、我奉献”，不断加强自身修养，自我教育、自我约束、自我提高，为把我院建成“学习型、服务型、廉洁型、创新型”的文明单位做出积极贡献。通过净化、美化、绿化、亮化办公和生活环境，法院处处清新幽雅、干净整洁，充满文化气息，办案条件、办公环境得到较大改善，法官精神面貌有新的变化。10 月份，武汉海事法院通过东西湖区级文明单位检查验收，文明创建工作取得阶段性成果。

大力加强班子建设和队伍建设。一是坚持“三个至上”的指导思想，保持正确的政治方向。强化党性观念和国情意识，坚持党对法院工作的政治、思想、组织领导，确保党的路线、方针、政策在法院工作中得到贯彻落实。二是加强班子建设，提高班子领导能力。省委和省法院非常重视武汉海事法 院班子建设，去年高规格地配齐、配强了院领导班子，班子力量进一步充实，为法院的长远发展打下坚实的组织基础。院党组在抓好班子自身建设的同时，着力增强班子的凝聚力、战斗力，提高应对处理复杂问题的能力。三是加强队伍宗旨观念、作风纪律、执法理念教育，弄清“为谁掌权”、“为谁服务”问题，增强队伍的政治意识、大局意识和责任意识。四是加强教育培训，做好干部组织工作。选派不同层次、学历的干警参加最高法院、湖北省高级人民法院的教育培训，法官业务素质得到较大提高。本着公开、平等、竞争、择优原则和适当向审判一线倾斜的原则，提拔一批德才兼备、实绩突出的科级干部，提任部分中层干部，进一步调动干部工作积极性，改善干部队伍结构。五是积极开展争优创模活动。通过争优创模，激励广大干警弘扬新风正气，展示爱岗敬业、公正执法、乐于奉献的精神风貌。2008 年度，夏仲秋荣立个人二等功，潘晓帆、汪朝清荣获全省指导人民调解工作先进个人，谢非荣获全省优秀司法统计工作者，张琳荣获全省办公室工作先进个人。南通法庭荣立集体二等功，南京法庭荣获全省指导人民调解工作先进集体，我院荣获全省法院学术讨论会组织工作奖等，还向省法院呈报一批先进集体和个人。在抗击 2008 年汶川特大地震灾难斗争中，全院干警积极奉献爱心，发扬“一方有难、八方支援”的优良传统，展示了海事法官的良好风貌。

机关作风取得明显进步。面对人民群众新要求、新期待，我院以人民群众满意为标准，进一步完善民意沟通表达机制，积极改进机关作风。一是加强机关作风建设，克服“门难进、脸难看、事难办”和“吃、拿、卡、要”等不良习风，坚决杜绝态度蛮横、作风粗暴、方法简单等现象。注重司法礼仪，维护法官良好形象。从细节处入手，采取系列措施，营造和谐司法的氛围，增强人民群众的认同感，拉近和人民群众的距离，真正体现司法为民的本质要求。二是院领导深入法庭旁听庭审，指导办案，开展调查研究，召开律师、航运业界、专家学者、当事人和各界群众参加的不同类型的座谈会，认真听取人大代表、政协委员等各方面的意见和建议，并采取措施加以改进，得到人民群众的广泛认可。

认真落实党风廉政建设责任制。认真贯彻中纪委二次全会、省纪委三次全体（扩大）会议精神，加大从源头上治理和惩治腐败的力度，全面推进党风廉政和反腐败工作。开展“情系民生、勤政廉政”主题教育活动，组织观看廉政记录片，参观女子监狱，举行廉政事迹报告会，邀请湖北省纪委、省法院有关领导同志讲廉政教育课，检查指导党风廉政建设工作。田丰院长为全院干警讲党课，增强干警勤政廉政意识，教育干警树立“廉荣贪耻”观念，筑牢廉政防线。积极探索廉政工作新思路，完善廉政保证金制度，增强干警廉洁自律的自觉性和主动性。2008 年，武汉海事法院没有发生违法违纪案件。全院干警拒收礼品礼金折合人民币 3 万余元，拒吃请 210 余人次。廉洁自律、秉公执法的良好氛围逐步形成，党风廉政建设和反腐败工作取得明显成效。

【加强物质建设和调研宣传工作，改善执法条件和执法环境】 进一步加强信息化建设。利用广域网、局域网的科技优势，加强司法管理，提高司法效率。开通视频会议、网上立案、远程签章以及部分网上办公功能等，实现内网审判流程管理系统的升级更新，建立现代化办公信息平台，推进办公现代化进程。着眼服务群众、方便诉讼，在门户网页上设立了诉讼指南、法律服务等栏目，帮助群众了解诉讼程序，学习诉讼知识。全年内、外网登载新闻稿件、图片、调研文章等 682 篇，文章点击率 11 万次/人，扩大了武汉海事法院的对外影响。

进一步增强保障能力。认真执行预算管理，严格经费支出，优先保障审判办案经费开支，继续加大对法庭基本建设的投入，不断改善办案办公条件。2008 年，在上级领导的关心支持下，院财政预算达 2 000 余万元，在改善办案办公条件方面投入 400 余万元，经费保障能力明显提高，有力地保障了我院各项工作的顺利开展。

进一步提高调研工作能力。围绕海事审判中的热点、难点问题进行调研，为审判实践提供理论支持。加强论文组稿、选送工作，为论文作者创造条件，不断提高论文质量。全年向全国、全省法院系统学术研讨会组织、修改并提交论文 9 篇，向全国海事审判研讨会组织提交论文 5 篇、判决书 2 份。吴良志同志撰写的《司法需求之中国情境：发现与回应》在全国法院系统荣获一等奖，受到最高法院领导的多次褒奖。全年编印《海事审判研究》（季刊）4 期，内容逐步扩展，影响不断扩大，成为法官交流、探讨学术的平台。长江海商法学会召开第四届会员代表大会，选举产生新一届理事会，为推动法制发展、繁荣海事审判研究做出积极贡献。

进一步加大对外宣传工作力度。及时将法院重大工作情况对外宣传，营造良好的舆论氛围。全年在中央、省级媒体上登载新闻信息、法制宣传文章 26 篇，编发简报 29 期、信息 2 期，较好地宣传了海事法院。海事庭《国有财产受到侵害，谁有权代表国家提起民事诉讼》一文在《人民法院报》登载一个版面，取得良好社会效果。去年底，湖北电视台专题部在研究室和五个法庭的配合下，到长江全线采访，制作专题记录片，全面反映我院成立 20 余年来艰难而辉煌的发展历程，展示我院各项工作取得的长足进步，为纪念改革开放 30 周年献上了一份厚礼。

这些成绩的取得，是湖北省委、省法院的正确领导，省人大依法监督，省政府、省政协及社会各界大力支持的结果，更是全院干警齐心协力、克难奋进、努力工作的结果。

·重要事项·

【《海事审判研究》创刊发行】 2008 年 4 月 11 日，武汉海事法院与长江海商法学会合办的《海事审判研究》创刊号正式出版发行。自此，向社会展示武汉海事法院海事海商审判和海事海商应用法学研究的一个新的平台已经建成。

海事法院是改革开放的产物，海事海商这一特殊的法律制度也只是在我国国民经济逐渐融入国际经济大潮以后才逐渐被人们所认知，所熟悉。毋庸置疑，经过二十多年的探索和发展，海事海商这一法律理念不仅渗透到法律界的各个方面，同时也渗透到我国航运经济发展的各个方面；不仅影响着人们的观念和眼界，同时也影响着人们的工作和生活。其作用和重要性从蓬勃发展的航运经济中我们能切实感觉到，并且这种感觉不只是触及肌肤的感知，而是切入心灵的震撼！

随着我国改革开放的不断深入，也随着我国航运经济和对外贸易的不断发展，社会各界对海事海商法制建设的健全和完善有了更高更新的要求和期待，人们在寄希望于通过海事海商这一有效的法律手段维护自己合法权益的同时，更希望能为我国国民经济可持续发展铺就一条畅通无阻的法制轨道。在肯定取得巨大的成绩的同时，我们并不讳言海事海商法制建设在健全和完善过程中仍存在许多问题和不足，所以，如何更好更快地解决和改进这些存在的问题和不足，武汉海事法院责无旁贷。毕竟武汉海事法院特殊的地理位置，决定了其熟知长江流域航运经济的各个方面；毕竟武汉海事法院的受案类型既有国内也有国外，决定了其能够熟练地运用不同的法律制度；毕竟武汉海事法院经过二十多年的发展，不仅积累了丰富的海事海商审判经验，同时也培养了一大批出类拔萃的海事法官队伍……这一切决定了武汉海事法院不仅有责任，并且有能力，为我国海事海商法制建设的进一步健全和完善作出更大的贡献。

“嘤其鸣矣，求其友声”。海事法院的发展与我国航运经济的不断发展是割裂不开的。同样，我国海事海商法制建设的健全和完善，除了海事法院自身的不懈努力之外，更多需要来自航运界、法律界、学术界以及经济界等热心人士的积极参与和鼎力支持。

《海事审判研究》虽然只是一个小小的平台，但是，透过这个平台上演的每一出曲目，我们已经清楚地看到我国航运事业在法制的轨道上不断发展的辉煌明天。

面对我国蓬勃发展的航运事业大潮，我们不乏真爱也不缺少执着，所以，我们对我们过去所做的，现在正在做的，以及将来必须做的一切，充满自豪，充满自信！

【武汉海事法院学术研究再次取得丰硕成果】

2008 年 4 月 1 日，湖北省高级人民法院召开全省法院系统第十七届学术讨论会，武汉海事法院副院长饶中享、研究室副主任潘绍龙、助理审判员张瑜、汪朝清、龚文静等同志参加了会议。在此次会议上，武汉海事法院获得组织工作先进奖，助理审判员张瑜同志撰写的论文《论一部终局判决》获本届学术讨论会唯一的特等奖，另有三篇选送论文获得优秀奖。

多年来，在学术研究上武汉海事法院始终坚持优良的工作作风和勤俭的调研风格，在应用法学研究上下功夫，力求提高海事法官的专业素质，主要表现在以下几个方面：其一，领导高度重视。为了鼓励广大干警积极撰写学术论文，制定了详细的奖励制度，并且通过邀请专家讲座、组织干警培训、举行论文评比等多种形式，在全院上下形成一个浓厚的学术研讨氛围。其二，院领导以身作则，率先垂范，积极撰写学术文章。饶中享副院长在完成分管工作的同时，撰写了大量的学术研究文章，其中个人获得全国法院系统优秀论文一等奖 2 篇，二等奖 5 篇，三等奖 6 篇。此次会议也给予饶中享同志高度的评价。其三，发挥自身优势。武汉海事法院管辖区域涵盖整个长江流域，受案范围既有国内案件，也有国外案件，在案件审理和法律适用上有较高的要求。有针对性地开展学术研究，重点在焦点问题和突出问题上下功夫，撰写出大量有自身特点的精品学术论文。其四，发扬特别能吃苦的精神。由于管辖区域范围较广，全院干警在审判工作方面都承受着较大的压力，但是，大家始终发扬特点能吃苦特别能战斗的精神，在搞好审判工作的同时，写出更多更好的精品学术论文。张瑜同志撰写的《论一部终局判决》不仅获得本届学术讨论会唯一的特等奖，同时也获得了全国法院系统第十九届学术讨论会一等奖。张瑜同志不仅在学术研究上取得了成绩，而且在审判工作上同样取得了优秀的成绩，这些成绩的取得与其忘我工作、甘于奉献的精神是分不开的。

建院二十多年以来，武汉海事法院在学术研究上取得了一定的成绩，但是，大家并未在这些成绩面前沾沾自喜。饶中享副院长表示，武汉海事法院将继续坚持从本院实际出发，落实科学发展观，按照建设学习型法院的要求，大力倡导将理论学习和应用法学研究相结合，继续推出高质量的研究成果，力求建设一支理论素养和司法水平过硬的海事司法队伍。

【武汉海事法院召开长江流域海事司法座谈会】

2008 年 2 月 18 日下午，武汉海事法院组织召开长江流域海事司法座谈会。座谈会邀请了长江航务管理局、中国长航集团、长江海事局、长江航道局、长航公安局、武汉船级社、武汉创新江海运输有限公司等沿江航运企事业单位，湖北省法学会、湖北省委政策研究室、中国人保湖北分公司、中外运湖北公司、武汉大学法学院、新华社湖北分社、湖北电视台、《中国水运报》、《湖北日报》、《长江航运》杂志社，以及知名律师事务所等单位50余名代表。座谈会旨在进一步改善长江海事司法环境，统一长江海事司法管辖，为武汉海事法院进一步改进工作作风，提高司法服务能力献计献策。

武汉海事法院党组成员、副院长饶中享首先介绍了武汉海事法院近年来各项工作情况。武汉海事法院党组书记、院长胡兆满代表院党组对与会代表一如既往的关心和支持表示感谢，并希望大家对武汉海事法院的海事审判工作提出宝贵意见和建议。

与会代表纷纷发言，回顾了武汉海事法院自1984年成立以来一步步的发展历程，见证了法院从无到有、从弱到强的历史。大家一致认为，武汉海事法院通过行使海事审判职能，在规范长江航运、外贸经济秩序，促进长江流域社会和谐稳定中发挥了重要作用，以实际工作为自己赢得了声誉。代表们同时认为，长江流域经济是一体的，沿江企业在发展上相互依存，相互促进，人为地加以分割和限制，将不利于全流域经济在整体上的统一发展。武汉海事法院管辖区域跨越六省一市，在法院管辖体制的创新上具有重要借鉴意义，不仅保证了全流域司法管辖的统一，同时有效地遏制了地方保护主义和本位主义对流域航运经济发展的不利影响。武汉海事法院的5个派出法庭分布在长江沿线，为维护长江流域司法权的统一，践行司法为民，落实惠民、利民、便民措施方面，取得了显著成效。代表们也认为，随着国际航运经济和内河航运经济形势的不断发展，江海直达船舶运输和海江直达船舶运输日趋频繁，在处理这类纠纷时如何准确适用法律，如何更加有效地维护各方当事人的合法权益，武汉海事法院将面临更多新的挑战。同时，随着长江流域对外开放不断深入，流域综合开发不断发展，如何进一步健全和完善长江流域司法管辖统一和行政管辖统一，武汉海事法院应充分发挥自身在审判实践和理论研究上的巨大优势，为流域经济的可持续性发展作出更大贡献。武汉海事法院党组书记、院长胡兆满表示，武汉海事法院将认真研究代表们的建议和意见，进一步加强队伍建设，提高法官素质，加大调研、宣传工作力度，更好地为长江流域航运、外贸经济服务。

【田丰同志就任武汉海事法院院长、党组书记】

2008年3月1日上午，湖北省委组织部副部长翟天山同志、省直党政干部处处长谢安仁同志和湖北省高级人民法院党组副书记、常务副院长张坚同志、湖北省高级人民法院党组成员、政治部主任彭方明同志一行到武汉海事法院主持召开了全院干警大会，宣布田丰同志就任武汉海事法院院长、党组书记。

湖北省高级人民法院张坚常务副院长主持会议。会议首先由省直党政干部处处长谢安仁同志宣读省委任免文件，决定免去胡兆满同志武汉海事法院院长、党组书记、审判委员会委员职务，任命田丰同志为武汉海事法院院长、党组书记、审判委员会委员。

田丰同志作为新任武汉海事法院院长在会上作了发言。他相信在湖北省委和湖北省高级人民法院的领导下，在武汉海事法院全院干警的共同努力下，一定能够将武汉海事法院建设成学习型、服务型、研究型、开创型的海事审判机关，为我国航运经济事业的可持续性发展作出更大的贡献。

会上，湖北省委组织部副部长翟天山同志和湖北省高级人民法院党组副书记、常务副院长张坚同志分别对武汉海事法院的建设和发展提出了明确具体的要求。武汉海事法院前任院长胡兆满同志在会上也发表了热情洋溢的讲话。

【《海事应用法学研究》和《内河海事法律实务》被最高人民法院图书馆收藏】 2008年3月，武汉海事法院饶中享副院长负责编著的《海事应用法学研究》、潘绍龙同志撰写的《内河海事法律实务》经最高人民法院图书馆审查后，被最高人民法院图书馆收藏。

【全国法院系统抗震救灾先进表彰大会暨英模报告会召开】 2008年7月29日，武汉海事法院干警参加了全国法院系统抗震救灾先进表彰大会暨英模报告会电视电话会议。会议表彰了全国法院系统在“5·12”汶川大地震中有突出表现的抗震救灾先进集体和个人，6位抗震救灾先进集体代表、英模在会上作了生动感人的报告。最高人民法院党组书记、院长王胜俊同志发表了重要讲话，要求全国法院要认真学习抗震救灾英模的感人事迹，弘扬他们的高尚精神，围绕灾后重建和服务奥运，进一步做好全国法院系统各项工作，努力开创全国法院工作的新局面。武汉海事法院党组书记、院长田丰同志要求全院干警认真学习，深入讨论，并按照王胜俊院长的要求，全面做好武汉海事法院各项工作。

【武汉海事法院信息化建设取得阶段性成果】

2008 年 4 月，武汉海事法院完成了院本部与重庆、宜昌、南京、常熟和南通五个派出法庭的专网联结，已全面实现院本部与各派出法庭之间的网上办公、视频会议以及远程签章等功能，信息化建设取得了阶段性成果。

【武汉海事法院召开纪念“五四”青年节座谈会】

为继承发扬“五四”精神，武汉海事法院召开青年干警座谈会，纪念“五四”运动 89 周年。与会青年干警畅谈理想，抒发情怀，决心不辜负党的培养和期望，立足审判事业，勇于创新、开拓进取，为武汉海事法院的发展而奋斗。

院党组书记、院长田丰出席青年干警座谈会并讲话。他指出，年轻是最宝贵的财富和资本，青年人应当将自己的朝气、勇气、锐气发挥出来，展示自己的才华和抱负，有了理想抱负就应当为之奋斗。只有勤于学习、善于实践，才会有丰硕的成果。要在海事法院的建设和发展中去磨练，实现人生价值。

最后，田丰院长引用了一位学校校长在迎接新生时的讲话：青年人不仅要学习知识，还要学会做人的道德修养；不仅要知书，还要达礼；要热爱自由，但不能随心所欲、不守规矩；要张扬个性，但不能孤芳自赏；要有大家风范，但不可不拘小节；要独立思考，但不可自以为是、目中无人；要有远大抱负，但不好高骛远；要激情澎湃，但必须在理智的指导下选择行动；要敢于追求自己的幸福，但绝不能损害他人的利益；要做君子，不做小人；要热爱真理，也应尊重老师；要当精英，不当乌合之众！以此激励广大青年干警成长。

徐少林副院长也在座谈会上畅谈了自己的感受，并对青年干警应当树立正确的理想，要有乐于奉献的精神以及努力实践方面提出希望。

【武汉海事法院干警心系灾区群众积极赈灾捐款】 为表达对四川汶川大地震遇难同胞的深切哀悼，武汉海事法院全体干警于 5 月 19 日 14 时 28 分肃立在五星红旗和国徽下默哀 3 分钟。全院人员大力响应党的号召，领导带头，自觉为灾区人民献爱心、送诚心、表衷心，自发捐款 27 700 元。充分体现了中华民族情同手足血浓于水的高尚情操和传统美德。全院干警一致表示，将继续以实际行动支持和援助四川地区的抗震斗争，愿灾区人民早日安康幸福。

【武汉海事法院召开学习实践科学发展观活动动员大会】 2008 年 10 月 20 日上午，武汉海事法院召开深入学习实践科学发展观活动动员大会。党组书记、院长田丰作学习实践科学发展观活动动员讲话，省法院学习实践科学发展观活动指导检查组组长杨明坤出席会议并作指导，法院老领导、省人大法制委员会副主任胡兆满按要求回院学习，并参加动员大会。

田丰院长指出，要认真学习中央和省委会议精神，切实把思想认识统一到中央、省委的部署要求上来，切实增强参与学习实践科学发展观活动的使命感和责任感，认真筹划、精心组织、扎实推进。

田丰院长强调，要把握关键环节，明确总体要求，结合法院实际，努力提高学习实践活动的实效性，从解放思想、解决突出问题、完善体制机制、发挥领导干部表率作用等几个方面下功夫，确保学习实践活动深入开展。

田丰院长要求，要在省委统一部署下，在省

法院指导检查组的指导下，加强组织实施和督促检查，积极探索创新，推动法院工作的科学发展，不断提高法院的司法能力，促进法院各项工作的新发展。

杨明坤组长指出，海事法院作为第一批学习实践科学发展观的单位，前期准备工作很充分，田丰院长的动员讲话对海事法院开展学习实践活动作了全面部署，讲得很好、很到位。对海事法院学习实践活动，他提出几点要求：一是要克服“学而不思、消极厌学、敷衍了事”不良倾向，防止走过场，搞形式主义；二是要把“大学习、大讨论”活动与学习实践活动有机结合起来，作为学习实践活动的载体，切实抓好组织领导，加强指导，统筹兼顾，做到学习实践与法院工作“两手抓、两不误、两促进”。

会议由党组成员、副院长徐少林主持。副巡视员饶中享、张新民及部分离退休老干部参加会议，各派出法庭干警通过视频参加会议。

·案例分析·

【原告杨镇宾、赵玉与被告张泽琴、被告江津市津航船业有限责任公司人身伤害赔偿纠纷案】

·当事人

原告杨镇宾，男，学生，住重庆江津市几江三倒拐75号附7号3单元6—2号。

原告赵玉，女，农民，住重庆江津市几江三倒拐75号附7号3单元6—2号。

被告张泽琴，女，重庆江津市“易申”轮船舶所有人，住重庆江津市几江街道办事处大同路市交警队宿舍。

被告江津市津航船业有限责任公司（以下简称津航公司），住所地重庆江津市几江镇通泰门7—1商住楼。

·基本案情

2005年11月1日，“易申”轮轮机长邱永生因私事，向该轮管理人员莫远忠请假，同时推荐杨华宣在其请假期间代替行使轮机长职务。邱永生当日离船后，在征得船舶所有人张泽琴同意的情况下，杨华宣即到“易申”轮上担任轮机长工作。同日21：10，“易申”轮从重庆市江津传丝坝“金盛号”挖砂船处调头下驶，准备至目的港江津东门码头。21：20许，“易申”轮在调头过程中，右主机发生故障熄火，轮机长杨华宣即组织人员进行检修。大约7—8分钟以后，左主机也出现故障熄火。“易申”轮在失去动力的情况下，船舶顺流下淌，随即与正常锚泊在江津兰家沱水域的“国平7号”轮发生碰撞，导致“易申”轮翻沉，5人落水，其中轮机长杨华宣头部在事故中重伤后死亡。事故后，经调查，中华人民共和国重庆江津海事处于2005年11月25日作出《水上交通事故调查处理通知书》，认为“本次事故是由于‘易申’轮机务故障而导致该船舶失去动力与锚泊船发生碰撞，因此‘易申’轮在本次事故中负全部责任”。

杨华宣出生于1954年4月9日，身份证号码为510225540409021。杨华宣生前持有三等轮机长证书，证书编号为23000349。发生事故时，杨华宣仍为江津市轮船二公司正式职工。杨华宣与赵玉属夫妻关系，杨镇宾是两人所生儿子。

重庆市江津地方海事处颁发的登记号为400805000351号的《船舶所有权登记证书》载明“易申”轮所有人为张泽琴；登记号为400805000351号的《船舶国籍证书》载明“易申”轮所有人为张泽琴，船舶经营人为津航公司。江津市航运管理所颁发的编号为渝津SN（2005）445的《船舶营业运输证》载明“易申”轮所有人为张泽琴，船舶经营人为津航公司。2005年5月10日，津航公司与张泽琴签订《船舶委托经营管理协议》，约定张泽琴将其所有的“易申”轮委托津航公司经营，委托时间从2005年5月10日开始，至2010年5月9日止，期满后若双方无异议，可继续延长委托经营时间；运输单据的领用均由甲方（津航公司）出具运输单据，但必须妥善保管，如发生遗失、损毁，甲方承担税务部门有关的经济、行政责任。票据使用后，存根联、注账联由甲方归档，国家规定的有关税、费由甲方负责缴纳；经营中，甲方必须加强对委托船舶的安全领导和监督，搞好安全生产，安全部门有权对委托经营船只进行定期或不定期安全检查，发现问题，无条件整改，如发生海事或经济纠纷，可以提供有关手续，其经济损失由甲方承担；乙方（张泽琴）应按甲方公司的规定，缴纳管理费100元/月，该款应在每年年初一次付清。

杨镇宾、赵玉为处理杨华宣丧葬等事宜，已实际支付交通费1 599元、住宿费30元、遗体火化费及其他费用 2 200 元，总计 3 829 元。杨华宣在事故中死亡后，张泽琴和津航公司已先行向杨镇宾、赵玉支付赔款 25 400 元。

杨华宣死亡后，津航公司向江津市劳动和社会保障局申请仲裁，要求确认杨华宣属工伤死亡。2005 年 12 月 1 日，江津市劳动和社会保障局作出津劳险伤认字〔2005〕566 号《工伤认定决定书》，认定杨华宣属工伤死亡。原告对该工伤认定书不服，向江津市人民法院提起行政诉讼，要求撤销该工伤认定书，江津市人民法院审理后撤销了该工伤认定书，并判决江津市劳动和社会保障局重新作出具体行政行为。之后，由于江津市劳动和社会保障局未重新作出具体行政行为，津航公司遂向江津市劳动争议仲裁委员会申请仲裁，请求确认与杨华宣之间存在事实劳动关系。江津市劳动争议仲裁委员会裁决后认定杨华宣与津航公司之间存在事实劳动关系，原告不服，向江津市人民法院提起诉讼，要求确认杨华宣与津航公司不存在劳动关系。江津市人民法院判决后认定杨华宣与津航公司之间存在劳动关系，原告对该判决结果不服，遂向重庆市第五中级人民法院上诉。2007 年 4 月 30 日，重庆市第五中级人民法院就杨华宣与津航公司的劳动关系问题，作出（2007）渝五中民终字第 482 号终审判决，认定杨华宣与津航公司不存在劳动关系。

·原告诉讼请求及被告抗辩

原告杨镇宾、赵玉诉称，原告赵玉与杨华宣系夫妻关系，原告杨镇宾系原告赵玉与杨华宣之子。张泽琴系“易申”轮船舶所有人，该轮挂靠于津航公司经营。杨华宣的死亡属两被告的共同过失所导致，故要求两被告连带赔偿丧葬费损失人民币（以下均为人民币）7 530 元、死亡补偿费损失 184 420 元、交通、住宿和误工费损失 4 072 元、遗体存放费损失 2 200 元、精神抚慰金 50 000 元，总计 248 222 元，扣除两被告已实际支付的 25 400 元，实际要求赔偿 222 822 元。

被告张泽琴辩称，“易申”轮虽为张泽琴所有，但在本次事故发生以前已经实际委托津航公司经营管理，张泽琴与津航公司之间不存在挂靠关系。同时，杨华宣与张泽琴之间不存在雇佣关系。所以，被告张泽琴对于杨华宣的死亡不应承担赔偿责任。

被告津航公司辩称，杨华宣是因工死亡，所以其死亡赔偿数额应该根据《工伤保险条例》进行计算，而不能依据人身伤害赔偿标准进行计算。所以请求法院依法驳回原告的诉讼请求。

·案件审理

海事法院认为，被告张泽琴与被告津航公司签订的《船舶委托经营管理协议》符合交通部交水发〔2001〕360 号《关于整顿和规范个体运输船舶经营管理的通知》的相关规定。根据规定，此类协议签订的目的在于规范个体船舶的经营管理，使个体运输船舶经营户实现企业化经营。被告张泽琴与被告津航公司签订《船舶委托经营管理协议》后，双方已根据协议的要求以及国家有关部门的规定办理了《船舶国籍证书》和《船舶营业运输证》等相应证照。虽然《船舶国籍证书》和《船舶营业运输证》均载明“易申”轮的经营人为被告津航公司，但是，根据两被告提交的有效证据材料，并无相应的证据证明被告津航公司实施了实际经营人应该实施的诸如对外签订运输合同、承担货物运输等经营行为；并且，根据船舶的特殊法律属性，作为船舶的实际经营人应该是船舶所有人或船舶承租人，否则，并不能免除船舶所有人或者形式上的经营人应该承担的保证船舶航行安全以及履行船舶在经营过程中产生的各种民事责任的义务。所以，被告张泽琴认为其不是“易申”轮登记经营人，因而不应该对“易申”轮在经营过程中导致杨华宣死亡承担赔偿责任的抗辩理由，既无法律依据，也无事实依据，法院不予支持。被告张泽琴作为“易申”轮的所有人和实际经营人，有义务保证“易申”轮在营运过程中具有良好的技术状况，不仅应该使船舶处于适航状态，而且应该保证船舶的航行安全，防止各类海损事故的发生。被告津航公司作为“易申”轮经营管理的受托方，在享有收取经营管理费的权利的同时，还应该对“易申”轮的经营活动和船舶航行安全承担管理义务。根据中华人民共和国重庆江津海事处出具的《水上交通事故调查处理通知书》，“易申”轮与“国平 7 号”轮发生碰撞的原因在于“易申”轮机务故障及当班驾驶人员安全意识不强，违章夜航。“易申”轮客观存在的上述过失，直接违反了《中华人民共和国内河交通安全管理条例》第 10 条的规定，除了该轮所有人张泽琴应该承担责任以外，作为该轮安全管理责任人的津航公司也同样应该承担责任。根据最高人民法院《关于审理人身损害赔偿案件适用法律若干问题的解释》第 3 条第 1 款的规定，双方应该对于本次碰撞事故所导致的他人人身损害承担连带赔偿责任。

原告杨镇宾、赵玉作为杨华宣的直系亲属，在杨华宣因“易申”轮发生碰撞事故死亡以后，有权要求事故责任人承担赔偿责任。

杨华宣作为江津市轮船二公司正式职工，在临时担任“易申”轮轮机长职务期间，虽然没有与该轮所有人张泽琴和经营管理人津航公司签订相应的书面合同，但其在“易申”轮上已实际履行了作为轮机长应该履行的职责，并且其履行职责的目的是为被告张泽琴和被告津航公司的共同利益服务。同时，重庆市第五中级人民法院于 2007 年 4 月 30 日作出的（2007）渝五中民终字第 482 号终审判决，明确认定杨华宣与被告津航公司不存在劳动关系。基于上述事实以及生效的判决结果，海事法院认为，杨华宣与被告张泽琴和被告津航公司之间已经构成事实雇佣合同关系。所以，根据最高人民法院《关于审理人身损害赔偿案件适用法律若干问题的解释》第 11 条规定，被告张泽琴和被告津航公司应该就杨华宣在雇佣过程中死亡所导致的原告经济损失承担连带赔偿责任，并且死亡赔偿标准不应该根据《工伤保险条例》进行计算，而应该根据最高人民法院《关于审理人身损害赔偿案件适用法律若干问题的解释》确定的标准进行计算。

根据原告杨镇宾、赵玉提交的有效证据并结合最高人民法院《关于审理人身损害赔偿案件适用法律若干问题的解释》的规定，因杨华宣的死亡，导致原告直接经济损失总计为 196 719 元。

作为家庭的重要组成人员，杨华宣的死亡直接导致原告杨镇宾、赵玉的精神受到损害，根据最高人民法院《关于确定民事侵权精神损害赔偿责任若干问题的解释》规定，应该给予精神抚慰。结合案件事实以及被告张泽琴和被告津航公司在事故中的主、客观过失程度，海事法院认为，被告赔偿给原告的精神损害抚慰金应以 20 000 元为宜。

在无法达成调解协议的情况下，海事法院作出如下判决：1. 被告张泽琴和被告津航公司连带赔偿原告杨镇宾、赵玉因杨华宣死亡导致的直接经济损失 196 719 元，扣除事故后已经赔偿的 25 400 元，实际赔偿 171 319 元；2. 被告张泽琴和被告津航公司连带赔偿原告杨镇宾、赵玉精神抚慰金 20 000 元；3. 驳回原告杨镇宾、赵玉的其他诉讼请求。

该案判决以后，原、被告均未提起上诉。

·案件评析

一、公司化经营。

所谓船舶公司化经营，是指国家通过强制性手段，要求个体船舶所有人通过投资、光船租赁或委托经营管理等形式，将其所有的船舶纳入有经营资质的船舶运输公司或者管船公司，由该船舶运输公司或者管船公司根据国家相关法律、法规，统一经营、统一管理的一种经营模式。

船舶公司化经营是国家整治违法“挂靠”经营的一项重大举措，目的在于规范我国内河航运市场，引导个体船户走公司化、规模化、集约化发展道路，不断提升内河航运的发展水平和整体竞争力，促进内河航运经济的良性发展。我国将个体运输船舶纳入公司化经营始于 2001 年交通部《国内船舶运输经营资质管理规定》（统称一号令）的颁布。国家之所以决定将船舶纳入公司化经营有其历史背景。首先，改革开放以后，我国航运事业有了飞跃发展，特别是个体运输船舶的发展势头更加迅猛；其次，个体运输船舶在发展过程中，由于船员素质不高以及安全管理混乱，导致个体运输船舶成为水上运输安全的重大事故隐患之一；再次，由于个体运输船舶为了逃避行业行政监管，普遍采取“挂靠”的方式进行经营，导致法律责任不清，船舶经营市场混乱。

根据《国内船舶运输经营资质管理规定》以及其后下发的《关于整顿和规范个体运输船舶经营管理的通知》的要求，现阶段国内船舶公司化经营主要包括以下五种模式：1. 个体船舶所有人按照《公司法》和国家有关法律、法规的规定，通过合资、合作、股份制等方式，组建符合经营资质条件的船舶运输企业；2. 具有经营资质的船舶运输经营人，在同个体船舶所有人平等协商的基础上，采取收购、折价入股等方式吸收个体经营户所有的运输船舶；3. 个体运输船舶所有人将其船舶租赁给具有经营资格的船舶运输经营人，由具有船舶运输资格的企业经营，并负责光租船舶的营运管理，承担安全责任；4. 个体运输船舶所有人与具有经营资质的船舶运输经营人按照平等自愿原则，签定船舶委托经营管理合同，由接受的船舶运输经营人负责个体船舶的经营和管理，并承担所接受委托船舶的安全责任；5.随着专业化船舶管理公司的建立，个体运输船舶所有人将其船舶委托专业化的船舶管理公司进行管理。

但是，由于相关的管理和监督机制相对滞后，在船舶公司化经营发展过程中，仍出现许多不正常或者不合理的情况，其中最为突出的是经营形式规避相关法律规定。船舶经营人虽然登记为船舶运输公司，但是船舶运输公司并未实际履行船舶经营和船舶安全上应该承担的责任，而是在向个体船舶所有人收取一定数额的管理费后，最终将船舶交由个体船舶所有人以船舶公司的名义对外从事具体的经营活动。可以看出，这种情况是恶意规避法律的行为，名义上是对个体船舶实行公司化经营，实际上是以出借公司经营资质为手段获取相应“挂靠”费的行为。

本案中，“易申”轮所有人登记为张泽琴，船舶登记经营人为津航公司，但是船舶的实际经营人仍为张泽琴，津航公司并没有承担作为登记经营人应该承担的相应责任。这类情况在船舶公司化经营过程中非常普遍，其直接后果是有关经济纠纷发生后，在相关责任人的认定上存在较大困难。同时，即使相关责任人最终得以确定，但是在责任承担上各方又互相推诿，导致受害人的合法权益不能得到及时有效地维护。

二、劳动合同和雇佣合同。

在内河航运中，有关劳动合同和雇佣合同的区别问题在实务中存在较大的争议。我们认为，两者的差别主要表现在以下几个方面：

（一）主体及其关系不同。船员劳动合同中一方为船员个人，另一方为用人单位（法人或组织），船员劳动合同的双方主体间不仅存在财产关系即经济关系，还存在着人身关系，即行政隶属关系。船员除提供劳动之外，还要接受用人单位的管理，服从其安排，遵守其规章制度等，成为用人单位的内部职工。而船员雇佣合同双方只存在财产关系，即经济关系，彼此之间无从属性，不存在行政隶属关系，船员提供劳务服务，雇主支付劳务报酬。

（二）主体的待遇不同。劳动合同履行贯穿着国家的干预，为了保护船员，《劳动法》、《船员条例》等法律、法规给用人单位强制性地规定了许多义务，如必须为船员交纳养老保险、医疗保险、失业保险、工伤保险、生育保险、用人单位支付船员工资不得低于政府规定的当地最低工资标准等，这些必须履行的法定义务，不得协商变更；而雇佣关系中的船员，一般只获得劳动报酬，雇主一般没有上述义务。

（三）法律调整不同。船员劳动合同由《劳动法》、《船员条例》和《工伤保险条例》等法律、法规调整，劳动合同履行不当所产生的责任不仅有民事上的责任，而且还有行政上的责任。雇佣合同尚属无名合同，适用民法及合同法的一般原理规制，雇佣合同所产生的责任只有民事的违约责任和侵权责任，不存在行政责任。

本案纠纷产生以后，被告津航公司始终坚持其与杨华宣存在的是劳动合同关系，而不是事实雇佣合同关系，并且为了获取有效的法律支持，该公司在杨华宣死亡之后，即向劳动仲裁机构申请劳动仲裁，要求确认其与杨华宣之间存在劳动合同关系。被告之所以坚持认为其与杨华宣之间仅存在劳动合同关系，目的在于减轻自己的赔偿责任，因为劳动合同认定的死亡赔偿金与雇佣关系认定的死亡赔偿金有较大的差距，前者根据《工伤保险条例》进行计算，后者则根据《关于审理人身损害赔偿案件适用法律若干问题的解释》进行计算，并且前者在赔偿数额上远远低于后者。最终，重庆市第五中级人民法院就杨华宣与津航公司的劳动关系问题，作出（2007）渝五中民终字第 482 号终审判决，认定杨华宣与津航公司不存在劳动关系。

本案中，有关雇佣合同的认定以及认定程序这两个方面的问题值得我们深思。

问题一，在实务中，像杨华宣一类性质的船员雇佣合同在内河航运中非常普遍，但在处理这类纠纷时，相当部分审判人员将这类合同认定为船员劳动合同。他们的理由更多建立在船舶运输是一个整体行为，而船员只是这个整体中的一个组成部分，其除提供劳动之外，还要接受用人单位的管理，服从其安排，遵守其规章制度等。至于用人单位没有为船员办理诸如养老保险、医疗保险、失业保险、工伤保险和生育保险等待遇，只是用人单位违反法律规定的行为，可以在判决中要求用人单位履行上述义务。我们认为上述观点不尽正确。首先，雇佣合同的最大特点在于劳动者通过完成指定的劳动行为换取直接的劳动报酬，其劳动行为与劳动报酬是等价的，例如，某船长与用人单位约定，其组织一班符合规范要求的驾驶人员，将用人单位的某艘船舶从甲地送到乙地，报酬若干。在这一关系中，某船长从用人单位取得的若干报酬与其带领的一班人付出的劳动行为是等价的。而劳动合同中的劳动行为虽然也可以换取劳动报酬（工资），但其劳动行为与劳动报酬不是等价的，其除了有权获得合同约定的劳动报酬以外，还有权要求用人单位履行法律规定的诸如为其办理养老保险等义务。其次，作为雇佣合同关系中的船员，虽然在劳动过程中其除提供约定的劳动行为之外，同样还要接受用人单位的管理，服从其安排，遵守其规章制度等。但是，我们应该看到，船舶驾驶作为一个要求非常严格的技术工种，其操作规范以及要求，国家有着严格的规定，而用人单位的规章制度与国家的规定应该保持一致。所以，船员执行用人单位的规章制度与执行国家的规范要求不仅一致，并且是一个合格船员最起码的职业要求。再次，雇佣关系中的船员，通过其自身拥有的技能完成约定的劳动行为，用人单位不得干涉。例如，在上例中，用人单位不得要求某船长从事完成驾驶工作以外的其他工作。但是该船长若是用人单位通过劳动合同形成的船员劳动合同关系，即使该船长在完成某项具体驾驶工作的过程中，用人单位仍有权要求其变更劳动事项，而该船长不得拒绝。

本案中，杨华宣只是代替邱永生在一定时间段代行轮机长职务，其获取的报酬应该与这段时间内其履行轮机长义务所付出的劳动行为是等价的。并且杨华宣作为江津市轮船二公司正式职工，其有权根据相关法律规定享受劳保待遇，但其不得在代替邱永生代行轮机长职务期间向津航公司再次要求劳保待遇。同时，杨华宣只是按约定完成轮机长这一特定工作，在履行该工作过程中，用人单位无权要求其变更工作内容。所以，我们认为，重庆市第五中级人民法院认定被告津航公司与杨华宣之间不构成劳动关系的判决是正确的。

问题二，根据最高人民法院《关于国内船员劳务合同纠纷案件是否应仲裁前置的请示的复函》（〔2002〕民四他字16号）的规定，因船员劳动合同发生争议，无需经过仲裁前置程序，合同当事人可以直接向海事法院提起诉讼。从该司法解释的精神理解，并不排除当事人可以先行向劳动仲裁机构申请仲裁，在对仲裁结果不服的情况下，仍可向海事法院提起诉讼。

本案中杨华宣是否与被告津航公司之间存在劳动合同关系，应属劳动争议的范畴，所以被告津航公司在纠纷发生后先行向仲裁机构提起仲裁申请，要求确定其与杨华宣之间存在劳动合同关系，并不违反相关法律规定。但是，被告申请仲裁的行为直接导致两个法律后果：其一，同一劳动争议通过两个程序解决，仲裁机构以及地方人民法院解决的是津航公司与杨华宣之间是否存在劳动合同法律关系的问题，海事法院解决的是实体赔偿方面的问题；其二，海事法院实体赔偿问题的解决，必须以地方仲裁机构或者地方人民法院的裁判结果为依据。显然，上述解决纠纷的方式在程序上对原告是不利的，因为责任人有可能在两个不同的诉讼程序中借助上诉等手段，有意拖延赔偿时间，导致受害人的损失在较长时间内不能得到及时赔偿。本案在审理过程中，海事法院因为被告津航公司向仲裁机构申请劳动仲裁而中止了案件的审理，在地方人民法院终审判决结果作出后，才恢复审理。

虽然原告的损失在法律上最终得到维护，但是，在维护的及时性方面显然存在不足。所以，我们认为，鉴于船员劳动合同以及船员雇佣合同纠纷这类案件的特殊性和复杂性，最高人民法院应该明确规定由海事法院专属管辖，并且直接排除仲裁机构的仲裁程序。这样不仅可避免裁判结果上的冲突，并且有利于及时有效地维护各方当事人的合法权益。

三、公司化经营过程中公司和个人的民事责任承担。

在国外的学说和理论中，通常根据两个标准确定事故损害赔偿责任的主体：其一是运行支配权，即谁对运输工具的运行具有支配和控制的权利。这种支配和控制包括具体的、现实的支配。其二是运行利益的归属，即谁从运输工具的运行中获得利益。这种利益可以是因运输工具运行而取得的直接利益，也包括间接利益，以及基于心理感情因素而发生的利益。这在国外的学说和判例中被称为判断损害赔偿责任主体的二元说。同时，我国部分法律学者从危险责任的“不幸损害”的合理分配思想出发，分析了让特定物品或者设施的所有人、持有人承担危险责任的理由：⑴特定企业、物品或者设施的所有人、持有人制造了危险来源；⑵在某种程度上仅该所有人或者持有人能够控制这些危险；⑶获得利益者应负担责任系正义的要求；⑷因危险责任而生的损害赔偿，得经由商品服务的价格机能及保险制度予以分散。

从上述理论可以看出，对于运输船舶在经营过程中导致第三人损害时，个体船舶所有人和船舶运输公司应该被列为共同诉讼当事人，并且应该对因侵权行为导致的第三人财产损失或者人身伤害承担连带赔偿责任。

首先，船舶运输公司因规避法律规定的经营方式将船舶运输的风险引入社会，且通过合法的措施能够控制存在的危险。船舶运输公司作为具有专业航运技能的运输企业，应该严格执行国家有关船舶公司化经营的相关规定，加强对运输船舶营运安全的管理，避免因自身对运输船舶营运安全管理的懈怠而造成的经营风险危害社会。运输船舶在具体经营过程中导致社会危害的结果，与船舶运输公司怠于船舶的营运安全管理有着直接的因果关系。

其次，船舶运输公司从船舶的营运中获取了相应的利润，理应承担责任。虽然这种利润更多是以收取管理费的形式表现出来，但并不能因此仅仅根据其收取管理费的多寡来限制其应该承担的对外赔偿责任。只有施行严格的赔偿责任标准，才能促使运输公司严格依法行事，加强对登记在公司名下的个体运输船舶的安全教育和规范管理，最大程度地减少安全事故和其他违约行为。

再次，个体船舶所有人以船舶运输公司的名义进行实际经营时，船舶的安全管理应该由船舶运输公司和个体运输户共同承担，对于因安全管理方面的缺失导致第三人损害，船舶运输公司和个体运输户应该承担共同赔偿责任。在船舶的实际经营活动由个体运输户实施的情况下，仍不能免除作为登记经营人的船舶运输公司对经营行为全程所应该承担的管理责任。

所以，本案中最终判定被告张泽琴和被告江津市津航船业有限责任公司连带赔偿原告杨镇宾、赵玉因杨华宣死亡导致的直接经济损失，不仅有利于原告合法权益的维护，并且有利于两被告切实加强船舶的安全管理，减少海损事故的发生。

• 对该案的思考

个体船舶进行公司化经营，不仅是我国内河航运事业不断发展的需要，也是内河船舶航运市场进一步走向专业化、规范化的要求。这一经营模式的积极性毋庸置疑。由于船舶公司化经营原本就是一个新生事物，所以在其发展过程中难免存在许多的问题和不足，特别是经营过程中船舶运输公司和个体船舶所有人之间的法律责任承担以及船舶物权风险等问题，不仅困扰着海事审判司法实践，而且对船舶公司化经营在法制的轨道上正常有序地发展带来许多不利的影响。如果在公司化经营过程中，能够进一步完善经营管理、严格法律责任、规范经营风险，将更加有利于公司化经营这一全新的经营模式的健全和完善，也更加有利于内河航运事业在法制的轨道上得到不断发展。

【“大庆 243”轮、“长江 41003”轮和“皖江 303”轮连环碰撞损害赔偿纠纷案】

• 当事人

原告（反诉被告）：广州海运（集团）有限公司（以下简称海运公司）。

被告（反诉原告）：芜湖长江轮船公司（以下简称轮船公司）。

被告：安徽省皖江轮船运输公司（以下简称运输公司）。

• 基本案情

1995 年 11 月 12 日，“大庆 243”轮载原油 17814.84 吨，从浙江宁波港启航，准备至目的港江苏南京港。“长江 41003”轮顶推七驳，载黄砂 9200 吨从安徽芜湖港启航，准备至目的港上海港。“皖江 303”轮顶推四驳，载黄砂 1160 吨从安徽芜湖港启航，准备至目的港江苏南通港。

11 月 12 日晚，“大庆 243”轮在长江江阴水道 40 号浮处锚泊宿夜。11 月 13 日 05:02，该轮起锚后沿江阴水道南槽限于吃水海轮航道续航上驶。行至 41 号浮以下水域时，从雷达上发现 43 号浮以上沿南槽下驶的“长江 41003”轮船队。05:36 许，“大庆 243”轮航行至 42 号浮以下利港水域时，即通过无线电话与“长江 41003”轮联系，互相通报本船船名并统一绿灯右舷会船的意图。随后，“大庆 243”轮将航向从 288º 转至 284º；“长江 41003”轮左微舵，双方各自向左转向，拉大会让时横距。

“皖江 303”轮船队日前因能见度不良锚泊于连成洲过河标以上 1 000 米水域。05：30 许起锚调头沿北岸续航下驶，并在连成洲过河标处与上驶的 Y 轮船队红灯左舷会船。

05：39，”长江 41003”轮船队船位平连成洲过河标。“大庆 243”轮船位平 42 号浮时，航行于“长江 41003”轮船队和“大庆 243”轮之间的“皖江 303”轮突然左舷闪亮红灯，从江北向江南划江行驶，“大庆 243”轮即将车速从前进四退至前进二，用右舵 20、右满舵进行避让，并通过无线电话告知 “长江 41003”轮有船抢头，请往北边拉，仍然绿灯右舷会船。“长江 41003”轮随即左微舵，仍以原速下驶。

05：43 许，“皖江 303”轮船队后置“3008”驳船左舷尾部与“大庆 243”轮左舷前部擦碰而过，“皖江 303”轮的“节甲 3008”驳断缆散队下漂，“大庆 243”轮虽随即采取左满舵，前进四、停车、倒车四等措施，但仍以 305º 航向向前运动。此时，“长江 41003”轮发现“大庆 243”轮向其迎面而至，即采取停车、倒车措施，由于惯性和水流作用，船队仍向前运动。

05:46 许，“大庆 243”轮船艏左舷与 “长江 41003”轮左前置的“节甲 41021”驳在 42 号浮上纵距1000米左右水域发生碰撞。“长江 41003”轮断缆散队，“节甲 41021”驳沿 “大庆 243”轮左舷倾覆下漂。碰撞造成“大庆 243”轮左舷多处凹陷、洞穿、部分舱壁皱折、肋骨构架弯曲变形及管件弯曲。“长江 41003”轮的“节甲 41021”驳倾覆并严重变形，“节甲 41014”、“节甲 41022”、“节甲 41027”和“节甲 41075”等四驳不同程度受损。

事故发生后，“大庆 243”轮为检验船舶支付检验费 4 150 元、洗舱费 157 845 元、测爆费 1 840 元、船舶修理费 265 875 元；“大庆 243”轮因事故需停航 20 天，造成营运损失 1 278 735.20 元；此外，海运公司为事故三方向海事机关代付事故调查处理、施救等费用 341 929 元。本次碰撞事故造成海运公司经济损失总计为 2 050 374.20 元。

“长江 41003”轮船队的“节甲 41021”驳经由估价单位修理，支付修理费 660 000 元，“节甲 41021”驳锚机工程经江阴船检局检验，估价待定部分由江芜船厂修理，核计修理费为 95 600 元；“节甲 41013”、“节甲 41022”、“节甲 41027”和“节甲 41075”四驳船体部分经事故三方确认的估价单位估价，需修理费 1 888 383 元，五艘驳船修理期间的营运损失经评估为 417 351.43 元；同时，还造成货物损失 36 000 元；“长江 41003”轮在事故发生后投入施救 5 小时，参照中国长江轮船总公司船舶出租及拖带计费办法，按拖轮每千瓦小时 0.68 元费率，计算施救损失为 2 992 元，本次事故造成轮船公司经济损失总计为 3 100 326.43 元。

另查明，连成洲过河标与 42 号浮之间水域为 105º 直航道。13 日 05：30 时左右该水域处于落潮态势，视距为 2500 米左右。

运输公司称，“皖江 303”轮在发现“大庆 243”轮并与之联系时，“大庆 243”轮要求互会左舷红灯；海运公司称其与 “长江 41003”轮联系时即与 “皖江 303”轮联系。双方上述所称均无证据支持。

• 案件审理

该案事实关系和法律关系较为复杂，在审理过程中出现多次反复，但是最终的处理结果仍很难使各方当事人信服。该案在审理过程中主要经过以下几个程序：1. 轮船公司作为原告起诉海运公司，要求海运公司根据其责任比例承担相应的赔偿责任。海事法院依法判决后，海运公司不服，向上诉审法院提起上诉。在上诉审法院进行二审过程中，海运公司又以原告的身份向海事法院提起诉讼，要求轮船公司和运输公司按各自责任比例承担相应的赔偿责任；2. 上诉审法院在对轮船公司诉海运公司船舶碰撞损害赔偿纠纷一案进行审理后，以证据不足为由，将该案发回海事法院重审。海事法院应上诉审法院的要求，将轮船公司诉海运公司一案与海运公司诉轮船公司和运输公司一案合并审理，并将当事人进行了重新调整：原告为海运公司，被告为轮船公司和运输公司。海事法院对合并审理的案件判决后，轮船公司和运输公司不服，向上诉审法院提起上诉；3. 上诉审法院对上诉案件进行审理后，撤销了海事法院的判决，依法进行了改判。但海运公司对改判结果不服，向上级法院提起申诉。2002 年 7 月，提审法院依法作出了终审判决。

一、原告轮船公司诉被告海运公司（以下简称A案）。

海事法院认为，“长江41003”轮船队与“大庆243”轮之间是一个独立的会让关系，两船之间的权利义务应该由《内河避碰规则》进行调整。两船之所以发生碰撞，是由于“大庆243”轮在避让“皖江303”轮船队不当所造成。“长江41003”轮船队与“皖江303”轮船队之间不存在避让关系，因而相互之间不存在权利和义务。因此，海事法院认为“皖江303”轮船队不是“长江41003”轮船队与“大庆243”轮碰撞纠纷中的必要诉讼当事人，因而无需通知运输公司参加到诉讼中来。

在事故责任承担上，海事法院认为“大庆243”轮应该承担主要事故责任，“长江41003”轮船队应该承担次要事故责任。但是，海事法院并非没有考虑“皖江303”轮船队在本次碰撞事故中的作用，认为海运公司在赔偿轮船公司的损失以后，可以就“大庆243”轮自身的损失和赔偿轮船公司的损失，再根据“皖江303”轮船队在与“大庆243”轮会让过程中的过失大小向运输公司进行追偿。当然，是否向运输公司进行追偿是海运公司的权利。

基于以上考虑，海事法院只对“长江41003”轮船队与“大庆243”轮之间的碰撞事实进行了审理，并依法作出了判决。

二、上诉审法院对A案的审理。

海运公司对海事法院对A案的判决不服，在法定期间向上诉审法院提起上诉。上诉审法院在对A案进行审理后，认为应该发回海事法院重审，其理由主要有二：一是“长江41003”轮船队在碰撞事故中的损失应该重新核定；二是为了便于解决整个事故纠纷，应该将运输公司列为共同诉讼当事人。

三、原告海运公司诉被告轮船公司和被告运输公司（以下简称B案）。

上诉审法院在对A案进行审理过程中，海运公司又以原告的身份向海事法院提起诉讼，要求被告轮船公司和被告运输公司对其在事故中的损失按比例承担赔偿责任。海事法院经审查后，依法予以立案。

四、海事法院对A案、B案的合并审理（以下简称AB案）。

根据上诉审法院的意见，海事法院对A案、B案进行了合并审理，并对当事人重新进行了调整。在AB案中，原告为海运公司，被告为轮船公司和运输公司。海事法院在对AB案进行开庭审理后认为，本案属船舶连环碰撞损害赔偿纠纷。“皖江303”轮船队在起锚续航过程中未能在通用频道监听“长江41003”轮船队与“大庆243”轮联系会船的通话，在未与“大庆243”轮统一会让意图，上、下行船均已临近的情况下，开启左舷红灯盲目采取划江横驶抢头等措施，导致“大庆243”轮在紧急情况下大角度右舵避让，进而造成“大庆243”轮与“长江41003”轮船队最终发生碰撞。“皖江303”轮船队在三船临近时盲目横越抢头，是导致本次连环碰撞事故的重要原因，运输公司应承担主要事故责任。

“大庆243”轮在41号浮以下水域时就从雷达上发现“长江41003”轮船队，但在后续的航行过程中，未对前方其他船舶的航行动态保持连续了望，并且将闪亮红灯的“皖江303”轮船队错误判断为上行船舶，及至“皖江303”轮船队近距离横越抢头时，仍错误地将该船队判断为正在进行调头，属疏忽瞭望和判断错误。在其与“皖江303”轮船队碰擦后，继续要求与“长江41003”轮船队绿灯右舷会船，并采取左满舵，前进四的措施，力图加快船舶向左的旋转速度，以避免与“长江41003”轮船队发生碰撞。但是“大庆243”轮的上述措施不仅未能避免与“长江41003”轮船队发生碰撞，反而加快了与“长江41003”轮船队的碰撞过程，以致两船最终发生碰撞。“大庆243”轮的上述措施，显然不当，故应该承担本次碰撞事故的部分责任。

“长江41003”轮在与“大庆243”轮统一会让意图以前，在南槽下行航道航行，航路正确，但在会让意图统一后至与“大庆243”轮发生碰撞前，只进行过二次左微舵避让，在“皖江303”轮船队与“大庆243”轮形成碰撞危险局面时，未引起必要的警觉和采取相应措施。在“皖江303”轮船队与“大庆243”轮碰擦以后，“大庆243”轮直接向其驶来时，才将车速从前进三退至停车、倒车，从而丧失了采取有效避碰措施的时机，最终与“大庆243”轮发生碰撞。所以，“长江41003”轮船队应承担相应的事故责任。

海事法院同时认为，本次船舶连环碰撞事故

共发生了二次。第一次在“大庆 243”轮与“皖江 303”轮船队之间发生，与“长江 41003”轮无任何关系;第二次在“大庆 243”轮与“长江 41003”轮船队之间发生，“皖江 303”轮船队虽未直接参与碰撞，但该次碰撞的诱因缘于“皖江 303”轮船队，所以，本次碰撞事故的责任应由海运公司、轮船公司和运输公司三方按责任比例进行分摊。

海事法院在庭审终结后依法判决：1. 被告运输公司赔偿原告海运公司经济损失 247 629 元；2. 被告运输公司赔偿被告轮船公司经济损失 2 585 440 元；3. 原告海运公司自行承担经济损失 1 802 745.20 元；4. 被告轮船公司自行承担经济损失 514 886.43 元。

被告轮船公司和被告运输公司对海事法院的判决不服，在法定期间向上诉审法院提起上诉。

五、二审法院对 AB 案的审理。

上诉审法院经过庭审后认为：

本案属船舶连环碰撞损害赔偿纠纷，原告海运公司所属“大庆 243”轮系万吨海轮，其在航行过程中，虽与“长江 41003”轮通过无线电话联系表明是进江海轮，但没有按规定显示限于吃水的进江海轮信号，违反了《内河避碰规则》的相关规定，在上水航行过程中未对前方航行船舶保持连续了望，并将闪亮红灯的“皖江 303”轮船队错误判断为上行船队，以致“皖江 303”轮船队近距离横越抢头时，未引起应有的注意并采取相应的措施，属疏忽了望和判断错误。在三轮临近的情况下，采取右满舵与“皖江 303”轮船队碰擦后，又采取左满舵前进四，虽增加了一定的舵效，然而也加快与“长江 41003”轮船队的碰撞过程，属临危措施不当。“大庆 243”轮未按章显示限于吃水的进江海轮信号是本次事故的重要原因，应承担本次事故的主要责任。

被告运输公司所属“皖江 303”轮船队在起锚续航过程中，未与“大庆 243”轮作明确统一的会让意图，在两船临近的情况下，盲目开启左舷红灯横越抢头，造成了与“大庆 243”轮对驶相遇的紧迫局面，迫使“大庆 243”轮大角度右舵紧急避让，进而造成“大庆 243”轮与“长江 41003”轮船队之间形成直接碰撞的危险局面，并且最终发生碰撞，应承担本次碰撞事故的次要责任。

被告轮船公司所属“长江 41003”轮船队航路正确，但在双方会让意图统一后至与“大庆 243”轮发生碰撞前，只进行过二次左微舵避让。在“皖江 303”轮船队与“大庆 243”轮发生碰擦后，“大庆 243”轮向其迎面驶来时，才将车速从前进三退至停车，未及早采取有效的避碰措施，从而错过了避免事故发生的时机，最终导致与“大庆 243”轮发生碰撞，应承担一定事故责任。

被告轮船公司认为海事法院原判决的赔付主体存在错误，使其难以得到实际赔偿，应由原告海运公司直接对其承担赔偿责任的上诉请求应予采纳。

庭审结束后，上诉审法院依法作出判决：1. 撤销海事法院 AB 案的判决；2. 原告海运公司赔偿被告轮船公司经济损失 2 585 256.38 元及利息；3. 原告海运公司自行承担经济损失 505 164.03 元；4. 被告运输公司赔偿原告海运公司经济损失 1 545 210.18 元及利息；5. 被告轮船公司自行承担经济损失 515 070.04 元。

原告海运公司对上诉审法院的判决不服，向终审法院申请再审。原告海运公司申请再审的理由主要基于以以下几个方面：第一，上诉审法院判决原告海运公司承担主要责任无法律根据。根据上诉审法院认定的事实，是“皖江 303”轮船队的过错造成“大庆 243”轮与“长江 41003”轮船队形成碰撞危险局面并最终发生碰撞。基于谁形成危险局面谁承担主要事故责任的原则，“皖江 303”轮船队应承担本次事故的主要责任。第二，上诉审法院在确定赔偿主体上存在错误。上诉审法院判决原告海运公司赔偿被告轮船公司 2 585 256.38 元，再由被告运输公司赔偿原告海运公司 1 545 210.38 元，这一判决结果明显违反法律规定，实际上是将被告轮船公司难以从被告运输公司处获得赔偿的风险转嫁给了原告海运公司。

六、提审法院对 AB 案的提审。

提审法院经审理后认为：

根据“皖江 303”轮船队为横越船这一基本事实，结合“大庆 243”轮和“长江 41003”轮船队航行状况分析，事故当时三条船所在航道水域存在着相向会船、横越交叉等复杂局面。“大庆 243”轮在发现“长江 41003”轮船队时，双方统一了会让意图，并拉大横距。但是由于“皖江 303”轮船队在“大庆 243”轮船艏前突然横越抢头，导致其与“大庆 243”轮形成交叉碰撞的危险局面，“大庆 243”轮不得不采取紧急避让措施。而这一避让措施又在“大庆243”轮与“长江41003”轮船队之间形成碰撞紧迫局面，最终导致三船连续碰撞事故的发生。根据《内河避碰规则》第12条规定，机动船在横越前和交叉相遇时，应当注意航道情况和周围环境，在无碍他船行驶时，按规定鸣放声号后，方可以横越；并且横越船应当避让顺航道行驶的船舶，不得在顺航道行驶船舶的前方突然和强行横越。本案“皖江303”轮船队作为横越船舶，其横越前未谨慎注意航道情况，在没有与“大庆243”轮形成统一的的会让意图，并且上行和下行均有船舶临近的情况下，横越抢头，严重违反上述避让规则的规定，属横越不当。在能见度正常的情况下，横越船舶负有让路义务，横越不当造成紧迫局面危险的责任大于疏忽瞭望、避碰措施不及等过失责任。因此，“皖江303”轮船队横越不当是造成本次碰撞事故紧迫局面的根本诱因，应当由其承担本案船舶连续碰撞的主要责任。“皖江303”轮船队还存在疏忽瞭望、未采取避碰措施等过失，一审法院判定其承担主要责任并无不当。由于“大庆243”轮和“长江41003”轮船队在航行中均存在疏忽瞭望、避碰措施不及时的过失，应当承担相应的次要责任。原二审判决认定“皖江303”轮船队负次要责任属适用《内河避碰规则》判定责任不当，且依据不足，应予纠正。

根据《中华人民共和国海商法》第169条第1、2款规定，船舶碰撞互有过失的，对碰撞造成的财产损失，各自根据其过错比例承担民事赔偿责任，相互对他人不承担连带赔偿责任。本次碰撞事故中，碰撞船舶各方均有过失，故对于碰撞造成的损失应当按各自过失程度的比例承担民事赔偿责任。原二审判决支持轮船公司上诉请求的主张，判令海运公司赔偿轮船公司的损失、运输公司赔偿海运公司的损失，实际由海运公司承担了运输公司对轮船公司赔偿责任的连带责任。该判决不符合本案事实，属适用法律错误，应予纠正。

提审法院在审理后，依法作出判决：1.撤销上诉审法院对AB案的判决；2.驳回被告轮船公司、被告运输公司不服海事法院对AB案的判决而提起的上诉；3.维持海事法院对AB案的判决。

·案件评析

该案历经8年，经过海事法院、上诉审法院和提审法院三级审理，直到2002年7月才最后定案。纵观本案事故经过，应该较为明了，三方当事人在庭审中也没有过多的争议。在此不作赘述。但是，由于个别事实和法律关系的认定直接导致事故责任人的责任承担，并且对以后的海损事故的判断带来影响。

一、主要事实。

（一）“皖江303”轮船队是否为横越船。

划江是长江下游船员对横越的一种习惯称谓，就像川江船员将横越称之为过河一样。《内河避碰规则》第5条对横越作了较为明确的定义。所谓横越，是指船舶由航道一侧横向或者接近横向驶向另一侧，或者横向驶过顺航道行驶船舶的船首方向。船舶横越应包含两个方面的内容：其一，相对航道而言，是指船舶总的航行方向或航迹线与航道走向成较大的夹角或者较小夹角从航道一侧驶向另一侧；其二，相对顺航道船而言，是指船舶横向驶过顺航道船的船首方向。结合内河河流的客观实际，实务中一般将顺流行驶的船舶排除在横越之外，因为顺流行驶的船舶，即使其根据主流的走向从航道的一侧行驶到另一侧，但其船位始终处于主流之内。但是，逆流行驶的船舶就不存在这种情况，因为逆流行驶的船舶横越的目的主要在于利用缓流提高航速，在航道一侧没有可供利用的缓流以后，其必然要横越到航道另一侧，以有效利用对侧的缓流。

所以，结合内河船舶的操作实际，我们认为船舶构成横越必须具备以下条件：1.仅限于逆流行驶的船舶或者需到航道对岸停靠作业的船舶；2.从航道的一侧以一定的夹角过到航道的另一侧；3.是一种有意识的行为，目的在于充分利用水流或者避开障碍物或者为了保证水上作业的便捷。

所以，以下两种在船舶驾驶操作中经常出现的情况不能认为是横越：其一，顺水航行的船舶从航道一则过到航道另一侧；其二，逆流行驶的船舶在追越过程中，追越船在未完成追越时突然横头。从严格意义上理解，这两种情况只能以航行操作是否符合安全习惯来判断，不能机械地将其归入横越的范畴。

结合本案的具体情况，海事法院、上诉审法院及提审法院认定“皖江303”轮船队为横越船，这一结论值得商榷。

其一，“皖江303”轮船队并没有通过无线电话或者鸣放声号表明自己是横越船舶；

其二，“皖江 303”轮船队属顺流行驶的下行船舶，其船位的变化仅限于下行航道之内；

其三，“皖江 303”轮船队没有在事故水域调头作业的可能；

其四，“皖江 303”轮船队显示红色闪光灯目的在于向上行船表明自己的会让意图。

（二）“大庆 243”轮的权利义务。

关于“大庆 243”轮是否显示进江海轮信号，在本案审理过程中争议较大。因为对这个事实的认定直接关系到“大庆 243”轮在其他船舶对驶相遇过程中是处于权利船的地位还是处于义务船的地位，进而影响其事故责任承担。根据《内河避碰规则》的相关规定，不管“大庆 243”轮是否显示了进江海轮信号，其责任比例都是非常大的。

1. 没有显示进江海轮信号。

“大庆 243”轮若没有显示进江海轮信号，则不享有《内河避碰规则》第 17 条赋予其的特殊权利，即“限于吃水的海船遇有来船时，应当及早发出会船声号”，“来船应当尽可能让出深水航道”。也就是说，在没有显示进江海轮信号的情况下，“大庆 243”轮在航行过程中应该遵循“上行船应当避让下行船”这一基本的避让原则。既然在对驶关系中“皖江 303”轮船队是权利船，作为义务船的“大庆 243”轮就应该根据“皖江 303”轮的避让意图，及早实施具体、有效的会让措施。“皖江 303”轮船队显示红色闪光灯，是一种要求从左舷进行会让的有效意思表示，“大庆 243”轮应该主动采取相应的措施与对方的会让意图保持一致，即使囿于正与“长江 41003”轮船队进行会让，为防止判断上的失误，也还可以采取诸于电话联系、减速等措施，以保证双方的会让安全。撇开“大庆 243”轮对“皖江 303”轮船队的航行动态判断失误不谈，单就上述双方之间的权利义务关系来讲，“大庆 243”轮在操作上的失误也是非常明显的。

2. 显示了进江海轮。

如果“大庆 243”轮显示了进江海轮信号，根据《内河避碰规则》第 17 条的规定，其就为权利船。有权根据两船对会时的实际情况，主动向对方表明会让意图，亦即主动选择避让措施是“大庆 243”轮的权利，相对船舶必须履行与其会让意图保持一致的义务。但是，结合庭审查明的事实可以看出，“大庆 243”轮并没有通过电话联系等方式向“皖江 303”轮船队表明自己的会让意图。可以说，“大庆 243”轮的行为是对自己所享有的权利的放弃，也使自己从主动的地位变为被动的地位，即“大庆 243”轮必须与“皖江 303”轮船队的会让意图保持一致——双方互会左舷。

（三）碰撞的最直接原因。

本次事故其实是由两次碰撞所组成，第一次是“皖江 303”轮船队与“大庆 243”轮之间的碰撞，第二次是“大庆 243”轮与“长江 41003”轮船队之间的碰撞。导致这两次碰撞的最直接原因既不是“皖江 303”轮船队的横越抢头，也不是“大庆 243”轮的临危措施不当，而在于“大庆 243”轮疏于了望，判断失误。从“大庆 243”轮当班引水员向法庭所作的陈述可以看出，“大庆 243”轮从发现“皖江 303”轮船队开始，就将“皖江 303”轮船队错误判断为与其同方向行驶的上行船，及至两船临近形成碰撞危险局面时，才发现“皖江 303”轮船队与其存在对驶相遇关系。仓促间采取的措施肯定不能达到有效避让的目的。

《内河避碰规则》第 6 条规定：“船舶应当随时用视觉、听觉以及一切有效手段保持正规的了望，随时注意周围环境和来船动态，以便对局面和碰撞危险作出充分的估计。”所谓了望，是指观察、监视和鉴别本船周围出现的各种动态和情况。目的是要对当时所处的局面和存在的碰撞危险作出充分的估计，以便采取正确的措施，及时、有效地进行安全会让。无数的碰撞事故充分证明，船舶安全会让，取决于正确的避让行动，正确的避让行动取决于正确的判断，而正确的判断则有赖于保持正规、准确的瞭望。因此，正规、准确的瞭望是船舶安全会让全过程中的首要环节和关键程序，它是安全会让的首要条件。

“大庆 243”轮瞭望上的疏忽和错误直接导致以下后果：1. 不能对“皖江 303”轮船队的动态作出正确的判断；2. 丧失采取合理、有效避让措施的保贵时间；3. 仓促之间采取的避让措施既不合理，也不可能达到预期的效果；4. 导致“皖江 303”轮船队不能对“大庆 243”轮的航行动态作出正确的判断。

可以看出，由于“大庆 243”轮瞭望上的疏忽和错误，直接构成与“皖江 303”轮船队之间的碰撞危险局面。基于谁形成危险局面，谁承担主要事故责任的一般原则，“大庆 243”轮与“皖江 303”轮船队之间发生的碰撞，“大庆 243”轮应该承担主要事故责任应该是不争的事实。

二、法律关系的判断。

船舶碰撞事实直接产生民事侵权法律关系，一个民事法律关系就是一个独立的纠纷，纠纷当事人根据其在船舶碰撞事故中的过失大小，按比例承担相应的民事责任。正确判断民事法律关系，是正确处理各类船舶碰撞纠纷的前提条件。在船舶碰撞事故中，两条船舶之间因碰撞所形成的侵权民事法律关系最为简单明了，因为在这类碰撞事故中，权利和义务关系仅限于事故当事人之间，并不涉及第三人。但是，船舶碰撞并不仅限于两船之间，有时会涉及三条或者三条以上的船舶，在确定这类碰撞事故中的民事法律关系时就较为复杂。本案是一种典型的多船碰撞形式，习惯上我们将之称为连锁碰撞或者连环碰撞，所以正确把握本次事故中的民事法律关系是保证本案正确处理的前提。

结合相关的法律规定及本案整个碰撞事实，我们认为提审法院对本案法律关系的定性值得商榷。

我们认为“皖江 303”轮船队、“大庆 243”轮和“长江 41003”轮船队相互之间发生的碰撞应属两个完全独立的碰撞过程，即整个碰撞过程最终形成的是二个独立的法律关系：“皖江 303”轮船队与“大庆 243”轮之间形成一个船舶碰撞法律关系，而“大庆 243”轮与“长江 41003”轮船队之间又形成一个船舶碰撞法律关系。理由主要基于以下几个方面：

首先，一个独立的船舶碰撞法律关系，其事故船舶之间必须存在直接的权利义务关系。没有直接的权利义务关系则不具备民事法律关系中的主体资格。本次事故中的权利义务关系较为明确：其一，“大庆 243”轮与“长江 41003”轮船队之间存在对驶相遇的权利义务关系；其二，“皖江 303”轮船队与“大庆 243”轮之间存在横越船与上行船之间相互避让的权利义务关系（或者对驶相遇的权利义务关系）。结合事故前的船位及事故结果，“长江 41003”轮船队与“皖江 303”轮船队之间则不存在任何权利义务关系。从这个意义理解，“长江 41003”轮船队既不是“皖江 303”轮船队与“大庆 243”轮这一法律关系中的主体，“皖江 303”轮船队也不能成为“大庆 243”轮与“长江 41003”轮船队这一法律关系中的主体。

其次，从法律理论理解，“皖江 303”轮船队、“大庆 243”轮和“长江 41003”轮船队并非必要共同诉讼当事人。必要共同诉讼，是指当事人一方人数众多，具有共同的诉讼标的的共同诉讼，人民法院对上此类诉讼必须合并审理。共同诉讼最显著的一个特征是民事法律关系的形成必须是当事人共同行为的直接结果。显然，“皖江 303”轮船队的行为与“长江 41003”轮船队和“大庆 243”轮之间的碰撞没有直接关系（只存在间接关系），而“长江 41003”轮船队的行为也与“大庆 243”轮和“皖江 303”轮船队之间的碰撞也没有直接关系。所以，“长江 41003”轮船队不是“大庆 243”轮和“皖江 303”船队这一碰撞法律关系中的必要诉讼当事人，“皖江 303”轮船队也不是“大庆 243”轮和“长江 41003”轮船队这一碰撞法律关系中的必要诉讼当事人。

其三，从客观实际看，两次碰撞事故也是独立的。在海事处理实践中，经常会遇到这样一种情况：甲船与乙船发生碰撞，乙船在失控的情况下又与丙船发生碰撞。若甲船在事故后逃逸，那么乙船与丙船之间的纠纷是否可以单独审理呢？回答是肯定的。具体处理是由乙船先行赔偿丙船的经济损失，然后由乙船向甲船追偿。当然，乙船的损失是否能够从甲船处获得赔偿具有较大风险性，因为甲船是否能够最终找到是不确定的。如果认定甲、乙、丙三船为必要共同诉讼当事人，在甲船最终没有找到的情况下，则该案就无法审理，因为存在漏列当事人的情况。

三、提审判决在责任划分上的法律困惑。

提审判决对本次碰撞事故法律关系的认定主要包括三个方面的内容：其一，“皖江 303”轮船队、“大庆 243”轮和“长江 41003”轮船队之间发生的碰撞，属连环碰撞，形成的是一个独立的民事侵权法律关系；其二，三船根据其在碰撞事故中的过失程度，承担相应的事故责任；其三，三船所承担的事故责任之和为 100%。

根据民法理论，承担民事责任应该具备四个条件：违法行为、损害事实、违法行为与损害事实之间具有因果关系和违法行为人主观上存在过错。在上述四个条件全部具备时，违法行为应该产生两个法律后果：其一，违法行为人应该承担行政责任；其二，违法行为人应该承担民事赔偿责任。但是，违法行为本身除了违反法律、法规的规定以外，其直接后果还导致对行为相对人权利的侵害。具体到船舶碰撞损害赔偿法律关系中，义务方没有履行相应的义务，则构成对权利方相应权利的侵害。例如，在船舶对驶相遇过程中，负有避让义务的一方没有履行避让义务，则构成对权利方要求其主动避让的权利的侵害。

但是，根据三船在航行过程中的权利义务关系，若按提审法院的观点则存在着法律上的困惑。根据终审法院对事故责任的划分，“皖江 303”轮船队在本次连环碰撞事故中应该承担 55%的责任，“大庆 243”轮应该承担 35%的责任，“长江 41003”轮船队应该承担 10%的责任。所以，“长江 41003”轮船队除了对自身的损失承担 10%的责任以外，对“大庆 243”轮和“皖江 303”轮船队的损失也应该承担 10%的责任。但是，前面我们已经述及，“长江 41003”轮船队与“皖江 303”轮船队在避让关系上相互之间并不存在直接的权利义务关系，所以，要求“长江 41003”轮船队与“皖江 303”轮船队相互之间承担民事赔偿责任，显然没有法律依据。

四、对本案进行审理的设想。

鉴于提审法院在事故责任的划分上存在着法律上的困惑，不能有效地解释事故三方相互之间的民事法律责任问题。因而，提审法院的观点值得我们在实际中加以研究。

结合内河海事审判实践，及对相关法律规定的理解，我们认为正确审理本案，应该着重解决下述两个方面的问题：

（一）本案中的连环碰撞从法律关系的角度进行分析，实际是两个分别独立的船舶碰撞损害赔偿民事法律关系。第一个关系是“大庆 243”轮与“皖江 303”轮船队之间的对驶相遇关系或者为横越船与顺航道船之间的避让关系。这一关系中双方的权利义务根据《内河避碰规则》中有关对驶相遇或者横越船与顺航道船之间的权利义务规定进行调整。双方的责任比例之和为 100%。第二个关系是“长江 41003”轮船队与“大庆 243”轮之间的对驶相遇关系，双方的权利义务根据《内河避碰规则》中有关对驶相遇船舶之间的权利义务关系进行调整。双方的责任比例之和同样为 100%。

（二）为了全面解决本次连环碰撞，在具体的赔偿关系上应该分两个步骤进行：首先，由原告海运公司根据“大庆 243”轮与“长江 41003”轮船队这一碰撞法律关系中的责任比例，赔偿轮船公司的经济损失；其次，原告海运公司根据其自身的经济损失及已向被告轮船公司实际赔偿的经济损失，向被告运输公司要求赔偿。被告运输公司的赔偿责任以“皖江 303”轮船队与“大庆 243”轮碰撞中的责任比例为限。

上述设想只是个人观点，但是，我们认为在事故责任划分及法律关系的判断上较为明确、直观。

五、对连环碰撞纠纷的理解。

最近几年，连环碰撞一类的案件在内河上较为普遍，在对法律关系的判断及事故当事人的责任承担上存在较大的争议。本案经过多次审理，但仍存在着较大的争议，关键问题是没能对上述两个方面的问题作出令人信服的解答。我们认为，正确判断连环碰撞中存在的各种法律关系，是正确审理案件的前提条件。在此，我们对不同连环碰撞的构成条件作一下介绍，作为以后审理同类案件时的参考。

（一）可分开立案的连环碰撞案件。

连环碰撞是指两条船舶以上的连续碰撞，由两个以上的碰撞事实构成整个事故经过。单个碰撞事实是否构成一个独立的民事法律关系，应该具备以下条件：1. 事故船舶在两条以上；2. 碰撞事实在两次以上。碰撞事实是指船舶与船舶之间发生的碰撞，排除了一船连续被他船两次或者两次以上碰撞；3. 事故船舶之间不直接存在着避让上的权利义务关系。这一条件是判断连环碰撞是否可以分开案的最基本条件，也是实务中产生争议最多的一个方面。这一条件包括两个方面的内容：其一，仅限于避让关系上的权利义务，即根据《内河避碰规则》及与之配套的其他技术规范来确定相互之间的权利义务关系；其二，避让关系上的权利义务是直接的而不是间接的。

例如，甲、乙、丙三船尾随上行。乙船较甲航速要快，计划从甲船右舷追越。而丙船又较乙航速快，在乙船追越甲船的过程中，强行从乙右舷追越。丙船在追越过程中，由于操作失误，其船首与乙船船尾发生碰撞，导致乙船失控后向左倒头，最终将甲船撞损。从这一连环碰撞事故中，可以看出存在两个相互独立的避让关系，即甲、乙之间是被追越和追越的关系，而乙与丙之间又是一个被追越和追越的关系。同时，我们也可以看出甲与丙之间不存在直接的避让关系。所以，在本次连环碰撞事故中，两次碰撞是可以分别独立起诉的，即甲可以原告的身份直接起诉乙，要求乙承担赔偿责任，在乙履行赔偿义务后其可以起诉丙，要求丙承担相应的赔偿责任。如果为了便于整个纠纷的解决，也可以将甲、乙、丙三方都列为诉讼当事人，即甲为原告，乙为被告，丙为无独立请求权的第三人。

（二）不能分开立案的连环碰撞案件。

不能分开立案的连环碰撞案件，是指整个碰撞过程的各方当事人都应该作为案件诉讼当事人，不能缺少一方，否则就会出现漏列当事人的错误。不能分开立案的连环碰撞案件必须具有下述条件：1. 事故船舶在两条以上；2. 碰撞事实在两次以上。同样，碰撞事实仅指船舶与船舶之间的直接碰撞；3. 事故船舶之间直接存在避让上的权利义务关系。这种避让上的权利义务关系在事故船舶之间相互存在，并且这种关系是直接的。

例如，在狭窄航道中上水航行的甲船强行要求从同样是上水航行的乙船左舷追越上前。在追越过程中，下水航行的丙船与甲、乙两船形成对驶相遇的关系。在紧急情况下，受水流流速及航道宽度的限制，丙船只得强行从甲、乙两船之间进行会让。在会让过程中，丙船由于操作失误，首先与正在进行追越的乙船发生碰撞，导致乙船失控后向右倒头并与甲船发生碰撞。事故中，三船不同程度受损。显然本次连环碰撞事故中的甲、乙、丙之间都存在着直接的避让关系：丙船与甲、乙两船存在着对驶相遇关系，而甲、乙两船之间又存在着追越关系，并且在这两种关系中，当事船舶本身存在的过失都是形成碰撞危险局面的直接原因，即三方之间都相互存在直接的权利义务关系。所以，甲、乙、丙三方都应该是本次连环碰撞的诉讼当事人，三方都应该根据其自身在事故中的过失大小承担相应的事故责任。在本次事故中，任何一方作为原告，都应该将其他两方列为共同被告。

六、本案对连环船舶碰撞案件审理的影响。

最近几年，随着内河船舶密度的不断增加，连环碰撞事故发生的比率也呈上升趋势。但是，由于受主、客观原因的限制，正确处理连环碰撞案件的问题，在审判实践中仍没得到很好地解决。本案是发生在长江干线上的较为典型的并为社会各界广泛关注的连环碰撞案件，但是，该案虽历经八年审理，现有的处理结果仍不能使人信服，许多事实上以及法律上的问题仍没有得到圆满地解决。这不能不说是一个遗憾。

·文化建设·

【“三八”妇女节庆祝活动圆满落幕】 为了纪念“三八”妇女节这一具有历史意义的节日，丰富我院女干警的业余文化生活，愉悦大家的身心，过一个充实、快乐的节日，在院领导的关怀和全院男干警的支持下，武汉海事法院女法官协会组织开展去江西考察的“三八”庆祝活动。同时，女法官协会对派出法庭留守男干警的家属也进行了慰问。

本次活动得到了大家的一致好评，放松了心情，融洽了氛围。在繁忙的工作之余，女法官们希望有更多此类休闲放松的活动，激励大家以饱满的热情和最佳的工作状态在本职岗位上为人民服务。

【武汉海事法院干警为汶川地震抒发情怀】

满江红·汶川地震

王　博

古蜀岷江，汶川处、天崩地裂。
抬望眼、房倒屋塌，尸横遍野。
川山无情余波震，汶水有泪东不歇。
路断绝、更添滂沱雨，　民悲切。
闻噩耗，惊世界；
子弟兵，出师捷。
解民悬，战士不惜一切。
举国心系岷川地，奉献一腔中华血。
盼同胞、收拾旧山河，重头越。

【武汉海事法院文化建设方兴未艾】 武汉海事法院近年来积极加强法院文化建设，着力提高法官文化修养，不断丰富法官文化底蕴，进一步强化法官文化意识，以物质文化、精神文化、行为文化、廉政文化为主要内容，以“大学习、大讨论”、“文明创建”等学习教育活动为重要载体，通过一系列卓有成效的工作措施，有力地促进了法院文化建设的发展。特别是以田丰为班长的新一届党组班子高度重视文化建设，将其作为法院队伍建设的重要内容，并将文化建设与“大学习、大讨论”和“文明创建”活动紧密结合起来，以“三个至上”为指导思想，牢固树立科学发展观，着力提高队伍素质、树立司法形象，全力实现法院各项工作的与时俱进。

一、法院物质文化建设跃上新台阶。

物质建设是法院的一项基础工程，是法院文化的物质载体，它彰显法院的司法价值理念，宣扬法治文明，凸显法院的文化底蕴，增强公众对法院司法裁判的认同感和满意度。（一）不断加强审判场所建设。武汉海事法院担负重要涉外审判职责，涉外审判场所是向各国当事人彰显中国法院司法权威、司法理念，宣扬中国法治的阵地。以前武汉海事法院在简陋、狭窄的审判庭进行重大涉外案件开庭，尽管法官驾驭庭审的能力以及平等、公正、规范的庭审操作，文明、得体的司法礼仪让外国当事人称赞，但审判庭缺乏庄重、威严使庭审的社会效果大打折扣，影响了中国法院的对外形象。近年来，武汉海事法院不断加强审判场所建设，在院本部、派出法庭逐步建设高标准、功能全、科技含量高的审判法庭，设立充满和谐、平等氛围的圆桌调解室等，既显示了庄重、威严，又展现了亲民、便民和人性化格调，给诉讼参与人传递了一种公正、平等、严肃、和谐的理念，也给法官形成了一种自律、中立、严格、公正的警示。（二）提升办公场所文化品位。新任院领导班子重视法院办公场所文化建设，强调以人为本，为法官建立温馨、怡人、舒适的工作环境，使法官能够身心愉悦地工作。精心设计建设法院荣誉室，全面展示法院建设的发展历程和辉煌成绩，增强法官的荣誉感和自豪感。在会议室、走廊、电梯间张挂凸显法院文化内涵的法律格言和名家名句，时刻教育警醒法官，激励法官的斗志；在法院办公楼周围植树绿化，美化环境，营造良好的工作环境。（三）信息文化建设。近年来，通过加强信息平台建设，利用信息化技术，建立连通院本部与长江全线五个派出法庭的广域网和局域网，建立网上思想舆论阵地，努力打造富有思想文化特色、积极向上的精神家园，开设法官论坛、法官文苑等文化阵地，促进法官之间的文化交流。

二、法院行为文化建设日臻成熟。

法院行为文化包括裁判行为规范、审判管理规范、生活规范，职业规范等。武汉海事法院不断加强法官职业规范、管理制度建设，不断提高法官司法能力，提升法院管理水平。通过狠抓司法流程管理，开展案件监督评查，强化合议庭职责，规范庭审程序，严格文书质量等措施，进一步促进审判公开，确保审判公正，提高审判质量和效率，当事人服判息诉增多，上诉案件二审维持率保持在85%以上，特别是涉外、重大、疑难和新型案件的成功审理充分显示审判水平的提升。同时，努力实践司法为民，积极落实利民、便民、惠民措施，开展司法救助，竭尽全力满足人民群众日益增长的诉讼需求。在管理制度建设上，围绕法院审判工作、队伍建设、保障管理方面，制定了《武汉海事法院管理规范》，为法院管理提供理论依据和操作范本。在法官职业规范方面，不断加强法官职业道德教育，增强法官职业荣誉感、责任感，法官的司法礼仪、言谈举止、精神面貌等都发生重大变化，树立起中国法官公正、严谨、自律、敬业的良好形象。适时组织开展丰富多彩、生动活泼、喜闻乐见的文化活动，丰富法官业余文化生活，陶冶法官情操，提高法官修养，帮助法官树立良好的职业道德和文化品位。

三.法院精神文化建设积极创新。

法院精神文化是法院先进文化的核心和精髓，它包括司法理念、价值取向、思维方式等。近年来，武汉海事法院牢固树立服务大局、服务人民、服务社会的宗旨，进一步明确党的利益至上，人民利益至上，宪法法律至上的指导思想，为国家经济社会和谐稳定发展提供有效地法律保障，为推进国家法治进程发挥了积极作用。并通过涉外海事审判，将中国法院平等、中立、公正、高效的司法理念融入世界先进的法律文化中。武汉海事法院先后开展了旨在加强法官大局意识、宗旨意识、法律意识、服务意识、责任意识等一系列教育活动，不断增强法官政治敏锐性，提高法官思想觉悟、精神境界、作风操守。同时，积极开展“争优创模”活动，弘扬正气，表彰先进，推动法院精神文化的纵深发展。今年，武汉海事法院党组提出把法院建成“学习型、服务型、廉洁型、创新型”的文明单位，进一步激发法官不断学习实践，勇于创新的活力，为实现跨越式发展提供新的载体。法官精神智力成果显著，如编印《海事审判研究》，开展海事审判学术交流，加强审判调研，丰富研究成果；狠抓法官学历教育和职业培训，目前全院法官全部达到本科以上学历，为实现“审判工作、队伍建设新发展”的目标提供智力支持。

四、法院廉政文化建设成果显著。

廉政文化是社会主义先进文化的重要组成部分，也是法院文化建设不可或缺的重要内容。近年来，武汉海事法院加强以建设社会主义核心价值体系为重点，以树立社会主义荣辱观为主要内容的廉政文化建设，既注重教育法官培养廉洁自律的思想意识，又注重引导法官树立公平、正义、廉洁、为民的思想观念，营造“以廉为荣、以贪为耻”的社会氛围。加强组织领导，由党组统一领导，纪检监察部门组织协调，相关部门、干部积极参与，共同推动法院廉政文化建设开展。加强制度保障建设，制定了廉洁、公开审判制度，进一步加强对审判权、执行权的制约、监督；建立廉政监督员制度，完善内部监督体系建设，加大了内部监督力度。以各种形式为载体，如讲党风廉政建设课、宣传报道、图片展览、专题报告会、反腐倡廉影视专题片，在办公区张挂格言警句等形式，广泛深入开展反腐倡廉教育主题实践活动。同时，大力弘扬廉洁公正的先进典型，借鉴反面典型事例警示教育法官，帮助法官树立正确的荣辱观，增强防腐拒变能力。近年来，武汉海事法院保持了廉政投诉和廉政举报为零的良好记录。

当前，武汉海事法院紧紧围绕最高人民法院提出的“一条主线”、“三个重点”，继续推进文化建设，促进法院工作的全面发展，为武汉海事法院文化建设谱写新篇章。

（武汉海事法院研究室）

第十四编　科 教

【概 述】

2008年，长航全线各单位以科学发展观为统领，加强科技进步与创新，用现代科学技术与管理技术提升传统产业，提升行业的科技含量推动长江航运又好又快发展，在建国60周年即将来临之际，科技工作呈现出可喜局面。

长航局突出抓好重大科技项目实施，主动承办，组织协调，进程跟踪，做好科技项目评估及检查，在长江航道整治，航运安全监管，三峡枢纽通航保障等领域一系列项目取得阶段性成果，并建立了适合长江航运发展需要的科技管理体制，完善了科技管理机制。

长江流域各省市在认真总结改革开放30年所取得科技成果的基础上，在科技创新，新技术开发应用上，又取得一定的成绩与突破。

长航集团在“三峡库区游船机桨匹配运行参数优化研究”项目通过评审，“VLCC航行与操纵”课题研究取得实际效果。浙江省完成“水运节能减排指标体系与措施”的研究与实施，云南省加大水运建设科研力度，加快两部大开发建设，重庆推广船用内燃机节能技术等，充分展显长江流域系统交通运输科技水平进步，提升了经济与管理水平，围绕长江三峡的科研项目继续，在各单位深入进行。

此外，在长江水系各单位教育培养方面加大了力度。通过各种岗位培训、专业技术培训、海事、船员、港口管理、物流、危险品安全检查、应急事件的处理等方面的教育培训，取得较好的成绩与效果。

（总编室）

·科研机构·

【中国长航集团技术中心、长江航运科学研究所】

2008年，长航科研所面对国际金融危机对实体经济的冲击影响，全所整体以安全稳定和生产经营保持稳步增长的状态，迎接长航集团和中外运集团战略重组。

2008年，长航科研所新签订科研生产合同43项。包括科研项目9项、设计项目8项、产品项目3项、工程项目3项、行业标准2项、实船测试与台架检测18项。其中国家科技部科研院所技术开发专项资金项目1项；集团重点科研项目合同7项。船舶工程研究部、能源工程研究部超额完成考核指标；航运经济研究部、物业经营保障部完成考核指标。

2008年承担长航集团重点科研合同项目12项，已完成6项。完成交通部《长江上游船队运输、液态沥青运输和商品车运输船型开发研究》、长航集团《铁矿石江海直达专线浅吃水肥大船型开发及经济论证》、《青山船厂机械化梳式滑道下水控制系统实验研究》、《“蓝鲸”号游船主机技术改造研究》、《长江船舶能耗现状调研》、《中国长航货运信息管理系统研究》等6个重点科技项目评审验收。完成了集团下达科技创新指标的120%。

《机械化梳式滑道控制系统》和《铁矿石江海直达专线浅吃水肥大船型开发及经济论证》获长航集团2008年度优秀成果奖。

长航科研所在为集团主营产业提供技术支撑和技术服务的同时，努力开拓内河航运及港口机械设备市场，充分运用长江航运科学研究所品牌，积极对外承接多项工程项目，取得了良好的社会经济效益，为推动行业技术进步做出了贡献。一是在船舶工程研究设计方面，承担完成了湖北亚东、长江海事、湖南海事、中长燃等多家客户的3 000吨油趸、90米和75米油趸、600吨油船、300吨油船、500吨浮吊船、500车商品汽车滚装船以及库区防污染应急救援平台的设计。二是在船舶性能实船测试与节能产品检测方面，发挥水运行业节能检测职能，完成了10多项实船测试、节能装置和产品的台架与实船检测以及船舶功率、扭振、噪声等综合性能实船测试。为客户出具了具有科学依据与证明作用的检测数据和分析报告。三是在港口机械研究设计方面：完成了多家船厂下水设备设计，其中含400吨和800吨斜船架、150吨和200吨船台小车、20—40吨绞车以及控制系统的设计，圆弧轨道式装船机设计。

虽然科研所转制进入企业已有十多年，但在思想观念、市场意识、组织构架与客观发展要求上还存在相当差距。随着老一代学科带头人的自然退休和人员的流动，致使科研所从事研发的科技人员不足在岗职工的三分之一，人力资源结构不合理，技术核心竞争力不强，学术带头人不多，科研设计创收能力有限。同时，管理成本高，使职工的收入难以随着社会经济发展前行，面临大量基础工作要做。

地　址　武汉市解放大道2749号
邮　编　430011
电　话　(027) 82311588
传　真　(027) 82314819

2008年长江航运科学研究所完成科研项目情况一览表，详见（表13—1）。

【2008年长江航运科学研究所完成科研项目情况一览表】（表13—1）

序号	课题名称
1	水泥出口中转工作船设计——装船机设计
2	青船滑道系统技术改造研究
3	青船滑道船台控制系统研究
4	广州船台滑道——技术服务及开发
5	广州船台滑道——800吨斜船架设计
6	广州船台滑道——150吨船台小车设计
7	广州船台滑道——20、40吨绞车设计
8	广州船台滑道——自控系统设计
9	青船船台滑道200吨船台小车设计
10	茅坪缆车设计
11	长江上游船队运输、液态沥青运输和商品车运输船型研究
12	水泥出口中转工作船设计
13	长燃300吨供油船设计
14	青船滑道供电与节能研究
15	汉华船台滑道工艺预可研究
16	500吨浮吊船舶技术开发
17	广州船台滑道——工艺技术咨询
18	芜湖海螺90米油码头（油趸船）设计
19	中长燃75米油趸（南京辅助油趸）设计
20	浅吃水船研究——性能测试
21	浅吃水船研究——尺度经济分析
22	浅吃水船研究——功率测试
23	蓝鲸号增压器系统改造研究
24	三峡库区标准船型研究——船型论证
25	湖南海事支持保障系统工作船艇技术报告
26	浅吃水船研究——试验报告
27	部标——燃料供应术语
28	宽浅肥大散货船型研究
29	长江航道码头跳趸设计
30	轮机安全生产管理指南
31	三峡库区标准船型研究市场调研
32	气电式泥浆柴油机遥控装置
33	ATB连接装置深化研究
34	马窝港区工程项目技术服务协议
35	500吨浮吊船舶技术开发
36	长江三峡库区标准船型设计

续 表

序号	课题名称
37	葛洲坝大江航道试航
38	长江船舶能耗现状调查与研究
39	长燃 7 号油船稳性校核
40	CTQD—A 双机型主机遥控装置
41	长燃油 1006 改建工程设计
42	湖南海事工作艇——总体设计
43	国标油耗标准修订
44	大流量自封环保加油枪的研发
45	90 米油码头（油趸船）设计
46	长燃 75 米油趸设计
47	“士帕能节能装置”节油率台架检测
48	“JM—1 燃油增效剂”节油率台架检测
49	“超美省油一号添加剂”节油率台架检测
50	160 柴油机掺烧劣质油实船测试研究
51	“蓝鲸号”实船测试
52	荣江 15052 实船试验
53	东风“联洋”轮实船测试
54	长江电力轮振动与噪声测试
55	“江夏苑”轮实船性能测试
56	PCM 燃烧增效装置节油率台架检测
57	“上电 10、11”实船主机轴功率测试
58	“瑞鹤”扭振测试
59	“全润”轮轴系扭转振动及航速测试
60	“龙马”轮轴系扭振测试
61	6500DWT 轮实船扭振及舱室振动测试
62	“长航洋山”集装箱船实船性能测试
63	“双泰宝昌”轮扭振测试
64	160 柴油机全烧 30 号重油测试
65	“柴汽油添加剂”节油率台架检测
66	东风船厂 5 500 吨船测试
67	“泰乐节油涂敷剂”台架检测
68	XZ—6000 型士帕能节油装置实船检测
69	“劲威牌电控环保装置”台架测试
70	高效清洁船用燃料油节油率台架检测

（长航科研所）

【长江船舶设计院】 长江船舶设计院（简称CSDI）是交通系统最大的船舶设计研究单位。主要从事各类海洋及内河的民用船舶、军辅船舶和港口起重机械的研究与设计，以及水运工程大型设备制造安装的监理、船舶自动化控制设备的开发与生产，并从事船舶通用机械、环保工程及设备、计算机应用技术的开发与研究。全院有职工300 余名，其中国家级和省部级专家、高级工程师、工程师等各类专业技术人员 240 余名。

地　址　武汉市武昌临江大道 387 号

邮　编　430062

电　话　（027）88223525；88210815

传　真　（027）88223528
网　址　http://www.csdi.com.cn
邮　箱　csdi@csdi.com.cn

（长江船舶设计院）

【长江航运规划设计院】　（详见《长江航运年鉴》（2008卷）第十三编“科教”第779页）

【长江航道规划设计研究院（简称规划设计研究院）】　2008年，在各级领导的关心和支持下，全院以“三个代表”重要思想为指导，认真学习贯彻党的十七大精神，深入贯彻落实科学发展观，紧紧围绕科研生产中心工作，解放思想，更新观念，坚持可持续和谐发展思路，认真圆满完成了年初确定的各项目标任务，全年工作呈现出重点突破、整体推进、协调发展、成效显著的可喜局面。

·科研设计进入新阶段　2008年，全院科研人员均积极踊跃投入到各项前期研究和设计工作中，部门年均承担项目近30项，已连续加班数月。截止目前，全院共承接内外部各类科研设计项目共120余项，再创历史新高；已完成的86项中，院审优良率达95%以上，项目一次通过甲方验收率达100%，顾客满意率达到95%。

1.长江中下游长河段系统治理研究工作正式启动。开展了长江宜昌—大埠街、大埠街至城陵矶、城陵矶至金口段、金口至阳逻段、阳逻至湖口段的整治方案专题研究，完成了长江中游长江宜昌—城陵矶、城陵矶至安庆、安庆至南京的航道尺度发展可行性研究。同时，开展了长江中下游5个长河段的航道系统整治技术方案研究。2.前期工作进度加快。长江中游戴家洲、张南上浅区、沙市、窑监和牯牛沙等水道的航道整治工程可行性研究均通过部审并获得与会领导及专家的一致好评；枝江工可已通过长航和航道局审查；土桥工可已通过航道局审查，待长航审；藕池口工可已完成演变分析和工程方案研究，工可报告年底局审；口岸直工可已完成报告初稿。3.工程设计成效显著。正在实施的嘉鱼—燕子窝、周天、武穴、太子矶中段炸礁工程设计已基本完成，单项工程通过交工验收；正在开展黑沙洲及瓦口子水道的施工图设计和现场设计服务工作；拦江矶炸礁工程、张南上浅区、戴家洲、沙市三八滩、窑监一期工程初步设计均通过部审，施工图设计通过长航局审查。4.科技攻关项目进展顺利。正在开展监利河段、长江中游心滩守护工程、长江航道整治边滩守护及护底工程等关键技术研究，三峡工程坝下及中游航道演变规律、三峡工程提前蓄水对长江航道影响研究、长江上游干支流汇合口通航水流条件及整治技术研究，同时，完成了2009年西部项目“三峡工程运用后长江中游航道系统整治及关键技术研究”的申报，部科技项目《坝体结构研究》及局科技项目《采砂对航道影响观测分析内容与方法研究》已完成初步成果。5.港口、码头工程喜结硕果。长江武汉航道局武汉综合码头设计通过部审；江西九江龙达差别化纤维有限公司码头工程已完成工可及设计工作，长江南京航道局芜湖综合码头工可已完成初稿，待局审；完成了江苏丰达船厂工程、长江南京航道局镇江航道处码头设计、太子矶处站、马鞍山处站码头工可、设计洞头县屿仔岛渔船停泊场地工程施工图设计、武汉市华夏船务有限公司扩建工程可行性研究、南通连兴港造船有限公司船厂工程可行性研究等项目。6.通航论证再创辉煌。今年新承接的有关桥梁、码头、采砂工程通航论证项目达30余项，合同金额600余万元。相继完成多个长江大桥跨越工程通航论证，芜湖综合码头工程、湖北星丰码头工程、扬州亨达水务公司取水工程、湖北黄冈电厂配套码头工程、华能太仓港煤炭储运中心、九江多个船业公司船舶基地工程航道影响论证等十余项桥梁、码头、采砂等跨河及临涉水建筑物的通航论证工作。7.纵向任务按期完成。2007年承接的4项纵向课题在今年4月一次通过局评审验收，其中长江中游界牌河段演变分析及预测和《航道科技》编辑出版被评为优秀，其它2个河床演变分析项目被评为良好。今年承担的3项纵向课题均按计划进行，10月份已完成战枯水报告。《航道科技》已完成4期编辑出版。

·经营工作取得新进展　2008年，我院坚持两条腿走路、稳步发展的经营思路，以航道业务为主，其它业务为辅，全院行动抓经营，科研技术人员更是主动挖潜，积极开拓新的市场和领域，全年共签订横向合同140份，签约额达4 500万元，已超额完成局下达的年度经济指标。

1.对外经营投标工作确有成效。全年共投标

10余项，中标7项，中标率70%，中标金额达2 200余万元，居历年中标合同额最高水平。其中，包括戴家洲、沙市、张家洲、拦江矶等4个内部项目；武汉航道局武汉综合码头设计为第一个中标码头项目。2.检测业务领域进一步拓展。完成多测次共5 252点的泥沙分析任务和马家嘴、周天、武穴和黑沙洲等水道原材料检测及部分钢筋、沥青、砂浆、混凝土外加剂等材料检测工作，检测中心积极主动闯市场，设立九江工地实验室并先后承接并完成了 10 余个外部项目的结构检测任务。今年，检测中心实现了由原内部项目占 90%到外部项目占 50%的跨越，其检测质量也得到了业主和施工单位以及监理单位的认可。3.监理工作正常开展。院监理室人员继续积极参与港口、码头、桥梁、公路、船舶监造等各领域监理工作，监理业务水平有所提高。作为长航监理有限公司（武汉）最大控股单位，选举产生了新的公司董事会，通过建立健全各项规章制度，加强公司管理层力量，规范监理项目现场管理等系列举措，使公司渡过了艰难期。截至目前，已承接监理合同额达 1 042.94 万元，其中已签合同额 754.94 万元，实现产值588万元，较去年同期增长10%。4.工程总承包工作积极推进。继续加强相关人员的培养，积极寻求市场。5.驻外机构工作有所进展。继续发挥上海办事处及广州分院桥梁及辐射作用，努力开辟外部业务领域，广泛搜集信息，谋求市场介入机会。上海办事处今年新承接了沿海重型船坞2座、大中小型码头9座共9项设计审查项目；广州分院目前正在与广东省航道局洽谈韩江航道整治工程物理模型、数学模型研究工作 。6.经济研究分析工作稳步发展。经研所主要依靠自身力量，克服各种困难，勇闯市场，全年承接项目5个，已完成《提高长江干线宜宾至重庆河段航道维护标准经济效益分析》、《长江干线航道维护性经费保障对策研究》、《长江下游张家洲南港航道整治工程项目绩效自评报告》等项目；截止10月底，该所实现收入91余万元，比上年同期增长2%，较好地实现了全年经济责任目标。

· 基本建设取得新突破　1.重点实验室建设工程取得阶段性突破。通过多方努力，省国土厅在9月底正式下发了本项目用地批复。目前正在开展供地、退地、土地登记等相关手续，预计在年底可办理完毕，第一笔征地费用 1 600 万元已支付；由局牵头组织对项目模型试验大厅方案进行了研讨，项目工可已于11月顺利通过长航局、航道局联合审查，并上报交通运输部待审 2.4、5号模型试验大厅建设工程竣工验收。5月，投资2 156万元的4、5号模型试验大厅建设工程通过了交通部运输部组织的竣工验收，验收合格准予投入使用。该工程的建成，进一步改善了我院科研基础条件。

· 人才队伍建设取得新成果　1.继续加强了人才引进工作。今年，在各级领导的大力支持下，院引进硕士研究生5名，社会聘用本科生1名。为解决资质所需，引进二级注册建筑师1名。2.继续加强了人才培养工作。今年，推荐上报高中级专业技术职务评审12人（其中，教高1人，高级2人，中级9人），目前，已全部通过评审；通过“传帮带”和“航研大讲台”等形式，积极为年轻科研人员提供干事成才的平台，年轻科研人员成长较快，独挡一面的能力增强，部分年轻技术骨干已能独立担当项目负责人，并在长江中下游长河段系统治理研究中承担了重要工作任务；继续实施研究院职员素质达标工程，在加强职员日常教育培训工作的基础上，积极动员和宣传，鼓励职员利用业余时间自学成才，截止目前，除 1 名应达标职工因故未能及时参加本科学历教育外，全院未达本科学历的应达标职工已全部取得或正在进行本科学历学习，为尽快实现院机关干部 100%达本科学历的目标打下了坚实基础。 3.继续实施了人才激励措施。根据院有关规定，今年，又有 2 名科研人员分获奖励轿车一辆、5 名科研人员赴欧洲进行了为期14天的考察和交流；根据国家政策修改完善并继续实施职员带薪年休假制度，促进职员身心健康，调节工作压力，发挥职员工作主动性和积极性，有利于创造性地开展工作，截止目前职工休假率已达90%。

· 各项管理工作取得新成效　1.深化内部运行机制改革。今年，根据长江航道局的总体部署，院经反复研究并与局相关部门多次沟通，制定了《研究院内部运行机制改革方案》报局，目前，局已进行批复，院根据局批复精神制订了实施计划和细则，正在分步实施。2.加强科研成果及基础质量管理工作。为充分调动院科技人员的积极性和创造性，更好地促进院科研工作持续稳定健康的发展，切实提升科研基础理论研究水平，根据有关政策规定，结合我院实际情况，制定了《研究院优秀科技成果、科技（学术）论文优秀 QC 小组奖励办法》；同时，为进一步规范院技术管理和科研成果质量，组织编写了 8 项院标并开展了一次院标培训班；对全院质量体系运行情况进行了内审，并于 10 月顺利通过广东中鉴认证有限责任公司的质量管理体系监督审核。3. 综治安全工作形势较好。通过开展“安全生产月”、“零点报平安”和“119”消防日活动，增职工安全意识，保生产顺利开展。主要抓了两个重点工作：重点加强了奥运会、残奥会期间的稳步，投入资金 35 万元落实安全防范措施，整改各类隐患 12 起，投入安保力量 100 多人次，组织各类应急演练 4 次，强化了职工反恐防恐意识，确保了两会期间的安全稳定并受到长江航道局的表彰；重点加强对院内民工的管理，对在建设工程和模型实施全过程安全监控，确保了安全生产。截止目前，院未发生任何上报等级事故，无安全责任事故，为科研生产创造了一个宽松安全的环境。4. 人事劳资、职员教育、档案管理、计划生育等各项工作均有所加强，并确保了工作质量和效率。

· 党建和精神文明建设取得新成绩 1. 加强班子建设和干部队伍建设。紧紧围绕学、宣、贯十七大精神这根主线，切实加强执政能力建设和先进性教育，坚持中心组学习制度，坚持民主集中制，班子的凝聚力和战斗力得以增强，年度领导干部民主生活会取得成功，干部考核合格率达 100%。进一步加强后备干部队伍建设，今年，又有两名后备干部成长为院领导班子成员。2. 加强党建和党风廉政建设。认真落实保持共产党员先进性长效教育机制，深入开展“三比一创”和“讲党性、重品行、作表率、树组工干部新形象”学习实践活动并取得阶段性成效；组织党员到洪湖瞿家湾湘鄂西革命根据地进行参观学习，开展了党员民主评议活动，党支部合格率和党员合格率均达 100%；发展预备党员 4 名，按期转正 2 名预备党员；深入开展党风廉政建设，积极做好廉政宣传和教育工作，完成了程序防腐文件的审稿、宣传和贯彻工作，修订了院《建立健全惩治和预防腐败体系 2008—2012 年工作规划》；继续加强了对物资采购和在建项目的全过程监控。3. 加强文明创建和企业文化宣传工作。突出奥运年和武汉市争创全国文明城市两个重点，开展“迎奥运”知识答卷活动，制作奥运知识展板，组织职工参加“唱响长江之歌，传递奥运火炬，共建黄金水道”活动，院长、全国劳模刘怀汉同志作为火炬手参加了火炬接力；配合社区，参与争创文明城市各项活动；以纪念改革开放 30 周年为契机，组织开展了系列活动；积极报道院情动态，加强科研成果宣传，刊发报道近 60 余篇，上报政务信息 50 余篇。4. 加强工会和群团工作。充分发挥职工代表的主动性和参与性，审议通过《院公务用车改革管理办法》（试行）、《院岗位职员带薪休假规定》和在职在编人员住房货币化报表；组织了开展“职工有氧体育运动兴趣及运动场地选择”调研活动，积极营造一种昂扬向上的健康状态；为职工办实事，给加班加点工作的科研人员赠送驱蚊药水；团员青年“五小成果”和争创活动成效显著，并开展了帮扶困难群众志愿者活动；加强了离退休职工管理工作，制订了《院内退职工管理办法》并通过职代会，确保离退休职工老有所学，老有所养，老有所乐，营造和谐稳定局面。

2008 年，在各级领导的关心和扶持下，在离退休（内退）职工的理解和支持下，在全院在岗职工的努力和付出下，大家克服半年来道路严重不畅的困难，确保岗位工作不断不乱，各项工作取得了长足发展和显著成效：一是长江中下游长河段系统治理工作开启了长江航道现代化建设的新一轮征程，院科研工作重点也因此转移到长河段系统治理研究工作中，经过近几个月的努力，确立了“研究院作为长江中下游长河段系统治理的主体院和总体院”地位，书写了航道科研新的历史。二是重点实验室建设工程项目在征地工作取得阶段性成果的同时，项目投资由原定的 1.5 亿增加到 3.8 亿，直接报项目可研到国家发改委审批；6 月 24 日，省发改委等 6 个单位正式下文批复认定我院为湖北省企业技术中心，长江航道局向我院发来了贺信并行文嘉奖，这为我院争创一流内河航道科研基地奠定了坚实基础。三是科研设计成果质量稳步提升，研究技术路线、方法手段逐渐丰富和新颖，《长江干线航道测量设施建设一期工程 GPS 控制网建设项目》获全国优秀工程勘察铜奖、《长江航道整治建筑物稳定关键技术研究》获中国航海学会科技进步二等奖、《内河航道通航条件关键技术研究（一期）》获四川省科学技术三等奖、《长江三峡初期蓄水运用对航道影响及水库航运调度方式对策研究》获部优秀咨询成果一等奖和中国航海学会科技进步二等奖、《长江下游太子矶水道拦江矶炸礁工程工程可行性研究》获二等奖、《长江下游黑沙洲水道航道整治工程工程可行性研究》获三等奖、《长江航道局武汉综合码头工程可行性研究》获湖北省优秀咨询二等奖，院核心竞争力进一步夯实。四是开展在编在职职工住房分配货币化工作，及时对职工住房补贴金额进行测算、公示并上报；6 月，解决了困扰职工许久的中午就餐问题；提高离退休职工生活待遇，力尽所能地改善他们的生活质量；提高内退职工经济待遇，组织内退职工院情通报会和户外疗休养活动，使他们关心了解院情，支持并关注院的发展，确保了职工队伍的整体稳定，民生问题得到进一步落实。五是在四川汶川发生特大地震之后，全院职工关心灾情，关注汶川人民，纷纷伸出温暖的双手，先后多次捐款达 53 280 元；当得知院内退职工刘少云家庭困难后，全院职工再次解囊相助，短时间内捐款达 14 800 元，关爱生命，温暖人间的企业文化得以传承和发扬。

2008 年，长江航道规划设计研究院完成科研项目情况一览表，详见（表 13—2）。

【2008 年长江航道规划设计研究院完成科研项目情况一览表】 （表 13—2）

序号	项目名称
1	长江干线武汉至南京段水道演变趋势及维护措施研究
2	长江干线南京至浏河口段水道演变趋势及维护措施研究
3	《航道科技》编辑出版
4	泰州港靖江港区新港作业区公用码头三期工程航道影响论证
5	浙江中达船业有限公司 3 万吨级和 2 万吨级船台工程设计、审查
6	神龙公司第三厂区一期工程吹填采砂航道影响论证
7	武汉长江金口码头物流有限公司件杂码头工程航道影响报告
8	江苏蓝波船舶公司舾装码头施工图设计、审查
9	江苏柏伦宝舾装码头初步设计、审查
10	三峡工程提前抬高正常蓄水位对坝下沙卵石浅滩河段的影响及对策研究
11	三峡工程泥沙淤积计算及模型试验研究
12	锦屏—苏南±800kv 特高压直流输电线路吉阳长江大跨越工程通航净空尺度与技术要求论证研究
13	向家坝—上海±800kv 特高压直流输电线路吉阳长江大跨越工程通航净空尺度与技术要求论证研究
14	皖电东送淮南至上海（长江大跨越）输变电工程通航净空尺度与技术要求论证研究
15	扬州港江都港区 3、4 号通用泊位工程航道影响论证
16	奉化海港船舶修造厂 30 000 吨级船台工程施工图设计、审查
17	浙江海航船业有限公司船厂总平面规划图及 30 000 吨级船台工程施工图设计、审查
18	宁波振鹤船业有限公司船厂总平面规划图及船台工程施工图设计、审查
19	向家坝—上海±800kv 特高压直流输电线路扎营港长江大跨越工程通航净空尺度与技术要求论证研究
20	锦屏—苏南±800kv 特高压直流输电线路扎营港长江大跨越工程通航净空尺度与技术要求论证研究
21	长江下游安庆水道航道整治一期工程工程可行性研究（含物模）
22	长江中游宜昌至城陵矶河段航道尺度发展可能性分析研究
23	长江中游界牌水道二维水流泥沙数学模型研究
24	长江藕池口水道二维水流泥沙数学模型研究
25	下游黑沙洲水道航道整治工程顺水沉排施工工艺研究
26	长江航道局 2008 年度航道整治建筑物维修工程设计
27	长江武汉航道局武汉综合码头工程设计
28	武汉市建德港口有限公司临时货运码头工程可行性研究

序号	项目名称
29	长江中游藕池口水道航道整治控导工程可行性研究（含模型试验）
30	海港船舶修造厂0#船台工程、宁波博大船业有限公司船台耐压强度及尺度核算评估、宁波大江船业有限公司船台耐压强度及尺度核算评估、宁波市北仑康达船舶修造厂船台耐压强度及尺度核算评估审查
31	长江干线航道整治建筑物水下检测系统建设规划
32	岳阳华容塔市驿长江货运码头工程航道影响论证
33	岳阳临湘鸭栏长江货运码头工程航道影响论证
34	江苏海丰造船有限公司船厂设计、审查
35	常熟港危险品锚地建设工程航道影响论证
36	江苏太仓港庵弄村岸线调整吹填采砂工程航道影响论证
37	靖江开发区堤后地其增高工程吹填采砂二期航道影响报告
38	武汉汉江三官公路大桥桥梁通航净空尺度和技术要求论证
39	三门健跳港船舶修造有限公司新建船舶修造基地项目可行性报告、审查
40	明达后方仓储、工业项目用地吹填采砂影响论证
41	龙达（江西）差别化化学纤维有限公司码头工程工可、施工图设计
42	龙达（江西）差别化化学纤维有限公司码头工程航道影响论证
43	温州海运码头回迁安装工程（施工图设计）审查
44	瓯江沈岙至瓯江大桥段航标配布调整方案设计
45	三峡工程坝下及中游航道演变规律研究
46	湖北新冶钢有限公司码头改护建工程航道影响论证
47	新通海沙海门上段岸线调整工程采砂对航道条件影响论证
48	黄州长江大桥桥址方案选择的通航要求咨询
49	江西华东船务有限公司新建造船厂工程航道影响论证
50	湖北三宁化工股份公司专用码头工程航道影响论证
51	二七长江大桥通航净空尺度和技术要求补充论证
52	常州港录安洲港区化工码头工程夹江管线桥航道影响论证
53	泰州长江大桥桥区航标工程设计
54	柳州台泥新型建材有限公司专用码头工程设计、审查
55	浙江奉化海港船舶修造厂船台工程、宁波大成胜利船舶修造有限公司船厂船台工程施工图设计、审查
56	温州瓯江五桥桥涵标工程设计
57	江西江洲联合造船有限责任公司江边舾装码头改扩建工程航道影响论证
58	采砂对航道影响观测分析内容与方法研究
59	不同条件下的整治建筑物护面和护底技术研究
60	长江中下游深水大流速条件下坝体结构研究
61	±500KV 山西—江苏输电线路工程新济洲长江大跨越通航净空尺度与技术要求论证
62	江苏丰达船业有限公司船厂设计
63	丰都长江二桥水流条件及船舶航行轨迹数值模拟
64	浙江神州船业有限公司二期装码头工程 设计审查
65	长江南京航道局芜湖综合码头航道影响论证
66	国电泰州电厂脱硫减排综合码头扩建工程航道论证
67	长江干线航标灯质助航功能的优化研究

序号	项目名称
68	国电谏壁发电厂码头迁建工程初步设计审查咨询
69	汉江下游航道整治工程（汉川至蔡甸璺）施工图设计（含模型及专题）
70	福宁船舶重工改扩建工程（码头部分）施工图审查
71	宜万铁路宜昌长江大桥航标工程设计
72	亨达（扬州）水务有限公司取水工程航道影响报告书
73	长江中游碾子湾水道清淤应急工程（左岸护岸）2008 年度应急维修设计
74	苏州港张家港港区海力码头有限公司件杂码头扩建工程航道影响论证
75	长江中游航道系统整治方案（宜昌至大埠街段）工程设计
76	长江中游航道系统整治方案（沙市至城陵矶段治理方案研究及工程设计）
77	长江中游航道系统整治方案（城陵矶至金口段治理方案研究及工程设计）
78	长江中游航道系统整治方案（金口至阳逻段治理方案研究及工程设计）
79	长江中游航道系统整治方案（阳逻至湖口段治理方案研究及工程设计）
80	长江中游航道系统整治方案结构专题研究及概算
81	华能太仓港煤炭储运中心工程航道影响报告书
82	楠溪江大桥、温州瓯江大桥航标工程设计
83	广西交通厅及公路局所属公路桥梁增设（补设）助航标志施工图设计、设计审查
84	提高芜湖至南京河段航道维护尺度专题研究
85	福州至银川高速公路九江长江公路大桥桥墩防撞要求论证
86	南通连兴港造船有限公司船厂工程工可研究
87	湖北黄冈电厂（2*1000mw）配套码头工程航道影响论证
88	三峡工程 2008 年汛后蓄水对长江中游（宜昌至武汉）航道的影响预测及对策研究
89	长江中游沙市河段航道整治一期工程初步设计阶段模型试验研究
90	长江中游张南上浅区航道整治一期工程初步设计阶段模型试验研究
91	桂林市港口总体规划
92	乐清长虹 3.5 万吨船台及 3 万吨舾装码头工程、温洲海运码头回迁工程、温州龙湾蓝田渔港改造工程、温州龙湾灵昆岛渔监码头工程、温州中欧船业 2 个 3 万吨级船台工程　施工图设计审查
93	九江福鑫船业有限公司造船基地工程航道影响论证
94	九江顺远船业有限公司造船基地工程航道影响论证
95	青田港港头作业区瓯江航道疏浚方案设计
96	长江海事局监管工作船码头二期工程配套设施施工图设计审查
97	武汉市华夏船务有限公司扩建工程工可研究
98	苏州港太仓港区一期吹填采砂工程航道影响论证
99	苏州港太仓港区岸线调整工程航道影响论证
100	扬中夹江 110KV 跨江架空线路工程航净空尺度和技术要求论证
101	国电集团谏壁发电厂码头迁建工程施工图设计审查
102	江苏海丰造船有限公司船厂工程施工图设计
103	温州鳌江龙港大桥桥涵标工程设计
104	长江中游戴家洲河段航道整治一期工程设计
105	湖北星丰码头工程航道影响论证
106	新通海沙南通经济开发区上段岸线调整工程采砂航道影响论证

序号	项目名称
107	温州鳌江龙湾大桥桥涵标工程设计
108	长江海事局监管工作船码头三期工程施工图设计、审查
109	江苏溶盛重工有限公司船厂工程初步设计、审查
110	中远太仓大型船舶、海洋工程改装修理及模块生产基地工程航道影响论证
111	江苏泰兴经济开发区新浦、常隆、中彩硅企业吹填采砂工程航道影响论证
112	南通营船港航道浚深工程工可研究及设计
113	太仓市应急水源地工程吹填采砂航道影响论证
114	府河大桥桥梁通航净空尺度和技术要求论证
115	泰兴太平洋液化气码头改扩建工程航道影响论证
116	南京长江第四大桥建设涉及南京港栖霞锚地调整方案研究
117	沪通铁路过江通道工程河段河床演变及航道稳定性分析研究
118	太仓浏河海轮锚地建设工程设计
119	12.5米航道延伸至常熟港区的航道条件研究
120	九江联港工贸有限公司码头工程航道影响论证
121	张家港海力码头有限公司6号码头改造工程航道响论证
122	长江航道钻探船建设工程工程可行性研究
123	长江中下游长河段系统治理思路及方案研究（前期预可）
124	2 000立方米/时吸盘式挖泥船建设工程工程可行性研究
125	铜陵新洲码头航道影响论证
126	武汉经济技术开发区神龙公司第三工厂二期场平工程吹填采砂可行性论证
127	铜陵市胥坝夹江大桥有关通航咨询报告
128	苏州港太仓港区武港码头航道影响论证
129	南京长江纬三路过江隧道通航净空尺度和技术要求论证
130	中国二重重大技术装备出海口基地建设一期码头工程航道影响论证
131	武汉新港林四房水上煤炭中转基地码头选址分析报告
132	武昌造船厂阳逻造船基地水工建、构筑物选址分析
133	长江干线航道综合助航体系视觉航标标准化建设研究
134	荆州港容城新港区码头建设工程（一期）航道影响论证
135	国电汉川电厂二期（2*1000MW）工程散货码头“工可”前期建设方案
136	长江航道局2009年船舶购置工程可行性研究
137	长江下游张家洲水道汊道稳定性研究专题报告
138	长江中游窑监河段航道整治一期工程设计（含模型）
139	长江下游张家洲南港上浅区航道整治工程设计（含模型）
140	长江中游沙市河段航道整治工程设计（含模型）

地　址　武汉市江岸区汉黄路17号　　　　传　真　（027）82347040
邮　编　430011
电　话　（027）82312976

（长江航道规划设计研究院）

【江苏省交通规划设计院】　（详见《长江航运年鉴》（2008卷）第十三编“科教”第782页）

【安徽省交通勘察设计院】　安徽省交通勘察设计院原名安徽省港航勘测设计院，2008年12月更名为安徽省交通勘察设计院。自1960年成立以来，主要从事水运工程的勘察设计业务。从1990年开始，进入公路、桥梁和市政工程设计市场。在领导和朋友们的支持下，充分发挥自己的学科特色和专业优势，先后在我省境内以及广东、山东、河南、江苏等省完成了300多项大中型交通工程项目的勘察设计、咨询、监理等工作，取得了省部级科技进步奖和优秀勘察设计、咨询奖40多项。在技术应用上创造了多项国内和省内第一，为安徽省的交通事业做出了不懈努力和应有的贡献。

该院现具有水运行业设计和咨询甲级、公路行 业（道路）设计和咨询甲级、市政工程设计乙级、工程勘察和工程测量甲级，公路、水运和特大桥工程建设监理甲级，设计施工总承包乙级等资质的综合性勘察设计单位。根据专业功能，组建了8个设计所和分院、2个子公司。设置了港口、航道、船闸、规划、大件运输、道路、桥梁、给排水、园林景观、环保、概预算、地质勘察、工程测量、工程检测、工程监理等20多个专业室。专业配套齐全，协同能力强。拥有省勘察设计大师、教授级高工、高工106人，各类注册工程师38人。

2008年，该院根据行业发展情况和市场变化情况一是按照省交通厅、省海事局对水运基础设施建设的总体部署，确保我省水运基础设施重点建设工程规划、设计、勘察等任务的顺利完成。主要有芜申运河、浍河蕲县船闸、合肥港综合性码头、巢湖新港、淮河干流航道整治、各地市港口总体规划等交通重点工程建设项目。根据建设项目的总体要求和内河水运工程设计特点，制定项目设计工作网络图，对每个项目的设计方案，反复论证，精益求精，有效保证了设计工期和设计质量。二是推动科技进步和产品优化升级，延伸专业价值链。代表项目：一是以集装箱进出口为主、兼顾现代物流的合肥港综合性码头工程；二是长达830米的宣城千秋关公路隧道工程。代表专业：排水、风景园林、环保等专业。通过引进和培训专业人才，并在实际工作中大力培养使用，使这些专业的设计能力得到迅速提高，并取得相应资质，独立进入市场参加专业设计项目投标。代表课题：确立《芜申运河高边坡支挡结构的研究》、《内河航道生态型护坡》等6个科研课题，并成立相应的课题组。同时紧抓国家扩大内需保经济增长机遇，主动协助相关部门申报公路、水路、桥梁和码头等交通基础设施建设项目，争取立项。三是积极开拓大集团、大公司和外省水运市场。根据大集团、大公司行业性质和业务特点，重点开拓水泥、冶金、石化、电力等行业，由此承接了多项水运工程的设计任务。代表项目：海螺集团的芜湖三山海螺万吨级物流码头、马钢集团的马钢合肥公司港区码头。外省水运是以广东、山东、河南、江苏等省为重点寻找商机。代表项目：河南省沱浍河航道开发工程、河南省涡河航运开发建设工程。四是继续加强与科研院所合作与交流。与河海大学等院校合作，成立《高边坡支档结构的研究》等3个课题组。虽然合作项目规模不大，但是一流院校的科技资源、人才资源、思想资源对提升科技水平的作用非常显著。与深圳市政设计院合作的专业范围、深度逐年扩大。2005年开始与深圳市政院合作设计市政道路项目，2006年共同做标书参加投标，2007年互派人员交流，今年又共同承担了合肥市裕溪路高架桥设计任务。通过合作交流，不断更新设计理念，提高设计水平。五是雪灾后公路恢复重建工作。今年年初，我省境内遭受了50年一遇的雪灾，部分公路国省道损坏严重，急需恢复建设。该院及时组织设计力量，承担了部分国省道恢复建设设计任务。在短时间内完成了G318池州至杏花村段，G206查桥至尧渡段，S327东至至牛矶段等5条公路和5座桥梁恢复建设设计工作。并通过总结应对雪灾和汶川地震突发事件的经验，制定勘察设计工作应对突发事件的措施，提高应对突发事件的能力。

地　址　安徽省合肥市合裕路1098号
邮　编　230011
电　话　（0551）4482520879；4469314
传　真　（0551）4482520
邮　箱　ahghsjy@mail.hf.ah.cn
网　址　http://www.ghsj.cn

（安徽省交通勘察设计院　薛幼森）

【江西省航务勘察设计院（简称勘察设计院）】

江西省航务勘察设计院原名江西省航务设计所，成立于1984年，2004年2月经省编委批准更名于现名。从事水运行业的勘察、设计、咨询及监理业务，具有水运工程监理甲级，水运行业（港口、航道）甲级设计、水运工程咨询、水运工程测量乙级资质。下设航道设计室、港口与水工设计室、测量队、综合管理办公室及江西星海监理咨询所、江西航务勘察设计院广州分院等机构。

2008 年，江西省航务勘测设计院行业内的项目进展顺利，对外承接业务势头强劲，相继完成了多项测设任务，经济效益又攀新高，全年合同营业收入达 920 万元，为上年的 138.3%。

·按期完成省局下达的测设项目情况　《赣江（南昌—瓢山）Ⅳ级航道整治工程初步设计》及《第一期施工图设计》；《赣江石虎塘航电枢纽工程可行性研究—航道工程》报告的编制，并通过交通部及中咨公司的评审；《赣江（南昌—湖口）Ⅱ级航道整治工程可行性研究报告》报送稿的编制；《江西省水上搜救中心鄱阳湖分中心工程项目可行性研究报告》的编制等。

·完成对外承接的测设业务　丰城港曲江码头的勘测、设计及通航论证；江门海大饲料有限公司码头工程的设计；深圳市深沙角 B 电厂脱硫石灰石码头工程设计文件的审查；星子县蓼南乡新池矽砂厂专用航道开挖工程设计；鄱阳湖国际水产码头设计；洪都大桥东河桥区航道疏浚工程设计；铁路向蒲线东新赣江特大桥通航论证；石吉高速公路泰和赣江特大桥通航论证；江西新昌电厂取排水工程通航论证；南昌市下正街水厂取水源头改造工程通航论证；南昌市洪都大桥桥涵标设计；赣瑞高速公路跨河大桥桥涵标工程设计等项目。此外，还承接了一批港口设计业务，创收入约 200 万元。

地　址　南昌市蓼洲街 62 号
邮　编　330009
电　话　（0791）6616332
传　真　（0791）6616332

（江西省局　罗 春　张兆平）

【江西省港航设计院】　（详见《长江航运年鉴》（2008 卷）第十三编“科教”第 784 页）

【湖北省港路勘测设计咨询公司】　湖北省港路勘测设计咨询有限公司成立于 1987 年，是一家从事水运及公路工程的专业勘察、设计单位，具有水运行业乙级、水运行业（航道）甲级、工程勘察专业类（工程测量）甲级、公路工程（工程设计）乙级、工程测绘乙级等多项资质证书。凭借自身技术与人才的优势，公司现在已能快捷、优质地完成交通工程项目的各种设计任务。拥有与承担工程任务相适应的资金、人才和设备。具有高中初级专业职称的技术人员及经营管理人员占公司现有总人数的 85%。拥有企业局域网、CAD 系统、GPS 全球卫星定位系统、全站仪、数码工程扫描仪等勘测设计装备。业务范围包括：港口、航道、水运枢纽、通航建筑物、公路、桥梁等交通工程的规划，可行性研究，勘察设计，工程咨询，工程造价，工程建设管理等。

2008 年，公司设有总经理、副总经理、总工、办公室、财务室、档案室、勘测设计一室、勘测设计二室、勘测设计三室、勘测设计四室。

公司近两年完成主要业务有：黄州港唐家渡码头工程、三宁化工公司专用码头工可、石首工业港综合码头二期工程初设、华新水泥码头安全评估、汉川港城关区新河散货码头工程安全评估、平邑口货运码头安全评估、巴河航道整治、清江水布垭至恩施段航道工程、童庄河航道整治、陆水航道整治、三峡库区湖北省支流航道整治、汉江水毁坝测量、崔家营航电枢纽工程导流明渠运行期原型观测等。

随着以科技信息为主导的 21 世纪的到来，本公司顺应潮流，紧抓机遇，遵循“精心设计、热忱服务、质量优化、持续改进”的质量方针，与时俱进，稳健发展，竭诚与各界真诚合作，共绘交通事业美好蓝图。

地　址　武汉市汉阳区五檀路 27 号
邮　编　430050
电　话　13006100946
传　真　（027）84841907

（湖北省港路勘测设计咨询公司）

【湖南省航务勘察设计研究院】　湖南省航务勘察设计研究院为为国家甲级勘察设计单位。该院艰苦创业，现已成为集工程勘察、设计、监理、咨询、科研于一体的现代化设计单位。该院拥有工程勘察船舶、地质钻探设备、岩土工程施工设备、GPS 卫星定位系统、全站仪等设备。普及运用计算机、各专业软件配套完善，应用广泛。该院下设设计咨询公司、三湘交通建设监理事务所、工程勘察公司、公路设计公司、船舶设计研究所。主要从事：航道整治、港口码头、通航建筑物等水运工程设计与咨询，公路工程设计、工程勘察、水运和公路工程岩土、岩土工程、船舶设计及科研。多年来，该院完成湖南湘、资、沅、澧、洞庭湖区港口码头、航道整治、通航建筑等工程的勘察、设计、咨询、监理等任务。该院本着“严格管理、尊重科学、讲求信誉、用户至上”的原则对外开展业务。

2008年，该院完成生产总值2 103.73万元，新增固定资产51万元。

地　址　长沙市五一西路286号湘江明珠大厦

邮　编　410005

电　话　（0731）4883385

传　真　（0731）4881027

（湖南省局　蒋龙平）

【云南水运规划设计研究院】　云南水运规划设计研究院前身为云南水运规划勘察设计院，成立于1956年。拥有水运行业（港口、航道工程）设计乙级资质、工程勘察乙级资质、工程咨询乙级资质，船舶设计甲级资质，工程监理乙级资质，是云南省具有丰富设计经验、专业配套、设备先进，技术力量雄厚的唯一一家从事水运工程规划、勘察、设计、咨询、监理、船舶设计的综合性咨询企业。

该院现有职工57人，中级以上技术职称的有41人，拥有一批经验丰富的咨询、土木工程、港口与航道、监理、造价、安全等专业的注册工程师。近几年来完成的设计项目有澜沧江景洪港、思茅港、大理港及澜沧江曼厅大沙坝整治工程等；监理项目有上湄公河航道改善工程、水富港、澜沧江五级航道建设工程等；船舶设计项目有澜沧江大重件运输货船、大理68米双体旅游船设计等。所承担的设计项目澜沧江五级航道工程可行性研究获得了交通部2003年度优秀水运工程咨询成果二等奖；监理项目景洪港建设工程获交通部2005年度优秀质量奖。50多年来，积累了丰富的内河山区港口、航道、库湖区航运设施设计及监理经验，为云南水运基础设施建设做出了贡献。

2008年，该院承接监理项目7个，承接水运勘察设计项目12个，船舶设计项目8个，实现了总合同金额935万元，完成产值500万元的成绩，超额完成了计划目标。

地　址　昆明市环城北路181号

邮　编　650051

电　话　（0871）5128392

（云南省局　马翠德）

【贵州顺达水运规划勘察设计所（简称贵州顺达水规所）】　2008年，贵州顺达水规所围绕目标任务，完成以下工作。

·重点工程　一是洪家渡航运建设工程。主要为设计后期服务工作，配备了专职的设计代表以及时处理施工现场问题，确保工程顺利实施。二是西南水运出海中线通道扩建工程。已完成全部航道施工图设计，经审查已在实施中。码头设计工作:百层二作业区、板坝、八渡、岩架、八总、白层一作业区、坝草码头已全面完成并经审查提交业主，房建工程设计已全面开展。另增加的蒙江航道整治6月内完成测量，进入设计阶段。三是由广西交通勘察设计规划院委托的板坝大桥桥区航道整治修改设计已完成通过审查通过，并正在修改6月内完成。四是农村渡口建设。2008年1月已按要求完成了230个渡口的调查设计工作，其余增加松桃6个渡口及旅游渡口设计工作已完成。五是乌江航运建设工程。工可研经发改委及交通厅两次审查，现正在进行规模调整及修改，即将完成。乌江初设正在加强资料收集和方案调整，待工可审查后修改完成（须确定审查时间）。六是三板溪库区航运建设工程前期工作，现预可报告已经完成。航道工程、港口工程测量及经济运量资料收集工作，现外业工作已完成安全收队，现正进行内业资料整理和成图，待完成后将全面开展工可研工作。

·其他工作　一是完成大乌江码头复建工程施工图设计工作；二是完成清水江锦屏大桥通航影响论证报告及安全评估报告；三是完成乌江沿河景观桥通航影响论证报告及安全评估报告；四是完成索风营凉风洞码头测量设计工作；五是完成黔西县化屋码头测量设计工作；六是完成六盘水市海事局委托的光照库区凉风洞工可报告及野宗码头工可报告。

地　址　贵阳市中华北路109号众厦大楼25

楼1号

邮　编　550004

电　话　（0851）6850760

（贵州顺达水规所）

·科技成果·

【交通部长江航务管理局科技工作】2008 年，长航局以科学发展观为统领，围绕“深化三个服务，推进四个转变”，努力实践，锐意进取，各项工作按要求圆满完成。

【2008 年长航局系统科技项目情况一览表】（表 13—3）

序号	立项年度	项目名称	主要研究内容	承担单位及主要参加单位	研究状态
1	2008 年	长江海事局辖区水上交通安全监管规律研究	从水上交通安全要素入手，研究水上交通环境基本特征、水上交通安全状况基本特点，明确在今后一段时期内需要加强监管的重点对象和主要对策，提炼水上交通安全监管基本规律，对海事安全监管工作起到积极的指导作用。	长江海事局通航处	结题
2	2008 年	海事业务及船员培训考试管理信息系统	1. 海事业务培训考试应用软件系统 2. 依据《长江海事职工知识读本习题集》建立动态更新的海事业务培训考试题库 3. 船员考试应用软件系统及动态题库	长江海事局职工培训中心	在研
3	2008 年	电子航道图数据制作与更新管理机制研究	结合南浏段数字航道建设示范工程，研究基于数字化海道测量数据传输标准（即 IHO S-57）的水上空间数据组织技术，长江 S57 标准及其相关显示标准对现有空间数据存储管理机制的影响，提出一套准确、规范的符合内河要求的电子航道图运行机制与管理模式，研究电子航道图安全分幅管理机制，并提交基于 IHO S63 的内河电子航道图数据服务方案。	长江航道局	在研
4	2008 年	载运危险货物船舶过坝组合方案研究	1. 研究分析载运危险货物过闸船舶的基本种类及货物装载方式； 2. 研究分析不同危险货物理化性能、装载方式和安全防护； 3. 研究确定载运危险货物船舶之间以及与普通船舶组合过闸基本原则； 4. 制定《载运危险货物船舶过闸组合方案》。	长江三峡通航管理局	在研

序号	立项年度	项目名称	主要研究内容	承担单位及主要参加单位	研究状态
5	2008年	长江船舶危险品运输消防应急专家系统	长江危险品运输船舶是消防消防重点目标，在通过船闸过程中防止发生火灾事故尤为重要，以建立数据库的方式管理在船危险物品，掌握船舶装载的危险物品种类数量，以及危险物品的特性，有效控制发生意外事故，即便发生意外事故也能够根据掌握的资料数据，有针对性的采取有效措施防止和控制事故扩大，保证船舶和船闸的安全。	长江航运公安局消防总队	在研
6	2008年	长江航运支持保障系统船舶节能指标体系研究	评估长江航运支持保障系统船舶的能耗水平，比较船舶实际运行过程中能耗与相关标准间的差距，量化长江支持保障系统船舶的能耗水平，研究是否存在节约能源的空间。综合指标体系研究结论和相关节能降耗法律、法规；确定支持保障体系节能指标原则，拟定节能指标体系框架和主要节能指标。	长江航运规划研究中心	在研
7	2008年	长航局科技统计报表制度研究	对主要研究机构(航道研究院)需统计信息开展研究；对交通科技项目进行分类，对项目的执行情况、资金使用情况、项目成果、效益及影响情况、可持续发展情况等开展研究；对通信业务工作、通信故障情况和用户接入情况进行研究；对长航局信息化建设基本情况、局属单位信息化工作完成情况进行研究。	长航局科技处	结题
8	2008年	长航局档案目录中心网络应用系统建设研究	在一级办公业务网上建立长航局档案目录中心网络应用系统；并将部分数据和功能迁移至政府网站上，根据长航局政府公开条例的实施规定和要求，向社会提供可公开的目录数据；制定档案目录数据库著录标准，规范目录数据接口，研究数据更新方式。	长航局档案中心	在研
9	2008年	长江船东满意度测评工作完善及评估研究	1. 评估现有的满意度测评指标体系与实施办法； 2. 重新建立满意度测评指标体系； 3. 重新分配指标权重； 4. 测评指标体系调整前后的对比研究 5. 研发网上调查和测评计算软件。	长江船东协会/武汉理工大学	结题

序号	立项年度	项目名称	主要研究内容	承担单位及主要参加单位	研究状态
10	2008年	长江航运船舶信息资源共享交换应用研究	以长江航务管理局系统单位运政管理、船舶管理等各类涉及船舶信息的业务应用系统为研究对象，进行船舶信息共享、交换要求的需求分析和研究；依据交通部颁布的船舶信息基础数据元标准，进行船舶基本信息、船舶登记、动态信息分析，建立长江航运船舶信息资源数据库，并在长航局办公网上实现长航局系统单位之间的船舶信息共享、交换、查询等部分应用研究；并提出长江航运船舶信息数据管理机制方案。	长江航运信息中心	在研
11	2008年	长江航运信息资源目录体系研究	开展长江航运信息资源开发利用现状的分析和研究，构建长江航运信息资源目录体系总体框架。制定长江航运信息资源目录管理制度，制定信息资源目录的利用和存储方案。	长江航运信息中心	在研

【2008年长江航道局科技项目情况一览表】 （表13—4）

序号	立项年度	项目名称	研究内容	承担单位及主要参加单位	研究状态
1	2008年	长江三峡库尾变动回水区疏浚船型研究	收集研究长江三峡库尾变动回水区淤积情况，探索长江三峡变动回水区航道维护疏浚环境条件和疏浚方式，研究适合三峡库尾变动回水区航道维护工况的疏浚船舶种类和船型，推动航道维护装备技术创新和技术进步，确保变动回水区航道的畅通。	长江重庆航道工程局	结题
2	2008年	长江航道整治深水沉排关键技术研究	为了适应长江将来航道整治工程建设的需要，需要重点研究长江航道整治深水沉排关键技术，以确保铺排船能满足在20米-26米水深情况下进行铺排施工。 （1）通过试验与计算掌握在16米-26米水深条件下软体排、锚缆、船舶受力参数； （2）形成系统的深水铺排施工工艺，为长江航道整治将来进行深水铺排提供可行的技术支持； （3）设计完善深水铺排的船舶的关键设备，确保深水沉排关船的安全稳定。	长江重庆航道工程局	结题
3	2008年	长江航道整治顺水流沉排施工工艺和船机设备关键技术研究	1.通过试验与计算掌握不同工况条件下软体排、锚缆、船体受力参数，为编制顺流沉排施工工艺提供适宜的技术参数； 2.制定顺水沉排施工工艺，为长江航道整治采用顺流沉排方法施工提供技术支持；	长江航道宜昌工程局	结题

序号	立项年度	项目名称	研究内容	承担单位及主要参加单位	研究状态
3	2008年	长江航道整治顺水流沉排施工工艺和船机设备关键技术研究	3.提出适应顺流沉排施工的船机关键技术设备选型原则及配置方案；	长江航道宜昌工程局	结题
4	2008年	不同条件下的整治建筑物护面和护底技术研究	为长江航道系统整治工程中最为常见的整治建筑物的护面和护底工程提供技术支撑和服务，并为其顺利实施创造条件，从而提高治理工程的质量和效果，提高整治技术水平。	长江航道规划设计研究院	结题
5	2008年	采砂对航道影响观测分析内容与方法研究	本项目研究紧密结合长江中的采砂工程而开展，主要研究工程中采砂对航道影响及观测手段的研究等关键问题。	长江航道规划设计研究院	结题
6	2008年	长江中下游深水大流速条件下坝体结构研究	研究在深水大流速的条件下，坝体破坏的机理、过程，有针对性地、重点研究如下问题： （1）长江中下游坝体结构运用中存在的主要问题； （2）坝体结构研究； （3）坝体稳定计算； （4）提出深水、大流速条件下的坝体结构形式。	长江航道规划设计研究院	结题
7	2008年	长江电子航道图数据制作与更新管理机制研究	通过本项目的研究，研究航道图数据制作的关键技术、更新管理机制，并通过对研究成果的总结和提升，以达到国际领先水平，为数字航道建设的延伸和拓展打下基础。	长江南京航道局	结题
8	2008年	长江航道测量作业流程和数据处理标准化研究	提出一套适合于长江航道测量的技术标准化方案，统一作业流程和数据处理标准，提高测量工作的效率和管理水平以及测绘成果精度，为长江航道维护、科研、滩险治理以及航道测绘信息化和数字航道建设的有序发展提供技术支持。	长江航道测量中心	结题

【2008年长江海事局科技项目情况一览表】 （表13—5）

序号	立项年度	项目名称	研究内容	承担单位及主要参加单位	研究状态
1	2008年	长江干线水上巡航与救助一体化专项工作经费项目绩效考评研究	1.优化巡航与救助一体化站点，达到巡航与救助力量均衡分布； 2.全面运行水上巡航执法与应急动态待命制度和“四级预警三级发布”安全预警机制； 3.建立并实施水上应急搜救演练制度和人命救助奖励机制； 4.完善水上搜救决策指挥系统，完善水上安全预警信息发布平台； 5.利用VTS、GPS、CCTV等监管手段，合理安排搜救值班技术装备及人员力量； 6.切实承担水上人命救助职责。	长江海事局财务处/武汉理工大学/交通部水运科学研究院	结题

【2008年长江三峡通航管理局科技项目情况一览表】 （表13—6）

序号	立项年度	项目名称	研究内容	承担单位及主要参加单位	研究状态
1	2008年	超限船舶过闸政务受理快速检索程序研究	分析三峡船闸年通货量、货船通过数量及船舶超吃水装载的成因；分析船舶的吨位、功率、结构及货物满载后船舶的吃水情况，研究船舶吃水的影响因素；分析超宽、超高船舶成因；建立船舶吃水与装载量之间的数学模型并做好超限船舶检索软件设计的前期技术准备。	长江三峡通航管理局	结题
2	2008年	河势调整后葛洲坝大江下游航道通航条件研究	研究葛洲坝大江下游航道洪、中、枯期航道维护尺度；提出葛洲坝大江下游航道洪、中、枯期航标配布方案；研究并提出葛洲坝大江下游航道李家河河段水位流量对应关系；提出葛洲坝大江下游航道航标艇与标志船推荐船型方案。	长江三峡通航管理局	结题
3	2008年	三峡船闸运行管理系统研究	运行管理系统的需求分析：各个管理模块的功能确定：网络架构及网络传输方式：数据流传输方式和分析方式；以三峡局OA系统为平台实现管理系统的网络培训功能；编写完成三峡船闸运行管理系统。	长江三峡通航管理局	结题
4	2008年	三峡船闸排水系统自动控制系统研究	三峡船闸排水系统深井泵和潜水泵自动控制系统软件开发、设计及硬件选型、控制系统设计；现地子站部分软件等修改；制作排水系统的自动控制系统样机一套并进行调试。	长江三峡通航管理局	结题

【2008年长江通信管理局科技项目情况一览表】 （表13—7）

序号	立项年度	项目名称	研究内容	承担单位及主要参加单位	研究状态
1	2008年	拓展重庆局ADSL增值业务	其他	长江重庆通信管理局	结题
2	2008年	趸船线缆接入规范与防雷接地方案	其他	长江宜昌通信管理局	结题
3	2008年	VHF话台自动区播系统	其他	长江通信管理局	结题
4	2008年	固话新增彩铃业务	其他	长江通信管理局	结题
5	2008年	通信业务经营报表网络软件开发	其他	长江芜湖通信管理局	结题
6	2008年	长江通信管理局实时视频服务系统研究	其他	长江通信管理局	结题
7	2008年	通信网络及设备基础信息标准化研究	其他	长江通信管理局	结题

（长航局　科教处）

【长江电子航道图的研制与应用】 由于纸质航行图存在着一定的局限性，随着计算机辅助制图的发展，电子航道图是经数字化形式表示，描写水域地理信息和航道信息的航道图，按长江电子航道图制作规范标准格式存储、显示。长江航道局与大连海事大学联合研制开发长江南京至浏河口段电子航道图系统，基本实现了航标业务管理、航标遥测遥控、船舶动态监控、电子航道图生成、改正、发布等功能。2008年9月8日，长江南浏段数字航道示范工程活动通过交通运输部的验收。并于 2008 年 11 月 1 日开始试运行。

根据长江航道局《电子航道图生产业务开展准备》有关精神及长江航道局《机关工作督办单》的要求，启动局电子航道图全线贯通工作，2008 年下半年长江航道电子航道图数据中心建设工程工程可行性研究报告已经启动，2008 年 12 月部审已经完成。

（长江航道局　茅生斌）

【长江航行参考图的编印】　长江上游丰都至泸州段《长江上游航行参考图》，于 2008 年 7 月通过了专家评审，正式编印发行。按照《内河航道维护技术规范》（JTJ287—2005）要求，长江航道局于 2008 年 4 月 21 日发文《关于开展〈长江下游（吴淞口—武汉）航行参考图〉测绘、编印工作的通知》，对下游航行图进行测绘、编印工作安排。通过南京、武汉航道局、测量中心努力工作，完成了 1：1 万、1：2 万、1：4 万等不同比例测图 154 幅，面积约 3 100 换算平方公里测绘工作。2008 年 9 月 6 日，长江航道局组织召开了“《长江下游（吴淞口—武汉）航行参考图》测绘成果审查会”。12 月 12—13 日，长江航道局在南京组织召开了“《长江下游（吴淞口—武汉）航行参考图》编印初审会”，对编绘的校核和整合工作统一了思路和技术标准。该航行图待出版审查后发行。

（长江航道局　茅生斌）

【长江下游 10.5 米深水航道及航改航道维护性专项测量工作】　根据《长江航道局长江下游 10.5 米深水航道及航改航道维护专项经费管理办法（试行）》规定，长江航道局批复了测量中心上报的专项测量实施方案。12 月 13 日，长江航道局在南京组织召开了“长江下游 10.5 米深水航道及航改航道维护（芜湖—浏河口）专项测量验收会”。通过本次专项测量，长江航道局获取了汛期航道有关基础数据情况，为 10.5 米深水航道及航改河段的航道维护工作提供了分析决策的依据。

（长江航道局　茅生斌）

【中国长航《库区游船机桨匹配及运行参数优化研究》项目通过专家评审】　2007 年 12 月 21 日，中国长航集团主持召开了科技项目《库区游船机桨匹配及运行参数优化研究》的专家评审会。与会专家们一致认为：通过研究和实船测试检验，“长江天使”轮常用车速每千米燃油耗量降幅达 6%；“长江明珠”轮降幅超过 4%。改造同时取得主机排温相应下降，部分负荷加载时冒烟现象有所缓解等综合效果。

该研究是由长江航运科学研究所承担完成的，是为适应建设资源节约型社会和资源节约型长航，增强集团可持续发展能力的科研项目。三峡成库后，航道条件得到根本改善，与成库前相比，船舶对航速的要求相应降低，导致船、机、桨相互不匹配。该项研究是依靠船舶推进和柴油机原理，引用新的设计理念，根据船舶营运要求和主机技术特征，调整螺旋桨设计，以低投资的方式进行机桨匹配的综合技术改造。

参加评审会的专家来自长航凤凰股份有限公司、重庆长江轮船公司、重庆长航东风船舶工业公司、长江船舶设计院、长江轮船海外旅游总公司、长江航运科学研究所、长航集团科技部等单位。长江轮船海外旅游总公司对该项目研究和实船测试等方面在人力和财力上给予大力支持，保证了研发工作的顺利进行。

（长航集团　范　平）

【长航凤凰武汉通导公司研制的古野系列雷达分显器通过鉴定验收】　船长坐在房间看电视显示器，就可以监视航道情况，长航人自行研制的雷达分显器通过鉴定验收。

长航凤凰武汉通导公司研制的古野系列雷达分显器，实现了由普通液晶电视显示器显示雷达信号，使船长坐在房间就可以监视航道情况。2008 年，这一科研成果通过了长航集团科技部的鉴定验收。

古野系列雷达是长航集团船舶所用的主型雷达。若在其上连接分显器，可形成多点观察，增大显示屏幕，完善雷达助航功能。特别是将分显器装在船长房间，可使船长在休息时也能监视航道情况，以进一步发挥船长的监航作用。鉴于其在船舶安全航行中的重要作用，该司于是萌发了在古野系列雷达上研发分显器的设想。

分显器的主要功能是实现雷达信号的转换，将雷达生成的隔行扫描信号转换成液晶显示器所能接受的逐行扫描信号，技术难度较大。为攻克难关，该司成立了由田明山、苏利钢、高勤、王迅等7人组成的课题组，并兵分两路分别攻克总线控制问题和信号转换问题。总线控制主要为解码和倍频工作提供各种控制信号、地址信号和时钟信号；信号转换主要解决雷达与液晶显示器之间的信号接口关系，完成视频信号从模拟—数字—模拟的转换工作。

经过2个多月的努力，该司完成了样机的制作，并在维修工程部进行了岸基测试，分显器成功获得了与主显示器同步的稳定图像。首台样机在长航凤凰武汉船务分公司"长江 22015"轮进行了实船测试，图像稳定，未出现任何故障，得到了船员的好评和认可。

2007年12月12日，长航集团科技部由5名高工组成的鉴定验收组对该产品进行了鉴定验收。鉴定验收组综合评审后认为：该项目属雷达技术的集成创新，技术方案合理，电路结构简洁，较好地解决了隔行扫描信号转换成逐行扫描信号的技术难题，提高了图像分辨率，显示效果优于日本JRC型雷达分显仪。

该司田明山经理介绍，该司正抓紧做好该产品的标准化定型工作，以批量生产，积极向社会船舶推广，增加对外经营收入，扩大武汉通导对外服务品牌。

（凤凰公司　陈正勋　胡学银）

【长航油运启动"VLCC航行与操纵"课题研究】

2008年3月，中国长航南京油运股份有限公司"VLCC航行与操纵"安全课题组召开第一次会议，对该课题组成员组成、课题研究内容、课题的具体分工和时间安排进行了明确和界定。该课题的启动和顺利实施，将对长航油运未来如何降低VLCC航行和操作的风险，如何管理好VLCC主力船队有着重要意义。

从长航油运公开的信息来看，公司目前有14艘VLCC油轮（含长期期租10艘）在建。其中2008年将有3艘29.7万吨的VLCC油轮建成并交付使用。为了做好VLCC接船前期的准备工作，识别并预控VLCC航行和操作中的风险，规范VLCC的安全操作，确保VLCC的顺利接管和营运，长航油运积极启动编制"VLCC航行与操纵"安全课题研究，以期通过该课题的实施，进一步了解VLCC船型的概况和MR型船舶的区别，了解VLCC的风险与控制，了解VLCC主要航线及港口等相关管理情况。

（南京公司　童学友　郭　伟）

【浙江省完成《瓯江水系航运发展对浙南地区经济发展的促进作用》课题研究】 2008年，浙江省港航局会同交通部科学研究院、温州市港航局、丽水市港航处完成了《瓯江水系航运发展对浙南地区经济发展的促进作用》课题研究，并于9月完成了研究报告并通过课题评审。报告认真分析了瓯江水系航运及浙南地区发展现状和潜力，研究了瓯江水系临港产业布局，对瓯江水系航运开发进行了效益评价，提出了瓯江水系航运开发的风险与建议。

（浙江省局　李建国）

【浙江省完成《浙江省水运业节能减排指标体系与控制措施研究》课题研究】 2008年，浙江省港航局会同交通部科学研究院完成了《浙江省水运业节能减排指标体系与控制措施研究》课题研究，并于12月完成了研究报告并通过课题验收。报告综合分析了水路交通资源利用和环境保护现状和面临的形势，分析了影响浙江水路交通发展的主要资源、环境因素及其影响特征、承载能力，提出了浙江省2010年、2020年水运业节能减排关键评价指标的目标值及相应的实现途径、保障手段。

（浙江省局　李建国）

【主动式RFID识别技术在嘉兴试点应用成功】

2008年，一场以"杭嘉湖"地区主动式"RFID"技术港航管理信息平台研究与应用成果为主题的总结报告会在嘉兴举行，来自浙江省港航管理局、嘉兴市交通局、嘉兴市港航管理局的项目负责人，以及上海海事大学的多位教授就船舶"RFID"技术在内河航道试点的应用成果展开了详细的讨论和研究。作为一种采集现场数据的手段，电子标签中的信息实现与港航业务数据库相连，一方面能够为现场港航执法人员迅速提供船舶各类信息等，减少了船舶检查的次数，提高了执法效率。另一方面能为航道的各类统计和船舶防伪等提供即时详尽的第一手资料，便于分析研究。RFID技术的应用有效地解决了船舶监控依靠人工的传统方式，提高了港航管理的信息化水平、节约了监管人力和资金的投入。

（嘉兴市局）

【浙江省首艘内河扫测艇下水调试】 2008年，浙江省首艘运用于内河航道信息探测的扫测艇在嘉兴进行下水调试。这种既能水上作业，又能水下防撞的扫测艇，是二维电子地图向三维全景地图技术的延伸，通过高精度镜头定时、定距离拍摄到的图象，将航道地貌信息转入电脑资料库，可随时进行多角度切换的现场勘测。更能对护岸、桥梁等的破损情况进行及时了解，让港航人员足不出户，就能进行护岸管理。对于航道下面有无障碍物和浅滩的检测，只要坐在该船舱内，移动鼠标，敲击键盘，通过水声纳探测系统把航道在水中部分的形状勾勒出来，航道下面的地貌一览无余。

（嘉兴市局）

【内河航道智能检测分析研究成果得到实际应用】 2008年5月20日，浙江省交通厅对内河航道多视觉信息融合技术究项目下发了鉴定证书，该项目由省港航局和浙江工业大学共同完成，成果达到国内领先水平。该研究采用多视觉传感器的融合技术，通过大范围的视频摄像装置（或利用现有视频监控系统）以及相应软件自动跟踪航道上船舶，实现了内河航道中各种交通流量数据的自动收集与统计；同时通过模式识别和标定技术，实现船名的自动识别和船舶载重量估算。该研究充分利用原有的投资和信息资源来获取最大的效益，通过科技手段来提高和扩大以前系统的功能，通过科研转化生产力来提高港航系统的整体能力，这是贯彻加强科技创新推动行业进步的具体步骤。

（浙江省局　科技设备中心）

【浙江省设备和信息化主要工作】

3月28日，环太湖四市地方海事系统信息资源共享协调会议在苏州召开，重点对浙江及江苏两省实现信息资源共享，提高管理效率、加强为船民服务和促进联动等方面深入探讨。

4月29日，宁波—舟山港现代物流发展研究项目通过验收。

5月27日，浙江省地方海事业务综合系统、事故处理系统及船员无纸化考试系统在湖州培训并全省推广使用。

6月17日，浙江省港口船舶AIS项目完成全省5各沿海港口的设备安装及软件调试，通过中间验收。

9月3日，浙江省交通厅水路交通信息资源整合完成前期调研，全面启动。

12月14日，浙江省内河安全监管关键技术通过专家评审。

（浙江省局　科技设备中心）

【湖州港航局启用浙江省港航系统首个无纸化考试机房】 2008年6月10日，浙江省第四期三等船员职务适任证书理论考试在湖州港航管理局无纸化考试机房开考，这标志着我省系统首个无纸化考试机房的正式启用。该机房配置了28台电脑。每台电脑都安装有“内河船员职务适任证书理论考试系统”，可全面实现船员职务适任证书理论考试的无纸化操作。无纸化考试机房的启用，真正实行了船员适任证书的“考培分家”，同时还做到了补考船员的“随到随考”，为船员带来了极大的方便。

（湖州市局）

【免维护智能化航标灯研发成功】 为了有效解决京杭运河苏北段全线航标实施自动化免维护管理的问题，苏北航务管理处联合湖北荆州市蓝宇航标器材有限公司，通过近三年的共同努力，研制出一种“免维护智能化航标灯”，并于2008年12月1日通过了湖北省荆州市科技局组织国内相关专家对该成果进行的技术鉴定。该灯器能实现五年内无须任何维护保养。

（江苏省局　苏北处）

【江西省标准船型技术方案船模试验工作顺利完成】 2008年5月至9月江西省航运局在武汉理工大学和华中科技大学船池内，对300吨、500吨级油船和化学品船、1 000吨货船和化学品船、1 500吨、2 000吨级货船、60、106、202TEU集装箱船的标准船型技术方案进行了深水阻力试验和自航试验，船模试验的结果表明，标准船型的主要技术指标均达到设计要求，与现有船舶相比节能20%以上。

（江西省局　赖招权　杨 辉）

【《106TEU 干支直达标准集装箱船的开发》课题通过鉴定】 2008年10月24日，江西省交通厅在南昌市主持召开了《106TEU 干支直达标准集装箱船的开发》课题鉴定会。省内外鉴定专家听取了课题组介绍，查阅了相关技术资料，并观看了实船，经质询并讨论，鉴定专家组一致认为：该课题符合鉴定要求，主要技术指标全面达到科技合同规定的要求，圆满完成研制任务，填补了国内空白，研究成果达到国内先进水平。

该船是由省航运管理局和水运集团共同研制完成的，在线型上采用球首、双尾节能船型技术；在操纵方面采用艏驾驶室，双机、双桨等措施；在结构方面采用双底、双壳，货舱区纵向结构的形式；在环保安全方面符合规范要求。通过船模试验和实船营运验证表明，该船的快速性，操纵性和经济性能良好，成为江西省水路集装箱运输的示范船，进一步完善后可推广应用。

（江西省局　付江宁　杨　辉）

【《鄱阳湖区风浪要素预报研究》通过鉴定】

2008年12月26日，在江西省交通厅的组织下，来自省内外海洋工程、水利工程及港航工程等领域的学者专家，对《鄱阳湖区风浪要素预报研究》课题进行了科技成果鉴定。该课题由省航运管理局、长沙理工大学、九江市港航管理处共同承担。以国家百人计划人选、中科院研究生院博士生导师、华南理工大学特聘教授朱良生为组长的鉴定委员会专家在听取课题组汇报后，就课题研究过程和成果创新分别进行了质询，经过认真讨论，鉴定委员会一致认为：课题组采用调查研究、原型观测和理论分析相结合的研究方法正确，首次对鄱阳湖区风浪要素的统计特性进行了系统分析，首次提出了适合于鄱阳湖区各种特征波高、周期的风浪计算方法；其成果可作为港口码头防浪及高程设计的参考依据；该研究成果填补了鄱阳湖区风浪研究的空白，总体达到国内领先水平。鉴于鄱阳湖区风浪对航运和码头、堤防等的安全有重大影响，鉴定委员会建议，应进一步开展鄱阳湖区风浪数值预报研究，进而建立鄱阳湖区风浪预警机制。

该课题针对鄱阳湖区风浪要素对水运安全、港口堤岸稳定性影响，通过对鄱阳湖区都昌、星子两地的现场为期四个月风浪观测，基于观测资料采用数理统计分析和经验成因公式相结合的方法，研究了鄱阳湖区风浪统计特性和预报方法，采用FTA、FFT法分析了鄱阳湖的风浪谱，得出了鄱阳湖风浪要素计算方法；该方法适合于鄱阳湖区深水和浅水的各种风浪状态的波要素计算。

鄱阳湖湖区风浪统计特性及预报方法是研究其它一切与风浪有关问题的基础，码头设计参数、防洪堤高程设计和堤岸的稳定性等风浪与堤岸相互作用问题的研究都离不开对湖区风浪的了解，风浪问题也是研究湖区风浪和水流作用下物质扩散机理问题的基础，本课题研究成果为合理选择港址、确定码头高程，避免淹没损失、提高、航行安全及堤岸安全奠定了理论分析基础，具有明显的社会效益。

（江西省局　何金宝）

【湖南省局科研项目取得阶段性成果】 2008年，湖南省航务局争取科研资金150万元，进行研究的交通西部项目两个，省厅科技项目三个。其中《沅水航运开发技术研究》项目荣获了年度湖南省科技进步三等奖，《连续弯曲航道整治》、《湘江航道监督技术》等重要科研课题的研究取得了阶段性成果。

（湖南省局　蒋龙平）

【云南省局加大水运建设科研力度】 2008年，云南省航务局按照《云南省水运科技‘十一五’规划及信息化规划》，积极争取科研项目资金，加大水运科技投入。结合云南水运建设的重点，积极组织水运科研项目的申报、立项，共新增项目6项，总经费为620万元。对《云南省金沙江航运发展规划》、《大理内河及湖区海事监管系统研究》进行了验收，开展了《省交通厅部门预算软件系统应用研究》、《澜沧江远程水位测报系统》、《澜沧江—湄公河油品运输安全与防污染研究（部西部项目）》、《澜沧江国际边境河流急流滩通航水力指标研究（省科技厅项目）》等项目的研究。

（云南省局　马翠德）

【贵州省航务局科技成果】 2008年，贵州省航务局完成的科技项目有：《龙滩库区滚装船舶运输工程可行性研究》；《乌江构皮滩枢纽通航关键技术研究可行性研究报告》，已完成待验收；《贵州省库区通航水域海事巡航救助船艇研究》，正在研究中，承担单位为遵义地区海事局；《铜仁地区航运发展规划》，工作接近尾声，待审查。

（贵州省局　杨萍艳）

【陕西省航运局科技成果】

·航运科研成果丰硕，水运建设进展顺利。西部交通科技项目《汉江通航建筑物选型及平面布置研究》获陕西省科学技术二等奖，《电子数据交换技术在西部地区推广和应用》获中国航海学会科技项目三等奖。

·规划修编进展顺利，前期工作全面提速。完成《陕西省汉江航运规划》、《黄河水系陕西省航运规划》的修编工作。全面完成汉江流水港区货运码头、安康至白河 164 公里航运建设工程可行性研究工作，为加快水运项目建设创造了条件。

（陕西省局　刘冬冬）

【重庆市水上交通管理监控系统项目获全市科技进步三等奖】　2008 年 3 月 27 日上午，重庆市政府在市委小礼堂召开了 2007 年度科学技术奖励大会，对 4 名科技人才和 130 个科技项目予以表彰奖励。重庆市港航管理局承担完成的重庆市水上交通管理监控系统项目获科技进步三等奖。

（重庆市局　阳　斌）

【长航局到渝调研长江航运综合信息服务系统需求情况】　2008 年 5 月 7 日下午，长江航务管理局但乃越副局长一行七人到重庆市港航局就长江航运综合信息服务系统需求进行了调研。重庆港航局分管领导、科技信息处和长江重庆轮船公司代表参加了调研座谈会。会上，重庆港航局科技信息处对局信息化建设情况进行了汇报，长江航务管理局科技处杨大鸣处长也就长江航运综合信息服务系统的服务对象、主要功能等方面进行了介绍。双方就系统的建设进行了深入沟通，提出应充分利用现有资源，通过系统建设，实现共建共享、互联互通，并逐步实现长江沿线各种信息的资源整合。

（重庆市局　阳　斌）

【重庆港口综合信息管理系统正式启用】　2008 年 5 月 19 日，重庆港口综合信息管理系统正式启用。为加强信息化建设工作，促进港口管理科学化、规范化，重庆市港航局历时一年半组织开发了新的重庆港口综合信息管理系统。系统采用集中式数据库、并加入了工作流机制，进一步规范了港口业务流程。

（重庆市局　阳　斌）

【重庆市港口危险货物作业申报系统正式运行】

2008 年 5 月 20 日，重庆历时三年开发的港口危险货物作业申报系统终于通过了试运行，促使该系统在全市各区县及港口企业得到了推广应用，通过信息化手段实现了远程申报，同时更进一步加强了对全市化危码头的安全监管。

（重庆市局　阳　斌）

【《内河航行船舶移动视频安全监控系统》项目结题】　2008 年 5 月 30 日，重庆市交委组织召开了由市港航局承担建设的科技项目——《内河航行船舶移动视频安全监控系统》课题总结结题会。会上，通过听取汇报、查阅资料、观看现场演示，与会专家和参会代表一致认为项目承担单位完成了合同规定的研究任务，同意结题。

（重庆市局　阳　斌）

【《重庆市涪陵乌江二桥桥区航标配布设计》通过评审】　2008 年 6 月 19 日，重庆市港航管理局在涪陵主持召开了《重庆市涪陵乌江二桥桥区航标配布设计》评审会。重庆交通大学、长江重庆航道局、乌江航道管理段、长江重庆航运工程勘察设计院以及大桥业主重庆市涪陵堤防工程建设开发有限责任公司等单位的专家、代表参加了评审会。与会专家通过对《设计》的认真评议，一致认为《设计》资料齐全、内容翔实，配布方案基本符合国家相关规范要求。

（重庆市局　阳　斌）

【重庆水运界研究燃料油实船应用和供应链问题】　2008 年 7 月 16 日，由重庆市交委、市港航局、交通物资集团、重庆潍柴动力、重轮集团等单位参加的重庆燃料油实船应用和供应链研究座谈会召开。座谈会主要是研究重庆地区的船舶可否用燃料油（即 30℃以上的调和油或重油）代替柴油和重庆地区燃料油供应问题。

（重庆市局　阳 斌）

【重庆启动车船能源消耗及环境影响研究】

2008年7月22日，“重庆市营运车、船能源消耗及环境影响评估与管理对策研究”项目评审会召开，重庆市交委、市港航局、市运管局、重庆交通大学等相关单位的领导及专家参加了评审会。会上，重庆交通大学首先从该项目的研究背景、目的意义、可行性与研究重（难）点等方面进行了详细讲解，随后，与会专家对该项目研究大纲及相关资料进行了认真评审，一致认为该项目的研究非常必要、意义重大，同意该项目按大纲要求实施。

（重庆市局　阳 斌）

【重庆推广船用内燃机节能技术】 2008年8月13日下午，重庆市交委主持召开了由市港航局承担建设的科技项目——《船用内燃机节能技术的应用试验及推广》课题总结结题会，与会专家和参会代表一致认为项目承担单位完成了合同规定的研究任务，同意结题。该项目的研究对降低水运成本、保护环境具有重要的现实意义，具有节能、降排、延长机器配件使用寿命的作用。

（重庆市局　阳 斌）

【《船用污水处理装置运行在线监控仪及监控系统研究》通过验收】 2008年8月20日，重庆市交通委员会主持召开了《船用污水处理装置运行在线监控仪及监控系统研究》项目验收会，市港航局、重庆海事局等单位的代表和专家参加了会议。与会专家和代表一致认为该项目取得的研究成果具有重要的现实意义和应用价值，项目成果达到了国内的领先水平，项目研究内容及成果符合合同要求，同意通过验收。

（重庆市局　阳 斌）

【《三峡库区危险品运输污染处置信息系统研究》课题结题】 2008年8月，《三峡库区危险品运输污染处置信息系统研究》课题总结结题会召开。重庆市交委、市港航局、长江重庆海事局等单位的代表和专家参加了结题会。会上，与会专家和代表听取了课题组的总结汇报，审查了相关资料并对相关细节作了进一步探讨，一致认为该项目提供的资料齐全，研究内容和深度总体上达到了合同规定要求，为建立内河运输化危品数据库奠定了基础，同意该项目结题。

（重庆市局　阳 斌）

【《重庆水路集装箱运输发展战略研究》项目评审会召开】 2008年9月12日，《重庆水路集装箱运输发展战略研究》项目评审会召开。重庆市港航管理局、重庆交通大学、民生轮船有限公司、重庆港务物流集团有限公司、重庆轮船(集团)公司和重庆长江轮船公司集装箱经营公司的专家和代表参加了评审会。会上，与会专家听取了课题组的研究汇报，审阅了研究报告，并进行了质询，一致认为研究报告内容全面、思路清晰、方法科学，提出的发展目标和发展措施符合重庆水路集装箱运输发展的实际，具有较高的理论水平和实际指导意义，同意《重庆水路集装箱运输发展战略研究》通过评审。

（重庆市局　阳 斌）

【《乌江适应船型系列的研究与开发》通过评审】

2008年10月27日，重庆市交通委员会主持召开了《乌江适应船型系列的研究与开发》研究大纲评审会。重庆市港航管理局、重庆市涪陵港航管理局等单位的领导及专家参加了评审。与会专家认为：《乌江适应船型系列的研究与开发》项目研究大纲内容全面，结构清晰，符合重庆市交通科学技术项目管理的有关要求。项目研究目标明确，技术路线可行，任务分工安排合理，一致同意该项目研究大纲通过评审。

（重庆市局　阳 斌）

【《重庆市水上交通应急指挥系统》通过评审】

2008年10月，《重庆市水上交通应急指挥系统》项目研究大纲评审会召开。重庆市交通委员会、市港航局、大连海事大学等单位的相关领导和专家参加了评审。会上，与会专家认真听取了项目组的相关报告，审查了各种资料和文件，一致认为项目研究大纲内容全面，结构清晰，符合重庆市交通科技计划项目管理的有关要求，同意通过评审。

（重庆市局　阳 斌）

【《重庆市船舶检验管理信息系统》项目通过验收】 2008 年 12 月 12 日，《重庆市船舶检验管理信息系统》项目验收会在市船检局召开。交通部海事局、市交委、武汉船检管理处、广东海事局等单位的专家和代表参加了验收会。会上，专家和代表听取了项目组的工作汇报及技术报告，审查了相关资料并对有关细节作了进一步探讨，一致认为该项目提供的资料齐全，项目完成情况总体达到了合同规定要求，对促进我市地方船检事业发展具有重要意义，同意该项目通过验收。

（重庆市局　阳　斌）

·院校概况·

【上海海事大学】 （详见《长江航运年鉴》（2008 卷）第十三编“科教”第 804 页）

【河海大学】 （详见《长江航运年鉴》（2008 卷）第十三编“科教”第 805 页）

【重庆交通学院】 （详见《长江航运年鉴》（2008 卷）第十三编“科教”第 806 页）

【武汉理工大学交通学院】 （详见《长江航运年鉴》（2008 卷）第十三编“科教”第 807 页）

【安徽交通职业技术学院】 （详见《长江航运年鉴》（2008 卷）第十三编“科教”第 807 页）

2008 年，学院有南北两校区，建筑面积 20 多万平方米，资产 4.2 亿元；教学基础设施齐全，教学仪器设备总值 7000 多万元；建有校内实验、实训室 68 个，多媒体教室 19 个，多功能语音室 5 个，校外就业与实习实训基地 76 个；院图书馆近 7 000 平方米，现有藏书 50.8 万册。学院现有全日制在校生 7 000 人，各类成人在校生 2 000 余人，教职工 460 人，其中专兼职教师 396 人，正、副教授 118 人，并有外籍教师在校任教。

学院教学机构设有土木工程系、汽车与机械工程系、信息工程系、管理工程系、水运工程系、文理科学系、基础系、成教部等 7 系 1 部；研究机构设有教育研究室、道路与桥梁工程研究所、管理工程研究所、综合交通运输研究所、工程性移民安置研究所、计算机应用研究所等 6 个；职业技能鉴定机构设有交通部所属的交通行业职业技能培训工作站、劳动和社会保障厅直属的职业技能鉴定所等 4 个；产业实体有公路设计事务所、公路工程监理咨询有限公司、工程试验检测有限公司、交通标牌锚具厂、经济技术开发公司、驾驶员培训中心、通达宾馆等 7 个。

地　址　安徽省合肥市太湖东路 19 号
邮　编　230051
电　话　（0551）3428186；3428801
邮　箱　zhaosheng@ahctc.com
网　址　http://zsxxw.ahctc.com

（安徽交通职业技术学院）

【安徽省航运技工学校】 2008 年，学校拥有各种教室 18 间，招待所 1 个，能满足 200 人学习与生活。拥有笔记本电脑、投影仪、标准化微机室等现代化教学设备。学员上课全部采用电化教学，教学手段先进、方式新颖、效果良好。全校现有职工总数 91 人（在职 34 人、离退休 57 人）；在职职工大专以上学历占 75%以上，专业教师 13 人，其中高级讲师 3 人，讲师 5 人；党员 19 人（在职 11 人、离退休 8 人）。内设政秘科、财务科、培训中心、工会、纪委监察室。全年共完成经济收入 282 万元，占省局下达 200 万元的 141%。

全年共开展各类干部职工培训班 18 期，培训 1052 人，圆满完成了安徽省地方海事局安排的各类培训任务。开展船员培训班 37 期次，培训 1 643 人，其中开展三等及以上船员培训班 2 期，培训船员 48 人；四等船员理论联合培训班 3 期，培训船员 42 人；船员换证培训和水上基本安全培训班各一期，培训船员 40 人；强制性培训班 8 期，培训船员 87 人；特种船舶船员培训班蚌埠和芜湖各 3 期，培训船员 620 人；在上海开办特种船培训班 2 期，培训船员 71 人；在黄山开办特种船培训班 4 期，培训船员 168 人；“等效”职业培训班 4 期，培训船员 567 人。

2008 年，教学大楼外墙面维修和办公区装饰工程完工。经安徽省地方海事局批准并拨款，该校对教学大楼外墙面装饰、更换钢窗和 2—3 层办公场所进行了装修，工程于 11 月份顺利完工。工程建设中认真执行《基建工程维修管理办法》。成立由安徽省地方海事局有关部门领导、纪检监察、工程技术人员等组成的基建领导小组和议标小组。工程造价、施工队的选定、自选材料的购置均由领导小组按规定进行。对设备购置、小型维修等不属于招投标范围的维修工程，校纪检监察、政秘、财务等部门积极介入，全过程参与。

地 址 安徽省蚌埠市珠城路 31 号
邮 编 233000
电 话 （0552）3013178
传 真 （0552）3013178

（安徽省航运技工学校 杨贤方）

【武汉船舶职业技术学院】 （详见《长江航运年鉴》（2008 卷）第十三编“科教”第 809 页）

【武汉航海职业技术学院】 2008 年初，中国长航集团与武汉市黄陂区签署了土地归属《协议书》，解决了位于黄陂区武湖农场原长航“五·七”干校所辖 2 319 亩土地权属问题。《协议书》还达成了“武汉航海职业技术学院落户武湖农场”的协议，集团将划拨给航海职业技术学院 500 多亩土地建新校区。

武汉航海职业技术院成立于 1955 年，现占地面积略有 50 多亩。近年来，随着长航集团“江海联运”、“江海直达”、“东进西出”战略的实施，学校也得到了迅速发展，在校生的规模扩展到 6 000 多人。多年来，校园面积狭小的难题始终束缚着学校的发展。

2007 年，集团把扩展航院校园面积作为集团 25 件大事之一来抓。集团土地的划拨，对学校的生存是“及时雨”，给学校的未来发展提供了重大机遇。目前，学校正在积极筹备新校区工程建设工作。

地 址 武汉市武昌喻家湖 148 号
邮 编 430062
电 话 （027）86716339
传 真 （027）86811446
网 址 http://www.whhhxy.com
邮 箱 hhxyzb168@163.com

（武汉航海职业技术学院）

【湖北省交通职业技术学院】 （详见《长江航运年鉴》（2008 卷）第十三编“科教”第 810 页）

【武汉航道学校】 （详见《长江航运年鉴》（2008 卷）第十三编“科教”第 811 页）

【武汉交通职业学院】 （详见《长江航运年鉴》（2008 卷）第十三编“科教”第 812 页）

【芜湖河运学校】 2008 年，芜湖河运学校紧紧抓住国家大力促进中职教育发展的大好机遇，以国家重点技校复评贯标和创建省级示范中职学校为契机，狠抓学校管理，努力提升学校办学水平。一是积极探索招生新思路，拓展招生专业，开展校企合作办学，实行全员招生，全年完成招生人数 620 人；二是应对国际金融危机对就业工作的影响，积极开展学生推荐就业工作；三是狠抓教学管理，开展教学研究，加强师资队伍建设和学生管理，提升办学水平，加强后勤管理，保证办学质量；四是做好创建省级示范中职学校、国家重点技校复评贯标、申报省“三重”项目、芜湖市“文明单位”、高级技工班和筹办技师学院等工作，拓宽办学渠道，提升学校办学层次。

地 址 芜湖市长江路 156 号
邮 编 241001
电 话 （0553）2250238
网 址 http://www.whhy-school.com
邮 箱 whhxesb@126.com

（芜湖公司 程惠琴 陆正兰）

【武汉港监职工中等专业学校】 （详见《长江航运年鉴》（2009 卷）第六编“海事”）

【长江航运人民警察学校、交通公安民警培训中心（简称长航警校）】 （详见《长江航运年鉴》（2009 卷）第九编“公安”）

·教育培训·

【长江海事局职工培训稳步增长】 2008 年，培训中心坚持科学发展观，围绕建设全国交通运输系统一流培训中心的发展目标，为长江海事和交通行业的发展发挥积极作用。全年完成全国交通行业《劳动合同法》培训研讨班、部局水工管理员培训班、交通内部审计人员后续教育培训班、长江海事局管理轮训班等二十九期培训班，承办长航系统运动会等十三次会议，培训 1 946 人，较去年同比增长 21%。部党校长航武汉分校和中国内部审计协会交通分会培训基地在中心挂牌，培训规模和培训条件在全国海事系统四家培训机构中首屈一指，培训业务和影响从立足长江，扩大到全国航运和交通行业。

（培训中心）

【长江海事局船员考试发展迅速】 考试中心2008 年争取授权并组织了四期海上非自航船适任证书统考，举办海船船员专特培训考试 684 期，考试人数 34 372 人，与去年同期相比上升 14.6% 和 20.8 %。政务受理大厅制作和发放各类证书 45511 本，比去年同期增长了 8.8%；组织了无纸化考试系统试运行评估，组织考试 300 多期，全面推行了船员专特培无纸化考试，在海事系统率先开展考试评估中心建设。完成部海事局关于乙类及以下海船船员适任考试授权验收工作。

（培训中心）

【长江海事局培训中心船员培训优势明显】

2008 年，为配合湖北省人民政府实施扶贫计划，培训中心被湖北省人民政府指定为海船船员外派培训基地，开展了外派海员培训工作。今年开办了 10 期值班水手/机工培训班，110 期专特培培训班、2 期电机员培训班，培训船员 6 745 人次，船员培训量较上年度同比增长 140%，学员对培训工作反馈意见满意率达 85%以上，基本收到了学有所用、提高素质、上级放心、学员满意的成效。船员培训规模和平均合格率在华中地区高居榜首，巩固了中心在船员培训市场的优势。在船员培训市场上具有了一定影响。

（培训中心）

【长江海事局培训中心基础设施和信息化工作发展迅速】 2008 年，为满足培训需要，培训中心明确了建设功能分区，完成了校区电缆入地工程、实训中心钢网架建造工程、报告厅建设和运动馆地板更新工程，在完成职工培训区全面改造项目的基础上，船员培训区的改造项目正式启动。培训中心筹建“内河（长江）水上救助训练基地”征地工作取得突破，按照部规划司和部规划设计院提出的编制思路，正在推进该项目的工可前期工作。为满足船员考试评估的需要，在上级支持下，中心克难奋进，建设了 5 000 平方米的考试评估场地，各项实训和考试评估设施相对完备，航海教学设备通过部海事局验收。

中心完善了网络主干建设，以网络为载体建立了考试平台、管理平台和办公平台，完善了后勤管理系统、培训管理收费软件和无纸化考试软件，加大了船员考试电子政务建设力度，完成了中心内、外网升级改版，内网访问量同比增长 3.6 倍。

（培训中心）

【长江海事局培训中心后勤服务和组织接待能力大幅提升】 2008 年，培训中心全面转换了后勤管理服务机制，开发了后勤管理系统软件，固定资产管理、宿舍、客房管理、公共设施维修管理、餐饮服务开始进行步入标准化的轨道，全年高效快捷地承办了长航局系统迎奥运运动会、长航局和海事局老干部运动会等活动，提升了服务和组织接待能力。,相关组织接待和后勤保障工作受到上级和有关单位赞扬。

（培训中心）

【长江海事局培训中心积极开展文明创建活动】

2008 年，培训中心在获得湖北省文明单位称号的基础上，深入开展培训中心文明创建活动和文化建设研讨活动，完成了省最佳文明单位申报工作，并再次跨入长江海事局文明单位行列。

（培训中心）

【武汉海事学校举行大连海事大学武汉函授站揭牌仪式】 2008 年 12 月 10 日上午，大连海事大学武汉函授站揭牌仪式在学校新落成的报告厅隆重举行。湖北省商务厅外经处徐强处长、大连海事大学继续教育学院李春野院长、长江海事局熊学斌副局长和学校领导出席仪式，来自全国一百多家船务公司的代表、新闻媒体单位参加了揭牌仪式。

湖北省商务厅外经处徐强处长对武汉函授站揭牌表示热烈祝贺，他指出大连海事大学武汉函授站的成立，丰富了航海职业教育在湖北省乃至中部地区的办学形式。随着我省外派海员工程的持续推进，武汉海事学校和大连海事大学抢抓航海职教快速发展的机遇，开展函授教育提高船员的学历层次，满足交通行业与海事系统人员知识更新的需要，为有志于航海事业的人员开辟了一条快捷的通道。

熊学斌副局长在总结讲话中代表长江海事局向大连海事大学武汉函授站揭牌表示热烈的祝贺，简要介绍了长江海事局的发展形势，并强调指出武汉海事学校近年来坚持多元化发展格局，职工培训系统一流、船员培训华中第一、海事文化形成特色，综合实力明显提升，飞速的发展态势在一定程度上成为长江海事事业发展的缩影。并希望学校在交通运输系统大变革大发展的形势下，要以建设交通行业一流职教基地为目标，不断探索创新职教发展模式；要以武汉函授站揭牌为契机，加强教学管理，进一步提高办学质量；要抓住国家发展职业教育和航运事业带来的战略机遇，力争尽早达到发展纲要中确定的在校生规模，并且期望各船舶公司一如既往支持武汉海事学校发展，为武汉海事学校的建设和发展注入新的动力。

（培训中心）

【长航重工红光港机厂为客户开展技术培训受好评】 2008 年 3 月 19 日，长航重工红光港机厂一新客户的 17 名门机操作工来到该厂，参加该厂为他们举办的为期一周的港口门座式起重机技术培训班。这是长航重工红光港机厂首次大规模为客户开展技术培训。为适应港口发展要求，红光港机厂本着“竭诚为客户服务”的宗旨，加大了为用户服务力度，在以往派技术人员“走出去”，及时为用户解决产品在使用中出现的技术操作难题的基础上，又采取了“请进来”方式。在客户订购的两台 MQ2533 四连杆门座式起重机即将发运出厂之际，为使客户更好了解该产品性能和尽快熟练地操作这种新设备，应客户要求，红光港机厂邀请该港口门机操作人员来厂参观门机安装流程并进行门机机械和电气系统知识的培训。

（长航集团　陶春琼）

【上海市地方海事局举办全市海事系统执法人员适任资格培训班】 2008 年 12 月 12 日至 13 日，上海市地方海事局在上海海事大学举办 2008 年度上海市地方海事系统执法人员适任资格培训班，市地方海事局与十个区县地方海事处共 216 人参加。培训内容有职业道德、行政能力、通航管理、船舶管理、船员证件管理以及行政处罚法律文书制作等。

在开班动员会上，市地方海事局领导要求在当前形势下，实现管理上的“三个转变”，一是从传统管理模式向现代管理模式转变；二是从重收费向重管理转变；三是从重管理向重服务转变。同时勉励全体学员珍惜学习机会、钻研业务，在工作中树立信心、树立形象，力求成为高素质的海事管理人才。

12 月 13 日下午，全体学员参加了上海市地方海事系统执法人员适任资格考试。

（上海市局）

【物流工程研究生班（港航班）正式开学】 2008 年 4 月 26 日，浙江省港航管理局与浙江工业大学合作举办的物流工程研究生班在浙工大举行了隆重的开学典礼。省港航局郑惠明局长、颜献劼副书记以及浙工大纪委书记王兴杰、经贸学院院长助理杜群阳出席了典礼。这种联合办学方式是省港航局积极寻求人才培养和港航发展之道的创新举措，为全面贯彻港航强省战略，落实省交通厅建设“大港口、大路网、大物流”目标提供坚强的人才保障。

（浙江省局　吴永平）

【南通航运职业技术学院被确定为江苏省航道技能人才教育培训基地】 2008 年 4 月 28 日下午，江苏省交通厅航道局与南通航运职业技术学院共建“江苏省航道技能人才教育培训基地”签字仪式在南通航运职业技术学院举行。省交通厅航道局局长董文虎和南通航运职业技术学院院长杨泽宇分别代表两个单位签字。

为适应江苏省航道行业人才发展战略的需要，促进江苏航道事业的繁荣与发展，南通航运职业技术学院与江苏省交通厅航道局自愿建立合作关系，共建“江苏省航道技能人才教育培训基地”；以此为平台，进一步增进双方的交流与合作。合作协议约定双方在定向委培、技能培训、成人学历教育、学术交流、信息共享、技术合作等方面开展合作；双方经常组织管理与专业人员互相访问，商讨阶段合作事宜、总结合作经验、交流研讨航道发展中的新技术、新工艺；双方对自身掌握的有关行业政策法规、教育教学改革的一些最新信息应当及时传递给对方，并通过网络等手段加强交流与探讨；结合合作双方各自的优势，在行政管理、航道工程、机电工程、信息技术等专业开展技术交流与合作。

（江苏省局　徐秋敏）

【江西省地方海事局举办船舶一卡通系统应用培训班】　根据交通部海事局船舶一卡通系统推广工作计划安排，为使这一工程在省内顺利实施，江西省地方海事局于2008年3月18日至21日在南昌举办了一期船舶“一卡通”系统和船舶登记系统（网络版）应用培训班。所属海事机构船舶登记业务人员、信息办工作人员共25人参加了学习培训。

此次培训由交通运输部海事局IC卡管理中心、北京银科博星科技有限公司、山东中创软件股份有限公司负责实施。培训期间，首先针对省局海事科、信息办相关业务人员进行船舶“一卡通”系统和船舶登记系统（网络版）构建、原理、船舶IC卡管理、登记管理等专业知识的传授。随后，再向各设区市海事部门参培人员开展培训。培训内容包括船舶“一卡通”系统、船舶登记系统（网络版）、船舶IC卡发放的具体业务办理、数据管理、系统安全等。培训结束后，参培人员参加了应用操作考试并顺利通过考核，进而为“一卡通”工程在省内的全面实施奠定了良好基础。

（江西省局　许海远）

【江西省航务局对行政执法人员进行岗位培训】

江西省航务局于2008年11月17日至21日在井冈山职工培训中心举办了本系统行政执法人员岗位培训班，对近年来执法岗位变动的人员和新进入执法岗位的大学毕业生共38人予以培训。

此次培训结合单位实际和交通运输部、江西省交通厅关于执法人员岗位培训的有关要求，开设了水上交通基本法律法规、稽征实用法规、船检基础知识、航道基础知识以及水上交通安全监管实用法规等课程，分别由省局法规、海事、航道、稽征部门负责人或专业工作经验丰富的同志授课。培训期间，学员们围绕做好航务行政执法工作所必须掌握的专业知识和法律法规知识，进行了认真系统的学习，同时结合实际，就当前执法工作中存在的新情况、新问题与授课老师展开了深入交流和探讨。经过培训，对学员们尽快熟悉业务，进入角色，进一步搞好本职工作产生了促进作用。

（江西省局　倪　磊）

【江西省水路运输量专项调查工作培训班在南昌举办】　2008年5月4日至7日，江西省航运管理局在南昌市分二期对内河客船、海船调查人员及江西省渡口调查人员进行了江西省水路运输量专项调查工作培训。各设区市港航管理处及有调查任务的县（市、区）港航管理所统计人员、调查员和各设区市交通局渡口管理所、有调查任务的县（市、区）渡口管理部门及调查员共计200余人参加了此次培训。培训班的举办，为圆满完成江西省水路运输量专项调查工作奠定了坚实的基础。

培训班教员紧紧围绕水路运输量专项调查方案，详细讲解了江西省水路运输量专项调查工作的工作流程、具体方法，演示了数据采集方法、数据处理等相关软件操作。本次培训节奏紧凑，内容充实，针对性强，达到了预期的培训效果。

（江西省局　刘燕萍　杨　辉）

【江西省第三次全国港口普查省级培训工作圆满完成】　2008年7月3日至10日，省航运管理局分别在南昌、九江举办了第三次全国港口普查培训班。各设区市港口管理部门及港口经营企业的港口普查人员共计172人参加了培训。省航运局副局长徐良到会并讲话。

徐良副局长指出，随着港口资源大范围的整合，港口建设投入的日益加大，港口规模、港口经营企业规模、专业结构、经营特点已经发生了明显的变化。面对港口快速发展的新形势，依托原有管理体制建立起来的港口统计指标体系、统计方法体系和组织体系已不能适应形势发展的需要。因此，交通运输部决定开展第三次全国港口普查工作是十分必要的。此次港口普查的目的：一是力求全面、准确地掌握港口业发展现状，为科学规划、建设和管理港口提供信息服务和支持，巩固港口管理体制改革的成果；二是摸索建立与新型港口管理体制相适应的港口统计指标体系和调查方法体系；三是培养一支懂港口业务、熟悉基层港口企业的管理队伍，使港口更好地适应江西省国民经济发展的需求。

就如何做好此次港口普查工作，他提出了具体的要求：一要联系实际，创新思维；二要齐心协力，通力合作；三要实事求是，规范操作；四要加强交流，高效运转；五要扩大宣传，营造氛围；六要妥善安排，做好资料的保密整理工作。他强调指出此次港口普查培训是一次很好的学习机会，要求大家端正态度、坚持学以致用，学习期间要遵守学习纪律、集中精力、认真学习，为港口普查工作的顺利展开打下扎实的基础。

此次培训以《第三次全国港口普查方案》的内容为核心，结合江西省的港口实际现状，详细讲解了此次普查的范围、对象、原则、方法等，并对普查数据软件的操作进行了相关培训。通过培训，港普人员对港口普查方案有了更全面系统地了解和熟悉，基本掌握了此次港口普查工作的相关内容。

普查培训班的成功举办，标志着江西省第三次港口普查前期工作基本结束，从7月中旬起，江西省港口普查工作将正式转入外业采集数据阶段。

（江西省局　刘燕萍　杨　辉）

【南昌市港航系统举办《江西省港口管理办法》学习培训班】　《江西省港口管理办法》2008年3月1日起颁布施行，为认真贯彻、学习、理解、落实《江西省港口管理办法》的各项条款，南昌市港航管理处于3月16日举办了《江西省港口管理办法》宣贯培训班，市处、各县港航所近60余人参加，邀请了有关专家对《江西省港口管理办法》的立法背景、立法原则、立法宗旨进行了说明，并对部分条款作了详细讲解。

参加会议的工作人员纷纷表示要改变以往工作方法，改善服务态度，为来港口投资建设、进行港口经营的业主和广大经营业户提供便捷、周到、满意的服务。

（南昌港　刘　敏）

【河南省局加大创建全国海事系统文明达标单位】　2008年，河南省南阳、濮阳、洛阳、安阳市地方海事局获得交通运输部命名的第八批“全国海事系统文明达标单位”荣誉称号。

截至年底，河南省已有周口、信阳、济源、新乡、焦作、许昌、漯河、商丘等12家获“全国海事系统文明达标单位”称号。

（河南省局　王守明）

【河南省航务海事队伍的素质和执法能力不断提高】　2008年，河南省航务局加强队伍建设，通过专业培训班、随岗培训、挂职培训等方式，继续加大培训力度。先后组织了船舶登记管理人员培训、海事执法人员培训、船舶检验人员培训、注册验船师培训、《国内水路运输资质管理规定》学习培训等多期培训班，在岗的航务海事执法人员基本培训了一遍。

抓住和长江海事局“结对子”的机会，继续选派了3名海事执法人员到长江海事局所属基层单位挂职培训，学习先进的管理理念和经验。坚持“一季一法一考”制度，将学习考试和目标考核挂钩，增强了海事人员学法、知法、用法的自觉性。

（河南省局　王守明）

【甘肃省水运局举办全省水路交通行政执法人员培训班】　2008年，为扎实搞好甘肃省水路交通行政执法人员法律知识的学习和培训工作，努力增强水路交通行政执法人员的法制观念和法律素质，提高依法管理水路交通和行政执法水平，推进全省水路交通工作又好又快发展，不断适应我省经济社会发展对水运、海事执法工作的新要求，日前，甘肃省水运管理局、地方海事局在各地方和省局机关已经开展的冬季业务培训活动的基础上，组织全省水路交通行政执法业务骨干，集中在省交通职业技术学院参加执法培训专题讲座。来自省地方海事局、兰州、白银、陇南、临夏4个市、州海事单位，临夏州5个县海事处的领导和业务骨干近100名水路交通行政执法人员参加了培训。

这次行政执法培训，是按照省政府办公厅关于印发甘肃省关于第三轮持证执法工作方案和省交通厅关于做好第三轮行政执法证件

换发工作的通知要求进行的，也是我省水路交通行政执法队伍加强素质建设的重要工作内容。培训班商请了省政府法制办执法监督处王建平副处长、聂瑞平、省交通厅体改法规处王红武

副处长三位专家授课主讲，主要围绕行政执法理论与实践，重点讲授了《行政处罚法》、《行政许可法》和《交通行政执法职业道德》。

甘肃省交通厅体改法规处王权处长参加了培训班开班典礼，并就开展行政执法学习培训的目的、任务和意义做了重要讲话。他强调全省水路交通执法人员要围绕交通“三个服务”的要求，依法行政、执法为民，通过扎实贯彻、学习好和实践好相关法律、法规，切实履行好国家赋予的光荣而神圣的职责，为我省水路交通工作再创新局面做出自己应有的贡献。省水运管理局副局长朱富义同志主持了开班典礼，并围绕集中学习培训工作强调了四点要求：一是严格组织纪律，保持良好的学习氛围。二是切实珍惜这次集中学习培训机会，努力完成学习培训任务。三是切实增强法律意识，养成法律思维习惯。四是要求各单位要进一步组织安排全体行政执法人员的法制教育活动，狠抓执法队伍建设，努力提高行政执法水平。

通过学习培训，全体参训人员进一步增强了法律意识，全面掌握了行政执法与行政处罚法、行政许可法等基本知识和要求，提高了依法办事的能力和水平，明确了执法人员职业道德规范，为巩固和推进全省水路交通行政执法队伍建设，规范执法行为，树立良好精神风貌，打造过硬业务素质奠定了坚实基础。

（甘肃省局　陈长春）

【重庆港航局举办港口危险货物作业申报系统及港口管理条例宣贯培训班】 2008 年 3 月 26 日至 27 日，重庆市港口危险货物作业申报系统及港口管理条例宣贯培训班在市公路局职工培训中心举行，各区县港航部门 52 名学员参加了培训。重庆港航局党委书记刘治军在开班典礼上对本次培训的重要性及学习纪律作了明确要求，局法规处为学员介绍了《重庆市港口管理条例》的立法背景，局港口处分别就港口经营许可、岸线审批的管理程序、港口管理条例的宣贯以及港口安全管理做了细致的讲解，局科技处及系统研发单位对重庆市港口危险货物作业申报系统作了系统的培训讲解。

（重庆市局　阳　斌）

【十一届全国人大代表传达会议精神】 2008 年 3 月 31 日上午，为进一步深入学习第十一届全国人民代表大会精神，重庆市港航局中心组邀请出席第十一届全国人民代表大会的周平同志，向局中心组成员、机关中层干部、直属单位党政主要领导传达了大会精神，深化解放思想大讨论活动。周平同志为重庆市港航管理局嘉陵江航道管理段段长。

（重庆市局　阳　斌）

【重庆地方海事局开展船舶“一卡通”培训】 2008 年 4 月 7 日至 10 日，重庆市地方海事局组织开展了船舶“一卡通”培训工作。涪陵、万州等 11 个经部海事局授权船舶登记机关的船舶登记业务人员，以及局海事处、政务大厅相关工作人员参加了培训。培训内容主要包括船舶卡应用管理系统和新版船舶登记系统的使用。

（重庆市局　阳　斌）

【重庆市局第 1 期航行长江干线三等船员考试顺利举行】 2008 年 4 月 19 日至 22 日，重庆市地方海事局2008年第1期航行长江干线三等船员统考在永川区顺利举行。181 名船员参加了理论统考，其中驾驶 143 人，轮机 38 人；实操考试在永川区松溉航标站进行，共有 85 人参加。

（重庆市局　阳　斌）

【重庆市局举办内河船舶安检员培训】 2008 年 4 月 26 至 29 日，重庆市地方海事局在合川举办了内河船舶安全检查员培训班，各区县地方海事部门学历较高、业务过硬、熟悉相关专业法律法规的安检员约 90 余人参加了此次培训。

（重庆市局　阳　斌）

【重庆举办第九期危险货物岸上作业、管理人员培训班】 2008 年 6 月 11 日至 13 日，重庆市第九期危险货物岸上作业、管理人员培训班在万州成功举办。参加培训的有中石油、中石化所属在万企业、万州港口（集团）国际集装箱公司、红溪沟装卸公司和忠县、奉节等县从事危险货物作业企业的工作人员共 70 余人。

（重庆市局　阳　斌）

【重庆市地方海事局举办内河船员基本安全培训第一期培训班】 2008年10月10日，重庆市地方海事局内河船员基本安全培训第一期培训班在江津举办。

（重庆市局　阳　斌）

【重庆港航局举办国际国内经济形势暨航运管理培训班】 2008年12月，重庆市港航局举办了国际国内经济形势暨航运管理培训班，各区县（自治县）港航管理单位的分管领导及相关人员参加了培训。市交委何升平副主任就长江黄金水道的发展对中国水运产生的影响，水运发展与资源节约，重庆航运情况以及近年来国际与内河航运形势的变化等内容进行了详细讲解。市港航局杨大伦副局长作了全年水路运政管理工作总结，对国际政治因素，经济形势，金融危机等问题进行了分析，提出了明年工作的重点。

（重庆市局　阳　斌）

【重庆举办港口安全生产培训】 2008年12月，重庆市港航局联合市安监局和重庆安全工程学院在重庆市公路局培训中心举办了为期4天的港口安全生产培训。来自全市14个区县的67家港口单位共103名港口安全生产负责人参加了培训。

（重庆市局　阳　斌）

第十五编　文卫

【概 述】 2008年，长江航运文教卫生工作取得较大进展，各单位以党的十七大精神为指导，以全面贯彻科技发展观为中心，以服务沿江经济为出发点，在各自的岗位上不断努力创新。医疗方面：为保障沿江广大职工群众的身心健康，各医疗单位狠抓落实“医院管理年”活动，不断提高医疗技术水平和服务质量；从小事、细节上体现服务的人性化理念；长航总医院汇编了四本医院管理手册，开展了30多项新技术、新业务。面对南方特大雪灾、5.12汶川大地震等突发公共事件，院领导以高度的政治敏感性和强烈的责任感，在第一时间内启动应急预案，及时派出医疗队、救护车奔赴灾区，开通“绿色通道”，组织指挥救灾工作，圆满地完成了救灾任务。

在各级领导的重视和指导下，卫生防疫工作也得到较好的发展，制定了长航系统血防工作方案和血吸虫病防治规范，开展了“十二五”血防规划和疾控工作的调研工作，针对各季节传染病发生特点和规律，开展了“世艾日”宣传活动、季节性高发传染病的防治、对从业人员的健康体检、船舶水质抽样监测等防治宣传活动，受到沿江广大职工的称赞。卫生中心深入开展了“三创一争”活动，制定了“三创一争”活动规划，明确了活动目标，落实了活动责任，突出了活动重点，保证了活动达标。

各单位为活跃职工文化生活和身体健康，组织广大职工开展了迎春长跑、迎奥运火炬接力跑、演讲比赛、技能竞赛、图片展、书法展等丰富多彩、健康活泼的群众性文体活动。长江通信管理局组织机关工作人员在汉口江滩开展迎春长跑；南昌航务分局，为进一步加强职工职业技能培训，提升职工队伍的整体素质举办了第二届职工技能比赛；浙江省局为迎接2008年北京奥运会，举行全系统“港航·杭州湾杯”环湖接力跑活动。起到了保障健康、陶冶情操的作用。

（戴志文）

·医疗机构·

【长江航运总医院·武汉脑科医院】

·*完善制度* 2008年，该院继续深入开展“医院管理年”活动，开展医院管理评审创优工作，建立了医院管理评审责任制。重新制定了《2008年长航总医院“医院管理年”活动实施方案》，全面清理、修订、建立完善了医院规章制度和岗位职责近400项，汇编了《临床基本技能操作常规》等四本管理手册，制定并下发了医疗文书及处方考核评分等管理办法，修订了医疗事故防范和处理预案等。在职工中广泛开展法律法规学习和教育，多次组织医务人员学习新修订的《医疗机构病历文书书写规范》，调整和补充了医疗质量、药事管理等专业委员会成员，完善了各委员会的工作制度。持之以恒地开展“医院管理年”活动，不断加强制度化、规范化建设，并以抓制度执行为突破口提高医疗质量，逐步建立医院管理长效机制，使医院管理进一步科学化、规范化、程序化。顺利完成湖北省卫生厅组织的护理质量专项检查和医院管理年督查，医院管理和医疗质量得到检查组专家的好评。

·*服务措施* 突出“以病人为中心，提高服务质量”为重点的医院管理的提升，通过发放多个主题的问卷调查、多次召开不同层次的座谈会，构建全院职工参与医院管理的交流平台，向职工强化了办院思想和管理理念，广泛听取职工对医院建设和发展的意见，激发了全院职工的主动参与意识，增强了凝聚力。规范服务形式，强化了“细节决定成败”、“从小事做起”等管理理念，制定了行为规范、礼貌用语和服务流程，印发了《员工手册》；调整了门诊各科室，加强了窗口人员的管理。深化服务内涵，把“对病人多一份关爱，多一个微笑，多一声谢谢”、“接诊一个病人，治愈一个病人，开拓一片市场”的服务理念，贯彻到每一个职工每一天的工作之中，在一定程度上促进了全员服务思想的转变。积极推行101%的超值服务，从小事、细节上充分体现服务的人性化理念，提高了病人满意度，使全院服务意识进一步加强，服务观念进一步转变，服务质量进一步提高。

·*科学发展* 该院新一届领导班子在贯彻学习实践科学发展观的指导下，提出“大专科、强综合”的发展理念，强化品牌效应，带动全院发展。各科室均开展了适合本专科实际的创新活动。

为更好地推进武汉脑科医院建设和发展，按照“武汉脑科医院发展规划”方案，在科研合作、科技投入、学科建设、专业技术人员培训等方面均取得了进步，脑科医院各专业发展稳健。在北京天坛医院专家的指导下，开展了神经介入等技术；开展了专科专病门诊；开展各类脑科手术近200台次，其中绝大部分手术处于国内领先水平，成功率在98%以上；开展学术讲座、讲课活动23次，选派4名技术骨干到北京天坛医院进修学习，促进本院优秀技术人才更多更快地成长。神经内科的发展，已逐步呈现规模，且更加细化为三大组：脑血管病组、癫痫组、帕金森氏病组。各组有相应的医疗专家及人员，且都是在北京天坛医院专科进修，同时设立了对应的门诊，做到了专病专家、专病专治，方便了病人就医，使医生业务技术的发展有一定方向，同时使医生与病人的沟通更加稳定，更加融洽，也使医生在其专科技术上进一步积累了经验，提高了专业水平。在专家的指导下，神经内科开展了多项的新业务，如开展了多例脑血管造影，开办了癫痫病门诊及帕金森氏病门诊。骨外科全年收治病人500人次，开展各类骨科手术260台次，其中膝关节镜技术、股骨复杂骨折重建手术、全骨盆骨折手术复位内固定治疗手术顺利、成功，达到国内领先水平。门诊手法复位固定骨折病人近800人次，专科就诊3 000人次，取得了良好的社会效益和经济效益。普外科全年收治住院病人700余人次，完成大小手术300余台，开展了视屏腹腔镜胆囊切除术、腹腔镜阑尾切除术、腹腔镜肝囊肿开窗引流术等腹腔镜手术，同时痔疮PPH手术和无张力疝修补术得到了进一步开展，闭合器、吻合器在胃肠手术中得到进一步应用，大大缩短了手术时间，提高了手术效果。心血管及肾病专科，收治病人约500人次，成功抢救50余例急性心肌梗塞、急性心衰、恶性高血压等心血管急、危、重患者，成功率大于90%，继续开展了冠状动脉造影、支架植入及心血管介入技术、心脏永久起搏植入术。2008年还成功开展了人工肾血液透析，为急、慢性肾衰患者带来福音。非临床科室快速发展，为临床提供更好的服务。心电图室引进新设备动脉硬化检测仪，所开展的新技术为临床动脉强化的诊断提供了有力的证据；影像科的MR、螺旋CT、DR，也在医疗诊断中发挥了巨大的作用，尤其是CTA的应用，为心、脑血管病的诊断及治疗开创了一片新的天地，为病人提供更优质的服务。检验科开展了一系列新的检验项目，如心梗三项、甲免全套，胰岛素测定及C肽等，使该院检验技术上升到一个新的台阶，也给医生的临床诊断提供了更多的帮助，从而更好地服务于临床，促进了医院医疗技术水平的不断提升。

·新技术、新业务　2008年，该院各专业分别开展了多项新技术，如："股骨重建钉系统、膝关节镜应用、TVTO治疗尿失禁、全程静脉麻醉、盆腔恶性肿瘤术后化疗、血管造影、蝶骨电极及睡眠诱发脑电图、眩晕患者的TCD诱发减影、骨质疏松治疗仪对老年骨质疏松症的治疗、动态血糖监测（72小时）：对2型糖尿病的测定、长效干扰素对乙肝、丙肝的转阴治疗、肝病治疗仪对脂肪肝、病毒性肝炎及肝硬化的治疗、16层螺旋CT数字减影对头颈部血管成像的应用、经阴道超声检查、B-HCG肌钙蛋白（MYO）和动脉硬化检测、急性冠脉综合征急诊室应用大剂量肠溶阿斯匹林嚼服（100-300毫克）、根管治疗机的应用、低频治疗仪治疗中风后遗症的疗效观察、蜡疗对寒痹的治疗观察、中药汤剂治疗小儿急性扁桃体炎、对临床抗生素合理应用的干预"等30余项新业务、新技术。

2008年新购置了"肝病治疗仪、全自动电脑视野检测仪、眼压仪、电子结肠镜、纤维支气管镜"等价值400余万元的医疗设备。

·护理管理　完善护理三级质控网，每月坚持进行护理质控检查，将每次质控问题反馈给科室，限期整改，科护士长督导整改完成情况，护理部按时复评结果，形成了护理质量持续改进的管理机制。监控危重患者300例，抽查一级护理病人1 000人次，基础护理合格率95%，专科护理合格率96%。全院护理单元消毒隔离合格率100%；建立病房药品管理制度、安全用药管理制度，规范了高浓度药物（10%氯化钾）必须标识醒目、专柜上锁管理，急救药械完好率100%。健康教育覆盖率100%，

按照《湖北省病历书写规范（2008年新版）》的要求，实施新的护理病历，护理文书书写评分≥95分。根据医院评审要求制定了一套较完善的护理缺陷管理流程，设计了长江航运总医院.武汉脑科医院护理工作缺点缺陷评定标准、护理缺陷事故防范措施、护理缺陷事故报告及管理制度、护理缺陷事故报告流程、护理缺陷事故登记及讨论分析、护理缺陷事故登记报告讨论表。运用临床后效果良好，患者对护士工作平均满意率

96.5%，护理文书书写评分≥95 分，全年无差错事故的发生。

护理培训，根据湖北省三级医院护士岗位技能竞赛内容（15 项技术操作），举办“三基”操作培训班，护理质控员培训班，组织了 11 期护理专业知识讲课。制定详细的培训计划，抽调一名丰富经验的带教老师任班主任，全院护士分批次进行为期一周的全脱产的培训考核，完成 13 期共 2 526 人次培训考核工作，通过培训全院护理操作水平有所提高。组织完成了全院护士（265 名）四次季度理论考试及上半年、下半年操作考核（CPR+简易呼吸器），并将成绩纳入护理人员工作质量综合考评，确保了各科护理人员“三基”训练和考核效果。护理操作合格率 100%，“三基”理论考核合格率 100%。举办了“2008 年庆祝国际护士节大会暨‘护士风采’大赛”，通过专业技能技能操作（CPR+简易呼吸器）、演讲比赛、个人才艺表演，全方位展现新时期护理人员的风采。神经外科万明叶获一等奖，骨外科柳小玲、综合科李亚男获二等奖，妇产科刘丽、感染科卫小莲、急诊科章静获三等奖。组织护理人员规范行为礼仪培训考核，并举办了“2008 年护士规范行为礼仪大赛”，全院 240 名护士有 220 名分 35 队次参加了比赛。2 名护士被评为 2008 年“武汉市优秀护士”。

·*人才培养、临床教学工作*　人才资源是医院发展最重要的战略资源，培养造就一支良好素质的职工技术队伍，是医院持续发展的保证。该院坚持全员培养与重点培养相结合、基本功培训与专科培训相结合，坚持以自我培养为主，通过讲课、技能竞赛、培训、进修等多种形式不断提高管理人员、医务人员的业务能力和业务素质。全年承办市医学会活动 7 次，主办学术讲座 35 次，受训人员 4 000 余人次；选送职工参加院外学术交流、进修学习 65 人次；接受实习生 62 名、见习生 1367 人次。新职工岗前培训常态化；以基本技能为培训重点，顺利完成中初级职称医务人员的“三基”、“三严”考核。根据各部门工作特点，完成全员规范化服务培训，成功开展了“药品合理使用知识竞赛”、“护士风采大赛”等活动，通过比理论知识、操作技能、个人才艺等方式，调动广大职工学习自觉性和积极性。职工在省级医学杂志上发表论文 31 篇。

·*服务长江航运事业*　为贯彻落实长航局领导对长航职工的关心，切实保障长航系统职工的健康和安全，2008 年该院共派出医务人员 64 人次，耗资 120 万元，行程 4 000 多公里，完成长江中游九江至宜昌段的航道、海事、三峡、公安、通信等单位 4 000 多人次的免费体检，查出亚健康人群及患者 900 余人次，均进行治疗或提出健康建议。建立系统职工健康档案，以利于系统各单位领导、职工掌握及查询，为长航系统职工健康作保障。在长江枯水期，该院组织 8 名专家深入窑监水道和太平口水道，在 10 多艘船上为长航系统一线职工送医送药送护肤品、开展健康咨询等。深入在汉系统内基层单位和周边社区，开展健康知识讲座 20 余次，制作健教宣传栏 6 块，11 名医务人员进入社区参与临床和管理的指导工作。

·*血防工作*　制定了长航系统血防工作方案和血吸虫病防治规范，开展了“十二五”血防规划和疾控工作的调研，完成血吸虫病血清学检查近 4 000 人次，为基层单位提供血防药箱及补充药品 200 份，对岳阳海事局等 4 个单位血防相关环境改造项目进行了初步验收。

·*疾病控制与卫生监督*　针对各季传染病发生特点和规律，开展了相关疾病的防治知识宣传，完成局属有关单位杀虫灭鼠 9 000 平方米。在雪灾、春运和奥运等重要时段，共监督、检查餐饮店等 30 余家 150 余次，发放卫生防病宣传单 2 万余份，对酒店、餐饮等食品从业经营户进行卫生监测合格率达 100%，保证了长航系统和武汉客运港发送的 1 万多车次及 15 万人次旅客无食源性疾病和传染病的发生和传播。取得了《交通运输行业环境监测资质证书》，完成 12 项航道整治工程竣工环保验收监测调查报告书。

·*5.12 抗震救灾*　针对近年来各种突发性事件的需求特点，该院制定和完善了危机管理和处置预案。面对突如其来的特大雪灾、5.12 汶川大地震等突发公共事件，该院领导以高度的政治敏感性和强烈的责任感，每次都在第一时间内启动应急预案，及时开通“绿色通道”，组织指挥救灾工作。

在 5.12 汶川大地震救灾工作中，全院党员、职工纷纷请缨，争相报名、积极捐款，特别是离休老干部高峰，一次性捐款一万元。医院抗震救灾领导小组和 5 个专业组从各方面进行了充分准备，先后派出三批共 11 名医务人员携带药品和物资，参加湖北省医疗队赴四川地震重灾区绵竹、什邡、汉源等地参与救援及灾后重建工作，所有救援人员都能牢记各级领导和全院职工的重托，以无私无畏的精神积极投入工作，圆满地完成了任务。积极做好收治灾区伤病员的准备工作，派人派车协助转运来汉治疗的地震伤员。灾害面前，无论是工作在一线的救援人员，还是在后方默默支持的医务工作者，无论是领导干部还是普通职工，大家都以饱满的政治热情、吃苦耐劳的顽强毅力、无私奉献的工作激情，以不同形式投身到灾难救援，展现了航医人的风采，得到各级主管部门的高度评价。医院被评为交通部抗震救灾先进集体，并有 10 人获得长航局先进个人荣誉称号。

·服务社会，服务基层　2008 年初的雪灾，该院成立了应急医疗队，积极救治摔伤患者，完成区卫生局下达的雪灾卫生应急工作及日报。派出以党员为主力的抢修队配合江岸区政府工作，春节期间从大年三十到初四连续 5 天参加抢修社区水箱、自来水管，受到市民和区政府的好评。面对手足口病流行和“三聚氰胺奶粉”问题，医院根据应急预案及时成立了领导小组和专家小组，制定了接诊流程，加强医务人员相关知识培训，并派出一名 B 超专业人员支援儿童医院相关工作，受到市卫生局好评。

·基本建设　病房楼改造工程于 2007 年 5 月正式开工，改造过程中始终坚持以质量、安全为主线，定期向党委和职工民主监督小组通报施工进度，重大事项、重要变更、重大投入经过党委会集体讨论决定后才实施。由于原材料、人工费上涨，加上少部分设计变更，大楼建设资金缺口造成施工进展减缓，但医院领导仍想方设法协调解决这些难题，至 2008 年底，已完成了整个工程的 85%。完成中心供氧制氧系统的安装，高压氧舱的环境改造及恢复使用工作。完成医院北大门的开放、地下管网的铺设、道路翻修、设备招标、多项维修搬迁等工作。

·节能降耗　建立节约型医院应从每个职工、每件小事做起，为此，该院加强了节能工作的组织领导，制定了一系列节能降耗的管理措施，制订了公务招待费管理规定；加强了对水、电、气等能源和一次性耗材及办公用品的管理，规范了车辆使用管理，并从节能减排、服务质量、环境、医疗质量四个方面进行不定期检查。对违章用电者，严格按照规定给予处罚。通过“外查”和“自纠”，职工节能意识大大提高，院内 “长明灯、长流水”现象明显遏制，油耗和招待费得到控制，用电量同比减少 13.6 万度，水费同比减少 3.8 万吨，节约资金 20 余万元。

·安全形势稳定　2008 年开展了“安全生产隐患治理年”等一系列安全活动，实行重点时段无假日 24 小时双班工作制，加强安全保卫、治安及消防巡查力度；对锅炉、氧气等压力容器重新修订了更为严格的操作及存放规定，抽调专人重点监管，加强了机动车辆的使用、维护和保养管理，切实保证了院内施工期的人身和财产安全。加强医疗安全教育，进一步增强了医务人员的责任心和服务意识，尽可能避免医患纠纷和医疗责任事故的发生。信访工作实行“首问负责”、“主要领导值班”、“零报告”三项制度，努力实现“两防一保”的目标，确保了医院的安全和谐稳定。

·党建、文明建设　围绕医疗中心工作，认真开展全院思想政治学习，注重组织建设，完成 11 个党支部组织换届改选工作，发展新党员 6 名。积极发挥党员在各项工作中的先锋模范作用。在树组工干部形象活动中，注重加强组工干部的素质教育和思想作风教育，注重讲党性、重品行、做表率。特别在抗震救灾工作中，党委班子以团结和发展为宣传主题，大力弘扬抗震救灾不怕困难、无私奉献的精神，组织职工爱心捐款 67 805 元、党员交纳“特殊党费”51 160 元（其中离休干部高峰同志交纳 1 万元）；积极做好爱国、爱院、爱岗的宣传教育，组织抗震救灾医疗队汇报演讲，激发了全体员工爱院建院、共荣辱的集体主义精神。积极开展纪念建党八十七周年、“四城同创”、第十届“文明窗口月”、“区级最佳文明单位”创建等系列活动，推动了医院文明建设健康发展。注重关心老同志，使老同志老有所养、老有所用，积极为医院建设发挥余热。

·廉政建设　深入贯彻落实党风廉政建设责任制，召开了“诚信在医院，满意在岗位”座谈会，对新提拔的中层干部进行了廉政谈话，继续组织职工学习卫生部医疗行业“八不准”规定，面对全院党员和中层干部开展了廉政党课，开展出院病人满意度调查、召开行风监督员座谈会，广泛听取他们对医院行风建设的意见和建议，医务人员拒收病人“红包”20 800元，上交“红包”500元，收到感谢信64封。坚持对基建、物供组织的病房及配套设备招标全过程进行监督，完成医院病房改造招标工作的全过程跟踪审计。

·人事管理　2008年成立了“岗位设置工作领导小组”和工作专班，完成人员编制、“岗位设置审核表”的报批，通过了长航局和交通部人劳司的核准。实施事业单位岗位设置管理工作，规范用工管理，完成了人员招聘、人才引进等工作。

·绩效管理　随着国家事业单位改革的不断深化，建立重实绩、重贡献、向优秀人才和关键岗位倾斜，体现岗位绩效和分级分类管理的收入分配制度势在必行。为进一步理顺分配关系，尽可能做到公正、合理、按劳分配，充分调动全院职工的积极性，该院成立了“目标管理办公室”负责绩效管理工作。绩效试点科室从4个逐步扩大到12个，试点面从临床科室扩展到非临床、机关、后勤部门，绩效考核分配方案不断完善、可操作性不断提高。通过绩效量化管理，强化了职工的质量意识、责任意识和服务意识，提高了科室负责人的管理主动性，增强了管理执行力度。

·开展群众性经济技术创新活动　2008年，该院开展了“创新工程示范岗”活动，其中“创新武汉脑科医院经济技术成果”、“腹腔镜技术在腹部外科中的应用”、“16层螺旋CT在胸骨骨折中的应用价值”，作为创新成果，骨外科、神经内科作为创新工程示范岗，李辉明、梁奕作为创新能手推荐到长航局。还在全院职工中开展了以提高职业技能为主题的劳动竞赛，各科相继进行了CPR急救技术及青霉素过敏抢救竞赛、礼仪服务示范竞赛、培养职工敬业精神、提高职工整体素质起到了促进作用。同时开展了创建“工人先锋号”活动，骨科获得长航系统“工人先锋号”的殊荣。

地　址　武汉市惠济路1号
邮　编　430010
电　话　（027）82451091
传　真　（027）82451091

（长航总医院　王春兰）

【长江航务管理局疾病预防控制中心】　（详见《长江航运年鉴》（2008卷）第十四编“文卫”第824页）

地　址　武汉市汉口解放大道1262号
邮　编　430019
电　话　（027）51762081
传　真　（027）51762082

（长航疾控中心　胡廷皓　胡悦君）

【长江航运集团武汉卫生中心（简称武汉卫生中心）】　武汉卫生中心是长航集团为了合理使用在汉地区卫生资源，增强医疗卫生机构市场竞争力，为长航集团进行主辅分离实施产权制度改革作准备，将当时的集团卫生中心与武汉公司医疗中心于2004年7月整合组成的。武汉卫生中心是一个集卫生行政管理、卫生防疫监督、医疗保健服务于一体的新型卫生机构。武汉卫生中心下辖两个直属单位，即长航集团总公司医院和长航集团中心防疫站。截至2008年12月31日，武汉卫生中心共有职工208人，其中在岗职工109人，非在岗职工99人。相比2007年绝对减员21人。

武汉公司下达武汉卫生中心2008年度的经济指标为－185万元，2008年实际完成目标利润－235.6万元，与2007年同期相比，超亏50.6万元。2008年超亏的原因是由于多种因素的影响，既面临着雪灾.拆迁带来的不利因素影响，又再次面临托管单位的参保，病员流失，医疗收入急剧下滑。

·安全管理　2008年，卫生中心加大安全管理力度，提升安全管理水平在安全工作上，医疗单位是重点，他不仅有消防安全，更重要还有医疗安全，我们在医疗安全和行政安全上采取了四大措施。一是定期组织职工学习培训消防知识和“医疗纠纷处理条例”，以增强职工的防火意识和医疗安全责任意识。二是严格执行医疗操作规程及重点预控方案，结合创群众满意社区机遇，狠抓医疗技术和服务质量，不断完善医疗管理制度。三是落实逐级防火责任制，完善消防预案，开展安全生产月活动。四是严格执行隐患检查制度，每周科室自查，每月中心组织一次安全大检查，查出隐患严格执行“三不放过”原则,通过严格的安全控制,全年无安全事故，无医疗事故。

·稳定工作　2008年，卫生中心抓好稳定预控，妥善化解矛盾。卫生中心面临稳定压力一是庞大的岗下职工队伍，过高的人工成本和不断上涨的费用压力；二是医疗市场急剧萎缩，收入明显下降，岗上职工收入水平长期低于社平的压力；三是部分军转干部要求解决住房，频繁到上级上访的压力；四是医院拆迁，职工思想波动，带来医疗安全的压力。针对这些稳定压力，卫生中心积极面对，先后多次召开专题会，制定稳定预控措施。在拆迁问题上，卫生中心积极引导职工，分析拆迁带来的机遇，把中心的发展思路交给职工反复讨论，让职工自己作主，争取职工的理解和支持，通过系列运作，职工已经形成共识，只有医院稳定发展，才能解决好拆迁中遗留的问题。

地　址　武汉市汉口民生路4号

邮　编　430014

电　话　（027）82763217

传　真　（027）82763809

（武汉卫生中心　余平英）

【**中国长航集团总公司医院（简称长航集团医院）**】　长航集团医院是一所集医疗、保健、预防、教学医院，现有武汉市一级甲等医院、花楼街社区卫生服务中心（江汉区最大的一家社区卫生服务中心，也是江汉区仅有的由企业承办的社区卫生服务中心）、武汉市医疗保险定点医院、医疗保险重症疾病诊疗及结算定点医院资质。

2008年，集团医院岗上现有卫生技术人员100人，其中卫生技术高级职称8人，中级职称62人；集团医院设有干部病房、普通病房共50张床位，设有家庭病床40余张；设有17个医技科室、其中口腔科、蛇疗科、正骨推拿科为该院重点建设的特色专科；集团医院内设四个职能部门即综合办公室、医务部、社区部、财务处；并在江岸、江汉、武昌设有蔡家田、荷花苑、杨汉湖、喻家湖等四个社区服务站点。医院全年完成门诊医疗39 338人次，与上年同期相比减少25 902人次；住院395人次，同比增加23人次；家庭病床巡诊2 229人次，与上年同期相比减少127人次；健康体检7 328人次与上年同期相比增加2 442人次；。社区健康知识宣传8 910人次，社区建档8 213份，慢病上门访视服务13 159人次.儿童计划免疫1 255人次。

·*建立激励机制，积极开发新市场*　一是灌输人人是营销员的思想，及时兑现市场奖励制度；二是加大社区投入力度，如荷花苑社区点，杨汉湖社区点，改善社区经营环境，中心先后投入5万元对4个社区站点进行了装修改造，提升社区卫生服务竞争力，社区创收快速增加；三是全体员工主动出击，推出各种体检套餐，2008年由员工联系的体检就有2 000多人次。

·*调整药价，实惠病人*　吸引病员为了更好的吸引病源，卫生中心多次到武汉市药品市场调查了解药价情况，及时调整了药品采购进货渠道，减少中间环节，并通过药事委员会招标筛选药品供应商，有效控制了药品成本。2008年根据政府规定对240种常规药品进行了价格调整，其中有40种药品降价幅度为40%，真正让利于病员。

·*创新管理模式，减员工作成效显著*　人工成本过高，一直困扰着卫生中心的经营发展瓶颈。2008年，按照公司的人员控制指标的要求，卫生中心减员21人，超额完成任务指标，缓解了部分人工成本的压力。

·*加大宣传力度，抓好特色专科建设*　蛇疗专科是医院的一个特色专科，在治疗疑难杂症中有独特的疗效，为了更好的发挥其作用，我们为其建立网站，在金锚网、有问必答网、长航报、长江商报等媒体宣传名医白老先生，通过广泛宣传介绍，蛇疗专科就医病员逐年上升。

集团医院中医蛇疗科白陆升先生是中国蛇疗协第五届常务理事，中医世家十代传人，行医50余年，擅长治疗各类风湿、类风湿、痛风、中风后遗症、消化性溃疡、牛皮癣、神经性皮炎、白癜风以及各类疑难杂症。近10年来，白先生致力于蛇医蛇药的光大发扬，研制开发了以蛇为主要原料的系列滋补养生酒，其中“双龙健身系列酒”荣获两届国际食品博览会金奖。由于他的杰出贡献，获得湖北省人民政府授予的“农村乡土拔尖人才”称号，其名声和事迹曾被《欧洲时报》、中央电视台、市场时报、武汉科技报和长江航运报等国内外媒体先后报道过，更为他赢得了“中国蛇王”美誉。

地　址　武汉市汉口民生路4号

邮　编　430014

电　话　（027）82763217

传　真　（027）82763809

（长航集团医院　余平英）

【**中国长航集团中心防疫站（简称长航集团中心防疫站）**】　集团中心防疫站对外称长江航运交通卫生监督所、长江航运疾病控制中心，取得了“预防医学门诊部”许可证和湖北省计量论证资格，具备交通行业卫生执法监督权。其业务范围主要是为集团所属相关单位提供媒介生物控制、传染病防治、食品卫生监督、环境卫生监督等服务。

地　址　武汉市汉口民生路 4 号

邮　编　430014

电　话　（027）82763217

传　真　（027）82763809

（武汉卫生中心　余平英）

【中国长航集团庐山疗养院】　庐山疗养院隶属中国长航集团，始建于 1976 年，占地 12 万平方米，南倚庐山，北面长江，东临古道好汉坡，西傍名刹古寺，环境优美，气候宜人。装修一新的庐山疗养院拥有中、高档床位 200 张，休闲娱乐设施齐全，是接待疗休养、会议、培训、度假、旅游理想之所。

庐山疗养院秉诚“信誉第一、宾客至上”的经营理念，竭诚为社会各界服务，热诚欢迎您的光临！

院　长　童昌明

地　址　江西省九江市莲花洞

邮　编　332008

电　话　（0792）8903400；8901088

传　真　（0792）8903400

（庐山疗养院）

【南京长江油运医院（简称南京油运医院）】　南京油运医院隶属南京长江油运公司，是一所综合性“一级甲等”医疗机构。医院设院办、医务科、防疫站、财务科等部门，并下设 4 个医疗点，分别是：摄山卫生所、仪征卫生所、四平路医疗点、大楼医务室。医院本部开设的门诊科室有：内科、外科、妇科、中医科、口腔科、五官科、理疗针灸科、肝炎门诊；医技科室有：放射科、化验室、B 超心电室、胃镜室等。

地　址　南京市江东北路 330 号

邮　编　210000

电　话　（0257）86212610 转 8205

（南京油运医院）

【南京油运公司卫生防疫站暨南京长江航运交通卫生监督所】　该站所主要承担长江航运交通南京地区的卫生防疫工作，基本任务是以船舶交通卫生为主体的职业病危害因素、船舶卫生、食品卫生、环境卫生、消毒杀虫，健康教育，以及卫生监督和监测、卫生评价及疾病预防控制等工作。管辖船舶 329 艘、食品与公共场所单位 18 个，幼托机构 3 个，工厂 2 个。

（南京油运公司）

【铜陵港口医院】　（详见《长江航运年鉴》（2004 卷）第十四编“文卫”第 853 页）

【九江港职工医院（简称九江港医院）】　九江港医院隶属九江港务管理局。医院设置有内科、外科、中医科、妇产科、眼科、五官科、口腔科及住院部（有病床 30 张）；辅助科室有：药房、化验科、X 光科、心电图室、B 超室；行政、后勤科室有：财务科、收费、挂号室。该院有副主任医师 2 名，主治医师 7 名，医师 2 名；主管护师 4 名、护师 4 名、护士 2 名；药剂师 3 名；X 光医师 1 名，X 光技术员 1 名；检验医师 1 名；助理会计师 1 名，会计员 2 名；工人 3 名。

（九江港医院）

【枝城港口医院】　在创建平安医院、积极开展医院管理年活动之际，枝城港口医院又跨入了新的一年。回首过去，医院从企业剥离，彻底融入社会，进入到激烈的医疗竞争市场，经受了许许多多的磨练与考验，在连续三年取得优异成绩之后，面对政策影响、技术人员大量流失的被动局面，以及受全球金融危机冲击影响等更加困难的环境，全体员工齐心协力，努力拼搏，仍较好地完成了 2008 年的工作任务，取得了可喜的成绩。现将有关工作情况总结如下：

· 工作量完成情况

门诊量 10 324 人次，为年计划 12 000 人次的 86%，较上年度减少 775 人次，下降 7%。共辅助检查 19 038 人次，较上年增加 3 113 人次，增长 19.5%。其中放射 1 765 人次，较上年增加 193 人次，增长 12.3%；检验 13 822 人次，较上年增加 1 732 人次，增长 14.3%；B 超 2 452 人次，较上年增加 562 人次，增长 29.37%；心电图 999 人次，较上年增加 453 人次，增长 836%。慢性病门诊 64 人，较上年减少 10 人。住院量 784 人次，为年计划 820 人次的 95.6%，较上年减少 28 人次，下降3.4%。其中内、儿科434人次，较上年增加32人次；妇、外科350人次，较上年减少60人次。接产159人次，较上年减少55人次，下降25.7%。共手术472人次，较上年增加97人次。其中住院手术133人次，较上年减少58人次，下降30%。门诊手术339人次，较上年增加79人次，增长30%。病床使用率67.6%，较上年下降9.4个百分点。

·经济指标完成情况

总收入196.75万元，为年计划195万元的100.9%，较上年增加4.6万元，增长2.4%；总收入中，药品收入83.61万元，占业务收入的42.9%；医疗收入111.43万元，其它收入1.72万元。总收入中，门诊收入83万元，较上年61.93万元增加21万元，增长33.9%；住院收入110.45万元，较上年110.57万元减少0.08万元；慢性病门诊收入22.28万元，较上年18.2万元增加4.08万元增长22.42%。总支出192.45万元，较上年增加0.22万元，增长0.11%；比年计划195万元减少2.55万元，下降1.3%。其中医疗支出130.56万元，药品支出，61.5万元，其它支出0.39万元。节余4.298万元，较上年增加2.154万元，增长100.46%。

·具体工作开展情况

1.不惧困难，树立信心；面对新的形势，不断转变观念和理念，在夹缝中求生存，在困境下谋发展。2008年，医疗市场竞争更加激烈，地方医院凭借政府的扶持，在加大对医疗环境及条件改善的投入外，进行了机构合并和功能整合，形成了由卫生防疫、预防保健到综合医疗的全程服务，由村级卫生室起点的网络全覆盖控制，同时在农村合作医疗享有较高的报销比例优惠，使我们本已不大的农村医疗市场急剧萎缩。在技术人员方面，个别科室骨干的流失，造成部分病源流失和医疗风险的增大。社会上医患关系紧张在我院也有抬头，表现在医疗纠纷增多，全年达到三起，已造成医院直接经济损失六万余元，同时还带来较大的负面影响。在这种极其困难的情况下，全院职工没有被吓倒，相反更加齐心协力，尽职尽责，变压力为动力，在不利形势下找机遇，在夹缝中求生存，充分发挥医院质量、态度、价格和品牌效应等优势，扬长避短，紧紧围绕以病人为中心、以市场为导向、以人为本的服务理念，使我们取得良好的成绩。面对农村合作医疗政策不对等的情况，医院领导积极与相关部门接触，不断理顺关系，争取政策，逐步扭转了被动局面。在市场开发方面，我们缺乏基层医疗网络，没有专业的市场开发人员，和地方医院相比，显得非常被动。但是，医院分管市场的同志想方设法创造条件，积极和原有的基层关系保持联系，加强对新业务单位的沟通，努力得到企业领导和有关部门的支持，使医院在极度困难的时期，通过体检、慢性病门诊和不断开发的新病源等途径，弥补了因多种原因导致市场萎缩的不足。

2.以医院管理年活动和创建平安医院为契机，建立健全各项规章制度，不断加强内部管理，努力提高服务质量。根据宜都市卫生局《2008年医院管理年活动实施方案》和《卫生系统创建平安医院活动工作方案》的要求，医院成立了“医院管理年活动领导小组”、“医疗纠纷处置协调领导小组”等组织，制定了《医院管理年活动年实施方案》和《枝城港口医院医疗纠纷应急处置预案》。为了保证医院管理年活动顺利实施，达到预期效果与目的，医院将各项内容和指标分解到科室各部门领导，并规定期限落实到位。各部门根据要求，主要做了以下工作：一是医院先后三次召开全院职工大会，进行动员和组织学习相关文件精神，使全体职工了解了进行“医院管理年”活动和医院评审的重大意义，形成了领导带头，人人知晓，全体动员的格局。同时，医院针对“医院管理年”活动内容，办宣传专刊两期，为医院管理年活动创造了良好的氛围和条件。二是为了不断提高医院服务质量和技术水平，医务科、护理部组织了多次业务培训，特别是对青年医务人员进行急救知识、“三基”培训与考核，明显提高了医院的应急能力和水平。三是调整了医院药事领导小组成员，对药品的采购、验收、保管、使用等方面进行了进一步规范，加强对麻醉药品和精神药品、终止妊娠药品的管理。

3.平稳应对医患关系紧张的影响，妥善处理医疗纠纷与矛盾。当前，医疗环境较恶劣、医患关系紧张已影响到医疗机构的正常工作秩序，并引起社会的关注。2008年，我院共发生医疗纠纷三起，已协商解决两起。面对患者亲属以各种方式、甚至威胁谩骂等手段提出的巨额赔偿要求，医院领导本着积极应对，在承受各种压力，以事实为依据，以法律和有关政策为准绳，尽可能做到不使矛盾激化，又要争取少让医院受损失，还要不影响医院工作秩序和医务人员的人身安全。通过努力的工作，目前尚没有造成事态恶化和严重的社会影响。

4. 逐步提高职工的工资待遇和劳保福利，保证签约职工的各项社会统筹和医疗保险费用足额、按时缴纳。随着社会的发展、物价水平的逐年增高，医院根据自身承受能力，逐步提高职工的工资待遇，年增涨幅度保持在10%以上，同时根据国家政策，适当提高了职工的住房公积金、社会统筹的缴费标准，不断提高职工的福利待遇。同时，医院在资产保值增值的前提下，也给了出资人较理想的回报。

5. 加强基本医疗保险和农村合作医疗的管理，严格按有关政策和规定执行，努力为参保职工、居民和农民服好务，对上级主管部门负责。根据与医疗保险局、新农合办公室签定的有关协议，在对病人的“五合理”方面，医院较上年度有所进步，得到了检查考核小组的的好评。

6. 加强消防管理和社会治安综合治理工作，医院恢复了领导行政值班制，除加强医院日常工作管理外，对消防工作的日常检查和监管纳入了领导值班责任范畴，全年没有发生消防和社会治安不良事件。

· 存在的问题及困难

一是医疗市场竞争激烈，医院从环境、地位和政策都处于劣势。宜都二医院与镇卫生院合并，具备了从防疫保健到医疗的一体化服务，形成了从行政管理、医疗网络控制的垄断格局。缺乏财政的支持，医院的房屋破旧，设备陈旧老化，与地方医院形成较大差距，远不能适应当前社会的需求。当前医患关系紧张，纠纷频发，给医院造成经济损失和声誉的不良影响，医院缺乏抗风险能力和后盾。在地方政策倾向性明显的情况下，医院处于地方政府和企业两不管的地位，一无政府扶持，二缺企业帮忙，医院感到孤立和无助。二是医技人员流失，人员不稳定，直接影响到医院的技术水平，增加了医疗风险。三是基本医保保险、新农合的管理和要求日趋严格，检查和监督、特别是处罚力度加大，我们少数工作人员对相关规定不熟悉或者不重视，病历资料出现问题较多，造成不必要的损失。

（枝城港口医院）

【万州港口医院】 万州港口医院原隶属重庆万州港口（集团）有限责任公司（以下简称万港集团）。2004年，万港集团在实施整体改制后，按照“主辅分离、产权多元、职工身份置换”的思路，积极推进港口内部产权制度改革，对港口医院等辅业单位有计划分步骤地实施改制；万港集团退出了绝对控股地位，引入管理者、职工入股，对职工身份进行置换，身份置换后职工与改制公司重新签订劳动合同。现万州港口医院成为独立的法人企业，受万州区卫生局主管。

2008年，万州港口医院有职工37人，其中业务技术人员32人，副主任医师2人，中级职称9人。

2007至2008年，门诊总诊疗数62 105人次，住院437人次，实现业务总收入413万元。其中医疗收入141万元，药品收入265万元，其他收入7万元；总支出423万元，其中医疗支出84万元，药品支出231万元，人员支出108万元。

（万州港口医院）

【宜昌长航医院】 （详见《长江航运年鉴》（2008卷）第十四编“文卫”第827页）

【上海长航医院】 （详见《长江航运年鉴》（2008卷）第十四编“文卫”第828页）

2008年1月18日，上海长航医院体检中心大楼工程改造项目顺利竣工，正式对外营业。标志着长航医院创新发展模式、盘活现有资源走出关键一步。

新的上海长航美年体检中心由长航医院和上海美年健康产业集团共同合作经营，发挥各自在医疗资源、专业技术和经营管理等方面的优势，通过优良资产的整合，双方于2007年3月开始合作谈判， 7月底签订合作协议。与美年体检机构的合作，是上海长航医院一次富有战略性眼光的大胆尝试，也将迎来体检中心快步发展的良好契机。

新体检中心营业面积1 500多平方米，配备了三套不同等级和规格的体检流水线，最大业务承接能力可以达到300人次/天，并引进了飞利浦多功能DR数字影像系统、诺兰德骨密度仪、GE彩色超声诊断系统等先进体检设备，其硬件配备和体检环境堪称浦东最好的体检中心之一，在上海也达到一流水平。新体检中心以公司、团队常规体检为主要服务对象，目标客户群体为中高端体检消费群体，开业至今，体检中心经营态势良好，取得了良好的社会效益和经济效益。

地　址　上海市浦东新区浦东崂山路 523 号
邮　编　200122
电　话　（021）58354870；5835026

（上海长航医院）

【芜湖长航医院】（详见《长江航运年鉴》（2008卷）第十四编“文卫”第 829 页）

2008 年，芜湖长航医院在职职工 45 人，外、返聘医护人员 27 人，门卫、勤杂工 2 人，合计 74 人。本科学历 11 人，大专 33 人，中专及高中 28 人，初中 2 人；高级职称 5 人，中级 32 人，初级 32 人。全年门诊就诊 3 759 人次，住院 928 人次，体检 7 073 人次，手术 94 人次，创收 350 万元。

2008 年，医院一是根据厂部对长航医院经济责任制考核的要求，制定新的绩效工资考核办法，院内实施全成本核算考核，为努力适应环境变化，做到按劳计酬，兼顾公平，从根本上解决职工的思想问题，调动职工创收节支的积极性。由于医保运行过程中出现的新情况、新问题，收治病人受到影响，院领导及时深入科室，做好职工思想工作，排除医护人员的顾虑，并采取了相应措施，使病员入住率回升，在全年创当月出院人数的最高纪录；坚持医疗点、专家带病人的营销工作，制定优惠政策，增加医院病源。因租房条件有限，参保离休干部住院不方便，我们便开设了家庭病床，上门进行医疗服务，增加了医院的收入；深入申元街、狮子山、八角亭等社区开展义诊宣传活动，到九龙宿舍区、船厂退管会开展医保知识咨询，并为老年人提供免费医疗咨询，在开展社区卫生服务工作中，建筑医患联系的桥梁；结合过渡时期的实际情况，有针对性地开展营销工作，加强了新生入校及单位健康体检工作，带动了医院的经营创收，努力将亏损降低到最少。二是加强医疗服务质量，提高医疗服务水平，严格执行医疗护理质量管理制度，定期组织学习医疗相关的法律、法规等专业知识，认真落实医疗、护理各项操作规程，不断完善医疗水平，提高医疗服务质量。定期考核、评比病历处方书写质量。对书写优质病历处方的个人和科室给予奖励，没有完成的通报批评，并及时整改，同时与绩效工资挂钩，从而保证了病历处方书写质量。三是积极开展系列岗位练兵活动。组织了胸腔积液穿刺、测血压和吸氧等基础技能操作比武活动；组织青年医护人员进行“急救知识抢答”竞赛活动，内科医护组获得一等奖，激发了医护人员为患者服务的热情，熟练掌握治病救人的本领。防保科不仅担负医院门诊、检验科、病房传染病登记、上报工作，还肩负着辖区内公卫、预防等多项社会职能。近两年认真完成兄弟单位船舶饮用水水质的检测；血防体检；定期对海员宾馆、河校、江东船厂生活服务部及食堂的餐饮进行食品卫生质量监督；协助厂船技处做好新船的船舶饮用水检测工作；对船厂从事有毒有害工种的职工进行了职业病健康体检，无一起公卫突发事件发生。

地　址　芜湖市北京西路采乐园 5 号
邮　编　241000
电　话　（0553）3806358；3806159

（芜湖长航医院）

【重庆长航医院】 重庆长航医院始建于 1956 年，已有 50 年的建院历史，经过几代人几十年的努力，医院发生了很大的变化。近年来，在院领导班子的带领下，医院紧紧把握“发展是第一要务”的工作思路，坚持科学的发展观，视质量、服务为医院发展的生命线，注重品牌建设，提高综合实力，强化内部管理，医院现已发展成为一所集医疗、教学、科研、预防保健、社区卫生服务为一体的多功能综合性医院。

医院建筑面积 2.2 万平方米，开放病床位 222 张，设有 13 个临床和医技科室，拥有各类专业技术人员 239 人。其中高、中级职称专业人员 102 人。近年来医院先后引进专业技术人员 40 多名，并且重医附二院成为了我院的指导医院，为医院的可持续发展奠定了基础。

医院的医技科室拥有一支经验丰富的专业队伍，医疗设备较为齐全，拥有进口日立 TV—41 型 X 光机、日本欧林巴斯胃镜、纤维支气管镜、美国产 24 小时动态心电监护仪、24 小时动态血压监护仪、心室晚电位、心脏运动平板、半自动生化分析仪、多参数心电监护仪、法国康强彩色 B 超诊断仪、EMS—9 经颅多谱勒仪、十六导数字脑电图地形图仪、新生儿监护仪等仪器设备。随着医院建设和发展的需要，医院正在加大医疗仪器设备的投入。

在激烈的市场竞争中，医院始终坚持“以病人为中心”，视质量、服务为医院的生命，把病人方便不方便、需要不需要、满意不满意作为医院工作的出发点和落脚点，先后被评为“爱婴医院”、“医保定点医院”、“市文明单位”、“规范化社区卫生服务中心”等，医院正以崭新的面貌，沿着医疗资源的改革之路，做大做强，努力让医院再上一个新台阶。

地　址　重庆市渝中区大坪正街 162 号

电　话　（023）68590014

传　真　（023）68588194]

邮　箱　cqchhos@163.com

网　址　http://www.cqchyy.com

（重庆长航医院）

【重庆东风船舶工业公司东风职工医院（简称东风职工医院）】　东风职工医院隶属中国长江航运集团，并接受地方卫生行政部门——重庆市江北卫生局领导。全民所有制、非盈利性综合医院，是重庆医科大学附属第二医院指导医院，重庆市“规范化社区卫生服务站”，“城镇职工基本医疗保险定点医疗机构”，重庆市首批“工伤保险医疗服务机构”，“重庆市预防接种规范门诊”。

（东风职工医院）

·卫生防疫·

【长航疾控中心】　2008 年，长航疾控中心在长航局、长航总医院领导下，在省、市卫生厅、局下发的 2008 年疾病预防控制工作要点的指导下，以党的十七大精神为指导，进一步加强疾病预防控制体系基础建设，扎实开展各项综合防病工作，切实抓好重大疾病防治和突发公共卫生事件应急处置，继续做好血吸虫病、艾滋病等重点传染病的防治工作。现将全年工作总结如下：

·血防工作　坚持以人为本，服务基层的思想，贯彻预防为主，科学防治的原则，紧密围绕长航局 2004—2008 年血防规划和年度工作计划的布置，着重抓好血防各项专业防治措施的落实，较圆满完成了血防工作任务和目标。一是认真制定血防工作计划和方案，确保各项工作有序有效开展。根据长航局 2004 至 2008 年血防规划及各年度长航局血防工作计划要求，制订本中心血防年度计划和具体工作方案，明确年度具体工作内容和工作目标，细化工作内容、实施步骤和职责分工，保证相关工作能有序有效开展，为顺利完成年度工作目标奠定良好基础。二是积极开展血吸虫病检查工作，保障职工身体健康。血吸虫病检查是血防基础性工作，也是防治血吸虫病措施中的一个重要手段，本中心对检查工作极为重视，不断创新查病工作方式，充实查病工作内容，提高查病工作质量，尽量满足基层职工查病需求。2008 年完成长江三峡通航管理局、长江宜昌航道局、长江武汉航道局，岳阳海事局、武汉海事局、黄石海事局、九江海事局，长江宜昌通信管理局、长江武汉通信管理局、长江芜湖通信管理局，长江航运公安局宜昌分局、荆州分局、岳阳分局、黄石分局、九江分局等 15 个单位职工血吸虫病血清学检查 3 356 人，检出阳性职工 153 人。通过这项工作，及时发现了受感染的职工，维护了职工身体健康。三是着力抓好个体防护工作，降低职工血吸虫病感染。因职业、生活因素接触江水是职工感染血吸虫病的唯一途径，为基层职工提供个体防护用品非常必要。开展个体防护工作形式是向基层职工提供防护口服药和防护外用药。2008 年 6 至 7 月对 2005 年和 2006 年发放给长航局系统基层单位的 423 个血防药箱进行了一次药（用）品的补给工作，共补给药（用）品 475 份。同时为黑沙洲、张家洲、武穴、戴家洲、沙市、窑监等航道建设工地单位补充血防药箱 20 个。满足了基层职工对个体防护的需求，避免或减轻了血吸虫病感染。四是基层站点环境改造工作。开展基层生活工作区环境改造工作，内容主要包括地面平整、开沟、除杂草、种植吉祥草和树木等，通过美化绿化生活工作区环境，清除钉螺滋生条件。2008 年 5 至 7 月，完成岳阳海事局华容海事处、长江武汉通信管理避邓家口处、长江航运公安局岳阳分局陆城派出所、武汉分局牌洲派出所等 4 个单位 2 420 平方米的环境改造工作。五是血吸虫病疫情管理工作。每月收集长航局系统基层单位急性血吸虫病发生情况，及时或定时统计上报，掌握了血吸虫病疫情和对疫情处理的主动权。

·疾病控制　一是突发公共卫生事件应急工作。1. 参与起草了长江航运干线突发公共卫生事件应急预案，起草了长航局系统血吸虫病疫情应急处理预案，发挥了专业技术支持的作用。认真履行突发公共卫生事件应急处置工作的专业职责，积极作好人员技术、物资准备工作，时刻保持“备战”的状态，做到出现突发疫情时能做到迅速出击，迅速处理和迅速控制。2.积极参加抗震救灾工作，选派专业技术骨干 2 人参加湖北省第四批对口支援四川省汉源县医疗卫生防疫队，协助当地疾控部门开展传染病预防和微生物检验，经过两个月的艰苦奋战，圆满的完成支援任务。二是预防接种工作。为满足长航局系统和周边社会人群的免疫接种需求，避免或降低相关疾病的发生。中心开展了狂犬病疫苗、乙型肝炎疫苗、流感疫苗等相关疫苗的接种。三是艾滋病及其他传染病防制工作。1.开展“世艾日”宣传活动。在客运站、本中心等处设点开展艾滋病防治知识宣传和咨询，深入航道工地、船舶停靠点向工地工人、船员宣传艾防知识。2.开展季节性高发传染病的防制。根据夏秋季、冬春季肠道传染病和呼吸道传染病高发的特点，开展这类传染病的防制工作，普及相关防制知识。

·卫生监督　一是食品卫生工作。每年对长航所属 3 所大专院校的学生和职工食堂，长江海事局等 9 个机关食堂，武汉汉江两岸皇家旅游的 6 条旅游船、12 个酒店、73 个餐饮店及 8 个副食销售点，18 处航道工地食堂进行了常年卫生监督和卫生许可证的审查办证发放工作。常年对 5 000 余人从业人员进行体检办证和卫生知识培训，五病调离率为 100%。对餐饮具消毒效果、凉卤菜卫生及叶类蔬菜农药残留量每年 2 次进行卫生监测，合格率达 95%以上，卫生许可证发放率为 100%。二是饮用水卫生工作。全年对长航系统在汉的机关、职工宿舍的 68 个二次供水设施和长江海事局培训中心自备水、 乡镇供水及航道工程施工船舶、海事巡逻船，根据不同的卫生标准，重点监督二次供水来源，储水装置，卫生保护，供水人员及供水设施清洗消毒情况，进行 2 次卫生监督监测，对不符合卫生要求的及时提出改进意见。三是公共场所卫生工作。全年对 9 个娱乐场所、2 家旅店和武汉港候车室及 100 余辆长短途客车的卫生状况、空气情况、旅客用具消毒情况进行监督监测。并对公共场所从业人员进行健康体检和卫生知识培训。四是 2008 年雪灾和春运期间卫生监督。在雪灾和春运期间专门制定了《2008 年雪灾和春运期间卫生监督和疾病预防工作安排》，共监督检查餐饮店、副食店 30 家次，车辆 600 余次，发放卫生防病宣传单、册 20 000 余份，保证了本系统职工和武汉客运港发送的 1 万余次长途车 15 万余人次的旅客，无食源性疾病和传染病的发生和传播。

·环境监测工作　紧紧围绕水运及公路交通系统环境保护工作的任务，重点配合长江航道整治工程施工期环保措施的执行及竣工环保验收工作，开展建设项目环境影响评价现状监测、环境卫生常规监测、室内环境质量监测工作，不断加强监测能力建设，在提供技术支持、技术服务方面作了大量的工作。一是长江航道整治的目标——“延上游、畅中游、深下游”。在实现这一宏伟目标的过程中，主动为航道建设工程服务。2008 年完成：武汉市古田二路长新立交工程环境大气、噪声监测；武汉 80 万吨乙烯/年建设工程周边道路噪声监测；长江三峡水库铜锣峡—娄溪沟河段炸礁工程、黑沙洲及瓦口子河段航道整治工程施工期环境监测及调查；长江干流宜宾合江门—泸州纳溪河段一期工程；周天及马家嘴河段航道整治工程施工结束后的环境监测及调查；黄石—黄梅段高速公路改造工程噪声监测；利辉旅游公司船舱污水排放流动污染源监测；长江下游太子矶航道炸礁工程竣工环保验收；长江下游东流航道整治工程竣工环保验收。编写完成罗湖洲、陆溪口、东流、太子矶、嘉鱼—燕子窝、铜锣段等航道整治工程施工期环境监测调查报告。组派人员参加交通运输部举办的环境监测人员上岗培训。二是为航道整治建设单位环保工作出谋献策。在长江中游嘉鱼—燕子窝河段航道整治工程中为了防止水土流失和固岸，2008 年开展了“试验植被在航道护坡护滩现场试验观测”课题研究，得出半人工恢复植被的方式有符合安全、稳定、耐旱耐淹、美观持久、经济可行，可以推广应用的优势结论；在航道炸礁施工中，从环保的角度提出了“陆上炸礁，在拟炸岩石上缚盖湿草袋，以起到降尘、降噪、减少爆破碎石飞溅”的防止措施简单、易行，在航道炸礁施工中普遍被利用，并建议引进“砼块预制场建有供冲洗石料的废水流经沉淀的沟渠沉淀池”，以免于施工区域长江水质受到污染；在航道整治工程施工期环境监测调查报告中，从环境保护、职业卫生防护方面提出了诸多资源节约型、环境友好型的措施建议，为建设单位起到了一定的指导作用，从而在长江航道建设中通过绿化洲滩、美化环境、实现整治目标，即把长江航道建设成我国“绿色水上长廊”献计献策。

（长航疾控中心　胡悦君）

【长航集团中心防疫站】　2008 年，长航集团中心防疫站开展公开卫生监督检查 326 个单位，对 860 名从业人员进行健康体检，检出五病人员 36 名，调离率为 100%，办理健康证 860 人；审核换发卫生许可证 86 个单位，对所辖单位监督卫生检测 856 次，对船舶水质抽样监测 2 560 件；完成三峡库区船舶生活用水水质调查，完成长航集体船员艾滋病同伴教育实践项目。

（长航集团中心防疫站　余平英）

· 文明创建 ·

【武汉卫生中心“三创一争”工作】　卫生中心深入开展了“三创一争”活动，制定了“三创一争”活动规划，明确了活动目标，落实了活动责任，突出了活动重点，保证了活动达标。总体思路：加强和创新党建工作，为实现“三个加快”提供有力的保证。

一是加强自身建设，构建团结氛围，积极开展创“四好班子”活动。卫生中心新一届领导组建，其成员来自不同单位。班子上任后，倍加重视领导班子之间和干群之间的团结，把团结作为班子建设重要内容。在医院拆迁，加快转型，职工思想急剧动荡的关键时刻，班子的团结无疑就是一面旗帜，是带领职工迎接拆迁重大历史机遇挑战，实现医院转型，谋求生存发展的组织保证。所以班子要求成员宽以待人、诚信待人，遇事公正无私，工作中要多支持，少摩擦，不埋怨，从而以自身团结增进企业和谐。一年来，党委坚持中心组学习制度，不断提高领导人员的自身素质和领导水平，坚持集体领导和个人分工负责相结合的原则，做到科学决策和集体决策，认真开好领导干部民主生活会，在工作中互相补台，由于班子无“缝隙”可钻，工作合力及执行力得到有效维护，班子在职工的威信得到有效提升。

二是加强党员干部队伍建设，通过“五破五立、解放思想、改进作风”教育实践活动、民主评议党员、庆祝建党八十五周年系列活动、重点推荐支部建设，通过党员连心卡的建立，使党员与职工更能促进了解，相互沟通，把中心的重点工作传达到每个党员和职工，真正起到桥梁作用，通过活动的开展，增强党组织的凝聚力和提高各级干部执行力。使得中心政令畅通，步调一致，确保中心各项工作落实到位。

三是加强廉政教育，提高防腐能力，在治理商业贿赂中，卫生行业是重灾区，为了提高防腐能力，卫生中心党委认真组织学习中纪委第七次全会和胡锦涛同志在全会上的重要讲话精神，大力推进廉政文化建设和倡导领导干部树立八个方面的良好风气，使党员干部牢固树立艰苦奋斗的道德观念，同时组织党委书记讲廉政党课，用身边的教训告诫干部，廉洁自律。组织党员干部观看警示录，参观由武汉市反商业贿赂领导小组、武汉纪委、武汉市监察局主办医疗行业反商业贿赂图片展，进一步筑牢了党员领导干部拒腐防变思想道德防线，增强自我约束意识。

四是掀起学习十七大精神高潮为深入学习宣传贯彻党的十七大精神，切实把干部职工的思想统一到党的十七大精神上来，根据武汉公司《关于深入学习宣传贯彻党的十七大精神的通知》要求，组织领导班子集中收看大会实况、购进十七大学习资料下发到各支部，要求抓好各部门的学习，掀起学习贯彻十七大精神的高潮。

五是抓好共青团和工会工作，关心职工生活，卫生中心下岗职工多，单亲女职工多，部分下岗职工就业能力差，还有精神障碍职工。对此中心工会开展送温暖活动，先后开展了“连心卡扶贫活动”、“节日慰问活动”和“爱心捐款捐物”活动。2008 年共慰问特困职工 12 人、下岗职工和住院职工 28 人次，组织共青团全体青年团员郊游，体现了中心对青年职工的关怀。5.12 汶川大地震发生后，工会积极组织职工向灾区捐款捐物活动，卫生中心共捐款 8 140 元，捐棉被 26 床，捐棉衣 56 件，向灾区群众传递了长航医务工作者的爱心。

六是加强民主管理，促进和谐企业构建，在卫生中心党委的领导下，工会在医院转型进程中，积极组织职工参与三个文明建设，切实深化“建功杯”劳动竞赛，促切实推进院务公开工作，从职工最关心、最直接、最现实的利益问题入手，在职工广泛开展合理化建议活动，充分发挥组织职能作用。组织职工到武汉会展中心进行乒乓球、羽毛球、台球迎春文体活动，丰富职工业余生活。纪委根据国家反商业贿赂工作的总体要求，以腐败易发的药品采购环节为重点，强化效能监察，全年节约药品采购成本 6 万元，与此同时做好设施设备维修、工程维修、资产清理的效能监察工作，通过制度规范经营行为，促进和谐企业构建。

（武汉卫生中心　余平英）

【江西省港航管理系统献爱心支援四川灾区】 2008 年 5.12 四川汶川发生 8 级大地震，牵动着江西省港航管理系统干部职工的心。为抗震救灾，奉献爱心，支援灾区重建，江西省港航管理系统干部职工先后三次积极献爱心捐款（包括特殊党费）共计 33.8187 万元。江西省港航管理系统广大干部职工用实际行动，奉献爱心，为支援灾区重建做出了自己的一份贡献。

（江西省局　杨　辉）

【九江市港航管理处开展文明礼仪规范教育活动】 为深入开展文明创建活动，加强干部职工职业道德建设,创建港航文明服务“窗口”，规范行业管理及服务行为，提高工作效率，塑造讲文明、重礼仪、团结友善、热情服务的良好形象，九江市港航管理处决定，2008 年再次在全市港航管理系统开展文明礼仪规范教育活动。重点以办公礼仪、执法礼仪为主，以社会礼仪、家庭礼仪为辅，紧密结合水运行业管理中心工作，广泛开展文明礼仪知识教育活动，着力提升广大干部职工的文明素质和办公文明程度，提高工作效率和服务水平，切实将文明礼仪行为习惯渗透到学习、办公、执法及家庭、社会生活的方方面面。

为确保教育活动取得实效，该处结合年度工作目标管理考评，对文明礼仪规范教育活动情况进行专项检查，对教育活动中组织得力、成效明显的单位及表现突出的个人，在全处范围内进行通报表彰。

（江西省局　王大慰　杨　辉）

【重庆港航局积极推进“解放思想、扩大开放”大讨论活动】 2008 年 4 月 14 日下午，重庆市港航局召开了“解放思想、扩大开放”大讨论动员部署大会。会议由党委书记刘治军同志主持，局机关全体职工和局直属单位领导班子全体成员参加了会议。会上，梁雄耀局长代表局党委对开展“解放思想、扩大开放”大讨论进行了动员和部署。梁局长要求各单位、各部门领导要高度重视，切实按照市委、市政府、市交委的部署和要求，加强领导，精心组织，周密安排，狠抓落实，确保大讨论活动收到实效。

（重庆市局　阳　斌）

【重庆港航局全体职工沉痛悼念 5.12 地震死难同胞】 2008 年 5 月 19 日下午 14：28，重庆市港航局全体职工为四川汶川大地震死难同胞默哀 3 分钟，随后开展了第二次捐款，累计捐款已达 231 322 元。

（重庆市局　阳　斌）

【重庆港航局慰问湖北救灾物资运输车队】 2008 年 5 月 23 日下午，重庆市港航局领导率局办公室、运输处、水上大队等一行 20 余人到郭家沱滚装码头慰问从抗震救灾一线归来的 27 辆“湖北交通刚毅突击队”救灾车队，该车队主要是为灾区运送恢复交通的钢架桥梁。

（重庆市局　阳　斌）

· 文体活动 ·

【通信局机关举办迎春长跑活动】 2008 年 1 月 2 日，通信局机关迎春长跑活动在汉口江滩举行，局长陈俊、党委书记周云霞及局机关 80 多名干部职工加入了一年一度的长跑活动。

本次长跑路线是从汉口江滩合作路至粤汉码头，再沿途返回，全程 2 公里。活动前，局机关举行了简短的仪式，局党委副书记在仪式上作了热情洋溢的讲话。

比赛设有男女老中青三个小组，经过比赛，党委工作部陶竞成、设计所叶凡、局办汤光云获得男子小组第一名，设计所杨慧红、组织处黄汉平分别获得女子青年组第一名。

（通信局　党工部）

【“我与长江通信”演讲比赛在汉举办】 2008 年

6 月 17 日，通信局“我与长江通信”青年演讲比赛决赛在武汉举行。

作为通信局行业文化建设“六个一”活动之一，此次活动得到了各级党政领导的大力支持。

通过评委现场打分评定，来自信息台的王青获得一等奖，武汉局李涓、信息台胡砚获得二等奖，重庆局王向荣、杨朝霞、宜昌局余瑶、上海局王春燕获得三等奖，宜昌局姚晓笛、李际田、武汉局彭娅丽、芜湖局赵学正、蔡晓东、南京局左云、张汉萍、上海局张钰获得纪念奖。

（通信局　王玉慧）

【浙江省局举办“港航 · 杭州湾杯”迎奥运接力跑活动】　2008 年 5 月，为迎接 2008 年北京奥运会，响应全民健身计划，活跃港航职工业余文化生活，举行全系统“港航 · 杭州湾杯”迎奥运环湖接力跑活动在海盐南北湖举行，来自全省各地市港航管理部门的 13 支代表队共 104 人参加了比赛。经过激烈角逐，杭州市港航管理局、嘉兴市港航管理局和湖州市港航管理局分获前三名。

（浙江省局　涂晓嫔）

【浙江省局积极支援抗震救灾工作】　2008 年 5.12 四川大地震后，浙江省港航管理局积极组织全系统开展心连心送温暖活动。局机关职工向四川地震灾区捐款计 23 400 元，向遭受地震灾害的四川港航系统捐款献爱心计 24 000 元；局机关党员交纳特殊党费计 74 646 元。在迎奥运接力跑活动中，举行向四川地震灾区捐赠活动，当场捐款共计 20 000 元。全系统向灾区捐款、捐物、缴纳特殊党费累计超过 110 万元。

（浙江省局　涂晓嫔）

【宁波市十七大主题教育形式活泼】　2008 年，宁波市港航局在十七大主题宣传教育活动中，开展“十个一”活动，即“制定一套学习计划；汇编一本学习教材；购买一套辅导光盘；每人一本专题学习笔记本；建立一本学习台账；每月出一期学习专刊；组织一次十七大知识竞赛；组织一次讨论交流；组织一次微型党课演讲；举办一次文艺汇演；采取“五个出来”的学习方法，那“鲜活故事讲出来，翔实图文展出来，调研论文写出来，模范人物站出来，精彩节目演出来。”

（宁波市局　沈荣进）

【宁波市港航局组织职工开展文体活动】　2008 年，宁波市港航管理局组织职工开展丰富多彩，有益职工身心健康的文体活动，主要开展了以下活动：组织职工参加宁波市交通局举办的十七大知识竞赛获团体第一名；参加省港航局组织的“迎奥运，环湖跑”团体接力赛，获得道德风尚奖；组织全市港航系统举办“纪念改革开放 30 周年暨先进人物表彰文艺汇演”，举办“改革开放 30 周年宁波港航成就”图片展，展示宁波港航的业绩，展示港航职工崭新的精神面貌；组织职工开展向“汶川大地震赈灾捐款活动，局机关共捐人民币 50856 元，衣被 220 件，送上了港航职工一片爱心。

· 大运河保护与申遗　6 月，参与全国政协文史和学习委员会调研组组织的“大运河保护与申遗”调研，与市文广新闻出版局一起汇报了大运河宁波段，即“杭甬运河宁波段”文化遗产的保护、建设状况、重点文物名单，文化遗产保护与城市建设、发展的关系，以及大运河文化遗产保护的规划、设想与建议等课题。

· “港航杯”劳动竞赛　“港航杯”考核是一项坚持了 18 年的群众性劳动竞赛活动，在考核中坚持和港航工作目标相结合，将考核内容分解落实到各县市区港航管理处所与各业务科室。

2008 年，又增设了“创新奖”。“港航杯”考核内容涉及港航业务的方方面面，不仅注重量的扩张，也强调质的提高，是推动行业文明创建和各项工作的有效渠道。

（宁波市局　沈荣进）

【《京杭运河志（苏南段）》编写进入出版阶段】
《京杭运河志（苏南段）》编写工作历时三年半，于 2008 年 11 月送交人民交通出版社出版。

全书记述了京杭运河苏南段形成、发展、演变的历史，客观介绍了运河地理、运河文化、运河经济及运河风貌，系统展示了苏南运河作为京杭运河中船舶通过量最大、社会经济效益最显著区段的独特优势、社会地位、巨大贡献以及形成、变迁、整治的轨迹，全面展现了苏南地区广大人民群众治河治水用水的伟大业绩。重点对建国后运河的发展过程进行了系统的阐述，是今后规划沿河经济和进一步开发利用运河所必备的参考资料。

（江苏省局　徐秋敏）

【全国青少年“寻找美丽的中华——走读大运河”活动在扬州拉开序幕】　2008年4月14日，来自大运河沿线20多个城市的青少年课外活动辅导员汇聚扬州，共同研讨全国青少年“寻找美丽的中华——走读大运河”活动。中宣部、教育部、文化部等中央十部委联合在全国青少年发起“寻找美丽的中华”主题社会教育活动。

扬州市借助大运河“申遗”在扬州启动的契机，组织策划了“走读大运河”活动方案。20多个城市的青少年将通过知识讲座、沿岸考察的形式了解大运河，并通过作文、演讲、摄影、书画等竞赛，表现心中的运河形象。扬州青少年还向大运河沿岸城市青少年发出倡议：“弘扬运河文化，从今天做起；继承运河精神，从我们做起；保护运河生态，从小事做起；小手牵大手，共创运河辉煌。”

（江苏省局　扬州处）

【南昌航务分局举办职工职业技能竞赛活动】为贯彻全国总工会提出“创学习型组织，做知识型职工”的精神，进一步加强职工职业技能培训，提升职工队伍的整体素质，南昌航务分局于2008年5月8日至9日，举办了第二届职工技能比赛。

此次技能比赛在保留原有的船舶驾驶、船舶轮机、插钢丝绳等项目的基础上，增加了消防演练、汽油机艇操作、扎拖把等内容。同时规定，凡在岗的工作人员均需参加相应项目的技能比赛，并将竞赛成绩作为其年终考核评先的主要条件之一。

经过两天的激烈角逐，共有54名职工97人次，参与了6个项目的竞技，由此产生了各个项目的优胜选手，分局党委对优胜者颁发了证书并予以表彰。

（江西省局　喻春耕　纪彩霞）

【江西省航务局首次举办行政执法人员队列仪容仪表竞赛】　2008年11月27日，江西省航务部门首届行政执法人员队列仪容仪表竞赛在直属单位港航工程处举行。江西省交通厅副厅长胡琳，江西省航务局领导，特邀担任评委的南昌警备区熊登辉中校、夏小清中尉来到现场观摩。

上午10时整，江西省航务局党委书记王凯林宣布竞赛活动开始。11个代表队相继登场竞技。报数、稍息、立正、齐步走、敬礼等动作均整齐划一，铿锵有力；每个口令准确无误，声音宏亮。参赛队伍饱满的热情、昂扬的斗志、娴熟利落的动作，不时赢得现场观众的喝彩。经过近一个半小时的角逐，鹰潭航务分局、南昌航务分局、九江航务分局三支参赛队脱颖而出，分别获得竞赛的一、二、三名。

比赛结束后，又举行了检阅仪式。随着胡琳副厅长宣布检阅开始的口令，现场响起了雄壮的解放军进行曲音乐。11支参赛队伍排列成整齐的方队，在海事旗的指引下，以抖擞的精神，飒爽的英姿，整齐的步伐通过主席台接受检阅，受到在场观摩领导和观众的一致好评。

（江西省局　袁政礼）

【云南省积极开展航海日活动】　2008年7月11日，由云南省航海日组委会主办的2008年航海日户外宣传活动在昆明金马碧鸡广场举行。本次活动的主题是“弘扬郑和精神、构建和谐云南”。共青团云南省委、昆明市委宣传部、云南省航务管理局、昆明市交通局、昆明市地方海事局职工及广大市民参与了宣传活动。

8月29日，由云南省航海日活动组委会主办，云南省航务管理局承办的云南省首次涉水昆区单位游泳比赛在昆明市举行，来自云南省交通、航务、海事、中船公司、705研究所、750试验场、晋宁县文体局、省路港公司等昆区涉水单位共100多名职工参加了比赛。

（云南省局　马翠德）

第十六编　工　贸

【概 述】 2008年，长江工贸在金融危机的巨大影响下，抓住机遇、大力发展生产和经营，在金融海啸的大浪潮里稳步有效的发展。长航重工完成工业总产值113.87亿元，比2007年增加29.81亿元，增幅达35.46%。创汇金额居全国船舶出口第三名，湖北省第一。全年完成技改投资9.26亿元，大部分项目已经陆续投产并发挥功效。

随着，造船市场竞争日趋激烈，长航重工通过外拓市场、多接订单，全面增加企业的收入；加大科技的投入，信息化建设初见成效。进一步加大安全管理力度。一是以建立安全长效机制为目标，大力推进职业健康安全体系建设；二是采取多种形式，强化安全教育培训；三是加强党风廉政建设，大力加强干部职工队伍建设，大力加强企业文化建设，开展劳动竞赛和技术创新活动，为长航重工的安全生产、和谐稳定作出了贡献。青山船厂全年完成工业总产值38亿元，同比增长40%；金陵船厂工业总产值突破 50 亿元，有五个单月产值超5亿元；东风公司船舶订单达30多亿元，分别来自美国、希腊、德国、英国、印度尼西亚等国，目前30余艘出口船舶正在建造。此外九江市港口管理局湖口分局港政艇在珠海江龙船舶制造有限公司成功合龙。上海公司物流仓储中心隆重开业，不但有效提升了公司集装箱运输、物流产业等级，也标志着公司在主业的可持续发展道路上迈出了新的一步。

·工贸企业·

【中国长江航运集团船舶重工总公司(简称长航重工)】 2008 年，长航重工完成工业总产值113.87亿元，比2007年增加29.81亿元，增幅35.46%。创汇金额居全国船舶出口第3名，湖北省第1名。各项主要经济指标再次刷新历史纪录。全年完成技改投资9.26亿元，大部分项目已经陆续投产并发挥功效。金陵船厂1号10万吨船坞、八跨12万平米船体车间厂房设施相继建成投产，2号船坞土建工程基本完成，不久即可整体竣工。青山船厂57 000吨船舶建造系统改造工程、滑道自控系统工程、外江码头一期工程均已完工验收、投入使用，喷涂中心和油漆仓库工程已完工大半。江东船厂 3 万吨级船台滑道项目正在紧张进行。宜昌船厂南区改造项目已部分投产。这些项目的建设和投产，为长航重工的持续发展奠定了更为坚实的基础。

全年开工船舶54艘，下水44艘，完工交船40艘，67.5万载重吨。港机完成76台套。电机完成 40万千瓦。金陵船厂2008年工业总产值突破50亿元，有五个月单月产值超5亿元。该厂为德国船东建造的 1 100TEU-35 集装箱船，比合同约定期提前59天交船；为长航油运建造的49 000吨油轮“长航水晶”号，比合同约定提前48天交船，继续保持了该厂自建造出口船舶以来，交船近 200 艘无一拖期的记录。青山船厂 2008 年 10月，实现了我国中部地区建造的第一艘57 000吨船舶的下水，创造了世界上利用机械式横向滑道下水的最大吨位船舶的纪录。江东船厂建造的国内首制1 000TEU冰区加强型船，60天完成上台合龙，大大缩短了周期。该厂1 2000吨系列船舶的船台合龙周期，全部控制在45天以内，使船台利用率大为提高。宜昌船厂实现了全年交 8 艘船舶的目标。红光港机厂、长航电机厂采取多种积极措施，克服困难，保证了生产任务的完成。

2008 年，长航重工在科技方面，加大了人、财、物的投入，取得了新的进展。信息化建设初见成效。长航重工成立了信息化推进领导小组，制定了年信息化推进规划，召开了 4 次推进会。目前，长航重工本部和各单位的OA系统已经投入试运行，视频系统预计今年上半年完成。PSPC模拟试验陆续展开。为尽快达到PSPC的要求，于去年初组织各船厂成立了PSPC模拟试验专题小组。各船厂按照长航重工的统一部署，认真编排计划，积极开展技术攻关。造船转模取得实质性进展。为落实2008年长航重工工作报告中提出的“全力推进造船模式转换”的要求，遵循“学习引进、结合实际，总体规划、分步实施，突破重点、示范推广”的总体思路，首先在金陵船厂和宜昌船厂进行了造船转模试点。非船产品开发有了新成果。红光港机厂与武汉理工大学、武汉港迪机械设计公司联合开发的造船用门座起重机，先后与九江同方、青山船厂签订了 2 台制造合同，实现了对造船行业市场“零”的突破。长航电机厂与华中科技大学联合开发的节能型船用发电机，取得重大技术突破，目前已完成了试制检测工作，即将进行实船测试。

2008 年，长航重工针对安全工作上的薄弱环节，进一步加大了安全管理的力度。一是以建立安全长效机制为目标，大力推进职业健康安全体系建设，6家工厂已全部进入体系运行，其中4家通过了认证验收。长航电机厂取得了职业健康安全、环境、质量“三合一”体系认证证书。二是采取多种形式，强化安全教育培训。各单位根据长航重工的总体部署，结合各自的实际情况，狠抓计划管理、定额管理、质量管理以及成本管理，加强规章制度建设等基础性工作，强化教育培训，认真开展5S管理活动，取得了一定的效果。金陵船厂在我国首部《船企评价标准》发布后，把贯彻新标准作为企业实现持续健康发展的内在要求，认真开展内部预评审，并于去年6月份通过了专家组评审，成为江苏省和长航集团首批通过此类评审的企业。三是各级党群组织围绕中心，服务大局，大力加强党风廉政建设，大力加强干部职工队伍建设，大力加强企业文化建设，广泛开展各类劳动竞赛和技术创新活动，扶贫帮困送温暖，为长航重工的安全生产、和谐稳定作出了贡献。

地　址　武汉市沿江大道69号
邮　编　430020
电　话　（027）82767455
传　真　（027）82763631

（长航重工　张 强）

【中国长江航运船舶重工总公司青山船厂（简称青山船厂）】 青山船厂隶属长航集团船舶重工总公司，是我国中部地区最大的综合性造船企业，是湖北武汉地区出口船舶基地。

2008年，青山船厂租赁经营长航集团武汉公司军山船厂，为青山船厂军山分厂。全年完成工业总产值38亿元，同比增长40%，主营业务收入31.5亿元，同比增长36%，利润总额1.3亿，万元产值综合能耗0.032标吨/万元，较上年下降21%。青山船厂被武汉市企业联合会评为武汉企业100强第41名，被湖北省国资委授予“文明单位”称号。

地　址　武汉市青山区青山镇船厂村
邮　编　430082
电　话　（027）86514342
传　真　（027）86515393
网　址　qscc@china-csc.com

（青山船厂）

【重庆长航东风船舶工业公司（简称东风公司）】

东风公司始建于1928年，原名东风船厂，隶属中国长航集团重庆长江轮船公司。东风公司占地面积100余万平方米，固定资产25 000万元，拥有各类工程技术人员500余人，国家级专家（享受国家特殊津贴）4人，高中级工程技术人员200余人。以造船为主业，修船、钢结构、铸锻机加工为支柱产业，拥有西南地区最大的船台、举力最大的浮船坞、设计手段最先进的船舶设计院、外贸出口资质证书、甲级船舶设计建造资质、ISO9001质量体系认证等，是重庆市综合实力最强的国有大型造修船骨干企业。

东风司总体布局为“一线三点”，在重庆至万州沿江布设东风本部、川江船厂、江万船厂。东风本部位于重庆市江北区唐家沱，坐落在重庆市生态公园铁山坪之下，面临万里长江，背靠渝怀铁路，毗邻渝长、渝万高速公路，离江北国际机场仅20多公里，拥有长达3公里的江岸线和天然深水码头。川江船厂位于长寿区周家沱、江万船厂位于万州区陈家坝，地理位置得天独厚，交通方便快捷，是船舶工业发展的理想地域。

2008年，在重庆市打造长江上游航运中心以及将东风船舶授牌为“出口船舶基地”的契机下，重庆长航提出了建设“出口船、万吨船、特种船、出口创汇”四个基地，并投入近3亿元实施扩能技改工程。目前，工程已顺利竣工投产。东风公司的造船生产模式顺利实现与国际造船接轨，在自身良好技术底蕴的支撑下，完全具备了建造国际市场高技术含量、高品质船舶产品的能力，成为重庆市船舶工业和出口创汇的主导力量。

东风公司在内河、沿海及国际造船市场享有较高的声誉，以其雄厚的技术实力首开西南地区船舶设计建造的先河，是西南地区第一艘国产钢质船诞生地，西南造船业第一台国产船用蒸汽机的诞生地，长江第一艘大型豪华旅游船的诞生地，第一艘西南最大的拖轮也诞生于此。先后设计建造了包括国宾船“神州号”、“长江号”、AAPP会议专用船“朝天门号”、长江上最大的旅游船“世纪辉煌”涉外旅游轮在内的1—4代豪华旅游船；相继开发设计建造了具有国内一流水平的钢铝混合结构重庆市公安消防艇及各类集装船、客货滚装船、油船、港口浮吊等新型船舶和特种船舶，多次荣获省、部级优秀船型设计一、二等奖、科技进步奖和新产品奖。其中，东方红 119 型、神女型旅游船获全国内河船型设计一等奖，“西陵号”获重庆市新产品百花二等奖等。

作为三峡库区最早的现代船舶设计建造企业之一，前身为建于 1928 年的民生机器厂，为支援抗战、挽救民族工业做出了卓越的贡献。近年来，东风公司把目光投向国际市场，积极实施“巩固长江，竞争沿海，拓展国际”的企业发展战略。通过承接海南信海系列客滚船、香港 7 800—9 000 吨系列多用途船、希腊 5 500 吨成品油/化学品系列船、瑞士 5 700 吨沥青系列船等，与希腊、瑞士、美国、印度尼西亚等国家和香港地区建立了良好的造船合作关系。成功建造了西南地区第一艘入级海船，第一艘万吨级出口船，第一艘出口欧洲的成品油轮等。这些首创性的造船纪录，不仅填补了西部船舶工业的造船空白，而且提升和扩大了西部船舶工业的国际影响。同时也为东风公司实施“沿江进海”、继而成功迈入国际市场，并迅速在世界小型船舶市场上占据了一席之地的发展奠定了坚实的基础。

东风公司现有船舶订单达 30 多亿元，分别来至美国、希腊、德国、英国、印度尼西亚等国，目前 30 余艘出口船舶正在有序生产建造中。建造的首艘欧洲出口船——希腊特默多公司的 5 500 载重吨成品油轮“AMALTHIA”轮，于 2008 年在南京交付了希腊船东，首航巴西，受到了国外船东的好评。12 月 17 日，与美国热带航运公司一次性签订了四艘 368TEU 集装箱大型海船的建造合同。这标志着是“重庆造”船舶首次进入美洲市场，也是东风船舶跻身国际中小型集装箱船制造领域的开始。

东风公司船舶配套能力较强，生产的钢结构产品覆盖公路、铁路桥梁挂篮、模板、围堰及电站、水工钢结构、船用舱口盖等领域。生产的船用柴油机备件、铸锻件、钢结构件等产品远销澳大利亚、西班牙、德国、美国、韩国、日本及亚、欧各国。尤其是批量出口韩国的缸套，是目前重庆市唯一出口韩国的船用产品。

东风公司以“巩固长江，竞争沿海，拓展国际”为发展战略，按“一主三支”的产业架构进行规划布局，形成以万吨级、出口船、特种船建造为核心主业，以钢结构制造、船舶修理和铸锻机械加工为支柱的产业架构。到“十一五”期末，东风公司将成为西南地区最大的、综合实力最强的船舶出口基地、出口创汇基地、特种船建造基地，形成年造船 30 万载重吨，销售收入 30 亿元，出口创汇 3 亿美元的规模能力。

地　址　重庆市江北区东风一村一号
邮　编　400026
电　话　（023）67781007
传　真　（023）67782332
邮　箱　office@cscdfship.com

（东风公司　办公室）

【中石化长江燃料有限公司】　（详见《长江航运年鉴》（2009 卷）第三编“机构”）

【中海工业有限公司荻港船厂（简称荻港船厂）】

中海工业有限公司荻港船厂，位于长江中下游繁昌县荻港镇，始建于 1971 年，竣工于 1978 年，原属于上海海运局，现隶属中国海运（集团）总公司中海工业有限公司。全厂占地总面积 412 565.8 平方米，岸线长 1 700 余米，并拥有 608 米长的修船码头 1 座（万吨级泊位 4 个），起运码头 1 座，浮船坞码头 2 座。

截至 2008 年底，该厂在册职工总人数 810 人，其中在岗职工 384 人，下岗职工 426 人。在岗职工中管理人员 133 人。另有 882 名退休人员和 2 名离休干部。至年底，资产总额为 17 188.48 万元。在岗人员年人均工资 3.4 万元，比上年度增长 23.78%。

年设计能力为修理、改造 15 000 吨以下的船舶，修船能力 70 艘以上。拆船能力达 4 万轻吨。全年制造加工缸径 900 毫米以下的船舶柴油机配件、水泥机械配件和钢模具等定型产品近 300 多品种规格。芜湖市开有 4 家连锁超市门店和 1 个批发配送中心。拥有 7 艘江海联运的船舶，运输能力达 3.5 万吨。

全年完成工业总产值 9 750 万元。实现销售收入 7 421.28 万元，其中配件销售收入 1 300 万元，江海运输收入 1 116.8 万元，超市销售收入 2 744.65 万元，拆船物资销售收入 584.8 万元，造船及钢结构产值 1 430 万元（因部分钢结构产品属中海工业内部划拨产品，只作为产值，不算销售收入），其他方面收入 245.55 万元。实现考核利润 176.8 万元。

地　址　安徽省繁昌县荻港镇
邮　编　241227
电　话　(0553)7362410
传　真　(0553)7362026
邮　箱　dgsy@cegcic.com

（荻港船厂　郭棨曜）

【芜湖新联造船有限公司】　2008年金融危机爆发，航运市场低迷，人民币不断升值带来难以预料的汇率损失。但在全体员工的不懈努力下，芜湖新联造船有限公司逆市而上，经营接单25.9亿元、完成工业产值8亿元、营业利润4 090万元，多项主要经济指标全面改写历史，比较全面地完成了公司2008年的经营目标，在恢复和提升造船产能的同时，实现了船舶产品的适度升级，与国际知名船东签下造船订单，创造了令业界刮目相看的业绩。

2008年，公司总体工作围绕着“开源、节流、建厂”和“责任、指标、执行”十二个字展开。经营承接订单做到了批量化，保障了2009年生产连续，在实现了产品技术升级的同时实现了船东档次的提升。公司进行了组织机构调整，进一步推行区域造船和总装造船模式，优化整合了公司资源。公司三山新厂于2008年年底举行了奠基仪式，作为安徽船舶制造芜湖建造基地首推的重点项目，新厂建设赢得了广泛的关注。使得“倍增式增长，跨越式发展”的战略目标迈上新台阶。

为提升公司技术创新能力，规范和加强公司企业研究开发管理，公司于2008年初组建了以企业为主体、市场为导向、产学研相结合的技术研发体系——芜湖新联造船有限公司技术中心，拟定了《企业技术中心管理办法》，以总经理为第一负责人，技术中心是公司技术创新体系的核心和组织保障。技术中心日常工作以公司产品和工艺设计为载体，负责工艺路线管理及设计成本控制管理；重点工作是做好项目管理，按照立项申报、项目批复、项目研发、组织鉴定、成果申报等流程有系统地组织人员对有市场前景、有竞争力的新产品、新工艺、新技术进行研究开发，对制约公司生产的关键技术进行攻关创新。

质量体系建设与维护，保证了公司质量体系运行的持续、有效。完成新时代审核、总装质量体系审核、计量标准复查、装备资格审查、生产许可审查、保密认证；完成质量管理体系内部审核工作，对发现的13个不符合项，29个观察项组织进行了整改并关闭；完成质量体系D版换版及培训，体系外审、二方审核、内审一次通过，审核不合格项全部关闭。加强质量过程控制与质量检查工作，稳步提高公司产品质量。各型船的质量检验有序，保障了生产需求，产品质量取得稳步提高；持续开展各项理化试验、探伤和计量检定工作，有效地服务于生产。

地　址　芜湖市长江南路53号
邮　编　241001
电　话　(0553)3935206
传　真　(0553)3845708
邮　箱　zccjyc@mail:ahwhptt.Net.
　　　　xinlianship@163.com
网　址　http://www.wuhu.com

（芜湖新联造船有限公司　彭　亮）

【江西造船有限责任公司】　江西造船有限责任公司是江西省最大的地方国有造船企业，具有“壹级船舶制造”和“甲级船舶设计”双重资源。

2008年，江西造船有限责任公司积极落实“精细管理、文明生产、科学发展、和谐创业”的工作思路，明确管理职责，完善管理制度，拓展市场份额，以改革改制为契机，在改革中求生存，在改制中谋发展，在危机中找商机，适时调整经营策略，使企业在市场夹缝中求得生存机会。全年完工出厂船舶8艘，完成工业总产值2 835.9万元，比上年增长21.1%，其中造船产值2 323.1万元，修船产值72.9万元，工程机械、钢结构及其他产值439.9万元。

地　址　南昌市西湖区沿江南大道162号
邮　编　330025
电　话　(0791)6530945；6513621
传　真　(0791)6505835

（江西省局　平关正）

【九江市港口管理局湖口分局港政艇成功合龙】

2008年10月21日，九江市港口管理局湖口分局港政艇在珠海江龙船舶制造有限公司成功合龙。该艇为单机、单桨、单舵、柴油机为动力驱动的折角型玻璃钢快艇，总长12.00米、设计水线长11.36米、型宽2.75米、型深1.15米 、设计吃水 0.55 米、排水量 6.65 吨。

该港政艇造价为 34.6 万元，按计划 11 月底将交付使用。

（江西省局　丁本领　杨　辉）

·物流管理·

【杨松 阮成发到青山船厂现场办公支持企业实施"2111"工程】 2008 年 7 月 14 日下午 3 时，湖北省委副书记、武汉市委书记杨松、市人民政府市长阮成发一行来青山船厂现场办公,杨书记、阮市长冒着高温先后考察了船台生产现场、运河舾装码头及正在施工中的长江舾装码头。并对在现场建造船舶分段的工人同志们送上了慰问品。

阮市长指出：要协调解决好青山船厂建设发展中遇到的具体问题，支持你们"2111"发展规划。

杨松书记指出：推动"两型社会"建设要落实到具体项目、具体企业上。青山船厂是湖北、武汉造船的龙头企业，要全力支持青山船厂做大做强做优，支持"2111"工程。长航集团既是船东，又是造船者，有很大优势，可以实现资源配置的优化，打造产业集群，打造产业链，为振兴湖北、武汉装备制造业作贡献。

（青山船厂）

【湖北省委书记罗清泉参加 57 000 吨船下水仪式】

2008 年 10 月 7 日下午 5 时 15 分，湖北省委副书记、武汉市委书记杨松宣布下水令。青山船厂出口希腊的 57 000 吨散货船"卡瓦 普拉诺斯号"船下水。这是中国华中地区迄今为止建造的最大吨位船舶，也创下了机械式滑道横向下水最大吨位船舶的世界记录。该船型由上海船舶设计院设计，入级法国船级社，全船总长 189.99 米，宽 32.26 米，高 18 米，吃水深度 11.3 米。

湖北省委书记罗清泉、湖北省委秘书长李明波、湖北省副省长段轮一、武汉市市长阮成发、希腊古多米开里斯航运公司代表弗拉斯波拉斯，法国船级社副总经理陈思阳、中国长航集团总经理刘锡汉、武汉钢铁公司总经理邓琦琳等各船舶配套厂商等中外嘉宾参加了下水仪式。

省委罗清泉书记在听取企业领导工作汇报后指出：一是要贯彻科学发展观，抢抓机遇、把握机遇，全面认识形势，加快发展增强信心。二是要加快企业"2111"工程的实施步伐，按照现代化新青船的目标来推进技术改造工程，努力建设现代化的新青船。三是要坚持依靠技术创新，制度创新来增强青山船厂的核心竞争力。

（青山船厂）

【中共中央政治局委员、国务院副总理张德江来青山船厂考察调研】 2008 年 11 月 22 日上午 10 时 20 分，中共中央政治局委员、国务院副总理张德江视察青山船厂施工现场、横向下水滑道和外江舾装码头。陪同张德江副总理视察的有：国务院国有资产监督管理委员会主任李荣融、湖北省委书记罗清泉、省长李鸿忠，国家信息产业部副部长苗圩、省委副书记、市委书记杨松、市长阮成发、长航集团总经理兼党委书记刘锡汉、党委副书记兼工会主席肖汉良、副总经理朱宁、船舶重工总经理李文德等。

在现场张副总理指出：在我国中部能有这样大规模的造船企业真的很不容易！在世界金融危机的冲击下，企业生产依然红火，搞得很不错！

长航集团总经理兼党委书记刘锡汉向张德江副总理赠送了长江客轮模型。

（青山船厂）

【江苏仪征经济开发区管委会考察云阳造船项目】 2008 年 11 月 20 日，江苏仪征经济开发区管委会副主任李彪带领船舶工业考察团一行来重庆市云阳县考察造船项目。考察团一行首先到马家梁对工业园区进行了实地考察，随后就项目投资环境、配套政策和水利情况等进行了座谈交流。

（重庆市局　阳　斌）

·生产经营·

【青山船厂 10 万吨级船舶下水设施投入运行】

2008 年 5 月 4 日，青山船厂举行 10 万吨级船舶下水设施启用暨 12 000 吨—17#船下水仪式。经过技术改造后，该厂船舶下水自动化控制系统，由计算机采集现场传感器的数据信号，自动按系统程序完成船舶下水运行。

青山船厂下水滑道始建于 1958 年，已经使用 50 年的船舶下水设施，水下部分基础及轨面年久失修，滑道、铰关等下水设施已经远远不能满足建造船舶吨位大幅度增加的需要。该项设施的全面改造将满足青山船厂今后批量建造下水 5.7 万吨级船舶的要求，也为该厂实施“2111”发展目标（即“十二五”期末实现年生产能力 200 万载重吨、工业总产值 100 亿、建造 10 万吨级船舶、出口交货值 10 亿美元以上），建造 10 万吨级船舶下水打下了坚实的基础。整体工程滑道基础由长江航运规划设计院设计，葛洲坝集团六公司施工，其中机械化梳式滑道控制系统由长航科研所研发，电机、铰关等设备由长航电机厂、青山船厂自制安装。

（青山船厂）

【上海公司物流仓储中心隆重开业】 2008 年 7 月 8 日，上海公司物流仓储中心隆重开业，此举不但有效提升了公司集装箱运输、物流产业能级，也标志着公司在主业的可持续发展道路上迈出了新的一步。

新开业的物流仓储中心地处上海浦东川沙曹路镇，临近外高桥 4 期、5 期港口地域和具有相当开发潜力的曹路镇区域，占地面积 2.3 万平方米，其中仓储面积 8 000 平方米，操作场地 1.5 万平方米。仓储中心配备了 1 台重箱堆高机、6 台空箱堆高机铲车、叉车等设备。仓储物流中心由实业公司先期开发，开业后整建制划入公司集运部经营管理。

仓储业务的开发，一方面弥补了绿地集卡公司服务功能单一、燃油等刚性成本不断上涨所带来的利润空间缩小等缺陷，另一方面也为公司完善物流链服务弥补了仓储业务的不足，为公司在集装箱运输为主体的集装箱业务上实现了功能的完善。仓储中心开业后，业务量稳步提升，目前已经和乔达国际货运、木牛流马等几家国际物流公司建立起了稳定的合作关系，市场前景看好。

（上海公司　宣传部）

【长航油运首艘 29.7 万吨超级油轮顺利投产】

2008 年 10 月 10 日，长航油运在上海江南长兴造船有限责任公司建造的首艘 29.7 万吨超级油轮（VLCC）“长江明珠（YANGTZE PEARL）”轮顺利交付投产。该油轮的成功交付正式拉开了长航油运倾力打造 VLCC 船队的序幕，标志着该公司成为世界超级油轮管理和经营公司的正式成员，标志着该公司正式开始为“国油国运”战略的实施贡献力量。

“长江明珠”轮是长航油运自主管理和经营的第 1 艘超级油轮，此前，为满足该超级油轮加入后对经营管理工作提出的新要求，该公司已经从经营、管理、人才等方面着手，通过全面总结这两年 VLCC 租船经营工作、组织开展了 VLCC 操作操纵课题研究、引进少量的 VLCC 专业管理人员和高级船员、控制 VLCC 造船质量等等，积极做好大量前期准备工作，为该轮的顺利投入经营铺平了道路。

该油轮同时取得中国船级社和美国船级社双重船级，载重量为 29.7 万吨，总长 330 米，型宽 60 米，型深 29.7 米，航速达到 15.8 节（约 29.3 公里/小时），续航力 28 000 海里。

（南京公司　邢煌辉）

【安徽省船舶建造市场迅速崛起】 2008 年，由于受沿海、长江下游岸线资源限制，造船成本大等综合因素的影响，加上安徽省船检部门和当地政府积极引导，大批海船进入我省建造，极大地推动我省造船业的发展，和县、无为、池州、当涂、枞阳、望江等船舶工业园已初具规模，沿江船舶制造工业走廊正在形成，船舶制造将成为我省装备制造业的重要组成部分。全省全年各地开工建造的海船河船多达 365 艘，其中 5 000 吨级以上的海船 129 艘。

（安徽省局　马　栋）

【江西水上搜救中心房建工程封顶】 2008 年 12 月 31 日，江西省水上搜救中心工程项目封顶仪式在南昌市红谷滩新区举行。省交通厅副厅长胡琳出席仪式并下达封顶施工令。

江西省水上搜救中心系全省处置水上突发事件应急指挥部门的日常工作机构，担负着统一组织协调内河水域搜救运行管理工作，为省内水上交通安全监管和应急救援体系的重要组成部分。此项目的建设，对于进一步提高全省水上交通应急管理和突发事件的应急处置工作水平，完善水上搜救体系，将起到积极的推动作用。水上搜救中心大楼位于红谷滩中心区，红谷三路与红谷四路之间的红谷大道西北侧，为地上 26 层、地下 2

层、高度96.8米的框剪结构大楼，南北立面主要为幕墙，现代造型，总建筑面积11 000平方米。与此同时建设的项目包括：港口安全应急调控、航运信息、水路运输服务中心工作用房6 000平方米；航务设计院生产用房2982平方米；航道养护管理用房4 900平方米，合计总建筑面积24 882平方米，估算总投资为10 785.5万元。预计2009年11月交付使用。

（江西省局　张兆平）

【重庆创新投融资模式见成效】 2008年4月8日，重庆轮船（集团）有限公司与中国华融资产管理公司重庆办事处签订了《战略合作框架协议》，为该公司实现“尽快成长为国内一流的现代化航运企业”的战略目标提供融资租赁服务。从2008年至2010年，华融管理公司承诺向重庆轮船（集团）有限公司提供总计3亿元人民币融资租赁资金，为该公司航运主业的快速发展提供资金支持和金融服务。

（重庆市局　阳　斌）

·船舶修造·

【上海公司船舶工业提升能级】 2008年3月28日，上海公司吴淞船厂举行船台改造投产暨8 000吨干货船建造开工仪式，4艘8 000吨外贸杂货船同时开工建造；5月14日，上海公司闵南船厂与武汉公司签署“武当山号”浮船坞租赁合同，并于7月中旬正式建成投产。8 000吨船舶的建造和武当山船坞的建成投产，标志着上海公司船舶工业能级得到跨越式提升。

近几年来，上海公司在“两强四支”发展战略的指导下，逐步提升船舶工业能级，增强市场竞争力。从2007年下半年起，陆续投资2 000多万元对吴淞船厂船台进行了基础改造，新建和改造船台3座，配置80吨门机2台，吴淞船厂造船能力得到大幅度提升。同时，闵南船厂修船产业发展迅速，管理水平不断提高。在租赁武汉公司新建造的举力4 500吨“武当山号”浮船坞后，闵南船厂进一步提升产能，公司水运工业也迈上了一个新的台阶。

（上海公司　宣传部）

【南京油运承接2艘工程船建造项目开工】 2008年4月18日，南京公司所属紫金山船厂，为大连航运集团建造的2艘2 500方绞吸式工程船正式开工。该船采用国内领先的电脑自动控制技术，操作人员通过计算机操作挖泥作业工程。这也是该厂继去年2艘2 500方绞吸式工程船顺利交付后再次建造同类型船舶，另外还有9艘工程船订单正在洽谈之中。此举表明南京油运公司船舶工业发展明显提速。

江海重组后，南京油运公司抓住船舶工业市场走好的历史性机遇，高起点、大手笔谋划工业发展的布局，同时依托下属的紫金山船厂，实施“以修为主、修造并重”的发展战略。紫金山船厂作为内部船舶维修保障基地，目前已发展成为面向社会的修、改、造并举的综合性船厂。近几年来，先后改造了6 500方、11 000方耙吸式工程船，1 500方、5 000方、5 200方绞吸式工程船，得到了市场的认可，2006年又承接并完成了2艘2 500方绞吸式工程船建造合同。此次承接的2艘2 500方工程船合同就是公司加快发展船舶工业对外开拓市场，提高船舶建造能力的重要起点。紫金山船厂也由公司内长期亏损的困难企业，成为江海重组后南京油运公司四大板块之一，并有望成为该公司未来重要的效益支柱。

南京公司紫金山船厂位于江苏仪征市长江北岸，这里水深流缓，是天然修造船基地，江苏省仪征市在此区域培育“年产值百亿元船舶工业园”。该公司按照错位发展、差异化造船的思路，将紫金山船厂重点定位于建造工程船和2万吨级船舶，逐步形成了一定的规模，并着力打造“江海修船的保障，工程造船的首选”的市场品牌。为此，南京油运公司投入大量资金，引进了一批先进的重型装备，配套的大型船台、港池和大举力船坞已经工程过半，新厂区的规划也正在紧锣密鼓地实施之中。

（南京公司　邢煌辉）

【长航油运4.9万吨级MR油轮首制船成功交付】 2008年8月22日，长航油运4.9万吨级成品油轮首制船“长航珊瑚”轮成功交付并投入营运。该轮是该公司在4.6万吨级MR型油轮基础上，进行技术改进和创新的最新成果，其船型更优化、技术更先进、运营更经济，单船效益也将更突出。

MR 型清洁油船队是长航油运致力建设的三支主力船队之一。作为中国长江航运（集团）总公司内部资源整合的一项重大成果，长航油运在金陵船厂订购了 10 艘 MR 型系列油轮项目。特别是在近年大型油轮船台十分紧张的情况下，该项目既大大加快了长航油运建设远东第一 MR 船队的步伐，同时也大大提升了金陵船厂的船舶建造能力和持续发展能力。截止目前，包括新交付使用的“长航珊瑚”轮，该项目 10 艘 MR 型系列油轮已有 7 艘正式投入营运。

（南京公司　邢煌辉）

【南京油运紫金山船厂承接两万吨级油轮建造订单】 2008 年 9 月 20 日上午，在南京油运大厦举行了南京油运为长航油运建造 2+2 艘 2.5 万载重吨原油/成品油轮建造合同签字仪式。这是南京油运首次承接 2.5 万载重吨油轮建造订单，标志着南京油运工业发展跨上了一个新台阶。同时，这也是 2007 年江海重组以来南京油运和长航油运首次在船舶建造领域的一个重大合作项目，此举表明两大公司在各自领域的发展再次迈出了新的步伐。

江海重组后，南京油运建立了以水运和船舶工业为主的“两主三支”战略。紫金山船厂作为南京油运船舶工业的支柱，得到了公司前所未有的重视：公司投入大量资金及时兴建船厂基础设施，提高船厂硬件水平；加强船厂领导班子力量，提高管理水平；提拔船厂造船技术骨干，培养造船技术人员。经过充分准备，船厂已经具备了相关的船舶建造经验和能力，也是国内能够提供近期建造万吨级油轮船台的少数规范化船厂之一。为了支持长航油运的发展，南京油运紫金山船厂决定优先承接这批船舶订单。同时，公司要求各职能部门与紫金山船厂通力合作，全力支持船厂严格按照合同高质量、准时完成这批船舶建造任务，为南京油运与长航油运的首次大合作交出一份优异的答卷，为以后两大公司的再次发展建立良好的基础，并以此为新的起点，实现自身船舶建造能力和管理水平的更大提升。

（南京公司　邢煌辉）

【南京油运 1.6 万吨举力浮船坞分段全部下水】

2008 年 10 月 20 日，南京油运公司自主建造的 1.6 万吨举力浮船坞第三分段顺利下水，这标志着该浮船坞船体分段全部下水，为该浮船坞在年底前交付奠定了基础。

自主投资、自主建造 1.6 万吨举力浮船坞，是南京油运期租给与上海公司组建的合资公司的重要基础设施。该浮船坞最大可修理 5 万吨级船舶，预计每年可满足 70 艘船舶的坞修需求。该项目的完工并投入到位于上海的合资公司，将明显增强集团在沿海的船舶修理保障能力，为集团迅速成长的海上船队提供修理保障发挥重要作用，并为集团船舶工业向海上发展提供重要平台。

船舶工业是南京油运确定的两大主业之一。为了加快船舶工业的发展，确保船舶安全、质量和船期，南京油运对紫金山船厂进行了重新规划调整，加强管理和技术力量，规范流程管理和加强重大节点的控制，船厂的整体水平有了明显提升。1.6 万吨举力浮船坞作为南京油运紫金山船厂建造的最大吨位船舶和未来效益的重要来源，公司高度重视其建造质量和进度，公司各相关单位和部室全力配合、密切协作，公司工会开展了“建造 1.6 万吨举力浮船坞”专项竞赛活动，为该浮船坞按时完工、顺利交付提供了重要保障。

（南京公司　邢煌辉）

【浙江省首艘具有自主知识产权的化学品船在宁波下水】 2008 年 5 月，浙江省首艘具有自主知识产权的高附加值、高规格的 16 500 吨Ⅱ类化学品船“阿丽娅”号顺利从新乐船厂 3 万吨级的船坞下水。

“阿丽娅号”是浙江省在建船舶中技术含量最高的船舶之一，也是目前世界海运业界同类型船舶中配置较为先进的船型。“阿丽娅”号因为拥有自主知识产权被定型为“新乐型”，该船下水后出口欧洲。

（浙江省局　吴永平）

【台州市创造用气囊下水船舶最大吨位世界纪录】 2008 年 8 月 3 日，由浙江健跳造船有限公司承建出口新加坡的散货船“维多利亚 1 号”采用热硫化高压气囊顺利下水，该船总长 190 米，型宽 18 米，载重量 55 000 吨，是目前世界上采用气囊下水的最大吨位船舶。

（浙江省局　吴永平）

【宁波船舶修造业概况】 2008年，宁波市年造船能力已达250万载重吨，主导产品有各类货船、集装箱船、工程船、化学品船、沥青船、LPG石油平台供应船等。建造最大单船是11.8万载重吨的多用途船，能载集装箱4 250TEU。2008年完工量113艘，计148万载重吨，产值128亿元。行业特点明显，一是产业集聚基本形成，主要是北仑船舶修造区，象山港船舶制造区，石浦港船舶修造区三大船舶工业集聚区。二是技术水平显著提高，造船模式不断改进，船舶产品的开发不断升级，产品附加值不断提高。三是重要骨干企业进一步提升，浙江造船有限公司、浙江新乐造船有限公司、宁波恒富船业（集团）有限公司都有新的发展。2008年，浙江造船有限公司承接新船订单跻身世界造船企业30强和全国10强，船舶出口金额在2亿美元以上的国内企业中排名前20强，海洋工程类船舶订量位居世界前列。

截至年底，全市共有船厂50多家，其中能修造3 000吨以上的船厂20多家。2008年宁波市船舶修造企业一览表，详见（表15—1）。

【2008年宁波市船舶修造企业一览表】

（表15—1）

序号	船厂名称	厂址	法人代表	经营内容	电话
1	浙江造船有限公司	宁波市江南路69号	梁小雷	造船	87774568
2	宁波新乐造船有限公司	鄞州区梅墟工业区	刘春法	修造船	88350588
3	宁波恒富船业（集团）有限公司北仑船厂	北仑区白峰镇	郑先富	修造船	86727099
4	宁波市大榭开发区船厂有限公司	大榭开发区	丁文耀	修造船	86768681
5	宁海县胜利船舶修造厂	宁海县大佳何井栏	林大成	修造船	65199222
6	镇海船舶修造厂	镇海城关涨监千	许定扬	修造船	86261671
7	中国人民解放军4805工厂象山修船厂	象山县西周黄家塘	夏永生	修造船	65858001
8	宁波市北仑蓝天造船有限公司	北仑区白峰神马岛	郑先富	修造船	86726001
9	宁波市东方船舶修造有限公司	宁波市鄞州区咸祥镇乐家村	严保兴	造船	88315688
10	奉化市海港船舶修造厂	奉化市莼湖镇桐照渔业村	邬亚平	造船	88756088
11	浙江东红船业有限公司	象山县鹤浦镇造船工业基地	李红蓥	造船	65016888
12	宁波博大船业有限公司	象山县鹤浦镇造船工业基地	沈小根	造船	65015918
13	浙江振宇船业有限公司	象山县鹤浦镇造船工业基地	胡振宇	造船	65015788
14	象山滨海船舶修造厂	象山石浦中界山	胡朝达	修船	13506684275
15	宁波大江船业有限公司	象山鹤浦镇船舶基地	江财国	造船	65017888
16	宁波市北仑康达船舶修造厂	北仑区梅山乡梅东渡口	朱康元	造船	86708188
17	浙江东和船业有限公司	象山石浦打鼓峙	施朝元	造船	13906600705
18	浙江神州船业有限公司	象山石浦打鼓峙	许增恩	造船	13805853331
19	浙江新乐船业有限公司	象山涂茨	刘春法	造船	13605742333
20	浙江金川船业有限公司	象山石浦打鼓峙	胡金川	造船	13868652211
21	浙江东圣船业有限公司	象山石浦打鼓峙	叶志远	造船	13805867640
22	浙江博海船业有限公司	象山石浦打鼓峙	胡敏刚	造船	13506689520
23	北仑满洋船厂	北仑穿山	王兴满	修造船	13958320020
24	象山振鹤船厂	象山鹤浦	严雪保	造船	13906848103

（宁波市局　张余光）

【安徽省船舶修造企业基本情况】 2008年，安徽省拥有船舶修造企业107个，从业人员12 000余人。主要分布在长江、淮河及其主要支流流域的芜湖、巢湖、安庆、池州、马鞍山、铜陵、宣城、蚌埠、阜阳、滁州等地区。其中芜湖、巢湖、安庆、马鞍山、铜陵、池州6个市近30个船厂都具备建造万吨以上级船舶能力。主要产品包括多用途散货船（最大吨位5.73万吨）、集装箱船、成品油船、化学品船、滚装船、挖泥船、远洋拖轮、豪华旅游船等，产品出口到欧洲、非洲及东南亚等十多个国家和地区。

安徽省船舶配套业发展迅速。安庆中船柴油机有限公司是我国船用中速柴油机的生产基地，建设中的合肥熔安动力机械有限公司将成为我国船用低速柴油机的生产基地之一。此外，马钢集团的船用钢材、长谷川（安庆）船舶科技有限公司的船用机舱设备以及滁州、巢湖、马鞍山等地区的甲板机械和船用电缆、灯具、锚链、舾装件、油漆等船舶配套产品，在国内都具有较高的知名度。

· 生产经营　2008年，安徽省船舶企业完成工业总产值60.7亿元，比上年增长110%；造船完工量121.4万载重吨，比上年增长100%。

· 对外贸易　2008年，安徽省完成出口船舶约5万载重吨。出口产品以多用途散货船、远洋拖轮、疏浚工程船为主，出口到德国、新加坡、乌兹别克斯坦等国家。

· 重大建设项目　2008年，经国家发展和改革委员会批复，熔盛投资集团有限公司投资设立的年产500万匹马力（189台）船用低速柴油机项目——合肥熔安动力机械有限公司开工建设。该公司引进世界上两大低速柴油机品牌 WÄRTSILÄ 和 MAN B&W 专利技术生产，产品选型以市场前景好、成熟度高的机型为主，主要生产 WÄRTSILÄ 和 MAN B&W 两种系列船用大功率柴油机，发动机缸径φ600—φ960(980)毫米，功率范围为18 400—98 000马力，可为10万吨级及以上的各类大型船舶的主机配套。

（安徽省造船工程学会　陈　权）

【我国内河第一艘环保电力推进船在昆明开建】 2008年11月19日，我国内河第一艘自主研发的环保电力推进船在昆明滇池北岸开工建造，标示着云南高原库、湖区水上旅游将走向快捷、安全、环保、和谐发展之路。

（云南省局　马翠德）

【重庆最大吨位特种船下水】 2008年12月10日上午10时36分，一艘崭新的可载重9 000吨的不锈钢化学品船“重庆号”在川东造船厂自备码头下水，这也是目前重庆市制造的最大吨位特种船舶。

（重庆市局　阳　斌）

【重庆川东造船厂与挪威公司签订10艘9000吨级化学品船建造合同】 2008年2月26日下午，中船重工重庆船舶工业公司川东造船厂与挪威奥德费尔(odfjell)亚洲有限公司签订了10艘9 000吨级不锈钢化学品船建造合同。这批特种船舶总价值高达3亿美元，该合同是目前重庆单笔最大的出口合同，也是奥德费尔公司在中国抛出的第一张造船订单。

（重庆市局　阳　斌）

· 文明创建 ·

【青山船厂18 500-6#船东给船厂奖励并向中国地震灾区捐款】 2008年6月30日，青山船厂为德国船东建造的18 500吨“畜牧号”在上海交船。该船是青山船厂为该船东建造的第4艘船，同类型船的第6艘，其双相不锈钢焊接和建造技术已列入国防科工委2006至2008年新产品研发项目。在这次交船中，还根据买卖公平的原则，原材料涨价等因素，在4条船的整个完工交船后得到船东225.3万美元的补偿，船东还给予船厂5 000美元的奖金。此外，船东认为有义务向中国地震灾区的受灾者尽一点心意，由此捐赠2 500美元，请企业转交相关当局。

（青山船厂）

【青山船厂文化建设】 2008年，青山船厂党委厂部认真贯彻落实科学发展观，紧紧围绕生产经营中心，充分发挥企业思想政治工作的优势，坚持开展高中管人员“奉献在船台，生产作表率”晚间服务生产现场活动，“安全稳定杯”劳动竞赛、“争创星级党员责任岗”、“职工代表安全巡察”、“加强班组建设”等活动。全年发展党员15名，办理预备党员转正40人。各支部组织了“十七大”新党章的学习等活动，促进了党员先进性的发挥。在“5.12”四川地震灾后捐赠活动中，共捐款617 086元，其中党员缴纳特殊党费74 780元，捐赠衣物棉被4 080件，充分体现了关键时刻党员的示范作用。

2008年，厂党委、纪委要求监察部门直接参与技改招投标项目达171项，有效确保了企业的经济安全和管理人员的政治生命安全。

同时，在区委、区政府及有关部门的大力支持下，完工了2栋农民工宿舍建设和厂区、生活区房屋立面整治，道路拓宽，道旁绿化，使企业文明生产及社区和谐建设迈上新台阶。

（青山船厂）

【青山船厂钢结构工程部为农民工营造良好工作环境】 随着中国长航船舶工业的飞速发展，农民工的作用也变得越来越重要了。因此，如何发挥和调动农民工。（在长航所属船厂也被称为协力工、外用工）的生产积极性，不断提高生产效率和产品质量，就显得尤为重要。近两年来，青山船厂钢结构工程部在农民工的管理和使用中，突出了以人为本的理念，注重为他们提供全方位的服务，营造良好的工作环境，使生产效率和经济效益有了显著地提升，收到了和谐双赢的效果。

（青山船厂）

【江东船厂获得多项QC成果奖】 2008年，中国长航船舶重工江东船厂在参加“中国交通行业质量管理小组评比活动”中，该厂总装分厂的“大合龙QC小组控制船舶二甲板支撑大合龙精度QC成果”获得“2007年度全国交通行业在质量管理小组活动成果奖。”

另外，该厂预制分厂QC小组和轮机分厂QC小组分别获得集团优秀QC成果奖。

（江东船厂　方明成　杨莉莉）

第十七编 社团报刊

·社 团·

【中国航海史研究会长江片委员会、湖北省长江航海史研究会（简称长江航海史研究会）】

2008 年，长江航海史研究会在湖北省社会科学联合会和交通部长江航务管理局领导的支持和帮助下，仍以编纂出版《长江航运年鉴》为工作突破口，深入开展学术研讨。

这一年，长江航海史研究会主要做了以下工作：

一、继续完成《长江航运年鉴》（2007 卷）的编辑出版、发行工作。《长江航运年鉴》（2007 卷）是专业性年鉴，主要反映长江航运几大要素和支持保障系统方方面面的工作情况、业绩和存在的问题，共分设 18 个篇目，有 203 余万字，主要分发长江航运系统。

二、研究会在上海市组织召开了“《长江航运年鉴》（2007 卷）工作会议暨培训会”，来自长江航运系统各单位的 50 余位领导和研究工作者参加了会议。会议主要内容，一是总结《长江航运年鉴》10 年来的工作，进一步明确为提高年鉴质量，搞好组稿工作的重要性；二是专家授课，提出编写航运年鉴应注意的问题，并要不断提高《长江航运年鉴》的规范化水平；三是研究《长江航运年鉴》（2007 卷）编辑工作，布置《长江航运年鉴》（2008 卷）组稿任务；四是与会者交流编写《长江航运年鉴》的工作经验。

三、研究会在江西省九江市组织召开了“《长江航运年鉴》（2007 卷）审稿会”，来自长江航运系统各单位的 20 余名专家参加了会议。会议达到了预期效果。

四、按照上级领导和湖北省社会科学联合会及省民政厅的要求，研究会完成 2008 年的年检工作。此外，长江航海史研究会还召开了数次小型座谈会、研讨会。

地　址　武汉市汉口沿江大道 134 号
邮　编　430014
电　话　（027）82766972；82766067
传　真　（027）82776972
邮　箱　cjhynj@163.com

（秘书处）

【中国港口协会长江港口分会】 （详见《长江航运年鉴》（2007 卷）第十六编“社团报刊”第 955 页）

2008 年，是长江港口全面贯彻党的十七大战略目标，以经济建设为中心，迎接挑战，开拓创新，加快结构调整，促进行业转型，好中求快加快发展的一年，港口行业的持续健康发展为行业协会的发展继续提供了良好的发展空间。一年来在中国港口协会和长航局的正确领导和广大会员单位的大力支持下，长江港口协会坚持以邓小平理论和三个代表和科学发展观重要思想为指导，认真贯彻部、中港协、长航局工作会议提出的深化“三个服务”精神，努力推进长江港口事业又好又快的发展，较好地完成了各项工作任务。

一、深化安全活动，确保港口安全形势稳定。

·*组织开展干线港口企业安全工作调研*　为贯彻落实国务院安全隐患排查治理、交通运输部“两防”整治工作回头看和长航局关于开展“迎奥运、查隐患、保安全”专项整治活动，受长航局委托，长江港口协会于二季度组织了安全工作调研专班，对长江上、中下游 11 个港口企业进行了安全工作调研。按照国务院、交通运输部、长航局有关安全工作的精神，编印了安全生产宣传资料 100 多份，发送港口企业码头生产一线，广泛宣传上级安全工作部署和有关精神。深入基层召开 10 多次座谈会，了解港口企业安全管理责任制、安全监管和安全专项整治活动开展情况，分析存在的问题，并广泛征求企业对搞好安全工作的意见反映企业需求，收到良好效果。针对全国奥运安保特殊时段工作，我会认真落实交通运输部、长航局《关于扎实开展奥运安保“回头看、查盲区、找漏洞”活动通知》精神和奥运安保各项工作部署，结合长江港口企业安保实际，进一步加大工作力度，再次组织工作专班于三季度赴长江上游重庆港辖区、巴东、宜昌等 5 个港口企业，重点对港口企业奥运前期组织机构健全情况、安保设施经费、人员、物资的投入、重点部门、码头库场等要害部位的安全隐患排查及整改工作情况、客运码头防范措施和安保制度及奥运安保应急处置预案等情况进行检查。确保了奥运安保期干线港口安全形势的稳定。

·*扎实推进各项安全活动开展*　为及时做好春运及港口企业重点物质运输工作，切实加强冬季安全工作，我会认真按照局安委会工作部署，一是及时下发了确保电煤运输，加强安全工作的通知，要求会员单位切实加强冬季安全和重点物质运输工作；二是下发慰问电，及时收集会员单位战雪灾、保春运、保电煤运输动态；三是继续深化“三防一禁”专项活动，配合长航局做好危险品运输规章修改工作。四是认真贯彻交通运输部在全国水路行业开展的水路内贸集装箱超载治理工作，及时向各会员单位通报开展水路内贸集装箱超载治理工作的通知精神，配合局安全处起草治超工作方案，提出建设性意见，及时传达、宣传上级安全管理工作精神，发挥好政府与企业间的桥梁与纽带作用。五是举办首届长江干线港口企业安全工作研讨会。为进一步加强港口企业间的安全工作交流，提高港口安全生产管理水平，应广大会员单位要求，通过协会搭建平台，我会于 2008 年 10 月在荆州港大力支持下召开了首届长江干线港口企业安全生产工作研讨会。认真学习传达张德江副总理在全国安全生产电视电话会议上的讲话精神，分析研讨当前港口企业安全工作热点、难点，交流各港口企业间搞好安全工作经验，此次会议对提升港口安全管理水平，创新安全发展，进行了有益探索。具有十分重要的意义。

二、协助做好行业管理工作。

·不断深化长江航运指数运行　为了更好引导长江航运市场向统一规范竞争有序方向发展。按照总结、完善、提高的原则，长江港口协会 2008 年对不断对长江航运指数编制与发布工作加以总结完善，一是结合长江航运发展实际，认真总结分析一年来指数运行状况；二是不断拓展扩充深化指数运行质量做到编制发布规范化、制度化；三是有效反映企业需求，扩大应用范围。使其指数发布工作贴近行业生产实际，使其更具代表广泛性，行业指导性。每期报告做到认真审核，力保质量，同时为中港协报送资料。扩大了行业影响力。

·积极参于行业政策制定修改工作　一是按交通部规划司要求提供内河水运发展战略研究报告港口企业相关数据材料，并派员参加部《内河水运战略发展》研讨会，提出相关完善建议。二是协助局安全处组织在汉召开交通运输部水运司全国《港口生产安全事故统计报表制度》研讨会。从长江港口实际出发，提出切实可行的修改完善意见。

·协助中国港口协会和长航局做好行业协调管理工作　按照总会工作部署一是完成集装箱内外贸收费价格并轨工作。为摸清港口集装箱收费价格现状，派员与理工大学专家联合对部分港口企业进行了调研，积极配合中港协做好调查工作。二是派员参加中港协组织的“全国集装箱企业执行政府定价情况互查交流”活动。会同中港协有关专家及有关港口代表，先后赴上海、宁波、重庆、宜昌、武汉、九江、芜湖等港口进行实地调研，互查集装箱执行政府定价情况。三是派员参加了中港协组织召开的行业节能工作座谈会，在部节能减排宣传月期间我会积极配合有关部门收集各港口企业关于节能减排的经验材料，征求了港口企业对《长江航运节能减排联合宣言》的修改意见，努力营造全行业共享绿色环保资源的环境。并参与做好节能减排宣传周活动。四是及时了解港口企业抗震救灾工作。2008 年 5 月针对四川发生的特大地震灾害，我会按照交通运输部和长航局发出的统一指示，及时向长江上游港口企业发出了〈关于做好应对四川汶川特大地震灾害确保长江干线航运畅通的函〉，并要求立即启动突发事件应急预案，全力确保长江干线航运畅通，全力以赴做好抗震救灾工作，并及时了解掌握港口企业受损情况和隐患排查工作。五是协助长航局做好“双十杰”人物推荐评选工作。参与港口行业文化建设，认真组织开展了港口企业第二届“长航十大杰出人物”、“长航十大杰出青年”的评选活动工作。先后协助完成了材料上报、整理、审核推选评选工作，选树长江港口企业典型。六是协助筹备长江航运文化建设即改革开放 30 年系列活动。按照交通部关于要大力加强交通文化建设和改革开放 30 年总结工作的要求，我会积极配合，对长江港口 30 年来港口生产建设改革发展情况进行了系统的回顾总结，在查阅资料，整理、归纳基础上，形成了总结报告。七是积极筹备首届长江物流论坛有关工作。根据交通部关于“推进交通由传统产业向现代服务业转型，推进现代物流信息公共平台建设和物流技术开发应用，促进现代物流业发展”的要求，为促进长江航运现代物流业发展，由长江港口协会及规划研究中心、长江航运研究杂志社、中国船东协会长江分会共同承担筹备首届长江物流论坛有关工作。先后召开多次会议，明确会议主题、内容、主体、形式、并开展了前期征稿工作。争取为广大港航企业提供一个良好的物流交流平台。

三、服务于会员单位，加强相互交流及合作。

·加强各港口间的联系与交往　协会的宗旨是服务于港航企业，为了加强与地方协会组织的横向联系，互相交流经验，2008 年协会先后接待了泸州港、岳阳港一行赴长江有关港口参观考察、学习和交流活动事宜；联系会员单位赴张家港、太仓港考察；派员参加重庆港口协会换届会议及港口物流信息化调研；派员到武汉港进行《以科学发展观为指导推进长江港口又好又快发展》讲座；派员参加马鞍山港口建港 50 周年和常熟港庆活动；受会员单位委托，在中港指导下组织开展了安庆港现代物流信息中心课题研究工作，为港口会员单位提供服务。同时每月编撰信息资料，向会员单位宣传行业政策和国家相关规定和月度生产动态。扩大信息交流，搭建会员沟通平台。通过相关活动，增进了与各地港口的沟通和友谊，加强了港口间的联系与交往。

·认真做好信息引导工作　一是定期对港口会员单位生产进行统计整理。协会坚持每月定期对长江港口会员单位生产统计数据进行汇总整理，对港口货物吞吐量、外贸货物吞吐量、集装箱吞吐量及长江水运旅客吞吐量，以及有关数据对比分析，较真实地反映长江港口企业生产完成情况，并及时以书面邮件形式反馈会员单位，使长江港口会员单位从总体上把握长江水路运输现状及发展趋势，此项工作受到港口企业的称赞。二是定期编制发布月度长江干线港口企业生产动态。按时对会员单位港口生产完成情况进行全面对比分析，并及时以书面和电子邮件等方式反馈给会员单位。充分体现协会为广大会员服务，加强企业间相互交流及合作的活动宗旨。三是召开年度长江干线港口信息统计工作会议。为了全面掌握长江干线港口企业生产动态，搭建港口间信息统计交流平台，协会于 2008 年 11 月召开了年度长江干线港口信息统计工作会议。通报了年度长江干线港口企业运输生产情况，交流了企业信息统计工作，表彰了年度信息统计工作人员，部署了 2009 年度工作。

·加强协会自身建设，提高科学服务水平　2008 年协会在积极开展为会员单位服务工作的同时，还对协会自身建设进行了一系列工作。协会不断完善内部管理制度，建立会员单位基础资料电子档案，做到行业重大问题互通信息。严格执行国家财经纪律和协会管理制度，做到政务公开，财务公开，强化部门业务学习，促进全员素质不断提高。一是按照章程组织开展好协会各项活动。协会于 2008 年 4 月份组织召开了协会常务理事会议，向常务理事单位汇报了协会年度工作情况，并组织交流了各成员单位工作经验。二是不断加强协会组织的自身建设，重大问题及时向理事单位通报，争取帮助，为港口发展和协会组织建设增添活力。做好内部管理工作，在局人事处、档案中心指导下，完成了协会公开招聘人员工作，及时优化协会人员组织结构。三是按照上级文件精神，认真完成了固定资产清理工作，做到账账相符，账物相符。长江港口协会还为中港协提供了中国港口年鉴、长江港口综述等资料，完成了湖北境内长江干线港口大事记。四是坚持抓好党建精神文明建设工作，2008 年，协会认真组织学习了落实科学发展观、张德江副总理在全国安全生产电视电话会议上的讲话等一系列讲话及会议精神，强化服务意识，提高创新能力。港协的每一位干部积极响应党委号召，踊跃参加了向灾区人民献爱心活动，捐书捐款，慰问病号，体现组织对职工的关心。全处职工团结和谐，热心服务，围绕协会中心工作，做好本职工作，精神面貌发生较大改变。

地　址　武汉市汉口沿江大道 134 号
邮　编　430014
电　话　（027）82767621
传　真　（027）82776226

（长江港口协会　陆湘萍）

【中国船东协会长江分会（简称长江船东协会）】

2008 年，船东协会以邓小平理论和“三个代表”重要思想为指导，坚持用科学发展观统领社团发展全局，紧密围绕长江航运中心工作，以改革与发展为主线，在协会理事长的领导下，在中国船东协会、长江航务管理局的指导下，按照第二届理事大会会议要求和《第二届理事大会改革和发展规划》，统筹规划新一届理事会工作重点，圆满完成开局之年的各项工作任务，先总结汇报如下。

一、推进和完善满意度测评工作，宣贯并实

施修正后的测评办法。

（一）完成2007年下半年满意度测评结果审定、发布工作。组织召开了2007年下半年度测评结果分析评审会，审议通过测评结果，研究了如何完善测评指标设置、权重赋值、网上调查等工作以及相关问题，部署了今年的测评工作。

（二）完成了满意度测评工作完善及评估项目研究。完成了满意度测评工作完善及评估研究课题立项工作，经审核同意后被正式列为长航局2008年度科技项目计划。协会与武汉理工大学分工合作，成立课题组，于5月底完成了整个研究项目。研究项目在6月2日长航局组织的验收鉴定会上顺利通过，研究成果被鉴定为“达到全国内河水运行业领先水平”。

（三）组织召开了新测评办法的宣贯及优秀测评联络员表彰会议。测评办向与会代表介绍了满意度测评工作新测评方案，网上测评系统，表彰了27名2007年度优秀测评联络员。通过宣贯，测评联络员熟悉了测评工作的调整与变化，理解了填写问卷的注意事项，掌握了网上调查的方法，提高了船公司参加测评工作的积极性。

（四）组织开展了2008年度测评工作。6月初向有关船公司发送了130多份调查问卷，完成了测评结果报告和测评工作报告，并利用收集的问卷答案卡数据测试了满意度调查与计算系统，通过收集的问卷答案卡数据模拟船东进入“网上调查系统”，测试结果表明，系统安全稳定、界面优美、方便快捷。12月初，向有关船公司发送130多份下半年调查问卷，目前测评工作正在进行之中。

（五）协会加强了与有关行政管理部门的联系与沟通。通过测评工作结果通报的渠道，及时反映了船东对海事行政执法管理、航道维护管理、治安消防、船闸翻坝转运等方面的意见和建议，使管理部门的决策和措施更加科学化和具有可操作性。

二、积极开展长江诚信船舶评价，稳步推进诚信评价体系建设。

（一）圆满完成2007年度诚信船舶抽查及表彰工作。根据《长江船公司、船舶诚信评价体系实施办法（试行）》，经过初审、征信、抽查、专家评审，领导小组审定，授予重庆长江轮船公司“长航江山4”等11艘船舶为2007年度长江诚信船舶，并在2008年长江航务工作座谈会上授牌表彰。

（二）修订完善了《长江船公司、船舶诚信评价办法》。针对原《办法》中部分条款执行难度较大，缺乏可操作性，船公司参与评价积极性不高等问题，8月初，在汉组织召开了修改完善《办法》座谈会，听取航运企业意见。会后对意见和建议进行了分类、整理，并组织人员逐条逐款进行分析研究，对不适应行业现状、不具操作性的条款进行了调整，形成了征求意见稿，征求广大船东和有关管理部门意见。目前，《长江船公司、船舶诚信评价办法》已正式印发执行。新《办法》增加了企业关注的优惠政策内容，简化了评价程序，规范了评分标准，更具操作性，有利于中小航运企业参与诚信评价工作。

（三）组织开展2008年度长江诚信船舶评价工作。11月初，下发了“关于开展长江诚信船舶评价工作的通知”。11月21日，组织召开了“2008年度长江诚信船舶评价工作座谈会”，具体部署了2008年长江诚信船舶评价工作，要求企业加大自评力度，严格按办法要求据实填报相关材料，推荐优秀船舶参评。目前正在按工作计划进度安排，收集参评船公司提供的申报材料，并将按新办法要求向长航局系统各单位及有关省市航管部门进行征信，组织专家进行评审，公示并收集意见，最后经研究后确定2008年度长江诚信船舶报领导小组审定、授牌，并向社会公告。

三、关注行业热点，反映船东诉求，维护行业整体利益。

（一）关注行业热点，组织开展了长江航运企业经营及费收负担调研。5—6月，通过第一阶段的函调和第二阶段的分片召开座谈会、重点走访，了解了长江航运企业经营及费收负担状况，分析了长江航运企业经营中存在的主要问题及其成因，并从维护行业整体利益出发，向政府主管部门客观反映了航运企业的困难和诉求，提出了减轻航运企业税费负担、规范长江航运市场秩序、大力推进航运信息化建设等加强行业引导的意见和建议，并形成专题报告上报政府有关部门。

（二）反映船东诉求，请求对川江滚装运输企业进行补偿。根据长江滚装运输专业委员会提出的要求对滚装运输企业进行补偿的诉求，为客观公正地向上级管理部门反映情况，协会组织力量进行了认真广泛的调研，起草了“关于请求对川江滚装运输企业进行补偿报告”上报国家三建委、发改委、财政部、交通运输部及沿江省市相关国家机关，反映了船东的实际问题，引起管理部门的重视和关注。

四、开展业务知识讲座培训与信息咨询，全方位服务船东。

（一）组织开展了船舶安全管理和船舶安保工作知识讲座。7 月上旬，利用长江船东满意度测评工作宣贯表彰会议的机会，邀请长航局安全处徐开金处长作了《船舶安全管理和船舶安保工作知识》讲座，长航公安局消防总队长丁海元队长作了《奥运安保中船舶消防的重要性》讲座，有效提高了船公司对安保工作的认识。

（二）举办长江航运企业安全经营管理培训班。11 月 6 日至 8 日在湖南成功举办培训班，邀请长航局运输处赵洪祥处长讲解长江航运现状及船舶经营资质管理等有关规定，长航局安全处朱红处长讲解航运企业和船舶安全管理有关规定，重庆市河牛滚装船运输有限公司谭建强董事长交流了民营企业在改革开放的环境下经营、发展的经验。培训班收到了预期效果，船公司予以了充分肯定。

（三）编发《信息与资料》，搞好咨询服务。全年共编发《信息与资料》四期，及时宣传国家法规、部门规章和交通部、长航局及中船协的重点工作，重大活动和重要举措，及时交流企业经验，通报长江水运形势和发展趋势，反映船东的要求和建议，收到了良好效果。

五、搭建对话平台，发挥纽带作用。

组织召开了长江航运企业与行政管理部门联系会第一次会议。广泛收集了船公司对行政管理部门的意见与建议，组织部分航运公司负责人和长航局直属单位分管领导，开展了业务工作对话，共同研究协商解决长江航运发展中具体问题的措施，增进了航运企业与行政管理部门的互动与互信；研究讨论了“长江航运企业与行政管理部门联系会议制度”（讨论稿），为对话机制制度化打下了良好基础。

六、发挥行业协会作用，做好管理部门参谋。

（一）加强滚装运输市场研究，提出了加强载货汽车滚装船运输市场准入管理的建议。根据长航局要求，于 3 月份在宜昌组织召开了载货汽车滚装运输专业委员会主任会议，专题研究有关滚装运输企业公司分立等市场准入问题，形成了“关于载货汽车滚装船运输市场准入有关问题的函”报长航局。长航局采纳了协会意见，避免了滚装运输行业再度出现盲目发展和无序竞争，航运企业给予了高度评价。

（二）参与长航局水路运输集体审批工作。认真履行职责，严格按照国家有关法规对过会企业申报事项进行审议，根据长江水运市场的现状和企业的实际状况提出具体审批意见，根据国家政策与船东的需求为政府宏观预警与市场准入机制提供决策建议，以保持市场供需平衡，促进航运结构的优化。

七、做好“奥运安保”工作，加大反恐宣传力度。

7 月底，协会组成工作组，赴重庆、宜昌等地对有关船公司开展了调研、检查，宣传了奥运安保工作的重要性，传达了部和长航局领导指示精神，听取情况汇报，实地检查船舶好滚装码头，要求各船公司积极配合、支持管理部门共同做好奥运安保工作，克服厌战情绪和畏难情绪，防止对抗情绪和骄傲情绪。通过调研与检查，提高了各航运企业对安保工作的认识，促进了企业奥运安保制度和资金投入的落实，确保了奥运期间运输生产安全和社会稳定。

八、配合政府部门，协助做好行业管理相关工作。

（一）配合长航局做好科实践学发展观调研前的准备工作，收集船公司意见，仔细分析、归纳汇总，将调研主题建议及时提交局有关部门，使调研活动更贴近于和服务好航运企业生产经营。

（二）配合长航局党办、长江杂志编辑部汇编长航系统先进个人事迹，认真核实有关情况并精心完成 14 篇材料的文字编辑，发挥了协会的协助、服务职能。

（三）配合做好局党办、工会组织船公司做好行业文化建设工作。参与长航局第十二届“文明窗口月”活动，认真征求船东意见；转发长航局第二届“双十杰”评选活动的通知，组织船东积极申报；配合做好“双十杰”人物的宣传工作。

（四）转发长航局《关于确保长江干线抗震救灾物资运输的紧急通知》、《关于开展汛期百日安全活动的通知》、以及关于做好春运、“十一黄金周” 期间旅客和重点物资运输工作的有关文件，要求各会员单位积极配合管理部门，开展相关活动，做好相关工作，以保障运输、保障安全和保障畅通。

九、完善制度建设，规范协会内部管理。

（一）规范滚装专业委员会运作，构建反映船东诉求的有效渠道。针对滚装运输企业再次联名向部反映有关意见的情况，派人赴宜昌与企业进行沟通交流，强调会员单位须主动服从有关管理部门的管理，提高安全意识、全局意识；组织专业委员会主任委员学习《载货汽车滚装运输专业委员会管理办法》，强调会员单位应通过船东协会这一有效渠道反映问题；督促专业委员会建立报告制度，凡行业内热点、难点问题及会员反映强烈的诉求，须向长江分会报告，从制度上为长江船东协会提前介入创造条件，使专业委员会真正承担起服务会员、配合管理部门工作、有效反映企业诉求的责任。

（二）重新调整了秘书处各部门职责，初步形成了内部组织结构相对完整、工作责任相对明确的协会制度体系和运行机制。

（三）调整岗位，充实人员，加强能力建设。两名中层干部由副科级提升为正科级，提高工作人员工作积极性；通过公开招聘，新进一名应届大学生，补充新生力量，着远长远发展。同时，把加强能力建设作为协会长远发展的根本途径来抓，苦练内功，提高协会服务、协调、创新、自律、积累五种能力。

（四）制定了《长江分会固定资产管理办法》。明确资产管理组织及其职责，各类资产的采购、维修、借出、报废的程序，固定资产实行卡片登记管理，落实资产保管人责任，强化协会资产管理，做到厉行节约、物尽其用，保证协会各项工作的正常开展。

（五）制定了《长江分会业务工作报告制度》。规范秘书处日常汇报工作，保障协会与有关业务单位工作联络，提高整体工作质量与效果，针对月度报告、季度报告、半年报告、年度报告及重大事项专题报告，明确秘书处各部门职责分工和工作程序。

（六）委托华通鉴会计师事务所对协会进行了财务审计。根据审计意见中提出的有关要求执行《民间非营利组织会计制度》的问题，与局财务处、档案中心交换了意见，并向中国船东协会予以了解释。

十、加强精神文明建设，争创和谐团结新局面。

根据长航局机关党委的要求，秘书处制定了年度目标责任书，结合工作实际认真抓好落实。支部坚持每月两次政治学习活动，通过《支部生活》专栏，深入学习“两会”有关文件、全国交通工作会议、长航局工作会议、党风廉政工作会精神，学习《长航系统党员教育管理办法》，从贯彻落实科学发展观战略高度，把树立社会主义荣誉观作为思想道德建设的基础性工作和长期任务。积极响应长航局关于开展“加强作风建设，做好三个服务”活动的号召，及时开展学习讨论、自查自纠活动，职工的思想觉悟有了明显提高。认真组织开展学习实践科学发展观活动，全体党员按时参加了4次辅导讲座，详细做了学习笔记，开展了大讨论，撰写了学习实践科学发展观心得体会，全体党员通过学习、辅导、思索和实践，大大提高了对科学发展观深刻的思想内涵和对现实工作指导意义的认识。通过支部活动，转变了工作作风，廉洁了党风党纪。目前，协会党员、干部紧密团结，工作努力，形成了一个和谐奋进的良好局面。

地　址　武汉市汉口沿江大道134号
邮　编　430014
电　话　（027）82766338
传　真　（027）82766322

（长江船东协会　陆湘萍）

【中国航海学会内河海事专业委员会】 （详见《长江航运年鉴》（2007卷）第十六编“社团报刊”第959页）

【中国水运建设行业协会内河航道分会】 （详见《长江航运年鉴》（2008卷）第十六编“社团报刊”第860页）

【长航局纪检监察工作学会】 （详见《长江航运年鉴》（2007卷）第十六编“社团报刊”第960页）

【武汉造船工程学会】 （详见《长江航运年鉴》（2003卷）第十六编“社团报刊”第818页）

【浙江省航海学会成立船舶技术专业委员会】

经浙江省航海学会五届七次理事会审议通过，省民政厅批准，省航海学会于2008年11月3日发文，成立船舶技术专业委员会。11月11日，专委会成立大会在泰顺召开。专委会由省船舶检验局牵头，是全省船舶科研、设计、检验行业有关单位和部门自愿组成的学术团体。

专委会旨在以邓小平理论和“三个代表”重要思想为指导，深入贯彻落实科学发展观。通过加强委员单位的联系和人才资源的共享，开展船舶技术、管理的研究和交流，促进我省船舶科研、设计、建造和检验等的技术进步和管理水平的提高。

（浙江省局　船检处）

【江苏省航道协会第四届三次会议成功召开】

2008年3月25日，在南通市召开江苏省航道协会第四届三次常务理事、理事工作会议。理事长周世忠同志作了《江苏省航道协会2007年工作总结和2008年工作意见》的报告。与会代表认真学习江苏省交通厅《江苏省交通厅社会团体管理办法》，讨论了协会2008年度的工作重点和中心任务，审议通过了连云港市海通航务工程有限公司和南京市航务工程有限公司加入江苏省航道协会。截至年底，协会团体会员单位增至23个，理事会成员41人。会议期间，代表参观了世界建桥8个第一创新技术的苏通长江大桥。

（江苏省局　徐秋敏）

【《京杭运河志（苏南段）》编写工作进入印刷出版阶段】 《京杭运河志（苏南段）》编写工作历时三年半，于2008年11月书稿送交人民交通出版社印刷出版。自2005年5月正式启动，第一阶段班子组建工作顺利完成，2006年，边搜集资料边写作书稿；2007年底，完成了《京杭运河志（苏南段）》一至十二章书稿初稿，计80余万字。

2008年经过五次内审、统稿、修改完善经专家审稿，编委会审查通过，于11月交人民交通出版社印刷出版。先后分组于2008年5月16至17日，5月26至27日，分别在无锡和南京召开了三次由省交通厅、水利厅老领导、从事交通、水利工程工作及科研和教学的教授、省史志办史志专家等参加的审稿会，审稿会的领导和专家对该书给予了高度的评价，组织编写的《京杭运河志》（苏南段）志书，从纷繁的史料中茧剥出精华，梳理成体系，终编纂成册。全书详细记述了京杭运河苏南段形成、发展、演变的历史，客观介绍了运河地理、运河文化、运河经济及运河风貌，系统展示了苏南运河作为京杭运河中船舶通过量最大、社会经济效益最显著区段的独特优势、社会地位、巨大贡献以及形成、变迁、整治的轨迹，全面展现了苏南地区广大人民群众治河治水用水的伟大业绩，并重点对建国后运河的发展过程进行了系统的阐述，这无疑是今后规划沿河经济和进一步开发利用运河所必备的参考资料。书的史料性、容量及质量都可称得上是精品。

（江苏省局　徐秋敏）

【安徽省造船工程学会】 2008年，安徽省造船工程学会一是参加全省船舶工业调研活动。为认真贯彻落实胡锦涛总书记在安徽视察工作的重要讲话精神，主动参与泛长三角船舶产业合作与分工，抓住机遇促进安徽船舶工业快速发展，省造船工程学会与省船舶办在省国防科工办的统一组织和安排下，于4月中旬由省国防科工办领导带队赴巢湖、芜湖、池州、安庆等地对船舶工业发展情况进行了专题调研，与各市县区政府领导就船舶工业的发展战略、发展规划和发展措施进行了沟通和交流，对船舶工业园区和重点船舶项目建设情况进行了现场调研。通过开展调研活动，全面了解了全省各地船舶工业发展的现状、优势及存在的问题，并向省委、省政府提交了专题调研报告，提出了安徽船舶工业参与泛长三角船舶产业合作与分工，进一步加快安徽船舶工业发展的思路、目标和措施。专题报告得到了省委、省政府领导的高度重视，王金山书记和黄海嵩副省长分别于5月7日、5月8日做出了重要批示，并将专题调研报告在省政府办公厅《政务参阅》[2008]7号上印发。二是组织召开省科协造船工程分会——全省船舶制造产业对接会暨参与泛长三角船舶产业合作与分工研讨会。9月19日，由省国防科工办主办，省造船工程学会、省船舶办、和县人民政府组织承办，召开了全省船舶制造产业对接会暨参与泛长三角船舶产业合作与分工研讨会。造船工程学会、船舶行业协会，全省船舶修造及配套企业，各市县区船舶管理部门、省直有关部门，各省级金融单位，高等院校的代表，以及特邀江苏造船工程学会、中船重工 714 所等单位的领导和专家共 300 多人参加了会议，黄海嵩副省长在会上作了重要讲话，省政府办公厅在《安徽政办通报》（87）上将黄海嵩副省长讲话印发到各市县政府和省政府有关部门等。这是安徽船舶行业历史上最大规模的一次盛会，会议收到船舶技术、管理及产业发展等方面论文共 10 篇，并向中国造船工程学会推荐了 2 篇优秀论文。会议还举办了安徽省船舶工业发展情况展览，现场签约合作项目 8 项，合作金额达 20 亿元，涉及船舶配套、招商引资、银企合作和技术交流等多个方面，为安徽船舶产业搭建了技术、信息和银企交流对接的平台，收到了良好的效果，对促使安徽参与泛长三角船舶产业合作与分工，进一步加快船舶工业发展，必将产生有力的推动作用。三是积极参与船舶企业等级评价及复查工作。为巩固专项治理活动成果，进一步规范船舶建造市场，促进安徽船舶工业有序健康发展，省船舶办会同省造船工程学会组织专家，按照《安徽省专项治理合格船厂和新建船厂监管评价办法（试行）》的规定，依据国家《船舶生产企业生产条件基本要求及评价方法》（以下简称《评价方法》），开展对全省专项治理合格船厂和新建船厂的复查和等级评价工作，全年共完成复查船厂 54 家，新审核评价船厂 9 家。四是组织船舶专家培训学习，调整充实船舶行业专家库。为引导和规范全省船舶企业有序发展，进一步宣贯国家《评价方法》标准，开展船舶企业级类别审核评价工作，会同省船舶办在 11 月份举办了国家《评价方法》标准培训班，对各市船舶行业管理部门、造船工程学会和船检、渔检等部门推荐的船舶专家、部分市县船舶行业管理部门、部分企业领导、管理人员及部分会员进行了集中培训学习。根据培训的情况对全省船舶行业专家库进行了调整补充，公布了新一批全省船舶行业专家 31 名。调整后的专家年龄和知识结构进一步优化，工作经验和能力等都有明显增强。五是积极组织参加 2008 中国（合肥）自主创新要素对接会和 2008 年中国（芜湖）科普产品博览交易会。在合肥自主创新要素对接会上，组织了全省 12 家船舶团体会员单位重点船舶企业集中展示了中远海测量船、新型挖泥船、豪华旅游客船、中低速船用柴油机等最新的自主创新成就和科技成果，受到国内外众多客商和新闻媒体的广泛关注，对加快我省高技术含量、高附加值船型及配套产品开发，促进船舶企业自主创新能力的提高起到了积极推动作用。在芜湖科博会上，我们紧扣“共享科普资源，提高公众素质”的主题，通过各种舰船模型、展板和音像等展示手段，从舰船的历史发展角度和舰船的技术发展等角度向观众普及舰船科学知识。通过积极参与对接会和科博会，进一步扩大了省造船工程学会的社会影响，取得了良好的宣传效果和社会效益。

地 址 合肥市徽州大道 461 号
邮 编 230001
电 话 （0551）4671446；5271930
传 真 （0551）4654700

（安徽省造船工程学会 陈 权）

【安徽省航海学会】 2008 年，安徽省航海学会共有团体会员单位 60 家，个人会员 2 415 人。其中持有中国航海学会新会员证的有 244 位。会员中科学家和工程师占 66%，业务骨干和中级职称者占 24%，有丰富经验并热心学会工作的领导干部占 10%。

·*组织建设* 建立“人才库”。 为了储才备用，省海事、港航、船检系统“专家库”已经初步建立。据不完全统计，目前已拥有各类高级技术人员 76 人，其中高级工程师 50 人、高级经济师 13 人、高级会计师 9 人、高级审计师 1 人、高级讲师 2 人、编审 1 人。

·*学术活动* 学术活动是面向水运交通事业改革、建设和发展建言献策的主渠道，也是学会的主要任务之一。一是开展《安徽省内河水运发展战略》课题研究。“内河水运发展战略研究”，是省交通厅交办的一项软课题，省航海学会在周明理事长直接领导下组成课题小组，李颇凡秘书长为组长，马茂棠顾问为总策划，董曙光、周文生、朱哲贵、王良琼、张德春、尹鑫、李光春、刘和平、许增、周健松、朱水英、姜玉平等 14 人为成员，并分工负责各篇的调研和撰写工作。该课题从 2008 年 5 月份启动，经过在业内调查、搜集各项有关资料，在各相关的物资部门水运企业等单位征求意见后，以邓小平理论和“三个代表”重要思想，全面贯彻科学发展观为指导，对各项资料和意见进行整理、分析、研究，研定了发展战略，又经过四次评议，五易其稿，最后形成情况明朗、问题实在、战略有方、措施有力、办法可行的较深层次的研究成果。二是举办第七届航海论坛。此次论坛共收到论文 46 篇。论文由全省从事航运工作的领导、专家、学者和基层工作者撰写，围绕“如何建设和发展安徽水运”这一主题，从港航管理与建设、船舶修造与管理、运输安全与海事管理、水运市场与水运经济、对发展水运的研究、作风整顿和效能建设等 6 个方面，反映了全省水运生产“航道、港口、船舶、运输市场和水运经济、水运管理”这 5 大要素的改革、建设和发展的诸方面，涉及面广。论文经组委会评审，评出二等奖 6 篇，三等奖 12 篇(一等奖空缺)。大会向获奖者颁发了证书和奖品。

·编辑出版、科普宣传　一是编印《安徽省内河船舶船员培训考试实用手册》。该《手册》由省地方海事局、省航海学会按照《中华人民共和国内河船舶舶员适任考试大纲》的要求联合编印，经有关部门批准后出版发行。本书分设驾驶专业、轮机专业和船员特殊培训五个类别，共 4 600 道题。该书内容丰富，有很强的针对性，并注重理论与实践的结合，是我省广大船员的好读本，是全省培训机构的好教材。二是出版发行《安徽航运年鉴 2007 卷》。该《年鉴》集中展现了 2006 年安徽航运界的基本面貌、发展状况和取得的新成就、新经验以及出现的新情况。全书近 88.5 万字、140 多幅照片，其基本内容分为综合情况、动态信息和辅助资料 3 个部分，全书充分体现了专业特点和年度特色。该书是一部综合性、权威性，并具有存史价值的资料文献，在由中国版协年鉴工作委员会主办的第四届全国年鉴编校质量检查评比活动中获得一等奖。

·咨询服务　组织评审水上工程项目。省学会受省交通厅委托，组织专家分别对申报的《巢湖港巢城港区（一期）工程施工图设计》、《霍邱县周集铁矿专用码头二期工程初步设计》、《浍河蕲县船闸建设工程跨闸公路桥施工图设计》、《浍河蕲县船闸建设工程施工图设计》、《合肥港综合码头一期工程施工图设计》等 5 项工程项目进行了评审，并将评审结果形成书面意见，按照程序报送相关部门。另外，还编制了两项《水上通航安全评估报告》。《报告》的编制受到与会专家的好评，一致认为《报告》“规范、完整、质量高”。

·组织培训、科普宣传　省学会及各专业委员会和芜湖、蚌埠、安庆、滁州、淮南等各市级学会举办中国“航海日”庆祝、抗震救灾献爱心活动，发放救生设备、《渡运安全》、《渡口安全歌》等科普材料。对船员和执法人员需要掌握的各项技能、安全知识，写作技术等进行培训，组织培训班 30 期，参加人员达 3 596 人次。由省科技活动中心和省航海学会共同组织全省交通系统会员积极分子分别去日本、俄罗斯、香港等地考察学习。

·荣誉称号　省学会于 2004—2006 年连续三年获得明星学会称号。这次国家科协又给予学会“三连冠”星级奖光荣称号，并授予奖牌。省科协第八次会员代表大会通过民主选举产生了第八届委员会，省学会李颇凡同志被选任为委员，朱水英同志被授予先进工作者称号。

地　址　安徽省合肥市窑湾路 6 号
邮　编　230011
电　话　（0551）4294363；4292440；4293920
传　真　（0551）4293112
邮　箱　hanghaixuehui@sohu.com

（安徽省航海学会）

【池州市港口协会】　池州市成立港口协会，走在了全省前列。2008 年，协会有单位会员 30 家，个人会员 29 名，咨询服务机构一家。在章刘发会长和各位副会长的正确领导下，在全体会员的积极参与和支持下，经过一年多的努力，做了大量卓有成效的工作，终于使协会如期成立。投入运作后，协会坚持立足服务于港口发展的方针，制定了会费缴纳标准及管理办法、会员登记管理办法和财务管理办法等内部管理制度；组织开展与兄弟港口和港口企业间的联系和交流，扩大了协会在港口业务领域的工作范畴和影响；两次进行港口经营市场调查，探讨保护行业利益的措施，提高了协会工作人员的综合素质，提升了港口的知名度。

·增强服务能力　为了更好地发挥行业协会服务、自律、咨询、协调的职能，更加注重技术咨询、培训、评估机构建设。协会经多次协商，两次召开理事会，专门讨论成立咨询评估机构事宜，最后确定由章亦军具体经办，在港口局等相关部门的帮助和指导下，该机构于 2008 年 11 月 9 日完成注册，现已开始运作，并正在积极申办港口安全评价资质。池州永泰港口安全技术服务公司是池州港口协会下属最重要的一个专业机构，为会员及相关企业提供技术和管理咨询、码头设计、建设、评估论证、业务培训、交流等服务项目，为领导科学决策提供依据，这对于推动我市港口发展和安全科技的进步，有着不可替代的重要作用，有利于促进行业整体水平的提高，将我市港口推上了一个新台阶。

·强化班子建设　由于形势发生变化，协会领导工作职责履行困难，为保证协会工作运转正常，协会主要领导多次要求调整和加强领导班子。市港口局对发挥行业协会的作用十分重视，经多次调研和协商形成共识，拟定由局长兼任会长，分管副局长兼任秘书长，增设两名副会长，由大会选举产生。这一方面为了加强领导，另一方面也提高了管理层次，有利于港口协会今后发挥更大的作用。

（池州市港口协会）

【浙江省船舶行业协会】　（详见《长江航运年鉴》（2006 卷）第十六编“社团报刊”第 930 页）

【云南省航海学会】　2008 年，云南省航海学会紧密联系全省航运工作实际，集中力量，把握重点，开展了一系列富有成效的工作。一是重视学术建设，搞好学术交流。学会始终把学术交流作为主业和重要任务，努力提高学术交流水平和质量，学术交流的内容与形式不断创新。为了激励广大会员积极参与学术交流，学会每年将评选出的优秀论文推荐到相关学术交流会上进行交流，推荐到相应刊物上发表。承办“东方多瑙河——航运的绿色使命”澜沧江—湄公河航运环保研讨会。二是积极开展航海日庆祝活动。1. 为庆祝 2008 年中国航海日，配合云南省航海日组委会，积极开展和参与了“和谐”取水、聚水等主题活动，宣传云南水运发展，宣传郑和精神。2. 承办珠江片区航海日系列活动。来自珠江沿岸四省区的交通、海事、海运、航运企业等 28 个单位、近 200 人参加了大会，中国航海学会理事长、交通运输部原副部长洪善祥出席大会并致开幕词。此次会议主题是：“发展珠江水运，服务流域经济”。三是加强组织建设。进一步健全了学会组织机构，完成纳税、年检工作，对会员进行了清理登记，调整了新的理事会成员，发展了新会员，为学会的发展壮大蓄积了重要力量，完成了学会更换法人登记换证等工作，先后接受了省审计厅及局监审处的审计。

地　址　昆明市环城北路 181 号
邮　编　650051
电　话　（0871）5124828
传　真　（0871）5127025

（云南省局　马翠德）

【贵州省航海学会】　2008 年，贵州航海学会在贵州省科学技术协会、中国航海学会和贵州省交通厅的领导下，在贵州省航务管理局的具体指导下，紧紧围绕航运的中心任务积极开展了学术交流、科学普及、咨询服务、技术调研、期刊出版等各项工作。同时在各会员单位和各有关部门的积极支持和协助参与下，学会本年度工作取得了较好成绩。一是按照贵州省民政厅《关于对社会团体开展年度检查的通知》要求，目前我们正在按照年检时间和分阶段年检工作的内容，对照检查，认真如实填报有关材料，自觉接受年检，按规定要求在 2009 年 3 月份完成年度检查工作及财务审计工作。二是把科普工作作为一项重要任务。结合四川汶川 5.12 特大地震灾害，组织广大会员积极开展以科技救灾组织会员进行科普宣传活动，发送科技宣传资料 3 600 余份，加强宣传防震防灾宣传画的宣传及张贴，宣传科教救灾、减灾的有关科普知识。努力传播航运科学普及知识，全面介绍贵州航运的新面貌和新成就。同时，赴云南省参加 2008 年中国航海日珠江片区珠江源永久性纪念碑揭牌仪式、捐赠资金用于资助郑和故乡贫困学生完成学业等重要纪念活动，通过中国航海日纪念活动来进一步扩大影响，提高全社会航海意识及科普知识。通过各种形式的科普宣传，体现并发挥社团组织在科普主力军方面的重大作用，为提升广大会员的科普素养而努力作为。结合“航海日”活动的安排，开展多种多样的“航海日”活动。①7 月 11 日上午 9 时，各港口停泊、过往船舶和海事巡航艇统一挂满旗并鸣笛 1 分钟，以庆祝“航海日”活动。②为应付对水上交通突发事件，提高各级政府处置、应对突发事件的能力，增强全民积极参与预防和处置突发事件的意识，学会积极配合行政在赤水河上组织了“赤水河水上交通突发事件应急演练”活动。本次演练得到政府以及沿河人民群众的一致好评，并取得了圆满成功，这次演习是目前我省规模最大、科目最多的一次水上交通应急演练，也是目前全国非水网地区规模最大的最成功的一次演练。三是根据中国航海学会航学发〔2008〕28 号文件要求，完成了中国航海学会《中国航海学会发展史》贵州部分的历史沿革、历届学会理事会主要领导、开展的主要工作以及取得的重要成效和获得的各种奖励等资料文稿收集及编写工作。力争通过《中国航海学会发展史》这个窗口宣传成绩、展示形象，让航运界更加了解学会的工作，从而实现学会更好地服务于航运事业的发展。四是举办了学会最高水平的院士专家学术报告会。8 月，我们特邀了中国工程院梁应辰院士、清华大学王光纶教授等一行专家、学者，作了“关于长江三峡和葛洲坝通航工程建设有关情况及对贵州水运建设发展建议 ”、“关于红水河干流水电梯级开发对航运影响的调查研究和建议 ”等学术报告。参会人员有贵州省交通厅领导及全省航海学会会员代表；各专业委员会主任、副主任；全省海事单位领导共 120 人。五是在深入学习实践科学发展观活动中，船舶技术专业委员会组织工程技术人员，结合清水江流域地处黔东南州边远山区，经济落后，船舶技术人员缺失，加上清水江上游航道狭窄，弯大，水浅、流急，对船舶航行性能有极其特殊要求，船舶尺度受到很大限制。长期以来，航行于清水江中上游的船舶，都是当地老百姓按传统经验凭想象建造，没有相应的技术设计图纸，安全就生设备也往往未按规定配齐，船舶的技术性能得不到很好发挥，特别是船舶的主要安全性能——稳性得不到有效保障，严重影响了当地人民群众出行安全，也给当地海事监管部门的安全管理工作造成极大困难等等实际情况。承担研究开发的船舶船长 18.20 米，船宽 2.20 米，型深 0.75 米，满载吃水 0.40 米，主机功率 23.5+14.7 千瓦。为满足规范对航行于急流航段船舶设置双主机的要求，同时又必须适应航道狭窄、水浅的具体情况，研究船舶采用设置两台主机驱动一根轴系，单桨单舵的推进方式。 成功开发了安全、便捷的新船型即“剑河两机一轴客船”，不仅解决了清水江周边数万老百姓的出行之苦，也是贵州山区船型技术的一次创新，对山区河流客船设计中的一些难点问题提出了成功的解决办法，具有很好的推广价值。六是海事专业委员会承担并完成了“三板溪 23 米级巡航救助船设计”、“两江一河 40 米级海事泵船及 25 米级巡航救助船设计”、“海事《公文管理系统》、《隐患管理系统》研发”。七是水运管理专业委员会开展了“贵州省水路运输量、港口吞吐量及水运经济调查报告”的工作，从 2005 年水运量调研分析；港口吞吐量调研分析；水运量、港口量统计操作建议；分析预测 2005 年至 2010 年水运量、港口量发展趋势；对我省近期水运经济发展的分析及存在的问题和建议形成了详实的报告。八是港口、航道专业委员会根据《乌江构皮滩水电站通航升船机研究课题》的需要，组织了专业技术人员到福建和广西认真考察已建成的升船机的建设、运行管理工作等情况并提出了调研报告。同时还完成该课题思林回水影响子题研究内容；组织专业人员考察了广西贵港港口装卸机械设施；对正在按计划进行的西南水运出海中线通道航运扩建工程的施工图设计审查开展咨询工作。九是根据贵州省科协黔科协学字〔2008〕202 号文件要求，继续深入学习实践科学发展观，探讨新时期学会在建设创新型社会及构建社会主义和谐社会中的地位、作用及改革发展途径，为学会开展好下一步工作确定方向和目标，完成了省科协安排布置的学会工作情况调查工作。十是我会牵头组织开展并完成了铜仁地区航运发展规划的编制工作。乌江水电站建设以及通航设施的同步建设，为铜仁地区内河航运发展提供了新的发展机遇，铜仁地区。铜仁地区交通局为了抓住这一难得的机遇，理清思路，明确目标，更好地指导铜仁地区内河航运建设与发展，委托我学会牵头，与贵州顺达水运规划勘察设计所共同承担了《铜仁地区内河航运发展规划》（2007—2020 年）报告编制工作。自今年初开始，学会加大了专业技术力量，加快了规划编制工作，于 2008 年 5 月完成了规划初稿的编制，并经过了省航务局和铜仁地区交通局组织的初步审查，现该规划报告已提交铜仁地区交通局，带地区行署组织审查批准。十一是按照我学会编辑委员会的年度计划安排，完成了《贵州航海》杂志全年的编辑出版任务，除了分别从政策法规、水上安全、船舶检验、港航建设、国防交通、标准规范、航运技术、工作研究等方面发表论文及有关资料。十二是学会原拟建设贵州航海学会网站，上半年已开展了相关工作，进行中将有关情况报告给省航务局后，局领导研究决定将该网站的工作交给交通信息中心进行统筹开发，以便更好衔接在交通厅网站下面。现该网站正处于建设中并已接近尾声，新建成的网站将更加全面宣传贵州航运面貌、规划与建设、水路运输、港航与船舶工程、航运科技等多方面内容，扩大贵州航运的影响。应该说，学会在这一工作中起到积极的开端作用。

一年来，学会在各会员单位和各有关部门的积极支持和帮助参与下，努力工作，取得了一定的成绩。但也存在一些不足和需要改进的方面，比如：在争取政府职能转变中赋予学会部分职能的工作中，我会还做得不够；我会技术咨询部在充分利用学会优势开展工作方面也还存在不少不足之处； 各专业委员会的活动开展较少，没能够广泛地组织更多会员参与学会的活动。学会的桥梁和纽带作用也还有待进一步加强。对于存在的问题我们将逐步加以解决，使学会工作水平和质量不断提高。

地　址　贵阳市延安中路 48 号世贸广场 A 座 26 楼
邮　编　550002
电　话　（0851）5973132
传　真　（0851）5957360；5973135

（贵州省航海学会　秘书处）

【重庆市水运协会货运专业委员会】　（详见《长江航运年鉴》（2007 卷）第十六编“社团报刊”第 932 页）

【重庆市水路运输行业协会】　2008 年，重庆市水路运输行业协会在市交委、港航局和民政局的领导下，克服困难，努力工作，在宣传政策、传达信息、抗震救灾、运输专业组织建设、中游碍航调研、财务年审检查、世界经济危机对水运行业的影响、成品油价税费改革等方面做了一定的工作，现简要地作如下总结。

·加强行业自律、督促《收取支线集装箱燃油附加费公约》的贯彻执行　继 2007 年 12 月 5 日在我协会集装箱专委会实施的《收取支线集装箱燃油附加费公约》以来，2008 年上半年，在燃油价格居高不下的情况下，我协会经常与签约的 8 家集装箱企业和两家集装箱港埠公司联系，了解该项工作开展的情况，并督促集装箱专委会，认真贯彻执行《公约》。同时将工作开展的情况向港航局反映，求得工作上的支持协助。总之使这项工作进行得很顺利很成功，不但加强了行业自律，而且进一步维护了水路集装箱专业运输的整体利益，使企业得到了实惠。

·积极做好支援灾区的工作　2008 年 5 月 12 日，四川汶川大地震给当地人民造成严重的灾难，党中央、国务院号召全国人民将抗震救灾作为当前工作的头等大事抓紧抓好。在市港航局的领导下，我水上航运企业和全体职工立即行运起来：一方面积极地在辖区有关部门为灾区救援和重建工作捐款捐物，据不完全统计，截至 5 月 20 日，全市水运企业仅捐款就超过 500 万元。其中民生轮船公司捐 71.5 万元、串通公司捐 32.3 万元、重轮集团公司捐 21 万元、长江轮船公司捐 20 万元、河牛公司捐 8 万元、巨航实业公司捐 4.3 万元、川江航运公司捐 3.27 万元等等，充分体现出了一方有难、八方支援的中华民族大家庭的精神、体现出了我航运企业对灾区人民的一片爱心；另一方面水上航运企业除努力抓好安全运输生产，还确保大批救灾物资在水路运输中转的一路畅通，为了让救灾物资能早日运达灾区，分别让 1 211 辆运救灾物资的大货车优先上滚装船，在免收运费的前提下进行运输。以上救灾物资，仅经郭家沱滚装码头进出口的大货车就有 651 辆次，均安全及时地运达目的港，为支援四川地震灾区作出了贡献。

·化危品专业组织建设工作　年初，在化危品航运单位的要求下，协会将组织成立化危品专业委员会的工作纳入了下半年的工作议程。在市港航局的指导下，协会经过积极筹备，于 2008 年 10 月 22 日，我协会组织召开了化危品专业委员会成立暨民主选举专委会领导班子的会议。在会上，通过无记名投票的方式，民主地选举出了委员会的主任一名、副主任三名、秘书长一名，该专业委员会领导班子成立后团结一致，认真执行政府的政策法令、遵守行规、强化自律、维护行业利益、积极反馈企业诉求，较好地将专业内的工作开展起来。

·积极支持《长江航运年鉴》(2007卷)的编撰工作　2008年8月4日，协会接到市港航局转来的《请提供资料联系函》、即交通部长江航务管理局在抓紧编撰《长江航运年鉴》(2007卷)的工作中，急需要我重庆市水路运输行业协会2006年机构和工作概况等资料。接到该《联系函》后，我会及时安排专人负责完成此项任务。经过紧张的工作，按以上要求于2008年8月14日将整理好的资料（共9页）用电子邮箱已呈报交通部长江航务管理局《长江航运年鉴》总编辑室。

·积极配合港航局做好《重庆交通志》港航管理和水路运输部分的修志工作　2008年6月，经市港航局与协会商量后，我协会抽出工作人员，协助配合港航局积极做好《重庆交通志》中关于港航管理和水路运输部分的修志工作。按照交委修志办的工作安排，在市港航局窦副局长的领导下，在七个月的时间里做了以下工作：一是“第六编 港航管理与监督”的资料收集与修改；二是“港航建设”的资料收集；三是“第八编 水路运·输”进行资料的补充和修改；四是对大事记资料的收集整理;五是水运科技的资料收集。目前，该修志工作正在紧张地进行之中。

·关于航运业受金融危机影响和对《成品油价税费改革方案》提出的意见和建议　2008年10月，因受世界金融危机影响，航运企业的正常经营受到一定程度的冲击，生产滑坡，收入下降。为此，协会积极采取措施：首先，及时下发了《关于调查金融危机给企业带来影响的通知》，在部份有代表性的企业中对6—10月份的生产量、收入及成本等实际情况进行收集，并对综合运价和成本的变动情况进行了归纳分析。我会将收集到的情况及时向主管机关反映，引起了主管机关的重视。我会还会同港航局运输处分别召开了部分集装箱、普货、化危品及滚装四个专业运输单位座谈会，基本摸清了企业的困难情况，港航局及时地向市交委作了书面汇报。其次，我协会抓住国家发改委、财政部、交通运输部和国家税务总局于12月5日联合发布的公告，就《成品油价税费改革方案》在各报纸和网站上公开向社会征求意见的契机，将前面收集到的具体情况和数据进行了综合、测算，归纳为两条意见和两个建议。两个意见：一是经收集的数据测算、行业平均规费仅为0.40元/升，个别最高的也不超过0.60元/升，则税费改革方案拟定为0.80元/升太高，请研究调整；二是请将航运企业列入困难群体给予必要的扶持。两个建议：一是请将重庆至宜昌段的水上客运企业纳入燃油补助范围；二是请将船舶港务费、货物港务费放到燃油消费税中一起考虑。以上意见和建议已在征求意见规定的时间内，于12月11日通过发改委的网站及时地反馈到国家发改委供参考。

·抓好宣传工作、勾通行业信息　协会继续抓好宣传工作和勾通行业信息的工作。一方面是继续抓好协会的内部资料《重庆水运》双月刊的发行工作，因经费较紧，《重庆水运》编辑部本着精简内容、紧缩开支的原则办刊。一年来，《重庆水运》在六期内部资料中，刊载宣传政府的有关政策法规、宣传业内经营管理、安全生产、技改推广、专项工作调研、改革开放发展的好经验新形势、严厉谴责行业内出现的少数违章及非法经营行为等文章共97篇：如分别刊载了《重庆交通委员会、重庆市环境保护局关于加快三峡库区船舶流动污染治理的通知》、《浅谈库区清漂在干流港区航行的隐患及对策》、《燃油添加剂在柴油中的作用》、《重庆港航确保救灾物资一路畅通》、《船舶电气火灾的预防和扑救》、《砂石运输船舶进行专项整治》、《超吃水船舶搁浅阻航将取消半年经营资质》等文章，既做到少而精、提高了质量、节省办刊经费，又深受业内外读者的欢迎和好评；二方面是传达信息，协会凡是收到关于对航运企业在安全生产、经营管理方面有利的信息，都及时地传达到有关的会员单位。在一年里，协会以文件形式为会员单位电传下发了中交协《节能减排管理岗位技能认证培训班的通知》、《关于召开“水上交通安全交流研讨会”的通知》等九条信息，供会员单位自主选择作参考。

·财务年审检查及全年收支情况统计　在财务工作方面，除做好日常工作外，一是按照主管部门要求，在上半年认真负责地完成了2007年度的财务年审工作。二是按照2008年11月24日市民政局下发的《关于清理和规范行业协会服务和收费专项治理工作的通知》（渝民管〔2008〕276号）文件的要求，协会在“违法违规强制入会、摊派会费、强行服务；未按照规定履行批准程序举办评比达标表彰活动；违反有关规定提供展览会、研讨会、培训、出国考察等方面服务的；违章设立小金库、乱收乱支的”等四个方面进行了及时认真的自查工作，并认真地逐项填好了《市级行业协会服务和收费情况自查表》，按时呈报市民政局。协会在以上几个方面均无违规违纪行为，现正等候上级届时检查。

（重庆市水路运输行业协会）

【重庆市水路运输行业协会化危品专委会成立】 2008年10月22日，重庆市水路运输行业协会召开了重庆市水路运输行业协会化危品专委会成立大会，我市化危品水运企业的主要负责人参加了会议。重庆市水路运输行业协会化危品专委会成立后，将充分发挥政府与企业之间的桥梁纽带作用，加强行业自律，促进企业规范化经营，切实为会员单位做好服务，解决好行业的热点难点问题，促进行业快速发展。

（重庆市局　阳　斌）

·报 刊·

【中国水运报刊社】 2008年，中国水运报刊社在交通部、长航局的领导下，以邓小平理论和“三个代表”重要思想为指导，认真学习贯彻党的十七大精神，深入学习实践科学发展观。认真贯彻落实全国交通工作会议和长江航务管理工作会议精神，紧紧围绕交通部、长航局中心工作，精心谋划、认真部署全年工作。牢牢抓住以提高报刊质量为核心，不断提升报刊的权威高度、思想深度、信息广度和亲切程度，以新闻宣传和经营创收两大主要工作为龙头，认真推行目标责任制，新闻宣传异彩纷呈，经营创收大幅攀升，党建工作扎实推进，全面超额完成长航局目标责任制下达的全年各项工作目标和经济指标。

·新闻宣传异彩纷呈 2008年，我们迎来了改革开放30周年，成功举办第29届奥运会这一举国盛事，本报新闻宣传百花齐放，异彩纷呈。截止到11月底，共完成出报137期，1 096个版面，经湖北省新闻协会专家评审出甲等版面89个，四星级稿件209篇。出版中国水运杂志11期，半月刊11期，中国水运网发布各类信息14 500多条，其中关于长江航运方面的信息3 000多条。在当年湖北省专业报记协好新闻评选中，中国水运报共有23篇作品获奖，获奖总数和一等奖总数连续五年名列全省30多家专业报第一名。一是全力以赴做好“抗灾保通”的宣传报道。年初，我国南方遭遇罕见的冰冻雨雪灾害，根据交通部、长航局的统一部署，报刊社全体采编人员放弃春节休息，大年初四恢复上班，报纸杂志网站密切配合，及时报道了党和政府、交通主管部门对油、电煤运输的决策部署，推出了《大雪考验交通 水运凸显优势》的深度报道，体现了水路运输在危难时刻发挥的关键作用。在整个“抗灾保通”中，共编发稿件218篇，图片35幅。开辟“迎战持续雨雪，保障电煤油运”专栏，连续发稿114篇，图片13幅。牢牢把握住舆论导向，营造了良好的舆论氛围，为交通系统夺取“抗灾保通”工作的全面胜利发挥了积极的作用。二是圆满完成“两会”宣传报道。2008年特派两名记者参加“两会”现场报道，经过精心组织，前后方采编密切配合，从3月3日至3月21日，累计刊发前方特派记者、特约记者、通讯员采写的“两会”新闻和代表委员建言专文85篇，新闻图片23幅，12个整版的两会专题，共7万余字，还特别在显要位置推出了全国政协金义华委员关于加快长江“武汉城市圈”水运建设和长江航道建设协调机制等一系列提案和建言，引起了有关方面的高度重视。无论是报道篇幅，还是报道深度，都比上年有较大突破，受到了“两会”新闻中心的肯定和称赞。三是精心策划，抓好重点报道。今年以来，我们先后在报纸上开辟了《新闻观察》、《市场观潮》、《打造平安渡》、《科学发展在水运》、《拉动内需 加快发展》等一批专栏，积极配合交通部党组和长航局的中心工作；一是对全国水运行业和长航局在贯彻落实交通工作会议精神，深化“三个服务”，推进“四个转变”，实现“十个确保”，促进交通水运行业又好又快的发展作了前瞻性和全面的宣传，对鼓舞整个行业和水运职工起到了积极的舆论引导。二是加大了对2008年的春运宣传的力度，尤其是突出了对渤海海区、舟山群岛海区、琼州海峡海区和山区河流、长江干线等“四区一线”重要区线的春运安全宣传。三是突出了对长江干线“三保一创”专项活动的宣传，对长江海事、航道、公安和三峡通航等在战枯水、保畅通、保运输、保安全，创和谐通航环境所做出的艰苦努力和卓有成效的工作进行了全面宣传报道。四是全力以赴进行“抗震救灾”的宣传报道。5月12日，四川汶川强烈地震发生后，我们立刻意识到公路和水路交通保障在救灾工作中的极其重要作用，全体采编人员马上行动起来，及时与四川和陕西、甘肃、重庆、贵州、湖北等周边省市的交通水运单位取得联系，将本报在这些地区的记者、特约记者、通讯员紧急动员起来，开展采访报道。中国水运网紧密跟踪地震消息，并在网站和报纸推出了交通运输部启动应急预案，作出抗震救灾抢险部署。开辟了《抗震救灾·英雄谱》专版，对交通运输部救捞局B—7125机组、长航总医院医疗队、南京航道工程局救灾志愿者陈杰等抗震救灾英雄人物和集体进行了突出报道。先后刊发抗震救灾稿件221篇、图片58幅，27个整版的强势报道牢牢把握住舆论导向，为交通运输系统抗震救灾工作营造了良好的舆论氛围。五是全力做好北京奥运会交通运输安全保障宣传，展示中国交通运输行业新形象。奥运会期间，报刊、网络始终注意把握正确的舆论导向，坚持“圆满、欢乐、和谐”的主题基调，全方位、深层次、多角度地宣传报道交通运输行业践行“三个服务”，全力做好奥运会和残奥会交通运输保障及安保工作，尤其注重挖掘了典型经验和先进事迹，展示了中国交通运输行业新形象。8月8日，为庆祝奥运会开幕，本报在一版刊发贺词《同一个世界同一个梦想，热烈祝贺2008北京奥运会隆重开幕》，同时配发《奥运交通运输保障已进入赛时运行状态》的消息和《奥运人物》专题，推出奥运交通保障中的3个人物特写以及“生活”栏目相应推出的奥运健康知识。既有反映奥运开幕式盛况的场景，更突出报道了交通水运行业特别是公安、海事等全力做好奥运安保工作的感人事迹。奥运期间刊发各类新闻消息280多篇，图片90多幅。在做好专栏报道的同时，还对奥帆赛举办赛区青岛、天津、秦皇岛、上海等城市和有重要安保任务的三峡坝区，加强了派驻记者力量，每天发回一线鲜活的新闻，实现宣传报道全覆盖。六是充分发挥网站的信息功能，提升对行业的引导作用。今年，我们还对中国水运网进行了扩容升级，开通了中国水运研究网和航行通告网，共发布信息14 500多条，其中有关长江航运信息就有近3 000多条，全国各大知名网站纷纷转载中国水运网站的信息和文章。访问次数不断攀升，浏览范围不断扩大，美国、日本、澳大利亚、欧洲等国家和地区的网民纷纷访问中国水运网站。目前，已有德国法兰克福船用发动机制造公司登录中国水运网，并发布广告，网络影响大大提升。七是加强对行业发展重大问题的调研。今年组织采编人员对行业发展中凸显的热点、难点和重大题材深入调研，以《内参》等形式向上级领导机关及时的反映情况，发挥了舆论的先行作用。

·经营创收大幅攀升　2008年，我们抓住改革开放30周年这一重大历史机遇，加强对行业的宣传，狠抓经营创收的结构调整，社领导班子成员深入水运一线，跑市场、搞调研，努力发展新的经济增长点，不断化解市场风险，在行业媒体竞争十分激烈的情况下，经过艰苦努力，经营创收和报刊发行分别比去年增长25%和8%。一是2008年以来，经营创收工作克服了持续低温雨雪冰冻灾害天气和汶川大地震等造成的不利因素，努力加大创收力度，进一步扩大广告客户联盟，用真诚的服务感动客户。广告创收截止到11月底，已超额完成全年目标责任制指标29%。强化航行通告发布的服务工作，注重社会效益，进一步提高服务质量，确保航行通告的刊登和发布工作准确、及时、有序。二是报刊发行持续保持增长态势，继上年在长江沿线水上加油站、政务大厅和沿海海事局政务大厅免费为船舶和船民赠阅报纸的基础上，2008年又扩大了对沿海水运发达省市的报刊发行，打破了过去报刊发行的传统工作模式，发行工作的时间和季节进一步延伸，发行量稳步增长，比2007年增长8%，使报刊发行的覆盖面进一步扩大，影响力进一步提升。

·党群工作扎实推进　一是加强党委领导班子和党员干部队伍建设。2008年以来，报刊社认真按照中组部、交通部和长航局的统一部署，积极开展了“讲党性、重品行、作表率”树组工干部新形象学习实践活动，还举办了有党委领导班子、党委中心组成员、支部书记和中层以上干部专题培训班，结合“讲党性、重品行、作表率”树组工干部新形象学习实践活动，开展了以“四查四看”为主要内容的进一步解放思想的大讨论。二是加强党风廉政建设，注重做好反腐倡廉教育。按照长航局党委、纪委关于党风廉政建设的总体工作部署，积极开展党风廉政教育。并举办了有中层以上干部和党员培训班，开设了以“算清七笔帐，增强党性观念”为主题内容的廉政建设专题党课。组织职工收看了法制教育片《真水无香》和反腐警示片，使党员干部和职工的拒腐防变意识不断增强。同时还开展了民主评议党员，评选表彰了一批优秀共产党员和优秀党务工作者，本报青年记者赵虎被评为长航局2008年“十大杰出人物”。三是积极开展迎奥运，树新风，文明窗口月活动。2008年，举世注目的奥运会将在北京举行。报刊社利用这一契机，开展了以“迎接奥运，宣传奥运，服务奥运”为主题的文明窗口月活动，极大的鼓舞了职工的精神面貌。全社党团员和职工2次为四川地震灾区踊跃捐款和交纳“特殊党费”、“特殊团费”，体现了广大职工的爱心和文明新风。四是分别在广州和太原召开了2008年度全国编委会议和全国记者站（通联站）工作会议。全国水运行业的相关领导和专家100余人出席会议，回顾总结了近年报刊发展工作，表彰了一批先进记者站（通联站）和优秀记者。交通运输部有关司局领导和长航局领导出席会议并作重要讲话，对下一步报刊发展和明年的工作进行了深入研讨和部署，会议取得圆满成功。五是关心职工生活，积极开展“送温暖”活动。元旦、春节期间，社党委、行政和工会走访、看望、慰问困难职工、生病职工30多人次。2008年还通过修订《医疗费管理办法》，使职工医疗费增长了30%，重大疾病患者医疗费增长50%，得到职工的普遍拥护，进一步促进了报刊社的和谐与稳定。

地 址 武汉市青岛路7号青年大厦15楼
邮 编 430014
电 话 （027）82767375
传 真 （027）82805539

（中国水运报刊社）

【《长江航运报》社】 2008年，《长江航运报》着重抓了三方面的工作：

一、积极服务于企业改革发展大局，为企业中心工作提供时效更快、新闻更多、可读性更强、影响力更大的与论服务。一是紧跟上级领导工作节奏，以新闻形式及时报道长航集团中心工作的重要部署和阶段性重点工作的指示要求，多侧面深化报道主题，努力提高中心工作报道的贴近性和实效性。二是大量报道基层职工在企业中心工作实践中的新情况、新成果、新经验，刊登国家有关经济政策、行业战略、经营理念，及时反映有关行业动向，准确反映行业和企业经营发展中倾向性的问题，为企业经营决策提供参考。三是主动抓好突发性大事和职工关心的热点难点问题报道，坚持正面引导舆论，及时准确报道事实真相，为企业改革发展营造良好的舆论环境。面对50年一旱的枯水、百年未遇的雪灾、四川大地震、美国金融风暴引发的全球经济危机等突发性大事，报社及时跟进，快速反映，满足职工的知情权，宣传负责任的国有大型企业形象。

二、满腔热情歌颂企业新成就，使成就报道更醒目、更有力，为提振职工信心、提升企业形象鼓与呼。一是头版头条系列报道企业历史标志性生产经营成就，浓墨重彩记录中国长航奋进的雄姿。二是不失时机地报道企业发生的大事，不断展现长航集团良好的社会形象。三是以纪念改革开放三十周年宣传为契机，深入报道长航集团方方面面成就的特色和本质，把散落的“珍珠”串成“项链”，给读者提供思辨、有启发的信息。

三、持续不断地推出典型报道，以职工视角报道新典型，用职工身边的典型感动职工，为企业提供可亲可学、实实在在的榜样力量。每个阶段都有自己的典型，每个典型都反映这个阶段的特点和价值取向，一个正面典型对职工起着精神引领作用。这些典型都是职工身边的普通人，所讲述的事迹也是平常之中原汁原味的事，不浮夸，不掩饰，增加了典型报道的人情味和可读性，成为职工可信、可亲、可学的榜样。

两点体会：

一是坚持不懈抓报纸的新闻性。新闻性是报纸的价值所在。这几年坚定不移地抓紧新闻性，使编采人员和通讯员的观念发生大转变。树立了读者意识、服务意识、新闻意识。一版的《瞭望塔》、二版的《信息博览》，既及时报道了与企业紧密相关的宏观经济走势、国家主管部门重大政策动向、相关行业的最新发展，又丰富了报道空间的视野，起到了关注形势、沟通信息的作用。三版《以案说法》、《丈夫不在家的日子》、《和谐长航故事》和四版的《海员足迹》、《长江在线》、《消费理念》、《财富高手》等栏目，紧密结合职工思想实际和生活需求选题材，可读性强，受到好评。二是坚持不懈抓深度报道。深度报道是报纸出彩的重头戏，是报纸的核心竞争力。深入解读职工关心的热点难点，浓墨重彩展现企业经营改革的亮点，增强了报纸的亮色和影响力。

地　址　武汉市沿江大道 69 号
邮　编　430014
电　话　（027）82767455

（《长江航运报》社）

【《长江航道》报】 2008 年，《长江航道》报共出报 34 期，发增刊 16 期，彩版 3 期；共采用稿件 2121 篇，版数 4×50。

地　址　湖北省武汉市解放公园路 16 号
邮　编　430010
电　话　（027）82767659
传　真　（027）82767659

（《长江航道》报）

【《民生人》报】 《民生人》报是经重庆市新闻出版局批准的民生实业（集团）有限公司内部报纸，刊号为“渝内字（08）—004 号”。《民生人》报创办于 1988 年 3 月，创办之初为《简讯》，沿用于卢作孚先生 1925 年创办的民生实业股份有限公司的内部资料《简讯》，后改为《民生人》。

《民生人》报为四开四版，半月刊，设有“职工教育”、“公司发展”、“安全生产”、“江海涛声”、“历史回眸”、“文化生活”等栏目，主要报道公司职工教育、公司发展、经营管理、安全生产、公司历史、好人好事及职工的文化生活。主要在公司内部发放，对外免费交流，起到指导工作、交流经验、传递信息的作用。

《民生人》报创办以来，始终坚持以弘扬爱国主义为核心的民生精神和民生公司的优良传统为办报宗旨，始终坚持以正确的舆论导向为原则，始终坚持以服务公司发展为方向，始终坚持以“爱国主义、集体主义、艰苦创业、拼搏献身”的民生精神教育职工，始终坚持以“服务社会、富民强国、振兴中华”的公司宗旨引导职工，培养职工的爱国主义精神、集体主义精神、艰苦创业精神和无私奉献精神，是民生公司职工思想教育重要的宣传阵地，为公司培养一支德才兼备的职工队伍发挥了积极的作用。

《民生人》报创办以来，发挥了职工思想教育阵地的作用，发挥了宣传公司的作用，发挥了记录公司历史的作用，发挥了交流经验的作用。2008 年，《民生人》报被重庆市新闻出版局评为优秀连续性内部资料第一名。

地　址　重庆市渝中区新华路 83 号民生大厦
邮　编　400011
电　话　（023）89039671
传　真　（023）63832359

（民生公司　陈茂云）

【《长江通信报》】 《长江通信报》是长江通信管理局主办的内部刊物，创刊于 2006 年。

十多年来，《长江通信报》走过了不平凡的历程。1996 年 6 月，本报前身《通导信息》以 8 开双版印刷品问世。当时的她虽然其貌不扬，但是在长江通信系统，由打印材料变为铅印新闻纸实现了历史性跨越。从此，长江通信系统有了一份发行量最大的内部报刊，长江通信人有了一份反映职工自己的读物。尽管她还不能算是一张真正的报纸，但是因为她的创刊搭起了我局文化建设的一个初步平台。

2006 年 5 月，《通导信息》由八开双版改为八开四版，并大体上分为《要闻》、《通信业务》、《精神文明》和副刊四个版面，一张报纸的雏形基本产生。

2001 年 9 月，《通导信息》扩版更名为《长江通信报》，并在版面和栏目设置方面进行了较大的改变。作为行业内部专业小报，《长江通信报》以报道长江通信服务航运安全为宗旨，真实反映了长江通信管理局认真履行上级赋予的长江水上通信行业管理职能、保障长江航运安全、服务长江沿线经济发展，是各级主管部门和领导了解长江通信职工工作、学习和生活的一种重要媒体。为纪念本报更名扩版这个具有历史意义的重要时刻，当时的长江航务管理局局长黄强、中国水运报（刊）社社长施华和长江通信管理局局长、书记为本报题了词。

为了巩固和发展长江通信文化阵地，做大做强文化品牌，2006 年 4 月，在局党委和新一届领导班子的关心、支持下，本报推出了半月刊。半月刊在保留月刊的全部版式、栏目和特色的基础上，报纸内容更为丰富，时效性和可读性也更强了。

2008 年，《长江通信报》发刊 24 期，共刊登各类文稿 669 篇，刊发图片 200 多张。一年来，本报在以下几个方面进行重点报道：一是长江通信职工出色完成了抗雪灾、抗震救灾、奥运安保和三峡库区蓄水等重点时段通信保障任务；二是成功开通了汉-宁-沪光传输系统，实现了重庆到上海光缆全线贯彻；三是长江无委与沿江六省两市无委完成联合管理协议的签订，长江通信执法工作实现了由与亲兄弟单位联合执法到成为海事统一执法的变化四是海事通信干部进行对口批量交流；五是全面开展纪念改革开放30周年系统活动等等。

12月31日，长江海事局信息中心挂牌成立后，本中心党委决定，《长江通信报》停办。创刊13个年头的《长江通信报》完成了她的使命。

地 址 武汉市江岸区合作路16号
邮 编 430014
电 话 （027）82767734
传 真 （027）82767631

（《长江通信报》编辑部）

【《中国水运》杂志】 《中国水运》杂志是交通运输部主管、中国水运报刊社主办，面向国内外公开发行的水运行业综合性期刊、全国优秀科技期刊。杂志创刊于1979年11月，为交通运输部首批创办期刊，也是交通运输部唯一获得“全国优秀科技期刊”荣誉的期刊。

2008年，《中国水运》杂志在主管、主办单位的领导下，继续遵循正确的舆论导向，严格遵守《出版管理条例》、《期刊出版管理规定》等国家出版法律法规和湖北省新闻出版局有关规定，积极办好期刊。进一步加大了改革发展力度，为办好杂志进行了积极探索和大胆实践，各项工作又上了新台阶。

编辑出版工作中，我们一是坚持正确的舆论导向和办刊方针。按照年初已确定的研讨重点，发挥刊物优势，围绕交通水运中心工作，解读国家、交通部发展水运的最新政策法规，研讨推介行业发展的最新理念与创新实践，服务水运行业及读者。二是通过精心策划，实现了杂志2009年改版。设12个常设栏目和5个非常设栏目，进一步突出了杂志在行业主管部门，即交通运输部及各司局、地方政府及省级行业主管部门的影响力，突出了杂志在行业在系统的权威性，进一步提升了杂志版式的独特风格。三是加强了杂志选题策划、专题研讨和约稿力度。首先，结合水运发展形势、交通水运中心工作和杂志办刊宗旨，确立了全年的研讨重点、栏目设置和组稿意图。其次，每期杂志策划一个选题，专题研讨，提高杂志的权威性。四是为了适应水运发展形势需要，《中国水运》杂志由月刊改为半月刊。杂志上半月、下半月出版时间和内容各有侧重。五是为全方位、多角度展示改革开放30年来我国水运发展成就，总结归纳水运发展规律、经验成果与理念，大力宣传我国水运对建设有中国特色社会主义的重要作用和积极贡献，进一步推进我国水运又好又快发展，《中国水运》杂志从第6期起推出“改革开放30年”专栏，面向全国水运行业征文。共收到文章50多篇，宣传水运成就，受到了读者好评。六是着力提高杂志质量。通过严把选稿关和审稿关，强化杂志复审，进一步提高杂志编前预备会质量，杜绝低质量、低层次文章见刊，共同把好杂志出版关。经过努力，全年文字差错率控制在万分之二以内。与此同时，严格执行国家期刊发行、广告有关规定，做好杂志经营工作，未发生一起违规违纪事情。

通过共同努力，《中国水运》杂志各项工作虽然取得了一定成绩，但在杂志的权威性、行业热点的研讨力度、编辑等方面仍需不断提高，高价值、重量级的文章还不均衡，部门人员结构、知识结构有待优化，人才培养亟待加强。

地 址 武汉市青岛路7号青年大厦15楼
邮 编 430014
电 话 （027）82767375
传 真 （027）82805539

（中国水运杂志社）

【《长江航运研究》杂志】 2008年，《长江航运研究》杂志社、中国水运建设行业协会内河航道分会秘书处坚持以科学发展观为指导，认真学习贯彻落实党的十七大精神，进一步解放思想，努力实践“三个代表”重要思想，在长江航道局和上级协会的正确领导下，在全国内河港航单位的关心、支持下，围绕杂志社2008年的工作目标，进一步解放思想、强化执行力，全面地完成了2008年的各项工作任务，实现了年初提出的各项工作目标。

·认真抓好学习，提高队伍素质。①加强政

治理论学习。2008年,杂志社全体党员、干部积极参加了机关党委组织的各类政治学习和培训班。组织职工认真学习了党的十七届三中全会、全国“两会”精神、2008年第一次局务会暨经济工作会议以及局务虚会暨纪念改革开放30周年纪念会精神;组织全社职工开展向新时期的“航标灯王”郑启湘学习活动，并组织职工参加了长航局、长江航道局郑启湘先进事迹报告会、学习了唐局长在局务虚会上所作的《不断解放思想，坚持改革开放，奋力开创长江航道科学发展新局面》的报告和李书记《围绕科学发展，抓好党建工作》的总结讲话。每次组织学习后，每个人都认真做了学习笔记，写了心得体会。通过学习，大家统一了思想，增强了服务意识。一致表示要以坚持科学发展观为指导，进一步解放思想，结合杂志社工作实际，充分发挥杂志的理论学术研究平台和协会的桥梁纽带作用，以创新的思维办好杂志和开展协会工作，不断提升杂志和协会服务水平，切实搭建好航运理论研究平台和内河航道行业沟通的桥梁，为繁荣行业文化，提高长江航道的软实力，营造长江航道更好更快发展的外部环境做出了应有贡献。②加强业务知识学习。根据杂志社和协会专业性、技术性和政策性强的工作性质，努力提高编辑人员的素质，建立一支具有高度政治责任感和现代办刊理念、掌握行业科技知识、精通编辑出版业务、会创新、善学习、德才兼备的办刊队伍。因此，我们除购置了编辑出版方面的专业书籍学习外，还派员参加了省期刊编辑学会组织的各类编辑业务知识的学习，积极撰写有关编辑工作的论文，通过这些学习活动，增长了知识、拓展了思维、开阔了视野、强化了质量意识，提高了编辑业务能力。③关心地震灾区，积极捐款。在今年5.12汶川地震发生以后，长江航运研究杂志社全体职工积极参加了长江航道局组织的二次“爱心捐款”和交纳“特殊党费”活动，共捐款 5 500 元。同时，杂志社职工还积极响应湖北省科学技术期刊编辑学会的号召，积极向汶川地震灾区捐款 1 000 元，表达了杂志社职工的一份爱心。

·完善管理制度，强化责任意识。①细化目标、责任，完成方针目标。根据局下达的方针目标,杂志社制定了2008年方针目标责任书,将2008年的方针目标进行细化，责任到人，明确完成时间及质量标准，按进度进行考核，有力保证了方针目标的完成。目前，杂志社2008年的方针目标已全面完成。②完善管理制度。我们根据长江航道局岗位设置管理工作方案的要求，结合部门工作实际，着重完成了杂志社岗位人员定编和岗位职责、任职条件的制定工作，同时，健全和完善了内部管理、综治目标管理制度，使各项工作流程更加细化，工作台账更加完备，使各项工作协调发展，顺利运转。③规范编辑程序。根据正规化办刊的要求和程序，我们规范了工作程序，严格三审三校制度，确保了编辑工序质量。实行至今的“责编制”运行良好，“责编制”的实施使编辑在担任责任编辑的过程中既增强了责任感，同时又独立、主动、创造性地开展了编辑活动，做到期期有重点，栏目有新意，使每个编辑在实际工作中不断完善自己，提高业务素质，增强责任意识。

·坚持办刊宗旨，服务长江航运。①认真组织，落实办刊计划。2008年我们坚持办刊宗旨，按照杂志社方针目标，编辑出版了《长江航运研究》杂志共6期，约120万字，对外发行10 000册；为纪念长江航道局改革开放30周年，编辑、出版《不负长吴小鸣江万古流》一书，35 万字；编辑出版《求索》(反映荣总航道技术工作经历)一书，近30万字；根据长航局领导的要求，编辑出版了《黄金水道耀辉煌》文集约 140 万字；编撰了《深水航道与长三角发展论坛论文汇编》《汇编》内分“战略篇”、“发展篇”和“建设篇”，共收录43篇论文（30余万字)；受交通运输部水运司委托，编辑、出版 4 期《合力建设长江黄金水道工作动态》，及时反映交通部和沿江各省市推进黄金水道建设的重大政策与措施、重点建设项目阶段性成果及水运重大科研工作情况等，在今年四月召开的长江水运发展协调领导小组办公室联络员会议上，交通运输部水运司领导对《工作动态》给予了充分的肯定。会后，又以“水运内河便字〔2008〕231号发文，明确《工作动态》组稿工作委托长江航运研究杂志社负责。②严格合同，提高印刷质量。杂志社每年与印刷厂签订严谨详细的印刷合同，在杂志印刷出版过程中，我们严把质量关，每次开机印刷前都派专人到现场监督把关，以保证杂志的印刷质量。使杂志的编辑排版、印刷达到了专业出版水平，刊发的文章受到有关领导、相关单位和广大读者好评。多年来北京中管科书刊中心一直将《长江航运研究》杂志作为馆藏刊物。③关注热点，构建信息平台。为宣传全国“两会”精神，杂志在2008年第2期“本刊特稿”栏目集中刊发了金义华委员在推进长江黄金水道建设中具有真知灼见的提案，使广大读者关注长江航运之进程，探讨发展之玉律，谋求发展之良策。年初，我国南方大部分省、市遭受雪灾袭击，长江航运系统按照交通运输部的部署，保安全、保电煤运输；长江航道职工竭尽全力抗击风雪灾害，保证了航道的畅通。杂志2008年第2期为此开辟了“抗击雪灾”专栏，及时反映长江航运系统广大职工“保畅通、保安全、保电煤运输”的情况。“5•12”四川汶川发生的8级强烈地震牵动了长江航运人的心，广大职工慷慨解囊踊跃为灾区捐款。为弘扬 中华民族“一方有难、八方支援”的传统美德，反映沿江港航单位坚守岗位、保航道畅通，保抗震救灾物资运输，帮助灾区人民战胜灾难、重建家园的爱心和行动，我们在2008年第3期杂志开辟“同舟共济 抗震救灾”栏目对此给予了全面的报道。为彰显长江航运改革开放30年来的业绩，反映30年、特别是进入新世纪以来长江航运的变化与发展历程，留下历史的印迹，杂志自2008年开辟了“辉煌30年”栏目，连续登载长江沿线各港航企事业单位的文章，讴歌了长江航运三十年伟大的成就。同时，杂志社还配合长江航运规划中心，开展了“长江航运物流论坛”的论文征集工作。④加强互动，完善通联队伍。通联工作是杂志工作的重要组成部分，各编委单位的联络员是我们开展工作的重要依托力量。我们注意及时与编委单位联络和沟通，并根据编委单位人员变动情况，先后完成了18个编委单位编委或联络员的调整充实工作，做好因人事变动后的衔接工作，进一步完善了组织机构。为提高长航系统内部报刊编辑质量，发挥长航系统内部报刊在行业文化建设中的作用，我们成功承办了 “第二届长航系统报刊编辑工作研讨会”，为杂志建立了良好的行业环境。通联工作是杂志工作的重要组成部分，各编委单位的联络员是我们开展工作的重要依托力量。2008年8月在长沙组织召开了《长江航运研究》杂志第七次通联工作会议，来自长江流域近50个港航单位的编委、联络员、论文作者、有关领导等70余名代表参加了会议。交流了杂志通联工作的体会，探讨了杂志发展的良策，达到了预期的效果。此次通联会还得到了湖南省委书记、湖南省人大常委会主任张春贤的高度重视。会前，张春贤书记亲切会见了长江航务管理局黄强书记、长江航道局李伟红书记、长江海事局刘开智书记、湖南省航务局陈健强局长和长江航运研究杂志社领导等同志。

·抓住发展机遇，发挥协会职能。①为进一步解放思想，贯彻温家宝总理关于“长江航道建设要加强”的重要批示，2008年11月6日，由长江航道局、江苏省发改委、江苏省交通厅、中国水运建设行业协会内河航道分会主办，长江南京航道局、江苏省交通厅航道局承办的“深水航道与长三角发展论坛暨数字航道•生态航道观摩会”在南京隆重举行。交通运输部、国家发改委综合运输研究所、交通运输部长江航务管理局、中国水运建设行业协会、长江下游地区有关政府部门、沿江大型企业及港航企业、有关高等院校及科研院所等单位的领导、专家、学者及代表160余人莅临会议。通过交流与探讨，达成了深水航道对长江三角洲地区经济发展拉动作用明显、深水航道在长江三角洲地区综合运输体系中的地位重要、全面开展长江南京以下深水航道治理工程时间紧迫与进一步加快长江深水航道建设时机成熟4点共识，针对深水航道建设目前存在的问题，提出了着眼长远、统筹规划，部省联合、加快推进，多方筹资、加大投入 3 点建议。本次《论坛》达到了共商合力推进长江深水航道建设之大计，共谋促进流域经济又好又快发展之良策的目的。新华社、《经济日报》、《新华日报》、《江南时报》、《中国交通报》、《扬子晚报》、《中国水运报》、江苏电视台等多家新闻媒体对会议进行了报道。杂志社在研讨会后及时向交通部书面呈报了会议情况报告。②受中国交通发展论坛组织委员会秘书处及国际航运协会的邀请，分别参加了“中国交通发展论坛”和“2008年国际航运技术研讨会”。在国际航运技术研讨会上，中国水运建设行业协会内河航道分会副主任、魏志刚副局长就长江航道、建设、维护、管理、以及环境保护等方面的内容发表了主旨演讲，受到了与会者的广泛关注。会议期间，分会领导与美国国家航道协会名誉主席哈利•库克先生进行了座谈，就长江与密西西比河在航道建设、维护、管理以及环境保护方面的问题进行了广泛的沟通与交流。增进了友谊，对中美两国航运技术交流与合作具有十分重要的意义。③为贯彻2008年全国交通工作会议和全国水运工作会议精神，内河航道协会派员参加了交通运输部水运司在全国开展《内河航道养护与管理发展纲要（2001—2010年）》贯彻执行情况检查工作。并参加了由部水运司组织召开的全国航道养护管理工作座谈会，使内河航道分会的地位和作用进一步加强。④为了提高水运建设行业的诚信建设水平，满足企业发展建设需要，内河航道协会配合中国水运建设行业协会组织参加中国施工企业管理协会组织的社会信用评估活动。⑤为进一步做好水运工程施工安全防护技术规范工作，内河航道协会按照中国水运建设行业协会的要求，将《水运工程施工安全防护技术规范》（征求意见稿）转发内河航道分会相关单位，并组织有关单位进行了广泛的征求意见，并将会员单位提出的修改意见和建议进行了综合分类，并及时上报有关部门，为《技术规范》的修订提供了具有参考价值的建议，受到了交通运输部有关部门和中国水运建设行业协会的充分肯定。⑥交通部海事局印发《水上水下施工安全管理管理规定》（征求意见稿）后，我们及时通过网络和函件将此信息传递给内河航道有关会员单位，并组织对《规定》中有关航道权益部分的条款进行讨论和征求意见，各单位对《规定》中涉及航道维护、建设的条款反响强烈，我们将这些意见汇总后上报部水运司，希望在《规定》定稿时予以考虑，以维护航道行业的合法权益。⑦开展了全国航道维护管理统计工作。受交通部水运司委托，内河航道分会承担了全国航道维护管理统计工作，从2008年元月中旬开始，各单位是以电子版邮件形式将报表报至我处，由于部分单位报表欠完整，有些单位的内容存在明显的问题，为此，我们对有疑点的数据进行询问核实，使联系、催收、录入工作平行进行，在规定的时间内，秘书处按7类表格要求，制成初步汇总表格、分类汇总表及变化表，并撰写了2008年度全国航道维护管理统计报表分析报告。按要求于2008年2月20日将完成的统计汇总数据重新排版制作装订成册后，及时上报交通运输部水运司。⑧根据交通运输部综合规划司2008年7月8日召开的统计报表制度修订工作布置会议的精神，我们对原有的报表制度文本的规范性及报表的格式进行了自查和修订，并按要求将自查情况和修订建议报告送交通运输部水运司备案，2008年11月，国家统计局备案了修订的统计报表制度。交通部以（厅水字〔2008〕135号）文将全国航道统计工作继续委托内河航道分会。⑨为维护行业利益，促进行业发展，把内河航道分会工作不断的推向深入，内河航道分会于2008年11月28日至30日召开联络员暨航道维护管理统计工作会议，同时，对国家统计局核准的2008年航道维护管理统计制度进行宣贯和培训，来自内河航道分会各会员单位的联络员及有关航道统计人员80余名代表参加了会议。中国水运建设行业协会副秘书长刘玉兰在讲话中充分肯定了内河航道协会近年来的工作。她说，内河航道分会是中国水运建设行业协会搞得最好的一个分支机构。机构健全，有较强的战斗力；主动服务，有很高凝聚力；开拓创新，有很大的影响力。

交通运输部水运司副处长郑清秀莅临会议并作了重要讲话。他代表水运司对内河航道分会几年来的辛勤工作表示充分的肯定和衷心的感谢。他向会议代表通报了目前全国航道建设和发展情况，希望内河航道人在国家拉动内需、加大基础设施投入的背景下，要科学规划、扎实工作、把握机遇，实现内河航道的又好又快发展。他强调航道维护管理年报统计工作是整个交通行业统计工作的重要组成部分，是内河水运建设的基础性工作，做好这项工作具有重要意义并将为全国内河航运事业发展发挥积极的作用。会议上，长江航道局、江苏省交通厅航道局、广东省航道局、黑龙江省航道局、安徽省、浙江省、广西壮族自治区港航管理局等七个单位分别就航道维护、管理、建设等方面的经验在会上进行了交流。

地　址　武汉市汉口解放公园路16号

电　话　（027）82766773

传　真　（027）82767691

邮　编　430010

邮　箱　cjhyyj@163.com

网　址　www.cjhdj.com.cn

（《长江航运研究》杂志社）

【《长江航运》杂志】　《长江航运》杂志经湖北省新闻出版局批准（准印证2042/ZY号），于2002

年元月创刊。该刊系交通部长江航务管理局主管，长航职工思想政治工作研究会、中国港口协会长江分会、中国船东协会长江分会主办的双月刊。

2008年，《长江航运》共编辑出版6期，编发文字稿件70余万字，新闻图片300余幅，发行1万余册。圆满地完成了既定的宣传报道任务，为唱响主旋律，弘扬行业文化，构建和谐长江航运作出了一定贡献。

·召开了在汉地区《长江航运》编委会会议 1月9日，长江航务管理局党委副书记、纪委书记、长江航运编委会主任张燕峰同志主持召开了长江航运编委会会议。在汉各单位的编委、特约撰稿人代表参加了会议。会上《长江航运》杂志主编详细汇报了编辑部的工作。长江航道局党委书记、编委会副主任李伟红同志，武汉港口集团党委书记、董事长、编委会副主任何跃明同志，长江海事局党委副书记、编委会副主任闻新祥同志以及与会的编委、特约撰稿人分别在会上发言。他们充分既肯定了《长江航运》杂志创刊以来，紧紧围绕长江航运事业的改革与发展，积极开展宣传工作所发挥的作用，同时提出了进一步办好这本杂志的具体建议。

·制定《长江航运》编辑部2008年工作要点 根据全国交通工作会议精神和长航局工作会议的有关部署，《长江航运》编辑部制定了2008年工作要点。编辑部从加强理论学习，把握正确方向；注重业务学习，提高编辑水平；把握宣传导向，保证刊物质量；围绕中心工作，突出宣传重点；组织专项活动，加强队伍建设；注重调查研究，深入基层组稿；扩大服务范围，增加发行数量；树立大局观念，延伸服务功能等八个方面，确立了编辑指导思想和宣传报道重点。

·举办长江航运职工摄影工作研讨会 2008年6月17日，《长江航运》编辑部在苏州举办了“长江航运职工摄影工作研讨会”，来自长江港航各条战线的22位摄影通讯员参加了会议。研讨会以理论与实践相结合的方式，既向摄影通讯员们布置了当前及今后一个时期长江航运宣传工作的主要任务，又让他们从不同角度实地亲身感受到改革开放以来长江航运事业的高速发展，进一步激发了他们的创作欲望。本次会议共收集长江航运建设与发展，以及长江风光的摄影作品400余幅，较全面地反映了长江航运各条战线改革开放以来的发展成果，也为编辑部储存了一批图片资料。

·开展长江航运改革开放30年新闻摄影大赛 为紧密配合长航局党委开展的纪念改革开放三十周年系列活动，编辑部举办了长江航运改革开放30年新闻摄影大赛。长江航运各条战线广大摄影爱好者以饱满的政治热情，精湛的摄影技艺，用自己手中的相机和笔，充分反映长江航运各条战线改革、发展的丰硕成果。大赛收到通讯员摄影作品100多幅，最后在专家评委会的评审下，评出一等奖1名，二等奖3名，三等奖6名，优秀奖16名。

·表彰了2007—2008年度优秀特约撰稿人、通讯员 为了进一步激发特约撰稿人、通讯员组稿、写稿的积极性，按照《长江航运》编辑部每两年评选一次优秀通讯员的有关规定，编辑部表彰了2007—2008年度5名优秀特约撰稿人、15名优秀通讯员。

·延伸新闻宣传功能 根据长航局领导的要求，编辑部工作做了如下定位；一是编辑发行杂志，二是开展对外宣传，三是参与有关工作。配合局办、党办设计了局工作会议、纪念改革开放30年研讨会、郑启湘报告会等大型背景墙及有关展版，参与配合局党办编印了《长江儿女》一书，为运输处编印《长江水系资料》，为长江港口协会编印了《长江港口安全生产工作文集》。此外，还配合长航局主办有关大型会议、知识竞赛、演讲比赛、专项活动等，设计、制作会标、彩页、背景墙、宣传栏等。每参与一项工作，都将这些工作视为己任，尽量发挥专长，配合主办部门尽力做好。

·围绕充分发挥黄金水道作用突出宣传报道主题 《长江航运》编辑部在年初制定了杂志全年的策划、组稿报道重点：除日常报道的水上安全、航道整治、长航公安、港航企业、运政管理、廉政建设、文化建设、航运公式示等常设栏目外，先后开辟专栏深入全面地报道了长航职工战冰雪，保畅通；全力以赴，抗震救灾；一切为了奥运安保；长江改革开放30年光辉成就；学习实践科学发展观等5项重点工作。紧紧扣住了长航局的中心工作、重点工作展开宣传报道，为构建和谐长江航运发挥了良好的舆论导向作用。

地 址 武汉市沿江大道134号

邮 编 430014
电 话 （027）82767873；82766486
传 真 （027）82767873
邮 箱 cjhyzz@sina.com

（《长江航运》杂志 徐 军）

【《内河海事》杂志】 2008年，在各级领导和编委会的正确领导下，在全国内河海事单位和广大读者的大力支持下，编辑部全体同仁按照办刊宗旨，不断开拓，努力工作。圆满按期完成了2008年《内河海事》杂志的编辑、出版、发行及2008年杂志的征订工作。杂志得到了领导和读者的认可和肯定。现就编辑部主要工作总结如下。

·努力工作，奉献爱心 杂志编辑部始终坚持以宣传国家水上交通安全管理政策和法规、交流海事管理新方法、探讨海事管理新思路、研究海事管理新理论的办刊方向，积极参与湖北省科学技术期刊编辑学会组织举办的各项活动，在接到期刊编辑学会"关于积极为地震灾区捐赠的紧急通知后，积极筹款。捐款1 000元，在这次四川特大地震后，编辑部积极涌跃地向灾区捐款，表达出对灾区人民的一份深情与爱心。

·开展杂志的征订工作 按照局领导"进一步扩大2008年杂志的征订数量"的要求，有序地开展2008年杂志征订工作，通过不懈地努力，2008年的杂志征订量呈上升趋势，这在当下科技期刊普遍不景气的大环境下，是十分难的。按照征订单位的具体要求开具并邮寄发票109份、报销凭证26份。今年杂志的征订总量增加到1 914份，比去年增加了115份。发行量近3 000份。杂志的发行量有了新突破，《内河海事》正在进一步得到广大同行的认同，在行业内的知名度逐步得到提高。

为做好2009年杂志的征订工作，未雨绸缪，编辑部提前做好编辑起草并印制2009年《内河海事》杂志征订单等的工作。2009年的杂志征订工作，除在第5期杂志中夹带"2009年杂志征订单"邮寄外，另专用信封邮寄征订单225封。在征订工作中，编辑部认真负责的工作态度，热情、细致、周到的服务保留住了许多老订户并发展了很多的新订户。

·杂志的编辑、发行工作 严格执行体系文件，及时开展稿件下载、审核、组稿、校对等编务工作。按照须知的要求下载稿件进行打印；及时与特约编辑联系沟通完成稿件的审核；以认真负责的工作态度组织稿件；在杂志的编辑工作中严格执行《内河海事》杂志编辑工作须知，按照校对原则，以一丝不苟的精神校对每一期杂志的每一篇稿件，杂志的校对工作严格实行三校加点校制度，确保了杂志的质量。

按时出刊，做好刊物发行工作。缜密对待杂志的发行工作，每一期杂志出刊之前组织做好杂志发送单的整理工作，出刊后及时做好机关、各直属单位的发放工作并联系敦促邮局做好各征订及赠送单位杂志的寄发工作。对于未收到杂志的情况及电话，同样做到及时进行补寄到位。确保了杂志发行的及时准确。按时做好每期内河海事栏目相关内容在长江海事局内、外网进行更新发布工作，做到了杂志内容及时准确地上网。

全年稿件的收集使用情况，截至12月底，收到稿件323篇，使用86篇，使用率27%；信息1 265条，使用177条，使用率14%；图片及说明2 102张，使用78张，使用率4%。审稿质量也有了新的提高。2008年杂志差错率，控制在0.5至0.8/万之间，远低于1/万的出版标准，为杂志出刊铺垫了坚实基础。

在前几次改版的基础上，2008年的《内河海事》杂志继续实行全彩印刷，杂志版面、布局、印刷质量有了显著变化和提高。受到了广大读者好评，在今年航海协会内河海事专业委员年会上受到委员们的高度好评。

刊 号 湖北省内部资料准印证2033/ZY号

地 址 武汉市解放大道1525号
邮 编 430000
电 话 （027）82765479
邮 箱 nhhs2005@sohu.com

（《内河海事》杂志）

【《卢作孚研究》杂志】 《卢作孚研究》是经重庆市新闻出版局批准，由民生实业（集团）有限公司主管，西南师范大学卢作孚研究中心和民生实业（集团）有限公司研究室联合办的内部刊物。刊号为"渝内字（08）—369号"。

卢作孚先生是我国著名爱国实业家、教育家、社会改革家、中国航运业先驱、民生公司创始人、北碚的开拓者，20世纪50年代，被毛泽东同志誉为我国近代工业发展史上四个不能忘记的实业界人士之一。他的爱国精神和巨大贡献以及他在政治、经济、教育、企业管理、乡村建设等方面的远见卓识和实践活动，为我们留下了宝贵的财富，在我国现代化建设、西部大开发和社会改革中有十分重要的借鉴作用。为进一步全面、科学地宣传、研究、弘扬卢作孚先生的思想，系统整理有关卢作孚先生的论著及档案材料，集中展示海内外学者的相关研究成果，促进学习与交流。 办刊宗旨：以“三个代表”重要思想为指导，坚持“四项基本原则”，研究、宣传、弘扬卢作孚先生的爱国精神、巨大贡献以及在政治、教育、经济、企业管理、乡村建设等思想，为中国现代化建设、西部大开发服务和中国民族企业的发展提供有益的借鉴。

《卢作孚研究》设有“名人论坛”、“卢作孚文选选登”、“专题研究”、“历史现场”、“史料发掘”、“人物档案”等栏目，主要刊载有关卢作孚先生的生平、事业及思想的研究成果和珍贵史料。

《卢作孚研究》为季刊，正16开，64页，2006年出刊了4期，主要发放民生公司内部职工，免费赠送有关研究单位和专家学者。

地 址 重庆市渝中区新华路83号民生大厦
邮 编 400011
电 话 （023）63842014
传 真 （023）63832359

（民生公司 陈茂云）

【《上海长航报》】 2008年，《上海长航报》共出版21期，报纸质量进一步提高，再次被评为上海市优秀企业报。

《上海长航报》继续坚持正面宣传为主的方针，及时报道公司的各项生产经营及党建成就，并积极向其它专业媒体投稿，扩大公司的知名度和影响力。包括《解放日报》《文汇报》等党报、《新闻晨报》《新民晚报》等市场报、《长江航运报》《中国水运报》等行业报在内的十多家报刊，以及新华网、人民网等网站，东方卫视、东方广播电台等电视台、电台共刊（播）发有关公司生产经营状况的新闻报道百余篇，取得了良好的社会反响。

主要工作亮点：

·对外宣传首次实现媒体全覆盖 公司全年对外宣传工作再创佳绩，对外宣传工作成效明显，尤其是船长3号的对外宣传首次做到了媒体全覆盖，所有有较大影响力的媒体，包括《解放日报》《文汇报》等党报、《新闻晨报》《新民晚报》等市场报、《长江航运报》《中国水运报》等行业报在内的十多家报刊，以及新华网、人民网等网站，东方卫视、东方广播电台等电视台、电台都刊（播）发船长3号投入营运的消息，形成了全方位的新闻宣传高潮，起到了很好的宣传效果。这在公司对外宣传历史上还是首次。这反映了公司外宣工作无论是在捕捉社会媒体新闻兴趣点，还是在借用社会媒体新闻宣传资源为企业所用上都更趋成熟。

·办报质量进一步提升 作为公司对内宣传的主要载体，《上海长航报》办报质量进一步提升，报纸版面更趋美观大气、报道内容以及编辑形式进一步向深度报道方向发展，并再次被上海市新闻工作者协会评为上海市优秀企业报。在内容上我们紧紧围绕上海公司经济建设和党建工作的中心，报道公司党委、行政的重要决策；报道公司建设与发展的重要成果；报道公司各单位改革和发展的最新动态；报道公司各单位安全生产和党建的创新举措；发表重要新闻评论；报道公司各个阶段的重点工作部署，让公司的工作目标和工作成效通过报纸传播到公司每个员工，形成了不断的宣传教育高潮，对企业的各项工作起到了推动作用。

（《上海长航报》 刘 波）

【《长燃之友》报】 中石化长燃公司《长燃之友》2005年8月28日正式创刊，是一份立足于客户需要，服务船友、服务员工的信息报。该报的办报宗旨是延续“诚信服务、关爱客户”的经营理念，宣传中石化长燃的品牌、反映广大船友的呼声、推介加油站的优质服务，介绍加油站的服务明星，是架设在广大船友与中石化长燃之间的一座相互联系的桥梁，一个沟通信息的平台，一条交流情感的纽带。

《长燃之友》目前为全彩色四开四版，每月两期，面向来中石化长燃加油的广大船友免费发送。《长燃之友》开设有企业重大新闻、政策展望、管理之道、海事法规、走近一线、船友风采、每月一星、水上人家、美文赏析、文学天地等栏目。这些栏目的设置将帮助船友解读国家重大政策法规，为船友提供先进的管理经验，帮助船友了解航道信息，伴船友走出知识和精神文化的孤岛，度过水上闲暇时光。《长燃之友》的问世，极大地满足了广大船友的精神需求，客户参与市场竞争的信息需求，全体员工的文化需求，市场的服务需求，企业的发展需要。她是中石化长燃服务的新窗口，船友精神生活的文化港湾。

（《长燃之友》报）

【《求实与创新》杂志】 （详见《长江航运年鉴》（2008 卷）第十六编“社团报刊”第 872 页）

【《海员文艺》杂志】 （详见《长江航运年鉴》（2008 卷）第十六编“社团报刊”第 872 页）

【《船舶设计技术交流》杂志】 （详见《长江航运年鉴》（2008 卷）第十六编“社团报刊”第 872 页）

【《船海工程》杂志】 （详见《长江航运年鉴》（2008 卷）第十六编“社团报刊”第 872 页）

【《交通与计算机》杂志】 （详见《长江航运年鉴》（2008 卷）第十六编“社团报刊”第 872 页）

【《交通公安》】 为加强交通公安工作研究，促进经验成果交流，展示特色文化建设，记录进步发展历程，凝聚警心科学发展，全面保障交通公安事业为构建和谐社会作出积极贡献，交通部公安局结合实际工作需要，决定于 2008 年始，创办《交通公安》杂志（季刊）。2008 年 3 月正式出版第一期，截止目前已出版正刊 4 期，特刊 1 期，总计 12 000 份。

杂志开设专题报道、队伍建设、工作研究、案件纪实、公安文化、教育培训等主栏目，紧密围绕宣传交通公安的中心工作和方针政策，力求以正确的舆论引导人，以高尚的精神塑造人，以优秀的作品鼓舞人，使其真正发挥信息交流平台、文化建设载体和发展进步实录的作用。该杂志面向全国交通公安机关内部发行。

杂志由交通部公安局主办，长江航运公安局协办，交通公安民警培训中心承办，《交通公安》编辑部设在交通公安民警培训中心。

地　址　武汉市红光路 34 号

邮　编　430023

电　话　（027）85611731

邮　箱　bwww01@vip.163.com.

（《交通公安》编辑部）

【《江阴港报》】 2008 年，公司的宣传报道工作在党委的正确领导下，在各位通讯员的积极参与和共同努力下，围绕集团公司年度经营目标和月度生产形势，以及广大员工关心的热点难点问题有针对性地进行了宣传报道，起到了积极向上、鼓舞人、激励人、鞭策人的作用，有力地推动了全公司各项工作的开展。

《江阴港报》自 2006 年改为每月一期以来，已经整整三年，在内容形式上已经形成比较稳定的模式。第一版为公司的重大要事，第二版为经营管理，第三版为文化建设，第四版为生活副刊。

如今的《江阴港报》版面新颖，内容丰富，有较强的时效性和指导性，能够及时传递来自方方面面的信息，大到公司的重大事件，党的路线、方针、政策和国家的法律法规的宣传，小到反映员工的思想、工作、生活、娱乐、健康、诗情画意的表达。通讯员队伍也有了稳步提高，2008 年共有通讯员 26 名。

综观整个 2008 年，《江阴港报》出版 12 期，刊登稿件 316 篇幅，对外录用 38 篇幅，较好地发挥了舆论宣传的作用。报纸为 8K 四版胶印。

2008 年是不平凡的一年，是奥运年，是中国改革开放 30 周年，也是很多灾难并发的一年，大家围绕公司以及社会上发生的一些大事展开报道，基本做到了“月月有重点，期期有看点”，上半年第一期的为员工增加工资，第五期的汶川大地震捐款，下半年第 9 期刊登的企业年金、第 11 期的带薪休假管理办法等等，都是员工最关心最迫切需要了解的热点问题，可以说，在大家积极的努力下，通过对信息及时的披露，对新闻快速的报道，对好人好事积极的宣传，使得广大员工对整个公司的运行情况，对公司内外的动态发展，对自身的权益保护，都有了一个较为全面的认识和了解，起到了很好的上情下达，舆论导向作用。

地　址　江阴市通江北路 581 号

邮　编　214433

电 话 （0510）86847659；86847651
传 真 （0510）86021238

（《江阴港报》）

【《海事审判研究》杂志】 《海事审判研究》由武汉海事法院和长江海商法学会联合主办，于2008年3月创刊，每季度出版一期，2008年共出版四期。内容以法制建设、理论研究、案例评析、优秀文书、学会园地、法规集萃为主，每期视具体情况进行增减项目。

期刊的宗旨是贴近航运，真正为我国航运事业的发展保驾护航。发行面较为广泛，涉及长江流域以及沿海与我国航运发展相关的重要企事业单位、行政管理机关、地方司法机关、法律服务机构、保险机构以及相应的大专院校。

（武汉海事法院 许新荣）

第十八编 英模专家

·英 模·

【2008年长江水系荣获全国及各省市"五一"劳动奖状名录一览表】 （表17—1）

单　　位	荣誉称号
长航凤凰股份有限公司	全国"五一"劳动奖状
长江宜昌航道局	湖北省"五一"劳动奖状
长江武汉航道局	湖北省"五一"劳动奖状
长江重庆航运工程勘察设计院设计室	重庆市"五一"劳动奖状
长江重庆航道局万州航道管理处	重庆市"五一"劳动奖状

【2008年长江水系荣获全国劳动模范、先进工作（生产）者名录一览表】 （表17—2）

姓　名	单位与职务	荣誉称号
郭汉忠	长航凤凰股份有限公司华泰海运分公司船长	全国"五一"劳动奖章
顾网林	长江南京航道局副局长兼总工程师	全国"五一"劳动奖章
毕方全	长江重庆航道局局长	全国"五一"劳动奖章

【2008年长江水系荣获省部级劳动模范、先进工作（生产）者名录一览表】 （表17—3）

姓　名	单位与职务	荣誉称号
王春平	长江航道规划设计研究院检测中心主任	全国交通行业精神文明建设先进个人
刘渝峰	长航公安局万州分局	全国交通行业文明职工标兵
陈国仿	长江三峡通航管理局工程技术中心总工	全国交通行业文明职工标兵
吴建林	嘉兴市港航管理局三塔港航管理站副站长	全国交通行业文明职工标兵
陈嗣平	巫山县航务管理处处长	全国交通文明执法标兵
闵世雄	长江宜昌航道工程局"航浚18号"轮船长	全国技术能手
郑启湘	长江武汉航道局洪湖航道管理处高级工程师	全国技术能手
方剑波	长江引航中心南通引航站二级引航员	全国青年岗位能手
周　剑	长江重庆通信管理局管理处科长	全国青年岗位能手
王甫学	长江重庆航道工程局第六工程处副处长	全国青年岗位能手
商德胜	长江武汉航道局监利航道处副主任	全国青年岗位能手
胡建华	长江航运公安局	全国公安系统宣传思想工作先进个人
张　虹	长航公安局宜昌分局局长	全国公安系统奥运安保工作先进个人
刘　军	长航公安局重庆分局	奥运交通保障工作先进个人
罗　中	长航公安局万州分局副局长	奥运交通保障工作先进个人
胡　文	长航公安局武汉分局	奥运交通保障工作先进个人
叶显峻	长航公安局芜湖分局	全国公安系统抗雪救灾先进个人
刘良平	重庆市港航管理局政策法规处处长	交通法制先进工作者
金洪生	池州市港口管理局	安徽省交通系统先进工作者
纪良秀	池州市港口管理局	安徽省港航管理系统先进工作者
余家华	池州市港口管理局	安徽省港航管理系统先进工作者
周德池	上海长江轮船公司闵南船厂厂长助理兼工程部经理	上海市"五一"劳动奖章
闵世雄	长江宜昌航道工程局"航浚18号"轮船长	湖北省"五一"劳动奖章

姓　名	单位与职务	荣誉称号
郑启湘	长江武汉航道局洪湖航道管理处高级工程师	湖北省“五一”劳动奖章
孔　静	黄石海事局鄂州海事处处长	湖北省“五一”劳动奖章
许崇福	黄石港口集团监事会主席	湖北省“五一”劳动奖章
曾瑞星	长航公安局	湖北省“五一”劳动奖章
邓明文	云南省航务管理局	云南省交通系统“十佳技术创新能手”
段　明	云南省航务管理局	云南省交通系统先进工作者
赵利康	西双版纳海事局	云南省交通系统先进工作者
冯兴礼	贵州省乌江航道处	贵州省“五一”劳动奖章

【2008年长江水系荣获其他类奖名录一览表】　　（表17—4）

单　　位	荣誉称号
长江航务管理局	全国精神文明建设工作先进单位
长江航运公安局	全国精神文明建设工作先进单位
长江引航中心	全国精神文明建设工作先进单位
长江泸州航道局	全国精神文明建设工作先进单位
长江重庆航道工程局（机关）	全国精神文明建设工作先进单位
长江武汉航道工程局（机关）	全国精神文明建设工作先进单位
长江南京航道局	全国精神文明建设工作先进单位
长江海事局	全国文明单位
长江航道局	全国文明单位
舟山港海通客运有限责任公司普陀山客运站	全国交通行业文明示范窗口
长江泸州航道局烟灯房信号台	全国青年文明号
长江三峡通航管理局三峡南线船闸集控室	全国青年文明号
长航公安局重庆分局刑事科学技术室	全国青年文明号
中石化长江燃料有限公司武汉分公司“长燃5号”轮	全国“工人先锋号”
南京油运股份有限公司“广兴洲”轮	全国“工人先锋号”
长航凤凰重庆货运分公司南坪船员家属互助服务队	全国“三八红旗集体”
长江航道局	全国交通行业文明单位
长江轮船海外旅游总公司“长江壹号”轮	全国交通建设系统“工人先锋号”
重庆长江轮船公司“朝天宫”轮	全国交通建设系统“工人先锋号”
上海长江轮船公司长航医院内一科护理组	全国交通行业“巾帼文明岗”
长江航运公安局	全国公安系统奥运安保工作先进集体
长航公安局宜昌分局	奥运交通保障工作先进集体
上海长江轮船公司“船长2号”轮	上海市“工人先锋号”
池州市港口管理局牛头山（直属）港口管理所	安徽省青年文明号
池州市港口管理局	安徽省港航管理系统先进单位
池州市港口管理局牛头山（直属）港口管理所	安徽省港航管理系统先进集体
长航集团船舶重工青山船厂起重车间	湖北省“工人先锋号”
长航公安局武汉分局汉阳派出所	湖北省优秀派出所

【四川省（部）级、厅级以上（抗震救灾县级集体和先进个人）一览表】（表17—5）

姓 名	单位（职务）	获得荣誉称号
	四川省地方海事局	全国交通行业抗震救灾先进集体
蔡先庆	四川省交通厅交通勘察设计研究院工程师	全国抗震救灾模范
覃 勋	广元市地方海事局局长	全国交通运输系统抗震救灾英雄
杨小宁	四川省地方海事局副局长	全国交通运输行业抗震救灾先进个人
陈 凯	广元市地方海事局青川海事处副处长	全国交通运输行业抗震救灾先进个人
易 林	宜宾市地方海事局江安海事处海事航政股长	全国交通运输行业抗震救灾先进个人
胡 斌	厅交通勘察设计院公路测设一处处长	全国交通运输行业抗震救灾先进个人
	成都市航务管理处	四川省交通行业抗震救灾先进集体
	泸州市航务管理局	四川省交通行业抗震救灾先进集体
	绵阳市交通局地方海事局	四川省交通行业抗震救灾先进集体
	四川省交通厅交通勘察设计研究院	四川省交通行业抗震救灾先进集体
	四川嘉陵江金银台航电开发有限公司	四川省交通行业抗震救灾先进集体
	厅航务管理局党委	四川省直机关抗震救灾先进基层党组织
	绵阳市航务处	四川省抗震救灾重建家园工人先锋号
	广元市航务局青川海事处	四川省抗震救灾重建家园工人先锋号
	广元市航务局利州海事处	四川省抗震救灾重建家园工人先锋号
	交通设计院映秀草坡公路抢险队	四川省抗震救灾重建家园工人先锋号
王 玮	四川省交通厅交通勘察设计研究院院长、党委书记	四川省直机关抗震救灾优秀共产党员
刘永杰	广元市利州区地方海事处处长	四川省交通行业抗震救灾先进个人
余学明	广元市航务管理局航务科科长	四川省交通行业抗震救灾先进个人
尹 忠	阿坝州地方海事局副局长	四川省交通行业抗震救灾先进个人
屠小宁	四川省交通厅航务管理局安全监督处副处长	四川省交通行业抗震救灾先进个人
王 建	四川省交通厅交通勘察设计研究院工程师	四川省交通行业抗震救灾先进个人
余禹岐	四川省交通厅交通勘察设计研究院助理工程师	四川省交通行业抗震救灾先进个人
黄 峰	四川嘉陵江金银台航电开发有限公司水电工	四川省交通行业抗震救灾先进个人

（四川省局 易 翥）

·先进名录·

【2008长航系统创建文明行业先进单位】

长江航运总医院
中国水运报（刊）社
中国船级社武汉分社
铜陵市港务集团有限公司
芜湖港口有限责任公司
镇江港务集团有限公司
马鞍山港口集团有限责任公司
长江海事局职工培训中心
长江武汉航道局
长江武汉航道工程局
长江航运公安局宜昌分局
长江航运公安局上海分局
长江航运公安局南通分局
重庆港务物流（集团）猫儿沱港埠分公司
武汉港务集团汉阳港埠分公司
武汉港务集团中理外轮理货有限责任公司
南京港口集团公司第三港务公司
南京港口集团公司外轮理货公司
长江航运信息中心

【2008年长航系统创建文明行业先进集体】

宜昌海事局港区海事处
岳阳海事局监利海事处
长江引航中心江阴引航站
长江水上安全信息台

长江重庆航道局重庆中心征稽站
长江重庆航道工程局第一工程处
长江宜昌航道局航标器材维修中心
长江宜昌航道工程局“吸盘一号”轮
长江三峡通航管理局三峡海事航道局
长江三峡通航管理局通航指挥中心
长江航运公安局万州分局乘警支队
长江航运公安局安庆分局池州派出所
长江航运公安局芜湖分局铜陵派出所
长江航运公安局南京分局仪征派出所
长江航运总医院骨外科
长江航运总医院心内科
重庆港务物流集团万州港红溪沟装卸分公司
宜昌港务（集团）集装箱分公司
荆州港盐卡二期码头建设有限公司
黄石港口集团集装箱公司
上港集团九江港务有限公司龙开河分公司
安庆港务总公司轮驳公司
镇江港务集团龙门分公司
武穴市港务有限公司轮驳运输公司

【2008年长航系统先进生产（工作）者标兵】

孙玉国　武汉海事局阳逻海事处龙口执法大队副队长
顾网林　长江南京航道局副局长兼总工程师
侯国佼　长江三峡通航管理局通信信息中心运行维护部主管
童　强　长江航运公安局宜昌分局宜昌派出所副所长
王　凯　长江航运总医院院长
尹　辉（女）　中国水运报（刊）社广告部主任
刘晓俊　重庆港务物流集团建设投资公司总工程师
向　军（女）　宜昌港务集团装载机司机
张定军　城陵矶港务有限责任公司总经理
刘　燕　荆州港第一港埠公司第一作业区经理兼书记
李雪源　武汉港务集团沌口滚装码头分公司总经理
胡家喜　黄石港口集团二公司党支部书记、经理
喻新民　上港集团九江港务有限公司船务分公司指导总船长
班友良　安庆港务总公司轮驳公司1008轮轮机长
司　跃　芜湖港口有限责任公司技术设备部总经理
蒋　涛　马鞍山港口集团第一港务公司装船机组组长
徐　宁　南京港口集团外轮理货公司理货一部一工班理货长
陈大忠　镇江港务集团轮驳分公司副书记、总经理
余汉文　长江航务管理局档案中心文印室班长

【2008年长航系统创建文明行业优秀班组长】

尹子卉　重庆海事局监管二处处长助理
汤胜光　荆州海事局石首海事处处长
孔　静　黄石海事局鄂州海事处处长
顾　林　长江上海通信局南通处主任
陈光华　长江泸州航道局纳溪航道管理处船舶班组长
王春平　长江航道规划设计研究院检测中心主任
徐　峰　武汉航道学校综合教研室主任
华小云　长江南京航道工程局“长鲸2号”轮轮机长
阮荣斌　长江三峡通航管理局三峡船闸管理处运行五值值班主管
郑　伟　长江三峡通航管理局通航工程技术中心测量分部副主管
王　伟　长江航运公安局重庆分局涪陵派出所所长
胡　新　长江航运公安局武汉分局警卫科科长
左小健　长江航运公安局九江分局湖口派出所副所长
许绿叶　长江航运总医院感染科科主任
陈国雄　中国水运报（刊）社新闻中心副主任
吴华方　中国船级社武汉分社产品检验处处长
杜海根　中国船级社武汉分社人事处处长
江朝元　重庆港九客运总站锚泊队渝港拖1003轮船长
周正全　重庆港务物流集团长寿港埠分公司维修组组长
杨　明　宜昌港务集团枝城港装载机班班长
汪　雄　宜昌港务集团汇洋分公司皮带机班班长
刘华平　荆州港客货运输总公司蓝色家园趸船水手长
姜文波　武汉港务集团实业分公司后勤服务部经理

徐忠志　武汉港务集团青山外贸港埠分公司维修班班长
陈春生　武汉港务集团工业园分公司二工班班长
曹建春　黄石港口（集团）四公司门机班班长
张利民　武穴港务有限公司财务部部长
王小红　上港集团九江港外贸码头分公司内燃机械队二工班班长
刘万应　安庆港务总公司水路运输代理中心部门主任
孙传芬（女）　铜陵市港务集团第一港埠公司运转班班长
陈　杨　芜湖港裕溪口分公司机械一维修组组长
刘本成　马鞍山港口集团第三港务公司装卸组组长
李诗念　南京港华物流有限公司内燃修理班班长
钱　辉　南京港龙潭集装箱公司办公室交通班班长
王贵松　镇江港务集团大港分公司设备租赁公司内钳修理班班长
左小华　镇江港务集团龙门分公司电动机械队冷焊班班长
彭书华　长江航务管理局长江航运规划研究中心室主任

【2008 年第二届长航十大杰出人物名录】

郑启湘　长江武汉航道局洪湖航道处仪修组组长、工程师
罗　静（女）　长江三峡通航管理局通航安全处交管员
陈骏飞　九江海事局装备处指导轮机长、高级工程师
曹　成　长航南京代表处代表、长江南京航道局局长
陈　乐　江苏江阴港口集团股份有限公司董事长、总裁
曾瑞星　长江航运公安局刑侦总队副总队长、副主任法医师
谭建强　重庆市河牛滚装船运输有限公司董事长
杨正元　驻长江航务军代处船运大队内河高级船长、高级工程师
程跃明　黄石港口集团二公司装载机班班长、高级技师
赵　虎　中国水运报刊社新闻中心副主任

【2008 年中国长航劳动模范名录】

刘中斌　长航凤凰股份有限公司长江交通科技股份有限公司“长华海”轮船长
张　勇　中国长江航运集团南京油运股份有限公司“白鹭洲”轮船长
赵元金　长江海外旅游总公司“长江壹号”轮轮机长
欧春生　南京长江油运公司“长江 62015”轮轮机长
胡　兴　深圳长航滚装物流股份有限公司“长鲲”轮大副
熊建国　武汉长江轮船公司坞修公司三车间主任
廖良梅（女）　重庆长江轮船公司东风船舶工业公司分段车间焊工、高级技师
张锁华　中石化长江燃料有限公司南京分公司副总经理
曹顺平　中国长江航运集团江东船厂经营副厂长、高级工程师
张　伟　长江航运科学研究所副总、工程师
刘　锋　长江航运集团总公司宣传部部长
张德军　上海长江轮船公司船舶工业开发总监兼闵南船厂厂长
吴晓宝　长航凤凰股份有限公司芜湖货运分公司总经理
葛　标　中国长江航运集团金陵船厂厂长

【长航局系统召开庆“五一”劳模座谈会】　2008 年 4 月 30 日，长航局召开“长航系统庆‘五一’劳模”座谈会。局长金义华、党委书记黄强分别为获得湖北省“五一”劳动奖状的先进集体——长江武汉航道局，获得湖北省“五一”劳动奖章的先进个人、长江海事局孔静、长江航道局王锡斌颁奖。

（长航局）

【中国长航集团积极抗震救灾受表彰】　2008 年 5.12 汶川大地震后，中国长航一方面积极向地震灾区捐款捐物，另一方面，对于接到的抗灾物资的运输任务，总是第一时间、不计成本保质保量地完成。为此，交通部发来感谢信。中国长航抗震救灾一批先进集体和个人也受到国资委表彰。

（长航集团）

【中国长航集团被评为“全国交通文明行业”】

2008 年 2 月 21 日， 中国长航集团被交通部评为 2006—2007 年度全国交通文明行业。南京长江油运公司、长航凤凰股份有限公司、上海长江轮船公司旅游事业部等三个单位同时被评为全国交通行业文明单位。长江海外轮船旅游总公司“神州”轮、中石化长江燃料有限公司南京分公司上元门江北加油站等被评为全国交通行业文明示范窗口。重庆东风船舶工业公司电焊工于萍（女）、长航凤凰股份有限公司“长江 22015”轮船长李云龙、南京长江油运公司远洋船长孙党人、长江船舶设计院副院长、总工程师王前进 等被评为全国交通行业文明职工标兵。上海长江轮船公司党委书记徐挺惠被评为全国交通行业精神文明建设先进工作者。

（长航集团　宋 颖）

【长航集团工会再次荣获湖北省工会工作“优秀单位”荣誉称号】 2008 年 1 月 3 日，湖北省总工会召开十届七次全委（扩大）会议，会上表彰了一批全省工会工作的先进单位和个人。中国长航集团总公司工会继 2006 年度被评为全省工会工作创优争先“优秀单位”后再次获优秀奖。此前，长航集团总公司工会已连续 6 年被湖北省总工会评为全省工会工作创优争先“先进单位”称号。

长航集团工会广泛开展“劳动关系和谐企业创建活动”，在推动和谐企业、和谐劳动关系建设中发挥了积极作用。同时，组织全体职工围绕全国总工会“当好主力军、建功‘十一五’、和谐奔小康”的竞赛主题，广泛开展“节能降耗、降本增效、绿色环保”建功立业劳动竞赛活动，有力地推动了工会各项工作的创新发展。在创一流工作、一流服务、一流业绩，做实基层班组工作，做强自主创新技能，做亮劳动竞赛品牌，促进企业又好又快发展等方面做出了成效。

同时受到表彰的还有，中石化长江燃料有限公司“长燃 5 号”轮、中国长航青山船厂技改指挥部综合组被授予首批湖北省“工人先锋号”称号；长航凤凰股份有限公司工会被授予“全省企业工会工作规范化建设一级企业工会”称号；长航凤凰股份有限公司“长江 22015”轮被授予全省“学习型先进班组（单位）”称号；中国长航对外经济技术合作总公司进出口部经理朱祥被授予全省“知识型职工标兵”称号。

（长航集团　国 先）

【中国长航集团刘锡汉总经理荣膺湖北经济年度风云人物】 2008 年 1 月 18 日，第六届（2007）湖北经济年度十大风云人物在武汉楚天传媒大厦揭晓。中国长航集团总经理刘锡汉在十大风云人物中名列前茅。湖北省委书记罗清泉，省委常委、省委宣传部长张昌尔，省人大副主任鲍隆清，副省长李春明，省政协副主席王少阶出席了颁奖典礼。来自北京和新加坡的著名经济学家樊纲、陈抗也到场祝贺。

（长航集团）

【中国长航集团一批先进女职工集体和个人受表彰】 2008 年“三八”妇女节前夕，国务院国资委召开表彰会，隆重表彰了 17 个“全国三八红旗手集体”，长航凤凰股份有限公司重庆货运分公司南坪船员家属互助服务队在表彰之列。同时，中国长航一批先进女职工集体和个人受到表彰。

她们分别是：上海长江轮船公司上海长航医院药剂科荣获“上海市五一巾帼奖集体”称号，长江交通科技股份有限公司禾海轮船长曾庆海家庭荣获“湖北省百户职工和谐家庭”称号，中国长江航运集团对外经济技术合作总公司副总经理许云荣获“湖北省女职工建功立业标兵”称号，上海长江轮船公司上海长江汽车检测维修有限公司工会主席徐帼琰荣获“上海市五一巾帼奖个人”称号，金陵船厂工会女职工委员会荣获“南京市国防工会先进女职工委员会”称号，金陵船厂经济管理处经济管理员赵舟荣获“南京市国防工会先进女工工作者”称号。

此外，武汉长江轮船公司生活服务公司物业管理部保洁服务工班等 5 个集体获“中国长航女职工建功立业标兵岗”称号，南京长江油运公司财务部资金管理主管王红等 25 名同志获“中国长航女职工建功立业标兵”称号，长航凤凰股份有限公司总经理叶生威等 7 名同志获“中国长航先进女职工之友”称号。

（长航集团　王 敏）

【中国长航集团在安全竞赛中受到全国级表彰】

2008 年 3 月，中国海员建设工会、交通部交通安全委员会联合表彰 2007 年全国水运系统船舶、班组安全竞赛优秀集体，中国长航荣获全国水运系统船舶、班组安全竞赛“优秀组织奖”，12 艘船舶、6 个班组分别被授予全国水运系统安全优秀船舶、安全优秀班组称号。

长航集团深入贯彻落实科学发展观和安全生产的各项法规，结合防船舶碰撞、防泄漏专项整治活动，认真查除安全隐患，确保安全生产责任落到实处，为全国水运系统交通安全做出了积极贡献。此次获得安全优秀船舶、班组的集体为：长航凤凰“长江 42001”轮、长航凤凰“长江 21015”轮、长航凤凰“长航江洋”轮、上海公司“长英”轮、长江海外“长江号”轮、南京公司“长江 62036”轮、长航油运“翠洲”轮、长航油运“广兴洲”轮、重庆公司“江山 11”轮、重庆公司“朝天宫”轮、中长燃公司“长燃 15 号”轮、深圳公司“长忠”轮、武汉公司坞修公司综合车间、金陵船厂船体二车间装配 20 组、青山船厂内业车间冷加工一组、江东船厂总装分厂起重工段、中长燃公司官牌夹加油站、芜湖公司船舶工业部 800 吨浮船坞坞修班组。

（长航集团　王　敏）

【长航凤凰荣获交通部文明单位、抗灾保通先进集体等称号】 2008 年，长航凤凰被交通部授予“全国交通行业文明单位”和“全国交通行业抗灾保通先进集体”称号；长航云海轮船长高勇、长江 82004 轮船长唐卫星荣获“全国交通行业抗灾保通先进个人”称号。

长航凤凰注重把文明创建活动与企业生产经营、改革发展、安全质量、品牌文化建设紧密结合起来，把管理创新、科技创新、经营创效作为创建活动的重要内容和主攻方向，广泛开展航港共建、轮驳共建、创金牌航线、星级船舶、星级驻港办事处等形式多样的创建活动，使“三创一争”活动融入企业经营管理，向市场和客户延伸，体现“长航凤凰”特色。

2008 年元月份以来，全国大部分地区遭遇建国以来罕见雪灾，长江中下游各电厂因冰雪致发电用煤库存告急。长航凤凰股份有限公司坚决响应国务院及长航集团关于保障电煤运输的号召，充分发挥航运“国家队”的作用，把社会效益放在首位，对货主单位的需求做到有求必应，主动放弃高运价货源，以高度的社会责任感，迅速采取积极措施，克服运力不足及恶劣天气等困难，建立电煤运输绿色通道，抽调运力，优化运行组织，全力以赴保电煤运输。入冬以来，公司投入近七十万吨运力，1 153 艘次，运输煤炭 300 万吨。其中海进江投入运力 15 万吨，35 艘次，运输煤炭近七十万吨，缓解了沿江各大电厂的燃“煤”之急，为电厂雪中送炭、为国家分忧。

长航云海轮船长高勇、“长江 82004”轮船长唐卫在年初的抗雪灾工作中，他们顾全大局、坚守岗位、身先士卒、尽心尽职，以高度责任心和使命感，为确保电煤运输绿色通道的畅通，作出了贡献；较好地发挥一名党员船长的先锋模范作用。

（长航凤凰）

【长航凤凰股份有限公司荣获全国五一劳动奖状】 2008 年，长航凤凰股份有限公司被中华全国总工会授予全国五一劳动奖状荣誉称号，长航凤凰华泰海运分公司秀海轮船长郭汉忠荣获全国五一劳动奖章称号。

与时同时，一批个人和集体获得省市总工会表彰：上海公司闵南船厂厂长助理兼工程部经理周德池荣获上海市五一劳动奖章、长航油运远洋船长张福寿荣获南京五一劳动奖章、长航油运“大庆 452”轮荣获南京市五一劳动奖状。

（长航集团　王　敏）

【中长燃公司喜获“2007 年度湖北省国税百佳纳税人”称号】 2008 年 3 月 31 日，从湖北省国税局召开的“湖北省国税十强百佳纳税人授牌仪式”上获悉，中国长航中石化长江燃料有限公司凭借良好的商业信誉、优良的纳税实绩和高度的社会责任感，荣获“2007 年度全省国税百佳纳税人”称号。这是中长燃公司再次荣获“湖北省国税百佳纳税人”荣誉称号。

此次“2007 年度湖北省国税百佳纳税人”评选是由全省国税部门本着公平、公正、公开的原则，通过重点考察企业守法经营、企业税法观念、财务管理、纳税实绩和社会信誉等主要指标，从全省 50 万户纳税人中反复遴选、层层评审出来的，也是中长燃公司继荣获“2005 年度湖北省百佳纳税人”和武汉市“诚信纳税人”等荣誉后的又一殊荣。

企业的辉煌来自于诚信，中长燃公司成立 6 年来，始终恪守诚信之道，合法经营，依法纳税，在全面保证油品质量，提高服务水平，塑造企业品牌的同时，始终以国家利益为重，以承担社会责任为企业发展为己任。特别是在 2007 年成品油资源十分紧张的情况下，该公司准确把握市场脉搏，拓宽资源筹措渠道，科学配置资源，奋力开拓经营，实现了辉煌的经营业绩。该公司还不断优化财务管理，加强资金监管力度，坚持如实申报纳税，及时足额缴税，实施财务信息化管理，提高企业财务信息化水平，为社会经济快速、持续、健康发展作出了突出的贡献。

（长航集团　何　毅）

【“长燃 5 号”轮、“广兴洲”轮获全国“工人先锋号”荣誉称号】　2008 年“五一”国际劳动节前夕，中长燃武汉分公司“长燃 5 号”轮、长航油运“广兴洲”轮同时被中华全国总工会授予全国“工人先锋号”荣誉称号，这是继去年开展争创“工人先锋号”活动以来，首次获得的全国级殊荣。

2007 年以来，集团全线各级工会组织积极响应全国总工会和集团工会号召，在一线基层船舶、车间、班组中广泛开展了争创“工人先锋号”活动，通过争创，有力推动了基层班组建设，促进了职工队伍整体素质提高，涌现出了一批具有一流素质、创造一流工作、提供一流服务、取得一流业绩的基层集体。

两年来，先后有 9 个集体获得省总工会和海员建设工会表彰。

（长航集团　王　敏）

【中国长航“江山 8”轮获国务院国资委表彰】

2008 年 4 月 29 日，在国务院国资委召开的 2008 年中央企业抗击雨雪冰冻灾害总结表彰大会上，中国长航江山 8 轮党支部获国务院国资委表彰。

年初，受 50 年来最强暴雪和低温天气的影响，我国南方地区大范围受灾。江苏、山东等省在贵州安顺地区打工的 856 名民工在贵州某火车站等了几天火车无望后，急切盼望改道从重庆经长江乘船回家过年。中国长航急国家和人民之所急，充分发挥央企主力军的作用，紧急启用春运备用的豪华旅游船江山 8 轮送农民工回家过年。“江山 8”轮上已放假回家准备过年的 76 名船员在数小时内迅速归队为这一特别航次作准备。2 月 2 日凌晨，“江山 8”轮运送这 856 名民工从重庆开航，到 2 月 6 日凌晨 4：40 安全顺利到达南京港，受到民工们和社会各界的赞誉。

（长航集团　邹光明）

【上海长江轮船公司旅游事业部荣获全国交通行业文明单位称号】　2008 年，上海长江轮船公司旅游事业部受到交通部表彰，荣获 2006 至 2007 年度全国交通行业文明单位称号。

上海长江轮船公司旅游事业部组建于 2003 年 11 月份，主要从事酒店管理、浦江游船、国际青年酒店、物业管理等领域。所经营开发的“船长 1 号”、“船长 2 号”、“船长 3 号”游船以其独特的外形、周到的服务赢得了良好的社会声誉，先后接待了国宾级的罗马尼亚青年访问团、世乒赛的中国历届乒乓球冠军团、国家政协领导等嘉宾。所开发管理的船长青年酒店是国际青年旅舍联盟成员，主要面向国内外“背包族”游客，以“船文化”为特色，优质的微笑服务，吸引了来自世界各地的游客，很好地展现了上海现代国际大都市的良好形象。旅游事业部及其下属的“船长 1 号”曾先后获得上海市文明单位、上海市劳模集体等荣誉称号。

在创建文明单位活动中，旅游事业部坚持以科学发展观为指导，发扬开拓进取、勇于创新的精神，在全体员工的共同努力下，进一步提升员工文明素质，不仅树立了品牌、窗口形象，而且营造了积极向上的企业文化和交通行业文化氛围。

旅游事业部坚持以人为本思想，积极倡导和鼓励员工学习科学文化知识和岗位技能。完善迷你图书阅览室，开展内部员工企业管理专题巡讲活动，不断深化群众性读书活动，加强人才队伍建设，加快后备干部培养，选送优秀员工参加旅游管理和涉外礼仪培训班。丰富员工业余生活，定期组织员工休养、体检，努力营造积极进取奋发向上的企业文化氛围。完善员工奖惩和分配激励制度，调动广大员工投身企业改革发展的积极性和主动性，构建人企和谐。积极参与社会公益事业，组织开展“与文明同行”交通秩序志愿者服务活动，组织员工义务献血。积极配合政府相关部门抓好重大活动接待任务，连续多年参加浦江彩船大巡游活动，通过不断摸索和实践，逐步建立健全了各类规章制度和服务规范标准。安全生产是企业工作的重中之重。旅游事业部结合自身实际，赴在政府相关规定出台前，建立了浦江旅游客船安全管理体系，使上海长江轮船公司浦江游船安全管理工作处于同行业的前列。

（上海公司　李为民　孙建春）

【长航南京公司王红荣获“南京市五一巾帼标兵”荣誉称号】　2008 年，南京市总工会于近日授予了 100 名女同志为“南京市五一巾帼标兵”荣誉称号，中国长航南京长江油运公司财务部资金管理主管王红名列其中。

王红在实际工作中时刻以财务人员的职业道德和合格的共产党员的标准要求自己，进行有效的筹融资，规范管理公司资金、债权债务、贷款担保，并在防范和规避风险等方面做了大量的工作。她的务实工作受到大家一致好评，多次在年度综合考核中被评为优秀。

（南京公司　余光中　史　华）

【长航总医院“5•12”抗震救灾先进集体、个人】

2008 年“5•12”抗震救灾活动中，谢刚同志被评为湖北省抗震救灾先进个人。刘济恩被评为武汉市抗震救灾先进个人。长航总医院办公室、救灾医疗队被评为长航局抗震救灾先进集体。谢刚、刘济恩、程秋莎、曲波、毕进、梁东辉、冯娟娟、宋宏、马红利、高峰 10 位同志被评为长航局抗震救灾先进个人。

（长航总医院　王春兰）

【长航总医院获得长航局表彰的集体和个人】

1. 长江航运总医院骨科获长航系统“工人先锋号”荣誉称号。

2. 长江航运总医院骨科、神经内科获长航系统经济技术“创新示范岗”称号。

3. 长航总医院普外科“腹腔镜技术在腹部外科中的应用”获长航局创新成果二等奖。

4. 长航总医院神经外科“创建武汉脑科医院的经济技术”和影像科“16 层螺旋 CT 在胸骨骨折中的应用价值”获长航局创新成果三等奖。

5. 护理部主任陈宾获长航局十大杰出青年荣誉称号。

6. 党委书记谢刚获长航局十大杰出青年提名奖。

7. 急诊室护士长严硕获交通部巾帼建功立业标兵荣誉称号。

8. 泌尿外科主任李辉明、医师梁奕获长航局创新能手称号。

9. 外科护士长李小燕、神经内科护士长吴友娥被评为 2008 年度武汉市优秀护士。

（长航总医院　王春兰）

【黄建辉荣获湖北省青年岗位能手称号】　2008 年 9 月 17 日下午，长航局团委在八楼会议中心举行了湖北省青年文明号、青年岗位能手授牌表彰仪式。长航局党委书记黄强、副书记张燕峰，共青团湖北省委书记吴朝安、城市青年部部长吕星出席了授牌表彰仪式。局通信技术处黄建辉同志荣获“湖北省青年岗位能手”荣誉称号。

黄建辉同志 2003 年 6 月毕业于武汉理工大学通信工程专业，现年 29 岁，中共党员。先后获得长江通信管理局“青年岗位能手”、“十大杰出青年”、“创建文明行业先进生产工作者（标兵）”称号，2007 年获长航局“青年科技标兵”称号。2007 年，作为长航局重点科技项目《长江专用通信网升级改造技术方案的研究》，黄建辉负责了承载网技术的研究，他撰写了 3 万字的研究报告，为下一步网络改造奠定了技术基础。2007 年黄建辉撰写了《WIMAX 技术及其在长江航运中的应用分析》一文，得到了专家教授的一致称赞。2007 年 9 月，三峡搜救演习期间，黄建辉同志受到交通部、长航局表彰。

（通信局团委）

【通信局张家港处荣获 2007 年度市文明单位称号】　新春伊始，长江张家港通信管理处被中共张家港市委、市人民政府授予“2007 年度文明单位”称号，并于 2 月 19 日从市委文明办捧回荣誉奖牌和证书，这已是张家港处连续三年荣获市文明单位称号。

张家港处全体员工围绕拓展通信服务内涵，强化“三个服务”、“四个融合”，把长江安全通信保障作为中心工作来抓，实现以人为本，坚持树立“敬业、创新、服务、畅通”的长江通信精神，加强内部管理，努力提高服务水平，其服务水准得到了广大港航单位的好评，年年完成或超额完成各项目标责任指标，连续三年被授予张家港市文明单位称号。

在成绩和荣誉面前，张家港处的干部职工清醒地认识到未来工作的重任和困难。张家港处及时召开职工座谈会，围绕2008年长江通信工作的主要目标，针对年初签订的目标责任状，就如何立足“三个服务”、“四个融合”，完成新的工作责任指标展开了讨论，找差距、挖潜力，把各项工作的责任目标落实到班组和具体责任人，力争在2008年长江通信改革发展关键的一年里再创新的佳绩。

（张家港处）

【通信局南通处连续六年获市文明单位称号】

2008年3月10日，南通市“2005—2006”年度文明单位表彰大会在南通文化宫隆重举行。长江南通通信管理处榜上有名，同时补推推荐申报江苏省文明单位。这是南通处继2001年首次荣获南通市文明单位以来，连续6年保持这一荣誉称号。

南通处长期以来坚持不懈地抓廉政文化建设，把廉政文化作为先进文化的重要内容来落实，用廉政文化建设促进党员的先进性建设，用廉政文化培育“廉荣腐耻”的和谐单位。

为了适应管理关系调整的新形势，南通处从领导到员工认真贯彻党的十七大精神，全面落实科学发展观，主动积极地为长江海事和港航单位提供优质、高效的通信服务，开拓进取，抓住洋口港、吕四港的开发机遇，把长江通信做大做强。

（南通处）

【城陵矶处荣获岳阳市文明单位称号】 2008年3月16日，岳阳市文明委领导莅临城陵矶处，亲手将岳阳市2007年度岳阳市文明单位牌匾和荣誉证书授予该处。这是城陵矶处获得武汉局2007年度双文明单位后再次获得的一项殊荣，标志着城陵矶处在文明创建工作中取得又一硕果。

2007年，城陵矶处在上级领导的大力支持下坚持高起点、严要求，将创建岳阳市市级文明单位与通信保障工作一起部署、一起落实、一起考核。加强组织领导，严格管理，加强单位软硬件设施建设，改变处容处貌。加强宣传教育，强化职工的文明意识，突出优质服务，以用户满意为准则，提高服务标准。

2008年是中国奥运年，城陵矶处将在上级领导的关怀与支持下发扬“服务、人和、拼搏”精神，做好“三个服务”再创新的佳绩。

（通信局　党工部）

【信息台周琦被授予全国交通行业抗震救灾先进个人】 2008年，长江通信管理局水上安全信息台采编播组组长周琦同志，被交通部授予全国交通运输行业抗震救灾先进个人荣誉称号。

5月12日地震发生后，长江水上安全信息台在第一时间迅速作出反应，密切关注长航系统抗震救灾工作动态，快速作出新闻的编辑和播发工作，在最短的时间里制作出抗震专题节目。

采编播组组长周琦同志在信息台的领导下，组织节目主持人根据不同节目的特点，连夜策划和完善节目方案，以节目直播的方式将长航系统抗震救灾的基本情况、交通系统的保障措施及长江航运系统的相关工作做了详细的跟踪报道。同时针对地震可能引发的山体滑坡对长江航行船舶带来危险这一情况，立即联系采访长江海事局的相关领导，向船员详细的介绍应该注意的问题和应该采取的安全措施。在最快的时间里，将航运管理部门的指导意见发布到船上。为船员安全行船提供保障。在哀悼日当天，周琦同志带病坚持工作，在抗震救灾节目中，提醒船舶按照国家的相关规定进行降旗和鸣笛。

（通信局　信息台）

【重庆处周剑获全国交通系统青年岗位能手称号】 2008年8月24日，长江航务管理局张燕峰副书记、团委崔文书记来到重庆，为长航系统获得全国青年文明号及全国交通系统青年岗位能手的单位和个人颁发了奖牌及证书。长江重庆通信管理处周剑同志获得全国交通系统青年岗位能手荣誉称号。

周剑同志，32岁，现任重庆通信处通信科科长。周剑同志热爱长江通信事业，工作中尽心尽力，碰到难题刻苦钻研，不怕苦、不怕累，先后获长江通信管理局“十大杰出青年”称号，重庆市青年岗位能手称号，长航系统全线“先进生产（工作）者标兵”称号，“全国交通通信系统创建文明行业先进个人”称号等。

（重庆局）

【信息台荣获全国交通行业文明示范窗口授牌】

2008年11月27日上午，省直工委龚龙部长、长航局黄强书记、党办副主任胡利民在通信局周云霞书记的陪同下，来到长江水上安全信息台，为信息台获得“全国交通行业文明示范窗口”进行了授牌。

授牌仪式上，副主任胡利民现场宣读了《关于表彰全国交通行业文明示范窗口》的表彰决定，龚龙部长和黄强书记共同将“全国交通行业文明示范窗口”的牌匾颁发到信息台领导手中。

龚龙部长说，长江水上安全信息台是航运线上政府和船民的纽带，发挥着重要的作用，在下一步工作中要继续努力，让文明创建工作再上一个新台阶。黄强书记指示，长江水上安全信息台是长江航运的品牌，在文明创建工作中要始终坚持“用心沟通，用情服务”的工作理念，全力搭建好信息服务平台，为长江航运又快又好的发展作出贡献。

（通信局　信息台）

【舟山港轮驳公司再获全国、省级安全先进单位殊荣】 2008年6月9日，舟山港务集团所属的舟山港海通轮驳有限责任公司“舟港拖9”获得全国“安康杯”先进班组，公司获得浙江省“治安安全示范单位”荣誉称号。

（浙江省局　吴永平）

【象山县“宁波站村”被省委、省政府授予“全面小康建设示范村”称号】 2008年1月，象山县“宁波站村”被省委、省政府授予“全面小康建设示范村”称号。有400余户1 400人的“宁波站村”，拥有水上运力33万载重吨，船舶资产13.4亿元，其中80%以上农户拥有水运股份并走上致富道路，被誉为“浙江海运第一村”。

（宁波市局　张余光）

【江西省航运管理局工会获“2007年度交通工会工作先进单位”称号】 2008年3月31日，江西省交通工会在南昌召开二届四次常委（扩大）会议，作出了《关于表彰2007年度工会工作优胜单位和先进单位的决定》（赣交工组〔2008〕10号）。该局工会获得“2007年度交通工会工作先进单位”称号，这是该局自2002年成立工会以来连续五年获得省交通工会的表彰。

（江西省局　李新平　杨 辉）

【重庆港航局职工张新伦获“2007年度全国交通行业青年岗位能手”荣誉称号】 2008年6月，交通运输部、共青团中央经过严格评审、认真考核、集中公示，授予132名同志“2007年度全国交通行业青年岗位能手”荣誉称号。重庆市港航局职工张新伦获此殊荣。

（重庆市局　阳 斌）

【云阳“渝多”大件运输获表彰】 2008年9月24日，交通部长江海事局召开了天兴洲大桥整节段钢桁梁水路运输总结表彰大会，总结了特大件水路运输安全保障工作的成功经验，并表彰在大件运输中作出突出贡献的先进集体和先进个人。重庆市云阳县渝多船务有限公司“渝多806”轮、船长黄玉全和熊协定分别荣获“先进船舶”和“先进个人”荣誉称号。

（重庆市局　阳 斌）

【2008年芜湖长江轮船公司荣誉表彰名录】

• 芜湖长江轮船公司荣获芜湖市“创争”活动先进单位称号。

• 芜湖长江轮船公司5300吨浮船坞技术改造项目荣获中国长航集团优秀成果奖。

• 芜湖长江轮船公司船舶工业部荣获安徽省模范职工小家称号。

• 芜湖长江轮船公司船舶工业部坞修班荣获全国学习型先进班组称号。

• 芜湖长江轮船公司船舶工业部船舶管理处荣获全国水运系统安全优秀班组称号。

• 芜湖长江轮船公司船舶工业部坞修班被授予中国长航集团“工人先锋号称号”。

• 芜湖长江轮船公司河运学校李雯同志荣获中国长航集团女职工建功立业标兵称号。

• 芜湖长江轮船公司船舶工业部史红星同志

荣获芜湖市“安康杯”竞赛先进个人称号。

• 芜湖长江轮船公司船舶工业部袁广楼同志荣获中国长航集团先进生产工作者称号。

• 芜湖长江轮船公司河运学校曹志忠同志荣获中国长航集团知识型先进职工称号。

（芜湖公司　何根林）

【2008 年芜湖港荣誉名录】

•1 月获得芜湖市统计局芜湖市企业景气调查先进先进单位荣誉称号。

• 芜湖港口有限责任公司党委书记、总裁，芜湖港储运股份有限公司党委书记、董事长孙新华同志 2 月当选 2007 年中国港口十大风云人物。

•2 月获得交通部长江航务管理局 2007 年度长航系统创建文明行业先进单位称号。

•4 月被中共安徽省委、安徽省人民政府授予安徽省第八届文明单位称号。

•5 月获得交通部长江航务管理局长航系统迎奥运职工运动会团体第一名。

•5 月被安徽省人民政府授予安徽省抗雪防冻救灾先进单位称号。

•6 月获得中国海员工会长江航务委员会 2007 年度长航系统“安康杯”竞赛优秀组织奖称号。

•6 月获得交通部长江航务管理局长航航运指数先进单位称号。

• 芜湖港口有限责任公司党委书记、总裁，芜湖港储运股份有限公司党委书记、董事长孙新华同志 8 月当选为安徽省改革开放 30 年 30 人。

•10 月获得安徽省人民政府四川省电力迎峰度夏工作先进集体。

• 10 月获得安徽省内审工作先进单位称号。

• 12 月被芜湖市安全监督局授予芜湖市安全生产 A 级经营达标单位称号。

（芜湖港　孙凤山）

•专　家•

详见《长江航运年鉴》(2000 卷)、(2003 卷)、(2004 卷)、(2005 卷)、(2006 卷)、(2008 卷)等卷。

第十九编 统计资料

·调查研究·

【2008年长江水系航运分析报告】 2008年在交通运输部的正确领导下，广大长江航运干部职工以科学发展观为统领，团结拼搏，迎难而上，齐心协力抗击了国内遭遇的雨雪冰冻和“5•12”四川汶川特大地震等重大自然灾害，积极应对国际金融危机对长江航运的冲击，认真贯彻落实国家宏观调控的各项政策措施，加快航运结构调整，优化运输生产组织方式，运输保障能力有了新的提高，服务沿江经济和流域百姓的能力显著增强，实现了水路运输生产平稳较快增长。

一、水路基础设施

1. 内河航道

2008年，长江水系14省（市）内河航道通航里程为87 716.94公里（不包括长江干线），比上年末减少86.65公里。其中：等级航道39 301.99公里，比上年末增加41.52公里，等外航道48 414.95公里，比上年末减少128.17公里。等级航道中：一、二、三、四、五、六、七级航道分别是68公里、495.41公里、2 075.38公里、4 455.79公里、5 873.48公里、13 941.31公里、12 392.62公里。二、四级航道分别比上年末增加96.47公里、209.95公里，一、三、五、六、七级航道比上年末减少22.1公里、75.63公里、60.33公里、76.86公里、29.98公里。

2008年，长江水系14省（市）内河航道构筑物中，枢纽数量2 675处，其中具有通航功能的1 254处。拥有船闸613座、升降机49座，其中正常使用的船闸429座，升降机24座。

长江干流自云南水富至长江口全长2 837.6公里。目前长江干线已建成的船闸有葛洲坝船闸和三峡船闸。

2008年长江干线航道治理明显加快。建成重庆至宜宾三级航道100公里，叙渝段398公里河段实现夜航。完成太子矶水道中段炸礁等10余项航道治理工程，黑沙洲等多项航道治理工程进展顺利；治理中下游重点滩段航道88.5公里，枯水期通航紧张局面有效缓解；南京以下完成福姜沙水道整治技术方案。

2. 内河港口码头泊位

2008年，长江水系14省（市）拥有内河港口生产用码头泊位数24 061个，码头总延长1 265 966米。年综合通过能力：散货、件杂货266 578.6万吨，集装箱171.18万TEU，旅客23 748.8万人，载货滚装汽车203万辆，商品滚装车辆192万辆。其中长江干线生产用码头泊位数3 803个，码头总延长355 644米，年综合通过能力：散货、件杂货124 836万吨，集装箱764.96万TEU，旅客9 984万人，载货滚装汽车172万辆，商品滚装车辆192万辆。2008年长江干线生产用码头泊位和年综合通过能力一览表，详见（表19—1）。

【2008年长江干线生产用码头泊位和年综合通过能力一览表】 （表19—1）

单位	生产用码头泊位		年综合通过能力				
	码头泊位数（个）	码头总延长（米）	散货、件杂货（万吨）	集装箱（万TEU）	旅客（万人）	载货滚装汽车（万辆）	商品滚装车辆（万辆）
总计	3 803	355 644	124 836	764.96	9 984	172	192
云南省	19	3 720	234		60		
四川省	117	9 773	2 058	8	381		
湖北省	1 129	102 851	17 973	67	2 739	114	24
湖南省	68	6 409	4 505	3.96			
江西省	119	11 368	3 994	5	340		
安徽省	498	34 113	23 876	6	631		62
江苏省	880	109 181	64 671	579			30
重庆市	973	78 229	7 525	96	5 833	58	76

2008 年分布在长江干流港口万吨级码头泊位有 278 个，其中江苏省 275 个、安徽省 3 个，长江干线南京以下有 5 万吨级以上码头泊位 68 个。

二、水路运输船舶

2008 年底，长江水系 14 省（市）拥有运输船舶 15.62 万艘，比上年末减少 3.5%；净载重量 8 836.4 万吨，比上年末增加 4.3%；载客量 70.35 万客位，比上年末减少 2.3%；标准箱位 95.75 万 TEU，比上年末增加 13.2%；总功率 3 293.14 万千瓦，比上年末增加 11%。其中：内河运输船舶 14.97 万艘，比上年末减少 3.9%，净载重量 4 959.84 万吨，比上年末增加 4.26%；沿海运输船舶 5 954 艘，比上年末增加 10.98%，净载重量 1 844.18 万吨，比上年末增加 15.74%；远洋运输船舶 557 艘，比上年末减少 2.5%，净载重量 2 032.3 万吨，比上年末减少 4.2%。长江水系 14 省（市）水路运输工具拥有量一览表，详见（表 19—2）。

【长江水系 14 省（市）水路运输工具拥有量一览表】 （表 19—2）

类别	船舶数（艘数）	其中		载客量（客位）	净载重量（吨位）	标准箱位（TEU）	总功率（kw）
		机动船（艘数）	驳船（艘数）				
合计	156 193	125 171	31 022	703 549	88 363 656	957 486	32 931 430
内河	149 682	118 701	30 981	626 818	49 598 444	54 360	17 668 134
沿海	5 954	5 913	41	72 359	18 441 851	57 908	6 334 355
远洋	557	557		4 372	20 323 361	845 218	8 928 941

2008 年长江水系 14 省（市）加快水路运输结构调整，呈现货运船舶数量总体减少，总运输能力增加；船舶的平均吨位不断提高；专业化运输船舶快速发展；机动船运力的增速大于驳船运力；长江干线客运船舶不断减少；个体运输船舶经营人向公司化发展的特点：

1. 货运船舶总运输能力增加

2008 年底，长江水系 14 省（市）拥有货运船舶 13.54 万艘，比上年末减少 5.3%，是 2003 年的 0.77 倍，2003 年至 2008 年间年均增长率为-5.2%。船舶的净载重量 8 808.6 万吨，比上年末增加 4.3%，是 2003 年的 1.93 倍，2003 年至 2008 年间年均增长率为 14%。在货运船舶中：内河船舶 12.95 万艘，比上年末减少 5.8%，净载重量 4 943.2 万吨，比上年末增加 4.3%；沿海船舶 5 303 艘，比上年末增加 7.8%，净载重量 1 836.9 万吨，比上年末增加 15.7%；远洋船舶 548 艘，比上年末减少 2.5%，净载重量 2 028.7 万吨，比上年末减少 4.2%。

下图反映 2003—2008 年长江水系 14 省（市）货运船舶总运输能力变化情况。

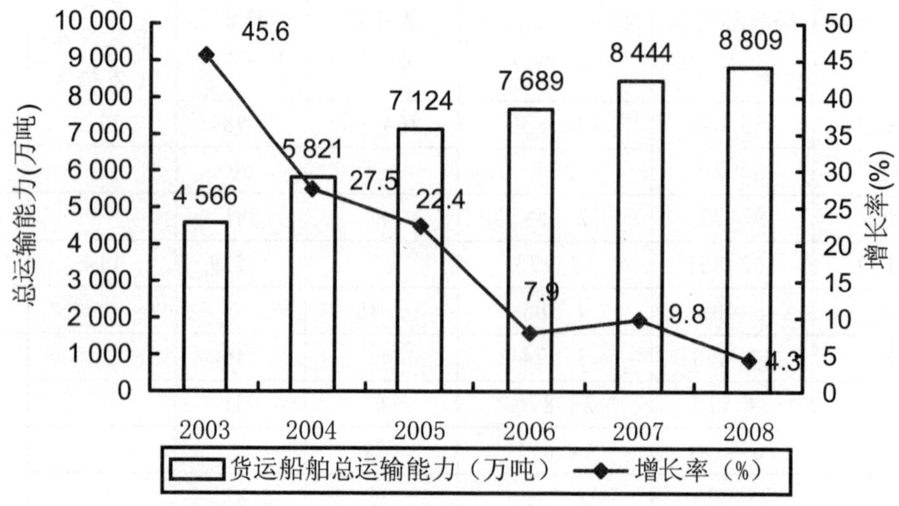

2. 货运船舶的平均吨位不断提高

2008年底，长江水系14省(市)货运船舶的平均净载重量为650.5吨/艘，比上年末增加10%，是2003年的2.51倍，2003年至2008年间年均增长率为20.2%。在货运船舶的平均净载重量中，内河船舶381.7吨/艘，比上年末增加10.73%；沿海船舶3 463.5吨/艘，比上年末增加7.34%；远洋船舶37 019.8吨/艘，比上年末增加-1.76%。内河货运船舶平均净载重量前三位的省（市）分别是重庆市1 159.8吨/艘、湖北省847.8吨/艘、河南省572.3吨/艘。

下图反映2003—2008年长江水系14省(市)货运船舶平均吨位变化情况。

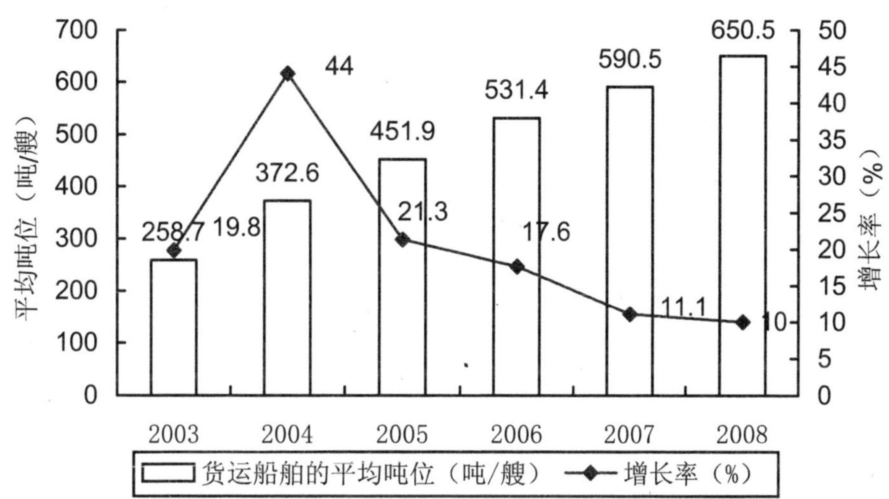

3. 专业化运输船舶快速发展

(1)集装箱运输船舶 2008年底，长江水系省（市）共拥有集装箱运输船舶961艘(不含集装箱驳船，下同)，比上年末增加4.9%，是2003年的2.08倍，2003年至2008年间年均增长率为15.8%；集装箱船标准箱位944 377TEU，比上年末增加62.6%，是2003年的2.72倍，2003年至2008年间年均增长率为22.2%。其中内河集装箱运输船舶510艘，集装箱船标准箱位52 186TEU，分别比上年末增加2.4%和5.8%。

长江水系省（市）集装箱运输船舶的平均载箱量982.7 TEU/艘，比上年末增加29%，是2003年的1.27倍，2003年至2008年间年均增长率为4.9%。其中内河集装箱运输船舶的平均载箱量为102.3 TEU/艘，内河集装箱运输船舶平均载箱量排在前三位的省（市）分别是重庆市160.8 TEU/艘、湖北省143.3 TEU/艘、上海市114 TEU/艘。长江水系省（市）集装箱运输船舶（不含集装箱驳船）运力一览表，详见（表19—3）。

【长江水系省（市）集装箱运输船舶（不含集装箱驳船）运力一览表】 （表19—3）

单位	2008年集装箱船舶数				2008年标准箱位数			
	合计（艘）	同比（%）	其中		合计（TEU）	同比（%）	其中	
			内河	同比（%）			内河	同比（%）
总计	961	4.9	510	2.4	944 377	62.6	52 186	5.8
云南省	1	-	1	-	10	-	10	-
四川省	23	-	23	-	2 122	27.6	2 122	27.6
湖北省	16	-15.8	16	-15.8	2 293	-14.9	2 293	-14.9

单位	2008年集装箱船舶数				2008年标准箱位数			
	合计（艘）	同比（%）	其中		合计（TEU）	同比（%）	其中	
			内河	同比（%）			内河	同比（%）
湖南省	47	14.6	47	14.6	4 314	-1.5	4 314	-1.5
江西省	22	-	22	-	1 309	0.3	1 309	0.3
安徽省	27	-	24	-	2 943	20.6	2 385	23.6
江苏省	229	6	187	-	19 727	4.4	12 425	-
浙江省	27	35		-	10 411	25.1		-
山东省	27	-6.9		-	15 192	-3.7		-
上海市	415	4.2	69	3	863 925	71	7 869	1.2
重庆市	127	5.8	121	6.1	22 131	11.7	19 459	13.5

（2）省际内河液货危险品运输船舶 当前交通运输部制定的统计年报中没有对液货危险品运输船舶作专门分类统计，现根据长航局掌握的长江水系省际内河液货危险品船舶情况进行统计分析。液货危险品船舶运输分为油船（含沥青船）、散装化学品船和液化气船。从总体上来看：2008年底，长江水系省际内河液货危险品运输企业共330家，与上年末持平，船舶5 818艘，上年末增长3.4%，载重吨277.27万吨，比上年末增长5.8%。

油船。2008年底，经营长江水系省际油品运输船舶3 343艘，比上年末增加3.6%，是2003年的0.97倍，2003年至2008年间年均增长率为-0.7%；净载重量178.9万吨，比上年末增加4.5%，是2003年的0.93倍，2003年至2008年间年均增长率为-1.5%。其中具有川江及三峡库区经营资质的油品运输船舶167艘、载重吨18.8万吨，分别占省际内河油品船舶和净载重量的5%和10.5%，其它船舶均经营长江中下游干线及支流省际油船运输。

散装化学品船。2008年底，经营长江水系省际散装化学品运输船舶2 442艘，比上年末增加2.3%，是2003年的1.76倍，2003年至2008年间年均增长率为12%；净载重量98.08万吨，比上年末增加7.6%，是2003年的2.93倍，2003年至2008年间年均增长率为24%。其中具有川江及三峡库区经营资质的散装化学品运输船舶122艘、净载重量23.85万吨，分别占省际内河散装化学品运输船舶和载重吨的5%和24.3%，其它均经营长江中下游干线及支流省际散装化学品运输。

液化气船。2008年底，经营长江水系省际液化气运输船舶12艘，与上年末持平，是2003年的1.09倍，2003年至2008年间年均增长率为1.7%；载气量15284立方米，与上年末持平，是2003年的1.61倍，2003年至2008年间年均增长率为9.9%。液化气运输船舶的经营范围均在长江中下游干线及支流省际运输。

（3）川江载货汽车滚装运输船舶 目前载货汽车滚装运输船舶仅长江干线宜昌市至重庆市间运营。2008年底，重庆市和湖北省共载货汽车滚装运输船舶115艘，比上年末减少2.5%，是2003年的1.47倍，2003年至2008年间年均增长率为8%；载货车位5 993台，比上年末减少2%。是2003年的2.95倍，2003年至2008年间年均增长率为24.2%。

2008年载货汽车滚装运输船舶平均车位52.1车位/艘，比上年末增加0.6%，是2003年的2倍，2003年至2008年间平均载货车位的年均增长率为14.8%，载货汽车滚装运输船舶呈大型化趋势。2008年载货汽车滚装运输企业和船舶一览表，详见（表19—4）。

【2008 年载货汽车滚装运输企业和船舶一览表】 （表 19—4）

省（市）	企业数（家）		船舶数（艘）		车位（台）	
	2008 年	同比（%）	2008 年	同比（%）	2008 年	同比（%）
总 计	19	-	115	-2.5	5 993	-2
重庆市	11	-	61	-3.2	3 138	-3.5
湖北省	8	-	54	-1.8	2 855	-0.2

4. 机动船运力的增速大于驳船运力

2008 年底，长江水系 14 省(市)拥有机动船 12.51 万艘，比上一年末减少 2.5%，是 2003 年的 1.07 倍，2003 年至 2008 年间年均增长率为 1.4%；机动船的净载重量 7 566.2 万吨，比上一年末增长 4%，是 2003 年的 2.08 倍，2003 年至 2008 年间年均增长率为 15.8%。

长江水系 14 省(市)拥有驳船 3.1 万艘，比上一年末减少 7%，是 2003 年的 0.52 倍，2003 年至 2008 年间年均增长率为-12.3%；驳船的净载重量 1 270.2 万吨，是 2003 年的 1.37 倍，2003 年至 2008 年间年均增长率为 6.5%。

在长江水系 14 省(市)运输船舶中，机动船总数占船舶总数的 80.1%，其运输能力占总运力的 86%；驳船总数占船舶总数的 19.9%，其运输能力总运力的 14%。

近年来长江水系 14 省（市）驳船运力占总运力的比重呈现逐年下降趋势（见下图），且机动船运输能力的增速大于驳船运输能力的增速。

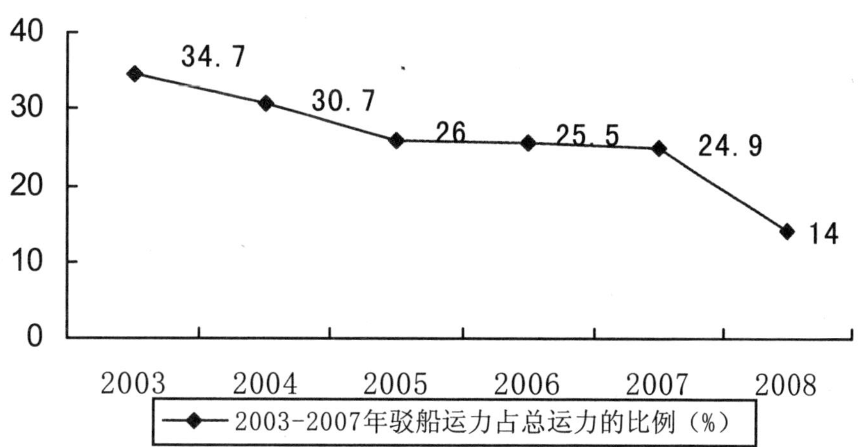

2008 年长江水系 14 省（市）机动船和驳船运力地区分布一览表，详见（表 19—5）

【2008 年长江水系 14 省（市）机动船和驳船运力地区分布一览表】 （表 19—5）

单 位	机动船		驳船	
	艘数（艘）	净载重吨（吨位）	艘数（艘）	净载重吨（吨位）
总 计	125 171	75 661 639	31 022	12 702 017
云南省	843	57 346	2	164
贵州省	1 496	73 932	121	20 207
四川省	7 452	533 647	1 974	76 791
陕西省	878	20 169	100	69
河南省	4 650	2 328 169	146	43 838

单 位	机动船		驳船	
	艘数（艘）	净载重吨（吨位）	艘数（艘）	净载重吨（吨位）
湖北省	4 270	3 274 338	1 287	1 657 512
湖南省	9 342	1 246 373	144	29 008
江西省	4 922	1 416 937	44	15 466
安徽省	24 793	13 802 664	2 172	748 688
江苏省	32 419	11 844 833	13 464	4 582 808
浙江省	22 384	12 769 360	1 311	145 951
山东省	6 094	5 315 195	9 484	4 677 495
上海市	1 926	20 165 167	218	120 468
重庆市	3 702	2 813 509	555	583 552

5. 客运船舶总体发展平稳，长江干线普通客运船舶减少

2008 年长江水系 14 省(市)客(客货)运船舶 14601 艘，比上年末减少 0.2%，是 2003 年的 1.08 倍，2003 年至 2008 年间年均增长率为 1.5%；船舶的载客量 69.1 万客位，比上年末减少 1.5%，是 2003 年的 1.04 倍，2003 年至 2008 年间年均增长率为 0.8%。在客运船舶中：内河船舶 1.4 万艘，与上年末持平，载客量 61.4 万客位，比上年末减少 2.7%；沿海船舶 554 艘，比上年末增加 53%，载客量 7.24 万客位，比上年末增加 9.2%；远洋船舶 9 艘，与上年末持平，载客量 4 372 客位，比上年末增加 10.1%。

2008 年客运船舶的平均载客量 47.3 客位/艘，比上年末减少 1.4%，是 2003 年的 0.96 倍，2003 年至 2008 年间年均增长率为-0.8%。在客运船舶的平均载客量中：内河 43.7 客位/艘、沿海 130.6 客位/艘、远洋 485.8 客位/艘。内河船舶平均载客量前三位的省（市）分别是上海市 411.8 客位/艘、重庆市 101.9 客位/艘、江苏省 76 客位/艘。

2008 年底，经营长江干线省际旅客运输企业 36 家、客船(客货船)166 艘、62 537 客位。其中：长江干线从事省际运输的普通客船企业 19 家，比上年末减少 13.6%；普通客船 99 艘，比上年末增加 2%；载客量 51 429 客位，比上年末减少 5.6%。高速客船企业 4 家、船舶 24 艘、2 951 客位，分别比上年末增加 33.3%、9.1%和 6.2%。涉外旅游船企业 13 家、船舶 43 艘、8 157 客位，分别比上年末减少 13.3%、8.5%和 5%。2008 年长江干线省际旅客运输船舶分类一览表，详见（表 19—6）。

【2008 年长江干线省际旅客运输船舶分类一览表】 （表 19—6）

单 位	合 计		普通客船		高速客船		涉外旅游客船	
	艘数	客位	艘	客位	艘	客位	艘	客位
总 计	166	62 537	99	51 429	24	2 951	43	8 157
湖北省	48	8 706	9	2 705	21	2 730	18	3 271
重庆市	95	42 259	79	39 146	3	221	13	2 892
长航集团	23	11 572	11	9 578			12	1 994

从总体上看，长江干线普通客船运输呈现逐年减少趋势，高速客船运输有所增加。

2003 年至 2008 年间，普通客运船舶数和客位数年均增长率分别为-5.3%和-5%；涉外旅游船舶数和客位数年均增长率分别为-3%和 0.6%；高速客船数和客位数年均增长率分别为 7.1%和 5%。

6. 个体运输船舶比重逐年减少

2008 年底，长江水系 14 省（市）拥有内河个体运输船舶 5.77 万艘，比上年末减少 6.4%，是 2003 年的 0.57 倍，2003 年至 2008 年间年均增长率为-10.7%；个体运输船的净载重量 1 146.5 万吨，分别比上年末减少 3.4%，是 2003 年的 0.93 倍，2003 年至 2008 年间年均增长率为-1.5%。近年来长江水系省（市）各级交通主管部门按照交通运输部的指示精神，积极引导水运企业做大、做强，认真探索个体运输船舶公司化管理、集约化经营的具体模式和规律，加快了个体运输船舶公司化经营工作的进程，个体运输船舶呈现逐年减少趋势，2008 年个体运输船舶运力占货运船舶总运力的比例为 13%。下图反映 2003—2008 年长江水系省（市）个体经营户占总运力的比例情况。

7. 船型标准化工作有序推进

自 2004 年川江及三峡库区实施船型标准化工程以来，沿江省（市）港航管理部门通过加强市场准入管理，一方面禁止新建或改造非标准船型进入川江及三峡库区航运市场，另一方面按照交通运输部公布的标准船型主尺度系列，加大新建标准型船舶的力度，近年来长江干线共新建符合主尺度系列的标准型船舶 1 320 艘，其中：干散货船 604 艘、散装化学品船 45 艘、油船 62 艘、集装箱船 97 艘、载货汽车滚装船 44 艘、驳船 35 艘、标准客渡船 433 艘。2008 年川江及三峡库区符合主尺度系列的标准型船舶表，详见（表 19—7）。

【2008 年川江及三峡库区符合主尺度系列的标准型船舶表】 （表 19—7）

省（市）	合计	干散货船（艘）	散装化学品船（艘）	油船（艘）	集装箱船（艘）	载货汽车滚装船（艘）	驳船（艘）	客渡船（艘）
合计	1 320	604	45	62	97	44	35	433
贵州省	9	9						
四川省	49	39	1		9			
河南省	7	7						
湖北省	199	164	8	4		22	1	
湖南省	112	106	2		4			
江西省	2		2					
安徽省	4	3			1			
重庆市	879	257	32	28	73	22	34	433
长航集团	59	19		30	10			

8. 船舶运力发展中存在的问题

（1）低水平船舶仍大量存在 部分船舶技术状况落后，船舶老化，存在安全隐患。目前长江水系 14 省（市）内河船舶总体技术水平不高，由于航运经营人效益至上，维修和例行的保养没有跟上，不同程度上存在安全隐患；另外一些民营企业在建造船舶时，大多采取较低技术标准或根本达不到要求的技术标准，施工时偷工减料，违规配置电器和燃气用品等，船舶硬件技术状况差。

落后船型对环境也存在污染。随着国家对水资源环境保护的重视，社会各界对船舶的环保要求也越来越高，尤其是在长江三峡库区等特殊水域。而现存的某些落后船型，对油污水和生活污水没有专门的回收或储存装置，肆意排放，严重污染水质。

（2）标准化船舶比重偏低 自 2004 年在川江及三峡库区实行船型标准化以来，尽管新建了一批符合国家公布的标准船型主尺度系列的船舶，但目前船舶标准化率较低。在符合国家公布的主尺度系列运输船舶中：重庆市拥有 446 艘（标准客渡船除外），占该省拥有船舶数的 10.5%；湖北省拥有 199 艘，占该省拥有船舶数的 3.6%；湖南省拥有 112 艘，占该省拥有船舶数的 1.2%。标准集装箱船、江海直达船、干支直达船有待发展。

（3）船舶平均吨位仍然偏小 2008 年长江水系 14 省（市）船舶的平均吨位 650.5 吨/艘，其中内河船舶 381.7 吨/艘，但同世界航运发达国家相比仍有明显差距。船舶平均吨位小是造成运输效率低，运输成本高，泊位和船闸通过能力低，竞争力下降的主要原因之一。

三、船舶运输组织

1. 旅客运输

近年来，沿江省（市）公路、铁路和航空运输的快速发展，对传统的水路长途旅客运输带来了较大的冲击，导致长江客运市场逐年萎缩，同时随着人民生活水平的不断提高，客运呈旅游化、舒适化发展趋势。目前长江干线旅客运输船舶经营的航线主要有：从事高速客船运输主要经营宜万航线；普通客船运输分为班轮运输和旅游包船运输，其中班轮运输集中在宜渝段，主要经营航线有宜渝、宜万、奉宜等航线。旅游包船运输主要经营航线有渝申、渝汉、渝浔、渝宁等航线；涉外旅游船运输主要经营航线包括渝宜线、渝沙线、渝汉线和渝申线等。

2. 货物运输

长江航运以其运量大、成本低等突出优点，在煤炭、矿石、石油等大宗货物和重大件货物运输方面具有不可替代的优势。长江沿线冶金、能源、机械、石化等大型企业的原材料运输 80%由水路承担。近年来，长江航运在满足日益增长的东西部物资运输需求和长江经济带外向型经济发展的需求等方面发挥着重要的运输保障作用。

随着经济结构和产业结构的调整，给长江水路运输货物运输的流向、流量和运输组织方式等产生深刻的影响。

从货物流向构成上来看：上行略少于下行。但江阴以下由于海进江运量较多，且中下游下行货流部分通过江南水网流入苏南、浙江和上海，上行流量高于下行流量。随着海进江货物的增多，两者之间的比例将逐步接近。

从分段货流密度来看：货流量密集带在武汉以下，特别是南京以下，主要是由于海进江货物和京杭运河货流的汇入，货流密度最大。

从长江中游地区船舶营运组织方式来看：随着三峡库区航道条件的改善，长江上游地区船舶大型化趋势明显，但受制于长江中游航道、船闸、码头、桥梁等航运基础设施承受能力和客观条件限制，特别是三峡成库后，长江中游航道已成为主要“瓶颈”。为最大限度地增加大型船舶的“实载率”，提高长江枯水季节船舶运输效益，始于 2004 年的大型船舶的营运组织方式打破了“一货一船、从起点至终点”的传统运输模式，引入了分段运输、区干联运的物流模式。通过船公司之间、大小船舶之间的分工合作和合理调度，实现了大型船舶洪水期全程满载通航，枯水期全航程有限“满载”通航，中、小型船舶区间实际“满载”通航。以下行为例：在枯水期大型船舶下行至宜昌临江坪减载，续下行至城陵矶加载，再续下行至目的港。

从“船队”[1]和“单船”两种运输方式来看：“船队”运输方式正逐步向“单船”运输方式转变。“船队”运输方式在 20 世纪 50 年代，作为长江干线的一种主流运输方式兴起，并得到不断的发展，在计划经济年代，“船队”运输方式为长江干线的航运发展做出了巨大贡献。

随着我国改革开放政策的深入，我国的经济模式也从计划经济逐步走入市场经济，市场需求和管理成为主导市场的主要因素，为此长江干线“船队”运输方式正逐步向单船运输方式转变。

在市场需求方面：一是市场对“船队”运输方式的需求减少。“船队”运输的优势在于以充足货源为基础的大宗散货运输，在市场经济中，要组织这种大宗散货的货源很难保证，在长江沿线除了武钢、重钢进口的矿石外，其它的货源均不具备这种条件，而“单船”却可避开这个弱点，组织货源相对灵活。二是货主为了降低生产成本和资金积压，一般每次不会采购的大量的原材料，同时往往采用零库存的方式，有的甚至“以船代库”，因而“船队”运输与单船运输相比显然没有优势。三是单船运输还可降低物流成本。货主为了减少货物在港口码头的装卸成本，要求选择就近、方便且价格相对低的港口码头作业，以缩短陆路转运输距离。驳船没有动力，对航道、码头设施的要求高，单船比较灵活，对一些基础设施的要求相对较低。

管理成本方面：一是“船队”运输配备的船员数量要多于单船，因此人力资源的成本高。二是“船队”将驳船解到港口后，还需要港口拖轮作业，支付额外的港口拖轮费用，有的小港口甚至没有开展此种业务和配套功能。

此外“船队”运输对航道条件、气候条件、停泊安全管理等要求均高于单船运输。

四、水路客货运输量

1. 水路货运量

2008年长江水系14省（市）完成水路货运量20.6亿吨、货物周转量29 324.6亿吨公里，分别比上年增长9.1%和0.8%，占全国水路货运量、货物周转量的比重分别为70%和58.3%。其中：完成内河货运量10.53亿吨、货物周转量3 656.8亿吨公里，分别比上年增长0.8%和14.7%；沿海货运量8.06亿吨、货物周转量8 631.9亿吨公里，分别比上年增长30.8%和14.3%；远洋货运量2.01亿吨、货物周转量17 035.8亿吨公里，分别比上年下降12.2%和7.1%。

总体上来看，2008年下半年以来，受美国次贷危机、欧美需求下降等因素影响，我国水路运输生产增幅走低，长江航运受到严重冲击，呈现水路货运量增速回落；大宗散货运输量继续增长；三峡过坝运输量增幅下滑；货物运输平均运距缩短，但内河运输平均运距延长等发展特点：

（1）水路货运量增速回落 2008年下半年以来，受美国次贷危机、欧美需求下降等因素影响，我国水路运输生产增速持续走低，长江水系航运受到严重冲击，水路货运量增速回落。

从近年长江水系14省（市）水路货运量、货物周转量的走势来看，2008年长江水系14省（市）完成水路货运量20.6亿吨，货物周转量29 324.6亿吨公里，分别比上年增长9.1%和0.8%，增速分别比上年回落4个百分点和11.7个百分点，是从2003年以来增速回落最大的一年。下图反映2003—2008年长江水系14省（市）水路货物运输量的变化情况。

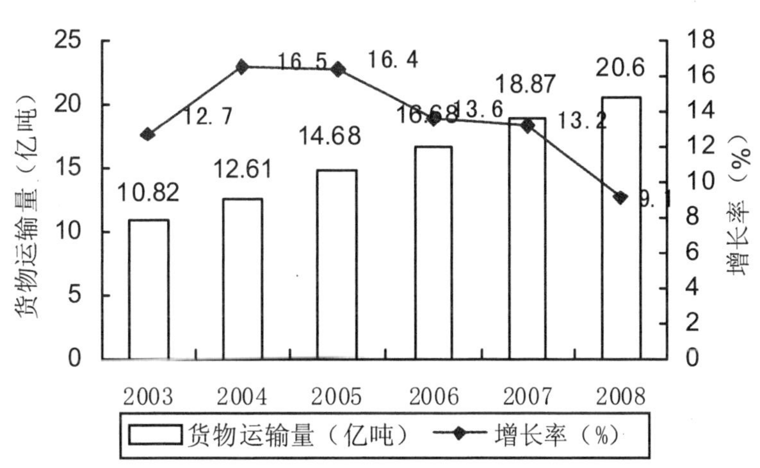

从长江水系主要省(市)的情况来看，2008 年上海市全年完成水路货运量 4.3 亿吨、货物周转量 15 748 亿吨公里，分别比上年增长 3.6%和下降 1.2%，增速比上年回落 7.6 和 17.5 个百分点；江苏省全年完成水路货运量 3.85 亿吨、货物周转量 3 063.3 亿吨公里，分别比上年增长 1.7%和 4.5%，增速比上年回落 13.5 和 12 个百分点；重庆市全年完成水路货运量 6 971 万吨、货物周转量 865.58 亿吨公里，分别比上年增长 18%和 23.7%，增速比上年回落 11.7 和 7.6 个百分点。

从长江重点航运企业情况来看，2008 年长江航运集团完成货运量 13 062 万吨、货物周转量 1 976.8 亿吨公里，分别比上年增长 2.3%和 7.9%，增速分别比上年回落 4 个百分点和 5.7 个百分点；民生轮船公司完成货运量 368.7 万吨、货物周转量 77.5 亿吨公里，分别比上年增长 13.2%和 12.3%，增速分别比上年回落 2 个百分点和 2.9 个百分点；重庆轮船（集团）有限公司完成货运量 400.8 万吨、货物周转量 55.7 亿吨公里，分别比上年增长 3.6%和 6.4%，增速分别比上年回落 27.9 个百分点和 23.4 个百分点。

（2）大宗散货运输量总体增长，但增速下降居多　　煤炭运输。2008 年长江水系 14 省（市）完成煤炭运输量 4.28 亿吨、运输周转量 4 957.7 亿吨公里，分别比上年增长 0.9%和 7.5%，增速比上年分别回落 21.9 和 17.2 个百分点。其中四川、湖北、安徽省和重庆市分别完成煤炭运输量 479 万吨、2 410 万吨、1 819 万吨和 1 872 万吨，分别比上年增长 61.8%、51.4%、21%和 24.8%，江苏省完成煤炭运输量 6 783 万吨，比上年减少 17.1%。

金属矿石运输。2008 年长江水系 14 省(市)完成金属矿石运输量 1.25 亿吨，比上年增长 1.2%，增速比上年回落 3.4 个百分点，运输周转量 3 335.9 亿吨公里，比上年减少 7%。湖北、湖南、安徽省和重庆市分别完成金属矿石运输量 3 931 万吨、478 万吨、2 059 万吨和 698 万吨，分别比上年增长 195.8%、21.6%、77.2%和 26.5%。江苏省、山东省和上海市分别完成金属矿石运输量 1 628 万吨、1 335 万吨和 290 万吨，分别比上年减少 57%、28.9%和 82.5%。

石油天然气及制品运输。2008 年长江水系 14 省（市）完成石油天然气及制品运输量 2.12 亿吨，比上年增长 31.4%，增速比上年上升 34.9 个百分点，完成运输周转量 3 049 亿吨公里，比上年减少 10.2%。湖北、江西、安徽省和重庆市分别完成石油天然气及制品运输量 254 万吨、303 万吨、537 万吨和 176 万吨，分别比上年增长 28.3%、4.1%、219.6%和 36.4%，湖南省、江苏省分别完成石油天然气及制品运输量 542 万吨和 5 267 万吨，分别比上年减少 19%和 16.5%。

矿建材料运输。2008 年长江水系 14 省（市）完成矿建材料运输量 6 亿吨，运输周转量 1 577.4 亿吨公里，分别比上年增长 27.5%和 47.3%，增速比上年分别上升 12.3 和 14.2 个百分点。湖南、安徽、江苏省和重庆市分别完成 5 921 万吨、1 5874 万吨、11 810 万吨和 1 002 万吨，分别比上年增长 48.9%、334.4%、229.4%和 30.6%，而湖北省和浙江省分别完成 2 536 万吨和 9 622 万吨，分别比上年下降 8.2%和 51.2%。

（3）水路集装箱运输量总体下降，但长江干线继续增长　　2008 年长江水系省（市）完成水路集装箱运输量 2 083.5 万 TEU，货运量 24 642.9 万吨，分别比上年下降 1.8%和 2.6%。国际金融危机直接影响外向型经济的发展，外贸集装箱运输受到较大的冲击。2008 年江苏省和上海市完成标准集装箱运输量 189.5 万 TEU 和 1 510.5 万 TEU，分别比上年下降 10.3%和 5.2%。长江干线四川、湖南、江西、安徽和重庆市完成水路集装箱运输量 13 023TEU、104 996TEU、71 981TEU、569 520TEU 和 657 549TEU，分别比上年增长 502.9%、23.8%、67%、26.9%和 1.3%。

（4）川江载货汽车滚装运输量增速回落　2008 年重庆市和湖北省完成川江载货汽车滚装运输量 42.1 万辆，比上年增长 7.9%，增速回落 16.7 个百分点。

1-6 月川江载货汽车滚装运输保持较高的增长率，平均增长率为 21.5%，7 月起开始快速下跌，9—12 月出现了负增长，平均每月同比下降 9.6%，与前六个月平均较快增长形成鲜明对比。2008 年川江载货滚装车运输量一览表，详见（表 19—8）

【2008 年川江载货滚装车运输量一览表】（单位：辆） （表 19—8）

	合计	1 月	2 月	3 月	4 月	5 月	6 月	7 月	8 月	9 月	10 月	11 月	12 月
2007 年发运量	390366	34802	19130	32992	34977	33138	30608	29740	31776	34218	34022	34749	40214
2008 年发运量	421034	40555	22383	41371	40357	39238	39345	35554	33079	32863	31199	30494	34596
增长率（%）	7.90%	16.53%	17.00%	25.40%	15.38%	18.41%	28.54%	19.55%	4.10%	−3.96%	−8.30%	−12.24%	−13.97%

（5）三峡过坝船舶运输量增速下降 2008 年，三峡船闸运行 8 661 闸次，比上年末增长 7%；通过船舶 55 351 艘次，比上年末增长 3.8%；完成集装箱运量 43.7 万 TEU，比上年增长 18.1%，增速比上一年回落 11.1 个百分点；三峡翻坝滚装车 42.2 万车次，比上年增长 7.7%，增速比上一年回落 18.6 个百分点；过坝货运量 6 847 万吨，比上年增长 13%，增速比上一年回落 7.6 个百分点。

从过闸运输情况来看，2008 年 1—4 月运行闸次、过闸船舶艘次同比高速增长，平均增长分别为 52.1%、46.5%，同期过闸货运量增长 15.6%，高于 2004 年以来平均增速 12.3%（注：2007 年 1—4 月三峡船闸处于完建期单线运行）；5 月至 10 月，闸次和船舶艘次开始下降，分别同比下降 3.6% 和 6.3%，但过闸货运量仍然增长 19%；11 月三峡船闸过闸货运量自运行以来出现首次下降，同比下降 1.05%；12 月过闸货运量继续下降，同比下降 4.3%，环比下降 6.4%。

从过闸集装箱运输情况来看，2008 年 6 月，通过三峡船闸的集装箱船舶艘次开始出现下降，7 月有所反弹，8—12 月通过集装箱船舶艘次分别同比下降 14.20%、15.69%、17.66%、25.49%、30.4%，降幅逐月扩大。自 8 月始，通过的集装箱箱量增速明显递减，1—7 月通过集装箱箱量同比平均增长 35.3%，而 8—12 月同比下降 3.2%，其中 12 月箱量同比大幅下降 30.2%。

（6）货物运输的平均运距总体缩短，但内河货物运输平均运距延长 2008 年长江水系 14 省（市）水路货物运输平均运距 1 424 公里，比上年减少 7.6%。其中：内河货物运输平均运距 347.3 公里，比上年增加 13.5%；沿海货物运输平均运距 1 071 公里，比上年减少 12.7%；远洋货物运输平均运距 8 492.4 公里，比上年增加 6.3%。

2008 年长江水系 14 省（市）内河货物平均运距是 2003 年的 1.53 倍，2003—2008 年间年均增长率为 8.9%，平均运距的不断增长，说明长江水系内河货物长途运输比重保持增长，长江水系水路运输的优势得到发挥。下图反映 2003—2008 年长江水系 14 省（市）内河货物船舶平均运距变化情况。

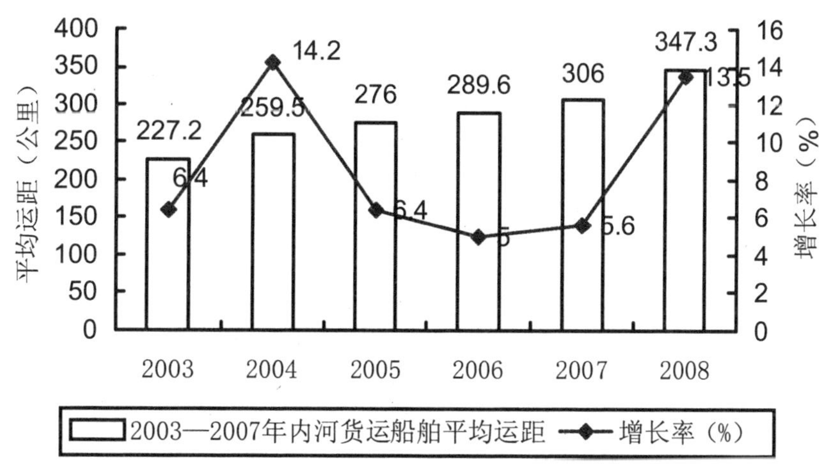

2. *水路旅客运输量*

2008 年长江水系 14 省（市）完成水路旅客运输量 1.48 亿人、旅客周转量 36.4 亿人公里，分别比上年减少 5.1%和 26.5%，占全国水路旅客运输量的比重分别为72.9%和61.5%。其中：完成内河旅客运输量9 477.8万人、旅客周转量232 095.1万人公里，分别比上年减少4.4%和19.2%；完成沿海旅客运输量5 310.5万人、旅客周转量121 158万人公里，分别比上年减少5.8%和34%；完成远洋旅客运输量17.9万人、旅客周转量11 163万人公里，分别比上年减少67.5%和53.8%。

2008年水路旅客运输专项调查规定，轮渡船舶的运量不作为客运量来统计，为此长江水系省（市）客运量有较大幅度的下降。四川省、湖北省完成客运量2 739万人和388万人，分别比上年减少33.4%和46.6%。

2008年长江水系14省（市）水路旅客运输平均运距24.6公里，比上年减少22.4%。其中：内河货运平均运距24.5公里、沿海货运平均运距22.8公里、远洋货运平均运距624.7公里，分别比上年减少15.2%、29.8%和增加42.2%公里。水路旅客运输平均运距的总体缩短，说明长线旅客运输在减少。如2008年重庆市完成客运量1 578万人、旅客周转量99 870万人公里，分别比上年增长15.5%和减少20.9%，呈现短途旅客运输有所增长，长途旅客运输大幅减少的走势。

五、港口吞吐量

2008年，长江水系14省（市）港口完成货物吞吐量42.65亿吨，比上年增长8.9%，增速比上年回落6.2个百分点。

其中：内河港口完成货物吞吐量23.46亿吨，比上年增长7.5%，增速比上年回落9.2个百分点；沿海港口完成货物吞吐量19.19亿吨，比上年增长10.7%，增速比上年回落2.6个百分点。

1. 内河港口货物吞吐量（按货物的形态、包装及货类）

港口液体散货吞吐量。2008年长江水系14省市内河港口完成液体散货吞吐量1.16亿吨，比上年下降1.7%。

其中完成主要货类有：原油2 441.5万吨，比上年下降14.4%；成品油3 995.5亿吨，比上年增长7%；液化气、天然气及制品367.8万吨，比上年增长6.8%。

港口干散货吞吐量。2008年长江水系14省市内河港口完成干散货吞吐量17.96亿吨，比上年增长13.2%。

其中完成主要货类有：煤炭及制品4.17亿吨，比上年增长9.7%；金属矿石2.75亿吨，比上年增长10.9%；散装水泥0.89亿吨，比上年增长18.6%；散装粮食1 021.7万吨，同比增长21.6%；散装化肥140.4万吨，比上年下降75.4%。

港口件杂货吞吐量。2008年长江水系内河港口完成件杂货吞吐量3.29亿吨，比上年下降16.3%。

其中完成主要货类有：木材1 671.6万吨，比上年下降18.4%；粮食3 666.5万吨，比上年增长4.5%；化肥2 608万吨，比上年增长32.8%；水泥6 067.5万吨，比上年下降0.5%。下图反映各种货物类型所占的比例情况。

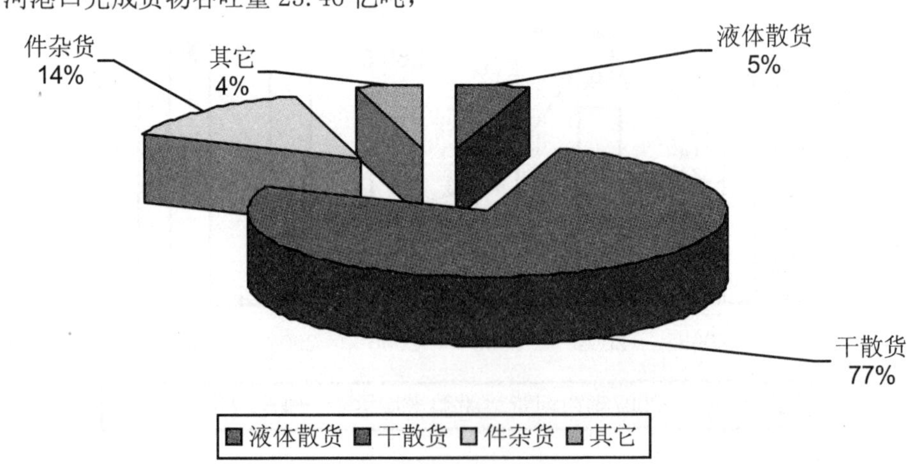

2. 长江干线港口吞吐量

2008年长江干线港口（包括沿江云南、四川、湖北、湖南、江西、安徽、江苏省和重庆市境内所有港站）完成货物吞吐量11.3亿吨，比上年增长 9%，其中完成外贸货物吞吐量 1.2 亿吨，比上年增长 2.5%；完成集装箱吞吐量 701.22 万 TEU，比上年增长 26%；完成旅客吞吐量 1 710.42 万人，比上年下降 14.7%。

长江干线规模以上港口完成货物吞吐量 10.15 亿吨，比上年增长 10 .6%，增速下降 6 个百分点。前三季度，货物吞吐量保持了较快的增长势头，四季度受全球性金融危机的影响，增速明显放缓，由 7 月的同比增长 18.6%下降到 11 月的同比下降 3%。2008 年干线规模以上港口完成货物吞吐量一览表，详见（表 19—9）。

【2008 年干线规模以上港口完成货物吞吐量一览表】（单位：万吨）　　（表 19—9）

年份	合计	1 月	2 月	3 月	4 月	5 月	6 月	7 月	8 月	9 月	10 月	11 月	12 月
2007	91 825	7 150.7	6 601.4	7 604.3	7 499.7	7 639.8	8 097.9	7 463.4	7 763	7 650.5	7 716.9	8 023.4	8 613.9
2008	101 473	7 570.3	7 528.6	8 846	8 596.6	8 951.2	8 730.4	8 849.7	8 962.7	8 506.4	8 176.1	7 786.6	8 968.8
增长率	10.6%	5.90%	14%	16.30%	14.60%	17.20%	7.80%	18.60%	15.50%	11.20%	6%	−3%	4.1%

从长江干线重点港口企业情况来看，2008 年宜昌港完成货物吞吐量 715.3 万吨，比上年减少 2.55%，增速下降 44 个百分点；九江港完成货物吞吐量 593.3 万吨，比上年减少 19.01%，增速下降 15.5 个百分点；南通港完成货物吞吐量 5 384.2 万吨，比上年减少 6.79%，增速下降 36.7 个百分点。2008 年长江干线规模以上港口货物吞吐量呈现以下特点：

（1）外贸货物吞吐量增速明显回落，部分港口出现负增长　　2008 年，长江干线规模以上港口完成外贸货物吞吐量 1.18 亿吨，比上年增长 1.7%，增速下降 19 个百分点。

长江干线外贸货物吞吐量由 3 月份同比增长 26.9%后逐月下降，6 月份出现负增长， 9、10、11 月份分别同比下降 6.3%、16.9%和 21%。2008 年干线规模以上港口完成外贸货物吞吐量一览表，详见（表 19—10）。

【2008 年干线规模以上港口完成外贸货物吞吐量一览表】（单位：万吨）　　（表 19—10）

年份	合计	1 月	2 月	3 月	4 月	5 月	6 月	7 月	8 月	9 月	10 月	11 月	12 月
2007	11 593.2	815.1	828.2	860.5	1 042.5	1 029.5	1 011.5	952.2	969.1	1 026.5	958.1	994.4	1 105.4
2008	11 790.3	889.6	1 006.4	1 091.9	1 068.8	1 042.9	975.6	960.3	1 082.9	972.6	796.6	785.1	1 117.6
增长率	1.7%	9.10%	21.50%	26.90%	6.40%	1.30%	−3.50%	0.90%	11.70%	−6.30%	−16.90%	−21%	1.09%

从长江干线重点港口企业情况来看，2008 年城陵矶港无外贸货物吞吐量，2007 年完成外贸货物吞吐量为 32.5 万吨，降幅最大；池州港、泰州港、九江港分别完成外贸货物吞吐量为 16.2 万吨、303.6 万吨、56.2 万吨，分别比上年下降 34.1%、24%和 16.7%。

（2）集装箱吞吐量增速回落　　2008 年长江干线规模以上港口完成集装箱吞吐量 696 万 TEU，同比增长 25.7%，增速回落 11.8 个百分点。

自 6 月起长江干线集装箱吞吐量增长速度呈现逐月回落态势，由 6 月份的同比增长 36.5%回落到 11 月的同比增长 9.2%。2008 年长江干线规模以上港口集装箱吞吐量一览表，详见（表 19—11）。

【2008 年长江干线规模以上港口集装箱吞吐量一览表】（单位：万 TEU）　　（表 19—11）

年份	合计	1 月	2 月	3 月	4 月	5 月	6 月	7 月	8 月	9 月	10 月	11 月	12 月
2007	554	41.3	33.4	40.3	46.4	44.5	47.9	46.1	48.9	51.1	50.2	52.1	51.9
2008	695.7	46	46.2	59.1	59.4	63.2	65.4	60.8	61.5	60.3	58.6	56.9	58.3
增长率	25.7%	11.4%	38.3%	46.7%	28%	42%	36.5%	31.9%	25.8%	18%	16.7%	9.2%	12.3%

从长江干线重点港口企业情况来看，2008 年南通港完成集装箱吞吐量 40 万 TEU，比上年增长 7.72%；常熟港完成 9.51 万 TEU，比上年减少 29.78%；常州港、江阴 1-12 月均出现负增长，全年分别完成 2.25 万 TEU 和 1.21 万 TEU，比上年减少 32.76%和 73.61%。

（3）主要货类运输需求锐减 煤炭：2008 年长江干线规模以上港口完成煤炭吞吐量 19 853.2 万吨，比上年增长 10.8%，增速回落 10 个百分点。

8 月份港口煤炭吞吐量达到全年最大 1 910 万吨后，9 月份开始下降，11 月份出现负增长，11 月、12 月份分别比上年减少 3. 49%和 5.96%。2008 年长江干线规模以上港口煤炭吞吐量一览表，详见（表 19—12）。

【2008 年长江干线规模以上港口煤炭吞吐量一览表】（单位：万吨） （表 19—12）

	合计	1 月	2 月	3 月	4 月	5 月	6 月	7 月	8 月	9 月	10 月	11 月	12 月
2007 年	17 916.1	1 485	1 407.3	1 479.7	1 336	1 435.2	1 558	1 498.9	1 532.5	1 510.8	1 523.1	1 542.6	1 607
2008 年	19 853.2	1 522.4	1 487.9	1 625	1 611	1 644	1 801.9	1 795.6	1 910	1 798	1 657.4	1 488.7	1 511.3
增长率	10.80%	2.52%	5.73%	9.82%	20.58%	14.55%	15.65%	19.79%	24.63%	19.01%	8.82%	−3.49%	−5.96%

石油、天然气及制品：2008 年长江干线规模以上港口完成石油、天然气及制品吞吐量 6 262.8 万吨，比上年减少 5.6%。其中：完成原油吞吐量 1 947.6 万吨，比上年减少 15.5%；完成成品油吞吐量 2 755.2 万吨，比上年增长 7%；完成液化气、天然气吞吐量 122.7 万吨，比上年减少 29.9%。

石油、天然气及制品港口吞吐量全年多数月份出现负增长。2008 年长江干线规模以上港口石油天然气及制品吞吐量一览表，详见（表 19—13）。

【2008 年长江干线规模以上港口石油天然气及制品吞吐量一览表】（单位：万吨） （表 19—13）

	合计	1 月	2 月	3 月	4 月	5 月	6 月	7 月	8 月	9 月	10 月	11 月	12 月
2007 年	6 631.5	577.4	545.5	600.5	552.4	593	470.5	535.6	526.9	520.4	560.8	556.7	591.8
2008 年	6 262.8	503.3	552.8	576.7	523.4	553.5	489.3	559.1	551.2	513.9	502.7	406.3	530.6
增长率	−12.83%	−12.83%	1.34%	−3.96%	−5.25%	−6.66%	4.00%	4.39%	4.61%	−1.25%	−10.36%	−27.02%	−10.34%

金属矿石：2008 年长江干线规模以上港口完成金属矿石吞吐量 21 567.6 万吨，比上年增长 7%，增速回落 21.6 个百分点。

9 月份起环比明显减少，10—12 月份分别同比减少 16.84%、27.74%和 13.96%。其中：全年铁矿石吞吐量 18 357.3 万吨，比上年增长 13.8%，增速回落 7.8 个百分点。2008 年长江干线规模以上港口金属矿石吞吐量一览表，详见（表 19—14）。

【2008 年长江干线规模以上港口金属矿石吞吐量一览表】（单位：万吨） （表 19—14）

	合计	1 月	2 月	3 月	4 月	5 月	6 月	7 月	8 月	9 月	10 月	11 月	12 月
2007 年	20 150.7	1 374.6	1 347	1 609.5	1 683.4	1 755.7	1 635.9	1 701.1	1 740.7	1 627.4	1 858.3	1 887.2	1 929.9
2008 年	21 567.6	1 731.6	1 776.5	2 196.4	2 028.9	1 922.7	1 819.8	1 875	1 954.3	1 692.9	1 545.4	1 363.7	1 660.4
增长率	7.03%	25.97%	31.89%	36.46%	20.52%	9.51%	11.24%	10.22%	12.27%	4.02%	−16.84%	−27.74%	−13.96%

5.3 长江主要支流港口完成货物吞吐量

嘉陵江干流港口完成货物吞吐量 1 477.56 万吨，同比增长 1.4%；

湘江干流港口完成货物吞吐量 1.14 亿吨，同比增长 49.8%；

汉江干流港口完成货物吞吐量 1 745.63 万

吨，同比增长 9.5%；

赣江干流港口完成货物吞吐量 6 604 万吨，同比减少 27.2%；

京杭运河港口完成货物吞吐量 5.65 亿吨，同比增长 8.6%。

淮河水系完成货物吞吐量 5 936.5 万吨，同比增长 71.8%。

下图反映长江水系 14 省（市）内河港口完成货物吞吐量分布情况。

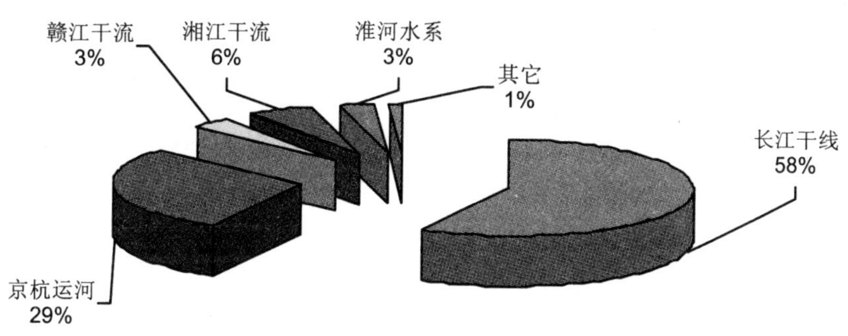

六、长江水系航运面临的形势与展望

1. *面临的形势*

不利因素：

（1）供求矛盾日益突出。运力大于运量的矛盾越来越突出。据统计： 2008 年长江水系 14 省（市）拥有货运船舶的运力 8 808.6 万吨，为 2001 年的 2.92 倍，年均增长率为 16.5%；完成货运量 20.6 亿吨，为 2001 年的 2.45 倍，年均增长率为 13.6%，运力增长的速度大于运量增长速度，供求矛盾明显。

港口能力供需不平衡的现象越来越显现。长江干线港口功能趋同，散货、件杂货通过能力达 12.5 亿吨，其中芜湖以下万吨以上的码头泊位有 278 个，港口间为争夺货源竞争激烈。

（2）货源呈现萎缩趋势。长江水系航运货源主要来自于冶金、化工、粮油、电力、建材。受国际金融危机的影响，我国钢铁、电力、制造企业减产限产，电力冶金等用煤企业开工不足，煤炭、矿石、原油等重点货种需求锐减，市场走向低迷。

（3）运价下滑趋势明显。市场运输价格的下滑，主要受供求关系的影响。一方面前几年水路运输市场行情看好，新建船舶运力增长较快；另一方面受国际金融危机的影响，市场需求不旺，生产企业库存大量增加。为抢占市场，各船公司纷纷采取杀价竞争，导致市场运价下挫。

（4）企业经营成本上升压力较大。成品油价税改革前，航运企业承受着高油价，多数企业燃油成本占营运成本的 40%—60%，加上不断攀升的人力资源成本和较高的规费负担，航运企业经营成本不上升。即使在运输形势较好的情况下，多数航运企业盈利能力也较为有限。面临金融危机，运输市场不景气，运输企业盈利能力迅速下降。成品油价税改革后，虽然取消了部分规费，但据调查了解，总体上对航运企业的影响是负面的，增加了企业实际支出。

成品油价税改革前，多数港口企业的燃油成本占营运成本的 15%，港口企业不因耗油而缴纳任何规费。改革后，则直接增加了港口企业的生产成本。

（5）航运企业融资困难日益突出。融资困难一直是港航企业必须面对的问题，尤其对航运企业的影响更为严重。主要是因为一是船舶建造投资大，回收周期长；二是银行控制信贷风险，部分银行以大型企业的指标作参照，用大型企业的标准评定中小航运企业的信用等级（长江水系省际运输企业中，运力规模在 1 万吨以下的企业占 66.7%），中小航运企业难达到发放贷款条件；三是法律、法规对保护银行支持中小航运企业融资的法制建设的滞后。

受金融危机的影响，港航企业经济状况将进一步下滑，融资困难的问题将会更加凸显。

(6) 部分船舶出现压港现象。部分货主为节省费用，减少原材料的库存，采取“以船代库”，以使用定装卸，造成船舶严重压港，据调查有的船舶压港时间长达 2 个月之久，增加了船舶航次周期。

有利因素：

(1)降低投资者预期，挤掉航运业市场泡沫。近几年来，航运业迎来了有史以来最长的一次繁荣期，长达六年之久。火爆的航运市场让船东难以按捺扩张的冲动，加快了运力的扩张，给航运市场提供了大量的运力。总运输能力的增长超过了运输量的增长，加剧了市场的竞争，航运企业完成的运输量在增长，但利润却逐年降低。国际金融危机，让世界各国纷纷调低经济增长预期，对航运业的过度扩张起到了极大的抑制作用，有利于航运业实现“软着陆”。

(2)燃油物料价格齐跌，航运成本大幅降低。近年来，国际原油市场价格屡创新高，对航运公司的正常运营形成了很大的压力。无论是“减速”还是采用新能源，都不能从根本上解决航运业高成本问题。而金融危机导致的美国经济衰退，抽掉了油价高涨的“支撑腿”。同时，金融危机导致的铁矿石等初级生产原料的价格大幅下跌，连带制造业商品价格下跌，船舶配件、油漆涂料等物料价格也将大幅下降，对航运成本的降低产生积极效应。

(3)行业整合重组加快，迎来并购调整良机。金融危机的降临，资金充裕或者能从银行拿到大额授信的优质企业将趁机在市场重组中进一步壮大自己。行业重组已无可避免，有实力的航运企业将实施强强联合，在优势互补、互惠共赢的原则下，务实地调整船队结构、优化航线布局、开展合作经营、提高运输效率，从而促进行业技术进步，减少过度竞争。

(4) 成品油价税改革给航运业发展带来影响，也带来正面效应。一方面航运企业必然会从降低成本的因素考虑加快更新船舶和设备，更多地采用高效低耗的大型和专业化的船舶，从而优化水运企业的船舶结构，提高运输效率，实现节能减排目标。另一方面促使船舶制造行业加大技术创新的力度，开发和制造更多符合标准的、经济性能更高的新型船舶和装备。

6. 2009 年航运展望

未来一段时期内，国际金融危机对实体经济的影响加剧，对我国经济的冲击加深，我国水路运输需求不旺，2009 年将是我国水运业近年来最为困难的一年，行业发展面临前所未有的挑战。受水路运输增长乏力和船舶运力规模增长较快的双重影响，水运价格仍将处于低位运行；部分航运企业将面临资金断链、破产倒闭的问题。

国际国内经济走势直接影响长江水运货源的生成量，对长江干线运输生产产生直接的影响。从国际因素来看，影响我国出口的主要因素是世界经济衰退的程度与持续时间，以及我国外贸部门的整合与核心竞争力的提高程度；从国内因素来看，中央果断实施“保增长，扩内需，调结构”的政策，我国经济有望达到预期的增长目标。

预计 2009 年长江干线规模以上港口货物吞吐量可望达到11亿吨，集装箱吞吐量可望达到800万 TEU。长江水系 14 省（市）完成水路客运量 1.5 亿人、旅客周转量 37 亿人公里，完成水路货运量 22 亿吨、货物周转量 30 000 亿吨公里。

备注：

1. “船队”：是一艘拖轮与一艘驳船或多艘驳船，用缆绳或其它连接方式进行连接，编组成为一个整体航行运输作业的一种水上运输形式。
2. 港口生产用码头泊位的统计数据是选取第三次全国港口普查数据，与 2007 年统计年报相比，统计范围口径有所调整。
3. 水路运输量统计数据源自全国公路水路运输量专项调查，与 2007 年统计年报相比，统计范围口径有较大调整。

（长航局运输处）

·附 录·

【2008年长江水系各省(市)水路运输工具拥有量一览表】 (表19—15)

单位	合计（艘数）	机动船（艘数）	驳船（艘数）	载客量（客位）	净载重量（吨位）	标准箱位（TEU）	总功率（kw）
总计	156 193	125 171	31 022	703 549	88 363 656	957 486	32 931 430
云南省	845	843	2	13 469	57 510	10	71 649
贵州省	1 617	1 496	121	25 932	94 139		88 433
四川省	9 426	7 452	1 974	149 769	610 438	2 122	309 746
陕西省	978	878	100	15 696	20 238		25 339
河南省	4 796	4 650	146	11 257	2 372 007		943 057
湖北省	5 557	4 270	1 287	37 705	4 931 850	2 293	1 236 561
湖南省	9 486	9 342	144	81 377	1 275 381	4 314	640 103
江西省	4 966	4 922	44	15 013	1 432 403	1 405	534 363
安徽省	26 965	24 793	2 172	12 753	14 551 352	4 763	6 699 068
江苏省	45 883	32 419	13 464	8 948	16 427 641	27 349	5 474 778
浙江省	23 695	22 384	1 311	71 865	12 915 311	10 411	4 785 208
山东省	15 578	6 094	9 484	42 367	9 992 690	16 289	1 746 168
上海市	2 144	1 926	218	86 248	20 285 635	866 399	9 403 882
重庆市	4 257	3 702	555	131 150	3 397 061	22 131	973 075

类别	船舶数（艘数）	其中		载客量（客位）	净载重量（吨位）	标准箱位（TEU）	总功率（kw）
		机动船（艘数）	驳船（艘数）				
合计	156 193	125 171	31 022	703 549	88 363 656	957 486	32 931 430
内河	149 682	118 701	30 981	626 818	49 598 444	54 360	17 668 134
沿海	5 954	5 913	41	72 359	18 441 851	57 908	6 334 355
远洋	557	557		4 372	20 323 361	845 218	8 928 941

【2008年长江水系各省(市)水路货运船舶拥有量一览表】 (表19—16)

单位	合计		其中					
			内河		沿海		远洋	
	艘数（艘）	净载重吨（吨位）	艘数（艘）	净载重吨（吨位）	艘数（艘）	净载重吨（吨位）	艘数（艘）	净载重吨（吨位）
总计	135 437	88 086 319	129 586	49 432 125	5 303	18 367 312	548	20 286 882
云南省	169	54 967	169	54 967				
贵州省	776	94 139	776	94 139				
四川省	3 357	533 644	3 357	533 644				
陕西省	301	15 591	301	15 591				
河南省	4 143	2 371 162	4 143	2 371 162				
湖北省	4 388	4 931 829	4 127	3 610 177	261	1 321 652		
湖南省	6 586	1 275 381	6 586	1 275 381				
江西省	4 449	1 432 402	4 399	1 287 082	50	145 320		

单位	合计		其中					
			内河		沿海		远洋	
	艘数（艘）	净载重吨（吨位）	艘数（艘）	净载重吨（吨位）	艘数（艘）	净载重吨（吨位）	艘数（艘）	净载重吨（吨位）
安徽省	26 319	14 551 345	26 105	14 065 353	211	470 839	3	15 153
江苏省	44 017	16 419 000	43 182	12 916 728	741	1 988 618	94	1 513 654
浙江省	22 333	12 906 262	18 957	2 974 579	3 358	8 698 046	18	1 233 637
山东省	13 882	9 924 151	13 517	6 558 109	288	903 598	77	2 462 444
上海市	1 816	20 180 620	1 072	317 487	394	4 839 239	350	15 023 894
重庆市	2 901	3 395 826	2 895	3 357 726			6	38 100

【2008 年长江水系各省(市)水路客运船舶拥有量一览表】 （表 19—17）

单位	合计		其　　中					
			内河		沿海		远洋	
	艘数（艘）	载客量（客位）	艘数（艘）	载客量（客位）	艘数（艘）	载客量（客位）	艘数（艘）	载客量（客位）
总计	14 601	691 138	14 038	614 407	554	72 359	9	4 372
云南省	674	13 439	674	13 439				
贵州省	826	25 932	826	25 932				
四川省	3 920	137 633	3 920	137 633				
陕西省	572	15 451	572	15 451				
河南省	631	11 257	631	11 257				
湖北省	760	37 705	760	37 705				
湖南省	2 815	81 377	2 815	81 377				
江西省	496	15 013	496	15 013				
安徽省	420	12 753	420	12 753				
江苏省	114	8 948	110	8 388	4	560		
浙江省	1 147	71 865	938	31 551	209	40 314		
山东省	729	42 367	389	10 383	336	29 145	4	2 839
上海市	210	86 248	200	82 375	5	2 340	5	1 533
重庆市	1 287	131 150	1 287	131 150				

注：包含客船、客货船，不含客运驳船。

【2008 年长江水系各省(市)水路集装箱运输船舶拥有量一览表】 （表 19—18）

单 位	合 计（艘数）	内 河	标准箱位（TEU）	内 河	净载重量（吨位）	内 河	总功率（kw）	内 河
总计	961	510	944 377	52 186	11 992 397	837 749	7 485 031	249 015
云南省	1	1	10	10	280	280	367	367
贵州省								
四川省	23	23	2 122	2 122	44 353	44 353	10 744	10 744
陕西省								
河南省								

单 位	合 计（艘数）	内 河	标准箱位（TEU）	内 河	净载重量（吨位）	内 河	总功率（kw）	内 河
湖北省	16	16	2 293	2 293	44 431	44 431	12 192	12 192
湖南省	47	47	4 314	4 314	63 770	63 770	19 882	19 882
江西省	22	22	1 309	1 309	26 886	26 886	7 665	7 665
安徽省	27	24	2 943	2 385	57 106	46 691	16 299	13 069
江苏省	229	187	19 727	12 425	331 571	199 535	138 060	64 443
浙江省	27		10 411		180 589		86 169	
山东省	27		15 192		205 092		138 000	
上海市	415	69	863 925	7 869	10 712 985	124 569	6 950 068	39 428
重庆市	127	121	22 131	19 459	325 334	287 234	105 585	81 225

注：仅统计机动集装箱运输船舶

【2008年长江水系各省(市)全社会水路旅客运输量一览表】 （表19—19）

单 位	客运量（万人）				旅客周转量（万人公里）			
	合计	内河	沿海	远洋	合计	内河	沿海	远洋
总计	14 815.8	9 477.8	5 310.53	17.87	364 416.1	232 095.1	121 158	11 163
云南省	639	639			15 424	15 424		
贵州省	1 249	1 249			26 172	26 172		
四川省	2 739	2 739			26 499	26 499		
陕西省	641	641			3 337	3 337		
河南省	190	190			4 855	4 855		
湖北省	388	388			23 053	23 053		
湖南省	506.8	506.8			10 898.1	10 898.1		
江西省	108	108			2 935	2 935		
安徽省	153	153			3 213	3 213		
江苏省	625	608	9.53	7.87	7 699	3 277	221	4 201
浙江省	3 769	429	3 330		73 856	9 674	64 182	
山东省	2 000	31	1 961	8	60 437	320	55 802	4 315
上海市	230	218	10	2	6 168	2 568	953	2 647
重庆市	1 578	1 578			99 870	99 870		

【2008年长江水系各省(市)全社会水路货物运输量一览表】 （表19—20）

单位	货运量（万吨）				货物周转量（万吨公里）			
	合计	内河	沿海	远洋	合计	内河	沿海	远洋
总计	205 968	105 298	80 610	20 060	293 246 047	36 568 212	86 319 198	170 358 637
云南省	339	339			51 588	51 588		
贵州省	405	405			74 016	74 016		
四川省	3 736	3 736			700 681	700 681		
陕西省	273	273			8 096	8 096		
河南省	3 964	3 964			2 137 652	2 137 652		
湖北省	12 681	8 183	4 498		8 104 618	4 161 716	3 942 902	
湖南省	10 010	10 010			2 099 002	2 099 002		
江西省	4 575	4 247	328		1 082 934	690 216	392 718	

单位	合计	货运量（万吨）			合计	货物周转量（万吨公里）		
		内河	沿海	远洋		内河	沿海	远洋
安徽省	27 774	26 467	1 294	13	10 582 137	9 573 608	998 921	9 608
江苏省	38 511	27 154	7 649	3 708	30 632 760	5 982 935	8 000 105	16 649 720
浙江省	43 656	8 973	34 533	150	35 205 104	1 194 435	31 106 097	2 904 572
山东省	10 013	2 599	3 912	3 502	36 430 874	905 437	4 696 023	30 829 414
上海市	43 060	2 089	28 396	12 575	157 480 790	480 338	37 182 432	119 818 020
重庆市	6 971	6 859		112	8 655 795	8 508 492		147 303

【2008年长江水系各省(市)全社会水路分货类运输周转量一览表】计算单位:（万吨） （表19—21）

单 位	合计	煤炭	石油天然气及制品	金属矿石	钢铁	矿建材料	水泥	木材	非金属矿石	化肥及农药	盐	粮食	其它
总计	205 968	42 866.9	21 189	12 544.5	12 537	60 037	5 760	647.4	4 977.8	970.3	892	2 182	41 364.1
云南省	339	69		2	1	184	2	2	7	5	8	11	48
贵州省	405	148.9		0.5	3	55	46	6.4	4.8	44.3	1	20	75.1
四川省	3 736	479	30	30	37	2 789	38	9	134	4	3	3	180
陕西省	273	17				137	2			30	2	16	69
河南省	3 964	539		467	679	1 590	63	9	228	26	11	32	320
湖北省	12 681	2 410	254	3 931	634	2 536	608	12	510	38	15	105	1 628
湖南省	10 010	623	542	478	636	5 921	108	128	250	47	35	61	1 181
江西省	4 575	25	303	2	72	3 834	8	50	18	3	2	11	247
安徽省	27 774	1 819	537	2 059	1 956	15 874	1 756	110	1 010	76	20	174	2 383
江苏省	38 511	6 783	5 267	1 628	3 289	11 810	1 413	120	697	296	361	695	6 152
浙江省	43 656	14 009	8 570	1 624	3 283	9 622	1 056	79	1 672	70	266	349	3 056
上海市	10 013	3 296	339	1 335	469	600	105	88	114	48	118	277	3 224
重庆市	43 060	10 777	5 171	290	1 117	4 083	326	30	188	42	23	394	20 619

【2008年长江水系各省(市)全社会水路集装箱运输量一览表】 （表19—22）

单位	箱运量（个）		货运量（吨）	
		远洋		远洋
总计	20 835 202	5 064 046	246 429 693	122 050 485
云南省				
贵州省				
四川省	13 023		209 649	
陕西省				
河南省	64 376		1 274 645	
湖北省	118 536		1 050 220	
湖南省	104 996	33 566	1 813 275	726 000
江西省	71 981		587 981	
安徽省	569 520		7 822 040	

单位	箱运量（个）		货运量（吨）	
		远洋		远洋
江苏省	1 895 387	290 949	16 701 665	3 267 080
浙江省	533 007	25 534	6 691 559	320 563
山东省	1 701 497	1 485 884	17 458 923	13 151 282
上海市	15 105 330	3 107 880	184 179 915	103 465 560
重庆市	657 549	120 233	8 639 821	1 120 000

【2008 年长江水系各省(市)全社会个体(联户)水路运输工具拥有量一览表】 （表 19—23）

单位	船舶合计（艘）	机动船（艘）	驳船（艘）	载客量（客位）	净载重量（吨位）	标准箱位（TEU）	功率（kw）
总计	57 745	50 921	6 824	309 614	11 464 858	3 960	4 553 962
云南省	640	638	2	10 278	37 744	10	40 485
贵州省	1 475	1 457	18	25 532	71 942		79 987
四川省	8 622	6 816	1 806	135 716	375 136		229 470
陕西省	780	780		13 605	19 546		22 509
湖北省	2 275	2 105	170	10 535	662 800		224 486
湖南省	8 630	8 539	91	72 751	1 118 721	2 251	559 701
江西省	2 567	2 567	0	3 347	392 354		148 678
安徽省	6 225	6 200	25	3 191	3 246 238	307	1 210 945
江苏省	6 085	3 815	2 270	1 400	1 444 057	676	309 688
浙江省	16 566	16 048	518	420	2 483 825		1 564 245
山东省	2 161	295	1 866		1 361 574		59 062
重庆市	1 719	1 661	58	32 839	250 921	716	104 706

【2008 年长江水系各省(市)全社会个体(联户)水路客货运输量一览表】 （表 19—24）

单位	客运量（万人）	旅客周转量（万人公里）	货运量（万吨）	货物周转量（万吨公里）
总计	3 418.2	38 506.6	19 801.8	3 289 449.5
云南省	383	8 945	230	28 962
贵州省	1 240	10 739	343	65 138
四川省				
陕西省	592	2 653	256	7 632
湖北省				
湖南省	414.2	8 455.6	7 984.8	1 399 285.5
江西省	24	654	1 295	210 405
安徽省	38	803		
江苏省			699	152 255
浙江省	32	265	7 861	1 019 900
山东省			308	125 372
重庆市	695	5 992	825	280 500

【2008 年内河航道构筑物年底到达数一览表】 （表 19—25）

单位	枢纽数量（处）		通航建筑物数量			
					正常使用	
		具有通航功能（处）	船闸（座）	升船机（座）	船闸（座）	升降机（座）
合计	2 675	1 254	613	49	429	24
云南省	3	1	1		1	
贵州省	83	5	1	2		
四川省	374	85	90		49	
陕西省	2	1		1		
河南省	38	6	6		2	
湖北省	173	56	38	6	33	2
湖南省	511	172	148	18	63	9
江西省	82	22	19	2	11	1
安徽省	100	51	44		35	
江苏省	683	407	101	1	99	1
浙江省	321	291	50	19	44	11
山东省	40	19	14		11	
上海市	102	94	58		51	
重庆市	163	44	43		30	

注：长江干线除外

【2008 年内河航道航通航里程年到达数一览表】 （表 19—26）

单位	内河航道通航里程总计	其中							
		一级航道	二级航道	三级航道	四级航道	五级航道	六级航道	七级航道	等外航道
合计	87 716.94	68	495.41	2 075.38	4 455.79	5 873.48	13 941.31	12 392.62	48 414.95
云南省	2 764.16				347.81	158.3	707.03	780.43	770.59
贵州省	2 100					281	679	320	820
四川省	10 401.4				605.3	597.6	801.14	1 553.42	6 843.94
陕西省	738						287	248	203
河南省	1 439				132	452	460	278	117
湖北省	7 262.82			52.49	622.7	1 013.6	1 797.95	1 283.68	2 492.4
湖南省	11 967.7		160.8	449	349	485	1 550.2	1 221	7 752.7
江西省	5 559.85			250		271.5	589.7	1 159.75	3 288.9
安徽省	5 282.07			411.73	349.73	651.7	2 586.67	707.92	574.32
江苏省	23 870.78		322.57	468.83	706.38	1 053.76	2 143.55	2 435.49	16 740.2
浙江省	9 695.43	14.36	12.04	147.09	1 101.22	542.1	1 523.12	1 483.91	4 871.59
山东省	1 012.2			253.21	27.4	57.08	370.89	210.9	92.72
上海市	2 109.8	53.64		43.03	119.25	63.84	318.86	127.98	1 383.2
重庆市	3 513.73				95	246	126.2	582.14	2 464.39

注：长江干线除外

以上资料来源：交通运输部长江航务管理局

·领导名录·

【交通部长江航务管理局系统】

单　位	姓　名	性 别	职　务	职 称	文化程度	备注
长江航务管理局	金义华	男	局长	研究员	研究生	
长江航务管理局	黄　强	男	党委书记	研究员	研究生	
长江航务管理局	张燕峰	男	党委副书记、纪委书记、工会主席			4月任职
长江航务管理局	阮瑞文	男	副局长	高工	硕士	
长江航务管理局	但乃越	男	副局长	高级会计师	大学	
长江航务管理局	张永泰	男	巡视员	高级工程师	大学	
长江航务管理局	陈大铮	男	助理巡视员	高级工程师	大学	
长江航道局	唐冠军	男	局长、党委副书记	高级工程师	大学	
长江航道局	李伟红	女	党委书记、副局长	副研究员	大学	
长江航道局	陈晓云	女	副局长	优高	大普	
长江航道局	郭晓浩	男	副局长	高工	大普	
长江航道局	魏志刚	男	副局长	工程师	大学	
长江航道局	李国祥	男	副局长、总工程师	高工	大学	
长江航道局	付绪银	男	副局长		大学	
长江海事局	袁宗祥	男	局长	高工	大学	
长江海事局	刘开智	男	党委书记	副研究员	党校研究生	
长江海事局	刘富华	男	副局长	高经	大学	
长江海事局	熊学斌	男	副局长兼总会计师	会计师	大学	
长江海事局	李玉华	男	副局长	政工师	党校研究生	
长江海事局	闻新祥	男	副书记兼纪委书记	助理研究员	党校研究生	
长江海事局	朱汝明	男	副局长	工程师	大学	
长江三峡通航管理局	李维太	男	局长	助理会计师	大学	
长江三峡通航管理局	俞国斌	男	党委书记、纪委书记（主持党委工作）	高级工程师	大学	
长江三峡通航管理局	高　雄	男	副局长兼总工程师	正高级工程师	大学	
长江三峡通航管理局	计玉健	男	副局长	高级工程师	大学	
长江三峡通航管理局	邱建华	男	副局长	高级工程师	大学	
长江三峡通航管理局	齐俊麟	男	副局长	高级工程师	大学	
长江航运公安局	王茹军	男	局长、党委书记	消防工程师、二监	研究生	
长江航运公安局	陈汉发	男	政委、党委副书记	二监	大学	
长江航运公安局	罗心发	男	副局长	三监	大专	
长江航运公安局	侯　勇	男	副局长	消防高级工程师、社科副研究员、三监	研究生	
长江航运公安局	刘红宁	男	副局长	三监	大学	
长江航运公安局	马耀昆	男	副局长	三监	大学	
长江航运公安局	南初明	男	纪委书记	高级政工师、三监	大学	
长江通信管理局	陈　俊	男	局长、党委副书记	高级工程师	博士研究生	
长江通信管理局	周云霞	女	党委书记、副局长	副研究员	大学	

单　位	姓　名	性 别	职　务	职 称	文化程度	备注
长江通信管理局	余龙泉	男	副局长			
长江通信管理局	徐作义	男	副局长			
长江通信管理局	汪平成	男	副局长			
长江通信管理局	杨行初	男	党委副书记兼纪委书记			
长江航运总医院	任广志	男	党委书记	政工师	大学	5月离职
长江航运总医院	谢　刚	男	党委书记	主任医师		5月任职
长江航运总医院	陈　实	男	院长	主任医师	大学	4月离职
长江航运总医院	王　凯	男	院长			4月任职
中国水运报刊社	施　华	男	社长、党委书记	助理研究员	党校研究生	
长江泸州航道局	毕方全	男	局长	高级工程师		5月离职
长江泸州航道局	唐　诚	男	局长			5月任职
长江泸州航道局	蔡先良	男	党委副书记（主持工作）			
长江重庆航道局	陈立新	男	局长	高级工程师	大本	5月离职
长江重庆航道局	毕方全	男	局长	高级工程师		5月任职
长江重庆航道局	秦德发	男	党委书记	高级政工师	大专	5月离职
长江重庆航道局	张　洪	男	党委书记			5月任职
长江宜昌航道局	李新书	男	局长		大专	
长江宜昌航道局	望运江	男	党委书记	政工师	高中	
长江宜宾航道局	毕方全	男	局长、党委书记	高级工程师		5月离职
长江宜宾航道局	邓乾焕	男	局长、党委书记			5月任职
长江武汉航道局	王显登	男	局长			
长江武汉航道局	孙志红	男	党委书记			5月离职
长江武汉航道局	吴关胜	男	党委副书记（主持工作）			5月开始主持工作
长江南京航道局	曹　成	男	局长	工程师	大专	
长江南京航道局	张银生	男	党委副书记（主持工作）			
长江重庆航道工程局	姚　勇	男	局长	助理研究员	大本	
长江重庆航道工程局	张　洪	男	党委书记			5月离职
长江重庆航道工程局	秦德发	男	党委书记			5月任职
长江宜昌航道工程局	张柏松	男	局长	工程师	大专	5月离职
长江宜昌航道工程局	邹　喆	男	局长			5月任职
长江宜昌航道工程局	严家福	男	党委书记	政工师	大本	
长江武汉航道工程局	周祥恕	男	局长	高级工程师	大本	
长江武汉航道工程局	冯启山	男	党委书记	助理研究员	大本	5月离职
长江武汉航道工程局	赵士林	男	党委书记			5月任职
长江南京航道工程局	袁亚康	男	局长	工程师	大专	
长江南京航道工程局	陈　哲	男	党委书记			
长江航道救助打捞局	邓　勇	男	局长			
长江航道救助打捞局	林七贞	男	党委书记兼副局长			
长江航道规划设计研究院	杨瑞庆	男	院长	高级工程师	大本	5月离职
长江航道规划设计研究院	刘怀汉	男	院长			5月任职
长江航道规划设计研究院	王毅川	男	党委书记			
长江航道测量中心	张有平	男	主任			
长江航道测量中心	张国平	男	党委书记			

单　位	姓　名	性 别	职　务	职 称	文化程度	备注
武汉航道学校	王吉春	男	校长			
武汉航道学校	李德州	男	党委书记			
长江海事局重庆局	陈　勇	男	局长	工程师	本科	
长江海事局重庆局	何爱平	男	党委书记	工程师	专科	
长江海事局重庆局	李禄文	男	副局长			
长江海事局重庆局	谭孝福	男	副局长			
长江海事局重庆局	司太生	男	副局长			
长江海事局重庆局	李三峡	男	党委副书记兼纪委书记			
长江海事局宜昌局	陈良华	男	局长	高级工程师	本科	
长江海事局宜昌局	黄应府	男	党委书记	高级经济师	本科	
长江海事局宜昌局	陶吉明	男	副局长			
长江海事局宜昌局	周　韧	男	副局长			
长江海事局宜昌局	向　军	男	副局长			
长江海事局岳阳局	龚德平	男	局长	高级政工师	专科	
长江海事局岳阳局	汪阳生	男	党委书记		专科	
长江海事局岳阳局	夏乐群	男	副局长			
长江海事局岳阳局	杜国平	男	副局长			
长江海事局岳阳局	朱远志	男	驻岳阳局纪检组组长兼党委副书记			
长江海事局岳阳局	朱学斌	男	局长助理			
长江海事局武汉局	罗丹阳	男	局长			
长江海事局武汉局	高江峻	男	党委书记	高级会计师	本科	
长江海事局武汉局	章少平	男	副局长			
长江海事局武汉局	李明成	男	副局长			
长江海事局武汉局	胡为权	男	副局长			
长江海事局武汉局	张　刚	男	副局长			
长江海事局武汉局	应文敏	男	党委副书记兼纪委书记			
长江海事局黄石局	樊哲斌	男	局长	高级工程师	研究生	
长江海事局黄石局	李南光	男	党委书记	工程师	大普	
长江海事局黄石局	王能宽	男	副局长	经济师	大专	
长江海事局黄石局	邓华祥	男	副局长	工程师	本科	
长江海事局黄石局	李学锋	男	党委副书记兼纪委书记		本科	
长江海事局荆州局	杨少鹏	男	局长	工程师	专科	
长江海事局荆州局	姜恩平	男	党委副书记			
长江海事局荆州局	张继杰	男	副局长	助工	专科	
长江海事局荆州局	熊新文	男	副局长	工程师	本科	
长江海事局荆州局	李富新	男	党委副书记兼纪委书记	高工	大本	
长江海事局九江局	李文农	男	局长	高级工程师	本科	
长江海事局九江局	温盛章	男	党委书记		本科	
长江海事局九江局	龙营华	男	副局长			
长江海事局九江局	贲继南	男	副局长			
长江海事局九江局	刘小平	男	党委副书记兼纪委书记			
长江海事局芜湖局	王　潮	男	局长	工程师	专科	
长江海事局芜湖局	陈友生	男	党委书记	助理工程师	专科	

单 位	姓 名	性 别	职 务	职 称	文化程度	备注
长江海事局芜湖局	林建成	男	副局长			
长江海事局芜湖局	齐继保	男	副局长			
长江海事局芜湖局	李应武	男	副局长			
长江海事局芜湖局	王天华	男	党委副书记兼纪律书记			
长江海事局安庆局	胡一经	男	局长	政工师	本科	
长江海事局安庆局	高春泉	男	党委书记	政工师	本科	
长江海事局安庆局	史继东	男	副局长			
长江海事局安庆局	裴 伟	男	副局长			
长江海事局安庆局	宋礽国	男	党委副书记兼纪委书记			
长江海事局长江引航中心	汪吉发	男	主任	工程师	本科	
长江海事局长江引航中心	沈祥法	男	党委书记	工程师	研究生	
长江海事局长江引航中心	张铜宁	男	副主任			
长江海事局长江引航中心	许崇标	男	副主任			
长江海事局长江引航中心	孙琪琳	男	党委副书记兼纪委书记			
长江海事局培训中心	薛建明	男	党委书记	政工师	专科	
长江海事局培训中心	邓跃进	男	主任			
长江海事局培训中心	刘新友	男	副主任			
长江海事局培训中心	吴 轶	男	副主任			
长江海事局培训中心	林承志	男	副主任			
长江航运公安局泸州分局	杨玉良	男	局长、党委书记	三监	大专	6月离职
长江航运公安局泸州分局	梁 源	男	局长、党委书记	高级政工师、三监	大学	6月任职
长江航运公安局泸州分局	荣庆余	男	政委、纪委书记	一督	大专	试用一年
长江航运公安局重庆分局	夏祥麟	男	局长、党委书记	助理刑侦工程师、三监	大专	
长江航运公安局重庆分局	李传华	男	政委、党委副书记	三监	大学	
长江航运公安局万州分局	黄 河	男	局长、党委书记	三监	大学	
长江航运公安局万州分局	向 鸣	女	政委、党委副书记	一督	大专	试用一年
长江航运公安局岳阳分局	吴 骏	男	局长、党委书记	三监	大学	6月离职
长江航运公安局岳阳分局	李尚泉	男	局长、党委书记			6月任职
长江航运公安局岳阳分局	邓建桥	男	政委、党委副书记	政工师、一督	大学	
长江航运公安局宜昌分局	张 虹	男	局长、党委书记	三监	大学	
长江航运公安局宜昌分局	赵世宏	男	政委、党委副书记	三监	中专	6月离职
长江航运公安局宜昌分局	薛 红	女	政委、党委副书记			6月任职
长江航运公安局荆州分局	梁 源	男	局长、党委书记	高级政工师、三监	大学	6月离职
长江航运公安局荆州分局	吴 骏	男	局长、党委书记	三监	大学	6月任职
长江航运公安局荆州分局	姜守洲	男	政委、党委副书记	政工师、三监	大专	12月离职
长江航运公安局荆州分局	任岸石	男	政委、党委副书记			试用一年
长江航运公安局武汉分局	郑学胜	男	局长、党委书记	政工师、三监	大学	
长江航运公安局武汉分局	林祖巽	男	政委、党委副书记	政工师、三监	大学	6月离职
长江航运公安局武汉分局	丁 山	男	政委、党委副书记			6月任职
长江航运公安局黄石分局	张才安	男	局长、党委书记	三监	大学	
长江航运公安局黄石分局	陈新生	男	政委、党委副书记	一督	大学	12月离职

单　位	姓　名	性别	职　务	职　称	文化程度	备注
长江航运公安局黄石分局	姜守洲	男	政委、党委副书记	政工师、三监	大专	12 月任职
长江航运公安局九江分局	段亚利	男	局长、党委书记	交通助理工程师、三监	大专	
长江航运公安局九江分局	蒋永沸	男	政委、党委副书记	副研究员、三监	大专	5 月离职
长江航运公安局九江分局	王小新	男	政委、党委副书记			试用一年
长江航运公安局安庆分局	刘海青	男	局长、党委书记	一督	大专	
长江航运公安局安庆分局	汪姚章	男	政委、党委副书记	政工师、一督	大专	
长江航运公安局芜湖分局	回国庆	男	局长、党委书记	三监	大学	
长江航运公安局芜湖分局	岑秉飞	男	政委、党委副书记	三监	大学	
长江航运公安局南京分局	娄马华	男	局长、党委书记	高级政工师、三监	大学	
长江航运公安局南京分局	朱道荣	男	政委、党委副书记	高级政工师、三监	大学	
长江航运公安局镇江分局	蒋　健	男	局长、党委书记	一督	大学	
长江航运公安局镇江分局	邓玉阳	男	政委、党委副书记	政工师、一督	大学	6 月离职
长江航运公安局镇江分局	林　青	男	政委、党委副书记			试用一年
长江航运公安局苏州分局	张早生	男	局长、党委书记	三监	大学	
长江航运公安局苏州分局	沈征一	男	政委、党委副书记	三监	大专	6 月离职
长江航运公安局苏州分局	李永华	男	政委、党委副书记			6 月任职
长江航运公安局南通分局	朱　俊	男	局长、党委书记	助理研究员、一督	研究生	
长江航运公安局南通分局	李永华	男	政委、党委副书记	三监	大专	6 月离职
长江航运公安局南通分局	程华超	男	政委、党委副书记			6 月任职
长江航运公安局上海分局	刘红宁	男	局长、党委书记	三监	大学	
长江航运公安局上海分局	宣金和	男	政委、党委副书记	三监	大专	
长江航运人民警察学校	肖少华	男	校长、党委书记	高级政工师、三监	大学	
长江航运人民警察学校	胡芳英	女	政委、党委副书记	政工师、三监	大专	6 月离职
长江航运人民警察学校	李富山	男	政委、党委副书记			试用一年
长江重庆通信管理局	银代华	男	党委书记			9 月离职
长江重庆通信管理局	欧阳林	男	党委书记	高级政工师	大学	9 月任职
长江重庆通信管理局	刘立彬	男	局长	经济师	大学	
长江宜昌通信管理局	艾务农	男	局长	工程师	大学	
长江宜昌通信管理局	张明进	男	党委书记	助理工程师	大专	
长江武汉通信管理局	储沪生	男	党委书记	经济师	大学	
长江武汉通信管理局	欧阳林	男	局长	高级政工师	大学	9 月离职
长江武汉通信管理局	汪平成	男	局长	高级工程师	本科	9 月任职
长江芜湖通信管理局	吴宗保	男	党委书记	政工师	大专	
长江芜湖通信管理局	王　俊	男	局长	工程师	大专	
长江南京通信管理局	陈　杰	男	党委书记	助理研究员	大学	
长江南京通信管理局	高黎明	男	局长	高级工程师	大学	
长江上海通信管理局	吕　雄	男	局长、党委副书记（主持党委工作）	工程师	大学	
中国船级社武汉规范研究所	陈　豫	男	党总支书记、武汉培训中心主任	政工师	在职研究生	

单　位	姓　名	性 别	职　务	职 称	文化程度	备注
武汉海事法院	胡兆满	男	党组书记、院长	二高	大学	2月离职
武汉海事法院	田　丰	男	党组书记、院长	二高	大学	2月任职
武汉海事法院	饶中享	男	党组副书记、副院长		法律硕士	7月离职
武汉海事法院	李群星	男	党组副书记、副院长			7月任职
中国船级社武汉分社	王志刚	男	总经理	高级工程师	大学	
中国船级社武汉分社	郑荣军	男	党委书记兼纪委书记	高级工程师	大学	
中国船级社南京分社	田晓平	男	总经理			
中国船级社南京分社	张　凯	男	党委书记（主持工作）			
中国船级社重庆分社	敬　勇	男	副总经理（主持工作）	高级工程师	大学本科	
中国船级社重庆分社	李永猷	男	党委书记、副总经理	工程师	大学	

【中国长江航运（集团）总公司系统】

单　位	姓 名	性 别	职　务	职 称	文化程度	备注
中国长江航运（集团）总公司	刘锡汉	男	总经理、党委副书记	高级经济师	硕士研究生	
中国长江航运（集团）总公司	王　镭	男	党委书记、副总经理	高级政工师	大专	7月离职
中国长江航运（集团）总公司	刘锡汉	男	党委书记	高级经济师	硕士研究生	7月任职
中国长江航运（集团）总公司	沈光汉	男	副总经理	高级经济师	大学	
中国长江航运（集团）总公司	朱　宁	男	副总经理	高级经济师	硕士	
中国长江航运（集团）总公司	徐　楠	男	副总经理	高级经济师	研究生	
中国长江航运（集团）总公司	姚荣建	男	副总经理	高级工程师	大学	
中国长江航运（集团）总公司	姚　平	男	副总经理	高级工程师	大学	
中国长江航运（集团）总公司	肖汉良	男	党委副书记、工会主席	高级政工师	大专	
中国长江航运（集团）总公司	黄国栋	男	纪委书记	高级政工师	大专	
中国长江航运（集团）总公司	彭晋鸿	男	总会计师	高级会计师	硕士研究生	12月离职
中国长江航运（集团）总公司	俞光耀	男	安全总监	高级工程师 高级船长	大专	
中国长江航运（集团）总公司	赵玉阜	男	总法律顾问	高级经济师	硕士研究生	
中国长江航运（集团）总公司	刘毅彬	男	副总会计师	高级会计师	硕士研究生	11月任职
长航凤凰股份有限公司	叶生威	男	副董事长、总经理	高级工程师	研究生	9月离职
长航凤凰股份有限公司	方卫建	男	党委书记	经济师	大专	9月离职
长航凤凰股份有限公司	王和平	男	副总经理	工程师	大普	
长航凤凰股份有限公司	陈启亨	男	副总经理	助　会	大专	9月离职
长航凤凰股份有限公司	毛永德	男	副总经理	工程师	研究生	9月离职
长航凤凰股份有限公司	杨德祥	男	副总经理	高级经济师、 注册安全工程师	研究生	
长航凤凰股份有限公司	邢申生	男	副总经理	高级工程师	大学	9月任职
长航凤凰股份有限公司	龚仁良	男	副总经理	高级工程师	大学	9月任职
长航凤凰股份有限公司	张绳文	男	副总经理	工程师	大专	9月任职
长航凤凰股份有限公司	楼小云	男	副总经理	船长	大学	9月任职
长航凤凰股份有限公司	刘志伟	男	总会计师	助理会计师	大学	9月任职
长航凤凰股份有限公司	李嘉华	男	董事会秘书	助理会计师	大专	9月任职
长航凤凰股份有限公司	唐祖鹏	男	党委副书记兼纪委书记	高级政工师	大专	4月离职
长航凤凰股份有限公司	张传智	男	工会代主席	经济师	大专	9月离职
长航集团重庆公司	徐　楠	男	总经理（兼）	高级经济师	研究生	10月离职
长航集团重庆公司	王　华	男	党委书记	高级政工师	大专	

单　位	姓 名	性 别	职　务	职 称	文化程度	备注
长航集团重庆公司	陈胜军	男	副总经理兼党委副书记	高级经济师	硕士	10月离职
长航集团重庆公司	王道华	男	副总经理	高级经济师	大学	10月离职
长航集团重庆公司	黄　勇	男	副总经理	高级经济师	研究生	
长航集团重庆公司	范　平	男	纪委书记、工会主席	政工师	大专	10月离职
长航集团重庆公司	王嘉玲	女	总船长	高级船长	高中	
长航集团武汉公司	蔺光龙	男	总经理、党委副书记	政工师	研究生	
长航集团武汉公司	李　俊	男	党委书记、副总经理	高级政工师	大专	
长航集团武汉公司	梅家荣	男	副总经理	政工师	大学	
长航集团武汉公司	常骏野	男	副总经理	高级工程师	大学	
长航集团重庆公司	陈胜军	男	副总经理兼 党委副书记	高级经济师	硕士	10月离职
长航集团武汉公司	姜　涛	男	工会主席	政工师	大学	
长航集团芜胡公司	艾　湖	男	总经理	工程师	大学	
长航集团芜湖公司	黄兆华	男	党委书记、纪委书记、 、工会主席	高级政工师	中专	
长航集团芜湖公司	石开春	男	副总经理	经济师	中专	
长航集团芜湖公司	鲍小强	男	副总经理	助理经济师	大专	
长航集团南京公司	王　涛	男	总经理	高级经济师	研究生	
长航集团南京公司	徐瑞新	男	党委书记	高级政工师	大学	
长航集团南京公司	冯春明	男	副总经理	助理经济师	大专	
长航集团南京公司	余　俊	男	副总经理	经济师	大学	
长航集团南京公司	胡继山	男	副总经理	高级经济师	大学	
长航集团南京公司	姜洪友	男	党委副书记兼 纪委书记、工会主席	政工师	大专	
长航集团南京公司	蒋根荣	男	总船长	高级船长	大学	
长航油运股份有限公司	李万锦	男	总经理、党委副书记	高　政	研究生	
长航油运股份有限公司	王　涛	男	党委书记	高　经	研究生	
长航油运股份有限公司	丁文锦	男	副总经理	高　经	大　学	
长航油运股份有限公司	姜庭贵	男	副总经理	高　经	研究生	
长航油运股份有限公司	彭永和	男	副总经理	高级 轮机长	大　学	
长航油运股份有限公司	刘毅彬	男	副总经理、总会计师	高　会	研究生	11月离职
长航油运股份有限公司	查选中	男	副总经理	经济师	研究生	
长航油运股份有限公司	曾善柱	男	董事会秘书	高　政	大　学	
长航油运股份有限公司	何国新	男	党委副书记兼 纪委书记、工会主席	经济师	研究生	
长航集团上海公司	张　路	男	总经理、党委副书记	记者	大专	
长航集团上海公司	徐挺惠	男	党委书记、副总经理	高级政工师	硕士	
长航集团上海公司	李　胜	男	副总经理	高级经济师	硕士研究生	
长航集团上海公司	孙　洋	男	副总经理	经济师	大学	
长航集团上海公司	徐志梅	男	副总经理	高级政工师	大学	
长航集团上海公司	高　峰	男	党委副书记兼 工会主席	高级政工师	研究生	
长航集团上海公司	严美兰	女	党委副书记	经济师	硕士研究生	
长航集团上海公司	周宝骏	男	纪委书记	政工师	大专	
长航集团上海公司	屠启豪	男	总会计师	高级会计师	硕士研究生	

单　位	姓 名	性 别	职　务	职 称	文化程度	备注
中石化长燃	刘炎木	男	党委书记	高级政工师	大专	
中石化长燃	姚京汉	男	总经理	助理经济师	大专	
中石化长燃	王大发	男	副总经理	高级政工师	大学	
中石化长燃	严茂荣	男	纪委书记	高级政工师	大学	
中石化长燃	丁彩芹	男	工会主席	经济师	大学	
中石化长燃	诸　凡	男	副总经理兼总会计师	会计师	研究生	
长航集团船舶重工总公司	李文德	男	总经理	翻译	中技	
长航集团船舶重工总公司	董家兴	男	党委书记	中学高级	大学	
长航集团船舶重工总公司	吴振雄	男	党委副书记兼 纪委书记、工会主席	记者	大专	
长航集团船舶重工总公司	马必海	男	总工程师	高级经济师	中专	
长航集团船舶重工总公司	陈建设	男	副总经理	高级政工师	大专	9月离职
长航集团船舶重工总公司	谢奇志	男	总会计师	高级会计师	大学	9月离职
长江轮船海外旅游总公司	张　阳	男	总经理	高级工程师	硕士	
长江轮船海外旅游总公司	阮　宁	男	党委书记	高级工程师	硕士研究生	
长航集团深圳公司	王人地	男	总经理、党委书记	经济师	大专	
长航集团深圳公司	张宗福	男	副总经理	经济师	大专	
长航集团深圳公司	蔡　辉	男	副总经理	助理经济师	大学	
长航集团深圳公司	汪培海	男	副总经理	经济师	硕士研究生	
长航集团深圳公司	罗建波	男	党委副书记兼 纪委书记、工会主席	工程师	大学	3月离职
长航集团置业公司	常骏野	男	总经理、党委书记	高级工程师	大学	
长航集团工程公司	罗海宁	男	总经理	高级工程师	研究生	
长航集团物资公司	梅国旗	男	总经理	高级经营师	本科	
长航集团物资公司	孙　莉	女	党委书记、纪委书记	高级政工师	研究生	
长航集团工贸公司	柳发权	男	总经理		大学	
长航集团工贸公司	饶青萍	男	党委书记	政工师	大普	
长航集团长江汽车服务公司	马克捷	男	总经理	助理经济师	大专	
长航集团长江汽车服务公司	杨汉保	男	党委书记、纪委书记、 工会主席	高级政工师	大学	
长航集团生活服务公司	万忠亚	男	总经理	政工师	大专	
长航集团航海学院	胡耀兵	男	校长	大学讲师	大学	
长航集团航海学院	李祖平	男	党委书记	副研究馆员	大学	
长航集团科研所	徐　伟	男	所长	高级工程师	硕士	
长航集团科研所	姚汉平	男	党委书记	高级政工师	大学	
长航集团船舶设计院	徐　伟	男	院长	高级工程师	硕士	
长航集团船舶设计院	肖　丹	男	党委书记	高级工程师	大学	
长江规划设计院	张群杰	男	院长、党委书记	高级工程师	大学	
长航集团红光港机厂	王旺生	男	厂长	高级工程师	大学	5月离职
长航集团红光港机厂	程全红	男	厂长	经济师	大专	5月任职
长航集团红光港机厂	李宏远	男	党委书记	政工师	大专	
长航集团宜昌船厂	陈建设	男	厂长、党委副书记	政工师	大专	
长航集团宜昌船厂	唐国唐	男	党委书记	政工师	研究生	
长航集团青山船厂	易崇锡	男	厂长（法人）	经济师	大专	
长航集团青山船厂	刘友法	男	党委书记	政工师	大专	

单　位	姓 名	性 别	职　务	职　称	文化程度	备注
长航集团江东船厂	张 明	男	党委书记	工程师	大学	
长航集团江东船厂	艾 湖	男	厂长	工程师	大学	
长航集团金陵船厂	葛　标	男	厂长、党委书记	政工师	大专	9月离职
长航集团金陵船厂	喻杨均	男	党委书记	高级政工师	大专	9月任职
长航集团电机厂	吴临元	男	厂长、党委书记	助理经济师	大学	

【沿江各省市（直辖市）航务航运航道地方海事局系统】

单　位	姓 名	性 别	职　务	职　称	文化程度	备 注
上海市航务管理处	李旭东	男	处长、党委副书记	高级经济师高级政工师	大学	
上海市航务管理处	梁兵农	男	党委书记、副处长	高级政工师	大学	
上海市地方海事局	李旭东	男	局长、党委副书记	高级经济师高级政工师	大学	
上海市地方海事局	梁兵农	男	党委书记、副局长	高级政工师	大学	
浙江省港航管理局	郑惠明	男	局长、党委书记	高级工程师	大学	
浙江省地方海事局	郑惠明	男	局长、党委书记	高级工程师	大学	
江苏省交通厅运输管理局	梅正荣	男	局长、党总支书记	高级工程师	硕士研究生	
江苏省交通厅航道局	董文虎	男	党总支书记、局长	高级工程师	大学	
江苏省交通厅港口管理局	王昌保	男	局长	政工师	大学	
江苏省交通厅港口管理局	王元春	男	副局长	高级工程师	大学	
江苏省地方海事局	童小田	男	局长、党总支书记	政工师	大专	
安徽省港航管理局	蒋同富	男	局长、党委副书记	高级工程师	研究生	
安徽省港航管理局	丁庆领	男	安徽省交通厅副厅长兼局党委书记		本科	4月离职
安徽省港航管理局	戴光于	男	党委书记			4月任职
安徽省地方海事局	丁庆领	男	安徽省交通厅副厅长兼局党委书记		本科	4月离职
安徽省港航管理局	戴光宇	男	党委书记			4月任职
安徽省地方海事局	蒋同富	男	局长、党委副书记	高级工程师	研究生	
江西省交通厅航务管理局	李天碧	男	局长	高级工程师	大学	
江西省交通厅航务管理局	王凯林	男	党委书记	高级经济师	大学	
江西省地方海事局	李天碧	男	局长	高级工程师	大学	
江西省地方海事局	王凯林	男	党委书记	高级经济师	大学	
江西省交通厅航运管理局	徐国荣	男	副局长（主持工作）			
江西省交通厅航运管理局	于钦民	男	局长			8月任职
江西省交通厅航运管理局	熊海清	男	党委书记	高级政工师	大学	
湖北省交通厅港航管理局	高玉玲	女	局长、党委书记	高级会计师	研究生	6月离职
湖北省交通厅港航管理局	朱晓光	男	局长、党委书记			6月任职
湖北省地方海事局	高玉玲	女	局长、党委书记	高级会计师	研究生	6月离职
湖北省地方海事局	朱晓光	男	局长、党委书记			6月任职
河南省交通厅航务局	张克亚	男	局长			
河南省交通厅航务局	王通林	男	党委书记	政工师	大专	
河南省地方海事局	张克亚	男	局长			
河南省地方海事局	王通林	男	党委书记	政工师	大专	

单　位	姓 名	性 别	职　务	职　称	文化程度	备 注
湖南省航务管理局	胡铁牛	男	党委书记、局长	教授级政工师	大学	6月离职
湖南省航务管理局	陈健强	男	局长、党委副书记			6月任职
湖南省航务管理局	郭紫星	男	湖南省交通厅副巡视员兼党委书记			6月任职
湖南省地方海事局	胡铁牛	男	党委书记、局长	教授级政工师	大学	6月离职
湖南省地方海事局	陈健强	男	局长、党委副书记			6月任职
湖南省地方海事局	郭紫星	男	湖南省交通厅副巡视员兼党委书记			6月任职
云南省交通厅航务管理局	乔新民	男	局长	工程师	大学	
云南省交通厅航务管理局	傅志明	男	党委书记		大学	
云南省地方海事局	乔新民	男	局长	工程师	大学	
云南省地方海事局	傅志明	男	党委书记		大学	
贵州省交通厅航务局	韩剑波	男	局长			
贵州省交通厅航务局	唐金安	男	党委书记			
贵州省地方海事局	韩剑波	男	局长			
贵州省地方海事局	唐金安	男	党委书记			
四川省交通厅航务局	贺晓春	男	局长、分党组书记	高级工程师	研究生	
四川省地方海事局	贺晓春	男	局长、分党组书记	高级工程师	研究生	
陕西省交通厅航运管理局	余茂华	男	局长	高级经济师	大学	9月离职
陕西省交通厅航运管理局	马志东	男	局长			9月任职
陕西省交通厅航运管理局	庄建伟	男	党委书记			
陕西省地方海事局	余茂华	男	局长	高级经济师	大学	9月离职
陕西省交通厅航运管理局	马志东	男	局长			9月任职
陕西省地方海事局	庄建伟	男	党委书记			
甘肃省水运管理局	范志鹏	男	局长	高级工程师	大学	
甘肃省水运管理局	石革军	男	党委书记		本科	
甘肃省地方海事局	范志鹏	男	局长	高级工程师	大学	
甘肃省地方海事局	石革军	男	党委书记		本科	
重庆市港航管理局	梁雄耀	男	局长	高级工程师	硕士研究生	
重庆市港航管理局	刘治军	男	党委书记		大学	
重庆市地方海事局	梁雄耀	男	局长	高级工程师	硕士研究生	
重庆市地方海事局	刘治军	男	党委书记		大学	
宜宾市航务管理处	游　翟	男	党组书记、副处长	工程师	大学	
宜宾市航务管理处	李　力	男	处长	经济师	大学	
泸州市航务管理局	邹　强	男	党总支书记、局长			

【长江干线主要港口和水运企业】

单　位	姓 名	性 别	职　务	职　称	文化程度	备 注
重庆港务物流集团公司	梁丛友	男	董事长、党委书记	高级经济师	研究生	
重庆港务物流集团公司	孙万发	男	总经理	高级经济师	研究生	
涪陵港务管理局	潘　志	男	局长、党委书记	经济师	大专	
重庆市万州区港口航务管理局	陈　运	男	局长			
万州港口（集团）有限公司	熊维明	男	董事长、总经理	高级经济师	大学	

单　位	姓 名	性 别	职 务	职 称	文化程度	备 注
万州港口（集团）有限公司	谢世贵	男	党委副书记	高级政工师	大专	
泸州市港口管理局	邹　强	男	局长			12 月离职
泸州市港口管理局	张银才	男	局长			12 月任职
岳阳市港口航务管理局	刘岳华	男	党委书记、局长	助工	大专	
岳阳城陵矶港务有限公司	张定军	男	总经理		本科	
荆州市港航管理局	骆春征	男	党委书记、局长			
荆州港务集团公司	范礼建	男	党委书记、董事长	高级工程师	大学	
荆州港务集团公司	李德贵	男	副书记、总经理	高级政工师	大专	
宜昌市港航管理局	程家振	男	局长、党委副书记	高级工程师	大学	
宜昌港务集团有限责任公司	陈发义	男	董事长、总经理	高级经济师	中专	
宜昌港务集团有限责任公司	陈新国	男	党委书记、副董事长	高级政工师	大学	
巴东长江港口发展有限公司	王丹阳	男	董事长、法人	经济师	大专	
洪湖港航管理局	陈安法	男	局长			
洪湖港通达实业总公司	高少明	男	总经理			
监利县港务管理局	陈正国	男	局长			
武穴港务管理局	董友法	男	局长	经济师	大专	
武汉市港航管理局	王长青	男	局长、党委副书记	初级工程师	大学	
武汉市港航管理局	杨录声	男	党委书记		本科	
武汉港务集团	何跃明	男	董事长兼党委书记	高级经济师	大学	
武汉港务集团	钱建湘	男	总经理	政工师	大专	6 月离职
武汉港务集团	顾强生	男	总经理	政工师	大专	6 月任职
黄石市港航管理局	郑治发	男	局长、党委副书记			
黄石港口集团有限责任公司	陈尚华	男	董事长	助理经济师	大专	
九江市港口管理局	刘道林	男	局长、党委书记		大学	
九江港口集团	刘道林	男	总经理		大学	2 月离职
上港集团九江港务有限公司	严　俊	男	总经理			2 月任职
芜湖市港航管理局	李祎茂	男	局长、党委书记	经济师	本科	
芜湖港口有限责任公司	孙新华	男	党委书记、董事长	高级经济师	大学	
池州市港口管理局	刘晓惺	男	局长、党组书记	工程师	本科	12 月离职
池州市港口管理局	雷金鹏	男	局长、党组书记			12 月任职
池州市港务总公司	章刘发	男	总经理	工程师	大学	
安庆市港口管理局	姚尚福	男	局长、党组书记	高级政工师	大专	1 月离职
安庆市港口管理局	吴唐应	男	局长、党组书记			1 月任职
安庆港务总公司	程　庆	男	总经理、党委副书记（主持工作）	工程师	大专	
马鞍山市港口管理局	杨子华	男	局长、党支部书记	副高级政工师	本科	
马鞍山港口（集团）有限责任公司	张荣祥	男	党委书记	工程师	大学	
马鞍山港口（集团）有限责任公司	惠志刚	男	董事长	高级经济师	大学	
铜陵市港口管理局	李中东	男	局长、党组书记		硕士	
铜陵港务集团公司	吴照来	男	董事长、党委书记、总经理	经济师	大学	
南京市港口管理局	庞顺根	男	局长		大专	4 月离职
南京市港口管理局	娄学全	男	局长			4 月任职

单　位	姓 名	性 别	职 务	职 称	文化程度	备 注
南京市港口管理局	刘少青	男	党委书记		大专	
南京港口集团公司	孙子健	男	总经理、党委副书记	副研究员、高级政工师	大专	
镇江市口岸和港口管理局	高国成	男	局长			
镇江港务集团有限公司	戴永胜	男	总裁、党委副书记			
张家港市港口管理局	钱德华	男	局长、党组书记		大学	
张家港港务集团有限公司	赵建华	男	总裁			
张家港港务集团有限公司	黄建林	男	董事长		大学	
南通市港务管理局	施伯香	男	局长、党组书记	工程师	大学	
南通港口集团有限责任公司	尹健炉	男	董事长		研究生	
南通港口集团有限责任公司	王卫国	男	总经理	经济师	大专	
南通港口集团有限责任公司	徐惠香	男	党委书记	高级政工师	研究生	
泰州市港口管理局	潘　俊	男	局长		本科	
泰州港务有限公司	蔡年生	男	董事长、总经理、党委书记	助理政工师	大学	
常州市港务管理局	常　青	男	局长			
常熟市港口管理局	程忠民	男	局长、党组书记		本科	
江阴市港口管理局	修华林	男	局长、党委书记		大专	
江阴港务集团公司	陈　乐	男	党委书记、董事长、总裁	工程师	大专	
扬州市港口管理局	朱国林	男	局长		大专	
江苏省扬州港务集团有限公司	李小军	男	董事长、总经理			
江苏太仓港口管理委员会	梅正荣	男	主任		研究生	
浙江省宁波市港航管理局	冯　华	男	局长、党委副书记		大学	
浙江省宁波市港航管理局	薛殿华	男	党委书记、副局长	高级政工师	大专	
宁波港务集团有限公司	李令红	男	总裁			
宁波港务集团有限公司	闻建耀	男	党委书记			
华中航运集团	张照建	男	党委书记、董事长、	高级政工师	研究生	
民生实业（集团）有限公司	卢国纪	男	董事长	教授级高级工程师	大学	
民生实业（集团）有限公司	卢晓钟	男	总裁		大学	
江西水运集团有限公司	吴冬保	男	董事长